U0922246

※ 2010 年 9 月 27 日，国家林业局局长贾治邦在湖南省副省长徐明华（右一）、省林业厅厅长邓三龙（左一）的陪同下参观全国油茶现场会　　（湖南林业厅提供）

※ 2011 年 10 月 31 日，国家林业局副局长赵树丛检查林博会展馆预展情况
（国家林业局调查规划设计院声像中心提供）

※ 2010 年 8 月 25 日，国家林业局副局长张建龙出席全国林地规划新闻发布会

（国家林业局调查规划设计院声像中心提供）

※ 2010 年 5 月 18 日，国家林业局副局长印红率中国林业代表团访问德国，参观“菲森 - 齐格尔维斯”森林探险中心　（国家林业局调查规划设计院声像中心提供）

※ 2010 年 6 月 26 日，国家林业局副局长孙扎根现场指导黑龙江大兴安岭“6·26”森林火灾扑救工作 （国家森林防火指挥部办公室提供）

※ 2010 年 12 月 2 日，中央纪委驻国家林业局纪检组组长、党组成员陈述贤考察湖南省浏阳市政务公开大厅，现场观看网上办证系统 （国家林业局办公室提供）

※ 2010 年 12 月 19 日，国家林业局副局长张永利在湖南省林科院调研

（国家林业局办公室提供）

中国林业产业与林产品年鉴

YEARBOOK OF CHINA'S FOREST INDUSTRIES

2011

国家林业局　编

STATE FORESTRY ADMINISTRATION

中国林业出版社

CHINESE FORESTRY PUBLISHING HOUSE

图书在版编目(CIP)数据

中国林业产业与林产品年鉴. 2011/国家林业局编. —北京: 中国林业出版社, 2011.12
ISBN 978-7-5038-6643-2

Ⅰ.①中… Ⅱ.①国… Ⅲ.①林业经济-中国-年鉴-2011 ②林产品-中国-年鉴-2011
Ⅳ.①F326.2-54 ②F426.88-54

中国版本图书馆 CIP 数据核字(2011)第 131672 号

出版 中国林业出版社(100009 北京西城区德内大街刘海胡同 7 号)
电话 (010)83282326
网址 http://lycb.forestry.gov.cn **E-mail**: cfybook@163.com
发行 中国林业出版社
印刷 北京中科印刷有限公司
版次 2011 年 12 月第 1 版
印次 2011 年 12 月第 1 次
开本 889mm×1194mm 1/16
印张 55.5
插页 4
字数 1530 千字
定价 399.00 元

中国林业产业与林产品年鉴
编委会

中国林业产业与林产品年鉴
编 辑 部

特约编辑：

编辑说明

1.《中国林业产业与林产品年鉴》根据国家林业局林策发〔2007〕117 号文件要求编撰，每年一卷。

2. 简洁，清晰，陈述事实，陈述可资借鉴的管理经验，是本年鉴编写的基本原则。

3. 林产品是指主要原材料来源于森林资源的产品。林业机械不属于林产品范畴，但和林业产业密切相关。本年鉴主要根据国际贸易的商品分类和国内林业统计的林产品分类，将林产品划分为木质类林产品、非木质类林产品、竹藤类林产品。为了反映林产品的产业链关系，每一类林产品主要依据原材料的来源而划分，如一般划分为林化产品的炭和活性炭，这里分为三个部分：木炭和木质活性炭、果核果壳炭、竹炭，在计算林产品进出口贸易总额时被分别列在了木质类、非木质类、竹藤类林产品中。另外，为了完整计算森林资源消耗量，一些产品，如木制乐器、印刷品等都被列入进出口贸易的林产品，但对其金额进行了调整。林产品分类见表 1 ~ 4。以海关 8 位码为基础的林产品分类及调整系数表见本年鉴附录的表 1 ~ 4。

4. 林业产业分支包括 26 类，即：森林培育业、木材生产业、人造板制造业、木制品生产业、家具制造业、木浆纸制品生产业、竹藤产业、园林植物产业、种苗产业、果品产业、木本粮油产业、森林蔬菜产业、茶咖啡产业、调料产业、中药产业、林产化工产业、野生动物驯养业、蚕养殖及蚕丝加工业、炭素制品业、软木制品业、生物质能源产业、森林饲料业、林业机械、森林旅游业、林业生态文化产业、林业教育。

5. 各类林业分支产业所包含的产品，见表 5。进出口贸易的林产品没有全部列入林业产业所生产的林产品，如印刷品。而林业产业所生产的林产品也并没有全部列入进出口贸易的林产品，如林业生态文化产业的产品，报刊等。另外，各林业产业所生产的林产品相互之间有重复，如竹藤产业的竹炭与碳素制品业的竹炭是重复的，人造板制造业的竹胶合板与竹藤产业的竹胶合板是重复的，等等。这是由于划分林业产业的标准不同，如竹藤产业是根据原料来源划分的，而人造板制造业和碳素制品业是根据产品类别划分的，所以造成重复。这里的 24 项林业分支产业主要是依据其在国民经济发展中的重要性和对林区百姓致富的影响而列出的。

6. 本年鉴以林业产业的发展状态和政府的管理为主要内容。政府的主要职能是维护市场公平竞争、维护消费者权益、促进产业发展带动百姓致富，推动科技进步促进生产力发展。政府实现职能的主要手段是：制定法律法规、政策、规划、标准，规范企业的行为，同时规范行业协会和第三方检测机构的行为。因此本年鉴的内容主要包括以下方面：陈述各产业的产值、就业、产品种类和产业链、产品产量及分布、进出口数量金额、企业分布等产业发展状态；陈述法律法规、政策、规划、标准以及科技的变化；陈述企业的联合体行业协会的活动；陈述检测机构的活动，以反映企业的产品进入市场后与消费者之间的关系。

7. 主产地是指县、旗、市、区、林业局、林场。各林产品主产地数据，由各省级单位组织下属各县(旗、市、区)林业部门根据相关统计调查资料收集整理，并经省、地、县三级审核，通过中国林业产业与林产品信息网络平台上报，见流程简图。

8. 国家林业局计财司、国家统计局、国家海关总署、国家工商总局、全国组织机构代码中心等。

9. 本卷内所有未标明作者的文字或表格均由编辑部根据相关资料整理。所有未标明年份数据均是2010年数据。

11. 本卷所录资料，均不含台湾省及香港、澳门特别行政区。

12. 年鉴文稿编撰，由各省(区、市)林业厅(局)、四大森工(林业)集团、新疆生产建设兵团林业局和国家林业局有关司(局)、林业产业联合会等单位承担。

13. 年鉴计量单位、文字撰稿、资料选用均执行国家现行立法规定。

14. 条目、文章，一律署名，文责自负。

表1　木质类林产品分类

1. 原木	7. 木家具	圆签棒等
针叶原木	8. 木制品	9. 木制乐器
非针叶原木	门、窗	10. 木质碳素制品
2. 锯材	木制活动房屋	木炭
木地板	筷子	木质活性炭
非针叶锯材	针叶锯材	11. 木碎料
3. 木片	其他木餐具	薪柴
针叶木木片	画框等	锯末
非针叶木木片	容器	木棒
4. 异形材	工具	木丝粉
针叶异形材	建筑用木制品	12. 纸浆
非针叶异形材	木刻	木浆
5. 人造板	木扇	废纸浆
单板	木雕装饰	13. 废纸
胶合板	镶嵌木	14. 纸制品
刨花板	珠宝盒等	15. 印刷品
纤维板	木衣架	16. 软木
6. 强化木	线轴等	

表2　非木质类林产品分类

1. 蚕	4. 果品类	9. 中药
蚕种	干果和水果	植物中药
蚕茧	果品加工	制药中间产品
蚕丝	椰壳纤维	动物中药
蚕丝织品	果壳核炭－活性炭	中药酒
蚕丝制成品	果品残渣	中成药
2. 野生动物	5. 木本粮油	10. 园林植物
活动物	6. 茶和咖啡	花卉活植物
动物牙、角、蹄等	茶	插花及花蕾
种用动物	咖啡	苔藓和地衣
食用动物	7. 林化产品	植物枝叶等
动物油脂	树胶树脂	11. 种苗
动物肥料	松香松脂	花卉用种苗
动物皮毛	生漆	花卉用种子
动物炭黑	橡胶	菌用种
动物工艺品	染料鞣料	果类苗木
天然蜂蜜	杀虫剂	插枝接穗苗
蜂产品	食品药品化妆品添加剂	其他种用苗木
燕窝	香料类	草地用种子
3. 森林蔬菜	其他工业用等	其他种子
食用菌及加工品	8. 调料	12. 饲料
山野菜		

表3　竹藤类林产品分类

1. 竹藤原料	竹毛笔	8. 竹浆
2. 竹藤制品	竹地板等	9. 竹纸制品
竹筷子	3. 竹藤编结品	10. 竹醋
竹餐具	4. 竹藤家具	11. 竹纤维纺织品
竹刻	5. 竹胶合板	12. 竹笋及其制品
竹签等	6. 竹异形材	
扫帚等	7. 竹炭	

表4　林业机械产品分类

1. 草地用机械
2. 木材等加工机械
3. 木工工具
4. 园艺工具
5. 整地机械
6. 干燥器
7. 造纸和纸制品机械
8. 林副产品加工机械

表5　各林业产业所包括的产品

	林业产业类别	各林业产业所包括的产品
1	森林培育业	用材林、生态林、特用林、薪炭林、经济林
2	木竹采运及锯材木片加工业	原木、薪材、锯材、木片、异形材、强化木、木碎料
3	人造板制造业	单板、胶合板、刨花板、纤维板
4	木制品生产业	门窗、地板、活动房屋、筷子、木雕装饰等木制品和木制乐器
5	家具制造业	木家具、竹藤家具
6	木浆纸制品生产业	木浆、废纸浆、废纸、纸制品
7	竹藤产业	竹藤、竹藤制品、竹藤编结品、竹胶合板、竹炭、竹浆、竹笋等
8	园林植物产业	花卉活植物、插花及花蕾、苔藓和地衣、植物枝叶等
9	种苗产业	花卉草地用种苗和种子、果类苗木、菌用种、插枝接穗苗木等
10	果品产业	果树、干果和水果、果汁果酒、果核炭、果品残渣、椰壳纤维等
11	木本粮油产业	油茶树、茶油等
12	森林蔬菜产业	食用菌、食用菌加工品、山野菜及加工品
13	茶咖啡产业	茶、咖啡
14	调料产业	花椒、大料、八角、桂皮等
15	中药业	植物中药、制药中间产品、动物中药、中药酒、中成药
16	林产化工产业	树胶树脂、松香松脂、生漆、橡胶、染料鞣料、杀虫剂、香料、食品药品化妆品添加剂等
17	野生动物驯养业	活动物、种用动物、食用动物、动物牙角蹄等、动物油脂、动物肥料、蜂蜜、燕窝等
18	蚕养殖及蚕丝加工业	蚕种、蚕茧、蚕丝、蚕丝织品、蚕丝制成品
19	碳素制品生产业	木炭、活性炭、果核果壳炭、竹炭
20	软木生产业	软木及制品
21	生物质能源产业	
22	森林旅游业	森林公园旅游、果品采摘、花卉观赏、湿地荒漠等特殊景观观赏、林业疗养与休闲、森林野生动物狩猎、一般森林资源旅游等
23	森林饲料	
24	林业机械	草地用机械、木材加工机械、木工工具、园艺工具、整地机械、干燥器、造纸和纸制品机械、林副产品加工机械
25	林业生态文化产业	林业系统宣传林业的杂志、报纸、书籍、歌曲、影视作品等
26	林业教育	

中国林业产业与林产品年鉴编辑部

《中国林业产业与林产品年鉴》编纂流程简图

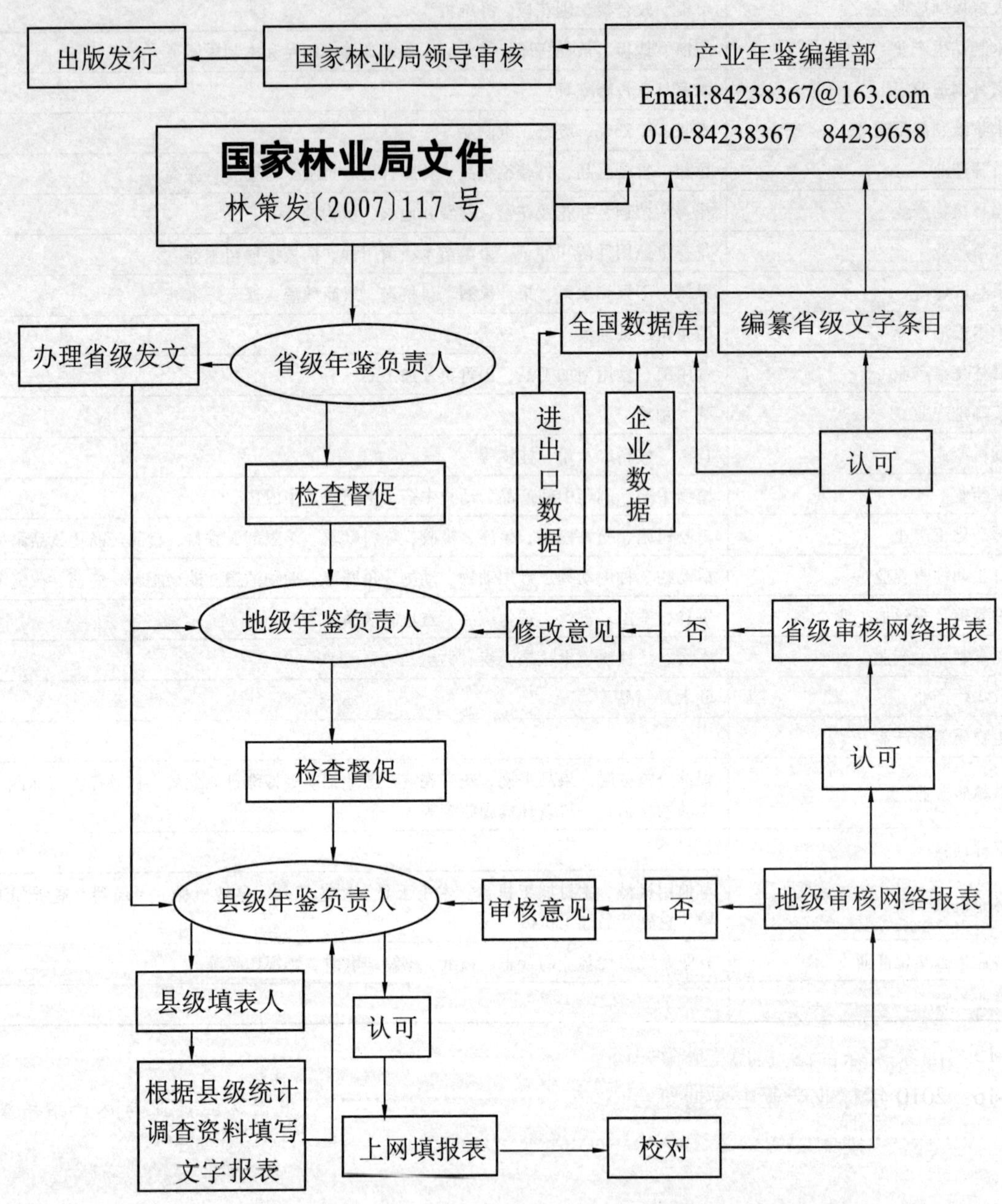

目　录

特　辑 …… 1
深入贯彻落实中央决策部署努力实现林业发展宏伟目标 …… 贾治邦 1

行　业　篇

总　论 …… 14
林业产业总产值 …… 14
林业投资 …… 14
主要林产品销售价格 …… 16
林业系统劳动工资和安全生产 …… 16
表 1-1　全国林业产业基本情况 …… 17
表 1-2　各产业对全国林业总产值的贡献 …… 17
表 1-3　全国主要林产品产量 …… 17
表 1-4　全国木质类林产品进出口贸易总值 …… 18
表 1-5　全国非木质类林产品进出口贸易总值 …… 18
表 1-6　全国竹藤类林产品进出口贸易总值 …… 19
表 1-7　全国林业机械进出口贸易总值 …… 19
表 1-8　2010 年正在实施的与林业产业相关的法律法规 …… 19
表 1-9　2010 年正在实施的林业规划 …… 20
表 1-10　2010 年正在实施的主要林业产业政策 …… 21
表 1-11　2010 年继续有效的林业行业标准目录 …… 22
表 1-12　2010 年需修订的林业行业标准目录 …… 27
表 1-13　2010 年废止的林业行业标准目录 …… 31
表 1-14　2010 年发布的新林业行业标准目录 …… 32
表 1-15　国家级综合性林业产业相关协会 …… 33
表 1-16　2010 年林业产业主要博览会 …… 34
森林培育 …… 35
概　况 …… 35
国家林业重点工程 …… 35
表 2-1　各地区森林培育基本情况 …… 38
表 2-2　森林培育各指标全国排名前 5 名的省份 …… 39
表 2-3　森林培育政策 …… 39
表 2-4　森林培育科研项目 …… 39
表 2-5　森林培育协会 …… 40
木竹采运及锯材木片加工业 …… 41
概　况 …… 41

表 3-1 木材采运及锯材木片加工各指标在全国排名前 5 名的省份 …… 41
表 3-2 各地区木材产量及采运企业、锯材加工企业和木材批发企业数量 …… 42
表 3-3 各地区木片产量及加工企业数量 …… 42
表 3-4 全国木材类产品进出口贸易总量 …… 43
表 3-5 木材生产主要政策 …… 43
表 3-6 木材生产科研项目 …… 43
表 3-7 木材生产国家标准 …… 44
表 3-8 木材产业国家级和省级协会 …… 45
表 3-9-1 原木主产地产量 …… 45
表 3-9-2 锯材主产地产量 …… 56
表 3-9-3 木片主产地产量 …… 63
表 3-10 木材类产品出口 …… 66
表 3-11 木材类产品进口 …… 71
人 造 板 …… 81
概 况 …… 81
表 4-1 中国胶合板行业百强企业 …… 81
表 4-2 中国刨花板行业百强企业 …… 82
表 4-3 中国纤维板行业百强企业 …… 83
表 4-4 人造板各指标全国排名前 5 名的省份 …… 83
表 4-5 各地区人造板产量及生产企业数量 …… 84
表 4-6 全国人造板进出口贸易总值 …… 85
表 4-7 1985 ~ 2010 年申请注册商标的数量 …… 85
表 4-8 人造板科研项目 …… 85
表 4-9 人造板生产标准 …… 87
表 4-10-1 胶合板主产地产量 …… 87
表 4-10-2 纤维板主产地产量 …… 91
表 4-10-3 刨花板主产地产量 …… 93
表 4-10-4 细木工板主产地产量 …… 95
表 4-10-5 单板主产地产量 …… 97
表 4-11 人造板出口 …… 99
表 4-12 人造板进口 …… 120
木 制 品 …… 127
概 况 …… 127
木地板产业发展 …… 127
2010 年木地板十大品牌 …… 128
表 5-1 各地区木制品产量及木制品企业数量 …… 128
表 5-2 木制品各指标在全国排名前 5 名的省份 …… 129
表 5-3 全国木制品进出口贸易总值 …… 129
表 5-4 木制品标准 …… 130
表 5-5 木制品科研项目 …… 130
表 5-6 木制品协会 …… 130

表 5-7-1　木地板主产地产量 …… 131
表 5-7-2　卫生筷子主产地产量 …… 132
表 5-7-3　木雕主产地产值 …… 133
表 5-8　木制品出口 …… 134
表 5-9　木制品进口 …… 150
家　具 …… 156
概　况 …… 156
表 6-1　各地区家具企业数量 …… 156
表 6-2　家具产业各指标全国排名前 5 名的省份 …… 157
表 6-3　全国家具行业产值 …… 157
表 6-4　全国家具主要产品销售产值 …… 157
表 6-5　各地区家具行业产值 …… 157
表 6-6　家具标准 …… 158
表 6-7　家具国家级和省级协会 …… 158
表 6-8　木质家具主产地 …… 159
表 6-9　木家具出口 …… 165
表 6-10　木家具进口 …… 176
木浆造纸 …… 181
概　况 …… 181
全国纸及纸板生产及消费 …… 181
主要产品生产及消费 …… 181
主要生产经济指标完成情况 …… 182
纸浆生产和消耗情况 …… 182
纸及纸板、纸浆、废纸及纸制品进出口情况 …… 183
生产布局与集中度 …… 184
造纸企业经济类型结构与规模结构 …… 184
环境保护 …… 185
表 7-1　造纸工业主要产品生产及消费情况 …… 185
表 7-2　全国造纸工业纸浆消耗情况 …… 185
表 7-3　纸浆、废纸、纸及纸板、纸制品出口 …… 186
表 7-4　纸浆、废纸、纸及纸板、纸制品进口 …… 186
表 7-5　全国造纸区域布局变化 …… 186
表 7-6　纸及纸板产量 100 万吨以上的省(区、市) …… 186
表 7-7　重点造纸企业产量前 30 名 …… 186
表 7-8　全国木浆造纸进出口贸易总值 …… 187
表 7-9　木浆造纸标准 …… 187
表 7-10　木浆造纸科研项目 …… 188
表 7-11　木浆造纸国家级和省级协会 …… 188
表 7-12-1　木浆主产地产量 …… 189
表 7-12-2　木浆纸主产地产量 …… 189
表 7-12-3　其他浆主产地产量 …… 190

表 7-12-4　其他纸主产地产量 …… 190
表 7-13　木浆造纸出口 …… 190
表 7-14　木浆造纸进口 …… 191
碳素制品 …… 195
概　况 …… 195
表 8-1　全国各地木炭产量 …… 195
表 8-2　全国碳素制品进出口贸易总值 …… 195
表 8-3　碳素制品标准 …… 195
表 8-4-1　木炭主产地产量 …… 196
表 8-4-2　活性炭主产地产量 …… 196
表 8-5　木炭出口 …… 196
表 8-6　木炭进口 …… 197
竹　藤 …… 198
概　况 …… 198
表 9-1　竹藤各指标在全国排名前 5 名的省份 …… 198
表 9-2　竹材产量及相关企业数量 …… 199
表 9-3　全国竹藤类产品进出口贸易总值 …… 199
表 9-4　竹藤科研项目 …… 200
表 9-5　竹藤国家级和省级协会 …… 201
表 9-6-1　毛竹主产地产量 …… 201
表 9-6-2　其他竹类主产地产量 …… 205
表 9-6-3　藤类主产地产量 …… 208
表 9-6-4　竹编主产地产值 …… 208
表 9-6-5　竹雕主产地产值 …… 209
表 9-6-6　藤编主产地产值 …… 210
表 9-6-7　棕编主产地产值 …… 210
表 9-6-8　竹浆主产地产量 …… 210
表 9-6-9　竹浆纸主产地产量 …… 211
表 9-7　竹藤出口 …… 211
表 9-8　竹藤进口 …… 228
果　类 …… 232
概　况 …… 232
2010 年水果市场 …… 232
表 10-1　果类产业各指标在全国排名前 5 名的省份 …… 233
表 10-2-1　各地区水果产量 …… 234
表 10-2-2　各地区干果产量 …… 235
表 10-3　全国果类进出口贸易总值 …… 236
表 10-4　果品标准 …… 236
表 10-5　果品科研项目 …… 237
表 10-6　果品国家级和省级协会 …… 238
表 10-7-1　柑橘主产地产量 …… 239

表 10-7-2　苹果主产地产量 …… 242
表 10-7-3　梨主产地产量 …… 246
表 10-7-4　草莓主产地产量 …… 250
表 10-7-5　荔枝主产地产量 …… 250
表 10-7-6　龙眼主产地产量 …… 251
表 10-7-7　鲜葡萄主产地产量 …… 252
表 10-7-8　脐橙主产地产量 …… 255
表 10-7-9　枇杷主产地产量 …… 255
表 10-7-10　山楂红果主产地产量 …… 256
表 10-7-11　李主产地产量 …… 256
表 10-7-12　梅主产地产量 …… 257
表 10-7-13　猕猴桃主产地产量 …… 258
表 10-7-14　石榴主产地产量 …… 258
表 10-7-15　桃主产地产量 …… 259
表 10-7-16　柚主产地产量 …… 262
表 10-7-17　鲜红枣主产地产量 …… 263
表 10-7-18　青枣主产地产量 …… 264
表 10-7-19　冬枣主产地产量 …… 264
表 10-7-20　鲜柿子主产地产量 …… 264
表 10-7-21　樱桃主产地产量 …… 265
表 10-7-22　杏主产地产量 …… 265
表 10-7-23　香蕉主产地产量 …… 267
表 10-7-24　其他果品主产地产量 …… 267
表 10-8　果类出口 …… 269
表 10-9　果类进口 …… 287
木本油料 …… 298
概　况 …… 298
油茶产业发展状态 …… 298
表 11-1　木本粮油各指标全国排名前 5 名的省份 …… 299
表 11-2　各地区木本粮油产量 …… 300
表 11-3　油茶产业组织模式及产量 …… 300
表 11-4　木本粮油科研项目 …… 301
表 11-5-1　油茶籽主产地产量 …… 301
表 11-5-2　核桃主产地产量 …… 302
表 11-5-3　板栗主产地产量 …… 303
表 11-5-4　其他木本粮油主产地产量 …… 304
表 11-6　木本粮油出口国别量值 …… 304
表 11-7　木本粮油进口 …… 305
森林蔬菜 …… 307
概　况 …… 307
表 12-1　森林蔬菜各指标在全国排名前 5 名的省份 …… 307

表 12-2　全国森林蔬菜产量 …… 307
表 12-3　森林蔬菜标准 …… 308
表 12-4　森林蔬菜科研项目 …… 308
表 12-5　全国森林蔬菜进出口贸易总值 …… 308
表 12-6　森林蔬菜协会 …… 309
表 12-7-1　食用菌类主产地产量 …… 309
表 12-7-2　竹笋主产地产量 …… 312
表 12-7-3　黄花菜主产地产量 …… 314
表 12-7-4　蕨菜主产地产量 …… 314
表 12-7-5　野菜主产地产量 …… 315
表 12-7-6　香椿主产地产量 …… 316
表 12-7-7　其他森林蔬菜主产地产量 …… 317
表 12-8　森林蔬菜出口 …… 317
表 12-9　森林蔬菜进口 …… 324
茶和咖啡 …… 325
概　况 …… 325
表 13-1　茶和咖啡各指标在全国排位前 5 名的省份 …… 325
表 13-2　全国茶、咖啡产量和企业数量 …… 325
表 13-3　全国各类茶叶产量和茶园面积 …… 326
表 13-4　全国茶和咖啡进出口贸易总值 …… 327
表 13-5　茶叶行业百强企业 …… 327
表 13-6　茶和咖啡标准 …… 328
表 13-7　茶和咖啡国家级和省级协会 …… 328
表 13-8-1　茶叶主产地产量 …… 329
表 13-8-2　矿泉水主产地产量 …… 331
表 13-8-3　其他森林饮料主产地产量 …… 332
表 13-9　茶和咖啡出口 …… 333
表 13-10　茶和咖啡进口 …… 340
调　料 …… 346
概　况 …… 346
表 14-1　调料各指标在全国排名前 5 名的省份 …… 346
表 14-2　全国调料产量 …… 346
表 14-3　调料标准 …… 347
表 14-4　调料科研项目 …… 347
表 14-5　调料主产地产量 …… 347
表 14-6　调料出口 …… 347
表 14-7　调料进口 …… 350
中　药　材 …… 352
概　况 …… 352
2010 年版《四川省中药材标准》施行 …… 352
各地主产中药材 …… 353

中药材市场…………………………………………………………………………………… 354
表 15-1　中药材各指标在全国排名前 5 名的省份 ………………………………………… 355
表 15-2　全国中药材产量 ………………………………………………………………… 356
表 15-3　全国中药进出口贸易总值 ……………………………………………………… 356
表 15-4　中药材相关法律法规政策 ……………………………………………………… 357
表 15-5　中药材科研项目 ………………………………………………………………… 358
表 15-6　中药材协会 ……………………………………………………………………… 358
表 15-7-1　人参主产地产量……………………………………………………………… 359
表 15-7-2　杜仲主产地产量……………………………………………………………… 359
表 15-7-3　金银花主产地产量…………………………………………………………… 360
表 15-7-4　贝母主产地产量……………………………………………………………… 360
表 15-7-5　厚朴主产地产量……………………………………………………………… 360
表 15-7-6　枸杞子主产地产量…………………………………………………………… 361
表 15-7-7　黄柏主产地产量……………………………………………………………… 361
表 15-7-8　刺五加主产地产量…………………………………………………………… 361
表 15-7-9　五味子主产地产量…………………………………………………………… 361
表 15-7-10　其他中药材主产地产量 …………………………………………………… 362
表 15-8　中药材出口 ……………………………………………………………………… 369
表 15-9　中药材进口 ……………………………………………………………………… 376
花卉等观赏植物……………………………………………………………………………… 378
概　况……………………………………………………………………………………… 378
各类花卉经营……………………………………………………………………………… 378
花卉市场和花卉企业……………………………………………………………………… 379
花卉栽培设施面积………………………………………………………………………… 379
2010 中国花木十件大事 ………………………………………………………………… 380
2010 年中国花木产业十大年度人物 …………………………………………………… 381
花卉出口存在的主要问题………………………………………………………………… 383
表 16-1　观赏植物各指标在全国排名前 5 名的省份 …………………………………… 383
表 16-2　全国观赏植物产量、花卉市场和企业数量 ……………………………………… 384
表 16-3　全国观赏植物进出口贸易总值 ………………………………………………… 385
表 16-4　全国花卉产销情况 ……………………………………………………………… 385
表 16-5　全国主要花卉产销情况 ………………………………………………………… 385
表 16-6　全国花卉生产经营实体情况 …………………………………………………… 386
表 16-7　花卉实施栽培面积情况 ………………………………………………………… 386
表 16-8　观赏植物科研项目 ……………………………………………………………… 386
表 16-9　观赏植物国家级和省级协会 …………………………………………………… 388
表 16-10-1　蝴蝶兰主产地产量 ………………………………………………………… 388
表 16-10-2　君子兰主产地产量 ………………………………………………………… 389
表 16-10-3　吊兰主产地产量 …………………………………………………………… 389
表 16-10-4　榆叶梅主产地产量 ………………………………………………………… 390
表 16-10-5　菊花主产地产量 …………………………………………………………… 390

表 16-10-6　非洲菊主产地产量 …… 392
表 16-10-7　波斯菊主产地产量 …… 393
表 16-10-8　万寿菊主产地产量 …… 393
表 16-10-9　雏菊主产地产量 …… 395
表 16-10-10　月季类主产地产量 …… 395
表 16-10-11　现代月季主产地产量 …… 397
表 16-10-12　桂花主产地产量 …… 397
表 16-10-13　杜鹃花主产地产量 …… 398
表 16-10-14　山茶花主产地产量 …… 399
表 16-10-15　玫瑰主产地产量 …… 399
表 16-10-16　百合主产地产量 …… 401
表 16-10-17　康乃馨主产地产量 …… 402
表 16-10-18　郁金香主产地产量 …… 402
表 16-10-19　龙柏主产地产量 …… 403
表 16-10-20　紫罗兰主产地产量 …… 403
表 16-10-21　鸡冠花主产地产量 …… 403
表 16-10-22　玉兰类主产地产量 …… 404
表 16-10-23　紫叶李主产地产量 …… 405
表 16-10-24　碧桃主产地产量 …… 405
表 16-10-25　石竹主产地产量 …… 406
表 16-10-26　凤仙花主产地产量 …… 406
表 16-10-27　大丽花主产地产量 …… 407
表 16-10-28　栀子花主产地产量 …… 407
表 16-10-29　一品红主产地产量 …… 408
表 16-10-30　丁香类主产地产量 …… 408
表 16-10-31　榕树（小叶榕）主产地产量 …… 408
表 16-10-32　凤梨类主产地产量 …… 409
表 16-10-33　红檵木主产地产量 …… 409
表 16-10-34　一串红主产地产量 …… 409
表 16-10-35　矮牵牛主产地产量 …… 410
表 16-10-36　三色堇主产地产量 …… 411
表 16-10-37　满天星主产地产量 …… 412
表 16-10-38　黄杨类主产地产量 …… 412
表 16-10-39　紫薇类主产地产量 …… 413
表 16-10-40　红叶小檗主产地产量 …… 413
表 16-10-41　桧柏主产地产量 …… 414
表 16-10-42　其他花卉主产地产量 …… 414
表 16-10-43　草坪主产地产量 …… 425
表 16-11　观赏植物出口 …… 426
表 16-12　观赏植物进口 …… 429
种　苗 …… 430

概　况…………………………………………………………………………………………………… 430
林木种苗生产……………………………………………………………………………………………… 430
投资与建设项目…………………………………………………………………………………………… 430
生产质量检查……………………………………………………………………………………………… 431
表 17-1　全国种苗产品进出口贸易总值 ……………………………………………………………… 432
表 17-2　各地区林木种苗产量 ………………………………………………………………………… 433
表 17-3　种苗政策 ……………………………………………………………………………………… 434
表 17-4　种苗标准 ……………………………………………………………………………………… 434
表 17-5　种苗科研项目 ………………………………………………………………………………… 434
表 17-6　种苗国家级和省级协会 ……………………………………………………………………… 443
表 17-7　国家重点林木良种基地 ……………………………………………………………………… 443
表 17-8-1　红松种子主产地产量………………………………………………………………………… 443
表 17-8-2　落叶松种子主产地产量……………………………………………………………………… 444
表 17-8-3　油松种子主产地产量………………………………………………………………………… 444
表 17-8-4　杉木种子主产地产量………………………………………………………………………… 444
表 17-8-5　马尾松种子主产地产量……………………………………………………………………… 444
表 17-8-6　其他母树林种子主产地产量………………………………………………………………… 445
表 17-9-1　马尾松种子主产地产量……………………………………………………………………… 447
表 17-9-2　杉木种子主产地产量………………………………………………………………………… 447
表 17-9-3　其他种子园种子主产地产量………………………………………………………………… 448
表 17-10-1　红松苗主产地产量 ………………………………………………………………………… 450
表 17-10-2　马尾松苗主产地产量 ……………………………………………………………………… 451
表 17-10-3　落叶松苗主产地产量 ……………………………………………………………………… 452
表 17-10-4　油松苗主产地产量 ………………………………………………………………………… 453
表 17-10-5　樟子松苗主产地产量 ……………………………………………………………………… 454
表 17-10-6　雪松苗主产地产量 ………………………………………………………………………… 455
表 17-10-7　华山松苗主产地产量 ……………………………………………………………………… 456
表 17-10-8　湿地松苗主产地产量 ……………………………………………………………………… 456
表 17-10-9　黑松苗主产地产量 ………………………………………………………………………… 457
表 17-10-10　国外松苗主产地产量……………………………………………………………………… 457
表 17-10-11　白皮松苗主产地产量……………………………………………………………………… 457
表 17-10-12　杉木苗主产地产量………………………………………………………………………… 457
表 17-10-13　云杉苗主产地产量………………………………………………………………………… 459
表 17-10-14　柳杉苗主产地产量………………………………………………………………………… 460
表 17-10-15　水杉苗主产地产量………………………………………………………………………… 461
表 17-10-16　栾树苗主产地产量………………………………………………………………………… 461
表 17-10-17　香樟苗主产地产量………………………………………………………………………… 461
表 17-10-18　柠条苗主产地产量………………………………………………………………………… 462
表 17-10-19　柏苗主产地产量…………………………………………………………………………… 462
表 17-10-20　桉树苗主产地产量………………………………………………………………………… 463
表 17-10-21　楠木苗主产地产量………………………………………………………………………… 464

表 17-10-22　桤木苗主产地产量……………………………………………………………… 464
表 17-10-23　白蜡苗主产地产量……………………………………………………………… 465
表 17-10-24　珍稀乡土树苗主产地产量……………………………………………………… 465
表 17-10-25　泡桐苗主产地产量……………………………………………………………… 465
表 17-10-26　小檗苗主产地产量……………………………………………………………… 466
表 17-10-27　合欢苗主产地产量……………………………………………………………… 466
表 17-10-28　女贞苗主产地产量……………………………………………………………… 466
表 17-10-29　桂花苗主产地产量……………………………………………………………… 467
表 17-10-30　广玉兰苗主产地产量…………………………………………………………… 468
表 17-10-31　枫香苗主产地产量……………………………………………………………… 468
表 17-10-32　杜英苗主产地产量……………………………………………………………… 469
表 17-10-33　榆苗主产地产量………………………………………………………………… 469
表 17-10-34　杨树苗主产地产量……………………………………………………………… 469
表 17-10-35　刺槐苗主产地产量……………………………………………………………… 472
表 17-10-36　国槐苗主产地产量……………………………………………………………… 474
表 17-10-37　柳树苗主产地产量……………………………………………………………… 474
表 17-10-38　油茶苗主产地产量……………………………………………………………… 475
表 17-10-39　柑橘苗主产地产量……………………………………………………………… 476
表 17-10-40　杏苗主产地产量………………………………………………………………… 476
表 17-10-41　葡萄苗主产地产量……………………………………………………………… 476
表 17-10-42　香椿苗主产地产量……………………………………………………………… 477
表 17-10-43　银杏苗主产地产量……………………………………………………………… 477
表 17-10-44　苹果苗主产地产量……………………………………………………………… 478
表 17-10-45　核桃苗主产地产量……………………………………………………………… 478
表 17-10-46　红枣苗主产地产量……………………………………………………………… 479
表 17-10-47　沙枣苗主产地产量……………………………………………………………… 479
表 17-10-48　其他苗圃苗木主产地产量……………………………………………………… 480
表 17-11　种苗出口 ………………………………………………………………………… 483
表 17-12　种苗进口 ………………………………………………………………………… 485
林产化工…………………………………………………………………………………… 487
概　况…………………………………………………………………………………………… 487
中国天然橡胶…………………………………………………………………………………… 488
中国天然橡胶产业发展环境与经营…………………………………………………………… 491
世界天然橡胶行业……………………………………………………………………………… 494
天然橡胶期货市场……………………………………………………………………………… 494
松　香…………………………………………………………………………………………… 494
表 18-1　林产化工各指标在全国排名前 5 名的省份 ……………………………………… 496
表 18-2　全国林产工业原料产量 …………………………………………………………… 497
表 18-3　全国林产化工产品进出口贸易总值 ……………………………………………… 497
表 18-4　林产化工标准 ……………………………………………………………………… 497
表 18-5　林产化工科研项目 ………………………………………………………………… 498

表 18-6　林产化工国家级和省级协会 …… 501
表 18-7-1　松脂主产地产量 …… 501
表 18-7-2　松节油主产地产量 …… 502
表 18-7-3　松香主产地产量 …… 502
表 18-7-4　木炭主产地产量 …… 503
表 18-7-5　活性炭主产地产量 …… 504
表 18-7-6　生漆主产地产量 …… 504
表 18-7-7　生漆及其制品主产地产量 …… 504
表 18-7-8　油桐籽主产地产量 …… 505
表 18-7-9　马尾松子主产地产量 …… 505
表 18-7-10　其他林化产品主产地产量 …… 505
表 18-8　林产化工产品出口 …… 507
表 18-9　林产化工产品进口 …… 517
野生动物驯养 …… 522
概　况 …… 522
表 19-1　全国驯养野生动物进出口贸易总值 …… 522
表 19-2　国家野生动物法规政策 …… 522
表 19-3　野生动物科研项目 …… 523
表 19-4　野生动物保护国家级和省级协会 …… 523
表 19-5　野生动物驯养主产地产量 …… 524
表 19-6-1　蜂蜜主产地产量 …… 536
表 19-6-2　蜂王浆主产地产量 …… 538
表 19-6-3　蜂胶主产地产量 …… 538
表 19-6-4　蜂花粉主产地产量 …… 539
表 19-7　野生动物产品出口 …… 539
表 19-8　野生动物产品进口 …… 542
森林旅游 …… 544
概　况 …… 544
表 20-1　森林旅游各指标在全国排名前 5 名的省份 …… 545
表 20-2　森林旅游国家级和省级协会 …… 545
表 20-3　全国分地区森林旅游经营状况 …… 546
表 20-4　各地区分级森林公园数量 …… 546
表 20-5　各地区森林公园分级统计面积 …… 547
表 20-6　森林旅游法规政策 …… 548
表 20-7　森林旅游县级单位情况 …… 549
林业机械 …… 576
概　况 …… 576
表 21-1　全国林业机械进出口贸易总值 …… 576
表 21-2　林业机械各指标在全国排名前 5 名的省份 …… 576
表 21-3　各地区林业机械企业数量 …… 577
表 21-4　林业机械法规政策 …… 577

表 21-5　林业机械标准 ······ 577
表 21-6　林业机械科研项目 ······ 579
表 21-7　林业机械出口 ······ 580
表 21-8　林业机械进口 ······ 630
林业上市公司······ 641
林业上市公司状况······ 641
林业企业利用资本市场······ 641
表 22-1　2010 年林业产业国内上市公司 ······ 641
表 22-2　部分林业上市公司首发情况 ······ 642
表 22-3　香港联交所林业股情况 ······ 642
表 22-4　部分上市公司上市前后财务对比 ······ 642
表 22-5　宁基股份研发投入占营业收入比率 ······ 643
中国林业境外投资企业······ 644
概　况······ 644
表 23-1　林业境外投资企业的产业分布 ······ 644
表 23-2　林业境外投资企业的前 10 名国家(地区)分布 ······ 644
表 23-3　林业境外投资企业的前 10 名国内分布 ······ 644
表 23-4　2010 年核准的林业境外投资企业目录 ······ 644

地　方　篇

北京市林业产业······ 652
产业特点······ 652
森林旅游······ 652
果　品······ 652
蜂······ 652
花　卉······ 652
表 24-1　北京市林业产业概况 ······ 652
表 24-2　北京市林业产业特色 ······ 654
表 24-3　北京市各产业对总产值的贡献 ······ 654
表 24-4　北京国家级和市级林业产业相关协会 ······ 655
天津市林业产业······ 656
产业特点······ 656
果　品······ 656
种　苗······ 656
木材加工······ 656
表 25-1　天津市林业产业概况 ······ 656
表 25-2　天津市林业产业特色 ······ 658
表 25-3　天津市各产业对总产值的贡献 ······ 658
表 25-4　天津国家级和市级林业产业相关协会 ······ 658
河北省林业产业······ 659
产业特点······ 659

果　品…………………………………………………………………………………………… 659
人造板…………………………………………………………………………………………… 660
种　苗…………………………………………………………………………………………… 660
花　卉…………………………………………………………………………………………… 660
安国中药材市场………………………………………………………………………………… 661
野生动物………………………………………………………………………………………… 661
森林旅游………………………………………………………………………………………… 661
生物质能源……………………………………………………………………………………… 661
林下经济………………………………………………………………………………………… 662
表 26-1　河北省林业产业概况 ………………………………………………………………… 662
表 26-2　河北省林业产业特色 ………………………………………………………………… 664
表 26-3　河北省各产业对总产值的贡献 ……………………………………………………… 665
表 26-4　河北省级林业产业相关协会 ………………………………………………………… 665
山西省林业产业………………………………………………………………………………… 666
产业特点………………………………………………………………………………………… 666
表 27-1　山西省林业产业概况 ………………………………………………………………… 666
表 27-2　山西省林业产业特色 ………………………………………………………………… 668
表 27-3　山西省各产业对总产值的贡献 ……………………………………………………… 668
表 27-4　山西省级林业产业相关协会 ………………………………………………………… 668
内蒙古自治区林业产业………………………………………………………………………… 669
产业特点………………………………………………………………………………………… 669
循环经济………………………………………………………………………………………… 669
果　品…………………………………………………………………………………………… 669
中药材…………………………………………………………………………………………… 669
龙头企业………………………………………………………………………………………… 670
表 28-1　内蒙古自治区林业产业概况 ………………………………………………………… 670
表 28-2　内蒙古自治区林业产业特色 ………………………………………………………… 672
表 28-3　内蒙古自治区各产业对总产值的贡献 ……………………………………………… 672
表 28-4　内蒙古国家级和自治区级林业产业相关协会 ……………………………………… 673
辽宁省林业产业………………………………………………………………………………… 674
产业特点………………………………………………………………………………………… 674
政策规划………………………………………………………………………………………… 674
森林认证………………………………………………………………………………………… 674
展览展会………………………………………………………………………………………… 675
产业园区………………………………………………………………………………………… 675
林业产业协会…………………………………………………………………………………… 676
沈阳市木地板及苹果产业……………………………………………………………………… 676
大连市木业产业………………………………………………………………………………… 677
鞍山市南果梨产业……………………………………………………………………………… 677
抚顺市木材和木制品生产……………………………………………………………………… 677
本溪市山野菜和中草药产业…………………………………………………………………… 678

阜新市大扁杏、山杏产业 …… 678
辽阳市南国梨产业 …… 678
铁岭市榛子产业 …… 678
葫芦岛市核桃产业 …… 678
表 29-1 辽宁省林业产业概况 …… 679
表 29-2 辽宁省林业产业特色 …… 681
表 29-3 辽宁省各产业对总产值的贡献 …… 681
表 29-4 辽宁省级林业产业相关协会 …… 681
表 29-5 辽宁省林业政策 …… 681
吉林省林业产业 …… 682
产业特点 …… 682
舒兰林蛙养殖 …… 682
延边森工林业产业 …… 682
表 30-1 吉林省林业产业概况 …… 683
表 30-2 吉林省林业产业特色 …… 685
表 30-3 吉林省各产业对总产值的贡献 …… 685
表 30-4-1 吉林省木材加工业中国名牌产品 …… 685
表 30-4-2 吉林省木材加工业省名牌产品 …… 685
表 30-4-3 吉林省木材加工业中国驰名商标 …… 685
表 30-4-4 吉林省木材加工业省著名商标 …… 686
表 30-5 吉林省级林业产业相关协会 …… 686
黑龙江省林业产业 …… 687
产业特点 …… 687
果 品 …… 687
森林蔬菜 …… 687
野生动物 …… 687
中药材 …… 688
木材加工 …… 689
森林旅游 …… 689
对俄贸易 …… 689
表 31-1 黑龙江省林业产业概况 …… 690
表 31-2 黑龙江省林业产业特色 …… 692
表 31-3 黑龙江省各产业对总产值的贡献 …… 692
表 31-4 黑龙江国家和省级林业产业相关协会 …… 692
上海市林业产业 …… 693
产业特点 …… 693
果 品 …… 693
野生动植物 …… 693
森林旅游 …… 694
表 32-1 上海市林业产业概况 …… 694
表 32-2 上海市林业产业特色 …… 696

表 32-3　上海市各产业对总产值的贡献 …………………………………………………… 696
表 32-4　上海市级林业产业相关协会 ………………………………………………………… 696
江苏省林业产业…………………………………………………………………………………… 697
产业特点………………………………………………………………………………………… 697
杨　树…………………………………………………………………………………………… 697
种　苗…………………………………………………………………………………………… 697
银　杏…………………………………………………………………………………………… 697
企　业…………………………………………………………………………………………… 697
表 33-1　江苏省林业产业概况 ……………………………………………………………… 698
表 33-2　江苏省林业产业特色 ……………………………………………………………… 700
表 33-3　江苏省各产业对总产值的贡献 …………………………………………………… 700
表 33-4　江苏省级林业产业相关协会 ……………………………………………………… 701
浙江省林业产业…………………………………………………………………………………… 702
产业特点………………………………………………………………………………………… 702
浙江笋竹产品西北行…………………………………………………………………………… 702
花　卉…………………………………………………………………………………………… 703
森林旅游………………………………………………………………………………………… 703
云和县木制玩具………………………………………………………………………………… 703
龙头企业………………………………………………………………………………………… 704
第三届中国义乌国际森林产品博览会………………………………………………………… 704
表 34-1　浙江省林业产业概况 ……………………………………………………………… 704
表 34-2　浙江省林业产业特色 ……………………………………………………………… 707
表 34-3　浙江省各产业对总产值的贡献 …………………………………………………… 707
表 34-4　浙江国家和省级林业产业相关协会 ……………………………………………… 708
安徽省林业产业…………………………………………………………………………………… 709
产业特点………………………………………………………………………………………… 709
表 35-1　安徽省林业产业概况 ……………………………………………………………… 709
表 35-2　安徽省林业产业特色 ……………………………………………………………… 711
表 35-3　安徽省各产业对总产值的贡献 …………………………………………………… 711
表 35-4　安徽省林业政策 …………………………………………………………………… 712
表 35-5　安徽省级林业产业相关协会 ……………………………………………………… 712
福建省林业产业…………………………………………………………………………………… 713
产业特点………………………………………………………………………………………… 713
木　炭…………………………………………………………………………………………… 713
表 36-1　福建省林业产业概况 ……………………………………………………………… 713
表 36-2　福建省林业产业特色 ……………………………………………………………… 716
表 36-3　福建省各产业对总产值的贡献 …………………………………………………… 716
表 36-4　福建省国家和省级林业产业相关协会 …………………………………………… 717
江西省林业产业…………………………………………………………………………………… 718
产业特点………………………………………………………………………………………… 718
竹………………………………………………………………………………………………… 718

油　茶…………………………………………………………………………………………………… 718
表 37-1　江西省林业产业概况 ……………………………………………………………………… 718
表 37-2　江西省林业产业特色 ……………………………………………………………………… 721
表 37-3　江西省各产业对总产值的贡献 …………………………………………………………… 721
表 37-4　江西省级林业产业相关协会 ……………………………………………………………… 722
山东省林业产业……………………………………………………………………………………… 723
产业特点…………………………………………………………………………………………… 723
林产品初级市场…………………………………………………………………………………… 723
种苗花卉…………………………………………………………………………………………… 724
林下经济…………………………………………………………………………………………… 724
人造板……………………………………………………………………………………………… 724
木本粮油…………………………………………………………………………………………… 724
表 38-1　山东省林业产业概况 ……………………………………………………………………… 724
表 38-2　山东省林业产业特色 ……………………………………………………………………… 726
表 38-3　山东省各产业对总产值的贡献 …………………………………………………………… 727
表 38-4　山东省级林业产业相关协会 ……………………………………………………………… 727
表 38-5　山东省林业产业龙头企业名单 …………………………………………………………… 727
河南省林业产业……………………………………………………………………………………… 729
产业特点…………………………………………………………………………………………… 729
茶…………………………………………………………………………………………………… 729
果　品……………………………………………………………………………………………… 729
中药材……………………………………………………………………………………………… 729
花卉苗木…………………………………………………………………………………………… 730
森林旅游…………………………………………………………………………………………… 730
龙头企业…………………………………………………………………………………………… 730
表 39-1　河南省林业产业概况 ……………………………………………………………………… 731
表 39-2　河南省林业产业特色 ……………………………………………………………………… 733
表 39-3　河南省各产业对总产值的贡献 …………………………………………………………… 734
表 39-4　河南省级林业产业相关协会 ……………………………………………………………… 734
湖北省林业产业……………………………………………………………………………………… 735
产业特点…………………………………………………………………………………………… 735
政策措施…………………………………………………………………………………………… 735
博览会……………………………………………………………………………………………… 736
重点龙头企业……………………………………………………………………………………… 736
表 40-1　湖北省林业产业概况 ……………………………………………………………………… 737
表 40-2　湖北省林业产业特色 ……………………………………………………………………… 740
表 40-3　湖北省各产业对总产值的贡献 …………………………………………………………… 740
表 40-4　湖北省林业龙头企业 ……………………………………………………………………… 740
表 40-5　湖北省级林业产业相关协会 ……………………………………………………………… 742
湖南省林业产业……………………………………………………………………………………… 743
产业特点…………………………………………………………………………………………… 743

林业立法…… 743
沅江林纸、板材加工 …… 743
油　茶…… 744
经济林…… 745
竹　林…… 745
花　卉…… 746
龙头企业与品牌…… 746
林业科技…… 746
森林旅游…… 747
生态文化产业…… 747
首届湖南家具博览会…… 747
表 41-1　湖南省林业产业概况 …… 747
表 41-2　湖南省林业产业特色 …… 750
表 41-3　湖南省各产业对总产值的贡献 …… 750
表 41-4　湖南省级林业产业相关协会 …… 750
广东省林业产业…… 751
产业特点…… 751
表 42-1　广东省林业产业概况 …… 751
表 42-2　广东省林业产业特色 …… 754
表 42-3　广东省各产业对总产值的贡献 …… 754
表 42-4　广东省级林业产业相关协会 …… 755
广西壮族自治区林业产业…… 756
产业特点…… 756
木材生产…… 756
人造板…… 756
木制品…… 757
制浆造纸…… 757
竹、藤 …… 757
林产化工…… 757
花　卉…… 757
油　料…… 757
野生动物驯养…… 758
龙头企业…… 758
表 43-1　广西壮族自治区林业产业概况 …… 758
表 43-2　广西壮族自治区林业产业特色 …… 761
表 43-3　广西壮族自治区各产业对总产值的贡献 …… 761
海南省林业产业…… 762
产业特点…… 762
龙头企业…… 762
表 44-1　海南省林业产业概况 …… 763
表 44-2　海南省林业产业特色 …… 765

表 44-3　海南省各产业对总产值的贡献 …… 765
表 44-4　海南省级林业产业相关协会 …… 766
重庆市林业产业 …… 767
产业特点 …… 767
表 45-1　重庆市林业产业概况 …… 767
表 45-2　重庆市林业产业特色 …… 769
表 45-3　重庆市各产业对总产值的贡献 …… 770
表 45-4　重庆市级林业产业相关协会 …… 770
四川省林业产业 …… 771
产业特点 …… 771
速生丰产林 …… 771
人造板 …… 771
家　具 …… 771
竹浆造纸 …… 772
中药材 …… 772
森林蔬菜 …… 772
生物质能源林 …… 772
木本油料 …… 772
产业基地 …… 772
表 46-1　四川省林业产业概况 …… 772
表 46-2　四川省林业产业特色 …… 775
表 46-3　四川省各产业对总产值的贡献 …… 775
表 46-4　四川省级林业产业相关协会 …… 776
贵州省林业产业 …… 777
产业特点 …… 777
软　木 …… 777
竹　藤 …… 777
森林蔬菜 …… 777
中药材 …… 777
种苗基地 …… 777
林产化工 …… 778
林业科技 …… 778
表 47-1　贵州省林业产业概况 …… 779
表 47-2　贵州省林业产业特色 …… 781
表 47-3　贵州省各产业对总产值的贡献 …… 781
表 47-4　贵州省级林业产业相关协会 …… 781
云南省林业产业 …… 782
产业特点 …… 782
龙头企业 …… 782
林(竹)浆纸 …… 782
果　品 …… 782

林产化工……783
森林蔬菜……784
中药材……784
种　苗……784
野生动物……784
表 48-1　云南省林业产业概况……784
表 48-2　云南省林业产业特色……786
表 48-3　云南省各产业对总产值的贡献……787
表 48-4　云南省级林业产业相关协会……787
西藏林业产业……788
产业特点……788
种　苗……788
野生动物及林下产品……788
林业科技……788
表 49-1　西藏自治区林业产业概况……788
表 49-2　西藏自治区林业产业特色……790
表 49-3　西藏自治区各产业对总产值的贡献……790
陕西省林业产业……791
产业特点……791
果　品……791
油　茶……792
种苗花卉……792
野生动物……792
林业科技教育……792
表 50-1　陕西省林业产业概况……792
表 50-2　陕西省林业产业特色……794
表 50-3　陕西省各产业对总产值的贡献……795
表 50-4　陕西省级林业产业相关协会……795
甘肃省林业产业……796
产业特点……796
知名品牌……796
果　品……796
林木种苗……796
花　卉……796
林副林木产品加工业……796
表 51-1　甘肃省林业产业概况……797
表 51-2　甘肃省林业产业特色……799
表 51-3　甘肃省各产业对总产值的贡献……799
表 51-4　甘肃省级林业产业相关协会……799
青海省林业产业……800
产业特点……800

种　苗…………………………………………………………………………………… 800
核　桃…………………………………………………………………………………… 800
表 52-1　青海省林业产业概况 ………………………………………………………… 800
表 52-2　青海省各产业对总产值的贡献 ……………………………………………… 802
表 52-3　青海省级林业产业相关协会 ………………………………………………… 802
宁夏回族自治区林业产业……………………………………………………………… 803
产业特点………………………………………………………………………………… 803
果　品…………………………………………………………………………………… 803
龙头企业………………………………………………………………………………… 805
花　卉…………………………………………………………………………………… 807
表 53-1　宁夏回族自治区林业产业概况 ……………………………………………… 807
表 53-2　宁夏回族自治区林业产业特色 ……………………………………………… 809
表 53-3　宁夏回族自治区各产业对总产值的贡献 …………………………………… 809
表 53-4　宁夏回族自治区林业科技成果 ……………………………………………… 809
表 53-5　宁夏回族自治区林业产业标准 ……………………………………………… 809
表 53-6　宁夏自治区级林业产业相关协会 …………………………………………… 809
新疆维吾尔自治区林业产业…………………………………………………………… 810
产业特点………………………………………………………………………………… 810
表 54-1　新疆维吾尔自治区林业产业概况 …………………………………………… 810
表 54-2　新疆维吾尔自治区林业产业特色 …………………………………………… 812
表 54-3　新疆维吾尔自治区各产业对总产值的贡献 ………………………………… 812
表 54-4　新疆自治区级林业产业协会 ………………………………………………… 812
内蒙古森工林业产业…………………………………………………………………… 813
产业特点………………………………………………………………………………… 813
表 55-1　内蒙古森工林业产业概况 …………………………………………………… 813
表 55-2　内蒙古森工各产业对总产值的贡献 ………………………………………… 813
吉林森工林业产业……………………………………………………………………… 814
产业特点………………………………………………………………………………… 814
森林旅游………………………………………………………………………………… 814
金融资本证券业………………………………………………………………………… 814
森林矿产………………………………………………………………………………… 814
基地建设………………………………………………………………………………… 814
集团建设………………………………………………………………………………… 814
品牌建设………………………………………………………………………………… 814
表 56-1　吉林森工林业产业概况 ……………………………………………………… 814
表 56-2　吉林森工各产业对总产值的贡献 …………………………………………… 815
龙江森工林业产业……………………………………………………………………… 816
产业特点………………………………………………………………………………… 816
森林培育………………………………………………………………………………… 816
苗木、花卉 ……………………………………………………………………………… 816
多种经营………………………………………………………………………………… 816

森林旅游…… 816
表 57-1 龙江森工林业产业概况 …… 816
表 57-2 龙江森工各产业对总产值的贡献 …… 817
大兴安岭林业产业…… 818
产业特点…… 818
木材生产…… 818
林业公路…… 818
境外采伐…… 818
种 苗…… 819
林业企业…… 819
野生动植物…… 819
畜牧业…… 820
森林旅游…… 820
果 品…… 821
中药材…… 822
进出口…… 822
招商引资…… 822
林业科技…… 822
表 58-1 大兴安岭林业产业概况 …… 823
表 58-2 大兴安岭各产业对总产值的贡献 …… 824
新疆生产建设兵团林业产业…… 825
产业特点…… 825
果 品…… 825
表 59-1 新疆生产建设兵团林业产业概况 …… 825
表 59-2 新疆生产建设兵团各产业对总产值的贡献 …… 826
附 录…… 827
附录 1 木质类林产品海关代码及调整系数 …… 827
附录 2 竹藤类林产品海关代码及调整系数 …… 828
附录 3 非木质类林产品海关代码及调整系数 …… 829
附录 4 林业机械产品海关代码 …… 831
2010 年林业产业大事记 …… 833
《中国林业产业与林产品年鉴 2011》参加编纂地、县级单位名单 …… 836

特 辑

深入贯彻落实中央决策部署
努力实现林业发展宏伟目标

——在全国林业厅局长会议上的讲话

贾治邦

（2010年1月21日）

这次会议的主要任务是，深入贯彻党的十七大和十七届三中、四中全会及中央经济、农村、林业工作会议精神，认真落实胡锦涛总书记、温家宝总理等中央领导同志重要批示精神，系统总结2009年林业工作，深入分析林业面临的新形势，科学谋划林业发展思路，研究部署2010年林业工作。国务院对这次会议高度重视，会前，中共中央政治局委员、国务院副总理回良玉同志专门听取汇报，并作出重要指示，1月19日又作出重要批示。我们要深刻领会、切实贯彻中央的部署要求，集中精力把会议开好。下面，我讲三点意见。

一、2009年林业工作的简要回顾

2009年是新中国成立60周年，是我国应对国际金融危机关键之年，也是我国林业发展史上具有里程碑意义的一年。一年来，党中央召开了新中国成立60年来的首次中央林业工作会议，全国掀起了加快林业改革发展的新热潮；提前实现了2010年森林覆盖率达到20%的奋斗目标，有力提升了我国在应对气候变化中负责任大国形象；重点国有林区棚户区改造全面实施，林区民生明显改善；林业政策调整取得重大突破，强林惠林政策体系开始建立；全国林业信息化建设取得突破性进展，林业发展进入了“以信息化带动现代化”的新阶段。在特大旱情等自然灾害和国际金融危机严重影响的情况下，全年完成造林8827万亩，义务植树24.8亿株，林业产业总产值达到1.58万亿元，同比增长9.8%。总体上看，过去的一年是我国林业发展史上划时代的一年，是发展现代林业、建设生态文明、推动科学发展取得重大进展的一年。

（一）林业改革取得重大成效。集体林权制度改革全面推开。已有26个省区市召开了省委或全省林业工作会议，形成了五级书记、五大班子抓林改的好局面。全国已确权林地面积15.14亿亩，占集体林地的59.4%，发证面积11.36亿亩，占已确权面积的75%。林地承包到户后，农民真正成为山林的主人，山林成为农民的宝贵资产。陕西省宁陕县有集体林306万亩，蓄积量943万立方米，林改后全县每个农户分得林地186亩，蓄积量558立方米，户均资产达到50万元。由于农民对林木拥有了所有权、经营权、处置权，原来的集体林由“我们的”变成了“我的”，蕴藏在农民群众中的巨大能量得到充分释放，农民就像解放区参加土改和20世纪80年代实行农田大包干一样，热情高涨，敢于投入，舍得投入，展现出家家户户齐动员、热火朝天干林业的动人景象。过去担心引发乱砍滥伐的情况不但没有发生，反而出现了全家护林、合作护林、精心护林的可喜局面。农民通过精心经营林地、发展林下经济和森林旅游，收入大幅度增加。浙江省安吉县农民人均纯收入达到1

万多元，其中仅竹产业一项农民人均收入就达到6500多元。甘肃省合水县农民胡振东2009年在林下养鸡4万多只，产出达到120多万元。云南省大理白族自治州漾濞彝族自治县通过发展核桃产业，收入在1万~5万元的农户1.2万户，山区农民收入首次超过了平原坝区的农民收入。已完成主体改革的地方，收到了生态受保护、农民得实惠的显著成效。

同时，集体林木采伐管理机制改革取得突破，在24个省区市、193个单位进行了改革试点。推行了林木采伐指标公示制，湖南省林木采伐指标实现了"阳光分配"，入村到户率达到100%。国有林场和重点国有林区改革试点取得新进展。《关于加快国有林场改革的实施意见》已上报国务院，将于今年启动实施。伊春国有林改革试点也进一步进行了总结完善。

(二)生态体系建设扎实推进。一是森林生态系统建设取得新进展。森林面积大幅度增加，森林质量明显提升，森林保护进一步加强。据第七次森林资源清查，全国森林面积29.25亿亩，比上一次清查净增3.08亿亩；森林覆盖率20.36%，净增2.15个百分点；活立木蓄积量149.13亿立方米，净增11.28亿立方米；人工林面积9.3亿亩，净增1.26亿亩，继续保持世界首位。两大生态屏障建设成效显著，三北防护林工程重点区域治理得到加强，沿海防护林工程建设实现了基干林带合拢。天然林保护工程木材产量调减到位，退耕还林工程成果进一步巩固，长江防护林工程两湖两库治理效果明显，林业血防工程建设规模进一步扩大，太行山绿化工程建设涌现出山西长治等一批典型，珠江防护林工程、平原绿化工程稳步推进。义务植树、部门绿化和各种形式的社会造林深入开展。二是湿地生态系统保护恢复取得新成效。实施了湿地生态保护恢复工程。启动了第二次全国湿地资源调查。新增国家湿地公园试点62处，新增杭州西溪湿地公园为国际重要湿地，湿地保护网络体系初步形成。在广东等3省开展了国家重要湿地确认试点。8个省出台了省级湿地保护条例，湿地保护与恢复管理逐步进入信息化、法制化、规范化轨道。三是荒漠生态系统治理与改善取得新突破。《省级政府防沙治沙目标责任考核办法》颁布施行，成为继计划生育、耕地保护、节能减排之后又一项对省级政府具有约束力的考核办法。京津风沙源治理工程稳步推进，全年完成沙化土地治理近1500万亩。建立防沙治沙综合示范区37个。沙尘暴灾害防范和应对工作加强。颁布了石漠化治理林业专项规划，治理项目试点顺利进行。开展了第四次荒漠化沙化监测。四是生物多样性保护得到新加强。新增国家级自然保护区14个。全国林业系统自然保护区达到2011个，面积18.42亿亩，占国土面积的12.79%。开展了全国林业自然保护区评估工作，自然保护区管理水平进一步提升。大熊猫、朱鹮、金丝猴、苏铁、红豆杉等一大批濒危物种野外种群稳中有升，成功组织了鳄蜥放归自然和德保苏铁回植活动。70%的野生大熊猫及60%的栖息地纳入保护区有效管理，野生种群发展到1600只，濒危状况得到有效缓解，圈养种群总数达到290只，基本实现自我维持。野生动物损害补偿试点进展顺利。组织了打击破坏鸟类资源等专项行动，遏制了破坏野生动植物资源的势头。野生动物疫源疫病监测防控进一步加强，活禽和活体鸟类经营市场专项整治成效显著，遏制了高致病性禽流感的蔓延。

(三)林业产业体系初步形成。经国务院批准，颁布了《林业产业振兴规划》。召开了第二届全国林业产业大会，各级政府出台了一系列促进林业产业发展的政策措施，木材加工、木浆造纸、林产化工、森林旅游、木本粮油、竹藤、花卉、野生动植物繁育利用、林业生物质能源、沙产业等十大林业支柱产业加快发展，林业产业体系初步形成。森林旅游业产值达到1500亿元，带动社会总产值超过4000亿元，经济林种植与采集业产值达到3700亿元，木材加工业产值达到3600亿元，木浆造纸业产值达到1300亿元，竹藤花卉业产值超过1000亿元。河南省许昌市种植花卉苗木90万亩，年总产值60亿元，花木主产区农民年人均纯收入达到10600元，高于全市平均水平4000多元。油茶产业发展势头良好，实施了《全国油茶产业发展规划》，全年生产良种嫁接苗近4.2亿株，可出圃油茶良种苗1.6亿株，可新造油茶林150多万亩，投资建设油茶良种采穗圃项目76个，新种植油茶林134万亩，改造低产油茶林298万亩，茶油产量达到89万吨。湖南省新造油茶林46.5万亩、低改抚育136万亩；江西省新造油茶林39.4万亩，低改抚育46.2万亩。山东、江苏、广西的木材加工业，湖南、四川的森林旅游业，云南、河南的花卉业，辽宁、河北的林下经济，广东、吉林的野生动物繁育利用业，浙江、江西的竹产业，陕西、新疆的林果业等，已成为当地的主导产业。福建、浙江、广东、江苏等省林业产业总产值继续保持高位增长，其中福建达到1460亿元，浙江达到1434亿元，广东达到1419亿元，江苏达到1136亿元，山东、江西、四川、广西、湖南都达到了800亿元以上，辽宁、河南、吉林等省也超过了600亿元。

（四）生态文化体系建设深入开展。一是组织体系不断完善。各类生态文化协会、学会、促进会、创作基地不断涌现，生态文化管理、研究、创作和宣传队伍不断壮大。山东省各级生态文化群众团体达260多个，创作队伍达90多支。二是宣传平台不断丰富。大力推进森林博物馆、标本馆、科普长廊等基础建设，建成了中国湿地博物馆、退耕还林展览馆，在中国林业网开辟了中国树木博览园、野生动物博物馆、林业展厅等，打造了一批集保护、展示、教育于一体的生态文化平台。三是生态文化传播日益广泛。开展了国家森林城市和国家生态文明教育基地创建活动，成功举办了第六届中国城市森林论坛和第二届中国生态文明高层论坛。开展了全国林业职工原创作品展、林业公益招贴画进万家和“原山杯”全国书画大赛活动。举办了“生态中国十大杰出人物”评选、全国生态文学作品大赛、全国生态建设成就摄影大赛。涌现了以《鹤乡谣》、《中国野生动物档案》、《远方的呼唤》为代表的一大批生态科普文化作品。同时，森林、湿地、野生动物等文化内涵得到进一步挖掘。通过公益广告、野生动物宣传月、爱鸟周、荒漠化日，举办林博会、花博会、湿地文化节等活动，进一步扩大了生态文化的影响力。

（五）林业“三防”工作成效显著。实施了《全国森林防火中长期发展规划》，加强了森林防火基础设施建设，开展了“侦破森林火案攻坚战”行动，组建了武警森林部队直升机支队，成功处置了“4·27”黑龙江沾河等36起重特大森林火灾，实现了火灾次数、受害面积和人员伤亡“三下降”，森林防火工作的基础建设、保障能力、扑救水平、社会影响显著提升。进一步强化了林业有害生物防控，重点加强了美国白蛾、松材线虫病防治，美国白蛾防控基本实现了有虫不成灾。开展了“绿盾三号”、林区社会治安整治、禁种铲毒等一系列专项严打行动，有效维护了森林资源安全和林区稳定。全国林业行政案件首次控制在30万起以下，比2008年减少5.62万起。

（六）强林惠林政策实现重大突破。一是支持林业发展的公共财政制度进一步完善。森林经营首次列入中央财政预算，由中央财政安排5亿元在11个省区和大兴安岭林区进行500万亩中幼林抚育补贴试点。林木良种补贴开始试点。林业机具纳入补贴范围。生态效益补偿标准提高，与财政部联合发布了《国家级公益林区划界定办法》，制定了《国家级公益林管理办法》，将国家级公益林补偿标准由每亩每年5元提高到10元，广东、福建、江苏、湖北、北京等省市将公益林补偿标准提高到每亩每年15~60元。造林补助标准从每亩100元提高到每亩200元。二是林业金融政策实现重大突破。森林保险开始试点，投保面积2.7亿亩，保险金额1141亿元。林权抵押贷款规模扩大，林权抵押面积5430万亩，获得贷款217亿元。林业贷款中央财政贴息政策进一步完善，各金融机构林业贷款规模达到240亿元，落实林业贴息贷款160亿元、中央财政贴息资金6.5亿元。三是林业税费政策得到重大调整。颁布了新的《育林基金征收使用管理办法》，林业部门过去从育林基金中列支的经费，明确由同级财政预算解决，湖南省已将林业部门行政事业经费全额纳入财政预算。延续了以林区“三剩物”和次小薪材为原料生产加工的综合利用产品，实行增值税即征即退政策。四是实施了改善林区民生的投入政策。国有林区棚户区改造累计安排中央投资23.5亿元，安排改造任务15.67万户，竣工539万平方米，交付入住10.8万户。下发了《关于做好国有林场危旧房改造工作的通知》。家电、汽车、摩托车等下乡补贴对象扩大到国有林区、林场职工。五是林区基础设施投入力度加大。编制了《林区道路建设工程规划》、《林区用水安全工程规划》，林区基础设施建设逐步加强。全年中央林业投入再创历史新高，达到691.7亿元，增幅13.9%。同时，各地进一步完善了林业投融资政策，林业投资大幅度增加。

(七)科教兴林、依法治林不断强化。一是林业科技支撑能力不断增强。实施了公益性行业科研专项、地方推广专项、高技术产业化示范工程和林业科技富民示范工程，取得了一批重要成果，并在生产建设中推广应用。加强了生态定位观测研究，新建生态定位站22个，制定了《陆地生态系统定位研究网络中长期发展规划》，完善了森林、湿地、荒漠生态系统生态定位站网络体系。成立了生物资源科学研究院。加强了林木新品种、生物质能源、生物产业、木本粮油等领域的科研和推广。林业标准化、知识产权保护等取得新进展。成立了国家级森林认证中心。成功举办了第二届中国林业学术大会。在福建省三明市命名了首个"全国生物产业基地"，在湖北省建立了"林业科技示范园区"。安徽省实施了"森林质量提升计划"，湖南省实施各级各类科技项目500多项。二是林业法制建设进一步强化。森林法修改已列入全国人大议程。湿地保护条例立法进程加快。新修订的《森林防火条例》正式实施。在农村土地承包经营纠纷调解仲裁相关法规中明确了集体林权纠纷调解机制。各地认真落实国务院颁布的《全面推进依法行政实施纲要》，辽宁省出台了防沙治沙条例，福建省出台了林权登记条例，甘肃省出台了林地保护条例，湖南省下发了规范行使林业行政处罚自由裁量权的指导意见，海南省制定了沿海防护林建设与保护指导意见。

(八)林业信息化建设取得实质性进展。发布了《全国林业信息化建设纲要》及其《指南》。召开了首届全国林业信息化工作会议，确立了"加快林业信息化，带动林业现代化"的基本思路，举办了首届全国林业信息化高峰论坛、林业信息化成果展，设立了林业信息化标识。实施了国家林业局内外网整合改造、林业专网扩建、自然资源信息库等一批重点信息化工程。"金林工程"立项工作加快推进。林业信息化标准体系初步形成。组织了林业信息化战略研究，启动了辽宁、湖南、福建、吉林森工等首批全国林业信息化示范省建设。整合打造了中国林业网、国家林业局办公网、全国林业专网，形成了包括计划单列市在内的省级以上林业部门视频和在线办公网络，国家林业局无纸化办公即将实现。辽宁、江苏等多数省份召开了全省林业信息化工作会议，广西、江西、浙江等多个省区编制了林业信息化建设规划。山西、辽宁、吉林森工等建立了数据支撑平台。福建、辽宁、云南等省制定了省级数字林业标准。湖南省建立了包括470万个森林小班的"林农科学种树电子地图"，林农点击地图，就能迅速查到自家山地适宜种什么树、怎么种等资料。全国林业信息化建设进入了全面发展的新阶段，已成为现代林业建设的一大亮点。

(九)林业国际影响力显著提升。林业在应对气候变化中的特殊作用受到空前重视，为国家外交战略作出了重要贡献。在2009年第17次APEC会议上，胡锦涛主席再次强调了"亚太森林恢复与可持续管理网络"建设。在胡锦涛主席的重视下，亚太森林网络建设取得重要进展，国际影响不断提升。在2009年9月召开的联合国气候变化峰会上，胡锦涛主席向世界作出了"大力增加森林碳汇，争取到2020年森林面积比2005年增加4000万公顷，森林蓄积量比2005年增加13亿立方米"的庄严承诺，又一次赢得了世界各国的高度评价。当时的国际舆论称，胡锦涛主席的减排承诺赢得了世界掌声，中国让全球气候谈判出现了转机。CNN当天报道说，中国计划增加4000万公顷森林，相当于挪威的国土面积。美国前副总统戈尔说："其他地方的很多人并不知道，近两年来，中国每年植的树是全世界其他地区加起来的2.5倍"，"中国的表率作用令人印象深刻"。在哥本哈根会议上，温家宝总理向世界郑重宣布，中国是世界人工林面积最大的国家，人工造林面积居世界第一。充分表明了我国为应对全球气候变化作出的巨大贡献。为配合国家整体外交，国家林业局派代表团出席了联合国气候变化峰会和哥本哈根会议，积极参加应对气候变化林业议题谈判，参与相关国际规则制订，适时发布了《应对气候变化林业行动计划》，扎实推进林业碳汇计量和监测工作。林业还成为中美、中日、中欧、中非战略经济合作的重要议题。打击木材非法采伐、国际履约以及经济技术合作等领域也取得了新进展。

国际竹藤组织成员国达到34个，在20多个国家开展了30多个建设项目。同时，加强了境外森林资源合作，落实了境外森林资源合作6项扶持政策，发布了《中国企业境外森林可持续经营利用指南》，确定了10个在俄木材深加工重点项目，总投资达6.37亿美元。山东省17家企业已投资4.72亿美元在境外租赁或购置森林7875万亩、蓄积量近4亿立方米。争取欧投行贷款5000万欧元，实施了林业生物质能源和碳汇项目。总投资2亿美元的世行贷款“林业综合发展项目”和总投资1.8亿美元的亚行贷款“西北三省区林业生态发展项目”准备工作基本完成。

（十）林业队伍建设继续加强。深入推进干部人事制度改革，干部竞争上岗、轮岗交流力度明显加大，开展了干部集中教育管理活动，推进了干部工作的科学化、民主化、制度化。开展了“小金库”专项治理活动，加强了机关建设、党的建设和廉政建设。实施了派驻地方林业监督管理机构合署办公，提升了监管水平。森林公安基本完成了“三定”工作，正规化建设全面加强。各省区市进一步加强了林业机构建设，职能得到明显拓展。启动了全国林业站标准化建设试点。后勤保障、工青妇、老干部、林业社团等都发挥了重要作用。

一年来，在党中央、国务院的正确领导下，林业改革发展取得了重大成果，全体务林人为之付出了艰苦努力，中央有关部门和地方各级党委、政府为之付出了智慧和心血。在此，我代表国家林业局向全体务林人、各有关部门和各级党委政府、各新闻媒体以及一切关心支持林业改革发展的同志们、朋友们，致以崇高的敬意，表示衷心的感谢！

同时，我们也清醒地认识到，林业改革发展还存在着很多新困难、新问题，还面临着许多新挑战。我们一定要发扬成绩，正视问题，克服困难，迎接挑战，继续开创林业改革发展的新局面。

二、当前林业改革发展面临的新形势

当前，林业改革发展面临着千载难逢的好机遇，承担着十分重大的历史任务。去年底，中共中央总书记、国家主席胡锦涛等中央领导同志对林业改革发展作出了重要批示。胡锦涛总书记指出，经过多年努力，我国林业发展和生态建设取得显著成效，希望林业战线同志们，继续努力，依靠人民群众，依靠科学技术，依靠深化改革，扎实开展植树造林活动，着力加强森林保护和经营，确保实现2020年的奋斗目标。去年6月，中共中央政治局常委、国务院总理温家宝同志在中央林业工作会议上对林业作出了“四个地位”的精辟概括，明确指出，在贯彻可持续发展战略中林业具有重要地位，在生态建设中林业具有首要地位，在西部大开发中林业具有基础地位，在应对气候变化中林业具有特殊地位。中共中央政治局委员、国务院副总理回良玉同志明确提出了新时期林业的“四大使命”，明确要求，实现科学发展必须把发展林业作为重大举措，建设生态文明必须把发展林业作为首要任务，应对气候变化必须把发展林业作为战略选择，解决“三农”问题必须把发展林业作为重要途径。中央林业工作会议和中央领导同志对林业的重要论述，是我们党对林业发展和生态建设的最新认识成果，确定了新时期林业发展和生态建设的新地位、新使命、新目标和新要求。我们一定要认真学习，深刻领会，统一思想，提高认识，抓住当前这一十分宝贵而重大的历史机遇，全面完成发展现代林业、建设生态文明、推动科学发展这一光荣而伟大的历史使命。

第一，发展林业已成为深入贯彻落实科学发展观的重大实践，成为全党全国工作的战略重点。科学发展观是我们党在新世纪新阶段根据党和国家事业发展新特点提出的重大战略指导思想，是统领国家各项事业改革发展的总方针、总政策和总要求。科学发展观第一要义是发展，核心是以人为本，基本要求是全面协调可持续，根本方法是统筹兼顾。林业是具有多种功能的产业，在经济建设、生态建设、文化建设和社会建设中具有重要地位，在实现经济社会科学发展中具有不可替代的独特作用。实现科学发展必须把发展林业作为重大举措，这是中央林业工作会议赋予新时期林业的首要使命。为什么中央把林业提升到这样特殊的战略位置？首先，集体林权制度改革是统筹城乡发展的战略举措，是深入贯彻落实科学发展观的生动实践。农村和城市发展的不协调，是当前我国经济社会发展最大的不协调。我国有9亿农村人口和27亿亩集体林地，山区面积占全国陆地面积的近70%，山区人口占全国人口近60%。

实行集体林权制度改革，充分释放亿万农民的巨大潜能和集体林地的巨大潜力，不仅可以极大地解放和发展农村生产力，加快实现农民特别是山区农民的小康目标，而且可以极大地推动城市经济的发展。这既体现了发展这个第一要义，又体现了以人为本；既体现了全面协调可持续发展，又体现了统筹兼顾的科学方法。其次，林业是一项重要的基础产业和公益事业，承担着物质产品和生态产品的供给任务。在贯彻可持续发展战略中林业具有重要地位，在生态建设中林业具有首要地位，在西部大开发中林业具有基础地位。在全面建设小康社会进程中，发展林业已成为全党全国工作的战略重点，必须加快林业发展，才能推动整个社会走上生产发展、生活富裕、生态良好的文明发展道路，才能建设好资源节约型和环境友好型社会，才能全面提升生态承载力，实现人口、资源、环境协调发展，人与自然和谐共进。按照中央的部署，各级党委政府自觉将发展林业作为深入贯彻落实科学发展观的重大实践，把林业摆上了战略位置，在全国掀起了前所未有的加快林业改革发展的新热潮。山东省把林业发展作为"率先发展、科学发展、和谐发展"的主要载体，加快推进绿色山东建设。湖南省把保持青山绿水、增加森林覆盖率和蓄积量作为实现科学发展的"四条底线"之一。云南省把林业发展作为统筹城乡发展的重大举措，力争农民林业人均收入达到3000元，实现山区农民脱贫致富奔小康。江西省把到2010年森林覆盖率达到63%作为实现科学发展的主要指标，各级党政领导干部带头参加植树造林，将每年春节后上班的第一天确定为植树团拜活动。江苏、河南、重庆、甘肃、陕西、河北、江西等省市分别将造林绿化、林改等主要任务纳入地方党政班子考核指标。各地召开省委或全省林业工作会议规格之高，规模之大，影响之深远，是划时代的，全国形成的全党动员、全民动手、全社会办林业的大好局面，也是前所未有的。

第二，发展林业已成为建设生态文明的首要任务，林业部门已成为生态文明建设的主体部门。党的十七大提出，要建设生态文明，基本形成节约能源资源和保护生态环境的产业结构、增长方式、消费模式，循环经济形成较大规模，可再生能源比重显著上升，生态环境质量明显改善，生态文明观念在全社会牢固树立。这标志着建设生态文明已经成为全面建设小康社会的新要求、新目标和新任务，标志着建设生态文明已经成为中国特色社会主义伟大事业的崇高追求。生态文明是指人类在改造客观物质世界过程中，自觉遵守自然和社会客观规律，不断调整改善进而实现低消耗、低排放、高效益的产业结构和生态化的生产方式、生活方式，达到人与自然、经济与生态和谐共进，取得的物质和精神的总和，是人类文明的高级形态。建设生态文明，必须把发展林业作为首要任务，充分发挥林业部门在生态文明建设中的主体作用。这是因为，森林是陆地生态系统的主体，在维护生态平衡中起着决定作用。林业部门承担着建设和保护"三个系统一个多样性"的重要职能，即：建设和保护森林生态系统、管理和恢复湿地生态系统、改善和治理荒漠生态系统、维护和发展生物多样性。科学家把森林生态系统喻为"地球之肺"，把湿地生态系统喻为"地球之肾"，把荒漠化喻为地球一种很难医治的疾病，把生物多样性喻为"地球的免疫系统"。这"三个系统一个多样性"，对保持陆地生态系统的整体功能起着中枢和杠杆作用，无论损害和破坏哪一个系统，都会影响地球的生态平衡，影响地球的健康长寿，危及人类生存的根基。只有建设和保护好这些生态系统，维护和发展好生物多样性，人类才能永远地在地球这一共同的美丽家园里繁衍生息、发展进步。其次，林业是发展循环经济、低碳经济的必然选择。森林既是一个巨大的资源库，又是一个最大的循环经济体，具有"生产—消费—分解"可循环的基本属性。木材是经济建设不可缺少的世界公认的三大传统原材料之一，具有可再生、可降解、可循环利用、绿色环保的独特优势。在经济建设中用木材和木材深加工制成品代替钢铁、水泥和石油、天然气深加工制成品，不仅可以大幅度降低二氧化碳的排放，而且可以促进生态环境的改善。同时，森林又是一种仅次于煤炭、石油、天然气的第四大战略性能源。利用林木的枝丫发电和果实炼油不仅潜力巨大，而且再生力强。在化石能源日益枯竭的情况下，发展森林生物质能源已成为世界各国能源替代的重大战略，也是我国开发替代能源的战略选择。各级党委政府在贯彻落实中央关于建设生态文明的战略决策中，都把加快林业发展作为生态文明建设的首要任务，把林业部门作为生态文明建设的主体部门，确立了生态立省、生态兴省、生态强省的发展战略，林业的地位空前提高，林业的投资显著增加，林业发展步伐明显加快。重庆市把建设“森林重庆”作为建成长江上游生态文明示范区的主要目标，制定了建设规划，仅2009年就投资178亿元，造林798万亩，超过前十年的总和。河南省实施了林业生态省建设规划，2009年投资79亿元，造林715万亩。山西省实施生态兴省战略，大力推进省级造林绿化十大工程。广东省计划用5年时间在全省建成1万个以上生态文明村，等等。全国各地掀起了兴林、种树、护绿三大热潮。

第三，发展林业已成为全球政治的重大议题，成为应对气候变化的战略选择。森林在应对气候变化中具有三大功能。一是吸收功能。森林是陆地上最大的吸碳器。它通过光合作用，吸收二氧化碳，放出氧气，形成碳汇。科学研究表明：森林每生长1立方米蓄积量，平均能吸收1.83吨二氧化碳，释放1.62吨氧气。二是贮存功能。森林是陆地上最大的储碳库。陆地生态系统一半以上的碳，储存在森林生态系统中。同时，木制品的储碳能力也很强。据日本《木材工业》报道，全球木制品碳储量每年约增加6000万吨。三是替代功能。据国际能源机构测算，用木结构代替钢筋混凝土结构，单位能耗可从800降到100。由于森林在应对气候变化中具有这些特殊功能，因此，《京都议定书》规定了工业直接减排和森林间接减排两条减排途径。日本在第一个承诺期，承诺减排6%，其中3.9%通过森林间接减排来实现。2007年在第15次APEC会议上，胡锦涛主席提出我国森林覆盖率要由18.21%提高到2010年的20%，并倡导与美国、澳大利亚发起建立“亚太森林恢复与可持续管理网络”，被国际社会誉为应对气候变化的“森林方案”。在2009年联合国气候变化峰会上，胡锦涛主席又提出了我国到2020年森林面积和蓄积量增长的目标，又获得国际社会的一致好评。在2009年12月哥本哈根气候变化大会上，虽然119个国家的首脑和众多国际组织、非政府组织5万人分别代表不同国家、不同利益集团展开了异常艰难的谈判和辩论，但各方对森林应对气候变化的共识高度一致，成为大会谈判的突出亮点，写入了《哥本哈根协议》，明确指出，减少由毁林和森林退化造成的碳排放、增加森林碳汇，在应对气候变化中至关重要，发达国家应提供充足的资金，支持发展中国家采取相应措施，同时决定建立哥本哈根基金予以支持。这一重要成果，为更广泛更充分地发挥森林在应对气候变化中的特殊作用，展示了广阔前景。我国是二氧化碳排放大国，随着经济的高速增长，二氧化碳排放总量必然继续增加。加快林业发展、增加森林碳汇已成为我国应对气候变化的战略选择，成为争取发展空间、维护国家形象的战略制高点。

第四，发展林业已成为增加农民收入的重要途径，成为拉动国内需求的战略举措。经济发展的永恒动力是消费，扩大内需的关键是扩大消费。如果消费上不去，投资过快形成的产能就释放不出来，就好像人吃进去消化不了，拉不出来，这样会更危险。我们国家扩大消费的潜力在农村，广大农民和部分城市低收入者消费意愿强，消费倾向高，但没有钱消费，购买力低，而高收入者虽然购买力强，但消费倾向低，这就出现了购买能力和消费意愿的错位。要解决这一症结，就要扩大农民消费，根本措施是增加农民收入，增加农民收入的希望和潜力在林业。各级党委政府已把全面推进集体林权制度改革、大力发展林业产业作为破解“三农”问题的重要途径和拉动国内需求的重大举措来抓，取得了明显成效。新疆维吾尔自治区已把发展林果业作为实现农民人均收入过万元的根本举措，特色林果业目前已成为新疆尤其是南疆5地州农民增收致富的主要途径。若羌县进入盛产期的红枣亩均效益都在万元以上，2009年全县农民人均收入已达到1万元，其中红枣收入超过8000元，一些农户靠种植红枣成了10万元户，有的已成为百万富翁。各地兴林富民的典型，为增加农民收入、拉动国内需求，展示了光明前景。当然，林业生产周期长，不像耕地承包那样收效快，但随着林业产业的大发展，必将使农民收入大幅度增加，推动整个国民经济再上一个大台阶。

总之，时代潮流已经把林业推到了历史的前

台，林业发展既面临着千载难逢的历史机遇，又面临着十分艰巨而光荣的历史使命。我们一定要用世界眼光和战略思维来认识林业，深刻领会和准确把握党中央、国务院赋予林业的"四个地位"、"四大使命"，把思想统一到中央的决策上来，把行动落实到中央的部署中去，紧紧抓住发展机遇，团结一致开拓进取，加快林业改革发展，切实肩负起我们的历史责任，切实履行好我们的神圣使命。

当前和今后一个时期，林业改革发展的总体要求是：以邓小平理论和"三个代表"重要思想为指导，深入贯彻落实科学发展观，全面落实中央林业工作会议和胡锦涛总书记、温家宝总理等中央领导同志重要批示精神，依靠人民群众，依靠科学技术，依靠深化改革，扎实开展植树造林，大力发展林业产业，全面加强生态保护，着力强化森林经营，确保2020年比2005年新增森林面积4000万公顷，新增森林蓄积量13亿立方米，森林覆盖率达到23%以上，林业产业总产值达到4万亿元，为发展现代林业、建设生态文明、推动科学发展作出新贡献。

各级林业部门必须围绕这一总体要求，坚持把深化改革作为解放和发展林业生产力的不竭动力，坚持把科学技术作为做大做强林业的根本支撑，坚持把加强森林经营作为现代林业建设的永恒主题，坚持把兴林富民作为林业改革发展的根本宗旨，坚持把全面实现2020年奋斗目标作为林业部门的重大政治任务，坚定意志，振奋精神，扎实工作，确保林业发展的宏伟目标顺利实现。

三、2010年林业改革发展的重点任务

2010年是"十一五"和"十二五"衔接之年，是贯彻落实中央林业工作会议和中央领导同志重要批示精神的关键之年。各级林业部门一定要扎实落实中央关于林业工作的决策部署，把全社会的力量动员起来，把科技第一生产力的作用发挥出来，把林业发展的活力激发出来，圆满完成全年林业工作任务，为确保实现2020年奋斗目标打下坚实的基础。

(一)积极稳妥地推进改革，创新林业体制机制。全面推进集体林权制度改革。一是继续坚持五级书记抓林改。进一步加强领导，精心组织，加快推进主体改革，坚持以明晰产权为核心、以承包到户为主，凡适宜家庭承包经营的林地，都要把承包经营权落实到本集体经济组织的农户；对不宜实行家庭承包经营的林地，也要通过均股、均利等方式明晰产权，真正确立农民的经营主体地位。二是全面深化配套改革，放活经营。进一步健全林业公共财政制度、金融支撑制度、采伐管理制度、林权流转制度和林业社会化服务体系。要制定林权抵押贷款办法，规范抵押贷款行为，扩大抵押贷款规模。进一步完善林业贷款中央财政贴息政策，增加贴息规模，发挥贴息在金融支持林业发展中的杠杆作用。积极探索总结林业担保公司的运行机制，发挥担保公司在林业金融中的重要作用，为扩大林业融资规模、化解林业融资风险提供有效保障。认真总结森林保险试点经验，完善保险办法和机制，在基层林业工作站培训一大批熟悉森林保险的业务队伍，为扩大森林保险规模、实现农民与保险公司双赢奠定坚实基础。要充分发挥中国林权交易所等各级林权交易机构的作用，进一步规范交易行为，实现林业生产要素的科学、高效配置。同时，积极引导农民林业专业合作社等社会化服务组织健康发展。三是加强林权登记、发证和档案管理。林权登记、发证和档案管理，是保障林农合法权益、巩固改革成果的重要保证，也是林权抵押贷款、资产变现、流转、继承、纠纷调处的基本依据，必须高度重视，认真对待，规范管理。四是大力培育各类先进典型，发挥"点亮灯一盏，照亮一大片"的作用。同时，启动实施好国有林场改革，结合天保二期工程政策调整，继续抓好重点国有林区改革试点工作。

(二)全面强化生态建设，着力改善生态状况。全年完成造林任务8880万亩以上，义务植树25亿株。一是继续抓好重点工程建设。天保一期工程要搞好总结，认真制定二期工程实施方案。退耕还林工程要巩固成果，在重点生态脆弱区和重要生态区位，适当增加安排退耕还林任务，并与当地林业产业发展紧密结合起来，确保退得下、稳得住、有收益。三北、长江、沿海等防护林工程要按照建设两大生态屏障的要求，落实规划、优化结构、完善体系、提升功能。同时，要加快荒山荒地造林绿化步伐，将造林任务落实到山头地块，加快速丰林、碳汇林、能源林、珍贵用材林、木本油料林等基地建设。二是大力推进身边增绿。结合森林城市、森林乡镇、森林村庄、森林校园、森林厂矿、森林营区创建活动，深入开展全民义务植树运动，创新义务植树实现形式，努力提高义务植树尽责率。切实落实部门造林绿化责任制，大力推进铁路、公路等部门绿化。三是努力提高造林绿化质量。加强林木种子区划和良种基地管理，突出抓好区域性、示范性林木种苗基地建设，加强种苗市场监管和质量监督，全面提高良种壮苗使用率。要增加混交林和乡土树种比重，注重封山育林，强化自然恢复。要强化造林质量监管，确保种一棵、活一棵、成材一棵。

同时，要全面加强生态保护。一是加强森林和林地管理。强化森林资源监督管理，规范木材运输管理，深化采伐管理机制改革，简化审批手续，方便林农群众。争取国务院批复《全国林地保护利用规划纲要》，抓紧制定“十二五”征占用林地定额，防止林地非法流失。二是加强湿地资源保护。建立健全湿地保护管理制度，研究制定湿地生态效益补偿相关政策，开展湿地生态效益补偿和湿地生态补水试点工作。加强国际重要湿地、国家湿地公园建设管理，做好第二次全国湿地资源调查。三是加强荒漠资源保护。抓紧编制全国防沙治沙规划、全国防沙治沙综合示范区建设工程规划，加快推进京津风沙源工程建设。加强沙化土地封禁保护，抓好石漠化综合治理项目试点。做好第四次荒漠化监测及沙尘暴灾害应急处置。四是加强生物多样性保护。加强大熊猫等濒危物种的拯救和保护，编制《全国野生动植物保护和自然保护区建设工程总体规划(2010～2020年)》，强化野生动植物及其制品的国内国际贸易监管，抓好野生动物损害补偿试点，开展第二次全国野生动物资源调查和第四次全国大熊猫调查，推进自然保护区示范省和示范自然保护区建设，完善野生动物疫源疫病监测体系，做好野生动物疫源疫病监测工作。

(三)继续加强“三防”工作，切实巩固建设成果。一是切实提升森林火灾应急处置能力。以深入实施《森林防火条例》和《全国森林防火中长期发展规划》为重点，全面推进依法治火、科学防火和群防群治，着力强化基础设施、扑火装备、消防队伍和应急机制建设。严格落实行政首长负责制。重点加强森林航空消防，加大森林防火物资储备。加强火灾隐患排查，严格管理野外火源。加强火险预警监测，及时处置森林火情，切实提高火灾当日扑灭率。二是狠抓林业有害生物防控。重点强化美国白蛾、松材线虫病等重大危险性林业有害生物防控。严格落实各级政府的防治责任。加大虫情监测和检疫执法力度。继续开展生物防治试点，扩大防治规模，提高防治效果。开展林业有害植物调查，认真研究制定防控措施。三是组织开展专项严打行动。及时查处涉林大案要案，严厉打击破坏森林资源违法犯罪行为。深化林区禁毒斗争。

(四)着力强化森林经营，进一步提高森林质量。全年完成森林抚育7875万亩、低产林改造2500万亩。一是抓紧编制全国森林经营规划。确定全国森林经营工作的方向、布局、任务和重点。各地也要编制相应的实施规划，多方筹集资金，加大森林经营投入，育林基金和森林植被恢复费可用于森林经营。二是抓好森林经营试点。优先在森林资源相对集中、中幼林比重大、短期内易见成效的林区开展森林经营试点，实行边试点、边总结、边推广。三是建立健全森林经营管理制度。建立森林经营年度计划制度，将森林经营面积指标纳入年度生产计划。研究建立森林经营绩效考核制度，将评价结果与林业项目和资金投入挂钩。认真总结森林认证试点经验，加强森林认证机构建设，逐步推进森林经营认证和产销监管链认证。深入总结推广森林经营的科学模式，修改完善森林采伐抚育规程。四是积极参与国际森林可持续经营进程，引进和掌握可持续经营模式和技术，不断提高我国森林经营水平。

(五)大力发展林业产业，促进农民就业增收。深入落实第二届全国林业产业大会精神，不断壮大木材加工、木浆造纸、林产化工、森林旅游、木本粮油、竹藤、花卉、野生动植物繁育利用、林业生物质能源、沙产业等十大林业支柱产业，力争林业总产值达到1.7万亿元。一是全面落实林业产业政策。认真实施林业产业振兴规划，积极筹措林业产业发展资金，落实各项优惠政策，切实降低林业生产经营者负担。积极争取野生动植物繁育利用产业发展扶持政策。二是加快产业结构调整。以提高林地生产力为核心，加强以资源培育为基础的第一产业；以提高产品质量和附加值为核心，改造和提升第二产业；以提高生态服务价值为核心，大力发展森林旅游、生态观光等第三产业。三是转变产业发展方式。加快科技进步和创新，抓紧淘汰落后产能，大力发展生物材料、生物制药等高新技术产业，着力优化林业产业结构。推动林业专利产业化，创新产业发展模式，推进产业重组，建立大型林业企业集团和产业集群。充分利用国家大型企业集团的资金优势和林业部门的资源优势，加强联合开发。四是强化市场引导。加强林产品市场信息的搜集与分析，准确掌握市场发展变化趋势，及时发布林产品价格信息。建立重点出口林产品知识产权预警机制，提升林业企业应对国际贸易技术壁垒的能力。

（六）加快发展生态文化，增强社会生态意识。一是鼓励生态文化产品的发掘和创作。积极推进林业大型典志编纂工作，组织创作一批文学、影视、动漫、戏剧、书画、音乐等人们喜闻乐见的生态文化产品，着力推出一批社会效益明显的生态文化精品。二是发展生态文化产业。鼓励社会资本投资森林文化、竹文化、茶文化、花文化、湿地文化等生态文化产业。三是组织生态文化宣传教育活动。继续开展国家森林城市创建活动，办好第二届绿化博览会、森林旅游节、湿地文化节以及具有地方特色的生态文化节庆、会展活动。突出抓好青少年生态道德教育，充分运用广播、电视、报纸、网站等媒体，不断增强全社会热爱自然、保护自然的生态意识。四是加强生态文化基础设施建设。继续加强生态文明教育基地建设，强化旅游风景林、古树名木和各种纪念林的保护，不断完善森林公园、湿地公园和自然保护区的生态教育功能。

（七）继续推进科教兴林，全面提升发展水平。一是推进科技创新和科技成果转化。加强优良品种培育、困难立地造林、森林抚育经营、生物资源开发等科技攻关，尽快破解林业发展中的技术难题，力争在林业新品种研发、林业应对气候变化、生态服务功能等方面取得重大进展。启动“林业科技引领计划”，推进“林业科技富民示范工程”和“林业科技特派员创业行动”，加快科技成果转化。加强林业植物新品种等知识产权保护和运用，强化林业生物安全管理，促进林业自主创新和生物产业发展。适时召开全国林业科技大会。二是加快推进林业信息化进程。加大信息资源整合力度，促进信息共享和信息公开。编制全国林业信息化“十二五”规划，做好“金林工程”立项工作。强化林业信息化统一管理，加强信息化标准建设，大力推进示范省建设。启动林业资源监管体系行动计划，强化林业卫星遥感数据应用。积极开展战略研究，加大培训工作力度。推进先进成熟信息技术的应用普及，拓展林业信息化应用领域，提升林业信息化应用水平。三是全面改善林业装备水平。研究制定有利于促进产业结构升级的政策措施，吸引多方资金进入林业机械制造领域。支持林业先进设备技术研发，积极引进国外先进林业设备和技术，培育大型林业装备企业集团，提升我国林业装备制造水平。落实林业机具补贴政策，推动林业机械的广泛应用。四是进一步完善林业标准体系。强化标准示范区建设，大力推进林业全过程的标准化生产，积极参与国际标准化工作。建立健全林产品质量检验检测体系，着力加强林产品质量安全监管。五是继续深化科技体制改革。加强全国林业科技资源的优化整合，探索建立以提高科技效率为核心的科技体制，加快地方林业科技发展。加强与其他部门、科研机构的合作，创新产学研结合机制，进一步发挥企业在技术创新中的重要作用。加强重点实验室、生态定位站、科技推广站建设。六是加强对林业院校的指导和共建工作，不断强化林业学科建设，为现代林业建设培养更多的优秀人才。

（八）大力加强基础建设，加快改善林区民生。坚持从规划项目政策等方面入手，为林业长远发展创造良好条件，全面增强林业自我发展能力。一是编制出台林业重大规划。编制完成《林业发展“十二五”规划》、《全国造林绿化规划纲要》、《三北防护林体系建设五期工程规划》、《农业综合开发林业“十二五”规划》、《全国湿地保护工程实施规划(2011～2015)》等规划，科学谋划林业发展蓝图。将林区基础设施建设纳入相关行业规划，全面改善林区生产生活条件。二是继续实施重点国有林区棚户区改造工程，全面启动国有林场危旧房改造项目。着力加强林区道路、饮水、供电、通讯、资源监测等基础设施建设。三是贯彻落实育林基金使用管理办法。降低育林基金征收比例，加快林业部门行政事业经费纳入地方财政预算进度，切实减轻林业税费负担。四是加快发展林区社会事业。将林区就业、增收、医疗、教育等纳入当地发展规划，争取国有林场分离办社会政策，提高社会保障能力，解除林区干部职工后顾之忧。落实国有林区、林场职工购置家电等补贴政策。五是抓好重大政策争取和落实工作。协调落实天然林保护工程延续政策，完善林业补贴政策体系、生态补偿机制、金融支持体系，积极争取林业税收扶持政策和林产品出口退税政策。全力做好2010年林业预算内基本建设、部门预算及各类财政专项投资争取工作，提早做好2011年林业项目储备。

（九）加强国际交流合作，扩大林业对外开放。统筹国际国内两个大局，认真做好事关林业发展和国家利益的各项工作，全面提升我国林业对外开放水平。一是积极参与多边林业国际事务。全面参与国际林业规则制订，认真履行相关国际公约，切实维护国家利益。加强国际合作队伍建设，提高林业国际谈判能力。二是积极应对气候变化等涉林国际热点问题。加强气候变化、非法采伐和老虎保护等热点问题的对策研究，认真落实林业应对气候变化行动计划，推进相关合作。加强森林碳汇计量监测。三是深化双边林业国际合作。深入研究林业国际合作国别政策，巩固和拓展对外合作渠道。积极争取国外资金和技术援助，拓展利用援外资金领域，扩大利用资金规模。四是加强与国际非政府组织和民间社会的交流与合作。在完善管理的基础上，强化对国际非政府组织和民间社团的引导，促使其为加快我国林业发展发挥积极作用。五是加快亚太森林恢复与可持续管理网络和国际竹藤组织建设。推进试点示范项目建设，加强对外磋商，加快成员发展。加大对外宣传力度，提高国际影响力。六是全面推进林业对外开放。实施“走出去、引进来”战略，拓展林业发展空间，积极稳妥地推进海外森林资源开发和培育。扩大世行、亚行、欧投行贷款林业项目规模，提高外资利用水平。继续争取国家鼓励林产品出口政策，推动林产品进出口贸易稳定增长，加强非政府组织建设，支持林业企业国际维权工作。

（十）强化行政能力建设，提高林业管理水平。坚持依法治林和人才强林，全面提升各级林业部门的行政能力和管理水平。一是加强林业法制建设。高度重视并认真组织森林法修改，加快湿地保护条例、沿海防护林条例等立法进程。逐步推进林业综合行政执法，组织开展规范行政执法行为示范点建设。深化行政审批制度改革，加强林业行政许可工作。认真做好林业行政复议工作，妥善处置各类突发事件。二是加强干部培养管理。优化干部队伍结构，调动干部工作积极性。实施林业专业技术人才知识更新工程，推进干部教育培训规范化、信息化、组织化。研究探索林业高级专家培养机制，加强各类后备人才培养。加快干部人事制度改革，加大干部竞争上岗和轮岗交流工作力度。加强森林公安、林业工作站等基层队伍建设，充分发挥工青妇、老干部、社团等方面的作用。三是推进反腐倡廉建设。不断加强思想道德教育和党纪国法教育，大力推进廉政文化建设。紧紧抓住群众普遍关注和容易发生腐败问题的关键环节，对权力运行过程实行重点关注和全程监督。强化从源头上预防和治理腐败，把制度建设贯穿于反腐倡廉各个环节。对少数滥用职权、以权谋私的干部，一经发现，严肃查处，决不姑息。四是切实改进工作作风。继续开展“创建四型机关、争做五个模范”活动和“讲党性、重品行、作表率”活动，引导广大干部树立强烈的进取心、事业心、责任心，形成知难而进、真抓实干、狠抓落实的工作作风。

同志们，林业是一项利在当代、功在千秋、恩泽人类的丰功伟业。回顾过去取得的丰硕成果我们深感欣慰，面对未来新的挑战我们充满信心。让我们紧密团结在以胡锦涛同志为总书记的党中央周围，高举中国特色社会主义伟大旗帜，深入贯彻落实科学发展观，全面落实中央林业工作会议和中央领导同志的重要批示精神，振奋精神，锐意改革，狠抓落实，为发展现代林业、建设生态文明、推动科学发展作出新的贡献，为全面实现林业发展的宏伟目标而努力奋斗！

行　业　篇

总 论

【林业产业总产值】 2010年林业产业总产值首次突破2万亿元大关，达到2.28万亿元(按现价计算)，比2009年增长30.21%。这是继2006年首次突破1万亿元大关的基础上，在“十一五”收官之年突破的又一大关，实现了五年之内的两次历史性突破。“十一五”期间林业产业总产值的平均增速达到21.91%，产业规模迈上新台阶(图1-1)。

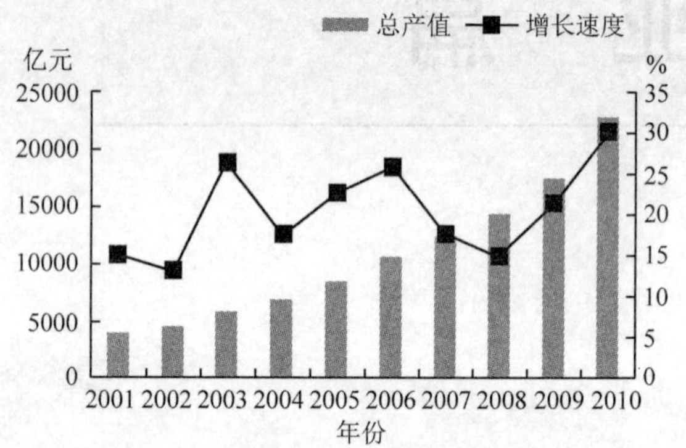

图1-1 2001～2010年全国林业产业总产值及其增长速度

分产业看，第一产业产值8895.21亿元，占全部林业产业总产值的39.05%，同比增长23.11%；第二产业产值11876.95亿元，占全部林业产业总产值的52.14%，同比增长36.24%；第三产业产值2006.86亿元，占全部林业产业总产值的8.81%，同比增长29.43%。近年来，林业三次产业的产值结构逐步调整，不断优化，已由“十五”末期的52:41:7，调整为39:52:9，林业工业化进程明显加快，第三产业比重逐步加大，产业结构调整迈出新步伐。

产业素质实现新的提升，特色产业集群初步形成。第一产业中，包括干鲜果品、茶、中药材以及森林食品等在内的经济林产品种植与采集业产值为5158.19亿元，所占比重最大，为57.99%；第二产业中，包括锯材、人造板等在内的木材加工及木竹制品制造业产值为4994.43亿元，所占比重最大，为42.05%；第三产业中，林业旅游与休闲服务业发展迅速，产值为1310.37亿元，所占比重最大，为65.29%，全年涉及林业旅游和休闲的人数为10.32亿人次。增长速度最快的产业分别是木竹浆造纸业、林业生态服务业(主要包括自然保护区管理和森林水土保持等)和林化产品制造业，增长速度分别为75.45%、52.87%和49.56%。

分地区看[①]，东部地区林业产业总产值为11088.27亿元，占全部林业产业总产值的48.68%；中部地区林业产业总产值为4574.58亿元；西部地区林业产业总产值为4648.80亿元；东北地区林业产业总产值为2467.37亿元。东部省份增长较快，比2009年增长34.98%。林业产业总产值超过1000亿元的省份共有9个，分别是广东、山东、浙江、福建、江苏、广西、四川、湖南和江西(图1-2)。

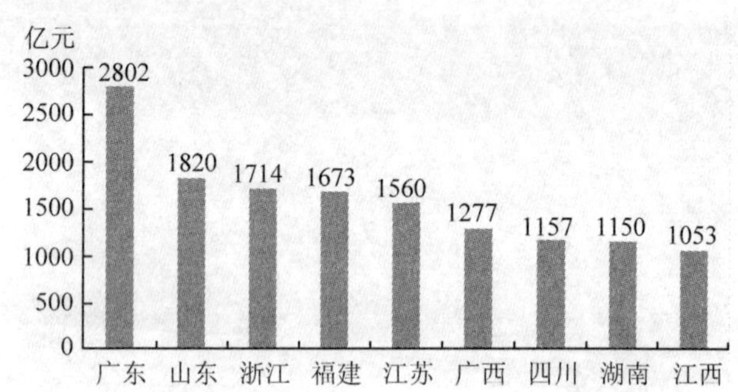

图1-2 林业产业总产值超1000亿元省(区)

【林业投资】 2010年，中央林业投入再创历史新高，林业公共财政支持制度初步建立，林业金融扶持政策取得重大突破，林区民生工程和基础设施建设扎实推进，强林惠林政策体系初步形成，为兴林富民提供了有力保障。

林业建设资金到位情况 2010年，林业系统

① 本分析报告采用国家四大区域的分类方法，即将全国划分为东部、中部、西部和东北四大区域。东部地区包括：北京、天津、河北、上海、江苏、浙江、福建、山东、广东、海南10个省(市)；中部地区包括：山西、安徽、江西、河南、湖北、湖南6个省；西部地区包括：内蒙古、广西、重庆、四川、贵州、云南、西藏、陕西、甘肃、青海、宁夏、新疆12个省(区、市)；东北地区包括：辽宁、吉林、黑龙江3个省和大兴安岭地区。

实际到位各类建设资金1662.56亿元，比2009年增长20.66%(图1-3)。实际到位的各类建设资金按来源分，国家预算内资金到位额为944.96亿元，占资金到位总量的56.84%；国内贷款、利用外资、自筹资金和其他资金为176.25亿元、7.02亿元、256.87亿元和277.46亿元，分别占资金到位总量的10.60%、0.42%、15.45%和16.69%，其中增幅最大的是国内贷款资金，比2009年增长137.84%，主要是由于近年来国家林业局会同各金融机构积极支持林权抵押贷款工作，贷款规模不断扩大。

林业建设到位资金按内容分，用于国家和地方林业生态体系建设工程的资金为753.12亿元，用于种苗、防火、林业有害生物防治等林业基础

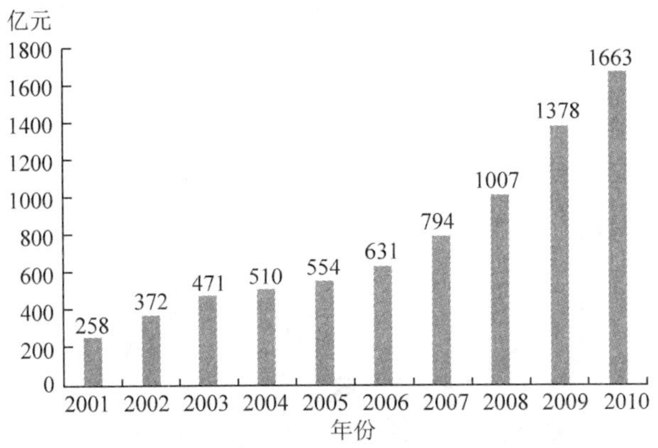

图1-3 2001~2010年全国林业建设资金到位情况

设施建设资金为202.33亿元，用于森林生态效益补偿、造林、森林抚育补贴试点等林业财政专项补助资金311.99亿元。

林业投资完成情况 2010年，全部林业投资完成额达到1553.32亿元，比2009年增长14.95%，其中国家投资完成745.24亿元，占全部林业投资完成额的47.98%(图1-4)。林业建设投资从以中央为主、地方参与转向中央、地方投资与社会投资各占半壁江山的态势。在全部林业投资完成额中，营林固定资产投资完成1194.29亿元，森工固定资产投资完成359.03亿元。按建设性质分，林业基本建设投资完成1449.19亿元，更新改造资金82.21亿元，其他资金21.92亿元。

林业重点工程投资完成额为477.48亿元(图1-5)，比2009年减少6.14%，占全部林业投资完成额的30.74%。其中天然林资源保护工程(以下

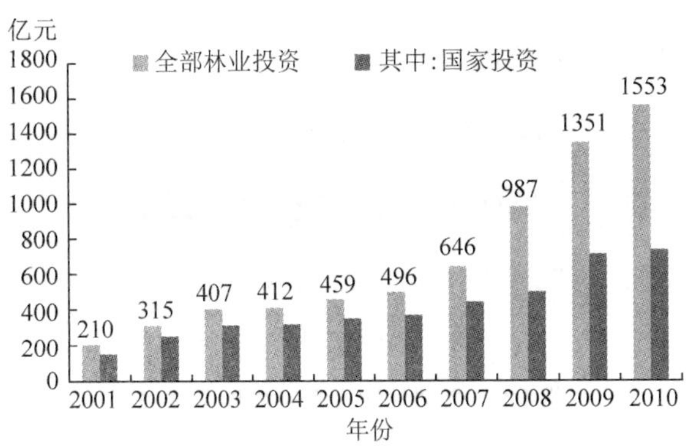

图1-4 2001~2010年全部林业投资完成额

简称天保工程)投资73.13亿元，退耕还林工程(不含京津退耕)完成投资292.73亿元，京津风沙源治理工程完成投资43.71亿元，三北及长江流域防护林建设工程投资总额57.09亿元，野生动植物保护及自然保护区建设工程和重点地区速生丰产用材林基地建设工程投资分别为10.01亿元和0.81亿元。

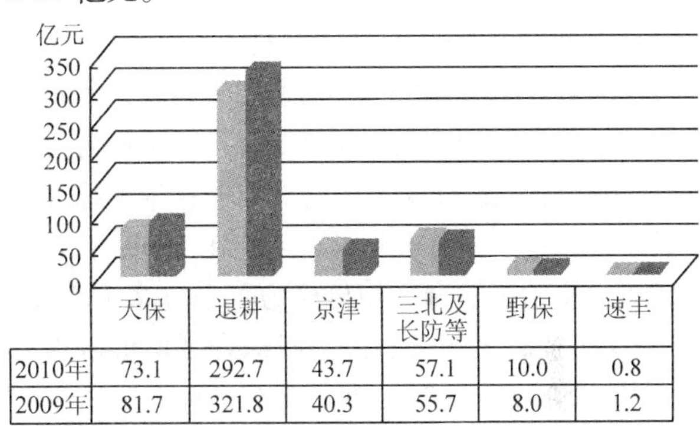

图1-5 2009~2010年林业重点工程投资完成额

林区民生工程和基础设施建设扎实推进，国有林区棚户区和危旧房改造工作进展顺利，林区生产生活条件明显改善。林业系统全年房屋建筑面积大幅增加，房屋施工面积达到1166.26万平方米，竣工面积827.07万平方米，分别比2009年增长51.46%和78.02%。其中，住宅施工面积为992.38万平方米，竣工面积为758.82万平方米，住宅竣工价值达88.80亿元。

全部林业投资完成额分地区看，西部地区林业投资完成额939.23亿元，占全部林业投资完成额的60.47%；中部地区林业投资完成额211.71亿元，占13.63%；东部地区林业投资完成额192.96亿元，占12.42%；东北地区林业投资完成额205.91亿元，占13.26%(图1-6)。

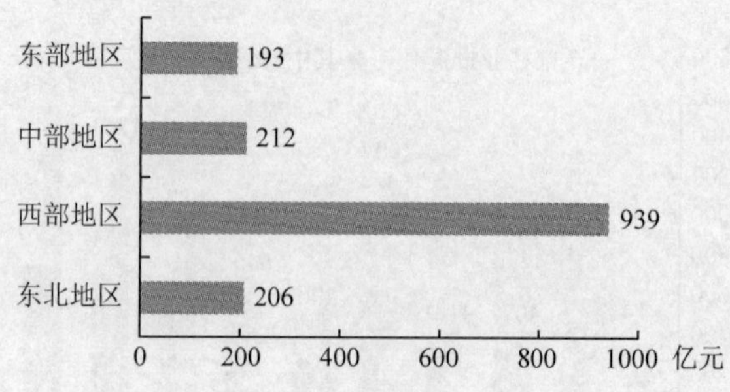

图1-6　全部林业投资完成地区情况

林业利用外资情况　2010 年，我国林业利用外资项目数为 339 个，实际利用外资 6.57 亿美元，比 2009 年增长 18.56%，其中国外借款 0.84 亿美元，外商直接投资 5.50 亿美元，无偿援助 0.23 亿美元，分别占林业实际利用外资总规模的 12.85%、83.63% 和 3.52%。林业实际利用外商直接投资金额占全国实际利用外商直接投资的 0.62%。

【主要林产品销售价格】　2010 年全国主要林业工业产品销售价格涨跌互现：木材综合平均价格为每立方米 699 元，比 2009 年提高 23.94%；竹材综合平均价格为每根 7 元；锯材综合平均价格为每立方米 1100 元，比 2009 年提高 8.16%；木片综合平均价格为每实积立方米 624 元，比 2009 年下降 5.60%；木地板综合平均价格为每平方米 125 元，比 2009 年提高 3.31%；胶合板综合平均价格为每立方米 1650 元，比 2009 年下降 6.99%；中密度纤维板综合平均价格为每立方米 1496 元，比 2009 年提高 3.96%；刨花板综合平均价格为每立方米 1130 元，比 2009 年下降 1.82%；林化产品中，松香综合平均价格为每吨 10587 元，比 2009 年提高 57.45%，增幅较大；栲胶综合平均价格为每吨 8493 元，比 2009 年提高 14.65%；紫胶综合平均价格为每吨 15648 元，比 2009 年下降 14.04%。

【林业系统劳动工资和安全生产】　至 2010 年底，全国林业系统各种经济类型单位共计 46396 个，其中国有经济单位 45950 个，集体经济单位 191 个，其他各种经济单位 255 个。国有经济单位中，企业 2200 个，事业单位 39952 个，机关 3798 个。

2010 年林业系统在册职工共计 170.24 万人，比 2009 年增长 3.46%。其中在岗职工 134.71 万人。在岗职工按所属行业分，木材及竹材采运企业、国有林场和林业工作站位居前三位，分别为 44.43 万人、35.07 万人和 12.33 万人。

林业系统在岗职工年平均工资首次突破 2 万元，达到 20235 元（图 1-7），比 2009 年增长 13.44%。从所有制类型看，国有林业经济单位在岗职工年平均工资最高，达到 20386 元，集体经济单位年平均工资为 9569 元，其他各种经济单位年平均工资为 11282 元；分地区看，东北地区林业系统在岗职工年平均工资最低，仅为 15037 元，东部地区林业系统在岗职工年平均工资最高，达到 30390 元，两者相差一倍多；分林业行业看，林业公共设施管理业和林业教育业年平均工资最高，分别为 40007 元和 37676 元，非木质林产品加工业和木竹材采运业年平均工资最低，分别为 12449 元和 14276 元。

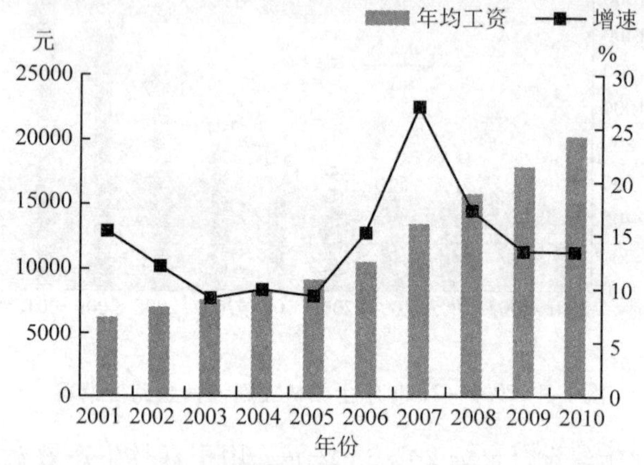

图1-7　林业系统在岗职工年平均工资与增长速度

林业系统安全生产形势不容乐观，在林业生产的第一线，林业生产事故伤亡情况比 2009 年有所增加。轻伤、重伤和死亡分别为 875 人次、116 人次和 165 人，分别比 2009 年增长 153 人次、14 人次和 58 人。2010 年全国共发生森林火灾 7723 起，为 2003 年以来的近 8 年中火灾次数最少的一年，比近 3 年(2007～2009 年)平均值下降 3031 起，下降幅度达 28.2%。其中一般火灾 4795 起，较大火灾 2902 起，重大火灾 22 起，特大火灾 4 起。因森林火灾伤亡 108 人，其中轻伤、重伤和死亡人数分别为 25 人次、18 人次和 65 人。

（国家林业局计财司）

表 1-1 全国林业产业基本情况

指标	数值
一、林业总产值(万元)	227790232
1. 第一产业	88952112
2. 第二产业	118769494
3. 第三产业	20068626
二、林产品进出口总额(亿美元)	104781603
1. 出口额	53830925
木质类	36274485
非木质类	15347184
竹藤类	2209256
2. 进口额	50950678
木质类	32666629
非木质类	18237465
竹藤类	46584
三、涉林就业人数	
1. 林业系统从业人员年末人数(万人)	139.65
2. 涉林农民劳动力数量(万人)	15506
四、林业系统国有经济单位在岗职工平均工资(元)	20386

注：涉林农民劳动力数量，根据2010年底林权证发放数量77528362本，每个家庭平均按2个劳动力估算。

表 1-2 各产业对全国林业总产值的贡献

	指标	产值(万元)	百分比(%)
	全国林业总产值	227790232	100.00
1	果品产业	35101489	15.41
2	木浆纸制品生产业	29187530	12.81
3	人造板制造业	26639470	11.69
4	木竹藤家具制造业	16354583	7.18
5	木材生产	15041882	6.60
6	木制品生产业	14307362	6.28
7	森林旅游业	13103652	5.75
8	森林培育业	9958193	4.37
9	林业系统非林产业	9242865	4.06
10	园林植物产业	7031168	3.09
11	森林蔬菜产业	5423919	2.38
12	林业服务	5355039	2.35
13	竹藤产业(不含家具)	5310318	2.33
14	种苗产业	4827538	2.12
15	茶咖啡产业	4266853	1.87
16	林产化工产业	3286800	1.44
17	中药业	2726395	1.20
18	野生动物驯养业	2261097	0.99
19	其他	18364079	8.06

表 1-3 全国主要林产品产量

产品名称	产量
一、木材生产	
1. 木材(万立方米)	8089.62
2. 竹材(万根)	143008
3. 锯材(万立方米)	3722.63
二、人造板(万立方米)	15360.83
1. 胶合板	7139.66
2. 纤维板	4354.54
3. 刨花板	1264.20
4. 其他人造板	2602.43
三、木竹地板(万平方米)	47917.15
四、水果产量(吨)	110304098
1. 苹果	31279460
2. 柑橘	23330802
3. 梨	14471040
4. 葡萄	8342154
5. 桃	9716920
6. 杏	2470808
7. 荔枝	1620758
8. 龙眼	1331583
9. 猕猴桃	632805
10. 其他水果	17107768
五、干果产量(吨)	7429434
1. 核桃	1284351
2. 板栗	1701680
3. 枣(干重)	2587612
4. 柿子(干重)	926129
5. 仁用杏	69037
6. 山杏仁	125109
7. 银杏(白果)	70957
8. 榛子	60952
9. 松子	68912
10. 其他干果	534695
六、林产饮料产品(干重)(吨)	1393414
1. 毛茶	1280144
2. 可可豆	60
3. 咖啡	42666
4. 其他林产饮料	70544
七、林产调料产品(干重)(吨)	500506
1. 花椒	250505
2. 八角	116580
3. 桂皮	76118
4. 其他林产调料	57303
八、森林食品(干重)(吨)	2559436
1. 竹笋干	481192
2. 食用菌	1584442

产品名称	产量
3. 山野菜	331301
4. 其他森林食品	162501
九、木本药材(吨)	1174297
1. 杜仲	234583
2. 黄柏	16927
3. 厚朴	95465
4. 枸杞	149374
5. 山茱萸	52314
6. 其他木本药材	625634
十、木本油料(吨)	1125787
1. 油茶籽	1092243
2. 油橄榄	4940
3. 文冠果	24
4. 其他木本油料	28580
十一、林产工业原料(吨)	1680272
1. 生漆	20093
2. 油桐籽	433624
3. 乌桕籽	33709
4. 五倍子	18197
5. 棕片	55698
6. 松脂	1115711
7. 紫胶(原胶)	3240
十二、松香类产品(吨)	1332798
十三、栲胶类产品(吨)	10925
十四、紫胶类产品(吨)	3804

表 1-4　全国木质类林产品进出口贸易总值

产品类别	单位	出口数量	出口金额(千美元)	进口数量	进口金额(千美元)
木质类林产品合计			36409872		30551712
原木	立方米	28382	10526	34345681	6073826
锯材	立方米	539382	342002	14811846	3878481
木片	吨	5342	558	4631704	673817
异形材	吨	22466	29837	3779	7077
人造板			4701830		440121
强化木	吨	2176	4817	970	2953
木制品			4296576		145432
木家具			16157214		387711
碳素制品	吨	284231	289375	188145	80001
软木	吨	7149	16204	7665	43606
木碎料	吨	58582	9333	22782	3186
纸浆	吨	14652	11398	11320044	8785655
废纸	吨	796	153	24352351	5353333
纸制品	吨	6499453	9495909	3500435	4593196
印刷品			1044140		83317

注：各类林产品所包含的海关8位码产品名称及数值和调整系数见本年鉴附录的附录1。

表 1-5　全国非木质类林产品进出口贸易总值

产品类别	单位	出口数量	出口金额(千美元)	进口数量	进口金额(千美元)
非木质类林产品合计			12520258		17532632
蚕	吨	10023	370218	4348	14200
调料	吨	51845	117332	5148	18967
野生动物			581804		452908
果类	吨	5641823	4902141	3533125	3891155
木本粮油	吨	15530	35565	5265033	4559581
茶和咖啡	吨	415854	1154975	167241	594631
林化产品	吨	869504	2364246	3449467	7495676

产品类别	单位	出口数量	出口金额(千美元)	进口数量	进口金额(千美元)
森林蔬菜	吨	478348	1748395	9691	10913
饲料	吨	18178	2239	230611	14332
园林植物			162302		28213
中药	吨	275715	1018305	67868	319568
种苗			62735		132488

注：各类林产品所包含的海关 8 位码产品名称及数值和调整系数见本年鉴附录的附录 2。

表 1-6　全国竹藤类林产品进出口贸易总值

产品类别	单位	出口数量	出口金额(千美元)	进口数量	进口金额(千美元)
竹藤类合计			2216392		55087
竹藤原料	吨	106301	46539	95973	45336
竹藤编结品	吨	352797	1207076	405	1916
竹家具			68981		2109
竹胶合板	立方米	85688	61157	1713	1031
竹制品			578370		1036
竹异形材	吨	1064	2760		
竹炭	吨	12888	7256	2	23
竹浆	吨	2516	1963	3371	1934
竹纸制品	吨	1559	1745	0	1
竹笋或其制品	吨	174747	240545	690	1700

注：各类林产品所包含的海关 8 位码产品名称及数值和调整系数见本年鉴附录的附录 3。

表 1-7　全国林业机械进出口贸易总值

产品类别	单位	出口数量	出口金额(千美元)	进口数量	进口金额(千美元)
林业机械类合计			3888199		3205468
草地用机械	台	9318283	682384	9132	38182
木材等加工机械	台		793588		876268
木工工具	台		574332		134811
园艺工具	台		491591		24104
整地机械	台		363651		87271
干燥器	台		23261		103990
造纸和纸制品机械	台		657070		1756335
林副产品加工机械	台		302322		184507

注：各林产品所包含的海关 8 位码产品名称及数值和调整系数见本年鉴附录的附录 4。

表 1-8　2010 年正在实施的与林业产业相关的法律法规

	法律法规名称
1	中华人民共和国森林法
2	中华人民共和国森林法实施条例
3	中华人民共和国环境保护法
4	中华人民共和国农业技术推广法
5	中华人民共和国防洪法
6	中华人民共和国农村土地承包法
7	中华人民共和国防沙治沙法
8	中华人民共和国农村土地承包法
9	中华人民共和国农业法
10	中华人民共和国土地管理法
11	中华人民共和国农民专业合作社法
12	中华人民共和国物权法
13	中华人民共和国农民专业合作社法

	法律法规名称
14	中华人民共和国物权法
15	中华人民共和国企业所得税法
16	中华人民共和国食品安全法
17	中华人民共和国企业国有资产法
18	中华人民共和国农村土地承包经营纠纷调解仲裁法
19	中华人民共和国企业所得税法实施条例

表1-9 2010年正在实施的林业规划

	工程(规划)名称		建设范围	建设期限	备注
1	天保工程		云南、四川、贵州、重庆、湖北、西藏、陕西、甘肃、青海、宁夏、山西、河南、内蒙古、吉林、黑龙江(含大兴安岭)、海南、新疆17省(区、市)734个县、167个森工局	2000~2010年	国务院于2000年10月24日批准
2	京津风沙源治理工程		北京、天津、河北、内蒙古、山西5省(区、市)75个县	2001~2010年	国务院于2002年3月3日批准
3	三北和长江等防护林体系建设工程	三北防护林建设四期工程	北京、天津、河北、内蒙古、山西、辽宁、吉林、黑龙江、宁夏、陕西、甘肃、青海、新疆13省(区、市)600个县	2001~2010年	2001年7月27日国家计委以计农经〔2001〕1382号批准
		长江防护林建设二期工程	青海、甘肃、西藏、四川、重庆、云南、贵州、陕西、山东、河南、江苏、安徽、湖南、湖北、浙江、江西、上海17省(区、市)1035个县	2001~2010年	国家林业局以林计发〔2004〕171号文印发
		珠江防护林建设二期工程	云南、贵州、广西、广东、湖南、江西6省(区)187个县	2001~2010年	国家林业局以林计发〔2004〕171号文印发
		太行山绿化二期工程	北京、山西、河北、河南4省(市)77个县	2001~2010年	国家林业局以林计发〔2004〕171号文印发
		平原绿化工程	北京、天津、河北、山西、山东、河南、江苏、安徽、陕西、上海、福建、江西、浙江、湖北、湖南、广东、广西、海南、四川、辽宁、吉林、黑龙江、甘肃、内蒙古、宁夏、新疆26省(区、市)958个县	2006~2010年	国家林业局以林计发〔2007〕22号文印发
4	野生动植物保护及自然保护区建设工程		典型性、代表性的自然生态系统,珍稀濒危野生动植物物种的天然分布区,生态环境脆弱的地区	2001~2050年	2001年6月1日国家计委以计农经〔2001〕905号文批准
5	速生丰产用材林基地建设工程		河北、内蒙古、辽宁、吉林、黑龙江、江苏、浙江、安徽、福建、江西、山东、河南、湖南、湖北、广东、广西、海南、云南18省(区)886个县、114个林业局	2001~2015年	2002年7月4日国家计委以计农经〔2002〕1037号文批准
6	全国湿地保护工程实施规划		典型性、代表性的自然湿地和重要湿地(含人工湿地)	2005~2010年	国务院于2005年8月27日批准
7	全国林业血防工程规划		江苏、安徽、江西、湖北、湖南、四川、云南7省的194个县(市、区)	2006~2015年	国家发改委以发改农经〔2006〕1272号文批复
8	沿海防护林体系建设工程		辽宁、河北、天津、山东、江苏、上海、浙江、福建、广东、广西、海南等沿海11省(区、市)的261个县(市、区)	2006~2015年	国务院于2007年12月10日批准,国家发改委和国家林业局于2008年1月4日以发改农经〔2008〕29号文印发
9	汶川地震灾后恢复重建生态修复专项规划		四川、甘肃、陕西3省极重灾区和重灾区的51个县(市、区)	2008~2010年	国家发改委联合国家林业局等5部门以发改厅〔2008〕2691号文印发
10	全国森林防火中长期发展规划		全国各省(区、市)	2009~2015年	2009年3月18日国务院第53次常务会议审议通过,国家发改委和国家林业局以发改农经〔2009〕2351号文联合印发

	工程(规划)名称	建设范围	建设期限	备注
11	全国油茶产业发展规划	浙江、安徽、福建、江西、河南、湖北、湖南、广东、广西、重庆、四川、贵州、云南、陕西等14省(区、市)的642个县(市、区)	2009～2020年	2009年10月21日批准，国家发改委、财政部和国家林业局以发改农经〔2009〕2812号文联合印发
12	岩溶地区石漠化综合治理规划大纲	贵州、云南、广西、湖南、湖北、四川、重庆、广东8省(区、市)451个县(市、区)	2006～2015年	国务院于2007年9月6日批准，国家发改委和国家林业局等6部门以发改农经〔2008〕749号印发
13	青海三江源自然保护区生态保护和建设总体规划	三江源自然保护区，范围包括玉树州、果洛州、海南州、黄南州、海西州的16个县和1个乡	2004～2020年	国务院批准，国家发改委以发改农经〔2005〕298号文印发。
14	全国木材(林业)检查站建设规划(2010～2015年)	全国各省(区、市)	2010～2015年	国家林业局以林规发〔2011〕23号文印发
15	全国林地保护利用规划纲要(2010～2020年)	全国各省(区、市)	2010～2020年	国务院国函〔2010〕69号批准

表1-10 2010年正在实施的主要林业产业政策

	文件名称	文件号	发布机构
1	关于加快林业发展的决定	中发〔2003〕9号	国务院
2	林业产业政策要点	林计发〔2007〕173号	国家林业局 国家发改委 财政部 商务部 国家税务总局 中国银监会 中国证监会
3	关于印发《林业产业振兴规划(2010～2012年)》的通知	林计发〔2009〕253号	国家林业局 国家发改委 财政部 商务部 国家税务总局
4	关于银行业金融机构大力发展农村小额贷款业务的指导意见	银监发〔2007〕67号	中国银监会
5	关于印发《基本建设贷款中央财政贴息资金管理办法》的通知	财建〔2007〕416号	财政部
6	关于印发《中央财政促进服务业发展专项资金管理办法》的通知	财建〔2009〕227号	财政部
7	关于做好集体林权制度改革与林业发展金融服务工作的指导意见	银发〔2009〕170号	中国人民银行 财政部 中国银监会 中国保监会 国家林业局
8	关于大力发展林业职业教育的意见	林人发〔2007〕76号	国家林业局
9	关于在从紧货币政策形势下进一步做好小企业金融服务工作的通知	银监办通〔2008〕71号	中国银监会
10	林木和林地权属登记管理办法	国家林业局令第1号	国家林业局
11	关于进一步加强森林资源管理促进和保障集体林权制度改革的通知	林资发〔2007〕252号	国家林业局
12	关于印发《林业成品油价格补助专项资金管理暂行办法》的通知	财建〔2009〕1007号	财政部 国家林业局
13	关于改善金融服务支持林业发展和集体林权制度改革的实施意见	大政发〔2010〕77号	云南省大理白族自治州人民政府
14	关于进一步加快发展沙产业的意见	林沙发〔2010〕278号	国家林业局
15	关于小型微利企业有关企业所得税政策的通知	财税〔2009〕133号	财政部 国家税务总局
16	关于中小企业信用担保机构免征营业税有关问题的通知	工信部联企业〔2009〕114号	工业和信息化部 国家税务总局

	文件名称	文件号	发布机构
17	关于以农林剩余物为原料的综合利用产品增值税政策的通知	财税〔2009〕148号	财政部　国家税务总局
18	关于边境地区一般贸易和边境小额贸易出口货物以人民币结算准予退(免)税试点的通知	财税〔2010〕26号	财政部　国家税务总局
19	关于再生资源增值税政策的通知	财税〔2008〕157号	财政部　国家税务总局
20	再生资源和资源综合利用两大行业重大增值税政策调整	财税〔2008〕156号	财政部　国家税务总局
21	关于进一步促进中小企业发展的若干意见	国发〔2009〕36号	国务院
22	关于印发《林业产业政策要点》的通知	林计发〔2007〕173号	国家林业局
23	关于印发"林业综合发展项目"《项目管理办法》和《财务管理办法》的通知	林贷项字〔2010〕23号	国家林业局
24	关于印发《河北省林业贷款中央财政贴息资金管理办法实施细则》的通知	冀财农〔2010〕28号	河北省财政厅　林业局
25	关于大力发展林下产业的指导意见	冀林产字〔2007〕3号	河北省林业局
26	关于进一步加快民营经济发展的意见	冀政〔2010〕136号	河北省人民政府
27	关于促进中小企业发展若干政策的意见	冀政〔2006〕44号	河北省人民政府
28	关于印发《江西省省级林业龙头企业扶持办法》的通知	赣林厅发〔2009〕11号	江西省林业厅
29	辽宁省土地权属确定和争议处理办法	辽政令第69号	辽宁省人民政府
30	关于加快推进林业经济发展意见的通知	辽政办发〔2008〕64号	辽宁省人民政府
31	山西省林业厅　山关于抓紧上报2011年林业贴息贷款项目申报计划的通知	晋林稽发〔2010〕155号	山西省林业厅　财政厅
32	关于组织申报2011年林业贴息贷款项目计划的通知	云林基金〔2010〕1号	云南省林业厅
33	浙江省森林、林木和林地流转管理办法(试行)	浙林策〔2006〕1号	浙江省林业厅
34	关于开展森林资源资产抵押贷款工作的指导意见	建政办函〔2008〕196号	浙江省建德市人民政府
35	关于印发浙江省科技富民强县专项行动计划资金管理办法的通知	浙财教字〔2009〕81号	浙江省财政厅　教育厅
36	关于印发浙江省森林资源资产抵押贷款财政贴息资金管理办法的通知	浙财农〔2010〕114号	浙江省财政厅
37	关于加快林业改革发展 全面推进"森林浙江"建设的意见	浙委〔2010〕8号	浙江省委　省人民政府
38	关于印发《浙江省再生资源增值税退税审核审批操作办法》的通知	财驻浙监〔2009〕32号	财政部驻浙江省财政监察专员办事处 浙江省财政厅　浙江省国家税务局 中国人民银行杭州中心支行
39	关于印发浙江省地方特色产业中小企业发展资金管理操作办法的通知	浙财企〔2010〕235号	浙江省财政厅
40	安徽省林业贷款财政贴息资金管理规定	财农〔2005〕894号	安徽省财政厅　林业厅

表1-11　2010年继续有效的林业行业标准目录

	标准代号	标准名称
1	LY/T1035－2001	便携式割灌机　切割附件　单片金属刀片
2	LY/T1036－2000	便携式割灌机和割草机切割附件安全罩尺寸
3	LY/T1045－2007	营林机械　型号编制方法
4	LY/T1051－2008	园林机械　排气污染物测试方法
5	LY/T1062－2006	锯材生产综合能耗
6	LY/T1063－2008	全国森林火险区划等级
7	LY/T1072－2002	竹篾层积材
8	LY/T1079－2006	小原条
9	LY/T1082－2008	栲胶分析测试方法
10	LY/T1083－2008	栲胶原料分析测试方法
11	LY/T1095－1993	木材生产机械设备配属规范
12	LY/T1096－2005	营林机械设备配属规范
13	LY/T1098－1993	网带式单板干燥机　网带
14	LY/T1118－1993	绞盘机使用安全规程
15	LY/T1124－1993	木材采运企业安全性评价
16	LY/T1129－1993	林用架空索道　型式与基本参数

	标准代号	标准名称
17	LY/T1130 - 1993	林用架空索道　导向滑车
18	LY/T1131 - 1993	林用架空索道　复式滑车
19	LY/T1132 - 1993	林用架空索道钢丝绳的选择、检验与报废
20	LY/T1138 - 1993	运材挂车　承载装置型式和基本参数
21	LY/T1139 - 1993	运材挂车　承载装置技术条件
22	LY/T1140 - 1993	单层预压机
23	LY/T1142 - 1993	立式浸渍干燥机
24	LY/T1145 - 1993	松香包装桶
25	LY/T1148 - 1993	装载机木材抓具
26	LY/T1155 - 1994	油锯　橡胶把套
27	LY/T1157 - 2008	檩材
28	LY/T1158 - 2008	椽材
29	LY/T1159 - 2006	木牙签
30	LY/T1167 - 2003	油锯　前护手器　尺寸和空隙
31	LY/T1168 - 1995	辊筒运输机
32	LY/T1171 - 2006	单板用湿黏性胶纸带
33	LY/T1172 - 1995	全国森林火险天气等级
34	LY/T1173 - 2009	东北、内蒙古林区营林用火技术规程
35	LY/T1175 - 1995	粉状松针膏饲料添加剂
36	LY/T1176 - 1995	粉状松针膏饲料添加剂试验方法
37	LY/T1177 - 1995	松针叶绿素 - 胡萝卜素软膏
38	LY/T1178 - 1995	松针叶绿素 - 胡萝卜素软膏试验方法
39	LY/T1180 - 2006	脲醛预缩液
40	LY/T1187 - 2006	链锯　锯链
41	LY/T1188 - 2007	链锯　导板
42	LY/T1189 - 1996	木片水洗机
43	LY/T1190 - 1996	垫板回送机组
44	LY/T1192 - 2008	卧式浸渍干燥机通用技术条件
45	LY/T1196.1 - 2004	便携式脉冲烟雾机　第 1 部分：技术条件
46	LY/T1196.2 - 2004	便携式脉冲烟雾机　第 2 部分：试验方法
47	LY/T1198 - 1996	油锯　锯切试验方法　简易法
48	LY/T1199 - 2003	林业机械　油锯　台架试验方法
49	LY1201 - 2008	后步进式草坪割草机　使用安全规程
50	LY/T1206 - 2008	木工用氯丁橡胶胶黏剂
51	LY/T1207 - 2007	黑木耳块
52	LY/T1208 - 1997	椴木栽培黑木耳技术
53	LY/T1210 - 1999	森林土壤样品的采集与制备
54	LY/T1211 - 1999	森林植物(包括森林枯枝落叶层)样品的采集与制备
55	LY/T1213 - 1999	森林土壤含水量测定
56	LY/T1215 - 1999	森林土壤水分 - 物理性质的测定
57	LY/T1216 - 1999	森林土壤最大吸湿量的测定
58	LY/T1217 - 1999	森林土壤稳定凋萎含水量的测定
59	LY/T1218 - 1999	森林土壤渗透率的测定
60	LY/T1219 - 1999	森林土壤温度的测定
61	LY/T1220 - 1999	森林土壤呼吸强度的测定

	标准代号	标准名称
62	LY/T1221 - 1999	森林土壤空气中二氧化碳含量的测定
63	LY/T1222 - 1999	森林土壤溶液中含氧量的测定
64	LY/T1223 - 1999	森林土壤坚实度的测定
65	LY/T1224 - 1999	森林土壤土粒密度的测定
66	LY/T1225 - 1999	森林土壤颗粒组成(机械组成)的测定
67	LY/T1228 - 1999	森林土壤全氮的测定
68	LY/T1243 - 1999	森林土壤阳离子交换量的测定
69	LY/T1250 - 1999	森林土壤碳酸钙的测定
70	LY/T1251 - 1999	森林土壤水溶性盐分分析
71	LY/T1252 - 1999	森林土壤黏粒(<0.002mm)的提取
72	LY/T1253 - 1999	森林土壤矿质全量元素(硅、铁、铝、钛、锰、钙、镁、磷)烧失量的测定
73	LY/T1256 - 1999	森林土壤强酸消化元素的测定
74	LY/T1257 - 1999	森林土壤浸提性铁、铝、锰、硅、碳的测定
75	LY/T1261 - 1999	森林土壤有效锌的测定
76	LY/T1266 - 1999	森林土壤有效硅的测定
77	LY/T1269 - 1999	森林植物与森林枯枝落叶层全氮的测定
78	LY/T1279 - 2008	聚氯乙烯薄膜饰面人造板
79	LY/T1280 - 2008	木材工业胶黏剂术语
80	LY/T1282 - 1998	针叶维生素粉
81	LY1289 - 2008	林业机械　车载式绞盘机　尺寸、性能和安全要求
82	LY/T1290 - 2005	蓝狐饲养技术规程
83	LY/T1291 - 1998	活体野生动物运输要求
84	LY/T1300 - 2005	工业单宁酸
85	LY/T1301 - 2005	工业没食子酸
86	LY/T1303 - 2002	鼓式削片机通用技术条件
87	LY/T1316 - 1999	竹材加工机械型号编制方法
88	LY/T1327 - 2006	油桐栽培技术规程
89	LY/T1328 - 2006	油茶栽培技术规程
90	LY/T1333 - 1999	合成革用微晶纤维素
91	LY/T1338 - 2004	盘式削片机
92	LY/T1345 - 1999	主要针叶造林树种种子园营建技术
93	LY/T1347 - 1999	主要机械　油锯　手把强度的测定
94	LY/T1348 - 2007	林业机械　便携式油锯　手把最小空隙和尺寸
95	LY/T1349 - 2000	便携式割灌机和割草机　切割附件安全罩　强度
96	LY/T1353 - 1999	立木材积表
97	LY/T1357 - 2008	歧化松香
98	LY/T1362 - 2000	有垫板装卸机
99	LY/T1373 - 1999	光环投影定心机
100	LY/T1374 - 2004	升降台
101	LY/T1378 - 2004	板坯横截锯
102	LY/T1380 - 2008	冷却翻板机通用技术条件
103	LY/T1381 - 2001	板式家具机械型号编制方法
104	LY/T1382 - 2008	人造板机械分类术语
105	LY/T1384 - 2007	杉木速生丰产用材林

	标准代号	标准名称
106	LY/T1388 - 1999	森林灭火手泵
107	LY/T1389 - 1999	森林消防头盔
108	LY/T1425 - 2004	卷板运输机
109	LY/T1432 - 2001	起苗机
110	LY/T1441 - 1999	森林资源代码　林业区划
111	LY/T1444.1 - 2005	林区木材生产能耗　第1部分：综合能耗
112	LY/T1444.2 - 2005	林区木材生产能耗　第2部分：油锯燃料消耗量
113	LY/T1451 - 2008	纤维板生产综合能耗
114	LY/T1461 - 2008	热磨机磨片技术条件
115	LY/T1462 - 2008	原料仓
116	LY/T1473 - 2008	除铁器
117	LY/T1478 - 1999	集材捆木索
118	LY/T1484 - 1999	弯把锯
119	LY/T1490 - 2006	悬挂式植树挖坑机
120	LY/T1496 - 2009	马尾松速生丰产林
121	LY/T1502 - 2008	马尾松原条
122	LY/T1506 - 2008	短原木
123	LY/T1507 - 2008	木杆
124	LY/T1509 - 2008	阔叶树原条
125	LY/T1510 - 1999	剖开材检验
126	LY/T1511 - 2002	原木产品　标识　号印
127	LY/T1562 - 1999	狩猎场总体设计规范
128	LY/T1563 - 1999	陆生野生动物(兽类)饲养场通用技术条件
129	LY/T1564 - 1999	陆生野生动物(鸟类)饲养场通用技术条件
130	LY/T1566 - 1999	杨树皮提取物饲料添加剂
131	LY/T1567 - 1999	环式木材剥皮机
132	LY/T1570 - 1999	动力草坪和园林机械　控制符号及安全标志
133	LY/T1571 - 2000	国有林区营造林检查验收规则
134	LY/T1574 - 2000	混凝土模板用竹材胶合板
135	LY/T1577 - 2009	食用菌、山野菜干制品压缩块
136	LY/T1578 - 2000	便携式链锯　止链销　尺寸和机械强度
137	LY/T1581 - 2000	化学试剂用活性炭
138	LY/T1587 - 2000	涂胶机
139	LY/T1588 - 2000	气流分选机
140	LY/T1593 - 2001	便携式油锯　发动机性能和燃油消耗
141	LY/T1602 - 2002	无卡轴旋切机通用技术条件
142	LY/T1603 - 2002	木材干燥室(机)型号编制方法
143	LY/T1604 - 2002	容器苗栽植器
144	LY/T1606 - 2003	森林生态系统定位观测指标体系
145	LY/T1607 - 2003	造林作业设计规程
146	LY/T1610.1 - 2003	水力喷射播种机　第1部分：型式与基本参数
147	LY/T1610.2 - 2003	水力喷射播种机　第2部分：射流搅拌式喷播机技术条件
148	LY/T1610.3 - 2003	水力喷射播种机　第3部分：机械搅拌式喷播机技术条件
149	LY/T1613 - 2004	挤压木塑复合板材
150	LY/T1615 - 2004	木质活性炭　术语
151	LY/T1616 - 2004	活性炭水萃取液电导率测定方法
152	LY/T1617 - 2004	双电层容器专用活性炭
153	LY/T1618 - 2004	园林机械　便携式风力清扫机
154	LY/T1619 - 2004	园林机械　便携式动力绿篱修剪机
155	LY/T1621 - 2004	园林机械　型号编制方法
156	LY/T1622 - 2004	牵引式深栽造林钻孔机
157	LY/T1623 - 2004	木糖液脱色用活性炭
158	LY/T1624 - 2004	刀轴式刨片机
159	LY/T1625 - 2005	滩地"抑螺防病林"营造技术规程
160	LY/T1626 - 2005	森林生态系统定位研究站建设技术要求
161	LY/T1627 - 2005	中国森林火灾编码
162	LY/T1628 - 2005	黄脊竹蝗防治技术规程
163	LY/T1629 - 2005	红松果林丰产技术规程
164	LY/T1630 - 2005	樟子松速生丰产商品林
165	LY/T1631 - 2005	红花檵木苗木培育技术规程和质量分级
166	LY/T1632 - 2005	人参榕生产技术规程和质量等级
167	LY/T1633 - 2005	中国水仙种球生产技术规程和质量等级
168	LY/T1634 - 2005	东北马鹿养殖技术规程
169	LY/T1635 - 2005	木材防腐剂
170	LY/T1636 - 2005	防腐木材的使用分类和要求
171	LY/T1637 - 2005	杨树皮类脂
172	LY/T1638 - 2005	针叶饲料粉
173	LY/T1639 - 2005	铬皮粉
174	LY/T1640 - 2005	药用单宁酸
175	LY/T1641 - 2005	食用单宁酸
176	LY/T1642 - 2005	单宁酸分析试验方法
177	LY/T1643 - 2005	高纯没食子酸
178	LY/T1644 - 2005	没食子酸分析实验方法
179	LY/T1645 - 2005	日用樟脑
180	LY/T1646 - 2005	森林采伐作业规程
181	LY/T1647 - 2005	速生丰产用材林建设导则
182	LY/T1648 - 2005	速生丰产用材林建设规划设计通则
183	LY/T1649 - 2005	保鲜黑木耳
184	LY/T1651 - 2005	松口蘑采收及保鲜技术规程
185	LY/T1654 - 2005	重组装饰单板
186	LY/T1655 - 2006	重组装饰材
187	LY/T1656 - 2006	实木包装箱
188	LY/T1657 - 2006	软木类地板
189	LY/T1658 - 2006	直接印刷人造板
190	LY/T1659 - 2006	人造板工业生产性粉尘控制技术规程
191	LY/T1661 - 2006	木瓜栽培技术规程
192	LY/T1663 - 2006	油松毛虫、赤松毛虫和落叶松毛虫监测与防治技术规程
193	LY/T1664 - 2006	古树名木代码与条码
194	LY/T1666 - 2006	月季苗木质量

	标准代号	标准名称
195	LY/T1667－2006	林业机械　驾驶员保护结构　实验室试验和性能要求
196	LY/T1668－2006	园林机械　便携式风力收集粉碎机
197	LY/T1669－2006	风送高射程喷雾机
198	LY/T1670－2006	林业机械　园林工具　分类词汇
199	LY/T1671－2006	水曲柳人工培育技术规程
200	LY/T1672－2006	长白落叶松、兴安落叶松纸浆林培育技术规程
201	LY/T1673－2006	山野菜
202	LY/T1675－2006	马尾松毛虫监测与防治技术规程
203	LY/T1676－2006	燕山低山丘陵围山转造林技术规程
204	LY/T1677－2006	杏树保护地丰产栽培技术规程
205	LY/T1678－2006	森林食品　产地环境通用要求
206	LY/T1679－2006	森林火灾扑救技术规程
207	LY/T1680－2006	木材综合利用规范
208	LY/T1681－2006	林业有害生物发生及成灾标准
209	LY/T1682－2006	绿洲防护林体系建设技术规程
210	LY/T1683－2006	中国野生植物受威胁等级划分标准
211	LY/T1684－2007	森林食品　总则
212	LY/T1685－2007	自然保护区名词术语
213	LY/T1686－2007	辛夷栽培技术规程
214	LY/T1687－2007	热带森林生态系统定位观测指标体系
215	LY/T1688－2007	干旱半干旱地区森林生态系统定位观测指标体系
216	LY/T1689－2007	暖温带森林生态系统定位观测指标体系
217	LY/T1690－2007	低效林改造技术规程
218	LY1691－2007	林业机械　自行式机械　安全要求
219	LY/T1692－2007	转基因森林植物及其产品安全性评价技术规程
220	LY/T1693－2007	塑料薄膜蜂窝育苗容器
221	LY/T1694－2007	松脂采集技术规程
222	LY/T1695－2007	龙牙楤木培育技术规程
223	LY/T1696－2007	姬松茸
224	LY/T1697－2007	饰面木质墙板
225	LY/T1698－2007	荒漠生态系统定位观测指标
226	LY/T1699－2007	银杏叶提取物
227	LY/T1700－2007	地采暖用木质地板
228	LY/T1701－2007	山茱萸栽培技术规程
229	LY/T1702－2007	石榴栽培技术规程
230	LY/T1703－2007	实木地板生产综合能耗
231	LY/T1704－2007	白蛾周氏啮小蜂人工繁育及应用技术规程
232	LY/T1705－2007	管式肿腿蜂人工繁育及应用技术规程
233	LY/T1706－2007	速生丰产用材林培育技术规程
234	LY/T1707－2007	湿地生态系统定位观测指标体系
235	LY/T1708－2007	湿地生态系统定位研究站建设技术要求
236	LY/T1709－2007	万寿菊种子生产技术规程
237	LY/T1710－2007	一串红种子生产技术规程
238	LY/T1711－2007	仙客来种子生产技术规程
239	LY/T1712－2007	三色堇种子生产技术规程
240	LY/T1713－2007	矮牵牛种子生产技术规程
241	LY/T1714－2007	中国森林认证　森林经营
242	LY/T1715－2007	中国森林认证　产销监管链
243	LY/T1716－2007	杨树栽培技术规程
244	LY/T1717－2007	人造板抽样检验指导通则
245	LY/T1718－2007	轻质纤维板
246	LY/T1719－2007	林业机械　便携式风力喷水灭火机
247	LY/T1720－2007	林业工厂化育苗容器　系列型谱
248	LY/T1721－2008	森林生态系统服务功能评估规范
249	LY/T1722－2008	寒温带森林生态系统定位观测指标体系
250	LY/T1723－2008	农田防护林采伐作业规程
251	LY/T1724－2008	短轮伐期和速生丰产用材林采伐作业规程
252	LY/T1725－2008	自然保护区土地覆被类型划分
253	LY/T1726－2008	自然保护区有效管理评价技术规范
254	LY/T1727－2008	花尾榛鸡饲养技术规程
255	LY/T1728－2008	环颈雉饲养技术规程
256	LY/T1729－2008	香樟绿化苗木培育技术规程和质量分级
257	LY/T1730.1－2008	油茶　第1部分：优树选择和优良无性系选育技术规程
258	LY/T1730.2－2008	油茶　第2部分：优良家系和优良杂交组合选育技术规程
259	LY/T1730.3－2008	油茶　第3部分：育苗技术及苗木质量分级
260	LY/T1731－2008	桉树纸浆原料林造林技术规程
261	LY/T1732－2008	八仙花盆花产品质量等级
262	LY/T1734.1－2008	观赏棕榈生产技术规程与质量等级　第1部分：地栽
263	LY/T1734.2－2008	观赏棕榈生产技术规程与质量等级　第2部分：容器栽培
264	LY/T1735－2008	建兰生产技术规程与质量等级
265	LY/T1736－2008	盆栽春石斛产品质量等级
266	LY/T1737－2008	仙客来盆花产品质量等级
267	LY/T1738－2008	实木复合地板用胶合板
268	LY/T1739－2008	装饰单板层压木质地板
269	LY/T1740－2008	木器用不饱和聚酯漆
270	LY/T1741－2008	酸角果实
271	LY/T1742－2008	银杏叶聚戊烯醇软膏
272	LY/T1743－2008	针叶维生素原浓缩物
273	LY/T1744－2008	聚合松香
274	LY/T1745－2008	松香酯乳液
275	LY/T1746－2008	荒漠绿洲区天然林保护技术规程
276	LY/T1748－2008	樱桃李栽培技术规程
277	LY/T1749－2008	梭梭林保护与恢复技术规程
278	LY/T1750－2008	巴旦木(扁桃)生产技术规程
279	LY/T1751－2008	荒漠胡杨林更新复壮恢复技术规程
280	LY/T1752－2008	荒漠生态系统定位观测技术规范

	标准代号	标准名称
281	LY/T1753-2008	荒漠生态系统观测研究站建设规范
282	LY/T1754-2008	国家湿地公园评估标准
283	LY/T1755-2008	国家湿地公园建设规范
284	LY/T1756-2008	天然林资源保护工程社会经济效益监测与评价指标
285	LY/T1757-2008	退耕还林工程社会经济效益监测与评价指标
286	LY/T1758-2008	京津风沙源治理工程社会经济效益监测与评价指标
287	LY/T1759-2008	东北、内蒙古国有林区天然林资源保护工程评价体系
288	LY/T1760-2008	长江、珠江流域防护林体系工程建设技术规程
289	LY/T1761-2008	退耕还林工程生态林与经济林认定技术规范
290	LY/T1762-2008	退耕还林工程信息管理规程
291	LY/T1763-2008	沿海防护林体系工程建设技术规程
292	LY/T1764-2008	自然保护区功能区划技术规程
293	LY/T1765-2008	森林防火瞭望台瞭望观测技术规程
294	LY/T1766-2008	太行山绿化工程建设技术规程
295	LY/T1767-2008	东北红豆杉人工培育技术规程
296	LY/T1768-2008	山核桃产品质量要求
297	LY/T1769-2008	苦竹笋用林培育技术规程
298	LY/T1770-2008	桉树无性系组培快繁技术规程
299	LY/T1771-2008	刺五加培育技术规程
300	LY/T1772-2008	杨树品种分子鉴定实验方法-DNA 扩增片断长度多态性法(AFLP)
301	LY/T1773-2008	香榧籽质量要求
302	LY/T1774-2008	香榧栽培技术规程
303	LY/T1775-2008	桉树速生丰产林生产技术规程
304	LY/T1776-2008	八角栽培技术规程
305	LY/T1777-2008	森林食品　质量安全通则
306	LY/T1778-2008	平贝母栽培技术规程
307	LY/T1779-2008	蕨菜采集与加工技术规程
308	LY/T1780-2008	干制红枣质量等级
309	LY/T1781-2008	甜樱桃贮藏保鲜技术规程
310	LY/T1782-2008	无公害干果
311	LY/T1783-2008	黑熊养殖技术规程
312	LY/T1784-2008	猕猴属实验动物　人工饲养繁殖技术及管理标准
313	LY/T1785-2008	柠檬酸脱色用颗粒活性炭
314	LY/T1786-2008	活性炭单宁酸吸附值的测定方法
315	LY/T1787-2008	集成材　非结构用
316	LY/T1788-2008	木材性质术语
317	LY/T1789-2008	居住建筑套内用木质楼梯
318	LY/T1790-2008	盆栽观赏竹质量等级
319	LY/T1791-2008	纸浆用竹林生产技术规程
320	LY/T1792-2008	纺织用竹纤维
321	LY/T1793-2008	木纤维用原木
322	LY/T1794-2008	人造板木片
323	LY/T1795-2008	椰壳纤维板
324	LY/T1796-2008	鼓式削片机　安全要求
325	LY/T1797-2008	直线封边机
326	LY/T1798-2008	锯材干燥设备通用技术条件
327	LY/T1799-2008	沙发松紧带自动张紧机
328	LY/T1800-2008	木工数控加工中心
329	LY/T1801-2008	低压短周期贴面热压机
330	LY/T1802-2008	水泥(石膏)刨花板压机通用技术条件
331	LY/T1803-2008	横向刨切机刨刀
332	LY/T1804-2008	石膏刨花板生产线验收通则
333	LY/T1805-2008	单面真空覆膜机
334	LY/T1806-2008	木材工业气力除尘(运输)系统设计规范
335	LY/T1807-2008	分级式铺装机
336	LY/T1808-2008	园林机械　杆式动力修枝锯
337	LY/T1809-2008	林业机械　落物保护结构(FOPS)实验室试验和性能要求
338	LY/T1810-2008	园林机械　杆式动力绿篱修剪机
339	LY/T1811-2008	定向刨花板生产线验收通则
340	LY/T1812-2009	林地分类
341	LY/T1813-2009	自然保护区自然生态质量评价技术规程
342	LY/T1814-2009	自然保护区生物多样性调查规范
343	LY/T1815-2009	非结构用竹集成材
344	LY/T1816-2009	杞柳速生丰产林栽培技术规程
345	LY/T1817-2009	长江上游天然林类型划分与评价
346	LY/T1818-2009	天然林资源保护工程建设评价技术规程
347	LY/T1819-2009	珍稀濒危野生植物保护小区技术规程
348	LY/T1820-2009	野生植物资源调查技术规程
349	LY/T1821-2009	林业地图图式
350	LY/T1822-2009	废弃木材循环利用规范
351	LY/T1823-2009	西北山地暗针叶林生态系统管理导则
352	LY/T1824-2009	火炬松速生丰产林
353	LY/T1825-2009	北五味子实生苗
354	LY/T1826-2009	木灵芝干品质量
355	LY/T1827-2009	连翘栽培技术规程
356	LY/T1828-2009	黄连木栽培技术规程
357	LY/T1829-2009	林业植物产地检疫技术规程
358	LY/T1830-2009	红纹大小蠹检疫技术规程
359	LY/T1831-2009	人造板饰面专用装饰纸
360	LY/T1832-2009	栀子栽培技术规程
361	LY/T1833-2009	黄毛笋在地保鲜技术
362	LY/T1834-2009	旱竹丰产栽培技术规程
363	LY/T1835-2009	用于森林资源规划设计调查的 SPOT-5 卫星影像处理与应用技术规程
364	LY/T1836-2009	工业人工林生态环境管理规程
365	LY/T1837-2009	光皮树培育技术规程
366	LY/T1838-2009	光皮树果实制油技术规程

	标准代号	标准名称
367	LY/T1839－2009	灌木铡粉机
368	LY/T1840－2009	喀斯特石漠化地区植被恢复技术规程
369	LY/T1841－2009	猕猴桃贮藏技术规程
370	LY/T1842－2009	竹材刨花板
371	LY/T1843－2009	竹席
372	LY/T1844－2009	人工造林质量评价指标
373	LY/T1845－2009	大熊猫及其栖息地监测技术规程
374	LY/T1846－2009	森林火灾成因和森林资源损失调查方法
375	LY/T1847－2009	植物新品种特异性、一致性、稳定性测试指南　紫薇
376	LY/T1848－2009	植物新品种特异性、一致性、稳定性测试指南　榆叶梅
377	LY/T1849－2009	植物新品种特异性、一致性、稳定性测试指南　丁香属
378	LY/T1850－2009	植物新品种特异性、一致性、稳定性测试指南　一品红
379	LY/T1851－2009	植物新品种特异性、一致性、稳定性测试指南　板栗
380	LY/T1852－2009	植物新品种特异性、一致性、稳定性测试指南　杜鹃花属映山红亚属和羊踯躅
381	LY/T1853－2009	植物新品种特异性、一致性、稳定性测试指南　杜鹃花属常绿杜鹃亚属和杜鹃花亚属
382	LY/T1854－2009	室内高湿场所用木地板
383	LY/T1855－2009	木制百叶窗帘和百叶窗用叶片
384	LY/T1856－2009	挤压空心刨花板
385	LY/T1857－2009	软木饰面板
386	LY/T1858－2009	涂饰浸渍纸层压木质地板
387	LY/T1859－2009	仿古木质地板
388	LY/T1860－2009	非甲醛类热塑性树脂胶合板
389	LY/T1861－2009	户外用木地板
390	LY/T1862－2009	木材工业气力运输与除尘系统节能技术规范
391	LY/T1863－2009	自然保护区生态旅游评价指标
392	LY/T1864－2009	南洋楹速生丰产用材林栽培技术规程
393	LY/T1865－2009	松材线虫病疫木清理技术规范
394	LY/T1866－2009	松褐天牛防治技术规范
395	LY/T1867－2009	松褐天牛引诱剂使用技术规程

注：国家林业局公告2010年第1号。

表1-12　2010年需修订的林业行业标准目录

	标准代号	标准名称
1	LY/T1000－1991	容器育苗技术
2	LY/T1002－1991	车立柱
3	LY/T1004－1991	热压机热轧板技术条件
4	LY/T1005－1991	热磨机磨室体技术条件
5	LY/T1006－2000	无垫板装卸机
6	LY/T1008.1－2004	卧式横向刨切机　第一部分　参数
7	LY/T1008.2－2004	卧式横向刨切机　第二部分　精度
8	LY/T1008.3－2004	卧式横向刨切机　第三部分　制造与验收技术条件
9	LY/T1011－2001	圆形摆动筛
10	LY/T1014－1991	锯片往复裁板机　参数
11	LY/T1015－1991	锯片往复裁板机　精度
12	LY/T1016－1991	锯片往复裁板机　制造与验收技术条件
13	LY/T1017－1991	长网成型机　参数
14	LY/T1018－1991	长网成型机　精度
15	LY/T1019－1991	长网成型机　制造与验收技术条件
16	LY/T1020－1991	纤维板生产用电镀锌钢丝垫网　术语
17	LY/T1021－1991	纤维板生产用电镀锌钢丝垫网　精度
18	LY/T1022－1991	纤维板生产用电镀锌钢丝垫网　制造与验收技术条件
19	LY/T1023－1991	纤维板生产用电镀锌钢丝垫网　力学性能试验方法
20	LY/T1024－1991	纤维板生产用电镀锌钢丝垫网　耐腐蚀性试验方法
21	LY/T1028－1991	链式横截机　参数
22	LY/T1029－1991	链式横截机　精度
23	LY/T1030－1991	链式横截机　制造与验收技术条件
24	LY/T1031－1991	螺旋输送机
25	LY/T1033－1991	人造板制胶设备　钢制焊接容器参数
26	LY/T1034－1991	人造板制胶设备　钢制焊接容器技术条件
27	LY/T1041－1991	筑床机　名词术语
28	LY/T1042－1991	筑床机　技术条件
29	LY/T1043－1991	筑床机　试验方法
30	LY/T1044－1991	筑床机　型式及基本参数
31	LY/T1047－1991	轮胎式木材装载机
32	LY/T1055－2002	汽车车厢底板用竹材胶合板
33	LY/T1056－1991	林业架空索道设计规范
34	LY/T1057.1－1991	船用贴面刨花板　定义和分类
35	LY/T1057.2－1991	船用贴面刨花板　技术要求
36	LY/T1057.3－1991	船用贴面刨花板　检验规则
37	LY/T1058－1991	日本落叶松速生丰产林
38	LY/T1064－1992	异长叶烯
39	LY/T1065－1992	精制浅色松香
40	LY/T1066－1992	粉状强化松香施胶剂
41	LY/T1067－1992	膏状强化松香施胶剂
42	LY/T1068－2002	锯材窑干工艺规程
43	LY/T1069－2002	锯材气干工艺规程
44	LY/T1070.1－2004	不饱和聚酯树脂装饰人造板第一部分　技术条件
45	LY/T1070.2－2004	不饱和聚酯树脂装饰人造板第一部分　试验方法
46	LY/T1078－1992	速生丰产用材林检验方法
47	LY/T1080－1992	林业档案分类与代码
48	LY/T1081－1993	柿树优质丰产技术

	标准代号	标准名称
49	LY/T1084 - 1993	毛杨梅栲胶
50	LY/T1085 - 1993	落叶松栲胶
51	LY/T1086 - 1993	余甘栲胶
52	LY/T1087 - 1993	木麻黄栲胶
53	LY/T1088 - 1993	槲树栲胶
54	LY/T1090 - 1993	黑荆树栲胶
55	LY/T1091 - 1993	橡碗栲胶
56	LY/T1094 - 1993	球果烘干机　技术条件
57	LY1097 - 1993	木材生产机械产品命名及型号编制规则
58	LY/T1099 - 1993	链式刮板运输机　参数
59	LY/T1100 - 1993	链式刮板运输机　制造与验收技术条件
60	LY/T1101 - 1993	间歇式木材真空干燥机　参数
61	LY/T1102 - 1993	间歇式木材真空干燥机　精度
62	LY/T1103 - 1993	间歇式木材真空干燥机　制造与验收技术条件
63	LY/T1104 - 1993	转子式刨花干燥机　参数
64	LY/T1105 - 1993	转子式刨花干燥机　精度
65	LY/T1106 - 1993	转子式刨花干燥机　制造与验收技术条件
66	LY/T1107 - 1993	热磨机机座技术条件
67	LY/T1108 - 1993	三层振动筛
68	LY/T1109 - 1993	履带进给圆锯机
69	LY/T1110 - 1993	镂铣机
70	LY/T1111 - 1993	环式拌胶机　参数
71	LY/T1112 - 1993	环式拌胶机　精度
72	LY/T1113 - 1993	环式拌胶机　制造与验收技术条件
73	LY/T1114 - 1993	松香生产综合能耗
74	LY/T1115 - 1993	乒乓球拍用胶合板
75	LY/T1119 - 1993	林业资源分类与代码　国有林场名称与代码
76	LY/T1121 - 1993	电链锯
77	LY/T1122 - 1993	山楂丰产技术
78	LY/T1125 - 1993	提取黄金用颗粒活性炭
79	LY/T1126 - 1993	筛环式打磨机通用技术条件
80	LY/T1127 - 1993	气动剪板机通用技术条件
81	LY/T1128 - 1993	环式刨片机通用技术条件
82	LY1133 - 1993	林用架空索道　安全规程
83	LY/T1141 - 1993	成叠单板剪板机
84	LY/T1143 - 2006	饰面用浸渍胶膜纸
85	LY/T1150 - 1994	栲胶生产综合能耗
86	LY/T1152 - 1994	林木种子光照发芽器　技术条件
87	LY/T1153 - 1994	林木种子光照发芽器　试验方法
88	LY/T1156 - 1994	造纸板皮
89	LY/T1166 - 1995	油锯　护手器　机械强度
90	LY/T1169 - 1995	林用架空索道架设拆转　技术规范
91	LY/T1170 - 1995	茶叶包装箱用胶合板
92	LY/T1174 - 1995	西南西北林区采伐更新调查设计规范
93	LY/T1179 - 1995	松香改性酚醛树脂
94	LY/T1181 - 1995	苏云金孢芽杆菌制剂

	标准代号	标准名称
95	LY/T1182 - 1995	β - 蒎烯
96	LY/T1183 - 1995	α - 蒎烯
97	LY/T1184 - 1995	橡胶木锯材
98	LY/T1185 - 1996	国有林区标准化苗圃
99	LY1193 - 1996	食品添加剂　紫胶(虫胶)
100	LY/T1194 - 1996	林业资源分类与代码　陆栖野生脊椎动物
101	LY1200 - 1997	机台木
102	LY/T1202.1 - 2001	草坪割草机　术语
103	LY/T1202.2 - 2001	草坪割草机　型号编制方法
104	LY/T1202.3 - 2001	草坪割草机　技术条件
105	LY/T1202.4 - 2001	草坪割草机　试验方法
106	LYT1202.5 - 2001	草坪割草机　安全要求
107	LY/T1204 - 1997	浮雕纤维板
108	LY/T1209 - 1998	营林产品分类与代码
109	LY/T1212 - 1999	森林土壤水和天然水样品的采集与保存
110	LY/T1214 - 1999	森林土壤土水势的测定
111	LY/T1226 - 1999	森林土壤微团聚体组成的测定
112	LY/T1227 - 1999	森林土壤大团聚体组成的测定
113	LY/T1229 - 1999	森林土壤水解性氮的测定
114	LY/T1230 - 1999	森林土壤土壤硝态氮的测定
115	LY/T1231 - 1999	森林土壤土壤铵态氮的测定
116	LY/T1232 - 1999	森林土壤全磷的测定
117	LY/T1233 - 1999	森林土壤有效磷的测定
118	LY/T1234 - 1999	森林土壤全钾的测定
119	LY/T1235 - 1999	森林土壤缓效钾的测定
120	LY/T1236 - 1999	森林土壤速效钾的测定
121	LY/T1237 - 1999	森林土壤有机质的测定及碳氮比的计算
122	LY/T1238 - 1999	森林土壤腐殖质组成的测定
123	LY/T1239 - 1999	森林土壤 pH 值的测定
124	LY/T1240 - 1999	森林土壤交换性酸的测定
125	LY/T1241 - 1999	森林土壤水解性总酸度的测定
126	LY/T1242 - 1999	森林土壤石炭施用量的测定
127	LY/T1244 - 1999	森林土壤交换性盐基总量的测定
128	LY/T1245 - 1999	森林土壤交换性钙与镁的测定
129	LY/T1246 - 1999	森林土壤交换性钾与钠的测定
130	LY/T1247 - 1999	森林土壤盐基饱和度的测定
131	LY/T1248 - 1999	碱化土壤交换性钠的测定
132	LY/T1249 - 1999	土壤碱化度的测定
133	LY/T1254 - 1999	森林土壤全钾、全纳的测定
134	LY/T1255 - 1999	森林土壤全硫的测定
135	LY/T1258 - 1999	森林土壤有效硼的测定
136	LY/T1259 - 1999	森林土壤有效钼的测定
137	LY/T1260 - 1999	森林土壤有效铜的测定
138	LY/T1262 - 1999	森林土壤有效铁的测定
139	LY/T1263 - 1999	森林土壤交换性锰的测定
140	LY/T1264 - 1999	森林土壤易还原锰的测定

	标准代号	标准名称
141	LY/T1265 - 1999	森林土壤有效硫的测定
142	LY/T1267 - 1999	森林之物与森林枯枝落叶层样品的制备
143	LY/T1268 - 1999	森林之物与森林枯枝落叶层灰分的测定
144	LY/T1270 - 1999	森林之物与森林枯枝落叶层全硅、铁、铝、钙、镁、钾、钠、磷、硫、锰、铜、锌的测定
145	LY/T1271 - 1999	森林之物与森林枯枝落叶层氮、磷、钾、钠、钙、镁的测定
146	LY/T1272 - 1999	森林之物与森林枯枝落叶层全氯的测定
147	LY/T1273 - 1999	森林之物与森林枯枝落叶层全硼的测定
148	LY/T1274 - 1999	森林之物与森林枯枝落叶层全钼的测定
149	LY/T1275 - 1999	森林土壤化学分析
150	LY/T1278 - 1998	电工层压木板
151	LY/T1281 - 1998	味精用粉状活性炭
152	LY/T1283 - 1998	木材防腐剂对腐朽菌毒性实验室试验方法
153	LY/T1284 - 1998	木材防腐剂对软腐菌毒性实验室试验方法
154	LY/T1285 - 1998	船舶锯材
155	LY/T1286 - 1998	刨花干燥机节能监测方法
156	LY/T1287 - 1998	人造板热压机节能监测方法
157	LY/T1293 - 1999	原条材积表
158	LY/T1294 - 1999	直接用原木　电杆
159	LY/T1295 - 1999	铁路货车锯材
160	LY/T1296 - 1999	载重汽车锯材
161	LY1299 - 1999	食品添加剂　红花黄色素
162	LY/T1302 - 1999	五倍子
163	LY/T1313 - 2002	热磨机参数
164	LY/T1314 - 2002	热磨机精度
165	LY/T1315 - 2002	热磨机制造与验收技术条件
166	LY/T1317 - 1999	栓皮
167	LY/T1318 - 1999	软木砖(低温隔热用)
168	LY/T1319 - 1999	软木砖试验方法
169	LY/T1320 - 1999	软木纸
170	LY/T1321 - 1999	软木纸试验方法
171	LY/T1322 - 1999	紫胶原胶
172	LY/T1323 - 1999	紫胶虫种胶
173	LY/T1324 - 1999	余甘子类树皮
174	LY/T1325 - 1999	毛杨梅树皮
175	LY/T1326 - 1999	橡碗
176	LY/T1329 - 1999	核桃丰产与坚果品质
177	LY/T1330 - 1999	抗静电木质活动地板
178	LY/T1331 - 1999	净水载银活性炭
179	LY/T1334 - 2002	磨刀机参数
180	LY/T1335 - 2002	磨刀机精度
181	LY/T1336 - 2002	磨刀机制造与验收技术条件
182	LY/T1337 - 1999	板栗丰产林
183	LY/T1340 - 1999	主要针叶造林树种尤树子代遗传测定技术
184	LY/T1342 - 2002	热磨机主轴技术条件

	标准代号	标准名称
185	LY/T1343 - 1999	林木种子检验仪器技术条件
186	LY/T1344 - 1999	主要针叶造林树种优树选择技术
187	LY/T1346 - 1999	油锯　平衡的测定
188	LY/T1352 - 1999	毛边锯材
189	LY/T1355 - 1999	松脂
190	LY/T1358 - 1999	歧化松香钾皂
191	LY/T1361 - 1999	单板挖孔机
192	LY/T1364 - 2006	铁路客车用胶合板
193	LY/T1367 - 1999	衬板抛光机
194	LY/T1369 - 1999	次加工原木
195	LY/T1370 - 2002	原条造材
196	LY/T1371 - 2002	原木归楞
197	LY/T1377 - 1999	电磁振动器
198	LY/T1379 - 2000	双圆锯裁边机
199	LY/T1385 - 1999	长白落叶松、兴安落叶松速生丰产林
200	LY/T1393 - 1999	松焦油
201	LY/T1394 - 1999	木焦油抗聚剂
202	LY/T1401 - 1999	木质层积塑料　技术条件
203	LY/T1402 - 1999	木质层积塑料　试件选取
204	LY/T1403 - 1999	木质层积塑料　试件尺寸
205	LY/T1404 - 1999	木质层积塑料　试件尺寸的测量
206	LY/T1405 - 1999	木质层积塑料　密度的测定
207	LY/T1406 - 1999	木质层积塑料　含水率的测定
208	LY/T1407 - 1999	木质层积塑料　冲击韧性的测定
209	LY/T1408 - 1999	木质层积塑料　顺纹胶层剪切强度的测定
210	LY/T1409 - 1999	木质层积塑料　静曲强度的测定
211	LY/T1410 - 1999	木质层积塑料　顺纹抗拉强度的测定
212	LY/T1411 - 1999	木质层积塑料　顺纹抗压强度的测定
213	LY/T1412 - 1999	木质层积塑料　24 小时吸水率的测定
214	LY/T1413 - 1999	木质层积塑料　端面布氏硬度的测定
215	LY/T1414 - 1999	木质层积塑料　极限吸水率的测定
216	LY/T1415 - 1999	木质层积塑料　极限体积膨胀率的测定
217	LY/T1416 - 1999	纺织用木质层压板
218	LY/T1417 - 2001	航空用桦木胶合板
219	LY/T1423 - 2002	旋风分离器　参数
220	LY/T1424 - 2002	旋风分离器　制造与验收技术条件
221	LY/T1427 - 1999	分板机
222	LY/T1428 - 1999	加湿机
223	LY/T1435 - 1999	红松速生丰产林
224	LY/T1437 - 1999	烟剂林间药效试验方法
225	LY/T1438 - 1999	森林资源代码　森林调查
226	LY/T1439 - 1999	森林资源代码　树种
227	LY/T1440 - 1999	森林资源大码 林业行政区划
228	LY/T1444. 3 - 2005	林区木材生产能耗 第 3 部分：集材机械燃料消耗量

	标准代号	标准名称
229	LY/T1444.4－2005	林区木材生产能耗 第4部分：绞盘机装车燃料消耗量
230	LY/T1444.5－2005	林区木材生产能耗 第5部分：汽车运材燃料消耗量
231	LY/T1444.6－2005	林区木材生产能耗 第6部分：贮木场生产能耗消耗量
232	LY/T1452－1999	电缆松香
233	LY/T1453－1999	萜烯树脂
234	LY/T1454－1999	人造板机械精度检验通则
235	LY/T1455－1999	纵向拼缝机 参数
236	LY/T1456－1999	纵向拼缝机 精度
237	LY/T1457－1999	纵向拼缝机 制造与验收技术条件
238	LY/T1458－1999	单板铣边机 参数
239	LY/T1459－1999	单板铣边机 精度
240	LY/T1460－1999	单板铣边机 制造与验收技术条件
241	LY/T1464－2001	单头裁板机
242	LY/T1467－2001	立式双排钻孔机
243	LY/T1470－1999	纵向刨切机 参数
244	LY/T1471－1999	纵向刨切机 精度
245	LY/T1472－1999	纵向刨切机 制造与验收技术条件
246	LY/T1485－1999	挖坑机 型式与基本参数
247	LY/T1486－1999	手提式挖坑机 技术条件
248	LY/T1487－1999	手提式挖坑机 试验方法
249	LY/T1488－1999	手提式挖坑机 耳旁噪声测定方法
250	LY/T1489－1999	手提式挖坑机 手感振动测定方法
251	LY/T1494－1999	东北、内蒙古国有林区采伐更新调查设计规范
252	LY/T1495－1999	杨树人工速生丰产用材林
253	LY/T1497－1999	枣树丰产林
254	LY/T1503－1999	加工用原木 枕资
255	LY/T1504－2002	脚手杆
256	LY/T1505－1999	东北、内蒙古地区次加工原木
257	LY/T1513－1999	乐器锯材 钢琴用材
258	LY/T1515－1999	植树机 术语
259	LY/T1516－1999	植树机 系列型谱
260	LY/T1517－1999	植树机 试验方法
261	LY/T1518－1999	植树机 技术条件
262	LY/T1526－1999	南方集体林区采伐更新调查设计规范
263	LY/T1527－1999	水杉速生丰产用材林
264	LY/T1528－1999	湿地松速生丰产用材林
265	LY/T1529－1999	胶合板生产综合能耗
266	LY/T1530－1999	刨花板生产综合能耗
267	LY/T1531－1999	东北、内蒙古国有林区林业企业能量平衡测试通则
268	LY/T1532－1999	油橄榄鲜果
269	LY/T1533－1999	餐用油橄榄
270	LY/T1556－2000	公益林与商品林分类技术指标
271	LY/T1557－2000	名特优经济林基地建设技术规程
272	LY/T1558－2000	仁用杏丰产技术
273	LY/T1559－1999	红皮云杉人工林速生丰产技术
274	LY/T1560－1999	低产用材林改造技术规程
275	LY/T1561－1999	杜仲丰产技术
276	LY/T1565－1999	陆生野生动物(两栖爬行类)饲养场通用技术条件
277	LY/T1568－1999	指榫开榫机
278	LY/T1572－2000	东北、内蒙古天然次生林经营技术
279	LY/T1575－2000	汽车车厢底板用竹篾胶合板
280	LY/T1576－2000	花卉名称
281	LY/T1580－2000	定向刨花板
282	LY/T1582－2000	柠檬酸脱色用活性炭
283	LY/T1589－2000	花卉术语
284	LY/T1594－2002	中国森林可持续经营标准与指标
285	LY/T1595－2002	芯板横向拼缝机 制造与验收技术条件
286	LY/T1596－2002	芯板横向拼缝机 参数
287	LY/T1597－2002	芯板横向拼缝机 精度
288	LY/T1598－2002	石膏刨花板
289	LY/T1599－2002	旋切单板
290	LY/T1601－2002	水基聚合物－异氰酸酯木材胶黏剂
291	LY/T1605－2002	随进式草坪打孔通气机
292	LY/T1608－2003	手推式草坪梳草机
293	LY/T1609－2003	随进式起草皮机
294	LY/T1611－2003	地板基材用纤维板
295	LY/T1612－2004	甲醛释放量检测用 $1m^3$ 气候箱
296	LY/T1614－2004	实木集成地板
297	LY/T1620－2004	电动草坪割草机
298	LY/T1650－2005	榛子坚果 平榛、平欧杂种榛
299	LY/T1652－2005	花椒质量等级
300	LY/T1653－2006	刺五加育苗技术
301	LY/T1660－2006	竹材人造板术语
302	LY/T1662.1－2008	数字林业标准与规范　第1部分：森林资源非空间数据标准
303	LY/T1662.2－2008	数字林业标准与规范　第2部分：林业数字矢量基础地理数据标准
304	LY/T1662.3－2008	数字林业标准与规范　第3部分：卫星遥感影像数据标准
305	LY/T1662.4－2008	数字林业标准与规范　第4部分：林业社会经济数据标准
306	LY/T1662.5－2008	数字林业标准与规范　第5部分：林业政策法规数据标准
307	LY/T1662.6－2008	数字林业标准与规范　第6部分：林业文献资料数据标准

	标准代号	标准名称
308	LY/T1662.7－2008	数字林业标准与规范　第7部分：数据库建库标准
309	LY/T1662.8－2008	数字林业标准与规范　第8部分：数据库软件规范
310	LY/T1662.9－2008	数字林业标准与规范　第9部分：数据库管理规范
311	LY/T1662.10－2008	数字林业标准与规范　第10部分：元数据标准
312	LY/T1662.11－2008	数字林业标准与规范　第11部分：退耕还林工程数据标准
313	LY/T1665－2006	牡丹苗木质量
314	LY/T1674－2006	板栗贮藏保鲜技术规程
315	LY/T1733－2008	芍药鲜切花质量等级
316	LY/T1747－2008	杨梅质量等级

注：国家林业局公告2010年第1号。

表1-13　2010年废止的林业行业标准目录

	标准代号	标准名称
1	LY/T1003－1991	森林铁路线路和信号标志
2	LY/T1025－1991	封边带涂胶机 参数
3	LY/T1026－1991	封边带涂胶机 精度
4	LY/T1027－1991	封边带涂胶机 制造与验收技术条件
5	LY/T1032－1991	人造板机械产品标准编写规定
6	LY/T1037－1991	运材挂车型式和基本参数
7	LY1038－1991	运材挂车通用技术条件
8	LY1039－1991	运材挂车试验方法
9	LY1040－1991	运材挂车车轴
10	LY/T1046－1991	林业机械产品鉴定规程
11	LY1048－1991	木材侧面式叉车产品质量分等 质量指标
12	LY1049－1991	木材侧面式叉车产品质量分等 试验方法
13	LY1050－1991	木材侧面式叉车产品质量分等 检验规则
14	LY1052－1991	升降式喷洒器 技术条件
15	LY1053－1991	升降式喷洒器 试验方法
16	LY/T1054－1991	猎枪压底火器
17	LY/T1061－1992	竹制卫生筷子
18	LY/T1074－1992	林用门式起重机 技术条件
19	LY/T1075－1992	林用门式起重机 型式与基本参数
20	LY1076－1992	林用门式起重机 使用安全规程
21	LY/T1077－1992	175F汽油机技术条件
22	LY/T1089－1993	红根栲胶
23	LY1092－1993	森林铁路车辆产品型号编制规则
24	LY1093－1993	森林铁路内燃机车产品型号编制规则
25	LY/T1116－1993	手抬机动泵技术条件
26	LY1117－1993	集材拖拉机使用安全规程
27	LY1120－1993	保鲜山野菜
28	LY/T1123－1993	松材线虫病检疫技术
29	LY/T1134－1993	原木纵向板链输送机 型式与基本参数
30	LY/T1035－1993	原木纵向板链输送机 技术条件
31	LY/T1036－1993	原木纵向圆环链输送机 型式与基本参数
32	LY/T1037－1993	原木纵向圆环链输送机 技术条件
33	LY/T1144－1993	运材汽车大修验收技术条件
34	LY/T1146－1993	林用圆盘整地机 技术条件
35	LY/T1147－1993	林用圆盘整地机 试验方法
36	LY/T1149－1994	林区公路养护技术规范
37	LY/T1151－1994	木片散装汽车技术条件
38	LY/T1154－1994	森林铁路货车两轴转向架
39	LY1160－1995	塑料弹壳
40	LY1161－1995	纸弹壳
41	LY1162－1995	塑料壳猎枪弹
42	LY1163－1995	纸壳猎枪弹
43	LY/T1164－1995	旋切机维修规则
44	LY/T1165－1995	鼓式削片机产品质量分等
45	LY/T1186－1996	飞机播种治沙技术要求
46	LY/T1191－1996	热磨机维修规则
47	LY/T1195－1996	杨树速生丰产用材林主要栽培品种苗木
48	LY/T1203－1997	硬质木纤维瓦楞板
49	LY/T1205－1997	薄型硬质纤维板
50	LY/T1276－1998	割灌机 声功率级的测定
51	LY1277－1998	猎枪弹 弹丸
52	LY/T1288－1998	绞盘机 试验方法
53	LY/T1292－1998	运材挂车 转盘
54	LY/T1332－1999	湿地松松香
55	LY/T1350－1999	指接材物理力学性能试验方法
56	LY/T1351－1999	指接材
57	LY/T1354－1999	木炭
58	LY/T1366－1999	橡碗单宁除垢剂
59	LY/T1368－1999	木材水运机动船舶技术管理规范
60	LY/T1376－1999	人造板机械涂漆颜色
61	LY1383－1999	林用索道索系
62	LY/T1386－1999	运材汽车定型试验规程
63	LY/T1387－1999	轻型汽油动力喷灌机
64	LY/T1390－1999	林业自行式机械 动态车外噪声测量方法
65	LY/T1391－1999	林业自行式机械 静态车外噪声测量方法
66	LY/T1392－1999	林业自行式机械 驾驶员耳旁噪声测定方法
67	LY/T1395－1999	森林铁路车辆　车轴型式尺寸
68	LY/T1396－1999	森林铁路车辆　车轴技术条件
69	LY/T1397－1999	森林铁路车辆　铸钢整体条件
70	LY/T1398－1999	森林铁路车辆　轮对组装技术条件
71	LY/T1399－1999	森林铁路车辆　车轮轮缘踏面外形
72	LY/T1400－1999	松针粉
73	LY1429－1999	火药式注射枪
74	LY/T1434－1999	自行式林业机械驾驶室防护装置试验方法和性能要求

	标准代号	标准名称
75	LY/T1436－1999	柠檬桉速生丰产林
76	LY/T1442－1999	醋酸乙烯合成触媒载体活性炭
77	LY/T1443－1999	松焦油化学成分测定方法
78	LY/T1449－1999	东北、内蒙古国有林区木材生产能耗 森林蒸汽机车燃料消耗量
79	LY/T1474－1999	木材液压起重臂 名词术语
80	LY/T1475－1999	木材液压起重臂 基本参数
81	LY/T1476－1999	木材液压起重臂 技术条件
82	LY/T1477－1999	木材液压起重臂 试验方法
83	LY/T1479－1999	原木索式输送机 型式与基本参数
84	LY/T1480－1999	原木索式输送机 技术条件
85	LY/T1481－1999	原木纵向可拆链输送机 型式与基本参数
86	LY/T1482－1999	原木纵向可拆链输送机 技术条件
87	LY1483－1999	鸟枪
88	LY/T1491－1999	悬挂式挖坑机 技术条件
89	LY/T1492－1999	悬挂式挖坑机 试验方法
90	LY/T1493－1999	林用圆盘整地机 圆盘与接盘的安装尺寸
91	LY/T1498－1999	森林铁路车辆、种类、型式及主要参数
92	LY/T1499－1999	森林铁路原条台车技术条件
93	LY/T1501－1999	森林铁路车辆 无导框滑动轴承铸钢轴箱体技术条件
94	LY/T1512－2003	木质卫生筷子
95	LY/T1514－1999	252L 型履带式营林拖拉机
96	LY/T1519－1999	集材 80 型拖拉机大修验收技术条件
97	LY/T1520－1999	集材 50 型拖拉机大修验收技术条件
98	LY/T1521－1999	绞盘机 缠绕卷筒 型式与尺寸
99	LY/T1522－1999	林业机械 联接装置尺寸
100	LY/T1525－1999	森林铁路车辆强度设计规范
101	LY/T1534－1999	橄榄油、油橄榄果渣油及其检验
102	LY/T1535－1999	橄榄油、油橄榄果渣油检验 检验总则
103	LY/T1536－1999	橄榄油、油橄榄果渣油检验 透明度、色泽、气味滋味鉴定法
104	LY/T1537－1999	橄榄油、油橄榄果渣油检验 水分及挥发物测定方法
105	LY/T1538－1999	橄榄油、油橄榄果渣油检验 杂质测定法
106	LY/T1539－1999	橄榄油、油橄榄果渣油检验 酸度(酸价)测定法
107	LY/T1540－1999	橄榄油、油橄榄果渣油检验 酸败及过氧化值测定法
108	LY/T1541－1999	橄榄油、油橄榄果渣油检验 碘值测定法
109	LY/T1542－1999	橄榄油、油橄榄果渣油检验 皂化值测定法
110	LY/T1543－1999	橄榄油、油橄榄果渣油检验 不皂化物测定法
111	LY/T1544－1999	橄榄油、油橄榄果渣油检验 含皂试验
112	LY/T1545－1999	橄榄油、油橄榄果渣油检验 含皂量测定法
113	LY/T1546－1999	橄榄油、油橄榄果渣油检验 脂肪酸成分含量测定法
114	LY/T1547－1999	橄榄油、油橄榄果渣油检验 维生素 E 测定法
115	LY/T1548－1999	橄榄油检验 BELLER 指数测定法
116	LY/T1549－1999	橄榄油、油橄榄果渣油的试验
117	LY/T1550－1999	橄榄油、油橄榄果渣油检验 半干油性试验
118	LY/T1551－1999	橄榄油、油橄榄果渣油检验 茶油的定性试验
119	LY/T1552－1999	橄榄油、油橄榄果渣油检验 净重量、净体积测定法
120	LY/T1553－1999	橄榄油、油橄榄果渣油检验 总砷含量测定法
121	LY/T1554－1999	橄榄油、油橄榄果渣油检验 总汞的测定法
122	LY/T1555－1999	橄榄油、油橄榄果渣油检验 净含量测定法
123	LY/T1569－1999	转子式刨花干燥机维修规则
124	LY/T1583－2000	网带式单板干燥机维修规则
125	LY/T1584－2000	热压机维修规则
126	LY/T1585－2000	宽带砂光机维修规则
127	LY/T1586－2000	热压机 产品质量分等
128	LY/T1590－2001	气流刨花铺装机维修规则
129	LY/T1591－2001	油锯 声功率级测定方法
130	LY/T1592－2001	林业机械 驾驶员保护结构 实验室试验和性能要求
131	LY/T1600－2002	混凝土模板用浸渍胶膜纸贴面胶合板

注：国家林业局公告 2010 年第 1 号。

表 1-14　2010 年发布的新林业行业标准目录

	标准编号	标准名称	代替标准号
1	LY/T1868－2010	植物新品种特异性、一致性、稳定性测试指南 蔷薇属	
2	LY/T1869－2010	植物新品种特异性、一致性、稳定性测试指南 云杉属	
3	LY/T1870－2010	植物新品种特异性、一致性、稳定性测试指南 柿	
4	LY/T1871－2010	植物新品种特异性、一致性、稳定性测试指南 刺槐属	
5	LY/T1872－2010	森林生态系统定位研究站数据管理规范	
6	LY/T1873－2010	森林生态站数字化建设技术规范	
7	LY/T1874－2010	中国东北地区森林可持续经营指标	
8	LY/T1875－2010	中国热带地区森林可持续经营指标	
9	LY/T1876－2010	中国西北地区森林可持续经营指标	
10	LY/T1877－2010	中国西南地区森林可持续经营指标	
11	LY/T1878－2010	森林经营认证审核导则	
12	LY/T1879－2010	林业科技统计指标	
13	LY/T1880－2010	木本植物种子催芽技术	
14	LY/T1881－2010	木本植物种子离体胚测定技术	
15	LY/T1882－2010	林木组织培养育苗技术规程	
16	LY/T1883－2010	核桃优良品种育苗技术规程	
17	LY/T1884－2010	核桃优良品种丰产栽培管理技术规程	
18	LY/T1885－2010	杉木无性系扦插育苗技术规程	

	标准编号	标准名称	代替标准号
19	LY/T1886-2010	柿苗木	
20	LY/T1887-2010	柿栽培技术规程	
21	LY/T1888-2010	尾叶桉扦插繁殖技术规程	
22	LY/T1889-2010	雪松播种育苗技术规程	
23	LY/T1890-2010	雪松绿化苗木质量分级	
24	LY/T1891-2010	湿加松良种扦插繁殖技术规程	
25	LY/T1892-2010	落叶松扦插育苗技术规程	
26	LY/T1893-2010	石榴苗木培育技术规程	
27	LY/T1894-2010	漆树栽培技术规程	
28	LY/T1895-2010	杨树速生丰产用材林定向培育技术规程	
29	LY/T1896-2010	南方型杨树纤维用材林造林技术规程	
30	LY/T1897-2010	华北落叶松人工林经营技术规程	
31	LY/T1898-2010	天然次生低产低效林改培技术规程	
32	LY/T1899-2010	桤木培育技术规程	
33	LY/T1900-2010	柚木培育技术规程	
34	LY/T1901-2010	红皮云杉培育技术规程	
35	LY/T1902-2010	南方红豆杉药用林栽培技术规程	
36	LY/T1903-2010	乌桕栽培技术规程	
37	LY/T1904-2010	硬头黄竹纸浆林培育技术规程	
38	LY/T1905-2010	麻竹扦插育苗技术规程	
39	LY/T1906-2010	金佛山方竹栽培技术规程	
40	LY/T1907-2010	马尾松花粉生产技术规程	
41	LY/T1908-2010	紫胶虫种胶、紫胶原胶丰产技术规程	
42	LY/T1909-2010	美国黑核桃栽培技术规程	
43	LY/T1910-2010	食用桂花栽培技术规程	
44	LY/T1911-2010	仙客来盆栽生产技术规程	
45	LY/T1912-2010	切花月季生产技术规程	
46	LY/T1913-2010	切花百合生产技术规程	
47	LY/T1914-2010	植物篱营建技术规程	
48	LY/T1915-2010	诱虫灯林间使用技术规程	
49	LY/T1916-2010	主要观赏植物商品名称规范	
50	LY/T1917-2010	观赏植物颜色表示方法	
51	LY/T1918-2010	野生动物饲养管理技术规程 野猪	
52	LY/T1919-2010	元蘑干制品	
53	LY/T1920-2010	梨枣	
54	LY/T1921-2010	红松松子	
55	LY/T1922-2010	核桃仁	
56	LY/T1923-2010	室内木质门	
57	LY/T1924-2010	木制茶具	
58	LY/T1925-2010	防腐木材产品标识	
59	LY/T1926-2010	抗菌木(竹)制地板 抗菌性能检验方法及抗菌效果	
60	LY/T1927-2010	集成材理化性能试验方法	

	标准编号	标准名称	代替标准号
61	LY/T1928-2010	松香树脂稳定性试验方法	
62	LY/T1929-2010	竹炭基本物理化学性能试验方法	
63	LY/T1930-2010	用于生产精油和抗氧化剂的迷迭香干叶	
64	LY/T1931-2010	4号紫胶原胶	
65	LY/T1932-2010	马占相思栲胶	
66	LY/T1933-2010	林业机械 自行式苗木移植机	
67	LY/T1934-2010	园林机械 坐骑式草坪割草机	
68	LY/T1084-2010	毛杨梅栲胶	LY/T1084-1993
69	LY/T1085-2010	落叶松栲胶	LY/T1085-1993
70	LY/T1086-2010	余甘栲胶	LY/T1086-1993
71	LY/T1091-2010	橡碗栲胶	LY/T1091-1993
72	LY/T1094-2010	林业机械 果球烘干机	LY/T1094-1993
73	LY/T1121-2010	园林机械 电链锯	LY/T1121-1993
74	LY/T1152-2010	林业机械 林木种子培养箱	LY/T1152-1994 LY/T1153-1994
75	LY/T1173-2010	东北、内蒙古林区营林用火技术规程	LY/T1173-1995
76	LY/T1202-2010	园林机械 以汽油为动力的步进式草坪割草机	LY/T1202.1-1202.5-2010
77	LY/T1320-2010	软木纸	LY/T1320-1999
78	LY/T1322-2010	紫胶原胶	LY/T1322-1999
79	LY/T1323-2010	紫胶虫种胶	LY/T1323-1999
80	LY/T1355-2010	松脂	LY/T1355-1999
81	LY/T1453-2010	萜烯树脂	LY/T1453-1999
82	LY/T1486-2010	林业机械 手提式挖坑机	LY/T1486-1999 LY/T1487-1999 LY/T1488-1999 LY/T1489-1999
83	LY/T1562-2010	狩猎场总体设计规范	LY/T1562-1999
84	LY/T1580-2010	定向刨花板	LY/T1580-2000

注：国家林业局公告2010年第2号。

表1-15 国家级综合性林业产业相关协会

	协会名称
1	中国资源综合利用协会
2	中国质量协会
3	中国质量协会科学技术分会
4	中国质量检验协会
5	中国质量检验协会食品专业委员会
6	中国灾害防御协会
7	中国优质农产品开发服务协会
8	中国饮料工业协会
9	中国物资再生协会进口再生资源工作委员会
10	中国饲料工业协会
11	中国生态文化协会
12	中国社会工作协会扶贫开发基金管理委员会

	协会名称
13	中国企业评价协会
14	中国企业家协会
15	中国农村能源行业协会
16	中国绿色食品协会
17	中国林业工程建设协会
18	中国林场协会
19	中国林产工业协会
20	中国个体劳动者协会
21	中国扶贫开发协会资源扶贫委员会
22	中国出入境检验检疫协会
23	中国食品工业协会食品物流专业委员会
24	中国标准化协会

表 1-16 2010 年林业产业主要博览会

	博览会及展会名称	举办地
1	北京百万市民观光果园采摘游启动仪式暨中国·北京樱桃评比活动	北京
2	北京大兴"春华秋实"系列活动启动暨中华名梨·全国梨王擂台赛(早中熟品种)	北京
3	昌平香味区区主题公园开园暨葡萄品种评比等博览会	北京
4	全国2010年蜜蜂为西瓜授粉现场观摩会	北京
5	2010年北京郁金香文化节	北京
6	第二届北京月季文化节	北京
7	第二届北京菊花文化节	北京
8	系列年宵花展	北京
9	花卉园艺进社区系列活动	北京
10	第十届中国菊花展览会	北京
11	台北国际花卉博览会	北京
12	百合切花种植季节	北京
13	顺义区第四届插花大赛	北京
14	北京第二届菊花文化节——世界花卉大观园菊展	北京
15	中国·沈阳2010年国际地板博览会	辽宁
16	中俄林业合作项目对接会	辽宁
17	第九届全国食用菌新产品新技术博览会暨岫岩蘑菇节	辽宁
18	首届中国(铁岭)榛子节	辽宁
19	浙江笋竹产品西北行	陕西
20	第三届中国义乌国际森林产品博览会	浙江
21	温州、绍兴森林旅游节	浙江
22	中国(萧山)花木节暨第5届中国园林绿化产业交易会	浙江
23	"6·18"福建项目成果交易会	福建
24	"9·8"中国国际投资贸易洽谈会	福建
25	"11·6"海峡两岸(三明)林业博览会	福建
26	"11·18"海峡两岸(福建漳州)花卉博览会	福建
27	花乡农家乐	河南
28	中原花木交易博览会暨鄢陵生态旅游节	河南
29	花都樱桃观光采摘游	河南
30	花都枣莲观光采摘游	河南
31	南坞休闲生态游	河南
32	第十届中原花木交易博览会	河南
33	第二届中国绿化博览会	河南
34	神农架第四届中国国际生态文化旅游节	湖北
35	首届湖南家具博览会	湖南
36	"5·18"安国药交会和中华药材节	河北
37	中国(菏泽)林产品交易会	山东
38	山东(青州)花卉博览会	山东
39	北方(昌邑)苗木博览会	山东

森林培育

【概　况】 2010年全国荒山荒地造林面积590.99万公顷(8865万亩)，比2009年减少5.63%，完成计划任务的99.8%。其中人工造林387.28万公顷，飞播造林19.59万公顷，无林地和疏林地新封山育林184.12万公顷。西部12个省(区、市，含新疆生产建设兵团)造林面积342.77万公顷，占全部造林面积的58%(图2-1)。

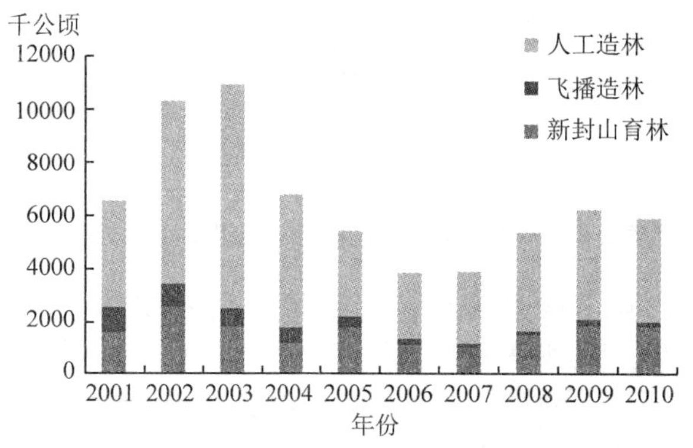

图2-1　2001～2010年全国造林面积结构

2010年造林面积较2009年有所减少的原因一方面是由于当年我国特大干旱、严重洪涝等自然灾害对新造林产生一定影响；另一方面，2008年第四季度中央扩大内需新增255万公顷造林任务使2009年的造林面积大幅增长，若扣除这一因素，2010年造林仍保持较大规模。

2010年，中央财政森林抚育补贴试点由2009年的12个省(区、市，单位)扩大到27个省(区、市，单位)，全国森林抚育面积持续增长，共完成中幼龄林抚育面积666.17万公顷，比2009年增长4.70%，完成低产低效林改造面积66.56万公顷，比2009年增长22.48%。

另外，有林地造林面积38.80万公顷；更新造林30.67万公顷；四旁(零星)植树24.69亿株。全国苗木产量和育苗面积分别为414.18亿株和66.04万公顷，林木种子采集量为5.09万吨。2010年造林总体上呈以下特点：

生态公益林保持较高比重　从林种结构看，在全部造林面积中，用材林80.99万公顷、经济林111.09万公顷、防护林394.34万公顷、薪炭林1.89万公顷、特种用途林2.68万公顷，占全部造林面积的比重分别为13.70%、18.80%、66.73%、0.32%和0.45%。生态公益林(防护林和特种用途林)占全部造林面积的比重为67.18%，仍保持较高水平。

乡土树种占较高比重　从树种类型看，在全部造林面积中，使用乡土树种的面积为340.43万公顷，所占比重为57.60%。使用珍贵树种的面积为10.15万公顷，使用速生树种的面积为74.10万公顷。

混交林所占比重有待提高　从结构类型看，在全部造林面积中，纯林面积319.67万公顷，混交林面积216.32万公顷，其他类型55.00万公顷，所占比重分别为54.09%、36.60%和9.31%，混交林比重有待提高。

【国家林业重点工程】 2010年国家林业重点工程造林366.96万公顷(图2-2)，比2009年减少20.16%，占全部造林面积的62.09%。其中天保工程、退耕还林工程(不含京津工程退耕)、京津风沙源治理工程、三北及长江流域等重点防护林体系工程、速生丰产用材林基地建设工程造林分别为88.55万公顷、98.26万公顷、43.91万公顷、

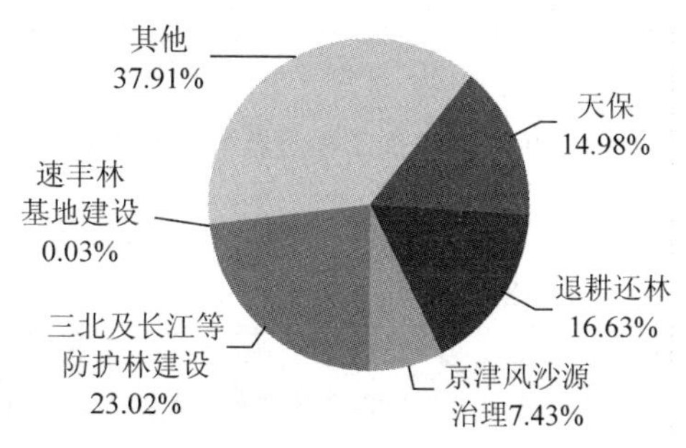

图2-2　2010年国家林业重点工程造林比重

136.06万公顷和0.18万公顷，占全部造林面积的比重分别为14.98%、16.63%、7.43%、23.02%

和0.03%，其他社会造林占全部造林面积的37.91%(图2-3)。

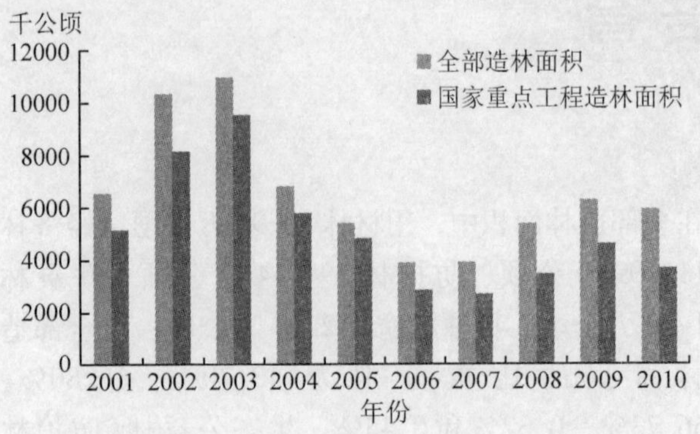

图2-3　2001~2010年国家林业重点工程造林与全部造林面积比较

天保工程　工程区木材产量　2010年工程区木材产量达到1299.48万立方米，比2009年减少12.43%，仅占全国木材总产量的16.06%。

公益林建设　2010年天保工程完成各项公益林建设面积88.55万公顷，其中人工造林16.88万公顷，飞播造林7.33万公顷，无林地和疏林地新封山育林64.34万公顷(图2-4)。森林管护面积为10486万公顷。自1998年工程实施以来，13年间工程已累计完成人工造林283.06万公顷、飞播造林326.60万公顷、新封山育林746.20万公顷。

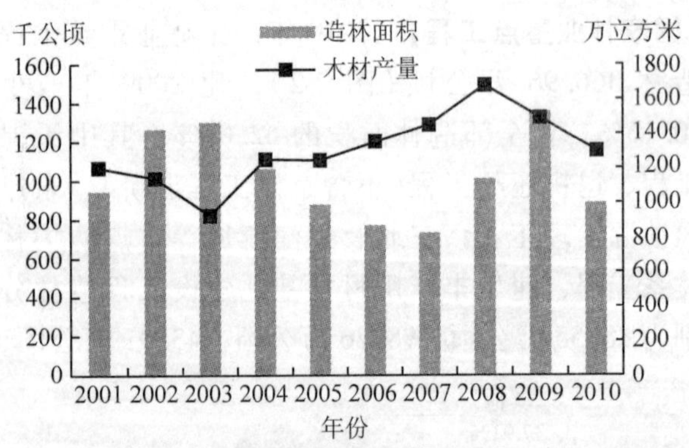

图2-4　2001~2010年天保工程历年木材产量、造林面积

人员结构及安置情况　天保工程实施13年来，圆满完成一期建设任务，工程区累计一次性安置职工67.20万人，其中2010年一次性安置1668人。天保工程区年末全部在册职工人数为87.04万人，其中在岗职工62.78万人，下岗待安置职工11.09万人，离开本单位保留劳动关系人员13.17万人。参加基本养老保险人数为91.76万人，参加基本医疗保险人数为106.85万人。

退耕还林工程　2010年退耕还林工程共完成造林面积99.65万公顷(含京津风沙源工程中1.39万公顷)，其中退耕地造林0.03万公顷，荒山荒地造林67.48万公顷，无林地和疏林地新封山育林32.14万公顷(图2-5)。全年完成种草面积0.49万公顷。西部12个省(区、市，含新疆生产建设兵团)共完成56.34万公顷的退耕还林任务，占退耕工程总造林面积的56.53%。

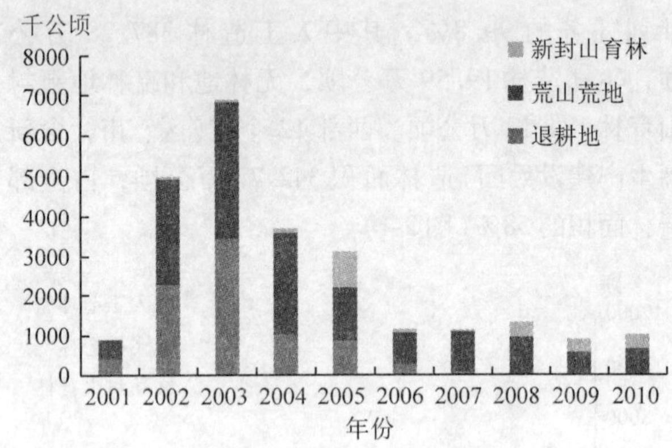

图2-5　2001~2010年退耕还林工程造林完成情况

随着先期实施的退耕地补助陆续到期，从2008年起退耕还林工程涉及的粮款兑现面积呈逐年下降的趋势，2010年涉及粮款兑现的退耕地面积为812.44万公顷(1.22亿亩)。全年粮食补助资金168.73亿元，生活费兑现金额36.70亿元，全年粮款兑现涉及2753万农户。

自1999年工程试点以来已累计完成退耕地造林906.29万公顷，荒山荒地造林1481.20万公顷，新封山育林225.46万公顷。累计粮食补助资金总计1804.23亿元，累计生活费兑现金额总计229.71亿元。

防沙治沙及京津风沙源治理工程　2010年，防沙治沙工作全面实行了省级政府防沙治沙目标责任制，并继续推进石漠化治理工程和38个全国防沙治沙综合示范区建设。第四次全国荒漠化沙化监测结果显示，2005~2009年，全国沙化土地面积年均缩减1717平方千米，比上个监测期年均多缩减434平方千米，沙化土地减少的省份达到29个。全国土地沙化防治进入了"整体遏制、局部恶化"的新阶段。

2010年，京津风沙源治理工程范围内的75个县共完成造林43.91万公顷，其中人工造林11.39万公顷，飞播造林12.26万公顷，无林地和疏林地新封山育林20.26万公顷(图2-6)。草地治理面积

17.73 万公顷，小流域治理面积 13.40 万公顷，治理总面积达到 75.04 万公顷。另外，还建设暖棚 95.14 万平方米；购置各类饲料机械 1.13 万台；完成水利配套设施 1.47 万处；生态移民 1322 人，涉及 324 户。

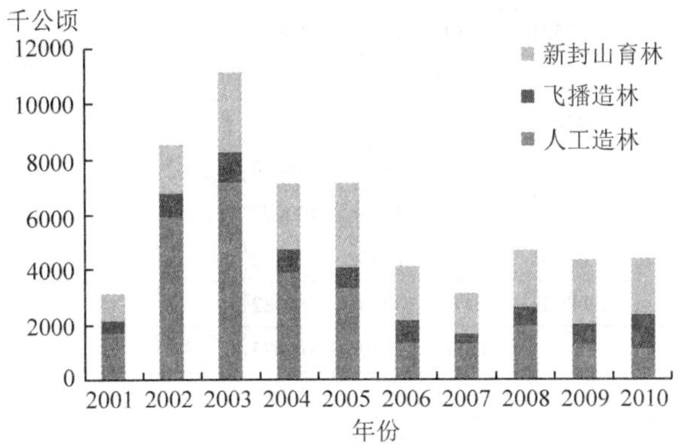

图 2-6 2001～2010 年京津风沙原治理工程造林情况

京津风沙源治理工程实施 10 年来累计完成治理总面积达到 889.79 万公顷，其中林业工程 576.76 万公顷，草地治理 221.22 万公顷，小流域治理 91.81 万公顷。在林业工程中，累计完成人工造林 291.35 万公顷、飞播造林 77.84 万公顷、新封山育林 207.57 万公顷。

三北及长江流域等防护林体系建设工程 2010 年，工程共完成造林面积 136.06 万公顷，其中人工造林 89.92 万公顷，无林地和疏林地新封山育林 46.14 万公顷。分工程看，三北防护林四期工程完成造林面积 92.83 万公顷，长江流域防护林二期工程完成造林面积 11.88 万公顷，沿海防护林二期工程完成造林面积 17.32 万公顷，珠江流域防护林二期工程完成造林面积 6.68 万公顷，太行山绿化二期工程完成造林面积 6.92 万公顷，平原绿化二期工程完成造林面积 0.43 万公顷(图 2-7)。

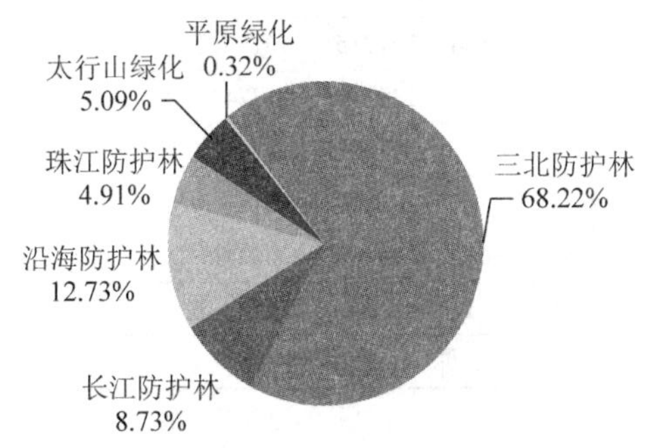

图 2-7 三北及长江流域等防护林工程

在全部造林面积中，防护林面积所占比重为 83.90%，其中水土保持林和防风固沙林所占比重最高，分别达到了 26.74% 和 22.53%。另外还完成低产低效防护林改造面积 2.04 万公顷。

自 2001 年以来，工程累计完成人工造林 682.02 万公顷、飞播造林 29.11 万公顷、新封山育林 401.67 万公顷。其中，三北四期工程累计完成人工造林 429.36 万公顷、飞播造林 10.12 万公顷、新封山育林 200.20 万公顷。

野生动植物保护及自然保护区建设工程 截至 2010 年底，林业系统自然保护区已达 2035 处，总面积 1.24 亿公顷，占全国国土面积的 12.89%，其中，国家级自然保护区 247 处，面积 7597.42 万公顷。与 2009 年相比，林业系统自然保护区数量增加 23 处，面积增加 82.72 万公顷。90% 的陆地生态系统类型、85% 的野生动物种群和 65% 的高等植物群落得到有效保护。

年末实有自然保护小区 4.88 万个，总面积 1588 万公顷。野生植物就地保护点 351 个，总面积为 476 万公顷。国家划定禁猎(采)区 2425 个，总面积为 8706 万公顷。野生动物种源繁育基地 560 个，野生植物种源培育基地 503 个。野生动物园 61 个，植物园 87 个，狩猎场 147 个。野生动植物保护管理站 5456 个，野生动植物科研及监测机构 663 个，鸟类环志中心(站)148 个。全国从事野生动植物保护及自然保护区建设的人员达 4.87 万人，其中各类专业技术人员 1.38 万人。

湿地保护与恢复工程：2010 年，我国启动了第二次全国湿地资源调查，并建立了长江、黑龙江等流域湿地保护网络。截至 2010 年底，湿地自然保护区达 550 多处，国家湿地公园达 140 多处，国际重要湿地达 37 处，面积为 391 万公顷，湿地示范区面积为 251 万公顷。全国共有 1820 万公顷的自然湿地得到有效保护，自然湿地保护率达到 50.3%。

重点地区速生丰产用材林基地建设工程 2010 年，荒山荒地造林中速生树种造林 74.10 万公顷，占全部造林总面积的 12.54%。重点地区速生丰产用材林基地建设工程共造林 6230 公顷，其中荒山荒地造林 1777 公顷，更新造林 4439 公顷。另外还完成改培面积 8010 公顷。 (国家林业局计财司)

表 2-1　各地区森林培育基本情况

地区	荒山荒(沙)地造林面积(按林种用途分)(公顷)						更新造林面积(公顷)	森林抚育面积(公顷)			速生丰产用材林基地建设面积(公顷)	林业单位数量(个)
	合计	用材林	经济林	防护林	薪炭林	特种用途林		低产低效林改造	实际幼林抚育	成林抚育		
全国合计	5909919	809937	1110896	3943432	18887	26767	306708	665598	7769016	10486104	6230	47973
北京	13887		721	11989		1177	362	1739	16234	66686		911
天津	11315	6246	750	4319					49427	77983		128
河北	283878	18951	14784	249143		1000	4201	1062	383084	375502		2842
山西	282371	10	52304	223722	6335			153	159030	44890		3773
内蒙古	655180	10219	5434	638740		787	17278	8825	335466	1480273		1872
内蒙古集团	90	90					8790		19932	172862		
辽宁	190669	26344	7497	156795		33	6893	12003	180801	60382	89	1844
吉林	82584		30	82487		67		4174	414494	316075		1347
吉林集团									89190	31988		
黑龙江	233777	15211	659	210287	796	6824	6531	3078	452926	334223		1821
龙江集团							6531	2319	89423	151530		
上海	1349		465	884				353	9017	56327		465
江苏	86256	15868	7476	62226	129	557	1871	1061	234078	483437		2791
浙江	15214	1162	2329	11709		14	11846	27193	47297	171322		1657
安徽	48711	10371	7765	30106	469		211	12864	307795	629653		1730
福建	29875	15345	3350	11148	30	2	79892	10113	284307	101930		2285
江西	200778	103883	32509	59733	2119	2534	39010	37481	408506	217084		2300
山东	205131	36101	37856	129877		1297	4481	10114	524928	1121663		1890
河南	231700	50928	23208	157306		258	579	12144	732656	951213		2178
湖北	192213	53721	28569	105752	1854	2317		27274	242322	304352		1558
湖南	213448	71886	32285	108005	551	721		73567	410882	245566		1640
广东	95144	33620	11061	50383		80	48088	19295	173294	182063		2143
广西	143254	108013	9323	25577	1	340	67520	19896	466528	503878	5843	1614
海南	14166	600	2085	11256	40	185	2003	1948	5140	11825	298	673
重庆	255235	71723	27090	153755	1973	694		23351	80454	51145		1000
四川	382225	66328	29189	286636		72	4578	115392	220804	197520		2201
贵州	206603	9541	35676	159885	1034	467		3904	122144	68187		1208
云南	661500	71629	482862	104722	1125	1162	6400	143296	29022	48640		2015
西藏	62299	1667	585	60047			1467					42
陕西	364312	3886	59410	300883	133			77504	261715	313167		1425
甘肃	232761		32223	194671		5867		1201	139230	231774		978
青海	117804			117804					51337	3489		541
宁夏	94932	1608	25153	68121		50	452		284806	422137		472
新疆	251601	1996	138248	108797	2298	262	3045	16613	734442	1320334		629
新疆兵团	51972		33721	18251			605	18	83543	151548		
大兴安岭	3080	3080							6850	93384		

表 2-2　森林培育各指标全国排名前 5 名的省份

指标	全国排名前 5 名的省份及占全国的比例
荒山荒(沙)地造林(5909919 公顷)	云南(11.19%)、内蒙古(11.09%)、四川(6.47%)、陕西(6.16%)、河北(4.80%)
用材林造林(809937 公顷)	广西(13.34%)、江西(12.83%)、湖南(8.88%)、重庆(8.86%)、云南(8.84%)
经济林造林(1110896 公顷)	云南(43.47%)、新疆(12.44%)、陕西(5.35%)、山西(4.71%)、山东(3.41%)
防护林造林(3943432 公顷)	内蒙古(16.20%)、陕西(7.63%)、四川(7.27%)、河北(6.32%)、山西(5.67%)
薪炭林造林(18887 公顷)	山西(33.54%)、新疆(12.17%)、江西(11.22%)、重庆(10.45%)、湖北(9.82%)
特种用途林造林(26767 公顷)	黑龙江(25.49%)、甘肃(21.92%)、江西(9.47%)、湖北(8.66%)、山东(4.85%)
更新造林(306708 公顷)	福建(26.05%)、广西(22.01%)、广东(15.68%)、江西(12.72%)、内蒙古(5.63%)
低产低效林改造(665598 公顷)	云南(21.53%)、四川(17.34%)、陕西(11.64%)、湖南(11.05%)、江西(5.63%)
实际幼林抚育(7769016 公顷)	新疆(9.45%)、河南(9.43%)、山东(6.76%)、广西(6.00%)、黑龙江(5.83%)
成林抚育(10486104 公顷)	内蒙古(14.12%)、新疆(12.59%)、山东(10.70%)、河南(9.07%)、安徽(6.00%)
速生丰产用材林基地建设(6230 公顷)	广西(93.79%)、海南(4.78%)、辽宁(1.43%)
全国林业单位数量(47973 个)	山西(7.86%)、河北(5.92%)、江苏(5.82%)、江西(4.79%)、福建(4.76%)

表 2-3　森林培育政策

	文件名称	文件号	发布机构
1	关于印发《森林经营方案编制与实施纲要》(试行)的通知	林资发〔2006〕227 号	国家林业局
2	关于科学编制森林经营方案全面推进森林可持续经营工作的通知	林资发〔2007〕1 号	国家林业局
3	关于基层林业工作站开展编制非国有林简易森林经营方案试点工作的通知	林站发〔2009〕251 号	国家林业局
4	关于印发《育林基金征收使用管理办法》的通知	财综〔2009〕32 号	财政部　国家林业局
5	关于开展森林经营试点工作的通知	林造发〔2009〕50 号	国家林业局
6	关于改革和完善集体林采伐管理的意见	林资发〔2009〕166 号	国家林业局
7	关于印发《森林植被恢复费征收使用管理暂行办法》的通知	财综〔2002〕73 号	财政部　国家林业局
8	关于重点地区速生丰产用材林基地建设工程规划的批复	计农经〔2002〕1037 号	国家发展计划委员会
9	河北省森林植被恢复费征收使用管理暂行办法	冀财农〔2009〕76 号	河北财政厅　林业局
10	关于印发《关于扶持杨树产业发展的意见》的通知	赣林厅发〔2009〕10 号	江西林业厅
11	关于印发辽宁省造林补助资金管理办法的通知	辽财农〔2006〕208 号	辽宁财政厅　林业厅
12	关于下达森林植被恢复费专项资金计划的通知	晋林规发〔2010〕234 号	山西财政厅　林业厅
13	关于下达 2010 年全省林业生产计划的通知	晋林规发〔2010〕16 号	山西林业厅
14	转发财政部国家林业局关于印发《育林基金征收使用管理办法》的通知	财综〔2009〕686 号	安徽财政厅　林业厅
15	关于编报 2011 年度市县级森林植被恢复费建设项目实施方案的通知	黔林计通〔2011〕23 号	贵州林业厅
16	关于印发《贵州省省级植被恢复费商品林建设项目造林补助办法》的通知	黔林营通〔2009〕149 号	贵州省财政厅　林业厅

表 2-4　森林培育科研项目

	项目名称	研究单位(项目完成年)
1	杨树病虫害综合治理技术研究	衡水市林果病虫害防治检疫站(2004)
2	杨树抗虫新品种的引进	上海市林业总站(2004)
3	三抗杨新品种选育及丰产配套栽培	山西省林科院(2005)
4	杨树蛀干害虫天牛生态控制技术研究与示范	江苏省林科院(2005)
5	浙江省飞播造林高成效速生成材技术研究	浙江林业厅造林经营处　浙江民航局通用航空办公室 台州市林业局等
6	杨树低温浸苗造林新技术研究	濮阳市林科所(2005)
7	欧美杨 107、108 杨新品种引种栽培技术及大面积推广	河南林业技术推广站(2005)
8	杨树立木材积表	湖北林业勘察设计院(2005)

	项目名称	研究单位(项目完成年)
9	杨树优良无性系 NL－80351 短轮伐期林定向培育推广	孝感市林业科技推广中心(2005)
10	湖北省杨树新品种选育及定向培育经营技术研究	湖北林科院　湖北林业局林木种苗管理总站　潜江市林科所　石首市杨树研究所　南京林业大学(2004)
11	印楝引种及优质丰产栽培技术研究	中国林科院资昆所　云南元谋县林业局　云南元江县林业局等(2005)
12	滇产速生人工林桉木干燥技术的研究	西南林学院(2005)
13	杨树溃疡病类生态控制与昆虫天敌资源开发利用技术研究	东北林业大学(2004)
14	耐盐基因－betA、codA 导入杨树花粉植株的研究	东北林业大学(2005)
15	欧美杨 107、108 杨新品种引种栽培技术与推广	新乡市林业技术推广站(2005)
16	信阳杨树产业发展及病虫害可持续控制技术研究	信阳农业高等专科学校　信阳市植保植检站等(2006)
17	抗虫杨新品种选育	濮阳林科所　中国林科院林研所(2006)
18	异砧嫁接培育红松速生用材林	牡丹江林科所
19	平原杨树优质速生纤维用材新品种选育及培育技术研究	
20	马尾松良种选育及高产高效配套培育技术研究及应用	贵州大学　广西林科院　南京林业大学　华中农业大学等
21	杨树伐桩嫁接更新改造技术研究	山西桑干河杨树丰产林实验局(2009)
22	黑龙江省杨树工业原料林定向培育技术	黑龙江森林与环境科学研究院(2009)
23	俄罗斯抗寒杨树优化组培体系建立研究	黑龙江森林与环境科学研究院(2008)
24	黑龙江速生用材树种生长评价与栽培区划研究	黑龙江林业厅科学技术教育处(2009)
25	杨桐柃木速生丰产技术研究	新昌县林业技术推广中心(2008)
26	杨树黄叶病害病因及可持续控制技术研究	河南省林科院(2009)
27	抗硫杨树无性系选育及抗性机理研究	河南省濮阳林科所(2009)
28	桉树杂交育种中花粉保存与解冻技术	中国林科院热林所(2008)
29	桉树速丰林长期地力维持与持续经营集成技术	中国林科院热林所(2010)
30	四川主要速生树种短轮伐期用材林合理采伐年龄研究	四川省林业勘察设计研究院(2009)

表 2-5　森林培育协会

	协会名称		协会名称
1	江苏省杨树产业技术协会	3	山东省银杏开发协会
2	贵州省古银杏研究保护协会		

木竹采运及锯材木片加工业

【概　况】 2010年木材产量为8089.62万立方米，比2009年增长14.45%。在全部木材产量中，原木产量7513.21万立方米，比2009年增长16.01%；薪材产量576.41万立方米，比2009年减少2.64%。木材产量按生产单位分，林业系统内国有企业单位生产的木材为1385.99万立方米；系统内国有林场、事业单位生产木材1293.30万立方米；系统外企、事业单位采伐自营林地的木材266.02万立方米；乡(镇)集体企业及单位生产木材产量423.69万立方米；村及村以下各级组织和农民个人生产的木材4720.62万立方米。农民自用材采伐量823.37万立方米，农民烧材采伐量2174.48万立方米。

全国共有木材采运企业2349个，福建省木材采运企业数量最多407个，占全国总量的17.33%，而木材产量占全国的8.46%，木材采运企业数量其他依次是湖南、黑龙江、吉林、云南，这5省木材采运企业数量占全国总量的48.87%，而5省木材产量占全国的34.88%。广西木材产量最高1270.36万立方米，但木材采运企业数量仅占全国的4.09%。

全国共有木材批发企业148695家，45.85%在上海，28.35%在江苏，山东有11096家占7.46%，广东占3.13%，辽宁2.24%，这5省的木材批发企业数量占全国的87.03%。

全国锯材产量3722.63万立方米，比2009年增长15.26%。木片、木粒加工产品1873.51万实积立方米，比2009年增长45.71%。

全国共有锯材加工企业13784个，黑龙江省锯材加工企业数量最多2527个，占全国总量的18.33%，但锯材产量仅占全国的3.34%，其他依次是吉林、福建、辽宁、浙江，这5省锯材加工企业数量占全国总量的53.05%，但5省锯材产量仅占全国的23.95%。山东省锯材产量最高，占全国的16.11%，锯材加工企业只占全国的4.71%。见表3-1和表3-2。

全国共有木片加工企业12994个，江苏省木片加工企业数量最多2363个，占全国总量的18.19%，但其木片产量仅占全国木片产量的4.39%，木片加工企业数量其他依次是吉林、福建、辽宁、浙江。这5省木片加工企业数量占全国总量的48.92%，5省木片产量占全国产量的65.15%。见表3-3。

原木、锯材、木片出口很少，以进口为主。原木进口3434.6万立方米，进口金额60.7亿美元，分别比2009年增长22.4%和48.6%。锯材进口1481.2万立方米，进口金额38.8亿美元，分别比2009年增长49.1%和66.6%。木片进口463.17万吨，进口金额6.7亿美元，分别比2009年增长66.98%和89.86%。见表3-4和表3-10、表3-11。

表3-1　木材采运及锯材木片加工各指标在全国排名前5名的省份

指标	全国排名前5名省份及占全国的比例
木材产量(8090万立方米)	广西15.70%、福建8.46%、广东8.10%、黑龙江7.06%、湖南6.89%
锯材产量(3723万立方米)	山东16.11%、内蒙古10.75%、广西9.06%、浙江8.04%、湖南6.40%
木片木粒加工品产量(1874万实积立方米)	山东33.16%、广西14.21%、广东10.78%、河南6.92%、福建5.21%
木材采运企业数量(2349家)	福建17.33%、湖南8.98%、黑龙江8.56%、吉林7.54%、云南6.47%
锯材加工企业数量(13784家)	黑龙江18.33%、吉林10.60%、福建9.02%、辽宁7.86%、浙江7.23%
木片加工企业数量(12994家)	江苏18.19%、广东11.47%、山东7.59%、浙江5.87%、广西5.81%
木材批发企业数量(148695家)	上海45.85%、江苏28.35%、山东7.46%、广东3.13%、辽宁2.24%

表 3-2 各地区木材产量及采运企业、锯材加工企业和木材批发企业数量

地区	木材总计(万立方米)	其中:热带木材	原木(万立方米)										薪材(万立方米)	锯材(万立方米)	木材采运企业数量(个)	锯材加工企业数量(个)	木材批发企业数量(个)
			合计	其中:针叶原木	直接用原木	特级原木	等内加工原木		造纸用原木	胶合板材	杉原条	其他原木					
							小计	其中:针叶原木									
全国合计	8089.62	556.59	7513.21	1534.26	2764.40	100.25	1578.33	761.94	396.98	851.52	598.44	1223.29	576.4	3722.63	2349	13784	148695
北京	9.72		9.72		3.80							5.92			2	95	91
天津	21.47		21.47									21.47				86	755
河北	71.34		65.73	17.48	41.44		2.09	0.15	0.31	2.59		19.29	5.61	190.62	24	238	710
山西	4.77		3.84	0.14	2.13		0.56					1.15	0.92	1.54	28	165	918
内蒙古	320.55		311.87	186.09	94.36	15.63	74.52	55.89	12.65	3.07		111.63	8.68	400.33	33	516	1060
内蒙古集团	241.83		234.61	176.26	30.62	15.29	70.32	54.89	12.65	0.36		105.38	7.22				
辽宁	194.64		170.57	53.66	146.30		11.67	9.34		0.59		12.02	24.07	189.63	55	1083	3324
吉林	475.89		474.04	92.08	176.38	47.07	206.33	63.89	0.34	16.44		27.48	1.85	114.46	177	1461	925
吉林集团	108.00		106.90	20.32	6.53	21.73	64.97	14.39		3.84		9.84	1.10	1.59			
黑龙江	571.43		561.37	92.19	162.11	7.90	247.23	95.45	3.04	26.01	0.34	114.73	10.06	124.32	201	2527	2110
龙江集团	404.71		398.45	77.73	76.92	7.86	223.05	92.78	2.42	26.01		62.20	6.26	66.84			
上海														1.64	4	37	68172
江苏	150.90		145.01	8.12	54.76	0.09	9.39	3.13	2.97	60.50	0.80	16.51	5.89	56.37	140	429	42158
浙江	198.21		194.14	119.12	45.81	2.52	57.91	45.11	0.13	4.05	72.44	11.28	4.07	299.34	52	997	3225
安徽	458.19		389.39	73.93	113.70	0.05	39.57	21.74	4.12	104.93	60.87	66.16	68.80	139.09	91	186	670
福建	684.57		612.64		285.84	2.67	119.72	89.29	14.42	54.99	4.24	130.76	71.93	163.84	407	1244	1411
江西	340.74		321.95	120.05	92.24	6.96	88.34	65.40	1.12	10.91	88.27	34.12	18.79	153.36	92	242	531
山东	301.28		275.80	4.29	94.34	0.81	24.40		15.05	113.77		27.44	25.48	599.82	6	649	11096
河南	237.98		224.67	0.20	122.95		3.28		1.70	51.13	1.39	44.22	13.31	104.21	34	511	581
湖北	221.10		189.06	31.30	73.47	0.02	14.07	1.48	2.88	46.45	13.39	38.78	32.04	66.00	55	92	929
湖南	557.60		532.41	74.47	79.71	0.44	51.86	26.53	58.39	49.54	227.89	64.59	25.19	238.17	211	232	793
广东	654.91	159.17	611.56	91.65	241.47	7.11	101.79	33.09	98.14	51.45	41.17	70.43	43.35	128.02	131	819	4660
广西	1270.36	266.18	1193.71	312.32	357.15	1.03	245.35	78.72	118.71	204.67	52.22	214.59	76.65	337.22	96	485	588
海南	95.75	54.16	86.25		63.18		0.31		10.70	7.30		4.76	9.50	9.94	49	132	157
重庆	26.14		24.23	6.17	7.88		3.81	1.55		4.59	0.53	7.42	1.91	17.72	26	123	737
四川	162.61		156.48	22.55	74.08		15.43	6.42	0.58	4.02	9.61	52.76	6.13	136.96	134	372	1347
贵州	181.10		179.68	43.58	126.69		25.74	19.24	0.20	7.85	7.71	11.49	1.42	65.60	82	166	356
云南	532.24	77.08	470.33	119.40	189.27		138.14	79.52	25.91	24.27	17.59	75.14	61.92	144.27	152	555	503
西藏	69.90		29.91	8.94	27.19							2.71	39.99	9.51	6	7	15
陕西	32.66		17.52	2.29	8.45					1.21		7.87	15.13	0.83	26	97	344
甘肃	3.03		2.63		1.02							1.61	0.39	0.02	6	51	202
青海	1.61		1.61		1.61										0	29	56
宁夏															2	12	126
新疆	36.49		33.16	0.83	23.66	0.29	3.79	0.53		1.21		4.21	3.32	2.23	27	146	145
新疆兵团	5.77		5.77		3.90		1.77			0.04		0.07	0.00				
大兴安岭	202.45		202.45	53.41	53.41	7.67	93.02	65.46	25.60			22.75		27.56			

表 3-3 各地区木片产量及加工企业数量

地区	木片、木粒加工产品(万实积立方米)	木片加工企业数量(个)	地区	木片、木粒加工产品(万实积立方米)	木片加工企业数量(个)	地区	木片、木粒加工产品(万实积立方米)	木片加工企业数量(个)
全国合计	1873.51	12994	黑龙江	36.19	754	山东	621.31	986
北京		73	龙江集团	21.39		河南	129.71	623
天津		74	上海	1.43	17	湖北	18.99	159
河北	19.29	269	江苏	82.26	2363	湖南	24.67	512
山西	0.06	118	浙江	48.96	763	广东	201.90	1490
内蒙古	12.47	134	安徽	42.74	533	广西	266.15	755
辽宁	88.14	528	福建	97.52	497	海南	11.19	199
吉林	27.55	418	江西	55.01	304	重庆	5.52	204

地区	木片、木粒加工产品(万实积立方米)	木片加工企业数量(个)	地区	木片、木粒加工产品(万实积立方米)	木片加工企业数量(个)	地区	木片、木粒加工产品(万实积立方米)	木片加工企业数量(个)
四川	20.05	534	陕西	5.39	112	新疆		162
贵州	5.06	71	甘肃		51	新疆兵团		
云南	24.81	242	青海		17	大兴安岭	27.15	
西藏		10	宁夏		22			

表 3-4　全国木材类产品进出口贸易总量

产品类别		单位	出口数量	出口金额(千美元)	进口数量	进口金额(千美元)
原木	合计	立方米	28382	10526	34345681	6073826
	针叶原木	立方米	174	51	24272777	3242969
	非针叶原木	立方米	28208	10475	10072904	2830857
锯材	合计	立方米	539382	342002	14811846	3878481
	针叶锯材	立方米	203630	115374	9426872	1833829
	非针叶锯材	立方米	335752	226628	5384974	2044652
木片	合计	千克	5341896	558	4631703804	673817
	针叶木木片	千克			148689134	22875
	非针叶木木片	千克	5341896	558	4483014670	650942
异形材	合计	千克	22465746	29837	3779119	7077
	针叶异形材	千克	13350452	15968	1156690	1591
	非针叶异形材	千克	9115294	13869	2622429	5486
强化木	合计	千克	2176190	4817	970376	2953
木碎料	合计	千克	58582194	9333	22781661	3186
	薪柴	千克	1255320	57	3051842	229
	锯末	千克	47231324	5938	17723200	1555
	木棒	千克	6105241	2125	974949	726
	木丝粉	千克	3990309	1213	1031670	676

表 3-5　木材生产主要政策

	文件名称	文件号	发布机构
1	关于加强进境木材检验检疫监管工作的意见	国质检动函〔2008〕620 号	国家质量监督检验检疫总局
2	关于各地区“十一五”期间年森林采伐限额审核意见的通知	国发〔2005〕41 号	国务院
3	关于下达 2010 年锯材出口配额的通知	商贸函〔2009〕137 号	商务部
4	进口原木加工锯材出口试点管理办法		对外贸易与经济合作部　国家林业局　海关总署
5	关于对林区剩余物生产的木片免征增值税的通知	财税〔1988〕32 号	财政部
6	关于进一步加强木材运输管理工作的通知	林资发〔2009〕265 号	国家林业局
7	关于进一步深化森林采伐管理改革试点工作的通知	林资发〔2010〕251 号	国家林业局
8	吉林省占用林地砍伐林木补偿标准	吉林资字〔1991〕876 号	吉林省林业厅

表 3-6　木材生产科研项目

	项目名称	研究单位(项目完成年)
1	标准木材含水率试样的制备及研究	上海市计量测试技术研究院(2005)
2	松疫木安全利用技术研究与应用推广	宁波市森林病虫防治检疫站等(2005)
3	南方人工林木材防腐技术开发利用研究	广东省林科院(2005)
4	国家标准《红木》的制订	中国林科院木工所　上海红木家具标准化技术委员会等(1998)
5	木材无损检测技术在林木育种中的应用研究	湖北省林业局林木种苗管理总站　湖北省潜江市林科所等(2007)

	项目名称	研究单位(项目完成年)
6	落叶松脱脂干燥技术	黑龙江省林工所
7	木材脱色及染色技术	上海大学
8	进口木材检验标准比较与快速评等方法	广东省林业学校
9	环保型硼防腐剂与防腐技术的研究	广东林业科院　广东省林科院　华南农业大学(2007)
10	中华人民共和国木材物量力学试验方法	西北农林科技大学
11	人工林软质木材增强密实处理技术	中国林科院木工所(2008)
12	木材阻燃防腐多功能药剂及处理技术	中国林科院木工所
13	提高杉木尺寸稳定性和强度性能的技术	中国林科院
14	人工林木材性质的近红外光谱分析技术	中国林科院木工所(2007)
15	炉气间接加热高效干燥木材的工艺和设备研究	南京林业大学

表 3-7　木材生产国家标准

	标准名称	标准号	发布单位
1	木材物理力学试验方法总则	GB/T 1928 - 1991	国家技术监督局
2	木材顺纹抗剪强度试验方法	GB/T 1937 - 1991	国家技术监督局
3	木材顺纹抗拉强度试验方法	GB/T 1938 - 1991	国家技术监督局
4	木材横纹抗压弹性模量测定方法	GB/T1943 - 1991	国家技术监督局
5	木材顺纹抗压强度试验方法	GB/T1935 - 1991	国家技术监督局
6	木材横纹抗拉强度试验方法	GB/T14017 - 1992	国家技术监督局
7	木材横纹抗压试验方法	GB1939 - 1991	国家技术监督局
8	木材干缩性测定方法	GB1932 - 1991	国家技术监督局
9	木材 pH 值测定方法	GB/T6043 - 1999	国家质量技术监督局
10	杉原条	GB/T5039 - 1999	国家质量技术监督局
11	木材抗劈力试验方法	GB/T 1942 - 1991	国家技术监督局
12	木材硬度试验方法	GB/T 1941 - 1991	国家技术监督局
13	木材冲击韧性试验方法	GB/T 1940 - 1991	国家技术监督局
14	木材抗弯弹性模量测定方法	GB/T 1936. 2 - 1991	国家技术监督局
15	木材抗弯强度试验方法	GB/T 1936. 1 - 1991	国家技术监督局
16	木材湿胀性测定方法	GB/T 1934. 2 - 1991	国家技术监督局
17	木材吸水性测定方法	GB/T 1934. 1 - 1991	国家技术监督局
18	木材密度测定方法	GB/T 1933 - 1991	国家技术监督局
19	木材含水率测定方法	GB/T 1931 - 1991	国家技术监督局
20	木材年轮宽度和晚材率测定方法	GB/T 1930 - 1991	国家技术监督局
21	木材物理力学试材采集方法	GB/T 1927 - 1991	国家技术监督局
22	阔叶树锯材	GB/T 4817 - 1995	国家技术监督局
23	锯材干燥质量	GB/T6491 - 1999	国家质量技术监督局
24	锯材缺陷	GB/T4823 - 1995	国家技术监督局
25	木材物理力学试材锯解及试样截取方法	GB/T 1929 - 1991	国家技术监督局
26	原木锯材批量检查抽样、判定方法第1部分：原木批量检查抽样、判定方法	GB/T17659. 1 - 1999	国家质量技术监督局
27	针叶树锯材	GB/T 153 - 1995	国家技术监督局
28	锯材检验	GB/T4822 - 1999	国家质量技术监督局
29	制材工艺术语	GB/T 11917 - 1989	国家技术监督局

表 3-8　木材产业国家级和省级协会

	协会名称		协会名称		协会名称
1	中国木材与木制品流通协会	6	福建省木材行业协会	11	广东省木材行业协会
2	吉林省开发区协会木材进口促进分会	7	福建省木材检验技术协会	12	广西壮族自治区木材流通协会
3	黑龙江省木材行业协会	8	江西省木材行业协会	13	重庆市木材行业协会
4	上海市木材行业协会	9	河南省木材流通协会	14	四川省木材流通协会
5	江苏省木材行业协会	10	湖北省木材经营管理协会	15	陕西省木材流通协会

表 3-9-1　原木主产地产量

	原木主产地	万立方米
1	顺义区(京)	3.30
2	大兴区(京)	1.80
3	平谷区(京)	0.60
4	宝坻区(津)	1.89
5	塞罕坝机械林场(冀)	10.40
6	木兰围场林管局(冀)	6.40
7	丰宁满族自治县(冀)	3.55
8	隆化县(冀)	3.50
9	平泉县(冀)	3.08
10	文安县(冀)	1.99
11	丰南区(冀)	1.50
12	昌黎县(冀)	1.23
13	赤城县(冀)	1.11
14	滦　县(冀)	0.96
15	承德县(冀)	0.86
16	玉田县(冀)	0.84
17	卢龙县(冀)	0.84
18	宣化区(冀)	0.78
19	遵化市(冀)	0.70
20	滦南县(冀)	0.66
21	乐亭县(冀)	0.65
22	景　县(冀)	0.63
23	任丘市(冀)	0.58
24	抚宁县(冀)	0.54
25	青龙满族自治县(冀)	0.53
26	清河县(冀)	0.51
27	临西县(冀)	0.50
28	安国市(冀)	0.50
29	河间市(冀)	0.49
30	易　县(冀)	0.47
31	武邑县(冀)	0.46
32	新乐市(冀)	0.44
33	唐　县(冀)	0.44
34	冀州市(冀)	0.43
35	涿州市(冀)	0.42
36	灵寿县(冀)	0.42

	原木主产地	万立方米
37	藁城市(冀)	0.40
38	涉　县(冀)	0.38
39	雄　县(冀)	0.38
40	定州市(冀)	0.35
41	大名县(冀)	0.34
42	桃城区(冀)	0.33
43	安次区(冀)	0.33
44	宽城满族自治县(冀)	0.32
45	丰润区(冀)	0.32
46	高阳县(冀)	0.30
47	三河市(冀)	0.28
48	肃宁县(冀)	0.28
49	香河县(冀)	0.26
50	南宫市(冀)	0.26
51	迁西县(冀)	0.26
52	阜城县(冀)	0.26
53	广阳区(冀)	0.25
54	北戴河区(冀)	0.24
55	永清县(冀)	0.24
56	崇礼县(冀)	0.23
57	深州市(冀)	0.23
58	馆陶县(冀)	0.22
59	宁晋县(冀)	0.22
60	望都县(冀)	0.22
61	青　县(冀)	0.21
62	南皮县(冀)	0.21
63	万全县(冀)	0.20
64	栾城县(冀)	0.20
65	霸州市(冀)	0.19
66	平山县(冀)	0.19
67	大城县(冀)	0.19
68	沙河市(冀)	0.19
69	大厂回族自治县(冀)	0.18
70	宣化县(冀)	0.18
71	故城县(冀)	0.18
72	清苑县(冀)	0.18
73	固安县(冀)	0.18

	原木主产地	万立方米
74	深泽县(冀)	0.17
75	武强县(冀)	0.17
76	临漳县(冀)	0.17
77	辛集市(冀)	0.16
78	泊头市(冀)	0.16
79	献　县(冀)	0.16
80	元氏县(冀)	0.15
81	兴隆县(冀)	0.15
82	山海关区(冀)	0.15
83	柏乡县(冀)	0.15
84	围场满族蒙古族自治县(冀)	0.15
85	成安县(冀)	0.13
86	南和县(冀)	0.13
87	行唐县(冀)	0.12
88	饶阳县(冀)	0.12
89	鹿泉市(冀)	0.12
90	枣强县(冀)	0.11
91	开平区(冀)	0.11
92	蠡　县(冀)	0.11
93	吴桥县(冀)	0.10
94	涞源县(冀)	0.10
95	涞水县(冀)	0.10
96	徐水县(冀)	0.10
97	清徐县(晋)	0.29
98	平鲁区(晋)	0.29
99	屯留县(晋)	0.19
100	娄烦县(晋)	0.16
101	长子县(晋)	0.15
102	阳高县(晋)	0.13
103	太谷县(晋)	0.11
104	额尔古纳市(内蒙古)	5.35
105	开鲁县(内蒙古)	5.07
106	科尔沁区(内蒙古)	5.00
107	科尔沁左翼中旗(内蒙古)	4.50
108	红花尔基林业局(内蒙古)	4.18
109	巴林右旗(内蒙古)	3.80
110	敖汉旗(内蒙古)	3.73

	原木主产地	万立方米
111	松山区(内蒙古)	3.01
112	宁城县(内蒙古)	2.70
113	柴河林业局(内蒙古)	2.64
114	喀喇沁旗(内蒙古)	2.53
115	科尔沁左翼后旗(内蒙古)	2.39
116	免渡河林业局(内蒙古)	2.35
117	巴林左旗(内蒙古)	2.30
118	乌奴尔林业局(内蒙古)	2.24
119	翁牛特旗(内蒙古)	2.03
120	五岔沟林业局(内蒙古)	1.95
121	扎鲁特旗(内蒙古)	1.46
122	克什克腾旗(内蒙古)	1.33
123	巴林林业局(内蒙古)	1.00
124	库伦旗(内蒙古)	0.95
125	阿鲁科尔沁旗(内蒙古)	0.95
126	杭锦后旗(内蒙古)	0.88
127	临河区(内蒙古)	0.85
128	元宝山区(内蒙古)	0.83
129	乌拉特前旗(内蒙古)	0.82
130	科尔沁右翼前旗(内蒙古)	0.80
131	五原县(内蒙古)	0.72
132	林西县(内蒙古)	0.68
133	赛罕区(内蒙古)	0.64
134	磴口县(内蒙古)	0.61
135	巴彦淖尔市市辖区(内蒙古)	0.58
136	白狼林业局(内蒙古)	0.50
137	扎赉特旗(内蒙古)	0.50
138	达拉特旗(内蒙古)	0.40
139	红山区(内蒙古)	0.37
140	陈巴尔虎旗(内蒙古)	0.31
141	东乌珠穆沁旗(内蒙古)	0.30
142	西乌珠穆沁旗(内蒙古)	0.22
143	乌拉特中旗(内蒙古)	0.20
144	牙克石市(内蒙古)	0.20
145	凉城县(内蒙古)	0.19
146	多伦县(内蒙古)	0.13
147	准格尔旗(内蒙古)	0.12
148	玉泉区(内蒙古)	0.12
149	新宾满族自治县(辽)	16.80
150	清原满族自治县(辽)	16.80
151	宽甸满族自治县(辽)	10.66
152	桓仁满族自治县(辽)	10.05
153	新民市(辽)	9.14
154	本溪满族自治县(辽)	6.96
155	彰武县(辽)	6.80
156	凤城市(辽)	6.50

	原木主产地	万立方米
157	开原市(辽)	5.80
158	康平县(辽)	5.39
159	凌源市(辽)	3.20
160	西丰县(辽)	3.05
161	法库县(辽)	3.00
162	北票市(辽)	3.00
163	凌海市(辽)	3.00
164	铁岭县(辽)	2.96
165	抚顺县(辽)	2.76
166	建昌县(辽)	2.57
167	阜新蒙古族自治县(辽)	2.00
168	黑山县(辽)	2.00
169	辽阳县(辽)	1.78
170	省实验林场(辽)	1.40
171	绥中县(辽)	1.00
172	南芬区(辽)	0.90
173	朝阳县(辽)	0.80
174	明山区(辽)	0.60
175	兴城市(辽)	0.60
176	喀喇沁左翼蒙古族自治县(辽)	0.57
177	省森林经营研究所(辽)	0.56
178	台安县(辽)	0.54
179	盘山县(辽)	0.53
180	连山区(辽)	0.50
181	海城市(辽)	0.48
182	老边区(辽)	0.43
183	北镇市(辽)	0.43
184	盖州市(辽)	0.43
185	清河门区(辽)	0.40
186	庄河市(辽)	0.37
187	振安区(辽)	0.35
188	岫岩满族自治县(辽)	0.34
189	东港市(辽)	0.33
190	苏家屯区(辽)	0.30
191	义　县(辽)	0.30
192	清河区(辽)	0.30
193	建平县(辽)	0.27
194	顺城区(辽)	0.25
195	省生态实验林场(辽)	0.23
196	省经济林研究所(辽)	0.20
197	东洲区(辽)	0.19
198	大洼县(辽)	0.17
199	于洪区(辽)	0.16
200	南票区(辽)	0.15
201	调兵山市(辽)	0.15
202	双塔区(辽)	0.13

	原木主产地	万立方米
203	大连市金州新区(辽)	0.10
204	沈北新区(辽)	0.10
205	敦化林业局(吉)	17.95
206	白河林业局(吉)	17.63
207	黄泥河林业局(吉)	14.57
208	敦化市(吉)	14.52
209	汪清林业局(吉)	14.22
210	大石头林业局(吉)	13.31
211	和龙林业局(吉)	13.30
212	通化县(吉)	11.80
213	八家子林业局(吉)	10.11
214	蛟河市(吉)	9.74
215	天桥岭林业局(吉)	9.73
216	珲春林业局(吉)	8.39
217	上营森林经营局(吉)	7.92
218	安图森林经营局(吉)	7.11
219	农安县(吉)	7.00
220	白山市市辖区(吉)	6.50
221	大兴沟林业局(吉)	6.38
222	通榆县(吉)	6.30
223	永吉县(吉)	6.13
224	柳河县(吉)	6.10
225	和龙市(吉)	6.00
226	镇赉县(吉)	5.60
227	桦甸市(吉)	5.50
228	东丰县(吉)	5.46
229	长白森林经营局(吉)	5.25
230	扶余县(吉)	5.10
231	前郭尔罗斯蒙古族自治县(吉)	5.00
232	四平市市辖区(吉)	4.67
233	长白朝鲜族自治县(吉)	4.60
234	磐石市(吉)	4.59
235	集安市(吉)	4.50
236	珲春市(吉)	4.40
237	丰满区(吉)	3.68
238	辉南县(吉)	3.57
239	辉南森林经营局(吉)	3.19
240	大安市(吉)	3.00
241	临江市(吉)	2.90
242	抚松县(吉)	2.80
243	东辽县(吉)	2.70
244	梅河口市(吉)	2.63
245	九台市(吉)	2.18
246	龙井市(吉)	2.00
247	洮南市(吉)	1.90
248	梨树县(吉)	1.82

	原木主产地	万立方米
249	伊通满族自治县(吉)	1.72
250	安图县(吉)	1.40
251	龙潭区(吉)	1.30
252	宁江区(吉)	1.27
253	江源区(吉)	1.00
254	靖宇县(吉)	0.95
255	洮北区(吉)	0.90
256	长岭县(吉)	0.90
257	图们市(吉)	0.70
258	东昌区(吉)	0.50
259	长春市净月经济开发区(吉)	0.45
260	绿园区(吉)	0.45
261	二道江区(吉)	0.40
262	浑江区(吉)	0.30
263	宽城区(吉)	0.23
264	通化市市辖区(吉)	0.16
265	昌邑区(吉)	0.10
266	庆安国有林场管理局(黑)	7.70
267	五常市(黑)	6.46
268	尚志国有林场管理局(黑)	5.52
269	鹤岗市市辖区(黑)	5.00
270	依兰县(黑)	4.00
271	宁安市(黑)	3.70
272	宾　县(黑)	3.70
273	汤原县(黑)	3.58
274	嘉荫县(黑)	3.50
275	绥棱县(黑)	3.00
276	萝北县(黑)	2.82
277	方正县(黑)	2.80
278	桦南县(黑)	2.60
279	延寿县(黑)	2.50
280	巴彦县(黑)	2.46
281	望奎县(黑)	2.36
282	阿城区(黑)	2.28
283	爱辉区(黑)	2.19
284	勃利县(黑)	2.15
285	东宁县(黑)	2.13
286	孟家岗林场(黑)	2.08
287	鸡东县(黑)	2.00
288	明水县(黑)	2.00
289	林口县(黑)	1.93
290	肇东市(黑)	1.80
291	木兰县(黑)	1.71
292	牡丹江市市本级(黑)	1.67
293	丹清河实验林场(黑)	1.66
294	通河县(黑)	1.60

	原木主产地	万立方米
295	双城市(黑)	1.51
296	转山实验林场(黑)	1.20
297	龙江县(黑)	1.18
298	集贤县(黑)	1.12
299	呼兰区(黑)	1.10
300	山河实验林场(黑)	1.04
301	七台河市市辖区(黑)	1.00
302	克东县(黑)	0.90
303	海林市(黑)	0.88
304	塔河县(黑)	0.85
305	肇州县(黑)	0.85
306	泰来县(黑)	0.84
307	青冈县(黑)	0.80
308	北林区(黑)	0.74
309	虎林市(黑)	0.70
310	饶河县(黑)	0.69
311	五大连池市(黑)	0.60
312	兰西县(黑)	0.60
313	依安县(黑)	0.60
314	富锦市(黑)	0.47
315	杜尔伯特蒙古族自治县(黑)	0.42
316	克山县(黑)	0.40
317	北安市(黑)	0.40
318	肇源县(黑)	0.40
319	佳木斯市郊区(黑)	0.40
320	林甸县(黑)	0.36
321	铁力市(黑)	0.35
322	密山市(黑)	0.35
323	让胡路区(黑)	0.33
324	绥芬河市(黑)	0.29
325	同江市(黑)	0.22
326	大同区(黑)	0.20
327	胜利实验林场(黑)	0.18
328	穆棱市(黑)	0.16
329	铁锋区(黑)	0.15
330	松北区(黑)	0.14
331	绥滨县(黑)	0.13
332	香坊区(黑)	0.10
333	沭阳县(苏)	60.00
334	睢宁县(苏)	35.00
335	海州区(苏)	7.80
336	宝应县(苏)	5.05
337	响水县(苏)	5.00
338	大丰市(苏)	3.30
339	丰　县(苏)	3.10
340	铜山区(苏)	2.94

	原木主产地	万立方米
341	新沂市(苏)	2.42
342	灌云县(苏)	2.40
343	射阳县(苏)	2.26
344	东海县(苏)	2.22
345	阜宁县(苏)	1.90
346	沛　县(苏)	1.80
347	盐都区(苏)	1.57
348	建湖县(苏)	1.46
349	赣榆县(苏)	1.44
350	亭湖区(苏)	0.97
351	贾汪区(苏)	0.89
352	东台市(苏)	0.81
353	兴化市(苏)	0.50
354	江都市(苏)	0.42
355	丹徒区(苏)	0.36
356	新浦区(苏)	0.32
357	靖江市(苏)	0.22
358	仪征市(苏)	0.18
359	连云区(苏)	0.16
360	泰兴市(苏)	0.13
361	京口区(苏)	0.12
362	姜堰市(苏)	0.12
363	龙泉市(浙)	22.85
364	临安市(浙)	13.27
365	庆元县(浙)	12.81
366	淳安县(浙)	10.72
367	松阳县(浙)	9.46
368	遂昌县(浙)	9.18
369	江山市(浙)	6.99
370	建德市(浙)	6.41
371	景宁畲族自治县(浙)	6.26
372	临海市(浙)	5.79
373	安吉县(浙)	5.23
374	桐庐县(浙)	4.21
375	云和县(浙)	4.00
376	缙云县(浙)	3.05
377	浦江县(浙)	2.78
378	富阳市(浙)	2.77
379	莲都区(浙)	2.65
380	婺城区(浙)	2.60
381	衢江区(浙)	2.56
382	磐安县(浙)	2.32
383	常山县(浙)	2.00
384	青田县(浙)	1.90
385	宁海县(浙)	1.65
386	长兴县(浙)	1.38

	原木主产地	万立方米
387	鄞州区(浙)	1.09
388	余杭区(浙)	0.70
389	余姚市(浙)	0.59
390	吴兴区(浙)	0.56
391	义乌市(浙)	0.48
392	奉化市(浙)	0.40
393	宁波市市辖区(浙)	0.35
394	德清县(浙)	0.30
395	萧山区(浙)	0.26
396	西湖区(浙)	0.13
397	桐乡市(浙)	0.12
398	慈溪市(浙)	0.12
399	江北区(浙)	0.10
400	祁门县(皖)	17.60
401	青阳县(皖)	13.24
402	贵池区(皖)	11.75
403	宣州区(皖)	11.03
404	泾　县(皖)	10.70
405	灵璧县(皖)	10.69
406	涡阳县(皖)	10.00
407	休宁县(皖)	9.95
408	萧　县(皖)	9.50
409	埇桥区(皖)	9.11
410	东至县(皖)	8.10
411	广德县(皖)	7.83
412	黄山区(皖)	6.90
413	金寨县(皖)	6.40
414	五河县(皖)	6.20
415	太湖县(皖)	6.05
416	宁国市(皖)	5.91
417	旌德县(皖)	5.72
418	明光市(皖)	5.50
419	舒城县(皖)	5.00
420	寿　县(皖)	4.90
421	固镇县(皖)	4.80
422	歙　县(皖)	4.36
423	霍山县(皖)	4.00
424	怀远县(皖)	3.90
425	砀山县(皖)	3.66
426	滁州市管店林业总场(皖)	3.64
427	利辛县(皖)	3.50
428	黟　县(皖)	3.44
429	全椒县(皖)	3.29
430	定远县(皖)	3.20
431	濉溪县(皖)	2.60
432	和　县(皖)	2.60
433	潜山县(皖)	2.50
434	肥东县(皖)	2.50
435	宿松县(皖)	2.50
436	居巢区(皖)	2.40
437	怀宁县(皖)	2.30
438	滁州市沙河集林业总场(皖)	2.10
439	颍泉区(皖)	2.10
440	南陵县(皖)	2.07
441	桐城市(皖)	2.00
442	凤阳县(皖)	1.51
443	郎溪县(皖)	1.50
444	庐江县(皖)	1.48
445	来安县(皖)	1.36
446	泗　县(皖)	1.30
447	霍邱县(皖)	1.30
448	南谯区(皖)	1.24
449	无为县(皖)	1.05
450	徽州区(皖)	0.99
451	繁昌县(皖)	0.90
452	蜀山区(皖)	0.49
453	淮上区(皖)	0.41
454	肥西县(皖)	0.40
455	望江县(皖)	0.38
456	杜集区(皖)	0.36
457	凤台县(皖)	0.33
458	长丰县(皖)	0.32
459	当涂县(皖)	0.32
460	六安市叶集区(皖)	0.30
461	禹会区(皖)	0.23
462	龙子湖区(皖)	0.23
463	屯溪区(皖)	0.15
464	芜湖县(皖)	0.11
465	建瓯市(闽)	37.14
466	安福县(赣)	19.51
467	遂川县(赣)	18.00
468	崇义县(赣)	17.83
469	铜鼓县(赣)	14.30
470	永丰县(赣)	13.36
471	资溪县(赣)	8.50
472	奉新县(赣)	8.40
473	婺源县(赣)	8.13
474	泰和县(赣)	7.76
475	德兴市(赣)	7.01
476	宜黄县(赣)	6.68
477	修水县(赣)	6.57
478	宜丰县(赣)	6.25
479	上高县(赣)	5.70
480	吉安县(赣)	5.33
481	新干县(赣)	5.32
482	靖安县(赣)	4.85
483	贵溪市(赣)	4.70
484	峡江县(赣)	4.60
485	大余县(赣)	4.38
486	乐安县(赣)	4.37
487	分宜县(赣)	4.24
488	全南县(赣)	3.99
489	上犹县(赣)	3.87
490	万载县(赣)	3.78
491	丰城市(赣)	3.78
492	高安市(赣)	3.70
493	彭泽县(赣)	3.45
494	会昌县(赣)	2.78
495	南丰县(赣)	2.63
496	南城县(赣)	2.58
497	兴国县(赣)	2.50
498	赣　县(赣)	2.30
499	金溪县(赣)	2.17
500	广昌县(赣)	2.17
501	龙南县(赣)	2.16
502	瑞金市(赣)	2.14
503	崇仁县(赣)	2.00
504	宁都县(赣)	1.97
505	德安县(赣)	1.96
506	临川区(赣)	1.86
507	广丰县(赣)	1.67
508	袁州区(赣)	1.38
509	安义县(赣)	1.30
510	上饶县(赣)	1.30
511	九江县(赣)	0.97
512	都昌县(赣)	0.97
513	瑞昌市(赣)	0.78
514	余江县(赣)	0.76
515	吉州区(赣)	0.64
516	万年县(赣)	0.63
517	宜春市明月山温泉风景名胜区(赣)	0.56
518	进贤县(赣)	0.52
519	横峰县(赣)	0.42
520	吉安市市辖区(赣)	0.41
521	余干县(赣)	0.37
522	莲花县(赣)	0.32
523	新建县(赣)	0.29
524	芦溪县(赣)	0.17

	原木主产地	万立方米
525	东乡县(赣)	0.16
526	湖口县(赣)	0.13
527	济阳县(鲁)	25.00
528	河东区(鲁)	20.00
529	沂南县(鲁)	6.17
530	诸城市(鲁)	4.65
531	惠民县(鲁)	4.60
532	东营市市辖区(鲁)	4.60
533	成武县(鲁)	4.26
534	费　县(鲁)	3.96
535	胶南市(鲁)	3.90
536	平邑县(鲁)	3.76
537	肥城市(鲁)	3.47
538	平原县(鲁)	3.10
539	郯城县(鲁)	3.05
540	高唐县(鲁)	2.93
541	宁阳县(鲁)	2.93
542	寿光市(鲁)	2.60
543	兰山区(鲁)	2.52
544	禹城市(鲁)	2.37
545	宁津县(鲁)	2.30
546	蒙阴县(鲁)	2.30
547	东平县(鲁)	2.30
548	嘉祥县(鲁)	2.30
549	临沭县(鲁)	2.26
550	定陶县(鲁)	2.06
551	平度市(鲁)	2.00
552	平阴县(鲁)	1.91
553	利津县(鲁)	1.90
554	高青县(鲁)	1.80
555	昌邑市(鲁)	1.80
556	茌平县(鲁)	1.80
557	陵　县(鲁)	1.70
558	即墨市(鲁)	1.63
559	东明县(鲁)	1.62
560	沂水县(鲁)	1.54
561	金乡县(鲁)	1.50
562	文登市(鲁)	1.50
563	安丘市(鲁)	1.49
564	莱城区(鲁)	1.39
565	商河县(鲁)	1.31
566	苍山县(鲁)	1.30
567	临邑县(鲁)	1.20
568	青州市(鲁)	1.16
569	乐陵市(鲁)	1.14
570	新泰市(鲁)	1.10

	原木主产地	万立方米
571	沂源县(鲁)	1.10
572	武城县(鲁)	1.09
573	五莲县(鲁)	1.08
574	罗庄区(鲁)	1.00
575	济宁市市中区(鲁)	0.89
576	庆云县(鲁)	0.86
577	岱岳区(鲁)	0.86
578	邹城市(鲁)	0.86
579	邹平县(鲁)	0.84
580	淄川区(鲁)	0.83
581	德州市市辖区(鲁)	0.80
582	滕州市(鲁)	0.76
583	广饶县(鲁)	0.76
584	德城区(鲁)	0.70
585	张店区(鲁)	0.68
586	乳山市(鲁)	0.66
587	临朐县(鲁)	0.57
588	寒亭区(鲁)	0.48
589	峄城区(鲁)	0.42
590	山亭区(鲁)	0.37
591	泰山区(鲁)	0.37
592	桓台县(鲁)	0.30
593	牟平区(鲁)	0.27
594	胶州市(鲁)	0.26
595	枣庄市市中区(鲁)	0.18
596	钢城区(鲁)	0.18
597	周村区(鲁)	0.17
598	阳信县(鲁)	0.15
599	潍城区(鲁)	0.13
600	博山区(鲁)	0.13
601	垦利县(鲁)	0.13
602	沾化县(鲁)	0.12
603	滨城区(鲁)	0.11
604	永城市(豫)	16.50
605	柘城县(豫)	9.80
606	孟津县(豫)	7.98
607	夏邑县(豫)	7.15
608	新　县(豫)	5.90
609	太康县(豫)	5.80
610	鹿邑县(豫)	5.20
611	扶沟县(豫)	5.20
612	商城县(豫)	4.80
613	浉河区(豫)	4.70
614	睢　县(豫)	4.70
615	西华县(豫)	4.50
616	息　县(豫)	4.40

	原木主产地	万立方米
617	尉氏县(豫)	4.30
618	淮滨县(豫)	4.29
619	郸城县(豫)	4.20
620	川汇区(豫)	4.05
621	宁陵县(豫)	4.02
622	民权县(豫)	4.00
623	项城市(豫)	4.00
624	杞　县(豫)	3.80
625	商水县(豫)	3.50
626	中牟县(豫)	3.49
627	内黄县(豫)	3.48
628	汝阳县(豫)	3.32
629	罗山县(豫)	3.13
630	潢川县(豫)	3.12
631	兰考县(豫)	2.70
632	长葛市(豫)	2.37
633	范　县(豫)	2.31
634	虞城县(豫)	2.00
635	温　县(豫)	2.00
636	原阳县(豫)	1.93
637	平桥区(豫)	1.90
638	辉县市(豫)	1.88
639	平舆县(豫)	1.80
640	开封县(豫)	1.80
641	汝南县(豫)	1.80
642	睢阳区(豫)	1.63
643	新安县(豫)	1.60
644	西平县(豫)	1.58
645	获嘉县(豫)	1.58
646	梁园区(豫)	1.54
647	博爱县(豫)	1.50
648	沁阳市(豫)	1.50
649	武陟县(豫)	1.50
650	济源市(豫)	1.48
651	延津县(豫)	1.46
652	临颍县(豫)	1.45
653	南乐县(豫)	1.38
654	孟州市(豫)	1.30
655	通许县(豫)	1.30
656	固始县(豫)	1.28
657	封丘县(豫)	1.20
658	桐柏县(豫)	1.20
659	修武县(豫)	1.20
660	正阳县(豫)	1.17
661	新密市(豫)	1.17
662	台前县(豫)	1.14

	原木主产地	万立方米
663	邓州市(豫)	1.10
664	唐河县(豫)	1.04
665	上蔡县(豫)	1.00
666	沈丘县(豫)	1.00
667	新蔡县(豫)	0.98
668	遂平县(豫)	0.98
669	卢氏县(豫)	0.93
670	濮阳县(豫)	0.86
671	召陵区(豫)	0.85
672	宝丰县(豫)	0.80
673	驿城区(豫)	0.80
674	偃师市(豫)	0.80
675	陕　县(豫)	0.79
676	长垣县(豫)	0.78
677	洛宁县(豫)	0.77
678	许昌县(豫)	0.76
679	泌阳县(豫)	0.71
680	新野县(豫)	0.71
681	确山县(豫)	0.70
682	滑　县(豫)	0.69
683	襄城县(豫)	0.61
684	栾川县(豫)	0.60
685	伊川县(豫)	0.58
686	叶　县(豫)	0.57
687	郾城区(豫)	0.51
688	新乡县(豫)	0.50
689	郏　县(豫)	0.47
690	卫辉市(豫)	0.45
691	宜阳县(豫)	0.44
692	宛城区(豫)	0.42
693	光山县(豫)	0.41
694	清丰县(豫)	0.39
695	淅川县(豫)	0.38
696	禹州市(豫)	0.33
697	汤阴县(豫)	0.30
698	鲁山县(豫)	0.30
699	惠济区(豫)	0.28
700	方城县(豫)	0.27
701	林州市(豫)	0.26
702	社旗县(豫)	0.25
703	许昌市东城区(豫)	0.24
704	内乡县(豫)	0.24
705	登封市(豫)	0.23
706	嵩　县(豫)	0.21
707	马村区(豫)	0.21
708	舞钢市(豫)	0.20

	原木主产地	万立方米
709	龙安区(豫)	0.20
710	石龙区(豫)	0.20
711	源汇区(豫)	0.19
712	淮阳县(豫)	0.18
713	淇　县(豫)	0.15
714	管城回族区(豫)	0.14
715	濮阳市高新区(豫)	0.13
716	华龙区(豫)	0.12
717	凤泉区(豫)	0.12
718	鄢陵县(豫)	0.10
719	随　县(鄂)	15.02
720	天门市(鄂)	11.00
721	洪湖市(鄂)	8.00
722	石首市(鄂)	7.90
723	保康县(鄂)	6.97
724	监利县(鄂)	6.60
725	钟祥市(鄂)	6.07
726	崇阳县(鄂)	6.00
727	罗田县(鄂)	5.80
728	京山县(鄂)	5.00
729	利川市(鄂)	4.62
730	赤壁市(鄂)	4.49
731	南漳县(鄂)	4.10
732	通山县(鄂)	3.97
733	英山县(鄂)	3.78
734	安陆市(鄂)	3.60
735	松滋市(鄂)	3.55
736	大悟县(鄂)	3.50
737	鄂州市市辖区(鄂)	3.50
738	潜江市(鄂)	3.50
739	曾都区(鄂)	3.49
740	咸安区(鄂)	3.06
741	公安县(鄂)	3.00
742	广水市(鄂)	2.80
743	沙市区(鄂)	2.80
744	蕲春县(鄂)	2.60
745	谷城县(鄂)	2.44
746	江陵县(鄂)	2.40
747	麻城市(鄂)	2.30
748	云梦县(鄂)	2.20
749	当阳市(鄂)	2.20
750	恩施市(鄂)	2.10
751	浠水县(鄂)	2.05
752	建始县(鄂)	1.87
753	宜城市(鄂)	1.85
754	咸丰县(鄂)	1.80

	原木主产地	万立方米
755	蔡甸区(鄂)	1.64
756	红安县(鄂)	1.32
757	樊城区(鄂)	1.23
758	武穴市(鄂)	1.21
759	郧　县(鄂)	1.20
760	黄梅县(鄂)	1.20
761	东宝区(鄂)	1.20
762	沙洋县(鄂)	1.20
763	枣阳市(鄂)	1.19
764	荆州区(鄂)	1.11
765	嘉鱼县(鄂)	1.10
766	鹤峰县(鄂)	1.05
767	郧西县(鄂)	1.00
768	神农架林区(鄂)	1.00
769	竹溪县(鄂)	0.99
770	丹江口市(鄂)	0.95
771	团风县(鄂)	0.87
772	竹山县(鄂)	0.80
773	黄州区(鄂)	0.75
774	枝江市(鄂)	0.73
775	老河口市(鄂)	0.69
776	汉川市(鄂)	0.68
777	房　县(鄂)	0.64
778	掇刀区(鄂)	0.60
779	襄城区(鄂)	0.50
780	宣恩县(鄂)	0.49
781	新洲区(鄂)	0.43
782	夷陵区(鄂)	0.40
783	应城市(鄂)	0.40
784	荆门市市辖区(鄂)	0.39
785	兴山县(鄂)	0.37
786	孝南区(鄂)	0.35
787	襄州区(鄂)	0.29
788	茅箭区(鄂)	0.26
789	大冶市(鄂)	0.22
790	点军区(鄂)	0.21
791	长阳土家族自治县(鄂)	0.20
792	来凤县(鄂)	0.18
793	江华瑶族自治县(湘)	23.10
794	资兴市(湘)	22.90
795	通道侗族自治县(湘)	21.20
796	洞口县(湘)	17.78
797	浏阳市(湘)	16.07
798	张家界市市辖区(湘)	15.14
799	城步苗族自治县(湘)	14.00
800	汝城县(湘)	13.04

	原木主产地	万立方米
801	绥宁县(湘)	13.00
802	沅陵县(湘)	12.80
803	会同县(湘)	12.02
804	平江县(湘)	12.00
805	炎陵县(湘)	12.00
806	沅江市(湘)	11.69
807	祁阳县(湘)	11.49
808	双牌县(湘)	10.17
809	靖州苗族侗族自治县(湘)	10.00
810	安化县(湘)	9.00
811	新晃侗族自治县(湘)	8.60
812	蓝山县(湘)	8.34
813	新化县(湘)	7.80
814	赫山区(湘)	7.00
815	江永县(湘)	6.91
816	桂东县(湘)	6.40
817	隆回县(湘)	6.30
818	攸　县(湘)	6.28
819	宁乡县(湘)	6.10
820	茶陵县(湘)	6.00
821	衡东县(湘)	6.00
822	湘潭县(湘)	5.80
823	桃江县(湘)	5.70
824	中方县(湘)	5.50
825	永兴县(湘)	5.49
826	宁远县(湘)	5.33
827	新宁县(湘)	5.20
828	武冈市(湘)	5.20
829	桑植县(湘)	5.15
830	湘乡市(湘)	5.00
831	慈利县(湘)	4.93
832	溆浦县(湘)	4.88
833	永定区(湘)	4.83
834	道　县(湘)	4.72
835	桃源县(湘)	4.50
836	汉寿县(湘)	4.27
837	安仁县(湘)	3.83
838	芷江侗族自治县(湘)	3.62
839	辰溪县(湘)	3.44
840	衡阳县(湘)	3.25
841	醴陵市(湘)	3.00
842	双峰县(湘)	2.85
843	安乡县(湘)	2.70
844	澧　县(湘)	2.64
845	耒阳市(湘)	2.60
846	临湘市(湘)	2.30

	原木主产地	万立方米
847	零陵区(湘)	2.25
848	永顺县(湘)	2.22
849	桂阳县(湘)	2.21
850	古丈县(湘)	2.20
851	东安县(湘)	2.16
852	苏仙区(湘)	2.01
853	新田县(湘)	2.00
854	衡南县(湘)	2.00
855	华容县(湘)	1.93
856	临武县(湘)	1.92
857	新邵县(湘)	1.86
858	长沙县(湘)	1.85
859	石门县(湘)	1.80
860	泸溪县(湘)	1.74
861	宜章县(湘)	1.70
862	湘阴县(湘)	1.60
863	株洲县(湘)	1.60
864	鹤城区(湘)	1.60
865	汨罗市(湘)	1.53
866	麻阳苗族自治县(湘)	1.50
867	嘉禾县(湘)	1.46
868	鼎城区(湘)	1.38
869	南　县(湘)	1.20
870	龙山县(湘)	1.20
871	常宁市(湘)	1.18
872	北湖区(湘)	1.17
873	资阳区(湘)	1.10
874	洪乡管理区(湘)	1.04
875	洪江市(湘)	1.00
876	望城县(湘)	1.00
877	冷水滩区(湘)	0.99
878	凤凰县(湘)	0.88
879	娄星区(湘)	0.80
880	涟源市(湘)	0.80
881	韶山市(湘)	0.60
882	衡山县(湘)	0.60
883	邵阳县(湘)	0.47
884	吉首市(湘)	0.42
885	保靖县(湘)	0.37
886	芙蓉区(湘)	0.30
887	娄底市市辖区(湘)	0.30
888	邵东县(湘)	0.30
889	祁东县(湘)	0.28
890	武陵源区(湘)	0.23
891	冷水江市(湘)	0.19
892	荷塘区(湘)	0.18

	原木主产地	万立方米
893	岳麓区(湘)	0.11
894	广宁县(粤)	21.49
895	高要市(粤)	18.00
896	雷州市(粤)	17.80
897	怀集县(粤)	16.20
898	开平市(粤)	16.18
899	台山市(粤)	14.91
900	封开县(粤)	12.82
901	佛冈县(粤)	12.43
902	惠东县(粤)	11.79
903	鹤山市(粤)	11.45
904	徐闻县(粤)	10.91
905	连山壮族瑶族自治县(粤)	10.24
906	四会市(粤)	9.24
907	肇庆市林业总场(粤)	8.32
908	阳春市(粤)	8.13
909	东源县(粤)	8.10
910	清远市属总林场(粤)	8.04
911	英德市(粤)	8.04
912	始兴县(粤)	7.69
913	廉江市(粤)	7.60
914	增城市(粤)	7.33
915	仁化县(粤)	7.18
916	高州市(粤)	7.16
917	恩平市(粤)	6.83
918	新会区(粤)	6.68
919	五华县(粤)	6.68
920	清新县(粤)	6.63
921	从化市(粤)	5.96
922	高明区(粤)	5.70
923	龙川县(粤)	5.52
924	连州市(粤)	5.33
925	阳江市属总林场(粤)	5.13
926	化州市(粤)	4.96
927	德庆县(粤)	4.94
928	清城区(粤)	4.80
929	浈江区(粤)	4.42
930	和平县(粤)	4.29
931	茂名市属总林场(粤)	4.20
932	翁源县(粤)	4.02
933	新丰县(粤)	3.68
934	阳西县(粤)	3.50
935	云城区(粤)	3.27
936	信宜市(粤)	3.00
937	武江区(粤)	2.94
938	平远县(粤)	2.63

	原木主产地	万立方米
939	阳山县(粤)	2.59
940	连南瑶族自治县(粤)	2.50
941	梅　县(粤)	2.44
942	中山市(粤)	2.30
943	番禺区(粤)	2.14
944	阳东县(粤)	2.10
945	九连山林场(粤)	1.87
946	连山林场(粤)	1.77
947	郁南县(粤)	1.76
948	乳源瑶族自治县(粤)	1.56
949	紫金县(粤)	1.50
950	大埔县(粤)	1.34
951	饶平县(粤)	1.28
952	蓬江区(粤)	1.23
953	电白县(粤)	1.22
954	花都区(粤)	1.19
955	曲江区(粤)	1.17
956	坡头区(粤)	1.00
957	广州市属总林场(粤)	0.78
958	三水区(粤)	0.74
959	佛山市属总林场(粤)	0.68
960	斗门区(粤)	0.65
961	鼎湖区(粤)	0.64
962	萝岗区(粤)	0.63
963	乐昌市(粤)	0.63
964	霞山区(粤)	0.60
965	麻章区(粤)	0.60
966	南海区(粤)	0.55
967	新丰江林管局(粤)	0.50
968	江门市属总林场(粤)	0.47
969	湛江市东海岛区(粤)	0.45
970	茂南区(粤)	0.40
971	普宁市(粤)	0.34
972	阳江市高新区(粤)	0.30
973	潮安县(粤)	0.30
974	江城区(粤)	0.25
975	肇庆市大旺高新区(粤)	0.23
976	潮州市属总林场(粤)	0.18
977	揭西县(粤)	0.16
978	茂港区(粤)	0.15
979	白云区(粤)	0.13
980	阳江市海陵区(粤)	0.10
981	高峰林场(桂)	47.90
982	博白县(桂)	40.30
983	融水苗族自治县(桂)	32.00
984	环江毛南族自治县(桂)	31.54

	原木主产地	万立方米
985	象州县(桂)	31.23
986	武鸣县(桂)	30.80
987	横　县(桂)	30.30
988	桂平市(桂)	25.96
989	博白林场(桂)	24.69
990	三江侗族自治县(桂)	23.93
991	罗城仫佬族自治县(桂)	21.85
992	兴宾区(桂)	21.74
993	容　县(桂)	21.50
994	上思县(桂)	20.16
995	七坡林场(桂)	20.09
996	天峨县(桂)	19.80
997	陆川县(桂)	19.54
998	钦南区(桂)	19.00
999	昭平县(桂)	18.17
1000	北流市(桂)	18.07
1001	鹿寨县(桂)	17.86
1002	灵山县(桂)	17.78
1003	南丹县(桂)	17.17
1004	宾阳县(桂)	16.71
1005	钦北区(桂)	15.92
1006	融安县(桂)	15.20
1007	八步区(桂)	15.01
1008	平果县(桂)	14.91
1009	藤　县(桂)	14.67
1010	六万林场(桂)	14.54
1011	苍梧县(桂)	14.31
1012	派阳山林场(桂)	13.92
1013	武宣县(桂)	13.45
1014	马山县(桂)	13.28
1015	港北区(桂)	12.92
1016	岑溪市(桂)	12.87
1017	东门林场(桂)	12.73
1018	兴宁区(桂)	12.70
1019	良庆区(桂)	12.67
1020	三门江林场(桂)	12.56
1021	上林县(桂)	12.53
1022	凤山县(桂)	11.64
1023	覃塘区(桂)	11.04
1024	柳江县(桂)	10.90
1025	金秀瑶族自治县(桂)	10.45
1026	江南区(桂)	10.15
1027	港南区(桂)	9.76
1028	合浦县(桂)	9.54
1029	防城区(桂)	9.30
1030	兴业县(桂)	9.20

	原木主产地	万立方米
1031	隆安县(桂)	8.62
1032	钦廉林场(桂)	8.40
1033	全州县(桂)	7.20
1034	忻城县(桂)	7.10
1035	维都林场(桂)	7.10
1036	永福县(桂)	7.08
1037	邕宁区(桂)	6.76
1038	平乐县(桂)	6.72
1039	大桂山林场(桂)	6.47
1040	资源县(桂)	6.30
1041	玉林市福绵管理区(桂)	6.00
1042	灵川县(桂)	5.72
1043	灌阳县(桂)	5.47
1044	中国林科院热林中心(桂)	5.20
1045	黄冕林场(桂)	5.13
1046	柳城县(桂)	4.98
1047	东兰县(桂)	4.43
1048	良凤江国家森林公园(桂)	4.42
1049	兴安县(桂)	4.38
1050	临桂县(桂)	4.30
1051	平南县(桂)	4.30
1052	蒙山县(桂)	4.15
1053	江州区(桂)	3.93
1054	合山市(桂)	3.65
1055	龙胜各族自治县(桂)	3.37
1056	贺州市平桂管理区(桂)	3.28
1057	钦州市直属单位(桂)	3.23
1058	西林县(桂)	3.20
1059	青秀区(桂)	3.00
1060	德保县(桂)	2.99
1061	天等县(桂)	2.87
1062	大化瑶族自治县(桂)	2.73
1063	富川瑶族自治县(桂)	2.60
1064	西乡塘区(桂)	2.38
1065	广西林业集团有限公司(桂)	2.00
1066	钟山县(桂)	1.94
1067	柳北区(桂)	1.86
1068	玉州区(桂)	1.70
1069	大新县(桂)	1.55
1070	东兴市(桂)	1.51
1071	雅长林场(桂)	1.50
1072	凭祥市(桂)	1.25
1073	恭城瑶族自治县(桂)	1.20
1074	平天山林场(桂)	1.05
1075	阳朔县(桂)	0.97
1076	银海区(桂)	0.95

	原木主产地	万立方米
1077	浦北县(桂)	0.90
1078	南宁市东盟经济园区(桂)	0.60
1079	柳南区(桂)	0.60
1080	长洲区(桂)	0.59
1081	沙塘林场(桂)	0.54
1082	铁山港区(桂)	0.53
1083	港口区(桂)	0.39
1084	蝶山区(桂)	0.27
1085	万秀区(桂)	0.19
1086	覃塘林场(桂)	0.18
1087	城中区(桂)	0.10
1088	东方市(琼)	5.90
1089	白沙黎族自治县(琼)	4.20
1090	南川区(渝)	3.20
1091	彭水苗族土家族自治县(渝)	3.00
1092	忠　县(渝)	2.00
1093	秀山土家族苗族自治县(渝)	1.80
1094	渝北区(渝)	1.50
1095	江津区(渝)	1.50
1096	石柱土家族自治县(渝)	1.24
1097	丰都县(渝)	1.15
1098	开　县(渝)	0.98
1099	綦江县(渝)	0.94
1100	巫山县(渝)	0.81
1101	酉阳土家族苗族自治县(渝)	0.80
1102	永川区(渝)	0.72
1103	武隆县(渝)	0.60
1104	万州区(渝)	0.60
1105	城口县(渝)	0.50
1106	垫江县(渝)	0.50
1107	涪陵区(渝)	0.50
1108	巫溪县(渝)	0.46
1109	云阳县(渝)	0.45
1110	长寿区(渝)	0.21
1111	荣昌县(渝)	0.21
1112	奉节县(渝)	0.17
1113	璧山县(渝)	0.16
1114	合川区(渝)	0.10
1115	大足县(渝)	0.10
1116	叙永县(川)	7.14
1117	合江县(川)	6.90
1118	洪雅县(川)	6.45
1119	元坝区(川)	6.30
1120	江油市(川)	5.86
1121	屏山县(川)	4.79
1122	兴文县(川)	4.50

	原木主产地	万立方米
1123	安　县(川)	4.50
1124	三台县(川)	4.09
1125	巴州区(川)	3.29
1126	芦山县(川)	3.22
1127	夹江县(川)	3.10
1128	名山县(川)	3.00
1129	宜宾县(川)	2.85
1130	崇州市(川)	2.69
1131	北川羌族自治县(川)	2.60
1132	宝兴县(川)	2.58
1133	理塘县(川)	2.54
1134	峨眉山市(川)	2.53
1135	剑阁县(川)	2.53
1136	朝天区(川)	2.40
1137	荥　县(川)	2.27
1138	丹棱县(川)	2.20
1139	仪陇县(川)	2.14
1140	德格县(川)	2.11
1141	盐亭县(川)	2.11
1142	绵竹市(川)	1.95
1143	什邡市(川)	1.87
1144	梓潼县(川)	1.80
1145	峨边彝族自治县(川)	1.79
1146	仁寿县(川)	1.72
1147	乐山市市中区(川)	1.60
1148	高　县(川)	1.55
1149	平武县(川)	1.52
1150	马边彝族自治县(川)	1.51
1151	旺苍县(川)	1.50
1152	沙湾区(川)	1.41
1153	中江县(川)	1.40
1154	东坡区(川)	1.40
1155	青神县(川)	1.40
1156	筠连县(川)	1.40
1157	利州区(川)	1.32
1158	翠屏区(川)	1.28
1159	达　县(川)	1.20
1160	泸　县(川)	1.19
1161	威远县(川)	1.15
1162	苍溪县(川)	1.13
1163	大英县(川)	1.10
1164	大竹县(川)	0.98
1165	犍为县(川)	0.98
1166	富顺县(川)	0.94
1167	雁江区(川)	0.90
1168	冕宁县(川)	0.89

	原木主产地	万立方米
1169	南江县(川)	0.89
1170	盐源县(川)	0.88
1171	青川县(川)	0.87
1172	布拖县(川)	0.85
1173	蓬溪县(川)	0.80
1174	开江县(川)	0.80
1175	资中县(川)	0.78
1176	雷波县(川)	0.74
1177	平昌县(川)	0.74
1178	南溪县(川)	0.74
1179	西昌市(川)	0.70
1180	喜德县(川)	0.66
1181	井研县(川)	0.62
1182	金口河区(川)	0.60
1183	纳溪区(川)	0.60
1184	通江县(川)	0.58
1185	蓬安县(川)	0.57
1186	华蓥市(川)	0.56
1187	西充县(川)	0.50
1188	盐边县(川)	0.50
1189	五通桥区(川)	0.46
1190	会东县(川)	0.40
1191	东兴区(川)	0.40
1192	越西县(川)	0.38
1193	江安县(川)	0.37
1194	蒲江县(川)	0.36
1195	南部县(川)	0.36
1196	船山区(川)	0.36
1197	通川区(川)	0.35
1198	长宁县(川)	0.34
1199	彭山县(川)	0.30
1200	甘洛县(川)	0.30
1201	金阳县(川)	0.30
1202	新津县(川)	0.28
1203	天全县(川)	0.28
1204	丹巴县(川)	0.27
1205	新龙县(川)	0.27
1206	渠　县(川)	0.26
1207	罗江县(川)	0.25
1208	德昌县(川)	0.24
1209	普格县(川)	0.21
1210	汉源县(川)	0.21
1211	巴塘县(川)	0.21
1212	营山县(川)	0.21
1213	白玉林业局(川)	0.20
1214	宁南县(川)	0.20

	原木主产地	万立方米
1215	游仙区(川)	0.19
1216	旌阳区(川)	0.15
1217	隆昌县(川)	0.14
1218	广安区(川)	0.14
1219	美姑县(川)	0.10
1220	内江市市中区(川)	0.10
1221	榕江县(黔)	16.30
1222	锦屏县(黔)	10.23
1223	黎平县(黔)	7.55
1224	西秀区(黔)	6.08
1225	剑河县(黔)	6.05
1226	丹寨县(黔)	5.71
1227	天柱县(黔)	5.20
1228	六枝特区(黔)	2.73
1229	镇远县(黔)	2.23
1230	三穗县(黔)	2.03
1231	盘　县(黔)	2.00
1232	平坝县(黔)	1.93
1233	都匀市(黔)	1.90
1234	施秉县(黔)	1.88
1235	三都水族自治县(黔)	1.70
1236	开阳县(黔)	1.66
1237	麻江县(黔)	1.61
1238	瓮安县(黔)	1.33
1239	岑巩县(黔)	1.07
1240	茂兰国家级自然保护区(黔)	1.00
1241	黔西县(黔)	1.00
1242	修文县(黔)	0.90
1243	赫章县(黔)	0.80
1244	关岭布依族苗族自治县(黔)	0.77
1245	乌当区(黔)	0.67
1246	毕节市(黔)	0.64
1247	惠水县(黔)	0.62
1248	凯里市(黔)	0.60
1249	清镇市(黔)	0.59
1250	荔波县(黔)	0.43
1251	镇宁布依族苗族自治县(黔)	0.32
1252	雷山县(黔)	0.26
1253	贵定县(黔)	0.26
1254	息烽县(黔)	0.25
1255	平塘县(黔)	0.23
1256	花溪区(黔)	0.14
1257	景谷傣族彝族自治县(滇)	58.16
1258	腾冲县(滇)	51.00
1259	镇沅彝族哈尼族拉祜族自治县(滇)	20.00
1260	澜沧拉祜族自治县(滇)	16.39
1261	芒　市(滇)	14.12
1262	马关县(滇)	13.00
1263	师宗县(滇)	12.39
1264	华坪县(滇)	12.00
1265	景洪市(滇)	11.28
1266	盈江县(滇)	10.50
1267	隆阳区(滇)	8.71
1268	墨江哈尼族自治县(滇)	7.10
1269	广南县(滇)	7.00
1270	威信县(滇)	7.00
1271	罗平县(滇)	6.97
1272	龙陵县(滇)	6.26
1273	昌宁县(滇)	6.00
1274	西畴县(滇)	5.76
1275	梁河县(滇)	5.54
1276	宣威市(滇)	5.40
1277	临翔区(滇)	5.40
1278	陇川县(滇)	5.00
1279	双江拉祜族佤族布朗族傣族自治县(滇)	4.76
1280	楚雄市(滇)	4.68
1281	石屏县(滇)	4.56
1282	会泽县(滇)	4.38
1283	施甸县(滇)	3.90
1284	耿马傣族佤族自治县(滇)	3.77
1285	双柏县(滇)	3.68
1286	大姚县(滇)	3.30
1287	金平苗族瑶族傣族自治县(滇)	3.07
1288	瑞丽市(滇)	3.04
1289	永仁县(滇)	3.01
1290	景东彝族自治县(滇)	2.70
1291	永胜县(滇)	2.56
1292	勐海县(滇)	2.50
1293	禄丰县(滇)	2.50
1294	宁洱哈尼族彝族自治县(滇)	2.50
1295	思茅区(滇)	2.50
1296	绿春县(滇)	2.30
1297	镇康县(滇)	2.28
1298	峨山彝族自治县(滇)	2.04
1299	蒙自市(滇)	1.99
1300	江城哈尼族彝族自治县(滇)	1.93
1301	陆良县(滇)	1.90
1302	盐津县(滇)	1.89
1303	孟连傣族拉祜族佤族自治县(滇)	1.76
1304	沧源佤族自治县(滇)	1.66
1305	永平县(滇)	1.50
1306	富宁县(滇)	1.41
1307	砚山县(滇)	1.40
1308	江川县(滇)	1.29
1309	建水县(滇)	1.26
1310	个旧市(滇)	1.18
1311	凤庆县(滇)	1.08
1312	镇雄县(滇)	1.05
1313	富源县(滇)	0.91
1314	通海县(滇)	0.90
1315	云　县(滇)	0.90
1316	马龙县(滇)	0.79
1317	华宁县(滇)	0.76
1318	维西傈僳族自治县(滇)	0.75
1319	兰坪白族普米族自治县(滇)	0.74
1320	新平彝族傣族自治县(滇)	0.72
1321	巧家县(滇)	0.69
1322	西盟佤族自治县(滇)	0.64
1323	漾濞彝族自治县(滇)	0.60
1324	澄江县(滇)	0.60
1325	南涧彝族自治县(滇)	0.59
1326	泸水县(滇)	0.58
1327	云龙县(滇)	0.54
1328	永德县(滇)	0.51
1329	麻栗坡县(滇)	0.50
1330	牟定县(滇)	0.50
1331	元阳县(滇)	0.45
1332	丘北县(滇)	0.43
1333	古城区(滇)	0.43
1334	弥勒县(滇)	0.43
1335	红河县(滇)	0.41
1336	南华县(滇)	0.32
1337	开远市(滇)	0.30
1338	水富县(滇)	0.20
1339	元谋县(滇)	0.19
1340	红塔区(滇)	0.19
1341	贡山独龙族怒族自治县(滇)	0.18
1342	姚安县(滇)	0.17
1343	畹町市(滇)	0.16
1344	河口瑶族自治县(滇)	0.15
1345	武定县(滇)	0.15
1346	泸西县(滇)	0.14
1347	彝良县(滇)	0.14
1348	祥云县(滇)	0.12
1349	巍山彝族回族自治县(滇)	0.11
1350	大关县(滇)	0.10
1351	米林县(藏)	2.80

	原木主产地	万立方米
1352	江达县(藏)	2.30
1353	工布江达县(藏)	2.30
1354	芒康县(藏)	2.30
1355	察隅县(藏)	2.20
1356	昌都县(藏)	2.20
1357	贡觉县(藏)	2.10
1358	朗　县(藏)	2.10
1359	左贡县(藏)	2.10
1360	察雅县(藏)	2.00
1361	墨脱县(藏)	1.57
1362	边坝县(藏)	1.55
1363	洛隆县(藏)	1.50
1364	八宿县(藏)	1.00
1365	类乌齐县(藏)	0.70
1366	丁青县(藏)	0.40
1367	洛扎县(藏)	0.30
1368	黄龙山林业局(陕)	1.90
1369	西乡县(陕)	1.50
1370	镇巴县(陕)	1.20
1371	陇　县(陕)	0.96
1372	丹凤县(陕)	0.90
1373	山阳县(陕)	0.78
1374	汉滨区(陕)	0.73
1375	南郑县(陕)	0.61
1376	淳化县(陕)	0.54
1377	彬　县(陕)	0.53
1378	宁东林业局(陕)	0.52
1379	勉　县(陕)	0.51
1380	洋　县(陕)	0.50
1381	千阳县(陕)	0.44
1382	洛南县(陕)	0.40
1383	岐山县(陕)	0.38
1384	麟游县(陕)	0.36
1385	耀州区(陕)	0.36
1386	乾　县(陕)	0.35
1387	柞水县(陕)	0.31
1388	大荔县(陕)	0.30
1389	宁强县(陕)	0.28
1390	旬邑县(陕)	0.28
1391	户　县(陕)	0.26
1392	商南县(陕)	0.24
1393	定边县(陕)	0.22
1394	陈仓区(陕)	0.18
1395	镇坪县(陕)	0.18
1396	商州区(陕)	0.17
1397	龙草坪林业局(陕)	0.12

	原木主产地	万立方米
1398	临潼区(陕)	0.11
1399	汉台区(陕)	0.11
1400	凤　县(陕)	0.11
1401	辛家山林业局(陕)	0.10
1402	洛川县(陕)	0.10
1403	周至县(陕)	0.10
1404	横山县(陕)	0.10
1405	印台区(陕)	0.10
1406	小陇山林业实验局(甘)	1.20
1407	肃州区(甘)	0.85
1408	民乐县(甘)	0.68
1409	甘州区(甘)	0.50
1410	临泽县(甘)	0.34
1411	临夏县(甘)	0.14
1412	康乐县(甘)	0.11
1413	共和县(青)	0.79
1414	化隆回族自治县(青)	0.24
1415	大通回族土族自治县(青)	0.20
1416	平安县(青)	0.20
1417	乐都县(青)	0.17
1418	策勒县(新)	0.48
1419	莫尔道嘎林业局(内蒙古森工)	27.28
1420	根河林业局(内蒙古森工)	23.15
1421	金河林业局(内蒙古森工)	22.70
1422	满归林业局(内蒙古森工)	16.30
1423	乌尔旗汉林业局(内蒙古森工)	16.06
1424	阿龙山林业局(内蒙古森工)	15.45
1425	绰尔林业局(内蒙古森工)	14.36
1426	阿里河林业局(内蒙古森工)	14.27
1427	甘河林业局(内蒙古森工)	12.40
1428	库都尔林业局(内蒙古森工)	11.89
1429	得耳布尔林业局(内蒙古森工)	11.06
1430	吉文林业局(内蒙古森工)	10.53
1431	克一河林业局(内蒙古森工)	9.31
1432	阿尔山林业局(内蒙古森工)	8.80
1433	绰源林业局(内蒙古森工)	7.96
1434	图里河林业局(内蒙古森工)	7.70
1435	伊图里河林业局(内蒙古森工)	4.62
1436	毕拉河林业局(内蒙古森工)	0.59
1437	大杨树林业局(内蒙古森工)	0.20
1438	红石林业局(吉林森工)	22.50
1439	三岔子林业局(吉林森工)	17.31
1440	松江河林业有限公司(吉林森工)	17.14
1441	临江林业局(吉林森工)	14.80
1442	露水河林业局(吉林森工)	13.31
1443	白石山林业局(吉林森工)	9.61

	原木主产地	万立方米
1444	泉阳林业局(吉林森工)	6.38
1445	湾沟林业局(吉林森工)	5.85
1446	兴隆林业局(龙江森工)	22.02
1447	东方红林业局(龙江森工)	20.27
1448	东京城林业局(龙江森工)	19.90
1449	鹤北林业局(龙江森工)	19.73
1450	沾河林业局(龙江森工)	17.54
1451	汤旺河林业局(龙江森工)	16.72
1452	亚布力林业局(龙江森工)	16.50
1453	友好林业局(龙江森工)	16.36
1454	新青林业局(龙江森工)	15.37
1455	清河林业局(龙江森工)	15.34
1456	大海林林业局(龙江森工)	15.12
1457	方正林业局(龙江森工)	14.98
1458	柴河林业局(龙江森工)	14.21
1459	穆棱林业局(龙江森工)	13.10
1460	绥阳林业局(龙江森工)	11.71
1461	绥棱林业局(龙江森工)	10.74
1462	朗乡林业局(龙江森工)	10.65
1463	乌伊岭林业局(龙江森工)	10.22
1464	山河屯林业局(龙江森工)	9.95
1465	带岭实验局(龙江森工)	9.87
1466	苇河林业局(龙江森工)	9.28
1467	红星林业局(龙江森工)	8.94
1468	美溪林业局(龙江森工)	6.75
1469	迎春林业局(龙江森工)	6.70
1470	翠峦林业局(龙江森工)	6.66
1471	铁力林业局(龙江森工)	6.23
1472	金山屯林业局(龙江森工)	5.62
1473	乌马河林业局(龙江森工)	5.50
1474	海林林业局(龙江森工)	5.47
1475	五营林业局(龙江森工)	4.47
1476	林口林业局(龙江森工)	4.06
1477	双丰林业局(龙江森工)	3.92
1478	桦南林业局(龙江森工)	3.78
1479	通北林业局(龙江森工)	3.55
1480	南岔林业局(龙江森工)	3.38
1481	八面通林业局(龙江森工)	2.97
1482	鹤立林业局(龙江森工)	2.57
1483	双鸭山林业局(龙江森工)	2.54
1484	桃山林业局(龙江森工)	1.98
1485	上甘岭林业局(龙江森工)	1.79
1486	松岭林业局(大兴安岭)	30.14
1487	新林林业局(大兴安岭)	23.00
1488	塔河林业局(大兴安岭)	22.20
1489	呼中林业局(大兴安岭)	16.93

	原木主产地	万立方米
1490	十八站林业局(大兴安岭)	39.31
1491	韩家园林业局(大兴安岭)	17.90
1492	阿木尔林业局(大兴安岭)	11.07
1493	图强林业局(大兴安岭)	17.16
1494	西林吉林业局(大兴安岭)	24.48
1495	加格达奇林业局(大兴安岭)	0.26
1496	农四师(新疆兵团)	1.77
1497	农二师(新疆兵团)	0.89
1498	农一师(新疆兵团)	0.68
1499	农八师(新疆兵团)	0.53
1500	农五师(新疆兵团)	0.38
1501	农九师(新疆兵团)	0.24
1502	农六师(新疆兵团)	0.22
1503	农十四师(新疆兵团)	0.21

表 3-9-2　锯材主产地产量

	锯材主产地	万立方米
1	临漳县(冀)	112.58
2	南和县(冀)	30.00
3	曲阳县(冀)	7.30
4	景　县(冀)	5.99
5	香河县(冀)	2.40
6	滦南县(冀)	2.27
7	广宗县(冀)	2.10
8	昌黎县(冀)	2.00
9	魏　县(冀)	1.68
10	遵化市(冀)	1.50
11	围场满族蒙古族自治县(冀)	0.80
12	定州市(冀)	0.75
13	高碑店市(冀)	0.60
14	崇礼县(冀)	0.57
15	安国市(冀)	0.50
16	容城县(冀)	0.46
17	新华区(冀)	0.36
18	卢龙县(冀)	0.34
19	鸡泽县(冀)	0.30
20	大名县(冀)	0.24
21	馆陶县(冀)	0.20
22	丰润区(冀)	0.20
23	井陉矿区(冀)	0.20
24	抚宁县(冀)	0.20
25	行唐县(冀)	0.20
26	井陉县(冀)	0.18
27	武强县(冀)	0.17
28	栾城县(冀)	0.15
29	饶阳县(冀)	0.12
30	鹿泉市(冀)	0.10
31	平泉县(冀)	0.10
32	平山县(冀)	0.10
33	榆次区(晋)	0.80
34	夏　县(晋)	0.50
35	新绛县(晋)	0.10
36	科尔沁左翼中旗(内蒙古)	3.10
37	翁牛特旗(内蒙古)	2.68
38	开鲁县(内蒙古)	2.50
39	扎兰屯市(内蒙古)	1.80
40	松山区(内蒙古)	1.70
41	科尔沁左翼后旗(内蒙古)	1.37
42	巴林右旗(内蒙古)	1.36
43	阿鲁科尔沁旗(内蒙古)	1.14
44	科尔沁区(内蒙古)	1.00
45	敖汉旗(内蒙古)	0.96
46	临河区(内蒙古)	0.71
47	红山区(内蒙古)	0.56
48	科尔沁右翼前旗(内蒙古)	0.40
49	宁城县(内蒙古)	0.30
50	扎赉特旗(内蒙古)	0.30
51	林西县(内蒙古)	0.30
52	红花尔基林业局(内蒙古)	0.28
53	克什克腾旗(内蒙古)	0.28
54	磴口县(内蒙古)	0.20
55	扎鲁特旗(内蒙古)	0.15
56	呼伦贝尔市市辖区(内蒙古)	0.11
57	西乌珠穆沁旗(内蒙古)	0.10
58	新宾满族自治县(辽)	13.40
59	清原满族自治县(辽)	11.00
60	本溪满族自治县(辽)	6.96
61	彰武县(辽)	6.80
62	新民市(辽)	6.70
63	海城市(辽)	6.55
64	桓仁满族自治县(辽)	5.12
65	宽甸满族自治县(辽)	5.00
66	昌图县(辽)	4.76
67	元宝区(辽)	4.50
68	法库县(辽)	4.00
69	西丰县(辽)	3.80
70	阜新蒙古族自治县(辽)	3.00
71	凌源市(辽)	2.60
72	辽阳县(辽)	2.54
73	铁岭县(辽)	2.50
74	抚顺县(辽)	2.40
75	义　县(辽)	2.10
76	凌海市(辽)	2.00
77	东港市(辽)	1.18
78	黑山县(辽)	1.00
79	开原市(辽)	1.00
80	北票市(辽)	1.00
81	喀喇沁左翼蒙古族自治县(辽)	0.90
82	铁岭市经济开发区(辽)	0.50
83	盖州市(辽)	0.50
84	老边区(辽)	0.50
85	兴城市(辽)	0.40
86	调兵山市(辽)	0.35
87	细河区(辽)	0.30
88	连山区(辽)	0.30
89	庄河市(辽)	0.29
90	建昌县(辽)	0.28
91	清河区(辽)	0.25
92	千山区(辽)	0.24
93	振安区(辽)	0.22
94	本溪市经济开发区(辽)	0.10
95	南票区(辽)	0.10
96	双辽市(吉)	22.26
97	敦化市(吉)	10.78
98	蛟河市(吉)	5.44
99	通化县(吉)	4.58
100	前郭尔罗斯蒙古族自治县(吉)	4.00
101	桦甸市(吉)	3.80
102	集安市(吉)	3.50
103	宁江区(吉)	3.45
104	镇赉县(吉)	3.40
105	长白朝鲜族自治县(吉)	3.16
106	大安市(吉)	3.10
107	抚松县(吉)	3.00
108	辉南县(吉)	2.77
109	农安县(吉)	2.00
110	白河林业局(吉)	2.00
111	上营森林经营局(吉)	1.80
112	九台市(吉)	1.80
113	永吉县(吉)	1.58
114	绿园区(吉)	1.50
115	临江市(吉)	1.20
116	梅河口市(吉)	1.09
117	敦化林业局(吉)	1.06
118	通榆县(吉)	0.80
119	洮南市(吉)	0.80
120	龙潭区(吉)	0.75
121	磐石市(吉)	0.70

	锯材主产地	万立方米
122	四平市市辖区(吉)	0.67
123	图们市(吉)	0.65
124	龙井市(吉)	0.50
125	梨树县(吉)	0.48
126	洮北区(吉)	0.40
127	二道江区(吉)	0.40
128	天桥岭林业局(吉)	0.39
129	东丰县(吉)	0.38
130	东昌区(吉)	0.30
131	大兴沟林业局(吉)	0.30
132	西安区(吉)	0.28
133	浑江区(吉)	0.20
134	珲春林业局(吉)	0.19
135	汪清林业局(吉)	0.18
136	江源区(吉)	0.14
137	东辽县(吉)	0.13
138	同江市(黑)	24.50
139	林口县(黑)	18.00
140	爱辉区(黑)	8.33
141	南岗区(黑)	3.50
142	嘉荫县(黑)	3.05
143	巴彦县(黑)	3.00
144	铁力市(黑)	2.98
145	宾 县(黑)	2.50
146	延寿县(黑)	2.00
147	方正县(黑)	1.50
148	依兰县(黑)	1.30
149	明水县(黑)	1.00
150	宝清县(黑)	1.00
151	桃山区(黑)	0.90
152	孟家岗林场(黑)	0.78
153	鸡冠区(黑)	0.75
154	木兰县(黑)	0.70
155	双城市(黑)	0.66
156	肇州县(黑)	0.60
157	兰西县(黑)	0.40
158	新兴区(黑)	0.35
159	恒山区(黑)	0.32
160	泰来县(黑)	0.30
161	虎林市(黑)	0.30
162	让胡路区(黑)	0.20
163	肇东市(黑)	0.20
164	城子河区(黑)	0.20
165	青冈县(黑)	0.20
166	克山县(黑)	0.10
167	奉贤区(沪)	1.64
168	大丰市(苏)	15.00
169	睢宁县(苏)	12.00
170	沭阳县(苏)	5.50
171	海州区(苏)	5.20
172	滨海县(苏)	1.94
173	太仓市(苏)	1.87
174	灌云县(苏)	1.65
175	阜宁县(苏)	1.46
176	丰 县(苏)	1.30
177	盐都区(苏)	1.25
178	建湖县(苏)	1.00
179	沛 县(苏)	0.90
180	东台市(苏)	0.81
181	射阳县(苏)	0.80
182	兴化市(苏)	0.50
183	仪征市(苏)	0.45
184	东海县(苏)	0.30
185	靖江市(苏)	0.20
186	江山市(浙)	88.12
187	桐乡市(浙)	30.00
188	义乌市(浙)	16.20
189	安吉县(浙)	14.30
190	龙泉市(浙)	8.88
191	莲都区(浙)	8.58
192	临安市(浙)	5.63
193	青田县(浙)	4.90
194	遂昌县(浙)	3.82
195	余杭区(浙)	3.75
196	宁海县(浙)	3.49
197	淳安县(浙)	3.20
198	桐庐县(浙)	3.03
199	云和县(浙)	3.00
200	临海市(浙)	2.56
201	上虞市(浙)	2.54
202	松阳县(浙)	2.24
203	缙云县(浙)	2.07
204	建德市(浙)	1.82
205	富阳市(浙)	1.56
206	余姚市(浙)	1.48
207	庆元县(浙)	1.14
208	常山县(浙)	1.02
209	景宁畲族自治县(浙)	0.85
210	德清县(浙)	0.80
211	衢江区(浙)	0.65
212	秀洲区(浙)	0.65
213	镇海区(浙)	0.36
214	磐安县(浙)	0.32
215	江北区(浙)	0.18
216	浦江县(浙)	0.12
217	鸠江区(皖)	16.56
218	祁门县(皖)	10.50
219	东至县(皖)	9.42
220	萧 县(皖)	8.42
221	广德县(皖)	7.63
222	泾 县(皖)	6.41
223	南谯区(皖)	4.56
224	郎溪县(皖)	4.50
225	青阳县(皖)	4.26
226	南陵县(皖)	4.10
227	怀宁县(皖)	4.00
228	含山县(皖)	3.76
229	六安市叶集区(皖)	3.70
230	宣州区(皖)	3.12
231	定远县(皖)	3.00
232	天长市(皖)	3.00
233	全椒县(皖)	2.61
234	旌德县(皖)	2.41
235	太湖县(皖)	2.15
236	颍泉区(皖)	2.10
237	舒城县(皖)	2.00
238	休宁县(皖)	1.96
239	黟 县(皖)	1.50
240	宿松县(皖)	1.20
241	泗 县(皖)	1.10
242	霍山县(皖)	1.00
243	禹会区(皖)	1.00
244	歙 县(皖)	0.99
245	明光市(皖)	0.90
246	潜山县(皖)	0.90
247	居巢区(皖)	0.87
248	无为县(皖)	0.83
249	庐江县(皖)	0.57
250	怀远县(皖)	0.50
251	和 县(皖)	0.49
252	滁州市管店林业总场(皖)	0.45
253	望江县(皖)	0.36
254	桐城市(皖)	0.20
255	寿 县(皖)	0.15
256	肥西县(皖)	0.10
257	徽州区(皖)	0.10
258	濉溪县(皖)	0.10
259	城厢区(闽)	21.00

	锯材主产地	万立方米
260	泰宁县(闽)	20.02
261	延平区(闽)	17.28
262	永安市(闽)	16.32
263	龙海市(闽)	13.00
264	顺昌县(闽)	8.89
265	尤溪县(闽)	8.21
266	沙　县(闽)	5.81
267	新罗区(闽)	4.58
268	建瓯市(闽)	3.56
269	漳平市(闽)	3.47
270	闽清县(闽)	3.18
271	三元区(闽)	2.70
272	长泰县(闽)	2.58
273	华安县(闽)	2.07
274	梅列区(闽)	1.83
275	永春县(闽)	1.80
276	宁化县(闽)	1.73
277	大田县(闽)	1.65
278	清流县(闽)	1.62
279	德化县(闽)	1.50
280	武夷山市(闽)	1.47
281	龙文区(闽)	1.46
282	连城县(闽)	1.35
283	马尾区(闽)	1.25
284	霞浦县(闽)	1.20
285	武平县(闽)	1.15
286	漳浦县(闽)	1.10
287	将乐县(闽)	0.90
288	建宁县(闽)	0.86
289	闽侯县(闽)	0.82
290	福鼎市(闽)	0.78
291	芗城区(闽)	0.75
292	浦城县(闽)	0.72
293	邵武市(闽)	0.71
294	蕉城区(闽)	0.70
295	寿宁县(闽)	0.65
296	光泽县(闽)	0.62
297	永泰县(闽)	0.54
298	平和县(闽)	0.53
299	安溪县(闽)	0.50
300	屏南县(闽)	0.44
301	南靖县(闽)	0.37
302	上杭县(闽)	0.36
303	古田县(闽)	0.34
304	长汀县(闽)	0.34
305	诏安县(闽)	0.30

	锯材主产地	万立方米
306	建阳市(闽)	0.17
307	福清市(闽)	0.15
308	松溪县(闽)	0.13
309	明溪县(闽)	0.10
310	新干县(赣)	7.00
311	遂川县(赣)	6.00
312	章贡区(赣)	5.50
313	修水县(赣)	5.16
314	广丰县(赣)	4.00
315	贵溪市(赣)	3.05
316	铜鼓县(赣)	2.62
317	南昌县(赣)	2.50
318	萍乡市经济开发区(赣)	2.42
319	丰城市(赣)	2.00
320	上犹县(赣)	1.95
321	余江县(赣)	1.91
322	崇义县(赣)	1.84
323	永丰县(赣)	1.53
324	上高县(赣)	1.50
325	分宜县(赣)	1.50
326	泰和县(赣)	1.33
327	高安市(赣)	1.32
328	临川区(赣)	1.20
329	德安县(赣)	1.18
330	兴国县(赣)	1.00
331	安福县(赣)	0.99
332	乐安县(赣)	0.96
333	瑞金市(赣)	0.90
334	万载县(赣)	0.90
335	宜黄县(赣)	0.87
336	全南县(赣)	0.78
337	新建县(赣)	0.65
338	靖安县(赣)	0.59
339	都昌县(赣)	0.50
340	安义县(赣)	0.50
341	南城县(赣)	0.45
342	上饶县(赣)	0.45
343	瑞昌市(赣)	0.44
344	袁州区(赣)	0.40
345	吉州区(赣)	0.35
346	大余县(赣)	0.35
347	九江县(赣)	0.34
348	会昌县(赣)	0.32
349	婺源县(赣)	0.32
350	万年县(赣)	0.31
351	奉新县(赣)	0.28

	锯材主产地	万立方米
352	湖口县(赣)	0.22
353	横峰县(赣)	0.20
354	龙南县(赣)	0.18
355	湾里区(赣)	0.16
356	宜丰县(赣)	0.14
357	崇仁县(赣)	0.13
358	东乡县(赣)	0.13
359	黎川县(赣)	0.12
360	广昌县(赣)	0.12
361	河东区(鲁)	58.00
362	成武县(鲁)	45.00
363	惠民县(鲁)	12.00
364	郯城县(鲁)	10.50
365	平邑县(鲁)	10.10
366	桓台县(鲁)	10.00
367	寿光市(鲁)	7.20
368	兰山区(鲁)	5.82
369	胶南市(鲁)	4.33
370	宁阳县(鲁)	2.94
371	东平县(鲁)	2.69
372	安丘市(鲁)	2.30
373	济阳县(鲁)	1.89
374	诸城市(鲁)	1.82
375	临朐县(鲁)	1.70
376	沂南县(鲁)	1.62
377	昌邑市(鲁)	1.60
378	高青县(鲁)	1.50
379	潍城区(鲁)	1.48
380	蒙阴县(鲁)	1.39
381	东明县(鲁)	1.20
382	新泰市(鲁)	1.10
383	苍山县(鲁)	1.10
384	东营市市辖区(鲁)	1.04
385	费　县(鲁)	1.02
386	平度市(鲁)	1.00
387	河口区(鲁)	0.83
388	平原县(鲁)	0.82
389	临邑县(鲁)	0.80
390	莱城区(鲁)	0.80
391	阳信县(鲁)	0.80
392	武城县(鲁)	0.72
393	肥城市(鲁)	0.68
394	乐陵市(鲁)	0.50
395	庆云县(鲁)	0.50
396	嘉祥县(鲁)	0.50
397	邹平县(鲁)	0.40

	锯材主产地	万立方米
398	乳山市(鲁)	0.40
399	沂水县(鲁)	0.40
400	金乡县(鲁)	0.40
401	商河县(鲁)	0.35
402	青州市(鲁)	0.30
403	胶州市(鲁)	0.28
404	淄川区(鲁)	0.25
405	洛宁县(豫)	6.00
406	孟津县(豫)	5.70
407	滑　县(豫)	5.69
408	睢阳区(豫)	5.46
409	虞城县(豫)	5.00
410	尉氏县(豫)	4.62
411	梁园区(豫)	4.40
412	淇滨区(豫)	4.00
413	偃师市(豫)	4.00
414	安阳县(豫)	3.90
415	民权县(豫)	3.30
416	淮阳县(豫)	3.00
417	山城区(豫)	3.00
418	柘城县(豫)	2.90
419	正阳县(豫)	2.65
420	鄢陵县(豫)	2.50
421	太康县(豫)	2.50
422	郾城区(豫)	2.35
423	新安县(豫)	2.30
424	商水县(豫)	2.30
425	睢　县(豫)	2.20
426	内乡县(豫)	2.10
427	卫辉市(豫)	2.00
428	内黄县(豫)	2.00
429	新密市(豫)	1.90
430	兰考县(豫)	1.80
431	通许县(豫)	1.77
432	镇平县(豫)	1.53
433	沁阳市(豫)	1.50
434	鹿邑县(豫)	1.50
435	新　县(豫)	1.49
436	中牟县(豫)	1.42
437	汝阳县(豫)	1.23
438	清丰县(豫)	1.20
439	辉县市(豫)	1.20
440	郸城县(豫)	1.20
441	浉河区(豫)	1.20
442	宝丰县(豫)	1.10
443	邓州市(豫)	1.10

	锯材主产地	万立方米
444	杞　县(豫)	1.10
445	许昌县(豫)	1.02
446	夏邑县(豫)	1.00
447	济源市(豫)	0.98
448	荥阳市(豫)	0.95
449	南召县(豫)	0.95
450	宁陵县(豫)	0.93
451	温　县(豫)	0.90
452	管城回族区(豫)	0.90
453	灵宝市(豫)	0.88
454	汝南县(豫)	0.80
455	淮滨县(豫)	0.80
456	川汇区(豫)	0.78
457	修武县(豫)	0.75
458	陕　县(豫)	0.68
459	社旗县(豫)	0.60
460	方城县(豫)	0.60
461	叶　县(豫)	0.55
462	西平县(豫)	0.55
463	长葛市(豫)	0.53
464	沈丘县(豫)	0.50
465	许昌市经济技术开发区(豫)	0.50
466	新野县(豫)	0.47
467	遂平县(豫)	0.46
468	源汇区(豫)	0.46
469	禹州市(豫)	0.44
470	延津县(豫)	0.44
471	长垣县(豫)	0.42
472	固始县(豫)	0.42
473	鲁山县(豫)	0.40
474	博爱县(豫)	0.40
475	召陵区(豫)	0.38
476	卢氏县(豫)	0.36
477	嵩　县(豫)	0.30
478	平桥区(豫)	0.25
479	卧龙区(豫)	0.20
480	龙安区(豫)	0.20
481	获嘉县(豫)	0.20
482	伊川县(豫)	0.20
483	濮阳市高新区(豫)	0.13
484	林州市(豫)	0.12
485	确山县(豫)	0.11
486	华龙区(豫)	0.10
487	潢川县(豫)	0.10
488	栾川县(豫)	0.10
489	石首市(鄂)	7.90

	锯材主产地	万立方米
490	随 县(鄂)	6.30
491	谷城县(鄂)	5.75
492	曾都区(鄂)	3.49
493	浠水县(鄂)	1.50
494	宜城市(鄂)	1.24
495	大悟县(鄂)	1.20
496	新洲区(鄂)	1.20
497	潜江市(鄂)	1.10
498	神农架林区(鄂)	1.00
499	公安县(鄂)	1.00
500	罗田县(鄂)	1.00
501	安陆市(鄂)	0.80
502	广水市(鄂)	0.80
503	襄城区(鄂)	0.79
504	黄梅县(鄂)	0.78
505	云梦县(鄂)	0.70
506	嘉鱼县(鄂)	0.70
507	鹤峰县(鄂)	0.70
508	老河口市(鄂)	0.68
509	枣阳市(鄂)	0.67
510	江陵县(鄂)	0.65
511	咸丰县(鄂)	0.60
512	襄州区(鄂)	0.60
513	郧　县(鄂)	0.40
514	汉川市(鄂)	0.39
515	樊城区(鄂)	0.34
516	鄂州市市辖区(鄂)	0.30
517	沙市区(鄂)	0.30
518	黄州区(鄂)	0.30
519	长阳土家族自治县(鄂)	0.25
520	来凤县(鄂)	0.18
521	通山县(鄂)	0.15
522	巴东县(鄂)	0.10
523	应城市(鄂)	0.10
524	郧西县(鄂)	0.10
525	资兴市(湘)	21.00
526	衡东县(湘)	9.80
527	蓝山县(湘)	9.57
528	绥宁县(湘)	9.20
529	靖州苗族侗族自治县(湘)	7.50
530	安仁县(湘)	6.68
531	张家界市市辖区(湘)	5.60
532	会同县(湘)	5.60
533	芷江侗族自治县(湘)	5.50
534	攸　县(湘)	5.50
535	宁乡县(湘)	5.30

	锯材主产地	万立方米
536	通道侗族自治县(湘)	5.00
537	鹤城区(湘)	4.80
538	赫山区(湘)	4.50
539	安化县(湘)	4.20
540	茶陵县(湘)	3.88
541	祁阳县(湘)	3.60
542	宁远县(湘)	3.39
543	武冈市(湘)	3.20
544	道　县(湘)	3.19
545	北塔区(湘)	3.11
546	新晃侗族自治县(湘)	3.10
547	新化县(湘)	2.98
548	永兴县(湘)	2.91
549	东安县(湘)	2.61
550	雨湖区(湘)	2.60
551	桃源县(湘)	2.60
552	邵东县(湘)	2.57
553	城步苗族自治县(湘)	2.46
554	汉寿县(湘)	2.30
555	冷水滩区(湘)	2.29
556	桂东县(湘)	2.20
557	沅江市(湘)	2.10
558	江永县(湘)	2.05
559	汝城县(湘)	2.01
560	醴陵市(湘)	2.00
561	永定区(湘)	2.00
562	武陵区(湘)	1.90
563	桑植县(湘)	1.90
564	江华瑶族自治县(湘)	1.89
565	湘乡市(湘)	1.80
566	古丈县(湘)	1.73
567	慈利县(湘)	1.70
568	苏仙区(湘)	1.65
569	洞口县(湘)	1.65
570	隆回县(湘)	1.60
571	炎陵县(湘)	1.60
572	永顺县(湘)	1.50
573	宜章县(湘)	1.39
574	临湘市(湘)	1.20
575	麻阳苗族自治县(湘)	1.20
576	湘潭县(湘)	1.20
577	溆浦县(湘)	1.20
578	辰溪县(湘)	1.20
579	衡南县(湘)	1.20
580	新邵县(湘)	1.15
581	蒸湘区(湘)	1.10
582	石鼓区(湘)	1.00
583	望城县(湘)	1.00
584	平江县(湘)	1.00
585	常宁市(湘)	1.00
586	洪乡管理区(湘)	0.95
587	临武县(湘)	0.95
588	中方县(湘)	0.90
589	祁东县(湘)	0.90
590	龙山县(湘)	0.90
591	澧　县(湘)	0.88
592	安乡县(湘)	0.80
593	石门县(湘)	0.80
594	零陵区(湘)	0.80
595	新宁县(湘)	0.70
596	湘阴县(湘)	0.70
597	北湖区(湘)	0.62
598	耒阳市(湘)	0.60
599	桂阳县(湘)	0.54
600	邵阳县(湘)	0.53
601	冷水江市(湘)	0.50
602	鼎城区(湘)	0.46
603	双峰县(湘)	0.45
604	株洲县(湘)	0.42
605	嘉禾县(湘)	0.41
606	娄底市市辖区(湘)	0.40
607	桃江县(湘)	0.40
608	吉首市(湘)	0.40
609	新田县(湘)	0.32
610	临澧县(湘)	0.31
611	凤凰县(湘)	0.30
612	珠晖区(湘)	0.30
613	衡山县(湘)	0.30
614	沅陵县(湘)	0.30
615	石峰区(湘)	0.20
616	衡阳市(湘)	0.20
617	南　县(湘)	0.20
618	保靖县(湘)	0.20
619	荷塘区(湘)	0.18
620	大祥区(湘)	0.15
621	津市市(湘)	0.15
622	涟源市(湘)	0.12
623	娄星区(湘)	0.10
624	泸溪县(湘)	0.10
625	新会区(粤)	16.58
626	湞江区(粤)	13.23
627	开平市(粤)	12.95
628	鹤山市(粤)	12.00
629	阳西县(粤)	7.60
630	雷州市(粤)	7.10
631	高要市(粤)	6.49
632	台山市(粤)	6.22
633	清新县(粤)	6.08
634	恩平市(粤)	4.50
635	廉江市(粤)	4.20
636	惠东县(粤)	4.05
637	阳春市(粤)	3.98
638	四会市(粤)	3.94
639	云城区(粤)	3.80
640	揭东县(粤)	3.50
641	英德市(粤)	3.50
642	新丰县(粤)	2.76
643	东源县(粤)	2.60
644	清城区(粤)	2.60
645	信宜市(粤)	2.55
646	中山市(粤)	2.50
647	化州市(粤)	2.25
648	电白县(粤)	2.20
649	平远县(粤)	2.02
650	蓬江区(粤)	1.55
651	深圳市光明新区(粤)	1.47
652	高州市(粤)	1.44
653	怀集县(粤)	1.20
654	广宁县(粤)	1.03
655	紫金县(粤)	1.00
656	鼎湖区(粤)	1.00
657	连州市(粤)	0.94
658	武江区(粤)	0.92
659	郁南县(粤)	0.80
660	徐闻县(粤)	0.77
661	高明区(粤)	0.70
662	始兴县(粤)	0.52
663	花都区(粤)	0.52
664	曲江区(粤)	0.51
665	饶平县(粤)	0.50
666	梅　县(粤)	0.49
667	荔湾区(粤)	0.43
668	湘桥区(粤)	0.40
669	连南瑶族自治县(粤)	0.40
670	翁源县(粤)	0.37
671	潮安县(粤)	0.30
672	佛冈县(粤)	0.30
673	湛江市东海岛区(粤)	0.28

	锯材主产地	万立方米
674	茂港区(粤)	0.28
675	阳江市高新区(粤)	0.25
676	乳源瑶族自治县(粤)	0.22
677	大埔县(粤)	0.21
678	揭西县(粤)	0.20
679	普宁市(粤)	0.20
680	江城区(粤)	0.20
681	茂南区(粤)	0.20
682	惠来县(粤)	0.17
683	德庆县(粤)	0.17
684	和平县(粤)	0.15
685	坡头区(粤)	0.15
686	连山壮族瑶族自治县(粤)	0.11
687	阳山县(粤)	0.10
688	江南区(桂)	35.98
689	柳南区(桂)	16.50
690	防城区(桂)	16.16
691	龙胜各族自治县(桂)	13.60
692	灵山县(桂)	12.36
693	灌阳县(桂)	9.90
694	罗城仫佬族自治县(桂)	8.77
695	南丹县(桂)	8.44
696	玉州区(桂)	8.20
697	柳北区(桂)	8.00
698	西林县(桂)	7.60
699	三江侗族自治县(桂)	7.53
700	融水苗族自治县(桂)	7.50
701	八步区(桂)	7.35
702	横　县(桂)	7.20
703	鹿寨县(桂)	6.30
704	兴安县(桂)	6.00
705	临桂县(桂)	5.40
706	永福县(桂)	5.40
707	桂平市(桂)	5.23
708	钦北区(桂)	4.70
709	全州县(桂)	4.63
710	恭城瑶族自治县(桂)	4.40
711	灵川县(桂)	4.25
712	融安县(桂)	4.10
713	合浦县(桂)	4.00
714	陆川县(桂)	3.70
715	良庆区(桂)	3.63
716	金秀瑶族自治县(桂)	3.51
717	兴宁区(桂)	3.50
718	资源县(桂)	3.30
719	平乐县(桂)	3.27

	锯材主产地	万立方米
720	平南县(桂)	2.80
721	博白县(桂)	2.80
722	环江毛南族自治县(桂)	2.57
723	港北区(桂)	2.56
724	海城区(桂)	2.55
725	北流市(桂)	2.31
726	港南区(桂)	2.30
727	象山区(桂)	2.16
728	秀峰区(桂)	2.16
729	叠彩区(桂)	2.10
730	苍梧县(桂)	2.07
731	七星区(桂)	2.00
732	阳朔县(桂)	1.77
733	鱼峰区(桂)	1.44
734	容　县(桂)	1.40
735	兴宾区(桂)	1.35
736	武鸣县(桂)	1.28
737	象州县(桂)	1.25
738	柳城县(桂)	1.24
739	邕宁区(桂)	1.15
740	玉林市福绵管理区(桂)	1.10
741	富川瑶族自治县(桂)	1.08
742	柳江县(桂)	1.03
743	昭平县(桂)	0.97
744	浦北县(桂)	0.89
745	钟山县(桂)	0.84
746	凭祥市(桂)	0.84
747	大新县(桂)	0.82
748	忻城县(桂)	0.81
749	钦南区(桂)	0.80
750	江州区(桂)	0.72
751	武宣县(桂)	0.69
752	兴业县(桂)	0.66
753	德保县(桂)	0.66
754	大化瑶族自治县(桂)	0.55
755	合山市(桂)	0.52
756	黄冕林场(桂)	0.47
757	覃塘区(桂)	0.46
758	平果县(桂)	0.46
759	派阳山林场(桂)	0.44
760	东兰县(桂)	0.38
761	贺州市平桂管理区(桂)	0.23
762	雁山区(桂)	0.20
763	青秀区(桂)	0.20
764	上林县(桂)	0.16
765	马山县(桂)	0.11

	锯材主产地	万立方米
766	铁山港区(桂)	0.10
767	东方市(琼)	5.90
768	忠　县(渝)	4.80
769	酉阳土家族苗族自治县(渝)	4.20
770	南川区(渝)	1.40
771	秀山土家族苗族自治县(渝)	0.80
772	万州区(渝)	0.70
773	石柱土家族自治县(渝)	0.60
774	丰都县(渝)	0.52
775	云阳县(渝)	0.45
776	荣昌县(渝)	0.33
777	合川区(渝)	0.20
778	乐山市市中区(川)	9.70
779	夹江县(川)	8.60
780	宣汉县(川)	8.45
781	珙　县(川)	6.50
782	崇州市(川)	6.32
783	北川羌族自治县(川)	6.00
784	江油市(川)	5.80
785	合江县(川)	4.83
786	古蔺县(川)	4.60
787	利州区(川)	4.15
788	安　县(川)	2.70
789	郫　县(川)	2.00
790	攀枝花市东区(川)	2.00
791	天全县(川)	1.52
792	沙湾区(川)	1.45
793	剑阁县(川)	1.41
794	元坝区(川)	1.16
795	宝兴县(川)	1.11
796	巴州区(川)	1.10
797	筠连县(川)	1.10
798	新津县(川)	1.00
799	中江县(川)	1.00
800	犍为县(川)	0.95
801	沐川县(川)	0.90
802	通江县(川)	0.70
803	南部县(川)	0.70
804	雷波县(川)	0.66
805	广汉市(川)	0.60
806	马边彝族自治县(川)	0.55
807	南江县(川)	0.55
808	三台县(川)	0.54
809	五通桥区(川)	0.50
810	会东县(川)	0.50
811	会理县(川)	0.40

	[illegible]材主产地	万立方米
[illegible]	[illegible](川)	0.40
[illegible]	[illegible](川)	0.40
[illegible]	[illegible]市(川)	0.30
[illegible]	[illegible]口河区(川)	0.30
[illegible]	荥经县(川)	0.26
[illegible]	广安区(川)	0.25
[illegible]18	越西县(川)	0.23
819	顺庆区(川)	0.21
820	南溪县(川)	0.17
821	旌阳区(川)	0.13
822	通川区(川)	0.10
823	甘洛县(川)	0.10
824	罗江县(川)	0.10
825	锦屏县(黔)	6.64
826	榕江县(黔)	6.30
827	黎平县(黔)	3.41
828	云岩区(黔)	2.80
829	凯里市(黔)	2.60
830	西秀区(黔)	2.49
831	天柱县(黔)	2.40
832	清镇市(黔)	1.97
833	三都水族自治县(黔)	1.20
834	开阳县(黔)	1.16
835	茂兰国家级自然保护区(黔)	1.00
836	平坝县(黔)	0.75
837	赫章县(黔)	0.56
838	长顺县(黔)	0.55
839	乌当区(黔)	0.47
840	三穗县(黔)	0.40
841	毕节市(黔)	0.33
842	剑河县(黔)	0.32
843	南明区(黔)	0.31
844	都匀市(黔)	0.30
845	瓮安县(黔)	0.20
846	六枝特区(黔)	0.15
847	麻江县(黔)	0.12
848	腾冲县(滇)	10.00
849	景谷傣族彝族自治县(滇)	9.91
850	盈江县(滇)	9.70
851	师宗县(滇)	7.62
852	隆阳区(滇)	6.60
853	马关县(滇)	5.00
854	富宁县(滇)	4.78
855	泸水县(滇)	4.39
856	芒市(滇)	3.67
857	双柏县(滇)	3.02

	锯材主产地	万立方米
858	广南县(滇)	3.00
859	镇沅彝族哈尼族拉祜族自治县(滇)	3.00
860	陇川县(滇)	3.00
861	楚雄市(滇)	2.95
862	景东彝族自治县(滇)	2.90
863	龙陵县(滇)	2.73
864	景洪市(滇)	2.52
865	元阳县(滇)	2.49
866	澜沧拉祜族自治县(滇)	2.40
867	墨江哈尼族自治县(滇)	2.40
868	施甸县(滇)	2.10
869	华坪县(滇)	2.00
870	罗平县(滇)	2.00
871	双江拉祜族佤族布朗族傣族自治县(滇)	1.61
872	勐腊县(滇)	1.59
873	泸西县(滇)	1.52
874	耿马傣族佤族自治县(滇)	1.50
875	麻栗坡县(滇)	1.44
876	弥渡县(滇)	1.42
877	西畴县(滇)	1.34
878	祥云县(滇)	1.30
879	江城哈尼族彝族自治县(滇)	1.30
880	禄丰县(滇)	1.20
881	宣威市(滇)	1.20
882	河口瑶族自治县(滇)	1.18
883	勐海县(滇)	1.00
884	大理市(滇)	0.92
885	镇康县(滇)	0.89
886	蒙自市(滇)	0.86
887	大姚县(滇)	0.83
888	陆良县(滇)	0.75
889	云　县(滇)	0.69
890	沧源佤族自治县(滇)	0.69
891	孟连傣族拉祜族佤族自治县(滇)	0.53
892	石屏县(滇)	0.50
893	个旧市(滇)	0.45
894	永胜县(滇)	0.45
895	西盟佤族自治县(滇)	0.43
896	梁河县(滇)	0.37
897	贡山独龙族怒族自治县(滇)	0.36
898	砚山县(滇)	0.32
899	临翔区(滇)	0.20
900	凤庆县(滇)	0.20
901	开远市(滇)	0.20
902	云龙县(滇)	0.18

	锯材主产地	万立方米
903	南涧彝族自治县(滇)	0.17
904	永德县(滇)	0.11
905	波密县(藏)	3.00
906	林芝县(藏)	1.90
907	察隅县(藏)	1.50
908	类乌齐县(藏)	1.42
909	米林县(藏)	1.10
910	临潼区(陕)	0.90
911	平利县(陕)	0.42
912	南郑县(陕)	0.41
913	彬　县(陕)	0.32
914	渭滨区(陕)	0.24
915	乾　县(陕)	0.20
916	淳化县(陕)	0.18
917	商南县(陕)	0.12
918	策勒县(新)	0.24
919	红石林业局(吉林森工)	1.49
920	露水河林业局(吉林森工)	0.11
921	带岭实验局(龙江森工)	6.25
922	上甘岭林业局(龙江森工)	6.00
923	穆棱林业局(龙江森工)	4.89
924	大海林林业局(龙江森工)	4.13
925	金山屯林业局(龙江森工)	3.96
926	新青林业局(龙江森工)	3.96
927	东方红林业局(龙江森工)	3.38
928	洁河林业局(龙江森工)	3.33
929	鹤北林业局(龙江森工)	3.00
930	双丰林业局(龙江森工)	2.80
931	清河林业局(龙江森工)	2.40
932	柴河林业局(龙江森工)	2.16
933	兴隆林业局(龙江森工)	2.09
934	五营林业局(龙江森工)	1.94
935	绥阳林业局(龙江森工)	1.66
936	乌伊岭林业局(龙江森工)	1.45
937	苇河林业局(龙江森工)	1.40
938	鹤立林业局(龙江森工)	1.35
939	绥棱林业局(龙江森工)	1.31
940	双鸭山林业局(龙江森工)	1.00
941	铁力林业局(龙江森工)	0.98
942	桦南林业局(龙江森工)	0.95
943	美溪林业局(龙江森工)	0.83
944	亚布力林业局(龙江森工)	0.69
945	东京城林业局(龙江森工)	0.68
946	林口林业局(龙江森工)	0.60
947	通北林业局(龙江森工)	0.60
948	山河屯林业局(龙江森工)	0.20

	锯材主产地	万立方米
949	迎春林业局(龙江森工)	0.18
950	十八站林业局(大兴安岭)	6.83
951	韩家园林业局(大兴安岭)	4.57
952	新林林业局(大兴安岭)	4.19
953	西林吉林业局(大兴安岭)	4.09
954	松岭林业局(大兴安岭)	3.18
955	塔河林业局(大兴安岭)	1.76
956	阿木尔林业局(大兴安岭)	1.19
957	呼中林业局(大兴安岭)	1.13
958	图强林业局(大兴安岭)	0.61

表 3-9-3　木片主产地产量

	木片主产地	万实积立方米
1	景　县(冀)	4.51
2	临漳县(冀)	3.80
3	曲阳县(冀)	3.10
4	武邑县(冀)	1.50
5	任　县(冀)	1.50
6	涿州市(冀)	1.42
7	昌黎县(冀)	1.25
8	徐水县(冀)	0.40
9	邱　县(冀)	0.30
10	高碑店市(冀)	0.30
11	武强县(冀)	0.22
12	魏　县(冀)	0.16
13	卢龙县(冀)	0.13
14	雄　县(冀)	0.13
15	行唐县(冀)	0.12
16	长安区(冀)	0.12
17	林西县(内蒙古)	1.70
18	杭锦旗(内蒙古)	1.25
19	宁城县(内蒙古)	1.00
20	巴林右旗(内蒙古)	0.78
21	科尔沁区(内蒙古)	0.50
22	磴口县(内蒙古)	0.30
23	阿鲁科尔沁旗(内蒙古)	0.29
24	临河区(内蒙古)	0.20
25	科尔沁左翼后旗(内蒙古)	0.11
26	建平县(辽)	25.00
27	东港市(辽)	20.10
28	抚顺县(辽)	8.20
29	清原满族自治县(辽)	6.00
30	龙城区(辽)	4.70
31	新宾满族自治县(辽)	3.50
32	彰武县(辽)	2.90
33	北票市(辽)	2.50
34	双塔区(辽)	2.50
35	鲅鱼圈区(辽)	2.00
36	阜新蒙古族自治县(辽)	2.00
37	黑山县(辽)	1.00
38	凌海市(辽)	0.50
39	铁岭市经济开发区(辽)	0.40
40	细河区(辽)	0.20
41	调兵山市(辽)	0.16
42	庄河市(辽)	0.13
43	千山区(辽)	0.10
44	双辽市(吉)	18.70
45	图们市(吉)	5.14
46	汪清林业局(吉)	2.35
47	安图森林经营局(吉)	2.24
48	梅河口市(吉)	1.20
49	昌邑区(吉)	1.00
50	长岭县(吉)	1.00
51	农安县(吉)	1.00
52	通榆县(吉)	1.00
53	宁江区(吉)	0.81
54	前郭尔罗斯蒙古族自治县(吉)	0.80
55	桦甸市(吉)	0.60
56	龙潭区(吉)	0.59
57	抚松县(吉)	0.32
58	长白朝鲜族自治县(吉)	0.30
59	二道江区(吉)	0.30
60	东丰县(吉)	0.24
61	镇赉县(吉)	0.20
62	通化县(吉)	0.18
63	珲春林业局(吉)	0.13
64	浑江区(吉)	0.10
65	五常市(黑)	5.00
66	方正县(黑)	2.00
67	孟家岗林场(黑)	1.10
68	巴彦县(黑)	1.00
69	呼兰区(黑)	0.80
70	林甸县(黑)	0.16
71	丹清河实验林场(黑)	0.15
72	绥滨县(黑)	0.10
73	青冈县(黑)	0.10
74	奉贤区(沪)	1.43
75	丰　县(苏)	22.00
76	睢宁县(苏)	10.00
77	沭阳县(苏)	3.50
78	阜宁县(苏)	1.53
79	盐都区(苏)	1.15
80	沛　县(苏)	0.60
81	东海县(苏)	0.40
82	滨海县(苏)	0.30
83	仪征市(苏)	0.25
84	新沂市(苏)	0.10
85	江山市(浙)	11.68
86	桐乡市(浙)	10.05
87	临海市(浙)	3.10
88	宁海县(浙)	1.05
89	衢江区(浙)	0.35
90	安吉县(浙)	0.31
91	上虞市(浙)	0.28
92	松阳县(浙)	0.24
93	江北区(浙)	0.12
94	浦江县(浙)	0.10
95	六安市叶集区(皖)	7.00
96	霍山县(皖)	4.00
97	怀远县(皖)	3.40
98	泗　县(皖)	3.10
99	定远县(皖)	3.00
100	太湖县(皖)	2.72
101	宣州区(皖)	2.70
102	南陵县(皖)	2.50
103	灵璧县(皖)	2.16
104	怀宁县(皖)	2.00
105	寿　县(皖)	1.80
106	东至县(皖)	1.66
107	无为县(皖)	1.53
108	郎溪县(皖)	1.50
109	固镇县(皖)	1.50
110	潜山县(皖)	1.50
111	涡阳县(皖)	1.40
112	青阳县(皖)	1.21
113	泾　县(皖)	1.07
114	舒城县(皖)	1.00
115	宿松县(皖)	1.00
116	肥东县(皖)	1.00
117	全椒县(皖)	0.92
118	濉溪县(皖)	0.40
119	庐江县(皖)	0.31
120	霍邱县(皖)	0.20
121	望江县(皖)	0.10
122	永安市(闽)	38.73

	木片主产地	万实积立方米
123	城厢区(闽)	27.00
124	龙海市(闽)	4.50
125	明溪县(闽)	4.11
126	仙游县(闽)	3.86
127	龙文区(闽)	3.64
128	延平区(闽)	2.75
129	闽清县(闽)	2.71
130	尤溪县(闽)	2.45
131	松溪县(闽)	0.96
132	长汀县(闽)	0.81
133	泰宁县(闽)	0.76
134	建宁县(闽)	0.62
135	华安县(闽)	0.59
136	霞浦县(闽)	0.57
137	漳浦县(闽)	0.50
138	梅列区(闽)	0.45
139	蕉城区(闽)	0.40
140	新罗区(闽)	0.35
141	三元区(闽)	0.34
142	将乐县(闽)	0.30
143	政和县(闽)	0.21
144	武夷山市(闽)	0.16
145	大田县(闽)	0.15
146	屏南县(闽)	0.10
147	古田县(闽)	0.10
148	遂川县(赣)	3.00
149	上高县(赣)	1.20
150	宁都县(赣)	1.07
151	安义县(赣)	0.80
152	余江县(赣)	0.50
153	会昌县(赣)	0.47
154	资溪县(赣)	0.46
155	靖安县(赣)	0.40
156	峡江县(赣)	0.32
157	全南县(赣)	0.25
158	新干县(赣)	0.21
159	崇仁县(赣)	0.20
160	临川区(赣)	0.20
161	金溪县(赣)	0.20
162	上犹县(赣)	0.18
163	万年县(赣)	0.13
164	东乡县(赣)	0.12
165	瑞金市(赣)	0.10
166	宜黄县(赣)	0.10
167	兰山区(鲁)	182.47
168	沂南县(鲁)	138.00
169	东平县(鲁)	8.00
170	蒙阴县(鲁)	7.50
171	郯城县(鲁)	6.53
172	肥城市(鲁)	5.78
173	宁阳县(鲁)	4.97
174	高唐县(鲁)	4.80
175	惠民县(鲁)	4.50
176	苍山县(鲁)	3.10
177	成武县(鲁)	2.90
178	陵　县(鲁)	2.80
179	嘉祥县(鲁)	2.65
180	岱岳区(鲁)	2.19
181	商河县(鲁)	2.05
182	诸城市(鲁)	1.68
183	邹城市(鲁)	1.57
184	寿光市(鲁)	1.56
185	临朐县(鲁)	1.30
186	济阳县(鲁)	1.29
187	高青县(鲁)	1.00
188	费　县(鲁)	0.73
189	宁津县(鲁)	0.70
190	乐陵市(鲁)	0.61
191	临邑县(鲁)	0.53
192	利津县(鲁)	0.50
193	东营市市辖区(鲁)	0.50
194	胶南市(鲁)	0.41
195	东明县(鲁)	0.34
196	邹平县(鲁)	0.30
197	平原县(鲁)	0.26
198	德州市市辖区(鲁)	0.15
199	武城县(鲁)	0.15
200	沂源县(鲁)	0.10
201	襄城县(豫)	14.90
202	许昌县(豫)	8.80
203	虞城县(豫)	8.00
204	洛宁县(豫)	7.50
205	孟津县(豫)	6.84
206	汤阴县(豫)	5.12
207	安阳县(豫)	4.96
208	尉氏县(豫)	4.90
209	新安县(豫)	3.40
210	淮阳县(豫)	3.20
211	新　县(豫)	3.13
212	宝丰县(豫)	3.00
213	上蔡县(豫)	3.00
214	永城市(豫)	3.00
215	邓州市(豫)	3.00
216	梁园区(豫)	2.80
217	太康县(豫)	2.50
218	内黄县(豫)	2.50
219	社旗县(豫)	2.10
220	确山县(豫)	2.09
221	沁阳市(豫)	2.00
222	郾城区(豫)	1.90
223	卫辉市(豫)	1.80
224	睢　县(豫)	1.80
225	鄢陵县(豫)	1.53
226	镇平县(豫)	1.35
227	民权县(豫)	1.10
228	中牟县(豫)	1.10
229	管城回族区(豫)	1.09
230	通许县(豫)	1.05
231	延津县(豫)	1.03
232	杞　县(豫)	1.00
233	淇滨区(豫)	1.00
234	商水县(豫)	0.90
235	武陟县(豫)	0.90
236	禹州市(豫)	0.84
237	召陵区(豫)	0.82
238	新蔡县(豫)	0.81
239	南乐县(豫)	0.80
240	清丰县(豫)	0.80
241	陕　县(豫)	0.80
242	平桥区(豫)	0.80
243	柘城县(豫)	0.76
244	辉县市(豫)	0.70
245	许昌市经济技术开发区(豫)	0.70
246	兰考县(豫)	0.70
247	汝阳县(豫)	0.62
248	宁陵县(豫)	0.62
249	郸城县(豫)	0.60
250	汝南县(豫)	0.60
251	灵宝市(豫)	0.55
252	济源市(豫)	0.50
253	沈丘县(豫)	0.50
254	西平县(豫)	0.45
255	长垣县(豫)	0.44
256	伊川县(豫)	0.35
257	封丘县(豫)	0.35

	木片主产地	万实积立方米
258	遂平县(豫)	0.33
259	正阳县(豫)	0.32
260	栾川县(豫)	0.30
261	许昌市东城区(豫)	0.30
262	博爱县(豫)	0.30
263	鹿邑县(豫)	0.30
264	叶　县(豫)	0.25
265	魏都区(豫)	0.23
266	源汇区(豫)	0.21
267	方城县(豫)	0.16
268	修武县(豫)	0.14
269	新乡县(豫)	0.12
270	荥阳市(豫)	0.11
271	钟祥市(鄂)	8.35
272	随县(鄂)	5.60
273	谷城县(鄂)	2.25
274	潜江市(鄂)	1.20
275	沙洋县(鄂)	1.00
276	神农架林区(鄂)	1.00
277	蕲春县(鄂)	0.70
278	石首市(鄂)	0.60
279	罗田县(鄂)	0.60
280	襄城区(鄂)	0.53
281	老河口市(鄂)	0.33
282	枣阳市(鄂)	0.29
283	襄州区(鄂)	0.20
284	长阳土家族自治县(鄂)	0.15
285	汉川市(鄂)	0.11
286	沙市区(鄂)	0.11
287	利川市(鄂)	0.10
288	应城市(鄂)	0.10
289	靖州苗族侗族自治县(湘)	5.00
290	新化县(湘)	2.40
291	炎陵县(湘)	1.80
292	汉寿县(湘)	1.20
293	武陵区(湘)	0.80
294	麻阳苗族自治县(湘)	0.80
295	涟源市(湘)	0.78
296	祁东县(湘)	0.70
297	临湘市(湘)	0.70
298	东安县(湘)	0.68
299	衡东县(湘)	0.54
300	通道侗族自治县(湘)	0.50
301	衡山县(湘)	0.50
302	宁乡县(湘)	0.50

	木片主产地	万实积立方米
303	冷水滩区(湘)	0.44
304	衡南县(湘)	0.40
305	津市市(湘)	0.40
306	娄星区(湘)	0.30
307	冷水江市(湘)	0.30
308	芷江侗族自治县(湘)	0.30
309	南　县(湘)	0.30
310	安乡县(湘)	0.30
311	新宁县(湘)	0.22
312	安化县(湘)	0.20
313	鼎城区(湘)	0.20
314	湘阴县(湘)	0.20
315	城步苗族自治县(湘)	0.20
316	永定区(湘)	0.18
317	宁远县(湘)	0.18
318	中方县(湘)	0.15
319	新晃侗族自治县(湘)	0.15
320	道　县(湘)	0.12
321	珠晖区(湘)	0.10
322	桃源县(湘)	0.10
323	双峰县(湘)	0.10
324	娄底市市辖区(湘)	0.10
325	石峰区(湘)	0.10
326	北塔区(湘)	0.10
327	新会区(粤)	13.66
328	遂溪县(粤)	13.00
329	化州市(粤)	11.03
330	雷州市(粤)	5.50
331	高要市(粤)	3.24
332	恩平市(粤)	3.00
333	廉江市(粤)	2.90
334	茂港区(粤)	2.04
335	浈江区(粤)	2.02
336	中山市(粤)	2.01
337	麻章区(粤)	2.00
338	霞山区(粤)	2.00
339	广宁县(粤)	2.00
340	徐闻县(粤)	1.83
341	金湾区(粤)	1.50
342	阳西县(粤)	1.16
343	怀集县(粤)	1.15
344	高州市(粤)	1.02
345	阳春市(粤)	1.00
346	坡头区(粤)	0.80
347	普宁市(粤)	0.70

	木片主产地	万实积立方米
348	仁化县(粤)	0.64
349	德庆县(粤)	0.56
350	揭东县(粤)	0.46
351	英德市(粤)	0.36
352	翁源县(粤)	0.24
353	始兴县(粤)	0.24
354	湛江市东海岛区(粤)	0.20
355	四会市(粤)	0.20
356	潮安县(粤)	0.20
357	信宜市(粤)	0.12
358	佛冈县(粤)	0.11
359	阳江市高新区(粤)	0.10
360	黄埔区(粤)	0.10
361	江南区(桂)	37.10
362	西乡塘区(桂)	35.16
363	南宁市东盟经济园区(桂)	15.14
364	柳北区(桂)	12.00
365	良庆区(桂)	10.24
366	博白县(桂)	8.30
367	柳南区(桂)	7.80
368	陆川县(桂)	7.30
369	兴宁区(桂)	7.00
370	防城区(桂)	6.07
371	合浦县(桂)	6.00
372	横　县(桂)	5.50
373	武鸣县(桂)	4.50
374	八步区(桂)	4.50
375	鹿寨县(桂)	4.50
376	灵川县(桂)	4.13
377	资源县(桂)	3.10
378	灵山县(桂)	3.02
379	兴安县(桂)	3.00
380	青秀区(桂)	2.55
381	全州县(桂)	2.50
382	钦北区(桂)	2.40
383	临桂县(桂)	1.80
384	上思县(桂)	1.68
385	鱼峰区(桂)	1.64
386	龙胜各族自治县(桂)	1.63
387	北流市(桂)	1.63
388	桂平市(桂)	1.50
389	灌阳县(桂)	1.43
390	派阳山林场(桂)	1.31
391	容　县(桂)	1.30
392	银海区(桂)	1.17

	木片主产地	万实积立方米
393	邕宁区(桂)	1.15
394	浦北县(桂)	1.10
395	钦南区(桂)	1.05
396	兴宾区(桂)	1.04
397	昭平县(桂)	0.90
398	象山区(桂)	0.80
399	七星区(桂)	0.80
400	港南区(桂)	0.80
401	玉林市福绵管理区(桂)	0.80
402	秀峰区(桂)	0.80
403	海城区(桂)	0.75
404	大新县(桂)	0.71
405	叠彩区(桂)	0.70
406	江州区(桂)	0.66
407	雁山区(桂)	0.65
408	铁山港区(桂)	0.62
409	苍梧县(桂)	0.61
410	柳城县(桂)	0.60
411	覃塘区(桂)	0.55
412	平果县(桂)	0.52
413	阳朔县(桂)	0.51
414	融安县(桂)	0.50
415	大化瑶族自治县(桂)	0.50
416	平天山林场(桂)	0.46
417	金秀瑶族自治县(桂)	0.45
418	兴业县(桂)	0.39
419	平南县(桂)	0.35
420	马山县(桂)	0.27
421	德保县(桂)	0.26
422	平乐县(桂)	0.25
423	象州县(桂)	0.25
424	上林县(桂)	0.24
425	隆安县(桂)	0.21
426	恭城瑶族自治县(桂)	0.19
427	宾阳县(桂)	0.18
428	钟山县(桂)	0.16
429	柳江县(桂)	0.15
430	南丹县(桂)	0.13
431	凭祥市(桂)	0.10
432	白沙黎族自治县(琼)	0.32
433	南川区(渝)	1.50
434	酉阳土家族苗族自治县(渝)	1.00
435	合川区(渝)	1.00
436	武隆县(渝)	0.50
437	丰都县(渝)	0.45

	木片主产地	万实积立方米
438	垫江县(渝)	0.40
439	秀山土家族苗族自治县(渝)	0.20
440	江油市(川)	3.50
441	三台县(川)	2.50
442	安　县(川)	2.30
443	彭山县(川)	1.20
444	五通桥区(川)	1.10
445	中江县(川)	1.00
446	雨城区(川)	0.80
447	绵竹市(川)	0.80
448	乐山市市中区(川)	0.80
449	新津县(川)	0.60
450	南江县(川)	0.30
451	仪陇县(川)	0.20
452	广汉市(川)	0.20
453	罗江县(川)	0.15
454	芦山县(川)	0.13
455	兴文县(川)	0.12
456	蒲江县(川)	0.10
457	茂兰国家级自然保护区(黔)	1.00
458	荔波县(黔)	0.60
459	赫章县(黔)	0.54
460	都匀市(黔)	0.36
461	清镇市(黔)	0.15
462	惠水县(黔)	0.15
463	白云区(黔)	0.10
464	凯里市(黔)	0.10
465	景谷傣族彝族自治县(滇)	13.61
466	宣威市(滇)	3.40
467	华坪县(滇)	3.00
468	富宁县(滇)	2.25
469	镇沅彝族哈尼族拉祜族自治县(滇)	1.00
470	河口瑶族自治县(滇)	0.92
471	罗平县(滇)	0.90
472	陆良县(滇)	0.86
473	隆阳区(滇)	0.35
474	墨江哈尼族自治县(滇)	0.35
475	泸西县(滇)	0.29
476	江城哈尼族彝族自治县(滇)	0.20
477	巧家县(滇)	0.20
478	澜沧拉祜族自治县(滇)	0.11
479	秦都区(陕)	2.00
480	城固县(陕)	0.80
481	乾　县(陕)	0.20

	木片主产地	万实积立方米
482	兴平市(陕)	0.10
483	洋　县(陕)	0.10
484	临渭区(陕)	0.10
485	东方红林业局(龙江森工)	4.27
486	兴隆林业局(龙江森工)	3.34
487	亚布力林业局(龙江森工)	2.10
488	大海林林业局(龙江森工)	2.04
489	翠峦林业局(龙江森工)	1.84
490	鹤北林业局(龙江森工)	1.68
491	方正林业局(龙江森工)	1.67
492	沾河林业局(龙江森工)	1.33
493	绥棱林业局(龙江森工)	0.70
494	迎春林业局(龙江森工)	0.67
495	苇河林业局(龙江森工)	0.66
496	南岔林业局(龙江森工)	0.30
497	桦南林业局(龙江森工)	0.23
498	鹤立林业局(龙江森工)	0.20
499	海林林业局(龙江森工)	0.15
500	通北林业局(龙江森工)	0.15
501	塔河林业局(大兴安岭)	9.59
502	西林吉林业局(大兴安岭)	4.35
503	松岭林业局(大兴安岭)	3.59
504	图强林业局(大兴安岭)	3.47
505	呼中林业局(大兴安岭)	3.08
506	韩家园林业局(大兴安岭)	2.94
507	十八站林业局(大兴安岭)	0.13

表 3-10　木材类产品出口

国家/地区	出口数量（立方米）	出口金额（千美元）
44032010 红松和樟子松原木		
合计	39	31
日本	32	27
韩国	7	4
44032040 落叶松原木		
合计	135	20
台湾省	135	20
44034990 未列名热带木原木		
合计	209	63
台湾省	209	63
44039950 水曲柳原木		
合计	1042	397
日本	991	383
泰国	51	14
44039990 未列名非针叶木原木		

国家/地区	出口数量（立方米）	出口金额（千美元）
合计	26957	10015
越南	17832	7391
台湾省	9125	2624
44061000 未浸渍铁道及电车道枕木		
合计	45	15
日本	45	15
44069000 已浸渍铁道及电车道枕木		
合计	6091	1551
日本	2312	511
尼日利亚	405	261
台湾省	1900	246
委内瑞拉	280	106
伊拉克	276	95
阿尔及利亚	91	41
乍得	84	41
哈萨克斯坦	38	37
尼日尔	95	32
博茨瓦那	85	26
南非	48	26
坦桑尼亚	21	23
埃塞俄比亚	104	21
土库曼斯坦	89	18
利比亚	50	18
新喀里多尼亚	23	11
苏丹	38	10
沙特阿拉伯	68	9
斯里兰卡	41	6
阿联酋	7	6
香港	24	5
越南	9	2
赤道几内亚	2	1
缅甸	1	0
44071010 纵锯、纵切刨或旋切红松和樟子松木材，厚＞6mm		
合计	99937	53907
日本	96648	52082
韩国	2377	1483
德国	191	96
泰国	290	94
丹麦	85	39
台湾省	81	37
美国	98	31
多米尼克	84	11
希腊	14	9
塞内加尔	32	8

国家/地区	出口数量（立方米）	出口金额（千美元）
伊拉克	19	6
萨摩亚	12	5
加拿大	3	2
印度	0	2
埃塞俄比亚	3	1
44071020 纵锯、纵切刨或旋切白松（云、冷杉）木材，厚＞6mm		
合计	26083	16044
日本	20383	13187
韩国	2888	2034
阿尔及利亚	950	333
卡塔尔	1080	306
安哥拉	575	86
埃塞俄比亚	75	29
阿富汗	62	22
法国	39	22
西班牙	22	22
埃及	9	3
44071030 纵锯、纵切刨或旋切辐射松木材，厚＞6mm		
合计	23752	13462
韩国	11124	6731
日本	11642	6160
泰国	160	227
台湾省	374	158
澳大利亚	269	135
斯里兰卡	37	14
越南	50	11
埃塞俄比亚	22	9
马尔代夫	10	5
科威特	8	5
巴布亚新几内亚	55	4
香港	1	2
44071040 纵锯、纵切刨或旋切北美黄杉木材，厚＞6mm		
合计	2458	1187
台湾省	949	401
日本	677	399
越南	303	178
毛里塔尼亚	440	163
德国	43	21
泰国	22	13
韩国	22	7
英国	2	5
44071090 其他纵锯、纵切刨或旋切针叶木木材，厚＞6mm		

国家/地区	出口数量（立方米）	出口金额（千美元）
合计	45264	29208
日本	34901	24554
德国	1450	1207
墨西哥	432	625
巴基斯坦	1312	526
澳大利亚	1369	519
台湾省	1829	441
安哥拉	953	405
美国	1690	400
韩国	696	292
加拿大	154	90
越南	216	53
意大利	44	26
佛得角	100	25
莫桑比克	80	24
新加坡	12	8
肯尼亚	13	7
哥斯达黎加	3	3
安提瓜和巴布达	10	3
44072200 纵锯、纵切刨或旋切肉豆蔻木等木材，厚＞6mm		
合计	129	200
韩国	70	120
台湾省	50	61
日本	7	14
新西兰	2	5
44072500 纵锯、纵切刨或旋切红柳安木材，厚＞6mm		
合计	3642	1124
香港	3635	1110
泰国	7	14
44072600 纵锯、纵切刨或旋切白黄柳安木等木材，厚＞6mm		
合计	5427	1528
香港	5387	1509
澳大利亚	18	9
俄罗斯联邦	18	9
基里巴斯	4	1
44072700 纵锯、纵切刨或旋切沙比利木材，厚＞6mm		
合计	65	46
印度	65	46
44072910 纵锯、纵切刨切或旋切柚木木材，厚＞6mm		
合计	1445	1840

国家/地区	出口数量（立方米）	出口金额（千美元）
台湾省	635	674
意大利	199	535
泰国	151	322
香港	296	88
日本	54	69
土耳其	51	64
马来西亚	18	35
韩国	19	26
美国	14	17
加拿大	6	7
法国	2	2
44072930 纵锯、纵切刨或旋切波罗格木木材，厚>6mm		
合计	60	27
哈萨克斯坦	55	14
日本	5	13
44072990 其他纵锯、纵切刨或旋切热带木木材，厚>6mm		
合计	11370	8562
日本	9791	7541
法国	964	592
韩国	461	321
阿联酋	43	31
比利时	35	25
泰国	14	21
丹麦	20	14
香港	28	6
台湾省	9	6
印度	5	5
44079100 纵锯、纵切刨或旋切栎木木材，厚>6mm		
合计	17310	17850
日本	10006	10604
德国	1300	1848
英国	1360	1252
比利时	800	708
马来西亚	545	492
法国	382	469
美国	247	441
韩国	395	389
越南	652	383
挪威	214	261
西班牙	269	142
台湾省	319	136
意大利	88	86
荷兰	58	80
丹麦	86	66
菲律宾	44	63
摩洛哥	73	62
瑞典	83	60
以色列	63	57
爱尔兰	56	56
澳大利亚	26	36
印度尼西亚	54	28
印度	39	25
泰国	50	23
黎巴嫩	22	23
葡萄牙	45	22
希腊	10	11
加拿大	8	9
毛里求斯	6	9
留尼汪	10	8
44079200 纵锯、纵切刨或旋切山毛榉木木材，厚>6mm		
合计	633	821
日本	623	808
韩国	10	13
44079300 纵锯、纵切刨或旋切枫木木材，厚>6mm		
合计	1113	1289
日本	465	675
德国	415	423
印度尼西亚	94	123
香港	46	28
台湾省	27	27
安哥拉	66	12
44079400 纵锯、纵切刨或旋切樱桃木木材，厚>6mm		
合计	5	5
美国	5	5
44079500 纵锯、纵切刨或旋切白蜡木木材，厚>6mm		
合计	1118	1492
日本	1024	1362
韩国	94	130
44079920 纵锯、纵切刨或旋切泡桐木木材，厚>6mm		
合计	223673	129474
日本	79144	59429
美国	33776	19710
韩国	43822	17982
越南	24949	11105
台湾省	11159	5848
马来西亚	13187	5635
意大利	7322	4419
德国	1847	891
加拿大	1198	685
法国	1174	506
芬兰	913	501
荷兰	877	383
西班牙	685	376
斯洛文尼亚	520	265
澳大利亚	431	264
比利时	473	222
克罗地亚	348	178
泰国	346	178
菲律宾	178	159
葡萄牙	216	130
阿联酋	149	74
马耳他	141	67
希腊	107	64
留尼汪	141	61
以色列	53	52
乌克兰	51	51
印度尼西亚	62	43
印度	105	34
斯里兰卡	59	28
香港	24	26
墨西哥	52	22
哥斯达黎加	37	17
阿尔巴尼亚	25	15
爱沙尼亚	27	12
新加坡	22	10
叙利亚	20	10
沙特阿拉伯	17	8
英国	8	4
毛里求斯	3	2
瑞典	2	2
蒙古	3	0
44079930 纵锯、纵切刨或旋切北美硬阔叶材，厚>6mm		
合计	21210	22424
德国	10458	9886
意大利	1430	1348
日本	1024	1244

国家/地区	出口数量（立方米）	出口金额（千美元）
印度尼西亚	973	1152
泰国	964	1140
马来西亚	806	957
阿联酋	738	895
英国	717	842
波兰	675	629
荷兰	474	553
越南	439	529
黎巴嫩	405	494
香港	254	488
俄罗斯联邦	277	327
约旦	251	294
芬兰	246	270
韩国	181	221
丹麦	130	221
比利时	151	193
克罗地亚	124	149
立陶宛	94	145
西班牙	80	100
法国	60	69
南非	40	47
美国	47	41
斯洛文尼亚	31	41
科威特	30	40
新西兰	32	37
马耳他	19	25
巴林	20	23
伊朗	35	17
台湾省	3	4
挪威	2	3
44079980 纵锯、切刨或旋切其他温带非针叶木材，厚 >6mm		
合计	18569	15036
日本	14659	12431
韩国	1638	1203
越南	633	351
香港	367	207
印度尼西亚	290	164
台湾省	322	127
瑞典	94	120
加拿大	71	73
挪威	24	64
美国	91	59
伊朗	146	45
印度	75	44
英国	30	42
马来西亚	32	23
荷兰	23	19
塞浦路斯	10	18
危地马拉	30	13
西班牙	7	11
南非	4	8
泰国	3	4
阿根廷	2	3
莫桑比克	9	2
哈萨克斯坦	7	2
德国	1	2
意大利	1	0
44079990 其他纵锯、纵切刨或旋切非针叶木木材，厚 >6mm		
合计	29983	24910
日本	18094	15978
德国	3649	2691
韩国	2363	1477
澳大利亚	1068	1344
台湾省	792	638
意大利	674	503
越南	648	273
美国	342	272
比利时	288	268
加拿大	125	244
波兰	449	229
丹麦	217	187
法国	107	150
荷兰	137	148
印度	150	126
瑞典	74	86
乍得	165	81
香港	330	65
阿联酋	72	36
泰国	103	31
希腊	48	30
英国	29	19
爱尔兰	30	18
斯里兰卡	29	16
总计	5342	558
44012200 非针叶木木片或木粒		
合计	5342	558
韩国	5310	531
塞尔维亚	3	14
澳大利亚	1	4
日本	1	3
俄罗斯联邦	10	2
香港	14	1
台湾省	3	1
加拿大	0	1
马来西亚	1	0
44091090 其他任一边、端或面制成连续形状针叶木木材		
合计	13350	15968
日本	5603	7255
韩国	4028	4193
美国	2415	2834
加拿大	349	653
法国	285	284
台湾省	165	143
澳大利亚	97	115
澳门	16	89
越南	74	72
尼日利亚	100	56
沙特阿拉伯	32	51
香港	26	50
哈萨克斯坦	50	42
安哥拉	24	34
泰国	20	29
斯洛伐克	36	26
菲律宾	16	24
马来西亚	7	11
新加坡	3	4
比利时	0	2
南非	4	2
44092990 其他任一边、端或面成连续形状非针叶木木材		
合计	9115	13869
日本	4733	7397
美国	1571	2776
香港	1532	1561
澳大利亚	182	508
印度	228	340
加拿大	148	227
卡塔尔	62	181
韩国	141	108
澳门	12	90
伊朗	135	83
多哥	15	81

国家/地区	出口数量（立方米）	出口金额（千美元）
法国	36	77
俄罗斯联邦	22	55
比利时	81	43
意大利	7	39
德国	17	28
泰国	4	26
台湾省	18	26
以色列	22	25
肯尼亚	24	18
瑞典	16	17
毛里求斯	6	15
斯里兰卡	3	14
西班牙	11	13
阿联酋	9	13
斯洛伐克	10	12
新加坡	30	12
马来西亚	8	9
罗马尼亚	2	8
墨西哥	2	8
越南	12	8
菲律宾	2	7
格鲁吉亚	2	7
巴林	1	6
乌干达	2	6
荷兰	1	6
塞浦路斯	1	5
沙特阿拉伯	2	3
希腊	1	3
英国	0	2
乌克兰	0	1
埃及	0	1
巴拿马	2	1
新西兰	1	1
巴西	0	1
智利	0	1
马耳他	0	1
坦桑尼亚	1	0
44130000 强化木，成块板条或异形		
合计	2176	4817
台湾省	327	578
芬兰	100	411
泰国	106	376
西班牙	92	374
美国	161	309
日本	159	288

国家/地区	出口数量（立方米）	出口金额（千美元）
印度	120	257
韩国	173	247
尼泊尔	41	234
希腊	64	221
津巴布韦	188	216
埃塞俄比亚	13	200
印度尼西亚	84	186
拉脱维亚	17	89
赤道几内亚	32	71
卡塔尔	10	60
阿根廷	10	54
香港	26	45
新加坡	6	43
巴布亚新几内亚	22	37
越南	13	36
毛里求斯	19	35
澳大利亚	12	34
缅甸	13	32
塞内加尔	0	31
阿联酋	21	28
马来西亚	21	28
意大利	12	27
南非	60	27
乌兹别克斯坦	56	26
智利	15	25
俄罗斯联邦	21	25
朝鲜	5	17
新西兰	23	17
比利时	16	16
埃及	7	15
德国	2	14
荷兰	9	13
巴基斯坦	5	12
老挝	17	11
孟加拉国	1	7
肯尼亚	9	6
波兰	1	6
蒙古	13	5
哥斯达黎加	4	5
英国	35	5
巴林	7	4
卢旺达	3	4
丹麦	0	3
赞比亚	4	3
加拿大	1	2

国家/地区	出口数量（立方米）	出口金额（千美元）
格鲁吉亚	1	2
乌克兰	0	1
44011000 薪柴(圆木段、块、枝等)		
合计	1255	57
日本	1175	48
澳门	55	7
韩国	26	2
44013000 锯末、木废料及碎片		
合计	47231	5938
韩国	40437	4308
日本	1792	476
澳门	1663	373
香港	1464	184
台湾省	552	151
美国	25	107
新加坡	245	74
爱尔兰	384	64
意大利	228	46
泰国	96	31
马来西亚	44	21
南非	29	18
沙特阿拉伯	56	15
英国	70	12
印度尼西亚	17	11
法属波利尼西亚	24	9
菲律宾	16	9
新西兰	37	7
爱沙尼亚	16	5
阿联酋	9	5
苏里南	20	5
澳大利亚	6	4
44041000 针叶木的箍木、木劈条等		
合计	2606	1290
安哥拉	1386	652
美国	156	211
澳大利亚	89	180
香港	577	60
台湾省	207	40
印度	68	39
日本	32	36
埃及	20	14
委内瑞拉	9	10
西班牙	15	9
伊拉克	13	8
韩国	14	7

国家/地区	出口数量（立方米）	出口金额（千美元）
多哥	8	6
法国	4	5
比利时	0	4
马来西亚	2	3
德国	2	3
蒙古	2	1
44042000 非针叶木的箍木、木劈条等		
合计	3499	835
台湾省	2469	350
美国	276	240
香港	335	35
印度	52	34
巴西	36	26
日本	19	25
埃及	83	25
意大利	9	21
莫桑比克	76	18
伊拉克	24	16
伊朗	56	11
荷兰	5	9
加拿大	20	7
朝鲜	7	4
马拉维	18	4
英国	6	4
俄罗斯联邦	5	2
马来西亚	1	2
乍得	0	1
西班牙	0	1
韩国	1	0
沙特阿拉伯	2	0
泰国	1	0
44050000 木丝；木粉		
合计	3990	1213
日本	1289	320
台湾省	497	286
韩国	1042	243
新加坡	561	199
巴拿马	144	59
印度尼西亚	235	45
越南	38	14
尼日利亚	69	14
蒙古	42	12
马来西亚	11	6
瑞典	4	4
以色列	25	4

国家/地区	出口数量（立方米）	出口金额（千美元）
泰国	7	3
荷兰	24	2
挪威	2	2
菲律宾	2	0

表 3-11　木材类产品进口

国家/地区	进口数量（立方米）	进口金额（千美元）
44031000 用油漆、着色剂、杂酚油等防腐剂处理的原木		
合计	5777	1190
新西兰	5046	837
贝宁	574	267
印度	29	48
塞拉利昂	68	28
俄罗斯联邦	17	5
马来西亚	29	3
德国	14	1
44032010 红松和樟子松原木		
合计	6730308	864538
俄罗斯联邦	6543613	839260
乌克兰	116521	15264
德国	31582	4568
比利时	18758	2523
法国	4743	675
新西兰	4546	634
斯洛伐克	3473	481
美国	1184	353
加拿大	1785	214
韩国	462	141
立陶宛	1021	135
荷兰	479	69
缅甸	1120	69
日本	487	68
爱沙尼亚	387	65
罗马尼亚	85	12
马达加斯加	62	10
44032020 白松（云杉和冷杉）原木		
合计	4150067	564331
俄罗斯联邦	3186113	407759
美国	615784	108837
加拿大	182153	26719
罗马尼亚	105214	12863
法国	27085	3669
朝鲜	9310	1090

国家/地区	进口数量（立方米）	进口金额（千美元）
德国	6099	800
新西兰	4670	763
乌克兰	4165	511
比利时	2925	439
丹麦	2669	343
斯洛伐克	1055	153
澳大利亚	1195	141
荷兰	684	99
日本	582	73
瑞典	272	59
立陶宛	66	8
台湾省	25	3
印度	0	1
西班牙	1	0
44032030 辐射松原木		
合计	6609770	867166
新西兰	5639050	753018
澳大利亚	967665	113656
美国	2082	375
法国	862	98
智利	103	19
比利时	8	1
44032040 落叶松原木		
合计	3426252	418215
俄罗斯联邦	3402964	415852
朝鲜	13517	1084
新西兰	5920	810
法国	3097	369
加拿大	479	65
日本	148	17
立陶宛	82	11
比利时	45	7
44032090 未列名针叶木原木		
合计	3350603	527529
美国	1946149	322534
加拿大	986767	149885
新西兰	270483	38232
法国	53962	6139
缅甸	34484	2627
俄罗斯联邦	10378	1511
日本	8803	1215
乌拉圭	9724	1194
澳大利亚	9621	1133
马来西亚	6809	1112
老挝	1127	737

国家/地区	进口数量（立方米）	进口金额（千美元）
朝鲜	5300	318
比利时	1716	246
德国	1650	211
越南	1938	129
斯洛伐克	797	97
台湾省	243	72
菲律宾	201	51
所罗门群岛	220	40
乌克兰	150	21
墨西哥	36	18
韩国	35	5
智利	10	2
44034100 深红色、浅红色及巴梼红柳安木原木		
合计	127509	24637
马来西亚	124870	24224
澳大利亚	2116	306
菲律宾	135	34
台湾省	77	27
南非	124	15
马达加斯加	35	15
乌拉圭	85	9
泰国	64	5
缅甸	3	1
44034910 柚木原木		
合计	73416	50334
缅甸	58705	42176
老挝	3855	2015
哥斯达黎加	2776	1476
台湾省	1869	1377
巴拿马	2256	1203
泰国	1510	777
巴西	961	478
加纳	424	241
东帝汶	226	132
多哥	198	109
莫桑比克	197	77
马来西亚	24	63
尼加拉瓜	93	50
智利	92	46
厄瓜多尔	79	35
贝宁	39	25
印度尼西亚	36	20
玻利维亚	19	13
肯尼亚	23	9

国家/地区	进口数量（立方米）	进口金额（千美元）
科特迪瓦	10	7
哥伦比亚	24	5
44034920 奥克曼木 Okoume(奥克榄)原木		
合计	860166	341955
刚果(布)	419914	177941
加蓬	316140	113863
赤道几内亚	116167	47929
喀麦隆	3958	1311
加纳	3643	817
多哥	275	61
台湾省	64	25
澳大利亚	1	7
利比里亚	4	1
44034930 龙脑香木原木		
合计	119662	24971
马来西亚	57952	12823
缅甸	53399	9598
越南	8206	2529
老挝	105	21
44034940 山樟木原木		
合计	100163	22563
马来西亚	99005	22406
缅甸	1158	158
44034950 印加木(波罗格)原木		
合计	104381	51945
巴布亚新几内亚	92255	46313
马来西亚	8330	3820
所罗门群岛	3328	1615
印度尼西亚	227	117
斐济	87	39
台湾省	31	14
菲律宾	87	12
柬埔寨	19	10
圭亚那	17	5
44034960 大干巴豆木原木		
合计	148795	26870
马来西亚	148793	26869
巴布亚新几内亚	2	0
44034970 异翅香木 Anisopter spp. 原木		
合计	60920	15318
巴布亚新几内亚	59303	14943
马来西亚	1581	357
缅甸	36	18
44034990 未列名热带原木		
合计	545760	188547

国家/地区	进口数量（立方米）	进口金额（千美元）
喀麦隆	204745	71442
加蓬	77960	27741
中非	53509	21171
马来西亚	75391	18019
赤道几内亚	37133	11987
刚果(布)	26263	11691
刚果(金)	12750	7379
几内亚	10718	3956
多哥	7655	2778
苏里南	5904	1606
巴布亚新几内亚	7274	1299
贝宁	3372	1268
乌拉圭	6457	979
缅甸	2988	974
莫桑比克	2423	816
印度	79	500
圭亚那	1793	496
巴西	1628	439
墨西哥	528	390
阿联酋	184	368
阿根廷	694	334
马达加斯加	754	308
安哥拉	320	295
冈比亚	794	274
肯尼亚	105	209
哥伦比亚	303	204
尼加拉瓜	168	200
德国	462	197
塞拉利昂	350	137
坦桑尼亚	342	120
玻利维亚	156	110
尼泊尔	13	81
台湾省	71	81
加纳	202	74
所罗门群岛	298	74
厄瓜多尔	372	67
科特迪瓦	168	66
尼日利亚	20	59
美国	368	49
利比里亚	129	40
老挝	147	39
菲律宾	104	38
巴拿马	146	36
哥斯达黎加	181	30
西班牙	31	25

国家/地区	进口数量（立方米）	进口金额（千美元）
澳大利亚	46	24
巴拉圭	59	21
柬埔寨	33	21
印度尼西亚	39	17
伯利兹	15	7
新加坡	18	4
泰国	98	3
44039100 栎木(橡木)原木		
合计	456107	144584
美国	97990	53078
俄罗斯联邦	126229	36321
法国	101160	23430
德国	72319	17938
比利时	28907	6611
罗马尼亚	6129	1912
斯洛伐克	4066	1057
乌克兰	3374	953
荷兰	3051	683
马来西亚	3545	630
墨西哥	816	422
加拿大	721	383
缅甸	2502	230
匈牙利	1103	206
朝鲜	1842	200
斯洛文尼亚	543	112
丹麦	442	103
卢森堡	372	95
日本	163	49
贝宁	271	46
苏里南	208	35
摩尔多瓦	112	34
冈比亚	78	20
奥地利	43	12
瑞典	28	8
克罗地亚	36	6
澳大利亚	29	4
老挝	15	4
利比里亚	5	2
瑞士	6	2
智利	1	0
台湾省	1	0
44039200 山毛榉木原木		
合计	411229	70815
德国	193901	33630
法国	87336	14449

国家/地区	进口数量（立方米）	进口金额（千美元）
斯洛伐克	63045	10911
罗马尼亚	31315	4947
比利时	20476	3866
丹麦	11824	2338
乌克兰	1636	327
荷兰	1080	194
日本	83	64
波兰	221	40
瑞士	203	34
所罗门群岛	105	14
斯洛文尼亚	4	1
44039910 楠木原木		
合计	237	88
台湾省	177	77
缅甸	60	10
西班牙	0	1
44039920 樟木原木		
合计	1465	369
澳大利亚	1199	301
台湾省	208	56
印度尼西亚	28	7
缅甸	30	6
44039930 红木原木		
合计	237502	265156
老挝	39486	58859
缅甸	41100	56123
马达加斯加	22114	34785
越南	22208	33113
马来西亚	19748	30901
莫桑比克	39315	17457
多哥	17209	7206
刚果(金)	7916	5246
柬埔寨	3324	4646
巴拿马	2583	3065
冈比亚	6744	2878
加蓬	3404	2339
贝宁	3478	1501
几内亚	3485	1485
印度尼西亚	1074	1183
泰国	752	1109
墨西哥	717	834
尼加拉瓜	745	803
刚果(布)	491	357
几内亚比绍	570	352
阿联酋	85	155

国家/地区	进口数量（立方米）	进口金额（千美元）
科特迪瓦	198	101
坦桑尼亚	179	97
伯利兹	89	92
印度	49	86
澳大利亚	60	68
台湾省	44	60
喀麦隆	55	53
圭亚那	47	52
巴西	37	42
加纳	81	35
西班牙	20	23
尼日利亚	42	23
马里	33	13
苏里南	20	13
44039950 水曲柳原木		
合计	237396	64105
俄罗斯联邦	170623	46899
乌克兰	14435	3938
丹麦	15188	3213
美国	5985	2888
法国	11035	2568
德国	10954	2406
比利时	3217	742
罗马尼亚	2397	583
斯洛伐克	1425	335
荷兰	1030	205
加拿大	171	110
瑞士	251	46
斯洛文尼亚	222	45
澳大利亚	217	36
意大利	49	28
瑞典	87	18
西班牙	21	17
克罗地亚	44	15
奥地利	45	14
44039960 北美硬阔叶木(包括樱桃木、黑胡桃木、枫木)原木		
合计	110233	92168
美国	103026	88346
加拿大	2861	2340
德国	975	644
法国	1274	404
罗马尼亚	705	177
缅甸	970	124
丹麦	123	29

国家/地区	进口数量（立方米）	进口金额（千美元）
贝宁	117	19
比利时	51	18
墨西哥	20	18
台湾省	51	15
荷兰	32	15
加蓬	19	12
西班牙	6	5
斯洛文尼亚	3	2
44039980 未列名温带非针叶木原木		
合计	629865	80407
俄罗斯联邦	593295	74342
比利时	11972	1486
美国	2551	790
新西兰	6053	787
德国	4249	541
法国	2038	510
澳大利亚	2623	430
丹麦	1424	375
加拿大	2793	359
罗马尼亚	234	198
斯洛伐克	1390	164
缅甸	291	130
塞拉利昂	166	66
几内亚	153	54
多哥	89	36
马来西亚	58	33
台湾省	110	31
朝鲜	235	24
冈比亚	50	17
西班牙	21	15
南非	22	8
阿根廷	17	7
哥斯达黎加	30	3
意大利	1	2
44039990 未列名非针叶木原木		
合计	5848098	1366026
巴布亚新几内亚	2318917	415388
所罗门群岛	1450797	280838
加蓬	341048	174021
莫桑比克	191089	83331
喀麦隆	191374	77692
马来西亚	409245	63518
几内亚	119136	47653
多哥	68227	26824
缅甸	236093	26750

国家/地区	进口数量（立方米）	进口金额（千美元）
赤道几内亚	64157	24084
贝宁	49936	19325
刚果(金)	24294	17229
刚果(布)	38977	16935
圭亚那	48782	13585
澳大利亚	69814	8801
马达加斯加	17723	8709
老挝	22659	5942
苏里南	21750	5641
玻利维亚	10353	5623
加纳	13776	5360
塞拉利昂	13719	5096
冈比亚	11507	3968
几内亚比绍	8051	3500
美国	6333	2878
阿根廷	5479	2752
哥伦比亚	6319	2664
越南	9272	1943
乌拉圭	11673	1809
中非	3239	1708
菲律宾	12843	1388
比利时	11590	1363
印度尼西亚	5405	798
德国	4121	717
尼日利亚	958	697
墨西哥	1265	646
法国	3993	594
坦桑尼亚	1368	539
科特迪瓦	1268	537
巴拿马	917	488
台湾省	1451	486
安哥拉	616	485
赞比亚	1003	419
俄罗斯联邦	2237	336
克罗地亚	1353	325
斯洛伐克	3178	312
新西兰	2406	285
马拉维	560	251
巴拉圭	577	238
危地马拉	287	208
泰国	2141	205
利比里亚	568	162
丹麦	1347	155
尼加拉瓜	235	121
加拿大	501	112

国家/地区	进口数量（立方米）	进口金额（千美元）
厄瓜多尔	280	100
马里	244	84
巴西	145	78
罗马尼亚	273	60
智利	136	46
南非	296	41
伯利兹	84	32
西班牙	44	26
斐济	44	23
阿联酋	9	16
瑞典	58	14
苏丹	55	14
秘鲁	18	12
肯尼亚	32	11
塞内加尔	22	9
朝鲜	200	8
日本	18	5
斯洛文尼亚	41	4
斯里兰卡	134	3
柬埔寨	5	3
哥斯达黎加	27	2
瑞士	6	1
44061000 未浸渍铁道及电车道枕木		
合计	54163	9208
俄罗斯联邦	53972	9172
罗马尼亚	70	13
玻利维亚	23	12
朝鲜	96	11
澳大利亚	2	1
44069000 已浸渍铁道及电车道枕木		
合计	1991	376
朝鲜	1833	330
荷兰	61	29
俄罗斯联邦	56	10
美国	25	5
南非	16	2
44071010 纵锯、纵切刨或旋切红松和樟子松木材，厚>6mm		
合计	3053302	604745
俄罗斯联邦	2886734	561472
德国	77000	18850
瑞典	22989	6364
芬兰	12350	4598
加拿大	19468	3635
澳大利亚	6396	3605

国家/地区	进口数量（立方米）	进口金额（千美元）
奥地利	8839	1860
英国	7111	1545
罗马尼亚	2643	624
立陶宛	2000	490
日本	2332	410
爱沙尼亚	1194	250
乌克兰	983	214
瑞士	612	202
美国	835	143
捷克	589	117
新西兰	332	95
波兰	285	73
丹麦	74	47
拉脱维亚	176	40
台湾省	102	39
智利	96	27
斯洛伐克	47	13
阿根廷	43	11
巴拉圭	14	10
马达加斯加	45	7
中华人民共和国	13	3
马来西亚	0	3
44071020 纵锯、纵切刨或旋切白松（云、冷杉）木材，厚＞6mm		
合计	3526427	648008
加拿大	2824119	520119
俄罗斯联邦	511332	80491
芬兰	48174	11357
德国	39819	10446
瑞典	40977	9676
奥地利	18717	4685
美国	8643	1934
罗马尼亚	8455	1865
韩国	1363	1126
日本	543	1055
爱沙尼亚	4081	989
捷克	5297	930
瑞士	2819	583
荷兰	2741	531
澳大利亚	1810	370
印度尼西亚	150	323
朝鲜	2007	306
法国	1584	239
拉脱维亚	917	195
意大利	68	164

国家/地区	进口数量（立方米）	进口金额（千美元）
乌克兰	548	128
台湾省	362	123
立陶宛	507	107
乌拉圭	308	69
新西兰	346	64
斯洛文尼亚	277	54
越南	205	34
智利	173	28
比利时	77	15
巴拿马	7	2
斯洛伐克	1	1
44071030 纵锯、纵切刨或旋切辐射松木材，厚＞6mm		
合计	746180	188352
新西兰	403257	113034
智利	246613	54124
澳大利亚	44597	10328
加拿大	20011	3773
阿根廷	16058	3165
巴西	10379	2401
台湾省	1275	586
美国	2260	545
乌拉圭	1016	249
瑞典	378	70
韩国	123	28
乌克兰	101	25
芬兰	88	14
荷兰	10	8
泰国	14	2
44071040 纵锯、纵切刨或旋切北美黄杉木材，厚＞6mm		
合计	372319	66444
加拿大	291908	51422
美国	79794	14897
日本	333	73
奥地利	238	43
韩国	45	8
德国	1	0
44071090 其他纵锯、纵切刨或旋切针叶木木材，厚＞6mm		
合计	1672490	316696
加拿大	813523	155050
俄罗斯联邦	445020	64049
美国	249979	58684
阿根廷	50025	11034

国家/地区	进口数量（立方米）	进口金额（千美元）
巴西	42913	9922
新西兰	7705	2849
日本	7376	2301
奥地利	10966	2074
乌拉圭	8946	1946
芬兰	7613	1703
澳大利亚	6633	1556
德国	4410	1005
波兰	2553	855
瑞典	2682	576
爱沙尼亚	1798	533
韩国	1704	508
立陶宛	1799	408
台湾省	1078	352
瑞士	1487	235
西班牙	815	200
拉脱维亚	743	191
越南	441	179
智利	615	161
捷克	448	95
保加利亚	434	62
老挝	191	40
斯洛文尼亚	152	34
朝鲜	134	20
印度尼西亚	85	18
肯尼亚	2	15
匈牙利	22	12
马来西亚	25	9
泰国	63	8
荷兰	43	6
希腊	36	4
缅甸	31	3
44072200 纵锯、纵切刨或旋切肉豆蔻木等木材，厚＞6mm		
合计	46394	34473
厄瓜多尔	43881	33076
巴布亚新几内亚	1877	979
澳大利亚	249	153
印度尼西亚	212	120
美国	74	108
哥斯达黎加	51	21
秘鲁	50	16
44072500 纵锯、纵切刨或旋切红柳安木材，厚＞6mm		
合计	23694	8028

国家/地区	进口数量(立方米)	进口金额(千美元)
马来西亚	15188	4501
印度尼西亚	3627	1273
澳大利亚	1097	806
乌拉圭	1765	798
老挝	1343	377
巴西	140	62
台湾省	167	60
南非	206	57
韩国	36	34
美国	67	24
菲律宾	38	17
西班牙	15	9
印度	5	8
44072600 纵锯、纵切刨或旋切白黄柳桉木等木材,厚>6mm		
合计	26466	8082
马来西亚	18258	4703
澳大利亚	2105	1418
老挝	2916	831
台湾省	1085	341
印度尼西亚	667	231
美国	586	224
文莱	251	123
加拿大	225	58
意大利	44	48
巴西	133	45
喀麦隆	90	30
新西兰	93	26
菲律宾	9	4
中华人民共和国	4	1
44072700 纵锯、纵切刨或旋切沙比利木材,厚>6mm		
合计	40024	22298
喀麦隆	21253	11491
刚果(布)	10435	5818
刚果(金)	3654	2152
中非	3338	2078
德国	908	559
加蓬	142	67
越南	55	38
贝宁	66	30
印度尼西亚	101	25
乌干达	35	19
加纳	34	19
日本	2	1

国家/地区	进口数量(立方米)	进口金额(千美元)
台湾省	1	1
44072800 纵锯、纵切刨或旋切伊罗科木木材,厚>6mm		
合计	16	10
斐济	16	10
44072910 纵锯、纵切刨或旋切柚木木材,厚>6mm		
合计	49718	41737
缅甸	38833	35928
印度尼西亚	6461	3112
贝宁	1852	884
台湾省	546	421
老挝	612	392
巴西	413	296
泰国	64	172
特立尼达和多巴哥	146	113
马来西亚	226	97
巴拉圭	162	69
玻利维亚	65	59
坦桑尼亚	56	55
南非	78	38
加蓬	53	22
东帝汶	30	21
哥斯达黎加	41	19
巴布亚新几内亚	19	14
多哥	20	11
哥伦比亚	8	5
越南	10	3
柬埔寨	2	2
意大利	0	2
尼日利亚	20	1
中华人民共和国	1	0
44072920 纵锯、纵切刨或旋切非洲桃花心木木材,厚>6mm		
合计	4174	3015
科特迪瓦	1022	580
印度尼西亚	343	513
乌干达	865	481
刚果(金)	363	244
菲律宾	115	228
台湾省	97	196
韩国	106	173
几内亚	410	171
多哥	248	134
加蓬	322	105

国家/地区	进口数量(立方米)	进口金额(千美元)
葡萄牙	92	53
西班牙	20	29
尼日利亚	49	28
巴拿马	46	23
加纳	44	18
喀麦隆	26	12
美国	1	11
危地马拉	1	10
印度	2	5
巴拉圭	2	1
南非	0	1
44072930 纵锯、纵切刨或旋切波罗格木木材,厚>6mm		
合计	85062	45815
印度尼西亚	74314	40370
马来西亚	8700	4167
巴布亚新几内亚	749	565
所罗门群岛	703	371
巴拿马	226	139
老挝	204	123
加拿大	49	25
贝宁	34	19
斐济	34	19
菲律宾	38	13
加蓬	7	2
巴拉圭	4	2
44072990 其他纵锯、纵切刨或旋切热带木木材,厚>6mm		
合计	259323	125251
巴西	33019	25324
泰国	62115	24508
马来西亚	33257	15393
印度尼西亚	34557	12461
喀麦隆	11978	5929
加蓬	17015	5636
巴拉圭	5592	4355
秘鲁	4977	4316
巴布亚新几内亚	3651	4226
柬埔寨	5070	2558
玻利维亚	3418	2444
越南	5134	2426
加纳	5303	1958
德国	4734	1900
缅甸	8009	1799
台湾省	2794	1547

国家/地区	进口数量（立方米）	进口金额（千美元）
圭亚那	2938	1107
多哥	638	875
老挝	3680	771
美国	1279	645
加拿大	1517	603
刚果(金)	562	419
莫桑比克	885	412
贝宁	778	391
澳大利亚	851	367
刚果(布)	818	345
科特迪瓦	839	330
危地马拉	373	254
厄瓜多尔	228	229
中非	397	195
乌拉圭	415	151
坦桑尼亚	4	136
菲律宾	475	127
所罗门群岛	259	119
几内亚	216	115
西班牙	60	115
赞比亚	165	100
马达加斯加	187	95
巴拿马	200	79
苏里南	108	67
哥伦比亚	103	63
智利	113	59
阿根廷	107	52
斐济	100	47
日本	25	43
布隆迪	57	34
新西兰	78	23
奥地利	32	21
韩国	65	20
马拉维	54	18
尼日利亚	38	18
印度	36	18
中华人民共和国	17	6
尼加拉瓜	3	3
44079100 纵锯、纵切刨或旋切栎木木材，厚>6mm		
合计	640551	307470
美国	385624	190707
俄罗斯联邦	185086	82522
法国	20741	10780
德国	21874	8265

国家/地区	进口数量（立方米）	进口金额（千美元）
澳大利亚	8384	6077
加拿大	6615	3587
克罗地亚	1856	771
斯洛伐克	1924	678
乌克兰	1125	635
比利时	1138	607
罗马尼亚	977	594
荷兰	668	442
日本	754	354
朝鲜	706	166
奥地利	270	162
巴拉圭	379	144
巴西	109	132
匈牙利	339	129
瑞士	325	119
泰国	244	93
保加利亚	123	73
台湾省	176	68
丹麦	187	67
乌拉圭	84	52
韩国	93	46
捷克	111	42
波兰	28	35
缅甸	283	25
印度尼西亚	102	23
马来西亚	34	19
格鲁吉亚	53	11
摩尔多瓦	20	11
波黑	28	9
立陶宛	40	7
老挝	20	6
以色列	27	5
英国	3	5
智利	1	1
44079200 纵锯、纵切刨或旋切山毛榉木木材，厚>6mm		
合计	219089	78131
德国	91713	33260
罗马尼亚	71603	23927
法国	15037	5358
波黑	9328	3404
奥地利	7828	2854
意大利	5706	2366
克罗地亚	4731	1748
瑞典	2054	804

国家/地区	进口数量（立方米）	进口金额（千美元）
波兰	1671	773
比利时	1512	587
斯洛伐克	967	408
日本	686	401
保加利亚	832	316
丹麦	868	313
塞尔维亚	637	299
瑞士	645	205
阿尔巴尼亚	698	191
印度尼西亚	665	168
格鲁吉亚	337	130
斯洛文尼亚	378	127
希腊	187	79
前南马其顿	161	63
加拿大	199	60
美国	148	59
荷兰	116	59
台湾省	119	58
黑山	59	33
马来西亚	83	32
泰国	79	29
捷克	34	11
新西兰	3	4
国别(地区)不详	4	2
智利	1	0
44079300 纵锯、纵切刨或旋切枫木木材，厚>6mm		
合计	68642	35522
美国	47371	22834
加拿大	19291	11017
罗马尼亚	911	562
德国	195	208
日本	54	187
意大利	42	185
奥地利	168	123
法国	208	112
澳大利亚	95	90
韩国	84	48
马来西亚	98	58
克罗地亚	12	28
瑞士	59	27
黑山	7	22
巴拉圭	38	15
西班牙	1	4
台湾省	4	2

国家/地区	进口数量（立方米）	进口金额（千美元）
越南	4	1
44079400 纵锯、纵切刨或旋切樱桃木木材，厚>6mm		
合计	23529	13666
美国	20945	12029
加拿大	1116	702
德国	593	349
巴西	409	342
台湾省	164	92
智利	158	70
日本	64	47
法国	65	29
罗马尼亚	15	6
44079500 纵锯、纵切刨或旋切白蜡木木材，厚>6mm		
合计	97877	44745
美国	87200	39775
加拿大	2742	1319
澳大利亚	2623	1241
德国	2104	1031
俄罗斯联邦	787	293
罗马尼亚	602	273
乌克兰	429	225
瑞典	355	138
丹麦	328	113
斯洛伐克	145	65
克罗地亚	116	63
瑞士	144	61
荷兰	96	43
法国	97	40
英国	48	30
奥地利	23	14
台湾省	23	11
韩国	15	8
44079910 纵锯、纵切刨或旋切樟木、楠木、红木，厚>6mm		
合计	38418	49293
老挝	15427	23379
缅甸	5303	7602
印度尼西亚	3580	4898
马来西亚	6298	3999
柬埔寨	474	2841
莫桑比克	2505	1280
尼加拉瓜	950	991
越南	608	894

国家/地区	进口数量（立方米）	进口金额（千美元）
马达加斯加	406	814
刚果(布)	585	546
贝宁	714	314
刚果(金)	324	332
喀麦隆	162	266
坦桑尼亚	433	220
泰国	125	179
台湾省	101	102
墨西哥	107	108
伯利兹	54	81
印度	53	77
西班牙	25	71
所罗门群岛	54	65
日本	37	60
德国	8	60
巴拿马	47	53
巴西	2	46
加纳	35	10
菲律宾	1	1
44079920 纵锯、纵切刨或旋切泡桐木木材，厚>6mm		
合计	2493	2232
德国	688	914
日本	646	771
加纳	521	231
智利	478	189
美国	141	120
意大利	10	4
乌拉圭	6	3
中华人民共和国	3	0
44079930 纵锯、纵切刨或旋切北美硬阔叶材，厚>6mm		
合计	229082	104720
美国	225784	102554
加拿大	2126	1508
德国	487	287
法国	160	83
拉脱维亚	161	63
台湾省	97	53
韩国	59	48
日本	66	42
乌拉圭	43	23
荷兰	28	13
奥地利	14	13
马来西亚	14	11

国家/地区	进口数量（立方米）	进口金额（千美元）
西班牙	1	9
巴拉圭	10	5
缅甸	32	5
斯洛伐克	0	3
44079980 纵锯、纵切刨或旋切其他温带非针叶木材，厚>6mm		
合计	399910	131536
俄罗斯联邦	334078	107013
美国	51186	18134
澳大利亚	2161	1450
加拿大	4126	897
缅甸	1673	628
拉脱维亚	781	421
乌克兰	333	340
罗马尼亚	928	322
爱沙尼亚	758	300
芬兰	551	240
马来西亚	413	177
丹麦	122	163
台湾省	353	148
印度尼西亚	89	136
秘鲁	75	121
喀麦隆	42	118
立陶宛	447	107
瑞典	357	105
日本	302	101
克罗地亚	189	99
智利	172	85
越南	178	84
尼日利亚	31	57
老挝	35	49
泰国	167	48
菲律宾	107	48
乌拉圭	89	46
德国	27	33
法国	67	24
斯洛伐克	22	21
莫桑比克	4	9
中华人民共和国	21	7
朝鲜	26	5
意大利	0	1
西班牙	0	1
44079990 其他纵锯、纵切刨或旋切的非针叶木木材，厚>6mm		
合计	3130512	988628

国家/地区	进口数量（立方米）	进口金额（千美元）
泰国	1347294	477026
美国	270379	89580
印度尼西亚	282944	61214
秘鲁	78091	59208
菲律宾	544158	55942
马来西亚	159738	54459
巴西	52969	33683
莫桑比克	74176	30943
越南	58496	18477
玻利维亚	22096	17427
澳大利亚	16828	13269
加蓬	18663	8956
哥伦比亚	16219	8403
喀麦隆	12296	7027
缅甸	46960	6650
柬埔寨	18879	5837
加拿大	14999	4564
加纳	9276	3595
老挝	23697	3393
坦桑尼亚	8339	3271
巴拉圭	3432	2498
贝宁	5557	2222
德国	3315	1916
台湾省	4033	1886
巴拿马	2890	1771
阿根廷	3540	1395
俄罗斯联邦	3886	1307
日本	2064	1280
赞比亚	2215	1188
乌拉圭	2843	1032
圭亚那	2573	915
意大利	1214	882
爱沙尼亚	1556	744
尼加拉瓜	1036	653
智利	1795	610
多哥	1417	555
几内亚	1135	503
苏里南	967	466
科特迪瓦	1024	460
克罗地亚	911	379
罗马尼亚	681	358
斯洛文尼亚	723	308
葡萄牙	303	283
芬兰	1270	279
刚果（金）	314	193

国家/地区	进口数量（立方米）	进口金额（千美元）
尼日利亚	294	185
巴布亚新几内亚	322	153
新西兰	550	151
印度	121	115
尼泊尔	24	112
韩国	150	98
刚果（布）	168	95
奥地利	240	93
法国	122	73
西班牙	37	67
危地马拉	71	58
荷兰	254	51
塞拉利昂	88	51
墨西哥	32	33
中华人民共和国	246	48
拉脱维亚	120	36
斐济	19	35
厄瓜多尔	85	34
所罗门群岛	80	34
爱尔兰	75	24
伯利兹	31	19
立陶宛	60	18
乌干达	33	10
乌克兰	30	10
希腊	46	9
冈比亚	19	7
马达加斯加	4	4
44012100 针叶木木片或木粒		
合计	148689	22875
澳大利亚	78447	13678
新西兰	20253	3569
美国	19061	3187
俄罗斯联邦	30170	2238
越南	727	128
日本	19	74
加拿大	11	2
44012200 非针叶木木片或木粒		
合计	4483015	650942
越南	2527031	336015
泰国	708084	109019
澳大利亚	566655	103413
印度尼西亚	639291	95924
柬埔寨	35768	4611
法国	174	850
美国	2057	514

国家/地区	进口数量（立方米）	进口金额（千美元）
马来西亚	3860	488
日本	46	62
奥地利	22	10
葡萄牙	1	10
新加坡	0	10
台湾省	19	8
匈牙利	1	6
德国	7	3
意大利	0	2
44091090 其他任一边、端或面制成连续形状针叶木木材		
合计	1157	1591
芬兰	891	1340
俄罗斯联邦	109	77
马来西亚	13	56
美国	37	25
印度尼西亚	17	24
澳大利亚	47	20
乌拉圭	28	19
加拿大	7	16
德国	6	9
台湾省	1	3
捷克	1	2
44092990 其他任一边、端或面成连续形状非针叶木木材		
合计	2622	5486
美国	2281	5015
加拿大	44	150
印度尼西亚	37	100
秘鲁	134	95
俄罗斯联邦	84	60
意大利	4	26
玻利维亚	38	22
台湾省	1	15
新加坡	0	2
44130000 强化木，成块板条或异形		
合计	970	2953
德国	421	1854
新西兰	420	426
挪威	6	160
日本	17	142
台湾省	18	65
比利时	6	48
美国	11	45
瑞典	0	43

国家/地区	进口数量（立方米）	进口金额（千美元）
印度	7	41
英国	4	39
马来西亚	40	29
奥地利	2	16
澳大利亚	5	14
西班牙	2	9
韩国	1	5
中华人民共和国	5	5
新加坡	4	4
意大利	0	4
荷兰	0	2
爱尔兰	0	2
44011000 薪柴(圆木段、块、枝等)		
合计	3052	229
老挝	165	79
日本	2496	35
马来西亚	232	31
美国	47	29
澳大利亚	27	16
泰国	14	11
越南	22	11
苏丹	17	9

国家/地区	进口数量（立方米）	进口金额（千美元）
菲律宾	32	8
44013000 锯末、木废料及碎片		
合计	17723	1555
香港	17723	1555
44041000 针叶木的箍木、木劈条等		
合计	431	210
美国	170	136
日本	240	59
加拿大	20	10
意大利	0	3
西班牙	0	1
44042000 非针叶木的箍木、木劈条等		
合计	544	516
马来西亚	248	289
加拿大	52	69
越南	186	58
印度尼西亚	44	39
日本	6	21
美国	1	14
西班牙	2	13
印度	3	9
乌兹别克斯坦	0	1

国家/地区	进口数量（立方米）	进口金额（千美元）
智利	0	1
台湾省	2	1
44050000 木丝；木粉		
合计	1032	676
印度尼西亚	280	398
台湾省	240	78
意大利	187	60
日本	65	47
马来西亚	127	22
南非	8	12
泰国	51	11
加拿大	35	11
新加坡	19	10
德国	3	6
丹麦	2	5
美国	6	4
伊朗	5	3
土耳其	3	3
波兰	1	3
韩国	0	2
西班牙	1	1

人 造 板

【概 况】 2010年我国人造板产量是近5年来增长速度最快的一年，达到15360.83万立方米，比2009年增长33.03%。在全部人造板产量中，胶合板7139.66万立方米，比2009年增长60.40%，占全部人造板产量的46.48%；纤维板4354.54万立方米，比2009年增长24.82%，占全部人造板产量的28.35%，其中中密度纤维板产量为3894.24万立方米；刨花板产量1264.20万立方米，比2009年减少11.66%，占全部人造板产量的8.23%；其他人造板2602.43万立方米（细木工板占63.49%），比2009年增长19.61%，占全部人造板产量的16.94%（图4-1）。另外，单板产量2724万立方米，人造板表面装饰板产量为2.95亿平方米。

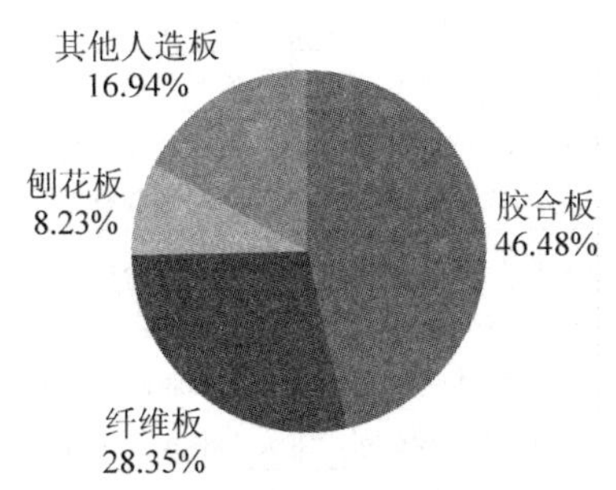

图4-1 2010年全国人造产量结构

从分省情况看，人造板生产主要集中在东、中部地区（图4-2），山东、江苏、广西、河北、河南、广东、福建、安徽8省（区）产量均超过700万立方米，8省（区）人造板产量共计11921.95万立方米，占全国人造板总产量的77.61%。其中：山东首次突破3000万立方米，江苏突破2000万立方米，广西、河北和河南3省（区）的人造板产量均已突破1000万立方米。

全国人造板企业28875家，江苏省人造板企业数量最多4429家，占全国的15.34%，其人造板产量占全国的14.98%，山东省人造板企业3903家，占全国的13.52%，但其人造板产量全国第一，占全国的22.94%，位列其后的人造板企业数

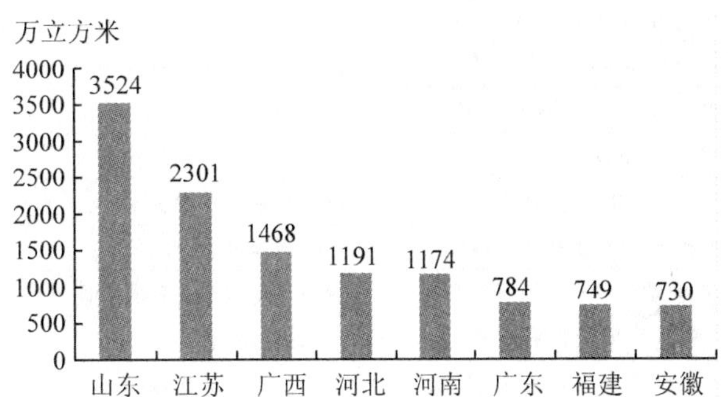

图4-2 2010年人造板产量位列前8名的省份

量依次是河北、浙江、福建，前5省人造板企业数量占全国的53.88%，人造板产量占全国的53.85%。

2010年胶合板出口量754.7万立方米，金额34.0亿美元，分别比2009年增长33.7%和34.8%。

2005～2010年，共有110项木材加工和人造板工艺领域的科技成果，人造板制造工艺和技术约有60余项。其中：复合板24项、木塑复合材料4项、胶合板9项、木材着色技术6项、废弃木质料制造人造板循环利用技术3项，值得推荐的是废弃原料的重新利用。另外还有一些涉及新工艺和新设备的领域。在这110项科技成果中，研究部门主要以大专院校和林科院为主。

全国人造板协会有4家：黑龙江省人造板行业协会、伊春市人造板协会、伊春市伊春区人造板行业协会、江西省纤维板协会。

表4-1 中国胶合板行业百强企业

企业名称	企业名称
鲁丽集团有限公司	江苏快乐木业集团有限公司
新乐市胶合板集团	河北正洋化学建材有限公司
中盐银港人造板有限公司	临沂市海峰木业有限公司
江苏胜阳木业集团有限公司	扬州市扬子木业有限公司
山东新港企业集团有限公司	佛山市顺德区东顺木业有限公司
沈阳市铭航木制品厂	河南宏达木业有限公司

企业名称	企业名称
南充富达竹业有限公司	内蒙古元丰木业有限公司
高唐县金兴企业集团总公司	徐州市福华木业股份有限公司
南宁市禾丰工贸有限公司	徐州鹏达木业有限公司
连云港天联工控木业有限公司	邳州市夹河木业有限公司
广西宁明德昌木业有限公司	抚松金秋木业有限公司
德华兔宝宝装饰新材股份有限公司	邳州市冠栋木业有限公司
邓州市北园木业有限公司	大连千森木业有限公司
东台升阳木业有限公司	蓬莱裕门木业有限公司
佛山市三水宝叶木业有限公司	德仁集团有限公司
徐州天德利发集装箱板有限公司	徐州天德木业有限公司
茂友木材股份有限公司	汝南县张楼乡福森木业公司
濮阳市光明密度板制品有限公司	徐州鹏程木业有限公司
东美(紫金)人造板有限公司	徐州苏美达木业有限公司
浙江德维地板有限公司	山东福达木业有限公司
佛山市高明天朝家具有限公司	正定县刁桥金鑫板厂
徐州盛和木业有限公司	江苏洛基木业有限公司
海通控股集团有限公司	德清县升强木业有限公司
上蔡县刘立献木板厂	石家庄市梅兰木业装饰材料厂
山东立晨集团有限公司	邳州市荣可德木业有限公司
寿光市富士木业有限公司	中林南星(湖州)合板有限公司
湖北东森木业有限公司	廊坊三利木业有限公司
嘉兴中集木业有限公司	常州东家装饰材料有限公司
邳州市江山木业有限公司	内蒙古呼伦贝尔中集木业有限公司
建平县隆达木业有限公司	徐州恒誉木业有限公司
上海森大木业有限公司	徐州飞亚木业有限公司
扬州星宇木业有限公司	湖南天运林工集团千山红纤维板有限公司
临颍县固厢乡三峰木业加工厂	
徐州中原木业有限公司	常州灵通复合材料有限公司
珲春兴业胶合板有限责任公司	长岭县鸿馨木业有限公司
赣榆县文峰木业有限公司	墉桥区绿洲板有限公司
徐州三合木业有限公司	嘉兴市良友木业有限公司
枣庄市宏润木业有限公司	漳州柏桦木业有限公司
枣庄兴洲木业有限公司	石家庄正定县腾飞胶合板厂
河南木易奇木有限公司	宜兴狮王木业有限公司(江苏辛巴地板有限公司)
昌图县隆盛木业有限公司	
汝南县耀华实业集团有限公司	浙江德清莫干山竹胶板有限公司
锦州市福山木业有限责任公司	山东千山木业有限公司
山东中亿木业有限公司	山东安信木业有限公司
徐州市富祥木业有限公司	射洪县新尺度木业有限责任公司
汪清县林业局	邓州市孟楼孟源木业有限公司
邳州市中鑫木业有限公司	宿迁市洋西木业有限公司
江苏贝尔装饰材料有限公司	江苏长青轻工制品有限公司
法库县明哲木业有限公司	安吉天振竹地板有限公司
浙江永裕竹业开发有限公司	邳州市吉祥木业有限公司
浙江裕华木业有限公司	徐州鹏宇木业有限责任公司

注：由中国林产工业协会和国家统计局工业交通统计司公布。

表 4-2　中国刨花板行业百强企业

企业名称	企业名称
广西三威林产工业有限公司	长葛市宏阳制板厂
河北金赛博板业有限公司	沭阳县诚信木业有限公司
根河板业有限责任公司	宁安市亿森木业有限公司
吉林省抚松县露水河刨花板厂	广东嘉耀木业发展有限公司
吉林福敦木业有限公司	广东省仁化县鸿伟木业有限公司
洛宁县佳美木业有限公司	连云港博爱木业有限公司
江苏鼎元科技有限公司	扎鲁特旗林丰木业有限责任公司
青岛中奥体育专用地板有限公司	温县德信木业有限公司
湖州华扬装饰材料有限公司	张家港贵杨木业有限公司
吉林森工集团三岔子刨花板分公司	连州市人造板企业有限公司
武陟县长丰纸业有限公司	黑龙江省穆棱嘉穆板业有限责任公司
大亚木业(福建)有限公司	郑州市东湖人造板有限公司
安徽肯帝亚皖华人造板有限公司	滨海县百惠木业有限公司
亚洲创建(惠州)木业有限公司	广州市番禺宏开木制品厂
黑龙江省龙乡林业股份有限公司	沁阳市华兴人造板有限责任公司
山东林盾木业股份有限公司	内蒙古禾源木业有限责任公司
河南省海森实业股份有限公司	苍山县友禾木业有限公司
鄄城晨鸣板材有限公司	山东省汶上县腾飞板厂
湖州晨航木业有限公司	丰县张氏木制品厂
内蒙古福蒙木业有限责任公司	万成木业有限责任公司
天津市沽上木业有限公司	金森木业有限公司
合肥光大木材工业有限公司	禹城市坤达木业有限公司
穆棱市好家木业有限责任公司	永州市百万庄板材厂
济宁市圣豪木业有限公司	广东省鱼珠林产集团有限公司
牡丹江木材综合加工厂	江苏同芯木业有限公司
黑龙江省穆棱森福木业有限责任公司	贵阳宏森人造板厂
伊春福旺木业有限公司	鸿伟木业湖北有限公司
佛山市三水粤山装饰材料有限公司	资兴市兴鑫木业有限责任公司
吉林森工集团临江刨花板分公司	湖州圣旺装饰材料有限公司
邵武福人林产有限公司	江西省景德镇木材厂
新疆新美木业有限公司	安徽省怀宁县新城人造板有限责任公司
张掖市五色建筑材料有限责任公司	
丰宁宏森木业有限公司	望都县汇银木业有限公司
德州市双佳木业有限公司	洪江市新盛木业有限责任公司
昆明新飞林人造有限公司	临沂市欢乐木业有限公司
安岳县森胜木业有限公司	丰县明举木业加工厂
西华县艾岗板业公司	伊春市宏成木业有限公司
沈阳祥和人造板有限公司	徐州定向结构板厂
山东巨龙黄河板材有限公司	新丰县鑫丰包装材料有限公司
商丘市鼎盛木业有限公司	永州市石龙口板材厂
洪江市和成林业发展有限公司	宁波市鄞州现代办公设备有限公司
临漳县鑫鑫木业有限公司	伊春市乌马河林业局刨花板厂
商丘市立浮木业有限公司	阳信宏达木板公司
长葛市长百制板厂	丰县延海木业加工厂
武汉绿洲木业有限公司	黑龙江省绥化市复合板厂

企业名称	企业名称
永州市永富人造板厂	舞阳县泰森木业型板厂
菏泽市九一木业有限公司	佛山市顺德区添龙木业有限公司
丰县景智木业加工厂	开封县黄河木业细木板厂
安徽省凤阳县红山种养植开发有限公司	菏泽森泰木业有限公司
	安丘市华森木业有限公司
永州市东方木业有限公司	宁安市通城木业有限公司

注：由中国林产工业协会和国家统计局工业交通统计司公布。

表 4-3　中国纤维行业百强企业

企业名称	企业名称
安徽省滁州华能人造板有限责任公司	广西丰林林业开发有限公司
安徽华林人造板有限公司	广西三威林产工业有限公司
安徽林星人造板有限公司	广西国营高峰林场
安徽叶集金蟾板业有限公司	黔东南州林业集团人造板有限责任公司
北京森华人造板有限公司	
福建福人木业有限公司	三都水族自治县冠豪木业有限公司
福建省永安林业(集团)股份有限公司	海南亚龙木业有限责任公司
福建永春美岭人造板厂	安平县森和板业有限公司
佛山市南海佳顺木业有限公司	藁城市鑫鑫木业有限公司
封开县枫华明珠中密度纤维板有限公司	河北宏泰人造板有限公司
	河北深州长城木业发展有限公司
广东南雄金马纤维板制品有限公司	河北省冀州市华林板业有限责任公司
广东省曲江县五联人造板有限公司	易县亚林板业有限责任公司
广东威华股份有限公司	易州板业集团第二中密度有限公司
广东肇庆康蓝中密板企业集团公司	开封人造板集团总公司
广州三兴纤维板企业有限公司	三门峡河洛中密度纤维板有限责任公司
怀集县三友中纤板厂	
顺龙中密度纤维板有限公司	河南黄河林业股份有限公司
亚洲创建(河源)木业有限公司	上蔡县尚品中密板材有限公司
粤海(湛江)中纤板有限公司	黑龙江朗顺人造板有限责任公司
湛江中豪木业发展有限公司	黑龙江兴隆中密度纤维板有限公司
湖北宝源集团	沈阳福升中密度板有限公司
湖北九方圆特殊板材有限公司	沈阳蓝田木制品有限公司
湖北吉象人造板制品有限公司	沈阳文成木业有限公司
湖北巨宁森工股份有限公司	根河板业有限责任公司
湖北山山林业(集团)股份有限公司	杭锦后旗河套木业有限责任公司
荆州市森鑫人造板有限公司	东营人造板厂
郴州创兴人造板有限公司	茌平县能通密度板有限责任公司
东和实业靖州木业有限公司	东营正和木业有限公司
湖南长元人造板股份有限公司	高唐县金兴人造板有限公司
敦化丹峰林业纤维板有限责任公司	济宁市任城区运河人造板厂
抚松县松江河中密度纤维板厂	莱芜千榕板业有限公司
和龙人造板有限公司	山东晨鸣板材有限责任公司
吉林福敦木业有限公司	山东贺友集团有限公司
吉林森工集团红石中密度纤维板厂	山东兰氏木业有限责任公司
吉林省白石山林业局纤维板厂	山东森美人造板有限公司
吉林延边林业集团有限公司汪清林业分公司	山东省寿光市抽纱总厂
	陕西中兴林产有限责任公司
江苏克诺双凤木业有限公司	上海绿洲实业有限公司
常熟市东盾木业有限责任公司	新美集团公司
大亚科技集团有限公司	北川县建成木业有限公司
江苏新沂沪千人造板制造有限公司	乐山吉象人造林制品有限公司
沛县常鑫源人造板有限公司	新疆伊犁天一实业有限责任公司
沭阳县新概念木业有限公司	东美(双柏)中纤板有限公司
盱眙县雅而斯人造板有限公司	景谷县林业股份有限公司
扬州市丽邮人造板有限公司	普洱林达木业有限责任公司
遂川县林森木业有限公司	思茅红塔木业有限公司
婺源县迈尔泰木业有限公司	云南玉加宝人造板有限公司
罗宾有限公司	长兴顺裕人造板有限公司
江西宏丰人造板有限公司	杭州余杭锦江木业有限公司
丹东宝钢人造板有限公司	浙江丽人木业集团有限公司
辽宁桓仁人造板有限公司	浙江绿源木业股份有限公司

注：由中国林产工业协会和国家统计局工业交通统计司公布。

表 4-4　人造板各指标全国排名前 5 名的省份

指标	全国排名前 5 名省份及占全国总量的比例
人造板产量(15360.83 万立方米)	山东 22.94%、江苏 14.98%、广西 9.56%、河北 7.75%、河南 7.64%
胶合板产量	山东、江苏、广西、河北、安徽
纤维板产量	山东、广西、河南、江苏、广东
刨花板产量	河北、福建、江苏、山东、河南
细木工板产量	江苏、山东、河北、浙江、湖南
单板产量	江苏、山东、广西、河北、福建
人造板制造企业数量(28875 家)	江苏 15.34%、山东 13.52%、河北 9.07%、浙江 8.60%、福建 7.36%
胶合板制造企业数量	山东、江苏、浙江、福建、河北
纤维板制造企业数量	山东、广东、江苏、河南、河北
刨花板制造企业数量	江苏、河北、广东、山东、河南

表 4-5　各地区人造板产量及生产企业数量

单位：万立方米，个

地区	人造板	胶合板				纤维板	刨花板	其他人造板		单板	人造板制造企业数量	胶合板制造企业数量	纤维板制造企业数量	刨花板制造企业数量	其他人造板制造企业数量
		合计	木胶合板	竹胶合板	其他胶合板			合计	其中：细木工板						
全国合计	15360.83	7139.66	6154.74	361.79	623.13	4354.54	1264.20	2602.43	1652.29	2723.53	28875	14454	1677	1476	8498
北京	22.05	—	—	—	—	22.05	—	—	—	—	239	54	7	13	160
天津	5.50	0.40	0.40	—	—	—	4.80	0.30	—	—	179	77	6	18	66
河北	1190.81	389.90	383.45	—	6.46	299.05	233.68	268.18	225.81	367.77	2619	1372	118	144	938
山西	72.01	9.20	9.20	—	—	14.15	26.01	22.65	—	—	245	86	18	19	110
内蒙古	82.93	25.03	23.43	—	1.60	14.31	26.22	17.38	14.15	7.27	330	105	29	43	131
内蒙古集团	—	—	—	—	—	—	—	—	—	—					
辽宁	262.86	121.92	103.57	—	18.35	74.58	30.24	36.12	18.76	1.88	1008	177	50	78	652
吉林	236.14	91.43	46.61	0.35	44.47	53.43	61.59	29.69	23.64	27.60	675	311	33	46	269
吉林集团	61.60	0.50	0.50	—	—	11.27	49.46	0.36	0.08	—					
黑龙江	162.38	31.12	21.79	—	9.33	30.92	58.54	41.80	15.74	12.73	1032	377	40	81	495
龙江集团	78.59	10.32	9.52	—	0.80	25.10	30.88	12.29	12.29	1.72					
上海	110.05	8.61	8.61	—	—	19.00	—	82.43	—	—	389	29	7	2	351
江苏	2301.19	1375.97	1182.02	—	193.96	400.36	129.89	394.97	299.51	1084.83	4429	1971	143	147	740
浙江	507.33	155.89	85.03	68.74	2.12	109.97	15.37	226.10	219.36	0.81	2484	1499	104	89	724
安徽	730.47	381.18	298.27	75.41	7.50	211.44	42.66	95.20	74.41	23.04	976	488	72	47	205
福建	749.45	283.75	226.70	55.91	1.14	174.59	165.62	125.49	99.58	102.31	2124	1461	74	65	430
江西	249.94	69.42	31.27	24.83	13.32	123.04	19.44	38.04	29.21	12.66	939	635	62	48	182
山东	3523.73	2207.78	2179.67	1.00	27.11	806.30	121.24	388.41	229.29	528.29	3903	2513	219	128	1016
河南	1173.83	365.10	277.01	—	88.09	403.68	90.60	314.46	55.10	44.87	1194	606	135	94	291
湖北	289.53	43.66	32.23	1.04	10.40	177.42	14.12	54.33	53.45	17.98	434	158	41	25	121
湖南	479.95	211.82	119.85	85.41	6.56	82.71	26.74	158.68	135.63	9.89	870	493	56	33	154
广东	784.11	202.53	127.58	—	74.95	387.48	90.60	103.50	20.06	24.84	1729	556	167	139	666
广西	1468.35	898.01	803.21	0.56	94.24	439.12	40.57	90.66	65.97	435.87	1085	747	70	31	177
海南	36.85	13.82	6.82	—	7.00	18.97	3.50	0.57	—	—	94	73	4	2	9
重庆	29.59	20.79	11.38	1.45	7.96	1.05	4.15	3.60	0.03	—	159	50	15	16	66
四川	583.37	157.09	104.89	46.50	5.70	310.93	52.17	63.18	40.46	2.77	707	221	79	60	282
贵州	51.61	29.43	28.14	0.59	0.70	7.85	1.11	13.23	9.15	0.57	191	85	20	16	49
云南	162.46	43.05	40.89	—	2.16	95.91	4.90	18.59	16.07	14.42	252	103	34	34	40
西藏	—	—	—	—	—	—	—	—	—	—	2	1	0	0	1
陕西	58.06	0.61	0.61	—	—	57.21	0.25	—	—	—	206	79	27	22	51
甘肃	0.89	0.60	0.60	—	—	0.29	—	—	—	—	115	32	11	16	45
青海	—	—	—	—	—	—	—	—	—	—	26	11	3	2	6
宁夏	—	—	—	—	—	—	—	—	—	—	26	4	4	5	10
新疆	3.08	0.51	0.51	—	—	2.57	—	—	—	—	214	80	29	13	61
大兴安岭	32.32	1.04	1.04	—	—	16.19	0.20	14.90	6.93	3.15					

表 4-6 全国人造板进出口贸易总值

产品类别	单位	出口数量	出口金额（千美元）	进口数量	进口金额（千美元）
人造板合计			4701830		440122
单板	吨	118627	210886	82141	88129
胶合板	立方米	7546933	3402183	213748	116064
木胶合板	立方米	7461245	3341026	212035	115033
竹胶合板	立方米	85688	61157	1713	1031
纤维板	吨	1754402	1047374	259738	121643
刨花板	吨	107592	41387	350591	114286

表 4-7 1985～2010 年申请注册商标的数量 单位：条

项目	截至1985 年	截至1990 年	截至1995 年	截至2000 年	截至2005 年	截至2010 年
胶合板	39	171	522	1989	5486	16042
三合板	0	5	102	929	3267	10257
木板材条	0	0	34	439	1373	4185
拼花地板条	0	2	42	480	1819	4450
镶花地板	0	1	46	282	1204	3598
木地板	2	14	54	297	1137	11289
纤维板	38	139	241	940	2756	9455

数据来源：北京必控知识产权公司

表 4-8 人造板科研项目

	项目名称	研究单位
1	年产 8000 立方米速生杨木装饰结构材生产	徐州林海木业发展有限公司
2	年产 22000 立方米阻燃型杨木贴面胶合板生产	江苏胜阳实业股份有限公司
3	小径意杨(采用单板纵向接长技术)生产大幅面 LVS 及高档覆膜模板	徐州南林木业有限公司
4	人造板挥发物检测环境的动态精确控制技术	中国林科院木工所
5	人造板质量实时无损检测和监控系统的研究	西南林学院 昆明西木木材工业研究开发有限责任公司等
6	竹木及高密度纤维板复合地热地板的研究	安徽亚普竹业有限公司 南京林业大学木材工业学院
7	人造板热压工艺过程监测系统	中国林科院木工所
8	木塑复合材料的挤出成型技术	中国林科院木工所
9	稻/麦秸秆人造板制造技术与产业化	南京林业大学
10	草木复合中密度纤维板制造技术与产业化	南京林业大学 连云港市欣森木业有限公司
11	竹材增强杨木单板层积材制造技术	南京林业大学
12	环境友好性核桃壳生物质酚醛树脂木材胶黏剂的工艺机理	西南林学院
13	E0PB 甲醛捕捉剂技术研究	吉林森林工业集团有限责任公司
14	刨切微薄竹生产技术与应用	浙江林学院 杭州大庄地板有限公司 杭州强生圣威装饰材料有限公司 维德集团德华建材(苏州)有限公司
15	甲醛释放量检测用 1 立方米气候箱	中国林科院木工所 云南省分析测试研究所
16	胶合板(GB/T 9846.1～9846.8—2004)	中国林科院木工所 光大木材工业(深圳)有限公司等
17	木塑复合保温墙体板的研制与开发	中国林科院木工所 青岛华盛高新科技发展有限公司
18	林产品有机挥发物检测技术示范	中国林科院木工所
19	微米长木纤维模压异型汽车构件技术研究	东北林业大学
20	杨木单板强化制造复合材技术研究	东北林业大学
21	人工林木材增值利用加工技术	中国林科院木工所
22	国家标准《室内装饰装修材料 人造板及其制品中甲醛释放限量》的制定	中国林科院木工所
23	纳米改性抗菌木基复合材料制造技术	中国林科院木工所
24	新型环保木塑复合材料生产技术及设备	北京化工大学
25	以沙柳为原料生产中密度纤维板技术	北京理工大学
26	超长型无接头单板层积材生产技术	黑龙江省林工所
27	制造刨花板的方法	华南农业大学
28	木材干燥窑设备	广东省科学院 中国科学院广州分院
29	竹材、刨花复合胶合板	南京林业大学
30	人造板甲醛释放量的抽吸测定法	南京林业大学
31	一步分离木草纤维的方法	南京林业大学
32	环保型草木复合高中密度纤维板制造方法	南京林业大学
33	结构、装饰用竹木复合胶合板及其制造方法	南京林业大学

	项目名称	研究单位
34	竹质立芯板材	南京林业大学
35	木竹重组材	南京林业大学
36	仿珍贵材人造装饰薄木	中南林业科技大学
37	巴西紫檀颜色调整技术	中南林业科技大学
38	实木深度着色技术	中南林业科技大学
39	琴键稳定性处理技术	中南林业科技大学
40	竹材制品表面匀色技术	中南林业科技大学
41	桉木干燥工艺技术	中南林业科技大学
42	空心竹片胶合板	中南林业科技大学
43	珍贵木材材色改良技术	中南林业科技大学
44	竹片深度着色新技术	中南林业科技大学
45	径向竹篾帘复合板	中南林业科技大学
46	复塑竹帘胶合板	中南林业科技大学
47	竹席竹帘胶合板的表面处理工艺	中南林业科技大学
48	两步法"冷－热－冷"胶合工艺	中南林业科技大学
49	竹材层压胶合板	浙江林学院
50	E1/E0 级环保型人造板制造工艺	南京林业大学
51	杨木基复合板	南京林业大学
52	胶合板与中纤板复合的人造板材	南京林业大学
53	一种植物纤维原料酶降解制备低聚木糖的方法	南京林业大学
54	单面喷蒸－真空热压工艺制造中高密度纤维板厚板的方法	南京林业大学
55	竹材增强单板层积材及其制造方法	南京林业大学
56	大幅面竹单板雯占面装饰材料及其制造方法	南京林业大学
57	喷蒸－真空热压工艺制造中密度纤维板厚板方法	南京林业大学
58	人造板用无醛胶粘剂	南京林业大学
59	客车车厢底板用竹木复合胶合板	南京林业大学
60	空心脚手板	南京林业大学
61	新型木塑复合材料	上海众荣机械科技有限公司
62	植物纤维复合板生产技术	江苏南京航空航天大学
63	人造板厂计算机集成制造系统(CIMS)	福建福人木业有限公司
64	热塑性木材	福建华侨大学
65	烫木箔	河南省焦作市卓立烫印材料有限公司
66	水泥复合墙材制造技术	中国林科院木工所
67	双向式骨架结构墙体	中国林科院木工所
68	地热式木结构楼板	中国林科院木工所
69	竹－塑复合材料管材生产技术	中国林科院
70	调色单板制造技术	中国林科院
71	无甲醛胶合板生产技术	中国林科院木工所
72	利用 MDF 工艺生产纤维模器装饰板技术	中国林科院
73	密实型杨木强化单板层积材	中国林科院木工所
74	胶合板、细木工板、装饰板用 E1 级脲醛树脂胶生产技术及处理工艺	中国林科院
75	40L 干燥法甲醛释放量检测箱	中国林科院
76	QHX－3 型甲醛释放量检测用气候箱	中国林科院
77	废弃木质材料制造人造板循环利用技术	中国林科院
78	落叶松单板层积材(LVL)项目	北京林业大学
79	一次覆塑麦秸板	南京林业大学

	项目名称	研究单位
80	定向结构刨花板制作方法	南京林业大学
81	覆膜竹质人造板建筑模板和制造方法	南京林业大学
82	竹片覆面人造板	南京林业大学
83	覆膜竹碎料板	南京林业大学
84	竹木复合层积材	南京林业大学
85	单板覆面竹质编织层积材	南京林业大学
86	一种改进的竹木复合层积材	南京林业大学
87	木材/竹材复合材料制造技术	南京林业大学　中国林科院木工所
88	一种竹材增强单板层积材及其制造方法	南京林业大学
89	一种薄壳结构增强型人造板	南京林业大学
90	一种竹青增强胶合板	南京林业大学
91	石膏板覆面的麦秸轻质墙体材料板	南京林业大学
92	麦秸碎料板制作方法	南京林业大学
93	麦秸墙体内衬保温材料制作方法	南京林业大学
94	薄壳结构增强型人造板	南京林业大学
95	速生小径材制造单板层积材	南京林业大学
96	干法生产毛竹中密度纤维板	南京林业大学
97	竹木复合细木工板	南京林业大学
98	强化人工林杉木贴面材制造技术	中国林科院木工所
99	湿法纤维模压板生产技术	中国林科院
100	一种新型实木地板材料——美白木	中国林科院
101	竹材高效利用系列生产技术	中国林科院
102	高耐火木质防火门生产方法	南京林业大学
103	复合型纤维增强石膏刨花墙板	南京林业大学
104	厚型中高密度纤维板制造技术	南京林业大学
105	塑化竹木复合板	南京林业大学
106	色卡纸镶嵌式压花画	东北林业大学
107	竹胶合板模板二次覆面工艺	中南林业科技大学
108	竹大片刨花板工艺技术和设备的研究	西南林学院
109	新型环保木质基塑料复合材的开发	黑龙江省林工所
110	高效率竹篾制备及其整张化生产工艺和设备	南京林业大学木材工业学院

表 4-9　人造板生产标准

	标准名称	标准号	发布单位
1	人造板的厚度、宽度及长度的测定	GB/T19367. 1 – 2003	国家质量监督检验检疫总局
2	人造板及其表面装饰术语	GB/T18529 – 2000	国家质量技术监督局
3	人造板及饰面人造板理化性能试验方法	GB/T17657 – 1999	国家质量技术监督局
4	硬质纤维板含水率的测定	GB/T12626. 6 – 1990	国家质量技术监督局
5	木材胶粘剂及其树脂检验方法	GB/T 14074 – 2006	国家质量监督检验检疫总局　国家标准化管理委员会

表 4-10-1　胶合板主产地产量

	胶合板主产地	万立方米
1	文安县(冀)	309. 38
2	邢台市高新技术开发区(冀)	34. 40
3	霸州市(冀)	14. 13
4	邢台县(冀)	13. 00
5	昌黎县(冀)	5. 93
6	南和县(冀)	3. 50
7	望都县(冀)	2. 63
8	吴桥县(冀)	1. 20
9	唐　县(冀)	1. 00
10	盐山县(冀)	0. 80
11	三河市(冀)	0. 76

	胶合板主产地	万立方米
12	涿州市(冀)	0.61
13	灵寿县(冀)	0.56
14	尚义县(冀)	0.54
15	洪洞县(晋)	1.50
16	元宝山区(内蒙古)	18.00
17	扎鲁特旗(内蒙古)	1.90
18	开鲁县(内蒙古)	0.50
19	彰武县(辽)	45.00
20	普兰店市(辽)	10.00
21	新民市(辽)	5.88
22	龙城区(辽)	4.00
23	法库县(辽)	3.00
24	沈北新区(辽)	2.00
25	海城市(辽)	2.00
26	新邱区(辽)	2.00
27	西丰县(辽)	1.30
28	扶余县(吉)	35.00
29	安图县(吉)	20.47
30	敦化市(吉)	11.74
31	双辽市(吉)	7.00
32	珲春市(吉)	6.80
33	农安县(吉)	3.00
34	宁江区(吉)	2.88
35	抚松县(吉)	1.50
36	东辽县(吉)	1.45
37	梅河口市(吉)	1.00
38	长岭县(吉)	0.60
39	穆棱市(黑)	8.50
40	克山县(黑)	2.00
41	明水县(黑)	1.00
42	方正县(黑)	1.00
43	延寿县(黑)	0.50
44	松江区(沪)	8.27
45	邳州市(苏)	823.00
46	武进区(苏)	120.00
47	虎丘区(苏)	48.00
48	铜山区(苏)	45.00
49	沭阳县(苏)	31.00
50	丰　县(苏)	16.00
51	东海县(苏)	10.00
52	赣榆县(苏)	8.50
53	江都市(苏)	6.60
54	睢宁县(苏)	6.00
55	沛　县(苏)	5.20
56	东台市(苏)	2.81
57	建湖县(苏)	1.03

	胶合板主产地	万立方米
58	常熟市(苏)	1.00
59	响水县(苏)	0.86
60	阜宁县(苏)	0.81
61	贾汪区(苏)	0.80
62	靖江市(苏)	0.50
63	衢江区(浙)	54.00
64	安吉县(浙)	22.39
65	德清县(浙)	21.00
66	建德市(浙)	16.69
67	江山市(浙)	9.41
68	龙泉市(浙)	8.46
69	南浔区(浙)	8.20
70	庆元县(浙)	4.39
71	长兴县(浙)	3.79
72	宁海县(浙)	3.33
73	桐庐县(浙)	1.85
74	吴兴区(浙)	1.55
75	常山县(浙)	1.28
76	遂昌县(浙)	1.16
77	宁波市江北区(浙)	1.05
78	奉化市(浙)	1.01
79	临安市(浙)	0.89
80	缙云县(浙)	0.80
81	余杭区(浙)	0.76
82	莲都区(浙)	0.74
83	余姚市(浙)	0.66
84	桐乡市(浙)	0.50
85	砀山县(皖)	87.72
86	六安市叶集区(皖)	40.00
87	广德县(皖)	25.00
88	蒙城县(皖)	22.00
89	埇桥区(皖)	19.00
90	旌德县(皖)	17.10
91	天长市(皖)	16.00
92	明光市(皖)	10.40
93	五河县(皖)	8.50
94	萧　县(皖)	8.39
95	泗　县(皖)	8.20
96	定远县(皖)	8.00
97	弋江区(皖)	6.25
98	宿松县(皖)	6.00
99	怀远县(皖)	5.50
100	宁国市(皖)	4.88
101	东至县(皖)	4.65
102	灵璧县(皖)	4.64
103	霍山县(皖)	4.50

	胶合板主产地	万立方米
104	涡阳县(皖)	4.00
105	谯城区(皖)	3.60
106	颍泉区(皖)	3.50
107	青阳县(皖)	3.00
108	寿　县(皖)	2.70
109	利辛县(皖)	2.28
110	固镇县(皖)	2.00
111	潜山县(皖)	1.90
112	舒城县(皖)	1.50
113	南谯区(皖)	1.50
114	宣州区(皖)	1.35
115	霍邱县(皖)	1.30
116	当涂县(皖)	1.20
117	禹会区(皖)	1.20
118	郎溪县(皖)	1.20
119	滁州市沙河集林业总场(皖)	1.10
120	怀宁县(皖)	1.10
121	金寨县(皖)	0.90
122	歙　县(皖)	0.87
123	居巢区(皖)	0.79
124	全椒县(皖)	0.70
125	和　县(皖)	0.70
126	淮上区(皖)	0.60
127	无为县(皖)	0.55
128	来安县(皖)	0.50
129	望江县(皖)	0.50
130	宜丰县(赣)	9.15
131	新干县(赣)	6.79
132	崇义县(赣)	4.71
133	章贡区(赣)	4.52
134	峡江县(赣)	4.34
135	遂川县(赣)	4.00
136	铜鼓县(赣)	3.50
137	万载县(赣)	3.20
138	德兴市(赣)	2.44
139	泰和县(赣)	2.31
140	分宜县(赣)	2.10
141	宁都县(赣)	1.89
142	上高县(赣)	1.60
143	广丰县(赣)	1.30
144	临川区(赣)	1.20
145	九江县(赣)	1.20
146	吉安县(赣)	1.16
147	资溪县(赣)	1.10
148	安福县(赣)	1.00
149	靖安县(赣)	0.97

	胶合板主产地	万立方米
150	全南县(赣)	0.93
151	新建县(赣)	0.92
152	贵溪市(赣)	0.91
153	上犹县(赣)	0.84
154	萍乡市经济开发区(赣)	0.81
155	宜黄县(赣)	0.80
156	奉新县(赣)	0.80
157	乐安县(赣)	0.71
158	瑞昌市(赣)	0.60
159	湖口县(赣)	0.58
160	永丰县(赣)	0.58
161	瑞金市(赣)	0.50
162	上饶县(赣)	0.50
163	茌平县(鲁)	964.07
164	沂水县(鲁)	387.30
165	费　县(鲁)	337.10
166	兰山区(鲁)	124.68
167	济阳县(鲁)	70.00
168	寿光市(鲁)	17.00
169	潍城区(鲁)	10.50
170	东平县(鲁)	9.10
171	东明县(鲁)	8.86
172	桓台县(鲁)	8.80
173	苍山县(鲁)	8.20
174	罗庄区(鲁)	8.00
175	成武县(鲁)	6.70
176	沂源县(鲁)	4.30
177	东营市市辖区(鲁)	3.80
178	郯城县(鲁)	3.21
179	嘉祥县(鲁)	3.08
180	河东区(鲁)	2.60
181	汶上县(鲁)	2.35
182	滕州市(鲁)	2.10
183	商河县(鲁)	1.84
184	肥城市(鲁)	1.25
185	高青县(鲁)	1.00
186	新泰市(鲁)	0.95
187	青州市(鲁)	0.93
188	沂南县(鲁)	0.80
189	诸城市(鲁)	0.63
190	邹平县(鲁)	0.50
191	临颍县(豫)	90.58
192	滑　县(豫)	37.50
193	鄢陵县(豫)	36.39
194	夏邑县(豫)	15.50
195	邓州市(豫)	14.40
196	原阳县(豫)	14.20
197	上蔡县(豫)	12.70
198	许昌县(豫)	9.20
199	卧龙区(豫)	7.00
200	尉氏县(豫)	6.10
201	内乡县(豫)	6.10
202	台前县(豫)	6.00
203	扶沟县(豫)	6.00
204	正阳县(豫)	5.60
205	商水县(豫)	5.30
206	范　县(豫)	4.30
207	汝南县(豫)	4.30
208	召陵区(豫)	4.08
209	社旗县(豫)	4.00
210	柘城县(豫)	3.92
211	内黄县(豫)	3.78
212	武陟县(豫)	3.70
213	永城市(豫)	2.90
214	淮滨县(豫)	2.90
215	宁陵县(豫)	2.80
216	息　县(豫)	2.65
217	洛宁县(豫)	2.60
218	平舆县(豫)	2.30
219	镇平县(豫)	2.24
220	宛城区(豫)	2.20
221	新安县(豫)	2.00
222	方城县(豫)	1.96
223	睢阳区(豫)	1.89
224	孟津县(豫)	1.60
225	固始县(豫)	1.60
226	民权县(豫)	1.50
227	杞　县(豫)	1.50
228	郾城区(豫)	1.46
229	获嘉县(豫)	0.96
230	中牟县(豫)	0.93
231	新野县(豫)	0.90
232	平桥区(豫)	0.83
233	长垣县(豫)	0.83
234	博爱县(豫)	0.80
235	牧野区(豫)	0.75
236	潢川县(豫)	0.55
237	新蔡县(豫)	0.53
238	西平县(豫)	0.52
239	兰考县(豫)	0.50
240	许昌市经济技术开发区(豫)	0.50
241	卫辉市(豫)	0.50
242	伊川县(豫)	0.50
243	夷陵区(鄂)	5.00
244	孝南区(鄂)	5.00
245	洪湖市(鄂)	4.00
246	监利县(鄂)	3.30
247	嘉鱼县(鄂)	3.20
248	建始县(鄂)	3.00
249	石首市(鄂)	2.10
250	东宝区(鄂)	2.10
251	宜城市(鄂)	2.00
252	潜江市(鄂)	2.00
253	罗田县(鄂)	1.60
254	枝江市(鄂)	1.50
255	浠水县(鄂)	1.36
256	当阳市(鄂)	1.00
257	云梦县(鄂)	1.00
258	赤壁市(鄂)	1.00
259	安陆市(鄂)	0.75
260	汉川市(鄂)	0.55
261	京山县(鄂)	0.50
262	团风县(鄂)	0.50
263	大悟县(鄂)	0.50
264	炎陵县(湘)	27.00
265	桃江县(湘)	18.00
266	安化县(湘)	6.92
267	新化县(湘)	6.80
268	湘乡市(湘)	5.17
269	醴陵市(湘)	5.00
270	鹤城区(湘)	4.80
271	衡山县(湘)	3.70
272	洞口县(湘)	3.50
273	浏阳市(湘)	3.32
274	汉寿县(湘)	3.10
275	北塔区(湘)	3.08
276	绥宁县(湘)	2.90
277	大祥区(湘)	2.90
278	祁东县(湘)	2.64
279	攸　县(湘)	2.60
280	株洲县(湘)	2.40
281	会同县(湘)	2.30
282	江华瑶族自治县(湘)	2.21
283	沅陵县(湘)	2.19
284	汝城县(湘)	2.13
285	平江县(湘)	2.00
286	新邵县(湘)	2.00
287	双峰县(湘)	1.98

	胶合板主产地	万立方米
288	城步苗族自治县(湘)	1.95
289	资兴市(湘)	1.77
290	零陵区(湘)	1.70
291	茶陵县(湘)	1.60
292	衡东县(湘)	1.50
293	宜章县(湘)	1.50
294	洪乡管理区(湘)	1.48
295	蓝山县(湘)	1.31
296	湘潭县(湘)	1.30
297	双牌县(湘)	1.28
298	冷水滩区(湘)	1.27
299	安仁县(湘)	1.23
300	沅江市(湘)	1.20
301	武冈市(湘)	1.20
302	张家界市市辖区(湘)	1.20
303	鼎城区(湘)	1.00
304	通道侗族自治县(湘)	1.00
305	珠晖区(湘)	1.00
306	东安县(湘)	0.96
307	娄星区(湘)	0.85
308	衡阳县(湘)	0.83
309	隆回县(湘)	0.80
310	新晃侗族自治县(湘)	0.80
311	宁乡县(湘)	0.80
312	麻阳苗族自治县(湘)	0.77
313	道　县(湘)	0.76
314	涟源市(湘)	0.75
315	长沙县(湘)	0.74
316	中方县(湘)	0.70
317	宁远县(湘)	0.67
318	常宁市(湘)	0.63
319	永定区(湘)	0.60
320	吉首市(湘)	0.60
321	桃源县(湘)	0.60
322	赫山区(湘)	0.60
323	桂阳县(湘)	0.53
324	邵阳县(湘)	0.53
325	江永县(湘)	0.52
326	邵东县(湘)	0.50
327	龙山县(湘)	0.50
328	番禺区(粤)	53.26
329	三水区(粤)	31.15
330	遂溪县(粤)	27.00
331	东源县(粤)	23.00
332	揭东县(粤)	16.50
333	廉江市(粤)	16.00

	胶合板主产地	万立方米
334	南海区(粤)	13.60
335	新丰县(粤)	12.88
336	顺德区(粤)	10.01
337	新会区(粤)	7.31
338	平远县(粤)	6.83
339	浈江区(粤)	5.15
340	源城区(粤)	5.00
341	开平市(粤)	3.24
342	徐闻县(粤)	3.13
343	东莞市(粤)	3.06
344	中山市(粤)	2.60
345	乐昌市(粤)	2.55
346	雷州市(粤)	2.20
347	德庆县(粤)	1.50
348	高要市(粤)	1.26
349	化州市(粤)	1.24
350	霞山区(粤)	1.12
351	麻章区(粤)	1.12
352	英德市(粤)	0.96
353	黄埔区(粤)	0.90
354	高州市(粤)	0.87
355	台山市(粤)	0.80
356	坡头区(粤)	0.78
357	封开县(粤)	0.65
358	五华县(粤)	0.50
359	从化市(粤)	0.50
360	蓬江区(粤)	0.50
361	港南区(桂)	138.00
362	覃塘区(桂)	82.12
363	武鸣县(桂)	37.57
364	江南区(桂)	36.74
365	柳北区(桂)	29.60
366	容　县(桂)	29.00
367	合浦县(桂)	26.00
368	岑溪市(桂)	18.10
369	藤　县(桂)	17.50
370	柳江县(桂)	16.70
371	港北区(桂)	16.35
372	横　县(桂)	16.10
373	北流市(桂)	11.98
374	柳南区(桂)	11.50
375	博白县(桂)	10.50
376	融水苗族自治县(桂)	10.10
377	灵川县(桂)	9.92
378	城中区(桂)	9.38
379	八步区(桂)	9.19

	胶合板主产地	万立方米
380	浦北县(桂)	8.10
381	万秀区(桂)	8.00
382	金秀瑶族自治县(桂)	7.63
383	永福县(桂)	6.96
384	灵山县(桂)	6.78
385	鹿寨县(桂)	6.50
386	象州县(桂)	6.18
387	凭祥市(桂)	6.13
388	博白林场(桂)	6.12
389	宾阳县(桂)	5.90
390	陆川县(桂)	5.40
391	兴宾区(桂)	5.36
392	钦南区(桂)	5.11
393	全州县(桂)	4.99
394	苍梧县(桂)	4.83
395	昭平县(桂)	4.66
396	平南县(桂)	4.32
397	恭城瑶族自治县(桂)	4.23
398	蒙山县(桂)	4.07
399	桂平市(桂)	4.00
400	临桂县(桂)	3.70
401	平乐县(桂)	3.68
402	上思县(桂)	3.64
403	大化瑶族自治县(桂)	3.60
404	玉州区(桂)	3.50
405	象山区(桂)	3.00
406	钦北区(桂)	2.80
407	中国林科院热林中心(桂)	2.70
408	西乡塘区(桂)	2.70
409	南宁市东盟经济园区(桂)	2.68
410	忻城县(桂)	2.67
411	兴安县(桂)	2.53
412	阳朔县(桂)	2.43
413	七坡林场(桂)	2.14
414	鱼峰区(桂)	2.08
415	银海区(桂)	2.04
416	长洲区(桂)	2.00
417	玉林市福绵管理区(桂)	1.90
418	柳城县(桂)	1.87
419	秀峰区(桂)	1.70
420	雁山区(桂)	1.68
421	黄冕林场(桂)	1.67
422	兴业县(桂)	1.65
423	南丹县(桂)	1.65
424	兴宁区(桂)	1.60
425	叠彩区(桂)	1.50

	胶合板主产地	万立方米
426	隆安县(桂)	1.45
427	七星区(桂)	1.20
428	平果县(桂)	1.18
429	防城区(桂)	1.11
430	武宣县(桂)	1.06
431	融安县(桂)	1.00
432	上林县(桂)	0.97
433	东兰县(桂)	0.91
434	青秀区(桂)	0.83
435	东兴市(桂)	0.80
436	大桂山林场(桂)	0.79
437	江州区(桂)	0.68
438	大新县(桂)	0.58
439	资源县(桂)	0.55
440	开　县(渝)	6.50
441	九龙坡区(渝)	3.27
442	石柱土家族自治县(渝)	2.23
443	永川区(渝)	2.10
444	南川区(渝)	2.10
445	大足县(渝)	1.00
446	垫江县(渝)	1.00
447	云阳县(渝)	0.74
448	秀山土家族苗族自治县(渝)	0.70
449	沙坪坝区(渝)	0.61
450	武隆县(渝)	0.60
451	江津区(渝)	0.51
452	崇州市(川)	13.89
453	大邑县(川)	8.12
454	叙永县(川)	7.50
455	合江县(川)	7.00
456	井研县(川)	6.00
457	双流县(川)	5.34
458	雁江区(川)	5.13
459	新都区(川)	5.00
460	高　县(川)	5.00
461	宜宾县(川)	4.80
462	旺苍县(川)	4.80
463	纳溪区(川)	4.52
464	利州区(川)	4.50
465	江阳区(川)	4.40
466	洪雅县(川)	4.10
467	达 县(川)	3.23
468	岳池县(川)	3.00
469	通川区(川)	3.00
470	绵竹市(川)	3.00
471	富顺县(川)	2.95

	胶合板主产地	万立方米
472	乐山市市中区(川)	2.90
473	江油市(川)	2.70
474	古蔺县(川)	2.70
475	丹棱县(川)	2.59
476	雨城区(川)	2.50
477	长宁县(川)	2.42
478	剑阁县(川)	2.20
479	邻水县(川)	2.00
480	万源市(川)	1.67
481	宣汉县(川)	1.50
482	江安县(川)	1.50
483	广汉市(川)	1.43
484	东坡区(川)	1.42
485	贡井区(川)	1.40
486	筠连县(川)	1.30
487	元坝区(川)	1.21
488	沐川县(川)	1.17
489	蓬安县(川)	1.01
490	荣　县(川)	0.97
491	船山区(川)	0.89
492	沿滩区(川)	0.82
493	高坪区(川)	0.82
494	开江县(川)	0.80
495	彭山县(川)	0.69
496	天全县(川)	0.65
497	威远县(川)	0.58
498	大竹县(川)	0.58
499	中江县(川)	0.50
500	顺庆区(川)	0.50
501	丹寨县(黔)	2.95
502	三都水族自治县(黔)	2.30
503	三穗县(黔)	1.95
504	凯里市(黔)	1.40
505	清镇市(黔)	0.99
506	剑河县(黔)	0.86
507	岑巩县(黔)	0.59
508	都匀市(黔)	0.50
509	长顺县(黔)	0.50
510	景谷傣族彝族自治县(滇)	7.48
511	盈江县(滇)	2.20
512	芒 市(滇)	1.69
513	宣威市(滇)	1.50
514	昌宁县(滇)	1.50
515	宁洱哈尼族彝族自治县(滇)	1.30
516	思茅区(滇)	1.30
517	隆阳区(滇)	1.00

	胶合板主产地	万立方米
518	镇沅彝族哈尼族拉祜族自治县(滇)	1.00
519	马关县(滇)	1.00
520	腾冲县(滇)	1.00
521	富宁县(滇)	0.94
522	元阳县(滇)	0.85
523	双柏县(滇)	0.66
524	云　县(滇)	0.60
525	楚雄市(滇)	0.50
526	潼关县(陕)	0.50
527	吉林森工集团金桥木业有限公司(吉林森工)	0.50
528	上甘岭林业局(龙江森工)	2.84
529	乌马河林业局(龙江森工)	2.70
530	友好林业局(龙江森工)	1.26
531	清河林业局(龙江森工)	0.61
532	乌伊岭林业局(龙江森工)	0.50

表 4-10-2　纤维板主产地产量

	纤维板主产地	万立方米
1	文安县(冀)	160.85
2	易　县(冀)	24.00
3	藁城市(冀)	20.61
4	正定县(冀)	13.00
5	邢台市高新技术开发区(冀)	12.50
6	邱　县(冀)	10.83
7	冀州市(冀)	10.00
8	深州市(冀)	10.00
9	辛集市(冀)	9.50
10	肃宁县(冀)	8.20
11	安平县(冀)	7.10
12	唐　县(冀)	5.48
13	平泉县(冀)	2.72
14	无极县(冀)	2.25
15	霸州市(冀)	1.49
16	孟村回族自治县(冀)	0.50
17	东胜区(内蒙古)	7.00
18	杭锦后旗(内蒙古)	3.20
19	台安县(辽)	35.00
20	省实验林场(辽)	8.20
21	阜新蒙古族自治县(辽)	7.00
22	桓仁满族自治县(辽)	6.31
23	鞍山市开发区(辽)	6.00
24	顺城区(辽)	5.00
25	清原满族自治县(辽)	4.30
26	宽甸满族自治县(辽)	4.00
27	海城市(辽)	3.23

	纤维板主产地	万立方米
28	普兰店市(辽)	1.00
29	敦化市(吉)	11.80
30	和龙人造板公司(吉)	9.01
31	通化县(吉)	3.00
32	汪清林业局(吉)	2.50
33	抚松县(吉)	2.10
34	香坊区(黑)	3.00
35	五常市(黑)	2.50
36	方正县(黑)	2.00
37	松江区(沪)	16.90
38	奉贤区(沪)	2.10
39	丹阳市(苏)	154.00
40	邳州市(苏)	82.20
41	睢宁县(苏)	20.00
42	大丰市(苏)	16.10
43	宝应县(苏)	11.50
44	阜宁县(苏)	10.50
45	新沂市(苏)	9.97
46	沛　县(苏)	8.00
47	东海县(苏)	7.00
48	沭阳县(苏)	5.00
49	灌云县(苏)	1.90
50	相城区(苏)	1.20
51	滨海县(苏)	0.50
52	丽水市市辖区(浙)	13.35
53	遂昌县(浙)	19.51
54	江山市(浙)	11.73
55	桐乡市(浙)	8.00
56	余杭区(浙)	7.80
57	富阳市(浙)	7.36
58	长兴县(浙)	3.82
59	龙泉市(浙)	3.18
60	常山县(浙)	2.37
61	贵池区(皖)	20.00
62	池州市九华山风景区(皖)	20.00
63	怀宁县(皖)	15.00
64	宁国市(皖)	12.87
65	埇桥区(皖)	10.00
66	凤阳县(皖)	10.00
67	蒙城县(皖)	10.00
68	宣州区(皖)	9.90
69	琅琊区(皖)	8.00
70	六安市叶集区(皖)	8.00
71	祁门县(皖)	7.30
72	桐城市(皖)	7.00
73	东至县(皖)	5.40
74	太湖县(皖)	5.20
75	濉溪县(皖)	4.40
76	含山县(皖)	4.12
77	庐江县(皖)	2.58
78	广德县(皖)	1.30
79	青阳县(皖)	1.00
80	郎溪县(皖)	0.80
81	灵璧县(皖)	0.62
82	五河县(皖)	0.50
83	临川区(赣)	26.50
84	遂川县(赣)	5.00
85	宜丰县(赣)	4.30
86	永丰县(赣)	3.48
87	黎川县(赣)	3.00
88	袁州区(赣)	3.00
89	铜鼓县(赣)	2.86
90	丰城市(赣)	2.00
91	广丰县(赣)	0.80
92	安福县(赣)	0.50
93	茌平县(鲁)	157.02
94	高唐县(鲁)	127.50
95	禹城市(鲁)	70.00
96	广饶县(鲁)	32.58
97	东营市市辖区(鲁)	32.58
98	济宁市市中区(鲁)	32.00
99	邹城市(鲁)	23.60
100	兰山区(鲁)	20.99
101	惠民县(鲁)	20.00
102	寿光市(鲁)	17.00
103	肥城市(鲁)	16.80
104	河东区(鲁)	12.00
105	桓台县(鲁)	10.00
106	沂水县(鲁)	10.00
107	潍城区(鲁)	6.00
108	汶上县(鲁)	5.47
109	博兴县(鲁)	4.44
110	寒亭区(鲁)	3.90
111	成武县(鲁)	2.90
112	金乡县(鲁)	2.80
113	宁津县(鲁)	2.60
114	宁阳县(鲁)	2.22
115	东平县(鲁)	1.95
116	郯城县(鲁)	1.76
117	嘉祥县(鲁)	0.70
118	长葛市(豫)	175.23
119	濮阳县(豫)	18.00
120	范　县(豫)	13.00
121	临颍县(豫)	12.18
122	襄城县(豫)	10.00
123	睢阳区(豫)	8.72
124	邓州市(豫)	8.00
125	罗山县(豫)	6.95
126	夏邑县(豫)	6.80
127	尉氏县(豫)	6.50
128	淇　县(豫)	5.00
129	湖滨区(豫)	3.80
130	新野县(豫)	3.70
131	宁陵县(豫)	3.20
132	扶沟县(豫)	3.00
133	沈丘县(豫)	3.00
134	息　县(豫)	2.04
135	固始县(豫)	2.00
136	西华县(豫)	2.00
137	镇平县(豫)	1.98
138	沁阳市(豫)	1.80
139	新乡县(豫)	1.80
140	商水县(豫)	1.50
141	西峡县(豫)	1.27
142	兰考县(豫)	0.80
143	孟州市(豫)	0.75
144	解放区(豫)	0.73
145	石首市(鄂)	25.00
146	东宝区(鄂)	23.10
147	南漳县(鄂)	18.00
148	咸安区(鄂)	15.00
149	曾都区(鄂)	15.00
150	天门市(鄂)	12.00
151	蕲春县(鄂)	10.00
152	沙市区(鄂)	6.90
153	孝南区(鄂)	5.00
154	建始县(鄂)	1.60
155	嘉鱼县(鄂)	1.10
156	松滋市(鄂)	0.85
157	京山县(鄂)	0.70
158	老河口市(鄂)	0.50
159	资兴市(湘)	9.28
160	新邵县(湘)	7.00
161	靖州苗族侗族自治县(湘)	5.40
162	鹤城区(湘)	4.90
163	冷水滩区(湘)	4.15
164	醴陵市(湘)	4.00
165	攸　县(湘)	3.70

	纤维板主产地	万立方米
166	新宁县(湘)	3.50
167	湘阴县(湘)	3.10
168	浏阳市(湘)	2.68
169	华容县(湘)	2.50
170	沅陵县(湘)	1.80
171	安化县(湘)	0.65
172	茂南区(粤)	30.45
173	封开县(粤)	22.30
174	开平市(粤)	20.00
175	东源县(粤)	17.00
176	鹤山市(粤)	16.00
177	清城区(粤)	16.00
178	廉江市(粤)	13.50
179	曲江区(粤)	12.88
180	英德市(粤)	11.50
181	遂溪县(粤)	11.00
182	阳东县(粤)	10.00
183	台山市(粤)	9.70
184	从化市(粤)	7.70
185	新丰县(粤)	7.36
186	增城市(粤)	5.70
187	紫金县(粤)	5.00
188	阳春市(粤)	5.00
189	东莞市(粤)	4.40
190	阳山县(粤)	4.03
191	德庆县(粤)	3.91
192	怀集县(粤)	3.24
193	中山市(粤)	2.70
194	顺德区(粤)	2.25
195	高要市(粤)	1.86
196	平远县(粤)	1.00
197	恩平市(粤)	0.95
198	高峰林场(桂)	47.20
199	蝶山区(桂)	38.00
200	南宁市东盟经济园区(桂)	28.50
201	良庆区(桂)	20.88
202	八步区(桂)	18.39
203	容　县(桂)	17.50
204	钟山县(桂)	15.50
205	博白林场(桂)	15.36
206	七坡林场(桂)	15.08
207	广西林业集团有限公司(桂)	15.00
208	覃塘区(桂)	14.55
209	永福县(桂)	14.00
210	博白县(桂)	13.90
211	陆川县(桂)	13.70
212	上思县(桂)	13.00
213	鹿寨县(桂)	11.90
214	横　县(桂)	10.00
215	桂平市(桂)	9.60
216	大桂山林场(桂)	8.95
217	宾阳县(桂)	8.54
218	钦廉林场(桂)	8.02
219	柳北区(桂)	7.80
220	兴宾区(桂)	7.66
221	昭平县(桂)	6.87
222	凭祥市(桂)	6.44
223	环江毛南族自治县(桂)	6.20
224	中国林科院热林中心(桂)	6.00
225	岑溪市(桂)	5.70
226	兴业县(桂)	5.62
227	象州县(桂)	5.50
228	全州县(桂)	4.28
229	隆安县(桂)	4.00
230	黄冕林场(桂)	3.44
231	灵川县(桂)	1.15
232	合浦县(桂)	0.80
233	丰都县(渝)	6.06
234	开　县(渝)	4.20
235	南岸区(渝)	2.50
236	涪陵区(渝)	0.50
237	南部县(川)	25.00
238	邛崃市(川)	23.50
239	西昌市(川)	13.00
240	彭山县(川)	12.69
241	乐山市市辖区(川)	11.00
242	梓潼县(川)	10.48
243	仁寿县(川)	10.00
244	合江县(川)	10.00
245	名山县(川)	8.00
246	元坝区(川)	7.80
247	纳溪区(川)	6.80
248	青川县(川)	6.40
249	洪雅县(川)	6.20
250	夹江县(川)	6.00
251	珙　县(川)	6.00
252	苍溪县(川)	5.50
253	北川羌族自治县(川)	5.50
254	丹棱县(川)	4.60
255	屏山县(川)	4.30
256	资中县(川)	4.00
257	宣汉县(川)	3.92
258	江油市(川)	3.50
259	三台县(川)	3.40
260	剑阁县(川)	3.32
261	安　县(川)	3.20
262	平武县(川)	3.00
263	雁江区(川)	1.80
264	崇州市(川)	1.34
265	芦山县(川)	1.00
266	天全县(川)	0.89
267	荣　县(川)	0.63
268	郫　县(川)	0.63
269	绵竹市(川)	0.50
270	三都水族自治县(黔)	0.50
271	景东彝族自治县(滇)	9.90
272	双柏县(滇)	9.33
273	景谷傣族彝族自治县(滇)	6.41
274	腾冲县(滇)	5.00
275	建水县(滇)	4.62
276	镇沅彝族哈尼族拉祜族自治县(滇)	4.00
277	宁洱哈尼族彝族自治县(滇)	4.00
278	思茅区(滇)	4.00
279	江城哈尼族彝族自治县(滇)	3.72
280	红塔区(滇)	3.04
281	镇康县(滇)	1.95
282	楚雄市(滇)	1.13
283	高陵县(陕)	37.00
284	蒲城县(陕)	0.67
285	红石林业局(吉林森工)	5.60
286	白石山林业局(吉林森工)	4.24
287	朗乡林业局(龙江森工)	7.00
288	绥棱林业局(龙江森工)	6.88
289	乌马河林业局(龙江森工)	4.00
290	红星林业局(龙江森工)	2.94
291	友好林业局(龙江森工)	2.44
292	兴隆中密度板有限公司(龙江森工)	1.54
293	新林林业局(大兴安岭)	8.89
294	塔河林业局(大兴安岭)	3.85
295	呼中林业局(大兴安岭)	3.45

表 4-10-3　刨花板主产地产量

	刨花板主产地	万立方米
1	文安县(冀)	109.00
2	邢台市高新技术开发区(冀)	21.50
3	临漳县(冀)	15.40

	刨花板主产地	万立方米
4	望都县(冀)	10.08
5	迁西县(冀)	10.00
6	正定县(冀)	9.00
7	曲周县(冀)	6.25
8	丰宁满族自治县(冀)	4.80
9	昌黎县(冀)	4.20
10	南和县(冀)	3.50
11	霸州市(冀)	2.99
12	无极县(冀)	1.59
13	武邑县(冀)	1.50
14	永年县(冀)	1.38
15	三河市(冀)	0.70
16	夏　县(晋)	3.00
17	科尔沁区(内蒙古)	2.00
18	杭锦后旗(内蒙古)	0.50
19	辽阳县(辽)	27.99
20	铁岭县(辽)	3.80
21	溪湖区(辽)	2.17
22	海城市(辽)	2.00
23	普兰店市(辽)	1.50
24	双塔区(辽)	1.00
25	白河林业局(吉)	7.20
26	敦化市(吉)	4.94
27	宁江区(吉)	4.03
28	梅河口市(吉)	1.30
29	图们市(吉)	0.66
30	穆棱市(黑)	22.50
31	牡丹江市市本级(黑)	4.16
32	宾　县(黑)	0.50
33	丹阳市(苏)	46.00
34	丰　县(苏)	14.00
35	常熟市(苏)	10.00
36	睢宁县(苏)	6.00
37	铜山区(苏)	5.00
38	沭阳县(苏)	3.60
39	滨海县(苏)	3.60
40	沛　县(苏)	1.80
41	赣榆县(苏)	1.28
42	响水县(苏)	0.91
43	新沂市(苏)	0.79
44	建湖县(苏)	0.68
45	相城区(苏)	0.60
46	阜宁县(苏)	0.51
47	吴兴区(浙)	6.89
48	鄞州区(浙)	2.42
49	庆元县(浙)	2.12
50	江山市(浙)	1.11
51	南谯区(皖)	10.00
52	定远县(皖)	6.00
53	怀宁县(皖)	5.50
54	凤阳县(皖)	5.00
55	全椒县(皖)	2.00
56	六安市叶集区(皖)	2.00
57	东至县(皖)	1.55
58	宿松县(皖)	1.00
59	谯城区(皖)	0.90
60	郎溪县(皖)	0.50
61	舒城县(皖)	0.50
62	九江县(赣)	4.00
63	宜丰县(赣)	2.60
64	上高县(赣)	1.20
65	芦溪县(赣)	0.70
66	余江县(赣)	0.60
67	新干县(赣)	0.50
68	兰山区(鲁)	47.30
69	河东区(鲁)	12.00
70	寿光市(鲁)	8.00
71	沂水县(鲁)	5.90
72	定陶县(鲁)	5.15
73	禹城市(鲁)	5.00
74	惠民县(鲁)	2.00
75	汶上县(鲁)	1.94
76	临朐县(鲁)	1.80
77	金乡县(鲁)	1.10
78	郯城县(鲁)	1.06
79	济宁市市中区(鲁)	0.90
80	肥城市(鲁)	0.67
81	东平县(鲁)	0.65
82	周村区(鲁)	0.55
83	虞城县(豫)	8.90
84	邓州市(豫)	7.00
85	西华县(豫)	6.60
86	洛宁县(豫)	5.00
87	许昌县(豫)	4.50
88	淇滨区(豫)	4.00
89	杞　县(豫)	3.10
90	郸城县(豫)	2.80
91	民权县(豫)	2.09
92	偃师市(豫)	2.00
93	睢阳区(豫)	1.77
94	驿城区(豫)	1.70
95	平舆县(豫)	0.99
96	兰考县(豫)	0.90
97	沈丘县(豫)	0.60
98	新蔡县(豫)	0.54
99	咸安区(鄂)	4.20
100	黄梅县(鄂)	2.50
101	沙市区(鄂)	2.06
102	天门市(鄂)	0.85
103	石首市(鄂)	0.80
104	京山县(鄂)	0.50
105	醴陵市(湘)	5.00
106	汨罗市(湘)	3.40
107	炎陵县(湘)	3.00
108	衡东县(湘)	2.60
109	资兴市(湘)	1.40
110	洪江市(湘)	1.30
111	澧　县(湘)	1.21
112	双峰县(湘)	0.87
113	汝城县(湘)	0.84
114	湘阴县(湘)	0.80
115	长沙县(湘)	0.61
116	洪乡管理区(湘)	0.60
117	祁阳县(湘)	0.60
118	遂溪县(粤)	23.00
119	番禺区(粤)	20.00
120	平远县(粤)	4.20
121	连州市(粤)	4.07
122	中山市(粤)	2.01
123	顺德区(粤)	1.79
124	高要市(粤)	0.93
125	怀集县(粤)	0.53
126	从化市(粤)	0.50
127	覃塘区(桂)	5.35
128	桂平市(桂)	3.30
129	横　县(桂)	1.50
130	城中区(桂)	1.18
131	平乐县(桂)	1.02
132	宾阳县(桂)	0.65
133	开　县(渝)	3.10
134	利州区(川)	5.40
135	三台县(川)	4.56
136	剑阁县(川)	3.00
137	什邡市(川)	2.08
138	雁江区(川)	2.00
139	中江县(川)	0.70
140	荣　县(川)	0.66
141	广安区(川)	0.60

	刨花板主产地	万立方米
142	崇州市(川)	0.51
143	古蔺县(川)	0.50
144	都匀市(黔)	0.98
145	三都水族自治县(黔)	0.70
146	华宁县(滇)	0.92
147	定边县(陕)	0.70
148	吉林森工集团股份公司	49.46
149	朗乡林业局(龙江森工)	7.70
150	汤旺河林业局(龙江森工)	4.94
151	牡丹江木材综合加工厂(龙江森工)	4.05
152	穆棱林业局(龙江森工)	4.04
153	绥化复合板厂(龙江森工)	3.24
154	万成木业有限公司(龙江森工)	2.99
155	乌马河林业局(龙江森工)	2.56
156	新青林业局(龙江森工)	1.09

表 4-10-4 细木工板主产地产量

	细木工板主产地	万立方米
1	文安县(冀)	113.00
2	邢台市高新技术开发区(冀)	30.20
3	新乐市(冀)	20.00
4	南和县(冀)	15.00
5	正定县(冀)	12.00
6	藁城市(冀)	9.03
7	行唐县(冀)	6.32
8	昌黎县(冀)	4.68
9	霸州市(冀)	4.50
10	元氏县(冀)	1.08
11	三河市(冀)	0.84
12	临漳县(冀)	0.64
13	徐水县(冀)	0.30
14	深泽县(冀)	0.12
15	闻喜县(晋)	0.40
16	元宝山区(内蒙古)	10.00
17	库伦旗(内蒙古)	3.90
18	科尔沁区(内蒙古)	3.00
19	林西县(内蒙古)	1.00
20	宁城县(内蒙古)	0.50
21	敖汉旗(内蒙古)	0.50
22	翁牛特旗(内蒙古)	0.30
23	五原县(内蒙古)	0.30
24	杭锦后旗(内蒙古)	0.26
25	临河区(内蒙古)	0.25
26	巴林右旗(内蒙古)	0.10
27	彰武县(辽)	18.00

	细木工板主产地	万立方米
28	新宾满族自治县(辽)	17.00
29	普兰店市(辽)	0.50
30	东港市(辽)	4.00
31	新民市(辽)	3.16
32	建平县(辽)	1.90
33	北票市(辽)	1.00
34	新邱区(辽)	1.00
35	凌源市(辽)	0.60
36	喀喇沁左翼蒙古族自治县(辽)	0.50
37	开原市(辽)	0.30
38	凌海市(辽)	0.20
39	海城市(辽)	0.10
40	龙山区(吉)	2.40
41	敦化市(吉)	1.51
42	临江市(吉)	0.60
43	农安县(吉)	0.50
44	前郭尔罗斯蒙古族自治县(吉)	0.30
45	二道江区(吉)	0.30
46	东丰县(吉)	0.20
47	尚志市(黑)	3.70
48	勃利县(黑)	2.00
49	望奎县(黑)	2.00
50	香坊区(黑)	1.45
51	方正县(黑)	1.00
52	依安县(黑)	0.50
53	绥芬河市(黑)	0.50
54	宾县(黑)	0.50
55	克山县(黑)	0.50
56	延寿县(黑)	0.20
57	五常市(黑)	0.20
58	尚志国有林场管理局(黑)	0.18
59	巴彦县(黑)	0.10
60	邳州市(苏)	80.00
61	沭阳县(苏)	30.80
62	睢宁县(苏)	4.00
63	铜山区(苏)	3.00
64	吴江市(苏)	2.07
65	沛 县(苏)	1.80
66	阜宁县(苏)	0.61
67	建湖县(苏)	0.45
68	响水县(苏)	0.36
69	江都市(苏)	0.12
70	南浔区(浙)	47.50
71	江山市(浙)	38.10
72	德清县(浙)	20.00
73	桐庐县(浙)	3.62

	细木工板主产地	万立方米
74	衢江区(浙)	3.00
75	龙泉市(浙)	2.99
76	遂昌县(浙)	2.08
77	临安市(浙)	1.60
78	余杭区(浙)	1.25
79	松阳县(浙)	1.20
80	义乌市(浙)	0.72
81	景宁畲族自治县(浙)	0.51
82	建德市(浙)	0.42
83	上虞市(浙)	0.30
84	桐乡市(浙)	0.30
85	庆元县(浙)	0.21
86	常山县(浙)	0.10
87	富阳市(浙)	0.10
88	埇桥区(皖)	40.00
89	天长市(皖)	4.00
90	祁门县(皖)	3.90
91	萧 县(皖)	3.50
92	池州市九华山风景区(皖)	3.00
93	贵池区(皖)	3.00
94	怀宁县(皖)	2.50
95	东至县(皖)	2.10
96	颍泉区(皖)	1.70
97	黄山区(皖)	1.50
98	明光市(皖)	1.10
99	舒城县(皖)	1.00
100	六安市叶集区(皖)	1.00
101	广德县(皖)	0.80
102	泾 县(皖)	0.70
103	徽州区(皖)	0.58
104	青阳县(皖)	0.50
105	郎溪县(皖)	0.50
106	旌德县(皖)	0.40
107	太湖县(皖)	0.36
108	潜山县(皖)	0.30
109	固镇县(皖)	0.20
110	霍邱县(皖)	0.10
111	遂川县(赣)	8.00
112	铜鼓县(赣)	5.61
113	上高县(赣)	4.20
114	宜丰县(赣)	3.50
115	婺源县(赣)	3.11
116	资溪县(赣)	3.10
117	修水县(赣)	3.02
118	宜黄县(赣)	2.30
119	新干县(赣)	2.00

	细木工板主产地	万立方米
120	万载县(赣)	1.90
121	全南县(赣)	1.86
122	德兴市(赣)	1.83
123	南丰县(赣)	1.43
124	崇义县(赣)	1.37
125	瑞金市(赣)	1.30
126	上饶县(赣)	1.20
127	袁州区(赣)	1.20
128	上犹县(赣)	1.02
129	广昌县(赣)	0.99
130	乐平市(赣)	0.72
131	贵溪市(赣)	0.65
132	峡江县(赣)	0.63
133	高安市(赣)	0.60
134	金溪县(赣)	0.50
135	广丰县(赣)	0.50
136	永丰县(赣)	0.48
137	余江县(赣)	0.40
138	临川区(赣)	0.40
139	彭泽县(赣)	0.33
140	会昌县(赣)	0.30
141	兴国县(赣)	0.30
142	吉州区(赣)	0.30
143	进贤县(赣)	0.19
144	龙南县(赣)	0.17
145	德安县(赣)	0.15
146	吉安县(赣)	0.11
147	崇仁县(赣)	0.11
148	沂水县(鲁)	12.00
149	金乡县(鲁)	6.20
150	河东区(鲁)	6.00
151	东明县(鲁)	5.68
152	平阴县(鲁)	5.00
153	寿光市(鲁)	4.00
154	陵 县(鲁)	3.00
155	惠民县(鲁)	3.00
156	肥城市(鲁)	1.60
157	济宁市市中区(鲁)	1.50
158	宁阳县(鲁)	1.36
159	东平县(鲁)	1.30
160	淄川区(鲁)	1.23
161	成武县(鲁)	1.10
162	牟平区(鲁)	1.00
163	周村区(鲁)	0.20
164	商河县(鲁)	0.20
165	安丘市(鲁)	0.20

	细木工板主产地	万立方米
166	南乐县(豫)	11.00
167	邓州市(豫)	3.50
168	平舆县(豫)	2.92
169	孟津县(豫)	1.82
170	召陵区(豫)	1.75
171	许昌县(豫)	1.67
172	商水县(豫)	1.30
173	兰考县(豫)	1.30
174	睢阳区(豫)	1.25
175	义马市(豫)	1.20
176	汝阳县(豫)	0.87
177	沁阳市(豫)	0.70
178	偃师市(豫)	0.50
179	博爱县(豫)	0.10
180	监利县(鄂)	22.90
181	孝南区(鄂)	10.00
182	石首市(鄂)	8.00
183	洪湖市(鄂)	2.60
184	潜江市(鄂)	2.00
185	谷城县(鄂)	1.60
186	嘉鱼县(鄂)	1.30
187	钟祥市(鄂)	1.18
188	天门市(鄂)	0.68
189	京山县(鄂)	0.50
190	曾都区(鄂)	0.50
191	鹤峰县(鄂)	0.40
192	枣阳市(鄂)	0.30
193	黄梅县(鄂)	0.30
194	安陆市(鄂)	0.23
195	枝江市(鄂)	0.20
196	咸丰县(鄂)	0.19
197	浠水县(鄂)	0.15
198	五峰土家族自治县(鄂)	0.14
199	樊城区(鄂)	0.10
200	湘阴县(湘)	10.30
201	湘潭县(湘)	9.20
202	新化县(湘)	6.40
203	汉寿县(湘)	5.30
204	安化县(湘)	5.29
205	平江县(湘)	5.00
206	桃江县(湘)	4.10
207	湘乡市(湘)	3.40
208	汝城县(湘)	3.02
209	炎陵县(湘)	3.00
210	永兴县(湘)	3.00
211	醴陵市(湘)	3.00

	细木工板主产地	万立方米
212	冷水滩区(湘)	2.84
213	绥宁县(湘)	2.80
214	资兴市(湘)	2.74
215	邵东县(湘)	2.55
216	城步苗族自治县(湘)	2.53
217	衡山县(湘)	2.50
218	通道侗族自治县(湘)	2.00
219	双牌县(湘)	1.94
220	江永县(湘)	1.86
221	鼎城区(湘)	1.80
222	古丈县(湘)	1.60
223	靖州苗族侗族自治县(湘)	1.60
224	会同县(湘)	1.60
225	祁阳县(湘)	1.58
226	张家界市市辖区(湘)	1.50
227	永定区(湘)	1.50
228	衡南县(湘)	1.50
229	龙山县(湘)	1.20
230	茶陵县(湘)	1.20
231	隆回县(湘)	1.20
232	中方县(湘)	1.10
233	江华瑶族自治县(湘)	1.07
234	望城县(湘)	1.00
235	石鼓区(湘)	1.00
236	洪乡管理区(湘)	1.00
237	新宁县(湘)	1.00
238	攸 县(湘)	1.00
239	洞口县(湘)	0.98
240	沅江市(湘)	0.95
241	鹤城区(湘)	0.91
242	耒阳市(湘)	0.80
243	衡东县(湘)	0.80
244	岳阳楼区(湘)	0.80
245	芦淞区(湘)	0.80
246	新田县(湘)	0.79
247	双峰县(湘)	0.75
248	浏阳市(湘)	0.70
249	道 县(湘)	0.69
250	新邵县(湘)	0.60
251	祁东县(湘)	0.55
252	北塔区(湘)	0.54
253	株洲县(湘)	0.50
254	安仁县(湘)	0.38
255	娄星区(湘)	0.35
256	苏仙区(湘)	0.31
257	武陵区(湘)	0.30

	细木工板主产地	万立方米
258	蓝山县(湘)	0.30
259	东安县(湘)	0.29
260	洪江市(湘)	0.29
261	荷塘区(湘)	0.27
262	武冈市(湘)	0.20
263	零陵区(湘)	0.19
264	常宁市(湘)	0.18
265	宁远县(湘)	0.15
266	临武县(湘)	0.14
267	永顺县(湘)	0.10
268	冷水江市(湘)	0.10
269	邵阳县(湘)	0.10
270	番禺区(粤)	20.00
271	清新县(粤)	4.20
272	清城区(粤)	2.90
273	中山市(粤)	1.20
274	台山市(粤)	0.80
275	大埔县(粤)	0.10
276	融安县(桂)	32.00
277	融水苗族自治县(桂)	17.70
278	柳北区(桂)	10.00
279	凤山县(桂)	9.79
280	江南区(桂)	5.56
281	柳江县(桂)	4.56
282	港北区(桂)	2.56
283	罗城仫佬族自治县(桂)	2.00
284	临桂县(桂)	1.90
285	八步区(桂)	1.60
286	灵山县(桂)	1.58
287	象山区(桂)	1.00
288	横 县(桂)	0.85
289	秀峰区(桂)	0.80
290	桂平市(桂)	0.70
291	昭平县(桂)	0.60
292	叠彩区(桂)	0.50
293	七星区(桂)	0.30
294	酉阳土家族苗族自治县(渝)	0.60
295	江津区(渝)	0.50
296	南川区(渝)	0.50
297	秀山土家族苗族自治县(渝)	0.35
298	洪雅县(川)	3.60
299	叙永县(川)	3.50
300	雁江区(川)	1.90
301	芦山县(川)	1.90
302	中江县(川)	1.20
303	宣汉县(川)	1.15

	细木工板主产地	万立方米
304	荥经县(川)	1.00
305	通川区(川)	1.00
306	沙湾区(川)	0.90
307	大英县(川)	0.80
308	合江县(川)	0.80
309	攀枝花市东区(川)	0.60
310	广汉市(川)	0.55
311	江安县(川)	0.50
312	郫 县(川)	0.46
313	平昌县(川)	0.30
314	青白江区(川)	0.30
315	名山县(川)	0.15
316	兴文县(川)	0.11
317	三穗县(黔)	2.64
318	锦屏县(黔)	1.79
319	三都水族自治县(黔)	1.40
320	榕江县(黔)	1.40
321	天柱县(黔)	0.20
322	隆阳区(滇)	3.10
323	师宗县(滇)	1.07
324	景谷傣族彝族自治县(滇)	0.83
325	宁洱哈尼族彝族自治县(滇)	0.40
326	思茅区(滇)	0.40
327	宣威市(滇)	0.40
328	西畴县(滇)	0.25
329	威信县(滇)	0.20
330	景东彝族自治县(滇)	0.20
331	三原县(陕)	0.23
332	城固县(陕)	0.20
333	商南县(陕)	0.12
334	汤旺河林业局(龙江森工)	7.18
335	上甘岭林业局(龙江森工)	0.99
336	乌伊岭林业局(龙江森工)	0.81
337	红星林业局(龙江森工)	0.77
338	柴河林业局(龙江森工)	0.74
339	带岭实验局(龙江森工)	0.65
340	双丰林业局(龙江森工)	0.46
341	东京城林业局(龙江森工)	0.21
342	翠峦林业局(龙江森工)	0.20
343	沾河林业局(龙江森工)	0.15
344	十八站林业局(大兴安岭)	2.08
345	韩家园林业局(大兴安岭)	1.84
346	呼中林业局(大兴安岭)	1.11
347	塔河林业局(大兴安岭)	0.85
348	松岭林业局(大兴安岭)	0.77
349	图强林业局(大兴安岭)	0.28

表 4-10-5 单板主产地产量

	单板主产地	万立方米
1	文安县(冀)	350.92
2	望都县(冀)	16.85
3	元宝山区(内蒙古)	5.00
4	宁城县(内蒙古)	1.00
5	科尔沁区(内蒙古)	1.00
6	科尔沁左翼中旗(内蒙古)	0.80
7	喀喇沁旗(内蒙古)	0.20
8	翁牛特旗(内蒙古)	0.20
9	北票市(辽)	1.00
10	元宝区(辽)	0.80
11	凌海市(辽)	0.30
12	大石桥市(辽)	0.11
13	兴城市(辽)	0.10
14	农安县(吉)	6.00
15	梨树县(吉)	5.94
16	舒兰市(吉)	5.00
17	前郭尔罗斯蒙古族自治县(吉)	3.00
18	宁江区(吉)	2.65
19	和龙林业局(吉)	1.92
20	图们市(吉)	0.95
21	长岭县(吉)	0.80
22	东丰县(吉)	0.50
23	梅河口市(吉)	0.45
24	汪清林业局(吉)	0.30
25	肇东市(黑)	7.40
26	克山县(黑)	3.00
27	嘉荫县(黑)	2.30
28	南岗区(黑)	1.44
29	明水县(黑)	1.00
30	延寿县(黑)	1.00
31	勃利县(黑)	0.55
32	绥芬河市(黑)	0.50
33	尚志市(黑)	0.38
34	宾 县(黑)	0.30
35	虎林市(黑)	0.30
36	五常市(黑)	0.20
37	巴彦县(黑)	0.20
38	邳州市(苏)	926.00
39	丰 县(苏)	58.00
40	睢宁县(苏)	10.00
41	铜山区(苏)	7.00
42	沛 县(苏)	5.30
43	响水县(苏)	5.10
44	东台市(苏)	3.60
45	滨海县(苏)	1.50

	单板主产地	万立方米
46	建湖县(苏)	0.98
47	阜宁县(苏)	0.72
48	宝应县(苏)	0.10
49	灌云县(苏)	0.10
50	建德市(浙)	0.77
51	涡阳县(皖)	5.00
52	明光市(皖)	3.86
53	灵璧县(皖)	3.44
54	宿松县(皖)	2.00
55	太湖县(皖)	1.95
56	霍邱县(皖)	1.90
57	泾　县(皖)	1.50
58	全椒县(皖)	1.29
59	舒城县(皖)	1.00
60	贵池区(皖)	0.50
61	寿　县(皖)	0.50
62	长丰县(皖)	0.50
63	池州市九华山风景区(皖)	0.50
64	怀宁县(皖)	0.50
65	望江县(皖)	0.30
66	余江县(赣)	1.80
67	安福县(赣)	0.80
68	临川区(赣)	0.80
69	赣　县(赣)	0.70
70	高安市(赣)	0.65
71	进贤县(赣)	0.42
72	章贡区(赣)	0.35
73	泰和县(赣)	0.32
74	瑞金市(赣)	0.30
75	宁都县(赣)	0.26
76	东乡县(赣)	0.23
77	德安县(赣)	0.20
78	吉安县(赣)	0.16
79	崇仁县(赣)	0.11
80	金溪县(赣)	0.10
81	肥城市(鲁)	132.00
82	沂水县(鲁)	94.00
83	东明县(鲁)	35.00
84	兰山区(鲁)	33.78
85	苍山县(鲁)	23.20
86	河东区(鲁)	12.00
87	高唐县(鲁)	8.90
88	惠民县(鲁)	7.60
89	成武县(鲁)	6.70
90	诸城市(鲁)	6.33
91	寿光市(鲁)	5.00

	单板主产地	万立方米
92	费　县(鲁)	4.14
93	沂南县(鲁)	4.00
94	新泰市(鲁)	3.76
95	宁阳县(鲁)	2.42
96	安丘市(鲁)	2.30
97	郯城县(鲁)	1.45
98	定陶县(鲁)	1.37
99	济宁市市中区(鲁)	0.90
100	沂源县(鲁)	0.35
101	昌邑市(鲁)	0.30
102	牟平区(鲁)	0.30
103	五莲县(鲁)	0.30
104	邓州市(豫)	13.00
105	夏邑县(豫)	12.70
106	永城市(豫)	12.40
107	虞城县(豫)	12.30
108	宁陵县(豫)	11.30
109	民权县(豫)	9.60
110	平舆县(豫)	9.10
111	西华县(豫)	9.00
112	内乡县(豫)	6.10
113	睢　县(豫)	5.80
114	柘城县(豫)	5.40
115	梁园区(豫)	3.90
116	尉氏县(豫)	3.30
117	商水县(豫)	3.20
118	扶沟县(豫)	3.00
119	淮滨县(豫)	2.90
120	睢阳区(豫)	2.50
121	息　县(豫)	2.38
122	宛城区(豫)	1.70
123	唐河县(豫)	1.50
124	项城市(豫)	1.25
125	台前县(豫)	1.20
126	汝阳县(豫)	0.70
127	光山县(豫)	0.61
128	潢川县(豫)	0.50
129	沁阳市(豫)	0.40
130	新蔡县(豫)	0.30
131	叶　县(豫)	0.25
132	南召县(豫)	0.25
133	博爱县(豫)	0.15
134	罗山县(豫)	0.11
135	源河区(豫)	0.10
136	随　县(鄂)	4.10
137	石首市(鄂)	4.00

	单板主产地	万立方米
138	沙洋县(鄂)	3.00
139	潜江市(鄂)	3.00
140	嘉鱼县(鄂)	3.00
141	罗田县(鄂)	1.60
142	南漳县(鄂)	1.00
143	当阳市(鄂)	1.00
144	公安县(鄂)	0.80
145	曾都区(鄂)	0.60
146	京山县(鄂)	0.50
147	黄梅县(鄂)	0.47
148	枣阳市(鄂)	0.34
149	老河口市(鄂)	0.33
150	襄城区(鄂)	0.20
151	黄州区(鄂)	0.20
152	鄂州市市辖区(鄂)	0.10
153	浠水县(鄂)	0.10
154	浏阳市(湘)	1.62
155	桑植县(湘)	0.80
156	慈利县(湘)	0.70
157	祁东县(湘)	0.55
158	永定区(湘)	0.50
159	双清区(湘)	0.50
160	临湘市(湘)	0.50
161	娄星区(湘)	0.50
162	邵阳县(湘)	0.30
163	澧　县(湘)	0.30
164	隆回县(湘)	0.30
165	湘阴县(湘)	0.30
166	南　县(湘)	0.30
167	绥宁县(湘)	0.26
168	娄底市市辖区(湘)	0.20
169	武陵区(湘)	0.20
170	临澧县(湘)	0.20
171	鼎城区(湘)	0.20
172	安化县(湘)	0.19
173	北塔区(湘)	0.18
174	新宁县(湘)	0.15
175	城步苗族自治县(湘)	0.15
176	新化县(湘)	0.15
177	石鼓区(湘)	0.10
178	攸　县(湘)	0.10
179	东源县(粤)	9.00
180	廉江市(粤)	8.60
181	雷州市(粤)	8.00
182	遂溪县(粤)	8.00
183	徐闻县(粤)	6.30

	单板主产地	万立方米
184	中山市(粤)	3.50
185	清新县(粤)	3.40
186	化州市(粤)	3.29
187	蓬江区(粤)	2.72
188	浈江区(粤)	2.21
189	清城区(粤)	1.30
190	佛冈县(粤)	1.17
191	江城区(粤)	1.00
192	高要市(粤)	0.81
193	高州市(粤)	0.63
194	怀集县(粤)	0.60
195	阳春市(粤)	0.50
196	麻章区(粤)	0.50
197	翁源县(粤)	0.32
198	揭东县(粤)	0.26
199	曲江区(粤)	0.22
200	信宜市(粤)	0.22
201	茂港区(粤)	0.11
202	黄埔区(粤)	0.10
203	电白县(粤)	0.10
204	坡头区(粤)	0.10
205	港南区(桂)	135.00
206	覃塘区(桂)	112.00
207	武鸣县(桂)	48.33
208	西乡塘区(桂)	32.66
209	江南区(桂)	26.71
210	博白县(桂)	26.50
211	南宁市东盟经济园区(桂)	15.14
212	横　县(桂)	13.86
213	灵山县(桂)	13.60
214	鹿寨县(桂)	13.30
215	玉林市福绵管理区(桂)	13.20
216	港北区(桂)	12.41
217	钦南区(桂)	11.58
218	八步区(桂)	11.00
219	兴宾区(桂)	10.30
220	象州县(桂)	8.94
221	容　县(桂)	8.50
222	金秀瑶族自治县(桂)	8.11
223	柳南区(桂)	8.00
224	钦北区(桂)	7.50
225	永福县(桂)	6.96
226	北流市(桂)	6.60
227	武宣县(桂)	6.51
228	桂平市(桂)	6.50
229	合山市(桂)	6.46
230	灵川县(桂)	6.05
231	全州县(桂)	6.00
232	兴业县(桂)	5.60
233	浦北县(桂)	5.30
234	陆川县(桂)	5.20
235	环江毛南族自治县(桂)	4.85
236	平南县(桂)	4.80
237	玉州区(桂)	4.40
238	兴宁区(桂)	3.90
239	大桂山林场(桂)	3.20
240	宾阳县(桂)	3.03
241	临桂县(桂)	2.70
242	忻城县(桂)	2.31
243	三门江林场(桂)	1.99
244	阳朔县(桂)	1.93
245	象山区(桂)	1.90
246	叠彩区(桂)	1.57
247	平乐县(桂)	1.40
248	柳江县(桂)	1.31
249	苍梧县(桂)	1.29
250	雁山区(桂)	1.29
251	上林县(桂)	1.26
252	派阳山林场(桂)	1.24
253	龙胜各族自治县(桂)	1.06
254	钟山县(桂)	0.88
255	七星区(桂)	0.80
256	兴安县(桂)	0.80
257	昭平县(桂)	0.79
258	马山县(桂)	0.75
259	隆安县(桂)	0.64
260	资源县(桂)	0.55
261	柳城县(桂)	0.38
262	灌阳县(桂)	0.30
263	港口区(桂)	0.25
264	藤　县(桂)	0.21
265	恭城瑶族自治县(桂)	0.12
266	融安县(桂)	0.10
267	长寿区(渝)	0.50
268	秀山土家族苗族自治县(渝)	0.30
269	彭水苗族土家族自治县(渝)	0.30
270	丰都县(渝)	0.23
271	洪雅县(川)	14.40
272	三台县(川)	8.00
273	仁寿县(川)	3.90
274	宣汉县(川)	1.15
275	中江县(川)	0.70
276	彭山县(川)	0.64
277	古蔺县(川)	0.50
278	邻水县(川)	0.10
279	毕节市(黔)	0.76
280	清镇市(黔)	0.15
281	盈江县(滇)	6.70
282	景谷傣族彝族自治县(滇)	3.33
283	镇沅彝族哈尼族拉祜族自治县(滇)	2.00
284	华坪县(滇)	2.00
285	瑞丽市(滇)	0.81
286	施甸县(滇)	0.65
287	思茅区(滇)	0.53
288	澜沧拉祜族自治县(滇)	0.31
289	祥云县(滇)	0.28
290	景东彝族自治县(滇)	0.20
291	宁洱哈尼族彝族自治县(滇)	0.17
292	元阳县(滇)	0.10
293	柴河林业局(龙江森工)	0.40
294	通北林业局(龙江森工)	0.30
295	上甘岭林业局(龙江森工)	0.30
296	十八站林业局(大兴安岭)	0.86
297	西林吉林业局(大兴安岭)	0.73
298	新林林业局(大兴安岭)	0.62
299	塔河林业局(大兴安岭)	0.25
300	呼中林业局(大兴安岭)	0.20
301	韩家园林业局(大兴安岭)	0.20
302	图强林业局(大兴安岭)	0.17

表 4-11　人造板出口

国家/地区	出口数量(吨)	出口金额(千美元)
44081011 用胶合板等制的针叶木饰面用单板，厚≤6mm		
合计	233	172
美国	77	76
厄立特里亚	78	49
津巴布韦	48	26
乌干达	15	10
莫桑比克	9	8
马尔代夫	7	3
44081019 其他针叶木饰面用单板，厚≤6mm		
合计	5939	3383
菲律宾	5556	2938
韩国	203	276

国家/地区	出口数量（吨）	出口金额（千美元）
台湾省	135	78
日本	24	41
德国	12	21
叙利亚	8	17
马来西亚	0	10
新加坡	1	3
44081020 针叶木制胶合板用单板，厚≤6mm		
合计	434	244
泰国	257	138
智利	42	45
韩国	83	40
台湾省	52	21
44081090 其他纵锯、纵切刨或旋切的针叶木木材，厚≤6mm		
合计	6885	20531
墨西哥	3807	10287
德国	937	3649
日本	703	2422
美国	333	1241
阿根廷	100	463
英国	110	414
韩国	329	404
越南	118	339
比利时	59	292
意大利	67	255
泰国	118	234
捷克	40	170
台湾省	41	97
菲律宾	30	80
土耳其	20	75
印度	23	63
加拿大	48	39
葡萄牙	2	5
44083111 用胶合板等制饰面单板，红柳安木制，厚≤6mm		
合计	19	14
加拿大	7	7
澳大利亚	11	6
44083119 其他饰面用单板，红柳安木制，厚≤6mm		
合计	13	33
日本	12	32
基里巴斯	1	1

国家/地区	出口数量（吨）	出口金额（千美元）
44083120 制胶合板用单板，红柳安木制，厚≤6mm		
合计	10	4
印度尼西亚	10	4
44083919 其他热带木制饰面用单板，厚≤6mm		
合计	479	2039
日本	315	1730
韩国	30	115
意大利	28	65
印度尼西亚	75	61
津巴布韦	22	49
马来西亚	4	11
台湾省	4	8
44083920 其他热带木制胶合板用单板，厚≤6mm		
合计	3943	9146
美国	2197	5058
以色列	450	1128
墨西哥	383	942
南非	349	849
西班牙	125	332
英国	95	207
印度尼西亚	95	174
加拿大	59	160
越南	39	80
比利时	39	68
菲律宾	39	40
哥伦比亚	26	40
厄瓜多尔	19	38
马来西亚	19	16
韩国	8	15
44083990 其他纵锯、纵切刨或旋切的热带木木材，厚≤6mm		
合计	1038	3338
意大利	272	2025
芬兰	55	266
哥伦比亚	76	162
印度尼西亚	150	160
巴基斯坦	218	134
墨西哥	60	124
比利时	57	117
阿根廷	19	100
韩国	21	73
美国	38	60

国家/地区	出口数量（吨）	出口金额（千美元）
马来西亚	13	54
葡萄牙	19	31
越南	26	16
西班牙	12	8
加拿大	0	3
德国	0	3
印度	0	2
44089011 用胶合板等制其他非针叶木饰面单板，厚≤6mm		
合计	14958	21543
俄罗斯联邦	940	5562
韩国	11104	3825
意大利	407	2575
西班牙	389	1946
哥伦比亚	203	1295
加拿大	131	1186
美国	92	1158
台湾省	161	643
黎巴嫩	58	558
奥地利	56	439
日本	55	396
立陶宛	35	240
乌克兰	26	199
印度	557	189
马来西亚	461	173
澳大利亚	20	160
土耳其	41	131
墨西哥	31	117
希腊	22	110
阿联酋	11	99
阿根廷	19	97
芬兰	15	86
新加坡	9	75
波兰	6	61
德国	11	53
印度尼西亚	6	44
拉脱维亚	11	32
埃及	2	21
南非	1	20
加纳	43	17
朝鲜	9	8
巴拿马	21	7
荷兰	1	6
越南	1	5
厄瓜多尔	0	3

国家/地区	出口数量（吨）	出口金额（千美元）
泰国	0	3
香港	3	3
以色列	0	2
44089012 温带非针叶木制其他饰面用单板，厚≤6mm		
合计	3115	10043
日本	1000	3715
马来西亚	993	3009
印度尼西亚	205	561
韩国	128	507
越南	184	450
德国	100	408
意大利	87	379
美国	71	371
匈牙利	32	139
台湾省	54	74
斯洛伐克	16	73
俄罗斯联邦	48	68
泰国	18	66
荷兰	53	62
埃及	39	40
瑞典	4	18
法国	1	17
巴基斯坦	18	15
伊朗	24	14
斯洛文尼亚	17	13
英国	8	13
土耳其	7	13
比利时	3	10
科摩罗	4	5
香港	2	3
44089019 其他非针叶木饰面用单板，厚≤6mm		
合计	31123	82123
韩国	5378	17065
日本	5304	9449
芬兰	1562	7438
俄罗斯联邦	1226	6103
印度	905	2964
意大利	540	2826
马来西亚	1314	2739
越南	2498	2682
美国	555	2621
台湾省	1113	2189
印度尼西亚	1712	2179

国家/地区	出口数量（吨）	出口金额（千美元）
泰国	650	1816
土耳其	520	1734
埃及	1042	1733
伊朗	1219	1691
拉脱维亚	292	1484
叙利亚	644	1276
立陶宛	180	1115
德国	188	1110
西班牙	282	1025
波兰	294	890
希腊	171	795
澳大利亚	204	764
约旦	512	706
葡萄牙	148	705
阿联酋	233	671
哥伦比亚	122	616
荷兰	91	602
墨西哥	125	502
白俄罗斯	81	454
黎巴嫩	157	449
加拿大	119	388
乌克兰	59	371
阿根廷	65	348
斯洛伐克	157	303
新加坡	137	300
以色列	86	234
法国	62	206
香港	83	189
南非	55	181
菲律宾	190	164
斯里兰卡	64	134
爱尔兰	61	128
英国	44	93
孟加拉国	90	83
塞浦路斯	12	67
柬埔寨	278	57
新西兰	8	54
委内瑞拉	6	54
巴基斯坦	26	49
苏丹	95	41
巴西	8	37
格鲁吉亚	5	36
比利时	18	34
沙特阿拉伯	20	23
巴拿马	12	21

国家/地区	出口数量（吨）	出口金额（千美元）
卡塔尔	3	14
厄瓜多尔	2	14
摩洛哥	2	14
罗马尼亚	20	11
阿曼	2	10
阿尔巴尼亚	9	10
爱沙尼亚	5	9
奥地利	3	8
哈萨克斯坦	3	7
多米尼加共和国	6	6
乌兹别克斯坦	9	5
马耳他	20	5
刚果（布）	2	4
秘鲁	3	3
布隆迪	7	3
瑞典	1	2
摩尔多瓦	2	2
瑞士	0	2
阿鲁巴	0	1
毛里求斯	1	1
澳门	0	1
科特迪瓦	0	1
塞尔维亚	1	0
44089021 温带非针叶木制胶合板用单板，厚≤6mm		
合计	2067	1079
埃及	1629	688
台湾省	153	112
日本	72	99
韩国	14	85
印度	93	33
巴基斯坦	39	27
斯里兰卡	23	18
马来西亚	44	17
44089029 其他非针叶木制胶合板用单板，厚≤6mm		
合计	27223	18417
韩国	11412	8861
马来西亚	2467	2173
印度尼西亚	3239	1940
菲律宾	2692	1573
台湾省	2583	1055
越南	1389	935
印度	851	384
香港	607	301

国家/地区	出口数量（吨）	出口金额（千美元）
埃及	524	276
泰国	357	216
新加坡	265	126
巴基斯坦	247	105
希腊	80	94
墨西哥	58	70
伊朗	47	51
比利时	24	47
以色列	82	41
西班牙	58	38
美国	19	38
阿联酋	107	32
沙特阿拉伯	37	13
爱尔兰	9	13
马达加斯加	24	11
意大利	9	9
奥地利	6	5
斯里兰卡	18	5
阿尔巴尼亚	9	3
日本	4	2

44089091 温带非针叶木制经纵刨旋切的木材，厚≤6mm

国家/地区	出口数量（吨）	出口金额（千美元）
合计	12183	22870
马来西亚	1409	3429
土耳其	1234	2614
印度尼西亚	1752	2582
日本	1080	2494
墨西哥	1095	2264
越南	1196	1832
泰国	1216	1811
美国	502	1019
巴基斯坦	480	915
印度	614	794
韩国	384	747
捷克	288	603
意大利	164	591
奥地利	92	225
德国	50	144
斯洛文尼亚	70	126
台湾省	112	92
菲律宾	105	92
巴西	52	83
萨尔瓦多	50	67
以色列	81	58
澳大利亚	35	57
埃塞俄比亚	18	54
伊朗	22	45
委内瑞拉	18	43
哥伦比亚	12	20
葡萄牙	9	19
西班牙	19	18
香港	25	15
沙特阿拉伯	2	15
约旦	0	1

44089099 其他非针叶木制经纵刨旋切的木材，厚≤6mm

国家/地区	出口数量（吨）	出口金额（千美元）
合计	8965	15904
印度	2573	2926
越南	978	1670
德国	595	1529
哥伦比亚	622	1478
委内瑞拉	660	1287
美国	534	1048
泰国	343	872
菲律宾	758	858
墨西哥	314	735
秘鲁	295	672
日本	311	587
土耳其	151	439
韩国	186	333
巴西	156	236
巴基斯坦	104	183
捷克	29	142
台湾省	103	127
荷兰	11	122
奥地利	44	108
法国	19	91
马来西亚	45	86
波兰	12	74
印度尼西亚	26	66
智利	25	63
阿联酋	7	59
南非	6	55
以色列	2	29
意大利	14	12
伊拉克	26	10
西班牙	14	7
乍得	1	1

44123100 其他薄板制胶合板至少一表层是热带木，厚≤6mm

国家/地区	出口数量（立方米）	出口金额（千美元）
合计	224445	149471
美国	38266	42297
约旦	50124	31378
韩国	22452	7972
英国	6388	6810
墨西哥	10823	5317
泰国	8543	5183
新加坡	7812	4161
比利时	3648	4127
阿联酋	8919	3956
印度	4685	3733
以色列	9683	3726
日本	2348	3208
沙特阿拉伯	5023	2909
埃及	4731	2872
越南	5397	2679
加拿大	1791	1759
澳大利亚	1177	1310
荷兰	1952	1219
科威特	1870	1152
意大利	1366	1133
波兰	1438	787
毛里求斯	1440	699
巴基斯坦	1459	687
德国	971	632
卡塔尔	905	594
多米尼加共和国	1583	577
新西兰	777	574
南非	482	486
埃塞俄比亚	1139	484
西班牙	321	446
印度尼西亚	895	422
摩洛哥	1024	417
丹麦	328	385
哥斯达黎加	1018	344
澳门	3028	303
香港	784	287
坦桑尼亚	587	282
台湾省	360	275
法国	398	251
巴林	581	244
尼加拉瓜	666	228
安哥拉	667	221
爱尔兰	120	195
朝鲜	384	179

国家/地区	出口数量（立方米）	出口金额（千美元）
伊拉克	434	176
马来西亚	290	169
荷属安地列斯	487	151
厄立特里亚	257	142
克罗地亚	533	141
哥伦比亚	296	141
菲律宾	327	131
俄罗斯联邦	57	130
尼日利亚	335	123
阿根廷	334	115
牙买加	306	111
法属波利尼西亚	241	105
瑞典	89	91
大洋洲其他国(地区)	222	72
塞舌尔	163	72
利比亚	123	70
波多黎各	255	69
肯尼亚	148	67
希腊	209	66
特立尼达和多巴哥	84	46
巴布亚新几内亚	127	44
葡萄牙	77	41
新喀里多尼亚	104	37
也门	44	26
危地马拉	41	25
密克罗尼西亚联邦	80	21
土耳其	35	20
阿曼	31	20
孟加拉国	43	19
苏里南	56	18
马绍尔群岛	44	17
黎巴嫩	28	17
阿鲁巴	54	16
塞浦路斯	51	16
巴拿马	21	13
文莱	40	10
吉布提	10	6
乌克兰	4	5
保加利亚	3	4
秘鲁	4	3
巴哈马	4	2
智利	1	0
44123210 其他薄板制胶合板至少一表层是温带木，厚≤6mm		
合计	3176878	1194179
美国	863818	355392

国家/地区	出口数量（立方米）	出口金额（千美元）
英国	215825	73556
日本	219224	71170
以色列	122749	41741
泰国	116676	41378
越南	103794	38207
加拿大	57976	34931
德国	96841	29812
印度尼西亚	68899	27864
印度	48538	26658
韩国	88579	25077
比利时	54332	22964
阿联酋	72658	22574
新加坡	73325	22154
马来西亚	51370	20325
法国	41550	20225
沙特阿拉伯	58061	17434
台湾省	45666	16346
埃及	46519	15811
爱尔兰	40273	14561
阿尔及利亚	40137	14125
荷兰	18401	11302
意大利	8309	11241
墨西哥	27496	11034
波兰	28826	9285
安哥拉	26543	7747
尼日利亚	21433	7272
哥伦比亚	17304	6980
俄罗斯联邦	18991	6381
菲律宾	17833	6357
澳大利亚	13644	6160
多米尼加共和国	18556	5991
摩洛哥	10998	5985
伊朗	17804	5662
利比亚	16230	5456
斯里兰卡	16025	5401
西班牙	13312	5289
卡塔尔	15348	5045
埃塞俄比亚	13029	4940
巴拿马	15614	4711
瑞典	8645	4011
葡萄牙	10428	3926
保加利亚	13727	3903
智利	12435	3758
危地马拉	10533	3608

国家/地区	出口数量（立方米）	出口金额（千美元）
波多黎各	10499	3523
哥斯达黎加	10569	3449
香港	5946	3442
巴基斯坦	10627	3309
毛里求斯	8999	3032
海地	8712	2886
巴林	8072	2794
约旦	6707	2636
孟加拉国	6252	2608
希腊	7435	2577
坦桑尼亚	7721	2577
委内瑞拉	6484	2490
肯尼亚	5824	2313
乌克兰	7259	2209
科威特	6966	2097
南非	5561	1971
挪威	4873	1939
萨尔瓦多	5876	1901
黎巴嫩	5480	1850
吉布提	4605	1849
尼加拉瓜	5184	1730
丹麦	4355	1691
赤道几内亚	5087	1683
留尼汪	5804	1659
哈萨克斯坦	5212	1497
新西兰	3252	1493
罗马尼亚	4384	1441
苏丹	4330	1425
牙买加	3840	1407
格鲁吉亚	4479	1396
塞浦路斯	3996	1254
芬兰	2796	1238
巴布亚新几内亚	3069	1020
洪都拉斯	2651	880
阿曼	2760	853
克罗地亚	2638	830
古巴	2405	829
法属波利尼西亚	2259	752
叙利亚	1667	695
秘鲁	1964	673
新喀里多尼亚	2321	657
苏里南	1940	643
阿根廷	1757	551
前南马其顿	1978	547

国家/地区	出口数量（立方米）	出口金额（千美元）
土库曼斯坦	1636	539
马耳他	1371	495
加纳	1394	487
塞舌尔	1382	479
特立尼达和多巴哥	1341	466
马约特	1348	422
土耳其	946	366
捷克	413	351
利比里亚	963	346
马尔代夫	1006	340
冈比亚	1161	335
乌拉圭	846	319
也门	1060	317
莫桑比克	866	299
贝宁	786	290
黑山	938	274
萨摩亚	920	259
拉脱维亚	543	226
所罗门群岛	713	225
圣卢西亚	703	225
马提尼克	713	211
汤加	663	206
阿鲁巴	641	205
斯洛文尼亚	126	205
密克罗尼西亚联邦	572	179
瓜德罗普	584	173
塞内加尔	514	168
斐济	393	167
圭亚那	519	167
东帝汶	492	157
卢旺达	448	156
马达加斯加	465	147
朝鲜	207	147
科摩罗	415	137
刚果(金)	486	136
圣文森特和格林纳丁斯	446	132
厄瓜多尔	68	129
阿尔巴尼亚	358	127
瓦努阿图	389	123
格林纳达	380	119
荷属安地列斯	320	114
斯洛伐克	72	113
索马里	281	107
巴巴多斯	273	106
多哥	229	94
多米尼克	258	93
塔吉克斯坦	247	87
百慕大	32	83
巴西	259	75
文莱	214	75
卢森堡	53	65
匈牙利	47	63
冰岛	34	62
伯利兹	173	57
伊拉克	350	56
立陶宛	179	56
蒙古	255	51
塞拉利昂	159	45
佛得角	130	45
塞尔维亚	165	40
乌干达	70	39
安提瓜和巴布达	100	39
柬埔寨	110	38
法属圭亚那	107	35
爱沙尼亚	37	33
乌兹别克斯坦	75	29
吉尔吉斯斯坦	69	24
亚美尼亚	39	21
巴拉圭	50	19
博茨瓦那	53	18
摩尔多瓦	52	17
阿塞拜疆	62	16
巴哈马	55	14
波黑	51	14
几内亚比绍	51	10
刚果(布)	21	8
图瓦卢	20	7
瓦利斯和浮图纳	21	7
基里巴斯	21	6

44123290 其他薄板制胶合板至少一表层非针叶木，厚≤6mm

国家/地区	出口数量（立方米）	出口金额（千美元）
合计	244364	117289
美国	29999	23331
英国	42082	14662
以色列	33492	13427
日本	31097	12799
香港	30627	9235
荷兰	7474	6117
越南	14145	5177
摩洛哥	3191	4446
比利时	6404	3930
意大利	1579	2678
台湾省	6938	2507
沙特阿拉伯	3855	2006
加拿大	2228	2002
墨西哥	3309	1519
德国	929	1134
韩国	3347	1028
西班牙	747	936
朝鲜	3242	928
澳大利亚	842	632
巴拿马	2112	554
约旦	1070	553
瑞士	242	529
马来西亚	1603	511
印度	609	470
俄罗斯联邦	1141	459
印度尼西亚	966	438
新加坡	1037	435
泰国	1225	434
哥伦比亚	954	403
南非	226	330
爱尔兰	200	313
智利	291	289
阿联酋	808	271
利比亚	604	253
葡萄牙	215	214
巴布亚新几内亚	604	206
希腊	576	205
新西兰	161	184
尼加拉瓜	450	158
委内瑞拉	342	158
挪威	94	117
哥斯达黎加	306	100
秘鲁	265	91
马约特	240	71
巴林	220	71
毛里求斯	212	71
科威特	105	65
牙买加	206	60
瑞典	21	59
蒙古	161	58
阿根廷	50	53
巴基斯坦	77	53

国家/地区	出口数量（立方米）	出口金额（千美元）
丹麦	26	47
菲律宾	102	46
澳门	122	45
东帝汶	147	45
汤加	132	41
波多黎各	97	41
阿鲁巴	101	40
留尼汪	131	37
利比里亚	107	28
黎巴嫩	15	27
土库曼斯坦	80	25
伊拉克	95	20
坦桑尼亚	28	19
尼日利亚	24	16
危地马拉	56	14
洪都拉斯	53	14
波兰	8	12
塞浦路斯	47	12
密克罗尼西亚联邦	21	7
肯尼亚	4	7
科摩罗	21	6
马达加斯加	22	6
斯里兰卡	3	1
津巴布韦	2	1
44123900 其他薄板制胶合板，厚≤6mm		
合计	2700084	872193
阿联酋	270487	81275
美国	182733	77004
日本	243397	75192
沙特阿拉伯	251946	70750
英国	238360	69359
韩国	149755	43701
台湾省	124127	34613
比利时	96576	32464
香港	106644	32300
新加坡	100669	30360
泰国	73305	25124
埃及	69346	23564
德国	55687	17779
卡塔尔	57751	17767
以色列	48366	16737
阿尔及利亚	45094	15070
越南	39380	14864
约旦	49456	14606
科威特	44553	12858

国家/地区	出口数量（立方米）	出口金额（千美元）
印度	21308	11913
利比亚	33813	11466
墨西哥	24997	11107
法国	30990	10697
菲律宾	17630	6497
加拿大	14982	6439
印度尼西亚	15382	5964
澳大利亚	12502	5486
荷兰	11272	4718
黎巴嫩	15465	4573
摩洛哥	7363	4445
苏丹	15255	4380
西班牙	11405	4155
马来西亚	11610	4147
波多黎各	11972	4031
安哥拉	11411	3689
尼日利亚	11765	3521
委内瑞拉	7907	3185
瑞典	8351	2922
希腊	9837	2895
哥伦比亚	6394	2703
多米尼加共和国	8166	2471
巴林	7391	2336
挪威	5063	2190
毛里求斯	6499	2058
波兰	7131	2031
伊朗	5400	1659
巴基斯坦	5149	1655
芬兰	3149	1460
新西兰	2606	1411
哥斯达黎加	4185	1392
俄罗斯联邦	4094	1387
葡萄牙	3584	1244
丹麦	1767	1151
埃塞俄比亚	3413	1116
阿曼	3066	1071
肯尼亚	2274	936
爱尔兰	3391	886
意大利	1839	832
斯里兰卡	2361	771
留尼汪	2645	757
也门	2594	740
哈萨克斯坦	2128	709
朝鲜	1700	703
保加利亚	2508	686

国家/地区	出口数量（立方米）	出口金额（千美元）
赤道几内亚	2035	674
坦桑尼亚	1872	672
巴布亚新几内亚	1633	642
秘鲁	1715	610
蒙古	2398	588
孟加拉国	1798	539
叙利亚	1367	537
智利	1671	535
塞内加尔	1452	515
文莱	1480	501
南非	1284	481
法属波利尼西亚	1573	478
巴拿马	1485	478
马耳他	1302	387
海地	1411	355
新喀里多尼亚	1172	344
罗马尼亚	1123	318
格鲁吉亚	946	310
吉布提	810	292
古巴	813	283
牙买加	893	282
克罗地亚	873	267
卢旺达	73	255
尼加拉瓜	736	240
塞浦路斯	747	237
瓜德罗普	585	228
利比里亚	732	225
加纳	521	212
特立尼达和多巴哥	592	194
刚果(布)	423	194
拉脱维亚	620	181
马约特	588	168
东帝汶	402	166
阿根廷	377	166
土耳其	387	164
塞舌尔	518	160
土库曼斯坦	545	152
萨摩亚	519	150
阿尔巴尼亚	358	142
莫桑比克	355	132
乌克兰	447	130
马尔代夫	343	118
危地马拉	305	111
苏里南	288	110
柬埔寨	239	107

国家/地区	出口数量（立方米）	出口金额（千美元）
澳门	894	106
塞拉利昂	347	99
萨尔瓦多	327	98
冈比亚	312	93
塞尔维亚	296	93
黑山	313	89
马达加斯加	254	87
荷属安地列斯	279	86
所罗门群岛	261	85
科摩罗	283	85
瓦努阿图	257	82
阿富汗	285	78
马拉维	176	73
斯洛文尼亚	100	69
尼泊尔	97	61
爱沙尼亚	154	56
立陶宛	117	55
马提尼克	164	53
安提瓜和巴布达	149	52
塔吉克斯坦	105	51
巴巴多斯	130	51
伊拉克	87	48
多米尼克	126	46
开曼群岛	129	41
刚果(金)	89	39
布隆迪	107	35
尼日尔	80	29
纳米比亚	91	24
加蓬	53	22
捷克	50	21
莱索托	90	21
博茨瓦那	58	21
喀麦隆	51	20
阿鲁巴	55	19
老挝	50	18
乌干达	47	14
伯利兹	46	14
乌拉圭	35	14
马绍尔群岛	42	14
吉尔吉斯斯坦	21	14
库克群岛	42	13
斐济	46	13
汤加	44	12
洪都拉斯	21	10
索马里	21	10

国家/地区	出口数量（立方米）	出口金额（千美元）
赞比亚	26	9
巴西	10	8
乌兹别克斯坦	14	7
冰岛	22	7
密克罗尼西亚联邦	19	7
基里巴斯	21	6
图瓦卢	21	6
马里	18	5

44129410 其他木块芯胶合板等至少一表层是非针叶木

国家/地区	出口数量（立方米）	出口金额（千美元）
合计	359757	379176
美国	44804	73237
意大利	37258	59454
比利时	23420	34537
荷兰	19223	28572
挪威	19786	22661
德国	12665	18119
英国	14311	17950
日本	36932	16275
瑞典	9584	15959
丹麦	10357	13999
西班牙	6213	10257
香港	25009	7745
埃及	15516	6132
新加坡	12867	4826
法国	3277	4797
以色列	5313	4775
约旦	12731	4718
加拿大	2786	3826
澳大利亚	1885	2615
爱尔兰	2037	2570
葡萄牙	2185	2370
印度	5695	2363
墨西哥	3287	2328
沙特阿拉伯	5988	2115
俄罗斯联邦	1082	1666
阿联酋	3896	1316
韩国	959	1042
奥地利	596	979
卡塔尔	2407	911
土耳其	758	859
爱沙尼亚	721	850
南非	657	774
波兰	1086	668
希腊	368	652
斯洛文尼亚	449	605
科威特	2010	602
马来西亚	1597	528
芬兰	354	489
智利	271	434
台湾省	1161	412
塞浦路斯	205	315
安哥拉	1001	301
罗马尼亚	352	298
阿根廷	221	272
冰岛	236	244
哈萨克斯坦	717	240
埃塞俄比亚	546	205
利比亚	662	204
泰国	226	196
黎巴嫩	220	195
肯尼亚	447	150
越南	325	119
阿尔及利亚	300	95
委内瑞拉	280	87
巴林	230	80
马尔代夫	202	78
澳门	93	73
阿曼	192	71
塔吉克斯坦	352	70
伊朗	39	67
新西兰	43	67
乌克兰	43	60
文莱	228	55
菲律宾	38	52
克罗地亚	21	48
土库曼斯坦	70	40
坦桑尼亚	95	40
保加利亚	24	39
乌兹别克斯坦	42	37
立陶宛	46	35
危地马拉	24	35
苏丹	101	32
印度尼西亚	95	29
波多黎各	43	28
秘鲁	23	25
哥伦比亚	32	25
乌拉圭	20	25
巴基斯坦	43	24
朝鲜	62	22

国家/地区	出口数量（立方米）	出口金额（千美元）
赤道几内亚	64	22
刚果(布)	73	21
尼日利亚	50	15
毛里求斯	22	14
阿尔巴尼亚	24	13
伊拉克	29	10
马达加斯加	32	8
孟加拉国	6	7
塞舌尔	11	4
汤加	6	2
44129491 其他木块芯胶合板等至少一表层是热带木		
合计	2229	778
约旦	1398	511
埃及	418	129
越南	299	108
马来西亚	110	30
丹麦	4	1
44129492 其他木块芯胶合板等至少一表层是木碎料板		
合计	1274	727
香港	395	263
台湾省	174	81
马来西亚	114	72
美国	139	72
缅甸	128	71
尼日利亚	94	43
肯尼亚	47	30
安哥拉	48	20
加拿大	24	17
印度尼西亚	27	16
埃及	27	16
塞浦路斯	20	13
朝鲜	16	7
毛里求斯	6	2
俄罗斯联邦	9	2
纳米比亚	6	1
44129499 其他木块芯、侧板条芯、板条芯胶合板		
合计	36922	16963
台湾省	18465	4917
德国	6069	4820
意大利	2668	2265
比利时	868	1200
西班牙	2884	930

国家/地区	出口数量（立方米）	出口金额（千美元）
荷兰	687	725
葡萄牙	1576	607
津巴布韦	823	186
印度	422	180
加拿大	95	154
危地马拉	352	135
波兰	221	101
尼日利亚	215	87
阿联酋	147	83
斯洛文尼亚	135	73
法国	98	63
美国	97	47
朝鲜	56	41
挪威	94	37
巴布亚新几内亚	97	32
塞浦路斯	72	28
老挝	179	28
芬兰	52	27
马耳他	72	26
莫桑比克	83	24
阿尔及利亚	54	21
奥地利	57	20
委内瑞拉	60	20
冰岛	51	18
日本	7	11
安哥拉	24	10
以色列	22	10
文莱	20	6
南非	20	6
哥斯达黎加	21	6
巴基斯坦	16	6
佛得角	14	5
保加利亚	2	3
新加坡	5	2
香港	5	1
越南	5	1
赞比亚	12	1
44129910 其他胶合板等至少一表层是非针叶木		
合计	691031	597274
美国	175958	226695
日本	91771	56006
英国	67717	44187
加拿大	22334	31891
意大利	17841	31698

国家/地区	出口数量（立方米）	出口金额（千美元）
比利时	21041	30765
德国	8836	15659
韩国	24117	14325
法国	8271	14123
荷兰	9922	14087
香港	58679	10831
西班牙	6439	8147
爱尔兰	6048	7652
约旦	19649	7199
墨西哥	16506	6292
丹麦	4016	5570
俄罗斯联邦	4786	5558
阿联酋	10256	4690
埃及	12017	4424
沙特阿拉伯	10582	4206
以色列	6194	3807
新加坡	4713	3635
澳大利亚	3855	3554
瑞典	1716	2751
印度	3733	2499
斯洛文尼亚	1093	2316
芬兰	1652	2143
阿根廷	5293	2003
越南	5478	1886
菲律宾	3035	1860
科威特	4994	1745
泰国	2644	1616
印度尼西亚	3520	1552
台湾省	3371	1549
安哥拉	946	1446
挪威	1453	1426
乌克兰	2853	1274
马来西亚	3436	1137
智利	2346	1102
保加利亚	4024	1086
海地	2765	975
希腊	2809	931
南非	916	885
黎巴嫩	535	818
卡塔尔	2440	763
古巴	1565	627
毛里求斯	1554	578
贝宁	1255	496
新西兰	301	466
葡萄牙	387	462

国家/地区	出口数量（立方米）	出口金额（千美元）
阿尔及利亚	1113	427
巴林	1193	402
秘鲁	228	275
肯尼亚	532	267
伊朗	712	264
委内瑞拉	579	243
利比亚	360	224
莫桑比克	477	213
阿曼	419	202
土耳其	655	190
土库曼斯坦	643	183
波兰	126	163
新喀里多尼亚	586	160
阿尔巴尼亚	367	152
巴基斯坦	371	151
哥伦比亚	328	137
奥地利	66	137
克罗地亚	469	126
苏里南	361	126
格鲁吉亚	100	125
哈萨克斯坦	54	118
尼日利亚	356	117
巴拿马	405	115
波多黎各	204	101
摩洛哥	105	89
苏丹	233	78
乌兹别克斯坦	162	70
孟加拉国	104	67
巴西	198	63
多米尼加共和国	97	54
牙买加	95	51
坦桑尼亚	153	46
法属波利尼西亚	53	44
瑞士	22	40
吉布提	136	40
危地马拉	111	39
塞拉利昂	120	37
塞舌尔	44	36
马尔代夫	21	36
玻利维亚	32	35
赤道几内亚	116	35
冰岛	20	34
蒙古	31	34
尼泊尔	112	34
捷克	24	29
爱沙尼亚	17	27
埃塞俄比亚	86	26
塞浦路斯	49	26
特立尼达和多巴哥	57	22
吉尔吉斯斯坦	49	18
哥斯达黎加	50	16
法属圭亚那	42	15
阿鲁巴	54	14
萨尔瓦多	52	14
亚美尼亚	51	14
叙利亚	38	13
百慕大	4	12
加纳	9	8
巴哈马	9	8
斯里兰卡	10	8
巴巴多斯	48	8
文莱	22	6
刚果(布)	5	5
博茨瓦那	11	4
塞尔维亚	3	3
萨摩亚	4	2
拉脱维亚	3	2
朝鲜	3	1
44129991 其他胶合板等至少一表层是热带木层		
合计	73	60
美国	15	32
英国	23	17
东帝汶	35	11
44129992 其他胶合板等至少一表层是木碎料板		
合计	3931	636
澳门	3010	253
萨摩亚	184	96
安哥拉	125	58
马拉维	183	50
香港	63	41
美国	137	34
哈萨克斯坦	29	22
朝鲜	51	19
西班牙	55	15
特立尼达和多巴哥	44	14
土库曼斯坦	13	10
吉尔吉斯斯坦	13	10
越南	1	6
坦桑尼亚	5	4
俄罗斯联邦	3	2
德国	7	1
斯洛伐克	8	1
44129999 未列名胶合板、单板饰面板及类似的多层板		
合计	20257	12281
德国	2793	2568
日本	1945	1557
美国	1444	1169
瑞典	2535	1012
香港	3337	965
比利时	902	778
法国	755	724
台湾省	1792	659
意大利	808	605
英国	321	502
西班牙	588	174
澳大利亚	155	163
朝鲜	343	113
黎巴嫩	44	110
印度	105	101
津巴布韦	234	101
坦桑尼亚	309	91
泰国	69	87
多哥	12	86
赤道几内亚	130	81
利比亚	134	74
韩国	196	73
葡萄牙	233	72
澳门	335	50
新西兰	51	46
爱尔兰	45	44
苏丹	155	41
吉布提	108	33
越南	9	30
墨西哥	20	24
老挝	60	19
百慕大	13	18
缅甸	70	15
阿尔及利亚	40	14
南非	21	13
挪威	6	12
乌兹别克斯坦	11	9
安哥拉	20	8

国家/地区	出口数量（立方米）	出口金额（千美元）
博茨瓦那	17	8
新加坡	43	6
中非	9	6
哥斯达黎加	10	5
科特迪瓦	9	5
巴基斯坦	6	4
肯尼亚	2	2
土库曼斯坦	1	1
尼泊尔	6	1
土耳其	3	1
赞比亚	2	1

国家/地区	出口数量（吨）	出口金额（千美元）
44111211 未机械加工中密度板，密度 >0.8g/cm^3，厚≤5mm		
合计	43001	15173
韩国	11443	3503
伊朗	5660	1949
沙特阿拉伯	3918	1261
阿尔及利亚	2128	959
日本	1958	904
苏丹	2297	731
台湾省	1672	631
越南	1764	571
尼日利亚	1488	558
埃及	1194	445
马来西亚	778	341
美国	713	329
墨西哥	885	289
厄瓜多尔	770	253
阿联酋	751	246
印度	428	215
哥伦比亚	557	210
泰国	285	135
菲律宾	255	111
缅甸	421	111
坦桑尼亚	310	99
科威特	292	98
约旦	315	96
印度尼西亚	211	93
黎巴嫩	302	90
莫桑比克	255	87
瑞典	99	69
哥斯达黎加	170	62
巴基斯坦	147	56
吉布提	94	54
巴西	125	52
伊拉克	105	46
哈萨克斯坦	102	41
澳大利亚	52	37
俄罗斯联邦	71	34
洪都拉斯	74	33
新加坡	69	31
芬兰	40	28
蒙古	94	27
肯尼亚	68	24
秘鲁	46	24
以色列	72	23
多米尼加共和国	50	22
苏里南	38	20
特立尼达和多巴哥	27	20
突尼斯	52	18
萨摩亚	54	16
智利	37	12
南非	34	12
津巴布韦	20	12
也门	18	11
埃塞俄比亚	20	10
古巴	18	9
比利时	0	8
加拿大	28	7
吉尔吉斯斯坦	30	7
尼加拉瓜	19	7
朝鲜	20	6
危地马拉	18	6
安哥拉	13	6
卡塔尔	17	5
土库曼斯坦	7	2
香港	4	2
新西兰	1	1
德国	1	0
44111219 经机械加工中密度板，密度 >0.8g/cm^3，厚≤5mm		
合计	53320	30747
伊朗	14466	9591
美国	7621	5780
印度	3343	1885
越南	5913	1539
阿联酋	2545	1393
孟加拉国	5254	1382
日本	762	1229
约旦	593	798
俄罗斯联邦	1415	704
尼日利亚	1009	537
沙特阿拉伯	1418	534
埃及	720	424
马来西亚	395	357
墨西哥	354	289
新加坡	264	251
台湾省	658	242
埃塞俄比亚	191	242
巴基斯坦	343	228
莫桑比克	735	222
印度尼西亚	475	214
香港	329	194
肯尼亚	219	186
危地马拉	261	157
土耳其	278	138
泰国	185	137
哥伦比亚	178	127
巴西	123	121
爱尔兰	109	118
阿曼	294	115
苏丹	181	93
伊拉克	77	91
毛里求斯	85	88
科威特	138	83
加拿大	87	82
南非	210	80
阿尔及利亚	189	77
叙利亚	65	68
菲律宾	131	66
哥斯达黎加	121	61
萨尔瓦多	83	53
委内瑞拉	129	49
瑞士	42	47
缅甸	173	46
坦桑尼亚	79	45
瑞典	120	42
卡塔尔	56	41
澳大利亚	26	40
以色列	22	38
尼加拉瓜	123	38
多米尼加共和国	124	35
黎巴嫩	51	30
特立尼达和多巴哥	28	28

国家/地区	出口数量（吨）	出口金额（千美元）
苏里南	67	26
哈萨克斯坦	17	26
巴布亚新几内亚	58	24
韩国	37	22
索马里	34	18
意大利	16	17
德国	18	15
贝宁	9	14
葡萄牙	18	13
智利	32	13
朝鲜	36	12
比利时	25	11
冈比亚	20	11
立陶宛	34	11
巴拿马	19	10
吉布提	20	10
拉丁美洲其他国家(地区)	19	10
加纳	16	9
英国	18	8
也门	13	6
开曼群岛	1	3
牙买加	3	2
格鲁吉亚	5	1
荷兰	0	1

44111221 辐射松制的中密度板，0.5g/cm³＜密度≤0.8g/cm³，厚≤5mm

国家/地区	出口数量（吨）	出口金额（千美元）
合计	30	25
日本	19	13
菲律宾	11	12

44111229 其他中密度板，0.5g/cm³＜密度≤0.8g/cm³，厚≤5mm

国家/地区	出口数量（吨）	出口金额（千美元）
合计	60979	25656
苏丹	14605	5026
沙特阿拉伯	12627	4186
埃及	5758	3228
伊朗	2868	2372
印度	3548	1549
尼日利亚	4415	1539
美国	3165	1245
孟加拉国	2579	732
约旦	827	460
阿尔及利亚	631	456
阿联酋	786	452
叙利亚	1110	424
科威特	649	348
卡塔尔	728	290
利比亚	312	272
危地马拉	393	201
韩国	472	188
利比里亚	375	188
肯尼亚	154	173
冈比亚	227	125
越南	364	125
俄罗斯联邦	163	105
也门	314	105
以色列	115	101
香港	77	92
坦桑尼亚	230	91
埃塞俄比亚	231	89
新加坡	227	68
摩洛哥	103	66
几内亚	111	65
巴基斯坦	116	64
吉布提	161	63
哥伦比亚	83	62
马来西亚	50	59
波多黎各	109	59
巴布亚新几内亚	154	58
多米尼加共和国	217	58
莫桑比克	134	50
印度尼西亚	169	48
塞拉利昂	79	48
加纳	58	37
萨摩亚	100	37
南非	76	37
塞浦路斯	99	36
比利时	8	32
哥斯达黎加	78	30
加拿大	13	30
尼加拉瓜	83	30
克罗地亚	18	30
澳大利亚	63	30
哈萨克斯坦	40	25
菲律宾	36	24
巴林	46	24
英国	59	24
毛里求斯	42	22
朝鲜	27	21
玻利维亚	57	21
泰国	58	20
马达加斯加	72	20
古巴	38	19
瓦努阿图	54	19
荷属安地列斯	50	17
智利	36	16
台湾省	50	14
巴西	33	13
黎巴嫩	35	13
缅甸	20	10
乌兹别克斯坦	54	9
文莱	18	8
塞舌尔	17	8
索马里	18	7
荷兰	4	7
法属波利尼西亚	18	7
阿鲁巴	21	6
圭亚那	16	5
斐济	16	5
吉尔吉斯斯坦	6	3
丹麦	1	2
葡萄牙	1	1
乌克兰	0	1
洪都拉斯	2	1

44111291 未加工中密度板，密度≤0.5g/cm³，厚≤5mm

国家/地区	出口数量（吨）	出口金额（千美元）
合计	3146	1246
伊朗	1079	357
沙特阿拉伯	592	216
尼日利亚	290	145
苏丹	439	137
美国	144	128
巴基斯坦	88	47
危地马拉	116	43
南非	74	35
坦桑尼亚	54	22
埃塞俄比亚	72	19
肯尼亚	18	16
也门	33	15
塞浦路斯	31	14
哥伦比亚	16	11
印度	18	9
澳大利亚	9	8
洪都拉斯	27	7
智利	18	6

国家/地区	出口数量（吨）	出口金额（千美元）
拉脱维亚	20	6
越南	9	4
韩国	2	1
44111299 加工中密度板，密度≤0.5g/cm³，厚≤5mm		
合计	36129	23115
伊朗	5064	4362
印度	9458	3803
美国	1547	2201
墨西哥	5318	1705
埃及	2041	1328
土耳其	786	1109
阿联酋	1068	831
俄罗斯联邦	659	778
约旦	666	755
肯尼亚	437	517
尼日利亚	958	483
新加坡	659	444
巴基斯坦	381	392
香港	918	387
沙特阿拉伯	692	374
塞尔维亚	237	353
苏丹	886	312
哥伦比亚	541	267
立陶宛	149	204
泰国	209	188
伊拉克	127	176
科威特	232	154
坦桑尼亚	175	126
南非	139	125
印度尼西亚	197	122
黎巴嫩	369	121
叙利亚	257	112
埃塞俄比亚	128	94
日本	47	78
危地马拉	74	76
委内瑞拉	46	67
洪都拉斯	170	61
吉布提	52	54
韩国	120	52
马来西亚	47	49
菲律宾	63	42
英国	25	40
莫桑比克	116	40

国家/地区	出口数量（吨）	出口金额（千美元）
孟加拉国	115	39
利比亚	39	37
以色列	25	33
毛里求斯	66	32
希腊	22	31
秘鲁	33	31
安哥拉	28	30
德国	106	29
法国	43	29
摩洛哥	28	26
智利	14	24
多米尼加共和国	52	24
贝宁	31	24
克罗地亚	17	23
科特迪瓦	18	22
越南	24	21
意大利	15	20
缅甸	36	20
澳大利亚	29	20
圭亚那	13	19
巴西	15	17
玻利维亚	52	17
阿尔巴尼亚	17	16
塞拉利昂	42	15
巴拿马	19	12
巴勒斯坦	16	12
布隆迪	18	11
尼加拉瓜	27	11
萨尔瓦多	11	10
哈萨克斯坦	3	10
阿曼	10	9
斯里兰卡	17	9
卡塔尔	14	8
巴布亚新几内亚	13	8
台湾省	18	6
加拿大	2	6
苏里南	6	5
塔吉克斯坦	10	5
利比里亚	2	4
朝鲜	4	3
西班牙	1	2
也门	2	2
津巴布韦	2	1
44111311 未加工中密度板，密度>0.8g/cm³，5mm<厚≤9mm		
合计	5480	1444
蒙古	3616	716
古巴	366	213

国家/地区	出口数量（吨）	出口金额（千美元）
厄瓜多尔	462	140
伊朗	255	115
越南	239	95
俄罗斯联邦	300	69
埃及	48	26
肯尼亚	53	18
哈萨克斯坦	35	11
台湾省	20	8
菲律宾	18	7
巴西	16	7
土库曼斯坦	14	5
埃塞俄比亚	18	5
黎巴嫩	13	4
朝鲜	6	2
毛里求斯	3	1
44111319 加工中密度板，密度>0.8g/cm³，5mm<厚≤9mm		
合计	552626	344829
美国	119056	99623
俄罗斯联邦	103930	53034
韩国	43849	26090
乌克兰	23771	11630
加拿大	16657	11108
南非	15185	9244
伊朗	15820	8807
印度	12885	8026
智利	12474	7327
巴西	12595	7264
哥伦比亚	10840	6825
格鲁吉亚	10981	6143
墨西哥	9255	5845
阿根廷	10250	5800
罗马尼亚	10741	5657
马来西亚	9802	5636
澳大利亚	6894	4790
厄瓜多尔	7377	4271
泰国	6642	4078
乌兹别克斯坦	6365	3513
菲律宾	5196	3270
西班牙	4754	3088
越南	5997	2919
哈萨克斯坦	5214	2839
阿联酋	3938	2470
埃及	3982	2123
沙特阿拉伯	3438	2119

国家/地区	出口数量（吨）	出口金额（千美元）
秘鲁	3443	2006
印度尼西亚	2239	1511
台湾省	3036	1442
意大利	2406	1421
新加坡	2355	1371
黎巴嫩	2245	1317
希腊	2103	1234
巴基斯坦	1866	1132
葡萄牙	1525	1017
克罗地亚	1897	997
以色列	1748	989
保加利亚	1524	806
摩尔多瓦	1471	765
乌拉圭	1308	757
缅甸	1093	636
波黑	1114	619
委内瑞拉	841	546
亚美尼亚	935	534
爱尔兰	712	507
法国	682	491
英国	702	469
塞尔维亚	787	462
蒙古	2532	423
塞浦路斯	690	419
毛里求斯	680	406
香港	609	401
巴林	701	397
吉尔吉斯斯坦	688	386
约旦	706	378
阿尔巴尼亚	711	377
玻利维亚	552	353
立陶宛	628	341
日本	306	294
危地马拉	425	291
特立尼达和多巴哥	484	286
肯尼亚	450	278
法属波利尼西亚	151	254
前南马其顿	384	228
哥斯达黎加	327	228
新西兰	341	208
留尼汪	327	205
荷兰	293	203
德国	305	200
卡塔尔	274	165
巴拿马	248	165

国家/地区	出口数量（吨）	出口金额（千美元）
尼泊尔	279	161
马达加斯加	244	145
比利时	244	144
科威特	258	140
尼日利亚	228	139
挪威	203	123
土库曼斯坦	210	117
苏丹	239	115
冰岛	175	114
多米尼加共和国	156	110
拉脱维亚	195	106
芬兰	128	105
新喀里多尼亚	137	103
阿尔及利亚	154	102
土耳其	178	96
孟加拉国	147	96
塔吉克斯坦	360	85
埃塞俄比亚	185	84
伊拉克	118	80
爱沙尼亚	148	77
洪都拉斯	127	75
阿富汗	137	74
阿塞拜疆	130	67
利比亚	96	61
津巴布韦	66	47
白俄罗斯	76	44
安哥拉	74	42
加纳	62	41
捷克	63	40
斯里兰卡	73	38
圭亚那	55	37
马耳他	63	36
文莱	66	36
牙买加	54	35
巴哈马	60	34
巴巴多斯	50	33
斯洛伐克	58	32
加蓬	35	29
赞比亚	31	26
吉布提	46	25
叙利亚	32	23
塞内加尔	46	22
尼加拉瓜	38	20
朝鲜	38	19
黑山	35	19

国家/地区	出口数量（吨）	出口金额（千美元）
马提尼克	29	18
巴勒斯坦	18	15
莫桑比克	19	14
萨尔瓦多	20	12
圣卢西亚	16	12
科特迪瓦	18	11
丹麦	21	11
坦桑尼亚	18	11
匈牙利	22	10
波多黎各	20	10
突尼斯	19	10
也门	20	9
摩纳哥	15	8
塞舌尔	15	8
阿曼	16	8
索马里	10	5
赤道几内亚	2	1
马尔代夫	1	1
44111321 辐射松制的中密度板，5mm＜厚≤9mm		
合计	4029	10649
日本	3980	10607
俄罗斯联邦	28	30
越南	17	8
菲律宾	4	4
44111329 其他中密度板，0.5g/cm^3＜密度≤0.8g/cm^3，5mm＜厚≤9mm		
合计	26151	9574
埃及	5326	2042
越南	8052	1962
伊朗	2293	917
约旦	1250	566
沙特阿拉伯	1361	460
乌兹别克斯坦	922	377
秘鲁	610	349
苏丹	987	311
黎巴嫩	874	284
阿尔及利亚	446	251
韩国	260	226
卡塔尔	501	166
科威特	324	166
阿联酋	347	160
巴基斯坦	482	134
塔吉克斯坦	118	124
印度	128	115

国家/地区	出口数量（吨）	出口金额（千美元）
哈萨克斯坦	154	100
肯尼亚	163	81
吉尔吉斯斯坦	144	78
加拿大	48	75
菲律宾	24	68
坦桑尼亚	123	59
也门	167	53
墨西哥	162	52
美国	66	48
马来西亚	48	41
特立尼达和多巴哥	82	38
危地马拉	81	37
新加坡	76	33
塞浦路斯	55	21
吉布提	71	20
南非	67	15
朝鲜	17	14
西班牙	15	14
玻利维亚	39	14
智利	36	14
日本	18	13
孟加拉国	39	10
赞比亚	11	9
台湾省	50	9
埃塞俄比亚	27	9
哥斯达黎加	17	6
莫桑比克	10	6
多米尼加共和国	17	5
缅甸	16	5
刚果(布)	7	4
巴林	6	4
洪都拉斯	8	3
澳大利亚	3	2
德国	1	1
留尼汪	4	1
尼日利亚	2	1
44111391 未加工中密度板，密度≤0.5g/cm³，5mm＜厚≤9mm		
合计	1253	512
越南	382	138
伊朗	310	107
沙特阿拉伯	218	68
印度	84	56
美国	34	40
苏丹	52	31

国家/地区	出口数量（吨）	出口金额（千美元）
智利	35	20
洪都拉斯	52	17
阿联酋	23	12
哥斯达黎加	27	11
马来西亚	7	4
肯尼亚	8	4
印度尼西亚	7	3
乌兹别克斯坦	8	2
澳大利亚	2	1
斐济	2	1
44111399 加工中密度板，密度≤0.5g/cm³，5mm＜厚≤9mm		
合计	11534	6054
埃及	3093	1204
美国	834	899
伊朗	2049	758
日本	458	736
约旦	856	461
古巴	633	460
沙特阿拉伯	517	240
韩国	827	187
阿联酋	290	146
印度尼西亚	232	95
厄瓜多尔	242	93
乌兹别克斯坦	240	93
苏丹	168	75
肯尼亚	159	59
新加坡	67	46
伊拉克	32	45
澳大利亚	72	45
越南	155	42
香港	107	41
巴拿马	19	34
洪都拉斯	74	28
印度	48	28
英国	23	27
尼日利亚	68	25
刚果(金)	10	24
特立尼达和多巴哥	28	19
南非	15	17
巴基斯坦	18	15
也门	27	15
俄罗斯联邦	20	13
吉布提	38	11
朝鲜	4	8

国家/地区	出口数量（吨）	出口金额（千美元）
法属波利尼西亚	12	8
土耳其	4	8
科威特	10	7
斯里兰卡	15	6
哈萨克斯坦	10	5
菲律宾	8	4
塞内加尔	5	4
尼加拉瓜	12	4
墨西哥	2	3
毛里求斯	6	2
留尼汪	4	2
坦桑尼亚	4	2
利比亚	8	2
哥斯达黎加	2	2
亚美尼亚	4	1
苏里南	2	1
巴哈马	1	0
阿尔及利亚	1	0
44111411 未加工中密度板，密度＞0.8g/cm³，厚＞9mm		
合计	6051	2349
阿联酋	827	371
越南	892	294
沙特阿拉伯	868	281
马来西亚	669	269
科威特	282	163
伊朗	378	145
尼日利亚	413	119
德国	154	104
印度	182	90
韩国	261	74
蒙古	262	61
古巴	169	60
台湾省	181	57
埃及	55	38
葡萄牙	10	33
圭亚那	68	25
巴基斯坦	61	24
印度尼西亚	57	16
叙利亚	13	15
哈萨克斯坦	51	13
美国	7	11
南非	33	11
乌兹别克斯坦	7	10
委内瑞拉	25	10

国家/地区	出口数量（吨）	出口金额（千美元）
香港	27	9
比利时	4	9
牙买加	32	9
坦桑尼亚	12	7
菲律宾	16	6
加拿大	3	5
哥斯达黎加	15	4
斐济	16	4
俄罗斯联邦	1	0

44111419 加工中密度板，密度 >0.8g/cm^3，厚 >9mm

国家/地区	出口数量（吨）	出口金额（千美元）
合计	341846	246511
美国	144074	115698
加拿大	77987	52280
俄罗斯联邦	29133	16727
越南	16782	10026
澳大利亚	11463	8815
罗马尼亚	11305	5920
伊朗	4132	3055
马来西亚	3502	2247
印度	2407	1899
南非	1477	1682
阿根廷	2247	1598
泰国	2661	1578
格鲁吉亚	2110	1283
英国	1720	1274
哈萨克斯坦	1441	1087
墨西哥	1209	897
巴西	935	895
韩国	1168	887
厄瓜多尔	1030	876
西班牙	1024	848
沙特阿拉伯	705	841
阿联酋	938	811
乌兹别克斯坦	1217	776
哥伦比亚	784	718
爱尔兰	1234	718
希腊	963	662
黎巴嫩	869	639
法国	650	599
智利	601	470
意大利	526	462
比利时	283	456
摩尔多瓦	801	427
菲律宾	477	416
印度尼西亚	938	335
台湾省	444	331
乌克兰	612	313
尼日利亚	955	311
肯尼亚	671	310
毛里求斯	412	298
阿尔巴尼亚	380	295
秘鲁	178	292
缅甸	405	282
约旦	630	278
埃及	331	257
克罗地亚	459	247
保加利亚	494	241
新加坡	247	236
巴基斯坦	266	227
莫桑比克	223	217
孟加拉国	884	213
委内瑞拉	169	210
乌拉圭	212	210
葡萄牙	246	208
特立尼达和多巴哥	311	208
立陶宛	315	185
亚美尼亚	285	179
科威特	60	163
土耳其	219	153
塞浦路斯	195	151
摩洛哥	113	140
以色列	185	134
香港	162	115
安哥拉	101	115
波兰	190	112
波黑	173	109
埃塞俄比亚	294	108
前南马其顿	187	108
荷兰	62	104
新西兰	143	100
伊拉克	167	89
吉尔吉斯斯坦	173	82
卡塔尔	91	80
苏丹	47	78
阿富汗	127	75
巴林	67	72
捷克	98	63
也门	85	60
文莱	57	55
巴拿马	58	53
塞尔维亚	80	45
黑山	64	42
利比亚	53	41
土库曼斯坦	57	41
叙利亚	56	41
塔吉克斯坦	80	39
危地马拉	24	37
日本	24	32
阿尔及利亚	11	28
乌干达	21	26
赞比亚	20	23
玻利维亚	9	23
斯里兰卡	26	21
芬兰	33	20
哥斯达黎加	7	18
洪都拉斯	11	18
马达加斯加	22	17
德国	10	17
圭亚那	7	17
多米尼加共和国	9	16
留尼汪	8	16
新喀里多尼亚	14	14
白俄罗斯	21	13
塞内加尔	18	13
坦桑尼亚	23	13
朝鲜	56	12
加蓬	15	10
挪威	16	10
马耳他	5	9
斐济	17	9
加纳	6	7
丹麦	5	5
法属波利尼西亚	3	5
尼泊尔	4	5
巴哈马	7	4
蒙古	3	4
尼加拉瓜	3	4
所罗门群岛	7	4
吉布提	2	4
摩纳哥	3	3
科特迪瓦	1	2
塞舌尔	0	2
阿塞拜疆	2	2
津巴布韦	1	2

国家/地区	出口数量（吨）	出口金额（千美元）
牙买加	1	2
阿曼	2	2
马提尼克	1	2
波多黎各	1	1
萨尔瓦多	0	1
马尔代夫	0	1
斯洛伐克	0	1
毛里塔尼亚	6	0
44111421 辐射松制的中密度板，厚>9mm		
合计	1164	4207
日本	1059	3885
美国	63	218
澳大利亚	25	93
苏里南	16	6
巴基斯坦	1	5
44111429 其他中密度板，0.5g/cm³<密度≤0.8g/cm³，厚>9mm		
合计	293217	113799
沙特阿拉伯	66744	24078
阿联酋	40138	14810
伊朗	40145	14179
日本	4890	10477
埃及	23612	7461
越南	31478	7343
韩国	12945	4009
苏丹	10107	2814
古巴	5126	2466
西班牙	3372	2166
尼日利亚	5219	1858
乌兹别克斯坦	4671	1574
约旦	3332	1273
肯尼亚	2986	1096
哈萨克斯坦	1528	1079
墨西哥	2458	1018
黎巴嫩	2491	971
土耳其	1258	969
马来西亚	1114	934
科威特	1961	738
印度	1612	737
卡塔尔	1971	734
阿尔及利亚	1565	677
菲律宾	1036	489
美国	573	486
俄罗斯联邦	674	454

国家/地区	出口数量（吨）	出口金额（千美元）
毛里求斯	996	440
斯里兰卡	990	407
蒙古	1834	405
哥斯达黎加	1008	403
巴基斯坦	758	401
塔吉克斯坦	1104	372
葡萄牙	501	347
澳大利亚	237	327
吉布提	684	293
朝鲜	797	277
英国	242	274
索马里	777	261
南非	550	253
危地马拉	642	245
阿曼	561	238
孟加拉国	791	217
坦桑尼亚	598	215
意大利	394	197
圭亚那	500	185
印度尼西亚	494	170
叙利亚	484	167
伊拉克	205	161
乌克兰	171	143
德国	209	124
利比亚	239	121
加拿大	103	116
荷属安地列斯	231	112
也门	240	105
巴林	221	95
安哥拉	241	94
苏里南	165	87
马达加斯加	188	80
新加坡	88	77
埃塞俄比亚	276	72
希腊	93	68
法国	152	66
特立尼达和多巴哥	157	66
保加利亚	75	64
阿尔巴尼亚	139	61
尼加拉瓜	130	58
以色列	45	54
瑞典	60	53
洪都拉斯	134	52
巴西	82	49
前南马其顿	54	48

国家/地区	出口数量（吨）	出口金额（千美元）
摩洛哥	31	46
缅甸	145	45
克罗地亚	51	43
智利	85	42
吉尔吉斯斯坦	112	40
台湾省	82	39
津巴布韦	92	32
贝宁	71	31
阿根廷	21	28
泰国	38	25
巴拿马	43	25
塞尔维亚	36	25
亚美尼亚	35	25
波多黎各	52	25
巴布亚新几内亚	58	24
黑山	61	24
玻利维亚	48	16
丹麦	14	16
塞浦路斯	41	15
哥伦比亚	35	15
法属圭亚那	29	14
突尼斯	21	14
加纳	58	14
香港	9	13
莫桑比克	10	12
厄立特里亚	23	12
刚果(布)	33	12
牙买加	16	11
乌拉圭	25	11
留尼汪	27	10
土库曼斯坦	22	10
冈比亚	17	10
立陶宛	11	9
多米尼加共和国	31	8
塞舌尔	17	8
委内瑞拉	5	7
佛得角	19	7
荷兰	2	7
萨尔瓦多	15	6
斐济	16	5
格鲁吉亚	4	4
马耳他	5	2
新西兰	2	2
44111491 未加工中密度板，密度≤0.5g/cm³，厚>9mm		

国家/地区	出口数量（吨）	出口金额（千美元）
合计	31532	10481
阿联酋	7910	2630
伊朗	5947	1929
沙特阿拉伯	4898	1237
尼日利亚	2478	1023
肯尼亚	1143	476
苏丹	1686	453
印度	931	373
埃塞俄比亚	1217	301
马来西亚	440	247
印度尼西亚	512	179
约旦	540	175
古巴	278	136
埃及	326	134
以色列	444	132
韩国	389	125
危地马拉	288	105
巴基斯坦	211	94
越南	185	94
斯里兰卡	132	74
吉布提	128	58
多米尼加共和国	125	48
毛里求斯	118	42
卡塔尔	103	39
坦桑尼亚	102	35
洪都拉斯	107	34
朝鲜	65	29
乌兹别克斯坦	100	27
萨摩亚	74	26
俄罗斯联邦	97	25
菲律宾	51	16
也门	37	14
圭亚那	34	14
阿曼	36	13
美国	6	11
拉脱维亚	16	11
哥伦比亚	33	11
苏里南	26	10
黎巴嫩	16	10
安哥拉	32	9
哥斯达黎加	27	9
新喀里多尼亚	33	9
斐济	32	9
秘鲁	20	7
南非	18	7
智利	17	7
哈萨克斯坦	20	6
瑞典	18	6
澳大利亚	22	6
阿尔巴尼亚	18	6
索马里	13	4
土库曼斯坦	14	4
塞内加尔	13	3
圣卢西亚	8	3
牙买加	1	0

44119210 未加工木纤维板，密度 > 0.8g/cm^3

国家/地区	出口数量（吨）	出口金额（千美元）
合计	6528	7308
约旦	1466	1977
伊朗	2225	1844
印度	1082	1457
阿联酋	589	573
越南	133	195
巴基斯坦	86	133
科威特	94	130
孟加拉国	74	95
阿根廷	56	91
沙特阿拉伯	62	71
埃及	46	59
突尼斯	44	59
南非	43	54
智利	30	53
马来西亚	51	53
克罗地亚	37	51
毛里求斯	49	50
立陶宛	35	48
吉布提	36	46
叙利亚	35	44
乌克兰	13	25
新加坡	20	25
卡塔尔	16	22
尼日利亚	31	22
乌兹别克斯坦	30	21
拉脱维亚	16	21
印度尼西亚	30	20
巴西	8	14
牙买加	15	11
俄罗斯联邦	12	9
赞比亚	15	9
肯尼亚	12	9
朝鲜	28	7
台湾省	6	5
西班牙	1	2
塔吉克斯坦	3	1
德国	0	1
韩国	0	1

44119290 加工木纤维板，密度 > 0.8g/cm^3

国家/地区	出口数量（吨）	出口金额（千美元）
合计	268459	185941
美国	51645	51644
加拿大	51361	37917
俄罗斯联邦	32220	16699
澳大利亚	14866	12217
韩国	20441	10469
英国	9431	8286
印度	5904	3822
尼日利亚	12046	3608
蒙古	8863	3477
伊朗	4690	3059
越南	5675	2857
哥伦比亚	3000	1989
罗马尼亚	3800	1809
爱尔兰	2448	1701
阿联酋	2646	1518
台湾省	1879	1468
墨西哥	2011	1419
南非	1833	1235
智利	1786	1214
荷兰	1538	1185
印度尼西亚	1424	972
以色列	1300	922
新加坡	1487	907
沙特阿拉伯	1693	806
阿根廷	1353	791
泰国	1302	753
黎巴嫩	1207	733
约旦	1026	631
马来西亚	855	618
法国	765	616
德国	467	593
埃及	1145	581
比利时	631	568
乌兹别克斯坦	967	534
苏丹	1616	490
菲律宾	711	411

国家/地区	出口数量（吨）	出口金额（千美元）
新西兰	484	389
香港	390	373
西班牙	489	302
坦桑尼亚	890	290
格鲁吉亚	478	281
哈萨克斯坦	349	263
爱沙尼亚	460	251
危地马拉	340	250
乌克兰	409	246
意大利	322	241
哥斯达黎加	325	237
巴林	410	234
缅甸	384	230
巴西	364	227
巴拿马	293	224
巴基斯坦	267	202
埃塞俄比亚	456	199
厄瓜多尔	249	176
斯里兰卡	433	163
白俄罗斯	288	160
卡塔尔	216	159
秘鲁	261	138
莫桑比克	389	137
希腊	184	130
文莱	109	120
阿尔巴尼亚	197	110
洪都拉斯	230	93
安哥拉	102	85
日本	144	83
科威特	76	81
孟加拉国	221	74
摩洛哥	216	74
特立尼达和多巴哥	104	74
毛里求斯	61	73
吉尔吉斯斯坦	107	71
立陶宛	140	67
塞浦路斯	89	66
黑山	122	62
葡萄牙	53	59
津巴布韦	63	51
利比亚	59	47
土耳其	124	44
土库曼斯坦	76	43
斐济	137	41
马耳他	49	38

国家/地区	出口数量（吨）	出口金额（千美元）
多米尼加共和国	46	36
马尔代夫	50	35
也门	60	32
阿尔及利亚	40	29
吉布提	46	27
委内瑞拉	37	25
克罗地亚	17	22
苏里南	36	22
保加利亚	39	21
萨摩亚	50	19
马达加斯加	27	19
塞尔维亚	41	18
斯洛文尼亚	18	14
塞拉利昂	43	14
利比里亚	39	13
牙买加	21	13
索马里	38	12
加纳	12	12
肯尼亚	20	11
圭亚那	17	10
阿曼	15	9
刚果(金)	8	8
非洲其他国(地区)	15	8
瓦努阿图	21	7
赞比亚	16	6
巴巴多斯	17	6
巴布亚新几内亚	18	6
朝鲜	9	6
柬埔寨	9	1
玻利维亚	1	1
44119390 木纤板，$0.5g/cm^3$ < 密度 ≤ $0.10g/cm^3$		
合计	4865	2730
吉布提	486	680
沙特阿拉伯	1146	489
越南	907	322
阿联酋	562	289
埃及	368	201
约旦	272	138
美国	131	131
黎巴嫩	137	73
肯尼亚	92	49
墨西哥	137	48
南非	91	48
巴林	115	47

国家/地区	出口数量（吨）	出口金额（千美元）
巴基斯坦	62	42
日本	112	40
卡塔尔	39	23
毛里求斯	43	20
印度	30	19
叙利亚	26	17
牙买加	48	14
哈萨克斯坦	52	12
柬埔寨	4	11
韩国	1	9
菲律宾	4	8
法国	0	1
44119410 木纤板，$0.35g/cm^3$ < 密度 ≤ $0.5g/cm^3$		
合计	147	344
美国	27	124
加拿大	25	117
澳大利亚	53	55
黎巴嫩	2	19
俄罗斯联邦	26	13
法国	3	5
印度	1	4
以色列	3	3
朝鲜	4	2
越南	2	2
危地马拉	0	1
44119421 未加工木纤板，密度 ≤ $0.35g/cm^3$		
合计	23	9
澳门	23	9
44119429 加工木纤板，密度 ≤ $0.35g/cm^3$		
合计	2894	4667
巴西	100	498
台湾省	173	484
印度尼西亚	165	448
泰国	88	325
土耳其	340	312
韩国	72	276
西班牙	53	270
俄罗斯联邦	79	239
菲律宾	629	211
埃及	80	196
芬兰	55	185
伊拉克	142	150

国家/地区	出口数量（吨）	出口金额（千美元）
叙利亚	148	139
日本	45	129
伊朗	124	111
印度	82	88
摩洛哥	88	75
斯洛文尼亚	13	49
巴林	12	40
拉脱维亚	14	40
巴基斯坦	23	37
卡塔尔	9	36
哈萨克斯坦	44	36
乌克兰	36	33
乌兹别克斯坦	47	30
沙特阿拉伯	36	30
新加坡	3	23
巴布亚新几内亚	58	21
智利	7	20
尼日利亚	2	19
约旦	18	18
马来西亚	18	15
苏丹	39	13
阿联酋	11	13
安哥拉	17	11
朝鲜	5	11
德国	3	10
莫桑比克	7	9
立陶宛	2	8
澳大利亚	1	3
肯尼亚	5	2
突尼斯	1	2
美国	1	1
英国	0	1
44101100 木制碎料板		
合计	30366	12910
韩国	5725	1679
俄罗斯联邦	1443	791
澳大利亚	868	786
日本	1384	726
哈萨克斯坦	1682	700
沙特阿拉伯	1793	677
缅甸	1657	604
蒙古	3938	596
台湾省	462	482
德国	476	435
美国	790	411

国家/地区	出口数量（吨）	出口金额（千美元）
英国	204	371
印度	521	301
秘鲁	899	297
土耳其	283	241
阿联酋	421	237
马来西亚	473	232
智利	498	206
约旦	556	194
埃及	476	183
菲律宾	691	168
尼日利亚	346	164
危地马拉	550	161
哥伦比亚	473	160
新加坡	114	150
巴基斯坦	76	150
越南	509	141
科威特	266	127
肯尼亚	415	118
南非	255	107
印度尼西亚	197	104
古巴	108	78
阿尔巴尼亚	26	75
哥斯达黎加	159	68
西班牙	12	68
安哥拉	36	60
香港	76	60
意大利	68	48
波兰	5	48
尼泊尔	92	41
斯里兰卡	70	41
莫桑比克	73	39
加拿大	47	38
卡塔尔	94	37
萨尔瓦多	129	36
巴西	6	34
阿尔及利亚	44	32
希腊	7	31
以色列	74	31
塞浦路斯	87	30
比利时	34	24
留尼汪	46	24
乌克兰	77	24
罗马尼亚	51	21
尼加拉瓜	51	21
泰国	13	20

国家/地区	出口数量（吨）	出口金额（千美元）
吉尔吉斯斯坦	45	19
苏里南	48	19
利比亚	28	18
洪都拉斯	44	16
新西兰	21	13
伊朗	39	11
荷兰	38	11
斯洛伐克	33	9
贝宁	25	9
多哥	15	8
叙利亚	18	8
黎巴嫩	18	7
特立尼达和多巴哥	23	7
也门	14	7
赤道几内亚	4	6
新喀里多尼亚	16	5
苏丹	6	3
厄瓜多尔	4	2
澳门	2	1
44101200 木制定向刨花板(OSB)		
合计	18918	6712
俄罗斯联邦	3335	1469
蒙古	5093	838
台湾省	1229	384
韩国	773	332
南非	553	279
尼日利亚	735	274
伊拉克	517	260
加拿大	397	252
约旦	350	247
秘鲁	769	241
日本	235	199
哈萨克斯坦	627	195
阿联酋	274	137
印度	266	110
缅甸	272	110
泰国	126	92
哥伦比亚	255	83
葡萄牙	176	80
危地马拉	266	78
塔吉克斯坦	166	77
土耳其	132	72
肯尼亚	184	67
美国	28	64
朝鲜	231	61

国家/地区	出口数量（吨）	出口金额（千美元）
安哥拉	56	58
沙特阿拉伯	218	54
新西兰	73	48
澳大利亚	122	48
智利	130	47
哥斯达黎加	139	47
印度尼西亚	94	36
牙买加	90	31
巴西	106	29
波兰	55	28
马来西亚	48	20
吉尔吉斯斯坦	55	19
萨尔瓦多	53	17
留尼汪	41	16
法国	8	15
巴布亚新几内亚	36	15
阿根廷	25	14
坦桑尼亚	16	13
苏里南	30	13
阿富汗	18	12
法属圭亚那	24	12
孟加拉国	213	11
伊朗	25	11
埃塞俄比亚	27	10
匈牙利	27	9
希腊	25	9
新喀里多尼亚	15	8
德国	16	7
埃及	18	6
黑山	15	5
卡塔尔	16	5
津巴布韦	17	5
瑞典	5	5
斐济	14	5
阿曼	15	4
巴基斯坦	17	4
菲律宾	6	4
西班牙	16	4
贝宁	1	2
洪都拉斯	3	1
巴巴多斯	1	1
墨西哥	1	1
阿尔及利亚	0	1
香港	1	0
44101900 其他木制类似板（例如华夫板）		

国家/地区	出口数量（吨）	出口金额（千美元）
合计	54274	18297
俄罗斯联邦	27775	8015
塔吉克斯坦	11507	3237
埃及	3011	882
香港	1688	616
台湾省	305	475
日本	125	391
南非	1074	390
肯尼亚	914	350
智利	822	345
危地马拉	817	333
印度	652	328
古巴	591	299
吉布提	944	250
尼日利亚	609	238
美国	106	165
韩国	276	154
哥斯达黎加	290	135
沙特阿拉伯	286	129
西班牙	106	110
波多黎各	255	107
土耳其	18	106
菲律宾	259	106
毛里求斯	111	79
阿联酋	199	77
英国	20	77
安哥拉	66	65
澳大利亚	150	62
阿尔及利亚	69	58
墨西哥	140	57
泰国	26	55
洪都拉斯	99	53
荷兰	14	51
阿尔巴尼亚	9	47
马拉维	108	46
哈萨克斯坦	114	39
新加坡	10	38
越南	24	26
加拿大	68	25
约旦	70	24
黎巴嫩	77	23
卡塔尔	47	21
希腊	5	20
乌兹别克斯坦	59	20
土库曼斯坦	51	18

国家/地区	出口数量（吨）	出口金额（千美元）
赤道几内亚	15	18
缅甸	31	10
巴布亚新几内亚	5	10
苏丹	18	10
埃塞俄比亚	67	9
阿曼	36	7
刚果（金）	14	7
科威特	2	7
苏里南	16	7
津巴布韦	17	7
斐济	18	7
新喀里多尼亚	3	6
莫桑比克	27	6
巴拿马	2	6
法国	1	5
尼加拉瓜	17	5
喀麦隆	2	5
德国	1	4
以色列	1	4
印度尼西亚	3	3
尼泊尔	4	3
伊朗	0	2
马尔代夫	2	2
蒙古	5	2
哥伦比亚	0	1
马来西亚	0	1
瑞士	0	1
44109011 麦稻秸秆制碎料板		
合计	2042	1343
日本	433	632
美国	762	371
台湾省	397	137
俄罗斯联邦	98	63
韩国	135	61
马来西亚	142	42
荷兰	73	36
新加坡	2	1
香港	1	1
44109019 其他木质材料制碎料板		
合计	291	140
安哥拉	95	39
牙买加	16	37
埃塞俄比亚	87	36
印度	37	11
斐济	20	7

国家/地区	出口数量(吨)	出口金额(千美元)
肯尼亚	21	6
黎巴嫩	15	4
44109090 其他木质材料制定向刨花板(OSB)及类似板(例如,华夫板)		
合计	1702	1984
美国	492	1108
德国	210	348
阿尔及利亚	198	143
马来西亚	209	61
俄罗斯联邦	182	56
墨西哥	63	51
加拿大	32	42
日本	17	26
肯尼亚	72	24
法国	12	19
新加坡	27	18
南非	26	16
新西兰	47	15
台湾省	39	15
以色列	9	14
尼日利亚	36	12
澳大利亚	8	6
印度	18	5
香港	1	2
安哥拉	2	1
意大利	1	1
刚果(金)	1	1
朝鲜	2	1

表 4-12　人造板进口

国家/地区	进口数量(吨)	进口金额(千美元)
44081011 用胶合板等制的针叶木饰面用单板,厚≤6mm		
合计	786	137
俄罗斯联邦	765	108
德国	20	18
日本	1	10
44081019 其他针叶木饰面用单板,厚≤6mm		
合计	440	2574
台湾省	102	641
美国	87	458
澳大利亚	56	306
日本	22	271

国家/地区	进口数量(吨)	进口金额(千美元)
加拿大	47	243
西班牙	34	236
菲律宾	65	212
韩国	7	94
奥地利	7	76
德国	1	12
印度	9	9
瑞士	1	7
危地马拉	0	5
印度尼西亚	0	4
44081020 针叶木制胶合板用单板,厚≤6mm		
合计	955	478
俄罗斯联邦	677	277
缅甸	211	93
澳大利亚	49	89
美国	13	11
韩国	5	8
日本	0	1
44081090 其他纵锯、纵切刨或旋切的针叶木木材,厚≤6mm		
合计	589	1069
印度尼西亚	108	368
美国	284	277
西班牙	21	164
加拿大	21	118
加纳	8	32
新西兰	18	32
台湾省	25	21
朝鲜	77	12
奥地利	8	11
芬兰	10	10
德国	0	9
意大利	1	6
澳大利亚	1	2
印度	2	2
俄罗斯联邦	5	1
日本	0	1
44083111 用胶合板等制饰面单板,红柳安木制,厚≤6mm		
合计	619	360
马来西亚	615	356
台湾省	3	3
澳大利亚	0	1

国家/地区	进口数量(吨)	进口金额(千美元)
44083119 其他饰面用单板,红柳安木制,厚≤6mm		
合计	47	210
美国	14	76
澳大利亚	3	61
台湾省	6	29
法国	1	24
马来西亚	21	16
加纳	1	2
意大利	0	1
印度尼西亚	1	1
44083120 制胶合板用单板,红柳安木制,厚≤6mm		
合计	294	159
马来西亚	158	82
印度尼西亚	109	74
越南	27	3
台湾省	0	1
44083190 其他纵锯、纵切刨或旋切红柳安木木材,厚≤6mm		
合计	46	38
马来西亚	38	33
加拿大	8	5
44083911 用胶合板等制其他热带木饰面用单板,厚≤6mm		
合计	6	39
台湾省	3	34
印度	1	3
意大利	2	2
44083919 其他其他热带木制饰面用单板,厚≤6mm		
合计	3350	5462
德国	374	1553
缅甸	1995	1246
加纳	216	641
意大利	40	361
印度尼西亚	222	318
法国	34	244
马来西亚	267	225
台湾省	64	182
菲律宾	40	169
日本	14	127
巴西	17	89
韩国	14	67
科特迪瓦	16	58

国家/地区	进口数量（吨）	进口金额（千美元）
土耳其	9	53
印度	14	44
西班牙	9	42
美国	4	25
喀麦隆	1	10
黎巴嫩	1	7
澳大利亚	0	1

44083920 其他热带木制胶合板用单板，厚≤6mm

国家/地区	进口数量（吨）	进口金额（千美元）
合计	2465	1583
马来西亚	1764	1115
印度尼西亚	381	257
文莱	230	117
柬埔寨	11	33
缅甸	27	18
泰国	26	16
越南	24	12
美国	0	12
台湾省	1	2

44083990 其他纵锯、纵切刨或旋切的热带木木材，厚≤6mm

国家/地区	进口数量（吨）	进口金额（千美元）
合计	846	1634
台湾省	72	395
玻利维亚	42	362
喀麦隆	290	243
马来西亚	237	220
加纳	52	156
缅甸	123	60
英国	2	60
巴西	11	56
印度	5	37
西班牙	5	20
印度尼西亚	3	12
澳大利亚	4	6
厄瓜多尔	0	3
德国	0	2

44089011 用胶合板等制其他非针叶木饰面单板，厚≤6mm

国家/地区	进口数量（吨）	进口金额（千美元）
合计	4	59
美国	3	45
日本	0	11
意大利	0	2
澳大利亚	0	1

44089012 温带非针叶木制其他饰面用单板，厚≤6mm

国家/地区	进口数量（吨）	进口金额（千美元）
合计	5832	11546
美国	3219	5919
意大利	132	1292
台湾省	173	773
俄罗斯联邦	1477	668
德国	135	447
土耳其	104	396
西班牙	72	342
捷克	49	208
斯洛伐克	40	176
加拿大	50	170
加纳	54	155
巴西	38	147
日本	34	137
法国	32	117
越南	42	89
澳大利亚	22	83
韩国	9	77
白俄罗斯	28	73
马来西亚	45	72
印度	4	52
罗马尼亚	13	36
奥地利	6	30
中华人民共和国	22	20
波兰	8	16
克罗地亚	4	16
斯洛文尼亚	7	14
摩纳哥	5	11
玻利维亚	4	8
喀麦隆	1	2

44089019 其他非针叶木饰面用单板，厚≤6mm

国家/地区	进口数量（吨）	进口金额（千美元）
合计	10495	38502
美国	4855	11560
德国	620	5574
意大利	649	4754
台湾省	859	3174
巴西	753	2000
捷克	56	1323
西班牙	185	1293
加纳	417	1188
玻利维亚	158	1050
韩国	161	772
法国	215	747
印度尼西亚	380	502
澳大利亚	144	474
喀麦隆	82	417
印度	35	390
日本	50	375
科特迪瓦	87	366
奥地利	55	364
土耳其	102	361
墨西哥	62	268
瑞士	43	254
斯洛文尼亚	72	253
加拿大	107	249
越南	85	210
泰国	76	109
马来西亚	52	99
波兰	11	80
俄罗斯联邦	21	71
新西兰	35	57
危地马拉	40	56
罗马尼亚	8	31
爱沙尼亚	12	23
英国	4	18
新加坡	0	13
瑞典	1	12
香港	2	10
中华人民共和国	0	2
克罗地亚	0	1

44089021 温带非针叶木制胶合板用单板，厚≤6mm

国家/地区	进口数量（吨）	进口金额（千美元）
合计	10674	4441
俄罗斯联邦	10083	3264
美国	246	433
意大利	200	416
巴西	108	271
奥地利	13	27
德国	11	23
马来西亚	12	7

44089029 其他非针叶木制胶合板用单板，厚≤6mm

国家/地区	进口数量（吨）	进口金额（千美元）
合计	35940	8435
马来西亚	15838	6243
越南	19102	1407
赤道几内亚	467	227
西班牙	26	207
斐济	165	90
缅甸	121	79

国家/地区	进口数量（吨）	进口金额（千美元）
加纳	55	52
美国	21	44
爱沙尼亚	43	21
德国	34	20
加蓬	55	15
波黑	1	13
捷克	1	5
斯洛文尼亚	0	4
中华人民共和国	5	4
韩国	1	2
台湾省	1	1
日本	1	1

44089091 温带非针叶木制经纵刨、旋切的木材，厚≤6mm

国家/地区	进口数量（吨）	进口金额（千美元）
合计	8437	9246
俄罗斯联邦	6995	7096
美国	1424	2129
捷克	11	16
台湾省	8	4
芬兰	0	1

44089099 其他非针叶木制经纵刨、旋切的木材，厚≤6mm

国家/地区	进口数量（吨）	进口金额（千美元）
合计	315	2158
韩国	21	710
美国	153	530
意大利	19	298
西班牙	12	258
日本	8	153
台湾省	81	128
加纳	11	40
土耳其	5	18
加拿大	4	10
奥地利	0	6
法国	0	2
新西兰	0	1
印度尼西亚	2	1

国家/地区	出口数量（立方米）	出口金额（千美元）

44123100 其他薄板制胶合板至少一表层是热带木，厚≤6mm

国家/地区	出口数量（立方米）	出口金额（千美元）
合计	18589	10441
马来西亚	9280	4715
印度尼西亚	8020	3874
日本	707	1269
台湾省	246	265
法国	7	122
韩国	124	69
香港	148	57
荷兰	14	33
比利时	13	17
印度	8	7
新西兰	10	6
德国	1	3
越南	9	3
巴西	0	1
国别(地区)不详	1	0
中华人民共和国	1	0

44123210 其他薄板制胶合板至少一表层是温带木，厚≤6mm

国家/地区	出口数量（立方米）	出口金额（千美元）
合计	25796	17764
俄罗斯联邦	14635	8425
日本	2960	3094
芬兰	1149	1918
印度尼西亚	3013	1750
马来西亚	2261	1115
韩国	876	432
台湾省	266	252
中华人民共和国	287	199
加拿大	57	191
美国	96	109
德国	45	54
泰国	32	46
西班牙	8	41
荷兰	24	41
意大利	4	37
爱沙尼亚	34	33
澳大利亚	35	10
英国	7	6
比利时	6	5
新西兰	1	5
菲律宾	0	2

44123290 其他薄板制胶合板至少一表层非针叶木，厚≤6mm

国家/地区	出口数量（立方米）	出口金额（千美元）
合计	106004	50027
印度尼西亚	46506	25789
马来西亚	54718	20825
日本	1655	1294
台湾省	1582	1032
中华人民共和国	578	330
意大利	419	289
俄罗斯联邦	357	267
德国	40	77
西班牙	9	35
澳大利亚	24	30
芬兰	6	14
新加坡	24	12
韩国	13	11
印度	19	8
瑞典	3	7
香港	12	4
英国	37	2
拉脱维亚	2	1
美国	0	1

44123900 其他薄板制胶合板，厚≤6mm

国家/地区	出口数量（立方米）	出口金额（千美元）
合计	19800	12190
马来西亚	8920	4236
芬兰	3153	3179
印度尼西亚	4027	1948
台湾省	668	738
日本	807	450
荷兰	372	367
德国	178	288
俄罗斯联邦	365	203
新西兰	310	145
加拿大	79	144
拉脱维亚	164	125
智利	301	94
中华人民共和国	252	77
韩国	84	62
英国	12	45
爱沙尼亚	66	34
美国	19	31
澳大利亚	6	10
丹麦	1	4
法国	7	4
越南	9	3
意大利	0	2
新加坡	0	1

44129410 其他木块芯胶合板等至少一表层是非针叶木

国家/地区	出口数量（立方米）	出口金额（千美元）
合计	1369	610
马来西亚	748	250
印度尼西亚	247	111
美国	68	107
新西兰	123	44
巴拉圭	64	26
意大利	11	23

国家/地区	出口数量（立方米）	出口金额（千美元）
德国	11	20
中华人民共和国	28	10
日本	20	9
格鲁吉亚	25	5
加拿大	23	2
台湾省	0	2
泰国	1	1
44129491 其他木块芯胶合板等至少一表层是热带木		
合计	153	145
巴拉圭	115	79
奥地利	31	53
德国	7	12
44129492 其他木块芯胶合板等至少一表层是木碎料板		
合计	331	339
奥地利	133	237
印度尼西亚	177	90
马来西亚	9	5
台湾省	8	4
中华人民共和国	4	2
44129499 其他木块芯、侧板条芯、板条芯胶合板		
合计	1	1
韩国	1	1
44129910 其他胶合板等至少一表层是非针叶木		
合计	33948	20879
马来西亚	27284	14294
芬兰	1327	3059
比利时	451	756
智利	1622	513
印度尼西亚	1069	459
德国	196	436
瑞典	145	429
日本	211	276
俄罗斯联邦	291	270
中华人民共和国	874	206
意大利	42	66
美国	224	56
台湾省	37	26
朝鲜	163	13
澳大利亚	1	7
韩国	2	4
英国	0	3

国家/地区	出口数量（立方米）	出口金额（千美元）
印度	7	2
加拿大	2	2
44129991 其他胶合板等至少一表层是热带木层		
合计	87	136
德国	40	113
马来西亚	30	17
新加坡	17	6
44129992 其他胶合板等至少一表层是木碎料板		
合计	48	15
日本	48	14
44129999 未列名胶合板、单板饰面板及类似的多层板		
合计	5909	2487
美国	1276	653
爱沙尼亚	1464	536
菲律宾	644	410
马来西亚	751	220
智利	593	190
芬兰	170	140
日本	202	126
印度尼西亚	300	59
台湾省	65	47
罗马尼亚	42	42
中华人民共和国	283	24
奥地利	86	21
澳大利亚	4	8
科特迪瓦	18	5
朝鲜	11	5
西班牙	0	1
德国	0	1

国家/地区	出口数量（吨）	出口金额（千美元）
44111211 未机械加工中密度板，密度 >0.8g/cm^3，厚≤5mm		
合计	17681	7575
新西兰	6340	3128
澳大利亚	5393	2251
印度尼西亚	3376	1106
泰国	1283	494
马来西亚	650	270
波兰	129	97
阿根廷	227	80
智利	150	75
爱尔兰	89	45

国家/地区	出口数量（吨）	出口金额（千美元）
日本	31	23
台湾省	13	7
44111219 经机械加工中密度板，密度 >0.8g/cm^3，厚≤5mm		
合计	4643	2264
泰国	1509	480
马来西亚	858	371
阿根廷	1218	336
日本	167	250
台湾省	97	226
德国	137	156
意大利	162	120
新西兰	107	85
美国	60	65
波兰	76	57
澳大利亚	107	48
印度尼西亚	118	37
法国	13	16
加拿大	1	10
韩国	13	8
44111221 辐射松制的中密度板，0.5g/cm^3 < 密度≤0.8g/cm^3，厚≤5mm		
合计	7156	3190
新西兰	6991	3104
智利	89	49
澳大利亚	73	32
瑞典	2	6
44111229 其他中密度板，0.5g/cm^3 < 密度≤0.8g/cm^3，厚≤5mm		
合计	24779	9478
泰国	8552	2943
新西兰	5163	1906
马来西亚	4647	1826
印度尼西亚	4596	1764
澳大利亚	1503	783
美国	32	115
加拿大	150	60
日本	41	37
阿根廷	63	25
俄罗斯联邦	24	12
台湾省	8	5
44111291 未加工中密度板，密度≤0.5g/cm^3，厚≤5mm		
合计	2456	858
新西兰	1505	532

国家/地区	出口数量（吨）	出口金额（千美元）
印度尼西亚	877	294
泰国	73	31
台湾省	2	1
44111299 加工中密度板，密度≤0.5g/cm^3，厚≤5mm		
合计	2691	1268
新西兰	1116	655
澳大利亚	877	409
泰国	497	108
印度尼西亚	192	81
德国	8	14
立陶宛	0	2
美国	0	1
44111311 未加工中密度板，密度>0.8g/cm^3，5mm<厚≤9mm		
合计	1526	637
澳大利亚	983	424
新西兰	200	85
台湾省	274	82
泰国	39	23
马来西亚	22	13
美国	8	8
44111319 加工中密度板，密度>0.8g/cm^3，5mm<厚≤9mm		
合计	16659	15237
比利时	4491	5399
瑞士	4438	3355
德国	3047	3336
奥地利	2950	2449
泰国	1068	230
澳大利亚	219	179
美国	156	156
马来西亚	194	52
日本	49	29
韩国	19	28
新西兰	25	12
印度尼西亚	3	10
中华人民共和国	0	1
西班牙	0	1
俄罗斯联邦	0	1
44111321 辐射松制的中密度板，5mm<厚≤9mm		
合计	6214	3004
新西兰	4669	2353
澳大利亚	1069	442

国家/地区	出口数量（吨）	出口金额（千美元）
智利	225	124
阿根廷	133	43
加拿大	116	42
台湾省	2	1
44111329 其他中密度板 0.5g/cm^3 < 密度≤0.8g/cm^3，5mm<厚≤9mm		
合计	16591	5776
澳大利亚	3211	1311
印度尼西亚	3273	1156
马来西亚	3306	1144
泰国	3268	1004
新西兰	3070	913
阿根廷	337	118
日本	49	49
台湾省	23	39
韩国	15	15
美国	13	11
加拿大	25	9
意大利	0	4
比利时	2	2
44111391 未加工中密度板，密度≤0.5g/cm^3，5mm<厚≤9mm		
合计	3425	1147
新西兰	2847	896
泰国	251	100
加拿大	224	90
印度尼西亚	59	31
爱尔兰	40	22
意大利	0	4
台湾省	4	2
芬兰	0	1
44111399 加工中密度板，密度≤0.5g/cm^3，5mm<厚≤9mm		
合计	1826	1359
韩国	864	524
德国	220	400
印度尼西亚	470	271
马来西亚	111	50
泰国	69	34
中华人民共和国	55	30
瑞典	10	30
新西兰	25	11
美国	0	5
香港	2	2
日本	0	2

国家/地区	出口数量（吨）	出口金额（千美元）
44111411 未加工中密度板，密度>0.8g/cm^3，厚>9mm		
合计	1288	606
印度尼西亚	634	206
意大利	260	126
爱尔兰	112	61
澳大利亚	50	54
韩国	14	47
新西兰	75	40
加拿大	101	37
德国	12	21
阿根廷	24	7
日本	6	4
瑞典	0	2
44111419 加工中密度板，密度>0.8g/cm^3，厚>9mm		
合计	5420	4830
比利时	1684	2716
瑞士	1022	728
奥地利	265	363
泰国	1920	355
德国	157	302
马来西亚	187	138
美国	29	103
台湾省	35	36
韩国	57	29
中华人民共和国	45	28
新西兰	11	10
意大利	1	10
日本	5	8
印度尼西亚	3	3
挪威	1	2
44111421 辐射松制的中密度板，厚>9mm		
合计	9048	4081
新西兰	5655	2810
澳大利亚	2334	959
阿根廷	695	215
泰国	215	43
加拿大	118	43
台湾省	7	5
印度尼西亚	24	5
美国	0	2
44111429 其他中密度板，0.5g/cm^3 < 密度≤0.8g/cm^3，厚>9mm		
合计	71515	33398

国家/地区	出口数量（吨）	出口金额（千美元）
泰国	26156	9608
意大利	10434	7985
澳大利亚	11429	4816
日本	4109	3506
马来西亚	7633	2662
新西兰	5238	1781
印度尼西亚	3098	1278
阿根廷	1810	572
中华人民共和国	424	408
美国	464	269
德国	198	267
加拿大	265	99
比利时	104	51
台湾省	61	48
越南	47	15
荷兰	8	14
韩国	14	10
巴基斯坦	21	6
葡萄牙	1	1
44111491 未加工中密度板，密度≤0.5g/cm³，厚>9mm		
合计	5661	2290
泰国	3431	1351
加拿大	1184	474
马来西亚	611	230
印度尼西亚	276	137
新西兰	122	61
德国	4	23
阿根廷	24	8
台湾省	9	7
44119210 未加工木纤维板，密度>0.8g/cm³		
合计	116	84
伊朗	20	31
德国	23	24
阿根廷	47	18
泰国	24	8
美国	1	3
44119290 加工木纤维板，密度>0.8g/cm³		
合计	8962	7585
德国	2322	2688
澳大利亚	4581	1926
瑞典	349	858
葡萄牙	39	577
美国	320	444
马来西亚	357	279

国家/地区	出口数量（吨）	出口金额（千美元）
南非	250	225
日本	110	126
印度尼西亚	243	114
智利	70	93
中华人民共和国	81	58
西班牙	20	39
新西兰	73	37
意大利	13	31
阿根廷	79	30
丹麦	6	18
台湾省	19	16
瑞士	3	12
泰国	25	11
阿联酋	1	1
荷兰	0	1
44119310 辐射松制的木纤板，0.5g/cm³<密度≤0.9g/cm³		
合计	7734	2497
马来西亚	3210	1017
澳大利亚	2460	802
泰国	1752	546
新西兰	291	112
葡萄牙	11	16
韩国	9	2
台湾省	1	2
44119390 木纤板，0.5g/cm³<密度≤0.10g/cm³		
合计	41196	12971
澳大利亚	10765	4059
泰国	11810	3418
新西兰	11338	2938
马来西亚	6048	1917
比利时	439	172
美国	75	95
阿根廷	267	75
波多黎各	1	69
瑞典	7	56
韩国	188	48
加拿大	117	45
德国	6	37
印度尼西亚	117	32
台湾省	17	7
英国	1	3
意大利	0	2
44119410 木纤板，0.35g/cm³<密度≤0.5g/cm³		

国家/地区	出口数量（吨）	出口金额（千美元）
合计	9	30
德国	6	25
美国	1	2
日本	0	1
韩国	2	1
丹麦	0	1
44119421 未加工木纤板，密度≤0.35g/cm³		
合计	20	15
爱沙尼亚	14	11
德国	6	5
44119429 加工木纤板，密度≤0.35g/cm³		
合计	3122	1462
印度尼西亚	1553	643
泰国	705	261
新西兰	287	144
美国	89	121
加拿大	195	98
马来西亚	118	59
波兰	48	42
爱沙尼亚	56	34
立陶宛	15	18
阿根廷	26	13
芬兰	16	12
荷兰	11	8
中华人民共和国	0	4
韩国	0	3
德国	0	2
台湾省	0	1
意大利	0	1
44101100 木制碎料板		
合计	161696	49317
马来西亚	54464	12337
泰国	41118	9853
德国	11222	8216
日本	5410	4054
罗马尼亚	16105	3846
奥地利	5346	2724
俄罗斯联邦	9753	1960
印度尼西亚	4617	1906
葡萄牙	2836	865
法国	2105	836
意大利	1644	680
越南	3718	674
英国	951	349
西班牙	1165	318

国家/地区	出口数量（吨）	出口金额（千美元）
加拿大	391	184
美国	330	172
比利时	217	132
台湾省	54	51
中华人民共和国	22	45
韩国	88	41
国别(地区)不详	80	28
香港	2	20
荷兰	43	19
瑞士	15	6
澳大利亚	1	1
新加坡	1	0
44101200 木制定向刨花板(OSB)		
合计	54875	22370
巴西	13393	6228
泰国	18438	5697
加拿大	9052	4137
德国	5867	2876
美国	2943	1237
罗马尼亚	1991	686
拉脱维亚	1042	572
法国	490	310
马来西亚	822	233
葡萄牙	351	89
奥地利	94	85
日本	32	54
韩国	136	34

国家/地区	出口数量（吨）	出口金额（千美元）
瑞典	27	33
澳大利亚	37	33
台湾省	37	28
越南	90	27
意大利	33	12
44101900 其他木制类似板(例如华夫板)		
合计	133508	42181
泰国	88867	23990
奥地利	16581	8367
马来西亚	14483	4087
罗马尼亚	7125	2403
德国	1098	754
印度尼西亚	1087	610
越南	1850	474
瑞士	289	365
比利时	515	315
俄罗斯联邦	1085	263
意大利	75	128
法国	9	117
菲律宾	237	101
美国	3	84
日本	68	53
西班牙	74	26
挪威	22	14
厄瓜多尔	24	12
台湾省	12	11

国家/地区	出口数量（吨）	出口金额（千美元）
中华人民共和国	0	4
拉脱维亚	0	1
乌拉圭	0	1
印度	0	1
以色列	1	1
新西兰	2	1
44109011 麦稻秸秆制碎料板		
合计	18	50
马来西亚	18	44
日本	0	6
44109019 其他木质材料制碎料板		
合计	239	174
美国	179	132
比利时	48	23
德国	8	12
日本	4	7
44109090 其他木质材料制定向刨花板(OSB)及类似板(例如，华夫板)		
合计	256	194
台湾省	124	80
泰国	77	50
美国	1	26
日本	2	16
奥地利	7	8
意大利	44	7
韩国	1	5
荷兰	0	2

木　制　品

【概　况】 木制品种类繁多，在木质类终端产品中除家具、纸类、碳素制品外，其他都列入了木制品。国内林业统计的木制品主要是地板和筷子，在进出口贸易中，统计的木制品包括地板、门、窗、木制活动房屋、筷子、其他木餐具、画框、容器、建筑用木制品、木刻、木扇、木雕装饰、镶嵌木、珠宝盒、木衣架、线轴、圆签棒、工具、中西乐器等。

全国共有木制品生产企业64299家，江苏省最多，8977家，占全国的13.96%，浙江省第二，8512家，占全国的13.24%，其后依次是广东、黑龙江、辽宁，这5省木制品企业数量占全国的55.13%。

全国共有生产用木制品企业33580家，浙江省最多，4989家，占全国的14.86%，然后是黑龙江省占11.44%，其后依次是江苏、辽宁、广东。这5省生产用木制品企业数量占全国的50.23%。

全国共有生活用木制品企业14464家，浙江省最多，1882家，占全国的13.01%，然后是黑龙江省占11.62%，其后依次是辽宁、广东、山东。这5省生活用木制品企业数量占全国的55.13%。

全国共有中乐器制造企业706家，江苏省126家，占全国的17.85%，其他依次是天津、北京、河北、浙江，前5省(市)中乐器制造企业数量占全国总量的57.93%。全国共有西乐器制造企业1119家，上海203家，占全国的18.14%，其他依次是天津、浙江、北京、江苏，前5省(市)西乐器制造企业数量占全国总量的64.34%。见表5-1、表5-2。

木制品产业占全国林业总产值的6.28%，木制品出口总值占木质类林产品出口总值的11.8%，木制品进口较少只占木质类林产品进口总值的0.48%。木制品出口总额42.97亿美元，进口总额1.5亿美元。出口木制品以木制门最多，占木制品出口总额的13.06%，其后依次是木地板、画框、木雕装饰、建筑用木制品、珠宝盒类、木衣架、木餐具。进口木制品以木制容器最多，占木制品进口总额的13.58%，其后依次是木地板、乐器、珠宝盒等、窗、建筑用木制品、门、木雕装饰、筷子。见表5-3。

我国对木制品产业进行指导的文件主要是2006年12月26日国家税务总局颁布的，从2006年在全国范围内施行至今的关于出口实木复合地板等有关退税问题的通知(国税函〔2006〕1263号)。另外，我国对木制品生产有12个国家标准，主要针对滑木箱、木结构设计规范、木质底盘、移动式木折梯安全标准等作了相关规定，见表5-4。

2005~2010年，我国对木制品生产主要有27项科技成果，主要包括木质制品、木地板、竹木复合地板、纳米复合地板、复合地热地板、防火门、折扇、集装箱地板和竹木复合产品等方面。见表5-5。

我国共有木制品相关协会9家，全部是地板行业协会。见表5-6。

【木地板产业发展】 2010木竹地板产量4.79亿平方米，比2009年增长26.92%。在木竹地板产量中，实木地板1.12亿平方米，占全部木竹地板产量的23.32%；复合木地板2.68亿平方米，占全部木竹地板产量的55.97%；其他木地板5980万平方米；竹地板3940万平方米。

木竹地板产量最大的省份是浙江省，达8014万平方米，占全国4.79亿平方米的16.73%，其次是江苏占14.70%，其后依次是辽宁9.59%、广东8.07%、上海7.49%。5省(市)占全国产量的56.58%。

实木地板产量最大省份也是浙江，占全国的28.44%，其次是广东占28.25%，辽宁10.75%，山东6.51%、江苏5.76%。5省占全国产量的79.72%。

复合木地板产量最大省份是江苏占15.90%,其后依次是浙江12.90%、辽宁12.65%、上海11.57%、吉林10.57%。5省(市)占全国产量的63.59%。

竹地板产量最大省份是福建占31.37%,其后依次是江西24.37%、浙江18.36%、湖南12.38%、安徽5.81%。

【2010年木地板十大品牌】 圣象——中国驰名商标,中国名牌,中国环境标志认证;

大自然——中国名牌,广东名牌,500最具价值品牌;

菲林格尔——始于1921年德国,中国名牌;

德尔Der——中国驰名商标,中国名牌,中国环境标志产品认证;

升达——中国驰名商标,中国名牌,出口免检产品;

扬子——安徽名牌,最具竞争力企业500强;

生活家——中国环境标志认证;

百世地板——中国著名品牌,辽宁名牌产品;

安信——上海市著名商标,上海名牌;

融汇地板——全国地板三十家9连冠,中国地板行业标准起草单位。

表5-1 各地区木制品产量及木制品企业数量

地区	木竹地板(万平方米)					木制品企业数量(个)	生产用木制品企业数量(个)	生活用木制品企业数量(个)	中乐器制造企业数量(个)	西乐器制造企业数量(个)
	合计	实木地板	复合木地板	其他木地板	竹地板					
全国合计	47917.15	11176.07	26821.06	5979.62	3940.40	64299	33580	14464	706	1119
北京	163.37		163.37			1407	1104	246	64	127
天津	32.70	5.30	27.40			1383	971	273	118	158
河北	41.80		1.80	40.00		1146	735	296	51	93
山西						386	260	100	7	2
内蒙古	8.83	8.83				685	454	204	10	1
内蒙古集团										
辽宁	4594.69	1200.88	3393.80			5166	2720	1579	14	67
吉林	3182.71	346.38	2835.35	0.98		3106	2189	714	11	6
吉林集团	340.95		340.95							
黑龙江	513.31	412.38	99.44	1.50		5784	3840	1681	10	17
龙江集团	138.02	102.85	35.18							
上海	3589.73	486.69	3103.04			1167	1167	0	35	203
江苏	7046.07	644.30	4265.23	1940.51	196.02	8977	3082	532	126	94
浙江	8014.40	3179.01	3459.28	652.73	723.37	8512	4989	1882	50	138
安徽	3481.75	85.70	1794.50	1372.63	228.92	1754	606	232	7	2
福建	1707.40	28.62	428.18	14.30	1236.30	3615	1943	1072	32	13
江西	2188.44	109.57	85.75	1032.67	960.45	1259	624	545	4	5
山东	3350.92	727.99	2579.81	40.10	3.02	3994	1955	1392	38	75
河南	548.68	9.09	55.00	484.59		994	582	264	46	4
湖北	2795.83	44.72	2533.92	211.00	6.19	931	438	135	10	11
湖南	1547.52	281.76	614.35	163.53	487.88	1382	628	245	5	1
广东	3866.92	3157.06	694.86		15.00	7009	2235	1440	45	81
广西	27.30	20.82		0.04	6.43	1126	426	508	0	0
海南	0.25		0.25			187	108	38	0	0
重庆	3.00	1.50	1.50			678	486	151	1	5
四川	837.00	111.63	679.20	14.05	32.12	1538	847	488	4	11
贵州	51.12	6.92		0.19	44.01	282	147	64	3	1

地区	木竹地板(万平方米)					木制品企业数量(个)	生产用木制品企业数量(个)	生活用木制品企业数量(个)	中乐器制造企业数量(个)	西乐器制造企业数量(个)
	合计	实木地板	复合木地板	其他木地板	竹地板					
云南	292.40	280.93		10.80	0.67	698	385	122	5	0
西藏						15	3	1	0	0
陕西						603	396	115	8	3
甘肃						162	101	43	1	0
青海						26	14	8	0	0
宁夏						59	28	20	0	0
新疆						268	117	74	1	1
新疆兵团										
大兴安岭	31.04	26.00	5.04							

表 5-2　木制品各指标在全国排名前 5 名的省份

指标	全国排名前 5 名的省份及占全国的比例
木竹地板产量(4.79 亿平方米)	浙江 16.73%、江苏 14.70%、辽宁 9.59%、广东 8.07%、上海 7.49%
实木地板产量(1.12 亿平方米)	浙江 28.44%、广东 28.25%、辽宁 10.75%，山东 6.51%、江苏 5.76%
复合地板产量(2.68 亿平方米)	江苏 15.90%、浙江 12.90%、辽宁 12.65%、上海 11.57%、吉林 10.57%
竹地板产量(3940 万平方米)	福建 31.37%、江西 24.37%、浙江 18.36%、湖南 12.38%、安徽 5.81%
木制品企业数量(64299 家)	江苏 13.96%、浙江 13.24%、广东 10.90%、黑龙江 9.00%、辽宁 8.03%
生产用木制品企业数量(33580 家)	浙江 14.86%、黑龙江 11.44%、江苏 9.18%、辽宁 8.10%、广东 6.66%
生活用木制品企业数量(14464 家)	浙江 13.01%、黑龙江 11.62%、辽宁 10.92%、广东 9.96%、山东 9.62%
中乐器制造企业数量(706 家)	江苏 17.85%、天津 16.71%、北京 9.07%、河北 7.22%、浙江 7.08%
西乐器制造企业数量(1119 家)	上海 18.14%、天津 14.12%、浙江 12.33%、北京 11.35%、江苏 8.40%

表 5-3　全国木制品进出口贸易总值

产品类别	单位	出口数量	出口金额(千美元)	进口数量	进口金额(千美元)
合计			4296576		145432
窗	吨	24928	108238	1760	6272
门	吨	310409	561102	524	5397
木地板	吨	289310	417326	8105	18177
画框等	吨	188389	403773	134	1392
容器			39554		19751
工具	吨	27101	19822	369	1742
建筑用	吨	157532	236873	2141	6203
筷子	吨	76489	59262	10152	4454
木餐具	吨	48563	125873	864	2054
木刻	吨	149	1801	60	121
木扇	吨	511	6360	0	1
木雕装饰	吨	81877	321337	2653	5310
镶嵌木	吨	1354	1485	0	1
珠宝盒等	吨	61737	182871	2067	6574
木衣架	吨	66465	162453	298	2481
线轴等	吨	726	974	139	456
圆签棒等	吨	65685	88125	4073	2136
活动房屋	吨	574108	12150	8235	1622
乐器			58983		8398
其他	吨	624250	1488214	11453	52890

表 5-4　木制品标准

	标准名称	标准号	发布单位
1	滑木箱	GB/T 18925-2002	国家质量监督检验检疫总局
2	木结构设计规范(2005 年版)(附条文说明)	GB 50005-2003	建设部
3	木制底盘	GB/T 10819-2005	国家质量监督检验检疫总局　国家标准化管理委员会
4	框架木箱	GB/T7284-1998	国家质量技术监督局
5	普通木箱	GB/T 12464-2002	国家质量监督检验检疫总局
6	木制件 公差与配合	GB/T 12471-1990	国家技术监督局
7	军用木箱通用规范	GJB1764-1993	国防科学技术工业委员会
8	移动式木直梯安全标准	GB 7059.1-1986	国家标准局
9	移动式木折梯安全标准	GB 7059.2-1986	国家标准局
10	木质防火门通用技术条件	GB 14101-1993	国家技术监督局

表 5-5　木制品科研项目

	项目名称	研究单位(项目完成年)
1	木制品优质高效精加工技术研究应用	华南农业大学(2006)
2	薪炭林(柳条)木质制品	大庆绿友环保科技有限公司
3	高耐火木质防火门生产方法	南京林业大学
4	象牙色工艺木质折扇的制造方法	南京林业大学
5	象牙色工艺木扇扇坯漂白技术	南京林业大学
6	木制品快速原形/零件制造技术概述	东北林业大学
7	复合集装箱底板	南京林业大学
8	竹木复合集装箱底板	南京林业大学
9	竹木复合系列产品	南京林业大学
10	除室内甲醛木质地板示范项目	临江市宝健木业有限责任公司
11	人工林杨树木材制造新型轻质绿色包装制品产业化	安徽农业大学
12	密度板复合轻体材料技术研究	吉林和龙人造板有限公司(2010)
13	复合难燃密度板门板	吉林和龙人造板有限公司(2010)
14	竹木及高密度纤维板复合地热地板研究	安徽亚普竹业有限公司　南京林业大学木材工业学院(2005)
15	地采暖用竹木复合地板的研究	南京林业大学　宜兴建兴竹木制品有限公司(2006)
16	复合立木地板	泉州师范学院
17	双层实木复合地板块生产技术	黑龙江省林工所
18	纳米复合地板	南京林业大学
19	多方环保型组合式竹木地板	尤溪县鸿昌森林综合利用研究所
20	杉木间伐材压缩密化实木地板的研究	福建农林大学
21	纳米晶木地板	吉林吉瑞莱板材科技有限公司(2010)
22	复合地热地板	南京林业大学
23	竹单板贴面复合地板	南京林业大学
24	环保超强木地板的制造方法	西北农林科技大学
25	竹篾地板	南京林业大学

表 5-6　木制品协会

1	中国木材与木制品流通协会
2	中国模板协会木模板专业委员会
3	山西省工艺品旅游纪念品生产经营协会
4	江苏省太仓市木材及木制品流通协会
5	福建省林产工业协会木竹地板行业分会
6	福建省林产工业协会木竹地板行业分会
7	福建省南平市延平区西芹镇宏宇竹木制品协会
8	四川省林产工业协会木门专业委员会
9	云南省晋宁县新街乡回龙竹木工艺协会

表 5-7-1　木地板主产地产量

	木地板主产地	万平方米
1	广平县(冀)	40.00
2	冀州市(冀)	1.80
3	于洪区(辽)	2199.00
4	太子河区(辽)	440.00
5	新民市(辽)	225.00
6	大连市金州新区(辽)	185.00
7	庄河市(辽)	160.00
8	沈北新区(辽)	100.00
9	顺城区(辽)	21.40
10	清原满族自治县(辽)	20.00
11	法库县(辽)	10.00
12	普兰店市(辽)	10.00
13	溪湖区(辽)	8.60
14	新宾满族自治县(辽)	7.10
15	抚顺县(辽)	6.10
16	彰武县(辽)	1.60
17	珲春市(吉)	1155.20
18	敦化市(吉)	930.24
19	珲春森林山公司(吉)	129.00
20	汪清林业局(吉)	100.00
21	新元木业公司(吉)	85.00
22	临江市(吉)	36.66
23	白河林业局(吉)	19.10
24	梅河口市(吉)	13.50
25	舒兰市(吉)	10.00
26	抚松县(吉)	6.50
27	集安市(吉)	2.00
28	宽城区(吉)	2.00
29	通化县(吉)	1.83
30	东丰县(吉)	1.30
31	绿园区(吉)	1.10
32	长白朝鲜族自治县(吉)	1.10
33	嘉荫县(黑)	300.00
34	绥芬河市(黑)	100.00
35	新兴区(黑)	5.00
36	尚志市(黑)	1.40
37	松江区(沪)	180.00
38	奉贤区(沪)	28.34
39	丹阳市(苏)	3126.00
40	吴江市(苏)	240.50
41	沭阳县(苏)	120.00
42	铜山区(苏)	80.00
43	虎丘区(苏)	23.40
44	常熟市(苏)	12.00
45	姜堰市(苏)	7.00
46	丰　县(苏)	5.00
47	东台市(苏)	3.08
48	南浔区(浙)	3118.00
49	德清县(浙)	298.00
50	桐庐县(浙)	187.92
51	定海区(浙)	142.43
52	吴兴区(浙)	93.58
53	安吉县(浙)	74.92
54	龙泉市(浙)	58.89
55	余杭区(浙)	48.80
56	萧山区(浙)	35.00
57	江山市(浙)	21.60
58	遂昌县(浙)	19.04
59	江北区(浙)	12.00
60	衢江区(浙)	10.00
61	建德市(浙)	9.26
62	鄞州区(浙)	7.81
63	镇海区(浙)	6.96
64	温岭市(浙)	6.60
65	临安市(浙)	2.85
66	富阳市(浙)	2.58
67	长兴县(浙)	2.03
68	庆元县(浙)	1.93
69	桐乡市(浙)	1.51
70	淳安县(浙)	1.40
71	南谯区(皖)	1350.00
72	琅琊区(皖)	950.00
73	来安县(皖)	214.00
74	繁昌县(皖)	100.00
75	怀宁县(皖)	100.00
76	定远县(皖)	80.00
77	宣州区(皖)	61.00
78	黟　县(皖)	36.95
79	明光市(皖)	20.00
80	旌德县(皖)	13.00
81	休宁县(皖)	7.00
82	天长市(皖)	6.00
83	宿松县(皖)	6.00
84	屯溪区(皖)	2.70
85	太湖县(皖)	2.25
86	东至县(皖)	2.22
87	霍山县(皖)	2.20
88	涡阳县(皖)	1.50
89	池州市九华山风景区(皖)	1.50
90	贵池区(皖)	1.50
91	祁门县(皖)	1.10
92	泾　县(皖)	1.00
93	奉新县(赣)	212.77
94	宜丰县(赣)	99.50
95	临川区(赣)	52.00
96	新干县(赣)	19.13
97	高安市(赣)	14.00
98	铜鼓县(赣)	12.85
99	广昌县(赣)	6.40
100	遂川县(赣)	4.00
101	婺源县(赣)	3.50
102	靖安县(赣)	3.20
103	湾里区(赣)	2.00
104	瑞金市(赣)	1.25
105	济宁市市中区(鲁)	920.00
106	高唐县(鲁)	450.00
107	茌平县(鲁)	169.10
108	邹平县(鲁)	110.00
109	陵　县(鲁)	110.00
110	肥城市(鲁)	96.00
111	莱城区(鲁)	65.00
112	河口区(鲁)	50.00
113	东明县(鲁)	30.00
114	费　县(鲁)	26.00
115	寿光市(鲁)	22.00
116	河东区(鲁)	12.00
117	枣庄市市中区(鲁)	5.20
118	桓台县(鲁)	3.00
119	平度市(鲁)	2.00
120	邓州市(豫)	30.00
121	台前县(豫)	3.30
122	睢阳区(豫)	1.56
123	临颍县(豫)	1.04
124	兰考县(豫)	1.00
125	咸安区(鄂)	800.00
126	嘉鱼县(鄂)	340.00
127	南漳县(鄂)	200.00
128	荆州区(鄂)	150.00
129	沙市区(鄂)	120.00
130	石首市(鄂)	100.00
131	五峰土家族自治县(鄂)	100.00
132	东宝区(鄂)	31.00
133	孝南区(鄂)	30.00
134	蔡甸区(鄂)	10.00
135	蕲春县(鄂)	6.00
136	赤壁市(鄂)	1.00
137	长沙县(湘)	285.70

	木地板主产地	万平方米
138	开福区(湘)	179.28
139	武冈市(湘)	100.00
140	攸　县(湘)	52.00
141	炎陵县(湘)	52.00
142	安化县(湘)	20.00
143	桃江县(湘)	20.00
144	张家界市市辖区(湘)	20.00
145	辰溪县(湘)	19.00
146	城步苗族自治县(湘)	12.00
147	娄星区(湘)	11.40
148	鹤城区(湘)	10.40
149	永定区(湘)	10.00
150	洪江市(湘)	10.00
151	凤凰县(湘)	6.00
152	慈利县(湘)	6.00
153	珠晖区(湘)	5.00
154	双牌县(湘)	4.40
155	龙山县(湘)	4.00
156	桑植县(湘)	4.00
157	衡阳县(湘)	3.67
158	永兴县(湘)	3.39
159	石峰区(湘)	2.40
160	浏阳市(湘)	2.00
161	桃源县(湘)	2.00
162	醴陵市(湘)	2.00
163	新化县(湘)	2.00
164	涟源市(湘)	1.86
165	湘乡市(湘)	1.80
166	绥宁县(湘)	1.60
167	沅江市(湘)	1.50
168	资兴市(湘)	1.47
169	隆回县(湘)	1.00
170	保靖县(湘)	1.00
171	靖州苗族侗族自治县(湘)	1.00
172	通道侗族自治县(湘)	1.00
173	顺德区(粤)	1659.49
174	东莞市(粤)	212.77
175	东源县(粤)	62.00
176	高要市(粤)	22.00
177	金湾区(粤)	18.00
178	中山市(粤)	5.20
179	珠海市高新区(粤)	5.00
180	鹤山市(粤)	4.80
181	融水苗族自治县(桂)	12.10
182	三江侗族自治县(桂)	8.61

	木地板主产地	万平方米
183	藤　县(桂)	6.09
184	鹿寨县(桂)	5.50
185	苍梧县(桂)	5.14
186	全州县(桂)	4.70
187	柳南区(桂)	3.45
188	宾阳县(桂)	1.10
189	灌阳县(桂)	1.00
190	酉阳土家族苗族自治县(渝)	1.80
191	乐山市市中区(川)	280.23
192	乐至县(川)	200.00
193	青白江区(川)	195.00
194	盐亭县(川)	34.30
195	剑阁县(川)	30.00
196	新都区(川)	20.00
197	合江县(川)	20.00
198	南江县(川)	12.76
199	雨城区(川)	7.20
200	温江区(川)	7.10
201	广安区(川)	7.00
202	长宁县(川)	6.00
203	金牛区(川)	5.83
204	叙永县(川)	5.00
205	江油市(川)	2.00
206	宣汉县(川)	1.33
207	郫　县(川)	1.23
208	纳溪区(川)	1.00
209	南明区(黔)	86.00
210	剑河县(黔)	3.20
211	盈江县(滇)	70.00
212	芒　市(滇)	36.74
213	陇川县(滇)	21.00
214	隆阳区(滇)	10.80
215	梁河县(滇)	7.01
216	思茅区(滇)	4.21
217	孟连傣族拉祜族佤族自治县(滇)	3.84
218	畹町市(滇)	2.38
219	瑞丽市(滇)	2.30
220	吉林森工集团金桥木业有限公司(吉林森工)	340.95
221	绥棱林业局(龙江森工)	32.87
222	松江胶合板厂(龙江森工)	32.84
223	清河林业局(龙江森工)	16.25
224	松岭林业局(大兴安岭)	18.47
225	阿木尔林业局(大兴安岭)	12.57

表 5-7-2　卫生筷子主产地产量

	卫生筷子主产地	标准箱
1	洪洞县(晋)	3000
2	本溪市经济开发区(辽)	50000
3	舒兰市(吉)	40000
4	敦化市(吉)	31210
5	汪清林业局(吉)	27241
6	绥芬河市(黑)	40000
7	尚志国有林场管理局(黑)	25716
8	尚志市(黑)	15000
9	方正县(黑)	5000
10	饶河县(黑)	1150
11	安吉县(浙)	80000
12	余杭区(浙)	36980
13	龙泉市(浙)	35001
14	淳安县(浙)	15000
15	景宁畲族自治县(浙)	5124
16	遂昌县(浙)	4478
17	富阳市(浙)	1200
18	池州市九华山风景区(皖)	240000
19	贵池区(皖)	240000
20	霍山县(皖)	9000
21	青阳县(皖)	5800
22	泗　县(皖)	5000
23	潜山县(皖)	5000
24	东至县(皖)	4400
25	铜鼓县(赣)	57270
26	宜黄县(赣)	20000
27	南城县(赣)	12500
28	贵溪市(赣)	10000
29	万载县(赣)	8000
30	上饶县(赣)	8000
31	宜丰县(赣)	7500
32	龙南县(赣)	7400
33	大余县(赣)	4800
34	奉新县(赣)	3555
35	全南县(赣)	3500
36	崇仁县(赣)	3400
37	靖安县(赣)	3000
38	芦溪县(赣)	2500
39	都昌县(赣)	2200
40	瑞金市(赣)	1700
41	上犹县(赣)	1150
42	新干县(赣)	1000
43	平邑县(鲁)	12000
44	苍山县(鲁)	5000
45	汶上县(鲁)	2000

	卫生筷子主产地	标准箱
46	桃江县(湘)	450000
47	安化县(湘)	400000
48	城步苗族自治县(湘)	230000
49	新化县(湘)	200000
50	大祥区(湘)	176000
51	洪乡管理区(湘)	100000
52	赫山区(湘)	100000
53	洞口县(湘)	50000
54	娄星区(湘)	50000
55	绥宁县(湘)	28000
56	鼎城区(湘)	25000
57	衡南县(湘)	20000
58	桃源县(湘)	18000
59	涟源市(湘)	13800
60	浏阳市(湘)	12799
61	祁东县(湘)	9900
62	洪江市(湘)	6050
63	衡东县(湘)	6000
64	益阳市市辖区(湘)	5000
65	双清区(湘)	5000
66	衡山县(湘)	5000
67	炎陵县(湘)	5000
68	茶陵县(湘)	4300
69	靖州苗族侗族自治县(湘)	4000
70	龙山县(湘)	1000
71	溆浦县(湘)	1000
72	南雄市(粤)	15456000
73	东源县(粤)	9500
74	和平县(粤)	5000
75	灵山县(桂)	52000
76	临桂县(桂)	20000
77	七星区(桂)	4800
78	宣汉县(川)	6500
79	长宁县(川)	3400
80	瓮安县(黔)	1000
81	景洪市(滇)	45000
82	陇川县(滇)	20552
83	盈江县(滇)	10000
84	景东彝族自治县(滇)	2500
85	畹町市(滇)	1800
86	瑞丽市(滇)	1480
87	城固县(陕)	2000
88	绥阳林业局(龙江森工)	360000
89	穆棱林业局(龙江森工)	143080
90	沾河林业局(龙江森工)	126166
91	大海林林业局(龙江森工)	107639
92	鹤北林业局(龙江森工)	100000
93	东京城林业局(龙江森工)	97500
94	带岭实验局(龙江森工)	97200
95	东方红林业局(龙江森工)	92200
96	汤旺河林业局(龙江森工)	55000
97	迎春林业局(龙江森工)	50000
98	柴河林业局(龙江森工)	49975
99	亚布力林业局(龙江森工)	36000
100	方正林业局(龙江森工)	31000
101	双鸭山林业局(龙江森工)	20000
102	桦南林业局(龙江森工)	15227
103	新林林业局(大兴安岭)	393861
104	韩家园林业局(大兴安岭)	227760
105	十八站林业局(大兴安岭)	222704
106	松岭林业局(大兴安岭)	90084
107	塔河林业局(大兴安岭)	55653
108	图强林业局(大兴安岭)	49371
109	阿木尔林业局(大兴安岭)	26636
110	呼中林业局(大兴安岭)	24000
111	西林吉林业局(大兴安岭)	18040

表 5-7-3　木雕主产地产值

	木雕主产地	(万元)
1	武强县(冀)	270.00
2	顺平县(冀)	230.00
3	柴河林业局(内蒙古)	300.00
4	新宾满族自治县(辽)	8000.00
5	鞍山市开发区(辽)	590.00
6	集安市(吉)	1000.00
7	辉南县(吉)	350.00
8	穆棱市(黑)	50.00
9	平房区(黑)	220.00
10	滨海县(苏)	200.00
11	德清县(浙)	30000.00
12	义乌市(浙)	11553.00
13	淳安县(浙)	2517.00
14	宁海县(浙)	420.00
15	灵璧县(皖)	29000.00
16	青阳县(皖)	5000.00
17	徽州区(皖)	1600.00
18	霍山县(皖)	1200.00
19	六安市叶集区(皖)	1000.00
20	广德县(皖)	500.00
21	舒城县(皖)	425.00
22	太湖县(皖)	150.00
23	广昌县(赣)	15380.00
24	崇仁县(赣)	13000.00
25	新干县(赣)	9985.00
26	万载县(赣)	2300.00
27	临川区(赣)	1820.00
28	月湖区(赣)	1059.00
29	黎川县(赣)	1000.00
30	上饶县(赣)	800.00
31	资溪县(赣)	400.00
32	遂川县(赣)	400.00
33	修水县(赣)	290.00
34	贵溪市(赣)	200.00
35	肥城市(鲁)	6037.00
36	成武县(鲁)	1500.00
37	青州市(鲁)	480.00
38	苍山县(鲁)	310.00
39	费　县(鲁)	120.00
40	洛宁县(豫)	8300.00
41	范　县(豫)	4200.00
42	濮阳市高新区(豫)	1300.00
43	嵩　县(豫)	325.00
44	临颍县(豫)	130.00
45	通许县(豫)	104.00
46	栾川县(豫)	100.00
47	谷城县(鄂)	2146.00
48	罗田县(鄂)	1800.00
49	钟祥市(鄂)	1000.00
50	随县(鄂)	1000.00
51	老河口市(鄂)	800.00
52	咸丰县(鄂)	800.00
53	竹溪县(鄂)	250.00
54	南漳县(鄂)	200.00
55	阳新县(鄂)	191.00
56	长阳土家族自治县(鄂)	160.00
57	零陵区(湘)	9682.00
58	冷水滩区(湘)	7778.00
59	湘乡市(湘)	3500.00
60	沅江市(湘)	3120.00
61	桃源县(湘)	1200.00
62	炎陵县(湘)	1000.00
63	资兴市(湘)	900.00
64	龙山县(湘)	600.00
65	娄星区(湘)	580.00
66	临武县(湘)	560.00
67	洪江市(湘)	510.00
68	永顺县(湘)	500.00
69	汨罗市(湘)	480.00

	木雕主产地	(万元)
70	新化县(湘)	350.00
71	大祥区(湘)	300.00
72	沅陵县(湘)	220.00
73	祁阳县(湘)	195.00
74	东安县(湘)	150.00
75	麻阳苗族自治县(湘)	112.00
76	四会市(粤)	4952.00
77	德庆县(粤)	3400.00
78	化州市(粤)	690.00
79	萝岗区(粤)	360.00
80	阳春市(粤)	150.00
81	云城区(粤)	140.00
82	郁南县(粤)	100.00
83	凭祥市(桂)	100000.00
84	象山区(桂)	8000.00
85	全州县(桂)	1000.00
86	天峨县(桂)	150.00
87	灌阳县(桂)	120.00
88	酉阳土家族苗族自治县(渝)	3200.00
89	涪陵区(渝)	500.00
90	巫溪县(渝)	300.00
91	奉节县(渝)	150.00
92	芦山县(川)	1700.00
93	木里藏族自治县(川)	550.00
94	新津县(川)	420.00
95	青川县(川)	260.00
96	甘洛县(川)	200.00
97	宣汉县(川)	180.00
98	长宁县(川)	100.00
99	平坝县(黔)	300.00
100	雷山县(黔)	240.00
101	西秀区(黔)	160.00
102	关岭布依族苗族自治县(黔)	136.00
103	大理市(滇)	1505.00
104	马关县(滇)	1200.00
105	景洪市(滇)	420.00
106	永胜县(滇)	300.00
107	兰坪白族普米族自治县(滇)	243.00
108	通海县(滇)	110.00
109	凤　县(陕)	100.00

表 5-8　木制品出口

国家/地区	出口数量(吨)	出口金额(千美元)
44181010 辐射松制窗法兰西式(落地)窗及其框架		
合计	365	2310
澳大利亚	318	2131
美国	23	134
德国	21	36
加拿大	2	9
44181090 木制窗、法兰西式(落地)窗及其木制框架		
合计	24563	105928
香港	6088	33147
美国	5396	26512
澳大利亚	2036	13645
日本	3504	11312
德国	3390	5129
英国	642	3912
荷兰	469	3658
意大利	1453	2276
法国	343	1379
南非	212	1134
加拿大	450	1062
比利时	210	887
阿联酋	68	414
台湾省	58	198
新西兰	19	189
利比亚	19	124
波兰	30	101
芬兰	17	92
智利	21	91
爱尔兰	11	80
马尔代夫	10	74
毛里求斯	8	61
阿尔及利亚	15	60
新加坡	20	59
韩国	17	48
马达加斯加	5	43
尼日利亚	5	33
墨西哥	7	33
印度	4	32
古巴	3	31
丹麦	15	27
越南	2	16
马来西亚	3	13
以色列	3	9
巴基斯坦	3	9
哈萨克斯坦	2	8
巴林	2	6
沙特阿拉伯	1	6
委内瑞拉	1	6
斯洛文尼亚	2	5
捷克	0	3
泰国	0	3
罗马尼亚	0	1
塞浦路斯	0	1
挪威	0	1
瑞典	0	1
新喀里多尼亚	0	1
44182000 木制门及其框架和门槛		
合计	310409	561102
美国	71317	129022
日本	34854	114039
香港	39360	45538
罗马尼亚	24710	29697
加拿大	16723	27966
英国	12805	23379
法国	7398	19322
哈萨克斯坦	7678	12914
韩国	8148	12528
爱尔兰	4983	10223
比利时	4176	8694
尼日利亚	6844	8449
阿联酋	4324	8396
新加坡	3378	6580
卡塔尔	2384	6527
荷兰	3993	6139
澳大利亚	3791	6123
安哥拉	2725	5863
阿尔及利亚	3893	5827
澳门	2995	5378
伊朗	3778	4623
沙特阿拉伯	2275	4365
乌克兰	3296	3646
格鲁吉亚	1932	2319
印度	1359	2169
土耳其	1643	2167
菲律宾	1520	2085
巴拿马	1380	2080
保加利亚	1803	2077
意大利	882	2042
摩尔多瓦	1704	1943
德国	1053	1920
马里	186	1751

国家/地区	出口数量（吨）	出口金额（千美元）
埃及	1203	1718
越南	402	1450
伊拉克	1000	1217
俄罗斯联邦	663	1107
以色列	728	1041
巴基斯坦	464	952
蒙古	1322	938
希腊	667	918
刚果(布)	208	882
摩洛哥	489	832
瑞典	384	830
苏丹	424	823
委内瑞拉	557	816
亚美尼亚	619	773
巴林	323	749
黎巴嫩	326	731
利比亚	328	711
赤道几内亚	187	696
多哥	103	642
牙买加	150	594
西班牙	268	582
阿曼	394	571
约旦	268	509
阿塞拜疆	296	507
马耳他	361	505
立陶宛	413	463
黑山	336	450
贝宁	239	432
塞内加尔	172	422
加纳	266	405
南非	279	400
莫桑比克	167	387
肯尼亚	236	376
阿尔巴尼亚	270	371
印度尼西亚	382	344
台湾省	135	339
科威特	268	325
留尼汪	233	322
克罗地亚	214	319
中非	52	266
哥斯达黎加	208	255
毛里求斯	157	252
古巴	35	251
吉布提	162	248
刚果(金)	97	245

国家/地区	出口数量（吨）	出口金额（千美元）
危地马拉	192	244
坦桑尼亚	101	239
泰国	133	236
挪威	105	234
孟加拉国	154	220
墨西哥	151	205
乌干达	126	194
特立尼达和多巴哥	159	192
智利	195	190
阿根廷	126	189
新西兰	99	185
乌兹别克斯坦	83	183
马尔代夫	80	182
巴西	141	178
马来西亚	378	174
马达加斯加	101	170
埃塞俄比亚	83	169
吉尔吉斯斯坦	95	165
斯洛伐克	82	160
也门	86	147
塞浦路斯	59	143
厄瓜多尔	122	137
苏里南	74	132
巴哈马	48	129
波兰	75	128
匈牙利	34	125
突尼斯	64	124
喀麦隆	78	114
海地	60	108
斯里兰卡	26	102
塞舌尔	37	93
缅甸	54	90
塞尔维亚	79	87
赞比亚	41	86
乍得	43	84
朝鲜	52	84
萨摩亚	43	80
芬兰	13	77
乌拉圭	42	74
塞拉利昂	23	74
捷克	30	74
文莱	24	66
哥伦比亚	46	64
几内亚	30	63
巴巴多斯	34	62

国家/地区	出口数量（吨）	出口金额（千美元）
阿富汗	49	61
利比里亚	56	59
冈比亚	37	58
前南马其顿	49	58
秘鲁	27	57
圭亚那	42	55
叙利亚	106	46
斐济	15	45
圣卢西亚	20	44
汤加	7	40
土库曼斯坦	25	39
东帝汶	28	38
多米尼加共和国	17	38
津巴布韦	13	37
巴拉圭	25	36
纳米比亚	10	32
萨尔瓦多	26	31
尼泊尔	31	27
阿鲁巴	17	26
柬埔寨	24	24
毛里塔尼亚	10	24
卢旺达	6	23
丹麦	8	22
科摩罗	24	22
玻利维亚	9	17
佛得角	7	16
斯威士兰	11	14
巴布亚新几内亚	5	14
葡萄牙	6	12
荷属安地列斯	9	12
特克斯和凯科斯群岛	6	11
多米尼克	7	10
瑞士	3	8
塔吉克斯坦	4	7
拉脱维亚	12	6
加蓬	6	5
开曼群岛	1	4
卢森堡	3	3
新喀里多尼亚	1	3
瓦努阿图	1	3
老挝	1	2
科特迪瓦	2	1
44091010 任一边、端或面制成连续形状针叶木地板条		
合计	8565	14819

国家/地区	出口数量（吨）	出口金额（千美元）
日本	6262	13265
韩国	1286	678
美国	318	365
新加坡	105	109
澳大利亚	76	83
德国	122	79
英国	119	67
爱尔兰	83	41
丹麦	37	36
阿根廷	74	34
比利时	19	19
波兰	32	15
俄罗斯联邦	8	7
斯洛文尼亚	14	7
西班牙	4	6
菲律宾	1	3
加拿大	2	1
阿联酋	0	1
乌克兰	1	0
44092910 其他任一边、端或面成连续状非针叶木地板条		
合计	271091	388629
美国	68823	102692
加拿大	55500	75942
英国	45170	65213
日本	38340	49863
法国	12890	23087
俄罗斯联邦	9376	15630
韩国	8971	11148
比利时	5068	8581
澳大利亚	6541	7348
爱尔兰	2659	3153
德国	2060	3057
香港	2800	2758
印度	1352	2279
波兰	1038	1599
意大利	896	1435
新加坡	1101	1403
阿联酋	837	1154
西班牙	640	967
乌克兰	440	816
荷兰	411	794
马来西亚	392	786
卢森堡	219	783
菲律宾	430	615

国家/地区	出口数量（吨）	出口金额（千美元）
斯洛文尼亚	402	533
埃及	319	491
土库曼斯坦	474	461
格鲁吉亚	210	453
泰国	262	443
保加利亚	255	346
土耳其	224	338
台湾省	266	303
黎巴嫩	186	293
希腊	169	286
墨西哥	197	276
阿根廷	165	249
南非	85	222
肯尼亚	123	216
巴基斯坦	127	199
斯里兰卡	90	171
阿尔巴尼亚	130	171
沙特阿拉伯	112	170
芬兰	108	165
克罗地亚	133	158
丹麦	114	153
新西兰	110	142
葡萄牙	82	125
澳门	131	116
卡塔尔	60	107
挪威	56	101
约旦	41	92
瑞典	42	85
斯洛伐克	70	80
毛里求斯	27	58
科威特	50	55
罗马尼亚	31	53
新喀里多尼亚	32	47
智利	31	41
印度尼西亚	22	36
奥地利	30	34
哈萨克斯坦	20	33
厄瓜多尔	14	30
爱沙尼亚	15	24
伊朗	11	21
安哥拉	10	21
亚美尼亚	9	21
巴哈马	13	21
冰岛	15	18
以色列	15	13

国家/地区	出口数量（吨）	出口金额（千美元）
巴林	17	11
利比亚	8	8
法属波利尼西亚	1	7
巴布亚新几内亚	1	6
捷克	5	4
乌拉圭	3	4
塞浦路斯	3	4
萨摩亚	1	3
摩洛哥	3	3
阿尔及利亚	4	3
越南	2	2
朝鲜	2	2
多米尼加共和国	1	2
44187100 马赛克地板用已装拼的木地板		
合计	230	324
意大利	47	79
美国	33	61
法国	31	55
德国	5	42
澳门	87	35
澳大利亚	15	30
日本	7	13
马来西亚	2	3
塞内加尔	1	2
加拿大	1	2
44187290 其他多层已装拼的木地板		
合计	2000	2619
香港	344	611
澳门	363	356
韩国	206	321
美国	147	180
乌兹别克斯坦	179	143
加拿大	141	123
日本	25	121
塞内加尔	31	105
澳大利亚	106	86
朝鲜	78	80
危地马拉	70	73
多米尼加共和国	17	47
尼日尔	12	41
意大利	12	40
哈萨克斯坦	57	39
坦桑尼亚	5	29
以色列	15	28
俄罗斯联邦	26	26

国家/地区	出口数量（吨）	出口金额（千美元）
尼日利亚	15	24
英国	8	18
法国	17	15
黑山	44	15
安哥拉	5	14
津巴布韦	11	13
委内瑞拉	14	12
比利时	19	11
丹麦	9	10
保加利亚	14	10
伊朗	4	10
哥伦比亚	1	7
德国	1	5
新加坡	2	2
新西兰	0	2
斐济	1	1
44187990 其他已装拼的木地板		
合计	7424	10935
美国	2630	4462
日本	1192	1670
香港	1261	1260
西班牙	267	576
加拿大	246	381
韩国	256	356
法国	128	272
英国	162	240
朝鲜	184	234
印度	119	181
澳大利亚	113	180
意大利	82	179
土库曼斯坦	72	171
安哥拉	51	117
俄罗斯联邦	45	91
澳门	120	76
巴基斯坦	18	66
斯里兰卡	44	55
乌兹别克斯坦	185	46
委内瑞拉	22	46
丹麦	11	42
德国	21	33
新加坡	9	28
哈萨克斯坦	75	22
南非	5	16
比利时	13	13
马来西亚	20	13

国家/地区	出口数量（吨）	出口金额（千美元）
台湾省	3	11
印度尼西亚	15	11
津巴布韦	4	10
卡塔尔	10	9
瑞典	3	9
伊朗	8	9
特立尼达和多巴哥	6	9
罗马尼亚	2	8
孟加拉国	9	8
乌干达	2	6
土耳其	3	4
格鲁吉亚	1	4
新西兰	1	4
乌克兰	4	3
埃及	1	2
危地马拉	1	1
阿联酋	0	1
蒙古	1	1
44140010 辐射松制的画框、相框、镜框及类似品		
合计	13562	20392
美国	6994	10453
比利时	2679	3739
荷兰	1203	1726
日本	393	918
德国	511	712
芬兰	355	468
英国	327	456
西班牙	157	361
俄罗斯联邦	248	356
澳大利亚	115	207
希腊	116	183
法国	84	177
台湾省	47	115
阿根廷	57	77
瑞典	41	67
加拿大	25	59
意大利	31	54
智利	38	51
香港	37	39
新加坡	12	31
挪威	20	29
乌克兰	20	28
波兰	15	28
奥地利	11	20

国家/地区	出口数量（吨）	出口金额（千美元）
爱尔兰	7	10
沙特阿拉伯	6	7
瑞士	5	6
越南	2	4
斯洛伐克	3	3
马来西亚	2	3
印度	1	2
葡萄牙	1	1
44140090 其他木制的画框、相框、镜框及类似品		
合计	174827	383381
美国	92276	200974
英国	8977	19978
日本	6304	17422
德国	7462	15419
法国	7587	15092
荷兰	5383	11312
澳大利亚	5497	10526
加拿大	4436	9950
西班牙	3806	9362
比利时	3646	8424
意大利	3140	7579
瑞典	2909	6111
俄罗斯联邦	2793	4569
越南	1742	3335
香港	1487	3102
印度尼西亚	511	2933
波兰	1017	2479
南非	870	2165
墨西哥	937	2112
丹麦	860	1961
马来西亚	1196	1823
挪威	778	1561
希腊	472	1545
智利	616	1500
阿联酋	659	1173
奥地利	557	1100
以色列	559	1052
芬兰	626	1009
阿根廷	438	955
新西兰	386	924
爱尔兰	306	854
巴西	329	837
新加坡	448	828
印度	503	791

国家/地区	出口数量（吨）	出口金额（千美元）
韩国	384	776
爱沙尼亚	463	734
乌克兰	264	696
哥伦比亚	234	666
黎巴嫩	202	638
葡萄牙	194	603
沙特阿拉伯	195	564
台湾省	477	548
文莱	96	527
土耳其	161	464
瑞士	259	460
巴拿马	214	436
伊朗	151	347
卡塔尔	138	315
秘鲁	113	285
立陶宛	140	237
菲律宾	51	235
科威特	46	230
委内瑞拉	112	223
乌兹别克斯坦	155	214
波多黎各	69	200
克罗地亚	63	184
塞浦路斯	59	172
拉脱维亚	58	168
斯洛文尼亚	38	167
瓦努阿图	73	154
厄瓜多尔	43	148
摩洛哥	60	145
匈牙利	72	135
泰国	45	132
危地马拉	46	132
捷克	61	131
安哥拉	6	113
多米尼加共和国	33	110
埃及	85	109
贝宁	43	100
斯洛伐克	29	76
哥斯达黎加	23	74
缅甸	14	71
乌拉圭	21	70
多哥	25	65
巴拉圭	19	61
哈萨克斯坦	42	56
萨尔瓦多	24	55
约旦	18	51

国家/地区	出口数量（吨）	出口金额（千美元）
罗马尼亚	14	44
利比亚	22	41
突尼斯	12	36
摩纳哥	7	30
马耳他	9	29
塞尔维亚	8	28
洪都拉斯	14	24
加纳	6	24
留尼汪	7	20
玻利维亚	4	20
澳门	6	20
巴林	8	19
叙利亚	7	18
巴勒斯坦	6	18
阿曼	6	17
斯里兰卡	3	14
科特迪瓦	3	14
塞内加尔	4	12
喀麦隆	3	10
卢森堡	3	9
法属波利尼西亚	6	8
阿尔巴尼亚	2	7
刚果(金)	1	6
保加利亚	2	6
特立尼达和多巴哥	1	6
格鲁吉亚	2	6
毛里求斯	3	5
尼日利亚	6	5
新喀里多尼亚	3	5
牙买加	2	5
马提尼克	2	4
阿尔及利亚	1	4
冰岛	1	4
白俄罗斯	0	4
瓜德罗普	1	4
柬埔寨	2	4
阿塞拜疆	1	3
也门	0	2
佛得角	1	2
纳米比亚	1	2
马里	1	2
坦桑尼亚	1	2
布基纳法索	1	2
巴基斯坦	0	2
孟加拉国	1	1

国家/地区	出口数量（吨）	出口金额（千美元）
朝鲜	1	1
巴哈马	0	1
黑山	0	1
海地	0	1
赞比亚	0	1

国家/地区	出口数量（千件）	出口金额（千美元）
44151000 木制箱、盒、桶及类似的包装容器；电缆卷筒		
合计	3816	17134
韩国	675	3524
美国	791	2661
日本	584	2054
英国	145	1547
香港	95	1202
德国	111	841
荷兰	119	596
新加坡	46	456
法国	57	456
加拿大	41	409
比利时	112	381
瑞典	35	357
澳大利亚	19	330
意大利	39	230
西班牙	23	206
立陶宛	0	200
印度	24	145
阿联酋	2	142
沙特阿拉伯	10	120
葡萄牙	45	107
智利	5	101
丹麦	11	82
斯里兰卡	10	75
苏丹	12	73
台湾省	325	73
挪威	10	58
伊朗	4	56
印度尼西亚	7	55
多米尼加共和国	11	50
朝鲜	340	45
牙买加	13	38
奥地利	9	33
南非	3	29
芬兰	5	27
泰国	1	27

国家/地区	出口数量（千件）	出口金额（千美元）
罗马尼亚	1	23
俄罗斯联邦	3	23
委内瑞拉	1	22
波兰	13	22
澳门	2	21
瑞士	0	20
土耳其	8	18
克罗地亚	7	17
阿根廷	1	16
越南	2	14
黎巴嫩	4	12
马来西亚	1	11
科威特	2	11
秘鲁	0	10
尼日利亚	3	10
爱尔兰	2	9
巴拿马	2	8
墨西哥	1	8
希腊	2	8
菲律宾	0	8
新西兰	4	6
塞浦路斯	0	6
以色列	0	5
巴林	0	4
塞舌尔	1	4
毛里塔尼亚	12	4
巴西	0	4
马耳他	0	3
哥伦比亚	0	3
乌克兰	2	3
乌拉圭	0	2
斯洛文尼亚	0	2
爱沙尼亚	0	2
哈萨克斯坦	0	2
约旦	0	1
萨尔瓦多	0	1
哥斯达黎加	0	1
44152010 辐射松制托板、箱形托盘及其他装载板；托盘护框		
合计	10	87
澳门	10	87
44152090 木托板、箱形托盘及其他装载木板；托盘护框		
合计	3403	20808
韩国	1354	5610

国家/地区	出口数量（千件）	出口金额（千美元）
日本	358	3690
香港	598	3265
印度	150	1541
瑞典	178	1535
比利时	76	914
英国	88	776
秘鲁	35	355
利比亚	12	286
美国	95	284
台湾省	26	282
古巴	5	271
新加坡	35	232
澳大利亚	12	228
阿联酋	37	188
越南	14	183
丹麦	114	152
菲律宾	13	145
马来西亚	14	139
澳门	14	135
安哥拉	1	111
意大利	72	76
蒙古	8	65
加拿大	16	63
捷克	5	56
德国	8	52
以色列	6	51
土库曼斯坦	1	34
泰国	3	16
西班牙	3	16
荷兰	3	11
法国	1	8
印度尼西亚	2	6
尼泊尔	0	6
朝鲜	42	4
波兰	0	3
阿根廷	0	3
约旦	1	3
斯洛伐克	1	2
巴拿马	0	2
乌克兰	0	2
新西兰	0	2
柬埔寨	0	1
墨西哥	0	1
克罗地亚	0	1
伊朗	0	1

国家/地区	出口数量（吨）	出口金额（千美元）
44160010 辐射松制大桶、琵琶桶、盆等箍桶及零件		
合计	3	10
韩国	2	6
委内瑞拉	0	3
44160090 木制大桶、琵琶桶、盆等木制箍桶及其零件		
合计	628	1514
美国	357	721
牙买加	38	125
芬兰	14	93
英国	39	86
韩国	22	64
俄罗斯联邦	11	55
德国	16	38
荷兰	11	33
日本	14	32
澳大利亚	2	24
比利时	24	23
丹麦	9	19
瑞典	4	15
加拿大	7	15
乌克兰	3	15
意大利	5	12
约旦	5	12
巴西	2	12
利比亚	4	11
波兰	1	11
法国	3	11
塞内加尔	1	10
立陶宛	1	8
香港	7	8
爱沙尼亚	1	7
澳门	7	6
匈牙利	1	5
土耳其	1	4
新加坡	1	4
印度尼西亚	5	4
新西兰	1	4
泰国	2	3
西班牙	0	3
捷克	1	3
伊朗	0	2
南非	0	2
印度	4	2

国家/地区	出口数量（吨）	出口金额（千美元）
保加利亚	0	1
亚美尼亚	0	1
罗马尼亚	0	1
埃及	1	1
危地马拉	0	1
哈萨克斯坦	0	1
越南	0	1
突尼斯	1	1
波多黎各	1	1
马来西亚	0	1
希腊	0	1
44170010 辐射松制工具等；扫帚及刷子；鞋靴楦及楦头		
合计	141	159
日本	137	155
澳大利亚	3	2
韩国	0	1
塞内加尔	1	1
44170090 木制工具等；扫帚及刷子等；木鞋靴楦及楦头		
合计	26961	19663
印度尼西亚	1719	3600
美国	807	2100
日本	506	1615
沙特阿拉伯	3129	1154
台湾省	417	1040
韩国	1584	887
香港	241	733
伊拉克	1550	624
阿联酋	1903	613
埃及	2320	563
德国	183	499
法国	237	499
印度	954	487
利比亚	1162	405
意大利	349	334
马来西亚	895	334
阿尔及利亚	974	311
英国	181	253
新加坡	847	214
菲律宾	130	176
突尼斯	608	174
土耳其	577	166
泰国	440	145
比利时	32	142

国家/地区	出口数量（吨）	出口金额（千美元）
叙利亚	501	141
罗马尼亚	193	121
以色列	166	118
约旦	263	111
荷兰	40	111
南非	294	107
加拿大	27	103
科威特	213	101
也门	286	98
巴拿马	309	92
尼日利亚	265	91
黎巴嫩	161	89
澳大利亚	32	87
波多黎各	163	87
多米尼加共和国	215	82
墨西哥	214	82
智利	110	80
巴基斯坦	106	69
海地	44	59
波兰	137	53
瑞典	10	49
危地马拉	209	48
安哥拉	53	48
委内瑞拉	82	47
西班牙	48	47
希腊	83	40
马耳他	126	36
阿尔巴尼亚	116	30
巴西	81	26
巴林	29	23
哥伦比亚	101	22
伊朗	58	22
萨尔瓦多	30	20
卡塔尔	28	20
乌拉圭	44	18
阿根廷	19	17
丹麦	24	16
秘鲁	53	13
特立尼达和多巴哥	20	13
吉布提	56	12
摩洛哥	1	12
毛里求斯	23	11
新西兰	5	11
尼加拉瓜	48	10
越南	23	9

国家/地区	出口数量（吨）	出口金额（千美元）
哈萨克斯坦	9	9
塞内加尔	11	8
东帝汶	16	8
爱尔兰	3	8
孟加拉国	3	7
塞尔维亚	13	7
利比里亚	4	6
俄罗斯联邦	7	6
斯里兰卡	2	5
匈牙利	3	5
坦桑尼亚	4	3
津巴布韦	5	3
巴布亚新几内亚	1	2
葡萄牙	4	2
苏丹	1	2
斯洛文尼亚	2	2
肯尼亚	5	2
新喀里多尼亚	1	1
蒙古	1	1
赤道几内亚	1	1
朝鲜	1	1
澳门	1	1
牙买加	1	1
挪威	0	1
刚果(布)	0	1
老挝	2	0
44184000 木制水泥构件的模板		
合计	36317	21959
阿联酋	4682	3585
利比亚	4631	2923
香港	6760	2740
台湾省	2973	1537
尼日利亚	1277	1081
安哥拉	1401	876
博茨瓦那	888	696
韩国	925	600
赞比亚	962	596
蒙古	783	510
卡塔尔	706	493
赤道几内亚	783	480
澳门	1491	472
沙特阿拉伯	394	415
波兰	500	313
阿尔及利亚	410	277
埃塞俄比亚	417	270

国家/地区	出口数量（吨）	出口金额（千美元）
莫桑比克	394	245
印度尼西亚	311	232
加蓬	429	220
伊拉克	239	197
西班牙	218	177
约旦	293	176
越南	238	156
苏丹	211	140
津巴布韦	242	134
老挝	227	133
印度	209	130
毛里求斯	150	120
刚果(布)	191	118
乍得	83	111
几内亚	139	102
毛里塔尼亚	145	97
新加坡	128	92
泰国	125	88
科威特	150	86
肯尼亚	126	86
吉布提	146	80
刚果(金)	105	70
坦桑尼亚	94	67
巴基斯坦	156	67
东帝汶	90	64
哥斯达黎加	122	64
马里	89	63
德国	48	60
科特迪瓦	100	57
塞内加尔	99	56
克罗地亚	76	54
伊朗	90	54
意大利	64	54
菲律宾	56	50
比利时	74	45
佛得角	67	43
乌干达	80	41
土库曼斯坦	45	27
哈萨克斯坦	46	27
纳米比亚	32	26
俄罗斯联邦	38	24
格林纳达	117	23
孟加拉国	42	21
智利	25	20
缅甸	48	15

国家/地区	出口数量（吨）	出口金额（千美元）
斯里兰卡	21	12
巴布亚新几内亚	8	10
卢旺达	12	8
乌兹别克斯坦	21	8
乌克兰	12	6
埃及	15	6
塞舌尔	5	6
吉尔吉斯斯坦	8	4
加拿大	5	3
柬埔寨	5	3
安提瓜和巴布达	8	3
新喀里多尼亚	6	2
马尔代夫	3	2
厄立特里亚	5	2
叙利亚	2	2
马来西亚	1	1
丹麦	1	0
44185000 木瓦及木制盖屋板		
合计	5988	7334
美国	4027	4004
日本	994	2371
加拿大	592	612
韩国	200	257
安哥拉	165	85
尼日尔	1	3
台湾省	5	2
马尔代夫	1	1
香港	2	1
44186000 木制柱及梁		
合计	10559	12408
日本	5111	5498
韩国	951	1187
美国	338	758
比利时	496	544
意大利	348	530
加拿大	74	507
德国	317	472
尼日利亚	270	378
科威特	221	303
荷兰	200	287
澳大利亚	195	207
澳门	29	171
新加坡	90	165
刚果(金)	279	146
马来西亚	134	143

国家/地区	出口数量（吨）	出口金额（千美元）
英国	114	109
沙特阿拉伯	119	104
马尔代夫	191	99
阿联酋	87	96
香港	182	86
阿根廷	49	65
安哥拉	302	64
台湾省	52	54
印度尼西亚	41	52
加纳	29	51
阿曼	39	47
乌兹别克斯坦	32	45
爱尔兰	40	36
葡萄牙	28	32
格鲁吉亚	24	31
吉布提	87	31
南非	25	30
秘鲁	15	15
埃塞俄比亚	10	14
尼日尔	2	12
智利	11	11
巴西	8	11
埃及	9	11
佛得角	5	4
朝鲜	9	2
44189000 其他建筑用木工制品		
合计	104668	195172
日本	31443	63019
美国	24825	54084
韩国	8275	10676
加拿大	4248	10609
英国	4637	8812
澳大利亚	2861	6339
香港	5470	6031
意大利	1975	3694
澳门	4125	3491
荷兰	1845	3036
瑞典	617	2455
德国	1481	2326
比利时	484	1972
波兰	870	1894
菲律宾	1373	1776
爱尔兰	714	1641
丹麦	757	1171
法国	420	1106

国家/地区	出口数量(吨)	出口金额(千美元)
西班牙	823	999
芬兰	141	721
新加坡	299	713
台湾省	655	693
阿联酋	429	645
安哥拉	519	486
南非	249	473
印度	421	468
利比亚	284	459
俄罗斯联邦	140	440
土耳其	82	400
伊拉克	278	369
阿尔及利亚	213	361
巴基斯坦	71	355
博茨瓦那	482	229
沙特阿拉伯	61	217
伊朗	215	205
新西兰	106	160
蒙古	400	140
泰国	75	131
约旦	52	128
马来西亚	139	122
希腊	53	121
哈萨克斯坦	67	109
斯洛文尼亚	62	101
葡萄牙	59	100
斯里兰卡	41	92
赤道几内亚	146	90
中非	20	88
越南	48	87
哥斯达黎加	202	78
也门	141	62
摩洛哥	43	61
委内瑞拉	63	58
赞比亚	108	56
科威特	27	55
朝鲜	49	53
以色列	25	51
乌克兰	39	47
几内亚	67	46
黑山	17	46
塞内加尔	11	44
津巴布韦	29	44
毛里求斯	30	43
秘鲁	36	42

国家/地区	出口数量(吨)	出口金额(千美元)
格林纳达	134	38
挪威	22	35
埃塞俄比亚	52	33
塞尔维亚	6	33
卡塔尔	24	32
多米尼克	72	31
苏丹	58	28
巴西	23	27
黎巴嫩	23	27
印度尼西亚	49	26
埃及	15	26
乌干达	42	24
保加利亚	12	20
哥伦比亚	15	17
刚果(金)	30	16
坦桑尼亚	8	15
萨摩亚	6	14
莫桑比克	3	12
孟加拉国	44	12
阿曼	6	11
牙买加	5	10
马拉维	31	9
肯尼亚	2	8
吉布提	23	8
马尔代夫	10	7
格鲁吉亚	3	6
刚果(布)	3	5
瑞士	3	5
匈牙利	1	3
乌拉圭	2	2
卢旺达	2	2
巴哈马	2	2
留尼汪	0	1
摩尔多瓦	0	1
塞浦路斯	0	1
44190031 木制一次性筷子		
合计	76489	59262
日本	60963	47814
韩国	11285	8058
美国	2274	1826
台湾省	563	338
巴西	221	195
澳大利亚	208	169
加拿大	143	142
德国	127	139

国家/地区	出口数量(吨)	出口金额(千美元)
印度尼西亚	162	85
新西兰	102	84
墨西哥	63	66
英国	51	51
新加坡	44	39
法国	66	38
西班牙	23	28
荷兰	23	27
委内瑞拉	28	25
瑞典	44	23
智利	19	23
泰国	16	17
马来西亚	16	16
香港	11	13
挪威	7	11
阿联酋	6	8
菲律宾	4	6
瑞士	8	5
比利时	3	4
科威特	3	4
奥地利	6	3
丹麦	1	3
南非	1	2
卡塔尔	0	1
44190099 其他木制餐具及厨房用具		
合计	48563	125873
日本	9343	29590
美国	9019	22838
德国	3506	10965
英国	3794	8986
荷兰	2075	5234
韩国	3372	5209
澳大利亚	1865	4281
俄罗斯联邦	1320	3455
西班牙	1532	3361
加拿大	1577	3069
法国	1188	2936
意大利	1213	2773
香港	690	2088
瑞典	563	1608
沙特阿拉伯	566	1601
比利时	595	1453
芬兰	414	1293
台湾省	269	1083
捷克	278	867

国家/地区	出口数量（吨）	出口金额（千美元）
阿联酋	329	728
智利	195	620
新加坡	212	599
墨西哥	259	549
乌克兰	174	531
南非	240	521
波兰	263	494
黎巴嫩	162	488
巴西	188	467
挪威	110	464
以色列	191	454
利比亚	235	422
阿尔及利亚	268	402
丹麦	115	394
新西兰	128	387
马来西亚	141	360
希腊	106	349
印度尼西亚	128	327
阿根廷	111	301
土耳其	140	295
瑞士	77	293
委内瑞拉	136	275
菲律宾	45	264
匈牙利	124	243
伊朗	114	230
立陶宛	75	186
波多黎各	73	185
巴拿马	88	183
印度	131	157
约旦	67	153
哥伦比亚	58	150
爱尔兰	76	139
厄瓜多尔	48	128
斯洛伐克	42	120
泰国	36	110
奥地利	34	78
拉脱维亚	36	72
越南	18	71
斯洛文尼亚	31	69
乌拉圭	37	68
科威特	18	62
巴基斯坦	29	61
多米尼加共和国	33	61
哈萨克斯坦	18	60
卡塔尔	14	60

国家/地区	出口数量（吨）	出口金额（千美元）
摩洛哥	14	50
葡萄牙	23	44
克罗地亚	20	40
梅利利亚	10	37
巴林	8	35
塞浦路斯	16	33
叙利亚	8	26
保加利亚	17	25
法属波利尼西亚	20	23
危地马拉	6	20
秘鲁	5	20
巴勒斯坦	5	19
罗马尼亚	8	16
阿塞拜疆	2	16
埃及	17	15
喀麦隆	0	15
新喀里多尼亚	10	14
塞尔维亚	4	13
萨尔瓦多	7	9
安哥拉	2	8
澳门	1	8
马耳他	3	8
坦桑尼亚	6	7
爱沙尼亚	1	6
哥斯达黎加	3	6
加纳	2	4
马约特	1	4
荷属安地列斯	2	4
巴拉圭	2	4
肯尼亚	1	3
黑山	1	3
毛里求斯	1	2
洪都拉斯	1	2
摩尔多瓦	0	1
直布罗陀	0	1
赞比亚	1	1
斐济	0	1
文莱	0	1
斯里兰卡	0	1
44201011 木刻		
合计	149	1801
日本	51	1261
美国	40	278
荷兰	17	115
法国	6	66

国家/地区	出口数量（吨）	出口金额（千美元）
台湾省	9	21
香港	4	18
西班牙	7	11
德国	1	8
以色列	6	6
埃及	3	5
意大利	4	4
印度尼西亚	1	3
马来西亚	1	3
加拿大	0	1
44201020 木扇		
合计	511	6360
西班牙	317	4028
日本	89	1652
美国	59	344
意大利	9	96
马里	15	70
香港	5	44
墨西哥	4	34
阿曼	2	16
法国	1	16
韩国	1	16
希腊	1	6
阿尔及利亚	2	6
荷兰	1	5
德国	0	5
乌拉圭	0	5
古巴	1	4
巴西	0	4
委内瑞拉	1	3
奥地利	1	3
乌克兰	0	2
土耳其	0	1
马来西亚	1	1
印度尼西亚	0	1
44201090 其他木制小雕像及装饰品		
合计	81877	321337
美国	40310	133455
德国	7862	40939
日本	2651	21835
荷兰	4130	17594
英国	3161	14587
法国	2915	11729
西班牙	1789	7607
意大利	1359	7242

国家/地区	出口数量（吨）	出口金额（千美元）
俄罗斯联邦	381	7220
比利时	1738	6939
加拿大	2535	6898
澳大利亚	1450	6256
瑞典	760	3173
台湾省	3200	3144
希腊	477	2547
丹麦	457	2307
芬兰	385	1581
沙特阿拉伯	392	1454
挪威	352	1402
香港	295	1344
波兰	236	1266
韩国	317	1227
土耳其	295	1204
南非	260	1175
捷克	160	1138
阿联酋	279	1124
墨西哥	355	1048
瑞士	122	980
新加坡	143	955
印度尼西亚	223	904
葡萄牙	188	804
巴西	145	718
智利	161	716
巴拿马	226	689
以色列	175	681
奥地利	78	535
印度	245	521
阿根廷	104	508
新西兰	107	467
马来西亚	268	431
泰国	161	409
黎巴嫩	66	403
匈牙利	40	374
科威特	48	342
哥伦比亚	84	262
波多黎各	63	234
阿尔及利亚	76	205
伊朗	46	181
克罗地亚	28	151
约旦	33	151
多米尼加共和国	22	149
利比亚	41	146
乌克兰	39	144

国家/地区	出口数量（吨）	出口金额（千美元）
塞尔维亚	20	114
塞浦路斯	18	107
爱尔兰	24	107
秘鲁	23	102
埃及	31	101
菲律宾	27	97
越南	18	95
摩洛哥	18	83
委内瑞拉	21	66
拉脱维亚	12	66
乌拉圭	12	62
厄瓜多尔	13	60
叙利亚	16	57
危地马拉	16	52
罗马尼亚	10	49
突尼斯	23	49
保加利亚	10	47
巴林	8	39
哥斯达黎加	8	38
卡塔尔	4	32
斯洛文尼亚	9	29
立陶宛	4	28
斯里兰卡	2	27
黑山	5	27
斯洛伐克	7	27
巴哈马	4	24
哈萨克斯坦	6	22
爱沙尼亚	3	21
科特迪瓦	5	20
马耳他	4	19
卢森堡	4	15
塞内加尔	3	11
澳门	6	11
缅甸	5	10
法罗群岛	2	8
毛里求斯	1	8
洪都拉斯	2	8
圣马力诺	3	7
法属波利尼西亚	1	7
加纳	1	6
文莱	16	6
巴布亚新几内亚	1	5
马里	1	5
萨尔瓦多	2	5
阿曼	1	5

国家/地区	出口数量（吨）	出口金额（千美元）
贝宁	1	5
苏丹	3	5
布基纳法索	1	4
巴巴多斯	3	4
坦桑尼亚	1	4
荷属安地列斯	0	4
玻利维亚	1	3
巴基斯坦	0	3
亚美尼亚	1	3
冰岛	0	3
安哥拉	1	3
老挝	3	2
喀麦隆	0	2
赞比亚	0	2
伊拉克	3	2
柬埔寨	1	1
前南马其顿	1	1
刚果(金)	0	1
百慕大	0	1
莫桑比克	0	1
英属维尔京群岛	0	1
阿塞拜疆	0	1
新喀里多尼亚	0	1
巴拉圭	0	1
波黑	0	1
也门	0	1
44209010 镶嵌木		
合计	1354	1485
美国	1345	1435
越南	6	33
日本	1	10
香港	1	3
英国	1	2
智利	0	1
44209090 珠宝或刀具木盒及类似品；第94章以外木家具		
合计	61737	182871
美国	18430	51762
日本	5397	25640
英国	6504	13315
德国	3916	10748
荷兰	2795	8386
法国	2325	6523
香港	2046	6270
加拿大	1864	5995

国家/地区	出口数量（吨）	出口金额（千美元）
瑞士	752	5057
西班牙	1673	4882
意大利	1427	4598
比利时	1352	3662
韩国	1245	3614
澳大利亚	1203	3345
阿联酋	1027	2773
瑞典	1078	2764
俄罗斯联邦	602	2193
沙特阿拉伯	664	2092
波兰	368	1365
台湾省	522	1108
伊朗	263	1063
印度	568	915
丹麦	274	872
葡萄牙	296	859
新加坡	360	822
芬兰	245	763
以色列	201	712
马来西亚	721	692
希腊	189	636
乌克兰	188	578
巴西	226	568
墨西哥	217	565
科威特	106	522
巴拿马	455	438
南非	159	424
智利	127	413
泰国	134	374
捷克	99	345
阿根廷	99	293
新西兰	91	287
奥地利	101	274
埃及	62	261
圭亚那	53	226
黎巴嫩	53	222
多米尼加共和国	79	221
挪威	65	214
亚美尼亚	35	182
土耳其	73	168
爱尔兰	51	163
罗马尼亚	46	153
卡塔尔	26	143
文莱	26	141
斯洛文尼亚	54	136

国家/地区	出口数量（吨）	出口金额（千美元）
拉脱维亚	32	118
菲律宾	68	118
克罗地亚	44	113
利比亚	35	110
印度尼西亚	55	107
哥伦比亚	36	97
越南	27	92
匈牙利	29	91
塞浦路斯	20	90
巴布亚新几内亚	33	87
摩洛哥	17	85
古巴	42	63
阿曼	25	59
洪都拉斯	35	55
约旦	20	52
塞尔维亚	8	48
突尼斯	17	46
立陶宛	14	43
尼加拉瓜	26	42
波多黎各	34	41
爱沙尼亚	14	39
厄瓜多尔	18	36
保加利亚	14	35
澳门	6	35
乌拉圭	13	33
巴基斯坦	7	33
安哥拉	18	31
白俄罗斯	9	29
哥斯达黎加	9	27
斯洛伐克	6	24
马提尼克	4	22
叙利亚	4	21
莫桑比克	6	20
斯里兰卡	4	19
卢森堡	3	19
委内瑞拉	6	19
阿尔及利亚	7	17
留尼汪	8	17
巴林	3	15
秘鲁	4	14
黑山	2	11
多米尼克	3	10
巴拉圭	5	10
危地马拉	3	10
缅甸	4	9

国家/地区	出口数量（吨）	出口金额（千美元）
马耳他	1	5
孟加拉国	1	4
坦桑尼亚	1	3
毛里求斯	0	2
加蓬	0	2
玻利维亚	0	1
尼日利亚	0	1
蒙古	0	1
新喀里多尼亚	0	1
苏丹	0	1
特立尼达和多巴哥	0	1
44211000 木制衣架		
合计	66465	162453
美国	10690	29230
德国	7371	18195
西班牙	5520	13940
英国	3339	8503
日本	2258	8316
法国	3618	8022
意大利	3141	7539
荷兰	2667	5867
瑞典	2785	5716
香港	1139	5654
俄罗斯联邦	2424	5047
比利时	1956	4514
加拿大	1839	3605
澳大利亚	1379	3051
韩国	1021	2808
丹麦	776	2709
土耳其	1224	2610
巴西	1632	2518
波兰	1088	2110
阿根廷	1045	1691
奥地利	863	1612
墨西哥	683	1384
芬兰	450	1176
乌克兰	563	1131
阿联酋	440	1050
瑞士	409	946
爱尔兰	410	884
挪威	373	833
葡萄牙	374	831
希腊	372	806
智利	360	653
新加坡	276	635

国家/地区	出口数量(吨)	出口金额(千美元)
爱沙尼亚	264	611
以色列	220	584
巴拿马	267	499
台湾省	197	491
印度	214	483
南非	170	447
沙特阿拉伯	135	389
秘鲁	172	384
哥伦比亚	187	376
立陶宛	147	332
新西兰	134	330
罗马尼亚	172	326
捷克	150	309
克罗地亚	123	294
泰国	103	276
拉脱维亚	102	246
马来西亚	175	243
斯洛伐克	104	225
菲律宾	82	166
科威特	71	154
乌拉圭	63	135
埃及	86	122
越南	42	119
匈牙利	49	118
哈萨克斯坦	46	111
塞浦路斯	48	106
印度尼西亚	38	89
摩洛哥	34	88
委内瑞拉	31	88
哥斯达黎加	31	68
阿尔及利亚	22	59
斯洛文尼亚	26	58
黎巴嫩	20	57
厄瓜多尔	23	44
伊朗	17	42
马耳他	6	36
保加利亚	22	34
缅甸	61	32
巴林	6	28
肯尼亚	10	24
叙利亚	10	23
巴基斯坦	13	21
多米尼加共和国	9	20
卢森堡	5	19
危地马拉	5	15

国家/地区	出口数量(吨)	出口金额(千美元)
塞尔维亚	5	13
洪都拉斯	4	12
卡塔尔	1	12
斯里兰卡	8	11
黑山	4	10
留尼汪	3	10
古巴	4	8
毛里求斯	2	7
塞内加尔	4	7
白俄罗斯	3	7
突尼斯	4	6
阿曼	5	6
文莱	7	4
尼日利亚	1	4
赞比亚	1	4
特立尼达和多巴哥	2	4
马达加斯加	1	2
莫桑比克	1	2
萨尔瓦多	0	2
安哥拉	3	2
马尔代夫	1	2
阿尔巴尼亚	1	1
约旦	0	1
加纳	1	1
坦桑尼亚	1	1
牙买加	0	1
埃塞俄比亚	0	1
44219010 木制卷轴、纡子、筒管、缝纫用线轴及类似品		
合计	726	974
比利时	162	285
印度	243	231
韩国	244	192
丹麦	13	68
日本	17	47
美国	22	46
澳大利亚	10	38
荷兰	4	17
菲律宾	1	13
香港	3	8
马来西亚	2	8
新加坡	2	6
德国	1	6
台湾省	1	4
英国	0	2

国家/地区	出口数量(吨)	出口金额(千美元)
泰国	1	2
西班牙	1	2
44219090 未列名木制品		
合计	483366	1144969
美国	131588	301017
日本	73168	193987
英国	39044	99725
德国	37351	88802
荷兰	27092	62036
法国	19286	47354
澳大利亚	14177	33355
意大利	10316	26220
香港	15852	25439
西班牙	8978	24601
韩国	11153	24497
比利时	9175	23824
加拿大	10138	23575
台湾省	5926	10818
南非	4296	10299
瑞典	3479	9146
越南	4183	9106
丹麦	2726	6887
阿联酋	2732	6538
泰国	2304	6310
俄罗斯联邦	3029	6071
爱尔兰	1825	5777
波兰	1541	5477
墨西哥	1702	5396
沙特阿拉伯	2381	4530
印度尼西亚	2117	4482
阿根廷	3171	4326
土耳其	1844	4267
印度	1935	3573
智利	1272	3273
澳门	1583	3040
以色列	1372	2892
挪威	930	2733
伊朗	981	2547
瑞士	846	2448
马来西亚	1487	2437
新西兰	1181	2422
芬兰	927	2408
希腊	889	2360
奥地利	1073	2344
新加坡	951	2242

国家/地区	出口数量（吨）	出口金额（千美元）
乌克兰	1350	2123
黎巴嫩	635	1622
立陶宛	831	1553
巴西	475	1515
巴拿马	542	1513
巴基斯坦	783	1451
多米尼加共和国	414	1329
波多黎各	422	1293
哥伦比亚	319	1291
葡萄牙	403	1207
卡塔尔	421	1192
斯洛伐克	556	1189
尼日利亚	525	1130
捷克	353	1094
突尼斯	297	963
拉脱维亚	585	917
萨尔瓦多	126	902
摩洛哥	585	854
克罗地亚	350	841
斯洛文尼亚	318	693
菲律宾	241	691
委内瑞拉	319	610
科威特	278	609
埃及	394	606
危地马拉	1170	548
利比亚	373	533
罗马尼亚	241	484
白俄罗斯	536	477
约旦	158	442
匈牙利	177	404
厄瓜多尔	175	381
叙利亚	289	365
赤道几内亚	59	351
阿尔及利亚	165	331
博茨瓦那	119	327
也门	106	278
塞浦路斯	91	257
保加利亚	58	240
马耳他	49	200
巴巴多斯	43	196
伊拉克	357	192
爱沙尼亚	45	182
秘鲁	74	178
加纳	54	155
安哥拉	111	154

国家/地区	出口数量（吨）	出口金额（千美元）
乌拉圭	71	144
哈萨克斯坦	37	140
百慕大	21	130
阿尔巴尼亚	40	114
阿曼	71	101
哥斯达黎加	30	95
特立尼达和多巴哥	34	94
贝宁	54	90
东帝汶	175	87
留尼汪	32	86
塞尔维亚	26	83
蒙古	26	77
新喀里多尼亚	25	73
毛里求斯	17	72
科特迪瓦	22	72
马尔代夫	65	71
苏丹	62	58
海地	44	57
多哥	25	55
牙买加	30	54
缅甸	94	44
巴林	33	42
格林纳达	18	40
圣文森特和格林纳丁斯	12	40
朝鲜	33	36
法属波利尼西亚	8	34
肯尼亚	24	33
荷属安地列斯	8	32
玻利维亚	29	29
塞舌尔	2	28
布基纳法索	8	28
莫桑比克	23	26
毛里塔尼亚	30	23
斯里兰卡	12	23
中非	2	21
塞内加尔	16	20
喀麦隆	6	17
巴拉圭	3	15
洪都拉斯	7	14
摩尔多瓦	11	14
坦桑尼亚	8	14
阿鲁巴	6	14
柬埔寨	6	13
瓦努阿图	2	12

国家/地区	出口数量（吨）	出口金额（千美元）
赞比亚	6	12
吉布提	16	11
塞拉利昂	8	11
孟加拉国	4	10
波黑	3	10
冰岛	3	8
瓜德罗普	4	7
古巴	1	7
圣卢西亚	1	7
文莱	2	7
马里	1	6
亚美尼亚	2	6
津巴布韦	5	6
巴勒斯坦	1	6
巴哈马	1	6
乍得	0	5
苏里南	2	5
卢旺达	2	4
布隆迪	0	3
斐济	0	3
英属维尔京群岛	0	3
马提尼克	2	3
卢森堡	0	2
马达加斯加	6	2
巴布亚新几内亚	0	2
利比里亚	1	2
加蓬	0	2
埃塞俄比亚	1	1
乌兹别克斯坦	0	1
马拉维	1	1
纳米比亚	0	1
乌干达	1	1
96091010 铅笔		
合计	39973	155142
美国	11279	50149
台湾省	2873	10275
印度	1559	6451
英国	1591	5786
马来西亚	1536	5165
印度尼西亚	1414	4212
泰国	1180	3671
菲律宾	705	3608
阿联酋	878	3541
巴基斯坦	890	3354
加拿大	760	3114

国家/地区	出口数量（吨）	出口金额（千美元）
德国	618	3036
韩国	485	2299
日本	452	2292
尼日利亚	1085	2197
南非	638	2161
荷兰	571	1949
法国	419	1803
西班牙	400	1648
香港	444	1603
意大利	356	1588
俄罗斯联邦	470	1557
秘鲁	297	1525
瑞典	466	1408
巴拿马	429	1353
澳大利亚	291	1320
巴西	444	1198
智利	359	1171
新加坡	283	1130
古巴	302	1118
以色列	268	1102
约旦	230	1018
芬兰	245	1011
肯尼亚	224	1005
伊朗	282	986
比利时	229	922
乌克兰	226	725
孟加拉国	198	701
波兰	180	675
委内瑞拉	184	668
越南	168	643
苏丹	261	616
萨尔瓦多	146	604
捷克	103	578
斯里兰卡	104	554
厄瓜多尔	133	526
缅甸	116	503
沙特阿拉伯	135	483
拉脱维亚	141	481
危地马拉	126	458
阿根廷	125	435
哥伦比亚	116	429
阿尔及利亚	136	421
丹麦	99	418
叙利亚	80	390
希腊	69	307
多米尼加共和国	90	306
加纳	131	294
贝宁	126	285
也门	72	268
安哥拉	82	266
土耳其	36	241
利比亚	54	235
奥地利	29	233
科威特	38	198
伯利兹	217	192
墨西哥	90	187
洪都拉斯	59	186
乌拉圭	40	185
伊拉克	56	185
阿富汗	46	158
波多黎各	44	151
葡萄牙	42	146
黎巴嫩	32	145
瑞士	24	143
新西兰	30	132
匈牙利	36	127
斯洛文尼亚	33	124
埃及	28	113
巴拉圭	28	113
摩洛哥	39	99
津巴布韦	35	99
莫桑比克	47	98
朝鲜	14	97
挪威	21	92
斯洛伐克	28	91
厄立特里亚	26	82
牙买加	27	82
海地	36	81
爱尔兰	23	79
多哥	36	78
坦桑尼亚	33	78
克罗地亚	23	77
科特迪瓦	23	68
突尼斯	21	62
罗马尼亚	16	56
尼加拉瓜	17	55
哥斯达黎加	10	53
立陶宛	13	49
爱沙尼亚	14	49
多米尼克	18	45
刚果(金)	17	45
马拉维	12	40
特立尼达和多巴哥	8	38
塞尔维亚	8	36
塞浦路斯	8	33
刚果(布)	12	32
利比里亚	13	32
瓦努阿图	9	31
哈萨克斯坦	9	30
布基纳法索	8	28
玻利维亚	12	24
塞拉利昂	7	23
马达加斯加	8	20
尼日尔	8	20
塞内加尔	7	18
毛里求斯	7	17
巴布亚新几内亚	4	16
巴林	3	16
乌兹别克斯坦	2	13
喀麦隆	4	12
卡塔尔	3	12
苏里南	3	11
保加利亚	2	10
博茨瓦那	3	10
文莱	1	7
乍得	0	6
摩尔多瓦	2	6
格鲁吉亚	2	5
前南马其顿	1	4
阿曼	1	4
圣马力诺	1	3
阿尔巴尼亚	1	2
毛里塔尼亚	1	2
科摩罗	1	2
冈比亚	1	1
赞比亚	0	1
中非	0	1
巴巴多斯	0	1
蒙古	0	1
柬埔寨	0	1
乌干达	0	1
几内亚	0	1
加蓬	0	1
阿塞拜疆	0	1
黑山	0	1

国家/地区	出口数量（吨）	出口金额（千美元）
96091020 颜色铅笔		
合计	31028	133920
意大利	1329	8892
泰国	1708	7632
德国	1514	7547
英国	1564	6129
西班牙	1379	6072
荷兰	1459	5974
法国	1240	5971
马来西亚	1195	5195
美国	1149	4720
阿联酋	1155	4701
俄罗斯联邦	1494	4692
日本	669	4635
香港	525	3826
台湾省	1016	3708
智利	680	2950
秘鲁	492	2851
比利时	509	2718
乌克兰	588	2507
芬兰	761	2432
伊朗	573	2422
澳大利亚	543	2338
阿根廷	417	2209
南非	688	2154
哥伦比亚	411	1960
印度	478	1942
巴拿马	656	1887
波兰	432	1617
委内瑞拉	354	1610
捷克	301	1595
厄瓜多尔	307	1397
印度尼西亚	373	1379
危地马拉	325	1258
沙特阿拉伯	256	1012
加拿大	203	954
阿尔及利亚	306	923
巴西	338	910
萨尔瓦多	209	887
拉脱维亚	299	816
新加坡	124	692
丹麦	180	581
摩洛哥	166	547
瑞士	81	536
以色列	145	532

国家/地区	出口数量（吨）	出口金额（千美元）
瑞典	138	482
斯里兰卡	92	447
巴拉圭	73	385
韩国	59	383
挪威	68	325
多米尼加共和国	85	286
斯洛伐克	70	285
希腊	75	279
匈牙利	87	276
多哥	97	234
土耳其	34	224
布基纳法索	64	220
越南	52	219
古巴	60	215
葡萄牙	65	212
乌拉圭	61	207
科威特	44	202
新西兰	42	185
立陶宛	41	183
巴基斯坦	71	175
哈萨克斯坦	71	169
斯洛文尼亚	31	148
黎巴嫩	44	148
洪都拉斯	42	145
叙利亚	29	131
墨西哥	46	130
尼日利亚	55	127
爱尔兰	29	121
海地	31	121
菲律宾	25	112
克罗地亚	40	109
马达加斯加	41	108
约旦	42	106
突尼斯	31	96
孟加拉国	16	82
也门	35	78
奥地利	15	77
哥斯达黎加	14	74
罗马尼亚	22	73
尼加拉瓜	20	70
埃及	41	70
塞浦路斯	14	64
阿富汗	11	60
伯利兹	72	59
科特迪瓦	22	56

国家/地区	出口数量（吨）	出口金额（千美元）
莫桑比克	21	54
塞尔维亚	16	51
塞内加尔	30	49
安哥拉	11	40
伊拉克	8	36
贝宁	16	34
利比亚	17	31
白俄罗斯	16	31
加纳	6	28
毛里求斯	10	27
玻利维亚	5	23
阿塞拜疆	3	22
巴布亚新几内亚	6	19
波多黎各	6	19
摩尔多瓦	5	17
利比里亚	4	15
乌兹别克斯坦	2	15
保加利亚	4	13
尼日尔	4	13
肯尼亚	5	12
特立尼达和多巴哥	3	11
阿曼	2	9
文莱	1	9
加蓬	3	9
黑山	4	8
蒙古	1	6
柬埔寨	1	5
博茨瓦那	2	5
卡塔尔	1	4
爱沙尼亚	1	4
坦桑尼亚	2	4
新喀里多尼亚	1	4
喀麦隆	1	3
马约特	1	3
苏里南	1	3
马耳他	0	2
冰岛	0	2
前南马其顿	1	2
波黑	1	2
牙买加	1	2
朝鲜	0	1
中非	0	1
科摩罗	1	1
毛里塔尼亚	0	1
留尼汪	1	1

表 5-9　木制品进口

国家/地区	进口数量（吨）	进口金额（千美元）
44181010 辐射松制窗、法兰西式(落地)窗及其框架		
合计	4	54
澳大利亚	3	46
美国	0	6
德国	0	2
44181090 木制窗、法兰西式(落地)窗及其木制框架		
合计	1757	6217
尼泊尔	62	2359
加拿大	28	1656
美国	53	926
波兰	1123	498
德国	21	331
丹麦	193	272
匈牙利	262	125
泰国	1	11
台湾省	6	10
日本	2	8
中华人民共和国	3	7
爱尔兰	2	5
奥地利	1	4
意大利	0	2
印度	0	2
新西兰	0	1
阿联酋	0	1
44182000 木制门及其框架和门槛		
合计	524	5397
加拿大	48	1732
美国	74	1128
尼泊尔	66	998
德国	80	547
意大利	21	236
西班牙	12	196
日本	11	93
瑞士	7	84
台湾省	15	77
中华人民共和国	55	72
马来西亚	62	51
新加坡	4	23
印度	4	22
印度尼西亚	16	21
奥地利	1	16
韩国	16	14
老挝	16	12
澳大利亚	1	12
法国	3	11
泰国	1	8
塔吉克斯坦	0	7
蒙古	3	7
荷兰	0	6
越南	1	5
爱尔兰	1	3
乌兹别克斯坦	1	3
英国	1	2
缅甸	1	2
纳米比亚	0	2
菲律宾	0	2
捷克	0	1
香港	0	1
柬埔寨	2	1
挪威	0	1
丹麦	0	1
瑞典	1	1
44091010 任一边、端或面制成连续形状针叶木地板条		
合计	54	126
俄罗斯联邦	24	38
德国	10	28
日本	7	20
丹麦	2	18
荷兰	5	11
韩国	1	6
芬兰	4	3
美国	0	1
新西兰	0	1
44092910 其他任一边、端或面成连续状非针叶木地板条		
合计	6680	12755
美国	3628	8228
巴拉圭	808	1064
玻利维亚	357	965
芬兰	352	707
秘鲁	382	331
加拿大	65	268
马来西亚	373	246
老挝	89	146
奥地利	50	118
澳大利亚	226	115
中华人民共和国	87	110
丹麦	47	102
巴西	34	70
德国	28	67
意大利	5	62
日本	53	60
印度尼西亚	22	40
台湾省	27	31
缅甸	36	16
巴布亚新几内亚	6	5
瑞典	2	2
柬埔寨	1	1
比利时	0	1
泰国	0	1
以色列	0	1
44187100 马赛克地板用已装拼的木地板		
合计	0	3
意大利	0	3
44187290 其他多层已装拼的木地板		
合计	1238	4750
奥地利	417	1933
印度尼西亚	433	1042
意大利	57	598
德国	55	344
马来西亚	74	318
葡萄牙	43	168
波兰	28	95
比利时	54	78
芬兰	6	48
日本	29	38
美国	18	20
加拿大	3	20
西班牙	3	16
韩国	10	16
台湾省	6	6
荷兰	1	5
中华人民共和国	0	2
瑞士	0	1
44187990 其他已装拼的木地板		
合计	133	543
德国	16	96
美国	23	90
奥地利	18	90
印度尼西亚	15	75
意大利	12	38

国家/地区	进口数量（吨）	进口金额（千美元）
玻利维亚	12	35
葡萄牙	4	27
日本	3	22
缅甸	10	14
越南	3	14
瑞典	3	10
香港	3	10
中华人民共和国	4	8
泰国	3	6
比利时	1	3
法国	0	1
波兰	0	1
坦桑尼亚	0	1
英国	0	1
加拿大	0	1
马来西亚	1	1
44140010 辐射松制的画框相框镜框等		
合计	9	260
中华人民共和国	9	256
美国	0	1
越南	0	1
波兰	0	1
44140090 其他木制的画框相框镜框等		
合计	125	1133
泰国	6	232
波兰	70	185
美国	5	150
中华人民共和国	12	131
德国	4	83
法国	1	68
意大利	1	61
印度尼西亚	9	46
日本	2	44
印度	5	26
加拿大	0	24
台湾省	3	12
丹麦	3	8
英国	0	8
西班牙	0	7
阿尔及利亚	0	7
香港	1	5
荷兰	0	4
瑞士	0	3
马来西亚	0	3
菲律宾	1	3

国家/地区	进口数量（吨）	进口金额（千美元）
奥地利	0	3
韩国	0	2
吉布提	0	2
越南	0	2
新加坡	0	2
比利时	0	2
葡萄牙	0	1
南非	0	1
秘鲁	0	1
智利	0	1
澳大利亚	0	1
阿联酋	0	1

国家/地区	进口数量（千件）	进口金额（千美元）
44151000 木制箱、盒、桶及类似的包装容器；电缆卷筒		
合计	71	4737
德国	2	3241
美国	14	255
中华人民共和国	5	175
英国	1	170
瑞典	7	139
泰国	2	136
香港	3	108
丹麦	2	93
日本	2	87
加拿大	8	58
意大利	4	54
韩国	1	33
台湾省	10	28
以色列	0	25
瑞士	0	23
波兰	2	23
法国	1	20
巴西	2	11
白俄罗斯	0	7
奥地利	0	7
荷兰	0	6
比利时	0	6
菲律宾	0	5
澳大利亚	1	5
西班牙	2	4
印度尼西亚	1	4
尼泊尔	1	3
印度	0	2

国家/地区	进口数量（千件）	进口金额（千美元）
越南	0	2
马来西亚	0	1
新加坡	0	1
斯里兰卡	0	1
爱尔兰	0	1
44152010 辐射松制托板箱形托盘及其他装载板托盘护框		
合计	18	286
新加坡	15	252
中华人民共和国	2	16
日本	1	13
美国	0	5
印度	0	1
44152090 木托板、箱形托盘及其他装载木板；托盘护框		
合计	550	4834
中华人民共和国	233	2004
德国	51	499
日本	53	494
韩国	78	415
丹麦	53	353
美国	12	244
瑞典	13	176
荷兰	4	150
澳大利亚	10	81
香港	3	79
法国	5	65
波兰	4	50
加拿大	2	41
意大利	2	39
印度尼西亚	2	28
爱尔兰	0	22
印度	10	20
台湾省	9	17
马来西亚	2	15
捷克	1	11
英国	0	6
比利时	1	5
立陶宛	1	4
泰国	0	4
老挝	0	4
斯洛伐克	0	3
奥地利	0	3
挪威	0	2
新加坡	0	1

国家/地区	进口数量（吨）	进口金额（千美元）
44160090 木制大桶、琵琶桶、盆等木制箍桶及其零件		
合计	2769	9894
法国	641	8085
美国	325	1459
匈牙利	14	135
日本	1743	123
加拿大	5	20
澳大利亚	17	15
意大利	1	10
马来西亚	2	9
泰国	1	7
印度尼西亚	3	6
印度	4	5
西班牙	6	5
英国	1	4
葡萄牙	1	3
德国	1	1
菲律宾	0	1
比利时	1	1
越南	0	1
阿根廷	1	1
新西兰	0	1
南非	1	0
44170090 木制工具等；扫帚及刷子等；木鞋靴楦及楦头		
合计	369	1742
日本	17	781
台湾省	207	431
中华人民共和国	12	120
英国	17	104
巴西	45	93
意大利	2	83
美国	8	46
捷克	5	18
瑞典	2	12
法国	1	10
马来西亚	21	7
香港	0	7
德国	0	6
朝鲜	31	6
韩国	0	4
丹麦	0	4
泰国	0	2
越南	0	2
挪威	0	1
新加坡	0	1
加拿大	0	1
西班牙	1	1
瑞士	0	1
44184000 木制水泥构件的模板		
合计	146	279
奥地利	71	119
日本	54	110
芬兰	20	30
德国	0	12
拉脱维亚	1	7
44185000 木瓦及木制盖屋板		
合计	3	10
比利时	0	7
马来西亚	2	2
芬兰	0	1
44186000 木制柱及梁		
合计	1147	1758
美国	444	628
德国	81	276
加拿大	186	224
西班牙	135	164
斐济	38	133
日本	22	127
俄罗斯联邦	132	56
尼泊尔	6	45
塔吉克斯坦	2	21
爱沙尼亚	45	20
芬兰	16	18
台湾省	34	16
意大利	0	12
印度	4	9
比利时	0	7
44189000 其他建筑用木工制品		
合计	846	4156
中华人民共和国	173	1193
比利时	130	997
美国	92	377
意大利	20	358
日本	47	301
尼泊尔	2	294
越南	106	159
马来西亚	17	92
智利	74	68
新加坡	2	38
奥地利	10	38
新西兰	24	35
加拿大	41	32
印度尼西亚	22	25
挪威	13	24
台湾省	3	17
黎巴嫩	5	16
韩国	1	14
德国	3	12
爱沙尼亚	10	12
菲律宾	30	11
澳大利亚	5	11
泰国	6	8
英国	1	6
老挝	4	4
捷克	2	3
塔吉克斯坦	0	3
波兰	2	2
墨西哥	0	1
瑞士	0	1
乌兹别克斯坦	0	1
瑞典	0	1
芬兰	1	0
44190031 木制一次性筷子		
合计	10152	4454
俄罗斯联邦	7448	3600
朝鲜	1857	459
蒙古	606	218
日本	111	106
中华人民共和国	5	31
越南	33	25
老挝	92	9
美国	0	3
香港	0	2
44190099 其他木制餐具及厨房用具		
合计	864	2054
日本	6	343
捷克	31	274
罗马尼亚	102	236
马来西亚	94	221
越南	71	193
泰国	45	179
美国	6	100
中华人民共和国	12	95
德国	5	94

国家/地区	进口数量（吨）	进口金额（千美元）
台湾省	17	66
缅甸	441	38
瑞典	2	34
菲律宾	15	32
意大利	1	29
印度尼西亚	3	23
法国	1	12
保加利亚	0	12
韩国	1	10
印度	1	8
波兰	2	7
荷兰	0	6
委内瑞拉	0	6
俄罗斯联邦	2	6
丹麦	0	4
老挝	3	4
墨西哥	0	4
香港	0	3
澳大利亚	0	2
尼泊尔	0	2
英国	0	1
新加坡	0	1
几内亚	0	1
瑞士	0	1
阿联酋	0	1
巴西	0	1
肯尼亚	0	1
纳米比亚	0	1
加拿大	0	1
比利时	0	1
44201011 木刻		
合计	60	121
日本	1	18
印度尼西亚	16	18
老挝	16	17
苏丹	11	16
肯尼亚	5	10
台湾省	3	9
尼泊尔	1	5
泰国	0	4
越南	1	3
坦桑尼亚	0	3
印度	1	2
香港	0	2
美国	0	2

国家/地区	进口数量（吨）	进口金额（千美元）
意大利	0	2
英国	0	2
爱尔兰	0	1
中华人民共和国	0	1
柬埔寨	1	1
纳米比亚	0	1
缅甸	0	1
加纳	0	1
44201020 木扇		
合计	63	984
意大利	15	559
西班牙	1	110
泰国	23	108
台湾省	2	105
韩国	20	100
巴基斯坦	2	2
44201090 其他木制小雕像及装饰品		
合计	2653	5310
缅甸	1333	931
印度尼西亚	352	670
泰国	150	562
越南	118	297
意大利	3	293
中华人民共和国	112	240
日本	38	228
印度	51	213
俄罗斯联邦	3	176
尼泊尔	70	164
菲律宾	39	102
台湾省	51	94
坦桑尼亚	35	91
肯尼亚	35	81
英国	1	80
老挝	46	77
南非	12	73
智利	4	71
法国	4	70
美国	3	70
几内亚	36	52
加拿大	0	49
多哥	13	35
德国	1	34
丹麦	1	33
巴基斯坦	26	32
安哥拉	1	28

国家/地区	进口数量（吨）	进口金额（千美元）
塞内加尔	12	27
津巴布韦	7	25
白俄罗斯	1	23
马来西亚	24	22
加纳	4	21
纳米比亚	4	20
马达加斯加	13	19
西班牙	1	19
赞比亚	3	17
亚美尼亚	0	16
捷克	1	16
香港	1	16
喀麦隆	5	16
莫桑比克	4	15
马里	7	15
哥伦比亚	1	15
卢旺达	5	14
瑞士	0	11
厄瓜多尔	1	10
芬兰	0	9
韩国	2	8
布隆迪	0	8
刚果（布）	1	8
以色列	0	7
新西兰	0	6
斯里兰卡	3	6
瑞典	0	6
墨西哥	0	6
柬埔寨	1	6
荷兰	2	5
苏丹	2	5
新加坡	0	5
所罗门群岛	1	5
斐济	0	5
巴勒斯坦	1	5
马绍尔群岛	0	3
刚果（金）	0	3
科特迪瓦	2	3
尼日尔	0	2
马尔代夫	0	2
马拉维	1	2
爱尔兰	0	2
莱索托	0	1
尼加拉瓜	0	1
秘鲁	0	1

国家/地区	进口数量（吨）	进口金额（千美元）
汤加	0	1
玻利维亚	0	1
吉布提	0	1
伊朗	0	1
毛里塔尼亚	0	1
比利时	0	1
尼日利亚	0	1
毛里求斯	0	1
乌干达	1	1

国家/地区	进口数量（千克）	进口金额（美元）
44209010 镶嵌木		
合计	110	986
日本	30	919
印度	80	67

国家/地区	进口数量（吨）	进口金额（千美元）
44209090 珠宝或刀具木盒及类似品；第94章以外木家具		
合计	2，067	6，574
波兰	479	1，277
葡萄牙	363	685
香港	14	636
泰国	312	536
立陶宛	418	474
法国	3	432
中华人民共和国	55	395
意大利	50	348
加拿大	3	292
瑞士	3	290
德国	89	214
瑞典	47	154
白俄罗斯	21	101
美国	4	99
斯洛伐克	31	95
俄罗斯联邦	71	88
印度	34	78
西班牙	4	55
日本	2	49
捷克	9	46
印度尼西亚	11	42
越南	7	36
塞尔维亚	15	32
英国	0	27
韩国	2	20

国家/地区	进口数量（吨）	进口金额（千美元）
菲律宾	2	15
保加利亚	9	13
台湾省	2	10
新加坡	0	8
缅甸	0	4
老挝	2	3
奥地利	0	3
毛里求斯	0	3
澳大利亚	0	2
巴基斯坦	2	2
马来西亚	0	2
厄立特里亚	0	2
芬兰	0	2
伊朗	0	1
尼泊尔	0	1
丹麦	0	1
荷兰	0	1
44211000 木制衣架		
合计	298	2481
中华人民共和国	132	940
日本	70	715
香港	38	269
意大利	5	245
印度	24	105
法国	0	47
立陶宛	9	41
韩国	1	27
瑞典	0	25
印度尼西亚	7	16
越南	6	9
德国	0	8
新加坡	0	7
西班牙	0	5
国别(地区)不详	2	5
美国	0	4
尼泊尔	0	3
波兰	0	3
奥地利	0	3
泰国	1	2
比利时	0	1
荷兰	0	1
土耳其	0	1
台湾省	0	1
44219010 木制卷轴、纡子、筒管、缝纫用线轴及类似品		

国家/地区	进口数量（吨）	进口金额（千美元）
合计	139	456
美国	98	365
意大利	19	65
日本	2	10
中华人民共和国	17	10
台湾省	2	5
罗马尼亚	0	2
44219021 木制圆签、圆棒、冰果棒、压舌片及类似一次性制品		
合计	4073	2136
朝鲜	3704	1799
中华人民共和国	103	109
俄罗斯联邦	208	94
日本	48	91
法国	8	22
加拿大	0	7
德国	1	4
以色列	0	3
阿联酋	0	1
美国	0	1
挪威	0	1
台湾省	0	1
瑞士	0	1
香港	0	1
44219090 未列名木制品		
合计	10445	47169
厄瓜多尔	3229	18331
巴布亚新几内亚	953	8270
中华人民共和国	1251	6506
美国	474	3840
德国	237	1953
印度尼西亚	2986	1404
澳大利亚	129	909
意大利	66	798
越南	322	795
法国	68	577
香港	174	549
日本	43	427
加纳	46	406
台湾省	80	379
瑞士	6	304
丹麦	21	191
西班牙	10	147
泰国	29	146
瑞典	22	141

国家/地区	进口数量（吨）	进口金额（千美元）
英国	5	116
喀麦隆	13	112
韩国	39	110
加拿大	10	86
俄罗斯联邦	45	85
荷兰	22	83
波兰	39	74
印度	8	56
马来西亚	36	45
以色列	4	34
新加坡	3	31
奥地利	7	29
匈牙利	1	27
巴西	2	27
阿联酋	28	20
毛里求斯	0	18
挪威	1	17
波黑	9	14
玻利维亚	7	14
墨西哥	1	14
菲律宾	1	14
捷克	1	13
老挝	5	13
比利时	4	7
缅甸	1	5
巴基斯坦	2	5
立陶宛	1	4
爱尔兰	0	4
芬兰	0	3
马达加斯加	0	2

国家/地区	出口数量（吨）	出口金额（千美元）
孟加拉国	0	2
葡萄牙	2	2
新西兰	0	2
土耳其	0	2
96091020 颜色铅笔		
纳米比亚	0	2
肯尼亚	0	1
智利	0	1
赞比亚	1	1
马尔代夫	0	1
尼泊尔	0	1
柬埔寨	0	1
朝鲜	1	0
津巴布韦	1	0
96091010 铅笔		
合计	221	1004
台湾省	98	391
中华人民共和国	98	356
日本	3	58
德国	3	48
印度尼西亚	5	44
奥地利	0	30
美国	1	18
巴西	4	12
意大利	1	10
越南	2	6
捷克	0	5
香港	1	5
英国	0	4
韩国	1	4

国家/地区	出口数量（吨）	出口金额（千美元）
比利时	1	3
法国	0	2
瑞典	0	1
菲律宾	0	1
西班牙	1	1
印度	0	1
泰国	0	1
肯尼亚	0	1
合计	632	3502
中华人民共和国	388	1865
印度尼西亚	59	611
台湾省	62	207
德国	17	160
意大利	44	137
捷克	31	126
日本	4	93
荷兰	2	62
越南	6	57
韩国	4	50
美国	2	36
香港	3	35
巴西	8	18
丹麦	0	14
澳大利亚	0	10
哥斯达黎加	1	8
英国	1	6
泰国	0	2
墨西哥	0	1
瑞士	0	1
法国	0	1

家　具

【概　况】 2010年木竹藤家具产业产值占全国林业总产值的7.18%。木竹藤家具出口数量3.0亿件，出口金额162.3亿美元，进口金额3.9亿美元。木质家具出口金额占木质类林产品出口总额的44.38%。

全国共有木制家具制造企业75461家，竹藤家具制造企业1856家，家具零售企业97005家。

广东省木制家具制造企业数量最多，13990家，占全国的18.54%，同时其家具零售企业也是全国数量最多的，有15007家，占全国的15.47%。浙江木制家具企业数量居全国第二，有6735家，占全国的8.93%，其后依次是江苏、上海和山东，这5省(市)木制家具制造企业数量占全国的49.65%，家具零售企业数量占全国的42.29%。

浙江省竹藤家具制造企业数量最多324家，占全国的17.46%，其后依次是福建、广东、江苏、湖南。5省竹藤家具企业数量占全国的62.88%。

广东省家具零售企业数量全国第一，江苏省位居第二，其后依次是浙江、四川、福建，这5省家具零售企业数量占全国的44.78%。见表6-1和表6-2。

至2010年底，我国对家具产业进行指导的文件主要是2010年7月14日国家安全生产监督管理总局颁布的，从2010年起在全国范围内执行至今的《关于开展木质家具制造企业高毒物质危害治理的通知》(安监总安健〔2010〕111号)。我国对木家具生产主要有12个国家标准，主要针对编制家具使用说明的基本要求方法、家具表面耐湿热测定的方法等。见表6-3。

我国共有家具协会25个，主要分布在广东、浙江、山东等多个木家具生产发达省份，协会的主要任务是致力于家具业各技术领域的研究，持续办好国内、国际家具展，为家具产业提供全程市场化服务。见表6-4。

表6-1　各地区家具企业数量

地　区	木家具制造企业数量(个)	竹藤家具制造企业数量(个)	家具零售企业数量(个)	地　区	木家具制造企业数量(个)	竹藤家具制造企业数量(个)	家具零售企业数量(个)
全国合计	75461	1856	97005	河南	2160	29	2412
北京	4555	17	3314	湖北	1250	34	2313
天津	1856	31	1082	湖南	1246	110	2745
河北	2671	19	2479	广东	13990	291	15007
山西	718	1	2316	广西	751	56	1830
内蒙古	626	3	1217	海南	306	10	1291
辽宁	2400	12	4554	重庆	2073	52	1933
吉林	1133	4	2130	四川	3961	87	5269
黑龙江	2537	15	3396	贵州	376	13	1066
上海	5421	21	4631	云南	678	24	2139
江苏	6323	137	10620	西藏	18	1	132
浙江	6735	324	7318	陕西	1120	19	1549
安徽	1218	76	2818	甘肃	474	2	791
福建	3280	305	5220	青海	87	0	168
江西	1816	107	1760	宁夏	162	4	410
山东	5001	49	3452	新疆	519	3	1643

表 6-2 家具产业各指标全国排名前 5 名的省份

指标	全国排名前 5 名的省份及占全国的比例
木制家具制造企业数量(75461 家)	广东 18.54%、浙江 8.93%、江苏 8.38%、上海 7.18%、山东 6.63%
竹藤家具制造企业数量(1856 家)	浙江 17.46%、福建 16.43%、广东 15.68%、江苏 7.38%、湖南 5.93%
家具零售企业数量(97005 家)	广东 15.47%、江苏 10.95%、浙江 7.54%、四川 5.43%、福建 5.38%

表 6-3 全国家具行业产值

行业名称	2010 年总产值(万元)	2009 年总产值(万元)	增速(%)
家具制造业	44876487.90	33887146.40	32.43
其中：木质家具制造	26100648.70	19516522.90	33.74
竹、藤家具制造	591886.40	419540.80	41.08
金属家具制造	10775138.60	8277293.50	30.18
塑料家具制造	724609.90	482580.50	50.15
其他家具制造	6684204.30	5191208.70	28.76

数据来源：中国轻工业信息中心。统计范围：规模以上(即年主营业务收入 500 万元以上)全部工业法人企业。

表 6-4 全国家具主要产品销售产值

行业名称	2010 年销售产值(万元)	2009 年销售产值(万元)	增速(%)	2010 年出口交货值(万元)	2009 年出口交货值(万元)	增速(%)	出口占销售比重(%)
家具制造业	43784698.4	33203083.3	31.87	11876266.4	9803249.2	21.15	27.124
其中：木质家具制造	25419831.7	19113030.3	33.00	5667879.7	4687597.1	20.91	22.297
竹、藤家具制造	581867.4	412405.1	41.09	177485.1	121592.1	45.97	30.503
金属家具制造	10562921.6	8116408.1	30.14	3577315.8	2935897.4	21.85	33.867
塑料家具制造	697949.6	470428.8	48.36	235993.6	149982.1	57.35	33.812
其他家具制造	6522128.1	5090811.0	28.12	2217592.2	1908180.5	16.22	34.001

数据来源：中国轻工业信息中心。统计范围：规模以上(即年主营业务收入 500 万元以上)全部工业法人企业和个别地区的少量规模以下(即年主营业务收入 500 万元以下)企业。

表 6-5 各地区家具行业产值

地 区	汇总企业单位数	2010 年家具总产值(万元)	2009 年家具总产值(万元)	同比增长(%)
合 计	5883	44876487.9	33887146.4	32.43
广 东	1435	11259273.3	8630133.3	30.46
山 东	660	5950209.8	4777736.9	24.54
浙 江	927	5486980.0	4203633.8	30.53
辽 宁	266	3180955.6	2589501.3	22.84
上 海	306	2573955.9	2011042.3	27.99
河 南	284	2487898.3	1807937.4	37.61
四 川	190	2419876.5	1552460.2	55.87
福 建	333	2229656.3	1685877.9	32.25
江 苏	311	1914586.7	1559116.7	22.80
湖 南	113	1244530.0	873353.8	42.50
河 北	138	1156358.7	840898.1	37.51
江 西	75	733393.3	436361.2	68.07

地　区	汇总企业单位数	2010年家具总产值(万元)	2009年家具总产值(万元)	同比增长(%)
安　徽	181	662418.2	385681.6	71.75
北　京	141	579720.0	474295.1	22.23
吉　林	76	519237.4	304227.4	70.67
黑龙江	70	503483.7	293502.2	71.54
天　津	97	499939.7	388355.8	28.73
重　庆	70	428568.4	348842.6	22.85
湖　北	98	361818.5	212628.7	70.16
广　西	46	304534.9	193290.7	57.55
内蒙古	10	126287.7	125114.9	0.94
新　疆	7	91345.8	79792.6	14.48
陕　西	15	73566.6	54814.9	34.21
宁　夏	6	18492.8	9057.0	104.18
海　南	6	16390.0	16986.7	-3.51
贵　州	3	14704.9	1711.6	759.13
云　南	7	13395.3	9277.5	44.38
山　西	7	12012.9	9790.5	22.70
甘　肃	4	11515.0	10370.9	11.03
青　海	1	1381.7	1352.8	2.14

数据来源：中国轻工业信息中心。统计范围：规模以上(即年主营业务收入500万元以上)全部工业法人企业。

表6-6　家具标准

	标准名称	标准号	发布单位
1	家具表面耐干热测定法	GB/T4893.3-2005	国家质量监督检验检疫总局　国家标准化管理委员会
2	家具表面耐湿热测定法	GB/T 4893.2-2005	国家质量监督检验检疫总局　国家标准化管理委员会
3	家具表面漆膜附着力交叉切割测定法	GB/T4893.4-1985	国家标准局
4	家具表面漆膜光泽测定法	GB/T4893.6-1985	国家标准局
5	家具表面漆膜厚度测定法	GB/T4893.5-1985	国家标准局
6	家具表面漆膜抗冲击测定法	GB/T4893.9-1992	国家技术监督局
7	家具表面漆膜耐磨性测定法	GB/T4893.8-1985	国家标准局
8	家具床类主要尺寸	GB/T3328-1997	国家技术监督局
9	家具力学性能试验单层床强度和耐久性	GB/T10357.6-1992	国家技术监督局
10	家具桌、椅、凳类主要尺寸	GB/T 3326-1997	国家技术监督局
11	木家具通用技术条件	GB/T 3324-1995	国家技术监督局
12	消费品使用说明 第6部分：家具	GB 5296.6-2004	国家质量监督检验检疫总局　国家标准化管理委员会

表6-7　家具国家级和省级协会

1	中国家具协会
2	北京家具协会
3	天津市家具行业协会
4	河北省家具协会
5	内蒙古自治区家具行业协会
6	辽宁省家具协会
7	吉林省家具协会
8	黑龙江省家具协会
9	上海市家具行业协会
10	江苏省家具协会
11	安徽省家具协会
12	福建省古典工艺家具协会
13	福建省家具协会
14	山东省家具协会
15	河南省家具协会
16	湖北省家具协会
17	湖北省家具协会红木家具分会
18	广东省家具协会
19	广西壮族自治区红木家具协会
20	广西壮族自治区家具行业协会
21	海南省古典家具协会
22	海南省家具协会
23	海南黄花梨收藏协会
24	重庆市家具行业协会
25	四川省家具行业协会
26	四川省质量协会家具质量分会

27	贵州省家具协会
28	云南省家具行业协会
29	陕西省家具协会
30	甘肃省家具行业协会
31	新疆维吾尔自治区家具行业协会

表 6-8 木质家具主产地

	木质家具主产地	万件
1	宝坻区(津)	97.70
2	无极县(冀)	400.00
3	香河县(冀)	316.20
4	武邑县(冀)	124.00
5	清苑县(冀)	70.00
6	定州市(冀)	70.00
7	正定县(冀)	65.00
8	遵化市(冀)	15.00
9	广平县(冀)	15.00
10	临漳县(冀)	12.00
11	玉田县(冀)	10.00
12	南宫市(冀)	9.30
13	宁晋县(冀)	5.60
14	唐　县(冀)	5.00
15	赵　县(冀)	5.00
16	丰宁满族自治县(冀)	5.00
17	河间市(冀)	3.00
18	鹿泉市(冀)	3.00
19	高碑店市(冀)	3.00
20	丰润区(冀)	2.90
21	任丘市(冀)	2.51
22	武强县(冀)	2.47
23	赞皇县(冀)	2.40
24	永年县(冀)	2.16
25	磁　县(冀)	2.00
26	阜城县(冀)	1.81
27	肥乡县(冀)	1.70
28	武安市(冀)	1.60
29	长安区(冀)	1.60
30	涿州市(冀)	1.50
31	南和县(冀)	1.40
32	广宗县(冀)	1.35
33	馆陶县(冀)	1.20
34	滦南县(冀)	1.20
35	顺平县(冀)	1.20
36	晋州市(冀)	1.20
37	宽城满族自治县(冀)	1.00
38	鸡泽县(冀)	1.00
39	栾城县(冀)	1.00
40	平泉县(冀)	1.00
41	井陉县(冀)	1.00
42	涞水县(冀)	0.80
43	桃城区(冀)	0.70
44	峰峰矿区(冀)	0.65
45	任　县(冀)	0.52
46	邯郸县(冀)	0.51
47	柏乡县(冀)	0.50
48	魏　县(冀)	0.50
49	成安县(冀)	0.35
50	大厂回族自治县(冀)	0.35
51	蔚　县(冀)	0.30
52	曲周县(冀)	0.25
53	平山县(冀)	0.20
54	大名县(冀)	0.18
55	离石区(晋)	3.00
56	洪洞县(晋)	1.00
57	夏　县(晋)	0.89
58	翼城县(晋)	0.17
59	阳高县(晋)	0.10
60	新绛县(晋)	0.10
61	鄂托克旗(内蒙古)	0.60
62	乌拉特前旗(内蒙古)	0.20
63	乌达区(内蒙古)	0.20
64	林西县(内蒙古)	0.16
65	西乌珠穆沁旗(内蒙古)	0.10
66	清原满族自治县(辽)	360.00
67	于洪区(辽)	300.00
68	庄河市(辽)	160.00
69	岫岩满族自治县(辽)	28.80
70	顺城区(辽)	21.80
71	南芬区(辽)	12.00
72	新宾满族自治县(辽)	6.88
73	本溪满族自治县(辽)	6.50
74	沈北新区(辽)	6.00
75	建昌县(辽)	5.12
76	普兰店市(辽)	5.00
77	开原市(辽)	5.00
78	老边区(辽)	5.00
79	双塔区(辽)	5.00
80	盖州市(辽)	5.00
81	桓仁满族自治县(辽)	3.98
82	抚顺县(辽)	3.92
83	彰武县(辽)	3.50
84	海城市(辽)	3.00
85	连山区(辽)	3.00
86	千山区(辽)	2.67
87	龙城区(辽)	2.60
88	大石桥市(辽)	2.20
89	铁岭县(辽)	1.74
90	东港市(辽)	1.25
91	凌海市(辽)	1.00
92	阜新蒙古族自治县(辽)	1.00
93	平山区(辽)	0.90
94	大连市金州新区(辽)	0.89
95	兴城市(辽)	0.60
96	振安区(辽)	0.40
97	北票市(辽)	0.20
98	元宝区(辽)	0.20
99	辉南县(吉)	230.00
100	安图县(吉)	210.59
101	昌邑区(吉)	19.00
102	敦化市(吉)	15.18
103	舒兰市(吉)	12.00
104	集安市(吉)	10.00
105	蛟河市(吉)	7.48
106	长白朝鲜族自治县(吉)	5.60
107	新元木业公司(吉)	5.00
108	长岭县(吉)	3.70
109	东丰县(吉)	1.60
110	通化县(吉)	1.50
111	抚松县(吉)	1.43
112	南关区(吉)	1.40
113	靖宇县(吉)	1.01
114	龙山区(吉)	1.00
115	农安县(吉)	1.00
116	宽城区(吉)	1.00
117	前郭尔罗斯蒙古族自治县(吉)	0.80
118	敦化林业局(吉)	0.60
119	宁江区(吉)	0.40
120	伊通满族自治县(吉)	0.38
121	临江市(吉)	0.28
122	珲春林业局(吉)	0.16
123	新兴区(黑)	85.40
124	依兰县(黑)	10.00
125	大兴安岭加格达奇	6.60
126	南岗区(黑)	5.50
127	克山县(黑)	4.80
128	铁力市(黑)	4.00
129	道里区(黑)	3.10
130	阿城区(黑)	2.94
131	尚志国有林场管理局(黑)	2.34

	木质家具主产地	万件
132	巴彦县(黑)	2.20
133	宾县(黑)	2.00
134	龙凤区(黑)	1.80
135	虎林市(黑)	1.20
136	红岗区(黑)	0.80
137	桃山区(黑)	0.60
138	依安县(黑)	0.50
139	延寿县(黑)	0.30
140	北林区(黑)	0.14
141	桦南县(黑)	0.13
142	香坊区(黑)	0.10
143	木兰县(黑)	0.10
144	松江区(沪)	79.20
145	奉贤区(沪)	3.80
146	姜堰市(苏)	80.40
147	沛　县(苏)	20.00
148	新沂市(苏)	10.00
149	亭湖区(苏)	10.00
150	盐都区(苏)	10.00
151	沭阳县(苏)	5.00
152	灌云县(苏)	3.20
153	建湖县(苏)	2.63
154	铜山区(苏)	2.00
155	泰兴市(苏)	1.50
156	贾汪区(苏)	1.00
157	滨海县(苏)	0.80
158	南浔区(浙)	538.90
159	莲都区(浙)	410.75
160	安吉县(浙)	316.93
161	青田县(浙)	295.13
162	桐庐县(浙)	99.61
163	龙泉市(浙)	92.44
164	云和县(浙)	86.00
165	建德市(浙)	74.15
166	江山市(浙)	72.94
167	衢江区(浙)	50.00
168	义乌市(浙)	46.19
169	德清县(浙)	39.00
170	长兴县(浙)	37.80
171	富阳市(浙)	36.12
172	温岭市(浙)	34.40
173	遂昌县(浙)	33.40
174	余姚市(浙)	33.00
175	婺城区(浙)	30.00
176	北仑区(浙)	20.00
177	上虞市(浙)	13.69

	木质家具主产地	万件
178	象山县(浙)	12.00
179	吴兴区(浙)	11.87
180	慈溪市(浙)	9.53
181	定海区(浙)	7.40
182	桐乡市(浙)	6.79
183	临海市(浙)	5.00
184	路桥区(浙)	4.89
185	磐安县(浙)	4.32
186	普陀区(浙)	4.10
187	宁海县(浙)	4.07
188	鄞州区(浙)	4.02
189	秀洲区(浙)	2.93
190	松阳县(浙)	2.10
191	江北区(浙)	2.00
192	丽水市市辖区(浙)	1.99
193	浦江县(浙)	1.20
194	常山县(浙)	1.13
195	淳安县(浙)	1.10
196	缙云县(浙)	0.64
197	镇海区(浙)	0.45
198	青阳县(皖)	48.87
199	潜山县(皖)	33.00
200	定远县(皖)	30.00
201	萧　县(皖)	18.00
202	谯城区(皖)	15.00
203	泗　县(皖)	13.60
204	涡阳县(皖)	10.00
205	广德县(皖)	8.00
206	东至县(皖)	7.39
207	桐城市(皖)	7.00
208	太湖县(皖)	5.70
209	固镇县(皖)	5.30
210	舒城县(皖)	5.00
211	祁门县(皖)	4.80
212	砀山县(皖)	4.23
213	肥西县(皖)	4.00
214	屯溪区(皖)	3.40
215	天长市(皖)	3.00
216	杜集区(皖)	2.80
217	五河县(皖)	2.20
218	金寨县(皖)	2.00
219	颍泉区(皖)	1.70
220	霍山县(皖)	1.65
221	贵池区(皖)	1.50
222	含山县(皖)	1.50
223	池州市九华山风景区(皖)	1.50

	木质家具主产地	万件
224	郎溪县(皖)	1.20
225	蒙城县(皖)	1.10
226	来安县(皖)	1.00
227	滁州市管店林业总场(皖)	1.00
228	明光市(皖)	1.00
229	南谯区(皖)	1.00
230	宿松县(皖)	1.00
231	琅琊区(皖)	1.00
232	寿　县(皖)	0.71
233	泾　县(皖)	0.55
234	肥东县(皖)	0.50
235	望江县(皖)	0.50
236	徽州区(皖)	0.50
237	和　县(皖)	0.50
238	庐江县(皖)	0.42
239	濉溪县(皖)	0.23
240	龙南县(赣)	129.40
241	贵溪市(赣)	30.00
242	宜黄县(赣)	28.98
243	遂川县(赣)	15.00
244	章贡区(赣)	12.00
245	金溪县(赣)	10.00
246	瑞金市(赣)	8.10
247	铜鼓县(赣)	5.70
248	湖口县(赣)	4.50
249	临川区(赣)	4.05
250	万载县(赣)	4.00
251	全南县(赣)	3.55
252	彭泽县(赣)	3.50
253	婺源县(赣)	3.23
254	余江县(赣)	3.10
255	赣　县(赣)	2.60
256	修水县(赣)	2.57
257	靖安县(赣)	2.30
258	萍乡市经济开发区(赣)	2.20
259	万年县(赣)	2.20
260	吉安县(赣)	2.10
261	南城县(赣)	2.10
262	崇义县(赣)	2.00
263	兴国县(赣)	2.00
264	高安市(赣)	1.90
265	瑞昌市(赣)	1.52
266	泰和县(赣)	1.52
267	安义县(赣)	1.50
268	都昌县(赣)	1.50
269	上饶县(赣)	1.50

	木质家具主产地	万件
270	宜丰县(赣)	1.50
271	奉新县(赣)	1.10
272	横峰县(赣)	1.00
273	上高县(赣)	0.70
274	新建县(赣)	0.55
275	安福县(赣)	0.50
276	大余县(赣)	0.45
277	新干县(赣)	0.40
278	上犹县(赣)	0.25
279	广丰县(赣)	0.20
280	吉州区(赣)	0.10
281	费　县(鲁)	1200.00
282	成武县(鲁)	405.00
283	博兴县(鲁)	300.00
284	周村区(鲁)	130.00
285	肥城市(鲁)	110.00
286	汶上县(鲁)	100.00
287	临邑县(鲁)	20.00
288	阳信县(鲁)	20.00
289	宁津县(鲁)	20.00
290	苍山县(鲁)	13.60
291	广饶县(鲁)	8.00
292	陵　县(鲁)	8.00
293	寒亭区(鲁)	7.80
294	惠民县(鲁)	7.40
295	牟平区(鲁)	6.50
296	河东区(鲁)	6.00
297	定陶县(鲁)	6.00
298	平原县(鲁)	5.60
299	青州市(鲁)	5.60
300	宁阳县(鲁)	5.20
301	邹平县(鲁)	5.00
302	罗庄区(鲁)	5.00
303	济宁市市中区(鲁)	4.90
304	新泰市(鲁)	4.40
305	蓬莱市(鲁)	4.00
306	山亭区(鲁)	3.00
307	武城县(鲁)	2.90
308	东平县(鲁)	2.60
309	河口区(鲁)	2.56
310	安丘市(鲁)	2.50
311	昌邑市(鲁)	2.20
312	岱岳区(鲁)	2.00
313	平度市(鲁)	2.00
314	桓台县(鲁)	2.00
315	庆云县(鲁)	2.00

	木质家具主产地	万件
316	泰山区(鲁)	1.80
317	东明县(鲁)	1.37
318	沂水县(鲁)	1.30
319	德州市市辖区(鲁)	1.20
320	滨城区(鲁)	1.10
321	莱城区(鲁)	1.05
322	博山区(鲁)	1.04
323	峄城区(鲁)	0.50
324	五莲县(鲁)	0.50
325	平阴县(鲁)	0.35
326	淄川区(鲁)	0.30
327	利津县(鲁)	0.20
328	汝南县(豫)	2200.00
329	正阳县(豫)	1620.00
330	商城县(豫)	550.00
331	淮滨县(豫)	300.00
332	滑　县(豫)	89.00
333	民权县(豫)	68.00
334	沈丘县(豫)	50.00
335	华龙区(豫)	45.00
336	项城市(豫)	40.98
337	西华县(豫)	40.00
338	内黄县(豫)	40.00
339	邓州市(豫)	40.00
340	虞城县(豫)	32.00
341	南召县(豫)	30.00
342	清丰县(豫)	20.00
343	泌阳县(豫)	20.00
344	嵩　县(豫)	20.00
345	尉氏县(豫)	20.00
346	淮阳县(豫)	18.00
347	卫辉市(豫)	18.00
348	范　县(豫)	18.00
349	镇平县(豫)	16.88
350	光山县(豫)	16.00
351	延津县(豫)	14.40
352	新乡县(豫)	14.00
353	杞　县(豫)	13.50
354	原阳县(豫)	12.00
355	淅川县(豫)	12.00
356	偃师市(豫)	11.00
357	新安县(豫)	10.80
358	长垣县(豫)	10.00
359	湖滨区(豫)	10.00
360	平舆县(豫)	9.10
361	兰考县(豫)	9.00

	木质家具主产地	万件
362	汤阴县(豫)	8.74
363	魏都区(豫)	6.80
364	卧龙区(豫)	6.50
365	辉县市(豫)	6.00
366	龙安区(豫)	5.80
367	西平县(豫)	5.30
368	确山县(豫)	5.23
369	郾城区(豫)	5.11
370	汝阳县(豫)	5.10
371	伊川县(豫)	5.00
372	夏邑县(豫)	5.00
373	西峡县(豫)	4.79
374	安阳县(豫)	4.70
375	方城县(豫)	4.50
376	太康县(豫)	4.50
377	商水县(豫)	4.50
378	宝丰县(豫)	4.50
379	林州市(豫)	4.20
380	鹿邑县(豫)	4.00
381	濮阳县(豫)	3.80
382	台前县(豫)	3.60
383	开封县(豫)	3.60
384	通许县(豫)	3.48
385	文峰区(豫)	3.20
386	孟津县(豫)	3.19
387	新　县(豫)	2.90
388	中牟县(豫)	2.75
389	长葛市(豫)	2.70
390	睢阳区(豫)	2.60
391	桐柏县(豫)	2.60
392	栾川县(豫)	2.50
393	荥阳市(豫)	2.30
394	新蔡县(豫)	2.30
395	上蔡县(豫)	2.30
396	获嘉县(豫)	2.20
397	睢　县(豫)	2.00
398	博爱县(豫)	2.00
399	南乐县(豫)	2.00
400	陕　县(豫)	1.86
401	柘城县(豫)	1.80
402	宁陵县(豫)	1.63
403	平桥区(豫)	1.50
404	郏　县(豫)	1.50
405	固始县(豫)	1.40
406	浉河区(豫)	1.20
407	济源市(豫)	1.20

	木质家具主产地	万件
408	灵宝市(豫)	1.12
409	牧野区(豫)	1.10
410	潢川县(豫)	1.10
411	洛龙区(豫)	1.00
412	息　县(豫)	1.00
413	罗山县(豫)	1.00
414	管城回族区(豫)	0.97
415	新野县(豫)	0.89
416	禹州市(豫)	0.80
417	温　县(豫)	0.80
418	殷都区(豫)	0.79
419	永城市(豫)	0.70
420	许昌市经济技术开发区(豫)	0.63
421	山城区(豫)	0.60
422	川汇区(豫)	0.56
423	凤泉区(豫)	0.53
424	上街区(豫)	0.48
425	鲁山县(豫)	0.40
426	社旗县(豫)	0.30
427	沁阳市(豫)	0.30
428	淇滨区(豫)	0.30
429	修武县(豫)	0.25
430	源汇区(豫)	0.13
431	卫滨区(豫)	0.10
432	广水市(鄂)	100.00
433	孝南区(鄂)	92.00
434	谷城县(鄂)	32.00
435	京山县(鄂)	15.00
436	荆州区(鄂)	15.00
437	赤壁市(鄂)	10.00
438	天门市(鄂)	7.86
439	老河口市(鄂)	5.50
440	崇阳县(鄂)	5.00
441	潜江市(鄂)	5.00
442	蕲春县(鄂)	4.50
443	松滋市(鄂)	4.00
444	沙市区(鄂)	3.70
445	汉川市(鄂)	3.20
446	枝江市(鄂)	3.00
447	掇刀区(鄂)	2.60
448	沙洋县(鄂)	2.50
449	罗田县(鄂)	2.30
450	当阳市(鄂)	2.00
451	宜城市(鄂)	2.00
452	夷陵区(鄂)	2.00
453	黄梅县(鄂)	2.00

	木质家具主产地	万件
454	竹溪县(鄂)	2.00
455	鄂州市市辖区(鄂)	1.98
456	云梦县(鄂)	1.80
457	嘉鱼县(鄂)	1.65
458	石首市(鄂)	1.50
459	安陆市(鄂)	1.20
460	樊城区(鄂)	1.20
461	英山县(鄂)	1.00
462	建始县(鄂)	1.00
463	随县(鄂)	0.80
464	蔡甸区(鄂)	0.75
465	保康县(鄂)	0.50
466	大悟县(鄂)	0.50
467	团风县(鄂)	0.50
468	点军区(鄂)	0.50
469	大冶市(鄂)	0.50
470	咸安区(鄂)	0.40
471	巴东县(鄂)	0.30
472	房　县(鄂)	0.30
473	襄城区(鄂)	0.30
474	江陵县(鄂)	0.20
475	利川市(鄂)	0.20
476	湘潭县(湘)	653.00
477	桃源县(湘)	420.00
478	祁东县(湘)	300.00
479	桃江县(湘)	102.00
480	娄底市市辖区(湘)	100.00
481	石门县(湘)	80.00
482	麻阳苗族自治县(湘)	51.00
483	岳塘区(湘)	39.89
484	张家界市市辖区(湘)	35.00
485	会同县(湘)	28.00
486	新化县(湘)	25.00
487	新宁县(湘)	23.00
488	湘乡市(湘)	18.76
489	武陵区(湘)	17.60
490	澧　县(湘)	15.00
491	永定区(湘)	15.00
492	中方县(湘)	12.50
493	慈利县(湘)	12.00
494	永兴县(湘)	10.20
495	雨湖区(湘)	10.00
496	资兴市(湘)	9.36
497	临武县(湘)	8.60
498	桂东县(湘)	8.60
499	石峰区(湘)	8.20

	木质家具主产地	万件
500	衡山县(湘)	8.00
501	桑植县(湘)	7.00
502	宜章县(湘)	7.00
503	苏仙区(湘)	6.42
504	醴陵市(湘)	6.00
505	汨罗市(湘)	5.95
506	新邵县(湘)	5.00
507	鼎城区(湘)	5.00
508	隆回县(湘)	5.00
509	南　县(湘)	4.50
510	武陵源区(湘)	4.00
511	鹤城区(湘)	4.00
512	浏阳市(湘)	3.80
513	汉寿县(湘)	3.50
514	宁乡县(湘)	3.20
515	岳麓区(湘)	3.00
516	珠晖区(湘)	3.00
517	邵东县(湘)	3.00
518	零陵区(湘)	3.00
519	湘阴县(湘)	2.60
520	临湘市(湘)	2.60
521	安化县(湘)	2.50
522	通道侗族自治县(湘)	2.20
523	靖州苗族侗族自治县(湘)	2.00
524	沅陵县(湘)	2.00
525	蓝山县(湘)	2.00
526	吉首市(湘)	2.00
527	株洲县(湘)	1.80
528	华容县(湘)	1.70
529	武冈市(湘)	1.50
530	溆浦县(湘)	1.40
531	龙山县(湘)	1.20
532	娄星区(湘)	1.16
533	城步苗族自治县(湘)	1.15
534	炎陵县(湘)	1.00
535	永顺县(湘)	1.00
536	双峰县(湘)	0.98
537	汝城县(湘)	0.88
538	石鼓区(湘)	0.80
539	保靖县(湘)	0.80
540	北塔区(湘)	0.80
541	绥宁县(湘)	0.80
542	茶陵县(湘)	0.80
543	涟源市(湘)	0.58
544	雨花区(湘)	0.50
545	洪江市(湘)	0.50

	木质家具主产地	万件
546	冷水江市(湘)	0.50
547	邵阳县(湘)	0.40
548	临澧县(湘)	0.40
549	凤凰县(湘)	0.20
550	花垣县(湘)	0.20
551	耒阳市(湘)	0.20
552	洞口县(湘)	0.10
553	泸溪县(湘)	0.10
554	资阳区(湘)	0.10
555	信宜市(粤)	2000.00
556	阳春市(粤)	1200.00
557	东莞市(粤)	590.00
558	平远县(粤)	174.22
559	廉江市(粤)	75.00
560	潮安县(粤)	55.00
561	南海区(粤)	50.00
562	深圳市光明新区(粤)	45.16
563	霞山区(粤)	28.54
564	麻章区(粤)	28.54
565	中山市(粤)	22.00
566	新会区(粤)	21.63
567	台山市(粤)	21.60
568	珠海市高新区(粤)	21.50
569	从化市(粤)	21.06
570	遂溪县(粤)	16.00
571	揭东县(粤)	13.80
572	高要市(粤)	13.33
573	连州市(粤)	11.00
574	阳东县(粤)	10.00
575	郁南县(粤)	10.00
576	广宁县(粤)	5.80
577	云城区(粤)	4.80
578	四会市(粤)	3.74
579	化州市(粤)	3.26
580	德庆县(粤)	3.13
581	翁源县(粤)	2.53
582	茂南区(粤)	2.50
583	普宁市(粤)	1.60
584	高州市(粤)	1.60
585	雷州市(粤)	1.50
586	佛冈县(粤)	1.38
587	南沙区(粤)	0.80
588	饶平县(粤)	0.60
589	恩平市(粤)	0.50
590	茂港区(粤)	0.50
591	封开县(粤)	0.50

	木质家具主产地	万件
592	连南瑶族自治县(粤)	0.30
593	徐闻县(粤)	0.22
594	湘桥区(粤)	0.20
595	柳城县(桂)	342.56
596	全州县(桂)	141.70
597	兴安县(桂)	103.00
598	钦北区(桂)	87.60
599	灵山县(桂)	56.00
600	象山区(桂)	42.00
601	兴宁区(桂)	41.00
602	叠彩区(桂)	39.80
603	七星区(桂)	30.00
604	桂平市(桂)	15.00
605	横　县(桂)	11.04
606	北流市(桂)	10.60
607	玉州区(桂)	10.20
608	昭平县(桂)	9.81
609	东兴市(桂)	8.73
610	平南县(桂)	8.20
611	柳南区(桂)	7.00
612	港南区(桂)	5.70
613	浦北县(桂)	4.09
614	临桂县(桂)	3.40
615	八步区(桂)	3.00
616	灵川县(桂)	2.60
617	永福县(桂)	2.42
618	恭城瑶族自治县(桂)	2.00
619	灌阳县(桂)	2.00
620	青秀区(桂)	2.00
621	鹿寨县(桂)	1.90
622	陆川县(桂)	1.50
623	港北区(桂)	1.49
624	江南区(桂)	1.45
625	博白县(桂)	1.10
626	鱼峰区(桂)	1.00
627	覃塘区(桂)	0.95
628	金秀瑶族自治县(桂)	0.89
629	资源县(桂)	0.80
630	江州区(桂)	0.59
631	武宣县(桂)	0.50
632	兴宾区(桂)	0.49
633	武鸣县(桂)	0.48
634	兴业县(桂)	0.40
635	合山市(桂)	0.30
636	玉林市福绵管理区(桂)	0.20
637	德保县(桂)	0.15

	木质家具主产地	万件
638	融安县(桂)	0.10
639	永川区(渝)	620.00
640	渝北区(渝)	100.00
641	垫江县(渝)	60.00
642	奉节县(渝)	20.00
643	沙坪坝区(渝)	20.00
644	南岸区(渝)	17.50
645	江津区(渝)	13.20
646	万州区(渝)	12.70
647	大渡口区(渝)	10.00
648	巴南区(渝)	10.00
649	长寿区(渝)	7.00
650	南川区(渝)	6.80
651	璧山县(渝)	5.73
652	荣昌县(渝)	3.26
653	丰都县(渝)	3.15
654	酉阳土家族苗族自治县(渝)	2.80
655	彭水苗族土家族自治县(渝)	2.50
656	秀山土家族苗族自治县(渝)	1.00
657	巫溪县(渝)	1.00
658	涪陵区(渝)	0.50
659	石柱土家族自治县(渝)	0.40
660	綦江县(渝)	0.40
661	崇州市(川)	480.00
662	仪陇县(川)	100.00
663	彭山县(川)	66.57
664	巴州区(川)	60.00
665	旌阳区(川)	50.00
666	青神县(川)	47.00
667	仁寿县(川)	40.00
668	乐山市市中区(川)	32.20
669	华蓥市(川)	30.00
670	大安区(川)	30.00
671	雅江县(川)	29.00
672	峨眉山市(川)	22.50
673	广安区(川)	20.00
674	井研县(川)	20.00
675	贡井区(川)	20.00
676	江阳区(川)	19.00
677	米易县(川)	18.00
678	盐亭县(川)	17.00
679	什邡市(川)	15.00
680	叙永县(川)	15.00
681	岳池县(川)	15.00
682	南部县(川)	12.00
683	平昌县(川)	12.00

	木质家具主产地	万件
684	青白江区(川)	11.35
685	龙马潭区(川)	10.00
686	泸　县(川)	10.00
687	邛崃市(川)	10.00
688	大英县(川)	8.00
689	苍溪县(川)	7.20
690	游仙区(川)	7.00
691	梓潼县(川)	6.60
692	船山区(川)	6.50
693	攀枝花市东区(川)	5.60
694	利州区(川)	5.30
695	渠　县(川)	5.24
696	长宁县(川)	5.20
697	元坝区(川)	4.73
698	三台县(川)	4.70
699	江油市(川)	4.50
700	广汉市(川)	4.41
701	蒲江县(川)	4.29
702	新津县(川)	3.94
703	荣　县(川)	3.80
704	南江县(川)	3.70
705	丹棱县(川)	3.70
706	达　县(川)	3.50
707	甘洛县(川)	3.20
708	蓬安县(川)	3.00
709	合江县(川)	3.00
710	荥经县(川)	3.00
711	中江县(川)	2.80
712	古蔺县(川)	2.65
713	南溪县(川)	2.50
714	珙　县(川)	2.40
715	郫　县(川)	2.40
716	剑阁县(川)	2.20
717	蓬溪县(川)	2.00
718	通川区(川)	2.00
719	东坡区(川)	1.60
720	兴文县(川)	1.60
721	罗江县(川)	1.50
722	内江市市中区(川)	1.30
723	富顺县(川)	1.30
724	邻水县(川)	1.20
725	沐川县(川)	1.00
726	昭觉县(川)	1.00
727	芦山县(川)	1.00
728	江安县(川)	1.00
729	沙湾区(川)	1.00

	木质家具主产地	万件
730	纳溪区(川)	1.00
731	西充县(川)	1.00
732	宜宾县(川)	1.00
733	筠连县(川)	0.90
734	宣汉县(川)	0.85
735	通江县(川)	0.80
736	朝天区(川)	0.80
737	金堂县(川)	0.60
738	高　县(川)	0.55
739	德昌县(川)	0.51
740	平武县(川)	0.50
741	北川羌族自治县(川)	0.50
742	金口河区(川)	0.35
743	布拖县(川)	0.30
744	东兴区(川)	0.30
745	丹巴县(川)	0.26
746	康定县(川)	0.25
747	旺苍县(川)	0.23
748	沿滩区(川)	0.20
749	自流井区(川)	0.18
750	洪雅县(川)	0.16
751	犍为县(川)	0.16
752	雁江区(川)	0.12
753	安　县(川)	0.11
754	峨边彝族自治县(川)	0.10
755	赫章县(黔)	200.00
756	丹寨县(黔)	11.00
757	天柱县(黔)	10.70
758	西秀区(黔)	6.60
759	修文县(黔)	3.87
760	凯里市(黔)	3.67
761	毕节市(黔)	3.27
762	榕江县(黔)	2.00
763	云岩区(黔)	1.55
764	锦屏县(黔)	1.50
765	瓮安县(黔)	1.50
766	平坝县(黔)	1.31
767	剑河县(黔)	0.58
768	麻江县(黔)	0.50
769	雷山县(黔)	0.40
770	三穗县(黔)	0.40
771	清镇市(黔)	0.10
772	万山特区(黔)	0.10
773	双柏县(滇)	29.17
774	楚雄市(滇)	9.17
775	瑞丽市(滇)	7.34

	木质家具主产地	万件
776	腾冲县(滇)	7.00
777	牟定县(滇)	6.23
778	华坪县(滇)	5.00
779	威信县(滇)	5.00
780	武定县(滇)	3.69
781	永仁县(滇)	2.90
782	南华县(滇)	2.77
783	勐腊县(滇)	2.70
784	宾川县(滇)	2.50
785	鹤庆县(滇)	2.33
786	水富县(滇)	2.00
787	元谋县(滇)	1.72
788	大理市(滇)	1.62
789	芒市(滇)	1.55
790	巧家县(滇)	1.50
791	宣威市(滇)	1.50
792	大姚县(滇)	1.35
793	禄丰县(滇)	1.29
794	姚安县(滇)	1.12
795	马关县(滇)	1.00
796	镇康县(滇)	0.90
797	云龙县(滇)	0.80
798	泸西县(滇)	0.80
799	陆良县(滇)	0.60
800	大关县(滇)	0.51
801	西畴县(滇)	0.45
802	个旧市(滇)	0.40
803	施甸县(滇)	0.40
804	梁河县(滇)	0.36
805	马龙县(滇)	0.30
806	云　县(滇)	0.30
807	蒙自市(滇)	0.25
808	绿春县(滇)	0.11
809	永德县(滇)	0.10
810	开远市(滇)	0.10
811	绥江县(滇)	0.10
812	乾　县(陕)	30.00
813	勉　县(陕)	28.60
814	长安区(陕)	7.60
815	宁强县(陕)	7.00
816	城固县(陕)	4.50
817	临潼区(陕)	3.80
818	扶风县(陕)	1.85
819	南郑县(陕)	1.47
820	秦都区(陕)	1.40
821	绥德县(陕)	1.30

	木质家具主产地	万件
822	米脂县(陕)	1.22
823	商南县(陕)	1.20
824	子洲县(陕)	1.15
825	渭滨区(陕)	0.85
826	石泉县(陕)	0.40
827	兴平市(陕)	0.20
828	永靖县(甘)	10.00
829	正宁县(甘)	1.10
830	民乐县(甘)	0.50
831	临泽县(甘)	0.48
832	和政县(甘)	0.45
833	武山县(甘)	0.30
834	秦州区(甘)	0.20
835	华池县(甘)	0.20
836	临夏市(甘)	0.15
837	青铜峡市(宁)	1.00
838	惠农区(宁)	0.80
839	白石山林业局(吉林森工)	1.00
840	红石林业局(吉林森工)	0.50
841	松岭林业局(大兴安岭)	0.22
842	塔河林业局(大兴安岭)	0.27
843	呼中林业局(大兴安岭)	0.17

表 6-9　木家具出口

国家/地区	出口数量（个、件）	出口金额（千美元）
94016110 带软垫木框架坐具		
合计	20376932	2538965
美国	7826649	946796
英国	2494891	382260
加拿大	1475331	177605
澳大利亚	1029802	158260
韩国	727472	106732
法国	715537	99554
日本	682418	70124
德国	720621	63604
荷兰	447756	63414
比利时	428100	43008
香港	258018	38276
西班牙	299405	33173
丹麦	315464	21531
新西兰	169394	18996
阿联酋	121999	18826
以色列	132579	18714
意大利	354453	17389
南非	131112	16523
爱尔兰	169640	16198
新加坡	70231	12609
瑞典	239838	11671
波多黎各	80762	11144
沙特阿拉伯	89116	11001
葡萄牙	70398	10772
印度尼西亚	45329	9883
马来西亚	55251	8504
墨西哥	92387	7835
印度	59410	7253
台湾省	41036	7186
智利	39146	6826
挪威	52206	6316
波兰	104480	5076
芬兰	41362	5046
伊朗	27190	4820
俄罗斯联邦	47647	4523
泰国	23587	4268
委内瑞拉	22694	3717
希腊	44927	3387
哥伦比亚	21941	3288
摩洛哥	16270	3252
秘鲁	16376	3012
斯洛文尼亚	22430	2890
巴拿马	35384	2722
菲律宾	20553	2713
黎巴嫩	15493	2585
塞浦路斯	18912	2487
土耳其	14841	2331
克罗地亚	18815	2265
留尼汪	10033	2173
卡塔尔	14545	2051
科威特	16628	1922
罗马尼亚	13593	1891
乌克兰	13636	1871
瑞士	18250	1794
越南	6294	1772
多米尼加共和国	11799	1682
埃及	12058	1640
巴林	11008	1634
安哥拉	10294	1626
捷克	22917	1547
乌拉圭	11834	1402
哥斯达黎加	7931	1197
哈萨克斯坦	4642	1178
爱沙尼亚	10877	1129
阿尔及利亚	8397	1114
立陶宛	5156	1081
马耳他	5949	1049
巴西	10783	1042
利比亚	11609	967
斯洛伐克	3355	960
冰岛	6996	950
保加利亚	12312	943
苏丹	5354	919
赤道几内亚	2751	891
厄瓜多尔	8678	890
格鲁吉亚	5430	883
危地马拉	5751	837
尼日利亚	3890	830
肯尼亚	5082	792
坦桑尼亚	4795	788
加纳	9298	779
阿曼	5440	734
马提尼克	3016	685
新喀里多尼亚	5006	672
奥地利	4314	669
约旦	6108	644
阿根廷	8011	632
科特迪瓦	3506	602
塞内加尔	2610	541
喀麦隆	3185	502
叙利亚	2204	499
匈牙利	1998	493
吉布提	3637	434
瓜德罗普	2106	428
洪都拉斯	3024	418
拉脱维亚	6003	342
毛里求斯	3922	333
贝宁	1261	330
牙买加	2158	322
刚果(金)	1244	321
苏里南	2271	296
文莱	2059	294
特立尼达和多巴哥	1703	294
莫桑比克	1234	275
蒙古	1614	261
几内亚	686	243
刚果(布)	1130	228
马达加斯加	914	209

国家/地区	出口数量（个、件）	出口金额（千美元）
萨尔瓦多	1837	208
孟加拉国	811	192
亚美尼亚	716	186
巴基斯坦	2179	184
突尼斯	843	181
瓦努阿图	364	179
乌兹别克斯坦	1128	171
澳门	1144	168
伊拉克	2962	165
柬埔寨	1384	161
马里	737	157
巴拉圭	1264	145
阿尔巴尼亚	1724	130
缅甸	807	129
尼加拉瓜	946	127
加蓬	621	109
纳米比亚	485	108
玻利维亚	399	106
黑山	497	100
埃塞俄比亚	958	100
塞尔维亚	1491	93
乌干达	164	80
圭亚那	635	79
阿塞拜疆	1010	78
博茨瓦那	239	77
也门	1020	71
库克群岛	391	61
多哥	414	58
尼泊尔	770	54
百慕大	219	52
马拉维	415	51
巴哈马	366	49
卢森堡	217	40
摩尔多瓦	192	38
白俄罗斯	126	37
布基纳法索	152	36
波黑	161	36
法属圭亚那	184	34
斯里兰卡	235	33
摩纳哥	201	32
塞舌尔	141	31
斐济	128	31
阿鲁巴	384	29
巴巴多斯	312	28
安提瓜和巴布达	308	27

国家/地区	出口数量（个、件）	出口金额（千美元）
津巴布韦	160	27
卢旺达	110	27
海地	229	26
毛里塔尼亚	77	24
巴勒斯坦	220	20
法属波利尼西亚	150	19
朝鲜	275	18
塞拉利昂	159	18
前南马其顿	108	17
布隆迪	65	16
吉尔吉斯斯坦	284	16
乍得	95	16
土库曼斯坦	52	15
圣马丁岛	40	14
巴布亚新几内亚	99	12
利比里亚	64	11
东帝汶	72	11
法罗群岛	56	11
中非	50	10
几内亚比绍	56	10
大洋洲其他国(地区)	76	8
特克斯和凯科斯群岛	60	8
古巴	55	8
伯利兹	101	7
萨摩亚	80	7
荷属安地列斯	48	7
老挝	100	6
塔吉克斯坦	267	6
圣文森特和格林纳丁斯	178	6
莱索托	3	5
冈比亚	5	5
赞比亚	79	5
佛得角	238	4
马尔代夫	34	4
圣卢西亚	312	3
多米尼克	64	1
格林纳达	90	1
帕劳	32	1
圣其茨和尼维斯	66	1
94016190 其他带软垫的木框架坐具		
合计	39326589	2268551
美国	17832747	983496
日本	2547022	178589
加拿大	2499748	140138

国家/地区	出口数量（个、件）	出口金额（千美元）
英国	1632188	103207
澳大利亚	1057706	88413
法国	1604099	72391
沙特阿拉伯	538316	62412
荷兰	1142662	48761
阿联酋	469913	43788
韩国	1014188	39674
德国	987446	35571
马来西亚	308417	34586
比利时	540546	24589
香港	535441	24116
西班牙	572315	22873
印度	320732	18539
意大利	472130	17924
新加坡	229164	16778
南非	323692	16580
瑞典	469257	16172
丹麦	306770	16165
科威特	118026	15269
印度尼西亚	208664	12672
俄罗斯联邦	180066	10014
爱尔兰	98670	9920
墨西哥	162132	9552
泰国	99374	9192
新西兰	110358	9068
菲律宾	123303	8576
希腊	123112	8003
挪威	151450	7849
波多黎各	98232	7787
卡塔尔	63186	7773
智利	146755	7153
伊朗	85996	6865
台湾省	141662	6801
葡萄牙	87460	6499
哈萨克斯坦	133504	6354
以色列	85202	5796
土耳其	53428	5038
巴拿马	92312	4927
波兰	141427	4693
芬兰	71573	4692
埃及	47804	4530
乌克兰	81956	4270
巴林	30939	4165
利比亚	44978	3784
文莱	17993	2924

国家/地区	出口数量（个、件）	出口金额（千美元）
委内瑞拉	43520	2816
阿曼	26560	2736
塞浦路斯	25312	2638
约旦	23682	2458
巴西	125042	2373
苏丹	29827	2290
瑞士	71973	2030
黎巴嫩	24236	1854
哥伦比亚	27663	1752
多米尼加共和国	22732	1706
澳门	23230	1695
摩洛哥	30276	1661
秘鲁	21610	1634
越南	15480	1505
阿根廷	53214	1461
留尼汪	15636	1434
爱沙尼亚	15242	1424
洪都拉斯	13131	1340
莫桑比克	6602	1191
厄瓜多尔	12647	1114
罗马尼亚	14214	1096
纳米比亚	7690	1070
保加利亚	14087	1062
蒙古	26974	1050
奥地利	13577	1043
阿尔及利亚	16819	981
特立尼达和多巴哥	11605	873
危地马拉	10977	803
捷克	26966	794
赤道几内亚	3033	765
克罗地亚	18220	764
安哥拉	9288	753
乌拉圭	12665	749
尼日利亚	39732	710
拉脱维亚	12791	701
也门	10824	680
伊拉克	11883	668
马耳他	11693	667
肯尼亚	8715	645
毛里求斯	7544	629
哥斯达黎加	6767	609
格鲁吉亚	5428	592
坦桑尼亚	6573	569
巴基斯坦	9243	535
加纳	8327	534
牙买加	5846	534
叙利亚	3883	499
塞内加尔	5624	495
新喀里多尼亚	4434	488
匈牙利	17976	470
斯洛文尼亚	7297	469
贝宁	3898	444
科特迪瓦	4141	430
萨尔瓦多	6031	416
冰岛	4398	408
古巴	3271	404
立陶宛	4657	391
埃塞俄比亚	2197	383
塔吉克斯坦	3757	375
乌兹别克斯坦	4112	372
缅甸	2186	333
吉布提	4366	287
中非	1116	280
喀麦隆	6476	280
斯里兰卡	2271	260
斯洛伐克	3601	254
突尼斯	1832	249
阿塞拜疆	2452	237
巴勒斯坦	2226	224
阿尔巴尼亚	5170	222
库克群岛	5410	206
尼加拉瓜	2002	185
亚美尼亚	754	155
瓜德罗普	1657	153
柬埔寨	1912	148
苏里南	1943	137
圭亚那	1526	133
马提尼克	949	129
荷属安地列斯	1617	127
黑山	2343	127
朝鲜	979	120
博茨瓦那	1186	113
巴巴多斯	5802	112
土库曼斯坦	732	107
巴拉圭	1997	102
巴哈马	1585	101
刚果(布)	750	97
马里	1719	96
刚果(金)	688	95
几内亚	657	89
法属波利尼西亚	706	87
马达加斯加	349	84
孟加拉国	1416	76
塞尔维亚	1182	73
尼泊尔	1040	64
海地	1654	60
多哥	320	60
加蓬	630	55
马尔代夫	814	50
乍得	92	47
伯利兹	374	46
乌干达	628	46
巴布亚新几内亚	969	44
吉尔吉斯斯坦	1198	38
赞比亚	414	32
瓦努阿图	150	31
布基纳法索	626	30
塞舌尔	203	30
大洋洲其他国(地区)	305	28
圣其茨和尼维斯	87	27
阿鲁巴	504	26
玻利维亚	149	26
斐济	372	26
老挝	568	24
多米尼克	349	23
马拉维	604	23
索马里	693	22
圣文森特和格林纳丁斯	186	21
圣多美和普林西比	490	20
摩尔多瓦	136	19
法属圭亚那	121	18
卢森堡	135	17
白俄罗斯	564	15
格林纳达	202	14
安提瓜和巴布达	158	14
津巴布韦	198	14
佛得角	208	13
毛里塔尼亚	110	13
冈比亚	66	12
安道尔	48	12
塞拉利昂	115	10
马约特	251	9
圣卢西亚	123	8
萨摩亚	60	7

国家/地区	出口数量（个、件）	出口金额（千美元）
开曼群岛	154	6
卢旺达	8	4
帕劳	73	4
密克罗尼西亚联邦	8	3
尼日尔	2	1
东帝汶	2	1
布隆迪	3	1
利比里亚	1	1
阿富汗	34	1
94016900 其他木框架坐具		
合计	35030615	792653
美国	8713489	239461
德国	3117700	46432
日本	2751190	44616
新加坡	930199	41848
泰国	830107	40836
英国	1604045	32067
印度尼西亚	498395	24496
澳大利亚	1069520	23906
法国	1759625	23692
马来西亚	507503	23057
韩国	818181	18640
印度	412584	17949
荷兰	1284857	17003
瑞典	1040838	14889
加拿大	718540	14667
菲律宾	330712	13938
意大利	1211955	12470
香港	384917	11726
西班牙	868124	11388
文莱	178070	10569
比利时	502342	7667
丹麦	382345	7604
波兰	669051	7330
台湾省	224724	7326
巴拿马	225106	7058
阿联酋	290755	6165
俄罗斯联邦	371074	4788
沙特阿拉伯	163036	4374
新西兰	98269	3515
挪威	146661	2979
越南	51159	2709
伊朗	64508	2649
南非	189356	2586
瑞士	175908	2269

国家/地区	出口数量（个、件）	出口金额（千美元）
叙利亚	28764	2089
缅甸	35832	1778
以色列	102219	1770
土耳其	83438	1588
巴西	87273	1564
智利	89277	1453
委内瑞拉	168197	1445
墨西哥	85114	1432
希腊	119759	1338
科威特	29566	1193
乌克兰	44208	1073
芬兰	82186	1048
罗马尼亚	83015	1027
利比亚	24601	1004
爱尔兰	63851	878
柬埔寨	13129	863
葡萄牙	63164	845
克罗地亚	404768	827
老挝	12800	824
摩洛哥	69956	800
黎巴嫩	31943	710
捷克	44596	660
卡塔尔	12374	617
拉脱维亚	40922	573
埃及	10049	549
阿根廷	48802	545
苏丹	7933	520
巴林	7164	463
澳门	36004	450
阿尔及利亚	53495	438
乌拉圭	21899	437
波多黎各	10047	403
哈萨克斯坦	14972	395
约旦	12698	394
塞浦路斯	6270	368
秘鲁	36633	361
安哥拉	19038	344
多米尼加共和国	7550	337
奥地利	22183	323
马耳他	20778	302
匈牙利	22399	274
蒙古	26961	264
斯洛伐克	21667	256
斯洛文尼亚	16043	245
阿曼	5422	237

国家/地区	出口数量（个、件）	出口金额（千美元）
哥伦比亚	13324	225
尼日利亚	8418	213
爱沙尼亚	13218	196
刚果(布)	587	196
危地马拉	24490	188
巴基斯坦	6840	172
尼泊尔	11188	153
格鲁吉亚	2669	136
保加利亚	10474	125
伊拉克	5252	123
肯尼亚	3305	123
毛里求斯	2562	122
哥斯达黎加	5163	118
新喀里多尼亚	3018	103
突尼斯	2527	103
吉布提	3209	101
阿尔巴尼亚	3080	98
立陶宛	5486	94
留尼汪	1986	89
莫桑比克	4016	86
加纳	1405	82
坦桑尼亚	2002	80
厄瓜多尔	5333	75
津巴布韦	32	75
塞尔维亚	3365	72
法属波利尼西亚	2205	69
乍得	1112	66
埃塞俄比亚	611	62
赤道几内亚	737	59
洪都拉斯	1873	55
乌兹别克斯坦	9660	53
布隆迪	479	52
塞内加尔	1019	47
英属维尔京群岛	942	47
瓜德罗普	952	46
苏里南	613	43
加蓬	1342	40
朝鲜	1393	40
多哥	705	40
贝宁	594	37
几内亚	901	37
巴拉圭	1250	37
尼日尔	69	34
牙买加	1763	30
斯里兰卡	881	29

国家/地区	出口数量（个、件）	出口金额（千美元）
斐济	564	29
也门	1313	27
马提尼克	962	27
特立尼达和多巴哥	509	27
纳米比亚	370	25
巴哈马	1280	25
黑山	3900	24
几内亚比绍	90	24
荷属安地列斯	779	22
冰岛	517	21
巴勒斯坦	700	20
前南马其顿	1200	20
玻利维亚	1064	18
亚美尼亚	65	18
古巴	142	18
马尔代夫	160	17
吉尔吉斯斯坦	1670	17
马达加斯加	203	17
库克群岛	235	16
刚果（金）	522	16
海地	1091	16
孟加拉国	468	15
瓦努阿图	176	15
巴巴多斯	85	13
法属圭亚那	440	12
赞比亚	927	11
塞拉利昂	177	10
圭亚那	1138	10
塔吉克斯坦	465	10
土库曼斯坦	132	9
尼加拉瓜	1392	8
巴布亚新几内亚	301	8
佛得角	346	6
特克斯和凯科斯群岛	91	6
圣卢西亚	31	5
马约特	120	5
科特迪瓦	152	5
毛里塔尼亚	42	4
萨尔瓦多	172	4
博茨瓦那	69	2
马拉维	48	2
喀麦隆	453	2
塞舌尔	31	2
基里巴斯	30	1
马里	40	1

国家/地区	出口数量（个、件）	出口金额（千美元）
94033000 办公室用木家具		
合计	17103885	699735
美国	6726467	306807
日本	911202	37988
沙特阿拉伯	376083	32620
韩国	1053642	29526
加拿大	640569	23958
阿联酋	286117	20224
澳大利亚	466303	17357
印度	308647	14694
香港	406121	14348
英国	372605	11948
新加坡	477255	9581
法国	346757	8957
印度尼西亚	197982	8837
德国	232939	8036
南非	203466	6615
丹麦	86732	6549
马来西亚	98703	6429
墨西哥	259931	5906
比利时	205361	5877
台湾省	155877	5442
菲律宾	270450	4770
科威特	55172	4240
俄罗斯联邦	52308	4152
卡塔尔	36099	4136
摩洛哥	86360	3962
伊朗	95302	3915
苏丹	29234	3547
巴拿马	115422	3331
以色列	60213	3076
泰国	48023	3035
荷兰	62408	3026
阿曼	34194	2808
委内瑞拉	106644	2779
意大利	132091	2732
智利	91061	2613
阿尔及利亚	237713	2530
西班牙	98777	2476
约旦	26266	2261
利比亚	33561	2206
埃及	62479	2077
多米尼加共和国	41848	1806
乌克兰	63949	1755
哈萨克斯坦	17716	1736

国家/地区	出口数量（个、件）	出口金额（千美元）
阿根廷	71432	1527
巴基斯坦	35929	1430
越南	17014	1427
土耳其	90981	1389
尼泊尔	22723	1295
加纳	17043	1286
哥伦比亚	62209	1244
伊拉克	19950	1220
吉布提	12230	1217
波兰	56117	1173
瑞典	31319	1155
赤道几内亚	2360	1064
巴林	12690	1022
安哥拉	15026	1000
葡萄牙	41319	974
坦桑尼亚	10742	920
秘鲁	28675	905
爱尔兰	39867	898
新西兰	150437	896
蒙古	24829	885
巴西	47881	875
哥斯达黎加	28809	872
澳门	13332	762
厄瓜多尔	47056	743
乌拉圭	24356	725
克罗地亚	56330	722
希腊	34683	722
文莱	5515	721
塞内加尔	6810	721
毛里求斯	7007	656
牙买加	10092	643
肯尼亚	5797	623
黎巴嫩	8089	605
马耳他	16593	598
挪威	6170	515
叙利亚	12377	507
几内亚比绍	3372	507
贝宁	15794	504
古巴	9116	503
危地马拉	31298	501
罗马尼亚	15872	492
拉脱维亚	23021	467
科特迪瓦	6332	467
尼日利亚	4488	460
波多黎各	11625	439

国家/地区	出口数量（个、件）	出口金额（千美元）
也门	9702	416
刚果(布)	4425	406
萨尔瓦多	20391	343
柬埔寨	3189	318
特立尼达和多巴哥	6705	312
芬兰	9138	304
莫桑比克	8155	290
埃塞俄比亚	2030	282
保加利亚	5888	281
洪都拉斯	4093	277
朝鲜	6632	275
喀麦隆	2168	263
塞浦路斯	9756	248
库克群岛	2343	247
乌干达	1795	237
突尼斯	2172	231
斯里兰卡	5225	231
几内亚	1058	220
格鲁吉亚	2635	215
卢旺达	1115	213
津巴布韦	4422	203
新喀里多尼亚	3726	192
乍得	2299	187
刚果(金)	2215	175
孟加拉国	1619	170
土库曼斯坦	855	166
匈牙利	8076	161
巴布亚新几内亚	2425	151
纳米比亚	1259	150
尼加拉瓜	4584	150
瓜德罗普	3653	140
苏里南	2216	129
斯洛文尼亚	4583	127
黑山	6956	126
马提尼克	3577	123
布基纳法索	979	120
尼日尔	1461	119
缅甸	1001	119
奥地利	1618	114
塞尔维亚	5470	112
马里	1155	109
巴巴多斯	2489	106
马达加斯加	1886	101
塔吉克斯坦	3070	99
博茨瓦那	792	99
留尼汪	3629	94
海地	558	94
斐济	1972	93
立陶宛	2796	91
爱沙尼亚	2790	86
玻利维亚	1187	85
多哥	1420	84
加蓬	1121	69
阿塞拜疆	879	68
赞比亚	1633	66
阿尔巴尼亚	4950	66
亚美尼亚	720	63
马拉维	559	62
圭亚那	2229	62
捷克	2833	57
乌兹别克斯坦	508	51
波黑	1836	48
塞拉利昂	237	47
巴哈马	93	47
利比里亚	373	44
前南马其顿	1333	41
瑞士	550	39
布隆迪	315	26
摩纳哥	376	21
中非	58	20
毛里塔尼亚	40	20
瓦努阿图	42	18
莱索托	31	17
吉尔吉斯斯坦	353	16
马尔代夫	311	16
老挝	121	16
东帝汶	167	15
伯利兹	475	15
法属波利尼西亚	285	12
塞舌尔	111	11
斯洛伐克	420	10
圣文森特和格林纳丁斯	29	9
英属维尔京群岛	309	9
萨摩亚	33	7
白俄罗斯	391	5
摩尔多瓦	35	3
圣卢西亚	1	2
密克罗尼西亚联邦	16	1

94034000 厨房用木家具

国家/地区	出口数量（个、件）	出口金额（千美元）
合计	18477055	746602
美国	11058982	446283
德国	857573	38953
澳大利亚	1564110	32676
加拿大	512127	30539
日本	694937	29724
英国	586318	29378
法国	477289	14916
丹麦	147211	11075
荷兰	140337	9211
瑞典	114290	7161
韩国	297012	7029
意大利	296192	6675
阿联酋	91366	6089
香港	129307	5254
沙特阿拉伯	77782	4958
新加坡	46234	3843
印度尼西亚	30735	3582
西班牙	155804	3518
比利时	210446	3425
印度	29266	2887
挪威	32901	2335
安哥拉	25105	2212
以色列	76169	2178
菲律宾	44796	2166
马来西亚	58997	2133
南非	36527	2082
台湾省	30463	2029
俄罗斯联邦	34727	1885
墨西哥	17409	1393
巴拿马	21072	1314
波多黎各	29093	1303
波兰	56004	1067
伊拉克	16050	1046
瑞士	16703	933
智利	16480	931
澳门	11618	865
爱尔兰	9823	853
新西兰	13470	823
科威特	3931	806
利比亚	36122	778
越南	4190	774
黎巴嫩	16081	751
泰国	8048	750
尼日利亚	18368	730

国家/地区	出口数量（个、件）	出口金额（千美元）
坦桑尼亚	5413	707
卡塔尔	7085	687
巴哈马	13183	674
伊朗	15786	601
肯尼亚	3026	537
委内瑞拉	7549	527
蒙古	5067	526
哈萨克斯坦	4206	512
约旦	8230	509
朝鲜	10134	485
摩洛哥	3456	477
土耳其	40633	462
赤道几内亚	1423	456
加纳	3191	446
阿曼	2575	433
阿尔及利亚	12399	426
安提瓜和巴布达	5147	423
巴林	3343	388
乌拉圭	4996	364
希腊	9846	343
葡萄牙	23440	338
特立尼达和多巴哥	7707	328
拉脱维亚	6055	292
塞浦路斯	1760	281
牙买加	4551	272
苏丹	2983	260
哥伦比亚	4835	252
埃及	2867	216
阿鲁巴	6167	215
荷属安地列斯	2632	185
吉尔吉斯斯坦	177	185
塔吉克斯坦	326	172
马尔代夫	5663	163
秘鲁	3069	162
乌兹别克斯坦	2075	143
埃塞俄比亚	3087	137
毛里求斯	636	135
瓜德罗普	431	133
阿根廷	6399	129
柬埔寨	241	128
圣马丁岛	4014	128
赞比亚	1019	125
开曼群岛	4171	125
乌克兰	7340	124
刚果(布)	274	122

国家/地区	出口数量（个、件）	出口金额（千美元）
多米尼加共和国	1480	114
马耳他	1104	112
新喀里多尼亚	3393	111
奥地利	9516	109
文莱	1025	103
芬兰	1717	98
巴基斯坦	3305	84
巴巴多斯	2663	83
哥斯达黎加	2095	83
立陶宛	2019	79
厄瓜多尔	5208	78
捷克	1610	75
阿尔巴尼亚	783	75
玻利维亚	593	74
留尼汪	2673	72
爱沙尼亚	1315	71
罗马尼亚	2185	63
孟加拉国	334	58
巴西	753	57
多哥	162	44
格鲁吉亚	554	41
贝宁	422	38
圭亚那	252	37
乌干达	19	37
圣文森特和格林纳丁斯	877	36
洪都拉斯	396	36
喀麦隆	396	35
利比里亚	238	33
刚果(金)	128	31
所罗门群岛	331	31
克罗地亚	1491	29
百慕大	833	28
斯洛伐克	291	28
索马里	352	27
马提尼克	292	26
博茨瓦那	143	26
土库曼斯坦	150	23
阿塞拜疆	117	23
巴布亚新几内亚	82	23
缅甸	278	21
佛得角	324	20
东帝汶	180	20
危地马拉	69	19
尼泊尔	124	19

国家/地区	出口数量（个、件）	出口金额（千美元）
前南马其顿	213	18
塞内加尔	183	18
加蓬	152	14
亚美尼亚	200	14
法属波利尼西亚	306	12
马达加斯加	92	12
叙利亚	810	12
吉布提	22	11
莫桑比克	363	11
苏里南	55	11
斯洛文尼亚	1162	11
巴勒斯坦	70	10
白俄罗斯	386	9
尼日尔	8	8
也门	90	8
冰岛	80	7
萨尔瓦多	135	7
保加利亚	91	5
厄立特里亚	62	5
匈牙利	16	5
几内亚	10	3
塞拉利昂	21	3
津巴布韦	2	3
斯里兰卡	22	3
老挝	16	2
科特迪瓦	36	2
马拉维	16	1
古巴	3	1
纳米比亚	60	1
突尼斯	20	1

国家/地区	出口数量（件）	出口金额（美元）
94035010 卧室用红木家具		
合计	1883	389995
香港	353	86604
南非	237	47319
法国	217	47246
塞拉利昂	202	42028
澳大利亚	51	41970
阿联酋	87	34672
美国	153	19836
台湾省	75	19160
新加坡	160	15148
新西兰	160	14685
马来西亚	48	4984

国家/地区	出口数量(件)	出口金额(美元)
印度尼西亚	54	4396
哈萨克斯坦	10	3400
日本	8	3386
新喀里多尼亚	11	1899
澳门	2	1594
塞内加尔	10	1028
德国	14	180
韩国	7	100
英国	7	100
意大利	7	100
土耳其	5	80
西班牙	5	80
94035091 卧室用漆木家具		
合计	1201687	92035878
美国	327636	19334089
德国	192194	14711624
马来西亚	148070	14660283
韩国	81352	10247415
日本	94584	6565357
英国	88405	5705754
澳大利亚	84088	4976441
加拿大	25079	2761042
法国	36871	2525889
台湾省	14724	2512138
丹麦	21277	2476292
新西兰	14441	854365
伊朗	5827	663107
爱尔兰	8348	599362
波兰	6735	509064
西班牙	7303	307013
瑞典	7706	278745
荷兰	7776	255610
俄罗斯联邦	1759	235964
比利时	1705	189722
海地	1379	140198
希腊	1927	135602
克罗地亚	2239	113532
意大利	6532	106988
安哥拉	84	97882
乌克兰	429	94155
圣其茨和尼维斯	628	82110
菲律宾	3255	71085
香港	664	67198
波多黎各	562	60205
新加坡	646	58610

国家/地区	出口数量(件)	出口金额(美元)
土耳其	192	47472
墨西哥	326	46892
留尼汪	523	42154
朝鲜	387	41450
白俄罗斯	358	36522
瑞士	1086	35973
吉尔吉斯斯坦	442	32000
智利	217	31549
澳门	78	28033
奥地利	900	25956
斯洛文尼亚	528	22989
多米尼加共和国	220	21890
乌干达	74	21214
阿联酋	131	18475
黎巴嫩	180	16800
爱沙尼亚	264	15318
法属圭亚那	145	13200
瓜德罗普	139	12945
马提尼克	130	12800
芬兰	189	12191
格鲁吉亚	60	11380
印度	136	10554
加纳	35	8995
塞浦路斯	76	8956
刚果(布)	51	8358
南非	143	7871
巴拿马	110	7530
泰国	13	7522
特克斯和凯科斯群岛	45	7467
坦桑尼亚	39	6247
赤道几内亚	81	3619
挪威	24	3304
牙买加	3	2525
印度尼西亚	9	2000
哈萨克斯坦	11	1600
沙特阿拉伯	10	1382
博茨瓦那	60	1230
喀麦隆	17	930
越南	20	640
塞内加尔	4	460
以色列	3	314
卢森堡	1	180
巴林	2	150
94035099 其他卧室用木家具		
合计	29697935	2505923

国家/地区	出口数量(件)	出口金额(美元)
美国	7258449	776925
英国	1713936	158178
日本	3002875	156498
沙特阿拉伯	1880146	141706
澳大利亚	1654818	127430
阿联酋	1139971	84763
韩国	804484	73608
泰国	467307	70542
加拿大	770654	64573
印度尼西亚	398905	62812
香港	782098	57511
新加坡	449711	57340
马来西亚	406653	52492
印度	364319	47555
德国	935022	43555
法国	862409	35338
利比亚	473882	34189
菲律宾	195744	22778
伊朗	287767	21565
荷兰	394388	19418
文莱	115609	17810
比利时	347764	17508
意大利	177604	17471
俄罗斯联邦	140035	15407
西班牙	393161	15027
乌克兰	161388	14895
伊拉克	230799	14379
摩洛哥	234670	14370
卡塔尔	172674	14201
科威特	158442	13952
台湾省	154956	13592
南非	185157	13462
巴拿马	103268	12257
苏丹	170079	11467
阿尔及利亚	159641	10363
越南	52043	8522
以色列	145280	8122
约旦	104251	8085
阿曼	110408	7827
新西兰	133225	7763
委内瑞拉	169351	7193
黎巴嫩	92015	7151
乌兹别克斯坦	106803	6153
丹麦	151413	5495
巴林	57249	5056

国家/地区	出口数量（件）	出口金额（美元）
波兰	70703	4836
也门	70622	4742
瑞典	103464	4718
哈萨克斯坦	54766	4592
澳门	39248	4192
拉脱维亚	66265	4105
希腊	52987	3895
埃及	32540	3824
爱尔兰	47240	3617
安哥拉	35989	3584
缅甸	17643	3385
波多黎各	31814	3284
芬兰	41233	3150
马耳他	29899	2885
墨西哥	27531	2647
格鲁吉亚	38008	2630
挪威	40810	2228
朝鲜	23235	2010
塞浦路斯	22339	1987
蒙古	42032	1691
葡萄牙	38186	1648
罗马尼亚	18693	1625
肯尼亚	9858	1421
塔吉克斯坦	25024	1328
土耳其	13116	1070
立陶宛	6640	1046
克罗地亚	17430	1029
保加利亚	8082	970
坦桑尼亚	9223	911
巴基斯坦	8935	833
智利	11123	819
爱沙尼亚	8379	799
厄瓜多尔	14527	744
留尼汪	15879	743
柬埔寨	5707	729
乌拉圭	4255	717
叙利亚	5890	687
老挝	3838	671
瑞士	39035	669
斯洛文尼亚	8253	664
贝宁	5908	647
尼日利亚	4021	627
赤道几内亚	4513	604
古巴	5598	587
突尼斯	10215	585
乍得	5003	572
马尔代夫	5497	571
阿塞拜疆	7246	561
哥伦比亚	7871	551
刚果(布)	2359	544
莫桑比克	5055	537
纳米比亚	4150	521
塞内加尔	6946	513
巴拉圭	3539	506
多米尼加共和国	6326	493
秘鲁	3227	489
吉布提	4665	482
索马里	4698	455
黑山	3446	442
巴西	10636	441
阿尔巴尼亚	4257	421
亚美尼亚	4248	411
奥地利	13248	406
捷克	18264	385
加纳	4673	369
中非	986	366
哥斯达黎加	5898	344
牙买加	3155	337
特立尼达和多巴哥	4184	323
巴布亚新几内亚	3485	321
洪都拉斯	2825	307
塞尔维亚	5185	301
几内亚	3329	288
津巴布韦	2627	276
阿根廷	7075	275
斯里兰卡	3156	273
塞拉利昂	1584	265
马达加斯加	1221	258
尼泊尔	2524	258
尼日尔	1433	247
毛里求斯	2927	247
巴勒斯坦	1628	235
孟加拉国	1340	227
萨尔瓦多	1402	226
库克群岛	1406	220
科特迪瓦	3972	219
喀麦隆	3219	207
吉尔吉斯斯坦	2620	206
危地马拉	1391	203
埃塞俄比亚	2913	202
加蓬	1607	173
白俄罗斯	783	167
法属波利尼西亚	3768	162
圣文森特和格林纳丁斯	430	158
新喀里多尼亚	1962	147
瓜德罗普	1622	142
匈牙利	5576	139
巴巴多斯	1041	132
斐济	565	130
多哥	446	130
阿富汗	2430	129
斯洛伐克	1072	117
刚果(金)	1233	116
马提尼克	1090	104
冰岛	1659	97
利比里亚	1522	85
摩尔多瓦	752	81
荷属安地列斯	3317	77
玻利维亚	1735	73
乌干达	258	71
摩纳哥	298	60
马约特	415	57
马里	672	55
苏里南	628	52
阿鲁巴	192	46
马拉维	686	45
海地	354	43
圭亚那	421	42
土库曼斯坦	295	36
塞舌尔	83	36
冈比亚	200	34
尼加拉瓜	567	33
毛里塔尼亚	564	33
巴哈马	115	23
博茨瓦那	231	23
赞比亚	239	23
佛得角	300	21
安提瓜和巴布达	55	11
瓦努阿图	69	11
格林纳达	31	10
多米尼克	154	8
汤加	18	5
法属圭亚那	31	4
所罗门群岛	33	3

国家/地区	出口数量（件）	出口金额（美元）
帕劳	5	1
94036010 其他红木家具		
合计	21174	3639
日本	7442	1646
台湾省	2653	701
新加坡	1655	375
香港	4207	373
美国	2588	186
澳门	632	153
马来西亚	463	69
韩国	935	29
澳大利亚	85	19
印度尼西亚	155	15
南非	13	15
阿联酋	192	14
比利时	29	14
荷兰	36	14
奥地利	14	9
新西兰	41	3
沙特阿拉伯	10	2
英国	1	1
印度	3	1
俄罗斯联邦	20	1
94036091 其他漆木家具		
合计	5775865	304032
美国	2094449	109815
英国	551506	42170
日本	594146	36249
德国	629170	21638
马来西亚	120930	10426
法国	181552	9825
韩国	114709	7854
比利时	105356	7137
加拿大	123631	6413
荷兰	216132	6114
西班牙	157577	5475
瑞典	153467	4425
波兰	115617	3921
澳大利亚	64263	3745
意大利	99581	3585
丹麦	88947	3123
沙特阿拉伯	27441	2537
挪威	37062	2043
爱尔兰	24613	1548
阿联酋	11928	1150

国家/地区	出口数量（件）	出口金额（美元）
土耳其	12909	1000
瑞士	29067	950
希腊	11529	856
俄罗斯联邦	22013	754
捷克	16042	734
以色列	17786	710
芬兰	19287	667
智利	6603	659
伊朗	3823	593
香港	13121	468
台湾省	4369	436
新西兰	7978	420
黎巴嫩	3701	414
匈牙利	6975	391
新加坡	6641	321
哈萨克斯坦	531	300
科威特	2706	294
南非	5752	286
墨西哥	6893	270
摩洛哥	2526	229
乌克兰	5082	226
拉脱维亚	10386	209
印度	2145	208
埃及	1653	208
巴西	1664	204
葡萄牙	4776	193
坦桑尼亚	2650	193
越南	997	174
斯洛伐克	2745	155
泰国	1158	155
约旦	818	148
安哥拉	158	137
卡塔尔	710	135
菲律宾	319	101
留尼汪	889	80
印度尼西亚	319	76
特克斯和凯科斯群岛	453	74
罗马尼亚	1182	70
巴林	1123	69
特立尼达和多巴哥	201	67
斯洛文尼亚	1733	63
爱沙尼亚	916	59
阿曼	231	53
厄瓜多尔	990	48
贝宁	764	46

国家/地区	出口数量（件）	出口金额（美元）
奥地利	4380	44
克罗地亚	1493	43
塞内加尔	313	43
委内瑞拉	485	42
亚美尼亚	154	40
伊拉克	234	39
黑山	373	36
塞浦路斯	588	35
波多黎各	359	33
哥伦比亚	425	33
秘鲁	520	28
加纳	106	26
格鲁吉亚	310	26
叙利亚	584	26
多米尼加共和国	99	25
阿根廷	2192	23
危地马拉	192	23
马耳他	1287	22
吉布提	148	22
文莱	109	21
纳米比亚	147	21
突尼斯	247	20
法属波利尼西亚	210	18
苏丹	240	18
巴拿马	268	18
巴基斯坦	116	17
孟加拉国	131	17
缅甸	142	16
乌拉圭	370	16
莫桑比克	52	14
朝鲜	333	13
冰岛	197	10
马提尼克	160	10
新喀里多尼亚	110	9
阿尔及利亚	156	9
毛里求斯	83	8
也门	115	7
巴布亚新几内亚	185	7
几内亚	97	7
荷属安地列斯	127	6
立陶宛	195	6
保加利亚	170	6
法属圭亚那	80	5
哥斯达黎加	200	5
博茨瓦那	600	4

国家/地区	出口数量（件）	出口金额（美元）
英属维尔京群岛	53	4
尼日利亚	100	4
洪都拉斯	28	3
乌干达	11	2
瓜德罗普	40	2
肯尼亚	150	1
斯里兰卡	3	1
喀麦隆	7	1
94036099 未列名木家具		
合计	131077661	6203997
美国	39980605	1730552
泰国	5090847	523912
新加坡	4762825	438882
日本	13931650	353479
印度尼西亚	2801007	289746
马来西亚	2446337	222019
印度	2236059	213897
加拿大	4801903	209635
英国	6595429	207204
法国	4789916	164555
德国	6372187	152488
澳大利亚	3290002	145503
文莱	1309247	143824
香港	2746632	125888
菲律宾	986902	88440
荷兰	2829824	79322
巴拿马	805688	78803
阿联酋	1497752	77245
沙特阿拉伯	1232384	75123
丹麦	1518172	60025
比利时	1998654	59162
瑞典	1509601	50378
韩国	1401597	47750
意大利	1810572	47393
西班牙	1827043	47325
越南	339681	36390
伊朗	471104	36330
南非	913305	35780
台湾省	685153	35544
缅甸	216187	24052
波兰	713657	22944
科威特	259336	19681
俄罗斯联邦	254382	19534
利比亚	266694	16751
挪威	376333	15187

国家/地区	出口数量（件）	出口金额（美元）
乌克兰	193591	14404
新西兰	500097	14228
阿尔及利亚	369988	12569
以色列	265120	12063
委内瑞拉	535067	11542
摩洛哥	221137	11448
墨西哥	412795	11244
智利	515446	10666
叙利亚	98628	10658
希腊	349032	9326
卡塔尔	111014	8924
芬兰	188058	8038
澳门	124716	7517
柬埔寨	61840	7311
葡萄牙	158599	6592
伊拉克	170767	6561
苏丹	287907	6148
黎巴嫩	61819	5640
土耳其	151270	5388
爱尔兰	146039	5105
约旦	62676	4996
秘鲁	199205	4835
拉脱维亚	157564	4745
波多黎各	91713	4233
哈萨克斯坦	54461	4224
埃及	79363	4054
马耳他	63159	3508
罗马尼亚	73519	3348
老挝	31376	3277
巴西	114785	3220
格鲁吉亚	45890	3115
瑞士	81081	3099
哥伦比亚	183265	3081
蒙古	155135	3020
巴林	56895	2970
安哥拉	71367	2866
乌兹别克斯坦	44610	2837
克罗地亚	88779	2819
阿曼	38665	2766
阿根廷	134303	2690
多米尼加共和国	38584	2561
乌拉圭	39613	2320
塞浦路斯	39189	2229
捷克	76397	1767
朝鲜	57511	1591

国家/地区	出口数量（件）	出口金额（美元）
也门	33591	1570
巴拉圭	16152	1540
洪都拉斯	23238	1528
爱沙尼亚	23944	1514
阿尔巴尼亚	17506	1453
斯洛文尼亚	29016	1437
立陶宛	25936	1369
保加利亚	27476	1349
尼日利亚	26901	1280
坦桑尼亚	48632	1223
匈牙利	37568	1193
特立尼达和多巴哥	20220	1171
留尼汪	35918	1170
古巴	40636	1109
奥地利	30957	1099
肯尼亚	33036	1064
突尼斯	42552	1058
赤道几内亚	5621	967
巴基斯坦	32301	963
贝宁	10251	881
哥斯达黎加	25818	873
库克群岛	7037	867
厄瓜多尔	50063	826
牙买加	19544	746
莫桑比克	8019	666
危地马拉	23811	665
加纳	30356	660
纳米比亚	4362	583
塞尔维亚	18977	560
几内亚	9789	531
毛里求斯	12688	503
喀麦隆	38884	481
巴布亚新几内亚	3157	461
科特迪瓦	8069	457
塞内加尔	4906	431
阿塞拜疆	1697	371
吉布提	5720	363
斯洛伐克	13185	361
亚美尼亚	4236	359
孟加拉国	5592	357
马提尼克	3446	354
瓜德罗普	4681	339
马达加斯加	6265	331
法属波利尼西亚	11272	304
赞比亚	6782	286

国家/地区	出口数量(件)	出口金额(美元)
新喀里多尼亚	6180	275
黑山	11344	275
乍得	752	267
萨尔瓦多	4945	256
斯里兰卡	8352	252
刚果(布)	7763	251
塔吉克斯坦	5070	238
埃塞俄比亚	1588	238
刚果(金)	4834	220
巴巴多斯	2871	206
乌干达	2440	194
中非	493	189
土库曼斯坦	594	165
冰岛	4468	163
巴哈马	2082	153
多哥	2898	144
摩纳哥	940	133
巴勒斯坦	1350	128
博茨瓦那	2448	123
斐济	1791	118
吉尔吉斯斯坦	2207	116
津巴布韦	473	114
苏里南	1721	112
荷属安地列斯	2164	112
圭亚那	3523	105
加蓬	928	99
玻利维亚	4574	94
马拉维	3266	94
马尔代夫	1315	93
马里	1506	88
塞舌尔	220	85
白俄罗斯	3631	75
海地	1480	66
马约特	1330	60
尼加拉瓜	1985	59
利比里亚	1644	56
法属圭亚那	863	47
波黑	1232	45
毛里塔尼亚	800	37
卢旺达	253	33
冈比亚	530	31
阿鲁巴	252	30
阿富汗	869	29
摩尔多瓦	334	29
多米尼克	382	26
格林纳达	299	26
圣文森特和格林纳丁斯	524	26
前南马其顿	400	24
尼泊尔	745	21
佛得角	1440	21
布基纳法索	185	21
所罗门群岛	153	20
伯利兹	678	19
瓦努阿图	86	17
圣卢西亚	226	16
安提瓜和巴布达	133	16
卢森堡	237	15
萨摩亚	421	10
塞拉利昂	82	8
大洋洲其他国(地区)	72	7
东帝汶	119	7
汤加	28	6
开曼群岛	63	6
百慕大	325	5
帕劳	40	5
拉丁美洲其他国(地区)	12	5
圣其茨和尼维斯	97	5
马绍尔群岛	46	3
尼日尔	21	2
英属维尔京群岛	11	1

表 6-10　木家具进口

国家/地区	进口数量(个、件)	进口金额(美元)
94016110 带软垫的木框架坐具		
合计	48446	32336947
意大利	14192	17605295
中华人民共和国	11180	3105397
美国	3353	3013619
挪威	2446	2569957
越南	5886	1887782
德国	673	840278
法国	545	751681
泰国	1379	607840
波黑	4124	281705
印度尼西亚	791	212445
西班牙	67	178433
波兰	347	163659
菲律宾	391	157783
韩国	502	133190
马来西亚	455	110770
加拿大	64	101250
瑞士	37	83015
澳大利亚	69	78028
香港	136	71643
英国	76	71137
新加坡	159	68073
日本	531	60241
台湾省	272	42859
印度	51	33847
比利时	211	24895
丹麦	193	23308
荷兰	157	18648
葡萄牙	19	13100
南非	18	7039
哥斯达黎加	4	4140
土耳其	9	2839
立陶宛	5	2496
捷克	1	2320
爱沙尼亚	5	2266
罗马尼亚	3	1319
奥地利	5	798
哥伦比亚	1	653
芬兰	2	614
以色列	14	574
新西兰	3	496
爱尔兰	3	474
老挝	4	410
墨西哥	2	201
也门	56	190
瑞典	2	120
国别(地区)不详	2	70
斯里兰卡	1	50
94016190 其他带软垫的木框架坐具		
合计	181756	41118894
意大利	9435	15060246
美国	18148	14042783
中华人民共和国	42068	4255898
越南	12155	1048156
罗马尼亚	35412	923903
法国	976	762468
印度尼西亚	5885	652941
英国	278	639977
马来西亚	34707	460258

国家/地区	进口数量（个、件）	进口金额（美元）
西班牙	449	438607
泰国	1794	404250
德国	6013	352224
波兰	5031	343440
韩国	1716	338213
菲律宾	731	193531
比利时	598	177548
印度	636	174275
日本	2905	171247
澳大利亚	200	140225
香港	315	107528
荷兰	523	82550
新加坡	287	80299
台湾省	461	57908
哥斯达黎加	20	40709
加拿大	117	39413
丹麦	295	23458
黎巴嫩	4	18263
瑞典	20	14519
瑞士	11	9273
哥伦比亚	41	8158
柬埔寨	63	7866
葡萄牙	9	7186
尼日利亚	16	6419
阿联酋	35	4096
埃及	95	4086
希腊	13	4077
巴西	3	3615
喀麦隆	7	3586
也门	132	2572
爱尔兰	8	2334
国别（地区）不详	48	2008
土耳其	37	1746
立陶宛	6	1494
墨西哥	2	1467
南非	7	1096
老挝	1	1000
斐济	2	1000
以色列	1	231
挪威	4	218
斯洛文尼亚	1	218
莱索托	9	199
肯尼亚	25	68
沙特阿拉伯	1	44
94016900 其他木框架坐具		

国家/地区	进口数量（个、件）	进口金额（美元）
合计	546030	33973565
越南	197177	20838029
印度尼西亚	61862	3268635
意大利	4053	1789791
泰国	81368	1337546
中华人民共和国	18012	1146802
马来西亚	63980	995032
罗马尼亚	65591	858898
美国	2630	791851
保加利亚	18106	508796
法国	769	344399
老挝	4383	239891
芬兰	711	196888
台湾省	2379	160320
韩国	1267	145822
西班牙	442	138357
德国	666	138052
菲律宾	1060	115423
柬埔寨	369	98662
波兰	1832	89419
英国	161	73292
比利时	1130	68182
香港	731	66991
印度	2686	63647
白俄罗斯	4446	61562
立陶宛	1396	61456
丹麦	123	46685
日本	745	46398
荷兰	534	40491
缅甸	245	40044
拉脱维亚	2688	32159
斐济	50	18448
俄罗斯联邦	2744	16235
葡萄牙	46	15017
埃及	91	13473
挪威	73	11286
加拿大	33	9480
斯洛文尼亚	56	8847
捷克	56	8839
爱尔兰	19	7168
瑞典	90	6888
新加坡	32	5590
瑞士	28	5286
黎巴嫩	2	5228
尼日利亚	48	4814

国家/地区	进口数量（个、件）	进口金额（美元）
希腊	35	4014
以色列	25	3505
纳米比亚	12	3494
也门	109	2750
巴基斯坦	77	2389
澳大利亚	23	2168
刚果（金）	192	2125
新西兰	14	1814
南非	19	1770
加纳	39	1253
几内亚	254	1163
喀麦隆	189	992
国别（地区）不详	17	847
坦桑尼亚	39	797
土耳其	4	641
奥地利	1	632
克罗地亚	5	569
阿根廷	1	498
埃塞俄比亚	11	451
津巴布韦	7	320
澳门	4	309
厄立特里亚	10	300
匈牙利	18	271
马拉维	4	120
乌拉圭	6	111
沙特阿拉伯	3	73
卢旺达	2	70
94033000 办公室用木家具		
合计	60057	9303416
美国	1049	1939326
德国	4562	1297286
意大利	742	924101
马来西亚	2752	784389
斯洛伐克	14119	766114
捷克	12188	751346
韩国	3210	599886
台湾省	1082	424255
瑞典	1773	349104
中华人民共和国	2755	325422
印度尼西亚	11808	217849
日本	363	158294
越南	999	93356
丹麦	723	86445
澳大利亚	48	85160
香港	505	82983

国家/地区	进口数量（个、件）	进口金额（美元）
菲律宾	24	52079
波多黎各	2	48471
法国	18	30497
新加坡	15	28432
加拿大	17	25360
芬兰	23	22802
南非	9	22179
波兰	592	21259
英国	56	20197
老挝	156	16674
墨西哥	10	15114
奥地利	16	13760
泰国	61	12640
瑞士	4	12193
印度	62	11949
西班牙	12	10527
新西兰	41	7885
荷兰	36	7820
阿联酋	16	7520
比利时	31	6277
挪威	1	4624
哥伦比亚	2	3418
缅甸	5	3058
爱沙尼亚	2	2690
澳门	15	2594
沙特阿拉伯	3	2067
也门	78	1529
尼日利亚	6	1358
喀麦隆	32	1050
阿尔巴尼亚	16	789
尼泊尔	4	640
柬埔寨	2	360
希腊	5	223
土耳其	1	55
吉布提	6	10
94034000 厨房用木家具		
合计	304742	66148363
德国	186542	49933165
意大利	23152	7581062
立陶宛	26749	1945106
日本	7316	1577285
韩国	24823	1573704
波兰	12724	774830
中华人民共和国	2935	357821
美国	1206	351756

国家/地区	进口数量（个、件）	进口金额（美元）
瑞典	7177	318615
印度尼西亚	2922	317588
法国	164	189481
西班牙	88	150027
越南	2063	147198
香港	1075	128201
捷克	850	106810
奥地利	25	102058
台湾省	832	84240
荷兰	532	70489
泰国	1104	56579
罗马尼亚	43	54609
菲律宾	73	42068
马来西亚	710	41364
丹麦	202	40913
老挝	227	36591
匈牙利	417	35302
澳大利亚	89	31971
斯洛伐克	208	30517
英国	58	11005
也门	179	9705
土耳其	29	8937
新加坡	9	8234
比利时	121	7921
印度	49	7500
埃及	18	3731
加拿大	5	3626
柬埔寨	3	2160
南非	3	1846
瑞士	4	1650
以色列	5	975
缅甸	2	701
国别(地区)不详	5	475
坦桑尼亚	3	429
尼泊尔	1	118
94035010 卧室用红木家具		
合计	5338	2180745
越南	4146	1901182
印度尼西亚	528	64399
老挝	308	59793
法国	56	57307
新加坡	18	28412
意大利	8	14284
美国	23	12009
泰国	146	10332

国家/地区	进口数量（个、件）	进口金额（美元）
柬埔寨	11	9740
台湾省	21	4473
印度	2	4057
菲律宾	3	3960
中华人民共和国	3	3594
马来西亚	1	3296
日本	60	3080
香港	3	777
坦桑尼亚	1	50
94035091 卧室用漆木家具		
合计	66411	13003223
意大利	4012	6103405
波兰	34549	2488694
德国	6574	1023510
斯洛伐克	4194	827035
美国	660	639744
罗马尼亚	6080	347201
瑞典	1170	297358
西班牙	75	228755
立陶宛	1191	216679
泰国	4258	188181
韩国	464	109705
中华人民共和国	81	53340
越南	92	49926
葡萄牙	18	46875
丹麦	208	46544
印度尼西亚	261	44536
乌克兰	434	34039
法国	50	32346
斯洛文尼亚	410	31636
日本	23	29171
爱沙尼亚	1157	28090
俄罗斯联邦	156	27143
比利时	69	23671
菲律宾	12	23246
新加坡	94	16548
哥伦比亚	12	15744
印度	6	7228
英国	24	6929
黎巴嫩	1	4124
墨西哥	4	3370
澳大利亚	2	3302
加拿大	6	2585
台湾省	35	910
香港	1	721

国家/地区	进口数量（个、件）	进口金额（美元）
沙特阿拉伯	1	516
国别(地区)不详	27	416
94035099 其他卧室用木家具		
合计	307090	39808580
意大利	36950	8514598
美国	8853	5639495
越南	29833	5141987
印度尼西亚	56669	4183885
中华人民共和国	33521	3649759
波兰	46474	1939765
瑞典	10623	1574619
泰国	16598	1302298
德国	4772	1217619
法国	853	905548
马来西亚	6264	890000
葡萄牙	2482	640545
韩国	1346	560329
罗马尼亚	16173	537576
菲律宾	697	509138
立陶宛	11624	455581
比利时	1224	340984
斯洛伐克	1676	236734
香港	708	228777
荷兰	588	193749
丹麦	3569	188948
捷克	3576	139436
台湾省	1465	123577
日本	314	114477
西班牙	96	66288
加拿大	130	55837
英国	200	54506
澳大利亚	227	52216
俄罗斯联邦	5106	34383
印度	217	34299
阿尔巴尼亚	361	32225
斯洛文尼亚	99	28438
拉脱维亚	2363	22850
希腊	90	21474
老挝	90	18369
冰岛	4	16048
土耳其	67	15410
也门	259	15337
哥斯达黎加	6	12036
南非	5	11516
挪威	87	11136

国家/地区	进口数量（个、件）	进口金额（美元）
哥伦比亚	5	10652
新加坡	388	9852
巴西	264	7855
巴基斯坦	17	7114
尼日利亚	25	6018
瑞士	2	5745
埃及	27	5092
芬兰	28	5003
柬埔寨	15	4772
奥地利	3	3330
以色列	17	2923
爱尔兰	2	2467
津巴布韦	20	2316
阿联酋	4	2021
克罗地亚	7	849
阿曼	1	429
缅甸	6	350
94036010 其他红木家具		
合计	51101	9317165
越南	44089	8312560
印度尼西亚	3211	313391
台湾省	1343	148052
老挝	1053	111910
泰国	810	104560
法国	177	93119
柬埔寨	109	74182
中华人民共和国	125	38270
菲律宾	38	37007
日本	28	24382
缅甸	34	18965
美国	32	13337
意大利	8	10224
荷兰	8	6263
香港	12	5480
加纳	5	1400
新加坡	1	1022
印度	2	1019
德国	1	839
澳门	2	643
韩国	3	391
土耳其	1	48
丹麦	3	42
国别(地区)不详	3	30
英国	2	16
坦桑尼亚	1	13

国家/地区	进口数量（个、件）	进口金额（美元）
94036091 其他漆木家具		
合计	928496	41782335
意大利	9024	12611456
波兰	407341	8055807
德国	39336	3244299
斯洛伐克	25108	2622750
葡萄牙	266844	2529086
立陶宛	41201	2133102
越南	11542	1273215
瑞典	15841	1123434
拉脱维亚	30005	969040
斯洛文尼亚	9489	953257
俄罗斯联邦	14726	944289
韩国	7559	712106
美国	641	694844
泰国	17111	651768
西班牙	175	646856
保加利亚	6598	581374
菲律宾	281	402863
台湾省	644	226949
捷克	4106	206445
波黑	3078	149373
中华人民共和国	601	145893
印度尼西亚	5572	126359
日本	429	99093
罗马尼亚	6792	96646
白俄罗斯	1092	89244
克罗地亚	1604	78044
法国	130	73215
哥伦比亚	54	71035
匈牙利	384	69553
印度	379	42444
丹麦	179	33473
英国	16	25740
马来西亚	46	21228
新加坡	382	13864
奥地利	23	13668
荷兰	21	12528
墨西哥	18	8464
比利时	43	8179
爱尔兰	45	7171
澳大利亚	6	5986
黎巴嫩	2	4012
国别(地区)不详	19	2763
加拿大	4	1038

国家/地区	进口数量（个、件）	进口金额（美元）
缅甸	1	322
坦桑尼亚	4	60
94036099 未列名木家具		
合计	1858954	98785759
意大利	194630	18049571
波兰	335818	10516188
美国	12846	8382940
印度尼西亚	97591	7714632
中华人民共和国	42681	7666954
泰国	240440	5952871
瑞典	217415	5622909
葡萄牙	102941	5029336
越南	156999	4175599
德国	61141	3926272
立陶宛	69354	3298465
菲律宾	4580	2685127
斯洛文尼亚	69104	2114404
斯洛伐克	27727	1907067
法国	3893	1809818
台湾省	22321	1767495
马来西亚	25010	1364832
加拿大	39806	817654
香港	1684	719693
新加坡	894	671343
西班牙	1063	534908
捷克	14065	477282
丹麦	9661	444595

国家/地区	进口数量（个、件）	进口金额（美元）
韩国	1595	424889
日本	3543	380501
俄罗斯联邦	61396	291243
比利时	1006	251165
拉脱维亚	8639	241876
印度	4508	241253
英国	637	184016
澳大利亚	521	173785
瑞士	159	172826
挪威	436	119406
白俄罗斯	3318	105431
老挝	672	94893
保加利亚	16445	93674
荷兰	402	74355
罗马尼亚	2657	66432
新西兰	16	29729
缅甸	150	22254
柬埔寨	134	19881
哥伦比亚	4	18559
奥地利	65	12964
哥斯达黎加	3	11659
土耳其	82	10880
巴西	9	10811
埃及	131	10741
芬兰	13	10380
南非	31	10303
尼日利亚	60	9328

国家/地区	进口数量（个、件）	进口金额（美元）
也门	169	9312
巴基斯坦	100	7327
尼泊尔	126	4170
加纳	77	3160
阿联酋	4	3087
以色列	7	2986
匈牙利	47	1955
希腊	12	1663
国别(地区)不详	26	1393
克罗地亚	7	1044
厄立特里亚	4	950
斐济	2	910
喀麦隆	29	743
墨西哥	5	655
沙特阿拉伯	6	651
乌拉圭	1	560
智利	4	400
尼加拉瓜	5	398
几内亚	4	320
洪都拉斯	4	300
赞比亚	1	289
尼日尔	10	192
科威特	1	65
乍得	5	25
科特迪瓦	2	15

木浆造纸

【概　况】 2010年造纸行业认真贯彻执行了国务院《关于进一步加强淘汰落后产能工作的通知》和环保部发布的《制浆造纸工业水污染物排放标准(GB3544－2008)》等一系列相关政策与法规，企业重组力度加大，落后产能淘汰目标顺利完成，节能减排效果显著。全行业克服了金融、外贸政策调整等因素对造纸行业产生的影响，纤维原料、水、煤、油、运费价格上涨和对外贸易摩擦增多等重重困难，在市场需求的拉动下，造纸行业在延续上年恢复性增长的基础上，全年的生产量和消费量保持了平稳增长，产业结构趋于优化、经济效益有所提高，环境治理效果显著，推进了我国造纸工业进一步向资源节约型、环境友好型、可持续的绿色纸业方向发展。

【全国纸及纸板生产及消费】 据中国造纸协会资料，2010年全国纸及纸板生产企业有3700多家，全国纸及纸板生产量9270万吨，较上年8640万吨增长7.29%。消费量9173万吨，较上年8569万吨增长7.05%，人均年消费量为68千克(13.40亿人)，比上年增长4千克。2010年比2000年生产量增长203.93%，消费量增长156.59%。2000～2010年，纸及纸板生产量年均增长11.76%，消费量年均增长9.88%。

主要产品中：新闻纸生产量430万吨，占纸及纸板总产量4.64%，同比减少10.42%；消费量423万吨，占纸及纸板总消费量4.61%，同比减少8.24%。未涂布印刷书写纸生产量1620万吨，占纸及纸板总产量17.48%，同比增长7.28%；消费量1590万吨，占纸及纸板总消费量17.33%，同比增长6.21%。涂布印刷纸生产量640万吨，占纸及纸板总产量6.90%，同比增长8.47%；消费量549万吨，占纸及纸板总消费量5.98%，同比增长18.57%。其中：铜版纸生产量555万吨，占纸及纸板总产量的5.99%，同比增长11.00%；消费量480万吨，占纸及纸板总消费量5.23%，同比增长20.30%。生活用纸生产量620万吨，占纸及纸板总产量6.69%，同比增长6.90%；消费量567万吨，占纸及纸板总消费量6.18%，同比增长7.18%。包装用纸生产量600万吨，占纸及纸板总产量6.47%，同比增长4.35%；消费量612万吨，占纸及纸板总消费量6.67%，同比增长4.26%。白纸板生产量1250万吨，占纸及纸板总产量13.48%，同比增长8.70%；消费量1254万吨，占纸及纸板总消费量13.67%，同比增长8.10%。其中：涂布白纸板生产量1200万吨，占纸及纸板总产量12.94%，同比增长9.09%；消费量1204万吨，占纸及纸板总消费量13.13%，同比增长8.47%。箱纸板生产量1880万吨，占纸及纸板总产量20.28%，同比增长8.67%；消费量1946万吨，占纸及纸板总消费量21.21%，同比增长7.57%。瓦楞原纸生产量1870万吨，占纸及纸板总产量20.17%，同比增长9.04%；消费量1889万吨，占纸及纸板总消费量20.59%，同比增长7.45%。特种纸及纸板生产量180万吨，占纸及纸板总产量1.94%，同比增长20.00%；消费量164万吨，占纸及纸板总消费量1.79%，同比增长13.89%(表7-1)。

从2010年的生产和消费形势来看，全年生产和消费均呈平稳增长态势，分别比上年回落0.98%和0.94%。

【主要产品生产及消费】

新闻纸 生产量430万吨，较上年减少10.42%，增幅回落14.77%；消费量423万吨，较上年减少8.24%，增幅回落16.46%。2000～2010年生产量年均增长率11.48%，消费量年均增长率9.87%。

未涂布印刷书写纸 生产量1620万吨，较上年增长7.28%，增幅回落0.58%；消费量1590万吨，较上年增长6.21%，增幅回落1.88%。2000~2010年生产量年均增长率9.39%，消费量年均增长率9.36%。

涂布印刷纸 生产量640万吨，较上年增长8.47%，增幅增加1.20%；消费量549万吨，较上年增长18.57%，增幅增加19.43%。2000~2010年生产量年均增长率19.26%，消费量年均增长率10.19%。其中：铜版纸，2010年产量555万吨，较上年增长11.00%，增幅增加2.30%；消费量480万吨，较上年增长20.30%，增幅增加20.80%。2000~2010年产量年均增长率20.22%，消费量年均增长率9.94%。

生活用纸 生产量620万吨，较上年增长6.90%，增幅增加1.45%；消费量567万吨，较上年增长7.18%，增幅增加2.01%。2000~2010年生产量年均增长率9.51%，消费量年均增长率8.80%。

包装用纸 生产量600万吨，较上年增长4.35%，增幅增加1.67%；消费量612万吨，较上年增长4.26%，增幅增加1.10%。2000~2010年生产量年均增长率4.14%，消费量年均增长率2.65%。

白纸板 生产量1250万吨，较上年增长8.70%，增幅增加6.02%；消费量1254万吨，较上年增长8.10%，增幅增加5.54%。2000~2010年生产量年均增长率16.14%，消费量年均增长率12.56%。其中：涂布白纸板，2010年产量1200万吨，较上年增长9.09%，增幅增加6.29%；消费量1204万吨，较上年增长8.47%，增幅增加5.79%。2000~2010年生产量年均增长率19.62%，消费量年均增长率15.46%。

箱纸板 生产量1880万吨，较上年增长8.67%，增幅回落4.40%；消费量1946万吨，较上年增长7.57%，增幅回落5.14%。2000~2010年生产量年均增长率16.74%，消费量年均增长率14.31%。

瓦楞原纸 生产量1870万吨，较上年增长9.04%，增幅回落3.79%；消费量1889万吨，较上年增长7.45%，增幅回落5.82%。2000~2010年生产量年均增长率12.62%，消费量年均增长率10.94%。

特种纸及纸板 生产量180万吨，较上年增长20.00%，增幅增加12.86%；消费量164万吨，较上年增长13.89%，增幅增加13.89%。2000~2010年生产量年均增长率11.61%，消费量年均增长率7.44%。

【主要生产经济指标完成情况】 据国家统计局统计，2010年1~11月规模以上造纸生产企业3724家；从业人员73.73万人；工业总产值(当年价)5287亿元，较上年4162亿元增长27.03%；工业销售产值(当年价)5190亿元，较上年4077亿元增长27.30%；主营业务收入5162亿元，较上年3998亿元增长29.11%；产销率98.20%，较上年98.00%增长0.20%；产成品存货245.4亿元，较上年235.8亿元增长4.07%；利税总额458.4亿元，较上年341.3亿元增长34.31%，其中利润总额299.4亿元，较上年210.0亿元增长42.57%；资产总计5934亿元，较上年5016亿元增长18.30%；资产负债率58.66%，较上年58.69%降低0.03%；负债总额3481亿元，较上年2944亿元增长18.24%；在统计的3724家造纸生产企业中，亏损企业有487家，占13.08%，同比降低6.29%。

2010年1~12月造纸生产企业工业总产值(当年价)5850亿元，较上年4660亿元增长25.54%；产销率98.60%，较上年98.20%增长0.40%；工业销售产值(当年价)5767亿元，较上年4578亿元增长25.97%。

根据上述相关资料分析，2010年造纸生产企业主营业务收入约5630亿元，比上年增长25%左右；利税总额约500亿元，比上年增长30%左右；其中，利润总额约327亿元，比上年增长48%左右。综观全年主要生产经济指标完成情况比上年有较大增幅，已经恢复到金融危机前的水平，总体经济效益较好。

【纸浆生产和消耗情况】 据中国造纸协会资料，2010年全国纸浆生产总量7318万吨，较上年6732万吨增长8.70%。2010年全国纸浆消耗总量8461万吨，较上年7980万吨增长6.03%。其中：木浆1859万吨，较上年增长2.82%，比例占22%，与上年持平；非木浆1297万吨，较上年增长10.38%，比例占15%，与上年持平；废纸浆5305万吨，较上年增长6.16%，比例占63%，与上年持平。木浆中，进口木浆比例下降2%；废纸浆中，进口废纸浆比例下降1%，国产废纸浆比例上升1%；非木浆中，稻麦草浆比例比上年下降3%，竹浆比例比上年增长1%，苇(荻)浆比例与上年持平，蔗渣浆比例比上年增加1%。2010年纸浆总消耗量比2000年增长203%，其中国产纸浆消耗量2010年比2000年增长198%(见表7-2)。

2010年进口木浆及进口废纸价格持续高位运行，导致进口量同比下降，促使国内各类纸浆生产量有所增加。由于2009年国际市场商品纸浆和废纸价格低靡，国内造纸企业加大了商品纸浆和废纸的采购量，致使当年进口量异常，造成非正常库存增加。经中国造纸协会对重点造纸企业进行调查，2009年国内造纸企业约有110万吨进口商品纸浆和180万吨进口废纸为非正常库存，结转至2010年使用。对2009年和2010年的纸浆消耗数据修订如表7-2。

【纸及纸板、纸浆、废纸及纸制品进出口情况】 纸及纸板进口336万吨，比上年334万吨增长0.60%；出口433万吨，比上年405万吨增长6.91%。出口量比进口量多97万吨。纸浆进口1137万吨，比上年1367万吨降低16.83%；出口8.10万吨，比上年8.70万吨降低6.90%。废纸进口2435万吨，比上年2750万吨降低11.45%；出口0.08万吨，比上年出口量略有增长。纸制品进口18万吨，比上年16万吨增长12.50%；出口228万吨，比上年195万吨增长16.92%。

进口纸及纸板、纸浆、废纸、纸制品合计3926万吨，较上年4467万吨降低12.11%，用汇187.83亿美元，较上年145.17亿美元增长29.39%。进口纸及纸板平均价格为1132.52美元/吨，比上年965.25美元/吨平均价格增长17.33%；进口纸浆平均价格为775.51美元/吨，比上年500.20美元/吨平均价格增长55.04%；进口废纸平均价格为219.80美元/吨，比上年137.99美元/吨平均价格增长59.29%。

出口纸及纸板、纸浆、废纸、纸制品合计669.18万吨，较上年608.73万吨增长9.93%，创汇97亿美元，较上年77亿美元增长25.97%。出口纸及纸板平均价格为1093.50美元/吨，比上年962.06美元/吨平均价格增长13.66%；出口纸浆平均价格为1727.18美元/吨，比上年1045.48美元/吨平均价格增长65.20%；出口废纸平均价格为191.80美元/吨，比上年218.78美元/吨平均下降12.33%。

纸及纸板进出口总量中，进口量较大的品种有箱纸板、涂布白纸板、涂布印刷纸和未涂布印刷书写纸，合计进口量243万吨，约占纸及纸板总进口量的72%。出口量较大的品种有涂布印刷纸、涂布白纸板、未涂布印刷书写纸、生活用纸、特种纸及纸板，合计388万吨，约占纸及纸板总出口量的90%。

我国纸浆、废纸、纸及纸板进出口贸易总体特点是作为造纸原料的纸浆和废纸进口量均呈减少趋势，其中纸浆进口量较上年减少16.83%，废纸进口量较上年减少11.45%，但平均价格都有较大幅度提升，进口纸浆平均价格上涨275.31美元/吨，涨幅55.04%；进口废纸平均价格上涨81.810美元/吨，涨幅59.29%。

纸及纸板进口量略有增长，出口量较上年略有增加且大于进口量(见表7-3、表7-4)。

主要产品2000~2010年进出口情况　2010年纸及纸板进口量大于出口量的主要品种有：包装用纸、箱纸板、白纸板、瓦楞原纸；出口量大于进口量的主要品种有：新闻纸、未涂布印刷书写纸、涂布印刷纸、生活用纸、特种纸及纸板、其他纸及纸板。

1. 新闻纸：出口量大于进口量，净出口量7万吨。

2. 未涂布印刷书写纸：出口量大于进口量，净出口量30万吨。

3. 涂布印刷纸：出口量大于进口量，净出口量91万吨。其中：铜版纸：出口量大于进口量，净出口量75万吨。

4. 生活用纸：出口量大于进口量，净出口量53万吨。

5. 包装用纸：进口量大于出口量，净进口量12万吨。

6. 白纸板：进口量大于出口量，净进口量4万吨。

其中：涂布白纸板：进口量大于出口量，净进口量4万吨。

7. 箱纸板：进口量大于出口量，净进口量66万吨。

8. 瓦楞原纸：进口量大于出口量，净进口量19万吨。

9. 特种纸及纸板：出口量大于进口量，净出口量16万吨。

【生产布局与集中度】 根据中国造纸协会资料分析，2010年纸及纸板生产量有所下降的省(区、市)有河南、内蒙古、浙江、安徽、云南、北京6个，其余省份都有不同程度增长。

我国东部地区12个省(区、市)，纸及纸板产量占全国纸及纸板产量比例为71.6%，比上年提高0.3%；中部地区9个省(区)比例占20.1%，比上年降低1.3%；西部地区10个省(区、市)比例占8.3%，比上年提高1.0%(见表7-5)。

纸及纸板产量超过100万吨的省份有14个省(区、市)，产量合计已达8509万吨，占全国纸及纸板总产量的91.79%，比上年减少0.92%；比上年增产499万吨(见表7-6)。

纸及纸板年产量超过100万吨的造纸生产企业有：

玖龙纸业(控股)有限公司，年产728万吨；

理文造纸有限公司，年产367万吨；

山东晨鸣纸业集团股份有限公司，年产327万吨；

中国纸业投资总公司，年产245万吨；

金东纸业(江苏)有限公司，年产231万吨；

山东太阳纸业股份有限公司，年产224万吨；

华泰集团有限公司，年产164万吨；

宁波中华纸业有限公司(含宁波亚洲浆纸业有限公司)，年产149万吨；

中冶纸业集团有限公司，年产139万吨；

山东博汇纸业股份有限公司，年产100万吨。

以上10家造纸生产企业2010年比上年增产377万吨，约占全国纸及纸板增产量的60%。

纸浆年产量超过100万吨的企业：海南金海浆纸业有限公司年产121万吨。

上述相关数据表明，2010年全国造纸生产布局略有变化，东部地区仍然是我国造纸工业的主要生产区域。重点省(区、市)和重点造纸企业生产集中度有所提高，年产过百万吨的企业增加了2家。

【造纸企业经济类型结构与规模结构】 根据国家统计局提供的2010年1～11月规模以上造纸生产企业的相关数据分析，2010年国有及国有控股企业有80家，占2.15%，较上年2.17%减少0.02%；“三资”企业有414家，占11.12%，较上年11.34%减少0.22%；集体及其他企业有3230家占86.73%，较上年86.49%增加0.24%。在造纸企业主营业务收入总额中，国有及国有控股企业占12.38%，较上年12.43%减少0.05%；“三资”企业占28.79%，较上年29.38%减少0.59%；集体及其他企业占58.83%，较上年58.19%增加0.64%。在利税总额中，国有及国有控股企业占13.58%，较上年9.55%增加4.03%；“三资”企业占29.04%，较上年29.64%减少0.60%；集体及其他企业占57.38%，较上年60.81%减少3.43%。其中：利润总额中，国有及国有控股企业占11.36%，较上年5.17%增加6.19%；“三资”企业占32.00%，较上年31.97%增加0.03%；集体及其他企业占56.64%，较上年62.86%减少6.22%。

国内造纸生产企业经济类型结构仍在调整变化，与2009年相比规模以上造纸生产企业数量由3686家上升至3724家，增加了38家，其中，集体及其他企业增加42家，国有及国有控股企业数量与上年持平，“三资”企业减少4家。2010年亏损企业数487家，其中：国有及国有控股企业占5.75%，“三资”企业占16.84%，集体及其他企业占77.41%。

按照我国大、中、小型企业划分标准，在3724家规模以上造纸生产企业中，大中型造纸企业421家占11.31%，小型企业3303家占88.69%；在纸及纸板产品主营业务收入中，大中型企业占61.35%，小型企业占38.65%；在利税总额中，大中型企业占65.54%，小型企业占34.46%；在利润总额中，大中型企业占67.26%，小型企业占32.74%。

主要产品新增产量中，重点骨干企业增量已占总增量的83%。目前已有一批优秀企业率先由传统造纸业向现代造纸业转变，对产业结构调整和产业优化升级起着重要支撑和推动作用(见表7-7)。

【环境保护】 根据环境保护部统计，2009年制浆造纸及纸制品产业(统计企业5771家，比上年增加12家)用水总量为108.44亿吨，其中新鲜水量为46.59亿吨，占工业总耗新鲜水量529.95亿吨的8.79%。重复用水量为61.85亿吨，水重复利用率为57.04%，比上年提高1.86%。万元工业产值(现价)新鲜水用量为107.8吨，比上年增加13.8吨，提高14.7%。

造纸工业2009年废水排放量为39.26亿吨，占全国工业废水总排放量209.03亿吨的18.78%，比上年增加0.02%。造纸工业废水排放达标量为36.72亿吨，占造纸工业废水排放总量的93.53%，比上年提高1.53%。排放废水中化学需氧量(COD)为109.7万吨，比上年128.8万吨减少19.1万吨，占全国工业COD总排放量379.2万吨的28.93%，比上年减少2.89%。万元工业产值(现价)化学需氧量(COD)排放强度为25千克，与上年持平。造纸工业废水处理设施年运行费用为51.0亿元，比上年增加4.8亿元，增长10.39%。

表7-1 全国造纸工业主要产品生产及消费情况

品种	生产量(万吨)			消费量(万吨)		
	2009年	2010年	同比(%)	2009年	2010年	同比(%)
总量	8640	9270	7.29	8569	9173	7.05
1. 新闻纸	480	430	-10.42	461	423	-8.24
2. 未涂布印刷书写纸	1510	1620	7.28	1497	1590	6.21
3. 涂布印刷纸	590	640	8.47	463	549	18.57
其中：铜版纸	500	555	11.00	399	480	20.30
4. 生活用纸	580	620	6.90	529	567	7.18
5. 包装用纸	575	600	4.35	587	612	4.26
6. 白纸板	1150	1250	8.70	1160	1254	8.10
其中：涂布白纸板	1100	1200	9.09	1110	1204	8.47
7. 箱纸板	1730	1880	8.67	1809	1946	7.57
8. 瓦楞原纸	1715	1870	9.04	1758	1889	7.45
9. 特种纸及纸板	150	180	20.00	144	164	13.89
10. 其他纸及纸板	160	180	12.50	161	179	11.18

表7-2 全国造纸工业纸浆消耗情况

单位：万吨

品种	2009年	占比例(%)	2010年	占比例(%)	同比(%)
总量	7980	100	8461	100	6.03
木浆	1808	22	1859	22	2.82
其中：进口木浆	1257	16	1151	14	-8.43
废纸浆	4997	63	5305	63	6.16
其中：进口废纸浆	2056	26	2092	25	1.75
非木浆	1175	15	1297	15	10.38

注：废纸浆=废纸量×0.8。2009年进口木浆1367万吨，实际消耗量1257万吨；2010年进口木浆1137万吨，扣除溶解浆96万吨，实际消耗量1151万吨；2009年进口废纸2750万吨，实际消耗量2570万吨；2010年进口废纸2435万吨，实际消耗量2615万吨。

表 7-3 纸浆、废纸、纸及纸板、纸制品出口

单位：万吨

品种	2009 年出口量	2010 年出口量	同比(%)
一、纸浆	8.70	8.10	-6.90
二、废纸	0.03	0.08	166.67
三、纸及纸板	405	433	6.91
1. 新闻纸	21	11	-47.62
2. 未涂布印刷书写纸	51	71	39.22
3. 涂布印刷纸	163	136	-16.56
其中：铜版纸	132	113	-14.39
4. 包装用纸	3	5	66.67
5. 箱纸板	7	14	100.00
6. 白纸板	61	73	19.67
其中：涂布白纸板	61	73	19.67
7. 生活用纸	56	61	8.93
8. 瓦楞原纸	3	5	66.67
9. 特种纸及纸板	33	47	42.42
10. 其他纸及纸板	7	10	42.86
四、纸制品	195	228	16.92
总计	608.73	669.18	9.93

表 7-4 纸浆、废纸、纸及纸板、纸制品进口

单位：万吨

品种	2009 年出口量	2010 年出口量	同比(%)
一、纸浆	1367	1137	-16.83
二、废纸	2750	2435	-11.45
三、纸及纸板	334	336	0.60
1. 新闻纸	2	4	100.00
2. 未涂布印刷书写纸	38	41	7.89
3. 涂布印刷纸	36	45	25.00
其中：铜版纸	31	38	22.58
4. 包装用纸	15	17	13.33
5. 箱纸板	86	80	-6.98
6. 白纸板	71	77	8.45
其中：涂布白纸板	71	77	8.45
7. 生活用纸	5	8	60.00
8. 瓦楞原纸	46	24	-47.83
9. 特种纸及纸板	27	31	14.81
10. 其他纸及纸板	8	9	12.50
四、纸制品	16	18	12.50
总计	4467	3926	-12.11

表 7-5 全国造纸区域布局变化

	2009 年		2010 年	
	产量(万吨)	比例(%)	产量(万吨)	比例(%)
纸及纸板产量	8640	100	9270	100
其中：东部地区	6160	71.3	6636	71.6
中部地区	1845	21.4	1862	20.1
西部地区	635	7.3	772	8.3

表 7-6 纸及纸板产量 100 万吨以上的省(区、市)

单位：万吨

省份	2009 年产量	2010 年产量	产量增加
山东	1430	1510	80
广东	1316	1435	119
浙江	1372	1362	-10
江苏	1026	1101	75
河南	864	814	-50
福建	313	391	78
河北	367	371	4
湖南	300	335	35
四川	227	316	89
安徽	205	201	-4
重庆	174	191	17
广西	139	167	28
湖北	157	158	1
江西	120	157	37
合计	8010	8509	499

表 7-7 重点造纸企业产量前 30 名

	单位名称	产量(万吨)		同比(%)
		2009 年	2010 年	
1	玖龙纸业(控股)有限公司	652.00	728.00	11.66
2	理文造纸有限公司	355.00	367.00	3.38
3	山东晨鸣纸业集团股份有限公司	299.34	327.35	9.36
4	中国纸业投资总公司	58.67	244.87	317.37
5	金东纸业(江苏)有限公司	228.92	231.00	0.91
6	山东太阳纸业	220.00	224.00	1.82
7	华泰集团有限公司	155.02	164.00	5.79
8	宁波中华纸业有限公司(含宁波亚洲浆纸业有限公司)	147.81	148.74	0.63
9	中冶纸业集团有限公司	100.6	138.5	37.67
10	山东博汇纸业股份有限公司	79.45	100.13	26.03
11	安徽山鹰纸业股份有限公司	82.52	92.57	12.18
12	浙江景兴纸业股份有限公司	74.96	85.41	13.94
13	河南银鸽实业投资集团	72.82	83.96	15.3
14	芬欧汇川(常熟)纸业有限公司	80.06	81.03	1.21
15	山东泉林纸业有限责任公司	64.09	70.61	10.17
16	东莞建晖纸业有限公司	64.23	69.2	7.74
17	吉安纸容器有限公司	66.49	67.31	1.23
18	中国阳光纸业控股有限公司	54.88	64.7	17.89

	单位名称	产量(万吨)		同比(%)
		2009 年	2010 年	
19	金华盛纸业(苏州工业园区)有限公司	59.14	62.02	4.87
20	广州造纸集团有限公司	72.1	61.27	-15.02
21	新乡新亚纸业集团股份有限公司	51.3	58.2	13.45
22	浙江荣成纸业有限公司	28.8	58.1	101.74
23	山东贵和纸业集团有限公司	46.16	54.02	17.03
24	无锡荣成纸业有限公司	33	51.98	57.52

	单位名称	产量(万吨)		同比(%)
		2009 年	2010 年	
25	山东华金集团有限公司	47.54	50.81	6.88
26	福建优兰发集团实业有限公司	42.6	50.3	18.08
27	河北永新纸业有限公司	38.43	49.99	30.08
28	河南省龙源纸业有限公司	42.46	49.7	17.05
29	江苏长丰科技集团有限公司	30.4	44.06	44.93
30	上海中隆纸业有限公司	40.66	42.53	4.6

表 7-8　全国木浆造纸进出口贸易总值

产品类别	单位	出口数量	出口金额(千美元)	进口数量	进口金额(千美元)
总计			10551600		18815502
纸浆合计	吨	14652	11398	11320044	8785655
木浆	吨	14433	11344	11299952	8774104
废纸浆	吨	219	54	20092	11551
废纸	吨	796	153	24352351	5353333
纸制品	吨	6499453	9495909	3500435	4593196
印刷品			1044140		83317

表 7-9　木浆造纸标准

	标准名称	标准号	发布单位
1	包装材料瓦楞纸板	GB/T6544 - 1999	国家质量技术监督局
2	包装容器　纸桶	GB/T14187 - 1993	国家技术监督局
3	本色亚硫酸盐木浆	GB13507 - 1992	国家技术监督局
4	高纯度缘木浆	GB13505 - 2007	国家技术监督局
5	浆料打浆度的测定法(肖伯尔瑞格勒法)	GB3332 - 2004	国家标准局
6	漂白硫酸盐木浆	QB/T1678 - 2007	轻工业部
7	漂白亚硫酸盐木浆	GB13506 - 1992	国家技术监督局
8	漂白亚硫酸盐苇浆	GB3148 - 1982	国家标准局
9	通讯电缆纸	GB7970 - 1999	国家质量技术监督局
10	瓦楞原纸	GB/T13023 - 1991	国家技术监督局
11	卫生纸(含卫生纸原纸)	GB 20810 - 2006	国家质量监督检验检疫总局　国家标准化管理委员会
12	未漂硫酸盐针叶木浆	QB/T1679 - 1993	轻工业部
13	箱纸板	GB/T13024 - 2003	
14	新闻纸	GB/T1910 - 2006	国家质量监督检验检疫总局　国家标准化管理委员会
15	信息处理击打式打印机用连续格式纸通用技术条件	GB/T9698 - 1995	国家技术监督局
16	育果袋纸	GB 19341 - 2003	国家质量监督检验检疫总局
17	造纸纤维长度测定法	GB10336 - 2002	国家技术监督局
18	造纸原料多戊糖含量的测定	GB/T2677.9 - 1994	国家技术监督局
19	造纸原料酸不溶木素含量的测定	GB/T2677.8 - 1994	国家技术监督局
20	造纸原料综纤维素含量的测定	GB/T2677.10 - 1995	国家技术监督局
21	纸、纸板和纸浆亮度(白度)的测定漫射/垂直法	GB/T7974 - 2002	国家质量监督检验检疫总局
22	纸、纸板和纸浆纤维组成的分析	GB/T4688 - 2002	国家质量监督检验检疫总局
23	纸和纸板　印刷光泽度印样的制备	GB/T12032 - 2005	国家质量监督检验检疫总局　国家标准化管理委员会
24	纸和纸板按规定时间浸水后抗张强度的测定法	GB/T465.2 - 1989	国家技术监督局

	标准名称	标准号	发布单位
25	纸和纸板表面吸收度的测定	GB/T461.2－2002	国家质量监督检验检疫总局
26	纸和纸板镜面光泽度测定法20°角测定法	GB/T8941.1－1988	轻工业部
27	纸和纸板毛细吸液高度的测定(克列姆法)	GB/T461.1－2002	国家质量监督检验检疫总局
28	纸和纸板伸缩性的测定	GB/T459－2002	国家质量监督检验检疫总局
29	纸和纸板透气度的测定(肖伯尔法)	GB/T458－2002	国家质量监督检验检疫总局
30	纸浆 成批销售质量的测定法 第一部分：浆板浆包	GB 8944.1－1988	国家技术监督局
31	纸浆、纸和纸板试样处理和试验的标准大气	GB10739－2002	国家技术监督局
32	纸浆、纸和纸板中钾、钠含量的测定	GB12658－1990	国家技术监督局
33	纸浆、纸及纸板漫反射因数测定法(温射/垂直法)	GB7973－2003	轻工业部
34	纸浆白度测定法	GB8940.2－2002	轻工业部
35	纸浆尘埃和纤维束的测定	GB/T10740－2002	国家质量监督检验检疫总局
36	纸浆多戊糖的测定	GB/T745－2003	国家质量监督检验检疫总局
37	纸浆二氯甲烷抽提物的测定法	GB7979－2005	轻工业部
38	纸浆碱溶解度的测定	GB5401－2004	国家标准局
39	纸浆亮度(白度)试样的制备	GB/T8940.2－2002	国家质量监督检验检疫总局
40	纸浆浓度的测定快速法	GB5399－2004	国家标准局
41	纸浆实验室打浆约克罗磨法	GBT12659－1990	国家技术监督局
42	纸浆酸不溶木素的测定	GB/T747－2003	国家质量监督检验检疫总局
43	纸浆羧基含量测定法	GB10338－1989	国家技术监督局
44	纸浆乙醚抽出物的测定	GB/T743－2003	国家质量监督检验检疫总局
45	纸耐破度的测定	GB/T454－2002	国家质量监督检验检疫总局
46	纸耐折度的测定(肖伯尔法)	GB/T457－2002	国家质量监督检验检疫总局
47	纸柔软度的测定	GB/T8942－2002	国家质量监督检验检疫总局
48	纸施胶度的测定(墨水划线法)	GB/T460－2002	国家质量监督检验检疫总局
49	纸施胶度的测定(液体渗透法)	GB/T5405－2002	国家质量监督检验检疫总局
50	纸透油度的测定	GB/T5406－2002	国家质量监督检验检疫总局

表7-10 木浆造纸科研项目

	项目名称	研究单位(项目完成年)
1	山杨纸浆材良种选育研究	黑龙江省林科所
2	园林树木保健及病虫草无公害防治研究与应用	齐齐哈尔市森林病虫防治检验站(2004)
3	马尾松材性遗传变异与制浆造纸树优良种源选择	南京林业大学 中国林科院亚热林所 南平造纸营林总公司
4	造纸林树种选择及栽培技术研究	延边州林科院(2006)
5	滩地杨树纸浆材营林技术中试	湖南省林业科学院
6	思茅造纸厂100万亩后备原料林丰产栽培示范推广	云南省林业科学院

表7-11 木浆造纸国家级和省级协会

1	中国造纸协会
2	中国造纸协会造纸工业林专业委员会
3	中国造纸协会卷烟纸分会
4	中国造纸协会安全生产专业委员会
5	中国造纸化学品工业协会
6	河北省造纸协会
7	山西省造纸行业协会
8	内蒙古自治区造纸协会
9	黑龙江省造纸协会
10	上海市纸业行业协会
11	江苏省标准化协会包装专业委员会纸制品分会
12	江苏省造纸行业协会
13	浙江省造纸行业协会
14	安徽省造纸协会
15	泾县中国宣纸协会
16	福建省轻工协会造纸原料分会
17	福建省纸业协会
18	江西省造纸印刷工业协会
19	山东省造纸行业协会

20	河南省造纸工业协会
21	河南省造纸网行业协会
22	河南省中小企业造纸协会
23	广东省造纸行业协会
24	湖北省造纸协会
25	湖南省印刷及纸制品工业协会
26	四川省造纸行业协会
27	云南省造纸行业协会
28	陕西省造纸工业协会
29	新疆维吾尔自治区造纸协会

表 7-12-1　木浆主产地产量

	木浆主产地	万吨
1	普兰店市(辽)	1.00
2	凌海市(辽)	0.20
3	龙山区(吉)	0.20
4	萨尔图区(黑)	4.50
5	大同区(黑)	3.00
6	方正县(黑)	0.50
7	桐乡市(浙)	2.65
8	余杭区(浙)	0.60
9	池州市九华山风景区(皖)	2.00
10	贵池区(皖)	2.00
11	临川区(赣)	0.40
12	河东区(鲁)	100.00
13	桓台县(鲁)	70.00
14	宁阳县(鲁)	32.00
15	沾化县(鲁)	15.00
16	陵　县(鲁)	10.00
17	广饶县(鲁)	10.00
18	罗庄区(鲁)	0.70
19	苍山县(鲁)	0.60
20	濮阳市高新区(豫)	8.79
21	新乡县(豫)	5.50
22	武陟县(豫)	3.60
23	伊川县(豫)	0.30
24	南漳县(鄂)	2.50
25	潜江市(鄂)	2.00
26	监利县(鄂)	1.00
27	赤壁市(鄂)	0.50
28	鹤城区(湘)	40.00
29	沅江市(湘)	6.00
30	绥宁县(湘)	5.00
31	新邵县(湘)	3.00
32	通道侗族自治县(湘)	1.60
33	汝城县(湘)	0.50
34	南　县(湘)	0.50
35	双峰县(湘)	0.46
36	祁东县(湘)	0.31
37	鹤山市(粤)	11.00
38	八步区(桂)	6.50
39	邕宁区(桂)	5.08
40	鹿寨县(桂)	2.70
41	永川区(渝)	2.00
42	蓬安县(川)	20.00
43	南溪县(川)	8.00
44	夹江县(川)	5.00
45	翠屏区(川)	2.00
46	游仙区(川)	1.00
47	乐山市市中区(川)	1.00
48	宜宾县(川)	0.17
49	景谷傣族彝族自治县(滇)	11.26
50	陆良县(滇)	3.27
51	华坪县(滇)	3.00
52	武山县(甘)	0.10
53	中卫市市辖区(宁)	10.00

表 7-12-2　木浆纸主产地产量

	木浆纸主产地	万吨
1	顺平县(冀)	0.76
2	普兰店市(辽)	0.50
3	凌海市(辽)	0.10
4	图们市(吉)	4.16
5	昌邑区(吉)	26.00
6	龙凤区(黑)	2.00
7	萨尔图区(黑)	2.00
8	新兴区(黑)	0.10
9	鄞州区(浙)	27.97
10	临安市(浙)	2.00
11	章贡区(赣)	4.87
12	临川区(赣)	3.00
13	桓台县(鲁)	100.00
14	河东区(鲁)	50.00
15	宁阳县(鲁)	23.00
16	广饶县(鲁)	18.00
17	新泰市(鲁)	8.05
18	沾化县(鲁)	8.00
19	青州市(鲁)	5.00
20	牟平区(鲁)	2.00
21	罗庄区(鲁)	1.00
22	苍山县(鲁)	0.60
23	肥城市(鲁)	0.53
24	濮阳市高新区(豫)	26.90
25	新乡县(豫)	7.50
26	台前县(豫)	7.00
27	范　县(豫)	5.00
28	睢　县(豫)	2.59
29	武陟县(豫)	2.50
30	召陵区(豫)	1.24
31	荆州区(鄂)	12.00
32	监利县(鄂)	5.00
33	南漳县(鄂)	2.00
34	赤壁市(鄂)	0.60
35	永兴县(湘)	90.00
36	冷水滩区(湘)	19.63
37	沅江市(湘)	6.00
38	洪乡管理区(湘)	5.30
39	新邵县(湘)	4.00
40	绥宁县(湘)	4.00
41	会同县(湘)	1.50
42	通道侗族自治县(湘)	0.50
43	双峰县(湘)	0.46
44	南　县(湘)	0.40
45	江华瑶族自治县(湘)	0.31
46	茶陵县(湘)	0.30
47	汝城县(湘)	0.30
48	广宁县(粤)	9.10
49	始兴县(粤)	0.46
50	高要市(粤)	0.10
51	鹿寨县(桂)	10.20
52	良庆区(桂)	5.62
53	邕宁区(桂)	5.08
54	容　县(桂)	3.60
55	江南区(桂)	3.33
56	柳江县(桂)	2.24
57	柳城县(桂)	2.09
58	贺州市平桂管理区(桂)	1.09
59	昭平县(桂)	0.93
60	象州县(桂)	0.80
61	博白县(桂)	0.70
62	马山县(桂)	0.33
63	南溪县(川)	7.50

	木浆纸主产地	万吨
64	蓬安县(川)	5.00
65	夹江县(川)	5.00
66	华坪县(滇)	2.00
67	楚雄市(滇)	0.14
68	武山县(甘)	0.20
69	中卫市市辖区(宁)	30.00
70	柴河林业造纸厂(龙江森工)	2.50
71	金山屯林业局(龙江森工)	0.70
72	农十三师(新疆兵团)	5.00

表 7-12-3 其他浆主产地产量

	其他浆主产地	万吨
1	杜尔伯特蒙古族自治县(黑)	1.42
2	红岗区(黑)	0.20
3	新沂市(苏)	10.00
4	太湖县(皖)	0.80
5	瑞金市(赣)	3.00
6	平原县(鲁)	6.10
7	新乡县(豫)	1.00
8	内乡县(豫)	0.35
9	大冶市(鄂)	0.10
10	新化县(湘)	3.40
11	汝城县(湘)	0.15
12	祁东县(湘)	0.14
13	耒阳市(湘)	0.10
14	连州市(粤)	1.10
15	全州县(桂)	0.42
16	南岸区(渝)	3.00
17	东坡区(川)	28.00
18	德昌县(川)	0.11
19	陆良县(滇)	4.03
20	武山县(甘)	0.20
21	隆德县(宁)	0.13

表 7-12-4 其他纸主产地产量

	其他纸主产地	万吨
1	赵　县(冀)	26.00
2	林西县(内蒙古)	1.00
3	庄河市(辽)	20.00
4	辉南县(吉)	0.60
5	杜尔伯特蒙古族自治县(黑)	2.51
6	林甸县(黑)	0.57
7	新沂市(苏)	10.00
8	灌云县(苏)	0.10
9	霍山县(皖)	17.20
10	泾　县(皖)	4.68
11	沙　县(闽)	45.27
12	建宁县(闽)	8.09
13	尤溪县(闽)	8.02
14	新罗区(闽)	4.59
15	连城县(闽)	3.54
16	三元区(闽)	3.25
17	大田县(闽)	3.19
18	上杭县(闽)	2.90
19	华安县(闽)	2.28
20	永定县(闽)	2.21
21	长汀县(闽)	1.98
22	德化县(闽)	1.50
23	建瓯市(闽)	1.44
24	邵武市(闽)	1.17
25	漳平市(闽)	1.11
26	延平区(闽)	0.93
27	建阳市(闽)	0.88
28	泰宁县(闽)	0.74
29	武平县(闽)	0.53
30	南靖县(闽)	0.30
31	顺昌县(闽)	0.13
32	瑞金市(赣)	5.00
33	铜鼓县(赣)	0.55
34	奉新县(赣)	0.30
35	全南县(赣)	0.28
36	桓台县(鲁)	100.00
37	广饶县(鲁)	82.00
38	平原县(鲁)	12.00
39	宁阳县(鲁)	5.00
40	青州市(鲁)	2.00
41	平邑县(鲁)	1.90
42	济宁市市中区(鲁)	1.00
43	汶上县(鲁)	1.00
44	太康县(豫)	12.00
45	川汇区(豫)	10.00
46	禹州市(豫)	1.80
47	新乡县(豫)	1.50
48	嵩　县(豫)	1.00
49	淮阳县(豫)	1.00
50	温　县(豫)	0.30
51	唐河县(豫)	0.30
52	内乡县(豫)	0.10
53	卧龙区(豫)	0.10
54	老河口市(鄂)	3.00
55	孝南区(鄂)	2.00
56	云梦县(鄂)	0.50
57	樊城区(鄂)	0.20
58	永兴县(湘)	30.00
59	麻阳苗族自治县(湘)	8.00
60	津市市(湘)	5.18
61	鼎城区(湘)	0.30
62	城步苗族自治县(湘)	0.10
63	耒阳市(湘)	0.10
64	汝城县(湘)	0.10
65	遂溪县(粤)	6.00
66	连州市(粤)	0.85
67	番禺区(粤)	0.18
68	万秀区(桂)	0.73
69	苍梧县(桂)	0.58
70	蒙山县(桂)	0.50
71	全州县(桂)	0.41
72	藤　县(桂)	0.15
73	陆川县(桂)	0.10
74	永川区(渝)	28.72
75	南岸区(渝)	2.00
76	沐川县(川)	1.70
77	广汉市(川)	0.70
78	德昌县(川)	0.11
79	瓮安县(黔)	10.00
80	凯里市(黔)	0.10
81	陆良县(滇)	6.46
82	华坪县(滇)	2.00
83	昌宁县(滇)	1.10
84	芒　市(滇)	0.47
85	户　县(陕)	2.00
86	武山县(甘)	0.20

表 7-13 木浆造纸出口

国家/地区	出口数量(吨)	出口金额(千美元)
47010000 机械木浆		
合计	152	82
台湾省	77	38
韩国	66	35
也门	8	9
印度尼西亚	1	1
47020000 化学木浆、溶解级		
合计	281	277
朝鲜	143	147
台湾省	47	63
保加利亚	52	36

国家/地区	出口数量（吨）	出口金额（千美元）
乌兹别克斯坦	26	24
印度	13	7
47031100 未漂白的针叶木烧碱木浆或硫酸盐木浆		
合计	1377	833
印度	400	292
香港	500	245
韩国	333	204
印度尼西亚	96	63
美国	47	29
47032100 半漂白或漂白的针叶木烧碱木浆或硫酸盐木浆		
合计	5483	4711
沙特阿拉伯	2038	1751
巴基斯坦	1335	1131
越南	540	494
孟加拉国	245	202
台湾省	188	174
缅甸	174	146
阿尔及利亚	156	130
印度尼西亚	141	117
毛里求斯	118	92
黎巴嫩	96	90
肯尼亚	93	82
阿塞拜疆	63	63
尼日利亚	77	54
吉布提	37	40
摩纳哥	45	32
埃及	25	25
摩洛哥	28	20
苏丹	15	15
泰国	25	15
乌干达	17	13
塔吉克斯坦	6	11
莫桑比克	9	4
叙利亚	7	4
美国	4	3
韩国	1	2
英国	1	1
47032900 半漂白或漂白非针叶木烧碱木浆或硫酸盐木浆		
合计	4617	3820
印度尼西亚	3002	2451
韩国	1018	822
台湾省	419	395

国家/地区	出口数量（吨）	出口金额（千美元）
澳大利亚	100	85
越南	56	52
菲律宾	20	13
美国	2	2
47041100 未漂白的针叶木亚硫酸盐木浆		
合计	1350	785
印度尼西亚	1038	593
朝鲜	290	168
日本	22	24
47042100 半漂白或漂白的针叶木亚硫酸盐木浆		
合计	825	646
阿联酋	811	630
日本	10	10
朝鲜	4	5
47042900 半漂白或漂白的非针叶木亚硫酸盐木浆		
合计	37	11
巴基斯坦	25	6
巴西	12	5
47050000 用机械与化学联合制浆法制得的木浆		
合计	310	180
韩国	310	180
47062000 从回收(废碎)纸或纸板提取的纤维浆		
合计	219	54
香港	188	39
菲律宾	29	14
韩国	2	1
47071000 回收(废碎)的未漂白牛皮纸或瓦楞纸及纸板		
合计	2	2
阿根廷	2	2
47072000 回收(废碎)漂白化学木浆制未经本体染色纸		
合计	442	79
菲律宾	442	79
47073000 回收(废碎)的主要由机械浆制成的纸或纸板		
合计	308	66
韩国	156	43
朝鲜	145	22
香港	6	1
47079000 回收(废碎)的其他纸及纸板，包括未分选的		

国家/地区	出口数量（吨）	出口金额（千美元）
合计	45	6
香港	45	6

表 7-14　木浆造纸进口

国家/地区	进口数量（吨）	进口金额（千美元）
47010000 机械木浆		
合计	61291	35890
加拿大	52034	31098
爱沙尼亚	3008	1564
瑞典	1490	792
芬兰	930	551
印度尼西亚	900	545
挪威	1008	506
德国	1122	505
新西兰	500	291
马来西亚	299	39
47020000 化学木浆、溶解级		
合计	963999	1355307
巴西	288921	412270
加拿大	203487	286862
美国	132574	198385
印度尼西亚	111035	165162
瑞典	89848	126204
南非	72480	76047
挪威	21931	30019
西班牙	20305	29233
俄罗斯联邦	14234	21098
法国	3098	3688
日本	1814	2412
捷克	2014	1555
泰国	1204	835
马来西亚	510	816
德国	487	531
菲律宾	55	190
47031100 未漂白的针叶木烧碱木浆或硫酸盐木浆		
合计	464297	287664
俄罗斯联邦	152000	89528
日本	117250	67878
智利	90217	62283
美国	62578	37133
加拿大	30312	23823
斯威士兰	3878	2281
新西兰	2916	2212

国家/地区	进口数量（吨）	进口金额（千美元）
巴西	2110	1181
南非	1983	635
瑞典	430	320
澳大利亚	407	230
台湾省	101	90
德国	115	72
47031900 未漂白的非针叶木烧碱木浆或硫酸盐木浆		
合计	2290	1250
美国	1089	479
日本	798	472
瑞典	227	196
葡萄牙	176	103
47032100 半漂白或漂白的针叶木烧碱木浆或硫酸盐木浆		
合计	3992197	3140378
加拿大	1382580	1106628
美国	780040	643121
智利	665071	511098
俄罗斯联邦	527690	388210
芬兰	330998	256520
新西兰	93052	74405
瑞典	60029	47193
法国	38126	27829
日本	34536	24604
德国	27743	20931
阿根廷	24812	19292
葡萄牙	7009	5691
印度尼西亚	3919	2754
比利时	3492	2645
韩国	3866	2617
挪威	2652	2082
巴西	2149	1479
澳大利亚	1524	1267
荷兰	853	532
波兰	692	495
捷克	521	417
新加坡	497	324
台湾省	285	197
泰国	61	48
47032900 半漂白或漂白非针叶木烧碱木浆或硫酸盐木浆		
合计	4414954	3111934
巴西	1764624	1235420
印度尼西亚	987384	697848

国家/地区	进口数量（吨）	进口金额（千美元）
乌拉圭	409716	285180
美国	366701	262985
智利	211243	153528
俄罗斯联邦	189194	132740
加拿大	183289	130793
日本	133305	91021
韩国	63893	45820
泰国	30697	21463
南非	23015	16685
台湾省	23661	16516
法国	16291	13337
保加利亚	3524	2669
葡萄牙	3555	2365
瑞典	1328	1042
德国	1014	904
斯洛伐克	902	590
印度	523	393
西班牙	793	382
新加坡	301	251
47041100 未漂白的针叶木亚硫酸盐木浆		
合计	4092	2362
俄罗斯联邦	3364	2042
德国	620	202
台湾省	93	107
新西兰	10	10
比利时	6	2
47041900 未漂白非针木亚硫酸盐木浆		
合计	0	1
马来西亚	0	1
47042100 半漂白或漂白的针叶木亚硫酸盐木浆		
合计	24117	19087
芬兰	12135	10580
捷克	4090	3385
美国	3156	2322
俄罗斯联邦	3922	2262
德国	414	272
法国	328	235
加拿大	69	28
台湾省	2	2
47042900 半漂白或漂白的非针叶木亚硫酸盐木浆		
合计	7297	6351
德国	6558	5801
美国	719	519

国家/地区	进口数量（吨）	进口金额（千美元）
日本	18	25
法国	1	7
47050000 用机械与化学联合制浆法制得的木浆		
合计	1365419	813880
加拿大	1114427	669506
新西兰	90408	50780
芬兰	36142	23905
瑞典	36582	20248
俄罗斯联邦	33676	19556
挪威	25083	14396
爱沙尼亚	18158	9222
美国	7326	3945
泰国	2113	1386
德国	622	400
荷兰	294	153
意大利	204	135
西班牙	212	117
澳大利亚	67	84
马来西亚	104	45
台湾省	0	3
47062000 从回收（废碎）纸或纸板提取的纤维浆		
合计	20092	11551
美国	12108	7194
德国	5848	3217
比利时	880	445
日本	381	340
芬兰	404	149
英国	110	57
加拿大	173	55
瑞典	108	52
荷兰	71	33
泰国	9	7
意大利	0	1
47071000 回收（废碎）的未漂白牛皮纸或瓦楞纸及纸板		
合计	14167838	3189396
美国	5728643	1405074
日本	1825962	408136
英国	1850760	384019
荷兰	1153084	241066
香港	528016	100076
比利时	434142	90816
意大利	412232	85696

国家/地区	进口数量（吨）	进口金额（千美元）
澳大利亚	359108	78745
西班牙	382350	78489
德国	318940	67361
法国	321553	67067
加拿大	214007	48391
爱尔兰	138444	28259
墨西哥	79686	19599
葡萄牙	64203	13507
新西兰	54949	11511
台湾省	39816	9519
韩国	43294	8927
希腊	36918	7339
挪威	33880	6758
澳门	27329	4865
瑞典	16074	3351
斯洛文尼亚	13929	2702
沙特阿拉伯	11128	2675
波兰	12248	2395
菲律宾	13698	2154
土耳其	9991	1955
阿联酋	7444	1818
俄罗斯联邦	8252	1592
文莱	7109	1140
多米尼加共和国	2442	580
科威特	2474	560
爱沙尼亚	2027	412
巴林	1261	282
塞浦路斯	1345	268
波多黎各	960	255
以色列	1006	239
蒙古	1619	230
危地马拉	913	208
拉脱维亚	999	200
罗马尼亚	894	197
留尼汪	1053	176
马耳他	822	170
新加坡	409	111
南非	399	100
圭亚那	462	88
约旦	313	62
芬兰	245	51
尼加拉瓜	196	48
保加利亚	190	37
海地	199	37
巴哈马	106	30

国家/地区	进口数量（吨）	进口金额（千美元）
丹麦	165	29
洪都拉斯	85	14
匈牙利	67	14
47072000 回收（废碎）漂白化学木浆制未经本体染色纸		
合计	493629	153292
美国	181687	63409
日本	125737	38165
香港	49610	10354
澳大利亚	31469	10048
荷兰	19269	5778
加拿大	16042	4883
台湾省	14114	3734
比利时	12574	3613
法国	9288	3185
德国	7312	2143
西班牙	6002	1876
英国	5293	1480
土耳其	3957	1240
意大利	2869	764
新加坡	1509	595
新西兰	1545	559
墨西哥	1680	514
韩国	1055	260
乌克兰	977	256
希腊	224	102
爱尔兰	314	67
越南	174	61
沙特阿拉伯	218	56
澳门	200	41
以色列	148	36
文莱	161	26
泰国	96	21
罗马尼亚	65	12
葡萄牙	21	8
俄罗斯联邦	19	6
47073000 回收（废碎）的主要由机械浆制成的纸或纸板		
合计	5924474	1266941
美国	3264592	704421
香港	588468	120532
日本	487142	111255
加拿大	492561	103682
英国	441353	89711
澳大利亚	193237	40553

国家/地区	进口数量（吨）	进口金额（千美元）
荷兰	123629	25949
比利时	61176	13224
德国	53147	10674
爱尔兰	43252	8933
意大利	30763	7165
韩国	31755	6981
法国	30314	6943
希腊	25466	5387
西班牙	21373	4455
新西兰	9256	1902
澳门	6582	1172
文莱	6471	1101
挪威	3282	633
菲律宾	2289	435
葡萄牙	1830	338
土耳其	934	279
罗马尼亚	698	159
塞浦路斯	648	146
阿联酋	799	143
沙特阿拉伯	565	134
台湾省	463	109
马耳他	385	87
乌克兰	362	84
洪都拉斯	447	81
瑞士	188	54
以色列	253	53
突尼斯	196	48
丹麦	273	45
哥斯达黎加	194	40
阿富汗	65	16
墨西哥	40	9
约旦	29	6
47079000 回收（废碎）的其他纸及纸板，包括未分选的		
合计	3766410	743705
日本	1065571	226813
美国	963512	186193
英国	453165	86449
荷兰	379951	72632
澳大利亚	233689	46408
加拿大	193876	37043
意大利	136932	25605
比利时	87682	16913
德国	78567	14533
希腊	31822	6061

国家/地区	进口数量（吨）	进口金额（千美元）
香港	30592	4833
法国	25768	4819
菲律宾	21779	3566
西班牙	16482	3068
挪威	7872	1451
墨西哥	7363	1385
爱尔兰	7394	1362

国家/地区	出口数量（吨）	出口金额（千美元）
斯洛文尼亚	6549	1208
新西兰	4860	933
瑞典	3912	736
阿联酋	2851	556
文莱	2046	326
韩国	1632	309
葡萄牙	1156	219

国家/地区	出口数量（吨）	出口金额（千美元）
塞浦路斯	643	130
台湾省	506	105
洪都拉斯	128	24
约旦	67	14
南非	44	9

碳素制品

【概　况】 碳素制品包括木炭、果核炭、果壳炭、竹炭和活性炭。2010年全国产木炭40万吨，出口木炭5万吨，木炭产量最多的省是云南，占全国产量的22.92%。其次是江西、山东、湖南、贵州，这5省木炭产量占全国产量的73.17%。见表8-1。

2010年出口果壳果核炭17万吨，占碳素制品出口总量的60.70%，果壳果核炭出口金额占碳素制品出口金额的67.35%。见表8-2。

我国关于木炭制品的政策主要是2003年海南省国家税务局发布的《关于活性炭增值税问题的批复》(琼国税函〔2003〕205号)。关于木炭制品生产有6个国家标准，均由中国林科院林化所制定，主要对活性炭着火点测试方法、木质味精精制用颗粒活性炭、针剂用活性炭等生产做出了规定，见表8-3。

国家级碳素制品协会是中国碳素行业协会。

表8-1　全国各地木炭产量

省(区、市)	木炭产量(吨)	占全国的比例(%)	省(区、市)	木炭产量(吨)	占全国的比例(%)
全国合计	399660	100.00	云南	91597	22.92
江西	70309	17.59	山东	49442	12.37
湖南	43853	10.97	贵州	37242	9.32
安徽	33370	8.35	浙江	12838	3.21
海南	11699	2.93	辽宁	11431	2.86
广东	6930	1.73	四川	6900	1.73
黑龙江	5000	1.25	河南	4786	1.20
广西	4113	1.03	吉林	3680	0.92
大兴安岭	2889	0.72	重庆	1565	0.39
福建	1267	0.32	江苏	540	0.14
西藏	209	0.05			

表8-2　全国碳素制品进出口贸易总值

	出口数量(吨)	出口金额(千美元)	进口数量(吨)	进口金额(千美元)
合计	284231	289375	188145	80001
木炭	50510	28492	175757	22984
木质活性炭	48300	58719	3649	16436
果核果壳炭	172533	194908	8738	40558
竹炭	12888	7256	2	23

表8-3　碳素制品标准

	标准名称	标准号	发布单位
1	活性炭球盘法强度测试方法	GB/T 20451－2006	国家质量监督检验检疫总局　国家标准化管理委员会
2	活性炭着火点测试方法	GB/T20450－2006	国家质量监督检验检疫总局　国家标准化管理委员会
3	活性炭丁烷工作容量测试方法	GB/T20449－2006	国家质量监督检验检疫总局　国家标准化管理委员会
4	针剂用活性炭	GB/T13803.4－1999	国家质量技术监督局
5	木质味精精制用颗粒活性炭	GB/T13803.1－1999	国家质量技术监督局
6	木质活性炭	GB/T13803.1～13803.5－1999	国家质量技术监督局

表 8-4-1 木炭主产地产量

	木炭主产地	吨
1	图们市(吉)	1000.00
2	奉化市(浙)	7800.00
3	江山市(浙)	1255.00
4	东至县(皖)	13086.00
5	宁国市(皖)	6600.00
6	郎溪县(皖)	1000.00
7	旌德县(皖)	960.00
8	泾　县(皖)	500.00
9	和　县(皖)	300.00
10	金寨县(皖)	200.00
11	霍山县(皖)	100.00
12	铜鼓县(赣)	11050.00
13	遂川县(赣)	3500.00
14	全南县(赣)	670.00
15	靖安县(赣)	666.00
16	瑞金市(赣)	500.00
17	芦溪县(赣)	120.00
18	平原县(鲁)	48000.00
19	金乡县(鲁)	618.00
20	济阳县(鲁)	150.00
21	商城县(豫)	2500.00
22	永城市(豫)	2200.00
23	江华瑶族自治县(湘)	6200.00
24	道　县(湘)	4325.00
25	双峰县(湘)	3400.00
26	祁阳县(湘)	3000.00
27	资兴市(湘)	2000.00
28	武冈市(湘)	1200.00
29	桃源县(湘)	900.00
30	临武县(湘)	850.00
31	桂东县(湘)	390.00
32	东安县(湘)	240.00
33	蓝山县(湘)	200.00
34	邵阳县(湘)	200.00
35	桃江县(湘)	180.00
36	新晃侗族自治县(湘)	108.00
37	祁东县(湘)	100.00
38	通道侗族自治县(湘)	100.00
39	雷州市(粤)	2200.00
40	徐闻县(粤)	1451.00
41	化州市(粤)	1000.00
42	全州县(桂)	1800.00
43	黎平县(黔)	34500.00
44	天柱县(黔)	1465.00
45	三都水族自治县(黔)	400.00
46	三穗县(黔)	300.00
47	锦屏县(黔)	110.00
48	陇川县(滇)	16670.00
49	盈江县(滇)	12079.00
50	石屏县(滇)	3000.00
51	禄丰县(滇)	644.00
52	施甸县(滇)	300.00
53	隆阳区(滇)	200.00

表 8-4-2 活性炭主产地产量

	活性炭主产地	吨
1	平泉县(冀)	12860.00
2	宁城县(内蒙古)	1100.00
3	清河区(辽)	145.00
4	衢江区(浙)	6000.00
5	德清县(浙)	3900.00
6	江山市(浙)	1820.00
7	遂昌县(浙)	844.00
8	青田县(浙)	150.00
9	东至县(皖)	660.00
10	铜鼓县(赣)	11860.00
11	余江县(赣)	3350.00
12	德兴市(赣)	2135.00
13	崇义县(赣)	2000.00
14	芦溪县(赣)	1080.00
15	婺源县(赣)	700.00
16	彭泽县(赣)	400.00
17	靖安县(赣)	300.00
18	金溪县(赣)	300.00
19	瑞金市(赣)	176.00
20	资兴市(湘)	6500.00
21	洞口县(湘)	3000.00
22	祁阳县(湘)	2000.00
23	桃源县(湘)	1000.00
24	靖州苗族侗族自治县(湘)	200.00
25	中方县(湘)	120.00
26	始兴县(粤)	1840.00
27	四会市(粤)	105.00
28	瑞丽市(滇)	912.66
29	青铜峡市(宁)	100.00

表 8-5 木炭出口

国家/地区	出口数量(吨)	出口金额(千美元)
38021010 木质活性炭		
合计	48300	58719
日本	17193	24925
韩国	3159	3998
印度	3270	3664
泰国	2204	2421
美国	1417	1826
印度尼西亚	2110	1698
俄罗斯联邦	1229	1487
台湾省	1670	1456
比利时	1000	1452
越南	1711	1383
荷兰	1473	1309
意大利	1097	1068
英国	795	1049
法国	815	984
阿根廷	896	970
墨西哥	839	926
伊朗	591	735
突尼斯	722	695
南非	613	642
德国	423	596
埃及	462	575
秘鲁	575	506
爱沙尼亚	332	376
马来西亚	289	321
澳大利亚	256	320
巴基斯坦	317	320
新加坡	252	297
西班牙	204	232
香港	143	223
巴拿马	450	203
加拿大	179	194
巴西	161	183
危地马拉	167	182
智利	124	157
土耳其	120	130
哈萨克斯坦	79	125
萨尔瓦多	107	120
波兰	55	114
塔吉克斯坦	45	97
新西兰	75	93
以色列	70	85
津巴布韦	153	72
捷克	54	67
沙特阿拉伯	70	65
瑞典	43	50

国家/地区	出口数量（吨）	出口金额（千美元）
叙利亚	36	41
肯尼亚	12	33
哥伦比亚	30	29
孟加拉国	20	28
朝鲜	18	24
瑞士	22	20
阿联酋	23	20
立陶宛	20	20
巴布亚新几内亚	16	19
斯洛伐克	13	15
菲律宾	13	15
斯里兰卡	10	12
乌克兰	5	11
厄瓜多尔	10	11
乌拉圭	8	9
委内瑞拉	5	6
希腊	5	5
芬兰	10	4
洪都拉斯	2	2
布基纳法索	1	2
哥斯达黎加	0	2
加纳	14	1
澳门	1	1
44029000 其他木炭（包括果壳炭及果核炭），不论是否结块		
合计	50510	28492
日本	31886	14730
韩国	6042	3611
英国	4497	1787
以色列	894	1521
南非	609	1096
伊朗	547	686
约旦	427	686
泰国	357	502
伊拉克	407	392
美国	609	366
阿联酋	274	332
希腊	213	329
沙特阿拉伯	308	219
摩洛哥	114	164
西班牙	133	149
丹麦	420	141
挪威	317	123
新加坡	246	100
孟加拉国	48	99
巴西	64	95
乌克兰	69	92

国家/地区	出口数量（吨）	出口金额（千美元）
比利时	59	92
台湾省	288	87
意大利	73	82
德国	81	61
缅甸	268	61
黎巴嫩	50	53
科威特	15	50
加纳	11	50
阿尔及利亚	50	46
马达加斯加	24	45
越南	17	45
法国	63	44
澳门	311	44
澳大利亚	101	43
突尼斯	20	39
巴勒斯坦	23	37
巴基斯坦	34	34
荷兰	65	32
芬兰	17	26
俄罗斯联邦	22	25
菲律宾	31	23
加拿大	11	21
贝宁	6	20
新西兰	53	19
也门	28	19
葡萄牙	10	17
马来西亚	41	17
委内瑞拉	20	14
利比亚	17	13
印度尼西亚	41	12
香港	53	11
捷克	1	10
土耳其	26	10
卡塔尔	15	10
马耳他	11	9
印度	14	8
朝鲜	6	7
瑞典	25	7
厄瓜多尔	4	6
埃及	1	5
梅利利亚	11	5
冰岛	9	5
巴林	1	3
匈牙利	2	2
新喀里多尼亚	1	2
瑞士	2	1
斯里兰卡	0	1

表 8-6　木炭进口

国家/地区	进口数量（吨）	进口金额（千美元）
38021010 木质活性炭		
合计	3649	16436
日本	801	6140
美国	1050	5622
英国	245	1299
印度尼西亚	1058	1169
荷兰	82	704
法国	120	415
韩国	72	345
菲律宾	75	238
德国	26	207
斯里兰卡	55	114
台湾省	18	107
马来西亚	46	64
中华人民共和国	1	9
芬兰	1	2
加拿大	0	1
印度	0	1
44029000 其他木炭（包括果壳炭及果核炭），不论是否结块		
合计	175757	22984
缅甸	110327	10395
印度尼西亚	24287	4643
菲律宾	20822	4329
越南	15710	2817
老挝	3254	258
日本	37	111
马来西亚	415	89
斯里兰卡	40	87
韩国	422	85
蒙古	125	34
波兰	11	22
美国	29	22
英国	1	19
孟加拉国	63	15
多哥	100	15
俄罗斯联邦	42	11
中华人民共和国	22	9
比利时	3	8
乌克兰	12	7
台湾省	27	5
法国	0	2
新加坡	2	1
朝鲜	3	1
埃及	2	0

竹　藤

【概　况】竹藤产业不只是竹藤柳的种植和采集，还包括竹餐具、竹地板等竹藤制品、竹藤柳编结品、竹藤柳家具、竹胶合板、竹异形材、竹炭、竹浆、竹纸制品、竹醋、竹纤维纺织品、竹笋及制品等。

竹藤产业产值(不含竹藤家具制造)对林业总产值的贡献为2.33%，全国竹材产量14.3亿根，福建省最多，占全国总量的28.94%，其次是广西、浙江、广东、云南，前5省(区)占全国总量的77.44%。全国竹、藤、棕、草制品企业数量18137家，浙江省最多，占全国总量的25.05%，其次是福建、广东、山东、江西，前5省占全国总量的64.57%。全国竹、藤、棕、草工艺品制造企业数量10812家，浙江省最多，占全国总量的35.41%，其次是福建、山东、广东、广西，前5省(区)占全国总量的79.07%。见表9-1，表9-2。

竹藤类林产品出口金额22亿美元，其中：竹藤编结品12亿美元，占54.46%；竹地板近2.9亿美元，占13.05%；竹筷、竹餐具、竹刻、竹毛笔等其他竹制品占13.05%；竹笋或其制品2.4亿美元，占10.85%；竹家具3.11%，竹胶合板2.76%。进口金额0.55亿美元。见表9-3。

至2010年底，我国关于竹藤产业的政策，主要是1992年商业部颁布的《关于促进竹类产品流通的意见》(商业部〔1992〕土字第54号)。安徽省林业厅发布了《安徽省竹业生产“十一五”发展规划》。另外，我国关于竹藤生产有一个国家标准，由国家技术监督局颁布，中国林科院木工所制定的《竹材物理力学性质试验方法》(GB/T 15780－1995)，1996年开始实施。

在国家林业局科技司统计的50项竹藤类科技成果中，速生竹种的引种、繁殖技术和推广共有13项；竹的综合利用共有20项，涉及到竹地板、竹炭、竹醋、竹笋等方面；另外还有毛竹的病虫害防治、毛竹增产技术和竹木的复合材料等方面的研究。其中国防竹藤网络中心承担的国家科技支撑项目竹藤资源培育与高附加值加工利用技术研究和竹类资源环境友好经营与循环利用关键技术研究与示范共申报专利81项，发表论文432篇。见表9-4。

我国目前共有10个竹藤协会，主要负责竹子的培育、生产、加工、贸易、科研、教学和管理。见表9-5。

表9-1　竹藤各指标在全国排名前5名的省份

指标	全国排位前5名的省份及占全国比例
竹材产量(14.3亿根)	福建28.94%、广西18.39%、浙江11.76%、广东9.27%、云南9.09%
毛竹产量	福建、浙江、云南、安徽、广西
篙竹产量	广西、福建、广东、浙江、云南
小杂竹产量	四川、云南、广东、重庆、福建
竹、藤、棕、草制品企业数量(18137家)	浙江25.05%、福建17.45%、广东9.04%、山东6.67%、江西6.37%
竹、藤、棕、草工艺品制造企业数量(10812家)	浙江35.41%、福建18.81%、山东10.77%、广东9.33%、广西4.74%

表 9-2 竹材产量及相关企业数量

地区	竹材				竹、藤、棕、草制品业企业数量（个）	竹、藤、棕、草工艺品制造企业数量（个）
	竹材（万根）			小杂竹（万吨）		
	合计	毛竹	篙竹			
全国合计	143007.81	93495.69	49512.12	1000.85	18137	10812
北京					76	36
天津					95	62
河北					189	96
山西					55	12
内蒙古					40	14
辽宁					253	259
吉林					161	51
黑龙江					188	82
上海				0.15	183	52
江苏	436.55	388.56	47.99	0.90	629	325
浙江	16810.58	15029.89	1780.69	38.66	4543	3829
安徽	9383.87	8849.25	534.62	27.64	799	304
福建	41386.00	26601.00	14785.00	49.02	3165	2034
江西	6198.69	5691.07	507.61	16.13	1155	281
山东					1209	1164
河南	203.20	184.09	19.11	1.55	301	146
湖北	2615.56	1494.45	1121.12	9.58	243	55
湖南	6029.20	5621.05	408.15	26.89	1120	153
广东	13252.03	3478.14	9773.89	95.92	1639	1009
广西	26292.03	8712.93	17579.10	42.65	804	513
海南	1615.94	430.74	1185.20	1.03	48	11
重庆	104.90	96.20	8.70	54.29	274	79
四川	4446.99	4150.49	296.50	416.51	501	116
贵州	415.40	408.25	7.15	24.03	122	32
云南	13004.91	11761.59	1243.32	192.92	145	36
西藏	35.75	35.75		0.01	2	1
陕西	776.22	562.25	213.96	2.70	97	35
甘肃				0.27	41	12
青海					6	3
宁夏					28	4
新疆					26	6

表 9-3 全国竹藤类产品进出口贸易总值

产品类别		单位	出口数量	出口金额（千美元）	进口数量	进口金额（千美元）
竹藤类总计				2216392		55087
竹藤原料	合计	吨	106301	46539	95973	45336
竹藤编结品	合计	吨	352797	1207076	405	1916
竹家具	合计			68981		2109
竹胶合板	合计	立方米	85688	61157	1713	1031

产品类别		单位	出口数量	出口金额(千美元)	进口数量	进口金额(千美元)
竹制品	合计			578370		1036
	竹筷子	吨	58148	85435	119	197
	竹餐具	吨	32231	114232	95	386
	竹刻	吨	17	85	1	5
	竹签等	吨	35607	76134	7	22
	扫帚等	千把	39304	8309	634	15
	竹毛笔	千支	31061	5020	1033	223
	竹地板	吨	169154	289155	112	189
竹异形材	合计	吨	1064	2760		
竹炭	合计	吨	12888	7256	2	23
竹浆	合计	吨	2516	1963	3371	1934
竹纸制品	合计	吨	1559	1745	0	1
竹笋或其制品	合计	吨	174747	240545	690	1700

表 9-4 竹藤科研项目

	项目名称	研究单位(项目完成年)
1	大型笋材用丛生竹丰产林定向培育技术推广	西南林学院(2004)
2	珍稀竹种巨龙竹生态生物学特性和开发利用基础性研究	西南林学院(2003)
3	毛竹基腐病综合防治技术研究	南京林业大学
4	生物改性竹炭对城市河道污水处理技术研究	南京林业大学(2005)
5	竹园特大型污水处理厂关键施工技术研究	上海市第一建筑有限公司(2004)
6	竹林生物肥产业化中试及施用技术示范	中国林科院亚热带林研所
7	毛竹材用优良无性系选育	江西省林业科学院(2005)
8	笋竹两用丰产林培育及竹制品加工技术远程培训	井冈山市科技市场
9	竹木及高密度纤维板复合地热地板的研究	安徽亚普竹业有限公司　南京林业大学木材工业学院(2009)
10	BNP 毛竹增产剂与幼竹竹腔施肥技术研究	江西省林业科学院　江西省林业科技推广总站(2005)
11	竹资源综合利用技术研究	中国林科院林产化工研究所(2005)
12	国外优良速生竹快速繁殖技术	中国林科院亚热带林研所　华安县林业局　华南热带农业大学等(2005)
13	国外优良速生竹种生态适应性评价及种苗扩繁技术	中国林科院亚热带林研所　福建省华安县林业局等(2006)
14	丛生笋用竹高效可持续经营技术	中国林科院亚热带林研所　福建漳浦县林业局等(2006)
15	人工林自动整枝技术及设备	北京林业大学　石家庄中博科技发展有限公司(2006)
16	珍稀竹类种质资源的收集保存与开发利用	浙江省林科院(2010)
17	竹炭生产关键技术、应用机理及系列产品研制与应用	浙江林学院　南京林业大学化工学院　遂昌县文照竹炭有限公司等(2006)
18	竹纤维复合材料结构、性能及制备工艺的研究	江西农业大学　江西宏丰人造板有限公司(2006)
19	四川丛生竹林定向培育技术研究及产业化示范	四川农业大学　四川省林科院
20	绿竹笋用林高效经营技术推广示范	中国雨田集团有限公司　中国林科院亚热带林研所(2005)
21	云南竹种资源及主要材用竹种材性和快速繁殖技术研究	西南林学院
22	寿竹丰产培育技术研究与应用	梁平县林业科技推广中心　重庆市林科院竹子研究所(2007)
23	毛竹"一竹三笋"高效栽培技术示范推广	浙江省林科院
24	一种新型竹编织饰面结构材料	福建农林大学
25	空心竹地板	中南林业科技大学(2009)
26	四季笋竹园丰产培育及加工利用技术开发	中国林科院
27	竹藤资源技术标准体系构建	国际竹藤网络中心(2010)
28	梁柱式杉木结构建造技术	国际竹藤网络中心(2010)

	项目名称	研究单位(项目完成年)
29	海岛优良竹种筛选和培育技术研究	中国林科院亚热带林研所(2009)
30	毛竹丰产林培育技术推广与示范	仙居县林业技术推广总站(2009)
31	毛竹低产林短期高效复壮技术研究与示范	桂林市林科所(2009)
32	毛竹林生态经营技术	国际竹藤网络中心(2010)
33	板材用竹种筛选及丰产培育技术	国际竹藤网络中心(2010)
34	竹林营养诊断与专用矿渣肥施用技术	国际竹藤网络中心(2010)
35	纺织用竹纤维制取及鉴别技术	国际竹藤网络中心(2010)
36	竹产品的γ射线防霉处理方法	国际竹藤网络中心(2010)
37	落叶松材工字搁栅关键制造技术	国际竹藤网络中心(2010)
38	太阳能圆竹预制房屋建造技术	国际竹藤网络中心(2010)
39	竹提取物杀虫、抗菌活性高效筛选与制剂制备技术	国际竹藤网络中心(2010)
40	高纯度竹叶黄酮及其功能保健品制备技术	国际竹藤网络中心(2010)
41	二种植物提取物开发天然防护剂技术	国际竹藤网络中心(2010)
42	竹醋果蔬防腐保鲜剂与禽舍消毒剂制备技术	国际竹藤网络中心(2010)
43	竹林专用矿渣缓释肥及其制备技术	国际竹藤网络中心(2010)
44	棕榈藤材性能测试及变色防治新技术	国际竹藤网络中心(2010)
45	竹木互补复合材料制造技术	国际竹藤网络中心(2010)
46	三种植物材料防护处理竹材技术	国际竹藤网络中心(2010)
47	水竹开花生理代谢机制及花后复壮更新技术	国际竹藤网络中心(2010)
48	竹藤资源技术标准体系构建	国际竹藤网络中心(2010)
49	竹林生态功能评价及生产力维持技术	国际竹藤网络中心(2010)
50	竹藤资源培育与高附加值加工利用技术研究	国际竹藤网络中心
51	竹类资源环境友好经营与循环利用关键技术研究与示范	国际竹藤网络中心
52	木、竹基复合新材料技术引进与创新	国际竹藤网络中心

表 9-5 竹藤国家级和省级协会

1	中国竹产业协会
2	上海江南丝竹协会
3	浙江省竹业协会
4	安徽省木竹产业协会
5	福建省竹业协会
6	福建省竹业协会笋食品分会
7	福建省竹业协会竹炭分会
8	福建省竹业协会竹制品分会
9	福建省林产工业协会木竹地板行业分会
10	江西省竹产业协会
11	湖南省竹产业协会
12	海南省竹藤协会
13	云南省竹藤产业协会

表 9-6-1 毛竹主产地产量

	毛竹主产地	万根
1	阜宁县(苏)	151.70
2	新沂市(苏)	10.00
3	丹徒区(苏)	3.00
4	京口区(苏)	2.00
5	仪征市(苏)	0.40
6	安吉县(浙)	2800.00
7	庆元县(浙)	1256.24
8	衢江区(浙)	1000.00
9	龙泉市(浙)	985.11
10	余杭区(浙)	720.86
11	遂昌县(浙)	699.97
12	德清县(浙)	569.00
13	淳安县(浙)	552.36
14	奉化市(浙)	500.00
15	鄞州区(浙)	478.00
16	吴兴区(浙)	475.48
17	宁海县(浙)	400.00
18	长兴县(浙)	313.00
19	余姚市(浙)	166.00
20	松阳县(浙)	166.00
21	桐庐县(浙)	140.63
22	萧山区(浙)	116.00
23	浦江县(浙)	105.58
24	江山市(浙)	98.87
25	景宁畲族自治县(浙)	69.48
26	临海市(浙)	54.96
27	婺城区(浙)	50.00
28	常山县(浙)	50.00
29	临安市(浙)	45.00

	毛竹主产地	万根
30	建德市(浙)	41.30
31	磐安县(浙)	37.49
32	莲都区(浙)	35.80
33	象山县(浙)	20.67
34	江北区(浙)	20.00
35	云和县(浙)	15.00
36	缙云县(浙)	11.80
37	青田县(浙)	8.90
38	宁波市市辖区(浙)	5.13
39	北仑区(浙)	5.00
40	镇海区(浙)	2.98
41	西湖区(浙)	2.30
42	慈溪市(浙)	2.13
43	义乌市(浙)	1.20
44	富阳市(浙)	0.66
45	广德县(皖)	2450.00
46	霍山县(皖)	1120.00
47	宁国市(皖)	986.50
48	泾　县(皖)	647.00
49	金寨县(皖)	275.00
50	东至县(皖)	232.20
51	休宁县(皖)	210.00
52	宣州区(皖)	203.00
53	黄山区(皖)	160.00
54	宿松县(皖)	150.00
55	潜山县(皖)	130.00
56	黟　县(皖)	130.00
57	祁门县(皖)	100.00
58	繁昌县(皖)	100.00
59	郎溪县(皖)	94.00
60	舒城县(皖)	90.00
61	青阳县(皖)	81.39
62	太湖县(皖)	58.60
63	南陵县(皖)	57.00
64	居巢区(皖)	46.00
65	旌德县(皖)	46.00
66	徽州区(皖)	37.00
67	贵池区(皖)	33.00
68	池州市九华山风景区(皖)	33.00
69	庐江县(皖)	32.56
70	歙　县(皖)	15.00
71	滁州市沙河集林业总场(皖)	15.00
72	无为县(皖)	7.00
73	桐城市(皖)	3.00
74	屯溪区(皖)	2.00
75	南谯区(皖)	2.00
76	含山县(皖)	1.10
77	鸠江区(皖)	1.00
78	怀宁县(皖)	1.00
79	和　县(皖)	1.00
80	当涂县(皖)	0.99
81	芜湖县(皖)	0.80
82	定远县(皖)	0.60
83	全椒县(皖)	0.50
84	明光市(皖)	0.13
85	建瓯市(闽)	2354.00
86	永安市(闽)	1966.00
87	尤溪县(闽)	1702.00
88	永泰县(闽)	1362.00
89	宁化县(闽)	1255.00
90	新罗区(闽)	1220.00
91	漳平市(闽)	1036.00
92	连城县(闽)	967.00
93	浦城县(闽)	950.00
94	顺昌县(闽)	845.00
95	长汀县(闽)	840.00
96	延平区(闽)	779.00
97	邵武市(闽)	755.00
98	沙　县(闽)	715.00
99	武夷山市(闽)	685.00
100	政和县(闽)	675.00
101	明溪县(闽)	628.00
102	建阳市(闽)	580.00
103	古田县(闽)	500.00
104	清流县(闽)	498.00
105	武平县(闽)	460.00
106	上杭县(闽)	458.00
107	福鼎市(闽)	445.00
108	泰宁县(闽)	354.00
109	永定县(闽)	327.00
110	大田县(闽)	326.00
111	寿宁县(闽)	325.00
112	福安市(闽)	300.00
113	仙游县(闽)	280.00
114	柘荣县(闽)	268.00
115	将乐县(闽)	260.00
116	光泽县(闽)	240.00
117	松溪县(闽)	233.00
118	三元区(闽)	230.00
119	长泰县(闽)	225.00
120	芗城区(闽)	178.00
121	建宁县(闽)	157.00
122	蕉城区(闽)	150.00
123	安溪县(闽)	144.00
124	德化县(闽)	120.00
125	屏南县(闽)	110.00
126	闽侯县(闽)	99.00
127	晋安区(闽)	90.00
128	平和县(闽)	79.00
129	涵江区(闽)	75.00
130	华安县(闽)	58.00
131	梅列区(闽)	48.00
132	龙海市(闽)	45.00
133	南靖县(闽)	38.00
134	周宁县(闽)	31.00
135	永春县(闽)	30.00
136	霞浦县(闽)	25.00
137	城厢区(闽)	23.00
138	诏安县(闽)	10.00
139	闽清县(闽)	9.00
140	罗源县(闽)	9.00
141	资溪县(赣)	450.00
142	崇义县(赣)	420.38
143	奉新县(赣)	379.43
144	万载县(赣)	272.00
145	宜丰县(赣)	255.85
146	新干县(赣)	209.04
147	上饶县(赣)	183.00
148	丰城市(赣)	180.00
149	铜鼓县(赣)	176.70
150	遂川县(赣)	163.00
151	靖安县(赣)	158.80
152	大余县(赣)	145.47
153	宜春市明月山温泉风景名胜区(赣)	145.00
154	贵溪市(赣)	98.44
155	安福县(赣)	98.26
156	临川区(赣)	80.00
157	全南县(赣)	78.46
158	芦溪县(赣)	76.00
159	宜黄县(赣)	71.80
160	瑞金市(赣)	65.06
161	德兴市(赣)	62.92
162	上犹县(赣)	53.40
163	永丰县(赣)	40.90
164	婺源县(赣)	38.59
165	高安市(赣)	38.00
166	崇仁县(赣)	36.40
167	湾里区(赣)	35.00

	毛竹主产地	万根
168	分宜县(赣)	31.00
169	泰和县(赣)	31.00
170	会昌县(赣)	30.00
171	广丰县(赣)	29.85
172	金溪县(赣)	29.00
173	袁州区(赣)	28.75
174	南城县(赣)	24.30
175	黎川县(赣)	22.42
176	修水县(赣)	22.10
177	都昌县(赣)	21.00
178	横峰县(赣)	20.00
179	南丰县(赣)	17.90
180	上高县(赣)	16.80
181	樟树市(赣)	13.72
182	章贡区(赣)	13.50
183	兴国县(赣)	13.24
184	峡江县(赣)	10.60
185	广昌县(赣)	8.55
186	莲花县(赣)	7.00
187	龙南县(赣)	6.75
188	德安县(赣)	6.10
189	瑞昌市(赣)	6.05
190	彭泽县(赣)	6.03
191	新建县(赣)	4.85
192	乐安县(赣)	4.81
193	九江县(赣)	4.30
194	乐平市(赣)	3.66
195	安义县(赣)	3.28
196	赣　县(赣)	3.00
197	寻乌县(赣)	3.00
198	吉安县(赣)	2.45
199	余江县(赣)	2.10
200	湖口县(赣)	1.00
201	吉州区(赣)	0.50
202	余干县(赣)	0.30
203	东乡县(赣)	0.16
204	商城县(豫)	50.00
205	淅川县(豫)	40.00
206	新　县(豫)	32.00
207	固始县(豫)	14.00
208	唐河县(豫)	5.50
209	内乡县(豫)	1.00
210	郧　县(鄂)	310.00
211	崇阳县(鄂)	264.00
212	咸安区(鄂)	208.00
213	沙洋县(鄂)	200.00
214	蕲春县(鄂)	166.00
215	夷陵区(鄂)	160.00
216	保康县(鄂)	40.00
217	罗田县(鄂)	25.00
218	英山县(鄂)	16.00
219	武穴市(鄂)	15.00
220	宜都市(鄂)	14.60
221	利川市(鄂)	10.80
222	当阳市(鄂)	10.00
223	来凤县(鄂)	9.34
224	麻城市(鄂)	7.60
225	石首市(鄂)	6.00
226	安陆市(鄂)	5.00
227	咸丰县(鄂)	4.60
228	黄梅县(鄂)	4.30
229	团风县(鄂)	3.50
230	宣恩县(鄂)	3.00
231	嘉鱼县(鄂)	2.60
232	恩施市(鄂)	2.60
233	大冶市(鄂)	1.77
234	随　县(鄂)	1.00
235	大悟县(鄂)	1.00
236	京山县(鄂)	1.00
237	公安县(鄂)	0.80
238	红安县(鄂)	0.50
239	浠水县(鄂)	0.16
240	松滋市(鄂)	0.15
241	樊城区(鄂)	0.10
242	桃江县(湘)	1200.00
243	隆回县(湘)	500.00
244	浏阳市(湘)	309.12
245	桃源县(湘)	300.00
246	洞口县(湘)	256.00
247	绥宁县(湘)	233.00
248	株洲县(湘)	160.00
249	汉寿县(湘)	160.00
250	祁东县(湘)	137.50
251	洪江管理区(湘)	129.50
252	耒阳市(湘)	120.00
253	慈利县(湘)	120.00
254	永定区(湘)	120.00
255	武陵源区(湘)	100.00
256	湘潭县(湘)	100.00
257	新宁县(湘)	100.00
258	洪江市(湘)	85.00
259	苏仙区(湘)	79.31
260	北湖区(湘)	77.80
261	衡山县(湘)	65.00
262	南岳区(湘)	60.00
263	桑植县(湘)	60.00
264	宁乡县(湘)	60.00
265	零陵区(湘)	60.00
266	通道侗族自治县(湘)	60.00
267	衡南县(湘)	50.00
268	汝城县(湘)	49.72
269	武冈市(湘)	39.00
270	桂东县(湘)	37.00
271	临湘市(湘)	35.00
272	资阳区(湘)	33.00
273	城步苗族自治县(湘)	30.00
274	湘乡市(湘)	30.00
275	华容县(湘)	29.00
276	东安县(湘)	26.79
277	湘阴县(湘)	26.00
278	衡阳县(湘)	21.00
279	安仁县(湘)	20.10
280	攸　县(湘)	20.00
281	珠晖区(湘)	20.00
282	茶陵县(湘)	20.00
283	醴陵市(湘)	20.00
284	临武县(湘)	18.84
285	常宁市(湘)	18.70
286	汨罗市(湘)	18.00
287	衡东县(湘)	17.80
288	涟源市(湘)	17.64
289	双峰县(湘)	17.58
290	资兴市(湘)	16.00
291	炎陵县(湘)	15.80
292	邵东县(湘)	15.00
293	开福区(湘)	15.00
294	桂阳县(湘)	14.10
295	靖州苗族侗族自治县(湘)	14.00
296	鼎城区(湘)	13.50
297	溆浦县(湘)	13.30
298	新邵县(湘)	12.00
299	中方县(湘)	10.00
300	石门县(湘)	10.00
301	益阳市市辖区(湘)	10.00
302	沅陵县(湘)	9.33
303	平江县(湘)	9.00
304	新田县(湘)	8.90
305	赫山区(湘)	7.50

	毛竹主产地	万根
306	祁阳县(湘)	7.21
307	鹤城区(湘)	6.53
308	芷江侗族自治县(湘)	4.60
309	安乡县(湘)	4.50
310	辰溪县(湘)	4.20
311	张家界市市辖区(湘)	4.00
312	安化县(湘)	4.00
313	娄星区(湘)	3.00
314	宜章县(湘)	3.00
315	麻阳苗族自治县(湘)	3.00
316	江华瑶族自治县(湘)	2.59
317	冷水滩区(湘)	2.27
318	蒸湘区(湘)	2.00
319	长沙县(湘)	1.95
320	新化县(湘)	1.56
321	邵阳县(湘)	1.30
322	冷水江市(湘)	1.20
323	新晃侗族自治县(湘)	1.00
324	韶山市(湘)	0.80
325	澧　县(湘)	0.50
326	北塔区(湘)	0.30
327	临澧县(湘)	0.30
328	娄底市市辖区(湘)	0.20
329	江永县(湘)	0.10
330	雨花区(湘)	0.10
331	南雄市(粤)	312.80
332	仁化县(粤)	301.76
333	封开县(粤)	128.00
334	清新县(粤)	118.30
335	英德市(粤)	107.00
336	连山壮族瑶族自治县(粤)	80.00
337	信宜市(粤)	70.00
338	五华县(粤)	66.23
339	连南瑶族自治县(粤)	65.60
340	阳山县(粤)	64.10
341	惠东县(粤)	51.29
342	连州市(粤)	50.28
343	从化市(粤)	48.66
344	始兴县(粤)	44.14
345	平远县(粤)	41.66
346	大埔县(粤)	39.00
347	浈江区(粤)	33.12
348	和平县(粤)	30.20
349	龙川县(粤)	25.76
350	云城区(粤)	24.00
351	潮安县(粤)	20.00
352	清城区(粤)	19.34
353	郁南县(粤)	18.50
354	揭东县(粤)	17.48
355	普宁市(粤)	17.00
356	广州市属总林场(粤)	17.00
357	翁源县(粤)	9.45
358	乳源瑶族自治县(粤)	9.20
359	紫金县(粤)	9.00
360	清远市属总林场(粤)	9.00
361	武江区(粤)	7.36
362	梅　县(粤)	5.52
363	霞山区(粤)	5.00
364	佛冈县(粤)	5.00
365	高州市(粤)	5.00
366	麻章区(粤)	5.00
367	曲江区(粤)	4.69
368	湘桥区(粤)	2.80
369	潮州市枫溪区(粤)	0.20
370	兴安县(桂)	1470.80
371	灵山县(桂)	1300.00
372	灵川县(桂)	796.95
373	灌阳县(桂)	556.42
374	柳江县(桂)	505.00
375	融水苗族自治县(桂)	400.00
376	罗城仫佬族自治县(桂)	277.00
377	资源县(桂)	250.00
378	永福县(桂)	231.50
379	龙胜各族自治县(桂)	218.26
380	鹿寨县(桂)	206.21
381	融安县(桂)	175.00
382	临桂县(桂)	148.00
383	八步区(桂)	104.19
384	昭平县(桂)	99.70
385	平乐县(桂)	71.00
386	全州县(桂)	71.00
387	蒙山县(桂)	65.00
388	玉林市福绵管理区(桂)	60.00
389	大化瑶族自治县(桂)	60.00
390	贺州市平桂管理区(桂)	58.00
391	钟山县(桂)	55.00
392	环江毛南族自治县(桂)	50.00
393	西林县(桂)	40.00
394	南丹县(桂)	37.70
395	东兰县(桂)	32.00
396	天峨县(桂)	19.00
397	武鸣县(桂)	19.00
398	三江侗族自治县(桂)	18.13
399	象州县(桂)	17.34
400	金秀瑶族自治县(桂)	15.03
401	秀峰区(桂)	12.00
402	叠彩区(桂)	12.00
403	七星区(桂)	10.00
404	凤山县(桂)	5.00
405	恭城瑶族自治县(桂)	3.00
406	富川瑶族自治县(桂)	2.40
407	苍梧县(桂)	2.00
408	合川区(渝)	15.00
409	秀山土家族苗族自治县(渝)	15.00
410	开　县(渝)	10.00
411	永川区(渝)	6.00
412	江津区(渝)	4.00
413	梁平县(渝)	3.00
414	彭水苗族土家族自治县(渝)	3.00
415	石柱土家族自治县(渝)	1.30
416	云阳县(渝)	1.10
417	酉阳土家族苗族自治县(渝)	1.00
418	綦江县(渝)	1.00
419	奉节县(渝)	1.00
420	北碚区(渝)	0.63
421	大足县(渝)	0.40
422	荣昌县(渝)	0.32
423	巴南区(渝)	0.28
424	璧山县(渝)	0.27
425	会理县(川)	1800.00
426	苍溪县(川)	898.00
427	天全县(川)	160.00
428	合江县(川)	150.00
429	叙永县(川)	100.00
430	长宁县(川)	98.20
431	平昌县(川)	75.00
432	沐川县(川)	50.00
433	兴文县(川)	45.00
434	邛崃市(川)	30.00
435	嘉陵区(川)	22.90
436	纳溪区(川)	21.00
437	古蔺县(川)	21.00
438	珙　县(川)	16.48
439	游仙区(川)	13.20
440	南溪县(川)	13.00
441	华蓥市(川)	12.00
442	富顺县(川)	9.71
443	盐边县(川)	8.67

	毛竹主产地	万根
444	宣汉县(川)	7.00
445	北川羌族自治县(川)	6.20
446	屏山县(川)	6.00
447	蓬安县(川)	5.35
448	江安县(川)	4.50
449	五通桥区(川)	4.25
450	崇州市(川)	4.20
451	泸　县(川)	3.00
452	筠连县(川)	2.35
453	旺苍县(川)	2.03
454	沙湾区(川)	1.80
455	宜宾县(川)	1.37
456	犍为县(川)	1.29
457	高坪区(川)	1.00
458	绵竹市(川)	0.80
459	高　县(川)	0.70
460	荣　县(川)	0.26
461	乐山市市中区(川)	0.12
462	天柱县(黔)	24.00
463	清镇市(黔)	15.30
464	都匀市(黔)	13.59
465	乌当区(黔)	10.10
466	瓮安县(黔)	7.68
467	镇远县(黔)	6.87
468	六枝特区(黔)	6.87
469	贵定县(黔)	5.00
470	锦屏县(黔)	4.12
471	榕江县(黔)	3.00
472	关岭布依族苗族自治县(黔)	2.60
473	威宁彝族回族苗族自治县(黔)	2.00
474	平坝县(黔)	0.75
475	镇宁布依族苗族自治县(黔)	0.50
476	黎平县(黔)	0.42
477	丹寨县(黔)	0.20
478	三穗县(黔)	0.11
479	凯里市(黔)	0.10
480	宣威市(滇)	1040.00
481	麒麟区(滇)	805.00
482	富源县(滇)	725.00
483	梁河县(滇)	400.00
484	云龙县(滇)	389.00
485	维西傈僳族自治县(滇)	334.00
486	景谷傣族彝族自治县(滇)	331.00
487	双江拉祜族佤族布朗族傣族自治县(滇)	311.43
488	新平彝族傣族自治县(滇)	274.47

	毛竹主产地	万根
489	沧源佤族自治县(滇)	261.00
490	昌宁县(滇)	260.00
491	勐海县(滇)	248.00
492	施甸县(滇)	201.00
493	南涧彝族自治县(滇)	180.00
494	云　县(滇)	165.00
495	永德县(滇)	153.67
496	禄丰县(滇)	152.00
497	红河县(滇)	139.80
498	腾冲县(滇)	111.00
499	澜沧拉祜族自治县(滇)	110.00
500	凤庆县(滇)	105.35
501	弥渡县(滇)	105.00
502	景东彝族自治县(滇)	103.00
503	马关县(滇)	100.00
504	福贡县(滇)	100.00
505	澄江县(滇)	95.00
506	红塔区(滇)	94.60
507	华坪县(滇)	80.00
508	隆阳区(滇)	67.27
509	楚雄市(滇)	55.56
510	彝良县(滇)	55.00
511	麻栗坡县(滇)	46.00
512	瑞丽市(滇)	42.60
513	盈江县(滇)	40.43
514	临翔区(滇)	38.00
515	耿马傣族佤族自治县(滇)	37.87
516	祥云县(滇)	36.72
517	芒　市(滇)	36.25
518	孟连傣族拉祜族佤族自治县(滇)	35.00
519	陇川县(滇)	33.00
520	牟定县(滇)	32.00
521	墨江哈尼族自治县(滇)	29.00
522	武定县(滇)	29.00
523	蒙自市(滇)	28.90
524	江城哈尼族彝族自治县(滇)	28.00
525	巍山彝族回族自治县(滇)	25.12
526	建水县(滇)	25.00
527	宁洱哈尼族彝族自治县(滇)	22.00
528	永仁县(滇)	20.70
529	金平苗族瑶族傣族自治县(滇)	15.55
530	思茅区(滇)	9.00
531	威信县(滇)	8.00
532	个旧市(滇)	6.65
533	大姚县(滇)	6.62
534	元阳县(滇)	6.50

	毛竹主产地	万根
535	西畴县(滇)	5.73
536	南华县(滇)	5.30
537	盐津县(滇)	5.00
538	姚安县(滇)	4.70
539	巧家县(滇)	3.00
540	畹町市(滇)	2.60
541	景洪市(滇)	1.31
542	峨山彝族自治县(滇)	0.68
543	宾川县(滇)	0.50
544	玉龙纳西族自治县(滇)	0.31
545	水富县(滇)	0.20
546	米林县(藏)	8.00
547	波密县(藏)	6.70
548	定结县(藏)	5.70
549	察隅县(藏)	5.30
550	亚东县(藏)	3.00
551	聂拉木县(藏)	2.30
552	吉隆县(藏)	2.00
553	定日县(藏)	2.00
554	南郑县(陕)	362.00
555	太白林业局(陕)	30.02
556	临潼区(陕)	29.00
557	汉滨区(陕)	23.56
558	石泉县(陕)	11.90
559	岚皋县(陕)	8.00
560	洋　县(陕)	5.20
561	紫阳县(陕)	2.00
562	宁陕县(陕)	2.00
563	白河县(陕)	1.23

表 9-6-2　其他竹类主产地产量

	其他竹类主产地	万吨
1	金山区(沪)	0.15
2	东海县(苏)	0.40
3	阜宁县(苏)	0.30
4	临安市(浙)	21.35
5	余杭区(浙)	7.19
6	安吉县(浙)	3.80
7	镇海区(浙)	1.88
8	长兴县(浙)	0.95
9	德清县(浙)	0.90
10	常山县(浙)	0.60
11	奉化市(浙)	0.50
12	江北区(浙)	0.47
13	宁国市(皖)	8.67

	其他竹类主产地	万吨
14	南陵县(皖)	5.02
15	广德县(皖)	4.80
16	休宁县(皖)	0.90
17	宣州区(皖)	0.74
18	潜山县(皖)	0.70
19	桐城市(皖)	0.60
20	霍邱县(皖)	0.50
21	青阳县(皖)	0.45
22	埇桥区(皖)	0.41
23	东至县(皖)	0.39
24	太湖县(皖)	0.30
25	金寨县(皖)	0.27
26	定远县(皖)	0.20
27	全椒县(皖)	0.20
28	泾　县(皖)	0.15
29	黟　县(皖)	0.11
30	永泰县(闽)(篙竹万根)	1273.00
31	宁化县(闽)(篙竹万根)	1130.00
32	沙　县(闽)(篙竹万根)	963.00
33	顺昌县(闽)(篙竹万根)	912.00
34	尤溪县(闽)(篙竹万根)	770.00
35	长汀县(闽)(篙竹万根)	720.00
36	新罗区(闽)(篙竹万根)	670.00
37	建瓯市(闽)(篙竹万根)	650.00
38	永安市(闽)(篙竹万根)	634.00
39	清流县(闽)(篙竹万根)	580.00
40	漳平市(闽)(篙竹万根)	460.00
41	连城县(闽)(篙竹万根)	409.00
42	光泽县(闽)(篙竹万根)	380.00
43	上杭县(闽)(篙竹万根)	367.00
44	武平县(闽)(篙竹万根)	320.00
45	永定县(闽)(篙竹万根)	304.00
46	明溪县(闽)(篙竹万根)	304.00
47	平和县(闽)(篙竹万根)	298.00
48	建阳市(闽)(篙竹万根)	276.00
49	延平区(闽)(篙竹万根)	269.00
50	武夷山市(闽)(篙竹万根)	265.00
51	邵武市(闽)(篙竹万根)	251.00
52	将乐县(闽)(篙竹万根)	245.00
53	泰宁县(闽)(篙竹万根)	200.00
54	福鼎市(闽)(篙竹万根)	196.00
55	三元区(闽)(篙竹万根)	190.00
56	古田县(闽)(篙竹万根)	180.00
57	大田县(闽)(篙竹万根)	178.00
58	建宁县(闽)(篙竹万根)	155.00
59	芗城区(闽)(篙竹万根)	135.00
60	政和县(闽)(篙竹万根)	122.00
61	涵江区(闽)(篙竹万根)	117.00
62	蕉城区(闽)(篙竹万根)	116.00
63	松溪县(闽)(篙竹万根)	83.00
64	华安县(闽)(篙竹万根)	80.00
65	德化县(闽)(篙竹万根)	80.00
66	龙海市(闽)(篙竹万根)	57.00
67	永春县(闽)(篙竹万根)	56.00
68	晋安区(闽)(篙竹万根)	55.00
69	长泰县(闽)(篙竹万根)	54.00
70	浦城县(闽)(篙竹万根)	50.00
71	柘荣县(闽)(篙竹万根)	50.00
72	南靖县(闽)(篙竹万根)	48.00
73	福安市(闽)(篙竹万根)	38.00
74	屏南县(闽)(篙竹万根)	35.00
75	罗源县(闽)(篙竹万根)	23.00
76	梅列区(闽)(篙竹万根)	21.00
77	霞浦县(闽)(篙竹万根)	13.00
78	闽清县(闽)(篙竹万根)	3.00
79	兴国县(赣)	2.01
80	湾里区(赣)	2.00
81	德安县(赣)	1.80
82	横峰县(赣)	1.50
83	新建县(赣)	1.15
84	靖安县(赣)	1.06
85	遂川县(赣)	1.00
86	瑞昌市(赣)	0.80
87	铜鼓县(赣)	0.75
88	九江县(赣)	0.50
89	湖口县(赣)	0.50
90	乐安县(赣)	0.36
91	德兴市(赣)	0.30
92	瑞金市(赣)	0.20
93	崇仁县(赣)	0.11
94	桐柏县(豫)	0.30
95	固始县(豫)	0.28
96	光山县(豫)	0.22
97	新　县(豫)	0.12
98	浉河区(豫)	0.12
99	内乡县(豫)	0.10
100	嵩　县(豫)	0.10
101	大悟县(鄂)	2.00
102	安陆市(鄂)	2.00
103	房　县(鄂)	1.50
104	东宝区(鄂)	0.92
105	浠水县(鄂)	0.53
106	南漳县(鄂)	0.50
107	丹江口市(鄂)	0.50
108	京山县(鄂)	0.50
109	竹溪县(鄂)	0.30
110	兴山县(鄂)	0.21
111	谷城县(鄂)	0.20
112	广水市(鄂)	0.15
113	宜都市(鄂)	0.10
114	利川市(鄂)	0.10
115	东安县(湘)	4.40
116	桃源县(湘)	2.50
117	新化县(湘)	2.30
118	临湘市(湘)	2.00
119	衡南县(湘)	2.00
120	绥宁县(湘)	1.00
121	永定区(湘)	0.94
122	益阳市市辖区(湘)	0.80
123	城步苗族自治县(湘)	0.75
124	慈利县(湘)	0.71
125	麻阳苗族自治县(湘)	0.70
126	武陵源区(湘)	0.63
127	石门县(湘)	0.60
128	桑植县(湘)	0.56
129	会同县(湘)	0.52
130	双峰县(湘)	0.40
131	鼎城区(湘)	0.40
132	祁东县(湘)	0.35
133	张家界市市辖区(湘)	0.28
134	武冈市(湘)	0.20
135	湘阴县(湘)	0.20
136	南　县(湘)	0.20
137	汨罗市(湘)	0.15
138	沅陵县(湘)	0.15
139	江华瑶族自治县(湘)	0.14
140	湘潭县(湘)	0.10
141	桃江县(湘)	0.10
142	雨花区(湘)	0.10
143	安化县(湘)	0.10
144	大埔县(粤)	20.00
145	封开县(粤)	20.00
146	阳山县(粤)	10.04
147	怀集县(粤)	10.00
148	湘桥区(粤)	5.00
149	信宜市(粤)	5.00
150	英德市(粤)	3.90
151	惠东县(粤)	3.75

	其他竹类主产地	万吨
152	高州市(粤)	2.00
153	始兴县(粤)	1.88
154	恩平市(粤)	1.83
155	云城区(粤)	1.80
156	高要市(粤)	1.80
157	清城区(粤)	1.05
158	台山市(粤)	1.00
159	郁南县(粤)	1.00
160	茂南区(粤)	0.81
161	遂溪县(粤)	0.80
162	清新县(粤)	0.62
163	普宁市(粤)	0.42
164	萝岗区(粤)	0.40
165	雷州市(粤)	0.35
166	麻章区(粤)	0.30
167	蓬江区(粤)	0.30
168	连山壮族瑶族自治县(粤)	0.24
169	化州市(粤)	0.24
170	徐闻县(粤)	0.10
171	马山县(桂)	7.50
172	浦北县(桂)	5.30
173	蒙山县(桂)	5.00
174	灵山县(桂)	3.62
175	大化瑶族自治县(桂)	3.00
176	隆安县(桂)	2.05
177	苍梧县(桂)	1.68
178	博白县(桂)	1.60
179	贺州市平桂管理区(桂)	1.47
180	防城区(桂)	1.10
181	良庆区(桂)	1.07
182	融安县(桂)	1.00
183	天等县(桂)	0.89
184	兴安县(桂)	0.80
185	平乐县(桂)	0.70
186	八步区(桂)	0.45
187	罗城仫佬族自治县(桂)	0.44
188	柳城县(桂)	0.43
189	灵川县(桂)	0.39
190	柳江县(桂)	0.33
191	富川瑶族自治县(桂)	0.26
192	金秀瑶族自治县(桂)	0.21
193	兴业县(桂)	0.20
194	昭平县(桂)	0.20
195	宾阳县(桂)	0.15
196	钟山县(桂)	0.15
197	象州县(桂)	0.14
198	资源县(桂)	0.10
199	白沙黎族自治县(琼)	0.10
200	开　县(渝)	12.30
201	丰都县(渝)	11.20
202	永川区(渝)	5.44
203	潼南县(渝)	5.00
204	涪陵区(渝)	4.50
205	大足县(渝)	3.10
206	长寿区(渝)	2.00
207	万州区(渝)	1.70
208	垫江县(渝)	1.50
209	江津区(渝)	1.10
210	荣昌县(渝)	0.86
211	巴南区(渝)	0.54
212	石柱土家族自治县(渝)	0.50
213	巫溪县(渝)	0.33
214	彭水苗族土家族自治县(渝)	0.30
215	綦江县(渝)	0.30
216	合川区(渝)	0.30
217	酉阳土家族苗族自治县(渝)	0.20
218	万盛区(渝)	0.20
219	双桥区(渝)	0.10
220	秀山土家族苗族自治县(渝)	0.10
221	叙永县(川)	40.00
222	沐川县(川)	36.00
223	长宁县(川)	34.00
224	邛崃市(川)	25.00
225	合江县(川)	25.00
226	犍为县(川)	23.15
227	雨城区(川)	23.00
228	江安县(川)	20.00
229	富顺县(川)	19.80
230	东坡区(川)	18.00
231	屏山县(川)	15.00
232	纳溪区(川)	14.00
233	宜宾县(川)	9.38
234	南溪县(川)	8.80
235	安　县(川)	8.00
236	井研县(川)	7.05
237	洪雅县(川)	7.00
238	沙湾区(川)	6.00
239	彭山县(川)	5.60
240	高　县(川)	4.00
241	蒲江县(川)	4.00
242	芦山县(川)	3.50
243	大英县(川)	3.00
244	兴文县(川)	3.00
245	翠屏区(川)	2.60
246	三台县(川)	2.50
247	岳池县(川)	2.50
248	荣　县(川)	2.06
249	蓬溪县(川)	2.00
250	珙　县(川)	2.00
251	米易县(川)	2.00
252	五通桥区(川)	1.78
253	天全县(川)	1.65
254	盐亭县(川)	1.64
255	名山县(川)	1.50
256	邻水县(川)	1.50
257	通川区(川)	1.00
258	荥经县(川)	1.00
259	资中县(川)	1.00
260	马边彝族自治县(川)	0.95
261	船山区(川)	0.90
262	巴州区(川)	0.81
263	广汉市(川)	0.80
264	贡井区(川)	0.80
265	冕宁县(川)	0.74
266	乐山市市中区(川)	0.74
267	渠　县(川)	0.71
268	仪陇县(川)	0.60
269	内江市市中区(川)	0.60
270	广安区(川)	0.58
271	泸　县(川)	0.56
272	宣汉县(川)	0.51
273	中江县(川)	0.50
274	达　县(川)	0.50
275	大安区(川)	0.46
276	平昌县(川)	0.42
277	梓潼县(川)	0.40
278	江油市(川)	0.40
279	德昌县(川)	0.38
280	崇州市(川)	0.34
281	雷波县(川)	0.34
282	平武县(川)	0.30
283	龙马潭区(川)	0.30
284	通江县(川)	0.26
285	顺庆区(川)	0.21
286	筠连县(川)	0.21
287	西充县(川)	0.20
288	宝兴县(川)	0.20
289	罗江县(川)	0.20

	其他竹类主产地	万吨
290	沿滩区(川)	0.18
291	自流井区(川)	0.17
292	峨边彝族自治县(川)	0.12
293	麻江县(黔)	3.20
294	瓮安县(黔)	1.00
295	赫章县(黔)	0.32
296	芒市(滇)	29.60
297	元谋县(滇)	24.00
298	盈江县(滇)	22.95
299	巍山彝族回族自治县(滇)	21.35
300	泸西县(滇)	16.25
301	建水县(滇)	11.00
302	凤庆县(滇)	6.97
303	盐津县(滇)	5.86
304	会泽县(滇)	5.00
305	绥江县(滇)	5.00
306	水富县(滇)	4.07
307	华坪县(滇)	3.00
308	镇康县(滇)	2.62
309	石屏县(滇)	2.00
310	腾冲县(滇)	1.50
311	元阳县(滇)	1.30
312	泸水县(滇)	0.88
313	罗平县(滇)	0.54
314	华宁县(滇)	0.47
315	个旧市(滇)	0.25
316	通海县(滇)	0.25
317	富宁县(滇)	0.24
318	师宗县(滇)	0.24
319	瑞丽市(滇)	0.11
320	兰坪白族普米族自治县(滇)	0.11
321	勉　县(陕)	0.80
322	太白林业局(陕)	0.23
323	汉西林业局(陕)	0.19
324	商南县(陕)	0.16
325	宁强县(陕)	0.12
326	略阳县(陕)	0.12
327	西乡县(陕)	0.11
328	洋　县(陕)	0.10
329	凤　县(陕)	0.10
330	徽　县(甘)	0.27

表 9-6-3　藤类主产地产量

	藤类主产地	万吨
1	新宾满族自治县(辽)	5.00
2	沛　县(苏)	105.00
3	新沂市(苏)	5.00
4	滨海县(苏)	2.40
5	霍山县(皖)	14.20
6	太湖县(皖)	0.30
7	利辛县(皖)	0.26
8	南城县(赣)	120.40
9	全南县(赣)	53.50
10	会昌县(赣)	0.82
11	遂川县(赣)	0.30
12	铜鼓县(赣)	0.30
13	淮滨县(豫)	50.00
14	宁陵县(豫)	1.35
15	民权县(豫)	1.00
16	西峡县(豫)	0.13
17	新　县(豫)	0.10
18	内乡县(豫)	0.10
19	安陆市(鄂)	1.00
20	竹溪县(鄂)	0.20
21	桃源县(湘)	1.50
22	攸　县(湘)	1.00
23	新化县(湘)	0.85
24	衡南县(湘)	0.30
25	冷水江市(湘)	0.20
26	双峰县(湘)	0.15
27	阳江市高新区(粤)	196.00
28	信宜市(粤)	10.00
29	大埔县(粤)	0.50
30	普宁市(粤)	0.23
31	雷州市(粤)	0.15
32	灵山县(桂)	10.00
33	博白县(桂)	0.50
34	合川区(渝)	0.10
35	广安区(川)	50.00
36	蓬安县(川)	5.00
37	瓮安县(黔)	0.50
38	贵定县(黔)	0.20
39	凯里市(黔)	0.10
40	华坪县(滇)	2.00
41	南郑县(陕)	0.58
42	康　县(甘)	0.82
43	武山县(甘)	0.10
44	青铜峡市(宁)	0.10

表 9-6-4　竹编主产地产值

	竹编主产地	万元
1	陵川县(晋)	194.78
2	东海县(苏)	530.00
3	靖江市(苏)	200.00
4	沛　县(苏)	100.00
5	余杭区(浙)	190552.00
6	德清县(浙)	8000.00
7	桐庐县(浙)	1915.00
8	上虞市(浙)	1608.00
9	富阳市(浙)	1212.00
10	缙云县(浙)	618.00
11	遂昌县(浙)	103.00
12	旌德县(皖)	24271.20
13	广德县(皖)	5000.00
14	青阳县(皖)	5000.00
15	黄山区(皖)	4019.00
16	舒城县(皖)	4000.00
17	桐城市(皖)	2500.00
18	霍山县(皖)	1500.00
19	居巢区(皖)	790.00
20	庐江县(皖)	265.00
21	潜山县(皖)	250.00
22	郎溪县(皖)	150.00
23	六安市叶集试验区(皖)	150.00
24	南陵县(皖)	130.00
25	徽州区(皖)	100.00
26	铜鼓县(赣)	3258.00
27	万载县(赣)	1000.00
28	奉新县(赣)	946.00
29	上饶县(赣)	320.00
30	宜丰县(赣)	310.00
31	瑞昌市(赣)	240.00
32	彭泽县(赣)	120.00
33	崇仁县(赣)	110.00
34	月湖区(赣)	103.00
35	泰和县(赣)	100.00
36	贵溪市(赣)	100.00
37	定陶县(鲁)	500.00
38	博爱县(豫)	1440.00
39	商城县(豫)	800.00
40	鲁山县(豫)	637.00
41	光山县(豫)	500.00
42	汝阳县(豫)	450.00
43	桐柏县(豫)	430.00
44	郸城县(豫)	340.00
45	新蔡县(豫)	220.00

	竹编主产地	万元
46	嵩　县(豫)	200.00
47	内黄县(豫)	200.00
48	平桥区(豫)	155.00
49	罗田县(鄂)	8300.00
50	广水市(鄂)	1000.00
51	钟祥市(鄂)	939.00
52	赤壁市(鄂)	500.00
53	鹤峰县(鄂)	384.00
54	竹溪县(鄂)	300.00
55	衡山县(湘)	5660.00
56	资兴市(湘)	5500.00
57	湘阴县(湘)	4200.00
58	湘潭县(湘)	3000.00
59	江华瑶族自治县(湘)	1928.00
60	辰溪县(湘)	1624.00
61	资阳区(湘)	1000.00
62	醴陵市(湘)	300.00
63	桃源县(湘)	300.00
64	新化县(湘)	275.00
65	沅陵县(湘)	270.00
66	桂东县(湘)	230.00
67	中方县(湘)	200.00
68	永顺县(湘)	150.00
69	双峰县(湘)	145.00
70	汨罗市(湘)	120.00
71	华容县(湘)	105.00
72	龙山县(湘)	100.00
73	珠晖区(湘)	100.00
74	澧　县(湘)	100.00
75	北塔区(湘)	100.00
76	东莞市(粤)	573889.00
77	英德市(粤)	28700.00
78	中山市(粤)	5020.00
79	四会市(粤)	3012.00
80	信宜市(粤)	1425.60
81	潮安县(粤)	800.00
82	大埔县(粤)	800.00
83	饶平县(粤)	180.00
84	博白县(桂)	45200.00
85	阳朔县(桂)	25015.00
86	柳城县(桂)	15342.00
87	浦北县(桂)	5030.00
88	平南县(桂)	4941.00
89	资源县(桂)	3000.00
90	陆川县(桂)	2500.00
91	桂平市(桂)	1750.00
92	宾阳县(桂)	1000.00
93	江南区(桂)	900.00
94	灵山县(桂)	600.00
95	武鸣县(桂)	367.00
96	灌阳县(桂)	100.00
97	梁平县(渝)	2000.00
98	大足县(渝)	800.00
99	涪陵区(渝)	200.00
100	石柱土家族自治县(渝)	150.00
101	南川区(渝)	150.00
102	开　县(渝)	120.00
103	奉节县(渝)	100.00
104	合川区(渝)	100.00
105	荣　县(川)	5360.00
106	广安区(川)	1800.00
107	江油市(川)	1800.00
108	纳溪区(川)	1000.00
109	安　县(川)	1000.00
110	长宁县(川)	850.00
111	平昌县(川)	700.00
112	盐边县(川)	700.00
113	宜宾县(川)	659.00
114	隆昌县(川)	600.00
115	南溪县(川)	520.00
116	邛崃市(川)	500.00
117	宣汉县(川)	385.00
118	仁寿县(川)	355.00
119	叙永县(川)	350.00
120	船山区(川)	300.00
121	通江县(川)	250.00
122	沐川县(川)	200.00
123	雷波县(川)	186.00
124	北川羌族自治县(川)	120.00
125	平武县(川)	100.00
126	榕江县(黔)	200.00
127	六枝特区(黔)	130.00
128	三穗县(黔)	102.00
129	瓮安县(黔)	100.00
130	景东彝族自治县(滇)	9270.00
131	石屏县(滇)	1500.00
132	南华县(滇)	275.00
133	腾冲县(滇)	246.00
134	永胜县(滇)	120.00
135	牟定县(滇)	118.00
136	彝良县(滇)	100.00
137	勉　县(陕)	836.00
138	南郑县(陕)	450.00
139	平利县(陕)	230.00

表 9-6-5　竹雕主产地产值

	竹雕主产地	万元
1	大名县(冀)	180.00
2	象山县(浙)	5000.00
3	吴兴区(浙)	4200.00
4	德清县(浙)	2000.00
5	广德县(皖)	3000.00
6	霍山县(皖)	1500.00
7	黟　县(皖)	1020.00
8	徽州区(皖)	900.00
9	祁门县(皖)	208.00
10	六安市叶集试验区(皖)	200.00
11	歙　县(皖)	100.00
12	崇仁县(赣)	1500.00
13	靖安县(赣)	450.00
14	奉新县(赣)	215.00
15	栾川县(豫)	344.00
16	云梦县(鄂)	600.00
17	桃江县(湘)	3000.00
18	双牌县(湘)	581.00
19	资兴市(湘)	510.00
20	桃源县(湘)	500.00
21	新化县(湘)	298.00
22	沅陵县(湘)	150.00
23	醴陵市(湘)	100.00
24	永顺县(湘)	100.00
25	大祥区(湘)	100.00
26	资源县(桂)	300.00
27	万州区(渝)	1820.00
28	酉阳土家族苗族自治县(渝)	1500.00
29	永川区(渝)	486.00
30	梁平县(渝)	450.00
31	大足县(渝)	400.00
32	武隆县(渝)	100.00
33	长宁县(川)	5500.00
34	江安县(川)	3000.00
35	宣汉县(川)	120.00

表 9-6-6 藤编主产地产值

	藤编主产地	万元
1	平房区(黑)	150.00
2	滨海县(苏)	15000.00
3	相城区(苏)	12600.00
4	亭湖区(苏)	500.00
5	盐都区(苏)	500.00
6	沛 县(苏)	240.00
7	德清县(浙)	2000.00
8	江山市(浙)	1000.00
9	霍邱县(皖)	191560.00
10	霍山县(皖)	500.00
11	六安市叶集试验区(皖)	200.00
12	铜鼓县(赣)	1549.00
13	章贡区(赣)	438.72
14	新干县(赣)	320.00
15	会昌县(赣)	124.00
16	赣 县(赣)	107.00
17	全南县(赣)	106.00
18	月湖区(赣)	100.00
19	郯城县(鲁)	89510.00
20	河东区(鲁)	6000.00
21	成武县(鲁)	3100.00
22	博兴县(鲁)	3000.00
23	苍山县(鲁)	2900.00
24	金乡县(鲁)	626.00
25	宁阳县(鲁)	127.00
26	固始县(豫)	335.74
27	延津县(豫)	1000.00
28	郸城县(豫)	480.00
29	宁陵县(豫)	210.00
30	睢 县(豫)	178.00
31	内黄县(豫)	150.00
32	竹溪县(鄂)	1500.00
33	京山县(鄂)	100.00
34	蓝山县(湘)	8035.00
35	湘潭县(湘)	1200.00
36	衡山县(湘)	450.00
37	鼎城区(湘)	230.00
38	沅陵县(湘)	200.00
39	资兴市(湘)	180.00
40	汨罗市(湘)	150.00
41	汝城县(湘)	132.00
42	醴陵市(湘)	100.00
43	桃源县(湘)	100.00
44	新宁县(湘)	100.00
45	东莞市(粤)	286944.50
46	阳江市高新区(粤)	3190.00
47	中山市(粤)	3092.00
48	大埔县(粤)	700.00
49	浦北县(桂)	5899.00
50	防城区(桂)	992.00
51	江南区(桂)	260.00
52	灵山县(桂)	150.00
53	万州区(渝)	320.00
54	奉节县(渝)	100.00
55	崇州市(川)	360.00
56	广安区(川)	300.00
57	南溪县(川)	237.00
58	通江县(川)	200.00
59	宣汉县(川)	200.00
60	江油市(川)	200.00
61	汉源县(川)	150.00
62	六枝特区(黔)	100.00
63	腾冲县(滇)	217.00
64	南郑县(陕)	490.00
65	平利县(陕)	100.00
66	永靖县(甘)	220.00
67	绥棱林业局(龙江森工)	730.00

表 9-6-7 棕编主产地产值

	棕编主产地	万元
1	六安市叶集试验区(皖)	100.00
2	铜鼓县(赣)	255.00
3	赣 县(赣)	160.00
4	瑞昌市(赣)	135.00
5	新安县(豫)	2450.00
6	镇平县(豫)	280.00
7	宜都市(鄂)	200.00
8	资兴市(湘)	350.00
9	龙山县(湘)	200.00
10	沅陵县(湘)	180.00
11	新化县(湘)	179.00
12	桃源县(湘)	100.00
13	万州区(渝)	910.00
14	大足县(渝)	300.00
15	安 县(川)	8000.00
16	江油市(川)	350.00
17	宣汉县(川)	100.00
18	贵定县(黔)	100.00
19	镇坪县(陕)	200.00
20	南郑县(陕)	115.00

表 9-6-8 竹浆主产地产量

	竹浆主产地	万吨
1	太湖县(皖)	0.50
2	上饶县(赣)	10.00
3	宜丰县(赣)	7.50
4	临川区(赣)	1.50
5	遂川县(赣)	1.00
6	乐安县(赣)	0.50
7	夷陵区(鄂)	20.00
8	赤壁市(鄂)	1.00
9	新邵县(湘)	5.60
10	桃江县(湘)	2.50
11	绥宁县(湘)	2.50
12	双峰县(湘)	0.38
13	华容县(湘)	0.30
14	南 县(湘)	0.25
15	汝城县(湘)	0.21
16	祁东县(湘)	0.17
17	广宁县(粤)	1.50
18	阳春市(粤)	1.00
19	封开县(粤)	0.50
20	兴安县(桂)	5.70
21	防城区(桂)	3.50
22	灵山县(桂)	0.56
23	鹿寨县(桂)	0.30
24	永福县(桂)	0.13
25	永川区(渝)	10.31
26	长寿区(渝)	2.00
27	梁平县(渝)	0.10
28	邛崃市(川)	42.00
29	沐川县(川)	16.50
30	翠屏区(川)	15.00
31	南溪县(川)	12.00
32	夹江县(川)	10.00
33	东坡区(川)	9.40
34	犍为县(川)	8.40
35	雨城区(川)	8.00
36	高 县(川)	5.00
37	屏山县(川)	5.00
38	安 县(川)	4.00
39	彭山县(川)	3.71
40	叙永县(川)	3.00
41	仁寿县(川)	2.60
42	乐山市市中区(川)	2.07
43	长宁县(川)	2.00
44	盐边县(川)	2.00
45	沙湾区(川)	1.55

	竹浆主产地	万吨
46	达　县(川)	1.40
47	游仙区(川)	1.00
48	邻水县(川)	1.00
49	荥经县(川)	0.50
50	江安县(川)	0.50
51	兴文县(川)	0.40
52	南江县(川)	0.30
53	马边彝族自治县(川)	0.17
54	峨边彝族自治县(川)	0.10
55	双江拉祜族佤族布朗族傣族自治县(滇)	7.06
56	华坪县(滇)	2.00
57	绥江县(滇)	0.60

表 9-6-9　竹浆纸主产地产量

	竹浆纸主产地	万吨
1	遂昌县(浙)	0.28
2	临川区(赣)	0.60
3	遂川县(赣)	0.40
4	乐安县(赣)	0.30
5	永兴县(湘)	30.00
6	新邵县(湘)	5.60
7	新化县(湘)	4.80
8	绥宁县(湘)	2.00
9	会同县(湘)	1.60
10	茶陵县(湘)	0.85
11	双峰县(湘)	0.38
12	安化县(湘)	0.30
13	桃江县(湘)	0.30
14	南　县(湘)	0.20
15	汝城县(湘)	0.20
16	阳春市(粤)	0.80
17	郁南县(粤)	0.10
18	永福县(桂)	8.33
19	兴安县(桂)	1.90
20	鹿寨县(桂)	1.20
21	桂平市(桂)	0.50
22	丰都县(渝)	0.80
23	梁平县(渝)	0.14
24	南溪县(川)	11.00
25	夹江县(川)	10.00
26	犍为县(川)	8.40
27	邛崃市(川)	8.20
28	合江县(川)	8.00
29	沐川县(川)	7.60
30	纳溪区(川)	7.00
31	青神县(川)	3.50
32	安　县(川)	3.00
33	叙永县(川)	2.50
34	船山区(川)	2.00
35	仁寿县(川)	1.80
36	沙湾区(川)	1.30
37	达　县(川)	1.00
38	长宁县(川)	0.87
39	屏山县(川)	0.80
40	洪雅县(川)	0.80
41	珙　县(川)	0.20
42	营山县(川)	0.12
43	蒲江县(川)	0.11
44	南江县(川)	0.10
45	华坪县(滇)	2.00
46	绥江县(滇)	0.40

表 9-7　竹藤出口

国家/地区	出口数量（吨）	出口金额（千美元）
14011000 竹		
合计	93031	34105
日本	8801	5386
香港	31114	4331
荷兰	9905	3978
美国	6445	3586
台湾省	6036	3495
英国	4714	2277
意大利	3740	1730
西班牙	2447	1185
德国	2413	1159
波兰	2618	1004
法国	2152	837
澳门	3849	599
加拿大	805	499
澳大利亚	910	487
比利时	841	447
韩国	1102	386
土耳其	607	292
以色列	523	242
新西兰	402	231
挪威	344	187
葡萄牙	297	171
乌克兰	322	134
马来西亚	62	111
希腊	207	103
沙特阿拉伯	231	98
丹麦	184	92
泰国	82	92
新加坡	133	81
罗马尼亚	144	78
越南	62	75
俄罗斯联邦	146	70
阿联酋	171	63
奥地利	148	51
克罗地亚	102	50
瑞典	104	48
利比亚	94	47
印度	77	44
保加利亚	66	35
斯洛文尼亚	55	28
立陶宛	42	25
芬兰	29	25
科威特	52	20
爱尔兰	37	20
瑞士	14	18
智利	43	18
巴西	11	18
摩洛哥	49	15
卡塔尔	22	13
南非	26	12
塞浦路斯	35	11
巴林	21	10
格鲁吉亚	18	10
印度尼西亚	24	9
匈牙利	24	9
马尔代夫	15	8
毛里求斯	4	8
黎巴嫩	11	8
新喀里多尼亚	14	8
约旦	22	5
巴拿马	10	4
卢森堡	7	4
波多黎各	16	3
拉脱维亚	4	3
爱沙尼亚	2	2
菲律宾	1	2
白俄罗斯	2	2
捷克	5	2
埃及	3	1
乌兹别克斯坦	10	1

国家/地区	出口数量（吨）	出口金额（千美元）
安哥拉	1	0
阿曼	1	0
14012000 藤		
合计	1260	3186
美国	120	616
泰国	225	412
德国	111	398
墨西哥	195	375
意大利	65	313
香港	173	294
毛里求斯	45	155
印度	145	144
日本	16	134
新加坡	52	79
法国	38	78
巴西	10	44
西班牙	12	31
委内瑞拉	16	28
荷兰	9	20
英国	2	16
澳大利亚	2	12
马来西亚	11	8
台湾省	0	6
哥伦比亚	8	5
加拿大	1	5
土耳其	2	4
波兰	0	3
新西兰	0	2
阿根廷	0	2
立陶宛	0	1
斐济	0	1
奥地利	0	1
阿联酋	1	1
14019020 芦苇		
合计	3549	1435
荷兰	2176	780
英国	962	452
丹麦	200	107
德国	207	71
韩国	1	23
阿联酋	2	1
日本	1	1
14019039 其他灯芯草属植物材料		
合计	3	21
香港	2	18

国家/地区	出口数量（吨）	出口金额（千美元）
韩国	0	3
14019090 未列名主要作编结用的植物		
合计	1154	1417
台湾省	189	477
美国	266	182
日本	73	180
德国	97	179
加拿大	91	67
意大利	50	63
英国	69	51
荷兰	34	34
法国	42	27
瑞士	35	23
瑞典	32	20
西班牙	22	18
希腊	23	17
澳大利亚	13	12
波兰	14	9
沙特阿拉伯	14	9
芬兰	2	7
香港	47	7
新加坡	7	5
阿联酋	7	4
比利时	2	4
俄罗斯联邦	5	3
以色列	5	3
挪威	5	3
毛里求斯	1	2
科威特	3	2
丹麦	3	2
韩国	1	2
罗马尼亚	2	1
斯洛文尼亚	0	1
46012100 竹制的席子、席料及帘子		
合计	49196	120616
美国	7645	22797
马来西亚	6788	17769
日本	3836	9131
德国	2255	6754
台湾省	3155	5301
意大利	2630	5098
韩国	1506	4554
新加坡	692	3773
西班牙	1545	3296
荷兰	1510	3105

国家/地区	出口数量（吨）	出口金额（千美元）
法国	1274	2867
俄罗斯联邦	1084	2843
加拿大	1283	2743
乌克兰	1116	2577
印度	1002	2421
伊朗	858	2304
越南	1500	2133
土耳其	699	1604
墨西哥	515	1272
澳大利亚	661	1207
阿联酋	421	1201
波兰	553	1075
南非	582	1008
泰国	213	993
沙特阿拉伯	262	956
英国	526	948
印度尼西亚	173	830
以色列	825	828
比利时	402	800
哥伦比亚	314	682
黎巴嫩	227	594
智利	219	580
瑞典	275	427
秘鲁	114	418
香港	259	368
巴西	138	320
希腊	143	315
菲律宾	57	267
芬兰	80	258
哥斯达黎加	48	244
阿根廷	114	227
约旦	70	208
波多黎各	94	201
爱沙尼亚	120	198
巴基斯坦	116	197
克罗地亚	108	192
葡萄牙	103	186
委内瑞拉	85	174
拉脱维亚	103	173
埃及	83	168
匈牙利	51	165
多米尼加共和国	24	145
立陶宛	61	145
奥地利	60	134
斯洛伐克	26	124

国家/地区	出口数量（吨）	出口金额（千美元）
斯洛文尼亚	60	101
叙利亚	26	77
马耳他	15	75
利比亚	31	72
巴拿马	33	66
保加利亚	16	61
安哥拉	21	56
乌拉圭	36	54
毛里求斯	26	53
危地马拉	25	50
瑞士	18	46
巴拉圭	18	42
厄瓜多尔	21	41
塞尔维亚	27	40
加蓬	11	38
挪威	20	37
新喀里多尼亚	10	36
斯里兰卡	13	36
白俄罗斯	16	32
阿尔及利亚	20	28
留尼汪	13	26
朝鲜	11	26
卡塔尔	13	23
突尼斯	10	22
罗马尼亚	10	20
新西兰	8	17
科威特	8	16
摩洛哥	3	14
巴林	6	13
黑山	6	13
丹麦	4	10
尼日利亚	7	9
捷克	3	8
阿曼	4	7
苏丹	3	6
马尔代夫	1	6
哈萨克斯坦	2	5
孟加拉国	7	5
博茨瓦那	1	4
伊拉克	2	4
乍得	1	4
加纳	1	4
巴哈马	0	3
塞内加尔	1	2
特立尼达和多巴哥	1	2

国家/地区	出口数量（吨）	出口金额（千美元）
海地	1	2
古巴	0	1
巴巴多斯	0	1
刚果（金）	1	1
46012200 藤制的席子、席料及帘子		
合计	11	62
波兰	3	29
香港	4	24
瑞士	2	5
澳大利亚	0	2
毛里求斯	1	2
马来西亚	1	1
46012911 灯心草属材料制的席子等		
合计	33745	111941
日本	33160	110456
台湾省	201	596
美国	137	423
意大利	51	86
希腊	46	54
巴西	30	50
马来西亚	10	41
新加坡	12	38
阿根廷	14	32
加拿大	18	31
印度尼西亚	8	17
俄罗斯联邦	7	16
乌克兰	7	14
澳大利亚	8	12
荷兰	4	12
韩国	3	11
香港	4	9
塞浦路斯	6	9
塞尔维亚	4	7
法国	2	6
菲律宾	7	6
南非	2	4
西班牙	3	4
德国	1	3
泰国	0	2
挪威	0	1
比利时	1	1
萨摩亚	0	1
沙特阿拉伯	0	1
46012919 其他草制的席子、席料及帘子		
合计	10477	17918

国家/地区	出口数量（吨）	出口金额（千美元）
荷兰	3649	5003
美国	1052	2731
日本	1882	2042
意大利	396	884
西班牙	435	780
法国	348	686
俄罗斯联邦	351	636
韩国	253	518
巴西	126	514
比利时	177	387
希腊	220	375
德国	153	276
印度	155	269
香港	39	247
马来西亚	137	246
新加坡	43	240
加纳	111	203
加拿大	85	170
台湾省	98	157
英国	98	149
土耳其	44	115
巴拿马	51	102
印度尼西亚	11	99
阿根廷	52	94
智利	36	88
澳大利亚	37	73
委内瑞拉	13	58
南非	33	56
墨西哥	25	55
匈牙利	26	51
越南	54	49
芬兰	24	45
克罗地亚	22	43
波兰	18	39
乌克兰	22	38
以色列	14	34
丹麦	10	28
多哥	22	26
乌拉圭	17	26
秘鲁	10	25
突尼斯	9	23
泰国	10	21
捷克	13	20
阿联酋	12	20
塞浦路斯	7	17

国家/地区	出口数量（吨）	出口金额（千美元）
葡萄牙	9	14
新西兰	3	13
罗马尼亚	4	10
加蓬	8	10
多米尼加共和国	3	10
拉脱维亚	4	9
菲律宾	5	9
瑞典	4	9
斯洛文尼亚	2	9
沙特阿拉伯	3	7
波多黎各	7	7
刚果(布)	0	6
毛里求斯	2	5
危地马拉	3	5
爱尔兰	3	5
哥斯达黎加	1	5
哥伦比亚	2	4
留尼汪	2	4
立陶宛	2	3
尼日利亚	3	3
奥地利	1	3
伊朗	1	2
斯里兰卡	1	2
挪威	1	2
科威特	1	1
赞比亚	0	1
刚果(金)	0	1
瑞士	0	1
斯洛伐克	0	1
46012921 苇帘		
合计	37301	32874
日本	17505	17363
意大利	3986	2967
美国	3229	2199
法国	2512	2136
比利时	1550	1530
西班牙	1596	1397
澳大利亚	1202	1052
荷兰	1260	805
韩国	808	765
德国	986	703
英国	900	680
希腊	782	533
以色列	288	247
捷克	65	62

国家/地区	出口数量（吨）	出口金额（千美元）
瑞士	96	55
克罗地亚	55	44
罗马尼亚	71	36
法属波利尼西亚	31	35
塞浦路斯	46	34
波多黎各	32	27
俄罗斯联邦	71	26
智利	40	25
哥斯达黎加	21	20
斯洛文尼亚	25	19
爱沙尼亚	27	18
波兰	25	17
爱尔兰	16	11
拉脱维亚	8	9
社会群岛	10	9
留尼汪	15	8
瓜德罗普	8	7
新喀里多尼亚	8	7
加拿大	8	6
南非	5	6
黎巴嫩	9	5
葡萄牙	5	4
沙特阿拉伯	1	2
46012929 芦苇制的席子、席料		
合计	6432	2193
荷兰	4703	1489
德国	1571	487
法国	21	104
美国	11	45
比利时	36	14
丹麦	39	12
英国	34	11
日本	9	11
韩国	5	6
瑞士	1	6
意大利	2	5
奥地利	1	3
46012990 其他植物材料制的席子等		
合计	5353	9346
美国	380	2526
西班牙	759	942
英国	640	907
比利时	721	618
法国	602	602
荷兰	470	583

国家/地区	出口数量（吨）	出口金额（千美元）
德国	386	510
墨西哥	85	504
意大利	186	454
以色列	351	291
加拿大	184	287
日本	172	231
澳大利亚	69	139
印度	14	107
台湾省	41	100
越南	22	78
土耳其	30	69
克罗地亚	23	44
俄罗斯联邦	49	41
伊朗	23	40
芬兰	11	37
塞浦路斯	27	32
葡萄牙	11	25
波兰	12	24
香港	5	24
希腊	29	22
埃及	13	15
安哥拉	2	13
马来西亚	4	13
爱尔兰	12	10
斯里兰卡	4	10
瑞士	2	8
匈牙利	4	6
立陶宛	1	5
南非	1	5
巴西	0	4
新加坡	1	4
阿根廷	0	4
瓜德罗普	1	3
约旦	0	3
黎巴嫩	5	2
46019210 竹制的缏条及类似产品，不论是否缝合成宽条		
合计	719	2304
泰国	126	855
美国	178	466
日本	96	205
西班牙	77	150
菲律宾	20	100
文莱	21	99
新加坡	18	98

国家/地区	出口数量（吨）	出口金额（千美元）
台湾省	33	98
印度尼西亚	22	58
加拿大	14	39
德国	38	38
意大利	19	24
阿联酋	24	22
法国	9	21
英国	12	11
波兰	6	6
韩国	2	5
比利时	1	3
越南	1	3
俄罗斯联邦	0	2
塞浦路斯	0	1
46019290 竹制其他平行连结或编结品		
合计	26747	54209
美国	4269	11483
马来西亚	1694	5525
意大利	2727	4453
德国	2140	3727
日本	1254	3329
法国	2585	3279
波兰	1208	2567
英国	1137	1477
西班牙	724	1464
荷兰	760	1443
加拿大	628	1393
比利时	733	1392
澳大利亚	1118	1357
墨西哥	332	917
台湾省	491	909
俄罗斯联邦	398	757
以色列	698	618
巴西	244	548
韩国	209	507
瑞典	225	494
乌克兰	267	485
印度	190	466
新加坡	139	416
智利	141	403
芬兰	156	359
葡萄牙	109	348
奥地利	101	307
巴拿马	119	279
拉脱维亚	128	274

国家/地区	出口数量（吨）	出口金额（千美元）
阿联酋	78	223
南非	112	216
阿根廷	112	216
丹麦	83	191
哥伦比亚	67	180
希腊	115	180
土耳其	53	166
新西兰	91	144
印度尼西亚	63	128
立陶宛	54	113
捷克	113	99
香港	48	90
哥斯达黎加	11	84
乌拉圭	43	81
克罗地亚	33	69
安哥拉	199	63
爱沙尼亚	30	61
伊朗	19	60
泰国	12	60
挪威	14	57
黎巴嫩	25	54
伊拉克	31	54
罗马尼亚	36	43
多米尼加共和国	7	38
留尼汪	67	38
保加利亚	18	34
秘鲁	14	33
毛里求斯	5	30
法属波利尼西亚	14	29
波多黎各	10	28
新喀里多尼亚	23	28
匈牙利	12	27
圣卢西亚	52	24
塞尔维亚	19	24
沙特阿拉伯	8	23
委内瑞拉	7	23
菲律宾	4	23
特立尼达和多巴哥	12	22
厄瓜多尔	7	21
瑞士	10	20
埃及	16	16
哈萨克斯坦	6	14
圭亚那	5	13
斯洛文尼亚	5	12
巴基斯坦	4	12

国家/地区	出口数量（吨）	出口金额（千美元）
约旦	3	11
阿尔及利亚	12	9
阿尔巴尼亚	10	8
摩洛哥	5	7
塞内加尔	3	7
危地马拉	6	5
马达加斯加	2	5
加蓬	2	4
巴林	4	3
爱尔兰	4	2
巴巴多斯	1	2
塞浦路斯	1	2
乌兹别克斯坦	2	1
科威特	0	1
巴哈马	0	1
洪都拉斯	0	1
津巴布韦	1	1
46019310 藤制的缏条及类似产品，不论是否缝合成宽条		
合计	142	1070
荷兰	53	683
德国	32	87
巴西	16	80
俄罗斯联邦	9	68
意大利	5	38
美国	7	21
澳大利亚	2	17
巴巴多斯	3	14
英国	0	11
新加坡	1	9
乌克兰	1	7
土耳其	0	7
西班牙	1	6
香港	3	5
韩国	0	4
马来西亚	8	4
越南	0	3
台湾省	0	2
科威特	0	1
伊朗	1	1
46019390 藤制其他平行连结或编结品		
合计	154	948
美国	36	588
日本	4	93
泰国	28	60

国家/地区	出口数量（吨）	出口金额（千美元）
香港	20	42
西班牙	20	35
俄罗斯联邦	20	27
德国	5	23
法国	3	21
意大利	4	16
土耳其	4	10
澳大利亚	3	9
新加坡	4	7
埃及	1	6
墨西哥	1	4
台湾省	0	2
奥地利	0	2
乌克兰	1	2
挪威	0	1
46021100 竹制篮筐及其他编结品		
合计	39775	146008
美国	7607	33365
日本	5735	23721
韩国	1390	6392
意大利	2221	6286
英国	1921	6053
德国	1657	5530
马来西亚	780	5342
法国	1941	5113
新加坡	654	4009
西班牙	1229	3986
香港	1378	3608
以色列	1609	3356
加拿大	1000	3251
荷兰	730	2802
印度尼西亚	316	2737
比利时	724	2512
澳大利亚	924	2436
泰国	402	2381
台湾省	2017	2338
墨西哥	436	2160
印度	345	1808
俄罗斯联邦	462	1343
希腊	504	1321
波兰	396	1305
巴拿马	206	1179
南非	142	802
阿联酋	247	724
巴西	189	687

国家/地区	出口数量（吨）	出口金额（千美元）
菲律宾	71	684
土耳其	229	680
丹麦	149	660
伊朗	208	575
芬兰	130	513
沙特阿拉伯	128	504
阿根廷	119	474
文莱	57	439
智利	88	419
瑞典	79	312
越南	25	248
乌克兰	110	238
克罗地亚	61	233
秘鲁	33	204
匈牙利	55	190
尼日利亚	59	190
挪威	48	183
波多黎各	52	163
葡萄牙	42	162
埃及	108	158
捷克	35	149
多米尼加共和国	29	145
奥地利	40	140
伊拉克	45	132
巴基斯坦	42	113
新西兰	26	110
保加利亚	28	104
叙利亚	61	101
斯洛文尼亚	58	99
立陶宛	36	96
拉脱维亚	30	94
瑞士	19	89
摩洛哥	25	79
科威特	12	74
哥伦比亚	15	70
贝宁	23	66
罗马尼亚	24	58
爱尔兰	17	58
爱沙尼亚	21	54
厄瓜多尔	11	42
黎巴嫩	12	41
阿尔及利亚	7	37
塞浦路斯	9	32
突尼斯	3	19
苏丹	3	19

国家/地区	出口数量（吨）	出口金额（千美元）
哈萨克斯坦	5	17
澳门	28	16
黑山	3	16
玻利维亚	2	15
斯里兰卡	10	15
委内瑞拉	5	15
中非	30	14
安哥拉	2	13
约旦	5	10
斯洛伐克	1	9
肯尼亚	2	8
乌拉圭	3	8
洪都拉斯	3	7
马耳他	3	7
马尔代夫	4	6
波黑	1	6
卢旺达	2	6
多米尼克	13	5
哥斯达黎加	1	4
塞尔维亚	2	4
塞拉利昂	1	3
赞比亚	1	3
危地马拉	1	2
牙买加	1	2
白俄罗斯	0	1
塞内加尔	1	1
吉布提	0	1
46021200 藤制篮筐及其他编结品		
合计	18688	120486
美国	3355	23069
荷兰	3031	21424
德国	2195	16524
英国	3160	10933
日本	1046	6084
新加坡	557	4551
意大利	495	4272
加拿大	323	2786
马来西亚	256	2109
印度尼西亚	228	1914
比利时	370	1903
法国	272	1895
西班牙	197	1770
泰国	200	1683
波兰	197	1518
巴拿马	132	1321

国家/地区	出口数量（吨）	出口金额（千美元）
印度	161	1170
芬兰	168	961
丹麦	132	948
巴西	123	935
韩国	105	818
澳大利亚	136	644
爱尔兰	135	636
瑞典	87	621
墨西哥	68	596
俄罗斯联邦	102	570
捷克	68	557
台湾省	111	524
沙特阿拉伯	101	514
希腊	71	509
香港	101	457
葡萄牙	54	455
挪威	66	430
波多黎各	27	397
阿联酋	89	388
智利	43	383
文莱	42	349
土耳其	70	317
阿根廷	55	286
匈牙利	23	258
哥伦比亚	21	246
斯洛文尼亚	32	243
瑞士	44	237
南非	54	215
奥地利	38	193
菲律宾	32	186
以色列	48	178
乌克兰	29	154
黎巴嫩	25	139
哥斯达黎加	19	134
秘鲁	18	129
叙利亚	15	111
伊朗	23	103
立陶宛	11	100
保加利亚	13	84
阿富汗	18	56
厄瓜多尔	5	50
塞浦路斯	7	37
哈萨克斯坦	8	35
约旦	9	34
危地马拉	7	29

国家/地区	出口数量（吨）	出口金额（千美元）
利比亚	9	29
新西兰	5	29
斯洛伐克	1	26
多米尼加共和国	4	25
科威特	7	24
克罗地亚	5	22
委内瑞拉	3	22
毛里求斯	1	19
巴基斯坦	4	16
乌拉圭	2	13
突尼斯	4	13
拉脱维亚	3	12
罗马尼亚	2	11
波黑	3	11
阿尔及利亚	2	9
越南	1	7
巴林	0	5
埃及	1	3
塞内加尔	1	3
科特迪瓦	0	2
卡塔尔	0	2
喀麦隆	0	2
特立尼达和多巴哥	1	2
纳米比亚	1	1
贝宁	0	1
黑山	0	1
摩洛哥	0	1
坦桑尼亚	0	1
46021910 草制篮筐及其他编结品		
合计	35736	167918
美国	10204	44883
日本	3669	19966
德国	3119	13844
英国	2856	11152
马来西亚	1191	8890
意大利	1984	6952
法国	1272	5524
荷兰	1431	5355
泰国	681	5306
加拿大	1357	4944
印度尼西亚	417	4558
新加坡	779	4419
西班牙	618	3613
澳大利亚	724	2994
印度	401	2772

国家/地区	出口数量（吨）	出口金额（千美元）
比利时	601	2664
波兰	409	1721
丹麦	410	1430
巴西	184	1237
瑞典	265	1109
葡萄牙	188	939
斯里兰卡	13	917
希腊	243	879
芬兰	215	786
土耳其	153	745
俄罗斯联邦	147	686
巴拿马	118	648
墨西哥	129	621
韩国	132	540
阿根廷	150	514
台湾省	105	509
智利	72	478
南非	94	402
新西兰	109	393
立陶宛	91	381
奥地利	87	363
伊朗	86	359
爱尔兰	55	340
香港	49	332
菲律宾	36	303
克罗地亚	177	294
沙特阿拉伯	50	246
阿联酋	41	243
捷克	30	208
乌克兰	88	204
斯洛伐克	18	189
拉脱维亚	57	176
以色列	50	170
挪威	36	157
瑞士	34	149
罗马尼亚	25	143
匈牙利	24	135
秘鲁	11	117
斯洛文尼亚	28	102
越南	32	83
波多黎各	28	79
哈萨克斯坦	13	74
保加利亚	12	62
哥伦比亚	9	57
委内瑞拉	9	56

国家/地区	出口数量(吨)	出口金额(千美元)
文莱	10	55
爱沙尼亚	12	54
巴林	11	45
黎巴嫩	9	45
多米尼加共和国	10	41
科威特	6	33
塞浦路斯	7	29
卡塔尔	5	26
摩洛哥	3	22
约旦	8	21
危地马拉	5	19
巴拉圭	2	16
特立尼达和多巴哥	4	12
毛里求斯	1	9
缅甸	1	9
黑山	2	9
马耳他	2	8
厄瓜多尔	2	8
阿尔巴尼亚	1	8
叙利亚	4	7
塞尔维亚	1	7
埃及	1	5
肯尼亚	0	4
留尼汪	2	4
伊拉克	1	4
阿尔及利亚	4	2
摩纳哥	0	1
吉布提	2	1
46021930 柳条制篮筐及其他编结品		
合计	88320	419182
美国	15317	89737
荷兰	11469	45936
德国	7346	31371
英国	7818	29111
意大利	5049	21730
西班牙	3991	15872
法国	3792	14295
比利时	3921	14136
泰国	1643	13012
加拿大	2092	12485
日本	2467	12177
马来西亚	1550	11846
新加坡	1644	11363
韩国	2406	9894
波兰	1474	7220

国家/地区	出口数量(吨)	出口金额(千美元)
南非	1227	5977
丹麦	1221	5205
印度尼西亚	560	4946
印度	549	4847
澳大利亚	1068	4647
瑞典	1269	4571
土耳其	899	4360
芬兰	947	3597
挪威	1186	3487
俄罗斯联邦	490	3262
阿联酋	436	2340
以色列	667	2262
墨西哥	440	2240
沙特阿拉伯	459	2183
希腊	455	2003
爱尔兰	359	1587
巴西	248	1548
葡萄牙	332	1419
菲律宾	141	1187
智利	175	991
乌克兰	207	977
新西兰	235	974
巴拿马	176	936
捷克	221	931
伊朗	168	844
立陶宛	108	610
台湾省	131	584
拉脱维亚	133	561
香港	98	545
多米尼加共和国	66	522
波多黎各	101	499
科威特	77	464
瑞士	112	458
阿根廷	75	408
文莱	45	397
阿尔巴尼亚	15	397
黎巴嫩	64	367
卡塔尔	64	365
克罗地亚	65	352
委内瑞拉	53	332
斯洛伐克	87	329
厄瓜多尔	38	322
奥地利	56	311
乌拉圭	36	303
爱沙尼亚	74	278

国家/地区	出口数量(吨)	出口金额(千美元)
斯洛文尼亚	45	271
罗马尼亚	73	268
匈牙利	57	236
秘鲁	30	224
哥斯达黎加	58	223
巴哈马	30	178
塞浦路斯	66	169
哥伦比亚	34	162
埃及	37	140
叙利亚	32	112
哈萨克斯坦	29	105
特立尼达和多巴哥	15	99
危地马拉	19	98
摩洛哥	15	95
阿尔及利亚	16	78
约旦	16	71
越南	8	62
巴林	10	60
保加利亚	12	59
马耳他	10	52
利比亚	11	47
格鲁吉亚	3	40
波黑	3	38
牙买加	5	33
亚美尼亚	6	28
白俄罗斯	7	27
荷属安地列斯	6	27
瓜德罗普	5	25
巴拉圭	3	23
洪都拉斯	5	20
留尼汪	4	20
苏里南	5	20
圭亚那	1	19
巴基斯坦	2	16
毛里求斯	4	15
斯里兰卡	2	15
塞尔维亚	3	14
伊拉克	2	12
阿塞拜疆	1	11
冰岛	3	9
阿曼	2	7
加纳	3	7
纳米比亚	1	7
莫桑比克	1	5
黑山	1	5

国家/地区	出口数量（吨）	出口金额（千美元）
古巴	1	4
萨尔瓦多	1	4
缅甸	1	4
前南马其顿	1	3
尼加拉瓜	0	3
塞舌尔	0	3
圣卢西亚	0	1

国家/地区	出口数量（个）	出口金额（千美元）
94015100 竹制或藤制的坐具		
合计	568254	16085
新加坡	60441	3253
泰国	28458	1794
美国	106479	1717
马来西亚	38361	1478
印度尼西亚	27354	937
巴拿马	12476	709
韩国	61290	570
法国	25272	473
日本	15921	457
俄罗斯联邦	24151	404
文莱	4930	306
澳大利亚	15968	264
香港	6204	252
德国	10747	233
墨西哥	11177	223
荷兰	5154	203
芬兰	3831	187
英国	7002	163
巴西	2569	155
菲律宾	7176	154
马耳他	328	139
南非	1407	122
伊朗	1650	115
西班牙	4706	112
加拿大	3537	107
意大利	3745	95
哥伦比亚	1483	94
黎巴嫩	1431	89
乌克兰	645	80
柬埔寨	986	79
阿联酋	1176	73
比利时	4270	69
埃及	692	63

国家/地区	出口数量（个）	出口金额（千美元）
土耳其	1142	61
爱沙尼亚	24840	58
瑞士	2636	53
丹麦	2624	52
台湾省	20532	49
拉脱维亚	635	46
瑞典	2055	44
波兰	1799	42
以色列	759	33
留尼汪	102	30
奥地利	734	29
沙特阿拉伯	823	28
厄瓜多尔	224	25
摩洛哥	130	23
巴巴多斯	294	21
希腊	390	20
多米尼加共和国	555	20
印度	187	18
叙利亚	85	18
智利	808	17
阿根廷	190	16
赤道几内亚	128	16
安提瓜和巴布达	346	15
哥斯达黎加	140	15
捷克	1032	13
哈萨克斯坦	124	13
格鲁吉亚	101	11
巴拉圭	160	10
古巴	300	10
加蓬	132	10
葡萄牙	1034	9
荷属安地列斯	87	9
阿尔及利亚	32	9
危地马拉	97	8
塞浦路斯	102	7
新西兰	280	6
立陶宛	38	6
埃塞俄比亚	22	6
多哥	210	6
坦桑尼亚	47	5
卡塔尔	140	5
苏里南	50	4
克罗地亚	98	4
挪威	804	4
吉尔吉斯斯坦	37	4

国家/地区	出口数量（个）	出口金额（千美元）
赞比亚	12	3
约旦	9	2
圣多美和普林西比	19	1
罗马尼亚	30	1
科威特	24	1
越南	26	1
塔吉克斯坦	20	0
巴林	5	0
斯洛伐克	7	0
94015900 柳条及类似材料制的坐具		
合计	261640	7897
泰国	17870	1072
马来西亚	21160	962
新加坡	14922	901
印度	14520	856
印度尼西亚	16682	608
美国	53213	537
英国	9268	484
法国	11874	480
德国	9960	316
荷兰	2983	304
意大利	21058	186
西班牙	21954	182
缅甸	2770	166
越南	1880	113
以色列	3666	94
加拿大	5308	70
澳大利亚	3405	68
厄瓜多尔	666	68
葡萄牙	4064	55
日本	4210	46
比利时	4278	43
墨西哥	796	33
拉脱维亚	4652	22
捷克	746	22
阿联酋	1478	21
沙特阿拉伯	418	19
黎巴嫩	73	19
俄罗斯联邦	1848	16
瑞士	445	15
丹麦	187	11
立陶宛	255	10
巴巴多斯	112	9
波兰	1022	8
斯洛文尼亚	90	8

国家/地区	出口数量(个)	出口金额(千美元)
希腊	52	7
留尼汪	226	7
新西兰	335	6
南非	402	6
委内瑞拉	80	6
巴拿马	168	6
白俄罗斯	358	5
罗马尼亚	101	5
台湾省	616	4
伊拉克	125	4
芬兰	600	4
巴西	115	4
奥地利	384	3
哥伦比亚	96	3
菲律宾	78	2
安哥拉	40	1
几内亚比绍	3	1
香港	24	1
老挝	4	0

国家/地区	出口数量(件)	出口金额(千美元)
94038100 竹制或藤制家具		
合计	1672193	38435
美国	406071	11637
新加坡	64714	4291
泰国	42531	2562
德国	149439	2431
法国	138353	2196
英国	95778	1681
印度尼西亚	94809	1323
比利时	87147	1306
马来西亚	59188	1299
澳大利亚	59123	1192
巴拿马	12058	1073
日本	81997	873
荷兰	84564	862
加拿大	62428	756
西班牙	40744	576
文莱	4757	455
波兰	17121	438
韩国	10634	410
意大利	55352	356
菲律宾	2956	355
柬埔寨	1804	216
香港	7369	166
俄罗斯联邦	5467	156
巴西	8488	154
芬兰	3845	151
丹麦	5040	120
阿联酋	5581	101
瑞士	6345	100
新西兰	6540	98
乌克兰	557	96
拉脱维亚	1749	83
南非	4010	79
墨西哥	3014	70
塞舌尔	449	66
瑞典	6033	65
以色列	5723	59
土耳其	1326	51
葡萄牙	5156	45
哥伦比亚	4353	44
台湾省	2778	44
黎巴嫩	929	43
伊朗	1018	40
毛里求斯	360	33
挪威	2665	20
沙特阿拉伯	806	19
捷克	1248	19
埃及	1822	19
巴巴多斯	167	13
新喀里多尼亚	472	13
多米尼加共和国	289	12
印度	161	10
纳米比亚	450	10
巴林	411	10
巴基斯坦	1080	9
厄瓜多尔	115	9
哈萨克斯坦	68	8
智利	824	8
格鲁吉亚	46	8
阿根廷	472	8
匈牙利	502	7
古巴	91	6
荷属安地列斯	70	6
哥斯达黎加	32	6
克罗地亚	400	6
摩洛哥	63	5
叙利亚	34	5
特立尼达和多巴哥	240	5
洪都拉斯	264	4
乌拉圭	271	4
肯尼亚	177	4
巴拉圭	25	3
危地马拉	368	3
委内瑞拉	300	3
希腊	114	3
利比亚	35	3
赤道几内亚	38	2
加蓬	39	2
留尼汪	69	2
约旦	9	2
坦桑尼亚	12	1
科威特	25	1
保加利亚	32	1
埃塞俄比亚	8	1
赞比亚	4	1
白俄罗斯	55	1
塞浦路斯	12	1
塔吉克斯坦	12	1
吉尔吉斯斯坦	9	1
萨摩亚	10	0
卢森堡	3	0
乌兹别克斯坦	7	0
圣多美和普林西比	11	0
马耳他	18	0
立陶宛	40	0
94038910 柳条及类似材料制家具		
合计	251030	6563
印度	11966	1077
美国	31194	739
泰国	8188	737
英国	49953	697
马来西亚	6100	549
新加坡	5922	519
法国	13365	385
印度尼西亚	2788	253
波兰	19172	193
沙特阿拉伯	12734	135
比利时	10704	130
西班牙	12039	129
缅甸	1352	122
加拿大	9934	116
越南	860	77
德国	4055	74

国家/地区	出口数量（件）	出口金额（千美元）
阿联酋	3951	68
希腊	6872	63
意大利	3606	49
日本	2747	45
以色列	5434	43
澳大利亚	2198	42
芬兰	5358	37
丹麦	1965	27
香港	2490	27
墨西哥	237	23
瑞典	1703	22
俄罗斯联邦	774	21
匈牙利	1515	18
科威特	1708	16
约旦	1342	16
罗马尼亚	1393	15
巴拿马	546	14
荷兰	656	13
黎巴嫩	2017	12
巴西	865	10
克罗地亚	746	9
叙利亚	520	8
奥地利	600	6
塞浦路斯	594	5
新西兰	156	4
厄瓜多尔	87	3
纳米比亚	150	3
巴巴多斯	38	3
伊拉克	75	2
葡萄牙	105	2
瑞士	78	2
留尼汪	28	1
土耳其	150	1

国家/地区	出口数量（立方米）	出口金额（千美元）
44121011 薄板制竹胶合板至少一表层热带木层，厚≤6mm		
合计	46	43
美国	25	30
莫桑比克	21	13
44121019 其他薄板制竹胶板单板饰面板多层板，厚≤6mm		
合计	71174	43511
美国	13462	13202
安哥拉	6929	4069

国家/地区	出口数量（立方米）	出口金额（千美元）
泰国	9218	2915
利比亚	4071	2606
韩国	2267	1640
阿尔及利亚	2672	1431
蒙古	11764	1403
坦桑尼亚	2306	1330
英国	875	1033
加拿大	826	941
法国	760	877
荷兰	800	824
越南	1660	820
日本	526	659
刚果(布)	850	553
比利时	554	534
阿联酋	403	531
澳大利亚	378	483
尼日利亚	823	413
智利	277	402
毛里求斯	580	400
德国	262	291
斯洛文尼亚	195	251
南非	327	247
马来西亚	411	243
卢旺达	342	240
刚果(金)	334	222
加纳	397	213
肯尼亚	304	204
克罗地亚	213	199
俄罗斯联邦	290	197
波兰	145	174
巴哈马	137	169
墨西哥	109	158
印度	261	151
莫桑比克	228	144
沙特阿拉伯	249	142
斯里兰卡	228	137
阿尔巴尼亚	60	124
叙利亚	80	123
瑞典	193	116
意大利	107	112
约旦	174	110
萨尔瓦多	154	108
马里	183	107
西班牙	114	101
牙买加	145	99

国家/地区	出口数量（立方米）	出口金额（千美元）
毛里塔尼亚	193	98
委内瑞拉	137	95
菲律宾	165	95
乌兹别克斯坦	80	92
苏丹	166	90
哈萨克斯坦	80	89
博茨瓦那	149	82
阿曼	136	81
葡萄牙	70	80
台湾省	142	78
埃塞俄比亚	129	74
柬埔寨	148	72
丹麦	106	70
巴西	99	59
哥斯达黎加	99	59
危地马拉	82	58
伊朗	76	42
马达加斯加	171	41
贝宁	55	37
乍得	93	36
汤加	50	35
塞拉利昂	135	34
朝鲜	77	33
尼日尔	36	31
多哥	39	30
爱尔兰	20	29
马尔代夫	58	29
印度尼西亚	40	29
布隆迪	44	26
阿富汗	34	26
赤道几内亚	70	26
赞比亚	35	25
黎巴嫩	72	23
巴拿马	37	20
喀麦隆	34	20
塞浦路斯	24	17
特立尼达和多巴哥	31	17
利比里亚	14	16
多米尼克	26	15
莱索托	22	15
科特迪瓦	23	14
格鲁吉亚	23	14
缅甸	19	14
也门	30	14
纳米比亚	23	13

国家/地区	出口数量（立方米）	出口金额（千美元）
乌拉圭	13	11
摩洛哥	24	9
津巴布韦	12	7
巴布亚新几内亚	11	6
新加坡	7	5
希腊	6	4
新西兰	12	4
科摩罗	6	4
伊拉克	27	3
吉布提	7	3
奥地利	2	3
尼泊尔	5	2
圭亚那	3	2
以色列	2	2
捷克	1	0
哥伦比亚	1	0
44121020 其他薄板制竹胶板，单板饰面板及类似多层板		
合计	898	753
韩国	782	627
德国	32	66
加拿大	80	56
希腊	2	2
缅甸	2	1
44121092 其他竹胶合板类似多层板至少一表层木碎料板		
合计	123	152
英国	55	70
匈牙利	49	57
美国	18	23
乌克兰	1	1
44121099 其他竹制胶合板、单板饰面板及类似的多层板		
合计	13447	16698
美国	4083	5779
荷兰	908	1652
利比亚	1666	1133
土耳其	252	686
法国	775	668
加拿大	405	585
澳大利亚	466	539
意大利	261	493
德国	241	443
安哥拉	672	436
越南	403	372

国家/地区	出口数量（立方米）	出口金额（千美元）
英国	242	313
韩国	155	286
洪都拉斯	18	251
日本	140	228
比利时	209	218
西班牙	120	218
丹麦	139	186
瑞士	107	141
南非	149	133
新西兰	80	133
台湾省	159	130
葡萄牙	35	127
泰国	39	107
奥地利	17	92
以色列	51	90
波兰	17	90
巴西	58	76
俄罗斯联邦	96	73
菲律宾	56	71
智利	58	65
印度	122	56
印度尼西亚	105	56
挪威	31	48
哥伦比亚	40	48
刚果(金)	68	46
匈牙利	32	43
毛里求斯	53	41
巴布亚新几内亚	78	40
伊朗	54	33
芬兰	43	32
加纳	59	32
赤道几内亚	51	31
新加坡	28	30
亚美尼亚	56	30
哈萨克斯坦	23	29
爱沙尼亚	23	28
尼日利亚	92	27
斯里兰卡	46	25
坦桑尼亚	40	24
肯尼亚	45	23
文莱	25	18
吉布提	29	17
罗马尼亚	16	17
巴拿马	28	15
瑞典	12	13

国家/地区	出口数量（立方米）	出口金额（千美元）
博茨瓦那	21	13
格鲁吉亚	23	11
斐济	10	9
卡塔尔	18	7
蒙古	9	6
东帝汶	40	6
香港	6	5
苏丹	7	4
巴基斯坦	4	4
毛里塔尼亚	5	3
留尼汪	3	3
委内瑞拉	4	3
新喀里多尼亚	3	3
阿曼	4	3
埃塞俄比亚	7	2
塞浦路斯	1	1
柬埔寨	5	1
乌克兰	1	0

国家/地区	出口数量（吨）	出口金额（千美元）
44190032 竹制一次性筷子		
合计	58148	85435
日本	22401	38924
台湾省	19900	20501
美国	6123	8887
泰国	1169	3841
香港	2142	2806
俄罗斯联邦	1403	1865
加拿大	632	977
巴西	485	694
法国	383	668
澳大利亚	365	569
越南	142	567
新加坡	236	540
英国	244	404
德国	219	402
韩国	255	371
乌克兰	218	337
菲律宾	214	278
奥地利	175	256
以色列	135	252
荷兰	145	236
意大利	109	166
文莱	30	163
芬兰	131	163

国家/地区	出口数量（吨）	出口金额（千美元）
西班牙	77	153
瑞典	94	151
墨西哥	104	121
比利时	61	119
缅甸	23	99
印度	18	81
阿联酋	42	75
马来西亚	26	69
土耳其	38	68
印度尼西亚	43	59
南非	34	53
立陶宛	38	51
澳门	35	50
阿根廷	43	50
哥伦比亚	28	47
丹麦	21	40
黎巴嫩	20	38
瑞士	16	34
卡塔尔	13	29
智利	17	28
新西兰	15	27
拉脱维亚	16	26
埃及	16	24
白俄罗斯	13	17
波兰	12	16
希腊	11	15
斯洛文尼亚	6	7
巴拿马	3	5
葡萄牙	2	3
马尔代夫	0	3
挪威	1	2
斯里兰卡	1	2
秘鲁	2	2
科威特	1	2
沙特阿拉伯	1	1
冰岛	0	1
匈牙利	1	1
毛里求斯	0	1
44190091 其他竹制餐具及厨房用具		
合计	32231	114232
美国	11520	39311
越南	495	10034
德国	3135	8384
日本	1569	8092
荷兰	2408	6550

国家/地区	出口数量（吨）	出口金额（千美元）
法国	1061	4340
台湾省	1361	4046
加拿大	1309	3989
俄罗斯联邦	1171	3379
澳大利亚	1015	3309
英国	637	2642
比利时	955	2557
韩国	614	2281
波兰	586	1438
巴西	364	1334
香港	307	1140
西班牙	393	1116
芬兰	295	1025
意大利	298	1003
丹麦	234	776
土耳其	303	539
乌克兰	277	535
南非	137	514
葡萄牙	100	440
智利	99	367
新加坡	70	362
墨西哥	124	349
新西兰	116	287
阿联酋	68	264
以色列	99	262
挪威	68	231
印度	48	226
瑞典	57	224
瑞士	42	211
立陶宛	63	191
马来西亚	37	176
爱沙尼亚	70	175
捷克	43	150
阿根廷	32	145
斯洛伐克	32	128
哥伦比亚	26	114
克罗地亚	41	112
沙特阿拉伯	34	99
秘鲁	23	88
奥地利	36	77
巴拿马	34	75
希腊	15	72
厄瓜多尔	17	71
洪都拉斯	20	67
摩洛哥	39	67

国家/地区	出口数量（吨）	出口金额（千美元）
罗马尼亚	38	67
菲律宾	15	64
埃及	70	60
斯洛文尼亚	17	58
乌拉圭	14	51
泰国	16	47
黎巴嫩	10	44
科威特	10	42
印度尼西亚	16	39
塞浦路斯	12	38
阿尔及利亚	5	36
委内瑞拉	9	35
多米尼加共和国	8	32
爱尔兰	6	32
拉脱维亚	11	30
伊朗	10	24
斯里兰卡	1	19
安哥拉	9	19
约旦	10	17
留尼汪	7	17
保加利亚	8	15
哈萨克斯坦	6	15
匈牙利	3	13
卡塔尔	4	9
特立尼达和多巴哥	4	7
荷属安地列斯	2	7
朝鲜	6	6
哥斯达黎加	2	6
冰岛	2	5
危地马拉	1	4
加纳	0	4
澳门	0	1
诺福克岛	0	1
牙买加	0	1
阿曼	0	1
塞尔维亚	0	1
莫桑比克	0	0
巴布亚新几内亚	0	0
44201012 竹刻		
合计	17	85
俄罗斯联邦	11	72
加拿大	6	10
新加坡	0	3
44219022 竹制圆签、圆棒、冰果棒、压舌片及类似一次性制品		

国家/地区	出口数量（吨）	出口金额（千美元）
合计	35607	76134
日本	6751	15099
越南	1798	6574
新加坡	1354	6305
泰国	1534	6248
荷兰	4639	6238
美国	3195	5299
马来西亚	671	3059
印度尼西亚	960	2915
意大利	1242	2654
台湾省	1839	2297
比利时	562	1642
巴西	1111	1356
韩国	1235	1200
法国	366	1122
西班牙	187	1065
德国	695	1022
英国	602	914
加拿大	501	844
香港	466	736
澳大利亚	351	729
印度	252	724
智利	359	661
菲律宾	331	604
土耳其	478	554
以色列	322	510
哥伦比亚	399	487
墨西哥	316	471
俄罗斯联邦	264	447
沙特阿拉伯	232	432
希腊	269	410
阿联酋	202	357
乌克兰	111	316
波兰	213	224
厄瓜多尔	162	221
阿曼	237	210
新西兰	71	176
黎巴嫩	151	175
南非	115	161
罗马尼亚	49	113
文莱	37	109
丹麦	51	108
埃及	116	107
委内瑞拉	53	96
巴拿马	64	88

国家/地区	出口数量（吨）	出口金额（千美元）
瑞典	49	75
阿根廷	65	73
巴基斯坦	37	73
秘鲁	52	71
加纳	40	69
贝宁	38	66
芬兰	57	66
肯尼亚	35	63
挪威	41	56
伊朗	37	46
约旦	20	34
保加利亚	13	29
叙利亚	19	26
坦桑尼亚	16	26
利比亚	12	25
危地马拉	14	24
葡萄牙	17	24
尼日利亚	23	24
奥地利	7	23
多米尼克	10	20
爱尔兰	9	14
立陶宛	6	14
爱沙尼亚	8	13
克罗地亚	4	13
斯洛伐克	8	11
波多黎各	6	10
吉布提	14	10
科威特	5	10
多米尼加共和国	2	8
毛里求斯	4	7
斯洛文尼亚	4	6
塞浦路斯	2	5
安哥拉	9	4
突尼斯	2	3
摩洛哥	2	3
白俄罗斯	1	3
孟加拉国	2	3
朝鲜	1	2
匈牙利	1	2
卡塔尔	0	1
斯里兰卡	0	1
留尼汪	1	1
捷克	1	1

44092110 任何一边、端或面制成连续形状的竹地板条块

国家/地区	出口数量（吨）	出口金额（千美元）
合计	128758	218818
美国	49529	88205
加拿大	18346	31547
澳大利亚	13500	21762
荷兰	4194	8279
法国	3627	5808
波兰	4027	5565
英国	3672	5407
德国	3599	5169
比利时	2437	4066
意大利	1883	3277
日本	1497	2970
韩国	1867	2707
克罗地亚	1347	2392
南非	1304	2207
罗马尼亚	1354	2051
西班牙	1099	1793
俄罗斯联邦	851	1428
丹麦	782	1372
阿联酋	670	1311
墨西哥	837	1289
斯洛文尼亚	696	1139
新西兰	564	1047
新加坡	501	1034
土耳其	467	999
哈萨克斯坦	629	949
越南	846	862
葡萄牙	576	764
匈牙利	412	703
卡塔尔	198	626
智利	428	607
印度	389	596
乌克兰	337	587
土库曼斯坦	237	541
挪威	245	533
菲律宾	303	501
哥伦比亚	271	440
厄瓜多尔	300	421
格鲁吉亚	245	399
瑞典	223	396
巴西	290	392
蒙古	259	387
希腊	225	344
新喀里多尼亚	135	329
马来西亚	177	323

国家/地区	出口数量（吨）	出口金额（千美元）
巴拿马	127	294
塔吉克斯坦	230	290
香港	171	289
埃及	192	255
阿根廷	171	251
秘鲁	177	251
亚美尼亚	135	237
台湾省	109	226
奥地利	118	217
以色列	117	215
阿塞拜疆	137	198
印度尼西亚	120	183
捷克	115	176
保加利亚	128	166
瑞士	103	152
泰国	44	134
肯尼亚	82	125
摩洛哥	83	119
安哥拉	79	112
伊朗	61	84
斯里兰卡	60	81
摩尔多瓦	51	80
阿尔巴尼亚	53	77
沙特阿拉伯	25	70
巴哈马	37	62
斯洛伐克	38	54
塞浦路斯	38	53
塞尔维亚	36	51
朝鲜	39	49
前南马其顿	39	48
哥斯达黎加	35	43
法属波利尼西亚	32	42
巴布亚新几内亚	23	41
立陶宛	24	40
马达加斯加	16	37
科威特	26	37
留尼汪	27	36
芬兰	20	34
多米尼加共和国	21	33
黎巴嫩	16	32
波黑	27	31
马耳他	18	29
马提尼克	19	27
孟加拉国	18	26
委内瑞拉	17	21

国家/地区	出口数量（吨）	出口金额（千美元）
柬埔寨	13	21
赤道几内亚	22	20
海地	16	19
特立尼达和多巴哥	10	16
毛里求斯	9	16
阿尔及利亚	8	15
乌拉圭	9	12
卢森堡	7	12
莫桑比克	4	11
纳米比亚	7	10
巴巴多斯	7	9
利比亚	5	8
吉布提	4	5
爱尔兰	2	4
约旦	3	4
伊拉克	2	3
斐济	1	2
塞内加尔	1	1
44187210 其他多层已装拼的竹地板		
合计	34467	59013
美国	29195	50481
俄罗斯联邦	1298	1466
德国	404	1048
荷兰	499	924
加拿大	384	743
墨西哥	340	501
日本	210	450
乌克兰	220	273
秘鲁	137	261
比利时	141	243
乌兹别克斯坦	170	211
澳大利亚	139	200
韩国	89	162
巴哈马	63	149
哈萨克斯坦	118	140
伊朗	87	130
丹麦	41	123
巴拿马	51	101
香港	37	84
新西兰	36	80
法国	38	78
意大利	42	77
南非	38	64
毛里求斯	58	63
塞舌尔	35	60

国家/地区	出口数量（吨）	出口金额（千美元）
英国	44	59
斯洛文尼亚	33	57
罗马尼亚	34	51
匈牙利	30	47
阿联酋	15	46
摩洛哥	27	45
台湾省	57	44
葡萄牙	22	42
波兰	28	41
玻利维亚	30	41
尼日利亚	19	39
土库曼斯坦	27	39
克罗地亚	17	27
挪威	16	27
朝鲜	11	26
哥伦比亚	19	26
以色列	12	26
格林纳达	16	25
厄瓜多尔	18	25
巴基斯坦	16	25
特立尼达和多巴哥	14	23
赞比亚	18	19
瑞士	14	19
蒙古	12	17
巴林	8	14
新加坡	3	9
莫桑比克	4	9
缅甸	4	5
菲律宾	3	5
巴西	2	4
土耳其	2	4
沙特阿拉伯	3	4
开曼群岛	1	3
捷克	2	2
佛得角	10	2
库克群岛	2	2
西班牙	1	1
44187910 其他已装拼的竹地板		
合计	5928	11325
美国	4565	8785
荷兰	350	755
加拿大	186	340
德国	122	291
土耳其	133	179
阿联酋	70	161

国家/地区	出口数量（吨）	出口金额（千美元）
挪威	49	114
新西兰	50	103
朝鲜	109	94
丹麦	31	76
英国	31	54
台湾省	44	48
日本	11	46
意大利	22	46
南非	21	38
埃及	18	33
波兰	17	21
马来西亚	19	21
新加坡	14	20
比利时	9	19
俄罗斯联邦	5	15
塞浦路斯	10	15
法国	8	14
阿根廷	9	13
墨西哥	6	9
菲律宾	3	5
埃塞俄比亚	15	4
澳大利亚	2	2
越南	1	1
44092190 其他任何一边、端或面制成连续形状的竹材		
合计	1064	2760
韩国	85	601
荷兰	271	537
美国	175	529
意大利	19	158
土库曼斯坦	65	139
丹麦	49	134
加拿大	38	116
日本	20	82
沙特阿拉伯	103	80
台湾省	15	77
巴西	8	52
波兰	5	45
挪威	16	29
德国	20	26
马来西亚	4	22
法国	11	19
俄罗斯联邦	25	17
澳门	13	17
英国	4	9

国家/地区	出口数量（吨）	出口金额（千美元）
西班牙	1	9
比利时	4	8
朝鲜	30	8
斯洛文尼亚	4	7
塞浦路斯	3	6
南非	12	6
泰国	1	5
瑞士	1	4
刚果(布)	15	3
亚美尼亚	0	3
缅甸	30	2
瑞典	2	2
东帝汶	10	2
新西兰	1	2
印度	1	1
越南	1	1
新加坡	0	0
44021000 竹炭，不论是否结块		
合计	12888	7256
日本	3711	1988
沙特阿拉伯	1422	856
台湾省	525	418
伊朗	1012	410
英国	713	405
韩国	472	320
美国	484	314
香港	247	272
阿联酋	428	234
南非	64	212
瑞典	281	201
比利时	439	187
丹麦	475	187
以色列	493	178
德国	234	137
科威特	133	131
伊拉克	260	117
挪威	250	82
摩洛哥	190	67
约旦	122	59
澳大利亚	165	58
加拿大	210	56
俄罗斯联邦	42	53
西班牙	124	52
叙利亚	30	40
新加坡	12	39

国家/地区	出口数量（吨）	出口金额（千美元）
马来西亚	137	36
法国	45	29
巴基斯坦	27	26
乌克兰	6	18
巴西	20	12
意大利	19	12
委内瑞拉	8	10
巴林	17	7
黎巴嫩	13	7
芬兰	16	5
希腊	9	4
新喀里多尼亚	10	3
哥斯达黎加	6	3
墨西哥	4	3
印度	5	3
印度尼西亚	0	2
菲律宾	2	1
阿尔及利亚	5	1
越南	1	0
马耳他	1	0
47063000 其他纤维状纤维素竹浆		
合计	2516	1963
泰国	1666	1194
英国	458	419
德国	259	225
美国	60	64
日本	30	30
比利时	20	12
台湾省	20	12
新加坡	5	7
48236100 竹浆纸或纸板制的盘、碟、盆、杯及类似品		
合计	1559	1745
美国	1344	1137
香港	123	248
澳大利亚	31	182
摩洛哥	10	35
印度尼西亚	6	21
西班牙	4	17
台湾省	8	17
加拿大	5	16
以色列	7	16
韩国	5	13
巴西	4	12
荷兰	3	11

国家/地区	出口数量（吨）	出口金额（千美元）
保加利亚	4	7
南非	2	7
法国	1	2
德国	0	1
英国	1	0
07099010 鲜或冷藏的竹笋		
合计	2030	5946
日本	1009	3197
美国	695	2258
马来西亚	103	144
加拿大	51	142
新加坡	33	64
德国	76	60
意大利	10	26
法国	21	21
荷兰	19	18
澳大利亚	5	8
卢森堡	5	5
赞比亚	1	1
07119031 盐水竹笋		
合计	7929	12517
日本	3323	5464
越南	1755	2637
台湾省	1651	2296
泰国	1171	2099
俄罗斯联邦	25	13
新西兰	2	5
莫桑比克	1	1
马拉维	1	1
07129010 笋干丝		
合计	2528	31027
日本	2090	28735
泰国	171	825
越南	93	547
美国	51	237
马来西亚	43	218
新加坡	26	162
德国	10	95
巴拿马	12	74
香港	10	48
澳大利亚	10	38
加拿大	7	31
法国	1	6
英国	0	3
卢旺达	0	2

国家/地区	出口数量（吨）	出口金额（千美元）
澳门	3	2
萨摩亚	0	2
吉布提	0	1
几内亚	0	1
20059110 竹笋罐头		
合计	137562	137538
日本	64638	85534
美国	15190	10512
韩国	10791	7100
荷兰	8006	6004
德国	9259	5999
香港	5937	4618
英国	4441	2916
瑞典	2808	1886
法国	2183	1497
西班牙	1319	1335
墨西哥	1936	1250
澳大利亚	1252	953
意大利	961	806
加拿大	975	741
葡萄牙	668	720
马来西亚	828	709
奥地利	1034	589
捷克	633	499
阿根廷	291	424
泰国	318	391
丹麦	499	370
比利时	571	370
波兰	512	322
芬兰	485	297
挪威	334	228
越南	140	166
新加坡	142	161
印度尼西亚	152	126
爱尔兰	207	122
斯洛文尼亚	113	104
菲律宾	140	98
希腊	81	95
匈牙利	122	95
印度	74	72
毛里求斯	54	52
罗马尼亚	52	34
巴拿马	32	28
保加利亚	13	28
克罗地亚	13	27

国家/地区	出口数量（吨）	出口金额（千美元）
阿联酋	34	27
留尼汪	30	26
新西兰	29	25
斯洛伐克	39	21
台湾省	34	18
俄罗斯联邦	14	16
南非	21	14
瑞士	18	14
塞尔维亚	16	13
立陶宛	19	12
巴布亚新几内亚	8	9
埃及	10	9
牙买加	17	9
秘鲁	12	9
智利	11	7
多米尼加共和国	11	7
尼日利亚	7	5
特立尼达和多巴哥	4	4
巴基斯坦	5	4
摩洛哥	3	2
肯尼亚	3	2
古巴	2	2
委内瑞拉	4	2
土耳其	4	2
澳门	1	2
所罗门群岛	0	1
文莱	1	1
马提尼克	1	1
马耳他	1	1
20059190 其他制作或保藏的未冷冻竹笋		
合计	24698	53518
日本	23955	52097
越南	68	290
美国	107	232
新加坡	85	168
法国	143	137
韩国	92	130
泰国	23	108
比利时	91	108
意大利	40	73
荷兰	19	39
香港	7	36
加拿大	19	31
西班牙	18	26
德国	20	17

国家/地区	出口数量（吨）	出口金额（千美元）
澳大利亚	5	9
英国	3	7
捷克	2	4
巴西	1	2
罗马尼亚	1	2
科威特	1	1
墨西哥	0	1

表 9-8 竹藤进口

国家/地区	进口数量（吨）	进口金额（千美元）
14011000 竹		
合计	4181	3742
台湾省	2381	3534
中华人民共和国	159	69
缅甸	1415	63
越南	185	42
日本	24	21
马来西亚	9	5
埃塞俄比亚	1	4
澳大利亚	6	4
尼泊尔	1	1
14012000 藤		
合计	34034	32225
印度尼西亚	29879	29746
缅甸	2502	802
马来西亚	728	769
菲律宾	755	722
新加坡	78	151
墨西哥	26	19
老挝	40	10
印度	18	4
越南	7	2
西班牙	0	0
14019020 芦苇		
合计	1214	47
朝鲜	1214	47
14019031 藺草		
合计	5	1
越南	5	1

国家/地区	进口数量（千克）	进口金额（美元）
46012100 竹制的席子、席料及帘子		
合计	29393	73948
美国	10091	24789
中华人民共和国	7510	19036
日本	4076	15730
越南	7649	13457
墨西哥	20	638
印度尼西亚	6	200
泰国	30	77
台湾省	11	21
46012200 藤制的席子、席料及帘子		
合计	1	38
印度尼西亚	1	38
46012911 灯心草属材料制的席子等		
合计	1162	14466
尼泊尔	203	8759
越南	564	3803
日本	233	1400
乌干达	144	289
中华人民共和国	15	157
安哥拉	2	30
文莱	1	22
西班牙	0	6
46012919 其他草制的席子、席料及帘子		
合计	16439	49619
印度尼西亚	8319	25960
朝鲜	6213	18477
台湾省	768	1926
中华人民共和国	325	975
菲律宾	280	784
日本	272	722
马达加斯加	230	609
吉布提	12	145
津巴布韦	20	21
46012921 苇帘		
合计	4354	1677
朝鲜	4337	1487
越南	17	190
46012929 芦苇制的席子、席料		
合计	4545	6429
朝鲜	4500	6300
泰国	20	93
中华人民共和国	25	30
美国	0	6
46012990 其他植物材料制的席子等		
合计	37863	105983
越南	7720	40501
中华人民共和国	600	28673
印度尼西亚	5996	17333
印度	29	13988
马来西亚	23200	3972
美国	318	1516
46019210 竹制的缏条及类似产品，不论是否缝合成宽条		
合计	201	38
以色列	200	30
日本	1	5
中华人民共和国	0	3
46019290 竹制其他平行连结或编结品		
合计	17775	37115
中华人民共和国	10850	22665
美国	4667	7971
越南	1954	2496
日本	21	2222
法国	264	1509
印度尼西亚	16	160
加拿大	3	92
46019310 藤制的缏条及类似产品，不论是否缝合成宽条		
合计	116	220
英国	50	160
香港	58	40
印度尼西亚	8	20
46019390 藤制其他平行连结或编结品		
合计	4765	17600
印度尼西亚	4489	13315
意大利	11	3297
越南	170	596
菲律宾	3	201
泰国	92	191
46021100 竹制篮筐及其他编结品		
合计	23817	197436
越南	14960	78708
泰国	2506	42611
日本	913	20094
中华人民共和国	2873	15248
台湾省	423	13901
马来西亚	252	9736
印度尼西亚	774	6432
菲律宾	407	2399
老挝	205	2040
印度	263	2027
法国	23	1223

国家/地区	进口数量（千克）	进口金额（美元）
美国	88	916
玻利维亚	22	862
英国	5	342
意大利	8	268
瑞典	5	193
卢旺达	13	182
尼泊尔	66	158
希腊	11	96
46021200 藤制篮筐及其他编结品		
合计	148151	706036
印度尼西亚	113342	343016
越南	14934	155305
泰国	4582	49976
印度	7180	49127
菲律宾	4202	47035
中华人民共和国	989	21358
日本	1008	13530
缅甸	916	7662
阿尔及利亚	155	7348
法国	315	5218
意大利	63	2555
德国	28	968
美国	67	579
也门	135	571
新加坡	46	430
埃塞俄比亚	52	335
马来西亚	22	290
香港	9	167
文莱	2	166
纳米比亚	20	108
卢旺达	19	102
比利时	55	99
西班牙	5	75
台湾省	5	16
46021910 草制篮筐及其他编结品		
合计	82483	636132
中华人民共和国	7259	394936
越南	69555	198725
日本	2873	13277
萨摩亚	365	8353
加纳	80	4232
菲律宾	83	1677
缅甸	290	1614
朝鲜	1278	1198
博茨瓦那	15	1119

国家/地区	进口数量（千克）	进口金额（美元）
莱索托	44	1105
马达加斯加	50	953
卢旺达	5	866
塞内加尔	173	839
多哥	97	771
肯尼亚	29	749
法国	11	645
毛里求斯	12	617
埃塞俄比亚	18	611
安哥拉	4	480
乌干达	17	465
尼日尔	30	422
印度	31	417
吉布提	10	414
印度尼西亚	38	384
意大利	8	325
尼日利亚	2	270
津巴布韦	50	250
美国	4	161
喀麦隆	15	100
几内亚	4	53
韩国	0	33
泰国	15	33
尼加拉瓜	3	20
赞比亚	10	12
坦桑尼亚	5	6
46021930 柳条制篮筐及其他编结品		
合计	33751	69653
朝鲜	27573	42201
中华人民共和国	5375	21901
印度尼西亚	477	1885
日本	126	1577
摩洛哥	6	636
德国	30	413
法国	19	288
越南	34	159
菲律宾	2	144
台湾省	72	144
韩国	6	120
美国	20	100
加拿大	1	40
津巴布韦	10	28
波兰	0	17

国家/地区	进口数量（个）	进口金额（美元）
94015100 竹制或藤制的坐具		
合计	47547	941595
印度尼西亚	36752	718012
越南	7669	140998
菲律宾	173	20059
意大利	113	17573
法国	20	15754
中华人民共和国	35	6592
马来西亚	85	5478
尼泊尔	2358	5275
美国	18	3459
泰国	71	3065
缅甸	43	1700
荷兰	60	1700
比利时	1	803
日本	31	793
奥地利	1	189
印度	116	126
德国	1	19
94015900 柳条及类似材料制的坐具		
合计	8997	588662
意大利	232	338251
越南	8526	220607
德国	11	7117
印度尼西亚	11	6405
菲律宾	65	6351
英国	61	4023
葡萄牙	47	4020
中华人民共和国	36	819
泰国	3	539
香港	4	500
日本	1	30

国家/地区	进口数量（件）	进口金额（美元）
94038100 竹制或藤制家具		
合计	10853	485840
印度尼西亚	7590	364942
菲律宾	261	41285
越南	2257	40960
缅甸	518	14963
法国	7	10747
中华人民共和国	152	6016
泰国	19	2162
意大利	5	1892
美国	2	992

国家/地区	进口数量（件）	进口金额（美元）
日本	18	803
马来西亚	14	780
几内亚	3	188
台湾省	7	110
94038910 柳条及类似材料制家具		
合计	1681	92701
越南	765	63195
印度尼西亚	579	20191
中华人民共和国	322	8799
德国	5	307
意大利	1	119
泰国	9	90

国家/地区	进口数量（立方米）	进口金额（美元）
44121011 薄板制竹胶合板至少一表层热带木层，厚≤6mm		
合计	241	132183
俄罗斯联邦	222	124293
台湾省	16	5612
印度尼西亚	3	1224
澳大利亚	0	1054
44121019 其他薄板制竹胶板、单板饰面板多层板，厚≤6mm		
合计	1471	894399
芬兰	287	402439
俄罗斯联邦	441	147965
马来西亚	344	129390
印度尼西亚	224	91502
台湾省	80	40961
意大利	40	35421
韩国	40	34285
德国	4	5347
美国	3	3126
中华人民共和国	7	1979
日本	0	715
加拿大	0	550
越南	0	334
法国	1	250
比利时	0	135
44121092 其他竹胶合板类似多层板至少一表层木碎料板		
合计	1	3585
日本	1	3585
44121099 其他竹制胶合板、单板饰面板及类似的多层板		

国家/地区	进口数量（立方米）	进口金额（美元）
合计	0	515
美国	0	515

国家/地区	进口数量（千克）	进口金额（美元）
44190032 竹制一次性筷子		
合计	119353	196502
越南	117972	177489
日本	312	12951
中华人民共和国	879	5471
台湾省	180	576
阿联酋	7	13
泰国	3	2
44190091 其他竹制餐具及厨房用具		
合计	94581	386172
越南	58436	253044
日本	2178	76735
中华人民共和国	33201	50190
泰国	169	2231
荷兰	511	2230
台湾省	49	1324
法国	2	153
德国	7	98
比利时	17	64
丹麦	5	49
缅甸	2	40
美国	1	11
意大利	3	3
44201012 竹刻		
合计	1267	5026
印度尼西亚	1256	2967
中华人民共和国	1	1951
美国	2	52
法国	1	41
日本	7	15
44219022 竹制圆签、圆棒、冰果棒、压舌片及类似一次性制品		
合计	7121	21792
中华人民共和国	4462	8711
泰国	1520	8640
美国	65	1570
斯里兰卡	74	1045
台湾省	893	552
日本	30	469
法国	7	261
印度尼西亚	22	241

国家/地区	进口数量（千克）	进口金额（美元）
以色列	10	177
比利时	3	58
挪威	7	31
阿联酋	3	17
乌克兰	25	14
德国	0	6
44092110 任何一边、端或面制成连续形状的竹地板条块		
合计	106847	126502
中华人民共和国	93902	90512
越南	9240	32574
美国	3321	1670
捷克	294	1403
爱尔兰	30	245
法国	60	98
44187210 其他多层已装拼的竹地板		
合计	5564	62094
印度尼西亚	5564	62094
44187910 其他已装拼的竹地板		
合计	12	78
美国	12	78

国家/地区	进口数量（吨）	进口金额（千美元）
44021000 竹炭，不论是否结块		
合计	2	23
台湾省	1	14
日本	0	5
韩国	0	3
中华人民共和国	0	1
47063000 其他纤维状纤维素竹浆		
合计	3371	1934
缅甸	3331	1903
泰国	40	30
英国	0	2

国家/地区	进口数量（千克）	进口金额（美元）
48236100 竹浆纸或纸板制的盘、碟、盆、杯及类似品		
合计	77	949
瑞典	50	727
泰国	2	150
越南	25	72

国家/地区	进口数量（吨）	进口金额（千美元）
07119031 盐水竹笋		

国家/地区	进口数量（吨）	进口金额（千美元）
合计	168	646
台湾省	168	646
07129010 笋干丝		
合计	70	532
缅甸	45	525
台湾省	25	7

国家/地区	进口数量（吨）	进口金额（千美元）
20059110 竹笋罐头		
合计	359	400
日本	242	268
中华人民共和国	70	78
台湾省	47	53
西班牙	0	0

国家/地区	进口数量（吨）	进口金额（千美元）
20059190 其他制作或保藏的未冷冻竹笋		
合计	93	123
日本	49	69
越南	43	51
台湾省	1	2

果　类

【概　况】 2010年全国水果产量1.1亿吨，其中山东最多，1601万吨，占全国产量的14.52%，其次是河北、陕西、广西、广东，前5省(区)产量占全国总量的43.15%。全国干果产量743万吨，其中山东最多，约94万吨，占全国产量的12.64%，其次是河北、新疆、陕西、河南，前5省(区)产量占全国的51.89%。见表10-1，表10-2。

2010年果类产业出口金额约49亿美元，其中果品31亿美元占63.34%，其次是果汁8.4亿美元占17.08%，果品罐头6.4亿美元占13.01%，果核果壳炭和活性炭1.9亿美元占3.98%，果品残渣出口754万美元，占0.15%。进口金额约39亿美元，其中果品22.5亿美元占57.80%，果酒13亿美元占34.46%，进口果品残渣7303万美元占1.88%。见表10-3。

全国苹果产量3128万吨，其中山东最多，占全国总量的29.08%，陕西20.86%，其后依次是河南、山西、河北，前5省产量占全国总量的77.21%。全国柑橘产量2333万吨，其中湖南最多，占全国总量的13.79%，其后依次是湖北、广西、福建、江西，前5省(区)产量占全国总量的62.07%。全国梨产量1447万吨，其中河北最多，占全国总量的25.97%，其后依次是山东、新疆、安徽、河南，前5省(区)产量占全国总量的55.66%。全国桃产量972万吨，其中山东最多，占全国总量的28.41%，其后依次是河北、河南、湖北、江苏，前5省产量占全国总量的60.03%。全国葡萄产量834万吨，其中新疆最多，占全国总量的24.03%，其后依次是河北、山东、辽宁、浙江，前5省(区)产量占全国总量的62.73%。全国杏产量247万吨，其中新疆最多，占全国总量的54.36%，其后依次是山东、河北、河南、陕西，前5省(区)产量占全国总量的87.07%。全国红枣产量259万吨，其中新疆最多，占全国总量的22.09%，其后依次是河北、山西、陕西、山东，前5省(区)产量占全国总量的79.21%。全国板栗产量170万吨，其中湖北最多，占全国总量的16.26%，其后依次是山东、河南、河北、安徽，前5省产量占全国总量的62.80%。全国核桃产量128万吨，其中云南最多，占全国总量的27.51%，其后依次是新疆、四川、辽宁、湖北，前5省(区)产量占全国总量的66.44%。

全国有果品罐头企业2280家，其中浙江最多，占全国总量的12.46%，其后依次是河北、山东、辽宁、福建，前5省产量占全国总量的51.49%。

至2010年底，我国对果品主要有25个国家标准，主要包括果品质量等级、药物残留、贮藏技术、原产地域产品标准等。见表10-4。国家林业局还印发了《全国经济林、花木之乡命名工作管理暂行办法》、《全国经济林、花卉示范基地命名工作管理暂行办法》、《关于审批主办全国性经济林产品节(会)活动的暂行规定》。在国家林业局统计的75项果品科技成果中，果品的产业化研究涉及到了苹果、柿子、板栗、鲜枣、梨、柑橘等种类优质种源的培育，规模化生产技术，冷藏技术，高产丰产技术，深加工技术等。见表10-5。我国共有20个国家级和省级果品协会。见表10-6。

【2010年水果市场】 2010年，水果价格结束了前三季度的相对平稳运行态势，在第四季度不断攀升。从1~11月水果及其制品的进出口贸易来看，水果及制品的进口和出口平均价格均同比提高，但相对于我国水果及制品出口量减额增，水果及制品进口量额俱增，我国水果及制品出口顺差与2009年相比呈缩小趋势。

国内市场：前期价格平稳，后期势如脱缰。

从全国批发市场水果平均价格变化趋势来看，2010年水果价格变化可分为三个阶段：

1~6月，价格基本呈阶梯式上涨，由1月份的平均3.6元/千克涨至6月份的4.63元/千克，其间，除3月份价格环比略降外，其余月份均环比上涨。

6~9 月，价格持续走低，由 6 月份的 4.63 元/千克降至 9 月份 3.73 元千克。

9~12 月，价格大幅攀升，由 9 月份 3.73 元/千克涨至 12 月份的 5.56 元/千克。其中 11 月和 12 月两个月的价格环比幅度分别达到了 18.67% 和 20.43%。

与 2009 年相比，除 1 月份价格同比为降低外，其余月份均为同比增长，其中 2~8 月，同比增长幅度在 10% 以内，而 9~12 月，同比增长均大于 10%，且增长幅度不断增加，到 12 月，价格同比增长 52.44%。

总体来看，2010 年前三季度批发市场水果价格较为平稳，第四季度价格势如脱缰。

分品种来看，富士苹果除 9、10 月外，鸭梨除 8、9、10 月外，香蕉除 7~10 月外，均呈涨势。柑橘价格波动较大，1~7 月份，除 3、4 月份价格持平略跌外，均大幅上涨，8~11 月份价格持续下滑，到 12 月份重燃上涨势头。西瓜价格在 3~8 月，持续下滑，其余月份大幅上涨。草莓价格在 1~6 月持续大幅下滑，7~8 月大幅上涨，12 月后随着草莓逐渐上市价格上涨。葡萄价格在上半年基本呈涨势，7~10 月份大幅下跌，11~12 月又大幅上涨。

同比来看，1 月份，大宗水果中仅西瓜和香蕉价格同比降低，2~4 月，仅西瓜价格同比降低，5 月份，仅葡萄价格同比降低，6、7 月份，草莓、富士苹果和鸭梨价格同比降低，8 月份，富士苹果价格同比降低。其余月份，大多大宗水果价格均呈涨势，且进入下半年，随时间推进，同比增长的幅度不断扩大。

水果出口：数量缩减，价格攀升

水果进口：数量增长，预期扩大

（刘志敏）

表 10-1　果类产业各指标在全国排名前 5 名的省份

指标	全国排位前 5 名的省份及占全国比例
水果产量(1.1 亿吨)	山东 14.52%、河北 8.70%、陕西 7.67%、广西 6.75%、广东 5.51%
干果产量(743 万吨)	山东 12.64%、河北 11.64%、新疆 11.02%、陕西 8.44%、河南 8.14%
苹果产量(3128 万吨)	山东 29.08%、陕西 20.86%、河南 9.36%、山西 9.21%、河北 8.71%
柑橘产量(2333 万吨)	湖南 13.79%、湖北 13.21%、广西 11.74%、福建 11.67%、江西 11.65%
梨产量(1447 万吨)	河北 25.97%、山东 9.51%、新疆 7.13%、安徽 6.62%、河南 6.43%
桃产量(972 万吨)	山东 28.41%、河北 15.05%、河南 6.63%、湖北 5.29%、江苏 4.65%
葡萄产量(834 万吨)	新疆 24.03%、河北 12.89%、山东 12.75%、辽宁 7.56%、浙江 5.49%
杏产量(247 万吨)	新疆 54.36%、山东 9.74%、河北 8.64%、河南 7.43%、陕西 6.90%
荔枝产量(162 万吨)	广东 56.76%、广西 28.70%、福建 9.09%、海南 4.22%、云南 0.76%
龙眼产量(133 万吨)	广东 43.13%、广西 30.52%、福建 18.11%、四川 5.34%、海南 1.67%
猕猴桃产量(63 万吨)	陕西 56.58%、河南 9.45%、四川 7.72%、湖南 5.66%、广东 5.39%
枣(干重)产量(259 万吨)	新疆 22.09%、河北 15.94%、山西 15.12%、陕西 15.01%、山东 11.05%
板栗产量(170 万吨)	湖北 16.26%、山东 16.07%、河南 12.14%、河北 10.26%、安徽 8.06%
核桃产量(128 万吨)	云南 27.51%、新疆 14.73%、四川 9.82%、辽宁 7.20%、湖北 7.19%
柿子(干重)产量(93 万吨)	山东 16.74%、河北 16.07%、河南 15.90%、陕西 11.98%、山西 6.79%
仁用杏产量(7 万吨)	辽宁 32.54%、河北 27.14%、北京市 16.26%、山西 11.85%、陕西 3.27%
山杏仁产量(12.5 万吨)	辽宁 56.11%、河北 16.47%、内蒙古 9.12%、陕西 6.25%、宁夏 5.34%
银杏(白果)产量(7 万吨)	江苏 47.24%、广西 11.10%、湖北 10.88%、山东 5.08%、广东 4.49%
榛子产量(6 万吨)	辽宁 89.33%、内蒙古 6.58%、黑龙江 2.70%、河北 0.82%、吉林 0.34%
松子产量(7 万吨)	辽宁 31.34%、吉林 26.51%、甘肃 21.86%、云南 10.11%、黑龙江 7.01%
水果罐头制造企业数量(2280 家)	浙江 12.46%、河北 12.28%、山东 9.25%、辽宁 8.99%、福建 8.51%

表 10-2-1 各地区水果产量

单位:吨,个

地区	合计	苹果	柑橘	梨	葡萄	桃	杏	荔枝	龙眼	猕猴桃	其他水果	水果罐头制造企业数
全国合计	110304098	31279460	23330802	14471040	8342154	9716920	2470808	1620758	1331583	632805	17107768	2280
北京	801336	98377		144793	51479	425955	26342			3	54387	39
天津	311049	56931		36870	106111	61295	2498				47344	54
河北	9596911	2724614		3758287	1075468	1462150	213487			94	362811	280
山西	3868183	2879660		416117	150651	333777	65605			31	22342	37
内蒙古	304247	44603		53879	54046	390	12496				138833	9
辽宁	3994983	1692968		922152	631040	329157	39447				380219	205
吉林	376800	102969		109081	114014	189	787				49760	6
黑龙江	244209	126397		50764	23100	2	257				43689	33
龙江集团	2523	434		868	250						971	
上海	441619		201573	38437	90814	101418				411	8966	11
江苏	2398526	568497	43174	619524	421625	451745	16883			2777	274301	109
浙江	3417559		1941083	477665	458027	325130				13697	201957	284
安徽	2158894	385869	32865	958184	193722	415481	8343			10374	154056	58
福建	5644799	309	2722988	185345	100171	222371		147281	241138	3781	2021415	194
江西	3184029		2718819	191993	28250	45282				10260	189425	39
山东	16013877	9095558		1376410	1064038	2760272	240694			13997	1462908	211
河南	5426225	2926921	98810	930461	276658	644186	183478			59802	305909	37
湖北	4383689	9761	3082167	595056	65646	514436	2079			11166	103378	89
湖南	3933443		3218241	152859	84128	91979	2255			35825	348156	108
广东	6079776		2276812	40468	2	44516		919929	574251	34125	2189673	136
广西	7446713		2739495	219045	226753	165496		465228	406426	2191	3222079	124
海南	2846000		2885					68364	22194		2752557	18
重庆	1783707	9326	1194914	242955	41999	64090	2758	258	5228	14659	207520	27
四川	4745079	444244	2194744	711537	179591	415082	8435	6923	71084	48884	664555	47
贵州	757260	29572	207515	216889	63931	96218	1897	437	81	12410	128310	2
云南	2679933	223615	387445	225754	201757	160270	236	12338	11181	177	1457160	22
西藏	9943	5636	254	442		432	20				3159	0
陕西	8459416	6525045	265897	403526	327863	317669	170474			358059	90883	38
甘肃	3090498	2242994	1121	325345	185102	165152	95431			82	75271	19
青海	3760	1975		1142	109	121	360				53	0
宁夏	649294	441598		34822	121449	5088	33352				12985	4
新疆	5252341	642021		1031238	2004610	97571	1343194				133707	40
新疆兵团	872023	191279		338739	297139	25999	18183				684	

表 10-2-2 各地区干果产量

单位:吨

地区	合计	核桃	板栗	枣(干重)	柿子(干重)	仁用杏	山杏仁	银杏(白果)	榛子	松子	其他干果
全国合计	7429434	1284351	1701680	2587612	926129	69037	125109	70957	60952	68912	534695
北京	112026	11279	28399	5168	55375	11222	333				250
天津	2337	814	693	830							
河北	864697	74392	174640	412410	148798	18738	20600		502		14617
山西	584771	65156	1346	391153	62897	8179	3053			260	52727
内蒙古	17042			31		738	11408		4013		852
辽宁	519711	92499	101278	146430		22464	70198	130	54450	21597	10665
吉林	37413	8339	551				80		205	18272	9966
吉林集团	4817	859								3958	
黑龙江	10786	2453							1647	4828	1858
龙江集团	5121	2023							12	1464	1622
上海	1							1			
江苏	87336	1	26805	6536	20437			33518			39
浙江	84603		71436	1118	7775			2529			1745
安徽	199494	16402	137239	9287	32340			2347			1879
福建	127131	36	63471	45	57425			242			5912
江西	36982	91	24261	2995	4197			107			5331
山东	939244	62187	273542	286034	155074	160	84	3607			158556
河南	605004	55407	206517	183655	147264	1773	2151	2655			5582
湖北	422245	92286	276687	29823	14178	5	1	7721			1544
湖南	117482	5484	72469	11557	7540		41	503			19888
广东	68818		10616	4357	24024			3183			26638
广西	142916	929	73059	792	25869			7878			34389
海南	67080										67080
重庆	25400	7881	6917	2804	4744		80	1753	130		1091
四川	198634	126109	23979	27155	7780	2	32	2435		340	10802
贵州	60978	15356	19316	1083	6282	2	1	1620	4	291	17023
云南	442563	353301	53601	718	16866			317		6964	10796
西藏	8839	7589					30	20			1200
陕西	627191	60488	52037	388442	110994	2258	7815	266		1299	3592
甘肃	157471	36288	2821	75648	16270	1584	2210	125		15061	7464
青海	391	391									
宁夏	42030	49		27841		160	6684				7296
新疆	818818	189144		571700		1752	308		1		55913
新疆兵团	192348	3490		185843		1497					1518

表 10-3　全国果类进出口贸易总值

	出口数量(吨)	出口金额(千美元)	进口数量(吨)	进口金额(千美元)
合计	5641823	4902141	3533125	3891155
果品	3519020	3104930	2439550	2249224
果品残渣	331047	7538	655614	73029
果酱等	37209	23636	4335	5239
果品罐头	686716	637630	16625	17099
果汁	882551	837165	103661	164710
果酒	12267	95546	304352	1340944
椰壳纤维	480	788	251	353
果炭	172533	194908	8738	40558

表 10-4　果品标准

	标准名称	标准号	发布单位
1	仁用杏杏仁质量等级	GB/T 20452 - 2006	国家质量监督检验检疫总局　国家标准化管理委员会
2	核桃坚果质量等级	GB/T 20398 - 2006	国家质量监督检验检疫总局　国家标准化管理委员会
3	干果食品卫生标准	GB 16325 - 2005	卫生部　国家标准化管理委员会
4	原产地域产品 沾化冬枣	GB 18846 - 2002	国家质量监督检验检疫总局
5	原产地域产品 烟台苹果	GB 18965 - 2003	国家质量监督检验检疫总局
6	原产地域产品 吐鲁番葡萄	GB 19585 - 2004	国家质量监督检验检疫总局　国家标准化管理委员会
7	原产地域产品 南丰蜜橘	GB 19051 - 2003	国家质量监督检验检疫总局
8	杏冷藏	GB/T 17479 - 1998	国家质量技术监督局
9	鲜食葡萄冷藏技术	GB/T 16862 - 1997	国家技术监督局
10	鲜苹果	GB 10651 - 1989	商业部
11	鲜枇杷果	GB/T 13867 - 1992	国家技术监督局
12	鲜梨	GB 10650 - 1989	商业部
13	鲜柑橘	GB/T 12947 - 1991	国家技术监督局
14	苹果无病毒母本树和苗木检疫规程	GB 12943 - 1991	国家技术监督局
15	苹果苗木产地检疫规程	GB 8370 - 1987	农业部
16	苹果苗木	GB 9847 - 2003	国家质量监督检验检疫总局
17	芒果贮藏导则	GB/T 15034 - 1994	国家技术监督局
18	黄骅冬枣	GB 18740 - 2002	国家质量监督检验检疫总局
19	红枣	GB 5835 - 1986	国家标准化管理委员会
20	核桃	GB 10164 - 1988	商业部
21	水果中单甲脒残留量的测定	GB/T5009. 160 - 2003	卫生部　国家标准化管理委员会
22	水果中乙氧基喹残留量的测定	GB/T5009. 129 - 2003	卫生部　国家标准化管理委员会
23	梨中烯唑醇残留量的测定	GB/T5009. 201 - 2003	卫生部　国家标准化管理委员会
24	梨果类、柑橘类水果中噻螨酮残留量的测定	GB/T5009. 173 - 2003	卫生部　国家标准化管理委员会
25	苹果和山楂制品中展青霉素的测定	GB/T5009. 185 - 2003	卫生部　国家标准化管理委员会

表 10-5 果品科研项目

	项目名称	研究单位(项目完成年)
1	“瑞光美玉”果树	北京市农林科学院林业果树研究所
2	“瑞蟠 16 号”果树	北京市农林科学院林业果树研究所
3	“瑞蟠 17 号”果树	北京市农林科学院林业果树研究所
4	“瑞蟠 18 号”果树	北京市农林科学院林业果树研究所
5	“瑞蟠 19 号”果树	北京市农林科学院林业果树研究所
6	“瑞蟠 20 号”桃	北京市农林科学院林业果树研究所
7	“瑞蟠 21 号”桃	北京市农林科学院林业果树研究所
8	“瑞油蟠 1 号”桃	北京市农林科学院林业果树研究所
9	“袖珍早蟠”果树	北京市农林科学院林业果树研究所
10	板栗低聚糖酸奶	北京林业大学
11	板栗无公害病虫防治技术	蓟县林业局　天津力臣阳光果蔬商贸有限责任公司
12	板栗无公害生产技术及产业化开发	河北省燕山科学试验站
13	保持和增进燕山板栗特有品质栽培技术研究	遵化市林业局
14	虫草枸杞葡萄酒	北京林业大学
15	大别山山核桃综合开发	安徽省金寨县山核桃开发公司
16	干旱半干旱丘陵区旱实核桃集约化栽培技术规程	山西省林科院
17	甘肃省 1000 万亩优质林果基地建设规划	甘肃省林业科技推广总站
18	柑橘现代灌溉系统关键设备引进与应用研究	重庆市经济作物技术推广站
19	狗枣猕猴桃果实软化机理及其耐贮性的研究	东北农业大学
20	国外优质梨、李规模化生产及其配套技术体系研究与示范	河北省林科院
21	禾韵 1 号	吉林省吉康有机食品有限责任公司
22	核桃方块形模型芽接技术研究及推广应用	广元市朝天区林业局
23	核桃立地质量评价体系及丰产技术	河北农业大学
24	核桃优良品种室内嫁接技术	中国林科院林研所
25	核桃油控提技术和核桃粕系列产品研究与开发	北京市农林科学院林业果树研究所
26	红富士苹果在大苹果北线高接栽培技术开发研究	海城市林业局果树站 海城市英落镇果树站
27	桦树液与桦树液系列产品	黑龙江省带岭林科所
28	桦汁蓝莓酒	黑龙江省带岭林科所
29	京西柿低温浸藏脱涩保鲜技术研究	北京市门头沟区核桃试验站
30	精品水果生产技术研究	攀枝花市农业科学研究所
31	酒泉高接库尔勒香梨早果丰产技术示范推广	酒泉市林果服务中心
32	蓝靛果系列产品精深加工技术研究及工厂设计	东北林业大学
33	梨、枣树上调结构综合配套技术	河北省果树学会 河北农业大学
34	梨矮化砧木筛选、脱毒快繁及应用	河北省林科院
35	利用 RAPD 技术提高茶淀玫瑰香葡萄优系纯度及标准化栽培技术	天津市林业果树研究所
36	凉山州石榴种植技术标准的研究及应用	西昌学院
37	灵芝枸杞西红柿酒	北京林业大学
38	玫瑰香葡萄盐碱地密植丰产栽培技术	天津市东丽区农林局
39	美国黑核桃栽培技术规程	河南省林业技术推广站
40	柠檬种植质量管理规范研究开发	安岳县柠檬科学技术研究所　安岳县柠檬产业发展办公室
41	攀西野生番石榴、葛藤资源调查及利用价值研究	西昌学院
42	苹果产业化关键技术研究示范与推广	北京市昌平区林业局
43	葡萄贮藏中利用天然生物制剂保鲜的技术研究	河北科技大学
44	秋冬季节柿属植物树体内酚类物质含量的变化	中国农业大学园艺学院
46	生态型有机果园、经济林园(基地)营建技术	浙江林学院

	项目名称	研究单位(项目完成年)
47	石榴良种光雾工厂化快繁技术	中国农业科学院郑州果树研究所
48	柿属植物3种及栽培柿17个品种的抗寒性	中国农业大学园艺学院　日本岛根大学生物资源科学部
49	柿子产业化建设	山西省晋城市鑫山生物工程有限公司
50	柿子快速脱涩长时间保脆综合配套技术及装置开发	中国农业大学
51	台湾青枣棚栽技术	北京林业大学
52	温棚葡萄无公害栽培综合配套技术研究	河南农业职业学院
53	无公害农产品——柿子生产技术规范	天津市植物保护研究所　天津市林业局
54	无公害优质银杏果开发	邳州市银杏良种繁育圃
55	系列果品保鲜剂的生产技术开发中试研究	西北林学院
56	鲜食大果型枣树优质、高产技术示范	上海市林业总站
57	鲜枣长期贮藏新技术	中国农业大学
58	研究和制定红阳猕猴桃绿色食品生产技术规程及产品质量标准	四川省自然资源研究所
59	杨梅高效固氮菌株的筛选及应用研究	浙江省林科院
60	野生低质低产核桃高位换种技术应用研究	盐源县州林业局
61	一种冰温保鲜贮藏枣的方法	中国农业大学
62	一种鲜枣冷冻贮藏技术	中国农业大学
63	银杏规范化种植(GAP)基地服务体系建设	邳州市生产力促进中心
64	银杏基地建设及系列产品开发	驻马店市天方饮料有限公司
65	优质核桃矮化密植技术研究	岳池县林业局
66	优质特供果品标准化生产技术及集成示范研究	上海市林业总站
67	玉田孤树小枣优质丰产标准化生产技术研究	玉田县林业局
68	早熟杏新品种山农红丰	山东农业大学
69	早熟杏新品种山农凯新1号	山东农业大学
70	早熟杏新品种山农新世纪	山东农业大学
71	枣树优良品种嫩枝扦插技术	中国林科院林研所
72	枣缩果病综合防控技术研究	山西省林科院
73	沾化冬枣早果丰产无公害栽培技术研究与应用	平顶山市林业研究中心
74	中牟脆丰	中牟县林业局
75	中豫长山核桃2号	河南省林业技术推广站

表 10-6　果品国家级和省级协会

1	中国果品流通协会
2	中国食品工业协会坚果炒货专业委员会
3	中国酒类流通协会市场推广工作委员会
4	中国酒类流通协会
5	河北省农业产业协会林果产销专业委员会
6	吉林省果品行业协会
7	江苏省梨业协会
8	浙江省果品流通协会
9	浙江省梨业协会
10	福建省果品协会
11	山东省果品开发协会
12	山东省果品流通协会
13	湖南省果品协会
14	广西壮族自治区水果行业协会
15	海南省香蕉协会
16	四川省果品行业协会
17	云南省核桃行业协会
18	陕西省果品工业协会
19	甘肃省果品协会
20	青海省特色果品(蔬)科学种植协会

表 10-7-1 柑橘主产地产量

	柑橘主产地	产量(吨)
1	浦东新区(沪)	36479.00
2	奉贤区(沪)	4747.00
3	金山区(沪)	4219.90
4	嘉定区(沪)	797.00
5	闵行区(沪)	770.15
6	青浦区(沪)	513.00
7	吴中区(苏)	16062.00
8	吴江市(苏)	8729.00
9	张家港市(苏)	7700.00
10	太仓市(苏)	2094.00
11	丹徒区(苏)	2000.00
12	靖江市(苏)	510.00
13	临海市(浙)	210474.00
14	衢江区(浙)	161631.00
15	建德市(浙)	111000.00
16	象山县(浙)	105124.00
17	莲都区(浙)	92864.00
18	宁海县(浙)	82000.00
19	淳安县(浙)	49651.00
20	青田县(浙)	47899.00
21	婺城区(浙)	41046.00
22	江山市(浙)	32904.00
23	玉环县(浙)	29110.00
24	松阳县(浙)	25665.00
25	温岭市(浙)	17966.00
26	北仑区(浙)	17330.00
27	奉化市(浙)	16250.00
28	普陀区(浙)	12709.00
29	义乌市(浙)	11700.00
30	定海区(浙)	10240.00
31	慈溪市(浙)	8700.00
32	龙湾区(浙)	7877.00
33	庆元县(浙)	5700.00
34	富阳市(浙)	5458.00
35	路桥区(浙)	4255.00
36	龙泉市(浙)	4200.00
37	缙云县(浙)	3811.00
38	桐庐县(浙)	3800.00
39	镇海区(浙)	3642.00
40	临安市(浙)	2500.00
41	江北区(浙)	2329.00
42	遂昌县(浙)	2199.00
43	上虞市(浙)	2166.00
44	岱山县(浙)	1600.00
45	景宁畲族自治县(浙)	1154.00
46	云和县(浙)	880.00
47	浦江县(浙)	789.00
48	平湖市(浙)	720.00
49	萧山区(浙)	706.00
50	歙　县(皖)	14500.00
51	太湖县(皖)	1460.00
52	东至县(皖)	873.50
53	潜山县(皖)	500.00
54	平和县(闽)	871645.00
55	建瓯市(闽)	244573.00
56	永春县(闽)	205706.00
57	三明市市辖区(闽)	125960.00
58	沙　县(闽)	123479.00
59	尤溪县(闽)	106469.00
60	顺昌县(闽)	87259.00
61	延平区(闽)	76354.00
62	永安市(闽)	68984.00
63	大田县(闽)	53010.00
64	南靖县(闽)	52647.00
65	建阳市(闽)	42968.00
66	闽清县(闽)	38383.00
67	德化县(闽)	35331.00
68	漳平市(闽)	31165.00
69	长泰县(闽)	28459.00
70	华安县(闽)	26906.00
71	龙岩市市辖区(闽)	26353.00
72	将乐县(闽)	26326.00
73	永定县(闽)	25089.00
74	松溪县(闽)	23773.00
75	清流县(闽)	23389.00
76	邵武市(闽)	22760.00
77	明溪县(闽)	22090.00
78	上杭县(闽)	21097.00
79	云霄县(闽)	19809.00
80	武夷山市(闽)	18307.00
81	福清市(闽)	17140.00
82	仙游县(闽)	16693.00
83	连江县(闽)	16628.00
84	连城县(闽)	14409.00
85	漳浦县(闽)	14290.00
86	漳州市市辖区(闽)	12299.00
87	长汀县(闽)	11110.00
88	闽侯县(闽)	11095.00
89	福安市(闽)	10824.00
90	政和县(闽)	10326.00
91	宁化县(闽)	9533.00
92	永泰县(闽)	9368.00
93	武平县(闽)	9215.00
94	浦城县(闽)	9164.00
95	古田县(闽)	7965.00
96	宁德市市辖区(闽)	7792.00
97	福鼎市(闽)	6969.00
98	安溪县(闽)	6958.00
99	诏安县(闽)	6790.00
100	泰宁县(闽)	6689.00
101	长乐市(闽)	4783.00
102	霞浦县(闽)	4589.00
103	寿宁县(闽)	3560.00
104	龙海市(闽)	2810.00
105	泉州市市辖区(闽)	2743.00
106	屏南县(闽)	2563.00
107	平潭县(闽)	1955.00
108	罗源县(闽)	1913.00
109	东山县(闽)	611.00
110	新干县(赣)	173207.00
111	寻乌县(赣)	155506.00
112	龙南县(赣)	91500.00
113	靖安县(赣)	58110.00
114	南城县(赣)	52068.00
115	兴国县(赣)	41987.00
116	全南县(赣)	37361.00
117	临川区(赣)	36406.00
118	广昌县(赣)	9156.00
119	泰和县(赣)	7504.00
120	大余县(赣)	6799.00
121	奉新县(赣)	5668.00
122	湖口县(赣)	5299.00
123	樟树市(赣)	4849.00
124	崇仁县(赣)	4765.00
125	贵溪市(赣)	4411.00
126	瑞金市(赣)	2921.00
127	吉州区(赣)	2910.00
128	铜鼓县(赣)	2500.00
129	分宜县(赣)	2442.00
130	永丰县(赣)	2179.00
131	莲花县(赣)	2050.00
132	余干县(赣)	2000.00
133	宁都县(赣)	1999.00
134	德兴市(赣)	1707.00
135	九江县(赣)	1651.00
136	万载县(赣)	1650.00
137	德安县(赣)	1600.00

	柑橘主产地	产量(吨)
138	广丰县(赣)	1500.00
139	上高县(赣)	1450.00
140	南昌县(赣)	1300.00
141	新建县(赣)	865.00
142	修水县(赣)	847.00
143	宜丰县(赣)	600.00
144	万年县(赣)	582.00
145	婺源县(赣)	565.00
146	崇义县(赣)	549.00
147	宜黄县(赣)	502.00
148	安福县(赣)	500.00
149	袁州区(赣)	500.00
150	淅川县(豫)	65000.00
151	邓州市(豫)	2400.00
152	夷陵区(鄂)	446000.00
153	宜都市(鄂)	420000.00
154	当阳市(鄂)	300000.00
155	枝江市(鄂)	208000.00
156	松滋市(鄂)	96300.00
157	点军区(鄂)	83845.00
158	兴山县(鄂)	60691.00
159	东宝区(鄂)	52807.00
160	郧　县(鄂)	49000.00
161	长阳土家族自治县(鄂)	45370.00
162	荆州区(鄂)	32000.00
163	阳新县(鄂)	28028.00
164	武穴市(鄂)	19364.00
165	来凤县(鄂)	19216.00
166	浠水县(鄂)	12500.00
167	恩施市(鄂)	9858.00
168	蕲春县(鄂)	9000.00
169	房　县(鄂)	5427.00
170	南漳县(鄂)	5326.00
171	掇刀区(鄂)	3525.00
172	赤壁市(鄂)	3500.00
173	随县(鄂)	3190.00
174	谷城县(鄂)	2850.00
175	崇阳县(鄂)	2698.00
176	大冶市(鄂)	2151.00
177	建始县(鄂)	2026.00
178	京山县(鄂)	2000.00
179	鄂州市市辖区(鄂)	1900.00
180	黄梅县(鄂)	1668.00
181	咸丰县(鄂)	1595.00
182	黄州区(鄂)	1580.00
183	新洲区(鄂)	1512.00
184	应城市(鄂)	1500.00
185	广水市(鄂)	1500.00
186	孝昌县(鄂)	1399.00
187	孝南区(鄂)	1200.00
188	鹤峰县(鄂)	1074.00
189	蔡甸区(鄂)	750.00
190	襄城区(鄂)	600.00
191	溆浦县(湘)	368100.00
192	石门县(湘)	352900.00
193	麻阳苗族自治县(湘)	312500.00
194	泸溪县(湘)	100000.00
195	永顺县(湘)	79328.00
196	保靖县(湘)	78500.00
197	龙山县(湘)	70000.00
198	祁阳县(湘)	66859.00
199	芷江侗族自治县(湘)	63131.00
200	沅江市(湘)	62775.00
201	道　县(湘)	62009.00
202	凤凰县(湘)	61051.00
203	吉首市(湘)	61000.00
204	资兴市(湘)	57342.00
205	桃江县(湘)	53100.00
206	会同县(湘)	50366.00
207	洞口县(湘)	45000.00
208	宁远县(湘)	44126.00
209	临澧县(湘)	42338.00
210	东安县(湘)	40314.00
211	澧　县(湘)	40000.00
212	浏阳市(湘)	37000.00
213	零陵区(湘)	33664.00
214	鼎城区(湘)	31000.00
215	冷水滩区(湘)	28260.00
216	桃源县(湘)	24000.00
217	安化县(湘)	22850.00
218	武陵区(湘)	20000.00
219	新化县(湘)	19874.00
220	赫山区(湘)	19100.00
221	临武县(湘)	18360.00
222	涟源市(湘)	17250.00
223	中方县(湘)	17216.00
224	邵阳县(湘)	17000.00
225	嘉禾县(湘)	15518.00
226	古丈县(湘)	15452.00
227	靖州苗族侗族自治县(湘)	15000.00
228	花垣县(湘)	13579.00
229	津市市(湘)	13500.00
230	宁乡县(湘)	13000.00
231	沅陵县(湘)	12787.00
232	湘乡市(湘)	12500.00
233	华容县(湘)	11950.00
234	苏仙区(湘)	10120.00
235	江永县(湘)	8993.00
236	南　县(湘)	8900.00
237	双牌县(湘)	6658.00
238	北湖区(湘)	6177.00
239	耒阳市(湘)	6000.00
240	通道侗族自治县(湘)	5745.00
241	新宁县(湘)	5378.00
242	江华瑶族自治县(湘)	5203.00
243	双峰县(湘)	4300.00
244	炎陵县(湘)	4012.00
245	绥宁县(湘)	3500.00
246	桂阳县(湘)	3060.00
247	隆回县(湘)	3000.00
248	岳阳楼区(湘)	2700.00
249	城步苗族自治县(湘)	2528.00
250	洪江管理区(湘)	2355.00
251	娄星区(湘)	2350.00
252	平江县(湘)	2036.00
253	珠晖区(湘)	2000.00
254	新邵县(湘)	1800.00
255	衡山县(湘)	1681.00
256	大祥区(湘)	1600.00
257	冷水江市(湘)	1600.00
258	桂东县(湘)	1172.00
259	资阳区(湘)	1000.00
260	石峰区(湘)	980.00
261	双清区(湘)	860.00
262	汨罗市(湘)	800.00
263	邵东县(湘)	625.00
264	北塔区(湘)	600.00
265	宜章县(湘)	600.00
266	新晃侗族自治县(湘)	525.00
267	新田县(湘)	505.00
268	封开县(粤)	167265.00
269	广宁县(粤)	150000.00
270	英德市(粤)	138667.00
271	四会市(粤)	116685.00
272	清新县(粤)	98650.00
273	清城区(粤)	89380.00
274	佛冈县(粤)	64923.00
275	潮安县(粤)	40000.00

	柑橘主产地	产量(吨)
276	新会区(粤)	32844.00
277	阳山县(粤)	30535.00
278	恩平市(粤)	14822.00
279	连州市(粤)	13400.00
280	台山市(粤)	13220.00
281	揭西县(粤)	7500.00
282	高要市(粤)	6448.60
283	信宜市(粤)	6000.00
284	郁南县(粤)	5350.00
285	连山壮族瑶族自治县(粤)	4811.00
286	东源县(粤)	4800.00
287	饶平县(粤)	4567.00
288	云城区(粤)	3200.00
289	广州市属总林场(粤)	2914.00
290	遂溪县(粤)	1752.00
291	廉江市(粤)	1100.00
292	紫金县(粤)	820.00
293	连南瑶族自治县(粤)	583.00
294	恭城瑶族自治县(桂)	493578.00
295	柳城县(桂)	225000.00
296	阳朔县(桂)	184010.00
297	富川瑶族自治县(桂)	172564.00
298	全州县(桂)	111773.00
299	苍梧县(桂)	111613.00
300	兴安县(桂)	89426.00
301	岑溪市(桂)	70609.00
302	灵川县(桂)	67368.00
303	浦北县(桂)	65000.00
304	永福县(桂)	51516.40
305	藤　县(桂)	51343.00
306	灌阳县(桂)	47362.60
307	龙胜各族自治县(桂)	41756.00
308	鹿寨县(桂)	33380.00
309	融水苗族自治县(桂)	32440.00
310	兴宾区(桂)	29232.00
311	钟山县(桂)	21378.00
312	防城区(桂)	16118.00
313	南丹县(桂)	13382.00
314	金秀瑶族自治县(桂)	13080.00
315	雁山区(桂)	12725.00
316	蒙山县(桂)	10433.00
317	博白县(桂)	10343.00
318	合浦县(桂)	9963.00
319	西乡塘区(桂)	7835.00
320	环江毛南族自治县(桂)	6880.00
321	昭平县(桂)	6778.00
322	东兰县(桂)	6495.00
323	八步区(桂)	6051.00
324	良庆区(桂)	5613.00
325	蝶山区(桂)	5216.00
326	贺州市平桂管理区(桂)	5032.00
327	大新县(桂)	4988.00
328	南宁市东盟经济园区(桂)	4674.00
329	柳江县(桂)	4375.00
330	忻城县(桂)	3888.00
331	万秀区(桂)	3300.00
332	长洲区(桂)	3171.00
333	罗城仫佬族自治县(桂)	3149.00
334	东兴市(桂)	3084.00
335	钦北区(桂)	2876.00
336	容　县(桂)	2420.00
337	兴业县(桂)	2230.00
338	马山县(桂)	1800.00
339	凤山县(桂)	1658.00
340	武宣县(桂)	1535.00
341	平果县(桂)	1427.00
342	江南区(桂)	1295.00
343	陆川县(桂)	1220.00
344	鱼峰区(桂)	954.00
345	凭祥市(桂)	950.00
346	大化瑶族自治县(桂)	662.00
347	北流市(桂)	650.00
348	天峨县(桂)	553.00
349	开　县(渝)	300000.00
350	万州区(渝)	138589.00
351	忠　县(渝)	100000.00
352	江津区(渝)	74525.00
353	云阳县(渝)	65830.00
354	永川区(渝)	62170.00
355	垫江县(渝)	33750.00
356	梁平县(渝)	29000.00
357	璧山县(渝)	23183.00
358	巴南区(渝)	18550.00
359	沙坪坝区(渝)	14500.00
360	巫山县(渝)	13340.00
361	九龙坡区(渝)	10107.00
362	荣昌县(渝)	8900.00
363	武隆县(渝)	4050.00
364	南川区(渝)	3500.00
365	石柱土家族自治县(渝)	2293.00
366	酉阳土家族苗族自治县(渝)	1150.00
367	宣汉县(川)	229500.00
368	蒲江县(川)	109365.00
369	江安县(川)	66000.00
370	巴州区(川)	65030.00
371	蓬安县(川)	45000.00
372	长宁县(川)	39096.00
373	南部县(川)	37400.00
374	荣　县(川)	34205.00
375	达　县(川)	30000.00
376	岳池县(川)	24465.00
377	彭山县(川)	22200.00
378	翠屏区(川)	22114.00
379	仁寿县(川)	21630.00
380	泸　县(川)	20000.00
381	剑阁县(川)	18000.00
382	井研县(川)	17722.00
383	雁江区(川)	16950.00
384	顺庆区(川)	16700.00
385	五通桥区(川)	15280.00
386	叙永县(川)	15000.00
387	大安区(川)	13960.00
388	南溪县(川)	13606.00
389	江油市(川)	11489.00
390	贡井区(川)	10550.00
391	江阳区(川)	9000.00
392	纳溪区(川)	8502.00
393	邻水县(川)	6000.00
394	船山区(川)	5730.00
395	涪城区(川)	5500.00
396	高　县(川)	4360.00
397	雷波县(川)	4250.00
398	广安区(川)	4000.00
399	乐山市市中区(川)	3885.00
400	洪雅县(川)	3315.00
401	西充县(川)	3000.00
402	宁南县(川)	2616.00
403	峨眉山市(川)	2600.00
404	青白江区(川)	2550.00
405	利州区(川)	2496.00
406	平昌县(川)	2300.00
407	游仙区(川)	2103.00
408	自流井区(川)	2000.00
409	沐川县(川)	1688.00
410	珙　县(川)	1572.00
411	沙湾区(川)	1280.00
412	什邡市(川)	1082.00
413	会理县(川)	860.00

	柑橘主产地	产量(吨)
414	金口河区(川)	830.00
415	朝天区(川)	820.00
416	天全县(川)	649.00
417	马边彝族自治县(川)	632.00
418	汉源县(川)	500.00
419	榕江县(黔)	13966.00
420	从江县(黔)	13807.00
421	毕节市(黔)	12750.00
422	天柱县(黔)	11077.00
423	锦屏县(黔)	5630.00
424	荔波县(黔)	5505.00
425	都匀市(黔)	3668.00
426	黎平县(黔)	3628.00
427	镇远县(黔)	3420.00
428	长顺县(黔)	2130.00
429	贵定县(黔)	1440.00
430	开阳县(黔)	1250.00
431	息烽县(黔)	1200.00
432	瓮安县(黔)	1050.00
433	修文县(黔)	950.00
434	剑河县(黔)	923.00
435	丹寨县(黔)	912.00
436	岑巩县(黔)	783.00
437	关岭布依族苗族自治县(黔)	680.00
438	宾川县(滇)	128515.60
439	华宁县(滇)	84072.00
440	石屏县(滇)	34160.00
441	师宗县(滇)	29545.00
442	新平彝族傣族自治县(滇)	11985.00
443	广南县(滇)	9046.00
444	通海县(滇)	7150.00
445	建水县(滇)	6000.00
446	个旧市(滇)	5377.00
447	芒市(滇)	4459.00
448	永胜县(滇)	3980.00
449	昌宁县(滇)	3310.00
450	腾冲县(滇)	2523.00
451	镇沅彝族哈尼族拉祜族自治县(滇)	2058.00
452	镇雄县(滇)	1705.00
453	云　县(滇)	1612.00
454	澄江县(滇)	1490.00
455	隆阳区(滇)	1475.00
456	鹤庆县(滇)	1267.00
457	元谋县(滇)	1243.00
458	彝良县(滇)	1233.90
459	盐津县(滇)	1230.00
460	景洪市(滇)	1173.00
461	南华县(滇)	622.00
462	丘北县(滇)	578.00
463	双柏县(滇)	575.00
464	龙陵县(滇)	525.00
465	城固县(陕)	166965.00
466	汉台区(陕)	21000.00
467	汉滨区(陕)	18230.00
468	旬阳县(陕)	18089.00
469	洋　县(陕)	10221.00
470	平利县(陕)	6090.00
471	紫阳县(陕)	2765.00
472	白河县(陕)	2618.00
473	南郑县(陕)	2055.00
474	山阳县(陕)	1940.00
475	石泉县(陕)	678.00
476	岚皋县(陕)	646.00

表 10-7-2　苹果主产地产量

	苹果主产地	产量(吨)
1	顺义区(京)	19323.00
2	昌平区(京)	18215.00
3	密云县(京)	15679.00
4	平谷区(京)	13599.50
5	通州区(京)	9398.00
6	延庆县(京)	8000.00
7	大兴区(京)	3456.00
8	房山区(京)	3380.42
9	怀柔区(京)	3346.60
10	宝坻区(津)	10685.00
11	北辰区(津)	8452.00
12	乐亭县(冀)	169909.00
13	青龙满族自治县(冀)	163300.00
14	深州市(冀)	157985.00
15	围场满族蒙古族自治县(冀)	140000.00
16	辛集市(冀)	124813.00
17	抚宁县(冀)	89145.00
18	迁安市(冀)	83435.00
19	遵化市(冀)	76224.00
20	三河市(冀)	65712.00
21	枣强县(冀)	59917.00
22	邢台县(冀)	59461.00
23	昌黎县(冀)	59233.00
24	涿鹿县(冀)	53768.00
25	深泽县(冀)	53701.00
26	冀州市(冀)	50983.00
27	兴隆县(冀)	49689.00
28	承德县(冀)	46570.00
29	滦　县(冀)	43341.00
30	顺平县(冀)	42650.00
31	武邑县(冀)	38580.00
32	滦南县(冀)	31301.00
33	丰润区(冀)	30843.54
34	临漳县(冀)	28904.00
35	故城县(冀)	28903.00
36	藁城市(冀)	28387.00
37	献　县(冀)	27998.00
38	定州市(冀)	27490.00
39	平泉县(冀)	26000.00
40	井陉县(冀)	24096.00
41	饶阳县(冀)	22606.00
42	卢龙县(冀)	22247.00
43	宽城满族自治县(冀)	22190.00
44	肃宁县(冀)	20744.00
45	桃城区(冀)	20300.00
46	文安县(冀)	19913.00
47	怀来县(冀)	19600.00
48	宁晋县(冀)	18900.00
49	景　县(冀)	18540.00
50	鹿泉市(冀)	18360.00
51	平山县(冀)	18290.00
52	泊头市(冀)	18152.00
53	魏　县(冀)	17749.00
54	新河县(冀)	17300.00
55	隆尧县(冀)	17179.00
56	永清县(冀)	15670.00
57	馆陶县(冀)	15500.00
58	满城县(冀)	15355.00
59	武安市(冀)	15247.00
60	无极县(冀)	15000.00
61	肥乡县(冀)	15000.00
62	南宫市(冀)	13974.00
63	阜城县(冀)	13100.00
64	盐山县(冀)	13025.00
65	沧　县(冀)	13002.00
66	安国市(冀)	12905.00
67	邱　县(冀)	12730.00
68	成安县(冀)	12600.00
69	磁　县(冀)	12594.00
70	晋州市(冀)	12160.00
71	香河县(冀)	10300.00

	苹果主产地	产量(吨)
72	蠡　县(冀)	10276.00
73	吴桥县(冀)	10070.00
74	南皮县(冀)	10046.00
75	安平县(冀)	9961.00
76	望都县(冀)	9400.00
77	雄　县(冀)	9000.00
78	广平县(冀)	8900.00
79	大名县(冀)	8635.00
80	正定县(冀)	8301.00
81	博野县(冀)	8140.00
82	固安县(冀)	8030.00
83	黄骅市(冀)	7320.00
84	元氏县(冀)	7100.00
85	巨鹿县(冀)	7064.00
86	邯郸县(冀)	6903.00
87	唐海县(冀)	6699.00
88	永年县(冀)	6600.00
89	内丘县(冀)	6581.00
90	曲周县(冀)	6515.00
91	霸州市(冀)	6468.00
92	任丘市(冀)	6366.00
93	青　县(冀)	6340.00
94	广阳区(冀)	6158.00
95	涉　县(冀)	6150.00
96	灵寿县(冀)	6100.00
97	行唐县(冀)	6000.00
98	大城县(冀)	6000.00
99	曲阳县(冀)	5720.00
100	安次区(冀)	5503.00
101	古冶区(冀)	5414.00
102	隆化县(冀)	5200.00
103	孟村回族自治县(冀)	4799.00
104	河间市(冀)	4600.00
105	易　县(冀)	4400.00
106	清苑县(冀)	4256.00
107	沙河市(冀)	4218.00
108	武强县(冀)	4180.00
109	涞水县(冀)	4100.00
110	赤城县(冀)	4040.00
111	丰宁满族自治县(冀)	4000.00
112	井陉矿区(冀)	4000.00
113	徐水县(冀)	3800.00
114	宣化县(冀)	3786.00
115	丰南区(冀)	3691.00
116	唐　县(冀)	3575.00
117	柏乡县(冀)	3365.00
118	赞皇县(冀)	3300.00
119	大厂回族自治县(冀)	3116.00
120	东光县(冀)	3100.00
121	崇礼县(冀)	3079.00
122	涞源县(冀)	3053.00
123	安新县(冀)	2640.00
124	峰峰矿区(冀)	2328.00
125	高碑店市(冀)	2250.00
126	任　县(冀)	2047.00
127	临西县(冀)	1910.00
128	南和县(冀)	1521.00
129	威　县(冀)	1500.00
130	阳原县(冀)	1474.00
131	新市区(冀)	1307.00
132	容城县(冀)	1300.00
133	海兴县(冀)	1300.00
134	怀安县(冀)	1200.00
135	临城县(冀)	1154.00
136	运河区(冀)	1133.00
137	蔚　县(冀)	1038.00
138	广宗县(冀)	1036.00
139	新乐市(冀)	1030.00
140	鸡泽县(冀)	1000.00
141	万荣县(晋)	395666.00
142	乡宁县(晋)	100000.00
143	平陆县(晋)	76127.50
144	榆次区(晋)	73100.00
145	翼城县(晋)	37932.00
146	祁　县(晋)	21377.00
147	闻喜县(晋)	9060.00
148	河津市(晋)	7500.00
149	阳泉市郊区(晋)	5998.00
150	尖草坪区(晋)	5393.00
151	高平市(晋)	4786.00
152	平顺县(晋)	3000.00
153	长治县(晋)	2475.00
154	昔阳县(晋)	2452.00
155	小店区(晋)	2445.00
156	大宁县(晋)	1875.30
157	长治市郊区(晋)	1590.00
158	长治市城区(晋)	1271.20
159	灵石县(晋)	1200.00
160	古交市(晋)	1100.00
161	杏花岭区(晋)	1093.00
162	寿阳县(晋)	1000.00
163	石楼县(晋)	1000.00
164	林西县(内蒙古)	10000.00
165	土默特左旗(内蒙古)	8584.00
166	宁城县(内蒙古)	6000.00
167	松山区(内蒙古)	3946.00
168	土默特右旗(内蒙古)	3758.00
169	巴林左旗(内蒙古)	3120.00
170	科尔沁左翼中旗(内蒙古)	2000.00
171	红山区(内蒙古)	1315.00
172	伊金霍洛旗(内蒙古)	1215.00
173	元宝山区(内蒙古)	1086.00
174	喀喇沁旗(内蒙古)	1072.00
175	准格尔旗(内蒙古)	1000.00
176	瓦房店市(辽)	400000.00
177	盖州市(辽)	350000.00
178	绥中县(辽)	200000.00
179	大石桥市(辽)	180000.00
180	喀喇沁左翼蒙古族自治县(辽)	69300.00
181	凌源市(辽)	45000.00
182	海城市(辽)	42500.00
183	连山区(辽)	30000.00
184	北票市(辽)	25000.00
185	新民市(辽)	21000.00
186	旅顺口区(辽)	20000.00
187	大连市金州新区(辽)	18620.00
188	于洪区(辽)	10240.00
189	凌海市(辽)	10000.00
190	建昌县(辽)	9600.00
191	西丰县(辽)	9010.00
192	义　县(辽)	8964.00
193	兴城市(辽)	8069.40
194	岫岩满族自治县(辽)	6800.00
195	抚顺县(辽)	6600.00
196	朝阳县(辽)	6000.00
197	本溪满族自治县(辽)	5082.00
198	法库县(辽)	5000.00
199	沈北新区(辽)	4500.00
200	清原满族自治县(辽)	3800.00
201	凤城市(辽)	3200.00
202	昌图县(辽)	3000.00
203	大连市保税区(辽)	2864.00
204	顺城区(辽)	2205.30
205	调兵山市(辽)	1875.00
206	康平县(辽)	1873.00
207	铁岭县(辽)	1860.00
208	千山区(辽)	1800.00
209	龙城区(辽)	1500.00

	苹果主产地	产量(吨)
210	清河区(辽)	1360.00
211	大洼县(辽)	1100.00
212	振安区(辽)	1050.00
213	长岭县(吉)	32000.00
214	东丰县(吉)	9876.00
215	辉南县(吉)	4600.00
216	珲春林业局(吉)	3400.00
217	敦化市(吉)	2659.00
218	集安市(吉)	1456.00
219	磐石市(吉)	1214.00
220	龙井市(吉)	1000.00
221	宁安市(黑)	26021.00
222	穆棱市(黑)	18207.00
223	东宁县(黑)	6891.00
224	鸡冠区(黑)	4056.00
225	肇州县(黑)	2500.00
226	恒山区(黑)	2300.00
227	沛　县(苏)	67320.00
228	沭阳县(苏)	21600.00
229	睢宁县(苏)	17050.00
230	赣榆县(苏)	16683.00
231	滨海县(苏)	14000.00
232	铜山区(苏)	13560.00
233	东海县(苏)	5621.00
234	阜宁县(苏)	2750.00
235	响水县(苏)	2680.00
236	盐都区(苏)	1550.00
237	砀山县(皖)	288640.00
238	萧　县(皖)	49315.00
239	来安县(皖)	20000.00
240	杜集区(皖)	5545.00
241	埇桥区(皖)	3428.00
242	南谯区(皖)	2816.00
243	灵璧县(皖)	2160.00
244	相山区(皖)	1992.00
245	沂源县(鲁)	851775.00
246	牟平区(鲁)	507242.00
247	蓬莱市(鲁)	280000.00
248	平度市(鲁)	202500.00
249	荣成市(鲁)	195000.00
250	沂水县(鲁)	130808.80
251	岱岳区(鲁)	106370.00
252	蒙阴县(鲁)	91916.00
253	寿光市(鲁)	90500.00
254	平阴县(鲁)	84737.00
255	临朐县(鲁)	73100.00

	苹果主产地	产量(吨)
256	寒亭区(鲁)	56399.00
257	新泰市(鲁)	50800.00
258	环翠区(鲁)	47390.00
259	安丘市(鲁)	46000.00
260	东营市市辖区(鲁)	43569.00
261	诸城市(鲁)	43090.00
262	沂南县(鲁)	30241.00
263	山亭区(鲁)	29250.00
264	昌邑市(鲁)	27900.00
265	茌平县(鲁)	26304.00
266	乳山市(鲁)	24000.00
267	肥城市(鲁)	23377.00
268	邹城市(鲁)	21000.00
269	惠民县(鲁)	19255.96
270	嘉祥县(鲁)	17900.00
271	平邑县(鲁)	17630.00
272	陵　县(鲁)	17527.00
273	利津县(鲁)	17484.00
274	潍城区(鲁)	17195.00
275	河东区(鲁)	16000.00
276	滨城区(鲁)	15890.00
277	胶南市(鲁)	15110.00
278	德州市市辖区(鲁)	14240.00
279	成武县(鲁)	13596.00
280	莱城区(鲁)	13437.00
281	即墨市(鲁)	13080.00
282	五莲县(鲁)	12000.00
283	临淄区(鲁)	11650.00
284	平原县(鲁)	11400.00
285	商河县(鲁)	10500.00
286	济阳县(鲁)	10000.00
287	定陶县(鲁)	9170.00
288	广饶县(鲁)	8950.00
289	青州市(鲁)	8770.00
290	河口区(鲁)	7838.00
291	阳信县(鲁)	7762.00
292	周村区(鲁)	7511.00
293	泰山区(鲁)	7400.00
294	宁阳县(鲁)	7083.00
295	邹平县(鲁)	7030.00
296	武城县(鲁)	7000.00
297	东平县(鲁)	6600.00
298	博山区(鲁)	6200.00
299	兰山区(鲁)	5148.00
300	德城区(鲁)	4875.00
301	垦利县(鲁)	4800.00

	苹果主产地	产量(吨)
302	东明县(鲁)	4670.00
303	苍山县(鲁)	4056.00
304	高唐县(鲁)	3908.00
305	博兴县(鲁)	3055.00
306	临沭县(鲁)	3000.00
307	沾化县(鲁)	2600.00
308	金乡县(鲁)	1688.00
309	灵宝市(豫)	819616.40
310	虞城县(豫)	500000.00
311	陕　县(豫)	374651.00
312	孟州市(豫)	172600.00
313	洛宁县(豫)	170300.10
314	渑池县(豫)	108590.00
315	民权县(豫)	70000.00
316	南乐县(豫)	51177.00
317	兰考县(豫)	42000.00
318	湖滨区(豫)	27000.00
319	梁园区(豫)	24100.00
320	林州市(豫)	22500.00
321	扶沟县(豫)	20000.00
322	睢阳区(豫)	19800.00
323	西华县(豫)	19353.00
324	汤阴县(豫)	19130.00
325	卢氏县(豫)	16807.00
326	通许县(豫)	14062.00
327	延津县(豫)	13060.00
328	太康县(豫)	12250.00
329	滑　县(豫)	11470.00
330	安阳县(豫)	10760.00
331	杞　县(豫)	9800.00
332	睢　县(豫)	9000.00
333	济源市(豫)	6540.00
334	浚　县(豫)	6500.00
335	永城市(豫)	6257.00
336	卫辉市(豫)	5500.00
337	荥阳市(豫)	5433.00
338	封丘县(豫)	5100.00
339	殷都区(豫)	5049.00
340	栾川县(豫)	5000.00
341	获嘉县(豫)	4998.00
342	濮阳市高新区(豫)	4900.00
343	中牟县(豫)	4540.00
344	伊川县(豫)	4500.00
345	夏邑县(豫)	4500.00
346	清丰县(豫)	3251.00
347	唐河县(豫)	3000.00

	苹果主产地	产量(吨)
348	红旗区(豫)	3000.00
349	武陟县(豫)	3000.00
350	淮滨县(豫)	3000.00
351	项城市(豫)	3000.00
352	商水县(豫)	3000.00
353	魏都区(豫)	2936.00
354	新乡县(豫)	2564.00
355	宜阳县(豫)	2475.00
356	宝丰县(豫)	2190.00
357	辉县市(豫)	1965.00
358	嵩　县(豫)	1800.00
359	范　县(豫)	1650.00
360	淇　县(豫)	1185.00
361	凤泉区(豫)	1020.00
362	内乡县(豫)	1000.00
363	崇阳县(鄂)	9701.00
364	奉节县(渝)	1900.00
365	盐源县(川)	280000.00
366	汉源县(川)	28500.00
367	苍溪县(川)	2650.00
368	利州区(川)	2397.00
369	康定县(川)	1997.00
370	昭觉县(川)	1878.00
371	江油市(川)	1485.00
372	会理县(川)	1445.00
373	丹巴县(川)	1200.00
374	安　县(川)	1200.00
375	涪城区(川)	1100.00
376	威宁彝族回族苗族自治县(黔)	12000.00
377	长顺县(黔)	4100.00
378	盘　县(黔)	1256.00
379	宣威市(滇)	16957.00
380	永胜县(滇)	15025.00
381	鲁甸县(滇)	9000.00
382	马龙县(滇)	7286.00
383	沾益县(滇)	6897.00
384	师宗县(滇)	5300.00
385	麒麟区(滇)	2464.00
386	陆良县(滇)	2185.00
387	泸西县(滇)	1465.00
388	鹤庆县(滇)	1061.00
389	维西傈僳族自治县(滇)	1051.05
390	林芝县(藏)	3100.00
391	米林县(藏)	1930.00
392	礼泉县(陕)	750000.00
393	洛川县(陕)	676200.00

	苹果主产地	产量(吨)
394	乾　县(陕)	347490.00
395	宜川县(陕)	328800.00
396	永寿县(陕)	320030.00
397	淳化县(陕)	306600.00
398	澄城县(陕)	250000.00
399	长武县(陕)	220000.00
400	蒲城县(陕)	200000.00
401	印台区(陕)	179782.00
402	扶风县(陕)	161180.00
403	耀州区(陕)	160000.00
404	宜君县(陕)	140000.00
405	延长县(陕)	140000.00
406	兴平市(陕)	136956.00
407	凤翔县(陕)	98048.00
408	富平县(陕)	80000.00
409	黄陵县(陕)	69000.00
410	秦都区(陕)	60128.00
411	凤　县(陕)	39240.00
412	黄龙县(陕)	34037.00
413	大荔县(陕)	30000.00
414	王益区(陕)	29547.00
415	米脂县(陕)	28803.00
416	清涧县(陕)	28000.00
417	旬邑县(陕)	22620.00
418	渭城区(陕)	22600.00
419	陇　县(陕)	16941.00
420	千阳县(陕)	10393.00
421	眉　县(陕)	10174.00
422	子洲县(陕)	9460.00
423	平利县(陕)	6000.00
424	武功县(陕)	6000.00
425	甘泉县(陕)	4030.00
426	泾阳县(陕)	2300.00
427	旬阳县(陕)	1939.00
428	阎良区(陕)	1570.00
429	丹凤县(陕)	1526.00
430	洛南县(陕)	1477.00
431	略阳县(陕)	1421.00
432	定边县(陕)	1404.00
433	柞水县(陕)	1250.00
434	金台区(陕)	1167.00
435	山阳县(陕)	1148.00
436	渭滨区(陕)	1011.00
437	静宁县(甘)	400000.00
438	秦安县(甘)	267195.00
439	麦积区(甘)	117025.00

	苹果主产地	产量(吨)
440	甘谷县(甘)	92016.00
441	庆城县(甘)	83997.00
442	西峰区(甘)	83600.00
443	秦州区(甘)	81208.80
444	清水县(甘)	79584.00
445	合水县(甘)	70500.00
446	崆峒区(甘)	65000.00
447	正宁县(甘)	61050.00
448	镇原县(甘)	49000.00
449	甘州区(甘)	35000.00
450	红古区(甘)	28012.00
451	白银区(甘)	22543.00
452	靖远县(甘)	16800.00
453	环　县(甘)	15100.00
454	宁　县(甘)	14850.00
455	西和县(甘)	12100.00
456	肃州区(甘)	10007.00
457	华池县(甘)	10000.00
458	永靖县(甘)	8590.00
459	通渭县(甘)	8050.00
460	皋兰县(甘)	6869.00
461	民乐县(甘)	6300.00
462	会宁县(甘)	5529.00
463	宕昌县(甘)	3581.00
464	金塔县(甘)	3501.00
465	榆中县(甘)	3257.00
466	徽　县(甘)	2756.00
467	嘉峪关市(甘)	2400.00
468	成　县(甘)	2313.00
469	平川区(甘)	1600.00
470	玉门市(甘)	1184.00
471	康　县(甘)	1164.00
472	金川区(甘)	1065.00
473	民和回族土族自治县(青)	1501.00
474	中宁县(宁)	96000.00
475	中卫市市辖区(宁)	74113.00
476	青铜峡市(宁)	46400.00
477	利通区(宁)	24000.00
478	贺兰县(宁)	21000.00
479	彭阳县(宁)	11242.00
480	灵武市(宁)	6449.00
481	同心县(宁)	6000.00
482	海原县(宁)	4210.00
483	大武口区(宁)	2750.00
484	兴庆区(宁)	1798.00
485	西夏区(宁)	1262.00

	苹果主产地	产量(吨)
486	农四师(新疆兵团)	40362.00
487	农三师(新疆兵团)	31579.00
488	农七师(新疆兵团)	12895.00
489	农十四师(新疆兵团)	6429.00

表 10-7-3　梨主产地产量

	梨主产地	产量(吨)
1	大兴区(京)	46468.00
2	顺义区(京)	23393.00
3	密云县(京)	21222.00
4	房山区(京)	20206.20
5	平谷区(京)	13319.60
6	通州区(京)	11719.00
7	怀柔区(京)	5019.00
8	昌平区(京)	1187.00
9	宝坻区(津)	6144.00
10	北辰区(津)	2019.00
11	赵　县(冀)	523000.00
12	泊头市(冀)	450044.00
13	晋州市(冀)	338442.00
14	宁晋县(冀)	310078.00
15	辛集市(冀)	260293.00
16	深州市(冀)	255624.00
17	藁城市(冀)	149239.00
18	魏　县(冀)	125960.00
19	阜城县(冀)	119850.00
20	曲阳县(冀)	61205.00
21	固安县(冀)	59600.00
22	兴隆县(冀)	46674.00
23	遵化市(冀)	40427.00
24	定州市(冀)	40000.00
25	永清县(冀)	38605.00
26	青龙满族自治县(冀)	37000.00
27	肃宁县(冀)	33890.00
28	乐亭县(冀)	32277.00
29	冀州市(冀)	30950.00
30	饶阳县(冀)	26990.00
31	新乐市(冀)	22600.00
32	滦　县(冀)	22078.00
33	滦南县(冀)	21816.00
34	安国市(冀)	21180.00
35	新河县(冀)	21105.00
36	南皮县(冀)	20030.00
37	青　县(冀)	20021.00
38	沧　县(冀)	19654.00
39	无极县(冀)	18000.00
40	抚宁县(冀)	16965.00
41	迁安市(冀)	16668.00
42	临漳县(冀)	15783.00
43	广阳区(冀)	15612.00
44	雄　县(冀)	15410.00
45	深泽县(冀)	14934.00
46	怀来县(冀)	14920.00
47	文安县(冀)	14740.00
48	广平县(冀)	14290.00
49	隆尧县(冀)	14015.00
50	任丘市(冀)	13139.00
51	故城县(冀)	12557.00
52	安次区(冀)	12367.00
53	蠡　县(冀)	12285.00
54	涿鹿县(冀)	12141.30
55	涿州市(冀)	11960.00
56	大名县(冀)	11916.00
57	成安县(冀)	11500.00
58	霸州市(冀)	10965.00
59	河间市(冀)	10700.00
60	南宫市(冀)	10401.00
61	丰润区(冀)	10099.67
62	高阳县(冀)	10000.00
63	博野县(冀)	10000.00
64	大城县(冀)	9840.00
65	献　县(冀)	9620.00
66	高碑店市(冀)	9018.00
67	丰南区(冀)	8986.00
68	孟村回族自治县(冀)	8688.00
69	滦平县(冀)	7990.00
70	桃城区(冀)	7800.00
71	柏乡县(冀)	7759.00
72	肥乡县(冀)	7500.00
73	承德县(冀)	7460.00
74	景　县(冀)	7450.00
75	三河市(冀)	7425.00
76	盐山县(冀)	6544.00
77	昌黎县(冀)	6427.00
78	正定县(冀)	6300.00
79	清苑县(冀)	6100.00
80	安平县(冀)	6050.00
81	灵寿县(冀)	5800.00
82	东光县(冀)	5800.00
83	隆化县(冀)	5450.00
84	枣强县(冀)	5401.00
85	元氏县(冀)	5300.00
86	黄骅市(冀)	4836.00
87	玉田县(冀)	4766.00
88	巨鹿县(冀)	4678.00
89	永年县(冀)	4628.00
90	武邑县(冀)	4457.00
91	平山县(冀)	4130.00
92	古冶区(冀)	4061.00
93	丰宁满族自治县(冀)	3800.00
94	平泉县(冀)	3540.00
95	石家庄市桥东区(冀)	3045.00
96	望都县(冀)	3000.00
97	邯郸县(冀)	2822.00
98	卢龙县(冀)	2775.00
99	广宗县(冀)	2763.00
100	海港区(冀)	2410.00
101	吴桥县(冀)	2400.00
102	邢台县(冀)	2275.00
103	行唐县(冀)	2000.00
104	临西县(冀)	1800.00
105	赞皇县(冀)	1800.00
106	馆陶县(冀)	1800.00
107	新华区(冀)	1733.00
108	南和县(冀)	1695.00
109	武强县(冀)	1653.00
110	鹿泉市(冀)	1568.00
111	安新县(冀)	1510.00
112	易　县(冀)	1500.00
113	满城县(冀)	1138.00
114	磁　县(冀)	1077.00
115	涉　县(冀)	1050.00
116	曲周县(冀)	1030.00
117	宽城满族自治县(冀)	1000.00
118	邱　县(冀)	1000.00
119	祁　县(晋)	21276.00
120	清徐县(晋)	7637.00
121	长子县(晋)	3469.00
122	壶关县(晋)	3109.00
123	小店区(晋)	2980.00
124	长治县(晋)	2280.00
125	平陆县(晋)	1872.20
126	河津市(晋)	1800.00
127	平顺县(晋)	1700.00
128	蒲　县(晋)	1141.00
129	尖草坪区(晋)	1059.00
130	临河区(内蒙古)	16588.00

	梨主产地	产量(吨)
131	开鲁县(内蒙古)	3120.00
132	五原县(内蒙古)	1200.00
133	乌拉特后旗(内蒙古)	1065.00
134	喀喇沁旗(内蒙古)	1026.00
135	海城市(辽)	180000.00
136	绥中县(辽)	120000.00
137	大石桥市(辽)	90000.00
138	北镇市(辽)	67500.00
139	义　县(辽)	51824.00
140	阜新蒙古族自治县(辽)	40000.00
141	北票市(辽)	25000.00
142	千山区(辽)	25000.00
143	连山区(辽)	20000.00
144	凌源市(辽)	20000.00
145	喀喇沁左翼蒙古族自治县(辽)	18000.00
146	顺城区(辽)	12560.00
147	沈北新区(辽)	10000.00
148	旅顺口区(辽)	10000.00
149	抚顺县(辽)	9900.00
150	桓仁满族自治县(辽)	8849.00
151	岫岩满族自治县(辽)	7000.00
152	清河区(辽)	6600.00
153	兴城市(辽)	6560.60
154	西丰县(辽)	6050.00
155	龙城区(辽)	6000.00
156	清原满族自治县(辽)	5900.00
157	调兵山市(辽)	5250.00
158	清河门区(辽)	5100.00
159	双塔区(辽)	5000.00
160	法库县(辽)	5000.00
161	铁岭县(辽)	4865.00
162	建昌县(辽)	4600.00
163	本溪满族自治县(辽)	4500.00
164	凌海市(辽)	4500.00
165	朝阳县(辽)	4250.00
166	凤城市(辽)	3100.00
167	开原市(辽)	3000.00
168	大洼县(辽)	2500.00
169	溪湖区(辽)	2000.00
170	新邱区(辽)	1700.00
171	瓦房店市(辽)	1000.00
172	龙井市(吉)	21134.00
173	伊通满族自治县(吉)	8883.00
174	前郭尔罗斯蒙古族自治县(吉)	8000.00
175	敦化市(吉)	3737.00
176	辉南县(吉)	2300.00
177	东宁县(黑)	10030.00
178	龙江县(黑)	4500.00
179	鸡冠区(黑)	2596.00
180	恒山区(黑)	1200.00
181	奉贤区(沪)	11884.00
182	浦东新区(沪)	9289.00
183	松江区(沪)	4708.70
184	金山区(沪)	4397.20
185	宝山区(沪)	2506.00
186	青浦区(沪)	1445.00
187	睢宁县(苏)	63241.00
188	铜山区(苏)	28725.00
189	响水县(苏)	28164.00
190	阜宁县(苏)	27500.00
191	大丰市(苏)	24620.00
192	滨海县(苏)	20200.00
193	沭阳县(苏)	14400.00
194	沛　县(苏)	14200.00
195	赣榆县(苏)	12519.00
196	灌云县(苏)	12000.00
197	亭湖区(苏)	11000.00
198	建湖县(苏)	10670.00
199	盐都区(苏)	10150.00
200	东海县(苏)	3746.00
201	宝应县(苏)	2800.00
202	海州区(苏)	2327.00
203	虎丘区(苏)	2000.00
204	兴化市(苏)	2000.00
205	仪征市(苏)	1901.00
206	靖江市(苏)	1570.00
207	新沂市(苏)	1560.00
208	昆山市(苏)	1376.00
209	慈溪市(浙)	45000.00
210	余姚市(浙)	31500.00
211	义乌市(浙)	27000.00
212	桐庐县(浙)	23010.00
213	秀洲区(浙)	19442.00
214	上虞市(浙)	12154.00
215	临安市(浙)	11500.00
216	建德市(浙)	11000.00
217	松阳县(浙)	10946.00
218	温岭市(浙)	10000.00
219	富阳市(浙)	9159.00
220	安吉县(浙)	7970.00
221	临海市(浙)	7958.00
222	江北区(浙)	7900.00
223	桐乡市(浙)	7150.00
224	宁海县(浙)	6000.00
225	德清县(浙)	5280.00
226	淳安县(浙)	3775.00
227	吴兴区(浙)	3700.00
228	象山县(浙)	3251.00
229	云和县(浙)	3220.00
230	北仑区(浙)	3200.00
231	莲都区(浙)	3199.00
232	萧山区(浙)	3135.00
233	婺城区(浙)	3108.00
234	缙云县(浙)	3105.00
235	江山市(浙)	2300.00
236	镇海区(浙)	1882.00
237	青田县(浙)	1520.00
238	长兴县(浙)	1500.00
239	定海区(浙)	1350.00
240	景宁畲族自治县(浙)	1237.00
241	砀山县(皖)	729624.00
242	萧　县(皖)	85462.00
243	灵璧县(皖)	29352.00
244	五河县(皖)	19350.00
245	固镇县(皖)	11300.00
246	广德县(皖)	10000.00
247	埇桥区(皖)	9500.00
248	杜集区(皖)	7260.00
249	凤台县(皖)	5400.00
250	歙　县(皖)	5200.00
251	寿　县(皖)	4500.00
252	凤阳县(皖)	2102.00
253	肥西县(皖)	1200.00
254	东至县(皖)	1071.00
255	赣　县(赣)	8060.00
256	新干县(赣)	4502.00
257	德安县(赣)	4500.00
258	九江县(赣)	4192.00
259	丰城市(赣)	4100.00
260	瑞昌市(赣)	2685.00
261	龙南县(赣)	2600.00
262	贵溪市(赣)	2300.00
263	靖安县(赣)	2170.00
264	崇义县(赣)	2000.00
265	临川区(赣)	1701.00
266	兴国县(赣)	1630.00
267	安福县(赣)	1500.00
268	大余县(赣)	1458.00

	梨主产地	产量(吨)
269	广昌县(赣)	1376.00
270	上饶县(赣)	1130.00
271	阳信县(鲁)	210000.00
272	蓬莱市(鲁)	33380.00
273	河东区(鲁)	30000.00
274	昌邑市(鲁)	26850.00
275	商河县(鲁)	26150.00
276	平度市(鲁)	21600.00
277	平邑县(鲁)	20780.00
278	安丘市(鲁)	20000.00
279	茌平县(鲁)	19490.00
280	寿光市(鲁)	16300.00
281	胶南市(鲁)	15745.00
282	岱岳区(鲁)	15210.00
283	东营市市辖区(鲁)	10519.00
284	环翠区(鲁)	9410.00
285	诸城市(鲁)	8737.00
286	宁阳县(鲁)	8518.00
287	金乡县(鲁)	8400.00
288	苍山县(鲁)	6985.00
289	嘉祥县(鲁)	6270.00
290	陵　县(鲁)	5800.00
291	邹城市(鲁)	5500.00
292	胶州市(鲁)	5290.00
293	河口区(鲁)	4851.00
294	牟平区(鲁)	4590.00
295	利津县(鲁)	4385.00
296	寒亭区(鲁)	4145.00
297	滨城区(鲁)	4040.00
298	济阳县(鲁)	3600.00
299	临朐县(鲁)	3400.00
300	莱城区(鲁)	3390.00
301	定陶县(鲁)	3250.00
302	高唐县(鲁)	3186.00
303	邹平县(鲁)	3050.00
304	沂水县(鲁)	3036.60
305	新泰市(鲁)	2545.00
306	武城县(鲁)	2400.00
307	沂南县(鲁)	2023.00
308	荣成市(鲁)	2000.00
309	山亭区(鲁)	2000.00
310	德州市市辖区(鲁)	1620.00
311	博山区(鲁)	1400.00
312	平原县(鲁)	1200.00
313	兰山区(鲁)	1155.00
314	临淄区(鲁)	1070.00

	梨主产地	产量(吨)
315	汶上县(鲁)	1050.00
316	宁陵县(豫)	300000.00
317	虞城县(豫)	60000.00
318	孟津县(豫)	35380.00
319	泌阳县(豫)	35200.00
320	扶沟县(豫)	20000.00
321	淮滨县(豫)	18900.00
322	唐河县(豫)	17000.00
323	项城市(豫)	16000.00
324	太康县(豫)	15380.00
325	西华县(豫)	13399.00
326	宛城区(豫)	12750.00
327	民权县(豫)	12080.00
328	睢阳区(豫)	11000.00
329	内黄县(豫)	10000.00
330	临颍县(豫)	9885.00
331	兰考县(豫)	9800.00
332	商水县(豫)	9500.00
333	永城市(豫)	9208.00
334	中牟县(豫)	8900.00
335	灵宝市(豫)	7012.50
336	鄢陵县(豫)	6630.00
337	舞钢市(豫)	4600.00
338	方城县(豫)	4346.00
339	新乡县(豫)	4200.00
340	上蔡县(豫)	4100.00
341	潢川县(豫)	3800.00
342	息　县(豫)	3700.00
343	洛宁县(豫)	3500.00
344	渑池县(豫)	3500.00
345	遂平县(豫)	3200.00
346	修武县(豫)	3062.00
347	济源市(豫)	3000.00
348	淇滨区(豫)	3000.00
349	伊川县(豫)	3000.00
350	源汇区(豫)	2945.00
351	确山县(豫)	2690.00
352	社旗县(豫)	2640.00
353	襄城县(豫)	2467.00
354	桐柏县(豫)	2000.00
355	栾川县(豫)	2000.00
356	龙亭区(豫)	2000.00
357	平桥区(豫)	1900.00
358	卢氏县(豫)	1876.00
359	陕　县(豫)	1867.00
360	嵩　县(豫)	1850.00

	梨主产地	产量(吨)
361	荥阳市(豫)	1796.00
362	汝南县(豫)	1610.00
363	商城县(豫)	1588.00
364	林州市(豫)	1500.00
365	卫辉市(豫)	1500.00
366	濮阳县(豫)	1425.00
367	新密市(豫)	1395.00
368	安阳县(豫)	1395.00
369	南乐县(豫)	1320.00
370	获嘉县(豫)	1300.00
371	通许县(豫)	1189.00
372	滑　县(豫)	1100.00
373	新蔡县(豫)	1090.00
374	魏都区(豫)	1059.00
375	上街区(豫)	1000.00
376	内乡县(豫)	1000.00
377	京山县(鄂)	100000.00
378	枝江市(鄂)	71000.00
379	咸丰县(鄂)	10050.00
380	应城市(鄂)	9000.00
381	新洲区(鄂)	8958.00
382	利川市(鄂)	7253.00
383	云梦县(鄂)	6654.00
384	建始县(鄂)	5766.00
385	随　县(鄂)	4719.00
386	荆州区(鄂)	4500.00
387	松滋市(鄂)	4300.00
388	东宝区(鄂)	3739.00
389	崇阳县(鄂)	3200.00
390	广水市(鄂)	2517.00
391	孝南区(鄂)	2500.00
392	赤壁市(鄂)	1900.00
393	蕲春县(鄂)	1050.00
394	鄂州市市辖区(鄂)	1000.00
395	涟源市(湘)	65000.00
396	浏阳市(湘)	13860.00
397	吉首市(湘)	6000.00
398	嘉禾县(湘)	4992.00
399	资兴市(湘)	4988.00
400	石门县(湘)	4500.00
401	芷江侗族自治县(湘)	4055.00
402	中方县(湘)	3840.00
403	祁东县(湘)	3814.80
404	花垣县(湘)	3800.00
405	炎陵县(湘)	3650.00
406	靖州苗族侗族自治县(湘)	3180.00

	梨主产地	产量(吨)
407	临武县(湘)	2352.00
408	赫山区(湘)	2040.00
409	桃源县(湘)	2000.00
410	祁阳县(湘)	1986.00
411	邵阳县(湘)	1680.00
412	平江县(湘)	1666.00
413	永顺县(湘)	1650.00
414	新田县(湘)	1620.00
415	北湖区(湘)	1479.00
416	龙山县(湘)	1400.00
417	南　县(湘)	1200.00
418	津市市(湘)	1200.00
419	保靖县(湘)	1200.00
420	溆浦县(湘)	1101.00
421	连州市(粤)	14200.00
422	封开县(粤)	6985.00
423	阳山县(粤)	1193.00
424	灌阳县(桂)	45888.50
425	全州县(桂)	22458.00
426	灵川县(桂)	17991.00
427	钦北区(桂)	11560.00
428	兴安县(桂)	8033.00
429	富川瑶族自治县(桂)	6738.00
430	兴宾区(桂)	5356.00
431	柳江县(桂)	3642.00
432	永福县(桂)	3628.60
433	阳朔县(桂)	3318.00
434	雁山区(桂)	2780.00
435	龙胜各族自治县(桂)	2523.00
436	南丹县(桂)	2455.00
437	资源县(桂)	2100.00
438	钟山县(桂)	1980.00
439	大新县(桂)	1899.00
440	邕宁区(桂)	1456.00
441	贺州市平桂管理区(桂)	1277.00
442	环江毛南族自治县(桂)	1150.00
443	融水苗族自治县(桂)	1131.00
444	永川区(渝)	51850.00
445	江津区(渝)	36000.00
446	合川区(渝)	30000.00
447	涪陵区(渝)	23900.00
448	南川区(渝)	21000.00
449	长寿区(渝)	12000.00
450	开　县(渝)	12000.00
451	璧山县(渝)	9500.00
452	九龙坡区(渝)	8978.00

	梨主产地	产量(吨)
453	云阳县(渝)	7950.00
454	巴南区(渝)	6660.00
455	万州区(渝)	6534.00
456	荣昌县(渝)	3500.00
457	梁平县(渝)	1679.00
458	奉节县(渝)	1427.00
459	巫山县(渝)	1245.00
460	石柱土家族自治县(渝)	1206.00
461	汉源县(川)	106000.00
462	苍溪县(川)	38500.00
463	罗江县(川)	32845.00
464	南溪县(川)	12869.00
465	绵竹市(川)	12500.00
466	长宁县(川)	12396.00
467	会理县(川)	11685.00
468	屏山县(川)	11000.00
469	青白江区(川)	11000.00
470	翠屏区(川)	10595.00
471	江油市(川)	9974.00
472	米易县(川)	8748.00
473	南部县(川)	7500.00
474	游仙区(川)	7325.00
475	仪陇县(川)	6255.00
476	利州区(川)	5655.00
477	顺庆区(川)	4800.00
478	兴文县(川)	2650.00
479	昭觉县(川)	2637.00
480	涪城区(川)	2300.00
481	珙　县(川)	2157.00
482	巴州区(川)	2089.00
483	什邡市(川)	1931.00
484	峨眉山市(川)	1900.00
485	纳溪区(川)	1816.00
486	宣汉县(川)	1745.25
487	马边彝族自治县(川)	1710.00
488	高　县(川)	1620.00
489	荣　县(川)	1600.00
490	仁寿县(川)	1540.00
491	安　县(川)	1500.00
492	叙永县(川)	1500.00
493	甘洛县(川)	1350.00
494	宁南县(川)	1316.00
495	剑阁县(川)	1300.00
496	雷波县(川)	1297.00
497	盐源县(川)	1265.00
498	南江县(川)	1150.00

	梨主产地	产量(吨)
499	西充县(川)	1000.00
500	乌当区(黔)	25931.00
501	毕节市(黔)	15600.00
502	开阳县(黔)	12000.00
503	瓮安县(黔)	11250.00
504	镇远县(黔)	10939.00
505	三穗县(黔)	8340.00
506	盘　县(黔)	3815.00
507	威宁彝族回族苗族自治县(黔)	3000.00
508	雷山县(黔)	2750.00
509	天柱县(黔)	2236.00
510	榕江县(黔)	2035.00
511	锦屏县(黔)	1963.00
512	惠水县(黔)	1925.00
513	剑河县(黔)	1305.00
514	息烽县(黔)	1260.00
515	贵定县(黔)	1210.00
516	平坝县(黔)	1200.00
517	都匀市(黔)	1165.00
518	西秀区(黔)	1100.00
519	泸西县(滇)	49658.00
520	师宗县(滇)	17269.00
521	楚雄市(滇)	17163.00
522	宣威市(滇)	15796.00
523	麒麟区(滇)	15566.00
524	永胜县(滇)	13697.00
525	蒙自市(滇)	10703.00
526	禄丰县(滇)	8120.00
527	鹤庆县(滇)	5664.00
528	石屏县(滇)	5000.00
529	巍山彝族回族自治县(滇)	4952.60
530	华宁县(滇)	4393.00
531	陆良县(滇)	4325.00
532	沾益县(滇)	3720.00
533	云　县(滇)	3543.70
534	牟定县(滇)	2176.00
535	易门县(滇)	2160.00
536	昌宁县(滇)	1809.00
537	凤庆县(滇)	1567.00
538	绥江县(滇)	1500.00
539	丘北县(滇)	1477.00
540	南华县(滇)	1417.00
541	镇雄县(滇)	1411.00
542	施甸县(滇)	1350.00
543	江川县(滇)	1307.00
544	大姚县(滇)	1303.90

	梨主产地	产量(吨)
545	永德县(滇)	1223.00
546	红河县(滇)	1155.00
547	永平县(滇)	1090.00
548	建水县(滇)	1050.00
549	武定县(滇)	1023.00
550	巧家县(滇)	1000.00
551	蒲城县(陕)	300000.00
552	礼泉县(陕)	120000.00
553	秦都区(陕)	29900.00
554	阎良区(陕)	25003.00
555	乾　县(陕)	22500.00
556	延长县(陕)	20000.00
557	米脂县(陕)	17025.00
558	洋　县(陕)	10732.00
559	渭城区(陕)	7800.00
560	武功县(陕)	6000.00
561	富平县(陕)	5000.00
562	淳化县(陕)	4988.00
563	陇　县(陕)	4758.00
564	雁塔区(陕)	3300.00
565	子洲县(陕)	2710.00
566	汉台区(陕)	1500.00
567	南郑县(陕)	1467.00
568	汉滨区(陕)	1372.00
569	略阳县(陕)	1309.00
570	宜川县(陕)	1200.00
571	镇巴县(陕)	1160.00
572	旬阳县(陕)	1090.00
573	景泰县(甘)	30000.00
574	甘州区(甘)	30000.00
575	肃州区(甘)	26212.00
576	民乐县(甘)	24000.00
577	临夏县(甘)	22000.00
578	秦安县(甘)	12938.00
579	甘谷县(甘)	9923.20
580	康乐县(甘)	9250.00
581	皋兰县(甘)	6888.00
582	金塔县(甘)	6716.00
583	靖远县(甘)	6030.00
584	渭源县(甘)	5200.00
585	临夏市(甘)	5100.00
586	东乡族自治县(甘)	4640.00
587	会宁县(甘)	4632.00
588	广河县(甘)	3750.00
589	永靖县(甘)	3134.00
590	红古区(甘)	3120.00
591	榆中县(甘)	2797.00
592	白银区(甘)	2700.00
593	徽　县(甘)	2498.00
594	西和县(甘)	2400.00
595	嘉峪关市(甘)	2200.00
596	通渭县(甘)	2030.00
597	静宁县(甘)	2000.00
598	临洮县(甘)	1920.00
599	敦煌市(甘)	1888.00
600	宕昌县(甘)	1808.00
601	麦积区(甘)	1610.00
602	秦州区(甘)	1523.70
603	安定区(甘)	1500.00
604	玉门市(甘)	1451.00
605	金川区(甘)	1380.00
606	武都区(甘)	1350.00
607	永昌县(甘)	1200.00
608	瓜州县(甘)	1133.00
609	西峰区(甘)	1028.00
610	彭阳县(宁)	6460.00
611	灵武市(宁)	6454.00
612	中卫市市辖区(宁)	1293.00
613	青铜峡市(宁)	1130.00
614	原州区(宁)	1000.00
615	农三师(新疆兵团)	45213.20

表 10-7-4　草莓主产地产量

	草莓主产地	产量(吨)
1	平谷区(京)	468.40
2	肥乡县(冀)	450.00
3	普兰店市(辽)	3000.00
4	岫岩满族自治县(辽)	1600.00
5	桓仁满族自治县(辽)	1285.00
6	东洲区(辽)	500.00
7	辉南县(吉)	460.00
8	集安市(吉)	300.00
9	延寿县(黑)	200.00
10	东海县(苏)	37969.00
11	盐都区(苏)	8440.00
12	铜山区(苏)	6000.00
13	姜堰市(苏)	2713.00
14	阜宁县(苏)	2110.00
15	泰兴市(苏)	715.00
16	靖江市(苏)	600.00
17	奉化市(浙)	4375.00
18	象山县(浙)	3120.00
19	婺城区(浙)	585.00
20	浦江县(浙)	150.00
21	居巢区(皖)	5100.00
22	霍山县(皖)	1500.00
23	瑞金市(赣)	350.00
24	吉州区(赣)	300.00
25	新建县(赣)	128.00
26	河东区(鲁)	40000.00
27	临沭县(鲁)	13000.00
28	莱城区(鲁)	2400.00
29	博山区(鲁)	1200.00
30	新泰市(鲁)	900.00
31	乳山市(鲁)	600.00
32	东平县(鲁)	225.00
33	费　县(鲁)	220.00
34	岱岳区(鲁)	160.00
35	管城回族区(豫)	4400.00
36	太康县(豫)	3000.00
37	魏都区(豫)	2662.00
38	西工区(豫)	499.00
39	郾城区(豫)	396.00
40	新安县(豫)	300.00
41	濮阳市高新区(豫)	300.00
42	叶　县(豫)	200.00
43	卫滨区(豫)	150.00
44	宜阳县(豫)	135.00
45	崇阳县(鄂)	500.00
46	宜都市(鄂)	192.00
47	新邵县(湘)	1260.00
48	双清区(湘)	1000.00
49	双峰县(湘)	228.00
50	新晃侗族自治县(湘)	150.00
51	沅陵县(湘)	125.00
52	西昌市(川)	480.00
53	石屏县(滇)	900.00
54	施甸县(滇)	120.00
55	亚布力林业局(龙江森工)	300.00

表 10-7-5　荔枝主产地产量

	荔枝主产地	产量(吨)
1	高州市(粤)	145000.00
2	电白县(粤)	115050.00
3	信宜市(粤)	113850.00
4	潮安县(粤)	60000.00

	荔枝主产地	产量(吨)
5	廉江市(粤)	55000.00
6	惠来县(粤)	31800.00
7	饶平县(粤)	15750.00
8	化州市(粤)	14328.20
9	郁南县(粤)	11275.00
10	茂南区(粤)	9300.00
11	揭西县(粤)	7500.00
12	遂溪县(粤)	7263.00
13	台山市(粤)	7180.00
14	茂港区(粤)	5792.00
15	坡头区(粤)	4500.00
16	茂名市属总林场(粤)	3980.00
17	佛冈县(粤)	3951.00
18	萝岗区(粤)	3782.00
19	恩平市(粤)	3407.00
20	新会区(粤)	3398.00
21	斗门区(粤)	3182.00
22	云城区(粤)	3000.00
23	紫金县(粤)	2416.00
24	封开县(粤)	1167.00
25	清城区(粤)	1111.00
26	麻章区(粤)	900.00
27	霞山区(粤)	900.00
28	香洲区(粤)	824.00
29	珠海市高新区(粤)	800.00
30	高要市(粤)	746.40
31	鹤山市(粤)	670.00
32	黄埔区(粤)	515.00
33	北流市(桂)	68651.00
34	桂平市(桂)	54133.20
35	灵山县(桂)	45000.00
36	博白县(桂)	17529.00
37	钦北区(桂)	10768.00
38	良庆区(桂)	10225.00
39	容　县(桂)	8026.00
40	合浦县(桂)	7951.00
41	兴业县(桂)	7040.00
42	玉林市福绵管理区(桂)	5922.00
43	邕宁区(桂)	5184.00
44	陆川县(桂)	4866.00
45	藤　县(桂)	4443.00
46	岑溪市(桂)	4087.00
47	苍梧县(桂)	2635.00
48	西乡塘区(桂)	2303.00
49	隆安县(桂)	2244.00
50	东兴市(桂)	2213.00
51	玉州区(桂)	1942.00
52	防城区(桂)	1797.00
53	青秀区(桂)	1518.00
54	江南区(桂)	1099.00
55	南宁市东盟经济园区(桂)	911.00
56	兴宾区(桂)	759.00
57	铁山港区(桂)	725.00
58	武宣县(桂)	587.00
59	银海区(桂)	566.00
60	平果县(桂)	557.00
61	德保县(桂)	550.00
62	白沙黎族自治县(琼)	1000.00
63	合江县(川)	5000.00
64	江阳区(川)	1600.00
65	隆阳区(滇)	1541.00
66	耿马傣族佤族自治县(滇)	1400.00
67	新平彝族傣族自治县(滇)	1030.00
68	永德县(滇)	709.00

表 10-7-6　龙眼主产地产量

	龙眼主产地	产量(吨)
1	高州市(粤)	80000.00
2	信宜市(粤)	76050.00
3	潮安县(粤)	60000.00
4	廉江市(粤)	29500.00
5	电白县(粤)	18758.00
6	饶平县(粤)	13750.00
7	台山市(粤)	13252.00
8	恩平市(粤)	9645.00
9	茂南区(粤)	7500.00
10	揭西县(粤)	6600.00
11	遂溪县(粤)	4523.00
12	郁南县(粤)	4347.00
13	茂港区(粤)	3875.00
14	化州市(粤)	3691.50
15	清城区(粤)	3123.00
16	云城区(粤)	3050.00
17	封开县(粤)	2446.00
18	佛冈县(粤)	2197.00
19	紫金县(粤)	1710.00
20	新会区(粤)	1606.00
21	高要市(粤)	1403.50
22	萝岗区(粤)	1039.00
23	霞山区(粤)	900.00
24	麻章区(粤)	900.00
25	徐闻县(粤)	806.00
26	茂名市属总林场(粤)	523.45
27	黄埔区(粤)	515.00
28	鹤山市(粤)	510.00
29	博白县(桂)	25556.00
30	北流市(桂)	21010.00
31	钦北区(桂)	20567.00
32	大新县(桂)	17925.00
33	武宣县(桂)	17766.00
34	桂平市(桂)	12956.00
35	藤　县(桂)	9889.00
36	合浦县(桂)	9652.00
37	岑溪市(桂)	8180.00
38	隆安县(桂)	7305.00
39	容　县(桂)	6990.00
40	兴宾区(桂)	6696.00
41	邕宁区(桂)	6167.00
42	陆川县(桂)	5800.00
43	江南区(桂)	4360.00
44	兴业县(桂)	3520.00
45	鹿寨县(桂)	3475.00
46	青秀区(桂)	3129.00
47	防城区(桂)	2977.00
48	东兴市(桂)	2855.00
49	西乡塘区(桂)	2574.00
50	银海区(桂)	2115.00
51	八步区(桂)	2000.00
52	平果县(桂)	1317.00
53	南宁市东盟经济园区(桂)	1305.00
54	柳江县(桂)	1185.00
55	玉州区(桂)	1137.00
56	铁山港区(桂)	1047.00
57	金秀瑶族自治县(桂)	1018.00
58	苍梧县(桂)	1005.00
59	蝶山区(桂)	805.00
60	马山县(桂)	800.00
61	凭祥市(桂)	760.00
62	合山市(桂)	673.00
63	德保县(桂)	650.00
64	柳南区(桂)	600.00
65	玉林市福绵管理区(桂)	548.00
66	白沙黎族自治县(琼)	1000.00
67	丰都县(渝)	4950.00
68	泸　县(川)	40000.00
69	龙马潭区(川)	22058.00
70	江阳区(川)	13000.00

	龙眼主产地	产量(吨)
71	屏山县(川)	1680.00
72	永胜县(滇)	9600.00
73	隆阳区(滇)	3107.00
74	元谋县(滇)	1851.00

表 10-7-7 鲜葡萄主产地产量

	鲜葡萄主产地	产量(吨)
1	通州区(京)	12972.00
2	顺义区(京)	9370.00
3	大兴区(京)	7576.00
4	延庆县(京)	6800.00
5	密云县(京)	4484.00
6	房山区(京)	3288.40
7	昌平区(京)	1593.00
8	平谷区(京)	940.80
9	怀柔区(京)	675.90
10	北辰区(津)	3038.00
11	宝坻区(津)	1124.40
12	滨海新区(津)	523.50
13	涿鹿县(冀)	165000.00
14	卢龙县(冀)	141637.00
15	乐亭县(冀)	131604.00
16	怀来县(冀)	118790.00
17	昌黎县(冀)	67151.00
18	晋州市(冀)	62890.00
19	柏乡县(冀)	36986.00
20	永年县(冀)	29400.00
21	滦南县(冀)	23058.00
22	永清县(冀)	22708.00
23	威 县(冀)	22500.00
24	满城县(冀)	16630.00
25	清苑县(冀)	15384.00
26	广阳区(冀)	11420.00
27	滦 县(冀)	10669.50
28	玉田县(冀)	10344.00
29	鹿泉市(冀)	8560.00
30	成安县(冀)	8300.00
31	丰润区(冀)	8195.77
32	深泽县(冀)	7495.00
33	辛集市(冀)	7282.00
34	献 县(冀)	6261.00
35	香河县(冀)	5835.00
36	遵化市(冀)	5808.00
37	肥乡县(冀)	5500.00
38	三河市(冀)	5392.00
39	藁城市(冀)	4936.00
40	饶阳县(冀)	4524.00
41	古冶区(冀)	4400.00
42	顺平县(冀)	4300.00
43	临漳县(冀)	4180.00
44	抚宁县(冀)	3967.00
45	大城县(冀)	3853.00
46	安次区(冀)	3595.00
47	徐水县(冀)	3550.00
48	定州市(冀)	3500.00
49	新河县(冀)	3405.00
50	鸡泽县(冀)	3150.00
51	霸州市(冀)	2972.00
52	馆陶县(冀)	2750.00
53	高阳县(冀)	2600.00
54	文安县(冀)	2595.00
55	阳原县(冀)	2564.00
56	深州市(冀)	2364.00
57	故城县(冀)	2275.00
58	泊头市(冀)	2087.00
59	滦平县(冀)	2000.00
60	蠡 县(冀)	1900.00
61	磁 县(冀)	1858.00
62	迁安市(冀)	1713.00
63	黄骅市(冀)	1558.00
64	宣化县(冀)	1539.00
65	唐山市汉沽管理区(冀)	1300.00
66	定兴县(冀)	1215.00
67	孟村回族自治县(冀)	1206.00
68	涿州市(冀)	1160.00
69	博野县(冀)	1000.00
70	盐山县(冀)	956.00
71	肃宁县(冀)	939.00
72	唐 县(冀)	907.00
73	曲阳县(冀)	810.00
74	曲周县(冀)	790.00
75	高碑店市(冀)	788.00
76	魏 县(冀)	745.00
77	任 县(冀)	710.00
78	任丘市(冀)	709.00
79	沧 县(冀)	664.00
80	景 县(冀)	650.00
81	固安县(冀)	630.00
82	东光县(冀)	600.00
83	枣强县(冀)	597.00
84	涞水县(冀)	500.00
85	邱 县(冀)	500.00
86	清徐县(晋)	15012.00
87	尖草坪区(晋)	10921.00
88	乡宁县(晋)	4000.00
89	海勃湾区(内蒙古)	9240.00
90	开鲁县(内蒙古)	3400.00
91	松山区(内蒙古)	2556.00
92	元宝山区(内蒙古)	2214.00
93	科尔沁区(内蒙古)	2000.00
94	土默特右旗(内蒙古)	1445.00
95	科尔沁左翼中旗(内蒙古)	1430.00
96	海南区(内蒙古)	1125.00
97	喀喇沁旗(内蒙古)	765.00
98	北镇市(辽)	260000.00
99	辽阳县(辽)	41400.00
100	阜新蒙古族自治县(辽)	20000.00
101	海城市(辽)	17000.00
102	法库县(辽)	15000.00
103	东洲区(辽)	8400.00
104	义 县(辽)	8053.00
105	抚顺县(辽)	7520.00
106	桓仁满族自治县(辽)	6642.00
107	顺城区(辽)	5562.00
108	清河区(辽)	5050.00
109	北票市(辽)	5000.00
110	新民市(辽)	4700.00
111	大洼县(辽)	3800.00
112	本溪满族自治县(辽)	3691.00
113	太子河区(辽)	3600.00
114	普兰店市(辽)	3000.00
115	于洪区(辽)	2760.00
116	南芬区(辽)	2107.00
117	昌图县(辽)	2000.00
118	喀喇沁左翼蒙古族自治县(辽)	2000.00
119	朝阳县(辽)	1750.00
120	凌源市(辽)	1500.00
121	千山区(辽)	1200.00
122	凌海市(辽)	1200.00
123	清原满族自治县(辽)	1100.00
124	西丰县(辽)	1000.00
125	沈北新区(辽)	1000.00
126	盘山县(辽)	600.00
127	旅顺口区(辽)	500.00
128	集安市(吉)	20000.00
129	长岭县(吉)	15000.00
130	绿园区(吉)	6930.00

	鲜葡萄主产地	产量(吨)
131	珲春林业局(吉)	3400.00
132	柳河县(吉)	1500.00
133	农安县(吉)	1000.00
134	辉南县(吉)	560.00
135	大同区(黑)	14068.00
136	杜尔伯特蒙古族自治县(黑)	1181.00
137	红岗区(黑)	700.00
138	嘉定区(沪)	22827.00
139	奉贤区(沪)	20080.00
140	金山区(沪)	15408.00
141	青浦区(沪)	9119.00
142	浦东新区(沪)	6492.00
143	宝山区(沪)	4202.00
144	松江区(沪)	3799.40
145	射阳县(苏)	90731.00
146	沛　县(苏)	18020.00
147	铜山区(苏)	14710.00
148	东海县(苏)	14641.00
149	常熟市(苏)	12201.00
150	盐都区(苏)	9500.00
151	昆山市(苏)	6553.00
152	泰兴市(苏)	4200.00
153	靖江市(苏)	3900.00
154	太仓市(苏)	3760.00
155	建湖县(苏)	3073.00
156	海州区(苏)	2793.00
157	张家港市(苏)	2550.00
158	滨海县(苏)	2500.00
159	虎丘区(苏)	2274.00
160	高港区(苏)	2250.00
161	贾汪区(苏)	2100.00
162	吴江市(苏)	1820.00
163	仪征市(苏)	1748.00
164	海陵区(苏)	1677.00
165	丹徒区(苏)	1600.00
166	姜堰市(苏)	1511.00
167	大丰市(苏)	1307.00
168	灌云县(苏)	1000.00
169	相城区(苏)	994.00
170	睢宁县(苏)	986.00
171	吴中区(苏)	975.00
172	响水县(苏)	652.00
173	江都市(苏)	550.00
174	温岭市(浙)	38000.00
175	上虞市(浙)	35240.00
176	浦江县(浙)	30000.00
177	慈溪市(浙)	28500.00
178	长兴县(浙)	21000.00
179	路桥区(浙)	17375.00
180	秀洲区(浙)	15117.00
181	余姚市(浙)	12500.00
182	桐乡市(浙)	9780.00
183	玉环县(浙)	7805.00
184	义乌市(浙)	7500.00
185	北仑区(浙)	7350.00
186	奉化市(浙)	6528.00
187	象山县(浙)	5949.00
188	富阳市(浙)	5003.00
189	江北区(浙)	4460.00
190	临海市(浙)	4207.00
191	平湖市(浙)	4000.00
192	婺城区(浙)	3976.00
193	镇海区(浙)	3880.00
194	吴兴区(浙)	2650.00
195	莲都区(浙)	2487.00
196	德清县(浙)	2400.00
197	岱山县(浙)	2270.00
198	南浔区(浙)	2250.00
199	定海区(浙)	2200.00
200	临安市(浙)	1800.00
201	普陀区(浙)	1621.00
202	萧山区(浙)	1459.00
203	桐庐县(浙)	1350.00
204	宁海县(浙)	1200.00
205	西湖区(浙)	940.00
206	缙云县(浙)	778.00
207	遂昌县(浙)	606.00
208	萧　县(皖)	96543.00
209	庐江县(皖)	19400.00
210	杜集区(皖)	14565.00
211	居巢区(皖)	11050.00
212	歙　县(皖)	9215.00
213	来安县(皖)	5000.00
214	肥西县(皖)	4000.00
215	埇桥区(皖)	2512.00
216	当涂县(皖)	2210.00
217	无为县(皖)	2100.00
218	相山区(皖)	2000.00
219	广德县(皖)	2000.00
220	长丰县(皖)	1699.00
221	蒙城县(皖)	1500.00
222	凤台县(皖)	1200.00
223	怀远县(皖)	928.00
224	芜湖县(皖)	650.00
225	利辛县(皖)	640.00
226	霍邱县(皖)	563.00
227	新干县(赣)	3150.00
228	德安县(赣)	2600.00
229	安福县(赣)	1500.00
230	湖口县(赣)	1379.00
231	崇义县(赣)	1260.00
232	吉州区(赣)	900.00
233	新建县(赣)	500.00
234	平度市(鲁)	76700.00
235	荣成市(鲁)	53000.00
236	沂源县(鲁)	25972.00
237	沂水县(鲁)	24408.00
238	平邑县(鲁)	17800.00
239	昌邑市(鲁)	10050.00
240	邹城市(鲁)	10000.00
241	茌平县(鲁)	9162.00
242	岱岳区(鲁)	8747.00
243	东营市市辖区(鲁)	8502.00
244	金乡县(鲁)	7800.00
245	胶州市(鲁)	7100.00
246	嘉祥县(鲁)	6700.00
247	平阴县(鲁)	6014.00
248	寿光市(鲁)	5900.00
249	新泰市(鲁)	5765.00
250	定陶县(鲁)	5550.00
251	陵　县(鲁)	5010.00
252	费　县(鲁)	4812.00
253	临沭县(鲁)	4500.00
254	蓬莱市(鲁)	4500.00
255	山亭区(鲁)	4305.00
256	平原县(鲁)	4250.00
257	寒亭区(鲁)	3722.00
258	东平县(鲁)	3640.00
259	阳信县(鲁)	3510.00
260	利津县(鲁)	3485.00
261	城阳区(鲁)	3332.00
262	河东区(鲁)	3330.00
263	潍城区(鲁)	3100.00
264	莱城区(鲁)	3000.00
265	商河县(鲁)	2670.00
266	垦利县(鲁)	2550.00
267	蒙阴县(鲁)	2096.00
268	安丘市(鲁)	2000.00

	鲜葡萄主产地	产量(吨)
269	沂南县(鲁)	1826.00
270	即墨市(鲁)	1776.00
271	乳山市(鲁)	1576.00
272	诸城市(鲁)	1556.00
273	邹平县(鲁)	1430.00
274	兰山区(鲁)	1333.00
275	胶南市(鲁)	1319.00
276	牟平区(鲁)	1289.00
277	广饶县(鲁)	1250.00
278	郯城县(鲁)	1250.00
279	肥城市(鲁)	1227.00
280	沾化县(鲁)	900.00
281	德城区(鲁)	828.00
282	临淄区(鲁)	780.00
283	成武县(鲁)	737.00
284	河口区(鲁)	546.00
285	淮阳县(豫)	21440.00
286	新密市(豫)	11500.00
287	陕　县(豫)	10561.00
288	商水县(豫)	8500.00
289	许昌县(豫)	7000.00
290	睢阳区(豫)	6500.00
291	杞　县(豫)	5925.00
292	太康县(豫)	5625.00
293	西华县(豫)	5423.00
294	项城市(豫)	5000.00
295	渑池县(豫)	4400.00
296	开封县(豫)	3638.00
297	息　县(豫)	3500.00
298	博爱县(豫)	3500.00
299	固始县(豫)	3100.00
300	平桥区(豫)	2800.00
301	襄城县(豫)	2763.00
302	魏都区(豫)	2743.00
303	洛龙区(豫)	2500.00
304	获嘉县(豫)	2066.00
305	上蔡县(豫)	1840.00
306	鄢陵县(豫)	1840.00
307	宝丰县(豫)	1600.00
308	桐柏县(豫)	1575.00
309	湖滨区(豫)	1500.00
310	偃师市(豫)	1500.00
311	荥阳市(豫)	1494.00
312	南乐县(豫)	1416.00
313	潢川县(豫)	1390.00
314	濮阳县(豫)	1350.00

	鲜葡萄主产地	产量(吨)
315	孟州市(豫)	1325.00
316	中牟县(豫)	1320.00
317	兰考县(豫)	1200.00
318	淮滨县(豫)	1200.00
319	舞钢市(豫)	1200.00
320	郾城区(豫)	1125.00
321	修武县(豫)	1102.00
322	新野县(豫)	1000.00
323	临颍县(豫)	981.50
324	遂平县(豫)	960.00
325	辉县市(豫)	950.00
326	西工区(豫)	930.00
327	清丰县(豫)	862.00
328	惠济区(豫)	840.00
329	唐河县(豫)	800.00
330	栾川县(豫)	800.00
331	中原区(豫)	800.00
332	滑　县(豫)	750.00
333	老城区(豫)	750.00
334	源汇区(豫)	690.00
335	汝南县(豫)	636.00
336	安阳县(豫)	615.00
337	通许县(豫)	612.00
338	邓州市(豫)	600.00
339	济源市(豫)	600.00
340	封丘县(豫)	600.00
341	卫辉市(豫)	539.00
342	荆州区(鄂)	14000.00
343	松滋市(鄂)	6000.00
344	潜江市(鄂)	3000.00
345	广水市(鄂)	2948.00
346	云梦县(鄂)	2940.00
347	建始县(鄂)	1810.00
348	应城市(鄂)	900.00
349	武穴市(鄂)	778.00
350	浠水县(鄂)	720.00
351	孝南区(鄂)	670.00
352	麻阳苗族自治县(湘)	22400.00
353	澧　县(湘)	10000.00
354	蒸湘区(湘)	6500.00
355	中方县(湘)	6125.00
356	涟源市(湘)	4120.00
357	珠晖区(湘)	3000.00
358	桃源县(湘)	2400.00
359	芷江侗族自治县(湘)	2299.00
360	东安县(湘)	2262.00

	鲜葡萄主产地	产量(吨)
361	赫山区(湘)	2240.00
362	浏阳市(湘)	1790.00
363	临澧县(湘)	1645.00
364	祁阳县(湘)	1586.00
365	苏仙区(湘)	1582.00
366	北湖区(湘)	1575.00
367	南　县(湘)	1400.00
368	武陵区(湘)	1200.00
369	邵阳县(湘)	960.00
370	道　县(湘)	936.00
371	沅江市(湘)	866.00
372	祁东县(湘)	825.00
373	龙山县(湘)	800.00
374	大祥区(湘)	800.00
375	北塔区(湘)	765.00
376	新晃侗族自治县(湘)	683.00
377	衡阳县(湘)	680.00
378	双清区(湘)	605.00
379	株洲县(湘)	600.00
380	岳塘区(湘)	600.00
381	宜章县(湘)	540.00
382	冷水江市(湘)	500.00
383	兴安县(桂)	98811.00
384	柳江县(桂)	24653.00
385	全州县(桂)	14652.00
386	灵川县(桂)	10908.00
387	罗城仫佬族自治县(桂)	7053.00
388	兴宾区(桂)	3073.00
389	平果县(桂)	2729.00
390	灌阳县(桂)	1771.00
391	武宣县(桂)	1730.00
392	南丹县(桂)	1523.00
393	北流市(桂)	1504.00
394	永福县(桂)	1456.60
395	阳朔县(桂)	1353.00
396	鱼峰区(桂)	792.00
397	金秀瑶族自治县(桂)	508.00
398	江津区(渝)	25000.00
399	璧山县(渝)	19898.00
400	奉节县(渝)	2500.00
401	万州区(渝)	2355.00
402	沙坪坝区(渝)	2000.00
403	巴南区(渝)	1760.00
404	九龙坡区(渝)	1339.00
405	南川区(渝)	1000.00
406	永川区(渝)	560.00

	鲜葡萄主产地	产量(吨)
407	涪城区(川)	12000.00
408	五通桥区(川)	8938.00
409	仁寿县(川)	4555.00
410	仪陇县(川)	3520.00
411	峨眉山市(川)	3300.00
412	翠屏区(川)	3185.00
413	米易县(川)	2585.00
414	南江县(川)	2000.00
415	巴州区(川)	1631.00
416	利州区(川)	1495.00
417	宣汉县(川)	1023.00
418	江油市(川)	989.00
419	南部县(川)	973.00
420	什邡市(川)	807.00
421	得荣县(川)	700.00
422	通江县(川)	650.00
423	屏山县(川)	623.00
424	游仙区(川)	600.00
425	平坝县(黔)	3774.00
426	息烽县(黔)	1755.00
427	凯里市(黔)	1051.00
428	清镇市(黔)	1016.00
429	修文县(黔)	930.00
430	开阳县(黔)	800.00
431	乌当区(黔)	636.00
432	都匀市(黔)	555.00
433	宾川县(滇)	109548.60
434	麒麟区(滇)	11383.00
435	永胜县(滇)	8840.00
436	石屏县(滇)	8000.00
437	蒙自市(滇)	6611.00
438	元谋县(滇)	6049.00
439	永仁县(滇)	5786.00
440	建水县(滇)	4265.00
441	广南县(滇)	1803.00
442	丘北县(滇)	1799.00
443	陆良县(滇)	1035.00
444	个旧市(滇)	929.00
445	维西傈僳族自治县(滇)	600.76
446	禄丰县(滇)	570.00
447	宣威市(滇)	566.00
448	鹤庆县(滇)	549.00
449	灞桥区(陕)	30000.00
450	蒲城县(陕)	25000.00
451	大荔县(陕)	23800.00
452	眉　县(陕)	16977.00

	鲜葡萄主产地	产量(吨)
453	渭滨区(陕)	6889.00
454	渭城区(陕)	6800.00
455	泾阳县(陕)	3150.00
456	凤翔县(陕)	1880.00
457	阎良区(陕)	1785.00
458	雁塔区(陕)	1650.00
459	耀州区(陕)	1123.00
460	扶风县(陕)	935.00
461	汉滨区(陕)	617.00
462	丹凤县(陕)	583.00
463	华阴市(陕)	515.00
464	敦煌市(甘)	68538.00
465	麦积区(甘)	16617.00
466	甘州区(甘)	3000.00
467	嘉峪关市(甘)	2600.00
468	金塔县(甘)	1897.00
469	武都区(甘)	1600.00
470	红古区(甘)	1534.00
471	临泽县(甘)	1231.00
472	清水县(甘)	1200.00
473	金川区(甘)	1135.00
474	庆城县(甘)	1040.00
475	民乐县(甘)	1000.00
476	镇原县(甘)	963.00
477	西和县(甘)	870.00
478	西峰区(甘)	800.00
479	永靖县(甘)	795.00
480	肃州区(甘)	793.00
481	永宁县(宁)	50000.00
482	青铜峡市(宁)	35000.00
483	中卫市市辖区(宁)	11144.00
484	利通区(宁)	4554.00
485	金凤区(宁)	4378.00
486	大武口区(宁)	4172.00
487	灵武市(宁)	2212.00
488	贺兰县(宁)	1400.00
489	西夏区(宁)	1176.00
490	河西综合开发局(甘)	2831.00
491	农十三师(新疆兵团)	77643.00
492	农十二师(新疆兵团)	68820.00
493	农八师(新疆兵团)	54390.00
494	农六师(新疆兵团)	32200.00
495	农二师(新疆兵团)	9571.00
496	农七师(新疆兵团)	8778.00
497	农三师(新疆兵团)	8670.40
498	农十四师(新疆兵团)	3489.00

表 10-7-8　脐橙主产地产量

	脐橙主产地	产量(吨)
1	婺城区(浙)	320.00
2	临海市(浙)	213.00
3	寻乌县(赣)	209192.00
4	会昌县(赣)	82165.00
5	宁都县(赣)	72959.00
6	瑞金市(赣)	59449.00
7	崇义县(赣)	51973.00
8	赣　县(赣)	48180.00
9	全南县(赣)	9797.00
10	新干县(赣)	2319.00
11	大余县(赣)	1487.00
12	吉州区(赣)	650.00
13	宜章县(湘)	8550.00
14	新宁县(湘)	8000.00
15	临武县(湘)	5620.00
16	邵阳县(湘)	1100.00
17	沅陵县(湘)	439.00
18	新邵县(湘)	240.00
19	北塔区(湘)	210.00
20	平远县(粤)	25000.00
21	郁南县(粤)	5870.00
22	全州县(桂)	65000.00
23	灌阳县(桂)	19692.20
24	永福县(桂)	8736.80
25	德保县(桂)	2768.00
26	雁山区(桂)	260.00
27	奉节县(渝)	200000.00
28	宣汉县(川)	99850.00
29	东坡区(川)	55600.00
30	乐山市市中区(川)	756.00
31	兴文县(川)	600.00
32	广安区(川)	450.00
33	锦屏县(黔)	152.00
34	建水县(滇)	8000.00

表 10-7-9　枇杷主产地产量

	枇杷主产地	产量(吨)
1	青浦区(沪)	146.10
2	松江区(沪)	125.00
3	吴中区(苏)	1381.20
4	泰兴市(苏)	720.00

	枇杷主产地	产量(吨)
5	象山县(浙)	3125.00
6	路桥区(浙)	2272.00
7	临海市(浙)	2207.00
8	淳安县(浙)	2201.00
9	衢江区(浙)	2200.00
10	建德市(浙)	2000.00
11	江山市(浙)	1250.00
12	莲都区(浙)	1110.00
13	温岭市(浙)	940.00
14	玉环县(浙)	904.00
15	婺城区(浙)	766.00
16	宁海县(浙)	600.00
17	常山县(浙)	366.00
18	富阳市(浙)	216.00
19	定海区(浙)	210.00
20	青田县(浙)	209.00
21	松阳县(浙)	174.00
22	景宁畲族自治县(浙)	118.00
23	歙　县(皖)	6125.00
24	潜山县(皖)	150.00
25	瑞金市(赣)	330.00
26	崇义县(赣)	160.00
27	吉州区(赣)	120.00
28	兴山县(鄂)	859.00
29	崇阳县(鄂)	500.00
30	夷陵区(鄂)	100.00
31	资兴市(湘)	558.00
32	双峰县(湘)	350.00
33	临武县(湘)	310.00
34	新邵县(湘)	160.00
35	娄星区(湘)	140.00
36	北塔区(湘)	110.00
37	潮安县(粤)	22500.00
38	信宜市(粤)	1500.00
39	永福县(桂)	326.00
40	雁山区(桂)	165.00
41	合川区(渝)	8000.00
42	武隆县(渝)	2500.00
43	云阳县(渝)	920.00
44	仁寿县(川)	43885.00
45	雁江区(川)	7389.00
46	南部县(川)	5082.00
47	荣　县(川)	3895.00
48	宣汉县(川)	3510.00
49	翠屏区(川)	2317.00
50	纳溪区(川)	2044.00
51	船山区(川)	800.00
52	乐山市市中区(川)	554.00
53	北川羌族自治县(川)	450.00
54	德昌县(川)	205.00
55	会东县(川)	160.00
56	开阳县(黔)	8550.00
57	蒙自市(滇)	32500.00
58	石屏县(滇)	3800.00
59	陇川县(滇)	102.00
60	南郑县(陕)	160.00

表 10-7-10　山楂(红果)主产地产量

	山楂主产地	产量(吨)
1	密云县(京)	5359.00
2	延庆县(京)	2499.30
3	怀柔区(京)	1775.40
4	平谷区(京)	1592.90
5	房山区(京)	231.00
6	宝坻区(津)	546.00
7	兴隆县(冀)	139813.00
8	清河县(冀)	27800.00
9	宽城满族自治县(冀)	24010.00
10	遵化市(冀)	19047.00
11	隆化县(冀)	12500.00
12	承德县(冀)	6300.00
13	青龙满族自治县(冀)	5500.00
14	滦平县(冀)	3500.00
15	易　县(冀)	1500.00
16	迁安市(冀)	1390.00
17	抚宁县(冀)	1336.00
18	涿鹿县(冀)	942.00
19	平泉县(冀)	820.00
20	桃城区(冀)	650.00
21	卢龙县(冀)	572.00
22	古冶区(冀)	469.00
23	玉田县(冀)	422.00
24	武安市(冀)	394.00
25	滦南县(冀)	293.00
26	鹿泉市(冀)	241.00
27	平山县(冀)	200.00
28	乐亭县(冀)	178.00
29	定州市(冀)	160.00
30	清苑县(冀)	120.00
31	河津市(晋)	2700.00
32	寿阳县(晋)	580.00
33	清徐县(晋)	129.00
34	尖草坪区(晋)	107.00
35	科尔沁右翼前旗(内蒙古)	2250.00
36	法库县(辽)	25000.00
37	调兵山市(辽)	2500.00
38	义　县(辽)	1245.00
39	岫岩满族自治县(辽)	870.00
40	桓仁满族自治县(辽)	810.00
41	千山区(辽)	102.00
42	辉南县(吉)	1580.00
43	东丰县(吉)	265.00
44	贾汪区(苏)	840.00
45	铜山区(苏)	360.00
46	滨海县(苏)	100.00
47	平邑县(鲁)	85800.00
48	青州市(鲁)	25140.00
49	昌邑市(鲁)	16000.00
50	岱岳区(鲁)	13578.00
51	济阳县(鲁)	12000.00
52	莱城区(鲁)	9818.00
53	新泰市(鲁)	6215.00
54	山亭区(鲁)	3000.00
55	沂水县(鲁)	1455.20
56	淄川区(鲁)	550.00
57	东平县(鲁)	375.00
58	肥城市(鲁)	339.00
59	宁阳县(鲁)	164.00
60	苍山县(鲁)	153.00
61	河东区(鲁)	150.00
62	辉县市(豫)	3892.00
63	林州市(豫)	2700.00
64	嵩　县(豫)	1500.00
65	汤阴县(豫)	590.00
66	宜阳县(豫)	360.00
67	卫辉市(豫)	220.00
68	方城县(豫)	162.00
69	鹤山区(豫)	105.00
70	信宜市(粤)	1800.00
71	云阳县(渝)	263.00
72	双鸭山林业局(龙江森工)	120.00

表 10-7-11　李主产地产量

	李主产地	产量(吨)
1	密云县(京)	4055.00

	李主产地	产量(吨)
2	房山区(京)	2265.90
3	顺义区(京)	2087.00
4	昌平区(京)	1812.00
5	怀柔区(京)	1101.00
6	大兴区(京)	746.00
7	平谷区(京)	553.10
8	大名县(冀)	912.00
9	磁　县(冀)	691.00
10	调兵山市(辽)	1250.00
11	桓仁满族自治县(辽)	663.00
12	前郭尔罗斯蒙古族自治县(吉)	10000.00
13	辉南县(吉)	1650.00
14	东丰县(吉)	1058.00
15	农安县(吉)	1000.00
16	碾子山区(黑)	2113.00
17	让胡路区(黑)	1775.00
18	富拉尔基区(黑)	500.00
19	铜山区(苏)	530.00
20	临安市(浙)	9500.00
21	建德市(浙)	4000.00
22	浦江县(浙)	3150.00
23	宁海县(浙)	2000.00
24	定海区(浙)	1800.00
25	婺城区(浙)	1458.00
26	临海市(浙)	845.00
27	萧山区(浙)	732.00
28	徽州区(皖)	4100.00
29	芜湖县(皖)	900.00
30	屯溪区(皖)	506.00
31	安福县(赣)	5000.00
32	瑞金市(赣)	4900.00
33	赣　县(赣)	1600.00
34	崇义县(赣)	1500.00
35	昌邑市(鲁)	2400.00
36	沂水县(鲁)	1682.90
37	岱岳区(鲁)	1580.00
38	河东区(鲁)	1000.00
39	嵩　县(豫)	5922.00
40	林州市(豫)	2550.00
41	镇平县(豫)	2500.00
42	洛宁县(豫)	2200.00
43	栾川县(豫)	1500.00
44	商水县(豫)	950.00
45	京山县(鄂)	10000.00
46	祁东县(湘)	23586.80
47	麻阳苗族自治县(湘)	11250.00
48	资兴市(湘)	1442.00
49	隆回县(湘)	1000.00
50	娄星区(湘)	730.00
51	临武县(湘)	603.00
52	邵东县(湘)	600.00
53	沅陵县(湘)	505.00
54	紫金县(粤)	39304.00
55	东源县(粤)	12500.00
56	信宜市(粤)	12000.00
57	封开县(粤)	9253.00
58	郁南县(粤)	3100.00
59	阳山县(粤)	1633.00
60	灌阳县(桂)	52063.20
61	八步区(桂)	26003.00
62	金秀瑶族自治县(桂)	2538.00
63	全州县(桂)	2500.00
64	永福县(桂)	651.90
65	合川区(渝)	50000.00
66	巫山县(渝)	4000.00
67	荣昌县(渝)	4000.00
68	南川区(渝)	3500.00
69	丰都县(渝)	3500.00
70	武隆县(渝)	1000.00
71	云阳县(渝)	690.00
72	宣汉县(川)	3318.00
73	高　县(川)	2067.00
74	甘洛县(川)	1560.00
75	广安区(川)	650.00
76	兴文县(川)	600.00
77	彭山县(川)	560.00
78	沐川县(川)	555.00
79	贵定县(黔)	15000.00
80	毕节市(黔)	1365.00
81	开阳县(黔)	1250.00
82	平坝县(黔)	750.00
83	蒙自市(滇)	10804.00
84	绥江县(滇)	4500.00
85	巧家县(滇)	1100.00
86	云　县(滇)	721.00
87	彝良县(滇)	660.30
88	南郑县(陕)	1400.00
89	康　县(甘)	820.70
90	民乐县(甘)	500.00
91	彭阳县(宁)	1908.00
92	永宁县(宁)	1500.00

表 10-7-12　梅主产地产量

	梅主产地	产量(吨)
1	吴中区(苏)	1203.00
2	常山县(浙)	130200.00
3	余姚市(浙)	22000.00
4	龙湾区(浙)	9050.00
5	青田县(浙)	7602.00
6	长兴县(浙)	6000.00
7	上虞市(浙)	4322.00
8	安吉县(浙)	1600.00
9	奉化市(浙)	1480.00
10	松阳县(浙)	1454.00
11	建德市(浙)	1000.00
12	淳安县(浙)	756.00
13	义乌市(浙)	700.00
14	江山市(浙)	351.00
15	吴兴区(浙)	242.00
16	临安市(浙)	200.00
17	玉环县(浙)	121.00
18	铜鼓县(赣)	1000.00
19	全南县(赣)	700.00
20	瑞金市(赣)	330.00
21	赣　县(赣)	202.00
22	来凤县(鄂)	4000.00
23	靖州苗族侗族自治县(湘)	20000.00
24	新化县(湘)	16800.00
25	娄星区(湘)	9500.00
26	中方县(湘)	2650.00
27	新晃侗族自治县(湘)	580.00
28	绥宁县(湘)	350.00
29	邵东县(湘)	200.00
30	连州市(粤)	1162.00
31	广州市属总林场(粤)	750.00
32	东源县(粤)	506.00
33	大埔县(粤)	250.00
34	清远市属总林场(粤)	150.00
35	全州县(桂)	700.00
36	永福县(桂)	417.60
37	灌阳县(桂)	176.10
38	武隆县(渝)	500.00
39	雷山县(黔)	386.00
40	开阳县(黔)	350.00
41	锦屏县(黔)	317.00
42	洱源县(滇)	12434.00
43	永胜县(滇)	2500.00
44	巍山彝族回族自治县(滇)	662.00
45	玉龙纳西族自治县(滇)	252.60

	梅主产地	产量(吨)
46	漾濞彝族自治县(滇)	155.00
47	云　县(滇)	102.00

表 10-7-13　猕猴桃主产地产量

	猕猴桃主产地	产量(吨)
1	金山区(沪)	248.30
2	江都市(苏)	1200.00
3	江山市(浙)	3955.00
4	宁海县(浙)	1000.00
5	富阳市(浙)	845.00
6	建德市(浙)	780.00
7	上虞市(浙)	712.00
8	临安市(浙)	450.00
9	莲都区(浙)	440.00
10	临海市(浙)	387.00
11	淳安县(浙)	229.00
12	平湖市(浙)	126.00
13	吴兴区(浙)	125.00
14	广德县(皖)	2000.00
15	潜山县(皖)	200.00
16	霍邱县(皖)	150.00
17	奉新县(赣)	7808.00
18	铜鼓县(赣)	350.00
19	宜丰县(赣)	195.00
20	宁都县(赣)	180.00
21	博山区(鲁)	5000.00
22	西峡县(豫)	26213.00
23	南召县(豫)	5835.60
24	桐柏县(豫)	4058.00
25	栾川县(豫)	1000.00
26	卢氏县(豫)	988.00
27	上蔡县(豫)	484.00
28	新野县(豫)	200.00
29	获嘉县(豫)	102.00
30	长阳土家族自治县(鄂)	4150.00
31	建始县(鄂)	2700.00
32	夷陵区(鄂)	1000.00
33	广水市(鄂)	914.00
34	随　县(鄂)	457.00
35	鹤峰县(鄂)	128.00
36	兴山县(鄂)	105.00
37	永顺县(湘)	25000.00
38	凤凰县(湘)	6800.00
39	龙山县(湘)	2000.00
40	吉首市(湘)	1528.00
41	花垣县(湘)	890.00
42	隆回县(湘)	600.00
43	麻阳苗族自治县(湘)	312.00
44	通道侗族自治县(湘)	130.00
45	绥宁县(湘)	125.00
46	桂东县(湘)	120.00
47	祁东县(湘)	118.80
48	兴安县(桂)	1377.00
49	酉阳土家族苗族自治县(渝)	2300.00
50	奉节县(渝)	650.00
51	万州区(渝)	621.00
52	城口县(渝)	500.00
53	丰都县(渝)	150.00
54	武隆县(渝)	110.00
55	苍溪县(川)	14000.00
56	蒲江县(川)	3597.00
57	巴州区(川)	1640.00
58	南江县(川)	1500.00
59	天全县(川)	1098.00
60	名山县(川)	1000.00
61	元坝区(川)	893.00
62	兴文县(川)	700.00
63	绵竹市(川)	500.00
64	北川羌族自治县(川)	500.00
65	仪陇县(川)	389.00
66	通江县(川)	350.00
67	什邡市(川)	305.00
68	沐川县(川)	187.00
69	安　县(川)	180.00
70	修文县(黔)	6230.00
71	瓮安县(黔)	500.00
72	都匀市(黔)	173.00
73	乌当区(黔)	146.00
74	凯里市(黔)	125.00
75	扶风县(陕)	9220.00
76	城固县(陕)	8800.00
77	武功县(陕)	4500.00
78	渭滨区(陕)	4470.00
79	南郑县(陕)	660.00
80	太白县(陕)	656.00
81	镇巴县(陕)	635.00
82	平利县(陕)	516.00
83	柞水县(陕)	330.00
84	略阳县(陕)	121.00

表 10-7-14　石榴主产地产量

	石榴主产地	产量(吨)
1	鹿泉市(冀)	833.00
2	肥乡县(冀)	500.00
3	井陉县(冀)	229.00
4	河津市(晋)	750.00
5	贾汪区(苏)	19151.00
6	铜山区(苏)	2500.00
7	烈山区(皖)	62600.00
8	怀远县(皖)	9500.00
9	禹会区(皖)	1100.00
10	凤台县(皖)	810.00
11	寿　县(皖)	450.00
12	峄城区(鲁)	38000.00
13	宁阳县(鲁)	956.00
14	东平县(鲁)	600.00
15	嘉祥县(鲁)	525.00
16	新泰市(鲁)	228.00
17	莱城区(鲁)	138.00
18	荥阳市(豫)	15610.00
19	太康县(豫)	5755.00
20	项城市(豫)	5000.00
21	卧龙区(豫)	2480.00
22	卫东区(豫)	1300.00
23	平桥区(豫)	1230.00
24	卫辉市(豫)	550.00
25	禹州市(豫)	470.00
26	西华县(豫)	430.00
27	新密市(豫)	390.00
28	宜阳县(豫)	300.00
29	鹿邑县(豫)	255.00
30	淮滨县(豫)	220.00
31	固始县(豫)	120.00
32	封开县(粤)	3041.00
33	郁南县(粤)	218.00
34	灌阳县(桂)	452.00
35	会理县(川)	136117.00
36	西昌市(川)	7430.00
37	会东县(川)	1500.00
38	蒙自市(滇)	102119.00
39	建水县(滇)	22000.00
40	宾川县(滇)	12688.50
41	施甸县(滇)	1350.00
42	隆阳区(滇)	858.00
43	禄丰县(滇)	674.00
44	双柏县(滇)	370.00
45	元谋县(滇)	347.00

	石榴主产地	产量(吨)
46	石屏县(滇)	200.00
47	武定县(滇)	129.00
48	大姚县(滇)	108.10
49	临潼区(陕)	5090.00
50	礼泉县(陕)	1200.00
51	武都区(甘)	110.00

表 10-7-15 桃主产地产量

	桃主产地	产量(吨)
1	平谷区(京)	272582.50
2	大兴区(京)	71537.00
3	通州区(京)	30335.60
4	房山区(京)	15193.75
5	顺义区(京)	9392.00
6	昌平区(京)	6655.00
7	怀柔区(京)	5729.50
8	密云县(京)	3371.00
9	丰台区(京)	2850.00
10	宝坻区(津)	9002.70
11	北辰区(津)	8136.00
12	乐亭县(冀)	274836.00
13	深州市(冀)	135320.00
14	顺平县(冀)	91010.00
15	昌黎县(冀)	61330.00
16	临漳县(冀)	60712.00
17	辛集市(冀)	59393.00
18	滦南县(冀)	52722.00
19	抚宁县(冀)	52471.00
20	满城县(冀)	39246.00
21	遵化市(冀)	35487.00
22	邯郸县(冀)	32882.00
23	迁安市(冀)	31961.00
24	定州市(冀)	26800.00
25	固安县(冀)	25600.00
26	定兴县(冀)	23474.00
27	安次区(冀)	22100.00
28	丰润区(冀)	22096.80
29	霸州市(冀)	21705.00
30	魏　县(冀)	21134.00
31	饶阳县(冀)	20442.00
32	滦　县(冀)	19035.00
33	邢台县(冀)	15418.00
34	威　县(冀)	15000.00
35	唐　县(冀)	12090.00
36	涿州市(冀)	11300.00
37	古冶区(冀)	10587.00
38	怀来县(冀)	10290.00
39	香河县(冀)	9840.00
40	卢龙县(冀)	9815.00
41	永清县(冀)	8918.00
42	三河市(冀)	8917.00
43	广阳区(冀)	8835.00
44	博野县(冀)	8220.00
45	成安县(冀)	7500.00
46	沧　县(冀)	7369.00
47	路北区(冀)	7041.00
48	兴隆县(冀)	6429.00
49	丰南区(冀)	5899.00
50	平山县(冀)	5632.00
51	安平县(冀)	5616.00
52	易　县(冀)	5500.00
53	玉田县(冀)	5384.00
54	山海关区(冀)	5269.00
55	邱　县(冀)	5170.00
56	藁城市(冀)	5169.00
57	宁晋县(冀)	5091.00
58	内丘县(冀)	5000.00
59	献　县(冀)	4873.00
60	蠡　县(冀)	4500.00
61	涞水县(冀)	4200.00
62	泊头市(冀)	4087.00
63	大名县(冀)	3750.00
64	雄　县(冀)	3600.00
65	大城县(冀)	3500.00
66	晋州市(冀)	3300.00
67	文安县(冀)	3221.00
68	肃宁县(冀)	3209.00
69	高碑店市(冀)	3030.00
70	巨鹿县(冀)	3024.00
71	景　县(冀)	2900.00
72	任丘市(冀)	2890.00
73	孟村回族自治县(冀)	2889.00
74	长安区(冀)	2680.00
75	冀州市(冀)	2663.00
76	吴桥县(冀)	2600.00
77	新市区(冀)	2242.00
78	馆陶县(冀)	2160.00
79	清苑县(冀)	2110.00
80	广宗县(冀)	2084.00
81	永年县(冀)	2025.00
82	河间市(冀)	2021.00
83	新乐市(冀)	2000.00
84	肥乡县(冀)	2000.00
85	任　县(冀)	1980.00
86	深泽县(冀)	1863.00
87	望都县(冀)	1700.00
88	黄骅市(冀)	1525.00
89	容城县(冀)	1500.00
90	无极县(冀)	1500.00
91	徐水县(冀)	1350.00
92	海港区(冀)	1326.00
93	北戴河区(冀)	1302.00
94	武强县(冀)	1300.00
95	故城县(冀)	1267.00
96	新河县(冀)	1200.00
97	正定县(冀)	1153.00
98	涿鹿县(冀)	1118.10
99	唐海县(冀)	1113.00
100	高阳县(冀)	1100.00
101	唐山市汉沽管理区(冀)	1050.00
102	平陆县(晋)	31006.50
103	河津市(晋)	7200.00
104	翼城县(晋)	4985.00
105	大宁县(晋)	4142.40
106	闻喜县(晋)	1650.00
107	清徐县(晋)	1088.00
108	大连市金州新区(辽)	53200.00
109	宽甸满族自治县(辽)	46000.00
110	大连市保税区(辽)	13906.00
111	瓦房店市(辽)	8000.00
112	振安区(辽)	6350.00
113	本溪满族自治县(辽)	4683.00
114	海城市(辽)	3800.00
115	义　县(辽)	3520.00
116	凌海市(辽)	3000.00
117	岫岩满族自治县(辽)	2500.00
118	辽阳县(辽)	2300.00
119	大连市花园口经济开发区(辽)	2048.00
120	沈北新区(辽)	2000.00
121	北镇市(辽)	2000.00
122	桓仁满族自治县(辽)	1277.00
123	凤城市(辽)	1130.00
124	浦东新区(沪)	49331.00
125	奉贤区(沪)	21292.00
126	金山区(沪)	14600.80
127	松江区(沪)	4524.40
128	青浦区(沪)	2933.00

	桃主产地	产量(吨)
129	嘉定区(沪)	1313.00
130	宝山区(沪)	1019.00
131	铜山区(苏)	52450.00
132	贾汪区(苏)	52129.00
133	新沂市(苏)	34000.00
134	沛　县(苏)	19080.00
135	灌云县(苏)	12000.00
136	东海县(苏)	7524.00
137	张家港市(苏)	7330.00
138	赣榆县(苏)	6805.00
139	海州区(苏)	5224.00
140	滨海县(苏)	5200.00
141	睢宁县(苏)	4142.00
142	阜宁县(苏)	4050.00
143	建湖县(苏)	2867.00
144	靖江市(苏)	2850.00
145	仪征市(苏)	2689.00
146	响水县(苏)	2250.00
147	吴中区(苏)	1614.00
148	昆山市(苏)	1515.00
149	姜堰市(苏)	1381.00
150	江都市(苏)	1200.00
151	奉化市(浙)	30060.00
152	莲都区(浙)	29631.00
153	富阳市(浙)	20234.00
154	长兴县(浙)	18000.00
155	缙云县(浙)	16591.00
156	临海市(浙)	12749.00
157	义乌市(浙)	9800.00
158	临安市(浙)	9500.00
159	慈溪市(浙)	7000.00
160	青田县(浙)	6797.00
161	上虞市(浙)	6103.00
162	宁海县(浙)	6000.00
163	德清县(浙)	5565.00
164	婺城区(浙)	5565.00
165	建德市(浙)	5000.00
166	余姚市(浙)	3700.00
167	吴兴区(浙)	3644.00
168	温岭市(浙)	3250.00
169	萧山区(浙)	3200.00
170	秀洲区(浙)	2718.00
171	松阳县(浙)	1817.00
172	桐乡市(浙)	1620.00
173	定海区(浙)	1570.00
174	平湖市(浙)	1452.00
175	象山县(浙)	1223.00
176	北仑区(浙)	1190.00
177	岱山县(浙)	1030.00
178	砀山县(皖)	238136.00
179	萧　县(皖)	29958.00
180	来安县(皖)	15000.00
181	当涂县(皖)	8900.00
182	埇桥区(皖)	8773.00
183	居巢区(皖)	7000.00
184	龙子湖区(皖)	6500.00
185	全椒县(皖)	6000.00
186	歙　县(皖)	5210.00
187	凤台县(皖)	4883.00
188	寿　县(皖)	4500.00
189	芜湖县(皖)	4500.00
190	无为县(皖)	3820.00
191	庐江县(皖)	3760.00
192	杜集区(皖)	3015.00
193	八公山区(皖)	2240.00
194	怀远县(皖)	2049.00
195	郎溪县(皖)	2000.00
196	东至县(皖)	1917.50
197	怀宁县(皖)	1900.00
198	五河县(皖)	1850.00
199	凤阳县(皖)	1503.00
200	蚌山区(皖)	1500.00
201	长丰县(皖)	1427.00
202	黟　县(皖)	1408.00
203	定远县(皖)	1200.00
204	利辛县(皖)	1124.00
205	蒙城县(皖)	1000.00
206	潜山县(皖)	1000.00
207	九江县(赣)	4157.00
208	瑞金市(赣)	2561.00
209	赣　县(赣)	1880.00
210	都昌县(赣)	1685.00
211	会昌县(赣)	1468.00
212	贵溪市(赣)	1454.00
213	蒙阴县(鲁)	794282.00
214	沂源县(鲁)	307786.00
215	沂水县(鲁)	142786.50
216	肥城市(鲁)	139795.00
217	平邑县(鲁)	134300.00
218	河东区(鲁)	125000.00
219	博山区(鲁)	92400.00
220	青州市(鲁)	75250.00
221	平度市(鲁)	71100.00
222	岱岳区(鲁)	69647.00
223	诸城市(鲁)	58370.00
224	苍山县(鲁)	52976.00
225	钢城区(鲁)	43290.00
226	新泰市(鲁)	41500.00
227	临朐县(鲁)	39000.00
228	沂南县(鲁)	36576.00
229	邹城市(鲁)	36150.00
230	山亭区(鲁)	35510.00
231	安丘市(鲁)	35500.00
232	郯城县(鲁)	35450.00
233	昌邑市(鲁)	28900.00
234	胶南市(鲁)	26548.00
235	寿光市(鲁)	26000.00
236	蓬莱市(鲁)	25600.00
237	胶州市(鲁)	25100.00
238	莱城区(鲁)	22867.00
239	费　县(鲁)	20400.00
240	邹平县(鲁)	20350.00
241	五莲县(鲁)	20000.00
242	枣庄市市中区(鲁)	15453.00
243	文登市(鲁)	12940.00
244	东平县(鲁)	10107.00
245	东营市市辖区(鲁)	9936.00
246	即墨市(鲁)	8060.00
247	德城区(鲁)	7807.00
248	茌平县(鲁)	7660.00
249	济阳县(鲁)	7301.00
250	荣成市(鲁)	7000.00
251	兰山区(鲁)	6598.00
252	金乡县(鲁)	5670.00
253	崂山区(鲁)	5496.00
254	宁阳县(鲁)	5083.00
255	垦利县(鲁)	5000.00
256	平阴县(鲁)	4820.00
257	东明县(鲁)	4750.00
258	潍城区(鲁)	4312.00
259	平原县(鲁)	4275.00
260	嘉祥县(鲁)	3780.00
261	临沭县(鲁)	3390.00
262	环翠区(鲁)	3274.00
263	城阳区(鲁)	2950.00
264	利津县(鲁)	2732.00
265	峄城区(鲁)	2500.00
266	德州市市辖区(鲁)	2180.00

	桃主产地	产量(吨)
267	泰山区(鲁)	2133.00
268	临淄区(鲁)	2090.00
269	成武县(鲁)	2041.00
270	武城县(鲁)	2000.00
271	周村区(鲁)	1923.00
272	牟平区(鲁)	1841.00
273	寒亭区(鲁)	1654.00
274	商河县(鲁)	1400.00
275	汶上县(鲁)	1300.00
276	惠民县(鲁)	1273.33
277	广饶县(鲁)	1200.00
278	陵　县(鲁)	1160.00
279	陕　县(豫)	61254.00
280	西华县(豫)	57252.00
281	内乡县(豫)	42000.00
282	扶沟县(豫)	41000.00
283	泌阳县(豫)	36380.00
284	唐河县(豫)	35000.00
285	虞城县(豫)	30000.00
286	武陟县(豫)	25245.00
287	太康县(豫)	21790.00
288	方城县(豫)	16388.00
289	灵宝市(豫)	16261.80
290	西平县(豫)	14590.00
291	驿城区(豫)	14590.00
292	内黄县(豫)	13500.00
293	浚　县(豫)	12500.00
294	许昌县(豫)	11000.00
295	卫辉市(豫)	10250.00
296	栾川县(豫)	10000.00
297	睢阳区(豫)	9500.00
298	商水县(豫)	9000.00
299	南召县(豫)	8861.10
300	管城回族区(豫)	8500.00
301	鄢陵县(豫)	8378.00
302	滑　县(豫)	7930.00
303	上蔡县(豫)	7920.00
304	郾城区(豫)	7613.00
305	中牟县(豫)	7440.00
306	西峡县(豫)	7310.00
307	宛城区(豫)	6750.00
308	项城市(豫)	6750.00
309	新野县(豫)	6000.00
310	兰考县(豫)	5800.00
311	舞钢市(豫)	5800.00
312	卧龙区(豫)	5766.00

	桃主产地	产量(吨)
313	嵩　县(豫)	5625.00
314	辉县市(豫)	5400.00
315	桐柏县(豫)	5394.00
316	荥阳市(豫)	4824.00
317	新乡县(豫)	4790.00
318	宜阳县(豫)	4590.00
319	光山县(豫)	4300.00
320	博爱县(豫)	4000.00
321	洛宁县(豫)	4000.00
322	汤阴县(豫)	3920.00
323	新蔡县(豫)	3532.00
324	济源市(豫)	3500.00
325	淮滨县(豫)	3500.00
326	遂平县(豫)	3280.00
327	红旗区(豫)	3100.00
328	襄城县(豫)	3095.00
329	获嘉县(豫)	2984.00
330	源汇区(豫)	2935.00
331	洛龙区(豫)	2800.00
332	伊川县(豫)	2800.00
333	山城区(豫)	2800.00
334	卢氏县(豫)	2600.00
335	社旗县(豫)	2400.00
336	潢川县(豫)	2290.00
337	中原区(豫)	2100.00
338	叶　县(豫)	2000.00
339	封丘县(豫)	2000.00
340	鹿邑县(豫)	1950.00
341	魏都区(豫)	1794.00
342	宝丰县(豫)	1755.00
343	修武县(豫)	1742.00
344	商城县(豫)	1700.00
345	渑池县(豫)	1650.00
346	西工区(豫)	1595.00
347	林州市(豫)	1558.00
348	邓州市(豫)	1500.00
349	湖滨区(豫)	1500.00
350	平桥区(豫)	1490.00
351	安阳县(豫)	1476.00
352	平舆县(豫)	1450.00
353	淇滨区(豫)	1400.00
354	淅川县(豫)	1275.00
355	通许县(豫)	1206.00
356	鲁山县(豫)	1200.00
357	湛河区(豫)	1070.00
358	濮阳市高新区(豫)	1000.00

	桃主产地	产量(吨)
359	枣阳市(鄂)	270000.00
360	京山县(鄂)	50000.00
361	老河口市(鄂)	50000.00
362	广水市(鄂)	28997.00
363	孝南区(鄂)	27500.00
364	云梦县(鄂)	6530.00
365	东宝区(鄂)	5055.00
366	应城市(鄂)	4000.00
367	当阳市(鄂)	4000.00
368	浠水县(鄂)	3600.00
369	枝江市(鄂)	3500.00
370	荆州区(鄂)	3000.00
371	新洲区(鄂)	3000.00
372	咸安区(鄂)	2200.00
373	黄州区(鄂)	2200.00
374	曾都区(鄂)	2077.00
375	襄城区(鄂)	2000.00
376	孝昌县(鄂)	2000.00
377	崇阳县(鄂)	1955.00
378	郧　县(鄂)	1500.00
379	宜都市(鄂)	1200.00
380	谷城县(鄂)	1152.00
381	武穴市(鄂)	1113.00
382	麻城市(鄂)	1111.00
383	点军区(鄂)	1047.00
384	麻阳苗族自治县(湘)	21070.00
385	新化县(湘)	18600.00
386	汝城县(湘)	12000.00
387	赫山区(湘)	9850.00
388	祁阳县(湘)	8717.00
389	浏阳市(湘)	6180.00
390	资兴市(湘)	3512.00
391	芷江侗族自治县(湘)	2733.00
392	华容县(湘)	2730.00
393	吉首市(湘)	2500.00
394	南　县(湘)	2000.00
395	临武县(湘)	1812.00
396	新田县(湘)	1780.00
397	道　县(湘)	1701.00
398	东安县(湘)	1658.00
399	安化县(湘)	1609.00
400	洞口县(湘)	1580.00
401	宁远县(湘)	1560.00
402	临澧县(湘)	1485.00
403	永顺县(湘)	1340.00
404	娄星区(湘)	1200.00

	桃主产地	产量(吨)
405	邵阳县(湘)	1200.00
406	隆回县(湘)	1000.00
407	阳山县(粤)	1598.00
408	恭城瑶族自治县(桂)	22563.00
409	灵川县(桂)	18784.00
410	忻城县(桂)	6833.00
411	兴宾区(桂)	6208.00
412	阳朔县(桂)	6098.00
413	全州县(桂)	3960.00
414	鹿寨县(桂)	3778.00
415	兴安县(桂)	3599.00
416	灌阳县(桂)	3379.60
417	钟山县(桂)	3100.00
418	柳江县(桂)	3061.00
419	罗城仫佬族自治县(桂)	2627.00
420	富川瑶族自治县(桂)	2450.00
421	八步区(桂)	2413.00
422	金秀瑶族自治县(桂)	2250.00
423	南丹县(桂)	1622.00
424	龙胜各族自治县(桂)	1397.00
425	天峨县(桂)	1001.00
426	江津区(渝)	23200.00
427	合川区(渝)	15000.00
428	云阳县(渝)	8300.00
429	璧山县(渝)	7721.00
430	万州区(渝)	5545.00
431	奉节县(渝)	5200.00
432	涪陵区(渝)	4400.00
433	南川区(渝)	3200.00
434	巴南区(渝)	2640.00
435	永川区(渝)	1215.00
436	巫山县(渝)	1100.00
437	青白江区(川)	14000.00
438	汉源县(川)	8500.00
439	米易县(川)	7773.00
440	会理县(川)	7325.00
441	顺庆区(川)	6860.00
442	江油市(川)	6712.00
443	利州区(川)	4702.00
444	峨眉山市(川)	4000.00
445	巴州区(川)	3508.00
446	南江县(川)	3200.00
447	游仙区(川)	3000.00
448	长宁县(川)	2632.00
449	涪城区(川)	2520.00
450	屏山县(川)	2400.00

	桃主产地	产量(吨)
451	西充县(川)	2000.00
452	南部县(川)	1860.00
453	仪陇县(川)	1820.00
454	广汉市(川)	1507.00
455	五通桥区(川)	1336.00
456	翠屏区(川)	1220.00
457	南明区(黔)	7800.00
458	镇远县(黔)	5340.00
459	西秀区(黔)	3500.00
460	开阳县(黔)	3000.00
461	毕节市(黔)	2520.00
462	盘　县(黔)	2489.00
463	关岭布依族苗族自治县(黔)	2200.00
464	修文县(黔)	2135.00
465	六枝特区(黔)	2059.00
466	长顺县(黔)	1830.00
467	威宁彝族回族苗族自治县(黔)	1800.00
468	清镇市(黔)	1760.00
469	乌当区(黔)	1745.00
470	榕江县(黔)	1363.00
471	惠水县(黔)	1308.00
472	岑巩县(黔)	1199.00
473	蒙自市(滇)	13746.00
474	师宗县(滇)	11671.00
475	泸西县(滇)	8214.00
476	石屏县(滇)	6400.00
477	沾益县(滇)	3893.00
478	禄丰县(滇)	3572.00
479	绥江县(滇)	3000.00
480	麒麟区(滇)	2141.00
481	个旧市(滇)	2133.00
482	凤庆县(滇)	2115.00
483	广南县(滇)	1988.00
484	易门县(滇)	1745.00
485	陆良县(滇)	1645.00
486	华宁县(滇)	1632.00
487	云　县(滇)	1480.00
488	武定县(滇)	1318.00
489	丘北县(滇)	1270.00
490	大姚县(滇)	1156.40
491	永德县(滇)	1043.00
492	礼泉县(陕)	125000.00
493	大荔县(陕)	74985.00
494	渭城区(陕)	17596.00
495	眉　县(陕)	11988.00
496	扶风县(陕)	8350.00

	桃主产地	产量(吨)
497	汉滨区(陕)	7126.00
498	渭滨区(陕)	6746.00
499	汉台区(陕)	6000.00
500	阎良区(陕)	5593.00
501	秦都区(陕)	5417.00
502	凤翔县(陕)	3820.00
503	旬阳县(陕)	3295.00
504	南郑县(陕)	3008.00
505	临潼区(陕)	2980.00
506	陇　县(陕)	2771.00
507	王益区(陕)	1940.00
508	武功县(陕)	1800.00
509	略阳县(陕)	1068.00
510	白河县(陕)	1047.00
511	秦安县(甘)	96438.00
512	皋兰县(甘)	9105.00
513	红古区(甘)	8679.00
514	西和县(甘)	4807.00
515	敦煌市(甘)	3800.00
516	安宁区(甘)	3067.00
517	靖远县(甘)	2940.00
518	肃州区(甘)	2699.00
519	武都区(甘)	2000.00
520	麦积区(甘)	1828.00
521	秦州区(甘)	1579.50
522	金塔县(甘)	1449.00
523	徽　县(甘)	1207.00
524	西峰区(甘)	1079.00
525	平川区(甘)	1060.00
526	宁　县(甘)	1000.00
527	永宁县(宁)	12000.00
528	彭阳县(宁)	1250.00
529	农四师(新疆兵团)	13789.00
530	农八师(新疆兵团)	5200.00
531	农十二师(新疆兵团)	4200.00
532	农二师(新疆兵团)	2124.00

表 10-7-16　柚主产地产量

	柚主产地	产量(吨)
1	定海区(浙)	2000.00
2	婺城区(浙)	180.00
3	新干县(赣)	1175.00
4	吉州区(赣)	400.00
5	湾里区(赣)	361.00
6	铜鼓县(赣)	250.00

	柚主产地	产量(吨)
7	广丰县(赣)	185.00
8	樟树市(赣)	132.00
9	南昌县(赣)	130.00
10	宜都市(鄂)	1000.00
11	建始县(鄂)	705.00
12	临武县(湘)	2375.00
13	鼎城区(湘)	1800.00
14	娄星区(湘)	900.00
15	沅陵县(湘)	806.00
16	宜章县(湘)	560.00
17	临澧县(湘)	300.00
18	资兴市(湘)	223.00
19	新邵县(湘)	150.00
20	双峰县(湘)	130.00
21	大埔县(粤)	100000.00
22	阳山县(粤)	13178.00
23	封开县(粤)	5948.00
24	清新县(粤)	3080.00
25	郁南县(粤)	280.00
26	恭城瑶族自治县(桂)	167434.00
27	天峨县(桂)	5158.00
28	全州县(桂)	4500.00
29	永福县(桂)	3311.50
30	灌阳县(桂)	2303.50
31	金秀瑶族自治县(桂)	530.00
32	鱼峰区(桂)	459.00
33	黄冕林场(桂)	350.00
34	梁平县(渝)	14781.00
35	达　县(川)	15000.00
36	广汉市(川)	10000.00
37	广安区(川)	6000.00
38	纳溪区(川)	2336.00
39	乐山市市中区(川)	1300.00
40	安　县(川)	800.00
41	宣汉县(川)	780.00
42	龙马潭区(川)	230.00
43	兴文县(川)	120.00
44	景洪市(滇)	2410.00

表 10-7-17　鲜红枣主产地产量

	鲜红枣主产地	产量(吨)
1	平谷区(京)	2774.90
2	通州区(京)	1448.00
3	怀柔区(京)	1305.90
4	密云县(京)	860.00
5	房山区(京)	815.15
6	沧　县(冀)	258465.00
7	献　县(冀)	105436.00
8	赞皇县(冀)	80000.00
9	泊头市(冀)	60606.00
10	新河县(冀)	53000.00
11	大城县(冀)	35000.00
12	盐山县(冀)	21432.00
13	青　县(冀)	20831.00
14	曲阳县(冀)	17005.00
15	唐　县(冀)	15200.00
16	河间市(冀)	14520.00
17	南皮县(冀)	14194.00
18	怀来县(冀)	9060.00
19	平山县(冀)	6260.00
20	涿鹿县(冀)	6132.60
21	海兴县(冀)	5795.00
22	武邑县(冀)	4758.00
23	曲周县(冀)	4376.00
24	遵化市(冀)	4061.00
25	井陉县(冀)	2350.00
26	黄骅市(冀)	1990.00
27	藁城市(冀)	1895.00
28	辛集市(冀)	1891.00
29	大名县(冀)	1864.00
30	玉田县(冀)	1811.00
31	枣强县(冀)	1808.00
32	霸州市(冀)	1641.00
33	武安市(冀)	1500.00
34	阜城县(冀)	1460.00
35	魏　县(冀)	1394.00
36	丰润区(冀)	1383.72
37	任　县(冀)	1350.00
38	任丘市(冀)	1101.00
39	桃城区(冀)	1100.00
40	广宗县(冀)	1038.00
41	广阳区(冀)	986.00
42	孟村回族自治县(冀)	966.00
43	滦　县(冀)	913.00
44	元氏县(冀)	900.00
45	广平县(冀)	850.00
46	邢台县(冀)	848.00
47	武强县(冀)	758.00
48	成安县(冀)	750.00
49	定州市(冀)	750.00
50	安次区(冀)	564.00
51	固安县(冀)	540.00
52	饶阳县(冀)	527.00
53	青龙满族自治县(冀)	500.00
54	柳林县(晋)	40000.00
55	夏　县(晋)	6375.00
56	平陆县(晋)	2078.00
57	黎城县(晋)	720.00
58	朝阳县(辽)	91550.00
59	双塔区(辽)	15000.00
60	北票市(辽)	8000.00
61	建昌县(辽)	584.00
62	东海县(苏)	2200.00
63	灌云县(苏)	1500.00
64	凤阳县(皖)	1259.00
65	乐陵市(鲁)	126000.00
66	茌平县(鲁)	10560.00
67	峄城区(鲁)	2053.00
68	岱岳区(鲁)	1335.00
69	沂源县(鲁)	1213.00
70	城阳区(鲁)	826.00
71	嘉祥县(鲁)	620.00
72	灵宝市(豫)	39210.40
73	濮阳县(豫)	9287.00
74	陕　县(豫)	8317.00
75	浚　县(豫)	7000.00
76	项城市(豫)	2500.00
77	安阳县(豫)	1290.00
78	宜阳县(豫)	1200.00
79	辉县市(豫)	925.00
80	修武县(豫)	783.00
81	管城回族区(豫)	650.00
82	武隆县(渝)	750.00
83	罗江县(川)	5908.00
84	蒙自市(滇)	1526.00
85	延川县(陕)	50000.00
86	绥德县(陕)	36000.00
87	米脂县(陕)	3960.00
88	三原县(陕)	2200.00
89	彬　县(陕)	1500.00
90	乾　县(陕)	800.00
91	临泽县(甘)	7527.00
92	宁　县(甘)	3000.00
93	庆城县(甘)	1210.30
94	金川区(甘)	1175.00
95	中宁县(宁)	30000.00
96	灵武市(宁)	8000.00

	鲜红枣主产地	产量(吨)
97	红寺堡开发区(宁)	3500.00
98	同心县(宁)	3000.00
99	中卫市市辖区(宁)	2780.00
100	青铜峡市(宁)	1520.00
101	永宁县(宁)	960.00
102	西夏区(宁)	860.00
103	农三师(新疆兵团)	49868.90
104	农十四师(新疆兵团)	42003.00
105	农二师(新疆兵团)	15877.00

表 10-7-18 青枣主产地产量

	青枣主产地	产量(吨)
1	兴隆县(冀)	232.00
2	唐山芦台经济技术开发区(冀)	146.00
3	连山区(辽)	25000.00
4	贾汪区(苏)	2369.00
5	铜山区(苏)	1000.00
6	婺城区(浙)	1115.00
7	临海市(浙)	235.00
8	临安市(浙)	160.00
9	繁昌县(皖)	600.00
10	垦利县(鲁)	2000.00
11	新密市(豫)	3150.00
12	卫辉市(豫)	1680.00
13	宜阳县(豫)	900.00
14	平桥区(豫)	480.00
15	上蔡县(豫)	146.00
16	鹿邑县(豫)	120.00
17	洛阳市高新区(豫)	109.00
18	随县(鄂)	40000.00
19	蔡甸区(鄂)	1575.00
20	茶陵县(湘)	5200.00
21	资兴市(湘)	235.00
22	双峰县(湘)	102.00
23	连州市(粤)	7072.00
24	全州县(桂)	2000.00
25	灌阳县(桂)	1565.50
26	白沙黎族自治县(琼)	200.00
27	奉节县(渝)	2000.00
28	三台县(川)	48000.00
29	元谋县(滇)	21885.00
30	盈江县(滇)	500.00
31	武定县(滇)	242.00
32	清涧县(陕)	155000.00
33	康　县(甘)	908.60

表 10-7-19 冬枣主产地产量

	冬枣主产地	产量(吨)
1	北辰区(津)	1148.00
2	黄骅市(冀)	49928.00
3	泊头市(冀)	14382.00
4	献　县(冀)	5021.00
5	青　县(冀)	3000.00
6	沧　县(冀)	1527.00
7	沧州临港经济技术开发区(冀)	680.00
8	海兴县(冀)	400.00
9	霸州市(冀)	270.00
10	任丘市(冀)	267.00
11	太谷县(晋)	30000.00
12	河津市(晋)	1500.00
13	兴城市(辽)	327.75
14	金山区(沪)	354.50
15	奉贤区(沪)	333.00
16	泰兴市(苏)	650.00
17	含山县(皖)	450.00
18	利辛县(皖)	230.00
19	沾化县(鲁)	382375.00
20	东营市市辖区(鲁)	27119.00
21	滨城区(鲁)	12200.00
22	广饶县(鲁)	5356.00
23	利津县(鲁)	3912.00
24	昌邑市(鲁)	2100.00
25	济阳县(鲁)	1000.00
26	莱城区(鲁)	288.00
27	惠民县(鲁)	142.92
28	沂水县(鲁)	120.00
29	范　县(豫)	1412.00
30	龙安区(豫)	200.00
31	荥阳市(豫)	115.40
32	孝昌县(鄂)	2200.00
33	宜都市(鄂)	110.00
34	孝南区(鄂)	100.00
35	祁东县(湘)	980.00
36	嘉禾县(湘)	332.00
37	新邵县(湘)	120.00
38	永福县(桂)	365.20
39	仁寿县(川)	14850.00
40	合水县(甘)	385.00
41	农十三师(新疆兵团)	7383.20

表 10-7-20 鲜柿子主产地产量

	鲜柿子主产地	产量(吨)
1	平谷区(京)	19957.50
2	房山区(京)	15053.10
3	通州区(京)	4531.00
4	怀柔区(京)	1564.60
5	易　县(冀)	123000.00
6	顺平县(冀)	74250.00
7	满城县(冀)	46783.00
8	涞水县(冀)	19108.00
9	遵化市(冀)	17684.00
10	涉　县(冀)	15230.00
11	平山县(冀)	13819.00
12	徐水县(冀)	11250.00
13	赞皇县(冀)	11000.00
14	兴隆县(冀)	8981.00
15	丰润区(冀)	7726.96
16	灵寿县(冀)	7100.00
17	井陉县(冀)	6642.00
18	磁　县(冀)	6605.00
19	唐　县(冀)	6380.00
20	内丘县(冀)	6378.00
21	玉田县(冀)	4857.00
22	迁安市(冀)	4245.00
23	武安市(冀)	3380.00
24	丰南区(冀)	2975.00
25	滦　县(冀)	2503.00
26	辛集市(冀)	2296.00
27	古冶区(冀)	2272.00
28	三河市(冀)	2256.00
29	迁西县(冀)	2099.00
30	涞源县(冀)	1752.00
31	鹿泉市(冀)	1688.00
32	元氏县(冀)	1000.00
33	黎城县(晋)	2670.00
34	夏　县(晋)	1700.00
35	贾汪区(苏)	2630.00
36	泰兴市(苏)	2300.00
37	灌云县(苏)	1500.00
38	阜宁县(苏)	1125.00
39	东海县(苏)	1020.00
40	婺城区(浙)	6557.00
41	玉环县(浙)	3190.00
42	萧　县(皖)	8721.00
43	东至县(皖)	2900.00
44	无为县(皖)	1233.00
45	沂水县(鲁)	23897.60
46	东平县(鲁)	9000.00
47	岱岳区(鲁)	3944.00

	鲜柿子主产地	产量(吨)
48	新泰市(鲁)	3145.00
49	昌邑市(鲁)	1600.00
50	嘉祥县(鲁)	1505.00
51	费　县(鲁)	1368.00
52	栾川县(豫)	30000.00
53	灵宝市(豫)	16261.80
54	项城市(豫)	15000.00
55	西华县(豫)	14300.00
56	太康县(豫)	12000.00
57	杞　县(豫)	9712.00
58	南召县(豫)	6745.20
59	淮阳县(豫)	6000.00
60	内乡县(豫)	4126.00
61	陕　县(豫)	3700.00
62	新密市(豫)	3540.00
63	平桥区(豫)	3300.00
64	修武县(豫)	3190.00
65	固始县(豫)	1600.00
66	鹿邑县(豫)	1575.00
67	淇　县(豫)	1550.00
68	淅川县(豫)	1500.00
69	宜阳县(豫)	1350.00
70	鲁山县(豫)	1300.00
71	长阳土家族自治县(鄂)	9750.00
72	罗田县(鄂)	6380.00
73	蔡甸区(鄂)	2475.00
74	邵阳县(湘)	1000.00
75	封开县(粤)	7810.00
76	八步区(桂)	3342.00
77	横　县(桂)	2010.00
78	永福县(桂)	1652.60
79	南丹县(桂)	1088.00
80	奉节县(渝)	1800.00
81	巫山县(渝)	1263.00
82	惠水县(黔)	2160.00
83	华宁县(滇)	12590.00
84	云　县(滇)	1507.60
85	澄城县(陕)	31000.00
86	彬　县(陕)	24000.00
87	乾　县(陕)	24000.00
88	长武县(陕)	15025.00
89	旬阳县(陕)	11687.00
90	合阳县(陕)	11500.00
91	山阳县(陕)	5668.00
92	略阳县(陕)	4155.00
93	淳化县(陕)	3977.00
94	凤翔县(陕)	2793.00
95	临潼区(陕)	2670.00
96	三原县(陕)	2500.00
97	商州区(陕)	1944.00
98	洛川县(陕)	1800.00
99	耀州区(陕)	1100.00
100	徽　县(甘)	3209.00
101	宕昌县(甘)	1597.00

表 10-7-21　樱桃主产地产量

	樱桃主产地	产量(吨)
1	通州区(京)	1354.00
2	昌平区(京)	508.00
3	顺义区(京)	454.00
4	密云县(京)	278.00
5	房山区(京)	207.40
6	山海关区(冀)	9461.00
7	望都县(冀)	390.00
8	高平市(晋)	480.00
9	大连市金州新区(辽)	28700.00
10	大连市保税区(辽)	1460.00
11	大连市高新技术园区(辽)	1000.00
12	铜山区(苏)	250.00
13	山亭区(鲁)	33670.00
14	新泰市(鲁)	24270.00
15	平度市(鲁)	20100.00
16	岱岳区(鲁)	12480.00
17	蓬莱市(鲁)	10000.00
18	沂源县(鲁)	7644.00
19	临朐县(鲁)	6000.00
20	沂水县(鲁)	5425.80
21	五莲县(鲁)	5000.00
22	泰山区(鲁)	2702.00
23	博山区(鲁)	2200.00
24	城阳区(鲁)	1920.00
25	蒙阴县(鲁)	1550.00
26	肥城市(鲁)	1128.00
27	莱城区(鲁)	1050.00
28	青州市(鲁)	870.00
29	淄川区(鲁)	500.00
30	崂山区(鲁)	475.00
31	苍山县(鲁)	422.00
32	费　县(鲁)	300.00
33	河东区(鲁)	300.00
34	汶上县(鲁)	300.00
35	东平县(鲁)	300.00
36	环翠区(鲁)	115.00
37	西峡县(豫)	75027.00
38	新安县(豫)	6475.00
39	镇平县(豫)	2300.00
40	新密市(豫)	2250.00
41	栾川县(豫)	2000.00
42	鄢陵县(豫)	1302.00
43	博爱县(豫)	700.00
44	宜阳县(豫)	240.00
45	孟津县(豫)	183.40
46	淅川县(豫)	150.00
47	西工区(豫)	120.00
48	洛龙区(豫)	120.00
49	兴山县(鄂)	563.00
50	随　县(鄂)	150.00
51	宜都市(鄂)	120.00
52	巫山县(渝)	500.00
53	纳溪区(川)	876.00
54	冕宁县(川)	300.00
55	达　县(川)	120.00
56	西昌市(川)	103.00
57	瓮安县(黔)	150.00
58	六枝特区(黔)	150.00
59	石屏县(滇)	500.00
60	彝良县(滇)	327.60
61	楚雄市(滇)	135.20
62	灞桥区(陕)	18000.00
63	澄城县(陕)	1050.00
64	旬阳县(陕)	404.00
65	渭滨区(陕)	400.00
66	略阳县(陕)	280.00
67	武都区(甘)	135.00

表 10-7-22　杏主产地产量

	杏主产地	产量(吨)
1	延庆县(京)	5558.20
2	密云县(京)	3856.00
3	平谷区(京)	3479.80
4	顺义区(京)	2732.00
5	怀柔区(京)	2684.70
6	房山区(京)	2497.58
7	昌平区(京)	1826.00
8	大兴区(京)	1184.00
9	通州区(京)	591.00

	杏主产地	产量(吨)
10	巨鹿县(冀)	63857.00
11	易　县(冀)	18000.00
12	遵化市(冀)	12722.00
13	满城县(冀)	7687.00
14	兴隆县(冀)	7430.00
15	辛集市(冀)	7225.00
16	涞水县(冀)	7000.00
17	顺平县(冀)	6830.00
18	怀安县(冀)	5000.00
19	青龙满族自治县(冀)	4480.00
20	永清县(冀)	4056.00
21	新河县(冀)	4000.00
22	阳原县(冀)	3407.00
23	鹿泉市(冀)	3174.00
24	唐　县(冀)	3150.00
25	宣化县(冀)	2818.00
26	大名县(冀)	2528.00
27	博野县(冀)	2500.00
28	丰润区(冀)	2366.42
29	抚宁县(冀)	2323.00
30	肥乡县(冀)	2000.00
31	威　县(冀)	2000.00
32	魏　县(冀)	1932.00
33	清苑县(冀)	1800.00
34	深州市(冀)	1410.00
35	涞源县(冀)	1410.00
36	广阳区(冀)	1380.00
37	迁安市(冀)	1153.00
38	万全县(冀)	1037.30
39	任　县(冀)	995.00
40	平山县(冀)	989.00
41	承德县(冀)	940.00
42	献　县(冀)	894.00
43	滦平县(冀)	800.00
44	沙河市(冀)	796.00
45	玉田县(冀)	723.00
46	怀来县(冀)	720.00
47	赤城县(冀)	720.00
48	武邑县(冀)	691.00
49	藁城市(冀)	681.00
50	涿鹿县(冀)	674.60
51	成安县(冀)	650.00
52	安国市(冀)	650.00
53	饶阳县(冀)	635.00
54	蠡　县(冀)	615.00
55	安次区(冀)	615.00
56	容城县(冀)	520.00
57	井陉县(冀)	511.00
58	卢龙县(冀)	501.00
59	元氏县(冀)	500.00
60	阳高县(晋)	2520.00
61	大同县(晋)	1600.00
62	河津市(晋)	1500.00
63	闻喜县(晋)	1020.00
64	寿阳县(晋)	750.00
65	古交市(晋)	750.00
66	浑源县(晋)	673.70
67	科尔沁右翼前旗(内蒙古)	225000.00
68	土默特左旗(内蒙古)	8812.00
69	克什克腾旗(内蒙古)	3000.00
70	土默特右旗(内蒙古)	1978.00
71	和林格尔县(内蒙古)	1851.00
72	扎赉特旗(内蒙古)	1000.00
73	北票市(辽)	16000.00
74	义　县(辽)	8652.00
75	彰武县(辽)	6000.00
76	北镇市(辽)	5100.00
77	阜新蒙古族自治县(辽)	2750.00
78	千山区(辽)	2526.00
79	新民市(辽)	1620.00
80	辽阳县(辽)	1485.00
81	沈北新区(辽)	1000.00
82	铜山区(苏)	8990.00
83	贾汪区(苏)	3150.00
84	灌云县(苏)	750.00
85	相山区(皖)	6320.00
86	萧　县(皖)	2325.00
87	蒙城县(皖)	750.00
88	杜集区(皖)	687.00
89	邹平县(鲁)	25520.00
90	东平县(鲁)	15620.00
91	岱岳区(鲁)	14217.00
92	邹城市(鲁)	9200.00
93	临朐县(鲁)	6800.00
94	嘉祥县(鲁)	5230.00
95	新泰市(鲁)	5020.00
96	肥城市(鲁)	4678.00
97	莱城区(鲁)	3626.00
98	青州市(鲁)	3430.00
99	蓬莱市(鲁)	3100.00
100	昌邑市(鲁)	2850.00
101	金乡县(鲁)	2360.00
102	商河县(鲁)	2230.00
103	沂水县(鲁)	2017.80
104	河东区(鲁)	2000.00
105	平阴县(鲁)	1832.00
106	宁阳县(鲁)	1725.00
107	郯城县(鲁)	1450.00
108	诸城市(鲁)	1390.00
109	山亭区(鲁)	1200.00
110	武城县(鲁)	1000.00
111	济阳县(鲁)	1000.00
112	城阳区(鲁)	914.20
113	沂源县(鲁)	898.00
114	定陶县(鲁)	550.00
115	钢城区(鲁)	550.00
116	河口区(鲁)	531.00
117	平原县(鲁)	510.00
118	淄川区(鲁)	500.00
119	费　县(鲁)	500.00
120	新密市(豫)	38600.00
121	许昌县(豫)	12500.00
122	南乐县(豫)	9603.00
123	西峡县(豫)	7510.00
124	渑池县(豫)	7500.00
125	滑　县(豫)	7180.00
126	方城县(豫)	6509.00
127	中牟县(豫)	5760.00
128	舞钢市(豫)	5400.00
129	林州市(豫)	3450.00
130	洛宁县(豫)	2800.00
131	封丘县(豫)	2300.00
132	兰考县(豫)	2200.00
133	开封县(豫)	2200.00
134	源汇区(豫)	2140.00
135	项城市(豫)	2000.00
136	栾川县(豫)	2000.00
137	济源市(豫)	2000.00
138	新野县(豫)	2000.00
139	商城县(豫)	1700.00
140	新安县(豫)	1650.00
141	新乡县(豫)	1571.00
142	宛城区(豫)	1400.00
143	嵩　县(豫)	1360.00
144	太康县(豫)	1200.00
145	桐柏县(豫)	1192.00
146	辉县市(豫)	1165.00
147	荥阳市(豫)	1044.19

	杏主产地	产量(吨)
148	虞城县(豫)	1000.00
149	平桥区(豫)	980.00
150	鄢陵县(豫)	940.00
151	郏　县(豫)	700.00
152	商水县(豫)	675.00
153	博爱县(豫)	600.00
154	宜阳县(豫)	600.00
155	鲁山县(豫)	550.00
156	随　县(鄂)	750.00
157	鹤峰县(鄂)	613.00
158	芷江侗族自治县(湘)	1173.00
159	临澧县(湘)	649.00
160	涪陵区(渝)	550.00
161	青白江区(川)	5400.00
162	大荔县(陕)	35000.00
163	清涧县(陕)	10000.00
164	陇　县(陕)	3412.00
165	米脂县(陕)	1965.00
166	武功县(陕)	1800.00
167	泾阳县(陕)	1210.00
168	汉滨区(陕)	974.00
169	旬阳县(陕)	814.00
170	旬邑县(陕)	750.00
171	临潼区(陕)	721.00
172	靖边县(陕)	700.00
173	长武县(陕)	620.00
174	凤翔县(陕)	530.00
175	镇原县(甘)	16000.00
176	渭源县(甘)	12960.00
177	环　县(甘)	6800.00
178	庆城县(甘)	4488.70
179	民乐县(甘)	3600.00
180	宁　县(甘)	3000.00
181	合水县(甘)	2861.00
182	西峰区(甘)	2650.00
183	靖远县(甘)	2100.00
184	肃州区(甘)	1854.00
185	正宁县(甘)	1781.60
186	秦安县(甘)	1596.00
187	敦煌市(甘)	1540.00
188	金塔县(甘)	1467.00
189	张家川回族自治县(甘)	1021.00
190	西和县(甘)	900.00
191	榆中县(甘)	845.00
192	皋兰县(甘)	775.00
193	平川区(甘)	600.00
194	临夏县(甘)	600.00
195	临洮县(甘)	600.00
196	玉门市(甘)	506.00
197	原州区(宁)	2000.00
198	永宁县(宁)	1500.00
199	西吉县(宁)	633.00
200	农三师(新疆兵团)	7418.30
201	农四师(新疆兵团)	5267.00
202	农二师(新疆兵团)	2767.00
203	农十三师(新疆兵团)	972.00

表 10-7-23　香蕉主产地产量

	香蕉主产地	产量(吨)
1	恩平市(粤)	38414.00
2	台山市(粤)	7040.00
3	雷州市(粤)	6000.00
4	香洲区(粤)	4847.00
5	郁南县(粤)	4600.00
6	饶平县(粤)	2911.00
7	萝岗区(粤)	2290.00
8	黄埔区(粤)	1070.00
9	阳春市(粤)	525.00
10	南宁市东盟经济园区(桂)	91250.00
11	钦北区(桂)	10215.00
12	白沙黎族自治县(琼)	2500.00
13	会理县(川)	2500.00
14	会东县(川)	2260.00
15	宁南县(川)	578.00
16	金平苗族瑶族傣族自治县(滇)	277596.00
17	景洪市(滇)	150738.00
18	红河县(滇)	16112.00
19	隆阳区(滇)	14205.00
20	澜沧拉祜族自治县(滇)	6997.80
21	武定县(滇)	5878.00
22	云　县(滇)	1242.50
23	盈江县(滇)	500.00

表 10-7-24　其他果品主产地产量

	鲜果主产地	品种	产量(吨)
1	雷州市(粤)	菠萝	21000.00
2	潮安县(粤)	菠萝	15000.00
3	景洪市(滇)	菠萝	12883.00
4	镇康县(滇)	菠萝	2451.00
5	郁南县(粤)	菠萝	500.00
6	金平苗族瑶族傣族自治县(滇)	菠萝	500.00
7	盈江县(滇)	菠萝	100.00
8	畹町市(滇)	番木瓜	750.00
9	綦江县(渝)	番木瓜	500.00
10	萝岗区(粤)	番木瓜	452.00
11	都兰县(青)	枸杞	57888.00
12	同心县(宁)	枸杞	25000.00
13	格尔木市(青)	枸杞	6276.00
14	德令哈市(青)	枸杞	4200.00
15	红寺堡开发区(宁)	枸杞	1058.00
16	乌兰县(青)	枸杞	720.00
17	大武口区(宁)	枸杞	600.00
18	农十四师(新疆兵团)	枸杞	480.00
19	金凤区(宁)	枸杞	160.00
20	科尔沁右翼前旗(内蒙古)	海棠	149985.00
21	怀来县(冀)	海棠	7390.00
22	前郭尔罗斯蒙古族自治县(吉)	海棠	2000.00
23	郁南县(粤)	金柑	194000.00
24	遂川县(赣)	金柑	35616.00
25	全州县(桂)	金柑	8000.00
26	惠水县(黔)	金柑	5337.00
27	祁东县(湘)	金柑	1006.50
28	清远市属总林场(粤)	金柑	700.00
29	大兴安岭地区加格达奇区(黑)	蓝莓	10000.00
30	白河林业局(吉)	蓝莓	128.00
31	奉化市(浙)	蓝莓	50.00

	鲜果主产地	品种	产量(吨)
32	南陵县(皖)	蓝莓	50.00
33	金山区(沪)	蓝莓	40.00
34	辉南县(吉)	蓝莓	30.00
35	黑河市直属林场(黑)	蓝莓	25.00
36	鄂州市市辖区(鄂)	蓝莓	20.00
37	嫩江县(黑)	蓝莓	14.00
38	南川区(渝)	蓝莓	12.00
39	华坪县(滇)	芒果	50000.00
40	徐闻县(粤)	芒果	18484.00
41	信宜市(粤)	芒果	6000.00
42	红河县(滇)	芒果	5533.00
43	永德县(滇)	芒果	4215.00
44	郁南县(粤)	芒果	3100.00
45	钦北区(桂)	芒果	3046.00
46	雷州市(粤)	芒果	2000.00
47	西乡塘区(桂)	芒果	1638.21
48	巧家县(滇)	芒果	1500.00
49	云　县(滇)	芒果	1495.80
50	攀枝花市西区(川)	芒果	1262.00
51	攀枝花市东区(川)	芒果	1150.00
52	澜沧拉祜族自治县(滇)	芒果	1112.00
53	白沙黎族自治县(琼)	芒果	1000.00
54	会东县(川)	芒果	820.00
55	饶平县(粤)	芒果	750.00
56	景洪市(滇)	芒果	549.00
57	元谋县(滇)	芒果	531.00
58	台山市(粤)	芒果	340.00
59	封开县(粤)	芒果	267.00
60	畹町市(滇)	芒果	250.00
61	金平苗族瑶族傣族自治县(滇)	芒果	200.00
62	萝岗区(粤)	芒果	187.00
63	化州市(粤)	芒果	182.00
64	连南瑶族自治县(粤)	柠檬	1978.00
65	阳山县(粤)	柠檬	585.00
66	木里藏族自治县(川)	柠檬	102.00
67	畹町市(滇)	柠檬	85.00
68	盈江县(滇)	柠檬	50.00
69	陇川县(滇)	柠檬	31.00
70	农四师(新疆兵团)	葡萄干	31372.00
71	崇阳县(鄂)	葡萄干	398.00
72	隆安县(桂)	葡萄干	171.00
73	万山特区(黔)	葡萄干	110.00
74	屯溪区(皖)	葡萄干	98.00
75	新平彝族傣族自治县(滇)	葡萄干	45.00
76	红河县(滇)	葡萄干	15.00
77	德安县(赣)	山竹	10.00
78	尚志市(黑)	树莓	9000.00
79	延寿县(黑)	树莓	2000.00
80	封丘县(豫)	树莓	1300.00
81	东海县(苏)	树莓	1080.00
82	玉环县(浙)	酸梅	2535.00
83	九江县(赣)	酸梅	246.00
84	南川区(渝)	笋用竹	72000.00
85	广宁县(粤)	笋用竹	20000.00
86	合川区(渝)	笋用竹	10000.00
87	丰都县(渝)	笋用竹	3700.00
88	大埔县(粤)	笋用竹	3000.00
89	大足县(渝)	笋用竹	2000.00
90	奉贤区(沪)	笋用竹	840.00
91	石屏县(滇)	笋用竹	525.00
92	靖江市(苏)	笋用竹	300.00
93	从江县(黔)	笋用竹	148.00
94	武山县(甘)	文冠果	3.70
95	东平县(鲁)	无花果	2379.00
96	阳山县(粤)	无花果	981.00
97	大安区(川)	无花果	697.00
98	武都区(甘)	无花果	100.00
99	万州区(渝)	无花果	50.00
100	环翠区(鲁)	无花果	40.00
101	靖江市(苏)	无花果	22.50
102	农二师(新疆兵团)	香梨	177197.00
103	农三师(新疆兵团)	香梨	13636.30
104	八宿县(藏)	香梨	23.00
105	孙吴县(黑)	小浆果	20000.00
106	涉　县(冀)	小浆果	10874.00
107	尚志市(黑)	小浆果	6500.00
108	五常市(黑)	小浆果	541.00
109	滑　县(豫)	小浆果	120.00
110	任丘市(冀)	小浆果	109.00
111	吴桥县(冀)	小浆果	35.00
112	沧　县(冀)	小浆果	15.00
113	桦川县(黑)	小浆果	14.00
114	徐闻县(粤)	椰子	3020.00
115	白沙黎族自治县(琼)	椰子	300.00
116	东台市(苏)	银杏	5000.00
117	夷陵区(鄂)	银杏	3300.00
118	靖江市(苏)	银杏	1100.00
119	滨海县(苏)	银杏	525.00
120	吴中区(苏)	银杏	478.00
121	丰都县(渝)	银杏	248.00
122	南川区(渝)	银杏	100.00
123	灌云县(苏)	银杏	550.00

表 10-8 果类出口

国家/地区	出口数量（吨）	出口金额（千美元）
08011100 椰子干		
合计	0	1
马来西亚	0	1
08011990 其他椰子		
合计	62	23
澳门	54	12
香港	8	11
08013100 未去壳腰果		
合计	657	636
越南	657	636
08013200 去壳腰果		
合计	50	119
俄罗斯联邦	14	72
日本	34	44
澳门	1	3
哥斯达黎加	0	1
08021100 未去壳巴旦杏		
合计	138	260
日本	138	260
08021200 巴旦杏仁		
合计	598	1567
日本	329	1093
美国	128	206
澳大利亚	65	108
西班牙	47	85
越南	8	45
香港	20	30
08022100 未去壳榛子		
合计	309	1032
朝鲜	308	1023
俄罗斯联邦	2	9
08022200 榛子仁		
合计	12	17
沙特阿拉伯	12	17
08023100 未去壳核桃		
合计	571	1105
朝鲜	541	1067
澳门	20	30
阿联酋	10	8
08023200 核桃仁		
合计	4606	23432
日本	2267	9344
英国	568	4097
香港	329	2106
美国	193	1334
意大利	163	1080
爱尔兰	221	1057
阿联酋	175	843
西班牙	132	623
荷兰	98	492
台湾省	77	398
巴西	65	384
朝鲜	56	340
新加坡	62	326
澳大利亚	51	291
德国	46	231
沙特阿拉伯	38	188
摩洛哥	25	100
加拿大	25	99
澳门	10	46
泰国	4	36
越南	2	14
马来西亚	1	3
印度尼西亚	0	2
刚果(金)	0	1
08024010 板栗		
合计	37002	73435
日本	8731	25545
泰国	4798	10338
台湾省	4665	10049
荷兰	2173	2910
沙特阿拉伯	1934	2796
叙利亚	1829	2541
马来西亚	1290	2402
阿联酋	1427	1900
韩国	1322	1845
黎巴嫩	1158	1831
以色列	1027	1596
美国	812	1552
约旦	804	1225
菲律宾	726	1197
加拿大	743	1081
新加坡	353	643
埃及	411	589
科威特	381	562
西班牙	347	512
塞浦路斯	205	340
英国	262	338
利比亚	194	294
土耳其	223	266
希腊	105	178
法国	175	131
越南	58	123
巴林	84	113
俄罗斯联邦	80	113
香港	450	79
伊朗	55	78
意大利	39	63
阿尔巴尼亚	40	60
瑞典	26	35
罗马尼亚	24	34
卡塔尔	21	31
黑山	14	20
挪威	13	19
德国	6	8
哥斯达黎加	1	1
08024090 其他栗子		
合计	94	216
香港	88	215
澳门	6	1
08025000 阿月浑子果(开心果)		
合计	3382	7334
美国	1045	2250
比利时	1258	1855
香港	244	973
越南	197	939
荷兰	200	300
朝鲜	52	237
拉脱维亚	154	230
俄罗斯联邦	29	147
澳大利亚	56	109
新加坡	72	106
日本	14	95
韩国	34	50
英国	19	28
澳门	10	15
08026090 其他马卡达姆坚果(夏威夷果)		
合计	1472	5118
日本	316	2342
澳大利亚	638	1564
美国	158	413
德国	110	196
意大利	73	184
香港	48	120

国家/地区	出口数量（吨）	出口金额（千美元）
台湾省	40	100
新加坡	18	51
英国	18	49
荷兰	22	40
泰国	14	29
韩国	11	17
澳门	4	7
菲律宾	1	4
立陶宛	0	1
印度	0	1
08029010 槟榔		
合计	18	42
日本	4	24
韩国	12	14
美国	2	3
08029020 白果		
合计	4258	4788
泰国	2361	2271
日本	591	1140
马来西亚	782	741
新加坡	234	254
台湾省	59	122
香港	102	96
越南	51	71
美国	40	51
澳大利亚	12	19
印度尼西亚	19	17
法国	1	3
荷兰	4	3
08029030 松子仁		
合计	7027	159277
美国	2086	47697
荷兰	1311	31392
德国	1195	26167
英国	398	9944
意大利	445	9576
澳大利亚	342	7061
日本	228	6482
法国	261	4574
加拿大	132	4109
以色列	190	3776
西班牙	90	1906
突尼斯	41	1342
台湾省	33	754
韩国	55	698

国家/地区	出口数量（吨）	出口金额（千美元）
俄罗斯联邦	30	683
新西兰	22	504
比利时	50	447
墨西哥	18	355
瑞士	13	296
新加坡	16	281
希腊	11	269
南非	11	265
阿联酋	29	246
香港	9	182
巴西	7	142
塞浦路斯	2	55
瑞典	2	34
菲律宾	1	33
阿根廷	1	8
08029090 未列名鲜或干坚果		
合计	12336	10001
韩国	11873	8443
美国	80	663
荷兰	76	225
香港	33	203
英国	44	121
法国	47	108
德国	41	94
朝鲜	120	60
新加坡	4	37
台湾省	13	30
阿联酋	1	8
俄罗斯联邦	1	5
马来西亚	3	4
08030000 鲜或干的香蕉，包括芭蕉		
合计	8574	6243
俄罗斯联邦	4559	2608
美国	240	1996
蒙古	2289	695
日本	644	523
英国	6	133
澳门	636	89
朝鲜	104	73
香港	1	22
吉尔吉斯斯坦	30	22
沙特阿拉伯	41	21
阿联酋	20	16
台湾省	2	14
新加坡	1	13

国家/地区	出口数量（吨）	出口金额（千美元）
丹麦	1	10
印度尼西亚	0	3
韩国	0	2
泰国	0	2
乌克兰	0	1
08042000 鲜或干的无花果		
合计	3	9
香港	2	7
马来西亚	1	2
08043000 鲜或干的菠萝		
合计	2569	1715
俄罗斯联邦	2196	1337
美国	4	93
吉尔吉斯斯坦	106	69
挪威	22	64
澳门	234	47
台湾省	2	38
乌克兰	1	31
德国	1	16
新加坡	1	16
新西兰	0	3
朝鲜	1	1
马来西亚	0	1
08045010 鲜或干的番石榴		
合计	516	140
澳门	491	105
挪威	14	22
马来西亚	7	10
越南	4	2
08045020 鲜或干的芒果		
合计	5176	2036
越南	4354	1548
俄罗斯联邦	434	258
美国	5	108
澳门	181	62
香港	192	37
马来西亚	8	12
韩国	0	10
蒙古	2	3
08045030 鲜或干的山竹果		
合计	1	1
俄罗斯联邦	0	1
澳门	1	0
08051000 鲜或干的橙		
合计	139088	84380

国家/地区	出口数量（吨）	出口金额（千美元）
马来西亚	28664	28209
越南	44703	16704
俄罗斯联邦	15095	9060
阿联酋	9153	6374
香港	16420	5322
印度尼西亚	5348	4681
菲律宾	3351	3834
新加坡	2240	1773
伊朗	2750	1765
哈萨克斯坦	2151	1294
孟加拉国	1739	1252
泰国	1335	1200
沙特阿拉伯	915	631
印度	536	455
澳门	1744	426
科威特	510	300
加拿大	295	288
蒙古	1290	224
斯里兰卡	245	150
吉尔吉斯斯坦	173	113
阿曼	154	105
柬埔寨	56	69
巴林	99	63
约旦	54	38
卡塔尔	51	38
东帝汶	12	8
朝鲜	4	6
08052010 鲜或干蕉柑		
合计	2766	2214
马来西亚	2289	1832
新加坡	478	382
08052020 阔叶柑橘		
合计	14	9
朝鲜	10	5
蒙古	5	4
08052090 其他鲜或干的柑橘及杂交柑橘		
合计	672453	434375
印度尼西亚	153538	122562
马来西亚	102782	86619
越南	186243	70323
菲律宾	44510	38049
俄罗斯联邦	67711	37787
加拿大	24949	19179
孟加拉国	22096	15241
泰国	12126	14221

国家/地区	出口数量（吨）	出口金额（千美元）
哈萨克斯坦	17366	10683
新加坡	10615	8436
斯里兰卡	2957	2322
香港	11292	2313
吉尔吉斯斯坦	3839	2066
阿联酋	1939	1601
朝鲜	1328	688
蒙古	5691	651
文莱	516	466
澳门	1316	267
乌克兰	615	228
缅甸	289	192
乌兹别克斯坦	426	147
英国	68	137
印度	110	91
沙特阿拉伯	36	28
科威特	27	25
马尔代夫	26	25
厄瓜多尔	27	17
阿曼	8	7
东帝汶	10	4
韩国	0	2
08054000 葡萄柚，包括柚		
合计	105149	83379
荷兰	44754	37596
俄罗斯联邦	27956	20738
比利时	4912	4976
德国	2951	2732
立陶宛	2894	2184
罗马尼亚	2466	1961
波兰	2357	1928
菲律宾	1481	1500
加拿大	1905	1429
法国	1463	1260
香港	3897	1211
乌克兰	1216	878
英国	1097	840
丹麦	917	660
阿联酋	746	533
保加利亚	624	460
意大利	507	456
拉脱维亚	478	383
马来西亚	294	222
西班牙	260	209
沙特阿拉伯	298	205

国家/地区	出口数量（吨）	出口金额（千美元）
澳门	523	161
希腊	239	160
爱尔兰	158	129
瑞典	157	128
亚美尼亚	115	98
新加坡	85	89
格鲁吉亚	85	55
伊朗	71	52
印度尼西亚	45	42
白俄罗斯	59	33
爱沙尼亚	20	20
土耳其	51	13
瑞士	18	12
美国	21	12
哈萨克斯坦	22	12
斯里兰卡	7	3
08055000 柠檬及酸橙		
合计	12174	10517
马来西亚	2937	3770
俄罗斯联邦	4849	3412
印度尼西亚	487	658
阿联酋	806	624
香港	1319	439
科威特	372	327
菲律宾	165	283
哈萨克斯坦	491	275
沙特阿拉伯	268	236
伊朗	135	112
阿曼	72	69
卡塔尔	54	66
吉尔吉斯斯坦	30	45
泰国	19	44
新加坡	27	39
乌克兰	1	36
澳门	94	35
越南	18	24
巴林	27	22
斯里兰卡	1	2
08059000 未列名柑橘属水果		
合计	1445	924
加拿大	582	467
朝鲜	538	280
孟加拉国	190	78
俄罗斯联邦	109	76
阿联酋	26	23

国家/地区	出口数量（吨）	出口金额（千美元）
08061000 鲜葡萄		
合计	89359	104943
泰国	19813	31641
越南	26390	26756
马来西亚	9884	14629
印度尼西亚	8512	13009
俄罗斯联邦	13270	8586
孟加拉国	2229	3156
香港	3679	2053
吉尔吉斯斯坦	1710	1428
斯里兰卡	726	1176
哈萨克斯坦	1884	1154
巴基斯坦	898	808
印度	101	174
老挝	87	135
阿联酋	60	127
新加坡	16	44
卡塔尔	15	26
澳门	51	21
蒙古	30	15
菲律宾	3	4
朝鲜	1	1
08062000 葡萄干		
合计	39850	69960
日本	10131	20519
英国	4584	7315
澳大利亚	3445	5376
波兰	3541	4664
孟加拉国	1467	2962
比利时	1598	2655
荷兰	1476	2284
印度	801	2176
德国	1357	1905
沙特阿拉伯	762	1606
捷克	1090	1508
埃及	720	1385
俄罗斯联邦	1093	1322
越南	469	1274
菲律宾	275	1177
阿联酋	513	1029
美国	396	1003
台湾省	356	826
加拿大	441	819
马来西亚	424	750
摩洛哥	343	676

国家/地区	出口数量（吨）	出口金额（千美元）
爱尔兰	413	600
阿尔及利亚	272	549
西班牙	243	482
立陶宛	341	446
希腊	527	387
突尼斯	166	341
新西兰	214	341
尼泊尔	190	284
葡萄牙	151	233
泰国	128	223
乌克兰	98	197
爱沙尼亚	147	191
印度尼西亚	77	166
特立尼达和多巴哥	99	164
以色列	51	150
新加坡	77	150
蒙古	369	138
拉脱维亚	126	138
香港	56	136
意大利	76	117
土耳其	60	103
匈牙利	84	95
白俄罗斯	72	94
伊朗	40	93
斐济	53	75
约旦	37	72
牙买加	42	72
毛里求斯	41	59
瑞典	23	56
苏丹	20	54
科威特	25	50
墨西哥	20	43
罗马尼亚	20	41
卡塔尔	18	40
智利	20	40
塞内加尔	20	36
奥地利	18	35
摩尔多瓦	18	32
巴拿马	21	31
毛里塔尼亚	20	30
克罗地亚	18	29
贝宁	14	27
韩国	8	23
巴林	10	21
法国	9	15

国家/地区	出口数量（吨）	出口金额（千美元）
哈萨克斯坦	10	14
柬埔寨	6	11
澳门	4	8
08072000 鲜木瓜		
合计	352	85
澳门	343	79
马来西亚	10	6
08081000 鲜苹果		
合计	1122953	831627
印度尼西亚	151984	132168
俄罗斯联邦	178904	115637
泰国	95484	83118
孟加拉国	98198	64505
菲律宾	64313	57054
印度	58251	55287
越南	109915	50152
哈萨克斯坦	74090	49777
马来西亚	39125	33568
阿联酋	37325	32757
沙特阿拉伯	26750	23634
吉尔吉斯斯坦	31119	21786
新加坡	20853	21580
尼泊尔	32222	19133
斯里兰卡	18883	13989
香港	23240	10159
埃及	9863	8730
加拿大	3769	4709
塔吉克斯坦	4065	3069
荷兰	2638	2750
约旦	2385	2667
朝鲜	6159	2568
西班牙	2285	2378
科威特	2400	2077
英国	1901	2000
阿曼	2238	1860
老挝	1149	1764
卡塔尔	1970	1614
挪威	1322	1543
巴基斯坦	2374	1401
蒙古	8099	1257
澳门	2863	964
苏丹	1058	911
肯尼亚	724	526
伊朗	424	414
巴林	466	411

国家/地区	出口数量（吨）	出口金额（千美元）
贝宁	412	410
瑞典	328	376
芬兰	349	367
乌克兰	340	352
苏里南	477	246
海地	276	205
缅甸	265	188
加纳	157	141
柬埔寨	141	120
阿塞拜疆	124	115
东帝汶	88	105
冰岛	51	84
也门	91	82
塞内加尔	91	80
阿尔及利亚	111	79
马约特	95	76
立陶宛	66	69
意大利	57	58
塞舌尔	56	58
格鲁吉亚	40	53
毛里求斯	69	51
白俄罗斯	42	46
法国	38	40
塞拉利昂	45	38
刚果(金)	62	38
安哥拉	47	37
新喀里多尼亚	31	36
墨西哥	41	35
马尔代夫	32	29
塞浦路斯	19	28
乌兹别克斯坦	34	19
马里	23	15
希腊	20	15
利比亚	18	13
文莱	6	5
爱尔兰	3	4
08082012 鲜鸭梨、雪梨		
合计	73669	33100
印度尼西亚	34931	13947
马来西亚	5640	2333
美国	2943	1939
俄罗斯联邦	2559	1372
加拿大	2152	1369
荷兰	2420	1327
伊朗	2285	1179

国家/地区	出口数量（吨）	出口金额（千美元）
澳大利亚	1430	1027
巴基斯坦	2300	956
新加坡	1997	883
香港	1505	847
菲律宾	1961	822
澳门	2235	665
泰国	1299	565
英国	917	553
越南	1236	457
阿联酋	844	390
沙特阿拉伯	778	364
印度	845	328
孟加拉国	576	265
意大利	243	176
土耳其	381	152
埃及	305	152
墨西哥	203	119
新西兰	193	112
乌克兰	179	104
阿曼	216	97
西班牙	151	86
克罗地亚	148	67
阿塞拜疆	102	59
科威特	67	43
法国	72	42
南非	42	39
希腊	102	35
巴林	68	33
巴拿马	67	30
保加利亚	44	24
阿尔及利亚	41	23
阿尔巴尼亚	33	21
蒙古	31	19
瑞典	19	18
阿富汗	36	15
德国	23	12
塞舌尔	10	10
斯里兰卡	22	8
肯尼亚	13	6
塞浦路斯	5	5
朝鲜	4	3
08082013 香梨		
合计	11537	15328
美国	2700	4227
马来西亚	3035	3548

国家/地区	出口数量（吨）	出口金额（千美元）
印度尼西亚	2644	3164
加拿大	1337	2060
越南	427	549
澳大利亚	291	464
泰国	358	449
新加坡	351	428
伊朗	137	207
新西兰	40	70
菲律宾	64	70
俄罗斯联邦	60	41
香港	77	38
英国	13	9
文莱	2	3
蒙古	2	2
08082019 其他鲜梨		
合计	352598	194835
印度尼西亚	74880	42876
越南	92890	33583
泰国	32637	23034
马来西亚	30571	22423
俄罗斯联邦	23791	13106
新加坡	9255	7674
加拿大	6430	6671
香港	21541	6585
印度	12294	6583
吉尔吉斯斯坦	8459	5567
荷兰	6898	5362
菲律宾	6534	4196
伊朗	4807	3158
孟加拉国	3511	1824
巴基斯坦	3043	1822
阿联酋	2508	1534
澳大利亚	1303	1368
塔吉克斯坦	1821	1268
哈萨克斯坦	1772	1209
沙特阿拉伯	1520	840
英国	779	518
西班牙	512	480
阿曼	722	397
法国	345	263
新西兰	251	239
墨西哥	235	220
斯里兰卡	334	173
意大利	240	170
南非	178	154

国家/地区	出口数量（吨）	出口金额（千美元）
埃及	263	150
尼泊尔	252	149
老挝	215	147
瑞典	201	144
乌克兰	253	127
德国	128	121
科威特	152	93
柬埔寨	146	87
巴林	131	72
阿富汗	169	66
塞浦路斯	51	51
土耳其	136	42
苏里南	44	40
卡塔尔	59	36
缅甸	43	25
巴拿马	45	24
立陶宛	43	20
葡萄牙	19	18
海地	27	17
比利时	22	16
土库曼斯坦	20	15
肯尼亚	20	14
罗马尼亚	23	12
美国	21	12
阿尔及利亚	8	11
苏丹	14	9
乌兹别克斯坦	9	6
马里	10	6
爱尔兰	6	3
朝鲜	3	2
澳门	4	1
刚果(金)	2	1
文莱	2	1
08091000 鲜杏		
合计	1031	630
俄罗斯联邦	932	570
哈萨克斯坦	97	58
蒙古	1	1
朝鲜	1	0
08092000 鲜樱桃		
合计	7	19
韩国	6	18
澳门	0	1
08093000 鲜桃，包括油桃		
合计	27802	12977

国家/地区	出口数量（吨）	出口金额（千美元）
越南	13046	5683
俄罗斯联邦	8603	5215
香港	3190	800
哈萨克斯坦	1456	794
新加坡	225	202
蒙古	1129	165
马来西亚	57	74
澳门	82	32
泰国	4	6
印度尼西亚	7	4
朝鲜	2	2
08094000 鲜梅及李		
合计	11274	5215
越南	6214	2316
俄罗斯联邦	1899	1187
香港	2313	447
阿联酋	268	298
意大利	46	283
新加坡	25	190
马来西亚	194	162
法国	16	73
沙特阿拉伯	62	67
科威特	64	64
印度	39	30
西班牙	4	30
埃及	22	17
澳门	53	16
斯里兰卡	10	10
蒙古	12	10
吉尔吉斯斯坦	27	8
泰国	6	4
哈萨克斯坦	3	3
印度尼西亚	1	0
08101000 鲜草莓		
合计	346	302
越南	76	174
俄罗斯联邦	270	128
美国	24	12
08102000 鲜木莓、黑莓、桑椹及罗甘莓		
合计	24	12
08105000 鲜猕猴桃		
合计	2041	2571
荷兰	154	705
俄罗斯联邦	876	556
台湾省	392	383

国家/地区	出口数量（吨）	出口金额（千美元）
马来西亚	159	273
新加坡	61	172
香港	162	83
英国	15	59
叙利亚	48	57
黎巴嫩	48	57
泰国	27	45
加拿大	10	45
越南	9	29
科威特	24	28
印度尼西亚	27	27
埃及	16	24
菲律宾	6	19
斯里兰卡	2	7
澳门	5	1
08106000 鲜榴莲		
合计	4	1
澳门	4	1
08109010 鲜荔枝		
合计	9300	13127
美国	2013	3960
马来西亚	1839	3512
香港	3322	1276
加拿大	460	1056
日本	349	941
菲律宾	431	651
印度尼西亚	287	580
荷兰	132	383
英国	151	311
新加坡	111	195
澳大利亚	38	113
阿联酋	31	84
澳门	133	60
法国	3	5
俄罗斯联邦	2	3
蒙古	0	1
08109030 鲜龙眼		
合计	1177	711
香港	908	369
美国	139	283
澳门	130	60
08109040 鲜红毛丹		
合计	2	1
澳门	2	1
08109050 鲜番荔枝		

国家/地区	出口数量（吨）	出口金额（千美元）
合计	9	3
澳门	9	3
08109060 鲜杨桃		
合计	22	6
澳门	19	5
马来西亚	2	1
加拿大	1	0
08109080 鲜火龙果		
合计	440	300
马来西亚	140	192
澳门	285	98
加拿大	15	10
08109090 未列名鲜果		
合计	110258	78942
泰国	32792	42304
越南	71403	32795
马来西亚	2515	2537
俄罗斯联邦	1183	633
香港	1553	319
澳门	577	152
菲律宾	71	69
印度尼西亚	82	66
阿联酋	47	40
新加坡	17	17
哈萨克斯坦	17	10
法国	1	0
08111000 冷冻草莓		
合计	112390	112754
日本	14121	19935
荷兰	19912	18913
德国	14378	13665
俄罗斯联邦	11414	10861
英国	5671	5620
泰国	4791	5223
澳大利亚	5263	5019
韩国	4098	3982
美国	3969	3410
沙特阿拉伯	3091	3005
加拿大	2954	2697
意大利	2736	2617
丹麦	2485	2145
比利时	2084	2103
法国	2218	1965
巴西	1819	1495
波兰	1487	1171

国家/地区	出口数量（吨）	出口金额（千美元）
乌克兰	845	782
新西兰	869	765
瑞典	803	729
南非	782	682
以色列	668	633
菲律宾	482	526
挪威	554	509
台湾省	498	452
立陶宛	454	430
瑞士	456	421
印度尼西亚	396	374
阿联酋	387	313
拉脱维亚	337	313
越南	234	237
奥地利	153	197
芬兰	301	188
智利	196	176
多米尼加共和国	153	140
科威特	179	140
香港	109	102
利比亚	79	64
马来西亚	93	64
爱尔兰	50	58
葡萄牙	51	56
匈牙利	96	50
白俄罗斯	50	50
斯里兰卡	51	45
印度	125	44
爱沙尼亚	50	43
巴拿马	38	39
西班牙	38	35
巴林	36	29
伊朗	21	25
希腊	24	24
保加利亚	25	23
格鲁吉亚	20	20
阿根廷	25	20
斯洛文尼亚	20	20
巴基斯坦	27	17
波多黎各	12	13
蒙古	18	13
罗马尼亚	24	12
厄瓜多尔	27	12
古巴	11	11
土库曼斯坦	12	10

国家/地区	出口数量（吨）	出口金额（千美元）
墨西哥	8	8
斐济	6	7
阿曼	5	5
新喀里多尼亚	2	2
新加坡	1	1
百慕大	1	1
马约特	1	0
08112000 冷冻木莓、黑莓、桑椹、罗甘莓、醋栗		
合计	12630	16313
日本	1482	3550
俄罗斯联邦	2482	2362
德国	1295	2232
澳大利亚	1561	1938
荷兰	2275	1921
瑞典	215	675
新西兰	431	553
美国	460	505
土耳其	589	384
加拿大	308	328
泰国	157	292
英国	271	231
立陶宛	104	195
比利时	117	194
丹麦	70	160
波兰	221	131
以色列	109	116
南非	167	105
香港	32	80
菲律宾	41	62
阿联酋	22	45
法国	50	43
台湾省	20	35
多米尼加共和国	19	30
意大利	28	29
拉脱维亚	25	26
韩国	4	20
芬兰	12	16
越南	7	11
挪威	9	11
乌克兰	24	9
土库曼斯坦	6	7
西班牙	6	5
巴拿马	5	4
巴西	4	4

国家/地区	出口数量（吨）	出口金额（千美元）
墨西哥	2	3
马来西亚	0	1
百慕大	1	1
巴基斯坦	1	0
08119010 冷冻栗子，未去壳		
合计	261	931
日本	195	836
韩国	63	90
澳大利亚	3	5
08119090 其他未列名冷冻水果及坚果		
合计	67799	91019
日本	9169	17126
德国	8581	13787
荷兰	12759	12280
俄罗斯联邦	4828	9659
韩国	8027	9005
澳大利亚	2448	3748
瑞典	1514	3507
美国	2488	3314
比利时	3161	2989
泰国	1420	2706
墨西哥	2571	2278
法国	2800	2276
英国	1206	1075
加拿大	692	987
波兰	907	819
丹麦	479	804
意大利	727	579
台湾省	723	561
拉脱维亚	333	332
葡萄牙	283	244
以色列	203	239
乌克兰	297	216
阿联酋	80	201
南非	148	198
土耳其	242	188
新西兰	192	184
立陶宛	114	178
芬兰	50	170
菲律宾	96	123
匈牙利	240	122
挪威	50	120
伊朗	133	109
印度尼西亚	27	100
瑞士	74	89

国家/地区	出口数量（吨）	出口金额（千美元）
越南	80	83
香港	69	79
印度	36	73
阿根廷	74	72
智利	72	56
新加坡	39	45
蒙古	83	40
多米尼加共和国	28	37
危地马拉	48	35
叙利亚	48	31
埃及	10	30
沙特阿拉伯	25	23
毛里求斯	12	22
哥伦比亚	20	16
罗马尼亚	25	15
格鲁吉亚	20	14
厄瓜多尔	26	11
斯里兰卡	6	9
西班牙	3	6
巴拿马	6	5
阿曼	5	5
土库曼斯坦	2	2
马来西亚	2	2
08121000 暂时保藏的樱桃		
合计	38	73
泰国	36	68
菲律宾	2	5
08129000 其他暂时保藏的水果及坚果		
合计	24485	45550
日本	21322	42193
泰国	1544	1524
台湾省	1217	1102
韩国	142	436
香港	171	98
墨西哥	23	90
越南	21	42
新加坡	32	39
美国	8	22
加拿大	2	3
澳门	2	2
08131000 杏干		
合计	484	1382
澳大利亚	176	368
法国	18	341
俄罗斯联邦	91	214

国家/地区	出口数量（吨）	出口金额（千美元）
阿联酋	50	133
捷克	28	75
日本	48	66
阿塞拜疆	16	51
波兰	18	43
埃及	18	39
美国	19	26
新西兰	1	22
西班牙	2	5
08132000 梅干及李干		
合计	954	3844
日本	849	3656
泰国	103	183
马来西亚	1	3
香港	1	2
08133000 苹果干		
合计	1167	4940
德国	533	2099
美国	159	1183
英国	236	728
澳大利亚	59	235
俄罗斯联邦	54	214
智利	48	177
意大利	47	157
瑞典	25	95
台湾省	2	14
新加坡	1	13
丹麦	0	10
拉脱维亚	4	10
香港	0	5
加拿大	0	2
法国	0	1
08134010 龙眼干、肉		
合计	283	1742
新加坡	166	953
日本	17	247
马来西亚	30	146
美国	19	131
印度尼西亚	14	88
香港	10	59
意大利	17	58
比利时	2	16
加拿大	1	9
韩国	2	8
法国	2	8

国家/地区	出口数量（吨）	出口金额（千美元）
台湾省	1	8
澳门	2	6
英国	0	4
澳大利亚	0	2
西班牙	0	1
08134020 柿饼		
合计	6505	13896
韩国	3293	6993
日本	1943	4116
香港	869	1901
美国	212	528
泰国	75	174
澳大利亚	22	59
台湾省	49	43
法国	16	36
土耳其	11	18
加拿大	6	14
马来西亚	7	7
新加坡	2	3
毛里求斯	1	3
08134030 红枣		
合计	7686	17447
台湾省	2913	8005
马来西亚	1576	2711
日本	621	1714
香港	810	1662
美国	403	929
新加坡	351	691
泰国	135	379
越南	300	232
加拿大	82	212
意大利	79	159
澳大利亚	53	148
巴拿马	100	129
也门	69	122
澳门	63	76
印度尼西亚	47	70
英国	18	51
韩国	27	44
法国	11	40
德国	9	24
比利时	9	23
俄罗斯联邦	5	14
沙特阿拉伯	1	8
斯洛文尼亚	1	3

国家/地区	出口数量（吨）	出口金额（千美元）
巴西	0	2
尼日利亚	0	1
08134040 荔枝干		
合计	30	107
意大利	10	34
香港	6	21
美国	3	12
马来西亚	5	11
台湾省	2	11
比利时	2	7
法国	2	6
德国	0	5
08134090 未列名干果		
合计	3233	46621
美国	1302	30129
德国	519	6149
法国	241	4181
比利时	70	1683
台湾省	453	1227
韩国	173	1170
日本	25	609
香港	225	533
马来西亚	143	352
乌克兰	5	100
英国	4	91
新加坡	6	75
新西兰	3	73
泰国	2	55
加拿大	11	41
俄罗斯联邦	2	38
澳大利亚	11	25
荷兰	25	24
斯里兰卡	1	14
捷克	1	13
印度尼西亚	1	11
澳门	7	8
斯洛文尼亚	1	7
阿根廷	0	7
意大利	4	4
南非	0	3
以色列	0	1
08135000 本章的什锦坚果或干果		
合计	67	918
美国	27	617
新西兰	4	120

国家/地区	出口数量（吨）	出口金额（千美元）
墨西哥	3	70
韩国	26	51
英国	1	25
加拿大	4	20
丹麦	0	5
日本	0	3
香港	1	3
新加坡	0	1
以色列	0	1
12129911 苦杏仁		
合计	3897	14154
德国	2144	6566
台湾省	857	4264
荷兰	248	716
日本	103	674
香港	142	621
丹麦	151	472
意大利	108	323
马来西亚	42	176
新加坡	51	174
韩国	41	131
泰国	3	11
英国	1	8
美国	1	5
澳大利亚	2	5
加拿大	2	5
印度尼西亚	1	3
12129912 甜杏仁		
合计	1998	5367
日本	1444	3313
香港	290	1222
朝鲜	123	461
德国	52	153
澳门	71	99
马来西亚	11	64
韩国	8	54
新西兰	0	1
12129919 杏核；桃(包括油桃)、梅或李的核及核仁		
合计	170	1687
日本	126	1438
台湾省	18	137
香港	11	68
美国	9	20
韩国	5	18

国家/地区	出口数量（吨）	出口金额（千美元）
泰国	1	3
印度尼西亚	0	1
英国	0	1
20057000 非醋方法制作或保藏的油橄榄		
合计	13	16
英国	13	16
20060010 蜜枣		
合计	6597	10960
泰国	2946	4280
马来西亚	1314	2947
俄罗斯联邦	936	1109
香港	660	1107
美国	179	457
加拿大	83	227
韩国	80	129
日本	46	117
乌克兰	71	112
新加坡	55	112
澳门	74	103
澳大利亚	27	63
西班牙	21	40
阿塞拜疆	28	34
英国	7	25
印度尼西亚	15	24
孟加拉国	18	22
毛里求斯	16	18
台湾省	9	15
立陶宛	4	5
德国	1	4
比利时	1	4
捷克	3	4
白俄罗斯	2	2
法国	1	2
越南	1	1
20060020 糖渍橄榄		
合计	554	1811
香港	391	1267
台湾省	81	318
印度尼西亚	21	79
马来西亚	29	77
新加坡	12	48
泰国	19	22
20079100 柑橘属水果制果酱、果冻、果泥及果膏		
合计	1754	2457

国家/地区	出口数量（吨）	出口金额（千美元）
美国	1499	2065
加拿大	106	171
澳大利亚	94	152
日本	33	42
新加坡	8	9
哥斯达黎加	4	7
以色列	3	4
哈萨克斯坦	2	3
荷兰	1	1
波多黎各	1	1
香港	2	1
朝鲜	0	1
20081910 核桃仁罐头		
合计	807	4852
德国	764	4487
日本	23	180
香港	7	67
新西兰	8	55
塞浦路斯	4	47
文莱	2	15
多米尼加共和国	0	2
20081920 其他果仁罐头		
合计	17474	65574
日本	10840	41325
香港	1347	5617
韩国	1320	5189
美国	709	2821
泰国	644	2148
比利时	461	1752
台湾省	494	1167
马来西亚	318	1065
新加坡	417	918
加拿大	183	789
英国	206	642
以色列	158	571
西班牙	83	407
澳大利亚	72	277
德国	45	215
沙特阿拉伯	33	136
荷兰	27	130
匈牙利	23	84
斯洛文尼亚	20	66
法国	25	59
俄罗斯联邦	9	37
意大利	7	28

国家/地区	出口数量（吨）	出口金额（千美元）
阿联酋	6	25
菲律宾	6	25
新西兰	5	23
澳门	4	18
墨西哥	9	16
土耳其	2	11
摩洛哥	1	6
巴西	1	3
斯洛伐克	0	1
20081991 其他制作或保藏的栗仁		
合计	13809	52328
日本	9700	43932
韩国	3156	5481
美国	290	1064
英国	185	472
台湾省	173	444
荷兰	100	221
香港	28	167
意大利	63	109
新加坡	26	108
加拿大	28	102
阿联酋	9	47
比利时	8	28
西班牙	6	28
法国	6	28
德国	15	27
菲律宾	8	25
澳大利亚	6	24
以色列	4	13
塞内加尔	2	9
20081999 未列名制作或保藏的坚果等		
合计	49479	211007
美国	7417	47154
荷兰	4976	39051
德国	4926	20419
澳大利亚	2297	14433
马来西亚	3319	9357
香港	1918	8620
印度尼西亚	4942	8595
英国	1507	7585
韩国	5055	7318
日本	2772	6808
台湾省	1812	6272
新加坡	1133	4673
西班牙	600	4150

国家/地区	出口数量（吨）	出口金额（千美元）
加拿大	929	4104
以色列	509	3942
波兰	567	2214
巴西	436	2120
俄罗斯联邦	309	1746
阿联酋	617	1441
法国	432	895
新西兰	119	881
意大利	191	865
墨西哥	39	715
斯洛文尼亚	210	699
菲律宾	257	682
泰国	242	627
伊拉克	240	617
越南	169	480
科威特	307	456
委内瑞拉	176	418
丹麦	70	361
瑞典	103	348
南非	53	289
匈牙利	54	281
比利时	80	258
罗马尼亚	50	249
挪威	80	214
澳门	77	199
巴林	63	186
文莱	34	177
立陶宛	38	169
叙利亚	88	120
摩洛哥	40	91
拉脱维亚	19	91
阿尔及利亚	25	78
土耳其	19	59
尼泊尔	13	59
阿根廷	25	48
克罗地亚	11	46
阿曼	13	37
沙特阿拉伯	5	37
黎巴嫩	13	35
突尼斯	11	34
吉尔吉斯斯坦	6	28
埃及	6	23
白俄罗斯	13	23
格鲁吉亚	4	22
朝鲜	22	22

国家/地区	出口数量（吨）	出口金额（千美元）
伊朗	5	20
芬兰	4	18
约旦	6	12
利比亚	3	12
多米尼加共和国	1	8
卢旺达	2	7
安哥拉	0	4
也门	2	4
乌克兰	1	3
葡萄牙	1	3
20082010 菠萝罐头		
合计	50506	38352
美国	25493	18209
伊朗	6346	5487
英国	3018	2329
阿联酋	2737	2105
墨西哥	2858	2019
荷兰	1673	1339
俄罗斯联邦	1567	1253
香港	1159	797
加拿大	455	649
巴基斯坦	474	359
德国	376	348
以色列	421	291
科威特	299	253
南非	216	157
瑞典	174	147
特立尼达和多巴哥	164	146
波多黎各	192	140
法国	169	130
阿曼	160	129
爱尔兰	163	127
澳大利亚	72	115
摩洛哥	129	103
克罗地亚	126	97
阿尔及利亚	92	74
丹麦	94	73
马来西亚	77	66
立陶宛	87	64
希腊	90	64
文莱	68	63
智利	72	61
罗马尼亚	80	61
白俄罗斯	74	59
也门	74	58

国家/地区	出口数量（吨）	出口金额（千美元）
萨尔瓦多	73	55
爱沙尼亚	88	55
巴拿马	53	52
捷克	90	50
卡塔尔	53	49
匈牙利	55	47
西班牙	55	45
安哥拉	55	44
挪威	48	43
比利时	31	41
乌克兰	54	41
巴林	53	37
波兰	57	36
新加坡	37	29
古巴	36	25
格鲁吉亚	27	24
台湾省	36	22
突尼斯	36	21
斯洛伐克	36	19
泰国	18	19
尼日尔	19	18
埃及	17	18
巴勒斯坦	15	17
葡萄牙	18	16
阿富汗	12	15
马耳他	18	14
约旦	19	14
吉布提	18	13
哥斯达黎加	18	13
毛里塔尼亚	19	12
波黑	18	12
芬兰	18	11
日本	6	10
巴巴多斯	5	9
塞内加尔	10	8
利比亚	6	7
乌兹别克斯坦	9	6
塞浦路斯	9	6
印度尼西亚	7	5
塔吉克斯坦	4	3
塞舌尔	5	3
吉尔吉斯斯坦	1	1
马约特	1	1
20082090 未列名制作或保藏的菠萝		
合计	47	290

国家/地区	出口数量（吨）	出口金额（千美元）
英国	8	119
马来西亚	25	46
俄罗斯联邦	5	39
美国	2	36
加拿大	1	22
荷兰	0	11
蒙古	5	8
香港	0	7
科威特	0	2
20083010 柑橘属水果罐头		
合计	336244	280335
美国	169147	151448
日本	52137	46051
德国	32860	24286
泰国	19998	14139
加拿大	9117	9127
荷兰	10415	8027
英国	5508	4925
阿联酋	7609	3552
韩国	3415	2501
伊朗	4589	2223
沙特阿拉伯	4217	1578
捷克	1954	1549
突尼斯	2441	1427
菲律宾	1092	934
也门	1714	873
澳大利亚	652	778
马来西亚	1186	664
阿尔及利亚	409	588
波兰	702	522
印度尼西亚	706	511
台湾省	671	484
比利时	587	445
俄罗斯联邦	527	370
斯洛伐克	491	366
希腊	420	289
瑞典	410	288
波多黎各	408	276
芬兰	378	248
新西兰	228	194
新加坡	288	191
墨西哥	198	176
爱沙尼亚	200	139
爱尔兰	136	132
叙利亚	183	132

国家/地区	出口数量（吨）	出口金额（千美元）
挪威	163	129
西班牙	150	100
南非	139	99
丹麦	123	86
斯威士兰	116	77
越南	113	69
瑞士	83	60
奥地利	83	52
土耳其	36	45
以色列	42	34
法国	36	26
香港	23	21
意大利	29	20
黎巴嫩	20	15
塔吉克斯坦	18	11
克罗地亚	18	11
巴基斯坦	18	10
斯洛文尼亚	17	9
罗马尼亚	9	8
巴巴多斯	4	8
哥斯达黎加	4	6
大洋洲其他国家（地区）	4	2
乌克兰	2	2
斐济	2	1
20083090 未列名制作或保藏的柑橘属水果		
合计	600	925
香港	353	508
美国	5	107
英国	72	80
越南	43	76
法国	48	63
泰国	24	26
德国	22	23
日本	13	17
古巴	14	16
马来西亚	6	10
20084010 梨罐头		
合计	57063	51817
美国	24424	22254
泰国	6801	6119
德国	6018	5156
加拿大	2173	2793
日本	2115	2589

国家/地区	出口数量（吨）	出口金额（千美元）
法国	1886	1953
西班牙	2536	1547
英国	1324	1499
希腊	1712	1021
荷兰	900	894
澳大利亚	634	859
俄罗斯联邦	1029	757
爱尔兰	511	525
比利时	401	403
波兰	574	390
新西兰	264	305
墨西哥	447	278
也门	323	221
捷克	315	210
瑞典	155	161
丹麦	159	147
以色列	221	140
新加坡	167	133
爱沙尼亚	206	128
摩洛哥	166	125
斐济	137	110
奥地利	106	94
波多黎各	157	89
埃及	93	62
斯洛伐克	60	55
瑞士	51	50
挪威	49	50
古巴	64	47
克罗地亚	85	47
阿联酋	61	45
阿尔及利亚	52	37
安哥拉	45	35
法属波利尼西亚	39	33
匈牙利	53	32
多米尼加共和国	45	30
新喀里多尼亚	26	29
意大利	35	25
冰岛	23	25
葡萄牙	34	23
突尼斯	29	21
芬兰	18	17
阿鲁巴	24	16
巴哈马	27	16
巴布亚新几内亚	14	15
牙买加	24	14

国家/地区	出口数量（吨）	出口金额（千美元）
马尔代夫	20	14
菲律宾	8	13
南非	18	13
立陶宛	17	13
保加利亚	10	11
罗马尼亚	17	11
乌克兰	17	11
斯洛文尼亚	18	10
利比亚	14	10
朝鲜	9	10
白俄罗斯	13	9
印度尼西亚	7	8
约旦	11	8
哈萨克斯坦	11	8
巴西	10	7
香港	6	6
贝宁	7	5
巴巴多斯	8	5
土库曼斯坦	4	3
马约特	4	3
塞浦路斯	5	3
留尼汪	4	3
印度	4	3
斯里兰卡	3	2
波黑	3	2
塞舌尔	2	1
苏丹	1	1
拉脱维亚	1	1
20084090 未列名制作或保藏的梨		
合计	198	1289
美国	57	1051
突尼斯	115	141
俄罗斯联邦	1	34
韩国	22	17
加拿大	1	16
南非	1	14
荷兰	0	7
香港	0	6
阿联酋	0	2
科威特	0	1
澳大利亚	0	1
20085000 其他制作或保藏的杏		
合计	15507	13369
俄罗斯联邦	3755	3339
德国	3087	2851

国家/地区	出口数量（吨）	出口金额（千美元）
法国	2378	1845
英国	970	806
比利时	909	732
美国	823	618
澳大利亚	585	555
捷克	519	457
加拿大	544	430
荷兰	337	292
爱沙尼亚	235	208
新西兰	238	203
阿尔及利亚	121	106
哈萨克斯坦	86	75
日本	66	69
克罗地亚	80	65
以色列	68	60
乌克兰	70	56
西班牙	63	53
波兰	62	52
斯洛伐克	52	43
奥地利	54	40
香港	21	38
匈牙利	35	37
泰国	2	29
新喀里多尼亚	28	25
新加坡	29	25
丹麦	23	23
阿联酋	28	22
挪威	18	19
瑞典	18	19
突尼斯	20	17
伊拉克	18	17
立陶宛	18	16
爱尔兰	14	15
蒙古	16	15
瑞士	18	14
希腊	17	14
巴布亚新几内亚	17	14
拉脱维亚	13	12
罗马尼亚	13	10
斯洛文尼亚	11	8
留尼汪	5	6
白俄罗斯	3	5
土库曼斯坦	4	4
斐济	5	4
肯尼亚	3	3

国家/地区	出口数量（吨）	出口金额（千美元）
苏丹	2	2
巴拿马	2	2
斯里兰卡	2	2
马约特	1	1
20086010 樱桃罐头		
合计	4672	9051
日本	1831	3697
俄罗斯联邦	1080	1788
美国	615	1005
保加利亚	233	603
韩国	265	490
墨西哥	112	231
德国	68	173
菲律宾	60	163
加拿大	77	160
澳大利亚	62	160
乌克兰	44	112
巴基斯坦	55	99
爱沙尼亚	44	95
台湾省	26	62
以色列	18	44
哥斯达黎加	11	32
拉脱维亚	14	28
阿鲁巴	13	28
新喀里多尼亚	9	17
南非	8	14
新西兰	3	8
斐济	4	8
利比亚	4	8
土库曼斯坦	4	7
泰国	3	6
新加坡	3	6
哈萨克斯坦	2	5
印度尼西亚	2	4
香港	1	3
毛里求斯	0	1
20086090 其他制作或保藏的樱桃		
合计	387	1052
保加利亚	363	1007
美国	23	45
20087010 桃罐头		
合计	143704	140925
美国	46970	47167
日本	35472	40831
加拿大	8184	10544

国家/地区	出口数量（吨）	出口金额（千美元）
俄罗斯联邦	10766	8588
泰国	9214	7677
墨西哥	8202	5742
也门	3765	2707
澳大利亚	1950	2157
韩国	2214	1801
新西兰	1552	1556
德国	1431	1134
沙特阿拉伯	1431	1070
爱沙尼亚	1289	976
西班牙	986	791
巴拿马	687	493
智利	643	473
马来西亚	500	406
阿联酋	427	353
英国	254	341
哥伦比亚	442	333
荷兰	352	291
阿尔及利亚	385	279
台湾省	329	274
香港	333	273
菲律宾	341	270
以色列	308	252
伊朗	308	252
乌克兰	320	243
爱尔兰	271	239
摩洛哥	308	238
波多黎各	360	231
哈萨克斯坦	309	219
哥斯达黎加	244	201
玻利维亚	213	178
古巴	184	163
黎巴嫩	173	144
新加坡	177	142
巴西	122	98
拉脱维亚	132	97
瑞典	113	84
多米尼加共和国	103	79
南非	109	73
约旦	86	72
立陶宛	92	72
法属波利尼西亚	86	67
秘鲁	76	60
越南	91	56
比利时	44	55
蒙古	51	53
巴基斯坦	67	52
印度	67	51
斐济	64	49
斯洛伐克	43	42
挪威	56	42
埃及	53	41
丹麦	56	41
新喀里多尼亚	41	38
朝鲜	35	37
安哥拉	45	37
白俄罗斯	44	35
法国	42	33
肯尼亚	42	33
突尼斯	38	30
委内瑞拉	36	28
捷克	35	26
奥地利	39	26
克罗地亚	35	25
科威特	34	24
毛里求斯	27	22
印度尼西亚	24	21
牙买加	31	21
马尔代夫	28	20
巴布亚新几内亚	27	20
巴巴多斯	14	16
伊拉克	18	16
塞舌尔	18	15
格鲁吉亚	17	15
波兰	18	14
巴哈马	22	13
瑞士	16	13
贝宁	16	12
危地马拉	18	12
利比亚	17	12
阿尔巴尼亚	12	12
塔吉克斯坦	18	11
萨尔瓦多	13	10
阿鲁巴	9	8
土库曼斯坦	9	8
波黑	9	7
斯洛文尼亚	9	6
斯里兰卡	7	6
葡萄牙	8	6
阿曼	9	6
冰岛	5	5
尼泊尔	5	4
马约特	3	3
苏丹	3	3
塞浦路斯	4	2
留尼汪	2	2
乌兹别克斯坦	2	2
叙利亚	2	1
萨摩亚	1	1
意大利	1	1
20087090 未列名制作或保藏的桃		
合计	2856	4441
美国	772	1931
韩国	971	853
德国	218	471
英国	338	460
加拿大	133	228
墨西哥	3	65
荷兰	72	61
乌克兰	75	57
波兰	75	57
比利时	70	53
新西兰	42	51
法国	48	37
俄罗斯联邦	2	32
马来西亚	10	21
泰国	1	19
葡萄牙	24	19
香港	1	17
印度尼西亚	0	4
巴西	0	3
澳大利亚	0	2
科威特	0	1
台湾省	0	1
20088000 其他制作或保藏的草莓		
合计	24725	28488
日本	3033	6567
德国	4481	4228
捷克	3088	3002
俄罗斯联邦	3157	2968
美国	1926	1830
英国	1815	1765
斯洛伐克	1585	1647
沙特阿拉伯	1345	1526
荷兰	1073	1204

国家/地区	出口数量（吨）	出口金额（千美元）
韩国	609	769
香港	169	396
智利	441	373
比利时	131	279
爱沙尼亚	276	241
哈萨克斯坦	248	199
澳大利亚	104	158
蒙古	149	145
乌克兰	131	108
奥地利	123	104
西班牙	104	102
新西兰	117	100
爱尔兰	78	93
南非	102	90
泰国	6	85
加拿大	49	76
匈牙利	87	73
台湾省	45	68
芬兰	2	56
巴西	37	38
冰岛	35	31
波兰	34	31
克罗地亚	26	19
拉脱维亚	19	18
以色列	20	18
波多黎各	15	16
约旦	18	15
巴基斯坦	17	12
新加坡	0	12
立陶宛	9	8
土库曼斯坦	5	5
利比亚	3	4
古巴	4	3
特立尼达和多巴哥	3	3
法国	3	2
科威特	0	1
苏丹	1	1
毛里求斯	1	1
20089200 其他制作或保藏的什锦果实		
合计	78293	85769
美国	21549	24683
加拿大	11301	17119
德国	8549	8101
法国	6801	5640
英国	3575	4007

国家/地区	出口数量（吨）	出口金额（千美元）
澳大利亚	2539	3569
日本	2197	3031
西班牙	2666	2110
奥地利	2363	1868
荷兰	1672	1554
墨西哥	1270	1083
新西兰	957	927
比利时	798	811
黎巴嫩	822	771
俄罗斯联邦	782	712
爱尔兰	707	687
丹麦	359	679
阿尔及利亚	580	595
智利	673	573
巴拿马	629	566
捷克	622	530
马来西亚	351	322
利比亚	282	301
阿联酋	335	296
以色列	375	296
埃及	332	288
瑞典	336	285
波多黎各	323	268
哥斯达黎加	243	265
安哥拉	252	242
匈牙利	264	226
瑞士	227	207
沙特阿拉伯	217	184
波兰	203	178
新喀里多尼亚	145	172
也门	213	171
阿根廷	172	152
新加坡	164	145
约旦	168	142
古巴	146	142
科威特	147	116
南非	145	110
马尔代夫	122	106
菲律宾	123	104
法属波利尼西亚	93	94
意大利	120	94
罗马尼亚	109	91
斯洛伐克	78	81
希腊	88	80
斐济	74	72

国家/地区	出口数量（吨）	出口金额（千美元）
克罗地亚	82	68
爱沙尼亚	88	66
叙利亚	70	58
巴巴多斯	35	54
香港	70	53
苏丹	47	46
多米尼加共和国	51	42
巴基斯坦	45	39
塞浦路斯	43	36
摩洛哥	34	36
特立尼达和多巴哥	33	31
洪都拉斯	31	30
葡萄牙	32	29
斯洛文尼亚	37	29
泰国	21	27
巴西	25	22
伊拉克	18	17
尼日利亚	17	16
玻利维亚	18	15
乌拉圭	18	15
哥伦比亚	18	15
白俄罗斯	15	14
马耳他	18	13
荷属安地列斯	15	13
贝宁	16	13
留尼汪	11	12
塞舌尔	12	11
巴布亚新几内亚	13	11
巴哈马	12	10
肯尼亚	10	10
毛里求斯	9	9
前南马其顿	10	9
阿曼	11	8
斯里兰卡	7	7
萨尔瓦多	8	7
立陶宛	7	6
马约特	5	5
乌兹别克斯坦	6	5
波黑	6	5
蒙古	5	4
印度尼西亚	3	4
朝鲜	3	3
阿鲁巴	3	3
萨摩亚	2	2
芬兰	2	2

国家/地区	出口数量（吨）	出口金额（千美元）
拉脱维亚	1	1
20089910 荔枝罐头		
合计	30059	28924
马来西亚	12506	10698
荷兰	4320	4525
法国	3538	3660
德国	1853	1913
印度尼西亚	1018	971
西班牙	706	803
英国	726	784
菲律宾	742	700
美国	603	665
澳大利亚	641	665
奥地利	505	504
比利时	398	431
墨西哥	291	308
意大利	248	252
以色列	226	228
葡萄牙	210	205
巴西	194	199
韩国	171	179
印度	141	174
南非	160	167
泰国	175	162
日本	124	153
香港	128	126
文莱	85	85
加拿大	47	54
秘鲁	44	43
新西兰	35	36
瑞士	35	34
俄罗斯联邦	24	24
伊朗	17	24
阿联酋	23	22
柬埔寨	18	18
捷克	14	14
波兰	12	13
危地马拉	10	12
摩洛哥	9	9
特立尼达和多巴哥	8	9
智利	7	8
阿根廷	7	7
希腊	7	7
毛里求斯	6	7
越南	5	6

国家/地区	出口数量（吨）	出口金额（千美元）
留尼汪	4	5
古巴	3	5
委内瑞拉	4	4
瑞典	3	4
斐济	3	3
巴拿马	2	2
马提尼克	1	1
贝宁	1	1
埃及	1	1
20089920 龙眼罐头		
合计	2108	2755
马来西亚	1501	1951
印度尼西亚	219	270
荷兰	117	165
文莱	107	139
美国	35	52
意大利	32	44
西班牙	31	42
德国	22	38
菲律宾	14	19
葡萄牙	8	10
新西兰	7	9
韩国	7	9
香港	3	4
瑞典	5	3
20091100 冷冻橙汁		
合计	1208	2119
香港	227	581
泰国	336	488
爱尔兰	255	432
澳大利亚	144	260
印度尼西亚	91	149
台湾省	64	102
日本	59	60
菲律宾	18	20
吉尔吉斯斯坦	8	16
马来西亚	7	11
也门	0	1
20091200 非冷冻橙汁，白利糖度值≤20		
合计	18700	10451
马来西亚	6055	3369
新加坡	5403	3095
巴基斯坦	5664	2884
香港	1499	1052
加拿大	20	20

国家/地区	出口数量（吨）	出口金额（千美元）
德国	14	9
荷兰	9	6
俄罗斯联邦	15	5
英国	7	3
法国	4	3
意大利	6	3
基里巴斯	3	1
以色列	2	1
20091900 其他橙汁		
合计	2154	2690
香港	2150	2675
蒙古	3	15
20092100 葡萄柚(包括柚)汁，白利糖度值≤20		
合计	56	46
香港	56	46
蒙古	2	11
20092900 其他葡萄柚(包括柚)汁		
合计	2	11
20093110 柠檬汁，白利糖度值≤20		
合计	1	2
法国	0	2
以色列	1	1
20093190 其他未混合柑橘属水果汁，白利糖度≤20		
合计	2	3
菲律宾	1	2
新加坡	1	1
20093910 其他柠檬汁		
合计	67	218
香港	37	104
泰国	18	95
台湾省	8	13
韩国	3	3
斯里兰卡	1	1
阿联酋	1	1
越南	0	1
20093990 其他未混合柑橘属水果汁		
合计	373	523
印度尼西亚	365	511
日本	8	12
20094900 其他菠萝汁		
合计	2850	4878
荷兰	1874	3200
意大利	593	986

国家/地区	出口数量（吨）	出口金额（千美元）
哈萨克斯坦	288	531
突尼斯	20	37
瑞典	21	35
加纳	20	32
蒙古	4	16
吉尔吉斯斯坦	8	14
越南	17	13
毛里求斯	4	8
斯里兰卡	3	5
也门	1	2
20096100 葡萄汁，白利糖度值≤20		
合计	777	750
香港	743	724
澳门	14	17
俄罗斯联邦	18	6
朝鲜	1	3
20096900 其他葡萄汁		
合计	572	1152
日本	76	457
泰国	292	397
台湾省	189	272
香港	14	22
马来西亚	1	4
也门	0	1
20097100 苹果汁，白利糖度值≤20		
合计	4807	11309
美国	3885	10358
香港	790	772
南非	46	88
蒙古	19	36
新加坡	19	27
加拿大	13	12
俄罗斯联邦	15	5
德国	9	5
荷兰	6	5
法国	3	2
英国	2	1
以色列	2	1
20097900 其他苹果汁		
合计	783602	735779
美国	387585	360829
俄罗斯联邦	76001	66892
日本	52101	58475
荷兰	58977	53303
德国	40039	39972

国家/地区	出口数量（吨）	出口金额（千美元）
加拿大	40632	37517
澳大利亚	33267	31376
南非	30149	27036
土耳其	5755	4955
以色列	4959	4747
波兰	4224	4479
英国	5089	4173
沙特阿拉伯	4541	3824
台湾省	3643	3463
新西兰	3218	3378
印度	3602	3366
乌克兰	2816	2659
比利时	3055	2594
韩国	2908	2579
泰国	2314	2250
埃及	1735	1941
马来西亚	1755	1633
巴基斯坦	1593	1510
哈萨克斯坦	1457	1134
爱尔兰	1382	1116
新加坡	1106	1051
阿联酋	1065	1045
克罗地亚	788	812
塞浦路斯	846	793
西班牙	626	732
尼日利亚	562	616
印度尼西亚	606	571
蒙古	455	553
法国	512	447
越南	391	381
菲律宾	359	334
挪威	340	298
摩洛哥	314	264
瑞典	240	264
突尼斯	227	250
黎巴嫩	242	225
阿尔巴尼亚	154	208
毛里求斯	194	193
香港	160	161
丹麦	176	156
牙买加	196	134
约旦	178	128
拉脱维亚	132	108
苏丹	88	98
白俄罗斯	130	97

国家/地区	出口数量（吨）	出口金额（千美元）
新喀里多尼亚	88	77
斯洛文尼亚	88	77
伊朗	79	67
意大利	62	62
加纳	66	61
萨尔瓦多	44	45
阿曼	29	39
爱沙尼亚	44	38
秘鲁	44	35
多米尼加共和国	41	34
希腊	22	19
立陶宛	22	19
波多黎各	20	18
巴西	22	17
荷属安地列斯	20	16
罗马尼亚	9	14
斯里兰卡	10	11
也门	12	11
墨西哥	0	1
20098012 芒果汁		
合计	68	80
日本	30	34
哈萨克斯坦	15	23
马来西亚	10	9
阿联酋	8	7
尼日利亚	5	6
也门	0	1
20098013 西番莲果汁		
合计	181	681
荷兰	146	601
突尼斯	25	59
马来西亚	10	21
20098014 番石榴果汁		
合计	18	84
突尼斯	18	84
20098019 其他未混合的水果汁		
合计	61905	60100
美国	22807	21271
荷兰	5346	6056
德国	5648	5435
日本	4563	4213
俄罗斯联邦	3876	2981
加拿大	3666	2972
土耳其	3629	2773
英国	1068	2052

国家/地区	出口数量(吨)	出口金额(千美元)
台湾省	1170	1680
澳大利亚	1308	1336
瑞典	1540	1252
沙特阿拉伯	1391	1159
南非	602	911
韩国	584	748
乌克兰	255	739
以色列	645	527
泰国	133	452
香港	245	429
突尼斯	240	339
新加坡	345	317
波兰	206	306
伊拉克	648	286
阿联酋	373	268
塞浦路斯	58	209
比利时	230	207
马来西亚	154	156
印度	128	133
蒙古	129	121
智利	108	121
澳门	134	112
意大利	163	109
印度尼西亚	80	72
尼日利亚	52	57
伊朗	79	54
约旦	108	48
菲律宾	44	43
西班牙	40	39
马提尼克	28	27
荷属安地列斯	31	24
吉尔吉斯斯坦	5	20
几内亚	20	13
朝鲜	12	8
越南	5	6
新西兰	2	6
捷克	1	5
奥地利	5	5
罗马尼亚	1	4
爱沙尼亚	1	2
阿曼	1	1
法国	0	1
也门	0	1
21069040 椰子汁		
合计	215	183

国家/地区	出口数量(吨)	出口金额(千美元)
香港	212	178
俄罗斯联邦	3	5

国家/地区	出口数量(千升)	出口金额(千美元)
22041000 葡萄汽酒		
合计	91	636
香港	22	335
法国	4	77
阿联酋	2	58
印度尼西亚	38	36
尼日利亚	13	35
新加坡	1	33
美国	3	20
英国	1	11
蒙古	1	9
菲律宾	7	8
德国	0	6
新西兰	1	6
澳门	0	1
日本	0	1
斯里兰卡	0	1
22042100 装入≤2 升的容器的鲜葡萄酿造的酒		
合计	1165	23571
香港	286	20622
法国	176	733
缅甸	113	537
澳门	76	414
荷兰	105	192
日本	47	165
比利时	63	128
蒙古	29	112
美国	35	97
巴拿马	58	87
德国	24	77
新加坡	11	63
英国	14	50
埃及	29	48
阿联酋	7	43
菲律宾	10	39
朝鲜	21	33
加拿大	13	29
韩国	29	28
新西兰	4	22
马来西亚	5	17

国家/地区	出口数量(千升)	出口金额(千美元)
泰国	2	10
意大利	3	8
印度尼西亚	2	6
以色列	1	5
台湾省	2	2
加纳	0	2
澳大利亚	0	1
斯里兰卡	0	1
22042900 装入 >2 升的容器的鲜葡萄酿造的酒		
合计	196	209
法国	138	143
埃及	24	32
德国	34	31
澳门	0	2
萨摩亚	0	1
22051000 装入≤2 升的容器的味美思酒等酒		
合计	413	743
缅甸	277	495
日本	74	158
香港	18	29
美国	18	25
比利时	10	18
西班牙	10	10
法国	5	6
新加坡	2	3
22059000 装入 >2 升的容器的味美思酒等酒		
合计	9	19
意大利	9	19
22060090 其他发酵饮料；未列名的发酵饮料的混合物		
合计	9903	6740
日本	6821	2882
德国	763	859
荷兰	438	521
拉脱维亚	156	384
西班牙	232	243
香港	272	242
俄罗斯联邦	161	218
新加坡	186	184
比利时	142	170
奥地利	144	168
意大利	92	162

国家/地区	出口数量（千升）	出口金额（千美元）
波兰	41	106
葡萄牙	72	105
捷克	80	91
美国	73	71
以色列	34	63
法国	29	48
英国	29	41
马来西亚	23	37
泰国	41	34
澳门	7	32
澳大利亚	13	16
塞拉利昂	10	15
卢森堡	13	12
朝鲜	18	8
阿联酋	0	8
加拿大	1	7
印度尼西亚	6	5
斯洛伐克	4	5
南非	0	4
爱尔兰	1	2
22082000 蒸馏葡萄酒制得的烈性酒		
合计	2041	63609
香港	1289	59649
法国	68	2410
新加坡	15	663
菲律宾	597	471
美国	37	111
澳门	1	100
韩国	11	47
日本	1	44
泰国	11	41
贝宁	8	26
蒙古	0	18
朝鲜	0	12
马来西亚	0	12
加纳	1	2
台湾省	1	2
西班牙	1	1
22085000 杜松子酒		
合计	1	1
阿联酋	0	1
德国	0	1
22089010 龙舌兰酒		
合计	2	15
新加坡	2	15

国家/地区	出口数量（吨）	出口金额（千美元）
23065000 椰子或干椰肉的油渣饼及其他固体残渣		
合计	31	5
朝鲜	9	3
澳门	22	2
23070000 葡萄酒渣；粗酒石		
合计	12	2
香港	12	2
53081000 椰壳纤维纱线		
合计	171	213
委内瑞拉	165	199
比利时	5	10
澳大利亚	1	3
柬埔寨	1	1
美国	0	0
57022000 椰壳纤维制的铺地制品，未簇绒或未植绒		
合计	309	575
美国	107	226
芬兰	37	63
南非	19	33
法国	14	24
德国	10	22
英国	9	21
印度	8	18
瑞士	6	18
老挝	42	16
澳大利亚	7	15
台湾省	8	15
以色列	1	15
新加坡	7	15
沙特阿拉伯	8	14
香港	6	12
乌克兰	4	10
日本	4	8
荷兰	3	7
俄罗斯联邦	1	6
韩国	6	5
科威特	1	4
匈牙利	0	3
黎巴嫩	0	3
奥地利	2	2
菲律宾	0	1
意大利	1	1
波多黎各	0	1

表 10-9　果类进口

国家/地区	进口数量（吨）	进口金额（千美元）
08011100 椰子干		
合计	2998	3288
菲律宾	1352	1775
印度尼西亚	1196	1101
越南	384	254
斯里兰卡	41	66
泰国	14	57
马来西亚	10	35
08011990 其他椰子		
合计	138470	26900
越南	121255	23070
印度尼西亚	10527	1628
菲律宾	5621	1393
泰国	795	759
新加坡	270	48
香港	2	2
08012100 未去壳巴西果		
合计	336	399
巴西	336	399
08012200 去壳巴西果		
合计	4	27
玻利维亚	2	16
德国	1	5
巴西	2	5
08013100 未去壳腰果		
合计	1365	489
马里	1072	335
柬埔寨	80	54
科特迪瓦	66	43
马达加斯加	101	33
贝宁	31	14
多哥	15	10
08013200 去壳腰果		
合计	22892	73367
越南	22658	72425
印度尼西亚	80	268
泰国	48	245
缅甸	47	229
印度	58	189
德国	1	7
美国	0	3
荷兰	0	1
08021100 未去壳巴旦杏		
合计	4653	7763

国家/地区	进口数量(吨)	进口金额(千美元)
美国	4634	7738
吉尔吉斯斯坦	19	25
08021200 巴旦杏仁		
合计	9163	29718
美国	8958	29085
澳大利亚	188	519
日本	17	114
泰国	0	1
08022100 未去壳榛子		
合计	1241	2690
美国	893	1886
土耳其	125	386
格鲁吉亚	153	247
越南	44	129
俄罗斯联邦	24	42
朝鲜	1	1
08022200 榛子仁		
合计	480	3162
土耳其	447	3020
意大利	18	90
格鲁吉亚	10	22
美国	4	18
澳大利亚	1	13
智利	0	1
08023100 未去壳核桃		
合计	14962	30889
美国	13156	26795
缅甸	851	2497
马来西亚	150	356
墨西哥	97	271
南非	90	232
吉尔吉斯斯坦	259	186
越南	72	185
巴基斯坦	91	116
印度	45	105
塔吉克斯坦	77	54
乌克兰	21	29
俄罗斯联邦	29	29
日本	19	16
中华人民共和国	7	16
阿富汗	0	3
08023200 核桃仁		
合计	4382	17625
美国	3465	13900
印度	625	2691

国家/地区	进口数量(吨)	进口金额(千美元)
缅甸	78	317
罗马尼亚	61	288
乌克兰	48	221
智利	20	107
吉尔吉斯斯坦	75	77
中华人民共和国	10	15
日本	1	9
08024010 板栗		
合计	11984	22090
韩国	10166	15921
日本	1747	5918
意大利	45	197
澳大利亚	13	34
中华人民共和国	12	22
08024090 其他栗子		
合计	88	182
意大利	88	181
韩国	0	1
08025000 阿月浑子果(开心果)		
合计	52781	203135
伊朗	35366	142544
美国	17203	60364
澳大利亚	211	211
德国	0	10
泰国	1	5
阿富汗	0	1
08026090 其他马卡达姆坚果(夏威夷果)		
合计	12852	17160
澳大利亚	7174	10428
南非	2493	2972
肯尼亚	1855	1953
津巴布韦	1150	1455
泰国	9	127
危地马拉	49	65
巴西	50	58
哥伦比亚	26	38
美国	31	31
德国	1	17
巴拉圭	14	16
08029010 槟榔		
合计	1915	2411
台湾省	630	1766
印度尼西亚	881	497
缅甸	405	148
08029030 松子仁		

国家/地区	进口数量(吨)	进口金额(千美元)
合计	503	5619
朝鲜	437	4868
蒙古	66	751
中华人民共和国	0	1
08029090 未列名鲜或干坚果		
合计	7123	22147
俄罗斯联邦	2497	9133
巴基斯坦	2079	6862
朝鲜	1879	4420
美国	324	629
南非	217	563
墨西哥	80	379
阿富汗	25	80
秘鲁	19	49
阿联酋	2	16
泰国	1	11
德国	0	2
台湾省	0	1
08030000 鲜或干的香蕉，包括芭蕉		
合计	655597	245967
菲律宾	436746	205366
缅甸	167392	23540
泰国	10398	5845
越南	31477	4609
哥斯达黎加	5068	3729
厄瓜多尔	2212	1413
台湾省	1636	1356
老挝	670	109
德国	0	1
08041000 鲜或干的椰枣		
合计	7949	1814
伊拉克	5097	1116
伊朗	1292	326
阿联酋	1041	234
巴基斯坦	454	86
以色列	5	31
沙特阿拉伯	61	21
08042000 鲜或干的无花果		
合计	60	248
土耳其	46	173
美国	11	57
德国	1	11
泰国	1	6
阿富汗	0	1
08043000 鲜或干的菠萝		

国家/地区	进口数量（吨）	进口金额（千美元）
合计	19750	12598
菲律宾	18621	11225
台湾省	1042	939
泰国	86	428
德国	1	4
越南	0	1
08044000 鲜或干的鳄梨		
合计	2	10
墨西哥	2	10
08045010 鲜或干的番石榴		
合计	317	305
台湾省	315	299
泰国	2	4
越南	0	1
08045020 鲜或干的芒果		
合计	23901	7263
缅甸	21843	2678
泰国	1159	2645
菲律宾	242	979
台湾省	546	726
秘鲁	64	122
澳大利亚	34	70
巴基斯坦	12	34
美国	1	6
新西兰	0	2
印度	1	1
中华人民共和国	0	1
08045030 鲜或干的山竹果		
合计	90918	147018
泰国	79247	122549
印度尼西亚	11131	23480
马来西亚	541	989
08051000 鲜或干的橙		
合计	79991	76742
美国	72218	69246
南非	6447	6410
台湾省	1228	988
阿根廷	98	99
08052010 鲜或干蕉柑		
合计	3	2
台湾省	3	2
08052020 阔叶柑橘		
合计	582	701
澳大利亚	227	284
泰国	161	178

国家/地区	进口数量（吨）	进口金额（千美元）
阿根廷	112	135
南非	42	54
美国	20	26
摩洛哥	20	23
台湾省	0	1
日本	0	1
08052090 其他鲜或干的柑橘及杂交柑橘		
合计	8846	10821
美国	7512	9418
泰国	1334	1402
08054000 葡萄柚，包括柚		
合计	8086	7864
美国	3042	3230
泰国	2307	2270
台湾省	1999	1586
以色列	469	516
南非	269	263
08055000 柠檬及酸橙		
合计	7767	9928
美国	7750	9889
德国	5	28
台湾省	13	11
08059000 未列名柑橘属水果		
合计	0	2
台湾省	0	2
08061000 鲜葡萄		
合计	81744	189471
智利	43614	95773
美国	29425	73282
秘鲁	7978	19030
墨西哥	679	1279
南非	50	108
08062000 葡萄干		
合计	13855	23010
美国	11905	20143
土耳其	625	1447
乌兹别克斯坦	633	541
吉尔吉斯斯坦	525	420
澳大利亚	36	115
中华人民共和国	40	91
台湾省	17	64
阿根廷	17	61
智利	8	43
日本	18	21
南非	5	14

国家/地区	进口数量（吨）	进口金额（千美元）
泰国	6	12
塔吉克斯坦	15	12
德国	3	10
马来西亚	1	7
阿富汗	2	7
英国	0	1
08072000 鲜木瓜		
合计	860	940
菲律宾	599	646
台湾省	210	239
马来西亚	46	49
泰国	4	5
08081000 鲜苹果		
合计	66882	75932
智利	50679	53845
美国	15680	19819
日本	375	2091
法国	148	177
08082019 其他鲜梨		
合计	13	74
日本	13	73
08092000 鲜樱桃		
合计	11222	88972
智利	8196	65837
美国	2987	22797
新西兰	40	338
08093000 鲜桃，包括油桃		
合计	1	2
日本	1	2
08094000 鲜梅及李		
合计	17077	31174
智利	13246	22961
美国	3831	8213
08104000 鲜蔓越橘及越橘		
合计	194	69
朝鲜	194	69
08105000 鲜猕猴桃		
合计	33162	44719
新西兰	25472	35216
智利	6093	7007
法国	865	1317
意大利	731	1179
08106000 鲜榴莲		
合计	172205	149560
泰国	172205	149560

国家/地区	进口数量（吨）	进口金额（千美元）
08109010 鲜荔枝		
合计	30758	12649
越南	26243	7682
泰国	4515	4967
08109030 鲜龙眼		
合计	291336	193175
泰国	136832	126861
越南	154505	66314
08109040 鲜红毛丹		
合计	18838	10512
越南	18302	9904
泰国	537	608
08109050 鲜番荔枝		
合计	4465	11568
台湾省	4100	10540
泰国	365	1027
08109060 鲜杨桃		
合计	518	531
台湾省	518	531
08109070 鲜莲雾		
合计	6123	13858
泰国	5826	13320
台湾省	295	533
印度尼西亚	2	4
08109080 鲜火龙果		
合计	218355	105305
越南	218353	105302
台湾省	2	3
08109090 未列名鲜果		
合计	5259	4266
泰国	1907	2408
印度尼西亚	797	1248
台湾省	160	267
缅甸	1833	216
朝鲜	559	123
瑞典	3	4
08111000 冷冻草莓		
合计	8276	11872
智利	4835	6881
摩洛哥	1639	2221
阿根廷	612	908
埃及	536	681
波兰	346	621
美国	166	298
突尼斯	93	131

国家/地区	进口数量（吨）	进口金额（千美元）
日本	19	64
秘鲁	25	39
法国	5	23
荷兰	0	2
墨西哥	0	2
澳大利亚	0	1
08112000 冷冻木莓、黑莓、桑椹、罗甘莓、醋栗		
合计	2291	4752
加拿大	1587	3241
智利	113	418
塞尔维亚	126	322
法国	37	292
新西兰	211	232
美国	192	140
波兰	17	41
澳大利亚	2	22
比利时	2	16
瑞典	4	15
匈牙利	1	10
英国	0	2
墨西哥	0	1
08119010 冷冻栗子，未去壳		
合计	49	182
日本	49	182
08119090 其他未列名冷冻水果及坚果		
合计	17970	54909
瑞典	6212	22929
芬兰	1848	7015
乌克兰	1310	4862
拉脱维亚	1225	3887
波兰	2136	3373
立陶宛	639	2683
美国	781	2043
俄罗斯联邦	511	1777
加拿大	783	1674
罗马尼亚	220	860
厄瓜多尔	590	561
德国	101	550
新西兰	207	392
智利	182	356
越南	308	271
法国	59	245
阿根廷	116	236
泰国	111	225

国家/地区	进口数量（吨）	进口金额（千美元）
前南马其顿	50	218
日本	42	175
爱沙尼亚	44	139
缅甸	338	108
马来西亚	22	100
南非	18	60
秘鲁	35	47
哥斯达黎加	55	41
塞尔维亚	6	21
韩国	14	18
白俄罗斯	5	14
澳大利亚	1	9
哥伦比亚	1	6
荷兰	1	6
印度	1	5
英国	1	4
菲律宾	0	1
08121000 暂时保藏的樱桃		
合计	1233	2891
意大利	314	919
西班牙	410	727
美国	254	495
保加利亚	123	365
希腊	42	146
智利	56	125
罗马尼亚	23	74
加拿大	11	41
08129000 其他暂时保藏的水果及坚果		
合计	636	518
泰国	570	384
美国	24	101
日本	42	34
08131000 杏干		
合计	194	370
土耳其	64	255
吉尔吉斯斯坦	120	83
阿富汗	1	10
德国	1	7
亚美尼亚	0	4
塔吉克斯坦	6	4
南非	1	4
泰国	0	2
08132000 梅干及李干		
合计	5635	4922
美国	5613	4829

国家/地区	进口数量（吨）	进口金额（千美元）
台湾省	8	44
智利	10	22
德国	3	18
泰国	0	3
香港	0	2
澳大利亚	0	1
法国	0	1
阿富汗	0	1
巴西	0	1
加拿大	0	1
08133000 苹果干		
合计	17	46
德国	16	33
美国	0	9
澳大利亚	1	3
日本	0	1
08134010 龙眼干、肉		
合计	62036	64668
泰国	56945	57447
缅甸	4836	6809
老挝	240	392
台湾省	14	19
香港	0	2
08134030 红枣		
合计	51	91
吉尔吉斯斯坦	42	63
德国	3	15
伊朗	4	5
阿联酋	1	4
台湾省	0	1
美国	0	1
卡塔尔	0	1
约旦	1	0
08134040 荔枝干		
合计	0	5
泰国	0	5
08134090 未列名干果		
合计	35132	8578
缅甸	34797	5117
泰国	175	2538
美国	143	751
以色列	2	46
台湾省	5	46
菲律宾	8	40
新西兰	0	10

国家/地区	进口数量（吨）	进口金额（千美元）
阿富汗	2	9
越南	1	4
阿尔巴尼亚	0	4
加拿大	0	3
香港	0	3
格鲁吉亚	0	3
塔吉克斯坦	0	2
西班牙	0	1
秘鲁	0	1
08135000 本章的什锦坚果或干果		
合计	37	271
德国	16	121
美国	5	53
泰国	6	36
英国	4	26
加拿大	3	16
日本	1	8
伊朗	1	5
台湾省	0	3
智利	0	1
秘鲁	0	1
阿富汗	0	1
12030000 干椰子肉		
合计	19	13
菲律宾	16	10
美国	1	2
缅甸	3	1
12129911 苦杏仁		
合计	35	43
朝鲜	35	43
12129912 甜杏仁		
合计	3092	7936
美国	2522	7223
塔吉克斯坦	241	241
吉尔吉斯斯坦	196	196
澳大利亚	20	148
乌兹别克斯坦	53	53
叙利亚	17	40
巴基斯坦	26	18
土耳其	17	9
台湾省	1	5
德国	0	2
日本	0	2
12129919 杏核；桃（包括油桃）、梅或李的核及核仁		

国家/地区	进口数量（吨）	进口金额（千美元）
合计	612	400
土耳其	612	398
法国	0	1
20057000 非醋方法制作或保藏的油橄榄		
合计	578	1153
西班牙	500	925
意大利	46	79
希腊	11	44
英国	7	36
澳大利亚	4	32
土耳其	7	20
美国	2	12
法国	1	4
墨西哥	0	1
20060010 蜜枣		
合计	2	14
沙特阿拉伯	1	5
德国	0	4
美国	0	2
阿联酋	0	2
台湾省	1	1
20060020 糖渍橄榄		
合计	2	5
印度	1	2
美国	0	1
西班牙	0	1
台湾省	0	1
20079100 柑橘属水果制果酱、果冻、果泥及果膏		
合计	132	491
法国	28	110
瑞士	15	73
澳大利亚	6	50
美国	9	40
英国	8	38
奥地利	18	34
德国	8	33
台湾省	15	28
马来西亚	11	25
韩国	6	17
日本	2	13
瑞典	3	11
西班牙	2	7
比利时	1	5
意大利	0	3

国家/地区	进口数量（吨）	进口金额（千美元）
土耳其	1	2
丹麦	1	1
阿根廷	0	1
荷兰	0	1
20081910 核桃仁罐头		
合计	0	5
韩国	0	3
美国	0	2
20081920 其他果仁罐头		
合计	56	516
美国	33	367
泰国	16	75
日本	4	45
澳大利亚	0	8
印度尼西亚	2	8
意大利	1	6
韩国	1	4
台湾省	0	3
老挝	0	1
20081991 其他制作或保藏的栗仁		
合计	163	463
瑞士	61	320
法国	28	91
意大利	75	51
日本	0	1
20081999 未列名制作或保藏的坚果及其他子仁		
合计	2373	18381
美国	840	7623
土耳其	787	5885
越南	123	1096
香港	134	968
泰国	61	560
日本	51	522
台湾省	103	365
比利时	30	290
澳大利亚	29	284
新加坡	12	145
法国	22	138
英国	15	92
马来西亚	54	87
意大利	81	80
瑞士	15	71
德国	3	48
韩国	3	43

国家/地区	进口数量（吨）	进口金额（千美元）
荷兰	3	23
阿联酋	2	20
新西兰	1	13
伊朗	2	7
西班牙	1	5
肯尼亚	0	4
俄罗斯联邦	2	4
奥地利	0	3
智利	0	3
菲律宾	0	2
印度尼西亚	0	1
20082010 菠萝罐头		
合计	7907	6794
泰国	4566	3711
菲律宾	1572	1537
印度尼西亚	1753	1523
马来西亚	4	9
美国	6	7
台湾省	4	4
德国	1	3
越南	0	1
20082090 未列名制作或保藏的菠萝		
合计	64	55
越南	61	49
泰国	3	3
台湾省	1	3
20083010 柑橘属水果罐头		
合计	620	1024
韩国	315	725
中华人民共和国	296	277
泰国	5	6
美国	2	6
日本	1	4
台湾省	0	3
德国	0	2
土耳其	0	2
意大利	0	1
20083090 未列名制作或保藏的柑橘属水果		
合计	115368	111779
美国	69988	69292
巴西	33721	28900
哥斯达黎加	6138	6432
韩国	1909	3673
南非	1856	1894

国家/地区	进口数量（吨）	进口金额（千美元）
墨西哥	1660	1499
西班牙	40	45
泰国	54	39
台湾省	1	2
比利时	1	2
日本	1	1
以色列	1	1
法国	0	1
20084010 梨罐头		
合计	121	105
南非	100	67
中华人民共和国	17	28
美国	3	6
德国	1	3
西班牙	0	1
20084090 未列名制作或保藏的梨		
合计	1	2
智利	0	1
法国	0	1
美国	0	1
20085000 其他制作或保藏的杏		
合计	5	18
西班牙	3	12
美国	1	2
德国	0	2
智利	0	2
台湾省	0	1
20086010 樱桃罐头		
合计	30	167
德国	20	103
法国	6	53
美国	3	8
前南马其顿	1	1
比利时	0	1
20086090 其他制作或保藏的樱桃		
合计	55	359
美国	33	226
法国	16	112
意大利	6	21
20087010 桃罐头		
合计	7155	7281
南非	6940	7063
希腊	168	135
智利	36	43
美国	9	21

国家/地区	进口数量（吨）	进口金额（千美元）
日本	1	9
荷兰	2	7
德国	0	2
西班牙	0	1
20087090 未列名制作或保藏的桃		
合计	1	4
智利	1	3
法国	0	1
20088000 其他制作或保藏的草莓		
合计	10	36
法国	5	17
比利时	5	13
台湾省	0	2
泰国	1	2
澳大利亚	0	1
20089100 其他制作或保藏的棕榈芯		
合计	9	13
泰国	8	8
厄瓜多尔	1	4
20089200 其他制作或保藏的什锦果实		
合计	6000	5255
菲律宾	5795	4890
泰国	134	127
美国	15	91
中华人民共和国	17	29
日本	3	27
越南	7	25
印度尼西亚	18	18
台湾省	4	13
澳大利亚	1	10
智利	1	9
加拿大	0	7
南非	5	5
英国	0	2
法国	0	1
20089910 荔枝罐头		
合计	6	10
泰国	6	10
20089920 龙眼罐头		
合计	53	32
泰国	53	32
20091100 冷冻橙汁		
合计	65038	97241
巴西	55683	78567
以色列	7448	13066

国家/地区	进口数量（吨）	进口金额（千美元）
美国	1467	4579
意大利	207	602
荷兰	160	341
台湾省	47	47
香港	18	19
法国	6	13
加拿大	3	8
日本	0	1
20091200 非冷冻橙汁，白利糖度值≤20		
合计	1005	1200
美国	355	455
澳大利亚	175	309
泰国	76	59
奥地利	56	58
德国	69	49
西班牙	56	48
英国	16	46
塞浦路斯	62	35
加拿大	20	22
台湾省	22	20
法国	21	16
香港	7	14
意大利	8	13
南非	16	13
保加利亚	11	8
日本	3	8
葡萄牙	8	7
波兰	4	6
土耳其	8	5
以色列	4	4
阿联酋	4	3
瑞士	1	1
比利时	1	1
马来西亚	0	1
20091900 其他橙汁		
合计	49	65
意大利	12	29
奥地利	16	14
德国	5	6
越南	5	5
阿联酋	6	4
斯洛文尼亚	2	2
日本	0	1
泰国	1	1
以色列	0	1

国家/地区	进口数量（吨）	进口金额（千美元）
土耳其	1	1
法国	0	1
20092100 葡萄柚(包括柚)汁，白利糖度值≤20		
合计	187	207
美国	48	55
台湾省	18	23
以色列	26	23
奥地利	16	20
塞浦路斯	32	19
香港	9	17
泰国	20	17
法国	4	10
澳大利亚	6	9
英国	2	5
爱尔兰	1	4
南非	2	2
日本	0	2
波兰	1	1
德国	0	1
斯威士兰	0	1
西班牙	0	1
20092900 其他葡萄柚(包括柚)汁		
合计	662	1250
以色列	326	509
美国	188	362
意大利	91	282
澳大利亚	9	49
南非	38	39
奥地利	7	6
台湾省	2	1
德国	1	1
日本	0	1
法国	0	1
20093110 柠檬汁，白利糖度值≤20		
合计	531	833
以色列	316	599
台湾省	133	106
日本	5	35
美国	8	24
泰国	37	19
阿根廷	18	17
德国	1	13
澳大利亚	2	6
法国	0	4

国家/地区	进口数量（吨）	进口金额（千美元）
越南	4	3
土耳其	4	2
塞浦路斯	2	1
意大利	1	1
菲律宾	0	1
西班牙	0	1
20093190 其他未混合柑橘属水果汁，白利糖度≤20		
合计	395	429
台湾省	152	218
越南	242	208
日本	1	2
20093910 其他柠檬汁		
合计	3478	7772
以色列	2188	4191
阿根廷	963	2224
德国	103	413
墨西哥	120	341
美国	24	261
意大利	33	178
南非	23	51
加拿大	9	31
荷兰	5	29
泰国	2	29
日本	1	11
新加坡	3	8
法国	3	5
土耳其	0	1
20093990 其他未混合柑橘属水果汁		
合计	22	39
韩国	17	34
泰国	4	3
日本	0	1
20094100 菠萝汁，白利糖度值≤20		
合计	197	163
泰国	93	79
塞浦路斯	40	23
保加利亚	26	19
菲律宾	12	10
澳大利亚	4	8
日本	2	7
阿联酋	7	5
葡萄牙	5	4
土耳其	5	4
波兰	2	3
英国	1	1
西班牙	0	1
法国	0	1
20094900 其他菠萝汁		
合计	686	1069
越南	409	531
泰国	151	277
加拿大	33	143
菲律宾	63	87
印度尼西亚	22	25
阿联酋	6	4
斯洛文尼亚	1	1
台湾省	0	1
20096100 葡萄汁，白利糖度值≤20		
合计	700	1150
澳大利亚	187	559
马来西亚	256	293
美国	65	83
泰国	67	52
加拿大	11	30
南非	33	29
日本	3	22
塞浦路斯	38	22
台湾省	14	19
法国	6	14
波兰	8	8
德国	3	8
土耳其	8	5
西班牙	2	3
以色列	1	3
20096900 其他葡萄汁		
合计	15972	29273
西班牙	6150	10759
美国	3477	8098
以色列	2679	4250
阿根廷	2069	3473
意大利	735	1134
加拿大	214	444
智利	155	334
法国	240	292
台湾省	189	246
奥地利	36	176
澳大利亚	18	57
韩国	3	3
泰国	4	3
日本	0	2
墨西哥	0	1
土耳其	2	1
20097100 苹果汁，白利糖度值≤20		
合计	435	569
澳大利亚	71	157
美国	68	90
日本	11	54
台湾省	36	38
奥地利	34	38
德国	35	26
法国	22	25
塞浦路斯	39	23
泰国	27	22
英国	8	19
保加利亚	23	18
西班牙	13	15
南非	17	14
加拿大	13	13
波兰	6	4
葡萄牙	3	3
土耳其	3	3
以色列	3	3
比利时	1	2
新西兰	1	2
意大利	0	1
20097900 其他苹果汁		
合计	29	37
日本	1	6
新加坡	7	5
美国	2	4
台湾省	2	4
澳大利亚	1	4
奥地利	5	4
韩国	2	3
以色列	2	2
德国	1	2
埃及	3	2
斯洛文尼亚	1	1
土耳其	2	1
法国	0	1
20098012 芒果汁		
合计	2168	2407
印度	1041	1007
菲律宾	479	517

国家/地区	进口数量（吨）	进口金额（千美元）
以色列	148	358
墨西哥	143	196
越南	112	86
台湾省	65	60
德国	10	37
埃及	56	34
科威特	21	33
泰国	46	32
阿联酋	24	16
美国	4	6
奥地利	6	6
西班牙	2	6
葡萄牙	5	5
澳大利亚	1	3
香港	3	3
巴基斯坦	0	1
20098013 西番莲果汁		
合计	146	572
越南	74	284
厄瓜多尔	25	150
秘鲁	10	70
荷兰	8	41
台湾省	23	21
葡萄牙	6	5
美国	0	2
20098014 番石榴果汁		
合计	1334	1671
巴西	964	1307
马来西亚	164	139
印度	131	102
伊朗	9	55
泰国	45	42
美国	4	9
台湾省	9	6
新加坡	2	5
香港	2	3
西班牙	1	2
土耳其	2	2
20098019 其他未混合的水果汁		
合计	3141	11196
美国	413	2167
巴西	90	1664
印度	338	1568
意大利	947	1547
奥地利	196	857

国家/地区	进口数量（吨）	进口金额（千美元）
德国	150	709
新西兰	59	491
法国	92	477
瑞典	40	331
荷兰	27	173
台湾省	144	137
泰国	148	126
日本	6	102
加拿大	13	86
格鲁吉亚	23	77
印度尼西亚	36	75
芬兰	5	60
伊朗	10	56
朝鲜	160	52
波兰	25	48
厄瓜多尔	22	44
大洋洲其他国家（地区）	20	43
韩国	46	41
以色列	10	38
委内瑞拉	8	29
斐济	7	28
英国	7	24
马来西亚	7	18
西班牙	6	14
柬埔寨	16	13
智利	1	13
越南	13	12
阿联酋	18	11
新加坡	13	10
蒙古	2	10
澳大利亚	3	9
瑞士	0	8
土耳其	7	7
塞浦路斯	10	7
葡萄牙	4	4
比利时	0	3
哥斯达黎加	1	3
南非	1	3
俄罗斯联邦	0	2
匈牙利	0	1
21069040 椰子汁		
合计	3561	3738
印度尼西亚	2000	2067
泰国	1430	1415

国家/地区	进口数量（吨）	进口金额（千美元）
马来西亚	103	210
菲律宾	23	34
法国	2	8
新加坡	4	3
国家/地区	进口数量（千升）	进口金额（千美元）
22041000 葡萄汽酒		
合计	2703	28038
法国	1135	21968
意大利	768	2551
澳大利亚	213	1141
德国	215	876
西班牙	142	645
美国	59	213
南非	39	114
阿根廷	26	103
加拿大	6	79
智利	16	78
奥地利	12	70
俄罗斯联邦	30	41
新西兰	4	35
匈牙利	7	22
保加利亚	1	17
卢森堡	1	16
日本	6	15
乌克兰	7	13
葡萄牙	2	12
摩尔多瓦	8	11
波兰	4	7
斯洛文尼亚	1	3
希腊	0	3
罗马尼亚	0	3
芬兰	0	2
以色列	0	1
中华人民共和国	0	1
22042100 装入≤2 升的容器的鲜葡萄酿造的酒		
合计	146165	654915
法国	67628	338571
澳大利亚	23765	116037
意大利	11239	38779
智利	10503	36670
美国	9211	32021
西班牙	9472	26371
德国	2818	12506

国家/地区	进口数量（千升）	进口金额（千美元）
新西兰	1343	11021
阿根廷	2705	9067
南非	2280	8647
葡萄牙	1682	6857
加拿大	392	5438
罗马尼亚	919	2615
香港	11	2058
匈牙利	337	1604
摩尔多瓦	455	1254
奥地利	118	986
斯洛文尼亚	427	969
希腊	178	633
格鲁吉亚	120	490
保加利亚	153	477
黑山	52	304
前南马其顿	55	201
台湾省	57	165
土耳其	20	105
阿尔及利亚	37	98
瑞士	10	92
乌拉圭	14	88
日本	9	87
以色列	13	79
波兰	27	76
卢森堡	5	70
乌克兰	17	68
克罗地亚	16	62
瑞典	15	54
英国	0	48
黎巴嫩	1	45
塞尔维亚	4	41
韩国	6	36
俄罗斯联邦	12	31
马耳他	8	22
埃塞俄比亚	8	17
波黑	10	14
玻利维亚	9	13
亚美尼亚	1	8
圣马力诺	3	8
捷克	1	6
纳米比亚	0	2
阿塞拜疆	0	1
巴西	0	1
斯里兰卡	0	1
突尼斯	0	1

国家/地区	进口数量（千升）	进口金额（千美元）
国别(地区)不详	0	1
22042900 装入＞2 升的容器的鲜葡萄酿造的酒		
合计	136544	113584
智利	44531	39698
澳大利亚	32554	30978
西班牙	37686	20463
意大利	8750	7309
法国	5919	6849
美国	3541	4905
南非	1789	1311
德国	210	494
葡萄牙	658	471
阿根廷	356	368
加拿大	31	189
前南马其顿	168	107
新西兰	24	89
摩洛哥	72	83
希腊	25	61
奥地利	48	53
摩尔多瓦	63	42
格鲁吉亚	48	34
台湾省	38	27
匈牙利	16	27
罗马尼亚	19	26
斯洛文尼亚	0	1
220430002009 以外的酿酒葡萄汁		
合计	57	90
斯洛伐克	48	45
加拿大	8	36
德国	1	3
亚美尼亚	0	3
爱尔兰	0	2
22051000 装入≤2 升的容器的味美思酒等酒		
合计	86	224
意大利	57	144
美国	19	38
法国	5	28
台湾省	2	4
西班牙	2	4
波兰	1	2
瑞士	0	2
22059000 装入＞2 升的容器的味美思酒等酒		

国家/地区	进口数量（千升）	进口金额（千美元）
合计	1	3
法国	1	3
22060090 其他发酵饮料；未列名的发酵饮料的混合物		
合计	1804	6237
日本	675	4278
韩国	757	1004
加拿大	36	344
台湾省	78	182
法国	34	98
英国	60	62
德国	19	55
澳大利亚	14	45
瑞典	17	32
比利时	15	21
美国	5	18
阿根廷	22	17
阿联酋	29	13
智利	2	13
西班牙	4	11
新西兰	1	8
俄罗斯联邦	18	8
立陶宛	3	8
泰国	10	7
亚美尼亚	1	5
爱尔兰	1	2
芬兰	0	2
意大利	0	2
洪都拉斯	1	1
保加利亚	0	1
伯利兹	0	1
22082000 蒸馏葡萄酒制得的烈性酒		
合计	18700	534947
法国	18540	533366
日本	45	381
南非	24	317
智利	14	202
意大利	11	145
西班牙	14	139
希腊	16	68
台湾省	5	67
葡萄牙	5	60
吉尔吉斯斯坦	10	54
亚美尼亚	3	48
德国	2	32

国家/地区	进口数量（千升）	进口金额（千美元）
美国	5	16
澳大利亚	0	9
瑞典	1	8
韩国	0	7
捷克	0	6
保加利亚	1	5
秘鲁	1	4
阿根廷	1	4
加拿大	0	3
乌克兰	1	2
摩尔多瓦	0	1
立陶宛	0	1
俄罗斯联邦	0	1
英国	0	1
罗马尼亚	0	1
22085000 杜松子酒		
合计	534	1412
英国	446	1192
美国	41	84
南非	19	47
罗马尼亚	7	26
荷兰	1	25

国家/地区	进口数量（千升）	进口金额（千美元）
法国	11	19
芬兰	5	8
西班牙	1	5
德国	2	3
意大利	0	2
斯洛伐克	1	1
爱尔兰	0	1
22089010 龙舌兰酒		
合计	331	1495
墨西哥	311	1399
美国	16	80
法国	4	16
国家/地区	进口数量（吨）	进口金额（千美元）
23065000 椰子或干椰肉的油渣饼及其他固体残渣		
合计	254244	33297
菲律宾	208971	27529
印度尼西亚	45227	5735
越南	25	19
马来西亚	2	8
泰国	19	4

国家/地区	进口数量（吨）	进口金额（千美元）
斯里兰卡	0	1
23070000 葡萄酒渣；粗酒石		
合计	504	62
美国	504	61
瑞士	0	1
53081000 椰壳纤维纱线		
合计	20	9
斯里兰卡	19	7
台湾省	0	2
日本	0	1
57022000 椰壳纤维制的铺地制品，未簇绒或未植绒		
合计	232	344
印度	186	289
香港	1	15
越南	9	11
比利时	0	10
马来西亚	35	7
印度尼西亚	0	4
法国	0	4
荷兰	0	1
德国	0	1
斯里兰卡	0	1

木本油料

【概　况】 木本油料的树种主要有油茶、油橄榄、文冠果、棕榈、椰子、核桃、桐树、希蒙得木树、印楝树等。油茶、油橄榄、文冠果、棕榈、椰子、核桃主要用于生产木本粮油，希蒙得木树可生产希蒙得木油用于化妆品，印楝树提取的印楝油可用于杀虫剂，桐树生产的桐油用于工业。

全国油茶籽产量 109 万吨，湖南最多，占 35.75%，然后依次是江西 16.45%、广西 13.16%、福建 8.68%、广东 7.55%。油茶林面积 304 万公顷，也是湖南最多，占 42.06%，然后依次是江西 23.90%、广西 8.76%、福建 4.50%、浙江 4.01%。见表 11-1，表 11-2 和表 11-3。

2010 年海关进出口木本油料产品主要有棕榈油、椰子油、橄榄油、希蒙得木油、油渣。进口油料 45.6 亿美元，以棕榈油为主，达 41 亿美元，占 89.85%，其次是椰子油 2.9 亿美元，橄榄油 0.9 亿美元。出口油料很少。见表 11-4。

国家非常重视木本粮油的发展，根据《全国油茶产业发展规划(2009 ~ 2020 年)》，2011 ~ 2015 年要新造油茶林 177.62 万公顷(包括宜林地新造林面积 55.63 万公顷，低产林更新改造面积 121.93 万公顷)，年平均造林任务为 35.53 万公顷。到 2020 年我国油茶种植总规模达到 466.67 万公顷，其中新造油茶林 165.86 万公顷，现有低产油茶林改造 276.27 万公顷，全国茶油总产量达到 250 万吨。2006 年，国家林业局林造发〔2006〕274 号文件发布了《关于发展油茶产业的意见》，2010 年国家林业局场圃总站林场发〔2010〕112 号文件又发布了《关于进一步抓好油茶种苗生产及质量管理工作的通知》，另外，安徽省林业厅发布了《安徽省"十一五"油茶发展规划》。

至 2010 年底，有 8 项木本油料的研究，其中有 6 项关于油橄榄、油茶的产业发展研究，见表 11-5。我国木本粮油国家级和省级协会有 4 个，分别是：中国植物油行业协会、福建省经济林协会油茶产业分会、浙江省油茶产业协会、广西油茶产业协会。

【油茶产业发展状态】

油茶良种种苗供需矛盾缓解

自 2009 年以来，国家林业局组织开展全国油茶种苗质量大检查和造林质量大检查，保证了造林。2010 年，14 个省(区、市)共培育油茶良种苗木 5.34 亿株，其中嫁接苗 5.15 亿株，比去年增加了近 1 亿株，加上 2009 年生产留的两年生苗，可为 2010 年冬 2011 年春造林提供良种苗木 3.4 亿株以上，可满足 2010 年冬 2011 年春新造油茶林 23.33 万公顷左右。

油茶造林稳步推进　自 2009 年以来，全国共新造油茶高产林 21.33 多万公顷，其中：2009 年完成新造林任务 4 万多公顷，2010 年新造油茶林面积 17.33 多万公顷。一是坚持以苗定造。各地在全面掌握良种苗木出圃数量基础上科学安排造林计划，并由省级种苗机构统一进行苗木调度，保证苗木的来源和质量。二是严格技术规程，确保新造林质量。按照"良种 + 良法"的要求，各地在造林过程中大力推广应用各种丰产栽培技术，有效提高了造林成活率和保存率。江西省在 2009 年制定《油茶无性系丰产林培育技术规程》的基础上，2010 年又出台了《油茶造林作业设计规范》，严格推行"四不栽"原则，即：海拔高于 300 米地块不栽，坡度大于 25 度的地块不栽，土层厚度小于 60 厘米的地块不栽，天然阔叶林比重大的地块不栽。三是领导带头，示范推动。贵州省天柱县四大班子各挂点营建 33.33 公顷集中连片的示范点 1 个，县油茶产业发展领导小组成员单位和主要乡镇各办 3.33 公顷科技示范点 1 个，2010 年，全县共建科技示范点 28 个，面积达 333.33 公顷。湖北省通城县委县、政府带头建设高标准油茶示范基地 200 公顷，全县 44 个部门对口扶持 44 个重点村，新建油茶基地333.33公顷。通过各级领导带头建立示范基地，调动了广大群众种植油茶的积极性。

油茶低产林抚育改造得到加强 通过采取财政补贴、提供技术指导等各种措施，引导广大林农积极开展油茶低产林抚育。福建省宁化县城郊乡瓦庄村通过对6.67公顷低产林实施劈草、翻土、挖保水保肥沟、施肥等措施，每公顷产茶油由原来的不足1.6吨增长到2009年的37.7吨，2010年有望达75.4吨；湖南省常宁市西岭镇桐江村把对全村近70吨油茶低产林整合起来统一管理和经营，2009年的茶油产量比2008年增长32%，收入增加80多万元。实践证明，开展油茶低产林抚育投资少，见效快，投入产出比较高，是当前尽快提高我国茶油产量的有效措施和重要途径。

扶持油茶产业力度不断加大 湖南、江西、广西3个省(区)省级财政每年拿出5000万元设立油茶产业发展专项资金，其他省(区、市)也都从省级财政拿出几百万、上千万元资金专项支持油茶产业。重庆市财政对新造油茶林每亩补助800元，低产林抚育每亩补助300元。许多油茶发展重点县(市)也加大了对油茶产业发展的资金扶持，浙江省常山县对新造油茶林100亩以上的，每亩补助600元/亩，低产林抚育改造100亩以上的，每亩补助200元/亩，施肥肥料由县林业局招投标另供应，新造林和低改的水利、道路等配套设施按需另补助。贵州省天柱县对油茶示范基地每亩补贴130元整地、栽植费，第一至第三年按期完成抚育任务的每年补贴50元/亩。湖南省常宁市财政注资500万用于贷款贴息，对经营油茶林规模100亩以上的公司或大户按1000元/亩的标准配置信贷资金，市财政补贴50%贷款利息，贷款期限最长可达10年。各地扶持政策的出台，有力促进了油茶产业的发展。

社会各界参与油茶产业的积极性高涨。在2010年新造的17.33万公顷油茶林中，企业造林5.7万公顷，造林大户造林5.4万公顷，散户及其他主体造林6.33万公顷。江西上饶县有2万多农户、100多个干部通过独资、合股等形式投资油茶产业发展，形成了干部影响群众、大力推进油茶产业科学发展带动千家万户发展油茶产业的良好氛围。

科技支撑力度增强 一是科技创新深化，国家科技支撑计划“油茶产业升级关键技术研究与示范”项目于2010年3月正式启动，组织69个单位414位技术人员，围绕良种选育、种苗繁育、丰产栽培、产品开发及综合利用等油茶产业发展各个环节的关键技术开展联合攻关，目前已在新品种选育、产品深加工关键技术研发等方面取得了新成果。同时，通过“948”引进、林业公益性行业科研专项等渠道，还新设立了一批研究项目。二是成果推广和技术培训力度加大，国家林业局投入1695万元在14个油茶省(区、市)继续开展“林业科技富民工程”，选择“高产油茶新品种复合经营丰产技术”、“油茶轻基质无纺布容器育苗新技术”等18项技术在各地推广应用；各地共举办各类技术培训班500余期，培训人员15万多人次，发放技术手册约20多万册。

(国家林业局油茶办公室)

表11-1 木本粮油各指标全国排名前5名的省份

指标	全国排位前5名省份及占全国比例
油茶籽产量(109万吨)	湖南35.75%、江西16.45%、广西13.16%、福建8.68%、广东7.55%
油橄榄产量(4940吨)	甘肃48.58%、四川32.91%、陕西18.22%、重庆0.28%
油茶林面积(304万公顷)	湖南42.06%、江西23.90%、广西8.76%、福建4.50%、浙江4.01%

表 11-2 各地区木本粮油产量

地区	合计（吨）	油茶籽产量（吨）	油橄榄产量（吨）	文冠果产量（吨）	其他木本油料产量（吨）	油茶					
						年末实有油茶林面积(公顷)			繁殖圃		苗木产量（万株）
						合计	当年新造	当年低改	个数(个)	面积(公顷)	
全国合计	1125787	1092243	4940	24	28580	3044388	164329	136755	294	3602	54646. 60
河北	1595				1595						
山西	2224			1	2223						
内蒙古	22			22							
黑龙江	115				115						
龙江集团	100				100						
江苏						80	80				246. 10
浙江	40301	40301				122176	3356	5692	21	75	3638. 65
安徽	25908	25864			44	46670	4312	3086	29	216	3144. 10
福建	97303	94815			2488	137114	7046	9329	31	93	5256. 31
江西	179755	179697			58	727482	38800	46667	22	267	6139. 94
河南	21274	20823			451	14293	1105	332	4	18	580. 00
湖北	71900	71054			846	115164	10828	4570	32	1794	4240. 04
湖南	393812	390455			3357	1280519	35380	51272	81	575	10845. 00
广东	88388	82417			5971	113738	17986	1200	15	175	1820. 70
广西	148580	143749			4831	266667	5097	8434	14	111	5225. 76
重庆	6619	3505	14		3100	37048	2655	1161	2	34	1050. 00
四川	9327	4360	1626		3341	12614	598	214	2	10	1205. 00
贵州	20402	20368			34	84413	4415	526	17	45	2636. 19
云南	7812	7774			38	76485	31731	3345	16	176	8568. 18
陕西	8049	7061	900		88	9925	940	927	8	13	50. 63
甘肃	2401		2400	1							—

表 11-3 油茶产业组织模式及产量

地区	油茶产业发展企业		油茶专业合作社		油茶专业合作经济组织(包括协会)		油茶产量、产值		
	个数	带动参与油茶产业发展的农民人数	个数	参与农民户数	个数	参与农民户数	茶油产量（吨）	油茶籽产量(吨)	产值（万元）
湖北	61	101705	106	13931	33	5461	6125	30330. 4	42748. 8
广西	52	96863	21	5879	4	4198	26243. 89	114015. 95	85201. 27
四川			2	8000			265	870	1075
浙江	92	216495	270	34118	12	6134	10240	40363	135075
云南	17	190275	4	9498			1683	10890. 52	29959. 34
陕西	12	82889	4	807	7	4171	1175. 1	5981	3190
重庆	23	22987	26	22516	1	80	23. 6	90	226. 7
福建	104	102515	134	12324	62	4206	13228. 436	51165. 19	102372. 99
广东	114	82216	36	5145	7	6803	9174	76032	53540
安徽	77	75313	79	8893	34	3170	15935	54056	104889
江西	264	352968	147	17643	137	31850	54453. 636	179697	326721. 82
河南	13	74200	54	15498			1941	6948	10734
贵州	12	42574	22	16679	0	0	3821. 2	16598. 9	43025. 88
湖南	211	749072	236	83810	152	44158	82731. 45	394547. 2	695237. 4
合计	1052	2190072	1141	254741	449	110231	227040. 31	981585. 16	1633997. 2

表 11-4 木本粮油科研项目

	项目名称	研究单位(项目完成年)
1	核桃油控提技术和核桃粕系列产品的研究与开发	北京市农林科学院林业果树研究所
2	油茶籽油品质变化规律及其质量控制技术研究	中国林科院亚林所
3	油茶优质高效栽培技术推广与示范	仙居县林业技术推广总站
4	全国油橄榄标准化示范区建设	四川省达州市林科所
5	油橄榄丰产栽培组装集成技术推广示范	四川省达州市林科所
6	甘肃陇南油橄榄产业发展规划(2010~2020年)	甘肃省林业调查规划院
7	油橄榄叶中提取橄榄苦甙工艺技术研究	甘肃省林科院
8	油茶加工利用关键技术研究与产业化示范	中国林科院亚林所

表 11-5-1 油茶籽主产地产量

	油茶籽主产地	产量(吨)
1	青田县(浙)	14667.00
2	莲都区(浙)	5225.00
3	常山县(浙)	4602.00
4	遂昌县(浙)	2422.00
5	缙云县(浙)	1783.00
6	衢江区(浙)	1620.00
7	松阳县(浙)	1321.00
8	萧山区(浙)	1000.00
9	云和县(浙)	328.00
10	龙泉市(浙)	240.00
11	景宁畲族自治县(浙)	239.00
12	婺城区(浙)	232.00
13	潜山县(皖)	10000.00
14	太湖县(皖)	5700.00
15	舒城县(皖)	3482.00
16	桐城市(皖)	800.00
17	祁门县(皖)	550.00
18	徽州区(皖)	420.00
19	休宁县(皖)	242.00
20	黟　县(皖)	135.00
21	居巢区(皖)	124.00
22	修水县(赣)	18920.00
23	永丰县(赣)	8000.00
24	丰城市(赣)	7411.00
25	遂川县(赣)	5500.00
26	万载县(赣)	5350.00
27	赣　县(赣)	4789.00
28	新建县(赣)	4250.00
29	峡江县(赣)	4000.00
30	瑞金市(赣)	3800.00
31	兴国县(赣)	3650.00
32	宜丰县(赣)	3300.00
33	樟树市(赣)	3192.00
34	临川区(赣)	2610.00
35	莲花县(赣)	2400.00
36	宁都县(赣)	2200.00
37	德兴市(赣)	2120.00
38	新干县(赣)	1960.00
39	泰和县(赣)	1572.00
40	奉新县(赣)	1360.00
41	寻乌县(赣)	1280.00
42	东乡县(赣)	1100.00
43	婺源县(赣)	1067.00
44	铜鼓县(赣)	1000.00
45	章贡区(赣)	974.00
46	龙南县(赣)	950.00
47	乐安县(赣)	950.00
48	金溪县(赣)	900.00
49	横峰县(赣)	840.00
50	安福县(赣)	800.00
51	贵溪市(赣)	750.00
52	余干县(赣)	675.00
53	会昌县(赣)	586.00
54	余江县(赣)	540.00
55	芦溪县(赣)	500.00
56	瑞昌市(赣)	230.00
57	大余县(赣)	120.00
58	商城县(豫)	11000.00
59	新　县(豫)	8536.00
60	固始县(豫)	450.00
61	黄陂区(鄂)	10000.00
62	谷城县(鄂)	8009.00
63	麻城市(鄂)	6654.00
64	长阳土家族自治县(鄂)	6300.00
65	鄂州市市辖区(鄂)	4800.00
66	来凤县(鄂)	4600.00
67	阳新县(鄂)	2616.00
68	罗田县(鄂)	2346.00
69	京山县(鄂)	2250.00
70	大悟县(鄂)	1250.00
71	蕲春县(鄂)	807.00
72	团风县(鄂)	727.00
73	大冶市(鄂)	500.00
74	枣阳市(鄂)	380.00
75	孝昌县(鄂)	282.00
76	五峰土家族自治县(鄂)	200.00
77	赤壁市(鄂)	200.00
78	广水市(鄂)	189.00
79	黄梅县(鄂)	105.00
80	郧　县(鄂)	100.00
81	邵阳县(湘)	26000.00
82	桃源县(湘)	24000.00
83	常宁市(湘)	20250.00
84	浏阳市(湘)	20000.00
85	永顺县(湘)	16000.00
86	汉寿县(湘)	15200.00
87	新化县(湘)	15000.00
88	耒阳市(湘)	15000.00
89	茶陵县(湘)	12000.00
90	鼎城区(湘)	12000.00
91	祁阳县(湘)	11421.00
92	安化县(湘)	11160.00
93	道　县(湘)	9731.00
94	苏仙区(湘)	9500.00
95	江华瑶族自治县(湘)	9327.00
96	宁远县(湘)	8865.00
97	溆浦县(湘)	8840.00
98	桂阳县(湘)	8012.00
99	湘潭县(湘)	8000.00
100	蓝山县(湘)	7323.00
101	株洲县(湘)	6400.00

	油茶籽主产地	产量(吨)
102	祁东县(湘)	6046.40
103	零陵区(湘)	5973.00
104	会同县(湘)	5840.00
105	双峰县(湘)	5720.00
106	江永县(湘)	5000.00
107	北湖区(湘)	4630.00
108	冷水滩区(湘)	4357.00
109	东安县(湘)	4193.00
110	宁乡县(湘)	3400.00
111	中方县(湘)	3126.00
112	津市市(湘)	3000.00
113	长沙县(湘)	3000.00
114	新田县(湘)	2815.00
115	攸　县(湘)	2800.00
116	资兴市(湘)	2450.00
117	张家界市市辖区(湘)	2404.00
118	泸溪县(湘)	2160.00
119	石峰区(湘)	1820.00
120	辰溪县(湘)	1800.00
121	荷塘区(湘)	1800.00
122	娄星区(湘)	1800.00
123	芷江侗族自治县(湘)	1620.00
124	隆回县(湘)	1500.00
125	石门县(湘)	1416.00
126	龙山县(湘)	1200.00
127	双牌县(湘)	1142.00
128	绥宁县(湘)	1125.00
129	武陵区(湘)	1123.00
130	大祥区(湘)	887.00
131	慈利县(湘)	809.00
132	靖州苗族侗族自治县(湘)	800.00
133	通道侗族自治县(湘)	800.00
134	永定区(湘)	790.00
135	邵东县(湘)	772.00
136	桑植县(湘)	701.00
137	桂东县(湘)	600.00
138	芦淞区(湘)	525.00
139	宜章县(湘)	472.00
140	沅陵县(湘)	457.00
141	麻阳苗族自治县(湘)	370.00
142	凤凰县(湘)	340.00
143	炎陵县(湘)	340.00
144	韶山市(湘)	300.00
145	湘阴县(湘)	300.00
146	古丈县(湘)	260.00
147	城步苗族自治县(湘)	259.00
148	汝城县(湘)	200.00
149	赫山区(湘)	180.00
150	保靖县(湘)	165.00
151	武陵源区(湘)	104.00
152	新宁县(湘)	100.00
153	珠晖区(湘)	100.00
154	平远县(粤)	11000.00
155	龙川县(粤)	5520.00
156	广宁县(粤)	3303.00
157	高州市(粤)	1600.00
158	连山壮族瑶族自治县(粤)	1266.00
159	连南瑶族自治县(粤)	901.00
160	东源县(粤)	900.00
161	连州市(粤)	640.00
162	紫金县(粤)	340.00
163	五华县(粤)	300.00
164	四会市(粤)	164.00
165	新丰江林管局(粤)	122.00
166	三江侗族自治县(桂)	12521.00
167	龙胜各族自治县(桂)	7303.00
168	融水苗族自治县(桂)	4468.00
169	凤山县(桂)	4202.00
170	贺州市平桂管理区(桂)	3813.00
171	融安县(桂)	3256.00
172	富川瑶族自治县(桂)	1940.00
173	金秀瑶族自治县(桂)	1697.00
174	全州县(桂)	1560.00
175	鹿寨县(桂)	1550.00
176	天峨县(桂)	1428.00
177	武宣县(桂)	1414.00
178	资源县(桂)	1200.00
179	恭城瑶族自治县(桂)	486.00
180	德保县(桂)	215.00
181	西林县(桂)	125.00
182	柳南区(桂)	105.00
183	秀山土家族苗族自治县(渝)	1390.00
184	酉阳土家族苗族自治县(渝)	230.00
185	荣　县(川)	2735.00
186	宜宾县(川)	100.00
187	天柱县(黔)	3000.00
188	锦屏县(黔)	649.00
189	富宁县(滇)	2564.00
190	梁河县(滇)	139.00
191	南郑县(陕)	2500.00

表 11-5-2　核桃主产地产量

	核桃主产地	产量(吨)
1	涉　县(冀)	12545.00
2	迁西县(冀)	2160.00
3	青龙满族自治县(冀)	700.00
4	内丘县(冀)	620.00
5	沙河市(冀)	212.00
6	黎城县(晋)	4000.00
7	左权县(晋)	2000.00
8	新绛县(晋)	800.00
9	蒲　县(晋)	742.50
10	清原满族自治县(辽)	7400.00
11	溪湖区(辽)	1897.00
12	本溪满族自治县(辽)	1086.00
13	辽阳县(辽)	120.00
14	集安市(吉)	3688.00
15	舒兰市(吉)	2000.00
16	通化县(吉)	1000.00
17	谯城区(皖)	200.00
18	宜阳县(豫)	1745.00
19	南召县(豫)	1201.00
20	辉县市(豫)	635.00
21	修武县(豫)	477.00
22	叶　县(豫)	307.00
23	淅川县(豫)	240.00
24	沁阳市(豫)	175.00
25	吉利区(豫)	125.00
26	长阳土家族自治县(鄂)	1812.50
27	竹溪县(鄂)	1400.00
28	建始县(鄂)	500.00
29	巴东县(鄂)	270.00
30	京山县(鄂)	100.00
31	洪江市(湘)	758.00
32	会同县(湘)	560.00
33	通道侗族自治县(湘)	238.00
34	靖州苗族侗族自治县(湘)	201.00
35	凤山县(桂)	350.00
36	奉节县(渝)	3500.00
37	巫溪县(渝)	1240.00
38	南川区(渝)	500.00
39	平武县(川)	6400.00
40	越西县(川)	3160.00
41	罗江县(川)	1539.00
42	元坝区(川)	1500.00
43	昭觉县(川)	1125.00
44	古蔺县(川)	800.00
45	苍溪县(川)	800.00

	核桃主产地	产量(吨)
46	宁南县(川)	473.00
47	蓬安县(川)	351.00
48	中江县(川)	300.00
49	游仙区(川)	260.00
50	宣汉县(川)	185.00
51	广汉市(川)	150.00
52	安　县(川)	130.00
53	赫章县(黔)	6998.00
54	黎平县(黔)	394.00
55	惠水县(黔)	315.00
56	六枝特区(黔)	148.00
57	兰坪白族普米族自治县(滇)	25530.00
58	凤庆县(滇)	22075.00
59	漾濞彝族自治县(滇)	20004.00
60	永胜县(滇)	9016.00
61	临翔区(滇)	7600.00
62	水富县(滇)	6015.00
63	楚雄市(滇)	5563.00
64	宾川县(滇)	4876.95
65	景东彝族自治县(滇)	3186.00
66	盈江县(滇)	1183.00
67	大理市(滇)	1040.00
68	华坪县(滇)	600.00
69	贡山独龙族怒族自治县(滇)	258.15
70	广南县(滇)	225.00
71	大关县(滇)	175.00
72	个旧市(滇)	116.00
73	临渭区(陕)	13800.00
74	蓝田县(陕)	7500.00
75	山阳县(陕)	3604.00
76	宜君县(陕)	2820.00
77	勉　县(陕)	1457.00
78	户　县(陕)	1125.00
79	南郑县(陕)	966.00
80	城固县(陕)	677.00
81	徽　县(甘)	2791.00
82	礼　县(甘)	2640.00
83	崆峒区(甘)	1000.00
84	西峰区(甘)	599.00
85	麦积区(甘)	450.00
86	带岭实验局(龙江森工)	100.00

表 11-5-3　板栗主产地产量

	板栗主产地	产量(吨)
1	青龙满族自治县(冀)	9500.00
2	内丘县(冀)	5089.00
3	沙河市(冀)	1738.00
4	东港市(辽)	22875.00
5	本溪满族自治县(辽)	2366.00
6	新宾满族自治县(辽)	120.00
7	集安市(吉)	551.00
8	赣榆县(苏)	4287.00
9	新沂市(苏)	1700.00
10	灌云县(苏)	300.00
11	衢江区(浙)	4676.00
12	莲都区(浙)	2963.00
13	云和县(浙)	1408.00
14	萧山区(浙)	642.00
15	常山县(浙)	527.00
16	余杭区(浙)	244.00
17	桐城市(皖)	1050.00
18	歙　县(皖)	526.00
19	南陵县(皖)	400.00
20	滁州市沙河集林业总场(皖)	300.00
21	繁昌县(皖)	150.00
22	高安市(赣)	1890.00
23	全南县(赣)	637.00
24	东乡县(赣)	520.00
25	德安县(赣)	500.00
26	安福县(赣)	450.00
27	余干县(赣)	430.00
28	上高县(赣)	420.00
29	彭泽县(赣)	320.00
30	峡江县(赣)	275.00
31	莲花县(赣)	210.00
32	进贤县(赣)	133.12
33	婺源县(赣)	103.00
34	郯城县(鲁)	5500.00
35	乳山市(鲁)	1670.00
36	昌邑市(鲁)	110.00
37	新　县(豫)	50630.00
38	商城县(豫)	36000.00
39	浉河区(豫)	18000.00
40	南召县(豫)	3313.00
41	潢川县(豫)	650.00
42	叶　县(豫)	460.00
43	淅川县(豫)	330.00
44	罗田县(鄂)	57750.00
45	京山县(鄂)	40000.00
46	麻城市(鄂)	23695.00
47	团风县(鄂)	2022.00
48	竹溪县(鄂)	1500.00
49	巴东县(鄂)	1300.00
50	保康县(鄂)	1000.00
51	建始县(鄂)	1000.00
52	阳新县(鄂)	709.00
53	神农架林区(鄂)	682.40
54	夷陵区(鄂)	500.00
55	通山县(鄂)	260.00
56	长沙县(湘)	6080.00
57	新化县(湘)	4950.00
58	株洲县(湘)	600.00
59	洪江市(湘)	447.00
60	嘉禾县(湘)	412.00
61	隆回县(湘)	400.00
62	衡山县(湘)	390.00
63	桂阳县(湘)	268.00
64	靖州苗族侗族自治县(湘)	180.00
65	北塔区(湘)	160.00
66	新晃侗族自治县(湘)	150.00
67	五华县(粤)	2700.00
68	东源县(粤)	323.00
69	新丰江林管局(粤)	159.60
70	隆安县(桂)	16904.00
71	南丹县(桂)	4535.00
72	八步区(桂)	1182.00
73	环江毛南族自治县(桂)	781.00
74	凤山县(桂)	500.00
75	兴安县(桂)	416.00
76	融水苗族自治县(桂)	250.00
77	上林县(桂)	250.00
78	钟山县(桂)	126.00
79	奉节县(渝)	1500.00
80	南川区(渝)	1500.00
81	巫山县(渝)	608.00
82	渝北区(渝)	500.00
83	巫溪县(渝)	300.00
84	甘洛县(川)	1599.00
85	兴文县(川)	1200.00
86	古蔺县(川)	750.00
87	长宁县(川)	350.00
88	宁南县(川)	315.00
89	宣汉县(川)	175.00
90	越西县(川)	170.00
91	平武县(川)	145.00
92	东坡区(川)	102.00
93	惠水县(黔)	328.00

	板栗主产地	产量(吨)
94	黎平县(黔)	109.00
95	广南县(滇)	229.00
96	通海县(滇)	119.00
97	江川县(滇)	115.80
98	临翔区(滇)	108.00
99	华坪县(滇)	100.00
100	蓝田县(陕)	2200.00
101	商南县(陕)	2004.00
102	勉　县(陕)	620.00
103	佛坪县(陕)	600.00
104	户　县(陕)	244.10
105	徽　县(甘)	852.00
106	康　县(甘)	801.70
107	麦积区(甘)	410.00

表 11-5-4　其他木本粮油主产地产量

	主产地	品种	产量(吨)
1	清原满族自治县(辽)	红松子	12256.00
2	新宾满族自治县(辽)	红松子	6460.00
3	集安市(吉)	红松坚果	2760.50
4	敦化市(吉)	红松坚果	1360.00
5	露水河林业局(吉林森工)	红松坚果	1140.00
6	穆棱市(黑)	红松坚果	898.00
7	红石林业局(吉林森工)	红松坚果	815.00
8	带岭实验局(龙江森工)	红松坚果	370.00
9	东港市(辽)	红松坚果	353.00
10	靖宇县(吉)	红松坚果	309.60
11	延寿县(黑)	红松坚果	200.00
12	奉节县(渝)	红松坚果	150.00
13	新宾满族自治县(辽)	核桃楸	26600.00
14	桓仁满族自治县(辽)	核桃楸	26534.00
15	清原满族自治县(辽)	核桃楸	6800.00
16	盐边县(川)	核桃楸	3993.00
17	宾　县(黑)	核桃楸	1500.00
18	靖宇县(吉)	核桃楸	1001.42
19	抚松县(吉)	核桃楸	300.00
20	敦化市(吉)	核桃楸	170.00
21	三岔子林业局(吉林森工)	核桃楸	118.00
22	清原满族自治县(辽)	榛子	700.00
23	新宾满族自治县(辽)	榛子	600.00
24	房山区(京)	仁用杏	115.30
25	左权县(晋)	仁用杏	100.00
26	宣汉县(川)	油橄榄	11250.00
27	武都区(甘)	油橄榄	1512.00
28	三台县(川)	油橄榄	257.40
29	开江县(川)	油橄榄	110.00
30	沁阳市(豫)	柿子	394.00
31	宁南县(川)	柿子	133.00
32	崇礼县(冀)	山杏	186.00
33	沁阳市(豫)	干枣	336.00

表 11-6　木本粮油出口国别量值

国家/地区	出口数量(吨)	出口金额(千美元)
07112000 暂时保藏的油橄榄		
合计	16	42
英国	16	42
马来西亚	0	1
15091000 初榨的油橄榄油		
合计	61	321
澳大利亚	33	212
香港	13	85
美国	15	23
15099000 其他油橄榄油及其分离品		
合计	9	31
香港	9	31
15100000 其他橄榄油及分离品，不论是否精制		
合计	0	2
美国	0	1
法国	0	1
15111000 初榨的棕榈油		
合计	5	3
朝鲜	5	3
15119010 棕榈液油(熔点 19～24℃)		
合计	113	98
蒙古	110	93
朝鲜	3	5
15119090 其他棕榈油及其分离品		
合计	991	1091
吉尔吉斯斯坦	494	596
乌兹别克斯坦	479	471
朝鲜	18	25
15119090 其他棕榈油及其分离品		
合计	990569	1091
吉尔吉斯斯坦	494000	596
乌兹别克斯坦	478500	471
朝鲜	18069	25
15131100 初榨的椰子油		
合计	8	13
朝鲜	8	13
15131900 其他椰子油及其分离品		
合计	56	72
朝鲜	56	72
23065000 椰子或干椰肉的油渣饼等		
合计	31	5
朝鲜	9	3
澳门	22	2
23069000 未列名植物油渣饼等		
合计	94211	24046
越南	23120	5988
泰国	22502	5532
印度尼西亚	20496	4831
台湾省	11141	3083

国家/地区	出口数量（吨）	出口金额（千美元）
日本	6576	2278
韩国	4924	991
马来西亚	1936	467
菲律宾	1194	320
西班牙	1231	247
香港	348	78
保加利亚	192	50
墨西哥	124	36
荷兰	51	33
美国	88	31
南非	80	21
印度	76	16
哥伦比亚	38	12
斯里兰卡	39	10
新加坡	20	7
丹麦	20	7
密克罗尼西亚联邦	13	6
巴布亚新几内亚	3	1

表 11-7　木本粮油进口

国家/地区	进口数量（吨）	进口金额（千美元）
07112000 暂时保藏的油橄榄		
合计	223	323
西班牙	222	322
意大利	0	2
15091000 初榨的油橄榄油		
合计	18417	76110
西班牙	8863	35968
意大利	6501	25638
希腊	1055	5062
澳大利亚	511	3369
叙利亚	584	2074
突尼斯	382	1406
土耳其	264	1175
葡萄牙	112	762
法国	29	128
埃及	39	128
智利	11	83
台湾省	24	67
约旦	13	61
摩洛哥	4	47
阿根廷	8	41
以色列	9	40
美国	3	17
加拿大	1	9

国家/地区	进口数量（吨）	进口金额（千美元）
英国	2	9
日本	0	7
德国	2	6
克罗地亚	1	6
南非	0	3
新西兰	0	1
韩国	0	1
15099000 其他油橄榄油及其分离品		
合计	2823	7806
意大利	1506	3672
西班牙	619	1949
希腊	608	1790
澳大利亚	20	155
法国	21	74
台湾省	17	39
土耳其	12	39
德国	5	29
英国	7	20
日本	1	16
突尼斯	2	10
韩国	3	9
美国	0	2
约旦	1	2
荷兰	1	1
智利	0	1
15100000 其他橄榄油及分离品，不论是否精制		
合计	3488	9971
意大利	1641	4950
西班牙	1615	4408
台湾省	94	236
希腊	83	201
日本	2	41
突尼斯	23	40
葡萄牙	17	33
土耳其	8	25
法国	5	19
波兰	1	10
美国	0	4
智利	0	1
韩国	0	1
阿根廷	0	1
15111000 初榨的棕榈油		
合计	202315	166325
印度尼西亚	142883	119561
马来西亚	55939	43869
菲律宾	3492	2895

国家/地区	进口数量（吨）	进口金额（千美元）
15119010 棕榈液油（熔点 19～24℃）		
合计	4108395	3416867
马来西亚	2624973	2170362
印度尼西亚	1483422	1246505
15119090 其他棕榈油及其分离品		
合计	3473	3237
印度尼西亚	3001	2158
荷兰	87	578
马来西亚	367	469
日本	17	31
比利时	0	1
德国	0	1
15131100 初榨的椰子油		
合计	248717	234047
印度尼西亚	161315	149731
菲律宾	87325	84186
美国	40	77
越南	30	35
新加坡	4	9
西班牙	0	5
马来西亚	1	2
日本	0	2
澳大利亚	0	1
伯利兹	1	1
15131900 其他椰子油及其分离品		
合计	58437	59944
印度尼西亚	32794	33316
菲律宾	21646	21477
马来西亚	2778	2821
美国	1218	2314
日本	1	8
法国	1	4
泰国	0	2
柬埔寨	0	1
澳大利亚	0	1
15132100 初榨棕榈仁油或巴巴苏棕榈果油		
合计	468621	503281
印度尼西亚	279126	297365
马来西亚	181381	198221
泰国	7468	6795
菲律宾	500	582
美国	51	133
新加坡	27	72
法国	23	60
沙特阿拉伯	45	52

国家/地区	进口数量（吨）	进口金额（千美元）
15132900 其他棕榈仁油或巴巴苏棕榈果油及其分离品		
合计	9747	8580
马来西亚	9554	8264
菲律宾	161	183
美国	12	74
英国	15	31
台湾省	4	26
哥伦比亚	0	2
法国	1	1
15159010 希蒙得木油及其分离品		
合计	126	1330
阿根廷	50	468
西班牙	27	271
以色列	29	254
美国	9	177
德国	2	49
日本	2	47
法国	4	28
英国	2	24

国家/地区	进口数量（吨）	进口金额（千美元）
澳大利亚	1	7
秘鲁	1	5
丹麦	0	1
20057000 非醋方法制作或保藏的油橄榄		
合计	578	1153
西班牙	500	925
意大利	46	79
希腊	11	44
英国	7	36
澳大利亚	4	32
土耳其	7	20
美国	2	12
法国	1	4
墨西哥	0	1
20089100 其他制作或保藏的棕榈芯		
合计	9	13
泰国	8	8
厄瓜多尔	1	4
23065000 椰子或干椰肉的油渣饼等		
合计	254244	33297

国家/地区	进口数量（吨）	进口金额（千美元）
菲律宾	208971	27529
印度尼西亚	45227	5735
越南	25	19
马来西亚	2	8
泰国	19	4
斯里兰卡	0	1
23066000 油棕果或油棕仁的油渣饼等		
合计	397073	39562
马来西亚	262598	25560
印度尼西亚	134475	14002
23069000 未列名植物油渣饼等		
合计	3735	1060
印度	3531	562
西班牙	146	366
捷克	24	64
奥地利	20	40
日本	1	15
以色列	13	13

森林蔬菜

【概　况】 森林蔬菜种类主要包括食用菌、食用菌罐头及其他加工品、竹笋干、山野菜等。

2010年森林蔬菜各指标在全国排名前5位的省份见表12-1。国内森林蔬菜总产量256万吨，其中食用菌158万吨，竹笋干48万吨，山野菜33万吨。见表12-2。我国森林蔬菜出口金额约17亿美元，进口金额0.1亿美元。在出口中，食用菌加工品10.8亿美元，占61.57%；食用菌罐头4.7亿美元，占26.82%；食用菌占7.93%，山野菜占3.68%。见表12-5。

至2010年底，我国对森林蔬菜产业进行指导的文件主要是1999年5月20日国家计委、财政部、国家国内贸易局颁布的，从1999年在全国范围内施行至今的关于蔬菜批发市场财政贴息贷款有关问题的通知(计经贸〔1999〕595号)。另外，国家对森林蔬菜主要有13个行业标准，规定菌种的质量要求、试验方法、检验规则及标签、包装、运输、贮存。规定了食用菌产品中总糖含量、菌种含杂质量的测定方法等。见表12-3。森林蔬菜的科技成果主要涉及林地(果树)套作食用菌及综合应用技术研究、食用菌液体菌种包埋技术应用及研究、山珍食品压缩块加工产业化研究等，共18项。见表12-4。全国森林蔬菜共有8个协会，见表12-6。

表12-1　森林蔬菜各指标在全国排名前5名的省份

指标	全国排名前5位的省份
食用菌产量	辽宁、福建、黑龙江、四川、湖北
竹笋干产量	浙江、福建、四川、湖南、广东
山野菜产量	辽宁、吉林、福建、黑龙江、河南
蔬菜、果品批发企业数量(个)	山东、广东、浙江、江苏、福建

表12-2　全国森林蔬菜产量　　单位：吨

	合计	食用菌	竹笋干	山野菜
全国合计	2559436	1584442	481192	331301
北京	2289	2289		
河北	11196	3843		4203
山西	965	429		295
内蒙古	6409	3257		2881
辽宁	485712	349812		120612
吉林	98734	47041		47471
吉林集团	8006	3680		3453
黑龙江	172607	148742		20099
龙江集团	68089	54007		11869
江苏	16085	11440	4291	300
浙江	218115	65832	149182	1024
安徽	99487	53095	15113	2235
福建	457108	328483	86387	42047
江西	35740	21168	8659	2419
山东	34073	11451		1087
河南	114579	88374	113	16866
湖北	122820	90149	9347	9399
湖南	135277	80496	31873	7395
广东	37567	7025	30291	18
广西	62841	38257	24477	
海南	975	85	735	75
重庆	33380	10835	19049	1723
四川	241624	133619	78952	5543
贵州	20964	3210	11779	1137
云南	64399	32373	9718	16774
西藏	1029			1029
陕西	42636	29058	1218	10904
甘肃	10982	2414	8	7519
大兴安岭	31843	21665		8246

表 12-3　森林蔬菜标准

	标准名称	标准号	发布单位
1	黑木耳	GB 6192 – 1986	国家标准局
2	黑木耳菌种	GB 19169 – 2003	国家质量监督检验检疫总局
3	平菇菌种	GB 19172 – 2003	国家质量监督检验检疫总局
4	食用菌粗蛋白质含量测定方法	GB/T 15673 – 1995	国家技术监督局
5	食用菌粗脂肪含量测定方法	GB/T 15674 – 1995	国家技术监督局
6	食用菌灰分测定	GB 12532 – 1990	国家技术监督局
7	食用菌取样方法	GB 12530 – 1990	国家技术监督局
8	食用菌水分测定	GB 12531 – 1990	国家技术监督局
9	食用菌杂质测定	GB 12533 – 1990	国家技术监督局
10	食用菌总糖含量测定方法	GB/T 15672 – 1995	国家技术监督局
11	蔬菜、水果、食用油中双甲脒残留量的测定	GB/T5009. 143 – 2003	卫生部、国家标准化管理委员会
12	双孢蘑菇菌种	GB 19171 – 2003	国家质量监督检验检疫总局
13	香菇菌种	GB 19170 – 2003	国家质量监督检验检疫总局

表 12-4　森林蔬菜科研项目

	项目名称	研究单位(项目完成年)
1	"山珍八宝"系列压缩块加工技术与数控设备制造	黑龙江省林副特产研究所(2005)
2	PF – 900 型食用菌固化培养基分装机	伊春林业科学院(2006)
3	保健型富硒竹笋高效培育技术研究	中国林科院亚林所(2009)
4	不同施肥量对南川区金佛山方竹笋产量的研究与示范	重庆市南川区林业局(2010)
5	长裙竹荪	南京林业大学
6	甘肃省蕨菜基地及产业化建设	甘肃省林科院(2006)
7	黑龙江省珍稀野生黄伞栽培技术的研究	黑龙江省林副特产研究所(2006)
8	黑木耳块林业行业标准	黑龙江省林副特产研究所(2006)
9	林地(果树)套作食用菌及综合应用技术研究	上海市闵行区林业站(2004)
10	毛木耳遗传多样性与优良菌株选育研究及应用	中科院水利部成都山地灾害与环境研究所　四川农科院土壤肥料研究所等
11	魔芋加工实用技术和装备	四川省南充市农业机械科学研究所
12	南川区楠竹林施肥试验研究	南川区笋竹产业发展办公室(2010)
13	山珍食品压缩块加工产业化项目	黑龙江省林副特产研究所(2006)
14	食药用真菌种质资源遗传评价及 DNA 分子标记鉴定技术研究	浙江省林科院(2008)
15	食用菌多糖产业化高效提取与质量控制技术开发	丽水市食用菌研究开发中心(2008)
16	食用菌液体菌种包埋技术应用及研究	成都万和生物工程有限责任公司
17	食用菌杂交育种亲本选择及杂交子分子鉴定技术研究	浙江省林科院(2009)
18	血红铆钉菇菌根真菌应用技术研究	山西省林科院(2007)

表 12-5　全国森林蔬菜进出口贸易总值

	出口数量(吨)	出口金额(千美元)	进口数量(吨)	进口金额(千美元)
合计	478348	1748395	9691	10913
食用菌类	28929	138632	7325	6540
食用菌加工品	99282	1076476	637	1516
食用菌罐头	331731	468941	236	357
山野菜	18407	64346	1494	2500

表 12-6　森林蔬菜协会

1	中国食用菌协会
2	内蒙古呼伦贝尔鄂温克族自治旗巴彦嵯岗生态环保食用菌协会
3	辽宁省沈阳市沈北新区杏鲍菇种植协会
4	福建省南平市顺昌县竹荪协会
5	湖南省株洲市茶陵县界首镇食用菌协会
6	四川省广元市森林蔬菜产业协会
7	云南省怒江傈僳族自治州泸水县橘梗种植开发协会
8	云南省玉溪市澄江县洋橘梗种植技术协会

表 12-7-1　食用菌类主产地产量

	食用菌类主产地	产量(吨)
1	大兴区(京)	540.00
2	邱　县(冀)	11375.00
3	蔚　县(冀)	1960.00
4	临漳县(冀)	1344.00
5	曲周县(冀)	1200.00
6	宽城满族自治县(冀)	1000.00
7	永年县(冀)	700.00
8	涞源县(冀)	270.00
9	滦平县(冀)	213.00
10	隆化县(冀)	200.00
11	丰宁满族自治县(冀)	190.00
12	平山县(冀)	150.00
13	平泉县(冀)	140.00
14	松山区(内蒙古)	1511.00
15	宁城县(内蒙古)	600.00
16	柴河林业局(内蒙古)	513.12
17	扎兰屯市(内蒙古)	400.00
18	克什克腾旗(内蒙古)	200.00
19	磴口县(内蒙古)	100.00
20	岫岩满族自治县(辽)	300000.00
21	庄河市(辽)	67000.00
22	宽甸满族自治县(辽)	65000.00
23	东港市(辽)	28407.00
24	新宾满族自治县(辽)	24000.00
25	清原满族自治县(辽)	11900.00
26	大洼县(辽)	7032.00
27	桓仁满族自治县(辽)	7000.00
28	海城市(辽)	4010.00
29	凤城市(辽)	2000.00
30	南芬区(辽)	1440.00
31	盘山县(辽)	1200.00
32	西丰县(辽)	1000.00
33	清河区(辽)	380.00
34	望花区(辽)	300.00
35	本溪市经济开发区(辽)	260.00
36	龙城区(辽)	185.00
37	铁岭市经济开发区(辽)	140.00
38	敦化市(吉)	9730.00
39	磐石市(吉)	864.00
40	靖宇县(吉)	752.50
41	大兴沟林业局(吉)	540.00
42	和龙林业局(吉)	433.00
43	东丰县(吉)	268.00
44	临江市(吉)	120.00
45	通化县(吉)	100.00
46	大兴安岭地区加格达奇区(黑)	60000.00
47	尚志市(黑)	42000.00
48	东宁县(黑)	36000.00
49	五常市(黑)	1743.00
50	穆棱市(黑)	1184.00
51	牡丹江市市本级(黑)	960.00
52	克东县(黑)	240.00
53	嘉荫县(黑)	240.00
54	汤原县(黑)	232.00
55	萨尔图区(黑)	200.00
56	松北区(黑)	180.00
57	爱辉区(黑)	126.00
58	延寿县(黑)	100.00
59	仪征市(苏)	7500.00
60	亭湖区(苏)	1425.00
61	盐都区(苏)	1425.00
62	东海县(苏)	800.00
63	建湖县(苏)	465.00
64	常山县(浙)	19791.00
65	淳安县(浙)	12852.00
66	龙泉市(浙)	12246.00
67	莲都区(浙)	7838.00
68	庆元县(浙)	5715.00
69	云和县(浙)	5616.00
70	松阳县(浙)	4481.00
71	磐安县(浙)	4404.00
72	缙云县(浙)	4170.00
73	景宁畲族自治县(浙)	2882.00
74	遂昌县(浙)	2514.00
75	江山市(浙)	2350.00
76	德清县(浙)	1445.00
77	富阳市(浙)	1200.00
78	青田县(浙)	925.00
79	建德市(浙)	675.00
80	衢江区(浙)	220.00
81	芜湖县(皖)	32000.00
82	南陵县(皖)	12053.00
83	宁国市(皖)	8764.00
84	潜山县(皖)	7500.00
85	桐城市(皖)	2500.00
86	东至县(皖)	2228.30
87	居巢区(皖)	1700.00
88	池州市九华山风景区(皖)	1500.00
89	贵池区(皖)	1500.00
90	黄山区(皖)	1450.00
91	蒙城县(皖)	1200.00
92	祁门县(皖)	825.00
93	泾　县(皖)	600.00
94	长丰县(皖)	420.00
95	金寨县(皖)	387.00
96	太湖县(皖)	350.00
97	霍山县(皖)	210.00
98	旌德县(皖)	129.00
99	福安市(闽)	132993.00
100	漳浦县(闽)	86342.00
101	寿宁县(闽)	63731.00
102	邵武市(闽)	59590.00
103	罗源县(闽)	52252.00
104	华安县(闽)	52159.00
105	仙游县(闽)	42283.00
106	永春县(闽)	37343.00
107	莆田市市辖区(闽)	34258.00
108	漳平市(闽)	33153.00
109	尤溪县(闽)	27655.00
110	永定县(闽)	17588.00
111	古田县(闽)	15836.00
112	闽清县(闽)	15105.00
113	南靖县(闽)	14898.00

	食用菌类主产地	产量(吨)
114	霞浦县(闽)	12854.00
115	浦城县(闽)	12648.00
116	周宁县(闽)	12536.00
117	大田县(闽)	10955.00
118	闽侯县(闽)	10862.00
119	永泰县(闽)	10694.00
120	漳州市市辖区(闽)	10692.00
121	将乐县(闽)	10194.00
122	长泰县(闽)	10042.00
123	市辖区(闽)	9869.00
124	延平区(闽)	9869.00
125	建阳市(闽)	9568.00
126	光泽县(闽)	9521.00
127	连江县(闽)	9327.00
128	泰宁县(闽)	8435.00
129	屏南县(闽)	8429.00
130	龙海市(闽)	7726.00
131	建瓯市(闽)	7291.00
132	顺昌县(闽)	6676.00
133	南安市(闽)	6652.00
134	长乐市(闽)	5856.00
135	沙　县(闽)	5117.00
136	武夷山市(闽)	4981.00
137	东山县(闽)	4841.00
138	福鼎市(闽)	4535.00
139	柘荣县(闽)	4376.00
140	宁化县(闽)	4168.00
141	明溪县(闽)	4135.00
142	永安市(闽)	3954.00
143	松溪县(闽)	3947.00
144	上杭县(闽)	3922.00
145	建宁县(闽)	3305.00
146	云霄县(闽)	2966.00
147	连城县(闽)	2890.00
148	诏安县(闽)	2889.00
149	三明市市辖区(闽)	2307.00
150	福清市(闽)	2282.00
151	宁德市市辖区(闽)	2063.00
152	清流县(闽)	1894.00
153	安溪县(闽)	1725.00
154	武平县(闽)	1327.00
155	德化县(闽)	1082.00
156	长汀县(闽)	937.00
157	龙岩市市辖区(闽)	807.00
158	政和县(闽)	360.00
159	万年县(赣)	10000.00
160	新干县(赣)	3668.10
161	铜鼓县(赣)	3050.00
162	靖安县(赣)	1611.00
163	乐安县(赣)	1030.00
164	奉新县(赣)	807.00
165	崇仁县(赣)	650.00
166	章贡区(赣)	642.00
167	广昌县(赣)	590.00
168	修水县(赣)	400.00
169	婺源县(赣)	370.00
170	赣　县(赣)	165.40
171	德兴市(赣)	139.00
172	瑞金市(赣)	125.50
173	全南县(赣)	125.00
174	新泰市(鲁)	9850.00
175	东平县(鲁)	4500.00
176	沂水县(鲁)	3600.00
177	济阳县(鲁)	3200.00
178	苍山县(鲁)	2250.00
179	沂源县(鲁)	431.00
180	宁阳县(鲁)	296.00
181	灵宝市(豫)	55800.00
182	西华县(豫)	45000.00
183	西峡县(豫)	32200.00
184	汤阴县(豫)	10400.00
185	泌阳县(豫)	10060.00
186	清丰县(豫)	7500.00
187	桐柏县(豫)	5710.00
188	延津县(豫)	4610.00
189	博爱县(豫)	4514.00
190	淅川县(豫)	4505.00
191	鹿邑县(豫)	3000.00
192	平桥区(豫)	3000.00
193	淮阳县(豫)	2945.00
194	方城县(豫)	2411.00
195	项城市(豫)	1600.00
196	辉县市(豫)	1600.00
197	叶　县(豫)	1500.00
198	濮阳县(豫)	1500.00
199	内乡县(豫)	1486.00
200	西平县(豫)	1000.00
201	汝阳县(豫)	950.00
202	舞钢市(豫)	900.00
203	长垣县(豫)	810.00
204	南乐县(豫)	500.00
205	商城县(豫)	400.00
206	宜阳县(豫)	220.00
207	郏　县(豫)	200.00
208	南召县(豫)	200.00
209	新安县(豫)	200.00
210	卢氏县(豫)	160.00
211	栾川县(豫)	150.00
212	浉河区(豫)	130.00
213	洛宁县(豫)	126.00
214	宝丰县(豫)	126.00
215	钟祥市(鄂)	11000.00
216	南漳县(鄂)	7310.00
217	浠水县(鄂)	7000.00
218	东宝区(鄂)	5169.00
219	房　县(鄂)	2311.00
220	当阳市(鄂)	2100.00
221	谷城县(鄂)	1100.00
222	武穴市(鄂)	989.00
223	罗田县(鄂)	730.00
224	丹江口市(鄂)	300.00
225	兴山县(鄂)	299.00
226	麻城市(鄂)	264.00
227	咸丰县(鄂)	165.00
228	安陆市(鄂)	100.00
229	郧西县(鄂)	100.00
230	宜都市(鄂)	100.00
231	炎陵县(湘)	5235.00
232	北湖区(湘)	1721.00
233	衡山县(湘)	1500.00
234	祁阳县(湘)	1461.00
235	双牌县(湘)	1461.00
236	江华瑶族自治县(湘)	1221.00
237	张家界市市辖区(湘)	1200.00
238	会同县(湘)	1016.00
239	绥宁县(湘)	800.00
240	石门县(湘)	580.00
241	道　县(湘)	539.00
242	沅陵县(湘)	532.00
243	北塔区(湘)	500.00
244	邵阳县(湘)	500.00
245	永定区(湘)	500.00
246	武冈市(湘)	500.00
247	桃源县(湘)	450.00
248	零陵区(湘)	440.00
249	慈利县(湘)	400.00
250	靖州苗族侗族自治县(湘)	400.00
251	安化县(湘)	380.00

	食用菌类主产地	产量(吨)
252	常宁市(湘)	370.00
253	新宁县(湘)	300.00
254	城步苗族自治县(湘)	300.00
255	浏阳市(湘)	278.00
256	汝城县(湘)	260.00
257	临澧县(湘)	238.00
258	桑植县(湘)	200.00
259	宁远县(湘)	186.00
260	资兴市(湘)	150.00
261	蓝山县(湘)	127.00
262	武陵源区(湘)	100.00
263	双清区(湘)	100.00
264	封开县(粤)	949.00
265	清新县(粤)	400.00
266	柳城县(桂)	12892.00
267	灵川县(桂)	4444.00
268	灌阳县(桂)	1253.00
269	八步区(桂)	820.00
270	昭平县(桂)	489.00
271	金秀瑶族自治县(桂)	345.00
272	柳南区(桂)	300.00
273	荣昌县(渝)	3000.00
274	垫江县(渝)	2200.00
275	合川区(渝)	2000.00
276	丰都县(渝)	750.00
277	石柱土家族自治县(渝)	505.00
278	城口县(渝)	250.00
279	云阳县(渝)	210.00
280	彭水苗族土家族自治县(渝)	110.00
281	蓬安县(川)	50000.00
282	青川县(川)	4800.00
283	什邡市(川)	4028.00
284	宣汉县(川)	3200.00
285	木里藏族自治县(川)	2800.00
286	朝天区(川)	2129.00
287	利州区(川)	1660.00
288	通江县(川)	1600.00
289	蒲江县(川)	1140.00
290	江油市(川)	930.00
291	三台县(川)	914.25
292	开江县(川)	700.00
293	盐边县(川)	675.00
294	达　县(川)	650.00
295	珙　县(川)	508.00
296	洪雅县(川)	500.00
297	宜宾县(川)	479.00
298	盐源县(川)	468.00
299	德昌县(川)	431.00
300	元坝区(川)	400.00
301	南江县(川)	350.00
302	冕宁县(川)	339.50
303	仪陇县(川)	337.00
304	兴文县(川)	300.00
305	会理县(川)	273.00
306	翠屏区(川)	266.00
307	长宁县(川)	220.00
308	会东县(川)	200.00
309	中江县(川)	200.00
310	天全县(川)	145.00
311	康定县(川)	123.00
312	北川羌族自治县(川)	120.00
313	西昌市(川)	120.00
314	金阳县(川)	120.00
315	翁达林业局(川)	100.00
316	自流井区(川)	100.00
317	盘　县(黔)	250.00
318	平坝县(黔)	100.00
319	贵定县(黔)	100.00
320	大姚县(滇)	3227.81
321	南华县(滇)	3120.00
322	贡山独龙族怒族自治县(滇)	2000.00
323	楚雄市(滇)	1846.70
324	禄丰县(滇)	1752.00
325	易门县(滇)	1270.00
326	宁洱哈尼族彝族自治县(滇)	749.00
327	牟定县(滇)	740.00
328	峨山彝族自治县(滇)	657.00
329	南涧彝族自治县(滇)	650.00
330	腾冲县(滇)	630.00
331	姚安县(滇)	610.00
332	弥渡县(滇)	605.70
333	武定县(滇)	573.00
334	盈江县(滇)	554.00
335	永平县(滇)	542.00
336	石屏县(滇)	500.00
337	隆阳区(滇)	457.00
338	云　县(滇)	439.00
339	洱源县(滇)	411.07
340	双柏县(滇)	394.49
341	江川县(滇)	355.50
342	镇雄县(滇)	316.00
343	施甸县(滇)	298.00
344	罗平县(滇)	250.00
345	永胜县(滇)	250.00
346	景洪市(滇)	239.00
347	永仁县(滇)	236.00
348	玉龙纳西族自治县(滇)	230.00
349	丘北县(滇)	199.00
350	蒙自市(滇)	169.00
351	宾川县(滇)	131.27
352	广南县(滇)	116.00
353	巍山彝族回族自治县(滇)	114.00
354	镇康县(滇)	109.00
355	漾濞彝族自治县(滇)	101.25
356	宁蒗彝族自治县(滇)	100.00
357	陈仓区(陕)	6550.00
358	城固县(陕)	4757.00
359	宁陕县(陕)	3230.00
360	宁强县(陕)	2509.00
361	镇巴县(陕)	2502.00
362	南郑县(陕)	1612.00
363	丹凤县(陕)	1305.00
364	略阳县(陕)	1137.00
365	凤　县(陕)	500.00
366	山阳县(陕)	357.00
367	柞水县(陕)	300.00
368	镇坪县(陕)	256.00
369	洛南县(陕)	236.00
370	岚皋县(陕)	210.00
371	秦州区(甘)	832.80
372	康乐县(甘)	300.00
373	徽　县(甘)	178.00
374	宕昌县(甘)	129.00
375	朗乡林业局(龙江森工)	10969.40
376	绥阳林业局(龙江森工)	6504.00
377	苇河林业局(龙江森工)	5422.00
378	亚布力林业局(龙江森工)	4493.00
379	东京城林业局(龙江森工)	4310.00
380	美溪林业局(龙江森工)	3165.00
381	穆棱林业局(龙江森工)	3131.00
382	金山屯林业局(龙江森工)	2848.10
383	清河林业局(龙江森工)	2630.00
384	山河屯林业局(龙江森工)	2544.00
385	大海林林业局(龙江森工)	2430.00
386	五营林业局(龙江森工)	2368.00
387	新青林业局(龙江森工)	2340.00
388	友好林业局(龙江森工)	2253.00
389	柴河林业局(龙江森工)	2049.00

	食用菌类主产地	产量(吨)
390	南岔林业局(龙江森工)	2027.00
391	汤旺河林业局(龙江森工)	1560.00
392	沾河林业局(龙江森工)	1483.00
393	林口林业局(龙江森工)	1425.00
394	兴隆林业局(龙江森工)	1391.00
395	乌伊岭林业局(龙江森工)	1352.00
396	鹤北林业局(龙江森工)	1159.00
397	东方红林业局(龙江森工)	1040.00
398	带岭实验局(龙江森工)	945.00
399	绥棱林业局(龙江森工)	871.00
400	方正林业局(龙江森工)	667.00
401	翠峦林业局(龙江森工)	661.70
402	海林林业局(龙江森工)	650.00
403	桃山林业局(龙江森工)	453.00
404	乌马河林业局(龙江森工)	447.00
405	八面通林业局(龙江森工)	434.00
406	上甘岭林业局(龙江森工)	410.00
407	鹤立林业局(龙江森工)	329.00
408	双丰林业局(龙江森工)	320.00
409	红星林业局(龙江森工)	300.00
410	铁力林业局(龙江森工)	204.00
411	双鸭山林业局(龙江森工)	196.00
412	桦南林业局(龙江森工)	140.00
413	迎春林业局(龙江森工)	100.00

表 12-7-2　竹笋主产地产量

	竹笋主产地	产量(吨)
1	金山区(沪)	4690.00
2	奉贤区(沪)	840.00
3	衢江区(浙)	226800.00
4	余杭区(浙)	92630.00
5	德清县(浙)	74900.00
6	淳安县(浙)	55128.00
7	长兴县(浙)	54500.00
8	遂昌县(浙)	49660.00
9	余姚市(浙)	35000.00
10	吴兴区(浙)	28722.00
11	临安市(浙)	24010.00
12	富阳市(浙)	12898.00
13	慈溪市(浙)	9430.00
14	庆元县(浙)	7700.00
15	缙云县(浙)	7610.00
16	上虞市(浙)	7386.00
17	建德市(浙)	7000.00
18	奉化市(浙)	6557.00
19	义乌市(浙)	6000.00
20	安吉县(浙)	5300.00
21	龙泉市(浙)	5240.00
22	江北区(浙)	4676.00
23	象山县(浙)	4600.00
24	宁海县(浙)	2836.00
25	北仑区(浙)	1845.00
26	莲都区(浙)	1843.00
27	松阳县(浙)	1834.00
28	萧山区(浙)	1650.00
29	临海市(浙)	1520.00
30	婺城区(浙)	1200.00
31	常山县(浙)	1200.00
32	浦江县(浙)	1200.00
33	镇海区(浙)	1100.00
34	秀洲区(浙)	920.00
35	景宁畲族自治县(浙)	886.00
36	青田县(浙)	344.00
37	定海区(浙)	280.00
38	平湖市(浙)	260.00
39	江山市(浙)	243.00
40	磐安县(浙)	230.00
41	云和县(浙)	166.00
42	广德县(皖)	37500.00
43	宁国市(皖)	24300.00
44	池州市九华山风景区(皖)	4000.00
45	贵池区(皖)	4000.00
46	南陵县(皖)	900.00
47	泾　县(皖)	800.00
48	黄山区(皖)	601.00
49	郎溪县(皖)	600.00
50	祁门县(皖)	524.00
51	旌德县(皖)	510.00
52	芜湖县(皖)	400.00
53	黟　县(皖)	360.00
54	青阳县(皖)	350.00
55	潜山县(皖)	300.00
56	东至县(皖)	212.50
57	繁昌县(皖)	200.00
58	歙　县(皖)	185.00
59	霍山县(皖)	120.00
60	太湖县(皖)	105.00
61	建瓯市(闽)	27823.00
62	沙　县(闽)	16203.00
63	建阳市(闽)	14263.00
64	邵武市(闽)	11251.00
65	延平区(闽)	11113.00
66	南靖县(闽)	10383.00
67	永安市(闽)	9678.00
68	尤溪县(闽)	9076.00
69	武夷山市(闽)	8860.00
70	松溪县(闽)	7158.00
71	永泰县(闽)	6949.00
72	顺昌县(闽)	6430.00
73	泰宁县(闽)	4782.00
74	将乐县(闽)	4549.00
75	三明市市辖区(闽)	4460.00
76	政和县(闽)	3946.00
77	闽清县(闽)	3586.00
78	三元区(闽)	3471.00
79	宁化县(闽)	2909.00
80	古田县(闽)	2715.00
81	明溪县(闽)	2630.00
82	大田县(闽)	2594.00
83	连城县(闽)	2522.00
84	平和县(闽)	2418.00
85	漳平市(闽)	2365.00
86	浦城县(闽)	2355.00
87	清流县(闽)	2318.00
88	新罗区(闽)	2089.00
89	龙海市(闽)	1944.00
90	永定县(闽)	1863.00
91	福安市(闽)	1856.00
92	永春县(闽)	1589.00
93	华安县(闽)	1297.00
94	漳州市市辖区(闽)	1265.00
95	长汀县(闽)	1190.00
96	漳浦县(闽)	1130.00
97	寿宁县(闽)	1056.00
98	梅列区(闽)	989.00
99	上杭县(闽)	890.00
100	屏南县(闽)	837.00
101	霞浦县(闽)	797.00
102	光泽县(闽)	786.00
103	武平县(闽)	716.00
104	蕉城区(闽)	672.00
105	福鼎市(闽)	661.00
106	闽侯县(闽)	579.00
107	德化县(闽)	383.00
108	福州市市辖区(闽)	360.00
109	晋安区(闽)	360.00
110	长泰县(闽)	339.00

	竹笋主产地	产量(吨)
111	仙游县(闽)	320.00
112	周宁县(闽)	300.00
113	柘荣县(闽)	260.00
114	罗源县(闽)	203.00
115	涵江区(闽)	184.00
116	莆田市市辖区(闽)	184.00
117	连江县(闽)	125.00
118	安溪县(闽)	107.00
119	资溪县(赣)	75000.00
120	崇义县(赣)	18000.00
121	贵溪市(赣)	7720.00
122	黎川县(赣)	3000.00
123	婺源县(赣)	2000.00
124	铜鼓县(赣)	1500.00
125	上高县(赣)	1302.40
126	乐安县(赣)	960.00
127	大余县(赣)	500.00
128	莲花县(赣)	375.00
129	分宜县(赣)	350.00
130	泰和县(赣)	300.00
131	靖安县(赣)	300.00
132	芦溪县(赣)	300.00
133	瑞昌市(赣)	182.00
134	瑞金市(赣)	156.00
135	全南县(赣)	135.00
136	修水县(赣)	120.00
137	余江县(赣)	120.00
138	万年县(赣)	100.00
139	赤壁市(鄂)	7500.00
140	钟祥市(鄂)	580.00
141	罗田县(鄂)	475.00
142	武穴市(鄂)	259.00
143	阳新县(鄂)	215.00
144	竹溪县(鄂)	175.00
145	麻城市(鄂)	165.00
146	竹山县(鄂)	160.00
147	房　县(鄂)	159.00
148	宜都市(鄂)	112.00
149	桃江县(湘)	60000.00
150	绥宁县(湘)	12000.00
151	新化县(湘)	6500.00
152	沅陵县(湘)	4875.00
153	桃源县(湘)	3000.00
154	隆回县(湘)	3000.00
155	株洲县(湘)	2400.00
156	零陵区(湘)	2390.00

	竹笋主产地	产量(吨)
157	耒阳市(湘)	2300.00
158	新宁县(湘)	2000.00
159	涟源市(湘)	1500.00
160	鼎城区(湘)	1130.00
161	常宁市(湘)	1000.00
162	资兴市(湘)	680.00
163	双牌县(湘)	613.00
164	祁阳县(湘)	613.00
165	茶陵县(湘)	600.00
166	会同县(湘)	546.00
167	新邵县(湘)	500.00
168	安化县(湘)	390.00
169	北湖区(湘)	380.00
170	宁远县(湘)	365.00
171	城步苗族自治县(湘)	350.00
172	武冈市(湘)	300.00
173	吉首市(湘)	295.00
174	平江县(湘)	245.00
175	临武县(湘)	228.00
176	双峰县(湘)	218.00
177	益阳市市辖区(湘)	200.00
178	冷水江市(湘)	170.00
179	桂东县(湘)	150.00
180	湘乡市(湘)	150.00
181	麻阳苗族自治县(湘)	132.00
182	道　县(湘)	120.00
183	中方县(湘)	120.00
184	蓝山县(湘)	110.00
185	靖州苗族侗族自治县(湘)	100.00
186	石门县(湘)	100.00
187	英德市(粤)	18176.00
188	清新县(粤)	14000.00
189	郁南县(粤)	8500.00
190	封开县(粤)	906.00
191	连州市(粤)	700.00
192	连山壮族瑶族自治县(粤)	230.00
193	高要市(粤)	230.00
194	湘桥区(粤)	220.00
195	台山市(粤)	210.00
196	廉江市(粤)	170.00
197	资源县(桂)	6000.00
198	八步区(桂)	2460.00
199	融水苗族自治县(桂)	1228.00
200	灵川县(桂)	1099.00
201	恭城瑶族自治县(桂)	1000.00
202	桂平市(桂)	900.00

	竹笋主产地	产量(吨)
203	兴安县(桂)	873.00
204	全州县(桂)	825.00
205	金秀瑶族自治县(桂)	686.00
206	三江侗族自治县(桂)	543.90
207	浦北县(桂)	506.00
208	容　县(桂)	450.00
209	藤　县(桂)	345.00
210	防城区(桂)	332.00
211	昭平县(桂)	320.00
212	蝶山区(桂)	300.00
213	柳江县(桂)	259.00
214	岑溪市(桂)	253.00
215	龙胜各族自治县(桂)	224.00
216	横　县(桂)	200.00
217	阳朔县(桂)	195.00
218	宾阳县(桂)	164.00
219	钟山县(桂)	135.00
220	马山县(桂)	130.00
221	蒙山县(桂)	127.00
222	环江毛南族自治县(桂)	111.00
223	梁平县(渝)	150000.00
224	南川区(渝)	72000.00
225	荣昌县(渝)	50000.00
226	石柱土家族自治县(渝)	5000.00
227	武隆县(渝)	3700.00
228	丰都县(渝)	3700.00
229	永川区(渝)	3000.00
230	城口县(渝)	2000.00
231	开　县(渝)	1150.00
232	涪陵区(渝)	800.00
233	双桥区(渝)	150.00
234	青神县(川)	230000.00
235	富顺县(川)	86500.00
236	叙永县(川)	46500.00
237	仁寿县(川)	28650.00
238	威远县(川)	24445.00
239	资中县(川)	15420.00
240	宣汉县(川)	11580.00
241	峨边彝族自治县(川)	8000.00
242	合江县(川)	8000.00
243	西充县(川)	5000.00
244	彭山县(川)	4000.00
245	高　县(川)	3000.00
246	东坡区(川)	2500.00
247	长宁县(川)	2500.00
248	船山区(川)	2300.00

	竹笋主产地	产量(吨)
249	乐山市市中区(川)	1943.00
250	洪雅县(川)	1760.00
251	芦山县(川)	1500.00
252	江阳区(川)	1500.00
253	开江县(川)	1500.00
254	雷波县(川)	1500.00
255	珙　县(川)	1353.00
256	仪陇县(川)	1220.00
257	雁江区(川)	1200.00
258	筠连县(川)	900.00
259	三台县(川)	900.00
260	兴文县(川)	900.00
261	蒲江县(川)	750.00
262	马边彝族自治县(川)	740.00
263	广安区(川)	680.00
264	五通桥区(川)	676.00
265	金口河区(川)	667.00
266	翠屏区(川)	600.00
267	青白江区(川)	600.00
268	屏山县(川)	580.00
269	纳溪区(川)	500.00
270	南溪县(川)	360.00
271	绵竹市(川)	350.00
272	安　县(川)	300.00
273	大安区(川)	271.00
274	天全县(川)	247.00
275	江安县(川)	235.00
276	元坝区(川)	220.00
277	通江县(川)	210.00
278	江油市(川)	200.00
279	德昌县(川)	200.00
280	达　县(川)	200.00
281	宝兴县(川)	156.00
282	荥经县(川)	150.00
283	南江县(川)	120.00
284	自流井区(川)	120.00
285	贵定县(黔)	600.00
286	榕江县(黔)	403.00
287	平坝县(黔)	375.00
288	雷山县(黔)	191.00
289	荔波县(黔)	178.00
290	从江县(黔)	148.00
291	陇川县(滇)	8979.00
292	盐津县(滇)	5990.00
293	瑞丽市(滇)	5000.00
294	金平苗族瑶族傣族自治县(滇)	4000.00
295	大关县(滇)	4000.00
296	镇康县(滇)	1351.00
297	耿马傣族佤族自治县(滇)	1203.00
298	彝良县(滇)	876.00
299	腾冲县(滇)	800.00
300	新平彝族傣族自治县(滇)	683.00
301	水富县(滇)	550.00
302	盈江县(滇)	367.00
303	红河县(滇)	302.50
304	镇雄县(滇)	233.00
305	南涧彝族自治县(滇)	137.00
306	澜沧拉祜族自治县(滇)	125.00
307	镇坪县(陕)	624.00
308	城固县(陕)	166.00
309	平利县(陕)	130.00

表 12-7-3　黄花菜主产地产量

	黄花菜主产地	产量(吨)
1	丰宁满族自治县(冀)	30.00
2	阿鲁科尔沁旗(内蒙古)	50.00
3	巴林左旗(内蒙古)	15.00
4	桦南县(黑)	15.00
5	霍山县(皖)	60.00
6	吉州区(赣)	15.00
7	修水县(赣)	10.00
8	铜鼓县(赣)	10.00
9	崇仁县(赣)	10.00
10	新泰市(鲁)	20000.00
11	宁阳县(鲁)	127.00
12	河东区(鲁)	50.00
13	淮阳县(豫)	55.00
14	老河口市(鄂)	20.00
15	郧　县(鄂)	10.00
16	祁东县(湘)	1374.00
17	沅陵县(湘)	151.00
18	邵阳县(湘)	50.00
19	云阳县(渝)	160.00
20	平坝县(黔)	15.00
21	锦屏县(黔)	10.00
22	瓮安县(黔)	10.00
23	西峰区(甘)	1200.00
24	宁　县(甘)	1024.00
25	武都区(甘)	16.00
26	华池县(甘)	10.00

表 12-7-4　蕨菜主产地产量

	蕨菜主产地	产量(吨)
1	丰宁满族自治县(冀)	140.00
2	平泉县(冀)	50.00
3	扎兰屯市(内蒙古)	3000.00
4	巴林左旗(内蒙古)	363.00
5	宁城县(内蒙古)	230.00
6	白狼林业局(内蒙古)	200.00
7	阿鲁科尔沁旗(内蒙古)	100.00
8	喀喇沁旗(内蒙古)	75.00
9	柴河林业局(内蒙古)	69.00
10	清原满族自治县(辽)	9200.00
11	岫岩满族自治县(辽)	6000.00
12	海城市(辽)	360.00
13	大石桥市(辽)	300.00
14	新宾满族自治县(辽)	187.00
15	永吉县(吉)	780.00
16	黄泥河林业局(吉)	412.00
17	龙潭区(吉)	200.00
18	临江市(吉)	95.00
19	逊克县(黑)	1100.00
20	嫩江县(黑)	220.00
21	延寿县(黑)	200.00
22	大兴安岭地区加格达奇区(黑)	200.00
23	孙吴县(黑)	100.00
24	鸡东县(黑)	70.00
25	桦南县(黑)	60.00
26	讷河市(黑)	50.00
27	景宁畲族自治县(浙)	138.00
28	池州市九华山风景区(皖)	500.00
29	贵池区(皖)	500.00
30	祁门县(皖)	479.00
31	霍山县(皖)	300.00
32	泾　县(皖)	100.00
33	居巢区(皖)	90.00
34	铜鼓县(赣)	400.00
35	靖安县(赣)	340.00
36	婺源县(赣)	250.00
37	崇义县(赣)	70.00
38	平桥区(豫)	1500.00
39	嵩　县(豫)	500.00
40	利川市(鄂)	200.00
41	郧　县(鄂)	200.00
42	赤壁市(鄂)	105.00
43	株洲县(湘)	20000.00
44	隆回县(湘)	500.00
45	资兴市(湘)	360.00

	蕨菜主产地	产量(吨)
46	湘乡市(湘)	220.00
47	新宁县(湘)	200.00
48	绥宁县(湘)	200.00
49	临武县(湘)	197.00
50	通道侗族自治县(湘)	150.00
51	城步苗族自治县(湘)	120.00
52	连州市(粤)	600.00
53	高要市(粤)	90.00
54	资源县(桂)	1200.00
55	全州县(桂)	100.00
56	南川区(渝)	9000.00
57	丰都县(渝)	1440.00
58	城口县(渝)	800.00
59	武隆县(渝)	200.00
60	叙永县(川)	4500.00
61	宣汉县(川)	1185.00
62	峨边彝族自治县(川)	600.00
63	元坝区(川)	500.00
64	冕宁县(川)	500.00
65	金口河区(川)	460.00
66	筠连县(川)	311.00
67	木里藏族自治县(川)	200.00
68	米易县(川)	193.00
69	北川羌族自治县(川)	120.00
70	会东县(川)	100.00
71	布拖县(川)	100.00
72	宝兴县(川)	96.00
73	兴文县(川)	90.00
74	荥经县(川)	60.00
75	贵定县(黔)	5000.00
76	毕节市(黔)	1000.00
77	瓮安县(黔)	1000.00
78	锦屏县(黔)	135.00
79	平坝县(黔)	70.00
80	贡山独龙族怒族自治县(滇)	2810.00
81	易门县(滇)	928.00
82	云龙县(滇)	800.00
83	个旧市(滇)	600.00
84	盈江县(滇)	463.00
85	石屏县(滇)	300.00
86	水富县(滇)	300.00
87	隆阳区(滇)	257.00
88	罗平县(滇)	200.00
89	马龙县(滇)	200.00
90	陇川县(滇)	198.00
91	兰坪白族普米族自治县(滇)	150.00
92	永胜县(滇)	150.00
93	昌宁县(滇)	113.00
94	禄丰县(滇)	113.00
95	大关县(滇)	100.00
96	建水县(滇)	98.00
97	梁河县(滇)	82.70
98	弥渡县(滇)	81.88
99	陆良县(滇)	75.60
100	红河县(滇)	60.00
101	楚雄市(滇)	58.10
102	永平县(滇)	56.00
103	姚安县(滇)	52.70
104	峨山彝族自治县(滇)	52.00
105	渭源县(甘)	4200.00
106	康乐县(甘)	260.00
107	沾河林业局(龙江森工)	7438.00
108	鹤北林业局(龙江森工)	1315.00
109	亚布力林业局(龙江森工)	290.00
110	双鸭山林业局(龙江森工)	190.00

表 12-7-5 野菜主产地产量

	野菜主产地	产量(吨)
1	宽城满族自治县(冀)	20000.00
2	隆化县(冀)	2000.00
3	丰宁满族自治县(冀)	550.00
4	滦平县(冀)	258.00
5	宁城县(内蒙古)	470.00
6	柴河林业局(内蒙古)	123.80
7	本溪满族自治县(辽)	112000.00
8	宽甸满族自治县(辽)	41300.00
9	新宾满族自治县(辽)	36200.00
10	岫岩满族自治县(辽)	20000.00
11	抚顺县(辽)	7000.00
12	凤城市(辽)	6000.00
13	庄河市(辽)	4000.00
14	南芬区(辽)	2525.00
15	凌海市(辽)	1500.00
16	西丰县(辽)	1000.00
17	桓仁满族自治县(辽)	970.00
18	铁岭县(辽)	689.00
19	东港市(辽)	602.00
20	顺城区(辽)	543.00
21	大石桥市(辽)	400.00
22	海城市(辽)	230.00
23	清河区(辽)	195.00
24	辉南县(吉)	69100.00
25	集安市(吉)	2781.00
26	敦化市(吉)	2665.00
27	磐石市(吉)	669.00
28	永吉县(吉)	618.00
29	龙潭区(吉)	518.00
30	通化县(吉)	500.00
31	白河林业局(吉)	450.00
32	东丰县(吉)	420.00
33	舒兰市(吉)	350.00
34	临江市(吉)	223.00
35	和龙林业局(吉)	214.00
36	靖宇县(吉)	167.00
37	柳河县(吉)	160.00
38	大兴沟林业局(吉)	140.00
39	尚志市(黑)	4000.00
40	爱辉区(黑)	3000.00
41	五常市(黑)	913.00
42	大兴安岭加格达奇	500.00
43	逊克县(黑)	400.00
44	城子河区(黑)	400.00
45	嘉荫县(黑)	380.00
46	五大连池市(黑)	320.00
47	嫩江县(黑)	185.00
48	孙吴县(黑)	140.00
49	北安市(黑)	100.00
50	沭阳县(苏)	22500.00
51	仪征市(苏)	300.00
52	淳安县(浙)	348.00
53	广德县(皖)	7000.00
54	霍山县(皖)	2500.00
55	繁昌县(皖)	500.00
56	太湖县(皖)	180.00
57	濉溪县(皖)	114.50
58	崇仁县(赣)	7000.00
59	崇义县(赣)	900.00
60	靖安县(赣)	520.00
61	铜鼓县(赣)	400.00
62	遂川县(赣)	110.00
63	苍山县(鲁)	350.00
64	桐柏县(豫)	10034.00
65	舞钢市(豫)	700.00
66	鲁山县(豫)	320.00
67	新安县(豫)	310.00
68	汝阳县(豫)	300.00
69	叶　县(豫)	190.00

	野菜主产地	产量(吨)
70	辉县市(豫)	170.00
71	商城县(豫)	100.00
72	谷城县(鄂)	1500.00
73	咸丰县(鄂)	950.00
74	房　县(鄂)	373.00
75	罗田县(鄂)	365.00
76	鹤峰县(鄂)	180.00
77	来凤县(鄂)	115.00
78	阳新县(鄂)	115.00
79	五峰土家族自治县(鄂)	100.00
80	沅陵县(湘)	8832.00
81	涟源市(湘)	1800.00
82	新化县(湘)	1800.00
83	安化县(湘)	1700.00
84	绥宁县(湘)	1500.00
85	城步苗族自治县(湘)	1300.00
86	浏阳市(湘)	520.00
87	江华瑶族自治县(湘)	385.00
88	零陵区(湘)	309.00
89	桃源县(湘)	300.00
90	宁远县(湘)	151.00
91	武冈市(湘)	150.00
92	常宁市(湘)	130.00
93	麻阳苗族自治县(湘)	121.00
94	新邵县(湘)	120.00
95	石门县(湘)	110.00
96	连州市(粤)	270.00
97	丰都县(渝)	9210.00
98	城口县(渝)	1000.00
99	云阳县(渝)	680.00
100	石柱土家族自治县(渝)	374.00
101	雷波县(川)	860.00
102	江阳区(川)	600.00
103	长宁县(川)	500.00
104	北川羌族自治县(川)	450.00
105	通江县(川)	410.00
106	宣汉县(川)	358.00
107	仪陇县(川)	260.00
108	渠　县(川)	234.00
109	高　县(川)	200.00
110	冕宁县(川)	114.00
111	江油市(川)	100.00
112	瓮安县(黔)	1000.00
113	平坝县(黔)	200.00
114	贡山独龙族怒族自治县(滇)	3500.00
115	玉龙纳西族自治县(滇)	1500.00
116	盈江县(滇)	1234.00
117	耿马傣族佤族自治县(滇)	683.00
118	大关县(滇)	640.00
119	陇川县(滇)	281.00
120	泸西县(滇)	200.00
121	镇康县(滇)	150.00
122	永胜县(滇)	150.00
123	隆阳区(滇)	119.00
124	峨山彝族自治县(滇)	117.00
125	洱源县(滇)	103.31
126	贡觉县(藏)	320.20
127	江达县(藏)	257.25
128	察雅县(藏)	205.20
129	芒康县(藏)	124.17
130	左贡县(藏)	122.18
131	勉　县(陕)	6410.00
132	略阳县(陕)	116.00
133	镇坪县(陕)	113.00
134	康乐县(甘)	220.00
135	宕昌县(甘)	206.00
136	清水县(甘)	180.00
137	陇西县(甘)	120.00
138	徽　县(甘)	110.00
139	武都区(甘)	100.00
140	红石林业局(吉林森工)	1284.00
141	三岔子林业局(吉林森工)	676.00
142	湾沟林业局(吉林森工)	450.00
143	露水河林业局(吉林森工)	242.00
144	五营林业局(龙江森工)	2200.00
145	友好林业局(龙江森工)	2000.00
146	朗乡林业局(龙江森工)	1355.00
147	苇河林业局(龙江森工)	1342.00
148	南岔林业局(龙江森工)	1100.00
149	柴河林业局(龙江森工)	1100.00
150	东方红林业局(龙江森工)	1055.00
151	汤旺河林业局(龙江森工)	980.00
152	双丰林业局(龙江森工)	950.00
153	乌伊岭林业局(龙江森工)	850.00
154	海林林业局(龙江森工)	800.00
155	铁力林业局(龙江森工)	756.00
156	大海林林业局(龙江森工)	700.00
157	红星林业局(龙江森工)	680.00
158	美溪林业局(龙江森工)	660.00
159	清河林业局(龙江森工)	650.00
160	方正林业局(龙江森工)	630.00
161	新青林业局(龙江森工)	550.00
162	兴隆林业局(龙江森工)	503.00
163	桦南林业局(龙江森工)	500.00
164	桃山林业局(龙江森工)	500.00
165	带岭实验局(龙江森工)	500.00
166	乌马河林业局(龙江森工)	480.00
167	东京城林业局(龙江森工)	404.00
168	穆棱林业局(龙江森工)	358.00
169	山河屯林业局(龙江森工)	355.00
170	绥阳林业局(龙江森工)	350.00
171	通北林业局(龙江森工)	315.00
172	林口林业局(龙江森工)	300.00
173	上甘岭林业局(龙江森工)	220.00
174	双鸭山林业局(龙江森工)	220.00
175	迎春林业局(龙江森工)	200.00
176	鹤立林业局(龙江森工)	190.00
177	金山屯林业局(龙江森工)	190.00
178	绥棱林业局(龙江森工)	155.00
179	八面通林业局(龙江森工)	112.00

表 12-7-6　香椿主产地产量

	香椿主产地	产量(吨)
1	迁西县(冀)	2000.00
2	太和县(皖)	100.00
3	濉溪县(皖)	56.70
4	瑞昌市(赣)	410.00
5	青州市(鲁)	4520.00
6	沂水县(鲁)	4500.00
7	蒙阴县(鲁)	3800.00
8	淄川区(鲁)	3000.00
9	新泰市(鲁)	1250.00
10	平阴县(鲁)	369.00
11	岱岳区(鲁)	300.00
12	博山区(鲁)	300.00
13	宁阳县(鲁)	191.00
14	陵　县(鲁)	110.00
15	河口区(鲁)	100.00
16	河东区(鲁)	100.00
17	偃师市(豫)	750.00
18	解放区(豫)	500.00
19	嵩　县(豫)	500.00
20	辉县市(豫)	380.00
21	中牟县(豫)	150.00
22	林州市(豫)	85.00
23	宜都市(鄂)	1500.00
24	南漳县(鄂)	500.00

	香椿主产地	产量(吨)
25	五峰土家族自治县(鄂)	180.00
26	郧　县(鄂)	100.00
27	应城市(鄂)	100.00
28	郧西县(鄂)	96.00
29	隆回县(湘)	450.00
30	沅陵县(湘)	273.00
31	永顺县(湘)	60.00
32	新宁县(湘)	50.00
33	龙山县(湘)	50.00
34	武隆县(渝)	2500.00
35	丰都县(渝)	350.00
36	云阳县(渝)	80.00
37	合川区(渝)	80.00
38	大竹县(川)	3000.00
39	达　县(川)	310.00
40	船山区(川)	150.00
41	冕宁县(川)	80.00
42	平坝县(黔)	305.00
43	盈江县(滇)	398.00
44	腾冲县(滇)	260.00
45	隆阳区(滇)	70.00
46	华宁县(滇)	54.10
47	华阴市(陕)	650.00
48	洛南县(陕)	79.00
49	略阳县(陕)	55.00
50	康　县(甘)	501.00
51	清水县(甘)	50.00

表 12-7-7　其他森林蔬菜主产地产量

	其他森林蔬菜主产地	品种	产量(吨)
1	霍山县(皖)	百合	2800.00
2	隆回县(湘)	百合	600.00
3	宜都市(鄂)	百合	562.00
4	沅陵县(湘)	百合	57.00
5	永靖县(甘)	百合	45.00
6	潜山县(皖)	百合	20.00
7	铜鼓县(赣)	百合	20.00
8	邵阳县(湘)	百合	20.00
9	耒阳市(湘)	百合	20.00
10	新宁县(湘)	百合	20.00
11	贵定县(黔)	百合	20.00
12	修水县(赣)	百合	10.00
13	河东区(鲁)	百合	10.00
14	本溪满族自治县(辽)	龙芽木	22500.00
15	溪湖区(辽)	龙芽木	1500.00
16	本溪市经济开发区(辽)	龙芽木	167.00
17	亚布力林业局(龙江森工)	龙芽木	110.00
18	通化县(吉)	龙芽木	50.00
19	嵩　县(豫)	龙芽木	50.00
20	辉南县(吉)	龙芽木	30.00
21	大兴沟林业局(吉)	龙芽木	20.00
22	庄河市(辽)	龙芽木	17.00

表 12-8　森林蔬菜出口

国家/地区	出口数量(吨)	出口金额(千美元)
07052900 其他鲜或冷藏的菊苣		
合计	7	6
泰国	4	4
马来西亚	3	2
07095100 鲜活冷藏的伞菌属蘑菇		
合计	436	954
马来西亚	384	832
新加坡	30	79
智利	2	17
韩国	7	14
荷兰	8	6
法国	2	2
美国	1	1
澳大利亚	1	1
泰国	0	1
07095910 鲜或冷藏的松茸		
合计	1425	62298
日本	1316	56417
韩国	109	5864
新加坡	0	8
泰国	0	6
台湾省	0	3
07095920 鲜或冷藏的香菇		
合计	17605	54905
日本	5688	17304
美国	3762	12566
韩国	2651	8283
马来西亚	2743	6951
荷兰	806	3583
泰国	598	1863
加拿大	390	1254
新加坡	437	1173
澳大利亚	186	810
英国	204	592
德国	70	296
俄罗斯联邦	30	85
以色列	23	81
南非	9	37
瑞士	2	18
蒙古	2	2
越南	1	2
奥地利	0	1
香港	2	0
07095930 鲜或冷藏的金针菇		
合计	1587	2105
马来西亚	322	737
越南	401	615
泰国	145	263
香港	566	132
荷兰	45	110
新加坡	48	92
加拿大	28	68
澳大利亚	17	55
以色列	6	20
南非	1	4
法国	4	4
德国	1	2
卢森堡	2	1
朝鲜	0	1
07095940 鲜或冷藏的草菇		
合计	443	83
香港	443	83
07095950 鲜或冷藏的口蘑		
合计	338	182
俄罗斯联邦	338	182
07095960 鲜或冷藏的块菌		
合计	392	3507
法国	18	820
美国	216	783
德国	30	765
日本	9	511
西班牙	8	313
荷兰	5	258
韩国	104	26
马来西亚	0	8
匈牙利	0	7
加拿大	0	7
丹麦	0	3
比利时	0	2

国家/地区	出口数量（吨）	出口金额（千美元）
泰国	0	2
澳大利亚	2	1
07095990 其他鲜或冷藏的蘑菇		
合计	6702	14599
美国	1640	5115
马来西亚	1931	4783
越南	389	1107
荷兰	236	961
新加坡	234	680
香港	1456	384
加拿大	66	236
德国	49	216
澳大利亚	46	206
日本	42	179
西班牙	93	147
以色列	31	133
俄罗斯联邦	367	133
泰国	27	112
南非	29	111
韩国	19	61
瑞士	2	15
澳门	42	11
意大利	2	3
阿联酋	1	2
奥地利	0	1
法国	1	1
07108010 冷冻松茸		
合计	790	10304
日本	321	5270
韩国	465	4955
美国	2	47
台湾省	2	32
07115112 盐水小白蘑菇		
合计	7484	13088
叙利亚	2828	4084
日本	1503	3047
台湾省	854	1637
泰国	348	714
荷兰	326	694
德国	202	465
塞尔维亚	164	290
俄罗斯联邦	143	271
乌克兰	188	267
前南马其顿	134	261
瑞士	95	208

国家/地区	出口数量（吨）	出口金额（千美元）
土耳其	118	165
乌兹别克斯坦	85	146
芬兰	61	123
危地马拉	80	110
厄瓜多尔	62	101
阿根廷	66	89
巴西	32	84
阿尔巴尼亚	49	81
立陶宛	36	58
加拿大	25	43
罗马尼亚	29	41
黑山	16	39
伊朗	18	33
西班牙	17	26
智利	5	9
07115119 盐水的其他伞菌属蘑菇		
合计	11252	19487
意大利	4173	7997
日本	3847	6735
俄罗斯联邦	825	1042
立陶宛	516	657
德国	390	535
法国	254	504
西班牙	310	484
马来西亚	215	324
台湾省	150	271
乌克兰	196	241
韩国	133	212
波兰	62	144
哈萨克斯坦	75	123
泰国	63	123
瑞典	15	58
保加利亚	24	28
加拿大	4	10
07115190 其他暂时保藏的伞菌属蘑菇		
合计	41	69
巴西	26	43
日本	14	25
赞比亚	0	1
07115911 盐水松茸		
合计	166	1659
日本	155	1523
泰国	7	86
韩国	3	49
07115919 盐水其他蘑菇及块菌		

国家/地区	出口数量（吨）	出口金额（千美元）
合计	9424	24194
意大利	5079	17896
法国	566	1752
西班牙	1283	1207
德国	684	1082
俄罗斯联邦	443	418
乌克兰	320	389
立陶宛	277	337
日本	174	312
芬兰	330	294
波兰	64	205
台湾省	100	126
保加利亚	47	118
瑞典	36	29
白俄罗斯	18	24
加拿大	2	3
巴西	0	1
07115990 其他暂时保藏的蘑菇及块菌		
合计	3268	7977
巴西	2727	6984
意大利	413	747
日本	128	245
赞比亚	0	1
07123100 干伞菌属蘑菇		
合计	677	10465
德国	145	2830
比利时	59	1093
意大利	86	861
美国	62	853
法国	74	609
英国	50	522
土耳其	21	490
瑞士	3	459
日本	17	430
马来西亚	35	403
以色列	18	231
挪威	9	211
台湾省	13	202
泰国	10	173
韩国	8	149
加拿大	12	143
南非	11	131
菲律宾	10	119
哥伦比亚	8	106
巴西	4	99

国家/地区	出口数量（吨）	出口金额（千美元）
智利	6	77
香港	4	56
捷克	5	51
巴基斯坦	1	37
澳大利亚	2	26
阿根廷	1	24
奥地利	0	19
斯里兰卡	0	18
立陶宛	2	17
丹麦	0	8
巴布亚新几内亚	1	5
厄瓜多尔	0	4
新加坡	0	3
阿联酋	0	2
西班牙	0	2
07123200 干木耳		
合计	11940	164944
越南	2535	38165
日本	2100	30905
香港	1275	16472
泰国	995	15173
马来西亚	1044	15091
美国	671	7856
印度尼西亚	503	7483
韩国	395	5247
新加坡	355	4748
法国	401	4404
菲律宾	177	2882
吉尔吉斯斯坦	167	2218
朝鲜	212	1930
德国	133	1786
捷克	86	1220
澳大利亚	82	1149
加拿大	82	1077
乌克兰	131	1011
墨西哥	137	825
波兰	63	722
荷兰	48	721
比利时	49	574
塔吉克斯坦	32	418
俄罗斯联邦	32	315
英国	30	254
意大利	15	233
缅甸	17	224
毛里求斯	11	190

国家/地区	出口数量（吨）	出口金额（千美元）
摩洛哥	20	185
巴拿马	11	163
葡萄牙	8	144
西班牙	7	114
秘鲁	6	111
立陶宛	13	100
奥地利	8	80
文莱	5	73
匈牙利	4	73
新西兰	4	72
南非	3	69
智利	3	55
澳门	30	54
斯洛伐克	3	43
瑞士	6	42
白俄罗斯	7	42
利比亚	4	40
巴西	2	32
柬埔寨	2	23
留尼汪	2	17
沙特阿拉伯	1	16
苏里南	2	13
印度	1	12
阿根廷	1	10
安哥拉	0	7
卢旺达	0	7
莫桑比克	1	7
纳米比亚	3	6
赞比亚	1	6
土耳其	0	5
委内瑞拉	1	5
巴布亚新几内亚	1	5
阿联酋	0	4
塞浦路斯	0	3
台湾省	0	2
塞内加尔	0	2
萨摩亚	0	2
尼日利亚	0	1
也门	0	1
东帝汶	0	1
哥斯达黎加	0	1
巴基斯坦	0	1
07123300 干银耳		
合计	3754	53634
泰国	1407	21051

国家/地区	出口数量（吨）	出口金额（千美元）
马来西亚	548	7997
越南	473	6445
台湾省	292	4068
香港	291	3870
印度尼西亚	231	3321
日本	133	1706
俄罗斯联邦	109	1474
新加坡	67	936
柬埔寨	44	805
缅甸	38	558
美国	47	539
巴拿马	24	351
加拿大	11	126
澳大利亚	6	76
韩国	5	69
阿联酋	4	57
法国	3	28
利比亚	3	25
立陶宛	1	20
多米尼加共和国	2	19
澳门	8	18
菲律宾	1	18
荷兰	1	17
德国	1	11
巴西	1	7
毛里求斯	0	5
秘鲁	0	3
赞比亚	0	3
墨西哥	0	3
比利时	0	2
新西兰	0	2
莫桑比克	0	2
英国	0	1
智利	0	1
哥斯达黎加	0	1
07123910 干香菇		
合计	46428	691373
越南	14308	207096
香港	8116	118208
日本	6003	95568
泰国	4037	60029
马来西亚	3220	47992
美国	1932	30631
韩国	2201	29728
新加坡	1638	28748

国家/地区	出口数量（吨）	出口金额（千美元）
朝鲜	588	7663
菲律宾	487	7458
捷克	444	6011
印度尼西亚	388	5544
澳大利亚	318	5296
吉尔吉斯斯坦	309	4169
俄罗斯联邦	260	3887
柬埔寨	209	3789
加拿大	230	3407
哈萨克斯坦	200	3150
德国	176	2784
西班牙	174	2458
法国	140	2306
比利时	140	1797
荷兰	109	1763
意大利	135	1719
葡萄牙	65	1209
英国	63	934
巴西	53	880
墨西哥	62	783
新西兰	40	671
缅甸	48	662
巴拿马	45	636
阿根廷	35	566
毛里求斯	28	499
塔吉克斯坦	32	425
南非	21	374
台湾省	32	294
印度	15	254
秘鲁	13	230
文莱	13	227
以色列	13	225
巴基斯坦	17	221
阿联酋	9	147
乌克兰	8	102
沙特阿拉伯	4	80
立陶宛	5	78
匈牙利	4	75
奥地利	6	70
波兰	4	59
斯里兰卡	3	53
埃及	2	48
特立尼达和多巴哥	3	45
塞浦路斯	2	43
利比亚	3	36

国家/地区	出口数量（吨）	出口金额（千美元）
智利	2	34
克罗地亚	2	27
土耳其	2	25
贝宁	1	20
委内瑞拉	2	19
芬兰	1	17
莫桑比克	2	15
蒙古	1	12
苏里南	1	11
瑞士	1	10
白俄罗斯	1	9
约旦	0	7
马耳他	0	6
黎巴嫩	0	6
塞舌尔	0	6
赞比亚	0	5
瑞典	0	4
塞尔维亚	0	4
也门	0	3
摩洛哥	0	2
萨摩亚	0	1
巴布亚新几内亚	0	1
基里巴斯	0	1
07123920 干金针菇		
合计	17	88
日本	16	81
比利时	1	6
加拿大	0	1
07123930 干草菇		
合计	6	78
香港	4	55
台湾省	2	20
新加坡	0	4
07123940 干口蘑		
合计	11	147
巴西	11	147
07123950 干牛肝菌		
合计	1353	34587
意大利	513	11611
德国	322	9789
美国	125	4210
法国	176	3195
英国	48	879
泰国	16	715
马来西亚	20	600

国家/地区	出口数量（吨）	出口金额（千美元）
瑞士	20	583
香港	14	467
比利时	21	423
俄罗斯联邦	10	389
荷兰	12	342
波兰	20	307
西班牙	12	268
乌克兰	4	163
日本	5	162
阿根廷	3	132
丹麦	3	86
澳大利亚	2	80
巴拿马	3	43
黎巴嫩	1	43
加拿大	1	29
巴西	1	29
南非	0	16
以色列	1	12
哥伦比亚	0	6
新加坡	0	3
台湾省	0	2
阿联酋	0	2
07123990 未列名干蘑菇及块菌		
合计	1726	41516
德国	373	6707
香港	207	6699
马来西亚	158	4387
泰国	96	4197
台湾省	248	3999
法国	73	3303
日本	71	3028
美国	98	2546
越南	62	1840
新加坡	28	947
韩国	72	836
意大利	84	794
拉脱维亚	22	296
巴拿马	12	289
俄罗斯联邦	26	275
印度尼西亚	8	275
比利时	27	222
阿根廷	11	154
澳大利亚	8	151
伊朗	7	81
加拿大	3	79

国家/地区	出口数量（吨）	出口金额（千美元）
英国	5	63
哥伦比亚	5	54
乌克兰	3	46
挪威	2	41
丹麦	1	34
土耳其	3	33
巴西	3	28
西班牙	2	20
瑞士	0	17
捷克	1	15
新西兰	1	11
奥地利	0	10
克罗地亚	1	7
澳门	2	6
塞尔维亚	0	4
智利	0	4
以色列	0	4
南非	0	3
利比亚	0	2
坦桑尼亚	0	2
尼日利亚	0	2
阿联酋	0	2
阿富汗	0	1
07129020 紫萁（薇菜干）		
合计	549	7175
日本	393	5889
韩国	156	1276
澳大利亚	1	11
07129030 金针菜（黄花菜）		
合计	1731	8238
泰国	576	2384
菲律宾	343	1748
印度尼西亚	155	1199
马来西亚	236	1055
香港	179	671
越南	82	389
美国	41	252
新加坡	46	179
巴拿马	22	111
日本	12	61
加拿大	8	54
意大利	5	48
比利时	4	28
法国	6	19
澳大利亚	5	19

国家/地区	出口数量（吨）	出口金额（千美元）
澳门	8	10
新西兰	1	3
德国	0	2
莫桑比克	0	1
英国	0	1
利比亚	0	1
07129040 蕨菜干		
合计	4303	33768
韩国	4182	32716
朝鲜	87	805
美国	28	189
日本	4	53
马来西亚	3	4
07149090 鲜、冷、冻或干的竹芋、兰科植物块茎、菊芋		
合计	11801	15148
马来西亚	6363	7654
香港	2066	2309
日本	406	1326
美国	1381	1268
加拿大	682	795
台湾省	168	584
新加坡	191	352
韩国	130	349
荷兰	203	154
泰国	26	151
澳门	62	87
阿联酋	58	42
印度尼西亚	6	28
法国	36	27
英国	14	13
卢森堡	9	7
意大利	0	2
20031011 小白蘑菇（洋蘑菇）罐头		
合计	265107	354900
美国	45935	64216
俄罗斯联邦	37078	45396
德国	20264	31896
荷兰	11658	17330
日本	8991	16193
加拿大	12556	15969
马来西亚	11828	15209
韩国	8781	11146
菲律宾	8053	9570
乌克兰	4646	6809

国家/地区	出口数量（吨）	出口金额（千美元）
阿根廷	4198	5573
阿联酋	4263	5401
约旦	4501	5225
香港	4381	5204
黎巴嫩	3995	5203
爱沙尼亚	3679	4985
阿尔及利亚	3964	4880
澳大利亚	3577	4784
埃及	3640	4361
沙特阿拉伯	3490	4171
台湾省	2575	3766
捷克	3098	3663
哥斯达黎加	2567	3511
哈萨克斯坦	2939	3439
伊拉克	2157	2926
印度尼西亚	2226	2896
瑞典	2312	2677
格鲁吉亚	2255	2638
智利	1877	2600
挪威	1632	2421
印度	1733	2341
科威特	1632	2013
白俄罗斯	1516	1957
罗马尼亚	1483	1778
西班牙	1143	1655
叙利亚	1425	1519
以色列	1387	1479
卡塔尔	831	1171
毛里求斯	911	1144
摩尔多瓦	922	1135
南非	899	1119
秘鲁	777	1055
多米尼加共和国	681	934
瑞士	802	932
摩洛哥	718	902
利比亚	688	894
乌拉圭	688	872
克罗地亚	683	833
巴基斯坦	636	806
危地马拉	465	639
萨尔瓦多	359	628
巴拿马	464	628
巴勒斯坦	507	611
巴林	469	604
斯洛伐克	468	577

国家/地区	出口数量（吨）	出口金额（千美元）
匈牙利	485	539
比利时	351	527
越南	436	527
哥伦比亚	334	512
新加坡	367	492
泰国	388	487
英国	392	435
黑山	367	415
特立尼达和多巴哥	288	406
玻利维亚	282	406
厄瓜多尔	295	397
土库曼斯坦	251	385
突尼斯	315	370
芬兰	316	364
亚美尼亚	246	335
阿塞拜疆	205	315
奥地利	258	314
文莱	219	296
尼泊尔	206	267
波黑	231	261
安哥拉	194	258
墨西哥	153	243
塞尔维亚	175	229
阿曼	174	225
孟加拉国	177	212
古巴	176	208
希腊	145	182
意大利	140	179
斯里兰卡	124	172
新西兰	117	170
肯尼亚	102	142
立陶宛	98	136
阿尔巴尼亚	107	119
尼日利亚	84	118
法属波利尼西亚	71	102
塔吉克斯坦	71	96
蒙古	80	95
吉尔吉斯斯坦	73	94
丹麦	70	90
马达加斯加	70	82
坦桑尼亚	54	79
牙买加	51	79
阿富汗	63	76
塞内加尔	68	71
波兰	54	71

国家/地区	出口数量（吨）	出口金额（千美元）
土耳其	54	68
尼加拉瓜	53	65
柬埔寨	43	60
加纳	35	54
阿鲁巴	31	52
科特迪瓦	49	51
布基纳法索	34	50
塞浦路斯	37	50
法国	27	45
洪都拉斯	34	44
苏丹	36	42
也门	36	41
巴哈马	34	41
马尔代夫	26	40
前南马其顿	31	40
伊朗	34	39
委内瑞拉	21	31
乌兹别克斯坦	22	28
乌干达	21	28
荷属安地列斯	20	28
海地	17	24
萨摩亚	11	18
新喀里多尼亚	11	14
澳门	8	13
莫桑比克	9	13
塞舌尔	8	12
喀麦隆	8	10
多哥	8	8
贝宁	8	8
苏里南	5	8
马提尼克	3	4
法属圭亚那	2	3
利比里亚	2	2
拉脱维亚	1	2
瓦努阿图	0	1
20031019 其他伞菌属蘑菇罐头		
合计	45773	70903
日本	7813	20213
俄罗斯联邦	10300	13717
马来西亚	3682	4689
德国	3127	4223
香港	3404	3944
爱沙尼亚	2861	3816
荷兰	2437	3487
乌克兰	2164	2929

国家/地区	出口数量（吨）	出口金额（千美元）
美国	1521	1997
西班牙	1369	1552
英国	1043	1408
韩国	812	1086
墨西哥	540	769
澳大利亚	506	753
加拿大	479	752
菲律宾	547	673
印度尼西亚	460	575
瑞典	143	539
新加坡	192	448
法国	262	417
摩尔多瓦	286	365
台湾省	181	353
捷克	212	273
越南	148	238
以色列	122	161
哈萨克斯坦	122	146
拉脱维亚	105	141
文莱	94	123
新西兰	87	120
马耳他	66	89
白俄罗斯	60	87
阿联酋	56	82
比利时	53	68
罗马尼亚	51	64
约旦	63	62
立陶宛	29	42
智利	21	40
波多黎各	34	40
新喀里多尼亚	35	39
意大利	36	38
葡萄牙	29	34
利比亚	18	34
伊朗	23	34
斯里兰卡	18	24
阿尔及利亚	17	22
印度	17	21
科威特	16	21
委内瑞拉	14	20
留尼汪	11	17
斯洛伐克	12	15
马尔代夫	10	15
亚美尼亚	10	14
土库曼斯坦	8	12

国家/地区	出口数量（吨）	出口金额（千美元）
格鲁吉亚	7	12
巴拿马	6	8
希腊	5	6
爱尔兰	4	6
沙特阿拉伯	7	6
毛里求斯	4	5
埃及	3	5
萨尔瓦多	3	4
巴基斯坦	3	3
芬兰	1	2
苏里南	2	2
塞浦路斯	1	2
秘鲁	1	1
巴西	0	1
多米尼加共和国	0	1
安哥拉	0	1
20031090 其他非醋方法制作或保藏的伞菌属蘑菇		
合计	1988	5787
日本	1474	5025
德国	323	452
爱沙尼亚	35	67
俄罗斯联邦	39	58
美国	19	57
台湾省	45	51
香港	28	36
英国	20	27
韩国	3	12
乌克兰	0	1
朝鲜	1	1
20032000 非醋方法制作或保藏的块菌		
合计	122	1304
德国	43	594
日本	60	299
法国	9	221
香港	3	80
西班牙	2	53
巴拿马	3	48
比利时	0	4
意大利	1	3
加拿大	0	1
荷兰	0	1
20039010 其他蘑菇罐头		
合计	18740	36047
日本	3125	12292

国家/地区	出口数量（吨）	出口金额（千美元）
韩国	5701	8911
俄罗斯联邦	2700	3496
德国	1028	1860
美国	422	1539
乌克兰	1003	1330
瑞典	167	832
爱沙尼亚	631	763
香港	752	742
马来西亚	606	711
英国	535	710
西班牙	227	302
澳大利亚	226	288
荷兰	213	261
菲律宾	144	184
以色列	134	166
印度尼西亚	134	153
新加坡	75	149
挪威	32	139
墨西哥	112	137
台湾省	99	129
留尼汪	91	124
特立尼达和多巴哥	87	98
拉脱维亚	54	92
丹麦	23	78
文莱	68	77
加拿大	52	69
芬兰	15	67
哈萨克斯坦	43	52
摩尔多瓦	44	47
越南	35	38
法国	33	38
泰国	17	35
爱尔兰	17	27
阿联酋	18	21
白俄罗斯	15	20
毛里求斯	12	12
巴西	11	11
亚美尼亚	8	10
巴拿马	9	9
法属波利尼西亚	5	7
立陶宛	4	5
哥斯达黎加	3	5
智利	3	4
新西兰	3	3
塞浦路斯	1	2

国家/地区	出口数量（吨）	出口金额（千美元）
土库曼斯坦	1	1
格鲁吉亚	1	1
20039090 其他非醋方法制作或保藏的蘑菇		
合计	947	2865
日本	836	2362
美国	14	180
韩国	38	148
香港	7	51
加拿大	20	48
俄罗斯联邦	20	31
新西兰	3	14
比利时	4	11
斯里兰卡	0	7
德国	2	6
澳大利亚	2	4
法国	0	2
波兰	0	2

国家/地区	出口数量（千克）	出口金额（千美元）
20059190 其他制作或保藏的未冷冻竹笋		
合计	24698144	53518
日本	23954542	52097
越南	67728	290
美国	106761	232
新加坡	84814	168
法国	142501	137
韩国	92220	130
泰国	22860	108
比利时	90750	108
意大利	39596	73
荷兰	19461	39
香港	7258	36
加拿大	19046	31
西班牙	18158	26
德国	19625	17
澳大利亚	4825	9
英国	3450	7
捷克	1500	4
巴西	1170	2
罗马尼亚	918	2
科威特	500	1
墨西哥	351	1
莫桑比克	110	0

国家/地区	出口数量（吨）	出口金额（千美元）
20059950 制作或保藏咸蕨菜		
合计	16	11
台湾省	16	11

表 12-9　森林蔬菜进口

国家/地区	进口数量（吨）	进口金额（千美元）
07095100 鲜活冷藏的伞菌属蘑菇		
合计	3	11
韩国	3	7
意大利	0	4
07095910 鲜或冷藏的松茸		
合计	106	848
朝鲜	106	848
07095930 鲜或冷藏的金针菇		
合计	7214	5658
韩国	6969	5513
台湾省	244	145
07095960 鲜或冷藏的块菌		
合计	0	17
意大利	0	17
07095990 其他鲜或冷藏的蘑菇		
合计	3	6
韩国	3	6
07108010 冷冻松茸		
合计	6	40
朝鲜	6	40
07115112 盐水小白蘑菇		
合计	174	210
日本	174	210
07115119 盐水的其他伞菌属蘑菇		
合计	231	267
越南	176	251
马来西亚	15	11
朝鲜	39	5
07115190 其他暂时保藏的伞菌属蘑菇		
合计	29	10
越南	29	10
07115919 盐水其他蘑菇及块菌		
合计	6	3
意大利	6	3
07115990 其他暂时保藏的蘑菇及块菌		
合计	9	5
意大利	9	5
07123100 干伞菌属蘑菇		
合计	0	2
朝鲜	0	1
英国	0	1
07123200 干木耳		
合计	29	196
朝鲜	24	160
中华人民共和国	5	36
07123910 干香菇		
合计	14	147
朝鲜	14	138
日本	0	9
07123930 干草菇		
合计	1	3
蒙古	1	3
07123940 干口蘑		
合计	1	12
蒙古	1	12
07123990 未列名干蘑菇及块菌		
合计	66	375
德国	11	180
台湾省	2	120
印度尼西亚	32	47
朝鲜	18	14
法国	1	6
越南	2	5
尼泊尔	0	2
07129040 蕨菜干		
合计	223	812
朝鲜	214	755
韩国	9	57
07149090 鲜、冷、冻或干的竹芋、兰科植物块茎、菊芋		
合计	1271	1687
缅甸	886	844
印度尼西亚	381	826
法国	0	13
尼日利亚	1	5
泰国	2	0
越南	1	0
20031011 小白蘑菇(洋蘑菇)罐头		
合计	140	207
中华人民共和国	123	174
荷兰	14	26
法国	1	4
美国	0	2
印度	0	1
20031019 其他伞菌属蘑菇罐头		
合计	1	4
意大利	1	3
德国	0	1
20031090 其他非醋方法制作或保藏的伞菌属蘑菇		
合计	91	125
台湾省	4	73
越南	86	28
印度尼西亚	1	19
意大利	0	2
日本	0	1
德国	0	1
20032000 非醋方法制作或保藏的块菌		
合计	0	6
意大利	0	4
日本	0	1
法国	0	1
20039010 其他蘑菇罐头		
合计	4	15
日本	1	8
台湾省	2	3
西班牙	1	3
美国	0	1
20039090 其他非醋方法制作或保藏蘑菇		
合计	73	245
台湾省	10	171
美国	9	57
越南	53	13
意大利	0	2
日本	0	1
英国	0	1

国家/地区	进口数量（千克）	进口金额（千美元）
20059190 其他制作或保藏的未冷冻竹笋		
合计	92945	123
日本	49324	69
越南	42660	51
台湾省	944	2
西班牙	17	0
20059950 制作或保藏咸蕨菜		
合计	96	1
英国	96	1

茶和咖啡

【概　况】2010年中国茶园种植面积和茶产量继续居世界第一，茶叶出口居世界第三。茶叶出口规模的不断扩大对提高中国茶产业的水平和竞争力、增加茶农收入发挥了重要作用。

2010年中国茶园种植面积达到172万公顷，茶产量128万吨，占世界总量的1/3。福建最多，占21.30%，其后依次是云南14.19%、浙江12.90%、湖北9.78%、四川9.60%。5省产量占全国的67.76%。我国可可豆只产在四川，2010年产量60吨，但咖啡产量99.24%在云南，四川只占0.59%。见表13-1，表13-2和表13-3。2010年茶叶出口32.7万吨，出口金额7.52亿美元，仅次于肯尼亚和斯里兰卡。出口咖啡10.9万吨，进口15.4万吨。见表13-4。

2010年9月1日中国茶叶流通协会评出2010年中国茶叶行业百强企业，见表13-5。我国有制茶企业18603个，福建省最多，有4439家，占全国的23.86%；其次是浙江有2446家，占13.15%；然后依次是四川、云南、安徽。这5省制茶企业数量占全国的61.23%。我国有茶叶批发企业24375家，全国数量最多的也是福建，有4052家，占全国的16.62%；广东有3536家，占14.51%；北京2592家，占10.63%；然后是浙江和山东，这5省茶叶批发企业数量占全国的56.54%。

至2010年底，我国对茶咖啡进行指导性法律及政策主要有3项。第一项是1999年7月1日实施至今的云南省地方税务局（云地税农字〔1999〕60号）发布的《关于调整咖啡农业特产税税率的通知》，将咖啡农业特产税税率由原来执行的5%调为10%。第二项是2006年1月1日实施至今的国家海关总署2006年第2号公告《关于对原产于乌干达的“未浸除咖啡因的已焙炒咖啡”实施进口特惠零关税》。第三项是财政部和国家税务总局发布的《关于民贸企业和边销茶有关增值税政策的通知》（财税〔2009〕141号），对国家定点生产企业销售自产的边销茶及经销企业销售的边销茶免征增值税。另外，我国对茶和咖啡经营主要有8个国家标准。见表13-6。关于茶咖啡的国家级和省级协会共有37个。见表13-7。

表13-1　茶和咖啡各指标在全国排位前5名的省份

指标	全国排名前5位的省份及占全国比例
毛茶产量(128万吨)	福建21.30%、云南14.19%、浙江12.90%、湖北9.78%、四川9.60%
可可豆产量(60吨)	四川100%
咖啡产量(4.3万吨)	云南99.24%、四川0.59%、海南0.18%
制茶企业数量(18603个)	福建23.86%、浙江13.15%、四川8.24%、云南8.01%、安徽7.96%
茶叶批发企业数量(24375个)	福建16.62%、广东14.51%、北京10.63%、浙江8.96%、山东5.82%

表13-2　全国茶、咖啡产量和企业数量

地区	毛茶(吨)	可可豆(吨)	咖啡(吨)	其他(吨)	茶叶批发企业数量(个)	制茶企业数量(个)
全国合计	1280144	60	42666	70544	24375	18603
北京					2592	68
天津					556	12

地区	毛茶（吨）	可可豆（吨）	咖啡（吨）	其他（吨）	茶叶批发企业数量(个)	制茶企业数量(个)
河北	1			50	607	86
山西					531	30
内蒙古				9404	161	36
辽宁					400	38
吉林				128	152	33
黑龙江				14750	340	48
龙江集团				200		
上海					0	87
江苏	14019			120	713	936
浙江	165089			1983	2183	2446
安徽	77327			559	1015	1481
福建	272616			718	4052	4439
江西	17445			1178	383	504
山东	52606			3411	1419	611
河南	40573			3565	357	425
湖北	125174			33	532	797
湖南	51417			1899	571	946
广东	29354			372	3536	472
广西	35638			4684	306	729
海南			75	20	105	56
重庆	18173			19084	366	304
四川	122927	60	251	193	1020	1533
贵州	56459			4256	308	613
云南	181614		42340	637	1328	1491
西藏					17	2
陕西	19010				443	293
甘肃	702				139	44
青海					16	5
宁夏				3500	94	11
新疆					133	27

表 13-3 全国各类茶叶产量和茶园面积

单位：吨，千公顷

地区	绿茶	青茶	红茶	黑茶	黄茶	白茶	年末实有茶园面积（千公顷）	本年采摘面积
全国总计	1046382	179951	68134	41430	394	12212	1970. 2	1426. 1
江苏	12272		2348				32. 4	27. 6
浙江	157060		1275	2941			177. 9	159. 9
安徽	76984	59	4127		201		133. 5	119. 6
福建	102438	147789	13473			6309	201. 2	178. 3
江西	22867	998	4167	46	5	56	56. 8	43. 2
山东	11924		3904				18. 3	12. 1
河南	38828		15413				65. 2	59. 9
湖北	137120		16554	24899	17		214. 6	155. 9
湖南	60714	3805	1076		8	1	97	79. 6
广东	23419	23239	532	492		5577	40. 8	33. 9

地区	绿茶	青茶	红茶	黑茶	黄茶	白茶	年末实有茶园面积（千公顷）	本年采摘面积
广西	32733	104	76				50	41.4
海南	1105		2817				1.2	1.1
重庆	18766	352	1510	13048	162		32.3	23.8
四川	134621	3334	862	4	1	202	218.9	148.5
贵州	41009	60				67	167.2	73.6
云南	148632	211					367.7	209.2
西藏	2						0.2	0.1
陕西	25052						85.4	54.3
甘肃	836						9.7	4.1

资料来源：中国农业统计资料。

表 13-4　全国茶和咖啡进出口贸易总值

	出口数量(吨)	出口金额(千美元)	进口数量(吨)	进口金额(千美元)
合计	415854	1154975	167241	594631
茶	306504	807153	13531	57231
咖啡	109350	347822	153709	537400

表 13-5　茶叶行业百强企业

	企业名称	2009 年销售额（万元）
1	中国茶叶股份有限公司	145700
2	湖南省茶业有限公司	90432
3	安徽茶叶进出口有限公司	77425
4	浙江省茶叶集团股份有限公司	77220
5	宜昌萧氏茶叶集团有限公司	62017
6	北京吴裕泰茶业股份有限公司	54017
7	安溪八马茶业有限公司	52896
8	四川省峨眉山竹叶青茶业有限公司	52530
9	北京张一元茶叶有限责任公司	51780
10	泉州市理想茶叶有限公司	48352
11	浙江华茗园茶业股份有限公司	46815.88
12	广东茶叶进出口有限公司	46115
13	昆明七彩云南庆沣祥茶业股份有限公司	45675.55
14	福州春伦茶业有限公司	43298
15	四川省叙府茶业有限公司	43095
16	湖南湘丰茶业有限公司	43020
17	上海天坛国际贸易有限公司	41106
18	福建敖峰闽榕茶业有限公司	38179
19	浙江省诸暨绿剑茶业有限公司	37569
20	福州满堂香生态农业有限公司	37038
21	湖北采花茶业集团有限公司	36586
22	湖北邓村绿茶集团有限公司	36270
23	北京更香茶叶有限责任公司	36000
24	福建魏氏茶业有限公司	35139
25	江西德宇集团有限公司	34200
26	福建省天禧御茶园茶业有限公司	32762
27	四川峨眉山旅游股份有限公司	31400
28	福建日春股份公司	30638
29	湖南猴王茶业有限公司	26588
30	厦门茶叶进出口有限公司	26495
31	河南省信阳卢氏茶叶集团	26200
32	福建大自然茶业科技有限公司	22976
33	安徽天方茶业(集团)有限公司	21162
34	福建武夷星茶业有限公司	21000
35	安徽省六安瓜片茶业股份有限公司	20976
36	福建品品香茶业有限公司	20520
37	福建茶叶进出口有限公司	19410
38	福建省泉州市日泰茶业有限公司	18633
39	黄山市松萝有机茶叶开发有限公司	18487
40	日照御青茶业有限公司	18396
41	黄山市汪满田茶业有限公司	17895
42	宁德市奇隆翔农业有限公司	17036
43	上海大不同天山茶城有限公司	17018
44	福建富源茶业有限公司	16371.47
45	休宁县荣山茶厂	16365
46	云南滇红集团股份有限公司	16010
47	黄山谢裕大茶业股份有限公司	15684
48	安溪志宏制茶有限公司	15600
49	广东省大埔县西岩茶叶集团有限公司	15077
50	安徽齐山六安瓜片有限公司	14256

	企业名称	2009 年销售额（万元）
51	安徽舒绿茶业有限公司	14034
52	福州福民茶叶有限公司	13592
53	黄山市新安源有机茶开发有限公司	12454
54	河南信阳五云茶叶(集团)有限公司	12440
55	四川省花秋茶业有限公司	12438
56	福建三和茶业有限公司	12411
57	浙江千岛银珍农业开发有限公司	12398.32
58	重庆市二圣茶业有限公司	12381
59	福建绿叶茶业发展有限公司	12174
60	安徽省祁门红茶发展有限公司	11732.8
61	岳阳市洞庭山茶叶有限公司	11300
62	浮梁县浮瑶仙芝茶业有限公司	11260
63	福建新坦洋茶业集团	11135
64	福建福安市城湖茶叶有限公司	11102
65	云南省腾冲清凉山茶厂有限责任公司	11074
66	北京茶叶总公司	10806
67	安徽国润茶业有限公司	10608
68	福建省广福茶业有限责任公司	10563
69	宜昌龙峡茶业有限公司	10500
70	四川早白尖茶业有限公司	10470
71	云南六大茶山茶业股份有限公司	10244
72	福建坦洋工夫集团股份有限公司	10140
73	云南下关沱茶(集团)股份有限公司	10074
74	福建省南方佳木茶业有限公司	10013
75	大埔县康达茶业有限公司	9923.9
76	福建省天湖茶业有限公司	9889
77	福建省福鼎市莲峰茶业有限公司	9765
78	安徽省华国商业发展有限公司	9678
79	福建省银龙茶叶科技有限公司	9443
80	黄山光明茶业有限公司	9344
81	陕西省午子绿茶有限责任公司	9297
82	湖北锦合国际贸易有限公司	9208
83	浙江天赐生态科技有限公司	9147.4
84	福建郑源茶业有限公司	9131
85	福建誉达茶业有限公司	9060
86	信阳市文新茶叶有限责任公司	9053
87	湖北汉家刘氏茶业有限公司	8910
88	河南仰天雪绿茶叶有限公司	8835
89	安溪县桃源有机茶场有限公司	8601.66
90	河南省九华山茶业有限公司	8571
91	赣州市武夷源实业有限公司	8411
92	信阳申林茶业开发有限公司	8339
93	福建省满园春茶业有限公司	8210
94	重庆长城茶叶贸易有限公司	8200
95	陕西苍山茶业有限责任公司	8174
96	湖南省白沙溪茶厂有限责任公司	8174
97	河南新林茶业有限公司	8160
98	四川嘉竹茶业有限公司	8057
99	黄山六百里猴魁茶业有限公司	8025
100	山东日照碧波茶业有限公司	8017

表 13-6　茶和咖啡标准

	标准名称	标准号	发布单位
1	地理标志产品武夷岩茶	GB/T18745－2006	国家质量监督检验检疫总局 国家标准化管理委员会
2	茶叶感官评审室基本条件	GB/T18797－2002	国家质量监督检验检疫总局
3	茶叶标准样品制备技术条件	GB/T18795－2002	国家质量监督检验检疫总局
4	绿茶	GB/T14456－1993	国家技术监督局
5	茶叶感官审评术语	GB/T14487－1993	国家技术监督局
6	生咖啡嗅觉和肉眼检验以及杂质和缺陷的测定	GB/T15033－1994	国家技术监督局
7	食品添加剂咖啡因	GB14758－2010	卫生部
8	茶咖啡因测定	GB/T8312－2002	国家质量监督检验检疫总局

表 13-7　茶和咖啡国家级和省级协会

1	中国果品流通协会咖啡豆分会
2	中国茶叶流通协会
3	中国茶叶流通协会边销茶专业委员会
4	北京市茶业协会
5	北京咖啡行业协会
6	天津市茶业协会
7	河北省茶叶流通协会
8	河北省茶业协会
9	内蒙古自治区茶叶流通协会

10	内蒙古自治区草原茶路协会
11	辽宁省茶叶行业协会
12	辽宁省茶业协会
13	吉林省糖酒茶流通协会
14	黑龙江省茶叶流通协会
15	上海糖烟酒茶商业行业协会
16	上海市茶叶行业协会
17	江苏省茶叶协会
18	浙江省茶叶产业协会
19	安徽省茶叶行业协会
20	福建省咖啡业协会
21	福建省茶叶协会
22	海峡两岸茶业交流协会
23	江西省茶叶协会
24	湖北省茶叶协会
25	湖南省茶业协会
26	广东省茶业行业协会
27	广西壮族自治区茶业协会
28	海南省咖啡行业协会
29	海南省茶业协会
30	四川省咖啡技术协会
31	四川省茶叶行业协会
32	贵州省质量检验协会农产品及茶叶专业委员会
33	贵州省茶叶协会
34	贵州省茶馆业协会
35	云南省普洱茶协会
36	云南省咖啡行业协会
37	甘肃省茶业协会

表 13-8-1 茶叶主产地产量

	茶叶主产地	产量(吨)
1	大兴安岭地区加格达奇区(黑)	170.00
2	赣榆县(苏)	386.00
3	丹徒区(苏)	283.00
4	吴中区(苏)	256.80
5	余杭区(浙)	9614.00
6	松阳县(浙)	9050.00
7	遂昌县(浙)	6944.00
8	余姚市(浙)	6559.00
9	安吉县(浙)	4478.00
10	婺城区(浙)	4180.00
11	奉化市(浙)	4000.00
12	淳安县(浙)	3779.00
13	富阳市(浙)	3757.00
14	鄞州区(浙)	3306.00
15	上虞市(浙)	3298.00
16	宁海县(浙)	2400.00
17	缙云县(浙)	2009.00
18	磐安县(浙)	1954.00
19	临安市(浙)	1736.00
20	建德市(浙)	1714.00
21	临海市(浙)	1650.00
22	象山县(浙)	1550.00
23	桐庐县(浙)	1550.00
24	德清县(浙)	1518.00
25	景宁畲族自治县(浙)	1485.00
26	莲都区(浙)	1447.00
27	浦江县(浙)	1400.00
28	龙泉市(浙)	1340.00
29	长兴县(浙)	1230.00
30	义乌市(浙)	1087.00
31	江山市(浙)	900.00
32	萧山区(浙)	891.00
33	北仑区(浙)	730.00
34	云和县(浙)	691.00
35	西湖区(浙)	625.00
36	庆元县(浙)	387.00
37	常山县(浙)	245.00
38	青田县(浙)	155.00
39	慈溪市(浙)	103.00
40	郎溪县(皖)	8000.00
41	歙　县(皖)	7750.00
42	祁门县(皖)	4715.00
43	霍山县(皖)	3500.00
44	东至县(皖)	2188.00
45	潜山县(皖)	2000.00
46	宁国市(皖)	1980.00
47	泾　县(皖)	1800.00
48	黟　县(皖)	1359.00
49	太湖县(皖)	1250.00
50	徽州区(皖)	1221.00
51	黄山区(皖)	1170.00
52	池州市九华山风景区(皖)	860.00
53	贵池区(皖)	860.00
54	庐江县(皖)	711.00
55	南谯区(皖)	575.00
56	南陵县(皖)	514.00
57	屯溪区(皖)	455.00
58	旌德县(皖)	250.00
59	青阳县(皖)	204.00
60	含山县(皖)	100.00
61	安溪县(闽)	41096.00
62	福安市(闽)	17397.00
63	华安县(闽)	17294.00
64	福鼎市(闽)	13807.00
65	南靖县(闽)	12470.00
66	寿宁县(闽)	10663.00
67	平和县(闽)	10197.00
68	政和县(闽)	9970.00
69	武夷山市(闽)	9770.00
70	永春县(闽)	9503.00
71	建瓯市(闽)	9075.00
72	尤溪县(闽)	9069.00
73	邵武市(闽)	7146.00
74	漳平市(闽)	6018.00
75	大田县(闽)	5677.00
76	周宁县(闽)	5569.00
77	宁德市市辖区(闽)	5415.00
78	罗源县(闽)	5115.00
79	松溪县(闽)	4950.00
80	沙　县(闽)	4787.00
81	诏安县(闽)	4716.00
82	连江县(闽)	4408.00
83	永泰县(闽)	3856.00

	茶叶主产地	产量(吨)
84	霞浦县(闽)	3589.00
85	长泰县(闽)	3513.00
86	仙游县(闽)	3269.00
87	建阳市(闽)	2699.00
88	柘荣县(闽)	2436.00
89	武平县(闽)	2258.00
90	宁化县(闽)	1836.00
91	明溪县(闽)	1558.00
92	永安市(闽)	1463.00
93	浦城县(闽)	1439.00
94	长汀县(闽)	1385.00
95	古田县(闽)	1306.00
96	市辖区(闽)	1237.00
97	延平区(闽)	1237.00
98	龙岩市市辖区(闽)	1158.00
99	闽清县(闽)	1101.00
100	屏南县(闽)	1078.00
101	上杭县(闽)	1028.00
102	清流县(闽)	1019.00
103	永定县(闽)	969.00
104	建宁县(闽)	845.00
105	德化县(闽)	732.00
106	光泽县(闽)	687.00
107	南安市(闽)	652.00
108	连城县(闽)	576.00
109	闽侯县(闽)	571.00
110	泰宁县(闽)	530.00
111	云霄县(闽)	525.00
112	莆田市市辖区(闽)	508.00
113	漳浦县(闽)	457.00
114	泉州市市辖区(闽)	413.00
115	将乐县(闽)	332.00
116	三明市市辖区(闽)	272.00
117	漳州市市辖区(闽)	194.00
118	广昌县(赣)	25000.00
119	遂川县(赣)	907.00
120	贵溪市(赣)	600.00
121	铜鼓县(赣)	600.00
122	南昌县(赣)	600.00
123	泰和县(赣)	592.00
124	修水县(赣)	590.00
125	崇义县(赣)	434.00
126	上高县(赣)	356.00
127	上饶县(赣)	299.00
128	余江县(赣)	280.00
129	丰城市(赣)	235.00

	茶叶主产地	产量(吨)
130	崇仁县(赣)	227.00
131	乐平市(赣)	215.00
132	九江县(赣)	183.00
133	广丰县(赣)	100.00
134	莲花县(赣)	100.00
135	诸城市(鲁)	870.00
136	新泰市(鲁)	200.00
137	泰山区(鲁)	160.00
138	浉河区(豫)	18097.00
139	汝阳县(豫)	15600.00
140	商城县(豫)	3500.00
141	桐柏县(豫)	2526.00
142	罗山县(豫)	1900.00
143	光山县(豫)	1000.00
144	淇滨区(豫)	800.00
145	固始县(豫)	600.00
146	西峡县(豫)	268.00
147	内乡县(豫)	150.00
148	平桥区(豫)	100.00
149	五峰土家族自治县(鄂)	51000.00
150	宜都市(鄂)	8290.00
151	南漳县(鄂)	6670.00
152	竹溪县(鄂)	4859.00
153	竹山县(鄂)	4206.00
154	咸丰县(鄂)	4077.00
155	谷城县(鄂)	4031.00
156	罗田县(鄂)	3625.00
157	保康县(鄂)	1820.00
158	麻城市(鄂)	1697.00
159	红安县(鄂)	1420.00
160	浠水县(鄂)	1100.00
161	通山县(鄂)	675.00
162	郧　县(鄂)	600.00
163	兴山县(鄂)	593.00
164	点军区(鄂)	546.00
165	利川市(鄂)	500.00
166	孝昌县(鄂)	410.00
167	房　县(鄂)	406.00
168	钟祥市(鄂)	330.00
169	来凤县(鄂)	306.00
170	阳新县(鄂)	276.00
171	应城市(鄂)	225.00
172	建始县(鄂)	160.00
173	丹江口市(鄂)	150.00
174	新化县(湘)	39000.00
175	桃江县(湘)	12000.00

	茶叶主产地	产量(吨)
176	安化县(湘)	10500.00
177	石门县(湘)	8400.00
178	宁乡县(湘)	4500.00
179	桃源县(湘)	4300.00
180	平江县(湘)	3600.00
181	湘乡市(湘)	3000.00
182	涟源市(湘)	2415.00
183	双峰县(湘)	2300.00
184	赫山区(湘)	1659.00
185	汨罗市(湘)	1500.00
186	资兴市(湘)	1031.00
187	古丈县(湘)	879.00
188	浏阳市(湘)	720.00
189	沅陵县(湘)	695.00
190	保靖县(湘)	670.00
191	武冈市(湘)	580.00
192	桂阳县(湘)	360.00
193	沅江市(湘)	315.00
194	炎陵县(湘)	276.00
195	华容县(湘)	214.00
196	城步苗族自治县(湘)	200.00
197	桂东县(湘)	199.00
198	双牌县(湘)	197.00
199	祁阳县(湘)	197.00
200	宁远县(湘)	196.00
201	江华瑶族自治县(湘)	166.00
202	北湖区(湘)	149.00
203	临澧县(湘)	136.00
204	娄星区(湘)	135.90
205	溆浦县(湘)	120.00
206	鼎城区(湘)	110.00
207	饶平县(粤)	5000.00
208	潮安县(粤)	2000.00
209	东源县(粤)	2000.00
210	封开县(粤)	1146.00
211	化州市(粤)	1079.00
212	徐闻县(粤)	1007.00
213	英德市(粤)	881.00
214	信宜市(粤)	750.00
215	清新县(粤)	698.00
216	昭平县(桂)	2642.00
217	横　县(桂)	2079.00
218	大新县(桂)	1764.00
219	柳城县(桂)	1199.25
220	全州县(桂)	1000.00
221	八步区(桂)	580.00

	茶叶主产地	产量(吨)
222	恭城瑶族自治县(桂)	561.00
223	玉林市福绵管理区(桂)	510.00
224	龙胜各族自治县(桂)	466.00
225	兴业县(桂)	460.00
226	防城区(桂)	421.00
227	上林县(桂)	330.00
228	融水苗族自治县(桂)	330.00
229	桂平市(桂)	296.00
230	灌阳县(桂)	279.60
231	兴安县(桂)	272.00
232	金秀瑶族自治县(桂)	181.00
233	阳朔县(桂)	131.00
234	秀山土家族苗族自治县(渝)	34000.00
235	巴南区(渝)	2993.00
236	合川区(渝)	1500.00
237	酉阳土家族苗族自治县(渝)	1200.00
238	万盛区(渝)	685.00
239	永川区(渝)	452.00
240	城口县(渝)	350.00
241	开　县(渝)	300.00
242	巫溪县(渝)	257.00
243	南川区(渝)	240.00
244	巫山县(渝)	213.00
245	垫江县(渝)	196.00
246	云阳县(渝)	190.00
247	万州区(渝)	150.00
248	石柱土家族自治县(渝)	115.00
249	梁平县(渝)	100.00
250	名山县(川)	39840.00
251	宣汉县(川)	20880.00
252	筠连县(川)	17878.00
253	洪雅县(川)	10993.00
254	峨眉山市(川)	7020.00
255	大竹县(川)	5600.00
256	蒲江县(川)	5561.00
257	高　县(川)	5265.00
258	乐山市市中区(川)	4170.00
259	沐川县(川)	4042.00
260	屏山县(川)	3311.00
261	平武县(川)	2550.00
262	江安县(川)	2238.00
263	纳溪区(川)	2000.00
264	丹棱县(川)	1350.00
265	威远县(川)	1200.00
266	翠屏区(川)	1000.00
267	青川县(川)	850.00
268	叙永县(川)	800.00
269	雷波县(川)	668.00
270	五通桥区(川)	620.00
271	井研县(川)	600.00
272	开江县(川)	550.00
273	芦山县(川)	482.00
274	沙湾区(川)	450.00
275	通江县(川)	430.00
276	蓬溪县(川)	400.00
277	北川羌族自治县(川)	383.00
278	崇州市(川)	357.00
279	兴文县(川)	332.00
280	长宁县(川)	324.00
281	贡井区(川)	300.00
282	南溪县(川)	260.00
283	江油市(川)	207.00
284	青神县(川)	190.00
285	盐边县(川)	173.00
286	犍为县(川)	163.00
287	平昌县(川)	150.00
288	南江县(川)	106.00
289	黎平县(黔)	2722.00
290	贵定县(黔)	1351.00
291	丹寨县(黔)	835.00
292	雷山县(黔)	756.00
293	都匀市(黔)	500.00
294	长顺县(黔)	268.00
295	平坝县(黔)	267.00
296	乌当区(黔)	233.00
297	六枝特区(黔)	180.00
298	凤庆县(滇)	20078.00
299	景洪市(滇)	12200.00
300	昌宁县(滇)	10338.00
301	思茅区(滇)	9953.00
302	澜沧拉祜族自治县(滇)	9834.40
303	云　县(滇)	8268.00
304	腾冲县(滇)	8160.00
305	永德县(滇)	6527.00
306	广南县(滇)	6167.00
307	墨江哈尼族自治县(滇)	5061.80
308	双江拉祜族佤族布朗族傣族自治县(滇)	4853.70
309	耿马傣族佤族自治县(滇)	4500.00
310	镇康县(滇)	2600.00
311	盈江县(滇)	2497.00
312	隆阳区(滇)	2236.00
313	梁河县(滇)	1720.00
314	盐津县(滇)	1564.00
315	镇沅彝族哈尼族拉祜族自治县(滇)	1265.00
316	红河县(滇)	1252.00
317	施甸县(滇)	934.00
318	西盟佤族自治县(滇)	821.10
319	双柏县(滇)	506.30
320	金平苗族瑶族傣族自治县(滇)	405.00
321	巍山彝族回族自治县(滇)	400.20
322	新平彝族傣族自治县(滇)	390.00
323	楚雄市(滇)	286.10
324	峨山彝族自治县(滇)	204.00
325	永平县(滇)	155.00
326	牟定县(滇)	103.00
327	西乡县(陕)	5513.00
328	南郑县(陕)	3458.00
329	平利县(陕)	3345.00
330	紫阳县(陕)	2634.00
331	勉　县(陕)	2550.00
332	镇巴县(陕)	1302.00
333	商南县(陕)	1250.00
334	汉滨区(陕)	820.00
335	汉阴县(陕)	503.00
336	宁强县(陕)	456.00
337	岚皋县(陕)	363.00
338	白河县(陕)	242.00
339	石泉县(陕)	112.00
340	康　县(甘)	322.30

表 13-8-2　矿泉水主产地产量

	矿泉水主产地	产量(吨)
1	宽城满族自治县(冀)	20000.00
2	阿鲁科尔沁旗(内蒙古)	300000.00
3	鄂托克旗(内蒙古)	2500.00
4	磴口县(内蒙古)	300.00
5	长白朝鲜族自治县(吉)	300000.00
6	东辽县(吉)	10000.00
7	辉南森林经营局(吉)	10000.00
8	龙井市(吉)	8000.00
9	梨树县(吉)	5500.00
10	辉南县(吉)	4521.00
11	舒兰市(吉)	3500.00
12	通化县(吉)	1000.00
13	磐石市(吉)	400.00
14	巴彦县(黑)	5000.00
15	延寿县(黑)	2000.00

	矿泉水主产地	产量(吨)
16	嫩江县(黑)	1400.00
17	大兴安岭加格达奇	1000.00
18	孙吴县(黑)	500.00
19	霍山县(皖)	230000.00
20	东至县(皖)	1000.00
21	瑞金市(赣)	65000.00
22	资溪县(赣)	1400.00
23	九江县(赣)	1000.00
24	芦溪县(赣)	700.00
25	沂水县(鲁)	2100.00
26	伊川县(豫)	25000.00
27	确山县(豫)	10000.00
28	栾川县(豫)	100.00
29	长阳土家族自治县(鄂)	1200.00
30	来凤县(鄂)	800.00
31	绥宁县(湘)	1200000.00
32	桃源县(湘)	1000000.00
33	娄星区(湘)	900000.00
34	城步苗族自治县(湘)	600000.00
35	双峰县(湘)	20000.00
36	中方县(湘)	10000.00
37	湘乡市(湘)	7000.00
38	邵阳县(湘)	5000.00
39	资兴市(湘)	4600.00
40	靖州苗族侗族自治县(湘)	2600.00
41	沅陵县(湘)	1780.00
42	新宁县(湘)	1000.00
43	新晃侗族自治县(湘)	1000.00
44	隆回县(湘)	1000.00
45	汨罗市(湘)	1000.00
46	雷州市(粤)	3000.00
47	中国林科院热林中心(桂)	9670.00
48	灌阳县(桂)	4000.00
49	金秀瑶族自治县(桂)	2420.00
50	全州县(桂)	2000.00
51	云阳县(渝)	126000.00
52	梁平县(渝)	10000.00
53	丰都县(渝)	5600.00
54	石柱土家族自治县(渝)	5000.00
55	冕宁县(川)	10000.00
56	通川区(川)	8000.00
57	达　县(川)	2000.00
58	峨边彝族自治县(川)	1000.00
59	平坝县(黔)	300.00
60	万山特区(黔)	100.00
61	黔西县(黔)	100.00
62	建水县(滇)	2000.00
63	麦积区(甘)	1500.00
64	青铜峡市(宁)	6000.00
65	泉阳泉饮品有限公司(吉林森工)	89137.00
66	五营林业局(龙江森工)	4800.00
67	双鸭山林业局(龙江森工)	4221.00
68	山河屯林业局(龙江森工)	3352.00
69	柴河林业局(龙江森工)	2200.00
70	金山屯林业局(龙江森工)	1836.00
71	沾河林业局(龙江森工)	1634.00
72	绥棱林业局(龙江森工)	1490.00
73	大海林林业局(龙江森工)	1200.00
74	鹤北林业局(龙江森工)	1000.00
75	朗乡林业局(龙江森工)	932.00
76	鹤立林业局(龙江森工)	850.00
77	清河林业局(龙江森工)	730.00
78	桦南林业局(龙江森工)	500.00
79	翠峦林业局(龙江森工)	456.00
80	东方红林业局(龙江森工)	400.00
81	乌伊岭林业局(龙江森工)	200.00
82	林口林业局(龙江森工)	200.00
83	新青林业局(龙江森工)	150.00
84	汤旺河林业局(龙江森工)	120.00

表 13-8-3　其他森林饮料主产地产量

	其他森林饮料主产地	品种	产量(吨)
1	和政县(甘)	刺梨	11000.00
2	魏　县(冀)	刺梨	3640.00
3	黔西县(黔)	刺梨	2000.00
4	平坝县(黔)	刺梨	220.00
5	本溪满族自治县(辽)	刺五加	75000.00
6	辉南县(吉)	刺五加	1300.00
7	新宾满族自治县(辽)	刺五加	450.00
8	宁海县(浙)	葛根	8000.00
9	霍山县(皖)	葛根	1700.00
10	蓬安县(川)	葛根	1500.00
11	夷陵区(鄂)	葛根	500.00
12	潜山县(皖)	葛根	250.00
13	新建县(赣)	葛根	110.00
14	沅陵县(湘)	葛根	103.00
15	铜鼓县(赣)	葛根	100.00
16	金平苗族瑶族傣族自治县(滇)	葛根	30.00
17	桓仁满族自治县(辽)	葛根	27.00
18	栾川县(豫)	葛根	20.00
19	商城县(豫)	葛根	10.00
20	中宁县(宁)	枸杞芽	48.00
21	原州区(宁)	枸杞芽	1.00
22	隆阳区(滇)	咖啡	13513.00
23	思茅区(滇)	咖啡	7566.00
24	景洪市(滇)	咖啡	3283.00
25	盈江县(滇)	咖啡	2500.00
26	墨江哈尼族自治县(滇)	咖啡	968.00
27	澜沧拉祜族自治县(滇)	咖啡	739.60
28	镇康县(滇)	咖啡	380.00
29	镇沅彝族哈尼族拉祜族自治县(滇)	咖啡	241.00
30	畹町市(滇)	咖啡	79.00
31	元谋县(滇)	咖啡	30.00
32	勐海县(滇)	咖啡	12.00
33	民权县(豫)	蓝靛果酒	46200.00
34	新宾满族自治县(辽)	蓝靛果酒	150.00
35	通化县(吉)	蓝靛果酒	100.00
36	江源区(吉)	蓝靛果酒	50.00
37	平桥区(豫)	栗子奶	80.00
38	平桥区(豫)	栗子汁	120.00
39	中宁县(宁)	苹果汁	78357.00

	其他森林饮料主产地	品种	产量(吨)
40	湖滨区(豫)	苹果汁	25380.00
41	利通区(宁)	苹果汁	15000.00
42	济源市(豫)	苹果汁	10000.00
43	祁　县(晋)	苹果汁	7175.00
44	虞城县(豫)	苹果汁	5500.00
45	辉南县(吉)	苹果汁	500.00
46	敖汉旗(内蒙古)	沙棘	20000.00
47	建平县(辽)	沙棘	15000.00
48	围场满族蒙古族自治县(冀)	沙棘	6000.00
49	北票市(辽)	沙棘	6000.00
50	方山县(晋)	沙棘	5333.00
51	东胜区(内蒙古)	沙棘	5120.00
52	隆德县(宁)	沙棘	3500.00
53	和林格尔县(内蒙古)	沙棘	3089.00
54	伊金霍洛旗(内蒙古)	沙棘	1500.00
55	渭源县(甘)	沙棘	1500.00
56	尚义县(冀)	沙棘	1000.00
57	孙吴县(黑)	沙棘	1000.00
58	左权县(晋)	沙棘	500.00
59	华池县(甘)	沙棘	500.00
60	漳　县(甘)	沙棘	485.00
61	清水县(甘)	沙棘	120.00
62	楚雄市(滇)	余甘子	85.53
63	石屏县(滇)	余甘子	50.00
64	牟定县(滇)	余甘子	42.00

表 13-9　茶和咖啡出口

国家/地区	出口数量(吨)	出口金额(千美元)
09011100 未焙炒未浸除咖啡因的咖啡		
合计	31856	95258
德国	16217	48514
美国	6818	20700
比利时	2366	6938
法国	1846	5518
沙特阿拉伯	1621	4413
韩国	677	2168
越南	436	1330
西班牙	357	1106
日本	368	1101
瑞士	252	786
葡萄牙	238	697
意大利	175	547
加拿大	98	290
马来西亚	97	289
奥地利	79	237
科威特	58	163
新加坡	36	118
以色列	38	104
台湾省	20	65
阿尔及利亚	20	64
英国	20	57
澳大利亚	19	57
09012100 已焙炒未浸除咖啡碱的咖啡		
合计	1021	6810
香港	492	3154
菲律宾	361	2228
日本	106	1011
马来西亚	28	178
美国	14	101
韩国	8	68
台湾省	8	45
澳大利亚	3	17
法国	0	5
德国	0	4
09012200 已焙炒已浸除咖啡因的咖啡		
合计	32	131
美国	12	38
英国	16	36
新加坡	2	23
台湾省	1	18
阿联酋	0	4
德国	0	4
荷兰	0	4
以色列	0	3
新西兰	0	2
09021010 花茶，内包装每件净重≤3kg		
合计	2344	18073
美国	538	6968
俄罗斯联邦	333	1936
英国	120	1377
香港	164	1182
日本	158	823
摩洛哥	256	659
加拿大	78	600
德国	24	547
白俄罗斯	204	538
澳大利亚	52	421
马来西亚	43	351
法国	39	330
新加坡	44	300
乌克兰	44	288
荷兰	33	238
韩国	31	142
阿联酋	15	100
印度尼西亚	13	88
南非	14	87
墨西哥	2	84
泰国	13	81
波兰	15	73
西班牙	9	64
瑞士	8	63
巴基斯坦	3	59
塞内加尔	9	56
利比亚	10	51
智利	6	48
乌兹别克斯坦	9	46
巴西	6	43
以色列	14	38
秘鲁	5	37
印度	5	36
柬埔寨	4	36
比利时	3	32
意大利	1	29
捷克	1	21
澳门	3	21
哥伦比亚	3	20

国家/地区	出口数量（吨）	出口金额（千美元）
芬兰	1	16
乌拉圭	1	15
叙利亚	3	14
匈牙利	2	14
直布罗陀	2	14
菲律宾	2	13
委内瑞拉	1	11
新西兰	1	10
沙特阿拉伯	1	9
巴拿马	1	8
科威特	0	8
台湾省	1	7
爱尔兰	0	6
阿曼	0	5
瑞典	0	4
毛里求斯	1	4
安哥拉	0	3
哥斯达黎加	0	1
阿根廷	0	1
立陶宛	0	1
土耳其	0	1
09021090 绿茶，内包装每件净重≤3kg		
合计	121598	370280
摩洛哥	54384	144748
毛里塔尼亚	10104	33828
多哥	8575	24155
马里	7007	23415
阿尔及利亚	8141	21651
贝宁	4312	13941
塞内加尔	4071	13436
冈比亚	3398	11948
科特迪瓦	3244	11368
几内亚	4118	10858
法国	1905	8393
美国	867	8267
英国	597	6992
尼日尔	1359	4920
利比亚	1860	3545
俄罗斯联邦	728	3325
香港	370	2476
比利时	619	2291
阿联酋	587	1818
沙特阿拉伯	436	1789
加纳	757	1780
日本	567	1673

国家/地区	出口数量（吨）	出口金额（千美元）
哥伦比亚	59	1331
西班牙	567	1151
荷兰	129	1120
加拿大	153	1061
德国	312	954
意大利	186	708
澳大利亚	58	652
新加坡	78	615
智利	58	490
乌克兰	64	423
布基纳法索	233	393
加蓬	99	368
巴拿马	12	361
喀麦隆	145	303
利比里亚	229	282
墨西哥	39	275
伊朗	178	250
波兰	36	221
塔吉克斯坦	177	196
马来西亚	38	194
澳门	24	189
秘鲁	19	167
叙利亚	39	166
埃及	104	161
以色列	53	149
刚果(布)	33	116
阿富汗	86	104
土库曼斯坦	76	95
塞拉利昂	80	89
委内瑞拉	10	71
菲律宾	9	67
苏丹	51	60
挪威	4	59
刚果(金)	21	58
乌兹别克斯坦	18	57
巴基斯坦	3	56
匈牙利	12	51
安哥拉	10	47
希腊	12	44
瑞士	2	40
南非	9	36
芬兰	3	34
巴西	3	32
捷克	1	31
哈萨克斯坦	7	29

国家/地区	出口数量（吨）	出口金额（千美元）
乌拉圭	3	29
苏里南	3	26
卡塔尔	7	25
哥斯达黎加	3	24
毛里求斯	4	24
丹麦	1	22
约旦	4	22
印度	1	16
斯里兰卡	8	16
吉尔吉斯斯坦	11	14
白俄罗斯	2	13
莫桑比克	0	10
特立尼达和多巴哥	1	9
赞比亚	0	9
瑞典	0	8
黎巴嫩	5	7
土耳其	1	6
泰国	1	6
新西兰	1	6
科威特	1	5
台湾省	1	4
印度尼西亚	0	3
阿根廷	1	2
埃塞俄比亚	0	1
立陶宛	0	1
柬埔寨	0	1
文莱	0	1
奥地利	0	1
09022010 花茶，内包装每件净重>3kg		
合计	5012	21808
日本	1356	6378
香港	780	3973
俄罗斯联邦	1043	2647
德国	232	2229
美国	259	1065
新加坡	245	1016
斯里兰卡	271	705
加拿大	49	592
乌克兰	140	482
澳大利亚	101	423
马来西亚	108	419
英国	60	232
法国	35	223
印度尼西亚	57	139
韩国	15	136

国家/地区	出口数量（吨）	出口金额（千美元）
突尼斯	20	133
土库曼斯坦	27	116
伊朗	36	89
瑞士	9	79
印度	18	71
泰国	18	63
澳门	18	63
沙特阿拉伯	3	59
荷兰	11	54
以色列	8	53
哈萨克斯坦	26	43
摩洛哥	6	40
墨西哥	2	39
厄瓜多尔	20	37
台湾省	3	37
波兰	2	37
巴基斯坦	9	30
智利	6	16
罗马尼亚	3	14
捷克	0	14
吉尔吉斯斯坦	3	10
哥伦比亚	2	8
阿根廷	2	7
阿联酋	0	6
塞内加尔	1	5
秘鲁	1	5
爱沙尼亚	5	4
菲律宾	1	4
白俄罗斯	1	3
塞尔维亚	2	3
土耳其	2	2
立陶宛	0	2
西班牙	0	2
科威特	0	1
09022090 绿茶，内包装每件净重 >3kg		
合计	112675	196499
俄罗斯联邦	13577	27412
乌兹别克斯坦	18551	23390
德国	6558	16739
美国	11406	16359
摩洛哥	6376	10706
巴基斯坦	5551	9949
阿尔及利亚	3647	8912
塞内加尔	2197	7335
乌克兰	2953	7158

国家/地区	出口数量（吨）	出口金额（千美元）
日本	3127	6037
毛里塔尼亚	1647	5968
斯里兰卡	2577	4893
伊朗	3200	4057
喀麦隆	3662	3231
英国	1571	3210
土库曼斯坦	3267	3053
尼日尔	1753	2941
新加坡	1152	2830
泰国	925	2743
突尼斯	2456	2194
加拿大	951	1939
阿富汗	1064	1903
荷兰	1151	1849
香港	723	1844
塔吉克斯坦	1466	1660
贝宁	2004	1434
乍得	1009	1433
沙特阿拉伯	610	1267
阿联酋	520	1233
法国	264	1082
埃及	779	1081
波兰	791	936
印度	372	778
叙利亚	409	723
吉尔吉斯斯坦	471	663
瑞士	165	613
土耳其	401	545
多哥	187	502
拉脱维亚	52	494
哈萨克斯坦	472	460
澳大利亚	143	399
越南	10	396
菲律宾	76	360
西班牙	195	326
智利	183	302
印度尼西亚	93	221
立陶宛	85	194
芬兰	39	185
尼日利亚	224	152
南非	152	151
墨西哥	51	145
科特迪瓦	72	125
几内亚	68	121
加纳	109	117

国家/地区	出口数量（吨）	出口金额（千美元）
缅甸	381	112
马来西亚	46	109
阿根廷	81	104
意大利	32	102
以色列	74	100
丹麦	25	94
瑞典	27	92
罗马尼亚	56	88
希腊	30	87
利比亚	22	73
巴西	62	64
哥伦比亚	25	62
白俄罗斯	12	60
巴拉圭	50	57
老挝	25	55
捷克	17	52
马里	14	45
韩国	23	43
澳门	8	41
新西兰	13	37
阿塞拜疆	14	35
克罗地亚	1	26
爱沙尼亚	28	25
也门	11	23
塞尔维亚	20	23
约旦	10	21
挪威	1	17
肯尼亚	11	15
黎巴嫩	9	13
苏丹	10	13
科威特	0	13
毛里求斯	12	9
匈牙利	6	7
秘鲁	2	7
莫桑比克	0	6
斯洛伐克	0	5
爱尔兰	0	4
哥斯达黎加	0	4
巴拿马	2	3
赞比亚	0	3
格鲁吉亚	0	2
09023010 乌龙茶，内包装每件净重≤3kg		
合计	2581	18678
香港	234	7228
日本	1803	4769

国家/地区	出口数量（吨）	出口金额（千美元）
美国	159	1645
菲律宾	17	1162
新加坡	116	956
越南	6	837
马来西亚	65	627
澳门	6	268
俄罗斯联邦	22	207
澳大利亚	16	129
加拿大	16	125
印度尼西亚	12	116
智利	10	109
韩国	55	106
南非	6	76
英国	11	69
荷兰	8	54
法国	3	42
秘鲁	2	22
泰国	3	20
乌克兰	4	18
德国	1	18
白俄罗斯	3	14
芬兰	1	12
巴西	2	9
奥地利	0	8
巴拿马	1	8
墨西哥	1	6
斯里兰卡	0	4
瑞士	0	4
西班牙	0	3
乌拉圭	0	2
柬埔寨	0	2
安哥拉	0	2
新西兰	0	1
09023020 普洱茶，内包装每件净重≤3kg		
合计	814	6662
香港	392	3170
台湾省	87	673
新加坡	46	565
法国	28	537
韩国	49	343
智利	36	331
波兰	33	277
马来西亚	45	242
日本	50	190
美国	18	114
澳大利亚	11	94
加拿大	11	63
俄罗斯联邦	2	15
澳门	2	14
荷兰	1	8
英国	1	6
德国	0	6
乌克兰	1	5
秘鲁	0	4
白俄罗斯	0	3
新西兰	0	1
巴西	0	1
印度尼西亚	0	1
09023090 红茶及其他半发酵茶，内包装每件净重≤3kg		
合计	3977	22946
香港	361	6636
美国	362	5272
澳大利亚	173	2623
英国	160	1764
法国	131	1577
蒙古	1675	1285
俄罗斯联邦	159	550
摩洛哥	245	447
加拿大	28	427
马来西亚	118	426
利比亚	199	419
智利	37	323
埃及	120	272
波兰	60	267
阿尔及利亚	93	128
哥伦比亚	8	98
比利时	1	79
新加坡	12	56
乌克兰	6	53
所罗门群岛	5	36
爱尔兰	3	29
日本	2	28
菲律宾	2	23
新西兰	1	16
秘鲁	1	16
澳门	2	10
阿富汗	4	9
巴西	1	8
阿联酋	1	6
哥斯达黎加	1	6
喀麦隆	1	6
巴拿马	1	6
德国	0	5
荷兰	1	5
白俄罗斯	1	4
乌拉圭	0	4
泰国	0	4
南非	0	4
沙特阿拉伯	0	4
安哥拉	0	3
瑞典	0	3
科威特	0	2
墨西哥	0	2
韩国	1	2
西班牙	0	1
阿根廷	0	1
瑞士	0	1
09024010 乌龙茶，内包装每件净重＞3kg		
合计	17150	52719
日本	11425	32945
香港	3519	11647
美国	1176	1747
马来西亚	273	1520
澳门	42	1359
德国	88	735
俄罗斯联邦	99	638
新加坡	98	514
印度	212	384
泰国	73	316
越南	29	288
加拿大	23	184
斯里兰卡	30	128
韩国	10	65
澳大利亚	9	45
英国	4	39
乌克兰	7	29
墨西哥	6	19
智利	4	16
法国	3	14
多哥	2	13
新西兰	2	11
巴西	6	9
菲律宾	4	8
拉脱维亚	2	7

国家/地区	出口数量（吨）	出口金额（千美元）
摩洛哥	1	6
荷兰	0	6
毛里求斯	1	6
秘鲁	1	5
瑞士	1	5
阿联酋	0	4
立陶宛	0	2
西班牙	0	2
土耳其	0	2
匈牙利	1	1
斯洛伐克	0	1
南非	1	1
以色列	0	1
09024020 普洱茶，内包装每件净重＞3kg		
合计	3763	19545
香港	1111	7481
马来西亚	475	3706
日本	804	2907
新加坡	368	1132
美国	135	836
德国	140	519
英国	56	487
荷兰	37	393
波兰	164	375
缅甸	79	363
台湾省	68	225
俄罗斯联邦	28	180
韩国	40	162
西班牙	70	142
阿联酋	41	113
智利	27	95
加拿大	18	73
阿根廷	30	72
印度	8	53
沙特阿拉伯	23	47
印度尼西亚	5	31
澳大利亚	12	31
泰国	1	24
巴西	8	23
立陶宛	7	21
法国	1	18
斯里兰卡	7	15
捷克	1	10
墨西哥	1	5
乌克兰	0	4

国家/地区	出口数量（吨）	出口金额（千美元）
摩洛哥	0	3
突尼斯	0	2
土耳其	0	1
09024090 红茶及其他半发酵茶，内包装每件净重＞3kg		
合计	32613	56900
美国	9900	13384
俄罗斯联邦	5281	9773
香港	3814	6923
缅甸	2202	5452
德国	1701	4573
英国	1469	3209
巴基斯坦	2899	2451
新加坡	504	1231
加拿大	364	781
马来西亚	339	778
印度尼西亚	642	677
乌克兰	285	628
波兰	350	610
日本	164	559
阿联酋	225	516
法国	173	511
泰国	311	445
澳门	167	421
荷兰	303	415
越南	13	366
印度	148	339
丹麦	104	319
哈萨克斯坦	146	270
埃及	130	234
突尼斯	147	220
沙特阿拉伯	83	213
也门	200	210
拉脱维亚	13	149
澳大利亚	37	144
塔吉克斯坦	10	125
西班牙	30	107
伊朗	36	95
意大利	66	83
芬兰	35	75
瑞典	15	68
摩洛哥	42	68
韩国	52	54
斯里兰卡	19	53
巴拿马	27	53

国家/地区	出口数量（吨）	出口金额（千美元）
巴布亚新几内亚	33	52
立陶宛	9	44
科威特	29	37
墨西哥	3	30
肯尼亚	27	25
捷克	20	23
智利	7	16
秘鲁	2	16
新西兰	9	15
瑞士	2	13
白俄罗斯	6	11
土库曼斯坦	10	10
希腊	2	8
哥伦比亚	3	6
罗马尼亚	4	4
爱沙尼亚	4	4
以色列	1	4
巴西	1	2
09030000 马黛茶		
合计	0	12
比利时	0	7
爱尔兰	0	5
18031000 未脱脂可可膏		
合计	232	1060
澳大利亚	100	462
韩国	80	400
黑山	31	105
智利	9	40
阿根廷	5	20
也门	4	18
阿联酋	2	10
泰国	1	5
18032000 全脱脂或部分脱脂可可膏		
合计	3581	12050
哥伦比亚	1220	4401
西班牙	1060	3740
俄罗斯联邦	820	2266
荷兰	160	564
乌拉圭	160	507
埃及	120	405
哥斯达黎加	20	74
澳大利亚	15	70
智利	4	16
乌兹别克斯坦	2	8
18040000 可可脂、可可油		

国家/地区	出口数量（吨）	出口金额（千美元）
合计	9905	45546
德国	3702	16554
法国	3400	16284
荷兰	1120	4782
英国	900	4033
美国	424	2089
澳大利亚	140	677
黑山	80	440
塞尔维亚	40	200
叙利亚	40	193
加拿大	31	149
智利	17	84
阿根廷	6	33
台湾省	4	21
巴巴多斯	1	7
18050000 未加糖或其他甜物质的可可粉		
合计	16214	40633
古巴	1600	6862
巴西	2520	6250
智利	1442	3095
叙利亚	887	2197
菲律宾	609	2159
阿根廷	693	2063
埃及	1149	1598
波兰	541	1546
哥伦比亚	645	1486
印度	488	1390
俄罗斯联邦	597	1203
土耳其	485	1199
乌兹别克斯坦	505	884
希腊	640	811
伊朗	225	762
萨尔瓦多	320	647
澳大利亚	150	514
白俄罗斯	160	462
西班牙	147	422
立陶宛	171	404
乌克兰	174	342
玻利维亚	103	333
秘鲁	127	329
保加利亚	191	293
墨西哥	128	277
巴基斯坦	157	267
哈萨克斯坦	214	238
乌拉圭	65	212

国家/地区	出口数量（吨）	出口金额（千美元）
也门	160	206
哥斯达黎加	112	197
新西兰	49	159
塞内加尔	47	157
以色列	48	144
吉尔吉斯斯坦	128	138
斐济	30	109
美国	21	98
南非	30	96
危地马拉	48	93
埃塞俄比亚	23	81
沙特阿拉伯	22	76
克罗地亚	32	75
格鲁吉亚	40	75
阿尔及利亚	32	74
苏丹	42	60
斯里兰卡	36	59
摩洛哥	15	59
匈牙利	21	57
香港	11	51
利比亚	15	51
斯洛伐克	15	48
喀麦隆	15	46
阿尔巴尼亚	16	43
前南马其顿	16	30
刚果(金)	16	23
约旦	7	19
朝鲜	11	17
突尼斯	9	13
泰国	2	7
越南	2	6
毛里求斯	3	5
加拿大	4	5
塞浦路斯	2	4
阿塞拜疆	2	4
阿联酋	1	2
孟加拉国	1	2
18061000 含糖或其他甜物质的可可粉		
合计	840	2314
美国	399	1005
加拿大	178	491
香港	96	390
英国	74	172
澳大利亚	39	118
德国	8	43

国家/地区	出口数量（吨）	出口金额（千美元）
韩国	11	35
菲律宾	17	26
墨西哥	11	19
印度尼西亚	8	13
伊朗	0	2
18062000 其他重量>2kg 的含可可食品		
合计	1689	3421
巴基斯坦	1229	2020
澳大利亚	132	445
秘鲁	130	385
吉尔吉斯斯坦	111	327
香港	44	114
朝鲜	20	33
日本	2	32
阿联酋	10	27
阿曼	4	11
新加坡	4	11
尼日利亚	2	7
比利时	1	6
美国	0	2
泰国	1	2
18063100 含可可夹心食品，重量≤2kg		
合计	3705	16560
美国	437	2468
墨西哥	554	2426
马来西亚	605	2285
香港	204	1521
蒙古	207	942
韩国	378	866
哥伦比亚	117	765
印度	120	758
加拿大	124	477
巴基斯坦	105	464
亚美尼亚	80	419
俄罗斯联邦	94	414
南非	77	376
新加坡	59	307
以色列	76	304
澳大利亚	44	269
哈萨克斯坦	154	238
阿联酋	18	129
加纳	71	128
比利时	12	118
智利	16	105
英国	15	90

国家/地区	出口数量（吨）	出口金额（千美元）
委内瑞拉	11	74
厄瓜多尔	10	64
尼泊尔	10	58
巴林	8	49
菲律宾	5	45
孟加拉国	8	44
瑞典	9	41
泰国	6	40
日本	4	38
波兰	19	37
台湾省	4	32
卡塔尔	5	31
也门	6	25
文莱	3	19
乌拉圭	2	18
巴布亚新几内亚	9	16
西班牙	6	12
塞尔维亚	6	11
新西兰	2	9
莫桑比克	2	8
毛里求斯	1	8
科威特	2	7
斐济	1	6
澳门	0	1
18063200 含可可非夹心食品重量≤2kg		
合计	1889	13339
加拿大	360	3092
澳大利亚	470	2352
台湾省	217	1474
美国	146	1377
香港	110	1028
德国	83	944
日本	108	708
英国	97	683
墨西哥	35	249
南非	25	220
蒙古	70	217
哥伦比亚	18	130
以色列	20	114
巴西	23	109
新加坡	20	87
荷兰	14	80
马来西亚	10	74
印度	9	62
智利	7	61

国家/地区	出口数量（吨）	出口金额（千美元）
新西兰	10	58
韩国	10	55
澳门	5	41
朝鲜	10	29
俄罗斯联邦	3	23
亚美尼亚	2	19
丹麦	2	19
特立尼达和多巴哥	3	16
委内瑞拉	1	7
阿联酋	1	4
法国	1	4
尼泊尔	0	2
孟加拉国	0	2
科威特	0	1
基里巴斯	0	1
18069000 未列名含可可的食品		
合计	18457	77696
香港	5677	31274
菲律宾	2962	9536
马来西亚	1001	3827
泰国	839	3823
日本	630	3247
澳大利亚	403	2501
台湾省	300	1948
英国	359	1784
俄罗斯联邦	346	1332
沙特阿拉伯	302	1254
美国	144	1211
阿联酋	216	1041
韩国	408	1028
加纳	391	942
新加坡	148	889
南非	192	848
越南	185	772
墨西哥	270	628
巴基斯坦	307	502
加拿大	56	496
伊朗	210	447
印度	110	444
科威特	85	433
朝鲜	206	395
科特迪瓦	150	380
约旦	146	376
孟加拉国	121	357
贝宁	153	355

国家/地区	出口数量（吨）	出口金额（千美元）
印度尼西亚	142	345
危地马拉	138	335
也门	137	333
以色列	97	214
新西兰	56	212
哥斯达黎加	72	209
秘鲁	119	208
毛里求斯	74	206
阿尔及利亚	121	205
德国	34	203
尼加拉瓜	70	203
荷兰	77	164
刚果（布）	62	151
文莱	15	140
卡塔尔	24	138
坦桑尼亚	52	129
苏丹	86	121
多米尼加共和国	48	120
斯里兰卡	38	109
蒙古	33	108
埃及	50	105
巴拿马	44	103
玻利维亚	43	103
萨尔瓦多	39	102
巴西	31	99
哥伦比亚	10	94
厄瓜多尔	39	90
法国	30	83
安哥拉	43	66
塞内加尔	23	63
肯尼亚	24	57
刚果（金）	25	57
巴勒斯坦	23	54
巴林	8	52
阿曼	8	50
尼泊尔	13	48
尼日利亚	22	45
莫桑比克	18	45
几内亚	16	44
哈萨克斯坦	5	43
塞拉利昂	17	43
西班牙	20	41
黎巴嫩	7	33
摩洛哥	10	31
巴布亚新几内亚	9	30

国家/地区	出口数量（吨）	出口金额（千美元）
洪都拉斯	8	24
伊拉克	2	24
马达加斯加	10	22
爱尔兰	10	21
智利	11	20
柬埔寨	7	16
立陶宛	6	15
白俄罗斯	3	13
乌拉圭	4	9
塞舌尔	1	8
多哥	4	7
比利时	1	6
特立尼达和多巴哥	2	5
纳米比亚	2	3
澳门	1	2
瑞士	1	2
意大利	0	1
21011100 咖啡的浓缩精汁		
合计	18	374
韩国	4	181
香港	6	155
台湾省	8	38
21011200 以咖啡及其浓缩为基本成分的制品		
合计	18568	31655
香港	14693	17762
韩国	1176	5052
台湾省	477	2703
美国	373	1879
英国	140	841
澳门	993	832
乌兹别克斯坦	176	407
哈萨克斯坦	162	374
蒙古	39	329
克罗地亚	74	324
加拿大	67	268
澳大利亚	27	243
摩尔多瓦	73	162
以色列	33	137
马来西亚	16	78
德国	9	58
泰国	11	49
新加坡	7	32
摩洛哥	1	29
加纳	6	29
埃及	5	24

国家/地区	出口数量（吨）	出口金额（千美元）
菲律宾	8	19
前南马其顿	0	11
伊朗	1	6
朝鲜	1	4
荷兰	1	4
日本	0	1
21012000 以茶、马黛茶及其浓缩精汁为基本成分的制品		
合计	6323	41104
日本	725	7662
美国	1306	7641
印度尼西亚	1037	7325
香港	1370	4052
德国	510	3203
泰国	287	3027
缅甸	135	1615
新加坡	140	1279
台湾省	89	907
菲律宾	89	714
马来西亚	51	526
墨西哥	45	338
法国	21	327
肯尼亚	45	294
巴西	23	283
爱尔兰	28	240
越南	18	133
哥伦比亚	8	126
哈萨克斯坦	12	120
伊朗	11	119
澳门	94	111
加纳	7	111
智利	9	107
加拿大	23	103
英国	76	103
丹麦	6	84
荷兰	8	79
韩国	32	73
俄罗斯联邦	15	63
澳大利亚	11	52
意大利	59	51
乌拉圭	7	42
尼日利亚	0	40
南非	20	37
巴拿马	2	19
哥斯达黎加	2	19

国家/地区	出口数量（吨）	出口金额（千美元）
波兰	2	17
新西兰	1	14
秘鲁	1	10
吉布提	1	8
奥地利	0	8
孟加拉国	1	6
科特迪瓦	0	6
坦桑尼亚	0	4
以色列	0	3
斯里兰卡	0	2
赞比亚	0	2
斯洛伐克	0	1
21013000 烘焙菊苣和其他烘焙咖啡代用品及其浓缩精汁		
合计	1344	977
韩国	1311	943
日本	28	30
泰国	5	4

表 13-10　茶和咖啡进口

国家/地区	进口数量（吨）	进口金额（千美元）
09021010 花茶每件净重≤3kg		
合计	22	495
英国	6	134
马来西亚	3	94
美国	4	84
中华人民共和国	2	42
台湾省	1	29
德国	1	28
斯里兰卡	2	21
法国	0	20
日本	1	14
克罗地亚	0	5
澳大利亚	0	4
南非	0	4
亚美尼亚	0	4
加拿大	0	4
新加坡	0	3
印度	0	3
韩国	0	1
09021090 绿茶每件净重≤3kg		
合计	292	2158
台湾省	101	982
日本	11	364

国家/地区	进口数量（吨）	进口金额（千美元）
斯里兰卡	25	211
中华人民共和国	26	140
孟加拉国	99	134
美国	6	105
英国	4	47
德国	2	32
新加坡	3	28
澳大利亚	1	26
比利时	1	23
法国	0	19
南非	1	13
加拿大	0	10
韩国	0	8
缅甸	10	7
印度	0	4
毛里求斯	0	1
埃塞俄比亚	0	1
泰国	0	1
09022010 花茶每件净重 >3kg		
合计	75	478
德国	65	401
中华人民共和国	3	18
印度	3	16
美国	2	16
越南	1	9
斯里兰卡	0	5
台湾省	0	4
埃及	1	3
澳大利亚	0	2
匈牙利	0	1
南非	0	1
伊朗	0	1
09022090 绿茶每件净重 >3kg		
合计	806	1449
日本	93	555
越南	411	381
印度尼西亚	257	366
老挝	33	73
台湾省	3	37
印度	3	14
法国	3	6
英国	1	5
中华人民共和国	1	4
斯里兰卡	0	3
韩国	2	3

国家/地区	进口数量（吨）	进口金额（千美元）
阿根廷	0	2
南非	0	1
肯尼亚	0	1
09023010 乌龙茶每件净重≤3kg		
合计	158	3970
台湾省	155	3911
比利时	2	34
新西兰	0	16
日本	0	5
斯里兰卡	0	3
中华人民共和国	0	1
韩国	0	1
09023020 普洱茶每件净重≤3kg		
合计	2	40
台湾省	1	24
日本	0	11
英国	0	4
马来西亚	0	1
比利时	0	1
09023090 红茶及其他半发酵茶净重≤3kg		
合计	1013	12913
斯里兰卡	517	5780
印度	152	4020
英国	63	872
美国	43	690
台湾省	178	677
比利时	1	163
马来西亚	7	149
南非	15	137
德国	12	127
法国	1	66
中华人民共和国	2	41
澳大利亚	1	41
丹麦	3	37
香港	5	23
加拿大	1	23
瑞典	2	22
日本	0	16
肯尼亚	6	11
意大利	1	8
印度尼西亚	0	6
新加坡	0	1
09024010 乌龙茶每件净重 >3kg		
合计	96	1140
日本	11	454

国家/地区	进口数量（吨）	进口金额（千美元）
台湾省	45	307
缅甸	15	281
中华人民共和国	21	91
英国	4	7
09024090 红茶及其他半发酵茶净重 >3kg		
合计	10202	24953
印度尼西亚	4483	8106
斯里兰卡	1852	7204
印度	1018	3180
肯尼亚	1138	2954
南非	329	967
越南	469	717
坦桑尼亚	113	282
英国	89	276
阿根廷	239	258
马拉维	137	248
老挝	56	208
泰国	116	141
巴西	112	138
中华人民共和国	17	106
台湾省	21	83
香港	10	68
法国	2	6
德国	1	3
日本	0	3
美国	0	1
新加坡	0	1
09030000 马黛茶		
合计	23	45
阿根廷	21	36
南非	1	6
巴西	1	3
21012000 以茶、马黛茶及浓缩精汁制品		
合计	843	9588
日本	262	4785
肯尼亚	113	1098
美国	75	921
台湾省	114	673
德国	66	571
马来西亚	106	539
香港	38	534
新加坡	31	140
斯里兰卡	3	61
智利	7	52
印度	4	47

国家/地区	进口数量（吨）	进口金额（千美元）
韩国	2	32
爱尔兰	1	30
中华人民共和国	9	29
英国	3	23
菲律宾	6	12
法国	0	11
荷兰	1	8
印度尼西亚	1	8
泰国	1	6
意大利	0	3
希腊	0	3
新西兰	0	1
土耳其	1	1
21013000 烘焙菊苣和其他烘焙咖啡代用品等		
合计	87	256
韩国	76	189
日本	5	45
美国	2	7
意大利	1	6
台湾省	2	6
荷兰	0	1
沙特阿拉伯	0	1
中华人民共和国	0	1
09011100 未焙炒未浸除咖啡因咖啡		
合计	27637	45985
越南	23636	36029
印度尼西亚	1823	3314
巴西	860	2461
乌干达	549	1447
哥伦比亚	215	879
埃塞俄比亚	158	512
意大利	110	443
危地马拉	91	346
坦桑尼亚	37	112
东帝汶	39	84
巴布亚新几内亚	18	63
洪都拉斯	15	61
台湾省	33	59
卢旺达	19	47
日本	3	32
秘鲁	4	17
老挝	18	14
牙买加	0	13
美国	1	12
多米尼加共和国	2	10

国家/地区	进口数量（吨）	进口金额（千美元）
肯尼亚	2	10
哥斯达黎加	1	6
巴拿马	1	3
墨西哥	0	2
波多黎各	1	1
法国	0	1
喀麦隆	0	1
海地	0	1
澳大利亚	0	1
厄瓜多尔	0	1
玻利维亚	0	1
09011200 未焙炒已浸除咖啡因咖啡		
合计	84	258
乌干达	79	228
美国	3	22
韩国	1	5
意大利	0	1
肯尼亚	0	1
09012100 已焙炒未浸除咖啡因咖啡		
合计	1762	16338
美国	1050	8538
意大利	219	2310
瑞士	30	1454
英国	82	1023
台湾省	112	815
德国	42	392
印度尼西亚	41	318
香港	44	279
澳大利亚	27	261
法国	21	169
哥伦比亚	17	139
日本	15	135
西班牙	10	97
澳门	6	61
奥地利	6	58
巴西	5	45
牙买加	1	35
哥斯达黎加	8	34
越南	4	33
古巴	4	28
新加坡	3	27
墨西哥	2	15
荷兰	2	12
肯尼亚	1	11
埃塞俄比亚	1	9

国家/地区	进口数量（吨）	进口金额（千美元）
委内瑞拉	1	8
新西兰	1	8
葡萄牙	0	5
韩国	0	4
比利时	1	4
加拿大	0	2
巴布亚新几内亚	0	2
希腊	1	2
泰国	0	2
伯利兹	0	1
09012200 已焙炒已浸除咖啡因咖啡		
合计	831	7797
意大利	305	3087
日本	69	669
美国	48	454
澳大利亚	64	452
德国	25	427
台湾省	52	426
荷兰	60	404
英国	33	245
法国	30	237
瑞士	5	226
哥伦比亚	8	215
巴西	47	192
韩国	12	152
比利时	11	131
牙买加	2	122
越南	14	59
新加坡	6	41
克罗地亚	6	39
新西兰	2	33
奥地利	3	30
哥斯达黎加	3	25
土耳其	11	22
丹麦	3	19
西班牙	2	15
以色列	2	13
波兰	1	12
瑞典	2	11
委内瑞拉	1	11
泰国	0	7
多米尼加共和国	2	5
香港	1	3
古巴	0	3
葡萄牙	0	2

国家/地区	进口数量（吨）	进口金额（千美元）
厄瓜多尔	0	2
印度尼西亚	0	2
马来西亚	0	2
阿联酋	0	1
09019010 咖啡豆荚及咖啡豆皮		
合计	0	8
牙买加	0	4
泰国	0	2
意大利	0	2
哥斯达黎加	0	1
09019020 含咖啡的咖啡代用品		
合计	10	36
台湾省	1	24
马来西亚	9	10
意大利	0	1
德国	0	1
18010000 整颗或破碎的可可豆		
合计	29774	86678
印度尼西亚	15442	43449
加纳	9471	27414
多哥	2630	8688
科特迪瓦	847	2511
巴布亚新几内亚	735	2464
尼日利亚	315	1054
喀麦隆	301	1011
几内亚	33	81
比利时	0	3
法国	0	3
18020000 可可荚、壳、皮及废料		
合计	20590	2433
加纳	11726	1357
马来西亚	7514	883
新加坡	855	101
尼日利亚	303	37
斯里兰卡	182	28
荷兰	10	25
委内瑞拉	0	1
18031000 未脱脂可可膏		
合计	12272	61854
美国	3683	22227
科特迪瓦	3158	13178
马来西亚	2575	12705
加纳	2056	9870
荷兰	282	1459
印度尼西亚	257	1092

国家/地区	进口数量（吨）	进口金额（千美元）
新加坡	176	782
日本	63	418
厄瓜多尔	20	106
比利时	2	14
法国	0	3
18032000 全脱脂或部分脱脂可可膏		
合计	3486	5145
科特迪瓦	1960	2105
印度尼西亚	480	1778
荷兰	866	820
菲律宾	60	222
美国	119	214
英国	1	6
18040000 可可脂、可可油		
合计	7267	41498
马来西亚	5287	31816
新加坡	1067	6863
科特迪瓦	885	2592
印度尼西亚	13	72
法国	5	58
瑞士	3	37
比利时	2	25
泰国	4	22
德国	1	7
美国	0	3
荷兰	0	3
意大利	0	2
18050000 未加糖或其他甜物质可可粉		
合计	21663	81552
马来西亚	8522	31285
新加坡	4552	20797
印度尼西亚	5194	16527
荷兰	1388	5443
加纳	1027	3659
美国	320	1071
法国	182	961
泰国	112	512
科特迪瓦	99	381
西班牙	138	300
巴西	57	253
日本	8	67
瑞士	7	63
意大利	8	55
喀麦隆	20	55
澳大利亚	12	28

国家/地区	进口数量（吨）	进口金额（千美元）
德国	5	26
比利时	4	26
委内瑞拉	2	14
台湾省	3	13
韩国	2	7
瑞典	1	5
英国	0	3
以色列	0	1
18061000 含糖或其他甜物质可可粉		
合计	918	3205
美国	396	1347
新加坡	301	739
台湾省	38	218
荷兰	28	172
中华人民共和国	7	164
马来西亚	70	146
法国	22	133
西班牙	4	68
德国	15	48
意大利	5	35
英国	7	30
澳大利亚	5	28
韩国	6	27
加拿大	5	13
日本	0	9
奥地利	1	8
瑞士	0	5
多米尼加共和国	5	4
新西兰	1	4
比利时	0	3
泰国	0	1
印度尼西亚	0	1
波兰	0	1
18062000 其他重量 >2kg 含可可食品		
合计	3682	15374
新加坡	1522	5276
比利时	661	3672
法国	204	1519
日本	118	916
香港	245	722
新西兰	224	558
意大利	114	528
美国	154	358
西班牙	73	262
德国	67	258

国家/地区	进口数量（吨）	进口金额（千美元）
台湾省	58	245
印度尼西亚	68	220
荷兰	28	204
瑞士	15	133
澳大利亚	32	93
韩国	14	91
马来西亚	33	76
厄瓜多尔	12	67
泰国	21	54
哈萨克斯坦	7	30
印度	2	29
奥地利	3	22
俄罗斯联邦	2	14
丹麦	1	11
加拿大	1	7
瑞典	1	7
英国	1	2
18063100 含可可夹心食品重量≤2kg		
合计	4022	26721
意大利	1036	7505
德国	1015	6042
比利时	219	3040
美国	270	2787
土耳其	836	2449
奥地利	197	1266
澳大利亚	27	567
瑞士	35	500
哈萨克斯坦	151	486
马来西亚	64	478
法国	19	264
日本	16	237
英国	28	210
波兰	21	176
西班牙	15	172
瑞典	12	135
韩国	15	75
荷兰	5	51
芬兰	3	41
乌克兰	4	32
印度尼西亚	10	31
香港	5	26
希腊	1	23
新西兰	3	21
台湾省	5	21
新加坡	2	18

国家/地区	进口数量（吨）	进口金额（千美元）
俄罗斯联邦	3	18
罗马尼亚	2	17
丹麦	1	8
葡萄牙	1	7
泰国	2	5
捷克	0	4
中华人民共和国	0	3
巴西	0	2
墨西哥	0	2
18063200 含可可非夹心食品重量≤2kg		
合计	2208	19163
比利时	400	4447
瑞士	322	3681
法国	313	3400
德国	366	2664
日本	89	1190
马来西亚	263	682
美国	72	559
荷兰	40	419
意大利	21	296
韩国	36	244
新加坡	48	226
西班牙	26	208
英国	16	186
土耳其	23	165
瑞典	20	141
越南	77	137
台湾省	16	90
奥地利	3	68
澳大利亚	12	67
哈萨克斯坦	14	64
芬兰	3	42
乌克兰	4	33
丹麦	2	26
墨西哥	4	22
新西兰	3	21
俄罗斯联邦	1	17
印度尼西亚	7	16
波兰	2	14
希腊	0	11
阿联酋	1	9
罗马尼亚	1	5
厄瓜多尔	0	3
斯洛伐克	0	3
葡萄牙	0	3

国家/地区	进口数量（吨）	进口金额（千美元）
保加利亚	0	2
南非	0	1
捷克	0	1
菲律宾	0	1
18069000 未列名含可可的食品		
合计	12583	93538
意大利	7095	61720
法国	1204	4994
比利时	274	4367
美国	1706	4241
德国	274	3300
瑞士	200	3115
印度	134	2456
日本	99	1708
阿根廷	387	1314
澳大利亚	113	936
新加坡	239	825
马来西亚	156	756
巴西	160	674
台湾省	153	668
瑞典	60	509
英国	72	386
西班牙	30	229
丹麦	19	174
荷兰	17	169
土耳其	55	164
波兰	21	156
越南	30	109
墨西哥	7	100
韩国	24	96
委内瑞拉	2	77
葡萄牙	4	55
奥地利	2	40
爱尔兰	6	37
希腊	1	26
菲律宾	8	25
匈牙利	1	14
芬兰	2	13
加拿大	1	10
泰国	2	10
俄罗斯联邦	2	9
蒙古	2	8
印度尼西亚	2	8
阿联酋	1	7
沙特阿拉伯	6	6

国家/地区	进口数量（吨）	进口金额（千美元）
斯洛伐克	0	5
亚美尼亚	0	4
多米尼加共和国	4	4
卢森堡	0	3
新西兰	0	3
巴基斯坦	2	2
加纳	0	1
埃及	0	1
香港	0	1
保加利亚	0	1
21011100 咖啡的浓缩精汁		
合计	1007	7446
马来西亚	267	2554
哥伦比亚	231	1624
巴西	220	1129
印度	131	591
印度尼西亚	55	446
德国	12	244
越南	39	237
荷兰	19	171
日本	4	128
比利时	2	73
厄瓜多尔	7	69

国家/地区	进口数量（吨）	进口金额（千美元）
西班牙	11	47
牙买加	1	31
美国	1	30
台湾省	3	21
斯里兰卡	1	21
奥地利	1	18
澳大利亚	0	6
香港	0	4
法国	0	3
21011200 咖啡及浓缩精汁制品		
合计	3827	22114
马来西亚	1762	8917
日本	233	4848
韩国	630	2010
新加坡	256	1278
台湾省	247	952
美国	179	823
越南	167	614
法国	7	569
泰国	77	347
印度尼西亚	100	340
西班牙	10	215
荷兰	10	170

国家/地区	进口数量（吨）	进口金额（千美元）
德国	11	135
哥伦比亚	12	105
意大利	9	77
土耳其	32	75
巴西	6	75
丹麦	18	71
中华人民共和国	19	69
英国	5	64
澳大利亚	3	64
比利时	2	59
瑞士	3	48
老挝	11	41
波兰	3	34
牙买加	1	32
古巴	4	31
加拿大	1	17
菲律宾	3	13
葡萄牙	1	12
香港	1	3
瓦努阿图	1	2
希腊	0	1
瑞典	0	1
圣文森特和格林纳丁斯	0	1

调　料

【概　况】 调料通常指天然植物香辛料，是八角、花椒、桂皮、陈皮等植物香辛料的统称，复合型香辛料也称作调料。

2010年我国林产调料产量(干重)共计50万吨，主要林产调料为花椒、八角、桂皮及其他林产调料。花椒作为林产调料的主要产品，产量占总产量的50.05%，八角、桂皮及其他林产调料分别占23.29%、15.21%及11.45%。

花椒在我国北部至西南的广泛区域都有种植，华北、华中、华南均有分布。2010年我国花椒总产量为25.1万吨。陕西作为花椒的第一大产区，2010年花椒产量为4.5万吨，占全国花椒总产量的17.88%，四川、山东、河南、甘肃、云南、重庆分别占花椒总产量的13.63%、12.74%、11.36%、10.99%、10.96%及10.68%。八角、茴香分布于我国福建、广西、广东、贵州、云南等省(区)。2010年我国八角总产量为11.7万吨。广西是八角的第一大产区，所产八角占全国总产量的85.46%。云南、广东、重庆及湖南分别占八角总产量的7.46%、6.70%、0.12%、0.09%。桂皮总产量7.6万吨，主要产于广东、广西两地，分别占桂皮总量的61.43%和37.65%。见表14-1和表14-2。2011年我国调料进出口种类包括胡椒、锡兰肉桂、丁香、肉豆蔻等11项。出口数量达到51845吨，出口金额为117332千美元；进口数量为5148吨，总进口金额为18967千美元。

我国调料标准有10个，见表14-3。针对八角品种选优和加工技术研究有4项，见表14-4。调料协会主要有中国调味品协会、广东省云浮市肉桂生产加工销售协会、广东省肇庆市高要市肉桂协会、贵州省贵阳市开阳县金中镇茶园花椒协会。

表14-1　调料各指标在全国排名前5名的省份

评价指标	全国排名前5位的省份及占全国比例
花椒产量(25万吨)	陕西(17.88%)、四川(13.63%)、山东(12.74%)、河南(11.36%)、甘肃(10.99%)
八角产量(12万吨)	广西(85.46%)、云南(7.46%)、广东(6.70%)、重庆(0.12%)、湖南(0.09%)
桂皮产量(7.6万吨)	广东(61.43%)、广西(37.65%)、江西(0.38%)、湖南(0.31%)、重庆(0.11%)

表14-2　全国调料产量

	合计	花椒	八角	桂皮	其他
全国合计	500506	250505	116580	76118	57303
北京	128	128			
天津	9	9			
河北	12271	12271			
山西	8646	8646			
黑龙江	24	24			
江苏	699	694			5
安徽	9	9			
福建	56		56		
江西	669	84	20	292	273
山东	31925	31905			20
河南	29668	28448			1220
湖北	1051	1005	14	32	
湖南	1697	856	104	233	504
广东	54722		7812	46758	152
广西	128701		99626	28655	420
海南	32136	871			31265
重庆	27058	26765	138	83	72
四川	36288	34148	31	23	2086
贵州	5151	4705	84	7	355
云南	57123	27462	8695	35	20931
西藏	21	21			
陕西	44789	44789			
甘肃	27525	27525			
青海	93	93			
宁夏	47	47			

表 14-3 调料标准

	标准名称	标准号	发布单位
1	香辛料和调味品 名称	GB/T 12729. 1 – 1991	国家技术监督局
2	香辛料和调味品 不挥发性乙醚抽提物的测定	GB/T 12729. 12 – 1991	国家技术监督局
3	香辛料和调味品 污物的测定	GB/T 12729. 13 – 1991	国家技术监督局
4	香辛料和调味品 取样方法	GB/T 12729. 2 – 1991	国家技术监督局
5	香辛料和调味品 分析用粉末试料的制备	GB/T 12729. 3 – 1991	国家技术监督局
6	香辛料和调味品 外来物含量的测定	GB/T 12729. 5 – 1991	国家技术监督局
7	香辛料和调味品 水分含量的测定(蒸馏法)	GB/T 12729. 6 – 1991	国家技术监督局
8	香辛料和调味品 总灰分的测定	GB/T 12729. 7 – 1991	国家技术监督局
9	香辛料和调味品 水不溶性灰分的测定	GB/T 12729. 8 – 1991	国家技术监督局
10	香辛料和调味品 酸不溶性灰分的测定	GB/T 12729. 9 – 1991	国家技术监督局

表 14-4 调料科研项目

	项目名称	研究单位(项目完成年)
1	花椒精细加工技术研究	西北林学院
2	花楸优良类型选择与扩繁	长春市林科院(2009)
3	金阳青花椒品种选优	金阳县林业局(2010)
4	临夏中北部地区花椒优化综合栽培技术试验	甘肃省临夏州林科所(2009)

表 14-5 调料主产地产量

	主产地	品种	产量(吨)
1	防城区(桂)	肉桂	7710. 00
2	桂平市(桂)	肉桂	3850. 00
3	高要市(粤)	肉桂	800. 00
4	郁南县(粤)	肉桂	350. 00
5	防城区(桂)	八角	5230. 00
6	凤山县(桂)	八角	4202. 00
7	桂平市(桂)	八角	2900. 00
8	德保县(桂)	八角	2686. 00
9	平山县(冀)	花椒	3700. 00
10	冕宁县(川)	花椒	2447. 00
11	苍山县(鲁)	花椒	2130. 00
12	宁南县(川)	花椒	670. 00
13	越西县(川)	花椒	600. 00
14	老河口市(鄂)	花椒	358. 00
15	南郑县(陕)	花椒	262. 00
16	黎城县(晋)	花椒	212. 00
17	华坪县(滇)	花椒	200. 00
18	永胜县(滇)	花椒	120. 00

表 14-6 调料出口

国家/地区	出口数量(吨)	出口金额(千美元)
09041100 未磨胡椒		
合计	3734	18879
马来西亚	1600	8071
台湾省	629	3069
新加坡	317	1606
荷兰	269	1500
印度尼西亚	177	988
越南	128	685
印度	129	667
阿联酋	90	536
法国	102	484
美国	89	341
德国	52	332
菲律宾	18	162
香港	26	127
俄罗斯联邦	16	65
英国	12	44
肯尼亚	7	39
日本	9	37
澳大利亚	19	35
加拿大	20	35
朝鲜	11	33
澳门	12	13
巴基斯坦	1	5
哥斯达黎加	1	3
泰国	0	2

国家/地区	出口数量（吨）	出口金额（千美元）
瑞士	0	1
09041200 已磨胡椒		
合计	835	4843
新加坡	175	1195
马来西亚	158	1002
越南	102	672
香港	188	640
美国	77	560
牙买加	34	201
台湾省	16	118
印度尼西亚	16	100
泰国	15	98
英国	16	85
南非	16	74
日本	2	22
阿尔巴尼亚	2	12
加拿大	2	9
哈萨克斯坦	1	8
哥斯达黎加	1	7
澳门	3	6
秘鲁	4	6
意大利	1	5
韩国	2	5
文莱	0	3
澳大利亚	1	3
俄罗斯联邦	1	2
葡萄牙	0	2
孟加拉国	0	2
比利时	0	2
朝鲜	0	1
瑞典	0	1
萨摩亚	0	1
法国	0	1
09061100 未磨锡兰肉桂		
合计	2046	2334
苏丹	500	584
巴基斯坦	477	530
阿联酋	208	255
印度	178	199
叙利亚	131	152
沙特阿拉伯	94	99
孟加拉国	90	91
南非	56	71
美国	59	65
埃及	78	60

国家/地区	出口数量（吨）	出口金额（千美元）
约旦	37	54
也门	54	51
以色列	38	44
日本	27	37
荷兰	10	25
西班牙	6	10
德国	2	3
香港	1	3
09061900 其他未磨肉桂及肉桂花		
合计	31663	42671
孟加拉国	6306	8294
阿联酋	5200	6771
巴基斯坦	4260	5447
印度	4270	5397
沙特阿拉伯	2737	3847
日本	804	2126
苏丹	1100	1304
埃及	1105	1137
摩洛哥	719	830
叙利亚	576	735
香港	477	728
英国	412	641
韩国	390	600
德国	145	577
科威特	348	525
约旦	361	477
新加坡	353	395
以色列	220	261
伊朗	198	251
黎巴嫩	185	241
马来西亚	151	232
越南	147	215
也门	176	205
南非	130	177
台湾省	159	154
肯尼亚	101	144
美国	60	134
巴林	87	134
荷兰	46	100
尼泊尔	64	89
阿曼	76	87
委内瑞拉	26	69
印度尼西亚	78	61
塞浦路斯	30	54
土耳其	26	43

国家/地区	出口数量（吨）	出口金额（千美元）
泰国	26	29
危地马拉	7	26
卡塔尔	12	26
海地	25	23
埃塞俄比亚	25	19
加拿大	14	15
希腊	14	11
法国	3	10
乌克兰	2	9
伊拉克	6	7
澳大利亚	2	5
比利时	0	5
意大利	1	2
智利	0	1
苏里南	1	1
09062000 已磨肉桂及肉桂花		
合计	452	1780
香港	278	1382
日本	70	136
印度	27	68
英国	20	36
泰国	1	31
韩国	10	28
德国	3	20
台湾省	7	20
黎巴嫩	12	17
美国	6	13
阿联酋	8	10
新加坡	3	7
沙特阿拉伯	4	4
澳大利亚	1	3
哥斯达黎加	1	2
马来西亚	1	2
秘鲁	0	1
09070000 丁香(母丁香、公丁香及丁香梗)		
合计	14	89
香港	6	39
韩国	2	14
台湾省	4	11
泰国	0	11
哈萨克斯坦	0	5
哥斯达黎加	0	5
澳大利亚	0	2
美国	0	2
09081000 肉豆蔻		

国家/地区	出口数量（吨）	出口金额（千美元）
合计	22	361
德国	22	361
09091010 八角、茴香		
合计	5216	19531
印度	1687	5720
马来西亚	532	2230
香港	462	2071
印度尼西亚	378	1370
巴基斯坦	321	1051
台湾省	398	993
泰国	215	854
美国	195	823
新加坡	155	744
阿联酋	149	574
日本	92	469
英国	101	422
德国	64	344
委内瑞拉	91	343
阿尔及利亚	42	215
法国	40	205
摩洛哥	52	192
南非	44	159
韩国	22	93
菲律宾	30	91
巴西	22	87
埃及	24	82
澳大利亚	14	77
荷兰	13	59
希腊	12	50
哥伦比亚	8	29
多米尼加共和国	7	24
墨西哥	7	24
特立尼达和多巴哥	9	23
利比亚	1	20
意大利	2	16
加拿大	5	12
毛里求斯	6	11
苏里南	1	10
乌克兰	1	7
以色列	2	6
肯尼亚	1	4
澳门	4	4
卢旺达	1	3
阿根廷	1	3
斯里兰卡	1	3

国家/地区	出口数量（吨）	出口金额（千美元）
黎巴嫩	1	3
科威特	0	3
比利时	0	2
俄罗斯联邦	0	2
葡萄牙	0	2
新西兰	0	1
巴布亚新几内亚	0	1
尼日利亚	0	1
09095000 小茴香子；杜松果		
合计	2135	3867
德国	432	845
台湾省	342	513
荷兰	288	492
日本	242	442
越南	207	361
韩国	160	225
香港	55	207
美国	53	203
巴基斯坦	151	203
吉尔吉斯斯坦	58	174
印度	26	36
伊朗	25	36
斯里兰卡	28	33
奥地利	25	28
菲律宾	13	23
西班牙	17	22
希腊	3	7
泰国	3	5
马尔代夫	2	4
俄罗斯联邦	3	4
哥伦比亚	1	2
澳门	1	1
挪威	0	1
09102000 番红花		
合计	243	3789
荷兰	176	2447
香港	58	519
德国	0	441
日本	0	266
美国	6	99
加拿大	1	13
印度尼西亚	0	1
印度	2	1
澳大利亚	0	1
09109900 未列名调味香料		

国家/地区	出口数量（吨）	出口金额（千美元）
合计	5484	19187
日本	1378	5787
美国	663	2571
香港	458	2329
俄罗斯联邦	279	1055
台湾省	256	1009
马来西亚	154	849
韩国	465	792
德国	318	741
新加坡	84	521
泰国	123	499
法国	220	459
苏丹	153	243
孟加拉国	80	220
加拿大	51	167
澳大利亚	51	159
委内瑞拉	52	159
西班牙	147	150
荷兰	27	124
土耳其	21	121
乌克兰	37	117
挪威	16	95
利比亚	26	94
英国	18	92
阿联酋	57	71
比利时	45	70
摩洛哥	49	66
沙特阿拉伯	34	62
哥伦比亚	25	58
巴西	18	52
黎巴嫩	50	50
以色列	8	41
瑞典	12	39
澳门	12	37
芬兰	10	32
新西兰	6	29
意大利	8	28
埃及	13	22
瑞士	3	21
奥地利	5	21
叙利亚	11	17
菲律宾	4	15
南非	2	14
突尼斯	11	13
葡萄牙	2	10

国家/地区	出口数量（吨）	出口金额（千美元）
印度尼西亚	3	8
喀麦隆	3	8
乌兹别克斯坦	2	6
斯里兰卡	7	6
墨西哥	2	6
哥斯达黎加	1	5
巴拿马	1	5
安哥拉	0	4
巴布亚新几内亚	0	3
赞比亚	1	3
白俄罗斯	1	2
古巴	0	2
希腊	0	2
阿根廷	0	2
匈牙利	0	1
智利	0	1
印度	0	1
爱尔兰	0	1
莫桑比克	0	1
秘鲁	1	1
立陶宛	0	1

表 14-7　调料进口

国家/地区	进口数量（吨）	进口金额（千美元）
09041100 未磨胡椒		
合计	3053	12576
马来西亚	1996	8641
印度尼西亚	325	1439
越南	479	1417
新加坡	50	298
印度	120	282
日本	11	170
斯里兰卡	29	116
德国	19	91
奥地利	1	42
意大利	1	23
美国	2	21
比利时	2	18
巴西	1	5
澳大利亚	0	3
朝鲜	14	3
加拿大	2	2
南非	0	1
台湾省	0	1
泰国	0	1
09041200 已磨胡椒		
合计	303	1954
新加坡	106	729
日本	52	591
香港	51	168
台湾省	14	117
马来西亚	9	73
印度	12	57
美国	6	53
德国	10	43
越南	15	35
斯里兰卡	8	15
比利时	1	14
瑞典	1	11
奥地利	1	9
印度尼西亚	10	8
泰国	1	8
中华人民共和国	2	7
荷兰	1	6
韩国	1	4
澳大利亚	0	4
菲律宾	0	1
英国	0	1
土耳其	0	1
09061100 未磨锡兰肉桂		
合计	36	35
印度尼西亚	36	34
德国	0	1
09061900 其他未磨肉桂及肉桂花		
合计	129	72
印度尼西亚	36	34
缅甸	86	19
德国	2	9
英国	3	7
美国	1	4
09062000 已磨肉桂及肉桂花		
合计	37	27
印度尼西亚	35	23
香港	1	3
日本	0	1
美国	0	1
09070000 丁香(母丁香、公丁香及丁香梗)		
合计	40	43
马达加斯加	40	43
09081000 肉豆蔻		
合计	18	182
印度尼西亚	16	180
印度	2	2
09082000 肉豆蔻衣		
合计	9	134
印度尼西亚	2	49
危地马拉	1	25
越南	1	18
德国	1	15
日本	3	14
巴布亚新几内亚	1	12
09083000 豆蔻		
合计	20	22
印度尼西亚	20	22
09091090 茴芹子		
合计	8	7
埃及	8	7
09094000 黄蒿子		
合计	20	33
波兰	3	13
加拿大	15	8
德国	1	7
芬兰	0	3
荷兰	1	1
09095000 小茴香子；杜松果		
合计	30	18
印度	26	15
埃及	3	2
美国	0	2
09102000 番红花		
合计	0	339
德国	0	256
伊朗	0	84
09109900 未列名调味香料		
合计	1446	3523
印度	681	699
美国	234	567
韩国	62	399
日本	17	276
澳大利亚	11	251
中华人民共和国	79	206
德国	29	171
马来西亚	28	132
加拿大	42	92

国家/地区	进口数量（吨）	进口金额（千美元）
比利时	15	90
台湾省	8	76
新加坡	7	74
英国	13	63
奥地利	4	62
泰国	42	54
埃及	28	41
以色列	18	40
格鲁吉亚	19	34

国家/地区	进口数量（吨）	进口金额（千美元）
摩洛哥	38	32
土耳其	5	28
瑞典	1	18
意大利	0	15
阿尔巴尼亚	25	14
香港	4	14
缅甸	10	12
巴布亚新几内亚	0	10
马达加斯加	0	9

国家/地区	进口数量（吨）	进口金额（千美元）
瑞士	0	7
法国	0	7
捷克	0	7
巴基斯坦	9	6
荷兰	1	5
墨西哥	11	5
西班牙	1	4
保加利亚	2	2

中　药　材

【概　况】 中药产业包括植物中药、制药中间产品、动物中药、中药酒、中成药及其他类中药产品。

杜仲是我国特有的一种植物，大都分布于长江中游及南部各省。2010 年我国杜仲总产量为 23.5 万吨，陕西作为杜仲的主要生产地，2010 年杜仲产量为 13.9 万吨，占全国杜仲总产量的 59.43%，湖南、河南、湖北、四川、重庆、贵州杜仲产量分别占杜仲总产量的 19.01%、5.72%、5.02%、4.19%、2.62%及 1.34%。黄柏总产量为 1.7 万吨。四川、湖北、重庆、湖南、辽宁、贵州和吉林作为黄柏的主要生产地，所产黄柏分别占全国总产量的 39.42%、19.88%、16.93%、11.42%、4.73%、3.54%及 0.74%。厚朴总产量 9.5 万吨。湖南为厚朴的主要生产地，厚朴产量 6.2 万吨，占全国厚朴总产量的 65.04%，陕西、湖北、四川、福建分别占 7.55%、6.88%、5.79%、4.77%。枸杞分布于华北、西北等地，其他地区也有栽培。2010 年我国枸杞总产量为 14.9 万吨。宁夏是枸杞的主要生产地，2010 年枸杞产量 7.8 万吨，占枸杞总产量的 51.98%，新疆、内蒙古、甘肃、河北分别占 14.93%、10.82%、9.71%、8.02%。山茱萸分布于北温带、亚热带的深山地区。2010 年山茱萸产量 5.2 万吨。河南为山茱萸的主要生产地，产量为 3.1 万吨，占山茱萸总产量的 59.88%，浙江、湖南、陕西、江西分别占 10.17%、8.25%、7.72%、4.47%。见表 15-1。

中药产业对林业总产值的贡献为 1.20%。2010 年我国木本药材产量共计 117.4 万吨，主要木本药材为杜仲、枸杞、厚朴、山茱萸及黄柏，分别占木本药材总产量的 19.98%、12.72%、4.45%、1.44%。因中药材种类繁多、用途广泛，其他未列名产品共计 62.6 万吨，占总量的 53.28%。见表 15-2。

中药类林产品出口金额 10.1 亿美元，进口金额为 3.1 亿美元。植物中药、制药中间产品及中成药占出口总额的 99.01%，共计 10.0 亿美元。其中：植物中药 4.7 亿美元，占出口总额的 46.58%；制药中间产品 2.8 亿美元，占出口总额的 27.87%；中成药 2.5 亿美元，占出口总额的 24.56%；动物中药及中药酒分别占 0.67% 和 0.32%。与出口相比，进口中药主要为中成药，进口总额 2.2 亿美元，占总进口金额的 69.98%。其中：植物中药 0.47 亿美元，占进口总额的 15.02%；制药中间药 0.42 亿美元，占 13.57%；动物中药 444.3 万美元，占 1.43%；中药酒 6000 美元。见表 15-3。

中草药及制品批发企业共计 25547 家，主要分布在广东、浙江、安徽、河北、山东及湖北，共占我国中草药及制品批发企业数的 52.93%，其余省(区、市)均有中草药相关企业，但比重均未超过 5%，见表 15-2。

我国对药品施行的法律法规政策包括了药物品种保护、新药研发、药品质量管理、中药产业政策支持、药品生产技术和污染等多个方面，主要集中于中药材品种的保护及利用规范方面。见表 15-4。中药产品研究主要涉及在药用植物枸杞、麻黄、甘草、刺五加、五味子、杜仲、山茱萸、石斛的种子质量标准、新药研制和机理研究以及繁育栽培技术。见表 15-5。中药材国家级和省级协会有 23 个，见表 15-6。

【2010 年版《四川省中药材标准》施行】 2010 年版《四川省中药材标准》是由四川省食品药品监管局主持，邀请四川省著名的中药材专家历时两年编制而成，集中体现了当前四川省中药材标准的最新发展成果。与 1987 年版《四川省中药材标准》及 1992 年的增补本相比，新版《四川省中药材标准》变化很大：本版标准共收载中药材品种 170 个(其中新增习用品种 50 个)，删除品种 101 个，更名品

种32个，附原植物(原动物)、药材、显微特征、薄层色谱等彩色图片642余幅；本版标准不再收载国家标准已收载的品种，对部分与国家药品标准同名异物的品种，做了更名修订，如黄芪改为川黄芪、马勃改为川西马勃、大青叶改为南大青叶等；对个别品种植物拉丁学名做了订正；采用显微鉴别、薄层色谱及高效液相色谱等分析技术，对鉴别、检查、含量测定等项目进行质量控制的品种数大幅度提高；新增品种中收载了四川省习用的药材及藏药，并对四川省大量种植的中药材品种进行了收载，明确了质量标准。

【各地主产中药材】

河北 知母、黄芩、防风、菘蓝、柴胡、远志、薏苡、菊、北苍术、白芷、橘梗、藁本、紫菀、金莲花、肉苁蓉、酸枣等。

山西 黄芪、党参、远志、杏、小茴香、连翘、麻黄、秦艽、防风、猪苓、知母、苍术、甘遂等。

内蒙古 甘草、麻黄、赤芍、黄芩、银柴胡、防风、锁阳、苦参、肉苁蓉、地榆、升麻、木贼、郁李等。

辽宁 人参、细辛、五味子、藁本、黄檗、党参、升麻、柴胡、苍术、薏苡、远志、酸枣等。

吉林 人参、五味子、橘梗、党参、黄芩、地榆、紫花地丁、知母、黄精、玉竹、白薇、穿山龙等。

黑龙江 人参、龙胆、防风、苍术、赤芍、黄檗、牛蒡、刺五加、槲寄生、黄芪、知母、五味子等。

江苏 桔梗、薄荷、菊、太子参、芦苇、荆芥、紫苏、栝楼、百合、菘蓝、芡实、半夏、丹参、夏枯草牛蒡等。

浙江 浙贝母、延胡索、芍药、白术、玄参、麦冬、菊、白芷、厚朴、百合、山茱萸、夏枯草、乌药、益母草等。

安徽 芍药、牡丹、菊、菘蓝、太子参、女贞、白前、独活、侧柏、木瓜、前胡、茯苓、苍术、半夏等。

福建 穿心莲、泽泻、乌梅、太子参、酸橙、龙眼、栝楼、金毛狗脊、虎杖、贯众、金樱子、厚朴、巴戟天等。

江西 酸橙、栀子、荆芥、香薷、薄荷、钩藤、防己、蔓荆子、青葙、车前、泽泻、夏天无、蓬藁等。

山东 忍冬、北沙参、栝楼、酸枣、远志、黄芩、山楂、茵陈、香附、牡丹、徐长卿、灵芝、天南星。

河南 地黄、牛膝、菊、薯蓣、山茱萸、辛夷、忍冬、望春花、柴胡、白芷、橘梗、款冬花、连翘、半夏、猪苓、独角莲、栝楼、天南星、酸枣等。

湖北 茯苓、黄连、独活、厚朴、续断、射干、杜仲、白术、苍术、半夏、湖北贝母等。

湖南 厚朴、木瓜、黄精、玉竹、牡丹、乌药、前胡、芍药、望春花、白及(白芨)、吴茱萸、莲、夏枯草、百合等。

广东 阳春砂、益智、巴戟天、草豆蔻、肉桂、诃子、化州柚、仙茅、何首乌、佛手、橘、乌药、广防己、红豆蔻、广藿香、穿心莲等。

广西 罗汉果、广金钱草、鸡骨草、石斛、吴茱萸、大戟、肉桂、千年健、莪术、天冬、郁金、土茯苓、何首乌、八角茴香、栝楼、茯苓、葛等。

海南 槟榔、阳春砂、益智、肉豆蔻、丁香、巴戟天、广藿香、芦荟、高良姜、胡椒、金线莲等。

四川 川芎、乌头、川贝母、川木香、麦冬、白芷、川牛膝、泽泻、半夏、鱼腥草、川木通、芍药、红花、大黄、使君子、川楝、黄皮树、羌活、黄连、天麻、杜仲、橘梗、花椒、佛手、枇杷叶、金钱草、党参、龙胆、辛夷、乌梅、银耳、川明参、柴胡、川续断、冬虫夏草、干姜、金银花、丹参、补骨脂、郁金、姜黄、莪术、天门冬、白芍、川黄柏、厚朴等。

重庆 黄连、杜仲、厚朴、半夏、天冬、金荞麦、仙茅等。

贵州 天麻、杜仲、天冬、黄精、茯苓、半夏、吴茱萸、川牛膝、何首乌、白及、淫羊藿、黄檗、厚朴、白朮、麦冬、百合、钩藤、续断、菊花、山药、瓜蒌、黄柏、橘梗、龙胆、前胡、通草、射干、乌梅、木瓜、三七、石斛、薑黄、桃仁、百部、仙茅、黄芩、草乌、玉竹、赤芍、秦艽、防风、泽泻、独活、茯苓、白芍、白芷、黄连、玄参、大黄、栀子、葛根、雷丸、天花粉、夏枯草、西洋参、鱼腥草、石菖蒲、苍耳子、金银花、南沙参、木蝴蝶、天南星、云木香、薏苡、火麻仁、黔党参、五倍子等。

云南 三七、云木香、黄连、天麻、当归、贝母、千年健、猪苓、儿茶、草果、石斛、诃子、肉桂、防风、苏木、龙胆、木蝴蝶、阳春砂、半夏等。

西藏 羌活、胡黄连、大黄、莨菪、川木香、贝母、秦艽、麻黄等。

陕西 天麻、杜仲、山茱萸、乌头、丹参、地黄、黄芩、麻黄、柴胡、防己、连翘、远志、绞股蓝、薯蓣、秦艽、猪苓等。

甘肃 当归、大黄、甘草、羌活、秦艽、党参、黄芪、锁阳、麻黄、远志、猪苓、知母、九节菖蒲、枸杞、黄芩等。

青海 大黄、贝母、甘草、羌活、猪苓、锁阳、秦艽、肉苁蓉等。

宁夏 枸杞、甘草、麻黄、银柴胡、锁阳、秦艽、党参、柴胡、白鲜、大黄、升麻、远志等。

新疆 甘草、伊贝母、红花、肉苁蓉、牛蒡、紫草、款冬花、枸杞、秦艽、麻黄、赤芍、阿魏、锁阳、雪莲等。

(资料来源:中药材基地网)

【中药材市场】

三棵树药材市场 是经国家批准的全国17家中药材专业市场之一,也是东北、内蒙古唯一的中药材专业市场,经多年的建设发展,已成为我国北方中药材经营的集散地。扩建后的三棵树中药材市场位于哈尔滨市太平区南直路485号,占地10万平方米,建筑面积3万平方米,可容纳800多业户,内设中草药种植科研中心,电子商务网络中心、质检中心、仓储中心及商服、银行等配套机构和设施,形成设施完善,功能齐全的市场。

黄河药材市场 1994年经国务院批准,全国17家国家级药市之一,也是甘青宁新4省(区)唯一的国家级中药材专业市场。

禹州药材市场 又称中华药城,位于河南禹州市药城路。中华药城所在地——禹州,是中国中医药发祥地之一,中药材更是久负盛名,这里盛产的野生药材达百余种,尤其是禹南星、禹附子、全虫等被载入李时珍《本草纲目》。禹州中药材以加工精良、遵古法炮制着称于世。中国历史上神医扁鹊、医圣张仲景、药王孙思邈等都曾在这里行医采药、著书立说。“药不经禹州炮制不名”、“药不到禹州不香”之说传颂至今。历史渊源使中药业成为禹州的一大特色。2001年,禹州市投资两亿元新建了现今的河南禹州中药材专业市场(又称中华药城)。该市场是中国17家标准化、规范化的国家级中药材专业市场之一,也是河南唯一的国家级定点中药材专业市场。药城占地面积近3公顷,包括建筑面积2.3万平方米、可容纳2500个摊位的中心交易大厅,以及2000余间三层以上经商楼,并附属仓储、银行、饭店、停车场、娱乐场等各种服务设施,是一所集物流、资讯、金融等为一体的大型现代化中药材专业市场。市场经营品种上千种,固定从业人员上万人,年交易额达10亿元。

鄄城舜药材市场 全国17家大型中药材市场之一,山东省唯一的药材专业市场。鄄城县素有“中国绿色药都”之称。全县中药材种植面积近6600余公顷,中药材加工企业30余家。鄄城县建设的鄄城县舜王城中药材专业市场,是继安徽亳州、河北安国之后全国重要的中药材集散地之一。该市场占地14万平方米,建筑面积6万平方米,拥有固定门店460余套,日上市摊位1000余个,经营品种1100多种,年经销各类中药材5万吨,成交额3亿多元。

樟树药材市场 有1800多年历史的“药都”樟树,素有“药不过樟树不齐,药不过樟树不灵”之美誉,历史上就被称之为“南北川广药材总汇”。到上个世纪末,樟树市拥有的药材资源有近100个科1000多种,其中药用价值较高的就有216种。全市药材种植基地达4000公顷,药材种植专业户有5569户。

菊花园药材市场 位于昆明市东郊路174号的昆明市菊花园中药材专业市场始建于1991年,于1996年通过卫生部、国家医药管理局、国家中医药管理局、国家工商行政管理局严格的全面考查审批,经验收合格后,跻身进入全国17家被保留的中药材专业市场之列，成为云南省唯一的中药材专业市场。

重庆药材市场 位于渝中区解放西路，占地面积2500平方米，为六楼一底的大型室内交易市场。市场内共设摊位400个、写字间40套。现有经营户500多户，经营品种约1200余种，年成交额大约8亿元。

普宁药材市场 普宁种植中药材历史悠久，早在明清年代，普宁人民就有种植中药材的习惯，特别是南阳山区的船埔、后溪、梅林等乡镇，药材的种植很早就形成了较大的规模。中药材贸易随产而生。

廉桥药材市场 坐落于湖南省邵东县廉桥镇。1995年经验收合格，有“南国药都”之称。药市现有国营、集体、个体药材栈、公司800多家，经营厂13340平方米。近几年，年成交额在10亿元以上，年上交国家税费800多万元。

清平药材市场 全国17家中药材专业市场之一，位于广州市清平路和六二三路。经过20多年的发展，清平中药材市场年交易额接近20亿元，占国内中药材交易的25%。

陇西药材市场 陇西是全国“地道药材”的重要产区之一，被中国农学会命名为“中国黄芪之乡”，红黄芪、党参等中药材种植历史悠久，并以质优量大走俏国内外市场，黄芪和白条党参通过了国家质监局的原产地标识认证。文峰、首阳两大中药材专业市场年药材吞吐量达到16万吨，交易量达到7万吨，交易额5亿多元，是西北最大的中药材集散地和能够左右全国中药材特别是党参价格的“晴雨表”，中药材在全国市场上的占有份额超过10%。文峰中药材市场的柴胡、大黄等中药材品种集散量占到了全国市场的一半左右。

荷花池药材市场 设在成都荷花池加工贸易区内，市场有邮政、电信、银行、库房、代办运输、装卸、餐饮等配套服务；工商、卫生药检、动植物检疫部门驻场监督管理。

玉林药材市场 1988年12月建成并投入使用，市场占地4公顷，共有铺面式摊位812间，市场经营户800多户，经营药材品种1000多种，市场年成交额近10亿元，年创税费1000多万元。是全国17家中药材专业市场之一，市场贸易辐射全国20多个省（区、市），远销日本、韩国、越南、泰国、马来西亚、新加坡等国。

亳州药材市场 1994年，亳州建成全国最大的中药材交易中心，占地200公顷，投资3亿元，1995年1月12日，江泽民欣然为亳州题词：“华佗故里，药材之乡”。

安国药材市场 地处京、津、石三角中心地带，位于环京津和环渤海经济圈中。安国中药材交易主要通过“东方药城”进行。东方药城是国家认定的17家中药材专业市场之一，为安国市政府拥有和经营，市场面积60万平方米，分上下两层，上市品种2000多种，年成交额超过50亿元，年药材吞吐量10万吨，日交易客商超过1万人次。主要销售地区遍布全国以及日本，韩国、东南亚等20多个国家和地区。

（资料来源：中药材天地网）

表15-1 中药材各指标在全国排名前5名的省份

指标	全国排名前5名的省份及占全国的比例
杜仲产量（23.5万吨）	陕西（59.43%）、湖南（19.01%）、河南（5.72%）、湖北（5.02%）、四川（4.19%）
黄柏产量（1.7万吨）	四川（39.42%）、湖北（19.88%）、重庆（16.93%）、湖南（11.42%）、辽宁（4.73%）
厚朴产量（9.5万吨）	湖南（65.04%）、陕西（7.55%）、湖北（6.88%）、四川（5.79%）、福建（4.77%）
枸杞产量（14.9万吨）	宁夏（51.98%）、新疆（14.93%）、内蒙古（10.82%）、甘肃（9.71%）、河北（8.02%）
山茱萸产量（5.2万吨）	河南（59.88%）、浙江（10.17%）、湖南（8.25%）、陕西（7.72%）、江西（4.47%）
中草药及制品批发企业个数（25547）	广东（13.95%）、浙江（9.75%）、安徽（7.30%）、河北（6.60%）、四川（6.10%）

表 15-2 全国中药材产量

地区	合计	杜仲	黄柏	厚朴	枸杞	山茱萸	其他
全国合计	1174297	234583	16927	95465	149374	52314	625634
北京	399						399
河北	26726	10			11986		14730
山西	7869	20			80	1905	5864
内蒙古	22432				16159		6273
辽宁	38341		800		87		37454
吉林	31879		125	507	460		30787
吉林集团	66						66
黑龙江	7841				12		7829
龙江集团	2212						2212
江苏	23775	10			3	1	23761
浙江	10807	2374		2420		5320	693
安徽	14611	1005	120	69	50	786	12581
福建	33541			4556			28985
江西	33853	1884	44	1647	63	2340	27875
山东	578						578
河南	81796	13414	73	9	44	31325	36931
湖北	111157	11776	3365	6566	149	1601	87700
湖南	147153	44601	1933	62087	480	4315	33737
广东	16513			1006			15507
广西	52929	372	120	1469			50968
海南	1397						1397
重庆	25105	6139	2865	2272		280	13549
四川	73624	9827	6673	5523	1828	157	49616
贵州	13083	3141	599	40		245	9058
云南	60150	497	121	1			59531
西藏	702						702
陕西	207217	139404	43	7209	54	4039	56468
甘肃	22829	109	46	84	14499		8091
青海	3480				3480		
宁夏	77638				77638		
新疆	26553				22302		4251
新疆兵团	3037				2009		1028

表 15-3 全国中药进出口贸易总值

	单位	出口数量	出口金额(千美元)	进口数量	进口金额(千美元)
合计	吨	275715	1018305	67868	319568
植物中药	吨	224207	469067	31676	46738
制药中间产品	吨	36541	291968	13943	50555
动物中药	吨	184	6739	815	4443
中药酒	吨	902	3215	2	6
中成药	吨	13881	247316	21432	217826

表 15-4　中药材相关法律法规政策

出台日期	政策名称	发布单位
国家法律法规政策		
1987 年 12 月 1 日	野生药材资源保护管理条例	国务院
1993 年 1 月 1 日	中药品种保护条例	国务院
2001 年 12 月 1 日	中华人民共和国药品管理法(修订)	全国人民代表大会常务委员会
2002 年 10 月 10 日	关于中药现代化发展纲要的通知	国务院办公厅
2003 年 10 月 1 日	中华人民共和国中医药条例	国务院
2003 年 10 月 22 日	中药材扶持资金管理办法	财政部
2007 年 4 月 13 日	关于加强中药材专业市场监督检查的通知	国家食品药品监督管理局
2009 年 2 月 12 日	中药品种保护指导原则	国家食品药品监督管理局
2009 年 4 月 21 日	关于扶持和促进中医药事业发展的若干意见	国务院
2009 年 8 月 18 日	国家基本药物目录	卫生部
2009 年 9 月 22 日	关于印发加强基本药物质量监督管理规定的通知	国家食品药品监督管理局
2009 年 11 月 23 日	改革药品和医疗服务价格形成机制的意见	国家发改委 卫生部 人社部
2009 年 11 月 30 日	国家基本医疗保险、工伤保险和生育保险药品目录	人社部
2009 年 12 月 10 日	关于组织实施现代中药产业发展专项的通知	国家发改委办公厅 中医药局办公室
2010 年 11 月 28 日	关于进一步加强中药生产监督检查的通知	国家食品药品监督管理局
地方法规政策		
2010 年 1 月 8 日	关于组织申报现代中药国家高技术产业发展专项的通知	甘肃省发改委
2010 年 1 月 11 日	关于组织实施现代中药产业发展专项的通知	四川省发改委 中医药管理局
2010 年 1 月 13 日	关于开展清热解表类中药材(饮片)监督检查与抽验工作的通知	江西省食品药品监督管理局
2010 年 1 月 29 日	陕西省中药饮片处方用名与调剂给付暂行规定	陕西省中医药管理局
2010 年 2 月 9 日	甘肃省中药材中药饮片专项整治方案	甘肃省食品药品监督管理局
2010 年 2 月 22 日	关于开展中药生产管理自查的通知	深圳市药品监督管理局
2010 年 3 月 1 日	含濒危药材中药品种处理原则	国家食品药品监督管理局
2010 年 3 月 23 日	关于组织申报 2010 年度中药材生产扶持项目的通知	海南省工业和信息化厅
2010 年 5 月 4 日	浙江省中药现代化专项资金管理办法	浙江省财政厅
2010 年 6 月 30 日	关于落实北京市深化医药卫生体制改革促进中药研发和使用的意见	北京市药品监督管理局
2010 年 7 月 6 日	关于保护中药传统简便验廉制剂的通知	北京市药品监督管理局
2010 年 8 月 23 日	关于开展人参等中药材大品种种植(养殖)业发展现状调查的通知	吉林省科技厅 省农委 省林业厅和省中医药管理局
2010 年 8 月 26 日	北京市中药饮片炮制规范(2008 年版)	北京市药品监督管理局
2010 年 10 月 27 日	关于进一步加强中药材专业市场和中药饮片监管工作的通知	安徽省食品药品监督管理局
2010 年 11 月 9 日	关于转发国家中药现代化科技产业(海南)基地建设实施方案的通知	海南省人民政府办公厅
2010 年 11 月 29 日	关于加快中药材产业化发展的意见	安徽省人民政府办公厅
2010 年 12 月 7 日	关于加强医疗机构中药制剂管理意见的通知	北京市药品监督管理局
2010 年 12 月 13 日	关于对滋补类中药材(饮片)进行专项检查的通知	湖北省食品药品监督管理局
2010 年 12 月 27 日	2011 年广西中药生产监督检查工作方案	广西壮族自治区食品药品监督管理局
2010 年 12 月 28 日	2011 年陕西省中药生产专项监督检查工作方案	陕西省食品药品监督管理局
2010 年 12 月 29 日	2011 年贵阳市中药材基地建项目申报指南	贵阳市农业局

表 15-5　中药材科研项目

	项目名称	研究单位(项目完成年)
1	无公害枸杞技术服务体系建设	中宁县无公害枸杞科技服务公司
2	枸杞新品种选育及配套技术研究与应用	宁夏农林科学院　宁夏上实保健品有限公司　宁夏杞乡生物食品工程有限公司
3	枸杞蚜虫(主要害虫)无害化防治技术研究	宁夏农林科学院植物保护研究所
4	中药材宁夏枸杞规范化种植(GAP)研究	宁夏农林科学院枸杞研究所
5	枸杞规范化种植(GAP)技术	宁夏农林科学院枸杞研究所
6	麻黄中药材规范化种植研究	宁夏水利科学研究所
7	甘草黄酮抗肿瘤新药研制	东北林业大学(2005)
8	黑龙江省黄檗生态药用林业模式的研究	东北林业大学(2004)
9	高效灵芝菌种选育及开发	天津市林业果树研究所(2004)
10	沙棘产品综合开发	辽宁省微生物研究所
11	三七无公害栽培技术研究	文山州三七科学技术研究所(2004)
12	刺五加规模化中试	黑龙江省林副特产研究所(2006)
13	野生五味子资源保护及可持续利用	黑龙江省科学院自然资源研究所(2004)
14	太阳能枸杞烘干装置的研究	宁夏大学 北京林业大学 中宁科技局(2006)
15	槭树资源培育及药用原料加工技术研究与开发	中国林科院资源昆虫研究所　云南威达元宝枫产业开发有限公司等(2006)
16	华仲6－9号杜仲高产胶优良无性系选育	中国林科院经济林研究开发中心　河南林木种质资源保护与良种选育重点实验室等(2006)
17	福建沿海木麻黄衰退原因及抗逆无性系选择的研究	福建省林科院
18	沉香 Aquilaria agollocha－印度沉香－根离体培养生产沉香药材的方法研究	中国科学院华南植物研究所(2006)
19	药用七叶树引种栽培技术	中国林科院亚林所　江苏无锡市茶叶研究所等(2006)
20	肉苁蓉寄生机制和寄生根次生物质的研究	新疆林科院造林治沙所(2007)
21	甘草对喜树碱减毒增效作用机理研究	东北林业大学(2007)
22	肿节风资源收集及人工栽培技术研究	丽水市林科所　浙江林学院　浙江国镜药业公司
23	杜仲主干环状剥皮再生技术的研究	甘肃林业科学技术推广总站　榆中和平绿化公司(2006)
24	优质药用石蒜资源选育及生态经济型培育关键技术	中国林科院亚林所(2009)
25	暴马丁香药用原料林高产栽培技术	伊春林业科学院
26	天麻林下栽培及深加工	牡丹江林科所
27	道地药材山茱萸优株推广与丰产栽培技术	浙江林学院
28	刺五加繁育系统和传粉生态学研究	东北林业大学
29	北五味子林下栽培技术引进与研究	东辽县林业总站(2010)
30	浙江重要木本药材品种选育与资源培育	浙江农林大学(2010)
31	北五味子功能因子提取与保健食品研究	北华大学(2008)
32	山茱萸活性成分高效提取技术集成与示范	浙江省林科院(2009)
33	特色林源药材天台乌药人工培育关键技术研究与示范	浙江省林科院(2009)
34	药用石斛繁育及栽培技术引进	中国林科院资源昆虫研究所(2008)

表 15-6　中药材协会

1	中国中药协会
2	中国医药生物技术协会
3	中国兽药协会
4	中国民族医药协会
5	中国杜仲综合开发协会
6	中国参业协会
7	中国非处方药物协会
8	中国杜仲综合开发协会
9	中国甜菊协会

10	北京市中药材种植业协会
11	辽宁省中药材产业协会
12	吉林省参业协会
13	黑龙江省北大荒中药材协会
14	上海市中药行业协会
15	浙江省中药材产业协会
16	福建省两党一会中药咨询协会
17	福建省中药材产业协会
18	山东省银杏开发协会
19	湖北省中药企业管理协会
20	广西壮族自治区中药材产业协会
21	四川省医药行业协会中药产业分会
22	四川省中药行业协会
23	甘肃省中药材开发贸易协会

表 15-7-1　人参主产地产量

	人参主产地	产量(吨)
1	凤城市(辽)	1300.00
2	振安区(辽)	500.00
3	铁岭县(辽)	352.00
4	桓仁满族自治县(辽)	25.00
5	清河区(辽)	15.00
6	珲春市(吉)	3688.00
7	长白朝鲜族自治县(吉)	2760.00
8	抚松县(吉)	2001.00
9	集安市(吉)	1157.90
10	敦化市(吉)	805.00
11	辉南县(吉)	310.00
12	临江市(吉)	225.00
13	大石头林业局(吉)	147.11
14	大兴沟林业局(吉)	125.00
15	和龙林业局(吉)	50.00
16	逊克县(黑)	350.00
17	虎林市(黑)	70.00
18	尚志市(黑)	65.00
19	鸡东县(黑)	50.00
20	泉阳林业局(吉林森工)	2500.00
21	露水河林业局(吉林森工)	367.20
22	临江林业局(吉林森工)	260.00
23	穆棱林业局(龙江森工)	550.00
24	绥阳林业局(龙江森工)	74.00
25	铁力林业局(龙江森工)	53.00

表 15-7-2　杜仲主产地产量

	杜仲主产地	产量(吨)
1	衢江区(浙)	170.00
2	临安市(浙)	35.00
3	富阳市(浙)	15.00
4	青阳县(皖)	78.00
5	东至县(皖)	501.20
6	南谯区(皖)	300.00
7	祁门县(皖)	24.00
8	潜山县(皖)	18.00
9	芜湖县(皖)	15.00
10	太湖县(皖)	10.00
11	广德县(皖)	10.00
12	遂川县(赣)	270.00
13	芦溪县(赣)	66.00
14	莲花县(赣)	25.00
15	靖安县(赣)	23.00
16	崇义县(赣)	20.00
17	彭泽县(赣)	12.00
18	汝阳县(豫)	8600.00
19	南召县(豫)	475.00
20	禹州市(豫)	60.00
21	嵩　县(豫)	50.00
22	宝丰县(豫)	30.00
23	平桥区(豫)	29.00
24	方城县(豫)	28.00
25	梁园区(豫)	13.00
26	恩施市(鄂)	3362.00
27	夷陵区(鄂)	2000.00
28	长阳土家族自治县(鄂)	844.00
29	竹溪县(鄂)	450.00
30	鹤峰县(鄂)	304.00
31	五峰土家族自治县(鄂)	280.00
32	来凤县(鄂)	200.00
33	宜都市(鄂)	50.00
34	浠水县(鄂)	30.00
35	松滋市(鄂)	12.00
36	红安县(鄂)	10.00
37	京山县(鄂)	10.00
38	新化县(湘)	1890.00
39	安化县(湘)	380.00
40	溆浦县(湘)	221.00
41	衡南县(湘)	200.00
42	新宁县(湘)	200.00
43	石门县(湘)	150.00
44	桂阳县(湘)	75.00
45	桃源县(湘)	70.00
46	麻阳苗族自治县(湘)	35.00
47	珠晖区(湘)	30.00
48	通道侗族自治县(湘)	20.00
49	新晃侗族自治县(湘)	20.00
50	新邵县(湘)	13.00
51	双清区(湘)	10.00
52	耒阳市(湘)	10.00
53	资兴市(湘)	10.00
54	兴安县(桂)	20.00
55	开　县(渝)	2400.00
56	云阳县(渝)	1350.00
57	城口县(渝)	600.00
58	彭水苗族土家族自治县(渝)	500.00
59	巫山县(渝)	466.00
60	酉阳土家族苗族自治县(渝)	320.00
61	武隆县(渝)	320.00
62	万州区(渝)	16.00
63	忠　县(渝)	10.00
64	宣汉县(川)	2840.00
65	达　县(川)	4525.00
66	江安县(川)	692.00
67	古蔺县(川)	150.00
68	元坝区(川)	120.00
69	珙　县(川)	113.00
70	越西县(川)	110.00
71	青川县(川)	100.00
72	犍为县(川)	30.00
73	甘洛县(川)	25.00
74	沐川县(川)	20.00
75	兴文县(川)	20.00
76	筠连县(川)	18.00
77	游仙区(川)	15.00
78	沙湾区(川)	15.00
79	峨边彝族自治县(川)	13.00
80	清镇市(黔)	154.00
81	黎平县(黔)	62.00

	杜仲主产地	产量(吨)
82	大关县(滇)	230.00
83	水富县(滇)	32.00
84	泸西县(滇)	18.20
85	华坪县(滇)	10.00
86	城固县(陕)	2289.00
87	商南县(陕)	1316.00
88	旬阳县(陕)	1017.00
89	平利县(陕)	737.00
90	宁强县(陕)	420.00
91	商州区(陕)	47.00
92	洛南县(陕)	43.80
93	武都区(甘)	13.00

表 15-7-3 金银花主产地产量

	金银花主产地	产量(吨)
1	广宗县(冀)	650.00
2	东海县(苏)	150.00
3	祁门县(皖)	28.00
4	广德县(皖)	10.00
5	临川区(赣)	3012.00
6	修水县(赣)	167.16
7	峡江县(赣)	116.00
8	赣　县(赣)	37.00
9	崇义县(赣)	20.00
10	靖安县(赣)	15.00
11	平邑县(鲁)	22900.00
12	沂水县(鲁)	25.30
13	睢　县(豫)	600.00
14	清丰县(豫)	100.00
15	滑　县(豫)	75.00
16	平桥区(豫)	42.00
17	湖滨区(豫)	30.00
18	伊川县(豫)	20.00
19	禹州市(豫)	10.00
20	东宝区(鄂)	1800.00
21	夷陵区(鄂)	400.00
22	来凤县(鄂)	300.00
23	安陆市(鄂)	100.00
24	随　县(鄂)	30.00
25	赤壁市(鄂)	20.00
26	中方县(湘)	6000.00
27	龙山县(湘)	2000.00
28	凤凰县(湘)	1500.00
29	耒阳市(湘)	300.00
30	花垣县(湘)	300.00
31	永顺县(湘)	300.00
32	城步苗族自治县(湘)	260.00
33	北湖区(湘)	237.00
34	桂阳县(湘)	225.00
35	保靖县(湘)	200.00
36	吉首市(湘)	200.00
37	汝城县(湘)	120.00
38	泸溪县(湘)	100.00
39	古丈县(湘)	100.00
40	汨罗市(湘)	50.00
41	涟源市(湘)	45.00
42	新邵县(湘)	19.00
43	资兴市(湘)	10.00
44	邵东县(湘)	10.00
45	昭平县(桂)	220.00
46	灌阳县(桂)	185.60
47	钟山县(桂)	10.00
48	秀山土家族苗族自治县(渝)	30000.00
49	武隆县(渝)	1500.00
50	开　县(渝)	1000.00
51	彭水苗族土家族自治县(渝)	400.00
52	永川区(渝)	214.00
53	云阳县(渝)	21.00
54	宣汉县(川)	3600.00
55	元坝区(川)	1500.00
56	沐川县(川)	153.00
57	蒲江县(川)	22.50
58	贵定县(黔)	1000.00
59	瓮安县(黔)	100.00
60	略阳县(陕)	310.00
61	洛南县(陕)	14.60

表 15-7-4 贝母主产地产量

	贝母主产地	产量(吨)
1	桓仁满族自治县(辽)	60.00
2	来凤县(鄂)	50.00
3	昌都县(藏)	70.40
4	江达县(藏)	69.26
5	八宿县(藏)	66.20
6	察雅县(藏)	64.85
7	丁青县(藏)	64.70
8	芒康县(藏)	60.90
9	蒲城县(陕)	80.00
10	湾沟林业局(吉林森工)	20.00
11	红星林业局(龙江森工)	2178.00
12	海林林业局(龙江森工)	1600.00
13	亚布力林业局(龙江森工)	1500.00
14	铁力林业局(龙江森工)	1350.00
15	苇河林业局(龙江森工)	834.00
16	新青林业局(龙江森工)	780.00
17	带岭实验局(龙江森工)	650.00
18	美溪林业局(龙江森工)	430.00
19	友好林业局(龙江森工)	350.00
20	上甘岭林业局(龙江森工)	230.00
21	乌伊岭林业局(龙江森工)	200.00
22	朗乡林业局(龙江森工)	131.00
23	山河屯林业局(龙江森工)	120.00
24	迎春林业局(龙江森工)	96.00
25	南岔林业局(龙江森工)	50.00
26	五营林业局(龙江森工)	43.00
27	金山屯林业局(龙江森工)	30.00
28	绥棱林业局(龙江森工)	25.00
29	兴隆林业局(龙江森工)	22.00
30	大海林林业局(龙江森工)	21.00

表 15-7-5 厚朴主产地产量

	厚朴主产地	产量(吨)
1	衢江区(浙)	540.00
2	修水县(赣)	328.90
3	芦溪县(赣)	90.00
4	上饶县(赣)	30.00
5	蕲春县(鄂)	3000.00
6	长阳土家族自治县(鄂)	915.00
7	五峰土家族自治县(鄂)	59.00
8	新化县(湘)	2100.00
9	新宁县(湘)	500.00
10	安化县(湘)	500.00
11	桃源县(湘)	90.00
12	石门县(湘)	75.00
13	麻阳苗族自治县(湘)	32.00
14	连山壮族瑶族自治县(粤)	775.00
15	全州县(桂)	900.00
16	武隆县(渝)	400.00
17	开　县(渝)	350.00
18	城口县(渝)	150.00
19	彭水苗族土家族自治县(渝)	100.00

	厚朴主产地	产量(吨)
20	巫山县(渝)	67.00
21	北川羌族自治县(川)	2000.00
22	宣汉县(川)	1240.00
23	安　县(川)	800.00
24	古蔺县(川)	210.00
25	青川县(川)	35.00
26	高　县(川)	20.00
27	犍为县(川)	18.00
28	沙湾区(川)	15.00
29	绵竹市(川)	10.00
30	城固县(陕)	1982.00
31	平利县(陕)	13.00
32	镇巴县(陕)	13.00

表 15-7-6　枸杞子主产地产量

	枸杞子主产地	产量(吨)
1	辛集市(冀)	500.00
2	元氏县(冀)	11.00
3	乌拉特前旗(内蒙古)	11285.00
4	土默特左旗(内蒙古)	676.00
5	托克托县(内蒙古)	590.00
6	化德县(内蒙古)	60.00
7	丰镇市(内蒙古)	60.00
8	磴口县(内蒙古)	50.00
9	土默特右旗(内蒙古)	22.00
10	杭锦后旗(内蒙古)	20.00
11	敖汉旗(内蒙古)	16.00
12	达拉特旗(内蒙古)	12.00
13	龙城区(辽)	30.00
14	海城市(辽)	25.00
15	余江县(赣)	30.00
16	镇巴县(陕)	44.00
17	靖远县(甘)	8700.00
18	玉门市(甘)	800.00
19	惠农区(宁)	36000.00
20	贺兰县(宁)	2191.10
21	青铜峡市(宁)	500.00
22	金凤区(宁)	160.00
23	盐池县(宁)	15.00
24	农十四师(新疆兵团)	480.00
25	农六师(新疆兵团)	300.00

表 15-7-7　黄柏主产地产量

	黄柏主产地	产量(吨)
1	鹤峰县(鄂)	487.00
2	来凤县(鄂)	200.00
3	五峰土家族自治县(鄂)	31.00
4	夷陵区(鄂)	20.00
5	溆浦县(湘)	175.00
6	安化县(湘)	70.00
7	石门县(湘)	50.00
8	蓝山县(湘)	20.00
9	武隆县(渝)	150.00
10	天全县(川)	1127.00
11	安　县(川)	800.00
12	古蔺县(川)	210.00
13	屏山县(川)	185.00
14	北川羌族自治县(川)	120.00
15	沐川县(川)	69.00
16	高　县(川)	55.00
17	犍为县(川)	53.00
18	越西县(川)	50.00
19	绵竹市(川)	50.00
20	洪雅县(川)	44.59
21	青川县(川)	35.00
22	江安县(川)	20.00
23	峨边彝族自治县(川)	20.00
24	筠连县(川)	18.00
25	水富县(滇)	60.00
26	大关县(滇)	32.00

表 15-7-8　刺五加主产地产量

	刺五加主产地	产量(吨)
1	凤城市(辽)	2500.00
2	平山区(辽)	122.56
3	庄河市(辽)	33.00
4	溪湖区(辽)	30.00
5	辉南县(吉)	110.00
6	虎林市(黑)	17000.00
7	嘉荫县(黑)	30.00
8	隆阳区(滇)	140.00
9	徽　县(甘)	33.50
10	南岔林业局(龙江森工)	1506.00
11	东方红林业局(龙江森工)	1150.00
12	朗乡林业局(龙江森工)	718.00
13	桃山林业局(龙江森工)	500.00
14	双丰林业局(龙江森工)	500.00
15	带岭实验局(龙江森工)	240.00

	刺五加主产地	产量(吨)
16	五营林业局(龙江森工)	185.00
17	方正林业局(龙江森工)	180.00
18	柴河林业局(龙江森工)	131.00
19	乌伊岭林业局(龙江森工)	130.00
20	亚布力林业局(龙江森工)	99.00
21	铁力林业局(龙江森工)	73.00
22	美溪林业局(龙江森工)	66.00
23	大海林林业局(龙江森工)	60.00
24	迎春林业局(龙江森工)	50.00
25	兴隆林业局(龙江森工)	42.00
26	翠峦林业局(龙江森工)	41.00
27	绥棱林业局(龙江森工)	38.00
28	桦南林业局(龙江森工)	35.00
29	乌马河林业局(龙江森工)	30.00
30	金山屯林业局(龙江森工)	30.00
31	鹤立林业局(龙江森工)	15.00

表 15-7-9　五味子主产地产量

	五味子主产地	产量(吨)
1	岫岩满族自治县(辽)	5000.00
2	本溪满族自治县(辽)	5000.00
3	凤城市(辽)	4800.00
4	东港市(辽)	1900.00
5	桓仁满族自治县(辽)	600.00
6	清原满族自治县(辽)	425.00
7	新宾满族自治县(辽)	182.50
8	大石桥市(辽)	155.00
9	龙城区(辽)	75.00
10	元宝区(辽)	70.00
11	清河区(辽)	62.00
12	顺城区(辽)	11.01
13	靖宇县(吉)	2481.60
14	敦化市(吉)	300.00
15	临江市(吉)	120.00
16	长白朝鲜族自治县(吉)	120.00
17	大兴沟林业局(吉)	56.00
18	桦甸市(吉)	30.00
19	珲春林业局(吉)	18.00
20	辉南县(吉)	15.00
21	安图森林经营局(吉)	11.00
22	虎林市(黑)	6000.00
23	尚志市(黑)	450.00
24	逊克县(黑)	310.00
25	汤原县(黑)	250.00
26	五常市(黑)	80.00

	五味子主产地	产量(吨)
27	木兰县(黑)	75.00
28	宾县(黑)	50.00
29	嘉荫县(黑)	50.00
30	阿城区(黑)	50.00
31	抚远县(黑)	10.00
32	嵩　县(豫)	90.00
33	竹溪县(鄂)	80.00
34	城口县(渝)	100.00
35	佛坪县(陕)	15.00
36	泉阳林业局(吉林森工)	200.00
37	三岔子林业局(吉林森工)	60.00
38	湾沟林业局(吉林森工)	30.00
39	山河屯林业局(龙江森工)	5000.00
40	清河林业局(龙江森工)	2450.00
41	铁力林业局(龙江森工)	909.00
42	双丰林业局(龙江森工)	520.00
43	方正林业局(龙江森工)	382.00
44	东方红林业局(龙江森工)	300.00
45	乌马河林业局(龙江森工)	300.00
46	美溪林业局(龙江森工)	155.00
47	亚布力林业局(龙江森工)	127.00
48	桃山林业局(龙江森工)	120.00
49	友好林业局(龙江森工)	100.00
50	五营林业局(龙江森工)	98.00
51	鹤立林业局(龙江森工)	83.00
52	兴隆林业局(龙江森工)	74.00
53	绥阳林业局(龙江森工)	70.00
54	大海林林业局(龙江森工)	69.00
55	带岭实验局(龙江森工)	58.00
56	苇河林业局(龙江森工)	56.00
57	南岔林业局(龙江森工)	55.00
58	乌伊岭林业局(龙江森工)	50.00
59	翠峦林业局(龙江森工)	48.00
60	桦南林业局(龙江森工)	41.00
61	双鸭山林业局(龙江森工)	35.00
62	新青林业局(龙江森工)	30.00
63	朗乡林业局(龙江森工)	26.00
64	绥棱林业局(龙江森工)	20.00
65	迎春林业局(龙江森工)	10.00

表 15-7-10　其他中药材主产地产量

	其他中药材主产地	品种	产量(吨)
1	邵东县(湘)	艾叶	300.00
2	双清区(湘)	艾叶	50.00
3	商水县(豫)	艾叶	10.00
4	临武县(湘)	艾叶	10.00
5	郁南县(粤)	巴戟天	17300.00
6	确山县(豫)	白花蛇	600.00
7	陆良县(滇)	白及	43.00
8	贡山独龙族怒族自治县(滇)	白及	15.00
9	耒阳市(湘)	白茅根	1000.00
10	邵东县(湘)	白茅根	50.00
11	宣汉县(川)	白芍	17580.00
12	涡阳县(皖)	白芍	4500.00
13	金秀瑶族自治县(桂)	白芍	2856.00
14	中江县(川)	白芍	2636.00
15	临漳县(冀)	白芍	1000.00
16	谯城区(皖)	白芍	760.00
17	永城市(豫)	白芍	300.00
18	砀山县(皖)	白芍	190.00
19	舞钢市(豫)	白芍	100.00
20	芜湖县(皖)	白芍	35.00
21	淮阳县(豫)	白芍	33.00
22	成武县(鲁)	白芍	25.00
23	肥城市(鲁)	白芍	13.50
24	秀山土家族苗族自治县(渝)	白术	12700.00
25	咸丰县(鄂)	白术	6000.00
26	修水县(赣)	白术	1200.00
27	来凤县(鄂)	白术	1000.00
28	平阴县(鲁)	白术	100.00
29	彭水苗族土家族自治县(渝)	白术	100.00
30	瓮安县(黔)	白术	100.00
31	北湖区(湘)	白术	47.40
32	隆回县(湘)	百合	6000.00
33	蕲春县(鄂)	百合	2000.00
34	来凤县(鄂)	百合	1000.00
35	宜都市(鄂)	百合	400.00
36	永靖县(甘)	百合	400.00
37	双峰县(湘)	百合	169.00
38	耒阳市(湘)	百合	120.00
39	达　县(川)	百合	50.00
40	邵阳县(湘)	百合	25.00
41	祁东县(湘)	百合	20.00
42	新宁县(湘)	百合	20.00
43	崇义县(赣)	百合	10.00
44	辉县市(豫)	柏子仁	6.00
45	民乐县(甘)	板蓝根	5000.00
46	金平苗族瑶族傣族自治县(滇)	板蓝根	3569.00
47	蔚　县(冀)	板蓝根	1500.00
48	喀喇沁左翼蒙古族自治县(辽)	板蓝根	700.00
49	徽　县(甘)	板蓝根	664.00
50	平阴县(鲁)	板蓝根	600.00
51	玉田县(冀)	板蓝根	540.00
52	武隆县(渝)	板蓝根	500.00
53	社旗县(豫)	板蓝根	360.00
54	禄丰县(滇)	板蓝根	327.00
55	夷陵区(鄂)	板蓝根	300.00
56	湖滨区(豫)	板蓝根	290.00
57	让胡路区(黑)	板蓝根	230.00
58	秦州区(甘)	板蓝根	170.00
59	孟津县(豫)	板蓝根	20.00

	其他中药材主产地	品种	产量(吨)
60	珙 县(川)	板蓝根	15.00
61	南溪县(川)	板蓝根	15.00
62	陕 县(豫)	板蓝根	13.10
63	辉县市(豫)	板蓝根	12.00
64	太仆寺旗(内蒙古)	板蓝根	10.00
65	双塔区(辽)	板蓝根	10.00
66	成武县(鲁)	板蓝根	10.00
67	伊川县(豫)	板蓝根	10.00
68	忠 县(渝)	板蓝根	10.00
69	秦州区(甘)	半夏	304.00
70	徽 县(甘)	半夏	185.00
71	酉阳土家族苗族自治县(渝)	半夏	60.00
72	布拖县(川)	半夏	50.00
73	威宁彝族回族苗族自治县(黔)	半夏	30.00
74	崇义县(赣)	半夏	10.00
75	陆良县(滇)	半夏	10.00
76	京山县(鄂)	鳖甲	10.00
77	民权县(豫)	薄荷	360.00
78	宜阳县(豫)	薄荷	120.00
79	靖安县(赣)	薄荷	16.00
80	汶上县(鲁)	薄荷	10.00
81	安陆市(鄂)	苍耳子	10.00
82	罗田县(鄂)	苍术	480.00
83	京山县(鄂)	苍术	100.00
84	丰宁满族自治县(冀)	苍术	55.00
85	陇川县(滇)	草果	1172.00
86	云阳县(渝)	侧柏叶	460.00
87	辉县市(豫)	侧柏叶	120.00
88	青铜峡市(宁)	侧柏叶	100.00
89	台山市(粤)	茶树	257.00
90	徽 县(甘)	柴胡	2157.00
91	夷陵区(鄂)	柴胡	2000.00
92	宕昌县(甘)	柴胡	620.00
93	秦州区(甘)	柴胡	217.00
94	合阳县(陕)	柴胡	120.00
95	瓮安县(黔)	柴胡	100.00
96	洛南县(陕)	柴胡	85.00
97	北川羌族自治县(川)	柴胡	80.00
98	辉县市(豫)	柴胡	65.00
99	迁西县(冀)	柴胡	50.00
100	陕 县(豫)	柴胡	45.30
101	丰宁满族自治县(冀)	柴胡	40.00
102	武都区(甘)	柴胡	35.00
103	新绛县(晋)	柴胡	30.00
104	确山县(豫)	柴胡	30.00
105	玉田县(冀)	柴胡	17.00

	其他中药材主产地	品种	产量(吨)
106	合水县(甘)	柴胡	12.00
107	清苑县(冀)	柴胡	10.00
108	淮阳县(豫)	蝉蜕	0.10
109	青铜峡市(宁)	车前子	200.00
110	耒阳市(湘)	车前子	100.00
111	普宁市(粤)	沉香	2.50
112	宣汉县(川)	陈皮	62400.00
113	双峰县(湘)	陈皮	100.00
114	双清区(湘)	陈皮	10.00
115	淮阳县(豫)	赤小豆	200.00
116	木里藏族自治县(川)	虫草	0.60
117	九龙县(川)	虫草	0.50
118	贡山独龙族怒族自治县(滇)	虫草	0.31
119	洛扎县(藏)	虫草	0.10
120	云阳县(渝)	臭椿	16.00
121	金口河区(川)	川芎	1500.00
122	辉南县(吉)	穿山甲	1500.00
123	龙潭区(吉)	穿山龙	2.00
124	潼南县(渝)	椿根皮	8000.00
125	黟 县(皖)	大红藤	5.00
126	宕昌县(甘)	大黄	3500.00
127	徽 县(甘)	大黄	705.00
128	德格县(川)	大黄	274.50
129	理塘县(川)	大黄	190.00
130	来凤县(鄂)	大黄	50.00
131	北川羌族自治县(川)	大黄	50.00
132	武隆县(渝)	大青叶	300.00
133	南召县(豫)	大枣	135.00
134	云阳县(渝)	大枣	60.00
135	镇原县(甘)	大枣	40.00
136	新泰市(鲁)	丹参	7500.00
137	方城县(豫)	丹参	520.00
138	沂水县(鲁)	丹参	466.50
139	迁西县(冀)	丹参	400.00
140	蒲城县(陕)	丹参	400.00
141	平阴县(鲁)	丹参	300.00
142	义马市(豫)	丹参	300.00
143	洛南县(陕)	丹参	170.00
144	莱城区(鲁)	丹参	12.00
145	南陵县(皖)	丹皮	3115.00
146	孟津县(豫)	丹皮	1200.00
147	宛城区(豫)	丹皮	300.00
148	双峰县(湘)	丹皮	125.00
149	伊川县(豫)	丹皮	50.00
150	舞钢市(豫)	丹皮	10.00
151	来凤县(鄂)	丹皮	10.00

	其他中药材主产地	品种	产量(吨)
152	岷　县(甘)	当归	21453.00
153	北川羌族自治县(川)	当归	2500.00
154	宕昌县(甘)	当归	2200.00
155	米易县(川)	当归	994.00
156	武隆县(渝)	当归	900.00
157	徽　县(甘)	当归	609.00
158	庆城县(甘)	当归	420.00
159	鹤庆县(滇)	当归	102.30
160	东乡族自治县(甘)	当归	100.00
161	宜阳县(豫)	当归	80.00
162	武都区(甘)	当归	62.00
163	旬阳县(陕)	当归	50.00
164	云阳县(渝)	当归	13.00
165	贡山独龙族怒族自治县(滇)	当归	10.10
166	丰宁满族自治县(冀)	当归	10.00
167	辉南县(吉)	党参	560.00
168	徽　县(甘)	党参	506.00
169	宕昌县(甘)	党参	450.00
170	新安县(豫)	党参	200.00
171	武隆县(渝)	党参	200.00
172	彭水苗族土家族自治县(渝)	党参	100.00
173	陇西县(甘)	党参	100.00
174	武都区(甘)	党参	85.00
175	秦州区(甘)	党参	75.00
176	洛南县(陕)	党参	45.00
177	带岭实验局(龙江森工)	党参	30.00
178	老边区(辽)	地龙	80.00
179	盖州市(辽)	地龙	80.00
180	龙江县(黑)	丁香	8.00
181	贡山独龙族怒族自治县(滇)	独活	2.00
182	大通回族土族自治县(青)	独活	2.00
183	萨尔图区(黑)	防风	500.00
184	尚志市(黑)	防风	55.00
185	宣汉县(川)	蜂蜜	14800.00
186	尚志市(黑)	蜂蜜	2100.00
187	维西傈僳族自治县(滇)	蜂蜜	200.00
188	青铜峡市(宁)	蜂蜜	200.00
189	桦南县(黑)	蜂蜜	160.00
190	合川区(渝)	蜂蜜	100.00
191	丰都县(渝)	蜂蜜	56.30
192	和龙市(吉)	蜂蜜	48.00
193	临江市(吉)	蜂蜜	46.00
194	居巢区(皖)	蜂蜜	20.00
195	芜湖县(皖)	蜂蜜	20.00
196	阜新蒙古族自治县(辽)	蜂蜜	19.00
197	东丰县(吉)	蜂蜜	14.00
198	石柱土家族自治县(渝)	佛手	3000.00
199	梁平县(渝)	佛手	50.00
200	靖州苗族侗族自治县(湘)	茯苓	30000.00
201	罗田县(鄂)	茯苓	15000.00
202	开　县(渝)	茯苓	200.00
203	湘乡市(湘)	茯苓	1000.00
204	城步苗族自治县(湘)	茯苓	140.00
205	邵东县(湘)	茯苓	120.00
206	商城县(豫)	茯苓	20.00
207	新晃侗族自治县(湘)	茯苓	11.00
208	麻江县(黔)	茯苓	10.00
209	安　县(川)	附子	3000.00
210	姚安县(滇)	附子	106.00
211	武定县(滇)	附子	102.00
212	封丘县(豫)	覆盆子	1300.00
213	赣　县(赣)	干姜	213.00
214	靖安县(赣)	干姜	65.00
215	平坝县(黔)	干姜	50.00
216	瓜州县(甘)	甘草	60696.00
217	鄂托克前旗(内蒙古)	甘草	2380.00
218	农八师(新疆兵团)	甘草	1267.00
219	临泽县(甘)	甘草	392.00
220	金塔县(甘)	甘草	250.00
221	子洲县(陕)	甘草	245.00
222	磴口县(内蒙古)	甘草	150.00
223	陇西县(甘)	甘草	100.00
224	敖汉旗(内蒙古)	甘草	92.00
225	托克托县(内蒙古)	甘草	90.00
226	和林格尔县(内蒙古)	甘草	65.00
227	遂溪县(粤)	甘草	41.00
228	靖安县(赣)	甘草	40.00
229	牟定县(滇)	高良姜	3.00
230	秀山土家族苗族自治县(渝)	葛根	1250.00
231	夷陵区(鄂)	葛根	800.00
232	城口县(渝)	葛根	300.00
233	宜都市(鄂)	葛根	200.00
234	桃源县(湘)	葛根	200.00
235	耒阳市(湘)	葛根	120.00
236	新晃侗族自治县(湘)	葛根	25.00
237	冷水江市(湘)	葛根	20.00
238	民乐县(甘)	葛根	20.00
239	梓潼县(川)	葛根	15.00
240	崇义县(赣)	葛根	10.00
241	忠　县(渝)	葛根	10.00
242	崇义县(赣)	钩藤	25.00
243	崇义县(赣)	古柯	5.00

	其他中药材主产地	品种	产量(吨)
244	蒲城县(陕)	瓜蒌	160.00
245	平阴县(鲁)	瓜蒌	150.00
246	耒阳市(湘)	瓜蒌	100.00
247	靖安县(赣)	桂枝	5.00
248	宣汉县(川)	何首乌	8400.00
249	滨海县(苏)	何首乌	4500.00
250	石屏县(滇)	何首乌	300.00
251	凯里市(黔)	何首乌	230.00
252	耒阳市(湘)	何首乌	200.00
253	嵩　县(豫)	何首乌	80.00
254	云阳县(渝)	荷叶	36.00
255	淮阳县(豫)	荷叶	11.80
256	淮阳县(豫)	黑芝麻	2745.00
257	宜阳县(豫)	黑芝麻	280.00
258	潜山县(皖)	黑芝麻	50.00
259	商水县(豫)	黑芝麻	20.00
260	隆阳区(滇)	红花	329.00
261	平阴县(鲁)	红花	70.00
262	宛城区(豫)	红花	50.00
263	利川市(鄂)	胡黄连	4300.00
264	云阳县(渝)	槐角	368.00
265	夷陵区(鄂)	黄姜	400.00
266	石门县(湘)	黄姜	300.00
267	瑞金市(赣)	黄姜	220.00
268	洛南县(陕)	黄姜	102.00
269	郧　县(鄂)	黄姜	100.00
270	金平苗族瑶族傣族自治县(滇)	黄姜	100.00
271	陕　县(豫)	黄姜	99.50
272	北湖区(湘)	黄姜	47.00
273	宜都市(鄂)	黄姜	20.00
274	金口河区(川)	黄连	850.00
275	武隆县(渝)	黄连	800.00
276	开　县(渝)	黄连	650.00
277	安　县(川)	黄连	300.00
278	夷陵区(鄂)	黄连	280.00
279	彭水苗族土家族自治县(渝)	黄连	100.00
280	洛扎县(藏)	黄连	25.00
281	云阳县(渝)	黄连	16.00
282	酉阳土家族苗族自治县(渝)	黄连	12.00
283	来凤县(鄂)	黄连	10.00
284	绵竹市(川)	黄连	10.00
285	山河屯林业局(龙江森工)	黄芪	4500.00
286	恒山林场(晋)	黄芪	500.00
287	宕昌县(甘)	黄芪	320.00
288	子洲县(陕)	黄芪	260.00
289	五岔沟林业局(内蒙古)	黄芪	211.00

	其他中药材主产地	品种	产量(吨)
290	敖汉旗(内蒙古)	黄芪	150.00
291	金山屯林业局(龙江森工)	黄芪	150.00
292	陇西县(甘)	黄芪	100.00
293	托克托县(内蒙古)	黄芪	60.00
294	大海林林业局(龙江森工)	黄芪	36.00
295	凌源市(辽)	黄芪	30.00
296	岷　县(甘)	黄芩	17390.00
297	新泰市(鲁)	黄芩	6800.00
298	赤城县(冀)	黄芩	3600.00
299	蒲城县(陕)	黄芩	3500.00
300	蔚　县(冀)	黄芩	1600.00
301	龙城区(辽)	黄芩	1003.75
302	徽　县(甘)	黄芩	434.00
303	合阳县(陕)	黄芩	300.00
304	喀喇沁左翼蒙古族自治县(辽)	黄芩	230.00
305	新安县(豫)	黄芩	200.00
306	新绛县(晋)	黄芩	160.00
307	子洲县(陕)	黄芩	115.00
308	茅箭区(鄂)	黄芩	100.00
309	沂水县(鲁)	黄芩	68.60
310	玉田县(冀)	黄芩	67.00
311	丰宁满族自治县(冀)	黄芩	50.00
312	陕　县(豫)	黄芩	34.30
313	凌源市(辽)	黄芩	30.00
314	翁牛特旗(内蒙古)	黄芩	15.00
315	湾沟林业局(吉林森工)	黄芩	10.00
316	遂溪县(粤)	藿香	43.00
317	昭平县(桂)	鸡血藤	96.00
318	雁江区(川)	金钱草	530.00
319	遂溪县(粤)	金钱草	45.00
320	耒阳市(湘)	金樱子	600.00
321	鼎城区(湘)	金樱子	25.00
322	钟山县(桂)	金樱子	15.00
323	依安县(黑)	锦鸡儿	0.50
324	玉田县(冀)	荆芥	506.00
325	平阴县(鲁)	荆芥	180.00
326	涉　县(冀)	荆芥	15.00
327	城口县(渝)	桔梗	12000.00
328	夷陵区(鄂)	桔梗	700.00
329	沈丘县(豫)	桔梗	600.00
330	迁西县(冀)	桔梗	500.00
331	岫岩满族自治县(辽)	桔梗	400.00
332	汶上县(鲁)	桔梗	300.00
333	虞城县(豫)	桔梗	200.00
334	洛南县(陕)	桔梗	77.00
335	靖安县(赣)	桔梗	70.00

	其他中药材主产地	品种	产量(吨)
336	宜丰县(赣)	桔梗	40.00
337	芜湖县(皖)	桔梗	35.00
338	平桥区(豫)	桔梗	35.00
339	东乡县(赣)	桔梗	30.00
340	嵩　县(豫)	桔梗	30.00
341	丰宁满族自治县(冀)	桔梗	25.00
342	宁城县(内蒙古)	桔梗	21.00
343	确山县(豫)	桔梗	20.00
344	凌源市(辽)	桔梗	15.00
345	梓潼县(川)	桔梗	12.00
346	宣汉县(川)	菊花	9600.00
347	修水县(赣)	菊花	3058.90
348	盐都区(苏)	菊花	2250.00
349	亭湖区(苏)	菊花	2250.00
350	农安县(吉)	菊花	500.00
351	新安县(豫)	菊花	220.00
352	宁阳县(鲁)	菊花	200.00
353	武隆县(渝)	菊花	200.00
354	麻城市(鄂)	菊花	156.00
355	祁门县(皖)	菊花	71.00
356	桃源县(湘)	菊花	30.00
357	鹤山区(豫)	菊花	15.00
358	伊川县(豫)	决明子	100.00
359	辉县市(豫)	决明子	33.00
360	建平县(辽)	苦参	11000.00
361	宣汉县(川)	苦参	5800.00
362	喀喇沁左翼蒙古族自治县(辽)	苦参	500.00
363	丰宁满族自治县(冀)	苦参	40.00
364	平陆县(晋)	苦参	26.70
365	确山县(豫)	苦参	20.00
366	云阳县(渝)	苦楝皮	54.00
367	余江县(赣)	苦楝皮	5.00
368	屯留县(晋)	连翘	1500.00
369	陵川县(晋)	连翘	925.00
370	秦州区(甘)	连翘	600.00
371	乡宁县(晋)	连翘	100.00
372	辉县市(豫)	连翘	88.00
373	夏　县(晋)	连翘	40.00
374	白石山林业局(吉林森工)	灵芝	30.00
375	崇义县(赣)	灵芝	10.00
376	新浦区(苏)	凌霄花	6.00
377	临江市(吉)	龙胆草	80.00
378	陆良县(滇)	龙胆草	16.00
379	漾濞彝族自治县(滇)	龙胆草	8.00
380	石屏县(滇)	龙胆草	5.00
381	丰都县(渝)	龙眼肉	4950.00
382	普宁市(粤)	龙眼肉	42.00
383	雷州市(粤)	龙眼肉	10.00
384	台山市(粤)	龙眼肉	3.00
385	临江市(吉)	鹿茸	8.00
386	东丰县(吉)	鹿茸	6.70
387	朝阳区(吉)	鹿茸	3.00
388	扎兰屯市(内蒙古)	鹿茸	2.00
389	大兴安岭地区加格达奇区(黑)	鹿茸	2.00
390	辉南县(吉)	鹿茸	1.60
391	含山县(皖)	鹿茸	1.00
392	鄂托克旗(内蒙古)	麻黄	1800.00
393	达拉特旗(内蒙古)	麻黄	2100.00
394	鄂托克前旗(内蒙古)	麻黄	1800.00
395	敖汉旗(内蒙古)	麻黄	46.00
396	阿鲁科尔沁旗(内蒙古)	麻黄根	7500.00
397	襄城区(鄂)	麦冬	14000.00
398	崇义县(赣)	麦冬	10.00
399	宜都市(鄂)	麦冬	10.00
400	东平县(鲁)	玫瑰花	25.00
401	巴州区(川)	木瓜	15000.00
402	商南县(陕)	木瓜	6250.00
403	方城县(豫)	木瓜	5497.00
404	桐柏县(豫)	木瓜	2046.00
405	谷城县(鄂)	木瓜	2000.00
406	河东区(鲁)	木瓜	500.00
407	卧龙区(豫)	木瓜	500.00
408	綦江县(渝)	木瓜	500.00
409	舞钢市(豫)	木瓜	50.00
410	宝丰县(豫)	木瓜	40.00
411	石屏县(滇)	木瓜	30.00
412	牟定县(滇)	木瓜	26.00
413	雷州市(粤)	木瓜	21.00
414	来凤县(鄂)	木瓜	20.00
415	长阳土家族自治县(鄂)	木瓜	12.00
416	楚雄市(滇)	木瓜	10.00
417	普宁市(粤)	木棉	35.00
418	开　县(渝)	木香	3000.00
419	玉龙纳西族自治县(滇)	木香	9000.00
420	城口县(渝)	木香	500.00
421	永胜县(滇)	木香	260.00
422	黟　县(皖)	南天竹	10.00
423	汶上县(鲁)	牛蒡子	500.00
424	金口河区(川)	牛膝	10000.00
425	耒阳市(湘)	女贞子	400.00
426	宜阳县(豫)	女贞子	320.00
427	芜湖县(皖)	女贞子	100.00

	其他中药材主产地	品种	产量(吨)
428	嵩　县(豫)	女贞子	100.00
429	砀山县(皖)	女贞子	96.00
430	确山县(豫)	女贞子	30.00
431	云阳县(渝)	女贞子	23.00
432	孟津县(豫)	女贞子	12.00
433	珠晖区(湘)	女贞子	10.00
434	云阳县(渝)	枇杷叶	856.00
435	雁江区(川)	枇杷叶	260.00
436	辉南县(吉)	蒲公英	560.00
437	瓮安县(黔)	蒲公英	50.00
438	襄城区(鄂)	蒲公英	20.00
439	陆良县(滇)	蒲公英	20.00
440	沭阳县(苏)	蒲公英	10.00
441	淳安县(浙)	前胡	425.00
442	东平县(鲁)	芡实	200.00
443	徽　县(甘)	羌活	8.60
444	玉龙纳西族自治县(滇)	秦艽	1500.00
445	理塘县(川)	秦艽	80.00
446	来凤县(鄂)	青蒿	1000.00
447	彭水苗族土家族自治县(渝)	青蒿	400.00
448	云阳县(渝)	青蒿	230.00
449	邵东县(湘)	青蒿	10.00
450	阿拉善右旗(内蒙古)	肉苁蓉	1800.00
451	磴口县(内蒙古)	肉苁蓉	1500.00
452	农十四师(新疆兵团)	肉苁蓉	1008.00
453	阿拉善左旗(内蒙古)	肉苁蓉	500.00
454	乌拉特后旗(内蒙古)	肉苁蓉	104.00
455	额济纳旗(内蒙古)	肉苁蓉	95.00
456	农八师(新疆兵团)	肉苁蓉	53.00
457	农六师(新疆兵团)	肉苁蓉	20.00
458	信宜市(粤)	肉桂	500.00
459	普宁市(粤)	肉桂	33.00
460	崇义县(赣)	肉桂	20.00
461	泸西县(滇)	三七	190.00
462	西畴县(滇)	三七	30.00
463	宣汉县(川)	桑葚	15000.00
464	梁平县(渝)	桑葚	5000.00
465	惠民县(鲁)	桑葚	500.00
466	雷州市(粤)	桑葚	220.00
467	蒙自市(滇)	桑葚	40.00
468	丰都县(渝)	桑葚	12.20
469	清苑县(冀)	桑葚	12.00
470	淅川县(豫)	桑葚	10.00
471	桐乡市(浙)	桑叶	146900.00
472	雁江区(川)	桑叶	320.00
473	双峰县(湘)	桑叶	215.00

	其他中药材主产地	品种	产量(吨)
474	冕宁县(川)	桑叶	130.00
475	黟　县(皖)	桑叶	61.00
476	崇义县(赣)	桑叶	10.00
477	桓仁满族自治县(辽)	沙参	600.00
478	广水市(鄂)	沙参	53.00
479	确山县(豫)	沙参	50.00
480	勐腊县(滇)	砂仁	3600.00
481	信宜市(粤)	砂仁	3000.00
482	西峡县(豫)	山萸肉	1800.00
483	鲁山县(豫)	山萸肉	3000.00
484	淳安县(浙)	山萸肉	2128.00
485	南召县(豫)	山萸肉	1256.40
486	佛坪县(陕)	山萸肉	600.00
487	汝阳县(豫)	山萸肉	450.00
488	宜阳县(豫)	山萸肉	160.00
489	禹州市(豫)	山萸肉	50.00
490	商南县(陕)	山萸肉	38.00
491	武都区(甘)	山萸肉	21.00
492	济源市(豫)	山楂	2000.00
493	双峰县(湘)	射干	315.00
494	临漳县(冀)	射干	300.00
495	涉　县(冀)	射干	18.00
496	蒲城县(陕)	生地	2500.00
497	秦州区(甘)	生地	50.00
498	勐腊县(滇)	石斛	700.00
499	孟连傣族拉祜族佤族自治县(滇)	石斛	573.00
500	勐海县(滇)	石斛	500.00
501	合江县(川)	石斛	300.00
502	镇康县(滇)	石斛	236.00
503	畹町市(滇)	石斛	142.00
504	马关县(滇)	石斛	20.00
505	金平苗族瑶族傣族自治县(滇)	石斛	20.00
506	崇义县(赣)	石斛	10.00
507	南召县(豫)	石榴	76.00
508	辉县市(豫)	柿蒂	2.50
509	辉县市(豫)	丝瓜络	22.00
510	崇义县(赣)	酸枣仁	10.00
511	阿拉善左旗(内蒙古)	锁阳	3500.00
512	乌拉特后旗(内蒙古)	锁阳	180.00
513	额济纳旗(内蒙古)	锁阳	80.00
514	瓮安县(黔)	太子参	100.00
515	芜湖县(皖)	太子参	40.00
516	云阳县(渝)	桃仁	11.00
517	永胜县(滇)	天冬	128.00
518	罗田县(鄂)	天麻	3000.00
518	湘乡市(湘)	天麻	800.00

	其他中药材主产地	品种	产量(吨)
520	靖州苗族侗族自治县(湘)	天麻	800.00
521	彝良县(滇)	天麻	539.40
522	永胜县(滇)	天麻	362.00
523	泉阳林业局(吉林森工)	天麻	300.00
524	洛南县(陕)	天麻	162.00
525	商南县(陕)	天麻	120.00
526	金口河区(川)	天麻	100.00
527	彭水苗族土家族自治县(渝)	天麻	50.00
528	商水县(豫)	天麻	35.00
529	红安县(鄂)	天麻	30.00
530	南川区(渝)	天麻	25.00
531	秀山土家族苗族自治县(渝)	天麻	20.00
532	大关县(滇)	天麻	16.00
533	佛坪县(陕)	天麻	15.00
534	洱源县(滇)	天麻	11.50
535	保康县(鄂)	天麻	10.00
536	来凤县(鄂)	天麻	10.00
537	北川羌族自治县(川)	天麻	10.00
538	贡山独龙族怒族自治县(滇)	天南星	3.00
539	耒阳市(湘)	土茯苓	400.00
540	潜山县(皖)	土茯苓	240.00
541	邵东县(湘)	土茯苓	20.00
542	鼎城区(湘)	土茯苓	20.00
543	青铜峡市(宁)	菟丝子	200.00
544	民乐县(甘)	王不留行	200.00
545	牟定县(滇)	乌梅	205.00
546	佛坪县(陕)	乌药	3.00
547	樟树市(赣)	吴茱萸	770.00
548	彭水苗族土家族自治县(渝)	吴茱萸	60.00
549	汨罗市(湘)	吴茱萸	33.00
550	荣昌县(渝)	吴茱萸	30.00
551	邵东县(湘)	吴茱萸	20.00
552	京山县(鄂)	蜈蚣	5.00
553	宣汉县(川)	五倍子	5800.00
554	二道江区(吉)	五倍子	500.00
555	夷陵区(鄂)	五倍子	500.00
556	五峰土家族自治县(鄂)	五倍子	296.00
557	武隆县(渝)	五倍子	100.00
558	浦城县(闽)	五倍子	56.00
559	商南县(陕)	五倍子	49.00
560	武平县(闽)	五倍子	40.00
561	峨边彝族自治县(川)	五倍子	26.00
562	永春县(闽)	五倍子	25.00
563	涟源市(湘)	五倍子	25.00
564	忠　县(渝)	五倍子	20.00
565	平利县(陕)	五倍子	18.00
566	瓮安县(黔)	五倍子	15.00
567	临澧县(湘)	五倍子	14.00
568	柘荣县(闽)	五倍子	12.00
569	宜都市(鄂)	五倍子	10.00
570	桃源县(湘)	五倍子	10.00
571	本溪满族自治县(辽)	五加	1125.00
572	鸡东县(黑)	五加皮	2.00
573	新宾满族自治县(辽)	细辛	102.00
574	桓仁满族自治县(辽)	细辛	750.00
575	凤城市(辽)	细辛	700.00
576	岫岩满族自治县(辽)	细辛	150.00
577	清原满族自治县(辽)	细辛	100.00
578	本溪满族自治县(辽)	细辛	15.80
579	确山县(豫)	细辛	10.00
580	桐柏县(豫)	夏枯草	6000.00
581	确山县(豫)	夏枯草	800.00
582	耒阳市(湘)	夏枯草	400.00
583	云阳县(渝)	夏枯草	90.00
584	连南瑶族自治县(粤)	夏枯草	40.00
585	娄星区(湘)	夏枯草	10.60
586	南召县(豫)	辛夷	5320.00
587	五峰土家族自治县(鄂)	辛夷	480.00
588	桐柏县(豫)	辛夷	100.00
589	北川羌族自治县(川)	辛夷	40.00
590	南川区(渝)	辛夷	24.00
591	栾川县(豫)	辛夷	15.00
592	宁城县(内蒙古)	杏仁	500.00
593	涞源县(冀)	杏仁	200.00
594	环　县(甘)	杏仁	80.00
595	永靖县(甘)	杏仁	20.00
596	夷陵区(鄂)	杏仁	15.00
597	华池县(甘)	杏仁	15.00
598	武隆县(渝)	续断	2500.00
599	永胜县(滇)	续断	370.00
600	宁蒗彝族自治县(滇)	续断	30.00
601	来凤县(鄂)	续断	25.00
602	华坪县(滇)	续断	10.00
603	武隆县(渝)	玄参	3000.00
604	芜湖县(皖)	延胡索	240.00
605	夷陵区(鄂)	盐肤木	10.00
606	崇义县(赣)	益母草	10.00
607	信宜市(粤)	益智仁	1500.00
608	集安市(吉)	淫羊藿	400.00
609	嵩　县(豫)	淫羊藿	30.00
610	临江市(吉)	淫羊藿	26.00
611	云阳县(渝)	淫羊藿	10.00

	其他中药材主产地	品种	产量(吨)
612	宣汉县(川)	银杏(白果)	12400.00
613	夷陵区(鄂)	银杏(白果)	2000.00
614	安　县(川)	银杏(白果)	800.00
615	曾都区(鄂)	银杏(白果)	481.00
616	苍山县(鲁)	银杏(白果)	290.00
617	临安市(浙)	银杏(白果)	270.00
618	安陆市(鄂)	银杏(白果)	150.00
618	嵩　县(豫)	银杏(白果)	120.00
620	禹州市(豫)	银杏(白果)	60.00
621	南召县(豫)	银杏(白果)	56.00
622	普宁市(粤)	银杏(白果)	35.00
623	桃源县(湘)	银杏(白果)	21.00
624	建湖县(苏)	银杏(白果)	20.00
625	潜山县(皖)	银杏(白果)	20.00
626	云阳县(渝)	银杏(白果)	12.00
627	商城县(豫)	银杏(白果)	10.00
628	确山县(豫)	银杏(白果)	10.00
629	凤城市(辽)	玉竹	4500.00
630	东港市(辽)	玉竹	1078.00
631	集安市(吉)	玉竹	750.00
632	双峰县(湘)	玉竹	650.00
633	耒阳市(湘)	玉竹	300.00
634	涟源市(湘)	玉竹	80.00
635	邵东县(湘)	玉竹	50.00
636	迁西县(冀)	玉竹	10.00
637	平阴县(鲁)	远志	200.00
638	迁西县(冀)	远志	100.00
639	新绛县(晋)	远志	100.00

	其他中药材主产地	品种	产量(吨)
640	汝阳县(豫)	皂刺	150.00
641	伊川县(豫)	皂角	20.00
642	广昌县(赣)	泽泻	2950.00
643	梁平县(渝)	泽泻	50.00
644	迁西县(冀)	知母	100.00
645	蒲城县(陕)	知母	80.00
646	孝南区(鄂)	栀子	8100.00
647	鹿寨县(桂)	栀子	7325.00
648	桐柏县(豫)	栀子	4330.00
649	唐河县(豫)	栀子	3000.00
650	蕲春县(鄂)	栀子	3000.00
651	临川区(赣)	栀子	2078.00
652	翠屏区(川)	栀子	520.00
653	耒阳市(湘)	栀子	300.00
654	修水县(赣)	栀子	250.00
655	珙　县(川)	栀子	164.00
656	璧山县(渝)	栀子	15.00
657	冷水江市(湘)	栀子	10.00
658	徽　县(甘)	猪苓	16.70
659	佛坪县(陕)	猪苓	10.00
660	广宁县(粤)	竹茹	5.00
661	南溪县(川)	竹叶	15.00
662	崇义县(赣)	竹叶	10.00
663	玉田县(冀)	紫花地丁	1115.00
664	新宁县(湘)	紫苏	200.00
665	桐庐县(浙)	紫苏	11.00
666	惠民县(鲁)	紫菀	40.00
667	鸡东县(黑)	白鲜皮	1.00

表 15-8　中药材出口

国家/地区	出口数量(吨)	出口金额(千美元)
05079020 鹿茸及其粉末		
合计	75	6143
韩国	56	4114
日本	4	1043
香港	14	882
美国	1	104
05100040 斑蝥		
合计	1	89
比利时	1	69
韩国	0	20
05100090 未列名配药用腺体及其他动物产品		
合计	108	2535
韩国	86	1978
日本	4	300
香港	4	69
美国	2	51
俄罗斯联邦	2	50
台湾省	4	31
马来西亚	2	21
奥地利	1	13
新加坡	0	8
菲律宾	1	5
澳大利亚	1	4
加拿大	1	3
印度尼西亚	0	2
比利时	0	1
德国	0	1
12079994 红花子		
合计	48	40
泰国	25	20
瑞典	15	14
沙特阿拉伯	7	6
12112010 西洋参		
合计	256	5163
香港	183	3346
美国	74	1817
12112091 其他鲜人参		
合计	36	453
新加坡	5	147
台湾省	22	131
日本	5	106
马来西亚	1	27
俄罗斯联邦	1	26

国家/地区	出口数量(吨)	出口金额(千美元)
法国	1	9
韩国	1	8
12112099 未列名人参		
合计	2570	51352
日本	912	19744
新加坡	46	6899
台湾省	305	6853
香港	486	5749
意大利	278	3595
德国	189	2389
韩国	76	1244
荷兰	66	1194
美国	57	1108
马来西亚	66	1092
西班牙	31	491
法国	20	369
比利时	13	326
朝鲜	9	40
阿联酋	2	39
拉脱维亚	3	32
沙特阿拉伯	2	26
伊朗	2	22
英国	1	20
埃及	1	19
哥伦比亚	2	15
印度	1	15
白俄罗斯	1	13
波兰	1	12
叙利亚	1	12
俄罗斯联邦	1	8
澳门	1	7
乌克兰	0	6
罗马尼亚	1	5
巴基斯坦	0	3
加拿大	0	2
阿根廷	0	2
泰国	0	1
希腊	0	1
格鲁吉亚	0	1
12119011 当归		
合计	2736	13412
台湾省	987	4990
日本	455	3119
香港	669	2752
马来西亚	132	900

国家/地区	出口数量(吨)	出口金额(千美元)
新加坡	60	521
韩国	258	423
美国	54	254
印度尼西亚	70	240
泰国	18	67
加拿大	5	30
澳门	8	20
英国	2	19
德国	2	17
澳大利亚	6	17
荷兰	2	15
法国	2	9
比利时	0	5
西班牙	1	5
意大利	0	2
乌克兰	2	2
匈牙利	0	2
新西兰	0	1
朝鲜	2	1
以色列	0	1
阿联酋	0	1
12119012 田七		
合计	525	5442
日本	50	2935
香港	459	2063
台湾省	10	254
韩国	2	110
马来西亚	1	30
美国	0	23
印度尼西亚	0	9
新加坡	0	8
澳门	2	4
澳大利亚	0	3
加拿大	0	2
荷兰	0	1
12119013 党参		
合计	4505	12133
香港	3697	7411
新加坡	193	2208
马来西亚	178	1181
台湾省	266	566
韩国	85	345
泰国	33	139
美国	11	82
加拿大	5	45

国家/地区	出口数量(吨)	出口金额(千美元)
澳门	18	35
日本	3	32
澳大利亚	8	28
印度尼西亚	4	25
荷兰	2	13
英国	1	11
比利时	1	6
新西兰	0	2
越南	1	2
意大利	0	1
阿联酋	0	1
12119014 黄连		
合计	147	2067
日本	77	1430
台湾省	29	302
韩国	10	152
香港	24	91
美国	2	33
泰国	3	23
印度尼西亚	2	19
马来西亚	0	4
印度	0	3
荷兰	0	3
以色列	0	2
巴西	0	2
英国	0	2
意大利	0	1
加拿大	0	1
12119015 菊花		
合计	11656	22477
香港	9425	8047
马来西亚	441	3939
新加坡	341	3672
越南	855	2909
泰国	239	2411
英国	41	478
美国	30	322
韩国	46	309
日本	16	133
台湾省	186	113
加拿大	4	43
印度尼西亚	9	40
澳门	17	25
法国	1	13
澳大利亚	2	6

国家/地区	出口数量（吨）	出口金额（千美元）
荷兰	1	5
比利时	0	4
捷克	0	3
德国	0	3
巴西	0	2
12119016 冬虫夏草		
合计	2	39233
香港	2	39077
新加坡	0	156
12119017 贝母		
合计	92	3883
香港	37	2892
台湾省	22	616
日本	9	123
韩国	15	112
新加坡	1	84
美国	1	22
加拿大	0	8
马来西亚	2	6
澳门	3	5
澳大利亚	1	5
泰国	0	5
德国	0	2
荷兰	0	1
比利时	0	1
印度尼西亚	0	1
12119018 川芎		
合计	3179	6708
香港	1677	2601
台湾省	498	1662
越南	579	986
韩国	252	751
日本	58	320
马来西亚	56	153
泰国	21	72
美国	9	52
印度尼西亚	11	44
新加坡	9	36
澳门	4	8
荷兰	1	7
澳大利亚	2	6
加拿大	1	4
英国	1	4
比利时	0	2
德国	0	1

国家/地区	出口数量（吨）	出口金额（千美元）
意大利	0	1
12119019 半夏		
合计	1424	14051
日本	456	7274
韩国	376	3857
越南	454	2007
台湾省	57	697
香港	75	188
荷兰	1	8
马来西亚	2	5
印度尼西亚	1	3
美国	0	3
巴西	0	2
加拿大	1	2
德国	0	1
英国	0	1
以色列	0	1
澳大利亚	0	1
12119021 白芍		
合计	5606	12537
日本	1128	4513
韩国	1306	3304
香港	2192	2568
台湾省	448	1120
越南	411	650
马来西亚	52	159
美国	15	54
新加坡	8	31
澳门	14	24
澳大利亚	9	23
荷兰	3	22
英国	2	18
泰国	4	12
加拿大	5	12
印度尼西亚	3	10
德国	2	5
比利时	1	4
法国	1	4
乌克兰	2	3
新西兰	0	1
12119022 天麻		
合计	62	972
韩国	38	464
日本	8	192
台湾省	9	144

国家/地区	出口数量（吨）	出口金额（千美元）
香港	5	141
奥地利	0	15
加拿大	1	11
英国	0	6
新西兰	0	1
12119023 黄芪		
合计	5363	12344
韩国	1271	2698
香港	1514	2205
越南	886	2180
台湾省	795	2091
日本	368	1607
马来西亚	131	502
美国	84	374
泰国	213	265
新加坡	29	173
印度尼西亚	35	85
加拿大	11	44
荷兰	3	31
澳大利亚	10	27
德国	5	24
英国	2	16
比利时	1	8
意大利	1	4
法国	1	3
西班牙	1	2
朝鲜	1	1
新西兰	0	1
巴西	0	1
拉脱维亚	0	1
南非	0	1
乌克兰	1	1
12119024 大黄、籽黄		
合计	2305	6949
越南	989	3048
日本	501	2176
意大利	94	269
韩国	155	256
香港	137	214
台湾省	65	176
德国	74	157
印度尼西亚	87	148
美国	29	110
阿根廷	49	93
法国	34	82

国家/地区	出口数量（吨）	出口金额（千美元）
西班牙	22	59
埃及	18	38
泰国	17	29
比利时	5	26
荷兰	5	23
黎巴嫩	6	11
新加坡	5	10
叙利亚	4	8
马来西亚	3	5
哥伦比亚	2	3
澳门	1	2
奥地利	0	2
英国	0	2
加拿大	1	2
12119025 白术		
合计	4405	14680
韩国	1395	4397
日本	605	3842
越南	760	2971
香港	1403	2551
台湾省	142	428
马来西亚	34	153
美国	14	116
新加坡	10	55
荷兰	3	27
澳大利亚	9	23
印度尼西亚	4	23
泰国	3	19
德国	1	18
加拿大	3	15
澳门	8	12
英国	1	11
朝鲜	7	9
比利时	0	4
新西兰	0	2
意大利	0	1
法国	0	1
以色列	0	1
12119026 地黄		
合计	10662	14103
香港	7115	6790
韩国	1872	3303
日本	324	1383
越南	713	1131
台湾省	417	859

国家/地区	出口数量（吨）	出口金额（千美元）
马来西亚	109	307
美国	22	83
印度尼西亚	35	65
泰国	14	42
新加坡	9	31
英国	4	26
荷兰	3	24
加拿大	11	22
澳大利亚	9	16
法国	2	6
比利时	1	5
德国	1	4
巴西	1	2
新西兰	0	1
澳门	1	1
奥地利	0	1
阿根廷	1	1
12119027 槐米		
合计	478	1000
香港	463	956
马来西亚	4	12
日本	2	9
泰国	4	8
韩国	1	5
美国	1	4
印度尼西亚	1	2
澳门	1	2
台湾省	0	1
加拿大	0	1
12119028 杜仲		
合计	2315	4537
香港	1675	2707
日本	241	758
台湾省	260	698
马来西亚	51	174
韩国	63	116
新加坡	7	20
美国	4	18
泰国	6	18
加拿大	3	14
印度尼西亚	2	6
澳门	3	4
荷兰	1	4
12119029 茯苓		
合计	14722	20098

国家/地区	出口数量（吨）	出口金额（千美元）
香港	11328	7956
日本	1246	6225
韩国	1270	3991
越南	438	839
台湾省	234	419
马来西亚	84	262
美国	22	112
新加坡	16	61
印度	18	49
澳门	24	45
印度尼西亚	9	29
澳大利亚	13	24
荷兰	3	23
泰国	7	16
英国	3	15
加拿大	5	12
斯里兰卡	3	9
比利时	1	6
德国	0	2
新西兰	0	1
阿联酋	0	1
乌克兰	1	0
12119031 枸杞		
合计	6191	40726
西班牙	1179	7742
台湾省	1168	7574
香港	917	6146
法国	257	2110
马来西亚	288	1719
日本	231	1600
新加坡	195	1522
荷兰	217	1431
英国	194	1366
美国	153	1298
韩国	488	1260
澳大利亚	112	862
加拿大	101	830
捷克	122	817
德国	77	759
瑞士	84	673
比利时	48	557
瑞典	67	488
意大利	53	365
南非	39	252
泰国	31	208

国家/地区	出口数量（吨）	出口金额（千美元）
墨西哥	23	165
土耳其	19	145
新西兰	19	133
罗马尼亚	13	114
奥地利	5	85
印度尼西亚	13	65
葡萄牙	7	54
丹麦	16	52
澳门	26	45
斯洛文尼亚	5	44
以色列	4	39
巴拿马	4	31
芬兰	2	24
俄罗斯联邦	3	24
留尼汪	2	18
毛里求斯	2	17
波兰	1	15
挪威	1	13
马提尼克	1	13
巴西	1	11
沙特阿拉伯	1	10
科特迪瓦	1	8
匈牙利	1	5
瓜德罗普	1	5
塞尔维亚	1	5
瓦努阿图	0	4
哥伦比亚	0	2
爱沙尼亚	0	1
巴林	0	1
12119032 大海子		
合计	9	43
台湾省	2	15
香港	3	13
美国	1	7
马来西亚	1	4
新加坡	2	3
比利时	0	1
12119034 沙参		
合计	562	899
韩国	485	614
美国	19	110
香港	14	49
台湾省	23	41
日本	5	39
马来西亚	3	16

国家/地区	出口数量（吨）	出口金额（千美元）
澳门	10	14
新加坡	1	6
加拿大	1	4
荷兰	0	2
印度尼西亚	0	2
澳大利亚	0	1
巴西	0	1
泰国	0	1
12119035 青蒿		
合计	56	64
日本	16	32
越南	37	27
美国	1	3
德国	1	1
香港	1	1
台湾省	1	1
12119036 甘草		
合计	3377	14085
日本	1124	5916
韩国	1048	4222
台湾省	419	1284
德国	321	1172
西班牙	120	370
美国	91	332
泰国	142	285
荷兰	47	276
印度尼西亚	26	77
澳大利亚	17	68
马来西亚	13	43
意大利	5	19
加拿大	3	12
新加坡	2	9
12119039 未列名药料植物及其部分		
合计	140884	299008
越南	21582	63532
日本	11069	63462
香港	65360	59090
韩国	18280	49402
台湾省	8152	17112
美国	2157	9303
德国	1944	5666
马来西亚	2034	5277
法国	2002	3327
新加坡	568	3104
泰国	873	2747

国家/地区	出口数量（吨）	出口金额（千美元）
墨西哥	48	1696
西班牙	656	1434
印度	554	1374
爱尔兰	834	1325
荷兰	287	1117
意大利	155	982
澳门	824	844
印度尼西亚	354	835
乌克兰	345	614
澳大利亚	238	529
英国	90	516
苏丹	325	493
加拿大	151	435
智利	125	411
拉脱维亚	232	384
芬兰	74	354
俄罗斯联邦	234	321
埃及	188	320
朝鲜	97	294
阿联酋	156	247
菲律宾	20	223
奥地利	24	211
土耳其	90	203
摩洛哥	130	197
委内瑞拉	38	182
巴西	82	178
比利时	20	165
捷克	15	144
阿根廷	53	106
希腊	75	105
瑞士	70	105
斯里兰卡	40	100
新西兰	14	61
哥伦比亚	25	60
沙特阿拉伯	27	54
孟加拉国	7	49
罗马尼亚	11	44
以色列	6	38
巴基斯坦	58	36
瑞典	16	30
苏里南	8	27
南非	4	27
乌兹别克斯坦	15	18
突尼斯	11	18
波兰	6	17

国家/地区	出口数量（吨）	出口金额（千美元）
叙利亚	10	13
格鲁吉亚	7	12
匈牙利	3	11
保加利亚	0	9
莱索托	5	7
约旦	1	6
尼日利亚	1	3
巴拿马	8	2
塞尔维亚	0	2
秘鲁	1	1
毛里求斯	0	1
13019020 乳香、没药及血竭		
合计	35	111
韩国	24	69
香港	4	14
美国	2	11
马来西亚	3	9
台湾省	2	5
日本	0	3
印度尼西亚	0	1
13019030 阿魏		
合计	0	3
巴西	0	2
美国	0	1
30049051 中药酒		
合计	902	3215
香港	365	1047
马来西亚	227	940
泰国	83	420
伯利兹	103	344
加纳	33	128
韩国	20	78
印度尼西亚	16	64
美国	15	58
新加坡	20	56
澳大利亚	6	20
秘鲁	6	16
多哥	2	13
澳门	2	10
西班牙	2	8
法国	1	4
新西兰	1	3
加拿大	0	2
英国	1	2
多米尼加共和国	1	2

国家/地区	出口数量（吨）	出口金额（千美元）
30049052 片仔癀		
合计	3	18803
香港	3	15994
新加坡	0	1517
马来西亚	0	652
泰国	0	641
30049053 白药		
合计	52	3277
香港	30	2485
加拿大	5	230
马来西亚	4	199
印度尼西亚	5	181
新加坡	3	108
南非	5	74
30049054 清凉油		
合计	3702	17539
阿联酋	700	3241
贝宁	583	2812
加纳	432	1569
香港	182	1473
美国	530	1430
印度尼西亚	68	1057
新加坡	34	757
苏丹	137	717
多哥	141	593
阿曼	13	389
几内亚	121	348
卡塔尔	8	252
荷兰	51	234
英国	56	197
利比里亚	52	192
南非	35	183
洪都拉斯	47	181
菲律宾	33	128
缅甸	21	123
巴拿马	32	112
塞内加尔	45	111
也门	43	98
尼日利亚	18	97
摩洛哥	13	82
秘鲁	11	81
巴基斯坦	4	80
新西兰	33	79
圭亚那	20	62
乍得	35	56

国家/地区	出口数量（吨）	出口金额（千美元）
阿尔及利亚	41	54
印度	15	54
乌拉圭	8	53
孟加拉国	6	48
特立尼达和多巴哥	8	44
毛里求斯	11	43
德国	6	38
捷克	7	35
加拿大	7	33
匈牙利	8	28
厄瓜多尔	10	28
喀麦隆	10	28
罗马尼亚	3	23
阿根廷	5	22
台湾省	0	21
波兰	1	17
法国	2	17
塞拉利昂	4	17
比利时	2	16
波多黎各	8	15
斐济	4	13
坦桑尼亚	4	13
哈萨克斯坦	3	12
塞舌尔	5	12
刚果(金)	1	12
塞浦路斯	1	12
约旦	6	11
科特迪瓦	2	10
芬兰	2	8
多米尼加共和国	1	7
黎巴嫩	1	7
马尔代夫	1	6
古巴	0	4
马来西亚	0	4
莫桑比克	1	4
斯洛文尼亚	0	4
尼日尔	0	4
奥地利	0	4
苏里南	2	3
巴巴多斯	0	3
委内瑞拉	2	3
安哥拉	1	3
以色列	2	3
瑞典	1	3
肯尼亚	3	2

国家/地区	出口数量（吨）	出口金额（千美元）
西班牙	0	2
冈比亚	0	2
圣卢西亚	0	2
葡萄牙	0	1
瓦努阿图	0	1
博茨瓦那	0	1
澳大利亚	0	1
30049059 其他中式成药		
合计	9251	153374
香港	3212	60537
日本	465	16742
美国	837	11722
马来西亚	754	8230
越南	330	6859
新加坡	530	6770
英国	287	5186
澳大利亚	322	4890
加拿大	220	3838
澳门	94	2390
俄罗斯联邦	127	1931
印度尼西亚	110	1870
韩国	299	1859
荷兰	102	1474
尼日利亚	36	1294
罗马尼亚	104	1170
南非	49	1159
泰国	40	804
加纳	22	776
匈牙利	103	750
台湾省	47	688
多米尼加共和国	124	675
马里	111	624
捷克	29	519
德国	47	484
菲律宾	17	475
墨西哥	61	467
乌克兰	30	466
巴基斯坦	19	461
波兰	22	457
西班牙	52	336
塞尔维亚	8	326
法国	25	325
缅甸	40	322
黎巴嫩	20	312
哈萨克斯坦	24	273

国家/地区	出口数量（吨）	出口金额（千美元）
科特迪瓦	48	264
保加利亚	18	235
新西兰	10	230
巴西	11	227
肯尼亚	6	215
哥伦比亚	17	200
土耳其	10	190
莫桑比克	1	182
喀麦隆	10	163
贝宁	23	156
刚果(金)	16	154
叙利亚	36	149
比利时	10	146
危地马拉	10	143
瑞士	4	137
阿联酋	5	136
以色列	1	130
秘鲁	19	126
芬兰	9	121
奥地利	7	119
洪都拉斯	8	110
斯洛文尼亚	5	106
马拉维	1	106
瑞典	3	100
吉尔吉斯斯坦	8	98
阿尔及利亚	13	97
也门	32	87
柬埔寨	5	87
丹麦	4	87
纳米比亚	8	82
土库曼斯坦	2	80
约旦	7	65
萨尔瓦多	10	62
克罗地亚	2	62
斯洛伐克	10	60
伊朗	6	59
多哥	19	54
塔吉克斯坦	14	53
意大利	4	48
葡萄牙	3	45
拉脱维亚	4	45
沙特阿拉伯	4	44
印度	16	43
朝鲜	15	43
阿曼	3	42

国家/地区	出口数量（吨）	出口金额（千美元）
赞比亚	0	39
博茨瓦那	0	38
孟加拉国	3	37
古巴	1	37
伊拉克	1	36
委内瑞拉	4	35
白俄罗斯	2	35
挪威	1	33
毛里求斯	3	32
几内亚	6	30
智利	3	26
文莱	2	25
埃及	1	24
苏丹	2	22
坦桑尼亚	0	22
立陶宛	1	21
特立尼达和多巴哥	7	19
厄瓜多尔	1	19
塞浦路斯	1	18
巴哈马	1	17
巴拉圭	0	17
蒙古	0	16
伯利兹	1	15
冈比亚	9	12
巴拿马	0	11
尼日尔	1	11
刚果(布)	1	11
瓦努阿图	1	10
圭亚那	0	9
阿塞拜疆	0	8
乌兹别克斯坦	4	7
格鲁吉亚	0	6
亚美尼亚	0	5
哥斯达黎加	1	5
安哥拉	1	4
圣卢西亚	0	4
希腊	0	4
荷属安地列斯	0	4
巴巴多斯	0	3
爱沙尼亚	0	2
乌干达	0	2
乍得	0	1
斯里兰卡	0	1
30049060 含有青蒿素及其衍生物的药品		
合计	873	54323

国家/地区	出口数量（吨）	出口金额（千美元）
印度	37	13968
苏丹	170	9254
尼日利亚	250	7569
瑞士	57	3145
法国	44	2409
缅甸	45	1902
肯尼亚	13	1417
坦桑尼亚	11	1376
乌干达	10	1361
加纳	30	1166
塞内加尔	18	981
马里	12	877
也门	9	789
巴布亚新几内亚	11	738
安哥拉	15	545
刚果(金)	8	545
科摩罗	1	490
印度尼西亚	8	483
塞拉利昂	8	468
利比里亚	6	468
毛里塔尼亚	5	396
喀麦隆	7	376
几内亚	17	341
乍得	3	312
多哥	5	307
赞比亚	4	284
中非	3	282
莫桑比克	3	265
赤道几内亚	2	172
泰国	2	140
索马里	8	127
加蓬	2	126
尼日尔	1	121
德国	2	121
美国	1	118
科特迪瓦	0	95
巴基斯坦	1	95
马来西亚	12	84
贝宁	3	77
阿联酋	5	77
香港	20	76
荷兰	2	53
南非	1	49
新加坡	1	42
柬埔寨	0	38
苏里南	0	33
马拉维	0	32
英国	1	30
刚果(布)	0	23
吉布提	0	18
东帝汶	0	12
圭亚那	0	7
老挝	0	6
沙特阿拉伯	0	6
奥地利	0	5
阿富汗	0	5
冈比亚	0	5
加拿大	0	4
瓦努阿图	0	4
几内亚比绍	0	3
丹麦	0	2
澳大利亚	0	1
布基纳法索	0	1

表 15-9　中药材进口

国家/地区	进口数量（吨）	进口金额（千美元）
05079020 鹿茸及其粉末		
合计	415	4163
新西兰	230	2309
澳大利亚	185	1854
05100090 未列名配药用腺体及其他动物产品		
合计	400	1398
印度尼西亚	342	1216
新西兰	48	79
澳大利亚	5	66
泰国	5	37
12079994 红花子		
合计	126	24
印度	126	24
12112010 西洋参		
合计	338	9788
美国	111	5607
加拿大	227	4181
12112020 野山参(西洋参除外)		
合计	0	10
朝鲜	0	10
12112091 其他鲜人参		
合计	0	1
台湾省	0	1
12112099 未列名人参		
合计	34	6366
韩国	18	5801
朝鲜	11	512
中华人民共和国	5	51
德国	0	2
12119015 菊花		
合计	0	1
埃及	0	1
12119017 贝母		
合计	9	28
哈萨克斯坦	9	27
尼泊尔	0	1
12119021 白芍		
合计	28	34
中华人民共和国	28	34
12119023 黄芪		
合计	26	54
中华人民共和国	26	54
12119025 白术		
合计	323	531
朝鲜	323	531
12119029 茯苓		
合计	145	256
朝鲜	145	256
12119031 枸杞		
合计	25	20
朝鲜	25	20
12119032 大海子		
合计	32	217
越南	12	181
泰国	20	36
12119033 沉香		
合计	7	140
印度尼西亚	7	140
12119036 甘草		
合计	4778	3917
乌兹别克斯坦	2281	1900
土库曼斯坦	1303	1002
塔吉克斯坦	716	568
巴基斯坦	223	241
阿富汗	101	121
吉尔吉斯斯坦	117	44
阿塞拜疆	20	30
哈萨克斯坦	16	12
12119039 未列名药料植物及其部分		

国家/地区	进口数量（吨）	进口金额（千美元）
合计	24323	41702
加纳	822	13351
印度	13403	9097
荷兰	1079	7164
泰国	3631	3785
印度尼西亚	24	2416
缅甸	3652	1272
比利时	147	966
朝鲜	689	933
德国	114	661
老挝	315	523
蒙古	64	259
新西兰	23	224
巴西	8	197
美国	1	160
喀麦隆	124	152
尼泊尔	23	119
哈萨克斯坦	49	104
中华人民共和国	30	88
保加利亚	15	52
墨西哥	10	50
日本	2	41
韩国	25	38
越南	10	28
苏丹	61	18
秘鲁	0	3
奥地利	3	1
法国	0	1
13019020 乳香、没药及血竭		
合计	1483	4500
埃塞俄比亚	972	2221
印度尼西亚	8	827
新加坡	7	733
肯尼亚	405	532
苏丹	78	163
老挝	12	22
印度	2	2
30049051 中药酒		
合计	2	6
中华人民共和国	2	6
30049054 清凉油		
合计	52	558
新加坡	52	558
30049059 其他中式成药		
合计	21380	217123
香港	20697	157840
德国	126	36346
日本	302	15940
法国	25	3323
泰国	192	2564
新加坡	34	630
瑞士	3	453
澳大利亚	1	26
30049060 含有青蒿素及其衍生物的药品		
合计	1	145
美国	1	145

花卉等观赏植物

【概 况】 花卉及观赏植物包括花卉活植物、插花及花蕾、苔藓和地衣、植物枝叶等。

2010年末实有花卉种植面积76万公顷，河南省最多，11万公顷占14.41%，其后依次是江苏13.98%、贵州10.68%、山东9.17%、浙江6.84%。5省占全国的55.09%。切花切叶产量125亿支，云南省最多，占全国的28.07%，其次是辽宁占12.23%，然后是广东11.76%、浙江11.55%、山东7.79%。5省占全国的71.40%。盆栽植物产量29亿盆，其中山东最多，约9亿盆，占全国的32.15%，其后依次是浙江8.03%、辽宁7.84%、福建7.71%、广东6.35%。5省占全国的62.08%。观赏苗木产量57亿株，其中浙江最多，占30.73%，其后依次是江苏15.73%，山东8.09%，河南7.47%，河北5.65%。5省占全国的67.67%。草坪产量32345万平方米，其中浙江最多，6041家，占18.68%，其后依次是福建15.18%、河南9.57%、辽宁9.36%、江苏9.33%。5省占全国的62.12%。全国有花卉市场4528家，其中江苏846家，占全国的18.68%，其后依次是江西11.42%、四川7.95%、湖南5.63%、山东5.54%。5省占全国的49.23%。全国有花卉企业40619家，其中广东8833家，占全国的21.75%，其后依次是浙江15.87%、江苏10.35%、四川8.14%、河南5.90%。5省占全国的62.00%。见表16-1和表16-2。观赏植物出口金额1.6亿美元，进口金额0.3亿美元。出口中花卉活植物0.6亿美元，占38.35%，插花及花蕾占35.13%，植物枝叶等占25.58%。进口中插花及花蕾占56.31%，花卉活植物占41.03%。见表16-3。

2010年，全国农业技术推广服务中心、华南农业大学、广东省植保总站、北京市植保植检站、云南省植保植检站联合起草，并由国家质量监督检验检疫总局及国家标准化管理委员会发布了国家标准《进口花卉种苗疫情监测规程》。

在统计的近百项观赏植物科技成果中，涵盖了近40种观赏植物研究，其中有地被植物、观赏植物、商品花卉、中国特有花卉和野生花卉的养殖技术和开发利用；从国外引种的花卉品种鉴定和养殖驯化；苗木花卉温控大棚及肥水自动化供给系统的研究等。见表16-8。观赏植物国家级和省级协会见表16-9。

2010年全国花卉种植面积、销售额、出口额比2009年都有不同程度的上升，我国传统的花卉种植区域仍然强势发展，花卉业继续呈现出良好的发展势头。

2010年我国花卉生产总面积91.8万公顷，比2009年的83.4万公顷增加了10.00%；销售总额862.0亿元，比2009年的719.8亿元增加了19.76%。总体上看，与上年度相比，2010年我国花卉种植面积、销售额和出口额均有不同程度上升，花卉产销继续保持一定的增长势头，但增长幅度明显趋缓。

【各类花卉经营】

鲜切花 ①切花主产区分布总体布局不变。2010年全国鲜切花(含切花、切叶、切枝)种植面积50858.7公顷，比2009年的44603.4公顷增加了14.02%。其中切花种植面积40289.0公顷，比上年33375.4公顷增长20.71%；切叶和切枝分别为5609.4公顷、4960.4公顷，分别比上年下降7.09%、4.42%。各切花产品生产面积的此消彼长说明我国花卉产品向更加多元化方面发展。

②销售总额增长，但销售单价下降。2010年全国鲜切花(含切花、切叶、切枝)销售额1058801.3万元，比2009年的876976.6万元增加了20.73%，远高于面积增长率。平均销售价格近0.6元/支，比2009年的0.5元/支提高16.5%。其中切花销售额952708.0万元，切叶销售额56724.1万元，切枝销售额49368.9万元，平均销

售价格为切花0.6元/支、切叶近0.4元/支、切枝0.4元/支，与2009年对应的0.5元/支、0.3元/支、0.5元/支均有不同程度上升，但切枝下降明显。

③鲜切花出口额占总出口额一半以上。2010年，全国鲜切花（含切花、切叶、切枝）出口总额24632.2万美元，比2009年的22959.9万美元增长了7.28%，增幅明显。其中切花出口19390.9万美元、切叶出口3865.3万美元、切枝出口1376.0万美元，切花、切叶出口额比2009年分别增长3.81%和13.71%，切枝出口额则大幅增长56.10%。

盆栽植物 ①种植面积回升。2010年，全国盆栽花卉（含盆栽植物、盆景和花坛植物）种植面积82908.9公顷，比2009年的81710.6公顷增加了1.47%。

②销售额不增反降。2010年全国盆栽花卉（含盆栽植物、盆景和花坛植物）销售额199.7亿元，比2009年的180.8亿元降低了10.44%。其中盆栽植物种植面积增长3.35%，销售额增长10.53%，为130.2亿元。盆景产品的附加值提升，在种植面积变化不大的情况下销售额却增长了4.40%，达36亿元。花坛植物销售额33.2亿元，比上一年度提高了6.45%。这也说明，城市绿化对花坛植物的需求越来越大，城市绿化水平越来越高。见表16-5。

观赏苗木 2010年全国观赏苗木种植面积501914.6公顷，比2009年的452741.2公顷增长10.86%。销售额434.8亿元，比2009年的343.1亿元增长26.71%，增长幅度超过面积增长幅度，这与2010年全国较好的苗木销售形势吻合。

2010年全国观赏苗木出口额3172.3万美元，比2009年的2428.7万美元增长30.62%。

食用与药用花卉 2010年全国食用与药用花卉种植面积为163823.5公顷，比2009年的128224.9公顷增加了27.76%。

工业及其他用途花卉 2010年全国工业及其他用途花卉种植面积为65259.7公顷，比2009年的63383.7公顷增加了2.96%。

草坪、种子用花卉、种球用花卉 与上一年度基本持平。在371.9万美元的种子用花卉出口额371.9万美元，比2009年下降37.71%。

【花卉市场和花卉企业】 2010年全国花卉市场2865个，比2009年下降4.66%。花卉企业55838个，比2009年的54695个提高2.09%，但花卉企业中的大中型企业增加了不少，达10844家，增长了16.13%。花农1525649户，从业人员4581794人，专业技术人员159861人，均比2009年有所增长。见表16-2。

【花卉栽培设施面积】 2010年我国花卉保护地栽培面积86675.3万平方米，比2009年的81767.5万平方米增加了6.00%。其中温室面积22112.5万平方米，比2009年21490.5万平方米增加了2.89%。温室中的节能日光温室面积13708.6万平方米，也比2009年的10965.3万平方米增加了25.02%。大（中、小）棚的面积为33028.3万平方米，比2009年的31930.2万平方米增加3.44%，遮阴棚的面积为29833.8万平方米，比2009年的27843.6万平方米增加了7.15%。见表16-7。

据农业部2010年全国花卉业统计数据，全国花卉种植面积91.8万公顷，相比2010年增长10.0%；全国花卉销售额862.1亿元，相比2010年增长19.8%。两者增长幅度均创下2005年以来的新高。花卉总出口额4.6亿美元，同比增长13.9%。我国花卉业在产业规模、市场销售迎来新一轮快速发展期，出口创汇也从2010年的低谷中走出，开始上扬。其特点是：

江苏面积拔头筹 湖南涨幅居第一 从统计数据看，2010年，花卉种植面积排在前5位的省份依次为江苏、河南、浙江、四川和湖南，种植面积分别为11.6万公顷、10.6万公顷、8.8万公顷、6.9万公顷、6.6万公顷，这5个省均为我国重要的观赏苗木种植区，其中，江苏、浙江、河南也是观赏苗木面积排前三的省份，观赏苗木种植面积分别占该省花卉种植面积的84.3%、80.2%和68.9%。2010年，观赏苗木业市场火热，观赏苗木主产区生产稳健发展。

花卉种植面积增长速度排前5的省份分别是湖南、上海、湖北、山西和内蒙古，种植面积增幅分别为97.1%，34.1%、30.3%、25.2%、24.4%。其中，湖南的花卉业快速发展，主要源于观赏苗木、食用与药用花卉、盆栽植物三大类花卉同放异彩，该省已逐渐形成浏阳“百里花木走廊”、“长株潭城市群”花卉产业带、常德·郴州·益阳花卉产业带、邵阳·怀化·娄底食用与药用花卉产业带四大花卉优势生产区域。其中，食用与药用花卉增长尤为迅速，2010年种植面积是2009年的7倍，达到3.5万公顷，一举占到全省花卉面积的一半以上，成为湖南花卉新的效益增长点。2010年，上海各类花卉生产表现不一，但总体保持了全国第二的增长势头，其中，观赏苗木成为上海花卉业涨势的“排头兵”，种植面积达到931.6公顷，是2010年的3.8倍，已赶超鲜切花、盆花等上海优势花卉种类。此外，上海种苗用花卉在2010年也有明显扩产，是2009年种植面积的1.6倍，该地区花卉种苗优势日益突出。

花卉面积的增加，是销售总额增加的基石。2010年，湖南不仅是花卉面积增长最快的省份，也是花卉销售总额涨幅最明显的省份，销售总额相比2009年增长69.7%，达到43.5亿元。此外，山西、湖北、海南等省花卉销售总额涨幅也均超过40%。

观赏苗木面积领先食药用花涨幅居首 尽管全国花卉业整体保持高歌猛进的势头，但在纳入统计的十大类花卉中，出现了此消彼长的局面，“十一五”的最后一年，也被业界视为花卉业在发展中积极调整的一年。

全国观赏苗木、食用与药用花卉、盆栽植物、工业用花卉、鲜切花类的种植面积分别达到50.2万公顷、16.4万公顷、8.3万公顷、6.5万公顷、5.1万公顷，是花卉面积中所占份额最重的五大种类，其中，观赏苗木种植面积占总面积54.7%。全国各地城市建设火热势头，拉动了苗木业的迅猛发展。

其中，食用与药用花卉是2010年花卉种植面积增长最快的种类，面积16.4万公顷，比2010年增长27.8%，主要分布在湖南、四川、河南、山东、重庆等地；其次是种球用花卉，种植面积比2010年增长16.0%，种球用量突破10亿粒；鲜切花类种植面积增幅位居第3，达到14.0%，主要是百合、菊花、唐菖蒲等鲜切花种植量上升，而鲜切叶和鲜切枝的种植面积均有缩减；观赏苗木、种苗用花卉、工业及其他用途花卉、盆栽植物的生产面积增幅分别是10.9%、6.5%、3.0%和1.5%，其中盆栽植物中的花坛植物、盆景均有不同幅度的减少；而草坪、种子用花卉、干燥花的生产面积呈现不同幅度的缩减之势，下降幅度分别为18.2%、7.0%、28.2%。

就花卉经营实体情况而言，2010年我国从业人数达到458.2万人，比2010年增长4.5%，其中专业技术人员将近16万人，同比增幅为6.9%。但相比花卉生产面积的涨幅，我国花卉专业从业人员依然存在较大缺口，技术工难招的问题依然存在。我国花卉市场总数为2865个，相比2010年减少140个，各地市场拆迁、整顿或将促使花卉市场趋于规范和合理。

【2010中国花木十件大事】

上海世博会展示现代绿色低碳生活 2010年5月1日上海世博会正式开幕。上海世博会主题是“城市，让生活更美好”，让生活更美好的城市显然离不开景观和花卉。在不同馆区都以各种先进理念通过景观和花卉展示生活中的美好，更以实体屋顶绿化的表现形式展示未来绿色创意。低碳生活成为上海世博会的显著亮点。

城市绿化推动苗木市场行情红火 在全年消费物价指数连续上涨的宏观经济背景下，2010年绿化苗木行情也水涨船高。全年的苗木市场几乎一路飘红，苗木行情红火让树木经济成为一个新的投资点。投资者相信，这波行情将长期与城市化进程相伴。红火背后是各地市政建设、城市扩张的庞大需求。

“全国十佳花木种植企业”评出 2010年6月21日，中国花卉协会组织的“全国十佳花木种植企业”评选结果正式公布。其中，北京信采种养殖有限公司、北京花乡花木集团有限公司、浙江森禾种业股份有限公司、山东红梅园艺科技有限公司、昆明锦苑花卉产业有限责任公司等企业榜上有名。

全国林木种苗工作会议召开 2010年11月7日，全国林木种苗工作会议在安徽省合肥市召开。会议提出，“十二五”期间，将从强化科技支撑、加强基地建设、强化林木种苗市场监管、健全服务体系、加大政策扶持力度等5个方面着手，推进林木良种选育推广、种苗生产供应、种苗行政执法和种苗社会化服务四大体系建设，全面提高良种壮苗生产能力。

森禾种业获“国际年度种植者”银玫瑰奖 2010年10月6日，“国际年度种植者”颁奖典礼在韩国顺天举行，浙江森禾种业股份有限公司获银玫瑰奖。

台北举办迄今规模最大的园艺展示 让台湾同胞引以为傲，向全球展现台湾活力、创意与经济实力的2010台北国际花卉博览会，11月6日在台北举办。花博会以“彩花，流水，新视界”为主题，是当地迄今规模最大的园艺展示。大陆亦组团参加。

《全国林木种苗发展规划》发布 2010年，国家发改委、财政部、国家林业局联合发布了《全国林木种苗发展规划(2011～2020年)》，旨在大幅度提升我国林木种子基地供种能力和造林良种使用率，为现代林业建设提供“数量充足、质量优良、品种对路、结构合理”的林木种苗。规划提出，到2020年，全国造林将全部实现基地供种，造林良种使用率将达到75%。

西南大旱严重影响云南花木生产 最早始于2010年的一场罕见干旱导致云南、贵州、广西、重庆、四川等西南5省(区、市)受灾严重，旱情影响了花卉苗木的正常生长发育，部分苗圃基地及绿化建设项目中的苗木也因无法保障正常浇水而严重受损，直接经济损失超过亿元。

中国花协绿化观赏苗木分会成立 2010年3月17日，中国花卉协会绿化观赏苗木分会在浙江杭州宣告成立。我国绿化观赏苗木的种植面积占花卉种植面积的59.2%，销售额占到46.8%。绿化观赏苗木几乎占了花卉市场的半壁江山，发展潜力显然不容小觑。

园林绿化股成资本市场新宠 2010年11月上市的首只园林绿化股——东方园林在2010年迎来一波迅猛上涨的行情，2010年复权最高价已达420.57元，是每股发行价58.6元的7倍多。2010年上市的棕榈园林同样亦有不俗表现。业内分析认为，随着人们生活水平的提高，园林绿化股票一定会受到投资者的追捧。

(中国绿色时报社)

【2010年中国花木产业十大年度人物】

浙江森禾种业股份有限公司董事长　郑勇平 浙江森禾种业股份有限公司拥有10个全资子公司、8个分公司、17个现代化生产基地，基地总面积达1200多公顷，公司总资产从2000年成立时的3650万元发展到目前的近15亿元。

2010年，森禾公司实现了品牌影响力的“三级跳”：6月，被中国花卉协会评定为“全国十佳花木种植企业”；9月，荣获“亚洲品牌盛典·中国(行业)十大创新品牌”；10月，被国际园艺生产者协会评定为“国际年度种植者”，荣获“银玫瑰奖”，成为“全球五佳”花卉企业第二名。

山东光合园林科技有限公司董事长　王明荣 1997年，王明荣从教育系统辞去公职，创立公司。10多年来，王明荣在国内外大量施工实践的基础上，提出了以“植物造景”为主要表现手法的核心业务理念。光合园林独树一帜地利用植物的生态学特性，体现植物的当地性、多样性、稳定性和层次感、色彩感、时序感，并最终形成稳定的植物群落。面对“化妆运动”、“大树进城”可能导致的“千城一面”，光合园林的这种思想显得弥足珍贵。光合园林具有园林施工一级资质和风景园林设计甲级资质的“双甲”园林企业。

作为董事长，王明荣拥有南京林业大学园林硕士、天津大学博士、研究员、园林景观设计教授等诸多头衔，被业界认定为精英专家、理念独到的企业家。

广东棕榈园林股份有限公司董事长　吴桂昌 从1984年设立中山市小榄区棕榈苗圃场，到1993年中山市小榄棕榈苗圃有限公司增资并更名为广东棕榈园林工程有限公司，2010年6月，棕榈园林在深圳中小板成功上市。从上市以来，不到3个月股价翻了3倍。公司重视科技创新，2010年成立风景园林科学研究院，促进新品种和新技术的研发和应用；公司坚持探索良好的现代企业经营管理理念，持续培养富有激情和创造力的专业团队；公司积极承担企业公民的责任并热心履行社会义务，以参与慈善捐赠等实际行动为构建和谐社会出力。

云南锦苑花卉产业股份有限公司董事长　曹荣根 他通过建立健全产业链的花卉经营体系，加快了云花的标准化进程，带动了产业各个环节的升级，改变了过去低水平家庭作坊式花卉生产的历史；他大力推进国内、国际花卉市场销售体系建设，在新加坡、泰国和香港建立起国际市场销售网络。在曹荣根的眼里，物流贯穿于花卉产品从产地到消费市场的整个产业链。他下大力气发展冷链物流，基本建立起从昆明到曼谷，昆明到广州陆路全程无缝冷链运输线路。2010年，凭借拥有自主知识产权的鲜切花品种和完美的花艺设计，他所带领的锦苑花卉成为上海世博会鲜切花的唯一合作伙伴，并且圆满地完成了世博局交予的各项任务。

北京市花木公司总工程师　于学斌　2003~2007年，在他的主持下，北京花木公司引进评估花卉品种2396个，筛选出推荐奥运使用的新优品种389个，全面解决了北京夏季草花生产、应用的难题。因北京奥运选花，他一举成名。北京奥运会后，他仍孜孜不倦地做着花"伯乐"，2010年从上海引入金叶佛甲草，当年即实现良好的推广应用。2010年引进新品种261个，其中包括小矮牵牛、室外用丽格海棠、耐全光的凤仙等花坛花卉品种。北京绿化流行用什么花，北京花木公司是个风向标。2010年，通过管理和技术的创新，实现企业种苗产销2300万株。企业生产成本大大降低，盆栽花卉喷灌试验和废气菌棒替代草炭也都取得了良好的效果。2010年企业实际完成产值是计划产值的149%。

安徽芜湖清水花木集团有限公司董事长　王传芝　2010年，芜湖清水花木集团总资产14517万元，企业产值13907万元，上缴税款550万元。她艰苦创业数十载，带领家乡村民共同致富，让一个原本不产苗木的芜湖县清水镇声名远扬，让数千名农民成了专业种植花木的好手，让清水所产苗木走出了安徽走向全国。为了解决芜湖清水地区苗木种植户多、小、散的难题，她积极推动发展新品种研发和新技术的开发、运用，较早地在花木界注册了"清牌"商标，并使其誉满大地；为了引导农民改变传统的经营模式，成立清水河苗木花卉协会，组建芜湖清水花木集团，创建了"协会+集团+经纪人+苗农"的产业化经营模式。她积极投身公益活动，为花木界树立了良好的企业形象。

福建连城兰花有限公司总经理　饶春荣　经过持续多年的努力，他带动大小兰花种植户2419户，种植面积过千多亩，再加上他自己领导的连城兰花有限公司的1000多亩，总经营面积达到2100多亩，品种也由原来的186个发展到800多个，博得了"中国最大的兰花基地"美誉。为了做响品牌，饶春荣注册了"连城兰花"地理标志集体商标，各加盟店统一使用"连城兰花"品牌，由兰花衍生的各类产品也都规范使用"连城兰花"商标。经过持续的投入和宣传，2010年11月"连城兰花"被评为福建省著名商标。为了开拓市场，饶春荣以特许经营的方式在全国广布网点，实现了全国连锁经营。目前，公司在上海、北京、南京、天津、厦门、广州、西安、江苏等城市设立了连城兰花专卖店38个，物流配送中心、兰花直销中心各1个。2010年产值达2.3亿元，上缴税金800多万元人民币。

山东省济南市国有苗圃主任　武朝菊　她让一个负债1870万元的国有苗圃重焕生机。大部分国有苗圃以育苗为主，而济南市国有苗圃却把绿化工程的设计与施工业务作为他们的支柱产业，这也是老国有苗圃重焕生机的关键所在。在武朝菊的带领下，已完成济青高速绿化、京福高速绿化、济南绕城高速绿色通道、奥体中心破损山体绿化治理改造、济南南部山区绿化等300多项绿化工程的设计、施工，啃下了山东绿化工程领域的多块"硬骨头"。2010年11月13日，又签订了360多亩地、30年使用权的花卉苗木发展协议。

浙江杭州天香园林有限公司董事长　朱之君　公司每年引进品种10余个，每两年推出1个新品种。一个品种卖火了，他又推出了新品种。对于苗木生产基地，他要求控制规模、产品精细齐全；对于园林工程，他要求量少质优。从苗圃到配送，再到工程，他做的都是精品。不仅注重品种"法宝"，他还注重人才"法宝"。他不仅为公司引进高级人才，还积极培养人才。10年来，他从园林人才培养训练、植物研发应用、园林工程设计到工程施工，积极探索与实践园林行业产业链整合模式，已颇有成效。2010年，杭州天香园林有限公司实现产值1.39亿元，实现净利润1300万元。同年，晋升国家城市园林绿化一级资质企业。

河南龙源花木有限责任公司副总经理　贾红杰　河南龙源花木公司2010年新成立，同年6月贾红杰任职。2010年，他们已完成200余种苗木、13万株银杏、260万棵地被植物的规模化、标准化种植，使公司苗木基地初具规模；实现主营业务合同总额3400万元，全年业务收入2500余万元；尝试实施了2000株银杏高压快速成型技术试验，使银杏一年内脱离母体入土养根，短时间内成功培育出千余株不同规格的蝴蝶叶银杏；突破连香树有性繁殖技术难题，成功培育出连香树幼苗约4万株。仅仅一年多的时间，就使公司由基建阶段向经营阶段快速过渡，成为集园林绿化设计、绿化工程施工等为一体的知名企业。

【花卉出口存在的主要问题】

病虫害种类严重，严重影响出口贸易 据调查，我国花卉生产期间的主要虫害有蓟马、红蜘蛛、蚜虫、斑潜蝇、菜青虫、蛴螬、小地老虎、夜蛾幼虫；病害主要有霉病、霜霉病、根肿病、叶斑病、枯萎病、锈病、细菌病害、斑驳病毒病、线虫病害等。在出口检疫时，病虫害检出率较高的花卉有玫瑰、菊花、满天星、洋桔梗等；检出率较低的花卉有非洲菊、一品红、勿忘我、百合、唐菖蒲、寒丁子、天竺葵、郁金香等。

国外检验检疫要求严格，我国企业很难达到要求 为保护本国花卉业的发展，一些国家相继对进口花卉提出了不同的检验检疫要求。如日本、韩国、西班牙、意大利、德国、澳大利亚、加拿大、美国、肯尼亚、泰国、马来西亚、印度尼西亚、菲律宾等国家，要求中方花卉不得带土壤和活害虫，并出具植物检疫证书。日本、韩国、英国、法国、阿联酋、菲律宾等要求花卉出口前须用溴甲烷密闭熏蒸，并提供植物熏蒸证书；澳大利亚检验检疫机构对中方花卉提出指定出口公司、认定熏蒸库、全批查验的做法，并要求出具植物检疫证书、植物熏蒸证书、灭活处理证书等。德国检疫机构除要求花卉不带活虫外，还提出农药残留量等影响环保的项目检测要求。

花卉质量普遍较低 尽管我国有得天独厚的资源和气候优势，人力和生产成本较低，花卉种植面积较大，但具有自身专利品牌的品种较少，生产中的主打品种主要依靠国外引进，普遍存在价格偏高、病虫害严重、性状退化等问题。在花卉的生产和销售过程中，由于耕作方式落后，缺乏必要的资金投入和设施更新，缺乏花卉野生资源的开发和驯化，缺乏采收、预冷、分级、捆扎、包装、保鲜、运输、销售等产后处理技术，造成花卉质量普遍较低，质量参差不齐。目前能达到出口标准的仅占花卉生产总量的15%左右，大部分花卉只能内销。

口岸处理技术滞后 熏蒸除害是控制花卉害虫的主要措施，也是检验检疫中的重要环节。由于花卉属鲜活商品，对熏蒸药剂、温度范围、处理时间比较敏感，要求有较高的熏蒸条件，包括专业熏蒸库(有控温、控湿、计量、循环、检测、排气等装置)和专业熏蒸人员(掌握不同花卉对熏蒸药剂、计量和时间的要求)，否则将出现花卉质量受损或熏蒸不彻底的问题。目前我国除昆明、上海、北京等少部分口岸有适合花卉除害处理的专业熏蒸库和掌握熏蒸技术的人员外，大部分口岸的熏蒸设施和技术不能确保花卉质量和除害处理效果。

新品开发及保护意识淡薄 目前我国出口量比较大的花卉品种资源主要靠进口，如每年进口百合种球超过6000万头。我国有很多天然花卉品种资源，但很少有专业机构从事新品种的研发。我国引进的一些品种，几乎都带有中国血统，却享有国外专利，使用时还必须支付昂贵的专利费。虽然我国花卉生产面积和产量较大，但仍以花农生产为主，由于基础设施和技术的缺乏，销售渠道不畅，导致花卉整体质量不高。 (陈 廉)

表16-1 观赏植物各指标在全国排名前5名的省份

指 标	全国排名前5位的省份及占全国的比例
实有花卉种植面积(76万公顷)	河南14.41%、江苏13.98%、贵州10.68%、山东9.17%、浙江6.84%
切花切叶产量(125亿支)	云南28.07%、辽宁12.23%、广东11.76%、浙江11.55%、山东7.79%
盆栽植物产量(29亿盆)	山东32.15%、浙江8.03%、辽宁7.84%、福建7.71%、广东6.35%
观赏苗木产量(57亿株)	浙江30.73%、江苏15.73%、山东8.09%、河南7.47%、河北5.65%
草坪产量(32345万平方米)	浙江18.68%、福建15.18%、河南9.57%、辽宁9.36%、江苏9.33%
花卉市场(4528个)	江苏18.68%、江西11.42%、四川7.95%、湖南5.63%、山东5.54%。
花卉企业数量(40619个)	广东21.75%、浙江15.87%、江苏10.35%、四川8.14%、河南5.90%

表 16-2　全国观赏植物产量、花卉市场和企业数量

地　区	花卉产业情况												
	年末实有花卉种植面积（公顷）	切花切叶产量（万支）	盆栽植物产量（万盆）	观赏苗木产量（万株）	草坪产量（万平方米）	花卉市场（个）	花卉企业（个）		花农（万户）	花卉从业人员（万人）		控温温室面积（万平方米）	日光温室面积（万平方米）
							合计	其中：大中型企业		合计	其中：专业技术人员		
全国合计	764003	1252068	289360	570772	32345	4528	40619	7703	115. 38	386. 84	16. 67	4042	13886
北京	4397	4488	14170	1166	805	32	284	77	0. 11	1. 20	0. 15	277	357
天津	1434	3277	642	261	96	20	90	11	0. 16	0. 33	0. 04	24	41
河北	27315	8337	6720	32262	650	227	569	80	3. 89	8. 90	0. 87	84	424
山西	746	141	604	806	61	201	257	25	0. 16	0. 66	0. 17	10	1482
内蒙古	1904	301	2053	1985	15	56	63	1	0. 16	0. 60	0. 05	1	165
辽宁	26926	153141	22687	23909	3029	61	455	182	2. 13	19. 52	0. 46	106	4422
吉林	1834		359	2302	413	70	112	2	0. 57	1. 13	0. 07	8	14
吉林集团				10									
黑龙江	4897	28	1237	10450	391	12	2245	4	0. 54	7. 48	0. 25	4	39
龙江集团	5	1	4	29						0. 01			
上海	2087	45022	7747	308	850	23	272	48	0. 22	0. 75	0. 10	178	176
江苏	106801	80374	12055	89799	3017	846	4203	1225	21. 55	67. 91	1. 05	246	1430
浙江	52282	144664	23224	175396	6041	117	6446	1966	15. 90	47. 54	2. 27	307	862
安徽	9762	3566	2810	14448	885	246	631	88	2. 69	10. 91	0. 89	11	87
福建	17310	54639	22296	10232	4910	152	2038	315	3. 63	13. 90	0. 80	611	913
江西	22535	7807	8518	4539	649	517	900	64	1. 89	5. 07	0. 53	14	25
山东	70053	97565	93041	46153	135	251	1963	431	8. 16	27. 89	1. 18	1263	720
河南	110126	40427	5771	42650	3095	145	2395	723	12. 48	42. 00	1. 38	106	232
湖北	35824	8410	12851	26770	291	241	1293	116	3. 36	11. 19	0. 97	23	69
湖南	36157	632	2889	18868	626	255	1123	206	7. 14	31. 11	1. 41	46	53
广东	51475	147246	18380	11252	2773	101	8833	1319	3. 25	11. 71	1. 12	306	484
广西	16514	7292	2002	3429	869	58	287	35	9. 68	27. 14	0. 13	36	39
海南	5161	21020	2748	1346	389	21	552	176	0. 32	2. 66	0. 15	17	146
重庆	19785	11051	5064	3435	745	191	1080	75	3. 88	7. 41	0. 47	19	39
四川	37911	31775	13446	15397	1349	360	3307	365	8. 75	21. 97	1. 34	170	670
贵州	81628	20263	776	4601	132	42	229	33	0. 15	0. 83	0. 09	10	69
云南	13030	351400	2978	6308	14	45	671	71	3. 54	13. 19	0. 33	37	392
西藏													
陕西	3144	485	487	13209	30	94	171	33	0. 33	1. 55	0. 18	16	48
甘肃	1174	4379	1928	2584	11	82	104	21	0. 56	1. 84	0. 15	104	125
青海	102	3333	62	12		4	2		0. 02	0. 04	0. 01	1	7
宁夏	899	201	1363	5560	2	18	22	7	0. 12	0. 28	0. 01	2	349
新疆	788	805	452	1283	70	40	21	4	0. 04	0. 13	0. 04	5	7
新疆兵团	7	100	5	1			1						1
大兴安岭	2			52	1		1			0. 01		1	

表 16-3 全国观赏植物进出口贸易总值

	出口数量（吨）	出口金额（千美元）	进口数量（吨）	进口金额（千美元）
合计	139359	162302	38466	28213
花卉活植物	100142	62238	30458	11577
插花及花蕾	23215	57014	7433	15886
苔藓和地衣	714	1529	51	75
植物枝叶等	15288	41521	524	676

表 16-4 全国花卉产销情况

项　目	种植面积(公顷)		销售量单位	销售量		销售额(万元)		出口额(万美元)	
	2010 年	2009 年		2010 年	2009 年	2010 年	2009 年	2010 年	2009 年
合　计	917565.3	834138.8				8619594.9	7197580.7	46307.6	40617.2
一、鲜切花	50858.7	44603.4	万支	1901721.9	1834897.5	1058801.3	876976.6	24632.2	22959.9
其中：鲜切花	40289.0	33375.4	万支	1638252.8	1539366.6	952708.0	773657.5	19390.9	18679
鲜切叶	5609.4	6037.4	万支	144364.9	174166.1	56724.1	47642.8	3865.3	3399.4
鲜切枝	4960.4	5189.6	万支	119104.2	109384.7	49368.9	55703.8	1376.0	881.5
二、盆栽植物类	82908.9	81710.6	万盆	435702.3	548131.1	1996910.8	1808213.1	11152.6	7490.3
其中：盆栽植物	49225.4	47630.7	万盆	194066.8	330979.9	1301552.0	1177599.4	7507.6	4013.5
盆　景	14007.7	14387.5	万盆	31374.4	31139.3	360444.6	345247.4	1985.7	1837.4
花坛植物	19195.1	19692.5	万盆	210046.3	186012	332316.8	285366.3	1476.6	1248.2
三、观赏苗木	501914.6	452741.2	万株	1184519.7	1003784.7	4347589.8	3431000.1	3172.3	2428.7
四、食用与药用花卉	163823.5	128224.9	千克	114074323.0	71600038.0	579111.7	424015.5	369.6	264.4
五、工业及其他用途	65259.7	63383.7	吨	736971.1	7833023.8	183521.5	162420.8	3175.2	2248.2
六、草坪	30586.3	37379.5	万平方米	77805.5	96646.7	166633.1	166792.3	36.9	8.0
七、种子用花卉	5735.2	6169.8	千克	776218.9	817076.3	34695.6	30416.4	371.9	597.0
八、种苗用花卉	11660.4	10947.2	万株	182054.6	319199.5	158685.7	148520	1585.2	2584.2
九、种球用花卉	4793.9	4131.9	万粒	123770.3	74794.2	82094.6	77335.5	108.9	478.0
十、干燥花	23.2	32.3	万枝	848.0	331.0	12779.4	11072.0	1624.0	1435.0

说明：食用与药用花卉计算干重；工业及其他用途花卉计算鲜重。

表 16-5 全国主要花卉产销情况

项目品种	种植面积(公顷)		销售量(万支)		销售额(万元)	
	2010 年	2009 年	2010 年	2009 年	2010 年	2009 年
一、主要鲜切花						
现代月季	9945.6	9020.7	404544.2	406575.1	195720.9	162121
香石竹	2826.3	2396.3	241419.7	213375.4	74776.1	62596.2
百合	7484.7	5826.6	155755.3	130673.2	367423.7	282559.4
唐菖蒲	2891.2	2447.1	53886	52863.6	25635.7	19916.1
菊花	4927.1	4122	215252.2	244339.9	64781.3	50743
非洲菊	5155.9	4563.1	306042.3	300622.7	72946.5	107375.8
二、主要盆栽植物						
凤梨类	4530.2	3935.5	15496.2	13227.7	133543.3	124989.5
兰花类	10780.9	10052	38628.5	55895.6	314861.1	342912.9
花烛属类	2341.5	2509.9	9231.7	8898.4	55658.7	66014.1
观叶芋类	4165.8	3301.5	14222.9	9796.3	100880.6	79164.3

表 16-6 全国花卉生产经营实体情况

项　目	花卉市场（个）	花卉企业（个）	其中：大中型企业（个）	花　农（户）	从业人员（人）	其中：专业技术人员(人)
2009 年	3005	54695	9338	1360193	4383651	149588
2010 年	2865	55838	10844	1525649	4581794	159861
比 2009 年增减(%)	-4.66%	2.09%	16.13%	12.16%	4.52%	6.87%

说明：花卉大中型企业是指种植面积在 3 公顷以上或年营业额在 500 万元以上的企业。

表 16-7 花卉实施栽培面积情况

单位：万平方米

项　目	合　计	温　室	其中：节能日光温室	大(中、小)棚	遮阴棚
2009 年	81767.5	21490.5	10965.3	31930.2	27843.6
2010 年	86675.3	22112.5	13708.6	33028.3	29833.8
比 2009 年增减(%)	6.00%	2.89%	25.02%	3.44%	7.15%

表 16-8 观赏植物科研项目

	项目名称	研究单位(项目完成年)
1	名优茶花品种产业化示范	北京林业大学
2	丁香(Syringa-特色抗逆新品种的中试与示范	中国科学院植物研究所
3	一种周年生产碧桃、丁香和榆叶梅鲜切花的方法	中国农业大学
4	耐寒、节水型彩叶植物区试与示范	北京林业大学
5	香石竹种苗和鲜切花保护地周年生产病虫害控制技术推广	上海市林业总站　上海市花卉良种试验场(2005)
6	八仙花花期调控及标准化生产技术研究	河北新星林业科技开发有限责任公司
7	百合种质资源圃的建立及优株筛选	东北林业大学(2005)
8	苗木花卉温控大棚及肥水自动化供给系统研究	西南林学院(2005)
9	上海地区冬季观花树种的引种筛选及开发应用	上海市林业总站(2004)
10	长白山野生花卉溪荪种子繁殖及切花开发技术的研究	长春大学　吉林森工集团
11	长春树木花卉良种示范区建设	长春市林科院(2003)
12	成都市观赏植物病虫害无公害防治技术规程研究	成都市园林科学研究所(2005)
13	森林生态系统中木腐菌多样性的研究	中国科学院沈阳应用生态研究所(2005)
14	耐寒、节水型彩叶植物区试与示范	北京林业大学
15	树形月季砧木繁殖技术	北京林业大学(2005)
16	珍稀观赏竹新品种与繁育技术	南京林业大学
17	寒冷地区郁金香引种及栽培技术研究	黑龙江省森林植物园(2005)
18	抗干旱观赏植物在园林绿化中的应用研究与示范	宁夏林研所(有限公司)(2006)
19	珍贵景观树种乐昌含笑的产业化栽培	福建省邵武市林业科技推广中心
20	加拿大一枝黄花品种鉴定、为害机理及监控技术	福建出入境检验检疫局(2006)
21	高档切花和木本花卉植物引种开发研究	广州市林科所(2005)
22	念珠苏铁等 12 种新植物的发现	海南省林业局(2006)
23	念珠苏铁、文昌润楠、五指山锥等 12 种新植物的发现	海南省林业局(2006)
24	木兰科优良植物培育与产业化技术研究	贵州省林科院(2006)
25	东方百合组培快繁及亚高山地区种球规模化栽培技术研究	湖北省林科院(2005)
26	北京奥运用花引种、生产应用综合技术研究	北京市花木公司　北京市园林科研所　北京植物园等(2006)
27	屋顶绿化研究与示范	北京市园林科学研究所(2006)
28	绿地自然植物群落示范与应用研究	北京市园林科学研究所　中国农业大学(2006)
29	北京城市绿地大树移植、快速培育技术研究与示范	北京市园林科学研究所　中国农业大学(2006)

	项目名称	研究单位(项目完成年)
30	渗灌技术在北京第二道绿化隔离地区绿化造林中的应用	北京市林业科技推广站　北京市园林绿化局造林处等(2006)
31	库周绿化带木本花卉引种培育试验示范	重庆市林科院(2007)
32	优质花卉引种繁育及产业化示范	重庆市林科院(2007)
33	观赏植物控根栽培技术研究	湖北省林科院(2007)
34	贵州特有重要观赏植物快速繁殖与种苗生产技术的推广应用	贵州省植物园　贵州师范大学(2007)
35	贵州主要野生木本观赏植物资源研究	贵州省林科院　贵州省绿化委员会办公室(2007)
36	名优花卉矮化分子调控机制与微型化生产技术研究	北京林业大学
37	地被菊、报春花良种选育及产业化生产技术	北京林业大学(2006)
38	花卉新品种选育及商品化栽培关键技术研究与示范	北京林业大学　国家花卉工程技术研究中心等
39	重要盆花优质低耗生产示范	国家花卉工程技术研究中心　北京林大林业科技股份有限公司等(2006)
40	中国特有花卉种质资源的保存、创新与利用研究	北京林业大学　国家花卉工程技术研究中心等(2006)
41	北方优质盆栽八仙花促成栽培技术示范与推广	河北省林科院(2007)
42	绿化树种大叶榆、馒头柳引种驯化技术研究	吉林市林科院　吉林市林业技术推广站(2007)
43	园艺植物病虫害防治网络多媒体系统	河南广播电视大学　河南农业职业学院　辉县市林业局等(2007)
44	园林树木控根栽培技术研究	湖北省林科院　武汉瑞苗农业科技产业发展有限公司(2007)
45	轻型人工育苗介质规模化生产技术与应用示范	中国林科院亚林所　富阳绿园园艺公司等(2007)
46	园林绿化地被植物的选择与应用	东北林业大学(2007)
47	火鹤、丽格海棠、非洲紫罗兰、大岩桐等名优花卉组织培养与快速繁殖技术研究	甘肃省小陇山林业实验局林科所
48	珍贵观赏树种花楸优良种源及栽培技术引进	辽宁林科院　辽宁外国专家局　新宾县林业局(2007)
49	优良绿化观赏树种组培快繁技术研究	辽宁省林科院(2008)
50	木通属植物种质资源收集、类型划分与果胶提取技术研究	河南省林科院　河南省伏牛山太行山国家级自然保护区管理总站等
51	优良观赏竹类植物及其在城镇园林绿化、美化中的应用技术	中国林科院亚林所
52	长筒石蒜快速繁殖方法	南京林业大学
53	昆明地区主要商品花卉香石竹锈病防治研究	西南林学院
54	福建省野生观赏植物多样性开发与应用研究	福州国家森林公园管理处
55	伊犁区域野生花木引种驯化	伊犁哈萨克自治州林科所　石河子市园林研究所(2006)
56	优良观赏竹类植物及其在城镇园林绿化美化中的应用技术	中国林科院
57	日本大花蕙兰产业化培育新技术引进	北京林大林业科技股份有限公司　三亚北林兰业科技有限公司等(2006)
58	萱草(Hemerocallis)品种‘Christmasis’与‘Little Missy’组织快繁技术	北京林业大学(2007)
59	抗旱、耐盐转基因花卉(灌木)新品种培育	北京林业大学
60	牡丹切花乙烯致衰机理的研究	北京林业大学
61	花卉的EST研究和抗寒花、果兼用梅	南京林业大学
62	园林观赏及用材树种——杂种马褂木	南京林业大学
63	观赏枫香新品种	南京林业大学
64	优质观赏及用材树种——新品种枫香	南京林业大学
65	我国百合属植物的系统发育学研究	南京林业大学(2008)
66	百合种质资源收集、保存、分析与快速繁殖技术	南京林业大学(2008)
67	月季、新几内亚凤仙等商品花卉环保优质生产技术	国家花卉工程技术研究中心　北京林大林业科技股份有限公司等(2008)
68	城市绿地地被植物开发应用	北京市颐和园管理处　北京市天坛公园管理处　北京市香山公园管理处等
69	园林科普系列丛书	北京农学院
70	中豫青竹槭树	河南省林业技术推广站(2009)
71	上海盐碱地绿化树种选择和扩繁技术研究	上海市林业总站(2009)
72	鸢尾属等其他剑叶类水生与湿生植物的收集与繁育	上海植物园(2009)

	项目名称	研究单位(项目完成年)
73	盆栽非洲菊新品种选育及应用	上海市林木花卉育种中心(2009)
74	上海地区冬季适生常绿观花树种推广	上海市林业总站(2008)
75	地被香石竹新品种的开发	上海市林木花卉育种中心(2010)
76	辰山植物园及周边生境有害生物普查及防控建议	上海市园林科学研究所(2008)
77	耐盐碱花灌木的乔木状技术研究	上海市园林科学研究所(2009)
78	夏蜡梅引种及栽培应用技术研究	上海市园林科学研究所(2009)
79	辰山植物园保育区植被调查、监测及保育技术研究	上海市园林科学研究所(2008)
80	江南地区适生牡丹的栽培与繁育技术示范	上海市农业科学院林木果树研究所(2009)
81	木本植物引种筛选体系的建立与部分成果的应用研究	上海植物园管理处(2008)
82	古树周边适生地被应用推广	上海市绿化管理指导站(2008)
83	四种杜鹃扩繁与人工栽培技术研究	延边林科院(2008)
84	苔藓植物在园林景观上的开发和利用	深圳市仙湖植物园管理处(2009)
85	浙江杜鹃花属植物优良种质筛选及创新利用研究	浙江林业发展有限公司(2009)
86	山茶花组培扩繁技术及盆栽轻型基质优化	中国林科院亚林所(2010)
87	小陇山林区兰科植物资源调查及保育技术研究	甘肃省小陇山林业实验局林科所(2009)

表 16-9 观赏植物国家级和省级协会

1	中国花卉协会
2	中国花卉协会盆栽植物分会
3	中国花卉协会牡丹芍药分会
4	中国花卉协会梅花蜡梅花分会
5	中国花卉协会零售业分会
6	中国花卉协会兰花分会
7	中国花卉协会荷花分会
8	中国花卉协会杜鹃花分会
9	中国野生植物保护协会
10	中国食品工业协会花卉食品专业委员会
11	中国插花花艺协会
12	北京市园林职工技术协会
13	北京市园林绿化企业协会
14	山西省风景园林协会
15	内蒙古自治区野生动植物保护协会
16	辽宁省风景园林协会
17	吉林省野生动植物保护协会
18	黑龙江省风景园林协会
19	上海市园林绿化行业协会
20	上海市野生动植物保护协会
21	江苏省风景园林协会
22	浙江省野生动植物保护协会
23	福建省野生动植物保护协会
24	江西省野生动植物保护协会
25	江西省特种经济动植物协会
26	山东省野生动植物保护协会
27	山东省风景园林协会
28	河南省植物保护新技术推广协会
29	河南省野生动植物保护协会
30	湖北省野生动植物保护协会
31	湖南省园林绿化协会
32	湖南省野生动植物保护协会
33	广东省风景园林协会
34	广西壮族自治区野生动植物保护协会
35	海南省植物检疫协会
36	海南省风景园林协会
37	重庆市园林行业协会
38	重庆市野生动植物保护协会
39	四川省农业植物新品种保护协会
40	四川省风景园林协会
41	贵州省野生动植物保护协会
42	云南省野生植物保护协会
43	云南省野生动植物保护协会
44	陕西省野生动植物保护协会
45	青海省园林绿化协会
46	青海省野生动植物保护协会

表 16-10-1 蝴蝶兰主产地产量

	蝴蝶兰主产地	花卉类别	产量
1	临洮县(甘)	观赏苗木(万株)	100.00
2	邹平县(鲁)	观赏苗木(万株)	50.00
3	涿州市(冀)	观赏苗木(万株)	11.20
4	荥阳市(豫)	观赏苗木(万株)	7.00
5	甘谷县(甘)	观赏苗木(万株)	2.00
6	惠济区(豫)	观叶植物(万盆)	1.90
7	冀州市(冀)	盆花(万盆)	200.00
8	万州区(渝)	盆花(万盆)	181.00

	蝴蝶兰主产地	花卉类别	产量
9	临洮县(甘)	盆花(万盆)	120.00
10	青州市(鲁)	盆花(万盆)	80.00
11	张家口市高新区(冀)	盆花(万盆)	59.00
12	丰宁满族自治县(冀)	盆花(万盆)	30.00
13	西湖区(浙)	盆花(万盆)	30.00
14	临安市(浙)	盆花(万盆)	25.00
15	大连市金州新区(辽)	盆花(万盆)	20.00
16	江北区(浙)	盆花(万盆)	20.00
17	城北区(青)	盆花(万盆)	10.09
18	桃城区(冀)	盆花(万盆)	10.00
19	阜新蒙古族自治县(辽)	盆花(万盆)	10.00
20	济宁市市中区(鲁)	盆花(万盆)	10.00
21	五华县(粤)	盆花(万盆)	10.00
22	高青县(鲁)	盆花(万盆)	8.00
23	金凤区(宁)	盆花(万盆)	7.80
24	延庆县(京)	盆花(万盆)	7.00
25	宁东林业局(陕)	盆花(万盆)	6.50
26	河口区(鲁)	盆花(万盆)	6.00
27	义乌市(浙)	盆花(万盆)	5.00
28	固镇县(皖)	盆花(万盆)	5.00
29	樟树市(赣)	盆花(万盆)	5.00
30	顺义区(京)	盆花(万盆)	4.80
31	七坡林场(桂)	盆花(万盆)	4.50
32	德城区(鲁)	盆花(万盆)	4.00
33	长沙县(湘)	盆花(万盆)	4.00
34	大东流苗圃(京)	盆花(万盆)	3.12
35	海城市(辽)	盆花(万盆)	3.00
36	自治区直属单位(宁)	盆花(万盆)	2.00
37	广安区(川)	盆花(万盆)	1.00
38	甘谷县(甘)	盆景(万盆)	1.00
39	松江区(沪)	鲜切花(万支)	850.00
40	开封县(豫)	鲜切花(万支)	200.00
41	高港区(苏)	鲜切花(万支)	90.00
42	济源市(豫)	鲜切花(万支)	30.00
43	商河县(鲁)	鲜切花(万支)	20.00
44	江门市属总林场(粤)	鲜切花(万支)	10.00
45	闵行区(沪)	鲜切花(万支)	1.50

表 16-10-2　君子兰主产地产量

	君子兰主产地	花卉类别	产量
1	阳泉市郊区(晋)	观赏苗木(万株)	5.00
2	西平县(豫)	观赏苗木(万株)	3.00
3	贡井区(川)	观赏苗木(万株)	2.00
4	建湖县(苏)	观叶植物(万盆)	20.00
5	姜堰市(苏)	观叶植物(万盆)	7.00
6	翼城县(晋)	观叶植物(万盆)	3.00
7	略阳县(陕)	观叶植物(万盆)	0.50
8	千山区(辽)	盆花(万盆)	600.00
9	枣庄市市中区(鲁)	盆花(万盆)	70.00
10	肥乡县(冀)	盆花(万盆)	35.00
11	海城市(辽)	盆花(万盆)	5.00
12	义乌市(浙)	盆花(万盆)	3.00
13	太谷县(晋)	盆花(万盆)	2.80
14	夷陵区(鄂)	盆花(万盆)	2.00
15	广安区(川)	盆花(万盆)	2.00
16	金凤区(宁)	盆花(万盆)	2.00
17	武邑县(冀)	盆花(万盆)	1.50
18	武安市(冀)	盆花(万盆)	1.00
19	东洲区(辽)	盆花(万盆)	0.50
20	涉　县(冀)	盆花(万盆)	0.41
21	蚌山区(皖)	盆花(万盆)	0.40
22	靖州苗族侗族自治县(湘)	盆花(万盆)	0.40
23	徽　县(甘)	盆花(万盆)	0.33
24	复兴区(冀)	盆花(万盆)	0.20
25	永年县(冀)	盆花(万盆)	0.20
26	鸡泽县(冀)	盆花(万盆)	0.20
27	攀枝花市东区(川)	盆花(万盆)	0.20
28	解放区(豫)	盆景(万盆)	0.60
29	襄城县(豫)	盆景(万盆)	29.00
30	郎溪县(皖)	盆景(万盆)	0.80
31	铜鼓县(赣)	鲜切花(万支)	10.00
32	商河县(鲁)	鲜切花(万支)	10.00
33	安陆市(鄂)	鲜切花(万支)	0.20

表 16-10-3　吊兰主产地产量

	吊兰主产地	花卉类别	产量
1	桐庐县(浙)	观赏苗木(万株)	300.00
2	肥乡县(冀)	观赏苗木(万株)	25.00
3	西平县(豫)	观赏苗木(万株)	8.50
4	通川区(川)	观赏苗木(万株)	5.00
5	壶关县(晋)	观赏苗木(万株)	4.00
6	绥宁县(湘)	观赏苗木(万株)	1.90
7	魏　县(冀)	观赏苗木(万株)	1.00
8	惠济区(豫)	观赏苗木(万株)	0.15
9	翼城县(晋)	观叶植物(万盆)	10.00
10	固始县(豫)	观叶植物(万盆)	6.00
11	冷水江市(湘)	观叶植物(万盆)	3.80
12	姜堰市(苏)	观叶植物(万盆)	3.00
13	中方县(湘)	观叶植物(万盆)	1.00
14	贡井区(川)	观叶植物(万盆)	0.40
15	安陆市(鄂)	观叶植物(万盆)	0.20
16	林州市(豫)	盆花(万盆)	0.50

	吊兰主产地	花卉类别	产量
17	项城市(豫)	盆花(万盆)	638.00
18	临安市(浙)	盆花(万盆)	50.00
19	龙南县(赣)	盆花(万盆)	20.00
20	罗山县(豫)	盆花(万盆)	20.00
21	顺义区(京)	盆花(万盆)	17.00
22	桃源县(湘)	盆花(万盆)	10.00
23	长沙县(湘)	盆花(万盆)	4.00
24	北戴河区(冀)	盆花(万盆)	3.50
25	大东流苗圃(京)	盆花(万盆)	2.89
26	武邑县(冀)	盆花(万盆)	2.00
27	蒲　县(晋)	盆花(万盆)	2.00
28	滨海县(苏)	盆花(万盆)	2.00
29	石门县(湘)	盆花(万盆)	2.00
30	义乌市(浙)	盆花(万盆)	1.50
31	涉　县(冀)	盆花(万盆)	1.20
32	白银区(甘)	盆花(万盆)	1.00
33	徽　县(甘)	盆花(万盆)	0.51
34	武宣县(桂)	盆花(万盆)	0.50
35	永年县(冀)	盆花(万盆)	0.40
36	东洲区(辽)	盆花(万盆)	0.20
37	靖州苗族侗族自治县(湘)	盆花(万盆)	0.20
38	新建县(赣)	盆花(万盆)	0.12
39	蠡　县(冀)	盆景(万盆)	10.00
40	开　县(渝)	盆景(万盆)	5.00
41	新绛县(晋)	盆景(万盆)	3.00
42	郎溪县(皖)	盆景(万盆)	2.20
43	蚌山区(皖)	盆景(万盆)	0.60
44	罗山县(豫)	鲜切花(万支)	100.00
45	龙南县(赣)	鲜切花(万支)	20.00
46	铜鼓县(赣)	鲜切花(万支)	10.00

表 16-10-4　榆叶梅主产地产量

	榆叶梅主产地	花卉类别	产量
1	祁连县(青)	观赏苗木(万株)	4000.00
2	鄢陵县(豫)	观赏苗木(万株)	3080.00
3	兰西县(黑)	观赏苗木(万株)	170.00
4	潢川县(豫)	观赏苗木(万株)	99.00
5	平邑县(鲁)	观赏苗木(万株)	53.00
6	金凤区(宁)	观赏苗木(万株)	25.00
7	青州市(鲁)	观赏苗木(万株)	20.00
8	涿州市(冀)	观赏苗木(万株)	13.10
9	海城市(辽)	观赏苗木(万株)	12.00
10	青铜峡市(宁)	观赏苗木(万株)	12.00
11	呼伦贝尔市市辖区(内蒙古)	观赏苗木(万株)	10.00
12	千山区(辽)	观赏苗木(万株)	10.00
13	乐都县(青)	观赏苗木(万株)	10.00
14	贺兰县(宁)	观赏苗木(万株)	9.60
15	鸡东县(黑)	观赏苗木(万株)	5.00
16	新泰市(鲁)	观赏苗木(万株)	5.00
17	魏　县(冀)	观赏苗木(万株)	2.00
18	北戴河区(冀)	观赏苗木(万株)	1.60
19	武邑县(冀)	观赏苗木(万株)	1.00
20	易　县(冀)	观赏苗木(万株)	1.00
21	平阴县(鲁)	观赏苗木(万株)	0.50
22	克什克腾旗(内蒙古)	观赏苗木(万株)	0.45
23	复兴区(冀)	观赏苗木(万株)	0.20
24	集安市(吉)	观赏苗木(万株)	0.20
25	西宁市市辖区(青)	观赏苗木(万株)	0.20
26	乐都县(青)	花卉用种苗(千株)	11.00
27	闵行区(沪)	盆景(万盆)	1.20

表 16-10-5　菊花主产地产量

	菊花主产地	花卉类别	产量
1	兴城市(辽)	观赏苗木(万株)	1600.00
2	居巢区(皖)	观赏苗木(万株)	380.00
3	梁园区(豫)	观赏苗木(万株)	350.00
4	博野县(冀)	观赏苗木(万株)	20.00
5	涉　县(冀)	观赏苗木(万株)	18.00
6	淮上区(皖)	观赏苗木(万株)	10.00
7	西平县(豫)	观赏苗木(万株)	8.50
8	额济纳旗(内蒙古)	观赏苗木(万株)	6.55
9	桃江县(湘)	观赏苗木(万株)	6.50
10	磁　县(冀)	观赏苗木(万株)	6.00
11	惠济区(豫)	观赏苗木(万株)	4.56
12	山丹县(甘)	观赏苗木(万株)	3.50
13	饶阳县(冀)	观赏苗木(万株)	3.00
14	魏　县(冀)	观赏苗木(万株)	2.00
15	翼城县(晋)	观赏苗木(万株)	2.00
16	安宁区(甘)	观赏苗木(万株)	1.00
17	龙子湖区(皖)	观叶植物(万盆)	20.00
18	沁阳市(豫)	观叶植物(万盆)	10.00
19	方城县(豫)	观叶植物(万盆)	7.00
20	延庆县(京)	花卉用种苗(千株)	1000.00
21	邓州市(豫)	花卉用种苗(千株)	580.00
22	安泽县(晋)	盆花(万盆)	75000.00
23	浠水县(鄂)	盆花(万盆)	10000.00
24	顺义区(京)	盆花(万盆)	800.00
25	商水县(豫)	盆花(万盆)	360.00
26	鼎城区(湘)	盆花(万盆)	200.00
27	寿　县(皖)	盆花(万盆)	185.00
28	鹿邑县(豫)	盆花(万盆)	120.00
29	枣庄市市中区(鲁)	盆花(万盆)	102.00

	菊花主产地	花卉类别	产量
30	睢阳区(豫)	盆花(万盆)	84.66
31	无为县(皖)	盆花(万盆)	80.00
32	桂阳县(湘)	盆花(万盆)	56.00
33	滑　县(豫)	盆花(万盆)	55.00
34	肥乡县(冀)	盆花(万盆)	50.00
35	临安市(浙)	盆花(万盆)	50.00
36	青州市(鲁)	盆花(万盆)	50.00
37	沛　县(苏)	盆花(万盆)	48.00
38	濉溪县(皖)	盆花(万盆)	40.60
39	浦东新区(沪)	盆花(万盆)	40.00
40	荔湾区(粤)	盆花(万盆)	38.00
41	武城县(鲁)	盆花(万盆)	30.00
42	新泰市(鲁)	盆花(万盆)	30.00
43	洛龙区(豫)	盆花(万盆)	30.00
44	廉江市(粤)	盆花(万盆)	30.00
45	巴州区(川)	盆花(万盆)	24.00
46	贺兰县(宁)	盆花(万盆)	23.00
47	大名县(冀)	盆花(万盆)	22.00
48	岫岩满族自治县(辽)	盆花(万盆)	20.00
49	固镇县(皖)	盆花(万盆)	20.00
50	沂水县(鲁)	盆花(万盆)	20.00
51	滨城区(鲁)	盆花(万盆)	20.00
52	盐亭县(川)	盆花(万盆)	20.00
53	社旗县(豫)	盆花(万盆)	19.00
54	兴宁区(桂)	盆花(万盆)	17.00
55	宁晋县(冀)	盆花(万盆)	15.00
56	泌阳县(豫)	盆花(万盆)	15.00
57	连州市(粤)	盆花(万盆)	15.00
58	赵　县(冀)	盆花(万盆)	14.50
59	潢川县(豫)	盆花(万盆)	14.00
60	甘谷县(甘)	盆花(万盆)	13.40
61	抚宁县(冀)	盆花(万盆)	12.00
62	肥城市(鲁)	盆花(万盆)	11.00
63	平邑县(鲁)	盆花(万盆)	11.00
64	石景山区(京)	盆花(万盆)	10.50
65	鹿泉市(冀)	盆花(万盆)	10.00
66	桃城区(冀)	盆花(万盆)	10.00
67	蒲　县(晋)	盆花(万盆)	10.00
68	姜堰市(苏)	盆花(万盆)	10.00
69	滨海县(苏)	盆花(万盆)	10.00
70	灵璧县(皖)	盆花(万盆)	10.00
71	即墨市(鲁)	盆花(万盆)	10.00
72	平桥区(豫)	盆花(万盆)	10.00
73	项城市(豫)	盆花(万盆)	10.00
74	黄梅县(鄂)	盆花(万盆)	10.00
75	恩平市(粤)	盆花(万盆)	10.00

	菊花主产地	花卉类别	产量
76	秦安县(甘)	盆花(万盆)	9.00
77	内乡县(豫)	盆花(万盆)	8.60
78	谷城县(鄂)	盆花(万盆)	8.00
79	蔡甸区(鄂)	盆花(万盆)	7.00
80	大东流苗圃(京)	盆花(万盆)	6.26
81	高邑县(冀)	盆花(万盆)	6.00
82	大厂回族自治县(冀)	盆花(万盆)	6.00
83	孟津县(豫)	盆花(万盆)	5.70
84	复兴区(冀)	盆花(万盆)	5.00
85	壶关县(晋)	盆花(万盆)	5.00
86	湘潭县(湘)	盆花(万盆)	5.00
87	涟源市(湘)	盆花(万盆)	4.50
88	宽城满族自治县(冀)	盆花(万盆)	4.00
89	邱　县(冀)	盆花(万盆)	4.00
90	吴桥县(冀)	盆花(万盆)	4.00
91	晋州市(冀)	盆花(万盆)	4.00
92	淮阳县(豫)	盆花(万盆)	4.00
93	吉利区(豫)	盆花(万盆)	4.00
94	勉　县(陕)	盆花(万盆)	4.00
95	南昌县(赣)	盆花(万盆)	3.60
96	进贤县(赣)	盆花(万盆)	3.60
97	顺平县(冀)	盆花(万盆)	3.50
98	桂东县(湘)	盆花(万盆)	3.20
99	容城县(冀)	盆花(万盆)	3.00
100	双城市(黑)	盆花(万盆)	3.00
101	范　县(豫)	盆花(万盆)	3.00
102	清城区(粤)	盆花(万盆)	3.00
103	长顺县(黔)	盆花(万盆)	3.00
104	北戴河区(冀)	盆花(万盆)	2.80
105	临颍县(豫)	盆花(万盆)	2.50
106	信宜市(粤)	盆花(万盆)	2.20
107	宝丰县(豫)	盆花(万盆)	2.10
108	平山县(冀)	盆花(万盆)	2.00
109	魏　县(冀)	盆花(万盆)	2.00
110	武安市(冀)	盆花(万盆)	2.00
111	茂南区(粤)	盆花(万盆)	2.00
112	广安区(川)	盆花(万盆)	2.00
113	行唐县(冀)	盆花(万盆)	1.50
114	沅陵县(湘)	盆花(万盆)	1.50
115	新晃侗族自治县(湘)	盆花(万盆)	1.30
116	蒙城县(皖)	盆花(万盆)	1.00
117	芜湖县(皖)	盆花(万盆)	1.00
118	黎川县(赣)	盆花(万盆)	1.00
119	费　县(鲁)	盆花(万盆)	1.00
120	莱城区(鲁)	盆花(万盆)	1.00
121	常宁市(湘)	盆花(万盆)	1.00

	菊花主产地	花卉类别	产量
122	台山市(粤)	盆花(万盆)	1.00
123	临湘市(湘)	盆景(万盆)	5000.00
124	临川区(赣)	盆景(万盆)	190.00
125	江津区(渝)	盆景(万盆)	50.00
126	兴安县(桂)	盆景(万盆)	15.00
127	平乡县(冀)	盆景(万盆)	10.00
128	卫辉市(豫)	盆景(万盆)	10.00
129	郾城区(豫)	盆景(万盆)	7.00
130	雨湖区(湘)	盆景(万盆)	7.00
131	井陉县(冀)	盆景(万盆)	4.84
132	霍山县(皖)	盆景(万盆)	4.00
133	雷州市(粤)	盆景(万盆)	3.00
134	新绛县(晋)	盆景(万盆)	2.00
135	郎溪县(皖)	盆景(万盆)	1.80
136	延庆县(京)	食用及药用花卉(吨)	1400.00
137	东至县(皖)	食用及药用花卉(吨)	11.00
138	新会区(粤)	鲜切花(万支)	67000.00
139	台安县(辽)	鲜切花(万支)	2000.00
140	奉贤区(沪)	鲜切花(万支)	1306.00
141	卫滨区(豫)	鲜切花(万支)	900.00
142	青浦区(沪)	鲜切花(万支)	646.50
143	上街区(豫)	鲜切花(万支)	500.00
144	通州区(京)	鲜切花(万支)	466.43
145	定兴县(冀)	鲜切花(万支)	400.00
146	邹平县(鲁)	鲜切花(万支)	300.00
147	城北区(青)	鲜切花(万支)	295.00
148	兴安县(桂)	鲜切花(万支)	230.00
149	内黄县(豫)	鲜切花(万支)	200.34
150	南芬区(辽)	鲜切花(万支)	200.00
151	东海县(苏)	鲜切花(万支)	200.00
152	闵行区(沪)	鲜切花(万支)	172.60
153	临洮县(甘)	鲜切花(万支)	160.00
154	北辰区(津)	鲜切花(万支)	150.00
155	千山区(辽)	鲜切花(万支)	150.00
156	建湖县(苏)	鲜切花(万支)	110.00
157	环翠区(鲁)	鲜切花(万支)	110.00
158	铜鼓县(赣)	鲜切花(万支)	100.00
159	宝山区(沪)	鲜切花(万支)	95.00
160	怀柔区(京)	鲜切花(万支)	85.50
161	浦东新区(沪)	鲜切花(万支)	51.50
162	罗山县(豫)	鲜切花(万支)	50.00
163	柘城县(豫)	鲜切花(万支)	50.00
164	牧野区(豫)	鲜切花(万支)	48.00
165	庆元县(浙)	鲜切花(万支)	31.00
166	彭山县(川)	鲜切花(万支)	20.00
167	秦州区(甘)	鲜切花(万支)	20.00
168	黄埔区(粤)	鲜切花(万支)	17.96
169	濮阳市高新区(豫)	鲜切花(万支)	15.00
170	北票市(辽)	鲜切花(万支)	14.00
171	宝坻区(津)	鲜切花(万支)	12.06
172	海城市(辽)	鲜切花(万支)	12.00
173	南皮县(冀)	鲜切花(万支)	11.10
174	台山市(粤)	鲜切花(万支)	11.00
175	姜堰市(苏)	鲜切花(万支)	10.00
176	平舆县(豫)	鲜切花(万支)	10.00
177	连州市(粤)	鲜切花(万支)	10.00
178	白银区(甘)	鲜切花(万支)	10.00
179	抚宁县(冀)	鲜切花(万支)	9.00
180	垦利县(鲁)	鲜切花(万支)	7.00
181	祁东县(湘)	鲜切花(万支)	6.00
182	昌平区(京)	鲜切花(万支)	5.10
183	东洲区(辽)	鲜切花(万支)	5.00
184	苍山县(鲁)	鲜切花(万支)	5.00
185	东乡族自治县(甘)	鲜切花(万支)	3.90
186	新晃侗族自治县(湘)	鲜切花(万支)	3.60
187	全州县(桂)	鲜切花(万支)	3.00
188	瑞金市(赣)	鲜切花(万支)	2.10
189	青　县(冀)	鲜切花(万支)	2.00
190	汝阳县(豫)	鲜切花(万支)	2.00
191	井研县(川)	鲜切花(万支)	2.00
192	芷江侗族自治县(湘)	鲜切叶(万支)	1620.00
	鄢陵县(豫)	盆花(万盆)	13475.00

表 16-10-6　非洲菊主产地产量

	非洲菊主产地	花卉类别	产量
1	闵行区(沪)	花卉用种苗(千株)	14000.00
2	清丰县(豫)	盆花(万盆)	30.00
3	茅箭区(鄂)	盆花(万盆)	20.00
4	迁安市(冀)	盆花(万盆)	1.30
5	兰山区(鲁)	鲜切花(万支)	50000.00
6	濮阳市高新区(豫)	鲜切花(万支)	16100.00
7	台安县(辽)	鲜切花(万支)	6000.00
8	东海县(苏)	鲜切花(万支)	5521.00
9	古冶区(冀)	鲜切花(万支)	4550.00
10	新浦区(苏)	鲜切花(万支)	3022.00
11	灌云县(苏)	鲜切花(万支)	3000.00
12	鄢陵县(豫)	鲜切花(万支)	2760.00
13	红旗区(豫)	鲜切花(万支)	2000.00
14	金山区(沪)	鲜切花(万支)	1298.00
15	河东区(鲁)	鲜切花(万支)	1000.00
16	贵定县(黔)	鲜切花(万支)	1000.00
17	喀喇沁左翼蒙古族自治县(辽)	鲜切花(万支)	900.00

	非洲菊主产地	花卉类别	产量
18	白云区(黔)	鲜切花(万支)	640.00
19	泰兴市(苏)	鲜切花(万支)	600.00
20	凌源市(辽)	鲜切花(万支)	450.00
21	临沭县(鲁)	鲜切花(万支)	448.00
22	开远市(滇)	鲜切花(万支)	300.00
23	昌平区(京)	鲜切花(万支)	200.60
24	沂水县(鲁)	鲜切花(万支)	200.00
25	松江区(沪)	鲜切花(万支)	140.00
26	通州区(京)	鲜切花(万支)	102.60
27	华龙区(豫)	鲜切花(万支)	100.00
28	浦东新区(沪)	鲜切花(万支)	92.00
29	千山区(辽)	鲜切花(万支)	80.00
30	邹平县(鲁)	鲜切花(万支)	60.00
31	平湖市(浙)	鲜切花(万支)	40.00
32	蒙阴县(鲁)	鲜切花(万支)	36.00
33	盖州市(辽)	鲜切花(万支)	30.00
34	江都市(苏)	鲜切花(万支)	30.00
35	慈溪市(浙)	鲜切花(万支)	23.00
36	庄河市(辽)	鲜切花(万支)	20.00
37	德安县(赣)	鲜切花(万支)	20.00
38	沿滩区(川)	鲜切花(万支)	20.00
39	玉环县(浙)	鲜切花(万支)	19.00
40	广昌县(赣)	鲜切花(万支)	18.00
41	沂南县(鲁)	鲜切花(万支)	12.00
42	德城区(鲁)	鲜切花(万支)	12.00
43	高邑县(冀)	鲜切花(万支)	10.00
44	费　县(鲁)	鲜切花(万支)	10.00
45	北票市(辽)	鲜切花(万支)	8.00
46	长丰县(皖)	鲜切花(万支)	7.98
47	番禺区(粤)	鲜切花(万支)	6.00
48	秦州区(甘)	鲜切花(万支)	5.00
49	黄埔区(粤)	鲜切花(万支)	4.00
50	雁山区(桂)	鲜切花(万支)	3.18
51	芜湖县(皖)	鲜切花(万支)	3.00
52	新干县(赣)	鲜切花(万支)	3.00
53	海城市(辽)	鲜切花(万支)	2.60
54	安次区(冀)	鲜切花(万支)	2.00
55	岱山县(浙)	鲜切花(万支)	2.00
56	隆德县(宁)	鲜切花(万支)	1.90
57	镇海区(浙)	鲜切花(万支)	1.00
58	新干县(赣)	鲜切叶(万支)	2.00

表 16-10-7　波斯菊主产地产量

	波斯菊主产地	花卉类别	产量
1	新晃侗族自治县(湘)	观赏苗木(万株)	1.00
2	大武口区(宁)	花卉用种苗(千株)	300.00
3	河东区(鲁)	花卉用种子(吨)	3.00
4	大足县(渝)	盆花(万盆)	200.00
5	顺义区(京)	盆花(万盆)	25.00
6	芜湖县(皖)	盆花(万盆)	5.00
7	费　县(鲁)	盆花(万盆)	5.00
8	源汇区(豫)	盆花(万盆)	3.10
9	五河县(皖)	盆花(万盆)	3.00
10	长沙县(湘)	盆花(万盆)	3.00
11	海城市(辽)	盆花(万盆)	2.50
12	新华区(豫)	盆花(万盆)	2.00
13	广阳区(冀)	盆花(万盆)	1.31
14	新晃侗族自治县(湘)	盆花(万盆)	1.00
15	榕城区(粤)	盆花(万盆)	1.00
16	彭山县(川)	盆花(万盆)	1.00
17	兴化市(苏)	盆景(万盆)	9.00
18	滦　县(冀)	鲜切花(万支)	600.00
19	浠水县(鄂)	鲜切花(万支)	160.00
20	大连市金州新区(辽)	鲜切花(万支)	150.00
21	彭山县(川)	鲜切花(万支)	10.00
22	新晃侗族自治县(湘)	鲜切花(万支)	1.00

表 16-10-8　万寿菊主产地产量

	万寿菊主产地	花卉类别	产量
1	陆良县(滇)	干花(万支)	2050.00
2	延庆县(京)	工业及其他用途花卉(吨)	3600.00
3	茌平县(鲁)	观赏苗木(万株)	35.00
4	呼伦贝尔市市辖区(内蒙古)	观赏苗木(万株)	30.00
5	安丘市(鲁)	观赏苗木(万株)	30.00
6	涉　县(冀)	观赏苗木(万株)	11.50
7	丰宁满族自治县(冀)	观赏苗木(万株)	10.00
8	肇州县(黑)	观赏苗木(万株)	10.00
9	中方县(湘)	观赏苗木(万株)	10.00
10	让胡路区(黑)	观赏苗木(万株)	8.00
11	东平县(鲁)	观赏苗木(万株)	7.35
12	翼城县(晋)	观赏苗木(万株)	6.00
13	甘谷县(甘)	观赏苗木(万株)	6.00
14	濉溪县(皖)	观赏苗木(万株)	4.30
15	龙凤区(黑)	观赏苗木(万株)	3.00
16	安宁区(甘)	观赏苗木(万株)	1.60
17	木兰县(黑)	观赏苗木(万株)	1.00
18	大武口区(宁)	花卉用种苗(千株)	690.00
19	依安县(黑)	花卉用种苗(千株)	50.00
20	河东区(鲁)	花卉用种子(吨)	10.00
21	郫　县(川)	盆花(万盆)	2700.00
22	大庆市开发区(黑)	盆花(万盆)	750.00
23	阜新蒙古族自治县(辽)	盆花(万盆)	500.00

	万寿菊主产地	花卉类别	产量
24	延庆县(京)	盆花(万盆)	300.00
25	察哈尔右翼前旗(内蒙古)	盆花(万盆)	150.00
26	甘井子区(辽)	盆花(万盆)	150.00
27	松北区(黑)	盆花(万盆)	138.00
28	临洮县(甘)	盆花(万盆)	120.00
29	金凤区(宁)	盆花(万盆)	120.00
30	顺义区(京)	盆花(万盆)	100.00
31	大冶市(鄂)	盆花(万盆)	100.00
32	利通区(宁)	盆花(万盆)	100.00
33	长安区(冀)	盆花(万盆)	70.00
34	镇海区(浙)	盆花(万盆)	68.80
35	青州市(鲁)	盆花(万盆)	60.00
36	商水县(豫)	盆花(万盆)	60.00
37	东胜区(内蒙古)	盆花(万盆)	50.00
38	固始县(豫)	盆花(万盆)	50.00
39	惠农区(宁)	盆花(万盆)	50.00
40	鹿泉市(冀)	盆花(万盆)	30.00
41	元宝山区(内蒙古)	盆花(万盆)	30.00
42	青铜峡市(宁)	盆花(万盆)	30.00
43	德令哈市(青)	盆花(万盆)	25.00
44	滦南县(冀)	盆花(万盆)	23.00
45	让胡路区(黑)	盆花(万盆)	23.00
46	运河区(冀)	盆花(万盆)	20.00
47	高平市(晋)	盆花(万盆)	20.00
48	肥西县(皖)	盆花(万盆)	20.00
49	海城市(辽)	盆花(万盆)	15.00
50	平湖市(浙)	盆花(万盆)	15.00
51	贺兰县(宁)	盆花(万盆)	15.00
52	明山区(辽)	盆花(万盆)	13.00
53	彭阳县(宁)	盆花(万盆)	13.00
54	北戴河区(冀)	盆花(万盆)	12.40
55	和林格尔县(内蒙古)	盆花(万盆)	12.00
56	辉南县(吉)	盆花(万盆)	12.00
57	社旗县(豫)	盆花(万盆)	12.00
58	高碑店市(冀)	盆花(万盆)	10.00
59	晋源区(晋)	盆花(万盆)	10.00
60	银州区(辽)	盆花(万盆)	10.00
61	丰　县(苏)	盆花(万盆)	10.00
62	汶上县(鲁)	盆花(万盆)	10.00
63	魏　县(冀)	盆花(万盆)	9.00
64	林西县(内蒙古)	盆花(万盆)	9.00
65	广阳区(冀)	盆花(万盆)	8.00
66	新泰市(鲁)	盆花(万盆)	8.00
67	唐　县(冀)	盆花(万盆)	5.30
68	平桥区(豫)	盆花(万盆)	5.00
69	淮阳县(豫)	盆花(万盆)	5.00
70	洛龙区(豫)	盆花(万盆)	5.00
71	彭山县(川)	盆花(万盆)	5.00

	万寿菊主产地	花卉类别	产量
72	嘉峪关市(甘)	盆花(万盆)	5.00
73	栾川县(豫)	盆花(万盆)	4.00
74	长沙县(湘)	盆花(万盆)	4.00
75	濮阳县(豫)	盆花(万盆)	3.60
76	平定县(晋)	盆花(万盆)	3.20
77	阿拉善左旗(内蒙古)	盆花(万盆)	3.00
78	太白林业局(陕)	盆花(万盆)	3.00
79	蔚　县(冀)	盆花(万盆)	2.50
80	临武县(湘)	盆花(万盆)	2.50
81	长治市城区(晋)	盆花(万盆)	2.00
82	左权县(晋)	盆花(万盆)	2.00
83	固阳县(内蒙古)	盆花(万盆)	2.00
84	本溪满族自治县(辽)	盆花(万盆)	2.00
85	项城市(豫)	盆花(万盆)	2.00
86	安陆市(鄂)	盆花(万盆)	2.00
87	瓜州县(甘)	盆花(万盆)	2.00
88	夏　县(晋)	盆花(万盆)	1.30
89	孝南区(鄂)	盆花(万盆)	1.20
90	巴林林业局(内蒙古)	盆花(万盆)	1.14
91	长丰县(皖)	盆花(万盆)	1.14
92	睢宁县(苏)	盆花(万盆)	1.00
93	济宁市市中区(鲁)	盆花(万盆)	1.00
94	云梦县(鄂)	盆花(万盆)	1.00
95	广安区(川)	盆花(万盆)	1.00
96	凤　县(陕)	盆花(万盆)	1.00
97	伊金霍洛旗(内蒙古)	盆景(万盆)	200.00
98	大丰市(苏)	盆景(万盆)	20.00
99	永吉县(吉)	盆景(万盆)	10.00
100	郾城区(豫)	盆景(万盆)	5.00
101	淮滨县(豫)	盆景(万盆)	5.00
102	沾益县(滇)	食用及药用花卉(吨)	107596.00
103	赤城县(冀)	食用及药用花卉(吨)	20000.00
104	大同县(晋)	食用及药用花卉(吨)	250.00
105	围场满族蒙古族自治县(冀)	食用及药用花卉(吨)	4.50
106	瓦房店市(辽)	鲜切花(万支)	19941.00
107	宣汉县(川)	鲜切花(万支)	2800.00
108	大连市金州新区(辽)	鲜切花(万支)	300.00
109	新安县(豫)	鲜切花(万支)	200.00
110	东台市(苏)	鲜切花(万支)	100.00
111	九原区(内蒙古)	鲜切花(万支)	50.00
112	阜新蒙古族自治县(辽)	鲜切花(万支)	50.00
113	清镇市(黔)	鲜切花(万支)	50.00
114	淮上区(皖)	鲜切花(万支)	15.00
115	南岗区(黑)	鲜切花(万支)	12.00
116	淮滨县(豫)	鲜切花(万支)	10.00
117	东乡族自治县(甘)	鲜切花(万支)	8.00
118	闵行区(沪)	鲜切花(万支)	5.60
119	平谷区(京)	鲜切花(万支)	5.20

	万寿菊主产地	花卉类别	产量
120	东河区(内蒙古)	鲜切花(万支)	5.20
121	曲周县(冀)	鲜切花(万支)	5.00
122	新华区(豫)	鲜切花(万支)	4.00
123	灵石县(晋)	鲜切花(万支)	3.50
124	榆中县(甘)	鲜切花(万支)	3.00
125	钢城区(鲁)	鲜切花(万支)	1.00
126	彭山县(川)	鲜切花(万支)	1.00
127	兴宁区(桂)	鲜切叶(万支)	16.00

表 16-10-9　雏菊主产地产量

	雏菊主产地	花卉类别	产量
1	藁城市(冀)	观赏苗木(万株)	15.00
2	中方县(湘)	观赏苗木(万株)	14.00
3	正阳县(豫)	观赏苗木(万株)	5.00
4	肥乡县(冀)	盆花(万盆)	180.00
5	成安县(冀)	盆花(万盆)	40.00
6	藁城市(冀)	盆花(万盆)	36.10
7	安次区(冀)	盆花(万盆)	30.00
8	顺义区(京)	盆花(万盆)	27.00
9	鹤城区(湘)	盆花(万盆)	21.20
10	肥城市(鲁)	盆花(万盆)	13.00
11	抚宁县(冀)	盆花(万盆)	12.00
12	樊城区(鄂)	盆花(万盆)	11.00
13	泊头市(冀)	盆花(万盆)	10.20
14	临安市(浙)	盆花(万盆)	10.00
15	滨城区(鲁)	盆花(万盆)	10.00
16	顺庆区(川)	盆花(万盆)	5.60
17	长顺县(黔)	盆花(万盆)	4.00
18	蒙自市(滇)	盆花(万盆)	2.30
19	汝南县(豫)	盆花(万盆)	2.00
20	夷陵区(鄂)	盆花(万盆)	2.00
21	新华区(豫)	盆花(万盆)	1.50
22	新晃侗族自治县(湘)	盆花(万盆)	1.50
23	长丰县(皖)	盆花(万盆)	1.18
24	榕城区(粤)	盆花(万盆)	1.00
25	泸水县(滇)	盆花(万盆)	0.40
26	汉川市(鄂)	盆花(万盆)	0.30
27	固始县(豫)	盆景(万盆)	23.00
28	苏家屯区(辽)	盆景(万盆)	20.00
29	新野县(豫)	盆景(万盆)	5.00
30	湘乡市(湘)	盆景(万盆)	1.00
31	松江区(沪)	鲜切花(万支)	1650.00
32	许昌县(豫)	鲜切花(万支)	777.00
33	新安县(豫)	鲜切花(万支)	100.00
34	兴宁区(桂)	鲜切花(万支)	31.00
35	凤城市(辽)	鲜切花(万支)	20.00
36	武宣县(桂)	鲜切花(万支)	8.50
37	普兰店市(辽)	鲜切花(万支)	5.00
38	新晃侗族自治县(湘)	鲜切花(万支)	1.50

表 16-10-10　月季类主产地产量

	月季类主产地	花卉类别	产量
1	卧龙区(豫)	观赏苗木(万株)	4250.00
2	潢川县(豫)	观赏苗木(万株)	1056.00
3	馆陶县(冀)	观赏苗木(万株)	750.00
4	桐庐县(浙)	观赏苗木(万株)	500.00
5	中牟县(豫)	观赏苗木(万株)	281.00
6	武陟县(豫)	观赏苗木(万株)	180.00
7	昌黎县(冀)	观赏苗木(万株)	150.00
8	寿　县(皖)	观赏苗木(万株)	136.00
9	双桥区(冀)	观赏苗木(万株)	90.00
10	东明县(鲁)	观赏苗木(万株)	80.00
11	居巢区(皖)	观赏苗木(万株)	60.00
12	高唐县(鲁)	观赏苗木(万株)	55.00
13	泌阳县(豫)	观赏苗木(万株)	50.30
14	鹿泉市(冀)	观赏苗木(万株)	50.00
15	青州市(鲁)	观赏苗木(万株)	50.00
16	郫　县(川)	观赏苗木(万株)	50.00
17	武安市(冀)	观赏苗木(万株)	40.00
18	淇滨区(豫)	观赏苗木(万株)	40.00
19	太康县(豫)	观赏苗木(万株)	30.00
20	茅箭区(鄂)	观赏苗木(万株)	30.00
21	相城区(苏)	观赏苗木(万株)	23.26
22	涉　县(冀)	观赏苗木(万株)	20.00
23	青铜峡市(宁)	观赏苗木(万株)	15.00
24	山丹县(甘)	观赏苗木(万株)	11.00
25	运河区(冀)	观赏苗木(万株)	10.00
26	临安市(浙)	观赏苗木(万株)	10.00
27	新泰市(鲁)	观赏苗木(万株)	10.00
28	临武县(湘)	观赏苗木(万株)	9.20
29	磁　县(冀)	观赏苗木(万株)	9.00
30	宁陵县(豫)	观赏苗木(万株)	9.00
31	新野县(豫)	观赏苗木(万株)	6.70
32	武邑县(冀)	观赏苗木(万株)	6.50
33	涿州市(冀)	观赏苗木(万株)	6.00
34	大名县(冀)	观赏苗木(万株)	6.00
35	秦安县(甘)	观赏苗木(万株)	6.00
36	濉溪县(皖)	观赏苗木(万株)	5.80
37	五河县(皖)	观赏苗木(万株)	5.20
38	魏　县(冀)	观赏苗木(万株)	5.00
39	翼城县(晋)	观赏苗木(万株)	5.00
40	鹤山区(豫)	观赏苗木(万株)	5.00

	月季类主产地	花卉类别	产量
41	贡井区(川)	观赏苗木(万株)	5.00
42	殷都区(豫)	观赏苗木(万株)	4.00
43	辛集市(冀)	观赏苗木(万株)	3.00
44	大厂回族自治县(冀)	观赏苗木(万株)	3.00
45	农六师(新疆兵团)	观赏苗木(万株)	2.00
46	安宁区(甘)	观赏苗木(万株)	1.70
47	怀来县(冀)	观赏苗木(万株)	1.50
48	贺兰县(宁)	观赏苗木(万株)	1.20
49	壶关县(晋)	观赏苗木(万株)	1.00
50	陵　县(鲁)	观赏苗木(万株)	1.00
51	新化县(湘)	观叶植物(万盆)	400.00
52	余干县(赣)	观叶植物(万盆)	3.40
53	邓州市(豫)	花卉用种苗(千株)	1220.00
54	平阴县(鲁)	花卉用种苗(千株)	804.00
55	龙南县(赣)	花卉用种苗(千株)	500.00
56	遂平县(豫)	花卉用种苗(千株)	385.00
57	山阳区(豫)	盆花(万盆)	20000.00
58	沈北新区(辽)	盆花(万盆)	500.00
59	定兴县(冀)	盆花(万盆)	120.00
60	青州市(鲁)	盆花(万盆)	120.00
61	固始县(豫)	盆花(万盆)	120.00
62	枣庄市市中区(鲁)	盆花(万盆)	85.00
63	睢　县(豫)	盆花(万盆)	80.00
64	巴州区(川)	盆花(万盆)	60.00
65	阜新蒙古族自治县(辽)	盆花(万盆)	50.00
66	罗山县(豫)	盆花(万盆)	45.00
67	桂阳县(湘)	盆花(万盆)	33.00
68	铜山区(苏)	盆花(万盆)	31.00
69	成安县(冀)	盆花(万盆)	30.00
70	太和区(辽)	盆花(万盆)	30.00
71	石门县(湘)	盆花(万盆)	30.00
72	遵化市(冀)	盆花(万盆)	25.00
73	邯郸县(冀)	盆花(万盆)	21.00
74	滨城区(鲁)	盆花(万盆)	20.00
75	武城县(鲁)	盆花(万盆)	20.00
76	新邵县(湘)	盆花(万盆)	20.00
77	蒲城县(陕)	盆花(万盆)	20.00
78	金凤区(宁)	盆花(万盆)	20.00
79	赵　县(冀)	盆花(万盆)	18.00
80	滦南县(冀)	盆花(万盆)	17.00
81	修水县(赣)	盆花(万盆)	15.00
82	潢川县(豫)	盆花(万盆)	15.00
83	大名县(冀)	盆花(万盆)	12.00
84	宁城县(内蒙古)	盆花(万盆)	12.00
85	施甸县(滇)	盆花(万盆)	12.00
86	魏　县(冀)	盆花(万盆)	10.90
87	卫辉市(豫)	盆花(万盆)	10.00
88	开　县(渝)	盆花(万盆)	10.00
89	华阴市(陕)	盆花(万盆)	10.00
90	鼎城区(湘)	盆花(万盆)	8.00
91	本溪市经济开发区(辽)	盆花(万盆)	7.00
92	北戴河区(冀)	盆花(万盆)	5.60
93	平乡县(冀)	盆花(万盆)	5.50
94	高碑店市(冀)	盆花(万盆)	5.00
95	灵璧县(皖)	盆花(万盆)	5.00
96	龙南县(赣)	盆花(万盆)	5.00
97	平舆县(豫)	盆花(万盆)	5.00
98	荥阳市(豫)	盆花(万盆)	4.50
99	桐柏县(豫)	盆花(万盆)	4.30
100	临颍县(豫)	盆花(万盆)	4.25
101	复兴区(冀)	盆花(万盆)	4.00
102	吴桥县(冀)	盆花(万盆)	3.00
103	蒲　县(晋)	盆花(万盆)	3.00
104	淮阳县(豫)	盆花(万盆)	3.00
105	新华区(豫)	盆花(万盆)	3.00
106	略阳县(陕)	盆花(万盆)	2.50
107	江永县(湘)	盆花(万盆)	2.10
108	让胡路区(黑)	盆花(万盆)	2.00
109	樟树市(赣)	盆花(万盆)	2.00
110	平阴县(鲁)	盆花(万盆)	2.00
111	安陆市(鄂)	盆花(万盆)	2.00
112	秀洲区(浙)	盆花(万盆)	1.50
113	新建县(赣)	盆花(万盆)	1.50
114	南溪县(川)	盆花(万盆)	1.50
115	阿拉善左旗(内蒙古)	盆花(万盆)	1.00
116	蚌山区(皖)	盆花(万盆)	1.00
117	蒙城县(皖)	盆花(万盆)	1.00
118	广汉市(川)	盆花(万盆)	1.00
119	白银区(甘)	盆花(万盆)	1.00
120	江津区(渝)	盆景(万盆)	50.00
121	上蔡县(豫)	盆景(万盆)	23.25
122	高唐县(鲁)	盆景(万盆)	10.00
123	方城县(豫)	盆景(万盆)	3.20
124	济宁市市中区(鲁)	盆景(万盆)	3.00
125	郎溪县(皖)	盆景(万盆)	2.50
126	甘洛县(川)	盆景(万盆)	1.00
127	卧龙区(豫)	鲜切花(万支)	6000.00
128	宛城区(豫)	鲜切花(万支)	5120.00
129	甘谷县(甘)	鲜切花(万支)	5086.20
130	贵溪市(赣)	鲜切花(万支)	750.00
131	岫岩满族自治县(辽)	鲜切花(万支)	400.00
132	兴化市(苏)	鲜切花(万支)	400.00

	月季类主产地	花卉类别	产量
133	武清区(津)	鲜切花(万支)	273.00
134	秦安县(甘)	鲜切花(万支)	169.00
135	奉贤区(沪)	鲜切花(万支)	148.00
136	浠水县(鄂)	鲜切花(万支)	130.00
137	临洮县(甘)	鲜切花(万支)	120.00
138	浦东新区(沪)	鲜切花(万支)	100.00
139	罗山县(豫)	鲜切花(万支)	100.00
140	枣庄市市中区(鲁)	鲜切花(万支)	96.00
141	彭山县(川)	鲜切花(万支)	80.00
142	建湖县(苏)	鲜切花(万支)	70.00
143	柘城县(豫)	鲜切花(万支)	60.00
144	游仙区(川)	鲜切花(万支)	60.00
145	太和区(辽)	鲜切花(万支)	57.00
146	双桥区(冀)	鲜切花(万支)	50.00
147	铜鼓县(赣)	鲜切花(万支)	50.00
148	白银区(甘)	鲜切花(万支)	40.00
149	廉江市(粤)	鲜切花(万支)	36.00
150	清镇市(黔)	鲜切花(万支)	35.00
151	翠屏区(川)	鲜切花(万支)	30.00
152	怀柔区(京)	鲜切花(万支)	21.54
153	龙南县(赣)	鲜切花(万支)	20.00
154	即墨市(鲁)	鲜切花(万支)	20.00
155	淮上区(皖)	鲜切花(万支)	15.00
156	濮阳市高新区(豫)	鲜切花(万支)	12.00
157	石柱土家族自治县(渝)	鲜切花(万支)	11.60
158	姜堰市(苏)	鲜切花(万支)	10.00
159	上蔡县(豫)	鲜切花(万支)	10.00
160	淮滨县(豫)	鲜切花(万支)	10.00
161	涪城区(川)	鲜切花(万支)	10.00
162	北关区(豫)	鲜切花(万支)	8.00
163	祥云县(滇)	鲜切花(万支)	8.00
164	汝阳县(豫)	鲜切花(万支)	7.00
165	徽　县(甘)	鲜切花(万支)	5.65
166	芜湖县(皖)	鲜切花(万支)	5.00
167	仪陇县(川)	鲜切花(万支)	5.00
168	永靖县(甘)	鲜切花(万支)	3.20
169	清水县(甘)	鲜切花(万支)	3.00
170	范　县(豫)	鲜切花(万支)	2.00
171	信宜市(粤)	鲜切花(万支)	2.00
172	江南区(桂)	鲜切花(万支)	1.50
173	东乡族自治县(甘)	鲜切花(万支)	1.50
174	广安区(川)	鲜切花(万支)	1.00
175	抚宁县(冀)	鲜切叶(万支)	13.00
176	宽城满族自治县(冀)	鲜切叶(万支)	5.00
177	赤壁市(鄂)	鲜切叶(万支)	4.00

表 16-10-11　现代月季主产地产量

	现代月季主产地	花卉类别	产量
1	大丰市(苏)	观赏苗木(万株)	500.00
2	新密市(豫)	观赏苗木(万株)	300.00
3	彭山县(川)	观赏苗木(万株)	40.00
4	惠济区(豫)	观赏苗木(万株)	30.00
5	双峰县(湘)	观赏苗木(万株)	12.00
6	安丘市(鲁)	观赏苗木(万株)	10.00
7	正阳县(豫)	观赏苗木(万株)	7.00
8	浦东新区(沪)	观赏苗木(万株)	5.00
9	双峰县(湘)	观赏苗木(万株)	5.00
10	运河区(冀)	盆花(万盆)	20.00
11	滦　县(冀)	盆花(万盆)	10.00
12	容城县(冀)	盆花(万盆)	3.00
13	丛台区(冀)	盆花(万盆)	1.00
14	新会区(粤)	鲜切花(万支)	60000.00
15	东海县(苏)	鲜切花(万支)	2809.00
16	苏仙区(湘)	鲜切花(万支)	2000.00
17	灌云县(苏)	鲜切花(万支)	1200.00
18	通州区(京)	鲜切花(万支)	414.65
19	千山区(辽)	鲜切花(万支)	170.00
20	顺义区(京)	鲜切花(万支)	150.00
21	青浦区(沪)	鲜切花(万支)	108.00
22	北辰区(津)	鲜切花(万支)	75.00
23	常山县(浙)	鲜切花(万支)	73.70
24	沭阳县(苏)	鲜切花(万支)	30.00
25	商河县(鲁)	鲜切花(万支)	20.00
26	沙坪坝区(渝)	鲜切花(万支)	6.50
27	樊城区(鄂)	鲜切花(万支)	6.00
28	新晃侗族自治县(湘)	鲜切花(万支)	2.00
29	安陆市(鄂)	鲜切花(万支)	1.00
30	关岭布依族苗族自治县(黔)	鲜切花(万支)	1.00
31	大连市金州新区(辽)	鲜切叶(万支)	1920.00
32	东洲区(辽)	鲜切叶(万支)	4.00

表 16-10-12　桂花主产地产量

	桂花主产地	花卉类别	产量
1	安福县(赣)	观赏苗木(万株)	36319.00
2	名山县(川)	观赏苗木(万株)	2000.00
3	河东区(鲁)	观赏苗木(万株)	800.00
4	潢川县(豫)	观赏苗木(万株)	642.00
5	桐庐县(浙)	观赏苗木(万株)	400.00
6	郫　县(川)	观赏苗木(万株)	240.00
7	酉阳土家族苗族自治县(渝)	观赏苗木(万株)	220.00
8	临安市(浙)	观赏苗木(万株)	200.00
9	桂东县(湘)	观赏苗木(万株)	200.00
10	沂南县(鲁)	观赏苗木(万株)	126.00

	桂花主产地	花卉类别	产量
11	京山县(鄂)	观赏苗木(万株)	110.00
12	恩平市(粤)	观赏苗木(万株)	100.00
13	涪城区(川)	观赏苗木(万株)	100.00
14	平湖市(浙)	观赏苗木(万株)	69.00
15	罗山县(豫)	观赏苗木(万株)	50.00
16	安化县(湘)	观赏苗木(万株)	45.00
17	临武县(湘)	观赏苗木(万株)	28.50
18	定海区(浙)	观赏苗木(万株)	27.45
19	茂港区(粤)	观赏苗木(万株)	26.70
20	镇海区(浙)	观赏苗木(万株)	25.00
21	新邵县(湘)	观赏苗木(万株)	22.00
22	淮上区(皖)	观赏苗木(万株)	20.00
23	泸　县(川)	观赏苗木(万株)	20.00
24	全州县(桂)	观赏苗木(万株)	16.00
25	郎溪县(皖)	观赏苗木(万株)	15.00
26	桂阳县(湘)	观赏苗木(万株)	15.00
27	双峰县(湘)	观赏苗木(万株)	15.00
28	秀山土家族苗族自治县(渝)	观赏苗木(万株)	15.00
29	桐城市(皖)	观赏苗木(万株)	11.00
30	黄州区(鄂)	观赏苗木(万株)	11.00
31	浦东新区(沪)	观赏苗木(万株)	10.00
32	新宁县(湘)	观赏苗木(万株)	10.00
33	江南区(桂)	观赏苗木(万株)	10.00
34	西充县(川)	观赏苗木(万株)	10.00
35	沭阳县(苏)	观赏苗木(万株)	8.00
36	龙南县(赣)	观赏苗木(万株)	8.00
37	方城县(豫)	观赏苗木(万株)	7.60
38	邓州市(豫)	观赏苗木(万株)	6.00
39	姜堰市(苏)	观赏苗木(万株)	5.00
40	常宁市(湘)	观赏苗木(万株)	5.00
41	万山特区(黔)	观赏苗木(万株)	5.00
42	西平县(豫)	观赏苗木(万株)	4.00
43	巴州区(川)	观赏苗木(万株)	4.00
44	蔡甸区(鄂)	观赏苗木(万株)	3.00
45	桐柏县(豫)	观赏苗木(万株)	2.90
46	安陆市(鄂)	观赏苗木(万株)	2.00
47	长顺县(黔)	观赏苗木(万株)	2.00
48	武宣县(桂)	观赏苗木(万株)	1.50
49	岚皋县(陕)	观赏苗木(万株)	1.50
50	黟　县(皖)	观赏苗木(万株)	1.00
51	株洲县(湘)	观叶植物(万盆)	3.00
52	龙南县(赣)	花卉用种苗(千株)	3000.00
53	河东区(鲁)	盆花(万盆)	2000.00
54	兰山区(鲁)	盆花(万盆)	1200.00
55	即墨市(鲁)	盆花(万盆)	100.00
56	沂水县(鲁)	盆花(万盆)	20.00
57	龙南县(赣)	盆花(万盆)	10.00
58	莱城区(鲁)	盆花(万盆)	3.00
59	石门县(湘)	盆花(万盆)	2.00
60	罗平县(滇)	盆花(万盆)	1.20
61	灵璧县(皖)	盆花(万盆)	1.00
62	河东区(鲁)	盆景(万盆)	400.00
63	青州市(鲁)	盆景(万盆)	20.00
64	石柱土家族自治县(渝)	盆景(万盆)	14.60
65	费　县(鲁)	盆景(万盆)	10.00
66	江北区(浙)	盆景(万盆)	5.00
67	铜鼓县(赣)	鲜切花(万支)	100.00
68	井研县(川)	鲜切花(万支)	1.53
69	芜湖县(皖)	鲜切叶(万支)	20.00
70	鄢陵县(豫)	观赏苗木(万株)	6320.00

表 16-10-13　杜鹃花主产地产量

	杜鹃花主产地	花卉类别	产量
1	北仑区(浙)	观赏苗木(万株)	8500.00
2	振安区(辽)	观赏苗木(万株)	4300.00
3	元宝区(辽)	观赏苗木(万株)	1003.40
4	洪江市(湘)	观赏苗木(万株)	1000.00
5	海州区(苏)	观赏苗木(万株)	729.00
6	郫　县(川)	观赏苗木(万株)	480.00
7	桐庐县(浙)	观赏苗木(万株)	300.00
8	潢川县(豫)	观赏苗木(万株)	122.00
9	邹平县(鲁)	观赏苗木(万株)	80.00
10	丰都县(渝)	观赏苗木(万株)	50.00
11	定海区(浙)	观赏苗木(万株)	32.68
12	霍山县(皖)	观赏苗木(万株)	30.00
13	镇海区(浙)	观赏苗木(万株)	20.00
14	泰和县(赣)	观赏苗木(万株)	20.00
15	临武县(湘)	观赏苗木(万株)	13.60
16	大连市金州新区(辽)	观赏苗木(万株)	10.00
17	临安市(浙)	观赏苗木(万株)	10.00
18	中方县(湘)	观赏苗木(万株)	10.00
19	苍山县(鲁)	观赏苗木(万株)	8.20
20	浦东新区(沪)	观赏苗木(万株)	6.95
21	莲花县(赣)	观赏苗木(万株)	6.00
22	孝南区(鄂)	观赏苗木(万株)	5.00
23	仪陇县(川)	观赏苗木(万株)	2.00
24	宣化区(冀)	观赏苗木(万株)	1.00
25	彭山县(川)	观赏苗木(万株)	1.00
26	长沙县(湘)	观赏苗木(万株)	0.67
27	祥云县(滇)	观叶植物(万盆)	500.00
28	新野县(豫)	观叶植物(万盆)	4.30
29	株洲县(湘)	观叶植物(万盆)	4.00

	杜鹃花主产地	花卉类别	产量
30	鄢陵县(豫)	盆花(万盆)	2960.00
31	振安区(辽)	盆花(万盆)	1100.00
32	鄂托克旗(内蒙古)	盆花(万盆)	240.00
33	东海县(苏)	盆花(万盆)	147.70
34	青州市(鲁)	盆花(万盆)	130.00
35	枣庄市市中区(鲁)	盆花(万盆)	63.00
36	北仑区(浙)	盆花(万盆)	60.00
37	岫岩满族自治县(辽)	盆花(万盆)	30.00
38	沭阳县(苏)	盆花(万盆)	30.00
39	巴州区(川)	盆花(万盆)	15.00
40	蔡甸区(鄂)	盆花(万盆)	8.00
41	雨湖区(湘)	盆花(万盆)	8.00
42	鼎城区(湘)	盆花(万盆)	8.00
43	番禺区(粤)	盆花(万盆)	8.00
44	潢川县(豫)	盆花(万盆)	5.00
45	平桥区(豫)	盆花(万盆)	5.00
46	勉　县(陕)	盆花(万盆)	4.80
47	平阴县(鲁)	盆花(万盆)	4.00
48	海城市(辽)	盆花(万盆)	3.20
49	蒙阴县(鲁)	盆花(万盆)	3.00
50	茂南区(粤)	盆花(万盆)	2.30
51	毕节市(黔)	盆花(万盆)	2.00
52	江永县(湘)	盆花(万盆)	1.50
53	吴桥县(冀)	盆花(万盆)	1.00
54	长顺县(黔)	盆花(万盆)	1.00
55	兴国县(赣)	盆景(万盆)	100.00
56	江津区(渝)	盆景(万盆)	50.00
57	固始县(豫)	盆景(万盆)	7.00
58	都昌县(赣)	盆景(万盆)	3.00
59	信宜市(粤)	盆景(万盆)	3.00
60	郎溪县(皖)	盆景(万盆)	1.80
61	孝南区(鄂)	盆景(万盆)	1.00
62	铜鼓县(赣)	鲜切花(万支)	40.00
63	龙南县(赣)	鲜切花(万支)	10.00

表 16-10-14　山茶花主产地产量

	山茶花主产地	花卉类别	产量
1	内江市市中区(川)	观赏苗木(万株)	2.34
2	筠连县(川)	观赏苗木(万株)	2.00
3	楚雄市(滇)	观赏苗木(万株)	831.00
4	长沙县(湘)	观赏苗木(万株)	650.00
5	北仑区(浙)	观赏苗木(万株)	270.00
6	酉阳土家族苗族自治县(渝)	观赏苗木(万株)	25.00
7	彭山县(川)	观赏苗木(万株)	20.00
8	镇海区(浙)	观赏苗木(万株)	15.00
9	安化县(湘)	观赏苗木(万株)	10.00
10	芜湖县(皖)	观赏苗木(万株)	6.00
11	泸　县(川)	观赏苗木(万株)	6.00
12	梁平县(渝)	观赏苗木(万株)	5.00
13	浦江县(浙)	观赏苗木(万株)	4.20
14	高州市(粤)	观赏苗木(万株)	3.00
15	龙南县(赣)	花卉用种苗(千株)	1000.00
16	即墨市(鲁)	盆花(万盆)	11.00
17	巴州区(川)	盆花(万盆)	10.00
18	鼎城区(湘)	盆花(万盆)	2.00
19	涟源市(湘)	盆花(万盆)	1.10
20	祥云县(滇)	盆景(万盆)	1.00
21	秀山土家族苗族自治县(渝)	鲜切花(万支)	200.00
22	铜鼓县(赣)	鲜切花(万支)	100.00

表 16-10-15　玫瑰主产地产量

	玫瑰主产地	花卉类别	产量
1	延庆县(京)	工业及其他用途花卉(吨)	400.00
2	衢江区(浙)	工业及其他用途花卉(吨)	300.00
3	四会市(粤)	观赏苗木(万株)	286.00
4	大东流苗圃(京)	观赏苗木(万株)	65.86
5	兰西县(黑)	观赏苗木(万株)	20.00
6	新邵县(湘)	观赏苗木(万株)	18.00
7	桃城区(冀)	观赏苗木(万株)	15.00
8	山亭区(鲁)	观赏苗木(万株)	15.00
9	西平县(豫)	观赏苗木(万株)	8.00
10	双桥区(冀)	观赏苗木(万株)	3.00
11	辰溪县(湘)	观叶植物(万盆)	11.00
12	平阴县(鲁)	花卉用种苗(千株)	1900.00
13	泰来县(黑)	花卉用种苗(千株)	150.00
14	固始县(豫)	盆花(万盆)	60.00
15	临安市(浙)	盆花(万盆)	50.00
16	巴州区(川)	盆花(万盆)	30.00
17	桂阳县(湘)	盆花(万盆)	21.00
18	临西县(冀)	盆花(万盆)	10.00
19	旌阳区(川)	盆花(万盆)	8.40
20	勉　县(陕)	盆花(万盆)	6.20
21	江永县(湘)	盆花(万盆)	2.80
22	平阴县(鲁)	盆花(万盆)	2.20
23	古冶区(冀)	盆花(万盆)	2.10
24	大厂回族自治县(冀)	盆花(万盆)	2.00
25	信宜市(粤)	盆花(万盆)	2.00
26	台山市(粤)	盆花(万盆)	1.50
27	复兴区(冀)	盆花(万盆)	1.20
28	襄城区(鄂)	盆花(万盆)	1.20
29	临川区(赣)	盆景(万盆)	10.00
30	罗田县(鄂)	盆景(万盆)	2.04

	玫瑰主产地	花卉类别	产量
31	费　县(鲁)	盆景(万盆)	2.00
32	平阴县(鲁)	食用及药用花卉(吨)	5000.00
33	新会区(粤)	鲜切花(万支)	120000.00
34	朝阳县(辽)	鲜切花(万支)	6800.00
35	东乡县(赣)	鲜切花(万支)	6000.00
36	台安县(辽)	鲜切花(万支)	4000.00
37	白云区(黔)	鲜切花(万支)	3180.00
38	苏仙区(湘)	鲜切花(万支)	3000.00
39	永胜县(滇)	鲜切花(万支)	2850.00
40	凌源市(辽)	鲜切花(万支)	1500.00
41	开原市(辽)	鲜切花(万支)	1000.00
42	城北区(青)	鲜切花(万支)	960.00
43	禄丰县(滇)	鲜切花(万支)	753.00
44	清丰县(豫)	鲜切花(万支)	600.00
45	江阳区(川)	鲜切花(万支)	500.00
46	景洪市(滇)	鲜切花(万支)	412.00
47	巍山彝族回族自治县(滇)	鲜切花(万支)	411.00
48	兰山区(鲁)	鲜切花(万支)	400.00
49	大连市金州新区(辽)	鲜切花(万支)	350.00
50	西湖区(浙)	鲜切花(万支)	300.00
51	喀喇沁左翼蒙古族自治县(辽)	鲜切花(万支)	291.00
52	东海县(苏)	鲜切花(万支)	240.00
53	武鸣县(桂)	鲜切花(万支)	230.00
54	管城回族区(豫)	鲜切花(万支)	225.00
55	郾城区(豫)	鲜切花(万支)	220.00
56	广丰县(赣)	鲜切花(万支)	200.00
57	兴安县(桂)	鲜切花(万支)	200.00
58	邹平县(鲁)	鲜切花(万支)	150.00
59	华龙区(豫)	鲜切花(万支)	150.00
60	宝山区(沪)	鲜切花(万支)	146.00
61	平桥区(豫)	鲜切花(万支)	144.00
62	隆尧县(冀)	鲜切花(万支)	110.00
63	岫岩满族自治县(辽)	鲜切花(万支)	100.00
64	桃源县(湘)	鲜切花(万支)	100.00
65	榆中县(甘)	鲜切花(万支)	100.00
66	大余县(赣)	鲜切花(万支)	95.00
67	平原县(鲁)	鲜切花(万支)	95.00
68	鄢陵县(豫)	鲜切花(万支)	80.00
69	建湖县(苏)	鲜切花(万支)	80.00
70	连州市(粤)	鲜切花(万支)	80.00
71	白银区(甘)	鲜切花(万支)	75.00
72	永川区(渝)	鲜切花(万支)	73.60
73	辉南县(吉)	鲜切花(万支)	70.00
74	龙南县(赣)	鲜切花(万支)	65.00
75	金山区(沪)	鲜切花(万支)	53.00
76	隆德县(宁)	鲜切花(万支)	45.00

	玫瑰主产地	花卉类别	产量
77	松江区(沪)	鲜切花(万支)	40.20
78	慈溪市(浙)	鲜切花(万支)	40.00
79	徽　县(甘)	鲜切花(万支)	39.51
80	枣庄市市中区(鲁)	鲜切花(万支)	36.00
81	庄河市(辽)	鲜切花(万支)	35.00
82	黄埔区(粤)	鲜切花(万支)	35.00
83	凤城市(辽)	鲜切花(万支)	30.00
84	清镇市(黔)	鲜切花(万支)	30.00
85	铜山区(苏)	鲜切花(万支)	28.00
86	台山市(粤)	鲜切花(万支)	25.00
87	秦州区(甘)	鲜切花(万支)	25.00
88	昌平区(京)	鲜切花(万支)	22.20
89	抚宁县(冀)	鲜切花(万支)	21.00
90	鹿泉市(冀)	鲜切花(万支)	20.00
91	长治市城区(晋)	鲜切花(万支)	20.00
92	南川区(渝)	鲜切花(万支)	20.00
93	宝坻区(津)	鲜切花(万支)	18.02
94	渭滨区(陕)	鲜切花(万支)	18.00
95	平谷区(京)	鲜切花(万支)	17.00
96	丰润区(冀)	鲜切花(万支)	16.00
97	沂南县(鲁)	鲜切花(万支)	16.00
98	武定县(滇)	鲜切花(万支)	15.00
99	蒙自市(滇)	鲜切花(万支)	15.00
100	苍山县(鲁)	鲜切花(万支)	13.90
101	祁东县(湘)	鲜切花(万支)	12.00
102	璧山县(渝)	鲜切花(万支)	11.29
103	平舆县(豫)	鲜切花(万支)	11.00
104	海城市(辽)	鲜切花(万支)	10.20
105	普兰店市(辽)	鲜切花(万支)	10.00
106	番禺区(粤)	鲜切花(万支)	10.00
107	涪城区(川)	鲜切花(万支)	10.00
108	新华区(豫)	鲜切花(万支)	6.00
109	关岭布依族苗族自治县(黔)	鲜切花(万支)	5.00
110	东洲区(辽)	鲜切花(万支)	5.00
111	北票市(辽)	鲜切花(万支)	5.00
112	德城区(鲁)	鲜切花(万支)	5.00
113	井研县(川)	鲜切花(万支)	4.15
114	平山县(冀)	鲜切花(万支)	4.00
115	顺庆区(川)	鲜切花(万支)	3.40
116	南丰县(赣)	鲜切花(万支)	3.20
117	绥宁县(湘)	鲜切花(万支)	3.10
118	通江县(川)	鲜切花(万支)	3.00
119	青　县(冀)	鲜切花(万支)	2.00
120	即墨市(鲁)	鲜切花(万支)	2.00
121	江南区(桂)	鲜切花(万支)	1.50
122	瑞金市(赣)	鲜切花(万支)	1.30

	玫瑰主产地	花卉类别	产量
123	蔡甸区(鄂)	鲜切花(万支)	1.00
124	恩平市(粤)	鲜切花(万支)	1.00
125	南溪县(川)	鲜切花(万支)	1.00
126	广安区(川)	鲜切花(万支)	1.00
127	林州市(豫)	鲜切花(万支)	0.70
128	泸西县(滇)	鲜切叶(万支)	544.00
129	沭阳县(苏)	鲜切叶(万支)	80.00
130	宽城满族自治县(冀)	鲜切叶(万支)	20.00
131	芦溪县(赣)	鲜切叶(万支)	11.00
132	赤壁市(鄂)	鲜切叶(万支)	3.00

表 16-10-16 百合主产地产量

	百合主产地	花卉类别	产量
1	赣　县(赣)	观赏苗木(万株)	8.50
2	西平县(豫)	观赏苗木(万株)	7.00
3	黄州区(鄂)	观赏苗木(万株)	1.00
4	延庆县(京)	花卉用种球(千粒)	2500.00
5	大东流苗圃(京)	花卉用种球(千粒)	2323.40
6	河东区(鲁)	花卉用种球(千粒)	2000.00
7	南郑县(陕)	花卉用种球(千粒)	250.00
8	海城市(辽)	花卉用种球(千粒)	110.00
9	临安市(浙)	花卉用种球(千粒)	75.00
10	八达岭林场(京)	花卉用种球(千粒)	10.00
11	清丰县(豫)	盆花(万盆)	30.00
12	龙南县(赣)	盆花(万盆)	5.00
13	隆德县(宁)	盆花(万盆)	5.00
14	平山县(冀)	盆花(万盆)	1.00
15	凌源市(辽)	鲜切花(万支)	40000.00
16	关岭布依族苗族自治县(黔)	鲜切花(万支)	2.00
17	东乡县(赣)	鲜切花(万支)	7000.00
18	东海县(苏)	鲜切花(万支)	5499.50
19	台安县(辽)	鲜切花(万支)	3000.00
20	新浦区(苏)	鲜切花(万支)	2938.00
21	隆德县(宁)	鲜切花(万支)	680.00
22	鄢陵县(豫)	鲜切花(万支)	660.00
23	临洮县(甘)	鲜切花(万支)	600.00
24	昌平区(京)	鲜切花(万支)	475.94
25	临川区(赣)	鲜切花(万支)	420.00
26	顺义区(京)	鲜切花(万支)	327.00
27	邹平县(鲁)	鲜切花(万支)	300.00
28	清新县(粤)	鲜切花(万支)	300.00
29	桐乡市(浙)	鲜切花(万支)	260.00
30	临安市(浙)	鲜切花(万支)	240.00
31	细河区(辽)	鲜切花(万支)	200.00
32	西湖区(浙)	鲜切花(万支)	200.00
33	获嘉县(豫)	鲜切花(万支)	200.00
34	通州区(京)	鲜切花(万支)	198.56
35	西乡塘区(桂)	鲜切花(万支)	180.00
36	金山区(沪)	鲜切花(万支)	124.50
37	滦　县(冀)	鲜切花(万支)	100.00
38	岫岩满族自治县(辽)	鲜切花(万支)	100.00
39	振安区(辽)	鲜切花(万支)	100.00
40	铜鼓县(赣)	鲜切花(万支)	100.00
41	兰山区(鲁)	鲜切花(万支)	100.00
42	青浦区(沪)	鲜切花(万支)	75.00
43	千山区(辽)	鲜切花(万支)	65.00
44	沭阳县(苏)	鲜切花(万支)	50.00
45	维西傈僳族自治县(滇)	鲜切花(万支)	49.28
46	开远市(滇)	鲜切花(万支)	48.00
47	龙南县(赣)	鲜切花(万支)	45.00
48	榆中县(甘)	鲜切花(万支)	41.00
49	广丰县(赣)	鲜切花(万支)	30.00
50	江都市(苏)	鲜切花(万支)	25.00
51	延庆县(京)	鲜切花(万支)	20.00
52	宁城县(内蒙古)	鲜切花(万支)	20.00
53	建湖县(苏)	鲜切花(万支)	20.00
54	怀柔区(京)	鲜切花(万支)	17.30
55	蒙自市(滇)	鲜切花(万支)	17.00
56	瑞金市(赣)	鲜切花(万支)	16.50
57	秦州区(甘)	鲜切花(万支)	15.00
58	枣庄市市中区(鲁)	鲜切花(万支)	13.00
59	崆峒区(甘)	鲜切花(万支)	13.00
60	闵行区(沪)	鲜切花(万支)	11.30
61	克什克腾旗(内蒙古)	鲜切花(万支)	10.00
62	盖州市(辽)	鲜切花(万支)	10.00
63	镇海区(浙)	鲜切花(万支)	10.00
64	商河县(鲁)	鲜切花(万支)	10.00
65	沂南县(鲁)	鲜切花(万支)	9.00
66	海城市(辽)	鲜切花(万支)	8.10
67	番禺区(粤)	鲜切花(万支)	8.00
68	平谷区(京)	鲜切花(万支)	7.00
69	宝坻区(津)	鲜切花(万支)	6.02
70	苍山县(鲁)	鲜切花(万支)	6.00
71	东洲区(辽)	鲜切花(万支)	5.00
72	大余县(赣)	鲜切花(万支)	4.50
73	平山县(冀)	鲜切花(万支)	4.00
74	德城区(鲁)	鲜切花(万支)	4.00
75	广昌县(赣)	鲜切花(万支)	3.00
76	新晃侗族自治县(湘)	鲜切花(万支)	3.00
77	大东流苗圃(京)	鲜切花(万支)	2.23
78	北票市(辽)	鲜切花(万支)	2.00
79	通江县(川)	鲜切花(万支)	2.00

	百合主产地	花卉类别	产量
80	广安区(川)	鲜切花(万支)	1.50
81	南丰县(赣)	鲜切花(万支)	1.20
82	信宜市(粤)	鲜切花(万支)	1.20
83	璧山县(渝)	鲜切花(万支)	1.13
84	蔡甸区(鄂)	鲜切花(万支)	1.00
85	濮阳市高新区(豫)	鲜切叶(万支)	36.00
86	蚌山区(皖)	鲜切叶(万支)	10.00

表 16-10-17　康乃馨主产地产量

	康乃馨主产地	花卉类别	产量
1	恩施市(鄂)	观赏苗木(万株)	25.20
2	闵行区(沪)	花卉用种苗(千株)	13500.00
3	临安市(浙)	盆花(万盆)	30.00
4	长沙县(湘)	盆花(万盆)	15.00
5	东河区(内蒙古)	盆花(万盆)	5.75
6	通川区(川)	盆花(万盆)	5.00
7	新建县(赣)	盆花(万盆)	0.65
8	攀枝花市东区(川)	盆花(万盆)	0.30
9	息烽县(黔)	盆景(万盆)	4.50
10	襄城区(鄂)	盆景(万盆)	2.00
11	关岭布依族苗族自治县(黔)	鲜切花(万支)	1.00
12	青浦区(沪)	鲜切花(万支)	1800.00
13	城北区(青)	鲜切花(万支)	680.00
14	榆中县(甘)	鲜切花(万支)	500.00
15	巍山彝族回族自治县(滇)	鲜切花(万支)	365.00
16	金山区(沪)	鲜切花(万支)	322.00
17	凌源市(辽)	鲜切花(万支)	300.00
18	郾城区(豫)	鲜切花(万支)	280.00
19	滦　县(冀)	鲜切花(万支)	200.00
20	兰山区(鲁)	鲜切花(万支)	200.00
21	沿滩区(川)	鲜切花(万支)	100.00
22	浦东新区(沪)	鲜切花(万支)	90.00
23	白银区(甘)	鲜切花(万支)	80.00
24	千山区(辽)	鲜切花(万支)	60.00
25	临川区(赣)	鲜切花(万支)	42.00
26	盖州市(辽)	鲜切花(万支)	40.00
27	闵行区(沪)	鲜切花(万支)	30.00
28	平原县(鲁)	鲜切花(万支)	30.00
29	枣庄市市中区(鲁)	鲜切花(万支)	24.00
30	广丰县(赣)	鲜切花(万支)	20.00
31	广昌县(赣)	鲜切花(万支)	16.50
32	施甸县(滇)	鲜切花(万支)	15.00
33	抚宁县(冀)	鲜切花(万支)	12.00
34	川汇区(豫)	鲜切花(万支)	12.00
35	德城区(鲁)	鲜切花(万支)	11.00
36	隆德县(宁)	鲜切花(万支)	9.60
37	新华区(豫)	鲜切花(万支)	6.00
38	庄河市(辽)	鲜切花(万支)	5.00
39	东洲区(辽)	鲜切花(万支)	5.00
40	彭山县(川)	鲜切花(万支)	5.00
41	通江县(川)	鲜切花(万支)	5.00
42	新干县(赣)	鲜切花(万支)	4.00
43	大余县(赣)	鲜切花(万支)	3.50
44	宝坻区(津)	鲜切花(万支)	3.03
45	苍山县(鲁)	鲜切花(万支)	3.00
46	信宜市(粤)	鲜切花(万支)	2.00
47	璧山县(渝)	鲜切花(万支)	1.57
48	南丰县(赣)	鲜切花(万支)	1.20
49	安次区(冀)	鲜切花(万支)	1.00
50	平桥区(豫)	鲜切花(万支)	1.00
51	义乌市(浙)	鲜切花(万支)	0.50
52	宽城满族自治县(冀)	鲜切叶(万支)	10.00
53	赤壁市(鄂)	鲜切叶(万支)	3.00
54	新干县(赣)	鲜切叶(万支)	2.00
55	南溪县(川)	鲜切叶(万支)	1.20

表 16-10-18　郁金香主产地产量

	郁金香主产地	花卉类别	产量
1	临洮县(甘)	观赏苗木(万株)	130.00
2	纳溪区(川)	观赏苗木(万株)	0.85
3	贡井区(川)	观叶植物(万盆)	0.60
4	商河县(鲁)	盆花(万盆)	25.00
5	修水县(赣)	盆花(万盆)	15.00
6	石门县(湘)	盆花(万盆)	8.00
7	淮上区(皖)	盆花(万盆)	5.00
8	义乌市(浙)	盆花(万盆)	3.50
9	徽　县(甘)	盆花(万盆)	1.26
10	吴桥县(冀)	盆花(万盆)	0.50
11	蚌山区(皖)	盆景(万盆)	1.00
12	海兴县(冀)	盆景(万盆)	0.40
13	河东区(鲁)	鲜切花(万支)	3000.00
14	台安县(辽)	鲜切花(万支)	2000.00
15	广丰县(赣)	鲜切花(万支)	80.00
16	濮阳市高新区(豫)	鲜切花(万支)	70.00
17	长兴县(浙)	鲜切花(万支)	60.00
18	大连市金州新区(辽)	鲜切花(万支)	50.00
19	邹平县(鲁)	鲜切花(万支)	50.00
20	临洮县(甘)	鲜切花(万支)	50.00
21	江都市(苏)	鲜切花(万支)	20.00
22	清镇市(黔)	鲜切花(万支)	20.00
23	白银区(甘)	鲜切花(万支)	20.00
24	隆德县(宁)	鲜切花(万支)	20.00

	郁金香主产地	花卉类别	产量
25	大东流苗圃(京)	鲜切花(万支)	6.45
26	义乌市(浙)	鲜切花(万支)	2.00
27	信宜市(粤)	鲜切花(万支)	2.00
28	瑞金市(赣)	鲜切花(万支)	1.60
29	蚌山区(皖)	鲜切花(万支)	1.00
30	蔡甸区(鄂)	鲜切花(万支)	1.00
31	怀柔区(京)	鲜切花(万支)	0.57
32	凤　县(陕)	鲜切花(万支)	0.50
33	镇海区(浙)	鲜切叶(万支)	1.90

表 16-10-19　龙柏主产地产量

	龙柏主产地	花卉类别	产量
1	青州市(鲁)	观赏苗木(万株)	300.00
2	潢川县(豫)	观赏苗木(万株)	229.00
3	安阳县(豫)	观赏苗木(万株)	35.40
4	新邵县(湘)	观赏苗木(万株)	32.00
5	芜湖县(皖)	观赏苗木(万株)	10.00
6	定海区(浙)	观赏苗木(万株)	8.34
7	苍山县(鲁)	观赏苗木(万株)	5.80
8	淮上区(皖)	观赏苗木(万株)	5.00
9	长沙县(湘)	观赏苗木(万株)	5.00
10	固镇县(皖)	观赏苗木(万株)	4.00
11	黄州区(鄂)	观赏苗木(万株)	2.00
12	商河县(鲁)	观赏苗木(万株)	1.50
13	灵璧县(皖)	观赏苗木(万株)	1.00
14	淅川县(豫)	观赏苗木(万株)	1.00
15	安化县(湘)	观赏苗木(万株)	1.00
16	分宜县(赣)	观赏苗木(万株)	0.80
17	井陉矿区(冀)	观赏苗木(万株)	0.50
18	鸡泽县(冀)	观赏苗木(万株)	0.50
19	临漳县(冀)	观赏苗木(万株)	0.20
20	安陆市(鄂)	观赏苗木(万株)	0.20
21	常宁市(湘)	观赏苗木(万株)	0.15
22	新晃侗族自治县(湘)	观赏苗木(万株)	0.10
23	莲花县(赣)	观叶植物(万盆)	0.15
24	株洲县(湘)	观叶植物(万盆)	0.20
25	石门县(湘)	盆花(万盆)	28.00
26	青铜峡市(宁)	盆花(万盆)	20.00
27	潢川县(豫)	盆景(万盆)	21.00
28	修水县(赣)	盆景(万盆)	10.00
29	龙南县(赣)	盆景(万盆)	8.00
30	江北区(浙)	盆景(万盆)	5.00
31	闵行区(沪)	盆景(万盆)	1.20
32	靖州苗族侗族自治县(湘)	盆景(万盆)	0.10
33	新晃侗族自治县(湘)	盆景(万盆)	0.10
34	桃江县(湘)	鲜切叶(万支)	2.80
35	义乌市(浙)	鲜切叶(万支)	2.30
36	安陆市(鄂)	鲜切花(万支)	0.50

表 16-10-20　紫罗兰主产地产量

	紫罗兰主产地	花卉类别	产量
1	正阳县(豫)	观赏苗木(万株)	5.00
2	湘潭县(湘)	观赏苗木(万株)	0.80
3	阜新蒙古族自治县(辽)	观叶植物(万盆)	20.00
4	赣　县(赣)	观叶植物(万盆)	11.20
5	贡井区(川)	观叶植物(万盆)	0.20
6	肥乡县(冀)	盆花(万盆)	50.00
7	沾化县(鲁)	盆花(万盆)	32.00
8	修水县(赣)	盆花(万盆)	15.30
9	长沙县(湘)	盆花(万盆)	12.00
10	青州市(鲁)	盆花(万盆)	10.00
11	桃源县(湘)	盆花(万盆)	10.00
12	泊头市(冀)	盆花(万盆)	6.34
13	旌阳区(川)	盆花(万盆)	5.20
14	金溪县(赣)	盆花(万盆)	3.00
15	北戴河区(冀)	盆花(万盆)	2.50
16	望城县(湘)	盆花(万盆)	2.00
17	湘乡市(湘)	盆花(万盆)	1.50
18	襄城区(鄂)	盆花(万盆)	1.10
19	顺义区(京)	盆花(万盆)	1.00
20	平桥区(豫)	盆花(万盆)	1.00
21	孝南区(鄂)	盆花(万盆)	1.00
22	桂阳县(湘)	盆花(万盆)	0.60
23	永年县(冀)	盆花(万盆)	0.50
24	万全县(冀)	盆花(万盆)	0.25
25	常宁市(湘)	盆花(万盆)	0.10
26	川汇区(豫)	盆景(万盆)	10.00
27	郎溪县(皖)	盆景(万盆)	1.50
28	兴宁区(桂)	鲜切花(万支)	62.00
29	卫东区(豫)	鲜切花(万支)	30.00
30	恩施市(鄂)	鲜切花(万支)	17.00
31	钢城区(鲁)	鲜切花(万支)	2.00
32	宣汉县(川)	鲜切花(万支)	1.51
33	海兴县(冀)	鲜切花(万支)	0.30
34	原阳县(豫)	鲜切叶(万支)	680.00
35	沁阳市(豫)	鲜切叶(万支)	300.00
36	蓬安县(川)	鲜切叶(万支)	2.00

表 16-10-21　鸡冠花主产地产量

	鸡冠花主产地	花卉类别	产量
1	泊头市(冀)	观赏苗木(万株)	18.65
2	涉　县(冀)	观赏苗木(万株)	10.00
3	云梦县(鄂)	观赏苗木(万株)	1.00

	鸡冠花主产地	花卉类别	产量
4	信宜市(粤)	观叶植物(万盆)	3.00
5	苍山县(鲁)	观叶植物(万盆)	2.50
6	化州市(粤)	观叶植物(万盆)	0.30
7	郫　县(川)	盆花(万盆)	0.24
8	即墨市(鲁)	盆花(万盆)	100.00
9	顺义区(京)	盆花(万盆)	90.00
10	贺兰县(宁)	盆花(万盆)	86.00
11	肥乡县(冀)	盆花(万盆)	80.00
12	奉贤区(沪)	盆花(万盆)	72.00
13	青州市(鲁)	盆花(万盆)	60.00
14	石门县(湘)	盆花(万盆)	50.00
15	江州区(桂)	盆花(万盆)	45.00
16	桂阳县(湘)	盆花(万盆)	30.00
17	潢川县(豫)	盆花(万盆)	21.00
18	临安市(浙)	盆花(万盆)	20.00
19	龙子湖区(皖)	盆花(万盆)	20.00
20	彭阳县(宁)	盆花(万盆)	13.00
21	滨城区(鲁)	盆花(万盆)	10.00
22	高碑店市(冀)	盆花(万盆)	8.00
23	鼎城区(湘)	盆花(万盆)	7.00
24	彭山县(川)	盆花(万盆)	5.00
25	复兴区(冀)	盆花(万盆)	4.00
26	高平市(晋)	盆花(万盆)	3.00
27	蒲　县(晋)	盆花(万盆)	2.00
28	淮阳县(豫)	盆花(万盆)	2.00
29	鹿泉市(冀)	盆花(万盆)	1.80
30	新华区(豫)	盆花(万盆)	1.50
31	古冶区(冀)	盆花(万盆)	1.10
32	广安区(川)	盆花(万盆)	1.00
33	沅陵县(湘)	盆花(万盆)	0.70
34	巴林林业局(内蒙古)	盆花(万盆)	0.58
35	常宁市(湘)	盆花(万盆)	0.50
36	行唐县(冀)	盆花(万盆)	0.40
37	靖州苗族侗族自治县(湘)	盆花(万盆)	0.40
38	调兵山市(辽)	盆花(万盆)	0.30
39	攀枝花市东区(川)	盆花(万盆)	0.30
40	辛集市(冀)	盆花(万盆)	0.25
41	井陉矿区(冀)	盆花(万盆)	0.10
42	陵　县(鲁)	盆花(万盆)	0.10
43	新晃侗族自治县(湘)	盆花(万盆)	0.10
44	钦州市直属单位(桂)	盆景(万盆)	20.00
45	涟源市(湘)	盆景(万盆)	0.80
46	海兴县(冀)	盆景(万盆)	0.60
47	铜鼓县(赣)	鲜切花(万支)	20.00
48	白银区(甘)	鲜切花(万支)	18.00
49	会宁县(甘)	鲜切花(万支)	5.00
50	宣汉县(川)	鲜切花(万支)	0.35

表 16-10-22　玉兰类主产地产量

	玉兰类主产地	花卉类别	产量
1	分宜县(赣)	观赏苗木(万株)	1.00
2	镇平县(豫)	观赏苗木(万株)	2000.00
3	潢川县(豫)	观赏苗木(万株)	1980.00
4	许昌县(豫)	观赏苗木(万株)	1971.00
5	上蔡县(豫)	观赏苗木(万株)	1933.48
6	南召县(豫)	观赏苗木(万株)	1341.10
7	涿州市(冀)	观赏苗木(万株)	600.60
8	长垣县(豫)	观赏苗木(万株)	200.00
9	枣庄市市中区(鲁)	观赏苗木(万株)	140.00
10	即墨市(鲁)	观赏苗木(万株)	120.00
11	应城市(鄂)	观赏苗木(万株)	100.00
12	兴化市(苏)	观赏苗木(万株)	90.00
13	安　县(川)	观赏苗木(万株)	80.00
14	永城市(豫)	观赏苗木(万株)	55.00
15	平舆县(豫)	观赏苗木(万株)	50.00
16	唐河县(豫)	观赏苗木(万株)	48.00
17	广平县(冀)	观赏苗木(万株)	40.00
18	芜湖县(皖)	观赏苗木(万株)	40.00
19	淮上区(皖)	观赏苗木(万株)	30.00
20	肥西县(皖)	观赏苗木(万株)	30.00
21	方城县(豫)	观赏苗木(万株)	28.00
22	宁阳县(鲁)	观赏苗木(万株)	27.00
23	勉　县(陕)	观赏苗木(万株)	23.20
24	沂水县(鲁)	观赏苗木(万株)	20.00
25	安丘市(鲁)	观赏苗木(万株)	20.00
26	涪城区(川)	观赏苗木(万株)	20.00
27	安化县(湘)	观赏苗木(万株)	18.00
28	临安市(浙)	观赏苗木(万株)	10.00
29	许昌市经济技术开发区(豫)	观赏苗木(万株)	10.00
30	郫　县(川)	观赏苗木(万株)	8.00
31	郾城区(豫)	观赏苗木(万株)	7.00
32	浦东新区(沪)	观赏苗木(万株)	6.00
33	中方县(湘)	观赏苗木(万株)	6.00
34	淮滨县(豫)	观赏苗木(万株)	5.00
35	黄州区(鄂)	观赏苗木(万株)	5.00
36	郧　县(鄂)	观赏苗木(万株)	5.00
37	泸　县(川)	观赏苗木(万株)	5.00
38	姜堰市(苏)	观赏苗木(万株)	4.00
39	和　县(皖)	观赏苗木(万株)	4.00
40	邓州市(豫)	观赏苗木(万株)	4.00
41	蔡甸区(鄂)	观赏苗木(万株)	4.00
42	巴州区(川)	观赏苗木(万株)	4.00
43	郎溪县(皖)	观赏苗木(万株)	3.80
44	大厂回族自治县(冀)	观赏苗木(万株)	3.00
45	鹿泉市(冀)	观赏苗木(万株)	3.00

	玉兰类主产地	花卉类别	产量
46	蒙阴县(鲁)	观赏苗木(万株)	3.00
47	新泰市(鲁)	观赏苗木(万株)	2.50
48	桐柏县(豫)	观赏苗木(万株)	2.10
49	灵璧县(皖)	观赏苗木(万株)	2.00
50	仪陇县(川)	观赏苗木(万株)	2.00
51	遵化市(冀)	观赏苗木(万株)	1.20
52	宝丰县(豫)	观赏苗木(万株)	1.20
53	桐城市(皖)	观赏苗木(万株)	1.10
54	常宁市(湘)	观赏苗木(万株)	1.00
55	北戴河区(冀)	观赏苗木(万株)	0.60
56	娄星区(湘)	观赏苗木(万株)	0.30
57	彭山县(川)	观赏苗木(万株)	0.30
58	雷山县(黔)	观赏苗木(万株)	0.30
59	大东流苗圃（京）	观赏苗木(万株)	0.26
60	略阳县(陕)	观赏苗木(万株)	0.10
61	湖滨区(豫)	花卉用种苗(千株)	0.90
62	南郑县(陕)	花卉用种球(千粒)	150.00
63	荥阳市(豫)	盆花(万盆)	3.50
64	新晃侗族自治县(湘)	盆花(万盆)	0.60
65	靖州苗族侗族自治县(湘)	盆花(万盆)	0.50
66	攀枝花市东区(川)	盆花(万盆)	0.10
67	郎溪县(皖)	盆景(万盆)	3.20
68	雨湖区(湘)	盆景(万盆)	3.00
69	安陆市(鄂)	盆景(万盆)	0.10
70	铜鼓县(赣)	鲜切花(万支)	50.00

表 16-10-23　紫叶李主产地产量

	紫叶李主产地	花卉类别	产量
1	肥西县(皖)	观赏苗木(万株)	1200.00
2	许昌县(豫)	观赏苗木(万株)	970.00
3	枣庄市市中区(鲁)	观赏苗木(万株)	160.00
4	沈丘县(豫)	观赏苗木(万株)	150.00
5	临洮县(甘)	观赏苗木(万株)	120.00
6	青州市(鲁)	观赏苗木(万株)	100.00
7	濮阳县(豫)	观赏苗木(万株)	100.00
8	郫　县(川)	观赏苗木(万株)	90.00
9	博野县(冀)	观赏苗木(万株)	80.00
10	昌邑市(鲁)	观赏苗木(万株)	80.00
11	肥城市(鲁)	观赏苗木(万株)	69.00
12	勉　县(陕)	观赏苗木(万株)	62.30
13	武陟县(豫)	观赏苗木(万株)	40.00
14	桃城区(冀)	观赏苗木(万株)	25.00
15	鹿泉市(冀)	观赏苗木(万株)	22.00
16	开原市(辽)	观赏苗木(万株)	20.00
17	新泰市(鲁)	观赏苗木(万株)	20.00
18	宁阳县(鲁)	观赏苗木(万株)	16.00
19	金凤区(宁)	观赏苗木(万株)	15.00
20	魏　县(冀)	观赏苗木(万株)	11.00
21	丰南区(冀)	观赏苗木(万株)	10.00
22	霍山县(皖)	观赏苗木(万株)	10.00
23	嵩　县(豫)	观赏苗木(万株)	10.00
24	宁陵县(豫)	观赏苗木(万株)	10.00
25	涪城区(川)	观赏苗木(万株)	10.00
26	芜湖县(皖)	观赏苗木(万株)	8.00
27	长沙县(湘)	观赏苗木(万株)	5.50
28	永年县(冀)	观赏苗木(万株)	5.00
29	广阳区(冀)	观赏苗木(万株)	5.00
30	大连市金州新区(辽)	观赏苗木(万株)	5.00
31	郎溪县(皖)	观赏苗木(万株)	5.00
32	淄川区(鲁)	观赏苗木(万株)	5.00
33	应城市(鄂)	观赏苗木(万株)	5.00
34	平坝县(黔)	观赏苗木(万株)	3.00
35	容城县(冀)	观赏苗木(万株)	2.00
36	姜堰市(苏)	观赏苗木(万株)	2.00
37	灵璧县(皖)	观赏苗木(万株)	2.00
38	平阴县(鲁)	观赏苗木(万株)	2.00
39	鹤山区(豫)	观赏苗木(万株)	2.00
40	略阳县(陕)	观赏苗木(万株)	2.00
41	怀来县(冀)	观赏苗木(万株)	1.50
42	贺兰县(宁)	观赏苗木(万株)	1.20
43	北戴河区(冀)	观赏苗木(万株)	1.10
44	分宜县(赣)	观赏苗木(万株)	1.00
45	长春市净月经济开发区(吉)	观赏苗木(万株)	1.00
46	醴陵市(湘)	观叶植物(万盆)	1.00
47	株洲县(湘)	观叶植物(万盆)	0.50
48	许昌县(豫)	花卉用种苗(千株)	1090.00
49	湖滨区(豫)	花卉用种苗(千株)	138.00
50	汶上县(鲁)	盆花(万盆)	10.00
51	息烽县(黔)	盆花(万盆)	0.50

表 16-10-24　碧桃主产地产量

	碧桃主产地	花卉类别	产量
1	遵化市(冀)	观赏苗木(万株)	56.00
2	青州市(鲁)	观赏苗木(万株)	50.00
3	博野县(冀)	观赏苗木(万株)	40.00
4	昌邑市(鲁)	观赏苗木(万株)	30.00
5	安次区(冀)	观赏苗木(万株)	20.00
6	嵩　县(豫)	观赏苗木(万株)	20.00
7	桃城区(冀)	观赏苗木(万株)	10.00
8	芜湖县(皖)	观赏苗木(万株)	10.00
9	金凤区(宁)	观赏苗木(万株)	10.00
10	大厂回族自治县(冀)	观赏苗木(万株)	6.00

	碧桃主产地	花卉类别	产量
11	唐　县(冀)	观赏苗木(万株)	5.00
12	新泰市(鲁)	观赏苗木(万株)	5.00
13	长沙县(湘)	观赏苗木(万株)	4.50
14	大名县(冀)	观赏苗木(万株)	2.00
15	肥西县(皖)	观赏苗木(万株)	2.00
16	苍山县(鲁)	观赏苗木(万株)	1.80
17	贺兰县(宁)	观赏苗木(万株)	1.30
18	怀来县(冀)	观赏苗木(万株)	1.00
19	易　县(冀)	观赏苗木(万株)	1.00
20	山城区(豫)	观赏苗木(万株)	1.00
21	涿州市(冀)	观赏苗木(万株)	0.50
22	荥阳市(豫)	观赏苗木(万株)	0.50
23	罗山县(豫)	观赏苗木(万株)	0.30
24	安陆市(鄂)	观赏苗木(万株)	0.30
25	大东流苗圃(京)	观赏苗木(万株)	0.12
26	郾城区(豫)	盆景(万盆)	2.10
27	郎溪县(皖)	盆景(万盆)	0.80
28	宁阳县(鲁)	盆景(万盆)	0.20

表 16-10-25　石竹主产地产量

	石竹主产地	花卉类别	产量
1	原阳县(豫)	观赏苗木(万株)	320.00
2	新蔡县(豫)	观赏苗木(万株)	13.90
3	鹤城区(湘)	观赏苗木(万株)	10.00
4	藁城市(冀)	观赏苗木(万株)	7.00
5	西平县(豫)	观赏苗木(万株)	6.50
6	苍山县(鲁)	观赏苗木(万株)	6.00
7	正阳县(豫)	观赏苗木(万株)	5.00
8	黄州区(鄂)	观赏苗木(万株)	2.00
9	调兵山市(辽)	观赏苗木(万株)	1.50
10	安宁区(甘)	观赏苗木(万株)	1.20
11	分宜县(赣)	观赏苗木(万株)	0.50
12	芦山县(川)	观赏苗木(万株)	0.50
13	木兰县(黑)	观赏苗木(万株)	0.30
14	常宁市(湘)	观赏苗木(万株)	0.10
15	阜新蒙古族自治县(辽)	观叶植物(万盆)	100.00
16	宣化区(冀)	观叶植物(万盆)	10.00
17	通川区(川)	观叶植物(万盆)	5.00
18	冷水江市(湘)	观叶植物(万盆)	4.50
19	平桥区(豫)	观叶植物(万盆)	3.00
20	开　县(渝)	观叶植物(万盆)	2.00
21	大武口区(宁)	花卉用种苗(千株)	30.00
22	顺义区(京)	盆花(万盆)	52.00
23	浦东新区(沪)	盆花(万盆)	30.00
24	青州市(鲁)	盆花(万盆)	21.00
25	廉江市(粤)	盆花(万盆)	20.00
26	临安市(浙)	盆花(万盆)	10.00
27	抚宁县(冀)	盆花(万盆)	6.00
28	石门县(湘)	盆花(万盆)	5.00
29	唐　县(冀)	盆花(万盆)	3.00
30	长沙县(湘)	盆花(万盆)	2.50
31	汶上县(鲁)	盆花(万盆)	2.00
32	涟源市(湘)	盆花(万盆)	2.00
33	新津县(川)	盆花(万盆)	2.00
34	南溪县(川)	盆花(万盆)	2.00
35	湘乡市(湘)	盆花(万盆)	1.20
36	武邑县(冀)	盆花(万盆)	1.00
37	望城县(湘)	盆花(万盆)	1.00
38	乌拉特前旗(内蒙古)	盆花(万盆)	0.20
39	临漳县(冀)	盆花(万盆)	0.10
40	泸水县(滇)	盆花(万盆)	0.10
41	龙南县(赣)	盆景(万盆)	5.00
42	桃源县(湘)	盆景(万盆)	2.50
43	卫东区(豫)	盆景(万盆)	2.00
44	郎溪县(皖)	盆景(万盆)	1.00
45	海兴县(冀)	盆景(万盆)	0.50
46	新晃侗族自治县(湘)	盆景(万盆)	0.10
47	泸西县(滇)	鲜切花(万支)	500.00
48	松江区(沪)	鲜切花(万支)	296.00
49	奉贤区(沪)	鲜切花(万支)	65.00
50	灌云县(苏)	鲜切花(万支)	50.00
51	农六师(新疆兵团)	鲜切花(万支)	50.00
52	兴宁区(桂)	鲜切花(万支)	35.00
53	通州区(京)	鲜切花(万支)	18.62
54	藁城市(冀)	鲜切花(万支)	15.00
55	淮滨县(豫)	鲜切花(万支)	10.00
56	彭山县(川)	鲜切花(万支)	10.00
57	毕节市(黔)	鲜切花(万支)	10.00
58	秦州区(甘)	鲜切花(万支)	5.00
59	万全县(冀)	鲜切花(万支)	4.00
60	济宁市市中区(鲁)	鲜切花(万支)	2.00
61	山亭区(鲁)	鲜切花(万支)	1.00
62	钢城区(鲁)	鲜切花(万支)	1.00
63	蓬安县(川)	鲜切叶(万支)	50.00

表 16-10-26　凤仙花主产地产量

	凤仙花主产地	花卉类别	产量
1	大洼县(辽)	观赏苗木(万株)	63.00
2	宁城县(内蒙古)	观赏苗木(万株)	8.00
3	惠济区(豫)	观赏苗木(万株)	8.00
4	高平市(晋)	观赏苗木(万株)	1.00
5	余干县(赣)	观赏苗木(万株)	0.40

	凤仙花主产地	花卉类别	产量
6	源汇区(豫)	盆花(万盆)	0.56
7	顺义区(京)	盆花(万盆)	600.00
8	大足县(渝)	盆花(万盆)	200.00
9	阜新蒙古族自治县(辽)	盆花(万盆)	100.00
10	延庆县(京)	盆花(万盆)	70.00
11	萝岗区(粤)	盆花(万盆)	47.60
12	青州市(鲁)	盆花(万盆)	20.00
13	许昌县(豫)	盆花(万盆)	19.00
14	临洮县(甘)	盆花(万盆)	13.00
15	高邑县(冀)	盆花(万盆)	6.00
16	石景山区(京)	盆花(万盆)	5.00
17	长沙县(湘)	盆花(万盆)	5.00
18	城北区(青)	盆花(万盆)	4.60
19	北戴河区(冀)	盆花(万盆)	3.20
20	番禺区(粤)	盆花(万盆)	3.00
21	通川区(川)	盆花(万盆)	2.00
22	平桥区(豫)	盆花(万盆)	1.60
23	蓬安县(川)	盆花(万盆)	1.30
24	长丰县(皖)	盆花(万盆)	1.02
25	武安市(冀)	盆花(万盆)	1.00
26	平山县(冀)	盆花(万盆)	1.00
27	新华区(豫)	盆花(万盆)	1.00
28	襄城区(鄂)	盆花(万盆)	1.00
29	淅川县(豫)	盆花(万盆)	0.80
30	常宁市(湘)	盆花(万盆)	0.52
31	彭山县(川)	盆花(万盆)	0.50
32	阳泉市郊区(晋)	盆花(万盆)	0.30
33	永年县(冀)	盆花(万盆)	0.20
34	西宁市市辖区(青)	盆花(万盆)	0.20
35	白银区(甘)	盆景(万盆)	0.80
36	新安县(豫)	鲜切花(万支)	80.00
37	兴宁区(桂)	鲜切花(万支)	17.00
38	义乌市(浙)	鲜切花(万支)	2.00
39	济宁市市中区(鲁)	鲜切花(万支)	0.30

表 16-10-27 大丽花主产地产量

	大丽花主产地	花卉类别	产量
1	呼伦贝尔市市辖区(内蒙古)	观赏苗木(万株)	30.00
2	即墨市(鲁)	观赏苗木(万株)	10.00
3	鹿泉市(冀)	观赏苗木(万株)	3.00
4	魏　县(冀)	观赏苗木(万株)	1.00
5	木兰县(黑)	观赏苗木(万株)	0.20
6	即墨市(鲁)	观叶植物(万盆)	5.00
7	济宁市市中区(鲁)	观叶植物(万盆)	0.30
8	郯城县(鲁)	盆花(万盆)	778.00
9	临洮县(甘)	盆花(万盆)	30.00
10	潢川县(豫)	盆花(万盆)	16.00
11	固始县(豫)	盆花(万盆)	15.00
12	新泰市(鲁)	盆花(万盆)	6.00
13	商水县(豫)	盆花(万盆)	5.00
14	范　县(豫)	盆花(万盆)	5.00
15	平桥区(豫)	盆花(万盆)	4.00
16	平山县(冀)	盆花(万盆)	1.00
17	新华区(豫)	盆花(万盆)	1.00
18	彭山县(川)	盆花(万盆)	1.00
19	瓜州县(甘)	盆花(万盆)	1.00
20	调兵山市(辽)	盆花(万盆)	0.30
21	泌阳县(豫)	盆花(万盆)	0.20
22	常宁市(湘)	盆花(万盆)	0.15
23	蠡　县(冀)	盆景(万盆)	0.50
24	临洮县(甘)	鲜切花(万支)	120.00
25	新野县(豫)	鲜切花(万支)	8.80
26	白银区(甘)	鲜切花(万支)	5.40
27	彭山县(川)	鲜切花(万支)	5.00
28	徽　县(甘)	鲜切花(万支)	5.00
29	闵行区(沪)	鲜切花(万支)	3.20
30	山丹县(甘)	鲜切花(万支)	0.20

表 16-10-28 栀子花主产地产量

	栀子花主产地	花卉类别	产量
1	长沙县(湘)	观赏苗木(万株)	0.15
2	潢川县(豫)	观赏苗木(万株)	45.00
3	中方县(湘)	观赏苗木(万株)	16.00
4	临武县(湘)	观赏苗木(万株)	12.50
5	寿　县(皖)	观赏苗木(万株)	12.00
6	临安市(浙)	观赏苗木(万株)	10.00
7	莲花县(赣)	观赏苗木(万株)	6.00
8	浦东新区(沪)	观赏苗木(万株)	5.00
9	西充县(川)	观赏苗木(万株)	1.00
10	芦山县(川)	观赏苗木(万株)	0.50
11	安陆市(鄂)	观赏苗木(万株)	0.20
12	大足县(渝)	盆花(万盆)	200.00
13	罗山县(豫)	盆花(万盆)	25.00
14	通川区(川)	盆花(万盆)	12.00
15	灵璧县(皖)	盆花(万盆)	2.00
16	常宁市(湘)	盆花(万盆)	1.50
17	金溪县(赣)	盆花(万盆)	1.20
18	井研县(川)	盆花(万盆)	0.20
19	新晃侗族自治县(湘)	盆花(万盆)	0.10
20	彭山县(川)	盆花(万盆)	0.10
21	固始县(豫)	盆景(万盆)	14.00
22	平桥区(豫)	盆景(万盆)	10.00

	栀子花主产地	花卉类别	产量
23	江津区(渝)	盆景(万盆)	10.00
24	孝南区(鄂)	盆景(万盆)	0.50
25	新晃侗族自治县(湘)	盆景(万盆)	0.10
26	通川区(川)	鲜切花(万支)	100.00
27	铜鼓县(赣)	鲜切花(万支)	80.00
28	罗山县(豫)	鲜切花(万支)	20.00
29	南川区(渝)	鲜切花(万支)	20.00
30	彭山县(川)	鲜切花(万支)	20.00
31	新晃侗族自治县(湘)	鲜切花(万支)	3.00
32	井研县(川)	鲜切花(万支)	2.00
33	彭山县(川)	鲜切叶(万支)	20.00
34	涪城区(川)	鲜切叶(万支)	20.00
35	仪陇县(川)	鲜切叶(万支)	1.00

表 16-10-29　一品红主产地产量

	一品红主产地	花卉类别	产量
1	临洮县(甘)	观赏苗木(万株)	150.00
2	青州市(鲁)	观叶植物(万盆)	50.00
3	大武口区(宁)	花卉用种苗(千株)	60.00
4	鄂托克旗(内蒙古)	盆花(万盆)	450.00
5	松北区(黑)	盆花(万盆)	120.00
6	临洮县(甘)	盆花(万盆)	80.00
7	长安区(冀)	盆花(万盆)	50.00
8	浦东新区(沪)	盆花(万盆)	50.00
9	奉贤区(沪)	盆花(万盆)	35.00
10	高邑县(冀)	盆花(万盆)	30.00
11	临安市(浙)	盆花(万盆)	30.00
12	乐都县(青)	盆花(万盆)	12.00
13	番禺区(粤)	盆花(万盆)	9.00
14	大厂回族自治县(冀)	盆花(万盆)	3.00
15	蒲　县(晋)	盆花(万盆)	3.00
16	井陉县(冀)	盆花(万盆)	2.00
17	灵璧县(皖)	盆花(万盆)	2.00
18	临颍县(豫)	盆花(万盆)	2.00
19	海城市(辽)	盆花(万盆)	1.20
20	武邑县(冀)	盆花(万盆)	1.00
21	淮上区(皖)	盆花(万盆)	1.00
22	宁东林业局(陕)	盆花(万盆)	0.90
23	隆德县(宁)	盆花(万盆)	0.90
24	山亭区(鲁)	盆花(万盆)	0.60
25	新建县(赣)	盆花(万盆)	0.30
26	徽　县(甘)	盆花(万盆)	0.25
27	攀枝花市东区(川)	盆花(万盆)	0.10
28	北辰区(津)	盆景(万盆)	154.00
29	包河区(皖)	盆景(万盆)	3.00
30	青　县(冀)	盆景(万盆)	2.00
31	甘谷县(甘)	盆景(万盆)	1.20
32	新安县(豫)	鲜切花(万支)	60.00
33	白银区(甘)	鲜切花(万支)	12.00
34	义乌市(浙)	鲜切花(万支)	0.70
35	阳泉市郊区(晋)	鲜切花(万支)	0.05

表 16-10-30　丁香类主产地产量

	丁香类主产地	花卉类别	产量
1	祁连县(青)	观赏苗木(万株)	5000.00
2	凤城市(辽)	观赏苗木(万株)	200.00
3	兰西县(黑)	观赏苗木(万株)	200.00
4	潢川县(豫)	观赏苗木(万株)	58.00
5	五大连池市(黑)	观赏苗木(万株)	55.00
6	金凤区(宁)	观赏苗木(万株)	40.00
7	克东县(黑)	观赏苗木(万株)	20.00
8	丰宁满族自治县(冀)	观赏苗木(万株)	15.00
9	鸡东县(黑)	观赏苗木(万株)	15.00
10	翁牛特旗(内蒙古)	观赏苗木(万株)	12.00
11	涉　县(冀)	观赏苗木(万株)	10.00
12	千山区(辽)	观赏苗木(万株)	10.00
13	望奎县(黑)	观赏苗木(万株)	5.00
14	西乌珠穆沁旗(内蒙古)	观赏苗木(万株)	5.00
15	海城市(辽)	观赏苗木(万株)	4.00
16	怀来县(冀)	观赏苗木(万株)	3.00
17	寿阳县(晋)	观赏苗木(万株)	2.00
18	铁锋区(黑)	观赏苗木(万株)	2.00
19	涿州市(冀)	观赏苗木(万株)	1.10
20	略阳县(陕)	观赏苗木(万株)	0.50
21	大东流苗圃(京)	观赏苗木(万株)	0.46
22	合水县(甘)	观赏苗木(万株)	0.40
23	西宁市市辖区(青)	观赏苗木(万株)	0.30
24	泰来县(黑)	花卉用种苗(千株)	220.00
25	呼兰区(黑)	花卉用种苗(千株)	30.00
26	巴林林业局(内蒙古)	花卉用种苗(千株)	20.00
27	天峻县(青)	花卉用种苗(千株)	15.00
28	华龙区(豫)	盆花(万盆)	2.00

表 16-10-31　榕树(小叶榕)主产地产量

	榕树(小叶榕)主产地	花卉类别	产量
1	新会区(粤)	观赏苗木(万株)	20000.00
2	武鸣县(桂)	观赏苗木(万株)	230.00
3	石家庄市桥西区(冀)	观赏苗木(万株)	55.00
4	江南区(桂)	观赏苗木(万株)	55.00
5	兴宁区(桂)	观赏苗木(万株)	14.00
6	番禺区(粤)	观赏苗木(万株)	6.00
7	信宜市(粤)	观赏苗木(万株)	5.00
8	泸西县(滇)	观赏苗木(万株)	2.00
9	武宣县(桂)	观赏苗木(万株)	1.50

	榕树(小叶榕)主产地	花卉类别	产量
10	河口瑶族自治县(滇)	观赏苗木(万株)	1.00
11	江南区(桂)	观叶植物(万盆)	2.00
12	石屏县(滇)	花卉用种苗(千株)	200.00
13	蓬江区(粤)	盆花(万盆)	3000.00
14	青州市(鲁)	盆花(万盆)	10.00
15	林州市(豫)	盆景(万盆)	0.50

表 16-10-32　凤梨类主产地产量

	凤梨类主产地	花卉类别	产量
1	茌平县(鲁)	观赏苗木(万株)	50000.00
2	邹平县(鲁)	观赏苗木(万株)	10.00
3	成安县(冀)	观赏苗木(万株)	5.00
4	浦江县(浙)	观叶植物(万盆)	0.55
5	松江区(沪)	盆花(万盆)	220.00
6	广饶县(鲁)	盆花(万盆)	200.00
7	荔湾区(粤)	盆花(万盆)	150.00
8	顺义区(京)	盆花(万盆)	90.00
9	青州市(鲁)	盆花(万盆)	30.00
10	虞城县(豫)	盆花(万盆)	15.00
11	苗木繁育中心(陕)	盆花(万盆)	15.00
12	江北区(浙)	盆花(万盆)	10.00
13	义乌市(浙)	盆花(万盆)	7.00
14	城北区(青)	盆花(万盆)	7.00
15	闵行区(沪)	盆花(万盆)	5.90
16	大东流苗圃(京)	盆花(万盆)	4.20
17	樟树市(赣)	盆花(万盆)	3.00
18	垦利县(鲁)	盆花(万盆)	3.00
19	秦州区(甘)	盆花(万盆)	3.00
20	淮上区(皖)	盆花(万盆)	2.00
21	高州市(粤)	盆花(万盆)	2.00
22	上街区(豫)	盆花(万盆)	1.10
23	西宁市市辖区(青)	盆花(万盆)	0.50
24	隆德县(宁)	盆花(万盆)	0.43
25	宁东林业局(陕)	盆花(万盆)	0.40
26	辛集市(冀)	盆花(万盆)	0.20
27	略阳县(陕)	盆花(万盆)	0.20
28	济宁市市中区(鲁)	盆景(万盆)	5.00
29	蚌山区(皖)	盆景(万盆)	0.65
30	建湖县(苏)	鲜切花(万支)	10.00
31	济宁市市中区(鲁)	鲜切花(万支)	0.50
32	义乌市(浙)	鲜切叶(万支)	1.40

表 16-10-33　红檵木主产地产量

	红檵木主产地	花卉类别	产量
1	北仑区(浙)	观赏苗木(万株)	2700.00
2	潢川县(豫)	观赏苗木(万株)	103.00

	红檵木主产地	花卉类别	产量
3	长沙县(湘)	观赏苗木(万株)	65.00
4	宜都市(鄂)	观赏苗木(万株)	50.00
5	泸　县(川)	观赏苗木(万株)	50.00
6	雁山区(桂)	观赏苗木(万株)	35.92
7	莲花县(赣)	观赏苗木(万株)	20.00
8	涪城区(川)	观赏苗木(万株)	20.00
9	定海区(浙)	观赏苗木(万株)	18.90
10	临安市(浙)	观赏苗木(万株)	10.00
11	中方县(湘)	观赏苗木(万株)	10.00
12	安化县(湘)	观赏苗木(万株)	10.00
13	点军区(鄂)	观赏苗木(万株)	4.00
14	蔡甸区(鄂)	观赏苗木(万株)	4.00
15	平坝县(黔)	观赏苗木(万株)	4.00
16	新晃侗族自治县(湘)	观赏苗木(万株)	2.00
17	全州县(桂)	观赏苗木(万株)	2.00
18	仪陇县(川)	观赏苗木(万株)	2.00
19	安陆市(鄂)	观赏苗木(万株)	1.00
20	靖州苗族侗族自治县(湘)	观赏苗木(万株)	0.50
21	雷山县(黔)	观赏苗木(万株)	0.40
22	郫　县(川)	观赏苗木(万株)	0.23
23	株洲县(湘)	观叶植物(万盆)	8.00
24	都昌县(赣)	观叶植物(万盆)	2.00
25	龙南县(赣)	观叶植物(万盆)	2.00
26	龙南县(赣)	花卉用种苗(千株)	1000.00
27	沅陵县(湘)	花卉用种苗(千株)	15.00
28	石门县(湘)	盆花(万盆)	45.00
29	泰和县(赣)	盆花(万盆)	10.00
30	番禺区(粤)	盆花(万盆)	6.00
31	勉　县(陕)	盆花(万盆)	2.40
32	义乌市(浙)	盆花(万盆)	1.20
33	广安区(川)	盆花(万盆)	1.00
34	新晃侗族自治县(湘)	盆花(万盆)	0.20
35	涟源市(湘)	盆花(万盆)	0.20
36	长沙县(湘)	盆景(万盆)	40.00
37	游仙区(川)	盆景(万盆)	13.50
38	江北区(浙)	盆景(万盆)	10.00
39	郧　县(鄂)	盆景(万盆)	1.00
40	临安市(浙)	盆景(万盆)	0.50
41	靖州苗族侗族自治县(湘)	盆景(万盆)	0.20
42	铜鼓县(赣)	鲜切花(万支)	40.00
43	新晃侗族自治县(湘)	鲜切花(万支)	2.00

表 16-10-34　一串红主产地产量

	一串红主产地	花卉类别	产量
1	万荣县(晋)	观赏苗木(万株)	30000.00
2	临洮县(甘)	观赏苗木(万株)	150.00

	一串红主产地	花卉类别	产量
3	临安市(浙)	观赏苗木(万株)	100.00
4	阿城区(黑)	观赏苗木(万株)	90.00
5	东平县(鲁)	观赏苗木(万株)	50.00
6	呼伦贝尔市辖区(内蒙古)	观赏苗木(万株)	30.00
7	安丘市(鲁)	观赏苗木(万株)	20.00
8	涉　县(冀)	观赏苗木(万株)	15.00
9	清河区(辽)	观赏苗木(万株)	12.20
10	博野县(冀)	观赏苗木(万株)	10.00
11	丰宁满族自治县(冀)	观赏苗木(万株)	10.00
12	宁城县(内蒙古)	观赏苗木(万株)	10.00
13	兴城市(辽)	观赏苗木(万株)	10.00
14	龙子湖区(皖)	观赏苗木(万株)	10.00
15	居巢区(皖)	观叶植物(万盆)	140.00
16	七台河市市辖区(黑)	观叶植物(万盆)	28.00
17	新泰市(鲁)	观叶植物(万盆)	20.00
18	大武口区(宁)	花卉用种苗(千株)	480.00
19	依安县(黑)	花卉用种苗(千株)	200.00
20	河东区(鲁)	花卉用种子(吨)	20.00
21	海州区(苏)	盆花(万盆)	12000.00
22	顺义区(京)	盆花(万盆)	700.00
23	阜新蒙古族自治县(辽)	盆花(万盆)	450.00
24	松北区(黑)	盆花(万盆)	353.00
25	延庆县(京)	盆花(万盆)	300.00
26	贺兰县(宁)	盆花(万盆)	220.00
27	双桥区(冀)	盆花(万盆)	150.00
28	千山区(辽)	盆花(万盆)	120.00
29	甘井子区(辽)	盆花(万盆)	100.00
30	临安市(浙)	盆花(万盆)	100.00
31	察哈尔右翼前旗(内蒙古)	盆花(万盆)	80.00
32	青州市(鲁)	盆花(万盆)	80.00
33	即墨市(鲁)	盆花(万盆)	80.00
34	涿州市(冀)	盆花(万盆)	74.00
35	榆次区(晋)	盆花(万盆)	60.00
36	遵化市(冀)	盆花(万盆)	58.00
37	临洮县(甘)	盆花(万盆)	50.00
38	武清区(津)	盆花(万盆)	39.80
39	浦东新区(沪)	盆花(万盆)	30.00
40	奉贤区(沪)	盆花(万盆)	30.00
41	华龙区(豫)	盆花(万盆)	30.00
42	商水县(豫)	盆花(万盆)	30.00
43	贵溪市(赣)	盆花(万盆)	24.00
44	成安县(冀)	盆花(万盆)	20.00
45	安次区(冀)	盆花(万盆)	20.00
46	长治市城区(晋)	盆花(万盆)	20.00
47	高平市(晋)	盆花(万盆)	20.00
48	蚌山区(皖)	盆花(万盆)	20.00
49	肥东县(皖)	盆花(万盆)	20.00
50	巴州区(川)	盆花(万盆)	20.00
51	会宁县(甘)	盆花(万盆)	20.00
52	濉溪县(皖)	盆花(万盆)	17.40
53	抚宁县(冀)	盆花(万盆)	17.00
54	渭滨区(陕)	盆花(万盆)	15.00
55	滦南县(冀)	盆花(万盆)	15.00
56	博兴县(鲁)	盆花(万盆)	15.00
57	丰　县(苏)	盆花(万盆)	13.00
58	灵石县(晋)	盆花(万盆)	12.50
59	固始县(豫)	盆花(万盆)	12.00
60	彭阳县(宁)	盆花(万盆)	12.00
61	惠济区(豫)	盆花(万盆)	11.50
62	运河区(冀)	盆花(万盆)	10.00
63	晋源区(晋)	盆花(万盆)	10.00
64	翁牛特旗(内蒙古)	盆花(万盆)	10.00
65	林西县(内蒙古)	盆花(万盆)	10.00
66	清河门区(辽)	盆花(万盆)	10.00
67	龙南县(赣)	盆花(万盆)	10.00
68	汶上县(鲁)	盆花(万盆)	10.00
69	平桥区(豫)	盆花(万盆)	10.00
70	郧　县(鄂)	盆花(万盆)	10.00
71	鹤城区(湘)	盆花(万盆)	10.00
72	分宜县(赣)	盆花(万盆)	2.00
73	息烽县(黔)	盆花(万盆)	1.00
74	郫　县(川)	盆花(万盆)	0.24
75	银州区(辽)	盆景(万盆)	14.00
76	蠡　县(冀)	盆景(万盆)	10.00
77	新安县(豫)	鲜切花(万支)	72.00
78	建湖县(苏)	鲜切花(万支)	50.00
79	罗山县(豫)	鲜切花(万支)	50.00
80	铜鼓县(赣)	鲜切花(万支)	20.00
81	白银区(甘)	鲜切花(万支)	20.00
82	龙南县(赣)	鲜切花(万支)	15.00
83	芜湖县(皖)	鲜切花(万支)	10.00

表 16-10-35　矮牵牛主产地产量

	矮牵牛主产地	花卉类别	产量
1	临洮县(甘)	观赏苗木(万株)	100.00
2	东平县(鲁)	观赏苗木(万株)	50.00
3	庄河市(辽)	观赏苗木(万株)	40.00
4	安宁区(甘)	观赏苗木(万株)	10.50
5	宁城县(内蒙古)	观赏苗木(万株)	10.00
6	让胡路区(黑)	观赏苗木(万株)	6.00
7	翼城县(晋)	观赏苗木(万株)	2.00
8	虎林市(黑)	观赏苗木(万株)	1.60

	矮牵牛主产地	花卉类别	产量
9	木兰县(黑)	观赏苗木(万株)	0.80
10	七台河市市辖区(黑)	观叶植物(万盆)	2.00
11	大武口区(宁)	花卉用种苗(千株)	795.00
12	依安县(黑)	花卉用种苗(千株)	200.00
13	青铜峡市(宁)	花卉用种苗(千株)	60.00
14	顺义区(京)	盆花(万盆)	850.00
15	金凤区(宁)	盆花(万盆)	220.00
16	贺兰县(宁)	盆花(万盆)	162.00
17	伊金霍洛旗(内蒙古)	盆花(万盆)	155.00
18	镇海区(浙)	盆花(万盆)	106.00
19	千山区(辽)	盆花(万盆)	100.00
20	青州市(鲁)	盆花(万盆)	80.00
21	察哈尔右翼前旗(内蒙古)	盆花(万盆)	60.00
22	长安区(冀)	盆花(万盆)	50.00
23	肥乡县(冀)	盆花(万盆)	45.00
24	龙子湖区(皖)	盆花(万盆)	40.00
25	华龙区(豫)	盆花(万盆)	40.00
26	奉贤区(沪)	盆花(万盆)	36.00
27	嘉峪关市(甘)	盆花(万盆)	35.00
28	遵化市(冀)	盆花(万盆)	34.00
29	安次区(冀)	盆花(万盆)	30.00
30	北戴河区(冀)	盆花(万盆)	25.50
31	让胡路区(黑)	盆花(万盆)	25.00
32	德令哈市(青)	盆花(万盆)	25.00
33	石景山区(京)	盆花(万盆)	16.00
34	和林格尔县(内蒙古)	盆花(万盆)	15.00
35	平湖市(浙)	盆花(万盆)	15.00
36	海城市(辽)	盆花(万盆)	12.00
37	晋源区(晋)	盆花(万盆)	10.00
38	双城市(黑)	盆花(万盆)	10.00
39	商水县(豫)	盆花(万盆)	10.00
40	毕节市(黔)	盆花(万盆)	10.00
41	会宁县(甘)	盆花(万盆)	10.00
42	玉环县(浙)	盆花(万盆)	8.00
43	瓜州县(甘)	盆花(万盆)	5.00
44	广阳区(冀)	盆花(万盆)	4.00
45	固阳县(内蒙古)	盆花(万盆)	4.00
46	仪陇县(川)	盆花(万盆)	3.00
47	阿拉善左旗(内蒙古)	盆花(万盆)	2.00
48	安图森林经营局(吉)	盆花(万盆)	2.00
49	桂阳县(湘)	盆花(万盆)	2.00
50	惠济区(豫)	盆花(万盆)	1.50
51	魏　县(冀)	盆花(万盆)	1.00
52	蔚　县(冀)	盆花(万盆)	1.00
53	芜湖县(皖)	盆花(万盆)	1.00
54	淮阳县(豫)	盆花(万盆)	1.00
55	栾川县(豫)	盆花(万盆)	1.00
56	涿州市(冀)	盆花(万盆)	0.50
57	怀来县(冀)	盆花(万盆)	0.45
58	东乌珠穆沁旗(内蒙古)	盆花(万盆)	0.40
59	东平县(鲁)	盆花(万盆)	0.36
60	西乌珠穆沁旗(内蒙古)	盆花(万盆)	0.30
61	郫　县(川)	盆花(万盆)	0.24
62	陵　县(鲁)	盆花(万盆)	0.20
63	凤阳县(皖)	盆花(万盆)	0.10
64	新晃侗族自治县(湘)	盆景(万盆)	0.10
65	九原区(内蒙古)	鲜切叶(万支)	50.00

表 16-10-36　三色堇主产地产量

	三色堇主产地	花卉类别	产量
1	濉溪县(皖)	观赏苗木(万株)	4.40
2	让胡路区(黑)	观赏苗木(万株)	1.00
3	木兰县(黑)	观赏苗木(万株)	0.50
4	左权县(晋)	观叶植物(万盆)	2.00
5	云梦县(鄂)	观叶植物(万盆)	1.00
6	阜新蒙古族自治县(辽)	盆花(万盆)	300.00
7	甘井子区(辽)	盆花(万盆)	250.00
8	临安市(浙)	盆花(万盆)	100.00
9	顺义区(京)	盆花(万盆)	70.00
10	奉贤区(沪)	盆花(万盆)	55.00
11	贺兰县(宁)	盆花(万盆)	52.00
12	延庆县(京)	盆花(万盆)	50.00
13	浦东新区(沪)	盆花(万盆)	50.00
14	镇海区(浙)	盆花(万盆)	36.00
15	青州市(鲁)	盆花(万盆)	25.00
16	姜堰市(苏)	盆花(万盆)	20.00
17	临洮县(甘)	盆花(万盆)	20.00
18	清河区(辽)	盆花(万盆)	18.00
19	社旗县(豫)	盆花(万盆)	15.00
20	肥西县(皖)	盆花(万盆)	12.00
21	苍山县(鲁)	盆花(万盆)	10.70
22	商水县(豫)	盆花(万盆)	10.00
23	玉环县(浙)	盆花(万盆)	6.00
24	高平市(晋)	盆花(万盆)	5.00
25	龙凤区(黑)	盆花(万盆)	5.00
26	洪江市(湘)	盆花(万盆)	4.00
27	北戴河区(冀)	盆花(万盆)	3.90
28	仪陇县(川)	盆花(万盆)	3.00
29	桂阳县(湘)	盆花(万盆)	2.00
30	番禺区(粤)	盆花(万盆)	2.00
31	彭山县(川)	盆花(万盆)	2.00
32	济宁市市中区(鲁)	盆花(万盆)	1.20

	三色堇主产地	花卉类别	产量
33	寿阳县(晋)	盆花(万盆)	1.00
34	芜湖县(皖)	盆花(万盆)	1.00
35	息烽县(黔)	盆花(万盆)	0.50
36	平桥区(豫)	盆花(万盆)	0.50
37	公安县(鄂)	盆花(万盆)	0.50
38	西宁市市辖区(青)	盆花(万盆)	0.30
39	井陉矿区(冀)	盆花(万盆)	0.10
40	相城区(苏)	盆景(万盆)	1080.00
41	雁山区(桂)	盆景(万盆)	4.14
42	蠡　县(冀)	盆景(万盆)	0.50
43	新安县(豫)	鲜切花(万支)	600.00
44	闵行区(沪)	鲜切花(万支)	6.30
45	钢城区(鲁)	鲜切叶(万支)	1.00

表 16-10-37　满天星主产地产量

	满天星主产地	花卉类别	产量
1	左权县(晋)	观赏类(万株)	100.00
2	赣　县(赣)	观赏类(万株)	36.00
3	藁城市(冀)	观赏类(万株)	5.00
4	正阳县(豫)	观赏类(万株)	5.00
5	肇州县(黑)	观赏类(万株)	2.00
6	肥乡县(冀)	盆花(万盆)	40.00
7	无为县(皖)	盆花(万盆)	40.00
8	龙南县(赣)	盆花(万盆)	15.00
9	长治市城区(晋)	盆花(万盆)	10.00
10	浦东新区(沪)	盆花(万盆)	10.00
11	长沙县(湘)	盆花(万盆)	5.50
12	彭山县(川)	盆花(万盆)	5.00
13	源汇区(豫)	盆花(万盆)	4.58
14	盐山县(冀)	盆花(万盆)	2.40
15	广安区(川)	盆花(万盆)	1.50
16	吴桥县(冀)	盆花(万盆)	1.00
17	永年县(冀)	盆花(万盆)	1.00
18	平桥区(豫)	盆花(万盆)	1.00
19	鼎城区(湘)	盆花(万盆)	1.00
20	番禺区(粤)	盆花(万盆)	1.00
21	榕城区(粤)	盆花(万盆)	1.00
22	荣　县(川)	盆花(万盆)	0.80
23	攀枝花市东区(川)	盆花(万盆)	0.80
24	新建县(赣)	盆花(万盆)	0.65
25	分宜县(赣)	盆花(万盆)	0.50
26	新晃侗族自治县(湘)	盆花(万盆)	0.16
27	瑞丽市(滇)	盆花(万盆)	0.15
28	鹿泉市(冀)	盆景(万盆)	10.00
29	郎溪县(皖)	盆景(万盆)	1.20
30	黄梅县(鄂)	盆景(万盆)	1.00
31	桃江县(湘)	盆景(万盆)	0.80
32	蠡　县(冀)	盆景(万盆)	0.50
33	涟源市(湘)	盆景(万盆)	0.22
34	陆良县(滇)	鲜切花(万支)	1000.00
35	城北区(青)	鲜切花(万支)	907.50
36	临川区(赣)	鲜切花(万支)	520.00
37	纳溪区(川)	鲜切花(万支)	215.00
38	清镇市(黔)	鲜切花(万支)	50.00
39	广丰县(赣)	鲜切花(万支)	30.00
40	龙南县(赣)	鲜切花(万支)	25.00
41	建湖县(苏)	鲜切花(万支)	20.00
42	蒙自市(滇)	鲜切花(万支)	15.00
43	淮滨县(豫)	鲜切花(万支)	10.00
44	璧山县(渝)	鲜切花(万支)	8.92
45	东洲区(辽)	鲜切花(万支)	5.00
46	新华区(豫)	鲜切花(万支)	5.00
47	宝坻区(津)	鲜切花(万支)	3.01
48	全州县(桂)	鲜切花(万支)	2.00
49	瑞金市(赣)	鲜切花(万支)	1.00
50	钢城区(鲁)	鲜切花(万支)	1.00
51	瑞丽市(滇)	鲜切花(万支)	1.00
52	瓜州县(甘)	鲜切花(万支)	1.00
53	榆中县(甘)	鲜切花(万支)	1.00
54	宣汉县(川)	鲜切花(万支)	0.75
55	新晃侗族自治县(湘)	鲜切花(万支)	0.50
56	千山区(辽)	鲜切叶(万支)	60.00
57	农六师(新疆兵团)	鲜切叶(万支)	50.00
58	上蔡县(豫)	鲜切叶(万支)	10.00
59	恩平市(粤)	鲜切叶(万支)	1.00
60	海兴县(冀)	鲜切叶(万支)	0.50

表 16-10-38　黄杨类主产地产量

	黄杨类主产地	花卉类别	产量
1	偃师市(豫)	观赏苗木(万株)	6000.00
2	许昌县(豫)	观赏苗木(万株)	581.00
3	潢川县(豫)	观赏苗木(万株)	1750.00
4	龙安区(豫)	观赏苗木(万株)	1043.00
5	顺平县(冀)	观赏苗木(万株)	475.00
6	涿州市(冀)	观赏苗木(万株)	416.94
7	广饶县(鲁)	观赏苗木(万株)	300.00
8	枣庄市市中区(鲁)	观赏苗木(万株)	270.00
9	沂水县(鲁)	观赏苗木(万株)	200.00
10	南皮县(冀)	观赏苗木(万株)	126.00
11	沁阳市(豫)	观赏苗木(万株)	100.00
12	孝昌县(鄂)	观赏苗木(万株)	100.00
13	青州市(鲁)	观赏苗木(万株)	50.00

	黄杨类主产地	花卉类别	产量
14	奉贤区(沪)	观赏苗木(万株)	46.90
15	永年县(冀)	观赏苗木(万株)	40.00
16	运河区(冀)	观赏苗木(万株)	40.00
17	定海区(浙)	观赏苗木(万株)	38.38
18	鹿泉市(冀)	观赏苗木(万株)	30.00
19	武陟县(豫)	观赏苗木(万株)	30.00
20	成安县(冀)	观赏苗木(万株)	25.00
21	唐山市汉沽管理区(冀)	观赏苗木(万株)	20.00
22	灵璧县(皖)	观赏苗木(万株)	20.00
23	宁陵县(豫)	观赏苗木(万株)	20.00
24	金凤区(宁)	观赏苗木(万株)	20.00
25	高碑店市(冀)	观赏苗木(万株)	19.10
26	荥阳市(豫)	观赏苗木(万株)	14.50
27	姜堰市(苏)	观赏苗木(万株)	8.00
28	苍山县(鲁)	观赏苗木(万株)	6.20
29	鸡泽县(冀)	观赏苗木(万株)	6.00
30	武强县(冀)	观赏苗木(万株)	5.00
31	双峰县(湘)	观赏苗木(万株)	5.00
32	郾城区(豫)	观赏苗木(万株)	4.50
33	复兴区(冀)	观赏苗木(万株)	2.30
34	宁　县(甘)	观赏苗木(万株)	1.00
35	北戴河区(冀)	观赏苗木(万株)	0.80
36	新晃侗族自治县(湘)	观赏苗木(万株)	0.21
37	略阳县(陕)	观叶植物(万盆)	0.50
38	湖滨区(豫)	花卉用种苗(千苗)	450.00
39	安阳县(豫)	花卉用种苗(千苗)	297.40
40	巴林左旗(内蒙古)	盆花(万盆)	150.00
41	蒲　县(晋)	盆花(万盆)	6.00
42	林州市(豫)	盆景(万盆)	0.50
43	江北区(浙)	盆景(万盆)	10.00
44	孟津县(豫)	盆景(万盆)	5.70
45	临安市(浙)	盆景(万盆)	0.50
46	毕节市(黔)	盆景(万盆)	0.30
47	北关区(豫)	鲜切花(万支)	13.60
48	殷都区(豫)	鲜切花(万支)	4.50

表 16-10-39　紫薇类主产地产量

	紫薇类主产地	花卉类别	产量
1	新会区(粤)	观赏苗木(万株)	43000.00
2	潢川县(豫)	观赏苗木(万株)	742.50
3	滑　县(豫)	观赏苗木(万株)	711.00
4	安福县(赣)	观赏苗木(万株)	552.00
5	环翠区(鲁)	观赏苗木(万株)	220.00
6	肥城市(鲁)	观赏苗木(万株)	138.00
7	即墨市(鲁)	观赏苗木(万株)	120.00
8	兴安县(桂)	观赏苗木(万株)	120.00
9	平桥区(豫)	观赏苗木(万株)	100.00
10	郫　县(川)	观赏苗木(万株)	40.00
11	安化县(湘)	观赏苗木(万株)	31.00
12	新泰市(鲁)	观赏苗木(万株)	25.00
13	恩平市(粤)	观赏苗木(万株)	20.00
14	郎溪县(皖)	观赏苗木(万株)	15.00
15	鹿泉市(冀)	观赏苗木(万株)	10.00
16	淮上区(皖)	观赏苗木(万株)	10.00
17	保康县(鄂)	观赏苗木(万株)	10.00
18	铜山区(苏)	观赏苗木(万株)	8.50
19	巴州区(川)	观赏苗木(万株)	8.00
20	顺庆区(川)	观赏苗木(万株)	7.80
21	唐　县(冀)	观赏苗木(万株)	6.00
22	和　县(皖)	观赏苗木(万株)	6.00
23	蒙阴县(鲁)	观赏苗木(万株)	6.00
24	彭山县(川)	观赏苗木(万株)	5.00
25	遵化市(冀)	观赏苗木(万株)	3.80
26	南漳县(鄂)	观赏苗木(万株)	3.40
27	桐柏县(豫)	观赏苗木(万株)	3.00
28	泸　县(川)	观赏苗木(万株)	3.00
29	定海区(浙)	观赏苗木(万株)	2.45
30	涿州市(冀)	观赏苗木(万株)	2.00
31	姜堰市(苏)	观赏苗木(万株)	2.00
32	潜江市(鄂)	观赏苗木(万株)	2.00
33	点军区(鄂)	观赏苗木(万株)	1.00
34	罗山县(豫)	观赏苗木(万株)	0.50
35	长沙县(湘)	观赏苗木(万株)	0.40
36	龙南县(赣)	观叶植物(万盆)	3.00
37	南郑县(陕)	花卉用种苗(千株)	470.00
38	湖滨区(豫)	花卉用种苗(千株)	177.20
39	沅陵县(湘)	花卉用种苗(千株)	71.00
40	荥阳市(豫)	盆花(万盆)	7.00
41	蔡甸区(鄂)	盆花(万盆)	6.00
42	江北区(浙)	盆景(万盆)	5.00
43	郎溪县(皖)	盆景(万盆)	2.50
44	谷城县(鄂)	盆景(万盆)	1.00

表 16-10-40　红叶小檗主产地产量

	红叶小檗主产地	花卉类别	产量
1	潢川县(豫)	观赏苗木(万株)	2050.00
2	临洮县(甘)	观赏苗木(万株)	140.00
3	易　县(冀)	观赏苗木(万株)	100.00
4	青州市(鲁)	观赏苗木(万株)	100.00
5	大冶市(鄂)	观赏苗木(万株)	100.00
6	丰都县(渝)	观赏苗木(万株)	50.00
7	涿州市(冀)	观赏苗木(万株)	20.00

	红叶小檗主产地	花卉类别	产量
8	平舆县(豫)	观赏苗木(万株)	20.00
9	金凤区(宁)	观赏苗木(万株)	20.00
10	浦东新区(沪)	观赏苗木(万株)	10.00
11	武邑县(冀)	观赏苗木(万株)	8.60
12	壶关县(晋)	观赏苗木(万株)	6.00
13	淮上区(皖)	观赏苗木(万株)	5.00
14	北戴河区(冀)	观赏苗木(万株)	4.90
15	武强县(冀)	观赏苗木(万株)	4.20
16	永年县(冀)	观赏苗木(万株)	4.00
17	容城县(冀)	观赏苗木(万株)	3.50
18	鸡泽县(冀)	观赏苗木(万株)	2.00
19	复兴区(冀)	观赏苗木(万株)	2.00
20	邹平县(鲁)	盆花(万盆)	40.00
21	涿州市(冀)	盆花(万盆)	5.00
22	蒲　县(晋)	盆花(万盆)	4.00
23	广安区(川)	盆花(万盆)	1.00
24	眉　县(陕)	盆景(万盆)	1200.00
25	建湖县(苏)	鲜切花(万支)	100.00

表 16-10-41　桧柏主产地产量

	桧柏主产地	花卉类别	产量
1	许昌县(豫)	观赏苗木(万株)	450.00
2	邯郸县(冀)	观赏苗木(万株)	300.00
3	易　县(冀)	观赏苗木(万株)	100.00
4	潢川县(豫)	观赏苗木(万株)	99.00
5	承德县(冀)	观赏苗木(万株)	75.00
6	建湖县(苏)	观赏苗木(万株)	50.00
7	平舆县(豫)	观赏苗木(万株)	35.00
8	嵩　县(豫)	观赏苗木(万株)	30.00
9	奉贤区(沪)	观赏苗木(万株)	20.00
10	涉　县(冀)	观赏苗木(万株)	16.00
11	鹿泉市(冀)	观赏苗木(万株)	10.00
12	大连市金州新区(辽)	观赏苗木(万株)	10.00
13	开原市(辽)	观赏苗木(万株)	10.00
14	郧　县(鄂)	观赏苗木(万株)	10.00
15	永年县(冀)	观赏苗木(万株)	5.00
16	魏　县(冀)	观赏苗木(万株)	4.00
17	定海区(浙)	观赏苗木(万株)	2.33
18	眉　县(陕)	观赏苗木(万株)	2.00
19	兴城市(辽)	观赏苗木(万株)	2.00
20	井陉县(冀)	观赏苗木(万株)	1.00
21	安陆市(鄂)	观赏苗木(万株)	1.00
22	长沙县(湘)	观赏苗木(万株)	0.88
23	峰峰矿区(冀)	观赏苗木(万株)	0.50
24	丛台区(冀)	观赏苗木(万株)	0.50
25	新晃侗族自治县(湘)	观赏苗木(万株)	0.12
26	井陉矿区(冀)	观赏苗木(万株)	0.10
27	蚌山区(皖)	观叶植物(万盆)	0.50
28	湖滨区(豫)	花卉用种苗(千株)	525.00
29	青铜峡市(宁)	盆花(万盆)	10.00
30	青阳县(皖)	盆景(万盆)	29986.00
31	闵行区(沪)	盆景(万盆)	0.70
32	新安县(豫)	鲜切花(万支)	300.00
33	义乌市(浙)	鲜切叶(万支)	1.30

表 16-10-42　其他花卉主产地产量

	主产地	品种	花卉类别	产量
1	番禺区(粤)	巴西铁	观赏苗木(万株)	10.00
2	江南区(桂)	巴西铁	观赏苗木(万株)	8.26
3	西平县(豫)	巴西铁	观赏苗木(万株)	6.00
4	阳泉市郊区(晋)	巴西铁	观赏苗木(万株)	5.00
5	闵行区(沪)	巴西铁	观赏苗木(万株)	1.20
6	遂溪县(粤)	巴西铁	观叶植物(万盆)	19.00
7	清城区(粤)	巴西铁	观叶植物(万盆)	2.00
8	龙南县(赣)	巴西铁	盆景(万盆)	1.00
9	宝坻区(津)	巴西铁	鲜切叶(万支)	1.51
10	济宁市市中区(鲁)	百日草	观叶植物(万盆)	5.00
11	望城县(湘)	百日草	花卉用种苗(千株)	30.00
12	郫　县(川)	百日草	盆花(万盆)	1200.00
13	青州市(鲁)	百日草	盆花(万盆)	60.00
14	延庆县(京)	百日草	盆花(万盆)	40.00
15	顺义区(京)	百日草	盆花(万盆)	21.00
16	北戴河区(冀)	百日草	盆花(万盆)	18.60
17	新津县(川)	百日草	盆花(万盆)	10.00
18	石景山区(京)	百日草	盆花(万盆)	6.50
19	源汇区(豫)	百日草	盆花(万盆)	3.15
20	分宜县(赣)	百日草	盆花(万盆)	2.50
21	彭山县(川)	百日草	盆花(万盆)	2.00
22	临武县(湘)	百日草	盆花(万盆)	1.30
23	云梦县(鄂)	百日草	盆花(万盆)	1.00
24	孝南区(鄂)	百日草	盆花(万盆)	1.00
25	彭山县(川)	百日草	鲜切花(万支)	5.00
26	宝坻区(津)	百日草	鲜切花(万支)	3.01
27	修水县(赣)	百子莲	盆景(万盆)	10.00
28	太康县(豫)	薄荷	观赏苗木(万株)	48.00
29	顺义区(京)	薄荷	盆花(万盆)	1.00
30	项城市(豫)	薄荷	鲜切叶(万支)	2007.00
31	石景山区(京)	彩叶草	观叶植物(万盆)	1.20
32	长安区(冀)	彩叶草	盆花(万盆)	30.00
33	龙子湖区(皖)	彩叶草	盆花(万盆)	10.00
34	淮阳县(豫)	彩叶草	盆花(万盆)	3.00
35	蚌山区(皖)	彩叶草	鲜切花(万支)	10.00

	主产地	品种	花卉类别	产量
36	永吉县(吉)	草芙蓉	盆花(万盆)	20.00
37	宣汉县(川)	草芙蓉	鲜切花(万支)	3500.00
38	桐庐县(浙)	草花	观赏苗木(万株)	350.00
39	芜湖县(皖)	草花	观赏苗木(万株)	10.00
40	清原满族自治县(辽)	草花	盆花(万盆)	2700.00
41	贺兰县(宁)	草花	盆花(万盆)	456.00
42	鄂托克前旗(内蒙古)	草花	盆花(万盆)	180.00
43	金凤区(宁)	草花	盆花(万盆)	134.00
44	蒲城县(陕)	草花	盆花(万盆)	100.00
45	沂水县(鲁)	草花	盆花(万盆)	20.00
46	京口区(苏)	草花	盆花(万盆)	13.00
47	淮上区(皖)	草花	盆花(万盆)	10.00
48	惠东县(粤)	草花	盆花(万盆)	2.50
49	蒙城县(皖)	草花	盆花(万盆)	1.50
50	井陉县(冀)	草花	盆景(万盆)	2.00
51	惠东县(粤)	草花	盆景(万盆)	2.00
52	碾子山区(黑)	草花	鲜切花(万支)	6.00
53	惠东县(粤)	草花	鲜切花(万支)	3.00
54	惠东县(粤)	草花	鲜切叶(万支)	2.20
55	黄州区(鄂)	长春花	观赏苗木(万株)	3.00
56	桃江县(湘)	长春花	观赏苗木(万株)	2.14
57	郫　县(川)	长春花	盆花(万盆)	1200.00
58	鼎城区(湘)	长春花	盆花(万盆)	22.00
59	平山县(冀)	长春花	盆景(万盆)	1.00
60	奉贤区(沪)	长寿花	盆花(万盆)	86.00
61	顺义区(京)	长寿花	盆花(万盆)	10.00
62	新泰市(鲁)	常春藤类	观赏苗木(万株)	35.00
63	高邑县(冀)	常春藤类	盆花(万盆)	8.00
64	平舆县(豫)	常春藤类	盆景(万盆)	4.00
65	千山区(辽)	常春藤类	鲜切叶(万支)	50.00
66	鼎城区(湘)	赤楠	观赏苗木(万株)	3.00
67	镇海区(浙)	垂丝海棠	观赏苗木(万株)	20.00
68	淮上区(皖)	垂丝海棠	观赏苗木(万株)	2.00
69	郫　县(川)	垂丝海棠	观赏苗木(万株)	2.00
70	河东区(鲁)	垂丝海棠	盆花(万盆)	1000.00
71	勉　县(陕)	垂丝海棠	盆花(万盆)	3.60
72	河东区(鲁)	垂丝海棠	盆景(万盆)	100.00
73	肥城市(鲁)	垂枝桃	观赏苗木(万株)	41.00
74	番禺区(粤)	春羽	观叶植物(万盆)	6.00
75	宝坻区(津)	春羽	鲜切叶(万支)	1.52
76	郧　县(鄂)	葱兰	观赏苗木(万株)	100.00
77	丰都县(渝)	葱兰	观赏苗木(万株)	75.00
78	淮上区(皖)	葱兰	观赏苗木(万株)	20.00
79	黄州区(鄂)	葱兰	观赏苗木(万株)	5.00
80	新化县(湘)	葱兰	观叶植物(万盆)	45.00
81	长沙县(湘)	葱兰	盆花(万盆)	1400.00
82	分宜县(赣)	葱兰	盆花(万盆)	1.00
83	义乌市(浙)	葱兰	鲜切叶(万支)	3.00
84	芜湖县(皖)	翠柏	观赏苗木(万株)	20.00
85	苍山县(鲁)	翠柏	观赏苗木(万株)	2.50
86	鼎城区(湘)	翠柏	观赏苗木(万株)	2.00
87	浦东新区(沪)	翠柏	盆景(万盆)	115.00
88	新泰市(鲁)	翠柏	盆景(万盆)	3.50
89	青州市(鲁)	大岩桐	盆花(万盆)	10.00
90	平桥区(豫)	淡竹	观赏苗木(万株)	100.00
91	华龙区(豫)	倒挂金钟	盆花(万盆)	8.00
92	临洮县(甘)	倒挂金钟	盆花(万盆)	8.00
93	平山县(冀)	倒挂金钟	盆花(万盆)	2.00
94	让胡路区(黑)	地肤	观赏苗木(万株)	1.00
95	平桥区(豫)	地肤	观叶植物(万盆)	10.00
96	商水县(豫)	地肤	盆花(万盆)	5.00
97	鹿泉市(冀)	地锦	观赏苗木(万株)	10.00
98	滦　县(冀)	地锦	观赏苗木(万株)	10.00
99	大武口区(宁)	地锦	花卉用种苗(千株)	55.00
100	晋源区(晋)	地锦	盆花(万盆)	5.00
101	秦州区(甘)	地石榴	鲜切花(万支)	50.00
102	秀山土家族苗族自治县(渝)	杜仲	观赏苗木(万株)	15.00
103	易　县(冀)	杜仲	观赏苗木(万株)	1.00
104	义乌市(浙)	杜仲	观叶植物(万盆)	1.20
105	长沙县(湘)	对节白蜡	观赏苗木(万株)	250.00
106	长沙县(湘)	对节白蜡	盆景(万盆)	12.00
107	京山县(鄂)	对节白蜡	盆景(万盆)	10.00
108	东明县(鲁)	多花蔷薇	观赏苗木(万株)	60.00
109	大东流苗圃(京)	多花蔷薇	观赏苗木(万株)	5.00
110	农六师(新疆兵团)	多花蔷薇	观赏苗木(万株)	1.00
111	嵩　县(豫)	多花蔷薇	观叶植物(万盆)	5.00
112	仪陇县(川)	多花蔷薇	盆花(万盆)	1.50
113	潢川县(豫)	法桐	观赏苗木(万株)	395.00
114	鹿泉市(冀)	法桐	观赏苗木(万株)	250.00
115	长沙县(湘)	法桐	观赏苗木(万株)	245.00
116	肥西县(皖)	法桐	观赏苗木(万株)	150.00
117	平邑县(鲁)	法桐	观赏苗木(万株)	85.00
118	肥乡县(冀)	法桐	观赏苗木(万株)	55.00
119	罗山县(豫)	法桐	观赏苗木(万株)	10.00
120	平阴县(鲁)	法桐	观赏苗木(万株)	7.00
121	兰考县(豫)	法桐	观赏苗木(万株)	6.00
122	南乐县(豫)	法桐	观赏苗木(万株)	3.30
123	易　县(冀)	法桐	观赏苗木(万株)	3.00
124	大厂回族自治县(冀)	法桐	观赏苗木(万株)	3.00
125	滦南县(冀)	法桐	观赏苗木(万株)	2.00
126	淮上区(皖)	法桐	观赏苗木(万株)	2.00
127	辛集市(冀)	法桐	观赏苗木(万株)	1.10

	主产地	品种	花卉类别	产量
128	永年县(冀)	法桐	观赏苗木(万株)	1.10
129	容城县(冀)	法桐	观赏苗木(万株)	1.00
130	遵化市(冀)	法桐	观叶植物(万盆)	2.80
131	湖滨区(豫)	法桐	花卉用种苗(千株)	90.00
132	大武口区(宁)	飞燕草	花卉用种苗(千株)	10.00
133	临洮县(甘)	飞燕草	盆花(万盆)	20.00
134	顺义区(京)	飞燕草	盆花(万盆)	2.00
135	正阳县(豫)	风铃草	观赏苗木(万株)	5.00
136	沂水县(鲁)	凤尾竹	观叶植物(万盆)	1.00
137	解放区(豫)	凤尾竹	鲜切花(万支)	4500.00
138	兴宁区(桂)	凤尾竹	鲜切叶(万支)	44.00
139	抚宁县(冀)	凤尾竹	鲜切叶(万支)	15.00
140	夷陵区(鄂)	凤眼莲	盆花(万盆)	1.00
141	华龙区(豫)	佛肚竹	盆花(万盆)	6.00
142	义乌市(浙)	佛肚竹	鲜切叶(万支)	2.00
143	清丰县(豫)	扶郎花	盆花(万盆)	20.00
144	奉贤区(沪)	扶郎花	鲜切花(万支)	31079.80
145	闵行区(沪)	扶郎花	鲜切花(万支)	55.80
146	庄河市(辽)	扶郎花	鲜切叶(万支)	9.00
147	番禺区(粤)	扶桑	观赏苗木(万株)	5.00
148	饶阳县(冀)	扶桑	盆景(万盆)	4.00
149	临洮县(甘)	福禄考	观赏苗木(万株)	25.00
150	长春市净月经济开发区(吉)	福禄考	观赏苗木(万株)	10.00
151	滦南县(冀)	福禄考	花卉用种苗(千株)	4200.00
152	台安县(辽)	福禄考	盆花(万盆)	14000.00
153	遵化市(冀)	福禄考	盆花(万盆)	360.00
154	瓦房店市(辽)	福禄考	盆花(万盆)	189.00
155	顺义区(京)	福禄考	盆花(万盆)	50.00
156	临洮县(甘)	福禄考	盆花(万盆)	30.00
157	北戴河区(冀)	福禄考	盆花(万盆)	22.30
158	涿州市(冀)	福禄考	盆花(万盆)	10.00
159	本溪满族自治县(辽)	福禄考	盆花(万盆)	2.00
160	罗山县(豫)	福禄考	鲜切花(万支)	100.00
161	廉江市(粤)	富贵竹	观赏苗木(万株)	160.00
162	阳泉市郊区(晋)	富贵竹	观赏苗木(万株)	5.00
163	龙南县(赣)	富贵竹	观叶植物(万盆)	6.10
164	清城区(粤)	富贵竹	观叶植物(万盆)	3.00
165	番禺区(粤)	富贵竹	观叶植物(万盆)	3.00
166	华龙区(豫)	富贵竹	盆花(万盆)	5.00
167	桂阳县(湘)	富贵竹	盆花(万盆)	1.00
168	新会区(粤)	富贵竹	盆景(万盆)	30000.00
169	恩平市(粤)	富贵竹	盆景(万盆)	10.00
170	宝丰县(豫)	富贵竹	盆景(万盆)	2.20
171	开　县(渝)	富贵竹	盆景(万盆)	1.50
172	台山市(粤)	富贵竹	鲜切叶(万支)	1355.00
173	遂溪县(粤)	富贵竹	鲜切叶(万支)	1039.00
174	千山区(辽)	富贵竹	鲜切叶(万支)	43.00
175	新华区(豫)	富贵竹	鲜切叶(万支)	7.00
176	黄埔区(粤)	富贵竹	鲜切叶(万支)	6.00
177	宝坻区(津)	富贵竹	鲜切叶(万支)	1.52
178	淮上区(皖)	刚竹	观赏苗木(万株)	5.00
179	长沙县(湘)	枸骨	观赏苗木(万株)	15.00
180	沂水县(鲁)	枸骨	观赏苗木(万株)	10.00
181	闵行区(沪)	观叶芋类	观赏苗木(万株)	2.50
182	松江区(沪)	观叶芋类	观叶植物(万盆)	406.50
183	广饶县(鲁)	观叶芋类	观叶植物(万盆)	100.00
184	贵溪市(赣)	观叶芋类	观叶植物(万盆)	10.00
185	冷水江市(湘)	观叶芋类	观叶植物(万盆)	6.20
186	龙南县(赣)	观叶芋类	观叶植物(万盆)	5.00
187	即墨市(鲁)	观叶芋类	观叶植物(万盆)	3.00
188	义乌市(浙)	观叶芋类	观叶植物(万盆)	1.20
189	金凤区(宁)	观叶芋类	盆花(万盆)	178.20
190	固始县(豫)	观叶芋类	盆花(万盆)	120.00
191	秦州区(甘)	观叶芋类	盆花(万盆)	7.00
192	海城市(辽)	观叶芋类	盆花(万盆)	5.80
193	鄢陵县(豫)	观叶芋类	鲜切花(万支)	2860.00
194	千山区(辽)	观叶芋类	鲜切叶(万支)	40.00
195	崆峒区(甘)	观叶芋类	鲜切叶(万支)	13.00
196	仪陇县(川)	观叶芋类	鲜切叶(万支)	2.00
197	义乌市(浙)	观叶芋类	鲜切叶(万支)	1.60
198	宝坻区(津)	观叶芋类	鲜切叶(万支)	1.52
199	西平县(豫)	龟背竹	观赏苗木(万株)	6.00
200	阳泉市郊区(晋)	龟背竹	观赏苗木(万株)	5.00
201	博兴县(鲁)	龟背竹	观赏苗木(万株)	5.00
202	建湖县(苏)	龟背竹	观叶植物(万盆)	8.00
203	番禺区(粤)	龟背竹	观叶植物(万盆)	8.00
204	金凤区(宁)	龟背竹	盆花(万盆)	37.00
205	浦东新区(沪)	龟背竹	盆花(万盆)	15.00
206	华龙区(豫)	龟背竹	盆花(万盆)	5.00
207	新华区(豫)	龟背竹	盆花(万盆)	1.00
208	龙南县(赣)	龟背竹	盆景(万盆)	2.00
209	郾城区(豫)	龟背竹	盆景(万盆)	1.00
210	新会区(粤)	龟背竹	鲜切叶(万支)	50000.00
211	兴安县(桂)	龟背竹	鲜切叶(万支)	200.00
212	宝坻区(津)	龟背竹	鲜切叶(万支)	2.28
213	恩施市(鄂)	桂圆菊	盆花(万盆)	2.60
214	醴陵市(湘)	桂圆菊	盆景(万盆)	2.00
215	源汇区(豫)	桂竹香	盆景(万盆)	3650.00
216	钢城区(鲁)	桂竹香	鲜切叶(万支)	2.00
217	全州县(桂)	桂竹香	鲜切叶(万支)	1.00
218	河东区(鲁)	海棠花	干花(万支)	100.00
219	鄢陵县(豫)	海棠花	观赏苗木(万株)	2840.00

	主产地	品种	花卉类别	产量
220	潢川县(豫)	海棠花	观赏苗木(万株)	115.50
221	居巢区(皖)	海棠花	观赏苗木(万株)	80.00
222	郫　县(川)	海棠花	观赏苗木(万株)	15.00
223	山亭区(鲁)	海棠花	观赏苗木(万株)	6.00
224	定海区(浙)	海棠花	观赏苗木(万株)	1.50
225	惠济区(豫)	海棠花	观叶植物(万盆)	1.64
226	顺义区(京)	海棠花	盆花(万盆)	450.00
227	延庆县(京)	海棠花	盆花(万盆)	200.00
228	临安市(浙)	海棠花	盆花(万盆)	10.00
229	庆元县(浙)	海棠花	盆花(万盆)	6.10
230	蒙阴县(鲁)	海棠花	盆花(万盆)	5.00
231	泌阳县(豫)	海棠花	盆花(万盆)	4.00
232	本溪满族自治县(辽)	海棠花	盆花(万盆)	1.00
233	方城县(豫)	海棠花	盆景(万盆)	1.30
234	铜鼓县(赣)	海棠花	鲜切花(万支)	10.00
235	闵行区(沪)	海棠花	鲜切花(万支)	5.90
236	潢川县(豫)	海桐	观赏苗木(万株)	850.00
237	镇海区(浙)	海桐	观赏苗木(万株)	20.00
238	巴州区(川)	海桐	观赏苗木(万株)	6.00
239	长沙县(湘)	海桐	观赏苗木(万株)	4.50
240	番禺区(粤)	海桐	盆花(万盆)	4.00
241	宜都市(鄂)	含笑	观赏苗木(万株)	20.00
242	临安市(浙)	含笑	观赏苗木(万株)	10.00
243	中方县(湘)	含笑	观赏苗木(万株)	10.00
244	郎溪县(皖)	含笑	观赏苗木(万株)	3.00
245	蔡甸区(鄂)	含笑	观赏苗木(万株)	3.00
246	平坝县(黔)	含笑	观赏苗木(万株)	3.00
247	黄州区(鄂)	含笑	观赏苗木(万株)	1.00
248	雷山县(黔)	含笑	观赏苗木(万株)	1.00
249	苍山县(鲁)	含笑	观叶植物(万盆)	1.20
250	上高县(赣)	含笑	花卉用种苗(千株)	20.00
251	南郑县(陕)	含笑	花卉用种苗(千株)	10.00
252	鹤城区(湘)	含笑	盆花(万盆)	76.00
253	常宁市(湘)	含笑	盆花(万盆)	1.00
254	新会区(粤)	含笑	盆景(万盆)	31495.00
255	郎溪县(皖)	含笑	盆景(万盆)	2.50
256	铜鼓县(赣)	含笑	鲜切花(万支)	100.00
257	肇州县(黑)	含羞草	观赏苗木(万株)	5.00
258	苍山县(鲁)	含羞草	观叶植物(万盆)	5.90
259	安　县(川)	含羞草	花卉用种球(千粒)	80.00
260	沾化县(鲁)	含羞草	盆花(万盆)	16.00
261	鹤城区(湘)	含羞草	盆花(万盆)	9.00
262	会宁县(甘)	含羞草	盆花(万盆)	5.00
263	新华区(豫)	含羞草	盆花(万盆)	1.00
264	鼎城区(湘)	含羞草	盆花(万盆)	1.00
265	源汇区(豫)	含羞草	盆景(万盆)	6200.00
266	郎溪县(皖)	含羞草	盆景(万盆)	1.00
267	郾城区(豫)	含羞草	盆景(万盆)	1.00
268	夷陵区(鄂)	含羞草	盆景(万盆)	1.00
269	桃江县(湘)	含羞草	鲜切花(万支)	2.60
270	凤城市(辽)	含羞草	鲜切叶(万支)	20.00
271	山亭区(鲁)	含羞草	鲜切叶(万支)	1.00
272	甘谷县(甘)	荷包牡丹	盆景(万盆)	1.50
273	汝南县(豫)	荷兰菊	观赏苗木(万株)	275.00
274	丰宁满族自治县(冀)	荷兰菊	观赏苗木(万株)	15.00
275	虎林市(黑)	荷兰菊	观赏苗木(万株)	2.00
276	滦南县(冀)	荷兰菊	花卉用种苗(千株)	810.00
277	大武口区(宁)	荷兰菊	花卉用种苗(千株)	60.00
278	大武口区(宁)	荷兰菊	花卉用种球(千粒)	40.00
279	台安县(辽)	荷兰菊	盆花(万盆)	4000.00
280	遵化市(冀)	荷兰菊	盆花(万盆)	120.00
281	顺义区(京)	荷兰菊	盆花(万盆)	40.00
282	贺兰县(宁)	荷兰菊	盆花(万盆)	18.00
283	蠡　县(冀)	荷兰菊	盆景(万盆)	2.00
284	大武口区(宁)	黑心菊	花卉用种苗(千株)	220.00
285	大洼县(辽)	黑心菊	盆花(万盆)	60.00
286	顺义区(京)	黑心菊	盆花(万盆)	13.00
287	北戴河区(冀)	黑心菊	盆花(万盆)	10.50
288	海城市(辽)	黑心菊	盆花(万盆)	9.50
289	潢川县(豫)	红碧桃	观赏苗木(万株)	138.00
290	汝南县(豫)	红碧桃	观赏苗木(万株)	105.00
291	遵化市(冀)	红碧桃	观赏苗木(万株)	48.00
292	肥城市(鲁)	红碧桃	观赏苗木(万株)	44.00
293	武陟县(豫)	红碧桃	观赏苗木(万株)	20.00
294	孝昌县(鄂)	红碧桃	观赏苗木(万株)	10.00
295	郧　县(鄂)	红碧桃	观赏苗木(万株)	5.00
296	宁阳县(鲁)	红碧桃	观叶植物(万盆)	14.00
297	平桥区(豫)	红碧桃	观叶植物(万盆)	1.50
298	东胜区(内蒙古)	红花	盆花(万盆)	100.00
299	广安区(川)	红花	鲜切花(万支)	2.00
300	克东县(黑)	红瑞木	观赏苗木(万株)	35.00
301	鸡东县(黑)	红瑞木	观赏苗木(万株)	20.00
302	金凤区(宁)	红瑞木	观赏苗木(万株)	10.00
303	滦　县(冀)	红瑞木	观赏苗木(万株)	5.00
304	贺兰县(宁)	红瑞木	观赏苗木(万株)	3.80
305	二道江区(吉)	红瑞木	观赏苗木(万株)	2.00
306	涿州市(冀)	红瑞木	观赏苗木(万株)	1.00
307	庄河市(辽)	红瑞木	盆景(万盆)	3.00
308	肥西县(皖)	红叶小檗球	观赏苗木(万株)	55.00
309	新安县(豫)	红叶小檗球	鲜切叶(万支)	150.00
310	高平市(晋)	红掌	观赏苗木(万株)	3.00
311	荔湾区(粤)	红掌	盆花(万盆)	150.00

	主产地	品种	花卉类别	产量
312	濮阳市高新区(豫)	红掌	盆花(万盆)	92.00
313	松江区(沪)	红掌	盆花(万盆)	84.40
314	钦州市直属单位(桂)	红掌	盆花(万盆)	70.00
315	省苗木繁育中心(陕)	红掌	盆花(万盆)	60.00
316	大东流苗圃(京)	红掌	盆花(万盆)	38.71
317	青州市(鲁)	红掌	盆花(万盆)	30.00
318	金凤区(宁)	红掌	盆花(万盆)	25.00
319	奉贤区(沪)	红掌	盆花(万盆)	20.00
320	番禺区(粤)	红掌	盆花(万盆)	10.00
321	乐都县(青)	红掌	盆花(万盆)	10.00
322	祁　县(晋)	红掌	盆花(万盆)	6.00
323	城北区(青)	红掌	盆花(万盆)	5.10
324	恩平市(粤)	红掌	盆花(万盆)	5.00
325	榆中县(甘)	红掌	盆花(万盆)	5.00
326	樟树市(赣)	红掌	盆花(万盆)	3.00
327	上街区(豫)	红掌	盆花(万盆)	2.00
328	青　县(冀)	红掌	盆花(万盆)	1.00
329	寿阳县(晋)	红掌	盆花(万盆)	1.00
330	甘井子区(辽)	红掌	鲜切花(万支)	150.00
331	千山区(辽)	红掌	鲜切花(万支)	50.00
332	华龙区(豫)	红掌	鲜切花(万支)	50.00
333	商河县(鲁)	红掌	鲜切花(万支)	30.00
334	闵行区(沪)	红掌	鲜切花(万支)	6.40
335	平坝县(黔)	厚朴	观赏苗木(万株)	3.00
336	巴州区(川)	厚朴	观赏苗木(万株)	1.00
337	金凤区(宁)	黄刺玫	观赏苗木(万株)	45.00
338	遵化市(冀)	黄刺玫	观赏苗木(万株)	36.00
339	贺兰县(宁)	黄刺玫	观赏苗木(万株)	3.50
340	北戴河区(冀)	黄刺玫	观赏苗木(万株)	1.90
341	怀来县(冀)	黄刺玫	观赏苗木(万株)	1.50
342	河东区(鲁)	黄刺玫	鲜切花(万支)	2000.00
343	白银区(甘)	黄刺玫	鲜切花(万支)	5.00
344	榕城区(粤)	黄秋葵	盆花(万盆)	1.00
345	淮上区(皖)	惠兰	观赏类(万株)	10.00
346	雅长林场(桂)	惠兰	观赏类(万株)	5.00
347	七坡林场(桂)	惠兰	花卉用种苗(千株)	3090.00
348	青州市(鲁)	惠兰	盆花(万盆)	40.00
349	临安市(浙)	惠兰	盆花(万盆)	5.00
350	义乌市(浙)	惠兰	盆花(万盆)	2.00
351	隆德县(宁)	惠兰	盆花(万盆)	1.30
352	黎川县(赣)	惠兰	盆花(万盆)	1.00
353	潢川县(豫)	火棘	观赏苗木(万株)	296.00
354	芜湖县(皖)	火棘	观赏苗木(万株)	10.00
355	鼎城区(湘)	火棘	观赏苗木(万株)	2.00
356	镇宁布依族苗族自治县(黔)	火棘	盆景(万盆)	3.80
357	冷水江市(湘)	火棘	盆景(万盆)	1.10
358	北关区(豫)	火棘	鲜切花(万支)	8.00
359	宝坻区(津)	火棘	鲜切花(万支)	3.01
360	长沙县(湘)	藿香	盆花(万盆)	3.00
361	长沙县(湘)	鸡爪槭	观赏苗木(万株)	25.00
362	沂水县(鲁)	鸡爪槭	观赏苗木(万株)	10.00
363	龙南县(赣)	鸡爪槭	观赏苗木(万株)	4.00
364	山亭区(鲁)	吉利花	鲜切花(万支)	1.00
365	凤城市(辽)	夹竹桃类	观赏苗木(万株)	800.00
366	长沙县(湘)	夹竹桃类	观赏苗木(万株)	780.00
367	镇海区(浙)	夹竹桃类	观赏苗木(万株)	30.00
368	江南区(桂)	夹竹桃类	观赏苗木(万株)	26.00
369	安次区(冀)	夹竹桃类	观赏苗木(万株)	20.00
370	武邑县(冀)	夹竹桃类	观赏苗木(万株)	3.00
371	南溪县(川)	夹竹桃类	观赏苗木(万株)	2.00
372	方城县(豫)	夹竹桃类	观叶植物(万盆)	3.00
373	修水县(赣)	夹竹桃类	盆景(万盆)	10.00
374	铜鼓县(赣)	夹竹桃类	鲜切花(万支)	20.00
375	新晃侗族自治县(湘)	夹竹桃类	鲜切花(万支)	2.20
376	苏仙区(湘)	夹竹桃类	鲜切叶(万支)	4000.00
377	义乌市(浙)	夹竹桃类	鲜切叶(万支)	2.30
378	顺义区(京)	假龙头	盆花(万盆)	17.00
379	北戴河区(冀)	假龙头	盆花(万盆)	2.10
380	长沙县(湘)	剑兰	盆花(万盆)	4.00
381	金凤区(宁)	剑兰	盆花(万盆)	2.00
382	郎溪县(皖)	剑兰	盆景(万盆)	2.10
383	濮阳市高新区(豫)	剑兰	鲜切花(万支)	15.00
384	隆德县(宁)	剑兰	鲜切花(万支)	8.80
385	枣庄市市中区(鲁)	剑兰	鲜切叶(万支)	40.00
386	义乌市(浙)	剑兰	鲜切叶(万支)	1.60
387	长沙县(湘)	金弹子	观赏苗木(万株)	1.00
388	郫　县(川)	金弹子	盆景(万盆)	2.40
389	南漳县(鄂)	金弹子	盆景(万盆)	1.50
390	顺义区(京)	金光菊	盆花(万盆)	90.00
391	旌阳区(川)	金光菊	盆花(万盆)	6.30
392	淮上区(皖)	金光菊	盆花(万盆)	2.00
393	大东流苗圃(京)	金鸡菊	观赏苗木(万株)	5.20
394	调兵山市(辽)	金鸡菊	观赏苗木(万株)	1.00
395	顺义区(京)	金鸡菊	盆花(万盆)	107.00
396	冷水江市(湘)	金鸡菊	盆花(万盆)	18.00
397	义乌市(浙)	金鸡菊	鲜切花(万支)	2.00
398	北戴河区(冀)	金银木	观赏苗木(万株)	1.20
399	易　县(冀)	金银木	观赏苗木(万株)	1.00
400	磁　县(冀)	金银木	盆花(万盆)	10.00
401	昌邑市(鲁)	锦带花	观赏苗木(万株)	50.00
402	五大连池市(黑)	锦带花	观赏苗木(万株)	25.00
403	海城市(辽)	锦带花	观赏苗木(万株)	15.00

	主产地	品种	花卉类别	产量
404	涿州市(冀)	锦带花	观赏苗木(万株)	2.30
405	滦南县(冀)	锦带花	花卉用种苗(千株)	450.00
406	凤城市(辽)	锦熟黄杨	观赏苗木(万株)	200.00
407	昌邑市(鲁)	景天	观赏苗木(万株)	300.00
408	克什克腾旗(内蒙古)	景天	观赏苗木(万株)	150.00
409	贺兰县(宁)	景天	观赏苗木(万株)	23.00
410	丰宁满族自治县(冀)	景天	观赏苗木(万株)	10.00
411	滦　县(冀)	景天	观赏苗木(万株)	10.00
412	大东流苗圃(京)	景天	观赏苗木(万株)	5.10
413	北戴河区(冀)	景天	观赏苗木(万株)	1.30
414	滦南县(冀)	景天	花卉用种苗(千株)	9000.00
415	大武口区(宁)	景天	花卉用种球(千粒)	280.00
416	台安县(辽)	景天	盆花(万盆)	6000.00
417	阜新蒙古族自治县(辽)	景天	盆花(万盆)	100.00
418	唐山市汉沽管理区(冀)	景天	盆花(万盆)	50.00
419	青铜峡市(宁)	景天	盆花(万盆)	50.00
420	顺义区(京)	景天	盆花(万盆)	48.00
421	蠡　县(冀)	景天	盆景(万盆)	10.00
422	钢城区(鲁)	景天	鲜切叶(万支)	2.00
423	番禺区(粤)	九重葛	盆花(万盆)	3.00
424	江北区(渝)	橘梗	观赏苗木(万株)	77.00
425	石屏县(滇)	橘梗	花卉用种苗(千株)	60.00
426	新晃侗族自治县(湘)	橘梗	鲜切花(万支)	2.50
427	安陆市(鄂)	苦竹	观赏苗木(万株)	5.00
428	鄢陵县(豫)	蜡梅	观赏苗木(万株)	3698.00
429	潢川县(豫)	蜡梅	观赏苗木(万株)	50.00
430	平桥区(豫)	蜡梅	观赏苗木(万株)	10.00
431	潢川县(豫)	蜡梅	盆景(万盆)	3.10
432	通川区(川)	蜡梅	鲜切花(万支)	10.00
433	井研县(川)	蜡梅	鲜切花(万支)	3.00
434	甘谷县(甘)	兰草	观赏苗木(万株)	12.00
435	大足县(渝)	兰草	观叶植物(万盆)	300.00
436	大悟县(鄂)	兰草	观叶植物(万盆)	10.00
437	丰都县(渝)	兰草	观叶植物(万盆)	1.50
438	郫　县(川)	兰草	盆花(万盆)	3564.00
439	岫岩满族自治县(辽)	兰草	盆花(万盆)	30.00
440	资兴市(湘)	兰草	盆花(万盆)	30.00
441	常宁市(湘)	兰草	盆花(万盆)	23.00
442	平桥区(豫)	兰草	盆花(万盆)	10.00
443	开　县(渝)	兰草	盆花(万盆)	10.00
444	涪城区(川)	兰草	盆花(万盆)	9.50
445	长沙县(湘)	兰草	盆花(万盆)	6.00
446	鼎城区(湘)	兰草	盆花(万盆)	5.00
447	江津区(渝)	兰草	盆景(万盆)	10.00
448	江永县(湘)	兰草	盆景(万盆)	8.00
449	陆良县(滇)	兰草	盆景(万盆)	2.00
450	平山县(冀)	兰草	盆景(万盆)	1.00
451	潢川县(豫)	连翘	观赏苗木(万株)	264.00
452	广平县(冀)	连翘	观赏苗木(万株)	110.00
453	昌邑市(鲁)	连翘	观赏苗木(万株)	90.00
454	兰西县(黑)	连翘	观赏苗木(万株)	60.00
455	金凤区(宁)	连翘	观赏苗木(万株)	40.00
456	贺兰县(宁)	连翘	观赏苗木(万株)	26.00
457	海城市(辽)	连翘	观赏苗木(万株)	18.00
458	乐都县(青)	连翘	观赏苗木(万株)	11.00
459	千山区(辽)	连翘	观赏苗木(万株)	10.00
460	二道江区(吉)	连翘	观赏苗木(万株)	10.00
461	宽城区(吉)	连翘	观赏苗木(万株)	5.00
462	番禺区(粤)	连翘	观赏苗木(万株)	3.00
463	北戴河区(冀)	连翘	观赏苗木(万株)	2.40
464	涿州市(冀)	连翘	观赏苗木(万株)	1.80
465	铁岭市经济开发区(辽)	连翘	观赏苗木(万株)	1.00
466	嵩　县(豫)	连翘	花卉用种苗(千株)	100.00
467	呼兰区(黑)	连翘	花卉用种苗(千株)	15.00
468	义乌市(浙)	连翘	鲜切叶(万支)	1.50
469	临安市(浙)	凌霄花类	观赏苗木(万株)	5.00
470	夷陵区(鄂)	凌霄花类	盆花(万盆)	2.00
471	南岗区(黑)	铃兰	鲜切花(万支)	20.00
472	青州市(鲁)	流苏	盆景(万盆)	20.00
473	魏　县(冀)	龙女冠	盆花(万盆)	2.00
474	桐庐县(浙)	罗汉竹	观赏苗木(万株)	720.00
475	鼎城区(湘)	罗汉竹	观赏苗木(万株)	2.00
476	义乌市(浙)	罗汉竹	观叶植物(万盆)	3.00
477	龙南县(赣)	罗汉竹	盆景(万盆)	2.00
478	义乌市(浙)	罗汉竹	鲜切叶(万支)	1.30
479	石门县(湘)	落地生根	盆花(万盆)	25.00
480	平舆县(豫)	麻叶绣线菊类	观赏苗木(万株)	46.00
481	涿州市(冀)	麻叶绣线菊类	观赏苗木(万株)	8.00
482	铁锋区(黑)	麻叶绣线菊类	观赏苗木(万株)	1.40
483	青铜峡市(宁)	马蔺	观赏苗木(万株)	15.00
484	榕城区(粤)	马络葵	盆花(万盆)	1.00
485	黟　县(皖)	麦冬	观赏苗木(万株)	5.00
486	丰都县(渝)	麦冬	观叶植物(万盆)	25.00
487	顺义区(京)	麦冬	盆花(万盆)	2.00
488	建湖县(苏)	麦冬	鲜切花(万支)	20.00
489	新晃侗族自治县(湘)	麦冬	鲜切花(万支)	1.40
490	义乌市(浙)	麦冬	鲜切叶(万支)	3.00
491	宝坻区(津)	麦冬	鲜切叶(万支)	1.52
492	长寿区(渝)	毛竹	观赏苗木(万株)	150.00
493	桐庐县(浙)	毛竹	观赏苗木(万株)	140.00
494	新晃侗族自治县(湘)	毛竹	鲜切花(万支)	6.00
495	源城区(粤)	梅花	观赏苗木(万株)	2500.00

	主产地	品种	花卉类别	产量
496	临安市(浙)	梅花	观赏苗木(万株)	20.00
497	居巢区(皖)	梅花	观赏苗木(万株)	20.00
498	郎溪县(皖)	梅花	观赏苗木(万株)	20.00
499	郫　县(川)	梅花	观赏苗木(万株)	6.00
500	淮上区(皖)	梅花	观赏苗木(万株)	2.00
501	巴州区(川)	梅花	观赏苗木(万株)	2.00
502	克东县(黑)	梅花	观赏苗木(万株)	1.00
503	潜山县(皖)	梅花	花卉用种苗(千株)	100.00
504	鼎城区(湘)	梅花	盆花(万盆)	2.00
505	平桥区(豫)	梅花	盆景(万盆)	1.00
506	宣汉县(川)	梅花	鲜切花(万支)	2.85
507	郯城县(鲁)	美国红栌	观赏苗木(万株)	200.00
508	广阳区(冀)	美国红栌	观赏苗木(万株)	40.00
509	潢川县(豫)	美国红栌	观赏苗木(万株)	37.00
510	汝南县(豫)	美丽天人菊	观赏苗木(万株)	79.00
511	大名县(冀)	美人松	观赏苗木(万株)	2.00
512	濮阳市高新区(豫)	美人松	观赏苗木(万株)	1.50
513	肥乡县(冀)	米兰	盆花(万盆)	20.00
514	江津区(渝)	米兰	盆景(万盆)	15.00
515	山亭区(鲁)	茉莉花	观赏苗木(万株)	20.00
516	诸城市(鲁)	茉莉花	观赏苗木(万株)	10.00
517	运河区(冀)	茉莉花	盆花(万盆)	10.00
518	平山县(冀)	茉莉花	盆花(万盆)	2.00
519	新晃侗族自治县(湘)	茉莉花	盆花(万盆)	1.80
520	临武县(湘)	茉莉花	盆花(万盆)	1.60
521	鹤山区(豫)	茉莉花	盆花(万盆)	1.00
522	江永县(湘)	茉莉花	盆景(万盆)	2.00
523	洛阳市老城区(豫)	牡丹	观赏苗木(万株)	300.00
524	东明县(鲁)	牡丹	观赏苗木(万株)	160.00
525	垫江县(渝)	牡丹	观赏苗木(万株)	150.00
526	洛龙区(豫)	牡丹	观赏苗木(万株)	20.00
527	临安市(浙)	牡丹	观赏苗木(万株)	10.00
528	偃师市(豫)	牡丹	观赏苗木(万株)	6.00
529	孟津县(豫)	牡丹	观赏苗木(万株)	2.30
530	洛阳市老城区(豫)	牡丹	盆花(万盆)	17.00
531	柏乡县(冀)	牡丹	盆花(万盆)	6.00
532	平山县(冀)	牡丹	盆花(万盆)	3.00
533	鼎城区(湘)	牡丹	盆花(万盆)	2.00
534	义乌市(浙)	牡丹	盆花(万盆)	1.50
535	滦南县(冀)	牡丹	盆花(万盆)	1.30
536	顺义区(京)	牡丹	盆花(万盆)	1.00
537	临川区(赣)	牡丹	盆景(万盆)	76.00
538	临洮县(甘)	牡丹	鲜切花(万支)	225.00
539	新安县(豫)	牡丹	鲜切花(万支)	150.00
540	平山县(冀)	牡丹	鲜切花(万支)	5.00
541	徽　县(甘)	牡丹	鲜切花(万支)	2.73
542	东乡族自治县(甘)	牡丹	鲜切花(万支)	1.80
543	白银区(甘)	牡丹	鲜切花(万支)	1.60
544	洛龙区(豫)	牡丹	鲜切花(万支)	1.00
545	长沙县(湘)	木芙蓉	观赏苗木(万株)	1500.00
546	莲花县(赣)	木芙蓉	观赏苗木(万株)	1.00
547	武清区(津)	木槿	干花(万支)	10.00
548	潢川县(豫)	木槿	观赏苗木(万株)	210.00
549	青州市(鲁)	木槿	观赏苗木(万株)	200.00
550	鹿泉市(冀)	木槿	观赏苗木(万株)	28.00
551	滦南县(冀)	木槿	观赏苗木(万株)	20.00
552	华龙区(豫)	木槿	观赏苗木(万株)	20.00
553	金凤区(宁)	木槿	观赏苗木(万株)	20.00
554	长沙县(湘)	木槿	观赏苗木(万株)	12.00
555	大厂回族自治县(冀)	木槿	观赏苗木(万株)	4.00
556	新泰市(鲁)	木槿	观赏苗木(万株)	4.00
557	定海区(浙)	木槿	观赏苗木(万株)	3.70
558	武强县(冀)	木槿	观赏苗木(万株)	3.30
559	郾城区(豫)	木槿	观赏苗木(万株)	2.50
560	海城市(辽)	木槿	观赏苗木(万株)	2.00
561	莲花县(赣)	木槿	观赏苗木(万株)	1.00
562	湖滨区(豫)	木槿	花卉用种苗(千株)	30.00
563	望都县(冀)	木槿	盆花(万盆)	5.60
564	孟津县(豫)	木槿	盆景(万盆)	2.20
565	建湖县(苏)	木槿	鲜切花(万支)	50.00
566	阜新蒙古族自治县(辽)	木樨草	观叶植物(万盆)	10.00
567	安　县(川)	木樨草	花卉用种苗(千株)	150.00
568	长沙县(湘)	木樨草	盆花(万盆)	5.50
569	江北区(渝)	木樨草	鲜切叶(万支)	20.00
570	临安市(浙)	南天竹	观赏苗木(万株)	1000.00
571	潢川县(豫)	南天竹	观赏苗木(万株)	386.00
572	郫　县(川)	南天竹	观赏苗木(万株)	100.00
573	黟　县(皖)	南天竹	观赏苗木(万株)	85.00
574	长沙县(湘)	南天竹	观赏苗木(万株)	2.00
575	全椒县(皖)	南天竹	盆花(万盆)	8000.00
576	临安市(浙)	南天竹	盆花(万盆)	169.00
577	息烽县(黔)	南天竹	盆景(万盆)	2000.00
578	临安市(浙)	南天竹	盆景(万盆)	1.00
579	罗山县(豫)	南天竹	鲜切花(万支)	30.00
580	浠水县(鄂)	南天竹	鲜切叶(万支)	60.00
581	义乌市(浙)	南天竹	鲜切叶(万支)	1.50
582	顺义区(京)	婆婆纳	盆花(万盆)	60.00
583	青铜峡市(宁)	葡萄	观赏苗木(万株)	10.00
584	平桥区(豫)	葡萄	观叶植物(万盆)	13.00
585	许昌县(豫)	七叶树	观赏苗木(万株)	890.00
586	平舆县(豫)	七叶树	观赏苗木(万株)	50.00
587	勉　县(陕)	七叶树	观赏苗木(万株)	12.10

	主产地	品种	花卉类别	产量
588	临安市(浙)	七叶树	观赏苗木(万株)	5.00
589	淮上区(皖)	七叶树	观赏苗木(万株)	1.00
590	岚皋县(陕)	七叶树	观赏苗木(万株)	1.00
591	许昌县(豫)	千日红	观赏苗木(万株)	800.00
592	芜湖县(皖)	千日红	观赏苗木(万株)	50.00
593	许昌市经济技术开发区(豫)	千日红	观赏苗木(万株)	4.00
594	苍山县(鲁)	千日红	观叶植物(万盆)	6.00
595	平乡县(冀)	千日红	盆花(万盆)	15.00
596	辉南县(吉)	千日红	盆花(万盆)	15.00
597	桂阳县(湘)	千日红	盆花(万盆)	3.00
598	临武县(湘)	千日红	盆花(万盆)	1.60
599	云梦县(鄂)	千日红	盆花(万盆)	1.00
600	江津区(渝)	千日红	盆景(万盆)	20.00
601	襄城区(鄂)	千日红	盆景(万盆)	1.00
602	全州县(桂)	千日红	鲜切花(万支)	3.00
603	江南区(桂)	秋风	观赏苗木(万株)	10.00
604	高州市(粤)	秋风	观赏苗木(万株)	2.00
605	茂港区(粤)	秋风	盆景(万盆)	38.30
606	定陶县(鲁)	秋牡丹	盆花(万盆)	52.00
607	孟津县(豫)	秋牡丹	盆花(万盆)	17.10
608	宣汉县(川)	秋牡丹	鲜切花(万支)	2.52
609	华龙区(豫)	楸树	观赏苗木(万株)	17.00
610	鹤山区(豫)	楸树	观赏苗木(万株)	6.00
611	大安区(川)	球根海棠	观赏苗木(万株)	5.60
612	新邵县(湘)	球根海棠	观赏苗木(万株)	5.00
613	姜堰市(苏)	球根海棠	盆花(万盆)	10.00
614	长丰县(皖)	球根海棠	盆花(万盆)	1.66
615	武邑县(冀)	球根海棠	盆花(万盆)	1.00
616	蠡　县(冀)	球根海棠	盆景(万盆)	1.00
617	克东县(黑)	忍冬类	观赏苗木(万株)	15.00
618	芜湖县(皖)	忍冬类	观赏苗木(万株)	1.00
619	义乌市(浙)	忍冬类	盆花(万盆)	3.00
620	巨鹿县(冀)	忍冬类	盆景(万盆)	245.25
621	肥西县(皖)	瑞香	观赏苗木(万株)	2.00
622	固始县(豫)	瑞香	观叶植物(万盆)	6.00
623	大余县(赣)	瑞香	观叶植物(万盆)	2.00
624	大余县(赣)	瑞香	盆花(万盆)	4162.40
625	潢川县(豫)	瑞香	盆花(万盆)	6.00
626	大余县(赣)	瑞香	盆景(万盆)	5.20
627	桐庐县(浙)	箬竹	观赏苗木(万株)	299.00
628	安陆市(鄂)	箬竹	观赏苗木(万株)	3.00
629	涿州市(冀)	三叶地锦	观赏苗木(万株)	7.60
630	怀来县(冀)	三叶地锦	观赏苗木(万株)	3.00
631	廉江市(粤)	散尾葵	观赏苗木(万株)	32.00
632	江南区(桂)	散尾葵	观赏苗木(万株)	10.00
633	番禺区(粤)	散尾葵	观赏苗木(万株)	8.00
634	海城市(辽)	散尾葵	观叶植物(万盆)	10.00
635	河口瑶族自治县(滇)	散尾葵	盆景(万盆)	3.00
636	恩平市(粤)	散尾葵	鲜切叶(万支)	8.00
637	海城市(辽)	散尾葵	鲜切叶(万支)	3.50
638	宝坻区(津)	散尾葵	鲜切叶(万支)	2.27
639	仪陇县(川)	散尾葵	鲜切叶(万支)	2.00
640	贺兰县(宁)	山桃	观赏苗木(万株)	41.00
641	准格尔旗(内蒙古)	山桃	观赏苗木(万株)	35.00
642	丰宁满族自治县(冀)	山桃	观赏苗木(万株)	20.00
643	鸡东县(黑)	山桃	观赏苗木(万株)	10.00
644	山亭区(鲁)	山桃	观赏苗木(万株)	2.00
645	滦　县(冀)	芍药	观赏苗木(万株)	30.00
646	芜湖县(皖)	芍药	观赏苗木(万株)	10.00
647	即墨市(鲁)	芍药	观叶植物(万盆)	1.00
648	顺义区(京)	芍药	盆花(万盆)	2.00
649	柏乡县(冀)	芍药	盆花(万盆)	2.00
650	白银区(甘)	芍药	鲜切花(万支)	5.00
651	顺义区(京)	蛇鞭菊	盆花(万盆)	12.00
652	大东流苗圃(京)	蛇莓	观赏苗木(万株)	30.00
653	顺义区(京)	蛇莓	盆花(万盆)	12.00
654	郎溪县(皖)	麝香百合类	盆景(万盆)	1.30
655	东台市(苏)	麝香百合类	鲜切花(万支)	250.00
656	清镇市(黔)	麝香百合类	鲜切花(万支)	80.00
657	江北区(渝)	麝香百合类	鲜切花(万支)	30.00
658	玉环县(浙)	麝香百合类	鲜切花(万支)	18.00
659	义乌市(浙)	麝香百合类	鲜切花(万支)	12.00
660	范　县(豫)	石刁柏	观赏苗木(万株)	2.00
661	大东流苗圃(京)	石斛兰	盆花(万盆)	26.27
662	平桥区(豫)	石榴	观赏苗木(万株)	20.00
663	长沙县(湘)	石榴	观赏苗木(万株)	15.00
664	淮上区(皖)	石榴	观赏苗木(万株)	5.00
665	修水县(赣)	石榴	盆花(万盆)	15.00
666	华龙区(豫)	石榴	盆花(万盆)	5.00
667	清苑县(冀)	石榴	盆景(万盆)	1.00
668	顺义区(京)	石蒜	盆花(万盆)	16.00
669	冷水江市(湘)	石蒜	盆花(万盆)	2.50
670	源汇区(豫)	石蒜	盆花(万盆)	2.05
671	新晃侗族自治县(湘)	石蒜	鲜切花(万支)	2.10
672	镇海区(浙)	矢车菊	盆花(万盆)	30.80
673	临渭区(陕)	矢车菊	盆花(万盆)	30.00
674	许昌县(豫)	矢车菊	盆花(万盆)	21.00
675	唐　县(冀)	矢车菊	盆花(万盆)	5.00
676	白银区(甘)	矢车菊	盆花(万盆)	2.00
677	榕城区(粤)	矢车菊	盆花(万盆)	1.00
678	汝南县(豫)	矢车菊	盆景(万盆)	2.00
679	淮滨县(豫)	矢车菊	鲜切花(万支)	10.00

	主产地	品种	花卉类别	产量
680	白银区(甘)	矢车菊	鲜切花(万支)	10.00
681	金口河区(川)	矢车菊	鲜切花(万支)	2.08
682	平舆县(豫)	柿	观赏苗木(万株)	25.00
683	遵化市(冀)	柿	观赏苗木(万株)	15.00
684	郾城区(豫)	柿	观赏苗木(万株)	3.50
685	安陆市(鄂)	柿	观赏苗木(万株)	3.00
686	万州区(渝)	水仙	观赏苗木(万株)	90.00
687	西平县(豫)	水仙	观赏苗木(万株)	4.00
688	河东区(鲁)	水仙	花卉用种球(千粒)	2000.00
689	长沙县(湘)	水仙	盆花(万盆)	1200.00
690	襄城县(豫)	水仙	盆花(万盆)	51.00
691	罗山县(豫)	水仙	盆花(万盆)	10.00
692	恩平市(粤)	水仙	盆花(万盆)	10.00
693	即墨市(鲁)	水仙	盆花(万盆)	7.00
694	义乌市(浙)	水仙	盆花(万盆)	5.30
695	华龙区(豫)	水仙	盆花(万盆)	5.00
696	长治市城区(晋)	水仙	盆花(万盆)	1.00
697	淄川区(鲁)	水仙	盆花(万盆)	1.00
698	榕城区(粤)	水仙	盆花(万盆)	1.00
699	普陀区(浙)	水仙	盆景(万盆)	6.12
700	郎溪县(皖)	水仙	盆景(万盆)	2.20
701	罗山县(豫)	水仙	鲜切花(万支)	50.00
702	铜鼓县(赣)	水仙	鲜切花(万支)	20.00
703	贺兰县(宁)	丝绵木	观赏苗木(万株)	1.70
704	义乌市(浙)	四季竹	观叶植物(万盆)	1.50
705	广安区(川)	四季竹	盆花(万盆)	1.50
706	顺义区(京)	松果菊	盆花(万盆)	320.00
707	桃江县(湘)	松叶菊	盆花(万盆)	1.20
708	铜鼓县(赣)	昙花	鲜切花(万支)	30.00
709	临洮县(甘)	唐菖蒲	观赏苗木(万株)	180.00
710	桃江县(湘)	唐菖蒲	观赏苗木(万株)	1.30
711	海城市(辽)	唐菖蒲	花卉用种球(千粒)	120.00
712	长治市城区(晋)	唐菖蒲	盆花(万盆)	2.00
713	夷陵区(鄂)	唐菖蒲	盆花(万盆)	2.00
714	海州区(苏)	唐菖蒲	鲜切花(万支)	210000.00
715	凌源市(辽)	唐菖蒲	鲜切花(万支)	25750.00
716	陆良县(滇)	唐菖蒲	鲜切花(万支)	1500.00
717	千山区(辽)	唐菖蒲	鲜切花(万支)	100.00
718	建湖县(苏)	唐菖蒲	鲜切花(万支)	50.00
719	邹平县(鲁)	唐菖蒲	鲜切花(万支)	50.00
720	通州区(京)	唐菖蒲	鲜切花(万支)	38.00
721	新浦区(苏)	唐菖蒲	鲜切花(万支)	35.00
722	白银区(甘)	唐菖蒲	鲜切花(万支)	20.00
723	清镇市(黔)	唐菖蒲	鲜切花(万支)	16.15
724	黄埔区(粤)	唐菖蒲	鲜切花(万支)	13.00
725	蚌山区(皖)	唐菖蒲	鲜切花(万支)	10.00
726	海城市(辽)	唐菖蒲	鲜切花(万支)	9.80
727	宝坻区(津)	唐菖蒲	鲜切花(万支)	6.03
728	彭山县(川)	唐菖蒲	鲜切花(万支)	5.00
729	毕节市(黔)	唐菖蒲	鲜切花(万支)	5.00
730	榆中县(甘)	唐菖蒲	鲜切花(万支)	5.00
731	闵行区(沪)	唐菖蒲	鲜切花(万支)	3.60
732	徽　县(甘)	唐菖蒲	鲜切花(万支)	3.50
733	蔡甸区(鄂)	唐菖蒲	鲜切花(万支)	1.00
734	即墨市(鲁)	唐菖蒲	鲜切叶(万支)	3.00
735	义乌市(浙)	唐菖蒲	鲜切叶(万支)	2.00
736	环翠区(鲁)	藤本月季	观赏苗木(万株)	230.00
737	贵溪市(赣)	藤本月季	观赏苗木(万株)	45.00
738	蚌山区(皖)	藤本月季	盆花(万盆)	1.20
739	鹿泉市(冀)	藤类	观赏苗木(万株)	5.00
740	蚌山区(皖)	藤类	观叶植物(万盆)	1.00
741	邹平县(鲁)	藤类	盆花(万盆)	240.00
742	江北区(浙)	藤类	盆景(万盆)	15.00
743	闵行区(沪)	藤萝	观赏苗木(万株)	1.00
744	义乌市(浙)	藤萝	观叶植物(万盆)	1.00
745	恩平市(粤)	藤萝	盆景(万盆)	5.00
746	淅川县(豫)	天蓝绣球	观叶植物(万盆)	1.00
747	彭山县(川)	天蓝绣球	鲜切花(万支)	1.00
748	顺义区(京)	天人菊	盆花(万盆)	40.00
749	北戴河区(冀)	天人菊	盆花(万盆)	2.40
750	郎溪县(皖)	天人菊	盆景(万盆)	1.20
751	河东区(鲁)	贴梗海棠	观赏苗木(万株)	400.00
752	金凤区(宁)	贴梗海棠	观赏苗木(万株)	20.00
753	宁阳县(鲁)	贴梗海棠	观赏苗木(万株)	11.00
754	易　县(冀)	贴梗海棠	观赏苗木(万株)	2.00
755	仪陇县(川)	贴梗海棠	观赏苗木(万株)	2.00
756	淮上区(皖)	贴梗海棠	观赏苗木(万株)	1.00
757	河东区(鲁)	贴梗海棠	盆花(万盆)	2000.00
758	贺兰县(宁)	贴梗海棠	盆花(万盆)	17.00
759	榆中县(甘)	贴梗海棠	盆花(万盆)	2.60
760	河东区(鲁)	贴梗海棠	盆景(万盆)	300.00
761	郫　县(川)	贴梗海棠	盆景(万盆)	2.00
762	彭山县(川)	晚香玉	鲜切花(万支)	5.00
763	沂水县(鲁)	卫矛类	观赏苗木(万株)	100.00
764	青州市(鲁)	卫矛类	观赏苗木(万株)	50.00
765	太和区(辽)	卫矛类	观赏苗木(万株)	33.00
766	金凤区(宁)	卫矛类	观赏苗木(万株)	20.00
767	武强县(冀)	卫矛类	观赏苗木(万株)	15.00
768	翁牛特旗(内蒙古)	卫矛类	观赏苗木(万株)	6.00
769	涿州市(冀)	卫矛类	观赏苗木(万株)	4.00
770	寿阳县(晋)	卫矛类	观赏苗木(万株)	4.00
771	淮上区(皖)	卫矛类	观赏苗木(万株)	2.00

	主产地	品种	花卉类别	产量
772	北戴河区(冀)	卫矛类	观赏苗木(万株)	1.40
773	安阳县(豫)	卫矛类	花卉用种苗(千株)	64.80
774	翁牛特旗(内蒙古)	文冠果	观赏苗木(万株)	30.00
775	正阳县(豫)	文殊兰	盆景(万盆)	1.30
776	茂南区(粤)	五味子类	盆花(万盆)	1.50
777	荣　县(川)	勿忘草	盆花(万盆)	3000.00
778	平桥区(豫)	勿忘草	盆花(万盆)	3.00
779	源汇区(豫)	勿忘草	盆花(万盆)	2.18
780	广丰县(赣)	勿忘草	鲜切花(万支)	500.00
781	城北区(青)	勿忘草	鲜切花(万支)	270.00
782	元谋县(滇)	勿忘草	鲜切花(万支)	102.00
783	包河区(皖)	勿忘草	鲜切花(万支)	2.00
784	新华区(豫)	勿忘草	鲜切花(万支)	2.00
785	甘谷县(甘)	勿忘草	鲜切叶(万支)	432.00
786	凤城市(辽)	勿忘草	鲜切叶(万支)	20.00
787	河东区(鲁)	西府海棠	观赏苗木(万株)	400.00
788	昌邑市(鲁)	西府海棠	观赏苗木(万株)	70.00
789	遵化市(冀)	西府海棠	观赏苗木(万株)	62.00
790	青州市(鲁)	西府海棠	观赏苗木(万株)	50.00
791	滦南县(冀)	西府海棠	观赏苗木(万株)	21.00
792	长沙县(湘)	西府海棠	观赏苗木(万株)	2.00
793	河东区(鲁)	西府海棠	盆花(万盆)	1000.00
794	新泰市(鲁)	西府海棠	盆花(万盆)	3.00
795	河东区(鲁)	西府海棠	盆景(万盆)	200.00
796	清苑县(冀)	西府海棠	盆景(万盆)	1.00
797	正阳县(豫)	香雪球	观赏苗木(万株)	3.00
798	望城县(湘)	香雪球	观叶植物(万盆)	5.00
799	长沙县(湘)	香雪球	盆花(万盆)	5.50
800	源汇区(豫)	香雪球	盆景(万盆)	5500.00
801	贺兰县(宁)	小丽花	观赏苗木(万株)	156.00
802	呼伦贝尔市辖区(内蒙古)	小丽花	观赏苗木(万株)	30.00
803	延庆县(京)	小丽花	盆花(万盆)	30.00
804	青州市(鲁)	小丽花	盆花(万盆)	8.00
805	长顺县(黔)	小丽花	盆花(万盆)	1.00
806	松江区(沪)	小雀舌兰	盆花(万盆)	650.00
807	宝坻区(津)	小雀舌兰	鲜切花(万支)	6.01
808	祁连县(青)	杏	观赏苗木(万株)	2500.00
809	准格尔旗(内蒙古)	杏	观赏苗木(万株)	35.00
810	贺兰县(宁)	杏	观赏苗木(万株)	24.00
811	安陆市(鄂)	杏	观赏苗木(万株)	1.00
812	汶上县(鲁)	绣球花	盆花(万盆)	10.00
813	涿州市(冀)	萱草	观赏苗木(万株)	2000.00
814	滦　县(冀)	萱草	观赏苗木(万株)	30.00
815	大东流苗圃(京)	萱草	观赏苗木(万株)	28.77
816	清河区(辽)	萱草	观赏苗木(万株)	15.60
817	北戴河区(冀)	萱草	观赏苗木(万株)	13.50
818	怀来县(冀)	萱草	观赏苗木(万株)	1.50
819	滦南县(冀)	萱草	花卉用种苗(千株)	4050.00
820	大武口区(宁)	萱草	花卉用种苗(千株)	11.00
821	天峻县(青)	萱草	花卉用种苗(千株)	1.00
822	台安县(辽)	萱草	盆花(万盆)	8000.00
823	顺义区(京)	萱草	盆花(万盆)	78.00
824	阜新蒙古族自治县(辽)	萱草	盆花(万盆)	70.00
825	大东流苗圃(京)	萱草	盆花(万盆)	5.19
826	青铜峡市(宁)	萱草	盆景(万盆)	15.00
827	罗山县(豫)	萱草	鲜切花(万支)	100.00
828	建湖县(苏)	萱草	鲜切花(万支)	30.00
829	仪陇县(川)	萱草	鲜切叶(万支)	2.00
830	义乌市(浙)	萱草	鲜切叶(万支)	1.20
831	涿州市(冀)	雁来红	盆花(万盆)	60.00
832	江南区(桂)	羊蹄甲类	观赏苗木(万株)	30.00
833	泸　县(川)	羊蹄甲类	观赏苗木(万株)	3.00
834	番禺区(粤)	羊蹄甲类	观赏苗木(万株)	2.00
835	翠屏区(川)	羊蹄甲类	鲜切叶(万支)	20.00
836	长顺县(黔)	叶子花	盆花(万盆)	2.00
837	肥乡县(冀)	夜来香	盆花(万盆)	100.00
838	商河县(鲁)	夜来香	盆花(万盆)	20.00
839	大武口区(宁)	一点缨	花卉用种苗(千株)	11.00
840	鄢陵县(豫)	樱花	观赏苗木(万株)	2530.00
841	长沙县(湘)	樱花	观赏苗木(万株)	240.00
842	潢川县(豫)	樱花	观赏苗木(万株)	103.90
843	安丘市(鲁)	樱花	观赏苗木(万株)	40.00
844	肥城市(鲁)	樱花	观赏苗木(万株)	35.00
845	镇海区(浙)	樱花	观赏苗木(万株)	30.00
846	新泰市(鲁)	樱花	观赏苗木(万株)	20.00
847	郫　县(川)	樱花	观赏苗木(万株)	19.00
848	宁阳县(鲁)	樱花	观赏苗木(万株)	16.00
849	郎溪县(皖)	樱花	观赏苗木(万株)	5.00
850	蒙阴县(鲁)	樱花	观赏苗木(万株)	5.00
851	华龙区(豫)	樱花	观赏苗木(万株)	3.00
852	宁波市市辖区(浙)	樱花	观赏苗木(万株)	1.00
853	山亭区(鲁)	樱花	观赏苗木(万株)	1.00
854	南郑县(陕)	樱花	花卉用种苗(千株)	120.00
855	息烽县(黔)	樱花	盆景(万盆)	3000.00
856	遵化市(冀)	樱桃	观赏苗木(万株)	24.00
857	大连市金州新区(辽)	樱桃	观赏苗木(万株)	20.00
858	眉　县(陕)	樱桃	观赏苗木(万株)	5.00
859	郎溪县(皖)	樱桃	观赏苗木(万株)	5.00
860	平桥区(豫)	樱桃	观赏苗木(万株)	3.00
861	霍山县(皖)	樱桃	观赏苗木(万株)	1.00
862	山亭区(鲁)	樱桃	观赏苗木(万株)	1.00
863	长沙县(湘)	迎春	观赏苗木(万株)	6700.00

	主产地	品种	花卉类别	产量
864	广平县(冀)	迎春	观赏苗木(万株)	50.00
865	新泰市(鲁)	迎春	观赏苗木(万株)	10.00
866	鸡东县(黑)	迎春	观赏苗木(万株)	2.00
867	番禺区(粤)	迎春	盆花(万盆)	3.00
868	江州区(桂)	迎春	盆景(万盆)	9.00
869	青州市(鲁)	迎春	盆景(万盆)	5.00
870	新会区(粤)	鱼尾葵	观赏苗木(万株)	30334.00
871	廉江市(粤)	鱼尾葵	观赏苗木(万株)	41.00
872	恩平市(粤)	鱼尾葵	观赏苗木(万株)	30.00
873	江南区(桂)	鱼尾葵	观赏苗木(万株)	10.00
874	番禺区(粤)	鱼尾葵	观赏苗木(万株)	7.00
875	泸　县(川)	鱼尾葵	观赏苗木(万株)	3.00
876	华龙区(豫)	鱼尾葵	盆花(万盆)	2.00
877	宝坻区(津)	鱼尾葵	鲜切叶(万支)	1.52
878	贺兰县(宁)	羽叶甘蓝	观赏苗木(万株)	1.30
879	阜新蒙古族自治县(辽)	羽叶甘蓝	观叶植物(万盆)	20.00
880	即墨市(鲁)	羽叶甘蓝	观叶植物(万盆)	10.00
881	姜堰市(苏)	羽叶甘蓝	观叶植物(万盆)	4.00
882	郫　县(川)	羽叶甘蓝	盆花(万盆)	2400.00
883	青州市(鲁)	羽叶甘蓝	盆花(万盆)	50.00
884	华龙区(豫)	羽叶甘蓝	盆花(万盆)	30.00
885	肥西县(皖)	羽叶甘蓝	盆花(万盆)	10.00
886	即墨市(鲁)	羽叶甘蓝	盆花(万盆)	10.00
887	高平市(晋)	羽叶甘蓝	盆花(万盆)	5.00
888	长治市城区(晋)	羽叶甘蓝	盆花(万盆)	5.00
889	彭山县(川)	羽叶甘蓝	盆花(万盆)	5.00
890	北戴河区(冀)	羽叶甘蓝	盆花(万盆)	3.10
891	桂阳县(湘)	羽叶甘蓝	盆花(万盆)	2.00
892	仪陇县(川)	羽叶甘蓝	盆花(万盆)	2.00
893	济宁市市中区(鲁)	羽叶甘蓝	盆花(万盆)	1.00
894	孝南区(鄂)	羽叶甘蓝	盆花(万盆)	1.00
895	长顺县(黔)	羽叶甘蓝	盆花(万盆)	1.00
896	新安县(豫)	羽叶甘蓝	鲜切花(万支)	150.00
897	兴宁区(桂)	羽叶甘蓝	鲜切叶(万支)	51.00
898	全州县(桂)	羽叶甘蓝	鲜切叶(万支)	2.00
899	大东流苗圃(京)	玉簪类	观赏苗木(万株)	24.19
900	望都县(冀)	鸢尾类	观赏苗木(万株)	2472.00
901	涿州市(冀)	鸢尾类	观赏苗木(万株)	1800.00
902	滦　县(冀)	鸢尾类	观赏苗木(万株)	50.00
903	北戴河区(冀)	鸢尾类	观赏苗木(万株)	14.90
904	武强县(冀)	鸢尾类	观赏苗木(万株)	1.00
905	台安县(辽)	鸢尾类	盆花(万盆)	7900.00
906	顺义区(京)	鸢尾类	盆花(万盆)	45.00
907	罗山县(豫)	鸢尾类	盆花(万盆)	25.00
908	长治市城区(晋)	鸢尾类	盆花(万盆)	1.00
909	新华区(豫)	鸢尾类	盆花(万盆)	1.00

	主产地	品种	花卉类别	产量
910	建湖县(苏)	鸢尾类	鲜切花(万支)	100.00
911	罗山县(豫)	鸢尾类	鲜切花(万支)	100.00
912	义乌市(浙)	鸢尾类	鲜切叶(万支)	3.50
913	仪陇县(川)	鸢尾类	鲜切叶(万支)	3.00
914	翁牛特旗(内蒙古)	元宝枫	观赏苗木(万株)	80.00
915	嵩　县(豫)	元宝枫	观赏苗木(万株)	30.00
916	沂水县(鲁)	元宝枫	观赏苗木(万株)	20.00
917	广阳区(冀)	元宝枫	观赏苗木(万株)	14.45
918	湖滨区(豫)	元宝枫	花卉用种苗(千株)	294.00
919	安图森林经营局(吉)	月见草	盆花(万盆)	2.00
920	新晃侗族自治县(湘)	月见草	鲜切花(万支)	3.00
921	清原满族自治县(辽)	云杉	观赏苗木(万株)	800.00
922	临洮县(甘)	云杉	观赏苗木(万株)	300.00
923	丰宁满族自治县(冀)	云杉	观赏苗木(万株)	20.00
924	五大连池市(黑)	云杉	观赏苗木(万株)	20.00
925	金凤区(宁)	云杉	观赏苗木(万株)	15.00
926	克什克腾旗(内蒙古)	云杉	观赏苗木(万株)	4.00
927	青州市(鲁)	云杉	盆景(万盆)	2.00
928	东台市(苏)	杂种香水月季	鲜切花(万支)	200.00
929	嵩　县(豫)	皂角	观赏苗木(万株)	300.00
930	肥乡县(冀)	皂角	观赏苗木(万株)	10.00
931	彭山县(川)	皂角	观赏苗木(万株)	5.00
932	阜新蒙古族自治县(辽)	皂角	盆景(万盆)	10.00
933	汝城县(湘)	泽兰	盆景(万盆)	10.00
934	点军区(鄂)	中华蚊母	观赏苗木(万株)	10.00
935	长沙县(湘)	中华蚊母	盆景(万盆)	6.00
936	华龙区(豫)	朱蕉	盆花(万盆)	2.00
937	宝坻区(津)	朱蕉	鲜切叶(万支)	1.52
938	馆陶县(冀)	竹柳	观赏苗木(万株)	600.00
939	建湖县(苏)	竹柳	观赏苗木(万株)	300.00
940	陆良县(滇)	竹柳	观赏苗木(万株)	10.00
941	北戴河区(冀)	紫萼玉簪	观赏苗木(万株)	11.20
942	顺义区(京)	紫萼玉簪	盆花(万盆)	65.00
943	大东流苗圃(京)	紫花地丁	观赏苗木(万株)	6.00
944	潢川县(豫)	紫荆	观赏苗木(万株)	70.00
945	长沙县(湘)	紫荆	观赏苗木(万株)	20.00
946	番禺区(粤)	紫荆	观赏苗木(万株)	7.00
947	长顺县(黔)	紫荆	观赏苗木(万株)	6.00
948	新泰市(鲁)	紫荆	观赏苗木(万株)	4.00
949	武宣县(桂)	紫荆	观赏苗木(万株)	2.37
950	彭山县(川)	紫荆	观赏苗木(万株)	1.00
951	新华区(豫)	紫荆	盆花(万盆)	1.00
952	庆元县(浙)	紫荆	盆景(万盆)	1.50
953	涟源市(湘)	紫茉莉	盆花(万盆)	15.00
954	新华区(豫)	紫茉莉	盆花(万盆)	3.00
955	平桥区(豫)	紫茉莉	盆花(万盆)	1.00

	主产地	品种	花卉类别	产量
956	平坝县(黔)	紫茉莉	盆花(万盆)	1.00
957	淅川县(豫)	紫菀	盆景(万盆)	1.00
958	鄢陵县(豫)	紫叶矮樱	观赏苗木(万株)	2860.00
959	博野县(冀)	紫叶矮樱	观赏苗木(万株)	50.00
960	贺兰县(宁)	紫叶矮樱	观赏苗木(万株)	17.00
961	广阳区(冀)	紫叶矮樱	观赏苗木(万株)	10.00
962	眉　县(陕)	紫叶矮樱	观赏苗木(万株)	8.00
963	遵化市(冀)	紫叶矮樱	观赏苗木(万株)	8.00
964	宁陵县(豫)	紫叶矮樱	观赏苗木(万株)	5.00
965	淄川区(鲁)	紫叶矮樱	观赏苗木(万株)	1.00
966	遵化市(冀)	紫叶桃	观赏苗木(万株)	56.00
967	宁阳县(鲁)	紫叶桃	观赏苗木(万株)	11.00
968	大名县(冀)	紫叶桃	观赏苗木(万株)	10.00
969	仪陇县(川)	紫叶桃	观赏苗木(万株)	2.00
970	宣汉县(川)	紫叶桃	鲜切花(万支)	1.25
971	黟　县(皖)	紫竹	观赏苗木(万株)	50.00
972	南郑县(陕)	紫竹	花卉用种苗(千株)	3500.00
973	罗山县(豫)	紫竹	鲜切花(万支)	50.00
974	望城县(湘)	醉蝶花	观赏苗木(万株)	1.00
975	临安市(浙)	醉蝶花	盆花(万盆)	25.00
976	高平市(晋)	醉蝶花	盆花(万盆)	5.00
977	平桥区(豫)	醉蝶花	盆花(万盆)	4.00
978	仪陇县(川)	醉蝶花	盆花(万盆)	3.00
979	大足县(渝)	醉蝶花	盆景(万盆)	200.00
980	白银区(甘)	醉蝶花	鲜切花(万支)	19.00
981	穆棱市(黑)	醉蝶花	鲜切花(万支)	2.60

表 16-10-43　草坪主产地产量

	草坪主产地	万平方米
1	昌平区(京)	164.77
2	通州区(京)	157.03
3	顺义区(京)	108.00
4	大兴区(京)	13.80
5	宝坻区(津)	85.25
6	路北区(冀)	225.00
7	抚宁县(冀)	133.00
8	栾城县(冀)	122.00
9	三河市(冀)	65.28
10	定州市(冀)	19.60
11	北戴河区(冀)	15.00
12	邯郸县(冀)	13.34
13	丰润区(冀)	12.10
14	太谷县(晋)	33.00
15	长治市郊区(晋)	10.00
16	多伦县(内蒙古)	10.00
17	铁岭县(辽)	2000.00
18	龙城区(辽)	66.70
19	岫岩满族自治县(辽)	40.00
20	旅顺口区(辽)	10.00
21	九台市(吉)	80.00
22	敦化市(吉)	28.50
23	呼兰区(黑)	367.00
24	松北区(黑)	13.44
25	金山区(沪)	327.20
26	奉贤区(沪)	250.30
27	崇明县(沪)	186.30
28	松江区(沪)	38.50
29	浦东新区(沪)	16.65
30	青浦区(沪)	16.00
31	嘉定区(沪)	15.00
32	常熟市(苏)	666.00
33	海陵区(苏)	130.00
34	铜山区(苏)	28.00
35	响水县(苏)	15.00
36	仪征市(苏)	15.00
37	泰兴市(苏)	10.00
38	余杭区(浙)	2345.80
39	奉化市(浙)	2100.00
40	松阳县(浙)	1500.00
41	义乌市(浙)	44.96
42	莲都区(浙)	22.00
43	温岭市(浙)	15.00
44	富阳市(浙)	10.00
45	肥西县(皖)	280.00
46	芜湖县(皖)	75.00
47	霍山县(皖)	30.00
48	全椒县(皖)	15.00
49	望江县(皖)	14.00
50	新建县(赣)	230.00
51	丰城市(赣)	210.00
52	奉新县(赣)	60.00
53	都昌县(赣)	20.00
54	新干县(赣)	20.00
55	赣　县(赣)	16.00
56	临川区(赣)	10.00
57	广昌县(赣)	10.00
58	万年县(赣)	10.00
59	余江县(赣)	10.00
60	贵溪市(赣)	10.00
61	宁阳县(鲁)	32.00
62	金乡县(鲁)	31.80
63	昌邑市(鲁)	30.00
64	峄城区(鲁)	15.00
65	荣成市(鲁)	11.50
66	鄢陵县(豫)	59.00
67	潢川县(豫)	42.00
68	辉县市(豫)	11.00
69	汝南县(豫)	10.00
70	沙洋县(鄂)	35.00
71	茅箭区(鄂)	30.00
72	大冶市(鄂)	10.00
73	浠水县(鄂)	10.00
74	蔡甸区(鄂)	10.00
75	安陆市(鄂)	10.00
76	常宁市(湘)	90.00
77	洞口县(湘)	70.00
78	娄星区(湘)	65.39
79	武冈市(湘)	60.00
80	赫山区(湘)	50.00
81	苏仙区(湘)	38.05
82	岳塘区(湘)	20.52
83	张家界市市辖区(湘)	20.00
84	零陵区(湘)	20.00
85	中方县(湘)	14.00
86	石峰区(湘)	12.00
87	永定区(湘)	12.00
88	长沙县(湘)	11.60
89	新化县(湘)	11.00
90	南海区(粤)	810.00
91	三水区(粤)	126.80
92	中山市(粤)	68.00

	草坪主产地	万平方米
93	番禺区(粤)	40.00
94	清城区(粤)	31.65
95	萝岗区(粤)	21.34
96	西乡塘区(桂)	210.00
97	柳江县(桂)	105.00
98	江南区(桂)	103.90
99	玉州区(桂)	55.00
100	合浦县(桂)	54.30
101	港北区(桂)	48.14
102	岑溪市(桂)	40.00
103	兴宁区(桂)	37.00
104	苍梧县(桂)	20.83
105	海城区(桂)	16.00
106	银海区(桂)	13.00
107	荣昌县(渝)	110.00
108	璧山县(渝)	88.85
109	丰都县(渝)	34.50
110	酉阳土家族苗族自治县(渝)	32.00
111	江津区(渝)	12.00
112	彭水苗族土家族自治县(渝)	10.00
113	崇州市(川)	680.00
114	郫　县(川)	395.00
115	五通桥区(川)	100.00
116	巴州区(川)	22.00
117	江油市(川)	10.00
118	贵定县(黔)	100.00
119	兴平市(陕)	14.00
120	长安区(陕)	13.30
121	永靖县(甘)	10.00

表 16-11　观赏植物出口

国家/地区	出口数量(吨)	出口金额(千美元)
06011029 其他百合球茎		
合计	27	3
越南	27	2
老挝	1	1
06029092 兰花，种用除外		
合计	484	5183
荷兰	167	1948
日本	82	1521
越南	92	454
韩国	93	408
美国	7	362
德国	7	291
泰国	8	63
印度尼西亚	0	32

国家/地区	出口数量(吨)	出口金额(千美元)
新加坡	14	31
留尼汪	3	28
英国	3	19
澳门	3	10
俄罗斯	1	6
法国	0	3
文莱	1	2
香港	2	2
葳蕤内拉	0	2
巴林	1	1
马来西亚	0	1
南非	0	1
06029093 菊花，种用除外		
合计	1183	78
澳门	196	59
香港	988	16
黎巴嫩	0	3
06029094 百合，种用除外		
合计	7	14
荷兰	0	5
日本	3	4
韩国	0	2
新加坡	2	1
马来西亚	1	1
菲律宾	0	1
立陶宛	1	0
06029095 康乃馨，种用除外		
#合计	72	618
日本	68	569
韩国	2	22
荷兰	0	18
泰国	1	5
黎巴嫩	0	4
06029099 未列名活植物		
#合计	98369	56378
荷兰	10463	14735
韩国	9138	12506
缅甸	185	8789
日本	2182	3832
香港	56541	3462
美国	985	1680
新加坡	3589	1541
意大利	920	1301
马来西亚	3180	1298
科威特	642	928
澳门	4888	766
阿联酋	950	696
西班牙	522	442

国家/地区	出口数量(吨)	出口金额(千美元)
土耳其	408	386
卡塔尔	423	330
澳大利亚	38	302
英国	144	245
塞浦路斯	183	244
加拿大	147	233
巴基斯坦	195	206
黎巴嫩	307	204
土库曼斯坦	15	194
丹麦	151	174
克罗地亚	81	157
印度	78	145
沙特阿拉伯	176	119
比利时	222	118
德国	145	116
南非	66	94
泰国	54	80
约旦	255	78
法国	192	77
哥伦比亚	21	77
希腊	58	73
埃及	113	73
立陶宛	29	71
文莱	37	71
不丹	0	57
智利	17	53
阿曼	252	49
墨西哥	21	47
波兰	42	42
伊朗	39	39
巴林	57	37
葡萄牙	29	29
印度尼西亚	74	29
突尼斯	16	23
新西兰	8	19
罗马尼亚	9	19
台湾省	2	17
瑞士	11	15
委内瑞拉	4	9
乌拉圭	9	9
留尼汪	4	8
毛里求斯	5	7
安哥拉	7	6
越南	18	5
菲律宾	1	4
摩洛哥	11	4
爱尔兰	0	3
秘鲁	4	3

国家/地区	出口数量（吨）	出口金额（千美元）
百慕大	0	2
利比亚	10	2
俄罗斯联邦	0	1
06031100 鲜的制花束或装饰用的玫瑰插花及花蕾		
#合计	3091	7039
新加坡	492	2920
马来西亚	339	1736
泰国	593	1621
香港	1535	163
俄罗斯联邦	38	147
孟加拉国	26	143
日本	17	128
澳大利亚	4	36
印度尼西亚	5	33
吉尔吉斯斯坦	8	28
科威特	5	20
澳门	18	19
文莱	4	14
韩国	3	10
阿联酋	1	8
沙特阿拉伯	1	4
法国	0	3
菲律宾	1	3
芬兰	0	2
马尔代夫	0	1
缅甸	0	1
巴基斯坦	0	1
土库曼斯坦	0	1
06031200 鲜的制花束或装饰用的康乃馨插花及花蕾		
合计	5418	18116
日本	2195	12921
泰国	1150	2125
韩国	236	878
马拉西亚	81	416
俄罗斯	40	164
越南	247	163
新加坡	120	128
香港	1294	88
澳大利亚	7	65
菲律宾	11	55
孟加拉	9	45
印度	9	39
澳门	14	15
文莱	2	7
印度尼西亚	1	4

国家/地区	出口数量（吨）	出口金额（千美元）
科威特	0	2
阿联酋	0	2
缅甸	0	1
加拿大	0	1
06031300 鲜的制花束或装饰用的兰花插花及花蕾		
合计	1	23
日本	0	18
澳大利亚	1	3
沙特阿拉伯	0	1
06031400 鲜的制花束或装饰用的菊花插花及花蕾		
合计	5530	13940
日本	3512	12820
韩国	619	556
孟加拉	22	191
香港	1310	94
新加坡	12	80
菲律宾	11	69
印度	4	37
俄罗斯	8	33
泰国	5	25
澳门	23	24
文莱	1	3
吉尔吉斯斯坦	0	2
缅甸	0	1
科威特	0	1
马来西亚	0	1
阿联酋	0	1
06031910 鲜的制花束或装饰用的百合花插花及花蕾		
合计	2131	5254
泰国	344	2084
越南	239	778
日本	57	644
新加坡	73	532
马来西亚	51	386
菲律宾	53	288
香港	1232	116
沙特阿拉伯	10	103
阿联酋	9	87
孟加拉	8	52
俄罗斯	12	51
文莱	6	40
澳门	25	26
科威特	3	23
印度	2	14

国家/地区	出口数量（吨）	出口金额（千美元）
巴林	2	12
印度尼西亚	2	11
法国	1	3
巴基斯坦	0	2
吉尔吉斯斯坦	0	2
缅甸	0	1
06031990 其他鲜的制花束或装饰用的插花及花蕾		
合计	5886	6279
日本	432	3154
泰国	450	1357
新加坡	161	678
香港	4303	295
俄罗斯	62	239
越南	342	188
马来西亚	34	127
印度尼西亚	16	45
澳门	43	44
韩国	11	39
菲律宾	7	33
吉尔吉斯斯坦	12	27
荷兰	4	21
印度	2	9
文莱	2	7
孟加拉	2	6
科威特	0	2
阿联酋	1	2
台湾	0	2
巴基斯坦	0	1
沙特阿拉伯	0	1
06039000 制花束或装饰用的插花及花蕾（鲜的除外）		
合计	1158	6363
日本	319	3392
美国	206	710
法国	61	447
加拿大	65	290
德国	73	220
英国	42	181
西班牙	42	174
意大利	66	164
荷兰	36	125
波多黎各	44	69
俄罗斯	3	52
巴拿马	9	47
巴西	9	38
爱尔兰	4	35

国家/地区	出口数量（吨）	出口金额（千美元）
奥地利	4	34
土耳其	11	29
沙特阿拉伯	5	28
台湾	6	25
南非	5	24
马来西亚	43	23
比利时	19	19
拉脱维亚	4	19
哈萨克斯坦	5	16
智利	1	15
澳大利亚	3	15
葡萄牙	4	13
捷克	2	13
香港	1	12
伊朗	2	12
哥伦比亚	1	11
约旦	7	10
新加坡	16	10
希腊	3	9
阿联酋	7	8
卢森堡	1	8
波兰	4	8
韩国	1	7
埃及	6	7
瑞典	5	7
挪威	2	6
以色列	1	5
菲律宾	1	4
丹麦	4	4
墨西哥	2	4
秘鲁	0	4
阿根廷	0	3
泰国	1	2
克罗地亚	0	2
多米尼加共和国	0	2
塞浦路斯	0	1
印度尼西亚	0	1
安哥拉	0	1
06041000 苔藓及地衣		
合计	714	1529
日本	232	854
美国	128	310
台湾	128	113
韩国	130	92
加拿大	14	43
印度尼西亚	17	40
马来西亚	27	38
香港	3	18

国家/地区	出口数量（吨）	出口金额（千美元）
德国	15	10
越南	13	3
毛里求斯	2	3
荷兰	3	3
泰国	1	2
06049100 鲜的制花束或装饰用的不带花及花蕾的植物枝		
合计	11604	29649
日本	10504	28177
美国	205	467
荷兰	405	277
加拿大	57	137
新加坡	34	81
泰国	46	77
阿联酋	87	77
马来西亚	41	74
俄罗斯	14	56
印度	29	33
西班牙	47	32
德国	3	23
埃及	21	19
土耳其	18	17
印度尼西亚	10	16
意大利	11	14
澳门	11	11
菲律宾	5	11
卡塔尔	12	11
伊朗	19	9
约旦	12	8
智利	5	7
巴林	2	4
吉尔吉斯斯坦	1	3
孟加拉国	1	2
文莱	1	2
科威特	1	2
韩国	1	2
缅甸	0	1
南非	0	1
06049900 其他制花束或装饰用的不带花及花蕾的植物枝		
合计	3684	11872
美国	999	3159
德国	541	2199
日本	501	2110
荷兰	354	1110
法国	149	460
加拿大	129	439

国家/地区	出口数量（吨）	出口金额（千美元）
意大利	142	374
比利时	216	336
英国	124	234
俄罗斯	69	194
西班牙	66	124
丹麦	21	102
瑞典	64	90
沙特阿拉伯	18	81
哥伦比亚	8	72
澳大利亚	41	64
奥地利	15	62
葡萄牙	33	60
波多黎各	9	60
芬兰	13	54
土耳其	18	46
墨西哥	8	46
韩国	9	44
巴西	12	43
南非	18	38
巴拿马	8	36
波兰	16	31
香港	13	28
哥斯达黎加	6	27
台湾	4	24
新加坡	5	16
瑞士	2	14
多米尼加共和国	5	14
阿根廷	1	13
希腊	4	12
伊朗	3	8
捷克	2	7
科威特	6	6
挪威	3	6
以色列	2	5
爱尔兰	6	5
卢森堡	1	5
印度	3	3
印度尼西亚	0	2
泰国	10	2
阿联酋	1	2
埃及	2	2
立陶宛	2	2
塞浦路斯	1	1
菲律宾	0	1

表 16-12 观赏植物进口

国家/地区	进口数量（吨）	进口金额（千美元）
06011029 其他百合球茎		
合计	39	27
荷兰	39	27
06029092 兰花，种用除外		
合计	2494	2520
韩国	2302	2233
台湾省	178	228
日本	15	58
澳大利亚	0	1
06029094 百合，种用除外		
合计	0	1
荷兰	0	1
06029099 未列名活植物		
合计	27925	9028
台湾省	8102	2262
日本	2591	2186
泰国	5594	1765
美国	150	703
越南	7639	680
南非	572	478
乌拉圭	2691	364
西班牙	250	277
哥斯达黎加	246	92
荷兰	41	85
澳大利亚	10	43
缅甸	35	43
新西兰	1	21
比利时	1	13
新加坡	1	12
波兰	0	1
印度	0	1
意大利	0	1
奥地利	0	1
德国	0	1
06031100 鲜的制花束或装饰用的玫瑰插花及花蕾		
合计	15	135
厄瓜多尔	7	97
荷兰	7	28
韩国	0	6
日本	0	2
哥伦比亚	0	2
06031200 鲜的制花束或装饰用的康乃馨插花及花蕾		
合计	0	1
荷兰	0	1
06031300 鲜的制花束或装饰用的兰花插花及花蕾		
合计	7251	14946
泰国	7235	14880
新西兰	7	25
德国	1	21
老挝	5	9
台湾省	2	8
新加坡	0	2
06031400 鲜的制花束或装饰用的菊花插花及花蕾		
合计	11	26
马来西亚	9	14
荷兰	2	6
哥伦比亚	1	4
日本	0	1
韩国	0	1
06031910 鲜的制花束或装饰用的百合花插花及花蕾		
合计	1	6
荷兰	1	2
澳大利亚	0	2
日本	0	1
韩国	0	1
06031990 其他鲜的制花束或装饰用的插花及花蕾		
合计	115	312
荷兰	66	174
南非	10	44
台湾省	31	41
日本	1	12
德国	0	11
澳大利亚	2	11
斯里兰卡	1	9
新西兰	1	4
毛里求斯	0	2
泰国	2	1
肯尼亚	0	1
06039000 鲜的制花束或装饰用的插花及花蕾（鲜的除外）		
合计	41	459
日本	5	232
法国	30	162
巴西	3	18
泰国	1	14
哥伦比亚	0	13
印度尼西亚	0	6
印度	0	4
荷兰	0	3
美国	0	3
厄瓜多尔	0	2
克罗地亚	0	1
澳大利亚	0	1
06041000 苔藓及地衣		
合计	51	75
智利	51	73
06049100 鲜的制花束或装饰用的不带花及花蕾的植物枝		
合计	105	150
澳大利亚	15	45
土耳其	50	36
马来西亚	27	30
荷兰	6	13
印度	1	10
南非	2	7
伊朗	1	3
台湾省	1	1
美国	1	1
06049900 其他制花束或装饰用的不带花及花蕾的植物枝		
合计	419	526
印度	148	236
泰国	212	115
斯里兰卡	9	45
德国	11	37
南非	9	25
美国	0	20
越南	16	15
意大利	6	12
菲律宾	5	9
法国	3	8
台湾省	0	4
印度尼西亚	0	1

种　苗

【概　况】 种苗产业的产品包括花卉用种苗、花卉用种子、菌用种、果类苗木、插枝接穗苗、草地用种子、其他种用苗木及其他种子等。

2010 年种苗产业对林业总产值的贡献率为 2.12%。种苗进出口总额 2 亿美元，以进口为主。在 9 类种苗中，花卉用种苗与草地用种子占种苗进口额的 72.77%，其他种子、花卉用种子、插枝接穗苗、果类苗木及菌用种分别占 5.95%、5.08%、2.23%、0.32%、0.03%。我国种苗出口主要以其他种用苗木及花卉用种子为主，共占出口总额的 63.71%，菌用种、插枝接穗苗、花卉用种苗、其他种子、草地用种子及果类苗木分别占 12.89%、10.45%、4.88%、4.69%、2.79%、0.30%。见表 17-1。

《种子法》作为我国种苗的专门法律为管理农作物品种的审定和种子的鉴定、检验、检疫、生产、加工、贮藏和经营提供了强有力的保证。指导性政策主要有 7 项，主要集中于种子法、树木种质资源、进出口政策及苗木管理等方面，见表 17-3。其中，国家林业局《关于进一步加强林木种子生产经营许可证管理的通知》(林场发〔2010〕164 号)，是维护种苗市场秩序的重要文件之一。另外，我国种苗方面有 16 个标准，其中国家标准 13 个，行业标准 3 个，见表 17-4。种苗科技主要涉及新品种的引进推广，国外品种的引进，种子质量标准，包括种子鉴别、种质资源开发利用、种子存储方法和种子园的建设，嫁接等育苗技术等，见表 17-5。国家有重点林木良种基地 20 处，其中木本粮油 3 家，中药材 1 家，其余为绿化造林用林木良种基地，见表 17-7。种苗国家级和省级协会有 10 个，见表 17-6。

【林木种苗生产】

林木种子采收

种子采收　据全国 31 个省(区、市)，内蒙古、吉林、龙江、大兴安岭森工(林业)集团公司，新疆生产建设兵团种苗管理部门上报的年报统计，2010 年全国共采收林木种子 2393 万千克，与 2009 年基本持平。

2010 年采收前种子库存量为 270 万千克，2010 年实际用种量为 1651 万千克。

良种生产　2010 年全国良种基地共生产种子 191 万千克(种子园产种量 62 万千克，母树林产种量 129 万千克)，2010 年全国良种基地生产穗条 18.5 亿条(根)，其中采穗圃生产穗条 11.9 亿条(根)、无性系繁殖圃生产穗条 6.6 亿条(根)。

采种基地　2010 年全国采种基地共采收种子 646 万千克，占全国林木种子采收量的 27%，比 2009 年增加 55 万千克，内蒙古、辽宁、湖北、陕西、甘肃、吉林森工采种量增加较为明显。

苗木生产　到 2010 年底，全国共有苗圃 33.6 万个，国有、乡村集体和个体所占比例分别为 2.6%、2.41% 和 94.99%。在国有苗圃单位中，林业系统内部的苗圃有 5910 个。

全国共完成育苗面积 68.8 万公顷，其中新育苗面积 22.8 万公顷，占育苗总面积的 33.18%。国有、乡村集体和个体育苗面积分别占育苗总面积的 16.04%、5.06% 和 78.9%，与 2009 年相比，国有育苗面积比重增加 1.31 个百分点，乡村集体育苗面积比重减少 0.39 个百分点，个体育苗面积比重减少 0.92 个百分点，但个体育苗面积比重大的格局并未改变。

育苗总量 423 亿株，除留圃苗木外，实际用于造林绿化的苗木量为 166 亿株，其中生态公益林苗木 87 亿株，经济林苗木 26 亿株，其他林种苗木 53 亿株。2010 年实际用苗量中 31% 来自国有单位，6% 来自乡村集体，还有 63% 来自个体。

容器育苗产量 52 亿株，良种苗产量 131 亿株，与 2009 年相比，容器苗产量增加 12 亿株，良种苗产量增加 6 亿株。

【投资与建设项目】

投资完成情况　2010 年全国林木种苗工程项

目投资总计107114万元，其中国家投资39152万元，地方配套投资67962万元。主要用于省级种苗示范基地、良种基地、采种基地、苗圃和基础设施建设，投资范围涉及全国31个省(区、市)，内蒙古、吉林、龙江、大兴安岭森工(林业)集团公司，新疆生产建设兵团。

主要建设项目　一是完成林木良种基地建设面积40.91万公顷，其中：种子园1.96万公顷、母树林14.61万公顷、采穗圃1.32万公顷、良种繁殖圃0.49万公顷、子代测定林0.49万公顷、区域试验林0.41万公顷、良种示范林21.31万公顷、其他0.32公顷。二是完成林木种苗工作及采种基地可采种面积63万公顷。

【生产质量检查】　2010年，国家林业局林木种苗质量检验检测中心，对河北、山西、内蒙古、浙江、安徽、福建、江西、河南、湖北、湖南、广东、广西、重庆、四川、贵州、云南、陕西、宁夏、甘肃等19个省(区、市)的林木种子、苗木质量进行了检查。共检查54个市县，70个单位，42个树种，266个种批，84个苗批。

林木种子苗木质量情况　林木种子样品合格率为91.7%，较2009年的96.7%下降了5个百分点；苗木苗批合格率为78.7%，较2009年的96.2%下降了17.5个百分点。林木种苗质量检查项目和检测项目全部合格的共18个单位，其中：内蒙古锡林浩特市丰茂商贸有限责任公司等3个单位的种子样品合格率为100%，四川德昌县林木种苗中心等15个单位的苗木苗批合格率为100%(详见附件1)。林木种苗质量检测项目不合格的单位名单见附件2，其中：宁夏丰绿农林有限公司种子样品合格率为0；贵州省岑巩县四旸镇岑丰苗圃、重庆绿景农林开发有限公司、重庆开县林业中心苗圃场、重庆市欣欣牧业有限公司、广东省罗定市罗平国营苗圃场、广东省怀集县怀城镇反云村、安徽省滁州市南谯区珠龙镇兴珠村程长才的苗木苗批合格率为0。

林木品种审(认)定情况　检查的42个树种(品种)中，列入主要林木目录的树种(品种)28个，通过审(认)定为林木良种的11个，占列入主要林木目录树种的39.3%。列入主要林木目录的树种(品种)应当审定而没有进行审定即推广应用的，如四川凉山州中泽新技术开发有限公司的油橄榄、眉山市东坡区国营苗圃的巨桉、乐山市中心苗圃的巨桉，甘肃清水县林木种子站的刺槐、贵州册亨县金峰苗圃场的桉树、宁夏贺兰春园林有限公司的国槐和刺槐等。

林木种苗生产经营许可证和标签制度落实情况　检查的70个单位中，有生产许可证的单位67个，占检查单位总数的95.7%，广东省怀集县怀城镇反云村、高州林科所，重庆市欣欣牧业有限公司没有林木种子生产许可证；有经营许可证的单位65个，占检查单位总数的92.9%，广东省怀集县怀城镇反云村、高州林科所、罗定市罗平国营苗圃场、东源县义合镇南浩苗圃场，重庆市欣欣牧业有限公司没有林木种子经营许可证。生产经营环节使用标签的单位50个，标签使用率达71.4%；没有使用标签的单位17个，分别是广东省东源县义合镇南浩苗圃场、乐昌市龙山林场、怀集县怀城镇反云村、怀集县怀城镇穗丰苗圃场、罗定市罗平国营苗圃场、高州林科所，四川省昭觉县南坪林场、攀枝花市国有林场总场林木种苗站，重庆市欣欣牧业有限公司、重庆市双祥林业开发有限公司、酉阳县景全林业有限公司，贵州省锦屏县营林公司、岑巩县四旸镇岑丰苗圃、望谟县林都林业发展有限公司、册亨林森林业投资有限公司、册亨县金峰苗圃场，甘肃省兰州市林木种苗站种子库。

林木种苗质量自检情况　检查的70个单位中，生产经营环节实行自检的单位48个，占检查单位总数的68.6%；没有自检的单位20个，分别是安徽省滁州市南谯区珠龙镇兴珠村程长才、滁州市南谯区珠龙镇兴珠村汪钱明，河南省卢氏林业局，广东省东源县义合镇南浩苗圃场、怀集县怀城镇反云村、怀集县怀城镇穗丰苗圃场、罗定市罗平国营苗圃场、高州林科所，四川省昭觉县南坪林场、攀枝花市国营林场总场林木种苗站，重庆市双祥林业开发有限公司，贵州省锦屏县营林公司、岑巩县四旸镇岑丰苗圃、望谟县林都林业发展有限公司、册亨林森林业投资有限公司、册亨县金峰苗圃场，甘肃省兰州市林木种苗站种子库，宁夏回族自治区平罗县林场、平罗县陶乐治沙林场、贺兰春园林有限公司。

林木种苗生产、经营和使用者建立档案情况 检查的70个单位中，档案内容齐全的单位32个，占检查单位总数的45.7%；已建立档案但内容不齐全的单位31个，占检查单位总数的44.3%；没有建立档案的单位7个，分别是广东省东源县义合镇南浩苗圃场、乐昌市龙山林场、怀集县怀城镇反云村、怀集县怀城镇穗丰苗圃场、罗定市罗平国营苗圃场、高州林科所，贵州省岑巩县四旸镇岑丰苗圃。

采种林和采种期公告情况 在检查的16个市县中，按《种子法》规定，在采种季节确定采种林的15个县，占检查市县总数的93.8%；向社会公告采种期的9个县，占检查市县总数的56.2%。

林木种子来源情况 在检查的266个种批中，来源于种子园的种批数为4个，占1.5%；来源于母树林的种批数为23个，占8.6%；来源于采种基地的种批数为93个，占35.0%，来源于一般采种林的种批数为44个，占16.5%；来源不详的种批数102个，占38.3%，其中涉及陕西省40个油松种批、60个侧柏种批，宁夏回族自治区2个小叶锦鸡儿种批。

在检查的84个苗批中，使用良种基地育苗的苗批18个(其中：使用种子园种子育苗的苗批数为5个、使用采穗圃穗条育苗的苗批数为13个)，占21.4%；使用采种基地种子育苗的苗批数为7个，占8.3%；使用一般采种林种子育苗的苗批数为40个，占47.6%；使用来源不详的种子育苗的19个(其中：重庆市有11个苗批、广东省有8个苗批)，占22.6%。

林木种苗工作存在问题及原因分析 从检查结果看，各地在种苗质量管理中还存一些不容忽视的问题：一是苗木质量下降幅度较大，与2009年相比下降了17.5个百分点；二是"两证一签"制度执行落实不到位，无证无签现象在一些地方依然存在；三是林木品种审(认)定工作滞后，在检查的列入主要林木目录的31个树种中，通过审(认)定的只有11个，仅占35.5%；四是档案不健全和没有档案问题还比较突出；五是种苗质量自检制度落实不到位；六是仍然存在种子来源不清问题；七是一般采种林的种子在育苗中占有较大比例。

产生上述问题的主要原因：一是对林木种苗工作认识不到位，没有把种苗工作摆到重要议事日程，具体落实措施不到位；二是种苗基础工作薄弱，地县种苗管理机构、质量检验机构不健全，人员配备不齐，种苗工作不连续、不系统；三是管理和技术人员的业务能力有待提高，工作责任心有待加强。

表17-1 全国种苗产品进出口贸易总值

	单 位	出口数量	出口金额(千美元)	进口数量	进口金额(千美元)
合计			62735		132488
花卉用种苗	千株/个	12495	3061	220699	53166
花卉用种子	吨	1325	14776	40	6737
菌用种	吨	16424	8085	25	46
果类苗木	千株	5143	187	301	428
插枝接穗苗	千株	136194	6558	7272	2961
其他种用苗木	千株	195144	25194	22266	17613
草地用种子	吨	689	1750	33846	43245
其他种子	吨	1184	2943	4803	7880
果树	千株	1495	180	19	413

表 17-2 各地区林木种苗产量

地 区	林木种子采集量（吨）	当年苗木产量（万株）	育苗面积(公顷)		年末实有母树林面积(公顷)	年末实有种子园面积(公顷)	年末实有采穗圃面积(公顷)
			合 计	其中：本年新增育苗面积			
全国合计	50866	4141786	660410	196854	318142	69002	15032
北京	88	10807	12321	802	7	323	
天津		4986	6770	2871			
河北	3634	201385	42932	16118	10403	929	6
山西	2951	172453	40047	19228	10325	1098	23
内蒙古	1728	279564	14433	9815	28588	2039	60
内蒙古集团		3592	53	12	13422	170	
辽宁	1671	489432	17936	7933	11457	3301	447
吉林	4237	88701	4431	1430	43400	3784	5
吉林集团	252	6051	256	71	13574	1100	
黑龙江	2867	149238	13402	4085	128163	7952	718
龙江集团	71	37047	404	70	88107	4323	4
上海		6260	47	9			
江苏	55	367121	75084	12666	171	127	40
浙江	52	263732	101405	15931	2528	1830	133
安徽	771	104099	37794	6709	3116	1816	723
福建	16	47822	1396	971	932	1013	83
江西	244	126747	16201	4395	2949	931	555
山东	6371	315057	83221	23347	317	265	251
河南	1240	202990	25533	16852	1520	259	235
湖北	4386	113487	34293	7086	4060	3021	1342
湖南	501	97798	24066	1860	6152	966	146
广东	646	59529	3029	964	413	898	30
广西	153	81735	1762	1194	4461	979	89
海南	17	6196	542	182		60	
重庆	249	81422	15062	4215	7935	2259	142
四川	4143	160938	6890	2873	5548	4600	1037
贵州	373	102551	3266	1929	7255	5383	41
云南	5900	118425	5823	3505	4920	3783	2589
西藏		1623	728	272		500	
陕西	5542	217085	22138	9561	10463	15470	470
甘肃	520	144742	17361	8456	5798	559	669
青海	171	51799	2827	907	244	430	39
宁夏	1508	31836	18114	5352	500	25	
新疆	832	41010	11507	5322	4925	3279	5159
新疆兵团	47	7651	1393	601	4196	1337	1
大兴安岭		1211	49	14	11592	1123	

表 17-3 种苗政策

	文件名称	文件号	发布机构	实施期限
1	中华人民共和国种子法	2004 年国家主席令第 26 号	全国人民代表大会常务委员会	2004 年 8 月 28 日至今
2	林木种质资源管理办法	国家林业局令第 22 号	国家林业局办公室	2007 年至今
3	内蒙古自治区主要林木品种审定办法	内林办发〔2009〕197 号	内蒙古自治区林业厅	2009 年至今
4	关于农业部 2010 年度种子(苗)种畜(禽)鱼种(苗)和种用野生动植物种源免税进口计划的通知	财关税〔2010〕11 号	财政部　国家税务总局	2009 ~ 2010 年
5	关于国家林业局 2010 年度种子(苗)和种用野生动植物种源免税进口计划的通知	财关税〔2010〕9 号	财政部　国家税务总局	
6	关于进一步抓好油茶种苗生产及质量管理工作的通知	林场发〔2010〕112 号	国家林业局场圃总站	2010 年至今
7	关于进一步加强林木种子生产经营许可证管理的通知	林场发〔2010〕164 号	国家林业局场圃总站	2010 年至今

表 17-4 种苗标准

	标准名称	标准号	发布单位
1	银杏种核质量等级	GB/T20397-2006	国家质量监督检验检疫总局　国家标准化管理委员会
2	油桐栽培技术规程	LY/T1327-2006	林业部
3	油茶栽培技术规程	LY/T1328-2006	林业部
4	柑橘嫁接苗分级及检验	GB/T9659-1988	农业部
5	牧草种子检验规程重量测定	GB/T2930. 9-2001	国家技术监督局
6	牧草种子检验规程水分测定	GB/T2930. 8-2001	国家质量技术监督局
7	牧草种子检验规程种及品种鉴定	GB/T2930. 7-2001	国家质量技术监督局
8	牧草种子检验规程健康测定	GB/T2930. 6-2001	国家质量技术监督局
9	牧草种子检验规程生活力的生物化学(四唑)测定	GB/T2930. 5-2001	国家质量技术监督局
10	牧草种子检验规程发芽试验	GB/T2930. 4-2001	国家质量技术监督局
11	牧草种子检验规程其他植物种子数测定	GB/T2930. 3-2001	国家质量技术监督局
12	牧草种子检验规程净度分析	GB/T2930. 2-2001	国家质量技术监督局
13	牧草种子检验规程扦样	GB/T2930. 1-2001	国家质量技术监督局
14	牧草种子检验规程检验报告	GB/T2930. 11-2001	国家质量技术监督局
15	牧草种子检验规程包衣种子测定	GB/T2930. 10-2001	国家质量技术监督局

表 17-5 种苗科研项目

	项目名称	研究单位(项目完成年)
1	木兰科树种的引种筛选和扩繁技术	上海奉贤区林业署
2	上海地区欧美杨新品种的引进和推广	上海林业总站、上海松江区林业站
3	黑龙江主栽药材种子质量标准研究	东北林业大学
4	木荷、香樟容器育苗技术	中国林科院亚热带林研所、淳安县林业局
5	桉树、相思、柚木和西南桦新品种选育及培育技术	中国林科院热带林研所、国家林业局桉树研究开发中心
6	思茅林区优质速生丰产造林树种选择及示范研究	中国科学院西双版纳热带植物园、思茅市林科所等
7	南方红豆杉资源与规模化容器育苗技术研究	中国林科院亚热带林研所、富阳市林业技术推广中心等
8	落羽杉的快速繁殖技术和苗木生产	上海林业总站、上海浦东新区川沙林场、上海种业(集团)有限公司等
9	毛乌素沙地臭柏繁殖技术	内蒙古农业大学
10	飞播造林禁牧封育技术	鄂尔多斯东胜区生产力促进中心、鄂尔多斯市飞播站
11	优质抗逆速生树种"彰武松"	辽宁固沙造林研究所

	项目名称	研究单位(项目完成年)
12	林木良种繁育工厂化育苗配套技术	黑龙江林科所、林口县青山林场、方正林业局等
13	梭梭人工造林及肉苁蓉接种技术	阿拉善盟林业治沙研究所、阿拉善左旗林业工作站
14	红叶石楠“红罗宾”的组培快繁及规模化育苗配套技术研究	江西省林科院
15	高亚油酸含量油茶优良无性系选育研究与示范	江西省林科院
16	兴安、长白和华北落叶松的种子鉴别	内蒙古农业大学
17	南方红豆杉种质资源开发利用	景德镇市林科所
18	柳树良种区域性试验研究	临夏回族自治州林科所、北道元龙苗圃、平凉地区林科所等
19	金叶冬青卫矛的选育及快繁技术	河南红枫实业有限公司
20	柚木优良无性系扦插繁殖技术	中国林科院热带林研所、南方国家级林木种苗示范基地等
21	木荷高效生物防火和材用新品种	中国林科院亚热带林研所、淳安县富溪林场等
22	对节白蜡多年生枝干快速培育老桩盆景技术研究	荆门市大森林绿化工程有限公司
23	印楝引种及优质高产栽培技术研究	中国林科院资源昆虫研究所
24	仙客来优良品种选育及繁育技术研究	河北省林科院
25	绿化造林树种的筛选	上海市林业总站
26	优质鲜食大枣新品种京枣39中试与示范	中国农业大学
27	银荆、牡丹、石竹、樱桃新品种选育与技术开发	上海市林业总站
28	香石竹、满天星等主要鲜切花种苗生产开发	上海市林业总站
29	郁金香良种开发和区试	上海市林业总站
30	赞皇大枣的群体遗传变异及优良株系的遗传学评价研究	河北农业大学
31	山地良种核桃规范化栽培技术体系研究	平山县林业局
32	无核小枣优良无性系品种“无核1号、3号”推广	沧州市林科所
33	抗枣疯病枣树新品系的选育	河北省林科院
34	板栗引种开发研究	邢台市林业技术推广站
35	四川核桃新品种引进与选育研究	四川省林科院
36	秦巴山区日本枇杷引种栽培与果实保鲜贮藏技术	西北农林科技大学
37	节节红板栗选育及其无公害丰产栽培技术研究	安徽省造林经营总站、安徽省林科院、东至县林业局
38	新疆石榴优质丰产栽培技术推广	新疆维吾尔自治区林业技术推广总站、皮山科技局、阿图什市科技局
39	锥栗优良新品种选育研究	中国林科院亚林所、庆元县林业局、仙居县林业局
40	果树种苗生产技术规程	天津林业果树研究所
41	榛子引种、扩繁与高效栽培技术研究	东北林业大学
42	黑荆树实生种子园建立技术研究	楚雄州林科所、禄丰和平镇林业站
43	生态林带立地适应性树种选育与推广	上海市林业总站
44	墨西哥落羽杉优良种源的引种筛选	上海市林业总站、上海农科院、松江区林业站等
45	天津耐盐碱树种筛选	天津林业局、中国林科院林研所、大港区农林畜牧局
46	容器育苗抗旱造林综合技术示范推广	河北省林业局防沙治沙工程管理办公室、河北省林业工作站管理总站
47	林木良种及快繁技术推广	山西省林业技术推广站
48	干旱沙化地区抗旱节水保苗钵中试	山西省林业技术推广站
49	老秃顶日本落叶松良种基地建设及综合技术研究	辽宁省林业种苗管理总站、老秃顶子自然保护区管理局等
50	辽西半干旱地区高品质苗木配方施肥技术研究	阜新市林业科技实验示范园区、辽宁工程技术大学资源环境学院
51	红松果材兼用林丰产技术推广	辽宁省林业技术推广站、辽宁森林经营研究所

	项目名称	研究单位(项目完成年)
52	紫叶稠李引种栽培及繁殖技术的研究	长春大学、吉林森工集团
53	利用组培技术快速繁殖山葡萄良种苗木技术研究	伊春市林科院
54	长白山野生花卉溪荪种子繁殖及切花开发技术的研究	长春大学、吉林森工集团
55	欧洲花楸引种及繁育技术研究	黑龙江森林植物园
56	乐东拟单性木兰高效离体组培快繁技术研究与应用	宁波江南现代农业高新技术研究院、江西林科院
57	黑龙江珍稀濒危树种资源收集、保存及利用的研究	黑龙江省林科所
58	应用杂交落叶松良种进行工业用材林培育的研究	黑龙江省林科所
59	珍贵树种黄波罗、山槐、钻天柳、春榆营造技术的研究	伊春市林科院、新青区桦林经营所
60	浙江主要阔叶树种优树选择及种实丰产配套技术研究	浙江省林业种苗管理总站、中国林科院亚热带林研所等
61	营建黄波罗母树林技术的研究	黑龙江省林科所
62	优良园林生态树种、棱角山矾抗污染及培育技术研究	宁波江南现代农业高新技术研究院、江西省林科院
63	乳源木莲种群生态与驯化技术研究及推广	三明市林业科技推广中心
64	马褂木磷营养高效利用种源选择及共生菌根研究	建瓯市林业技术推广中心
65	福建麻竹地理种源与优良农家品种选择研究	福建省林科院
66	马尾松高产脂优良材料选择及繁殖技术研究	福建省林科院
67	台湾优良用材和观赏树种引进与繁育技术研究	福建省林科院
68	鄂西地区四个针叶树种优良种源选择研究	宜昌市林科所、中国林科院林研所、宜昌市大老岭林场等
69	福建柏优树子代测定和优良遗传材料选择研究	福建省林科院
70	湿地松×加勒比松杂交育种研究及优良杂种推广	广东省林科院、台山市红岭种子园等
71	秃杉优良种源选择及其在广东的推广应用	广东省林科院、肇庆市国有林业总场、广东乐昌市龙山林场
72	洛基山刺柏、白云杉及繁育技术引进	青海省农林科学院、西宁市林业局
73	欧美落叶松及其杂种工厂化育苗配套技术	中国林科院林研所、辽宁清原大孤家林场、甘肃小陇山林科所
74	相思抗逆新品系定向选育	中国林科院热带林研所、广东江门林业局等
75	耐湿耐盐树木引种筛选与繁育技术	中国林科院亚热带林研所、松江区林业站等
76	华山松优良遗传材料的推广利用与示范	西南林学院
77	番木瓜葡萄柚优良品种引进	西南林学院、新平林业局、云南省林科院、元江林业局等
78	果树新品种错季栽培技术试验示范	天津市武清区林科学技术推广中心
79	京东板栗种质资源圃建设与资源利用	遵化市林业局
80	鲜食杏保护地栽培技术推广	山西省林业技术推广站
81	榛子抗寒新品种选育研究	辽宁省经济林研究所、抚顺市林科所、新宾县林业局等
82	平欧杂交榛子抗寒品种引进与幼树丰产栽培技术的研究	桓仁县林业技术推广站
83	栗柞嫁接及配套技术推广	辽宁省林业技术推广站、抚顺市林科所
84	青田县山茶油标准化推广实施示范项目	青田林技术推广站、浙南油茶开发有限公司
85	油茶良种"大别山1~4号"选育与研究	安徽农业大学林学与园林学院
89	木瓜标准化栽培技术研究	桐柏县林业局、桐柏县经济林开发中心等
90	红地球葡萄引种速繁及无公害高效栽培技术研究	许昌市林科所、许昌职业技术学院、许昌市园林绿化管理处等
91	汉江樱桃优良品种选育	十堰市林科所、张湾区林业局
92	油茶高产新品种推广与高产栽培技术	湖南省林科院、浏阳市林业局、攸县林业局
93	良种杨梅引种栽培与品种选育技术研究	湘潭市林业局、湘潭县林业局
94	油橄榄优良品引种驯化研究	绵阳市林业科技推广中心

	项目名称	研究单位(项目完成年)
95	楚雄州云南山茶栽培古树和野生种质资源	楚雄彝族自治州林科所
96	高枝换接改良铁核桃林示范	大姚县林业局
97	新疆早实核桃高效集约栽培技术	新疆维吾尔自治区林科院
98	伊犁河谷红地球葡萄标准化栽培技术研究及产业化建设	伊犁职业技术学院、伊犁哈萨克自治州园艺推广总站等
99	生态经济型优质灌木树莓的引种栽培	甘肃省林科院
100	名优砂梨引种筛选及优质无公害栽培技术研究	中南林学院
101	油橄榄优良品种引种驯化研究	绵阳市林业科技推广中心、三台县油橄榄科研生产服务公司等
102	国外西番莲优良品种的引进	西南林学院、云南省热带作物科学研究所、勐腊县林业局等
103	主要干果树种育种技术创新与新品种推广应用	北京市农林科学院林业果树研究所
104	蟠桃系列新品种选育	北京市农林科学院林业果树研究所
105	油橄榄引种筛选、种植及病虫害防治技术	上海市林业总站、上海市农业科学院、奉贤区林业署
106	四川核桃优良品种引种与选育研究	四川省林科院、南江县林业局、万源市林业局、黑水县林业局等
107	万亩玫瑰香葡萄优质栽培技术示范与推广	天津市汉沽区林业工作站、天津市林业果树研究所
108	红玫瑰引种扩繁技术研究	呼伦贝尔市林科所
109	红松果材兼用林育苗技术规程	辽宁省林业种苗管理总站、辽宁省森林经营研究所
110	日本花柏引种及利用技术研究	湖北省林科院
111	湖北杉木遗传改良与人工林培育	湖北省林业局林木种苗管理总站、湖北省林科院等
112	转基因抗寒桉树新品种的培育与应用	中南林业科技大学、长沙市林业技术推广站
113	耐寒桉树无性系育种及组培工厂化育苗技术	湖南省森林植物园
114	龙脑香科珍贵用材树种优良种质资源及栽培技术引进	广东省林科院、江门市林科所、西江林业局等
115	桉树良种选育及栽培技术研究	广西壮族自治区林科院
116	枣树优良品种嫩枝扦插技术	中国林科院林研所
117	优质杨树新品种引进、繁殖及资源圃的建立	甘肃省林科院
118	日本构树引种快繁及速生丰产栽培技术研究	湖北省林科院
119	耐寒桉树种质资源改良及培育技术研究	国家林业局桉树研究中心、云南省林科院、广西林科院等
120	杨树工业用材林高产新品种定向选育和推广	中国林科院林研所、北京市林业种子苗木管理总站等
121	四个南方重要经济林树种良种选育和定向培育关键技术研究推广	南京林业大学、四川农业大学、中国林科院资源昆虫研究所等
122	太行山区林果草良种引进筛选与示范	河北省林科院
123	全光照喷雾嫩枝扦插培育林木种苗技术研究	呼伦贝尔市林科所
124	树莓、蓝莓引种驯化及栽培技术的研究	黑龙江省林科所
125	杉木不同世代、类型种子园遗传改良研究	浙江林学院、浙江省林业种苗管理总站等
126	台湾爱玉子优良无性系引进与优化栽培技术研究	福建省林科院
127	悬铃木优良新品种——少球悬铃木(速生法桐)	河南省林科院
128	珍贵园林绿化新品种——杂交马褂木	河南省林科院
129	华龙杨	河南省林科院
130	圆冠刺槐	河南省林科院
131	马褂木优良地理种源示范	湖北省林业科技推广中心、来凤县林业局
132	地中海柏木引种示范	甘肃省林业科学技术推广总站、陇南市林业工厂化育苗项目办等
133	黑荆树优良种源及水土保持林营造技术	中国林科院亚热带林研所、禄丰县林业局
134	乌江流域竹林培育技术	中国林科院亚热带林研所、德江县林业局等
135	栲胶分析检验方法行业标准	中国林科院林化所、内蒙古森工栲胶制品公司等
136	国外绿化树种引种、珍贵乡土树种扩繁及形体苗培育	东北林业大学
137	木荷高效生物防火优良种源选择和应用	中国林科院亚林所、淳安县富溪林场等
138	枣良种光雾工厂化快繁无土育苗技术研究与应用	国家林业局泡桐中心、中国农科院郑州果树研究所等
139	鄂尔多斯高原特有植物四合木濒危原因及硬枝扦插繁育技术研究	内蒙古农大、乌海市林科所、乌海市园林科研所

	项目名称	研究单位(项目完成年)
140	树苜蓿良种及栽培技术引进	甘肃省林科院
141	珍稀、速生、优质、高效林木新品种——豫楸1号	河南省林科院
142	石榴优良品种推广	新疆维吾尔自治区林业技术推广总站皮山林业站
143	阿月浑子优良品种选育研究	新疆维吾尔自治区林科院、喀什林科所
144	新疆核桃低产林改造及良种推广	新疆维吾尔自治区林科院
145	晚熟葡萄新品种金田皇家无核选育	河北科技师范学院、昌黎县金田苗木有限公司
146	冬枣优良品种选育研究	沧州市林科所
147	晚熟葡萄新品种金田红选育	河北科技师范学院、昌黎县金田苗木有限公司
148	葡萄系列新品种选育	河北科技师范学院、昌黎县金田苗木有限公司
149	晚熟葡萄新品种金田美指选育	河北科技师范学院、昌黎县金田苗木有限公司
150	早实薄皮优质核桃新品种选育	河北农业大学、河北省林科院
151	晋香核桃新品种的选育研究	山西省林科院
152	早酥梨千亩园丰产技术试验示范及推广	平凉市林科所
153	太行山东麓甜樱桃引种及丰产栽培技术研究与示范	河北农业大学
154	抗缩果病枣新品种选育	河北省林科院
155	山梨优良天然品系选育与建园技术	伊春市林科院
156	山核桃良种繁育技术	浙江林学院
157	中华寿桃品种与无公害高效栽培技术研究	许昌市林科所
158	仁用杏新品种——优一	西北农林科技大学
159	仁用杏新品种——窝蜂	西北农林科技大学
160	茶花新品种改良油茶低效林技术	中国林科院亚热带林研所、宁波大学、浙江富阳绿园园艺公司等
161	无病毒大粒葡萄新品种——大红球	北京林业大学
162	梨枣、冬枣等优良鲜食枣品种及丰产栽培技术	北京林业大学
163	金橘保鲜产业化成套技术	中南林业科技大学
164	落叶松杂种种子生产及优良杂种推广试验	黑龙江省林科所
165	山杨优良杂种无性系微体繁育技术	黑龙江省林科所
166	杨树新品种——A118	黑龙江省林科所
167	杨树新品种——斯×施	黑龙江省林科所
168	杨树新品种——中美山杨	黑龙江省林科所
169	杨树新品种——钻×俄	黑龙江省林科所
170	簸杞柳 JW8-26 和杞簸柳 JW9-6 新无性系选育	江苏省林科院
171	柳树新无性系——苏柳 172 和苏柳 194	江苏省林科院
172	山茱萸良种繁育及规范化栽培	浙江林学院
173	美洲黑杨新品种与定向培育	浙江林学院
174	黄山松地理种源的研究	浙江林学院
175	香榧种子催芽及周年嫁接技术	浙江林学院
176	桉树实木利用树种选育及木材开发利用成果推广	龙岩市现代林业技术开发中心
177	轻型育苗基质	福建永安林业(集团)股份公司
178	红叶石楠组培及工厂化育苗技术体系营建技术	福建省林科院、莆田市林科技试验中心
179	巨桉优良无性系选育及快繁技术研究	龙岩市林科所、龙岩市林科技推广中心
180	福建乡土野生绿化树种引种驯化试验研究	福建三明林业学校

	项目名称	研究单位(项目完成年)
181	木兰科植物容器育苗技术	江西省林科院
182	耐寒桉树良种选育及快繁技术	江西省林科院
183	闽楠、红楠保护生物学研究及优良种源选育	江西省林科院
184	棱角山矾种苗繁育技术及推广	江西省林科院
185	江西珍稀树种基因资源收集、保存及繁育技术	江西省林科院
186	常绿阔叶林经营管理技术	江西省林科院
187	PRA-7 松树生根剂	江西省农业大学林学院
188	窄冠黑杨、窄冠黑白杨的选育	山东农业大学
189	人工雾森系统条件下不同基质规模化育苗新技术研究	濮阳市林科所
190	缅茄繁育技术的研究	高州市林科所
191	橄榄资源调查、收集保护与优良品系选育研究	广东省林科院、丰顺县林业局、高州林业局等
192	U6 桉树无性系	湛江市林科所
193	相思树混交林	广西壮族自治区林科院
194	桉树优良无性系规模化繁殖技术研究	钦州市林科所
195	柳窿桉优良无性系选育与区域试验	广西壮族自治区林科院
196	桉树无性系鉴定 DNA 指纹图谱及特异性引物开发研究	广西壮族自治区林科院、浙江大学生命科学学院
197	耐寒桉良种邓恩桉脱毒及组培快繁技术研究	广西壮族自治区林科院
198	林果花卉组培苗技术	广西壮族自治区林科院
199	凉山彝族自治州新银合欢种源选择及采种基地建设研究	四川彝族自治凉山州林科所、凉山州彝族自治林业局、宁南县林业局
200	直干桉荒山引种及栽培技术试验研究	四川省林科院、会理县林业局、西昌市林业局、富顺县林业局等
201	国外松的引种、栽培	中国科学院昆明植物研究所
202	云南松优良种源培育丰产林技术	云南省林科院
203	云南核桃板栗新品种(系)及其配套技术推广	云南省林科院
204	野生樱桃李优良品系选育及丰产栽培技术研究	伊犁哈萨克自治州林科所、霍城县果树技术工作站等
205	抗旱(寒)、耐盐碱灌木四翅滨藜育苗及配套栽培技术示范推广	伊犁哈萨克自治州林科所
206	珍贵桉树用材树种引进及栽培技术	中国林科院
207	辣木优良品种及繁殖栽培技术引进	中国林科院资源昆虫研究所
208	药用石斛繁育及栽培技术引进	中国林科院资源昆虫研究所、龙陵县林业局
209	优良树种——墨西哥柏、银荆	中国林科院林研所
210	华北次生林二维分类经营技术	中国林科院林研所
211	桉树新品种 2 个：新桉 1 号、新桉 2 号	中国林科院桉树研究开发中心
212	优良相思树种——直干型大叶相思	中国林科院热带林研所
213	抗逆、优质转基因杨树研究与产业化	北京林业大学
214	四倍体刺槐、杨树抗旱、抗虫新品种培育	北京林业大学
215	苜蓿抗旱耐盐碱工程育种	北京林业大学
216	抗旱、抗寒低矮型针叶树朝鲜冷杉等优良种质及栽培技术引进	北京林业大学、中国林科院华林实验中心
217	四倍体刺槐新品种及其繁殖技术	北京林业大学
218	北方地区引种珙桐栽培技术及毛种露天低温催芽种苗培育法	北京林业大学、烟台市林业局、雷波县林业局
219	沙地海岸松优良品种及栽培技术引进	北京林业大学、烟台市林业局、浙江省亚热带作物研究所
220	银杏产业化栽培技术	北京林业大学

	项目名称	研究单位(项目完成年)
221	台湾青枣系列品种(毛叶枣栽培品种群)的引进	北京林业大学
222	优良油桐品种——泸溪葡萄桐栽培与推广	中南林业科技大学
223	0133，0204 等 52 个杉木优良无性系	中南林业科技大学
224	一种中国枫香组织培养快速繁殖的方法	南京林业大学
225	欧洲七叶树体细胞胚胎发生和植株再生方法	南京林业大学
226	林木繁殖促进剂——木质素酸钠	南京林业大学
227	杨树新品种 NL-80105、NL-80106、NL-80121	南京林业大学
228	云南珍稀特有竹种种质园建立及其研究	西南林学院
229	山茱萸三种嫁接繁育技术研究	浙江林学院
230	苜蓿等牧草抗旱、耐盐碱转基因新品种培育	北京林业大学
231	优良桉树引种及丰产栽培技术试验研究	重庆市荣昌县林业局
232	金叶国槐	河北省林科院
233	深州杨	衡水市林业局
234	美洲南蛇藤育苗及栽培技术引进	河北省林科院
235	国内外刺槐资源评价及引种应用研究	河北农业大学
236	太行山退耕还林工程树种配置及抗旱造林技术试验示范	河北省林科院、平山县林业局
237	毛白杨雄株优良无性系推广	河北省林科院
238	梨、核桃新品种示范推广	河北省林业技术推广总站
239	沙松混交林培育技术推广	辽宁省林科院、辽宁省林业技术推广站
240	速生耐盐碱小胡系杨树远缘杂交育种的研究	辽宁省杨树研究所
241	辽宁 1 号、7 号等核桃新品种推广	辽宁省林业技术推广站、锦州市林业局
243	优良杨树品种 107 示范	鞍山市林业局
244	核桃优良苗木繁育技术示范	辽宁省林业技术推广站
245	抗寒速生杨树新品种辽育 1 号、辽育 2 号杨示范	辽宁省杨树研究所、辽宁省林业技术推广站
246	沙区优良沙生灌木造林技术试验示范	辽宁省固沙造林研究所
247	红松结实高产无性系扩繁与丰产栽培技术	辽宁省森林经营研究所
248	辽栗 10 号等栗树新品种的推广	辽宁省林业技术推广站、辽宁省经济林研究所
249	高产、优质、抗虫日本栗良种的推广	辽宁省林业技术推广站、辽宁省经济林研究所
250	白林三号杨	白城市林科院
251	俄罗斯花楸种苗繁育基地建设	五大连池市中昌花楸基地公司
252	异砧嫁接红松果材兼用林技术	牡丹江市林科所
253	杨树新品种窄冠品系	黑龙江省林科所
254	红松果林丰产技术	黑龙江省林科所
255	红松坚果林丰产栽培及产业化生产	黑龙江带岭林科所
256	轻基质网袋工厂化容器育苗及造林技术研究	黑龙江朗乡林业局
257	航天诱变育种智能化繁育速生丰产原料林用苗木技术	黑龙江朗乡林业局
258	福建绿竹优良种源区域试验与示范	福建省林科院
259	林木种子超干燥低温保存技术	福建农林大学
260	桉树短轮伐期食用菌兼用林经营技术推广研究	永安市林业科技推广中心
261	清化肉桂良种培育及加工利用技术引进	广西壮族自治林科院、玉林市林科所、防城区林业局、防城区小峰农场等

	项目名称	研究单位(项目完成年)
262	107、108 杨树新品种大面积种植	乐山华森林业发展公司、乐山市华森林业发展公司
263	泡桐单板类人造板材林优良无性系选育	中国林科院
264	南方红豆杉资源及容器苗规模化培育技术研究	中国林科院
265	相思纸浆材新品系选择和繁育技术研究	中国林科院
266	银杏 2n 配子诱导机理研究及三倍体植株培育	北京林业大学
267	抗干旱、耐盐碱基因工程黑麦草、早熟禾新品种选育	北京林业大学
268	优质抗逆草坪草的高效育种技术及新品种选育	北京林业大学
269	B-〔301〕等三倍体毛白杨新品种	北京林业大学
270	高产美洲黑杨新品种选育	南京林业大学
271	北美鹅掌楸优良杂交亲本材料与体细胞胚胎发生培养技术引进	南京林业大学
272	马尾松纸浆材优良家系无性系选育和栽培技术	南京林业大学
273	3 种耐寒地被类观赏竹选育及容器育苗技术	南京林业大学
274	8 种散生竹组培及快速繁育技术	南京林业大学
275	观赏型杂种鹅掌楸选育及生理生态基础研究	南京林业大学
276	银杏种质基因库的建立及创新利用	南京林业大学
277	3 种耐寒地被类观赏竹选育及容器育苗技术	南京林业大学
278	槭树、白蜡树优良品种的引进	南京林业大学
279	秋竹组培繁殖技术	南京林业大学
280	彰武松良种繁育技术研究与中试	辽宁省固沙造林研究所
281	马尾松容器育苗轻型及指数施肥技术研究	尤溪县林业局
282	耐寒桉优良无性系选择、快繁技术研究及区域试验	广西壮族自治林科院
283	砂地柏扦插育苗技术规程	青海省农林科学院、西宁市园林局
284	光皮桦采种育苗关键技术	中国林科院亚热带林研所
285	轻型有机基质的研制及其在林木育苗中的应用	国家林业局桉树研究开发中心
286	岩溶石山适生竹藤新品种及其培育技术引进	中国林科院热带林业实验中心、都安县林业局等
287	大青山石山树木园营建与林木引种驯化技术推广	中国林科院热带林业实验中心、天等县林业局
288	耐盐绿化植物的引种、筛选与示范应用	河北省农林科学院滨海农研所
289	3 种耐寒地被类观赏竹选育及容器育苗技术	南京林业大学
290	桉树矮化育种技术	国家林业局桉树研究开发中心
291	核桃新品种培育和综合开发	西北林学院
292	速生优质丰产造林树种的产业化推广	中国科学院西双版纳热带植物园
293	华南主要速生阔叶树种良种选育及高效栽培技术	中国林科院热带林研所
294	油茶雄性不育杂交新品种选育及高效栽培技术和示范	湖南省林科院
295	蟠桃系列品种育种与推广	北京市农林科学院林业果树研究所
296	冬青属、羊蹄甲属植物资源的收集及育种研究	上海市园林科学研究所
297	水生植物引种及其应用研究	上海市园林科学研究所
298	非洲菊新品种的开发和推广	上海市林木花卉育种中心
299	双季米金槐树引种试验示范	重庆市北碚区林业科技推广站
300	生物降解蜂窝育苗容器的研制	山西省育苗容器研究中心
301	山西枣优良品种选育及栽培技术研究	山西省林科院

	项目名称	研究单位(项目完成年)
302	沙棘优良品系筛选及定向栽培技术研究	鄂尔多斯市林业治沙科学研究所
303	辽宁6号核桃良种选育研究	辽宁省经济林研究所
304	沙棘扦插育苗技术规程	辽宁省干旱地区造林研究所
305	栗树新品种选育及加工用日本栗中试与示范	辽宁省经济林研究所
306	珍贵观赏树种花楸繁育技术研究与应用	辽宁省林科院
307	丰林一号杨选育及栽培技术研究	白城市林科院
308	城市绿化优良苗木新品种引育及产业化技术研究	长春市林科院
309	吉林省中部农防林杨树优良品种选择	长春市林科院
310	中华金叶榆的引种与推广	白城市林科院
311	无籽瓯柑良种示范与推广	丽水市林科院
312	杨树工厂化育苗关键技术研究	安徽省林业高科技开发中心
313	马占相思引种栽培推广应用	阳江市林科所
314	乐昌市龙山林场杉木第二代种子园营建技术	乐昌市龙山林场
315	麻疯树种子产量形成规律及其提高技术途径研究	四川省林科院
316	麻疯树良种壮苗快繁技术研究	四川省林科院
317	阿月浑子良种繁育及示范推广	甘肃省林业科技推广总站
318	大花蕙兰繁殖与栽培技术研究	兰州市林木种苗繁育中心
319	主要商品花卉优质高产新品种选育	北京林业大学
320	寒冷干旱地区紫叶稠李引种试验	白城市林科院
321	红松果林嫁接技术引进与推广	东辽县林业总站
322	木荷生物防火和优质用材定向育种技术	中国林科院亚热带林研所
323	马尾松种源加密实生种子园营建技术的研究	安徽省林木种苗总站
324	兰考县晚秋黄梨引种与配套技术推广建设项目	兰考县林业局
325	美国优良杂果新品种引选研究	濮阳市林科所
326	冕宁板栗优良品种引种栽培试验研究	冕宁县林业局
327	铅笔柏种源与栽培技术示范	甘肃省林科院
328	红古区核桃无公害丰产栽培技术示范与推广研究项目	兰州市红古区林业局
329	生态经济型钙果良种快繁育规范化栽培技术研究	兰州市林木种苗繁育中心
330	瓜州枸杞引种及示范基地建设	瓜州县林果科技服务中心
331	酒泉市优良乡土树种育苗造林推广	酒泉市林果服务中心
332	云杉强化育苗技术中试与示范	甘肃小陇山林业实验局林科所
333	木豆质核不育杂交育种体系构建及新品种选育研究与示范	中国林科院资源昆虫研究所
334	大叶桑引种及栽培技术试验研究	酒泉市林科所
335	日本甜柿栽培技术研究与推广	宝鸡市林科所
336	粉葛选育和丰产栽培示范项目	遂宁市林业科学技术工作站
337	核桃子芽嫁接苗培育技术研究	冕宁县林业局
338	加工型板栗新品种引进、栽培技术集成与示范推广	桐庐县林业技术推广中心站
339	大花六道木引种与繁育	浙江省虹越花卉有限公司
340	桑树新品种“农桑14号”引繁与推广	安康市蚕桑技术推广工作站
341	核桃优良品种室内嫁接技术	中国林科院林研所

表 17-6 种苗国家级和省级协会

1	中国种子协会
2	中国种子贸易协会
3	河北省林木种苗协会
4	山西省林木种苗协会
5	黑龙江省林木种苗协会
6	安徽省林木种苗协会
7	江西省花卉协会花卉苗木企业分会
8	山东省林木种苗协会
9	广西壮族自治区林木种苗行业协会
10	四川省绿化种苗协会

表 17-7 国家重点林木良种基地

1	沧县国家枣树良种基地
2	吕梁林管局上庄国家油松良种基地
3	清原县大孤家林场国家落叶松良种基地
4	汪清林业局国家红松、云杉良种基地
5	林口县青山国家落叶松良种基地
6	泗洪县陈圩林场国家杨树良种基地
7	淳安县姥山林场国家马尾松良种基地
8	福建省洋口林场国家杉木良种基地
9	漳平市五一林场国家马尾松良种基地
10	中国林科院亚热林中心油茶良种基地
11	冠县国有苗圃国家杨树良种基地
12	郏县国有林场国家侧柏良种基地
13	浏阳市国家油茶良种基地
14	台山市红岭国家湿地松、杂交松良种基地
15	广西壮族自治东门林场国家桉树良种基地
16	黎平县东风林场国家杉木良种基地
17	桥山林业局国家油松良种基地
18	中宁县国家枸杞良种基地
19	阿克苏实验林场国家核桃、枣树良种基地
20	大兴安岭林业集团技术推广站国家樟子松、落叶松良种基地

表 17-8-1 红松种子主产地产量

	红松种子主产地	产量（千克）
1	明山区(辽)	68805
2	省实验林场(辽)	50000
3	本溪满族自治县(辽)	50000
4	凤城市(辽)	35000
5	省森林经营研究所(辽)	25000
6	东港市(辽)	1600
7	东洲区(辽)	1500
8	敦化市(吉)	290150
9	通化县(吉)	250000
10	桦甸市(吉)	200000
11	临江市(吉)	180000
12	集安市(吉)	94000
13	辉南县(吉)	50000
14	安图森林经营局(吉)	40000
15	舒兰市(吉)	30000
16	大兴沟林业局(吉)	18900
17	汪清林业局(吉)	15500
18	梅河口市(吉)	13500
19	昌邑区(吉)	10000
20	东辽县(吉)	9000
21	珲春市(吉)	9000
22	江源区(吉)	5000
23	白河林业局(吉)	4500
24	长白朝鲜族自治县(吉)	4320
25	天桥岭林业局(吉)	2500
26	大石头林业局(吉)	2000
27	通化市市辖区(吉)	1900
28	林口县(黑)	200000
29	宁安市(黑)	150000
30	汤原县(黑)	123500
31	萝北县(黑)	100000
32	延寿县(黑)	90000
33	鹤岗市市辖区(黑)	50000
34	山河实验林场(黑)	30000
35	桦南县(黑)	18000
36	虎林市(黑)	13000
37	密山市(黑)	10400
38	方正县(黑)	10000
39	勃利县(黑)	4100
40	桦川县(黑)	3800
41	佳木斯市郊区(黑)	2000
42	露水河林业局(吉林森工)	400000
43	三岔子林业局(吉林森工)	203000
44	松江河林业有限公司(吉林森工)	10500
45	泉阳林业局(吉林森工)	2000
46	湾沟林业局(吉林森工)	2000
47	鹤北林业局(龙江森工)	9544
48	朗乡林业局(龙江森工)	8500
49	友好林业局(龙江森工)	8500
50	山河屯林业局(龙江森工)	7000
51	新青林业局(龙江森工)	5500
52	方正林业局(龙江森工)	5000
53	大海林林业局(龙江森工)	5000
54	汤旺河林业局(龙江森工)	5000
55	东方红林业局(龙江森工)	4500
56	金山屯林业局(龙江森工)	4000
57	美溪林业局(龙江森工)	4000
58	桦南林业局(龙江森工)	4000
59	八面通林业局(龙江森工)	3000
60	鹤立林业局(龙江森工)	2750
61	红星林业局(龙江森工)	2500
62	上甘岭林业局(龙江森工)	2500
63	五营林业局(龙江森工)	2500
64	绥阳林业局(龙江森工)	2400
65	海林林业局(龙江森工)	2000
66	带岭实验局(龙江森工)	2000
67	亚布力林业局(龙江森工)	1400
68	铁力林业局(龙江森工)	1000
69	翠峦林业局(龙江森工)	1000
70	南岔林业局(龙江森工)	1000
71	乌马河林业局(龙江森工)	1000
72	乌伊岭林业局(龙江森工)	1000
73	双丰林业局(龙江森工)	1000
74	桃山林业局(龙江森工)	1000

表 17-8-2　落叶松种子主产地产量

	落叶松种子主产地	产量(千克)
1	崇礼县(冀)	40000
2	木兰围场林管局(冀)	800
3	尚义县(冀)	200
4	和林格尔县(内蒙古)	1700
5	乌奴尔林业局(内蒙古)	1500
6	五岔沟林业局(内蒙古)	690
7	白狼林业局(内蒙古)	200
8	岫岩满族自治县(辽)	24000
9	庄河市(辽)	23000
10	新宾满族自治县(辽)	3500
11	清原满族自治县(辽)	2750
12	抚顺县(辽)	1980
13	省实验林场(辽)	100
14	白河林业局(吉)	3000
15	汪清林业局(吉)	200
16	牡丹江市市本级(黑)	38000
17	逊克县(黑)	15000
18	克东县(黑)	1500
19	克山县(黑)	1000
20	孙吴县(黑)	1000
21	绥棱县(黑)	500
22	勃利县(黑)	430
23	嫩江县(黑)	400
24	富锦市(黑)	186
25	五常市(黑)	160
26	周至县(陕)	1884.40
27	张家川回族自治县(甘)	90000
28	渭源县(甘)	62000
29	泾源县(宁)	2250
30	桦南林业局(龙江森工)	100
31	小陇山林业实验局(甘)	200

表 17-8-3　油松种子主产地产量

	油松种子主产地	产量(千克)
1	围场满族蒙古族自治县(冀)	62000
2	抚宁县(冀)	3200
3	平泉县(冀)	1000
4	木兰围场林管局(冀)	1000
5	左权县(晋)	200000
6	寿阳县(晋)	4400
7	阜新蒙古族自治县(辽)	202500
8	凌源市(辽)	100000
9	凌海市(辽)	3000
10	西峡县(豫)	9000
11	卢氏县(豫)	5000
12	辉县市(豫)	1050
13	广南县(滇)	210000
14	蓝田县(陕)	80000
15	商南县(陕)	46400
16	陈仓区(陕)	25000
17	南郑县(陕)	10000
18	周至县(陕)	5113.50
19	洛南县(陕)	2500
20	陇　县(陕)	1000
21	麦积区(甘)	160000
22	华池县(甘)	25000
23	合水林业总场(甘)	5000
24	正宁林业总场(甘)	2910
25	小陇山林业实验局(甘)	2060

表 17-8-4　杉木种子主产地产量

	杉木种子主产地	产量(千克)
1	东至县(皖)	900
2	潜山县(皖)	400
3	铜鼓县(赣)	300
4	新干县(赣)	8400
5	安福县(赣)	8000
6	遂川县(赣)	3500
7	乐安县(赣)	500
8	竹山县(鄂)	200100
9	竹溪县(鄂)	100000
10	长阳土家族自治县(鄂)	540
11	桃江县(湘)	100
12	祁东县(湘)	37400
13	靖州苗族侗族自治县(湘)	6000
14	资兴市(湘)	3100
15	城步苗族自治县(湘)	105
16	武宣县(桂)	45000
17	融水苗族自治县(桂)	1000
18	全州县(桂)	650
19	昭平县(桂)	260
20	南川区(渝)	800
21	丰都县(渝)	120
22	芦山县(川)	112500
23	叙永县(川)	15000
24	会东县(川)	1500
25	青川县(川)	1000
26	筠连县(川)	625
27	雷波县(川)	450
28	富顺县(川)	310
29	绵竹市(川)	300
30	道孚林业局(川)	160
31	黎平县(黔)	1000
32	商南县(陕)	7000

表 17-8-5　马尾松种子主产地产量

	马尾松种子主产地	产量(千克)
1	庆元县(浙)	120
2	东至县(皖)	1695
3	九江县(赣)	220
4	西峡县(豫)	10000
5	淅川县(豫)	7500
6	桐柏县(豫)	970
7	南漳县(鄂)	2000
8	宜都市(鄂)	1000
9	京山县(鄂)	300
10	祁东县(湘)	165
11	江永县(湘)	2000
12	娄星区(湘)	1000
13	通道侗族自治县(湘)	600
14	北流市(桂)	1000
15	全州县(桂)	500
16	忻城县(桂)	420
17	开　县(渝)	20000
18	彭水苗族土家族自治县(渝)	3000
19	酉阳土家族苗族自治县(渝)	1214
20	云阳县(渝)	900
21	南川区(渝)	500
22	綦江县(渝)	100
23	巴州区(川)	5000
24	达　县(川)	3000
25	荣　县(川)	600
26	南溪县(川)	500
27	富顺县(川)	210
28	通江县(川)	200
29	通川区(川)	100
30	凯里市(黔)	9900
31	洋　县(陕)	547
32	南郑县(陕)	50000
33	凤　县(陕)	10000

表 17-8-6 其他母树林种子主产地产量

	种子主产地	品种	产量(千克)
1	华坪县(滇)	桉树	3000.00
2	隆阳区(滇)	桉树	2000.00
3	东门林场(桂)	桉树	60.00
4	祥云县(滇)	桉树	40.00
5	惠农区(宁)	白蜡	10000.00
6	蓝田县(陕)	白皮松	9000.00
7	小陇山林业实验局(甘)	白皮松	2310.00
8	山亭区(鲁)	柏	500000.00
9	洋 县(陕)	柏	82000.00
10	萧 县(皖)	柏	75000.00
11	铜山区(苏)	柏	30000.00
12	蒙阴县(鲁)	柏	12750.00
13	平阴县(鲁)	柏	10000.00
14	东平县(鲁)	柏	7500.00
15	蒲 县(晋)	柏	5600.00
16	凯里市(黔)	柏	5010.00
17	禹州市(豫)	柏	5000.00
18	淅川县(豫)	柏	4510.00
19	盐亭县(川)	柏	4500.00
20	达 县(川)	柏	4000.00
21	北山森林公园(青)	柏	1600.00
22	互助土族自治县(青)	柏	1600.00
23	梓潼县(川)	柏	1500.00
24	郏 县(豫)	柏	1000.00
25	元坝区(川)	柏	1000.00
26	民乐县(甘)	柏	530.00
27	安陆市(鄂)	柏	500.00
28	通川区(川)	柏	300.00
29	徽 县(甘)	柏	210.00
30	通江县(川)	柏	100.00
31	瓜州县(甘)	柽柳	110.00
32	峨边彝族自治县(川)	池杉	3000.00
33	鼎城区(湘)	池杉	900.00
34	洛宁县(豫)	刺槐	300000.00
35	青铜峡市(宁)	刺槐	50000.00
36	庄河市(辽)	刺槐	29000.00
37	耀州区(陕)	刺槐	17000.00
38	普兰店市(辽)	刺槐	15000.00
39	商南县(陕)	刺槐	9600.00
40	蒙阴县(鲁)	刺槐	5625.00
41	临洮县(甘)	刺槐	3600.00
42	凌海市(辽)	刺槐	2000.00
43	禹州市(豫)	刺槐	1200.00
44	淅川县(豫)	刺槐	200.00
45	原州区(宁)	刺槐	150.00
46	通河县(黑)	杜松	3000.00
47	洪江市(湘)	杜英	500.00
48	洪江市(湘)	鹅耳枥	200.00
49	酉阳土家族苗族自治县(渝)	鹅掌楸	5200.00
50	上饶县(赣)	枫香	9000.00
51	祁东县(湘)	枫香	1650.00
52	东至县(皖)	枫香	300.00
53	潜山县(皖)	枫香	150.00
54	托克托县(内蒙古)	枸杞	2000.00
55	全州县(桂)	桂花	10000.00
56	余杭区(浙)	国外松	1000.00
57	吉安县(赣)	国外松	300.00
58	金阳县(川)	合欢	16796.00
59	龙陵县(滇)	核桃	20000.00
60	玉龙纳西族自治县(滇)	核桃	15000.00
61	商南县(陕)	核桃	12000.00
62	平度市(鲁)	黑松	3000.00
63	青铜峡市(宁)	红枣	15000.00
64	平远县(粤)	红锥	2000.00
65	浦北县(桂)	红锥	2000.00
66	中国林科院热林中心(桂)	红锥	1000.00
67	南郑县(陕)	厚朴	12000.00
68	桂东县(湘)	厚朴	10000.00
69	北川羌族自治县(川)	厚朴	2000.00
70	大兴沟林业局(吉)	胡桃楸	11500.00
71	五常市(黑)	胡桃楸	9900.00
72	松江河林业有限公司(吉林森工)	胡桃楸	6750.00
73	林口林业局(龙江森工)	胡桃楸	150.00
74	额济纳旗(内蒙古)	胡杨	1000.00
75	乌拉特前旗(内蒙古)	胡杨	600.00
76	翼城县(晋)	华山松	175000.00
77	甘洛县(川)	华山松	47250.00
78	南郑县(陕)	华山松	40000.00
79	华阴市(陕)	华山松	30000.00
80	清水县(甘)	华山松	30000.00
81	云龙县(滇)	华山松	21000.00
82	通江县(川)	华山松	10000.00
83	富源县(滇)	华山松	10000.00
84	永善县(滇)	华山松	7500.00
85	宁东林业局(陕)	华山松	6500.00
86	会东县(川)	华山松	5000.00
87	巧家县(滇)	华山松	5000.00
88	西峡县(豫)	华山松	3000.00
89	宁西林业局(陕)	华山松	2000.00
90	南华县(滇)	华山松	1000.00
91	利州区(川)	华山松	500.00

	种子主产地	品种	产量(千克)
92	平坝县(黔)	华山松	300.00
93	梁平县(渝)	桦树	500.00
94	五常市(黑)	桦树	180.00
95	五常市(黑)	黄波罗	50.00
96	泌阳县(豫)	火柜松	18000.00
97	汨罗市(湘)	火柜松	200.00
98	洪江市(湘)	栲树	300.00
99	舞钢市(豫)	栎类	120000.00
100	商南县(陕)	栎类	70000.00
101	随 县(鄂)	栎类	50000.00
102	平桥区(豫)	栎类	40000.00
103	东至县(皖)	栎类	27000.00
104	林州市(豫)	栎类	17600.00
105	固始县(豫)	栎类	12000.00
106	霍山县(皖)	栎类	10000.00
107	南江县(川)	栎类	8000.00
108	浠水县(鄂)	栎类	4000.00
109	五常市(黑)	栎类	2580.00
110	通江县(川)	栎类	2000.00
111	资兴市(湘)	栎类	1400.00
112	芦山县(川)	柳杉	337500.00
113	屏山县(川)	柳杉	191250.00
114	奉节县(渝)	柳杉	4200.00
115	峨边彝族自治县(川)	柳杉	3000.00
116	雷波县(川)	柳杉	450.00
117	峨眉山市(川)	柳杉	430.00
118	利川市(鄂)	柳杉	400.00
119	鼎城区(湘)	落羽杉	630.00
120	东海县(苏)	落羽杉	20.00
121	东至县(皖)	马褂木	12500.00
122	临安市(浙)	马褂木	120.00
123	河东区(鲁)	木瓜	40000.00
124	建德市(浙)	楠	5000.00
125	庆元县(浙)	楠	310.00
126	米脂县(陕)	柠条	60000.00
127	察哈尔右翼前旗(内蒙古)	柠条	50000.00
128	盐池县(宁)	柠条	22300.00
129	托克托县(内蒙古)	柠条	20000.00
130	鄂托克旗(内蒙古)	柠条	12300.00
131	临洮县(甘)	柠条	4000.00
132	乌兰县(青)	柠条	3800.00
133	正镶白旗(内蒙古)	柠条	3000.00
134	湟中县(青)	柠条	2800.00
135	永靖县(甘)	柠条	650.00
136	河东区(鲁)	女贞	5000.00
137	全州县(桂)	泡桐	50.00
138	青铜峡市(宁)	苹果	5000.00
139	青铜峡市(宁)	葡萄	10000.00
140	随县(鄂)	葡萄	50.00
141	平昌县(川)	桤木	5000.00
142	施甸县(滇)	桤木	4500.00
143	华坪县(滇)	桤木	3000.00
144	中江县(川)	桤木	1000.00
145	铜鼓县(赣)	桤木	225.00
146	汨罗市(湘)	桤木	100.00
147	通川区(川)	桤木	100.00
148	襄州区(鄂)	楸叶桐	37.00
149	化隆回族自治县(青)	沙棘	10000.00
150	青铜峡市(宁)	沙枣	10000.00
151	惠农区(宁)	沙枣	800.00
152	随 县(鄂)	湿地松	5000.00
153	新干县(赣)	湿地松	3750.00
154	汨罗市(湘)	湿地松	3500.00
155	台山市(粤)	湿地松	2000.00
156	娄星区(湘)	湿地松	280.00
157	临安市(浙)	湿地松	200.00
158	威远县(川)	湿地松	120.00
159	五常市(黑)	水曲柳	4150.00
160	松江河林业有限公司(吉林森工)	水曲柳	1800.00
161	东方红林业局(龙江森工)	水曲柳	1100.00
162	方正林业局(龙江森工)	水曲柳	150.00
163	桦南林业局(龙江森工)	水曲柳	120.00
164	绥棱林业局(龙江森工)	水曲柳	100.00
165	苇河林业局(龙江森工)	水曲柳	100.00
166	鼎城区(湘)	水杉	900.00
167	孝南区(鄂)	水杉	600.00
168	潜江市(鄂)	水杉	500.00
169	利川市(鄂)	水杉	400.00
170	景洪市(滇)	思茅松	25.00
171	景谷傣族彝族自治县(滇)	思茅松	20.00
172	郧 县(鄂)	香椿	750000.00
173	关岭布依族苗族自治县(黔)	香椿	10000.00
174	荣昌县(渝)	香樟	60000.00
175	阳新县(鄂)	香樟	20000.00
176	宜宾县(川)	香樟	2000.00
177	祁东县(湘)	香樟	1980.00
178	醴陵市(湘)	香樟	1000.00
179	潜山县(皖)	香樟	600.00
180	九江县(赣)	香樟	600.00
181	游仙区(川)	香樟	500.00
182	江阳区(川)	香樟	150.00
183	上饶县(赣)	香樟	120.00

	种子主产地	品种	产量(千克)
184	彭阳县(宁)	杏	6440000
185	万全县(冀)	杏	10000.00
186	广水市(鄂)	杨树	4000.00
187	修水县(赣)	杨树	220.00
188	灌云县(苏)	杨树	100.00
189	安陆市(鄂)	银杏	80000.00
190	河东区(鲁)	银杏	25000.00
191	北川羌族自治县(川)	银杏	400.00
192	阿巴嘎旗(内蒙古)	榆	15000.00
193	托克托县(内蒙古)	榆	10000.00
194	金乡县(鲁)	榆	1000.00
195	隆阳区(滇)	云南松	50000.00
196	会东县(川)	云南松	15000.00
197	华坪县(滇)	云南松	4000.00
198	石屏县(滇)	云南松	3000.00
199	宁蒗彝族自治县(滇)	云南松	600.00
200	腾冲县(滇)	云南松	450.00
201	永仁县(滇)	云南松	200.00
202	永德县(滇)	云南松	100.00
203	渭源县(甘)	云杉	58000.00
204	互助土族自治县(青)	云杉	21000.00
205	湟中县(青)	云杉	12000.00
206	民乐县(甘)	云杉	6000.00
207	克什克腾旗(内蒙古)	云杉	2200.00
208	木兰围场林管局(冀)	云杉	1000.00
209	大通回族土族自治县(青)	云杉	500.00
210	道孚林业局(川)	云杉	340.00
211	嫩江县(黑)	云杉	300.00
212	新龙县(川)	云杉	260.00
213	白玉林业局(川)	云杉	250.00
214	汪清林业局(吉)	云杉	200.00
215	兴隆林业局(龙江森工)	云杉	200.00
216	新龙林业局(川)	云杉	120.00
217	松江河林业有限公司(吉林森工)	云杉	100.00
218	绥棱林业局(龙江森工)	云杉	100.00
219	彰武县(辽)	樟子松	12500.00
220	东丰县(吉)	樟子松	4200.00
221	康保县(冀)	樟子松	3000.00
222	桦南县(黑)	樟子松	2500.00
223	桦川县(黑)	樟子松	1600.00
224	克什克腾旗(内蒙古)	樟子松	1500.00
225	嫩江县(黑)	樟子松	1500.00
226	省固沙造林研究所(辽)	樟子松	1200.00
227	昌邑区(吉)	樟子松	1000.00
228	克山县(黑)	樟子松	1000.00
229	甘南县(黑)	樟子松	1000.00
230	克东县(黑)	樟子松	960.00
231	黑河市直属林场(黑)	樟子松	800.00
232	孙吴县(黑)	樟子松	700.00
233	围场满族蒙古族自治县(冀)	樟子松	600.00
234	木兰围场林管局(冀)	樟子松	500.00
235	西乌珠穆沁旗(内蒙古)	樟子松	500.00
236	巴彦县(黑)	樟子松	500.00
237	勃利县(黑)	樟子松	470.00
238	扎兰屯市(内蒙古)	樟子松	450.00
239	北票市(辽)	樟子松	400.00
240	泰来县(黑)	樟子松	110.00
241	富锦市(黑)	樟子松	106.00
242	讷河市(黑)	樟子松	100.00
243	岚皋县(陕)	珍稀乡土	12000.00
244	中国林科院热林中心(桂)	珍稀乡土	2800.00
245	庆元县(浙)	珍稀乡土	420.00
246	白河林业局(吉)	紫椴	500.00
247	松江河林业有限公司(吉林森工)	紫椴	400.00
248	汪清林业局(吉)	紫椴	100.00

表 17-9-1 马尾松种子主产地产量

	马尾松种子主产地	产量(千克)
1	淳安县(浙)	250
2	江山市(浙)	130
3	霍山县(皖)	15000
4	潜山县(皖)	8000
5	泾　县(皖)	200
6	泰和县(赣)	4000
7	平桥区(豫)	15000
8	桐柏县(豫)	280
9	大悟县(鄂)	10000
10	南漳县(鄂)	2000
11	宜都市(鄂)	500
12	娄星区(湘)	3000
13	桂阳县(湘)	220
14	桂平市(桂)	350
15	覃塘林场(桂)	200
16	彭水苗族土家族自治县(渝)	6000
17	酉阳土家族苗族自治县(渝)	2200
18	南川区(渝)	500
19	南江县(川)	1000
20	利州区(川)	1000
21	高　县(川)	800
22	南溪县(川)	500
23	荣　县(川)	280
24	富顺县(川)	240
25	通川区(川)	100
26	洋　县(陕)	174

表 17-9-2 杉木种子主产地产量

	杉木种子主产地	产量(千克)
1	临安市(浙)	300
2	淳安县(浙)	300

	杉木种子主产地	产量(千克)
3	泾　县(皖)	500
4	新干县(赣)	8400
5	乐安县(赣)	500
6	安福县(赣)	500
7	九江县(赣)	450
8	崇义县(赣)	260
9	余江县(赣)	200
10	瑞金市(赣)	168
11	阳新县(鄂)	6700
12	竹溪县(鄂)	2000
13	郧　县(鄂)	2000
14	崇阳县(鄂)	500
15	攸　县(湘)	3000
16	资兴市(湘)	2200
17	靖州苗族侗族自治县(湘)	2000
18	张家界市市辖区(湘)	800
19	武宣县(桂)	46000
20	全州县(桂)	750
21	融安县(桂)	680
22	昭平县(桂)	260
23	彭水苗族土家族自治县(渝)	2000
24	南川区(渝)	500
25	丰都县(渝)	150
26	叙永县(川)	15000
27	芦山县(川)	15000
28	高　县(川)	1200
29	雷波县(川)	675
30	筠连县(川)	625
31	沐川县(川)	600
32	马关县(滇)	2200
33	商南县(陕)	11000

表 17-9-3　其他种子园种子主产地产量

	种子主产地	品种	产量(千克)
1	隆阳区(滇)	桉树	20000.00
2	宜宾县(川)	桉树	2000.00
3	惠农区(宁)	白蜡	21250.00
4	惠民县(鲁)	白蜡	10000.00
5	平罗县(宁)	白蜡	3000.00
6	湘东区(赣)	白皮松	923.00
7	小陇山林业实验局(甘)	白皮松	300.00
8	萧　县(皖)	柏	150000.00
9	西充县(川)	柏	100000.00
10	内乡县(豫)	柏	75000.00
11	竹山县(鄂)	柏	30150.00
12	铜山区(苏)	柏	30000.00
13	郧　县(鄂)	柏	10000.00
14	郏　县(豫)	柏	2000.00
15	武穴市(鄂)	柏	2000.00
16	安陆市(鄂)	柏	1500.00
17	徽　县(甘)	柏	1000.00
18	蓬安县(川)	柏	750.00
19	禹州市(豫)	柏	400.00
20	通川区(川)	柏	300.00
21	淅川县(豫)	柏	200.00
22	互助土族自治县(青)	柏	200.00
23	北山森林公园(青)	柏	200.00
24	东至县(皖)	檫	22000.00
25	洪湖市(鄂)	池杉	5000.00
26	峨边彝族自治县(川)	池杉	500.00
27	庄河市(辽)	赤松	4800.00
28	内乡县(豫)	刺槐	75000.00
29	青铜峡市(宁)	刺槐	50000.00
30	商南县(陕)	刺槐	28500.00
31	北票市(辽)	刺槐	25000.00
32	寿阳县(晋)	刺槐	20000.00
33	清水县(甘)	刺槐	20000.00
34	郧西县(鄂)	刺槐	15000.00
35	滦平县(冀)	刺槐	6800.00
36	庄河市(辽)	刺槐	4500.00
37	凌海市(辽)	刺槐	2000.00
38	费　县(鲁)	刺槐	2000.00
39	南江县(川)	刺槐	2000.00
40	铁岭县(辽)	刺槐	1500.00
41	贺兰县(宁)	刺槐	1500.00
42	平度市(鲁)	刺槐	500.00
43	淅川县(豫)	刺槐	200.00
44	禹州市(豫)	刺槐	150.00
45	原州区(宁)	刺槐	150.00
46	南郑县(陕)	刺槐	120.00
47	新宾满族自治县(辽)	核桃	1800000.00
48	东平县(鲁)	核桃	225000.00
49	商南县(陕)	核桃	22600.00
50	关岭布依族苗族自治县(黔)	核桃	10000.00
51	南郑县(陕)	核桃	9000.00
52	盐源县(川)	核桃	8000.00
53	中江县(川)	核桃	5000.00
54	游仙区(川)	核桃	500.00
55	牟定县(滇)	核桃	500.00
56	夷陵区(鄂)	核桃	350.00
57	郯城县(鲁)	黑松	15000.00
58	费　县(鲁)	黑松	8000.00
59	庄河市(辽)	黑松	1700.00
60	新宾满族自治县(辽)	红松	300000.00
61	三岔子林业局(吉林森工)	红松	203000.00
62	孟家岗林场(黑)	红松	141410.00
63	抚顺县(辽)	红松	40000.00
64	舒兰市(吉)	红松	30000.00
65	通化县(吉)	红松	25000.00

	种子主产地	品种	产量(千克)
66	本溪满族自治县(辽)	红松	20000.00
67	磐石市(吉)	红松	18500.00
68	苇河林业局(龙江森工)	红松	4000.00
69	省森林经营研究所(辽)	红松	2650.00
70	露水河林业局(吉林森工)	红松	1970.00
71	东洲区(辽)	红松	1500.00
72	爱辉区(黑)	红松	1300.00
73	汪清林业局(吉)	红松	1000.00
74	林口县(黑)	红松	800.00
75	勃利县(黑)	红松	680.00
76	青铜峡市(宁)	红枣	15000.00
77	农十四师(新疆兵团)	红枣	200.00
78	瓜州县(甘)	胡杨	120.00
79	奉节县(渝)	华山松	380000.00
80	陈仓区(陕)	华山松	100000.00
81	宁强县(陕)	华山松	73000.00
82	略阳县(陕)	华山松	6000.00
83	会东县(川)	华山松	5000.00
84	楚雄市(滇)	华山松	3000.00
85	鹤庆县(滇)	华山松	1600.00
86	庄河市(辽)	华山松	1530.00
87	布拖县(川)	华山松	300.00
88	平坝县(黔)	华山松	300.00
89	威宁彝族回族苗族自治县(黔)	华山松	130.00
90	赤城县(冀)	桦树	5000.00
91	铁岭县(辽)	槐树	6000.00
92	惠农区(宁)	槐树	240.00
93	泌阳县(豫)	火柜松	2000.00
94	荆州区(鄂)	火柜松	1500.00
95	汨罗市(湘)	火柜松	200.00
96	泾　县(皖)	火柜松	120.00
97	上饶县(赣)	栲树	180000.00
98	英德市(粤)	栲树	10000.00
99	新宾满族自治县(辽)	栎类	2250000.00
100	洋　县(陕)	栎类	600000.00
101	略阳县(陕)	栎类	300000.00
102	平谷区(京)	栎类	200000.00
103	舞钢市(豫)	栎类	182250.00
104	罗田县(鄂)	栎类	150000.00
105	商南县(陕)	栎类	82400.00
106	郧　县(鄂)	栎类	50000.00
107	固始县(豫)	栎类	22000.00
108	南郑县(陕)	栎类	22000.00
109	南江县(川)	栎类	8000.00
110	施甸县(滇)	栎类	1000.00
111	牟定县(滇)	栎类	800.00
112	雷波县(川)	柳杉	675.00

	种子主产地	品种	产量(千克)
113	峨边彝族自治县(川)	柳杉	500.00
114	惠农区(宁)	柳树	160.00
115	牡丹江市市本级(黑)	落叶松	62000.00
116	崇礼县(冀)	落叶松	40000.00
117	泾源县(宁)	落叶松	12150.00
118	新宾满族自治县(辽)	落叶松	12000.00
119	赤城县(冀)	落叶松	10000.00
120	清原满族自治县(辽)	落叶松	7280.00
121	庄河市(辽)	落叶松	2670.00
122	长城山林场(晋)	落叶松	2000.00
123	湟中县(青)	落叶松	1800.00
124	和林格尔县(内蒙古)	落叶松	1600.00
125	岫岩满族自治县(辽)	落叶松	1600.00
126	铁岭县(辽)	落叶松	1500.00
127	爱辉区(黑)	落叶松	1000.00
128	木兰围场林管局(冀)	落叶松	700.00
129	抚顺县(辽)	落叶松	520.00
130	富锦市(黑)	落叶松	382.00
131	大通回族土族自治县(青)	落叶松	300.00
132	克山县(黑)	落叶松	250.00
133	柳河县(吉)	落叶松	180.00
134	勃利县(黑)	落叶松	110.00
135	宁城县(内蒙古)	落叶松	100.00
136	鼎城区(湘)	落羽杉	720.00
137	盐池县(宁)	柠条	223000.00
138	彭阳县(宁)	柠条	45552.00
139	大通回族土族自治县(青)	柠条	30000.00
140	乌拉特中旗(内蒙古)	柠条	15000.00
141	乐都县(青)	柠条	12000.00
142	鄂托克前旗(内蒙古)	柠条	10000.00
143	永靖县(甘)	柠条	650.00
144	镶黄旗(内蒙古)	柠条	400.00
145	都兰县(青)	柠条	153.00
146	禹州市(豫)	泡桐	300.00
147	青铜峡市(宁)	苹果	5000.00
148	青铜峡市(宁)	葡萄	10000.00
149	襄州区(鄂)	楸叶桐	44.00
150	临泽县(甘)	沙枣	44356.00
151	贺兰县(宁)	沙枣	36000.00
152	青铜峡市(宁)	沙枣	10000.00
153	黄陂区(鄂)	湿地松	50000.00
154	随　县(鄂)	湿地松	50000.00
155	安陆市(鄂)	湿地松	15000.00
156	吉安县(赣)	湿地松	5000.00
157	孝南区(鄂)	湿地松	4800.00
158	新干县(赣)	湿地松	3750.00
159	汨罗市(湘)	湿地松	3500.00

	种子主产地	品种	产量(千克)
160	台山市(粤)	湿地松	2015.00
161	孝昌县(鄂)	湿地松	2000.00
162	余江县(赣)	湿地松	500.00
163	泾　县(皖)	湿地松	300.00
164	瑞金市(赣)	湿地松	209.00
165	林口林业局(龙江森工)	水曲柳	17.00
166	潜江市(鄂)	水杉	600.00
167	利川市(鄂)	水杉	400.00
168	景谷傣族彝族自治县(滇)	思茅松	160.00
169	赤城县(冀)	杏	250000.00
170	北票市(辽)	杏	50000.00
171	多伦县(内蒙古)	杏	39000.00
172	华池县(甘)	杏	2500.00
173	林西县(内蒙古)	杏	1100.00
174	淮滨县(豫)	杨树	690.00
175	修水县(赣)	杨树	200.00
176	赤城县(冀)	油松	250000.00
177	商南县(陕)	油松	52500.00
178	北票市(辽)	油松	50000.00
179	安泽县(晋)	油松	40000.00
180	太白县(陕)	油松	27000.00
181	青龙满族自治县(冀)	油松	25000.00
182	阜新蒙古族自治县(辽)	油松	16000.00
183	抚宁县(冀)	油松	8800.00
184	略阳县(陕)	油松	5000.00
185	山海关区(冀)	油松	3000.00
186	凌海市(辽)	油松	3000.00
187	陇　县(陕)	油松	2000.00
188	正宁林业总场(甘)	油松	1830.00
189	洛南县(陕)	油松	1000.00
190	平泉县(冀)	油松	500.00
191	桥山林业局(陕)	油松	264.00
192	兴城市(辽)	油松	150.00
193	小陇山林业实验局(甘)	油松	150.00
194	赤城县(冀)	榆	5000.00
195	科尔沁区(内蒙古)	榆	100.00
196	隆阳区(滇)	云南松	500000.00
197	华坪县(滇)	云南松	10000.00
198	石屏县(滇)	云南松	4000.00
199	广南县(滇)	云南松	3000.00
200	玉龙纳西族自治县(滇)	云南松	2650.00
201	牟定县(滇)	云南松	1477.00
202	永仁县(滇)	云南松	900.00
203	凤庆县(滇)	云南松	101.00
204	互助土族自治县(青)	云杉	45000.00
205	循化撒拉族自治县(青)	云杉	8000.00
206	玉树县(青)	云杉	2000.00
207	白玉林业局(川)	云杉	250.00
208	夷陵区(鄂)	云杉	100.00
209	富锦市(黑)	樟子松	283.00
210	克山县(黑)	樟子松	250.00
211	泰来县(黑)	樟子松	155.00
212	喀喇沁旗(内蒙古)	樟子松	150.00
213	汪清林业局(吉)	樟子松	150.00
214	勃利县(黑)	樟子松	110.00

表 17-10-1　红松苗主产地产量

	红松苗主产地	万株
1	乌审旗(内蒙古)	51.00
2	宽甸满族自治县(辽)	6930.00
3	桓仁满族自治县(辽)	5300.00
4	凤城市(辽)	2250.00
5	本溪满族自治县(辽)	1360.50
6	清原满族自治县(辽)	650.00
7	岫岩满族自治县(辽)	520.00
8	元宝区(辽)	304.00
9	振安区(辽)	150.00
10	省实验林场(辽)	122.00
11	省森林经营研究所(辽)	60.00
12	东洲区(辽)	30.00
13	南芬区(辽)	30.00
14	柳河县(吉)	7000.00
15	黄泥河林业局(吉)	2180.00
16	江源区(吉)	1500.00
17	通化县(吉)	1200.00
18	桦甸市(吉)	1000.00
19	临江市(吉)	890.00
20	敦化市(吉)	830.00
21	东昌区(吉)	800.00
22	天桥岭林业局(吉)	790.00
23	辉南县(吉)	650.00
24	抚松县(吉)	600.00
25	和龙林业局(吉)	590.00
26	东丰县(吉)	450.00
27	梅河口市(吉)	426.00
28	龙潭区(吉)	360.00
29	上营森林经营局(吉)	350.00
30	东辽县(吉)	320.00
31	永吉县(吉)	300.00
32	珲春林业局(吉)	268.00
33	汪清林业局(吉)	192.00
34	图们市(吉)	180.00
35	磐石市(吉)	150.00
36	蛟河市(吉)	130.00
37	八家子林业局(吉)	120.00
38	辉南森林经营局(吉)	63.00
39	大石头林业局(吉)	60.00
40	昌邑区(吉)	52.00
41	舒兰市(吉)	50.00
42	白河林业局(吉)	32.00
43	安图森林经营局(吉)	12.00
44	二道江区(吉)	10.00
45	汤原县(黑)	613.00
46	东宁县(黑)	519.00
47	庆安国有林场管理局(黑)	490.70

	红松苗主产地	万株
48	鸡东县(黑)	476.00
49	北安市(黑)	320.00
50	五常市(黑)	300.00
51	密山市(黑)	230.00
52	孟家岗林场(黑)	162.00
53	萝北县(黑)	157.00
54	桦南县(黑)	135.00
55	牡丹江市市本级(黑)	120.00
56	孙吴县(黑)	120.00
57	丹清河实验林场(黑)	80.00
58	七台河市市辖区(黑)	70.00
59	爱辉区(黑)	50.00
60	绥芬河市(黑)	30.00
61	木兰县(黑)	30.00
62	逊克县(黑)	11.30
63	三岔子林业局(吉林森工)	2668.00
64	露水河林业局(吉林森工)	1239.10
65	松江河林业有限公司(吉林森工)	1053.50
66	红石林业局(吉林森工)	270.00
67	泉阳林业局(吉林森工)	50.00
68	兴隆林业局(龙江森工)	291.00
69	大海林林业局(龙江森工)	252.80
70	鹤北林业局(龙江森工)	213.70
71	东京城林业局(龙江森工)	177.90
72	方正林业局(龙江森工)	134.60
73	八面通林业局(龙江森工)	97.00
74	东方红林业局(龙江森工)	95.60
75	海林林业局(龙江森工)	95.00
76	柴河林业局(龙江森工)	93.00
77	清河林业局(龙江森工)	88.20
78	五营林业局(龙江森工)	80.30
79	山河屯林业局(龙江森工)	74.50
80	友好林业局(龙江森工)	71.00
81	金山屯林业局(龙江森工)	70.00
82	朗乡林业局(龙江森工)	66.70
83	红星林业局(龙江森工)	62.00
84	乌伊岭林业局(龙江森工)	60.10
85	新青林业局(龙江森工)	55.60
86	迎春林业局(龙江森工)	55.10
87	鹤立林业局(龙江森工)	50.00
88	美溪林业局(龙江森工)	45.00
89	苇河林业局(龙江森工)	44.00
90	双鸭山林业局(龙江森工)	40.00
91	桦南林业局(龙江森工)	37.70
92	绥阳林业局(龙江森工)	34.00
93	南岔林业局(龙江森工)	33.60
94	汤旺河林业局(龙江森工)	28.30
95	铁力林业局(龙江森工)	28.10
96	带岭实验局(龙江森工)	26.20
97	翠峦林业局(龙江森工)	23.40
98	乌马河林业局(龙江森工)	22.80
99	上甘岭林业局(龙江森工)	22.30
100	双丰林业局(龙江森工)	12.00

表 17-10-2 马尾松苗主产地产量

	马尾松苗主产地	万株
1	松阳县(浙)	120.00
2	婺城区(浙)	75.00
3	建德市(浙)	50.00
4	旌德县(皖)	245.00
5	潜山县(皖)	21.00
6	凤阳县(皖)	10.00
7	会昌县(赣)	192.00
8	铜鼓县(赣)	90.00
9	德兴市(赣)	90.00
10	黎川县(赣)	36.00
11	遂川县(赣)	24.00
12	广昌县(赣)	16.80
13	修水县(赣)	10.00
14	河东区(鲁)	40.00
15	桐柏县(豫)	900.00
16	浠水县(鄂)	600.00
17	房　县(鄂)	600.00
18	宜都市(鄂)	300.00
19	鄂州市市辖区(鄂)	162.00
20	郧西县(鄂)	135.00
21	阳新县(鄂)	70.00
22	大冶市(鄂)	50.00
23	通道侗族自治县(湘)	4200.00
24	靖州苗族侗族自治县(湘)	700.00
25	娄星区(湘)	700.00
26	芷江侗族自治县(湘)	585.00
27	沅陵县(湘)	437.82
28	安化县(湘)	300.00
29	涟源市(湘)	300.00
30	安仁县(湘)	265.00
31	石门县(湘)	250.00
32	溆浦县(湘)	240.00
33	苏仙区(湘)	200.00
34	资兴市(湘)	200.00
35	桃源县(湘)	200.00
36	湘乡市(湘)	200.00
37	绥宁县(湘)	190.00
38	祁东县(湘)	176.00
39	新化县(湘)	170.00
40	中方县(湘)	150.00
41	双峰县(湘)	150.00
42	洪江市(湘)	144.00
43	武冈市(湘)	135.00
44	新晃侗族自治县(湘)	100.00
45	临武县(湘)	92.50
46	冷水江市(湘)	80.00
47	江永县(湘)	68.31
48	宜章县(湘)	61.00
49	麻阳苗族自治县(湘)	48.00
50	桂阳县(湘)	11.33
51	信宜市(粤)	400.00
52	普宁市(粤)	150.00
53	郁南县(粤)	100.00
54	乐昌市(粤)	92.00
55	连州市(粤)	70.00
56	佛冈县(粤)	50.00
57	高要市(粤)	23.40
58	清城区(粤)	15.00
59	派阳山林场(桂)	400.00
60	平果县(桂)	375.00
61	昭平县(桂)	374.00
62	覃塘林场(桂)	300.00
63	西林县(桂)	270.00
64	钦北区(桂)	210.00
65	环江毛南族自治县(桂)	200.00
66	德保县(桂)	182.00
67	忻城县(桂)	170.50
68	东兰县(桂)	150.00
69	博白林场(桂)	141.00
70	八步区(桂)	125.00
71	罗城仫佬族自治县(桂)	114.00
72	全州县(桂)	100.00
73	钦州市直属单位(桂)	100.00
74	防城区(桂)	100.00
75	南丹县(桂)	83.20
76	上林县(桂)	82.00
77	雅长林场(桂)	80.00
78	凤山县(桂)	60.00
79	桂平市(桂)	43.00
80	中国林科院热林中心(桂)	34.60
81	灵山县(桂)	20.00
82	富川瑶族自治县(桂)	20.00

	马尾松苗主产地	万株
83	容　县(桂)	10.00
84	酉阳土家族苗族自治县(渝)	2000.00
85	开　县(渝)	1200.00
86	彭水苗族土家族自治县(渝)	1200.00
87	渝北区(渝)	1000.00
88	云阳县(渝)	450.00
89	城口县(渝)	400.00
90	合川区(渝)	200.00
91	綦江县(渝)	100.00
92	秀山土家族苗族自治县(渝)	61.00
93	巴州区(川)	1655.00
94	荣　县(川)	230.00
95	富顺县(川)	125.00
96	宣汉县(川)	120.00
97	高　县(川)	98.00
98	贵定县(黔)	1822.00
99	凯里市(黔)	400.00
100	长顺县(黔)	400.00
101	剑河县(黔)	333.00
102	天柱县(黔)	300.00
103	三穗县(黔)	285.00
104	施秉县(黔)	276.70
105	惠水县(黔)	250.00
106	西秀区(黔)	80.00
107	镇远县(黔)	80.00
108	黔西县(黔)	75.00
109	丹寨县(黔)	46.50
110	从江县(黔)	29.60
111	平坝县(黔)	21.50
112	开阳县(黔)	15.86
113	乌当区(黔)	14.88
114	雷山县(黔)	10.00
115	建水县(滇)	80.00
116	西乡县(陕)	120.00

表 17-10-3　落叶松苗主产地产量

	落叶松苗主产地	万株
1	围场满族蒙古族自治县(冀)	10128.00
2	丰宁满族自治县(冀)	2700.00
3	沽源县(冀)	2200.00
4	尚义县(冀)	945.00
5	赤城县(冀)	500.00
6	平泉县(冀)	375.00
7	怀安县(冀)	220.00
8	木兰围场林管局(冀)	160.00
9	张北县(冀)	105.00
10	怀来县(冀)	30.00
11	浑源县(晋)	5200.00
12	灵丘县(晋)	1200.00
13	方山县(晋)	161.00
14	五岔沟林业局(内蒙古)	5865.00
15	松山区(内蒙古)	2112.00
16	克什克腾旗(内蒙古)	1160.00
17	喀喇沁旗(内蒙古)	1000.00
18	宁城县(内蒙古)	603.00
19	乌审旗(内蒙古)	460.00
20	翁牛特旗(内蒙古)	400.00
21	白狼林业局(内蒙古)	350.00
22	牙克石市(内蒙古)	150.00
23	莫力达瓦达斡尔族自治旗(内蒙古)	99.00
24	霍林郭勒市(内蒙古)	55.00
25	林西县(内蒙古)	50.00
26	免渡河林业局(内蒙古)	21.70
27	红花尔基林业局(内蒙古)	20.00
28	乌奴尔林业局(内蒙古)	18.00
29	巴林林业局(内蒙古)	15.00
30	和林格尔县(内蒙古)	15.00
31	岫岩满族自治县(辽)	17000.00
32	新宾满族自治县(辽)	12000.00
33	凤城市(辽)	9000.00
34	桓仁满族自治县(辽)	6500.00
35	抚顺县(辽)	2513.00
36	庄河市(辽)	2200.00
37	本溪满族自治县(辽)	2061.00
38	清原满族自治县(辽)	2050.00
39	宽甸满族自治县(辽)	1963.00
40	铁岭县(辽)	1550.00
41	盖州市(辽)	1500.00
42	老边区(辽)	1500.00
43	开原市(辽)	450.00
44	元宝区(辽)	200.00
45	大石桥市(辽)	160.00
46	清河区(辽)	120.00
47	省实验林场(辽)	58.00
48	东洲区(辽)	56.00
49	南芬区(辽)	45.00
50	辽宁省森林经营研究所(辽)	42.00
51	集安市(吉)	20000.00
52	柳河县(吉)	14000.00
53	通化县(吉)	1000.00
54	永吉县(吉)	650.00
55	东丰县(吉)	550.00
56	天桥岭林业局(吉)	491.00
57	抚松县(吉)	400.00
58	东辽县(吉)	380.00
59	东昌区(吉)	375.00
60	辉南县(吉)	340.00
61	临江市(吉)	260.00
62	黄泥河林业局(吉)	220.00
63	龙潭区(吉)	80.00
64	蛟河市(吉)	60.00
65	珲春林业局(吉)	52.00
66	梅河口市(吉)	48.75
67	大石头林业局(吉)	40.00
68	舒兰市(吉)	30.00
69	二道江区(吉)	20.00
70	丰满区(吉)	15.00
71	尚志市(黑)	9000.00
72	孙吴县(黑)	4330.00
73	鹤岗市市辖区(黑)	2450.00
74	鸡东县(黑)	1773.00
75	嘉荫县(黑)	1710.00
76	延寿县(黑)	1500.00
77	依兰县(黑)	1200.00
78	爱辉区(黑)	1000.00
79	宁安市(黑)	821.00
80	五大连池市(黑)	815.19
81	五常市(黑)	720.00
82	汤原县(黑)	716.00
83	虎林市(黑)	600.00
84	绥棱县(黑)	578.00
85	北安市(黑)	520.00
86	黑河市直属林场(黑)	500.00
87	庆安国有林场管理局(黑)	367.00
88	抚远县(黑)	320.00
89	饶河县(黑)	319.02
90	铁力市(黑)	300.00
91	勃利县(黑)	300.00
92	富锦市(黑)	280.00
93	七台河市市辖区(黑)	261.20
94	讷河市(黑)	260.00
95	嫩江县(黑)	260.00
96	林口县(黑)	250.00
97	孟家岗林场(黑)	243.00
98	方正县(黑)	200.00
99	桦南县(黑)	190.00
100	萝北县(黑)	188.00
101	克东县(黑)	160.00

	落叶松苗主产地	万株
102	克山县(黑)	154.00
103	密山市(黑)	122.00
104	牡丹江市市本级(黑)	100.00
105	佳木斯市郊区(黑)	100.00
106	龙江县(黑)	65.00
107	集贤县(黑)	50.00
108	绥芬河市(黑)	50.00
109	松北区(黑)	45.00
110	海林市(黑)	44.00
111	木兰县(黑)	37.20
112	逊克县(黑)	33.10
113	通河县(黑)	30.00
114	山河实验林场(黑)	25.00
115	茄子河区(黑)	20.00
116	利川市(鄂)	750.00
117	建始县(鄂)	340.00
118	五峰土家族自治县(鄂)	45.00
119	巴东县(鄂)	20.00
120	兴山县(鄂)	10.00
121	城口县(渝)	210.00
122	丰都县(渝)	100.00
123	武都区(甘)	1800.00
124	礼　县(甘)	750.00
125	宕昌县(甘)	675.00
126	渭源县(甘)	524.00
127	康　县(甘)	508.00
128	西和县(甘)	490.00
129	正宁林业总场(甘)	110.20
130	岷　县(甘)	65.00
131	隆德县(宁)	2580.00
132	泾源县(宁)	2520.00
133	临江林业局(吉林森工)	15.90
134	林口林业局(龙江森工)	200.00
135	苇河林业局(龙江森工)	123.20
136	清河林业局(龙江森工)	101.00
137	方正林业局(龙江森工)	84.00
138	东京城林业局(龙江森工)	79.20
139	乌马河林业局(龙江森工)	77.90
140	红星林业局(龙江森工)	65.00
141	朗乡林业局(龙江森工)	64.60
142	东方红林业局(龙江森工)	62.30
143	沾河林业局(龙江森工)	56.50
144	带岭实验局(龙江森工)	55.10
145	亚布力林业局(龙江森工)	53.00
146	鹤立林业局(龙江森工)	53.00
147	大海林林业局(龙江森工)	48.60
148	柴河林业局(龙江森工)	45.00
149	双鸭山林业局(龙江森工)	43.00
150	铁力林业局(龙江森工)	40.80
151	绥棱林业局(龙江森工)	38.00
152	八面通林业局(龙江森工)	37.00
153	绥阳林业局(龙江森工)	36.20
154	迎春林业局(龙江森工)	34.50
155	穆棱林业局(龙江森工)	26.20
156	海林林业局(龙江森工)	24.00
157	五营林业局(龙江森工)	21.50
158	桦南林业局(龙江森工)	20.10
159	鹤北林业局(龙江森工)	15.20
160	金山屯林业局(龙江森工)	15.00
161	新青林业局(龙江森工)	14.80
162	上甘岭林业局(龙江森工)	11.20
163	汤旺河林业局(龙江森工)	10.00
164	小陇山林业实验局(甘)	777.80
165	白水江林业局(甘)	60.00
166	迭部林业局(甘)	35.04

表 17-10-4　油松苗主产地产量

	油松苗主产地	万株
1	延庆县(京)	284.10
2	承德县(冀)	10000.00
3	围场满族蒙古族自治县(冀)	6000.00
4	赤城县(冀)	5140.00
5	平泉县(冀)	4500.00
6	丰宁满族自治县(冀)	3600.00
7	滦平县(冀)	3200.00
8	隆化县(冀)	3000.00
9	崇礼县(冀)	1487.61
10	双桥区(冀)	1210.00
11	怀安县(冀)	1190.00
12	涞源县(冀)	940.00
13	易　县(冀)	800.00
14	万全县(冀)	600.00
15	武安市(冀)	300.00
16	蔚　县(冀)	225.00
17	木兰围场林管局(冀)	203.00
18	阜平县(冀)	200.00
19	怀来县(冀)	178.00
20	遵化市(冀)	160.00
21	滦平林场管理局(冀)	142.00
22	定州市(冀)	125.00
23	宽城满族自治县(冀)	120.00
24	涿鹿县(冀)	100.00
25	涞水县(冀)	40.00
26	双滦区(冀)	37.50
27	兴隆县(冀)	30.00
28	灵寿县(冀)	20.00
29	抚宁县(冀)	10.00
30	浑源县(晋)	7200.00
31	恒山林场(晋)	7183.00
32	方山县(晋)	3652.00
33	新荣区(晋)	3038.00
34	左权县(晋)	2000.00
35	蒲　县(晋)	1240.00
36	沁　县(晋)	1200.00
37	阳高县(晋)	950.00
38	离石区(晋)	800.00
39	平鲁区(晋)	753.00
40	大同县(晋)	740.00
41	南郊区(晋)	369.00
42	清徐县(晋)	338.00
43	广灵县(晋)	330.00
44	昔阳县(晋)	280.00
45	怀仁县(晋)	277.00
46	中阳县(晋)	230.00
47	山阴县(晋)	210.00
48	娄烦县(晋)	200.00
49	屯留县(晋)	180.00
50	大宁县(晋)	122.00
51	桦林背林场(晋)	120.00
52	乡宁县(晋)	110.00
53	长子县(晋)	100.00
54	太谷县(晋)	84.60
55	高平市(晋)	50.00
56	万柏林区(晋)	50.00
57	天镇县(晋)	49.00
58	河津市(晋)	37.50
59	尖草坪区(晋)	20.40
60	介休市(晋)	17.50
61	杏花岭区(晋)	16.00
62	黎城县(晋)	15.00
63	阳泉市郊区(晋)	15.00
64	寿阳县(晋)	15.00
65	迎泽区(晋)	13.20
66	翼城县(晋)	13.00
67	乌审旗(内蒙古)	3143.00
68	准格尔旗(内蒙古)	1728.80
69	松山区(内蒙古)	540.00
70	和林格尔县(内蒙古)	540.00

	油松苗主产地	万株
71	喀喇沁旗(内蒙古)	500.00
72	翁牛特旗(内蒙古)	500.00
73	宁城县(内蒙古)	430.00
74	东胜区(内蒙古)	260.00
75	克什克腾旗(内蒙古)	122.90
76	敖汉旗(内蒙古)	85.00
77	巴林右旗(内蒙古)	80.00
78	石拐区(内蒙古)	40.00
79	昆都仑区(内蒙古)	28.00
80	鄂托克旗(内蒙古)	13.00
81	阜新蒙古族自治县(辽)	29000.00
82	老边区(辽)	1000.00
83	盖州市(辽)	1000.00
84	凌海市(辽)	800.00
85	建昌县(辽)	300.00
86	凌源市(辽)	225.00
87	龙城区(辽)	200.00
88	兴城市(辽)	162.00
89	义　县(辽)	100.00
90	桓仁满族自治县(辽)	80.00
91	双塔区(辽)	68.00
92	省干旱地造林研究所(辽)	50.00
93	银州区(辽)	29.00
94	细河区(辽)	10.00
95	省生态实验林场(辽)	10.00
96	芦溪县(赣)	200.00
97	泰安市市辖区(鲁)	66.05
98	莱城区(鲁)	20.00
99	卢氏县(豫)	61.50
100	确山县(豫)	60.00
101	乡城县(川)	120.00
102	府谷县(陕)	8000.00
103	周至县(陕)	7506.70
104	凤翔县(陕)	6120.00
105	桥北林业局(陕)	2259.70
106	横山县(陕)	2000.00
107	黄龙山林业局(陕)	1998.18
108	千阳县(陕)	1350.00
109	志丹县(陕)	1287.00
110	绥德县(陕)	647.00
111	延长县(陕)	636.00
112	宝塔区(陕)	600.00
113	宜川县(陕)	558.20
114	淳化县(陕)	500.00
115	洛南县(陕)	500.00
116	户　县(陕)	450.00
117	劳山林业局(陕)	431.34
118	黄陵县(陕)	390.00
119	陇　县(陕)	330.00
120	安塞县(陕)	300.00
121	凤　县(陕)	300.00
122	延川县(陕)	250.00
123	桥山林业局(陕)	245.70
124	柞水县(陕)	240.00
125	甘泉县(陕)	225.00
126	黄龙县(陕)	200.00
127	宜君县(陕)	200.00
128	宁强县(陕)	172.80
129	麟游县(陕)	150.00
130	富　县(陕)	120.00
131	子长县(陕)	120.00
132	吴起县(陕)	120.00
133	宁东林业局(陕)	120.00
134	定边县(陕)	114.00
135	耀州区(陕)	95.00
136	山阳县(陕)	90.00
137	太白县(陕)	68.00
138	留坝县(陕)	65.00
139	宁西林业局(陕)	60.00
140	旬邑县(陕)	50.00
141	南郑县(陕)	40.00
142	宁陕县(陕)	16.00
143	洛川县(陕)	13.12
144	合水林业总场(甘)	7000.00
145	正宁林业总场(甘)	3149.00
146	华池林业总场(甘)	2932.00
147	康乐县(甘)	2400.00
148	湘乐林业总场(甘)	2145.80
149	渭源县(甘)	1300.00
150	清水县(甘)	1100.00
151	康　县(甘)	1080.00
152	小陇山林业实验局(甘)	1028.00
153	西峰区(甘)	750.00
154	秦州区(甘)	563.00
155	迭部林业局(甘)	457.68
156	武都区(甘)	300.00
157	西和县(甘)	240.00
158	宕昌县(甘)	225.00
159	宁　县(甘)	118.00
160	崆峒区(甘)	92.00
161	两当县(甘)	36.00
162	安定区(甘)	22.03
163	平川区(甘)	18.00
164	榆中县(甘)	10.43
165	西宁市市辖区(青)	55.84
166	大通回族土族自治县(青)	20.00
167	平安县(青)	13.20
168	泾源县(宁)	803.00
169	隆德县(宁)	424.00
170	西吉县(宁)	104.00

表 17-10-5　樟子松苗主产地产量

	樟子松苗主产地	万株
1	围场满族蒙古族自治县(冀)	3000.00
2	沽源县(冀)	1320.00
3	丰宁满族自治县(冀)	1125.00
4	赤城县(冀)	300.00
5	隆化县(冀)	200.00
6	定州市(冀)	110.00
7	塞罕坝机械林场(冀)	110.00
8	木兰围场林管局(冀)	100.00
9	张家口市塞北管理区(冀)	20.00
10	怀来县(冀)	20.00
11	康保县(冀)	10.00
12	浑源县(晋)	4000.00
13	新荣区(晋)	2089.00
14	大同县(晋)	540.00
15	南郊区(晋)	252.00
16	山阴县(晋)	160.00
17	恒山林场(晋)	147.00
18	桦林背林场(晋)	130.00
19	平鲁区(晋)	106.00
20	长城山林场(晋)	48.00
21	怀仁县(晋)	45.00
22	方山县(晋)	35.00
23	阳高县(晋)	35.00
24	十里河林场(晋)	30.50
25	乌审旗(内蒙古)	55133.00
26	扎兰屯市(内蒙古)	1600.00
27	和林格尔县(内蒙古)	1166.00
28	克什克腾旗(内蒙古)	718.00
29	科尔沁右翼前旗(内蒙古)	450.00
30	多伦县(内蒙古)	404.00
31	太仆寺旗(内蒙古)	250.00
32	东胜区(内蒙古)	240.00
33	喀喇沁旗(内蒙古)	220.00
34	鄂温克族自治旗(内蒙古)	210.00
35	呼伦贝尔市市辖区(内蒙古)	190.00

	樟子松苗主产地	万株
36	鄂托克旗(内蒙古)	107.00
37	正蓝旗(内蒙古)	100.00
38	鄂托克前旗(内蒙古)	90.00
39	红花尔基林业局(内蒙古)	85.00
40	敖汉旗(内蒙古)	85.00
41	宁城县(内蒙古)	83.00
42	五岔沟林业局(内蒙古)	80.00
43	牙克石市(内蒙古)	70.00
44	莫力达瓦达斡尔族自治旗(内蒙古)	66.00
45	霍林郭勒市(内蒙古)	55.00
46	科尔沁左翼中旗(内蒙古)	50.00
47	巴林右旗(内蒙古)	40.00
48	扎赉特旗(内蒙古)	30.00
49	科尔沁左翼后旗(内蒙古)	25.50
50	海勃湾区(内蒙古)	24.00
51	正镶白旗(内蒙古)	10.00
52	彰武县(辽)	300000.00
53	新宾满族自治县(辽)	4800.00
54	桓仁满族自治县(辽)	2000.00
55	清原满族自治县(辽)	1100.00
56	省固沙造林研究所(辽)	700.00
57	省干旱地造林研究所(辽)	420.00
58	开原市(辽)	300.00
59	康平县(辽)	200.00
60	铁岭县(辽)	37.00
61	银州区(辽)	25.00
62	细河区(辽)	10.00
63	伊通满族自治县(吉)	500.94
64	柳河县(吉)	4000.00
65	九台市(吉)	800.00
66	辉南县(吉)	150.00
67	东辽县(吉)	140.00
68	东丰县(吉)	120.00
69	敦化市(吉)	80.00
70	龙潭区(吉)	80.00
71	临江市(吉)	50.00
72	磐石市(吉)	18.00
73	尚志市(黑)	6000.00
74	甘南县(黑)	1000.00
75	依兰县(黑)	800.00
76	北安市(黑)	640.00
77	汤原县(黑)	550.00
78	孙吴县(黑)	423.00
79	嘉荫县(黑)	355.00
80	克东县(黑)	350.00
81	嫩江县(黑)	320.00
82	讷河市(黑)	260.00
83	黑河市直属林场(黑)	200.00
84	龙江县(黑)	196.00
85	桦南县(黑)	180.00
86	庆安国有林场管理局(黑)	175.10
87	呼兰区(黑)	165.00
88	孟家岗林场(黑)	151.20
89	克山县(黑)	148.00
90	鸡东县(黑)	145.00
91	逊克县(黑)	128.20
92	七台河市市辖区(黑)	110.00
93	杜尔伯特蒙古族自治县(黑)	101.30
94	集贤县(黑)	60.00
95	牡丹江市市本级(黑)	60.00
96	让胡路区(黑)	60.00
97	岭东区(黑)	55.00
98	密山市(黑)	32.00
99	拜泉县(黑)	30.00
100	林口县(黑)	29.00
101	木兰县(黑)	24.00
102	松北区(黑)	15.00
103	青冈县(黑)	13.00
104	富拉尔基区(黑)	10.00
105	绥芬河市(黑)	10.00
106	横山县(陕)	8500.00
107	府谷县(陕)	4000.00
108	靖边县(陕)	850.00
109	定边县(陕)	32.00
110	劳山林业局(陕)	30.90
111	绥德县(陕)	26.00
112	康乐县(甘)	2200.00
113	嘉峪关市(甘)	83.00
114	正宁林业总场(甘)	45.20
115	小陇山林业实验局(甘)	10.80
116	隆德县(宁)	1215.00
117	泾源县(宁)	288.00
118	盐池县(宁)	78.00

表 17-10-6 雪松苗主产地产量

	雪松苗主产地	万株
1	滦 县(冀)	1500.00
2	涉 县(冀)	280.00
3	定州市(冀)	255.00
4	景 县(冀)	6.00
5	易 县(冀)	2.00
6	丰润区(冀)	1.80
7	平陆县(晋)	2.30
8	河津市(晋)	2.00
9	夏 县(晋)	1.58
10	松江区(沪)	14.98
11	金山区(沪)	12.00
12	宝山区(沪)	10.25
13	闵行区(沪)	1.53
14	灌云县(苏)	14.00
15	建湖县(苏)	5.00
16	慈溪市(浙)	40.10
17	秀洲区(浙)	6.15
18	婺城区(浙)	2.00
19	淳安县(浙)	1.61
20	凤阳县(皖)	13.50
21	池州市九华山风景区(皖)	13.28
22	长丰县(皖)	2.78
23	包河区(皖)	2.00
24	上饶县(赣)	3.00
25	即墨市(鲁)	200.00
26	汶上县(鲁)	120.00
27	宁阳县(鲁)	28.00
28	肥城市(鲁)	21.00
29	莱城区(鲁)	20.00
30	新泰市(鲁)	20.00
31	诸城市(鲁)	15.00
32	城阳区(鲁)	7.00
33	费 县(鲁)	3.00
34	平阴县(鲁)	1.05
35	济宁市市中区(鲁)	1.00
36	潢川县(豫)	161.00
37	陕 县(豫)	70.00
38	湖滨区(豫)	64.60
39	惠济区(豫)	48.92
40	商水县(豫)	35.00
41	许昌县(豫)	33.00
42	滑 县(豫)	33.00
43	光山县(豫)	26.00
44	项城市(豫)	26.00
45	淅川县(豫)	13.00
46	荥阳市(豫)	5.45
47	孟津县(豫)	4.56
48	方城县(豫)	4.30
49	华龙区(豫)	4.00
50	凤泉区(豫)	3.28
51	淇滨区(豫)	3.00

	雪松苗主产地	万株
52	辉县市(豫)	2.85
53	社旗县(豫)	2.70
54	林州市(豫)	1.90
55	栾川县(豫)	1.40
56	龙安区(豫)	1.30
57	舞钢市(豫)	1.20
58	蔡甸区(鄂)	5.00
59	枣阳市(鄂)	1.00
60	娄星区(湘)	212.00
61	双峰县(湘)	8.00
62	桃江县(湘)	1.00
63	江北区(渝)	56.30
64	盐源县(川)	10.00
65	瓮安县(黔)	5.00
66	石泉县(陕)	63.00
67	长安区(陕)	24.20
68	秦都区(陕)	18.80
69	南郑县(陕)	6.20
70	乾　县(陕)	3.00
71	省苗木繁育中心(陕)	3.00
72	阎良区(陕)	2.00
73	宁陕县(陕)	1.20
74	麦积区(甘)	18.00

表 17-10-7　华山松苗主产地产量

	华山松苗主产地	万株
1	延庆县(京)	13.40
2	涿州市(冀)	550.00
3	易　县(冀)	100.00
4	祁　县(晋)	800.00
5	庄河市(辽)	160.00
6	泰安市市辖区(鲁)	10.00
7	越西县(川)	200.00
8	金阳县(川)	146.00
9	昭觉县(川)	130.00
10	德昌县(川)	33.28
11	会东县(川)	26.00
12	赫章县(黔)	1462.00
13	威宁彝族回族苗族自治县(黔)	1164.00
14	黔西县(黔)	49.00
15	平坝县(黔)	14.50
16	南涧彝族自治县(滇)	200.00
17	巍山彝族回族自治县(滇)	110.55
18	元阳县(滇)	25.00
19	鹤庆县(滇)	22.10
20	南华县(滇)	19.00
21	通海县(滇)	17.00
22	洛南县(陕)	300.00
23	宁强县(陕)	207.90
24	南郑县(陕)	60.00
25	太白林业局(陕)	30.00
26	佛坪县(陕)	19.00
27	西和县(甘)	220.00
28	秦州区(甘)	100.00
29	正宁林业总场(甘)	78.60
30	小陇山林业实验局(甘)	587.80
31	白水江林业局(甘)	50.00

表 17-10-8　湿地松苗主产地产量

	湿地松苗主产地	万株
1	婺城区(浙)	70.00
2	江山市(浙)	60.00
3	鄞州区(浙)	50.20
4	建德市(浙)	40.00
5	余杭区(浙)	19.00
6	全椒县(皖)	130.00
7	东至县(皖)	113.50
8	丰城市(赣)	1800.00
9	莲花县(赣)	1200.00
10	赣　县(赣)	765.00
11	分宜县(赣)	651.00
12	上高县(赣)	630.00
13	东乡县(赣)	600.00
14	临川区(赣)	572.00
15	安福县(赣)	324.00
16	新干县(赣)	319.95
17	龙南县(赣)	300.00
18	泰和县(赣)	246.00
19	崇仁县(赣)	228.00
20	乐安县(赣)	218.00
21	瑞金市(赣)	209.00
22	高安市(赣)	200.00
23	上饶县(赣)	180.00
24	贵溪市(赣)	120.00
25	靖安县(赣)	110.00
26	宜丰县(赣)	105.00
27	德安县(赣)	100.00
28	南昌县(赣)	93.00
29	余干县(赣)	90.00
30	新建县(赣)	85.00
31	吉州区(赣)	78.00
32	瑞昌市(赣)	46.48
33	樟树市(赣)	40.00
34	兴国县(赣)	30.00
35	进贤县(赣)	14.40
36	桐柏县(豫)	1687.50
37	潢川县(豫)	178.00
38	大悟县(鄂)	1000.00
39	广水市(鄂)	800.00
40	麻城市(鄂)	750.00
41	南漳县(鄂)	600.00
42	红安县(鄂)	600.00
43	随　县(鄂)	500.00
44	浠水县(鄂)	400.00
45	蕲春县(鄂)	322.00
46	荆门市市辖区(鄂)	300.00
47	孝昌县(鄂)	240.00
48	团风县(鄂)	180.00
49	黄梅县(鄂)	136.00
50	英山县(鄂)	135.00
51	襄城区(鄂)	47.00
52	黄陂区(鄂)	10.00
53	东宝区(鄂)	10.00
54	祁东县(湘)	1540.00
55	醴陵市(湘)	150.00
56	中方县(湘)	150.00
57	宜章县(湘)	130.00
58	临武县(湘)	113.70
59	涟源市(湘)	84.00
60	麻阳苗族自治县(湘)	60.00
61	华容县(湘)	60.00
62	娄星区(湘)	52.00
63	长沙县(湘)	50.00
64	芷江侗族自治县(湘)	30.00
65	常宁市(湘)	30.00
66	英德市(粤)	336.00
67	台山市(粤)	180.00
68	揭西县(粤)	150.00
69	阳东县(粤)	150.00
70	连州市(粤)	130.00
71	清新县(粤)	100.00
72	四会市(粤)	85.00
73	恩平市(粤)	80.00
74	乐昌市(粤)	60.72
75	阳山县(粤)	27.00
76	高要市(粤)	21.60
77	饶平县(粤)	10.00
78	钦州市直属单位(桂)	300.00

	湿地松苗主产地	万株
79	灵山县(桂)	180.00
80	钦南区(桂)	150.00
81	全州县(桂)	120.00
82	富川瑶族自治县(桂)	70.00
83	合川区(渝)	200.00
84	威远县(川)	100.00
85	惠水县(黔)	100.00
86	西秀区(黔)	50.00
87	开远市(滇)	20.00

表 17-10-9　黑松苗主产地产量

	黑松苗主产地	万株
1	清原满族自治县(辽)	850.00
2	桓仁满族自治县(辽)	600.00
3	庄河市(辽)	220.00
4	东海县(苏)	100.00
5	乳山市(鲁)	1600.00
6	环翠区(鲁)	1113.00
7	沂水县(鲁)	850.00
8	新泰市(鲁)	500.00
9	费　县(鲁)	210.00
10	沂源县(鲁)	135.00
11	安丘市(鲁)	110.00
12	莱城区(鲁)	100.00
13	牟平区(鲁)	100.00
14	宁阳县(鲁)	84.00
15	文登市(鲁)	80.00
16	河东区(鲁)	80.00
17	诸城市(鲁)	60.00
18	崂山区(鲁)	30.00
19	蓬莱市(鲁)	30.00
20	平度市(鲁)	30.00
21	肥城市(鲁)	30.00
22	泰安市市辖区(鲁)	17.90
23	昌邑市(鲁)	16.00
24	即墨市(鲁)	15.00

表 17-10-10　国外松苗主产地产量

	国外松苗主产地	万株
1	含山县(皖)	1200.00
2	当涂县(皖)	600.00
3	郎溪县(皖)	450.00
4	望江县(皖)	200.00
5	贵池区(皖)	164.00
6	池州市九华山风景区(皖)	164.00
7	定远县(皖)	120.00
8	南陵县(皖)	120.00
9	居巢区(皖)	120.00
10	桐城市(皖)	110.00
11	怀宁县(皖)	100.00
12	德兴市(赣)	540.00
13	会昌县(赣)	146.00
14	曾都区(鄂)	1000.00
15	松滋市(鄂)	400.00
16	蓝山县(湘)	2539.50
17	攸　县(湘)	2500.00
18	茶陵县(湘)	1400.00
19	道　县(湘)	1076.00
20	祁阳县(湘)	1021.50
21	宁远县(湘)	983.00
22	双清区(湘)	810.00
23	邵阳县(湘)	500.00
24	汨罗市(湘)	440.00
25	耒阳市(湘)	425.60
26	湘乡市(湘)	300.00
27	洪江市(湘)	280.00
28	鼎城区(湘)	260.00
29	衡南县(湘)	240.00
30	永兴县(湘)	200.00
31	隆回县(湘)	200.00
32	双峰县(湘)	190.00
33	冷水滩区(湘)	152.10
34	新邵县(湘)	140.00
35	株洲县(湘)	120.00
36	北塔区(湘)	120.00
37	江永县(湘)	113.85
38	武冈市(湘)	100.00
39	云城区(粤)	700.00
40	台山市(粤)	500.00
41	钦北区(桂)	950.00
42	防城区(桂)	600.00

表 17-10-11　白皮松苗主产地产量

	白皮松苗主产地	万株
1	平谷区(京)	2000.00
2	大东流苗圃(京)	11.13
3	延庆县(京)	10.50
4	定州市(冀)	60.00
5	遵化市(冀)	10.20
6	祁　县(晋)	4000.00
7	太谷县(晋)	114.00
8	河津市(晋)	60.00
9	洪洞县(晋)	24.00
10	介休市(晋)	17.00
11	方山县(晋)	15.00
12	尖草坪区(晋)	13.80
13	翼城县(晋)	12.40
14	大连市金州新区(辽)	10.00
15	博山区(鲁)	15.00
16	宁阳县(鲁)	10.50
17	泰安市市辖区(鲁)	10.00
18	文登市(鲁)	10.00
19	龙安区(豫)	18.00
20	蓝田县(陕)	3124.00
21	凤翔县(陕)	1500.00
22	兴平市(陕)	300.00
23	扶风县(陕)	150.00
24	石泉县(陕)	80.00
25	洛南县(陕)	80.00
26	佛坪县(陕)	43.73
27	秦都区(陕)	15.00
28	两当县(甘)	36.00
29	小陇山林业实验局(甘)	117.00

表 17-10-12　杉木苗主产地产量

	杉木苗主产地	万株
1	桐庐县(浙)	1618.31
2	江山市(浙)	900.00
3	婺城区(浙)	60.00
4	临安市(浙)	36.00
5	磐安县(浙)	35.00
6	建德市(浙)	30.00
7	东至县(皖)	577.00
8	霍山县(皖)	500.00
9	旌德县(皖)	420.00
10	祁门县(皖)	400.00
11	金寨县(皖)	200.00
12	贵池区(皖)	173.36
13	池州市九华山风景区(皖)	173.36
14	郎溪县(皖)	150.00
15	泾　县(皖)	100.00
16	南陵县(皖)	50.00
17	含山县(皖)	15.00
18	黟　县(皖)	13.00
19	青阳县(皖)	12.00
20	安福县(赣)	6900.00
21	莲花县(赣)	3150.00
22	龙南县(赣)	2700.00

	杉木苗主产地	万株
23	分宜县(赣)	2195.00
24	宜丰县(赣)	1550.00
25	大余县(赣)	1459.00
26	乐安县(赣)	1200.00
27	新干县(赣)	1066.50
28	泰和县(赣)	800.00
29	万载县(赣)	750.00
30	全南县(赣)	618.00
31	赣　县(赣)	600.00
32	铜鼓县(赣)	600.00
33	德兴市(赣)	500.00
34	黎川县(赣)	340.00
35	靖安县(赣)	320.00
36	资溪县(赣)	300.00
37	临川区(赣)	288.00
38	高安市(赣)	280.00
39	瑞金市(赣)	210.00
40	德安县(赣)	200.00
41	广昌县(赣)	191.70
42	新建县(赣)	185.00
43	修水县(赣)	182.00
44	金溪县(赣)	180.00
45	会昌县(赣)	160.00
46	广丰县(赣)	120.00
47	彭泽县(赣)	120.00
48	崇仁县(赣)	90.00
49	寻乌县(赣)	67.50
50	瑞昌市(赣)	58.96
51	上高县(赣)	32.00
52	遂川县(赣)	28.00
53	九江县(赣)	25.00
54	兴国县(赣)	21.00
55	光山县(豫)	45.00
56	确山县(豫)	10.00
57	南漳县(鄂)	4000.00
58	赤壁市(鄂)	2000.00
59	大悟县(鄂)	1500.00
60	谷城县(鄂)	900.00
61	阳新县(鄂)	200.00
62	竹溪县(鄂)	150.00
63	松滋市(鄂)	100.00
64	红安县(鄂)	75.00
65	麻城市(鄂)	62.00
66	五峰土家族自治县(鄂)	60.00
67	崇阳县(鄂)	60.00
68	郧　县(鄂)	50.00

	杉木苗主产地	万株
69	大冶市(鄂)	30.00
70	巴东县(鄂)	20.00
71	罗田县(鄂)	12.00
72	浠水县(鄂)	12.00
73	资兴市(湘)	3200.00
74	攸　县(湘)	2000.00
75	双牌县(湘)	1660.00
76	东安县(湘)	1640.00
77	鼎城区(湘)	1150.00
78	娄星区(湘)	1000.00
79	茶陵县(湘)	980.00
80	绥宁县(湘)	910.00
81	通道侗族自治县(湘)	900.00
82	桃江县(湘)	800.00
83	平江县(湘)	783.00
84	江华瑶族自治县(湘)	725.00
85	隆回县(湘)	600.00
86	永兴县(湘)	600.00
87	沅陵县(湘)	579.55
88	会同县(湘)	573.00
89	石门县(湘)	550.00
90	汝城县(湘)	500.00
91	安化县(湘)	500.00
92	零陵区(湘)	453.00
93	芷江侗族自治县(湘)	400.00
94	桃源县(湘)	400.00
95	耒阳市(湘)	322.50
96	涟源市(湘)	320.00
97	株洲县(湘)	300.00
98	靖州苗族侗族自治县(湘)	300.00
99	新化县(湘)	280.00
100	新邵县(湘)	280.00
101	江永县(湘)	273.24
102	常宁市(湘)	260.00
103	临武县(湘)	237.30
104	安仁县(湘)	211.00
105	苏仙区(湘)	200.00
106	衡山县(湘)	195.20
107	双峰县(湘)	190.00
108	汨罗市(湘)	186.00
109	洪江市(湘)	180.00
110	溆浦县(湘)	180.00
111	辰溪县(湘)	160.00
112	中方县(湘)	150.00
113	新晃侗族自治县(湘)	140.00
114	桂东县(湘)	125.00

	杉木苗主产地	万株
115	武冈市(湘)	120.00
116	北湖区(湘)	105.00
117	祁东县(湘)	88.00
118	华容县(湘)	74.00
119	冷水江市(湘)	60.00
120	宜章县(湘)	59.00
121	邵阳县(湘)	50.00
122	临澧县(湘)	50.00
123	长沙县(湘)	45.00
124	桂阳县(湘)	40.30
125	邵东县(湘)	40.00
126	湘乡市(湘)	40.00
127	麻阳苗族自治县(湘)	27.00
128	乐昌市(粤)	646.65
129	连山壮族瑶族自治县(粤)	540.00
130	连州市(粤)	500.00
131	信宜市(粤)	300.00
132	新丰县(粤)	208.53
133	南雄市(粤)	188.60
134	曲江区(粤)	184.00
135	清新县(粤)	120.00
136	连南瑶族自治县(粤)	75.00
137	始兴县(粤)	55.00
138	郁南县(粤)	55.00
139	乳源瑶族自治县(粤)	27.60
140	翁源县(粤)	16.67
141	融安县(桂)	3003.00
142	灵川县(桂)	1245.00
143	灌阳县(桂)	899.00
144	三江侗族自治县(桂)	800.00
145	八步区(桂)	654.00
146	龙胜各族自治县(桂)	520.00
147	西林县(桂)	430.00
148	金秀瑶族自治县(桂)	344.58
149	罗城仫佬族自治县(桂)	260.00
150	全州县(桂)	200.00
151	凤山县(桂)	160.00
152	昭平县(桂)	130.00
153	南丹县(桂)	121.00
154	东兰县(桂)	100.00
155	兴安县(桂)	90.00
156	环江毛南族自治县(桂)	80.00
157	桂平市(桂)	65.00
158	富川瑶族自治县(桂)	60.00
159	浦北县(桂)	60.00
160	资源县(桂)	50.00

	杉木苗主产地	万株
161	南川区(渝)	1800.00
162	酉阳土家族苗族自治县(渝)	1200.00
163	梁平县(渝)	450.00
164	城口县(渝)	190.00
165	彭水苗族土家族自治县(渝)	120.00
166	秀山土家族苗族自治县(渝)	78.00
167	巴南区(渝)	12.00
168	青川县(川)	1910.00
169	雷波县(川)	750.00
170	叙永县(川)	500.00
171	富顺县(川)	145.00
172	金口河区(川)	120.00
173	高　县(川)	110.00
174	金口河区(川)	60.00
175	金口河区(川)	30.00
176	威远县(川)	30.00
177	荥经县(川)	25.00
178	南江县(川)	24.50
179	德昌县(川)	20.30
180	沙湾区(川)	10.00
181	盘　县(黔)	1620.00
182	六枝特区(黔)	750.00
183	雷山县(黔)	480.00
184	天柱县(黔)	320.00
185	从江县(黔)	315.00
186	镇远县(黔)	300.00
187	剑河县(黔)	259.00
188	凯里市(黔)	250.00
189	三穗县(黔)	220.00
190	丹寨县(黔)	161.41
191	西秀区(黔)	150.00
192	镇宁布依族苗族自治县(黔)	139.32
193	锦屏县(黔)	67.04
194	平坝县(黔)	45.00
195	瓮安县(黔)	25.00
196	榕江县(黔)	24.00
197	岑巩县(黔)	12.27
198	施秉县(黔)	10.10
199	金平苗族瑶族傣族自治县(滇)	1588.00
200	红河县(滇)	1375.00
201	元阳县(滇)	1223.25
202	罗平县(滇)	900.00
203	威信县(滇)	794.00
204	师宗县(滇)	583.00
205	盐津县(滇)	450.00
206	双江拉祜族佤族布朗族傣族自治县(滇)	400.00
207	个旧市(滇)	352.00
208	泸西县(滇)	265.00
209	绿春县(滇)	212.00
210	瑞丽市(滇)	160.00
211	陆良县(滇)	100.00
212	澜沧拉祜族自治县(滇)	80.00
213	景洪市(滇)	70.00
214	河口瑶族自治县(滇)	60.00
215	建水县(滇)	50.00
216	宣威市(滇)	50.00
217	平利县(陕)	5850.00
218	石泉县(陕)	2450.00
219	城固县(陕)	203.00

表 17-10-13　云杉苗主产地产量

	云杉苗主产地	万株
1	延庆县(京)	10.60
2	沽源县(冀)	300.00
3	御道口林场(冀)	200.00
4	塞罕坝机械林场(冀)	150.00
5	定州市(冀)	110.00
6	隆化县(冀)	100.00
7	赤城县(冀)	50.00
8	蔚　县(冀)	36.00
9	丰宁满族自治县(冀)	20.00
10	尚义县(冀)	11.00
11	浑源县(晋)	1000.00
12	新荣区(晋)	529.00
13	平鲁区(晋)	80.00
14	方山县(晋)	48.40
15	乌审旗(内蒙古)	3460.00
16	克什克腾旗(内蒙古)	586.60
17	扎兰屯市(内蒙古)	400.00
18	五岔沟林业局(内蒙古)	318.00
19	多伦县(内蒙古)	270.00
20	和林格尔县(内蒙古)	111.00
21	喀喇沁旗(内蒙古)	100.00
22	正蓝旗(内蒙古)	12.00
23	新宾满族自治县(辽)	6000.00
24	桓仁满族自治县(辽)	2100.00
25	清原满族自治县(辽)	1368.00
26	沈北新区(辽)	700.00
27	新宾满族自治县(辽)	481.00
28	岫岩满族自治县(辽)	160.00
29	调兵山市(辽)	70.00
30	庄河市(辽)	31.00
31	盖州市(辽)	15.00
32	老边区(辽)	15.00
33	顺城区(辽)	10.60
34	江源区(吉)	5000.00
35	柳河县(吉)	2000.00
36	黄泥河林业局(吉)	880.00
37	和龙林业局(吉)	360.00
38	辉南县(吉)	310.00
39	临江市(吉)	236.00
40	珲春林业局(吉)	195.00
41	龙潭区(吉)	160.00
42	敦化市(吉)	153.00
43	辉南森林经营局(吉)	150.00
44	磐石市(吉)	78.20
45	舒兰市(吉)	50.00
46	永吉县(吉)	50.00
47	昌邑区(吉)	43.20
48	白河林业局(吉)	32.00
49	二道江区(吉)	20.00
50	大石头林业局(吉)	20.00
51	长春市净月经济开发区(吉)	12.00
52	方正县(黑)	3000.00
53	尚志市(黑)	3000.00
54	爱辉区(黑)	1028.00
55	孙吴县(黑)	1015.00
56	五大连池市(黑)	337.26
57	嘉荫县(黑)	335.00
58	庆安国有林场管理局(黑)	303.20
59	嫩江县(黑)	260.00
60	讷河市(黑)	160.00
61	五常市(黑)	150.00
62	黑河市直属林场(黑)	145.00
63	抚远县(黑)	145.00
64	克山县(黑)	132.00
65	牡丹江市市本级(黑)	100.00
66	孟家岗林场(黑)	86.40
67	逊克县(黑)	68.20
68	克东县(黑)	53.00
69	林口县(黑)	48.00
70	鸡东县(黑)	47.80
71	岭东区(黑)	45.00
72	集贤县(黑)	40.00
73	山河实验林场(黑)	35.00
74	巴彦县(黑)	30.00
75	木兰县(黑)	26.00
76	通河县(黑)	20.00

	云杉苗主产地	万株
77	萝北县(黑)	18.50
78	饶河县(黑)	16.20
79	松北区(黑)	15.00
80	雅江县(川)	1014.00
81	新龙县(川)	525.00
82	翁达林业局(川)	450.00
83	炉霍林业局(川)	357.00
84	炉霍县(川)	146.00
85	新龙林业局(川)	108.00
86	白玉林业局(川)	86.35
87	甘孜州林业工程处(川)	80.00
88	丹巴林业局(川)	61.70
89	力邱河林业局(川)	61.70
90	理塘县(川)	60.00
91	汉源县(川)	55.00
92	巴塘县(川)	32.00
93	泸定县(川)	20.00
94	道孚林业局(川)	19.00
95	玉龙纳西族自治县(滇)	42.00
96	靖边县(陕)	30.00
97	康乐县(甘)	14000.00
98	迭部林业局(甘)	4992.92
99	洮河林业局(甘)	1259.80
100	临洮县(甘)	1000.00
101	和政县(甘)	900.00
102	小陇山林业实验局(甘)	538.80
103	舟曲县(甘)	398.77
104	宕昌县(甘)	360.00
105	临夏县(甘)	300.00
106	张家川回族自治县(甘)	220.00
107	榆中县(甘)	189.62
108	岷　县(甘)	130.00
109	崆峒区(甘)	128.00
110	安定区(甘)	103.97
111	白水江林业局(甘)	100.00
112	广河县(甘)	90.00
113	永昌县(甘)	67.00
114	渭源县(甘)	41.00
115	湘乐林业总场(甘)	24.60
116	靖远县(甘)	12.60
117	东乡族自治县(甘)	12.50
118	乐都县(青)	540.00
119	湟源县(青)	430.00
120	北山森林公园(青)	388.20
121	互助土族自治县(青)	388.20
122	湟中县(青)	345.00
123	门源回族自治县(青)	265.50
124	平安县(青)	164.50
125	大通回族土族自治县(青)	132.00
126	循化撒拉族自治县(青)	127.50
127	玛珂河林业局(青)	100.00
128	民和回族土族自治县(青)	80.00
129	祁连县(青)	65.40
130	麦秀森林公园(青)	51.00
131	西宁市市辖区(青)	48.85
132	化隆回族自治县(青)	22.00
133	尖扎县(青)	18.40
134	泾源县(宁)	3834.00
135	隆德县(宁)	3310.00
136	西吉县(宁)	124.00
137	原州区(宁)	120.00
138	海原县(宁)	92.00
139	永宁县(宁)	27.00
140	松江河林业有限公司(吉林森工)	289.00
141	露水河林业局(吉林森工)	154.25
142	泉阳林业局(吉林森工)	100.00
143	红石林业局(吉林森工)	86.80
144	沾河林业局(龙江森工)	176.00
145	迎春林业局(龙江森工)	121.90
146	双鸭山林业局(龙江森工)	114.00
147	兴隆林业局(龙江森工)	110.00
148	带岭实验局(龙江森工)	103.50
149	海林林业局(龙江森工)	99.00
150	朗乡林业局(龙江森工)	91.60
151	五营林业局(龙江森工)	89.60
152	友好林业局(龙江森工)	79.00
153	大海林林业局(龙江森工)	69.70
154	东方红林业局(龙江森工)	68.60
155	绥棱林业局(龙江森工)	67.40
156	双丰林业局(龙江森工)	60.00
157	汤旺河林业局(龙江森工)	57.50
158	穆棱林业局(龙江森工)	56.20
159	鹤立林业局(龙江森工)	53.00
160	红星林业局(龙江森工)	50.00
161	绥阳林业局(龙江森工)	50.00
162	桦南林业局(龙江森工)	47.90
163	苇河林业局(龙江森工)	43.20
164	方正林业局(龙江森工)	41.00
165	乌马河林业局(龙江森工)	27.50
166	美溪林业局(龙江森工)	26.00
167	乌伊岭林业局(龙江森工)	25.10
168	东京城林业局(龙江森工)	23.10
169	八面通林业局(龙江森工)	23.00
170	铁力林业局(龙江森工)	17.90
171	新青林业局(龙江森工)	12.20
172	上甘岭林业局(龙江森工)	12.00

表 17-10-14　柳杉苗主产地产量

	柳杉苗主产地	万株
1	同江市(黑)	27.00
2	利川市(鄂)	450.00
3	五峰土家族自治县(鄂)	90.00
4	南川区(渝)	800.00
5	奉节县(渝)	600.00
6	石柱土家族自治县(渝)	225.00
7	沐川县(川)	1500.00
8	北川羌族自治县(川)	1200.00
9	峨边彝族自治县(川)	900.00
10	雷波县(川)	900.00
11	安　县(川)	750.00
12	屏山县(川)	600.00
13	古蔺县(川)	450.00
14	越西县(川)	200.00
15	叙永县(川)	200.00
16	峨眉山市(川)	178.00
17	天全县(川)	124.80
18	宝兴县(川)	100.00
19	冕宁县(川)	100.00
20	宣汉县(川)	96.00
21	荥经县(川)	90.00
22	沙湾区(川)	80.00
23	江油市(川)	20.00
24	六枝特区(黔)	750.00
25	毕节市(黔)	445.00
26	平坝县(黔)	315.50
27	清镇市(黔)	264.69
28	息烽县(黔)	148.00
29	威宁彝族回族苗族自治县(黔)	100.00
30	西秀区(黔)	50.00
31	瓮安县(黔)	25.00
32	开阳县(黔)	15.25
33	黔西县(黔)	11.00
34	陆良县(滇)	550.00
35	宣威市(滇)	120.00
36	马龙县(滇)	20.00
37	镇坪县(陕)	120.00
38	紫阳县(陕)	15.00
39	平罗县(宁)	150.00

表 17-10-15 水杉苗主产地产量

	水杉苗主产地	万株
1	松山区(内蒙古)	360.00
2	金山区(沪)	60.00
3	海陵区(苏)	10.00
4	婺城区(浙)	80.00
5	临安市(浙)	40.00
6	安吉县(浙)	40.00
7	吴兴区(浙)	15.00
8	奉化市(浙)	15.00
9	富阳市(浙)	10.00
10	庐江县(皖)	110.00
11	肥西县(皖)	106.00
12	居巢区(皖)	80.00
13	郎溪县(皖)	75.00
14	旌德县(皖)	36.00
15	南昌县(赣)	28.00
16	河东区(鲁)	40.00
17	潢川县(豫)	150.00
18	确山县(豫)	30.00
19	利川市(鄂)	180.00
20	郧西县(鄂)	18.00
21	云梦县(鄂)	18.00
22	南 县(湘)	126.00
23	番禺区(粤)	30.00
24	奉节县(渝)	600.00
25	梁平县(渝)	300.00
26	石柱土家族自治县(渝)	250.00
27	南川区(渝)	135.00
28	合川区(渝)	60.00
29	江北区(渝)	12.40
30	崇州市(川)	60.00
31	平昌县(川)	22.00
32	广安区(川)	10.00
33	周至县(陕)	10.16

表 17-10-16 栾树苗主产地产量

	栾树苗主产地	万株
1	北辰区(津)	20.00
2	易 县(冀)	115.00
3	南和县(冀)	86.00
4	博野县(冀)	70.00
5	望都县(冀)	42.00
6	遵化市(冀)	25.00
7	泊头市(冀)	19.00
8	清苑县(冀)	17.00
9	滦南县(冀)	15.00
10	嘉定区(沪)	37.70
11	东海县(苏)	75.00
12	铜山区(苏)	60.00
13	泰兴市(苏)	52.50
14	建湖县(苏)	30.00
15	海州区(苏)	10.00
16	秀洲区(浙)	39.24
17	婺城区(浙)	27.00
18	富阳市(浙)	15.00
19	慈溪市(浙)	12.80
20	蜀山区(皖)	33.90
21	肥西县(皖)	30.00
22	东至县(皖)	14.30
23	德安县(赣)	15.00
24	昌邑市(鲁)	38.00
25	费 县(鲁)	15.00
26	济源市(豫)	11.00
27	许昌县(豫)	651.00
28	潢川县(豫)	501.60
29	临颍县(豫)	147.80
30	北关区(豫)	40.00
31	兰考县(豫)	36.00
32	华龙区(豫)	24.00
33	新密市(豫)	18.60
34	宜都市(鄂)	150.00
35	荆州区(鄂)	100.00
36	来凤县(鄂)	50.00
37	松滋市(鄂)	30.00
38	蔡甸区(鄂)	15.00
39	枣阳市(鄂)	10.00
40	资阳区(湘)	10.00
41	梁平县(渝)	345.00
42	南川区(渝)	300.00
43	武隆县(渝)	108.00
44	巴南区(渝)	59.70
45	荣昌县(渝)	30.00
46	云阳县(渝)	30.00
47	秀山土家族苗族自治县(渝)	25.50
48	万盛区(渝)	20.00
49	丰都县(渝)	10.00
50	高 县(川)	50.00
51	顺庆区(川)	30.00
52	江阳区(川)	15.00
53	息烽县(黔)	18.00

表 17-10-17 香樟苗主产地产量

	香樟苗主产地	万株
1	金山区(沪)	264.00
2	松江区(沪)	224.66
3	嘉定区(沪)	198.70
4	盐都区(苏)	411.00
5	泰兴市(苏)	177.00
6	奉化市(浙)	380.00
7	秀洲区(浙)	356.22
8	慈溪市(浙)	319.20
9	余杭区(浙)	260.00
10	平湖市(浙)	132.00
11	鄞州区(浙)	129.00
12	北仑区(浙)	101.00
13	鸠江区(皖)	4000.00
14	肥西县(皖)	1800.00
15	徽州区(皖)	1000.00
16	居巢区(皖)	950.00
17	天长市(皖)	200.00
18	和 县(皖)	180.00
19	芜湖县(皖)	180.00
20	无为县(皖)	170.00
21	贵溪市(赣)	3000.00
22	龙南县(赣)	300.00
23	新建县(赣)	164.00
24	德安县(赣)	100.00
25	潢川县(豫)	408.43
26	光山县(豫)	150.00
27	应城市(鄂)	450.00
28	孝昌县(鄂)	400.00
29	荆州区(鄂)	200.00
30	黄梅县(鄂)	188.00
31	红安县(鄂)	137.00
32	天门市(鄂)	120.00
33	蔡甸区(鄂)	100.00
34	双清区(湘)	800.00
35	资阳区(湘)	200.00
36	宁乡县(湘)	160.00
37	冷水江市(湘)	110.00
38	五华县(粤)	529.33
39	乐昌市(粤)	282.13
40	和平县(粤)	252.00
41	惠东县(粤)	180.00
42	大足县(渝)	21000.00
43	忠 县(渝)	5000.00
44	南川区(渝)	525.00
45	荣昌县(渝)	106.00

表 17-10-18 柠条苗主产地产量

	柠条苗主产地	万株
1	丰宁满族自治县(冀)	1500.00
2	张北县(冀)	300.00
3	康保县(冀)	300.00
4	方山县(晋)	150.00
5	山阴县(晋)	101.00
6	怀仁县(晋)	100.00
7	南郊区(晋)	90.00
8	准格尔旗(内蒙古)	10739.10
9	翁牛特旗(内蒙古)	8000.00
10	鄂托克前旗(内蒙古)	4800.00
11	鄂托克旗(内蒙古)	3945.00
12	东胜区(内蒙古)	1750.00
13	阿鲁科尔沁旗(内蒙古)	1542.00
14	巴林右旗(内蒙古)	1450.00
15	固阳县(内蒙古)	600.00
16	正镶白旗(内蒙古)	560.00
17	正蓝旗(内蒙古)	394.00
18	克什克腾旗(内蒙古)	340.00
19	巴林左旗(内蒙古)	300.00
20	阿巴嘎旗(内蒙古)	300.00
21	松山区(内蒙古)	250.00
22	敖汉旗(内蒙古)	205.00
23	苏尼特右旗(内蒙古)	155.00
24	察哈尔右翼前旗(内蒙古)	150.00
25	乌审旗(内蒙古)	122.00
26	镶黄旗(内蒙古)	115.00
27	和林格尔县(内蒙古)	90.00
28	林西县(内蒙古)	80.00
29	科尔沁左翼后旗(内蒙古)	67.00
30	阿拉善左旗(内蒙古)	40.00
31	东乌珠穆沁旗(内蒙古)	30.00
32	建平县(辽)	500.00
33	定边县(陕)	160.00
34	渭源县(甘)	2230.00
35	靖远县(甘)	1130.49
36	景泰县(甘)	406.50
37	安定区(甘)	147.00
38	甘州区(甘)	14.00
39	海原县(宁)	395.00
40	西吉县(宁)	280.00
41	盐池县(宁)	84.00
42	盐池县(宁)	84.00
43	贺兰县(宁)	56.20
44	中卫市市辖区(宁)	40.00
45	盐池县(宁)	12.60
46	迭部林业局(甘)	28.78

表 17-10-19 柏苗主产地产量

	柏苗主产地	万株
1	延庆县(京)	363.70
2	平谷区(京)	180.00
3	定州市(冀)	6630.00
4	迁安市(冀)	4800.00
5	滦平县(冀)	1800.00
6	武安市(冀)	828.00
7	怀来县(冀)	809.30
8	涞水县(冀)	800.00
9	易　县(冀)	800.00
10	迁西县(冀)	600.00
11	顺平县(冀)	594.00
12	丰润区(冀)	400.00
13	满城县(冀)	390.00
14	邢台县(冀)	363.00
15	遵化市(冀)	258.00
16	望都县(冀)	251.00
17	双桥区(冀)	210.00
18	滦平林场管理局(冀)	197.00
19	鹿泉市(冀)	186.00
20	安国市(冀)	160.00
21	内丘县(冀)	160.00
22	兴隆县(冀)	140.00
23	唐　县(冀)	135.00
24	祁　县(晋)	12000.00
25	黎城县(晋)	4278.00
26	平定县(晋)	3000.00
27	大宁县(晋)	1909.00
28	夏　县(晋)	1569.20
29	平陆县(晋)	1545.00
30	清徐县(晋)	600.00
31	壶关县(晋)	600.00
32	高平市(晋)	500.00
33	石楼县(晋)	450.00
34	屯留县(晋)	450.00
35	蒲　县(晋)	396.20
36	方山县(晋)	364.00
37	中阳县(晋)	270.00
38	长子县(晋)	200.00
39	昔阳县(晋)	180.00
40	潞城市(晋)	160.00
41	安泽县(晋)	120.00
42	乡宁县(晋)	100.00
43	乌审旗(内蒙古)	508.00
44	阜新蒙古族自治县(辽)	27000.00
45	连山区(辽)	1000.00
46	兴城市(辽)	689.00
47	南票区(辽)	600.00
48	盖州市(辽)	500.00
49	老边区(辽)	500.00
50	凌海市(辽)	400.00
51	建昌县(辽)	300.00
52	凌源市(辽)	300.00
53	双塔区(辽)	150.00
54	沈北新区(辽)	150.00
55	铜山区(苏)	600.00
56	东海县(苏)	340.00
57	贾汪区(苏)	300.00
58	萧　县(皖)	120.00
59	肥西县(皖)	100.00
60	居巢区(皖)	100.00
61	龙南县(赣)	100.00
62	青州市(鲁)	23400.00
63	平邑县(鲁)	13500.00
64	费　县(鲁)	4200.00
65	沂水县(鲁)	1500.00
66	安丘市(鲁)	1325.00
67	蒙阴县(鲁)	1300.00
68	沂源县(鲁)	1040.00
69	新泰市(鲁)	1000.00
70	岱岳区(鲁)	1000.00
71	苍山县(鲁)	800.00
72	东平县(鲁)	750.00
73	宁阳县(鲁)	630.00
74	即墨市(鲁)	550.00
75	城阳区(鲁)	500.00
76	山亭区(鲁)	400.00
77	淄川区(鲁)	300.00
78	河东区(鲁)	200.00
79	泰安市市辖区(鲁)	197.32
80	平阴县(鲁)	165.00
81	莱城区(鲁)	150.00
82	肥城市(鲁)	120.00
83	汶上县(鲁)	100.00
84	西峡县(豫)	52500.00
85	宜阳县(豫)	13500.00
86	渑池县(豫)	9581.00
87	淅川县(豫)	5100.00
88	汝阳县(豫)	4875.00
89	卢氏县(豫)	4717.50
90	嵩　县(豫)	3000.00
91	济源市(豫)	2500.00

	柏苗主产地	万株
92	洛宁县(豫)	2380.00
93	新密市(豫)	2329.50
94	淇　县(豫)	1500.00
95	辉县市(豫)	500.00
96	新安县(豫)	300.00
97	偃师市(豫)	300.00
98	湖滨区(豫)	238.50
99	内乡县(豫)	225.00
100	山阳区(豫)	200.00
101	安阳县(豫)	120.00
102	房　县(鄂)	3150.00
103	郧　县(鄂)	750.00
104	竹山县(鄂)	510.00
105	郧西县(鄂)	130.00
106	巴东县(鄂)	120.00
107	竹溪县(鄂)	100.00
108	新邵县(湘)	210.00
109	隆回县(湘)	200.00
110	新化县(湘)	100.00
111	云阳县(渝)	1800.00
112	酉阳土家族苗族自治县(渝)	1200.00
113	巫溪县(渝)	600.00
114	梁平县(渝)	230.00
115	合川区(渝)	200.00
116	西充县(川)	900.00
117	游仙区(川)	700.00
118	岳池县(川)	500.00
119	中江县(川)	500.00
120	船山区(川)	120.00
121	广安区(川)	120.00
122	宣汉县(川)	108.00
123	乡城县(川)	100.00
124	黔西县(黔)	834.00
125	镇宁布依族苗族自治县(黔)	497.16
126	开发区农林牧水局(黔)	225.00
127	西秀区(黔)	150.00
128	息烽县(黔)	127.00
129	开阳县(黔)	120.48
130	施秉县(黔)	104.90
131	陆良县(滇)	600.00
132	宣威市(滇)	400.00
133	砚山县(滇)	360.00
134	个旧市(滇)	121.00
135	周至县(陕)	50690.00
136	横山县(陕)	20000.00
137	宝塔区(陕)	6500.00
138	绥德县(陕)	4881.00
139	凤翔县(陕)	4880.00
140	府谷县(陕)	4000.00
141	石泉县(陕)	2750.00
142	淳化县(陕)	2500.00
143	延长县(陕)	2246.00
144	汉阴县(陕)	1895.70
145	汉滨区(陕)	1200.00
146	千阳县(陕)	1197.00
147	洋　县(陕)	669.00
148	宜川县(陕)	649.00
149	陇　县(陕)	450.00
150	安塞县(陕)	431.10
151	白河县(陕)	400.00
152	山阳县(陕)	360.00
153	耀州区(陕)	350.00
154	扶风县(陕)	300.00
155	旬阳县(陕)	300.00
156	志丹县(陕)	282.00
157	麟游县(陕)	250.00
158	白河县(陕)	200.00
159	黄陵县(陕)	188.00
160	澄城县(陕)	150.00
161	礼泉县(陕)	150.00
162	桥北林业局(陕)	129.60
163	劳山林业局(陕)	127.15
164	清涧县(陕)	120.00
165	子长县(陕)	120.00
166	甘泉县(陕)	120.00
167	洛南县(陕)	100.00
168	紫阳县(陕)	100.00
169	红古区(甘)	1000.00
170	合水林业总场(甘)	1000.00
171	湘乐林业总场(甘)	282.55
172	清水县(甘)	260.00
173	安定区(甘)	259.97
174	秦安县(甘)	250.00
175	康　县(甘)	148.00
176	榆中县(甘)	145.28

表 17-10-20　桉树苗主产地产量

	桉树苗主产地	万株
1	温岭市(浙)	12.00
2	赣　县(赣)	1200.00
3	全南县(赣)	500.00
4	北湖区(湘)	20.00
5	霞山区(粤)	15000.00
6	雷州市(粤)	9000.00
7	遂溪县(粤)	3866.00
8	廉江市(粤)	1800.00
9	高要市(粤)	1072.50
10	麻章区(粤)	1000.00
11	开平市(粤)	800.00
12	封开县(粤)	600.00
13	茂南区(粤)	590.00
14	新会区(粤)	582.00
15	饶平县(粤)	400.00
16	徐闻县(粤)	311.00
17	湛江市东海岛区(粤)	300.00
18	四会市(粤)	280.00
19	惠来县(粤)	250.00
20	电白县(粤)	215.00
21	恩平市(粤)	150.00
22	新丰县(粤)	138.00
23	茂港区(粤)	135.00
24	怀集县(粤)	130.00
25	清远市属总林场(粤)	120.00
26	化州市(粤)	109.00
27	清城区(粤)	100.00
28	阳春市(粤)	100.00
29	大埔县(粤)	100.00
30	台山市(粤)	100.00
31	清新县(粤)	80.00
32	广宁县(粤)	50.00
33	高州市(粤)	50.00
34	揭东县(粤)	40.00
35	梅　县(粤)	30.67
36	蓬江区(粤)	30.00
37	佛冈县(粤)	20.00
38	榕城区(粤)	15.00
39	郁南县(粤)	12.00
40	高明区(粤)	10.00
41	武鸣县(桂)	6200.00
42	东门林场(桂)	4300.00
43	钦州市直属单位(桂)	4280.00
44	港北区(桂)	3936.90
45	港南区(桂)	3000.00
46	良庆区(桂)	1800.00
47	钦北区(桂)	1345.00
48	八步区(桂)	800.00
49	黄冕林场(桂)	790.00
50	高峰林场(桂)	590.51

	桉树苗主产地	万株
51	大桂山林场(桂)	579.00
52	兴宾区(桂)	550.00
53	灵山县(桂)	450.00
54	武宣县(桂)	419.00
55	鹿寨县(桂)	400.00
56	横　县(桂)	370.00
57	维都林场(桂)	360.00
58	环江毛南族自治县(桂)	360.00
59	桂平市(桂)	320.00
60	三门江林场(桂)	313.80
61	宾阳县(桂)	230.00
62	覃塘林场(桂)	225.00
63	德保县(桂)	216.00
64	上林县(桂)	200.00
65	钦廉林场(桂)	181.00
66	六万林场(桂)	175.00
67	昭平县(桂)	170.00
68	合山市(桂)	160.00
69	江南区(桂)	150.00
70	派阳山林场(桂)	120.00
71	江州区(桂)	100.00
72	马山县(桂)	70.00
73	容　县(桂)	60.00
74	富川瑶族自治县(桂)	50.00
75	贺州市平桂管理区(桂)	45.00
76	沙塘林场(桂)	40.00
77	防城区(桂)	25.00
78	北流市(桂)	20.00
79	柳城县(桂)	15.00
80	永川区(渝)	2200.00
81	涪陵区(渝)	1702.00
82	丰都县(渝)	875.00
83	璧山县(渝)	700.00
84	秀山土家族苗族自治县(渝)	40.00
85	云阳县(渝)	30.00
86	巴南区(渝)	15.00
87	华蓥市(川)	800.00
88	广安区(川)	600.00
89	岳池县(川)	600.00
90	泸　县(川)	400.00
91	翠屏区(川)	400.00
92	乐山市市辖区(川)	310.00
93	荣　县(川)	285.00
94	东坡区(川)	260.00
95	名山县(川)	200.00
96	犍为县(川)	180.00
97	美姑县(川)	120.00
98	高　县(川)	120.00
99	沙湾区(川)	80.00
100	大安区(川)	68.00
101	贡井区(川)	60.00
102	喜德县(川)	40.00
103	沿滩区(川)	40.00
104	江油市(川)	40.00
105	德昌县(川)	20.20
106	惠水县(黔)	60.00
107	建水县(滇)	1008.00
108	禄丰县(滇)	523.60
109	蒙自市(滇)	440.00
110	开远市(滇)	370.00
111	开远市(滇)	370.00
112	绿春县(滇)	360.00
113	个旧市(滇)	352.00
114	景谷傣族彝族自治县(滇)	270.00
115	石屏县(滇)	250.00
116	陆良县(滇)	200.00
117	元阳县(滇)	155.00
118	双柏县(滇)	150.00
119	孟连傣族拉祜族佤族自治县(滇)	147.00
120	澜沧拉祜族自治县(滇)	130.60
121	马龙县(滇)	100.00
122	宾川县(滇)	100.00
123	砚山县(滇)	100.00
124	南华县(滇)	82.50
125	永胜县(滇)	70.00
126	楚雄市(滇)	67.60
127	大姚县(滇)	25.20
128	镇沅彝族哈尼族拉祜族自治县(滇)	20.00
129	通海县(滇)	17.00
130	古城区(滇)	10.00

表 17-10-21　楠木苗主产地产量

	楠木苗主产地	万株
1	靖江市(苏)	600.00
2	泰兴市(苏)	81.00
3	姜堰市(苏)	40.00
4	临安市(浙)	4800.00
5	江干区(浙)	871.10
6	富阳市(浙)	210.00
7	义乌市(浙)	200.00
8	缙云县(浙)	155.00
9	松阳县(浙)	50.00
10	建德市(浙)	50.00
11	秀洲区(浙)	22.04
12	浦江县(浙)	20.00
13	望江县(皖)	2000.00
14	淮上区(皖)	65.00
15	泰和县(赣)	200.00
16	南昌县(赣)	90.00
17	城阳区(鲁)	75.00
18	许昌县(豫)	720.00
19	湖滨区(豫)	39.41
20	舞钢市(豫)	31.50
21	桃源县(湘)	50.00
22	乐昌市(粤)	78.99
23	东源县(粤)	25.00
24	阳山县(粤)	24.00
25	连州市(粤)	15.00
26	八步区(桂)	10.00
27	崇州市(川)	50.00
28	江川县(滇)	50.00

表 17-10-22　桤木苗主产地产量

	桤木主产地	万株
1	富阳市(浙)	25.00
2	赣　县(赣)	1200.00
3	临川区(赣)	58.00
4	新建县(赣)	22.50
5	建始县(鄂)	80.00
6	来凤县(鄂)	18.00
7	永兴县(湘)	50.00
8	资兴市(湘)	40.00
9	酉阳土家族苗族自治县(渝)	2900.00
10	秀山土家族苗族自治县(渝)	498.00
11	石柱土家族自治县(渝)	350.00
12	万州区(渝)	230.00
13	彭水苗族土家族自治县(渝)	120.00
14	宣汉县(川)	24000.00
15	平昌县(川)	1600.00
16	通江县(川)	1200.00
17	越西县(川)	900.00
18	仪陇县(川)	800.00
19	巴州区(川)	650.00
20	西充县(川)	300.00
21	青川县(川)	230.00
22	南江县(川)	127.00
23	安　县(川)	123.00

	桤木主产地	万株
24	盐亭县(川)	120.00
25	江油市(川)	120.00
26	北川羌族自治县(川)	80.00
27	冕宁县(川)	60.00
28	布拖县(川)	50.00
29	沙湾区(川)	30.00
30	梓潼县(川)	27.00
31	通川区(川)	20.00
32	喜德县(川)	20.00
33	屏边苗族自治县(滇)	1200.00
34	富宁县(滇)	1184.70
35	沾益县(滇)	850.00
36	师宗县(滇)	800.00
37	施甸县(滇)	420.00
38	江川县(滇)	350.00
39	隆阳区(滇)	300.00
40	通海县(滇)	155.00
41	蒙自市(滇)	150.00
42	泸西县(滇)	60.00
43	元阳县(滇)	41.00
44	马龙县(滇)	20.00

表 17-10-23　白蜡苗主产地产量

	白蜡苗主产地	万株
1	延庆县(京)	60.40
2	滨海新区(津)	51.00
3	宝坻区(津)	30.70
4	博野县(冀)	450.00
5	高邑县(冀)	240.00
6	南和县(冀)	160.00
7	定州市(冀)	90.00
8	清苑县(冀)	80.00
9	广阳区(冀)	56.00
10	易　县(冀)	54.00
11	望都县(冀)	44.00
12	泊头市(冀)	19.00
13	藁城市(冀)	15.00
14	馆陶县(冀)	12.00
15	运河区(冀)	10.00
16	乌审旗(内蒙古)	6656.00
17	昆都仑区(内蒙古)	10.00
18	清原满族自治县(辽)	1050.00
19	庄河市(辽)	20.00
20	大洼县(辽)	20.00
21	安丘市(鲁)	270.00
22	广饶县(鲁)	200.00
23	河口区(鲁)	164.46
24	昌邑市(鲁)	160.00
25	河东区(鲁)	160.00
26	汶上县(鲁)	130.00
27	博兴县(鲁)	126.00
28	惠民县(鲁)	121.51
29	即墨市(鲁)	120.00
30	垦利县(鲁)	100.00
31	沾化县(鲁)	84.00
32	东营市市辖区(鲁)	63.00
33	城阳区(鲁)	60.00
34	利津县(鲁)	34.00
35	德州市市辖区(鲁)	18.00
36	商河县(鲁)	17.90
37	阳信县(鲁)	10.50
38	湖滨区(豫)	153.08
39	临颍县(豫)	100.50
40	长葛市(豫)	54.00
41	华龙区(豫)	40.00
42	兰考县(豫)	16.80
43	红古区(甘)	2000.00
44	合水林业总场(甘)	200.00
45	金塔县(甘)	45.00
46	东乡族自治县(甘)	15.00
47	永宁县(宁)	80.00
48	惠农区(宁)	31.30
49	农六师(新疆兵团)	20.00
50	农十二师(新疆兵团)	15.98

表 17-10-24　珍稀乡土树苗主产地产量

	珍稀乡土树苗主产地	万株
1	大同市植物园(晋)	12.00
2	额济纳旗(内蒙古)	614.00
3	五常市(黑)	2885.00
4	铜山区(苏)	350.00
5	富阳市(浙)	1544.10
6	普陀区(浙)	165.00
7	建德市(浙)	100.00
8	秀洲区(浙)	27.43
9	吴兴区(浙)	10.60
10	庐江县(皖)	1402.00
11	屯溪区(皖)	730.00
12	池州市九华山风景区(皖)	314.78
13	贵池区(皖)	314.78
14	青阳县(皖)	100.00
15	天长市(皖)	50.00
16	莲花县(赣)	120.00
17	上饶县(赣)	50.00
18	昌邑市(鲁)	260.00
19	平度市(鲁)	200.00
20	张店区(鲁)	193.00
21	嵩　县(豫)	300.00
22	五峰土家族自治县(鄂)	1980.00
23	夷陵区(鄂)	480.00
24	应城市(鄂)	210.00
25	枝江市(鄂)	20.00
26	高要市(粤)	232.50
27	惠东县(粤)	220.00
28	萝岗区(粤)	86.00
29	阳山县(粤)	72.00
30	恩平市(粤)	65.00
31	坡头区(粤)	18.00
32	高明区(粤)	14.00
33	新会区(粤)	10.00
34	中国林科院热林中心(桂)	105.20
35	平果县(桂)	100.00
36	白沙黎族自治县(琼)	140.00
37	江津区(渝)	650.00
38	梁平县(渝)	270.00
39	江油市(川)	60.00
40	筠连县(川)	30.00
41	息烽县(黔)	110.00
42	河口瑶族自治县(滇)	295.00
43	大关县(滇)	85.00
44	富平县(陕)	1060.00
45	岚皋县(陕)	659.00
46	勉　县(陕)	187.00
47	南郑县(陕)	98.00
48	马头滩林业局(陕)	15.00
49	正宁县(甘)	112.00

表 17-10-25　泡桐苗主产地产量

	泡桐苗主产地	万株
1	涉　县(冀)	300.00
2	大名县(冀)	17.00
3	邯郸县(冀)	16.00
4	藁城市(冀)	15.00
5	肥乡县(冀)	10.00
6	河津市(晋)	36.00
7	洪洞县(晋)	10.50
8	涡阳县(皖)	60.00
9	太湖县(皖)	55.00

	泡桐苗主产地	万株
10	贵池区(皖)	44.69
11	池州市九华山风景区(皖)	44.69
12	贵池区(皖)	44.69
13	谯城区(皖)	36.00
14	望江县(皖)	25.00
15	谯城区(皖)	18.00
16	金寨县(皖)	12.00
17	进贤县(赣)	307.10
18	丰城市(赣)	300.00
19	上饶县(赣)	80.00
20	余干县(赣)	28.10
21	瑞昌市(赣)	18.93
22	广昌县(赣)	13.30
23	德安县(赣)	12.00
24	汶上县(鲁)	900.00
25	沂源县(鲁)	30.00
26	东明县(鲁)	25.00
27	寿光市(鲁)	20.00
28	渑池县(豫)	2606.00
29	禹州市(豫)	500.00
30	确山县(豫)	441.00
31	新安县(豫)	140.00
32	偃师市(豫)	135.00
33	兰考县(豫)	62.60
34	荥阳市(豫)	45.00
35	杞　县(豫)	40.60
36	商水县(豫)	40.00
37	项城市(豫)	40.00
38	通许县(豫)	38.07
39	睢阳区(豫)	35.00
40	嵩　县(豫)	30.00
41	许昌县(豫)	29.00
42	郏　县(豫)	27.00
43	濮阳市高新区(豫)	26.00
44	虞城县(豫)	24.00
45	宁陵县(豫)	21.40
46	宜阳县(豫)	21.00
47	梁园区(豫)	19.20
48	滑　县(豫)	18.44
49	淮阳县(豫)	16.00
50	吉利区(豫)	14.00
51	孟津县(豫)	11.50
52	大悟县(鄂)	800.00
53	鄂州市市辖区(鄂)	120.00
54	天门市(鄂)	120.00
55	掇刀区(鄂)	60.00
56	崇阳县(鄂)	60.00
57	赤壁市(鄂)	40.00
58	英山县(鄂)	18.00
59	双峰县(湘)	20.00
60	隆回县(湘)	10.00
61	全州县(桂)	30.00
62	渭城区(陕)	15.00
63	潼关县(陕)	13.00
64	兴平市(陕)	12.00
65	蒲城县(陕)	12.00

表 17-10-26　小檗苗主产地产量

	小檗苗主产地	万株
1	滦南县(冀)	10500.00
2	易　县(冀)	1000.00
3	望都县(冀)	910.00
4	南和县(冀)	649.00
5	遵化市(冀)	210.00
6	抚宁县(冀)	187.00
7	清苑县(冀)	170.00
8	涞水县(冀)	24.00
9	井陉县(冀)	20.00
10	祁　县(晋)	4000.00
11	壶关县(晋)	1200.00
12	高平市(晋)	450.00
13	长子县(晋)	70.00
14	长治市城区(晋)	30.00
15	老边区(辽)	490.00
16	盖州市(辽)	490.00
17	建湖县(苏)	70.00
18	灌云县(苏)	50.00
19	沂水县(鲁)	990.00
20	即墨市(鲁)	250.00
21	城阳区(鲁)	150.00
22	新泰市(鲁)	140.00
23	东平县(鲁)	90.00
24	泰安市市辖区(鲁)	20.73
25	龙安区(豫)	270.00
26	商水县(豫)	160.00
27	长安区(陕)	45.00
28	平安县(青)	20.00
29	大通回族土族自治县(青)	14.00

表 17-10-27　合欢苗主产地产量

	合欢苗主产地	万株
1	涉　县(冀)	422.00
2	定州市(冀)	155.00
3	永年县(冀)	50.00
4	遵化市(冀)	15.00
5	易　县(冀)	13.00
6	婺城区(浙)	30.00
7	慈溪市(浙)	16.98
8	富阳市(浙)	12.00
9	广德县(皖)	80.00
10	蜀山区(皖)	30.00
11	新建县(赣)	18.00
12	东平县(鲁)	105.00
13	河东区(鲁)	100.00
14	诸城市(鲁)	40.00
15	昌邑市(鲁)	20.00
16	成武县(鲁)	12.00
17	商水县(豫)	55.00
18	许昌县(豫)	42.00
19	项城市(豫)	24.00
20	华龙区(豫)	22.00
21	阳山县(粤)	42.00
22	合川区(渝)	45.00
23	米易县(川)	54.00
24	大关县(滇)	23.00
25	鹤庆县(滇)	14.87

表 17-10-28　女贞苗主产地产量

	女贞苗主产地	万株
1	丰台区(京)	20.87
2	定州市(冀)	4600.00
3	易　县(冀)	4000.00
4	望都县(冀)	1062.00
5	南和县(冀)	600.00
6	清苑县(冀)	170.00
7	抚宁县(冀)	140.00
8	遵化市(冀)	120.00
9	博野县(冀)	60.00
10	涞水县(冀)	45.00
11	藁城市(冀)	30.00
12	涿州市(冀)	20.00
13	大厂回族自治县(冀)	18.00
14	北戴河区(冀)	17.80
15	武强县(冀)	10.00
16	壶关县(晋)	1300.00
17	高平市(晋)	400.00
18	阳泉市郊区(晋)	395.00
19	河津市(晋)	27.00
20	平陆县(晋)	16.50

	女贞苗主产地	万株
21	昆都仑区(内蒙古)	10.00
22	二道江区(吉)	30.00
23	昌邑区(吉)	13.00
24	长春市净月经济开发区(吉)	10.00
25	松江区(沪)	37.44
26	金山区(沪)	22.00
27	嘉定区(沪)	13.10
28	宝山区(沪)	12.94
29	东台市(苏)	3750.00
30	响水县(苏)	1500.00
31	盐都区(苏)	990.00
32	东海县(苏)	800.00
33	滨海县(苏)	200.00
34	泰兴市(苏)	180.90
35	铜山区(苏)	110.00
36	建湖县(苏)	60.00
37	灌云县(苏)	30.00
38	贾汪区(苏)	30.00
39	新沂市(苏)	15.00
40	海陵区(苏)	10.00
41	临安市(浙)	550.00
42	江干区(浙)	150.00
43	婺城区(浙)	125.00
44	奉化市(浙)	120.00
45	慈溪市(浙)	110.28
46	余杭区(浙)	53.00
47	宁海县(浙)	41.53
48	定海区(浙)	26.28
49	岱山县(浙)	11.00
50	富阳市(浙)	10.00
51	建德市(浙)	10.00
52	肥西县(皖)	1800.00
53	淮上区(皖)	45.00
54	灵璧县(皖)	45.00
55	凤阳县(皖)	40.00
56	池州市九华山风景区(皖)	36.30
57	贵池区(皖)	36.30
58	固镇县(皖)	15.00
59	芜湖县(皖)	12.00
60	长丰县(皖)	11.98
61	龙南县(赣)	200.00
62	新建县(赣)	28.00
63	宜丰县(赣)	14.00
64	滨城区(鲁)	3000.00
65	泰安市市辖区(鲁)	1300.00
66	东平县(鲁)	180.00
67	河东区(鲁)	150.00
68	即墨市(鲁)	135.00
69	新泰市(鲁)	130.00
70	汶上县(鲁)	90.00
71	昌邑市(鲁)	86.00
72	定陶县(鲁)	45.00
73	城阳区(鲁)	17.00
74	诸城市(鲁)	10.00
75	许昌县(豫)	894.00
76	潢川县(豫)	723.60
77	济源市(豫)	500.00
78	龙安区(豫)	450.00
79	光山县(豫)	350.00
80	新安县(豫)	220.00
81	临颍县(豫)	212.50
82	西峡县(豫)	165.00
83	嵩　县(豫)	150.00
84	商水县(豫)	130.00
85	武陟县(豫)	90.00
86	修武县(豫)	86.88
87	淅川县(豫)	82.00
88	惠济区(豫)	81.27
89	太康县(豫)	80.00
90	湖滨区(豫)	60.30
91	滑　县(豫)	52.80
92	卧龙区(豫)	33.00
93	长垣县(豫)	30.15
94	新密市(豫)	24.60
95	辉县市(豫)	24.00
96	宜阳县(豫)	24.00
97	荥阳市(豫)	21.03
98	通许县(豫)	15.25
99	伊川县(豫)	15.00
100	湛河区(豫)	13.80
101	确山县(豫)	12.00
102	舞钢市(豫)	12.00
103	蔡甸区(鄂)	700.00
104	黄梅县(鄂)	236.00
105	天门市(鄂)	135.00
106	大悟县(鄂)	96.00
107	襄城区(鄂)	41.20
108	孝南区(鄂)	22.00
109	樊城区(鄂)	19.00
110	鹤城区(湘)	190.00
111	桃江县(湘)	120.00
112	中方县(湘)	40.00
113	北湖区(湘)	40.00
114	连州市(粤)	20.00
115	南岸区(渝)	40.00
116	荣昌县(渝)	26.00
117	南川区(渝)	13.00
118	游仙区(川)	160.00
119	嘉陵区(川)	112.50
120	安　县(川)	40.00
121	雁江区(川)	20.00
122	毕节市(黔)	250.00
123	息烽县(黔)	108.00
124	清镇市(黔)	47.88
125	白云区(黔)	10.00
126	长顺县(黔)	10.00
127	石泉县(陕)	920.00
128	高陵县(陕)	100.00
129	秦都区(陕)	22.50
130	扶风县(陕)	20.00
131	乾　县(陕)	16.00
132	长安区(陕)	12.00
133	兴平市(陕)	10.00

表 17-10-29　桂花苗主产地产量

	桂花苗主产地	万株
1	泰兴市(苏)	290.00
2	东海县(苏)	100.00
3	桐庐县(浙)	1295.87
4	婺城区(浙)	9800.00
5	慈溪市(浙)	254.75
6	鄞州区(浙)	167.50
7	余杭区(浙)	152.00
8	北仑区(浙)	122.00
9	淳安县(浙)	119.87
10	奉化市(浙)	100.00
11	徽州区(皖)	1100.00
12	望江县(皖)	500.00
13	肥西县(皖)	300.00
14	吉安县(赣)	20000.00
15	全南县(赣)	400.00
16	龙南县(赣)	300.00
17	万载县(赣)	175.00
18	新建县(赣)	126.00
19	南昌县(赣)	100.00
20	河东区(鲁)	300.00
21	费　县(鲁)	120.00
22	潢川县(豫)	249.00

	桂花苗主产地	万株
23	光山县(豫)	240.00
24	监利县(鄂)	5000.00
25	宜都市(鄂)	600.00
26	鄂州市市辖区(鄂)	390.00
27	天门市(鄂)	315.00
28	点军区(鄂)	225.00
29	孝昌县(鄂)	200.00
30	咸安区(鄂)	200.00
31	崇阳县(鄂)	140.00
32	襄城区(鄂)	108.00
33	双清区(湘)	375.00
34	冷水江市(湘)	150.00
35	资阳区(湘)	100.00
36	娄星区(湘)	100.00
37	南雄市(粤)	182.16
38	大足县(渝)	18000.00
39	巴南区(渝)	389.32
40	南川区(渝)	360.00
41	酉阳土家族苗族自治县(渝)	350.00
42	石柱土家族自治县(渝)	260.00
43	梁平县(渝)	100.00
44	名山县(川)	2000.00
45	宜宾县(川)	300.00
46	游仙区(川)	101.00
47	通川区(川)	100.00
48	石泉县(陕)	125.00

表 17-10-30 广玉兰苗主产地产量

	广玉兰苗主产地	万株
1	定州市(冀)	150.00
2	博野县(冀)	50.00
3	嘉定区(沪)	117.80
4	松江区(沪)	13.00
5	东海县(苏)	60.00
6	泰兴市(苏)	57.30
7	灌云县(苏)	20.00
8	奉化市(浙)	200.00
9	婺城区(浙)	75.00
10	余杭区(浙)	48.70
11	秀洲区(浙)	24.95
12	鄞州区(浙)	12.20
13	富阳市(浙)	10.00
14	肥西县(皖)	500.00
15	无为县(皖)	110.00
16	灵璧县(皖)	45.00
17	凤阳县(皖)	41.00
18	淮上区(皖)	30.00
19	居巢区(皖)	28.00
20	贵池区(皖)	21.86
21	池州市九华山风景区(皖)	21.86
22	龙南县(赣)	100.00
23	即墨市(鲁)	120.00
24	潢川县(豫)	1683.00
25	南召县(豫)	699.20
26	鲁山县(豫)	600.00
27	长垣县(豫)	196.00
28	光山县(豫)	160.00
29	许昌县(豫)	120.00
30	宝丰县(豫)	95.00
31	新野县(豫)	33.00
32	惠济区(豫)	30.44
33	滑　县(豫)	30.00
34	方城县(豫)	27.00
35	新密市(豫)	12.60
36	监利县(鄂)	1500.00
37	天门市(鄂)	360.00
38	应城市(鄂)	90.00
39	蔡甸区(鄂)	70.00
40	枝江市(鄂)	60.00
41	襄城区(鄂)	58.00
42	大悟县(鄂)	37.50
43	孝南区(鄂)	36.00
44	老河口市(鄂)	18.00
45	樊城区(鄂)	13.00
46	孝昌县(鄂)	10.00
47	枣阳市(鄂)	10.00
48	双峰县(湘)	20.00
49	巴南区(渝)	49.98
50	江北区(渝)	18.70
51	江津区(渝)	12.00
52	南郑县(陕)	49.00
53	石泉县(陕)	36.00
54	秦都区(陕)	11.30

表 17-10-31 枫香苗主产地产量

	枫香苗主产地	万株
1	松江区(沪)	10.00
2	婺城区(浙)	50.00
3	磐安县(浙)	30.00
4	富阳市(浙)	25.00
5	玉环县(浙)	12.00
6	缙云县(浙)	11.00
7	霍山县(皖)	300.00
8	旌德县(皖)	70.00
9	东至县(皖)	43.00
10	郎溪县(皖)	15.00
11	凤阳县(皖)	11.00
12	和　县(皖)	10.00
13	含山县(皖)	10.00
14	赣　县(赣)	1035.00
15	莲花县(赣)	270.00
16	广丰县(赣)	240.00
17	铜鼓县(赣)	75.00
18	临川区(赣)	56.00
19	瑞金市(赣)	55.00
20	靖安县(赣)	50.00
21	德兴市(赣)	30.00
22	泰和县(赣)	30.00
23	万载县(赣)	27.00
24	兴国县(赣)	24.00
25	广昌县(赣)	18.70
26	新建县(赣)	14.00
27	九江县(赣)	13.00
28	彭泽县(赣)	10.00
29	英山县(鄂)	610.00
30	鄂州市市辖区(鄂)	456.00
31	麻城市(鄂)	180.00
32	崇阳县(鄂)	120.00
33	罗田县(鄂)	82.00
34	建始县(鄂)	60.00
35	蕲春县(鄂)	50.00
36	娄星区(湘)	300.00
37	新邵县(湘)	120.00
38	中方县(湘)	100.00
39	临武县(湘)	89.30
40	武冈市(湘)	60.00
41	永兴县(湘)	50.00
42	资兴市(湘)	50.00
43	隆回县(湘)	50.00
44	涟源市(湘)	41.00
45	沅陵县(湘)	33.59
46	芷江侗族自治县(湘)	28.00
47	邵阳县(湘)	25.00
48	麻阳苗族自治县(湘)	21.00
49	洪江市(湘)	12.00
50	衡山县(湘)	10.00
51	桂东县(湘)	10.00
52	和平县(粤)	250.00

	枫香苗主产地	万株
53	翁源县(粤)	138.00
54	清新县(粤)	120.00
55	紫金县(粤)	100.00
56	乐昌市(粤)	79.73
57	连南瑶族自治县(粤)	45.00
58	乳源瑶族自治县(粤)	27.60
59	东源县(粤)	20.00
60	彭水苗族土家族自治县(渝)	65.00
61	秀山土家族苗族自治县(渝)	52.00
62	惠水县(黔)	42.00
63	长顺县(黔)	20.00

表 17-10-32 杜英苗主产地产量

	杜英苗主产地	万株
1	金山区(沪)	32.00
2	松江区(沪)	29.95
3	嘉定区(沪)	14.70
4	余杭区(浙)	83.00
5	秀洲区(浙)	65.12
6	奉化市(浙)	40.00
7	婺城区(浙)	27.00
8	慈溪市(浙)	23.60
9	宁海县(浙)	21.57
10	富阳市(浙)	21.00
11	建德市(浙)	20.00
12	平湖市(浙)	10.00
13	贵池区(皖)	11.30
14	池州市九华山风景区(皖)	11.30
15	龙南县(赣)	200.00
16	新建县(赣)	65.00
17	南昌县(赣)	35.00
18	九江县(赣)	18.00
19	遂川县(赣)	12.00
20	德安县(赣)	12.00
21	樟树市(赣)	11.00
22	孝南区(鄂)	20.00
23	蔡甸区(鄂)	10.00
24	双清区(湘)	375.00
25	中方县(湘)	30.00
26	北塔区(湘)	12.50
27	北湖区(湘)	10.00
28	五华县(粤)	529.33
29	阳山县(粤)	69.00
30	清新县(粤)	27.00
31	连州市(粤)	25.00
32	东源县(粤)	25.00
33	信宜市(粤)	10.00
34	巴南区(渝)	62.87
35	璧山县(渝)	56.90
36	沙坪坝区(渝)	23.00
37	石柱土家族自治县(渝)	10.00
38	江津区(渝)	10.00

表 17-10-33 榆苗主产地产量

	榆苗主产地	万株
1	延庆县(京)	36.90
2	康保县(冀)	4000.00
3	尚义县(冀)	1879.00
4	定州市(冀)	470.00
5	张北县(冀)	374.00
6	博野县(冀)	350.00
7	丰宁满族自治县(冀)	300.00
8	望都县(冀)	153.00
9	赤城县(冀)	110.00
10	怀安县(冀)	24.00
11	沧州市南大港管理区(冀)	11.00
12	长城山林场(晋)	15.00
13	巴林右旗(内蒙古)	1470.00
14	乌审旗(内蒙古)	458.00
15	乌拉特前旗(内蒙古)	316.00
16	松山区(内蒙古)	270.00
17	察哈尔右翼前旗(内蒙古)	195.00
18	固阳县(内蒙古)	158.00
19	翁牛特旗(内蒙古)	100.00
20	阿鲁科尔沁旗(内蒙古)	88.00
21	五原县(内蒙古)	50.00
22	呼伦贝尔市市辖区(内蒙古)	50.00
23	正蓝旗(内蒙古)	50.00
24	东乌珠穆沁旗(内蒙古)	30.00
25	乌拉特中旗(内蒙古)	30.00
26	苏尼特右旗(内蒙古)	24.00
27	青山区(内蒙古)	20.00
28	镶黄旗(内蒙古)	14.00
29	正镶白旗(内蒙古)	13.50
30	阜新蒙古族自治县(辽)	200.00
31	沈北新区(辽)	112.00
32	辽宁省固沙造林研究所(辽)	100.00
33	康平县(辽)	60.00
34	新民市(辽)	45.00
35	调兵山市(辽)	40.00
36	铁岭县(辽)	15.00
37	二道江区(吉)	10.00
38	虎林市(黑)	500.00
39	北林区(黑)	300.00
40	依安县(黑)	50.00
41	克东县(黑)	42.00
42	泰兴市(苏)	72.60
43	昌邑市(鲁)	156.00
44	青州市(鲁)	15.00
45	嵩 县(豫)	100.00
46	定边县(陕)	36.00
47	宕昌县(甘)	2925.00
48	礼 县(甘)	450.00
49	安定区(甘)	230.00
50	康乐县(甘)	150.00
51	甘州区(甘)	60.61
52	金塔县(甘)	42.00
53	麦积区(甘)	39.00
54	渭源县(甘)	38.00
55	乐都县(青)	4500.00
56	共和县(青)	2535.00
57	民和回族土族自治县(青)	300.00
58	西宁市市辖区(青)	17.53
59	西吉县(宁)	723.76
60	农九师(新疆兵团)	73.00
61	农十二师(新疆兵团)	23.90

表 17-10-34 杨树苗主产地产量

	杨树苗主产地	万株
1	延庆县(京)	201.60
2	平谷区(京)	180.00
3	武清区(津)	1000.00
4	宝坻区(津)	415.40
5	北辰区(津)	225.00
6	涿州市(冀)	3891.60
7	青龙满族自治县(冀)	2268.00
8	滦南县(冀)	2160.00
9	沧 县(冀)	1145.00
10	蠡 县(冀)	910.00
11	临西县(冀)	895.50
12	定州市(冀)	820.00
13	迁安市(冀)	703.00
14	涉 县(冀)	700.00
15	宽城满族自治县(冀)	630.00
16	隆化县(冀)	600.00
17	香河县(冀)	554.60
18	临漳县(冀)	505.60
19	赤城县(冀)	500.00

	杨树苗主产地	万株
20	平泉县（冀）	500.00
21	丰南区（冀）	500.00
22	宁晋县（冀）	450.00
23	满城县（冀）	430.00
24	河间市（冀）	386.25
25	围场满族蒙古族自治县（冀）	360.00
26	正定县（冀）	360.00
27	遵化市（冀）	350.00
28	永年县（冀）	327.00
29	阜城县（冀）	315.50
30	徐水县（冀）	300.00
31	辛集市（冀）	300.00
32	玉田县（冀）	295.00
33	广阳区（冀）	288.00
34	景　县（冀）	270.00
35	成安县（冀）	260.00
36	魏　县（冀）	259.00
37	邢台县（冀）	258.00
38	新河县（冀）	250.00
39	青　县（冀）	240.00
40	丰宁满族自治县（冀）	233.00
41	行唐县（冀）	230.00
42	南宫市（冀）	220.00
43	新乐市（冀）	210.00
44	沽源县（冀）	210.00
45	任　县（冀）	200.00
46	康保县（冀）	200.00
47	高碑店市（冀）	200.00
48	广平县（冀）	196.28
49	鹿泉市（冀）	190.50
50	深州市（冀）	180.00
51	内丘县（冀）	180.00
52	文安县（冀）	177.00
53	博野县（冀）	170.00
54	南和县（冀）	162.00
55	武邑县（冀）	161.00
56	肃宁县（冀）	156.00
57	井陉县（冀）	152.00
58	盐山县（冀）	150.00
59	平乡县（冀）	150.00
60	涞源县（冀）	150.00
61	隆尧县（冀）	150.00
62	定兴县（冀）	140.00
63	容城县（冀）	131.25
64	雄　县（冀）	130.00
65	泊头市（冀）	123.00

	杨树苗主产地	万株
66	安国市（冀）	120.00
67	藁城市（冀）	109.00
68	安次区（冀）	107.00
69	蔚　县（冀）	105.00
70	饶阳县（冀）	103.50
71	抚宁县（冀）	100.00
72	冀州市（冀）	100.00
73	吴桥县（冀）	100.00
74	清苑县（冀）	100.00
75	浮山县（晋）	900.00
76	洪洞县（晋）	750.20
77	太谷县（晋）	617.40
78	文水县（晋）	600.00
79	新荣区（晋）	590.00
80	方山县（晋）	546.00
81	广灵县（晋）	300.00
82	清徐县（晋）	288.00
83	怀仁县（晋）	250.00
84	介休市（晋）	238.17
85	左权县（晋）	230.00
86	南郊区（晋）	216.00
87	寿阳县（晋）	210.00
88	高平市（晋）	180.00
89	安泽县（晋）	180.00
90	阳高县（晋）	180.00
91	石楼县（晋）	150.00
92	潞城市（晋）	135.00
93	山阴县（晋）	132.00
94	屯留县（晋）	117.00
95	黎城县（晋）	110.00
96	浑源县（晋）	100.00
97	科尔沁区（内蒙古）	4000.00
98	开鲁县（内蒙古）	3500.00
99	科尔沁左翼中旗（内蒙古）	1900.00
100	科尔沁左翼后旗（内蒙古）	1898.00
101	五岔沟林业局（内蒙古）	1600.00
102	巴林右旗（内蒙古）	1320.80
103	库伦旗（内蒙古）	1100.00
104	乌审旗（内蒙古）	1007.00
105	翁牛特旗（内蒙古）	1000.00
106	扎赉特旗（内蒙古）	800.00
107	敖汉旗（内蒙古）	700.00
108	乌拉特前旗（内蒙古）	616.00
109	扎兰屯市（内蒙古）	500.00
110	松山区（内蒙古）	468.00
111	科尔沁右翼中旗（内蒙古）	423.60

	杨树苗主产地	万株
112	元宝山区（内蒙古）	394.00
113	准格尔旗（内蒙古）	312.80
114	阿鲁科尔沁旗（内蒙古）	272.00
115	临河区（内蒙古）	241.00
116	五原县（内蒙古）	240.00
117	巴林左旗（内蒙古）	206.00
118	达拉特旗（内蒙古）	180.00
119	莫力达瓦达斡尔族自治旗（内蒙古）	165.00
120	林西县（内蒙古）	150.00
121	宁城县（内蒙古）	141.00
122	喀喇沁旗（内蒙古）	110.00
123	阜新蒙古族自治县（辽）	13000.00
124	康平县（辽）	2100.00
125	新民市（辽）	800.00
126	法库县（辽）	800.00
127	凌源市（辽）	450.00
128	黑山县（辽）	400.50
129	铁岭县（辽）	360.00
130	沈北新区（辽）	345.00
131	盘山县（辽）	254.50
132	凌海市（辽）	200.00
133	大洼县（辽）	154.80
134	喀喇沁左翼蒙古族自治县（辽）	142.30
135	义　县（辽）	135.00
136	大石桥市（辽）	135.00
137	龙城区（辽）	120.00
138	绥中县（辽）	117.00
139	建昌县（辽）	100.00
140	盖州市（辽）	100.00
141	老边区（辽）	100.00
142	北票市（辽）	100.00
143	长岭县（吉）	1560.00
144	农安县（吉）	800.00
145	梨树县（吉）	600.00
146	永吉县（吉）	320.00
147	前郭尔罗斯蒙古族自治县（吉）	300.00
148	临江市（吉）	210.00
149	梅河口市（吉）	167.00
150	东昌区（吉）	156.50
151	龙井市（吉）	155.00
152	松北区（黑）	4608.00
153	青冈县（黑）	1950.00
154	延寿县（黑）	1500.00

	杨树苗主产地	万株
155	大庆市开发区(黑)	1200.00
156	呼兰区(黑)	1116.00
157	肇州县(黑)	900.00
158	望奎县(黑)	900.00
159	阿城区(黑)	865.00
160	兰西县(黑)	827.00
161	龙江县(黑)	637.00
162	富锦市(黑)	617.00
163	巴彦县(黑)	600.00
164	泰来县(黑)	560.00
165	北林区(黑)	550.00
166	肇源县(黑)	400.00
167	依安县(黑)	400.00
168	让胡路区(黑)	292.00
169	杜尔伯特蒙古族自治县(黑)	262.50
170	明水县(黑)	250.00
171	克山县(黑)	246.00
172	通河县(黑)	200.00
173	道外区(黑)	200.00
174	尚志市(黑)	180.00
175	宾县(黑)	165.00
176	林甸县(黑)	160.00
177	依兰县(黑)	150.00
178	绥滨县(黑)	140.00
179	道里区(黑)	120.00
180	双城市(黑)	100.00
181	鸡东县(黑)	100.00
182	射阳县(苏)	4072.00
183	东台市(苏)	3000.00
184	睢宁县(苏)	2100.00
185	沭阳县(苏)	1800.00
186	亭湖区(苏)	1575.00
187	盐都区(苏)	1575.00
188	沛　县(苏)	765.00
189	新沂市(苏)	500.00
190	滨海县(苏)	350.00
191	东海县(苏)	310.00
192	丰　县(苏)	220.00
193	响水县(苏)	200.00
194	建湖县(苏)	200.00
195	铜山区(苏)	180.00
196	灌云县(苏)	180.00
197	太和县(皖)	1000.00
198	灵璧县(皖)	900.00
199	涡阳县(皖)	900.00
200	寿　县(皖)	675.00

	杨树苗主产地	万株
201	全椒县(皖)	675.00
202	泗　县(皖)	562.00
203	怀远县(皖)	510.00
204	蒙城县(皖)	494.00
205	砀山县(皖)	320.00
206	利辛县(皖)	316.59
207	天长市(皖)	240.00
208	淮上区(皖)	210.00
209	五河县(皖)	180.00
210	龙子湖区(皖)	178.00
211	凤台县(皖)	166.90
212	霍邱县(皖)	160.00
213	肥西县(皖)	152.00
214	居巢区(皖)	140.00
215	定远县(皖)	135.00
216	濉溪县(皖)	115.00
217	凤阳县(皖)	106.00
218	无为县(皖)	105.00
219	南昌县(赣)	240.00
220	广丰县(赣)	240.00
221	湖口县(赣)	100.00
222	肥城市(鲁)	3638.00
223	东平县(鲁)	3550.50
224	诸城市(鲁)	3500.00
225	沂水县(鲁)	2250.00
226	岱岳区(鲁)	2000.00
227	乐陵市(鲁)	1767.50
228	平邑县(鲁)	1320.00
229	河东区(鲁)	1200.00
230	武城县(鲁)	1050.00
231	安丘市(鲁)	1050.00
232	东明县(鲁)	945.00
233	汶上县(鲁)	900.00
234	宁阳县(鲁)	840.00
235	济阳县(鲁)	768.00
236	桓台县(鲁)	600.00
237	博兴县(鲁)	565.50
238	阳信县(鲁)	525.00
239	陵　县(鲁)	472.50
240	沾化县(鲁)	450.00
241	临邑县(鲁)	400.00
242	高青县(鲁)	400.00
243	昌邑市(鲁)	360.00
244	禹城市(鲁)	339.00
245	惠民县(鲁)	300.00
246	蒙阴县(鲁)	300.00

	杨树苗主产地	万株
247	莱城区(鲁)	280.00
248	成武县(鲁)	218.00
249	新泰市(鲁)	200.00
250	平原县(鲁)	193.00
251	嘉祥县(鲁)	185.00
252	即墨市(鲁)	150.00
253	茌平县(鲁)	130.00
254	垦利县(鲁)	118.00
255	滨城区(鲁)	100.00
256	广饶县(鲁)	100.00
257	济源市(豫)	100000.00
258	牧野区(豫)	30000.00
259	渑池县(豫)	6968.00
260	中牟县(豫)	3329.00
261	平桥区(豫)	2100.00
262	民权县(豫)	1817.00
263	商水县(豫)	1665.00
264	禹州市(豫)	1600.00
265	宛城区(豫)	1373.00
266	武陟县(豫)	1320.00
267	西峡县(豫)	1265.00
268	尉氏县(豫)	1200.00
269	上蔡县(豫)	1099.00
270	平舆县(豫)	1029.00
271	太康县(豫)	1020.00
272	汝南县(豫)	987.00
273	新蔡县(豫)	950.00
274	洛宁县(豫)	949.00
275	陕　县(豫)	932.00
276	浚　县(豫)	918.00
277	永城市(豫)	813.00
278	息　县(豫)	780.00
279	原阳县(豫)	750.00
280	获嘉县(豫)	750.00
281	沈丘县(豫)	735.00
282	邓州市(豫)	711.00
283	许昌县(豫)	684.00
284	宝丰县(豫)	670.00
285	襄城县(豫)	630.00
286	台前县(豫)	614.00
287	遂平县(豫)	604.00
288	开封县(豫)	600.00
289	伊川县(豫)	600.00
290	延津县(豫)	600.00
291	郏　县(豫)	573.00
292	正阳县(豫)	565.00

	杨树苗主产地	万株
293	汝阳县(豫)	540.00
294	固始县(豫)	540.00
295	桐柏县(豫)	533.20
296	濮阳县(豫)	506.00
297	宁陵县(豫)	501.70
298	叶　县(豫)	500.00
299	扶沟县(豫)	500.00
300	新安县(豫)	500.00
301	偃师市(豫)	500.00
302	辉县市(豫)	490.00
303	西平县(豫)	456.00
304	杞　县(豫)	450.00
305	长垣县(豫)	450.00
306	睢　县(豫)	438.00
307	通许县(豫)	428.90
308	淮阳县(豫)	410.00
309	宜阳县(豫)	384.00
310	潢川县(豫)	366.00
311	卧龙区(豫)	358.00
312	驿城区(豫)	352.00
313	清丰县(豫)	351.00
314	柘城县(豫)	349.50
315	长葛市(豫)	344.90
316	内乡县(豫)	325.00
317	夏邑县(豫)	316.00
318	虞城县(豫)	312.00
319	镇平县(豫)	300.00
320	范　县(豫)	300.00
321	临颍县(豫)	262.50
322	孟津县(豫)	245.00
323	滑　县(豫)	243.46
324	嵩　县(豫)	240.00
325	淇滨区(豫)	240.00
326	汤阴县(豫)	210.99
327	兰考县(豫)	210.80
328	鹿邑县(豫)	190.00
329	封丘县(豫)	188.57
330	卫辉市(豫)	185.29
331	山城区(豫)	180.00
332	郾城区(豫)	177.30
333	林州市(豫)	154.00
334	新野县(豫)	150.00
335	淇　县(豫)	150.00
336	淅川县(豫)	150.00
337	召陵区(豫)	144.00
338	唐河县(豫)	134.40
339	南乐县(豫)	120.00
340	南召县(豫)	114.70
341	修武县(豫)	101.50
342	光山县(豫)	100.00
343	嘉鱼县(鄂)	2000.00
344	潜江市(鄂)	1200.00
345	房　县(鄂)	750.00
346	天门市(鄂)	600.00
347	南漳县(鄂)	400.00
348	大悟县(鄂)	400.00
349	鄂州市市辖区(鄂)	372.00
350	郧西县(鄂)	311.40
351	石首市(鄂)	300.00
352	麻城市(鄂)	300.00
353	襄城区(鄂)	300.00
354	东宝区(鄂)	270.00
355	枝江市(鄂)	265.00
356	汉川市(鄂)	240.00
357	公安县(鄂)	230.00
358	江陵县(鄂)	230.00
359	宜城市(鄂)	225.00
360	应城市(鄂)	210.00
361	浠水县(鄂)	200.00
362	赤壁市(鄂)	180.00
363	保康县(鄂)	170.00
364	蔡甸区(鄂)	160.00
365	建始县(鄂)	150.00
366	黄梅县(鄂)	138.00
367	云梦县(鄂)	113.00
368	随县(鄂)	100.00
369	沅江市(湘)	368.00
370	华容县(湘)	311.00
371	桃源县(湘)	100.00
372	安化县(湘)	100.00
373	南　县(湘)	100.00
374	江津区(渝)	350.00
375	酉阳土家族苗族自治县(渝)	350.00
376	云阳县(渝)	150.00
377	南部县(川)	1100.00
378	西充县(川)	900.00
379	梓潼县(川)	620.00
380	仪陇县(川)	500.00
381	盐亭县(川)	444.00
382	布拖县(川)	200.00
383	宣汉县(川)	195.00
384	罗江县(川)	152.00
385	蓬安县(川)	150.00
386	雁江区(川)	124.00
387	顺庆区(川)	120.00
388	冕宁县(川)	100.00
389	贡嘎县(藏)	1200.00
390	吴起县(陕)	1500.00
391	户　县(陕)	450.00
392	靖边县(陕)	260.00
393	洛南县(陕)	210.00
394	印台区(陕)	178.00
395	麟游县(陕)	110.00
396	绥德县(陕)	106.00
397	玉门市(甘)	952.00
398	景泰县(甘)	819.00
399	会宁县(甘)	693.00
400	瓜州县(甘)	416.00
401	甘州区(甘)	320.00
402	肃州区(甘)	285.00
403	靖远县(甘)	170.65
404	环　县(甘)	125.00
405	德令哈市(青)	349.00
406	贵南县(青)	150.00
407	泾源县(宁)	2527.00
408	青铜峡市(宁)	1450.00
409	西吉县(宁)	796.00
410	永宁县(宁)	675.00
411	同心县(宁)	170.80
412	海原县(宁)	116.00
413	原州区(宁)	100.00
414	策勒县(新)	250.80
415	朗乡林业局(龙江森工)	190.90
416	农七师(新疆兵团)	3000.00
417	农四师(新疆兵团)	360.00
418	农六师(新疆兵团)	300.00
419	农五师(新疆兵团)	180.00
420	农二师(新疆兵团)	165.00
421	农三师(新疆兵团)	124.20
422	农九师(新疆兵团)	114.00

表 17-10-35　刺槐苗主产地产量

	刺槐苗主产地	万株
1	延庆县(京)	121.30
2	宽城满族自治县(冀)	1320.00
3	迁西县(冀)	1000.00
4	定州市(冀)	950.00
5	阜平县(冀)	700.00

	刺槐苗主产地	万株
6	遵化市(冀)	360.00
7	青龙满族自治县(冀)	315.00
8	平泉县(冀)	300.00
9	丰宁满族自治县(冀)	300.00
10	涞源县(冀)	300.00
11	唐　县(冀)	243.00
12	涞水县(冀)	243.00
13	兴隆县(冀)	230.00
14	易　县(冀)	100.00
15	祁　县(晋)	20000.00
16	灵石县(晋)	1000.00
17	汾西县(晋)	900.00
18	安泽县(晋)	650.00
19	石楼县(晋)	600.00
20	沁　县(晋)	600.00
21	乡宁县(晋)	600.00
22	平陆县(晋)	438.00
23	大宁县(晋)	288.00
24	蒲　县(晋)	281.00
25	昔阳县(晋)	265.00
26	屯留县(晋)	225.00
27	闻喜县(晋)	224.10
28	壶关县(晋)	200.00
29	夏　县(晋)	180.00
30	方山县(晋)	171.00
31	黎城县(晋)	150.00
32	长子县(晋)	150.00
33	中阳县(晋)	144.00
34	河津市(晋)	100.00
35	宁城县(内蒙古)	130.00
36	义　县(辽)	3240.00
37	连山区(辽)	3000.00
38	清原满族自治县(辽)	1520.00
39	建昌县(辽)	995.00
40	凌海市(辽)	800.00
41	龙城区(辽)	750.00
42	老边区(辽)	700.00
43	盖州市(辽)	700.00
44	凌源市(辽)	600.00
45	兴城市(辽)	558.00
46	南票区(辽)	400.00
47	大连市金州新区(辽)	380.00
48	喀喇沁左翼蒙古族自治县(辽)	295.80
49	铁岭县(辽)	265.00
50	大石桥市(辽)	250.00
51	双塔区(辽)	225.00

	刺槐苗主产地	万株
52	海城市(辽)	210.00
53	法库县(辽)	200.00
54	北票市(辽)	120.00
55	庄河市(辽)	110.00
56	苍山县(鲁)	200.00
57	沂源县(鲁)	150.00
58	渑池县(豫)	4095.00
59	陕　县(豫)	1782.00
60	汝阳县(豫)	1350.00
61	桐柏县(豫)	892.50
62	宜阳县(豫)	720.00
63	洛宁县(豫)	559.50
64	嵩　县(豫)	300.00
65	卢氏县(豫)	225.00
66	伊川县(豫)	150.00
67	栾川县(豫)	120.00
68	大悟县(鄂)	800.00
69	崇阳县(鄂)	600.00
70	郧西县(鄂)	592.50
71	建始县(鄂)	396.00
72	来凤县(鄂)	375.00
73	郧　县(鄂)	150.00
74	竹溪县(鄂)	100.00
75	临澧县(湘)	300.00
76	酉阳土家族苗族自治县(渝)	2025.00
77	丰都县(渝)	1000.00
78	奉节县(渝)	600.00
79	万州区(渝)	340.00
80	云阳县(渝)	150.00
81	石柱土家族自治县(渝)	120.00
82	游仙区(川)	450.00
83	古蔺县(川)	370.00
84	南江县(川)	113.00
85	冕宁县(川)	100.00
86	六枝特区(黔)	200.00
87	毕节市(黔)	170.00
88	横山县(陕)	5000.00
89	平利县(陕)	2000.00
90	永寿县(陕)	1200.00
91	志丹县(陕)	898.00
92	延长县(陕)	604.00
93	淳化县(陕)	600.00
94	合阳县(陕)	600.00
95	旬邑县(陕)	574.00
96	石泉县(陕)	546.00

	刺槐苗主产地	万株
97	甘泉县(陕)	500.00
98	宝塔区(陕)	500.00
99	麟游县(陕)	429.00
100	富平县(陕)	320.00
101	绥德县(陕)	304.00
102	耀州区(陕)	270.00
103	凤翔县(陕)	240.00
104	商南县(陕)	240.00
105	千阳县(陕)	217.00
106	印台区(陕)	210.00
107	宁强县(陕)	200.00
108	陇　县(陕)	195.00
109	子洲县(陕)	160.00
110	华阴市(陕)	150.00
111	吴起县(陕)	150.00
112	蒲城县(陕)	150.00
113	柞水县(陕)	105.00
114	洛南县(陕)	100.00
115	延川县(陕)	100.00
116	王益区(陕)	100.00
117	庆城县(甘)	2920.00
118	宁　县(甘)	2640.00
119	西峰区(甘)	2100.00
120	红古区(甘)	1000.00
121	清水县(甘)	920.00
122	宕昌县(甘)	900.00
123	环　县(甘)	850.00
124	镇原县(甘)	640.50
125	秦安县(甘)	500.00
126	康乐县(甘)	300.00
127	武山县(甘)	300.00
128	武都区(甘)	300.00
129	会宁县(甘)	272.00
130	礼　县(甘)	247.00
131	湘乐林业总场(甘)	209.20
132	崆峒区(甘)	208.00
133	静宁县(甘)	200.00
134	正宁县(甘)	180.00
135	西和县(甘)	100.00
136	泾源县(宁)	2025.00
137	彭阳县(宁)	450.00
138	青铜峡市(宁)	300.00
139	同心县(宁)	176.00
140	红寺堡开发区(宁)	140.00
141	自治区直属单位(宁)	120.00

表 17-10-36　国槐苗主产地产量

	国槐苗主产地	万株
1	延庆县(京)	32.40
2	北辰区(津)	157.50
3	宝坻区(津)	67.30
4	滨海新区(津)	31.40
5	定州市(冀)	680.00
6	博野县(冀)	420.00
7	唐山市芦台经济技术开发区(冀)	372.00
8	南和县(冀)	145.00
9	涉　县(冀)	120.00
10	深州市(冀)	102.00
11	邢台县(冀)	65.00
12	望都县(冀)	53.00
13	泊头市(冀)	52.00
14	辛集市(冀)	50.00
15	清苑县(冀)	15.00
16	广阳区(冀)	15.00
17	鹿泉市(冀)	12.40
18	吴桥县(冀)	12.00
19	馆陶县(冀)	11.00
20	大厂回族自治县(冀)	10.00
21	闻喜县(晋)	2025.00
22	太谷县(晋)	225.80
23	南郊区(晋)	128.00
24	介休市(晋)	69.00
25	夏　县(晋)	48.50
26	万荣县(晋)	40.00
27	高平市(晋)	30.00
28	黎城县(晋)	27.00
29	寿阳县(晋)	24.00
30	尖草坪区(晋)	22.50
31	迎泽区(晋)	11.55
32	壶关县(晋)	11.00
33	怀仁县(晋)	10.00
34	老边区(辽)	60.00
35	盖州市(辽)	60.00
36	肥西县(皖)	12.00
37	肥城市(鲁)	630.00
38	即墨市(鲁)	70.00
39	昌邑市(鲁)	50.00
40	新泰市(鲁)	40.00
41	沂源县(鲁)	30.00
42	青州市(鲁)	15.00
43	成武县(鲁)	15.00
44	诸城市(鲁)	10.00
45	淄川区(鲁)	10.00
46	潢川县(豫)	252.00
47	辉县市(豫)	43.00
48	惠济区(豫)	32.38
49	许昌县(豫)	30.00
50	修武县(豫)	20.75
51	卢氏县(豫)	10.00
52	陕西省苗木繁育中心(陕)	100.00
53	长安区(陕)	15.60
54	兴平市(陕)	12.00
55	红古区(甘)	600.00
56	宕昌县(甘)	225.00
57	宁　县(甘)	180.00
58	玉门市(甘)	90.00
59	正宁县(甘)	50.00
60	肃州区(甘)	12.90
61	中卫市市辖区(宁)	20.00

表 17-10-37　柳树苗主产地产量

	柳树苗主产地	万株
1	延庆县(京)	63.00
2	宝坻区(津)	104.20
3	滨海新区(津)	31.40
4	安国市(冀)	600.00
5	定州市(冀)	560.00
6	遵化市(冀)	450.00
7	涉　县(冀)	450.00
8	滦南县(冀)	360.00
9	清苑县(冀)	100.00
10	博野县(冀)	90.00
11	深州市(冀)	78.00
12	望都县(冀)	63.00
13	唐山市汉沽管理区(冀)	54.00
14	大厂回族自治县(冀)	50.00
15	北戴河区(冀)	48.30
16	辛集市(冀)	30.00
17	抚宁县(冀)	25.00
18	魏　县(冀)	23.00
19	丰宁满族自治县(冀)	22.00
20	易　县(冀)	22.00
21	滦　县(冀)	20.00
22	涞源县(冀)	20.00
23	运河区(冀)	20.00
24	邢台县(冀)	16.00
25	藁城市(冀)	15.00
26	涞水县(冀)	15.00
27	涿州市(冀)	14.00
28	武邑县(冀)	14.00
29	馆陶县(冀)	14.00
30	香河县(冀)	13.50
31	乐亭县(冀)	12.00
32	永年县(冀)	11.00
33	井陉县(冀)	10.00
34	怀安县(冀)	10.00
35	肥乡县(冀)	10.00
36	介休市(晋)	32.96
37	祁　县(晋)	14.80
38	方山县(晋)	892.00
39	阳高县(晋)	150.00
40	潞城市(晋)	112.50
41	浑源县(晋)	100.00
42	黎城县(晋)	99.00
43	新荣区(晋)	95.00
44	清徐县(晋)	84.00
45	南郊区(晋)	81.00
46	晋源区(晋)	80.00
47	尖草坪区(晋)	54.00
48	高平市(晋)	27.00
49	昔阳县(晋)	24.00
50	河津市(晋)	22.50
51	大同县(晋)	13.50
52	西乌珠穆沁旗(内蒙古)	1835.00
53	乌审旗(内蒙古)	169.00
54	科尔沁左翼中旗(内蒙古)	100.00
55	察哈尔右翼前旗(内蒙古)	60.00
56	科尔沁区(内蒙古)	50.00
57	九原区(内蒙古)	30.00
58	昆都仑区(内蒙古)	16.00
59	稀土高新区(内蒙古)	14.90
60	石拐区(内蒙古)	10.00
61	康平县(辽)	300.00
62	铁岭县(辽)	150.00
63	庄河市(辽)	72.00
64	黑山县(辽)	62.50
65	调兵山市(辽)	60.00
66	普兰店市(辽)	45.00
67	新民市(辽)	44.00
68	义　县(辽)	42.00
69	岫岩满族自治县(辽)	40.00
70	海城市(辽)	32.00
71	阜新蒙古族自治县(辽)	30.00
72	凌海市(辽)	21.00

	柳树苗主产地	万株
73	省生态实验林场(辽)	20.00
74	银州区(辽)	18.00
75	清河区(辽)	17.00
76	宁江区(吉)	30.00
77	朝阳区(吉)	15.00
78	二道江区(吉)	10.00
79	磐石市(吉)	10.00
80	松北区(黑)	7929.00
81	呼兰区(黑)	503.00
82	依兰县(黑)	120.00
83	巴彦县(黑)	30.00
84	杜尔伯特蒙古族自治县(黑)	22.50
85	克东县(黑)	15.00
86	东台市(苏)	6500.00
87	响水县(苏)	1500.00
88	东海县(苏)	1250.00
89	建湖县(苏)	300.00
90	睢宁县(苏)	50.00
91	泰兴市(苏)	48.00
92	灌云县(苏)	30.00
93	沛　县(苏)	12.00
94	婺城区(浙)	12.00
95	富阳市(浙)	10.00
96	天长市(皖)	48.00
97	肥西县(皖)	22.00
98	蜀山区(皖)	15.00
99	南昌县(赣)	60.00
100	滨城区(鲁)	30000.00
101	河口区(鲁)	11675.22
102	东平县(鲁)	697.50
103	肥城市(鲁)	378.00
104	东明县(鲁)	300.00
105	新泰市(鲁)	200.00
106	博兴县(鲁)	189.00
107	宁阳县(鲁)	158.00
108	垦利县(鲁)	118.00
109	广饶县(鲁)	100.00
110	汶上县(鲁)	100.00
111	安丘市(鲁)	90.00
112	沂水县(鲁)	82.00
113	河东区(鲁)	60.00
114	平原县(鲁)	56.20
115	昌邑市(鲁)	54.00
116	即墨市(鲁)	52.00
117	商河县(鲁)	45.00
118	诸城市(鲁)	30.00
119	德州市市辖区(鲁)	18.00
120	惠民县(鲁)	15.27
121	沂源县(鲁)	15.00
122	利津县(鲁)	12.00
123	潢川县(豫)	536.00
124	嵩　县(豫)	200.00
125	淅川县(豫)	120.00
126	南召县(豫)	83.50
127	许昌县(豫)	72.00
128	商水县(豫)	60.00
129	修武县(豫)	41.56
130	孟津县(豫)	18.30
131	红旗区(豫)	15.00
132	辉县市(豫)	13.00
133	宜阳县(豫)	11.00
134	郾城区(豫)	10.61
135	沅江市(湘)	86.00
136	鹤城区(湘)	13.00
137	江津区(渝)	15.00
138	江孜县(藏)	12.00
139	蒲城县(陕)	120.00
140	紫阳县(陕)	30.00
141	临夏市(甘)	70.00
142	广河县(甘)	1000.00
143	康乐县(甘)	720.00
144	临夏县(甘)	280.00
145	临洮县(甘)	150.00
146	肃州区(甘)	112.00
147	金塔县(甘)	98.00
148	靖远县(甘)	59.96
149	麦积区(甘)	55.00
150	玉门市(甘)	45.00
151	瓜州县(甘)	40.00
152	两当县(甘)	36.00
153	秦州区(甘)	30.00
154	甘州区(甘)	25.43
155	东乡族自治县(甘)	25.00
156	民乐县(甘)	15.00
157	永靖县(甘)	15.00
158	华池林业总场(甘)	12.50
159	榆中县(甘)	12.00
160	共和县(青)	150.00
161	都兰县(青)	53.00
162	祁连县(青)	25.80
163	天峻县(青)	24.67
164	平安县(青)	22.80
165	西宁市市辖区(青)	14.53
166	泾源县(宁)	1115.00
167	同心县(宁)	678.90
168	原州区(宁)	300.00
169	青铜峡市(宁)	300.00
170	自治区直属单位(宁)	135.00
171	永宁县(宁)	100.00
172	利通区(宁)	90.00
173	海原县(宁)	65.00
174	中卫市市辖区(宁)	42.00
175	金凤区(宁)	13.00
176	贺兰县(宁)	11.25
177	农三师(新疆兵团)	21.20

表 17-10-38　油茶苗主产地产量

	油茶苗主产地	万株
1	九江县(赣)	25.00
2	麻城市(鄂)	1350.00
3	通山县(鄂)	1260.00
4	阳新县(鄂)	750.00
5	红安县(鄂)	220.00
6	蕲春县(鄂)	210.00
7	罗田县(鄂)	180.00
8	谷城县(鄂)	150.00
9	宜都市(鄂)	150.00
10	崇阳县(鄂)	130.00
11	五峰土家族自治县(鄂)	100.00
12	英山县(鄂)	82.00
13	长阳土家族自治县(鄂)	25.00
14	团风县(鄂)	20.00
15	连州市(粤)	200.00
16	曲江区(粤)	73.60
17	梅　县(粤)	73.60
18	信宜市(粤)	60.00
19	平远县(粤)	50.00
20	高州市(粤)	20.00
21	化州市(粤)	13.15
22	荣　县(川)	320.00
23	天柱县(黔)	510.00
24	从江县(黔)	255.00
25	岑巩县(黔)	35.53
26	富宁县(滇)	2000.00
27	金平苗族瑶族傣族自治县(滇)	800.00
28	泸西县(滇)	300.00
29	陇川县(滇)	115.00
30	元阳县(滇)	42.00
31	宁强县(陕)	90.00

表 17-10-39　柑橘苗主产地产量

	柑橘苗主产地	万株
1	靖江市(苏)	30.00
2	桐庐县(浙)	115.42
3	象山县(浙)	100.00
4	路桥区(浙)	56.00
5	定海区(浙)	27.01
6	宁海县(浙)	22.00
7	衢江区(浙)	12.60
8	奉化市(浙)	10.00
9	新建县(赣)	146.00
10	上饶县(赣)	10.00
11	淅川县(豫)	90.00
12	点军区(鄂)	320.00
13	松滋市(鄂)	170.00
14	来凤县(鄂)	150.00
15	枝江市(鄂)	110.00
16	巴东县(鄂)	100.00
17	麻城市(鄂)	60.00
18	孝昌县(鄂)	30.00
19	长阳土家族自治县(鄂)	30.00
20	黄梅县(鄂)	16.00
21	兴山县(鄂)	10.00
22	新宁县(湘)	100.00
23	鼎城区(湘)	32.00
24	桃源县(湘)	25.00
25	衡山县(湘)	24.00
26	石门县(湘)	22.00
27	华容县(湘)	18.00
28	邵东县(湘)	15.00
29	双峰县(湘)	14.00
30	临武县(湘)	10.10
31	清城区(粤)	20.00
32	融安县(桂)	60.00
33	开　县(渝)	2500.00
34	忠　县(渝)	200.00
35	合川区(渝)	100.00
36	江津区(渝)	90.00
37	彭水苗族土家族自治县(渝)	10.00
38	雁江区(川)	450.00
39	广安区(川)	450.00
40	西充县(川)	90.00
41	沿滩区(川)	80.00
42	惠水县(黔)	23.50
43	宾川县(滇)	97.00
44	紫阳县(陕)	25.00

表 17-10-40　杏苗主产地产量

	杏苗主产地	万株
1	延庆县(京)	21.00
2	滦平县(冀)	1575.00
3	丰宁满族自治县(冀)	1200.00
4	阳原县(冀)	800.00
5	易　县(冀)	600.00
6	平泉县(冀)	450.00
7	遵化市(冀)	185.00
8	定州市(冀)	120.00
9	双桥区(冀)	100.00
10	赤城县(冀)	100.00
11	顺平县(冀)	85.00
12	广阳区(冀)	56.00
13	怀安县(冀)	46.00
14	万全县(冀)	45.00
15	涞源县(冀)	40.00
16	双滦区(冀)	30.00
17	南皮县(冀)	27.00
18	涞水县(冀)	25.00
19	涿州市(冀)	24.00
20	献　县(冀)	18.00
21	藁城市(冀)	17.00
22	祁　县(晋)	2500.00
23	壶关县(晋)	1500.00
24	娄烦县(晋)	300.00
25	广灵县(晋)	230.00
26	寿阳县(晋)	54.00
27	方山县(晋)	52.30
28	夏　县(晋)	48.00
29	天镇县(晋)	32.95
30	大同县(晋)	20.00
31	长城山林场(晋)	12.00
32	喀喇沁旗(内蒙古)	400.00
33	和林格尔县(内蒙古)	290.00
34	巴林右旗(内蒙古)	235.00
35	巴林左旗(内蒙古)	150.00
36	敖汉旗(内蒙古)	130.00
37	宁城县(内蒙古)	60.00
38	库伦旗(内蒙古)	45.00
39	阿鲁科尔沁旗(内蒙古)	28.00
40	阜新蒙古族自治县(辽)	900.00
41	龙城区(辽)	450.00
42	建昌县(辽)	200.00
43	喀喇沁左翼蒙古族自治县(辽)	138.90
44	双塔区(辽)	135.00
45	北票市(辽)	40.00
46	兴城市(辽)	12.80
47	长丰县(皖)	19.98
48	河东区(鲁)	1500.00
49	新泰市(鲁)	400.00
50	东平县(鲁)	90.00
51	费　县(鲁)	65.00
52	莱城区(鲁)	50.00
53	商河县(鲁)	14.00
54	嵩　县(豫)	100.00
55	宜阳县(豫)	63.00
56	舞钢市(豫)	36.00
57	郾城区(豫)	31.20
58	新密市(豫)	27.00
59	源汇区(豫)	20.00
60	绥德县(陕)	602.00
61	子洲县(陕)	18.00
62	宕昌县(甘)	1710.00
63	环　县(甘)	795.00
64	会宁县(甘)	455.00
65	安定区(甘)	189.00
66	渭源县(甘)	182.00
67	甘州区(甘)	34.60
68	榆中县(甘)	18.10
69	东乡族自治县(甘)	12.50
70	民和回族土族自治县(青)	78.00
71	平安县(青)	17.60
72	隆德县(宁)	610.00
73	彭阳县(宁)	200.00
74	海原县(宁)	152.00
75	原州区(宁)	15.00
76	策勒县(新)	40.80
77	农四师(新疆兵团)	360.00

表 17-10-41　葡萄苗主产地产量

	葡萄苗主产地	万株
1	定州市(冀)	360.00
2	徐水县(冀)	200.00
3	万全县(冀)	80.00
4	藁城市(冀)	80.00
5	永年县(冀)	74.00
6	乐亭县(冀)	26.00
7	南皮县(冀)	22.90
8	广宗县(冀)	18.00
9	肥乡县(冀)	10.00
10	老边区(辽)	1000.00
11	盖州市(辽)	1000.00

	葡萄苗主产地	万株
12	于洪区(辽)	136.00
13	兴城市(辽)	94.00
14	龙城区(辽)	80.00
15	舒兰市(吉)	50.00
16	泰兴市(苏)	279.00
17	沛　县(苏)	56.00
18	新沂市(苏)	15.00
19	婺城区(浙)	50.00
20	长丰县(皖)	44.46
21	杜集区(皖)	28.00
22	平度市(鲁)	800.00
23	河东区(鲁)	160.00
24	郾城区(豫)	25.20
25	舞钢市(豫)	22.25
26	双峰县(湘)	25.00
27	平坝县(黔)	12.00
28	合阳县(陕)	300.00
29	自治区直属单位(宁)	3500.00
30	永宁县(宁)	1500.00
31	青铜峡市(宁)	600.00
32	红寺堡开发区(宁)	354.00
33	河西综合开发局(甘)	45.00
34	农六师(新疆兵团)	1000.00
35	农四师(新疆兵团)	150.00

表 17-10-42　香椿苗主产地产量

	香椿苗主产地	万株
1	定州市(冀)	130.00
2	抚宁县(冀)	40.00
3	泰兴市(苏)	126.00
4	建德市(浙)	35.00
5	霍山县(皖)	15.00
6	青州市(鲁)	300.00
7	新泰市(鲁)	100.00
8	沂源县(鲁)	40.00
9	诸城市(鲁)	25.00
10	淄川区(鲁)	20.00
11	嵩　县(豫)	150.00
12	淅川县(豫)	60.00
13	商水县(豫)	45.00
14	鹤山区(豫)	15.00
15	房　县(鄂)	1500.00
16	郧西县(鄂)	255.60
17	崇阳县(鄂)	60.00
18	松滋市(鄂)	30.00
19	阳新县(鄂)	20.00
20	涟源市(湘)	100.00
21	祁东县(湘)	88.00
22	双峰县(湘)	16.20
23	凤山县(桂)	40.00
24	彭水苗族土家族自治县(渝)	600.00
25	奉节县(渝)	450.00
26	酉阳土家族苗族自治县(渝)	50.00
27	合川区(渝)	40.00
28	江北区(渝)	18.70
29	蓬安县(川)	450.00
30	邻水县(川)	120.00
31	船山区(川)	100.00
32	顺庆区(川)	50.00
33	叙永县(川)	40.00
34	广安区(川)	30.00
35	雁江区(川)	18.00
36	大关县(滇)	45.00
37	略阳县(陕)	60.00
38	城固县(陕)	24.00

表 17-10-43　银杏苗主产地产量

	银杏苗主产地	万株
1	定州市(冀)	240. 00
2	抚宁县(冀)	124. 00
3	南和县(冀)	80. 00
4	涿州市(冀)	30. 00
5	大厂回族自治县(冀)	20. 00
6	遵化市(冀)	18. 00
7	香河县(冀)	13. 00
8	易　县(冀)	10. 00
9	东港市(辽)	38408. 00
10	振安区(辽)	2000. 00
11	元宝区(辽)	500. 00
12	大连市金州新区(辽)	450. 00
13	凤城市(辽)	145. 00
14	岫岩满族自治县(辽)	70. 00
15	盖州市(辽)	40. 00
16	老边区(辽)	40. 00
17	尚志市(黑)	300. 00
18	松江区(沪)	15. 60
19	嘉定区(沪)	12. 70
20	东海县(苏)	560. 00
21	滨海县(苏)	100. 00
22	泰兴市(苏)	72. 00
23	新沂市(苏)	60. 00
24	东台市(苏)	30. 00
25	建湖县(苏)	30. 00
26	靖江市(苏)	10. 00
27	临安市(浙)	130. 00
28	余杭区(浙)	13. 80
29	慈溪市(浙)	12. 23
30	富阳市(浙)	10. 00
31	灵璧县(皖)	35. 00
32	五河县(皖)	30. 00
33	郎溪县(皖)	15. 00
34	郯城县(鲁)	3400. 00
35	河东区(鲁)	800. 00
36	文登市(鲁)	80. 00
37	汶上县(鲁)	45. 00
38	沂源县(鲁)	30. 00
39	苍山县(鲁)	10. 00
40	滑　县(豫)	72. 00
41	长垣县(豫)	54. 00
42	潢川县(豫)	30. 00
43	华龙区(豫)	25. 00
44	湛河区(豫)	10. 80
45	安陆市(鄂)	400. 00
46	巴东县(鄂)	250. 00
47	曾都区(鄂)	200. 00
48	襄城区(鄂)	41. 00
49	罗田县(鄂)	28. 00
50	蔡甸区(鄂)	10. 00
51	湘潭县(湘)	102. 00
52	全州县(桂)	40. 00
53	大足县(渝)	21000. 00
54	荣昌县(渝)	2000. 00
55	南川区(渝)	1200. 00
56	巴南区(渝)	180. 67
57	璧山县(渝)	56. 00
58	江津区(渝)	50. 00
59	石柱土家族自治县(渝)	35. 00
60	丰都县(渝)	35. 00
61	武隆县(渝)	30. 00
62	涪陵区(渝)	28. 00
63	万州区(渝)	10. 00
64	开江县(川)	1000. 00
65	安　县(川)	200. 00
66	崇州市(川)	50. 00
67	江油市(川)	35. 00
68	东坡区(川)	25. 00
69	北川羌族自治县(川)	20. 00
70	通川区(川)	20. 00

	银杏苗主产地	万株
71	高　县(川)	10.00
72	南溪县(川)	10.00
73	宁强县(陕)	608.60
74	陕西省苗木繁育中心(陕)	150.00
75	石泉县(陕)	125.00
76	兴平市(陕)	12.00
77	留坝县(陕)	10.00

表 17-10-44　苹果苗主产地产量

	苹果苗主产地	万株
1	延庆县(京)	42.00
2	青龙满族自治县(冀)	525.00
3	定州市(冀)	280.00
4	遵化市(冀)	230.00
5	望都县(冀)	160.00
6	涉　县(冀)	130.00
7	宽城满族自治县(冀)	100.00
8	内丘县(冀)	95.00
9	顺平县(冀)	85.00
10	石家庄市桥东区(冀)	80.69
11	藁城市(冀)	45.00
12	临漳县(冀)	40.00
13	南皮县(冀)	37.80
14	永年县(冀)	32.00
15	邢台县(冀)	23.00
16	武强县(冀)	18.00
17	乐亭县(冀)	16.00
18	抚宁县(冀)	15.00
19	魏　县(冀)	12.00
20	井陉矿区(冀)	10.00
21	平陆县(晋)	60.00
22	夏　县(晋)	38.00
23	杭锦后旗(内蒙古)	37.50
24	盖州市(辽)	640.00
25	老边区(辽)	640.00
26	法库县(辽)	482.00
27	沈北新区(辽)	315.00
28	绥中县(辽)	225.00
29	于洪区(辽)	120.00
30	义　县(辽)	60.00
31	海城市(辽)	40.00
32	普兰店市(辽)	20.00
33	喀喇沁左翼蒙古族自治县(辽)	16.30
34	沛　县(苏)	23.00
35	萧　县(皖)	45.00
36	河东区(鲁)	2000.00
37	泰安市市辖区(鲁)	700.00
38	惠民县(鲁)	450.00
39	平度市(鲁)	300.00
40	沂水县(鲁)	105.00
41	蒙阴县(鲁)	75.00
42	费　县(鲁)	50.00
43	新泰市(鲁)	30.00
44	德州市市辖区(鲁)	22.00
45	商河县(鲁)	19.00
46	平阴县(鲁)	10.00
47	武陟县(豫)	1200.00
48	滑　县(豫)	168.27
49	陕　县(豫)	124.70
50	修武县(豫)	20.00
51	通许县(豫)	10.05
52	冕宁县(川)	80.00
53	绥德县(陕)	832.00
54	子洲县(陕)	25.00
55	太白县(陕)	13.20
56	甘谷县(甘)	605.00
57	西峰区(甘)	450.00
58	宁　县(甘)	440.00
59	清水县(甘)	200.00
60	静宁县(甘)	200.00
61	西和县(甘)	107.00
62	礼　县(甘)	90.00
63	榆中县(甘)	46.70
64	秦州区(甘)	20.00
65	湘乐林业总场(甘)	15.00
66	利通区(宁)	150.00
67	永宁县(宁)	120.00
68	海原县(宁)	43.00
69	农三师(新疆兵团)	22.05
70	农十二师(新疆兵团)	19.60

表 17-10-45　核桃苗主产地产量

	核桃苗主产地	万株
1	赞皇县(冀)	2850.00
2	涉　县(冀)	1200.00
3	迁安市(冀)	720.00
4	定州市(冀)	380.00
5	邢台县(冀)	360.00
6	青龙满族自治县(冀)	315.00
7	武安市(冀)	300.00
8	栾城县(冀)	270.00
9	遵化市(冀)	152.00
10	元氏县(冀)	135.00
11	内丘县(冀)	130.00
12	涞水县(冀)	120.00
13	安国市(冀)	120.00
14	祁　县(晋)	10000.00
15	汾阳市(晋)	3600.00
16	太谷县(晋)	320.00
17	浮山县(晋)	300.00
18	壶关县(晋)	280.00
19	安泽县(晋)	220.00
20	左权县(晋)	200.00
21	大宁县(晋)	195.00
22	平定县(晋)	150.00
23	石楼县(晋)	150.00
24	黎城县(晋)	135.00
25	洪洞县(晋)	127.80
26	建昌县(辽)	100.00
27	东平县(鲁)	900.00
28	新泰市(鲁)	300.00
29	河东区(鲁)	160.00
30	岱岳区(鲁)	150.00
31	费　县(鲁)	120.00
32	济源市(豫)	5000.00
33	卢氏县(豫)	4150.00
34	宜阳县(豫)	980.00
35	汝阳县(豫)	975.00
36	嵩　县(豫)	350.00
37	登封市(豫)	300.00
38	内乡县(豫)	256.00
39	洛宁县(豫)	234.00
40	新密市(豫)	150.00
41	新安县(豫)	100.00
42	郧西县(鄂)	445.40
43	保康县(鄂)	300.00
44	兴山县(鄂)	190.00
45	巴东县(鄂)	160.00
46	长阳土家族自治县(鄂)	100.00
47	雷波县(川)	900.00
48	冕宁县(川)	500.00
49	盐亭县(川)	396.00
50	金阳县(川)	300.00
51	美姑县(川)	280.00
52	甘洛县(川)	250.00
53	盐源县(川)	250.00
54	昭觉县(川)	210.00

	核桃苗主产地	万株
55	朝天区(川)	200.00
56	安　县(川)	117.00
57	游仙区(川)	102.00
58	江油市(川)	100.00
59	会理县(川)	100.00
60	中江县(川)	100.00
61	威宁彝族回族苗族自治县(黔)	642.53
62	毕节市(黔)	455.00
63	息烽县(黔)	184.00
64	长顺县(黔)	120.00
65	永善县(滇)	1729.50
66	漾濞彝族自治县(滇)	1668.50
67	云龙县(滇)	1275.00
68	镇康县(滇)	1170.00
69	陆良县(滇)	1120.00
70	凤庆县(滇)	770.00
71	永平县(滇)	761.00
72	巧家县(滇)	700.00
73	大姚县(滇)	488.00
74	楚雄市(滇)	470.00
75	鲁甸县(滇)	400.00
76	祥云县(滇)	302.50
77	巍山彝族回族自治县(滇)	300.00
78	云　县(滇)	279.00
79	建水县(滇)	277.47
80	南华县(滇)	269.00
81	彝良县(滇)	250.00
82	禄丰县(滇)	226.70
83	红河县(滇)	220.00
84	武定县(滇)	209.20
85	隆阳区(滇)	200.00
86	蒙自市(滇)	175.00
87	宣威市(滇)	170.00
88	南涧彝族自治县(滇)	162.00
89	弥勒县(滇)	160.00
90	双柏县(滇)	160.00
91	丘北县(滇)	160.00
92	玉龙纳西族自治县(滇)	159.25
93	华坪县(滇)	150.00
94	罗平县(滇)	150.00
95	新平彝族傣族自治县(滇)	149.30
96	峨山彝族自治县(滇)	148.00
97	大理市(滇)	143.00
98	龙陵县(滇)	131.00
99	泸水县(滇)	130.00
100	古城区(滇)	117.00
101	砚山县(滇)	111.00
102	双江拉祜族佤族布朗族傣族自治县(滇)	102.00
103	马龙县(滇)	100.00
104	广南县(滇)	100.00
105	黄龙县(陕)	1300.00
106	扶风县(陕)	788.80
107	武功县(陕)	680.00
108	宁强县(陕)	600.00
109	山阳县(陕)	420.00
110	旬阳县(陕)	350.00
111	商南县(陕)	340.00
112	蒲城县(陕)	320.00
113	略阳县(陕)	320.00
114	洛南县(陕)	300.00
115	蓝田县(陕)	300.00
116	长武县(陕)	250.00
117	陇　县(陕)	249.00
118	周至县(陕)	218.00
119	麟游县(陕)	155.00
120	汉滨区(陕)	150.00
121	镇巴县(陕)	150.00
122	富平县(陕)	150.00
123	千阳县(陕)	135.00
124	石泉县(陕)	120.00
125	临潼区(陕)	105.00
126	耀州区(陕)	100.00
127	白河县(陕)	100.00
128	淳化县(陕)	100.00
129	宕昌县(甘)	1080.00
130	康　县(甘)	706.00
131	成　县(甘)	410.00
132	武都区(甘)	200.00
133	清水县(甘)	180.00
134	策勒县(新)	114.00

表 17-10-46　红枣苗主产地产量

	红枣苗主产地	万株
1	赞皇县(冀)	375.00
2	青　县(冀)	139.00
3	献　县(冀)	105.00
4	阜平县(冀)	100.00
5	藁城市(冀)	18.00
6	祁　县(晋)	3000.00
7	太谷县(晋)	200.00
8	夏　县(晋)	28.80
9	乌审旗(内蒙古)	10121.00
10	乐陵市(鲁)	235.00
11	宁阳县(鲁)	32.00
12	诸城市(鲁)	30.00
13	德城区(鲁)	30.00
14	滑　县(豫)	16.00
15	祁东县(湘)	66.00
16	武隆县(渝)	442.00
17	万山特区(黔)	13.00
18	绥德县(陕)	70.00
19	清涧县(陕)	30.00
20	敦煌市(甘)	250.00
21	景泰县(甘)	92.00
22	平川区(甘)	60.00
23	靖远县(甘)	16.80
24	灵武市(宁)	914.00
25	同心县(宁)	838.20
26	中宁县(宁)	80.00
27	海原县(宁)	68.00
28	贺兰县(宁)	60.10
29	永宁县(宁)	45.00
30	盐池县(宁)	13.00
31	策勒县(新)	516.40
32	农三师(新疆兵团)	18.20

表 17-10-47　沙枣苗主产地产量

	沙枣苗主产地	万株
1	沽源县(冀)	1920.00
2	乌审旗(内蒙古)	1025.00
3	阿拉善左旗(内蒙古)	847.00
4	翁牛特旗(内蒙古)	450.00
5	阿鲁科尔沁旗(内蒙古)	100.00
6	杭锦后旗(内蒙古)	90.00
7	五原县(内蒙古)	50.00
8	固阳县(内蒙古)	30.00
10	肃州区(甘)	411.00
11	金塔县(甘)	196.00
12	甘州区(甘)	103.00
13	永昌县(甘)	63.00
14	金川区(甘)	28.50
15	乐都县(青)	540.00
16	民和回族土族自治县(青)	117.00
17	永宁县(宁)	300.00
18	青铜峡市(宁)	300.00
19	平罗县(宁)	98.00
20	贺兰县(宁)	92.00
21	金凤区(宁)	82.00
22	利通区(宁)	60.00
25	惠农区(宁)	31.70
23	策勒县(新)	52.40
24	农九师(新疆兵团)	158.00
25	农三师(新疆兵团)	127.00
26	农二师(新疆兵团)	24.00

表 17-10-48　其他苗圃苗木主产地产量

	其他苗圃苗木主产地	品种	株数(万株)
1	农三师(新疆兵团)	巴旦木	35.00
2	省实验林场(辽)	班克松	121.00
3	盐津县(滇)	檫	300.00
4	娄星区(湘)	檫	56.00
5	华容县(湘)	檫	43.00
6	双峰县(湘)	檫	13.00
7	磐安县(浙)	檫	8.00
8	九江县(赣)	檫	6.00
9	东至县(皖)	檫	2.00
10	昌邑市(鲁)	柽柳	500.00
11	玉门市(甘)	柽柳	360.00
12	南川区(渝)	柽柳	250.00
13	敦煌市(甘)	柽柳	250.00
14	垦利县(鲁)	柽柳	180.00
15	肃州区(甘)	柽柳	117.00
16	平罗县(宁)	柽柳	84.00
17	贺兰县(宁)	柽柳	81.20
18	农六师(新疆兵团)	柽柳	50.00
19	永昌县(甘)	柽柳	43.00
20	山阴县(晋)	柽柳	36.00
21	甘州区(甘)	柽柳	33.00
22	峨边彝族自治县(川)	池杉	900.00
23	南昌县(赣)	池杉	135.00
24	临川区(赣)	池杉	108.00
25	天长市(皖)	池杉	65.00
26	南　县(湘)	池杉	60.00
27	小陇山林业实验局(甘)	刺楸	22.20
28	栾川县(豫)	刺楸	2.00
29	广平县(冀)	刺楸	1.40
30	新荣区(晋)	杜松	193.00
31	蔚　县(冀)	杜松	75.00
32	平鲁区(晋)	杜松	17.40
33	桦林背林场(晋)	杜松	12.00
34	利川市(鄂)	鹅掌楸	90.00
35	五峰土家族自治县(鄂)	鹅掌楸	90.00
36	富阳市(浙)	鹅掌楸	60.00
37	和　县(皖)	鹅掌楸	28.00
38	汤阴县(豫)	鹅掌楸	24.00
39	慈溪市(浙)	鹅掌楸	20.23
40	婺城区(浙)	鹅掌楸	10.00
41	勉　县(陕)	鹅掌楸	10.00
42	中宁县(宁)	枸杞	4846.00
43	景泰县(甘)	枸杞	270.50
44	康保县(冀)	枸杞	200.00
45	瓜州县(甘)	枸杞	148.00
46	五原县(内蒙古)	枸杞	120.00
47	民和回族土族自治县(青)	枸杞	120.00
48	靖远县(甘)	枸杞	115.03
49	永昌县(甘)	枸杞	100.00
50	五华县(粤)	荷木	529.33
51	清新县(粤)	荷木	365.70
52	和平县(粤)	荷木	250.00
53	紫金县(粤)	荷木	200.00
54	惠东县(粤)	荷木	150.00
55	翁源县(粤)	荷木	138.00
56	乐昌市(粤)	荷木	126.33
57	清城区(粤)	荷木	80.00
58	从化市(粤)	荷木	75.00
59	阳山县(粤)	荷木	66.00
60	郁南县(粤)	荷木	50.00
61	东莞市(粤)	荷木	30.00
62	乳源瑶族自治县(粤)	荷木	27.60
63	临川区(赣)	荷木	20.00
64	新丰江林管局(粤)	荷木	20.00
65	普宁市(粤)	荷木	20.00
66	雷州市(粤)	红树林	150.00
67	番禺区(粤)	红树林	150.00
68	彭山县(川)	红叶臭椿	200.00
69	迭部林业局(甘)	红叶臭椿	84.25
70	邢台县(冀)	红叶臭椿	40.00
71	高　县(川)	红叶臭椿	30.00
72	寿光市(鲁)	红叶臭椿	15.00
73	东莞市(粤)	红锥	55.00
74	梅　县(粤)	红锥	30.67
75	信宜市(粤)	红锥	10.00
76	北川羌族自治县(川)	厚朴	600.00
77	武隆县(渝)	厚朴	310.00
78	开　县(渝)	厚朴	300.00
79	宁强县(陕)	厚朴	300.00
80	建始县(鄂)	厚朴	250.00
81	五峰土家族自治县(鄂)	厚朴	150.00
82	利川市(鄂)	厚朴	90.00
83	紫阳县(陕)	厚朴	80.00
84	城固县(陕)	厚朴	78.00
85	宝兴县(川)	厚朴	60.00
86	大关县(滇)	厚朴	50.00
87	桂东县(湘)	厚朴	40.00
88	洋　县(陕)	厚朴	33.75
89	江油市(川)	厚朴	20.00
90	白河林业局(吉)	胡桃楸	63.00
91	新宾满族自治县(辽)	胡桃楸	9.00

	其他苗圃苗木主产地	品种	株数(万株)
92	松江河林业有限公司(吉林森工)	胡桃楸	6.50
93	佳木斯市郊区(黑)	胡桃楸	1.50
94	农三师(新疆兵团)	胡杨	414.00
95	农二师(新疆兵团)	胡杨	375.00
96	农八师(新疆兵团)	胡杨	188.00
97	敦煌市(甘)	胡杨	100.00
98	金塔县(甘)	胡杨	52.00
99	农六师(新疆兵团)	胡杨	30.00
100	丰宁满族自治县(冀)	桦树	1500.00
101	西林县(桂)	桦树	200.00
102	大通回族土族自治县(青)	桦树	160.00
103	青川县(川)	桦树	100.00
104	中国林科院热林中心(桂)	桦树	80.00
105	梁平县(渝)	桦树	70.00
106	延庆县(京)	桦树	67.90
107	泾源县(宁)	桦树	54.00
108	汉源县(川)	桦树	50.00
109	克什克腾旗(内蒙古)	桦树	49.00
110	南江县(川)	桦树	16.00
111	龙潭区(吉)	桦树	13.00
112	龙潭区(吉)	黄波罗	12.00
113	黄泥河林业局(吉)	黄波罗	6.00
114	松江河林业有限公司(吉林森工)	黄波罗	6.00
115	佳木斯市郊区(黑)	黄波罗	1.50
116	顺城区(辽)	黄波罗	1.00
117	青州市(鲁)	黄栌	1800.00
118	定州市(冀)	黄栌	180.00
119	诸城市(鲁)	黄栌	80.00
120	双桥区(冀)	黄栌	50.00
121	平谷区(京)	黄栌	30.00
122	沂源县(鲁)	黄栌	30.00
123	清苑县(冀)	黄栌	25.00
124	东明县(鲁)	黄栌	20.00
125	桐柏县(豫)	火柜松	1755.00
126	泌阳县(豫)	火柜松	1000.00
127	涉　县(冀)	火柜松	300.00
128	和　县(皖)	火柜松	60.00
129	娄星区(湘)	火柜松	15.80
130	大连市金州新区(辽)	火柜松	15.00
131	余杭区(浙)	火柜松	8.50
132	平桥区(豫)	火柜松	8.12
133	望花区(辽)	火柜松	6.00
134	婺城区(浙)	火柜松	2.00
135	唐河县(豫)	火柜松	2.00
136	大东流苗圃(京)	栎类	1046.03
137	麻城市(鄂)	栎类	450.00
138	镇坪县(陕)	栎类	400.00
139	嵩　县(豫)	栎类	250.00
140	佛坪县(陕)	栎类	160.00
141	上虞市(浙)	栎类	80.00
142	娄星区(湘)	栎类	60.00
143	松江区(沪)	栎类	52.42
144	霍山县(皖)	栎类	50.00
145	红安县(鄂)	栎类	50.00
146	定远县(皖)	栎类	40.00
147	确山县(豫)	栎类	40.00
148	德昌县(川)	栎类	36.20
149	石柱土家族自治县(渝)	栎类	31.00
150	三穗县(黔)	栎类	20.00
151	费　县(鲁)	栎类	18.00
152	新宾满族自治县(辽)	栎类	13.50
153	靖江市(苏)	落羽杉	800.00
154	东海县(苏)	落羽杉	400.00
155	泰兴市(苏)	落羽杉	30.00
156	嘉定区(沪)	落羽杉	17.90
157	慈溪市(浙)	落羽杉	10.60
158	新会区(粤)	落羽杉	10.00
159	麻城市(鄂)	马褂木	300.00
160	京山县(鄂)	马褂木	200.00
161	潢川县(豫)	马褂木	138.60
162	望都县(冀)	马褂木	25.00
163	霍山县(皖)	马褂木	20.00
164	东至县(皖)	马褂木	15.60
165	许昌县(豫)	马褂木	15.00
166	海州区(苏)	马褂木	10.00
167	建德市(浙)	马褂木	8.00
168	九江县(赣)	马褂木	5.00
169	枣阳市(鄂)	马褂木	5.00
170	衢江区(浙)	马褂木	4.50
171	江山市(浙)	马褂木	3.00
172	栾川县(豫)	马褂木	1.30
173	瑞昌市(赣)	马褂木	1.20
174	芜湖县(皖)	马褂木	1.00
175	河东区(鲁)	木瓜	6000.00
176	乌审旗(内蒙古)	木瓜	2664.00
177	巴州区(川)	木瓜	1400.00
178	东海县(苏)	木瓜	700.00
179	郧　县(鄂)	木瓜	675.00
180	通川区(川)	木瓜	600.00
181	赤城县(冀)	木瓜	300.00
182	白河县(陕)	木瓜	300.00
183	桐柏县(豫)	木瓜	285.00

	其他苗圃苗木主产地	品种	株数(万株)
184	长阳土家族自治县(鄂)	木瓜	100.00
185	平利县(陕)	木瓜	100.00
186	新沂市(苏)	木瓜	90.00
187	舞钢市(豫)	木瓜	56.25
188	竹山县(鄂)	木瓜	52.00
189	商南县(陕)	木瓜	45.00
190	威宁彝族回族苗族自治县(黔)	木瓜	30.00
191	霍山县(皖)	木瓜	20.00
192	平桥区(豫)	木瓜	16.70
193	方山县(晋)	木瓜	14.80
194	定州市(冀)	千头椿	390.00
195	博野县(冀)	千头椿	140.00
196	宝坻区(津)	千头椿	39.70
197	北辰区(津)	千头椿	33.00
198	易　县(冀)	千头椿	23.00
199	望都县(冀)	千头椿	22.00
200	清苑县(冀)	千头椿	15.00
201	遵化市(冀)	千头椿	10.60
202	定州市(冀)	青桐	185.00
203	南和县(冀)	青桐	150.00
204	洪洞县(晋)	青桐	133.80
205	潢川县(豫)	青桐	54.45
206	成武县(鲁)	青桐	50.00
207	许昌县(豫)	青桐	39.00
208	汶上县(鲁)	青桐	30.00
209	大连市保税区(辽)	青桐	13.00
210	五河县(皖)	青桐	10.00
211	宁陵县(豫)	楸叶桐	45.90
212	长葛市(豫)	楸叶桐	40.00
213	赵　县(冀)	楸叶桐	20.00
214	泾源县(宁)	沙棘	4896.00
215	隆德县(宁)	沙棘	2720.00
216	西吉县(宁)	沙棘	1759.00
217	太仆寺旗(内蒙古)	沙棘	1460.00
218	合水林业总场(甘)	沙棘	750.00
219	安定区(甘)	沙棘	719.82
220	宕昌县(甘)	沙棘	360.00
221	大通回族土族自治县(青)	沙棘	356.00
222	松山区(内蒙古)	沙棘	350.00
223	巴林左旗(内蒙古)	沙棘	300.00
224	察哈尔右翼前旗(内蒙古)	沙棘	300.00
225	敖汉旗(内蒙古)	沙棘	240.00
226	农九师(新疆兵团)	沙棘	174.00
227	和林格尔县(内蒙古)	沙棘	158.00
228	石拐区(内蒙古)	沙棘	145.00
229	东海县(苏)	沙棘	110.00
230	平安县(青)	沙棘	106.80
231	阿鲁科尔沁旗(内蒙古)	沙棘	100.00
232	永昌县(甘)	沙棘	89.00
233	固阳县(内蒙古)	沙棘	80.00
234	通渭县(甘)	沙棘	80.00
235	小陇山林业实验局(甘)	沙棘	61.00
236	克什克腾旗(内蒙古)	沙棘	50.00
237	湘乐林业总场(甘)	沙棘	36.00
238	甘州区(甘)	沙棘	35.00
239	岷　县(甘)	沙棘	24.00
240	河东区(鲁)	石榴	450.00
241	荥阳市(豫)	石榴	383.07
242	临潼区(陕)	石榴	130.00
243	龙南县(赣)	石榴	100.00
244	定州市(冀)	石榴	90.00
245	怀远县(皖)	石榴	60.00
246	济源市(豫)	石榴	40.00
247	平桥区(豫)	石榴	34.20
248	杜集区(皖)	石榴	30.00
249	新泰市(鲁)	石榴	30.00
250	烈山区(皖)	石榴	20.00
251	郾城区(豫)	石榴	16.80
252	松江河林业有限公司(吉林森工)	水曲柳	507.00
253	白河林业局(吉)	水曲柳	503.00
254	孟家岗林场(黑)	水曲柳	140.40
255	东京城林业局(龙江森工)	水曲柳	114.00
256	泉阳林业局(吉林森工)	水曲柳	100.00
257	湾沟林业局(吉林森工)	水曲柳	100.00
258	大武口区(宁)	水曲柳	51.80
259	露水河林业局(吉林森工)	水曲柳	40.30
260	鹤立林业局(龙江森工)	水曲柳	36.00
261	永吉县(吉)	水曲柳	30.00
262	方正林业局(龙江森工)	水曲柳	28.50
263	八面通林业局(龙江森工)	水曲柳	28.00
264	带岭实验局(龙江森工)	水曲柳	25.50
265	桦南林业局(龙江森工)	水曲柳	20.00
266	穆棱林业局(龙江森工)	水曲柳	14.00
267	兴隆林业局(龙江森工)	水曲柳	11.00
268	乌马河林业局(龙江森工)	水曲柳	10.00
269	景东彝族自治县(滇)	思茅松	6419.80
270	镇沅彝族哈尼族拉祜族自治县(滇)	思茅松	1615.00
271	宁洱哈尼族彝族自治县(滇)	思茅松	1299.00
272	澜沧拉祜族自治县(滇)	思茅松	388.71
273	景洪市(滇)	思茅松	276.00
274	景谷傣族彝族自治县(滇)	思茅松	150.00
275	酉阳土家族苗族自治县(渝)	酸梅	650.00

	其他苗圃苗木主产地	品种	株数(万株)
276	龙南县(赣)	酸梅	200.00
277	饶平县(粤)	桃花心木	410.00
278	普宁市(粤)	桃花心木	200.00
279	江干区(浙)	桃花心木	170.00
280	惠来县(粤)	桃花心木	50.00
281	阳东县(粤)	桃花心木	30.00
282	榕城区(粤)	桃花心木	10.00
283	澜沧拉祜族自治县(滇)	铁木	69.60
284	安定区(甘)	文冠果	504.14
285	翁牛特旗(内蒙古)	文冠果	125.00
286	淄川区(鲁)	文冠果	100.00
287	靖远县(甘)	文冠果	93.00
288	通渭县(甘)	文冠果	30.00
289	松山区(内蒙古)	文冠果	10.00
290	武陟县(豫)	香梨	720.00
291	泰兴市(苏)	香梨	92.40
292	榆中县(甘)	香梨	47.00
293	涿州市(冀)	香梨	24.00
294	黄梅县(鄂)	香梨	16.00
295	乐亭县(冀)	香梨	14.00
296	魏　县(冀)	香梨	12.00
297	德城区(鲁)	香梨	10.00
298	湘乡市(湘)	香梨	10.00
299	白沙黎族自治县(琼)	橡胶	260.00
300	勐腊县(滇)	橡胶	150.00
301	瑞丽市(滇)	橡胶	20.00
302	孙吴县(黑)	小浆果	280.00
303	麻江县(黔)	小浆果	120.00
304	芦山县(川)	银杉	300.00
305	翁牛特旗(内蒙古)	元宝枫	320.00
306	南川区(渝)	元宝枫	240.00
307	平谷区(京)	元宝枫	15.00
308	汤阴县(豫)	元宝枫	9.00
309	高平市(晋)	元宝枫	6.00
310	景　县(冀)	元宝枫	3.00
311	丰台区(京)	元宝枫	2.48
312	大东流苗圃(京)	元宝枫	1.12
313	石屏县(滇)	云南松	25.00
314	个旧市(滇)	云南松	24.00
315	祥云县(滇)	云南松	14.40
316	商水县(豫)	紫椴	45.00
317	松江河林业有限公司(吉林森工)	紫椴	28.60
318	龙潭区(吉)	紫椴	13.00

表 17-11　种苗出口

国家/地区	出口数量(吨)	出口金额(千美元)
06011021 种用百合球茎		
合计	108	142
越南	107	140
泰国	1	2
06011091 种用休眠的鳞茎、块茎、块根、球茎、根颈		
合计	62	259
荷兰	56	208
日本	2	28
韩国	5	23
06011099 未列名休眠的鳞茎、块茎、块根、球茎、根颈		
合计	367	729
荷兰	106	401
美国	48	116
日本	16	102
台湾省	64	88
阿联酋	3	6
香港	130	6
泰国	0	4
德国	0	3
韩国	0	2
06012000 生长或开花的鳞茎、块茎、块根、球茎、根颈		
合计	502	39
香港	469	24
阿联酋	31	9
澳门	2	5
台湾省	1	1
06021000 无根插枝及接穗植物		
合计	3684	6558
荷兰	1577	2660
美国	803	1277
韩国	509	1154
印度	199	613
日本	48	191
澳大利亚	49	137
新加坡	117	104
墨西哥	39	79
阿联酋	38	57
德国	9	39
哥伦比亚	16	36
菲律宾	9	32
智利	9	29
埃及	8	27
巴林	6	25
西班牙	35	17
新西兰	11	15
科威特	3	10
加拿大	7	10
朝鲜	2	9
马来西亚	10	9
委内瑞拉	4	8
伊朗	9	7
俄罗斯联邦	1	6
缅甸	166	3
约旦	3	3
06022010 食用水果或坚果种用苗木		
合计	57	187
韩国	51	157
朝鲜	5	19
乌兹别克斯坦	1	7

国家/地区	出口数量（吨）	出口金额（千美元）
埃塞俄比亚	0	1
日本	0	1
泰国	0	1
06022090 食用水果或坚果树、灌木，种用除外		
合计	665	180
韩国	64	124
澳门	389	52
香港	211	3
06023010 种用杜鹃		
合计	0	28
德国	0	27
阿联酋	0	1
06023090 其他杜鹃，不论是否嫁接		
合计	677	249
台湾省	40	59
澳门	218	50
马来西亚	52	39
荷兰	22	29
泰国	35	13
新加坡	24	10
意大利	4	9
比利时	2	8
香港	256	8
科威特	1	7
英国	3	5
韩国	2	5
西班牙	6	4
越南	2	2
丹麦	5	1
黎巴嫩	4	1
06024010 种用玫瑰		
合计	5	5
黎巴嫩	5	5
06024090 其他玫瑰，不论是否嫁接		
合计	503	1611
意大利	249	801
德国	126	615
荷兰	81	120
黎巴嫩	2	30
马来西亚	3	19
土耳其	16	16
日本	0	3
澳门	11	2
约旦	0	1

国家/地区	出口数量（吨）	出口金额（千美元）
阿联酋	0	1
菲律宾	0	1
阿曼	0	0
新加坡	2	0
香港	11	0
格鲁吉亚	0	0
06029010 蘑菇菌丝		
合计	16424	8085
日本	4765	2704
韩国	6517	2560
美国	3531	1855
新加坡	595	422
澳大利亚	268	167
阿联酋	193	85
马来西亚	148	72
加拿大	86	60
香港	121	35
塞浦路斯	23	32
德国	46	22
新西兰	43	18
智利	17	18
越南	35	14
卡塔尔	23	14
以色列	9	3
意大利	6	2
06029091 其他种用苗木		
合计	4244	25194
荷兰	1461	7227
日本	525	5640
美国	178	2944
韩国	1173	2938
德国	42	1616
比利时	24	1140
丹麦	25	878
拉脱维亚	96	541
澳大利亚	6	486
英国	39	204
意大利	112	168
西班牙	16	145
泰国	45	137
越南	81	117
马来西亚	50	117
印度尼西亚	7	113
柬埔寨	1	107
以色列	1	102

国家/地区	出口数量（吨）	出口金额（千美元）
俄罗斯联邦	11	94
新加坡	91	57
朝鲜	9	47
波兰	7	47
阿联酋	31	41
土耳其	10	39
法国	3	23
乌克兰	4	22
墨西哥	1	22
新西兰	0	20
蒙古	80	20
厄瓜多尔	0	16
捷克	11	16
埃及	5	15
台湾省	3	13
匈牙利	1	11
南非	43	11
瑞典	2	9
芬兰	0	9
加拿大	0	7
印度	1	7
保加利亚	0	6
缅甸	16	5
黎巴嫩	3	3
香港	4	3
哥斯达黎加	0	3
文莱	14	2
菲律宾	0	2
科威特	8	1
委内瑞拉	2	1
巴基斯坦	0	1
毛里求斯	0	1
12092100 紫苜蓿子		
合计	676	1672
斯洛文尼亚	280	661
加拿大	194	543
保加利亚	88	197
荷兰	52	128
韩国	32	96
蒙古	5	22
台湾省	3	10
沙特阿拉伯	21	7
美国	2	6
马来西亚	0	1
12092200 三叶草子		

国家/地区	出口数量（吨）	出口金额（千美元）
合计	0	1
韩国	0	1
12092300 羊茅子		
合计	0	3
蒙古	0	3
12092400 草地早熟禾子		
合计	9	58
蒙古	9	58
12092500 黑麦草种子		
合计	4	21
香港	1	10
德国	1	4
美国	0	3
匈牙利	0	2
希腊	1	2
12093000 草本花卉植物种子		
合计	1324	14770
日本	394	4430
韩国	308	2139
荷兰	182	1868
美国	47	1655
印度	4	1071
法国	44	1048
德国	149	1030
台湾省	52	546
波兰	3	377
丹麦	0	203
英国	82	89
俄罗斯联邦	7	88
意大利	0	54
尼日利亚	2	42
比利时	23	17
立陶宛	1	16
南非	5	13
越南	0	11
阿联酋	0	11
捷克	1	11
芬兰	1	10
希腊	14	8
泰国	0	6
科威特	0	5
利比亚	0	4
孟加拉国	0	4
新加坡	0	3
西班牙	1	3

国家/地区	出口数量（吨）	出口金额（千美元）
尼泊尔	0	3
香港	0	2
伊朗	0	2
加拿大	4	1
印度尼西亚	0	1
12099990 未列名种植用种子、果实及孢子		
合计	1184	5886
韩国	856	3424
日本	247	1543
美国	26	424
荷兰	6	126
安哥拉	10	85
台湾省	13	79
泰国	13	68
澳大利亚	2	32
英国	3	20
波兰	1	15
蒙古	3	13
孟加拉国	0	10
俄罗斯联邦	0	10
法国	0	8
德国	0	6
比利时	0	4
香港	1	4
丹麦	0	3
意大利	0	3
加拿大	1	3
奥地利	0	3
朝鲜	0	2
新西兰	0	1

表 17-12 种苗进口

国家/地区	进口数量（吨）	进口金额（千美元）
06011021 种用百合球茎		
合计	11724	37246
荷兰	9765	30736
智利	1374	4550
新西兰	584	1960
06011091 种用休眠的鳞茎、块茎、块根、球茎、根颈		
合计	4642	15067
荷兰	4628	14864
新西兰	4	128
美国	1	36
意大利	0	16
比利时	7	7
以色列	1	7
法国	0	6
泰国	1	3
06011099 未列名休眠的鳞茎、块茎、块根、球茎、根颈		
合计	10	68
荷兰	8	41
美国	1	22
泰国	1	3
以色列	0	2
新西兰	0	1
06012000 生长或开花的鳞茎、块茎、块根、球茎、根颈		
合计	0	1
新西兰	0	1
06021000 无根插枝及接穗植物		
合计	7675	2961
哥斯达黎加	7289	1948
意大利	1	192
肯尼亚	1	172
西班牙	1	129
巴西	1	81
越南	2	81
日本	0	79
斯里兰卡	230	57
以色列	1	54
美国	1	41
德国	0	32
危地马拉	115	30
荷兰	3	28
埃塞俄比亚	0	11
台湾省	31	11
比利时	0	5
乌干达	0	3
南非	0	3
丹麦	0	1
哥伦比亚	0	1
06022010 食用水果或坚果种用苗木		
合计	16	428
法国	6	254
俄罗斯联邦	4	75
意大利	5	75
美国	0	16

国家/地区	进口数量（吨）	进口金额（千美元）
荷兰	0	6
日本	0	2
06022090 食用水果或坚果树、灌木，种用除外		
合计	1	413
澳大利亚	1	413
06023010 种用杜鹃		
合计	104	537
比利时	92	512
德国	11	15
澳大利亚	1	10
06023090 其他杜鹃，不论是否嫁接		
合计	3	16
日本	3	16
06024010 种用玫瑰		
合计	8	230
法国	3	108
荷兰	4	64
英国	1	36
美国	0	17
保加利亚	0	5
06024090 其他玫瑰，不论是否嫁接		
合计	0	1
荷兰	0	1
06029010 蘑菇菌丝		
合计	25	46
美国	25	44
德国	0	1
06029091 其他种用苗木		
合计	10992	17613
荷兰	139	6752
美国	1420	3998
日本	1313	2911
台湾省	6832	1946
比利时	10	478
韩国	425	398
西班牙	187	264
俄罗斯联邦	7	178
缅甸	232	132
马来西亚	1	123
哥斯达黎加	274	85
加拿大	8	64
危地马拉	2	56
泰国	60	38

国家/地区	进口数量（吨）	进口金额（千美元）
意大利	12	38
波兰	0	36
法国	1	32
越南	1	27
英国	0	18
澳大利亚	0	8
南非	40	7
印度尼西亚	30	6
新西兰	0	5
以色列	0	5
印度	0	3
德国	0	3
新加坡	0	1
12092100 紫苜蓿子		
合计	369	1044
澳大利亚	247	590
加拿大	62	216
美国	30	125
德国	30	113
12092200 三叶草子		
合计	1949	5839
丹麦	869	2811
美国	526	1555
澳大利亚	349	1057
加拿大	141	228
阿根廷	65	187
12092300 羊茅子		
合计	12677	11992
美国	11576	10762
加拿大	649	659
丹麦	451	570
日本	2	1
12092400 草地早熟禾子		
合计	4139	11761
美国	3753	10987
丹麦	344	689
加拿大	43	85
12092500 黑麦草种子		
合计	14712	12609
美国	11622	9011
加拿大	1694	1845
丹麦	1216	1547
新西兰	124	152

国家/地区	进口数量（吨）	进口金额（千美元）
德国	57	54
12093000 草本花卉植物种子		
合计	40	6771
日本	1	2304
美国	5	2221
法国	6	931
德国	2	619
荷兰	4	225
英国	0	172
危地马拉	0	148
印度	0	91
丹麦	0	21
台湾省	0	12
柬埔寨	20	10
印度尼西亚	0	5
智利	0	4
俄罗斯联邦	0	3
斯里兰卡	0	2
意大利	0	1
波兰	2	1
肯尼亚	0	1
12099990 未列名种植用种子、果实及孢子		
合计	4803	15760
美国	2631	11070
加拿大	639	1092
日本	62	923
澳大利亚	301	842
丹麦	443	718
阿根廷	473	450
台湾省	210	317
德国	0	139
南非	2	90
印度	4	49
洪都拉斯	11	31
马达加斯加	5	14
法国	0	6
英国	0	5
墨西哥	1	4
泰国	18	4
巴西	3	3
荷兰	0	2
西班牙	0	1
新西兰	0	1

林产化工

【概　况】 林产化工主要是指以林业动植物资源为原料，用化学、物理或生物技术方法加工生产各种产品，属于可再生资源利用型产业。林产化工产品广泛应用于能源、化工、轻工、医药、造纸、食品等民用和工业部门。林产化工产业的产品包括树胶树脂、松香松脂、生漆、橡胶、染料鞣料、杀虫剂、食品药品化妆品添加剂、香料类、工业用及其他。

2010 年我国林产化工类产品进出口总额 98.60 亿美元，进口金额 74.96 亿美元、出口金额 23.64 亿美元。进口主要产品为橡胶，占进口金额的 75.6%。出口主要以松香松脂和香料类产品为主，分别占出口金额的 40.12% 和 24.99%。食品药品化妆品添加剂、橡胶、树胶树脂、染料鞣料、杀虫剂、生漆及其他类化工产品分别占出口总金额的 8.45%、3.39%、0.96%、0.53%、0.24%、0.06%及 14.61%。见表 18-3。

林产工业原料　松脂产量 111.6 万吨，为林产化工原料产量最多的产品。广西、广东及云南作为松脂的主产地，生产松脂共计 84.5 万吨，占松脂总产量的 75.7%；福建、江西分别占 7.87%、6.45%。油桐籽 43.4 万吨，主要产于河南、广西、贵州、湖南、福建、四川等地区。2010 年，河南、广西、贵州作为油桐籽的主产地，生产油桐籽共计 25.7 万吨，占油桐籽总产量的 59.3%；湖南、福建分别占 8.93%、5.36%。棕片 5.6 万吨，福建、云南、湖南作为棕片的主产地，生产棕片共计 3.2 万吨，占棕片总产量的 58.1%；贵州、江西分别占 7.84%、7.11%。乌桕籽 3.4 万吨。河南、湖北、重庆作为乌桕籽的主产地，生产乌桕籽共计 2.7 万吨，占乌桕籽总产量的 79.1%；贵州、四川分别占 7.32%、4.05%。生漆 2 万吨。漆树主要分布在陕西、湖北、四川、贵州、云南、甘肃、河南、湖南、安徽等 23 个省。湖北、湖南、河南作为生漆的主产地，生产生漆共计 1.2 万吨，占生漆总产量的 61.4%；陕西、贵州分别占 9.53%、8.03%。五倍子 1.8 万吨。2010 年五倍子产量排名前五的省份：河南、湖南、陕西、重庆和贵州，分别占五倍子总产量的 21.90%、18.05%、17.32%、12.22%、12.18%。紫胶（原胶）3240 吨。云南作为紫胶(原胶)的主产地，所产紫胶(原胶)占总产量 80.37%；广东、福建、四川、湖南分别占 11.11%、3.15%、3.12%、1.51%，见表 18-1。

林产化工产品　松香 120.6 万吨。广西作为松香的主产地，所产松香占总产量的 64.09%；云南、广东、福建、江西分别占 13.60%、9.51%、5.36%、4.00%。松节油 12.9 万吨。广西和云南是松节油的主产地，所产松节油占总产量的 55.05%；四川、福建、江西分别占 13.55%、9.54%、8.56%。樟脑 1.2 万吨。天然樟脑主要分布在我国的台湾、福建、江西、广东、广西、湖南、湖北、浙江、四川和云南等长江以南的地区。其中：福建所产樟脑占樟脑总产量的 77.15%，广东、江西、四川、湖南、云南分别占 17.23%、4.84%、0.39%、0.35%。栲胶 1.1 万吨。广西生产栲胶 6376 吨，占栲胶总产量的 58.36%；河南、河北、云南、内蒙古分别占 14.19%、10.98%、8.66%、6.98%。紫胶 2080 吨。云南生产紫胶 1595 吨，占紫胶总产量的 76.68%；广东、四川、湖南、福建分别占 17.16%、4.86%、0.67%、0.63%。冰片 963 吨。广东、湖南生产冰片 761 吨，占冰片总产量的 79%；四川、江西分别占 20.77%、0.21%，见表 18-1。

2010 年，我国林产化学产品制造企业共计 5630 家，主要分布在上海、福建、广西、广东、江西、浙江、湖南一带，以上海最多，占总量的 36.13%，其余各省(区)分别占 10.37%、8.05%、7.80%、6.66%、5.52%、3.20%。香料、香精制造企业共计 3302 家，广东、江苏、浙江、福建、江西分别占20.35%、10.08%、7.30%、6.45%、5.60%，见表18-1。

各省根据自身资源条件出台了林产化工的相关政策、规划，如2005年10月1日江西省发改委和省林业厅《江西省林产工业项目管理规定》，2007年4月云南省发改委《云南省生物产业发展规划纲要(2006~2020)》。

截至2010年年底，我国对林产化工标准涉及树脂、胶黏剂和紫胶等多个方面，见表18-4。

林业化工研究领域主要有生物质能源、生物质化学品、生物质新材料、植物提取物、林纸一体化、过程装备与控制等，包括了传统的松脂化学利用、活性炭材料、植物单宁、木工胶黏剂、油脂化学利用等。研究单位主要以中国林科院林化所等专业研究机构为主，见表18-5。

林产化工产品涉及生物质能源、生物质化学品、生物质新材料、生物质天然产物、木材制浆造纸为主林纸一体化、松脂化学利用和深加工等等木质和非木质林产品化学加工与利用的众多领域，随着对新原料的需求和环境保护多个方面的考虑，林产化工因其原料来源广、可再生等方面越来越受到重视。

【中国天然橡胶】 天然橡胶被广泛运用到工业、农业、国防、交通、医疗卫生等各个领域。国际上天然橡胶工业大规模发展超过百年，全业界有5万种以上工业制品以天然橡胶完全或部分为原料。天然橡胶消费量成为一国工业化水平的重要标志。

传统理论认为，北纬15度以北不适宜种植橡胶。上世纪50年代起，中国农垦科技工作者通过科学实践，成功地在在海南、云南西双版纳等北纬18~24度地区逐步建立了天然橡胶种植基地，在理论和实践上推动了国际天然橡胶行业的发展。但受自然条件限制，中国宜胶地区面积非常有限，中国政府一直从保障国家战略资源安全的角度，以多种产业支持政策来推动天然橡胶行业的发展。本世纪以来，中国已成为世界最大的天然橡胶消费国和进口国。

中国天然橡胶产量 中国在上世纪80年代大面积种植橡胶成功并建立了完整的生产管理技术体系，1990年以后天然橡胶产量稳步上涨。但2005年“达维”台风对海南岛的胶园破坏较严重，导致当年全国产量下跌。根据IRSG数据统计，2009年中国天然橡胶产量为64.58万吨，占世界总产量962万吨的6.7%。据IRSG最新的研究报告预测，2011年中国天然橡胶产量将逐步恢复至约70万吨，2015年达到约85万吨的水平。

据相关统计数据显示，2010年，中国天然橡胶的消费量已突破350万吨，约占全球天然橡胶消费总量的1/3以上，而中国的天然橡胶产量却只有68.7万吨，对外依存度超过80%。总体来看，中国天然橡胶产量增长缓慢，远远不能满足巨大的市场需求，国内自给水平严重不足，供需矛盾突出将长期存在。

由于中国天然橡胶的消费量较大，而中国的天然橡胶产量由于地理位置和气候条件等原因无法实现大幅增长。目前中国正采取在国外适宜种植橡胶的地区投资建设天然橡胶园、加快发展与天然橡胶替代性较强的异戊橡胶和促进废旧轮胎综合利用行业发展等措施，以降低国内天然橡胶的对外依存度。

天然橡胶生产布局与产品结构 天然橡胶属于典型的资源约束型产业，全球种植区域主要分布于南纬10度、北纬15度以内，而中国成功地在北纬18~24度的海南、云南、广东少数省份发展起天然橡胶种植业。中国宜胶面积为97万公顷，已开发利用63万公顷，供给潜力受到土地资源、气候条件、生态保护的刚性约束。中国天然橡胶生产易受台风、干旱、低温等自然灾害的影响，自然风险较大。天然橡胶属于劳动密集型产业，比较效益低，农民外出务工人数增多，在一定程度上制约了中国天然橡胶产业的发展。中国天然橡胶产区主要分布在海南、云南、广东3省(福建、广西也有少量种植)，3省天然橡胶产量分别占全国产量的48%、47%和5%左右。截至2007年底，中国有151个植胶农场和18万植胶农户，约300万人从事天然橡胶生产。2007年，中国天然橡胶种植面积居世界第4位，干胶产量60万吨. 居世界第6位，占世界干胶总产量的6%。其中，农垦系统一直是中国天然橡胶种植、生产的主导力量，种植、加工业务一体化进行。

以农垦企业为代表，中国天然橡胶加工主要以胶园胶乳为原料，生产以全乳胶为主导产品的各种标准橡胶，此外，海南产胶区可较大规模加工浓缩胶乳。海南、云南两大农垦全乳胶产品可用于上海期货交易所实物交割，套期保值需求旺盛，市场价格相对其他产品有明显溢价，尽管其成本相对较高，但可产生更大的利润空间。

现阶段大量地方胶农和加工企业的种植面积、产量和加工能力上升速度较快。其中，海南作为中国最大的天然橡胶生产基地，植胶面积已达 38.67 万公顷（农垦系统 24.67 万公顷），年产干胶 28.5 万吨左右，占全国天然橡胶产量 60% 以上，为中国橡胶产业做出了巨大贡献。

国家政策调控 天然橡胶在中国一直被列为战略物资，尽管目前天然橡胶国际贸易已实现正常化，但国务院办公厅于 2007 年 2 月 13 日下发的《关于促进中国天然橡胶产业发展的意见》（国办发〔2007〕10 号）中仍然明确指出“天然橡胶是重要的战略资源和工业原料”，并要求农业部等主管部门、金融机构等支持天然橡胶行业发展。

由于自然条件相对不利以及天然橡胶的重要意义，政府对天然橡胶产业实施关税保护，在 2002 年与东盟国家签订的《中国－东盟全面经济合作框架协议》中，中国政府将浓缩胶乳、天然生胶等绝大多数天然橡胶产品列入敏感产品，未给予零关税承诺。此外，政府对天然橡胶建立国家储备制度。在 1998 年东南亚金融危机以及 2008 年四季度全球金融危机爆发，天然橡胶价格剧烈波动时，国储局均启动天然橡胶国家收储行为，维持行业的正常发展。

主管部门和管理体制 天然橡胶的种植和初加工跨越农业和工业，中国天然橡胶进口规模较大，因此，天然橡胶产业受到农业部、商务部、海关总署、环保部、国家林业局等多方面的监管和支持。同时，行业内也设立有天然橡胶协会、橡胶工业协会等自律性组织，协调产业的健康发展。

农业部、国家质检总局、国家标准化管理委员会也对天然橡胶种苗生产、种植、割胶等具体环节制定行业技术标准，并对标准胶等初加工产品制定行业标准。

产业政策 ①天然橡胶产业规划。农业部在 2007 年 8 月颁布《全国天然橡胶优势区域布局规划（2008～2015 年）》，提出优化中国天然橡胶产业的区域布局，着力建设海南、云南、广东三大优势区，适度扩大中国天然橡胶的种植面积，提高胶园的建设标准，调整优化天然橡胶加工布局、提高天然橡胶生产技术水平，实现中国天然橡胶产业全面向技术效益型转变。该规划同时提出了“2010 年橡胶种植面积达到 81 万公顷、年产量 70 万吨，2015 年橡胶种植面积达到 85 万公顷、年产量 80 万吨以上”的战略目标。截至 2007 年底，中国天然橡胶种植面积已达 87.5 万公顷，年产量达 59 万吨，种植面积和产胶量均居世界 43 个产胶国家的第五位。

②天然橡胶行业技术标准。种植环节的行业技术标准主要是由农业部提出，中国热带农科院、海南省农垦总局、云南省农垦总局等起草、制定的《橡胶树栽培技术规程》和《橡胶树割胶技术规程》。该行业标准于 1993 年发布并于 2006 年修订，主要针对气温和风害指标确定了宜胶地标准、胶林设计规划基本要求，并对种植材料的选择和繁育、胶林开垦与定植的标准、中小苗抚管及病虫害的防治、胶林开割标准等作出了具体规定。

天然橡胶加工环节的技术标准包括生产技术标准和产品标准两大类。生产技术标准主要由农业部制定，如《NY/T 734—2003 天然生胶 通用标准橡胶生产工艺规程》，规范了天然橡胶加工的基本生产工艺、技术要求及质量控制。产品标准主要包括国家质检总局和国家标准化管理委员会共同颁布的《GB/T 8081—2008 天然生胶 技术分级（TSR）规格导则》等，上述标准对各规格初加工产品的种类、性能、分级、包装、贮存和运输、检验规则等作了具体规定。

③天然橡胶关税等税收政策。中国对天然橡胶行业实施关税保护，关税制定参考国内生产企业，特别是海南、云南农垦生产成本。据中国与东盟于 2002 年签订《中国－东盟全面经济合作框架协议》，中国将在 2010 年与 2015 年分别与东盟原成员国建立自由贸易区。届时，正常贸易产品实施零关税政策，敏感产品关税不必降到零，可按协定税率征收。其中，中国进口的包括乳胶、烟片胶、标准胶在内的大部分天然橡胶类产品被划分为敏感产品，未给予零关税承诺。

具体来看，报告期内中国对进口天然橡胶实施从量或从价的选择关税，关税征收方法稳定。2010

年起进口浓缩天然胶乳关税征收标准仍然维持为10%的从价税与720元/吨从量税之较低者，标准橡胶、烟片胶关税标准较之前有所下降，其中主要进口品种标准橡胶关税征收标准为20%的从价税与2000元/吨从量税之较低者，从量关税较之前的2600元/吨有所下降；烟片胶征收标准为20%的从价税与1600元/吨从量税之较低者，从量关税较之前的2600元/吨下调了1000元/吨。报告期内中国对复合胶进口关税税率持续下调，2009年起除对从越南进口的复合胶维持5%的关税外，从其他东盟国家进口复合胶不再征收关税。

中国政府对于中国农业产业给予明确的税收政策优惠，作为生产者的天然橡胶企业在增值税、所得税方面也得到相应政策支持。根据《中华人民共和国增值税暂行条例》，天然橡胶生产企业销售自产的橡胶产品免征增值税。根据《中华人民共和国企业所得税法实施条例》、《国家税务总局关于贯彻落实从事农、林、牧、渔业项目企业所得税优惠政策有关事项的通知》(国税函〔2008〕850号)及《财政部、国家税务总局关于发布享受企业所得税优惠政策的农产品初加工范围(试行)的通知》(财税〔2008〕149号)，天然橡胶的采集、初加工也免征企业所得税。相关税收政策立足于中国农业和天然橡胶产业发展的现实特点，对于行业持续健康发展有着重要意义。

④天然橡胶良种补贴政策。为了促进中国天然橡胶优良品种的推广与应用，从2006年起中央财政每年拿出资金对天然橡胶良种苗木进行补贴和割胶技术培训，当年天然橡胶良种补贴项目资金达2000万元，补贴面积达到1.39万公顷，引导种植企业、胶农多投入900多万元。其中，海南省和云南省实施的天然橡胶良种补贴项目试点7个县212个村，投入胶农培训资金212万元，培训胶农达10万人次。通过实施种苗补贴政策，有助于提高补贴地区橡胶树种苗的质量，促进橡胶树品种的更新换代，提高橡胶树的单位面积产量和经济效益。

⑤天然橡胶国家储备政策。中国建立有天然橡胶的国家储备制度，在胶价急剧波动时通过收储、出售来稳定市场。1998年东南亚金融危机爆发后国际胶价大幅下跌，国储局增加6万吨橡胶储备。2008年四季度天然橡胶急剧下跌，国储局再次制定在2009年完成对海南和云南共计10.5万吨橡胶收储计划。天然橡胶价格波动波及广大胶农切身利益，对国家战略物资的保障也有一定影响，国家储备的实施有助于维持行业的正常发展。

⑥天然橡胶林木相关法规。橡胶林木属于经济林，其培育种植、采伐利用和经营管理均需遵守《中华人民共和国森林法》及《中华人民共和国森林法实施条例》。根据《中华人民共和国森林法》，国家对林木的所有权和使用权依法实行登记发证制度。国家所有的和集体所有的森林、林木和林地，个人所有的林木和使用的林地，由县级以上地方人民政府登记造册，发放证书，确认所有权或者使用权。

国家对于林木的采伐，依法实行采伐许可证制度。国有林业企业事业单位采伐林木，由所在地县级以上林业主管部门依照有关规定审核发放采伐许可证。国有林业企业事业单位申请采伐许可证时，必须提出伐区调查设计文件。采伐林木的单位，必须按照采伐许可证规定的面积、株数、树种、期限完成更新造林任务，更新造林的面积和株数不得少于采伐的面积和株数。

⑦橡胶林木及环境保护方面的法律、法规。针对橡胶林木的保护工作，根据《中华人民共和国森林法》的相关规定，地方各级人民政府应当组织有关部门建立护林组织，负责护林工作；根据实际需要在大面积林区增加护林设施，加强森林保护；督促有林地和林区的基层单位，订立护林公约，组织群众护林，划定护林责任区，配备专职或者兼职护林员，对造成森林资源破坏的，护林员有权要求当地有关部门处理。

在橡胶加工环节，农业部于2003年12月发布《NY 687—2003天然橡胶加工废水污染物排放标准》，该标准按生产工艺和废水污染物排放去向，分年限规定了天然橡胶加工废水最高允许排放浓度和吨产品最高允许排水量。

价格 2002年以来中国天然橡胶价格逐步上升，尤其是2005年1月至2006年8月，价格快速攀升。2006年全年平均每吨售价超过2万元，达到21157.5元/吨，比2001年提高了2.4倍。2007年中国天然橡胶价格有所回落，但进入2008年又进一步回升，达到25000元/吨。近两年天然橡胶价格持续上涨，2010 年底每吨价格接近 4 万元。

需求巨大是导致天然橡胶价格上涨的主要原因。天然橡胶主要用于轮胎、胶带、胶鞋、医疗等行业，其中轮胎行业是天然橡胶消费的主刀军，约占天然橡胶消费总量的 70%。近些年，中国汽车工业快速发展，对轮胎的需求大幅度增加，导致天然橡胶价格的大幅上涨。国际轮胎生产巨头在中国投资建厂，利用中国生产和进口的天然橡胶生产轮胎. 然后把轮胎大量出口到国外，导致天然橡胶需求增加。由于石油价格比较高，导致以石油为原料的合成橡胶的生产成本提高，进而增加了其替代品天然橡胶需求的增加，有研究表明，天然橡胶与合成橡胶的替代弹性为 0. 4134，即合成橡胶价格上升 1% 时，天然橡胶需求量的增加量为 0. 4134%。近几年国际天然橡胶市场价格的垄断性更加明显，国内价格已经与国际价格完全接轨。2002 年 8 月份泰国、马来西亚、印度尼西亚成立了橡胶联盟，随后印度、越南加盟，新形成的五国集团控制着全球 90% 的天然橡胶资源，合力控制着全球天然橡胶的价格。无论是作为生产力还是消费方，亚洲地区都是推动世界天然橡胶需求增长和价格变动的主要区域。

【中国天然橡胶产业发展环境与经营】

影响中国天然橡胶产业发展的因素　有利因素：①中国的天然橡胶产业在特殊历史政治环境下产生并发展，一直被赋予了较重要的意义，政策环境良好。近年来，针对国内天然橡胶消费量和贸易量的持续上升，国务院办公厅在国办发〔2007〕10 号《国务院办公厅关于促进中国天然橡胶产业发展的意见》中，再次明确将天然橡胶定位为重要的工业原料和战略资源，并要求各主管部门给予政策支持。中国政府对天然橡胶实施关税保护，在《中国－东盟全面经济合作框架协议》中，中国明确将天然橡胶列为敏感产品，未做出零关税承诺。同时，中国政府建立有国家储备制度，在胶价剧烈波动时启动保护价收储或抛售，支持行业的稳定发展。此外，农业部将橡胶种植业务列入良种补贴目录，并对农垦主要的橡胶业务保持农业基本建设项目拨款和农业综合开发资金支持。

②中国天然橡胶产业面临巨大、持续增长的需求空间。在未来较长一段时间内，中国作为世界制造业中心的特征有可能继续强化，汽车、装备制造等工业将持续发展。目前，中国已发展成为全球第一大汽车生产国、产量仍然保持较高的增长速度，由此引至的轮胎生产量的持续上升，将为天然橡胶行业创造出持续、巨大的需求空间。另一方面，随着经济发展，国内包括汽车、卫生用品等在内的消费持续升级，将给天然橡胶产业创造持续需求。农业部《全国天然橡胶优势区域布局规划（2008～2015）》中预测，中国天然橡胶消费仍将快速上升，至 2015 年将超过 350 万吨，较目前消费量增长近 40%。

③天然橡胶林生长周期长达 30 年以上，开割期在 25 年以上。天然橡胶既有生产性系统功能，又有保护性生态系统功能。橡胶园具有固定二氧化碳、释放大量氧气、涵养水源、减少水土流失、维持生物多样性等生态效能。即使与一般农作物相比，胶林建设过程中使用化肥和农药数量也相对较少。发展天然橡胶产业环保、可持续发展优势明显。

④与石油化工行业相比，进行天然橡胶投资低、能耗低、对环境的影响较小，环保优势非常明显。发展天然橡胶产业，也符合中国国民经济对节能减排、发展集约经济的内在需求。

⑤农垦体制改革推动了产业的持续发展。历史上，广大农垦人共同努力为中国天然橡胶产业发展奠定了基础。海南、云南农垦一直是中国天然橡胶产业的主导力量，在长期的计划体制下发挥了积极作用。2005 年以来，海南、云南农垦均已对其橡胶业务和资产完成重组，设立股份公司，按照现代企业制度和市场化原则开展经营。广东农垦也在积极尝试海外收购、加工业务，通过国际化经营来拓展境外资源。农垦体制的转型对于中国天然橡胶产业的持续健康发展也有着积极的意义。

不利因素：①中国天然橡胶林全部位于北纬 18 度以北地区，相对东南亚地区平均气温较低，每年的开割时间 8～9 个月，比泰国等国家少约 2 个月。同时，中国云南、广东乃至海南岛北部地区较易受到寒灾的影响，而海南岛特别是其东南部地区易受台风影响。由于上述自然条件的制约，中国天然橡胶行业亩产指标等相对泰国等国家较低。

②受自然条件限制，中国适宜橡胶种植的地区非常有限，产能、产量提升缓慢。目前，中国是世界最大的天然橡胶消费国，但资源自给率不足25%。而泰国、印度尼西亚、马来西亚等东南亚国家掌握了全球近90%的天然橡胶产量和贸易量，通过影响当期产量、出口量乃至种植面积，从而间接影响市场供给和价格。中国作为其主要贸易对象，有时处于不利的市场地位。

③天然橡胶市场价格变化导致的业绩波动。天然橡胶是基础工业原料、大宗商品，拥有全球定价体系，其需求与经济波动密切相关，周期性较明显。由于农业生产供给弹性低、自然灾害、国际生产者垄断以及投机资本活动日益频繁等因素的影响，天然橡胶价格有时在短期内也可出现剧烈波动。

④国内外橡胶生产商和贸易商的市场竞争日益激烈。东南亚天然橡胶主产国开割期相对较长、较少遭受台风影响，自然禀赋更优越。中国天然橡胶产业是计划经济的产物，历史上较多受到计划指导和保护，加大了成本和效率方面 的劣势。中国加入世界贸易组织后已取消对天然橡胶的进口配额管理，2009年进一步对主要东盟国家进口的复合胶实施零关税，自2010年起又下调了标准胶等部分进口橡胶产品的关税税率，中国天然橡胶生产商面对来自国际市场更大的竞争压力。此外，部分国内大型贸易商也逐步进入橡胶原料的收购、加工领域，深入参与到国内天然橡胶市场。这些大型贸易商市场化和国际化程度高、业务规模大、掌握终端用户，也会对行业内企业构成一定的竞争压力。

⑤合成橡胶对天然橡胶的替代作用可能带来的影响。合成橡胶是以石油为主要原料，采用化学方法制成的橡胶，合成橡胶具有不受地域限制、产品一致性好、劳动生产率高、个别性能优于天然橡胶等优点，但合成橡胶的综合性能至今仍落后于天然橡胶。到目前为止，天然橡胶还是最好的通用橡胶，飞机轮胎、工程机械轮胎和越野轮胎等重型轮胎更多依赖天然橡胶。此外，合成橡胶的生产具有投资大、能耗高、污染重等缺点。天然橡胶与合成橡胶多年来已经形成了协调发展、互为补充的格局。但未来随着技术进步，天然橡胶产品由于性能、成本等因素仍有可能面临合成橡胶进一步的替代竞争，从而对全行业和公司的经营业绩造成不利影响。

天然橡胶主要经营单位　天然橡胶主营业务由种植、加工两个环节构成，拥有丰富的胶林资源。就国内天然橡胶行业来看，海南农垦、云南农垦及广东农垦的业务结构较接近。其他市场参与者，主要是从事原料收购和加工或橡胶产品的境内外贸易，较少拥有种植资源。此外，海南、云南等主产区的地方胶农也发展了一定的种植规模，但规模较分散，主要是出售胶乳原料，而较少进行橡胶产品的加工和销售。

海南农垦　创建于1952年1月，拥有土地总面积78.59万公顷，占海南岛1/4土地面积，职工人数19万人；农垦企事业单位遍布海南全省18个市县，其中国有农场49个、直属医院3家，是次于新疆生产建设兵团、黑龙江农垦的全国第三大农垦。

海南农垦是中国天然橡胶产业的开拓者。以胶林面积、自产胶规模、加工能力等主要指标衡量，是中国最大的天然橡胶生产企业。全垦区现有橡胶面积26万公顷，年产干胶20万吨左右，面积和产量占全国的40%以上，主要生产标准胶、浅色标准胶、白绉片、子午胎胶、通用胶、航空轮胎专用胶、低氨浓缩乳胶等10多个规格品种。

海南天然橡胶产业集团股份有限公司成立于2005年3月，传承了海南农垦核心产业，是农业产业化国家重点龙头企业。公司注册资本人民币39.31亿元，拥有胶园面积约23.53万公顷，覆盖海南省17个市县，年产干胶能力21万吨，胶园面积和干胶产量分别占全国的30%左右，是中国最大的天然橡胶资源的拥有者和控制者，也是中国最大的天然橡胶加工企业，年加工能力达到32万吨。公司目前在全岛拥有27家橡胶基地分公司、1家橡胶加工分公司(下属13家加工厂)、1家种苗分公司、10家子公司，员工共计7万余人。公司是集天然橡胶种植、初加工、深加工、贸易、物流、研发及橡胶木加工与销售等为一体的大型综合企业集团。

2011年1月7日，海胶公司成功登陆国内A股市场。

云南农垦　云南省农垦集团有限责任公司是一个以从事热带作物种植加工为主的国有特大型企业，目前集团公司在滇南、滇西南边疆的7个地

(州)，28 个县(市)内建立了 40 个国有农场，员工 29 万人。橡胶生产是云南农垦的主导产业，云南农垦拥有中国最好的天然橡胶生产基地。截至 2009 年底，云南农垦系统内天然橡胶种植面积 16.73 万公顷、年产干胶约 14 万吨。自然条件相对优越，产量水平较高，按“环境、品系、措施”三对口种植的山地胶园，产量居全国之首，达到世界高产水平。植胶农场中，景洪农场、东风农场、勐棒农场的橡胶种植面积都在 1 万公顷以上，年产干胶都在 2 万吨和接近 2 万吨。云南农垦的天然橡胶品种有标胶、烟片胶、高氨浓缩胶乳。

广垦橡胶集团　广东省广垦橡胶集团有限公司是经国家农业部批准组建的“农业产业化国家重点龙头企业”，是集天然橡胶种植、生产、加工、销售和科研开发于一体，由广东省农垦集团公司控股的多元投资主体的橡胶专业集团。与国内其他两家农垦集团相比，广东农垦天然橡胶种植面积较小，2009 年约 4.1 万公顷、产量 1.35 万吨。近年来，集团积极发展海外橡胶产业，先后在泰国、马来西亚等国家建立了 4 个橡胶生产加工基地，形成了年产天然橡胶 20 万吨的生产能力。

中化国际　中化国际(控股)股份有限公司是在化工、橡胶、冶金等领域从事物流、实业投资、营销服务等经营活动的国有控股上市公司。中化国际的橡胶事业涉及天然胶种植、加工、营销等产业链的各个环节，从事国内外一体化经营，是目前国内最大最强的橡胶营销服务商，也是享有国际声誉的、最具核心竞争力的橡胶资源组织者。中化国际是国内最大的橡胶贸易商，近年来已在泰国、马来西亚、新加坡、印度尼西亚及中国海南、云南等地建立天然橡胶采购基地，参股了云南天然橡胶产业股份有限公司和海南天然橡胶产业集团股份有限公司，并向原材料加工生产领域延伸，控股了海南中化橡胶有限公司和西双版纳中化橡胶有限公司，在国内具备了 10 万吨的天然橡胶加工能力，其中 70% 为高端子午线轮胎专用胶。2008 年中化国际收购新加坡上市公司 GMG，也开始介入种植环节。

民营天然橡胶状况　中国天然橡胶行业的主要参与企业皆为国有大型企业，在天然橡胶行业占据主导地位。但民营天然胶种植面积和年产量近年发展迅速，均已超过全国种植面积和年产量的三分之一。数据显示，2004 年，中国天然橡胶种植总面积 69.62 万公顷，开割面积 45.19 万公顷，干胶产量 57.33 万吨。其中，农垦橡胶种植面积 41.1 万公顷，民营 28.52 万公顷，分别占全国橡胶总面积的 59.03% 和 40.97%。

相对大种植园来说，小胶园的发展潜力和整体机会是非常好的。国际上传统橡胶生产大国的小胶园所占比例都很高，马来西亚为 95%，泰国在 90% 以上，印度尼西亚为 85%。而在中国，小胶园的种植比例远低于三大传统产胶国，发展空间更大。近几年，中国民营胶的种植面积快速增加，国内的小胶园多为民营胶。目前，云南民营胶的种植面积和产量分别占云南省的 50.21% 和 37.02%；海南民营胶种植面积占全省种植面积的 40%。据中国农垦经济发展中心热作发展处预计，3 ~ 5 年内海南民营胶种植面积可能会超过海南农垦。由此来看，国内民营胶还是有很大的扩展空间。从产量上看，中国民营胶的单产普遍偏低，最高的也只是农垦平均单产的 70%，低的只有农垦的 1/3 左右。由此来看，无论是从潜在新增种植面积，还是从单产提高上看，民营小胶园都有很大的提升空间。

尽管民营天然橡胶在面积上呈现后来居上态势，但专家指出，较之国有胶，民营胶存在种植密度过大、定植品种低劣的状况，存在“重种轻管”或只种不管的现象以及重视产量、轻视技术的行为。另外，目前中国不少民营胶企业还存在着不施肥或施肥量不足，在种植海拔上线以上不适宜天然胶生长的区域种胶等问题。部分橡胶园处于半荒芜的状态，某些初割期在 5 ~ 7 年的树种 10 年还达不到开割标准，开割橡胶树抗病害能力低下；部分胶农割胶频率太高，强度和深度过大，大大缩短了橡胶树的割胶年限。

目前，中国农垦系统已经形成比较完善的行政和技术管理体系，整体生产技术水平处于国内外领先地位。但是，民营橡胶的管理较为粗放，生产技术比较落后，肥料、农药等生产性投入少，割胶技术水平低，耗皮量大，伤树严重，导致胶树寿命缩短。在病虫害防治方面，大部分的民营橡胶种植者没有开展橡胶树白粉病和炭疽病防治，不仅影响自身胶园的产量，也增加了周边农场的防治难度。要发挥民营胶在产业中的作用，仍有很长的路要探索。

【世界天然橡胶行业】

全球天然橡胶需求量 天然橡胶产业是国民经济的基础产业，其需求非常广泛，与宏观经济密切相关。自上世纪60年代到2008年，全球天然橡胶的消费平均年增长率保持在3.1%以上，从1960年的200多万吨消费量发展到2008年的1107万吨。其中，得益于本世纪初以来至2008年上半年的全球经济景气、中国等新兴市场工业化进程的快速发展，全球天然橡胶消费量保持连续8年上升。

2008年下半年至2009年，由于全球金融危机、主要发达国家经济低迷、汽车消费下降等因素影响，全球天然橡胶消费939万吨，同比下降7.67%。但在新兴市场日益增长的情况下，全球天然橡胶和合成橡胶的需求量将不断增加。根据国际橡胶研究组织(IRSG)统计，2010年的消耗量达到2440万吨，同比2009年增长约14.8%。

世界天然橡胶需求的地区结构 天然橡胶的需求间接反映经济体的工业化水平和消费水平。全球天然橡胶消费大国主要是美、日等工业化国家。由于全球制造业向中国转移以及中国消费总量上升、结构升级，中国自2001年起取代美国成为全球最大的天然橡胶消费国，份额稳定上升，目前已突破25%。东南亚国家传统上消费量较少，但在全球制造业调整过程中，马来西亚、泰国等国家也体现出较大的消费规模。

国际天然橡胶消费集中度较高，前三位消费大国的消费量占全球消费的比重接近50%。

全球天然橡胶需求的行业结构 天然橡胶是基础工业原料，需求广泛。目前，全球50%以上的天然橡胶用于制造轮胎；传输带和桥梁承重垫等工业制品、医疗卫生用品、文体日常用品三者合计占到30%；日常用品(如胶鞋、鞋底、床垫等)约占10%左右。

天然橡胶最主要的应用领域是轮胎制造。新兴市场带动了全球汽车工业发展，为天然橡胶产业创造需求空间。

天然橡胶与合成橡胶的替代关系 合成橡胶是以石油为主要原料，采用化学方法制成。上世纪50年代以后，伴随石油工业的发展，合成橡胶开始大规模工业生产。到20世纪60年代初，合成橡胶的消费量已经超过天然橡胶，2009年全球天然橡胶消费939万吨，合成橡胶消费总量1175.4万吨。合成橡胶的生产不受地域限制、短期内可大规模生产、产品的一致性较好，个别性能，如耐酸碱、高低温下物理性质的稳定等方面要优于天然橡胶。

合成橡胶的主要应用领域仍然是轮胎生产，可以与天然橡胶混合使用，双方有一定替代性。具体来看，天然橡胶在弹性、抗冲压、抗撕裂、耐磨等方面的性能更为突出，在航空轮胎、载重汽车轮胎、矿山机械轮胎、越野轮胎等生产中需求量较大。此外，轮胎胎体、缓冲层、胎侧等部位对弹性、抗冲压等综合性能要求较高，也需要使用较多天然橡胶。

【天然橡胶期货市场】 2010年，世界经济继续缓慢恢复。在新兴国家的强势引领下，汽车等实体产业走出泥潭，呈现出繁荣景象。伴随经济复苏，大宗商品走势凌厉，不论是日胶、沪胶，还是各地天胶现货报价，迭创历史新高。日胶指数最高419.3日元/千克，较年初开盘价上涨50%；沪胶最高38920元/吨，较年初开盘价上涨58%；QDBOT远期RSS3最高3298元/百千克，较年初开盘价上涨77%。纵观天然橡胶2010年走势，可以看出。虽然天气状况、供需关系、资金操作等都在一定时间段内造成了天胶的起伏不定；但天胶价格的基本价格走势还是取决于宏观经济的整体方向。

2010年现货市场与期价走势保持高度一致，基本也是徘徊盘整、下行筑底、企稳反弹、快速上扬四个阶段。

(徐教庆)

【松香】

资源状况与生产 我国松香产主地为广西、广东、云南、江西、福建、贵州、湖南、湖北、四川、重庆、河南、安徽、浙江、海南等14个省(区、市)松香生产厂家已达到800多家，总产能超过300万吨。

虽然中国是松香资源大国，但由于经济利益的驱使，对松林资源的开采力度加强，且滥采及超强采脂违规现象不断发生，管理粗放，松香行业的持续发展在未来将受到影响。

目前作为松香主产区的两广已出现松脂资源日

趋减少的现象，松香产量近年出现了明显的下滑，速生桉的种植及大片松林的砍伐在加速两广松脂资源不断减少，而松林的老化也在加速松脂产量的降低，后续松林资源增长缓慢。

江西、广西北部、湖南、贵州等地受2008年初冰冻雪灾的影响，松林资源已受到了一定程度的损失，要恢复到原有水平还需要较长时间。福建的产量也一直徘徊不前，产量也呈现下降趋势，湖北、河南、四川、重庆虽有新的松林资源开发，然而由于采脂成本太高，在市场低迷的情况下，开采价值不高，增长潜力不大。

云南松林资源的开发已在加速，目前松脂的产量已排到了全国第二，是国内目前认为松脂产量有较大增长潜力的唯一省份，但毕竟云南山高林密，产量的增长也是有一定的极限，如果不能合理开发，未来几年之后，云南的松脂量也会发生类似两广的情况。

但整体上，无论从松树资源还是劳动力成本来看，中国脂松香产业对比处于衰减之中的国外松香产业都有着得天独厚、难以动摇的优势。从产业发展阶段来看，中国脂松香产业正处于稳定发展的成熟期，约占世界70%左右的产量，虽然面临松林资源开始少量衰减等问题，但在世界市场上的优势地位在20年内仍难以被取代。

目前中国松香深加工水平整体上也有了很大提高，福建、广西、广东、云南和长三角松香深加工快速发展，西江流域的梧州、苍梧、封开、德庆、信宜等地的松香企业都发展到了一定规模，20世纪90年代这些企业通过合资引进技术或与国内科研单位合作，或在国内外技术基础上自行开发，相继投产了一系列深加工生产线。新成立的几家独资企业的新产品，都为我国松香工业的技术进步和产品升级换代奠定了基础。尤其是云南，近年来云南松香逐渐为深加工企业所接受，云南凭借自身的资源优势，吸引了众多企业到此办厂生产，这种产业结构的资源性转移，或许将对今后两广及其他地方的松香深加工产生一定影响。

松香市场

松香及松香深加工类产品出口：2010年松香(含松香渣)全年总出口量24.98万吨，与2009年19.35万吨相比增加29.10%。其中松香树脂类产品13.54万吨，松香甘油酯类产品0.84万吨，松香深加工类产品合计出口14.38万吨，与2009年16.60万吨相比减少13.37%。松香和松香深加工类产品合计出口39.36万吨，与2009年35.95万吨相比增加9.49%。

2010年世界经济逐步有所好转，国外客商对松香的需求有所增加，但由于2009年中国松香的价格长期在20000元/吨高位运行且不稳定，国外客商的成本压力较大，正常采购计划受影响，对松香价格的变化反应滞后，因此2010年松香和松香深加工类产品出口总量虽然比2009年有所增长，但对比近年来的出口量却是减少的，可见国际市场松香需求的复苏还是比较缓慢。

全年国内消费量：近年来国内市场的采购需求一直呈现一种细水长流的趋势，国内松香的年均消费量保持在30万吨以上。年底库存量计12.78万吨，与上年存量相当。

总的来说，2010年松香市场运行有以下几个特点，一是产量在近3年的低位运行，需求恢复，供应阶段性偏紧。松香和松脂价格均创出历史新高；二是在取消深加工产品出口退税以后，松香出口量结束连续3年大幅度下滑的态势，出现反弹，而深加工产品出口量受到抑制而小幅下降；三是库存延续了前3年下降的趋势，仍然在低位徘徊，阶段性库存偏低容易受各种因素的触发并引起市场短期大幅度波动；四是行业内有实力的企业通过新建工厂和兼并重组扩张较快，新建小企业有所减少，行业集中度不断提高。

影响松香产业发展的相关替代品

石油树脂　2010年，受到国际原油走强，石油树脂生产原料供应紧张以及生产成本不断推高影响，石油树脂涨幅达63%。

国内需求方面：下游需求旺盛，产品供不应求局面一直存在，作为石油树脂的替代品，松香市场2010年价格高昂，使得下游厂家不得以更换产品配方启用C5石油树脂，而且由于生产工艺的改进，石油树脂质量已逐渐接近天然树脂，国内十几万吨的松香用量逐渐转由C5树脂替代，市场需求大门开启。

出口方面：国际市场对石油树脂需求相对较大，国内产品质量越来越能获得国际认可。2010

年出口量明显增加，目前国内树脂出口仍集中在亚洲地区，特别是对韩国、日本、泰国及台湾地区出口量较大。国内一半以上产品出口，使得国内资源也略显紧张，也是导致价格走高的原因之一。

浮油松香　浮油松香是脂松香的主要竞争产品之一，美国是主要的生产国，产量占世界总产量50%左右，其他主要的产区为北欧芬兰和瑞典，另外俄罗斯、日本、法国、奥地利及新西兰也生产浮油松香。

浮油松香的原料为以松木为原料的纸浆厂在生产过程中产生的废液即粗浮油，收集回后经蒸馏加工而得到浮油松香，因此浮油松香的产量受到粗浮油供应的限制。

近年来西方国家加大对生物柴油的研究，粗浮油也成为生物柴油的原料之一，目前在瑞典已有能源公司开始利用粗浮油为原料生产柴油；同是在粗浮油价格较低时，纸厂也会把部分粗浮油当成燃料烧掉。

近两年来，随着松香价格大幅上涨，浮油松香生产有利可图，浮油松香厂的开工率较高，对粗浮油原料的竞争力强，浮油松香产量稳中有升。

2010 年国内影响松香行业发展重大事件

极端天气　综合 2010 年全年的天气情况来看，5 ~6 月持续的阴雨天气导致两广生产时间推迟，为 6 月份香价反弹奠定基础，并为后期市场增加了诸多不确定因素。

汇率变化　2010 年的人民币汇率经历了两个突出变化：一是在上半年欧元贬值了 20%，导致人民币的被动升值；二是在下半年人民币主动升值 1% ~3%。本币的升值对于松香出口占绝对份额的中国而言应该是一个契机，在有效提高产品利润的同时势必也削弱了中国松香在国际市场竞争力。但从 2010 年的松香出口不减反增的情况看，汇率的变化对松香出口影响相当有限。

通货膨胀　2010 年的通胀兼具了需求拉动和成本推动的双重特点。物价指数 2010 年从 0.6% 升至 1.4%，各基础物价涨幅在 70% 以上，松香上涨幅度达 51%。

今后行业需求　2010 年脂松香、浮油松香、石油树脂的价格上涨幅度为史无前例，高价将有限刺激 3 种产品 2011 年的供应量，而经济恢复后的下游需求在高成本的压力将会被抑制，总体需求有可能转弱。脂松香、浮油松香、石油树脂的消费领域主要集中在胶黏剂、油墨、合成橡胶方面。今后松香产业的发展，除受到上述替代产品生产制约外，还将受到胶黏剂、油墨、合成橡胶生产的直接影响。

表 18-1　林产化工各指标在全国排名前 5 名的省份

指　标	在全国排名前 5 位的省份及占全国的比例
生漆产量(2 万吨)	湖北 38.93%、湖南 12.36%、河南 10.12%、陕西 9.53%、贵州 8.03%
油桐籽产量(43.4 万吨)	河南 27.84%、广西 16.73%、贵州 14.72%、湖南 8.93%、福建 5.36%
乌桕籽产量(3.4 万吨)	河南 34.50%、湖北 27.89%、重庆 16.73%、贵州 7.32%、四川 4.05%
五倍子产量(1.8 万吨)	河南 21.90%、湖南 18.05%、陕西 17.32%、重庆 12.22%、贵州 12.18%
棕片产量(5.6 万吨)	福建 26.66%、云南 17.45%、湖南 14.04%、贵州 7.84%、江西 7.11%
松脂产量(111.6 万吨)	广西 44.43%、广东 16.24%、云南 15.06%、福建 7.87%、江西 6.45%
紫胶(原胶) 产量(3240 吨)	云南 80.37%、广东 11.11%、福建 3.15%、四川 3.12%、湖南 1.51%
松香产量(120.6 万吨)	广西 64.09%、云南 13.60%、广东 9.51%、福建 5.36%、江西 4.00%
松节油产量(12.9 万吨)	广西 32.30%、云南 22.75%、四川 13.55%、福建 9.54%、江西 8.56%
樟脑产量(1.2 万吨)	福建 77.15%、广东 17.23%、江西 4.84%、四川 0.39%、湖南 0.35%
冰片产量(963 吨)	广东 40.60%、湖南 38.42%、四川 20.77%、江西 0.21%
栲胶产量(1.1 万吨)	广西 58.36%、河南 14.19%、河北 10.98%、云南 8.66%、内蒙古 6.98%
紫胶产量(2080 吨	云南 76.68%、广东 17.16%、四川 4.86%、湖南 0.67%、福建 0.63%
林产化学产品制造业企业个数(5630 个)	上海 36.13%、福建 10.37%、广西 8.05%、广东 7.80%、江西 6.66%
全国香料、香精制造业企业数量(3302 个)	广东 20.35%、江苏 10.08%、浙江 7.30%、福建 6.45%、江西 5.60%

表 18-2　全国林产工业原料产量

单位：吨

地区	合计	生漆	油桐籽	乌柏籽	五倍子	棕片	松脂	紫胶(原胶)
全国合计	1680272	20093	433624	33709	18197	55698	1115711	3240
浙江	1973		72			485	1416	
安徽	12109	213	3054	121	52	1048	7621	
福建	126771	147	23244	532	141	14847	87758	102
江西	90015	822	12663	343	245	3960	71982	
河南	140902	2034	120701	11631	3986		2550	
湖北	75797	7823	16919	9401	1892	1949	37813	
湖南	90186	2484	38701	902	3285	7819	36946	49
广东	190802	188	6050	527		2536	181141	360
广西	571506	29	72536	118	109	2958	495750	6
海南	3519						3519	
重庆	24640	1085	14650	5638	2223	637	407	
四川	38240	675	22041	1364	623	1774	11662	101
贵州	82711	1614	63815	2468	2216	4365	8215	18
云南	203652	1031	22029	83	122	9718	168065	2604
陕西	26812	1915	17096	581	3152	3202	866	
甘肃	637	33	53		151	400		

表 18-3　全国林产化工产品进出口贸易总值

	单位	出口数量	出口金额(千美元)	进口数量	进口金额(千美元)
合计	吨	869504	2364246	3449467	7495676
工业用	吨	165881	157048	85905	133365
其他	吨	12156	345529	1326	20206
树胶树脂	吨	9205	22728	2104	6728
松香松脂	吨	425201	948542	8105	26277
生漆	吨	59	1433	0	0
橡胶	吨	25359	80055	1861210	5666450
染料鞣料	吨	3375	12462	34023	55138
杀虫剂	吨	1176	5791	1499	4222
食品药品化妆品添加剂	吨	112302	199883	1417550	1206727
香料类	吨	114789	590774	37745	376562

表 18-4　林产化工标准

	标准名称	发布单位
1	胶黏剂取样	
2	树脂整理剂中羟甲基甲醛含量的测定方法	国家标准局
3	树脂整理剂中游离甲醛含量的测定方法	国家标准局
4	树脂整理剂中总甲醛含量的测定方法	国家标准局
5	40%杀扑磷乳油	国家质量监督检验检疫总局　国家标准化管理委员会
6	胶黏剂低温拉伸剪切强度试验方法	国防科学技术工业委员会
7	胶黏剂对接接头拉伸强度的测定	国家技术监督局

	标准名称	发布单位
8	漆膜耐霉菌测定法	国家标准总局
9	灭线磷颗粒剂	国家质量监督检验检疫总局　国家标准化管理委员会
10	胶黏剂T剥离强度试验方法 挠性材料对挠性材料	国家技术监督局
11	胶黏剂180度剥离强度试验方法 挠性材料对刚性材料	国家技术监督局
12	非金属垫片材料分类体系及试验方法 第9部分：软木垫片材料胶结物耐久性试验方法	国家质量监督检验检疫总局　国家标准化管理委员会
13	食品添加剂松香甘油酯和氢化松香甘油酯	国家质量技术监督局
14	紫胶产品检验方法	林业部
15	紫胶产品取样方法	林业部
16	军用紫胶片	林业部
17	漂白紫胶	林业部
18	脱蜡紫胶片、脱色紫胶片和脱色脱蜡紫胶片	林业部
19	紫胶片	林业部
20	颗粒紫胶	林业部

表 18-5　林产化工科研项目

	项目名称	研究单位(项目完成年)
1	活性炭光催化再生技术研究	东北林业大学(2004)
2	生态复合功能涂料开发	西南科技大学
3	2，3，4－三甲氧基苯甲醛新工艺	南京龙源天然多酚合成厂　中国林科院林化所(2002)
4	环氧树脂体系引入丙烯海松酸和酮酸结构与性能研究	中国林科院林化所(2005)
5	草浆废液高效制造木质素磺酸盐无害化技术及工业装置开发	中国林科院林化所(2003)
6	SBR法短程硝化-反硝化生物脱氮新工艺的研究	东北林业大学　哈尔滨工业大学(2005)
7	草浆废液高效制造木质素磺酸盐无害化技术及工业装置开发	中国林科院林化所(2003)
8	电子化学品高纯没食子酸制造技术	南京龙源天然多酚合成厂　中国林科院林化所(2003)
9	新型松香类表面活性剂系列产品开发技术	中国林科院林化所(2006)
10	动态平衡短流程循环废纸制浆造纸废水零排放清洁生产技术	南京林业大学　常熟市富士莱包装材料厂(2006)
11	农林废弃物生物降解制备低聚木糖技术	南京林业大学化学工程学院
12	木醋液复合肥及林业育苗专用肥的研制	东北林业大学(2006)
13	植物精油涂膜剂	东北林业大学(2006)
14	茄尼醇高效提取纯化生产新工艺	东北林业大学
15	颗粒紫胶国家标准	中国林科院资源昆虫研究所(2006)
16	以松香松节油为原料的高分子新材料制备；结构与性能研究	中国林科院林化所(2007)
17	白桦采伐与加工剩余物中生物活性物质提取与利用技术的研究	东北林大　哈尔滨峰源高科技开发有限公司　五常市林业局(2006)
18	红豆杉中紫杉烷类活性成分高效诱导、分离纯化和多西紫杉醇半合成技术	东北林业大学　黑龙江珍宝岛制药有限公司(2007)
19	松香松节油结构稳定化及深加工利用技术研究与开发	中国林科院林化所(2005)
20	通过化学改性提高纸浆的湿强度及吸水性能	天津科技大学(2006)
21	户外电气绝缘环氧树脂高分子新材料技术研究与开发	中国林科院林化所　湖南省株洲松本林化有限公司(2005)
22	4号紫胶虫种胶国家标准	中国林科院资源昆虫研究所(2006)
23	4号系列紫胶片国家标准	中国林科院资源昆虫研究所(2006)
24	漂白紫胶国家标准	中国林科院资源昆虫研究所(2006)
25	栲胶原料分析试验方法林业行业标准	中国林科院林化所　内蒙古森工栲胶制品公司等(2007)

	项目名称	研究单位(项目完成年)
26	针叶维生素原浓缩物林业行业标准	中国林科院林化所(2007)
27	松香酯乳液林业行业标准	中国林科院林化所(2007)
28	歧化松香林业行业标准	中国林科院林化所(2007)
29	聚合松香林业行业标准	中国林科院林化所(2007)
30	多酚羧酸合成新型功能高分子材料的分子设计及功能特性研究	中国林科院林化所(2006)
31	落叶松采伐与加工剩余物中精细化学品制备与综合利用技术	东北林业大学　五常市林业局(2006)
32	专用活性炭开发研究	四川省林科院(2007)
33	灰树花菌丝体生物工程发酵生产工艺技术	中国食品发酵工业研究院
34	木醋玉足露	黑龙江省带岭林科所
35	秸秆制浆废液综合利用技术及成套设备	南京林业大学
36	木质素固沙剂	南京林业大学
37	用于配制人造板用无醛胶黏剂的高分子化合物	南京林业大学
38	利用烯烃装置产生的污泥制备活性炭研究	南京林业大学　南京荣森化工有限责任公司(2008)
39	木聚糖高温降解制备低聚木糖的方法	南京林业大学
40	中小径竹硫酸盐浆低污染漂白技术	福建农林大学
41	高稳定松香增黏树脂产业化技术开发	中国林科院林化所(2007)
42	环保型三聚氰胺改性脲醛粉体树脂制造技术引进	中国林科院木工所(2008)
43	2，3，4-三甲氧基苯甲醛新工艺	中国林科院林化所
44	漂白胶水果保鲜剂的研制与应用研究	中国林科院资源昆虫研究所
45	纤维素接枝两性高吸水树脂的制备；结构与性能研究	中国林科院林化所(2007)
46	印楝种仁中印楝素类活性成分的光稳定性研究	中国林科院林化所(2008)
47	松节油合成诺卜醇及酯类系列产品的清洁生产技术	中国林科院
48	活性炭单宁酸吸附值的测定方法	中国林科院林化所(2008)
49	柠檬酸脱色用颗粒活性炭	中国林科院林化所(2008)
50	生物质能源气化发电关键技术引进	中国林科院林化所(2008)
51	新型环保松香树脂乳液生产技术引进	中国林科院林化所(2008)
52	基于纤维素及其衍生物的高分子乳液制备技术引进	中国林科院林化所(2008)
53	浅色耐氧化稳定松香树脂生产技术引进	中国林科院林化所(2008)
54	单宁酸精加工产品生产工艺创新与示范	中国林科院林化所　南京龙源天然多酚合成厂(2008)
55	军用紫胶片	中国林科院林化所(2008)
56	N，N-聚氧乙烯松香胺系列产品的中试与应用研究	南京林业大学
57	纸浆多段漂白碱处理段单线态氧强化漂白配方和工艺	南京林业大学
58	低质材高效低污染制高档纸浆生产技术引进	中国林科院林化所(2008)
59	紫胶漂白胶水果保鲜剂研制及应用技术创新	中国林科院资源昆虫研究所　昆明西来克生物科技有限公司(2008)
60	植物聚戊烯醇分离精制及其制剂利用技术引进	中国林科院林化所(2008)
61	用于木材二次加工的复合高分子乳液制备技术引进	中国林科院林化所(2007)
62	印楝杀虫活性成分提取、分离及纯化技术引进	中国林科院资源昆虫研究所　英国 Keele University(2005)
63	高纯度、高得率喜树碱生产工艺	东北林业大学森林植物生态学教育部重点实验室
64	象牙色工艺扇颜色漂白处理与制造技术	南京林业大学
65	异海松酸光化学活性及应用于光固化材料的研究	中国林科院林化所
66	生物柴油用多酚酸酯稳定剂的性能及作用机理研究	中国林科院林化所
67	活性炭微结构及其表面基团定向制备应用技术	中国林科院林化所
68	竹炭生产关键技术、应用机理及系列产品开发	浙江林学院　南京林业大学　遂昌县文照竹炭有限公司等
69	生物液体燃料加工副产物综合利用研究与示范	中国林科院林化所(2010)

	项目名称	研究单位(项目完成年)
70	木本油脂基高强度聚酰胺固化剂材料制备及应用技术	中国林科院林化所(2009)
71	分子短程蒸馏制备银杏叶聚戊烯醇(GPP)的产业化技术	中国林科院林化所(2009)
72	木质素磺酸盐基环保脲醛胶制备技术示范	中国林科院林化所(2010)
73	竹叶活性组分高效制备及其保健制剂应用技术	中国林科院林化所(2010)
74	从毛杨梅、余甘、松树皮中高效筛选、分离植物抗氧化剂技术	中国林科院林化所(2010)
75	竹炭基电磁屏蔽材料制备新技术	中国林科院林化所(2010)
76	竹炭基新型储能材料制备新技术	中国林科院林化所(2010)
77	木质纤维基绿色高分子表面活性剂制备技术	中国林科院林化所(2010)
78	氯化锌复合盐连续化制备活性炭新技术	中国林科院林化所(2010)
79	食品添加剂 紫胶	中国林科院林化所(2010)
80	植物油脂绿色转化关键技术及产品	中国林科院林化所(2010)
81	林业生物酒精技术引进与创新	中国林科院林化所(2010)
82	湿地松松香	中国林科院林化所(2010)
83	松香季戊四醇酯	中国林科院林化所(2010)
84	变压吸附精制氢气用活性炭	中国林科院林化所(2010)
85	生物质棒状成型炭	中国林科院林化所(2010)
86	小径材、加工剩余物、速生木材高效清洁制浆造纸工艺技术	中国林科院林化所(2010)
87	高浓废水高效低成本处理技术	中国林科院林化所(2010)
88	竹材制浆造纸环保新技术	中国林科院林化所(2010)
89	净化污染的湿地植物筛选与配置技术	中国林科院林研所(2010)
90	木质纤维基绿色高分子表面活性剂制备技术	中国林科院林化所(2010)
91	氯化锌复合盐连续化制备活性炭新技术	中国林科院林化所(2010)
92	林业生物质发电和生物柴油制备关键技术引进与创新	中国林科院林化所(2010)
93	食品添加剂 紫胶	中国林科院林化所(2010)
94	植物油脂绿色转化关键技术及产品	中国林科院林化所(2010)
95	林业生物酒精技术引进与创新	中国林科院林化所(2010)
96	湿地松松香	中国林科院林化所(2010)
97	松香季戊四醇酯	中国林科院林化所(2010)
98	变压吸附精制氢气用活性炭	中国林科院林化所(2010)
99	生物质棒状成型炭	中国林科院林化所(2010)
100	小径材、加工剩余物、速生木材高效清洁制浆造纸工艺技术	中国林科院林化所(2010)
101	高浓废水高效低成本处理技术	中国林科院林化所(2010)
102	竹材制浆造纸环保新技术	中国林科院林化所(2010)
103	高活性白果蛋白质的结构特征及其生物降解多肽机理研究	中国林科院林化所(2010)
104	生物质热解气中可凝有机物裂解机制和动力学研究	中国林科院林化所(2009)
105	松香基双子表面活性剂的合成及构效关系研究	中国林科院林化所(2010)
106	高效节能制浆黑液超级增浓器的研究开发	中国林科院林化所(2009)
107	活性炭自燃机理研究	中国林科院林化所(2009)
108	乙基纤维素丙烯酸酯杂化乳液的制备及性能研究	中国林科院林化所(2009)
109	油松松脂采脂新技术、化学成分和反应特征研究	中国林科院林化所(2009)
110	松香基光固化纳米杂化材料的制备与性能研究	中国林科院林化所(2009)
111	生物质闪速热解定向制备糖类单体化学品研究	中国林科院林化所(2009)
112	生物油催化反应制备液体燃料油的研究	中国林科院林化所(2009)

表 18-6 林产化工国家级和省级协会

1	中国香料香精化妆品工业协会
2	中国天然橡胶协会
3	中国食品添加剂和配料协会
4	福建省香料香精化妆品工业协会
5	江西省林产香料香精行业协会
6	广西壮族自治区香料香精行业协会
7	湖南省香料香精化妆品工业协会
8	海南省香料香精化妆品工业协会
9	云南省香料行业协会

表 18-7-1 松脂主产地产量

	松脂主产地	产量(吨)
1	常山县(浙)	186.00
2	全椒县(皖)	2158.00
3	青阳县(皖)	1800.00
4	泾　县(皖)	250.00
5	郎溪县(皖)	250.00
6	祁门县(皖)	236.00
7	潜山县(皖)	120.00
8	大田县(闽)	9722.00
9	尤溪县(闽)	9678.00
10	连城县(闽)	9564.00
11	宁化县(闽)	6593.00
12	明溪县(闽)	6254.00
13	清流县(闽)	5972.00
14	建阳市(闽)	4403.00
15	永定县(闽)	4361.00
16	建宁县(闽)	3454.00
17	将乐县(闽)	2957.00
18	漳平市(闽)	2411.00
19	武平县(闽)	2281.00
20	上杭县(闽)	2165.00
21	建瓯市(闽)	2119.00
22	德化县(闽)	2087.00
23	沙　县(闽)	1888.00
24	长汀县(闽)	1814.00
25	永泰县(闽)	1814.00
26	邵武市(闽)	1675.00
27	延平区(闽)	980.00
28	永安市(闽)	871.00
29	松溪县(闽)	861.00
30	三元区(闽)	850.00
31	新罗区(闽)	756.00
32	武夷山市(闽)	460.00
33	泰宁县(闽)	460.00
34	浦城县(闽)	458.00
35	光泽县(闽)	173.00
36	永春县(闽)	166.00
37	顺昌县(闽)	137.00
38	华安县(闽)	100.00
39	贵溪市(赣)	13000.00
40	宁都县(赣)	7638.00
41	泰和县(赣)	5200.00
42	瑞金市(赣)	3156.00
43	乐平市(赣)	1856.00
44	分宜县(赣)	640.00
45	德兴市(赣)	445.00
46	全南县(赣)	392.00
47	上高县(赣)	350.00
48	赣　县(赣)	176.00
49	都昌县(赣)	170.00
50	章贡区(赣)	120.00
51	临川区(赣)	100.00
52	罗田县(鄂)	3000.00
53	京山县(鄂)	1000.00
54	东宝区(鄂)	993.00
55	蕲春县(鄂)	561.30
56	武穴市(鄂)	288.00
57	麻城市(鄂)	159.00
58	南漳县(鄂)	130.00
59	浠水县(鄂)	120.00
60	道　县(湘)	14795.00
61	江华瑶族自治县(湘)	6943.00
62	华容县(湘)	430.00
63	零陵区(湘)	422.00
64	东安县(湘)	300.00
65	武冈市(湘)	300.00
66	冷水滩区(湘)	200.00
67	祁阳县(湘)	191.00
68	双牌县(湘)	190.00
69	茶陵县(湘)	140.00
70	娄星区(湘)	135.80
71	炎陵县(湘)	123.00
72	鼎城区(湘)	105.00
73	高要市(粤)	7068.00
74	信宜市(粤)	5000.00
75	连山壮族瑶族自治县(粤)	4800.00
76	阳东县(粤)	1800.00
77	佛冈县(粤)	1772.00
78	台山市(粤)	956.00
79	恩平市(粤)	500.00
80	大埔县(粤)	100.00
81	钦北区(桂)	53994.00
82	苍梧县(桂)	28425.00
83	灵山县(桂)	28000.00
84	藤　县(桂)	23745.00
85	岑溪市(桂)	15841.00
86	容　县(桂)	14203.00
87	防城区(桂)	10422.00
88	良庆区(桂)	10268.00
89	昭平县(桂)	8659.00
90	宾阳县(桂)	8283.00
91	凭祥市(桂)	7743.00
92	象州县(桂)	7459.00
93	蝶山区(桂)	6500.00
94	上林县(桂)	6000.00
95	博白县(桂)	5959.00
96	万秀区(桂)	5950.00
97	全州县(桂)	5500.00
98	兴宾区(桂)	5146.00
99	蒙山县(桂)	4815.00
100	邕宁区(桂)	4762.00
101	桂平市(桂)	4450.00
102	八步区(桂)	4143.00
103	资源县(桂)	4000.00
104	永福县(桂)	3477.00
105	灌阳县(桂)	2851.00
106	北流市(桂)	2800.00
107	马山县(桂)	2120.00
108	平果县(桂)	1746.00
109	兴业县(桂)	1683.00
110	贺州市平桂管理区(桂)	1245.00
111	金秀瑶族自治县(桂)	985.00
112	大新县(桂)	739.00
113	七坡林场(桂)	654.00
114	玉林市福绵管理区(桂)	626.00
115	柳北区(桂)	497.00
116	长洲区(桂)	349.00
117	忻城县(桂)	336.00
118	环江毛南族自治县(桂)	336.00
119	柳江县(桂)	326.00
120	西林县(桂)	300.00
121	龙胜各族自治县(桂)	286.00
122	大桂山林场(桂)	281.00
123	江南区(桂)	153.00
124	盐边县(川)	353.00
125	盐源县(川)	245.00
126	黎平县(黔)	2688.00

	松脂主产地	产量(吨)
127	剑河县(黔)	1202.00
128	平塘县(黔)	1000.00
129	凯里市(黔)	360.00
130	贵定县(黔)	300.00
131	锦屏县(黔)	203.00
132	雷山县(黔)	121.00
133	镇沅彝族哈尼族拉祜族县(滇)	15774.00
134	云　县(滇)	10500.00
135	双江拉祜族佤族布朗族傣族自治县(滇)	7000.00
136	禄丰县(滇)	6805.00
137	楚雄市(滇)	4894.57
138	思茅区(滇)	3142.00
139	澜沧拉祜族自治县(滇)	2689.00
140	永仁县(滇)	1656.00
141	景洪市(滇)	854.00
142	沧源佤族自治县(滇)	606.00
143	永德县(滇)	600.00
144	永胜县(滇)	450.00
145	维西傈僳族自治县(滇)	337.02
146	龙陵县(滇)	280.00
147	巍山彝族回族自治县(滇)	139.40
148	黄龙山林业局(陕)	196.00

表 18-7-2　松节油主产地产量

	松节油主产地	产量(吨)
1	祁门县(皖)	236.00
2	湖口县(赣)	1300.00
3	永丰县(赣)	900.00
4	兴国县(赣)	420.00
5	婺源县(赣)	400.00
6	宁都县(赣)	300.00
7	分宜县(赣)	280.00
8	奉新县(赣)	278.00
9	吉州区(赣)	200.00
10	修水县(赣)	130.00
11	余江县(赣)	120.00
12	新干县(赣)	100.00
13	乐安县(赣)	100.00
14	当阳市(鄂)	750.00
15	京山县(鄂)	200.00
16	麻城市(鄂)	159.00
17	古丈县(湘)	700.00
18	新宁县(湘)	200.00
19	石峰区(湘)	180.00
20	茶陵县(湘)	160.00
21	吉首市(湘)	100.00
22	清新县(粤)	2000.00
23	翁源县(粤)	1472.00
24	高要市(粤)	1360.00
25	信宜市(粤)	600.00
26	阳东县(粤)	360.00
27	封开县(粤)	166.00
28	化州市(粤)	100.00
29	北流市(桂)	17585.00
30	岑溪市(桂)	4069.00
31	灵山县(桂)	2800.00
32	苍梧县(桂)	2069.00
33	钦北区(桂)	1917.00
34	武鸣县(桂)	1894.14
35	全州县(桂)	1500.00
36	西乡塘区(桂)	1200.00
37	兴业县(桂)	1000.00
38	隆安县(桂)	903.00
39	昭平县(桂)	750.00
40	金秀瑶族自治县(桂)	729.00
41	钟山县(桂)	700.00
42	七坡林场(桂)	656.00
43	江州区(桂)	490.00
44	中国林科院热林中心(桂)	478.00
45	凭祥市(桂)	453.00
46	剑河县(黔)	150.00
47	双柏县(滇)	3932.00
48	南华县(滇)	3764.00
49	思茅区(滇)	3480.00
50	墨江哈尼族自治县(滇)	1492.00
51	云　县(滇)	1470.00
52	镇沅彝族哈尼族拉祜族县(滇)	1466.00
53	双江拉祜族佤族布朗族傣族自治县(滇)	980.00
54	新平彝族傣族自治县(滇)	869.00
55	禄丰县(滇)	803.00
56	镇康县(滇)	525.00
57	楚雄市(滇)	247.00
58	景洪市(滇)	191.00
59	勐海县(滇)	181.00
60	永仁县(滇)	117.00
61	沧源佤族自治县(滇)	108.00
62	凤庆县(滇)	105.00

表 18-7-3　松香主产地产量

	松香主产地	产量(吨)
1	开原市(辽)	500.00
2	祁门县(皖)	310.00
3	滁州市管店林业总场(皖)	225.00
4	泾　县(皖)	187.00
5	明溪县(闽)	7455.00
6	沙　县(闽)	7379.00
7	连城县(闽)	6697.00
8	武平县(闽)	6401.00
9	尤溪县(闽)	5705.00
10	将乐县(闽)	5100.00
11	邵武市(闽)	4225.00
12	上杭县(闽)	4145.00
13	清流县(闽)	3676.00
14	永安市(闽)	2700.00
15	德化县(闽)	1500.00
16	梅列区(闽)	1340.00
17	宁化县(闽)	1250.60
18	大田县(闽)	1100.00
19	漳平市(闽)	956.00
20	三元区(闽)	860.00
21	泰宁县(闽)	810.00
22	长汀县(闽)	575.00
23	永定县(闽)	528.00
24	永丰县(赣)	4500.00
25	安福县(赣)	4500.00
26	瑞金市(赣)	2250.00
27	宁都县(赣)	1700.00
28	奉新县(赣)	1410.00
29	兴国县(赣)	1080.00
30	吉州区(赣)	1000.00
31	峡江县(赣)	932.00
32	分宜县(赣)	600.00
33	新干县(赣)	500.00
34	上饶县(赣)	400.00
35	修水县(赣)	350.00
36	德兴市(赣)	347.00
37	金溪县(赣)	306.00
38	乐安县(赣)	300.00
39	上高县(赣)	295.00
40	会昌县(赣)	282.00
41	余江县(赣)	220.00
42	德安县(赣)	200.00
43	大余县(赣)	142.00
44	赣　县(赣)	125.10
45	东乡县(赣)	105.00

	松香主产地	产量(吨)
46	桐柏县(豫)	1500.00
47	广水市(鄂)	5000.00
48	钟祥市(鄂)	1000.00
49	京山县(鄂)	800.00
50	红安县(鄂)	300.00
51	宜城市(鄂)	260.00
52	保康县(鄂)	110.00
53	松滋市(鄂)	100.00
54	石峰区(湘)	5800.00
55	永顺县(湘)	800.00
56	古丈县(湘)	700.00
57	绥宁县(湘)	600.00
58	新晃侗族自治县(湘)	540.00
59	沅陵县(湘)	400.00
60	道　县(湘)	400.00
61	江永县(湘)	350.00
62	新宁县(湘)	310.00
63	浏阳市(湘)	300.00
64	安化县(湘)	200.00
65	鹤城区(湘)	158.20
66	茶陵县(湘)	140.00
67	中方县(湘)	135.00
68	芷江侗族自治县(湘)	125.00
69	衡山县(湘)	102.00
70	吉首市(湘)	100.00
71	德庆县(粤)	27770.00
72	封开县(粤)	11167.00
73	郁南县(粤)	10800.00
74	乳源瑶族自治县(粤)	9500.00
75	翁源县(粤)	9200.00
76	高要市(粤)	6000.00
77	怀集县(粤)	6000.00
78	清新县(粤)	5000.00
79	广宁县(粤)	3851.00
80	信宜市(粤)	3000.00
81	云城区(粤)	2657.00
82	龙川县(粤)	1840.00
83	廉江市(粤)	1200.00
84	英德市(粤)	710.00
85	连山壮族瑶族自治县(粤)	650.00
86	化州市(粤)	500.00
87	连州市(粤)	400.00
88	东源县(粤)	300.00
89	新丰江林管局(粤)	150.00
90	岑溪市(桂)	42249.00
91	北流市(桂)	31525.00
92	灵山县(桂)	28000.00
93	万秀区(桂)	26362.00
94	藤　县(桂)	22872.00
95	防城区(桂)	22848.00
96	兴安县(桂)	16139.00
97	苍梧县(桂)	14294.00
98	武鸣县(桂)	12642.78
99	钦北区(桂)	10199.00
100	灵川县(桂)	9569.00
101	西乡塘区(桂)	8004.00
102	隆安县(桂)	7522.00
103	昭平县(桂)	7220.00
104	恭城瑶族自治县(桂)	6900.00
105	玉州区(桂)	6643.00
106	钟山县(桂)	6637.00
107	蒙山县(桂)	6207.00
108	柳城县(桂)	5625.00
109	容　县(桂)	5600.00
110	江州区(桂)	4917.00
111	凭祥市(桂)	4719.00
112	金秀瑶族自治县(桂)	4674.00
113	七坡林场(桂)	4585.00
114	临桂县(桂)	4500.00
115	全州县(桂)	3850.00
116	蝶山区(桂)	3513.00
117	兴业县(桂)	3000.00
118	融水苗族自治县(桂)	2745.00
119	博白县(桂)	2641.00
120	武宣县(桂)	2521.00
121	横　县(桂)	2011.00
122	资源县(桂)	2000.00
123	鹿寨县(桂)	1770.00
124	灌阳县(桂)	1500.00
125	长洲区(桂)	736.00
126	柳北区(桂)	600.00
127	平天山林场(桂)	457.62
128	涪陵区(渝)	120.00
129	木里藏族自治县(川)	400.00
130	普格县(川)	260.00
131	盐源县(川)	172.00
132	剑河县(黔)	1200.00
133	镇远县(黔)	500.00
134	麻江县(黔)	403.00
135	三穗县(黔)	200.47
136	都匀市(黔)	150.00
137	惠水县(黔)	140.00
138	楚雄市(滇)	36064.00
139	景东彝族自治县(滇)	26749.00
140	南华县(滇)	17365.00
141	思茅区(滇)	16583.00
142	双柏县(滇)	13157.00
143	镇沅彝族哈尼族拉祜族县(滇)	7424.00
144	云　县(滇)	7350.00
145	宁洱哈尼族彝族自治县(滇)	5305.00
146	禄丰县(滇)	4935.00
147	双江拉祜族佤族布朗族傣族自治县(滇)	4900.00
148	墨江哈尼族自治县(滇)	4349.00
149	新平彝族傣族自治县(滇)	3491.00
150	景洪市(滇)	998.00
151	施甸县(滇)	900.00
152	梁河县(滇)	871.00
153	勐海县(滇)	762.00
154	沧源佤族自治县(滇)	451.00
155	凤庆县(滇)	430.00
156	永仁县(滇)	421.00
157	永德县(滇)	420.00
158	玉龙纳西族自治县(滇)	405.00
159	丘北县(滇)	160.00
160	龙陵县(滇)	150.00
161	宁蒗彝族自治县(滇)	147.00
162	广南县(滇)	130.00
163	镇康县(滇)	105.00

表 18-7-4　木炭主产地产量

	木炭主产地	产量(吨)
1	图们市(吉)	1000.00
2	奉化市(浙)	7800.00
3	江山市(浙)	1255.00
4	东至县(皖)	13086.00
5	宁国市(皖)	6600.00
6	郎溪县(皖)	1000.00
7	旌德县(皖)	960.00
8	泾　县(皖)	500.00
9	和　县(皖)	300.00
10	金寨县(皖)	200.00
11	霍山县(皖)	100.00
12	铜鼓县(赣)	11050.00
13	遂川县(赣)	3500.00
14	全南县(赣)	670.00
15	靖安县(赣)	666.00
16	瑞金市(赣)	500.00
17	芦溪县(赣)	120.00

	木炭主产地	产量(吨)
18	平原县(鲁)	48000.00
19	金乡县(鲁)	618.00
20	济阳县(鲁)	150.00
21	商城县(豫)	2500.00
22	永城市(豫)	2200.00
23	江华瑶族自治县(湘)	6200.00
24	道　县(湘)	4325.00
25	双峰县(湘)	3400.00
26	祁阳县(湘)	3000.00
27	资兴市(湘)	2000.00
28	武冈市(湘)	1200.00
29	桃源县(湘)	900.00
30	临武县(湘)	850.00
31	桂东县(湘)	390.00
32	东安县(湘)	240.00
33	蓝山县(湘)	200.00
34	邵阳县(湘)	200.00
35	桃江县(湘)	180.00
36	新晃侗族自治县(湘)	108.00
37	祁东县(湘)	100.00
38	通道侗族自治县(湘)	100.00
39	雷州市(粤)	2200.00
40	徐闻县(粤)	1451.00
41	化州市(粤)	1000.00
42	全州县(桂)	1800.00
43	黎平县(黔)	34500.00
44	天柱县(黔)	1465.00
45	三都水族自治县(黔)	400.00
46	三穗县(黔)	300.00
47	锦屏县(黔)	110.00
48	陇川县(滇)	16670.00
49	盈江县(滇)	12079.00
50	石屏县(滇)	3000.00
51	禄丰县(滇)	644.00
52	施甸县(滇)	300.00
53	隆阳区(滇)	200.00

表 18-7-5　活性炭主产地产量

	活性炭主产地	产量(吨)
1	平泉县(冀)	12860.00
2	宁城县(内蒙古)	1100.00
3	清河区(辽)	145.00
4	衢江区(浙)	6000.00
5	德清县(浙)	3900.00
6	江山市(浙)	1820.00
7	遂昌县(浙)	844.00
8	青田县(浙)	150.00
9	东至县(皖)	660.00
10	铜鼓县(赣)	11860.00
11	余江县(赣)	3350.00
12	德兴市(赣)	2135.00
13	崇义县(赣)	2000.00
14	芦溪县(赣)	1080.00
15	婺源县(赣)	700.00
16	彭泽县(赣)	400.00
17	靖安县(赣)	300.00
18	金溪县(赣)	300.00
19	瑞金市(赣)	176.00
20	资兴市(湘)	6500.00
21	洞口县(湘)	3000.00
22	祁阳县(湘)	2000.00
23	桃源县(湘)	1000.00
24	靖州苗族侗族自治县(湘)	200.00
25	中方县(湘)	120.00
26	始兴县(粤)	1840.00
27	四会市(粤)	105.00
28	瑞丽市(滇)	912.66
29	青铜峡市(宁)	100.00

表 18-7-6　生漆主产地产量

	生漆主产地	产量(吨)
1	金寨县(皖)	32.00
2	太湖县(皖)	15.00
3	旌德县(皖)	4.00
4	霍山县(皖)	2.00
5	新　县(豫)	2.50
6	蕲春县(鄂)	74.00
7	咸丰县(鄂)	40.00
8	长阳土家族自治县(鄂)	4.00
9	来凤县(鄂)	1.00
10	兴山县(鄂)	0.59
11	夷陵区(鄂)	0.30
12	蓝山县(湘)	44.00
13	吉首市(湘)	25.00
14	武冈市(湘)	16.00
15	永顺县(湘)	14.00
16	保靖县(湘)	12.00
17	泸溪县(湘)	4.00
18	花垣县(湘)	3.00
19	古丈县(湘)	3.00
20	鼎城区(湘)	2.00
21	宁远县(湘)	2.00
22	凤凰县(湘)	2.00
23	酉阳土家族苗族自治县(渝)	64.00
24	巫山县(渝)	32.00
25	丰都县(渝)	31.00
26	万盛区(渝)	18.00
27	开　县(渝)	0.30
28	长宁县(川)	70.00
29	雷波县(川)	50.00
30	兴文县(川)	3.00
31	芦山县(川)	1.00
32	麻江县(黔)	200.00
33	盘　县(黔)	59.00
34	六枝特区(黔)	39.00
35	三穗县(黔)	18.00
36	从江县(黔)	10.00
37	锦屏县(黔)	8.00
38	长顺县(黔)	7.50
39	泸水县(滇)	660.00
40	大关县(滇)	31.00
41	宁陕县(陕)	57.00
42	镇巴县(陕)	55.00
43	紫阳县(陕)	30.00

表 18-7-7　生漆及其制品主产地产量

	生漆及其制品主产地	产量(吨)
1	金寨县(皖)	32.00
2	太湖县(皖)	15.00
3	浦城县(闽)	123.00
4	光泽县(闽)	20.00
5	卢氏县(豫)	680.00
6	丰都县(渝)	31.00
7	南川区(渝)	20.00
8	雷波县(川)	50.00
9	黔西县(黔)	60.00
10	凯里市(黔)	25.00
11	三穗县(黔)	18.00
12	镇雄县(滇)	73.00
13	大关县(滇)	31.00
14	维西傈僳族自治县(滇)	20.94
15	汉滨区(陕)	514.00
16	商南县(陕)	121.00
17	南郑县(陕)	105.00
18	宁强县(陕)	22.00
19	勉　县(陕)	11.00

表 18-7-8 油桐籽主产地产量

	油桐籽主产地	产量(吨)
1	太湖县(皖)	350.00
2	桐城市(皖)	330.00
3	瑞金市(赣)	460.00
4	安福县(赣)	420.00
5	万载县(赣)	362.00
6	铜鼓县(赣)	350.00
7	宜丰县(赣)	310.00
8	会昌县(赣)	115.00
9	奉新县(赣)	110.00
10	横峰县(赣)	50.00
11	鲁山县(豫)	17000.00
12	新　县(豫)	688.00
13	罗田县(鄂)	2142.00
14	来凤县(鄂)	886.00
15	阳新县(鄂)	211.00
16	蕲春县(鄂)	200.00
17	大冶市(鄂)	200.00
18	南漳县(鄂)	180.00
19	枣阳市(鄂)	180.00
20	郧　县(鄂)	100.00
21	安陆市(鄂)	77.00
22	保康县(鄂)	60.00
23	龙山县(湘)	6700.00
24	永顺县(湘)	2750.00
25	桃源县(湘)	2000.00
26	张家界市市辖区(湘)	1865.00
27	新化县(湘)	1500.00
28	溆浦县(湘)	1120.00
29	祁东县(湘)	725.00
30	安化县(湘)	660.00
31	泸溪县(湘)	484.00
32	中方县(湘)	450.00
33	资兴市(湘)	320.00
34	双峰县(湘)	298.00
35	湘乡市(湘)	180.00
36	石门县(湘)	168.00
37	凤凰县(湘)	165.00
38	保靖县(湘)	165.00
39	北湖区(湘)	125.00
40	古丈县(湘)	82.00
41	连山壮族瑶族自治县(粤)	658.00
42	东源县(粤)	250.00
43	全州县(桂)	900.00
44	恭城瑶族自治县(桂)	398.00
45	江州区(桂)	140.00
46	昭平县(桂)	108.00
47	鹿寨县(桂)	52.00
48	酉阳土家族苗族自治县(渝)	270.00
49	彭水苗族土家族自治县(渝)	100.00
50	达　县(川)	3500.00
51	峨边彝族自治县(川)	75.00
52	布拖县(川)	50.00
53	万山特区(黔)	96.00
54	麻江县(黔)	54.00
55	漾濞彝族自治县(滇)	7538.00
56	商南县(陕)	3190.00
57	南郑县(陕)	96.00

表 18-7-9 马尾松子主产地产量

	马尾松子主产地	产量(吨)
1	常山县(浙)	186.00
2	潜山县(皖)	2100.00
3	太湖县(皖)	52.00
4	南陵县(皖)	50.00
5	余江县(赣)	120.00
6	吉安县(赣)	20.00
7	光山县(豫)	500.00
8	浠水县(鄂)	120.00
9	江永县(湘)	3000.00
10	沅陵县(湘)	400.00
11	通道侗族自治县(湘)	380.00
12	武冈市(湘)	300.00
13	祁东县(湘)	165.00
14	茶陵县(湘)	150.00
15	鼎城区(湘)	120.00
16	东源县(粤)	300.00
17	大埔县(粤)	100.00
18	良庆区(桂)	10268.00
19	昭平县(桂)	8659.00
20	凭祥市(桂)	7743.00
21	上林县(桂)	6000.00
22	桂平市(桂)	4450.00
23	横　县(桂)	3189.00
24	兴安县(桂)	2966.00
25	贺州市平桂管理区(桂)	1245.00
26	大新县(桂)	739.00
27	环江毛南族自治县(桂)	336.00
28	江南区(桂)	153.00
29	高峰林场(桂)	153.00
30	黄冕林场(桂)	10.00
31	丰都县(渝)	136.00
32	仁寿县(川)	360.00
33	三穗县(黔)	320.00
34	三都水族自治县(黔)	150.00
35	从江县(黔)	69.00
36	清镇市(黔)	18.00

表 18-7-10 其他林化产品主产地产量

	主产地	品种	产量(吨)
1	绿春县(滇)	紫胶	839.00
2	墨江哈尼族自治县(滇)	紫胶	296.00
3	云　县(滇)	紫胶	260.00
4	双江拉祜族佤族布朗族傣族自治县(滇)	紫胶	205.60
5	福清市(闽)	紫胶	102.00
6	犍为县(川)	紫胶	20.00
7	芒　市(滇)	紫胶	14.30
8	镇沅彝族哈尼族拉祜族自治县(滇)	紫胶	11.00
9	思茅区(滇)	紫胶	5.70
10	浏阳市(湘)	紫胶	4.00
11	石柱土家族自治县(渝)	单宁	650.00
12	五峰土家族自治县(鄂)	单宁	390.00
13	乐山市市辖区(川)	单宁	318.00
14	丰都县(渝)	单宁	220.00
15	盐津县(滇)	单宁	78.00
16	北川羌族自治县(川)	栓皮	6000.00
17	霍山县(皖)	栓皮	1000.00
18	嵩　县(豫)	栓皮	1000.00
19	栾川县(豫)	栓皮	500.00
20	夷陵区(鄂)	栓皮	500.00

	主产地	品种	产量(吨)
21	甘洛县(川)	栓皮	500.00
22	凤　县(陕)	栓皮	500.00
23	略阳县(陕)	栓皮	300.00
24	南漳县(鄂)	栓皮	200.00
25	宁东林业局(陕)	栓皮	190.00
26	布拖县(川)	栓皮	50.00
27	南郑县(陕)	栓皮	38.00
28	宁强县(陕)	栓皮	31.00
29	化州市(粤)	橡胶及其制品	4100.00
30	西盟佤族自治县(滇)	橡胶及其制品	2442.90
31	徐闻县(粤)	橡胶及其制品	1190.00
32	思茅区(滇)	橡胶及其制品	952.80
33	畹町市(滇)	橡胶及其制品	465.20
34	雷州市(粤)	橡胶及其制品	220.00
35	高要市(粤)	桂油	800.00
36	防城区(桂)	桂油	350.00
37	桂平市(桂)	桂油	198.00
38	[illegible]连县(川)	桂油	50.00
39	峨边彝族自治县(川)	白蜡	38.00
40	宜宾县(川)	芳樟醇	2050.00
41	贡井区(川)	芳樟醇	20.00
42	敦化市(吉)	酚醛树脂胶	1600.00
43	桃源县(湘)	合成樟脑	10.00
44	防城区(桂)	茴油	116.00
45	楚雄市(滇)	聚合松香	3813.00
46	翁源县(粤)	聚酯树脂	9200.00
47	栾川县(豫)	栲胶	1550.00
48	青龙满族自治县(冀)	栲胶	1200.00
49	墨江哈尼族自治县(滇)	栲胶	946.00
50	瑞金市(赣)	木焦油	2800.00
51	剑阁县(川)	木焦油	2080.00
52	全南县(赣)	木焦油	1505.00
53	吉林森工集团股份公司	脲醛树脂胶	155976.00
54	白石山林业局(吉林森工)	脲醛树脂胶	12000.00
55	双柏县(滇)	歧化松香	7982.00
56	翠屏区(川)	三聚胺树脂	1050.00
57	港北区(桂)	松油醇	0.25
58	汝阳县(豫)	松针粉	150.00
59	霍山县(皖)	松针粉	2.00
60	道　县(湘)	萜烯树脂	8124.00
61	遂川县(赣)	萜烯树脂	670.00
62	农四师(新疆兵团)	熏衣草	812.00
63	金秀瑶族自治县(桂)	熏衣草	420.00
64	京山县(鄂)	脂松香	400.00
65	盘　县(黔)	棕榈籽	151.00
66	阳新县(鄂)	棕榈籽	112.00
67	常宁市(湘)	棕榈籽	98.00
68	恭城瑶族自治县(桂)	棕榈籽	65.00
69	麻江县(黔)	棕榈籽	10.00
70	宜宾县(川)	樟树籽	2050.00
71	翠屏区(川)	樟树籽	1100.00
72	南溪县(川)	樟树籽	150.00
73	宁乡县(湘)	樟树籽	102.00
74	化州市(粤)	橡胶	4430.00
75	镇康县(滇)	橡胶	1711.00
76	电白县(粤)	橡胶	870.00
77	信宜市(粤)	橡胶	200.00
78	雷州市(粤)	橡胶	100.00
79	大悟县(鄂)	乌桕籽	5200.00
80	罗田县(鄂)	乌桕籽	2550.00
81	酉阳土家族苗族自治县(渝)	乌桕籽	790.00
82	新　县(豫)	乌桕籽	750.00
83	祁东县(湘)	乌桕籽	381.00
84	商南县(陕)	乌桕籽	320.00
85	安陆市(鄂)	乌桕籽	109.00
86	太湖县(皖)	乌桕籽	100.00
87	江华瑶族自治县(湘)	山苍子	4500.00
88	株洲县(湘)	山苍子	2600.00
89	资兴市(湘)	山苍子	1000.00
90	冷水滩区(湘)	山苍子	600.00
91	遂川县(赣)	山苍子	500.00
92	耒阳市(湘)	山苍子	500.00
93	宁远县(湘)	山苍子	400.00
94	铜鼓县(赣)	山苍子	300.00
95	蓝山县(湘)	山苍子	244.00
96	瑞金市(赣)	山苍子	175.50
97	桂东县(湘)	山苍子	160.00
98	平阴县(鲁)	玫瑰花	5000.00
99	牟定县(滇)	玫瑰花	204.00
100	嵩　县(豫)	黄连木籽	250.00
101	剑阁县(川)	黄柏籽	2080.00
102	隆阳区(滇)	桉树叶	4224.00
103	陆良县(滇)	桉树叶	2000.00
104	祥云县(滇)	桉树叶	875.00
105	南华县(滇)	桉树叶	800.00
106	武定县(滇)	桉树叶	635.00
107	巍山彝族回族自治县(滇)	桉树叶	605.00
108	石屏县(滇)	桉树叶	350.00
109	牟定县(滇)	桉树叶	274.00
110	弥渡县(滇)	桉树叶	226.70
111	华坪县(滇)	桉树叶	200.00
112	西昌市(川)	桉树叶	180.00
113	泸西县(滇)	桉树叶	150.00
114	禄丰县(滇)	桉树叶	146.00
115	永胜县(滇)	桉树叶	134.00
116	建水县(滇)	桉树叶	100.00

表 18-8 林产化工产品出口

国家/地区	出口数量（吨）	出口金额（千美元）
11082000 菊粉		
合计	907	2744
美国	645	2117
加拿大	83	248
香港	75	181
日本	50	60
澳大利亚	9	29
巴西	8	28
台湾省	19	26
哥伦比亚	5	15
墨西哥	5	15
波兰	3	10
阿根廷	3	8
马来西亚	2	7
12119050 主要用作香料的植物及其某部分		
合计	1748	3840
日本	530	852
法国	169	812
印度	47	461
尼泊尔	168	373
香港	165	294
德国	11	280
台湾省	131	217
苏丹	113	197
阿尔及利亚	69	124
美国	16	72
韩国	77	41
澳门	220	37
丹麦	1	30
俄罗斯联邦	10	22
泰国	8	15
也门	14	9
马来西亚	1	2
乌克兰	0	2
12119091 鱼藤根、除虫菊		
合计	444	1028
日本	396	779
印度尼西亚	43	231
印度	2	12
韩国	1	4
法国	0	1
香港	2	0
12119099 主要用作杀虫、杀菌等用途的植物及其某部分		
合计	722	1847
法国	250	881
日本	169	465
德国	128	192
韩国	140	158
吉尔吉斯斯坦	29	111
新加坡	0	13
澳大利亚	2	10
叙利亚	2	8
马来西亚	0	7
美国	1	3
约旦	0	1
13019090 未列名树胶、树脂		
合计	795	3557
美国	340	1721
西班牙	160	760
意大利	120	552
日本	51	109
以色列	20	95
南非	20	95
老挝	27	81
泰国	35	63
孟加拉国	10	31
朝鲜	6	28
韩国	4	11
印度	1	7
马来西亚	1	2
香港	0	1
13021910 生漆		
合计	59	1433
日本	59	1433
13021930 除虫菊或含鱼藤酮植物根茎的液汁及浸膏		
合计	10	2916
加纳	3	1032
澳大利亚	2	596
日本	1	354
荷兰	2	315
德国	1	192
西班牙	0	125
法国	0	104
菲律宾	0	38
比利时	0	37
南非	0	37
波兰	0	19
英国	0	18
韩国	0	16
意大利	0	13
乌拉圭	0	8
哥伦比亚	0	6
匈牙利	0	5
13021990 未列名植物液汁及浸膏		
合计	12156	345529
日本	2048	101563
美国	1171	44184
墨西哥	2219	41844
印度	1896	35852
西班牙	1527	34768
韩国	571	16010
德国	379	14482
香港	51	9077
法国	529	6640
新加坡	217	5902
澳大利亚	152	4596
台湾省	148	3860
英国	96	3260
秘鲁	177	3117
阿联酋	11	3076
丹麦	87	3053
瑞士	7	1578
加拿大	44	1558
土耳其	103	1355
意大利	96	1116
摩洛哥	126	934
马来西亚	89	785
巴西	34	665
比利时	59	553
荷兰	17	548
奥地利	22	523
俄罗斯联邦	11	499
印度尼西亚	26	484
越南	38	462
波兰	14	380
保加利亚	6	369
埃及	8	256
匈牙利	7	243
新西兰	6	226
瑞典	7	219
泰国	11	177
菲律宾	3	161

国家/地区	出口数量（吨）	出口金额（千美元）
哥伦比亚	6	152
伊朗	1	145
立陶宛	9	136
叙利亚	26	118
沙特阿拉伯	11	95
捷克	2	78
巴基斯坦	9	71
南非	2	48
缅甸	0	40
罗马尼亚	1	39
柬埔寨	1	35
约旦	22	34
突尼斯	13	29
厄瓜多尔	11	21
萨尔瓦多	1	21
孟加拉国	2	19
智利	0	14
以色列	0	12
肯尼亚	1	9
乌拉圭	1	9
阿根廷	0	7
吉布提	1	7
塞尔维亚	0	4
斯洛文尼亚	0	2
希腊	0	2
葡萄牙	0	1
蒙古	22	1
埃塞俄比亚	0	1
斯洛伐克	0	1
特立尼达和多巴哥	0	1
14049010 主要供染料、鞣料用的植物原料		
合计	1852	7479
美国	655	2845
比利时	530	2824
日本	129	539
荷兰	73	479
台湾省	392	413
法国	19	234
意大利	18	76
韩国	17	24
香港	12	18
马来西亚	3	12
澳大利亚	4	10
英国	1	3
德国	0	1

国家/地区	出口数量（吨）	出口金额（千美元）
毛里求斯	0	1
15211000 植物蜡		
合计	1490	1944
越南	1179	1200
英国	119	239
日本	32	110
台湾省	6	62
南非	25	53
伊朗	10	45
美国	26	36
加拿大	16	32
印度	18	28
澳大利亚	10	20
乌克兰	10	19
德国	4	18
俄罗斯联邦	9	15
巴林	6	13
波兰	6	12
韩国	2	10
新加坡	5	10
希腊	4	9
印度尼西亚	1	4
新西兰	2	4
泰国	1	2
菲律宾	1	2
法国	0	2
15219090 其他虫蜡及鲸蜡		
合计	1	9
日本	1	9
29021910 蒎烯		
合计	23117	82143
印度	15808	56680
西班牙	3968	13198
美国	1195	4472
德国	1158	4319
法国	409	1376
日本	224	837
英国	213	779
加拿大	28	109
台湾省	37	90
荷兰	18	71
越南	15	57
意大利	15	55
澳大利亚	14	44
墨西哥	7	29

国家/地区	出口数量（吨）	出口金额（千美元）
巴基斯坦	7	27
韩国	0	3
29021990 其他环烷烃；其他环烯及环萜烯		
合计	23497	93692
日本	3373	41710
印度	6672	14950
美国	2930	9129
西班牙	1009	3684
韩国	3334	3195
德国	727	3151
荷兰	796	2642
意大利	244	2042
台湾省	307	1774
比利时	214	1560
法国	53	1279
巴基斯坦	992	1262
新加坡	529	1057
英国	371	959
巴拉圭	17	957
印度尼西亚	450	851
埃及	405	654
瑞士	168	481
俄罗斯联邦	126	463
加拿大	88	252
泰国	101	251
危地马拉	17	233
马来西亚	94	142
土耳其	88	121
巴西	41	107
乌拉圭	2	86
伊朗	56	85
澳大利亚	53	85
委内瑞拉	17	82
香港	51	70
匈牙利	5	66
阿联酋	38	57
南非	13	36
越南	16	35
孟加拉国	23	32
突尼斯	28	32
墨西哥	4	18
坦桑尼亚	11	15
爱尔兰	0	14
阿根廷	4	14
约旦	6	9

国家/地区	出口数量（吨）	出口金额（千美元）
卢旺达	6	8
瑞典	5	8
波兰	1	7
阿曼	4	6
希腊	2	6
朝鲜	1	5
智利	0	5
29052210 香叶醇、橙花醇(3，7-二甲基-2，6-辛二烯-1-醇)		
合计	46	619
印度	14	198
台湾省	14	129
新加坡	9	118
法国	1	57
德国	4	35
古巴	1	30
巴西	1	21
香港	0	10
丹麦	1	8
日本	1	8
比利时	0	2
美国	0	1
29052220 香茅醇(3,7-二甲基-6-辛烯-1-醇)		
合计	108	785
危地马拉	80	330
法国	7	180
印度	14	139
古巴	4	105
美国	1	15
印度尼西亚	1	8
西班牙	0	4
马来西亚	0	4
29052230 芳樟醇		
合计	2360	19687
美国	687	5371
德国	192	2029
西班牙	303	1923
印度	239	1654
荷兰	227	1565
法国	77	1425
英国	78	1135
新加坡	127	817
台湾省	19	544
意大利	27	517
香港	77	494

国家/地区	出口数量（吨）	出口金额（千美元）
巴西	66	413
印度尼西亚	73	391
日本	37	257
土耳其	30	229
墨西哥	24	151
比利时	3	102
澳大利亚	8	90
俄罗斯联邦	9	80
阿根廷	9	77
哥伦比亚	14	74
匈牙利	3	65
韩国	7	54
埃及	7	51
智利	6	50
古巴	2	35
阿联酋	2	23
巴基斯坦	2	19
孟加拉国	2	18
加拿大	1	17
斯里兰卡	0	7
以色列	1	5
马来西亚	0	2
南非	0	1
29054400 山梨醇		
合计	66180	38079
日本	9527	7088
泰国	11559	5029
韩国	3892	3118
俄罗斯联邦	4918	3114
台湾省	5112	2943
澳大利亚	2585	1843
尼日利亚	3859	1824
越南	3217	1698
沙特阿拉伯	2400	1137
菲律宾	2138	1041
孟加拉国	2069	947
马来西亚	1667	852
哥伦比亚	1388	728
印度尼西亚	1392	663
缅甸	1193	586
新西兰	1008	510
埃及	906	481
秘鲁	901	471
巴西	774	439
乌克兰	401	366

国家/地区	出口数量（吨）	出口金额（千美元）
美国	415	311
印度	548	275
伊朗	475	250
智利	468	238
加拿大	262	219
德国	245	205
土耳其	325	161
墨西哥	241	146
阿尔及利亚	136	85
阿根廷	149	77
叙利亚	135	77
苏丹	133	70
厄瓜多尔	136	68
南非	137	67
哈萨克斯坦	58	61
法国	72	58
朝鲜	105	58
香港	66	52
多米尼加共和国	103	50
斯洛文尼亚	57	49
委内瑞拉	86	43
新加坡	50	42
克罗地亚	90	42
毛里求斯	80	40
巴拉圭	72	34
巴基斯坦	45	33
黎巴嫩	54	30
波兰	29	27
乌兹别克斯坦	42	27
几内亚	48	26
尼加拉瓜	44	22
西班牙	26	21
肯尼亚	20	17
加纳	17	16
白俄罗斯	18	16
也门	25	16
摩洛哥	17	13
埃塞俄比亚	25	12
意大利	13	12
吉布提	22	12
突尼斯	14	12
前南马其顿	22	12
阿联酋	22	11
马拉维	13	11
玻利维亚	22	11

国家/地区	出口数量（吨）	出口金额（千美元）
斯里兰卡	8	10
塞尔维亚	16	10
格鲁吉亚	8	7
立陶宛	7	6
卡塔尔	15	6
丹麦	4	5
牙买加	11	5
坦桑尼亚	8	4
危地马拉	6	3
约旦	4	3
荷兰	3	3
刚果(金)	2	2
蒙古	0	1
29054910 木糖醇		
合计	15536	39732
日本	4677	13259
美国	4115	9938
韩国	1681	4236
土耳其	980	1981
波兰	702	1524
意大利	632	1396
丹麦	504	1078
泰国	363	1008
阿根廷	279	777
越南	247	635
台湾省	196	534
澳大利亚	133	404
德国	133	395
印度尼西亚	133	374
匈牙利	121	328
南非	112	312
荷兰	79	283
英国	92	240
芬兰	51	149
摩洛哥	61	141
瑞典	33	119
新西兰	21	79
智利	34	68
俄罗斯联邦	22	63
加拿大	22	63
巴西	24	61
厄瓜多尔	14	43
菲律宾	11	34
希腊	9	25
哥伦比亚	7	19

国家/地区	出口数量（吨）	出口金额（千美元）
马来西亚	5	18
新加坡	6	16
突尼斯	1	15
巴基斯坦	6	15
斯里兰卡	5	14
乌拉圭	4	11
格鲁吉亚	2	10
香港	3	9
捷克	2	9
朝鲜	2	8
印度	2	8
缅甸	3	5
乌克兰	2	5
西班牙	2	5
法国	2	5
埃及	2	4
葡萄牙	1	4
多米尼加共和国	1	3
肯尼亚	1	1
32030019 其他植物质着色料及以其为基本成分的制品		
合计	145	3457
日本	9	686
韩国	21	624
美国	4	422
墨西哥	2	249
丹麦	2	237
法国	2	208
意大利	2	188
澳大利亚	1	156
土耳其	60	143
西班牙	4	116
乌克兰	28	62
马来西亚	1	58
印度	1	44
德国	1	31
台湾省	1	28
加拿大	0	27
荷兰	0	27
波兰	0	23
英国	1	22
孟加拉国	1	20
香港	1	17
秘鲁	0	11
埃及	1	10

国家/地区	出口数量（吨）	出口金额（千美元）
菲律宾	0	9
拉脱维亚	0	8
尼泊尔	0	5
阿根廷	0	5
厄瓜多尔	0	4
希腊	0	3
以色列	0	2
巴西	0	2
越南	0	2
捷克	0	2
智利	0	2
印度尼西亚	0	1
新西兰	0	1
32030020 动物质着色料及以其为基本成分的制品		
合计	20	416
韩国	6	234
越南	14	138
香港	0	28
台湾省	1	15
马来西亚	0	0
33011200 橙油		
合计	103	248
印度尼西亚	32	167
新加坡	15	38
印度	11	8
法国	0	6
菲律宾	9	5
尼日利亚	10	4
泰国	11	4
香港	0	4
智利	8	3
丹麦	0	3
日本	0	3
越南	5	2
肯尼亚	2	1
罗马尼亚	0	1
33011300 柠檬油		
合计	119	341
意大利	14	190
加纳	13	29
巴基斯坦	3	21
孟加拉国	3	18
印度尼西亚	1	14
越南	14	11

国家/地区	出口数量（吨）	出口金额（千美元）
荷兰	1	10
新加坡	13	9
日本	2	7
尼日利亚	13	5
泰国	13	5
台湾省	4	4
印度	9	4
智利	8	3
韩国	0	3
美国	0	3
菲律宾	4	1
肯尼亚	3	1
澳大利亚	0	1
33011910 白柠檬油（酸橙油）		
合计	1	23
日本	1	16
印度尼西亚	0	4
荷兰	0	2
澳大利亚	0	1
33011990 其他柑橘属果实精油		
合计	98	1628
美国	88	1430
荷兰	7	115
新加坡	1	20
法国	0	18
韩国	0	18
日本	0	11
哥伦比亚	1	5
澳大利亚	0	3
比利时	1	3
英国	0	1
阿根廷	0	1
印度尼西亚	0	1
台湾省	0	1
墨西哥	0	1
瑞士	0	1
33012400 胡椒薄荷油		
合计	5	263
德国	5	263
33012500 其他薄荷油		
合计	826	17119
美国	259	5582
英国	106	2187
法国	70	1897
德国	56	1469

国家/地区	出口数量（吨）	出口金额（千美元）
日本	79	1302
荷兰	36	878
西班牙	27	687
新加坡	31	610
香港	43	552
埃及	27	345
台湾省	15	236
巴西	9	231
印度尼西亚	11	180
瑞士	3	133
马来西亚	11	115
韩国	6	82
巴基斯坦	6	77
危地马拉	4	73
泰国	3	68
越南	3	67
墨西哥	5	66
叙利亚	3	45
澳大利亚	2	45
印度	2	35
缅甸	2	27
俄罗斯联邦	2	25
加拿大	1	23
尼日利亚	2	21
南非	1	19
苏丹	1	18
菲律宾	1	9
罗马尼亚	0	4
摩洛哥	0	3
哥伦比亚	0	3
伊朗	0	2
孟加拉国	0	2
33012920 香茅油		
合计	1189	12922
西班牙	178	1797
美国	129	1487
墨西哥	112	1216
法国	98	1038
德国	93	1002
印度	86	897
新加坡	77	783
印度尼西亚	63	736
瑞士	53	638
荷兰	46	548
台湾省	50	478

国家/地区	出口数量（吨）	出口金额（千美元）
危地马拉	43	453
英国	30	364
土耳其	18	203
香港	16	175
马来西亚	15	167
泰国	11	156
巴基斯坦	13	153
巴西	9	144
阿根廷	15	126
澳大利亚	11	124
意大利	10	87
韩国	4	49
哥伦比亚	3	40
菲律宾	4	39
日本	2	22
33012930 茴香油		
合计	569	9667
香港	108	1785
法国	98	1697
德国	91	1562
西班牙	72	1509
美国	85	1237
英国	44	684
印度	17	255
澳大利亚	13	253
荷兰	13	196
新加坡	9	116
印度尼西亚	6	112
巴西	3	74
新西兰	2	48
日本	2	35
泰国	1	24
朝鲜	1	21
马来西亚	2	20
俄罗斯联邦	1	13
墨西哥	1	8
加拿大	0	5
台湾省	0	4
意大利	0	4
巴基斯坦	0	3
菲律宾	0	1
33012940 桂油		
合计	262	6091
美国	96	2278
英国	66	1529

国家/地区	出口数量（吨）	出口金额（千美元）
日本	34	852
墨西哥	33	705
新加坡	16	314
荷兰	4	111
香港	5	107
德国	4	83
法国	2	52
印度	1	20
巴西	1	19
阿根廷	0	6
巴基斯坦	0	5
印度尼西亚	0	4
澳大利亚	0	3
加拿大	0	2
台湾省	0	1
33012950 山苍子油		
合计	414	7077
德国	106	1682
美国	74	1286
西班牙	62	1023
荷兰	45	688
法国	35	644
瑞士	22	487
英国	20	368
新加坡	14	269
日本	10	164
印度尼西亚	8	152
印度	5	90
巴西	4	62
马来西亚	3	51
墨西哥	2	28
哥伦比亚	1	27
澳大利亚	2	26
阿根廷	1	17
泰国	0	7
加拿大	0	6
33012960 桉叶油		
合计	8913	90352
新加坡	2111	21363
印度尼西亚	1347	13885
德国	871	9216
美国	647	6752
印度	703	6115
香港	452	4629
英国	430	4388

国家/地区	出口数量（吨）	出口金额（千美元）
澳大利亚	422	4266
法国	425	4197
荷兰	390	4098
西班牙	311	3374
墨西哥	167	1778
泰国	103	1133
意大利	94	933
巴西	74	763
菲律宾	65	629
台湾省	74	545
日本	36	392
马来西亚	30	301
哥伦比亚	26	275
尼日利亚	18	182
斯里兰卡	14	157
南非	13	140
巴基斯坦	10	100
阿根廷	12	99
缅甸	11	92
科特迪瓦	10	89
加拿大	7	66
韩国	6	64
肯尼亚	6	61
巴拉圭	5	55
比利时	4	44
加纳	6	44
塞内加尔	3	35
新西兰	2	26
土耳其	3	21
危地马拉	1	18
巴勒斯坦	2	13
摩洛哥	1	9
罗马尼亚	0	4
埃及	0	3
厄瓜多尔	0	2
33012991 老鹳草油(香叶油)		
合计	76	13218
法国	19	3471
印度	14	2173
西班牙	8	1755
阿联酋	9	1658
美国	7	1111
荷兰	5	818
新加坡	5	765
英国	3	464

国家/地区	出口数量（吨）	出口金额（千美元）
德国	2	299
比利时	1	128
日本	1	104
土耳其	1	85
香港	1	79
澳大利亚	0	61
墨西哥	0	57
阿根廷	0	51
巴基斯坦	0	47
印度尼西亚	0	45
哥伦比亚	0	20
加拿大	0	13
台湾省	0	11
巴西	0	2
33012999 未列名非柑橘属果实精油		
合计	958	22917
美国	206	6841
德国	110	2487
法国	42	2436
印度	53	1996
英国	56	1490
日本	17	1289
以色列	55	1146
西班牙	96	680
台湾省	43	631
新加坡	61	629
斯里兰卡	6	379
荷兰	17	372
巴西	21	333
澳大利亚	25	308
越南	12	212
香港	27	203
加拿大	4	195
巴林	0	168
韩国	21	165
意大利	13	148
印度尼西亚	12	97
阿根廷	4	82
比利时	5	81
埃及	4	66
俄罗斯联邦	7	62
瑞典	1	59
巴基斯坦	6	53
叙利亚	1	31
爱尔兰	1	27

国家/地区	出口数量（吨）	出口金额（千美元）
巴拉圭	1	23
尼泊尔	0	22
菲律宾	14	20
马来西亚	1	18
新西兰	0	16
瑞士	1	16
古巴	2	15
哥伦比亚	1	15
泰国	4	14
匈牙利	3	12
墨西哥	1	11
捷克	0	11
斯洛文尼亚	2	10
拉脱维亚	0	8
朝鲜	1	7
南非	0	6
罗马尼亚	0	5
孟加拉国	0	5
波兰	0	4
丹麦	0	4
阿曼	0	3
土耳其	0	2
摩洛哥	0	2
葡萄牙	0	1
爱沙尼亚	0	1
沙特阿拉伯	0	1
33013010 鸢尾凝脂		
合计	56	525
法国	0	243
肯尼亚	49	239
贝宁	7	42
33013090 其他香膏		
合计	310	1815
美国	102	495
法国	0	409
阿联酋	22	130
英国	24	120
香港	1	101
俄罗斯联邦	19	93
沙特阿拉伯	46	54
莫桑比克	6	48
澳大利亚	5	48
日本	13	48
加纳	5	34
也门	13	31

国家/地区	出口数量（吨）	出口金额（千美元）
波兰	4	31
多哥	15	27
德国	4	27
尼日利亚	10	25
刚果(金)	8	20
新西兰	0	19
荷兰	2	16
黎巴嫩	4	10
叙利亚	1	6
南非	0	5
斐济	2	4
泰国	2	4
韩国	0	2
瑞典	0	2
缅甸	0	1
新加坡	0	1
巴基斯坦	0	1
捷克	0	1
以色列	0	1
33019010 提取的油树脂		
合计	450	4745
日本	176	2749
法国	15	429
香港	47	246
新加坡	10	238
美国	13	235
韩国	8	208
西班牙	7	159
泰国	30	100
德国	7	85
台湾省	7	46
马来西亚	6	44
加拿大	8	42
土耳其	40	29
澳大利亚	4	26
英国	1	26
蒙古	25	21
尼日利亚	20	13
菲律宾	20	13
匈牙利	2	8
孟加拉国	2	8
印度尼西亚	0	7
巴西	0	6
巴基斯坦	0	2
荷兰	0	1

国家/地区	出口数量（吨）	出口金额（千美元）
哈萨克斯坦	1	1
沙特阿拉伯	0	1
33019020 柑橘属果实的精油脱萜的萜烯副产品		
合计	47	205
美国	14	83
法国	16	34
西班牙	5	27
德国	4	18
哥伦比亚	4	17
荷兰	1	7
英国	2	5
新加坡	0	4
波兰	1	4
印度	1	4
印度尼西亚	0	2
33019090 含浓缩精油的制品；其他萜烯副产品及精油液		
合计	337	1573
印度尼西亚	107	443
台湾省	82	336
西班牙	71	217
法国	3	158
美国	8	153
马来西亚	13	70
英国	8	25
香港	3	23
加拿大	4	22
德国	2	20
哈萨克斯坦	0	14
澳大利亚	0	13
阿根廷	0	11
菲律宾	1	10
瑞士	0	9
韩国	30	8
日本	1	6
新加坡	1	6
南非	1	6
俄罗斯联邦	0	5
乌兹别克斯坦	0	3
印度	0	3
埃及	1	2
瑞典	0	2
危地马拉	0	2
立陶宛	0	2

国家/地区	出口数量（吨）	出口金额（千美元）
拉脱维亚	0	1
泰国	0	1
科威特	0	1
33030000 香水及花露水		
合计	14239	87019
美国	3974	20226
法国	470	14744
英国	2387	12548
荷兰	2922	10903
新加坡	321	8632
香港	242	4453
澳大利亚	282	2211
阿联酋	444	2060
德国	451	1499
菲律宾	670	1366
西班牙	207	1302
乌克兰	358	929
沙特阿拉伯	251	919
马来西亚	108	841
海地	169	503
哥伦比亚	59	397
比利时	100	323
捷克	103	308
巴拿马	100	244
台湾省	19	243
土耳其	8	240
洪都拉斯	41	176
贝宁	26	129
哥斯达黎加	40	126
萨尔瓦多	11	112
巴拉圭	21	112
危地马拉	11	98
日本	32	89
多米尼加共和国	23	86
印度	25	86
加拿大	17	81
意大利	30	76
波兰	5	74
新西兰	14	69
尼加拉瓜	16	63
俄罗斯联邦	28	54
黎巴嫩	17	52
越南	5	50
安哥拉	23	50
泰国	3	45

国家/地区	出口数量（吨）	出口金额（千美元）
摩尔多瓦	23	40
墨西哥	9	39
特立尼达和多巴哥	10	38
伊朗	24	34
韩国	0	33
朝鲜	6	30
亚美尼亚	10	30
肯尼亚	10	26
秘鲁	15	25
拉脱维亚	8	25
埃及	21	23
斯洛文尼亚	18	22
柬埔寨	8	21
基里巴斯	1	15
以色列	3	14
保加利亚	12	12
乌拉圭	3	10
缅甸	6	9
加纳	10	9
苏里南	1	8
马尔代夫	3	6
智利	2	5
厄瓜多尔	1	5
冰岛	1	5
挪威	0	5
瑞士	0	4
澳门	0	2
爱尔兰	0	2
芬兰	1	1
38051000 脂松节油、木松节油和硫酸盐松节油		
合计	3228	9184
墨西哥	1464	4014
法国	461	1269
香港	232	703
澳大利亚	185	629
日本	204	555
德国	184	553
印度	192	532
瑞典	97	281
泰国	45	151
菲律宾	43	137
利比亚	36	95
孟加拉国	28	92
新加坡	19	64

国家/地区	出口数量（吨）	出口金额（千美元）
台湾省	14	42
叙利亚	14	35
委内瑞拉	3	12
韩国	3	7
埃及	2	7
安哥拉	2	3
38059010 以 α 萜品醇为基本成分的松油		
合计	4937	15444
印度尼西亚	1587	3888
南非	428	1975
马来西亚	345	1055
巴基斯坦	267	789
印度	252	767
英国	147	689
西班牙	192	479
泰国	123	417
秘鲁	90	402
厄瓜多尔	86	401
新加坡	130	374
约旦	84	311
德国	28	297
阿联酋	43	270
美国	99	267
墨西哥	101	243
沙特阿拉伯	59	228
澳大利亚	51	217
香港	78	216
哥伦比亚	57	195
埃及	31	180
台湾省	74	173
朝鲜	84	133
斯里兰卡	36	128
尼日利亚	38	114
黎巴嫩	32	110
委内瑞拉	30	107
乌拉圭	30	95
荷兰	14	82
土耳其	29	79
意大利	26	78
韩国	16	75
毛里求斯	22	70
坦桑尼亚	38	69
瑞士	16	66
智利	15	61
菲律宾	15	58

国家/地区	出口数量（吨）	出口金额（千美元）
越南	52	54
科威特	17	47
阿曼	8	38
苏丹	17	36
叙利亚	6	31
哥斯达黎加	14	22
巴西	6	22
老挝	10	17
缅甸	6	8
日本	0	3
津巴布韦	3	3
阿尔及利亚	2	2
蒙古	1	2
新西兰	0	1
38061010 松香		
合计	249801	486750
比利时	35491	68475
葡萄牙	35913	64102
日本	33199	63465
印度	23996	49999
韩国	20108	44879
西班牙	15604	29141
台湾省	12535	27567
法国	11561	20264
荷兰	7013	14803
美国	7660	14744
德国	8539	14418
墨西哥	6259	13029
土耳其	4227	8221
澳大利亚	3906	7568
印度尼西亚	2653	5244
泰国	2521	4495
南非	2213	4311
巴西	2024	4201
马来西亚	1944	3602
希腊	1836	3419
香港	1389	3342
菲律宾	1424	2478
巴基斯坦	974	1904
波兰	749	1649
新加坡	569	1145
伊朗	606	1123
阿根廷	526	1095
秘鲁	484	1065
俄罗斯联邦	486	1054

国家/地区	出口数量（吨）	出口金额（千美元）
尼日利亚	580	930
意大利	465	827
英国	335	631
智利	268	562
埃及	438	468
委内瑞拉	209	344
加拿大	122	338
沙特阿拉伯	146	286
立陶宛	131	252
约旦	96	168
以色列	64	130
新西兰	55	118
叙利亚	65	105
乌克兰	53	86
阿联酋	47	85
克罗地亚	18	70
芬兰	40	67
突尼斯	43	60
斯里兰卡	31	53
摩洛哥	22	43
哥伦比亚	22	39
斯洛文尼亚	16	37
哥斯达黎加	18	34
越南	14	34
捷克	22	32
科威特	12	23
孟加拉国	12	22
黎巴嫩	9	18
毛里求斯	11	17
巴拿马	5	12
朝鲜	2	12
伊拉克	6	11
罗马尼亚	5	10
坦桑尼亚	5	9
缅甸	4	7
哈萨克斯坦	2	5
安哥拉	0	1
老挝	1	1
38062010 松香盐及树脂酸盐		
合计	2057	4878
德国	1444	2882
美国	131	451
意大利	174	431
台湾省	45	346
越南	85	211

国家/地区	出口数量（吨）	出口金额（千美元）
印度尼西亚	69	193
韩国	12	147
印度	25	50
荷兰	30	47
日本	2	41
加拿大	15	21
南非	10	20
巴林	5	11
香港	5	10
加纳	4	8
菲律宾	2	5
巴基斯坦	0	2
马来西亚	0	1
38062090 松香或树脂酸衍生物的盐		
合计	223	627
印度	166	445
沙特阿拉伯	14	49
马来西亚	9	37
德国	7	32
加拿大	2	18
英国	8	14
泰国	6	9
埃及	6	8
日本	1	6
斯里兰卡	3	3
乌拉圭	1	2
危地马拉	0	2
哥伦比亚	1	2
38063000 酯胶		
合计	8410	19170
意大利	1390	4244
西班牙	1789	4138
加拿大	1024	2225
美国	792	1644
土耳其	872	1641
埃及	521	1232
比利时	532	1017
巴基斯坦	312	659
韩国	271	568
肯尼亚	178	393
日本	256	392
越南	112	245
印度尼西亚	106	223
伊朗	75	140
墨西哥	58	126

国家/地区	出口数量（吨）	出口金额（千美元）
阿尔及利亚	42	97
新加坡	40	80
叙利亚	15	45
智利	11	28
印度	9	22
泰国	6	14
38069000 其他松香和树脂酸衍生物；松香精及松香油等		
合计	135376	312936
日本	23817	62758
德国	19902	42957
韩国	16818	37259
美国	12345	28626
台湾省	8903	19896
比利时	8112	17894
马来西亚	4736	10609
荷兰	4125	9616
泰国	4260	9137
印度尼西亚	3652	8613
印度	2964	7363
沙特阿拉伯	2816	6527
英国	2689	6390
土耳其	2230	4812
意大利	2041	4414
越南	1794	3910
澳大利亚	1438	3507
伊朗	1232	2812
丹麦	1248	2762
西班牙	1235	2695
法国	1518	2643
南非	1077	2596
埃及	1016	2377
香港	426	1524
加拿大	488	1186
瑞典	528	1064
新加坡	410	951
挪威	400	857
墨西哥	376	773
葡萄牙	326	589
俄罗斯联邦	277	563
巴西	184	539
科特迪瓦	186	429
爱尔兰	120	406
菲律宾	182	366
阿联酋	162	353

国家/地区	出口数量（吨）	出口金额（千美元）
斯里兰卡	133	311
叙利亚	133	270
巴基斯坦	107	270
尼日利亚	118	269
爱沙尼亚	116	252
以色列	90	228
阿根廷	69	194
哥伦比亚	55	175
芬兰	64	138
塞浦路斯	60	129
智利	55	121
加纳	54	97
黎巴嫩	46	94
突尼斯	34	92
缅甸	25	83
新西兰	30	73
委内瑞拉	21	65
孟加拉国	23	57
波兰	17	47
伊拉克	18	40
立陶宛	16	33
希腊	16	30
罗马尼亚	11	27
阿曼	11	23
乌克兰	5	12
吉布提	5	11
毛里求斯	5	10
喀麦隆	7	9
约旦	1	2
安哥拉	0	1
40011000 天然橡胶乳，不论是否予硫化		
合计	926	2066
台湾省	574	1290
越南	213	479
柬埔寨	66	143
朝鲜	48	99
香港	25	54
40012100 烟胶片		
合计	16161	51592
新加坡	3880	12209
台湾省	2867	9580
泰国	2920	8832
印度	2598	8611
朝鲜	1846	6051
韩国	804	2569

国家/地区	出口数量（吨）	出口金额（千美元）
马来西亚	488	1318
越南	244	791
斯里兰卡	200	624
巴西	100	363
香港	100	333
缅甸	109	293
日本	5	18
40012200 技术分类天然橡胶(TSNR)		
合计	6713	21770
韩国	4056	13270
越南	618	1793
台湾省	423	1322
香港	400	1305
印度	300	1185
朝鲜	341	1060
马来西亚	261	744
西班牙	202	653
古巴	44	257
缅甸	63	164
美国	1	7
法国	1	5
英国	1	2
印度尼西亚	1	1
刚果(金)	0	1
40012900 其他形状的天然橡胶		
合计	1559	4628
香港	1103	3375
朝鲜	243	584
美国	53	402
越南	20	69
英国	2	45
塞内加尔	38	32
泰国	20	24
乌兹别克斯坦	6	23
苏丹	5	16
菲律宾	18	10
沙特阿拉伯	4	8
南非	3	6
缅甸	1	5
澳大利亚	17	4
吉布提	1	4
智利	1	3
荷兰	6	3
墨西哥	1	3
印度尼西亚	1	3

国家/地区	出口数量（吨）	出口金额（千美元）
阿联酋	2	2
日本	1	2
台湾省	1	2
蒙古	8	2
哥伦比亚	4	1
乌克兰	0	1
马来西亚	1	0

表 18-9　林产化工产品进口

国家/地区	进口数量（吨）	进口金额（千美元）
11082000 菊粉		
合计	1035	3244
智利	420	1383
荷兰	436	1295
比利时	178	565
12079991 牛油树果		
合计	1197	473
多哥	756	299
加纳	392	157
塞拉利昂	49	17
12119050 主要用作香料的植物及其某部分		
合计	6836	5917
印度尼西亚	2194	1882
台湾省	2146	1067
澳大利亚	549	645
瓦努阿图	30	300
德国	51	272
缅甸	670	216
法国	52	178
土耳其	28	155
美国	31	123
印度	203	108
波兰	16	104
老挝	286	99
中华人民共和国	194	83
刚果(金)	28	71
加拿大	13	66
摩洛哥	40	56
南非	15	55
越南	136	48
英国	10	45
埃及	11	42
马来西亚	3	29
瑞典	23	29
塞内加尔	15	27
苏丹	13	27
尼日利亚	12	26
以色列	1	22
新加坡	23	18
阿尔巴尼亚	1	18
巴拉圭	2	17
日本	1	13
坦桑尼亚	22	11
马达加斯加	0	8
巴西	0	6
罗马尼亚	0	6
墨西哥	1	6
巴基斯坦	3	5
克罗地亚	1	5
泰国	0	5
西班牙	0	4
马耳他	1	4
比利时	1	3
香港	2	3
保加利亚	0	2
斯里兰卡	0	2
智利	0	2
朝鲜	4	2
匈牙利	0	1
12119091 鱼藤根、除虫菊		
合计	443	683
肯尼亚	429	667
秘鲁	10	13
美国	4	3
12119099 主要用作杀虫、杀菌等用途的植物及其某部分		
合计	708	1279
巴西	21	343
印度	204	235
加纳	106	212
科特迪瓦	42	190
缅甸	225	66
美国	3	46
刚果(金)	32	41
泰国	6	30
波兰	15	29
喀麦隆	13	26
保加利亚	20	25
哥斯达黎加	0	14
印度尼西亚	20	9
玻利维亚	0	6
日本	0	5
埃及	0	1
马来西亚	0	1
埃塞俄比亚	0	1
13019040 松脂		
合计	325	209
印度尼西亚	167	104
巴西	48	57
缅甸	110	47
32030011 天然靛蓝及以其为基本成分的制品		
合计	7	49
意大利	6	29
法国	1	12
印度	0	7
美国	0	1
32030019 其他植物质着色料及以其为基本成分的制品		
合计	1093	15723
印度	197	3280
日本	47	2276
意大利	241	1890
美国	172	1800
丹麦	35	1280
德国	118	976
韩国	53	865
秘鲁	9	859
澳大利亚	5	662
西班牙	77	405
瑞士	2	359
法国	88	303
英国	14	288
台湾省	17	130
马来西亚	3	108
智利	1	71
泰国	4	66
荷兰	1	29
中华人民共和国	1	20
巴西	1	19
瑞典	0	11
香港	5	8
墨西哥	0	6
新加坡	0	5

国家/地区	进口数量(吨)	进口金额(千美元)
厄瓜多尔	0	3
巴基斯坦	3	3
比利时	0	2
32030020 动物质着色料及以其为基本成分的制品		
合计	56	6722
秘鲁	15	5192
德国	6	769
韩国	13	300
日本	7	170
英国	3	98
法国	1	91
美国	11	41
智利	0	37
台湾省	0	12
瑞典	0	8
瑞士	0	3
丹麦	0	1
33011200 橙油		
合计	2379	11609
美国	816	6498
巴西	1296	2872
英国	98	707
瑞士	16	475
日本	6	204
德国	13	174
南非	63	168
意大利	15	122
以色列	23	115
澳大利亚	4	75
台湾省	9	68
法国	1	36
加拿大	3	25
新加坡	1	18
印度尼西亚	1	11
乌拉圭	11	11
西班牙	1	11
哥斯达黎加	0	10
荷兰	0	7
泰国	0	1
33011300 柠檬油		
合计	791	27193
美国	277	9331
阿根廷	255	8317
日本	74	3772

国家/地区	进口数量(吨)	进口金额(千美元)
瑞士	49	2231
英国	45	1493
意大利	70	1293
德国	7	237
法国	1	87
巴西	1	76
荷兰	0	74
新加坡	1	53
爱尔兰	4	48
西班牙	2	47
澳大利亚	1	46
南非	1	42
哥伦比亚	0	15
中华人民共和国	0	10
印度	0	7
台湾省	2	5
乌拉圭	0	5
泰国	0	2
墨西哥	0	1
33011910 白柠檬油(酸橙油)		
合计	66	2357
美国	42	1483
英国	9	426
墨西哥	9	190
德国	5	181
瑞士	0	46
日本	0	8
中华人民共和国	0	7
海地	0	6
法国	0	5
印度尼西亚	0	2
澳大利亚	0	1
巴西	0	1
西班牙	0	1
33011990 其他柑橘属果实精油		
合计	144	4414
日本	5	2199
美国	57	877
意大利	13	339
英国	14	331
巴西	27	186
德国	14	127
瑞士	0	95
西班牙	0	55
法国	2	43

国家/地区	进口数量(吨)	进口金额(千美元)
南非	1	39
奥地利	6	28
比利时	1	22
以色列	0	21
澳大利亚	1	12
加拿大	0	7
印度尼西亚	0	7
台湾省	0	6
土耳其	1	6
荷兰	0	4
爱尔兰	1	3
新加坡	0	2
泰国	0	1
墨西哥	0	1
33012400 胡椒薄荷油		
合计	210	9779
美国	177	8897
印度	23	554
日本	1	104
法国	5	98
英国	3	96
德国	0	21
澳大利亚	0	4
西班牙	0	3
波兰	0	1
33012500 其他薄荷油		
合计	1272	18670
印度	886	11738
新加坡	331	5078
美国	36	1438
日本	2	187
英国	5	103
法国	7	59
德国	2	22
中华人民共和国	1	15
西班牙	0	12
泰国	0	7
香港	1	3
瑞士	0	2
波兰	0	2
澳大利亚	0	1
马达加斯加	0	1
33012910 樟脑油		
合计	0	20
南非	0	17

国家/地区	进口数量（吨）	进口金额（千美元）
美国	0	2
法国	0	1
33012920 香茅油		
合计	41	532
印度尼西亚	25	275
西班牙	11	144
瑞士	2	60
德国	0	23
缅甸	3	11
新加坡	0	5
泰国	0	5
法国	0	2
日本	0	2
美国	0	1
英国	0	1
巴西	0	1
澳大利亚	0	1
斯里兰卡	0	1
33012930 茴香油		
合计	3	93
西班牙	1	41
英国	1	15
印度	0	11
法国	0	7
中华人民共和国	0	7
新加坡	1	6
澳大利亚	0	2
美国	0	1
乌克兰	0	1
33012940 桂油		
合计	2	74
美国	0	18
斯里兰卡	1	18
德国	1	9
澳大利亚	0	8
法国	0	7
英国	0	7
摩洛哥	0	3
塞尔维亚	0	2
新加坡	0	1
33012950 山苍子油		
合计	7	127
英国	6	117
日本	0	5
德国	0	4
澳大利亚	0	1
33012960 桉叶油		
合计	13	232

国家/地区	进口数量（吨）	进口金额（千美元）
巴西	6	90
美国	4	63
日本	1	48
瑞士	1	10
中华人民共和国	1	6
法国	0	4
南非	0	4
泰国	0	3
西班牙	0	2
澳大利亚	0	2
33012991 老鹳草油（香叶油）		
合计	5	533
埃及	2	268
法国	1	180
印度	0	31
英国	0	17
西班牙	1	13
德国	0	8
瑞士	0	6
美国	0	4
匈牙利	0	2
南非	0	1
新加坡	0	1
中华人民共和国	0	1
印度尼西亚	0	1
33012999 未列名非柑橘属果实精油		
合计	1557	28504
美国	220	8392
法国	43	2850
老挝	499	2643
马达加斯加	265	2223
印度尼西亚	96	1832
英国	76	1637
瑞士	18	1190
德国	24	1150
柬埔寨	101	966
澳大利亚	27	948
印度	22	924
西班牙	23	813
台湾省	71	736
日本	2	292
危地马拉	1	234
匈牙利	2	150
埃及	1	146
斯里兰卡	5	145
荷兰	8	120
朝鲜	20	113
新加坡	9	103

国家/地区	进口数量（吨）	进口金额（千美元）
南非	1	89
巴拉圭	3	73
比利时	1	69
中华人民共和国	1	58
俄罗斯联邦	1	56
墨西哥	0	52
海地	0	47
保加利亚	0	44
缅甸	6	37
意大利	2	36
奥地利	0	36
土耳其	0	33
加拿大	0	33
克罗地亚	0	30
摩洛哥	0	27
巴西	1	23
科摩罗	0	22
突尼斯	1	18
韩国	2	17
泰国	0	16
拉脱维亚	0	15
塞尔维亚	0	6
菲律宾	0	6
以色列	1	6
乌克兰	0	5
越南	0	5
捷克	0	5
香港	0	5
伊朗	0	5
索马里	0	4
阿尔巴尼亚	0	3
牙买加	0	3
罗马尼亚	0	2
萨摩亚	0	2
葡萄牙	0	1
洪都拉斯	0	1
津巴布韦	0	1
多米尼加共和国	0	1
斯洛文尼亚	0	1
多米尼克	0	1
加纳	0	1
33013010 鸢尾凝脂		
合计	0	46
法国	0	45
33013090 其他香膏		
合计	24	745
法国	1	192
英国	6	121

国家/地区	进口数量(吨)	进口金额(千美元)
美国	5	118
德国	6	80
瑞士	0	76
西班牙	1	56
荷兰	1	29
加拿大	0	28
印度	0	11
台湾省	1	8
莱索托	1	6
瑞典	1	6
斯里兰卡	1	5
拉脱维亚	0	4
叙利亚	0	1
萨尔瓦多	0	1
巴西	0	1
33019010 提取的油树脂		
合计	583	9286
印度	206	5645
美国	308	2764
丹麦	48	248
日本	1	213
法国	3	113
英国	2	72
印度尼西亚	2	65
西班牙	2	47
荷兰	5	33
台湾省	4	22
澳大利亚	0	20
加拿大	0	16
德国	0	10
韩国	1	10
新加坡	0	1
巴西	0	1
阿尔巴尼亚	0	1
马来西亚	0	1
比利时	0	1
奥地利	0	1
33019020 柑橘属果实的精油脱萜的萜烯副产品		
合计	702	2319
美国	504	1548
巴西	131	351
德国	14	139
英国	25	126
加拿大	4	46
意大利	2	26
新加坡	5	26
台湾省	13	23

国家/地区	进口数量(吨)	进口金额(千美元)
墨西哥	3	19
印度	1	9
西班牙	1	3
瑞士	0	2
33019090 含浓缩精油的制品；其他萜烯副产品及精油液		
合计	392	4094
中华人民共和国	43	812
香港	46	634
美国	34	478
法国	15	457
日本	3	328
英国	10	315
台湾省	86	222
西班牙	58	167
印度	61	155
新加坡	19	119
瑞士	2	108
意大利	3	60
拉脱维亚	2	59
德国	3	50
澳大利亚	1	43
加拿大	1	33
巴拉圭	1	16
荷兰	1	13
智利	0	13
保加利亚	1	6
梵蒂冈城国	0	2
印度尼西亚	0	1
泰国	0	1
澳门	1	1
马来西亚	0	1
33030000 香水及花露水		
合计	1229	67676
法国	602	43187
意大利	55	5998
美国	381	5931
英国	88	5732
德国	25	4452
西班牙	43	1593
泰国	6	204
瑞士	5	199
菲律宾	9	89
日本	3	77
比利时	3	73
瑞典	3	47
新加坡	1	32
中华人民共和国	4	16

国家/地区	进口数量(吨)	进口金额(千美元)
摩纳哥	0	13
新西兰	1	13
加拿大	0	9
牙买加	0	3
马来西亚	0	3
越南	0	1
爱尔兰	0	1
韩国	0	1
38061010 松香		
合计	3589	8830
日本	388	2834
巴西	1606	2026
印度尼西亚	893	1079
新加坡	23	756
越南	323	578
美国	85	387
德国	63	237
台湾省	71	228
韩国	17	207
乌克兰	13	101
比利时	21	78
马来西亚	6	56
荷兰	9	50
葡萄牙	12	40
中华人民共和国	14	40
缅甸	31	37
俄罗斯联邦	4	31
墨西哥	5	30
匈牙利	0	13
英国	3	12
法国	1	5
阿根廷	0	2
澳大利亚	0	1
西班牙	0	1
38061020 树脂酸		
合计	38	122
德国	6	61
马来西亚	27	39
台湾省	3	13
美国	1	4
韩国	1	3
日本	0	2
38062010 松香盐及树脂酸盐		
合计	38	167
日本	21	93
美国	7	52
台湾省	9	21

国家/地区	进口数量（吨）	进口金额（千美元）
德国	0	1
38062090 松香或树脂酸衍生物的盐		
合计	5	20
比利时	4	13
德国	0	4
日本	1	2
38063000 酯胶		
合计	336	2422
美国	236	1931
墨西哥	61	335
日本	20	104
韩国	16	42
法国	2	11
台湾省	1	1
38069000 其他松香和树脂酸衍生物；松香精及松香油等		
合计	3389	13119
日本	623	3817
美国	589	3286
法国	556	1360
德国	313	1275
台湾省	597	1225
韩国	172	677
荷兰	95	438
中华人民共和国	145	349
马来西亚	7	110
瑞士	7	108
新西兰	52	99
瑞典	33	82
巴西	72	54
俄罗斯联邦	75	53
比利时	15	51
西班牙	12	46
澳大利亚	4	24
菲律宾	14	22
英国	3	13
印度尼西亚	2	11
加拿大	1	10
奥地利	0	3
香港	0	1
葡萄牙	0	1
意大利	1	1
芬兰	0	1

国家/地区	进口数量（吨）	进口金额（千美元）
40011000 天然橡胶乳，不论是否予硫化		
合计	251218	526466
泰国	222015	467930
马来西亚	11463	23638
越南	9827	20867
印度尼西亚	2618	5532
喀麦隆	2782	5420
缅甸	1703	1398
利比里亚	193	592
印度	325	548
尼日利亚	100	210
老挝	53	105
菲律宾	62	92
台湾省	47	75
中华人民共和国	24	43
美国	6	15
希腊	1	2
法国	0	0
40012100 烟胶片		
合计	217185	694289
泰国	183336	586391
缅甸	13894	40895
印度尼西亚	6792	22315
越南	5754	19235
老挝	4323	16006
马来西亚	854	2678
斯里兰卡	576	1954
印度	570	1728
柬埔寨	360	1143
孟加拉国	270	926
喀麦隆	300	522
刚果(布)	80	294
菲律宾	76	200
40012200 技术分类天然橡胶(TSNR)		
合计	1353169	4333716
泰国	484061	1574071
印度尼西亚	394571	1247494
马来西亚	343886	1105502
越南	89535	279952
柬埔寨	11602	36182
科特迪瓦	9294	30378
缅甸	6096	18188
菲律宾	3443	10452
喀麦隆	3804	10429

国家/地区	进口数量（吨）	进口金额（千美元）
韩国	1618	5234
老挝	1927	5173
尼日利亚	1613	4966
利比里亚	1131	3904
印度	200	581
斯里兰卡	142	422
台湾省	97	340
中华人民共和国	101	299
加蓬	45	137
德国	2	11
40012900 其他形状的天然橡胶		
合计	39722	112407
泰国	12025	34483
越南	12034	34013
印度尼西亚	8937	24569
缅甸	2248	6921
马来西亚	2094	6493
老挝	786	2435
斯里兰卡	629	1874
台湾省	262	656
柬埔寨	360	491
中华人民共和国	29	174
科特迪瓦	209	149
塞拉利昂	90	81
德国	11	20
韩国	3	17
菲律宾	3	11
西班牙	3	9
日本	0	6
美国	0	5
法国	0	1
40013000 巴拉塔胶、古塔波胶、银胶菊胶、糖胶树胶及类似的天然树胶		
合计	141	417
马来西亚	134	193
印度尼西亚	3	142
拉脱维亚	1	31
韩国	1	19
波兰	0	15
尼日利亚	0	5
泰国	0	5
斯里兰卡	2	4
台湾省	0	2

野生动物驯养

【概　况】 野生动物驯养产业的产品包括活动物、种用动物、食用动物、动物油脂、动物肥料、动物皮毛、动物牙角蹄、动物炭黑、动物工艺品、天然蜂蜜、蜂产品、燕窝等。

驯养野生动物类产品出口金额5.8亿美元，进口金额4.5亿美元。出口中动物皮毛最多，2.8亿美元，占48.36%；其次是天然蜂蜜1.8亿美元，占31.37%；然后是蜂产品占13.64%；出口活动物占6.39%。进口中也是动物皮毛最多，4.1亿美元，占89.80%。贸易逆差较大的产品是燕窝，只有进口没有出口；其次是种用动物出口20万美元，进口1003万美元。见表19-1。

我国对野生动物进行指导性的法律及政策主要有8项，主要集中于自然保护区建设、濒危物种保护、种用野生动植物种源免税进口等方面，见表19-2。我国对野生动物共有2个行业标准：《活体野生动物运输要求》适用于哺乳类、鸟类、两栖类和爬行类活体野生动物在中国国内的空运、海运、陆运和国际联运。《陆生野生动物(两栖爬行类)饲养场通用技术条件》，规定了两栖爬行类动物饲养场的建设、饲养管理、亲体来源、繁殖孵化、卫生防疫等通用技术要求。在统计的20多项科技成果中，主要侧重于对国家保护动物的研究，涉及大熊猫、朱鹮、蝶类等昆虫、黄腹角雉物种、西藏藏羚羊、猎豹等，另外还有毛皮生产技术的研究，见表19-3。野生动物国家级和省级协会有39个，见表19-4。

表19-1　全国驯养野生动物进出口贸易总值

	单位	出口数量	出口金额(千美元)	进口数量	进口金额(千美元)
合计			581804		452908
活动物	千只	574613	37184	1835	7353
动物牙、角、蹄等	吨	6	211	829	2941
种用动物	千只	155	201	473	10032
天然蜂蜜	吨	101138	182513	2189	9599
燕窝	吨			9	12825
蜂产品	吨	12048	79348	127	2435
动物油脂	吨			1	9
动物肥料	吨	110722	364	52481	127
动物工艺品	吨	4307	54	75	7
动物皮毛			281383		406780
动物食用			255		506
动物炭黑	吨	107836	290	22026	292

表19-2　国家野生动物法规政策

	文件名称	文件号	发布机构
1	中华人民共和国动物防疫法	1997年国家主席令第87号	全国人民代表大会
2	中华人民共和国野生动物保护法	2004年国家主席令第24号	全国人民代表大会常务委员会
3	全国野生动植物保护及自然保护区建设工程总体规划		国家林业局
4	中华人民共和国濒危野生动植物进出口管理条例	国务院令第465号	国务院
5	关于农业部2010年度种子(苗)种畜(禽)鱼种(苗)和种用野生动植物种源免税进口计划的通知	财关税〔2010〕11号	财政部　国家税务总局
6	濒危水生野生动植物种鉴定单位名单	农业部公告第1376号	农业部
7	关于国家林业局2010年度种子(苗)和种用野生动植物种源免税进口计划的通知	财关税〔2010〕9号	财政部　国家税务总局
8	关于下达2010～2011年度实验用猴经营利用限额有关事项的通知	林护发〔2010〕199号	国家林业局

表 19-3　野生动物科研项目

	项目名称	研究单位(项目完成年)
1	三峡蝶类补充调查及其经济价值评估研究	重庆市森林病虫防治检疫站(2005)
2	黑龙江省芬兰优质种狐养殖扩繁技术研究	东北林业大学　哈尔滨华隆饲料开发有限公司等(2005)
3	野生草食动物放养区适生性地被植物的筛选研究	天津动物园(2004)
4	圈养大熊猫行为研究及其应用	中国保护大熊猫研究中心
5	中国隐翅虫科的分类研究(1993~2006)	西华师范大学
6	西藏藏羚羊生物生态学研究	西藏自治区林业调查规划研究院(2006)
7	马麝呼吸系统疾病发病机理与综合防治技术研究	甘肃兴隆山国家级自然保护区管理局　甘肃农业大学动物医学系(2005)
8	特种经济动物产业化建设关键技术及主要传染病检测、诊断与监测研究	东北林业大学(2006)
9	鹿体外受精与胚胎体外培养及绿色肉用马鹿育肥配套技术	东北林业大学　黑龙江省农垦科学院　哈尔滨特产研究所(2007)
10	大鸨人工增殖及种群遗传管理的研究	东北林业大学　哈尔滨北方森林动物园(2007)
11	黄腹角雉物种保护技术研究	浙江乌岩岭国家级自然保护区管理局(2006)
12	朱鹮拯救与保护研究	陕西朱鹮保护观察站　陕西省自然保护区和野生动物管理站等
13	甘肃白水江大熊猫研究	甘肃白水江国家级自然保护区管理局
14	水貂和狐狸特种饲料及抗生素类饲料添加剂绿色替代品研究	东北林业大学(2008)
15	提高辽宁蓝狐毛皮生产技术的研究	辽宁野生动植物保护工作站　辽阳市方家野生动物养殖协会等(2007)
16	昆虫细胞培养及细胞系库建立技术引进	中国林科院资源昆虫研究所(2006)
17	珍稀濒危蝴蝶培育技术引进	中国林科院资源昆虫所　昆明中林观赏昆虫科技开发有限公司等
18	野生动植物自然保护区可持续发展评价体系与政策研究以江苏大丰国家级麋鹿自然保护区为例	南京林业大学(2007)
19	猎豹繁育研究	上海野生动物园发展有限责任公司(2009)
20	上海野生鸟类禽流感监测与防控对策的初步研究	上海市野生动植物保护管理站(2008)
21	佛坪自然保护区大熊猫种群动态及保护对策研究	陕西佛坪国家级自然保护区管理局(2010)
22	圈养大熊猫对竹种取食选择及代表竹种营养成份分析	陕西省珍稀野生动物抢救饲养研究中心(2009)
23	乌岩岭保护区昆虫资源开发与保护研究	浙江乌岩岭国家级自然保护区管理局(2009)
24	清凉峰华南梅花鹿种群生存力及扩繁技术	临安市清凉峰华南梅花鹿研究所(2010)
25	普氏野马 mtDNA 分子遗传及系统进化研究	甘肃濒危动物研究中心(2006)

表 19-4　野生动物保护国家级和省级协会

1	中国野生动物保护协会
2	中国鸵鸟养殖开发协会
3	中国实验灵长类养殖开发协会
4	中国动物园协会
5	中国蜂产品协会
6	北京市野生动物保护协会
7	天津市野生动物保护协会
8	河北省野生动物保护协会
9	山西省野生动物保护协会
10	内蒙古自治区野生动植物保护协会
11	吉林省野生动植物保护协会
12	黑龙江省野生动物保护协会
13	黑龙江省森工林区野生动物保护协会
14	上海市野生动植物保护协会
15	江苏省野生动物保护协会
16	浙江省饲料与动物保健品协会
17	浙江省野生动植物保护协会
18	福建省野生动植物保护协会
19	福建省野生动物保护协会标本行业专业委员会
20	福建省野生动物保护协会观鸟分会
21	福建省野生动物保护协会养殖与加工利用专业委员会
22	江西省野生动植物保护协会
23	江西省特种经济动植物协会
24	江西省野生动物保护协会
25	山东省野生动植物保护协会
26	河南省野生动植物保护协会
27	湖北省野生动植物保护协会
28	湖南省野生动植物保护协会
29	广东省野生动物保护协会

30	广东省野生动物保护协会护农狩猎专业委员会
31	广西壮族自治区野生动植物保护协会
32	海南省野生动物保护协会
33	重庆市野生动植物保护协会
34	贵州省野生动植物保护协会
35	云南省野生动植物保护协会
36	陕西省野生动植物保护协会
37	青海省野生动植物保护协会
38	新疆维吾尔自治区野生动物保护协会鹿业管理委员会

表 19-5　野生动物驯养主产地产量

	主产地	动物种类	驯养数量(只、头、条)
1	景洪市(滇)	食蟹猴	10454
2	桓仁满族自治县(辽)	鹌鹑	550000
3	双柏县(滇)	鹌鹑	200000
4	大同县(晋)	鹌鹑	50000
5	涿州市(冀)	鹌鹑	30000
6	东港市(辽)	鹌鹑	20000
7	淅川县(豫)	鹌鹑	5000
8	西夏区(宁)	鹌鹑	2000
9	禹州市(豫)	鹌鹑	1500
10	婺城区(浙)	鹌鹑	500
11	陕　县(豫)	鹌鹑	100
12	吴兴区(浙)	巴西龟	4030000
13	钟祥市(鄂)	巴西龟	100
14	浦东新区(沪)	巴西龟	50
15	绥棱林业局(龙江森工)	白冠长尾雉	400
16	大姚县(滇)	白冠长尾雉	165
17	奉新县(赣)	白鹇	200
18	万盛区(渝)	斑头雁	7000
19	建德市(浙)	斑头雁	2300
20	永胜县(滇)	斑头雁	620
21	清城区(粤)	斑头雁	500
22	湘乡市(湘)	斑头雁	300
23	忠　县(渝)	斑头雁	120
24	连山区(辽)	北极狐	167000
25	方正林业局(龙江森工)	北极狐	10700
26	金山屯林业局(龙江森工)	北极狐	5200
27	翠峦林业局(龙江森工)	北极狐	5124
28	宾县(黑)	北极狐	3000
29	东方红林业局(龙江森工)	北极狐	3000
30	东京城林业局(龙江森工)	北极狐	2585
31	双丰林业局(龙江森工)	北极狐	2205
32	沾河林业局(龙江森工)	北极狐	1245
33	双桥区(冀)	北极狐	1000
34	海林林业局(龙江森工)	北极狐	900
35	辉南县(吉)	北极狐	650
36	亚布力林业局(龙江森工)	北极狐	400
37	桃源县(湘)	北极狐	300
38	邹平县(鲁)	北极狐	240
39	美溪林业局(龙江森工)	北极狐	207
40	带岭实验局(龙江森工)	北极狐	100
41	朗乡林业局(龙江森工)	北极狐	66
42	平南县(桂)	仓鼠	5000
43	毕节市(黔)	仓鼠	3000
44	金溪县(赣)	仓鼠	3000
45	勐腊县(滇)	仓鼠	1770
46	桃源县(湘)	仓鼠	1750
47	郁南县(粤)	仓鼠	500
48	瓮安县(黔)	仓鼠	350
49	安福县(赣)	仓鼠	300
50	铁力林业局(龙江森工)	大美洲驼	86
51	屏边苗族自治县(滇)	短尾猴	20
52	奉贤区(沪)	短尾猴	10
53	浦东新区(沪)	短尾猴	10
54	吴兴区(浙)	鳄龟	400000
55	桐乡市(浙)	鳄龟	10770
56	青浦区(沪)	鳄龟	2000
57	大兴区(京)	鸸鹋	58
58	渭滨区(陕)	非洲鸵鸟	2560
59	南华县(滇)	非洲鸵鸟	2000
60	青阳县(皖)	非洲鸵鸟	1000
61	临江市(吉)	非洲鸵鸟	900
62	宁海县(浙)	非洲鸵鸟	650
63	延寿县(黑)	非洲鸵鸟	600
64	陆良县(滇)	非洲鸵鸟	450
65	象山县(浙)	非洲鸵鸟	300
66	桐城市(皖)	非洲鸵鸟	200
67	汝阳县(豫)	非洲鸵鸟	185
68	娄星区(湘)	非洲鸵鸟	70
69	贵溪市(赣)	非洲鸵鸟	62
70	南雄市(粤)	非洲鸵鸟	50
71	龙井市(吉)	狗熊	910
72	浦东新区(沪)	狗熊	500
73	大连市金州新区(辽)	狗熊	250
74	民乐县(甘)	狗熊	164
75	延庆县(京)	狗熊	60
76	白沙黎族自治县(琼)	果子狸	720
77	鹤城区(湘)	果子狸	500
78	陕　县(豫)	果子狸	392
79	东至县(皖)	果子狸	300

	主产地	动物种类	驯养数量（只、头、条）
80	鹤立林业局（龙江森工）	果子狸	160
81	鸡东县（黑）	果子狸	100
82	赤城县（冀）	海狸鼠	600
83	温岭市（浙）	海狸鼠	480
84	维西傈僳族自治县（滇）	海狸鼠	363
85	常山县（浙）	海狸鼠	100
86	通化市市辖区（吉）	獾猪	200
87	敦化林业局（吉）	貉	332581
88	振安区（辽）	貉	228800
89	潜江市（鄂）	貉	25000
90	兴城市（辽）	貉	20000
91	东港市（辽）	貉	19459
92	方正林业局（龙江森工）	貉	13185
93	大同区（黑）	貉	10000
94	随县（鄂）	貉	7000
95	双桥区（冀）	貉	5737
96	林口林业局（龙江森工）	貉	5400
97	迎春林业局（龙江森工）	貉	5000
98	顺城区（辽）	貉	4710
99	开　县（渝）	貉	3390
100	山阳区（豫）	貉	3225
101	海林林业局（龙江森工）	貉	2580
102	逊克县（黑）	貉	2310
103	老边区（辽）	貉	2237
104	酉阳土家族苗族自治县（渝）	貉	2065
105	宾县（黑）	貉	2000
106	鹤北林业局（龙江森工）	貉	1900
107	东方红林业局（龙江森工）	貉	1300
108	勐腊县（滇）	貉	1200
109	邹平县（鲁）	貉	1070
110	金溪县（赣）	貉	1000
111	武城县（鲁）	貉	1000
112	武城县（鲁）	貉	1000
113	大丰市（苏）	貉	875
114	沾河林业局（龙江森工）	貉	764
115	亚布力林业局（龙江森工）	貉	734
116	南川区（渝）	貉	725
117	大兴区（京）	貉	700
118	通州区（京）	貉	690
119	利辛县（皖）	貉	650
120	带岭实验局（龙江森工）	貉	500
121	磐安县（浙）	貉	500
122	大海林林业局（龙江森工）	貉	452
123	新邵县（湘）	貉	433
124	柴河林业局（内蒙古）	貉	270
125	上高县（赣）	貉	260
126	绥棱林业局（龙江森工）	貉	260
127	双鸭山林业局（龙江森工）	貉	250
128	亚布力林业局（龙江森工）	貉	246
129	内乡县（豫）	貉	200
130	西夏区（宁）	貉	200
131	兴隆林业局（龙江森工）	貉	181
132	西夏区（宁）	貉	160
133	望奎县（黑）	貉	100
134	未央区（陕）	黑龙江林蛙	200620000
135	延庆县（京）	黑龙江林蛙	100000000
136	绥中县（辽）	黑龙江林蛙	52000000
137	东丰县（吉）	黑龙江林蛙	24000000
138	兴隆县（冀）	黑龙江林蛙	22000000
139	鹤城区（湘）	黑龙江林蛙	20000000
140	顺城区（辽）	黑龙江林蛙	16000000
141	通山县（鄂）	黑龙江林蛙	15000000
142	沾益县（滇）	黑龙江林蛙	12840000
143	桦南县（黑）	黑龙江林蛙	10000000
144	当涂县（皖）	黑龙江林蛙	7000000
145	沈丘县（豫）	黑龙江林蛙	6000000
146	含山县（皖）	黑龙江林蛙	5000000
147	夷陵区（鄂）	黑龙江林蛙	5000000
148	安图森林经营局（吉）	黑龙江林蛙	3200000
149	夏　县（晋）	黑龙江林蛙	2500000
150	绥阳林业局（龙江森工）	黑龙江林蛙	2300000
151	黑河市直属林场（黑）	黑龙江林蛙	2100000
152	北安市（黑）	黑龙江林蛙	2000000
153	荥经县（川）	黑龙江林蛙	2000000
154	衡南县（湘）	黑龙江林蛙	1900000
155	大理市（滇）	黑龙江林蛙	1560000
156	东平县（鲁）	黑龙江林蛙	1500000
157	林西县（内蒙古）	黑龙江林蛙	1000000
158	灵山县（桂）	黑龙江林蛙	830000
159	八面通林业局（龙江森工）	黑龙江林蛙	680000
160	清河门区（辽）	黑龙江林蛙	660000
161	龙泉市（浙）	黑龙江林蛙	400000
162	方正县（黑）	黑龙江林蛙	320000
163	怀远县（皖）	黑龙江林蛙	160000
164	虎林市（黑）	黑龙江林蛙	100000
165	吉安县（赣）	黑龙江林蛙	50000
166	莫力达瓦达斡尔族自治旗（内蒙古）	黑龙江林蛙	20000
167	城阳区（鲁）	黑龙江林蛙	7600
168	牟定县（滇）	黑龙江林蛙	200
169	慈溪市（浙）	黑眉蛇	1260

	主产地	动物种类	驯养数量(只、头、条)
170	彝良县(滇)	黑天鹅	29000
171	河口区(鲁)	黑天鹅	4240
172	睢宁县(苏)	黑天鹅	1000
173	带岭实验局(龙江森工)	黑天鹅	500
174	青铜峡市(宁)	黑天鹅	252
175	浦江县(浙)	黑天鹅	150
176	奉贤区(沪)	黑天鹅	90
177	温岭市(浙)	黑天鹅	69
178	开原市(辽)	红腹锦鸡	1500
179	彭泽县(赣)	红腹锦鸡	600
180	资中县(川)	红腹锦鸡	410
181	陕　县(豫)	红腹锦鸡	312
182	奉贤区(沪)	红腹锦鸡	300
183	大兴区(京)	红腹锦鸡	114
184	岱岳区(鲁)	红腹锦鸡	100
185	岳塘区(湘)	红腹锦鸡	100
186	云梦县(鄂)	虎皮鹦鹉	500000
187	珠晖区(湘)	虎纹蛙	1000000
188	汉川市(鄂)	虎纹蛙	800000
189	婺城区(浙)	虎纹蛙	400000
190	固镇县(皖)	虎纹蛙	150000
191	免渡河林业局(内蒙古)	虎纹蛙	100000
192	睢宁县(苏)	虎纹蛙	100000
193	洪湖市(鄂)	虎纹蛙	90000
194	金秀瑶族自治县(桂)	虎纹蛙	50000
195	浏阳市(湘)	虎纹蛙	35000
196	宜都市(鄂)	虎纹蛙	30000
197	临安市(浙)	虎纹蛙	18000
198	娄星区(湘)	虎纹蛙	15000
199	常山县(浙)	虎纹蛙	10000
200	江南区(桂)	虎纹蛙	10000
201	荆州区(鄂)	虎纹蛙	10000
202	蕲春县(鄂)	虎纹蛙	10000
203	安福县(赣)	虎纹蛙	5000
204	南溪县(川)	虎纹蛙	5000
205	丰都县(渝)	虎纹蛙	4150
206	宾阳县(桂)	虎纹蛙	2000
207	青浦区(沪)	虎纹蛙	1600
208	奉化市(浙)	虎纹蛙	1200
209	浦江县(浙)	虎纹蛙	1000
210	保靖县(湘)	花鼠	2500
211	英德市(粤)	花鼠	1460
212	吉首市(湘)	花鼠	200
213	酉阳土家族苗族自治县(渝)	花鼠	200
214	禹州市(豫)	环颈雉	117000
215	蓬溪县(川)	环颈雉	16000
216	和龙林业局(吉)	环颈雉	10000
217	柳河县(吉)	环颈雉	8000
218	常山县(浙)	环颈雉	7000
219	维西傈僳族自治县(滇)	环颈雉	7000
220	汉滨区(陕)	环颈雉	6850
221	南漳县(鄂)	环颈雉	6440
222	朝阳区(吉)	环颈雉	6000
223	泾　县(皖)	环颈雉	6000
224	温岭市(浙)	环颈雉	6000
225	南岔林业局(龙江森工)	环颈雉	5000
226	西夏区(宁)	环颈雉	4000
227	南郑县(陕)	环颈雉	3800
228	延庆县(京)	环颈雉	2600
229	杜尔伯特蒙古族自治县(黑)	环颈雉	2000
230	吉利区(豫)	环颈雉	2000
231	洛宁县(豫)	环颈雉	2000
232	自流井区(川)	环颈雉	2000
233	通州区(京)	环颈雉	1800
234	泸西县(滇)	环颈雉	1550
235	赤城县(冀)	环颈雉	1100
236	安丘市(鲁)	环颈雉	1000
237	涪陵区(渝)	环颈雉	1000
238	平昌县(川)	环颈雉	1000
239	宁国市(皖)	环颈雉	800
240	崇礼县(冀)	环颈雉	650
241	江南区(桂)	环颈雉	600
242	图们市(吉)	环颈雉	500
243	兴隆林业局(龙江森工)	环颈雉	500
244	涿州市(冀)	环颈雉	500
245	鹤北林业局(龙江森工)	环颈雉	455
246	苇河林业局(龙江森工)	环颈雉	420
247	彭水苗族土家族自治县(渝)	环颈雉	300
248	大兴区(京)	环颈雉	270
249	孟津县(豫)	环颈雉	200
250	石屏县(滇)	环颈雉	200
251	云梦县(鄂)	黄领牡丹鹦鹉	3000
252	华坪县(滇)	灰天鹅	8000
253	南部县(川)	灰天鹅	2570
254	睢宁县(苏)	灰天鹅	700
255	贵池区(皖)	灰天鹅	300
256	平罗县(宁)	灰天鹅	200
257	凤　县(陕)	火鸡	6000
258	桂平市(桂)	火鸡	5000
259	临安市(浙)	火鸡	850

	主产地	动物种类	驯养数量（只、头、条）
260	让胡路区(黑)	火鸡	440
261	临安市(浙)	火鸡	300
262	禹州市(豫)	火鸡	200
263	华池县(甘)	火鸡	100
264	宁国市(皖)	火鸡	100
265	定海区(浙)	蓝孔雀	15000
266	郧　县(鄂)	蓝孔雀	10000
267	东河区(内蒙古)	蓝孔雀	5250
268	永清县(冀)	蓝孔雀	4680
269	宁国市(皖)	蓝孔雀	3646
270	鲅鱼圈区(辽)	蓝孔雀	3000
271	安丘市(鲁)	蓝孔雀	2500
272	蕲春县(鄂)	蓝孔雀	2000
273	沅陵县(湘)	蓝孔雀	2000
274	靖宇县(吉)	蓝孔雀	1082
275	义乌市(浙)	蓝孔雀	1000
276	邯郸县(冀)	蓝孔雀	650
277	温岭市(浙)	蓝孔雀	600
278	吴兴区(浙)	蓝孔雀	600
279	五岔沟林业局(内蒙古)	蓝孔雀	500
280	浠水县(鄂)	蓝孔雀	500
281	宜都市(鄂)	蓝孔雀	500
282	禹州市(豫)	蓝孔雀	500
283	湘潭县(湘)	蓝孔雀	400
284	勐腊县(滇)	蓝孔雀	300
285	蒙自市(滇)	蓝孔雀	300
286	西丰县(辽)	蓝孔雀	230
287	大足县(渝)	蓝孔雀	200
288	丰都县(渝)	蓝孔雀	200
289	雁江区(川)	蓝孔雀	200
290	河口区(鲁)	蓝孔雀	190
291	奉贤区(沪)	蓝孔雀	150
292	集安市(吉)	蓝孔雀	150
293	清镇市(黔)	蓝孔雀	120
294	德安县(赣)	蓝孔雀	100
295	双桥区(冀)	蓝孔雀	100
296	宝山区(沪)	蓝孔雀	67
297	翼城县(晋)	蓝孔雀	55
298	奉贤区(沪)	蓝孔雀	50
299	户　县(陕)	蓝孔雀	50
300	石屏县(滇)	蓝孔雀	50
301	石柱土家族自治县(渝)	蓝孔雀	50
302	通州区(京)	蓝孔雀	50
303	西夏区(宁)	蓝孔雀	50
304	建昌县(辽)	绿头鸭	370000
305	桥山林业局(陕)	绿头鸭	200000
306	霍邱县(皖)	绿头鸭	60000
307	古城区(滇)	绿头鸭	35000
308	奉贤区(沪)	绿头鸭	31000
309	汉滨区(陕)	绿头鸭	25000
310	朗乡林业局(龙江森工)	绿头鸭	15000
311	上饶县(赣)	绿头鸭	15000
312	温岭市(浙)	绿头鸭	11000
313	汉台区(陕)	绿头鸭	10000
314	龙井市(吉)	绿头鸭	8000
315	吴兴区(浙)	绿头鸭	6000
316	鲅鱼圈区(辽)	绿头鸭	5000
317	新民市(辽)	绿头鸭	4500
318	富阳市(浙)	绿头鸭	3000
319	万州区(渝)	绿头鸭	3000
320	文水县(晋)	绿头鸭	2000
321	资兴市(湘)	绿头鸭	2000
322	永福县(桂)	绿头鸭	1500
323	浠水县(鄂)	绿头鸭	1200
324	德安县(赣)	绿头鸭	1000
325	德清县(浙)	绿头鸭	1000
326	贵池区(皖)	绿头鸭	1000
327	东平县(鲁)	绿头鸭	800
328	汉川市(鄂)	绿头鸭	720
329	东莞市(粤)	绿头鸭	400
330	芜湖县(皖)	绿头鸭	350
331	湘乐林业总场(甘)	绿头鸭	350
332	克什克腾旗(内蒙古)	绿头鸭	120
333	洪湖市(鄂)	绿头野鸭	70000
334	虎林市(黑)	绿头野鸭	20000
335	平南县(桂)	绿头野鸭	10000
336	郁南县(粤)	绿头野鸭	2000
337	延庆县(京)	绿头野鸭	600
338	巴林左旗(内蒙古)	马鹿	5600
339	乌审旗(内蒙古)	马鹿	4500
340	大同区(黑)	马鹿	4030
341	绥中县(辽)	马鹿	4000
342	金山屯林业局(龙江森工)	马鹿	2300
343	桃山林业局(龙江森工)	马鹿	2040
344	吴兴区(浙)	马鹿	1510
345	扎兰屯市(内蒙古)	马鹿	1200
346	都昌县(赣)	马鹿	860
347	祁连县(青)	马鹿	753
348	祁门县(皖)	马鹿	724
349	朗乡林业局(龙江森工)	马鹿	620

	主产地	动物种类	驯养数量(只、头、条)
350	翠峦林业局(龙江森工)	马鹿	610
351	方正林业局(龙江森工)	马鹿	610
352	白河林业局(吉)	马鹿	500
353	带岭实验局(龙江森工)	马鹿	500
354	调兵山市(辽)	马鹿	500
355	临江市(吉)	马鹿	500
356	莫力达瓦达斡尔族自治旗(内蒙古)	马鹿	500
357	阿城区(黑)	马鹿	483
358	新青林业局(龙江森工)	马鹿	400
359	鹤北林业局(龙江森工)	马鹿	350
360	清原满族自治县(辽)	马鹿	320
361	宽甸满族自治县(辽)	马鹿	300
362	绥棱林业局(龙江森工)	马鹿	295
363	阿鲁科尔沁旗(内蒙古)	马鹿	270
364	桦南县(黑)	马鹿	260
365	克什克腾旗(内蒙古)	马鹿	260
366	兴隆林业局(龙江森工)	马鹿	252
367	新宾满族自治县(辽)	马鹿	230
368	绥阳林业局(龙江森工)	马鹿	216
369	五营林业局(龙江森工)	马鹿	210
370	友好林业局(龙江森工)	马鹿	206
371	南岔林业局(龙江森工)	马鹿	203
372	建始县(鄂)	马鹿	200
373	洪湖市(鄂)	马鹿	150
374	监利县(鄂)	马鹿	150
375	大海林林业局(龙江森工)	马鹿	140
376	东京城林业局(龙江森工)	马鹿	130
377	苇河林业局(龙江森工)	马鹿	127
378	盘山县(辽)	马鹿	122
379	铁岭市经济开发区(辽)	马鹿	122
380	鹤立林业局(龙江森工)	马鹿	120
381	湟源县(青)	马鹿	120
382	浦江县(浙)	马鹿	120
383	双丰林业局(龙江森工)	马鹿	118
384	大兴沟林业局(吉)	马鹿	112
385	穆棱林业局(龙江森工)	马鹿	110
386	桃山林业局(龙江森工)	马鹿	110
387	清河林业局(龙江森工)	马鹿	101
388	让胡路区(黑)	马鹿	100
389	溪湖区(辽)	马鹿	94
390	东方红林业局(龙江森工)	马鹿	90
391	上甘岭林业局(龙江森工)	马鹿	90
392	露水河林业局(吉林森工)	马鹿	84
393	阜新蒙古族自治县(辽)	马鹿	80
394	巴林右旗(内蒙古)	马鹿	70
395	林西县(内蒙古)	马鹿	70
396	闵行区(沪)	马鹿	70
397	八面通林业局(龙江森工)	马鹿	62
398	通道侗族自治县(湘)	马鹿	61
399	木兰县(黑)	马鹿	60
400	三河市(冀)	马鹿	60
401	易门县(滇)	马鹿	60
402	林口林业局(龙江森工)	马鹿	55
403	绵竹市(川)	马鹿	51
404	获嘉县(豫)	马鹿	50
405	泰山区(鲁)	马鹿	50
406	西夏区(宁)	马鹿	50
407	逊克县(黑)	马鹿	50
408	新野县(豫)	毛丝鼠	3000
409	石屏县(滇)	毛丝鼠	1800
410	城固县(陕)	毛丝鼠	320
411	西丰县(辽)	梅花鹿	110000
412	东丰县(吉)	梅花鹿	80500
413	宁蒗彝族自治县(滇)	梅花鹿	80000
414	磐石市(吉)	梅花鹿	11927
415	朝阳区(吉)	梅花鹿	10000
416	蛟河市(吉)	梅花鹿	8660
417	新宾满族自治县(辽)	梅花鹿	8000
418	永吉县(吉)	梅花鹿	7859
419	隆安县(桂)	梅花鹿	5800
420	抚顺县(辽)	梅花鹿	4500
421	黎川县(赣)	梅花鹿	4500
422	铁岭县(辽)	梅花鹿	4345
423	辉南县(吉)	梅花鹿	4180
424	让胡路区(黑)	梅花鹿	4130
425	农八师(新疆兵团)	梅花鹿	4000
426	东港市(辽)	梅花鹿	3945
427	图们市(吉)	梅花鹿	3680
428	美溪林业局(龙江森工)	梅花鹿	3054
429	盘山县(辽)	梅花鹿	3000
430	前郭尔罗斯蒙古族自治县(吉)	梅花鹿	3000
431	柳河县(吉)	梅花鹿	2500
432	通化县(吉)	梅花鹿	2500
433	龙山县(湘)	梅花鹿	2400
434	集安市(吉)	梅花鹿	1621
435	本溪满族自治县(辽)	梅花鹿	1500
436	潮南区(粤)	梅花鹿	1500
437	南川区(渝)	梅花鹿	1500
438	清原满族自治县(辽)	梅花鹿	1480
439	陆良县(滇)	梅花鹿	1350

	主产地	动物种类	驯养数量（只、头、条）
440	东洲区（辽）	梅花鹿	1300
441	金山屯林业局（龙江森工）	梅花鹿	1267
442	婺城区（浙）	梅花鹿	1214
443	含山县（皖）	梅花鹿	1200
444	临江市（吉）	梅花鹿	1200
445	桃山林业局（龙江森工）	梅花鹿	1150
446	爱辉区（黑）	梅花鹿	1000
447	禄丰县（滇）	梅花鹿	1000
448	莫力达瓦达斡尔族自治旗（内蒙古）	梅花鹿	940
449	纳溪区（川）	梅花鹿	800
450	盖州市（辽）	梅花鹿	780
451	舒兰市（吉）	梅花鹿	720
452	方正林业局（龙江森工）	梅花鹿	702
453	昌邑区（吉）	梅花鹿	700
454	长宁县（川）	梅花鹿	700
455	龙城区（辽）	梅花鹿	660
456	吴兴区（浙）	梅花鹿	650
457	北票市（辽）	梅花鹿	603
458	龙泉市（浙）	梅花鹿	600
459	兴隆县（冀）	梅花鹿	600
460	老边区（辽）	梅花鹿	590
461	武穴市（鄂）	梅花鹿	565
462	凉城县（内蒙古）	梅花鹿	550
463	乌伊岭林业局（龙江森工）	梅花鹿	550
464	通州区（京）	梅花鹿	532
465	浑江区（吉）	梅花鹿	520
466	蚌山区（皖）	梅花鹿	500
467	林甸县（黑）	梅花鹿	500
468	乌马河林业局（龙江森工）	梅花鹿	500
469	奉化市（浙）	梅花鹿	480
470	桓仁满族自治县（辽）	梅花鹿	450
471	沐川县（川）	梅花鹿	450
472	顺义区（京）	梅花鹿	438
473	鹰手营子矿区（冀）	梅花鹿	400
474	九江县（赣）	梅花鹿	380
475	马龙县（滇）	梅花鹿	348
476	池州市九华山风景区（皖）	梅花鹿	346
477	贵池区（皖）	梅花鹿	346
478	渭滨区（陕）	梅花鹿	343
479	五岔沟林业局（内蒙古）	梅花鹿	312
480	翠峦林业局（龙江森工）	梅花鹿	310
481	宣威市（滇）	梅花鹿	310
482	鄂州市市辖区（鄂）	梅花鹿	300
483	凤凰县（湘）	梅花鹿	300
484	京山县（鄂）	梅花鹿	300

	主产地	动物种类	驯养数量（只、头、条）
485	乐昌市（粤）	梅花鹿	300
486	梁河县（滇）	梅花鹿	300
487	龙井市（吉）	梅花鹿	300
488	通海县（滇）	梅花鹿	300
489	建德市（浙）	梅花鹿	280
490	中牟县（豫）	梅花鹿	275
491	安图森林经营局（吉）	梅花鹿	270
492	楚雄市（滇）	梅花鹿	260
493	西夏区（宁）	梅花鹿	250
494	白河县（陕）	梅花鹿	245
495	奉贤区（沪）	梅花鹿	231
496	大兴区（京）	梅花鹿	228
497	隆阳区（滇）	梅花鹿	220
498	义乌市（浙）	梅花鹿	220
499	北仑区（浙）	梅花鹿	213
500	维都林场（桂）	梅花鹿	210
501	黑河市直属林场（黑）	梅花鹿	208
502	带岭实验局（龙江森工）	梅花鹿	200
503	海城市（辽）	梅花鹿	200
504	开　县（渝）	梅花鹿	200
505	孟津县（豫）	梅花鹿	200
506	三台县（川）	梅花鹿	200
507	叙永县（川）	梅花鹿	200
508	伊川县（豫）	梅花鹿	200
509	庄河市（辽）	梅花鹿	200
510	宁国市（皖）	梅花鹿	195
511	浦东新区（沪）	梅花鹿	176
512	新青林业局（龙江森工）	梅花鹿	176
513	大兴安岭加格达奇	梅花鹿	170
514	朗乡林业局（龙江森工）	梅花鹿	168
515	兴隆林业局（龙江森工）	梅花鹿	160
516	依兰县（黑）	梅花鹿	160
517	友好林业局（龙江森工）	梅花鹿	160
518	永胜县（滇）	梅花鹿	156
519	察哈尔右翼中旗（内蒙古）	梅花鹿	150
520	鄂托克旗（内蒙古）	梅花鹿	150
521	浑源县（晋）	梅花鹿	150
522	泸西县（滇）	梅花鹿	150
523	五河县（皖）	梅花鹿	150
524	新平彝族傣族自治县（滇）	梅花鹿	150
525	云梦县（鄂）	梅花鹿	130
526	宁阳县（鲁）	梅花鹿	127
527	东宝区（鄂）	梅花鹿	120
528	海林林业局（龙江森工）	梅花鹿	120
529	淮阳县（豫）	梅花鹿	120

	主产地	动物种类	驯养数量(只、头、条)
530	麻城市(鄂)	梅花鹿	120
531	上高县(赣)	梅花鹿	120
532	五常市(黑)	梅花鹿	120
533	五莲县(鲁)	梅花鹿	120
534	乌拉特前旗(内蒙古)	梅花鹿	110
535	顺城区(辽)	梅花鹿	105
536	大关县(滇)	梅花鹿	100
537	大海林林业局(龙江森工)	梅花鹿	100
538	峨边彝族自治县(川)	梅花鹿	100
539	黄陂区(鄂)	梅花鹿	100
540	泾 县(皖)	梅花鹿	100
541	宁江区(吉)	梅花鹿	100
542	绥棱林业局(龙江森工)	梅花鹿	100
543	绥阳林业局(龙江森工)	梅花鹿	100
544	涿州市(冀)	梅花鹿	100
545	淳安县(浙)	梅花鹿	98
546	从化市(粤)	梅花鹿	97
547	珲春市(吉)	梅花鹿	92
548	吉首市(湘)	梅花鹿	90
549	五营林业局(龙江森工)	梅花鹿	90
550	科尔沁左翼中旗(内蒙古)	梅花鹿	87
551	桦南县(黑)	梅花鹿	85
552	露水河林业局(吉林森工)	梅花鹿	81
553	江津区(渝)	梅花鹿	80
554	临安市(浙)	梅花鹿	80
555	青浦区(沪)	梅花鹿	80
556	修水县(赣)	梅花鹿	80
557	邹平县(鲁)	梅花鹿	72
558	宝山区(沪)	梅花鹿	71
559	东京城林业局(龙江森工)	梅花鹿	70
560	连山区(辽)	梅花鹿	70
561	南岔林业局(龙江森工)	梅花鹿	70
562	香洲区(粤)	梅花鹿	70
563	古城区(滇)	梅花鹿	65
564	祁连县(青)	梅花鹿	65
565	亭湖区(苏)	梅花鹿	65
566	盐都区(苏)	梅花鹿	65
567	大石桥市(辽)	梅花鹿	64
568	怀远县(皖)	梅花鹿	62
569	湘潭县(湘)	梅花鹿	62
570	阿拉善左旗(内蒙古)	梅花鹿	60
571	北安市(黑)	梅花鹿	60
572	鹤立林业局(龙江森工)	梅花鹿	60
573	穆棱林业局(龙江森工)	梅花鹿	60
574	上甘岭林业局(龙江森工)	梅花鹿	60

	主产地	动物种类	驯养数量(只、头、条)
575	铁力林业局(龙江森工)	梅花鹿	60
576	昭阳区(滇)	梅花鹿	60
577	虎林市(黑)	梅花鹿	54
578	方正县(黑)	梅花鹿	53
579	大足县(渝)	梅花鹿	52
580	逊克县(黑)	梅花鹿	52
581	奉新县(赣)	梅花鹿	50
582	耒阳市(湘)	梅花鹿	50
583	龙潭区(吉)	梅花鹿	50
584	清河林业局(龙江森工)	梅花鹿	50
585	沙坪坝区(渝)	梅花鹿	50
586	通山县(鄂)	梅花鹿	50
587	望花区(辽)	梅花鹿	50
588	从化市(粤)	猕猴	32411
589	肥城市(鲁)	猕猴	8000
590	曾都区(鄂)	猕猴	4000
591	永吉县(吉)	猕猴	3800
592	新野县(豫)	猕猴	2000
593	景洪市(滇)	猕猴	1666
594	宜城市(鄂)	猕猴	1200
595	蕲春县(鄂)	猕猴	818
596	耿马傣族佤族自治县(滇)	猕猴	620
597	南郑县(陕)	猕猴	336
598	平南县(桂)	猕猴	300
599	正定县(冀)	猕猴	216
600	金山区(沪)	猕猴	201
601	东乡县(赣)	猕猴	200
602	大足县(渝)	猕猴	120
603	临安市(浙)	猕猴	100
604	宁阳县(鲁)	猕猴	97
605	二道江区(吉)	猕猴	50
606	龙山县(湘)	猕猴	50
607	淳安县(浙)	猕猴	30
608	利辛县(皖)	猕猴	30
609	罗田县(鄂)	猕猴	30
610	安丘市(鲁)	猕猴	20
611	嘉荫县(黑)	猕猴	20
612	奉贤区(沪)	猕猴	10
613	遂平县(豫)	猕猴	10
614	泰兴市(苏)	麋鹿	354
615	大兴区(京)	麋鹿	162
616	祥云县(滇)	麋鹿	13
617	睢宁县(苏)	庞鼻天鹅	120
618	密山市(黑)	七彩山鸡	300000
619	曲江区(粤)	七彩山鸡	300000

	主产地	动物种类	驯养数量（只、头、条）
620	施甸县（滇）	七彩山鸡	300000
621	清河区（辽）	七彩山鸡	90000
622	东洲区（辽）	七彩山鸡	86000
623	武隆县（渝）	七彩山鸡	80000
624	大同区（黑）	七彩山鸡	70000
625	宜都市（鄂）	七彩山鸡	62000
626	让胡路区（黑）	七彩山鸡	60000
627	烈山区（皖）	七彩山鸡	50000
628	始兴县（粤）	七彩山鸡	50000
629	五莲县（鲁）	七彩山鸡	50000
630	弥勒县（滇）	七彩山鸡	41830
631	邯郸县（冀）	七彩山鸡	35000
632	彰武县（辽）	七彩山鸡	30000
633	富阳市（浙）	七彩山鸡	23000
634	玉龙纳西族自治县（滇）	七彩山鸡	21000
635	贵池区（皖）	七彩山鸡	15000
636	略阳县（陕）	七彩山鸡	15000
637	罗田县（鄂）	七彩山鸡	14000
638	建始县（鄂）	七彩山鸡	12500
639	金山区（沪）	七彩山鸡	12000
640	逊克县（黑）	七彩山鸡	12000
641	中宁县（宁）	七彩山鸡	10280
642	景洪市（滇）	七彩山鸡	10000
643	蓝田县（陕）	七彩山鸡	10000
644	永川区（渝）	七彩山鸡	10000
645	郧　县（鄂）	七彩山鸡	10000
646	曾都区（鄂）	七彩山鸡	10000
647	义乌市（浙）	七彩山鸡	9000
648	长阳土家族自治县（鄂）	七彩山鸡	8000
649	乳山市（鲁）	七彩山鸡	8000
650	永川区（渝）	七彩山鸡	8000
651	木兰县（黑）	七彩山鸡	7000
652	浑江区（吉）	七彩山鸡	6525
653	建德市（浙）	七彩山鸡	6000
654	丰都县（渝）	七彩山鸡	5000
655	怀远县（皖）	七彩山鸡	5000
656	南溪县（川）	七彩山鸡	5000
657	汤旺河林业局（龙江森工）	七彩山鸡	5000
658	万州区（渝）	七彩山鸡	5000
659	浠水县（鄂）	七彩山鸡	5000
660	河口瑶族自治县（滇）	七彩山鸡	4000
661	渭滨区（陕）	七彩山鸡	3500
662	瓮安县（黔）	七彩山鸡	3500
663	桃源县（湘）	七彩山鸡	3300
664	易门县（滇）	七彩山鸡	3000
665	新化县（湘）	七彩山鸡	2600
666	长安区（陕）	七彩山鸡	2500
667	新晃侗族自治县（湘）	七彩山鸡	2500
668	贵池区（皖）	七彩山鸡	2460
669	蚌山区（皖）	七彩山鸡	2000
670	毕节市（黔）	七彩山鸡	2000
671	长治市城区（晋）	七彩山鸡	2000
672	楚雄市（滇）	七彩山鸡	2000
673	固镇县（皖）	七彩山鸡	2000
674	淮上区（皖）	七彩山鸡	2000
675	穆棱林业局（龙江森工）	七彩山鸡	2000
676	友好林业局（龙江森工）	七彩山鸡	2000
677	渝北区（渝）	七彩山鸡	2000
678	寿阳县（晋）	七彩山鸡	1840
679	邕宁区（桂）	七彩山鸡	1580
680	巴南区（渝）	七彩山鸡	1500
681	江津区（渝）	七彩山鸡	1500
682	清河林业局（龙江森工）	七彩山鸡	1500
683	施甸县（滇）	七彩山鸡	1500
684	石柱土家族自治县（渝）	七彩山鸡	1500
685	萨尔图区（黑）	七彩山鸡	1300
686	舒兰市（吉）	七彩山鸡	1200
687	昭阳区（滇）	七彩山鸡	1200
688	翁牛特旗（内蒙古）	七彩山鸡	1100
689	博爱县（豫）	七彩山鸡	1000
690	贡井区（川）	七彩山鸡	1000
691	郎溪县（皖）	七彩山鸡	1000
692	林西县（内蒙古）	七彩山鸡	1000
693	钦北区（桂）	七彩山鸡	1000
694	上甘岭林业局（龙江森工）	七彩山鸡	1000
695	双鸭山林业局（龙江森工）	七彩山鸡	1000
696	温岭市（浙）	七彩山鸡	1000
697	乌伊岭林业局（龙江森工）	七彩山鸡	1000
698	兴国县（赣）	七彩山鸡	1000
699	良凤江国家森林公园（桂）	七彩山鸡	800
700	庆云县（鲁）	七彩山鸡	800
701	兴城市（辽）	七彩山鸡	800
702	桦南林业局（龙江森工）	七彩山鸡	700
703	蒙自市（滇）	七彩山鸡	680
704	腾冲县（滇）	七彩山鸡	600
705	祥云县（滇）	七彩山鸡	550
706	安福县（赣）	七彩山鸡	500
707	固镇县（皖）	七彩山鸡	500
708	舞钢市（豫）	七彩山鸡	500
709	长白朝鲜族自治县（吉）	七彩山鸡	400

	主产地	动物种类	驯养数量（只、头、条）
710	金秀瑶族自治县(桂)	七彩山鸡	400
711	乌拉特后旗(内蒙古)	七彩山鸡	350
712	伊川县(豫)	七彩山鸡	306
713	户　县(陕)	七彩山鸡	300
714	合阳县(陕)	七彩山鸡	270
715	英德市(粤)	七彩山鸡	250
716	勉　县(陕)	七彩山鸡	230
717	东平县(鲁)	七彩山鸡	200
718	高　县(川)	七彩山鸡	200
719	高青县(鲁)	七彩山鸡	200
720	鹿寨县(桂)	七彩山鸡	200
721	彭山县(川)	七彩山鸡	200
722	山阳区(豫)	七彩山鸡	200
723	通州区(京)	七彩山鸡	200
724	蔚　县(冀)	七彩山鸡	200
725	中宁县(宁)	七彩山鸡	180
726	泸西县(滇)	七彩山鸡	122
727	义乌市(浙)	七彩山鸡	120
728	肇源县(黑)	七彩山鸡	120
729	崇义县(赣)	七彩山鸡	110
730	楚雄市(滇)	七彩山鸡	100
731	淳安县(浙)	七彩山鸡	100
732	大海林林业局(龙江森工)	七彩山鸡	100
733	汉滨区(陕)	七彩山鸡	100
734	华坪县(滇)	七彩山鸡	100
735	京山县(鄂)	七彩山鸡	100
736	云阳县(渝)	七彩文鸟	5000
737	调兵山市(辽)	蛇	5000000
738	祁连县(青)	蛇	120000
739	庄河市(辽)	蛇	100000
740	武穴市(鄂)	蛇	50000
741	桃源县(湘)	蛇	36200
742	舞钢市(豫)	蛇	30000
743	新建县(赣)	蛇	30000
744	资兴市(湘)	蛇	29910
745	贵溪市(赣)	蛇	25000
746	露水河林业局(吉林森工)	蛇	20000
747	灵山县(桂)	蛇	18400
748	鹰手营子矿区(冀)	蛇	16900
749	长阳土家族自治县(鄂)	蛇	13000
750	白沙黎族自治县(琼)	蛇	12000
751	梨树县(吉)	蛇	10000
752	蕲春县(鄂)	蛇	10000
753	桐庐县(浙)	蛇	10000
754	零陵区(湘)	蛇	9500

	主产地	动物种类	驯养数量（只、头、条）
755	襄城区(鄂)	蛇	8000
756	万州区(渝)	蛇	7000
757	高要市(粤)	蛇	6350
758	修武县(豫)	蛇	6000
759	原州区(宁)	蛇	5300
760	保靖县(湘)	蛇	5000
761	翠峦林业局(龙江森工)	蛇	5000
762	瓦房店市(辽)	蛇	5000
763	衢江区(浙)	蛇	4600
764	钦南区(桂)	蛇	4550
765	江永县(湘)	蛇	4000
766	钦北区(桂)	蛇	3850
767	浏阳市(湘)	蛇	3000
768	平度市(鲁)	蛇	3000
769	泰兴市(苏)	蛇	3000
770	溪湖区(辽)	蛇	3000
771	元谋县(滇)	蛇	3000
772	钟祥市(鄂)	蛇	3000
773	夷陵区(鄂)	蛇	2500
774	巴州区(川)	蛇	2000
775	耿马傣族佤族自治县(滇)	蛇	2000
776	龙山区(吉)	蛇	2000
777	洛龙区(豫)	蛇	2000
778	平阴县(鲁)	蛇	2000
779	万盛区(渝)	蛇	2000
780	禹会区(皖)	蛇	2000
781	彭水苗族土家族自治县(渝)	蛇	1850
782	青浦区(沪)	蛇	1500
783	宁国市(皖)	蛇	1450
784	雷州市(粤)	蛇	1400
785	宾阳县(桂)	蛇	1030
786	海城市(辽)	蛇	1000
787	建始县(鄂)	蛇	1000
788	东方红林业局(龙江森工)	蛇	600
789	淳安县(浙)	蛇	527
790	浏阳市(湘)	蛇	500
791	孙吴县(黑)	蛇	500
792	庄河市(辽)	蛇	500
793	博爱县(豫)	蛇	400
794	高州市(粤)	蛇	300
795	吉州区(赣)	蛇	300
796	丰都县(渝)	蛇	200
797	凤泉区(豫)	蛇	200
798	徽州区(皖)	蛇	200
799	磐石市(吉)	蛇	120

	主产地	动物种类	驯养数量（只、头、条）
800	会昌县(赣)	蛇	100
801	南郑县(陕)	麝鼠	200
802	建德市(浙)	石鸡	257000
803	东京城林业局(龙江森工)	石鸡	52500
804	常山县(浙)	石鸡	40000
805	上营森林经营局(吉)	石鸡	5000
806	通州区(京)	石鸡	2500
807	乌拉特前旗(内蒙古)	石鸡	500
808	阳新县(鄂)	石鸡	350
809	中宁县(宁)	石鸡	200
810	双桥区(冀)	石鸡	100
811	江南区(桂)	食蟹猴	11100
812	南票区(辽)	食蟹猴	10000
813	玉龙纳西族自治县(滇)	食蟹猴	8000
814	平南县(桂)	食蟹猴	2500
815	东莞市(粤)	食蟹猴	300
816	浦东新区(沪)	食蟹猴	185
817	奉贤区(沪)	食蟹猴	80
818	庄河市(辽)	水貂	1560000
819	祁东县(湘)	水貂	800000
820	昌邑区(吉)	水貂	400000
821	东港市(辽)	水貂	143490
822	大连市金州新区(辽)	水貂	100000
823	大石桥市(辽)	水貂	100000
824	新宾满族自治县(辽)	水貂	37600
825	前郭尔罗斯蒙古族自治县(吉)	水貂	30000
826	五营林业局(龙江森工)	水貂	30000
827	延庆县(京)	水貂	3100
828	莲花县(赣)	水貂	2000
829	大石头林业局(吉)	水貂	1200
830	济源市(豫)	水貂	500
831	西夏区(宁)	水貂	400
832	顺义区(京)	豚鼠	3000
833	浦江县(浙)	豚鼠	700
834	上高县(赣)	豚鼠	300
835	新宾满族自治县(辽)	湾鳄	3000
836	嵩　县(豫)	湾鳄	10
837	广水市(鄂)	王锦蛇	1000
838	祥云县(滇)	王锦蛇	120
839	云阳县(渝)	王锦蛇	3500
840	阳新县(鄂)	乌梢蛇	20000
841	漾濞彝族自治县(滇)	乌梢蛇	8000
842	浠水县(鄂)	乌梢蛇	3000
843	宾川县(滇)	乌梢蛇	505
844	扎兰屯市(内蒙古)	蜈蚣	7000000
845	宜章县(湘)	蜈蚣	1000000
846	安陆市(鄂)	蜈蚣	800000
847	宜宾县(川)	蜈蚣	180000
848	建湖县(苏)	蜈蚣	100000
849	普兰店市(辽)	蜈蚣	16000
850	珠晖区(湘)	蜈蚣	10000
851	高州市(粤)	暹罗鳄	40000
852	辰溪县(湘)	暹罗鳄	28284
853	吴兴区(浙)	暹罗鳄	2000
854	建平县(辽)	暹罗鳄	48
855	依兰县(黑)	蝎子	700000
856	安陆市(鄂)	蝎子	200000
857	新会区(粤)	野猪	251500
858	友好林业局(龙江森工)	野猪	14000
859	大同区(黑)	野猪	9000
860	桃源县(湘)	野猪	8325
861	古城区(滇)	野猪	8300
862	孝南区(鄂)	野猪	8200
863	梁平县(渝)	野猪	5230
864	浠水县(鄂)	野猪	5000
865	新宁县(湘)	野猪	5000
866	宣威市(滇)	野猪	5000
867	万年县(赣)	野猪	4500
868	姚安县(滇)	野猪	4000
869	绥中县(辽)	野猪	3500
870	景洪市(滇)	野猪	3365
871	陆良县(滇)	野猪	3320
872	彰武县(辽)	野猪	3300
873	本溪满族自治县(辽)	野猪	3000
874	东方红林业局(龙江森工)	野猪	3000
875	万州区(渝)	野猪	3000
876	东至县(皖)	野猪	2600
877	海城市(辽)	野猪	2600
878	大兴区(京)	野猪	2500
879	金口河区(川)	野猪	2500
880	闻喜县(晋)	野猪	2500
881	双丰林业局(龙江森工)	野猪	2365
882	巴州区(川)	野猪	2350
883	盖州市(辽)	野猪	2000
884	集安市(吉)	野猪	2000
885	五常市(黑)	野猪	1880
886	庄河市(辽)	野猪	1800
887	禹州市(豫)	野猪	1680
888	资中县(川)	野猪	1660
889	磐石市(吉)	野猪	1500

	主产地	动物种类	驯养数量（只、头、条）
890	绥棱林业局(龙江森工)	野猪	1500
891	曲江区(粤)	野猪	1472
892	赤壁市(鄂)	野猪	1400
893	泾　县(皖)	野猪	1400
894	通海县(滇)	野猪	1400
895	新宾满族自治县(辽)	野猪	1300
896	宣威市(滇)	野猪	1300
897	广水市(鄂)	野猪	1200
898	永川区(渝)	野猪	1200
899	黎川县(赣)	野猪	1110
900	蓬安县(川)	野猪	1100
901	朝阳县(辽)	野猪	1000
902	岱岳区(鲁)	野猪	1000
903	都昌县(赣)	野猪	1000
904	丰都县(渝)	野猪	1000
905	盖州市(辽)	野猪	1000
906	贵池区(皖)	野猪	1000
907	浑江区(吉)	野猪	1000
908	柳河县(吉)	野猪	1000
909	南江县(川)	野猪	1000
910	铜鼓县(赣)	野猪	1000
911	兴城市(辽)	野猪	1000
912	钟山县(桂)	野猪	1000
913	永胜县(滇)	野猪	930
914	方正林业局(龙江森工)	野猪	900
915	蕲春县(鄂)	野猪	900
916	邕宁区(桂)	野猪	900
917	华坪县(滇)	野猪	850
918	辉南县(吉)	野猪	850
919	潞城市(晋)	野猪	825
920	富阳市(浙)	野猪	800
921	老边区(辽)	野猪	800
922	乌审旗(内蒙古)	野猪	800
923	贵溪市(赣)	野猪	760
924	襄州区(鄂)	野猪	700
925	泸西县(滇)	野猪	650
926	安图森林经营局(吉)	野猪	600
927	毕节市(黔)	野猪	600
928	建昌县(辽)	野猪	600
929	科尔沁左翼中旗(内蒙古)	野猪	600
930	清原满族自治县(辽)	野猪	600
931	盐都区(苏)	野猪	600
932	调兵山市(辽)	野猪	500
933	丰　县(苏)	野猪	500
934	港南区(桂)	野猪	500
935	高州市(粤)	野猪	500
936	耿马傣族佤族自治县(滇)	野猪	500
937	河津市(晋)	野猪	500
938	开　县(渝)	野猪	500
939	兰坪白族普米族自治县(滇)	野猪	500
940	郎溪县(皖)	野猪	500
941	隆安县(桂)	野猪	500
942	南芬区(辽)	野猪	500
943	南宁市东盟经济园区(桂)	野猪	500
944	农安县(吉)	野猪	500
945	舒兰市(吉)	野猪	500
946	睢宁县(苏)	野猪	500
947	泰兴市(苏)	野猪	500
948	五峰土家族自治县(鄂)	野猪	500
949	五河县(皖)	野猪	500
950	延庆县(京)	野猪	500
951	郧　县(鄂)	野猪	500
952	沾河林业局(龙江森工)	野猪	470
953	通化县(吉)	野猪	450
954	鹿泉市(冀)	野猪	410
955	带岭实验局(龙江森工)	野猪	400
956	鼎城区(湘)	野猪	400
957	东宝区(鄂)	野猪	400
958	鹤城区(湘)	野猪	400
959	冷水滩区(湘)	野猪	400
960	梅河口市(吉)	野猪	400
961	莲花县(赣)	野猪	360
962	巴林林业局(内蒙古)	野猪	350
963	崇义县(赣)	野猪	350
964	泸西县(滇)	野猪	350
965	平昌县(川)	野猪	350
966	荥经县(川)	野猪	345
967	巴林右旗(内蒙古)	野猪	320
968	高　县(川)	野猪	320
969	陕　县(豫)	野猪	320
970	南雄市(粤)	野猪	313
971	新丰县(粤)	野猪	310
972	阿鲁科尔沁旗(内蒙古)	野猪	300
973	建德市(浙)	野猪	300
974	泾阳县(陕)	野猪	300
975	荆州区(鄂)	野猪	300
976	冷水江市(湘)	野猪	300
977	孟津县(豫)	野猪	300
978	莫力达瓦达斡尔族自治旗(内蒙古)	野猪	300
979	沐川县(川)	野猪	300

	主产地	动物种类	驯养数量（只、头、条）
980	丘北县(滇)	野猪	300
981	山河屯林业局(龙江森工)	野猪	300
982	石柱土家族自治县(渝)	野猪	300
983	遂川县(赣)	野猪	300
984	沾益县(滇)	野猪	300
985	会泽县(滇)	野猪	280
986	南郑县(陕)	野猪	280
987	清城区(粤)	野猪	270
988	温岭市(浙)	野猪	270
989	茶陵县(湘)	野猪	260
990	乌马河林业局(龙江森工)	野猪	260
991	博爱县(豫)	野猪	250
992	楚雄市(滇)	野猪	250
993	双鸭山林业局(龙江森工)	野猪	250
994	巧家县(滇)	野猪	212
995	大石桥市(辽)	野猪	200
996	凤泉区(豫)	野猪	200
997	高要市(粤)	野猪	200
998	黄龙县(陕)	野猪	200
999	江油市(川)	野猪	200
1000	金山屯林业局(龙江森工)	野猪	200
1001	喀喇沁左翼蒙古族自治县(辽)	野猪	200
1002	乐安县(赣)	野猪	200
1003	洛宁县(豫)	野猪	200
1004	南郑县(陕)	野猪	200
1005	商城县(豫)	野猪	200
1006	施甸县(滇)	野猪	200
1007	石屏县(滇)	野猪	200
1008	顺义区(京)	野猪	200
1009	通北林业局(龙江森工)	野猪	200
1010	婺城区(浙)	野猪	200
1011	偃师市(豫)	野猪	200
1012	翼城县(晋)	野猪	200
1013	乐平市(赣)	野猪	184
1014	集宁区(内蒙古)	野猪	170
1015	略阳县(陕)	野猪	170
1016	宾川县(滇)	野猪	169
1017	长阳土家族自治县(鄂)	野猪	160
1018	赤城县(冀)	野猪	160
1019	马龙县(滇)	野猪	156
1020	沅陵县(湘)	野猪	155
1021	麻城市(鄂)	野猪	150
1022	双丰林业局(龙江森工)	野猪	150
1023	新青林业局(龙江森工)	野猪	150
1024	鸡东县(黑)	野猪	140
1025	宽城满族自治县(冀)	野猪	126
1026	长安区(陕)	野猪	120
1027	峨边彝族自治县(川)	野猪	120
1028	抚顺县(辽)	野猪	120
1029	贡井区(川)	野猪	120
1030	雁江区(川)	野猪	120
1031	城固县(陕)	野猪	115
1032	始兴县(粤)	野猪	114
1033	峨眉山市(川)	野猪	110
1034	大海林林业局(龙江森工)	野猪	108
1035	桂平市(桂)	野猪	100
1036	红石林业局(吉林森工)	野猪	100
1037	江津区(渝)	野猪	100
1038	隆阳区(滇)	野猪	100
1039	隆阳区(滇)	野猪	100
1040	栾川县(豫)	野猪	100
1041	瑞金市(赣)	野猪	100
1042	湘潭县(湘)	野猪	100
1043	新青林业局(龙江森工)	野猪	100
1044	修武县(豫)	野猪	100
1045	彝良县(滇)	野猪	100
1046	余江县(赣)	野猪	100
1047	大洼县(辽)	银狐	510100
1048	杜尔伯特蒙古族自治县(黑)	银狐	467486
1049	大兴安岭加格达奇	银狐	40000
1050	前郭尔罗斯蒙古族自治县(吉)	银狐	35000
1051	庄河市(辽)	银狐	27800
1052	绥中县(辽)	银狐	10000
1053	友好林业局(龙江森工)	银狐	9650
1054	林甸县(黑)	银狐	9622
1055	南溪县(川)	银狐	8900
1056	东港市(辽)	银狐	8661
1057	兴城市(辽)	银狐	5880
1058	让胡路区(黑)	银狐	5490
1059	武城县(鲁)	银狐	4000
1060	邹平县(鲁)	银狐	3425
1061	常山县(浙)	银狐	2000
1062	大石桥市(辽)	银狐	1400
1063	获嘉县(豫)	银狐	1200
1064	昭阳区(滇)	银狐	1200
1065	霍邱县(皖)	银狐	1000
1066	南宫市(冀)	银狐	1000
1067	丰　县(苏)	银狐	720
1068	新青林业局(龙江森工)	银狐	591
1069	海城市(辽)	银狐	500

	主产地	动物种类	驯养数量(只、头、条)
1070	秀洲区(浙)	银狐	500
1071	上甘岭林业局(龙江森工)	银狐	380
1072	龙城区(辽)	银狐	220
1073	阜新蒙古族自治县(辽)	银狐	200
1074	建德市(浙)	银狐	200
1075	东平县(鲁)	银狐	120
1076	商城县(豫)	疣鼻栖鸭	20
1077	奉贤区(沪)	鸳鸯	100
1078	睢宁县(苏)	鸳鸯	100
1079	禹州市(豫)	鹧鸪	12800
1080	玉林市福绵管理区(桂)	鹧鸪	10000
1081	富源县(滇)	鹧鸪	3000
1082	遂平县(豫)	鹧鸪	3000
1083	大兴区(京)	鹧鸪	2000
1084	介休市(晋)	鹧鸪	2000
1085	尚志市(黑)	中国林蛙	200000000
1086	兰坪白族普米族自治县(滇)	中国林蛙	190000000
1087	舒兰市(吉)	中国林蛙	160000000
1088	浑源县(晋)	中国林蛙	98000000
1089	永清县(冀)	中国林蛙	83803312
1090	长岭县(吉)	中国林蛙	60000000
1091	西华县(豫)	中国林蛙	30000000
1092	新丰县(粤)	中国林蛙	28330000
1093	清镇市(黔)	中国林蛙	28000000
1094	南宫市(冀)	中国林蛙	25000000
1095	富川瑶族自治县(桂)	中国林蛙	20000000
1096	阜新蒙古族自治县(辽)	中国林蛙	15000000
1097	彭山县(川)	中国林蛙	13941900
1098	辉南森林经营局(吉)	中国林蛙	11260000
1099	凯里市(黔)	中国林蛙	10000000
1100	山河屯林业局(龙江森工)	中国林蛙	10000000
1101	辉南县(吉)	中国林蛙	6000000
1102	和平县(粤)	中国林蛙	5360000
1103	红星林业局(龙江森工)	中国林蛙	5033000
1104	集宁区(内蒙古)	中国林蛙	5000000
1105	八家子林业局(吉)	中国林蛙	4000000
1106	正定县(冀)	中国林蛙	4000000
1107	白河林业局(吉)	中国林蛙	3030000
1108	龙城区(辽)	中国林蛙	3000000
1109	东河区(内蒙古)	中国林蛙	2900000
1110	大通回族土族自治县(青)	中国林蛙	2000000
1111	多伦县(内蒙古)	中国林蛙	1980000
1112	龙城区(辽)	中国林蛙	1494220
1113	庄河市(辽)	中国林蛙	1100000
1114	五峰土家族自治县(鄂)	中国林蛙	1000000
1115	大兴区(京)	中国林蛙	750000
1116	浦东新区(沪)	中国林蛙	700000
1117	亭湖区(苏)	中国林蛙	700000
1118	徽州区(皖)	中国林蛙	550000
1119	屯溪区(皖)	中国林蛙	460000
1120	东丰县(吉)	中国林蛙	450000
1121	柴河林业局(龙江森工)	中国林蛙	320000
1122	揭东县(粤)	中国林蛙	120000
1123	木兰围场林业局(冀)	中国林蛙	100000
1124	安丘市(鲁)	中国林蛙	50000
1125	通州区(京)	中国林蛙	40000
1126	沐川县(川)	中国林蛙	20000
1127	通化县(吉)	中国林蛙	20000
1128	方正县(黑)	中国林蛙	7800
1129	防城区(桂)	中国林蛙	6950
1130	通海县(滇)	中国林蛙	6000
1131	海林林业局(龙江森工)	中国林蛙	5000
1132	池州市九华山风景区(皖)	中国林蛙	3000
1133	顺庆区(川)	中国林蛙	2600
1134	新会区(粤)	中华鳖	3000
1135	香洲区(粤)	中华鳖	150
1136	广水市(鄂)	中华大蟾蜍	100000
1137	霍山县(皖)	中华大蟾蜍	6200
1138	望花区(辽)	中华大蟾蜍	2000
1139	罗江县(川)	中华大蟾蜍	1500
1140	万州区(渝)	中华大蟾蜍	1000
1141	瓮安县(黔)	珠鸡	8000
1142	平罗县(宁)	珠鸡	3000
1143	沙坪坝区(渝)	猪蛙	50000
1144	山河实验林场(黑)	猪蛙	40000
1145	前郭尔罗斯蒙古族自治县(吉)	珠鸡	10000

表 19-6-1　蜂蜜主产地产量

	主产地	养蜂户数(户)	蜜蜂饲养(群)	蜂蜜产量(千克)
1	房山区(京)	701	33151	672746
2	平谷区(京)	116	13000	650000
3	顺义区(京)	148	8100	280000
4	延庆县(京)	366	28643	142000
5	邢台县(冀)	473	23000	410000
6	阜平县(冀)	2000	33000	100000
7	黎城县(晋)	205	2380	71400
8	宽甸满族自治县(辽)	3500	35000	400000
9	新宾满族自治县(辽)	130	3000	26000
10	凌源市(辽)	770	48000	300

	主产地	养蜂户数（户）	蜜蜂饲养（群）	蜂蜜产量（千克）
11	龙潭区（吉）	265	13200	660000
12	敦化市（吉）	650	10000	510000
13	集安市（吉）	200	45000	250000
14	辉南县（吉）	560	13600	42100
15	大兴安岭加格达奇	260	30000	1500000
16	饶河县（黑）	615	38000	3040000
17	延寿县（黑）	200	10000	800000
18	林口县（黑）	350	30000	200000
19	萧山区（浙）	107	27000	1800000
20	宁海县（浙）	500	60000	5000000
21	慈溪市（浙）	770	92400	60000
22	徽州区（皖）	1717	91000	5460000
23	桐城市（皖）	245	15400	1200000
24	霍山县（皖）	180	400	50000
25	潜山县（皖）	150	150	20000
26	彭泽县（赣）	220	2200	660000
27	上高县（赣）	310	465	75600
28	靖安县（赣）	180	4085	41000
29	蒙阴县（鲁）	280	280	1100000
30	宁阳县（鲁）	309	412	721000
31	青州市（鲁）	300	1200	10000
32	杞　县（豫）	5000	15100	1510000
33	平桥区（豫）	629	75480	158988
34	邓州市（豫）	115	5600	77000
35	内乡县（豫）	220	8000	200
36	云梦县（鄂）	300	900	15000000
37	随县（鄂）	180	9000	8000000
38	曾都区（鄂）	2000	50000	7000000
39	保康县（鄂）	600	6600	242000
40	长阳土家族自治县（鄂）	120	2510	71000
41	京山县（鄂）	2000	200000	13000
42	点军区（鄂）	114	518	12950
43	五峰土家族自治县（鄂）	1869	5606	8000
44	夷陵区（鄂）	300	800	1400
45	鼎城区（湘）	160	21000	960000
46	洪江市（湘）	121	5000	220000
47	桃源县（湘）	420	200	40000
48	新邵县（湘）	120	2400	12000
49	桂东县（湘）	730	3600	11600
50	资兴市（湘）	2038	15800	10050

	主产地	养蜂户数（户）	蜜蜂饲养（群）	蜂蜜产量（千克）
51	从化市（粤）	700	50000	2000000
52	英德市（粤）	130	10400	195000
53	徐闻县（粤）	620	2120	10500
54	揭西县（粤）	180	2000	7000
55	郁南县（粤）	110	1400	3500
56	连州市（粤）	400	1200	1500
57	阳朔县（桂）	210	20000	900000
58	昭平县（桂）	3260	30129	588000
59	石柱土家族自治县（渝）	5714	23000	600000
60	大足县（渝）	2516	300000	600000
61	奉节县（渝）	4000	25000	200000
62	开　县（渝）	3560	33862	189530
63	城口县（渝）	2500	71000	100000
64	彭水苗族土家族自治县（渝）	1200	13200	50000
65	秀山土家族苗族自治县（渝）	327	3276	27000
66	丰都县（渝）	2350	12700	9750
67	忠　县（渝）	150	500	1000
68	万州区（渝）	4200	15529	217
69	荥经县（川）	3600	21000	100000
70	古蔺县（川）	1500	5000	60000
71	南溪县（川）	128	128	11500
72	天全县（川）	212	2650	10000
73	锦屏县（黔）	354	6370	14000
74	永胜县（滇）	3220	31000	120000
75	宾川县（滇）	140	1000	100000
76	维西傈僳族自治县（滇）	1000	10000	80000
77	华坪县（滇）	100	401	50000
78	腾冲县（滇）	1200	20000	4000
79	阎良区（陕）	200	30000	990000
80	甘泉县（陕）	288	2188	34832
81	佛坪县（陕）	200	3000	5000
82	宁陕县（陕）	2100	6000	1850
83	秦州区（甘）	1380	20000	1480000
84	两当县（甘）	180	216000	60000
85	华池县（甘）	300	628	3000
86	原州区（宁）	520	3100	114400
87	双鸭山林业局（龙江森工）	105	5600	500000
88	兴隆林业局（龙江森工）	134	15129	332000
89	迎春林业局（龙江森工）	190	4000	120000

表 19-6-2 蜂王浆主产地产量

	蜂王浆主产地	产量(千克)
1	延庆县(京)	28500.00
2	顺义区(京)	10200.00
3	房山区(京)	9936.05
4	平谷区(京)	6000.00
5	通州区(京)	700.00
6	宽城满族自治县(冀)	170.00
7	介休市(晋)	3750.00
8	黎城县(晋)	2665.00
9	石楼县(晋)	150.00
10	宁城县(内蒙古)	2520.00
11	宽甸满族自治县(辽)	12000.00
12	凌源市(辽)	960.00
13	抚顺县(辽)	490.00
14	东丰县(吉)	18000.00
15	龙潭区(吉)	13000.00
16	敦化市(吉)	6000.00
17	集安市(吉)	5000.00
18	辉南县(吉)	3600.00
19	舒兰市(吉)	3200.00
20	林口县(黑)	45000.00
21	桦南县(黑)	16000.00
22	饶河县(黑)	10200.00
23	大兴安岭加格达奇	4700.00
24	丹清河实验林场(黑)	2000.00
25	阿城区(黑)	1450.00
26	虎林市(黑)	350.00
27	密山市(黑)	200.00
28	汤原县(黑)	190.00
29	孟家岗林场(黑)	175.00
30	通河县(黑)	150.00
31	浦东新区(沪)	8000.00
32	萧山区(浙)	1020000.00
33	宁海县(浙)	100000.00
34	建德市(浙)	50000.00
35	秀洲区(浙)	6370.00
36	浦江县(浙)	1000.00
37	徽州区(皖)	364000.00
38	潜山县(皖)	140000.00
39	桐城市(皖)	130000.00
40	芜湖县(皖)	48000.00
41	谯城区(皖)	6700.00
42	居巢区(皖)	2300.00
43	上高县(赣)	3300.00
44	新干县(赣)	1008.00
45	莲花县(赣)	360.00
46	贵溪市(赣)	210.00
47	蒙阴县(鲁)	6000.00
48	安丘市(鲁)	6000.00
49	周村区(鲁)	4100.00
50	东平县(鲁)	1800.00
51	河口区(鲁)	800.00
52	宁阳县(鲁)	309.00
53	乐陵市(鲁)	150.00
54	平原县(鲁)	112.00
55	青州市(鲁)	100.00
56	平度市(鲁)	100.00
57	内乡县(豫)	40000.00
58	平桥区(豫)	16647.00
59	杞 县(豫)	1800.00
60	淅川县(豫)	410.00
61	睢 县(豫)	120.00
62	随县(鄂)	40000.00
63	保康县(鄂)	4800.00
64	安陆市(鄂)	500.00
65	长阳土家族自治县(鄂)	300.00
66	曾都区(鄂)	200.00
67	襄城区(鄂)	200.00
68	京山县(鄂)	120.00
69	鼎城区(湘)	78.00
70	洪江市(湘)	10000.00
71	中方县(湘)	6000.00
72	麻阳苗族自治县(湘)	4560.00
73	邵阳县(湘)	400.00
74	衡南县(湘)	300.00
75	娄星区(湘)	200.00
76	城步苗族自治县(湘)	200.00
77	从化市(粤)	10000.00
78	开 县(渝)	10830.00
79	大足县(渝)	5800.00
80	石柱土家族自治县(渝)	500.00
81	秀山土家族苗族自治县(渝)	200.00
82	彭水苗族土家族自治县(渝)	100.00
83	古蔺县(川)	4000.00
84	三台县(川)	500.00
85	芦山县(川)	300.00
86	永胜县(滇)	1200.00
87	阎良区(陕)	9500.00
88	永寿县(陕)	1300.00
89	宁陕县(陕)	220.00
90	略阳县(陕)	100.00
91	秦州区(甘)	26000.00
92	武山县(甘)	1000.00
93	景泰县(甘)	500.00
94	原州区(宁)	560.00
95	绥棱林业局(龙江森工)	1600.00
96	带岭实验局(龙江森工)	1500.00

表 19-6-3 蜂胶主产地产量

	蜂胶成品主产地	产量(千克)
1	房山区(京)	12033
2	顺义区(京)	3040
3	平谷区(京)	800
4	黎城县(晋)	476
5	宽甸满族自治县(辽)	1200
6	抚顺县(辽)	1210
7	东丰县(吉)	18000
8	龙潭区(吉)	6000
9	敦化市(吉)	2500
10	集安市(吉)	500
11	辉南县(吉)	210
12	舒兰市(吉)	170
13	林口县(黑)	11250
14	大兴安岭加格达奇	6750
15	饶河县(黑)	2400
16	虎林市(黑)	520
17	浦东新区(沪)	6000
18	萧山区(浙)	70000
19	宁海县(浙)	2500
20	秀洲区(浙)	2000
21	桐城市(皖)	10000
22	徽州区(皖)	9100
23	祁门县(皖)	810
24	芜湖县(皖)	720
25	东乡县(赣)	1300
26	上高县(赣)	300
27	蒙阴县(鲁)	3000
28	周村区(鲁)	2100
29	东平县(鲁)	490
30	乐陵市(鲁)	260
31	平桥区(豫)	3827
32	淅川县(豫)	205
33	保康县(鄂)	3000
34	曾都区(鄂)	3000
35	随县(鄂)	400
36	长阳土家族自治县(鄂)	150
37	云梦县(鄂)	100
38	鼎城区(湘)	5500
39	洪江市(湘)	1100

	蜂胶成品主产地	产量(千克)
40	张家界市市辖区(湘)	200
41	城步苗族自治县(湘)	100
42	从化市(粤)	11000
43	大足县(渝)	1500
44	开　县(渝)	980
45	芦山县(川)	200
46	永胜县(滇)	200
47	宁陕县(陕)	3500
48	阎良区(陕)	400
49	秦州区(甘)	20000
50	景泰县(甘)	500
51	武山县(甘)	100

表 19-6-4　蜂花粉主产地产量

	蜂花粉成品主产地	产量(千克)
1	顺义区(京)	32630
2	房山区(京)	4426
3	平谷区(京)	2500
4	黎城县(晋)	4760
5	石楼县(晋)	150
6	宽甸满族自治县(辽)	1000
7	北票市(辽)	4000
8	抚顺县(辽)	490
9	东丰县(吉)	16000
10	敦化市(吉)	7000
11	集安市(吉)	5000
12	舒兰市(吉)	5000
13	辉南县(吉)	1200
14	长白朝鲜族自治县(吉)	105
15	大兴安岭加格达奇(黑)	540000
16	饶河县(黑)	114000
17	林口县(黑)	11250
18	桦南县(黑)	2200
19	阿城区(黑)	1040
20	孟家岗林场(黑)	350
21	虎林市(黑)	350
22	汤原县(黑)	190
23	方正县(黑)	100
24	浦东新区(沪)	4750
25	萧山区(浙)	950000
26	宁海县(浙)	140000
27	秀洲区(浙)	4830
28	徽州区(皖)	364000
29	桐城市(皖)	140000
30	芜湖县(皖)	30000
31	上高县(赣)	3300
32	东平县(鲁)	3600
33	蒙阴县(鲁)	11000
34	平度市(鲁)	2000
35	周村区(鲁)	1000
36	惠民县(鲁)	200
37	乐陵市(鲁)	150
38	平桥区(豫)	15580
39	禹州市(豫)	1200
40	郏　县(豫)	120
41	随县(鄂)	55000
42	长阳土家族自治县(鄂)	500
43	云梦县(鄂)	300
44	中方县(湘)	6000
45	鼎城区(湘)	5200
46	城步苗族自治县(湘)	300
47	洪江市(湘)	300
48	云城区(粤)	12500
49	阳朔县(桂)	3000
50	大足县(渝)	15000
51	开　县(渝)	530
52	芦山县(川)	290
53	永胜县(滇)	10800
54	华坪县(滇)	800
55	阎良区(陕)	5400
56	秦州区(甘)	105000
57	景泰县(甘)	2500
58	环　县(甘)	800
59	武山县(甘)	200
60	绥棱林业局(龙江森工)	2000

表 19-7　野生动物产品出口

国家/地区	出口数量(只)	出口金额(千美元)
01061190 其他灵长目动物改良种用除外		
合计	20901	33335
美国	13437	20036
日本	3618	6113
加拿大	1187	2345
韩国	825	1659
荷兰	648	1064
比利时	432	882
德国	228	486
意大利	312	471
法国	199	277
马来西亚	15	2
01061990 未列名哺乳动物		
合计	37118	1917
韩国	15457	1081
日本	1096	347
印度	514	235
德国	17007	68
朝鲜	2	56
泰国	1664	49
马来西亚	29	31
新加坡	487	30
香港	18	19
美国	809	1
菲律宾	14	1
柬埔寨	1	0
老挝	1	0
英国	11	0
瑞士	8	0
01062020 食用爬行动物		
合计	255508	1666
日本	68580	628
韩国	76875	601
台湾省	50656	259
新加坡	13320	100
泰国	8900	58
澳门	19826	13
美国	4299	3
马来西亚	10500	2
丹麦	1500	2
德国	740	1
比利时	312	0
01062090 未列名爬行动物		
合计	70954	49
台湾省	14264	28
美国	55600	15
香港	230	4
韩国	860	1
01063990 未列名鸟		
合计	67	5
朝鲜	2	4
泰国	65	1
01069090 其他非食用活动物		
合计	574228664	213
日本	6090980	65
荷兰	555700000	54
意大利	15900	41
香港	12269984	14

国家/地区	出口数量（只）	出口金额（千美元）
德国	3380	10
美国	9120	10
西班牙	2300	7
新加坡	56000	6
韩国	80000	4
马来西亚	700	2
阿联酋	300	1
01061110 改良种用灵长目动物		
合计	2	13
朝鲜	2	13
01061910 其他改良种用哺乳动物		
合计	400	19
朝鲜	400	19
01062011 改良种用鳄鱼苗		
合计	10	5
日本	10	5
01062019 其他改良种用爬行动物		
合计	154915	163
意大利	117330	115
德国	15981	25
台湾省	21604	23

国家/地区	出口数量（千克）	出口金额（千美元）
04090000 天然蜂蜜		
合计	101137624	182513
日本	34648548	70933
比利时	15756430	26960
英国	13726627	22116
葡萄牙	5270065	7954
德国	3701100	6867
马来西亚	3572121	6176
波兰	3406630	5562
西班牙	3192950	5236
荷兰	2941923	5155
南非	2106660	3591
意大利	1541520	2697
新加坡	995223	2068
澳大利亚	893280	1503
法国	863260	1430
沙特阿拉伯	529327	1278
香港	534966	1145
泰国	728287	1144
罗马尼亚	649600	1104
摩洛哥	811510	1084
拉脱维亚	488070	886

国家/地区	出口数量（千克）	出口金额（千美元）
美国	578880	881
印度	649600	750
阿联酋	405958	673
俄罗斯联邦	364460	656
丹麦	406700	621
阿曼	355404	555
爱尔兰	207640	432
以色列	183330	313
印度尼西亚	247032	295
利比亚	174280	285
也门	92964	221
科威特	105377	219
瑞典	121800	208
蒙古	77206	185
巴拿马	97810	142
克罗地亚	60420	107
希腊	61480	101
立陶宛	60900	95
卡塔尔	48052	92
老挝	55800	87
加拿大	39900	69
越南	56550	67
塞浦路斯	37410	63
爱沙尼亚	38860	60
约旦	31030	56
挪威	18200	47
白俄罗斯	19950	39
巴林	21704	38
伊朗	20300	35
斯洛文尼亚	20300	34
捷克	20300	32
巴布亚新几内亚	18850	28
韩国	20300	24
毛里求斯	20300	24
黎巴嫩	11904	24
马尔代夫	8245	22
苏丹	10150	17
斯里兰卡	5040	10
孟加拉国	3926	7
菲律宾	1136	5
澳门	15	0
尼日利亚	39	0
新西兰	12	0
赞比亚	13	0
04100041 鲜蜂王浆		

国家/地区	出口数量（千克）	出口金额（千美元）
合计	600478	12221
日本	287189	6507
比利时	65565	1408
法国	48740	901
泰国	48520	548
美国	24730	512
土耳其	18950	292
西班牙	11000	210
香港	9260	200
意大利	9500	186
德国	8160	182
马来西亚	11586	174
墨西哥	9000	171
韩国	7260	149
沙特阿拉伯	8800	136
荷兰	7000	135
澳大利亚	6170	130
乌拉圭	5395	89
阿根廷	4500	89
新加坡	3360	73
阿联酋	1512	34
科威特	1100	23
玻利维亚	600	17
罗马尼亚	500	11
加拿大	700	11
以色列	450	11
希腊	500	9
瑞士	300	6
约旦	100	3
利比亚	31	0
04100042 鲜蜂王浆粉		
合计	218274	13490
日本	108905	7492
澳大利亚	26650	1465
新西兰	22480	1185
美国	18450	991
荷兰	7760	412
法国	4700	313
西班牙	4174	254
韩国	3200	205
印度尼西亚	4050	176
马来西亚	3040	175
埃及	2300	139
意大利	2600	136
比利时	2000	129

国家/地区	出口数量（千克）	出口金额（千美元）
土耳其	1800	92
德国	700	69
香港	890	44
越南	500	28
泰国	800	27
新加坡	460	25
沙特阿拉伯	1000	21
塞尔维亚	140	18
罗马尼亚	200	15
克罗地亚	200	13
巴西	160	11
叙利亚	300	9
玻利维亚	120	8
乌拉圭	160	7
加拿大	100	7
南非	100	6
科威特	130	6
黎巴嫩	110	6
保加利亚	70	4
菲律宾	25	2
04100043 蜂花粉		
合计	1629619	5475
美国	342424	1136
韩国	348799	899
墨西哥	184600	570
德国	81500	355
阿根廷	102500	327
乌拉圭	85000	302
土耳其	75500	289
马来西亚	62278	284
俄罗斯联邦	48000	152
比利时	25000	140
日本	24410	138
叙利亚	45350	126
罗马尼亚	33000	113
沙特阿拉伯	37000	111
法国	15000	109
加拿大	28900	92
葡萄牙	16000	54
澳大利亚	10900	52
希腊	16000	45
黎巴嫩	13000	35
泰国	6000	23
突尼斯	6000	22
阿尔及利亚	5000	19

国家/地区	出口数量（千克）	出口金额（千美元）
波兰	3000	13
利比亚	3000	10
以色列	2350	10
巴拿马	1800	9
英国	1500	7
埃及	1000	7
新加坡	600	7
荷兰	750	4
约旦	550	4
前南马其顿	500	3
哥伦比亚	800	3
危地马拉	708	3
保加利亚	500	2
新西兰	200	1
科威特	200	1
04100049 其他蜂产品		
合计	149465	2940
澳大利亚	48570	931
日本	42714	524
美国	16180	329
法国	8600	221
意大利	5775	180
马来西亚	3974	142
俄罗斯联邦	5000	120
新西兰	3750	110
墨西哥	2800	86
沙特阿拉伯	2800	55
韩国	1136	50
土耳其	1410	44
罗马尼亚	1200	33
德国	1100	23
泰国	640	18
埃及	500	15
香港	2250	12
乌克兰	500	12
新加坡	80	11
越南	240	9
加拿大	106	7
南非	50	4
以色列	90	3
21069030 蜂王浆制剂		
合计	692414	8990
日本	107020	2745
法国	81230	1541
墨西哥	141746	871

国家/地区	出口数量（千克）	出口金额（千美元）
美国	55985	557
泰国	37000	502
西班牙	21000	354
新加坡	4357	344
沙特阿拉伯	7500	208
哥伦比亚	34353	207
香港	18126	149
巴拿马	19302	146
马来西亚	24958	146
加拿大	15880	138
匈牙利	19309	120
德国	5814	108
洪都拉斯	13794	85
台湾省	450	82
危地马拉	11712	73
韩国	3000	72
荷兰	3754	56
罗马尼亚	4923	54
多米尼加共和国	7146	48
澳大利亚	3912	40
叙利亚	1260	32
瑞士	870	28
俄罗斯联邦	6000	28
印度尼西亚	3806	25
克罗地亚	212	25
多哥	15400	25
斯洛文尼亚	6720	22
巴基斯坦	2196	21
乌克兰	2196	20
希腊	1200	15
智利	2196	14
黎巴嫩	600	13
哥斯达黎加	1500	12
突尼斯	150	12
土耳其	1381	11
毛里求斯	636	8
古巴	276	6
特立尼达和多巴哥	720	6
保加利亚	1440	5
伊拉克	125	4
圣卢西亚	427	4
利比亚	250	3
葡萄牙	180	2
巴哈马	293	2
玻利维亚	100	1

国家/地区	出口数量（千克）	出口金额（千美元）
科威特	9	0
15219010 蜂蜡		
合计	8758160	36233
德国	1932056	7771
韩国	706826	4595
土耳其	1027500	3961
法国	856000	3455
美国	612170	2564
荷兰	536059	2211
希腊	607025	1972
俄罗斯联邦	465000	1807
英国	224000	991
西班牙	247000	910
意大利	205000	834
阿尔及利亚	249776	833
塞尔维亚	188000	658
日本	93397	632
澳大利亚	116500	587
伊朗	89000	313
葡萄牙	58000	288
叙利亚	56520	225
阿尔巴尼亚	72174	202
墨西哥	53073	186
香港	32306	163
克罗地亚	53000	154
印度	57848	140
加拿大	18815	84
黎巴嫩	26000	69
南非	10900	61
巴基斯坦	13100	60
瑞典	10000	60
斯洛文尼亚	21000	55
印度尼西亚	10000	42
乌克兰	14000	37
突尼斯	12000	36
奥地利	11540	32
罗马尼亚	10000	28
泰国	6200	26
比利时	5000	24
孟加拉国	8000	23
阿塞拜疆	5000	21
斯里兰卡	6000	21
格鲁吉亚	9000	20
伊拉克	6000	15
危地马拉	3000	15

国家/地区	出口数量（千克）	出口金额（千美元）
阿联酋	2500	13
马来西亚	4000	12
也门	3000	10
塞浦路斯	2000	6
沙特阿拉伯	1400	6
巴拿马	875	5
肯尼亚	500	2
智利	100	1

表 19-8　野生动物产品进口

国家/地区	进口数量（只）	进口金额（千美元）
01061190 其他灵长目动物改良种用除外		
合计	8421	2687
柬埔寨	4395	1560
越南	950	546
老挝	2600	390
圭亚那	412	112
捷克	10	59
几内亚	27	9
日本	13	7
加拿大	14	6
01061990 未列名哺乳动物		
合计	11880	1123
美国	6191	520
智利	20	228
南非	9	176
日本	2285	74
台湾省	2203	58
荷兰	39	17
英国	434	15
泰国	211	14
加拿大	70	6
德国	101	5
意大利	23	3
澳大利亚	32	2
新加坡	156	2
瑞典	48	1
瑞士	8	1
比利时	4	0
挪威	6	0
西班牙	4	0
希腊	6	0
法国	10	0
香港	20	0

国家/地区	进口数量（只）	进口金额（千美元）
01062020 食用爬行动物		
合计	455695	1690
泰国	111846	659
台湾省	230290	482
美国	109305	465
印度尼西亚	2699	61
老挝	1555	23
01062090 未列名爬行动物		
合计	1247426	1058
美国	583746	754
泰国	436680	295
台湾省	227000	9
01063290 其他鹦形目鸟，改良种用除外		
合计	951	24
台湾省	741	10
圭亚那	60	10
新加坡	150	5
01063990 未列名鸟		
合计	28140	674
荷兰	18868	495
阿根廷	8	56
美国	2107	37
比利时	2028	35
台湾省	4722	35
古巴	40	9
南非	367	8
01069090 其他非食用活动物		
合计	82083	97
美国	2408	47
荷兰	39800	32
比利时	38597	14
印度尼西亚	1078	3
南非	200	0
01061110 改良种用灵长目动物		
合计	3169	2247
老挝	2000	1099
几内亚	54	585
圭亚那	210	314
柬埔寨	885	178
保加利亚	12	48
秘鲁	8	24
01061910 其他改良种用哺乳动物		
合计	15268	6170
南非	156	2440
丹麦	13000	927

国家/地区	进口数量（只）	进口金额（千美元）
德国	114	900
俄罗斯联邦	20	487
法国	1569	330
日本	6	327
坦桑尼亚	21	211
乌拉圭	58	143
喀麦隆	2	100
圭亚那	12	76
捷克	26	69
美国	271	68
荷兰	8	40
加拿大	4	32
塞尔维亚	1	21
01062011 改良种用鳄鱼苗		
合计	20689	415
泰国	20689	415
01062019 其他改良种用爬行动物		
合计	432423	280
美国	431939	277
泰国	457	2
香港	27	0
01063210 改良种用鹦形目鸟		
合计	768	42
圭亚那	156	30
泰国	354	9
澳大利亚	10	2
台湾省	248	1
01063910 其他改良种用鸟		
合计	428	878
阿根廷	66	653
秘鲁	10	80
古巴	192	63
荷兰	20	52
圭亚那	140	31

国家/地区	进口数量（千克）	进口金额（千美元）
04090000 天然蜂蜜		
合计	2188664	9599
新西兰	327381	3589
澳大利亚	243123	1535
泰国	408320	1106
中华人民共和国	379252	787
德国	59724	609
加拿大	88314	422
墨西哥	62444	223
缅甸	275450	208
法国	22334	181
台湾省	38566	160
日本	16098	109
美国	65303	107
瑞士	7983	87
匈牙利	20430	86
英国	8460	73
巴西	10977	73
韩国	107880	63
马来西亚	21906	36
土耳其	5912	35
埃及	3260	29
越南	7402	28
罗马尼亚	5220	25
比利时	1238	13
荷兰	714	8
智利	257	4
牙买加	50	2
意大利	128	2
南非	100	1
斐济	253	0
伯利兹	160	0
西班牙	18	0
赞比亚	4	0
柬埔寨	3	0
04100010 燕窝		
合计	9229	12825
马来西亚	8689	11974
印度尼西亚	225	564
新加坡	208	145
泰国	107	143
04100041 鲜蜂王浆		
合计	6	2
法国	6	2
04100042 鲜蜂王浆粉		
合计	1	0
马来西亚	1	0
04100043 蜂花粉		
合计	596	35
新西兰	442	29
澳大利亚	104	5
台湾省	48	1
法国	2	0
04100049 其他蜂产品		
合计	6127	382
巴西	3155	303
新西兰	1021	62
加拿大	528	5
意大利	408	5
台湾省	851	5
澳大利亚	139	3
日本	1	0
萨摩亚	15	0
西班牙	9	0
21069030 蜂王浆制剂		
合计	9810	372
澳大利亚	4093	167
德国	4086	146
新西兰	1026	43
加拿大	518	9
日本	25	4
韩国	6	2
台湾省	46	1
美国	10	1
15219010 蜂蜡		
合计	110775	1644
日本	39320	1067
美国	36524	353
法国	16411	108
荷兰	14600	84
韩国	2011	20
台湾省	1906	12
丹麦	1	0
意大利	2	0

森林旅游

【概　况】 全国共建立森林公园2583处，总面积1677.69万公顷，其中国家级森林公园746处，国家级森林旅游区1处，面积1177.66万公顷。以国家级森林公园为龙头，国家、省和县(市)级森林公园协同发展的森林风景资源保护利用体系日趋完善。

自1993年起我国仅森林公园的游客人数就保持20%以上的年增长率。近年来，这个数字更是不断刷新，呈现出爆发增长的态势：2002年全国森林公园游客人数首次突破1亿人次，2006年突破2亿人次，2009年突破3亿人次，2010年达到3.96亿人次。据不完全统计，1990~2010年，全国森林公园共接待游客25.32亿人次。同时，森林旅游的经济效益也日益显现。据统计，自1993年起仅全国森林公园旅游收入就保持30%以上的年增长率，2010年全国森林公园直接旅游收入达294.94亿元。

随着改革不断深入，森林旅游的发展受到了广泛关注，特别是近年来呈现出社会各界投资开发森林旅游的热情极为高涨。据不完全统计，“十一五”期间，仅全国森林公园就投入建设资金750多亿元，其中2010年投入的建设资金达224.98亿元，森林公园的基础设施条件和旅游接待能力不断提高。截至2010年底，全国森林公园共拥有旅游道路5.47万千米，旅游车(船)2.52万台(艘)，宾馆接待床位62.66万张，餐位113.6万个，从事旅游管理和服务的职工达13万人，其中导游1.3万人。

此外，由于我国超过95%的森林公园地处山区或偏远林区，近50%位于贫困地区或生态脆弱地区，因此森林公园的建设发展不仅与当地的社会经济发展息息相关，还为所在地居民尤其是农民提供了广阔的就业增收途径。陕西太白山国家森林公园所在的汤峪口镇自开展森林旅游后，公园周边两个行政村的村民人均年收入由1988年的400元上升到现在的4000多元，成为全省的小康示范村；山东莱芜华山国家森林公园1998年建园以来，为周边村民提供直接就业岗位2000个，间接转移农村劳动力3万余人。近30年来，我国森林公园建设和森林旅游产业发展已经使2700多个乡1.2万多个村的2000多万农民受益，带动森林公园周边近5000个村脱贫。目前，全国森林公园每年提供的社会就业岗位达60余万个。

森林公园的建设发展，在吸引游客走进森林的同时，也通过游客在森林环境中的独特体验，拉近了公众与自然的关系，成为传播生态文化和弘扬生态文明的重要窗口和平台。2007年，国家林业局下发了《关于进一步加强森林公园生态文化建设的通知》，2008~2010年，国家林业局以国家级森林公园为重点相继实施了“生态文化教育示范基地”建设和“生态文化解说体系示范点”建设，安排项目单位分别达90个和36个，强化了项目单位的生态文化教育设施和生态文化教育功能。目前，已经有一大批森林公园成为大中小学生的科普基地、夏(冬)令营基地、实习基地、爱国主义教育基地，成为科研人员的实验基地和广大艺术爱好者的创作基地，凸显了林业在生态文明建设中的重要地位和作用。随着林业重点生态工程建设的实施，植树造林、退耕还林以及城市林业建设的不断推进，森林面积得到了扩大，质量显著提升，这些都为开发森林旅游提供了重要的后备资源。

2010年全国森林旅游103204万人次，比2009年增长34.67%，前5名省份：北京、四川、广东、浙江、河南，5省(市)占全国的57.21%；森林旅游收入13103652万元，比2009年增长35.76%，全国前5名省份：四川、湖南、浙江、江西、江苏，5省占全国的；森林公园收入7660953万元，全国前5名省份：湖北58.09%、浙江11.48%、吉林4.76%、江西4.50%、四川3.67%，5省占全国的82.49%；旅游接待总人数39611万人次，比2009年增长19.00%，全国前5名省份：广东、重庆、浙江、江苏、江西，5省

（市）占全国的51.37%；旅游接待海外旅游者1077万人次，比2009年增长18.07%，全国前5名省份：广东、江苏、重庆、浙江、福建，5省（市）占全国的62.35%。见表20-1和表20-3。

森林公园2583处，比2009年增长5.09%，排名全国前5名省份：广东、山东、浙江、江西、河南，5省占全国的41.66%；国家级森林公园747处，比2009年增长2.19%，排名全国前5名省份：黑龙江、江西、湖南、山东、浙江，5省占全国的28.92%；省级森林公园1149处，比2009年增长7.08%，排名全国前5名省份：江西、浙江、河南、广东、山东，5省占全国的32.46%；县级森林公园687处，比2009年增长5.05%，排名全国前5名省份：广东、山东、山西、浙江、河南，5省占全国的83.84%。见表20-1和表20-4。

森林公园面积16776936公顷，比2009年增长1.52%，全国前5名省份：吉林、黑龙江、西藏、新疆、内蒙古，5省（区）占全国的48.31%；国家级森林公园面积11776635公顷，比2009年增长2.23%，全国前5名省份：吉林、黑龙江、西藏、内蒙古、新疆，5省（区）占全国的56.70%；省级森林公园面积3969499公顷，比2009年减少1.28%，全国前5名省份：新疆、甘肃、吉林、黑龙江、内蒙古，5省（区）占全国的47.39%；县级森林公园面积1030802公顷，比2009年减少4.66%，全国前5名省份：广东、山东、河南、山西、江西，5省（区）占全国的90.18%。见表20-1和表20-5。

我国对森林旅游进行指导性法律及政策主要有10项，国家级政策8项，地方级的2项，主要集中于自然保护区建设、森林公园建设、森林旅游管理及税收管理等方面。见表20-6。

我国对森林旅游方面有1个行业标准：《旅游景区质量等级的划分与评定》，规定了旅游景区质量等级划分的依据、条件及评定的基本要求。适用于接待海内外旅游者的各种类型的旅游景区，包括以自然景观及人文景观为主的旅游景区。

表20-1 森林旅游各指标在全国排名前5名的省份

指　标	在全国排名前5位的省份及占全国的比例
森林旅游人次（10.32亿人次）	北京16.41%、四川14.18%、广东12.75%、浙江8.28%、河南5.60%
森林旅游收入（1310亿元）	四川18.26%、湖南12.66%、浙江11.71%、江西11.15%、江苏4.60%
森林公园数量（2583个）	广东16.42%、山东8.09%、浙江6.00%、江西6.00%、河南5.15%
森林公园面积（1678万公顷）	吉林14.63%、黑龙江11.39%、西藏7.79%、新疆7.73%、内蒙古6.77%
国家级森林公园数量（747个）	黑龙江7.36%、江西5.76%、湖南5.76%、山东5.09%、浙江4.95%
国家级森林公园面积（1177万公顷）	吉林17.08%、黑龙江13.91%、西藏11.10%、内蒙古7.75%、新疆6.86%
省级森林公园数量（1149个）	江西8.70%、浙江6.27%、河南5.92%、广东5.83%、山东5.74%
省级森林公园面积（397万公顷）	新疆12.26%、甘肃11.73%、吉林11.17%、黑龙江6.84%、内蒙古5.40%
县级森林公园数量（687处）	广东48.33%、山东15.28%、山西8.15%、浙江6.70%、河南5.39%
县级森林公园面积（103万公顷）	广东65.84%、山东11.03%、河南6.26%、山西4.36%、江西2.68%
森林公园收入（766亿元）	湖北58.09%、浙江11.48%、吉林4.76%、江西4.50%、四川3.67%
旅游接待总人数（3.96亿人次）	广东18.35%、重庆10.74%、浙江8.34%、江苏7.82%、江西6.12%
旅游接待海外旅游者（1077万人次）	广东17.42%、江苏12.24%、重庆11.63%、浙江11.25%、福建9.81%
园林绿化单位个数（77288个）	广东9.06%、上海8.68%、江苏7.04%、山东6.76%、浙江6.07%
自然保护区管理单位个数（2948个）	浙江30.60%、广东6.61%、四川4.75%、云南4.27%、湖南3.53%

表20-2 森林旅游国家级和省级协会

1	中国旅游协会
2	中国旅游景区协会
3	中国公园协会
4	中国风景名胜区协会
5	浙江省森林旅游协会
6	安徽省森林旅游协会
7	江西省森林公园和森林旅游协会
8	四川省生态旅游协会
9	新疆维吾尔自治区森林公园协会

表 20-3 全国分地区森林旅游经营状况

地 区	旅游人次	旅游收入(万元)	旅游接待总人数(万人次)	旅游接待海外旅游者(万人次)	园林绿化单位(个)	自然保护区管理单位(个)
全国合计	1032037989	13103652	39611	1077	77288	2948
北京	169345472	231264	308	3	4150	45
天津	1865755	15998	19		1470	16
河北	17239951	151924	755	16	1884	47
山西	3115050	24417	620	7	1678	77
内蒙古	6106003	123924	285	2	1297	84
内蒙古集团	307000	20900	31			
辽宁	26578655	447772	1625	92	3164	93
吉林	9299752	455106	713	26	1429	75
吉林集团	133845	18024	19	1		
黑龙江	9794362	359126	637	10	1975	74
龙江集团	5549389	154835	221	3		
上海	1906675	7750	402	5	6707	1
江苏	57082859	602959	3097	132	5442	66
浙江	85422518	1534286	3304	121	4692	902
安徽	24623611	445753	646	8	3383	43
福建	23374301	275720	1347	106	2094	97
江西	30399940	1460627	2425	27	1820	66
山东	41896945	316088	2181	57	5226	82
河南	57777357	355992	1575	37	2803	95
湖北	23983237	481681	818	17	3184	76
湖南	44213384	1659191	1681	61	1898	104
广东	131576605	433647	7270	188	6999	195
广西	20350717	216875	486	10	1096	57
海南	3063520	58676	39	1	1003	29
重庆	33500238	333356	4254	125	1904	41
四川	146329245	2392454	1444	7	4398	140
贵州	20545630	326862	1379	4	1055	36
云南	16964268	151837	354	5	1323	126
西藏	30000	1173	41		44	5
陕西	4874870	40392	936	4	2789	103
甘肃	7160930	16672	401	3	693	62
青海	342500	2374	138		231	20
宁夏	3195735	55856	62		422	25
新疆	9356080	89723	366	4	1035	66
新疆兵团	51700	869				
大兴安岭	721824	34177	2			

表 20-4 各地区分级森林公园数量

地区	森林公园总数(处)	国家级森林公园数量(处)	省级森林公园数量(处)	县级森林公园数量(处)
全国合计	2583	747	1149	687
北京	26	15	10	1
天津	1	1		

地区	森林公园总数（处）	国家级森林公园数量(处)	省级森林公园数量（处）	县级森林公园数量（处）
河北	80	27	53	
山西	111	18	37	56
内蒙古	53	29	22	2
内蒙古集团	8	8		
辽宁	67	29	38	
吉林	48	32	16	
吉林集团	8	8		
黑龙江	104	55	47	2
龙江集团	41	24	17	
上海	4	4		
江苏	55	15	40	
浙江	155	37	72	46
安徽	54	29	25	
福建	107	28	58	21
江西	155	43	100	12
山东	209	38	66	105
河南	133	28	68	37
湖北	83	29	54	
湖南	105	43	54	8
广东	424	25	67	332
广西	50	20	24	6
海南	10	8	2	
重庆	81	25	55	1
四川	108	31	51	26
贵州	69	21	29	19
云南	40	27	13	
西藏	8	8		
陕西	82	31	46	5
甘肃	82	21	61	
青海	17	7	10	
宁夏	4	4		
新疆	56	17	31	8
大兴安岭	2	2		

表 20-5　各地区森林公园分级统计面积

地　区	森林公园总面积（公顷）	国家级森林公园面积（公顷）	省级森林公园面积（公顷）	县级森林公园面积（公顷）
全国合计	16776936	11776635	3969499	1030802
北京	79111	68441	9710	960
天津	2126	2126		
河北	496384	298852	197531	
山西	536645	380529	111143	44973
内蒙古	1135398	912506	214522	8370
内蒙古集团	400927	400927		

地 区	森林公园总面积（公顷）	国家级森林公园面积（公顷）	省级森林公园面积（公顷）	县级森林公园面积（公顷）
辽宁	223176	141248	81927	
吉林	2454517	2011237	443280	
吉林集团	89773	89773		
黑龙江	1911654	1638718	271395	1541
龙江集团	1328660	1209457	119203	
上海	1952	1952		
江苏	90138	33052	57086	
浙江	383437	219050	138766	25621
安徽	140738	103611	37127	
福建	203167	121506	58405	23256
江西	500362	356506	116202	27654
山东	379162	176987	88460	113715
河南	312460	115142	132798	64519
湖北	388343	263692	124651	
湖南	389710	209611	173001	7098
广东	995452	206684	110082	678685
广西	258979	211547	45288	2144
海南	134353	116287	18067	
重庆	185589	133937	50817	835
四川	730371	635893	87894	6583
贵州	258118	145061	95914	17143
云南	147107	112612	34495	
西藏	1307014	1307014		
陕西	314366	158628	149890	5848
甘肃	899856	434401	465455	
青海	462278	293297	168982	
宁夏	28587	28587		
新疆	1296413	807949	486608	1856
大兴安岭	129972	129972		

表 20-6 森林旅游法规政策

	文件名称	文件号	发布机构
1	关于国家旅游度假区有关税收问题的通知	国税发〔1992〕248 号	国家税务总局
2	中华人民共和国自然保护区条例	国务院令第 167 号	国务院
3	全国野生动植物保护及自然保护区建设工程总体规划		国家林业局
4	关于恢复跨省区市旅游和出境旅游经营活动的通知	旅办发〔2003〕52 号	国家旅游局
5	关于加快森林公园发展的意见	林场发〔2006〕261 号	国家林业局
6	关于加强森林公园旅游安全管理的通知	林园发字〔2007〕3 号	国家林业局森林公园管理办公室
7	关于印发《国家级森林公园监督检查办法》的通知	林策发〔2009〕206 号	国家林业局
8	关于进一步加快发展旅游业的实施意见	皖政〔2011〕33 号	安徽省人民政府
9	关于开展 2011 年广东省森林生态旅游示范基地认定申报工作的通知		广东省林业局、旅游局

表 20-7　森林旅游县级单位情况

	所在地	森林公园及自然保护区名称	面积（万亩）	级别	实际接待人数（万人次）	旅游总收入（万元）	其中：门票收入(万元)
1	敦煌市(甘)	西湖自然保护区	990.00	国家	1.20	204.00	
2	理塘县(川)	海子山自然保护区	688.74	国家	1.50	900.00	
3	柴河林业局(龙江森工)	威虎山森林公园	622.13	国家	7.58	1880.00	265.00
4	隆阳区(滇)	高黎贡山自然保护区	608.25	国家	10.00	3.00	3.00
5	大海林林业局(龙江森工)	雪乡森林公园	279.00	国家	10.00	5000.00	361.00
6	新丰江林管局(粤)	新丰江森林公园	240.00	国家	90.80	4397.00	3000.00
7	河口区(鲁)	黄河三角洲自然保护区	229.50	国家	2.00	1000.00	0.00
8	城步苗族自治县(湘)	南山牧场	228.00	国家	10.00	8000.00	400.00
9	互助土族自治县(青)	北山国家森林公园	169.00	国家	15.00	4200.00	300.00
10	阿鲁科尔沁旗(内蒙古)	高格斯台罕乌拉自然保护区	159.43	国家	1.00	150.00	
11	巴林右旗(内蒙古)	赛罕乌拉自然保护区	150.67	国家	2.00	20.00	8.00
12	御道口林场(冀)	御道口森林草原风景区	150.00	国家	35.00	1000.00	900.00
13	桃山林业局(龙江森工)	桃山森林公园	150.00	国家	10.82	6315.00	500.00
14	塞罕坝机械林场(冀)	塞罕坝森林公园	142.60	国家	34.26	2154.00	2154.00
15	勐腊县(滇)	勐腊自然保护区	139.00	国家	6.00	970.00	360.00
16	敦煌市(甘)	阳关湿地自然保护区	133.80	国家	1.00	170.00	
17	阿拉善左旗(内蒙古)	贺兰山自然保护区	132.75	国家	28.00	1250.00	650.00
18	资源县(桂)	八角寨森林公园	126.00	国家	65.00	35000.00	13000.00
19	回民区(内蒙古)	乌素图森林公园	120.60	国家	2.50	11.00	
20	洮河林业局(甘)	冶力关森林公园	119.10	国家	5.00	620.00	360.00
21	大丰市(苏)	麋鹿自然保护区	117.00	国家	71.00	1.40	7.00
22	克什克腾旗(内蒙古)	黄岗梁林场森林旅游	115.00	国家	0.80	80.00	
23	盐边县(川)	二滩鸟类湿地自然保护区	112.40	国家	50.00	10000.00	
24	科尔沁右翼前旗(内蒙古)	察尔森森林公园	112.40	国家	1.00	50.00	50.00
25	方正林业局(龙江森工)	龙山森林公园	99.15	国家	9.25	1615.00	
26	石门县(湘)	壶瓶山自然保护区	99.10	国家	4.00	1.20	1.20
27	东京城林业局(龙江森工)	镜泊湖森林公园	97.50	国家	9.00	2000.00	
28	淅川县(豫)	丹江湿地自然保护区	96.00	国家	35.00	1000.00	750.00
29	城步苗族自治县(湘)	两江峡谷森林公园	95.00	国家	1.00	52.00	
30	衢江区(浙)	紫微山森林公园	83.00	国家	13.00	3900.00	400.00
31	内乡县(豫)	宝天曼自然保护区	81.20	国家	62.00	8586.00	3470.00
32	敦化市(吉)	雁鸣湖自然保护区	80.91	国家	5.00	350.00	60.00
33	木兰围场林管局(冀)	木兰围场森林公园	80.00	国家	1.30	54.80	3.00
34	山河屯林业局(龙江森工)	凤凰山森林公园	75.00	国家	15.00	7999.00	1794.00
35	巴塘县(川)	措普森林公园	72.00	国家	4.80	2100.00	
36	罗山县(豫)	董寨自然保护区	70.20	国家	8.60	1280.00	430.00
37	嘉荫县(黑)	茅兰沟森林公园	70.00	国家	5.00	1500.00	400.00
38	庄河市(辽)	银石滩森林公园	65.00	国家	85.00	4600.00	750.00
39	南川区(渝)	金佛山自然保护区	62.78	国家	1.20	300.00	
40	梵净山国家级自然保护区(黔)		62.00	国家	20.00	4600.00	1000.00
41	武安市(冀)	武安市森林公园	61.90	国家	65.00	2500.00	2500.00
42	苇河林业局(龙江森工)	八里湾森林公园	61.50	国家	6.16	1515.00	41.25
43	南江县(川)	米仓山森林公园	60.00	国家	56.00	9270.00	2800.00
44	青川县(川)	唐家河自然保护区	60.00	国家	31.61	16600.00	948.30

	所在地	森林公园及自然保护区名称	面积（万亩）	级别	实际接待人数（万人次）	旅游总收入（万元）	其中：门票收入（万元）
45	克什克腾旗(内蒙古)	桦木沟森林公园	60.00	国家	1.20	100.00	30.00
46	勃利县(黑)	勃利森林公园	58.00	国家	0.80	48.00	16.00
47	五岔沟林业局(内蒙古)	好森沟国家森林公园	56.99	国家	0.90	200.00	110.00
48	洋　县(陕)	朱鹮自然保护区	56.25	国家	1.85	113.50	55.50
49	湘乡市(湘)	东台山森林公园	55.50	国家	10.00	15.00	0.00
50	漠河县(黑)	北极村森林公园	54.56	国家	15.00	3695.12	223.00
51	江永县(湘)	千家峒森林公园	54.23	国家	2.50	410.00	
52	洪江市(湘)	雪峰山	52.00	国家	5.00	20.00	
53	穆棱林业局(龙江森工)	六峰山森林公园	51.96	国家	7.00	1000.00	
54	黎平县(黔)	黎平县森林公园	51.57	国家	6.50	950.00	
55	西乡县(陕)	米仓山自然保护区	51.30	国家	2.00	200.00	
56	蛟河市(吉)	拉法山森林公园	51.29	国家	17.80	24567.00	1210.00
57	淳安县(浙)	千岛湖森林公园	50.00	国家	191.70	45.40	5.01
58	石柱土家族自治县(渝)	黄水森林公园	50.00	国家	120.00	42050.00	12000.00
59	桃源县(湘)	乌云界森林公园	50.00	国家	25.00	2300.00	
60	青海湖国家级自然保护区(青)		49.52	国家	62.00	7527.10	4824.91
61	东乌珠穆沁旗(内蒙古)	宝格达乌拉森林公园	48.80	国家	2.00	80.00	
62	平武县(川)	王朗自然保护区	48.00	国家	3.00	1337.00	90.00
63	安新县(冀)	白洋淀旅游景区	46.80	国家	75.00	5500.00	2500.00
64	大理市(滇)	苍山洱海自然保护区	45.87	国家	26.60	1606.00	452.00
65	法库县(辽)	五龙山自然保护区	45.53	国家	50.00	4000.00	100.00
66	洋　县(陕)	长青自然保护区	44.86	国家	2.64	336.00	220.00
67	安化县(湘)	雪峰湖湿地公园	44.65	国家	1.50	3.00	
68	铁力林业局(龙江森工)	日月峡森林公园	44.55	国家	22.37	12823.00	9.00
69	榆中县(甘)	兴隆山自然保护区	44.40	国家	17.00	600.00	350.00
70	乌拉特前旗(内蒙古)	乌梁素海湿地鸟类保护区	44.00	国家	10.00	400.00	130.00
71	金寨县(皖)	天马自然保护区	43.00	国家	20.00	7120.00	920.00
72	双鸭山林业局(龙江森工)	青山森林公园	42.00	国家	7.00	1100.00	
73	佛坪县(陕)	佛坪自然保护区	42.00	国家	2.00	1000.00	30.00
74	宁城县(内蒙古)	黑里河自然保护区	41.46	国家	3.00	76.00	26.00
75	洮河林业局(甘)	大峪森林公园	41.44	国家	1.20	38.00	25.00
76	楼观台林场(陕)		41.23	国家	8.00	196.10	107.80
77	兴隆林业局(龙江森工)	兴隆森林公园	40.20	国家	6.00	1130.00	55.00
78	东洲区(辽)	萨尔湖风景名胜区	40.20	国家	0.80	48.00	40.00
79	乐昌市(粤)	金鸡山旅游区	40.00	国家	5.52	276.00	110.40
80	东平县(鲁)	东平湖湿地保护区	38.97	国家	8.00	2100.00	480.00
81	金秀瑶族自治县(桂)	大瑶山自然保护区	38.39	国家	7.80	452.59	164.30
82	喀喇沁旗(内蒙古)	旺业甸森林公园	38.10	国家	1.00	160.00	20.00
83	安福县(赣)	武功山森林公园	36.29	国家	30.00	3000.00	
84	旺苍县(川)	米仓山自然保护区	35.10	国家	36.59	7106.00	5.40
85	涞水县(冀)	野三坡森林公园	34.30	国家	260.00	21000.00	4500.00
86	罗田县(鄂)	大别山森林公园	33.00	国家	10.00	3500.00	200.00
87	虎林市(黑)	乌苏里江森林公园	33.00	国家	5.00	280.00	35.00
88	蔚　县(冀)	小五台自然保护区	32.70	国家	3.80	1520.00	228.00
89	靖安县(赣)	三爪仑森林公园	32.00	国家	124.90	27500.00	3740.00

	所在地	森林公园及自然保护区名称	面积（万亩）	级别	实际接待人数（万人次）	旅游总收入（万元）	其中：门票收入（万元）
90	五常市（黑）	龙凤森林公园	32.00	国家	4.00	300.00	30.00
91	平山县（冀）	驼梁自然保护区	31.97	国家	6.00	400.00	320.00
92	茂兰国家级自然保护区（黔）		30.00	国家	4.85	300.00	70.00
93	庄河市（辽）	冰峪风景区	30.00	国家	400.00	6500.00	720.00
94	京山县（鄂）	大洪山景区	30.00	国家	200.00	4000.00	2000.00
95	宜章县（湘）	莽山森林公园	30.00	国家	17.00	20100.00	1900.00
96	荔波县（黔）	茂兰自然保护区	30.00	国家	15.72	5124.00	943.02
97	长阳土家族自治县（鄂）	清江森林公园	30.00	国家	10.00	3000.00	1000.00
98	龙南县（赣）	九连山风景区	30.00	国家	3.83	460.00	100.00
99	小陇山林业实验局（甘）	小陇山森林公园	29.50	国家	3.50	70.07	3.23
100	牡丹江市（黑）	牡丹峰自然保护区	29.20	国家	6.40	192.00	101.00
101	汤旺河林业局（龙江森工）	小兴安岭石林森林公园	28.50	国家	21.69	14345.00	271.00
102	鹤北林业局（龙江森工）	红松林森林公园	28.50	国家	6.00	1144.60	96.00
103	开　县（渝）	雪宝山森林公园	27.61	国家	10.00	200.00	
104	峨边彝族自治县（川）	峨边黑竹沟	27.00	国家	60.83	24800.00	3041.50
105	临江市（吉）	临江森林公园	27.00	国家	12.00	410.00	98.00
106	青海省孟达自然保护区（青）		26.00	国家	3.00	150.00	55.00
107	露水河林业局（吉林森工）	露水河森林公园	25.78	国家	1.50	500.00	
108	海林林业局（龙江森工）	佛手山森林公园	25.09	国家	5.00	1500.00	
109	资兴市（湘）	东江湖湿地公园	25.00	国家	85.00	55531.00	24650.00
110	东至县（皖）	升金湖自然保护区	25.00	国家	26.00	1700.00	
111	缙云县（浙）	仙都风景名胜区	24.93	国家	425.81	201195.42	80478.17
112	陕西牛背梁国家级自然保护区（陕）		24.78	国家	2.00	1.00	0.00
113	沾河林业局（龙江森工）	大沾河森林公园	24.41	国家	3.20	1900.00	480.00
114	遂昌县（浙）	遂昌森林公园	24.32	国家	25.16	10168.00	
115	横　县（桂）	九龙瀑布群森林公园	24.10	国家	63.40	9510.00	62.00
116	泌阳县（豫）	铜山湖森林公园	24.00	国家	100.00	9000.00	200.00
117	普格县（川）	螺髻山风景区	24.00	国家	55.00	1012.00	
118	会同县（湘）	鹰嘴界自然保护区	23.85	国家	100.00	653.00	
119	峨眉山市（川）	峨眉山风景名胜区	23.10	国家	136.40	81840.00	20460.00
120	桦南林业局（龙江森工）	七星峰森林公园	22.89	国家	3.10	801.00	
121	龙泉市（浙）	凤阳山自然保护区	22.76	国家	20.00	6600.00	1200.00
122	辉南森林经营局（吉）	龙湾自然保护区	22.59	国家	33.00	1157.00	647.00
123	坎布拉森林公园（青）		22.58	国家	14.00	1900.00	798.00
124	青阳县（皖）	九华山森林公园	22.50	国家	10.00	2000.00	1500.00
125	乌审旗（内蒙古）	萨拉乌苏文化发展有限公司	0.10	国家	0.60	300.00	100.00
126	回民区（内蒙古）	大青山自然保护区	22.12	国家	5.00	60.00	38.00
127	呼伦贝尔市市辖区（内蒙古）	海拉尔西山森林公园	22.00	国家	60.00	19.00	19.00
128	新平彝族傣族自治县（滇）	哀牢山自然保护区	21.41	国家	18.00	450.00	180.00
129	雾灵山自然保护区（冀）	雾灵山自然保护区	21.37	国家	15.00	800.00	750.00
130	五营林业局（龙江森工）	五营森林公园	21.21	国家	40.42	29522.00	198.00
131	同江市（黑）	街津山森林公园	21.06	国家	5.00	150.00	60.00
132	南郑县（陕）	黎坪森林公园	21.00	国家	7.27	2900.00	662.00
133	克什克腾旗（内蒙古）	白音敖包自然保护区	20.79	国家	1.50	150.00	
134	朝阳县（辽）	努鲁儿虎山自然保护区	20.75	国家	2.00	50.00	20.00

	所在地	森林公园及自然保护区名称	面积(万亩)	级别	实际接待人数(万人次)	旅游总收入(万元)	其中:门票收入(万元)
135	孙吴县(黑)	胜山要塞森林公园	20.74	国家	2.60	15.00	5.00
136	泰和县(赣)	泰和县森林公园	20.60	国家	0.60	45.00	2.00
137	东方红林业局(龙江森工)	珍宝岛森林公园	20.14	国家	8.10	1511.00	
138	桃江县(湘)	桃花江森林公园	20.00	国家	61.80	32384.00	
139	商南县(陕)	金丝峡森林公园	20.00	国家	49.12	3700.00	2276.20
140	咸丰县(鄂)	坪坝营森林公园	19.86	国家	130.00	40000.00	
141	平山县(冀)	平山天桂山风景名胜区	19.80	国家	4.00	300.00	240.00
142	沅陵县(湘)	借母溪自然保护区	19.60	国家	1.50	220.00	
143	会泽县(滇)	大桥黑颈鹤自然保护区	19.37	国家	27.85	976.00	35.00
144	都匀市(黔)	斗蓬山风景名胜区	19.30	国家	600.00	1200.00	
145	五大连池市(黑)	五大连池森林公园	19.00	国家	7.10	285.00	285.00
146	绥宁县(湘)	黄桑自然保护区	19.00	国家	4.20	208.00	
147	多伦县(内蒙古)	滦河源森林公园	19.00	国家	4.00	120.00	15.00
148	小陇山林业实验局(甘)	麦积森林公园	18.82	国家	11.00	898.28	175.69
149	赤城县(冀)	黑龙山森林公园	18.80	国家	2.50	18.90	4.00
150	三门江林场(桂)	三门江森林公园	18.70	国家	8.00	336.00	43.48
151	金山屯林业局(龙江森工)	金山森林公园	18.43	国家	26.87	18318.00	269.00
152	南岳区(湘)	衡山自然保护区	18.09	国家	420.23	277500.00	18497.00
153	池州市九华山风景区(皖)	九华山风景区	18.00	国家	400.00	120000.00	40000.00
154	泰安市市辖区(鲁)	泰山森林公园	18.00	国家	241.00	26541.00	25814.00
155	长宁县(川)	蜀南竹海自然保护区	18.00	国家	101.00	47745.00	9090.00
156	亚布力林业局(龙江森工)	亚布力森林公园	18.00	国家	11.80	3751.00	1.80
157	平泉县(冀)	辽河源森林公园	17.83	国家	2.00	500.00	100.00
158	邢台县(冀)	前南峪森林公园	17.70	国家	51.98	587.00	587.00
159	宜丰县(赣)	官山自然保护区	17.25	国家	1.00	2040.00	
160	北镇市(辽)	医巫闾山自然保护区	17.00	国家	235.80	9900.00	200.00
161	阜平县(冀)	天生桥森林公园	17.00	国家	7.00	3500.00	280.00
162	易门县(滇)	龙泉森林公园	17.00	国家	5.00	56.00	54.00
163	通江县(川)	空山森林公园	17.00	国家	5.00	3310.00	0.00
164	涞源县(冀)	甸子梁褐马鸡自然保护区	16.97	国家	150.00	4000.00	
165	景泰县(甘)	寿鹿山森林公园	16.90	国家	3.00	40.00	12.00
166	湾里区(赣)	梅岭森林公园	16.80	国家	74.50	9685.00	1118.00
167	普兰店市(辽)	普兰店森林公园	16.50	国家	30.00	600.00	150.00
168	阜新蒙古族自治县(辽)	海棠山自然保护区	16.50	国家	25.00	1630.00	110.00
169	庆元县(浙)	百山祖自然保护区	16.32	国家	0.65	46.00	13.00
170	惠济区(豫)	黄河风景名胜区	16.20	国家	35.00	2275.00	2100.00
171	合江县(川)	福宝森林公园	16.00	国家	30.00	12000.00	600.00
172	桂东县(湘)	八面山自然保护区	16.00	国家	28.00	2480.00	988.00
173	新宁县(湘)	崀山风景区	16.00	国家	10.00	5000.00	1000.00
174	南岔林业局(龙江森工)	仙翁山森林公园	15.83	国家	11.67	8076.00	245.00
175	铜鼓县(赣)	天柱峰森林公园	15.77	国家	11.54	5389.00	163.00
176	灵宝市(豫)	燕子山森林公园	15.72	国家	2.00	20.00	40.00
177	抚顺县(辽)	三块石森林公园	15.60	国家	30.00	1760.00	530.00
178	彰武县(辽)	章古台自然保护区	15.30	国家	0.75	242.00	6.00
179	武隆县(渝)	仙女山森林公园	15.00	国家	250.00	16822.00	3360.00

	所在地	森林公园及自然保护区名称	面积（万亩）	级别	实际接待人数（万人次）	旅游总收入（万元）	其中：门票收入（万元）
180	上饶县(赣)	灵山风景名胜区	15.00	国家	46.00	6000.00	
181	易　县(冀)	易州国家森林公园	15.00	国家	8.00	450.00	200.00
182	嵩　县(豫)	白云山森林公园	15.00	国家	5.58	5000.00	753.00
183	安　县(川)	千佛山森林公园	15.00	国家	5.00	250.00	30.00
184	呼兰区(黑)	呼兰森林公园	15.00	国家	5.00	40.00	
185	五峰土家族自治县(鄂)	后河国家级自然保护区	15.00	国家	3.00	1230.00	240.00
186	西吉县(宁)	火石寨地质(森林)公园	14.73	国家	15.00	40.00	40.00
187	巴林林业局(内蒙古)	喇嘛山森林公园	14.60	国家	3.50	115.00	115.00
188	永川区(渝)	茶山竹海森林公园	14.55	国家	45.30	2220.00	420.00
189	长春市净月经济开发区(吉)	净月潭森林公园	14.46	国家	60.00	3607.00	1384.00
190	凉城县(内蒙古)	二龙什台森林公园	14.40	国家	8.00	50.00	
191	威宁彝族回族苗族自治县(黔)	草海自然保护区	14.40	国家	6.00	210.00	210.00
192	湟中县(青)	群加森林公园(青)	14.00	国家	1.00	6.00	
193	淄川区(鲁)	峨庄古村落森林公园	13.95	国家	8.00	42.00	22.00
194	涟源市(湘)	龙山森林公园	13.93	国家	21.00	3155.00	120.00
195	辉县市(豫)	太行山猕猴自然保护区	13.70	国家	230.00	3580.00	3580.00
196	万州区(渝)	铁峰山森林公园	13.65	国家	16.00	760.00	10.00
197	敖汉旗(内蒙古)	大黑山自然保护区	13.63	国家	5.50	55.00	33.00
198	泰安市市辖区(鲁)	徂徕山森林公园	13.50	国家	11.97	74.76	74.76
199	宁安市(黑)	火山口森林公园	13.40	国家	12.50	1450.00	400.00
200	旬邑县(陕)	石门山森林公园	13.24	国家	2.00	130.00	40.00
201	阿城区(黑)	横头山森林公园	13.22	国家	15.00	329.00	300.00
202	茶陵县(湘)	云阳森林公园	13.03	国家	20.00	360.00	120.00
203	广德县(皖)	横山森林公园	13.00	国家	25.00	20.00	
204	安化县(湘)	柘溪森林公园	12.87	国家	25.00	20000.00	
205	建德市(浙)	富春江森林公园	12.54	国家	30.00	9000.00	2500.00
206	科尔沁左翼后旗(内蒙古)	大青沟自然保护区	12.20	国家	28.00	12600.00	1260.00
207	马头滩林业局(陕)	天台山森林公园	12.15	国家	5.20	318.00	230.00
208	华蓥市(川)	华蓥山森林公园	12.13	国家	45.00	27324.00	3690.00
209	吴中区(苏)	西山国家森林公园	12.00	国家	250.00	14450.00	3390.00
210	宁陕县(陕)	上坝河森林公园	12.00	国家	150.00	300.00	26.00
211	新化县(湘)	大熊山森林公园	12.00	国家	92.00	1700.00	450.00
212	牡丹江市(黑)	三道关森林公园	12.00	国家	6.00	90.00	74.50
213	郧　县(鄂)	苍浪山森林公园	12.00	国家	6.00	3000.00	120.00
214	渭源县(甘)	渭河源森林公园	11.88	国家	1100.00	32.00	12.00
215	乌马河林业局(龙江森工)	梅花山森林公园	11.72	国家	17.70	3050.00	177.00
216	桂平市(桂)	龙潭森林公园	11.70	国家	1.65	70.00	61.00
217	巴南区(渝)	桥口坝森林公园	11.54	国家	10.00	1065.75	162.75
218	广州市属总林场(粤)	流溪河森林公园	11.38	国家	24.00	1326.00	214.10
219	始兴县(粤)	八岭自然保护区	11.32	国家	27.60	23.92	20.24
220	白石山林业局(吉林森工)	白石山森林公园	11.00	国家	500.00	300.00	30.00
221	嵩　县(豫)	天池山森林公园	11.00	国家	3.50	3100.00	400.00
222	广水市(鄂)	中华山	11.00	国家	0.85	300.00	17.00
223	新平彝族傣族自治县(滇)	磨盘山森林公园	10.94	国家	20.00	600.00	400.00
224	汤原县(黑)	大亮子河森林公园	10.70	国家	22.00	2300.00	0.00

	所在地	森林公园及自然保护区名称	面积（万亩）	级别	实际接待人数（万人次）	旅游总收入（万元）	其中：门票收入（万元）
225	五莲县(鲁)	五莲山风景区	10.20	国家	20.00	1000.00	750.00
226	确山县(豫)	乐山森林公园	10.20	国家	10.00	200.00	5.00
227	红花尔基林业局(内蒙古)	樟子松森林公园	10.10	国家	4.30	398.00	110.00
228	峰峰矿区(冀)	响堂山森林公园	10.00	国家	33.00	420.00	80.00
229	宁波市市辖区(浙)	四明山森林公园	10.00	国家	30.00	1965.00	450.00
230	叙永县(川)	画稿溪自然保护区	10.00	国家	20.00	10000.00	
231	五峰土家族自治县(鄂)	柴埠溪国家森林公园	10.00	国家	12.30	3200.00	984.00
232	集安市(吉)	五女峰森林公园	10.00	国家	10.00	1500.00	200.00
233	左权县(晋)	龙泉森林公园	10.00	国家	8.50	50.00	35.00
234	荥经县(川)	龙苍沟森林公园	10.00	国家	8.00	4874.00	
235	建昌县(辽)	白狼山自然保护区	10.00	国家	4.50	320.00	
236	崇义县(赣)	阳岭森林公园	10.00	国家	2.00	170.00	70.00
237	资兴市(湘)	天鹅山森林公园	10.00	国家	2.00	3.00	0.00
238	余姚市(浙)	四明山国家森林公园	10.00	国家	1.00	77.00	22.00
239	七台河市市辖区(黑)	石龙山森林公园	9.50	国家	10.00	210.00	
240	美溪林业局(龙江森工)	回龙湾森林公园	9.49	国家	26.45	12793.00	350.00
241	漳　县(甘)	贵清山森林公园	9.30	国家	39.30	4500.00	500.00
242	户　县(陕)	太平森林公园	9.13	国家	18.96	1149.82	792.50
243	南川区(渝)	金佛山森林公园	9.12	国家	255.90	52205.00	4045.00
244	确山县(豫)	薄山森林公园	9.10	国家	10.00	1000.00	40.00
245	甘井子区(辽)	西郊森林公园	9.00	国家	120.00	7000.00	
246	黎城县(晋)	黄崖洞森林公园	9.00	国家	21.00	230.00	
247	常宁市(湘)	天堂山森林公园	8.90	国家	7.00	180.00	
248	壶关县(晋)	太行山大峡谷	8.77	国家	4.60	1178.00	1178.00
249	略阳县(陕)	五龙洞森林公园	8.70	国家	1.40	11.00	11.00
250	舞钢市(豫)	石漫滩森林公园	8.50	国家	19.50	1966.00	
251	凤阳县(皖)	韭山森林公园	8.30	国家	21.00	1450.00	350.00
252	延安市风景林场(陕)	延安森林公园	8.10	国家	38.00	1040.00	890.00
253	江山市(浙)	江郎山风景名胜区	8.09	国家	40.30	4350.00	1980.00
254	滦平县(冀)	百草洼森林公园	8.09	国家	1.00	3.00	2.00
255	晋源区(晋)	天龙山森林公园	8.00	国家	20.00	1000.00	600.00
256	眉　县(陕)	太白山森林公园	8.00	国家	19.60	1643.00	938.00
257	洛宁县(豫)	神灵寨森林公园	8.00	国家	10.00	1300.00	100.00
258	歙　县(皖)	徽州森林公园	7.97	国家	5.00	1200.00	
259	大余县(赣)	梅关森林公园	7.95	国家	15.22	1263.00	
260	辛家山林业局(陕)	通天河森林公园	7.85	国家	5.35	212.00	160.00
261	浏阳市(湘)	大围山森林公园	7.83	国家	37.69	28350.00	10200.00
262	璧山县(渝)	青龙湖森林公园	7.75	国家	5.20	845.00	
263	桐柏县(豫)	淮河源森林公园	7.39	国家	12.00	151.00	60.00
264	瓮安县(黔)	朱家山森林公园	7.33	国家	20.00	500.00	0.00
265	唐　县(冀)	古北岳森林公园	7.30	国家	5.00	170.00	100.00
266	莱城区(鲁)	华山森林公园	7.13	国家	53.10	915.00	313.00
267	博山区(鲁)	鲁山森林公园	7.00	国家	20.00	620.00	300.00
268	桓仁满族自治县(辽)	库区森林公园	7.00	国家	3.50	395.00	55.00
269	泉阳林业局(吉林森工)	泉阳泉森林公园	7.00	国家	1.00	500.00	

	所在地	森林公园及自然保护区名称	面积（万亩）	级别	实际接待人数（万人次）	旅游总收入（万元）	其中：门票收入(万元)
270	长海县(辽)	长山群岛森林公园	6.95	国家	19.97	11982.00	1.00
271	临城县(冀)	小天池风景区	6.95	国家	2.60	180.00	10.00
272	峄城区(鲁)	冠世榴园自然保护区	6.90	国家	50.00	1500.00	900.00
273	上甘岭林业局(龙江森工)	溪水森林公园	6.87	国家	11.28	5289.00	60.20
274	磐安县(浙)	大盘山自然保护区	6.84	国家	30.76	327.57	327.57
275	射阳县(苏)	珍禽自然保护区	6.80	国家	50.00	3245.00	1500.00
276	谷城县(鄂)	薤山森林公园	6.80	国家	21.00	1100.00	100.00
277	东源县(粤)	新丰江森林公园	6.72	国家	1000.00	800.00	
278	虎林市(黑)	珍宝岛湿地自然保护区	6.60	国家	5.00	100.00	15.00
279	雷山县(黔)	雷公山森林公园	6.53	国家	16.66	2382.00	
280	陕　县(豫)	甘山森林公园	6.50	国家	29.86	12500.00	310.00
281	阳朔县(桂)	阳朔森林公园	6.50	国家	6.00	650.00	480.00
282	临安市(浙)	天目山自然保护区	6.43	国家	20.06	1327.00	932.00
283	青田县(浙)	石门洞森林公园	6.40	国家	20.00	1260.00	210.00
284	成　县(甘)	鸡峰山森林公园	6.30	国家	25.00	4.50	4.50
285	毕节市(黔)	毕节森林公园	6.20	国家	15.00	12.50	0.00
286	天峨县(桂)	龙滩大峡谷森林公园	6.20	国家	4.00	20.00	20.00
287	鼎城区(湘)	花岩溪风景区	6.17	国家	10.58	2644.00	110.00
288	松滋市(鄂)	洈水风景区	6.15	国家	12.00	8100.00	1550.00
289	安义县(赣)	圣水堂森林公园	6.09	国家	3.20	1.92	
290	武冈市(湘)	云山森林公园	6.00	国家	42.00	6622.00	6000.00
291	宣汉县(川)	观音山森林公园	5.84	国家	93.80	6225.00	780.00
292	西平县(豫)	棠溪源森林公园	5.70	国家	11.00	2709.00	550.00
293	施甸县(滇)	善洲林场国家生态文明教育基地	5.60	国家	3.00	500.00	
294	汉台区(陕)	汉中天台森林公园	5.51	国家	4.06	1698.00	8.00
295	蒙阴县(鲁)	蒙山森林公园	5.50	国家	50.00	5000.00	2000.00
296	榆次区(晋)	乌金山森林公园	5.50	国家	18.00	130.00	100.00
297	蓝田县(陕)	王顺山森林公园	5.46	国家	25.00	2000.00	750.00
298	禹州市(豫)	鸠山大鸿寨风景区	5.40	国家	90.00	1090.00	440.00
299	武川县(内蒙古)	哈达门森林公园	5.40	国家	4.00	244.00	12.00
300	本溪满族自治县(辽)	关门山森林公园	5.30	国家	4.80	1500.00	1250.00
301	大足县(渝)	玉龙山森林公园	5.27	国家	10.00	100.00	50.00
302	涞源县(冀)	白石山森林公园	5.25	国家	200.00	6000.00	
303	屏山县(川)	老君山自然保护区	5.25	国家	13.00	3003.60	
304	喀喇沁旗(内蒙古)	马鞍山森林公园	5.25	国家	1.30	121.00	26.00
305	凤城市(辽)	大梨树自然风景名胜旅游区	5.20	国家	50.00	6500.00	3000.00
306	江山市(浙)	仙霞森林公园	5.18	国家	21.00	1971.00	889.00
307	巫山县(渝)	小三峡森林公园	5.10	国家	59.00	17823.00	7100.00
308	京山县(鄂)	虎爪山森林公园及自然保护区	5.00	国家	100.00	5000.00	1000.00
309	祁门县(皖)	牯牛降自然保护区	5.00	国家	71.00	15460.00	8520.00
310	钦北区(桂)	八寨沟旅游区	5.00	国家	45.20	6780.00	904.00
311	红安县(鄂)	天台山森林公园	5.00	国家	20.00	3000.00	40.00
312	江津区(渝)	大圆洞森林公园	5.00	国家	5.00	135.00	
313	和龙市(吉)	国家AAA级仙景台风景名胜区	4.80	国家	1.00	304.00	304.00
314	浠水县(鄂)	三角山森林公园	4.75	国家	120.00	2200.00	120.00

	所在地	森林公园及自然保护区名称	面积（万亩）	级别	实际接待人数（万人次）	旅游总收入（万元）	其中：门票收入（万元）
315	大通回族土族自治县(青)	察汗河森林公园	4.67	国家	1.30	19.60	18.50
316	岚皋县(陕)	南宫山森林公园	4.65	国家	5.00	1075.00	250.00
317	南岸区(渝)	南山森林公园	4.62	国家	1540.00	9880.00	415.00
318	揭西县(粤)	大北山森林公园	4.60	国家	12.00	1850.00	
319	鞍山市千山风景区(辽)	仙人台森林公园	4.50	国家	72.00	3435.00	3260.00
320	滁州市沙河集林业总场(皖)	皇甫山森林公园	4.50	国家	5.00	350.00	100.00
321	中宁县(宁)	长山头农场天湖湿地保护区	4.50	国家	1.50	20.00	5.00
322	北京市八达岭林场（京）	八达岭森林公园	4.40	国家	3.80	62.30	62.50
323	丹清河实验林场(黑)	丹清河森林公园	4.30	国家	1.50	176.00	1.00
324	英山县(鄂)	桃花冲森林公园	4.28	国家	12.00	1080.00	240.00
325	山海关区(冀)	山海关区森林公园	4.20	国家	18.00	576.00	
326	酉阳土家族苗族自治县(渝)	桃花源森林公园	4.10	国家	600.00	9000.00	
327	郧　县(鄂)	恐龙地质公园	4.00	国家	100.00	2000.00	100.00
328	万盛区(渝)	黑山森林公园	4.00	国家	49.54	7282.60	2379.80
329	寿阳县(晋)	方山森林公园	4.00	国家	10.00	100.00	30.00
330	博爱县(豫)	太行猕猴自然保护区	3.98	国家	12.00	520.00	3.00
331	广州市属总林场(粤)	石门森林公园	3.95	国家	38.00	629.00	594.00
332	户　县(陕)	朱雀森林公园	3.93	国家	6.57	490.10	272.30
333	凤城市(辽)	凤凰山自然保护区	3.90	国家	60.00	7800.00	3600.00
334	辉县市(豫)	白云寺森林公园	3.90	国家	11.00	7.50	7.50
335	平昌县(川)	镇龙山森林公园	3.83	国家	14.10	1862.00	
336	本溪满族自治县(辽)	汤沟森林公园	3.80	国家	1.60	180.00	135.00
337	林州市(豫)	五龙洞森林公园	3.79	国家	9.00	100.00	50.00
338	陆良县(滇)	五峰山森林公园	3.74	国家	12.00	265.00	180.00
339	环翠区(鲁)	双岛森林公园	3.70	国家	20.00	708.30	423.40
340	庆元县(浙)	庆元森林公园	3.70	国家	1.31	1.99	1.99
341	龙亭区(豫)	龙亭区柳园口湿地保护区	3.66	国家	2.00	10.00	
342	灵寿县(冀)	五岳寨森林公园	3.60	国家	36.50	13050.00	380.00
343	青州市(鲁)	仰天山森林公园	3.60	国家	30.00	3000.00	580.00
344	遂平县(豫)	嵖岈山风景区	3.51	国家	568.00	6002.00	2308.00
345	梓潼县(川)	七曲山森林公园	3.50	国家	107.00	9560.00	40.10
346	桐城市(皖)	嬉子湖生态旅游景区	3.50	国家	10.00	740.00	20.00
347	巴州区(川)	天马山森林公园	3.45	国家	6.70	925.50	107.50
348	萧　县(皖)	黄藏峪森林公园	3.40	国家	18.00	1500.00	880.00
349	宁海县(浙)	双峰森林公园	3.40	国家	17.00	876.00	876.00
350	英山县(鄂)	吴家山森林公园	3.36	国家	20.36	1280.00	380.00
351	西丰县(辽)	冰砬山森林公园	3.36	国家	8.00	100.00	5.00
352	谷城县(鄂)	汉江湿地公园	3.28	国家	5.00	300.00	
353	印台区(陕)	玉华宫森林公园	3.26	国家	28.81	1062.00	312.00
354	绥芬河市(黑)	红花岭森林公园	3.26	国家	0.66	37.00	
355	新泰市(鲁)	莲花山森林公园	3.25	国家	30.00	242.00	170.00
356	泾　县(皖)	水西森林公园	3.20	国家	50.00	600.00	
357	新宾满族自治县(辽)	猴石森林公园	3.20	国家	50.00	8820.00	1500.00
358	庆安国有林场管理局(黑)	望龙山森林公园	3.20	国家	12.00	105.00	
359	柞水县(陕)	牛背梁森林公园	3.18	国家	20.00	2400.00	960.00

	所在地	森林公园及自然保护区名称	面积（万亩）	级别	实际接待人数（万人次）	旅游总收入（万元）	其中：门票收入（万元）
360	涿鹿县(冀)	黄羊山森林公园	3. 13	国家	1. 50	30. 00	10. 00
361	平远县(粤)	南台山森林公园	3. 11	国家	85. 00	33. 00	
362	兴隆县(冀)	六里坪森林公园	3. 08	国家	1. 50	68. 50	35. 00
363	富锦市(黑)	五顶山旅游区	3. 07	国家	12. 00	12. 00	5. 00
364	伊金霍洛旗(内蒙古)	成陵旅游开发区	3. 00	国家	58. 00	7200. 00	5760. 00
365	长治市郊区(晋)	老顶山森林公园	3. 00	国家	31. 00	3966. 00	
366	博山区(鲁)	原山森林公园	3. 00	国家	20. 00	600. 00	260. 00
367	济源市(豫)	王屋山风景区	3. 00	国家	20. 00	1200. 00	800. 00
368	舒城县(皖)	万佛山森林公园	3. 00	国家	17. 00	180. 00	150. 00
369	安陆市(鄂)	古银杏森林公园	3. 00	国家	10. 00	500. 00	20. 00
370	金凤区(宁)	阅海公园	3. 00	国家	6. 00	1935. 45	1279. 16
371	襄州区(鄂)	鹿门寺森林公园	2. 90	国家	18. 00	150. 00	50. 00
372	劳山林业局(陕)	劳山森林公园	2. 90	国家	5. 00	90. 00	20. 00
373	栾川县(豫)	养子沟景区	2. 82	国家	15. 00	3000. 00	1000. 00
374	灞桥区(陕)	洪庆山森林公园	2. 80	国家	1. 20	60. 00	15. 00
375	九原区(内蒙古)	梅力更森林公园	2. 70	国家	2. 99	135. 00	89. 75
376	填报单位(宁)	天湖湿地保护区	2. 60	国家	5. 00	500. 00	50. 00
377	上饶县(赣)	五府山森林公园	2. 55	国家	2. 80	480. 00	
378	全椒县(皖)	神山森林公园	2. 52	国家	7. 00	200. 00	70. 00
379	平天山林场(桂)	平天山森林公园	2. 51	国家	15. 00	100. 00	
380	鹤城区(湘)	钟坡森林公园	2. 50	国家	60. 00	1020. 00	
381	溪湖区(辽)	环城森林公园	2. 50	国家	4. 20	2228. 00	64. 00
382	和　县(皖)	鸡笼山森林公园	2. 50	国家	3. 00	40. 00	40. 00
383	大通回族土族自治县(青)	鹞子沟森林公园	2. 49	国家	1. 40	25. 00	23. 00
384	涪陵区(渝)	武陵山森林公园	2. 45	国家	21. 00	3000. 00	80. 00
385	常山县(浙)	金钉子国爱地质公园	2. 40	国家	12. 30	116. 00	116. 00
386	钟祥市(鄂)	大口森林公园	2. 39	国家	2. 00	100. 00	30. 00
387	潜山县(皖)	天柱山森林公园	2. 37	国家	217. 00	123500. 00	11320. 00
388	桃源县(湘)	桃花源风景名胜区	2. 30	国家	60. 00	3200. 00	800. 00
389	含山县(皖)	太湖山森林公园	2. 30	国家	20. 00	450. 00	200. 00
390	井陉县(冀)	仙台森林公园	2. 28	国家	1. 50	46. 00	30. 00
391	常熟市(苏)	虞山国家森林公园	2. 25	国家	101. 14	1222. 52	611. 26
392	孝感市市辖区(鄂)	双峰山森林公园	2. 10	国家	16. 50	4000. 00	150. 00
393	綦江县(渝)	古剑山森林公园	2. 00	国家	400. 00	8000. 00	100. 00
394	景洪市(滇)	西双版纳原始森林公园	2. 00	国家	88. 00	4912. 00	6160. 00
395	大连市金州新区(辽)	大赫山森林公园	2. 00	国家	60. 00	500. 00	200. 00
396	和政县(甘)	松鸣岩森林公园	2. 00	国家	16. 00	320. 00	20. 00
397	栾川县(豫)	龙峪湾森林公园	2. 00	国家	15. 00	1500. 00	500. 00
398	济源市(豫)	五龙口风景区	2. 00	国家	12. 00	800. 00	600. 00
399	杭锦旗(内蒙古)	杭锦旗七星湖旅游区	2. 00	国家	3. 62	123. 00	40. 00
400	松阳县(浙)	卯山森林公园	2. 00	国家	3. 00	63. 00	
401	松山国家级自然保护区管理处(京)	延庆松山森林旅游景区	1. 90	国家	4. 40	155. 20	155. 20
402	宜都市(鄂)	湖北天龙湾国家湿地公园	1. 86	国家	8. 00	2000. 00	
403	无为县(皖)	天井山森林公园	1. 86	国家	1. 00	100. 00	
404	鄢陵县(豫)	中原花木交易博览园	1. 80	国家	296. 00	27295. 00	185. 00

	所在地	森林公园及自然保护区名称	面积（万亩）	级别	实际接待人数（万人次）	旅游总收入（万元）	其中：门票收入(万元)
405	吴中区(苏)	东吴森林公园	1.80	国家	22.00	968.00	598.00
406	梅河口市(吉)	鸡冠山森林公园	1.80	国家	17.00	1005.00	
407	寿　县(皖)	八公山森林公园	1.75	国家	41.00	880.00	210.00
408	台山市(粤)	北峰山森林公园	1.75	国家	12.00	600.00	30.00
409	鼎湖区(粤)	鼎湖山	1.70	国家	85.00	35700.00	4000.00
410	大兴区(京)	古桑森林公园	1.70	国家	11.00	300.00	120.00
411	长安区(陕)	南五台森林公园	1.60	国家	12.00	180.00	180.00
412	通化市市辖区(吉)	白鸡峰森林公园	1.56	国家	2.40	71.40	17.00
413	南海区(粤)	西樵山森林公园	1.50	国家	330.00	1650.00	1200.00
414	栾川县(豫)	重渡沟景区	1.50	国家	90.00	9000.00	2500.00
415	广丰县(赣)	铜钹山森林公园	1.50	国家	65.00	6500.00	650.00
416	梁平县(渝)	东山森林公园	1.50	国家	50.00	950.00	
417	北戴河区(冀)	秦皇岛野生动物园	1.50	国家	50.00	2300.00	2300.00
418	肥西县(皖)	紫蓬山森林公园	1.50	国家	25.00	340.00	30.00
419	孟津县(豫)	黄河湿地保护区	1.50	国家	15.00	125.00	69.00
420	红山区(内蒙古)	红山森林公园	1.50	国家	10.00	110.00	110.00
421	肥城市(鲁)	牛山森林公园	1.50	国家	3.30	48.00	40.00
422	沙湾区(川)	美女峰森林公园	1.50	国家	1.20	18.00	12.00
423	八公山区(皖)	八公山森林公园	1.47	国家	10.00	350.00	350.00
424	忠　县(渝)	天池山森林公园	1.43	国家	3.00	300.00	30.00
425	镇宁布依族苗族自治县(黔)	夜郎洞景区	1.35	国家	3.60	900.00	7.40
426	巍山彝族回族自治县(滇)	巍宝山森林公园	1.30	国家	6.00	35061.00	86.47
427	彭水苗族土家族自治县(渝)	茂云山森林公园摩围山景区	1.30	国家	3.00	200.00	24.00
428	庐江县(皖)	冶父山森林公园	1.28	国家	17.60	465.00	72.20
429	盐亭县(川)	高山森林公园	1.20	国家	850.00	9000.00	0.00
430	张家界市市辖区(湘)	天门山	1.20	国家	64.69	12483.00	12426.00
431	郁南县(粤)	大王山森林公园	1.20	国家	26.00	850.00	
432	兴城市(辽)	首山森林公园	1.20	国家	3.00	50.00	5.00
433	沂南县(鲁)	孟良崮森林公园	1.20	国家	2.00	300.00	120.00
434	赤壁市(鄂)	陆水湖湿地公园	1.18	国家	50.00	20000.00	5000.00
435	梅　县(粤)	雁鸣湖森林公园	1.15	国家	51.52	2760.00	88.32
436	繁昌县(皖)	马仁山森林公园	1.10	国家	60.00	4800.00	3600.00
437	即墨市(鲁)	马山自然保护区	1.10	国家	30.00	300.00	60.00
438	当阳市(鄂)	玉泉寺风景区	1.10	国家	20.00	200.00	
439	奉贤区(沪)	上海海湾森林公园	1.10	国家	9.50	550.00	190.00
440	东平县(鲁)	腊山森林公园	1.10	国家	8.00	2100.00	480.00
441	石门县(湘)	夹山森林公园	1.10	国家	6.00	400.00	200.00
442	姜堰市(苏)	溱湖湿地公园	1.05	国家	126.40	15319.00	7374.00
443	方正县(黑)	双子山原始森林公园	1.02	国家	1.00	250.00	20.00
444	广汉市(川)	三星堆博物馆公园	1.00	国家	52.00	6000.00	4160.00
445	屯溪区(皖)	花山谜窟风景区	1.00	国家	40.00	1660.00	1540.00
446	庆城县(甘)	周祖陵森林公园	1.00	国家	32.60	358.20	63.80
447	彭水苗族土家族自治县(渝)	茂云山森林公园阿依河景区	1.00	国家	30.00	6000.00	4800.00
448	桐庐县(浙)	大奇山森林公园	1.00	国家	30.00	4320.00	3000.00
449	栾川县(豫)	老君山景区	1.00	国家	25.00	2000.00	600.00

	所在地	森林公园及自然保护区名称	面积（万亩）	级别	实际接待人数（万人次）	旅游总收入（万元）	其中：门票收入（万元）
450	桐庐县(浙)	瑶琳森林公园	1.00	国家	25.00	3600.00	2000.00
451	虎丘区(苏)	大阳山国家森林公园	1.00	国家	21.20	10044.65	470.01
452	永福县(桂)	金钟山景区	1.00	国家	20.00	1000.00	500.00
453	关岭布依族苗族自治县(黔)	花江大峡谷风景名胜区	1.00	国家	6.00	100.00	
454	荆州区(鄂)	八岭山森林公园	1.00	国家	5.00	100.00	50.00
455	山亭区(鲁)	抱犊崮森林公园	1.00	国家	3.00	650.00	330.00
456	鄞州区(浙)	天童森林公园	1.00	国家	2.50	216.00	36.00
457	安乡县(湘)	黄山头森林公园	1.00	国家	2.00	20.70	8.00
458	梁园区(豫)	黄河故道森林公园	0.98	国家	210.00	370.00	30.00
459	灵武市(宁)	长流水生态旅游景区	0.90	国家	5.50	180.00	120.00
460	本溪满族自治县(辽)	铁刹山森林公园	0.90	国家	1.00	80.00	65.00
461	蔡甸区(鄂)	九真森林公园	0.87	国家	5.50	750.00	330.00
462	栾川县(豫)	伏牛山滑雪场	0.80	国家	25.00	2000.00	500.00
463	甘井子区(辽)	金龙寺森林公园	0.80	国家	5.00	76.00	66.00
464	新会区(粤)	圭峰山森林公园	0.78	国家	420.00	10000.00	250.00
465	虎丘区(苏)	上方山国家森林公园	0.75	国家	48.00	2512.00	1070.00
466	邹平县(鲁)	鹤伴山森林公园	0.72	国家	23.00	1000.00	120.00
467	西秀区(黔)	九龙山森林公园	0.72	国家	3.60	121.00	36.00
468	永城市(豫)	芒砀山文物旅游区	0.71	国家	226.00	270.00	160.00
469	巴彦县(黑)	驿马山森林公园	0.71	国家	10.00	62.00	
470	东港市(辽)	大孤山森林公园	0.70	国家	7.00	74.00	74.00
471	城关区(甘)	兰山公园	0.65	国家	12.00	170.00	28.00
472	龙胜各族自治县(桂)	龙胜温泉森林公园	0.63	国家	18.64	3751.00	
473	北京市十三陵林场(京)	蟒山森林公园	0.60	国家	15.00	223.00	223.00
474	修武县(豫)	云台山森林公园	0.57	国家	74.00	11100.00	8880.00
475	洪雅县(川)	瓦屋山森林公园	0.55	国家	8.00	4800.00	400.00
476	青州市(鲁)	云门山景区	0.51	国家	32.00	3500.00	600.00
477	奉化市(浙)	溪口森林公园	0.50	国家	520.00	12500.00	10000.00
478	沂水县(鲁)	沂水雪山公园	0.50	国家	86.00	4500.00	4200.00
479	栾川县(豫)	鸡冠洞景区	0.50	国家	65.00	7000.00	2000.00
480	关岭布依族苗族自治县(黔)	黄果树大瀑布	0.50	国家	60.00	2500.00	1000.00
481	宁都县(赣)	翠微峰森林公园	0.50	国家	45.00	5960.00	2700.00
482	良凤江国家森林公园(桂)	南宁良凤江森林公园	0.50	国家	32.35	1200.00	350.00
483	关岭布依族苗族自治县(黔)	关岭化石群地质公园	0.50	国家	8.00	320.00	10.00
484	西湖区(浙)	西溪湿地公园	0.49	国家	360.00	12995.00	9747.00
485	旅顺口区(辽)	旅顺口区森林公园二〇三景区	0.44	国家	10.00	220.00	220.00
486	怀远县(皖)	荆涂风景区	0.40	国家	50.00	250.00	150.00
487	纳溪区(川)	凤凰湖风景区	0.32	国家	30.00	5000.00	
488	丰台区(京)	北宫森林公园	0.30	国家	106.00	268.00	268.00
489	新安县(豫)	龙潭峡风景名胜区	0.30	国家	60.00	3085.00	2400.00
490	老边区(辽)	万福林场赤山森林公园	0.30	国家	35.00	4052.00	525.00
491	盖州市(辽)	盖州市万福林场赤山森林公园	0.30	国家	35.00	4052.00	525.00
492	南召县(豫)	宝天曼自然保护区	0.30	国家	35.00	70.00	40.00
493	内丘县(冀)	太子岩景区	0.30	国家	23.00	220.00	130.00
494	城关区(甘)	徐家山森林公园	0.28	国家	35.00	200.00	120.00

	所在地	森林公园及自然保护区名称	面积(万亩)	级别	实际接待人数(万人次)	旅游总收入(万元)	其中：门票收入(万元)
495	东胜区(内蒙古)	九成功生态园	0.28	国家	13.00	300.00	
496	泸　县(川)	玉蟾森林公园	0.24	国家	15.00	500.00	100.00
497	新安县(豫)	郁山森林公园	0.20	国家	15.00	450.00	
498	仁化县(粤)	丹霞山	0.19	国家	555.68	16560.00	11040.00
499	纳溪区(川)	仙硐风景名胜区	0.15	国家	50.00	7975.00	
500	城关区(甘)	城关区五一山森林生态旅游区	0.13	国家	2.10	106.50	10.13
501	临潼区(陕)	骊山森林公园	0.11	国家	52.00	3500.00	3200.00
502	沾益县(滇)	珠江源森林公园	199.72	省	3.55	156.00	142.00
503	沙塘林场(桂)	君武森林公园	181.70	省	5.00	161.00	15.00
504	宣威市(滇)	珠江源自然保护区	120.60	省	12.30	130.00	60.00
505	沅江市(湘)	南洞庭湿地和水禽自然保护区	115.50	省	49.00	30670.00	
506	科尔沁右翼前旗(内蒙古)	青山自然保护区	113.40	省	2.00	100.00	20.00
507	凌源市(辽)	凌源青龙河自然保护区	100.00	省	6.00	260.00	
508	民乐县(甘)	海潮坝森林公园	89.00	省	2.00	200.00	8.00
509	康定县(川)	金汤孔玉自然保护区	73.42	省	28.49	16000.00	
510	乐都县(青)	上北山林场森林公园	65.50	省	1.20	1.00	1.00
511	宽甸满族自治县(辽)	花脖山	62.00	省	2.00	70.00	24.00
512	清河林业局(龙江森工)	清河森林公园	60.00	省	10.50	2070.00	60.00
513	北川羌族自治县(川)	小寨子沟自然保护区	60.00	省	10.00	300.00	
514	雷波县(川)	麻咪泽自然保护区	58.20	省	1.00	50.00	0.00
515	茅箭区(鄂)	赛武当自然保护区	58.00	省	20.00	3411.00	
516	汉滨区(陕)	凤凰山森林公园	56.92	省	2.30	32.00	
517	汉寿县(湘)	西洞庭湖自然保护区	53.00	省	3.50	23.00	
518	英德市(粤)	英德石门台自然保护区	50.00	省	6.40	250.00	32.00
519	巫溪县(渝)	阴条岭自然保护区	45.00	省	1.54	2800.00	1270.00
520	江油市(川)	观雾山森林公园	43.88	省	13.00	1340.00	141.00
521	房　县(鄂)	野人谷自然保护区	42.78	省	20.00	7000.00	2000.00
522	玉龙纳西族自治县(滇)	玉龙山自然保护区	39.00	省	250.00	80000.00	21000.00
523	保康县(鄂)	五道峡自然保护区	35.72	省	5.00	25.00	20.00
524	祁连县(青)	黑河大峡谷森林公园	35.60	省	38.00	1280.00	58.00
525	开　县(渝)	雪宝山自然保护区	35.18	省	1.50	15.00	
526	古蔺县(川)	黄荆老林风景区	35.00	省	45.00	21000.00	2250.00
527	德格县(川)	新路海自然保护区	34.92	省	2.99	1050.00	60.00
528	江津区(渝)	四面山自然保护区	33.00	省	50.00	9000.00	2000.00
529	通道侗族自治县(湘)	万佛山自然保护区	32.80	省	10.00	12895.00	1200.00
530	赞皇县(冀)	嶂石岩自然保护区	32.45	省	9.10	696.00	455.00
531	鹤岗市市辖区(黑)	细鳞河自然保护区	31.00	省	10.00	598.00	15.00
532	海原县(宁)	南华山自然保护区	30.15	省	5.00	59.50	26.00
533	监利县(鄂)	洪湖自然保护区	30.00	省	15.00	100.00	80.00
534	安　县(川)	千佛山自然保护区	30.00	省	3.00	150.00	25.00
535	永靖县(甘)	黄河三峡湿地自然保护区	29.25	省	10.00	2500.00	200.00
536	柴河林业局(内蒙古)	柴河自然保护区	28.55	省	1.20	120.00	
537	清原满族自治县(辽)	浑河源自然保护区	28.00	省	21.00	140.00	80.00
538	巫溪县(渝)	红池坝森林公园	28.00	省	8.00	828.00	120.00
539	土默特左旗(内蒙古)	哈素海自然保护区	27.00	省	0.95	154.00	10.00

	所在地	森林公园及自然保护区名称	面积（万亩）	级别	实际接待人数（万人次）	旅游总收入（万元）	其中：门票收入(万元)
540	北票市(辽)	大黑山自然保护区	26.50	省	5.00	2500.00	100.00
541	合阳县(陕)	森田森林公园	26.30	省	213.00	401.00	219.00
542	凤　县(陕)	紫柏山自然保护区	26.20	省	1.50	300.00	30.00
543	张家川回族自治县(甘)	云凤山森林公园	25.00	省	1.50	18.60	5.60
544	楚雄市(滇)	紫溪山自然保护区	24.00	省	6.00	112.00	90.00
545	元阳县(滇)	东观音山自然保护区	23.99	省	50.00	3000.00	500.00
546	龙川县(粤)	丰树坝自然保护区	23.00	省	0.90	45.00	
547	绥阳林业局(龙江森工)	小天桥森林公园	22.50	省	3.00	800.00	
548	清河区(辽)	清河区AAAA级省级旅游区	22.00	省	34.50	9150.00	1180.00
549	耒阳市(湘)	蔡伦竹海森林公园	22.00	省	3.40	410.00	
550	偃师市(豫)	双龙山森林公园	22.00	省	3.00	60.00	5.00
551	芷江侗族自治县(湘)	三道坑自然保护区	21.30	省	31.50	1575.00	
552	浉河区(豫)	四望山自然保护区	21.00	省	1.30	225.00	
553	宽城满族自治县(冀)	都山自然保护区	21.00	省	1.00	2.00	2.00
554	安化县(湘)	六步溪自然保护区	20.36	省	1.00	1.00	
555	仁寿县(川)	黑龙滩风景区	20.00	省	0.38	190.00	
556	漾濞彝族自治县(滇)	古门关风景名胜区	20.00	省	13.00	40.00	15.00
557	八步区(桂)	大桂山林场	20.00	省	8.00	4000.00	
558	海城市(辽)	白云山自然保护区	19.95	省	7.82	210.00	52.00
559	兴和县(内蒙古)	苏木山森林公园	19.95	省	5.00	30.00	
560	连州市(粤)	天湖森林公园	18.36	省	1.20	46.00	6.00
561	平昌县(川)	驷马自然保护区	18.24	省	6.70	540.00	
562	南漳县(鄂)	漳河源自然保护区	18.16	省	10.00	600.00	300.00
563	喀喇沁左翼蒙古族自治县(辽)	楼子山自然保护区	18.00	省	4.10	150.00	0.00
564	梁平县(渝)	百里竹海风景区	17.85	省	42.00	700.00	
565	蔡甸区(鄂)	沉湖湿地自然保护区	17.37	省	5.00	500.00	
566	扶风县(陕)	野河自然保护区	16.49	省	1.80	37.00	35.00
567	丘北县(滇)	普者黑自然保护区	16.27	省	123.00	10320.00	2767.00
568	蔚　县(冀)	飞狐峪空中草原森林公园	16.00	省	5.20	2080.00	260.00
569	利川市(鄂)	星斗山自然保护区	15.48	省	10.00	700.00	200.00
570	巴东县(鄂)	神农溪自然保护区	15.23	省	80.00	10384.00	9600.00
571	泌阳县(豫)	白云山森林公园	15.00	省	100.00	9000.00	50.00
572	桐庐县(浙)	白云源森林公园	15.00	省	11.00	1584.00	650.00
573	密山市(黑)	铁西森林公园	14.70	省	4.00	300.00	40.00
574	清新县(粤)	笔架山森林公园	14.45	省	46.00	13800.00	3680.00
575	汉阴县(陕)	大木坝森林公园	14.00	省	3.20	1100.00	
576	正宁林业总场(甘)	调令关森林公园	13.95	省	2.80	150.00	1.60
577	朝阳县(辽)	清风岭自然保护区	13.51	省	1.00	40.00	20.00
578	延庆县(京)	野鸭湖自然保护区	13.50	省	5.10	140.00	
579	东河区(内蒙古)	东河区阿善森林公园	13.50	省	0.52	15.50	5.20
580	宜阳县(豫)	熊耳山自然保护区	13.40	省	35.00	520.00	
581	清原满族自治县(辽)	红河峡谷森林公园	13.30	省	65.00	6500.00	4500.00
582	宁阳县(鲁)	神童山森林公园	12.10	省	50.00	7800.00	276.00
583	平远县(粤)	平远龙文黄田自然保护区	11.94	省	2.00	50.00	
584	小陇山林业实验局(甘)	卧牛山森林公园	11.17	省	0.56	12.90	2.18

	所在地	森林公园及自然保护区名称	面积（万亩）	级别	实际接待人数（万人次）	旅游总收入（万元）	其中：门票收入(万元)
585	翁源县(粤)	青云山自然保护区	11.04	省	138.00	1196.00	
586	朝天区(川)	水磨沟自然保护区	11.01	省	1.40	14.90	
587	芦溪县(赣)	羊狮幕自然保护区	10.50	省	10.00	500.00	
588	凤城市(辽)	蒲石河森林公园	10.40	省	20.00	1500.00	400.00
589	勉　县(陕)	云雾山森林公园	10.40	省	0.58	1.59	1.10
590	靖州苗族侗族自治县(湘)	排牙山林场	10.30	省	1.20	180.00	
591	绥棱林业局(龙江森工)	张家湾森林公园	10.20	省	1.50	68.10	
592	霍山县(皖)	佛子岭自然保护区	10.00	省	60.00	25000.00	4000.00
593	峡江县(赣)	玉笥山森林公园	10.00	省	35.00	7300.00	6600.00
594	奉化市(浙)	班竹森林公园	10.00	省	30.00	80.00	20.00
595	郎溪县(皖)	石佛山风景区	10.00	省	12.00	1200.00	450.00
596	凌源市(辽)	牛河梁森林公园	10.00	省	4.00	200.00	
597	老边区(辽)	玉石水库自然保护区	10.00	省	3.00	300.00	
598	盖州市(辽)	玉石洞水库自然保护区	10.00	省	3.00	300.00	
599	西昌市(川)	泸山森林公园	9.80	省	220.00	4800.00	82.00
600	宾川县(滇)	鸡足山自然保护区	9.80	省	20.26	2120.00	862.69
601	玉龙纳西族自治县(滇)	拉市海自然保护区	9.78	省	45.00	10000.00	
602	带岭实验局(龙江森工)	碧水森林公园	9.70	省	16.27	11676.00	
603	阜新蒙古族自治县(辽)	老鹰窝山自然保护区	9.60	省	1.20	110.00	
604	郁南县(粤)	同乐大山自然保护区	9.50	省	2.70	86.40	
605	农六师(新疆兵团)	青格达湖自然保护区	9.14	省	30.00	726.00	200.00
606	萨尔图区(黑)	黑鱼泡自然保护区	9.00	省	10.00	1000.00	200.00
607	攸　县(湘)	酒埠江森林公园	8.50	省	100.00	20000.00	
608	宁蒗彝族自治县(滇)	泸沽湖自然保护区	8.50	省	38.00	13000.00	850.00
609	万载县(赣)	九龙庙森林公园	8.50	省	11.00	1285.00	
610	中方县(湘)	康龙自然保护区	8.34	省	8.00	960.00	0.00
611	瑞金市(赣)	赣江源自然保护区	8.01	省	1.21	3.60	3.10
612	五河县(皖)	沱湖湿地	8.00	省	20.00	100.00	0.00
613	嘉鱼县(鄂)	牛头山森林公园	8.00	省	20.00	7100.00	
614	青铜峡市(宁)	库区鸟岛自然保护区	8.00	省	20.00	300.00	200.00
615	涉　县(冀)	涉县森林公园	7.90	省	225.00	786.00	80.00
616	平桥区(豫)	震雷山森林公园	7.50	省	200.00	150.00	100.00
617	沐川县(川)	沐川竹海	7.50	省	14.50	285.00	
618	阜新蒙古族自治县(辽)	关山自然保护区	7.30	省	1.10	90.00	7.00
619	莲花县(赣)	高天岩自然保护区	7.20	省	3.50	25.00	18.00
620	崇礼县(冀)	崇礼县和平森林公园	7.00	省	80.00	5.00	
621	随县(鄂)	七尖峰森林公园	7.00	省	20.00	1700.00	600.00
622	密山市(黑)	兴凯湖森林公园	7.00	省	5.00	400.00	50.00
623	乌马河林业局(龙江森工)	西岭森林公园	6.90	省	6.55	1875.00	
624	莲都区(浙)	大山峰森林公园	6.67	省	16.50	5065.00	
625	桐柏县(豫)	太白顶自然保护区	6.55	省	21.00	249.00	105.00
626	太白县(陕)	青峰峡森林公园	6.54	省	1.20	88.00	28.00
627	平邑县(鲁)	蒙山森林公园	6.50	省	12.00	650.00	610.00
628	填报单位(宁)	沙湖自然保护区	6.30	省	85.00	9500.00	5100.00
629	万年县(赣)	神农源景区	6.10	省	46.00	36500.00	2760.00

	所在地	森林公园及自然保护区名称	面积（万亩）	级别	实际接待人数（万人次）	旅游总收入（万元）	其中：门票收入（万元）
630	冕宁县(川)	灵山森林公园	6.00	省	100.00	4000.00	540.00
631	黄陂区(鄂)	木兰山自然保护区	6.00	省	80.00	10000.00	4000.00
632	望城县(湘)	黑麋峰森林公园	6.00	省	24.00	680.00	120.00
633	达拉特旗(内蒙古)	恩格贝森林旅游区	6.00	省	14.80	1400.00	
634	华容县(湘)	桃花山森林公园	6.00	省	3.50	72.00	
635	辰溪县(湘)	燕子洞旅游区	6.00	省	0.70	15.00	9.00
636	桐城市(皖)	龙眠山森林公园	5.73	省	0.90	400.00	10.00
637	新泰市(鲁)	太平山自然保护区	5.60	省	1.90	1.45	0.40
638	广水市(鄂)	大贵寺	5.50	省	1.20	508.00	24.00
639	逊克县(黑)	东山森林公园	5.40	省	0.90	10.20	
640	平安县(青)	峡群寺森林公园	5.40	省	0.60	6.00	6.00
641	建德市(浙)	新安江森林公园	5.34	省	30.00	10000.00	3000.00
642	鹤立林业局(龙江森工)	红旗森林公园	5.33	省	3.20	826.00	
643	禄丰县(滇)	五台山森林公园	5.29	省	2000.00	55.00	
644	钦州市直属单位(桂)	钦州市三十六曲森林公园	5.28	省	45.20	6780.00	858.00
645	新邱区(辽)	元宝山森林公园	5.25	省	3.00	35.00	
646	娄星区(湘)	洪家山森林公园	5.20	省	13.00	1400.00	10.00
647	茂名市属总林场(粤)	大雾岭自然保护区	5.16	省	15.00	5.00	5.00
648	麻城市(鄂)	龟山风景区	5.12	省	36.00	3500.00	1100.00
649	清新县(粤)	太和洞森林公园	5.08	省	115.00	22300.00	4600.00
650	通河县(黑)	锌子山森林公园	5.00	省	100.00	1000.00	100.00
651	华宁县(滇)	象鼻温泉森林公园	5.00	省	43.05	470.00	
652	汝阳县(豫)	西泰山景区	5.00	省	36.00	2160.00	1080.00
653	眉　县(陕)	红河谷森林公园	5.00	省	8.70	380.00	254.00
654	费　县(鲁)	塔山森林公园	5.00	省	5.00	200.00	40.00
655	离石区(晋)	白马仙洞森林公园	5.00	省	3.00	30.00	30.00
656	长顺县(黔)	斗麻自然保护区	5.00	省	2.40	600.00	
657	阳新县(鄂)	七峰山林场	5.00	省	1.00	131.00	
658	尖扎县(青)	黄河森林公园(青)	4.93	省	80.00	2000.00	300.00
659	南溪县(川)	云台山风景名胜区	4.90	省	1.50	350.00	
660	喜德县(川)	小相岭风景区	4.90	省	1.20	38.00	
661	富锦市(黑)	荷兰村旅游区	4.82	省	7.50	9.00	4.50
662	平远县(粤)	五指石风景名胜区	4.80	省	4.00	1000.00	40.00
663	双滦区(冀)	双塔山森林公园	4.80	省	12.00	184.00	184.00
664	宁东林业局(陕)	宁东森林公园	4.80	省	1.02	52.27	10.00
665	中牟县(豫)	雁鸣湖森林公园	4.73	省	50.00	3388.00	30.00
666	汉台区(陕)	褒河森林公园	4.68	省	1.70	13.00	13.00
667	巴南区(渝)	圣灯山自然保护区	4.65	省	8.60	78.60	
668	花都区(粤)	王子山森林公园	4.61	省	2.00	60.00	30.00
669	汝阳县(豫)	龙隐景区	4.50	省	32.00	1920.00	960.00
670	东台市(苏)	黄海森林公园	4.50	省	17.80	1070.00	60.00
671	秀山土家族苗族自治县(渝)	太阳山自然保护区	4.50	省	2.00	100.00	
672	新沂市(苏)	马陵山森林公园	4.47	省	72.40	351053.00	347.24
673	两当县(甘)	灵官峡白皮松自然没保护区	4.46	省	1.50	9.00	9.00
674	北镇市(辽)	五峰森林公园	4.30	省	200.00	100.00	5.00

	所在地	森林公园及自然保护区名称	面积（万亩）	级别	实际接待人数（万人次）	旅游总收入（万元）	其中：门票收入（万元）
675	枣阳市(鄂)	白竹园寺森林公园	4.30	省	12.00	92.00	50.00
676	佛冈县(粤)	观音山自然保护区	4.23	省	12.50	125.00	100.00
677	宁强县(陕)	汉水源森林公园	4.17	省	4.50	360.00	
678	吴中区(苏)	东山森林公园	4.12	省	210.00	10430.00	1630.00
679	兴国县(赣)	园岭森林公司	4.10	省	1.00	10.00	
680	宽甸满族自治县(辽)	天华山	4.05	省	22.00	550.00	190.00
681	涪陵区(渝)	大木山自然保护区	4.05	省	2.10	1300.00	
682	枣庄市市中区(鲁)	龟山森林公园	4.01	省	22.00	800.00	360.00
683	衡山县(湘)	紫金山公园	4.00	省	15.00	80.00	
684	博兴县(鲁)	打渔张森林公园	4.00	省	5.00	10.00	
685	余江县(赣)	马岗岭森林公园	4.00	省	3.00	0.50	
686	沽源县(冀)	金莲山森林公园	4.00	省	2.00	5.00	1.00
687	大埔县(粤)	丰溪自然保护区	4.00	省	2.00	100.00	
688	台安县(辽)	西平森林公园	4.00	省	1.65	88.00	53.00
689	沂源县(鲁)	鲁山森林公园	3.82	省	18.00	740.00	204.00
690	汉寿县(湘)	鹿溪森林公园	3.80	省	2.00	30.00	
691	钢城区(鲁)	棋山森林公园	3.75	省	50.00	3800.00	
692	莱城区(鲁)	云台山森林公园	3.74	省	5.00	300.00	
693	确山县(豫)	金顶山森林公园	3.60	省	10.00	1500.00	80.00
694	宁江区(吉)	宁江区森林公园	3.54	省	100.00	1323.00	1000.00
695	海勃湾区(内蒙古)	金沙湾生态旅游区	3.50	省	36.00	1261.00	432.00
696	新密市(豫)	神仙洞森林公园	3.50	省	30.00	600.00	300.00
697	济源市(豫)	九里沟森林旅游区	3.50	省	5.00	50.00	45.00
698	云阳县(渝)	四十八森林公园	3.47	省	1.20	15.00	0.00
699	振安区(辽)	五龙山自然保护区	3.42	省	13.00	4800.00	390.00
700	泰和县(赣)	天湖山自然保护区	3.40	省	0.80	64.00	2.00
701	朗乡林业局(龙江森工)	朗乡森林公园	3.30	省	11.81	8284.00	15.00
702	自流井区(川)	飞龙峡森林公园	3.30	省	8.00	1600.00	80.00
703	台山市(粤)	上川岛猕猴自然保护区	3.29	省	6.00	5.00	2.00
704	灵宝市(豫)	故县镇汉山森林公园	3.29	省	4.00	220.00	80.00
705	新建县(赣)	梦山森林公园	3.20	省	8.20	45.00	6.00
706	巴南区(渝)	东温泉森林公园	3.20	省	2.80	710.00	26.00
707	陇　县(陕)	龙门洞森林公园	3.20	省	1.60	20.00	12.00
708	喀喇沁左翼蒙古族自治县(辽)	龙凤山森林公园	3.10	省	8.30	505.00	83.00
709	南岸区(渝)	凉风垭森林公园	3.00	省	320.00	2720.00	
710	宽甸满族自治县(辽)	黄椅山	3.00	省	65.00	950.00	310.00
711	彭山县(川)	彭祖山风景旅游区	3.00	省	50.00	6250.00	1500.00
712	五河县(皖)	大巩山森林公园	3.00	省	20.00	30.00	0.00
713	醴陵市(湘)	仙岳山森林公园	3.00	省	10.00	500.00	
714	蕲春县(鄂)	太平自然保护小区	3.00	省	10.00	300.00	0.00
715	文登市(鲁)	天福山森林公园	3.00	省	5.00	50.00	0.00
716	离石区(晋)	西华镇自然保护区	3.00	省	2.00	50.00	50.00
717	岫岩满族自治县(辽)	岱王庙森林公园	3.00	省	1.50	200.00	14.00
718	桂平市(桂)	大平山自然保护区	2.85	省	1000.00	2.00	
719	吉安市市辖区(赣)	青原山森林公园	2.77	省	8.00	140.30	

	所在地	森林公园及自然保护区名称	面积（万亩）	级别	实际接待人数（万人次）	旅游总收入（万元）	其中：门票收入(万元)
720	清远市属总林场(粤)	笔架山森林公园	2.73	省	8.80	280.00	280.00
721	义乌市(浙)	华溪森林公园	2.73	省	6.00	80.00	
722	东至县(皖)	天台山森林公园	2.67	省	3.70	42.00	
723	乐陵市(鲁)	金丝小枣森林公园	2.65	省	30.00	750.00	600.00
724	承德县(冀)	北大山石海森林公园	2.62	省	3.00	200.00	100.00
725	甘井子区(辽)	大黑石森林公园	2.60	省	35.00	2900.00	
726	新青林业局(龙江森工)	新青森林公园	2.55	省	13.11	4481.00	150.00
727	环　县(甘)	兴隆山森林公园	2.55	省	6.00	6.00	
728	绥棱林业局(龙江森工)	七一森林公园	2.55	省	1.50	734.00	
729	朗乡林业局(龙江森工)	青翠森林公园	2.52	省	0.80	45.00	
730	东河区(内蒙古)	南海子自然保护区	2.50	省	20.50	141.80	126.00
731	宾县(黑)	香炉山森林公园	2.50	省	20.00	200.00	100.00
732	新建县(赣)	象山森林公园	2.50	省	11.00	60.00	8.00
733	吴中区(苏)	香雪海森林公园	2.50	省	9.00	100.00	100.00
734	长顺县(黔)	白云自然保护区	2.50	省	2.10	641.00	
735	沐川县(川)	凉风坳森林公园	2.50	省	1.00	20.00	
736	临邑县(鲁)	红坛寺森林公园	2.40	省	35.00	400.00	
737	泾　县(皖)	江南第一漂景区	2.30	省	8.00	700.00	460.00
738	新邵县(湘)	白水洞风景名胜区	2.30	省	4.00	70.00	40.00
739	岫岩满族自治县(辽)	龙潭湾森林公园	2.30	省	2.50	300.00	20.00
740	奉节县(渝)	三岔河森林公园	2.30	省	1.00	30.00	
741	潜山县(皖)	板仓自然保护区	2.28	省	6.00	3400.00	480.00
742	延津县(豫)	黄河故道森林公园	2.25	省	7.00	1277.00	200.00
743	兴国县(赣)	均福山森林公园	2.23	省	3.00	30.00	
744	蓬安县(川)	白云寨风景名胜区	2.20	省	5.00	500.00	0.00
745	南川区(渝)	乐村森林公园	2.20	省	1.50	225.00	
746	保康县(鄂)	官山森林公园	2.20	省	1.50	60.00	
747	秦安县(甘)	凤山森林公园	2.13	省	15.00	20.00	20.00
748	钟山区(黔)	凉都森林公园	2.12	省	28.67	154.00	0.00
749	砀山县(皖)	古黄河森林公园	2.10	省	47.00	2820.00	
751	建平县(辽)	天秀山森林公园	2.10	省	9.00	118.00	
752	宁海县(浙)	桃花溪森林公园	2.10	省	1.00	60.00	31.00
753	荣　县(川)	高石梯森林公园	2.09	省	63.85	168.00	30.00
754	武宣县(桂)	百崖峡谷景区	2.05	省	7.52	365.00	55.79
755	方城县(豫)	大寺森林公园	2.00	省	16.00	310.00	160.00
756	团风县(鄂)	大崎山森林公园	2.00	省	8.50	1020.00	
757	绥中县(辽)	三山妙峰公园	2.00	省	8.00	17.00	5.00
758	荣昌县(渝)	岚峰森林公园	2.00	省	8.00	745.00	
759	焦作市市辖区(豫)	焦作市森林公园	2.00	省	2.70	40.00	40.00
760	平定县(晋)	药林寺	2.00	省	2.10	50.00	4.00
761	盘　县(黔)	七指峰森林公园	2.00	省	1.00	120.00	
762	六枝特区(黔)	月亮河森林公园	1.99	省	4.82	480.00	
763	义乌市(浙)	望道森林公园	1.97	省	1.00	45.00	
764	沐川县(川)	黄丹溶洞身林公园	1.95	省	1.00	20.00	
765	上饶县(赣)	远泉西郊公园	1.92	省	5.60	1450.00	

	所在地	森林公园及自然保护区名称	面积（万亩）	级别	实际接待人数（万人次）	旅游总收入（万元）	其中：门票收入（万元）
766	富顺县(川)	青山岭森林公园	1.90	省	14.00	1350.00	50.00
767	枣庄市市中区(鲁)	牛郎山森林公园	1.85	省	10.00	100.00	
768	连山区(辽)	灵山森林公园	1.80	省	12.00	200.00	100.00
769	湘阴县(湘)	鹅形山森林公园	1.80	省	2.30	200.00	
770	岱山县(浙)	岱山县秀山湿地	1.80	省	2.00	50.00	
771	新泰市(鲁)	新汶森林公园	1.77	省	12.00	148.80	10.80
772	湘乡市(湘)	水府庙旅游区	1.77	省	20.00	5000.00	1200.00
773	江北区(渝)	铁山坪森林公园	1.75	省	8.00	2000.00	0.00
774	莲花县(赣)	寒山森林公园	1.75	省	2.50	18.00	15.00
775	屯留县(晋)	老爷山森林公园	1.70	省	3.00	2290.00	290.00
776	西宁市(青)	湟水森林公园(青)	1.68	省	12.30	40.20	28.00
777	相山区(皖)	相山公园	1.60	省	60.00	280.00	
778	崆峒区(甘)	北山森林公园	1.60	省	1.36	28.00	
779	友好林业局(龙江森工)	友好森林公园	1.55	省	4.06	2705.00	
780	巴南区(渝)	安澜鹭类自然保护区	1.51	省	1.80	23.80	
781	宜都市(鄂)	宜都市梁山自然保护小区	1.51	省	1.00	50.00	20.00
782	黄陂区(鄂)	木兰湖白鹭自然保护区	1.50	省	40.00	8000.00	1600.00
783	枝江市(鄂)	四陵坡白鹭自然保护区	1.50	省	20.00	450.00	300.00
784	奉化市(浙)	斑竹白颈长尾雉保护小区	1.50	省	10.00	20.00	10.00
785	翠屏区(川)	七星山森林公园	1.50	省	3.90	150.00	
786	点军区(鄂)	文佛山自然保护小区	1.50	省	3.00	75.00	
787	云阳县(渝)	歧曜山森林公园	1.50	省	3.00	30.00	0.00
788	崆峒区(甘)	太统森林公园	1.50	省	2.04	42.00	20.40
789	冷水江市(湘)	紫云峰森林公园	1.50	省	1.90	1.40	
790	唐　县(冀)	全胜峡景区	1.50	省	1.60	55.00	32.00
791	富平县(陕)	金粟山森林公园	1.50	省	0.60	30.00	10.00
792	宜君县(陕)	太安森林公园	1.44	省	1.30	6.50	0.20
793	平阴县(鲁)	大寨山森林公园	1.41	省	2.00	50.00	20.00
794	固始县(豫)	安山森林公园	1.35	省	18.00	380.00	80.00
795	宜都市(鄂)	宋山森林公园	1.35	省	5.00	250.00	200.00
796	萝岗区(粤)	天鹿湖森林公园	1.32	省	12.60	18.00	18.00
797	南川区(渝)	楠竹山森林公园	1.30	省	8.60	2795.00	172.00
798	酉阳土家族苗族自治县(渝)	翠屏山森林公园	1.25	省	35.00	700.00	
799	曾都区(鄂)	洛阳银杏自然保护区	1.20	省	5.00	600.00	
800	怀来县(冀)	黄龙山庄森林公园	1.20	省	3.50	264.91	91.82
801	卫辉市(豫)	跑马岭休闲生态园	1.20	省	3.00	550.00	90.00
802	西丰县(辽)	城子山森林公园	1.20	省	3.00	40.00	2.50
803	平度市(鲁)	大泽山森林公园	1.20	省	2.00	30.00	20.00
804	岫岩满族自治县(辽)	老虎山森林公园	1.20	省	1.00	100.00	6.00
805	德保县(桂)	德保红叶森林公园	1.19	省	10.20	2458.00	226.00
806	安丘市(鲁)	五龙山森林公园	1.13	省	7.00	78.00	56.00
807	沅陵县(湘)	凤凰山森林公园	1.13	省	4.80	257.00	35.00
808	昔阳县(晋)	大寨森林公园	1.10	省	8.20	1057.00	984.00
809	会宁县(甘)	铁木山森林公园	1.10	省	7.00	3.00	
810	武穴市(鄂)	横岗山森林公园	1.10	省	6.00	108.00	28.00

	所在地	森林公园及自然保护区名称	面积（万亩）	级别	实际接待人数（万人次）	旅游总收入（万元）	其中：门票收入（万元）
811	黑河市直属林场(黑)	爱辉森林公园	1.08	省	0.80	7.00	4.00
812	井陉县(冀)	南寺掌森林公园	1.07	省	4.00	155.00	100.00
813	万州区(渝)	贝壳山森林公园	1.05	省	1.50	40.00	
814	唐　县(冀)	西胜沟景区	1.05	省	1.20	35.00	24.00
815	遵化市(冀)	鹫峰山	1.04	省	12.00	380.00	120.00
816	大冶市(鄂)	雷山森林公园	1.00	省	60.00	170.00	110.00
817	黄陂区(鄂)	素山寺森林公园	1.00	省	30.00	8000.00	1200.00
818	泰兴市(苏)	古银杏群落森林公园	1.00	省	28.00	590.00	
819	奉化市(浙)	黄贤森林公园	1.00	省	25.00	1000.00	500.00
820	叙永县(川)	玉皇观森林公园	1.00	省	15.00	5000.00	300.00
821	新邵县(湘)	白云岩风景名胜区	1.00	省	15.00	160.00	90.00
822	沂源县(鲁)	织女洞森林公园	1.00	省	10.00	170.00	170.00
823	鄂州市市辖区(鄂)	沼山森林公园	1.00	省	6.00	215.00	
824	包河区(皖)	滨湖森林公园	1.00	省	5.00	100.00	
825	宜宾县(川)	石城山森林公园	1.00	省	3.00	130.00	60.00
826	长寿区(渝)	楠木院森林公园	1.00	省	3.00	300.00	
827	鹿泉市(冀)	西山森林公园	1.00	省	1.80	18.00	18.00
828	西吉县(宁)	党家岔湿地保护区	1.00	省	1.00	0.50	
829	讷河市(黑)	尼尔基斯湖风景区	1.00	省	0.70	35.00	
830	常山县(浙)	三衢石林风景区	0.98	省	14.30	154.40	110.00
831	阳泉市郊区(晋)	和谐园生态公园	0.98	省	12.00	762.92	375.25
832	万盛区(渝)	九锅箐森林公园	0.98	省	4.37	469.53	3.50
833	朗乡林业局(龙江森工)	林中园森林公园	0.98	省	1.10	41.50	6.00
834	宁海县(浙)	南溪森林公园	0.96	省	57.00	2385.00	
835	乐昌市(粤)	后洞森林生态旅游	0.92	省	2.02	39.19	11.59
836	沂水县(鲁)	沂山森林公园	0.91	省	3.00	15.00	12.00
837	浦江县(浙)	仙华山风景旅游区	0.90	省	105.00	8250.00	760.00
838	思茅区(滇)	小黑江森林公园	0.90	省	1.30	4.00	4.00
839	紫阳县(陕)	擂鼓台森林公园	0.88	省	1.00	10.00	10.00
840	巴南区(渝)	南泉森林公园	0.87	省	2.50	348.00	
841	南昌县(赣)	凤凰沟风景区	0.85	省	10.60	410.00	410.00
842	会宁县(甘)	东山森林公园	0.80	省	15.00	7.00	
843	黄梅县(鄂)	五祖寺森林公园	0.80	省	12.00	240.00	60.00
844	丰宁满族自治县(冀)	千松坝森林公园	0.80	省	0.86	37.00	
845	红星林业局(龙江森工)	汤南森林公园	0.79	省	7.17	3181.00	1.20
846	瑞金市(赣)	罗汉岩森林公园	0.78	省	1.80	203.00	36.00
847	新晃侗族自治县(湘)	黄家垅森林公园	0.77	省	8.00	87.00	11.00
848	乐亭县(冀)	石臼坨自然保护区	0.76	省	3.00	240.00	80.00
849	龙安区(豫)	龙泉森林公园	0.75	省	6.00	600.00	240.00
850	诸城市(鲁)	马耳山森林公园	0.72	省	80.00	108.00	42.00
851	点军区(鄂)	车溪自然保护小区	0.72	省	35.00	3791.00	2791.00
852	鹿泉市(冀)	封龙山旅游区	0.70	省	9.00	90.00	90.00
853	德兴市(赣)	聚远森林公园	0.70	省	0.70	15.00	
854	安丘市(鲁)	城顶山森林公园	0.68	省	3.70	43.00	40.00
855	开　县(渝)	南山森林公园	0.68	省	3.00	50.00	

	所在地	森林公园及自然保护区名称	面积(万亩)	级别	实际接待人数(万人次)	旅游总收入(万元)	其中：门票收入(万元)
856	四会市(粤)	贞山公园	0.65	省	31.00	816.00	155.00
857	彭泽县(赣)	龙宫洞森林公园	0.65	省	10.00	400.00	300.00
858	霍邱县(皖)	安阳山森林公园	0.64	省	5.00	50.00	30.00
859	秀山土家族苗族自治县(渝)	凤凰山森林公园	0.60	省	60.00	600.00	
860	孟津县(豫)	小浪底森林公园	0.60	省	50.00	690.00	350.00
861	亭湖区(苏)	华都森林公园	0.60	省	25.00	2000.00	500.00
862	盐都区(苏)	华都森林公园	0.60	省	25.00	2000.00	500.00
863	萧山区(浙)	杨靖坞森林公园	0.60	省	15.00	5000.00	
864	莲花县(赣)	玉壶山森林公园	0.60	省	6.00	25.00	12.00
865	卧龙区(豫)	独山森林公园	0.60	省	5.00	85.00	25.00
866	蕲春县(鄂)	横岗山森林公园	0.60	省	3.00	100.00	5.00
867	林州市(豫)	白泉森林公园	0.60	省	1.00	8.00	
868	靖远县(甘)	法泉寺森林公园	0.59	省	5.81	64.00	42.30
869	蒙阴县(鲁)	中山寺森林公园	0.55	省	10.00	300.00	3.00
870	鄂州市市辖区(鄂)	葛山森林公园	0.50	省	12.00	545.00	
871	高要市(粤)	金钟山森林公园	0.50	省	10.00	16.00	
872	新泰市(鲁)	朝阳洞森林公园	0.50	省	6.00	5.00	
873	雨湖区(湘)	仙女山	0.50	省	4.00	1000.00	100.00
874	临夏市(甘)	南龙山森林公园	0.50	省	1.80	12.00	
875	沭阳县(苏)	泗阳黄河故道湿地公园	0.49	省	55.46	600.00	0.00
876	茂名市属总林场(粤)	茂名森林公园	0.45	省	30.00	450.00	450.00
877	碾子山区(黑)	蛇洞山森林公园	0.45	省	23.60	3885.00	
878	通川区(川)	犀牛山森林公园	0.45	省	20.00	800.00	
879	五莲县(鲁)	大青山风景区	0.45	省	15.00	280.00	40.00
880	大足县(渝)	宝林寺森林公园	0.45	省	2.00	30.00	10.00
881	东至县(皖)	大历山风景区	0.40	省	49.00	5720.00	306.00
882	新安县(豫)	青要山风景区	0.40	省	25.00	1500.00	750.00
883	临城县(冀)	天台山	0.38	省	3.00	70.00	30.00
884	青州市(鲁)	驼山景区	0.37	省	15.00	600.00	150.00
885	涟源市(湘)	包围山森林公园	0.36	省	2.00	45.00	
886	江都市(苏)	渌洋湖湿地公园	0.35	省	5.00	100.00	50.00
887	新泰市(鲁)	九顶皇山旅游公园	0.35	省	3.00	60.00	50.00
888	鹤山市(粤)	大雁山森林公园	0.33	省	28.50	600.00	600.00
889	双峰县(湘)	九峰山森林公园	0.32	省	1.50	150.00	
890	禹州市(豫)	禹州市森林植物园	0.32	省	80.00	1100.00	710.00
891	鲅鱼圈区(辽)	望儿山森林公园	0.30	省	12.00	4000.00	600.00
892	淇　县(豫)	云梦山森林公园	0.30	省	75.00	1500.00	1500.00
893	镇平县(豫)	五岳庙森林公园	0.30	省	70.00	1070.00	700.00
894	雷州市(粤)	九龙山湿地公园	0.30	省	22.00	50.00	
895	益阳市市辖区(湘)	北峰山森林公园	0.30	省	18.00	300.00	90.00
896	汝阳县(豫)	恐龙遗址	0.30	省	17.00	2040.00	850.00
897	淅川县(豫)	淅川县上寺森林公园	0.30	省	15.00	200.00	110.00
898	华池县(甘)	双塔森林公园	0.30	省	5.00	300.00	
899	东坡区(川)	寨子城森林公园	0.30	省	1.83	72.50	0.00
900	江安县(川)	青峰寺森林公园	0.30	省	1.60	85.50	

	所在地	森林公园及自然保护区名称	面积（万亩）	级别	实际接待人数（万人次）	旅游总收入（万元）	其中：门票收入（万元）
901	龙南县(赣)	小武当山风景区	0.30	省	1.35	270.00	30.00
902	顺庆区(川)	西山风景区	0.28	省	40.00	3000.00	200.00
903	莲花县(赣)	湖仙山森林公园	0.28	省	1.00	6.00	2.00
904	金凤区(宁)	拉普斯森林公园	0.27	省	50.56	892.55	683.82
905	新丰县(粤)	云髻山自然保护区	0.27	省	46.00	4600.00	1380.00
906	玉环县(浙)	玉环大鹿岛森林公园	0.27	省	4.20	293.00	200.00
907	永川区(渝)	石笋山森林公园	0.27	省	2.20	210.00	
908	相城区(苏)	荷塘月色湿地公园	0.25	省	250.00	10000.00	7500.00
909	敦化市(吉)	丹江山庄森林公园	0.23	省	1.00	20.00	7.00
910	老河口市(鄂)	百花山森林公园	0.21	省	16.50	26.00	
911	哈尔滨市(黑)	黑龙江省森林植物园	0.20	省	75.00	245.00	245.00
912	潜江市(鄂)	潜江市森林公园	0.20	省	32.00	16.00	1.00
913	开原市(辽)	七鼎龙潭寺森林公园	0.20	省	15.00	338.00	300.00
914	离石区(晋)	安国寺森林公园	0.20	省	10.00	50.00	50.00
915	柳北区(桂)	君武森林公园	0.20	省	4.00	1000.00	20.00
916	仪征市(苏)	铜山森林公园	0.20	省	0.60	650.00	
917	长兴县(浙)	尹家边扬子鳄保护区	0.17	省	3.00	50.00	50.00
918	岳塘区(湘)	昭山风景区	0.15	省	18.00	152.00	100.80
919	吴江市(苏)	肖甸湖森林公园	0.15	省	10.00	1400.00	80.00
920	谷城县(鄂)	承恩寺森林公园	0.14	省	1.00	7.00	3.00
921	乾　县(陕)	乾陵森林公园	0.10	省	70.00	6100.00	4900.00
922	南召县(豫)	丹霞寺森林公园	0.10	省	25.00	50.00	25.00
923	濮阳县(豫)	张挥森林公园	0.10	省	9.60	350.00	300.00
924	龙马潭区(川)	九狮山风景区	0.10	省	3.00	300.00	
925	居巢区(皖)	东庵森林公园	0.10	省	1.50	17.00	8.00
926	乌审旗(内蒙古)	乌审召生态旅游区	0.10	省	0.60	300.00	100.00
927	罗平县(滇)	万峰山自然保护区	87.50	地	3.00	780.00	
928	师宗县(滇)	菌子山自然保护区	54.49	地	11.86	3665.00	
929	布拖县(川)	乐安湿地自然保护区	40.50	地	1.50	18.00	0.00
930	固始县(豫)	南山森林公园	35.00	地	8.00	200.00	80.00
931	盐源县(川)	泸沽湖湿地自然保护区	25.30	地	80.50	5363.00	
932	大石桥市(辽)	老轿顶自然保护区	22.25	地	8.50	65.00	
933	常宁市(湘)	大义山自然保护区	17.10	地	0.90	90.00	
934	祁门县(皖)	九龙池风景区	15.00	地	68.00	11600.00	6120.00
935	梨树县(吉)	二龙湖水库	13.00	地	0.60	18.00	5.00
936	苍溪县(川)	九龙山自然保护区	12.00	地	23.00	9200.00	
937	新邵县(湘)	筱溪库区	12.00	地	16.00	280.00	
938	博山区(鲁)	五阳湖森林公园	11.00	地	15.00	15.00	3.00
939	农六师(新疆兵团)	奇台农场一万泉森林公园	10.00	地	3.00	200.00	20.00
940	长安区(陕)	沣峪森林公园	9.40	地	8.00	229.00	78.00
941	集贤县(黑)	七星峰森林公园	9.38	地	50.00	5.00	2.00
942	长安区(陕)	太兴山森林公园	9.00	地	2.60	33.00	26.00
943	祁门县(皖)	槠溪湾风景区	8.00	地	8.00	480.00	480.00
944	淄川区(鲁)	马鞍山森林公园	6.06	地	10.00	255.00	120.00
945	安阳县(豫)	马鞍山森林公园	6.00	地	2.50	128.00	65.00

	所在地	森林公园及自然保护区名称	面积（万亩）	级别	实际接待人数（万人次）	旅游总收入（万元）	其中：门票收入（万元）
946	利川市(鄂)	佛福山森林公园	6.00	地	2.00	20.00	5.00
947	农六师(新疆兵团)	红旗农场三台沟森林公园	5.00	地	1.00	50.00	5.00
948	杭锦旗(内蒙古)	鄂尔多斯草原文化旅游区	4.50	地	2.25	95.00	20.00
949	东海县(苏)	青松岭森林公园	4.30	地	63.40	2575.00	2100.00
950	义乌市(浙)	丹溪风景名胜区	4.14	地	3.00	50.00	
951	荥阳市(豫)	环翠峪景区	4.00	地	20.00	225.00	150.00
952	博山区(鲁)	金牛山森林公园	3.80	地	5.00	10.00	3.00
953	安丘市(鲁)	留山景区	3.44	地	1.70	17.00	11.00
954	凤城市(辽)	帽盔山森林公园	3.30	地	20.00	1300.00	300.00
955	淳化县(陕)	仲山森林公园	3.20	地	5.00	15.00	10.00
956	博山区(鲁)	樵岭前森林公园	3.00	地	18.00	480.00	100.00
957	新泰市(鲁)	白马寺森林公园	3.00	地	10.60	117.40	11.40
958	淳化县(陕)	爷台山红色景区	3.00	地	3.00	10.00	6.00
959	元谋县(滇)	土林自然保护区	2.94	地	90.00	6841.00	6841.00
960	长安区(陕)	祥峪森林公园	2.80	地	23.00	1100.00	340.00
961	虞城县(豫)	黄河故道森林公园	2.70	地	15.00	310.00	
962	诸城市(鲁)	古板栗园森林公园	2.35	地	2.00	21.50	
963	青州市(鲁)	双镇森林公园	2.34	地	2.00	40.00	
964	临渭区(陕)	石鼓山森林公园	2.13	地	30.00	300.00	150.00
965	荥阳市(豫)	桃花峪景区	2.05	地	16.00	160.00	90.00
966	武定县(滇)	狮子山自然保护区	2.04	地	40.00	338.00	289.00
967	利川市(鄂)	甘溪山森林公园	2.00	地	1.00	10.00	2.00
968	林州市(豫)	天平山森林公园	1.96	地	7.00	100.00	100.00
969	新泰市(鲁)	墨石山森林公园	1.52	地	10.00	100.00	
970	博山区(鲁)	淄博开元溶洞	1.50	地	12.00	510.00	510.00
971	桐庐县(浙)	静林寺森林公园	1.50	地	4.00	576.00	240.00
972	莱城区(鲁)	龙山森林公园	1.36	地	40.00	600.00	400.00
973	枣庄市市中区(鲁)	九龙湾湿地公园	1.35	地	121.00	1360.00	
974	胶南市(鲁)	珠山秀谷森林公园	1.30	地	60.00	398.00	238.59
975	蒸湘区(湘)	雨母山风景区	1.30	地	10.00	340.00	
976	蜀山区(皖)	大蜀山森林公园(野生动物园)	1.20	地	80.00	1800.00	1800.00
977	青州市(鲁)	玲珑山森林公园	1.20	地	5.00	100.00	
978	平度市(鲁)	茶山风景区	1.20	地	2.00	80.00	50.00
979	永仁县(滇)	方山自然保护区	1.18	地	19.03	410.00	0.00
980	胶南市(鲁)	灵山岛森林公园	1.17	地	4.00	710.00	50.00
981	青州市(鲁)	黑山森林公园	1.12	地	5.00	100.00	
982	通川区(川)	凤凰山风景区	1.00	地	30.00	5000.00	
983	祁门县(皖)	历溪风景区	1.00	地	11.00	550.00	550.00
984	荥阳市(豫)	老龙窝景区	1.00	地	10.00	81.00	39.00
985	淇滨区(豫)	淇河生态带	1.00	地	8.00	2000.00	900.00
986	肥城市(鲁)	肥城云蒙山	1.00	地	1.00	30.00	10.00
987	义马市(豫)	清风山森林公园	1.00	地	0.95	352.00	8.00
988	淄川区(鲁)	卧虎山森林公园	1.00	地	0.60	20.00	
989	浦北县(桂)	五皇山公园	0.95	地	11.00	42.00	11.50
990	青州市(鲁)	圣水峪景区	0.94	地	4.00	80.00	

	所在地	森林公园及自然保护区名称	面积（万亩）	级别	实际接待人数（万人次）	旅游总收入（万元）	其中：门票收入（万元）
991	麻江县(黔)	老蛇冲自然保护区	0.87	地	0.90	100.00	0.00
992	奉化市(浙)	大堰柏坑森林公园	0.84	地	20.00	30.00	
993	崂山区(鲁)	青岛大河东森林公园	0.80	地	7.80	430.00	390.00
994	新泰市(鲁)	青云山森林公园	0.76	地	11.50	104.00	2.00
995	青州市(鲁)	逄山森林公园	0.70	地	15.00	300.00	
996	惠民县(鲁)	孙子故里森林公园	0.70	地	10.00	100.00	30.00
997	青州市(鲁)	雀山森林公园	0.68	地	5.00	100.00	
998	安丘市(鲁)	青云山景区	0.60	地	120.00	1210.00	700.00
999	博山区(鲁)	莲花山森林公园	0.60	地	20.00	500.00	300.00
1000	浚　县(豫)	大伾山森林公园旅游景区	0.60	地	10.00	30000.00	1000.00
1001	临渭区(陕)	天留山森林公园	0.60	地	5.00	10.00	3.00
1002	青州市(鲁)	神仙们森林公园	0.60	地	2.00	50.00	
1003	沂源县(鲁)	凤凰山森林公园	0.60	地	1.50	90.00	60.00
1004	安阳县(豫)	塔山森林公园	0.60	地	0.80	4.00	0.00
1005	安丘市(鲁)	摘药山景区	0.55	地	1.40	5.00	5.00
1006	通川区(川)	莲花湖风景区	0.50	地	30.00	2500.00	
1007	胶南市(鲁)	古月山庄森林公园	0.50	地	2.00	20.00	7.40
1008	西湖区(浙)	大清谷	0.45	地	15.00	546.00	420.00
1009	镇海区(浙)	九龙湖森林公园	0.44	地	65.51	1441.00	418.00
1010	省苗木繁育中心(陕)	苗木繁育中心	0.40	地	1.50	100.00	20.00
1011	沂水县(鲁)	灵泉寺	0.39	地	46.00	260.00	180.00
1012	西秀区(黔)	千峰山名胜风胜区	0.37	地	2.00	40.00	
1013	崂山区(鲁)	青岛神女峰森林公园	0.31	地	4.70	165.90	140.00
1014	凌海市(辽)	岩井寺	0.30	地	20.00	70.00	30.00
1015	定远县(皖)	藕塘令狐山	0.30	地	15.00	2000.00	150.00
1016	林州市(豫)	柏尖山森林公园	0.30	地	12.00	30.00	
1017	濮阳市高新区(豫)	濮上生态园区	0.30	地	10.00	500.00	300.00
1018	老城区(豫)	上清宫森林公园	0.30	地	6.00	30.00	0.00
1019	胶南市(鲁)	喜鹊山森林公园	0.30	地	0.80	103.00	0.00
1020	翠屏区(川)	翠屏公园	0.25	地	72.00	2700.00	
1021	博山区(鲁)	志公坪森林公园	0.25	地	5.00	10.00	1.00
1022	龙安区(豫)	凤凰岗森林公园	0.25	地	2.00	20.00	
1023	鲅鱼圈区(辽)	青龙山森林公园	0.20	地	80.00	6000.00	
1024	鲅鱼圈区(辽)	碧霞山森林公园	0.20	地	80.00	8000.00	
1025	鲅鱼圈区(辽)	墩台山森林公园	0.20	地	60.00	5000.00	200.00
1026	凌海市(辽)	翠岩山风景区	0.20	地	15.00	50.00	30.00
1027	城阳区(鲁)	云头崮森林公园	0.19	地	10.00	200.00	0.00
1028	祥云县(滇)	水目山自然保护区	0.15	地	8.92	148.00	148.00
1029	新泰市(鲁)	和圣园森林公园	0.13	地	5.60	149.20	47.70
1030	蜀山区(皖)	合肥市植物园	0.11	地	180.00	180.00	180.00
1031	旌阳区(川)	东湖山森林公园	0.10	地	200.00	7500.00	
1032	苍山县(鲁)	文峰山森林公园	0.10	地	33.00	67.00	0.00
1033	常德市市辖区(湘)	德山森林公园	0.10	地	5.00	135.00	
1034	平坝县(黔)	大坡林场森林公园	0.10	地	2.00	20.00	0.00
1035	沂源县(鲁)	莲花山森林公园	0.10	地	1.10	30.00	30.00

	所在地	森林公园及自然保护区名称	面积（万亩）	级别	实际接待人数（万人次）	旅游总收入（万元）	其中：门票收入（万元）
1036	达拉特旗(内蒙古)	响沙湾旅游区	255.00	县	33.40	2626.00	
1037	杜尔伯特蒙古族自治县(黑)	连环湖水禽保护区	63.40	县	5.05	311.70	252.50
1038	恒山区(黑)	森林旅游	42.00	县	1.50	402.00	
1039	德格县(川)	多普沟自然保护区	33.15	县	0.60	210.00	
1040	赵　县(冀)	赵县梨花区	25.00	县	22.00	1000.00	
1041	上林县(桂)	龙山自然保护区	21.00	县	71.00	2131.00	
1042	东至县(皖)	马坑紫石塔自然保护区	21.00	县	7.00	70.00	
1043	宁陵县(豫)	万顷梨园景区	20.00	县	165.00	896.00	
1044	礼泉县(陕)	唐昭陵森林公园	20.00	县	32.00	3000.00	650.00
1045	杜尔伯特蒙古族自治县(黑)	新店林场野生动物保护区	18.40	县	3.10	191.30	155.00
1046	魏都区(豫)	西湖公园	16.00	县	23.00	48.00	12.00
1047	游仙区(川)	水禽湿地自然保护区	16.00	县	20.00	2858.00	0.00
1048	随县(鄂)	太白顶风景区	15.00	县	30.00	2000.00	600.00
1049	延庆县(京)	玉渡山自然保护区	14.73	县	3.07	130.20	
1050	德格县(川)	志巴沟自然保护区	13.98	县	0.60	210.00	
1051	弥勒县(滇)	弥勒锦屏山森林公园	10.10	县	25.16	458.07	458.07
1052	丘北县(滇)	弥勒锦屏山森林公园	10.10	县	25.16	458.07	458.07
1053	夏　县(晋)	瑶台山森林公园	10.00	县	3.50	350.00	210.00
1054	邢台县(冀)	九龙峡景区	9.60	县	15.57	466.00	466.00
1055	广汉市(川)	鸭子河湿地自然保护区	9.50	县	10.00	500.00	
1056	灵石县(晋)	石膏山风景旅游区	7.50	县	1.00	25.00	22.00
1057	株洲县(湘)	朱亭森林公园	6.72	县	12.00	1120.00	186.00
1058	苏家屯区(辽)	白清藏军洞	6.40	县	22.00	12400.00	2200.00
1059	邢台县(冀)	小西天景区	6.15	县	12.34	60.49	60.49
1060	和林格尔县(内蒙古)	大南山生态文化旅游园区	6.00	县	86.20	2200.00	100.00
1061	龙川县(粤)	霍山森林公园	6.00	县	59.00	295.00	35.00
1062	新化县(湘)	古台山森林公园	5.80	县	3.80	250.00	
1063	叶　县(豫)	望夫山森林公园	5.00	县	22.50	420.00	
1064	高　县(川)	红岩山景区	5.00	县	9.25	1048.00	
1065	原州区(宁)	叠叠沟林场	5.00	县	0.60	0.30	
1066	邢台县(冀)	天河山景区	4.50	县	19.59	612.00	612.00
1067	邢台县(冀)	云梦山景区	4.50	县	14.65	67.10	67.10
1068	靖州苗族侗族自治县(湘)	五龙潭自然保护区	4.50	县	0.80	120.00	
1069	新干县(赣)	黎山(玉华山)风景区	4.50	县	0.72	240.00	22.00
1070	邢台县(冀)	紫金山景区	4.20	县	2.59	12.63	12.63
1071	河东区(鲁)	汤河湿地公园	4.00	县	120.00	1200.00	0.00
1072	筠连县(川)	巴茅坡森林公园	3.90	县	2.00	200.00	
1073	建湖县(苏)	九龙口自然保护区	3.75	县	6.50	415.00	
1074	临江市(吉)	金银峡风景区	3.60	县	3.00	8.00	2.00
1075	信宜市(粤)	天马山森林公园	3.56	县	50.00	800.00	510.00
1076	德庆县(粤)	盘龙峡生态旅游区	3.54	县	117.00	12870.00	8366.00
1077	义乌市(浙)	双林寺风景名胜区	3.45	县	3.00	50.00	
1078	翁源县(粤)	九仙嶂森林公园	3.05	县	46.00	276.00	
1079	石泉县(陕)	鬼谷岭森林公园	3.00	县	1.00	800.00	0.00
1080	韶山市(湘)	滴水洞景区	3.00	县	26.70	8300.00	6100.00

	所在地	森林公园及自然保护区名称	面积（万亩）	级别	实际接待人数（万人次）	旅游总收入（万元）	其中：门票收入（万元）
1081	宜丰县(赣)	黄檗山风景区	3.00	县	1.00	1200.00	
1082	翁源县(粤)	金鸡森林公园	2.92	县	46.00	404.80	
1083	义乌市(浙)	德胜岩风景名胜区	2.85	县	1.00	20.00	
1084	鄂托克旗(内蒙古)	碧海阳光度假村	2.79	县	3.68	900.00	
1085	邢台县(冀)	奇峡群景区	2.70	县	12.95	156.98	156.98
1086	邢台县(冀)	天梯山景区	2.70	县	10.61	56.50	56.50
1087	德格县(川)	阿须湿地自然保护区	2.60	县	1.20	420.00	
1088	翁源县(粤)	青山森林公园	2.41	县	55.20	736.00	
1089	翁源县(粤)	黄竹坪森林公园	2.11	县	64.40	809.60	
1090	新干县(赣)	上寨风景区	2.02	县	0.64	125.00	10.00
1091	松阳县(浙)	箬寮岘名胜风景区	2.00	县	50.00	5347.00	
1092	林甸县(黑)	鹤鸣湖旅游度假区	2.00	县	4.00	680.00	400.00
1093	郧　县(鄂)	龙吟峡风景区	2.00	县	2.00	100.00	10.00
1094	泾　县(皖)	月亮湾漂流风景区	1.90	县	5.50	400.00	300.00
1095	溆浦县(湘)	米粮洞旅游区	1.90	县	0.80	4.00	
1096	公安县(鄂)	黄山头森林公园	1.80	县	10.00	200.00	50.00
1097	义乌市(浙)	八都水库	1.77	县	6.00	50.00	
1098	绥棱县(黑)	金斗湾漂流	1.59	县	1.00	27.00	3.00
1099	邢台县(冀)	张果老山景区	1.50	县	9.70	58.80	58.80
1100	南溪县(川)	灌口风景区	1.50	县	0.90	250.00	
1101	冷水江市(湘)	大乘山风景区	1.40	县	1.20	28.00	
1102	湘潭县(湘)	齐白石森林公园	1.25	县	10.00	1200.00	60.00
1103	东海县(苏)	西山林场森林公园	1.24	县	12.00	600.00	
1104	鄂温克族自治旗(内蒙古)	五泉山风景名胜保护区	1.20	县	3.00	155.00	
1105	宜丰县(赣)	洞山风景区	1.20	县	1.40	1400.00	
1106	南川区(渝)	花山森林公园	1.10	县	9.60	30.00	
1107	凯里市(黔)	罗汉山森林公园	1.00	县	182.00	146.00	1.00
1108	林甸县(黑)	二斌民俗风情园	1.00	县	3.00	300.00	210.00
1109	郧　县(鄂)	虎啸滩风景区	1.00	县	2.00	100.00	10.00
1110	双辽市(吉)	一马树森林公园	1.00	县	1.00	15.00	10.00
1111	禹州市(豫)	周定王陵风景区	0.98	县	46.00	700.00	290.00
1112	禹州市(豫)	浅井逍遥观风景区	0.90	县	48.00	650.00	300.00
1113	高要市(粤)	砚坑自然保护区	0.88	县	6.00	156.00	150.00
1114	番禺区(粤)	大夫山森林公园	0.87	县	256.00	253.00	
1115	义乌市(浙)	柏峰水库	0.85	县	4.00	35.00	
1116	靖州苗族侗族自治县(湘)	地理冲自然保护区	0.84	县	0.60	80.00	
1117	平阴县(鲁)	翠屏山	0.80	县	1.00	10.00	5.00
1118	建昌县(辽)	龙潭大峡谷风景区	0.78	县	6.00	668.00	210.00
1119	南川区(渝)	云岭森林公园	0.78	县	1.80	576.00	
1120	北仑区(浙)	北仑九峰山森林公园	0.76	县	67.55	3400.00	450.00
1121	东海县(苏)	石湖森林公园	0.76	县	21.00	800.00	
1122	东丰县(吉)	江城森林植物园	0.75	县	30.00	800.00	20.00
1123	三水区(粤)	三水区森林公园	0.70	县	57.30	259.00	
1124	赫山区(湘)	黄泥湖花乡农家乐	0.70	县	2.60	2000.00	
1125	建德市(浙)	绿荷塘森林公园	0.68	县	1.80	600.00	100.00

	所在地	森林公园及自然保护区名称	面积(万亩)	级别	实际接待人数(万人次)	旅游总收入(万元)	其中:门票收入(万元)
1126	新干县(赣)	莒洲岛风景区	0.67	县	0.96	210.00	24.00
1127	平湖市(浙)	九龙山森林公园	0.63	县	16.00	120.00	40.00
1128	调兵山市(辽)	调兵山风景区	0.60	县	45.00	4500.00	100.00
1129	禹州市(豫)	吴道子故里	0.60	县	36.00	500.00	220.00
1130	徐闻县(粤)	大汉三墩旅游区	0.60	县	19.00	850.00	95.00
1131	东海县(苏)	安峰森林公园	0.52	县	30.00	1100.00	
1132	翁源县(粤)	东华山森林公园	0.51	县	644.00	1288.00	
1133	浦江县(浙)	白石湾风景旅游区	0.50	县	30.00	680.00	80.00
1134	平阴县(鲁)	圣母山	0.50	县	20.00	30.00	9.00
1135	内丘县(冀)	寒山景区	0.50	县	2.50	90.00	60.00
1136	全州县(桂)	全州天湖	0.50	县	2.00	170.00	
1137	五莲县(鲁)	七莲山风景区	0.50	县	2.00	10.00	2.00
1138	长葛市(豫)	葛天生生态园	0.50	县	1.20	12.00	
1139	兴化市(苏)	千岛菜花风景区	0.46	县	7.00	350.00	200.00
1140	番禺区(粤)	十八罗汉森林公园	0.45	县	75.00	5.30	0.00
1141	信宜市(粤)	大仁山森林公园	0.45	县	30.00	200.00	50.00
1142	龙马潭区(川)	石洞花博园	0.40	县	10.00	1000.00	
1143	驿城区(豫)	胡庙白桃基地	0.40	县	10.00	10.00	
1144	郁南县(粤)	同乐大山原生态景区	0.40	县	0.60	19.20	
1145	信宜市(粤)	太华山森林公园	0.38	县	30.00	300.00	200.00
1146	佛冈县(粤)	观音山王山寺	0.36	县	13.00	220.00	195.00
1147	潮安县(粤)	千果山旅游区	0.35	县	9.50	145.00	56.40
1148	皋兰县(甘)	什川古梨园	0.30	县	150.00	3000.00	0.00
1149	磁　县(冀)	炉峰山风景区	0.30	县	10.00	10.00	1.00
1150	长治市城区(晋)	长治塔岭山森林公园	0.30	县	10.00	200.00	100.00
1151	潮安县(粤)	绿太阳生态旅游度假区	0.30	县	3.00	45.00	45.00
1152	赫山区(湘)	林芳生态村	0.30	县	3.00	2500.00	80.00
1153	长葛市(豫)	佛尔岗水库	0.30	县	2.20	22.00	
1154	鄂托克旗(内蒙古)	湿地公园	0.30	县	1.40	150.00	
1155	乳源瑶族自治县(粤)	必背瑶寨景区	0.30	县	1.10	33.12	33.12
1156	禹州市(豫)	神垕灵泉寺风景区	0.23	县	34.00	450.00	190.00
1157	蓝田县(陕)	汤峪湖森林公园	0.22	县	13.00	1100.00	190.00
1158	舒兰市(吉)	舒兰市森林公园	0.21	县	16.00	2200.00	5.50
1159	乳源瑶族自治县(粤)	天景山仙人桥	0.20	县	36.80	184.00	147.20
1160	兴化市(苏)	李中水上森林公园	0.20	县	8.00	450.00	350.00
1161	南川区(渝)	永隆山森林公园	0.20	县	7.00	22.00	
1162	管城回族区(豫)	潮湖森林公园	0.20	县	6.00	58.00	58.00
1163	马龙县(滇)	香炉山景区	0.20	县	2.00	100.00	10.00
1164	马龙县(滇)	凤龙湾景区	0.20	县	1.00	50.00	20.00
1165	城阳区(鲁)	毛公山森林生态景区	0.18	县	200.00	800.00	0.00
1166	连山壮族瑶族自治县(粤)	大旭山森林公园	0.18	县	4.02	51.60	51.60
1167	新乡县(豫)	龙泉苑	0.15	县	5.00	4000.00	1000.00
1168	旬阳县(陕)	灵岩寺森林公园	0.15	县	4.00	3.00	1.00
1169	鄂托克前旗(内蒙古)	大沙头旅游区	0.15	县	3.00	42.00	
1170	永清县(冀)	永清县森林公园	0.12	县	10.00	100.00	50.00

	所在地	森林公园及自然保护区名称	面积（万亩）	级别	实际接待人数（万人次）	旅游总收入（万元）	其中：门票收入（万元）
1171	当阳市(鄂)	百宝寨风景区	0.12	县	10.00	100.00	
1172	常山县(浙)	三衢林业观光园区	0.12	县	0.95	11.00	4.50
1173	佛冈县(粤)	森波拉度假森林	0.11	县	30.00	3000.00	2400.00
1174	湘潭县(湘)	金霞山公园	0.11	县	2.00	400.00	20.00
1175	共青林场(京)	森鑫森林公园	0.10	县	26.00	6000.00	
1176	新安县(豫)	荆紫山风景区	0.10	县	5.50	85.00	
1177	固镇县(皖)	香雪度假村	0.10	县	2.00	850.00	50.00
1178	商水县(豫)	白鹭森林公园	0.10	县	2.00	20.00	10.00
1179	商水县(豫)	陆捷生态园	0.10	县	1.00	10.00	6.00
1180	固镇县(皖)	金海岸农业生态园	0.10	县	1.00	100.00	10.00
1181	准格尔旗(内蒙古)	巨合滩旅游度假村	0.10	县	0.62	50.00	

林业机械

【概 况】 2010年我国林业机械进出口总额70.9亿美元。出口主要以木材等加工机械、草地用机械及造纸和纸制品机械为主，共计出口额21.3亿美元，占林业机械出口的54.9%；进口主要以造纸和纸制品机械为主，共计17.6亿美元，占进口额的54.79%；木材等加工加些进口额为8.8亿美元，占进口额的27.34%，见表21-1。

2010年，我国林业机械森林工业专用设备制造业企业1237个，江苏、广东、山东、河北、浙江、上海分别占总量的24.09%、23.61%、10.02%、9.70%、5.50%、5.01%。营林机械制造业企业310个，浙江有108个，占总数的34.84%，江苏、山东、黑龙江、辽宁分别占总量的11.61%、7.74%、7.42%、4.52%，见表21-2、表21-3。

至2010年底，我国对林业机械进行指导性法律政策有8项，主要集中于促进农业机械化和农机工业快速发展、农业机械化质量、农业机械事故处理及地方农机管理等方面，见表21-4。《国家中长期科学和技术发展规划纲要(2006~2020年)》中林业机械在“多功能农业装备与设施”被列为农林重点领域优先主题，发展多功能复合型林业机械是林机的发展方向。在统计的48项科研成果中，主要包括木材加工机械、人造板机械和林产化工设备等综合利用机械的研究，还涉及了包括种子采集和处理、林地清理、整地、育苗、中幼林抚育和林木保护等作业用的营林机械，常用的有采种机、割灌机、挖坑机、筑床机、插条机、植树机等，见表21-6。林业机械产业共计有71项国家标准，见表21-5。

我国林业机械国家级协会有2个，分别是中国林业机械协会和中国机床工具工业协会木工机床分会。

表21-1 全国林业机械进出口贸易总值

产品类别	单位	出口数量	出口金额(千美元)	进口数量	进口金额(千美元)
机械类总计			3888199		3205468
草地用机械	台	9318283	682384	9132	38182
木材等加工机械	台		793588		876268
木工工具	吨		574332		134811
园艺工具	吨		491591		24104
整地机械	台		363651		87271
干燥器	台		23261		103990
造纸和纸制品机械	台		657070		1756335
林业机械——林副产品加工			302322		184507

表21-2 林业机械各指标在全国排名前5名的省份

指 标	排名全国前5名省份及占全国的比例
森林工业专用设备制造企业数量(1237个)	江苏24.09%、广东23.61%、山东10.02%、河北9.70%、浙江5.50%
营林机械制造企业数量(310个)	浙江34.84%、江苏11.61%、山东7.74%、黑龙江7.42%、广东4.52%

表 21-3 各地区林业机械企业数量

地区	森林工业专用设备制造业企业数量(个)	营林机械制造业企业数量(个)
全国合计	1237	310
北京	14	10
天津	3	5
河北	120	7
山西	1	0
内蒙古	1	5
辽宁	52	14
吉林	5	9
黑龙江	49	23
上海	62	0
江苏	298	36
浙江	68	108
安徽	3	8
福建	27	9
江西	13	1
山东	124	24
河南	44	4
湖北	8	0
湖南	5	6
广东	292	14
广西	17	5
海南	2	1
重庆	2	3
四川	14	3
贵州	2	2
云南	2	1
陕西	8	7
甘肃	1	0
新疆	0	5

表 21-4 林业机械法规政策

	文件名称	文号	发布单位
1	农业机械化促进法	2004 年主席令第 24 号	全国人民代表大会常务委员会
2	农业机械安全监督管理条例	国务院令 2009 年第 563 号	国务院
3	国务院关于进一步加强节油节电工作的通知	国发〔2008〕23 号	国务院
4	关于促进农业机械化和农机工业又好又快发展的意见	国发〔2010〕22 号	国务院
5	关于进一步加强农业机械化质量工作的意见	农机发〔2008〕7 号	农业部
6	国家支持推广的农业机械产品目录管理办法	农机发〔2005〕7 号	农业部 财政部 国家发改委
7	2009～2011 年国家支持推广的农业机械产品目录		农业部
8	关于印发《农业机械化标准体系建设规划(2010～2015)》的通知	农办机〔2009〕44 号	农业部办公厅

表 21-5 林业机械标准

	标准名称	标准号	发布单位
1	林业机械伐木归堆机术语定义和商品规格	GB/T20447-2006/ISO13862：2000	国家质量监督检验检疫总局 国家标准化管理委员会
2	林业机械便携式链锯自动式链制动器性能	GB/T20456-2006/ISO13772：1997	国家质量监督检验检疫总局 国家标准化管理委员会
3	林业机械履带式专用机械制动系统性能要求	GB/T20459-2006/ISO11512：1995	国家质量监督检验检疫总局 国家标准化管理委员会
4	林业机械铰接臂式木材装卸机鉴别词汇、分类和构件名称	GB/T20458-2006/ISO17591：2002	国家质量监督检验检疫总局 国家标准化管理委员会
5	林业机械轮式集材机术语定义和商品规格	GB/T20457-2006/ISO13861：2000	国家质量监督检验检疫总局 国家标准化管理委员会
6	林业机械操作者控制符号和其他标记	GB/T4269.4-2006/ISO3767-4：1993	国家质量监督检验检疫总局 国家标准化管理委员会
7	自行式林业机械滚翻保护结构实验室试验和性能要求	GB/T20448-2006/ISO8082：2003	国家质量监督检验检疫总局 国家标准化管理委员会
8	木工机床安装圆锯片处的主轴直径	GB/T19982-2005	国家质量监督检验检疫总局 国家标准化管理委员会
9	木工机床术语基本术语	GB/T15379-1994	国家技术监督局
10	木工机床术语木工锯机	GB/T15378-1994	国家技术监督局
11	木工机床术语木工刨床	GB/T15377-1994	国家技术监督局
12	普通木工车床精度	GB/T15376-1994	国家技术监督局

	标准名称	标准号	发布单位
13	木工刀具术语方凿钻	GB/T14897. 5-1994	国家技术监督局
14	木工刀具术语钻头	GB/T14897. 4-1994	国家技术监督局
15	木工刀具术语铣刀	GB/T14897. 3-1994	国家技术监督局
16	木工刀具术语锯	GB/T14897. 2-1994	国家技术监督局
17	木工刀具基本术语	GB/T14897. 1-1994	国家技术监督局
18	木工硬质合金圆锯片	GB/T14388-1993	国家技术监督局
19	纵剖木工圆锯机精度	GB/T14387-1993	国家技术监督局
20	单面木工压刨床精度	GB/T14385-1993	国家技术监督局
21	木工机床通用技术条件	GB/T14384-1993	国家技术监督局
22	万能木工圆锯机精度	GB/T14303-1993	国家技术监督局
23	立式单轴木工钻床精度	GB/T13571-1992	国家技术监督局
24	单轴木工铣床精度	GB/T13570-1992	国家技术监督局
25	木工平刨床精度	GB/T13569-1992	国家技术监督局
26	细木工带锯机精度	GB/T13568-1992	国家技术监督局
27	木工机床安全平压两用刨床	GB18956-2003	国家质量监督检验检疫总局
28	木工刀具安全铣刀、圆锯片	GB18955-2003	国家质量监督检验检疫总局
29	木工机床操作指示形象化符号	GB10961-1989	国家技术监督局
30	锯片往复木工锯板机精度	GB10960-1989	国家技术监督局
31	带移动工作台木工锯板机精度	GB10959-1989	国家技术监督局
32	油锯技术条件	GB/T5392-1995	
33	林业机械便携式割灌机和割草机技术条件	GB/T14176-2003	国家质量监督检验检疫总局
34	林业机械便携式割灌机和割草机试验方法	GB/T14177-2003	国家质量监督检验检疫总局
35	轮式专用林业机械制动系统的词汇、性能试验方法和技术条件	GB/T19364-2003	国家质量监督检验检疫总局
36	自行式林业机械术语、定义和分类	GB/T19365-2003	国家质量监督检验检疫总局
37	园林机械分类词汇	GB/T19534-2004	国家质量监督检验检疫总局　国家标准化管理委员会
38	林业机械便携式割灌机和割草机安全要求	GB19725-2005	国家质量监督检验检疫总局　国家标准化管理委员会
39	木工机床安全手动进给圆锯机和带移动工作台锯板机	GB20179-2006	国家质量监督检验检疫总局　国家标准化管理委员会
40	植物保护机械喷雾设备第 3 部分：农业液力喷雾机每公顷施液量调节系统试验方法	GB/T20183. 3-2006/ISO5682-3：1996	国家质量监督检验检疫总局　国家标准化管理委员会
41	植物保护机械词汇	GB/T20084-2006	国家质量监督检验检疫总局　国家标准化管理委员会
42	木工机床安全镂铣机	GB20006-2005	国家质量监督检验检疫总局　国家标准化管理委员会
43	木工机床安全单轴铣床	GB20007-2005	国家质量监督检验检疫总局　国家标准化管理委员会
44	人造板机械通用技术条件	GB/T18262-2000	国家质量技术监督局
45	木工机床锯片往复锯板机术语和精度	GB/T10960-2005/ISO7958：1987	国家质量监督检验检疫总局　国家标准化管理委员会
46	木工机床带移动工作台锯板机术语和精度	GB/T10959-2005/ISO7983：1988	国家质量监督检验检疫总局　国家标准化管理委员会
47	木工机床单板剪切机术语和精度	GB/T19984-2005/ISO7949：1985	国家质量监督检验检疫总局　国家标准化管理委员会
48	塑料节水灌溉器材单翼迷宫式滴灌带	GB/T19812. 1-2005	国家质量监督检验检疫总局　国家标准化管理委员会
49	木工机床摇臂式圆锯机术语和精度	GB/T19992-2005/ISO7957：1987	国家质量监督检验检疫总局　国家标准化管理委员会
50	木工机床双头开榫机术语和精度	GB/T19983-2005/ISO7988：1988	国家质量监督检验检疫总局　国家标准化管理委员会

	标准名称	标准号	发布单位
51	木工机床镂铣机术语和精度	GB/T19985-2005/ISO7948：1987	国家质量监督检验检疫总局　国家标准化管理委员会
52	木工机床盘式磨光机术语	GB/T19986-2005/ISO9375：1989	国家质量监督检验检疫总局　国家标准化管理委员会
53	林业机械便携式油锯和割灌机易引起火险的排放系统	GB19724-2005	国家质量监督检验检疫总局　国家标准化管理委员会
54	林业机械油锯安全要求和试验	GB19756. 1-2005	国家质量监督检验检疫总局　国家标准化管理委员会
55	林业机械割灌机、割草机、杆式修枝锯和类似机具的背负式动力装置安全要求和试验	GB19727-2005/ISO14740：1998	国家质量监督检验检疫总局　国家标准化管理委员会
56	林业机械油锯技术条件	GB/T5392-2004	国家质量监督检验检疫总局　国家标准化管理委员会
57	制材机械通用技术条件	GB/T16485-1996	国家技术监督局
58	铡草机安全技术要求	GB7681-1997	国家技术监督局
59	油锯使用安全规程	GB10285-1999	国家质量技术监督局
60	油锯锯切试验方法工程法	GB/T18516-2001	国家质量监督检验检疫总局
61	油锯锯链制动器性能	GB/T19387-2003	国家质量监督检验检疫总局
62	林业机械割灌机和割草机词汇	GB/T18961-2003	国家质量监督检验检疫总局
63	林业机械分类词汇	GB6926-1986	国家标准局
64	植物保护机械喷雾设备第 2 部分：液力喷雾机试验方法	GB/T20183. 2-2006	国家质量监督检验检疫总局　国家标准化管理委员会
65	植物保护机械喷雾设备第 1 部分：喷雾机喷头试验方法	GB/T20183. 1-2006	国家质量监督检验检疫总局　国家标准化管理委员会
66	土壤耕作机械旋转式中耕机刀片安装尺寸	GB/T20087-2006	国家质量监督检验检疫总局　国家标准化管理委员会
67	土壤耕作机械镇压器联接方式和工作幅宽	GB/T20086-2006	国家质量监督检验检疫总局　国家标准化管理委员会
68	风送农业喷雾机数据表第 1 部分：典型格式	GB/T20083. 1-2006	国家质量监督检验检疫总局　国家标准化管理委员会
69	天然材料体育场地使用要求及检验方法第 1 部分：足球场地天然草面层	GB/T19995. 1-2005	国家质量监督检验检疫总局　国家标准化管理委员会
70	旋转割草机刀片技术要求	GB/T19841-2005	国家质量监督检验检疫总局　国家标准化管理委员会
71	塑料节水灌溉器材压力补偿式滴头及滴灌管	GB/T19812. 2-2005	国家质量监督检验检疫总局　国家标准化管理委员会

表 21-6　林业机械科研项目

	项目名称	研究单位(项目完成年)
1	50 英寸热磨机	上海人造板机器厂有限公司(2004)
2	用于耕翻防火线的悬挂式铧式犁的设计与研制	南京森林公安高等专科学校　南京农大工学院(2005)
3	SR300 型工业化秸秆燃气成套设备	四川省农业机械研究设计院
4	贮木场龙门吊车限位、限高、限重自动化控制系统研究	吉林省松江河林业有限公司
5	木材干燥模糊自适应控制系统研制	东北林业大学(2004)
6	4YK-K 型床作苗木移植机的研制	牡丹江林科所(2006)
7	单板用滚筒干燥机改造升级开发	中国林科院木工所(2006)
8	数控机床用可调整快换机夹切断刀系列的研究与开发	东北林业大学(2005)
9	数控智能化木材强度在线实时无损检测成套设备研制	东北林业大学(2005)
10	6HW-12A 高射程自行式森林病虫害防治喷雾机	吉林省林科院(2009)
11	三维数控竹材雕刻机及控制软件的研制开发	浙江省林科院　安吉竹子科技有限公司等(2006)
12	木工数控加工中心	国家林业局北京林机所(2007)
13	农业秸秆气化蒸汽锅炉利用技术研究与开发	中国林科院林化所(2006)
14	年产 50 台 4 米刨切单板生产线成套设备	牡丹江木工机械公司　中国机床工具工业协会木工机床分会
15	6HW30 高射程自行式森林病虫害防治喷雾机	吉林森林病虫防治检疫总站　吉林林科院
16	木粉燃烧炉技改	福建福人木业有限公司
17	原木板材的全自动分检设备	华南理工大学
18	年产 15000m^3 定向结构板成套技术	南京林业大学木材工业学院

	项目名称	研究单位(项目完成年)
19	新型 S、D、C 系列蒸汽加热木材干燥窑及设备	南京林业大学木材工业学院
20	普及型欧式木窗数控加工生产线	东北林业大学机电工程学院
21	弯曲木成型加工生产线	东北林业大学机电工程学院
22	远射程喷雾机的送风机	南京林业大学
23	新型远射程喷雾机	南京林业大学
24	远射程喷雾机的喷筒摆动转向机构	南京林业大学
25	降低人造板甲醛释放量的处理装置	南京林业大学
26	一种脉冲烟雾机的起动操作与安全关药机构	南京林业大学
27	国家标准 GB6202-6205-86 砂光机	东北林业大学
28	一种整车原木的多面辐照检疫装置	清华大学
29	便携式机械作业人体负荷对身体平衡的影响研究	北京林业大学
30	高速木材加工机械的实用动态性能设计及监测技术研究	上海第二工业大学
31	FW-1、FW-2、FW-3 型挖穴机	福建林科院　福建林业物资公司
32	废料刨花分选系统技改	福建福人木业有限公司
33	机械化负压气流捕鼠办法	国家林业局北京林机所　中国林科院森林生态环境与保护研究所(2008)
34	萜类中试设备监控系统集成与数字化改造	中国林科院林化所(2008)
35	遥控型自动立木整枝机	北京林业大学
36	圆盘加星形器组合式定向刨花铺装头	南京林业大学
37	插片加星形器组合式定向刨花铺装头	南京林业大学
38	竹材多刀劈篾机	南京林业大学
39	竹子滚压成形机	南京林业大学
40	木质单板成形机	南京林业大学
41	一种改进的树干注射机	南京林业大学
42	一种具有表面、侧面喷蒸及真空处理装置	南京林业大学
43	木单板滚压柔化及连续式接触干燥设备	南京林业大学
44	链刀式绿篱修剪机	南京林业大学
45	3WGC200 型车载式高射程喷雾机的开发	新民市永发林业机械制造厂
46	链刀式绿篱修剪机	南京林业大学
47	平原、沙丘地区机械化造林设备与应用	东北林业大学
48	热压机衬板更换装置	南京林业大学

表 21-7　林业机械出口值

国家/地区	出口数量(台)	出口金额(千美元)
84331100 割刀水平旋转机动割草机		
合计	5389519	432187
德国	593920	50838
俄罗斯联邦	425769	38547
美国	413018	34621
澳大利亚	358614	33265
波兰	285497	26736
意大利	298108	26587
英国	445803	24766
芬兰	188551	15205
法国	142565	13967
荷兰	208362	13508
印度尼西亚	207033	10840
比利时	106969	9022
巴西	103784	8819

国家/地区	出口数量(台)	出口金额(千美元)
阿根廷	117775	7963
马来西亚	135418	7504
日本	74185	6003
新西兰	52936	5471
西班牙	56128	5243
瑞典	60627	5184
丹麦	69539	4958
土耳其	56792	4930
泰国	77921	4862
克罗地亚	23560	4581
乌克兰	66460	4504
斯洛文尼亚	48149	3789
委内瑞拉	43200	3359
墨西哥	64858	3282
乌拉圭	38592	2442
南非	31266	2430

国家/地区	出口数量(台)	出口金额(千美元)
印度	22817	2426
塞尔维亚	14167	2381
瑞士	12749	2325
爱尔兰	23164	2317
爱沙尼亚	22360	2194
希腊	25480	1925
捷克	18184	1920
奥地利	15069	1895
智利	29056	1862
新加坡	28602	1759
加拿大	40152	1744
挪威	18068	1488
葡萄牙	17432	1405
台湾省	13451	1307
越南	22697	1280
巴拿马	18858	1238

国家/地区	出口数量（台）	出口金额（千美元）
伊拉克	26314	1208
拉脱维亚	17276	1123
白俄罗斯	8328	1053
哥伦比亚	13622	1031
阿联酋	10340	1027
伊朗	8750	888
韩国	14546	884
立陶宛	8661	872
尼日利亚	5884	834
菲律宾	12347	770
匈牙利	8039	656
哥斯达黎加	7677	654
留尼汪	6431	576
斯里兰卡	8270	531
叙利亚	4636	456
保加利亚	9729	398
黎巴嫩	4744	396
以色列	4611	358
哈萨克斯坦	3747	337
瓜德罗普	3634	322
秘鲁	4229	315
罗马尼亚	4863	294
肯尼亚	3240	279
厄瓜多尔	4156	269
巴布亚新几内亚	2214	254
沙特阿拉伯	2753	247
香港	2416	214
马提尼克	2283	200
新喀里多尼亚	1846	178
波黑	1361	163
摩洛哥	2027	156
埃及	1095	149
巴拉圭	1515	130
特立尼达和多巴哥	976	126
古巴	103	116
苏里南	3408	112
缅甸	967	111
黑山	2264	109
阿尔及利亚	1278	107
利比亚	1363	102
塞浦路斯	796	91
突尼斯	1367	89
尼加拉瓜	1076	81
巴基斯坦	1062	77
阿尔巴尼亚	1689	69

国家/地区	出口数量（台）	出口金额（千美元）
吉尔吉斯斯坦	880	69
柬埔寨	1048	63
萨尔瓦多	810	63
洪都拉斯	958	61
贝宁	379	61
毛里求斯	576	60
格鲁吉亚	203	51
孟加拉国	2036	48
约旦	600	47
朝鲜	112	43
圣卢西亚	336	42
社会群岛	399	40
斯洛伐克	601	40
危地马拉	842	40
法属波利尼西亚	514	39
牙买加	343	37
坦桑尼亚	207	37
加纳	215	30
伯利兹	277	24
多米尼加共和国	511	23
阿富汗	240	18
文莱	280	16
阿塞拜疆	280	15
瓦努阿图	139	13
斐济	163	13
安哥拉	29	11
马达加斯加	126	10
莫桑比克	77	10
圭亚那	191	10
巴林	56	6
卡塔尔	48	6
苏丹	32	5
津巴布韦	32	5
马耳他	110	4
利比里亚	32	4
土库曼斯坦	11	3
老挝	22	3
赤道几内亚	8	3
库克群岛	16	2
科威特	22	2
摩尔多瓦	3	2
乌兹别克斯坦	10	1
科特迪瓦	2	1
斯威士兰	20	1
喀麦隆	10	1

国家/地区	出口数量（台）	出口金额（千美元）
布基纳法索	2	1
澳门	8	1
也门	19	1
赞比亚	1	1
萨摩亚	5	1
刚果(金)	5	1
马里	5	1
乌干达	6	1
84331900 其他草坪、公园割草机		
合计	2823679	189664
美国	412654	27860
德国	392486	26648
意大利	79828	19270
英国	364867	19129
加拿大	137728	10767
澳大利亚	94589	8370
瑞典	51616	7540
乌克兰	142699	6628
日本	111400	6029
波兰	57850	5182
荷兰	126881	4750
法国	64793	3825
俄罗斯联邦	78462	3666
巴西	62125	3313
比利时	38499	2457
泰国	60214	2364
土耳其	36189	2206
南非	31745	1997
芬兰	32820	1971
巴拉圭	26009	1610
丹麦	28968	1601
瑞士	12210	1297
克罗地亚	19090	1252
西班牙	18897	1213
阿根廷	17647	1150
伊拉克	24598	1046
立陶宛	27556	997
智利	21309	895
希腊	11536	841
捷克	10691	835
新西兰	11382	783
葡萄牙	13378	754
奥地利	8957	644
匈牙利	14380	634
爱尔兰	7660	629

国家/地区	出口数量（台）	出口金额（千美元）
哈萨克斯坦	9599	538
爱沙尼亚	4981	529
阿联酋	8337	491
哥伦比亚	7639	425
塞尔维亚	6234	418
叙利亚	6095	370
巴拿马	7167	335
约旦	6122	323
乌拉圭	3662	305
委内瑞拉	4927	304
越南	7352	301
拉脱维亚	9225	298
伊朗	3932	292
台湾省	4566	273
挪威	1767	272
埃及	2553	249
以色列	5334	232
印度	3499	231
斯洛文尼亚	2436	210
印度尼西亚	4493	202
马来西亚	4084	174
罗马尼亚	3029	166
墨西哥	6024	157
保加利亚	4592	156
斯威士兰	2658	155
菲律宾	5399	149
白俄罗斯	2287	135
韩国	2011	131
斯里兰卡	4552	131
秘鲁	1882	108
尼日利亚	795	88
阿尔巴尼亚	1616	82
新加坡	3283	79
朝鲜	559	76
利比亚	445	74
格鲁吉亚	1730	72
厄瓜多尔	340	72
塞浦路斯	988	49
波多黎各	936	48
哥斯达黎加	644	44
乌兹别克斯坦	592	44
加纳	386	43
香港	1277	41
巴布亚新几内亚	312	38
摩洛哥	947	38

国家/地区	出口数量（台）	出口金额（千美元）
科威特	550	37
阿尔及利亚	447	35
黎巴嫩	573	34
沙特阿拉伯	342	33
海地	1150	29
巴基斯坦	668	28
黑山	295	27
突尼斯	453	25
斐济	288	21
缅甸	7	19
危地马拉	300	17
孟加拉国	458	16
安哥拉	283	16
塞拉利昂	52	16
苏里南	1692	14
法属波利尼西亚	129	14
肯尼亚	247	14
伯利兹	210	12
毛里求斯	209	12
津巴布韦	200	12
留尼汪	260	11
塞舌尔	180	11
牙买加	70	8
新喀里多尼亚	76	8
马提尼克	189	8
马达加斯加	250	7
萨摩亚	100	6
斯洛伐克	20	6
莫桑比克	93	6
赞比亚	42	6
马耳他	52	6
刚果(金)	90	4
特立尼达和多巴哥	9	4
卡塔尔	120	4
苏丹	34	4
坦桑尼亚	167	4
布隆迪	100	4
尼泊尔	12	4
喀麦隆	4	3
瓦努阿图	41	3
柬埔寨	37	2
冰岛	2	2
萨尔瓦多	20	2
玻利维亚	3	2
文莱	1	1

国家/地区	出口数量（台）	出口金额（千美元）
圭亚那	15	1
尼加拉瓜	20	1
科特迪瓦	50	1
加蓬	20	1
所罗门群岛	20	1
马约特	16	0
蒙古	1	0
也门	5	0
冈比亚	1	0
瓜德罗普	2	0
澳门	1	0
乌干达	2	0

84332000 其他割草机，包括牵引装置用的刀具杆

国家/地区	出口数量（台）	出口金额（千美元）
合计	1093046	54859
德国	328195	15922
英国	120149	5322
波兰	86793	3277
法国	80135	3165
俄罗斯联邦	37212	2729
澳大利亚	13581	2609
芬兰	52920	2119
南非	44107	2115
荷兰	34357	1775
意大利	16303	1628
丹麦	12247	1429
乌克兰	15649	1214
奥地利	23203	989
新西兰	8441	796
比利时	11291	762
捷克	14481	600
美国	22896	593
伊拉克	10021	546
西班牙	13242	527
匈牙利	11428	499
印度尼西亚	10035	435
泰国	8651	435
瑞士	8136	311
斯里兰卡	5919	306
希腊	3310	287
瑞典	2364	280
日本	18245	257
马来西亚	3316	243
土耳其	6411	236
克罗地亚	8051	234

国家/地区	出口数量（台）	出口金额（千美元）
斯洛文尼亚	4262	226
阿联酋	2435	190
拉脱维亚	4326	170
巴西	3908	150
越南	3824	148
斯洛伐克	3488	138
葡萄牙	4876	134
波黑	4497	123
孟加拉国	65	117
爱尔兰	3065	112
墨西哥	2231	110
蒙古	213	97
印度	201	90
智利	2503	87
保加利亚	2240	83
新加坡	1001	78
立陶宛	160	77
台湾省	498	74
菲律宾	786	70
巴拉圭	636	67
乌拉圭	790	65
罗马尼亚	1801	57
塞尔维亚	1500	45
缅甸	1000	43
乌兹别克斯坦	759	40
埃及	130	40
摩洛哥	573	35
爱沙尼亚	233	33
塞浦路斯	500	31
伊朗	277	29
厄瓜多尔	400	28
挪威	500	28
安哥拉	30	26
新喀里多尼亚	400	24
约旦	750	23
沙特阿拉伯	63	21
以色列	138	21
加拿大	23	21
也门	2274	19
牙买加	250	19
叙利亚	350	18
韩国	182	17
黑山	510	16
苏丹	26	15
土库曼斯坦	1	13

国家/地区	出口数量（台）	出口金额（千美元）
哈萨克斯坦	29	12
哥斯达黎加	1520	12
贝宁	12	10
突尼斯	266	10
阿尔及利亚	20	9
苏里南	13	8
白俄罗斯	12	7
格鲁吉亚	12	7
尼日利亚	36	6
卡塔尔	32	6
香港	1014	6
纳米比亚	34	5
肯尼亚	55	5
赤道几内亚	6	4
秘鲁	5	4
喀麦隆	14	3
阿尔巴尼亚	8	3
特立尼达和多巴哥	36	3
津巴布韦	5	3
尼加拉瓜	5	3
巴林	13	3
赞比亚	4	3
毛里求斯	5	3
危地马拉	21	2
乌干达	2	2
刚果(布)	2	1
刚果(金)	1	1
塞内加尔	2	1
莫桑比克	50	1
马达加斯加	4	1
朝鲜	3	1
吉尔吉斯斯坦	10	1
利比里亚	1	1
摩纳哥	10	1
博茨瓦那	1	1
安提瓜和巴布达	1	1
马尔代夫	5	0
黎巴嫩	6	0
阿曼	5	0
卢旺达	2	0
84333000 其他干草切割、翻晒机器		
合计	11399	2726
瑞典	755	361
德国	103	288
埃及	734	275

国家/地区	出口数量（台）	出口金额（千美元）
马来西亚	86	261
印度	187	255
丹麦	111	250
巴西	31	165
塞内加尔	700	165
越南	634	146
阿富汗	548	143
日本	30	61
乌兹别克斯坦	200	52
俄罗斯联邦	19	39
泰国	3	25
巴基斯坦	102	24
哈萨克斯坦	9	21
英国	13	18
伊朗	54	17
美国	1	16
蒙古	40	15
约旦	165	15
斯里兰卡	26	14
芬兰	30	12
肯尼亚	57	9
塞拉利昂	24	9
台湾省	6	8
孟加拉国	3	8
加拿大	70	7
波兰	1	7
澳大利亚	5416	7
南非	4	6
秘鲁	1	4
香港	1200	4
乌干达	6	3
多米尼加共和国	6	3
阿尔巴尼亚	4	3
卢旺达	2	2
菲律宾	1	2
新西兰	2	2
马达加斯加	5	2
柬埔寨	1	1
毛里求斯	1	1
沙特阿拉伯	1	1
莫桑比克	1	1
朝鲜	1	1
坦桑尼亚	1	0
埃塞俄比亚	1	0
赞比亚	1	0

国家/地区	出口数量（台）	出口金额（千美元）
伊拉克	1	0
安哥拉	1	0
84334000 草料打包机，包括收集打包机		
合计	640	2948
伊朗	74	683
南非	175	611
印度	32	271
俄罗斯联邦	77	200
美国	20	155
英国	59	149
蒙古	25	131
印度尼西亚	5	108
澳大利亚	18	76
马来西亚	7	75
日本	50	54
古巴	2	51
罗马尼亚	14	49
菲律宾	4	48
加拿大	5	39
比利时	9	34
尼加拉瓜	8	33
越南	4	31
丹麦	10	23
危地马拉	5	19
斯里兰卡	2	15
坦桑尼亚	2	14
阿尔巴尼亚	1	13
新西兰	3	12
德国	3	10
贝宁	2	9
希腊	2	8
巴西	2	6
波黑	2	4
乌拉圭	4	4
斯洛文尼亚	1	4
以色列	1	4
喀麦隆	3	3
吉布提	6	1
爱沙尼亚	3	0
84651000 不换刀即可对硬质材料作不同机加工的机床		
合计	207511	41001
德国	75355	12224
俄罗斯联邦	9226	2570
法国	13479	2546
荷兰	17170	2475
意大利	5657	2051
芬兰	11204	1489
瑞典	11383	1313
奥地利	4824	1281
斯里兰卡	3279	1192
越南	4811	999
美国	7700	983
比利时	3778	778
印度尼西亚	2000	705
英国	3975	674
西班牙	1346	662
伊朗	343	593
乌克兰	2254	580
挪威	5504	578
捷克	1938	540
阿根廷	1811	531
阿尔及利亚	216	482
埃塞俄比亚	1002	475
加拿大	4165	460
肯尼亚	865	384
波兰	2632	329
智利	869	320
葡萄牙	2059	273
坦桑尼亚	453	245
斯洛文尼亚	280	178
利比亚	15	171
吉布提	325	150
澳大利亚	771	148
新加坡	367	144
乌拉圭	383	139
爱沙尼亚	467	121
丹麦	1117	109
泰国	217	109
拉脱维亚	257	101
南非	305	99
爱尔兰	517	93
埃及	127	92
也门	93	86
印度	83	84
黎巴嫩	127	80
哈萨克斯坦	21	76
厄瓜多尔	131	72
委内瑞拉	131	65
塞尔维亚	255	65
马达加斯加	72	63
突尼斯	39	62
尼日利亚	76	56
孟加拉国	129	56
台湾省	176	52
加纳	10	49
沙特阿拉伯	31	49
白俄罗斯	8	48
阿联酋	82	47
马来西亚	95	43
秘鲁	210	43
瑞士	385	33
加蓬	10	32
立陶宛	9	32
新西兰	30	31
吉尔吉斯斯坦	1	31
马耳他	28	29
克罗地亚	142	26
巴林	15	24
玻利维亚	44	23
希腊	113	23
伊拉克	44	21
土耳其	99	21
中非	6	20
菲律宾	8	20
约旦	17	18
墨西哥	120	16
叙利亚	1	15
阿曼	5	12
摩洛哥	3	10
朝鲜	15	10
日本	60	9
毛里塔尼亚	1	7
洪都拉斯	11	7
以色列	7	6
哥伦比亚	31	6
毛里求斯	11	6
韩国	5	6
多米尼加共和国	12	4
斯洛伐克	1	3
巴巴多斯	16	3
塞浦路斯	21	3
巴西	7	2
刚果(金)	4	2
科威特	1	1

国家/地区	出口数量（台）	出口金额（千美元）
津巴布韦	3	1
危地马拉	4	1
巴基斯坦	1	1
香港	1	1
罗马尼亚	1	0
刚果（布）	1	0
多哥	1	0
缅甸	1	0
84659100 木材、软木硬橡胶等硬质材料加工锯床		
合计	4040925	391729
美国	1183790	109168
德国	716575	61459
加拿大	326065	32338
俄罗斯联邦	124522	17452
英国	213902	15798
澳大利亚	142806	14123
伊朗	20965	11910
法国	138175	10522
比利时	113772	8060
荷兰	84628	7768
意大利	91465	7553
巴西	64755	6826
芬兰	62093	6429
奥地利	43867	6309
波兰	74035	5444
韩国	42315	4435
瑞典	36299	3230
挪威	29749	3140
西班牙	46796	3013
南非	34839	2779
阿联酋	17047	2598
越南	14275	2578
印度尼西亚	12755	2576
印度	26818	2545
墨西哥	23271	2433
阿根廷	22845	2393
捷克	16457	2196
日本	28203	2194
新加坡	16237	2063
泰国	23073	2049
土耳其	22092	2043
新西兰	17444	1953
智利	18061	1936
丹麦	21219	1755

国家/地区	出口数量（台）	出口金额（千美元）
马来西亚	2964	1446
爱沙尼亚	8911	1390
埃及	20114	1224
巴拿马	12896	1158
乌克兰	11022	979
香港	8057	956
葡萄牙	13558	900
瑞士	11652	864
哈萨克斯坦	3159	730
以色列	4559	673
阿尔及利亚	2199	578
乌兹别克斯坦	140	575
秘鲁	3214	573
加蓬	85	564
利比亚	913	540
哥伦比亚	6641	507
斯洛文尼亚	5167	491
尼日利亚	3418	431
格鲁吉亚	388	429
台湾省	5987	425
白俄罗斯	1319	382
克罗地亚	5698	373
黎巴嫩	812	336
沙特阿拉伯	1829	330
突尼斯	837	305
安哥拉	126	293
罗马尼亚	3576	276
希腊	2754	257
约旦	3348	255
菲律宾	2290	255
叙利亚	1717	247
斯里兰卡	1530	243
厄瓜多尔	504	237
伊拉克	2380	209
缅甸	66	170
摩洛哥	861	165
哥斯达黎加	1264	160
匈牙利	3399	157
朝鲜	76	156
孟加拉国	323	141
莫桑比克	61	138
乌拉圭	1643	129
贝宁	878	116
坦桑尼亚	558	102
立陶宛	26	95

国家/地区	出口数量（台）	出口金额（千美元）
拉脱维亚	1694	93
马耳他	319	82
爱尔兰	37	79
多哥	17	64
刚果（布）	12	59
埃塞俄比亚	29	57
保加利亚	201	55
几内亚比绍	2	55
塞尔维亚	184	52
肯尼亚	212	52
玻利维亚	421	51
也门	412	50
刚果（金）	14	50
柬埔寨	11	48
加纳	91	48
马达加斯加	39	47
阿曼	30	47
赞比亚	22	45
法属波利尼西亚	380	45
危地马拉	242	44
巴基斯坦	114	43
卡塔尔	67	40
蒙古	29	39
阿塞拜疆	303	39
委内瑞拉	645	38
老挝	18	35
毛里求斯	7	34
巴林	18	29
新喀里多尼亚	184	26
冈比亚	2	25
古巴	49	25
塞浦路斯	98	25
吉布提	4	24
多米尼加共和国	149	20
巴勒斯坦	10	16
斯洛伐克	151	15
科威特	60	12
洪都拉斯	36	12
苏丹	6	9
科特迪瓦	9	7
巴布亚新几内亚	5	6
尼泊尔	76	6
巴拉圭	87	6
亚美尼亚	51	5
巴巴多斯	33	4

国家/地区	出口数量(台)	出口金额(千美元)
吉尔吉斯斯坦	16	4
斐济	53	4
土库曼斯坦	2	4
海地	100	3
塔吉克斯坦	3	3
喀麦隆	8	3
塞内加尔	9	2
津巴布韦	2	2
赤道几内亚	3	1
萨尔瓦多	1	1
多米尼克	2	1
博茨瓦那	2	1
圭亚那	1	1
马拉维	1	1
格林纳达	2	1
特立尼达和多巴哥	2	1
利比里亚	1	0
留尼汪	2	0
毛里塔尼亚	2	0
马里	1	0
纳米比亚	1	0
厄立特里亚	2	0

84659200 木材、软木等硬质材料刨、铣等切削机器

国家/地区	出口数量(台)	出口金额(千美元)
合计	544622	83806
美国	197387	18407
德国	104368	8054
俄罗斯联邦	15784	6926
加拿大	61096	5578
越南	3664	2904
奥地利	4143	2668
澳大利亚	11288	2505
意大利	4297	2291
墨西哥	11395	2113
日本	4144	2099
英国	20972	2073
法国	10196	1798
印度尼西亚	1851	1764
泰国	3905	1532
捷克	3735	1463
阿根廷	8445	1430
比利时	20891	1115
巴西	6912	1072
芬兰	3639	1030
马来西亚	157	976
白俄罗斯	224	957
乌克兰	3247	837
波兰	6762	806
秘鲁	4704	785
智利	2978	742
南非	2519	699
荷兰	4107	665
老挝	28	646
阿尔及利亚	424	642
印度	1127	631
利比亚	193	471
突尼斯	430	466
缅甸	263	393
土耳其	1194	389
瑞典	1007	342
新西兰	1232	337
柬埔寨	14	328
加蓬	28	286
孟加拉国	84	257
韩国	533	247
菲律宾	100	242
伊朗	124	224
斯里兰卡	521	214
阿联酋	238	210
西班牙	757	187
哈萨克斯坦	223	186
尼日利亚	145	182
乌兹别克斯坦	37	171
香港	117	167
厄瓜多尔	345	156
危地马拉	481	153
朝鲜	79	148
沙特阿拉伯	79	122
哥伦比亚	2768	112
新加坡	618	112
肯尼亚	67	110
坦桑尼亚	107	106
巴拿马	2106	102
玻利维亚	259	95
拉脱维亚	481	93
马拉维	23	92
黎巴嫩	91	89
丹麦	125	84
希腊	22	81
摩洛哥	118	77
爱沙尼亚	723	77
匈牙利	103	76
台湾省	128	74
埃及	8	72
斯洛文尼亚	255	67
约旦	295	64
以色列	48	62
哥斯达黎加	696	61
乍得	3	59
爱尔兰	6	58
乌拉圭	896	55
安哥拉	27	54
古巴	55	43
罗马尼亚	547	43
挪威	64	43
卡塔尔	8	41
伊拉克	58	38
斯洛伐克	324	35
马达加斯加	60	35
克罗地亚	53	34
巴布亚新几内亚	21	31
埃塞俄比亚	5	28
法属波利尼西亚	86	25
蒙古	41	24
立陶宛	8	23
波黑	1	21
阿塞拜疆	42	20
刚果(金)	30	20
阿曼	16	18
格鲁吉亚	10	16
多米尼加共和国	40	15
巴勒斯坦	11	15
亚美尼亚	4	14
赤道几内亚	19	13
巴基斯坦	10	13
刚果(布)	16	11
贝宁	5	11
洪都拉斯	32	10
津巴布韦	2	10
卢旺达	29	10
巴林	4	9
塞尔维亚	5	9
苏丹	11	8
赞比亚	18	8
委内瑞拉	104	8

国家/地区	出口数量（台）	出口金额（千美元）
也门	11	8
科特迪瓦	4	7
吉布提	6	6
毛里求斯	6	6
巴拉圭	101	6
瑞士	60	5
科威特	32	5
葡萄牙	6	5
塞舌尔	7	4
马耳他	3	3
喀麦隆	4	3
塔吉克斯坦	4	3
博茨瓦那	6	3
莫桑比克	6	2
多哥	5	2
毛里塔尼亚	4	2
塞内加尔	4	2
格林纳达	3	1
特立尼达和多巴哥	2	1
莱索托	5	1
马尔代夫	2	1
尼日尔	2	1
新喀里多尼亚	3	1
苏里南	1	1
加纳	1	1
马里	2	1
塞浦路斯	1	1
萨尔瓦多	4	0
土库曼斯坦	1	0
纳米比亚	1	0
84659300 木材、软木等硬质研磨、砂磨或抛光机器		
合计	241973	21790
美国	100850	6739
德国	77571	4472
加拿大	26802	1467
越南	156	806
俄罗斯联邦	1379	720
印度尼西亚	146	525
巴基斯坦	6	508
台湾省	414	492
马来西亚	34	452
印度	64	446
澳大利亚	3117	385
阿根廷	184	385

国家/地区	出口数量（台）	出口金额（千美元）
英国	6226	335
土耳其	411	301
法国	2584	282
日本	4755	277
巴西	16	221
香港	21	207
利比亚	12	199
西班牙	718	191
比利时	1922	135
意大利	4677	131
韩国	601	120
波兰	1728	117
朝鲜	28	109
沙特阿拉伯	10	104
孟加拉国	26	96
加蓬	30	90
白俄罗斯	3	85
马拉维	1	84
新加坡	25	76
埃及	9	73
泰国	8	72
捷克	236	67
缅甸	15	65
新西兰	486	58
南非	1260	58
哈萨克斯坦	10	50
菲律宾	1	47
乌兹别克斯坦	12	46
斯里兰卡	20	45
罗马尼亚	1	41
葡萄牙	1050	41
智利	128	38
以色列	139	37
荷兰	1280	33
摩洛哥	3	33
阿尔及利亚	24	30
奥地利	114	29
安哥拉	15	29
乌克兰	293	26
黎巴嫩	4	24
坦桑尼亚	7	22
墨西哥	195	22
厄瓜多尔	5	20
阿联酋	3	19
瑞典	312	19

国家/地区	出口数量（台）	出口金额（千美元）
苏丹	258	17
伊朗	152	16
芬兰	150	15
埃塞俄比亚	3	13
委内瑞拉	1	13
尼日利亚	118	13
卡塔尔	2	11
科特迪瓦	3	11
阿塞拜疆	2	9
格鲁吉亚	9	8
丹麦	700	8
蒙古	3	7
克罗地亚	150	7
挪威	100	6
秘鲁	45	5
赞比亚	30	3
毛里求斯	3	3
老挝	6	3
塞尔维亚	3	2
哥伦比亚	35	2
柬埔寨	2	2
贝宁	2	2
希腊	2	2
亚美尼亚	1	2
巴勒斯坦	1	1
立陶宛	1	1
突尼斯	1	1
巴布亚新几内亚	4	1
赤道几内亚	20	1
苏里南	1	1
多米尼克	10	1
马达加斯加	1	1
巴拿马	1	0
加纳	3	0
叙利亚	3	0
84659400 木材、软木、骨等硬质材料弯曲或装配机器		
合计	430	2183
印度	15	257
越南	56	245
俄罗斯联邦	24	155
泰国	7	143
阿根廷	44	143
朝鲜	11	119
土耳其	3	99

国家/地区	出口数量（台）	出口金额（千美元）
香港	4	96
沙特阿拉伯	5	79
印度尼西亚	35	78
白俄罗斯	31	58
南非	3	45
缅甸	9	44
埃及	3	42
阿联酋	20	41
哈萨克斯坦	13	38
智利	12	33
巴西	27	32
阿尔及利亚	4	32
西班牙	7	30
哥伦比亚	2	26
以色列	1	22
乌兹别克斯坦	6	22
秘鲁	7	21
马来西亚	2	20
波兰	2	20
摩洛哥	2	19
菲律宾	3	18
乌克兰	5	17
坦桑尼亚	2	16
阿塞拜疆	2	16
利比亚	3	16
伊朗	5	14
安哥拉	3	14
厄瓜多尔	10	11
约旦	1	11
孟加拉国	3	10
阿曼	4	10
肯尼亚	3	9
意大利	2	9
卡塔尔	2	8
黎巴嫩	2	6
墨西哥	1	5
玻利维亚	4	4
尼日利亚	1	4
蒙古	5	4
斯里兰卡	1	3
贝宁	1	3
津巴布韦	1	3
埃塞俄比亚	1	3
格鲁吉亚	1	2
巴基斯坦	1	2
韩国	1	2
巴拿马	1	1
赞比亚	6	0

84659500 木材、软木、骨等硬质材料钻孔或凿榫机器

国家/地区	出口数量（台）	出口金额（千美元）
合计	27615	18544
香港	49	5268
俄罗斯联邦	1292	1912
越南	3636	1203
印度尼西亚	5245	1100
德国	1055	776
意大利	122	561
马来西亚	86	540
伊朗	367	533
利比亚	40	509
英国	3749	483
印度	115	482
法国	3433	435
巴西	1598	416
泰国	119	394
乌克兰	40	351
土耳其	100	345
台湾省	4	311
美国	1937	298
阿根廷	63	277
哈萨克斯坦	21	129
澳大利亚	739	125
南非	188	111
白俄罗斯	35	106
斯里兰卡	11	103
波兰	665	100
加拿大	787	98
孟加拉国	23	93
朝鲜	23	74
奥地利	210	73
埃及	15	72
阿尔及利亚	321	68
安哥拉	13	62
新加坡	7	56
波黑	1	52
摩洛哥	8	48
立陶宛	20	47
阿联酋	10	45
尼日利亚	15	44
新西兰	32	44
乌兹别克斯坦	18	43
沙特阿拉伯	18	37
墨西哥	136	37
比利时	189	36
黎巴嫩	22	36
哥伦比亚	144	35
智利	24	34
坦桑尼亚	8	34
叙利亚	7	33
韩国	75	33
卡塔尔	4	32
芬兰	114	31
巴基斯坦	5	26
丹麦	1	23
格鲁吉亚	15	23
蒙古	9	22
毛里求斯	4	20
缅甸	63	20
阿曼	8	18
西班牙	50	18
肯尼亚	12	17
以色列	31	16
斯洛文尼亚	9	15
巴拿马	107	12
瑞典	73	12
约旦	3	11
秘鲁	4	10
捷克	36	10
日本	60	10
柬埔寨	1	9
厄瓜多尔	5	9
保加利亚	3	8
贝宁	4	6
塞浦路斯	26	6
马达加斯加	7	6
菲律宾	3	6
爱尔兰	8	5
拉脱维亚	1	5
危地马拉	11	5
马耳他	20	4
匈牙利	1	4
玻利维亚	6	3
葡萄牙	17	3
洪都拉斯	15	3
塞尔维亚	2	2

国家/地区	出口数量（台）	出口金额（千美元）
突尼斯	4	2
土库曼斯坦	1	2
克罗地亚	15	2
荷兰	6	1
莫桑比克	1	1
苏里南	1	1
巴林	1	1
刚果(布)	2	1
希腊	2	1
赞比亚	2	0
埃塞俄比亚	1	0
乌拉圭	3	0
纳米比亚	1	0
刚果(金)	1	0
多哥	1	0
84659600 木材、软木等硬质剖开、切片或刮削机器		
合计	346382	54615
德国	87760	16113
美国	68083	6757
丹麦	19557	2344
澳大利亚	6586	2113
意大利	15432	2028
芬兰	21098	1989
加拿大	20275	1971
英国	12844	1902
越南	313	1843
法国	10234	1581
瑞典	11899	1579
日本	8084	1567
荷兰	17166	1534
挪威	11584	1246
奥地利	7053	1167
葡萄牙	5452	888
印度尼西亚	598	818
菲律宾	93	787
俄罗斯联邦	5403	674
印度	94	564
比利时	2844	545
马来西亚	50	395
泰国	13	381
新西兰	1058	349
捷克	2352	289
土耳其	331	234
罗马尼亚	81	194

国家/地区	出口数量（台）	出口金额（千美元）
巴基斯坦	8	191
台湾省	5	184
柬埔寨	10	170
瑞士	249	166
缅甸	10	163
斯洛文尼亚	600	159
波兰	1522	152
匈牙利	1224	140
西班牙	469	132
斯里兰卡	468	102
韩国	623	90
乌克兰	1266	82
爱沙尼亚	728	74
哈萨克斯坦	7	61
塞尔维亚	6	59
巴西	191	53
爱尔兰	280	42
希腊	97	40
孟加拉国	6	40
墨西哥	22	35
埃及	5	33
智利	383	30
加纳	8	29
阿曼	4	28
阿联酋	4	28
埃塞俄比亚	14	28
南非	251	27
加蓬	3	26
阿根廷	131	25
哥伦比亚	188	25
塞浦路斯	152	25
哥斯达黎加	2	22
秘鲁	420	22
新加坡	18	21
吉布提	2	19
斐济	2	17
香港	12	17
黎巴嫩	3	17
以色列	16	16
朝鲜	11	16
卡塔尔	8	12
肯尼亚	16	12
叙利亚	2	11
保加利亚	56	10
乌拉圭	40	10

国家/地区	出口数量（台）	出口金额（千美元）
沙特阿拉伯	1	9
乌兹别克斯坦	1	9
摩洛哥	1	8
约旦	190	8
尼日利亚	1	8
立陶宛	61	8
科威特	1	8
亚美尼亚	1	6
法属波利尼西亚	60	6
坦桑尼亚	12	6
厄瓜多尔	7	5
马达加斯加	1	5
摩尔多瓦	1	5
利比亚	1	4
危地马拉	40	3
伊朗	60	3
克罗地亚	60	3
莫桑比克	1	0
刚果(布)	1	0
瓦努阿图	2	0
84659900 木材、软木、骨等硬质材料的其他加工机床		
合计	72717	52518
伊朗	2052	11105
俄罗斯联邦	3159	6150
美国	32812	3814
澳大利亚	6268	3755
意大利	1392	2992
巴西	325	2333
马来西亚	225	2203
德国	4864	1422
印度尼西亚	310	1350
越南	202	1186
泰国	139	1046
阿根廷	1032	1016
印度	174	1001
英国	5699	970
土耳其	350	934
加拿大	2051	911
南非	484	637
利比亚	48	468
哈萨克斯坦	96	457
乌克兰	100	416
奥地利	1322	412
西班牙	251	412

国家/地区	出口数量（台）	出口金额（千美元）
法国	1569	382
智利	352	310
孟加拉国	29	309
丹麦	584	302
新加坡	23	292
菲律宾	7	291
捷克	349	267
乌兹别克斯坦	30	254
台湾省	178	246
朝鲜	64	219
阿联酋	32	211
新西兰	313	206
厄瓜多尔	43	199
荷兰	401	191
比利时	658	189
立陶宛	193	189
墨西哥	331	179
黎巴嫩	16	155
斯里兰卡	18	154
日本	652	150
秘鲁	721	133
白俄罗斯	43	131
挪威	259	122
埃及	34	121
沙特阿拉伯	12	116
芬兰	680	107
安哥拉	10	106
阿尔及利亚	51	106
蒙古	7	104
以色列	46	104
吉尔吉斯斯坦	5	103
尼日利亚	73	97
摩洛哥	16	86
缅甸	14	82
香港	21	81
韩国	646	79
阿曼	20	78
保加利亚	17	70
格鲁吉亚	9	70
柬埔寨	7	66
希腊	79	62
塞尔维亚	4	57
叙利亚	8	53
波兰	100	49
罗马尼亚	4	48

国家/地区	出口数量（台）	出口金额（千美元）
塞浦路斯	1	43
坦桑尼亚	8	42
哥伦比亚	54	42
肯尼亚	81	42
突尼斯	49	42
委内瑞拉	102	38
卡塔尔	5	32
爱尔兰	7	23
伊拉克	2	21
莫桑比克	2	20
摩尔多瓦	1	19
约旦	3	19
贝宁	3	18
哥斯达黎加	4	17
危地马拉	56	16
匈牙利	9	14
瑞典	95	13
克罗地亚	4	13
洪都拉斯	33	13
瑞士	1	12
刚果(金)	28	12
斯洛文尼亚	5	10
吉布提	3	10
加蓬	4	7
巴基斯坦	2	7
加纳	7	6
津巴布韦	1	6
埃塞俄比亚	3	6
也门	8	5
爱沙尼亚	3	5
萨尔瓦多	1	5
赤道几内亚	3	4
莱索托	1	4
巴林	11	3
喀麦隆	3	2
乍得	2	2
毛里求斯	1	2
赞比亚	2	2
巴拉圭	4	1
博茨瓦那	2	1
马拉维	1	1
马耳他	10	1
圭亚那	1	1
刚果(布)	1	0
乌拉圭	6	0

国家/地区	出口数量（台）	出口金额（千美元）
拉脱维亚	1	0
84793000 木碎料或木纤维板挤压机等木材处理机		
合计	5309	39646
越南	196	4801
印度尼西亚	218	4275
印度	205	3776
巴基斯坦	27	2010
马来西亚	118	1945
乌兹别克斯坦	41	1866
孟加拉国	101	1599
俄罗斯联邦	139	1449
马拉维	4	1376
肯尼亚	14	1015
美国	892	945
亚美尼亚	2	756
伊朗	26	750
泰国	43	730
德国	578	686
也门	1	673
土耳其	34	631
赞比亚	8	619
菲律宾	58	565
意大利	100	539
韩国	13	526
瑞典	215	492
缅甸	20	489
澳大利亚	463	445
斯里兰卡	16	347
哈萨克斯坦	2	325
南非	65	293
新加坡	39	284
莫桑比克	2	259
保加利亚	39	240
乌干达	4	214
希腊	40	204
白俄罗斯	2	196
墨西哥	12	187
法国	58	174
吉布提	9	160
乌克兰	33	153
叙利亚	7	134
波兰	90	131
埃及	6	127
坦桑尼亚	6	127

国家/地区	出口数量（台）	出口金额（千美元）
捷克	148	116
加拿大	108	116
卡塔尔	1	115
斯洛文尼亚	47	111
阿联酋	16	109
拉脱维亚	47	108
新西兰	101	108
丹麦	77	106
加蓬	3	104
加纳	4	101
比利时	102	101
台湾省	8	100
阿曼	7	98
英国	83	95
埃塞俄比亚	5	94
荷兰	70	93
巴西	24	86
格鲁吉亚	4	83
阿根廷	55	81
蒙古	2	71
日本	16	65
香港	22	65
罗马尼亚	17	64
智利	20	64
西班牙	54	62
朝鲜	13	61
沙特阿拉伯	8	60
尼日利亚	12	57
葡萄牙	15	51
立陶宛	33	47
匈牙利	27	45
巴布亚新几内亚	4	41
克罗地亚	12	39
巴林	5	37
纳米比亚	4	35
挪威	24	31
贝宁	4	31
爱尔兰	14	30
乌拉圭	13	16
塞尔维亚	4	16
黎巴嫩	3	15
爱沙尼亚	7	14
芬兰	4	13
柬埔寨	4	12
阿尔及利亚	31	10
苏丹	1	10
利比亚	1	10
法属波利尼西亚	5	9
安哥拉	2	9
斯洛伐克	6	9
厄瓜多尔	4	8
特立尼达和多巴哥	4	8
摩洛哥	3	7
以色列	1	7
科威特	3	7
多米尼加共和国	3	7
马耳他	2	5
塞浦路斯	6	5
马里	2	5
老挝	4	5
斐济	4	5
伊拉克	2	5
秘鲁	3	5
奥地利	4	4
科特迪瓦	1	4
尼加拉瓜	4	3
瑞士	2	3
波黑	2	2
刚果(布)	4	2
喀麦隆	1	2
哥伦比亚	1	1
摩尔多瓦	1	1
黑山	1	1
前南马其顿	1	1
阿富汗	1	1
瓦努阿图	1	1
圭亚那	1	0

国家/地区	出口数量（吨）	出口金额（千美元）
84669200 品目 8465 所列机器用的零件		
合计	26786	87756
美国	9282	29839
德国	2812	9635
加拿大	2092	5357
澳大利亚	1247	4276
台湾省	2501	3977
日本	600	3213
英国	729	2984
芬兰	956	2958
韩国	575	1971
荷兰	485	1826
印度	472	1690
意大利	557	1586
马来西亚	335	1465
巴西	230	1281
墨西哥	313	1005
法国	270	968
印度尼西亚	437	904
比利时	340	881
香港	176	864
西班牙	155	770
拉脱维亚	210	754
土耳其	87	589
瑞典	198	548
新加坡	69	546
俄罗斯联邦	91	494
南非	119	492
伊朗	71	473
泰国	75	447
越南	55	409
波兰	85	370
巴基斯坦	62	353
挪威	135	330
以色列	46	329
奥地利	71	328
白俄罗斯	55	290
新西兰	41	289
阿尔及利亚	8	254
智利	26	246
捷克	70	214
瑞士	114	182
孟加拉国	33	181
安哥拉	36	165
利比亚	20	163
丹麦	56	156
埃及	17	134
菲律宾	33	127
缅甸	40	111
乌兹别克斯坦	16	82
爱沙尼亚	14	76
乌克兰	23	74
沙特阿拉伯	22	67
加蓬	19	64
保加利亚	10	58
柬埔寨	7	53

国家/地区	出口数量(吨)	出口金额(千美元)
肯尼亚	6	53
阿联酋	9	52
叙利亚	5	48
斯里兰卡	9	48
哥伦比亚	10	46
尼日利亚	14	41
阿根廷	3	38
立陶宛	9	35
秘鲁	6	32
莫桑比克	12	31
约旦	2	30
坦桑尼亚	3	25
加纳	19	24
突尼斯	4	24
黎巴嫩	4	20
刚果(布)	3	19
爱尔兰	4	18
乍得	2	17
摩洛哥	1	17
也门	10	15
希腊	5	15
马达加斯加	0	14
葡萄牙	3	14
老挝	3	12
埃塞俄比亚	0	12
危地马拉	1	11
斯洛伐克	3	10
克罗地亚	2	10
苏丹	0	8
斯洛文尼亚	3	8
哥斯达黎加	0	8
乌拉圭	1	8
罗马尼亚	0	8
乌干达	2	7
马耳他	3	7
圭亚那	1	6
斐济	1	6
巴布亚新几内亚	3	5
哈萨克斯坦	1	5
委内瑞拉	1	5
刚果(金)	5	5
吉布提	0	4
赞比亚	0	4
阿富汗	4	4
贝宁	0	3

国家/地区	出口数量(吨)	出口金额(千美元)
马拉维	0	3
厄瓜多尔	0	2
塞尔维亚	1	2
毛里求斯	0	2
冰岛	0	2
阿曼	0	2
巴拉圭	0	1
匈牙利	0	1
津巴布韦	0	1
新喀里多尼亚	0	1
萨尔瓦多	0	1
朝鲜	0	1
科威特	0	1
科特迪瓦	0	1
尼日尔	0	1
82021000 手工锯		
合计	32758	99604
美国	3411	15810
俄罗斯联邦	2083	6585
英国	1405	5063
法国	1017	4529
德国	1177	4078
印度尼西亚	1714	3857
荷兰	1042	3473
加拿大	495	2527
波兰	833	2508
比利时	643	2501
阿联酋	976	2347
巴西	677	2033
墨西哥	736	1918
澳大利亚	437	1865
尼日利亚	832	1756
泰国	691	1493
日本	326	1474
伊朗	706	1460
阿尔及利亚	789	1453
马来西亚	651	1437
芬兰	388	1313
西班牙	385	1247
土耳其	392	1192
南非	382	1091
阿根廷	360	1049
意大利	276	949
智利	389	946
孟加拉国	466	936

国家/地区	出口数量(吨)	出口金额(千美元)
埃及	485	921
乌克兰	327	915
拉脱维亚	300	895
伊拉克	438	887
巴拿马	313	764
沙特阿拉伯	278	638
摩洛哥	282	633
肯尼亚	293	581
巴基斯坦	285	576
印度	315	553
希腊	203	541
菲律宾	199	526
新加坡	168	517
叙利亚	240	497
罗马尼亚	222	488
越南	183	463
香港	92	460
捷克	107	447
葡萄牙	120	435
哥伦比亚	158	431
安哥拉	144	380
丹麦	107	379
以色列	161	373
斯里兰卡	147	370
瑞典	105	358
秘鲁	147	335
新西兰	89	327
哈萨克斯坦	74	305
也门	203	292
约旦	144	288
匈牙利	124	286
坦桑尼亚	116	277
加纳	113	256
爱沙尼亚	87	255
利比亚	101	247
黎巴嫩	87	216
厄瓜多尔	81	210
塔吉克斯坦	47	210
委内瑞拉	71	209
挪威	44	195
突尼斯	94	190
立陶宛	55	188
苏丹	95	184
韩国	42	182
保加利亚	55	168

国家/地区	出口数量（吨）	出口金额（千美元）
斯洛文尼亚	55	166
巴布亚新几内亚	45	165
莫桑比克	61	164
台湾省	52	157
乌拉圭	51	145
马达加斯加	65	144
克罗地亚	70	138
津巴布韦	63	134
科威特	58	133
吉布提	72	126
斯洛伐克	34	122
缅甸	41	117
刚果(金)	56	117
奥地利	36	113
阿尔巴尼亚	45	108
吉尔吉斯斯坦	22	106
塞内加尔	39	91
危地马拉	34	90
喀麦隆	64	87
刚果(布)	25	71
爱尔兰	12	70
贝宁	28	64
科特迪瓦	26	63
海地	54	62
毛里求斯	22	61
利比里亚	14	54
格鲁吉亚	29	52
毛里塔尼亚	26	51
瑞士	10	43
苏里南	28	43
萨尔瓦多	14	41
几内亚	14	40
哥斯达黎加	10	37
多米尼加共和国	11	37
洪都拉斯	14	35
卡塔尔	14	33
赤道几内亚	11	31
塞浦路斯	7	31
巴林	17	26
博茨瓦那	10	26
古巴	3	26
多哥	10	26
阿曼	13	24
圭亚那	9	23
东帝汶	6	23

国家/地区	出口数量（吨）	出口金额（千美元）
埃塞俄比亚	10	21
波多黎各	6	20
塞尔维亚	11	19
柬埔寨	8	17
尼加拉瓜	6	17
特立尼达和多巴哥	5	16
巴拉圭	8	16
安提瓜和巴布达	17	16
塞拉利昂	5	13
朝鲜	5	12
阿富汗	4	12
乍得	0	12
牙买加	5	11
黑山	3	11
新喀里多尼亚	2	10
斐济	3	10
布基纳法索	3	10
尼泊尔	2	9
密克罗尼西亚联邦	4	9
冈比亚	4	7
瓦努阿图	2	7
马拉维	4	6
法属波利尼西亚	1	5
加蓬	2	5
纳米比亚	1	4
摩尔多瓦	1	4
玻利维亚	1	4
波黑	2	4
马耳他	2	4
文莱	1	4
马绍尔群岛	2	4
所罗门群岛	1	4
留尼汪	0	3
蒙古	1	3
白俄罗斯	1	3
亚美尼亚	0	3
马尔代夫	0	1
澳门	1	1
马提尼克	0	1
瓜德罗普	0	1
乌兹别克斯坦	1	1
萨摩亚	0	1
赞比亚	0	1
塞舌尔	0	1
布隆迪	0	1

国家/地区	出口数量（吨）	出口金额（千美元）
82022000 带锯片		
合计	22148	37377
美国	772	6121
巴西	5720	4730
沙特阿拉伯	3484	2799
印度	2319	2550
日本	507	2259
埃及	1380	1376
印度尼西亚	585	1279
台湾省	1350	1215
西班牙	1443	1212
意大利	240	1028
俄罗斯联邦	233	818
泰国	767	773
越南	631	759
香港	38	618
南非	91	590
韩国	35	578
加拿大	54	508
波兰	83	484
法国	39	476
新加坡	46	470
瑞士	9	466
阿联酋	103	413
土耳其	275	398
英国	49	387
德国	58	339
阿根廷	252	329
澳大利亚	28	273
马来西亚	85	255
斯洛文尼亚	13	190
叙利亚	26	189
尼日利亚	92	189
阿尔及利亚	80	187
乌克兰	152	185
芬兰	52	182
孟加拉国	124	182
以色列	14	158
约旦	143	136
巴基斯坦	40	130
伊朗	30	127
荷兰	14	125
伊拉克	53	111
丹麦	8	107
也门	91	91

国家/地区	出口数量(吨)	出口金额(千美元)
罗马尼亚	28	88
比利时	14	85
斯里兰卡	46	79
尼泊尔	19	77
瑞典	18	74
乌拉圭	24	60
安哥拉	18	57
秘鲁	9	56
希腊	48	56
哈萨克斯坦	8	53
肯尼亚	15	51
菲律宾	15	49
摩洛哥	22	46
黎巴嫩	29	43
朝鲜	7	42
哥伦比亚	4	40
坦桑尼亚	13	36
墨西哥	11	33
捷克	3	29
利比亚	13	28
克罗地亚	16	26
科威特	12	25
塞尔维亚	1	24
新西兰	2	23
加蓬	7	22
苏丹	9	22
突尼斯	9	21
马耳他	2	21
委内瑞拉	4	18
多哥	9	18
格鲁吉亚	8	15
葡萄牙	7	14
奥地利	3	14
智利	8	12
波多黎各	2	11
吉布提	5	10
加纳	5	10
哥斯达黎加	1	9
卡塔尔	0	9
厄瓜多尔	1	9
蒙古	1	9
塔吉克斯坦	3	8
马达加斯加	2	8
斯洛伐克	1	7
匈牙利	4	7
萨尔瓦多	4	7
毛里求斯	5	7
爱沙尼亚	2	6
黑山	2	6
拉脱维亚	3	6
塞内加尔	1	6
亚美尼亚	1	6
乌兹别克斯坦	2	6
毛里塔尼亚	7	6
赤道几内亚	4	5
刚果(布)	2	5
苏里南	2	5
古巴	0	5
巴布亚新几内亚	1	4
巴拉圭	1	4
刚果(金)	1	4
巴林	0	4
赞比亚	0	4
莫桑比克	1	4
柬埔寨	1	3
留尼汪	0	3
冈比亚	3	3
卢森堡	0	2
多米尼加共和国	0	2
缅甸	1	2
汤加	0	2
阿富汗	1	2
洪都拉斯	0	2
挪威	0	2
巴拿马	0	1
爱尔兰	0	1
特立尼达和多巴哥	0	1
保加利亚	1	1
马拉维	0	1
博茨瓦那	0	1
危地马拉	0	1
土库曼斯坦	0	1

82023100 带有钢制工作部件的圆锯片

国家/地区	出口数量(吨)	出口金额(千美元)
合计	10802	106718
美国	2124	20510
日本	1157	15426
德国	1010	12878
巴西	600	6477
荷兰	173	3464
澳大利亚	295	3187
阿联酋	258	3090
泰国	465	3029
香港	304	2966
英国	157	2438
阿根廷	323	2322
越南	175	1832
印度	216	1826
台湾省	175	1709
墨西哥	244	1691
俄罗斯联邦	253	1434
波兰	192	1330
土耳其	142	1286
韩国	158	1120
巴拿马	158	1098
南非	128	902
西班牙	69	769
加拿大	48	751
法国	82	714
比利时	58	672
马来西亚	86	638
意大利	48	622
芬兰	47	577
埃及	92	575
印度尼西亚	91	558
哥伦比亚	103	547
罗马尼亚	17	542
以色列	48	538
新加坡	65	497
沙特阿拉伯	39	475
伊朗	62	472
秘鲁	59	454
摩洛哥	33	397
老挝	27	371
葡萄牙	61	366
巴基斯坦	39	347
菲律宾	23	336
拉脱维亚	103	335
黎巴嫩	80	309
新西兰	30	303
叙利亚	27	258
智利	40	250
哈萨克斯坦	52	246
厄瓜多尔	41	239
奥地利	11	195
乌拉圭	30	170

国家/地区	出口数量（吨）	出口金额（千美元）
尼日利亚	29	167
斯里兰卡	21	160
安哥拉	39	158
孟加拉国	57	157
约旦	14	145
乌兹别克斯坦	18	137
挪威	9	135
乌克兰	13	127
阿尔及利亚	41	121
捷克	18	120
苏丹	7	113
瑞典	13	99
利比亚	20	99
爱沙尼亚	7	92
尼泊尔	23	91
委内瑞拉	15	87
缅甸	5	68
丹麦	4	68
埃塞俄比亚	5	54
科威特	4	53
肯尼亚	5	50
保加利亚	7	50
莫桑比克	1	50
莱索托	3	49
哥斯达黎加	4	48
克罗地亚	8	44
立陶宛	5	40
希腊	4	38
瑞士	2	37
阿曼	10	35
毛里求斯	4	29
洪都拉斯	1	24
也门	4	24
塞尔维亚	2	22
突尼斯	1	22
斯洛伐克	4	21
卢森堡	1	21
巴拉圭	2	19
朝鲜	6	15
法属波利尼西亚	1	15
匈牙利	1	14
喀麦隆	5	13
卡塔尔	1	13
贝宁	4	13
萨尔瓦多	1	12

国家/地区	出口数量（吨）	出口金额（千美元）
大洋洲其他国(地区)	1	12
巴哈马	1	12
古巴	1	12
斯洛文尼亚	2	12
危地马拉	0	11
多米尼加共和国	1	10
前南马其顿	0	10
巴林	1	9
牙买加	2	9
伊拉克	1	8
冰岛	1	8
波多黎各	1	8
乍得	2	8
刚果(布)	3	8
加纳	1	8
爱尔兰	1	8
坦桑尼亚	0	4
波黑	0	4
巴勒斯坦	0	4
卢旺达	2	4
赤道几内亚	0	4
马达加斯加	2	4
塞浦路斯	1	3
亚美尼亚	0	3
科特迪瓦	1	3
尼日尔	1	3
白俄罗斯	0	3
黑山	0	2
特立尼达和多巴哥	0	2
赞比亚	0	2
刚果(金)	1	2
马耳他	0	2
塞内加尔	1	2
阿尔巴尼亚	0	1
马里	0	1
加蓬	1	1
玻利维亚	0	1
吉尔吉斯斯坦	0	1
文莱	0	1
82023900 其他圆锯片，包括部件		
合计	32601	245918
美国	3548	32403
韩国	2311	31397
印度	4235	24105
巴西	1848	15386

国家/地区	出口数量（吨）	出口金额（千美元）
日本	1514	13537
德国	1895	13473
意大利	1025	9672
越南	870	8196
俄罗斯联邦	1482	7932
英国	581	5022
卢森堡	376	4992
法国	492	4478
香港	498	4098
泰国	995	4076
加拿大	542	3657
澳大利亚	292	3541
阿联酋	368	3312
荷兰	401	3157
台湾省	503	3116
土耳其	412	2854
瑞典	292	2746
印度尼西亚	338	2705
波兰	417	2657
比利时	284	2609
伊朗	756	2350
南非	246	1900
西班牙	294	1842
乌克兰	356	1822
巴基斯坦	342	1524
阿根廷	196	1496
埃及	392	1427
芬兰	192	1362
拉脱维亚	150	1244
以色列	242	1212
墨西哥	179	1185
马来西亚	138	1183
新加坡	133	1116
叙利亚	263	1005
葡萄牙	161	1002
菲律宾	107	894
沙特阿拉伯	224	871
摩洛哥	115	826
智利	82	651
黎巴嫩	122	632
哈萨克斯坦	90	589
捷克	112	532
哥伦比亚	83	482
孟加拉国	148	479
缅甸	210	478

国家/地区	出口数量（吨）	出口金额（千美元）
秘鲁	64	470
斯里兰卡	67	400
罗马尼亚	94	393
奥地利	87	378
巴拿马	75	374
伊拉克	129	374
也门	83	352
阿尔及利亚	90	344
约旦	73	323
瑞士	18	286
丹麦	42	286
委内瑞拉	26	275
希腊	60	235
科威特	56	227
斯洛文尼亚	37	226
立陶宛	26	196
安哥拉	56	195
尼日利亚	58	186
厄瓜多尔	27	182
匈牙利	23	176
利比亚	26	167
朝鲜	24	166
乌拉圭	23	142
巴林	62	130
卡塔尔	19	127
马达加斯加	18	122
爱沙尼亚	22	114
乌兹别克斯坦	23	112
挪威	5	106
保加利亚	12	104
新西兰	10	96
格鲁吉亚	28	89
坦桑尼亚	12	85
塔吉克斯坦	14	85
马尔代夫	48	80
玻利维亚	12	68
克罗地亚	18	68
毛里求斯	10	50
波多黎各	5	45
洪都拉斯	3	43
加纳	7	40
白俄罗斯	8	38
尼加拉瓜	9	37
塞内加尔	13	37
危地马拉	5	36

国家/地区	出口数量（吨）	出口金额（千美元）
巴布亚新几内亚	3	33
苏丹	12	33
津巴布韦	5	32
阿塞拜疆	4	31
博茨瓦那	1	28
爱尔兰	6	27
多米尼加共和国	6	26
蒙古	3	22
阿尔巴尼亚	4	22
特立尼达和多巴哥	2	21
突尼斯	5	20
赤道几内亚	4	19
埃塞俄比亚	7	18
尼泊尔	7	18
莫桑比克	1	17
肯尼亚	7	16
斯洛伐克	1	16
哥斯达黎加	2	15
萨尔瓦多	2	14
阿曼	6	13
澳门	3	13
巴勒斯坦	1	13
文莱	3	12
布基纳法索	0	11
瓦努阿图	2	11
海地	2	11
科特迪瓦	3	11
牙买加	2	9
马耳他	0	8
塞浦路斯	0	8
柬埔寨	1	7
斐济	1	6
刚果(金)	1	6
刚果(布)	1	6
冰岛	0	5
巴拉圭	1	5
赞比亚	2	5
古巴	0	4
利比里亚	1	4
苏里南	1	4
乍得	1	4
多哥	0	4
百慕大	0	3
马拉维	0	3
喀麦隆	1	3

国家/地区	出口数量（吨）	出口金额（千美元）
新喀里多尼亚	0	3
塞尔维亚	0	2
贝宁	0	1
几内亚	0	1
土库曼斯坦	0	1
加蓬	0	1
82024000 链锯条		
合计	1307	14095
美国	346	4522
印度尼西亚	156	1875
香港	87	1294
俄罗斯联邦	83	982
菲律宾	63	785
新加坡	42	523
比利时	30	426
英国	36	404
巴西	30	282
墨西哥	21	276
德国	21	273
澳大利亚	32	260
土耳其	20	195
意大利	11	137
加拿大	15	129
荷兰	12	124
印度	85	121
芬兰	10	121
波兰	10	101
南非	28	101
西班牙	3	72
韩国	5	66
立陶宛	6	61
尼日利亚	27	61
瑞典	4	57
希腊	5	54
泰国	28	52
葡萄牙	4	51
日本	1	51
乌拉圭	4	49
法国	5	48
智利	5	46
越南	3	39
危地马拉	3	35
乌克兰	3	34
新西兰	2	33
台湾省	2	33

国家/地区	出口数量（吨）	出口金额（千美元）
阿根廷	3	31
马来西亚	11	23
阿联酋	0	20
沙特阿拉伯	2	19
塞尔维亚	2	19
刚果(金)	2	18
拉脱维亚	2	17
哥伦比亚	5	16
巴拉圭	2	15
丹麦	1	15
突尼斯	8	11
哥斯达黎加	1	11
巴拿马	0	11
伊朗	2	11
爱尔兰	1	11
保加利亚	1	10
挪威	1	9
黑山	2	9
以色列	1	7
斯洛文尼亚	1	7
孟加拉国	3	4
利比亚	1	3
奥地利	0	3
罗马尼亚	0	3
伊拉克	3	3
委内瑞拉	1	3
加蓬	0	2
克罗地亚	1	2
阿尔巴尼亚	1	2
黎巴嫩	0	2
莫桑比克	0	2
爱沙尼亚	0	2
波多黎各	0	1
科威特	0	1
阿尔及利亚	0	1
82053000 木工刨子凿子及类似切削工具		
合计	14681	46551
美国	2009	8845
英国	809	3613
俄罗斯联邦	829	2387
法国	568	2140
德国	458	1986
印度尼西亚	680	1815
荷兰	356	1520
比利时	287	1415
澳大利亚	267	1344
阿联酋	483	1275
巴西	578	1237
加拿大	208	1127
波兰	573	1100
日本	198	861
马来西亚	347	752
尼日利亚	375	674
韩国	147	641
墨西哥	177	637
土耳其	251	580
西班牙	189	542
智利	222	526
泰国	217	526
意大利	195	518
阿尔及利亚	241	511
沙特阿拉伯	271	463
南非	121	449
芬兰	159	442
拉脱维亚	130	420
伊拉克	186	360
瑞典	71	359
菲律宾	131	337
埃及	144	331
伊朗	176	319
越南	35	310
利比亚	129	285
乌克兰	102	260
叙利亚	123	246
哥伦比亚	77	243
阿根廷	67	239
新加坡	83	239
巴拿马	105	231
孟加拉国	71	206
印度	94	188
香港	107	181
加纳	75	176
摩洛哥	86	166
以色列	69	150
黎巴嫩	63	150
斯里兰卡	51	146
新西兰	29	146
委内瑞拉	69	141
秘鲁	50	139
台湾省	42	136
也门	72	134
葡萄牙	57	128
丹麦	28	109
希腊	49	106
奥地利	18	103
厄瓜多尔	52	96
捷克	25	94
肯尼亚	55	93
约旦	56	85
安哥拉	45	82
坦桑尼亚	37	77
斯洛文尼亚	28	77
突尼斯	62	75
爱沙尼亚	21	73
科威特	33	66
斯洛伐克	14	63
克罗地亚	30	59
挪威	12	59
塞内加尔	20	57
古巴	8	53
罗马尼亚	23	51
危地马拉	24	43
立陶宛	9	39
喀麦隆	35	39
巴布亚新几内亚	9	37
爱尔兰	7	36
卡塔尔	19	34
科特迪瓦	13	31
哈萨克斯坦	12	30
刚果(金)	14	29
瑞士	4	29
巴基斯坦	19	25
乌拉圭	10	24
布基纳法索	19	24
保加利亚	8	22
多米尼加共和国	16	21
哥斯达黎加	6	18
阿尔巴尼亚	7	16
毛里求斯	6	16
巴拉圭	6	15
莫桑比克	5	14
苏里南	6	14
洪都拉斯	6	12
尼加拉瓜	4	11
吉布提	3	11

国家/地区	出口数量（吨）	出口金额（千美元）
博茨瓦那	4	9
津巴布韦	2	9
苏丹	3	9
贝宁	4	8
柬埔寨	5	8
塞浦路斯	2	8
澳门	3	8
圭亚那	2	7
赤道几内亚	3	7
利比里亚	4	7
塞尔维亚	2	6
马尔代夫	1	6
圣其茨和尼维斯	1	6
塞拉利昂	3	6
特立尼达和多巴哥	3	6
海地	5	6
巴巴多斯	2	5
加蓬	2	5
波多黎各	2	5
阿曼	6	4
巴林	2	4
牙买加	2	4
乍得	2	4
瓦努阿图	1	4
斐济	1	4
法属波利尼西亚	1	3
东帝汶	1	3
格鲁吉亚	8	3
马达加斯加	2	3
多哥	2	3
马拉维	1	2
毛里塔尼亚	1	2
匈牙利	1	2
瓜德罗普	0	2
马提尼克	0	2
文莱	1	1
玻利维亚	0	1
留尼汪	0	1
汤加	0	1
亚美尼亚	0	1
萨摩亚	0	1
萨尔瓦多	0	1
土库曼斯坦	0	1
乌干达	1	1
吉尔吉斯斯坦	1	1

国家/地区	出口数量（吨）	出口金额（千美元）
刚果(布)	0	1
82082000 木工机械用刀及刀片		
合计	2889	24070
日本	710	5313
美国	365	3646
俄罗斯联邦	76	1424
印度	139	1289
印度尼西亚	206	1260
德国	157	1051
马来西亚	114	813
加拿大	70	721
越南	75	578
捷克	62	531
泰国	50	487
英国	23	467
巴基斯坦	86	414
利比亚	18	401
法国	36	350
孟加拉国	114	325
澳大利亚	70	324
荷兰	22	314
新加坡	29	304
巴西	12	265
智利	19	240
意大利	23	217
阿联酋	23	206
阿根廷	19	203
奥地利	37	191
香港	8	173
伊朗	6	155
菲律宾	47	147
瑞典	8	140
波兰	19	121
芬兰	9	120
斯里兰卡	9	119
墨西哥	11	119
比利时	7	119
土耳其	5	113
南非	8	101
台湾省	17	97
韩国	6	97
吉尔吉斯斯坦	21	88
西班牙	4	84
乌克兰	12	79
丹麦	8	66

国家/地区	出口数量（吨）	出口金额（千美元）
委内瑞拉	1	55
秘鲁	5	51
尼日利亚	15	46
缅甸	5	41
摩洛哥	3	34
加蓬	4	32
巴拉圭	2	28
新西兰	1	27
约旦	4	27
埃及	11	27
阿尔及利亚	6	25
黎巴嫩	2	23
叙利亚	3	22
尼泊尔	6	22
葡萄牙	13	21
塔吉克斯坦	5	21
巴拿马	2	19
柬埔寨	1	19
巴布亚新几内亚	3	18
罗马尼亚	1	16
科威特	1	16
科特迪瓦	2	14
保加利亚	2	13
哥伦比亚	2	12
克罗地亚	1	12
坦桑尼亚	1	11
斯洛文尼亚	1	10
伊拉克	5	10
爱沙尼亚	0	9
危地马拉	1	9
拉脱维亚	2	8
也门	3	7
肯尼亚	2	7
立陶宛	0	7
阿曼	0	6
厄瓜多尔	1	6
匈牙利	0	6
斯洛伐克	1	6
埃塞俄比亚	0	5
沙特阿拉伯	0	4
马达加斯加	1	4
瑞士	0	4
斐济	1	4
以色列	0	4
萨尔瓦多	0	4

国家/地区	出口数量（吨）	出口金额（千美元）
摩尔多瓦	0	4
朝鲜	0	3
希腊	0	3
挪威	0	2
瓦努阿图	1	2
哥斯达黎加	0	2
多哥	0	2
爱尔兰	0	2
卢旺达	0	1
马拉维	0	1
加纳	0	1
刚果(金)	3	1
多米尼加共和国	0	1
赤道几内亚	0	1
赞比亚	0	1
蒙古	1	1
突尼斯	0	1
文莱	0	1
巴林	0	1
82084000 园艺或林业机器用的刀及刀片		
合计	2166	9272
日本	394	3052
美国	338	1131
泰国	169	889
哈萨克斯坦	153	436
意大利	139	407
英国	33	377
比利时	67	268
法国	52	221
印度尼西亚	63	181
德国	35	149
越南	18	128
印度	46	121
俄罗斯联邦	35	112
巴基斯坦	66	111
台湾省	46	106
阿尔及利亚	17	96
瑞典	32	96
新加坡	18	85
香港	6	81
澳大利亚	29	75
斯里兰卡	29	74
阿根廷	19	70
巴西	16	66
马来西亚	8	63

国家/地区	出口数量（吨）	出口金额（千美元）
叙利亚	33	56
伊朗	23	56
荷兰	10	52
缅甸	44	51
乌克兰	14	50
吉尔吉斯斯坦	8	45
芬兰	12	43
南非	0	41
阿联酋	13	38
墨西哥	15	37
委内瑞拉	12	35
加拿大	12	29
西班牙	14	28
肯尼亚	18	26
塞尔维亚	11	23
丹麦	5	21
韩国	9	21
尼日利亚	3	20
伊拉克	8	19
巴拉圭	4	16
摩洛哥	8	16
匈牙利	5	14
波兰	3	12
斯洛文尼亚	4	11
菲律宾	1	9
奥地利	1	9
哥伦比亚	3	8
斯洛伐克	2	8
新西兰	0	8
埃及	2	7
蒙古	2	6
以色列	3	6
沙特阿拉伯	3	5
柬埔寨	2	5
克罗地亚	2	5
巴布亚新几内亚	1	4
马达加斯加	1	4
坦桑尼亚	0	3
秘鲁	9	3
黎巴嫩	2	3
立陶宛	2	3
土耳其	1	2
多哥	6	2
爱沙尼亚	0	2
朝鲜	0	1

国家/地区	出口数量（吨）	出口金额（千美元）
乌拉圭	0	1
孟加拉国	0	1
塞浦路斯	1	1
尼加拉瓜	0	1
瑞士	0	1
保加利亚	1	1
阿尔巴尼亚	0	1
智利	2	1
捷克	0	1
82011000 锹及铲		
合计	85674	146329
美国	14174	32917
英国	2215	7405
日本	2851	6148
德国	1834	5348
荷兰	1917	4488
澳大利亚	1872	4192
阿联酋	2959	3675
伊朗	3047	3594
加拿大	1362	3332
韩国	2478	3098
尼日利亚	2243	2904
俄罗斯联邦	1138	2881
菲律宾	2041	2549
马来西亚	2025	2298
坦桑尼亚	1811	2218
巴基斯坦	1759	2096
沙特阿拉伯	1551	1920
肯尼亚	1492	1873
伊拉克	1252	1792
南非	1144	1716
加纳	1452	1716
哥伦比亚	1264	1566
法国	721	1501
西班牙	772	1404
波兰	846	1317
秘鲁	969	1299
哈萨克斯坦	602	1294
罗马尼亚	905	1269
智利	976	1267
阿尔及利亚	977	1263
台湾省	878	1119
越南	555	1050
意大利	529	1047
瑞典	383	1019

国家/地区	出口数量（吨）	出口金额（千美元）
苏丹	891	996
比利时	351	900
喀麦隆	616	889
斯里兰卡	676	845
埃及	812	827
安哥拉	621	730
也门	550	727
摩洛哥	510	718
老挝	713	709
塞内加尔	342	707
利比亚	438	687
乌克兰	335	649
新西兰	300	621
萨尔瓦多	684	608
叙利亚	501	579
埃塞俄比亚	479	529
爱尔兰	251	526
芬兰	219	523
贝宁	371	510
刚果(金)	402	495
印度尼西亚	611	490
捷克	358	483
斯洛伐克	414	478
吉尔吉斯斯坦	198	477
土耳其	374	465
厄瓜多尔	321	437
几内亚	303	433
以色列	280	430
香港	266	427
约旦	416	424
巴西	283	421
刚果(布)	214	406
科威特	262	395
塔吉克斯坦	198	379
巴布亚新几内亚	250	374
新加坡	294	373
莫桑比克	191	359
挪威	140	347
希腊	206	345
巴拿马	234	336
委内瑞拉	211	326
葡萄牙	207	323
格鲁吉亚	253	317
丹麦	97	309
海地	354	307

国家/地区	出口数量（吨）	出口金额（千美元）
毛里塔尼亚	173	286
墨西哥	142	278
拉脱维亚	133	277
多哥	173	268
黎巴嫩	202	263
阿尔巴尼亚	177	257
阿富汗	220	241
塞拉利昂	196	233
利比里亚	153	231
危地马拉	176	230
吉布提	203	229
科特迪瓦	202	226
泰国	131	223
多米尼加共和国	158	208
印度	211	203
阿根廷	86	194
卡塔尔	134	190
柬埔寨	148	181
保加利亚	100	174
立陶宛	119	168
孟加拉国	152	163
克罗地亚	93	162
突尼斯	115	157
特立尼达和多巴哥	95	152
匈牙利	88	149
津巴布韦	98	121
毛里求斯	72	120
爱沙尼亚	67	118
塞浦路斯	56	116
巴林	90	111
奥地利	47	110
乌干达	102	109
牙买加	67	105
阿曼	73	88
斯洛文尼亚	57	86
苏里南	56	79
博茨瓦那	53	76
东帝汶	31	76
赤道几内亚	39	75
圭亚那	46	71
加蓬	44	69
索马里	78	64
塞尔维亚	35	64
瑞士	21	63
洪都拉斯	40	62

国家/地区	出口数量（吨）	出口金额（千美元）
蒙古	103	61
赞比亚	36	60
马里	31	57
纳米比亚	35	55
乌拉圭	32	48
乌兹别克斯坦	46	47
布基纳法索	40	44
冈比亚	27	37
尼加拉瓜	28	37
缅甸	25	32
阿塞拜疆	34	32
文莱	21	31
斐济	16	30
黑山	10	30
波多黎各	19	28
中非	24	26
马拉维	18	26
冰岛	9	25
哥斯达黎加	13	25
古巴	5	18
新喀里多尼亚	8	18
马达加斯加	15	18
布隆迪	12	16
卢旺达	10	15
朝鲜	7	14
佛得角	16	14
斯威士兰	10	14
厄立特里亚	5	13
瓦努阿图	7	12
圣其茨和尼维斯	2	12
留尼汪	4	12
法属波利尼西亚	5	10
澳门	10	10
尼日尔	6	8
马尔代夫	5	7
亚美尼亚	2	6
马耳他	2	6
多米尼克	11	5
巴勒斯坦	3	5
法属圭亚那	2	5
所罗门群岛	2	4
巴巴多斯	3	4
汤加	2	2
塞舌尔	1	2
土库曼斯坦	1	2

国家/地区	出口数量（吨）	出口金额（千美元）
密克罗尼西亚联邦	0	2
巴哈马	1	2
圣文森特和格林纳丁斯	1	2
萨摩亚	0	1
伯利兹	0	1
巴拉圭	0	1
尼泊尔	0	1
莱索托	1	1
82012000 叉		
合计	6101	14867
英国	982	3815
美国	1152	2774
俄罗斯联邦	572	969
澳大利亚	241	715
加拿大	131	463
荷兰	159	461
土耳其	209	426
波兰	202	408
日本	166	404
德国	150	365
伊朗	163	288
乌克兰	162	254
南非	148	246
阿尔及利亚	118	241
法国	55	217
巴基斯坦	121	215
意大利	86	191
摩洛哥	117	188
罗马尼亚	108	158
新西兰	55	135
捷克	57	119
墨西哥	70	97
瑞典	44	93
丹麦	23	80
埃塞俄比亚	48	76
台湾省	37	76
黎巴嫩	32	69
比利时	12	68
哈萨克斯坦	28	64
立陶宛	29	53
斯洛伐克	30	49
叙利亚	29	48
拉脱维亚	25	48
爱沙尼亚	32	45
智利	20	37
克罗地亚	14	37
爱尔兰	9	36
伊拉克	28	36
利比亚	14	34
阿根廷	12	32
马来西亚	24	32
以色列	14	31
挪威	10	30
萨尔瓦多	15	29
阿联酋	16	29
希腊	13	28
斯洛文尼亚	16	27
肯尼亚	30	25
芬兰	9	22
吉尔吉斯斯坦	7	22
韩国	32	21
西班牙	7	20
博茨瓦那	10	20
突尼斯	9	19
安哥拉	6	19
莫桑比克	6	18
科特迪瓦	9	18
约旦	9	17
葡萄牙	7	16
新加坡	5	15
巴布亚新几内亚	8	15
菲律宾	7	14
危地马拉	10	14
塔吉克斯坦	6	13
海地	8	12
印度尼西亚	5	11
特立尼达和多巴哥	5	10
毛里求斯	3	10
喀麦隆	7	10
乌兹别克斯坦	5	9
加纳	6	9
圭亚那	3	9
坦桑尼亚	5	9
牙买加	6	9
匈牙利	3	8
塞内加尔	4	8
柬埔寨	4	8
泰国	3	8
塞浦路斯	3	7
斯威士兰	5	6
吉布提	5	6
沙特阿拉伯	3	6
尼日利亚	4	6
斯里兰卡	4	5
新喀里多尼亚	2	5
奥地利	2	4
洪都拉斯	3	4
布基纳法索	2	4
保加利亚	2	3
津巴布韦	2	3
苏里南	2	3
赞比亚	2	3
巴拿马	2	3
哥伦比亚	1	3
斐济	2	3
乌拉圭	1	3
格鲁吉亚	2	2
巴西	0	2
毛里塔尼亚	1	2
孟加拉国	1	2
马达加斯加	1	2
塞尔维亚	1	2
阿尔巴尼亚	1	2
留尼汪	0	1
厄瓜多尔	1	1
法属波利尼西亚	0	1
香港	0	1
亚美尼亚	0	1
蒙古	0	1
白俄罗斯	0	1
82013000 镐、锄及耙		
合计	76441	114669
美国	8671	21442
肯尼亚	8572	9925
坦桑尼亚	8884	9234
日本	2025	5963
马来西亚	4648	4720
英国	949	2948
德国	1128	2871
加拿大	997	2826
荷兰	1381	2465
澳大利亚	999	2363
阿尔及利亚	1415	2322
俄罗斯联邦	798	2038
法国	911	2023

国家/地区	出口数量（吨）	出口金额（千美元）
莫桑比克	1419	1891
阿联酋	1667	1820
越南	766	1684
意大利	848	1439
伊朗	1131	1204
韩国	1387	1188
墨西哥	930	1182
南非	959	1040
加纳	856	986
智利	794	963
波兰	611	937
秘鲁	938	908
孟加拉国	853	904
海地	768	898
泰国	720	839
尼日利亚	824	769
苏丹	629	767
新加坡	804	759
利比亚	424	753
台湾省	663	743
巴基斯坦	682	644
以色列	397	620
埃塞俄比亚	561	601
土耳其	458	536
柬埔寨	434	525
伊拉克	284	518
埃及	533	496
安哥拉	444	482
塞内加尔	245	475
乌干达	409	475
西班牙	244	470
刚果(金)	364	468
菲律宾	583	464
哥伦比亚	357	460
摩洛哥	348	448
多哥	416	438
乌克兰	215	436
卢旺达	410	428
沙特阿拉伯	268	403
捷克	300	384
比利时	163	381
印度尼西亚	461	379
希腊	238	365
喀麦隆	279	362
叙利亚	308	360

国家/地区	出口数量（吨）	出口金额（千美元）
委内瑞拉	254	348
约旦	255	347
吉布提	332	328
也门	235	312
瑞典	83	277
危地马拉	203	272
罗马尼亚	170	270
纳米比亚	150	267
斯里兰卡	230	264
毛里求斯	231	261
阿根廷	177	248
突尼斯	179	247
萨尔瓦多	203	246
巴拿马	192	240
科特迪瓦	240	234
新西兰	128	226
芬兰	107	224
贝宁	175	205
利比里亚	153	199
塞浦路斯	260	187
黎巴嫩	135	184
几内亚	225	179
老挝	174	176
赞比亚	170	171
毛里塔尼亚	99	166
香港	188	166
立陶宛	79	157
爱尔兰	61	150
葡萄牙	98	148
斯洛文尼亚	88	144
厄瓜多尔	104	135
巴西	104	134
拉脱维亚	58	132
科威特	69	130
朝鲜	63	130
卡塔尔	101	129
印度	157	121
博茨瓦那	65	117
布基纳法索	100	103
缅甸	85	100
挪威	29	93
爱沙尼亚	41	92
塞拉利昂	128	89
阿富汗	97	85
苏里南	40	82

国家/地区	出口数量（吨）	出口金额（千美元）
丹麦	26	81
巴布亚新几内亚	36	81
克罗地亚	57	79
阿尔巴尼亚	53	76
斯洛伐克	46	74
多米尼加共和国	50	73
牙买加	50	72
奥地利	32	71
匈牙利	34	65
保加利亚	31	60
赤道几内亚	65	58
马拉维	38	51
津巴布韦	45	47
加蓬	37	44
佛得角	76	41
哥斯达黎加	50	40
瑞士	34	40
斯威士兰	25	37
塞尔维亚	25	37
圭亚那	13	37
洪都拉斯	23	36
巴林	32	36
乌拉圭	22	33
黑山	10	31
波多黎各	18	30
阿曼	24	30
特立尼达和多巴哥	21	29
哈萨克斯坦	14	29
古巴	8	26
中非	22	24
法属波利尼西亚	9	21
刚果(布)	9	18
东帝汶	8	17
格鲁吉亚	10	17
蒙古	14	17
索马里	17	15
巴拉圭	6	15
留尼汪	9	15
冈比亚	5	13
尼加拉瓜	6	12
冰岛	2	10
圣其茨和尼维斯	2	9
塔吉克斯坦	6	9
亚美尼亚	2	7
所罗门群岛	3	6

国家/地区	出口数量（吨）	出口金额（千美元）
文莱	2	6
多米尼克	12	6
瓦努阿图	1	4
马达加斯加	2	4
新喀里多尼亚	2	4
马尔代夫	2	3
吉尔吉斯斯坦	2	3
法属圭亚那	2	3
圣卢西亚	1	2
巴巴多斯	1	2
库腊索岛	1	2
白俄罗斯	2	2
巴哈马	0	2
圣文森特和格林纳丁斯	1	1
斐济	0	1
萨摩亚	0	1
汤加	1	1
尼日尔	1	1
瓜德罗普	0	1
玻利维亚	0	1
澳门	1	1
马耳他	0	1
82014000 斧子、钩刀及类似砍伐工具		
合计	25654	49645
尼日利亚	1833	3484
肯尼亚	2230	3436
德国	1478	3243
荷兰	1693	3207
俄罗斯联邦	1539	3117
英国	897	2032
美国	671	1971
波兰	880	1883
澳大利亚	771	1655
加拿大	682	1654
墨西哥	758	1294
坦桑尼亚	891	1280
马来西亚	513	1153
印度	667	1091
贝宁	515	1015
南非	475	878
法国	420	823
阿联酋	332	570
日本	92	554
意大利	285	549
比利时	247	482

国家/地区	出口数量（吨）	出口金额（千美元）
喀麦隆	281	461
拉脱维亚	203	428
智利	221	414
乌干达	288	403
芬兰	180	402
巴西	183	398
埃塞俄比亚	285	392
罗马尼亚	186	380
委内瑞拉	161	363
莫桑比克	223	357
也门	267	346
哥伦比亚	190	342
乌克兰	184	332
斯洛文尼亚	152	329
伊朗	185	327
瑞典	128	325
新西兰	140	316
海地	173	308
西班牙	146	302
菲律宾	177	297
刚果(金)	173	279
捷克	139	265
斯里兰卡	191	263
阿根廷	132	263
巴布亚新几内亚	139	259
加纳	122	243
奥地利	122	233
希腊	141	231
土耳其	100	212
塞内加尔	90	200
香港	40	185
台湾省	120	184
秘鲁	80	170
阿尔及利亚	90	155
韩国	173	155
利比里亚	92	154
沙特阿拉伯	96	150
伊拉克	86	149
马达加斯加	87	138
多哥	80	138
匈牙利	63	132
丹麦	58	128
泰国	76	127
哈萨克斯坦	51	125
巴拿马	67	124

国家/地区	出口数量（吨）	出口金额（千美元）
葡萄牙	61	122
斯洛伐克	58	115
挪威	42	109
爱尔兰	43	107
瑞士	46	96
危地马拉	54	89
古巴	30	84
安哥拉	47	83
利比亚	39	75
以色列	33	65
克罗地亚	29	63
立陶宛	29	62
新加坡	29	55
叙利亚	39	52
印度尼西亚	31	51
格鲁吉亚	25	51
马拉维	32	46
博茨瓦那	22	46
乌拉圭	18	40
厄瓜多尔	19	40
加蓬	24	40
中非	20	39
刚果(布)	19	39
几内亚	23	38
巴拉圭	20	36
约旦	27	36
多米尼加共和国	15	34
科威特	24	33
毛里求斯	12	32
爱沙尼亚	15	32
保加利亚	13	32
老挝	10	30
卢旺达	0	26
摩洛哥	12	25
赤道几内亚	15	25
科特迪瓦	13	24
吉布提	14	24
黎巴嫩	17	23
缅甸	19	23
巴基斯坦	12	22
苏里南	13	22
布基纳法索	13	20
津巴布韦	10	17
吉尔吉斯斯坦	8	17
冈比亚	9	15

国家/地区	出口数量（吨）	出口金额（千美元）
埃及	11	15
阿尔巴尼亚	7	14
特立尼达和多巴哥	6	14
突尼斯	9	14
斐济	4	13
塞尔维亚	6	13
白俄罗斯	6	12
萨尔瓦多	8	10
厄立特里亚	4	9
塞浦路斯	6	9
摩尔多瓦	3	8
萨摩亚	3	8
塞拉利昂	4	8
所罗门群岛	3	7
卡塔尔	3	7
黑山	2	6
瓦努阿图	2	6
波多黎各	3	6
苏丹	3	6
法属波利尼西亚	1	6
马耳他	2	4
新喀里多尼亚	2	4
文莱	1	4
毛里塔尼亚	3	4
哥斯达黎加	2	4
布隆迪	2	4
洪都拉斯	2	3
纳米比亚	1	3
巴林	2	2
牙买加	1	2
马尔代夫	1	2
朝鲜	0	2
马提尼克	0	2
孟加拉国	2	1
圭亚那	0	1
82015000 修枝剪及类似的剪刀		
合计	7760	35227
美国	1902	9923
荷兰	753	3458
德国	522	2768
英国	437	2359
加拿大	278	1552
澳大利亚	289	1166
日本	182	1134
俄罗斯联邦	222	1100

国家/地区	出口数量（吨）	出口金额（千美元）
法国	213	1053
波兰	164	860
比利时	192	808
西班牙	159	665
意大利	141	625
泰国	129	524
墨西哥	123	487
越南	78	469
香港	38	360
台湾省	48	256
土耳其	54	245
伊朗	76	235
乌克兰	102	220
拉脱维亚	51	217
马来西亚	115	198
芬兰	40	193
南非	48	160
希腊	56	150
瑞典	28	147
新西兰	28	137
埃及	68	133
伊拉克	58	133
斯洛文尼亚	42	132
阿联酋	36	119
克罗地亚	27	119
智利	44	116
韩国	52	112
阿根廷	19	112
罗马尼亚	36	107
菲律宾	22	106
阿尔及利亚	58	105
挪威	21	104
印度尼西亚	33	99
匈牙利	19	95
丹麦	18	93
孟加拉国	30	90
瑞士	15	88
葡萄牙	19	86
奥地利	16	83
利比亚	23	82
哈萨克斯坦	10	77
以色列	36	74
新加坡	23	73
哥伦比亚	17	73
吉尔吉斯斯坦	11	65

国家/地区	出口数量（吨）	出口金额（千美元）
捷克	12	64
乌拉圭	15	61
立陶宛	10	60
斯洛伐克	10	59
摩洛哥	45	52
秘鲁	18	50
巴西	15	49
巴拿马	24	48
黎巴嫩	19	46
巴基斯坦	20	46
叙利亚	13	44
肯尼亚	23	43
沙特阿拉伯	20	40
厄瓜多尔	10	38
也门	20	33
保加利亚	8	29
印度	11	28
塞尔维亚	13	27
卡塔尔	9	26
毛里求斯	25	24
苏丹	6	23
斯里兰卡	6	22
萨尔瓦多	4	20
坦桑尼亚	9	19
安哥拉	18	18
留尼汪	2	18
塞浦路斯	3	18
阿尔巴尼亚	4	16
科威特	8	15
津巴布韦	8	15
委内瑞拉	5	14
佛得角	3	14
危地马拉	5	14
爱沙尼亚	12	12
莫桑比克	4	12
埃塞俄比亚	17	12
突尼斯	19	11
赤道几内亚	7	10
格鲁吉亚	1	10
巴布亚新几内亚	3	9
哥斯达黎加	4	9
约旦	6	9
尼日利亚	6	8
纳米比亚	8	7
朝鲜	2	6

国家/地区	出口数量（吨）	出口金额（千美元）
赞比亚	5	6
亚美尼亚	1	5
吉布提	2	5
巴林	3	4
所罗门群岛	1	4
柬埔寨	2	4
斐济	1	4
多米尼加共和国	0	4
波多黎各	2	4
加纳	1	4
爱尔兰	1	3
新喀里多尼亚	2	3
特立尼达和多巴哥	0	3
巴巴多斯	2	3
博茨瓦那	0	2
法属波利尼西亚	0	2
海地	5	2
科特迪瓦	1	2
牙买加	0	2
马提尼克	0	1
缅甸	0	1
82016000 树篱剪、双手修枝剪		
合计	20697	61721
美国	6188	19747
日本	1081	5490
英国	1687	5318
德国	1553	5012
荷兰	1178	3214
加拿大	537	1866
比利时	626	1853
澳大利亚	585	1589
波兰	528	1582
意大利	425	1323
法国	361	1308
西班牙	332	960
俄罗斯联邦	172	653
南非	191	539
泰国	199	538
瑞典	125	511
马来西亚	232	510
乌克兰	190	464
墨西哥	150	416
香港	105	365
新西兰	112	357
希腊	140	355

国家/地区	出口数量（吨）	出口金额（千美元）
阿根廷	123	339
土耳其	128	332
阿联酋	124	319
伊拉克	175	304
伊朗	171	291
阿尔及利亚	158	228
智利	93	221
芬兰	67	220
挪威	62	215
丹麦	52	191
菲律宾	148	189
斯洛文尼亚	91	188
韩国	68	180
印度尼西亚	66	176
捷克	55	173
罗马尼亚	71	167
拉脱维亚	55	164
巴西	64	164
奥地利	55	156
葡萄牙	51	154
肯尼亚	127	147
克罗地亚	46	138
哥伦比亚	52	136
以色列	69	117
台湾省	25	115
越南	55	113
利比亚	34	101
巴基斯坦	60	101
黎巴嫩	34	98
新加坡	36	93
吉布提	116	90
沙特阿拉伯	50	89
保加利亚	31	86
坦桑尼亚	39	82
爱尔兰	23	72
瑞士	21	71
尼日利亚	63	69
赞比亚	92	68
埃塞俄比亚	106	68
加纳	32	65
立陶宛	16	63
佛得角	113	63
毛里求斯	29	62
摩洛哥	25	60
印度	69	59

国家/地区	出口数量（吨）	出口金额（千美元）
埃及	32	55
多哥	77	52
科威特	25	48
也门	33	47
莫桑比克	18	43
巴拿马	18	43
匈牙利	18	42
塞尔维亚	17	36
几内亚	67	36
斯里兰卡	16	35
安哥拉	38	34
叙利亚	17	34
缅甸	15	32
塞浦路斯	29	31
朝鲜	10	31
卡塔尔	8	30
马达加斯加	13	30
秘鲁	12	29
斯洛伐克	10	29
孟加拉国	19	28
厄瓜多尔	23	26
苏丹	19	25
乌拉圭	9	23
赤道几内亚	33	23
约旦	24	22
突尼斯	13	19
留尼汪	2	19
阿尔巴尼亚	8	18
委内瑞拉	5	17
津巴布韦	5	14
哈萨克斯坦	4	12
巴布亚新几内亚	5	12
贝宁	23	12
危地马拉	4	12
毛里塔尼亚	22	11
阿曼	11	10
爱沙尼亚	4	9
黑山	4	9
刚果(布)	3	9
洪都拉斯	2	8
塞内加尔	5	8
博茨瓦那	5	8
牙买加	3	7
亚美尼亚	1	7
古巴	1	7

国家/地区	出口数量(吨)	出口金额(千美元)
科特迪瓦	2	6
刚果(金)	4	6
海地	3	6
特立尼达和多巴哥	4	5
巴勒斯坦	5	5
喀麦隆	2	5
新喀里多尼亚	1	4
文莱	1	3
阿富汗	1	3
马耳他	1	3
塞舌尔	0	3
瓜德罗普	1	2
东帝汶	1	2
萨尔瓦多	1	2
斐济	1	2
苏里南	1	1
马拉维	1	1
哥斯达黎加	0	1
利比里亚	0	1
巴拉圭	0	1
格鲁吉亚	0	1
所罗门群岛	0	1
82019000 其他用于园艺或林业手工工具		
合计	23265	59860
美国	5087	12888
日本	1277	6145
荷兰	1304	3472
德国	1192	3310
英国	919	2707
俄罗斯联邦	950	2498
加拿大	750	2302
也门	787	1866
澳大利亚	449	1690
埃及	877	1515
肯尼亚	774	1329
波兰	406	1172
比利时	387	1145
坦桑尼亚	554	907
阿联酋	372	857
沙特阿拉伯	345	768
西班牙	235	709
墨西哥	225	695
法国	249	660
韩国	534	588
意大利	177	520

国家/地区	出口数量(吨)	出口金额(千美元)
马来西亚	223	492
伊拉克	183	442
尼日利亚	250	437
丹麦	154	426
印度尼西亚	287	408
罗马尼亚	199	404
伊朗	158	403
瑞典	120	386
南非	155	384
利比亚	152	364
挪威	132	314
乌克兰	125	297
阿根廷	84	287
斯洛文尼亚	81	266
阿尔及利亚	93	264
巴西	123	254
台湾省	106	249
香港	73	236
厄瓜多尔	106	221
土耳其	104	221
新西兰	69	215
希腊	88	213
塞内加尔	93	208
泰国	64	205
苏丹	69	192
芬兰	72	190
马拉维	96	181
立陶宛	69	175
爱尔兰	47	143
莫桑比克	59	133
埃塞俄比亚	113	132
捷克	42	130
拉脱维亚	44	127
哥伦比亚	66	113
叙利亚	49	113
海地	68	100
菲律宾	48	96
巴拿马	45	94
津巴布韦	31	94
哈萨克斯坦	32	93
委内瑞拉	57	93
贝宁	60	92
斯洛伐克	35	89
智利	72	88
摩洛哥	51	87

国家/地区	出口数量(吨)	出口金额(千美元)
科特迪瓦	69	87
斯里兰卡	54	87
乌干达	30	78
瑞士	21	69
巴基斯坦	34	68
利比里亚	35	64
科威特	27	64
巴布亚新几内亚	29	62
克罗地亚	40	61
新加坡	18	60
加纳	31	56
刚果(金)	33	54
阿尔巴尼亚	21	53
约旦	27	53
马达加斯加	34	50
匈牙利	19	46
哥斯达黎加	20	46
纳米比亚	18	44
印度	17	44
奥地利	14	40
葡萄牙	18	37
毛里求斯	26	36
波多黎各	13	35
突尼斯	11	32
秘鲁	7	32
保加利亚	12	28
以色列	19	28
喀麦隆	8	27
黎巴嫩	7	27
乌拉圭	7	26
布基纳法索	13	22
卡塔尔	10	22
危地马拉	9	21
几内亚	17	21
爱沙尼亚	7	20
阿曼	4	19
苏里南	5	19
多哥	22	18
牙买加	4	17
塞尔维亚	7	16
朝鲜	5	16
萨摩亚	9	15
特立尼达和多巴哥	6	15
东帝汶	8	15
安哥拉	13	14

国家/地区	出口数量(吨)	出口金额(千美元)
吉尔吉斯斯坦	4	13
蒙古	3	13
赞比亚	18	12
毛里塔尼亚	6	11
新喀里多尼亚	7	11
老挝	2	11
留尼汪	2	10
赤道几内亚	14	10
冰岛	2	9
越南	6	9
佛得角	10	7
塞浦路斯	2	7
斐济	1	6
塔吉克斯坦	2	6
多米尼加共和国	1	6
黑山	2	6
阿富汗	5	5
巴拉圭	1	5
莱索托	1	5
孟加拉国	3	5
格鲁吉亚	2	4
法属波利尼西亚	1	4
柬埔寨	2	3
瓜德罗普	1	3
亚美尼亚	1	3
圭亚那	2	3
加蓬	4	2
博茨瓦那	1	2
所罗门群岛	0	2
马提尼克	0	2
密克罗尼西亚联邦	0	1
荷属安地列斯	1	1
巴哈马	0	1
萨尔瓦多	3	1
洪都拉斯	0	1

国家/地区	出口数量(台)	出口金额(千美元)
84321000 犁		
合计	106567	11772
美国	15930	2762
缅甸	13202	2421
俄罗斯联邦	8782	919
贝宁	13024	519
坦桑尼亚	4018	388
尼日利亚	380	349
肯尼亚	5777	247
法国	1192	237
英国	1154	230
莫桑比克	3195	208
意大利	432	200
乌克兰	5727	198
西班牙	3543	198
巴基斯坦	428	186
日本	1048	172
柬埔寨	5400	142
安哥拉	1667	133
斯里兰卡	1441	118
马来西亚	224	115
罗马尼亚	372	87
阿尔及利亚	235	86
朝鲜	734	85
孟加拉国	750	82
冈比亚	658	81
南非	120	78
印度	711	75
澳大利亚	425	74
荷兰	1122	66
比利时	245	57
菲律宾	374	52
丹麦	76	48
葡萄牙	94	48
马里	307	48
芬兰	81	47
马达加斯加	571	46
赞比亚	87	45
德国	1261	41
希腊	95	40
智利	109	40
印度尼西亚	22	39
伊拉克	92	33
秘鲁	66	32
阿联酋	186	29
保加利亚	271	28
韩国	6998	28
加纳	37	25
伊朗	471	25
苏丹	39	25
加拿大	188	24
埃塞俄比亚	141	24
瑞典	46	23
博茨瓦那	37	22
阿尔巴尼亚	143	22
塞拉利昂	217	22
玻利维亚	58	22
格鲁吉亚	80	20
哈萨克斯坦	17	19
泰国	60	17
多哥	80	16
圭亚那	31	16
白俄罗斯	194	16
几内亚	72	15
喀麦隆	16	14
阿富汗	80	13
古巴	10	13
乌干达	99	12
刚果(金)	17	12
突尼斯	31	11
索马里	209	10
土耳其	730	9
塔吉克斯坦	9	9
苏里南	24	9
塞浦路斯	18	8
新喀里多尼亚	23	8
越南	11	8
吉布提	11	7
津巴布韦	45	7
匈牙利	60	7
巴布亚新几内亚	10	7
捷克	101	6
刚果(布)	4	5
巴拉圭	24	5
塞内加尔	16	5
马拉维	16	4
多米尼克	15	4
新加坡	5	4
利比里亚	8	4
厄瓜多尔	23	4
蒙古	48	4
瓦努阿图	5	4
斐济	5	4
海地	9	3
纳米比亚	46	3
毛里求斯	45	3
约旦	11	3
库克群岛	17	3

国家/地区	出口数量(台)	出口金额(千美元)
沙特阿拉伯	8	3
科特迪瓦	10	2
老挝	9	2
科威特	3	2
以色列	3	2
奥地利	1	2
多米尼加共和国	18	2
叙利亚	13	1
乍得	101	1
巴拿马	1	1
立陶宛	8	1
墨西哥	3	1
特立尼达和多巴哥	2	1
加蓬	1	1
埃及	3	1
乌拉圭	13	1
爱沙尼亚	3	1
摩尔多瓦	3	1
爱尔兰	2	1
巴西	1	1
乌兹别克斯坦	2	1
危地马拉	4	0
新西兰	1	0
拉脱维亚	1	0
也门	2	0
挪威	2	0
波兰	3	0
牙买加	2	0
卢旺达	2	0
洪都拉斯	2	0
黎巴嫩	2	0
84322100 圆盘耙		
合计	6132	5101
伊朗	359	958
南非	1283	673
尼日利亚	309	641
乍得	300	510
缅甸	723	393
俄罗斯联邦	78	353
乌克兰	740	198
澳大利亚	140	182
厄瓜多尔	47	98
圭亚那	122	88
古巴	16	85
朝鲜	100	82

国家/地区	出口数量(台)	出口金额(千美元)
安哥拉	40	81
保加利亚	123	76
柬埔寨	24	74
委内瑞拉	41	59
智利	52	44
苏丹	424	44
阿尔及利亚	263	37
赞比亚	54	36
美国	243	32
巴西	7	32
菲律宾	133	30
莫桑比克	39	29
加拿大	55	26
玻利维亚	66	24
吉布提	9	17
伊拉克	5	15
罗马尼亚	27	13
秘鲁	9	12
阿联酋	5	12
加纳	26	11
塞内加尔	6	8
坦桑尼亚	51	8
马里	10	8
喀麦隆	3	7
刚果(布)	3	7
乌拉圭	12	7
英国	14	6
埃塞俄比亚	8	6
斐济	6	6
蒙古	15	5
几内亚	5	5
马拉维	9	5
德国	9	5
贝宁	2	5
哈萨克斯坦	6	5
刚果(金)	2	5
博茨瓦那	4	4
突尼斯	7	4
巴布亚新几内亚	7	4
台湾省	50	3
新加坡	5	3
特立尼达和多巴哥	1	3
毛里求斯	1	2
马达加斯加	1	2
布基纳法索	2	1

国家/地区	出口数量(台)	出口金额(千美元)
格鲁吉亚	1	1
印度尼西亚	3	1
库克群岛	6	1
乌兹别克斯坦	2	1
巴拉圭	1	1
肯尼亚	2	1
科威特	1	1
牙买加	2	1
巴基斯坦	1	0
也门	1	0
瓦努阿图	1	0
泰国	9	0
加蓬	1	0
84322900 其他耙、松土机、中耕机等		
合计	1196029	146793
乌克兰	70932	23855
德国	278800	14700
美国	111685	12972
俄罗斯联邦	55097	12458
法国	74104	8441
荷兰	161782	7887
意大利	29684	7873
芬兰	42548	5892
土耳其	12964	4966
英国	57861	3641
伊朗	8080	3476
丹麦	34994	2931
孟加拉国	1182	2470
西班牙	16812	2423
缅甸	12252	2304
叙利亚	3452	2124
波兰	37242	2073
日本	27447	2004
印度	3384	1796
比利时	32935	1704
葡萄牙	7425	1686
保加利亚	6998	1616
也门	2049	1287
马来西亚	4262	1226
奥地利	16845	1134
埃及	2268	1090
捷克	19277	1024
罗马尼亚	3411	952
加拿大	9110	927
希腊	4693	845

国家/地区	出口数量（台）	出口金额（千美元）
黎巴嫩	1151	659
澳大利亚	2408	613
越南	2240	535
巴西	1638	526
斯里兰卡	934	503
瑞典	5919	455
匈牙利	6710	427
立陶宛	1882	414
瑞士	3179	393
哈萨克斯坦	1766	384
阿联酋	1270	379
印度尼西亚	264	274
克罗地亚	1913	235
阿尔巴尼亚	503	221
塞内加尔	202	201
几内亚	315	191
白俄罗斯	776	156
斯洛伐克	2520	137
斯洛文尼亚	1651	129
爱沙尼亚	517	117
黑山	206	112
拉脱维亚	1582	111
马达加斯加	539	109
塞浦路斯	217	97
新加坡	357	87
阿根廷	223	80
马耳他	161	66
新西兰	180	65
尼日利亚	75	60
坦桑尼亚	172	59
南非	106	56
乌兹别克斯坦	100	54
格鲁吉亚	125	51
伊拉克	221	45
智利	235	45
委内瑞拉	200	42
韩国	36	38
挪威	889	38
阿尔及利亚	47	37
塞尔维亚	411	37
毛里求斯	97	37
尼泊尔	115	35
多米尼加共和国	27	33
苏里南	60	32
菲律宾	95	32

国家/地区	出口数量（台）	出口金额（千美元）
纳米比亚	46	32
埃塞俄比亚	23	29
安哥拉	16	28
柬埔寨	512	28
哥伦比亚	46	25
泰国	169	24
莫桑比克	31	23
朝鲜	45	23
玻利维亚	67	22
利比亚	216	20
以色列	63	19
赤道几内亚	13	19
爱尔兰	35	18
约旦	33	18
巴拉圭	58	18
留尼汪	62	16
墨西哥	110	16
特立尼达和多巴哥	40	14
赞比亚	6	12
阿富汗	34	12
贝宁	12	12
斐济	29	11
哥斯达黎加	25	11
尼加拉瓜	14	10
肯尼亚	37	9
台湾省	41	9
加纳	17	8
突尼斯	17	8
秘鲁	13	8
巴基斯坦	13	7
刚果(布)	4	6
多米尼克	10	6
乌干达	29	6
圭亚那	26	6
吉布提	160	6
厄瓜多尔	18	6
科威特	14	6
刚果(金)	4	5
沙特阿拉伯	20	4
多哥	14	4
卢旺达	6	4
海地	2	4
津巴布韦	6	3
萨摩亚	2	3
老挝	3	3

国家/地区	出口数量（台）	出口金额（千美元）
文莱	2	3
塞舌尔	13	3
巴拿马	5	2
蒙古	3	2
新喀里多尼亚	6	2
马里	4	2
利比里亚	4	2
博茨瓦那	5	2
苏丹	2	2
摩尔多瓦	3	1
乌拉圭	5	1
危地马拉	2	1
索马里	1	1
牙买加	1	0
香港	1	0
洪都拉斯	2	0
84324000 施肥机		
合计	94292	2734
日本	2128	795
韩国	406	583
美国	12635	363
比利时	35002	350
德国	17326	135
澳大利亚	8533	115
俄罗斯联邦	69	47
法国	3080	41
缅甸	50	33
马来西亚	29	31
丹麦	2784	30
巴西	2400	25
瑞典	4084	25
爱尔兰	1886	21
朝鲜	15	19
意大利	1503	18
安哥拉	5	16
荷兰	1360	16
英国	50	14
新加坡	1	11
捷克	668	8
蒙古	2	8
多哥	1	7
阿联酋	30	5
南非	7	4
印度尼西亚	220	4
瓦努阿图	1	3

国家/地区	出口数量(台)	出口金额(千美元)
新西兰	6	2
赞比亚	1	2
加拿大	1	1
特立尼达和多巴哥	2	1
菲律宾	2	1
埃及	1	1
乍得	1	1
84328010 草坪及运动场地滚压机		
合计	17472	578
德国	4346	103
加拿大	1167	81
丹麦	4773	73
奥地利	2104	38
英国	622	36
苏丹	101	33
美国	564	24
荷兰	665	22
比利时	1300	20
芬兰	950	19
墨西哥	8	18
法国	267	16
沙特阿拉伯	5	12
越南	3	12
挪威	352	11
泰国	3	8
秘鲁	2	7
哈萨克斯坦	2	6
伊拉克	50	6
意大利	65	5
缅甸	1	4
印度	1	3
伊朗	1	3
斯洛伐克	1	3
香港	2	3
土耳其	1	3
哥伦比亚	8	3
所罗门群岛	1	2
瑞士	100	2
约旦	4	1
波兰	1	1
84328090 未列名园艺及林业用整地机械		
合计	192471	39203
美国	39106	8604
俄罗斯联邦	17575	4436
乌克兰	14989	3189

国家/地区	出口数量(台)	出口金额(千美元)
芬兰	12412	3040
法国	12813	1845
土耳其	7194	1841
比利时	9068	1414
澳大利亚	5715	1340
意大利	5786	1305
加拿大	10512	1181
日本	1177	980
德国	8200	925
罗马尼亚	3282	839
也门	1108	636
西班牙	2961	634
英国	6190	625
印度	1572	614
荷兰	3970	593
瑞典	3979	490
缅甸	1905	451
波兰	1616	355
希腊	1621	311
葡萄牙	1304	284
伊朗	1103	235
丹麦	4203	230
白俄罗斯	1170	223
智利	398	191
立陶宛	514	147
新西兰	911	134
哈萨克斯坦	173	113
匈牙利	1366	106
阿联酋	227	101
马来西亚	254	100
哥伦比亚	239	85
阿根廷	421	82
巴拿马	424	72
多哥	3	69
马里	1	67
保加利亚	266	67
坦桑尼亚	106	65
摩尔多瓦	142	64
印度尼西亚	133	55
叙利亚	561	55
瑞士	2119	53
斯里兰卡	146	53
伊拉克	427	52
黎巴嫩	260	52
墨西哥	245	51

国家/地区	出口数量(台)	出口金额(千美元)
克罗地亚	371	51
泰国	90	44
韩国	189	43
沙特阿拉伯	30	42
刚果(布)	1	41
爱尔兰	248	38
捷克	329	30
科威特	34	27
越南	76	27
塞浦路斯	104	27
南非	41	26
利比亚	98	22
朝鲜	82	20
安哥拉	17	19
菲律宾	40	19
乌拉圭	75	19
玻利维亚	11	16
挪威	38	15
巴西	83	13
阿尔及利亚	9	9
突尼斯	7	9
柬埔寨	11	9
台湾省	70	8
特立尼达和多巴哥	45	8
哥斯达黎加	12	8
危地马拉	18	7
尼日利亚	26	7
喀麦隆	10	6
加纳	9	6
厄瓜多尔	3	6
贝宁	6	6
爱沙尼亚	8	6
卡塔尔	50	6
约旦	7	5
斯洛文尼亚	32	5
巴布亚新几内亚	13	5
文莱	40	5
马耳他	22	5
苏丹	11	5
马达加斯加	2	5
海地	7	4
拉脱维亚	4	4
苏里南	5	4
刚果(金)	4	4
巴拉圭	11	4

国家/地区	出口数量（台）	出口金额（千美元）
多米尼克	6	4
埃塞俄比亚	9	3
布基纳法索	4	3
肯尼亚	7	3
新加坡	15	3
新喀里多尼亚	17	3
科特迪瓦	2	3
津巴布韦	6	2
埃及	26	2
香港	4	2
孟加拉国	14	2
莫桑比克	2	2
阿尔巴尼亚	10	2
尼加拉瓜	3	2
秘鲁	2	2
塞内加尔	2	2
洪都拉斯	12	2
圭亚那	6	2
阿曼	10	2
密克罗尼西亚联邦	1	1
乍得	1	1
老挝	2	1
几内亚	2	1
库克群岛	13	1
摩洛哥	2	1
巴基斯坦	1	1
巴林	10	1
斐济	3	1
乌兹别克斯坦	2	1
塞舌尔	2	0
安提瓜和巴布达	1	0
赞比亚	2	0
纳米比亚	4	0
多米尼加共和国	2	0

国家/地区	出口数量（吨）	出口金额（千美元）
84329000 品目 8432 所列机械的零件		
合计	73412	157470
美国	27616	59895
日本	4106	19495
意大利	2276	6855
法国	2890	6557
泰国	5146	6140
德国	2797	6029
英国	2604	4707
澳大利亚	1351	3675
瑞典	2128	3329
西班牙	1712	3153
加拿大	1092	2887
韩国	1240	2599
荷兰	866	2220
印度	1796	2183
坦桑尼亚	1714	1964
俄罗斯联邦	1001	1860
墨西哥	617	1718
波兰	972	1657
肯尼亚	1439	1374
丹麦	503	1160
葡萄牙	636	1078
哈萨克斯坦	217	1052
南非	573	1000
比利时	234	968
巴西	198	813
缅甸	584	758
沙特阿拉伯	502	721
马来西亚	410	667
乌克兰	324	578
台湾省	342	537
伊朗	357	513
菲律宾	246	502
希腊	269	455
香港	241	442
斯里兰卡	361	440
芬兰	128	426
津巴布韦	393	423
捷克	137	333
苏丹	264	324
巴基斯坦	240	294
阿联酋	69	286
摩洛哥	64	286
越南	154	270
以色列	86	267
叙利亚	163	256
委内瑞拉	138	213
阿根廷	50	204
喀麦隆	171	203
尼日利亚	131	196
罗马尼亚	103	191
柬埔寨	120	189
瑞士	10	179
吉尔吉斯斯坦	31	169
阿尔及利亚	108	156
新西兰	45	154
乌干达	123	139
土耳其	49	133
也门	39	125
爱沙尼亚	50	125
埃及	123	118
智利	96	118
秘鲁	79	109
伊拉克	71	99
拉脱维亚	57	93
莫桑比克	78	93
巴拿马	21	92
贝宁	16	86
孟加拉国	40	85
斯洛文尼亚	58	85
哥伦比亚	47	74
利比亚	41	73
立陶宛	48	69
保加利亚	42	62
黎巴嫩	22	60
圭亚那	12	54
印度尼西亚	17	53
爱尔兰	32	53
多米尼加共和国	47	51
马达加斯加	23	43
白俄罗斯	19	38
突尼斯	24	31
莱索托	22	28
古巴	5	25
厄瓜多尔	16	23
利比里亚	9	22
加纳	22	18
匈牙利	12	17
挪威	1	17
巴拉圭	13	16
赞比亚	8	16
冈比亚	13	15
克罗地亚	8	13
奥地利	4	11
多哥	6	11
新加坡	4	11
塞浦路斯	6	9
卡塔尔	4	5

国家/地区	出口数量（吨）	出口金额（千美元）
安哥拉	2	5
阿尔巴尼亚	4	4
毛里求斯	1	4
苏里南	1	4
科特迪瓦	4	4
卢旺达	0	4
马耳他	1	3
黑山	1	3
格鲁吉亚	2	2
斐济	2	2
博茨瓦那	1	2
塞拉利昂	0	2
蒙古	2	2
斯洛伐克	0	2
瓦努阿图	1	2
哥斯达黎加	1	1
约旦	0	1
塞舌尔	0	1
吉布提	1	1
埃塞俄比亚	0	1
摩尔多瓦	0	1
塞尔维亚	0	1
乌拉圭	1	1

国家/地区	出口数量（台）	出口金额（千美元）
84193200 木材、纸浆、纸或纸板干燥器		
合计	1512	23261
马来西亚	26	3915
俄罗斯联邦	162	3893
越南	176	2984
印度	108	2382
印度尼西亚	60	1007
马拉维	2	721
菲律宾	35	647
阿根廷	16	435
坦桑尼亚	6	401
格鲁吉亚	2	384
巴布亚新几内亚	10	353
秘鲁	18	341
孟加拉国	28	326
乌克兰	17	321
伊朗	11	319
德国	7	305
朝鲜	25	275
土耳其	35	272
墨西哥	10	254
加蓬	8	240
白俄罗斯	1	235
缅甸	8	234
阿塞拜疆	6	187
斯里兰卡	5	174
阿联酋	56	149
巴西	6	148
多哥	8	144
苏丹	6	140
叙利亚	6	135
加纳	9	133
泰国	60	115
波兰	5	110
刚果(金)	2	83
乌兹别克斯坦	2	82
罗马尼亚	3	76
爱尔兰	2	74
巴基斯坦	20	74
荷兰	1	74
美国	8	71
香港	15	67
刚果(布)	3	65
台湾省	7	61
埃塞俄比亚	5	58
尼日利亚	5	57
卡塔尔	2	53
肯尼亚	3	53
安哥拉	3	50
挪威	152	49
蒙古	54	44
赞比亚	2	44
加拿大	3	38
埃及	101	32
保加利亚	5	29
巴林	3	29
哈萨克斯坦	8	28
匈牙利	1	26
新西兰	111	25
克罗地亚	1	25
英国	6	24
沙特阿拉伯	1	21
塞尔维亚	3	18
西班牙	1	16
拉脱维亚	2	16
厄瓜多尔	1	14
吉布提	1	12
吉尔吉斯斯坦	9	11
南非	6	10
阿尔及利亚	1	9
阿曼	1	8
卢旺达	2	8
特立尼达和多巴哥	1	7
日本	1	7
阿尔巴尼亚	1	5
黎巴嫩	1	5
巴拉圭	1	5
科特迪瓦	1	3
捷克	1	3
比利时	1	3
韩国	1	3
希腊	1	3
智利	1	2
新加坡	4	2
斯洛伐克	1	2
亚美尼亚	1	1
84201000 研光机或其他滚压机器		
合计	62367	22859
白俄罗斯	3	3704
越南	3176	3192
美国	23914	2065
印度	339	1494
德国	2540	1464
日本	11201	1370
台湾省	176	656
印度尼西亚	46	620
伊朗	563	617
泰国	263	534
阿联酋	257	519
加拿大	1095	518
荷兰	885	508
马来西亚	139	507
韩国	5132	443
俄罗斯联邦	383	433
巴西	881	339
土耳其	45	283
波兰	151	274
澳大利亚	513	251
缅甸	146	217
巴基斯坦	9	204

国家/地区	出口数量（台）	出口金额（千美元）
菲律宾	61	168
香港	69	123
埃及	392	114
西班牙	237	113
哈萨克斯坦	111	108
墨西哥	1428	108
乌兹别克斯坦	8	107
乌克兰	1462	100
斯里兰卡	19	94
叙利亚	68	91
孟加拉国	39	90
意大利	106	85
智利	599	83
哥伦比亚	2170	82
洪都拉斯	2	66
秘鲁	251	65
南非	115	62
英国	73	57
阿根廷	75	55
芬兰	1	55
拉脱维亚	1225	53
以色列	32	48
厄瓜多尔	288	43
捷克	59	38
朝鲜	14	38
奥地利	421	37
突尼斯	13	37
苏丹	1	36
黎巴嫩	2	35
新加坡	119	33
摩洛哥	51	31
罗马尼亚	11	29
阿塞拜疆	3	27
克罗地亚	173	24
吉尔吉斯斯坦	1	23
约旦	12	22
新西兰	42	22
塞尔维亚	2	20
爱尔兰	6	19
立陶宛	1	18
摩纳哥	6	15
巴林	12	14
瑞典	332	14
尼日利亚	5	11
肯尼亚	4	11

国家/地区	出口数量（台）	出口金额（千美元）
瑞士	204	10
巴拿马	10	10
沙特阿拉伯	3	10
科特迪瓦	3	10
亚美尼亚	2	10
法国	15	8
乌拉圭	32	8
委内瑞拉	30	8
卡塔尔	9	7
玻利维亚	2	7
希腊	9	6
巴拉圭	28	5
塔吉克斯坦	2	3
葡萄牙	2	3
塞浦路斯	4	3
阿尔巴尼亚	1	3
文莱	1	2
柬埔寨	1	2
坦桑尼亚	1	2
土库曼斯坦	2	2
挪威	1	1
利比亚	1	1
马耳他	4	1
斐济	1	1
加纳	1	1
毛里求斯	2	1
布基纳法索	1	0
澳门	7	0
丹麦	8	0
斯洛伐克	1	0

国家/地区	出口数量（吨）	出口金额（千美元）
84209900 研光机或其他滚压机器的零件		
合计	406	5123
日本	107	3146
印度	16	463
香港	8	259
泰国	5	238
越南	46	227
巴西	46	191
台湾省	72	134
美国	12	100
印度尼西亚	2	54
德国	21	42
土耳其	6	40
伊朗	28	39
韩国	10	35
坦桑尼亚	4	23
加拿大	1	19
乌克兰	1	14
荷兰	1	14
马来西亚	2	13
澳大利亚	1	8
波兰	1	6
孟加拉国	7	6
俄罗斯联邦	1	6
南非	0	5
新加坡	0	4
英国	1	4
墨西哥	0	3
奥地利	0	3
菲律宾	0	3
阿根廷	1	3
叙利亚	2	3
突尼斯	1	2
西班牙	0	2
哥伦比亚	0	2
巴基斯坦	0	2
新西兰	0	2
摩洛哥	0	2

国家/地区	出口数量（台）	出口金额（千美元）
84391000 制造纤维素纸浆的机器		
合计	920	27911
马来西亚	60	4735
越南	215	3607
孟加拉国	54	2588
香港	20	2531
印度尼西亚	118	2128
老挝	2	1604
印度	43	1290
叙利亚	36	1181
伊朗	51	834
埃及	14	710
美国	27	672
日本	19	572
白俄罗斯	1	502
巴基斯坦	29	485
韩国	3	482
厄瓜多尔	2	387

国家/地区	出口数量(台)	出口金额(千美元)
菲律宾	13	301
泰国	11	299
比利时	6	294
俄罗斯联邦	4	269
新加坡	2	244
奥地利	14	230
巴西	2	214
阿根廷	9	176
智利	3	174
意大利	6	144
德国	2	123
肯尼亚	20	100
埃塞俄比亚	30	96
哈萨克斯坦	4	89
芬兰	2	71
秘鲁	5	67
巴拿马	5	67
阿联酋	18	64
台湾省	4	63
苏里南	12	59
尼日利亚	1	58
乌兹别克斯坦	1	54
黎巴嫩	1	52
缅甸	11	40
朝鲜	5	39
吉布提	13	37
澳大利亚	5	32
土库曼斯坦	1	30
巴拉圭	3	28
莫桑比克	1	27
西班牙	1	26
法国	2	19
蒙古	2	6
格鲁吉亚	3	5
委内瑞拉	1	5
喀麦隆	2	3
柬埔寨	1	1

84392000 纸或纸板的制造机器

国家/地区	出口数量(台)	出口金额(千美元)
合计	650	28283
德国	166	8637
越南	51	7149
美国	40	2276
孟加拉国	42	1571
巴西	42	1194
墨西哥	16	866
英国	11	571
乌兹别克斯坦	6	496
叙利亚	4	460
俄罗斯联邦	98	425
南非	8	384
瑞士	6	308
印度	5	292
伊朗	4	290
尼泊尔	1	259
拉脱维亚	1	258
土耳其	4	234
阿塞拜疆	1	215
秘鲁	5	200
香港	2	197
荷兰	5	189
台湾省	4	174
巴基斯坦	5	173
韩国	3	149
日本	40	126
阿根廷	2	125
塔吉克斯坦	6	119
哈萨克斯坦	5	116
印度尼西亚	8	100
泰国	6	93
突尼斯	1	89
吉布提	1	80
新加坡	16	78
苏里南	1	56
土库曼斯坦	1	52
也门	1	50
马来西亚	2	46
菲律宾	3	33
尼日利亚	12	23
克罗地亚	1	23
缅甸	1	22
加纳	3	21
朝鲜	2	16
智利	1	12
坦桑尼亚	1	11
塞尔维亚	1	8
蒙古	1	8
加拿大	2	6
阿尔及利亚	1	2
芬兰	1	1

84393000 纸或纸板的整理机器

国家/地区	出口数量(台)	出口金额(千美元)
合计	5719	56983
印度	423	7985
越南	298	5632
俄罗斯联邦	454	4058
墨西哥	91	2577
马来西亚	109	2139
土耳其	1134	2119
美国	400	2106
伊朗	71	2060
孟加拉国	80	2003
荷兰	17	1953
叙利亚	27	1842
埃及	507	1770
韩国	15	1420
印度尼西亚	114	1298
阿根廷	57	898
沙特阿拉伯	23	859
菲律宾	50	843
斯里兰卡	9	789
加拿大	153	768
德国	376	749
乌克兰	30	633
台湾省	76	616
泰国	54	564
英国	21	562
阿塞拜疆	14	555
香港	33	551
阿联酋	50	487
巴西	64	476
南非	34	476
乌兹别克斯坦	57	418
澳大利亚	52	408
苏丹	12	399
巴基斯坦	29	369
赞比亚	2	364
意大利	210	325
尼日利亚	19	302
芬兰	3	300
波兰	13	290
多哥	11	251
保加利亚	6	249
哈萨克斯坦	12	245
缅甸	13	227
突尼斯	4	224
罗马尼亚	71	207

国家/地区	出口数量（台）	出口金额（千美元）
葡萄牙	18	199
哥伦比亚	10	193
肯尼亚	21	190
黎巴嫩	32	185
秘鲁	8	156
塔吉克斯坦	5	155
新加坡	17	127
安哥拉	17	123
阿尔及利亚	8	111
克罗地亚	2	108
多米尼加共和国	5	105
科特迪瓦	2	97
白俄罗斯	1	89
厄瓜多尔	8	86
科威特	7	86
立陶宛	15	82
摩洛哥	37	81
日本	9	81
蒙古	5	79
柬埔寨	2	74
拉脱维亚	4	72
津巴布韦	1	70
智利	5	66
斯洛文尼亚	42	62
委内瑞拉	3	61
苏里南	3	59
比利时	7	58
博茨瓦那	7	56
利比里亚	3	55
希腊	4	50
索马里	1	48
约旦	8	42
捷克	2	41
阿尔巴尼亚	1	41
毛里求斯	3	40
西班牙	3	37
朝鲜	4	35
吉布提	1	34
格鲁吉亚	2	26
喀麦隆	3	22
吉尔吉斯斯坦	2	22
埃塞俄比亚	2	21
法国	4	20
圭亚那	1	20
乌拉圭	11	17

国家/地区	出口数量（台）	出口金额（千美元）
纳米比亚	1	15
巴拉圭	3	15
坦桑尼亚	2	15
加纳	3	13
危地马拉	2	13
利比亚	3	12
挪威	2	10
以色列	17	10
新西兰	3	9
塞浦路斯	1	7
莫桑比克	4	6
波多黎各	1	4
阿曼	2	2
爱沙尼亚	1	2
马耳他	6	2
土库曼斯坦	5	2
斯洛伐克	1	1
摩尔多瓦	7	1

国家/地区	出口数量（吨）	出口金额（千美元）
84399100 制造纤维素纸浆机器的零件		
合计	2457	22517
美国	394	4250
芬兰	150	1846
叙利亚	148	1416
台湾省	229	1394
比利时	98	1383
墨西哥	145	1379
越南	268	1156
法国	53	1093
印度	165	1087
印度尼西亚	222	919
韩国	61	839
新加坡	21	668
巴西	5	549
泰国	48	526
老挝	44	475
奥地利	29	474
智利	5	468
日本	23	448
瑞典	18	384
澳大利亚	5	248
马来西亚	107	238
德国	5	218
乌干达	56	147

国家/地区	出口数量（吨）	出口金额（千美元）
加拿大	8	113
巴基斯坦	4	109
阿根廷	30	98
伊朗	5	83
俄罗斯联邦	16	82
孟加拉国	8	66
意大利	5	59
西班牙	0	44
南非	21	41
秘鲁	4	40
香港	9	27
亚美尼亚	4	24
乌克兰	2	21
埃及	19	21
塔吉克斯坦	10	20
土耳其	0	14
菲律宾	4	11
英国	0	10
阿联酋	1	10
埃塞俄比亚	0	5
格鲁吉亚	1	4
缅甸	4	4
84399900 制造或整理纸及纸板机器零件		
合计	15309	55599
印度尼西亚	948	10013
台湾省	3496	8831
美国	1195	5874
越南	1642	3489
印度	1311	3344
意大利	696	2327
德国	488	2309
韩国	427	2135
孟加拉国	341	2107
伊朗	1027	1956
日本	460	1693
荷兰	262	1583
芬兰	275	1249
巴基斯坦	692	969
巴西	279	854
马来西亚	177	681
澳大利亚	172	658
乌兹别克斯坦	253	561
西班牙	41	534
加拿大	47	533
智利	213	448

国家/地区	出口数量（吨）	出口金额（千美元）
墨西哥	59	446
波兰	165	411
阿根廷	119	292
瑞典	20	209
土耳其	34	190
俄罗斯联邦	31	185
菲律宾	25	169
沙特阿拉伯	22	142
泰国	22	134
埃塞俄比亚	35	125
英国	2	110
香港	45	106
加纳	54	85
新加坡	14	72
埃及	32	63
南非	22	53
缅甸	46	52
毛里求斯	16	50
爱尔兰	0	45
肯尼亚	8	44
白俄罗斯	2	44
秘鲁	4	39
法国	1	36
吉布提	13	36
格鲁吉亚	5	33
苏丹	4	32
苏里南	14	32
奥地利	0	24
乌克兰	4	22
叙利亚	1	21
哈萨克斯坦	9	18
黎巴嫩	4	16
尼日利亚	5	16
克罗地亚	17	15
新西兰	1	13
斯洛文尼亚	4	11
突尼斯	2	9
瑞士	1	9
匈牙利	0	5
立陶宛	1	5
阿联酋	2	5
斯里兰卡	0	4
亚美尼亚	0	4
乌拉圭	1	4
乌干达	0	3
赞比亚	1	3
摩洛哥	0	3
马达加斯加	1	2
罗马尼亚	1	1
吉尔吉斯斯坦	0	1
比利时	1	1

国家/地区	出口数量（台）	出口金额（千美元）
84401010 锁线装订机		
合计	8140	1630
巴西	23	200
俄罗斯联邦	105	170
朝鲜	2	166
香港	9	107
意大利	6	102
孟加拉国	27	96
越南	359	71
韩国	70	58
泰国	5	49
印度	7	47
英国	4	44
波兰	23	39
罗马尼亚	2	39
土耳其	13	36
南非	2	34
乌兹别克斯坦	1550	29
赞比亚	2	28
巴基斯坦	7	26
莫桑比克	2	23
突尼斯	5	21
荷兰	1	20
哥伦比亚	2	20
美国	3	20
埃及	743	19
阿联酋	3	18
埃塞俄比亚	4	17
哈萨克斯坦	293	15
委内瑞拉	1	13
印度尼西亚	2	12
阿根廷	1	12
台湾省	2	11
卡塔尔	1	9
缅甸	1	8
菲律宾	2	7
新加坡	25	7
西班牙	4531	6
肯尼亚	1	6
以色列	20	5
约旦	2	5
巴林	1	3
巴拿马	150	3
马来西亚	2	3
澳门	1	1
毛里求斯	30	1
乌克兰	2	1
伊朗	42	1
澳大利亚	1	1
塔吉克斯坦	1	1
沙特阿拉伯	20	1
塞浦路斯	1	0
法国	1	0
苏丹	1	0
科威特	12	0
马耳他	12	0
84401020 胶订机		
合计	3400	5538
香港	1167	782
泰国	122	383
台湾省	119	379
俄罗斯联邦	217	339
孟加拉国	99	264
荷兰	122	229
越南	36	215
利比亚	1	211
巴西	47	191
土耳其	206	186
意大利	112	185
韩国	41	174
马来西亚	7	126
英国	21	117
印度	21	114
加拿大	128	111
美国	77	101
西班牙	80	101
墨西哥	27	92
法国	31	81
苏丹	1	76
奥地利	56	69
伊朗	40	63
智利	25	61

国家/地区	出口数量（台）	出口金额（千美元）
阿根廷	22	60
罗马尼亚	40	55
印度尼西亚	36	48
秘鲁	12	45
拉脱维亚	30	43
巴林	4	36
南非	39	35
澳大利亚	18	31
希腊	26	30
斯里兰卡	25	29
以色列	33	29
乌拉圭	3	27
波兰	11	25
突尼斯	15	25
菲律宾	7	25
新加坡	17	24
乌克兰	19	22
德国	19	22
朝鲜	2	21
哈萨克斯坦	2	19
蒙古	4	17
捷克	9	15
克罗地亚	11	14
阿联酋	23	13
埃塞俄比亚	2	12
格鲁吉亚	8	12
乌兹别克斯坦	4	11
莫桑比克	3	10
叙利亚	20	10
尼日利亚	5	9
白俄罗斯	5	9
沙特阿拉伯	5	9
安哥拉	6	8
爱沙尼亚	1	8
利比里亚	1	8
新西兰	4	6
阿塞拜疆	5	6
保加利亚	5	5
哥伦比亚	2	5
葡萄牙	3	4
亚美尼亚	1	4
塞尔维亚	3	4
摩洛哥	5	4
阿尔及利亚	1	4
阿曼	2	3

国家/地区	出口数量（台）	出口金额（千美元）
瑞典	3	3
几内亚	1	2
加那利群岛	1	2
塞浦路斯	2	2
萨尔瓦多	1	2
巴基斯坦	35	2
加纳	1	2
厄瓜多尔	1	1
特立尼达和多巴哥	1	1
约旦	1	1
赞比亚	20	1
刚果(金)	1	1
危地马拉	2	1
爱尔兰	1	1
委内瑞拉	1	1
塔吉克斯坦	1	1
哥斯达黎加	1	1
马耳他	2	0
84401090 其他书本装订机器		
合计	343191	15366
美国	17226	1645
德国	10590	1297
俄罗斯联邦	9456	1058
香港	17418	987
巴西	105	972
韩国	17921	750
越南	1528	720
意大利	728	604
日本	3618	521
印度	431	490
西班牙	19749	368
英国	822	367
印度尼西亚	2510	353
马来西亚	3054	331
土耳其	970	292
澳大利亚	609	288
荷兰	22222	228
新加坡	116	217
伊朗	5665	176
埃及	791	153
菲律宾	18383	152
泰国	379	152
台湾省	2487	150
阿联酋	1915	129
苏丹	11	122

国家/地区	出口数量（台）	出口金额（千美元）
阿根廷	191	115
朝鲜	13	110
墨西哥	23229	108
加拿大	524	107
尼日利亚	1950	100
智利	260	94
爱沙尼亚	1	85
拉脱维亚	2361	84
沙特阿拉伯	45979	82
秘鲁	137	76
芬兰	1802	75
乌克兰	41612	74
委内瑞拉	2	74
肯尼亚	359	69
孟加拉国	364	68
玻利维亚	156	65
科威特	105	65
葡萄牙	884	65
叙利亚	365	64
厄瓜多尔	19	61
哥伦比亚	491	59
乌拉圭	8559	57
南非	6392	56
斯洛文尼亚	9817	53
澳门	4	53
希腊	213	49
波兰	25	49
巴林	22	48
斯里兰卡	466	47
突尼斯	592	45
乌兹别克斯坦	712	45
莫桑比克	8	44
阿尔及利亚	106	43
吉尔吉斯斯坦	19607	41
古巴	6100	32
黎巴嫩	57	32
法国	47	30
巴拿马	882	28
哈萨克斯坦	314	25
缅甸	134	24
新西兰	33	22
以色列	18	21
卡塔尔	26	20
摩洛哥	284	20
格鲁吉亚	12	19

国家/地区	出口数量(台)	出口金额(千美元)
罗马尼亚	5	19
立陶宛	85	18
保加利亚	19	18
巴基斯坦	165	15
蒙古	9	14
埃塞俄比亚	8	11
乌干达	38	11
塞尔维亚	11	8
塞浦路斯	99	8
喀麦隆	163	8
瑞典	6	8
几内亚	191	8
阿曼	1	7
赞比亚	5	6
多哥	180	6
比利时	4	5
萨尔瓦多	2	5
利比亚	600	5
多米尼加共和国	40	4
加纳	5	4
马达加斯加	150	4
马耳他	30	3
约旦	12	3
毛里塔尼亚	50	3
伊拉克	50	3
毛里求斯	2	3
刚果(金)	75	3
奥地利	2	2
克罗地亚	4	2
贝宁	45	2
巴拉圭	2	2
纳米比亚	7	2
斯洛伐克	5710	2
塞内加尔	54	2
利比里亚	1	2
捷克	9	2
阿尔巴尼亚	3	1
丹麦	1000	1
吉布提	38	1
爱尔兰	2	1
马拉维	1	1
尼日尔	155	1
匈牙利	5	1
中非	5	1
土库曼斯坦	5	1
坦桑尼亚	2	0
莱索托	4	0
卢旺达	2	0
巴布亚新几内亚	192	0

国家/地区	出口数量(吨)	出口金额(千美元)
84409000 书本装订机器的零件		
合计	195	1329
美国	37	405
意大利	21	193
德国	19	192
台湾省	12	80
香港	6	68
加拿大	16	65
澳大利亚	17	51
日本	4	32
苏丹	13	32
越南	15	30
罗马尼亚	4	25
阿联酋	8	14
土耳其	0	11
英国	0	10
厄瓜多尔	2	9
俄罗斯联邦	1	7
泰国	0	7
突尼斯	1	7
马来西亚	3	6
沙特阿拉伯	2	6
危地马拉	2	6
奥地利	0	5
荷兰	0	5
印度尼西亚	0	5
西班牙	0	5
阿根廷	0	5
印度	1	4
秘鲁	0	4
法国	0	4
以色列	1	4
芬兰	1	3
韩国	0	3
莫桑比克	1	3
哥斯达黎加	2	3
丹麦	1	3
尼加拉瓜	1	2
埃塞俄比亚	0	2
捷克	0	2
孟加拉国	0	1
立陶宛	0	1
墨西哥	0	1
塞尔维亚	1	1
科威特	0	1
马拉维	0	1
新西兰	0	1
乌拉圭	0	1
卡塔尔	0	1

国家/地区	出口数量(台)	出口金额(千美元)
84411000 切纸机		
合计	2814731	106691
美国	1751067	31438
越南	5929	6237
日本	171529	5701
印度	13989	4865
俄罗斯联邦	3072	4279
巴西	5574	4062
泰国	25968	3520
马来西亚	22189	3187
英国	82947	3099
香港	63201	3029
印度尼西亚	6758	3017
伊朗	12773	1776
德国	124928	1643
阿根廷	13845	1463
台湾省	7889	1462
南非	13259	1408
孟加拉国	539	1378
土耳其	2539	1318
澳大利亚	63861	1296
法国	59276	1286
墨西哥	7477	1267
荷兰	142213	1107
韩国	21377	1087
意大利	9889	893
加拿大	11838	867
阿联酋	15329	763
突尼斯	369	759
菲律宾	14574	751
巴基斯坦	5924	583
沙特阿拉伯	3012	538
哥伦比亚	7175	518

国家/地区	出口数量（台）	出口金额（千美元）
埃及	2728	489
乌克兰	2715	478
哈萨克斯坦	990	474
西班牙	7596	466
波兰	3976	429
阿塞拜疆	14	426
阿尔及利亚	2987	403
新加坡	4908	392
叙利亚	1354	378
新西兰	6875	373
秘鲁	4295	357
智利	7389	354
以色列	17723	349
尼日利亚	5377	322
厄瓜多尔	2478	309
苏丹	367	287
黎巴嫩	838	276
罗马尼亚	483	270
斯里兰卡	527	250
巴林	83	219
巴拿马	13277	205
斯洛文尼亚	50	199
乌兹别克斯坦	282	193
朝鲜	48	187
巴拉圭	599	173
芬兰	1851	150
委内瑞拉	8303	146
希腊	153	136
缅甸	37	133
葡萄牙	380	129
约旦	1485	121
肯尼亚	782	119
乌拉圭	235	115
多哥	59	114
拉脱维亚	1332	114
津巴布韦	7	108
立陶宛	14	101
赞比亚	241	101
老挝	1	100
克罗地亚	117	96
哥斯达黎加	105	90
喀麦隆	138	90
捷克	63	84
埃塞俄比亚	12	83
莫桑比克	12	83

国家/地区	出口数量（台）	出口金额（千美元）
洪都拉斯	9	80
科威特	685	77
利比亚	59	71
卡塔尔	206	69
蒙古	166	63
阿曼	307	62
吉布提	2140	58
萨尔瓦多	5	56
柬埔寨	799	56
伊拉克	1794	52
马达加斯加	5	50
尼泊尔	98	50
毛里求斯	317	48
瑞典	1533	47
爱沙尼亚	16	43
保加利亚	26	41
摩洛哥	4413	39
白俄罗斯	16	34
利比里亚	2127	34
安哥拉	4	34
多米尼加共和国	5	33
玻利维亚	7	32
尼加拉瓜	1	31
比利时	810	24
乌干达	85	22
加纳	845	22
吉尔吉斯斯坦	3	22
匈牙利	13	22
塞尔维亚	19	20
也门	143	19
巴巴多斯	1	19
危地马拉	701	19
亚美尼亚	4	18
奥地利	121	18
波黑	3	17
斯洛伐克	34	15
苏里南	206	14
瑞士	517	14
刚果(布)	2	14
坦桑尼亚	53	14
丹麦	686	13
塞浦路斯	151	12
土库曼斯坦	9	12
贝宁	136	12
牙买加	154	11

国家/地区	出口数量（台）	出口金额（千美元）
格鲁吉亚	218	11
爱尔兰	9	10
百慕大	1	9
博茨瓦那	2	9
科特迪瓦	25	8
波多黎各	11	6
特立尼达和多巴哥	398	5
塞拉利昂	1	5
阿尔巴尼亚	8	4
塔吉克斯坦	159	4
黑山	21	3
刚果(金)	147	2
索马里	1	2
澳门	10	2
巴勒斯坦	1	2
摩尔多瓦	122	2
所罗门群岛	188	1
马尔代夫	1	1
布基纳法索	140	1
伯利兹	1	1
东帝汶	1	1
中非	3	1
古巴	50	1
莱索托	1	1
纳米比亚	2	1
挪威	174	1
马拉维	1	0
马耳他	5	0
几内亚	1	0
84412000 制造包、袋或信封的机器		
合计	1415	18445
印度	120	1909
印度尼西亚	196	1584
泰国	94	1556
俄罗斯联邦	45	1146
黎巴嫩	16	831
巴西	27	776
美国	19	715
埃及	42	707
马来西亚	44	585
韩国	13	483
格鲁吉亚	3	441
土耳其	16	380
伊朗	88	337
越南	86	329

国家/地区	出口数量（台）	出口金额（千美元）
墨西哥	15	322
委内瑞拉	23	318
秘鲁	32	307
玻利维亚	5	284
沙特阿拉伯	37	272
哥伦比亚	15	243
加拿大	4	221
叙利亚	12	196
智利	12	194
哈萨克斯坦	6	191
南非	17	185
保加利亚	6	183
英国	3	168
阿联酋	16	165
菲律宾	18	162
阿尔及利亚	16	154
乌兹别克斯坦	3	147
危地马拉	8	136
蒙古	7	135
厄瓜多尔	14	135
乌克兰	8	121
斯里兰卡	4	119
尼日利亚	16	117
意大利	5	113
香港	11	112
孟加拉国	39	98
也门	17	95
德国	8	89
澳门	3	87
巴基斯坦	16	87
摩洛哥	19	81
刚果(布)	3	74
新加坡	12	74
澳大利亚	4	72
伊拉克	1	68
台湾省	2	67
缅甸	3	67
波兰	2	64
葡萄牙	4	63
法国	2	62
巴林	10	61
拉脱维亚	8	60
柬埔寨	1	57
津巴布韦	3	55
加纳	17	44
多米尼加共和国	8	44
罗马尼亚	5	39
以色列	3	36
特立尼达和多巴哥	3	29
巴拉圭	4	27
西班牙	2	26
阿根廷	3	25
约旦	10	25
巴拿马	2	23
乌拉圭	2	22
突尼斯	14	22
苏丹	1	20
斐济	1	18
利比亚	3	18
马达加斯加	1	18
亚美尼亚	3	17
贝宁	7	17
牙买加	1	15
斯洛文尼亚	1	14
立陶宛	3	13
莱索托	2	12
阿曼	2	11
科特迪瓦	21	10
希腊	3	8
爱沙尼亚	1	8
莫桑比克	2	6
埃塞俄比亚	1	6
科威特	2	4
阿尔巴尼亚	4	4
塞内加尔	1	3
84413010 纸塑铝复合罐生产设备		
合计	11	386
葡萄牙	1	112
巴基斯坦	1	106
伊朗	1	67
印度	1	48
泰国	2	24
缅甸	1	19
澳大利亚	1	6
哈萨克斯坦	3	4
84413090 其他制造箱盒管桶等的机器		
合计	3384	50231
印度	576	7729
越南	148	3251
印度尼西亚	409	2927
俄罗斯联邦	316	2470
泰国	116	2394
巴西	133	2200
意大利	25	1641
伊朗	198	1610
墨西哥	49	1577
波兰	42	1407
沙特阿拉伯	42	1259
马来西亚	84	1148
日本	19	981
德国	29	932
韩国	24	816
土耳其	43	795
美国	195	790
澳大利亚	8	688
孟加拉国	31	662
台湾省	40	661
巴基斯坦	50	613
南非	18	585
阿尔及利亚	59	583
法国	7	508
希腊	5	487
阿根廷	41	477
乌兹别克斯坦	51	473
埃及	64	469
阿联酋	27	449
贝宁	1	443
英国	12	439
乌克兰	41	437
尼日利亚	25	420
叙利亚	20	413
拉脱维亚	2	380
比利时	2	355
菲律宾	14	350
智利	24	338
哥伦比亚	21	324
利比亚	20	302
约旦	11	294
西班牙	18	288
葡萄牙	5	278
哥斯达黎加	13	272
斯洛伐克	3	259
哈萨克斯坦	16	252
加拿大	13	230
苏丹	5	228

国家/地区	出口数量（台）	出口金额（千美元）
新加坡	9	211
厄瓜多尔	19	209
突尼斯	12	199
缅甸	4	183
委内瑞拉	13	171
斯洛文尼亚	6	165
以色列	19	155
香港	28	146
巴林	3	125
立陶宛	12	122
塞尔维亚	6	122
多哥	1	119
罗马尼亚	12	119
黎巴嫩	5	105
科特迪瓦	1	97
芬兰	3	91
荷兰	9	83
朝鲜	16	83
克罗地亚	6	76
斯里兰卡	6	65
科威特	1	62
秘鲁	9	58
新西兰	1	57
摩洛哥	7	53
肯尼亚	2	44
乌拉圭	6	43
玻利维亚	1	38
毛里求斯	4	36
阿曼	4	35
保加利亚	4	34
危地马拉	3	34
巴勒斯坦	2	21
安哥拉	1	21
柬埔寨	3	21
吉尔吉斯斯坦	2	20
爱沙尼亚	4	17
阿尔巴尼亚	3	16
喀麦隆	3	13
蒙古	1	11
津巴布韦	1	11
匈牙利	3	10
塞内加尔	1	10
波黑	1	8
尼泊尔	1	6
也门	1	6

国家/地区	出口数量（台）	出口金额（千美元）
多米尼加共和国	1	5
塞浦路斯	3	4
埃塞俄比亚	3	3
伊拉克	1	3
马耳他	2	2
84414000 纸浆、纸等模制成型机器		
合计	2522	45667
印度	514	6745
泰国	73	1925
墨西哥	129	1855
印度尼西亚	120	1664
埃及	57	1610
菲律宾	68	1576
新加坡	12	1552
土耳其	61	1502
韩国	15	1433
俄罗斯联邦	38	1416
越南	99	1401
叙利亚	43	1282
台湾省	32	1267
阿联酋	70	1181
美国	29	1131
孟加拉国	176	1096
伊朗	92	1020
马来西亚	48	951
巴西	58	938
芬兰	8	852
阿根廷	36	841
西班牙	16	800
哈萨克斯坦	26	711
哥伦比亚	27	705
德国	28	692
捷克	7	621
南非	52	615
乌兹别克斯坦	14	538
波兰	18	504
巴基斯坦	9	482
英国	5	450
沙特阿拉伯	17	432
法国	3	411
科威特	19	380
乌克兰	23	366
尼日利亚	23	349
肯尼亚	24	287
日本	4	275

国家/地区	出口数量（台）	出口金额（千美元）
也门	1	263
阿尔及利亚	51	249
澳大利亚	50	240
智利	25	215
委内瑞拉	3	192
赞比亚	1	170
斯洛伐克	7	162
加拿大	5	160
秘鲁	17	159
蒙古	1	155
利比亚	10	147
莫桑比克	2	125
突尼斯	13	95
立陶宛	3	94
罗马尼亚	14	89
厄瓜多尔	8	87
埃塞俄比亚	11	84
斯里兰卡	8	72
斯洛文尼亚	13	69
意大利	5	62
马拉维	1	60
拉脱维亚	13	57
匈牙利	1	56
约旦	5	48
卡塔尔	3	47
巴林	6	45
以色列	10	45
黎巴嫩	69	45
荷兰	5	40
爱尔兰	2	37
纳米比亚	14	36
摩洛哥	8	34
朝鲜	5	32
多哥	1	32
塞浦路斯	1	30
喀麦隆	2	29
香港	3	27
伊拉克	4	26
保加利亚	2	25
希腊	2	24
洪都拉斯	1	20
坦桑尼亚	2	18
马耳他	1	17
加纳	2	13
克罗地亚	1	13

国家/地区	出口数量(台)	出口金额(千美元)
葡萄牙	1	12
刚果(金)	2	11
危地马拉	1	10
缅甸	1	8
毛里求斯	4	8
乌拉圭	1	8
塞尔维亚	2	3
巴拉圭	1	2
柬埔寨	1	2
新西兰	3	0
84418010 纸塑铝复合软包装生产设备		
合计	441	9181
印度尼西亚	96	1312
伊朗	27	1211
巴西	22	1085
印度	25	634
俄罗斯联邦	61	552
委内瑞拉	7	543
马来西亚	9	507
泰国	10	266
越南	4	249
埃及	28	246
台湾省	6	223
意大利	6	221
德国	1	190
墨西哥	3	170
阿尔及利亚	5	167
新加坡	7	145
阿根廷	22	142
乌克兰	8	120
喀麦隆	3	115
沙特阿拉伯	4	101
黎巴嫩	11	90
美国	5	89
土耳其	9	82
哥伦比亚	13	81
苏丹	1	78
智利	2	68
秘鲁	4	56
南非	1	50
英国	1	49
波兰	2	46
以色列	1	38
突尼斯	6	30
西班牙	1	26

国家/地区	出口数量(台)	出口金额(千美元)
尼日利亚	7	25
利比亚	1	24
厄瓜多尔	2	23
巴林	1	18
斯里兰卡	1	15
哈萨克斯坦	1	12
孟加拉国	2	12
菲律宾	1	10
巴基斯坦	1	10
蒙古	1	9
阿联酋	2	9
亚美尼亚	2	8
白俄罗斯	1	7
保加利亚	1	6
立陶宛	2	5
加纳	1	4
阿尔巴尼亚	1	3
乌拉圭	1	1
巴拉圭	1	1
84418090 其他制造纸浆制品纸制品的机器		
合计	8171	136453
印度	350	13108
越南	186	10436
马来西亚	103	10316
意大利	1075	7282
委内瑞拉	14	7000
日本	2604	6116
南非	253	5594
台湾省	51	4523
菲律宾	38	4288
伊朗	404	4200
巴西	196	4170
叙利亚	36	4154
墨西哥	73	3558
印度尼西亚	321	3498
美国	86	3426
埃及	100	2860
英国	310	2596
阿尔及利亚	60	2405
土耳其	63	2374
泰国	66	2200
智利	27	2082
乌克兰	30	1921
俄罗斯联邦	420	1850
哈萨克斯坦	49	1551

国家/地区	出口数量(台)	出口金额(千美元)
尼日利亚	48	1423
德国	71	1257
乌兹别克斯坦	21	1102
加拿大	29	1035
澳大利亚	22	1009
阿联酋	95	1008
韩国	34	1002
阿根廷	43	940
朝鲜	18	808
荷兰	17	794
沙特阿拉伯	57	781
斯里兰卡	14	687
孟加拉国	27	649
芬兰	38	598
西班牙	19	587
黎巴嫩	34	583
约旦	22	490
突尼斯	67	477
香港	24	460
尼泊尔	1	415
厄瓜多尔	31	390
斯洛文尼亚	5	376
哥伦比亚	22	370
巴基斯坦	17	366
罗马尼亚	9	356
以色列	17	353
利比里亚	21	311
莫桑比克	4	303
肯尼亚	9	302
斯洛伐克	6	298
柬埔寨	5	298
阿尔巴尼亚	2	291
克罗地亚	3	287
新加坡	29	280
秘鲁	37	278
爱尔兰	2	238
苏丹	12	237
安哥拉	5	233
波兰	11	231
伊拉克	2	175
塔吉克斯坦	2	159
刚果(金)	2	155
利比亚	26	155
捷克	9	149
喀麦隆	8	145

国家/地区	出口数量（台）	出口金额（千美元）
加纳	3	139
格鲁吉亚	20	136
巴拉圭	8	128
也门	4	114
摩洛哥	13	113
阿塞拜疆	2	104
法国	10	103
塞浦路斯	6	101
缅甸	3	100
坦桑尼亚	14	99
津巴布韦	3	95
白俄罗斯	14	60
多米尼加共和国	4	60
巴拿马	4	55
科威特	5	52
马达加斯加	3	49
危地马拉	10	44
科特迪瓦	1	40
新西兰	24	37
萨尔瓦多	4	36
吉布提	9	36
莱索托	2	33
黑山	4	27
瑞典	4	25
希腊	3	25
乌拉圭	17	25
洪都拉斯	4	25
科摩罗	2	24
哥斯达黎加	2	22
巴林	4	22
多哥	1	19
匈牙利	2	18
立陶宛	9	17
蒙古	3	16
赞比亚	2	15
土库曼斯坦	1	12
前南马其顿	1	10
摩尔多瓦	2	10
比利时	2	8
塞尔维亚	9	8
葡萄牙	1	7
马耳他	2	7
埃塞俄比亚	4	5
马尔代夫	2	4
巴勒斯坦	2	4

国家/地区	出口数量（台）	出口金额（千美元）
吉尔吉斯斯坦	1	3
尼加拉瓜	3	3
马拉维	1	3
亚美尼亚	1	2
索马里	1	1
拉脱维亚	1	1
爱沙尼亚	1	1
毛里求斯	1	1

国家/地区	出口数量（吨）	出口金额（千美元）
84419010 切纸机零件		
合计	2174	14151
德国	172	1790
印度	199	1654
台湾省	414	1531
美国	115	1463
巴西	101	647
香港	53	512
西班牙	221	501
菲律宾	175	404
越南	68	351
智利	7	327
意大利	39	320
印度尼西亚	38	317
秘鲁	3	281
澳大利亚	47	263
泰国	55	258
墨西哥	29	250
日本	50	248
韩国	87	237
乌克兰	4	217
阿根廷	43	216
俄罗斯联邦	13	163
巴基斯坦	30	162
伊朗	25	159
马来西亚	18	155
埃及	9	149
法国	8	147
加拿大	20	137
奥地利	1	110
孟加拉国	26	104
荷兰	4	100
南非	6	92
波兰	5	86
新加坡	9	82
英国	7	76
比利时	1	71
土耳其	2	62
沙特阿拉伯	1	60
叙利亚	17	51
尼日利亚	3	49
阿联酋	10	41
斯里兰卡	7	37
约旦	2	33
委内瑞拉	0	26
瑞士	3	25
以色列	2	22
利比亚	8	18
阿尔及利亚	1	17
阿塞拜疆	0	13
厄瓜多尔	2	12
匈牙利	0	11
罗马尼亚	1	10
埃塞俄比亚	0	9
哥伦比亚	2	8
立陶宛	0	7
芬兰	1	7
克罗地亚	2	6
萨尔瓦多	0	5
黎巴嫩	1	5
卡塔尔	1	5
蒙古	0	4
拉脱维亚	0	4
巴拉圭	2	4
希腊	0	3
苏丹	0	2
刚果(布)	0	2
哈萨克斯坦	0	2
爱尔兰	0	2
突尼斯	0	2
乌拉圭	0	2
84419090 其他纸浆纸或纸板制品机器的零件		
合计	5838	32728
印度	840	4367
日本	416	3229
印度尼西亚	813	3017
美国	333	2923
越南	534	2054
意大利	206	1700
台湾省	407	1341

国家/地区	出口数量（吨）	出口金额（千美元）
巴西	160	1012
泰国	158	900
埃及	66	841
瑞典	50	829
南非	82	779
瑞士	33	736
芬兰	32	684
希腊	196	664
巴基斯坦	201	528
伊朗	101	510
马来西亚	92	446
菲律宾	96	442
土耳其	125	401
德国	81	356
西班牙	22	283
罗马尼亚	34	280
匈牙利	8	241
俄罗斯联邦	32	211
叙利亚	47	201
香港	38	199
新加坡	51	191
荷兰	21	191
孟加拉国	87	164
墨西哥	47	161
英国	20	158
阿根廷	104	154
比利时	5	147
沙特阿拉伯	16	145
澳大利亚	15	121
韩国	23	118
安哥拉	11	107
波兰	10	107
秘鲁	7	101
纳米比亚	7	94
加拿大	29	91
突尼斯	18	91
哥伦比亚	19	88
奥地利	4	88
苏丹	8	84
智利	11	80
乌克兰	6	77
斯里兰卡	12	74
乌拉圭	2	71
哈萨克斯坦	10	69
阿联酋	14	65

国家/地区	出口数量（吨）	出口金额（千美元）
委内瑞拉	2	56
危地马拉	1	55
立陶宛	6	53
埃塞俄比亚	0	34
加纳	9	33
乌兹别克斯坦	6	33
喀麦隆	4	27
巴拉圭	1	27
阿塞拜疆	1	26
塞尔维亚	3	23
斯洛文尼亚	3	21
约旦	4	21
法国	1	21
尼日利亚	1	21
摩洛哥	2	20
缅甸	2	18
以色列	4	18
厄瓜多尔	3	18
肯尼亚	4	18
亚美尼亚	0	16
爱尔兰	1	14
科威特	0	13
柬埔寨	3	13
巴布亚新几内亚	1	12
捷克	1	10
利比亚	1	10
卡塔尔	1	9
朝鲜	3	9
保加利亚	0	8
萨尔瓦多	0	7
塞浦路斯	1	6
阿尔及利亚	5	6
毛里求斯	0	6
白俄罗斯	0	5
乌干达	0	4
新西兰	1	4
塞内加尔	0	4
坦桑尼亚	1	3
多米尼加共和国	1	3
拉脱维亚	0	2
巴勒斯坦	0	2
赞比亚	0	1
爱沙尼亚	0	1
科特迪瓦	0	1
马尔代夫	0	1

国家/地区	出口数量（吨）	出口金额（千美元）
也门	0	1
国家/地区	出口数量（台）	出口金额（千美元）
84193100 农产品干燥器		
合计	1735	7603
台湾省	250	1589
印度尼西亚	18	1241
菲律宾	108	815
孟加拉国	9	742
泰国	25	626
越南	19	377
伊朗	8	249
乌兹别克斯坦	7	217
俄罗斯联邦	12	216
印度	35	195
老挝	12	160
日本	6	158
美国	797	154
柬埔寨	21	151
韩国	177	146
阿富汗	20	96
埃及	1	68
坦桑尼亚	8	58
智利	4	39
缅甸	7	38
墨西哥	1	34
委内瑞拉	3	31
土耳其	3	21
科特迪瓦	1	20
朝鲜	7	20
葡萄牙	4	17
香港	46	16
开曼群岛	3	16
蒙古	30	15
牙买加	1	15
厄瓜多尔	2	13
莫桑比克	4	9
也门	6	5
尼泊尔	3	5
加蓬	1	5
意大利	54	4
摩洛哥	1	4
玻利维亚	2	3
芬兰	1	2
格鲁吉亚	1	2

国家/地区	出口数量（台）	出口金额（千美元）
乌干达	1	2
加纳	3	2
秘鲁	1	2
肯尼亚	1	2
南非	1	1
哈萨克斯坦	8	0
84336000 水果等的清洁分选分级机器		
合计	216	4466
莫桑比克	2	2388
荷兰	2	490
塔吉克斯坦	2	400
韩国	24	175
泰国	7	139
巴基斯坦	9	126
智利	3	119
越南	46	112
马来西亚	11	84
菲律宾	7	65
科特迪瓦	2	58
保加利亚	3	38
乌兹别克斯坦	6	38
伊朗	1	34
印度	10	27
巴拉圭	2	25
老挝	5	20
法国	2	18
哈萨克斯坦	5	18
柬埔寨	2	17
突尼斯	2	15
朝鲜	12	12
台湾省	1	10
沙特阿拉伯	1	7
印度尼西亚	12	6
墨西哥	1	6
埃及	1	4
英国	1	3
香港	11	3
澳大利亚	1	2
阿联酋	1	2
特立尼达和多巴哥	1	2
缅甸	1	1
乌干达	1	1
俄罗斯联邦	1	0
喀麦隆	1	0
德国	16	0

国家/地区	出口数量（台）	出口金额（千美元）
84351000 制酒果汁等的压榨机轧碎机等机器		
合计	66379	8245
美国	2932	766
印度尼西亚	7755	692
加纳	69	566
泰国	8720	508
马来西亚	3586	386
奥地利	385	371
德国	5371	337
秘鲁	1892	294
黎巴嫩	1159	219
澳大利亚	671	199
英国	1673	196
西班牙	509	171
日本	73	168
印度	886	163
荷兰	391	159
越南	519	151
智利	628	150
土耳其	71	147
葡萄牙	288	131
俄罗斯联邦	6686	126
尼日利亚	5349	106
哈萨克斯坦	26	98
南非	525	96
危地马拉	2495	95
加拿大	616	92
阿联酋	572	85
肯尼亚	316	79
瑞士	115	76
波兰	221	70
叙利亚	292	68
菲律宾	316	67
伊朗	142	66
以色列	922	64
科威特	491	59
香港	842	59
意大利	120	58
厄瓜多尔	332	58
新加坡	307	54
老挝	2	51
法国	172	49
孟加拉国	218	44
墨西哥	274	44
巴拿马	130	40

国家/地区	出口数量（台）	出口金额（千美元）
塞内加尔	2	37
委内瑞拉	76	31
哥伦比亚	175	31
巴西	52	31
几内亚	43	30
爱沙尼亚	54	28
台湾省	76	27
巴林	128	26
丹麦	49	25
乌兹别克斯坦	1	25
哥斯达黎加	155	23
萨尔瓦多	585	23
沙特阿拉伯	183	22
斯洛文尼亚	1027	21
新西兰	21	20
苏丹	77	19
缅甸	1023	18
阿富汗	63	17
卡塔尔	209	17
巴布亚新几内亚	26	16
马提尼克	80	15
希腊	73	14
比利时	104	14
利比亚	37	12
朝鲜	33	12
留尼汪	13	11
埃及	67	9
韩国	3	8
克罗地亚	19	8
约旦	57	8
安哥拉	14	8
立陶宛	29	7
斯里兰卡	32	7
马里	28	6
贝宁	36	6
尼加拉瓜	12	6
马达加斯加	5	6
马尔代夫	47	5
罗马尼亚	9	5
保加利亚	40	5
巴基斯坦	8	5
乌干达	12	5
塞浦路斯	25	5
蒙古	156	5
伊拉克	40	5

国家/地区	出口数量(台)	出口金额(千美元)
波黑	2	5
法属波利尼西亚	10	5
斐济	19	4
塔吉克斯坦	380	4
波多黎各	7	4
尼泊尔	20	4
纳米比亚	109	4
格鲁吉亚	450	4
白俄罗斯	4	3
古巴	2	3
刚果(金)	6	3
吉布提	20	3
乌克兰	19	3
也门	17	3
匈牙利	3	3
巴巴多斯	30	3
突尼斯	961	3
多米尼加共和国	25	2
乌拉圭	6	2
埃塞俄比亚	2	2
玻利维亚	6	2
洪都拉斯	7	2
坦桑尼亚	9	2
塞舌尔	6	2
巴勒斯坦	8	2
摩洛哥	8	1
澳门	4	1
特立尼达和多巴哥	2	1
爱尔兰	150	1
多米尼克	5	0
牙买加	5	0
瑞典	2	0
赞比亚	1	0
斯洛伐克	3	0
挪威	6	0
84386000 水果、坚果或蔬菜加工机器		
合计	84878	17488
孟加拉国	141	2192
印度尼西亚	46667	1522
印度	372	1189
俄罗斯联邦	677	1074
荷兰	4834	902
越南	5206	770
马来西亚	1909	769
美国	8462	688

国家/地区	出口数量(台)	出口金额(千美元)
菲律宾	299	461
利比亚	62	459
尼日利亚	289	393
哈萨克斯坦	232	385
巴西	291	357
波兰	1101	351
泰国	799	297
英国	1314	287
日本	63	273
德国	932	260
葡萄牙	506	242
土耳其	533	242
南非	860	231
沙特阿拉伯	384	224
摩洛哥	767	214
澳大利亚	195	206
韩国	134	177
吉布提	61	173
斯里兰卡	153	170
黎巴嫩	389	163
加拿大	374	158
朝鲜	53	137
乌兹别克斯坦	10	125
新加坡	98	125
伊朗	158	124
智利	434	121
乌克兰	37	112
巴基斯坦	36	109
墨西哥	39	98
阿联酋	357	89
伊拉克	127	80
莫桑比克	4	80
比利时	1021	77
肯尼亚	169	76
以色列	528	75
希腊	195	66
阿根廷	137	60
厄瓜多尔	106	60
埃及	122	55
香港	108	55
匈牙利	29	53
罗马尼亚	126	46
意大利	77	41
阿尔及利亚	106	40
叙利亚	61	39

国家/地区	出口数量(台)	出口金额(千美元)
秘鲁	171	36
哥伦比亚	91	36
卡塔尔	103	34
西班牙	120	33
也门	11	32
台湾省	4	30
毛里求斯	2	28
法国	3	22
约旦	38	22
丹麦	70	22
巴拿马	67	21
马耳他	20	21
巴布亚新几内亚	64	20
赞比亚	1183	19
立陶宛	20	19
马达加斯加	19	18
保加利亚	33	18
塞浦路斯	56	17
蒙古	7	17
缅甸	33	16
安哥拉	22	12
瑞典	35	12
挪威	44	11
克罗地亚	13	10
马尔代夫	49	10
巴林	30	10
委内瑞拉	38	10
哥斯达黎加	23	10
柬埔寨	2	9
加蓬	21	8
新西兰	6	8
塞内加尔	3	8
乌干达	42	6
苏丹	11	5
爱沙尼亚	15	5
古巴	10	5
捷克	15	5
纳米比亚	25	5
海地	42	5
特立尼达和多巴哥	6	5
乍得	3	4
突尼斯	2	4
塞舌尔	16	4
苏里南	2	3
阿富汗	7	3

国家/地区	出口数量（台）	出口金额（千美元）
阿尔巴尼亚	12	3
波多黎各	3	3
赤道几内亚	6	3
危地马拉	7	3
萨尔瓦多	8	3
拉脱维亚	3	3
巴勒斯坦	5	2
尼泊尔	6	2
塞拉利昂	3	2
尼加拉瓜	5	2
刚果(金)	5	2
牙买加	3	2
多米尼加共和国	1	2
前南马其顿	4	2
洪都拉斯	4	2
玻利维亚	4	2
乌拉圭	20	2
埃塞俄比亚	1	1
尼日尔	3	1
爱尔兰	3	1
斐济	2	1
法属波利尼西亚	3	1
斯洛伐克	4	1
塞尔维亚	1	1
喀麦隆	4	1
加纳	7	1
文莱	1	1
芬兰	2	1
澳门	2	1
博茨瓦那	1	0
奥地利	2	0

国家/地区	出口数量（吨）	出口金额（千美元）
8435900084351000 所列机器的零件		
合计	805	4555
巴西	185	1434
德国	91	807
澳大利亚	108	362
日本	30	356
马来西亚	87	236
美国	34	174
新加坡	14	165
奥地利	10	148
俄罗斯联邦	18	133
西班牙	16	120

国家/地区	出口数量（吨）	出口金额（千美元）
印度	39	90
法国	25	82
意大利	25	77
委内瑞拉	5	69
比利时	29	59
缅甸	39	29
荷兰	5	26
香港	3	17
印度尼西亚	12	16
芬兰	1	15
伊朗	1	14
墨西哥	2	14
乌克兰	11	12
越南	2	12
智利	1	10
英国	0	9
几内亚	5	8
以色列	1	7
南非	0	6
贝宁	1	6
沙特阿拉伯	0	5
利比亚	0	5
新西兰	0	5
秘鲁	1	4
瑞士	0	3
丹麦	0	3
哥伦比亚	0	3
柬埔寨	0	3
韩国	0	2
泰国	0	1
留尼汪	0	1
葡萄牙	0	1
阿联酋	0	1
爱沙尼亚	0	1
阿根廷	0	1
瑞典	0	1
洪都拉斯	0	1

国家/地区	出口数量（台）	出口金额（千美元）
84792000 提取、加工动物油脂的机器		
合计	4685	56498
越南	578	20862
印度尼西亚	120	7643
台湾省	15	3857
南非	44	2715

国家/地区	出口数量（台）	出口金额（千美元）
乌兹别克斯坦	44	2680
美国	117	1942
哈萨克斯坦	142	1858
泰国	82	1429
马来西亚	76	1208
赞比亚	125	1051
阿根廷	280	918
尼日利亚	333	913
伊朗	32	869
孟加拉国	12	653
印度	26	634
津巴布韦	448	566
菲律宾	12	503
坦桑尼亚	564	472
朝鲜	156	447
缅甸	329	393
埃塞俄比亚	111	367
乌克兰	2	340
秘鲁	7	332
苏丹	154	325
俄罗斯联邦	35	273
贝宁	16	221
喀麦隆	31	212
柬埔寨	8	184
法国	2	171
马拉维	78	166
芬兰	5	145
巴基斯坦	23	140
澳大利亚	59	137
塔吉克斯坦	1	125
斐济	7	121
多哥	11	118
加拿大	8	108
玻利维亚	3	93
几内亚	105	92
巴西	10	84
意大利	11	65
科特迪瓦	16	58
乍得	54	58
斯洛文尼亚	2	54
埃及	29	54
德国	23	46
古巴	1	44
斯里兰卡	53	44
巴拉圭	14	42

国家/地区	出口数量（台）	出口金额（千美元）
伊拉克	1	41
加纳	21	39
乌拉圭	11	36
韩国	6	35
莫桑比克	7	33
肯尼亚	30	32
保加利亚	7	29
希腊	6	25
布基纳法索	3	24
塞尔维亚	4	24
匈牙利	9	24
叙利亚	8	22
新加坡	8	21
沙特阿拉伯	11	16
土耳其	10	14
新西兰	6	14
利比亚	1	12
智利	5	12
马里	11	12
塞拉利昂	8	12
巴布亚新几内亚	8	12
以色列	4	11
罗马尼亚	5	11
冈比亚	7	11
也门	3	11
马达加斯加	6	10
日本	1	10
挪威	1	10
乌干达	2	8
墨西哥	3	8
波兰	6	7
克罗地亚	4	6
利比里亚	4	6
比利时	3	6
特立尼达和多巴哥	3	6
阿联酋	3	5
立陶宛	2	5
巴哈马	1	4
刚果(金)	5	4
黎巴嫩	1	4
卡塔尔	1	4
安哥拉	1	3
厄瓜多尔	4	3
哥伦比亚	1	3
尼泊尔	1	3

国家/地区	出口数量（台）	出口金额（千美元）
海地	1	3
法属波利尼西亚	1	3
英国	2	2
瓦努阿图	2	2
科威特	1	2
捷克	2	2
瑞典	2	2
吉尔吉斯斯坦	1	1
塞内加尔	1	1
伯利兹	1	1
圣卢西亚	1	1
香港	2	1
84388000 其他饮料等用生产或加工机器		
合计	249331	129052
美国	24934	8270
越南	2412	8042
印度	3615	6426
马来西亚	25817	6025
印度尼西亚	15890	6011
台湾省	1887	5006
埃及	1215	4436
孟加拉国	962	3949
俄罗斯联邦	3717	3607
墨西哥	3882	3333
委内瑞拉	2733	3184
英国	3500	3117
南非	6040	2910
泰国	7337	2895
澳大利亚	3580	2812
意大利	11508	2755
日本	2149	2446
菲律宾	4904	2399
西班牙	17865	2049
朝鲜	287	1953
阿尔及利亚	2760	1894
叙利亚	2384	1887
比利时	3644	1835
巴西	1387	1834
智利	3782	1818
加拿大	2559	1801
塞尔维亚	41	1686
伊朗	898	1663
新加坡	3284	1519
韩国	1633	1361
阿联酋	3372	1333

国家/地区	出口数量（台）	出口金额（千美元）
德国	2100	1320
哈萨克斯坦	248	1227
新西兰	936	1135
香港	25468	1135
法国	2762	1065
丹麦	2651	1057
尼日利亚	1402	1047
古巴	306	964
巴基斯坦	218	887
乌兹别克斯坦	295	867
约旦	269	851
荷兰	2813	724
土耳其	1199	706
阿曼	20	634
波兰	1568	586
缅甸	457	585
厄瓜多尔	2132	559
以色列	512	506
斯里兰卡	653	492
哥伦比亚	2527	471
毛里塔尼亚	5	432
沙特阿拉伯	1354	425
瑞典	208	388
阿塞拜疆	3	370
罗马尼亚	576	366
黎巴嫩	2700	356
拉脱维亚	1343	350
阿根廷	1031	347
马拉维	36	329
乌克兰	424	312
肯尼亚	1760	309
也门	224	309
蒙古	67	290
秘鲁	1536	284
巴拿马	915	281
马达加斯加	30	278
希腊	554	272
伊拉克	169	263
危地马拉	5415	253
坦桑尼亚	446	251
加纳	100	243
塞浦路斯	358	240
立陶宛	471	238
芬兰	386	238
文莱	25	229

国家/地区	出口数量（台）	出口金额（千美元）
摩洛哥	663	222
巴布亚新几内亚	2444	208
保加利亚	158	202
利比亚	214	198
柬埔寨	300	194
卡塔尔	723	176
毛里求斯	518	168
苏丹	41	140
安哥拉	218	130
巴林	297	124
乌拉圭	335	122
塔吉克斯坦	7	120
突尼斯	367	117
吉尔吉斯斯坦	5	116
挪威	52	116
津巴布韦	31	95
老挝	51	88
土库曼斯坦	110	81
前南马其顿	27	79
纳米比亚	401	79
尼泊尔	70	75
克罗地亚	38	63
刚果(金)	79	62
尼加拉瓜	59	62
萨尔瓦多	402	61
奥地利	192	61
巴拉圭	250	58
莫桑比克	13	58
爱沙尼亚	255	57
东帝汶	1	52
吉布提	177	50
乍得	17	46
爱尔兰	66	43
葡萄牙	264	42
特立尼达和多巴哥	70	39
格鲁吉亚	1	39
玻利维亚	25	39
科威特	119	37
洪都拉斯	116	35
赞比亚	43	34
哥斯达黎加	25	33
斐济	41	33
波多黎各	143	32
马尔代夫	197	29
阿尔巴尼亚	68	29

国家/地区	出口数量（台）	出口金额（千美元）
苏里南	82	26
塞内加尔	5	25
澳门	86	23
多哥	83	23
乌干达	56	22
捷克	60	20
牙买加	15	19
所罗门群岛	1	17
刚果(布)	11	17
多米尼加共和国	215	16
喀麦隆	27	15
巴勒斯坦	11	14
索马里	5	13
博茨瓦那	10	11
贝宁	50	11
冰岛	4	10
塞舌尔	9	10
匈牙利	12	9
斯洛文尼亚	5	8
冈比亚	6	8
埃塞俄比亚	13	7
白俄罗斯	1	6
汤加	5	5
圭亚那	40	5
法属波利尼西亚	19	5
马里	46	5
阿富汗	19	4
瑞士	8	4
加蓬	40	4
斯洛伐克	7	4
科特迪瓦	6	2
巴哈马	10	2
科摩罗	2	2
基里巴斯	2	2
海地	1	2
萨摩亚	5	1
留尼汪	5	0
几内亚	3	0

国家/地区	出口数量（吨）	出口金额（千美元）
84389000 品目 8438 所列机械的零件		
合计	11020	74415
美国	1616	11495
日本	738	5436
意大利	451	4190

国家/地区	出口数量（吨）	出口金额（千美元）
荷兰	674	3998
德国	369	3866
丹麦	328	3279
台湾省	706	2440
印度尼西亚	844	2356
西班牙	238	2282
香港	172	2194
俄罗斯联邦	101	2036
法国	327	2033
巴西	233	1929
泰国	471	1860
澳大利亚	136	1847
以色列	231	1804
韩国	428	1718
马里	125	1564
印度	169	1292
瑞典	49	1027
马达加斯加	379	1018
南非	137	948
缅甸	220	933
英国	95	928
比利时	78	803
加拿大	77	720
马来西亚	109	702
爱尔兰	67	680
新加坡	34	654
越南	156	632
新西兰	117	606
伊朗	35	530
葡萄牙	134	525
菲律宾	85	515
墨西哥	133	447
埃及	24	352
巴基斯坦	15	319
波兰	27	313
尼日利亚	70	267
巴拿马	33	240
孟加拉国	24	227
挪威	122	216
叙利亚	20	212
阿根廷	28	202
土耳其	20	184
多哥	68	178
厄瓜多尔	10	127
乌克兰	17	123

国家/地区	出口数量(吨)	出口金额(千美元)
瑞士	7	112
贝宁	20	100
哥伦比亚	6	90
安哥拉	6	90
苏丹	7	89
智利	5	79
塞拉利昂	23	75
哥斯达黎加	25	74
肯尼亚	9	69
立陶宛	6	67
保加利亚	3	66
希腊	7	62
沙特阿拉伯	5	60
秘鲁	3	59
阿联酋	4	54
斯里兰卡	5	52
哈萨克斯坦	12	50
毛里求斯	17	49
乌兹别克斯坦	23	48
白俄罗斯	3	46
柬埔寨	17	45
约旦	9	39
古巴	3	37
玻利维亚	1	37
也门	3	34
赞比亚	1	34
伊拉克	2	33
乌干达	1	30
罗马尼亚	1	29
塞浦路斯	2	29
乌拉圭	2	28
摩洛哥	2	28
捷克	3	25
危地马拉	3	23
埃塞俄比亚	1	20
尼泊尔	1	18
阿尔及利亚	3	18
匈牙利	1	18
委内瑞拉	2	18
阿曼	1	16
冈比亚	1	16
奥地利	2	15
吉尔吉斯斯坦	1	13
巴林	1	13
莫桑比克	1	13
朝鲜	3	13
蒙古	2	11
黎巴嫩	1	11
芬兰	0	9
克罗地亚	1	9
格鲁吉亚	1	9
巴布亚新几内亚	1	9
拉脱维亚	1	8
巴拉圭	0	7
科威特	0	7
斐济	0	6
几内亚	1	5
吉布提	0	5
土库曼斯坦	0	5
科特迪瓦	0	4
刚果(金)	0	4
利比亚	0	4
突尼斯	0	3
多米尼加共和国	0	3
伯利兹	0	3
爱沙尼亚	0	3
坦桑尼亚	3	2
圭亚那	0	2
津巴布韦	4	1

表 21-8　林业机械进口

国家/地区	进口数量(台)	进口金额(千美元)
84331100 割刀水平旋转机动割草机		
合计	3718	8674
美国	845	6135
日本	636	1681
英国	416	300
意大利	53	112
荷兰	45	90
台湾省	927	81
法国	11	76
澳大利亚	11	64
新加坡	2	37
中华人民共和国	590	30
丹麦	11	28
德国	42	16
斯洛文尼亚	1	9
加拿大	6	5
瑞典	104	5
墨西哥	8	2
韩国	2	1
波兰	1	1
南非	1	0
新西兰	1	0
奥地利	2	0
马来西亚	2	0
匈牙利	1	0
84331900 其他草坪、公园割草机		
合计	3782	13958
美国	1263	12940
英国	19	372
日本	64	225
泰国	1009	196
韩国	502	63
瑞典	30	61
捷克	660	42
意大利	24	21
台湾省	13	18
中华人民共和国	179	10
德国	6	3
比利时	2	3
奥地利	1	2
澳大利亚	4	2
罗马尼亚	4	1
加拿大	2	0
84332000 其他割草机等用的刀具杆		
合计	603	1427
美国	102	925
德国	14	154
意大利	35	148
法国	14	112
加拿大	3	47
韩国	308	22
英国	3	7
台湾省	108	6
日本	9	2
中华人民共和国	3	1
南非	2	1
澳大利亚	1	1
捷克	1	0
84333000 其他干草切割、翻晒机器		
合计	142	751
美国	84	407
意大利	46	265

国家/地区	进口数量（台）	进口金额（千美元）
法国	7	39
德国	2	36
瑞典	3	5
84334000 草料打包机，包括收集打包机		
合计	887	13371
韩国	421	5219
美国	362	4678
比利时	24	2458
意大利	40	352
日本	15	306
德国	10	204
加拿大	5	73
奥地利	2	45
丹麦	4	20
俄罗斯联邦	2	10
土耳其	1	6
台湾省	1	2
84651000 不换刀对硬材料加工的机床		
合计	292	17607
德国	61	8159
意大利	31	3317
台湾省	39	2688
日本	5	1080
印度	18	1002
波兰	2	361
美国	5	307
加拿大	1	290
新加坡	13	257
奥地利	2	85
丹麦	4	32
英国	2	13
韩国	1	8
瑞士	106	5
中华人民共和国	2	4
84659100 木材软木骨硬橡胶等锯床		
合计	2809	35181
德国	322	18809
台湾省	1240	5895
奥地利	30	3406
意大利	62	3160
荷兰	4	1608
日本	388	948
丹麦	14	416
韩国	29	393
比利时	54	162

国家/地区	进口数量（台）	进口金额（千美元）
芬兰	1	99
美国	41	97
中华人民共和国	568	56
马来西亚	1	43
西班牙	2	33
捷克	1	20
香港	6	11
墨西哥	30	10
英国	9	8
加拿大	6	5
泰国	1	2
84659200 木材软木等硬质材料等切削机器		
合计	3000	112838
台湾省	1548	60883
德国	302	17866
日本	668	16320
意大利	129	7085
韩国	117	4365
奥地利	12	1902
美国	40	1182
新加坡	22	1136
瑞士	53	889
澳大利亚	7	351
法国	15	313
丹麦	17	240
西班牙	3	194
英国	6	42
挪威	1	30
中华人民共和国	42	18
捷克	1	17
加拿大	5	4
香港	2	2
荷兰	10	1
84659300 木材软木等硬材料研磨砂磨机器		
合计	2196	58761
台湾省	1062	20778
德国	399	10730
日本	159	8594
意大利	89	4914
韩国	213	4397
荷兰	14	2303
瑞士	21	2231
奥地利	6	1863
美国	74	1076
法国	71	798

国家/地区	进口数量（台）	进口金额（千美元）
丹麦	17	372
中华人民共和国	20	274
比利时	3	109
泰国	1	108
马来西亚	5	66
英国	4	59
香港	13	51
瑞典	6	16
捷克	4	11
西班牙	1	5
新加坡	4	2
印度尼西亚	2	2
爱尔兰	4	1
澳大利亚	1	1
芬兰	1	1
加拿大	2	0
84659400 木材软木骨等硬材料弯曲或装配机器		
合计	2775	33867
台湾省	244	9693
日本	249	7206
德国	71	4248
韩国	143	3996
美国	90	2716
新加坡	33	1447
香港	8	1366
意大利	46	1061
丹麦	29	904
瑞士	98	327
加拿大	2	248
英国	2	173
马来西亚	1	162
比利时	3	73
奥地利	3	70
西班牙	2	50
澳大利亚	7	37
中华人民共和国	1733	33
法国	3	27
波兰	4	14
以色列	2	12
荷兰	1	3
墨西哥	1	0
84659500 木材软木等硬材料凿榫机器		
合计	3788	359477
日本	962	139557
台湾省	1444	127150

国家/地区	进口数量(台)	进口金额(千美元)
德国	733	84410
意大利	77	2245
瑞士	12	1509
中华人民共和国	11	1480
韩国	66	918
澳大利亚	3	709
美国	53	582
比利时	1	276
英国	155	219
香港	28	177
奥地利	70	62
泰国	3	49
芬兰	1	45
丹麦	14	33
斯洛文尼亚	126	22
加拿大	1	12
新加坡	6	12
法国	2	7
捷克	9	2
巴基斯坦	9	0
瑞典	2	0
84659600 木材软木等硬材料剖开等机器		
合计	2591	80703
台湾省	1062	30182
日本	435	21961
韩国	399	12767
德国	243	8326
新加坡	48	1350
美国	53	1327
荷兰	4	1017
意大利	47	876
奥地利	4	775
瑞士	198	747
马来西亚	6	416
芬兰	15	347
澳大利亚	4	234
加拿大	30	103
以色列	1	98
西班牙	4	64
丹麦	16	57
爱尔兰	1	16
白俄罗斯	2	14
中华人民共和国	8	8
瑞典	3	7
土耳其	1	5

国家/地区	进口数量(台)	进口金额(千美元)
英国	2	3
波兰	4	3
法国	1	1
84659900 木材软木等硬材料的其他加工机床		
合计	2975	121150
德国	895	57220
日本	414	19447
台湾省	802	19350
意大利	225	12648
韩国	280	5409
西班牙	40	1533
美国	30	1144
新加坡	36	1009
奥地利	7	521
加拿大	2	408
瑞士	136	404
荷兰	1	318
英国	6	306
香港	6	249
波兰	2	218
法国	7	173
丹麦	3	158
澳大利亚	7	145
芬兰	24	97
印度尼西亚	3	94
斯洛文尼亚	3	58
瑞典	5	56
斯洛伐克	2	40
中华人民共和国	17	39
印度	2	29
南非	3	24
新西兰	10	20
泰国	2	16
葡萄牙	1	10
巴西	3	8
马来西亚	1	0
84793000 木碎料木纤维板挤压机等木材处理机		
合计	55	33800
德国	10	26618
意大利	16	2196
加拿大	0	1778
芬兰	2	1630
荷兰	4	728
日本	3	533
台湾省	5	185

国家/地区	进口数量(台)	进口金额(千美元)
瑞典	1	88
美国	2	24
韩国	10	17
马来西亚	2	4
国家/地区	进口数量(吨)	进口金额(千美元)
84669200 品目 8465 所列机器用的零件		
合计	1318	22883
日本	146	4526
德国	123	4343
台湾省	853	3946
意大利	78	3854
韩国	60	3410
美国	18	1012
奥地利	3	279
瑞士	7	277
马来西亚	9	206
瑞典	9	172
英国	0	135
丹麦	2	133
香港	1	92
新加坡	1	88
法国	0	69
国别(地区)不详	1	62
斯洛伐克	0	44
中华人民共和国	3	43
卢森堡	0	42
西班牙	1	31
澳大利亚	0	24
波兰	0	15
荷兰	0	14
捷克	0	14
比利时	3	13
泰国	0	9
加拿大	0	8
以色列	0	5
罗马尼亚	0	5
斯洛文尼亚	0	3
芬兰	0	3
印度	0	2
巴基斯坦	0	2
巴西	0	1
墨西哥	0	1
越南	0	1
82021000 手工锯		

国家/地区	进口数量（吨）	进口金额（千美元）
合计	88	1366
日本	15	514
丹麦	6	207
台湾省	29	206
巴西	7	108
韩国	10	64
德国	2	62
美国	2	59
中华人民共和国	9	46
瑞典	2	44
葡萄牙	3	16
新加坡	1	9
捷克	0	9
法国	0	7
英国	0	5
芬兰	0	3
意大利	0	2
香港	0	2
荷兰	0	1
西班牙	0	1
瑞士	0	1
82022000 带锯片		
合计	3225	58679
德国	1932	34278
日本	470	11400
美国	449	6838
英国	101	2055
瑞士	112	1142
瑞典	59	1039
巴西	24	487
印度	20	399
台湾省	13	303
法国	16	299
波兰	13	182
意大利	4	66
捷克	2	61
韩国	2	53
白俄罗斯	0	25
中华人民共和国	4	19
葡萄牙	1	14
奥地利	0	8
新加坡	0	4
西班牙	0	1
丹麦	0	1
泰国	0	1

国家/地区	进口数量（吨）	进口金额（千美元）
82023100 带有钢制工作部件的圆锯片		
合计	466	22168
日本	96	11256
意大利	236	7798
菲律宾	55	1064
卢森堡	13	654
韩国	6	340
德国	8	331
以色列	15	190
台湾省	8	187
中华人民共和国	8	142
美国	1	67
英国	16	62
法国	4	33
瑞士	0	17
瑞典	0	11
泰国	0	3
荷兰	0	3
西班牙	0	3
印度	0	2
澳大利亚	0	2
香港	0	1
挪威	0	1
丹麦	0	1
巴西	0	1
82023900 其他圆锯片，包括部件		
合计	989	17823
日本	90	2601
韩国	210	2301
印度	35	1934
中华人民共和国	215	1610
法国	55	1198
美国	129	1138
德国	46	1115
台湾省	55	1096
香港	34	964
以色列	53	883
卢森堡	17	865
荷兰	16	860
意大利	18	373
瑞士	8	338
菲律宾	3	321
比利时	0	48
瑞典	0	38
奥地利	1	29

国家/地区	进口数量（吨）	进口金额（千美元）
澳大利亚	0	22
墨西哥	1	20
英国	0	16
泰国	0	10
丹麦	0	8
哥伦比亚	0	7
捷克	0	6
斯洛文尼亚	0	6
芬兰	0	3
加拿大	0	3
印度尼西亚	0	2
叙利亚	0	2
白俄罗斯	0	1
希腊	0	1
马来西亚	0	1
新加坡	0	1
82024000 链锯条		
合计	1309	26687
美国	757	14050
加拿大	229	4272
瑞士	237	3754
日本	8	3342
巴西	45	613
中华人民共和国	21	325
奥地利	0	82
新加坡	4	58
德国	1	54
台湾省	2	52
意大利	1	32
葡萄牙	0	28
荷兰	2	13
芬兰	1	13
韩国	0	1
82053000 木工刨子凿子及类似切削工具		
合计	34	764
德国	15	486
意大利	11	99
日本	1	77
美国	1	47
台湾省	3	22
中华人民共和国	2	18
英国	0	7
墨西哥	0	3
印度	0	1
法国	0	1

国家/地区	进口数量（吨）	进口金额（千美元）
韩国	0	1
加拿大	0	1
82082000 木工机械用刀及刀片		
合计	348	7324
日本	162	2937
意大利	12	1150
德国	30	1086
中华人民共和国	71	671
芬兰	9	409
台湾省	53	363
奥地利	2	297
荷兰	0	180
美国	2	56
瑞士	0	36
英国	1	28
卢森堡	0	24
韩国	0	20
捷克	1	18
瑞典	3	13
新加坡	0	8
泰国	1	4
爱尔兰	0	4
希腊	0	4
阿联酋	0	3
法国	0	3
印度	0	3
丹麦	0	3
以色列	0	2
新西兰	0	1
挪威	0	1
马来西亚	0	1
82084000 园艺或林业机器用的刀及刀片		
合计	1352	20334
日本	666	11052
美国	198	2787
德国	251	2495
瑞士	95	1789
加拿大	20	720
巴西	34	478
意大利	30	454
法国	9	206
韩国	13	89
马来西亚	5	71
墨西哥	11	53
台湾省	7	48

国家/地区	进口数量（吨）	进口金额（千美元）
中华人民共和国	9	28
英国	2	19
新加坡	0	16
白俄罗斯	3	14
瑞典	0	9
芬兰	0	3
荷兰	0	1
西班牙	0	1
澳大利亚	0	1
比利时	0	1
82011000 锹及铲		
合计	46	724
台湾省	41	618
法国	0	29
美国	2	24
日本	1	19
德国	0	12
韩国	1	6
瑞典	0	6
英国	1	2
瑞士	0	2
波兰	0	2
比利时	0	1
中华人民共和国	0	1
意大利	0	1
82012000 叉		
合计	6	11
日本	5	7
爱尔兰	1	3
82013000 镐、锄及耙		
合计	31	63
台湾省	30	39
美国	0	12
日本	0	4
法国	0	3
德国	0	3
波兰	0	1
捷克	0	1
82014000 斧子、钩刀及类似砍伐工具		
合计	51	218
台湾省	42	101
日本	4	25
瑞典	0	22
中华人民共和国	1	20
德国	1	18

国家/地区	进口数量（吨）	进口金额（千美元）
意大利	0	9
美国	0	9
奥地利	0	5
新加坡	0	2
挪威	0	2
韩国	0	1
泰国	0	1
荷兰	0	1
丹麦	0	1
82015000 修枝剪及类似的单手操作剪刀		
合计	130	1450
日本	23	1042
台湾省	90	288
德国	2	44
中华人民共和国	13	41
韩国	1	18
越南	0	5
法国	0	4
瑞士	0	3
波兰	0	2
意大利	0	1
荷兰	0	1
82016000 树篱剪、双手修枝剪操作剪刀		
合计	258	967
台湾省	252	912
美国	1	29
法国	1	11
巴基斯坦	1	7
中华人民共和国	1	3
波兰	1	3
瑞士	0	1
韩国	0	1
82019000 其他用于园艺或林业手工工具		
合计	28	336
韩国	12	110
美国	2	76
瑞典	0	70
俄罗斯联邦	7	30
台湾省	6	28
日本	0	8
芬兰	0	4
意大利	0	3
英国	0	3
法国	0	1
荷兰	0	1

国家/地区	进口数量（台）	进口金额（千美元）
84321000 犁		
合计	7355	5164
日本	6944	1928
法国	163	1881
德国	167	780
奥地利	17	268
挪威	10	128
美国	18	97
意大利	11	60
韩国	4	11
台湾省	2	8
泰国	2	2
印度	1	0
英国	2	0
加拿大	5	0
中华人民共和国	1	0
菲律宾	4	0
南非	4	0
84322100 圆盘耙		
合计	69	258
美国	4	159
德国	4	61
法国	51	34
韩国	1	3
苏丹	9	0
84322900 其他耙松土机中耕机等		
合计	9449	29847
美国	547	11055
日本	7692	10317
德国	357	7054
荷兰	49	338
奥地利	20	310
意大利	35	260
台湾省	384	248
法国	19	182
韩国	10	33
泰国	11	20
中华人民共和国	314	13
也门	1	4
马来西亚	1	4
俄罗斯联邦	2	3
印度	2	3
加拿大	4	3
丹麦	1	0
84324000 施肥机		

国家/地区	进口数量（台）	进口金额（千美元）
合计	3688	2989
美国	514	1158
日本	97	473
意大利	1039	350
以色列	1783	334
法国	43	171
德国	29	171
荷兰	17	152
奥地利	9	119
泰国	144	35
斯洛文尼亚	2	9
英国	3	5
加拿大	4	5
土耳其	2	3
韩国	1	3
马来西亚	1	1
84328010 草坪及运动场地滚压机		
合计	219	1359
美国	38	349
澳大利亚	36	342
芬兰	1	255
日本	133	231
德国	11	183
84328090 未列名园艺及林业用整地机械		
合计	1338	5488
美国	443	2799
意大利	75	616
日本	66	591
荷兰	34	359
法国	5	301
澳大利亚	26	231
德国	20	206
韩国	605	195
奥地利	4	94
泰国	15	27
英国	1	27
土耳其	1	21
台湾省	41	13
新加坡	1	8
加拿大	1	1

国家/地区	进口数量（吨）	进口金额（千美元）
84329000 品目 8432 所列机械的零件		
合计	2614	42166
日本	1952	36269
韩国	229	2877
美国	151	1254
法国	163	677
挪威	12	241
西班牙	49	173
荷兰	11	171
意大利	13	161
德国	7	101
奥地利	1	67
中华人民共和国	12	33
加拿大	3	27
以色列	1	26
台湾省	4	21
香港	1	17
澳大利亚	2	15
英国	0	14
丹麦	0	8
南非	0	3
希腊	0	2
墨西哥	0	2
新加坡	0	2
比利时	0	1
印度尼西亚	0	1
柬埔寨	0	1
捷克	0	1
土耳其	0	1

国家/地区	进口数量（台）	进口金额（千美元）
84193200 木材纸浆纸或纸板干燥器		
合计	186	103990
芬兰	8	35478
德国	25	17274
中华人民共和国	32	15681
意大利	15	11555
法国	3	4491
日本	28	4486
英国	3	3470
瑞典	7	3286
奥地利	2	2329
西班牙	2	1557
巴西	23	1293
荷兰	16	1025
美国	10	950
台湾省	6	727
韩国	3	376

国家/地区	进口数量（台）	进口金额（千美元）
加拿大	3	11
84201000 研光机或其他滚压机器		
合计	1930	307332
德国	79	93285
芬兰	17	66295
台湾省	1113	32105
日本	170	31828
意大利	112	23131
韩国	232	22838
英国	32	22672
美国	47	7628
西班牙	11	1513
法国	4	1145
瑞士	14	962
丹麦	9	826
加拿大	5	774
瑞典	7	678
泰国	6	571
中华人民共和国	30	554
印度	2	174
奥地利	2	66
澳大利亚	1	65
香港	1	51
匈牙利	3	44
南非	1	33
巴西	1	30
荷兰	4	27
以色列	1	22
越南	24	14
新加坡	2	3

国家/地区	进口数量（吨）	进口金额（千美元）
84209900 研光机或其他滚压机零件		
合计	1713	37058
德国	1162	24816
芬兰	200	4659
日本	15	2155
台湾省	61	1210
韩国	100	1192
意大利	54	921
美国	54	836
英国	23	644
奥地利	3	289
瑞士	5	118
西班牙	24	103

国家/地区	进口数量（吨）	进口金额（千美元）
中华人民共和国	5	31
比利时	0	23
法国	1	14
阿根廷	0	12
丹麦	0	10
越南	0	7
印度	0	5
马来西亚	0	5
伊朗	5	4
瑞典	0	3
白俄罗斯	0	1

国家/地区	进口数量（台）	进口金额（千美元）
84391000 制造纤维素纸浆的机器		
合计	450	160475
德国	221	68815
芬兰	43	24604
奥地利	25	21321
瑞典	26	19208
台湾省	69	11452
美国	14	6333
日本	16	2712
意大利	10	1709
中华人民共和国	17	1423
波兰	1	1147
加拿大	2	834
法国	1	410
韩国	1	322
巴西	2	103
西班牙	1	55
荷兰	1	31
84392000 纸或纸板的制造机器		
合计	167	403584
芬兰	42	202817
德国	31	91144
日本	16	28876
台湾省	33	26611
法国	5	14789
意大利	5	13574
美国	4	8566
奥地利	12	8112
瑞典	2	2551
中华人民共和国	1	2424
波兰	2	1682
瑞士	1	1593

国家/地区	进口数量（台）	进口金额（千美元）
韩国	4	590
加拿大	7	165
西班牙	2	92
84393000 纸或纸板的整理机器		
合计	410	229504
芬兰	22	82179
德国	34	58611
台湾省	199	45576
意大利	25	21623
西班牙	4	5375
奥地利	1	2780
美国	18	2779
英国	4	2673
法国	2	2468
日本	14	2306
韩国	68	2154
瑞典	9	474
巴西	0	273
瑞士	2	86
澳大利亚	1	83
中华人民共和国	4	49
加拿大	1	10
印度尼西亚	2	6

国家/地区	进口数量（吨）	进口金额（千美元）
84399100 制造纤维素纸浆机器的零件		
合计	2587	67790
芬兰	1377	29846
奥地利	285	8516
美国	386	8489
德国	105	6766
瑞典	191	5850
韩国	39	2283
台湾省	85	1662
日本	42	1401
意大利	27	588
挪威	6	504
法国	5	423
加拿大	6	349
中华人民共和国	5	323
新加坡	1	203
香港	9	134
西班牙	4	102
印度尼西亚	1	73
比利时	1	64

国家/地区	进口数量（吨）	进口金额（千美元）
印度	4	64
南非	3	53
英国	2	47
巴西	0	25
越南	0	7
土耳其	2	7
泰国	0	7
国别(地区)不详	0	4
84399900 制造或整理纸及纸板机器零件		
合计	9699	257147
芬兰	2841	86222
德国	2937	81997
韩国	1039	19267
日本	993	17962
奥地利	531	16711
意大利	537	10476
瑞士	49	5629
美国	237	4522
瑞典	55	3644
台湾省	324	3320
法国	65	3154
英国	18	2528
西班牙	29	780
荷兰	2	256
巴西	24	151
加拿大	1	137
挪威	1	93
澳大利亚	2	77
泰国	0	57
马来西亚	2	50
香港	0	45
新加坡	5	43
丹麦	0	10
中华人民共和国	4	7
伊朗	1	4
以色列	1	4
比利时	0	2
爱沙尼亚	0	1
国别(地区)不详	0	1

国家/地区	进口数量（台）	进口金额（千美元）
84401010 锁线装订机		
合计	50	7628
德国	22	4515
意大利	16	2671

国家/地区	进口数量（台）	进口金额（千美元）
瑞士	7	140
台湾省	3	130
日本	1	100
美国	1	73
84401020 胶订机		
合计	85	11119
瑞士	29	4423
德国	15	3418
美国	13	1800
日本	24	1404
比利时	4	73
84401090 其他书本装订机器		
合计	1235	35140
德国	130	18191
日本	800	6366
瑞士	109	5285
葡萄牙	58	2154
美国	20	1071
台湾省	23	992
意大利	9	317
英国	11	301
荷兰	20	173
韩国	41	128
比利时	2	87
法国	6	63
捷克	1	8
中华人民共和国	4	3
瑞典	1	1

国家/地区	进口数量（吨）	进口金额（千美元）
84409000 书本装订机器的零件		
合计	83200	4518
德国	46413	2725
美国	16489	670
瑞士	2184	521
葡萄牙	9675	183
日本	5176	176
意大利	1480	126
台湾省	105	58
荷兰	1519	39
奥地利	3	6
英国	27	5
比利时	13	3
拉脱维亚	1	3
瑞典	1	1

国家/地区	进口数量（吨）	进口金额（千美元）
中华人民共和国	13	1
韩国	1	0
香港	100	0

国家/地区	进口数量（台）	进口金额（千美元）
84411000 切纸机		
合计	20846	64133
台湾省	229	18839
美国	1132	12386
德国	294	8575
西班牙	12	8399
意大利	83	4646
日本	285	4510
瑞士	21	2169
韩国	48	930
英国	18	917
澳大利亚	3	911
瑞典	15	618
加拿大	3	295
捷克	4	218
中华人民共和国	18620	154
荷兰	10	150
奥地利	1	127
法国	3	84
阿根廷	3	81
新加坡	3	43
拉脱维亚	6	24
比利时	2	23
丹麦	1	21
芬兰	1	7
香港	46	5
波兰	2	1
伊朗	1	0
84412000 制造包、袋或信封的机器		
合计	60	9618
印度	32	4703
日本	12	3360
韩国	3	690
台湾省	8	617
英国	1	200
德国	3	29
美国	1	20
84413010 纸塑铝复合罐生产设备		
合计	1	731
德国	1	731

国家/地区	进口数量(台)	进口金额(千美元)
84413090 其他制造箱盒管桶的机器		
合计	198	17095
香港	80	4468
日本	40	3651
马来西亚	23	3046
沙特阿拉伯	9	1596
新加坡	9	1535
韩国	6	838
中华人民共和国	4	430
台湾省	5	346
德国	2	264
意大利	1	247
西班牙	2	165
芬兰	3	135
挪威	2	98
瑞典	1	95
瑞士	1	79
捷克	1	63
巴西	1	20
美国	8	19
84414000 纸浆或纸制品成型机器		
合计	116	12480
印度	10	4065
日本	22	3867
新加坡	45	2075
韩国	2	1000
中华人民共和国	14	383
台湾省	2	350
德国	12	259
法国	2	154
意大利	2	152
西班牙	1	110
挪威	2	54
瑞士	1	7
美国	1	5
84418010 纸塑铝复合软包装生产设备		
合计	14	2097
日本	5	1850
韩国	2	155
中华人民共和国	1	58
台湾省	2	14
德国	2	13
芬兰	2	6
84418090 其他制造纸浆纸制品或纸板机器		
合计	389	84809

国家/地区	进口数量(台)	进口金额(千美元)
香港	40	17896
印度尼西亚	16	17802
日本	256	14910
韩国	3	13383
中华人民共和国	11	6618
台湾省	5	3786
德国	16	3334
意大利	2	3051
荷兰	16	1919
西班牙	1	728
芬兰	10	624
瑞典	2	540
瑞士	9	214
美国	2	4
国家/地区	进口数量(吨)	进口金额(千美元)
84419010 切纸机零件		
合计	395	13348
香港	153	3483
日本	63	2658
菲律宾	54	2306
新加坡	60	1514
韩国	23	1012
泰国	16	839
土耳其	2	398
中华人民共和国	1	379
台湾省	6	310
比利时	8	254
英国	7	71
德国	1	48
法国	1	37
意大利	0	11
荷兰	0	8
西班牙	0	4
奥地利	0	4
芬兰	0	3
挪威	0	2
波兰	0	1
瑞典	0	1
瑞士	0	1
斯洛文尼亚	0	1
阿根廷	0	1
84419090 其他制造纸浆纸或纸板零件		
合计	940	30728
香港	210	5721

国家/地区	进口数量(吨)	进口金额(千美元)
印度	153	5233
印度尼西亚	170	3867
日本	72	3383
马来西亚	47	2907
新加坡	51	2688
韩国	85	2273
泰国	9	1110
越南	109	1110
中华人民共和国	12	640
台湾省	7	563
南非	3	294
突尼斯	1	277
比利时	1	178
丹麦	1	84
英国	1	80
德国	0	74
法国	0	63
爱尔兰	2	56
意大利	3	34
荷兰	0	22
葡萄牙	0	20
西班牙	0	17
奥地利	0	11
芬兰	0	9
匈牙利	0	6
挪威	0	2
波兰	0	1
瑞典	0	1
瑞士	0	1
捷克	0	1
阿根廷	0	1
国家/地区	进口数量(台)	进口金额(千美元)
84193100 农产品干燥器		
合计	655	10909
印度	10	2825
日本	10	2717
韩国	2	2549
泰国	97	1542
台湾省	6	383
德国	503	363
意大利	2	202
荷兰	22	168
西班牙	2	152
美国	1	8

国家/地区	进口数量（台）	进口金额（千美元）
84336000 水果等清洁分选分级机器		
合计	280	16954
印度	20	4321
日本	51	2381
马来西亚	55	2090
新加坡	7	2030
韩国	26	1690
土耳其	12	1308
台湾省	5	1177
比利时	6	532
丹麦	13	453
英国	17	308
德国	8	262
法国	39	132
意大利	4	105
荷兰	2	78
西班牙	1	44
秘鲁	9	23
加拿大	1	12
美国	2	6
新西兰	2	3
84351000 制酒、果汁等压榨机等机器		
合计	1601	9247
日本	84	4202
马来西亚	2	2230
韩国	65	968
泰国	187	890
中华人民共和国	8	363
台湾省	21	239
比利时	13	112
德国	1010	89
法国	1	83
意大利	2	35
西班牙	151	21
瑞士	52	11
美国	2	2
澳大利亚	3	2
84386000 水果、坚果或蔬菜加工机器		
合计	1708	17151
日本	240	7639
马来西亚	140	2684
新加坡	162	1776
韩国	50	1618
泰国	124	834
越南	13	522
中华人民共和国	3	450

国家/地区	进口数量（台）	进口金额（千美元）
台湾省	442	389
比利时	195	324
英国	3	217
德国	121	209
法国	117	168
意大利	26	106
荷兰	37	67
希腊	1	63
西班牙	22	45
芬兰	2	22
瑞典	1	7
瑞士	3	6
斯洛伐克	2	4
巴西	2	3
美国	2	0
国家/地区	进口数量（吨）	进口金额（千美元）
8435900084351000 所列机器的零件		
合计	8	204
日本	0	60
韩国	2	40
泰国	1	35
台湾省	0	11
丹麦	0	10
法国	1	9
意大利	0	9
西班牙	0	8
巴西	0	8
加拿大	2	8
美国	1	3
澳大利亚	0	2
国家/地区	进口数量（台）	进口金额（千美元）
84792000 提取、加工动物油脂机器		
合计	77	7530
印度	14	2376
马来西亚	20	1405
韩国	6	1010
台湾省	2	656
比利时	3	550
丹麦	1	493
英国	4	405
德国	1	169
法国	4	123
意大利	14	101
荷兰	1	81

国家/地区	进口数量（台）	进口金额（千美元）
瑞典	1	71
瑞士	2	48
巴西	2	35
美国	1	5
新西兰	1	2
84388000 其他饮料生产或加工机器		
合计	11583	112291
香港	531	48018
印度	132	14144
印度尼西亚	715	13064
日本	353	7420
科威特	7850	4698
马来西亚	84	3004
菲律宾	615	2965
新加坡	13	2385
韩国	146	2345
泰国	25	2103
土耳其	170	1792
中华人民共和国	25	1623
台湾省	5	1389
南非	138	1336
比利时	11	1323
丹麦	19	1284
英国	3	1049
德国	61	704
法国	52	409
意大利	10	387
荷兰	124	235
希腊	291	148
西班牙	118	144
芬兰	47	73
波兰	4	71
瑞典	26	48
瑞士	1	35
斯洛文尼亚	3	26
巴西	3	25
哥伦比亚	3	15
秘鲁	3	13
加拿大	1	9
美国	1	4
国家/地区	进口数量（吨）	进口金额（千美元）
84389000 品目 8438 所列机械的零件		
合计	390	10220
印度尼西亚	48	2754
以色列	227	2359

国家/地区	进口数量（吨）	进口金额（千美元）
日本	41	1646
菲律宾	17	1088
新加坡	11	572
韩国	16	485
土耳其	12	283
中华人民共和国	1	165
台湾省	3	153
南非	0	119
比利时	1	92
丹麦	4	83
英国	0	70
德国	2	67
法国	2	54
爱尔兰	1	36
意大利	1	30
荷兰	0	26
西班牙	1	24
奥地利	0	22
芬兰	1	21
冰岛	0	14
瑞典	0	13
瑞士	0	11
捷克	0	11
巴西	0	9
哥伦比亚	0	4
墨西哥	0	2
加拿大	0	2
美国	0	1
澳大利亚	0	1
新西兰	0	1
国别(地区)不详	0	1

林业上市公司

【林业上市公司状况】 根据普华永道公司报道，2008年世界林产工业百强企业销售额合计为3570亿美元，即平均规模为35亿美元，前20强平均为95亿美元。我国人造板企业最大的企业销售额约为60多亿元，木地板最大的约为20多亿元，单个企业占国内市场份额也没有超过10%的。

2010年全国涉林上市公司有42家(表22-1)，其中林业3家、木材家具13家、造纸26家。

2010年从传统13家林业上市公司情况分析(表22-2、表22-3)，股票发行量小，营业收入低，是存在的明显差距。

从表22-2可看到发行价从4元多直至80多元，市盈率从20多倍至业内唯一创业板的元力股份的80多倍；发行规模从1350万股到7669万股，与股市平均数比本行业发行规模普遍偏小，大多在深市中小板；全部股市平均股价深市13.54元，沪市在8.54元，从发行价看上列股并不差，但后市市价也还是偏低，应该说还有一定成长空间。如果从深市平均营业收入39.4亿元、中小板12.51亿元、创业板3.05亿元来说，上列股也算偏小。

从表22-3可看到，上市后主营业务普遍增长，增长幅度从一般1倍多到吉林森工的3.9倍，宜华木业的4.63倍；从资产总额看，一般从2倍多到吉林森工的5.37倍，永安林业的8.17倍，宜华的9.35倍。说明一些上市公司充分运用直接融资渠道，不断提高其可支配的资源份额，快速扩张。从利润增长较好的如兔宝宝1.2倍，宜华3.93倍，这样的资产、销售收入和利润的增长在业内是出类拔萃的。

宁基股份(002572)是一家广州的木地板和定制衣柜的上市公司。从表22-4可以看出该公司的科技研发投入比例很高，连续3年都在3%以上。圣象作为地板龙头企业其科技投入在1.6%，其他企业远低于此数。

表22-5所列港股其主营业务有林产工业的，但大多是营林和采运业。

【林业企业利用资本市场】 2010年中国林产业产值2.28万亿元，占GDP5.7%，13个境内上市公司仅占已上市公司总数约0.59%，这13家融资和再融资共约139亿元，占2007年底A股筹资数30842亿元的0.42%。

对于已经上市的公司应当抓紧做好三个方面的工作：一是募投项目尽快达标达产达效；二是真正变家族企业(相当多数是)为现代企业制度的公众公司以广泛吸引人才；三是充分运用好融资渠道，不断发展，比如兼并重组，大亚利用资本市场进入林产工业和吸收合并圣象是非常成功的案例。

(张森林)

表22-1 2010年林业产业国内上市公司

代码	名称
造纸	
sh600069	银鸽投资
sh600103	青山纸业
sh600163	福建南纸
sh600235	民丰特纸
sh600308	华泰股份
sh600356	恒丰纸业
sh600419	ST天宏
sh600433	冠豪高新
sh600462	＊ST石岘
sh600567	山鹰纸业
sh600793	ST宜纸
sh600963	岳阳林纸
sh600966	博汇纸业
sz000488	晨鸣纸业
sz000815	美利纸业
sz000820	＊ST金城
sz000833	贵糖股份
sz002012	凯恩股份
sz002067	景兴纸业
sz002078	太阳纸业
sz002235	安妮股份
sz002303	美盈森
sz002511	中顺洁柔
sz002521	齐峰股份
sz002565	上海绿新
sz300057	万顺股份
林业	
sh600189	吉林森工

代码	名称
sh600265	景谷林业
sz002200	＊ST 大地
木材、家具	
sh600321	国栋建设
sh600978	宜华木业
sh601996	丰林集团

代码	名称
sz000592	中福实业
sz000663	永安林业
sz000910	大亚科技
sz002043	兔 宝 宝
sz002240	威华股份
sz002259	升达林业

代码	名称
sz002354	科冕木业
sz002489	浙江永强
sz002572	索菲亚
sz002631	德尔家居

表 22-2 部分林业上市公司首发情况

公告日期	股票代码	股票简称	发行方式	发行价(元)	发行市盈率	发行规模(股)
2005 年 4 月 15 日	002043	兔宝宝	二级市场配售	4.98	22.64	33600000
			网下配售			8400000
2008 年 5 月 15 日	002240	威华股份	网上发行	15.70	28.55	61352000
			网下配售			15338000
2008 年 6 月 25 日	002259	升达林业	上网定价发行	4.56	27.64	44000000
			网下询价发行			11000000
2010 年 1 月 19 日	002354	科冕木材	上网定价发行	12.33	56.05	18800000
			网下申购缴款			4700000
2010 年 11 月 23 日	002521	齐峰股份	上网定价发行	41.50	53.21	29600000
			网下申购缴款			7400000
2011 年 1 月 14 日	300174	元力股份	上网定价发行	24.00	88.89	13700000
			网下申购缴款			3300000
2011 年 3 月 22 日	002572	宁基股份	上网定价发行	86.00	55.48	10800000
			网下申购缴款			2700000

表 22-3 香港联交所林业股情况

代 码	名 称	IPO 年份	法定股本	发行股份(亿股)	市值亿元(2011.05.31)
94	绿森	1988	150 亿，分/股	78	22.77
132	中国兴业	1973	30 亿，10 分/股	11	2.54
269	中国木业	1973	300 亿，分/股	198	74.48
723	永保林业	1991	84 亿	43	26.23
837	谭木匠	2009	100 亿，分/股	2.5	9.93
910	中国林业	1998	200 亿，10 分/股	97	20.55
930	中国森林	2009	1000 亿，0.1 分/股	30	暂停买卖
2083	中国地板	2011	40 亿	3.73	44.22
3938	三林环球	2007	50 亿	40	43.45

来源：香港联交所及香港证券媒体。

表 22-4 部分上市公司上市前后财务对比

单位：万元

上市公司	股票代码	上市年月	主营业务收入		利润总额		资产总额		IPO 融资
			上市前	2010 年	上市前	2010 年	上市前	2010 年	
永安林业	000663	1996 年 12 月	12737	28117	1896	1150	18633	152158	9750
吉林森工	600189	1998 年 10 月	36148	141067	9444	5109	49782	267420	45475
大亚科技	000910	1999 年 6 月	0	512234	0	13411	46598	860310	50000
景谷林业	600265	2000 年 8 月	9727	15422	3485	968	28756	68488	20760
国栋建设	600321	2001 年 5 月	0	43070	7473	3813	28317	259920	85960
宜华木业	600978	2004 年 8 月	52844	244825	7651	30032	64602	603760	44756

上市公司	股票代码	上市年月	主营业务收入		利润总额		资产总额		IPO 融资
			上市前	2010 年	上市前	2010 年	上市前	2010 年	
兔宝宝	002043	2005 年 3 月	56948	108095	3738	4472	41418	87810	20916
威华股份	002240	2008 年 5 月	75220	153558	17002	3332	205667	334781	120403
升达林业	002259	2008 年 7 月	48430	68649	4393	4014	86249	199150	25080
科冕木业	002354	2010 年 2 月	23637	30660	3684	1671	32171	70838	28976

注：2010 年永安林业木业收入占主营业务收入比例为 74. 6%，1995 年占 79. 83%；大亚科技上市前未经营木业，2010 年木业占主营业务收入比例为74. 6%，2010 年5 月期债77000 万元，2011 年发1 年期融资债20000 万元；国栋建设上市前未经营木业，2010 年木业收入占其主营业务收入 86. 53%，2011 年 5 月 25 日定向募集 13492 亿股；2010 年景谷林业木业收入占主营业务收入 83. 57%，1999 年木业收入占比 60. 19%，2011 年 1 月升达增发 5640 万股，37978. 8 万元。

表 22-5　宁基股份研发投入占营业收入比率　　单位：万元

科目年份	2010	2009	2008
研发投入	2109	1076	932
营业收入	60446	35470	20151
研发占比%	3. 49	3. 03	4. 63

中国林业境外投资企业

【概　况】 在我国林业境外投资企业中，森林采伐和木材加工及国际贸易的企业有100家，家具企业有43家，纸、浆企业有35家(表23-1)。主要在俄罗斯联邦、美国、老挝、加拿大等国家和香港地区进行贸易投资(表23-2)。投资企业主要分布浙江、山东、江苏、黑龙江、广东等林业资源丰富、产业发达地区(表23-3)。

至2010年底，我国林业境外投资企业共计626家，主要投资项目包括森林采伐和木材加工、木竹地板、家具制造、木竹浆及纸制品、竹藤制品、橡胶等项目。其中，2010年核准的境外投资企业有248家(表23-4)。

为加强引导和规范中国企业境外森林资源经营利用行为，国家林业局、商务部组织制定了《中国企业境外森林可持续经营利用指南》，为中国企业在境外的森林资源经营利用活动，提供行业经营准则和自律依据。

表23-1　林业境外投资企业的产业分布

	主要经营项目	2010年企业个数	2009年企业个数
1	森林采伐和木材加工及国际贸易	100	55
2	地板	10	12
3	家具	43	13
4	人造板	11	
5	纸、浆	35	3
6	竹	5	2
7	藤	1	
8	橡胶、棕榈等	30	15
9	其他	13	10
	合计	248	110

表23-2　林业境外投资企业的前10名国家(地区)分布

	投资国家/地区	2010年企业个数	2009年企业个数
1	俄罗斯	50	39
2	香港	48	9
3	美国	26	14
4	老挝	21	17
5	加拿大	14	
6	越南	11	3
7	韩国	9	4
8	阿联酋	9	1
9	泰国	8	1
10	印度尼西亚	7	1

表23-3　林业境外投资企业的前10名国内分布

	企业所在省(市)	2010年企业个数	2009年企业个数
1	浙江	46	10
2	山东	45	
3	江苏	34	13
4	黑龙江	31	31
5	广东	23	4
6	辽宁	14	3
7	云南	13	9
8	福建	12	6
9	北京	10	5
10	上海	9	

表23-4　2010年核准的林业境外投资企业目录

国家/地区	境内投资主体	境外投资企业(机构)	省(区、市)，计划单列市	核准日期
俄罗斯	白山华枫木业有限公司	远东华枫有限责任公司	吉林	2010年1月4日
泰国	枣庄新远大实业有限公司	新远大(泰国)橡胶有限公司	山东	2010年1月5日
俄罗斯	黑龙江鑫泰隆进出口有限公司	林业工业综合有限公司	黑龙江	2010年1月6日
香港	浙江元龙包装进出口有限公司	香港万荣有限公司	浙江	2010年1月7日
俄罗斯	宝金矿业有限公司	贝加尔矿业有限责任公司	内蒙古	2010年1月8日

国家/地区	境内投资主体	境外投资企业（机构）	省（区、市），计划单列市	核准日期
美国	浙江国华家具有限公司	CHAIRMAN FURNITURE 有限责任公司	浙江	2010 年 1 月 11 日
安哥拉	佛山市南海惟合贸易有限公司	FMSA 国际商贸公司	广东	2010 年 1 月 11 日
印度尼西亚	苏州工业园区万凯箱包制造有限公司	万凯（梭罗）有限公司	江苏	2010 年 1 月 12 日
越南	儋州三峰木业发展有限公司	荣峰纸料责任有限公司	海南	2010 年 1 月 14 日
泰国	广东省广垦橡胶集团有限公司	泰国广垦橡胶（董里）有限公司	广东	2010 年 1 月 14 日
加拿大	山西中加盛博环能科技有限公司	盛博（加拿大）科技有限公司	山西	2010 年 1 月 15 日
尼日利亚	临沂市河东区久利食品有限公司	久利木业（尼日利亚）有限公司	山东	2010 年 1 月 18 日
加拿大	七台河市双叶家具实业有限公司	双叶家具（温哥华）实业有限公司	黑龙江	2010 年 1 月 21 日
俄罗斯	黑河市东方明珠矿业投资有限公司	新东方有限责任公司	黑龙江	2010 年 1 月 21 日
阿联酋	浙江真爱毛纺有限公司	TLG 毛毯贸易有限公司	浙江	2010 年 1 月 22 日
中国香港	潮州市阳光科技发展有限公司	新天地国际集团有限公司	广东	2010 年 1 月 22 日
老挝	海南椰岛（集团）股份有限公司	老挝椰岛农业开发有限公司	海南	2010 年 1 月 27 日
老挝	西双版纳金润商贸有限公司	中老金润发展有限公司	云南	2010 年 1 月 29 日
缅甸	西双版纳顺达进出口贸易有限责任公司	缅甸勐拉永胜橡胶制品厂	云南	2010 年 1 月 29 日
老挝	娄底市辉宇科技有限公司	老挝康华投资股份有限公司	湖南	2010 年 2 月 3 日
开曼群岛	深圳信合东方贸易企业（有限合伙）	信合东方贸易有限公司	深圳市	2010 年 2 月 5 日
哥伦比亚	福州宏德盛塑胶制品有限公司	美佳进出口有限公司	福建	2010 年 2 月 9 日
中国香港	当涂县世海通达纸制品有限公司	奇灵国际（香港）有限公司	安徽	2010 年 2 月 10 日
老挝	云南新天地农业发展有限公司	老挝农业发展机构有限公司	云南	2010 年 2 月 20 日
俄罗斯	烟台开发区经销中心	阿西诺木业有限责任公司	山东	2010 年 2 月 21 日
越南	重庆市禾瑞康动物营养有限公司	越南禾瑞康食用油有限公司	重庆	2010 年 2 月 21 日
越南	聚祥（厦门）淀粉有限公司	聚祥（香协）淀粉有限公司	厦门	2010 年 2 月 22 日
美国	山东省曹普工艺有限公司	曹普国际发展有限公司	山东	2010 年 2 月 23 日
日本	江苏虹宇服饰有限公司	日虹股份有限公司	江苏	2010 年 2 月 23 日
越南	东兴市雅美实业有限公司	越南成武股份有限公司	广西	2010 年 2 月 23 日
印度尼西亚	如皋市双马化工有限公司	杜库达印度尼西亚有限公司	江苏	2010 年 2 月 23 日
卡塔尔	上海欣达电梯工程有限公司	多哈建材批发中心	上海	2010 年 2 月 24 日
尼日利亚	中山市华通包装实业有限公司	和旺包装印刷厂	广东	2010 年 2 月 24 日
俄罗斯	圣象集团有限公司	圣吉木业有限公司	江苏	2010 年 3 月 2 日
老挝	云南昌胜达投资有限公司	尹新华木炭有限责任公司	云南	2010 年 3 月 3 日
老挝	眉山宏达农业开发有限公司	眉山宏达农业开发有限公司	四川	2010 年 3 月 4 日
德国	圣象集团有限公司	圣象（欧洲）有限公司	江苏	2010 年 3 月 5 日
刚果（金）	青岛捷宽乐贸易有限公司	青岛捷宽乐贸易有限公司	青岛	2010 年 3 月 9 日
阿根廷	宁波佳士德进出口有限公司	星清洁有限公司	宁波	2010 年 3 月 10 日
中国香港	上海世纪出版股份有限公司	世纪传媒有限公司	上海	2010 年 3 月 12 日
中国香港	兄弟科技股份有限公司	兄弟科技（香港）有限公司	浙江	2010 年 3 月 17 日
柬埔寨	华立集团股份有限公司	华立生态产业（柬埔寨）有限公司	浙江	2010 年 3 月 17 日
俄罗斯	烟台西北林业有限公司	阿西诺锯材加工厂有限责任公司	山东	2010 年 3 月 19 日
俄罗斯	烟台西北林业有限公司	阿西诺木材加工工厂有限责任公司	山东	2010 年 3 月 19 日
法国	山东隆盛进出口有限公司	兰山（欧盟）物流有限公司	山东	2010 年 3 月 22 日
俄罗斯	华盛江泉集团有限公司	隆盛有限责任公司	山东	2010 年 3 月 22 日
阿拉伯联合酋长国	山东新港企业集团有限公司	新港海湾建材有限公司	山东	2010 年 3 月 22 日
中国香港	天津市浩通国际物流有限公司	天物香港国际物流有限公司	天津	2010 年 3 月 23 日
韩国	单县运通木业有限公司	安信贸易株式会社	山东	2010 年 3 月 29 日
越南	菏泽福林木业有限公司	福林木业（越南）有限公司	山东	2010 年 3 月 29 日

国家/地区	境内投资主体	境外投资企业(机构)	省(区、市),计划单列市	核准日期
老挝	云南力量生物制品公司	老挝沙耶武里力量生物制品有限公司	云南	2010年3月29日
老挝	云南力量生物制品公司	老挝万象力量生物制品有限公司	云南	2010年3月29日
美国	浙江华越家具工业有限公司	优美花园(美国)家具有限公司	浙江	2010年3月30日
俄罗斯	中矿国际投资有限公司	俄罗斯贝加尔多金属股份有限公司	北京	2010年3月30日
巴西	上海高元投资发展有限公司	巴西东方国际贸易有限公司	上海	2010年3月31日
老挝	兖州市富平装饰有限公司	老挝富平家具有限公司	山东	2010年3月31日
缅甸	张家港保税区丛林国际贸易有限公司	缅康木业有限公司	江苏	2010年3月31日
香港	广州维高投资有限公司	锐创投资控股有限公司	广东	2010年3月31日
俄罗斯	满洲里大陆桥国际经济贸易有限责任公司	后贝加尔斯克木材加工综合体有限责任公司	内蒙古	2010年4月1日
越南	辽宁资产托管经营有限责任公司	新越中人造板股份有限公司	辽宁	2010年4月2日
格鲁吉亚	新疆华顺工贸有限公司	格鲁吉亚华顺森工有限公司	新疆	2010年4月6日
俄罗斯	烟台澳华粮油食品有限公司	珐勒杜纳有限责任公司	山东	2010年4月9日
柬埔寨	广州富敏城工艺有限公司	柬埔寨富敏城工艺有限公司	广东	2010年4月12日
美国	临沂格莱瑞木业有限公司	美国神鹰木业有限公司	山东	2010年4月12日
香港	福建同发食品集团有限公司	香港同发有限公司	厦门	2010年4月12日
俄罗斯	满洲里光大贸易有限公司	光大有限责任公司	内蒙古	2010年4月14日
荷兰	福建伟康家具有限公司	伟康欧洲有限责任公司	福建	2010年4月15日
马来西亚	宁波江北鑫宝木业进出口有限公司	LOYAL BILLION 有限责任公司	宁波	2010年4月15日
香港	武汉市康元投资有限公司	康元国际(香港)有限公司	湖北	2010年4月15日
香港	浙江中大集团国际贸易有限公司	人地国际(香港)有限公司	浙江	2010年4月15日
印度尼西亚	苏州市先锋木业有限公司	先锋木业(印度尼西亚)有限公司	江苏	2010年4月19日
香港	白山华枫木业有限公司	金鹰地板装饰材料(香港)有限公司	吉林	2010年4月20日
塞尔维亚	温州讯朗贸易有限公司	迪普隆商城有限公司	浙江	2010年4月20日
新加坡	绍兴稽山进出口有限公司	福娃贸易有限公司	浙江	2010年4月21日
意大利	江苏美迪洋皮革皮件有限公司	意大利美迪洋公司	江苏	2010年4月23日
俄罗斯	黑龙江省富鹏木业有限公司	俄罗斯远东海关服务中心	黑龙江	2010年4月24日
俄罗斯	黑龙江省富鹏木业有限公司	俄罗斯"维佳斯"有限责任公司	黑龙江	2010年4月24日
俄罗斯	黑河金辉经济贸易有限公司	森源股份有限责任公司	黑龙江	2010年4月24日
埃及	鹤山市柯维家具有限公司	柯维家具(埃及)制造公司	广东	2010年4月28日
中国香港	厦门锦立进出口贸易有限公司	锦立(香港)贸易有限公司	厦门	2010年4月30日
加拿大	绥芬河市盛大经贸有限责任公司	北美木业有限责任公司	黑龙江	2010年5月4日
美国	绥芬河市盛大经贸有限责任公司	巧林木产品有限公司	黑龙江	2010年5月4日
香港	浙江鑫星橡胶有限公司	德兴集团有限公司	浙江	2010年5月5日
加拿大	青岛润德木业有限公司	乾能国际开发公司	青岛	2010年5月11日
英国	海明控股有限公司	海明(伦敦)有限公司	浙江	2010年5月11日
沙特阿拉伯	大连闻达化工股份有限公司	大连保税区闻达国际贸易有限公司沙特阿拉伯王国分公司	大连	2010年5月12日
墨西哥	大连闻达化工股份有限公司	大连保税区闻达国际贸易有限公司墨西哥分公司	大连市	2010年5月12日
巴西	大连闻达化工股份有限公司	大连保税区闻达国际贸易公司巴西分公司	大连	2010年5月12日
阿根廷	大连闻达化工股份有限公司	大连保税区闻达国际贸易有限公司阿根廷分公司	大连	2010年5月12日
越南	大连闻达化工股份有限公司	大连保税区闻达国际贸易有限公司驻越南办事处	大连	2010年5月12日
俄罗斯	大连闻达化工股份有限公司	大连保税区闻达国际贸易有限公司驻俄罗斯莫斯科市办事处	大连	2010年5月12日
俄罗斯	伊春万通祥木业有限公司	海华有限责任公司	黑龙江	2010年5月18日
香港	慈溪市周巷光明印刷厂	光明印刷公司	宁波	2010年5月18日

国家/地区	境内投资主体	境外投资企业（机构）	省（区、市），计划单列市	核准日期
俄罗斯	绥芬河市鸿鹏经贸有限公司	季斯有限责任公司	黑龙江	2010年5月19日
香港	金华盛纸业（苏州工业园区）有限公司	金华盛贸易（香港）有限公司	江苏	2010年5月20日
俄罗斯	绥芬河市百利达经贸有限责任公司	阿拉利亚开放型股份公司	黑龙江	2010年5月21日
香港	宁波亚洲浆纸业有限公司	宁波亚洲浆贸易（香港）有限公司	宁波	2010年5月24
香港	珠海市申杰贸易有限公司	仁泰钢铁有限公司	广东	2010年5月26日
赞比亚	中盈长江国际投资担保有限公司	凯迪生物质赞比亚有限公司	湖北	2010年5月26日
美国	山东润兴投资集团有限公司	美国品牌家具有限公司	山东	2010年5月27日
香港	宁波冠保仓储有限公司	宁波冠保贸易（香港）有限公司	宁波	2010年5月28日
香港	厦门弘乐电子有限公司	弘乐（香港）有限公司	厦门	2010年5月31日
老挝	云南高深橡胶有限公司	老挝高深资源开发有限公司	云南	2010年6月3日
俄罗斯	绥芬河市宇辰经贸有限责任公司	俄罗斯源通有限责任公司	黑龙江	2010年6月7日
阿拉伯联合酋长国	山东新港企业集团有限公司	海湾木业技术服务中心	山东	2010年6月7日
越南	邵东县两市镇正宇粘胶带厂	越南新福实业责任有限公司	湖南	2010年6月8日
香港	广州市中天盈房地产开发有限公司	库国有限公司	广东	2010年6月12日
瑞士	上海升力投资有限公司	升力卢森股份有限公司	上海	2010年6月12日
俄罗斯	诸城市顺合木业有限公司	伊尔库茨克市马格那特责任有限公司	山东	2010年6月14日
菲律宾	常熟市力恒木业机械厂	蒙特维斯达木业出口有限公司	江苏	2010年6月21日
香港	金红叶纸业集团有限公司	金红叶贸易（香港）有限公司	江苏	2010年6月21日
美国	金红叶纸业集团有限公司	麦肯瑞纸业股份有限公司	江苏	2010年6月21日
老挝	山东太阳纸业股份有限公司	太阳纸业控股老挝有限责任公司	山东	2010年6月21日
韩国	潍坊汇力达钢管制品有限公司	（株）GHS	山东	2010年6月23日
美国	潍坊开发区华裕实业有限公司	坚龙集团（美国）有限公司	山东	2010年6月23日
喀麦隆	陕西省农垦集团有限责任公司	中喀英考农业开发有限公司	陕西	2010年6月23日
新西兰	丹东凯威装饰材料市场有限公司	凯瑞森林有限责任公司	辽宁	2010年6月25日
香港	漳州市龙海闽辉工贸有限公司	闽辉工贸（香港）有限公司	福建	2010年6月28日
香港	海南金海浆纸业有限公司	海南金海贸易（香港）有限公司	海南	2010年6月28日
阿拉伯联合酋长国	霸州市馨颖制衣有限公司	馨颖家具有限公司	河北	2010年6月30日
加纳	南京家具总厂有限责任公司	爱丽司特企业（加纳）有限责任公司	江苏	2010年7月1日
荷兰	西双版纳农兴科技有限责任公司	乐农有限公司	云南	2010年7月1日
香港	浙江国都房产集团有限公司	香港中洲国际贸易投资有限公司	浙江	2010年7月2日
加拿大	山东隆盛进出口有限公司	加拿大隆盛进出口有限公司	山东	2010年7月2日
日本	汪清解氏工艺工贸有限公司	株式会社 解氏工艺贸易	吉林	2010年7月2日
新加坡	如皋市双马化工有限公司	瀚海贸易有限公司	江苏	2010年7月5日
俄罗斯	满洲里金满峰经贸有限责任公司	西伯利亚木材有限责任公司	内蒙古	2010年7月6日
香港	广州市鼎田木业投资有限公司	香港林燊国际有限公司	广东	2010年7月12日
加蓬	江苏胜阳实业股份有限公司	加蓬胜阳国际林产工业有限公司	江苏	2010年7月14日
美国	米兰诺沙发（泰州）有限公司	泰州沙发合伙有限公司	江苏	2010年7月15日
新西兰	大连光伸企业集团有限公司	凯瑞林业有限公司	大连	2010年7月16日
印度尼西亚	淄博鼎峰轻工制品有限公司	鼎艺轻工制品有限公司	山东	2010年7月20日
巴西	浙江福地农业有限公司	阳光农业有限责任公司	浙江	2010年7月20日
越南	金平荣联经贸有限公司	荣联（中国）投资开发一个成员有限公司	云南	2010年7月21日
坦桑尼亚	中国航空技术国际工程有限公司	中国航空技术国际工程（坦桑尼亚）公司	中央企业	2010年7月22日
美国	江门健威家具装饰有限公司	ANA ENTERPRISE INC	广东	2010年7月22日
澳大利亚	山东青林家居用品有限公司	山东青林有限公司	山东	2010年7月22日
美国	北京慧明居装饰有限公司	美国如意股份有限公司	北京	2010年7月28日

国家/地区	境内投资主体	境外投资企业（机构）	省(区、市)，计划单列市	核准日期
加拿大	长春气象仪器有限公司	加拿大环境气象科技有限公司	吉林	2010 年 7 月 28 日
加拿大	南通华美木材检验鉴定有限公司	加拿大东方国际贸易有限公司	江苏	2010 年 7 月 29 日
匈牙利	苏州文祺进出口有限公司	威奇(匈牙利)电器有限公司	江苏	2010 年 7 月 29 日
罗马尼亚	苏州文祺进出口有限公司	文祺(罗马尼亚)电器有限公司	江苏	2010 年 7 月 29 日
塞尔维亚	苏州文祺进出口有限公司	威奇(塞尔维亚)电器有限公司	江苏	2010 年 7 月 29 日
波兰	苏州文祺进出口有限公司	威奇(波兰)电器有限公司	江苏	2010 年 7 月 29 日
老挝	中国云南国际经济技术合作公司	中老合资老挝包装制品有限公司	云南	2010 年 7 月 30 日
泰国	慈溪市卫山化建有限公司	玻璃纤维技术(泰国)有限公司	宁波	2010 年 8 月 2 日
阿拉伯联合酋长国	安吉彤辉家具有限公司	之星家具有限公司	浙江	2010 年 8 月 5 日
俄罗斯	杭州晨逸休闲用品有限公司	晨逸(乌兰乌德)有限公司	浙江	2010 年 8 月 5 日
老挝	江苏名佳工艺家具有限公司	和阮明木雕厂	江苏	2010 年 8 月 6 日
香港	浙江华东家具投资有限公司	全佳(香港)有限公司	浙江	2010 年 8 月 9 日
哈萨克斯坦	新疆森林贸易有限公司	哈萨克斯坦茂林公司	新疆	2010 年 8 月 9 日
老挝	云南辉祥宏生物科技工程有限公司	老中诚信波乔橡胶有限责任公司	云南	2010 年 8 月 9 日
俄罗斯	辽阳铁西阀门有限公司	东方纸业有限公司	辽宁	2010 年 8 月 10 日
俄罗斯	嘉荫县欧邦德木业有限公司	阿穆尔木材工业辽阔有限责任公司	黑龙江	2010 年 8 月 11 日
泰国	陕西延长石油集团橡胶有限公司	延长石油(泰国)橡胶有限公司	陕西	2010 年 8 月 13 日
韩国	广西金恒丰贸易有限责任公司	景美公司韩国公司	广西	2010 年 8 月 16 日
乌干达	宁夏凯瑞特商品进出口贸易有限公司	凯瑞特乌干达有限公司	宁夏	2010 年 8 月 18 日
越南	诸暨市顺峰木制品有限公司	江南(越南)包装有限公司	浙江	2010 年 8 月 20 日
俄罗斯	珲春丰意贸易有限公司	丰意贸易有限公司	吉林	2010 年 8 月 20 日
加拿大	枣庄新中兴实业有限责任公司	加拿大西北木材洁净处理有限公司	山东	2010 年 8 月 23 日
俄罗斯	满洲里市远华对外经济贸易有限公司	新西伯利亚兴华建筑装潢装饰材料有限公司	内蒙古	2010 年 8 月 24 日
俄罗斯	绥芬河市百丰经贸有限责任公司	捷依斯基木材作业联合体开放型股份公司	黑龙江	2010 年 8 月 25 日
香港	昆山宝锦激光拼焊有限公司	富缘有限公司	江苏	2010 年 8 月 25 日
老挝	邵东县回丰实业有限公司	老挝甘蒙塑料有限公司	湖南	2010 年 8 月 25 日
香港	东莞市昌明实业有限公司	昌明投资香港有限公司	广东	2010 年 8 月 26 日
俄罗斯	绥芬河市福兴东经贸有限公司	俄罗斯科罗娜股份有限责任公司	黑龙江	2010 年 8 月 26 日
俄罗斯	四川贝加尔木业有限公司	贝加尔月西林有限公司	四川	2010 年 8 月 30 日
越南	三亚百利木业有限公司	越南中纤板公司	海南	2010 年 8 月 30 日
美国	嘉善太平洋木业有限公司	美国太平洋胡桃木公司	浙江	2010 年 8 月 31 日
香港	德华兔宝宝装饰新材股份有限公司	德华兔宝宝工贸有限公司	浙江	2010 年 9 月 1 日
加拿大	江苏欧龙地板有限公司	欧龙国际加拿大有限公司	江苏	2010 年 9 月 2 日
香港	新经典文化有限公司	新经典文化(香港)有限公司	天津	2010 年 9 月 3 日
香港	上海邑通道具设计制作有限公司	EW GROUP LIMITED	上海	2010 年 9 月 6 日
老挝	恩施自治州三立实业有限公司	老挝鹏达农业发展有限公司	湖北	2010 年 9 月 7 日
韩国	延边泰和经贸有限公司	株式会社．泰和贸易	吉林	2010 年 9 月 7 日
加拿大	河北文丰实业集团有限公司	康尼菲克斯林业公司	河北	2010 年 9 月 8 日
香港	湖南省中楚投资发展有限公司	中楚国际(香港)贸易有限公司	湖南	2010 年 9 月 13 日
俄罗斯	漠河阿木尔森永经济贸易公司	兴安经济贸易有限责任公司	黑龙江	2010 年 9 月 13 日
印度尼西亚	中兴能源(天津)有限公司	西纳尔 基德拉 哲莫朗公司	天津	2010 年 9 月 13 日
老挝	秦皇岛市天和电力燃料有限公司	老挝天和木材加工有限公司	河北	2010 年 9 月 14 日
南非	华侨凤凰集团股份有限公司	格兰西亚农业公司	四川	2010 年 9 月 14 日
俄罗斯	东宁华信工贸(集团)有限公司	阿金斯克国际投资有限责任公司	黑龙江	2010 年 9 月 15 日
多哥	诸暨市中融进出口有限公司	金季达贸易(西非)有限公司	浙江	2010 年 9 月 15 日

国家/地区	境内投资主体	境外投资企业（机构）	省（区、市），计划单列市	核准日期
韩国	正元国际印刷包装有限公司	正元国际韩国有限公司	河北	2010 年 9 月 15 日
泰国	海南金海浆纸业有限公司	海南金海浆纸业有限公司泰国办事处	海南	2010 年 9 月 15 日
香港	深圳市信恒通贸易有限公司	香港信恒通集团有限公司	深圳	2010 年 9 月 16 日
俄罗斯	绥芬河市圣源经贸有限责任公司	腾达林业开放型股份公司	黑龙江	2010 年 9 月 17 日
俄罗斯	绥芬河市冠元经贸有限公司	俄联邦林产品贸易商行有限责任公司	黑龙江	2010 年 9 月 17 日
俄罗斯	绥芬河市睿亿经贸有限公司	杰尔图拉克木业有限责任公司	黑龙江	2010 年 9 月 17 日
日本	青岛平惠通商贸易有限公司	平惠通商贸易（广岛）有限公司	青岛	2010 年 9 月 19 日
俄罗斯	绥芬河永合经贸有限公司	巴萨特瓦斯托克公司（现已更名或注销）	黑龙江	2010 年 9 月 20 日
南非	苏州德峰矿产有限公司	南非德峰矿产有限公司	江苏	2010 年 9 月 20 日
印度	上海鄂尔特特包装技术有限公司	印度鄂尔特特包装技术有限公司	上海	2010 年 9 月 20 日
美国	潍坊宏仁肠衣有限公司	美国 TNT 肠衣有限公司	山东	2010 年 9 月 21 日
香港	厦门山天工贸有限公司	龙山（香港）国际有限公司	厦门	2010 年 9 月 29 日
俄罗斯	诸城市松源木业有限责任公司	阳光有限公司	山东	2010 年 9 月 29 日
老挝	深圳市鸿润森投资有限公司	老挝鸿润森木业有限公司	深圳	2010 年 10 月 8 日
香港	浙江省五金矿产进出口有限公司	汇璟国际有限公司	浙江	2010 年 10 月 8 日
缅甸	攀枝花光华集团房地产开发有限公司	缅甸康亚综合有限公司	四川	2010 年 10 月 8 日
香港	广州造纸集团有限公司	广纸金页实业有限公司	广东	2010 年 10 月 11 日
印度尼西亚	建宁格绿竹业有限公司	上乘木世界有限公司	福建	2010 年 10 月 14 日
泰国	广东省广垦橡胶集团有限公司	泰国广垦橡胶（湄公河）有限公司	广东	2010 年 10 月 14 日
泰国	汕头市澄海区金裕食品有限公司	史诺泰纸业泰国有限公司	广东	2010 年 10 月 15 日
美国	三明市新华进出口有限公司	三明新华进出口（美国）有限公司	福建	2010 年 10 月 15 日
阿拉伯联合酋长国	浙江福人家具有限公司	阿联酋好运来建材贸易有限公司	浙江	2010 年 10 月 19 日
韩国	青岛君泽进出口有限公司	韩国平和农业株式会社	青岛	2010 年 10 月 19 日
柬埔寨	重庆市新城开发建设股份有限公司	柬埔寨王国渝丰企业（集团）有限公司	重庆	2010 年 10 月 20 日
俄罗斯	东宁县宏佳经贸有限责任公司	俄罗斯埃克西姆有限责任公司	黑龙江	2010 年 10 月 22 日
俄罗斯	绥芬河市弘旺经贸有限责任公司	俄罗斯吉姆拜尔有限责任公司	黑龙江	2010 年 10 月 22 日
俄罗斯	绥芬河市亨臣经贸有限责任公司	俄罗斯欧洲林业有限责任公司	黑龙江	2010 年 10 月 22 日
英属维尔京群岛	江苏名佳工艺家俱有限公司	佳顺国际贸易有限公司	江苏	2010 年 10 月 22 日
新西兰	江阴阿法亚国际贸易有限公司	阿法亚（新西兰）有限公司	江苏	2010 年 10 月 25 日
香港	维维资源有限公司	维维国际企业（集团）有限公司	上海	2010 年 10 月 25 日
巴布亚新几内亚	宁波永利木业有限公司	KK 联合责任有限公司	宁波	2010 年 10 月 27 日
圭亚那	黑龙江柏杉林木业有限公司	柏杉林国际林业开发有限公司	黑龙江	2010 年 10 月 28 日
俄罗斯	绥芬河市三峡经贸有限责任公司	远东曙光有限责任公司	黑龙江	2010 年 10 月 28 日
德国	七台河市双叶家具实业有限公司	双叶（控股）德国有限公司	黑龙江	2010 年 10 月 28 日
澳大利亚	浙江雪强竹木家居用品有限公司	澳洲雪强国际有限公司	浙江	2010 年 10 月 28 日
俄罗斯	阳信欧亚集团有限公司	欧亚森林实业集团有限公司	山东	2010 年 11 月 1 日
中国香港	莱芜文宝工艺品有限公司	威邦国际（香港）有限公司	山东	2010 年 11 月 1 日
香港	中化国际（控股）股份有限公司	尚诚石化（香港）有限公司	中央企业	2010 年 11 月 1 日
马来西亚	海南金鹿农机发展股份有限公司	金鹿（马来西亚）有限公司	海南	2010 年 11 月 3 日
俄罗斯	吉林森工金桥地板集团有限公司	吉林森工（俄罗斯）金跃木业有限责任公司	吉林	2010 年 11 月 4 日
老挝	勐腊顺裕商贸有限责任公司	顺裕橡胶有限公司	云南	2010 年 11 月 4 日
俄罗斯	满洲里市海峰电器有限公司	杜埃特有限责任公司	内蒙古	2010 年 11 月 5 日
意大利	宁波市鄞州斯蒂科家纺有限公司	斯蒂科家居服饰意大利直销公司	宁波市	2010 年 11 月 5 日
日本	湖北炎帝农业科技有限公司	炎帝（日本）农业科技有限公司	湖北	2010 年 11 月 5 日
俄罗斯	绥芬河市丽华经贸有限责任公司	罗西诺综合森工经济开放型股份公司	黑龙江	2010 年 11 月 9 日

国家/地区	境内投资主体	境外投资企业（机构）	省(区、市)，计划单列市	核准日期
加拿大	苏州市先锋木业有限公司	先锋木业(加拿大)有限公司	江苏	2010年11月9日
老挝	昆明永兴行商贸有限公司	老挝永兴行造纸有限公司	云南	2010年11月9日
美国	武汉博天环保科技发展有限责任公司	美国东成食用菌实业公司	湖北	2010年11月10日
香港	莱芜市瑞派经贸有限公司	香港瑞派企业有限公司	山东	2010年11月12日
俄罗斯	绥芬河市鹏瑞经贸有限公司	远东马克西姆有限责任公司	黑龙江	2010年11月17日
俄罗斯	绥芬河永辉木业有限公司	俄罗斯阿尔卡伊姆股份有限责任公司	黑龙江	2010年11月18日
香港	深圳市裕同印刷股份有限公司	香港裕同印刷有限公司	深圳	2010年11月18日
美国	嘉兴维特拉家具有限公司	维特拉家具有限责任公司	浙江	2010年11月19日
贝宁	南京迈杰艾非商贸有限公司	顺风木业有限公司	江苏	2010年11月22日
加拿大	新沂市新润胶合板制造有限公司	尧润木业有限公司	江苏	2010年11月22日
美国	上海红虹木业有限公司	美国红虹木业有限公司	上海	2010年11月22日
美国	浙江新洲国际贸易有限公司	浙江名特优新农产品美国展示中心	浙江	2010年11月23日
澳大利亚	浙江安吉荣艺家具有限公司	澳洲荣艺家具有限公司	浙江	2010年11月24日
俄罗斯	山东广田木业有限公司	广田西伯利亚有限公司	山东	2010年11月24日
美国	浙江欣远竹制品有限公司	Teragren 有限责任公司	浙江	2010年11月24日
印度尼西亚	青岛宽源国际贸易有限公司	印度尼西亚天源国际有限公司	青岛	2010年11月25日
老挝	中盈长江国际投资担保有限公司	代月凯迪能源有限公司	湖北	2010年11月25日
蒙古	东营市民兴食品有限公司	蒙古国民兴农业综合开发有限公司	山东	2010年11月26日
泰国	临沂中亿进出口有限公司	亿泰木业有限公司	山东	2010年11月29日
俄罗斯	佳木斯市腾达经贸有限公司	安格林娜有限责任公司	黑龙江	2010年11月30日

地 方 篇

北京市林业产业

【产业特点】 北京林业特色产业突出表现在林业旅游产业发展上，林业旅游及休闲产业人次位列全国第一，其次是仁用杏产量位列全国第三，茶叶批发企业数量也位列全国第三，中西乐器制造企业数量分别位列全国第三和第四。见表24-1和表24-2。

北京林业总产值120亿元。果品产业对总产值的贡献最大，达38亿元，占总产值的31.66%；其次是森林旅游业23亿元，占19.27%；第三是林业服务和园林植物业，都约为14.5亿元，分别占12.10%和12.09%。然后是森林培育业占10.21%，种苗产业占6.06%。这6项产业占北京林业总产值的91.39%。见表24-3。

北京市共有各类林业协会106家，其中国家级协会22家，北京市级协会12家，见表24-4。

【森林旅游】 北京林业旅游及休闲产业主要由森林公园旅游，京郊果园观光采摘，花卉观赏，湿地、荒漠、自然保护区等特殊景观观赏，林业疗养与休闲，森林野生动物狩猎，一般森林资源旅游等构成，游览人次位列全国第一。而森林旅游产业是以森林公园建设、果品、花卉、种苗等产业发展为基础。

2010年，京郊果园接待游客904.7万人次，采摘果品4163.8万千克，采摘直接收入达3.3亿元。京郊采摘园为1114个，面积3.43万公顷，促销果品6356.3万千克，促销收入2.9亿元。其中，“春果第一枝”的樱桃产量319.5万千克，仅2周多接待69.8万人次，采摘收入0.84亿元，占总收入的64.6%，采摘量占总量的59.3%；平谷北寨红杏产量50万千克，接待游客4万余人次，采摘20万千克，采摘收入180万元；大兴安定镇千亩古桑园接待游客10万人次，采摘量15万千克，收入170万元。

【果品】 2010年，北京市果品直接收入36.6亿元。其中，鲜果收入29.5亿元，干果收入7.1亿元。板栗收入3.7亿元，樱桃收入8400万元。全市30.9万户果农户均果品收入1.18万元。

果品主产区县的收入为：平谷果品收入12亿元，其中大桃收入9.4亿元；密云果品收入4.4亿元；房山果品收入3.5亿元；通州果品收入2.56亿元；顺义果品收入2.79亿元。

【蜂】 2010年，全市蜜蜂饲养量26.3万群，引进优良种蜂王1500只，蜂蜜产量627万千克，蜂王浆产量11.4万千克，共有蜂业专业合作组织54个，有蜂业产业基地56个，售蜂收入450万元，蜂授粉收入1100万元，养蜂总产值1.7亿元，蜂产品加工产值超9亿元，出口创汇超过1000万美元。

【花卉】 把林缘油用玫瑰产业建设作为主打产业，现有油用玫瑰资源近万亩，主要品种为大马士革1号、大马士革3号、四季玫瑰、苦水玫瑰、重瓣玫瑰等。在平谷区新发展油用大马士革玫瑰50余公顷，工程已栽植10万余株。

大兴区共发展德国洋甘菊、罗马洋甘菊、香蜂花、柠檬荆芥、薰衣草、百里香、猫薄荷、牛至等20多个香草品种，建立香草深加工基地1处，加工生产香草精油、花露、香包等数个品种，新发展香草约70公顷，构建香草主题公园1处，在饮食、住宿、礼品、美容等领域进一步开发香草产业。

表24-1 北京市林业产业概况

指　标	数量
总产值(按现行价格计算)(万元)	1200400
一、第一产业产值	756890
(一)涉林产业产值	751696
1. 林木的培育和种植	195341
2. 木材和竹材的采运	6910

指　标	数量
3. 经济林产品的种植与采集	384467
4. 花卉的种植	145077
5. 陆生野生动物繁育与利用	4962
6. 林业生产辅助服务	14939
（二）林业系统非林产业产值	5194
二、第二产业产值	69637
（一）涉林产业产值	50474
1. 木材加工及木、竹、藤、棕、苇制品制造	50474
（1）人造板制造	30870
（2）木制品制造	19604
（二）林业系统非林产业产值	19163
三、第三产业产值	373873
（一）涉林产业产值	361628
1. 林业旅游与休闲服务	231264
2. 林业生态服务	123362
3. 林业专业技术服务	1269
4. 林业公共管理及其他组织服务	5733
（二）林业系统非林产业产值	12245
补充资料：全部山区县茶、桑、果产值	283008
全部丘陵县茶、桑、果产值	62537
森林资源	
一、森林覆盖率(%)	31.72
二、林地面积(万公顷)	101.46
三、森林面积(万公顷)	52.05
四、人工林面积(万公顷)	35.65
五、活立木总蓄积量(万立方米)	1291.29
六、森林蓄积量(万立方米)	1038.58
七、人工林蓄积量(万立方米)	571.62
八、乔木林单位面积蓄积量(立方米/公顷)	29.20
森林培育(公顷)	
一、荒山荒(沙)地造林面积(按林种用途分)	13887
（一）经济林	721
（二）防护林	11989
（三）特种用途林	1177
二、更新造林面积	362
三、森林抚育面积	
（一）低产低效林改造	1739
（二）实际幼林抚育	16234
（三）成林抚育	66686
四、林业单位数量(个)	911
木材、竹材(万立方米)	
一、木材总计	9.72
（一）原木	9.72
1. 直接用原木	3.80
2. 其他原木	5.92
（二）薪材	
（三）锯材	

指　标	数量
二、木材采运企业数量(个)	2
三、竹材采运企业数量(个)	2
四、锯材加工企业数量(个)	95
五、木材批发企业数量(个)	91
人造板	
人造板总产量	22.05
一、胶合板(万立方米)	
二、纤维板(万立方米)	22.05
三、刨花板(万立方米)	
四、其他人造板(万立方米)	
五、单板(万立方米)	
六、人造板制造企业数量(个)	239
七、胶合板制造企业数量(个)	54
八、纤维板制造企业数量(个)	7
九、刨花板制造企业数量(个)	13
十、其他人造板制造企业数量(个)	160
木制品	
一、木竹地板(万平方米)	163.37
（一）实木木地板	
（二）复合木地板	163.37
二、木制品企业数量(个)	1407
三、生产用木制品企业数量(个)	1104
四、生活用木制品企业数量(个)	246
五、中乐器制造企业数量(个)	64
六、西乐器制造企业数量(个)	127
木竹家具	
一、木制家具制造企业数量(个)	4555
二、竹藤制家具制造企业数量(个)	17
三、家具零售企业数量(个)	3314
木　片	
木片加工企业数量(个)	73
竹　藤	
一、竹、藤、棕、草制品企业数量(个)	76
二、竹、藤、棕、草工艺品制造企业数量(个)	36
果　品	
一、水果产量(吨)	801336
其中：苹果	98377
梨	144793
葡萄	51479
桃	425955
杏	26342
猕猴桃	3
其他水果	54387
二、干果产量(吨)	112026
其中：核桃	11279
板栗	28399
枣(干重)	5168

指　标	数量
柿子(干重)	55375
仁用杏	11222
山杏仁	333
其他干果	250
三、水果罐头制造企业数量(个)	39
森林蔬菜	
一、森林食品(干重)(吨)	2289
其中：食用菌	2289
二、蔬菜、果品批发企业数量(个)	1135
茶咖啡	
一、茶叶批发企业数量(个)	2592
二、制茶企业数量(个)	68
调　料	
林产调料产品(干重)	128
其中：花椒	128
中药材	
一、木本药材(吨)	399
二、中草药及制品批发企业数量(个)	229
花　卉	
一、年末实有花卉种植面积(公顷)	4397
二、切花切叶产量(万支)	4488
三、盆栽植物产量(万盆)	14170
四、观赏苗木产量(万株)	1166
五、草坪产量(万平方米)	805
六、花卉市场(个)	32
七、花卉企业数量(个)	284
其中：大中型企业	77
八、花农(万户)	0.11
九、花卉从业人员(万人)	1.20
其中：专业技术人员	0.15
十、控温温室面积(万平方米)	277
十一、日光温室面积(万平方米)	357
林产化工	
一、林产化学产品制造企业数量(个)	14
二、香料、香精制造企业数量(个)	32
蚕	
一、丝绢纺织企业数量(个)	39
二、缫丝企业数量(个)	0
三、绢纺企业数量(个)	0
四、丝织企业数量(个)	5
五、丝印染企业数量(个)	5
六、丝制品企业数量(个)	19
七、其他丝绢纺织企业数量(个)	10
八、丝针织品企业数量(个)	24
森林旅游	
一、旅游人次	169345472
二、旅游收入(万元)	231264
三、森林公园总数(处)	26
四、森林公园总面积(公顷)	79111
五、国家森林公园数量(处)	15
六、国家森林公园面积(公顷)	68441
七、省级森林公园数量(处)	10
八、省级森林公园面积(公顷)	9710
九、县级森林公园数量(处)	1
十、县级森林公园面积(公顷)	960
十一、森林公园收入总额(万元)	21293
十二、旅游接待总人数(万人次)	308
十三、旅游接待海外旅游者(万人次)	3
十四、园林绿化企业数量(个)	4150
十五、自然保护区管理业数量(个)	45
林业机械	
一、森林工业专用设备制造企业数量(个)	14
二、营林机械制造企业数量(个)	10

表 24-2　北京市林业产业特色

指　标	全国排名	数量
林业旅游及休闲产业人次	1	169345472
仁用杏产量(吨)	3	11222
茶叶批发企业数量(个)	3	2592
中乐器制造企业数量(个)	3	64
西乐器制造企业数量(个)	4	127

表 24-3　北京市各产业对总产值的贡献

	指　标	产值(万元)	百分比(%)
	总产值	1200400	100
1	果品产业	380071	31.66
2	森林旅游业	231264	19.27
3	林业服务	145303	12.10
4	园林植物产业	145077	12.09
5	森林培育业	122591	10.21
6	种苗产业	72750	6.06
7	林业系统非林产业	36602	3.05
8	人造板制造业	30870	2.57
9	木制品生产业	19604	1.63
10	木材生产业	6910	0.58
11	野生动物驯养业	4962	0.41
12	森林蔬菜产业	2968	0.25
13	中药业	1197	0.10
14	其他	231	0.02

表 24-4　北京国家级和市级林业产业相关协会

1	中国竹产业协会
2	中国中药协会
3	中国植物油行业协会
4	中国造纸协会
5	中国野生植物保护协会
6	中国野生动物保护协会
7	中国香料香精化妆品工业协会
8	中国饲料工业协会
9	中国生态文化协会
10	中国农垦经贸流通协会旅游分会
11	中国木材与木制品流通协会
12	中国旅游协会
13	中国旅游景区协会
14	中国林业机械协会
15	中国林产工业协会
16	中国家具协会
17	中国果品流通协会咖啡豆分会
18	中国果品流通协会
19	中国杜仲综合开发协会
20	中国茶叶流通协会
21	中国蜂产品协会
22	海峡两岸旅游交流协会
23	北京市中华茶艺协会
24	北京市野生动物保护协会
25	北京市中药材种植业协会
26	北京市园林职工技术协会
27	北京市园林绿化企业协会
28	北京市饲料工业协会
29	北京市旅游行业协会
30	北京市茶业协会福安分会
31	北京市茶业协会安溪铁观音分会
32	北京市茶业协会
33	北京市咖啡行业协会
34	北京市家具协会

天津市林业产业

【产业特点】 天津市林业特色产业突出表现在乐器制造业发展上。其中，中乐器制造企业数量居全国第二位，西乐器制造企业数量也居全国第二位。见表25-1和表25-2。

天津市林业产业总产值21.6亿元。其中：果品产业对林业总产值的贡献最大12.3亿元，占57.08%；其次是森林培育业3.3亿元，占15.47%；园林植物产业2.2亿元，占10.37%；森林旅游业1.6亿元，占7.42%；人造板制造业0.6亿元，占2.82%。见表25-3。

天津市林业产业相关协会有15家，其中国家级1家，见表25-4。

【果品】 天津市已建成小枣基地、津西北水果基地和蓟宝干鲜果品基地三大经济林基地，同时，开展山区及滨海葡萄基地建设和冬枣基地建设，基本形成了东部滨海地区鲜食与酒用葡萄产区，大港、静海、津南冬枣和金丝小枣产区，津西北水果及设施栽培产区，蓟县北部山区特色优质果品产区。

拥有商标注册的果品数量逐年增加，有影响力的果品有汉沽区生产的茶淀牌玫瑰香葡萄和大港区生产的翠果牌冬枣。其中，2007年被评为中华名果的汉沽区玫瑰香葡萄面积2000公顷，占该区耕地面积的68.3%，全区种植业的75%，年产7万吨，是全国最大的玫瑰香葡萄生产基地。

共有果品加工、贮藏企业1000多家，主要以葡萄酒生产、冬枣深加工及罐头加工业为主。汉沽区有葡萄保鲜库700余座；蓟县有天阳葡萄榨汁有限公司、天津明星葡萄酒有限公司和天津挂月果酒有限公司等60家中小型果品加工企业，年加工能力6500万千克。大港区翠果冬枣开发有限公司引进意大利生产的气调贮藏保鲜设备，贮藏能力达1000吨，贮藏保鲜期达4个月以上；大港区天津绿生源食品饮料有限公司开发了鲜冬枣汁、枣酒生产加工技术，日加工生产能力5吨。

【种苗】 天津市有市、县级国有苗圃10个，苗木生产品种由单一的用材树种向绿化苗木多品种转变。有专业技术人员130名。完成天津现代化种苗基地(全光照喷雾扦插育苗技术设备)、天津林木种子(苗)质量鉴定检测技术应用、天津耐盐碱树种筛选等项目，特别是蓟县国营苗圃成为中国林科院的种苗良繁基地，并被国家林业局授予全国质量信得过苗圃称号，蓟县邦均镇优质常绿苗木基地被授予全国特色种苗基地称号。

【木材加工】 主要产品为中密度纤维板、大芯板、胶合板、家具等；企业类型以个体为主的中小型企业，主要分布在武清区、蓟县、静海、津南等区县。

(天津市林业局)

表25-1 天津市林业产业概况

指 标	数量
总产值(按现行价格计算)(万元)	215642
一、第一产业产值	189500
(一)涉林产业产值	189500
1. 林木的培育和种植	38348
2. 木材和竹材的采运	4780
3. 经济林产品的种植与采集	123079
4. 花卉的种植	22368
5. 陆生野生动物繁育与利用	325
6. 林业生产辅助服务	600
(二)林业系统非林产业产值	
二、第二产业产值	10144
(一)涉林产业产值	10144
1. 木材加工及木、竹、藤、棕、苇制品制造	10144
(1)人造板制造	6089
(2)木制品制造	4055
(二)林业系统非林产业产值	
三、第三产业产值	15998
(一)涉林产业产值	15998
1. 林业旅游与休闲服务	15998
(二)林业系统非林产业产值	
补充资料：全部山区县茶、桑、果产值	14851

指　标	数量
森林资源	
一、森林覆盖率(%)	8.24
二、林地面积(万公顷)	14.22
三、森林面积(万公顷)	9.32
四、人工林面积(万公顷)	8.88
五、活立木总蓄积量(万立方米)	277.01
六、森林蓄积量(万立方米)	198.89
七、人工林蓄积量(万立方米)	186.83
八、乔木林单位面积蓄积量(立方米/公顷)	36.43
森林培育(公顷)	
一、荒山荒(沙)地造林面积(按林种用途分)	11315
(一)用材林	6246
(二)经济林	750
(三)防护林	4319
(四)薪炭林	
(五)特种用途林	
二、森林抚育面积	
(一)低产低效林改造	
(二)实际幼林抚育	49427
(三)成林抚育	77983
三、林业单位数量(个)	128
木材、竹材	
一、木材总计(万立方米)	21.47
(一)原木	21.47
(二)薪材	
(三)锯材	
二、锯材加工企业数量(个)	86
三、木材批发企业数量(个)	755
人造板	
人造板总产量(万立方米)	5.50
一、胶合板(万立方米)	0.40
二、纤维板(万立方米)	
三、刨花板(万立方米)	4.80
四、其他人造板(万立方米)	0.30
五、人造板制造企业数量(个)	179
六、胶合板制造企业数量(个)	77
七、纤维板制造企业数量(个)	6
八、刨花板制造企业数量(个)	18
九、其他人造板制造企业数量(个)	66
木制品	
一、木竹地板(万平方米)	32.70
(一)实木木地板	5.30
(二)复合木地板	27.40
(三)其他木地板	
二、木制品企业数量(个)	1383
三、生产用木制品企业数量(个)	971

指　标	数量
四、生活用木制品企业数量(个)	273
五、中乐器制造企业数量(个)	118
六、西乐器制造企业数量(个)	158
木竹家具	
一、木制家具制造企业数量(个)	1856
二、竹藤制家具制造企业数量(个)	31
三、家具零售企业数量(个)	1082
木　片	
木片加工企业数量(个)	74
竹　藤	
一、竹、藤、棕、草制品企业数量(个)	95
二、竹、藤、棕、草工艺品制造企业数量(个)	62
果　品	
一、水果产量(吨)	311049
其中：苹果	56931
梨	36870
葡萄	106111
桃	61295
杏	2498
其他水果	47344
二、干果产量(吨)	2337
其中：核桃	814
板栗	693
枣(干重)	830
三、水果罐头制造企业数量(个)	54
森林蔬菜	
蔬菜、果品批发企业数量(个)	477
茶咖啡	
一、茶叶批发企业数量(个)	556
二、制茶企业数量(个)	12
调　料	
林产调料产品(干重)	9
其中：花椒	9
中药材	
中草药及制品批发企业数量(个)	310
花　卉	
一、年末实有花卉种植面积(公顷)	1434
二、切花切叶产量(万支)	3277
三、盆栽植物产量(万盆)	642
四、观赏苗木产量(万株)	261
五、草坪产量(万平方米)	96
六、花卉市场(个)	20
七、花卉企业数量(个)	90
其中：大中型企业	11
八、花农(万户)	0.16
九、花卉从业人员(万人)	0.33

指　标	数量
其中：专业技术人员	0.04
十、控温温室面积(万平方米)	24
十一、日光温室面积(万平方米)	41
林产化工	
一、林产化学产品制造企业数量(个)	5
二、香料、香精制造企业数量(个)	121
蚕	
一、丝绢纺织企业数量(个)	113
二、缫丝企业数量(个)	0
三、绢纺企业数量(个)	0
四、丝织企业数量(个)	38
五、丝印染企业数量(个)	15
六、丝制品企业数量(个)	51
七、其他丝绢纺织企业数量(个)	9
八、丝针织品企业数量(个)	29
森林旅游	
一、旅游人次(人)	1865755
二、旅游收入(万元)	15998
三、森林公园总数(处)	1
四、森林公园总面积(公顷)	2126
五、国家森林公园数量(处)	1
六、国家森林公园面积(公顷)	2126
七、省级森林公园数量(处)	
八、省级森林公园面积(公顷)	
九、县级森林公园数量(处)	
十、县级森林公园面积(公顷)	
十一、森林公园收入总额(万元)	1090
十二、旅游接待总人数(万人次)	19
十三、旅游接待海外旅游者(万人次)	
十四、园林绿化企业数量(个)	1470
十五、自然保护区管理业数量(个)	16
林业机械	
一、森林工业专用设备制造企业数量(个)	3
二、营林机械制造企业数量(个)	5

表 25-2　天津市林业产业特色

指　标	全国排名	数量
中乐器制造企业数量(个)	2	118
西乐器制造企业数量(个)	2	158

表 25-3　天津市各产业对总产值的贡献

	指　标	产值(万元)	百分比(%)
	总产值	215642	100
1	果品产业	123079	57.08
2	森林培育业	33368	15.47
3	园林植物产业	22368	10.37
4	森林旅游业	15998	7.42
5	人造板制造业	6089	2.82
6	种苗产业	4980	2.31
7	木材生产业	4780	2.22
8	木制品生产业	4055	1.88
9	林业服务	600	0.28
10	野生动物驯养业	325	0.15

表 25-4　天津国家级和市级林业产业相关协会

1	中国农业生态环境保护协会
2	天津市茶业协会
3	天津市家具行业协会
4	天津市旅游协会
5	天津市饲料工业协会
6	天津市野生动物保护协会
7	天津生态城绿色产业协会
8	天津市汉沽区茶淀镇桥沽特种养殖业协会
9	天津市汉沽区旅游协会
10	天津市河东区旅游协会
11	蓟县孙各庄满族乡果品产业协会
12	蓟县野生动物保护协会
13	天津市蓟县沟河北果品产销协会
14	天津市津南区益农仙人掌与多肉植物产销协会
15	天津市南开区园林科学技术协会

河北省林业产业

【产业特点】 河北林业特色产业突出表现在森林培育业、人造板产业、乐器制造业、果品产业、中药材产业、苗木业及栲胶业发展上。其中，荒山荒(沙)地造林面积面积居全国第五位，防护林面积居全国第四位，林业单位数量居全国第二位，刨花板产量居全国第一位，刨花板制造企业数量居全国第二位，其他人造板制造企业数量居全国第二位，细木工板产量居全国第三位，人造板产量居全国第四位，胶合板产量居全国第四位，单板产量居全国第四位，人造板制造企业数量居全国第三位，胶合板制造企业数量居全国第五位，纤维板制造企业数量居全国第五位，中乐器制造企业数量居全国第四位，梨产量居全国第一位，葡萄产量居全国第二位，桃产量居全国第二位，枣(干重)产量居全国第二位，柿子(干重)产量居全国第二位，仁用杏产量居全国第二位，山杏仁产量居全国第二位，杏产量全国居第三位，板栗产量居全国第四位，榛子产量居全国第四位，苹果产量居全国第五位，枸杞产量居全国第五位，水果罐头制造企业数量全国第二位，中草药及制品批发企业数量全国第四位，观赏苗木产量全国第五位，栲胶产量全国第三位。见表26-1 和表26-2。

河北林业产业总产值694 亿元，其中果品产业对总产值的贡献最大 287 亿元，占总产值的41.35%；其次是人造板制造业 167 亿元，占24.02%；森林培育业和园林植物业都接近 26 亿元，分别占3.74%和3.69%；木家具制造业21 亿元，占 3.02%。这 5 项产业占林业总产值的75.82%，见表 26-3。河北林业产业相关协会有120 家，省级协会11 家，见表26-4。

【果品】 果品龙头企业3000 多家，其中国家级 8家、省级72 家。果品出口龙头企业309 家，其中通过国家出口卫生注册或登记的200 多家。有协会和合作组织1300 多个，经纪人队伍10 万多人。国家和省级名牌产品 126 个，绿色、有机果品 213种，产业化经营率达 58% 以上。果品业存在的主要问题是生产方式和产业化经营与发展现代果品业不适应。

赞皇县 是太行山核桃的主要产地之一，早在明代就开始引种、栽培核桃，被中国经济林协会命名为“中国名特优经济林核桃之乡”。种植面积1.33 万公顷，遍及全县11 个乡镇150 个村，种植农户1.2 万户，年产1 万吨，产值2.5 亿元。赞皇县是全国核桃采购、加工、销售集散地之一，拥有石家庄丸京干果有限公司、赞皇县核桃协会等加工企业和合作组织24 家，年加工交易量2 万吨左右，有核桃仁、核桃油、核桃罐头、核桃粉、核桃饴糖等五大系列产品20 余种，产品远销日本、韩国、美国等10 多个国家和地区。

2009 年平山县“平山绵核桃”获国家地理标志保护产品，并在第二届中国核桃大会上荣获金奖，被中国经济林协会命名为“中国核桃之乡”，2010年核桃产业被评为“河北十强特色产业”。2007 年开始先后出台了《平山县农业特色产业发展五年规划》、《加快核桃产业发展的实施意见》等一系列规划、政策，县财政每年拿出2000 万元用于核桃产业发展。2010 年，栽培面积2.23 万公顷，培育核桃专业村36 个。

2009 年唐县被中国经济林协会命名为“中国大枣之乡”；2010 年“唐县大枣”荣获国家地理标志保护产品。2004 年开始，先后出台《唐县红枣产业发展指导意见》、《唐县果品产业带建设意见》等一系列政策措施，到2010 年全县红枣栽培面积1.1 万公顷，培育红枣专业村28 个。 (赵少波、袁媛)

河北晋州长城经贸有限公司 是国家级农业产业化重点龙头企业，公司面积3.35 万平方米，员工460 人，注册资金2000 万元，年储存能力3 万多吨，年加工能力3.7 万吨，以生产、冷藏、加工、出口优质鲜梨为主，产品出口美国、加拿大、澳大利亚、新西兰等国家，是河北最大的鲜梨出口企业和果品专业储藏企业。

公司拥有鸭梨、雪梨、亚洲梨等十几个鲜梨品种，注册有“长城”、“妙士”、“芙润仕”三大系列鲜梨品牌，其中“芙润仕”被评为河北名牌。公司牵头成立了“晋州长城果品专业合作社”，建立了“企业(公司)+合作社+基地+农户”的合作模式。目前，拥有经河北出入境检验检疫局注册出口基地果园1633.33公顷，带动了马于、东里庄、总十庄、周家庄、东卓宿等5个乡镇0.8万公顷果树、6万多户果农的发展。(方士刚)

河北三利有机食品有限公司 拥有固定资产5540.6万元，占地21340平方米，以生产核桃油、核桃调和油、核桃仁、花椒及核桃蛋白粉等休闲食品为主。其产品共有三大类30多个品种，第一类是核桃和核桃仁休闲食品系列；第二类是核桃深加工产品，冷榨核桃油系列；第三类是核桃油深加工产品，孕婴营养食品系列。三利有机食品有限公司生产的“果然智”和“金食源”两大系列品牌产品已经成功进入华东家乐福、沃尔玛，上海联华，江苏苏果等国际知名连锁商超。建成辐射全国21个省(市)的销售网络。同时该公司还积极拓展国际市场，核桃仁已出口到美国，英国、法国及中东部分国家，出口量500吨/年。(李彦平 石利平)

唐山福春林木业有限公司 注册资金5000万元，其中迁西金信矿业有限公司持股60%，中国林产工业公司和福建福人木业有限公司分别持股20%。公司坐落于迁西县栗乡工业走廊，占地20公顷，现有员工300人，主营人造板及其深加工制品，为河北林果产业重点龙头企业和唐山农业产业化经营重点龙头企业，注册使用“Fortunelinn Woodindustry”(福春林)牌商标。

(姚志刚)

【人造板】 起步于1958年，90年代后期进入超高速发展阶段，先后形成文安、正定、邢台、新乐、唐县等人造板产业集聚区。新建非单板类生产线20条，新增先进产能260万立方米，年产10万立方米以上的非单板类人造板生产线的生产能力占同类产品总生产能力的75%以上。杨木优化改性及杨木单板层积材先后由魏县爱美森木业、衡水四方木业等企业建成投产。继迁西富春林均质刨花板建成投产后，巴迈隆木业有限公司年产22万立方米均质刨花板及深加工项目在衡水武邑县开工建设。

(孟宪平)

中盐银港人造板有限公司 是中国盐业总公司的控股子公司，为人造板行业央企控股企业，主要产品为中高密度纤维板和刨花板，特别是1.6~40毫米的各种规格产品，具备生产厚度1.6毫米超薄高密度纤维板的能力。公司资产总额21亿元，从业人员1700多人，先后从德国引进5条目前世界最先进的连续平压生产线，在河北石家庄、承德，四川南充，湖北随州建成4个大型现代化产业基地，年生产能力135万立方米。公司通过ISO质量、环境、职业健康管理体系认证。

(方士刚 赵怀计)

【种苗】 全省有4500多个苗圃，面积约3.3万公顷(其中：国有苗圃321个，育苗面积0.5万公顷；其他所有制苗圃4200多个，育苗面积2.8万公顷)。共有林木采种基地8万公顷，年产各类苗木20多亿株(含容器苗3亿株)，产各类林木种子约80万千克，总产值近30亿元。

(李庆国)

【花卉】 花卉产业形成了以盆栽植物、鲜切花和宿根花卉为主的环京津聚集区，以观赏苗木和盆花等为主的环会聚集区，以药用花卉、野生花卉等为主的特色花卉聚集区。有当地特色及产业基础比较好的重点县，如衡水的深州、保定的定州、邢台的巨鹿等，固安县、石家庄振头乡、馆陶县寿山寺乡、曲周县安寨镇被命名为“中国花卉之乡”。

已有花卉农业产业化龙头企业12家。涿州花卉基地、西三教花木基地、三河花木公司和高邑北方花卉基地被命名为“国家示范基地”。建有规模以上花卉市场227家，中介服务组织856个，花店1151家，初步形成以市场为龙头、中介组织为衔接、零售花店为网点的花卉销售体系。(张永信)

石家庄大自然园艺公司 是一个以花卉生产、经销林木、工程绿化为主的企业，占地10公顷，拥有3000平方米的温室和5000平方米的智能阳光温室以及品种驯化实验室，产品涉及六大类60多个品种，年生产、销售苗木50余万株，花卉10余万盆，年产值达2000多万元。

花卉基地主要生产和经营从比利时、荷兰引进的花卉种苗，其中，红掌系列新品种奥克马赫马、火焰、燃烧激情、燕尾红、巧丽等销往北京、内蒙古、山西、山东、河南和保定、邯郸、邢台等地；竹芋有青苹果、豹纹等；蕨类有鸟巢、兰色贝尔、卷百等，其中特色品牌品种为幸福树。

苗木基地主要种植适应北方气候的绿化苗木，与河北林科院共同开发研究新品种课题，并引进优良彩叶树种进行实验观测，运用高科技成功培育出彩叶树种金叶国槐，本地乡土树种主要有落叶大乔木、彩叶花灌木、四季常绿树种及藤本植物、地被植物、球根花卉、宿根花卉、观赏草、月季、大小规格苗木、草花等。（方士刚）

唐山汇丰实业集团 以生产、销售中、高档木制家具和建筑实用门等为主的有限公司，成立于1998年。下设3个分公司，拥有员工480人，注册资本2088.8万元，占地10万平方米，拥有各种进口和国产设备280台，资产总额1.36亿元。

（姚志刚）

【安国中药材市场】 安国有全国最大的中药材专业市场，经营利用植物有木香、天麻、防风、黄芪、柴胡、连翘等数百种中草药。总建筑60万平方米，全国30个省（区、市）在安国都建有药业办事机构，日平均吞吐中药材500吨，年成交额达50多亿元。每年5月18日是安国传统的药交会和中华药材节。（王秀辉）

【野生动物】 养殖动物主要有梅花鹿、马鹿、狐狸、狍子、野猪、雉鸡、貉子、水貂、鸵鸟等。2010～2011年，河北林业局与河北农业大学合作进行狍的人工饲养与驯化研究，最终达到狍种质资源的保护和利用，为狍的标准化养殖提供依据。河北还是野生动植物经营利用大省，经营利用动物种类主要有狐狸、貉、水貂、灰鼠、梅花鹿、马鹿、獾、鸵鸟、蓝孔雀、石鸡、环颈雉等。建有全国著名的昌黎皮毛交易市场、冀东皮毛交易市场、尚村皮毛市场、阳原皮毛场、中国大营国际皮草交易中心。

肃宁县是河北最大的毛皮动物养殖县，现已形成了珍稀毛皮动物养殖、市场集散、原皮鞣制染色、裘皮加工、制衣制件、出口贸易一条完整的产业链，初步成为全国的裘皮原料交易中心、裘皮产品生产中心、裘皮服装贸易中心、裘皮产品研发中心、裘皮产业信息中心和裘皮产品质检中心。毛皮动物出栏量貂38.6万只，狐狸98.1万只，貉52.3万只，獭兔153万只总产值72亿元，先后被确定为“国家级标准化特种动物养殖示范区”；被中国皮革协会命名为“中国裘皮基地”；被河北省政府确定为“全省纺织服装业八大基地之一”和“省级裘皮服装加工出口基地”；被中国轻工业联合会、中国皮革协会命名为“中国裘皮之都”。

【森林旅游】 基本形成以国家级森林公园为主体，省级森林公园为基础的森林旅游产业，年投入建设资金3.8亿元。森林旅游划分为四大旅游区：一是秦唐森林旅游海滨度假区，范围包括秦皇岛、唐山两地，重点提升海滨度假旅游环境，大力发展海滨度假，森林休闲，民俗、长城和皇家陵寝观光旅游。二是张承森林旅游避暑度假区。范围包括张家口、承德两地，充分发挥森林草原、冰雪、古建园林、清文化、辽文化等资源优势，重点建设和完善森林草原生态观光、避暑、度假、滑雪等旅游产品。三是太行山森林旅游观光区。范围包括保定山区部分、石家庄、邯郸、邢台，建设和完善浓郁燕赵风情、红色旅游、太行风光、人文古迹观光等旅游产品。四是京津周边森林旅游休闲区。范围包括廊坊、沧州、衡水三地及保定的平原区，充分利用区位市场优势和区域特色林业等有利条件，建设和完善以衡水湖湿地生态观鸟、冬枣和金丝小枣种植基地等生态观光旅游。

（张从哲）

【生物质能源】 全省有适合黄连木、文冠果、刺槐、油松等生物质能源林的宜林荒山荒地200多万公顷。已有林业生物质能源林153.33万公顷，总生物量约14.8亿吨，其中，刺槐木质能源林26.2万公顷，总生物量约3.4亿吨；黄连木、文冠果、核桃楸、核桃等油料能源林9.73万公顷，年产量约362万吨；板栗淀粉能源林14万公顷，年产量约28万吨。中石油化工企业基地的生物质能源林建设基地黄连木油料林0.53万公顷，主要在邯郸西部太行山区实施，目前任务已全部完成，全部达到国家林业局关于生物能源原料林基地建设检查验收的有关要求。以黄连木、农林废弃物为原料的生

物柴油、物质燃料(木煤)先后在武安、丰宁等地建成投产，生物质能源产业开始起步。（李喜臣）

【林下经济】 全省林下经济年经营14.99万公顷，年经营收入30多亿元。

1. 努力提高林地复种指数。主要有三种类型：其一，在林木郁闭前种植花生、大豆、油菜等矮秆、非缠绕农作物，每亩增收500～1000元；其二，充分利用林木落叶休眠时机，发展秋种春收的农作物，经济林下种植小麦、青刈黑麦(饲草)，每亩增收500元左右。其三，在造林时以合理的行距及栽培方式将林粮(菜、棉)间作方式固定下来，如：速丰林大行距林粮间作，粮食亩产量接近大田水平，林木边行优势突出，林茂粮丰的增收效果非常明显。曲周县四疃乡发展银杏林时采用了银杏万寿菊、银杏紫甘蓝两大组合模式，每年林业以外增收4000多元/亩。

2. 大力发展家禽、家畜和珍稀动物养殖。选择造林密度适度，林下透光良好、空气流动通畅的用材林、果树林地，用围网的方式将传统舍养鸡、鸭、鹅、猪、羊、兔及貂、狐、貉等珍稀动物移到林下养殖，全省已发展到4万公顷。肃宁县利用速生丰产林林地养殖珍稀动物貂、狐、貉，每亩年纯收入2.1万元。邱县林下养鸡、鸭、鹅、兔、蝉，亩收入达5000元以上。

3. 积极发展食用菌类产品栽培。充分利用林下湿度较大、光线弱、气温适宜的林荫条件，营造适宜菌类产品生长小环境，设施栽培平菇、草菇、双孢菇、鸡腿菇、杏孢菇、滑子菇、口蘑、木耳等。曲周县军营村发展林下草菇、鸡腿菇和毛木耳种植大棚50个，亩收益在5000元以上。

4. 发展林下中药材种植。临漳县东五岔口村林下种植了荆芥、射干、丹参、白芍、药牡丹、毛子母等中药材30多公顷，成为临漳县远近闻名的林下中药材专业村。赤城县大力发展珍稀药用菌猪苓等菌类产品，形成了以三道川、镇宁堡猪苓种植为龙头，8个行政村400多农户参与的林下经济种植示范基地。仅猪苓种植一项，年产量40万千克，产值4000万元。

5. 积极开发林地山野资源。承德畅达生物科技有限公司依托本地油松资源，进行油松松花粉的采集和精深加工，年加工油松松花粉80多吨，销售收入达到1080多万元，带动县内农户4000余户，户均采集花粉增收2000多元。塞罕坝机械林场开发了“塞罕坝”牌金莲花茶等系列产品，坝上白蘑为主的系列食用菌产品20多种，蕨菜、金针菇、大黄为主的系列产品10余种。（孟宪平）

表26-1 河北省林业产业概况

指 标	数量
总产值(按现行价格计算)(万元)	6937260
一、第一产业产值	3708645
(一)涉林产业产值	3696292
1. 林木的培育和种植	388229
2. 木材和竹材的采运	57424
3. 经济林产品的种植与采集	2967811
4. 花卉的种植	256200
5. 陆生野生动物繁育与利用	18331
6. 林业生产辅助服务	8297
(二)林业系统非林产业产值	12353
二、第二产业产值	2942709
(一)涉林产业产值	2907733
1. 木材加工及木、竹、藤、棕、苇制品制造	1874143
(1)锯材、木片加工	145330
(2)人造板制造	1666484
(3)木制品制造	51040
(4)竹、藤、棕、苇制品制造	11289
2. 木、竹、藤家具制造	209529
3. 木、竹、苇浆造纸	22622
4. 林产化学产品制造	18375
5. 木制工艺品和木制文教体育用品制造	2159
6. 非木质林产品加工制造	680654
7. 其他	100251
(二)林业系统非林产业产值	34976
三、第三产业产值	285906
(一)涉林产业产值	253597
1. 林业旅游与休闲服务	151924
2. 林业生态服务	44347
3. 林业专业技术服务	14514
4. 林业公共管理及其他组织服务	42812
(二)林业系统非林产业产值	32309
补充资料：全部山区县茶、桑、果产值	803997
全部丘陵县茶、桑、果产值	411377
森林资源	
一、森林覆盖率(%)	22.29
二、林地面积(万公顷)	705.37
三、森林面积(万公顷)	418.33

指　标	数量
四、人工林面积(万公顷)	212.27
五、活立木总蓄积量(万立方米)	10183.91
六、森林蓄积量(万立方米)	8374.08
七、人工林蓄积量(万立方米)	4238.60
八、乔木林单位面积蓄积量(立方米/公顷)	29.06
森林培育(公顷)	
一、荒山荒(沙)地造林面积(按林种用途分)	283878
(一)用材林	18951
(二)经济林	14784
(三)防护林	249143
(四)薪炭林	
(五)特种用途林	1000
二、更新造林面积	4201
三、森林抚育面积	
(一)低产低效林改造	1062
(二)实际幼林抚育	383084
(三)成林抚育	375502
四、林业单位数量(个)	2842
木材、竹材(万立方米)	
一、木材总计	71.34
(一)原木	65.73
其中：针叶原木	17.48
1. 直接用原木	41.44
2. 等内加工原木	2.09
其中：针叶原木	0.15
3. 造纸用原木	0.31
4. 胶合板材	2.59
5. 其他原木	19.29
(二)薪材	5.61
(三)锯材	190.62
二、木材采运企业数量(个)	24
三、竹材采运企业数量(个)	0
四、锯材加工企业数量(个)	238
五、木材批发企业数量(个)	710
人造板	
人造板总产量(万立方米)	1190.81
一、胶合板(万立方米)	389.90
(一)木胶合板(万立方米)	383.45
(二)其他胶合板(万立方米)	6.46
二、纤维板(万立方米)	299.05
三、刨花板(万立方米)	233.68
四、其他人造板(万立方米)	268.18
其中：细木工板(万立方米)	225.81
五、单板(万立方米)	367.77
六、人造板制造企业数量(个)	2619
七、胶合板制造企业数量(个)	1372

指　标	数量
八、纤维板制造企业数量(个)	118
九、刨花板制造企业数量(个)	144
十、其他人造板制造企业数量(个)	938
木制品	
一、木竹地板(万平方米)	41.80
(一)复合木地板	1.80
(二)其他木地板	40
二、木制品企业数量(个)	1146
三、生产用木制品企业数量(个)	735
四、生活用木制品企业数量(个)	296
五、中乐器制造企业数量(个)	51
六、西乐器制造企业数量(个)	93
木竹家具	
一、木制家具制造企业数量(个)	2671
二、竹藤制家具制造企业数量(个)	19
三、家具零售企业数量(个)	2479
木　片	
一、木片、木粒加工产品(万实积立方米)	19.29
二、木片加工企业数量(个)	269
竹　藤	
一、竹、藤、棕、草制品企业数量(个)	189
二、竹、藤、棕、草工艺品制造企业数量(个)	96
果　品	
一、水果产量(吨)	9596911
其中：苹果	2724614
梨	3758287
葡萄	1075468
桃	1462150
杏	213487
猕猴桃	94
其他水果	362811
二、干果产量(吨)	864697
其中：核桃	74392
板栗	174640
枣(干重)	412410
柿子(干重)	148798
仁用杏	18738
山杏仁	20600
榛子	502
其他干果	14617
三、木本油料	1595
其中：其他木本油料	1595
四、水果罐头制造企业数量(个)	280
森林蔬菜	
一、森林食品(干重)(吨)	11196
其中：食用菌	3843

指　标	数量
山野菜	4203
其他森林食品	3150
二、蔬菜、果品批发企业数量(个)	1966
茶咖啡	
一、林产饮料产品(干重)(吨)	51
其中：毛茶	1
其他林产饮料产品	50
二、茶叶批发企业数量(个)	607
三、制茶企业数量(个)	86
调　料	
林产调料产品(干重)	12271
其中：花椒	12271
中药材	
一、木本药材(吨)	26726
其中：杜仲	10
枸杞	11986
其他木本药材	14730
二、中草药及制品批发企业数量(个)	1686
花　卉	
一、年末实有花卉种植面积(公顷)	27315
二、切花切叶产量(万支)	8337
三、盆栽植物产量(万盆)	6720
四、观赏苗木产量(万株)	32262
五、草坪产量(万平方米)	650
六、花卉市场(个)	227
七、花卉企业数量(个)	569
其中：大中型企业	80
八、花农(万户)	3.89
九、花卉从业人员(万人)	8.90
其中：专业技术人员	0.87
十、控温温室面积(万平方米)	84
十一、日光温室面积(万平方米)	424
林产化工	
一、林产化学产品(吨)	1200
(一)松香	
(二)松节油	
(三)樟脑	
(四)冰片	
(五)栲胶	1200
(六)紫胶	
二、林产化学产品制造企业数量(个)	124
三、香料、香精制造企业数量(个)	51
蚕	
一、丝绢纺织企业数量(个)	73
二、缫丝企业数量(个)	4
三、绢纺企业数量(个)	9
四、丝织企业数量(个)	15
五、丝印染企业数量(个)	8
六、丝制品企业数量(个)	27
七、其他丝绢纺织企业数量(个)	8
八、丝针织品企业数量(个)	39
森林旅游	
一、旅游人次(人)	17239951
二、旅游收入(万元)	151924
三、森林公园总数(处)	80
四、森林公园总面积(公顷)	496384
五、国家森林公园数量(处)	27
六、国家森林公园面积(公顷)	298852
七、省级森林公园数量(处)	53
八、省级森林公园面积(公顷)	197531
九、县级森林公园数量(处)	
十、县级森林公园面积(公顷)	
十一、森林公园收入总额(万元)	34453
十二、旅游接待总人数(万人次)	755
十三、旅游接待海外旅游者(万人次)	16
十四、园林绿化企业数量(个)	1884
十五、自然保护区管理业数量(个)	47
林业机械	
一、森林工业专用设备制造企业数量(个)	120
二、营林机械制造企业数量(个)	7

表 26-2　河北省林业产业特色

指　标	全国排名	数量
荒山荒(沙)地造林面积(公顷)	5	283878
防护林面积(公顷)	4	249143
林业单位数量(个)	2	2842
刨花板产量(万立方米)	1	233.68
刨花板制造企业数量(个)	2	144
其他人造板制造企业数量(个)	2	938
细木工板产量(万立方米)	3	225.81
人造板产量(万立方米)	4	1190.81
胶合板产量(万立方米)	4	389.90
单板产量(万立方米)	4	367.77
人造板制造企业数量(个)	3	2619
胶合板制造企业数量(个)	5	1372
纤维板制造企业数量(个)	5	118
中乐器制造企业数量(个)	4	51
梨产量(吨)	1	3758287
葡萄产量(吨)	2	1075468
桃产量(吨)	2	1462150
枣(干重)产量(吨)	2	412410
柿子(干重)产量(吨)	2	148798

指　标	全国排名	数量
仁用杏产量(吨)	2	18738
山杏仁产量(吨)	2	20600
杏产量(吨)	3	213487
板栗产量(吨)	4	174640
榛子产量(吨)	4	502
苹果产量(吨)	5	2724614
枸杞产量(吨)	5	11986
水果罐头制造企业数量(个)	2	280
中草药及制品批发企业数量(个)	4	1686
观赏苗木产量(万株)	5	32261.87
栲胶产量(吨)	3	1200

表 26-3　河北省各产业对总产值的贡献

	指　标	产值(万元)	百分比(%)
	总产值	6937260	100
1	果品产业	2868477	41.35
2	人造板制造业	1666484	24.02
3	森林培育业	259758	3.74
4	园林植物产业	256200	3.69
5	木竹藤家具制造业	209529	3.02
6	木材生产业	202754	2.92
7	森林旅游业	151924	2.19
8	种苗产业	128471	1.85
9	林业服务	109970	1.59
10	林业系统非林产业	79638	1.15
11	木制品生产业	53199	0.77
12	中药业	39994	0.58
13	森林蔬菜产业	30078	0.43
14	木浆纸制品生产业	22622	0.33
15	林产化工产业	18375	0.26
16	野生动物驯养业	18331	0.26
17	竹藤产业(不含家具)	11289	0.16
18	茶咖啡产业	270	0.004
19	其他	809897	11.67

表 26-4　河北省级林业产业相关协会

1	河北省果品行业协会
2	河北省茶叶流通协会
3	河北省农业产业协会林果产销专业委员会
4	河北省生态资源综合利用行业协会
5	河北省家具协会
6	河北省林木种苗协会
7	河北省野生动物保护协会
8	河北省茶业协会
9	河北省造纸协会
10	河北省饲料工业协会
11	河北省旅游协会

山西省林业产业

【产业特点】 山西的林业特色产业突出表现在森林培育业、果品产业、森林旅游业上。其中，经济林面积居全国第四位，防护林面积居全国第五位，薪炭林面积居全国第一位，苹果产量居全国第四位，枣(干重)产量居全国第五位，柿子(干重)产量居全国第五位，仁用杏产量居全国第四位，文冠果产量居全国第二位，县级森林公园数量居全国第三位，县级森林公园面积居全国第四位。见表27-1和表27-2。

山西林业产业总产值190亿元，其中果品产业对总产值的贡献最大，达92亿元，占48.37%；森林培育业43亿元，占22.51%；种苗产业9亿元，占4.95%。这3项产业对总产值的贡献为75.83%。见表27-3。

山西林业产业相关协会有119家，其中省级协会9家，见表27-4。

表27-1 山西省林业产业概况

指 标	数量
总产值(按现行价格计算)(万元)	1898999
一、第一产业产值	1479152
(一)涉林产业产值	1473251
1. 林木的培育和种植	521412
2. 木材和竹材的采运	2109
3. 经济林产品的种植与采集	927656
4. 花卉的种植	9873
5. 陆生野生动物繁育与利用	2124
6. 林业生产辅助服务	10077
(二)林业系统非林产业产值	5901
二、第二产业产值	322529
(一)涉林产业总产值	322529
1. 木材加工及木、竹、藤、棕、苇制品制造	34735
(1)锯材、木片加工	8217
(2)人造板制造	25876
(3)木制品制造	642
2. 木、竹、藤家具制造	507
3. 林产化学产品制造	648
4. 非木质林产品加工制造	283625
5. 其他	3014
(二)林业系统非林产业产值	
三、第三产业总产值	97318
(一)涉林产业总产值	76719
1. 林业旅游与休闲服务	24417
2. 林业生态服务	14110
3. 林业专业技术服务	2896
4. 林业公共管理及其他组织服务	35296
(二)林业系统非林产业产值	20599
补充资料：全部山区县茶、桑、果产值	68453
全部丘陵县茶、桑、果产值	296806
森林资源	
一、森林覆盖率(%)	14.12
二、林地面积(万公顷)	754.58
三、森林面积(万公顷)	221.11
四、人工林面积(万公顷)	102.74
五、活立木总蓄积量(万立方米)	8846.96
六、森林蓄积量(万立方米)	7643.67
七、人工林蓄积量(万立方米)	1838.95
八、乔木林单位面积蓄积量(立方米/公顷)	44.33
森林培育(公顷)	
一、荒山荒(沙)地造林面积(按林种用途分)	282371
(一)用材林	10
(二)经济林	52304
(三)防护林	223722
(四)薪炭林	6335
(五)特种用途林	
二、森林抚育面积	
(一)低产低效林改造	153
(二)实际幼林抚育	159030
(三)成林抚育	44890
三、林业单位数量(个)	3773
木材、竹材(万立方米)	
一、木材总计	4.77
其中：热带木材	
(一)原木	3.84
其中：针叶原木	0.14
1. 直接用原木	2.13
2. 等内加工原木	0.56
3. 其他原木	1.15

指　标	数量
（二）薪材	0.92
（三）锯材	1.54
二、木材采运企业数量（个）	28
三、竹材采运企业数量（个）	0
四、锯材加工企业数量（个）	165
五、木材批发企业数量（个）	918
人造板（万立方米）	
人造板总产量	72.01
一、胶合板	9.20
（一）木胶合板	9.20
（二）竹胶合板	
（三）其他胶合板	
二、纤维板	14.15
三、刨花板	26.01
四、其他人造板	22.65
五、人造板制造企业数量（个）	245
六、胶合板制造企业数量（个）	86
七、纤维板制造企业数量（个）	18
八、刨花板制造企业数量（个）	19
九、其他人造板制造企业数量（个）	110
木制品	
一、木制品企业数量（个）	386
二、生产用木制品企业数量（个）	260
三、生活用木制品企业数量（个）	100
四、中乐器制造企业数量（个）	7
五、西乐器制造企业数量（个）	2
木竹家具	
一、木制家具制造企业数量（个）	718
二、竹藤制家具制造企业数量（个）	1
三、家具零售企业数量（个）	2316
木　片	
一、木片、木粒加工产品（万实积立方米）	0.06
二、木片加工企业数量（个）	118
竹　藤	
一、竹、藤、棕、草制品企业数量（个）	55
二、竹、藤、棕、草工艺品制造企业数量（个）	12
果　品	
一、水果产量（吨）	3868183
其中：苹果	2879660
梨	416117
葡萄	150651
桃	333777
杏	65605
猕猴桃	31
其他水果	22342
二、干果产量（吨）	584771

指　标	数量
其中：核桃	65156
板栗	1346
枣（干重）	391153
柿子（干重）	62897
仁用杏	8179
山杏仁	3053
松子	260
其他干果	52727
三、木本油料	2224
其中：文冠果	1
其他木本油料	2223
四、水果罐头制造企业数量（个）	37
森林蔬菜	
一、森林食品（干重）（吨）	965
其中：食用菌	429
山野菜	295
其他森林食品	241
二、蔬菜、果品批发企业数量（个）	914
茶咖啡	
一、茶叶批发企业数量（个）	531
二、制茶企业数量（个）	30
调　料	
一、林产调料产品（干重）	8646
其中：花椒	8646
中药材	
一、木本药材（吨）	7869
其中：杜仲	20
枸杞	80
山茱萸	1905
其他木本药材	5864
二、中草药及制品批发企业数量（个）	590
花　卉	
一、年末实有花卉种植面积（公顷）	746
二、切花切叶产量（万支）	141
三、盆栽植物产量（万盆）	604
四、观赏苗木产量（万株）	806
五、草坪产量（万平方米）	61
六、花卉市场（个）	201
七、花卉企业数量（个）	257
其中：大中型企业	25
八、花农（万户）	0.16
九、花卉从业人员（万人）	0.66
其中：专业技术人员	0.17
十、控温温室面积（万平方米）	10
十一、日光温室面积（万平方米）	1482
林产化工	

指　标	数量
一、林产化学产品制造企业数量(个)	79
二、香料、香精制造企业数量(个)	11
蚕	
一、丝绢纺织企业数量(个)	62
二、缫丝企业数量(个)	18
三、绢纺企业数量(个)	4
四、丝织企业数量(个)	19
五、丝印染企业数量(个)	2
六、丝制品企业数量(个)	17
七、其他丝绢纺织企业数量(个)	1
八、丝针织品企业数量(个)	10
森林旅游	
一、旅游人次(人)	3115050
二、旅游收入(万元)	24417
三、森林公园总数(处)	111
四、森林公园总面积(公顷)	536645
五、国家森林公园数量(处)	18
六、国家森林公园面积(公顷)	380529
七、国家森林公园数量(处)	37
八、省级森林公园面积(公顷)	111143
九、县级森林公园数量(处)	56
十、县级森林公园面积(公顷)	44973
十一、森林公园收入总额(万元)	37225
十二、旅游接待总人数(万人次)	620
十三、旅游接待海外旅游者(万人次)	7
十四、园林绿化企业数量(个)	1678
十五、自然保护区管理业数量(个)	77
林业机械	
一、森林工业专用设备制造企业数量(个)	1
二、营林机械制造企业数量(个)	0

表 27-2　山西省林业产业特色

指　标	全国排名	数量
经济林面积(公顷)	4	52304
防护林面积(公顷)	5	223722
薪炭林面积(公顷)	1	6335
林业单位数量(个)	1	3773
苹果产量(吨)	4	2879660
枣(干重)产量(吨)	3	391153
柿子(干重)产量(吨)	5	62897
仁用杏产量(吨)	4	8179
文冠果产量(吨)	2	1
县级森林公园数量(处)	3	56
县级森林公园面积(公顷)	4	44972.91

表 27-3　山西省各产业对总产值的贡献

	指　标	产值(万元)	百分比(%)
	总产值	1898999	100
1	果品产业	918528	48.37
2	森林培育业	427433	22.51
3	种苗产业	93979	4.95
4	林业服务	62379	3.28
5	林业系统非林产业	26500	1.40
6	人造板制造业	25876	1.36
7	森林旅游业	24417	1.29
8	木材生产业	10326	0.54
9	园林植物产业	9873	0.52
10	中药业	5668	0.30
11	森林蔬菜产业	2791	0.15
12	野生动物驯养业	2124	0.11
13	林产化工产业	648	0.03
14	木制品生产业	642	0.03
15	木竹藤家具制造业	507	0.03
16	其他	287308	15.13

表 27-4　山西省级林业产业相关协会

1	山西省茶文化艺术协会
2	山西省旅游协会
3	山西省野生动物保护协会
4	山西省工艺品旅游纪念品生产经营协会
5	山西省造纸行业协会
6	山西省矿山生态环境保护协会
7	山西省风景园林协会
8	山西省林木种苗协会
9	山西省旅游文化协会

内蒙古自治区林业产业

【产业特点】 内蒙古的林业特色产业突出表现在森林培育业、林木采伐业、果品产业、森林旅游业上。其中，林地面积居全国第一位，森林面积居全国第一位，活立木总蓄积居全国第五位，森林蓄积居全国第五位，荒山荒(沙)地造林面积居全国第二位，防护林面积居全国第一位，更新造林面积居全国第五位，成林抚育面积居全国第一位，针叶原木产量及锯材产量居全国第二位，山杏仁产量居全国第三位，榛子产量居全国第二位，文冠果产量居全国第一位，枸杞产量居全国第三位，栲胶产量居全国第五位，森林公园总面积居全国第五位，国家森林公园面积居全国第四位，省级森林公园面积居全国第五位。见表 28-1 和表 28-2。

内蒙古林业总产值 202 亿元。其中：木材生产业贡献最大，达 49 亿元，占 24.07%；其次是森林培育业 46 亿元，占 22.72%；然后是森林旅游业 12 亿元，占 6.13%；果品产业 11 亿元，占 5.49%；种苗产业近 11 亿元，占 5.29%。这 5 项产业占总产值的 63.70%。见表 28-3。

内蒙古从 2009 年开始实施至今的《内蒙古主要林木品种审定办法》(内林办发〔2009〕197 号)对内蒙古主要林木品种审定工作的开展起到了很大的作用。

内蒙古林业产业相关协会有 70 家，国家级协会 1 家，省级协会 10 家，见表 28-4。

【循环经济】 借助设施化、机械化乃至自动化水平的提高和互补大融合优势，种养业的全部产品，包括过去无法处理的废料都成为加工业的原料并变成产品，而加工过程再产生的中间品(废气、废料等)又可以再加工为种养业所用，或直接被菌类等吸收转化为产品，实现了资源的循环化利用，实现了节能减排，实现了无废化生产。

拉善经济开发区的内蒙古金沙苑生态工程有限责任公司致力于开发建设乌兰布和沙漠优质绿色生态区。运用生物链模式，强调项目间的循环利用和相互依存，通过优良牧草、高效农作物种植以及葡萄种植产生的枝条茎叶为畜牧业产业化提供优质蛋白饲料。牲畜产生的粪便通过发酵制作沼气，为园区提供热能和电能，沼气渣为葡萄种植和高效农业种植提供优质有机肥料，葡萄种植、畜牧养殖为人类提供优质的葡萄酒和冷冻肉食品。

赤峰巴林左旗林源鹿业有限责任公司下设马鹿驯养、繁育基地，保健食品加工厂，生态旅游公司，生物肥料制造公司，产品销售公司和科研中心等分支机构，形成了“种草养鹿—鹿产品加工销售—废物利用生产有机肥—还田林地—生产绿色果品”，走向绿色产业、生态循环的发展道路。

【果品】 大力发展木本油料、干鲜果品等经济林品种，重点建设山杏、沙棘、枸杞、葡萄、苹果、沙果、榛子、蓝莓等经济林基地。其中，乌海葡萄种植面积达到 2200 公顷。已建成汉森酒业、云飞农科、新时针公司、金沙湾公司，田野农科、海南区阳光田宇、乌达区吉奥尼葡萄酒等多个规模化葡萄示范园、观赏葡萄园、生态葡萄园。以赤峰百万亩优质高产林果基地建设为依托，利用先进的膜下滴灌节水技术，重点发展蒙古野果、苹果梨、寒富苹果、山葡萄、大扁杏、枣等适合本地条件、经济效益较高的经济林产业化基地，每年栽培面积不低于 1.33 万公顷。

【中药材】 以肉苁蓉、锁阳、甘草、麻黄、苦豆子等为主的中药材种植为主。其中，肉苁蓉主要分布在阿拉善、巴彦淖尔、鄂尔多斯、乌海。阿拉善盟有天然梭梭林人工接种肉苁蓉面积 1.33 万公顷，人工梭梭林人工接种肉苁蓉面积 1 万公顷；天然白刺林人工接种锁阳 666.67 公顷。全盟天然林人工接种肉苁蓉产量 200 吨/年(每公顷产干肉苁蓉 15 千克)，人工林人工接种肉苁蓉产量 450 吨/年(每公顷产干肉苁蓉45千克)，天然肉苁蓉产量343吨/年，总计年产干肉苁蓉量约为1000吨。人工林人工接种干锁阳产量100吨/年(每公顷产干锁阳150千克)，天然干锁阳产量800吨/年，总计年产干锁阳为900吨。由于野生肉苁蓉资源濒危，致使价格持续攀升，形成了有价无货的局面，肉苁蓉价格在近年来上升了5~10倍，目前每千克干苁蓉价格达到280元以上，鲜苁蓉价格达40元/斤左右，50厘米以上的礼品苁蓉则增值3~5倍。重点企业有阿拉善盟苁蓉集团有限责任公司、内蒙古巴丹吉林沙产业有限责任公司、内蒙古信安肉苁蓉生态开发有限公司、内蒙古阿拉善驼乡酒业有限责任公司及阿拉善右旗苁蓉锁阳开发有限责任公司、额济纳旗神州药业公司、阿拉善金沙苑生态责任有限公司等企业，产品主要有苁蓉礼品、苁蓉酒、苁蓉茶、甘露茶、苁蓉咖啡、苁蓉养生奶茶、苁蓉胶囊、肾宝胶囊系列加工产品及原生态苁蓉产品。肉苁蓉栽培繁育基地以广大农牧民为生产主体，公司以示范种植为先导，免费提供技术培训、肉苁蓉种子、大型机械工具等，奖励优秀农牧种植户，带动农牧民转产增收。创新了“3+2”的肉苁蓉、锁阳产业发展模式，3即“公司+基地+农牧户”三位一体的互利互惠共同体，2即“科技+合作社(协会)”的增产增效和利益保障体系。

【龙头企业】 第一批林业产业化重点龙头企业评选认定工作已完成，名单如下：1. 内蒙古森发林业开发(集团)有限公司，2. 内蒙古绿丰园林木业开发有限公司，3. 奈曼旗天兴民族木业有限公司，4. 内蒙古元丰木业有限公司，5. 通辽锦秀木业有限公司，6. 通辽美林实业有限公司，7. 奈曼旗红宝石木业有限责任公司，8. 内蒙古健元鹿业有限责任公司，9. 内蒙古宇航人高技术产业有限责任公司，10. 内蒙古大圣生物技术有限责任公司，11. 内蒙古吉隆生态科技有限责任公司，12. 内蒙古东达蒙古王纸业有限公司，13. 鄂尔多斯高原圣果生态建设开发有限公司，14. 内蒙古高原杏仁露有限公司，15. 鄂尔多斯宏业生态产业发展有限公司，16. 鄂尔多斯天骄资源发展有限责任公司，17. 鄂尔多斯恩格贝实业发展有限公司，18. 内蒙古毛乌素生物质热电有限公司，19. 鄂尔多斯碧森种业有限责任公司，20. 内蒙古王爷地苁蓉生物有限公司，21. 内蒙古游牧一族生物科技有限公司，22. 乌海金田农业开发有限责任公司，23. 乌海云飞农业种养科技有限公司，24. 内蒙古汉森葡萄酒业有限公司，25. 内蒙古森工集团金河森林工业有限责任公司(北极狐养殖基地)，26. 阿里河林业局层压板厂，27. 玖龙兴安浆纸(内蒙古)有限公司，28. 内蒙古阿尔山柴河旅游开发有限责任公司。

(张希斌　韩　英)

表28-1　内蒙古自治区林业产业概况

指　标	数量
总产值(按现行价格计算)(万元)	2022097
一、第一产业产值	1145325
(一)涉林产业产值	1040327
1. 林木的培育和种植	566419
2. 木材和竹材的采运	225136
3. 经济林产品的种植与采集	203383
4. 花卉的种植	12799
5. 陆生野生动物繁育与利用	14815
6. 林业生产辅助服务	17775
(二)林业系统非林产业产值	104998
二、第二产业产值	556491
(一)涉林产业产值	449233
1. 木材加工及木、竹、藤、棕、苇制品制造	342492
(1)锯材、木片加工	261541
(2)人造板制造	65285
(3)木制品制造	15498
(4)竹、藤、棕、苇制品制造	168
2. 木、竹、藤家具制造	651
3. 木、竹、苇浆造纸	120
4. 林产化学产品制造	
5. 木制工艺品和木制文教体育用品制造	1270
6. 非木质林产品加工制造	7211
7. 其他	97489
(二)林业系统非林产业产值	107258
三、第三产业产值	320281
(一)涉林产业产值	189284
1. 林业旅游与休闲服务	123924
2. 林业生态服务	3976
3. 林业专业技术服务	5639
4. 林业公共管理及其他组织服务	55745
(二)林业系统非林产业	130997
补充资料：全部山区县茶、桑、果产值	7910
全部丘陵县茶、桑、果产值	62520
森林资源	

指　标	数量
一、森林覆盖率(%)	20
二、林地面积(万公顷)	4394.93
三、森林面积(万公顷)	2366.40
四、人工林面积(万公顷)	303.91
五、活立木总蓄积量(万立方米)	136073.62
六、森林蓄积量(万立方米)	117720.51
七、人工林蓄积量(万立方米)	7573.95
八、乔木林单位面积蓄积量(立方米/公顷)	70.02
森林培育(公顷)	
一、荒山荒(沙)地造林面积(按林种用途分)	655180
(一)用材林	10219
(二)经济林	5434
(三)防护林	638740
(四)薪炭林	
(五)特种用途林	787
二、更新造林面积	17278
三、森林抚育面积	
(一)低产低效林改造	8825
(二)实际幼林抚育	335466
(三)成林抚育	1480273
四、林业单位数量(个)	1872
木材、竹材(万立方米)	
一、木材总计	320.55
(一)原木	311.87
其中：针叶原木	186.09
1. 直接用原木	94.36
2. 特级原木	15.63
3. 等内加工原木	74.52
其中：针叶原木	55.89
4. 造纸用原木	12.65
5. 胶合板材	3.07
6. 其他原木	111.63
(二)薪材	8.68
(三)锯材	400.33
二、木材采运企业数量(个)	33
三、竹材采运企业数量(个)	0
四、锯材加工企业数量(个)	516
五、木材批发企业数量(个)	1060
人造板(万立方米)	
人造板总产量	82.93
一、胶合板	25.03
(一)木胶合板	23.43
(二)其他胶合板	1.60
二、纤维板	14.31
三、刨花板	26.22
四、其他人造板	17.38

指　标	数量
其中：细木工板	14.15
五、单板	7.27
六、人造板制造企业数量(个)	330
七、胶合板制造企业数量(个)	105
八、纤维板制造企业数量(个)	29
九、刨花板制造企业数量(个)	43
十、其他人造板制造企业数量(个)	131
木制品	
一、木竹地板(万平方米)	8.83
(一)实木木地板	8.83
(二)复合木地板	
(三)其他木地板	
(四)竹地板	
二、木制品企业数量(个)	685
三、生产用木制品企业数量(个)	454
四、生活用木制品企业数量(个)	204
五、中乐器制造企业数量(个)	10
六、西乐器制造企业数量(个)	1
木竹家具	
一、木制家具制造企业数量(个)	626
二、竹藤制家具制造企业数量(个)	3
三、家具零售企业数量(个)	1217
木　片	
一、木片、木粒加工产品(万实积立方米)	12.47
二、木片加工企业数量(个)	134
竹　藤	
一、竹、藤、棕、草制品企业数量(个)	40
二、竹、藤、棕、草工艺品制造企业数量(个)	14
果　品	
一、水果产量(吨)	304247
其中：苹果	44603
梨	53879
葡萄	54046
桃	390
杏	12496
其他水果	138833
二、干果产量(吨)	17042
其中：枣(干重)	31
仁用杏	738
山杏仁	11408
榛子	4013
其他干果	852
三、木本油料	22
其中：文冠果	22
四、水果罐头制造企业数量(个)	9
森林蔬菜	

指　标	数量
一、森林食品(干重)(吨)	6409
其中：食用菌	3257
山野菜	2881
其他森林食品	271
二、蔬菜、果品批发企业数量(个)	356
茶咖啡	
一、林产饮料产品(干重)(吨)	9404
二、茶叶批发企业数量(个)	161
三、制茶企业数量(个)	36
中药材	
一、木本药材(吨)	22432
其中：枸杞	16159
其他木本药材	6273
二、中草药及制品批发企业数量(个)	312
花　卉	
一、年末实有花卉种植面积(公顷)	1904
二、切花切叶产量(万支)	301
三、盆栽植物产量(万盆)	2053
四、观赏苗木产量(万株)	1985
五、草坪产量(万平方米)	15
六、花卉市场(个)	56
七、花卉企业数量(个)	63
其中：大中型企业	1
八、花农(万户)	0.16
九、花卉从业人员(万人)	0.60
其中：专业技术人员	0.05
十、控温温室面积(万平方米)	1
十一、日光温室面积(万平方米)	165
林产化工	
一、林产化学产品(吨)	
其中：栲胶	763
二、林产化学产品制造企业数量(个)	45
三、香料、香精制造企业数量(个)	11
蚕	
一、丝绢纺织企业数量(个)	9
二、缫丝企业数量(个)	4
三、绢纺企业数量(个)	0
四、丝织企业数量(个)	1
五、丝印染企业数量(个)	0
六、丝制品企业数量(个)	1
七、其他丝绢纺织企业数量(个)	2
八、丝针织品企业数量(个)	7
森林旅游	
一、旅游人次(人)	6106003
二、旅游收入(万元)	123924
三、森林公园总数(处)	53
四、森林公园总面积(公顷)	1135398
五、国家森林公园数量(处)	29
六、国家森林公园面积(公顷)	912506
七、省级森林公园数量(处)	22
八、省级森林公园面积(公顷)	214522
九、县级森林公园数量(处)	2
十、县级森林公园面积(公顷)	8370
十一、森林公园收入总额(万元)	27314
十二、旅游接待总人数(万人次)	285
十三、旅游接待海外旅游者(万人次)	2
十四、园林绿化企业数量(个)	1297
十五、自然保护区管理业数量(个)	84
林业机械	
一、森林工业专用设备制造企业数量(个)	1
二、营林机械制造企业数量(个)	5

表 28-2　内蒙古自治区林业产业特色

指　标	全国排名	数量
林地面积(万公顷)	1	4394.93
森林面积(万公顷)	1	2366.40
活立木总蓄积(万立方米)	5	136073.62
森林蓄积(万立方米)	5	117720.51
荒山荒(沙)地造林面积(公顷)	2	655180
防护林面积(公顷)	1	638740
更新造林面积(公顷)	5	17278
成林抚育面积(公顷)	1	1480273
针叶原木产量(万立方米)	2	186.09
锯材产量(万立方米)	2	400.33
山杏仁产量(吨)	3	11408
榛子产量(吨)	2	4013
文冠果产量(吨)	1	22
枸杞产量(吨)	3	16159
栲胶产量(吨)	5	763
森林公园总面积(公顷)	5	1135398.21
国家森林公园面积(公顷)	4	912505.79
省级森林公园面积(公顷)	5	214522.42

表 28-3　内蒙古自治区各产业对总产值的贡献

	指　标	产值(万元)	百分比(%)
	总产值	2022097	100
1	木材生产业	486677	24.07
2	森林培育业	459353	22.72
3	林业系统非林产业	343253	16.98
4	森林旅游业	123924	6.13
5	果品产业	111089	5.49
6	种苗产业	107066	5.29

	指　标	产值(万元)	百分比(%)
7	林业服务	83135	4. 11
8	人造板制造业	65285	3. 23
9	中药业	53791	2. 66
10	森林蔬菜产业	16969	0. 84
11	木制品生产业	16768	0. 83
12	野生动物驯养业	14815	0. 73
13	园林植物产业	12799	0. 63
14	茶咖啡产业	4165	0. 21
15	木竹藤家具制造业	651	0. 03
16	竹藤产业(不含家具)	168	0. 01
17	木浆纸制品生产业	120	0. 01
18	其他	122069	6. 04

表 28-4　内蒙古国家级和自治区级林业产业相关协会

1	中国茶叶流通协会边销茶专业委员会
2	内蒙古自治区蒙晋黄河峡谷旅游协会
3	内蒙古自治区茶叶流通协会
4	内蒙古自治区家具行业协会
5	内蒙古自治区环境生态认养协会
6	内蒙古自治区饲料工业协会
7	内蒙古自治区野生动植物保护协会
8	内蒙古自治区造纸协会
9	内蒙古自治区环境生态优化协会
10	内蒙古自治区旅游协会
11	内蒙古自治区草原茶路协会

辽宁省林业产业

【产业特点】 辽宁的林业特色产业突出表现在速生用材林基地建设、木竹生产、地板产业、果品产业、森林蔬菜业及蚕丝业上。其中，速生丰产用材林基地建设面积居全国第三位、锯材加工企业数量居全国第四位，木材批发企业数量居全国第五位，木竹地板产量居全国第三位，实木木地板产量居全国第三位，复合木地板产量居全国第三位，木制品企业数量居全国第五位，生产用木制品企业数量居全国第四位，生活用木制品企业数量居全国第三位，葡萄产量居全国第四位，核桃产量居全国第四位，仁用杏产量居全国第一位，山杏仁产量居全国第一位，榛子产量居全国第一位，松子产量居全国第一位，水果罐头制造企业数量居全国第四位，食用菌产量居全国第一位，山野菜产量居全国第一位，黄柏产量居全国第五位，切花切叶产量居全国第二位，盆栽植物产量居全国第三位，草坪产量居全国第四位，缫丝企业数量居全国第四位，绢纺企业数量居全国第三位，见表29-1及表29-2。

辽宁的林业总产值为938亿元。其中：果品产业贡献最大，达205亿元，占21.8%；其次是野生动物驯养业79亿元，占8.42%；第三是木家具制造业74亿元，占7.87%；第四是木材生产业71亿元，占7.54%；第五是森林蔬菜产业70亿元，占7.43%，第六是木制品生产业70亿元，占7.41%。这6项占林业总产值的60.47%，见表29-3。

辽宁林业产业政策主要有5项，其中3项为辽宁省政策，2项为大连花卉产业发展政策，见表29-4。

【政策规划】 辽宁省十分重视林业产业政策和规划工作，在省委、省政府的支持下，出台了一系列林业产业扶持政策及规划。

省林业厅会同省发改委、省财政厅、省服务业委员会、省国税局、省地税局联合下发了《辽宁省林业产业振兴规划(2010~2012年)》(辽林字〔2010〕4号)。

继续落实2010年度《辽宁省2008~2010年林业产业倍增发展项目及财政扶持资金管理办法(试行)》(辽林字〔2008〕29号)文件相关要求。为扩大扶持范围，加大扶持力度，经协商财政部门同意，在原有新增固定资产奖励范围基础上增加一乡，凡当年新增固定资产(含新建和改扩建)投资额超过1000万元(含1000万元)以上的林产品加工企业，省财政将按新增固定资产投资额的1%给予一次性奖励。2010年度共奖励林产品加工企业41家，共奖励资金1833万元。其中，新增固定资产奖励企业18家，共奖励资金1153万元；奖励的名牌林产品及生产加工企业23家，共奖励资金680万元。

规范林业旅游和休闲服务业统计工作。为进一步做好全省林业生态旅游与休闲服务业的指导和服务工作，规范全省林业生态旅游与休闲服务业的统计工作，促进全省林业生态旅游与休闲服务业健康有序发展。省林业厅积极与省统计局衔接、沟通，申请开展辽宁省林业生态旅游与休闲服务业统计工作，并得到省统计局的同意和支持(辽统制字〔2010〕17号)。因此，省林业厅下发了《关于填报林业生态旅游与休闲服务业统计报表的通知》(辽林办字〔2010〕149号)。该文明确了对统计指标的内容和涵盖范围，从此为规范开展林业旅游和休闲服务业统计工作打下了坚实的根基。

【森林认证】 森林认证是通过独立的第三方对某一森林经营单位或区域的森林进行可持续经营的总体评价，以验证该单位或区域的森林经营是否经营良好，是否符合可持续发展原则和标准的要求，并颁发证书的过程。从全球来看，它正逐步得到全世界生产企业和消费者的认可，将成为解决世界森林问题、促进森林可持续经营和林产品市场准入的一种有效手段。开展森林认证是我国适应世界林业发展规律的具体表现，有助于促进我国林业经营纳入可持续发展的轨道，有助于我国林业的跨越式发展。我国的森林认证工作在国家林业局有关部门、中国林科院和世界自然基金会(WWF)中国项目办事处的共同推动下，于2001年5月在北京成立了森林认证工作组，国家林业局于2001年7月成立了中国森林认证工作领导小组，以协调建立中国森林认证标准指标体系，制定森林认证政策，研究森林认证机构的设立和运作等。这标志着我国政府开始启动森林认证进程。我国开展森林认证的指导思想是：以建设现代林业为目标，着力提高我国森林可持续经营水平和林产品市场竞争力，坚持政府推动与市场引导相结合的方针，打好基础，择优试点，稳步推开，建立起符合我国林业发展实际和国际惯例的森林认证体系。2010年7月中国通过第一批森林认证，辽宁省抚顺市抚顺县林业局下属6个林场和抚顺晟华林炭化木发展有限公司成为首批森林认证审核通过单位。

【展览展会】

中俄林业合作项目对接会 为贯彻落实中俄两国元首批准的《中华人民共和国东北地区与俄罗斯联邦远东及东西伯利亚地区合作规划纲要(2009～2018年)》，共同推进中俄地区合作及相关工作，应辽宁省人民政府邀请，俄罗斯伊尔库茨克州梅津采夫州长率大型政府经贸代表团80余人于2010年4月20到辽宁省推介合作项目及参观考察。按照省政府的统一部署，成功组织召开了中俄林业合作项目对接会，共组织6个市、38个单位参加了会议。其中企业25家，包括有合作意向的购入木材原料企业11家、合作开展木材深加工的企业8家、合作采伐林木的企业2家。两省(州)通过本次对接洽谈，共有13家企业与伊尔库茨克州俄企业达成初步合作意向。

中国·沈阳2010年国际地板博览会 2010年4月29日，由辽宁省家具协会与辽宁省林业产业协会等单位联合主办，由辽宁省家具协会承办。本届博览会展览面积超过近2万平方米、700多个标准展位，120多家企业参展，3000多款产品展示。5天时间成交额达10亿元，组委会共接待省内外参观者近10万人次，吸引了来自法国、俄罗斯等国和国内客商9000多人参观洽谈，现场直接销量达20万平方米，90%企业展位实行特殊装修，展出的3000多款地板产品有30%为2010年新款地板。

第九届全国食用菌新产品新技术博览会暨岫岩蘑菇节 于2010年6月26日在辽宁省鞍山市岫岩满族自治县召开。岫岩有10万人从事蘑菇生产、加工、销售，占农村劳动力的50%左右，蘑菇生产能力已达2.3亿盘，2010年总产量达到21万吨，正在向百万吨目标迈进，蘑菇产业已经成为岫岩“一县一品”特色产业。蘑菇节共吸引1200多位客商前来参加。蘑菇节上签约的蘑菇产业项目24个，计划投资9.19亿元。

首届中国(铁岭)榛子节 于2010年10月召开。活动期间，举行了“中国榛子之都”、“中国(铁岭)榛子市场”、“中国林科院榛子研究中心”揭牌仪式。海内外参展企业517家，展销国内外知名企业榛子及加工产品、林副产品、名特优农副产品，榛子采购、订货量达到310万千克，销售额近5亿元，举办榛子节招商说明会，招商签约项目59个，投资额5.8亿元。接待国内外来宾800多人，对外推介了铁岭和榛子产业。首届榛子节的举办确立了铁岭榛子之都地位，确立了中国榛子研究中心地位，确立了中国榛子集散地地位，扩大辽宁省榛子产业在国内甚至国际上的知名度和影响力。

【产业园区】 辽宁省以彰武、台安林产品加工园区为重点，积极为产业集群的建设，做好协调服务性工作，加快林产品加工集群发展。彰武、台安、新宾、本溪、佟二堡等林产品工业园区已初具规模。

彰武中国北方家居(木制)基地 2010年省发改委同意阜新按照“布局集中，用地集约、产业集聚”等要求设立辽宁阜新北方家具基地。中国林产工业协会经过专家评审，授予彰武县“中国北方家居(木制)基地”的称号。截至2010年底园区累计完成基础设施建设投资6.7亿元，共建成标准厂房36万平方米，修筑公路骨干路网15.4千米，铺设给排水管线40.4千米，架设电线17.4千米，完成绿化面积9.9万平方米，基础设施“六通一平”配套面积4.5平方千米。园区累计同104家企业签署投资协议，协议投资额59.65亿元。入驻企业59家，有59家企业开工建设，其中：在建项目33个，竣工项目26个，投产运营企业26家。签约企业中，投资亿元以上项目12个，主要是辽宁赛斯木业有限公司、阜新家和木业有限公司等；5000万元至1亿元项目40个，5000万元以下项目52个。目前的签约企业以板材及木材深加工类企业为主。到目前园区企业完成投资16.55亿元，园区2010年完成销售收入9.7亿元。

台安木产业园区 截至2010年底园区累计完成基础设施建设投资3.5亿元，共建成标准厂房2.2万平方米，修筑公路骨干路网8.5千米，铺设给排水管线15千米，架设电线21千米，完成绿化面积8500平方米，基础设施"六通一平"配套面积3平方千米。园区累计同16家企业签署投资协议，协议投资额24.8亿元。入驻企业16家，有13家企业开工建设，其中：在建项目8个，竣工项目5个，投产运营企业2家。签约企业中，投资亿元以上项目12个。5000万元至1亿元项目5个。目前的签约企业以板材及木材深加工类企业为主。园区企业完成投资11.3亿元，园区2010年完成销售收入2.7亿元。

新宾满族自治县南杂木工业园区 截至2010年底园区累计完成基础设施建设投资2.5亿元，共建成标准厂房12万平方米，修筑公路骨干路网4.8千米，铺设给排水管线4.2千米，架设电线7千米，完成绿化面积200平方米，基础设施"六通一平"配套面积0.8平方千米。园区累计同12家企业签署投资协议，协议投资额15亿元。入驻企业8家，有7家企业开工建设，其中：在建项目2个，竣工项目5个，投产运营企业4家。签约企业中，投资亿元以上项目7个。目前的签约企业以板材及木材深加工类企业为主。到目前园区企业完成投资4.2亿元，园区2010年完成销售收入36亿元。

本溪高新技术产业开发区(本溪药都) 截至2010年底园区累计完成基础设施建设投资17亿元，共建成标准厂房1.5万平方米，修筑公路骨干路网50千米，铺设给排水管线26千米，完成绿化面积130万平方米，修筑公路骨干路网3.7千米，铺设给排水管线7.1千米。园区累计同204家企业签署投资协议，协议投资额796亿元。入驻企业204家，有68家企业开工建设。签约企业中，投资亿元以上项目5个，5000万元至1亿元项目10个，5000万元以下项目189个。目前的签约企业以医药、保健品企业为主。园区企业完成投资374亿元，园区2010年完成销售收入33亿元。

辽阳佟二堡养殖园区 截至2010年底园区累计同300家企业签署投资协议，协议投资额62.89亿元。园区2010年完成销售收入20亿元。

【林业产业协会】 辽宁林业产业相关协会有144家，其中省级协会8家，见表29-5。

辽宁省林业产业协会成立大会暨第一届会员代表大会于2010年6月24日在沈阳市辽宁大厦举行。协会旨在发挥政府、市场和行业间的桥梁纽带作用，为辽宁省的林业产业发展服务，维护会员的合法权益，协调会员关系，加强行业自律，规范行业管理，加强交流合作，促进全省林业产业健康有序地发展。

【沈阳市木地板及苹果产业】 沈阳地区根据本地木地板产业发展的实际，以科技为依托，不断推广研发木地板新技术，并在生产中总结创新，沈阳于洪家具和地板已成为辽宁省十大林业产业集群之一。

在沈阳市场，既有全国性品牌，也有区域性品牌。中国木材与木制品流通协会组织的30家双承诺企业有2/3以上品牌在沈阳地板市场都设有专卖店。除此以外，沈阳本土品牌在沈阳市场中相当活跃，约占市场品牌的12%左右。沈阳地板总产值从2004年的10亿元，激增到2009年的35亿元；在全国同业位次也从第16位升至第5位。

沈阳市总结出"沈阳地区寒富苹果矮化栽培模式"，实现沈阳地区寒富苹果大面积优质高效栽培的历史性突破，对我国冷凉气候地区苹果产业发展具有借鉴作用。目前栽植面积1.44万公顷，有0.53万公顷开始结果，0.2万公顷已经进入丰产期，平均每公顷产量45吨以上，每公顷效益10.5万元，累计经济效益达到2.4亿元，已成为全市部分农民发家致富的主导产业。2006年年初，寒富苹果被国家授予"中华名果"称号。

【大连市木业产业】 大连市由于陆运、海运便捷，是东北木材加工出口的重要集散地，为木业产业发展提供了得天独厚的有利条件。根据大连市统计局数据，2010年全市木材加工、家具制造业规模以上企业174家，产值148亿元。其中：锯材、木片加工6.4亿元；人造板制造6.8亿元；木制品制造48.5亿元；木质家具制造87.3亿元。生产木制家具1144万件，生产实木地板156.4万平方米。大连木业企业中固定资产投资超过亿元的企业10家以上，年产值超过亿元的企业15家以上。大连木业产业的主要特点是：至2010年底，在大连产生或生产的中国名牌木业企业有3家(华丰家具、鹏鸿细木工板、三林金桥地板)，有辽宁省名牌企业7家(华夏家具、雨生家具、科冕地板、千森地板、汇欣橱柜、龙华家具、飞马办公家具)。大连科冕木业股份有限公司2010年2月在深圳上市，成为地板行业在全国的第1家上市公司。庄河市已被中国轻工业联合会和中国家具协会授予“中国实木家具产业基地”称号；在地板行业，产品主要以出口为主，根据海关2008年、2009年统计数据，全国地板出口排名前10位企业中，大连企业有3家。在2010年广州亚运会上，大连千森木业有限公司自主完成了自行车和轮滑木制赛道的设计安装，成为亚洲唯一得到国际自行车联盟认证的木制赛道生产厂。金州区的40家木业骨干企业联合组建了金州木业协会，为辖区内72家规模以上和351家中小木业企业搭建了规范发展的平台，体现了现代木业企业的社会责任感和使命感。

【鞍山市南果梨产业】 鞍山海城是辽宁省优质水果商品生产基地县(市)之一，地处南果梨优势产业区域带，其主导产业为地方特产南果梨，目前已被列为国家级无公害果品生产基地县、全国梨产业龙头县。

海城市现有水果总面积3.22万公顷，其主要栽培树种为优质特色果品南果梨，至2010年，仅海城地区，南果梨面积已发展到面积为2.33万公顷，南果梨株数达1050万株，占水果总面积的72.5%，占全市农作物种植面积的17.8%，年产量为16万吨，创历史最高水平，占水果总产量的71.4%，南果梨产业已真正成为海城东部山区经济发展的特色和支柱性产业。目前，南果梨主产区主要分布于海城市15个镇(果树场)，共236个行政村、5万户、10万人直接从事南果梨产业的生产和销售，区域内栽培面积和产量分别占鞍山地区的80.7%和77.0%，占全省南果梨总面积的50%以上，种植面积和产量位居全国领先。总产值达到8亿元，每公顷纯收入为6万元，人均0.2公顷南果梨果园。目前，全市环评果园面积1.85万公顷，全部进行了无公害和绿色果品产地认定和产品认证，其中宏星果业有限公司、鸿鹏果业有限公司、马风祝家南果梨专业合作社、大屯兴农南果梨专业合作社等4家单位通过了农业部绿色果品的认证，鸿远、山峪等40家专业合作社和企业通过了农业部无公害果品认证。全市果品贮藏库总数达到6182座，其中千吨以上的冷藏库8个，微型家庭冷藏库1200个，总贮藏能力8万吨，其中仅南果梨贮藏能力就达到4万吨，占当年南果梨总量的25%左右。

1998年海城市大屯镇被农业部列为全国南果梨优质果品生产基地，2003年海城市被批准为全国无公害果品生产示范基地县，并申报了国家“优质南果梨生产基地”、“优质梨最佳产业带”、“国家级无公害生产示范基地县”和“中国梨产业龙头县”，鞍山地区南果梨获得了“南果梨地理标识认证”。

【抚顺市木材和木制品生产】

木材生产 2010年，抚顺市木材生产36.355万立方米，销售收入34866.6万元。其中主要材种为落叶松、柞木、红松。

木制品生产 截至2010年底，全市已建成新宾南杂木、永陵木制品加工园区，新宾上夹河木制工艺品加工园区，清原湾甸子集成材产业园区，抚顺救兵炭化木地板产业园区，顺城龚家地板加工产业园区六大木制品加工园区。木材加工企业已达1080家。其中：2010年新增113家，规模以上企业13家。主要产品有实木地板、板方材、密度板、实木家具、集成材、刨花板、木制工艺品等。年加工木材200万立方米左右。其中：自产材50万立方米，外购木材150万立方米。年产板方材86.8万立方米、木地板48.1万平方米、实木家具42.6

万件、工艺品285.2万件、防腐电柱8.6万立方米、刨花板及其他木制品508.1万件，年销售收入474846.15万元。

【本溪市山野菜和中草药产业】

本溪市山野菜产业 本溪市有林地面积63万公顷，森林蓄积量4900万立方米，森林覆盖率74.5%。全市林业社会总产值120.2亿元，全市农民人均收入4675.36元，占其总收入的比例59.57%。发展山野菜生产已成为本溪市农民增加收入的来源之一。人工种植品种有刺嫩芽、大叶芹、升麻(苦龙芽)、唐松草(猫爪子)、蕨菜等，将季节生产变成常年供应，种植面积近1.87万公顷。

本溪中草药产业 本溪地区是我国北方药材的重要生产基地。林地中药材产业是本溪市林业七大主导产业之一，是林地经济的重要组成部分，在全市中药接续产业的基地占主要份额。人参栽培始于清代，林下参大规模栽培则是20世纪80年代，由桓仁县境内逐步扩大到本溪县和市郊区。辽五味、辽细辛、刺五加等主产于本溪地区，其药用价值享誉国内外。在本溪地区39个涉农乡镇(办事处)中，有37个乡镇(办事处)种植各类中药材，种植面积4.87万公顷。到2010年，全市以林下参为主林地中药材基地达7.08万公顷。其中：林下参5.63万公顷、刺五加0.33万公顷、辽五味0.2万公顷、辽细辛0.18万公顷、人参0.43万公顷、其他0.29万公顷。

【阜新市大扁杏、山杏产业】 阜新市的仁用杏栽植是以大扁杏、山杏为主。其中，栽植大扁杏是1992年通过省果树研究所专业论证后，确定为阜新地区发展林果业的主要树种之一。

由于国家退耕还林、三北防护林等重点工程的实施，阜新市大扁杏生产得到快速发展。据统计，阜新市仁用杏基地发展到4.4万公顷，主要集中在阜蒙县、彰武县境内。其中，大扁杏面积近2.4万公顷，其中有近1.33万公顷进入了结果期，栽植的品种主要有龙王帽、一窝蜂、优一和超仁等。其中：1~3年生新植幼林1.64万公顷，4~6年生初果期面积0.59万公顷，7年以上盛果期面积0.17万公顷。年产杏核600万千克，杏仁200万千克，杏壳400万千克。山杏2万公顷，其中人工林1万公顷，天然林1万公顷。结果面积基本以天然林为主，年产杏核800万千克，杏仁320万千克，杏壳480万千克。

【辽阳市南国梨产业】 辽阳市现有梨种植面积1.15万公顷，年产量10.87万吨，年产值4.35亿元。其中：南果梨面积0.83万公顷，年产量5.15万吨；苹果梨面积0.08万公顷，年产量2.39万吨；白梨面积93.33万公顷，年产量0.26万吨；锦丰梨面积110公顷，年产量0.148万吨；尖把梨面积353.33公顷，年产量0.67万吨；其他面积0.19万公顷，年产量2.249万吨。南果梨是辽阳市的主栽品种，其区域性特色极强，在全国只有辽阳市、鞍山市的地理、气候条件符合其生长特性。

【铁岭市榛子产业】 全市榛子种植面积7.03万公顷，年产量2000万千克，铁岭榛子基地面积和产量居全国之最。2010年实现产值11.2亿元，山区农民人均榛子收入1000元，榛农户均收入5万元。全市榛子加工企业发展到106家，营销企业达到269家，年加工销售2.5万吨，榛子产业产值实现24亿元。铁岭已建立中国林科院榛子研究中心，辽宁省平榛新品种选育和丰产技术研究使榛子每公顷产最高达到2250千克，榛黄达瘿蚊生物学特性及其防治技术的研究填补了该类学科研究空白，学术水平国际领先；《平榛生产技术规程》、《野生榛林垦复技术规程》、《平欧杂交榛生产技术规程》、《市、县级平榛标准园建设规范》已经通过省、市有关部门审定批准实施。2004年铁岭被国家质检总局评定为"平榛原产地"，铁岭县被国家林业局评为"中国榛子之乡"；铁岭榛子被评为2008北京奥运推荐果品干果类一等奖，"铁珍"牌榛子被授予"中华名果"称号；铁岭平顶御榛被北京国际林业博览会评为金奖。

【葫芦岛市核桃产业】 葫芦岛市适宜核桃生长。被专家称为"东北核桃第一乡"。目前全市已成立核桃专业合作社4个，产业协会10个。葫芦岛市核桃面积0.33万公顷，达到盛果期的有40公顷；建昌县0.3万公顷，达到盛果期的有27公顷。

葫芦岛市、县财政共整合涉农资金6765万元，保证了核桃产业发展的资金需求，形成了各部门通力合作，共同促进核桃产业发展的良好氛围。为树立“优质核桃全国第一市”的品牌影响，2010年“建昌核桃”注册了国家地理商标。建昌核桃的品牌影响力和市场占有量都在不断扩大增强。

2010年政府免费对种植户提供优质苗木，每株苗木收取押金3元，并实行押金与奖金挂钩政策。（高海山　何东阳）

表29-1　辽宁省林业产业概况

指　标	数量
总产值(按现行价格计算)(万元)	9384692
一、第一产业产值	5814337
(一)涉林产业产值	5728779
1. 林木的培育和种植	815482
2. 木材和竹材的采运	248157
3. 经济林产品的种植与采集	3270044
4. 花卉的种植	536677
5. 陆生野生动物繁育与利用	790375
6. 林业生产辅助服务	68044
(二)林业系统非林产业产值	85558
二、第二产业产值	2939787
(一)涉林产业产值	2898044
1. 木材加工及木、竹、藤、棕、苇制品制造	1637188
(1)锯材、木片加工	459671
(2)人造板制造	524605
(3)木制品制造	652912
2. 木、竹、藤家具制造	738615
3. 木、竹、苇浆造纸	42421
4. 林产化学产品制造	3065
5. 木制工艺品和木制文教体育用品制造	42758
6. 非木质林产品加工制造	287651
7. 其他	146346
(二)林业系统非林产业产值	41743
三、第三产业产值	630568
(一)涉林产业产值	595900
1. 林业旅游与休闲服务	447772
2. 林业生态服务	100469
3. 林业专业技术服务	8558
4. 林业公共管理及其他组织服务	39101
(二)林业系统非林产业产值	34668
补充资料：全部山区县茶、桑、果产值	579645
全部丘陵县茶、桑、果产值	558461
森林资源	
一、森林覆盖率(%)	35.13
二、林地面积(万公顷)	666.28
三、森林面积(万公顷)	511.98
四、人工林面积(万公顷)	283.03
五、活立木总蓄积量(万立方米)	21174.91
六、森林蓄积量(万立方米)	20226.85
七、人工林蓄积量(万立方米)	7299.34
八、乔木林单位面积蓄积量(立方米/公顷)	55.98
森林培育(公顷)	
一、荒山荒(沙)地造林面积(按林种用途分)	190669
(一)用材林	26344
(二)经济林	7497
(三)防护林	156795
(四)薪炭林	
(五)特种用途林	33
二、更新造林面积	6893
三、森林抚育面积	
(一)低产低效林改造	12003
(二)实际幼林抚育	180801
(三)成林抚育	60382
四、速生丰产用材林基地建设面积	89
五、林业单位数量(个)	1844
木材、竹材(万立方米)	
一、木材总计	194.64
(一)原木	170.57
其中：针叶原木	53.66
1. 直接用原木	146.30
2. 等内加工原木	11.67
其中：针叶原木	9.34
3. 胶合板材	0.59
4. 其他原木	12.02
(二)薪材	24.07
(三)锯材	189.63
二、木材采运企业数量(个)	55
三、竹材采运企业数量(个)	1
四、锯材加工企业数量(个)	1083
五、木材批发企业数量(个)	3324
人造板(万立方米)	
人造板总产量	262.86
一、胶合板	121.92
(一)木胶合板	103.57
(二)其他胶合板	18.35
二、纤维板	74.58
三、刨花板	30.24
四、其他人造板	36.12
其中：细木工板	18.76
五、单板	1.88

指　标	数量
六、人造板制造企业数量(个)	1008
七、胶合板制造企业数量(个)	177
八、纤维板制造企业数量(个)	50
九、刨花板制造企业数量(个)	78
十、其他人造板制造企业数量(个)	652
木制品	
一、木竹地板(万平方米)	4594.69
(一)实木木地板	1200.88
(二)复合木地板	3393.80
二、木制品企业数量(个)	5166
三、生产用木制品企业数量(个)	2720
四、生活用木制品企业数量(个)	1579
五、中乐器制造企业数量(个)	14
六、西乐器制造企业数量(个)	67
木竹家具	
一、木制家具制造企业数量(个)	2400
二、竹藤制家具制造企业数量(个)	12
三、家具零售企业数量(个)	4554
木　片	
一、木片、木粒加工产品(万实积立方米)	88.14
二、木片加工企业数量(个)	528
木　炭	
木炭(吨)	11431
竹　藤	
一、竹、藤、棕、草制品企业数量(个)	253
二、竹、藤、棕、草工艺品制造企业数量(个)	259
果　品	
一、水果产量(吨)	3994983
其中：苹果	1692968
梨	922152
葡萄	631040
桃	329157
杏	39447
其他水果	380219
二、干果产量(吨)	519711
其中：核桃	92499
板栗	101278
枣(干重)	146430
仁用杏	22464
山杏仁	70198
银杏(白果)	130
榛子	54450
松子	21597
其他干果	10665
三、水果罐头制造企业数量(个)	205
森林蔬菜	

指　标	数量
一、森林食品(干重)(吨)	485712
其中：食用菌	349812
山野菜	120612
其他森林食品	15288
二、蔬菜、果品批发企业数量(个)	1421
茶咖啡	
一、茶叶批发企业数量(个)	400
二、制茶企业数量(个)	38
中药材	
一、木本药材(吨)	38341
其中：黄柏	800
枸杞	87
其他木本药材	37454
二、中草药及制品批发企业数量(个)	955
花　卉	
一、年末实有花卉种植面积(公顷)	26926
二、切花切叶产量(万支)	153141
三、盆栽植物产量(万盆)	22687
四、观赏苗木产量(万株)	23909
五、草坪产量(万平方米)	3029
六、花卉市场(个)	61
七、花卉企业数量(个)	455
其中：大中型企业	182
八、花农(万户)	2.13
九、花卉从业人员(万人)	19.52
其中：专业技术人员	0.46
十、控温温室面积(万平方米)	106
十一、日光温室面积(万平方米)	4422
林产化工	
一、林产化学产品(吨)	
松香	500
二、林产化学产品制造企业数量(个)	43
三、香料、香精制造企业数量(个)	37
蚕	
一、丝绢纺织企业数量(个)	649
二、缫丝企业数量(个)	324
三、绢纺企业数量(个)	86
四、丝织企业数量(个)	104
五、丝印染企业数量(个)	11
六、丝制品企业数量(个)	75
七、其他丝绢纺织企业数量(个)	41
八、丝针织品企业数量(个)	88
森林旅游	
一、旅游人次(人)	26578655
二、旅游收入(万元)	447772
三、森林公园总数(处)	67

指　标	数量
四、森林公园总面积(公顷)	223176
五、国家森林公园数量(处)	29
六、国家森林公园面积(公顷)	141248
七、省级森林公园数量(处)	38
八、省级森林公园面积(公顷)	81927
九、县级森林公园数量(处)	
十、县级森林公园面积(公顷)	
十一、森林公园收入总额(万元)	78155
十二、旅游接待总人数(万人次)	1625
十三、旅游接待海外旅游者(万人次)	92
十四、园林绿化企业数量(个)	3164
十五、自然保护区管理业数量(个)	93
林业机械	
一、森林工业专用设备制造企业数量(个)	52
二、营林机械制造企业数量(个)	14

表 29-2　辽宁省林业产业特色

指　标	全国排名	数量
速生丰产用材林基地建设面积(公顷)	3	89
锯材加工企业数量(个)	4	1083
木材批发企业数量(个)	5	3324
木竹地板产量(万平方米)	3	4594.69
实木木地板产量(万平方米)	3	1200.88
复合木地板产量(万平方米)	3	3393.80
木制品企业数量(个)	5	5166
生产用木制品企业数量(个)	4	2720
生活用木制品企业数量(个)	3	1579
葡萄产量(吨)	4	631040
核桃产量(吨)	4	92499
仁用杏产量(吨)	1	22464
山杏仁产量(吨)	1	70198
榛子产量(吨)	1	54450
松子产量(吨)	1	21597
水果罐头制造企业数量(个)	4	205
食用菌产量(吨)	1	349812
山野菜产量(吨)	1	120612
黄柏产量(吨)	5	800
切花切叶产量(万支)	2	153141.02
盆栽植物产量(万盆)	3	22687.11
草坪产量(万平方米)	4	3028.82
缫丝企业数量(个)	4	324
绢纺企业数量(个)	3	86

表 29-3　辽宁省各产业对总产值的贡献

	指　标	产值(万元)	百分比(%)
	总产值	9384692	100
1	果品产业	2045778	21.80
2	野生动物驯养业	790375	8.42
3	木竹藤家具制造业	738615	7.87
4	木材生产业	707828	7.54
5	森林蔬菜产业	697450	7.43
6	木制品生产业	695670	7.41
7	园林植物产业	536677	5.72
8	人造板制造业	524605	5.59
9	中药业	469792	5.01
10	森林旅游业	447772	4.77
11	森林培育业	445997	4.75
12	种苗产业	369485	3.94
13	林业服务	216172	2.30
14	林业系统非林产业	161969	1.73
15	木浆纸制品生产业	42421	0.45
16	茶咖啡产业	5988	0.06
17	林产化工产业	3065	0.03
18	其他	485033	5.17

表 29-4　辽宁省级林业产业相关协会

1	辽宁省野生动物保护协会
2	辽宁省风景园林协会
3	辽宁省饲料工业协会
4	辽宁省茶叶行业协会
5	辽宁省旅游协会
6	辽宁省茶业协会
7	辽宁省中药材产业协会
8	辽宁省家具协会

表 29-5　辽宁省林业政策

	文件名称	文件号	发布机构	实施期限
1	辽宁土地权属确定和争议处理办法	辽政令第 69 号	辽宁省人民政府	1996 年至今
2	关于加快推进林业经济发展意见的通知	辽政办发〔2008〕64 号	辽宁省政府办公厅	2008 年至今
3	关于印发辽宁造林补助资金管理办法的通知	辽财农〔2006〕208 号	辽宁省财政厅、林业厅	2010～2012 年
4	关于修订《大连花卉产业发展财政专项资金管理办法》的通知	大财农〔2008〕316 号	大连市财政局、林业局	2008 年至今
5	关于修订《大连花卉产业发展财政专项资金管理办法》的通知	大财农〔2008〕316 号	大连市财政局、林业局	2008 年至今

吉林省林业产业

【产业特点】 吉林的林业特色产业主要集中于森林培育业、木材生产业、果品业、森林蔬菜业及森林旅游业。其中，乔木林单位面积蓄积量居全国第四位，林木采运企业数量居全国第四位，锯材加工企业数量居全国第二位，复合木地板产量居全国第五位，榛子产量居全国第五位，松子产量居全国第二位，山野菜产量居全国第二位，森林公园总面积居全国第一位，国家森林公园面积居全国第一位，省级森林公园面积居全国第三位，森林公园收入总额居全国第三位，见表30-1及表30-2。

吉林林业总产值是763亿元。其中：林业系统非林产业102亿元，占13.31%；木制品生产业85亿元，占11.17%；木材生产业74亿元，占9.76%；人造板产业69亿元，占9%。见表30-3。

吉林省有中国名牌产品3个，吉林名牌产品7个，中国驰名商标4个，吉林著名商标20个，见表30-4。吉林省林业厅1991年12月5日发布了《吉林占用林地砍伐林木补偿标准》(吉林资字〔1991〕876号)。吉林林业产业相关协会有83家，其中省级协会10家，见表30-5。

【舒兰林蛙养殖】 舒兰已实现养蛙封沟443条，有效放养面积9.2万公顷，建立国家级中国林蛙种苗繁育基地4个，林蛙养殖基地示范村16个。养蛙户437户，放养100万只以上的规模示范大户67户，安排农村富余劳动力和下岗职工3200多人。年投放林蛙卵团50万个，放养幼蛙5亿只，年平均回捕林蛙2500万只，年出售林蛙种苗20万对，实现产值7800万元。与吉林泰信达长白山生物科技开发有限公司、北京同仁堂药业联手，加工生产“同仁堂牌”蛤蟆油颗粒等系列保健品，年创产值7000万元，实现利税1200万元。林蛙产业取得了显著经济效益、社会效益、生态效益，已形成了“政府+公司+基地+农户”的产业化格局。

(赵海峰)

【延边森工林业产业】 吉林延边林业集团，所辖10家国有森工企业、1家森林经营局和3家林产工业加工企业。

木材生产 木材产量132.85万立方米，等内品率87.3%，优质材率59.9%；销售木材119.09万立方米，其中，采用竞价形式42.71万立方米，木材单位售价1153.65元/立方米；销售收入137382万元，销售利润79600万元。

林业投资 林业建设投资总额183600万元，固定资产投资85300万元。争取国家投资32500万元，投资14100万元，招商引资45000万元。新开工或续建项目83个，投资78000万元，汪清森宝、和龙森联、锦源、宏威木业4个项目相继建成投产，新增产值18604万元，销售收入18473万元，利润570万元；大兴沟林业局生物质能源颗粒项目探索了发展循环经济的途径；汪清林源木业工业产值12640万元、利润2000万元。集团“1000万平方米强化地板”等一批重点大中型项目已具备开工建设条件。

全民创业 集团全民创业产值达165518万元，占集团林业产业总产值的28.8%；纯收入达69000万元；创业家庭达25563户，占国有林区家庭户数的30%，创业人数达36500人，占在册职工家庭人数的48%；创业家庭户均收入27092元、人均收入18974元；创业收入达1.5万元以上的达13548户，占创业家庭总户数的53%。集团创业园区数量已达58个，入园创业人数达25168人，从业人员达28100人。食用菌产量达17500万袋，五味子抚育、栽培面积达0.78万公顷，红松果林面积达13.8万公顷，养蜂数量达3.7万箱，养牛规模达3.5万头，商品蛙回捕量达3300万只。

伐区剩余物管理 剩余物生产209099万吨，集团计划配置82475万吨，完成计划的103.1%。

职工人数及工资 期末在册职工人数为46080人；在册在岗职工人数为30419人；在册职工年均

工资达到16755元，比2009年增长了22%。

林业科技 开展科研项目37项，投入科研经费199.3万元；开展科技推广项目33项，投入科技推广经费136.3万元。

延边林科院"长白山资源技术开发与利用"等4个项目被列入中央财政林业科技推广示范资金项目；和龙人造板有限公司"难燃密度和轻质难然密度板技术研究"项目被列入吉林重大科技成果转化项目。共争取国家、省、州各类科技资金4362万元。其中，争取国家科技资金2522万元，争取吉林科技资金1740万元，争取延边州科技资金100万元。共取得科技成果有3项，均通过省级鉴定，达到国内先进水平；获得吉林科技进步三等奖1项。集团新产品试生产3项，实现产值达9909万元。吉林新元木业股份有限公司拥有的"家具框料和桌腿的复合结构"等4项具有自主知识产权的创新成果和发明被国家知识产权局批准为实用新型专利；和龙人造板有限公司研发的"难燃密度板"已申请国家发明专利；珲春森林山木业有限公司通过建立健全认证体系，先后获得了"中国国际农业博览会名牌产品"、"吉林名牌产品"。

（于 华 王思丹）

表30-1 吉林省林业产业概况

指 标	数量
总产值(按现行价格计算)(万元)	7630018
一、第一产业产值	1971996
(一)涉林产业产值	1831138
1. 林木的培育和种植	199909
2. 木材和竹材的采运	454735
3. 经济林产品的种植与采集	738048
4. 花卉的种植	59787
5. 陆生野生动物繁育与利用	356058
6. 林业生产辅助服务	22601
(二)林业系统非林产业产值	140858
二、第二产业产值	4786975
(一)涉林产业产值	4200781
1. 木材加工及木、竹、藤、棕、苇制品制造	1810847
(1)锯材、木片加工	289624
(2)人造板制造	686395
(3)木制品制造	832868
(4)竹、藤、棕、苇制品制造	1960
2. 木、竹、藤家具制造	210041
3. 木、竹、苇浆造纸	441592
4. 林产化学产品制造	37781
5. 木制工艺品和木制文教体育用品制造	19244
6. 非木质林产品加工制造	1584528
7. 其他	96748
(二)林业系统非林产业产值	586194
三、第三产业产值	871047
(一)涉林产业产值	582225
1. 林业旅游与休闲服务	455106
2. 林业生态服务	36657
3. 林业专业技术服务	31448
4. 林业公共管理及其他组织服务	59014
(二)林业系统非林产业产值	288822
补充资料：全部山区县茶、桑、果产值	35184
全部丘陵县茶、桑、果产值	4726
森林资源	
一、森林覆盖率(%)	38.93
二、林地面积(万公顷)	848.73
三、森林面积(万公顷)	736.57
四、人工林面积(万公顷)	148.94
五、活立木总蓄积量(万立方米)	88244.21
六、森林蓄积量(万立方米)	84412.29
七、人工林蓄积量(万立方米)	9594.90
八、乔木林单位面积蓄积量(立方米/公顷)	116.15
森林培育(公顷)	
一、荒山荒(沙)地造林面积(按林种用途分)	82584
(一)用材林	
(二)经济林	30
(三)防护林	82487
(四)薪炭林	
(五)特种用途林	67
二、森林抚育面积	
(一)低产低效林改造	4174
(二)实际幼林抚育	414494
(三)成林抚育	316075
三、林业单位数量(个)	1347
木材、竹材(万立方米)	
一、木材总计	475.89
(一)原木	474.04
其中：针叶原木	92.08
1. 直接用原木	176.38
2. 特级原木	47.07
3. 等内加工原木	206.33
其中：针叶原木	63.89
4. 造纸用原木	0.34
5. 胶合板材	16.44
6. 其他原木	27.48
(二)薪材	1.85

指　标	数量
（三）锯材	114.46
二、木材采运企业数量(个)	177
三、竹材采运企业数量(个)	1
四、锯材加工企业数量(个)	1461
五、木材批发企业数量(个)	925
人造板(万立方米)	
人造板总产量	236.14
一、胶合板	91.43
（一）木胶合板	46.61
（二）竹胶合板	0.35
（三）其他胶合板	44.47
二、纤维板	53.43
三、刨花板	61.59
四、其他人造板	29.69
其中：细木工板	23.64
五、单板	27.60
六、人造板制造企业数量(个)	675
七、胶合板制造企业数量(个)	311
八、纤维板制造企业数量(个)	33
九、刨花板制造企业数量(个)	46
十、其他人造板制造企业数量(个)	269
木制品	
一、木竹地板(万平方米)	3182.71
（一）实木木地板	346.38
（二）复合木地板	2835.35
（三）其他木地板	0.98
二、木制品企业数量(个)	3106
三、生产用木制品企业数量(个)	2189
四、生活用木制品企业数量(个)	714
五、中乐器制造企业数量(个)	11
六、西乐器制造企业数量(个)	6
木竹家具	
一、木制家具制造企业数量(个)	1133
二、竹藤制家具制造企业数量(个)	4
三、家具零售企业数量(个)	2130
木　片	
一、木片、木粒加工产品(万实积立方米)	27.55
二、木片加工企业数量(个)	418
木　炭	
木炭(吨)	3680
竹　藤	
一、竹、藤、棕、草制品企业数量(个)	161
二、竹、藤、棕、草工艺品制造企业数量(个)	51
果　品	
一、水果产量(吨)	376800
其中：苹果	102969
梨	109081
葡萄	114014
桃	189
杏	787
其他水果	49760
二、干果产量(吨)	37413
其中：核桃	8339
板栗	551
山杏仁	80
榛子	205
松子	18272
其他干果	9966
三、水果罐头制造企业数量(个)	6
森林蔬菜	
一、森林食品(干重)(吨)	98734
其中：食用菌	47041
山野菜	47471
其他森林食品	4222
二、蔬菜、果品批发企业数量(个)	594
茶咖啡	
一、林产饮料产品(干重)(吨)	128
二、茶叶批发企业数量(个)	152
三、制茶企业数量(个)	33
中药材	
一、木本药材(吨)	31879
其中：黄柏	125
厚朴	507
枸杞	460
其他木本药材	30787
二、中草药及制品批发企业数量(个)	680
花　卉	
一、年末实有花卉种植面积(公顷)	1834
二、盆栽植物产量(万盆)	359
三、观赏苗木产量(万株)	2302
四、草坪产量(万平方米)	413
五、花卉市场(个)	70
六、花卉企业数量(个)	112
其中：大中型企业	2
七、花农(万户)	0.57
八、花卉从业人员(万人)	1.13
其中：专业技术人员	0.07
九、控温温室面积(万平方米)	8
十、日光温室面积(万平方米)	14
林产化工	
一、林产化学产品制造企业数量(个)	38
二、香料、香精制造企业数量(个)	21

指　标	数量
蚕	
一、丝绸纺织企业数量(个)	21
二、缫丝企业数量(个)	5
三、绢纺企业数量(个)	1
四、丝织企业数量(个)	5
五、丝印染企业数量(个)	0
六、丝制品企业数量(个)	4
七、其他丝绸纺织企业数量(个)	5
八、丝针织品企业数量(个)	14
森林旅游	
一、旅游人次(人)	9299752
二、旅游收入(万元)	455106
三、森林公园总数(处)	48
四、森林公园总面积(公顷)	2454517
五、国家森林公园数量(处)	32
六、国家森林公园面积(公顷)	2011237
七、省级森林公园数量(处)	16
八、省级森林公园面积(公顷)	443280
九、县级森林公园数量(处)	
十、县级森林公园面积(公顷)	
十一、森林公园收入总额(万元)	364945
十二、旅游接待总人数(万人次)	713
十三、旅游接待海外旅游者(万人次)	26
十四、园林绿化企业数量(个)	1429
十五、自然保护区管理业数量(个)	75
林业机械	
一、森林工业专用设备制造企业数量(个)	5
二、营林机械制造企业数量(个)	9

表 30-2　吉林省林业产业特色

指　标	全国排名	数量
乔木林单位面积蓄积量(立方米/公顷)	4	116.15
木材采运企业数量(个)	4	177
锯材加工企业数量(个)	2	1461
复合木地板产量(万平方米)	5	2835.35
榛子产量(吨)	5	205
松子产量(吨)	2	18272
山野菜产量(吨)	2	47471
森林公园总面积(公顷)	1	2454516.53
国家森林公园面积(公顷)	1	2011236.87
省级森林公园面积(公顷)	3	443279.66
森林公园收入总额(万元)	3	364945.05

表 30-3　吉林省各产业对总产值的贡献

	指　标	产值(万元)	百分比(%)
	总产值	7630018	100
1	林业系统非林产业	1015874	13.31
2	木制品生产业	852112	11.17
3	木材生产业	744359	9.76
4	人造板制造业	686395	9.00
5	森林旅游业	455106	5.96
6	木浆纸制品生产业	441592	5.79
7	野生动物驯养业	356058	4.67
8	中药业	276422	3.62
9	森林蔬菜产业	275179	3.61
10	木竹藤家具制造业	210041	2.75
11	果品产业	167742	2.20
12	林业服务	149720	1.96
13	森林培育业	134102	1.76
14	种苗产业	65807	0.86
15	园林植物产业	59787	0.78
16	林产化工产业	37781	0.50
17	竹藤产业(不含家具)	1960	0.03
18	茶咖啡产业	339	0.004
19	其他	1699642	22.28

表 30-4-1　吉林省木材加工业中国名牌产品

	商标	产品名称	生产企业
1	露水河	刨花板	吉林森林工业股份有限公司露水河刨花板分公司
2	金桥	实木复合地板	吉林森工集团金桥木业有限公司
3	新元	实木复合地板	吉林延边林业集团有限公司

(金元日)

表 30-4-2　吉林省木材加工业省名牌产品

	商标	产品名称	生产企业
1	今发	实木复合地板	珲春兴家地板有限责任公司
2	欧芝朗	浸渍纸层压木质地板	吉林欧芝朗地板有限公司
3	丽美坚	三层实木复合地板	吉林丽美坚木业股份有限公司
4	钰玲珑	实木门	吉林玲珑家具有限公司
5	华鹿	室内装饰门	吉林兄弟木业有限责任公司
6	惠邦	高密度模压复合门	桦甸惠昕门业有限责任公司
7	福盈门	高密度模压复合门	吉林敦化大福门业有限公司

(金元日)

表 30-4-3　吉林省木材加工业中国驰名商标

	商标名称	注册企业
1	爽风	临江宝健木业有限责任公司
2	露水河	吉林森林工业股份有限公司露水河刨花板分公司
3	美来	敦化中信木业有限责任公司
4	地王	抚松金隆木业集团有限公司

(金元日)

表 30-4-4　吉林省木材加工业省著名商标

	商标名称	注册企业
1	吉祥鸟	延边林业白河集宏木业有限公司
2	美来	敦化中信木业有限责任公司
3	亚威	吉林福敦木业有限公司
4	露水河	吉林森林工业股份有限公司露水河刨花板分公司
5	奥箭	敦化奥箭钢木制品有限责任公司
6	美世	吉林敦化木业有限公司
7	吉森	敦化吉森木业有限责任公司
8	中意	长春中意木业有限公司
9	新元	吉林新元木业有限公司
10	S	长春二道区山河木器行
11	红宝石	吉林森林工业股份有限公司红石中密度纤维板厂
12	佳宝	吉林佳宝木业有限责任公司
13	鑫恒玉	辽源恒鑫木业有限责任公司
14	虎头	临江禄林木业有限责任公司
15	亚光	延边亚光胶合板有限公司
16	泓森	长春吉盛伟邦家具有限公司
17	华鹿	吉林兄弟木业集团有限公司
18	皇家马车	长春皇家马车家具有限责任公司
19	恒和	抚松县和平家具有限责任公司
20	福盈门	吉林敦化大福门业有限公司

（金元日）

表 30-5　吉林省级林业产业相关协会

1	吉林省风景园林协会
2	吉林省家具协会
3	吉林省开发区协会木材进口促进分会
4	吉林省果品行业协会
5	吉林省旅游协会
6	吉林省野生动植物保护协会
7	吉林省参业协会
8	吉林省糖酒茶流通协会
9	吉林省茶文化产业协会
10	吉林省饲料工业协会

黑龙江省林业产业

【产业特点】 黑龙江的林业特色产业突出表现在森林培育业、木材生产业、果品业、森林蔬菜业及森林旅游业。其中，林地面积居全国第四位，森林面积居全国第二位，活立木总蓄积居全国第四位，森林蓄积居全国第四位，人工林蓄积居全国第四位，特种用途林面积居全国第一位，实际幼林抚育面积居全国第五位，木材产量居全国第四位，木材采运企业数量居全国第三位，锯材加工企业数量居全国第一位，木制品企业数量居全国第四位，生产用木制品企业数量居全国第二位，生活用木制品企业数量居全国第二位，榛子产量居全国第三位，松子产量居全国第五位，食用菌产量居全国第三位，山野菜产量居全国第四位，森林公园总面积居全国第二位，国家森林公园数量居全国第一位，国家森林公园面积居全国第二位，省级森林公园面积居全国第四位。见表31-1及表31-2。

黑龙江林业总产值为693亿元。其中：林业系统非林产业贡献最大，259亿元，占37.31%；其次是木材生产业110亿元，占15.93%。两项产值占总产值的53.24%，见表31-3。

黑龙江林业产业相关协会有50家，其中国家级1家，省级16家，见表31-4。

【果品】 黑龙江盛产山核桃、红松子、榛子、树莓、草莓、黑穗醋栗、笃斯越橘、沙棘等果品。哈尔滨红松果材兼用林2.13万公顷，定植株数2000余万株，年产红松子100万千克，产值1500万元。延寿县种植树莓等经济植物达400余公顷。木兰县建立了欧洲大果榛子试验示范基地。双鸭山宝清县林下坚浆果1000公顷，建设0.67万公顷果树经济林基地。黑河经济林面积0.95万公顷，其中大果沙棘0.9万公顷，花楸400余公顷；建设60公顷"中俄科技成果合作园区"，培育欧洲花楸150余万株，大果沙棘500万株，引进和繁育蓝靛果忍冬50万株，黑加仑20万株。佳木斯经济林果564公顷，鲜果产量7138吨，收入3500万元；成功引进平欧杂交大榛子近70公顷。

【森林蔬菜】 黑龙江盛产黑木耳、猴头蘑、榛蘑、元蘑、榆黄蘑、松茸、蕨菜、薇菜、黄花菜等森林蔬菜。牡丹江年采集野生木耳、蘑菇8700千克；各种山野菜(干品)3.7万千克。双鸭山宝清县每年可采山野菜、野生食用菌及坚果2500余吨。集贤县椴栽木耳年产黑木耳干品6吨。宝清县老龙背林产品开发有限责任公司年加工山野菜500吨、食用菌500吨，并建立山野菜和食用菌加工基地3处、食用菌种植基地8处，山野菜、野生食用菌和山干果收购站11处，该公司2006年获黑龙江林业龙头企业称号。伊春年产食用菌1300吨，山野菜750吨，药材300吨，实现产值1.2亿元。七台河栽培黑木耳1500余万袋、产量52.5万千克，实现产值3000余万元，利润1500万元。鹤岗每年袋装黑木耳的规模基本稳定在1500万袋左右，共生产袋装木耳1388万袋，产黑木耳49万千克，实现产值1970万元，人均增收0.21万元。黑河年采集山野菜和野生药材1112.5万千克，实现产值1.17亿元。

创建于2002年的绥阳黑木耳批发大市场，以批发销售黑木耳为主，也是农业部认可的定点市场。该场位于东宁县绥阳镇，总投资2200万元，占地6万平方米，由加工区、交易区、仓储区和综合服务区组成。2010年，已有180户业主营业。销售网络覆盖了除西藏外的全国各地，并远销日本、韩国、东南亚及俄罗斯、乌克兰等国家。交易高峰日货量达35万千克，促进了东宁县及周边地区黑木耳产业的大发展。目前，绥阳镇已有2000多人经销黑木耳，黑木耳企业已发展到16家，与黑木耳有关的就业人员超过1万人。

【野生动物】 黑龙江盛产森林猪、森林鸡、水面鸭、草原鹅、林蛙等野生动物。齐齐哈尔重点养殖牛、羊、猪、犬、鱼、禽等，特色养殖鹿、兔、蜂、林蛙等，实现总产值3000万元。牡丹江东宁县采用野猪和家猪杂交的方式，大量繁殖二代野猪，现已存栏1500头。林口县五林林场投入85万元建设狼头鹅、山鸡生产基地，数量达到6500多只；亮子河林场建立林蛙养殖基地4处，养殖林蛙8.5万多只。大庆野生动物驯养繁殖以狐、貉和大雁为主。杜蒙县和肇源县沿江乡镇大量养殖狐、貉，成为当地群众的支柱产业之一，养殖规模50万只左右。鸡西养殖业年产值6亿元。七台河畜禽养殖以养殖本地鸡、猪和林蛙等为主，年收入3400万元。鹤岗种猪场占地15公顷，猪舍1.3万平方米，年出栏生猪12000余头。被评为省级生猪活体储备基地、黑龙江重点种禽场、黑龙江无公害生猪养殖产地、鹤岗农业产业化龙头企业。黑河养殖业年产值7509.4万元，生产奶836吨，肉牛2328头，羊1.38万只，猪4165头，森林鸡、山里鹅14.3万只；销售林蛙39万只，鹿产品1710千克，峰产品5.26万千克。绥化养殖业实现年产值7050万元，其中，黄牛、奶牛2万余头，产值5600万元；鹿6000多头，产值800万元；蜜蜂4500箱，产值400万元；猪5000头，产值250万元。佳木斯主要养殖马鹿、梅花鹿、野猪和林蛙以及蜜蜂等，特色养殖总收入829万元。

大庆佳明鹿业养殖有限责任公司 是集梅花鹿、马鹿养殖和屠宰加工以及商贸经营于一体的民营企业，厂区占地4.5万平方米，养殖区占地2万平方米，累计投资2200万元，建设了养殖区、加工区、给养区、办公及产品会展区。梅花鹿存栏2000余只，马鹿存栏4000余只，年实现销售收入6000万元，利润500万元。成为大庆乃至黑龙江养鹿业的排头兵。2006年，黑龙江省林业厅授予其林业龙头企业称号。

【中药材】 哈尔滨北药种植面积达到0.23万公顷。其中：五味子的种植面积突破0.13万公顷，充山参面积330多公顷，其他药材主要是刺五加、西洋参、平贝、柴胡、穿地龙等。年产值5800余万元。大庆利用幼林地间作防风、板蓝根等中药材，面积都在0.2万公顷以上。全国最大板蓝根生产企业——广州白云山和记黄埔中药有限公司在大庆建设0.33万公顷板蓝根GAP基地，可年产1万吨板蓝根，是目前全国最大的板蓝根生产基地，每年直接带动地方超过2亿元的经济效益。鸡西北药种植0.19万公顷。双鸭山种植人参12公顷，土地效益总产值2455万元。黑河北药种植0.68万公顷，产值8009万元。其中：人参0.24万公顷，水飞蓟0.19万公顷，五味子0.21万公顷，甘草、板蓝根和防风等0.087万公顷，初步形成了以爱辉、嫩江、逊克、孙吴为主的北药种植带。佳木斯中药材年产量422.60吨。

仁皇药业 1996年成立，依托黑龙江道地药材刺五加建立了制药厂，从刺五加提取，研发出常用药品18个剂型近200多个品种。其中刺五加软胶囊，被科技部和黑龙江省科技厅认定为高新技术产品。特别是刺五加多糖、总黄酮及总苷成功分离的科研成果为国内首创。现企业资产总额达到16亿元，拥有员工1600余人，企业下属3个分公司，4个生产基地，并拥有投资公司和贸易公司。2004年被认定为国家级高新技术企业；2005年进入中国高成长型创企业500强；2006年在美国纳斯达克成功上市；2010年7月升入美国证交所主板市场。

2003年仁皇药业收购了东方红制药厂(地处刺五加资源丰富区)，通过与当地林业局合作建立刺五加资源种植基地。2010年与伊春等合作，进一步扩大了对刺五加资源的占有率。目前，仁皇药业已拥有以完达山为依托的东方红刺五加GAP种植基地；以小兴安岭为依托的伊春刺五加GAP种植基地；以张广才岭为依托的尚志、庆阳刺五加GAP种植基地。截至2010年，仁皇药业控制了黑龙江80%的刺五加资源。

黑龙江紫杉科技股份有限公司 是集资源培育、药用开发、临床应用和产品销售于一体的多元化高新技术产业。相继造东北红豆杉林0.67万公顷，培育苗木上千万株，总资产2.86亿元，年实现销售收入6542万元，利润5579万元。2006年，被黑龙江省林业厅授予省级林业龙头企业称号。

世界上年产紫杉醇仅350千克左右，中国年产紫杉醇仅12千克左右，每千克高达26万美元，被称为“植物黄金”。该公司前身是承担“东北红豆杉无性繁育与无性系林营造”课题组，经过11年的科技攻关和艰苦奋斗，终于把濒于灭绝的东北红豆杉通过人工无性系扦插技术繁育出来。面积从开始的0.2公顷发展扩大到0.67万公顷。累计繁育出东北红豆杉900万株以上。是全世界红豆杉总量的1/5。

2004年，在上海浦东张江高科技园区，该公司建立了利用生物制药高新技术开发红豆杉的上海开润生物医药有限公司，研发出“紫杉注射液”，是继“紫杉醇”后，又一个治癌新药。这项成果填补了世界空白，被列为国家“863”计划。

该公司目前拥有7年以上树龄的东北红豆杉0.1万公顷；3年以上树龄的东北红豆杉0.11万公顷。充足的红豆杉资源，完全保证了紫杉注射液的提取和加工。

【木材加工】 重点培育以家具为代表的龙头企业，从家具的“贴牌”做起，引进大集团、大品牌，重点发展产品为家具、木制地板、门窗等装饰材料、木制工艺品、人造板等。

哈尔滨木制品加工能力达到100万余立方米。其中，宾县通过招商引资，在宾西开发区引进大型木材加工企业7家；方正、依兰、五常、延寿等县也陆续上马了一批规模较大的木材精深加工企业。牡丹江有加工企业410家，总投资19亿元，从业人员15000人，年加工能力450万立方米，年烘干能力70万立方米；进口木材600万立方米，进口木材产值36亿元，加工业产值达到15亿元。伊春年进口俄罗斯木材18万立方米，实现产值11000万元，加工和进口锯材4.5万立方米，家具制造业产值27950万元，生产木地板179.2万平方米，卫生筷子2.42万标准箱，产值2.8亿元。绥化有大、中、小木材加工企业480余家，年加工木材40余万立方米，产值4.88亿元。佳木斯年加工木材5000立方米，收入6765万元。

双叶家具有限公司 1995年，在七台河成立，现固定资产3亿多元、员工3000多人、厂区面积50万平方米、生产车间14万平方米成为有10个专业化生产车间的大型企业。生产高档实木家具，产品八大系列300多个品种，年可生产150万件(套)实木家具，累计实现销售收入40亿元，上缴税金近4亿元。每年平均以30%～40%的速度增长。截至2010年，仅黑龙江就有100多家企业为双叶供应原辅材料，包括细木工板、五金件等重要辅材。辅材的供应解决了3000多人就业。

2006年9月，双叶牌实木家具被国家质量监督检验检疫总局评为中国名牌产品；2009年4月，被国家工商总局评为中国驰名商标。双叶公司在同行业率先通过ISO9001国际质量管理认证、ISO14001国际环境管理体系认证和GB/T24024 idt ISO14024中国环境标志产品认证，同时，获得国家标准符合性信用证书。

【森林旅游】 黑龙江著名的森林旅游地主要有五大连池国家森林公园、火山口国家森林公园、北极村国家森林公园、丹清河国家森林公园、乌苏里江国家森林公园在、鹤岗国家森林公园等。

哈尔滨共建森林公园15处，面积8.47万公顷，其中国家级森林公园7处，省级6处，市级2处，投入森林公园建设资金6800多万元，旅游景点达到298处，每年接待游人300多万人次，实现森林旅游收入5.5亿元。齐齐哈尔现有森林公园3处，其中国家级森林公园1处，省级森林公园2处，年总收入97.2万元，旅游接待人数1.41万人次。投资400多万元进行园区的项目建设，其中国投40万元、自筹240万元、引资120万元。牡丹江林业旅游与休闲服务收入2450万元，其中门票收入376万元；全年接待游客1.21万人次。大庆形成以国家级森林公园、杜蒙县松林公园为主的森林旅游，以扎龙湿地、龙凤湿地、肇源莲花湖公园为重点的湿地旅游和以果菜采摘、“农家乐”为主的生态观光旅游产业；湿地旅游业收入1483多万元。黑河开发森林避暑度假、森林漂流探险等旅游活动，森林公园旅游收入3141万元。佳木斯以大亮子河国家森林公园为重点的6处森林公园，年接待游人46.50万人次，收入1809万元。

【对俄贸易】 林产品对外贸易进出口总额19.9亿美元。其中：出口10.13亿美元，进口9.77亿美元。进口俄罗斯原木542.2万立方米，价值7.2亿美元，进口平均价格为每立方米131.3美元。

（曹玉朴）

表 31-1 黑龙江省林业产业概况

指　标	数量
总产值(按现行价格计算)(万元)	6933726
一、第一产业产值	2654963
(一)涉林产业产值	1500279
1. 林木的培育和种植	265229
2. 木材和竹材的采运	465751
3. 经济林产品的种植与采集	614451
4. 花卉的种植	26484
5. 陆生野生动物繁育与利用	101942
6. 林业生产辅助服务	26422
(二)林业系统非林产业产值	1154684
二、第二产业产值	3183694
(一)涉林产业产值	2395120
1. 木材加工及木、竹、藤、棕、苇制品制造	1409804
(1)锯材、木片加工	639058
(2)人造板制造	348987
(3)木制品制造	417450
(4)竹、藤、棕、苇制品制造	4309
2. 木、竹、藤家具制造	279350
3. 木、竹、苇浆造纸	303653
4. 林产化学产品制造	11051
5. 木制工艺品和木制文教体育用品制造	32451
6. 非木质林产品加工制造	8157
7. 其他	350654
(二)林业系统非林产业产值	788574
三、第三产业产值	1095069
(一)涉林产业产值	451543
1. 林业旅游与休闲服务	359126
2. 林业生态服务	26622
3. 林业专业技术服务	5532
4. 林业公共管理及其他组织服务	60263
(二)林业系统非林产业产值	643526
补充资料：全部山区县茶、桑、果产值	1132
全部丘陵县茶、桑、果产值	14121
森林资源	
一、森林覆盖率(%)	42.39
二、林地面积(万公顷)	2184.16
三、森林面积(万公顷)	1926.97
四、人工林面积(万公顷)	235.68
五、活立木总蓄积量(万立方米)	165191.60
六、森林蓄积量(万立方米)	152104.96
七、人工林蓄积量(万立方米)	13519.66
八、乔木林单位面积蓄积量(立方米/公顷)	79.53
森林培育(公顷)	
一、荒山荒(沙)地造林面积(按林种用途分)	233777
(一)用材林	15211
(二)经济林	659
(三)防护林	210287
(四)薪炭林	796
(五)特种用途林	6824
二、更新造林面积	6531
三、森林抚育面积	
(一)低产低效林改造	3078
(二)实际幼林抚育	452926
(三)成林抚育	334223
四、林业单位数量(个)	1821
木材、竹材(万立方米)	
一、木材总计	571.43
(一)原木	561.37
其中：针叶原木	92.19
1. 直接用原木	162.11
2. 特级原木	7.90
3. 等内加工原木	247.23
其中：针叶原木	95.45
4. 造纸用原木	3.04
5. 胶合板材	26.01
6. 杉原条	0.34
7. 其他原木	114.73
(二)薪材	10.06
(三)锯材	124.32
二、木材采运企业数量(个)	201
三、竹材采运企业数量(个)	2
四、锯材加工企业数量(个)	2527
五、木材批发企业数量(个)	2110
人造板(万立方米)	
人造板总产量	162.38
一、胶合板	31.12
(一)木胶合板	21.79
(二)其他胶合板	9.33
二、纤维板	30.92
三、刨花板	58.54
四、其他人造板	41.80
其中：细木工板	15.74
五、单板	12.73
六、人造板制造企业数量(个)	1032
七、胶合板制造企业数量(个)	377
八、纤维板制造企业数量(个)	40
九、刨花板制造企业数量(个)	81
十、其他人造板制造企业数量(个)	495
木制品	
一、木竹地板(万平方米)	513.31
(一)实木木地板	412.38

指　标	数量
（二）复合木地板	99.44
（三）其他木地板	1.50
二、木制品企业数量（个）	5784
三、生产用木制品企业数量（个）	3840
四、生活用木制品企业数量（个）	1681
五、中乐器制造企业数量（个）	10
六、西乐器制造企业数量（个）	17
木竹家具	
一、木制家具制造企业数量（个）	2537
二、竹藤制家具制造企业数量（个）	15
三、家具零售企业数量（个）	3396
木　片	
一、木片、木粒加工产品（万实积立方米）	36.19
二、木片加工企业数量（个）	754
木　炭	
木炭（吨）	5000
竹　藤	
一、竹、藤、棕、草制品企业数量（个）	188
二、竹、藤、棕、草工艺品制造企业数量（个）	82
果品	
一、水果产量（吨）	244209
其中：苹果	126397
梨	50764
葡萄	23100
桃	2
杏	257
其他水果	43689
二、干果产量（吨）	10786
其中：核桃	2453
榛子	1647
松子	4828
其他干果	1858
三、木本油料	115
四、水果罐头制造企业数量（个）	33
森林蔬菜	
一、森林食品（干重）（吨）	172607
其中：食用菌	148742
山野菜	20099
其他森林食品	3766
二、蔬菜、果品批发企业数量（个）	923
茶咖啡	
一、林产饮料产品（干重）（吨）	14750
二、茶叶批发企业数量（个）	340
三、制茶企业数量（个）	48
调　料	
一、林产调料产品（干重）	24

指　标	数量
其中：花椒	24
中药材	
一、木本药材（吨）	7841
其中：枸杞	12
其他木本药材	7829
二、中草药及制品批发企业数量（个）	516
花　卉	
一、年末实有花卉种植面积（公顷）	4897
二、切花切叶产量（万支）	28
三、盆栽植物产量（万盆）	1237
四、观赏苗木产量（万株）	10450
五、草坪产量（万平方米）	391
六、花卉市场（个）	12
七、花卉企业数量（个）	2245
其中：大中型企业	4
八、花农（万户）	0.54
九、花卉从业人员（万人）	7.48
其中：专业技术人员	0.25
十、控温温室面积（万平方米）	4
十一、日光温室面积（万平方米）	39
林产化工	
一、林产化学产品制造企业数量（个）	34
二、香料、香精制造企业数量（个）	26
蚕	
一、丝绢纺织企业数量（个）	29
二、缫丝企业数量（个）	2
三、绢纺企业数量（个）	2
四、丝织企业数量（个）	8
五、丝印染企业数量（个）	7
六、丝制品企业数量（个）	5
七、其他丝绢纺织企业数量（个）	4
八、丝针织品企业数量（个）	17
森林旅游	
一、旅游人次（人）	9794362
二、旅游收入（万元）	359126
三、森林公园总数（处）	104
四、森林公园总面积（公顷）	1911654
五、国家森林公园数量（处）	55
六、国家森林公园面积（公顷）	1638718
七、省级森林公园数量（处）	47
八、省级森林公园面积（公顷）	271395
九、县级森林公园数量（处）	2
十、县级森林公园面积（公顷）	1541
十一、森林公园收入总额（万元）	66175
十二、旅游接待总人数（万人次）	637
十三、旅游接待海外旅游者（万人次）	10

指　标	数量
十四、园林绿化企业数量(个)	1975
十五、自然保护区管理业数量(个)	74
林业机械	
一、森林工业专用设备制造企业数量(个)	49
二、营林机械制造企业数量(个)	23

表 31-2　黑龙江省林业产业特色

指　标	全国排名	数量
林地面积(万公顷)	4	2184.16
森林面积(万公顷)	2	1926.97
活立木总蓄积(万立方米)	4	165191.60
森林蓄积(万立方米)	4	152104.96
人工林蓄积(万立方米)	4	13519.66
特种用途林面积(公顷)	1	6824
实际幼林抚育面积(公顷)	5	452926
木材产量(万立方米)	4	571.43
木材采运企业数量(个)	3	201
锯材加工企业数量(个)	1	2527
木制品企业数量(个)	4	5784
生产用木制品企业数量(个)	2	3840
生活用木制品企业数量(个)	2	1681
榛子产量(吨)	3	1647
松子产量(吨)	5	4828
食用菌产量(吨)	3	148742
山野菜产量(吨)	4	20099
森林公园总面积(公顷)	2	1911654.48
国家森林公园数量(处)	1	55
国家森林公园面积(公顷)	2	1638718.09
省级森林公园面积(公顷)	4	271395.39

表 31-3　黑龙江省各产业对总产值的贡献

	指　标	产值(万元)	百分比(%)
	总产值	6933726	100
1	林业系统非林产业	2586784	37.31
2	木材生产业	1104809	15.93
3	木制品生产业	449901	6.49
4	森林蔬菜产业	411883	5.94
5	森林旅游业	359126	5.18
6	人造板制造业	348987	5.03
7	木浆纸制品生产业	303653	4.38
8	木竹藤家具制造业	279350	4.03
9	森林培育业	172114	2.48
10	果品产业	122422	1.77
11	林业服务	118839	1.71
12	野生动物驯养业	101942	1.47
13	种苗产业	93115	1.34
14	中药业	64054	0.92
15	园林植物产业	26484	0.38
16	林产化工产业	11051	0.16
17	竹藤产业(不含家具)	4309	0.06
18	茶咖啡产业	2222	0.03
19	其他	372681	5.37

表 31-4　黑龙江国家和省级林业产业相关协会

1	中国参业协会
2	黑龙江省木材行业协会
3	黑龙江省人造板行业协会
4	黑龙江省茶艺师协会
5	黑龙江省茶叶流通协会
6	黑龙江省野生动物保护协会
7	黑龙江省森工林区野生动物保护协会
8	黑龙江省造纸协会
9	黑龙江省风景园林协会
10	黑龙江省家具协会
11	黑龙江省蚕蜂业协会
12	黑龙江省林木种苗协会
13	黑龙江省北大荒中药材协会
14	黑龙江省生态文学艺术家协会
15	黑龙江省林产工业协会
16	黑龙江省旅游协会
17	黑龙江省饲料工业协会

上海市林业产业

【产业特点】 上海的林业特色产业突出表现在木材批发业、木地板生产、乐器制造业、家具制造业、林产化学及园林绿化。其中，木材批发企业数量居全国第一位，木竹地板产量居全国第五位，复合木地板产量居全国第四位，西乐器制造企业数量居全国第一位，木制家具制造企业数量居全国第四位，林产化学产品制造企业数量居全国第一位，园林绿化业单位数量居全国第二位。见表32-1及表32-2。

上海林业总产值为337亿元。其中：对林业总产值贡献最大的木浆纸制品生产业是212亿元，占63.02%；其次是木制品生产39亿元，占11.62%。两项占林业总产值的74.64%。见表32-3。上海林业产业相关协会有32家，其中市级协会12家，见表32-4。

【果品】 上海的林业产业主要以经济果林为主，也是近年来兴起的乡村旅游的主要载体。经济果林种植面积2.20万公顷。经济果林已形成了具有区域特色的南汇水蜜桃、松江水晶梨、崇明柑橘、嘉定葡萄、奉贤黄桃、金山蟠桃等特色品牌。近年来，南汇桃花节、嘉定马陆葡萄节、长兴柑橘节等以经济果林为主题的旅游已经成为上海民家喻户晓的特色旅游节目。

1. 实行政策扶持。一是2002年出台的“每亩补贴300元、连续补贴3年”的经济果林扶持政策。二是2010~2012年实施的两轮林业建设与管理3年计划，对发展经济果林给予3项扶持政策，即：发展标准化、规模化经济果林每亩补贴900元，实施经济果林基础设施改造每亩补贴600元，经济果林推广使用商品有机肥每亩补贴200~250元、推广使用高效低毒低残留农药每亩补贴45~120元、推广使用果品套袋技术每亩补贴100~150元。

2. 优化区域布局。通过重点扶持龙头企业和建立专业果品交易市场，引导优化本地区林果产业布局，基本已经形成了“一区一品”的区域栽培格局。如：以生产优质水蜜桃著称的原南汇区(现划归浦东新区)，是华东地区规模最大的水蜜桃产地，被国家林业局命名为“中国水蜜桃之乡”，目前已建立了一批专业果品产地批发市场、规模化果品生产企业，南汇水蜜桃还获得了“国家原产地域保护”的农产品。

3. 着力提升科技含量。建立了桃、梨、葡萄、柑橘、蟠桃、小水果等6家果品专业研究所，在品种筛选、良种推广、标准制定、生产示范、技术培训等方面发挥了积极作用，先后引进、筛选、推广了一大批果树新优品种。同时，全市各级林业技术推广部门通过建立示范基地、开展集中培训、科技结对入户、印发技术资料、专家咨询热线等途径，推进新品种、新技术和标准化生产技术在生产中的转化和普及。

4. 实施品牌战略。每年举办市级果品评比、优质果品展示、农业博览会、果品进公园直销等大型活动，引导全市果品生产由产量优先向质量优先模式转变，培育和扶持了一大批知名果品企业和果品品牌。嘉定马陆葡萄开发有限公司的“马陆牌”葡萄、南汇新凤蜜露桃业合作社有限公司的“石升牌”新凤蜜露桃、上海前卫柑橘公司的“前卫牌”温州蜜柑、奉贤锦光黄桃种植合作社有限公司的“锦绣牌”黄桃、松江仓桥水晶梨开发有限公司的“仓桥牌”水晶梨、金山皇母蟠桃农民专业合作社有限公司的“皇母牌”玉露蟠桃、浦东金杏香果业合作社有限公司的“川中岛”牌有机桃等，已成为上海农产品优势品牌。

【野生动植物】 上海经营利用野生动物及其产品种类75种，主要用于野生动物繁殖、引种、展览、表演以及中医药、新药实验和医学研究。野生动植物资源利用合同金额4.8亿元，其中活体动植物2.9亿头(株)、生物学研究材料31.8万份、动植物制品30万件、药(食)用动物9.2万千克和动植物原料24.6吨；新(增)建野生动植物繁育场所8处；各区县开展野生动物救护108批次；15家企业6.96万件动物产品实施“中国野生动物经营利用专用标识管理”；7种56头非盈利性进口种用野生动物取得免税额101.86万美元。

【森林旅游】 上海林业旅游资源主要有三类：一是森林(湿地)公园。现有佘山、东平、海湾、共青等4处国家级森林公园。其中，佘山、东平、共青等3处公园每年接待的游客在200万人次以上。此外，还有上海滨江森林公园、吴淞炮台湾湿地森林公园、上海鲜花港、崇明东滩湿地公园等林业旅游景点。二是林业乡村旅游景点。已建成以森林资源为基础的乡村旅游景点30余家。如青青旅游世界、申亚乡村度假农园、卫斯嘉闻道园、世纪百果园、高家生态园等。三是林业旅游节庆。以观花赏景、采果体验为主题的林业旅游节庆，如南汇桃花节、马陆葡萄节、金山蟠桃节、崇明柑橘节等。

(茅国梁)

表32-1 上海市林业产业概况

指 标	数量
总产值(按现行价格计算)(万元)	3369645
一、第一产业产值	277591
(一)涉林产业产值	277591
1. 林木的培育和种植	37010
2. 木材和竹材的采运	1816
3. 经济林产品的种植与采集	184029
4. 花卉的种植	54273
5. 陆生野生动物繁育与利用	463
6. 林业生产辅助服务	
(二)林业系统非林产业产值	
二、第二产业产值	3020056
(一)涉林产业产值	3020056
1. 木材加工及木、竹、藤、棕、苇制品制造	649735
(1)锯材、木片加工	36996
(2)人造板制造	210873
(3)木制品制造	390499
(4)竹、藤、棕、苇制品制造	11367
2. 木、竹、藤家具制造	231788
3. 木、竹、苇浆造纸	2123474
4. 林产化学产品制造	4508
5. 木制工艺品和木制文教体育用品制造	1078
6. 非木质林产品加工制造	9466
7. 其他	7
(二)林业系统非林产业产值	
三、第三产业产值	71998
(一)涉林产业产值	54309
1. 林业旅游与休闲服务	7750
2. 林业生态服务	21266
3. 林业专业技术服务	3096
4. 林业公共管理及其他组织服务	22197
(二)林业系统非林产业产值	17689
补充资料：竹产业产值	15
森林资源	
一、森林覆盖率(%)	9.41
二、林地面积(万公顷)	7.46
三、森林面积(万公顷)	5.97
四、人工林面积(万公顷)	5.97
五、活立木总蓄积量(万立方米)	275.20
六、森林蓄积量(万立方米)	100.95
七、人工林蓄积量(万立方米)	100.95
八、乔木林单位面积蓄积量(立方米/公顷)	29.69
森林培育(公顷)	
一、荒山荒(沙)地造林面积(按林种用途分)	1349
(一)用材林	
(二)经济林	465
(三)防护林	884
(四)薪炭林	
(五)特种用途林	
二、森林抚育面积	
(一)低产低效林改造	353
(二)实际幼林抚育	9017
(三)成林抚育	56327
三、林业单位数量(个)	465
木材、竹材(万立方米)	
一、木材总计	1.64
(一)原木	
(二)薪材	
(三)锯材	1.64
二、木材采运企业数量(个)	4
三、竹材采运企业数量(个)	0
四、锯材加工企业数量(个)	37
五、木材批发企业数量(个)	68172
人造板(万立方米)	
人造板总产量	110.05
一、胶合板	8.61
(一)木胶合板	8.61
(二)其他胶合板	
二、纤维板	19

指　标	数量
三、刨花板	
四、其他人造板	82.43
五、人造板制造企业数量(个)	389
六、胶合板制造企业数量(个)	29
七、纤维板制造企业数量(个)	7
八、刨花板制造企业数量(个)	2
九、其他人造板制造企业数量(个)	351
木制品	
一、木竹地板(万平方米)	3589.73
(一)实木木地板	486.69
(二)复合木地板	3103.04
二、木制品企业数量(个)	1167
三、生产用木制品企业数量(个)	1167
四、生活用木制品企业数量(个)	0
五、中乐器制造企业数量(个)	35
六、西乐器制造企业数量(个)	203
木竹家具	
一、木制家具制造企业数量(个)	5421
二、竹藤制家具制造企业数量(个)	21
三、家具零售企业数量(个)	4631
木　片	
一、木片、木粒加工产品(万实积立方米)	1.43
二、木片加工企业数量(个)	17
竹　藤	
一、小杂竹(万吨)	0.15
二、竹、藤、棕、草制品企业数量(个)	183
三、竹、藤、棕、草工艺品制造企业数量(个)	52
果　品	
一、水果产量(吨)	441619
其中：柑橘	201573
梨	38437
葡萄	90814
桃	101418
猕猴桃	411
其他水果	8966
二、干果产量(吨)	1
其中：银杏(白果)	1
三、水果罐头制造企业数量(个)	11
森林蔬菜	
蔬菜、果品批发企业数量(个)	683
茶咖啡	
一、茶叶批发企业数量(个)	0
二、制茶企业数量(个)	87
中药材	
中草药及制品批发企业数量(个)	107

指　标	数量
花　卉	
一、年末实有花卉种植面积(公顷)	2087
二、切花切叶产量(万支)	45022
三、盆栽植物产量(万盆)	7747
四、观赏苗木产量(万株)	308
五、草坪产量(万平方米)	850
六、花卉市场(个)	23
七、花卉企业数量(个)	272
其中：大中型企业	48
八、花农(万户)	0.22
九、花卉从业人员(万人)	0.75
其中：专业技术人员	0.10
十、控温温室面积(万平方米)	178
十一、日光温室面积(万平方米)	176
林产化工	
一、林产化学产品制造企业数量(个)	2034
二、香料、香精制造企业数量(个)	165
蚕	
一、丝绢纺织企业数量(个)	145
二、缫丝企业数量(个)	1
三、绢纺企业数量(个)	22
四、丝织企业数量(个)	0
五、丝印染企业数量(个)	14
六、丝制品企业数量(个)	108
七、其他丝绢纺织企业数量(个)	0
八、丝针织品企业数量(个)	12
森林旅游	
一、旅游人次(人)	1906675
二、旅游收入(万元)	7750
三、森林公园总数(处)	4
四、森林公园总面积(公顷)	1952
五、国家森林公园数量(处)	4
六、国家森林公园面积(公顷)	1952
七、省级森林公园数量(处)	
八、省级森林公园面积(公顷)	
九、县级森林公园数量(处)	
十、县级森林公园面积(公顷)	
十一、森林公园收入总额(万元)	12828
十二、旅游接待总人数(万人次)	402
十三、旅游接待海外旅游者(万人次)	5
十四、园林绿化企业数量(个)	6707
十五、自然保护区管理业数量(个)	1
林业机械	
一、森林工业专用设备制造企业数量(个)	62
二、营林机械制造企业数量(个)	0

表 32-2 上海市林业产业特色

指　标	全国排名	数量
木材批发企业数量(个)	1	68172
木竹地板产量(万平方米)	5	3589.73
复合木地板产量(万平方米)	4	3103.04
西乐器制造企业数量(个)	1	203
木制家具制造企业数量(个)	4	5421
林产化学产品制造企业数量(个)	1	2034
园林绿化业单位数量(个)	2	6707

表 32-3 上海市各产业对总产值的贡献

	指　标	产值(万元)	百分比(%)
	总产值	3369645	100
1	木浆纸制品生产业	2123474	63.02
2	木制品生产业	391577	11.62
3	木竹藤家具制造业	231788	6.88
4	人造板制造业	210873	6.26
5	果品产业	178902	5.31
6	园林植物产业	54273	1.61
7	林业服务	46559	1.38
8	木材生产业	37282	1.11
9	种苗产业	22595	0.67
10	林业系统非林产业	17689	0.52
11	森林培育业	14415	0.43
12	竹藤产业(不含家具)	12897	0.38
13	森林旅游业	7750	0.23
14	森林蔬菜产业	5127	0.15
15	林产化工产业	4508	0.13
16	野生动物驯养业	463	0.01
17	其他	9473	0.28

表 32-4 上海市级林业产业相关协会

1	上海市果品商业行业协会
2	上海市江南丝竹协会
3	上海市木材行业协会
4	上海市茶叶行业协会
5	上海市家具行业协会
6	上海市旅游行业协会
7	上海市饲料兽药行业协会
8	上海市野生动植物保护协会
9	上海市园林绿化行业协会
10	上海市纸业行业协会
11	上海市糖烟酒茶商业行业协会
12	上海市中药行业协会

江苏省林业产业

【产业特点】 江苏的林业特色产业突出表现在人造板产业、地板产业、乐器制造业、果品产业、花卉产业、蚕丝产业及森林旅游业。其中，林业单位数量居全国第三位，木材批发企业数量居全国第二位，人造板产量居全国第二位，胶合板产量居全国第二位，纤维板产量居全国第四位，刨花板产量居全国第三位，细木工板产量居全国第一位，单板产量居全国第一位，人造板制造企业数量居全国第一位，胶合板制造企业数量居全国第二位，纤维板制造企业数量居全国第三位，刨花板制造企业数量居全国第一位，其他人造板制造企业数量居全国第三位，木竹地板产量居全国第二位，实木地板产量居全国第五位，复合地板产量居全国第一位，其他木地板产量居全国第一位，木制品企业数量居全国第一位，生产用木制品企业数量居全国第三位，中乐器制造企业数量居全国第一位，西乐器制造企业数量居全国第五位，木制家具制造企业数量居全国第三位，竹藤制家具制造企业数量居全国第四位，家具零售企业数量居全国第二位，木片加工企业数量居全国第一位，桃产量居全国第五位，银杏(白果)产量居全国第一位，蔬菜、果品批发企业数量居全国第四位，年末实有花卉种植面积居全国第二位，观赏苗木产量居全国第二位，草坪产量居全国第五位，花卉市场居全国第一位，花卉企业居全国第三位，花卉大中型企业居全国第三位，花卉从业人员居全国第一位，香料、香精制造企业数量居全国第二位，丝绢纺织企业数量居全国第二位，缫丝企业数量居全国第二位，绢纺企业数量居全国第二位，丝织企业数量居全国第二位，丝印染企业数量居全国第三位，丝制品企业数量居全国第二位，其他丝绢纺织企业数量居全国第二位，丝针织品企业数量居全国第三位，旅游收入居全国第五位，旅游接待总人数居全国第四位，旅游接待海外旅游者居全国第二位。见表33-1及表33-2。

江苏林业产业总产值1560亿元。其中，对林业产业总产值贡献最大的是人造板制造业，为518亿元，占33.23%；其次是木浆纸制品生产业177亿元，占11.32%。两项占总产值的44.55%。见表33-3。江苏林业产业相关协会有223家，省级协会12家，见表33-4。

【杨树】 江苏以杨树产业为主的木材加工产业在全省林业产业结构中一直占有绝对比重。全省以杨树为主要加工原料从简单初加工户到大型现代企业共6000多家。全省现有杨树成片林93万公顷，年提供杨树木635万立方米。泗洪陈圩林场建有亚洲规模最大和品系最多的美洲黑杨种质资源库，保有42个品系、300多个无性系杨树优良品种。

【种苗】 江苏已经形成以淮北、沿江、苏南为主的三大苗木主产区，涌现出一批花木交易市场。如夏溪花木市场、如皋花木大世界、沭阳花木大世界、嘉泽花木市场等闻名全国的种苗交易市场，年销售额均在20亿元以上。

【银杏】 江苏特色林产品综合利用产业产值140亿元。其中银杏业产值30亿元，形成以采叶加工为主的邳州主产区和银杏果综合利用为主的泰兴主产区。全省银杏成片林总面积近5.3万公顷，年产干青叶1.5万吨，银杏酮300吨。

【企业】 大亚集团丹阳工厂每年消耗“三剩物”和次小薪材近60万吨，木材采购金额达到3.5亿元，直接惠农5万户，每户增加收入7000元。江苏胜阳集团是板材加工业的领头羊，由它带动的种植业、加工业、服务业、餐饮业、运输业、养殖业等产业的发展，为周边3000多人提供了就业岗位，为附近农民年增收1.2万元。

（王晓南　雷礼纲）

表 33-1　江苏省林业产业概况

指　标	数量
总产值(按现行价格计算)(万元)	15598797
一、第一产业产值	3837674
(一)涉林产业产值	3756203
1. 林木的培育和种植	1408008
2. 木材和竹材的采运	270138
3. 经济林产品的种植与采集	1051650
4. 花卉的种植	962389
5. 陆生野生动物繁育与利用	33608
6. 林业生产辅助服务	30410
(二)林业系统非林产业产值	81471
二、第二产业产值	10670733
(一)涉林产业产值	10340643
1. 木材加工及木、竹、藤、棕、苇制品制造	6810078
(1)锯材、木片加工	335217
(2)人造板制造	5183335
(3)木制品制造	1111477
(4)竹、藤、棕、苇制品制造	180049
2. 木、竹、藤家具制造	681130
3. 木、竹、苇浆造纸	1765114
4. 林产化学产品制造	9465
5. 木制工艺品和木制文教体育用品制造	64099
6. 非木质林产品加工制造	305616
7. 其他	705141
(二)林业系统非林产业产值	330090
三、第三产业产值	1090390
(一)涉林产业产值	972072
1. 林业旅游与休闲服务	602959
2. 林业生态服务	137600
3. 林业专业技术服务	41315
4. 林业公共管理及其他组织服务	190198
(二)林业系统非林产业产值	118318
补充资料：竹产业产值	7216
油茶产业产值	548
全部山区县茶、桑、果产值	13436
全部丘陵县茶、桑、果产值	111106
森林资源	
一、森林覆盖率(%)	10.48
二、林地面积(万公顷)	128.64
三、森林面积(万公顷)	107.51
四、人工林面积(万公顷)	104.15
五、活立木总蓄积量(万立方米)	5022.59
六、森林蓄积量(万立方米)	3501.75
七、人工林蓄积量(万立方米)	3407.83
八、乔木林单位面积蓄积量(立方米/公顷)	47.04
森林培育(公顷)	
一、荒山荒(沙)地造林面积(按林种用途分)	86256
(一)用材林	15868
(二)经济林	7476
(三)防护林	62226
(四)薪炭林	129
(五)特种用途林	557
二、更新造林面积	1871
三、森林抚育面积	
(一)低产低效林改造	1061
(二)实际幼林抚育	234078
(三)成林抚育	483437
四、林业单位数量(个)	2791
木材、竹材(万立方米)	
一、木材总计	150.90
(一)原木	145.01
其中：针叶原木	8.12
1. 直接用原木	54.76
2. 特级原木	0.09
3. 等内加工原木	9.39
其中：针叶原木	3.13
4. 造纸用原木	2.97
5. 胶合板材	60.50
6. 杉原条	0.80
7. 其他原木	16.51
(二)薪材	5.89
(三)锯材	56.37
二、木材采运企业数量(个)	140
三、竹材采运企业数量(个)	19
四、锯材加工企业数量(个)	429
五、木材批发企业数量(个)	42158
人造板(万立方米)	
人造板总产量	2301.19
一、胶合板	1375.97
(一)木胶合板	1182.02
(二)其他胶合板	193.96
二、纤维板	400.36
三、刨花板	129.89
四、其他人造板	394.97
其中：细木工板	299.51
五、单板	1084.83
六、人造板制造企业数量(个)	4429
七、胶合板制造企业数量(个)	1971

指　标	数量
八、纤维板制造企业数量(个)	143
九、刨花板制造企业数量(个)	147
十、其他人造板制造企业数量(个)	740
木制品	
一、木竹地板(万平方米)	7046.07
(一)实木木地板	644.30
(二)复合木地板	4265.23
(三)其他木地板	1940.51
(四)竹地板	196.02
二、木制品企业数量(个)	8977
三、生产用木制品企业数量(个)	3082
四、生活用木制品企业数量(个)	532
五、中乐器制造企业数量(个)	126
六、西乐器制造企业数量(个)	94
木竹家具	
一、木制家具制造企业数量(个)	6323
二、竹藤制家具制造企业数量(个)	137
三、家具零售企业数量(个)	10620
木　片	
一、木片、木粒加工产品(万实积立方米)	82.26
二、木片加工企业数量(个)	2363
木　炭	
木炭(吨)	540
竹　藤	
一、竹材(万根)	436.55
其中：毛竹	388.56
篙竹	47.99
二、小杂竹(万吨)	0.90
三、竹、藤、棕、草制品企业数量(个)	629
四、竹、藤、棕、草工艺品制造企业数量(个)	325
果　品	
一、水果产量(吨)	2398526
其中：苹果	568497
柑橘	43174
梨	619524
葡萄	421625
桃	451745
杏	16883
猕猴桃	2777
其他水果	274301
二、干果产量(吨)	87336
其中：核桃	1
板栗	26805
枣(干重)	6536
柿子(干重)	20437
银杏(白果)	33518
其他干果	39
三、水果罐头制造企业数量(个)	109
森林蔬菜	
一、森林食品(干重)(吨)	16085
其中：竹笋干	4291
食用菌	11440
山野菜	300
其他森林食品	54
二、蔬菜、果品批发企业数量(个)	2357
茶咖啡	
一、林产饮料产品(干重)(吨)	14139
其中：毛茶	14019
其他林产饮料产品	120
二、茶叶批发企业数量(个)	713
三、制茶企业数量(个)	936
调　料	
一、林产调料产品(干重)	699
其中：花椒	694
其他林产调料产品	5
中药材	
一、木本药材(吨)	23775
其中：杜仲	10
枸杞	3
山茱萸	1
其他木本药材	23761
二、中草药及制品批发企业数量(个)	625
花　卉	
一、年末实有花卉种植面积(公顷)	106801
二、切花切叶产量(万支)	80374
三、盆栽植物产量(万盆)	12055
四、观赏苗木产量(万株)	89799
五、草坪产量(万平方米)	3017
六、花卉市场(个)	846
七、花卉企业数量(个)	4203
其中：大中型企业	1225
八、花农(万户)	21.55
九、花卉从业人员(万人)	67.91
其中：专业技术人员	1.05
十、控温温室面积(万平方米)	246
十一、日光温室面积(万平方米)	1430
林产化工	
一、林产化学产品制造企业数量(个)	90

指　标	数量
二、香料、香精制造企业数量(个)	333
蚕	
一、丝绢纺织企业数量(个)	3699
二、缫丝企业数量(个)	534
三、绢纺企业数量(个)	339
四、丝织企业数量(个)	1528
五、丝印染企业数量(个)	301
六、丝制品企业数量(个)	630
七、其他丝绢纺织企业数量(个)	134
八、丝针织品企业数量(个)	466
森林旅游	
一、旅游人次(人)	57082859
二、旅游收入(万元)	602959
三、森林公园总数(处)	55
四、森林公园总面积(公顷)	90138
五、国家森林公园数量(处)	15
六、国家森林公园面积(公顷)	33052
七、省级森林公园数量(处)	40
八、省级森林公园面积(公顷)	57086
九、县级森林公园数量(处)	
十、县级森林公园面积(公顷)	
十一、森林公园收入总额(万元)	119677
十二、旅游接待总人数(万人次)	3097
十三、旅游接待海外旅游者(万人次)	132
十四、园林绿化企业数量(个)	5442
十五、自然保护区管理业数量(个)	66
林业机械	
一、森林工业专用设备制造企业数量(个)	298
二、营林机械制造企业数量(个)	36

表 33-2　江苏省林业产业特色

指　标	全国排名	数量
林业单位数量(个)	3	2791
木材批发企业数量(个)	2	42158
人造板产量(万立方米)	2	2301.19
胶合板产量(万立方米)	2	1375.97
纤维板产量(万立方米)	4	400.36
刨花板产量(万立方米)	3	129.89
细木工板产量(万立方米)	1	299.51
单板产量(万立方米)	1	1084.83
人造板制造企业数量(个)	1	4429
胶合板制造企业数量(个)	2	1971
纤维板制造企业数量(个)	3	143
刨花板制造企业数量(个)	1	147
其他人造板制造企业数量(个)	3	740
木竹地板产量(万平方米)	2	7046.07
实木木地板产量(万平方米)	5	644.30
复合木地板产量(万平方米)	1	4265.23
其他木地板产量(万平方米)	1	1940.51
木制品企业数量(个)	1	8977
生产用木制品企业数量(个)	3	3082
中乐器制造企业数量(个)	1	126
西乐器制造企业数量(个)	5	94
木制家具制造企业数量(个)	3	6323
竹藤制家具制造企业数量(个)	4	137
家具零售企业数量(个)	2	10620
木片加工企业数量(个)	1	2363
桃产量(吨)	5	451745
银杏(白果)产量(吨)	1	33518
蔬菜、果品批发企业数量(个)	4	2357
年末实有花卉种植面积(公顷)	2	106801
观赏苗木产量(万株)	2	89798.68
草坪产量(万平方米)	5	3017.06
花卉市场(个)	1	846
花卉企业(个)	3	4203
花卉大中型企业(个)	3	1225
花卉从业人员(万人)	1	67.91
香料、香精制造企业数量(个)	2	333
丝绢纺织企业数量(个)	2	3699
缫丝企业数量(个)	2	534
绢纺企业数量(个)	2	339
丝织企业数量(个)	2	1528
丝印染企业数量(个)	3	301
丝制品企业数量(个)	2	630
其他丝绢纺织企业数量(个)	2	134
丝针织品企业数量(个)	3	466
旅游收入(万元)	5	602959
旅游接待总人数(万人次)	4	3097.44
旅游接待海外旅游者(万人次)	2	131.76
园林绿化业单位数量(个)	3	5442

表 33-3　江苏省各产业对总产值的贡献

	指　标	产值(万元)	百分比(%)
	总产值	15598797	100
1	人造板制造业	5183335	33.23
2	木浆纸制品生产业	1765114	11.32
3	木制品生产业	1175576	7.54
4	园林植物产业	962389	6.17
5	森林培育业	819975	5.26
6	果品产业	778859	4.99
7	木竹藤家具制造业	681130	4.37

	指　标	产值(万元)	百分比(%)
8	森林旅游业	602959	3.87
9	木材生产业	599631	3.84
10	种苗产业	588033	3.77
11	林业系统非林产业	529879	3.40
12	林业服务	399523	2.56
13	竹藤产业(不含家具)	185773	1.19
14	茶咖啡产业	132360	0.85
15	森林蔬菜产业	70014	0.45
16	野生动物驯养业	33608	0.22
17	中药业	14726	0.09
18	林产化工产业	9465	0.06
19	其他	1066448	6.84

表 33-4　江苏省级林业产业相关协会

1	江苏省中药行业管理协会
2	江苏省造纸行业协会
3	江苏省家具行业协会
4	江苏省茶叶协会
5	江苏省风景园林协会
6	江苏省木材行业协会
7	江苏省野生动物保护协会
8	江苏省梨业协会
9	江苏省标准化协会包装专业委员会纸制品分会
10	江苏省农业生态保护协会
11	江苏省旅游协会
12	江苏省饲料工业协会

浙江省林业产业

【产业特点】 浙江的林业特色产业突出表现在森林培育业、木材生产业、人造板业、木地板业、乐器制造业、毛竹业、中药材业、森林蔬菜业、蚕丝及森林旅游业等。其中，森林覆盖率居全国第三位，针叶原木产量居全国第五位，锯材产量居全国第四位，竹材采运企业数量居全国第五位，锯材加工企业数量居全国第五位，细木工板产量居全国第四位，人造板制造企业数量居全国第四位，胶合板制造企业数量居全国第三位，其他人造板制造企业数量居全国第四位，木竹地板产量居全国第一位，实木地板产量居全国第一位，复合地板产量居全国第二位，其他木地板产量居全国第四位，竹地板产量居全国第三位，木制品企业数量居全国第二位，生产用木制品企业数量居全国第一位，生活用木制品企业数量居全国第一位，中乐器制造企业数量居全国第五位，西乐器制造企业数量居全国第三位，木制家具制造企业数量居全国第二位，竹藤制家具制造企业数量居全国第一位，家具零售企业数量居全国第三位，木片加工企业数量居全国第四位，竹材产量居全国第三位，毛竹产量居全国第二位，篙竹产量居全国第四位，竹、藤、棕、草制品企业数量居全国第一位，竹、藤、棕、草工艺品制造企业数量居全国第一位，葡萄产量居全国第五位，水果罐头制造企业数量居全国第一位，竹笋干产量居全国第一位，蔬菜、果品批发企业数量居全国第三位，毛茶产量居全国第三位，茶叶批发企业数量居全国第四位，制茶企业数量居全国第二位，山茱萸产量居全国第二位，中草药及制品批发企业数量居全国第二位，年末实有花卉种植面积居全国第五位，切花切叶产量居全国第四位，盆栽植物产量居全国第二位，观赏苗木产量居全国第一位，草坪产量居全国第一位，花卉企业居全国第二位，花卉大中型企业居全国第一位，花卉从业人员居全国第二位，花卉专业技术从业人员居全国第一位，香料、香精制造企业数量居全国第三位，丝绢纺织企业数量居全国第一位，缫丝企业数量居全国第一位，绢纺企业数量居全国第一位，丝织企业数量居全国第一位，丝印染企业数量居全国第二位，丝制品企业数量居全国第一位，其他丝绢纺织企业数量居全国第一位，丝针织品企业数量居全国第一位，旅游人次居全国第四位，旅游收入居全国第三位，森林公园总数居全国第三位，国家森林公园数量居全国第五位，省级森林公园数量居全国第二位，县级森林公园数量居全国第四位，森林公园收入总额居全国第二位，旅游接待总人数居全国第三位，旅游接待海外旅游者居全国第四位，园林绿化业单位数量居全国第五位，自然保护区管理业单位数量居全国第一位。见表34-1及表34-2。

浙江林业总产值1714亿元。其中，对林业总产值的贡献最大的是木制品生产业349亿元，占20.39%；其次是木家具制造业190亿元，占11.07%；第三是果品产业154亿元，占9%；第四是森林旅游业153亿元，占8.95%。这4项产业产值占总产值的49.41%。见表34-3。浙江林业产业相关协会有271家，其中国家级2家，省级15家，见表34-4。

【浙江笋竹产品西北行】 2010年3月26～27日，在西安举办，这是继2009年“浙江笋竹产品东北行”之后开展的又一次大型跨区域林产品推介活动。活动期间，安排了媒体宣传、专题推介会、笋竹产品和笋菜肴烹饪展示、百人共享竹笋宴等活动。安吉、临安、龙游、德清、遂昌、龙泉、庆元、遂昌、衢江等20多个主产竹县委、政府领导，林业局和协会领导，60多家浙江重点笋竹加工企业、合作社负责人参与推介。活动以推销竹笋产品为主，共有100多种竹笋加工品、60多种竹炭系列产品、80多种竹材加工产品参加推介。活动邀请了西安各主要酒店经理和厨师长、各大超市等100多位代表参与。有6家企业签订了销售合作协议。

【花卉】 浙江花卉苗木初步形成了生产、营销、科技、社会化服务等花卉产业体系。

杭州种苗收入26.89亿元。萧山区有6.67公顷以上规模苗圃230多家，主导产业园区2个，示范园区9个，花木经纪人3000多人；引进新品种20多个，其中红叶石楠、金森女贞、金叶六道木、花叶络石、小丑火棘已成规模化生产，年产花灌木工程苗1.5亿株；全区有花木设施面积467公顷，其中标准大棚160万平方米，容器育苗基地267公顷，培养穴盘基质苗3亿株。2010年，收入4.12亿元，年末实有花卉种植面积8238公顷，切花切叶产量6440万支，盆栽植物产量2542万盆，花卉场12个、花卉企业1581个、花卉从业人员82246人。杭州其他贡献大主要区县有：余杭2.18亿元，萧山0.36亿元；鲜切花叶数量余杭达3934万支，萧山达100万支。余杭推广花卉水培技术，将一般木本的花卉做成水培花，鲜切花叶产值达到0.62亿元。

中国(萧山)花木节 3月18日，2010中国(萧山)花木节暨第五届中国园林绿化产业交易会在浙江(中国)花木城举行，此次升格为全国性展会。邀请全国各地100家园林施工企业、100家园林设计单位、100家建设单位(园林管理部门、房产商)、100位花木经纪人和100家大型骨干苗圃前来赴会参观、交流，为从事园林设计、绿化施工、苗木生产的企业、苗农搭建了一个良性互动、有效沟通的平台。共设展位272个，吸引国内15个和日本、荷兰、美国、英国等共计148家企业参展，参观人数达5万多，达成销售意向4.5亿元。花木节期间还举办了“第四届中国园林绿化设计高峰论坛”。

【森林旅游】 在森林旅游业快速发展的带动下，浙江林区的“农家乐”产业如雨后春笋般地发展起来，仅5年时间就有191家通过了省级林业观光园区评定。

制定了《浙江森林旅游区质量评定管理办法》、《浙江森林旅游区质量等级划分与评定标准》。全省已通过18个森林旅游区质量评定(其中有4个五星级森林旅游区)，森林旅游区服务、管理等软件水平进一步提升。

森林旅游节 在温州和绍兴共举办两次森林旅游节。6月29日，以“走进海上名山，体验森林旅游”为主题的2010中国(温州)森林旅游节暨浙江第三届森林旅游节在乐清雁荡山国家森林公园拉开帷幕。9月26日，2010中国(新昌)天姥山森林旅游节在新昌千丈幽谷景区广场举行开幕仪式。

【云和县木制玩具】 生产始于上世纪70年代初，现发展成为具有地方特色支柱产业，其发展大体可分为三个阶段：

一是20世纪70、80年代。一批二轻、乡镇集体企业依托本地资源优势，转产木制玩具，开创了云和木制玩具生产的“先河”，为本县木制玩具业培育造就了一大批生产、管理、技术人才。1972年全县有10余家车木厂，占集体企业总数的1/4；到1975年，车木厂增至40余家，占集体企业总数的一半。这些企业生产的产品包括算盘、象棋、棋盘、工具手柄、竹木玩具等等，有近10个种类上百个产品品种，年产值逾百万元，形成了一个发展松杂木加工工业的高潮，为云和木制玩具业的兴起奠定了基础。1980年，全县玩具总产值141.92万元，占工业总产值的4.5%。与此同时，玩具产品中木制玩具的比重迅速增加，到1980年已达95%以上，木制玩具成为云和玩具的代名词。

二是20世纪90年代，个体、私营玩具企业兴起。县委、县政府实施一系列新的机制和体制，给私营玩具企业带来了无限的生机和活力。在新机制和体制的激励下，许多生产、管理和技术人才纷纷兴起办厂之风，实现了云和木制玩具业量的扩张，产量占全国的50%以上，初步确立了在国内同行业中的领先地位。1995年，云和玩具协会评选出首届云和玩具“十大王”，此时，新云玩具总厂的年生产能力超过5000万元，1995年，荣获“浙江行业最大工业企业”称号，入选全国私营企业500强，位列第231位。到1998年，全县规模玩具企业152家，其中年产值在5000万元以上企业1家，1000万元以上的6家，全县形成了8亿元以上的年生产能力。1999年，全县木制玩具总产值为3.3亿元，占县内工业产值的2/3，成为丽水地区的十大出口产品之一。

三是目前所处的新的发展阶段。进入新世纪以来，云和县推出“中国木制玩具城”整体品牌，促进企业管理和技术创新，使木制玩具业保持了30%以上的年增长速度，进入了新一轮高速增长期，竞争力不断提高。现全县从事木制玩具生产加工的企业达到746家，其中规模以上企业有49家，带动农村富余劳动力就业2万多人，成为带动千家万户农民发家致富的重要途径之一。目前全县共有(涉及木制玩具行业)省林业龙头企业8家、县级3家。2010年全县木制玩具行业总产值205452万元。

【龙头企业】 2010年，浙江启动现代林业园区建设，公布了第三批246个省级现代林业园区创建点，其中以林业为主的现代农业综合区32个，林业主导产业示范区99个，特色林业精品园115个，建设规模达到15.93万公顷，总投资50.7亿元。全省有木业企业2万多家，具有一定规模的林业龙头企业已发展到500多家，年加工木材1000多万立方米，木业年创产值600多亿元。

浙江大庄集团公司 创建于1993年6月，已成为全国竹子行业的领先者。该公司总资产3.3亿元，销售收入2.5亿元，其中：出口销售2500万美元，拥有控股子公司7家，拥有自营毛竹林基地0.33万公顷，公司通过和中国林业科学院、国际竹藤网络中心、剑桥大学、赫尔辛基大学、北京林业大学、南京林业大学、国家林业局竹子研究开发中心、浙江大学、浙江农林大学、浙江林科院等科研机构、院校的产学研合作，进行竹材应用技术研究开发与推广，成为“中国林科院木工所大庄竹材应用技术研究中心”、“国家木质资源综合利用工程技术研究中心竹材分中心”、“浙江木材加工产业科技创新服务平台大庄研发中心”，成为全国竹材应用研究和推广的重要基地，至今，已获得43项国家专利，其中：国家发明专利4项，美国发明专利2项。先后荣获中国驰名商标、国家出口免验产品、国家农产品加工业出口示范企业、国家专利试点企业，浙江骨干农业龙头企业、浙江重点林业龙头企业、浙江高新技术企业、浙江专利示范企业、浙江名牌产品、浙江出口名牌、浙江知名商号和国家技术发明奖二等奖一项、教育部科技进步奖二等奖一项。连续11年入选萧山百强企业。

宁波中华纸业有限公司 为外商投资企业，总投资50亿元，年产各类高档涂布白板纸50万吨，是中国最大、最先进的涂布白纸板专业生产企业，生产金鸥、酋长等名牌产品。该公司生活木浆造纸近28万吨，实现木浆造纸工业产值超11亿元，占鄞州区林业总产值40.68%。

【第三届中国义乌国际森林产品博览会】 由国家林业局和浙江省人民政府共同主办，浙江省林业厅和义乌市人民政府承办，以“引领低碳经济、共享森林产品”为主题。有来自境外的30多个国家和地区、国内的20个省(区、市)的1200名企业家参展。展会设国际标准展位2160个，展览面积5万平方米，共吸引了来自100多个国家和地区的11.26万名境内外采购商参会，其中境外客商6326人，展会期间共实现总成交额28.21亿元，其中外贸14.89亿元，占总成交额的52.8%。这次森博会专设“台湾馆”，举办台湾农林精品展，台湾农林企业有近200家参展，展位数达400个。

(浙江省林业厅)

表34-1 浙江省林业产业概况

指 标	数量
总产值(按现行价格计算)(万元)	17137667
一、第一产业产值	5494265
(一)涉林产业产值	5492278
1. 林木的培育和种植	1342909
2. 木材和竹材的采运	428522
3. 经济林产品的种植与采集	3251091
4. 花卉的种植	246146
5. 陆生野生动物繁育与利用	185065
6. 林业生产辅助服务	38545
(二)林业系统非林产业产值	1987
二、第二产业产值	9787394
(一)涉林产业产值	9777847
1. 木材加工及木、竹、藤、棕、苇制品制造	4923415
(1)锯材、木片加工	529414
(2)人造板制造	1244677
(3)木制品制造	2239806
(4)竹、藤、棕、苇制品制造	909518
2. 木、竹、藤家具制造	1896453
3. 木、竹、苇浆造纸	294046
4. 林产化学产品制造	149556
5. 木制工艺品和木制文教体育用品制造	1254025
6. 非木质林产品加工制造	1258637

指　标	数量
7. 其他	1715
（二）林业系统非林产业产值	9547
三、第三产业产值	1856008
（一）涉林产业产值	1853842
1. 林业旅游与休闲服务	1534286
2. 林业生态服务	145852
3. 林业专业技术服务	15257
4. 林业公共管理及其他组织服务	158447
（二）林业系统非林产业产值	2166
补充资料：竹产业产值	2631194
油茶产业产值	241500
全部山区县茶、桑、果产值	1751383
全部丘陵县茶、桑、果产值	363696
森林资源	
一、森林覆盖率（%）	57.41
二、林地面积（万公顷）	667.97
三、森林面积（万公顷）	584.42
四、人工林面积（万公顷）	267.44
五、活立木总蓄积量（万立方米）	19382.93
六、森林蓄积量（万立方米）	17223.14
七、人工林蓄积量（万立方米）	6008.28
八、乔木林单位面积蓄积量（立方米/公顷）	43.76
森林培育（公顷）	
一、荒山荒（沙）地造林面积（按林种用途分）	15214
（一）用材林	1162
（二）经济林	2329
（三）防护林	11709
（四）薪炭林	
（五）特种用途林	14
二、更新造林面积	11846
三、森林抚育面积	
（一）低产低效林改造	27193
（二）实际幼林抚育	47297
（三）成林抚育	171322
四、林业单位数量（个）	1657
木材、竹材（万立方米）	
一、木材总计	198.21
（一）原木	194.14
其中：针叶原木	119.12
1. 直接用原木	45.81
2. 特级原木	2.52
3. 等内加工原木	57.91
其中：针叶原木	45.11
4. 造纸用原木	0.13
5. 胶合板材	4.05
6. 杉原条	72.44

指　标	数量
7. 其他原木	11.28
（二）薪材	4.07
（三）锯材	299.34
二、木材采运企业数量（个）	52
三、竹材采运企业数量（个）	29
四、锯材加工企业数量（个）	997
五、木材批发企业数量（个）	3225
人造板（万立方米）	
人造板总产量	507.33
一、胶合板	155.89
（一）木胶合板	85.03
（二）竹胶合板	68.74
（三）其他胶合板	2.12
二、纤维板	109.97
三、刨花板	15.37
四、其他人造板	226.10
其中：细木工板	219.36
五、单板	0.81
六、人造板制造企业数量（个）	2484
七、胶合板制造企业数量（个）	1499
八、纤维板制造企业数量（个）	104
九、刨花板制造企业数量（个）	89
十、其他人造板制造企业数量（个）	724
木制品	
一、木竹地板（万平方米）	8014.40
（一）实木木地板	3179.01
（二）复合木地板	3459.28
（三）其他木地板	652.73
（四）竹地板	723.37
二、木制品企业数量（个）	8512
三、生产用木制品企业数量（个）	4989
四、生活用木制品企业数量（个）	1882
五、中乐器制造企业数量（个）	50
六、西乐器制造企业数量（个）	138
木竹家具	
一、木制家具制造企业数量（个）	6735
二、竹藤制家具制造企业数量（个）	324
三、家具零售企业数量（个）	7318
木　片	
一、木片、木粒加工产品（万实积立方米）	48.96
二、木片加工企业数量（个）	763
木　炭	
木炭（吨）	12838
竹　藤	
一、竹材（万根）	16810.58
其中：毛竹	15029.89

指　标	数量
篙竹	1780.69
二、小杂竹(万吨)	38.66
三、竹、藤、棕、草制品企业数量(个)	4543
四、竹、藤、棕、草工艺品制造企业数量(个)	3829
果　品	
一、水果产量(吨)	3417559
其中：柑橘	1941083
梨	477665
葡萄	458027
桃	325130
猕猴桃	13697
其他水果	201957
二、干果产量(吨)	84603
其中：板栗	71436
枣(干重)	1118
柿子(干重)	7775
银杏(白果)	2529
其他干果	1745
三、木本油料	40301
其中：油茶籽	40301
四、水果罐头制造企业数量(个)	284
森林蔬菜	
一、森林食品(干重)(吨)	218115
其中：竹笋干	149182
食用菌	65832
山野菜	1024
其他森林食品	2077
二、蔬菜、果品批发企业数量(个)	2955
茶咖啡	
一、林产饮料产品(干重)(吨)	167072
其中：毛茶	165089
其他林产饮料产品	1983
二、茶叶批发企业数量(个)	2183
三、制茶企业数量(个)	2446
中药材	
一、木本药材(吨)	10807
其中：杜仲	2374
厚朴	2420
山茱萸	5320
其他木本药材	693
二、中草药及制品批发企业数量(个)	2491
花　卉	
一、年末实有花卉种植面积(公顷)	52282
二、切花切叶产量(万支)	144664
三、盆栽植物产量(万盆)	23224

指　标	数量
四、观赏苗木产量(万株)	175396
五、草坪产量(万平方米)	6041
六、花卉市场(个)	117
七、花卉企业数量(个)	6446
其中：大中型企业	1966
八、花农(万户)	15.90
九、花卉从业人员(万人)	47.54
其中：专业技术人员	2.27
十、控温温室面积(万平方米)	307
十一、日光温室面积(万平方米)	862
林产化工	
一、林产工业原料(吨)	
(一)油桐籽	72
(二)棕片	485
(三)松脂	1416
二、林产化学产品制造企业数量(个)	311
三、香料、香精制造企业数量(个)	241
蚕	
一、丝绢纺织企业数量(个)	12186
二、缫丝企业数量(个)	543
三、绢纺企业数量(个)	652
四、丝织企业数量(个)	8957
五、丝印染企业数量(个)	367
六、丝制品企业数量(个)	1092
七、其他丝绢纺织企业数量(个)	528
八、丝针织品企业数量(个)	4396
森林旅游	
一、旅游人次(人)	85422518
二、旅游收入(万元)	1534286
三、森林公园总数(处)	155
四、森林公园总面积(公顷)	383437
五、国家森林公园数量(处)	37
六、国家森林公园面积(公顷)	219050
七、省级森林公园数量(处)	72
八、省级森林公园面积(公顷)	138766
九、县级森林公园数量(处)	46
十、县级森林公园面积(公顷)	25621
十一、森林公园收入总额(万元)	879129
十二、旅游接待总人数(万人次)	3304
十三、旅游接待海外旅游者(万人次)	121
十四、园林绿化企业数量(个)	4692
十五、自然保护区管理业数量(个)	902
林业机械	
一、森林工业专用设备制造企业数量(个)	68
二、营林机械制造企业数量(个)	108

表 34-2　浙江省林业产业特色

指　标	全国排名	数量
森林覆盖率%	3	57.41
针叶原木产量(万立方米)	5	119.12
锯材产量(万立方米)	4	299.34
竹材采运企业数量(个)	5	29
锯材加工企业数量(个)	5	997
细木工板产量(万立方米)	4	219.36
人造板制造企业数量(个)	4	2484
胶合板制造企业数量(个)	3	1499
其他人造板制造企业数量(个)	4	724
木竹地板产量(万平方米)	1	8014.40
实木木地板产量(万平方米)	1	3179.01
复合木地板产量(万平方米)	2	3459.28
其他木地板产量(万平方米)	4	652.73
竹地板产量(万平方米)	3	723.37
木制品企业数量(个)	2	8512
生产用木制品企业数量(个)	1	4989
生活用木制品企业数量(个)	1	1882
中乐器制造企业数量(个)	5	50
西乐器制造企业数量(个)	3	138
木制家具制造企业数量(个)	2	6735
竹藤制家具制造企业数量(个)	1	324
家具零售企业数量(个)	3	7318
木片加工企业数量(个)	4	763
竹材产量(万根)	3	16810.58
毛竹产量(万根)	2	15029.89
篙竹产量(万根)	4	1780.69
竹、藤、棕、草制品企业数量(个)	1	4543
竹、藤、棕、草工艺品制造企业数量(个)	1	3829
葡萄产量(吨)	5	458027
水果罐头制造企业数量(个)	1	284
竹笋干产量(吨)	1	149182
蔬菜、果品批发企业数量(个)	3	2955
毛茶产量(吨)	3	165089
茶叶批发企业数量(个)	4	2183
制茶企业数量(个)	2	2446
山茱萸产量(吨)	2	5320
中草药及制品批发企业数量(个)	2	2491
年末实有花卉种植面积(公顷)	5	52282
切花切叶产量(万支)	4	144664.40
盆栽植物产量(万盆)	2	23223.71
观赏苗木产量(万株)	1	175396.16
草坪产量(万平方米)	1	6040.78
花卉企业(个)	2	6446
花卉大中型企业(个)	1	1966
花卉从业人员(万人)	2	47.54
花卉专业技术从业人员(万人)	1	2.27
香料、香精制造企业数量(个)	3	241
丝绢纺织企业数量(个)	1	12186
缫丝企业数量(个)	1	543
绢纺企业数量(个)	1	652
丝织企业数量(个)	1	8957
丝印染企业数量(个)	2	367
丝制品企业数量(个)	1	1092
其他丝绢纺织企业数量(个)	1	528
丝针织品企业数量(个)	1	4396
旅游人次(人)	4	85422518
旅游收入(万元)	3	1534286
森林公园总数(处)	3	155
国家森林公园数量(处)	5	37
省级森林公园数量(处)	2	72
县级森林公园数量(处)	4	46
森林公园收入总额(万元)	2	879129
旅游接待总人数(万人次)	3	3303.62
旅游接待海外旅游者(万人次)	4	121.17
园林绿化业单位数量(个)	5	4692
自然保护区管理业单位数量(个)	1	902

表 34-3　浙江省各产业对总产值的贡献

	指　标	产值(万元)	百分比(%)
	总产值	17137667	100
1	木制品生产业	3493831	20.39
2	木竹藤家具制造业	1896453	11.07
3	果品产业	1542609	9.00
4	森林旅游业	1534286	8.95
5	人造板制造业	1244677	7.26
6	种苗产业	1163493	6.79
7	竹藤产业(不含家具)	1151749	6.72
8	茶咖啡产业	805907	4.70
9	森林蔬菜产业	735053	4.29
10	木材生产业	715705	4.18
11	林业服务	358101	2.09
12	木浆纸制品生产业	294046	1.72
13	园林植物产业	246146	1.44
14	野生动物驯养业	185065	1.08
15	森林培育业	179416	1.05
16	林产化工产业	149556	0.87
17	中药业	92398	0.54
18	林业系统非林产业	13700	0.08
19	其他	1335476	7.79

表 34-4　浙江国家和省级林业产业相关协会

1	中国造纸化学品工业协会
2	中国造纸协会卷烟纸分会
3	浙江省油茶产业协会
4	浙江省梨业协会
5	浙江省造纸行业协会
6	浙江省野生动植物保护协会
7	浙江省中药材产业协会
8	浙江省森林旅游协会
9	浙江省蚕茧产业协会
10	浙江省生态文化协会
11	浙江省饲料与动物保健品协会
12	浙江省竹产业协会
13	浙江省蚕种业协会
14	浙江省旅游协会
15	浙江省竹业协会
16	浙江省茶叶产业协会
17	浙江省果品流通协会

安徽省林业产业

【产业特点】 安徽的林业特色产业突出表现在森林培育业、人造板产业、地板产业、果品及中药材业。其中，成林抚育面积居全国第五位，胶合板产量居全国第五位，其他木地板产量居全国第二位，竹地板产量居全国第五位，毛竹产量居全国第四位，梨产量居全国第四位，板栗产量居全国第五位，制茶企业数量居全国第五位，中草药及制品批发企业数量居全国第三位。见表35-1及表35-2。

安徽林业总产值为715亿元。其中：人造板制造业对林业产业总产值的贡献最大，为175亿元，占24.46%，其次是木材生产业77亿元，占10.79%。这两项占总产值的35.25%。见表35-3。安徽林业政策主要有4项，包括林业产业化发展规划、林业补贴政策、森林旅游实施、油茶产业发展等，见表35-4。安徽林业产业相关协会有164家，省级协会9家，见表35-5。

表35-1　安徽省林业产业概况

指　标	数量
总产值(按现行价格计算)(万元)	7154214
一、第一产业产值	2652311
(一)涉林产业产值	2631668
1. 林木的培育和种植	518694
2. 木材和竹材的采运	569804
3. 经济林产品的种植与采集	1271204
4. 花卉的种植	209152
5. 陆生野生动物繁育与利用	51705
6. 林业生产辅助服务	11109
(二)林业系统非林产业产值	20643
二、第二产业产值	3840572
(一)涉林产业产值	3796380
1. 木材加工及木、竹、藤、棕、苇制品制造	2860514
(1)锯材、木片加工	341607
(2)人造板制造	1750018
(3)木制品制造	415952
(4)竹、藤、棕、苇制品制造	352937
2. 木、竹、藤家具制造	284031
3. 木、竹、苇浆造纸	44277
4. 林产化学产品制造	24564
5. 木制工艺品和木制文教体育用品制造	102371
6. 非木质林产品加工制造	366498
7. 其他	114125
(二)林业系统非林产业产值	44192
三、第三产业产值	661331
(一)涉林产业产值	639763
1. 林业旅游与休闲服务	445753
2. 林业生态服务	122865
3. 林业专业技术服务	18112
4. 林业公共管理及其他组织服务	53033
(二)林业系统非林产业产值	21568
补充资料：竹产业产值	569520
油茶产业产值	95469
全部山区县茶、桑、果产值	376034
全部丘陵县茶、桑、果产值	122691
森林资源	
一、森林覆盖率(%)	26.06
二、林地面积(万公顷)	439.40
三、森林面积(万公顷)	360.07
四、人工林面积(万公顷)	209.87
五、活立木总蓄积量(万立方米)	16258.35
六、森林蓄积量(万立方米)	13755.41
七、人工林蓄积量(万立方米)	7023.22
八、乔木林单位面积蓄积量(立方米/公顷)	50.79
森林培育(公顷)	
一、荒山荒(沙)地造林面积(按林种用途分)	48711
(一)用材林	10371
(二)经济林	7765
(三)防护林	30106
(四)薪炭林	469
(五)特种用途林	
二、更新造林面积	211
三、森林抚育面积	
(一)低产低效林改造	12864
(二)实际幼林抚育	307795
(三)成林抚育	629653
四、林业单位数量(个)	1730
木材、竹材(万立方米)	
一、木材总计	458.19

指　标	数量
(一)原木	389.39
其中：针叶原木	73.93
1. 直接用原木	113.70
2. 特级原木	0.05
3. 等内加工原木	39.57
其中：针叶原木	21.74
4. 造纸用原木	4.12
5. 胶合板材	104.93
6. 杉原条	60.87
7. 其他原木	66.16
(二)薪材	68.80
(三)锯材	139.09
二、木材采运企业数量(个)	91
三、竹材采运企业数量(个)	27
四、锯材加工企业数量(个)	186
五、木材批发企业数量(个)	670
人造板(万立方米)	
人造板总产量	730.47
一、胶合板	381.18
(一)木胶合板	298.27
(二)竹胶合板	75.41
(三)其他胶合板	7.50
二、纤维板	211.44
三、刨花板	42.66
四、其他人造板	95.20
其中：细木工板	74.41
五、单板	23.04
六、人造板制造企业数量(个)	976
七、胶合板制造企业数量(个)	488
八、纤维板制造企业数量(个)	72
九、刨花板制造企业数量(个)	47
十、其他人造板制造企业数量(个)	205
木制品	
一、木竹地板(万平方米)	3481.75
(一)实木木地板	85.70
(二)复合木地板	1794.50
(三)其他木地板	1372.63
(四)竹地板	228.92
二、木制品企业数量(个)	1754
三、生产用木制品企业数量(个)	606
四、生活用木制品企业数量(个)	232
五、中乐器制造企业数量(个)	7
六、西乐器制造企业数量(个)	2
木竹家具	
一、木制家具制造企业数量(个)	1218
二、竹藤制家具制造企业数量(个)	76

指　标	数量
三、家具零售企业数量(个)	2818
木　片	
一、木片、木粒加工产品(万实积立方米)	42.74
二、木片加工企业数量(个)	533
木　炭	
木炭(吨)	33370
竹　藤	
一、竹材(万根)	9383.87
其中：毛竹	8849.25
篙竹	534.62
二、小杂竹(万吨)	27.64
三、竹、藤、棕、草制品企业数量(个)	799
四、竹、藤、棕、草工艺品制造企业数量(个)	304
果　品	
一、水果产量(吨)	2158894
其中：苹果	385869
柑橘	32865
梨	958184
葡萄	193722
桃	415481
杏	8343
猕猴桃	10374
其他水果	154056
二、干果产量(吨)	199494
其中：核桃	16402
板栗	137239
枣(干重)	9287
柿子(干重)	32340
银杏(白果)	2347
其他干果	1879
三、木本油料	25908
其中：油茶籽	25864
其他木本油料	44
四、水果罐头制造企业数量(个)	58
森林蔬菜	
一、森林食品(干重)(吨)	99487
其中：竹笋干	15113
食用菌	53095
山野菜	2235
其他森林食品	29044
二、蔬菜、果品批发企业数量(个)	588
茶咖啡	
一、林产饮料产品(干重)(吨)	77886
其中：毛茶	77327
其他林产饮料产品	559
二、茶叶批发企业数量(个)	1015

指　标	数量
三、制茶企业数量(个)	1481
调　料	
一、林产调料产品(干重)	9
其中：花椒	9
中药材	
一、木本药材(吨)	14611
其中：杜仲	1005
黄柏	120
厚朴	69
枸杞	50
山茱萸	786
其他木本药材	12581
二、中草药及制品批发企业数量(个)	1866
花　卉	
一、年末实有花卉种植面积(公顷)	9762
二、切花切叶产量(万支)	3566
三、盆栽植物产量(万盆)	2810
四、观赏苗木产量(万株)	14448
五、草坪产量(万平方米)	885
六、花卉市场(个)	246
七、花卉企业数量(个)	631
其中：大中型企业	88
八、花农(万户)	2. 69
九、花卉从业人员(万人)	10. 91
其中：专业技术人员	0. 89
十、控温温室面积(万平方米)	11
十一、日光温室面积(万平方米)	87
林产化工	
一、林产工业原料(吨)	
(一)生漆	213
(二)油桐籽	3054
(三)乌桕籽	121
(四)五倍子	52
(五)棕片	1048
(六)松脂	7621
二、林产化学产品(吨)	
(一)松香	3692
(二)松节油	1088
三、林产化学产品制造企业数量(个)	107
四、香料、香精制造企业数量(个)	165
蚕	
一、丝绢纺织企业数量(个)	418
二、缫丝企业数量(个)	134
三、绢纺企业数量(个)	20
四、丝织企业数量(个)	132
五、丝印染企业数量(个)	17
六、丝制品企业数量(个)	65
七、其他丝绢纺织企业数量(个)	12
八、丝针织品企业数量(个)	43
森林旅游	
一、旅游人次(人)	24623611
二、旅游收入(万元)	445753
三、森林公园总数(处)	54
四、森林公园总面积(公顷)	140738
五、国家森林公园数量(处)	29
六、国家森林公园面积(公顷)	103611
七、省级森林公园数量(处)	25
八、省级森林公园面积(公顷)	37127
九、县级森林公园数量(处)	
十、县级森林公园面积(公顷)	
十一、森林公园收入总额(万元)	46541
十二、旅游接待总人数(万人次)	646
十三、旅游接待海外旅游者(万人次)	8
十四、园林绿化企业数量(个)	3383
十五、自然保护区管理业数量(个)	43
林业机械	
一、森林工业专用设备制造企业数量(个)	3
二、营林机械制造企业数量(个)	8

表 35-2　安徽省林业产业特色

指　标	全国排名	数量
成林抚育面积(公顷)	5	629653
胶合板产量(万立方米)	5	381. 18
其他木地板产量(万平方米)	2	1372. 63
竹地板产量(万平方米)	5	228. 92
毛竹产量(万根)	4	8849. 25
梨产量(吨)	4	958184
板栗产量(吨)	5	137239
制茶企业数量(个)	5	1481
中草药及制品批发企业数量(个)	3	1866

表 35-3　安徽省各产业对总产值的贡献

	指　标	产值(万元)	百分比(%)
	总产值	7154214	100
1	人造板制造业	1750018	24. 46
2	木材生产业	772133	10. 79
3	果品产业	549647	7. 68
4	木制品生产业	518323	7. 25
5	竹藤产业(不含家具)	492215	6. 88
6	森林旅游业	445753	6. 23
7	森林培育业	354216	4. 95

	指　标	产值(万元)	百分比(%)
8	茶咖啡产业	292137	4.08
9	木竹藤家具制造业	284031	3.97
10	园林植物产业	209152	2.92
11	林业服务	205119	2.87
12	森林蔬菜产业	181857	2.54
13	种苗产业	164478	2.30
14	中药业	108746	1.52
15	林业系统非林产业	86403	1.21
16	野生动物驯养业	51705	0.72
17	木浆纸制品生产业	44277	0.62
18	林产化工产业	24564	0.34
19	其他	619440	8.66

表 35-4　安徽省林业政策

	文件名称	文件号	发布时间	发布机构	实施期限
1	安徽林业贷款财政贴息资金管理规定	财农〔2005〕894 号	2005 年 9 月 23 日	安徽省财政厅、林业厅	
2	安徽"十一五"期间林业产业化发展规划	林产〔2007〕24 号	2007 年 3 月 28 日	安徽省林业厅	2006～2010 年
3	安徽"十一五"林业发展规划			安徽省林业厅	2006～2010 年
4	安徽"十一五"油茶发展规划		2005 年 11 月 5 日	安徽省林业厅	2006～2010 年
5	关于进一步加快发展旅游业的实施意见	皖政〔2011〕33 号	2011 年 4 月 2 日	安徽省人民政府	2011 年至今

表 35-5　安徽省级林业产业相关协会

1	安徽省野生动植物保护协会
2	安徽省林木种苗协会
3	安徽省造纸协会
4	安徽省木竹产业协会
5	安徽省茶叶行业协会
6	安徽省家具协会
7	安徽省森林旅游协会
8	安徽省饲料工业协会
9	安徽省生态与湿地保护协会

福建省林业产业

【产业特点】 福建的林业特色产业突出表现在森林培育业、木材生产业、人造板业、毛竹产业、果品业、森林蔬菜业、林产化工业、蚕丝及森林旅游业。其中，森林覆盖率居全国第一位，人工林面积居全国第五位，人工林蓄积居全国第一位，林业服务业单位数量居全国第二位，更新造林面积居全国第一位，林业单位数量居全国第五位，木材产量居全国第二位，木材采运企业数量居全国第一位，竹材采运企业数量居全国第四位，锯材加工企业数量居全国第三位，刨花板产量居全国第二位，单板产量居全国第五位，人造板制造企业数量居全国第五位，胶合板制造企业数量居全国第四位，竹地板产量居全国第一位，竹藤制家具制造企业数量居全国第二位，家具零售企业数量居全国第五位，木片、木粒加工产品产量居全国第五位，竹材产量居全国第一位，毛竹产量居全国第一位，篙竹产量居全国第二位，小杂竹产量居全国第五位，竹、藤、棕、草制品企业数量居全国第二位，竹、藤、棕、草工艺品制造企业数量居全国第二位，柑橘产量居全国第四位，荔枝产量居全国第三位，龙眼产量居全国第三位，水果罐头制造企业数量居全国第五位，油茶籽产量居全国第四位，竹笋干产量居全国第二位，食用菌产量居全国第二位，山野菜产量居全国第三位，蔬菜、果品批发企业数量居全国第五位，毛茶产量居全国第一位，茶叶批发企业数量居全国第一位，制茶企业数量居全国第一位，厚朴产量居全国第五位，盆栽植物产量居全国第四位，草坪产量居全国第二位，油桐籽产量居全国第五位，棕片产量居全国第一位，松脂产量居全国第四位，紫胶(原胶)产量居全国第三位，松香产量居全国第四位，松节油产量居全国第四位，樟脑产量居全国第一位，紫胶产量居全国第五位，林产化学产品制造企业数量居全国第二位，香料、香精制造企业数量居全国第四位，丝印染企业数量居全国第五位，丝针织品企业数量居全国第二位，旅游接待海外旅游者居全国第五位。见表36-1及表36-2。

福建林业总产值为1673亿元。其中，对林业总产值的贡献最大的是木浆纸制品生产业，为374亿元，占22.35%；其次是木制品生产业190亿元，占11.33%；人造板制造业172亿元，占10.31%。见表36-3。福建林业产业相关协会有359家，其中国家级协会有1家，省级协会29家，见表36-4。

【木炭】 木质活性炭及其制品年生产能力6万吨，产量5.6万吨(折算成干炭)，产值超过4亿元，出口量2万吨，出口额约2500万美元。木质活性炭生产除泰宁金湖、将乐新华采用氯化锌法外，大部分企业都是采用磷酸法。特别是福建元力活性炭股份有限公司自主研发成国内最大单线(年产5000吨)规模化磷酸法活性炭清洁生产新技术。福建元力活性炭股份有限公司已在创业板上市，邵武鑫森碳业有限公司也已完成股改。

(伍清亮)

表36-1 福建省林业产业概况

指 标	数量
总产值(按现行价格计算)(万元)	16731501
一、第一产业产值	4272807
(一)涉林产业产值	4271989
1. 林木的培育和种植	126547
2. 木材和竹材的采运	1109059
3. 经济林产品的种植与采集	2669533
4. 花卉的种植	338426
5. 陆生野生动物繁育与利用	19195
6. 林业生产辅助服务	9229
(二)林业系统非林产业产值	818
二、第二产业产值	12084164
(一)涉林产业产值	12081957
1. 木材加工及木、竹、藤、棕、苇制品制造	4400679
(1)锯材、木片加工	454617
(2)人造板制造	1724320
(3)木制品制造	1409389

指　标	数量
(4)竹、藤、棕、苇制品制造	812353
2. 木、竹、藤家具制造	1143201
3. 木、竹、苇浆造纸	3739824
4. 林产化学产品制造	516463
5. 木制工艺品和木制文教体育用品制造	486188
6. 非木质林产品加工制造	1124683
7. 其他	670919
(二)林业系统非林产业产值	2207
三、第三产业产值	374530
(一)涉林产业产值	369840
1. 林业旅游与休闲服务	275720
2. 林业生态服务	13568
3. 林业专业技术服务	9773
4. 林业公共管理及其他组织服务	70779
(二)林业系统非林产业产值	4690
补充资料：竹产业产值	2507649
油茶产业产值	125582
全部山区县茶、桑、果产值	1262197
全部丘陵县茶、桑、果产值	150435
森林资源	
一、森林覆盖率(%)	63.10
二、林地面积(万公顷)	914.81
三、森林面积(万公顷)	766.65
四、人工林面积(万公顷)	359.18
五、活立木总蓄积量(万立方米)	53226.01
六、森林蓄积量(万立方米)	48436.28
七、人工林蓄积量(万立方米)	19601.55
八、乔木林单位面积蓄积量(立方米/公顷)	85.57
森林培育(公顷)	
一、荒山荒(沙)地造林面积(按林种用途分)	29875
(一)用材林	15345
(二)经济林	3350
(三)防护林	11148
(四)薪炭林	30
(五)特种用途林	2
二、更新造林面积	79892
三、森林抚育面积	
(一)低产低效林改造	10113
(二)实际幼林抚育	284307
(三)成林抚育	101930
四、林业单位数量(个)	2285
木材、竹材(万立方米)	
一、木材总计	684.57
(一)原木	612.64
1. 直接用原木	285.84
2. 特级原木	2.67

指　标	数量
3. 等内加工原木	119.72
其中：针叶原木	89.29
4. 造纸用原木	14.42
5. 胶合板材	54.99
6. 杉原条	4.24
7. 其他原木	130.76
(二)薪材	71.93
(三)锯材	163.84
二、木材采运企业数量(个)	407
三、竹材采运企业数量(个)	31
四、锯材加工企业数量(个)	1244
五、木材批发企业数量(个)	1411
人造板产(万立方米)	
人造板总产量	749.45
一、胶合板	283.75
(一)木胶合板	226.70
(二)竹胶合板	55.91
(三)其他胶合板	1.14
二、纤维板	174.59
三、刨花板	165.62
四、其他人造板	125.49
其中：细木工板	99.58
五、单板	102.31
六、人造板制造企业数量(个)	2124
七、胶合板制造企业数量(个)	1461
八、纤维板制造企业数量(个)	74
九、刨花板制造企业数量(个)	65
十、其他人造板制造企业数量(个)	430
木制品	
一、木竹地板(万平方米)	1707.40
(一)实木木地板	28.62
(二)复合木地板	428.18
(三)其他木地板	14.30
(四)竹地板	1236.30
二、木制品企业数量(个)	3615
三、生产用木制品企业数量(个)	1943
四、生活用木制品企业数量(个)	1072
五、中乐器制造企业数量(个)	32
六、西乐器制造企业数量(个)	13
木竹家具	
一、木制家具制造企业数量(个)	3280
二、竹藤制家具制造企业数量(个)	305
三、家具零售企业数量(个)	5220
木　片	
一、木片、木粒加工产品(万实积立方米)	97.52
二、木片加工企业数量(个)	497

指 标	数量
木 炭	
木炭(吨)	1267
竹 藤	
一、竹材(万根)	41386
其中：毛竹	26601
篙竹	14785
二、小杂竹(万吨)	49.02
三、竹、藤、棕、草制品企业数量(个)	3165
四、竹、藤、棕、草工艺品制造企业数量(个)	2034
果 品	
一、水果产量(吨)	5644799
其中：苹果	309
柑橘	2722988
梨	185345
葡萄	100171
桃	222371
荔枝	147281
龙眼	241138
猕猴桃	3781
其他水果	2021415
二、干果产量(吨)	127131
其中：核桃	36
板栗	63471
枣(干重)	45
柿子(干重)	57425
银杏(白果)	242
其他干果	5912
三、木本油料	97303
其中：油茶籽	94815
其他木本油料	2488
四、水果罐头制造企业数量(个)	194
森林蔬菜	
一、森林食品(干重)(吨)	457108
其中：竹笋干	86387
食用菌	328483
山野菜	42047
其他森林食品	191
二、蔬菜、果品批发企业数量(个)	2292
茶咖啡	
一、林产饮料产品(干重)(吨)	273334
其中：毛茶	272616
其他林产饮料产品	718
二、茶叶批发企业数量(个)	4052
三、制茶企业数量(个)	4439
调 料	
一、林产调料产品(干重)	56

指 标	数量
其中：八角	56
中药材	
一、木本药材(吨)	33541
其中：厚朴	4556
其他木本药材	28985
二、中草药及制品批发企业数量(个)	446
花 卉	
一、年末实有花卉种植面积(公顷)	17310
二、切花切叶产量(万支)	54639
三、盆栽植物产量(万盆)	22296
四、观赏苗木产量(万株)	10232
五、草坪产量(万平方米)	4910
六、花卉市场(个)	152
七、花卉企业数量(个)	2038
其中：大中型企业	315
八、花农(万户)	3.63
九、花卉从业人员(万人)	13.90
其中：专业技术人员	0.80
十、控温温室面积(万平方米)	611
十一、日光温室面积(万平方米)	913
林产化工	
一、林产工业原料(吨)	
(一)生漆	147
(二)油桐籽	23244
(三)乌桕籽	532
(四)五倍子	141
(五)棕片	14847
(六)松脂	87758
(七)紫胶(原胶)	102
二、林产化学产品(吨)	
(一)松香	64693
(二)松节油	12270
(三)樟脑	8940
(四)紫胶	13
三、林产化学产品制造企业数量(个)	584
四、香料、香精制造企业数量(个)	213
蚕	
一、丝绢纺织企业数量(个)	198
二、缫丝企业数量(个)	6
三、绢纺企业数量(个)	1
四、丝织企业数量(个)	43
五、丝印染企业数量(个)	70
六、丝制品企业数量(个)	50
七、其他丝绢纺织企业数量(个)	19
八、丝针织品企业数量(个)	1373
森林旅游	

指　标	数量
一、旅游人次(人)	23374301
二、旅游收入(万元)	275720
三、森林公园总数(处)	107
四、森林公园总面积(公顷)	203167
五、国家森林公园数量(处)	28
六、国家森林公园面积(公顷)	121506
七、省级森林公园数量(处)	58
八、省级森林公园面积(公顷)	58405
九、县级森林公园数量(处)	21
十、县级森林公园面积(公顷)	23256
十一、森林公园收入总额(万元)	44416
十二、旅游接待总人数(万人次)	1347
十三、旅游接待海外旅游者(万人次)	106
十四、园林绿化企业数量(个)	2094
十五、自然保护区管理业数量(个)	97
林业机械	
一、森林工业专用设备制造企业数量(个)	27
二、营林机械制造企业数量(个)	9

表 36-2　福建省林业产业特色

指　标	全国排名	数量
森林覆盖率%	1	63.10
人工林面积(万公顷)	5	359.18
人工林蓄积(万立方米)	1	19601.55
林业服务业单位数量(个)	2	2113
更新造林面积(公顷)	1	79892
林业单位数量(个)	5	2285
木材产量(万立方米)	2	684.57
木材采运企业数量(个)	1	407
竹材采运企业数量(个)	4	31
锯材加工企业数量(个)	3	1244
刨花板产量(万立方米)	2	165.62
单板产量(万立方米)	5	102.31
人造板制造企业数量(个)	5	2124
胶合板制造企业数量(个)	4	1461
竹地板产量(万平方米)	1	1236.30
竹藤制家具制造企业数量(个)	2	305
家具零售企业数量(个)	5	5220
木片、木粒加工产品产量(万实积立方米)	5	97.52
竹材产量(万根)	1	41386
毛竹产量(万根)	1	26601
篙竹产量(万根)	2	14785
小杂竹产量(万吨)	5	49.02
竹、藤、棕、草制品企业数量(个)	2	3165
竹、藤、棕、草工艺品制造企业数量(个)	2	2034
柑橘产量(吨)	4	2722988
荔枝产量(吨)	3	147281
龙眼产量(吨)	3	241138
水果罐头制造企业数量(个)	5	194
油茶籽产量(吨)	4	94815
竹笋干产量(吨)	2	86387
食用菌产量(吨)	2	328483
山野菜产量(吨)	3	42047
蔬菜、果品批发企业数量(个)	5	2292
毛茶产量(吨)	1	272616
茶叶批发企业数量(个)	1	4052
制茶企业数量(个)	1	4439
厚朴产量(吨)	5	4556
盆栽植物产量(万盆)	4	22296.46
草坪产量(万平方米)	2	4910.36
油桐籽产量(吨)	5	23244
棕片产量(吨)	1	14847
松脂产量(吨)	4	87758
紫胶(原胶)产量(吨)	3	102
松香产量(吨)	4	64693
松节油产量(吨)	4	12270
樟脑产量(吨)	1	8940
紫胶产量(吨)	5	13
林产化学产品制造企业数量(个)	2	584
香料、香精制造企业数量(个)	4	213
丝印染企业数量(个)	5	70
丝针织品企业数量(个)	2	1373
旅游接待海外旅游者(万人次)	5	105.67

表 36-3　福建省各产业对总产值的贡献

	指　标	产值(万元)	百分比(%)
	总产值	16731501	100
1	木浆纸制品生产业	3739824	22.35
2	木制品生产业	1895577	11.33
3	人造板制造业	1724320	10.31
4	果品产业	1291180	7.72
5	木材生产业	1204072	7.20
6	竹藤产业(不含家具)	1171957	7.00
7	木竹藤家具制造业	1143201	6.83
8	茶咖啡产业	691670	4.13
9	森林蔬菜产业	525516	3.14
10	林产化工产业	516463	3.09
11	园林植物产业	338426	2.02
12	森林旅游业	275720	1.65
13	森林培育业	106255	0.64
14	林业服务	103349	0.62
15	中药业	59870	0.36

	指　标	产值(万元)	百分比(%)
16	种苗产业	20292	0.12
17	野生动物驯养业	19195	0.11
18	林业系统非林产业	7715	0.05
19	其他	1896899	11.34

表 36-4　福建省国家和省级林业产业相关协会

1	中国造纸协会造纸工业林专业委员会
2	海峡两岸茶业交流协会
3	福建省经济林协会油茶产业分会
4	福建省林产品行业协会
5	福建省旅游商品同业协会
6	福建省旅游协会
7	福建省木材行业协会
8	福建省古典工艺家具协会
9	福建省木材检验技术协会
10	福建省两岸一会中药咨询协会
11	福建省轻工协会造纸原料分会
12	福建省生态文化协会
13	福建省饲料工业协会
14	福建省香料香精化妆品工业协会
15	福建省野生动物保护协会标本行业专业委员会
16	福建省野生动物保护协会观鸟分会
17	福建省野生动物保护协会养殖与加工利用专业委员会
18	福建省野生动植物保护协会
19	福建省纸业协会
20	福建省家具协会
21	福建省中药材产业协会
22	福建省竹业协会
23	福建省竹业协会笋食品分会
24	福建省果品协会
25	福建省竹业协会竹炭分会
26	福建省竹业协会竹制品分会
27	福建省林产工业协会木竹地板行业分会
28	福建省咖啡业协会
29	福建省茶叶协会
30	福建省策划业协会旅游策划专业委员会

江西省林业产业

【产业特点】 江西的林业特色产业突出表现在森林培育业、木地板产业、中药材业、花卉业、林化产品及森林旅游业。其中，森林覆盖率居全国第二位，用材林面积居全国第二位，薪炭林面积居全国第三位，特种用途林面积居全国第三位，更新造林面积居全国第四位，低产低效林改造面积居全国第五位，林业单位数量居全国第四位，针叶原木产量居全国第三位，竹材采运企业数量居全国第三位，其他木地板产量居全国第三位，竹地板产量居全国第二位，木炭产量居全国第二位，竹、藤、棕、草制品企业数量居全国第五位，柑橘产量居全国第五位，油茶籽产量居全国第二位，桂皮产量居全国第三位，山茱萸产量居全国第五位，花卉市场居全国第二位，棕片产量居全国第五位，松脂产量居全国第五位，松香产量居全国第五位，松节油产量居全国第五位，樟脑产量居全国第三位，冰片产量居全国第四位，林产化学产品制造企业数量居全国第五位，香料、香精制造企业数量居全国第五位，旅游收入居全国第四位，森林公园总数居全国第四位，国家森林公园数量居全国第二位，省级森林公园数量居全国第一位，县级森林公园面积居全国第五位，森林公园收入总额居全国第四位，旅游接待总人数居全国第五位。见表37-1及表37-2。

江西林业总产值1053亿元。其中，森林旅游业对林业总产值的贡献最大，为146亿元，占13.87%；其次是果品产业118亿元，占11.24%；第三是林业服务业85亿元，占8.10%。见表37-3。江西林业产业相关协会有90家，其中省级协会16家，见表37-4。

【竹】 全省竹林面积2万公顷以上的县有16个，0.67万公顷以上的县有34个，宜丰、崇义、奉新、安福等4县被国家林业局命名为“中国竹子之乡”。竹产工业带动农民人均增收63元。崇义等重点毛竹县，林农来自毛竹产业的人均收入近3000元。常年从事竹产业人员36万人，竹产品共计30种，涵盖了建筑、装饰、食品药品等多个领域。内销竹地板占全国市场份额的23%左右。现有竹胶合板模板企业64家，实际产量达到17.5万立方米。现有竹筷企业71家，产量达到104.5万标准箱。现有省级林业龙头企业34家，年产值1亿元以上的竹加工企业有18家。5家企业被评全国竹胶板名牌企业；2家江西竹地板商标被评为“中国驰名商标”。江西康替龙竹业有限公司和江西铜鼓江桥竹木业有限责任公司通过国家林业局评审，被列为“全国林业知识产权试点单位”。江西铜鼓江桥竹木业有限责任公司以竹篼和竹尾为原材料，自主研发出了计算机竹键盘产品，并先后获得国家3项实用新型专利和1项外观设计专利、列为江西重点支持发展项目，产品已成功打入欧美市场。

【油茶】 江西是全国油茶原生区和两大中心产区之一，有2300多年的种植历史，全省各地均有油茶林分布，其中10万亩以上的县(市、区)45个，1万亩以上的乡镇302个，5000亩以上的村400多个。拥有一定规模的油茶加工企业42家，年设计加工消耗油茶籽52.6万吨，年茶油生产能力14.0万吨。其中，年产5000吨以上精炼茶油能力的加工企业有11家。全省拥有品牌的企业有24家%；通过食品安全认证的企业有20家；有11家企业是拥有进出口权的省级龙头企业。全省油茶产业年总产值突破了30亿元，油茶产业已成为江西继赣南脐橙产业之后又一个重要的支柱产业。

(王　琅　王连茂　严　辉　万发全)

表37-1　江西省林业产业概况

指　标	数量
总产值(按现行价格计算)(万元)	10529719
一、第一产业产值	4533001
(一)涉林产业产值	4167527

指　标	数量
1. 林木的培育和种植	835411
2. 木材和竹材的采运	448243
3. 经济林产品的种植与采集	2129761
4. 花卉的种植	564228
5. 陆生野生动物繁育与利用	102172
6. 林业生产辅助服务	87712
（二）林业系统非林产业产值	365474
二、第二产业产值	3611699
（一）涉林产业产值	3491632
1. 木材加工及木、竹、藤、棕、苇制品制造	1923205
（1）锯材、木片加工	356992
（2）人造板制造	621745
（3）木制品制造	591663
（4）竹、藤、棕、苇制品制造	352805
2. 木、竹、藤家具制造	496593
3. 木、竹、苇浆造纸	261984
4. 林产化学产品制造	257958
5. 木制工艺品和木制文教体育用品制造	73042
6. 非木质林产品加工制造	376248
7. 其他	102602
（二）林业系统非林产业产值	120067
三、第三产业产值	2385019
（一）涉林产业产值	2225540
1. 林业旅游与休闲服务	1460627
2. 林业生态服务	503732
3. 林业专业技术服务	76159
4. 林业公共管理及其他组织服务	185022
（二）林业系统非林产业产值	159479
补充资料：竹产业产值	214129
油茶产业产值	253109
全部山区县茶、桑、果产值	885398
全部丘陵县茶、桑、果产值	138882
森林资源	
一、森林覆盖率（%）	58.32
二、林地面积（万公顷）	1054.92
三、森林面积（万公顷）	973.63
四、人工林面积（万公顷）	291.87
五、活立木总蓄积量（万立方米）	45045.51
六、森林蓄积量（万立方米）	39529.64
七、人工林蓄积量（万立方米）	10734.82
八、乔木林单位面积蓄积量（立方米/公顷）	51.46
森林培育（公顷）	
一、荒山荒（沙）地造林面积（按林种用途分）	200778
（一）用材林	103883
（二）经济林	32509
（三）防护林	59733

指　标	数量
（四）薪炭林	2119
（五）特种用途林	2534
二、更新造林面积	39010
三、森林抚育面积	
（一）低产低效林改造	37481
（二）实际幼林抚育	408506
（三）成林抚育	217084
四、林业单位数量（个）	2300
木材、竹材（万立方米）	
一、木材总计	340.74
（一）原木	321.95
其中：针叶原木	120.05
1. 直接用原木	92.24
2. 特级原木	6.96
3. 等内加工原木	88.34
其中：针叶原木	65.40
4. 造纸用原木	1.12
5. 胶合板材	10.91
6. 杉原条	88.27
7. 其他原木	34.12
（二）薪材	18.79
（三）锯材	153.36
二、木材采运企业数量（个）	92
三、竹材采运企业数量（个）	38
四、锯材加工企业数量（个）	242
五、木材批发企业数量（个）	531
人造板（万立方米）	
人造板总产量	249.94
一、胶合板	69.42
（一）木胶合板	31.27
（二）竹胶合板	24.83
（三）其他胶合板	13.32
二、纤维板	123.04
三、刨花板	19.44
四、其他人造板	38.04
其中：细木工板	29.21
五、单板	12.66
六、人造板制造企业数量（个）	939
七、胶合板制造企业数量（个）	635
八、纤维板制造企业数量（个）	62
九、刨花板制造企业数量（个）	48
十、其他人造板制造企业数量（个）	182
木制品	
一、木竹地板（万平方米）	2188.44
（一）实木木地板	109.57
（二）复合木地板	85.75

指　标	数量
(三)其他木地板	1032.67
(四)竹地板	960.45
二、木制品企业数量(个)	1259
三、生产用木制品企业数量(个)	624
四、生活用木制品企业数量(个)	545
五、中乐器制造企业数量(个)	4
六、西乐器制造企业数量(个)	5
木竹家具	
一、木制家具制造企业数量(个)	1816
二、竹藤制家具制造企业数量(个)	107
三、家具零售企业数量(个)	1760
木　片	
一、木片、木粒加工产品(万实积立方米)	55.01
二、木片加工企业数量(个)	304
木　炭	
木炭(吨)	70309
竹　藤	
一、竹材(万根)	6198.69
其中：毛竹	5691.07
篙竹	507.61
二、小杂竹(万吨)	16.13
三、竹、藤、棕、草制品企业数量(个)	1155
四、竹、藤、棕、草工艺品制造企业数量(个)	281
果　品	
一、水果产量(吨)	3184029
其中：苹果	
柑橘	2718819
梨	191993
葡萄	28250
桃	45282
猕猴桃	10260
其他水果	189425
二、干果产量(吨)	36982
其中：核桃	91
板栗	24261
枣(干重)	2995
柿子(干重)	4197
银杏(白果)	107
其他干果	5331
三、木本油料	179755
其中：油茶籽	179697
其他木本油料	58
四、水果罐头制造企业数量(个)	39
森林蔬菜	
一、森林食品(干重)(吨)	35740
其中：竹笋干	8659

指　标	数量
食用菌	21168
山野菜	2419
其他森林食品	3494
二、蔬菜、果品批发企业数量(个)	595
茶咖啡	
一、林产饮料产品(干重)(吨)	18623
其中：毛茶	17445
其他林产饮料产品	1178
二、茶叶批发企业数量(个)	383
三、制茶企业数量(个)	504
调　料	
一、林产调料产品(干重)	669
其中：花椒	84
八角	20
桂皮	292
其他林产调料产品	273
中药材	
一、木本药材(吨)	33853
其中：杜仲	1884
黄柏	44
厚朴	1647
枸杞	63
山茱萸	2340
其他木本药材	27875
二、中草药及制品批发企业数量(个)	627
花　卉	
一、年末实有花卉种植面积(公顷)	22535
二、切花切叶产量(万支)	7807
三、盆栽植物产量(万盆)	8518
四、观赏苗木产量(万株)	4539
五、草坪产量(万平方米)	649
六、花卉市场(个)	517
七、花卉企业数量(个)	900
其中：大中型企业	64
八、花农(万户)	1.89
九、花卉从业人员(万人)	5.07
其中：专业技术人员	0.53
十、控温温室面积(万平方米)	14
十一、日光温室面积(万平方米)	25
林产化工	
一、林产工业原料(吨)	
(一)生漆	822
(二)油桐籽	12663
(三)乌柏籽	343
(四)五倍子	245
(五)棕片	3960

指 标	数量
（六）松脂	71982
二、林产化学产品（吨）	
（一）松香	48260
（二）松节油	11009
（三）樟脑	561
（四）冰片	2
三、林产化学产品制造企业数量（个）	375
四、香料、香精制造企业数量（个）	185
蚕	
一、丝绢纺织企业数量（个）	170
二、缫丝企业数量（个）	60
三、绢纺企业数量（个）	11
四、丝织企业数量（个）	33
五、丝印染企业数量（个）	5
六、丝制品企业数量（个）	44
七、其他丝绢纺织企业数量（个）	16
八、丝针织品企业数量（个）	51
森林旅游	
一、旅游人次（人）	30399940
二、旅游收入（万元）	1460627
三、森林公园总数（处）	155
四、森林公园总面积（公顷）	500362
五、国家森林公园数量（处）	43
六、国家森林公园面积（公顷）	356506
七、省级森林公园数量（处）	100
八、省级森林公园面积（公顷）	116202
九、县级森林公园数量（处）	12
十、县级森林公园面积（公顷）	27654
十一、森林公园收入总额（万元）	344373
十二、旅游接待总人数（万人次）	2425
十三、旅游接待海外旅游者（万人次）	27
十四、园林绿化企业数量（个）	1820
十五、自然保护区管理业数量（个）	66
林业机械	
一、森林工业专用设备制造企业数量（个）	13
二、营林机械制造企业数量（个）	1

表 37-2　江西省林业产业特色

指 标	全国排名	数量
森林覆盖率（%）	2	58.32
用材林面积（公顷）	2	103883
薪炭林面积（公顷）	3	2119
特种用途林面积（公顷）	3	2534
更新造林面积（公顷）	4	39010
低产低效林改造面积（公顷）	5	37481
林业单位数量（个）	4	2300
针叶原木产量（万立方米）	3	120.05
竹材采运企业数量（个）	3	38
其他木地板产量（万平方米）	3	1032.67
竹地板产量（万平方米）	2	960.45
木炭产量（吨）	2	70309
竹、藤、棕、草制品企业数量（个）	5	1155
柑橘产量（吨）	5	2718819
油茶籽产量（吨）	2	179697
桂皮产量（吨）	3	292
山茱萸产量（吨）	5	2340
花卉市场（个）	2	517
棕片产量（吨）	5	3960
松脂产量（吨）	5	71982
松香产量（吨）	5	48260
松节油产量（吨）	5	11009
樟脑产量（吨）	3	561
冰片产量（吨）	4	2
林产化学产品制造企业数量（个）	5	375
香料、香精制造企业数量（个）	5	185
旅游收入（万元）	4	1460627
森林公园总数（处）	4	155
国家森林公园数量（处）	2	43
省级森林公园数量（处）	1	100
县级森林公园面积（公顷）	5	27654.05
森林公园收入总额（万元）	4	344373.41
旅游接待总人数（万人次）	5	2425.01

表 37-3　江西省各产业对总产值的贡献

	指 标	产值（万元）	百分比（%）
	总产值	10529719	100
1	森林旅游业	1460627	13.87
2	果品产业	1183414	11.24
3	林业服务	852625	8.10
4	木材生产业	725036	6.89
5	森林培育业	725005	6.89
6	木制品生产业	664705	6.31
7	林业系统非林产业	645020	6.13
8	人造板制造业	621745	5.90
9	园林植物产业	564228	5.36
10	木竹藤家具制造业	496593	4.72
11	竹藤产业（不含家具）	433004	4.11
12	森林蔬菜产业	317498	3.02
13	木浆纸制品生产业	261984	2.49
14	林产化工产业	257958	2.45
15	茶咖啡产业	158748	1.51
16	中药业	136668	1.30

	指　标	产值(万元)	百分比(%)
17	种苗产业	110406	1.05
18	野生动物驯养业	102172	0.97
19	其他	812283	7.71

表 37-4　江西省级林业产业相关协会

1	江西省家具协会
2	江西省竹产业协会
3	江西省林产香料香精行业协会
4	江西省花卉协会花卉苗木企业分会
5	江西省茶叶协会
6	江西省野生动植物保护协会
7	江西省野生动物保护协会
8	江西省旅游协会
9	江西省特种经济动植物协会
10	江西省木材行业协会
11	江西省造纸印刷工业协会
12	江西省森林公园和森林旅游协会
13	江西省森林病虫害防治协会
14	江西省林产工业协会
15	江西省纤维板协会
16	江西省旅游摄影协会

山东省林业产业

【产业特点】 山东的林业特色产业突出表现在森林培育业、木材生产业、人造板产业、木制品业、果品业、花卉业、蚕丝业及森林旅游业，其中，经济林面积居全国第五位，特种用途林面积居全国第五位，实际幼林抚育面积居全国第三位，成林抚育面积居全国第三位，锯材产量居全国第一位，木材批发企业数量居全国第三位，人造板产量居全国第一位，胶合板产量居全国第一位，纤维板产量居全国第一位，刨花板产量居全国第四位，细木工板产量居全国第二位，单板产量居全国第二位，人造板制造企业数量居全国第二位，胶合板制造企业数量居全国第一位，纤维板制造企业数量居全国第一位，刨花板制造企业数量居全国第四位，其他人造板制造企业数量居全国第一位，实木木地板产量居全国第四位，生活用木制品企业数量居全国第五位，木制家具制造企业数量居全国第五位，木片、木粒加工产品产量居全国第一位，木片加工企业数量居全国第三位，木炭产量居全国第三位，竹、藤、棕、草制品企业数量居全国第四位，竹、藤、棕、草工艺品制造企业数量居全国第三位，苹果产量居全国第一位，梨产量居全国第二位，葡萄产量居全国第三位，桃产量居全国第一位，杏产量居全国第二位，板栗产量居全国第二位，枣(干重)产量居全国第五位，柿子(干重)产量居全国第一位，银杏(白果)产量居全国第四位，水果罐头制造企业数量居全国第三位，蔬菜、果品批发企业数量居全国第一位，茶叶批发企业数量居全国第五位，花椒产量居全国第三位，年末实有花卉种植面积居全国第四位，切花切叶产量居全国第五位，盆栽植物产量居全国第一位，观赏苗木产量居全国第三位，花卉市场居全国第五位，花卉大中型企业居全国第五位，花卉从业人员居全国第五位，花卉专业技术从业人员居全国第五位，丝绢纺织企业数量居全国第五位，丝织企业数量居全国第三位，丝印染企业数量居全国第四位，丝制品企业数量居全国第四位，其他丝绢纺织企业数量居全国第三位，丝针织品企业数量居全国第五位，森林公园总数居全国第二位，国家森林公园数量居全国第四位，省级森林公园数量居全国第五位，县级森林公园数量居全国第二位，县级森林公园面积居全国第二位，园林绿化业单位数量居全国第四位。见表38-1及表38-2。

山东林业总产值为1820亿元。其中，对林业总产值的贡献最大的是果品产业587亿元，占32.24%；其次是人造板制造业413亿元，占22.71%。两项占总产值的54.95%，见表38-3。

2010年先后出台了《山东林权抵押贷款管理办法》、《关于加快全省林业产业发展的意见》、《山东果业振兴规划(2011～2015年)》和《山东苗木花卉产业振兴规划(2011～2015年)》。中国(菏泽)林产品交易会、山东(青州)花卉博览会、北方(昌邑)苗木博览会等已具有一定的知名度和影响力。山东林业产业相关协会有341家，其中省级协会20家，见表38-4。

【林产品初级市场】 出现聚集度高并成为当地经济支柱的林业产业集群，如临沂日照的人造板及木材进出口贸易加工产业群，烟台龙口的果品储藏加工产业群，潍坊的花卉苗木产业群，聊城、德州的家具板材产业群，菏泽的木材加工产业群等。

山东已建设各类不同规模的初级林产品专业市场5000多个。有效地发挥了市场拉动作用。如依托板材业发展兴建的临沂华东胶合板市场，投资近2000万元，经营商家1000多个，从业人员2万多人，带动发展运输车辆1100余台，年成交额达60多亿元，已成为国内最大的人造板产品集散地和板材批发市场之一。2008年国家林业局正式批准在日照(岚山)建立“国家级木材贸易加工示范区”。当年，该示范区木材加工贸易量达到了100余万立方米，实现产值12亿元，已经形成了区域性的木材集散地。平邑县地方镇集中了果品加工企业60

多家，其中固定资产200万元以上的就达20多家。

【种苗花卉】 山东苗木、花卉种植面积均超过66.67万公顷，产值双双超百亿元，有80多个单位被命名为“国家级特色林木种苗生产基地”，泰安泰山区、潍坊昌邑、青州和济宁李营镇等连年举办苗木花卉交易会，成为全国主要的北方苗木花卉生产交易基地。

【林下经济】 山东林下经济开发总面积达20余万公顷，直接从业人员近110万人，产值130多亿元，成为农村经济新的增长点。另有113.33多万公顷森林适宜开展林下种养，潜力巨大。

【人造板】 山东主要有胶合板、刨花板、中密度纤维板、桐木拼板、木地板、家具、木浆造纸、条柳编木塑复合材料等10余类1000多个品种。包括临沂、菏泽等多个加工区。

【木本粮油】 山东有文冠果、板栗、枣、柿、核桃、花椒等多个品种的木本粮食与木本油料作物，拥有济南华鲁食品有限公司、泰山板栗加工厂、山东绿润食品有限公司、山东鼎立枣业食品有限公司、汇源食品饮料有限公司、烟台张裕葡萄酒有限公司、烟台北方安德利果汁股份有限公司等多家果品储藏加工企业，有华鲁、泰山、东岳、鼎立、绿润、汇源、张裕等多个品牌，销往国内多个省份和日本、韩国、美国、东南亚及欧洲等国家和地区，注册苗木商标11个，创建苗木品牌12个。

（山东省林业局产业处）

表38-1 山东省林业产业概况

指 标	数量
总产值(按现行价格计算)(万元)	18201442
一、第一产业产值	8250803
(一)涉林产业产值	8233619
1. 林木的培育和种植	1255923
2. 木材和竹材的采运	352151
3. 经济林产品的种植与采集	6179785
4. 花卉的种植	379973
5. 陆生野生动物繁育与利用	39695
6. 林业生产辅助服务	26092
(二)林业系统非林产业产值	17184
二、第二产业产值	9559429
(一)涉林产业产值	9542635
1. 木材加工及木、竹、藤、棕、苇制品制造	6360422
(1)锯材、木片加工	1226372
(2)人造板制造	4133100
(3)木制品制造	845412
(4)竹、藤、棕、苇制品制造	155538
2. 木、竹、藤家具制造	891783
3. 木、竹、苇浆造纸	1071150
4. 林产化学产品制造	13936
5. 木制工艺品和木制文教体育用品制造	201147
6. 非木质林产品加工制造	494699
7. 其他	509498
(二)林业系统非林产业产值	16794
三、第三产业产值	391210
(一)涉林产业产值	361824
1. 林业旅游与休闲服务	316088
2. 林业生态服务	11190
3. 林业专业技术服务	14564
4. 林业公共管理及其他组织服务	19982
(二)林业系统非林产业产值	29386
补充资料：全部山区县茶、桑、果产值	834958
全部丘陵县茶、桑、果产值	929341
森林资源	
一、森林覆盖率(%)	16.72
二、林地面积(万公顷)	342.12
三、森林面积(万公顷)	254.46
四、人工林面积(万公顷)	244.38
五、活立木总蓄积量(万立方米)	8627.99
六、森林蓄积量(万立方米)	6338.53
七、人工林蓄积量(万立方米)	6202.10
八、乔木林单位面积蓄积量(立方米/公顷)	40.60
森林培育(公顷)	
一、荒山荒(沙)地造林面积(按林种用途分)	205131
(一)用材林	36101
(二)经济林	37856
(三)防护林	129877
(四)薪炭林	
(五)特种用途林	1297
二、更新造林面积	4481
三、森林抚育面积	
(一)低产低效林改造	10114
(二)实际幼林抚育	524928
(三)成林抚育	1121663
四、林业单位数量(个)	1890
木材、竹材(万立方米)	

指　标	数量
一、木材总计	301.28
(一)原木	275.80
其中：针叶原木	4.29
1. 直接用原木	94.34
2. 特级原木	0.81
3. 等内加工原木	24.40
4. 造纸用原木	15.05
5. 胶合板材	113.77
6. 其他原木	27.44
(二)薪材	25.48
(三)锯材	599.82
二、木材采运企业数量(个)	6
三、竹材采运企业数量(个)	0
四、锯材加工企业数量(个)	649
五、木材批发企业数量(个)	11096
人造板(万立方米)	
人造板总产量	3523.73
一、胶合板	2207.78
(一)木胶合板	2179.67
(二)竹胶合板	1
(三)其他胶合板	27.11
二、纤维板	806.30
三、刨花板	121.24
四、其他人造板	388.41
其中：细木工板	229.29
五、单板	528.29
六、人造板制造企业数量(个)	3903
七、胶合板制造企业数量(个)	2513
八、纤维板制造企业数量(个)	219
九、刨花板制造企业数量(个)	128
十、其他人造板制造企业数量(个)	1016
木制品	
一、木竹地板(万平方米)	3350.92
(一)实木木地板	727.99
(二)复合木地板	2579.81
(三)其他木地板	40.10
(四)竹地板	3.02
二、木制品企业数量(个)	3994
三、生产用木制品企业数量(个)	1955
四、生活用木制品企业数量(个)	1392
五、中乐器制造企业数量(个)	38
六、西乐器制造企业数量(个)	75
木竹家具	
一、木制家具制造企业数量(个)	5001
二、竹藤制家具制造企业数量(个)	49
三、家具零售企业数量(个)	3452

指　标	数量
木　片	
一、木片、木粒加工产品(万实积立方米)	621.31
二、木片加工企业数量(个)	986
木　炭	
木炭(吨)	49442
竹　藤	
一、竹、藤、棕、草制品企业数量(个)	1209
二、竹、藤、棕、草工艺品制造企业数量(个)	1164
果　品	
一、水果产量(吨)	16013877
其中：苹果	9095558
梨	1376410
葡萄	1064038
桃	2760272
杏	240694
猕猴桃	13997
其他水果	1462908
二、干果产量(吨)	939244
其中：核桃	62187
板栗	273542
枣(干重)	286034
柿子(干重)	155074
仁用杏	160
山杏仁	84
银杏(白果)	3607
其他干果	158556
三、水果罐头制造企业数量(个)	211
森林蔬菜	
一、森林食品(干重)(吨)	34073
其中：食用菌	11451
山野菜	1087
其他森林食品	21535
二、蔬菜、果品批发企业数量(个)	4538
茶咖啡	
一、林产饮料产品(干重)(吨)	56017
其中：毛茶	52606
其他林产饮料产品	3411
二、茶叶批发企业数量(个)	1419
三、制茶企业数量(个)	611
调　料	
一、林产调料产品(干重)	31925
其中：花椒	31905
其他林产调料产品	20
中药材	
一、木本药材(吨)	578
二、中草药及制品批发企业数量(个)	1257

指　标	数量
花　卉	
一、年末实有花卉种植面积(公顷)	70053
二、切花切叶产量(万支)	97565
三、盆栽植物产量(万盆)	93041
四、观赏苗木产量(万株)	46153
五、草坪产量(万平方米)	135
六、花卉市场(个)	251
七、花卉企业数量(个)	1963
其中：大中型企业	431
八、花农(万户)	8.16
九、花卉从业人员(万人)	27.89
其中：专业技术人员	1.18
十、控温温室面积(万平方米)	1263
十一、日光温室面积(万平方米)	720
林产化工	
一、林产化学产品制造企业数量(个)	115
二、香料、香精制造企业数量(个)	142
蚕	
一、丝绢纺织企业数量(个)	685
二、缫丝企业数量(个)	117
三、绢纺企业数量(个)	9
四、丝织企业数量(个)	196
五、丝印染企业数量(个)	72
六、丝制品企业数量(个)	184
七、其他丝绢纺织企业数量(个)	102
八、丝针织品企业数量(个)	113
森林旅游	
一、旅游人次(人)	41896945
二、旅游收入(万元)	316088
三、森林公园总数(处)	209
四、森林公园总面积(公顷)	379162
五、国家森林公园数量(处)	38
六、国家森林公园面积(公顷)	176987
七、省级森林公园数量(处)	66
八、省级森林公园面积(公顷)	88460
九、县级森林公园数量(处)	105
十、县级森林公园面积(公顷)	113715
十一、森林公园收入总额(万元)	120079
十二、旅游接待总人数(万人次)	2181
十三、旅游接待海外旅游者(万人次)	57
十四、园林绿化企业数量(个)	5226
十五、自然保护区管理业数量(个)	82
林业机械	
一、森林工业专用设备制造企业数量(个)	124
二、营林机械制造企业数量(个)	24

表 38-2　山东省林业产业特色

指　标	全国排名	数量
经济林面积(公顷)	5	37856
特种用途林面积(公顷)	5	1297
实际幼林抚育面积(公顷)	3	524928
成林抚育面积(公顷)	3	1121663
锯材产量(万立方米)	1	599.82
木材批发企业数量(个)	3	11096
人造板产量(万立方米)	1	3523.73
胶合板产量(万立方米)	1	2207.78
纤维板产量(万立方米)	1	806.30
刨花板产量(万立方米)	4	121.24
细木工板产量(万立方米)	2	229.29
单板产量(万立方米)	2	528.29
人造板制造企业数量(个)	2	3903
胶合板制造企业数量(个)	1	2513
纤维板制造企业数量(个)	1	219
刨花板制造企业数量(个)	4	128
其他人造板制造企业数量(个)	1	1016
实木木地板产量(万平方米)	4	727.99
生活用木制品企业数量(个)	5	1392
木制家具制造企业数量(个)	5	5001
木片、木粒加工产品产量(万实积立方米)	1	621.31
木片加工企业数量(个)	3	986
木炭产量(吨)	3	49442
竹、藤、棕、草制品企业数量(个)	4	1209
竹、藤、棕、草工艺品制造企业数量(个)	3	1164
苹果产量(吨)	1	9095558
梨产量(吨)	2	1376410
葡萄产量(吨)	3	1064038
桃产量(吨)	1	2760272
杏产量(吨)	2	240694
板栗产量(吨)	2	273542
枣(干重)产量(吨)	5	286034
柿子(干重)产量(吨)	1	155074
银杏(白果)产量(吨)	4	3607
水果罐头制造企业数量(个)	3	211
蔬菜、果品批发企业数量(个)	1	4538
茶叶批发企业数量(个)	5	1419
花椒产量(吨)	3	31905
年末实有花卉种植面积(公顷)	4	70053
切花切叶产量(万支)	5	97565
盆栽植物产量(万盆)	1	93041
观赏苗木产量(万株)	3	46153
花卉市场(个)	5	251
花卉大中型企业(个)	5	431
花卉从业人员(万人)	5	27.89
花卉专业技术从业人员(万人)	5	1.18

指　标	全国排名	数量
丝绢纺织企业数量(个)	5	685
丝织企业数量(个)	3	196
丝印染企业数量(个)	4	72
丝制品企业数量(个)	4	184
其他丝绢纺织企业数量(个)	3	102
丝针织品企业数量(个)	5	113
森林公园总数(处)	2	209
国家森林公园数量(处)	4	38
省级森林公园数量(处)	5	66
县级森林公园数量(处)	2	105
县级森林公园面积(公顷)	2	113714.79
园林绿化业单位数量(个)	4	5226

表 38-3　山东省各产业对总产值的贡献

	指　标	产值(万元)	百分比(%)
	总产值	18201442	100
1	果品产业	5867590	32.24
2	人造板制造业	4133100	22.71
3	木材生产业	1563323	8.59
4	木浆纸制品生产业	1071150	5.88
5	木制品生产业	1046559	5.75
6	木竹藤家具制造业	891783	4.90
7	森林培育业	767283	4.22
8	种苗产业	488640	2.68
9	园林植物产业	379973	2.09
10	森林旅游业	316088	1.74
11	竹藤产业(不含家具)	170738	0.94
12	茶咖啡产业	106204	0.58
13	林业服务	71828	0.39
14	林业系统非林产业	63364	0.35
15	野生动物驯养业	39695	0.22
16	森林蔬菜产业	34723	0.19
17	林产化工产业	13936	0.08
18	中药业	9594	0.05
19	其他	1165871	6.41

表 38-4　山东省级林业产业相关协会

1	山东省木材流通协会
2	山东省茶文化协会
3	山东省畜牧协会饲料分会
4	山东省风景园林协会
5	山东省果品开发协会
6	山东省果品流通协会
7	山东省家具协会
8	山东省林产工业协会
9	山东省林木种苗协会
10	山东省饲料工业协会
11	山东省野生动植物保护协会
12	山东省造纸行业协会
13	山东银杏开发协会
14	山东省旅游行业协会
15	山东省旅游行业协会导游分会
16	山东省旅游行业协会旅行社分会
17	山东省旅游行业协会旅游会计分会
18	山东省旅游行业协会旅游商品分会
19	山东省旅游摄影协会
20	山东省旅游新闻协会

表 38-5　山东省林业产业龙头企业名单

1	山东贺友集团有限公司
2	山东新港企业集团有限公司
3	山东立晨集团有限公司
4	东营正和木业有限公司
5	临沂韩宇东来木业有限公司
6	日照三木木业股份有限公司
7	山东惠民长青木业有限责任公司
8	聊城茌平县能通密度板有限责任公司
9	阳谷森泉板业有限公司
10	东营黄河口家具实业有限公司
11	冠县新瑞木业有限公司
12	东营人造板厂
13	山东安信木业有限公司
14	阳谷景阳冈木业有限公司
15	菏泽森菊木业有限公司
16	临沂天和木业有限公司
17	山东恒瑞木业有限公司
18	山东华鑫佳升木业有限公司
19	山东森美盛源人造板有限公司
20	山东凯源木业有限公司
21	高唐县金如意木业有限公司
22	寿光三洋木制品有限公司
23	山东隆森木业有限公司
24	新泰鑫林木业有限公司
25	临沂泰森木业有限公司
26	高唐县马到成功木业有限公司

27	曲阜东源木业有限公司
28	山东菏泽福林木业有限公司
29	枣庄捷利木业有限公司
30	菏泽宏生木业有限公司
31	金乡县华盛木业有限责任公司
32	菏泽郓城县春达木业有限公司
33	菏泽曹县溢森木业有限公司
34	济南福迪木业有限公司
35	泰安浩森木业有限公司
36	山东伟国板业科技有限公司
37	山东曹普工艺有限公司
38	烟台吉斯家具集团有限公司
39	山东新郎欧美尔家具置业有限公司
40	鱼台润柳工艺品有限公司
41	龙大集团木业制品有限公司
42	诸城顺合木业有限公司
43	山东青林家具用品有限公司
44	山东欧宝板业有限公司
45	青岛北苑家具源有限公司
46	诸城电力大众木器有限公司
47	淄博万家园木质防火制品有限公司
48	鱼台县金柳园工贸有限责任公司
49	山东圣德龙家具有限公司
50	山东今日家居发展有限公司
51	山东豪佳装饰材料股份有限公司
52	诸城松源木业有限责任公司
53	山东福王家具有限公司
54	山东亿祥木业有限公司
55	青岛艺德实业有限公司
56	乐陵万兴木制品有限公司
57	齐河兴安木业有限公司
58	临沂金柳工艺品有限公司
59	山东鑫迪家居装饰有限公司
60	山东盛源家具有限公司
61	山东东盛园艺有限公司
62	山东东方花卉有限责任公司
63	济南花木联合开发公司
64	威海绿苑园林工程有限公司
65	泰安三益生物科技有限公司
66	山东阳光园林建设有限公司
67	山东澳东药业科技有限公司
68	威海文峰集团有限公司
69	青州良田花卉苗木有限公司
70	曲阜银府生态文化园有限公司
71	山东绿润食品有限公司
72	烟台北方安德利果汁股份有限公司
73	山东盛德泰食品有限公司
74	临沂康发食品饮料公司
75	山东舜园枣业有限公司
76	济南华鲁食品有限公司
77	阳信县鑫悦实业有限公司
78	东营利富得食品有限责任公司
79	山东豪利生物工程科技有限公司
80	烟台清田果蔬有限公司
81	山东鼎力枣业食品集团有限公司
82	山东万德福食品有限公司
83	山东珀默珀尼卡果汁有限公司
84	枣庄长红果品开发有限公司
85	肥城坤庆食品有限公司
86	蓬莱鑫园工贸有限公司
87	泗水县圣天香黄金梨良种基地
88	泰安泰山区津口女儿茶厂
89	中国装饰板材城
90	华泰集团有限公司
91	山东正大纸业有限公司
92	潍坊恒联浆纸有限公司
93	山东中茂圣源纸浆有限公司
94	东营阳光丝业有限公司
95	齐河奥诺食用菌种植中心
96	威海齐全木工机械有限公司
97	阳信华森农林牧生态科技有限公司
98	山东齐山林业有限公司
99	临清鑫兴银杏大观园林场
100	山东森林旅行社

河南省林业产业

【产业特点】 河南的林业特色产业突出体现在森林培育业、人造板产业、果品产业、森林蔬菜业、花卉业、中药材及森林旅游业。其中，实际幼林抚育面积居全国第二位，成林抚育面积居全国第四位，人造板产量居全国第五位，纤维板产量居全国第三位，刨花板产量居全国第五位，纤维板制造企业数量居全国第四位，刨花板制造企业数量居全国第五位，其他木地板产量居全国第五位，木片、木粒加工产品产量居全国第四位，苹果产量居全国第三位，梨产量居全国第五位，桃产量居全国第三位，杏产量居全国第四位，猕猴桃产量居全国第二位，板栗产量居全国第三位，柿子(干重)产量居全国第三位，山野菜产量居全国第五位，花椒产量居全国第四位，杜仲产量居全国第三位，山茱萸产量居全国第一位，年末实有花卉种植面积居全国第一位，观赏苗木产量居全国第四位，草坪产量居全国第三位，花卉企业居全国第五位，花卉大中型企业居全国第四位，花卉从业人员居全国第三位，花卉专业技术从业人员居全国第三位，生漆产量居全国第三位，油桐籽产量居全国第一位，乌桕籽产量居全国第一位，五倍子产量居全国第一位，栲胶产量居全国第二位，旅游人次居全国第五位，森林公园总数居全国第五位，省级森林公园数量居全国第三位，县级森林公园数量居全国第五位，县级森林公园面积居全国第三位，见表39-1及表39-2。

河南林业产业总产值为759亿元。其中：对林业总产值的贡献最大的是果品产业，为137亿元，占18.05%；其次是人造板制造业87亿元，占11.40%，第三是园林植物产业74亿元，占9.70%。见表39-3.

河南林业产业政策主要有3项，包括花卉产业发展规划、林业产业化重点龙头企业认定监测管理办法、关于支持中小企业加快发展的若干意见。河南林业产业相关协会有97家，其中省级协会11家，见表39-4。

【茶】 信阳具有2300多年的产茶历史，信阳毛尖是全国十大名茶之一。2010年10月，信阳生产出红茶新品，并将其命名为“信阳红”，主要在浉河区、商城县、潢川县、罗山县、平桥区投入批量生产。光山县辰龙茶叶公司引进印度CTC红茶机械化加工生产线年产3万吨项目。

【果品】 灵宝果品产量60万吨，逐步形成经济林发展的三大格局，即东、南部阳店，寺河，苏村等乡镇的苹果，南部山区朱阳的核桃，沿黄大王、函谷关、西阎等乡镇的大枣。灵宝阿姆斯果汁公司、鑫源果业有限责任公司、灵宝中食远村食品工业集团贡献林业产值8.04亿元。西峡县福莱尔航空食品有限公司与新郑好想你枣业公司合作，投资8000万元，新上猕猴桃深加工项目。

【中药材】 嵩县筹资5000万元对洛阳顺势药业股份有限公司实施异地搬迁和技术改造，使其变成大型中药生产企业、河南高新技术企业，8条生产线一次通过国家GMP认证。相继开发出柴胡口服液、乳安胶囊等中药材新产品18个，获国家专利32项，其中发明专利3项，年加工中药材2100多吨，带动全县102个贫困村35000户群众脱贫，每年户均增收1500元以上。

嵩县槲树面积1.33万公顷，其叶子是食品包装材料。经过加工后的槲叶，不仅消灭了附着的有害微生物，韧劲增加，色泽纯正，而且已经完全脱胎换骨，成了“食用级包装纸”，出口日本、韩国等国家，用于食品包装，换取大量外汇。嵩县依托洛阳山珍农副产品有限公司、嵩县车村百合轻工业有限公司两个龙头企业，年产槲叶、竹叶、柿叶等出口叶类6万箱左右，实现产值1600万元，创汇240万美元，2800余户贫困农民从事采叶和初加工，户均年收入3000元。

【花卉苗木】 南阳种苗、花卉面积已达到0.67万公顷，产值达到5.12亿元。以卧龙、宛城两区为主的月季基地面积达到800公顷，年产月季苗木2亿多株。其中，卧龙区石桥镇月季种植面积400多公顷，拥有精品月季品种600多个，年出圃月季苗木1.2亿株，产值超亿元。以镇平县贾宋镇和南召县云阳镇为中心，以玉兰、桂花为主的观赏苗木基地达到2000余公顷，成为豫西南远近闻名的玉兰之乡。桐柏县发挥兰花资源优势，积极发展兰花种植，发展兰花种植面积54公顷。

许昌花卉苗木种植面积达6万公顷。以龙源花木、新科艺术生态园、北方花卉等为龙头的各类花木企业达800多家，花木生产专业村122个，专业户、重点户1.2万户，从业人员22万人，花商8000多人，年产花木25亿株(盆)，年产值达60亿元。全市花农人均年收入7600元，花木主产区人均年收入10600元。鄢陵县成为全国最大的花木生产和销售集散地，先后被国家林业局、中国花卉协会命名为“全国花卉生产示范基地”、“全国重点花卉市场”、“中国蜡梅文化之乡”、“中国花木之乡”，成为名副其实的“中国花木第一县”。2010年许昌被中国花协授予“中国花木之都”称号。

【森林旅游】 南阳建成西峡寺山、桐柏淮河源2处国家级森林公园，淅川上寺、镇平菩提寺、方城大寺、七峰山、南阳独山、南召丹霞寺6处省级森林公园，内乡宝天曼、西峡老界岭、要荷关、南召石人山4个生态旅游景区和西峡龙潭沟、五道幢、蝙蝠洞、淅川法海寺、内乡七星潭、天心洞、南召五朵山、圣朵山、方城望花湖、卧龙麒麟湖、兰湖等10余处森林风景名胜区，同时积极发展观光果园、观光花圃，举办桃花节、杏花节、樱桃节、石榴节等，吸引城乡居民赏花赏果，拉动生态旅游。卧龙区2010年5月19日举办了首届中国月季之乡月季节，吸引大批省内外月季爱好者前来观光。2010年全市共接待游客351万人次，生态旅游及休闲服务业产值5.38亿元。

焦作云台山国家森林公园是集全球首批世界地质公园和国家级风景名胜区、全国文明风景旅游区、国家首批5A级旅游景区、国家级猕猴自然保护区、国家水利风景区、国家自然遗产于一身的风景名胜区。2010年旅游收入9723万元，接待游客83万人。

许昌形成了东以鄢陵花木博览园为主线，西以禹州森林植物园、大鸿寨、逍遥观，南以襄城县紫云山为主线的森林生态旅游线，开辟了万亩花卉游览区、生态农业观光区、花木博览园、花都温泉度假区、阳光生态旅游等20多个景区景点，并推出了“花乡农家乐”、“中原花木交易博览会暨鄢陵生态旅游节”、“花都樱桃观光采摘游”、“花都枣莲观光采摘游”、“南坞休闲生态游”等一系列具有浓郁花乡风情的旅游项目。

【龙头企业】

濮阳龙丰纸业 全年纸产量达到29.86万吨、浆产量9.86万吨，年产值19.71亿元，年利税6308万元，轻量涂布纸工程完工。

好想你枣业股份有限公司(原河南新郑奥星实业有限公司) 成立于1992年，注册资金5520万元，是一家集红枣种植、加工、冷藏保鲜、科技研发、贸易出口、观光旅游为一体的综合性企业。销售额6.8亿元，公司总资产4.32亿元，员工1623人(不含子公司)。已建现代化车间10个，中华枣文化博览中心1幢，红枣工程技术研究中心1幢，现代化冷库3个，现代化红枣生产线9条，古枣树文化休闲区1万平方米，以及配套及建筑设施。公司拥有沧州好想你枣业有限公司、新疆若羌好想你枣业发展有限责任公司、新疆好想你创新农业投资有限公司3个全资生产子公司，以及陕西大荔县好想你枣业发展有限公司、河南新郑农村合作银行两个参股公司，已经在全国278个城市设立1300余家红枣专卖店。公司先后获得国家农业产业化重点龙头企业、国家经济林业化重点龙头企业、全国重合同守信用企业、全国农产品加工出口示范企业、国家级观光工业旅游示范企业、全国食品安全示范单位、全国食品行业优秀食品龙头企业、全国枣产业骨干龙头企业、河南农业产业化重点龙头企业、河南高新技术企业、河南知识产权优势企业、河南高成长性民营企业等多项荣誉。

洛阳洛宁县佳美木业有限公司 建于1993年的民营股份制企业。注册资金1260万元，位于洛阳洛宁县镇中原村，占地面积93.33公顷。现有年生产能力5万立方米刨花板生产线一条，年生产能力14.8万平方米的三聚氰胺饰面板生产线二条，三聚氰胺制胶设备一套，尿醛胶生产设备一套，浸渍纸生产线四条，形成了具有现代化规模的刨花板一条龙生产。2009年8月，公司开工建设生产10万立方米刨花板生产线项目，主体工程已竣工。公司现有员工138人，资产7200万元，年销售收入5600万元，实现利税650万元。

河南诚德木业有限公司　是利用“三剩物”和次小薪材生产中高密度纤维板系列产品的加工企业，位于许昌。公司资产总额19260万元，其中固定资产6187万元，流动资产11942万元。2010年完成销售收入21875万元，实现利润2360万元。公司年需枝丫材22万吨，有1000多个直接运输户年增加收入1250万元，户均年增加收入12500元。有1200多户分散收购户年增加收入680万元，户均年增加收入5600多元。有300多户常年从事直接加工户年增加收入205万元，户均年增加收入6800多元，同时企业在所在地周边乡镇解决农村剩余劳动力1300多人，其中现在企业两条生产线就业的员工达400多人。

兰考三环木业有限公司　2010年进行扩大再生产，在县产业集聚区征地27公顷，总投资8.5亿元，建设一个板材加工区和一个家具生产区。在建设过程中，2010年新招收工人200余人，培训结束后与老厂人员进行统一调配安置生产，工人人均工资2000~3000元(计件工资)。

(冯慰冬　周晶晶)

表39-1　河南省林业产业概况

指　标	数量
总产值(按现行价格计算)(万元)	7590423
一、第一产业产值	4159363
(一)涉林产业产值	4111371
1. 林木的培育和种植	744433
2. 木材和竹材的采运	250810
3. 经济林产品的种植与采集	2139891
4. 花卉的种植	736026
5. 陆生野生动物繁育与利用	142937
6. 林业生产辅助服务	97274
(二)林业系统非林产业产值	47992
二、第二产业产值	2833325
(一)涉林产业产值	2795992
1. 木材加工及木、竹、藤、棕、苇制品制造	1352996
(1)锯材、木片加工	314910
(2)人造板制造	865514
(3)木制品制造	125950
(4)竹、藤、棕、苇制品制造	46622
2. 木、竹、藤家具制造	322533
3. 木、竹、苇浆造纸	442362
4. 林产化学产品制造	11796
5. 木制工艺品和木制文教体育用品制造	43000
6. 非木质林产品加工制造	474984
7. 其他	148321
(二)林业系统非林产业产值	37333
三、第三产业产值	597735
(一)涉林产业产值	569521
1. 林业旅游与休闲服务	355992
2. 林业生态服务	142875
3. 林业专业技术服务	16802
4. 林业公共管理及其他组织服务	53852
(二)林业系统非林产业产值	28214
补充资料：竹产业产值	7856
油茶产业产值	4800
全部山区县茶、桑、果产值	247479
全部丘陵县茶、桑、果产值	124490
森林资源	
一、森林覆盖率(%)	20.16
二、林地面积(万公顷)	502.02
三、森林面积(万公顷)	336.59
四、人工林面积(万公顷)	217.39
五、活立木总蓄积量(万立方米)	18051.16
六、森林蓄积量(万立方米)	12936.12
七、人工林蓄积量(万立方米)	7480.12
八、乔木林单位面积蓄积量(立方米/公顷)	45.65
森林培育(公顷)	
一、荒山荒(沙)地造林面积(按林种用途分)	231700
(一)用材林	50928
(二)经济林	23208
(三)防护林	157306
(四)薪炭林	
(五)特种用途林	258
二、更新造林面积	579
三、森林抚育面积	
(一)低产低效林改造	12144
(二)实际幼林抚育	732656
(三)成林抚育	951213
四、林业单位数量(个)	2178

指　标	数量
木材、竹材(万立方米)	
一、木材总计	237.98
(一)原木	224.67
其中：针叶原木	0.20
1. 直接用原木	122.95
2. 等内加工原木	3.28
3. 造纸用原木	1.70
4. 胶合板材	51.13
5. 杉原条	1.39
6. 其他原木	44.22
(二)薪材	13.31
(三)锯材	104.21
二、木材采运企业数量(个)	34
三、竹材采运企业数量(个)	1
四、锯材加工企业数量(个)	511
五、木材批发企业数量(个)	581
人造板(万立方米)	
人造板总产量	1173.83
一、胶合板	365.10
(一)木胶合板	277.01
(二)其他胶合板	88.09
二、纤维板	403.68
三、刨花板	90.60
四、其他人造板	314.46
其中：细木工板	55.10
五、单板	44.87
六、人造板制造企业数量(个)	1194
七、胶合板制造企业数量(个)	606
八、纤维板制造企业数量(个)	135
九、刨花板制造企业数量(个)	94
十、其他人造板制造企业数量(个)	291
木制品	
一、木竹地板(万平方米)	548.68
(一)实木木地板	9.09
(二)复合木地板	55
(三)其他木地板	484.59
二、木制品企业数量(个)	994
三、生产用木制品企业数量(个)	582
四、生活用木制品企业数量(个)	264
五、中乐器制造企业数量(个)	46
六、西乐器制造企业数量(个)	4
木竹家具	
一、木制家具制造企业数量(个)	2160
二、竹藤制家具制造企业数量(个)	29
三、家具零售企业数量(个)	2412

指　标	数量
木　片	
一、木片、木粒加工产品(万实积立方米)	129.71
二、木片加工企业数量(个)	623
木　炭	
木炭(吨)	4786
竹　藤	
一、竹材(万根)	203.20
其中：毛竹	184.09
篙竹	19.11
二、小杂竹(万吨)	1.55
三、竹、藤、棕、草制品企业数量(个)	301
四、竹、藤、棕、草工艺品制造企业数量(个)	146
果　品	
一、水果产量(吨)	5426225
其中：苹果	2926921
柑橘	98810
梨	930461
葡萄	276658
桃	644186
杏	183478
猕猴桃	59802
其他水果	305909
二、干果产量(吨)	605004
其中：核桃	55407
板栗	206517
枣(干重)	183655
柿子(干重)	147264
仁用杏	1773
山杏仁	2151
银杏(白果)	2655
其他干果	5582
三、木本油料	21274
其中：油茶籽	20823
其他木本油料	451
四、水果罐头制造企业数量(个)	37
森林蔬菜	
一、森林食品(干重)(吨)	114579
其中：竹笋干	113
食用菌	88374
山野菜	16866
其他森林食品	9226
二、蔬菜、果品批发企业数量(个)	880
茶咖啡	
一、林产饮料产品(干重)(吨)	44138
其中：毛茶	40573

指　标	数量
其他林产饮料产品	3565
二、茶叶批发企业数量(个)	357
三、制茶企业数量(个)	425
调　料	
一、林产调料产品(干重)	29668
其中：花椒	28448
其他林产调料产品	1220
中药材	
一、木本药材(吨)	81796
其中：杜仲	13414
黄柏	73
厚朴	9
枸杞	44
山茱萸	31325
其他木本药材	36931
二、中草药及制品批发企业数量(个)	1080
花　卉	
一、年末实有花卉种植面积(公顷)	110126
二、切花切叶产量(万支)	40427
三、盆栽植物产量(万盆)	5771
四、观赏苗木产量(万株)	42650
五、草坪产量(万平方米)	3095
六、花卉市场(个)	145
七、花卉企业数量(个)	2395
其中：大中型企业	723
八、花农(万户)	12. 48
九、花卉从业人员(万人)	42
其中：专业技术人员	1. 38
十、控温温室面积(万平方米)	106
十一、日光温室面积(万平方米)	232
林产化工	
一、林产工业原料(吨)	
(一)生漆	2034
(二)油桐籽	120701
(三)乌桕籽	11631
(四)五倍子	3986
(五)松脂	2550
二、林产化学产品(吨)	
(一)松香	2550
(二)栲胶	1550
三、林产化学产品制造企业数量(个)	120
四、香料、香精制造企业数量(个)	183
蚕	
一、丝绢纺织企业数量(个)	201
二、缫丝企业数量(个)	46
三、绢纺企业数量(个)	20
四、丝织企业数量(个)	61
五、丝印染企业数量(个)	16
六、丝制品企业数量(个)	46
七、其他丝绢纺织企业数量(个)	9
八、丝针织品企业数量(个)	59
森林旅游	
一、旅游人次(人)	57777357
二、旅游收入(万元)	355992
三、森林公园总数(处)	133
四、森林公园总面积(公顷)	312460
五、国家森林公园数量(处)	28
六、国家森林公园面积(公顷)	115142
七、省级森林公园数量(处)	68
八、省级森林公园面积(公顷)	132798
九、县级森林公园数量(处)	37
十、县级森林公园面积(公顷)	64519
十一、森林公园收入总额(万元)	54247
十二、旅游接待总人数(万人次)	1575
十三、旅游接待海外旅游者(万人次)	37
十四、园林绿化企业数量(个)	2803
十五、自然保护区管理业数量(个)	95
林业机械	
一、森林工业专用设备制造企业数量(个)	44
二、营林机械制造企业数量(个)	4

表 39-2　河南省林业产业特色

指　标	全国排名	数量
实际幼林抚育面积(公顷)	2	732656
成林抚育面积(公顷)	4	951213
人造板产量(万立方米)	5	1173. 83
纤维板产量(万立方米)	3	403. 68
刨花板产量(万立方米)	5	90. 60
纤维板制造企业数量(个)	4	135
刨花板制造企业数量(个)	5	94
其他木地板产量(万平方米)	5	484. 59
木片、木粒加工产品产量(万实积立方米)	4	129. 71
苹果产量(吨)	3	2926921
梨产量(吨)	5	930461
桃产量(吨)	3	644186
杏产量(吨)	4	183478
猕猴桃产量(吨)	2	59802
板栗产量(吨)	3	206517
柿子(干重)产量(吨)	3	147264

指　标	全国排名	数量
山野菜产量(吨)	5	16866
花椒产量(吨)	4	28448
杜仲产量(吨)	3	13414
山茱萸产量(吨)	1	31325
年末实有花卉种植面积(公顷)	1	110126
观赏苗木产量(万株)	4	42649.84
草坪产量(万平方米)	3	3094.56
花卉企业(个)	5	2395
花卉大中型企业(个)	4	723
花卉从业人员(万人)	3	42
花卉专业技术从业人员(万人)	3	1.38
生漆产量(吨)	3	2034
油桐籽产量(吨)	1	120701
乌桕籽产量(吨)	1	11631
五倍子产量(吨)	1	3986
栲胶产量(吨)	2	1550
旅游人次(万人)	5	57777357
森林公园总数(处)	5	133
省级森林公园数量(处)	3	68
县级森林公园数量(处)	5	37
县级森林公园面积(公顷)	3	64519.30

表 39-3　河南省各产业对总产值的贡献

	指　标	产值(万元)	百分比(%)
	总产值	7590423	100
1	果品产业	1370361	18.05
2	人造板制造业	865514	11.40
3	园林植物产业	736026	9.70
4	木材生产业	563315	7.42
5	森林培育业	557302	7.34
6	木浆纸制品生产业	442362	5.83
7	森林蔬菜产业	417526	5.50
8	森林旅游业	355992	4.69
9	木竹藤家具制造业	322533	4.25
10	林业服务	310803	4.09
11	种苗产业	187131	2.47
12	木制品生产业	168950	2.23
13	中药业	158952	2.09
14	茶咖啡产业	147877	1.95
15	野生动物驯养业	142937	1.88
16	林业系统非林产业	113539	1.50
17	竹藤产业(不含家具)	49027	0.65
18	林产化工产业	11796	0.16
19	其他	668480	8.81

表 39-4　河南省级林业产业相关协会

1	河南省竹业协会
2	河南省野生动植物保护协会
3	河南省造纸工业协会
4	河南省木材流通协会
5	河南省旅游协会
6	河南省家具协会
7	河南省中小企业造纸协会
8	河南省饲料工业协会
9	河南省植物保护新技术推广协会
10	河南省蚕业协会
11	河南省造纸网行业协会

湖北省林业产业

【产业特点】 2010年，湖北省林业厅按照“生态立省”的战略和“生态建设产业化、产业建设生态化”以及“生态建设从山上走下来、产业发展从林中走出来、林业改革与发展让林农富起来”的发展理念，坚持把培育森林资源作为重要基础，把培植龙头企业作为重要举措，把现代林业科技产业园作为重要支点，把兴林富民作为根本宗旨，形成了生态和产业同步发展的良好局面，特别是一批湖北现代林业科技产业园，把木材加工、森林药材、花卉苗木、森林食品等产业实现从零散到集中、从产品到产业、从粗放到集约的跨越。

湖北的林业特色产业突出表现在森林培育业、果品产业、中药材及森林旅游业。其中，薪炭林面积居全国第五位，特种用途林面积居全国第四位，柑橘产量居全国第二位，桃产量居全国第四位，核桃产量居全国第五位，板栗产量居全国第一位，银杏(白果)产量居全国第三位，食用菌产量居全国第五位，毛茶产量居全国第四位，杜仲产量居全国第四位，黄柏产量居全国第二位，厚朴产量居全国第三位，生漆产量居全国第一位，乌桕籽产量居全国第二位，森林公园收入总额居全国第一位，见表40-1及表40-2。

湖北林业总产值为707亿元。其中，对林业总产值的贡献最大的是果品产业96亿元，占13.52%；其次是木浆纸制品生产业80亿元，占11.25%；第三是人造板制造业58亿元，占8.19%。见表40-3。湖北有10个“湖北农产品加工业‘四个一批’工程先进县(区)”、10家“湖北农产品加工业‘四个一批’工程先进企业”及湖北林业产业化龙头企业，见表40-4。湖北林业产业相关协会有191家，其中省级协会有12家，见表40-5。

湖北省省级林业产业园区17个，实现产值达到180亿元，与2009年同比增幅30%；园区入驻企业177家，比2009年新增51家；提供就业岗位63662个，带动农户20余万户；全省工业原料林基地面积新增66.67万公顷。全年林业组团赴台湾、广州招商考察，共吸引资金近45亿元，已到位资金19亿元。林业金融支持体系逐步完善，省农信联社、省农行、省农发行、武汉民生银行等授信全省林业产业资金额度达381亿元，2010年为林企和林农实现融资39亿元。福汉、土老憨等荣获“中国驰名商标”，咸宁巨宁、湖北宝源等9个新产品获得湖北名牌产品称号。17个林业科技产业园有10个列入省委“四个一批”对象，共享受16900万元周转资金的扶持，全省龙头企业申报贴息贷款近10亿元，贴息近4000万元。

【政策措施】

林业产业园区建设 新申报审批省级林业产业园区7家，省级林业产业园区达到17家。所有园区完成总体规划。荆门东宝森工园达到国家级规划水平，咸安、蕲春、黄陂等园区达到省级规划目标。园区政策资金落实力度加大。全年园区企业共享受政府支持资金1.68亿元，省财政安排加工专项资金1000万元；所有林业产业园区都已和华农大、省林科院等签订合作协议，一批院校参与科技支撑产业园建设当中。

银企对接 5月26日，省政府召开“金林搭桥·银企对接”工作座谈会议。7家金融管理机构和金融单位与省林业局联合下发出台了湖北省林业产业发展史上具有重要意义的两个融资文件：《关于推进森林资源资产抵押贷款，加快林业产业发展的意见》和《湖北省森林资源资产抵押贷款管理办法》。4家省级金融机构与省林业局签署战略合作协议，为全省林业产业授信381亿元。建立了与金融单位的联席会议制度。8月份以前，省林业局与4家银行都建立了联席会议制度。通过“金林搭桥·银企对接”，进一步加快推进全省集体林权制度改革，拓宽林业投融资渠道，实现林业快速发展，促进林农增收，推动地方经济、金融机构和涉林企业的互动多赢，为实施“生态立省”战略、实现“绿色崛起”起到重要的推动作用。

林业招商引资 5月和9月，全省林业系统以林业板块组团，作为省委、省政府组团招商的重要组成部分，分别赴台湾和广州招商。两次招商，签约项目19个，签约资金近45亿元。

行业指导服务 出台《2010年林业产业工作要点》，明确了全省林业产业的具体工作目标和主要措施，全省林业产业“十二五”规划的编制工作完成；全省现代林业科技产业园建设暨省级龙头企业代表座谈会议召开，为全年产业工作确立了基础与方向。11月下旬在荆门召开全省林业产业暨现代林业科技产业园建设工作会，与会代表还参观了东宝产业园，出席了东宝宝源OSB产品投产庆典仪式。

龙头企业培育和品牌建设 指导龙头企业加强现代企业管理，开展产品标准化、品牌化建设。湖北宝源、荆州拍马两个企业进入省政府“十二五”规划的百亿重点扶持企业笼子，来凤的金丝桐油、建始的木瓜作为林特产品原产地地域商标向国家工商总局申报。福汉、土老憨等荣获“中国驰名商标”，咸宁巨宁、湖北宝源等企业的9个产品获得“湖北省名牌产品”称号。2010年全省林业产业化龙头企业达240家。

原料林基地建设 为加快森林资源培育，有效解决当前和今后木材供需紧张的矛盾，鼓励和激励企业大力发展工业原料林，下发《省林业局关于加快工业原料林基地建设的意见》，全年组织3次对基地建设的检查督办工作。

企业安全生产和食品安全工作 下发6个文件，4次组队检查督办，全面加强企业安全生产和森林食品质量安全工作。全年涉林企业没有发生安全生产责任事故，没有发生森林食品安全事件。

【博览会】 5月，举办神农架第四届中国国际生态文化旅游节暨神农架林区建区40周年庆祝大会。10月16日，全国第一座以桂花为主题的博览馆——咸宁桂花博览馆在咸宁潜山公园落成并举行开馆仪式。

【重点龙头企业】

湖北福汉木业(集团)发展有限责任公司 林业产业化龙头企业。下辖福汉木业有限公司、多福商贸有限责任公司、福康钢材实业有限公司、福创钢材加工有限公司等4个二级子公司及2个直属分公司——地板分公司和林业分公司。

1994年福汉牌细木工板获中国林产品博览会金奖，1999年在同行业中率先通过门槛极高的英国SGS公司ISO9001国际质量体系认证，2002年通过中国环境标准认证，同年荣获“湖北省名牌”和“湖北省著名商标”称号，2002~2007年被湖北省消费者协会确定为重点推荐放心产品，2005年被中国林产工业协会推荐为中国细木工板行业质量、环保、诚信三承诺产品，2005年福汉牌细木工板被国家质监总局批准为国家免检产品。2006年公司研发的阻燃细木工板，经国家防火建筑材料质量监督检验中心鉴定，燃烧性能达到GB8624B1，成为全国防火性能最好的建筑材料。2010年“福汉”品牌被认定为中国驰名商标，取得了细木工板、胶合板两项标准的主起草单位地位。2011年通过校企合作的模式，与南京林业大学结成战略发展同盟，在福汉建立了“国家重点学科木材科学与技术产学研基地”和“国家重点学科木材科学与技术湖北福汉木业研究生工作站”。

湖北邓村绿茶集团 2006年3月注册成立，2008年4月登记成立企业集团，累计注册资本5000万元，下辖销售、科技服务、外贸出口、三峡茶叶等4个全资子公司，现有员工745人，主营业务为茶叶种植、收购、加工、销售以及进出口业务，是集茶叶种植、初精加工、茶技研发、生态旅游、外贸出口为一体的综合型茶叶企业集团。公司先后通过“农业产业化省级重点龙头企业”和“林业产业化省级重点龙头企业”认定，享有“中国茶叶行业百强”、“湖北茶业十强企业”以及农业部“全国农产品加工业示范基地”等称号，2010年，公司资产总额9600万元，资产负债率39.28%，销售收入2.8亿元，跃居“中国茶叶行业百强”第22位，截至目前，公司现拥有自主有机茶及无公害茶叶基地0.4万公顷，现已建成标准化茶叶加工基地5个、无性系良种苗木繁育基地2个，茶叶初、精加工能力每年3.3万吨左右。公司以精品名牌战略为导向，不断营造“邓村绿茶”品牌的亲和力与知名度，现已初步形成了以“邓村绿茶”为核心，以

“宜红”、“峡州碧峰”、“花问”、“同心九花”等8个子品牌为支撑的自主品牌方阵。先后获得“中国著名品牌”、“湖北省著名商标”、“湖北名牌产品”、“中国武汉农博会知名农产品”、“中国香港农博会金奖”、“三峡十大特产”、“宜昌三峡十大旅游商品”等殊荣，连续4届被湖北省农业厅授予“湖北十大名茶”称号。

湖北骏马纸业有限公司　地处荆州古城北郊拍马工业园，由拍马纸业香港岭峰国际(集团)有限公司、湖北中烟工业公司、武汉烟草(集团)公司共同出资建设，2004年3月正式投产。公司现有资产3.27亿元，在岗员工386人，其中专业技术人员72名。建有2760毫米高档涂布白卡纸生产线一条，设计年生产能力8万吨，主要生产高档涂布白卡纸(烟卡、复合卡纸)。产品已经获ISO9001：2000质量体系认证，并通过国际SGS食品卫生环保检测，主要销往国内各主要卷烟生产企业，并出口韩国、印度等国家和香港、台湾地区。2010年，公司完成纸产量7.2万吨，销售额4.7亿元，利税1126万元。

2004年8月取得ISO国际质量管理体系认证。先后投入1300万元，2004年12月，成功开发出防伪烟卡，获得国家实用新型专利；2005年8月开发出高级复合转移烟用白卡；2008年2月，开发出彩虹条纹防伪烟卡；目前，正在进行全息防伪烟卡及轻涂特种纸的开发。2009年2月，成立了以骏马纸业为主体的拍马造纸包装工业园技术中心服务平台，把园区打造成为中南地区最大的林浆纸及彩印包装基地。

湖北香园食品有限公司　省林业产业化重点龙头企业，也是湖北现代林业老河口森林食品科技产业园区的森林食品骨干加工企业。该公司创建于2008年6月，注册资本1000万元，由广州市香大食品有限公司投资兴建。现有员工168人，厂区占地5.33公顷，拥有固定资产6000万元。公司依托当地沙产业，加工转化各类水果和其他农产品，以期延长、加粗产业链条，实现林产品深加工增值。

公司建有5个生产车间，年可加工转化果品和其他农产品4万吨。主要生产果粒、果酱、水果罐头、植脂末、糖钠豆、水果生物纤维素(细菌纤维素)、椰果等产品。其产品畅销国内20多个省(区、市)，并出口印度尼西亚、马来西亚、泰国、中东地区和中国台湾、中国香港。2010年公司实现销售收入1.6亿元，带动当地果农增收2400万元。

建有400平方米的研发中心，配备有原子吸收、气相色谱等精密实验仪器；拥有25名大学专科以上学历的研发团队，并与华南工业大学、中山大学、广东轻工职业学院等科研院所建立了长期合作关系。目前，公司自有和引进专利技术2项，研发新产品15个；已经通过HALAL清真认证、HACCP食品安全质量管理体系认证和ISO22000：2005食品安全管理体系认证，获得果酱、罐头、植脂末的出口卫生注册。

(龚泽和)

表40-1　湖北省林业产业概况

指　标	数量
总产值(按现行价格计算)(万元)	7069354
一、第一产业产值	3221731
(一)涉林产业产值	3086031
1. 林木的培育和种植	485747
2. 木材和竹材的采运	228756
3. 经济林产品的种植与采集	1988228
4. 花卉的种植	240406
5. 陆生野生动物繁育与利用	37689
6. 林业生产辅助服务	105205
(二)林业系统非林产业产值	135700
二、第二产业产值	2961311
(一)涉林产业产值	2855224
1. 木材加工及木、竹、藤、棕、苇制品制造	1065004
(1)锯材、木片加工	86690
(2)人造板制造	579030
(3)木制品制造	365431
(4)竹、藤、棕、苇制品制造	33853
2. 木、竹、藤家具制造	385904
3. 木、竹、苇浆造纸	795044
4. 林产化学产品制造	29166
5. 木制工艺品和木制文教体育用品制造	27838
6. 非木质林产品加工制造	327636
7. 其他	224632
(二)林业系统非林产业产值	106087
三、第三产业产值	886312
(一)涉林产业产值	670130
1. 林业旅游与休闲服务	481681
2. 林业生态服务	58783
3. 林业专业技术服务	32827
4. 林业公共管理及其他组织服务	96839

指　标	数量
(二)林业系统非林产业产值	216182
补充资料：竹产业产值	127420
油茶产业产值	124534
全部山区县茶、桑、果产值	734274
全部丘陵县茶、桑、果产值	481297
森林资源	
一、森林覆盖率(%)	31.14
二、林地面积(万公顷)	822.01
三、森林面积(万公顷)	578.82
四、人工林面积(万公顷)	167.01
五、活立木总蓄积量(万立方米)	23121.55
六、森林蓄积量(万立方米)	20942.49
七、人工林蓄积量(万立方米)	4207.79
八、乔木林单位面积蓄积量(立方米/公顷)	41.24
森林培育(公顷)	
一、荒山荒(沙)地造林面积(按林种用途分)	192213
(一)用材林	53721
(二)经济林	28569
(三)防护林	105752
(四)薪炭林	1854
(五)特种用途林	2317
二、森林抚育面积	
(一)低产低效林改造	27274
(二)实际幼林抚育	242322
(三)成林抚育	304352
三、林业单位数量(个)	1558
木材、竹材(万立方米)	
一、木材总计	221.10
(一)原木	189.06
其中：针叶原木	31.30
1. 直接用原木	73.47
2. 特级原木	0.02
3. 等内加工原木	14.07
其中：针叶原木	1.48
4. 造纸用原木	2.88
5. 胶合板材	46.45
6. 杉原条	13.39
7. 其他原木	38.78
(二)薪材	32.04
(三)锯材	66
二、木材采运企业数量(个)	55
三、竹材采运企业数量(个)	6
四、锯材加工企业数量(个)	92
五、木材批发企业数量(个)	929
人造板(万立方米)	
人造板总产量	289.53

指　标	数量
一、胶合板	43.66
(一)木胶合板	32.23
(二)竹胶合板	1.04
(三)其他胶合板	10.40
二、纤维板	177.42
三、刨花板	14.12
四、其他人造板	54.33
其中：细木工板	53.45
五、单板	17.98
六、人造板制造企业数量(个)	434
七、胶合板制造企业数量(个)	158
八、纤维板制造企业数量(个)	41
九、刨花板制造企业数量(个)	25
十、其他人造板制造企业数量(个)	121
木制品	
一、木竹地板(万平方米)	2795.83
(一)实木木地板	44.72
(二)复合木地板	2533.92
(三)其他木地板	211
(四)竹地板	6.19
二、木制品企业数量(个)	931
三、生产用木制品企业数量(个)	438
四、生活用木制品企业数量(个)	135
五、中乐器制造企业数量(个)	10
六、西乐器制造企业数量(个)	11
木竹家具	
一、木制家具制造企业数量(个)	1250
二、竹藤制家具制造企业数量(个)	34
三、家具零售企业数量(个)	2313
木　片	
一、木片、木粒加工产品(万实积立方米)	18.99
二、木片加工企业数量(个)	159
竹　藤	
一、竹材(万根)	2615.56
其中：毛竹	1494.45
篙竹	1121.12
二、小杂竹(万吨)	9.58
三、竹、藤、棕、草制品企业数量(个)	243
四、竹、藤、棕、草工艺品制造企业数量(个)	55
果　品	
一、水果产量(吨)	4383689
其中：苹果	9761
柑橘	3082167
梨	595056
葡萄	65646
桃	514436

指　标	数量
杏	2079
猕猴桃	11166
其他水果	103378
二、干果产量(吨)	422245
其中：核桃	92286
板栗	276687
枣(干重)	29823
柿子(干重)	14178
仁用杏	5
山杏仁	1
银杏(白果)	7721
其他干果	1544
三、木本油料	71900
其中：油茶籽	71054
其他木本油料	846
四、水果罐头制造企业数量(个)	89
森林蔬菜	
一、森林食品(干重)(吨)	122820
其中：竹笋干	9347
食用菌	90149
山野菜	9399
其他森林食品	13925
二、蔬菜、果品批发企业数量(个)	960
茶咖啡	
一、林产饮料产品(干重)(吨)	125207
其中：毛茶	125174
其他林产饮料产品	33
二、茶叶批发企业数量(个)	532
三、制茶企业数量(个)	797
调　料	
一、林产调料产品(干重)	1051
其中：花椒	1005
八角	14
桂皮	32
中药材	
一、木本药材(吨)	111157
其中：杜仲	11776
黄柏	3365
厚朴	6566
枸杞	149
山茱萸	1601
其他木本药材	87700
二、中草药及制品批发企业数量(个)	1101
花　卉	
一、年末实有花卉种植面积(公顷)	35824
二、切花切叶产量(万支)	8410
三、盆栽植物产量(万盆)	12851

指　标	数量
四、观赏苗木产量(万株)	26770
五、草坪产量(万平方米)	291
六、花卉市场(个)	241
七、花卉企业数量(个)	1293
其中：大中型企业	116
八、花农(万户)	3.36
九、花卉从业人员(万人)	11.19
其中：专业技术人员	0.97
十、控温温室面积(万平方米)	23
十一、日光温室面积(万平方米)	69
林产化工	
一、林产工业原料(吨)	
(一)生漆	7823
(二)油桐籽	16919
(三)乌桕籽	9401
(四)五倍子	1892
(五)棕片	1949
(六)松脂	37813
二、林产化学产品(吨)	
(一)松香	13571
(二)松节油	2761
三、林产化学产品制造企业数量(个)	57
四、香料、香精制造企业数量(个)	35
蚕	
一、丝绢纺织企业数量(个)	127
二、缫丝企业数量(个)	35
三、绢纺企业数量(个)	10
四、丝织企业数量(个)	24
五、丝印染企业数量(个)	10
六、丝制品企业数量(个)	32
七、其他丝绢纺织企业数量(个)	6
八、丝针织品企业数量(个)	22
森林旅游	
一、旅游人次(人)	23983237
二、旅游收入(万元)	481681
三、森林公园总数(处)	83
四、森林公园总面积(公顷)	388343
五、国家森林公园数量(处)	29
六、国家森林公园面积(公顷)	263692
七、省级森林公园数量(处)	54
八、省级森林公园面积(公顷)	124651
九、县级森林公园数量(处)	
十、县级森林公园面积(公顷)	
十一、森林公园收入总额(万元)	4449954
十二、旅游接待总人数(万人次)	818
十三、旅游接待海外旅游者(万人次)	17
十四、园林绿化企业数量(个)	3184

指　标	数量
十五、自然保护区管理业数量(个)	76
林业机械	
一、森林工业专用设备制造企业数量(个)	8
二、营林机械制造企业数量(个)	0

表 40-2　湖北省林业产业特色

指　标	全国排名	数量
薪炭林面积(公顷)	5	1854
特种用途林面积(公顷)	4	2317
柑橘产量(吨)	2	3082167
桃产量(吨)	4	514436
核桃产量(吨)	5	92286
板栗产量(吨)	1	276687
银杏(白果)产量(吨)	3	7721
食用菌产量(吨)	5	90149
毛茶产量(吨)	4	125174
杜仲产量(吨)	4	11776
黄柏产量(吨)	2	3365
厚朴产量(吨)	3	6566
生漆产量(吨)	1	7823
乌桕籽产量(吨)	2	9401
森林公园收入总额(万元)	1	4449954. 28

表 40-3　湖北省各产业对总产值的贡献

	指　标	产值(万元)	百分比(%)
	总产值	7069354	100
1	果品产业	956077	13. 52
2	木浆纸制品生产业	795044	11. 25
3	人造板制造业	579030	8. 19
4	森林旅游业	481681	6. 81
5	林业系统非林产业	457969	6. 48
6	茶咖啡产业	441128	6. 24
7	木制品生产业	393269	5. 56
8	木竹藤家具制造业	385904	5. 46
9	森林培育业	334588	4. 73
10	森林蔬菜产业	320628	4. 54
11	林业服务	293654	4. 15
12	木材生产业	271955	3. 85
13	园林植物产业	240406	3. 40
14	中药业	206948	2. 93
15	种苗产业	151159	2. 14
16	竹藤产业(不含家具)	77344	1. 09
17	野生动物驯养业	37689	0. 53
18	林产化工产业	29166	0. 41
19	其他	615715	8. 71

表 40-4　湖北省林业龙头企业

湖北林业龙头企业名称
武汉林业集团有限公司
武汉法雅园林集团有限公司
武汉维尔福种苗有限公司
武汉荣德实业有限公司
武汉科宝林业有限公司
武汉丰太木兰天池旅游有限公司
武汉谦森岛庄园有限公司
湖北康欣科技开发有限公司
武汉东方园林生态发展有限公司
武汉和平科技集团股份有限公司
武汉双龙木业有限公司
武汉威远生态园有限公司
武汉经纬置业有限公司
湖北国贸玫瑰花卉开发有限公司
武汉中和物理生态技术应用有限公司
武汉溢春集团
武汉鹰冠木业有限公司
武汉九真山旅游产业开发有限公司
武汉大花山生态园林工程有限公司
武汉林冠园林工程有限公司
武汉香侬商贸有限公司
武汉黄鹤楼茶叶有限公司
武汉森茂生态绿化工程有限公司
湖北昊林能源科技开发有限公司
湖北荣星家具有限公司
湖北福汉木业(集团)发展有限责任公司
武汉西湖园艺有限公司
武汉中排粮油有限公司
武汉木兰清凉寨旅游发展有限公司
武汉瑞索思投资有限公司
湖北福杨林业有限公司
武汉华瑞木业有限公司
武汉富莱尔装饰材料有限公司
大冶灵溪风味食品有限公司
阳新富川油脂有限责任公司
劲牌有限公司
黄石富豪家具有限公司
黄石园林花木有限责任公司
十堰辰泓木材有限公司
湖北梨花村酒业股份有限公司
湖北俊发农副产品开发有限公司
湖北神武天滋野生葡萄酒业有限公司
竹山县天新医药化工有限责任公司
湖北东森木业有限公司
监利大枫纸业有限公司
监利东华木业有限公司
荆州森鑫人造板有限公司
湖北吉象人造林制品有限公司

湖北林业龙头企业名称
石首吉丽木业有限公司
湖北惟美家具股份有限公司
湖北万顺木业有限公司
湖北昌兴农林开发有限公司
湖北新天地农林集团有限公司
荆州森茂林业有限公司
湖北拍马纸业有限公司
湖北红翔木业有限公司
湖北海富家具有限公司
宜昌山山林业有限责任公司
湖北长乐科技发展有限公司
湖北采花茶业有限公司
湖北新桥生物科技有限责任公司
五峰赤诚生物科技有限公司
五峰昌华药业有限责任公司
宜昌大老岭旅游开发有限公司
宜昌博大家私有限公司
宜昌好智多天麻保健食品有限公司
宜昌武星装饰板有限责任公司
远安星球宜林人造板有限公司
宜昌盼盼木制品有限责任公司
长阳土家嫂特色食品有限公司
长阳隐龙山绿色食品开发有限责任公司
丰岛股份宜都食品有限责任公司
宜昌鸿新食品有限公司
宜昌森源食用菌有限责任公司
宜昌高坝洲生态农场
湖北土老憨生态农业开发有限公司
湖北宜都宜红茶业有限公司
宜昌萧氏茶叶集团有限公司
当阳森成林化有限责任公司
宜昌方明丝业有限责任公司
宜昌坤艳工贸有限责任公司
湖北宜都蜜柑集团合作社
宜昌绿源生物技术有限公司
湖北神州新能源发电股份有限公司
湖北邓村绿茶集团有限公司
宜昌龙峡茶业有限公司
宜昌奥龙绿色食品有限公司
远安科力生菌业有限公司
襄樊宏枫实业有限公司
襄樊杨森林业开发有限公司
老河口仙仙果品有限公司
湖北香园食品有限公司
老河口春雨苗木果品专业合作社
南漳县华海纸业有限公司
襄樊大山现代农业有限公司
南漳县水镜山野菜有限责任公司
湖北老龙洞杜仲开发有限公司

湖北林业龙头企业名称
湖北保康归真有机茶叶有限公司
襄阳程河工艺品有限责任公司
枣阳南方木业有限责任公司
襄樊中泰德盛现代农业有限公司
湖北荆山锦茶业有限公司
谷城胜源生物有限公司
湖北威利邦木业有限公司
鄂州国营沼山林场林工商公司
鄂州东佛园艺场
湖北宝源木业有限公司
湖北宝源装饰材料有限责任公司
荆门山缘香菇有限公司
湖北道地药材科技有限公司
荆门星球家具装饰有限公司
湖北金林木业有限公司
湖北京山京申林特木业有限公司
荆门金五三食品有限责任公司
湖北白鹿春实业股份公司
京山华源生物科技有限公司
湖北美宝药业有限公司
沙洋秦江人造板有限公司
湖北爱斯曼食品有限公司
湖北华龙生物制药有限公司
大悟县金丰实业发展有限公司
湖北午时药业股份有限公司
湖北富苑科技有限公司
湖北楚天鹿园科技有限公司
湖北三泰皮草有限公司
湖北康欣木制品有限公司
湖北绿丰果业有限公司
湖北山虎物资贸易有限公司
湖北保丽家具有限公司
云梦县天成实业有限公司
湖北燕加隆九方圆板材有限责任公司
湖北能圣九棵松家具有限公司
李时珍医药集团有限公司
黄冈新利达木业有限公司
湖北德赛木业有限公司
武穴福凯木业有限公司
黄冈林木种苗场
黄冈晨鸣林业发展有限责任公司
红安县老君眉茶场
山河建设集团双升木业有限公司
麻城景田山茶油有限公司
湖北凤凰白云山药业有限公司
湖北中林木业有限公司
湖北巨宁森工股份有限公司
湖北绿洲营林有限公司
湖北澳森木业有限公司

湖北林业龙头企业名称
鸿伟木业(湖北)有限公司
崇阳县瑞发竹业有限责任公司
通城三和木业有限责任公司
赤壁晨鸣纸业有限责任公司
湖北万树木业有限公司
湖北鹏程林农开发有限公司
湖北航天聚星复合板材制造有限公司
咸宁金桂湖林业有限责任公司
湖北福人药业股份有限公司
湖北黄袍山保健食品有限公司
赤壁嘉力工贸有限公司
来凤县四海贸易有限公司
来凤县宝石花工艺品有限公司
来凤易达生物开发有限公司
恩施自治州佳佳生物工程有限责任公司
来凤县华丰药业有限责任公司
来凤县古杨梅食品开发有限责任公司
来凤县合顺医药有限责任公司
来凤县忠信竹业有限责任公司
建始县玉泉中药材产销有限责任公司
湖北水布垭酒业有限公司
湖北爱茵木塑制品有限责任公司
湖北圣峰药业有限公司
建始县益寿果品专业合作社联合社
湖北鹤峰县翠泉茶业有限公司
湖北长友现代农业股份有限公司
鹤峰县白果民族茶厂
恩施弘翔药业有限公司
湖北鹤峰繁荣木制工艺有限公司
恩施清江生物工程有限公司
恩施宜恒植物油有限公司
湖北香莲药业有限责任公司
巴东县金果坪茶叶有限责任公司
宣恩县武陵中药材有限公司
湖北发夏食品有限公司
随州灵龙木业有限公司
随州曾都区三里岗镇香菇场
湖北裕国菇业有限公司
湖北希望实业开发有限公司大洪山森林旅游开发分公司
湖北神农生态食品股份有限公司
随州兴林林业开发有限公司
湖北随州鸿发蜂产品有限公司
随州田丰土产有限责任公司
随州二月风食品有限公司
三友(随州)食品有限公司
湖北万和食品有限公司
随州集蜂堂生物科技有限公司
随州云峰山茶场

湖北林业龙头企业名称
随州宝珠峰食品有限公司
潜江乐水林纸科技开发有限公司
仙桃星星木制品有限责任公司
仙桃鸿盛木材加工厂
天门信润木业制品有限公司
天门天源木业有限公司
神农架林区旅游发展集团有限公司
湖北汇澄茶油股份有限公司
湖北野风食品有限公司
宜昌富豪家私有限责任公司
湖北华始木本油脂公司
襄樊威杰茶叶食品有限公司
湖北筑阳翠峰茶叶有限公司
枣阳农兴油桃基地
湖北四季春茶油有限公司
湖北华丽食品有限公司
湖北御金丹生物科技有限公司
广水华都木业有限公司
巴东县三环生态农业发展有限公司
湖北华中家具工业园有限公司
武汉周农园艺有限公司
中盐银港湖北人造板有限公司
大冶真有味旅游商品有限公司
江湖昌兴木业有限公司
武汉佳海农业发展有限公司
武汉鑫家乐实业发展有限公司
武汉木兰湖绿岛茶叶有限公司
武汉国科融通种养殖有限公司
宜昌家和现代林业机械有限公司
湖北燕加隆木制品有限公司
湖北九棵松工贸集团有限公司
湖北李时珍健康产业开发股份有限公司
潜江绿秀特色农业发展专业合作社

表 40-5 湖北省级林业产业相关协会

1	湖北省武当道茶产业协会
2	湖北省农业生态环境保护协会
3	湖北省木材经营管理协会
4	湖北省中药企业管理协会
5	湖北省野生动植物保护协会
6	湖北省茶叶协会
7	湖北省家具协会
8	湖北省家具协会红木家具分会
9	湖北省造纸协会
10	湖北省饲料工业协会
11	湖北省农业生态环境保护协会
12	湖北省旅游协会

湖南省林业产业

【产业特点】 湖南林业产业特色集中体现在森林培育业、木材生产业、果品业、中药材业、花卉产业、林产化工业及森林旅游业。其中，人工林面积居全国第三位，人工林蓄积居全国第三位，林业服务业单位数量居全国第三位，用材林面积居全国第三位，低产低效林改造面积居全国第四位，木材产量居全国第五位，锯材产量居全国第五位，林木采运企业数量居全国第二位，竹材采运企业数量居全国第二位，细木工板产量居全国第五位，竹地板产量居全国第四位，竹藤制家具制造企业数量居全国第五位，木炭产量居全国第四位，柑橘产量居全国第一位，猕猴桃产量居全国第四位，油茶籽产量居全国第一位，竹笋干产量居全国第四位，八角产量居全国第五位，桂皮产量居全国第四位，杜仲产量居全国第二位，黄柏产量居全国第四位，厚朴产量居全国第一位，山茱萸产量居全国第三位，花卉市场居全国第四位，花卉从业人员居全国第四位，花卉专业技术从业人员居全国第二位，生漆产量居全国第二位，油桐籽产量居全国第四位，五倍子产量居全国第二位，棕片产量居全国第三位，紫胶(原胶)产量居全国第五位，樟脑产量居全国第五位，冰片产量居全国第二位，紫胶产量居全国第四位，旅游收入居全国第二位，国家森林公园数量居全国第三位，自然保护区管理业单位数量居全国第五位。见表41-1及表41-2。

湖南林业总产值为1150亿元。其中，对林业总产值的贡献最大的首先是森林旅游业166亿元，占14.42%；其次是木浆纸制品生产业117亿元，占10.19%；第三是木材生产业109亿元，占9.49%；第四是果品产业107亿元，占9.28%；第五是林业系统非林产业101亿元，占8.81%。这5项占总产值的52.19%，见表41-3。湖南林业产业相关协会有210家，其中省级协会10家，见表41-6。

【林业立法】 《湖南植物园管理条例》进行了多次调研和论证，组织起草和修改条例草案，并将该条例纳入了省人大2011年法规出台计划。

《湖南林产品质量安全条例》于2010年3月1日正式实施。为认真贯彻执行《条例》，编写完成《湖南林产品质量安全条例》释义，共举办各类培训班122期，培训1.2万人次，发放各种宣传资料5万多份，主流媒体宣传报道350多次；组建了湖南林产品质量检验检测中心；湖南省林业厅、省质监局、省工商局多次联合开展宣传活动和执法检查；省人大常委会组织开展了“三湘农产品质量安全行”活动，重点对人造板甲醛释放量进行专项检查与整治。全年共完成检测350批次。

《湖南林产品质量安全条例》是国内首部林产品质量安全方面的地方性法规，通过一年来的广泛宣传和严格执法，不仅有效地提高了全省企业和全民生产和使用林产品的安全意识，而且有力地促进了湖南林产品质量的提高，增强了市场竞争力，保障了人民群众的身体健康和生命财产安全。

【沅江林纸、板材加工】 沅江木材加工企业年耗材30万立方米，形成了以泰格林纸沅江纸业为龙头的林浆纸加工企业产业链，以俊艺木业为龙头的板材加工产业链，以四季红镇为中心的木线装饰材料加工小区。

在林浆纸加工方面，沅江纸业有限公司生产的“泰格·风”牌系列木浆、苇浆混合书写纸成为全国造纸行业知名品牌，该公司木浆纸工业年耗杨木、松木等小径材25万余吨，提供原木浆10万余吨，年创产值近5亿元。

在板材加工和特色产品加工方面，俊艺木业生产的细木工板、吉利火柴生产的多规格火柴均已通过省级环保认证和省级质量认证。“俊艺”板材、“吉利”火柴行销北京、上海、武汉等大中城市及中南各省。俊艺木业以年产16万张细木工板、1.5

万立方米家具基材，年创产值近2000万元而成为板材加工的龙头。

四季红木线市场近两年因池杉原材料市场的供应不足以转型为乡土树种半成品加工聚集市场，20余家小型加工企业年加工杨树、三杉半成品2万立方米，年创产值3000余万元，有部分个体企业转型生产指接材、板材芯板条、工业装饰板材半成品等，逐步完成了市场转型。

【油茶】

制定《湖南1000万亩油茶产业基地建设规划大纲》规划 规划面积6666.7公顷以上的县(市、区)有49个，20000公顷以上的县(市、区)有20个，33333.3公顷以上的县(市、区)有8个。2010年，全省年产茶油约12.1万吨，约占全国茶油总产量的45%。油茶产业产值达到75亿元，占全国油茶产业产值的60.5%。油茶面积和产量均居全国第一。

现有油茶产业企业243家，带动30多万林农参与油茶产业发展，其中年加工油茶1000吨以上的企业17家，年产精炼茶油5万多吨，茶皂素3000吨，茶粕1.5万吨。涌现出了湖南金浩茶油股份有限公司、郴州邦尔泰苏仙油脂有限公司、湖南永大九嶷油茶开发有限公司、衡阳金拓天油脂有限公司、衡阳南天山茶油业有限公司等龙头企业，打造了“九嶷”、“金浩”、“苏仙”、“金拓天”、“湘椿子”等知名品牌。其中，湖南永大九嶷油茶开发有限公司的“九嶷”牌茶油已通过美国食品和医药管理局商检，远销欧美国家。

围绕油茶良种选育、丰产栽培、低产林改造等方面开展科研攻关，初步解决了油茶高产稳产难题。“湖南油茶雄性不育杂交新品种选育及高效栽培技术和示范”科技成果荣获国家科技进步二等奖。成功研究出大树撕皮嵌接法和芽苗砧嫁接技术，嫁接苗木成活率由原来不到40%提高到了90%以上。建成全国唯一的国家级油茶种质资源库和油茶杂交种子园。

全国油茶产业发展现场会 2010年9月27日在湖南衡阳召开，专题研究如何进一步创新油茶产业发展模式和机制，衡阳等6个单位介绍了推进油茶产业发展的经验。

中国油茶之都——邵阳县 县委、县人民政府相继出台了《关于加快油茶产业发展的决定》、《关于落实退耕还林后续产业政策加快油茶产业发展的实施办法》等多个油茶产业发展政策性文件，编制了《邵阳县油茶产业开发总体规划》。

现有湖南瑞柏茶油有限公司、邵阳县华强粮油发展有限公司、邵阳县兴隆粮油发展有限公司、湖南日恋茶油农民专业合作社等4家油茶规模加工企业，具备了1万吨茶油的年生产加工能力，茶油产品以“茶仔皇”、“宝庆桂芳”、“日日恋”牌野生茶油最负盛名。湖南瑞柏茶油有限公司是邵阳省级农业产业化龙头企业，2010年扩建了年产5000吨精炼茶油生产线并投入生产，其生产的“茶仔皇”、“三强”系列野生茶油荣获湖南省名牌产品、湖南省著名商标、全国首届绿博会金质产品奖，并通过质量体系认证、食品安全管理体系认证、有机产品认证，“茶仔皇”系列茶油远销北京、上海、广州、长沙等大中城市。公司年生产精炼茶油2023吨，茶油销售额达1.9亿元，带动全县16个乡镇63个村3200户农户实现以林致富。邵阳县华强粮油发展有限公司生产的“宝庆桂芳”牌野生茶油已通过质量体系认证、有机产品认证、绿色食品认证，并荣获2008年第三届中国长沙国际食品博览会金奖和湖南省著名商标、湖南省名牌农产品称号，产品质量达到国家标准质量指标，具有明显的品牌竞争优势。

攸县油茶产业 攸县是国家油茶重点示范基地县之一。2004年被国家林业局授予“中国油茶之乡”称号。早在800多年前“攸县油茶”就在民间人工栽培。“攸县油茶”又称薄壳香油茶，具有果壳薄、出油率高、树冠矮的特点，是较为珍贵的优质油茶原种之一。

全县油茶林面积现已达到3万公顷，占经济林面积的90%，分布在全县20个乡镇，434个村。油茶林面积在667公顷以上的乡镇16个，面积最大的桃水镇面积达4660公顷。全县油茶造林100亩以上的经营大户有12户，带动农户1687户，投入资金2000余万元，面积860多公顷。全县生产茶油5000吨，产值近2亿元；涌现株洲恒源油脂有限公司等大小茶油加工厂30余家。

县委、县政府成立油茶产业发展办公室，研究制订了油茶产业发展规划、实施方案和政策措施，出台了《攸县人民政府关于加快油茶产业发展的意见》，编制了《攸县2009～2015年油茶产业发展规划》和《攸县国家级油茶产业示范基地建设实施方案》。县财政每年拿出100万元用于奖励油茶产业大户；林业部门每年为林农无偿提供油茶种苗100余万株计200万元；各乡镇也相继出台了一系列激励政策，鼓励林农大力投入油茶产业建设。

健全流转机制。以集体林权制度改革为契机，将零星宜林地和油茶林集中到种植大户手中，强化规模集约化经营；对未完成油茶垦复任务导致油茶荒芜的农户，由当地乡镇、村、组收回荒山按程序实行流转。

县林业部门组织编写《油茶低产林改造技术规程》、《油茶芽苗砧嫁接技术》等相关技术资料，无偿赠送给育苗户和经营业主。定期举办油茶低改技术培训班，组织各乡镇林管员、村组负责人、经营大户和示范基地技术骨干参加业务培训或现场参观，进行经验交流，提高油茶栽培管理技术。2008年以来，全县共举办油茶低改技术等培训班30余期，培训5300余人次，印发技术资料3.6万份，播放电视节目27期。

强化种苗管理。按照“四证一签”、“四定三清”的原则，确保优质壮苗上山。从油茶的穗条采集、芽苗嫁接、田间管理，由县林业局种苗站、技术推广站派专人驻乡进行全程跟踪监管，确保品种纯正，做到“定点采穗、定点育苗、定点生产、定向供应、品种清、种源清、去向清”。同时，全县建立高级优良无性系油茶采穗圃20公顷，在新、丫江桥、贾山等乡镇建立了油茶优良无性系苗木定点繁育基地20公顷。每年繁育油茶优良无性系苗木2000万株以上，其中省林业厅定点育苗410万株。

近年来，共争取油茶项目5个，项目资金866万元。每年吸取社会投资油茶建设资金近1000万元。同时，鼓励社会各界按照“企业+基地+农户”、专业合作社等模式建设油茶丰产林示范基地。如湖南武陵源茶籽油产业投资有限公司与皇图岭、新、莲塘坳、网岭等乡镇林农签订油茶丰产林建设项目2000公顷，现已完成造林近700公顷。攸县金岭、同发油茶专业合作社，分别在坪阳庙、湖南坳、皇图岭等乡镇建立油茶林示范基地0.15万公顷，开展联产种植、技术推广、生产资料供应、产品营销等服务。

坚持产研结合。从1978年开始，该县利用新油茶场开展油茶优良无性系选育工作，先后选育和收集全国412个县优良无性系234个(号)、优良家系3个，其中有141个无性系达到了国家优树标准，有36个优良无性系经省级鉴定连续4年测产每公顷产油达到750千克以上。2008年该县引进油茶优良无性系15个，已通过省林业厅林木良种审定委员会审定，亩产超过40千克，高产区达75千克。推广应用油茶优良无性系更新造林，成活保存率均达95%以上，基本上达到了“一年栽种、两年开花、三年结果”的目标。2008年10月27日，由县林业局牵头，县科技、统计、广电等部门组成油茶产量测定组，对桃水镇桃水村周恒文油茶优良无性系栽培示范点进行测产，2个标准地亩产油茶球果1470.4千克，亩产茶油可达70.5千克，亩平均收入达2940元。目前，该县从事油茶科研工作的技术人员有32人，油茶芽苗砧嫁接技术能手500人以上。近年来协助湖南省林科院承担国家技术攻关，完成国家林业局和湖南省攻关项目42项，鉴定成果2项，推广项目11项。

【经济林】

中国香柚之乡——江永县　拥有香柚基地0.92万公顷，年产量10.5万吨。万亩以上的基地3个，3万亩以上的基地1个；全县年产香柚逾10万吨，年产值2亿元以上；是全国最大的香柚基地，也是全国最大的柚子基地之一。江永香柚获得了众多的荣誉称号。

（江永县林业局）

【竹林】

中国竹子之乡——绥宁县　森林覆盖率76.4%，19.87万公顷有林地面积中，竹林面积3.73万公顷，立竹数1.2亿株。毛竹成为该县继杉、松林木资源之后的第三大资源。竹产业是该县经济和农民增收的支柱产业，竹业年产值6亿元。全县有50%以上的农户从竹业发展中直接受益。在竹业经营中，从业人员达5万多人，为全县总人口的14.3%。

绥宁县有毛竹规模加工企业41家，生产线65条，主要产品有竹地板系列、竹造纸系列、竹笋制品系列、竹工艺品系列、竹胶板系列等15大系列。年产值100万元以上的企业32家，占全县竹加工企业总数的72%。该县竹材利用率96%，加工企业主要分布在县城工业园区及几个主产材区，交通便利，原材料充足，毛竹年采伐量1000万株。竹制工艺品200多种。

邵阳佰龙竹木有限责任公司 是绥宁县竹产业主要龙头企业之一，成立于2005年3月，是一家"公司+基地+农户"的一体化民营企业，是"湖南林业产业化龙头企业"和"湖南农业产业化龙头企业"，主要经营竹木制品及农林产品加工、开发、销售及营林绿化。公司占地5.1公顷，实现年产值6000万元，创税350万元，总资产500多万元，现有员工450人。主要设备从德国和中国台湾引进，拥有国内领先的加工生产线和UV漆涂装生产线，主要有竹地板系列产品生产线2条，环保集成材生产线2条，竹筷生产线2条，主要产品有竹木地板、竹材集装箱板、竹材家具板、竹筷建筑模板、集成板材等。其中竹地板被评为湖南省名牌产品，建筑模板被评为中国优质产品，产品已通过ISO9001：2000质量管理体系认证和ISO14001环保管理体系认证，并注册了"佰龙"商标，产品主要出口欧美、日韩等国，国内销往武汉、北京、广州、四川、江浙、东北等地，并享有良好的质量信誉。

【花卉】

中国金银花之乡——隆回县 金银花种植历史悠久，明朝时期就有种植金银花的记载，规模化种植已有30多年历史，全县共有96个村2.2万户8.2万人从事金银花产业。面积1.33万公顷，主栽品种为"灰毡毛忍冬"，干花总产稳定在1.1万吨，占全国金银花总产量的50%以上，实现产值12亿元。

金银花生产进入规模化标准化生产阶段，小沙江地区成为远近闻名的"南国药都"。2003年以来，组织编写了《金银花栽培技术规程》、《金银花分级规范》，新建优质金银花品种培育基地12个，选育出优良品种金翠蕾、银翠蕾和白云，并成功培育出无病毒苗(组培苗)，2010年春年产苗木1000万株的两个无病毒工厂化苗木快繁基地投入生产。

全县有金银花初级加工企业106家，集储存、加工、销售于一体的龙头企业10家，主要生产金银花茶、保健品、饮料、中成药等，年加工能力超过2000吨。全方位推广新技术和新设备，初级加工过程，无公害机械干燥工艺已成为全县金银花干燥的主流工艺。2006年研发出富硒金银花含片和"花瑶清"饮品系列。

2010年7月，县委、县政府举办了"中国湖南(隆回)首届花瑶金银花节"，签约项目23个，签约销售金银花4600吨，签约投资总额达17亿元。隆回县金银花产业获得了众多的荣誉称号。

(廖名科　马社军)

【龙头企业与品牌】 新认定了"李氏"家具等41家省级林业产业龙头企业，省级林业产业龙头企业总数达232家。新增"基荣"木业、"康华"棕叶等40个"湖南省著名商标"，全省林业著名商标数量达110个；新增"圣保罗"地板、"森艺"家具等12个"湖南省名牌产品"，林业湖南省名牌数量达73个。

24家林业产业龙头企业贷款5.67亿元，申请落实贴息资金1700万元，退税近6000万元。银光粮油与京粮集团共同开发油茶产业项目、艾度橱柜入驻浏阳家具产业园项目、益阳森华公司引进德国迪芬巴赫公司年产22万立方米中(高)密度纤维板生产线项目在上海世博会成功签约。

【林业科技】

建成全国第一个林木测土配方省级信息系统

湖南省林业厅在全国率先实施林木测土配方工程，先后组织6000多人次的技术力量，投入经费近4000万元，综合运用"3S"、计算机、网络等技术，依托湖南省林业基础地理数据库系统，整合上千余项科技成果和全省土壤普查成果，历时2年建成了湖南林木测土配方信息系统。整个系统覆盖了全省1300万公顷林业用地近500万个小班，采集、编制和录入包括立地因子、土壤肥力和气象气候因子8000多万个以及湖南省85个主要适生造林树种的栽培技术。

这对于提高全省营造林的科技含量、促进林木生长和林农增收具有重要意义，填补了国内林木测土配方信息系统的空白，实现适地适树、科学营林的目标。

无节良材和优材更替 从2009年起，开展了无节良材、优材更替工作，下发了《关于认真做好无节良材和优材更替培育工作的通知》，颁布了《湖南无节良材培育技术指南(试行)》、《湖南无节良材培育检查验收办法(试行)》和《湖南优材更替检查验收办法(试行)》。

【森林旅游】 举办“湘约天下”森林生态旅游品牌创建新闻发布会，举办2010中国张家界国际森林保护节暨湖南生态文化节和莽山杜鹃花文化节等一系列节庆活动，完成《湖南森林公园》名录的编制，开通森林旅游服务热线和服务网站。全省国有林场、森工采育场、森林公园、自然保护区3400千米专用公路纳入了《湖南“十二五”农村公路发展规划》。

【生态文化产业】 生态文化是林业三大体系建设的重要内容。由湖南省林业厅邓三龙厅长作词、著名曲作家刘青作曲、著名歌唱家张也演唱的《绿色恋歌》，填补了湖南林业歌曲创作上的空白；拍摄了反映全省林业建设、国有贫困林场、油茶产业发展、集体林权制度改革等4部电视宣传片和以湿地保护为题材的电影《洞庭渔姑》；全年举行了张家界国际森林保护节等10多项生态文化活动；开展了“生态文明教育基地”创建工作，有3家单位荣膺“全国生态文明教育基地”称号，2个村获“全国生态文化村”殊荣，11家单位成为“湖南生态文明教育基地”；《湖南林业》更名为《林业与生态》。

【首届湖南家具博览会】 2010年9月28日至10月1日在长沙红星国际会展中心举办。本届家博会以“品质家具，低碳生活”为主题，由湖南省人民政府主办、湖南省林业厅承办。全省139家企业上万件产品参展，15万多人进场参观，现场成交和签约订购合同12亿元。中共湖南省委书记周强、国家林业局局长贾治邦、中共湖南省委副书记、代省长徐守盛等领导出席了开幕式。省委副书记梅克保在巡馆后当即主持召开专题办公会，决定每年从全省新型工业化引导资金中拿出1000万元支持湖南省家具产业发展。

（何　宏）

表41-1　湖南省林业产业概况

指　标	数量
总产值(按现行价格计算)(万元)	11503145
一、第一产业产值	4194294
(一)涉林产业产值	3887521
1. 林木的培育和种植	821005
2. 木材和竹材的采运	639635
3. 经济林产品的种植与采集	1884828
4. 花卉的种植	329778
5. 陆生野生动物繁育与利用	83382
6. 林业生产辅助服务	128893
(二)林业系统非林产业产值	306773
二、第二产业产值	5031629
(一)涉林产业产值	4594590
1. 木材加工及木、竹、藤、棕、苇制品制造	2043310
(1)锯材、木片加工	541026
(2)人造板制造	757354
(3)木制品制造	395341
(4)竹、藤、棕、苇制品制造	349589
2. 木、竹、藤家具制造	607221
3. 木、竹、苇浆造纸	1172397
4. 林产化学产品制造	150980
5. 木制工艺品和木制文教体育用品制造	73945
6. 非木质林产品加工制造	329322
7. 其他	217415
(二)林业系统非林产业产值	437039
三、第三产业产值	2277222
(一)涉林产业产值	2007334
1. 林业旅游与休闲服务	1659191
2. 林业生态服务	143995
3. 林业专业技术服务	70517
4. 林业公共管理及其他组织服务	133631
(二)林业系统非林产业产值	269888
补充资料：竹产业产值	486800
油茶产业产值	426117
全部山区县茶、桑、果产值	442922
全部丘陵县茶、桑、果产值	353069
森林资源	
一、森林覆盖率(%)	44.76
二、林地面积(万公顷)	1234.21
三、森林面积(万公顷)	948.17
四、人工林面积(万公顷)	464.04
五、活立木总蓄积量(万立方米)	38177.20
六、森林蓄积量(万立方米)	34906.67

指　标	数量
七、人工林蓄积量(万立方米)	16018.33
八、乔木林单位面积蓄积量(立方米/公顷)	48.05
森林培育(公顷)	
一、荒山荒(沙)地造林面积(按林种用途分)	213448
(一)用材林	71886
(二)经济林	32285
(三)防护林	108005
(四)薪炭林	551
(五)特种用途林	721
二、森林抚育面积	
(一)低产低效林改造	73567
(二)实际幼林抚育	410882
(三)成林抚育	245566
三、林业单位数量(个)	1640
木材、竹材(万立方米)	
一、木材总计	557.60
(一)原木	532.41
其中：针叶原木	74.47
1. 直接用原木	79.71
2. 特级原木	0.44
3. 等内加工原木	51.86
其中：针叶原木	26.53
4. 造纸用原木	58.39
5. 胶合板材	49.54
6. 杉原条	227.89
7. 其他原木	64.59
(二)薪材	25.19
(三)锯材	238.17
二、林木采运企业数量(个)	211
三、竹材采运企业数量(个)	53
四、锯材加工企业数量(个)	232
五、木材批发企业数量(个)	793
人造板(万立方米)	
人造板总产量	479.95
一、胶合板	211.82
(一)木胶合板	119.85
(二)竹胶合板	85.41
(三)其他胶合板	6.56
二、纤维板	82.71
三、刨花板	26.74
四、其他人造板	158.68
其中：细木工板	135.63
五、单板	9.89
六、人造板制造企业数量(个)	870
七、胶合板制造企业数量(个)	493
八、纤维板制造企业数量(个)	56
九、刨花板制造企业数量(个)	33
十、其他人造板制造企业数量(个)	154
木制品	
一、木竹地板(万平方米)	1547.52
(一)实木木地板	281.76
(二)复合木地板	614.35
(三)其他木地板	163.53
(四)竹地板	487.88
二、木制品企业数量(个)	1382
三、生产用木制品企业数量(个)	628
四、生活用木制品企业数量(个)	245
五、中乐器制造企业数量(个)	5
六、西乐器制造企业数量(个)	1
木竹家具	
一、木制家具制造企业数量(个)	1246
二、竹藤制家具制造企业数量(个)	110
三、家具零售企业数量(个)	2745
木　片	
一、木片、木粒加工产品(万实积立方米)	24.67
二、木片加工企业数量(个)	512
木　炭	
木炭(吨)	43853
竹　藤	
一、竹材(万根)	6029.20
其中：毛竹	5621.05
篙竹	408.15
二、小杂竹(万吨)	26.89
三、竹、藤、棕、草制品企业数量(个)	1120
四、竹、藤、棕、草工艺品制造企业数量(个)	153
果　品	
一、水果产量(吨)	3933443
其中：柑橘	3218241
梨	152859
葡萄	84128
桃	91979
杏	2255
猕猴桃	35825
其他水果	348156
二、干果产量(吨)	117482
其中：核桃	5484
板栗	72469
枣(干重)	11557
柿子(干重)	7540
山杏仁	41

指　标	数量
银杏(白果)	503
其他干果	19888
三、木本油料	393812
其中：油茶籽	390455
其他木本油料	3357
四、水果罐头制造企业数量(个)	108
森林蔬菜	
一、森林食品(干重)(吨)	135277
其中：竹笋干	31873
食用菌	80496
山野菜	7395
其他森林食品	15513
二、蔬菜、果品批发企业数量(个)	531
茶咖啡	
一、林产饮料产品(干重)(吨)	53316
其中：毛茶	51417
其他林产饮料产品	1899
二、茶叶批发企业数量(个)	571
三、制茶企业数量(个)	946
调　料	
一、林产调料产品(干重)	1697
其中：花椒	856
八角	104
桂皮	233
其他林产调料产品	504
中药材	
一、木本药材(吨)	147153
其中：杜仲	44601
黄柏	1933
厚朴	62087
枸杞	480
山茱萸	4315
其他木本药材	33737
二、中草药及制品批发企业数量(个)	1051
花　卉	
一、年末实有花卉种植面积(公顷)	36157
二、切花切叶产量(万支)	632
三、盆栽植物产量(万盆)	2889
四、观赏苗木产量(万株)	18868
五、草坪产量(万平方米)	626
六、花卉市场(个)	255
七、花卉企业数量(个)	1123
其中：大中型企业	206
八、花农(万户)	7.14
九、花卉从业人员(万人)	31.11
其中：专业技术人员	1.41

指　标	数量
十、控温温室面积(万平方米)	46
十一、日光温室面积(万平方米)	53
林产化工	
一、林产工业原料(吨)	
(一)生漆	2484
(二)油桐籽	38701
(三)乌桕籽	902
(四)五倍子	3285
(五)棕片	7819
(六)松脂	36946
(七)紫胶(原胶)	49
二、林产化学产品(吨)	
(一)松香	11844
(二)松节油	2269
(三)樟脑	40
(四)冰片	370
(五)栲胶	10
(六)紫胶	14
三、林产化学产品制造企业数量(个)	180
四、香料、香精制造企业数量(个)	108
蚕	
一、丝绢纺织企业数量(个)	88
二、缫丝企业数量(个)	17
三、绢纺企业数量(个)	0
四、丝织企业数量(个)	19
五、丝印染企业数量(个)	12
六、丝制品企业数量(个)	30
七、其他丝绢纺织企业数量(个)	5
八、丝针织品企业数量(个)	24
森林旅游	
一、旅游人次(人)	44213384
二、旅游收入(万元)	1659191
三、森林公园总数(处)	105
四、森林公园总面积(公顷)	389710
五、国家森林公园数量(处)	43
六、国家森林公园面积(公顷)	209611
七、省级森林公园数量(处)	54
八、省级森林公园面积(公顷)	173001
九、县级森林公园数量(处)	8
十、县级森林公园面积(公顷)	7098
十一、森林公园收入总额(万元)	145944
十二、旅游接待总人数(万人次)	1681
十三、旅游接待海外旅游者(万人次)	61
十四、园林绿化企业数量(个)	1898
十五、自然保护区管理业数量(个)	104
林业机械	

指　标	数量
一、森林工业专用设备制造企业数量(个)	5
二、营林机械制造企业数量(个)	6

表 41-2　湖南省林业产业特色

指　标	全国排名	数量
人工林面积(万公顷)	3	464.04
人工林蓄积(万立方米)	3	16018.33
林业服务业单位数量(个)	3	1837
用材林面积(公顷)	3	71886
低产低效林改造面积(公顷)	4	73567
木材产量(万立方米)	5	557.60
锯材产量(万立方米)	5	238.17
林木采运企业数量(个)	2	211
竹材采运企业数量(个)	2	53
细木工板产量(万立方米)	5	135.63
竹地板产量(万平方米)	4	487.88
竹藤制家具制造企业数量(个)	5	110
木炭产量(吨)	4	43853
柑橘产量(吨)	1	3218241
猕猴桃产量(吨)	4	35825
油茶籽产量(吨)	1	390455
竹笋干产量(吨)	4	31873
八角产量(吨)	5	104
桂皮产量(吨)	4	233
杜仲产量(吨)	2	44601
黄柏产量(吨)	4	1933
厚朴产量(吨)	1	62087
山茱萸产量(吨)	3	4315
花卉市场(个)	4	255
花卉从业人员(万人)	4	31.11
花卉专业技术从业人员(万人)	2	1.41
生漆产量(吨)	2	2484
油桐籽产量(吨)	4	38701
五倍子产量(吨)	2	3285
棕片产量(吨)	3	7819
紫胶(原胶)产量(吨)	5	49
樟脑产量(吨)	5	40
冰片产量(吨)	2	370
紫胶产量(吨)	4	14
旅游收入(万元)	2	1659191
国家森林公园数量(处)	3	43
自然保护区管理业单位数量(个)	5	104

表 41-3　湖南省各产业对总产值的贡献

	指　标	产值(万元)	百分比(%)
	总产值	11503145	100
1	森林旅游业	1659191	14.42
2	木浆纸制品生产业	1172397	10.19
3	木材生产业	1091222	9.49
4	果品产业	1067748	9.28
5	林业系统非林产业	1013700	8.81
6	人造板制造业	757354	6.58
7	森林培育业	662344	5.76
8	木竹藤家具制造业	607221	5.28
9	林业服务	477036	4.15
10	木制品生产业	469286	4.08
11	竹藤产业(不含家具)	439028	3.82
12	园林植物产业	329778	2.87
13	森林蔬菜产业	281053	2.44
14	中药业	197625	1.72
15	茶咖啡产业	171458	1.49
16	种苗产业	158661	1.38
17	林产化工产业	150980	1.31
18	野生动物驯养业	83382	0.72
19	其他	713681	6.20

表 41-4　湖南省级林业产业相关协会

1	湖南省家具协会
2	湖南省野生动植物保护协会
3	湖南省旅游协会
4	湖南省园林绿化协会
5	湖南省茶业协会
6	湖南省果品协会
7	湖南省印刷及纸制品工业协会
8	湖南省竹产业协会
9	湖南省香料香精化妆品工业协会
10	湖南省旅游商品协会

广东省林业产业

【产业特点】 广东的林业特色产业突出表现在森林培育业、人造板业、木制品业、果品业、花卉业、蚕丝业及森林旅游业等。其中，人工林面积居全国第二位，更新造林面积居全国第三位，木材产量居全国第三位，热带木材产量居全国第二位，木材批发企业数量居全国第四位，纤维板产量居全国第五位，纤维板制造企业数量居全国第二位，刨花板制造企业数量居全国第三位，其他人造板制造企业数量居全国第五位，木竹地板产量居全国第四位，实木地板产量居全国第二位，木制品企业数量居全国第三位，生产用木制品企业数量居全国第五位，生活用木制品企业数量居全国第四位，木制家具制造企业数量居全国第一位，竹藤制家具制造企业数量居全国第三位，家具零售企业数量居全国第一位，木片、木粒加工产品产量居全国第三位，木片加工企业数量(居全国第二位，竹材产量居全国第四位，篙竹产量居全国第三位，小杂竹产量居全国第三位，竹、藤、棕、草制品企业数量居全国第三位，竹、藤、棕、草工艺品制造企业数量居全国第四位，荔枝产量居全国第一位，龙眼产量居全国第一位，猕猴桃产量居全国第五位，银杏(白果)产量居全国第五位，油茶籽产量居全国第五位，竹笋干产量居全国第五位，蔬菜、果品批发企业数量居全国第二位，茶叶批发企业数量居全国第二位，八角产量居全国第三位，桂皮产量居全国第一位，中草药及制品批发企业数量居全国第一位，切花切叶产量居全国第三位，盆栽植物产量居全国第五位，花卉企业居全国第一位，花卉大中型企业居全国第二位，松脂产量居全国第二位，紫胶(原胶)产量居全国第二位，松香产量居全国第三位，樟脑产量居全国第二位，冰片产量居全国第一位，紫胶产量居全国第二位，林产化学产品制造企业数量居全国第四位，香料、香精制造企业数量居全国第一位，丝绢纺织企业数量居全国第三位，丝印染企业数量居全国第一位，丝制品企业数量居全国第三位，其他丝绢纺织企业数量居全国第四位，丝针织品企业数量居全国第四位，旅游人次居全国第三位，森林公园总数居全国第一位，省级森林公园数量居全国第四位，县级森林公园数量居全国第一位，县级森林公园面积居全国第一位，旅游接待总人数居全国第一位，旅游接待海外旅游者居全国第一位，园林绿化业单位数量居全国第一位，自然保护区管理业单位数量居全国第二位。见表 42-1 及表 42-2。

广东林业总产值为 2802 亿元。其中，木浆纸制品生产业对林业总产值的贡献最大，为 1353 亿元，占 48.29%；其次是木家具制造业 590 亿元，占 21.04%。这两项的产值占总产值的 69.33%，见表 42-3. 广东林业政策主要是 2007 年 3 月 8 日，广东财政厅、广东林业局转发的《关于发展生物能源和生物化工财税扶持政策实施意见的通知》(粤财工〔2007〕2 号)。林业产业相关协会有 178 家，其中国家级 1 家，省级 10 家，见表 42-4。

表 42-1　广东省林业产业概况

指　标	数量
总产值(按现行价格计算)(万元)	28021579
一、第一产业产值	3790759
(一)涉林产业产值	3785369
1. 林木的培育和种植	216437
2. 木材和竹材的采运	496743
3. 经济林产品的种植与采集	2328792
4. 花卉的种植	675194
5. 陆生野生动物繁育与利用	63994
6. 林业生产辅助服务	4209
(二)林业系统非林产业产值	5390
二、第二产业产值	23781144
(一)涉林产业产值	23764765
1. 木材加工及木、竹、藤、棕、苇制品制造	3715693
(1)锯材、木片加工	419412
(2)人造板制造	2263797
(3)木制品制造	788356
(4)竹、藤、棕、苇制品制造	244128

指　标	数量
2. 木、竹、藤家具制造	5896993
3. 木、竹、苇浆造纸	13531044
4. 林产化学产品制造	456404
5. 木制工艺品和木制文教体育用品制造	60908
6. 非木质林产品加工制造	85214
7. 其他	18509
(二)林业系统非林产业产值	16379
三、第三产业产值	449676
(一)涉林产业产值	438328
1. 林业旅游与休闲服务	433647
2. 林业生态服务	1737
3. 林业专业技术服务	485
4. 林业公共管理及其他组织服务	2459
(二)林业系统非林产业产值	11348
补充资料：竹产业产值	46716
油茶产业产值	5203
全部山区县茶、桑、果产值	1090809
全部丘陵县茶、桑、果产值	275119
森林资源	
一、森林覆盖率(%)	49.44
二、林地面积(万公顷)	1073.07
三、森林面积(万公顷)	873.98
四、人工林面积(万公顷)	503.18
五、活立木总蓄积量(万立方米)	32160.74
六、森林蓄积量(万立方米)	30183.37
七、人工林蓄积量(万立方米)	11520.43
八、乔木林单位面积蓄积量(立方米/公顷)	44.47
森林培育(公顷)	
一、荒山荒(沙)地造林面积(按林种用途分)	95144
(一)用材林	33620
(二)经济林	11061
(三)防护林	50383
(四)薪炭林	
(五)特种用途林	80
二、更新造林面积	48088
三、森林抚育面积	
(一)低产低效林改造	19295
(二)实际幼林抚育	173294
(三)成林抚育	182063
四、林业单位数量(个)	2143
木材、竹材(万立方米)	
一、木材总计	654.91
其中：热带木材	159.17
(一)原木	611.56
其中：针叶原木	91.65
1. 直接用原木	241.47

指　标	数量
2. 特级原木	7.11
3. 等内加工原木	101.79
其中：针叶原木	33.09
4. 造纸用原木	98.14
5. 胶合板材	51.45
6. 杉原条	41.17
7. 其他原木	70.43
(二)薪材	43.35
(三)锯材	128.02
二、林木采运企业数量(个)	131
三、竹材采运企业数量(个)	16
四、锯材加工企业数量(个)	819
五、木材批发企业数量(个)	4660
人造板(万立方米)	
人造板总产量	784.11
一、胶合板	202.53
(一)木胶合板	127.58
(二)其他胶合板	74.95
二、纤维板	387.48
三、刨花板	90.60
四、其他人造板	103.50
其中：细木工板	20.06
五、单板	24.84
六、人造板制造企业数量(个)	1729
七、胶合板制造企业数量(个)	556
八、纤维板制造企业数量(个)	167
九、刨花板制造企业数量(个)	139
十、其他人造板制造企业数量(个)	666
木制品	
一、木竹地板(万平方米)	3866.92
(一)实木木地板	3157.06
(二)复合木地板	694.86
(三)竹地板	15
二、木制品企业数量(个)	7009
三、生产用木制品企业数量(个)	2235
四、生活用木制品企业数量(个)	1440
五、中乐器制造企业数量(个)	45
六、西乐器制造企业数量(个)	81
木竹家具	
一、木制家具制造企业数量(个)	13990
二、竹藤制家具制造企业数量(个)	291
三、家具零售企业数量(个)	15007
木　片	
一、木片、木粒加工产品(万实积立方米)	201.90
二、木片加工企业数量(个)	1490
木　炭	

指　标	数量
木炭(吨)	6930
竹　藤	
一、竹材(万根)	13252.03
其中：毛竹	3478.14
篙竹	9773.89
二、小杂竹(万吨)	95.92
三、竹、藤、棕、草制品企业数量(个)	1639
四、竹、藤、棕、草工艺品制造企业数量(个)	1009
果　品	
一、水果产量(吨)	6079776
其中：柑橘	2276812
梨	40468
葡萄	2
桃	44516
荔枝	919929
龙眼	574251
猕猴桃	34125
其他水果	2189673
二、干果产量(吨)	68818
其中：板栗	10616
枣(干重)	4357
柿子(干重)	24024
银杏(白果)	3183
其他干果	26638
三、木本油料	88388
其中：油茶籽	82417
其他木本油料	5971
四、水果罐头制造企业数量(个)	136
森林蔬菜	
一、森林食品(干重)(吨)	37567
其中：竹笋干	30291
食用菌	7025
山野菜	18
其他森林食品	233
二、蔬菜、果品批发企业数量(个)	3601
茶咖啡	
一、林产饮料产品(干重)(吨)	29726
其中：毛茶	29354
其他林产饮料产品	372
二、茶叶批发企业数量(个)	3536
三、制茶企业数量(个)	472
调　料	
一、林产调料产品(干重)	54722
其中：八角	7812
桂皮	46758
其他林产调料产品	152

指　标	数量
中药材	
一、木本药材(吨)	16513
其中：厚朴	1006
其他木本药材	15507
二、中草药及制品批发企业数量(个)	3564
花　卉	
一、年末实有花卉种植面积(公顷)	51475
二、切花切叶产量(万支)	147246
三、盆栽植物产量(万盆)	18380
四、观赏苗木产量(万株)	11252
五、草坪产量(万平方米)	2773
六、花卉市场(个)	101
七、花卉企业数量(个)	8833
其中：大中型企业	1319
八、花农(万户)	3.25
九、花卉从业人员(万人)	11.71
其中：专业技术人员	1.12
十、控温温室面积(万平方米)	306
十一、日光温室面积(万平方米)	484
林产化工	
一、林产工业原料(吨)	
(一)生漆	188
(二)油桐籽	6050
(三)乌桕籽	527
(四)棕片	2536
(五)松脂	181141
(六)紫胶(原胶)	360
二、林产化学产品(吨)	
(一)松香	114726
(二)松节油	10247
(三)樟脑	1997
(四)冰片	391
(五)紫胶	357
三、林产化学产品制造企业数量(个)	439
四、香料、香精制造企业数量(个)	672
蚕	
一、丝绢纺织企业数量(个)	994
二、缫丝企业数量(个)	58
三、绢纺企业数量(个)	8
四、丝织企业数量(个)	121
五、丝印染企业数量(个)	520
六、丝制品企业数量(个)	191
七、其他丝绢纺织企业数量(个)	67
八、丝针织品企业数量(个)	234
森林旅游	
一、旅游人次(人)	131576605

指　标	数量
二、旅游收入(万元)	433647
三、森林公园总数(处)	424
四、森林公园总面积(公顷)	995452
五、国家森林公园数量(处)	25
六、国家森林公园面积(公顷)	206684
七、省级森林公园数量(处)	67
八、省级森林公园面积(公顷)	110082
九、县级森林公园数量(处)	332
十、县级森林公园面积(公顷)	678685
十一、森林公园收入总额(万元)	153393
十二、旅游接待总人数(万人次)	7270
十三、旅游接待海外旅游者(万人次)	188
十四、园林绿化企业数量(个)	6999
十五、自然保护区管理业数量(个)	195
林业机械	
一、森林工业专用设备制造企业数量(个)	292
二、营林机械制造企业数量(个)	14

表 42-2　广东省林业产业特色

指　标	全国排名	数量
人工林面积(万公顷)	2	503.18
更新造林面积(公顷)	3	48088
木材产量(万立方米)	3	654.91
热带木材产量(万立方米)	2	159.17
木材批发企业数量(个)	4	4660
纤维板产量(万立方米)	5	387.48
纤维板制造企业数量(个)	2	167
刨花板制造企业数量(个)	3	139
其他人造板制造企业数量(个)	5	666
木竹地板产量(万平方米)	4	3866.92
实木木地板产量(万平方米)	2	3157.06
木制品企业数量(个)	3	7009
生产用木制品企业数量(个)	5	2235
生活用木制品企业数量(个)	4	1440
木制家具制造企业数量(个)	1	13990
竹藤制家具制造企业数量(个)	3	291
家具零售企业数量(个)	1	15007
木片、木粒加工产品产量(万实积立方米)	3	201.90
木片加工企业数量(个)	2	1490
竹材产量(万根)	4	13252.03
篙竹产量(万根)	3	9773.89
小杂竹产量(万吨)	3	95.92
竹、藤、棕、草制品企业数量(个)	3	1639
竹、藤、棕、草工艺品制造企业数量(个)	4	1009
荔枝产量(吨)	1	919929
龙眼产量(吨)	1	574251
猕猴桃产量(吨)	5	34125
银杏(白果)产量(吨)	5	3183
油茶籽产量(吨)	5	82417
竹笋干产量(吨)	5	30291
蔬菜、果品批发企业数量(个)	2	3601
茶叶批发企业数量(个)	2	3536
八角产量(吨)	3	7812
桂皮产量(吨)	1	46758
中草药及制品批发企业数量(个)	1	3564
切花切叶产量(万支)	3	147245.95
盆栽植物产量(万盆)	5	18379.82
花卉企业(个)	1	8833
花卉大中型企业(个)	2	1319
松脂产量(吨)	2	181141
紫胶(原胶)产量(吨)	2	360
松香产量(吨)	3	114726
樟脑产量(吨)	2	1997
冰片产量(吨)	1	391
紫胶产量(吨)	2	357
林产化学产品制造企业数量(个)	4	439
香料、香精制造企业数量(个)	1	672
丝绢纺织企业数量(个)	3	994
丝印染企业数量(个)	1	520
丝制品企业数量(个)	3	191
其他丝绢纺织企业数量(个)	4	67
丝针织品企业数量(个)	4	234
旅游人次(万人)	3	131576605
森林公园总数(处)	1	424
省级森林公园数量(处)	4	67
县级森林公园数量(处)	1	332
县级森林公园面积(公顷)	1	678685.47
旅游接待总人数(万人次)	1	7269.97
旅游接待海外旅游者(万人次)	1	187.55
园林绿化业单位数量(个)	1	6999
自然保护区管理业单位数量(个)	2	195

表 42-3　广东省各产业对总产值的贡献

	指　标	产值(万元)	百分比(%)
	总产值	28021579	100
1	木浆纸制品生产业	13531044	48.29
2	木竹藤家具制造业	5896993	21.04
3	人造板制造业	2263797	8.08
4	果品产业	2014430	7.19
5	木制品生产业	849264	3.03
6	木材生产业	793681	2.83

	指　标	产值(万元)	百分比(%)
7	园林植物产业	675194	2. 41
8	林产化工产业	456404	1. 63
9	森林旅游业	433647	1. 55
10	竹藤产业(不含家具)	366602	1. 31
11	森林培育业	181610	0. 65
12	茶咖啡产业	136857	0. 49
13	森林蔬菜产业	70542	0. 25
14	野生动物驯养业	63994	0. 23
15	种苗产业	34827	0. 12
16	林业系统非林产业	33117	0. 12
17	中药业	25419	0. 09
18	林业服务	8890	0. 03
19	其他	185267	0. 66

表 42-4　广东省级林业产业相关协会

1	中国花卉协会盆栽植物分会
2	广东省野生动物保护协会
3	广东省茶业行业协会
4	广东省木材行业协会
5	广东省竹产业协会
6	广东省野生动物保护协会护农狩猎专业委员会
7	广东省旅游协会
8	广东省饲料行业协会
9	广东省造纸行业协会
10	广东省家具协会
11	广东省风景园林协会

广西壮族自治区林业产业

【产业特点】 广西林业产业特色突出表现在森林培育业、木材生产业、人造板业、毛竹业、果品业及林产化工业等。其中，森林覆盖率居全国第四位，人工林面积居全国第一位，人工林蓄积居全国第二位，林业服务业单位数量居全国第五位，用材林面积居全国第一位，更新造林面积居全国第二位，实际幼林抚育面积居全国第四位，速生丰产用材林基地建设面积居全国第一位，木材产量居全国第一位，热带木材产量居全国第一位，针叶原木产量居全国第一位，锯材产量居全国第三位，人造板产量居全国第三位，胶合板产量居全国第三位，纤维板产量居全国第二位，单板产量居全国第三位，木片、木粒加工产品产量居全国第二位，木片加工企业数量居全国第五位，竹材产量居全国第二位，毛竹产量居全国第五位，篙竹产量居全国第一位，竹、藤、棕、草工艺品制造企业数量居全国第五位，柑橘产量居全国第三位，荔枝产量居全国第二位，龙眼产量居全国第二位，银杏(白果)产量居全国第二位，油茶籽产量居全国第三位，八角产量居全国第一位，桂皮产量居全国第二位，油桐籽产量居全国第二位，松脂产量居全国第一位，松香产量居全国第一位，松节油产量居全国第一位，栲胶产量居全国第一位，林产化学产品制造企业数量居全国第三位，缫丝企业数量居全国第三位。见表43-1及表43-2。

广西林业总产值为1277亿元。其中：对林业总产值的贡献最大的是人造板制造业219亿元，占17.19%；其次是果品产业189亿元，占14.81%；第三是木浆纸制品生产业147亿元，占11.55%；第四是木材生产业的144亿元，占11.24%。见表43-3。

广西林业政策主要有2项，一是2010年1月广西党委和人民政府《关于建设林业强区的决定》，二是2010年10月广西人民政府办公厅《关于大力推进林下经济发展的意见》。广西林业产业相关协会有114家，其中自治区级协会16家。

【木材生产】 桉木产量900多万立方米，约占全区木材产量的70%多。木材市场价格总的趋势是稳中有升，桉木径级8~14厘米的价格为600~680元/立方米，径级14厘米以上的价格为680~710元/立方米；马尾松径级8~12厘米价格为750~850元/立方米，径级14~18厘米价格为850~950元/立方米，径级20厘米以上价格为950~1050元/立方米；杉木径级8~12厘米价格为900~950元/立方米，径级14~18厘米价格为1000~1050元/立方米，径级20厘米以上价格为1100~1200元/立方米。

【人造板】 广西胶合板生产主要集中在南宁、贵港、玉林等地，年生产能力3万立方米以上的企业共有254家；纤维板生产主要集中在南宁、玉林、梧州、贺州等地，年生产能力10万立方米以上的企业共有29家；刨花板主要集中在南宁、贵港、崇左等地，年生产能力3万立方米以上的企业共有13家；细木工板主要集中在柳州、桂林、河池等地。

批准新建人造板生产项目142项，新增生产能力568.3万立方米，其中批准胶合板生产项目129项，生产能力413.8万立方米；纤维板生产项目8项，生产能力104万立方米；刨花板生产项目4项，生产能力46.5万立方米；其他人造板生产项目1项，生产能力4万立方米。

人造板生产企业年生产能力2429万立方米，其中：胶合板企业年生产能力1533万立方米；纤维板企业年生产能力572万立方米；刨花板企业年生产能力85万立方米；其他人造板企业1年生产能力238万立方米。

广西高峰桂山人造板有限公司年产22万立方米刨花板项目在贺州八桂木材加工集散中心开工建

设，广西上思华林公司中密度纤维板25万立方米生产线扩建项目竣工投产，广西丰林集团研发的环保E_1级阻燃中高密度纤维板产品荣获新产品优秀成果三等奖。

普通胶合板(9~15毫米)价格1800~2100元/立方米，高档集装板5000元/立方米左右，中密度纤维板1250~1700元/立方米，特种用途中密度纤维板3000元/立方米，刨花板1000~1250元/立方米。出口纤维板7万立方米，胶合板60多万立方米，主要出口日本、韩国等10多个国家。

【木制品】

木质家具　上规模的木质家具生产企业90多家，产量约306.8万件，总产值约15亿多元。较大规模的家具企业有广西志光办公家具有限公司、广西金鼎家具集团有限公司、广西华泰家具有限公司等。

木质地板　上规模的木质地板生产企业12家，木地板产量51万平方米。主要木地板企业有广西雅丽木业有限公司、嘉汉板业(北海)发展有限公司、贺州新凯骅木业有限公司等。

木衣架　生产主要分布在桂林，荔浦县是“中国衣架生产基地”和“中国衣架之都”，拥有各类衣架系列及配套产品规模以上企业46家，产量16亿只，产值超10亿元，有90%以上的木衣架出口到国外。代表企业有桂林俏天下家居用品有限公司、桂林裕祥衣架有限公司、广西荔浦利林木业有限公司、广西荔浦爱思特木业衣架有限公司，广西荔浦华海木业有限公司、荔浦县竹木综合工艺厂、荔浦庆祥竹木制品有限公司等企业。

【制浆造纸】　广西有制浆造纸企业200多家，机制纸产量225万吨，产值147亿元。2010年9月，广西金桂浆纸业有限公司一期工程年产30万吨制浆项目建成投产，年产60万吨造纸项目同时开工建设。梧州林浆纸一体化项目完成园区规划环评、园区污水处理厂和园区自来水厂的前期工作。

【竹、藤】　广西各类竹加工企业主要产品有竹浆造纸、竹地板、竹编、竹席、竹床、竹椅、竹衣架、竹签、竹炭、竹醋液、竹工艺品等，产品远销美、英、德、日、韩等国家。柳州、桂林竹制品加工产业初具规模，两市的竹产业产值约占广西竹产业产值的45%。

【林产化工】　广西香料树种有八角、肉桂、柠檬桉、山苍子、樟树等，天然香料及其系列精深加工产品有40多个，香料香精产量16.53万吨，产值31.31亿元。茴油产量0.16万吨，出口569吨，创汇966万美元。肉桂皮2.2万吨，出口约1.8万吨，出口金额2200万美元。生产桂油0.1万吨，出口约130吨，出口金额300万美元。

【花卉】　花卉产业是广西重点打造的五大林业优势产业和农业百亿元产业之一。花卉种植区域主要集中在南宁、桂林、柳州、梧州、玉林、贵港和北海等中心城。种植规模6.67公顷以上的花卉种植企业2000多家，主要品牌有桂花、宝巾花、茉莉花、兰花、金花茶等。

桂花　桂林是著名的桂花之乡，现有桂花种植面积2600公顷，年销售收入约3亿元。

金花茶　广西是“茶族皇后”金花茶的故乡，金花茶在钦州、防城港及北海合浦县的人工种植面积达660公顷，金花茶萃取液、金花茶茶叶深加工产业已初具规模，年产值超亿元。

兰花　形成以南宁、柳州、玉林容县、百色乐业县、桂林荔浦县为主的兰花生产区域，种植面积130多公顷，年产兰花667万盆，产值超1亿元。

茉莉花　广西是全国茉莉花最大的生产基地，横县的茉莉花种植面积长年保有量达0.6万公顷左右。2010年生产茉莉花鲜花7万吨，比2009年减产26.31%。

【油料】　广西油料生产主要有食用油料类的油茶和工业原料类的油桐两种。

油茶　广西是全国油茶重点产区之一，主要分布在11个市74个县，其中三江县被国家林业局命名为“中国油茶之乡”，三江县、巴马县被国家林业局确定为国家经济林(油茶)产业建设示范县。

广西现有茶油加工企业设备年生产能力超过18万吨，精炼油生产能力超过2万吨，茶油3.5万吨，茶粕11.3万吨，茶皂素0.1万吨，油茶加工产品逐步从单一的茶油生产向精炼油、化妆品基础油及茶粕综合加工等精深加工方向拓展。较大规模的油茶加工企业有：广西金茶王油脂有限公司、广西建邦农业股份有限公司巴马山茶油厂、广西莫老爷食品有限公司、百色建鑫植物油有限公司、广西巴马万力山茶籽发展有限公司、柳州中浩油脂工业有限公司、广西田阳新奥油脂有限责任公司、桂林思源生态农业科技开发有限公司、广西金木林业科技有限公司、广西田东增年山茶油有限责任公司。

油桐 广西是全国油桐的主要产区之一，全区油桐林面积15.8万公顷，其中已投产面积14.5万公顷。广西油桐主要产区分布在田林、隆林、西林、右江、天峨、南丹、东兰、凤山、巴马、融水等县(区)及直属的雅长林场，其中天蛾县被国家林业局命名为“中国油桐之乡”。

【野生动物驯养】 广西野生动物人工驯养繁殖及经营利用单位523家，从业人员2万余人，2010年野生动植物繁育利用业实现产值约10亿元。人工繁育的野生动物物种主要有食蟹猴、猕猴、虎纹蛙、梅花鹿、果子狸、七彩山鸡、环颈雉、竹鼠、鳄类、蛇类、蛤蚧等20多种。野生动物产业的开发研究初显成效，现有11家实验猴养殖企业，实验猴存栏量约达9万只。代表性企业有广西平南雄森公司、广西玮美生物科技有限公司。

【龙头企业】 广西林产工业企业中规模以上企业900多家，年产值1.5亿元以上的林产工业42家，广西林业产业化龙头企业61家，其中国家重点龙头企业3家。2010年10月，广西丰林木业集团股份有限公司评为农业产业化国家重点龙头企业。

2010年1月，广西林业厅认定广西贺州姑婆山国家森林公园、广西南宁良凤江国家森林公园、广西国有东门林场、防城港常春生物技术开发有限公司、昭平县远大营林投资有限责任公司、广西世银农林资源开发有限责任公司、贺州新凯骅木业有限公司、贺州嘉润置业投资有限责任公司、融安华海木业有限公司、广西金田木业有限公司、广西荔浦纸业有限责任公司、广西荔浦利林木业有限公司、桂林俏天下家居用品有限公司、荔浦庆祥竹木制品有限公司、桂林速丰木业有限公司等15家企业为第4批广西林业产业化龙头企业。

2010年12月，广西林业厅认定广西国有七坡林场、广西国有黄冕林场、广西国有维都林场、国营武鸣县朝燕林场、梧州嘉盈树胶有限公司、广西贺州远高林业开发有限公司、广西澳林木业有限责任公司、贵港鸿盛隆木业有限公司、柳州笑缘林业有限责任公司、广西玮美生物科技有限公司等10家企业为第5批广西现代林业产业龙头企业。

(周献逸　陈　雨)

表43-1　广西壮族自治区林业产业概况

指　标	数量
总产值(按现行价格计算)(万元)	12765494
一、第一产业产值	4456981
(一)涉林产业产值	4246744
1. 林木的培育和种植	487993
2. 木材和竹材的采运	912064
3. 经济林产品的种植与采集	2595012
4. 花卉的种植	142580
5. 陆生野生动物繁育与利用	39546
6. 林业生产辅助服务	69549
(二)林业系统非林产业产值	210237
二、第二产业产值	7835773
(一)涉林产业产值	7770503
1. 木材加工及木、竹、藤、棕、苇制品制造	3707607
(1)锯材、木片加工	681621
(2)人造板制造	2194485
(3)木制品制造	746815
(4)竹、藤、棕、苇制品制造	84686
2. 木、竹、藤家具制造	356154
3. 木、竹、苇浆造纸	1474186
4. 林产化学产品制造	1199502
5. 木制工艺品和木制文教体育用品制造	11032
6. 非木质林产品加工制造	309661
7. 其他	712361
(二)林业系统非林产业产值	65270
三、第三产业产值	472740
(一)涉林产业产值	389092
1. 林业旅游与休闲服务	216875
2. 林业生态服务	60012
3. 林业专业技术服务	26451
4. 林业公共管理及其他组织服务	85754
(二)林业系统非林产业产值	83648
补充资料：竹产业产值	214067
油茶产业产值	87640

指　标	数量
全部山区县茶、桑、果产值	356459
全部丘陵县茶、桑、果产值	1302547
森林资源	
一、森林覆盖率(%)	52.71
二、林地面积(万公顷)	1496.45
三、森林面积(万公顷)	1252.50
四、人工林面积(万公顷)	515.52
五、活立木总蓄积量(万立方米)	51056.78
六、森林蓄积量(万立方米)	46875.18
七、人工林蓄积量(万立方米)	17127.98
八、乔木林单位面积蓄积量(立方米/公顷)	58.11
森林培育(公顷)	
一、荒山荒(沙)地造林面积(按林种用途分)	143254
(一)用材林	108013
(二)经济林	9323
(三)防护林	25577
(四)薪炭林	1
(五)特种用途林	340
二、更新造林面积	67520
三、森林抚育面积	
(一)低产低效林改造	19896
(二)实际幼林抚育	466528
(三)成林抚育	503878
四、速生丰产用材林基地建设面积	5843
五、林业单位数量(个)	1614
木材、竹材(万立方米)	
一、木材总计	1270.36
其中：热带木材	266.18
(一)原木	1193.71
其中：针叶原木	312.32
1. 直接用原木	357.15
2. 特级原木	1.03
3. 等内加工原木	245.35
其中：针叶原木	78.72
4. 造纸用原木	118.71
5. 胶合板材	204.67
6. 杉原条	52.22
7. 其他原木	214.59
(二)薪材	76.65
(三)锯材	337.22
二、林木采运企业数(个)	96
三、竹材采运企业数(个)	10
四、锯材加工企业数(个)	485
五、木材批发企业数(个)	588
人造板生产(万立方米)	
人造板总产量	1468.35

指　标	数量
一、胶合板	898.01
(一)木胶合板	803.21
(二)竹胶合板	0.56
(三)其他胶合板	94.24
二、纤维板	439.12
三、刨花板	40.57
四、其他人造板	90.66
其中：细木工板	65.97
五、单板	435.87
六、人造板制造企业数(个)	1085
七、胶合板制造企业数(个)	747
八、纤维板制造企业数(个)	70
九、刨花板制造企业数(个)	31
十、其他人造板制造企业数(个)	177
木制品	
一、木竹地板(万平方米)	27.30
(一)实木木地板	20.82
(二)复合木地板	
(三)其他木地板	0.04
(四)竹地板	6.43
二、木制品企业数(个)	1126
三、生产用木制品企业数(个)	426
四、生活用木制品企业数(个)	508
五、中乐器制造企业数(个)	0
六、西乐器制造企业数(个)	0
木竹家具	
一、木制家具制造企业数(个)	751
二、竹藤制家具制造企业数(个)	56
三、家具零售企业数(个)	1830
木片	
一、木片、木粒加工产品(万实积立方米)	266.15
二、木片加工企业数量(个)	755
木　炭	
木炭(吨)	4113
竹　藤	
一、竹材(万根)	26292.03
其中：毛竹	8712.93
篙竹	17579.10
二、小杂竹(万吨)	42.65
三、竹、藤、棕、草制品企业数(个)	804
四、竹、藤、棕、草工艺品制造企业数(个)	513
果　品	
一、水果产量(吨)	7446713
其中：柑橘	2739495
梨	219045
葡萄	226753

指　标	数量
桃	165496
荔枝	465228
龙眼	406426
猕猴桃	2191
其他水果	3222079
二、干果产量(吨)	142916
其中：核桃	929
板栗	73059
枣(干重)	792
柿子(干重)	25869
银杏(白果)	7878
其他干果	34389
三、木本油料	148580
其中：油茶籽	143749
其他木本油料	4831
四、水果罐头制造企业数(个)	124
森林蔬菜	
一、森林食品(干重)(吨)	62841
其中：竹笋干	24477
食用菌	38257
其他森林食品	107
二、蔬菜、果品批发企业数(个)	538
茶咖啡	
一、林产饮料产品(干重)(吨)	40322
其中：毛茶	35638
其他林产饮料产品	4684
二、茶叶批发企业数(个)	306
三、制茶企业数(个)	729
调　料	
一、林产调料产品(干重)	128701
其中：八角	99626
桂皮	28655
其他林产调料产品	420
中药材	
一、木本药材(吨)	52929
其中：杜仲	372
黄柏	120
厚朴	1469
其他木本药材	50968
二、中草药及制品批发企业数(个)	788
花　卉	
一、年末实有花卉种植面积(公顷)	16514
二、切花切叶产量(万支)	7292
三、盆栽植物产量(万盆)	2002
四、观赏苗木产量(万株)	3429
五、草坪产量(万平方米)	869

指　标	数量
六、花卉市场(个)	58
七、花卉企业数(个)	287
其中：大中型企业	35
八、花农(万户)	9.68
九、花卉从业人员(万人)	27.14
其中：专业技术人员	0.13
十、控温温室面积(万平方米)	36
十一、日光温室面积(万平方米)	39
林产化工	
一、林产工业原料(吨)	
(一)生漆	29
(二)油桐籽	72536
(三)乌桕籽	118
(四)五倍子	109
(五)棕片	2958
(六)松脂	495750
(七)紫胶(原胶)	6
二、林产化学产品(吨)	
(一)松香	772967
(二)松节油	41547
(三)栲胶	6376
三、林产化学产品制造企业数(个)	453
四、香料、香精制造企业数(个)	122
蚕	
一、丝绢纺织企业数(个)	505
二、缫丝企业数(个)	436
三、绢纺企业数(个)	7
四、丝织企业数(个)	18
五、丝印染企业数(个)	4
六、丝制品企业数(个)	28
七、其他丝绢纺织企业数(个)	9
八、丝针织品企业数(个)	13
森林旅游	
一、旅游人次(人)	20350717
二、旅游收入(万元)	216875
三、森林公园总数(处)	50
四、森林公园总面积(公顷)	258979
五、国家森林公园数量(处)	20
六、国家森林公园面积(公顷)	211547
七、省级森林公园数量(处)	24
八、省级森林公园面积(公顷)	45288
九、县级森林公园数量(处)	6
十、县级森林公园面积(公顷)	2144
十一、森林公园收入总额(万元)	71616
十二、旅游接待总人数(万人次)	486
十三、旅游接待海外旅游者(万人次)	10

指　标	数量
十四、园林绿化企业数(个)	1096
十五、自然保护区管理业数(个)	57
林业机械	
一、森林工业专用设备制造企业数(个)	17
二、营林机械制造企业数(个)	5

表 43-2　广西壮族自治区林业产业特色

指　标	全国排名	数量
森林覆盖率(%)	4	52.71
人工林面积(万公顷)	1	515.52
人工林蓄积(万立方米)	2	17127.98
林业服务业单位数(个)	5	1403
用材林面积(公顷)	1	108013
更新造林面积(公顷)	2	67520
实际幼林抚育面积(公顷)	4	466528
速生丰产用材林基地建设面积(公顷)	1	5843
木材产量(万立方米)	1	1270.36
热带木材产量(万立方米)	1	266.18
针叶原木产量(万立方米)	1	312.32
锯材产量(万立方米)	3	337.22
人造板产量(万立方米)	3	1468.35
胶合板产量(万立方米)	3	898.01
纤维板产量(万立方米)	2	439.12
单板产量(万立方米)	3	435.87
木片、木粒加工产品产量(万实积立方米)	2	266.15
木片加工企业数量(个)	5	755
竹材产量(万根)	2	26292.03
毛竹产量(万根)	5	8712.93
篙竹产量(万根)	1	17579.10
竹、藤、棕、草工艺品制造企业数量(个)	5	513
柑橘产量(吨)	3	2739495
荔枝产量(吨)	2	465228
龙眼产量(吨)	2	406426
银杏(白果)产量(吨)	2	7878
油茶籽产量(吨)	3	143749
八角产量(吨)	1	99626
桂皮产量(吨)	2	28655
油桐籽产量(吨)	2	72536
松脂产量(吨)	1	495750
松香产量(吨)	1	772967
松节油产量(吨)	1	41547
栲胶产量(吨)	1	6376
林产化学产品制造企业数量(个)	3	453
缫丝企业数量(个)	3	436

表 43-3　广西壮族自治区各产业对总产值的贡献

	指　标	产值(万元)	百分比(%)
	总产值	12765494	100
1	人造板制造业	2194485	17.19
2	果品产业	1890372	14.81
3	木浆纸制品生产业	1474186	11.55
4	木材生产业	1435410	11.24
5	林产化工产业	1199502	9.40
6	木制品生产业	757847	5.94
7	森林培育业	465170	3.64
8	林业系统非林产业	359155	2.81
9	木竹藤家具制造业	356154	2.79
10	竹藤产业(不含家具)	242961	1.90
11	林业服务	241766	1.89
12	森林旅游业	216875	1.70
13	园林植物产业	142580	1.12
14	森林蔬菜产业	127997	1.00
15	茶咖啡产业	122005	0.96
16	中药业	64686	0.51
17	野生动物驯养业	39546	0.31
18	种苗产业	22823	0.18
19	其他	1411974	11.06

海南省林业产业

【产业特点】 海南的林业特色产业突出表现在森林培育业、木材生产业、果品业及咖啡产业。其中,森林覆盖率居全国第五位,速生丰产用材林基地建设面积居全国第二位,热带木材产量居全国第四位,荔枝产量居全国第四位,龙眼产量居全国第五位,咖啡产量居全国第三位。见表44-1及表44-2。

海南林业总产值347亿元。其中,果品产业对林业总产值的贡献最大,达102亿元,占29.46%;其次是木浆纸制品生产业65亿元,占18.73%。这两项产值占总产值的48.19%,见表44-3。

海南林业政策涉及活性炭增值税问题,2003年海南国税局颁布的《关于活性炭增值税问题的批复》(琼国税函〔2003〕205号)实施至今。海南林业产业相关协会有32家,其中省级协会16家,见表44-4。

花卉产业不断壮大 在海口和三亚分别建设“全国花卉鲜切叶生产示范基地”和“全国热带兰花生产示范基地”,“海南花卉大世界”在海口建成,6个花卉地方标准在全省颁布实施,形成了“企业+花卉合作社+花农+标准化”的现代生产发展模式。全省花卉种植面积0.54万公顷,花卉企业556家,花农4317户,年销售额8.1亿元,从业人员2.9万人。

木材加工业得到加强 大力发展以橡胶木、桉木、相思木、松木、苦楝木、木麻黄等人工林木资源生产加工纸浆、人造板、胶合板、家具成品、木制品、板材的木材经营加工业。全省共有木材经营加工企业540多家,基本形成了以大型企业为龙头,门类齐全的木材经营加工体系,总投资规模约175亿元,其中固定资产投入120亿元,流动资金投入55亿元。2010年产值达90亿元,出口额3000万美元,从业人员3.8万人。海南省木材加工行业主要大型龙头企业有海南金海浆纸厂、海南华盛新人造板有限公司、海南圣大木业有限公司等。

野生动物驯养繁殖业稳步发展 野生动物驯养繁殖企业74家,建成了全国最大的龟鳖养殖基地和全国唯一的蟒蛇养殖基地,野生动物资源得到了有效的保护和利用。2010年海南的野生动物加工利用业产值近15亿元。

【龙头企业】

海南圣大木业有限公司 在屯昌和广东乐昌分别拥有年产8万立方米和10万立方米中密度纤维板生产线。公司固定资产1.7亿元,年销售额2.2亿元,现在岗员工550人,其中技管人员75人。海南圣大屯昌中密度纤维板厂于2006年10月建成投产。占地面积6.6万平方米,总投资7800万元,拥有现代化车间面积2万平方米,年生产中密度纤维板8万立方米,年产值1.2亿元。累计年生产中密度纤维板98万立方米,生产总值22.8亿元。“圣大木业”已经国家工商总局注册。企业跻身海南省非公经济100强行列。进入中国人造板行业前10强。被地方政府授予龙头企业称号,授予非公有制企业突出贡献奖。

海南金海浆纸业有限公司 2010年公司共缴纳税金22188万元,实现工业总产值533372万元,完成工业增加值达205990万元,销售产值521072万元。直接创造就业达5366人,间接创造就业机会6000人。2005年3月,向海南省捐赠5000万元用于环保与教育基金;截至2010年底已累计向海南省捐赠3498.77万元,用于海南的教育助学、生态环保、社会和谐、赈灾重建等公益事业。金海浆纸主要品牌为:“龙头”和“鲸王”。

琼中华盛新人造板有限公司 生产线设计规模为年产中密度纤维板5万立方米,最大生产能力8万立方米,产品加工所用原材料主要为人工速生丰产林材、橡胶枝丫材,以及利用木材加工剩余料、废料和次小薪材为原料,年消耗木材总量约14万吨。工厂占地8.33公顷,建筑面积15207平方米。

项目于2007年6月开始立项筹建，于2010年11月底建成投产，项目总投资6000多万元。目前在职员工167人。

海南金港生物技术股份有限公司 原海南金港实验动物科技有限公司，位于海口市琼山区府城镇那央新潭，占地24.03公顷。2003年开工建设海口市重点项目“海南灵长类实验动物中心”，2009年公司完成股份制改造，并更名为海南金港生物技术股份有限公司，2009年12月被认定为高新技术企业，目前注册资本为8000万元。中心以先进水平设计规划，按饲养、繁殖、检疫、治疗、动物实验、办公和生活区域划分，建立完整的消毒、隔离和屏障系统。公司以非人灵长类实验动物(食蟹猴、恒河猴)的繁育和动物实验为主营业务，面对国内外生命科学、生物医学、人类健康和医药工业发展的需要，提供实验动物和动物实验服务，包括提供标准实验恒河猴、食蟹猴、建立实验动物疾病模型、动物受托实验(CRO)和药物非临床安全性评价(GLP)。

海南东盛弘蟒业科技股份有限公司 是一家集蟒蛇规模化人工养殖、野外资源恢复、蟒蛇救护和科技产品研究开发的专业公司，是国内唯一一家获得国家林业局批准的蟒蛇繁育利用试点单位。

经过10余年的艰苦创业，先后投入上亿元资金，公司逐步掌握了蟒蛇规模化人工养殖饲料加工、种蟒养殖、种蛋孵化、商品蟒饲养、常见病防治等成套技术体系，并处于国际领先水平。开展了人工饲养环境下蟒蛇谱系建设，完成了种蟒的谱系建立和标记识别；探索并建立了种蟒选育标准，培育种蟒3016条和储备种蟒3000条；解决了蟒蛇繁育与疾病防治关键技术，蟒蛇受精率达到91%，孵化率达到85%，幼蟒成活率达到83%，育成蟒成活率达到88%；开发出5种蟒蛇专用饲料配方，申请国家发明专利5项，形成了成熟的种蟒培育、蟒蛇繁殖、蟒蛇饲养、饲料开发、常见疾病防治、养殖场地建设与管理等技术体系。

海南蟒蛇养殖实行“龙头企业+农民专业合作社+社员”的模式，引领农民致富，推动新农村建设。目前存栏蟒蛇6万多条(含种蟒、储备种蟒、科研用蟒)，年可出栏1万多条，成为我国唯一规模化蟒蛇养殖开发利用的专业化龙头企业。

(陈　康)

表44-1　海南省林业产业概况

指　标	数量
总产值(按现行价格计算)(万元)	3468731
一、第一产业产值	2405129
(一)涉林产业产值	2398834
1. 林木的培育和种植	24833
2. 木材和竹材的采运	39281
3. 经济林产品的种植与采集	2225683
4. 花卉的种植	74216
5. 陆生野生动物繁育与利用	30678
6. 林业生产辅助服务	4143
(二)林业系统非林产业产值	6295
二、第二产业产值	1001743
(一)涉林产业产值	1001137
1. 木材加工及木、竹、藤、棕、苇制品制造	118122
(1)锯材、木片加工	60750
(2)人造板制造	56233
(3)木制品制造	514
(4)竹、藤、棕、苇制品制造	625
2. 木、竹、藤家具制造	34257
3. 木、竹、苇浆造纸	649684
4. 林产化学产品制造	1578
5. 木制工艺品和木制文教体育用品制造	136
6. 非木质林产品加工制造	196098
7. 其他	1262
(二)林业系统非林产业产值	606
三、第三产业产值	61859
(一)涉林产业产值	59969
1. 林业旅游与休闲服务	58676
2. 林业生态服务	250
3. 林业专业技术服务	
4. 林业公共管理及其他组织服务	1043
(二)林业系统非林产业产值	1890
补充资料：竹产业产值	4500
油茶产业产值	412
全部山区县茶、桑、果产值	9854
全部丘陵县茶、桑、果产值	5812
森林资源	
一、森林覆盖率(%)	51.98
二、林地面积(万公顷)	208.73
三、森林面积(万公顷)	176.26
四、人工林面积(万公顷)	125.29
五、活立木总蓄积量(万立方米)	7940.93
六、森林蓄积量(万立方米)	7274.23
七、人工林蓄积量(万立方米)	1230.39
八、乔木林单位面积蓄积量(立方米/公顷)	86.42
森林培育(公顷)	

指 标	数量
一、荒山荒(沙)地造林面积(按林种用途分)	14166
(一)用材林	600
(二)经济林	2085
(三)防护林	11256
(四)薪炭林	40
(五)特种用途林	185
二、更新造林面积	2003
三、森林抚育面积	
(一)低产低效林改造	1948
(二)实际幼林抚育	5140
(三)成林抚育	11825
四、速生丰产用材林基地建设面积	298
五、林业单位数量(个)	673
木材、竹材(万立方米)	
一、木材总计	95.75
其中：热带木材	54.16
(一)原木	86.25
1. 直接用原木	63.18
2. 等内加工原木	0.31
3. 造纸用原木	10.70
4. 胶合板材	7.30
5. 其他原木	4.76
(二)薪材	9.50
(三)锯材	9.94
二、林木采运企业数(个)	49
三、竹材采运企业数(个)	0
四、锯材加工企业数(个)	132
五、木材批发企业数(个)	157
人造板生产(万立方米)	
人造板总产量	36.85
一、胶合板	13.82
(一)木胶合板	6.82
(二)其他胶合板	7
二、纤维板	18.97
三、刨花板	3.50
四、其他人造板	0.57
五、人造板制造企业数(个)	94
六、胶合板制造企业数(个)	73
七、纤维板制造企业数(个)	4
八、刨花板制造企业数(个)	2
九、其他人造板制造企业数(个)	9
木制品	
一、木竹地板(万平方米)	0.25
(一)实木木地板	
(二)复合木地板	0.25
(三)其他木地板	

指 标	数量
(四)竹地板	
二、木制品企业数(个)	187
三、生产用木制品企业数(个)	108
四、生活用木制品企业数(个)	38
五、中乐器制造企业数(个)	0
六、西乐器制造企业数(个)	0
木竹家具	
一、木制家具制造企业数(个)	306
二、竹藤制家具制造企业数(个)	10
三、家具零售企业数(个)	1291
木片	
一、木片、木粒加工产品(万实积立方米)	11.19
二、木片加工企业数量(个)	199
木 炭	
木炭(吨)	11699
竹 藤	
一、竹材(万根)	1615.94
其中：毛竹	430.74
篙竹	1185.20
二、小杂竹(万吨)	1.03
三、竹、藤、棕、草制品企业数(个)	48
四、竹、藤、棕、草工艺品制造企业数(个)	11
果品	
一、水果产量(吨)	2846000
其中：柑橘	2885
荔枝	68364
龙眼	22194
其他水果	2752557
二、干果产量(吨)	67080
三、水果罐头制造企业数(个)	18
森林蔬菜	
一、森林食品(干重)(吨)	975
其中：竹笋干	735
食用菌	85
山野菜	75
其他森林食品	80
二、蔬菜、果品批发企业数(个)	228
茶咖啡	
一、林产饮料产品(干重)(吨)	95
其中：咖啡	75
其他林产饮料产品	20
二、茶叶批发企业数(个)	105
三、制茶企业数(个)	56
调 料	
林产调料产品(干重)	32136
其中：花椒	871

指　标	数量
其他林产调料产品	31265
中药材	
一、木本药材(吨)	1397
二、中草药及制品批发企业数(个)	136
花　卉	
一、年末实有花卉种植面积(公顷)	5161
二、切花切叶产量(万支)	21020
三、盆栽植物产量(万盆)	2748
四、观赏苗木产量(万株)	1346
五、草坪产量(万平方米)	389
六、花卉市场(个)	21
七、花卉企业数(个)	552
其中：大中型企业	176
八、花农(万户)	0.32
九、花卉从业人员(万人)	2.66
其中：专业技术人员	0.15
十、控温温室面积(万平方米)	17
十一、日光温室面积(万平方米)	146
林产化工	
一、林产工业原料(吨)	
(一)松脂	3519
二、林产化学产品(吨)	
(一)松香	1842
(二)松节油	9
三、林产化学产品制造企业数(个)	30
四、香料、香精制造企业数(个)	34
蚕	
一、丝绢纺织企业数(个)	17
二、缫丝企业数(个)	2
三、绢纺企业数(个)	0
四、丝织企业数(个)	8
五、丝印染企业数(个)	0
六、丝制品企业数(个)	3
七、其他丝绢纺织企业数(个)	3
八、丝针织品企业数(个)	3
森林旅游	
一、旅游人次(人)	3063520
二、旅游收入(万元)	58676
三、森林公园总数(处)	10
四、森林公园总面积(公顷)	134353
五、国家森林公园数量(处)	8
六、国家森林公园面积(公顷)	116287
七、省级森林公园数量(处)	2
八、省级森林公园面积(公顷)	18067
九、县级森林公园数量(处)	
十、县级森林公园面积(公顷)	
十一、森林公园收入总额(万元)	10919
十二、旅游接待总人数(万人次)	39
十三、旅游接待海外旅游者(万人次)	1
十四、园林绿化企业数(个)	1003
十五、自然保护区管理业数(个)	29
林业机械	
一、森林工业专用设备制造企业数(个)	2
二、营林机械制造企业数(个)	1

表 44-2　海南省林业产业特色

指　标	全国排名	数量
森林覆盖率(%)	5	51.98
速生丰产用材林基地建设面积(公顷)	2	298
热带木材产量(万立方米)	4	54.16
荔枝产量(吨)	4	68364
龙眼产量(吨)	5	22194
咖啡产量(吨)	3	75

表 44-3　海南省各产业对总产值的贡献

	指　标	产值(万元)	百分比(%)
	总产值	3468731	100
1	果品产业	1022000	29.46
2	木浆纸制品生产业	649684	18.73
3	木材生产业	93768	2.70
4	森林蔬菜产业	78276	2.26
5	园林植物产业	74216	2.14
6	森林旅游业	58676	1.69
7	人造板制造业	56233	1.62
8	木竹藤家具制造业	34257	0.99
9	野生动物驯养业	30678	0.88
10	茶咖啡产业	27220	0.78
11	森林培育业	19924	0.57
12	中药业	8924	0.26
13	林业系统非林产业	8791	0.25
14	竹藤产业(不含家具)	6888	0.20
15	林业服务	5436	0.16
16	种苗产业	4909	0.14
17	林产化工产业	1578	0.05
18	木制品生产业	650	0.02
19	其他	1286623	37.09

表 44-4 海南省级林业产业相关协会

1	海南省农垦木材开发协会
2	海南省植物检疫协会
3	海南省旅游商品企业协会
4	海南省家具协会
5	海南省竹藤协会
6	海南黄花梨收藏协会
7	海南省茶文化艺术协会
8	海南省野生动物保护协会
9	海南省茶业协会
10	海南省古典家具协会
11	海南省饲料工业协会
12	海南省香蕉协会
13	海南省咖啡行业协会
14	海南省风景园林协会
15	海南省旅游协会
16	海南省香料香精化妆品工业协会

重庆市林业产业

【产业特点】 重庆的林业特色产业突出表现在森林培育业、果品业、中药材业、蚕丝业及森林旅游业。其中，用材林面积居全国第四位，薪炭林面积居全国第四位，小杂竹产量居全国第四位，油橄榄产量居全国第四位，八角产量居全国第四位，桂皮产量居全国第五位，黄柏产量居全国第三位，乌桕籽产量居全国第三位，五倍子产量(吨)居全国第四位，绢纺企业数量居全国第四位，丝织企业数量全国第五位，旅游接待总人数居全国第二位，旅游接待海外旅游者居全国第三位。见表45-1及表45-2。

重庆林业总产值为266亿元。其中：对林业总产值的贡献最大的是果品产业53亿元，占19.97%；其次是森林培育业45亿元，占16.81%；第三是森林旅游业33亿元，占12.55%。这3项产业产值占总产值的49.33%，见表45-3。重庆林业产业相关协会有97家，其中市级协会8家，见表45-4。

表45-1 重庆市林业产业概况

指 标	数量
总产值(按现行价格计算)(万元)	2656536
一、第一产业产值	1639125
(一)涉林产业产值	1635936
1. 林木的培育和种植	592193
2. 木材和竹材的采运	40884
3. 经济林产品的种植与采集	759368
4. 花卉的种植	213368
5. 陆生野生动物繁育与利用	9791
6. 林业生产辅助服务	20332
(二)林业系统非林产业产值	3189
二、第二产业产值	592764
(一)涉林产业产值	589926
1. 木材加工及木、竹、藤、棕、苇制品制造	211601
(1)锯材、木片加工	41683
(2)人造板制造	51183
(3)木制品制造	68024
(4)竹、藤、棕、苇制品制造	50711
2. 木、竹、藤家具制造	138868
3. 木、竹、苇浆造纸	109038
4. 林产化学产品制造	10794
5. 木制工艺品和木制文教体育用品制造	21528
6. 非木质林产品加工制造	67280
7. 其他	30817
(二)林业系统非林产业产值	2838
三、第三产业产值	424647
(一)涉林产业产值	411817
1. 林业旅游与休闲服务	333356
2. 林业生态服务	40373
3. 林业专业技术服务	10273
4. 林业公共管理及其他组织服务	27815
(二)林业系统非林产业产值	12830
补充资料：竹产业产值	112099
油茶产业产值	2379
全部山区县茶、桑、果产值	234236
全部丘陵县茶、桑、果产值	204911
森林资源	
一、森林覆盖率(%)	34.85
二、林地面积(万公顷)	400.18
三、森林面积(万公顷)	286.92
四、人工林面积(万公顷)	76.20
五、活立木总蓄积量(万立方米)	13803.63
六、森林蓄积量(万立方米)	11331.85
七、人工林蓄积量(万立方米)	2508.21
八、乔木林单位面积蓄积量(立方米/公顷)	62.25
森林培育(公顷)	
一、荒山荒(沙)地造林面积(按林种用途分)	255235
(一)用材林	71723
(二)经济林	27090
(三)防护林	153755
(四)薪炭林	1973
(五)特种用途林	694
二、森林抚育面积	
(一)低产低效林改造	23351
(二)实际幼林抚育	80454
(三)成林抚育	51145
三、林业单位数量(个)	1000

指　标	数量
木材、竹材(万立方米)	
一、木材总计	26.14
(一)原木	24.23
其中:针叶原木	6.17
1. 直接用原木	7.88
2. 等内加工原木	3.81
其中:针叶原木	1.55
3. 胶合板材	4.59
4. 杉原条	0.53
5. 其他原木	7.42
(二)薪材	1.91
(三)锯材	17.72
二、林木采运企业数(个)	26
三、竹材采运企业数(个)	10
四、锯材加工企业数(个)	123
五、木材批发企业数(个)	737
人造板生产(万立方米)	
人造板总产量	29.59
一、胶合板	20.79
(一)木胶合板	11.38
(二)竹胶合板	1.45
(三)其他胶合板	7.96
二、纤维板	1.05
三、刨花板	4.15
四、其他人造板	3.60
其中:细木工板	0.03
五、人造板制造企业数(个)	159
六、胶合板制造企业数(个)	50
七、纤维板制造企业数(个)	15
八、刨花板制造企业数(个)	16
九、其他人造板制造企业数(个)	66
木制品	
一、木竹地板(万平方米)	3
(一)实木木地板	1.50
(二)复合木地板	1.50
二、木制品企业数(个)	678
三、生产用木制品企业数(个)	486
四、生活用木制品企业数(个)	151
五、中乐器制造企业数(个)	1
六、西乐器制造企业数(个)	5
木竹家具	
一、木制家具制造企业数(个)	2073
二、竹藤制家具制造企业数(个)	52
三、家具零售企业数(个)	1933
木　片	
一、木片、木粒加工产品(万实积立方米)	5.52

指　标	数量
二、木片加工企业数量(个)	204
木　炭	
木炭(吨)	1565
竹　藤	
一、竹材(万根)	104.90
其中:毛竹	96.20
篙竹	8.70
二、小杂竹(万吨)	54.29
三、竹、藤、棕、草制品企业数(个)	274
四、竹、藤、棕、草工艺品制造企业数(个)	79
果　品	
一、水果产量(吨)	1783707
其中:苹果	9326
柑橘	1194914
梨	242955
葡萄	41999
桃	64090
杏	2758
荔枝	258
龙眼	5228
猕猴桃	14659
其他水果	207520
二、干果产量(吨)	25400
其中:核桃	7881
板栗	6917
枣(干重)	2804
柿子(干重)	4744
山杏仁	80
银杏(白果)	1753
榛子	130
其他干果	1091
三、木本油料	6619
其中:油茶籽	3505
油橄榄	14
其他木本油料	3100
四、水果罐头制造企业数(个)	27
森林蔬菜	
一、森林食品(干重)(吨)	33380
其中:竹笋干	19049
食用菌	10835
山野菜	1723
其他森林食品	1773
二、蔬菜、果品批发企业数(个)	326
茶咖啡	
一、林产饮料产品(干重)(吨)	37257
其中:毛茶	18173

指　标	数量
其他林产饮料产品	19084
二、茶叶批发企业数(个)	366
三、制茶企业数(个)	304
调　料	
一、林产调料产品(干重)	27058
其中：花椒	26765
八角	138
桂皮	83
其他林产调料产品	72
中药材	
一、木本药材(吨)	25105
其中：杜仲	6139
黄柏	2865
厚朴	2272
山茱萸	280
其他木本药材	13549
二、中草药及制品批发企业数(个)	365
花　卉	
一、年末实有花卉种植面积(公顷)	19785
二、切花切叶产量(万支)	11051
三、盆栽植物产量(万盆)	5064
四、观赏苗木产量(万株)	3435
五、草坪产量(万平方米)	745
六、花卉市场(个)	191
七、花卉企业数(个)	1080
其中：大中型企业	75
八、花农(万户)	3. 88
九、花卉从业人员(万人)	7. 41
其中：专业技术人员	0. 47
十、控温温室面积(万平方米)	19
十一、日光温室面积(万平方米)	39
林产化工	
一、林产工业原料(吨)	
(一)生漆	1085
(二)油桐籽	14650
(三)乌桕籽	5638
(四)五倍子	2223
(五)棕片	637
(六)松脂	407
二、林产化学产品(吨)	
(一)松香	800
三、林产化学产品制造企业数(个)	23
四、香料、香精制造企业数(个)	37
蚕	
一、丝绢纺织企业数(个)	521
二、缫丝企业数(个)	216
三、绢纺企业数(个)	61
四、丝织企业数(个)	138
五、丝印染企业数(个)	8
六、丝制品企业数(个)	63
七、其他丝绢纺织企业数(个)	27
八、丝针织品企业数(个)	16
森林旅游	
一、旅游人次(人)	33500238
二、旅游收入(万元)	333356
三、森林公园总数(处)	81
四、森林公园总面积(公顷)	185589
五、国家森林公园数量(处)	25
六、国家森林公园面积(公顷)	133937
七、省级森林公园数量(处)	55
八、省级森林公园面积(公顷)	50817
九、县级森林公园数量(处)	1
十、县级森林公园面积(公顷)	835
十一、森林公园收入总额(万元)	185719
十二、旅游接待总人数(万人次)	4254
十三、旅游接待海外旅游者(万人次)	125
十四、园林绿化企业数(个)	1904
十五、自然保护区管理业数(个)	41
林业机械	
一、森林工业专用设备制造企业数(个)	2
二、营林机械制造企业数(个)	3

表 45-2　重庆市林业产业特色

指　标	全国排名	数量
用材林面积(公顷)	4	71723
薪炭林面积(公顷)	4	1973
小杂竹产量(万吨)	4	54. 29
油橄榄产量(吨)	4	14
八角产量(吨)	4	138
桂皮产量(吨)	5	83
黄柏产量(吨)	3	2865
乌桕籽产量(吨)	3	5638
五倍子产量(吨)	4	2223
绢纺企业数量(个)	4	61
丝织企业数量(个)	5	138
旅游接待总人数(万人次)	2	4253. 87
旅游接待海外旅游者(万人次)	3	125. 26

表 45-3 重庆市各产业对总产值的贡献

	指 标	产值(万元)	百分比(%)
	总产值	2656536	100
1	果品产业	530394	19.97
2	森林培育业	446599	16.81
3	森林旅游业	333356	12.55
4	园林植物产业	213368	8.03
5	种苗产业	145594	5.48
6	木竹藤家具制造业	138868	5.23
7	木浆纸制品生产业	109038	4.10
8	林业服务	98793	3.72
9	木制品生产业	89552	3.37
10	木材生产业	74065	2.79
11	茶咖啡产业	73857	2.78
12	竹藤产业(不含家具)	59213	2.23
13	森林蔬菜产业	53338	2.01
14	中药业	51465	1.94
15	人造板制造业	51183	1.93
16	林业系统非林产业	18857	0.71
17	林产化工产业	10794	0.41
18	野生动物驯养业	9791	0.37
19	其他	148411	5.59

表 45-4 重庆市级林业产业相关协会

1	重庆市果品行业协会
2	重庆市家具行业协会
3	重庆市旅游商品协会
4	重庆市旅游协会
5	重庆市木材行业协会
6	重庆市生态文化协会
7	重庆市饲料工业协会
8	重庆市野生动植物保护协会

四川省林业产业

【产业特点】 四川的林业特色产业突出表现在森林培育业、果品业、森林蔬菜业、中药材业、花卉业、蚕丝业、林产化工业及森林旅游业等。其中，林地面积居全国第三位，森林面积居全国第四位，人工林面积居全国第四位，活立木总蓄积居全国第三位，森林蓄积居全国第二位，人工林蓄积居全国第五位，乔木林单位面积蓄积量居全国第三位，林业服务业单位数量居全国第一位，荒山荒(沙)地造林面积居全国第三位，防护林面积居全国第三位，低产低效林改造面积居全国第二位，竹材采运企业数量居全国第一位，家具零售企业数量居全国第四位，小杂竹产量居全国第一位，龙眼产量居全国第四位，猕猴桃产量居全国第三位，核桃产量居全国第三位，油橄榄产量居全国第二位，竹笋干产量居全国第三位，食用菌产量居全国第四位，毛茶产量居全国第五位，可可豆产量居全国第一位，咖啡产量居全国第二位，制茶企业数量居全国第三位，花椒产量居全国第二位，杜仲产量居全国第五位，黄柏产量居全国第一位，厚朴产量居全国第四位，中草药及制品批发企业数量居全国第五位，花卉市场居全国第三位，花卉企业居全国第四位，花卉专业技术从业人员居全国第四位，乌桕籽产量居全国第五位，紫胶(原胶)产量居全国第四位，松节油产量居全国第三位，樟脑产量居全国第四位，冰片产量居全国第三位，紫胶产量居全国第三位，丝绢纺织企业数量居全国第四位，缫丝企业数量居全国第五位，绢纺企业数量居全国第五位，丝织企业数量居全国第四位，丝制品企业数量居全国第五位，其他丝绢纺织企业数量居全国第五位，旅游人次居全国第二位，旅游收入居全国第一位，森林公园收入总额居全国第五位，自然保护区管理业单位数量居全国第三位。见表46-1及表46-2。

四川林业总产值1157亿元。其中：对林业总产值的贡献最大的是森林旅游业239亿元，占20.68%；其次是果品产业165亿元，占14.30%；第三是木家具制造业148亿元，占12.78%。这3项产业产值占总产值的47.74%，见表46-3。四川林业产业相关协会有377家，其中省级协会21家，见表46-4。

【速生丰产林】 四川围绕制浆造纸、人造板、家具、竹笋等加工企业，加快培育优质、高产、高效木竹工业原料林。

短周期木质工业原料林 已培育短周期木质工业原料林169.33万公顷。其中，用于纤维板、刨花板生产的杨树、桉树等18.27万公顷；用于实木家具、实木地板、实木门生产的桤木、松木等43.33万公顷；主要用于胶合板、外墙板生产的杉树、柳杉等占53.67万公顷，其他24.07万公顷。

竹林 用于竹浆生产的慈竹、撑绿竹、绵竹、硬头黄等68.8万公顷；用于竹材生产的楠竹、斑竹、白夹竹等13.13万公顷；用于竹笋生产的方竹、麻竹、苦竹等11.27万公顷；其他2.8万公顷。

【人造板】 四川从地区分布来看，成都、乐山、眉山、广元、绵阳等人造板产量较高，该地区的人造板产量占全省总产量的82%，涌现中盐银港、国栋、吉象、中天地等知名人造板生产企业。

【家具】

木竹家具 木竹家具产量1745万件(套)。其中，板式家具产量847万件(套)；实木家具757万件(套)；竹藤家具141万件(套)。形成了全友家私、双虎家私、明珠家私等一批知名家具企业，建成了香江家具CBD。

木竹地板 产量最大地区是乐山、成都、广元，该区域木竹地板产量占全省总产量84.7%，拥有升达林产、国栋建设、顺达木业、剑门木业、百林竹地板等生产企业。

【竹浆造纸】 永丰纸业、金阳纸业、嵘山纸业、银鸽集团、竹海特种纤维公司等企业均以竹资源为原料，开展竹浆造纸，以及竹纤维利用等产业，竹浆生产企业均为满负荷生产，生产竹浆118.7万吨。

【中药材】 四川中药材主要有杜仲、黄柏、厚朴、金银花、辛夷花等，产量超过8万吨。种植面积12.67万公顷。其中：杜仲4万公顷，黄柏1.67万公顷，厚朴4.67万公顷，金银花及辛夷花等2.33万公顷。

【森林蔬菜】 四川以盆周山区、盆中平原丘陵区为重点，建成(木)耳林、椿芽、竹荪、蕨菜等森林蔬菜基地28.67万公顷，产量超过24万吨。达州大竹县被评为中国香椿之乡。

【生物质能源林】 四川是全国生物质能源林发展较早，规模较大的份之一，有生物质能源林5.87万公顷，其中，金沙江河谷区有麻疯树林4.8万公顷，占全省的81.2%。

【木本油料】 四川木本油料产业总产值31.5亿元，木本油料种植户从果品采收中户均收入超过1000元，增加社会就业近10万人。建立核桃良种繁育基地8个，面积100公顷，年产优良穗条300余万根，年供良种苗木1200余万株；建立油橄榄优良品种母树园1个、栽植品种30个，面积16.67公顷。近两年又从中国林科院和以色列、西班牙等地引进新品种15个，建立采穗圃1个、面积3.33公顷，年产穗条300余万根，建立油橄榄繁殖圃13.33公顷，年产良种苗木130万株。已种植木本油料林36.89万公顷。

现有木本油料加工企业26家，加工能力6.3万吨，销售收入9.9亿元。其中，核桃加工企业20家，年加工能力5万吨，实际加工量近2万吨、销售收入4.8亿元；油茶加工企业3家，年加工能力1000吨，产量600吨、销售收入0.4亿元；油橄榄加工企业3家，年加工能力1.2万吨，产量0.3万吨、销售收入4.7亿元。涌现出森湟、棒仁、荣飞和米仓山等核桃及系列产品知名品牌；南江县被命名为“中国核桃之乡”，南江核桃被国家质检总局认定为地理标志产品予以保护；南江县“米仓山”牌核桃、核桃仁获国家有机食品认证，2005年第2届四川·中国西部国际农业博览会金奖，2007年首届北京国际林产品博览会“奥运推荐果品”和2008年首届中国核桃大会银奖等称号。

【产业基地】 四川省短周期木质工业原料林169.33万公顷、珍贵树种和大径级用材林134万公顷、竹林96万公顷、木本油料36.67万公顷、森林蔬菜28.67万公顷、木本药材12.67万公顷、木本调料(花椒)16.67万公顷、生物质能源(麻疯树)5.87万公顷，其他经济林10.13万公顷。在林业产业基地中，已建成集中连片、优质高产的现代林业产业基地70.67万公顷。

(姜贵腾)

表46-1 四川省林业产业概况

指　标	数量
总产值(按现行价格计算)(万元)	11567826
一、第一产业产值	4340112
(一)涉林产业产值	4244503
1. 林木的培育和种植	628467
2. 木材和竹材的采运	484512
3. 经济林产品的种植与采集	2497971
4. 花卉的种植	405424
5. 陆生野生动物繁育与利用	64827
6. 林业生产辅助服务	163302
(二)林业系统非林产业产值	95609
二、第二产业产值	4402748
(一)涉林产业产值	4326243
1. 木材加工及木、竹、藤、棕、苇制品制造	1465122
(1)锯材、木片加工	227746
(2)人造板制造	1027672
(3)木制品制造	114270
(4)竹、藤、棕、苇制品制造	95434
2. 木、竹、藤家具制造	1476307
3. 木、竹、苇浆造纸	713715
4. 林产化学产品制造	18132
5. 木制工艺品和木制文教体育用品制造	15306
6. 非木质林产品加工制造	53828
7. 其他	583833
(二)林业系统非林产业产值	76505
三、第三产业产值	2824966
(一)涉林产业产值	2577090
1. 林业旅游与休闲服务	2392454

指　标	数量
2. 林业生态服务	34514
3. 林业专业技术服务	15130
4. 林业公共管理及其他组织服务	134992
(二)林业系统非林产业产值	247876
补充资料：竹产业产值	1204541
油茶产业产值	4524
全部山区县茶、桑、果产值	605085
全部丘陵县茶、桑、果产值	837899
森林资源	
一、森林覆盖率(%)	34.31
二、林地面积(万公顷)	2311.66
三、森林面积(万公顷)	1659.52
四、人工林面积(万公顷)	415.65
五、活立木总蓄积量(万立方米)	168753.49
六、森林蓄积量(万立方米)	159572.37
七、人工林蓄积量(万立方米)	13361.09
八、乔木林单位面积蓄积量(立方米/公顷)	136.94
森林培育(公顷)	
一、荒山荒(沙)地造林面积(按林种用途分)	382225
(一)用材林	66328
(二)经济林	29189
(三)防护林	286636
(四)薪炭林	
(五)特种用途林	72
二、更新造林面积	4578
三、森林抚育面积	
(一)低产低效林改造	115392
(二)实际幼林抚育	220804
(三)成林抚育	197520
四、林业单位数量(个)	2201
木材、竹材(万立方米)	
一、木材总计	162.61
(一)原木	156.48
其中：针叶原木	22.55
1. 直接用原木	74.08
2. 等内加工原木	15.43
其中：针叶原木	6.42
3. 造纸用原木	0.58
4. 胶合板材	4.02
5. 杉原条	9.61
6. 其他原木	52.76
(二)薪材	6.13
(三)锯材	136.96
二、林木采运企业数(个)	134
三、竹材采运企业数(个)	103
四、锯材加工企业数(个)	372
五、木材批发企业数(个)	1347
人造板(万立方米)	
人造板总产量	583.37
一、胶合板	157.09
(一)木胶合板	104.89
(二)竹胶合板	46.50
(三)其他胶合板	5.70
二、纤维板	310.93
三、刨花板	52.17
四、其他人造板	63.18
其中：细木工板	40.46
五、单板	2.77
六、人造板制造企业数(个)	707
七、胶合板制造企业数(个)	221
八、纤维板制造企业数(个)	79
九、刨花板制造企业数(个)	60
十、其他人造板制造企业数(个)	282
木制品	
一、木竹地板(万平方米)	837
(一)实木木地板	111.63
(二)复合木地板	679.20
(三)其他木地板	14.05
(四)竹地板	32.12
二、木制品企业数(个)	1538
三、生产用木制品企业数(个)	847
四、生活用木制品企业数(个)	488
五、中乐器制造企业数(个)	4
六、西乐器制造企业数(个)	11
木竹家具	
一、木制家具制造企业数(个)	3961
二、竹藤制家具制造企业数(个)	87
三、家具零售企业数(个)	5269
木　片	
一、木片、木粒加工产品(万实积立方米)	20.05
二、木片加工企业数量(个)	534
木　炭	
木炭(吨)	6900
竹　藤	
一、竹材(万根)	4446.99
其中：毛竹	4150.49
篙竹	296.50
二、小杂竹(万吨)	416.51
三、竹、藤、棕、草制品企业数(个)	501
四、竹、藤、棕、草工艺品制造企业数(个)	116
果　品	
一、水果产量(吨)	4745079

指　标	数量
其中：苹果	444244
柑橘	2194744
梨	711537
葡萄	179591
桃	415082
杏	8435
荔枝	6923
龙眼	71084
猕猴桃	48884
其他水果	664555
二、干果产量(吨)	198634
其中：核桃	126109
板栗	23979
枣(干重)	27155
柿子(干重)	7780
仁用杏	2
山杏仁	32
银杏(白果)	2435
松子	340
其他干果	10802
三、木本油料	9327
其中：油茶籽	4360
油橄榄	1626
其他木本油料	3341
四、水果罐头制造企业数(个)	47
森林蔬菜	
一、森林食品(干重)(吨)	241624
其中：竹笋干	78952
食用菌	133619
山野菜	5543
其他森林食品	23510
二、蔬菜、果品批发企业数(个)	1134
茶咖啡	
一、林产饮料产品(干重)(吨)	123431
其中：毛茶	122927
可可豆	60
咖啡	251
其他林产饮料产品	193
二、茶叶批发企业数(个)	1020
三、制茶企业数(个)	1533
调　料	
一、林产调料产品(干重)	36288
其中：花椒	34148
八角	31
桂皮	23
其他林产调料产品	2086

指　标	数量
中药材	
一、木本药材(吨)	73624
其中：杜仲	9827
黄柏	6673
厚朴	5523
枸杞	1828
山茱萸	157
其他木本药材	49616
二、中草药及制品批发企业数(个)	1558
花　卉	
一、年末实有花卉种植面积(公顷)	37911
二、切花切叶产量(万支)	31775
三、盆栽植物产量(万盆)	13446
四、观赏苗木产量(万株)	15397
五、草坪产量(万平方米)	1349
六、花卉市场(个)	360
七、花卉企业数(个)	3307
其中：大中型企业	365
八、花农(万户)	8.75
九、花卉从业人员(万人)	21.97
其中：专业技术人员	1.34
十、控温温室面积(万平方米)	170
十一、日光温室面积(万平方米)	670
林产化工	
一、林产工业原料(吨)	
(一)生漆	675
(二)油桐籽	22041
(三)乌桕籽	1364
(四)五倍子	623
(五)棕片	1774
(六)松脂	11662
(七)紫胶(原胶)	101
二、林产化学产品(吨)	
(一)松香	1939
(二)松节油	17430
(三)樟脑	45
(四)冰片	200
(五)紫胶	101
三、林产化学产品制造企业数(个)	60
四、香料、香精制造企业数(个)	73
蚕	
一、丝绢纺织企业数(个)	749
二、缫丝企业数(个)	251
三、绢纺企业数(个)	56
四、丝织企业数(个)	178
五、丝印染企业数(个)	14

指　标	数量
六、丝制品企业数(个)	156
七、其他丝绢纺织企业数(个)	42
八、丝针织品企业数(个)	54
森林旅游	
一、旅游人次(人)	146329245
二、旅游收入(万元)	2392454
三、森林公园总数(处)	108
四、森林公园总面积(公顷)	730371
五、国家森林公园数量(处)	31
六、国家森林公园面积(公顷)	635893
七、省级森林公园数量(处)	51
八、省级森林公园面积(公顷)	87894
九、县级森林公园数量(处)	26
十、县级森林公园面积(公顷)	6583
十一、森林公园收入总额(万元)	280978
十二、旅游接待总人数(万人次)	1444
十三、旅游接待海外旅游者(万人次)	7
十四、园林绿化企业数(个)	4398
十五、自然保护区管理业数(个)	140
林业机械	
一、森林工业专用设备制造企业数(个)	14
二、营林机械制造企业数(个)	3

表 46-2　四川省林业产业特色

指　标	全国排名	数量
林地面积(万公顷)	3	2311.66
森林面积(万公顷)	4	1659.52
人工林面积(万公顷)	4	415.65
活立木总蓄积(万立方米)	3	168753.49
森林蓄积(万立方米)	2	159572.37
人工林蓄积(万立方米)	5	13361.09
乔木林单位面积蓄积量(立方米/公顷)	3	136.94
林业服务业单位数(个)	1	2403
荒山荒(沙)地造林面积(公顷)	3	382225
防护林面积(公顷)	3	286636
低产低效林改造面积(公顷)	2	115392
竹材采运企业数量(个)	1	103
家具零售企业数量(个)	4	5269
小杂竹产量(万吨)	1	416.51
龙眼产量(吨)	4	71084
猕猴桃产量(吨)	3	48884
核桃产量(吨)	3	126109
油橄榄产量(吨)	2	1626
竹笋干产量(吨)	3	78952
食用菌产量(吨)	4	133619
毛茶产量(吨)	5	122927
可可豆产量(吨)	1	60
咖啡产量(吨)	2	251
制茶企业数量(个)	3	1533
花椒产量(吨)	2	34148
杜仲产量(吨)	5	9827
黄柏产量(吨)	1	6673
厚朴产量(吨)	4	5523
中草药及制品批发企业数量(个)	5	1558
花卉市场(个)	3	360
花卉企业(个)	4	3307
花卉专业技术从业人员(万人)	4	1.34
乌桕籽产量(吨)	5	1364
紫胶(原胶)产量(吨)	4	101
松节油产量(吨)	3	17430
樟脑产量(吨)	4	45
冰片产量(吨)	3	200
紫胶产量(吨)	3	101
丝绢纺织企业数量(个)	4	749
缫丝企业数量(个)	5	251
绢纺企业数量(个)	5	56
丝织企业数量(个)	4	178
丝制品企业数量(个)	5	156
其他丝绢纺织企业数量(个)	5	42
旅游人次(万人)	2	146329245
旅游收入(万元)	1	2392454
森林公园收入总额(万元)	5	280977.96
自然保护区管理业单位数量(个)	3	140

表 46-3　四川省各产业对总产值的贡献

	指　标	产值(万元)	百分比(%)
	总产值	11567826	100
1	森林旅游业	2392454	20.68
2	果品产业	1654174	14.30
3	木竹藤家具制造业	1476307	12.76
4	人造板制造业	1027672	8.88
5	木浆纸制品生产业	713715	6.17
6	森林培育业	512548	4.43
7	木材生产业	488700	4.22
8	林业系统非林产业	419990	3.63
9	园林植物产业	405424	3.50
10	林业服务	347938	3.01
11	茶咖啡产业	332103	2.87
12	竹藤产业(不含家具)	318992	2.76
13	森林蔬菜产业	257554	2.23
14	木制品生产业	129576	1.12
15	中药业	122337	1.06

	指　标	产值(万元)	百分比(%)
16	种苗产业	115919	1
17	野生动物驯养业	64827	0.56
18	林产化工产业	18132	0.16
19	其他	769464	6.65

表 46-4　四川省级林业产业相关协会

1	四川省野生动植物保护协会
2	四川省造纸行业协会
3	四川省生态旅游协会
4	四川省林产工业协会
5	四川省绿化种苗协会
6	四川省林产工业协会木门专业委员会
7	四川省木材流通协会
8	四川省旅游协会
9	四川省家具行业协会
10	四川省咖啡技术协会
11	四川省生态保护协会
12	四川省中药行业协会
13	四川省医药行业协会中药产业分会
14	四川省果品行业协会
15	四川省茶文化协会
16	四川省茶叶行业协会
17	四川省质量协会家具质量分会
18	四川省风景园林协会
19	四川省农业植物新品种保护协会
20	四川省饲料工业协会
21	四川省生态经济协会

贵州省林业产业

【产业特点】 贵州的林业特色产业主要体现在木炭业、花卉业及中药材业等。其中，木炭产量居全国第五位，年末实有花卉种植面积居全国第三位，生漆产量居全国第五位，油桐籽产量居全国第三位，乌桕籽产量居全国第四位。五倍子产量居全国第五位，棕片产量居全国第四位，见表47-1及表47-2。

贵州林业总产值为296亿元。其中：对林业总产值的贡献最大的是林业系统非林产业51亿元，占17.14%；其次是木材生产业49亿元，占16.50%；第三是果品产业39亿元，占13.26%；第四是森林旅游业33亿元，占11.06%。这4项产业产值占林业总产值的57.96%，见表47-3。贵州林业产业相关协会有72家，其中省级协会8家，见表47-4。

【软木】 栓皮是栓皮栎的主产品，是轻化、建筑、军工的重要原材料。软木制品具有防震、隔热、吸音、防潮、耐酸碱性能，广泛用于冷藏、石油、化工、纺织行业。

毕节地区是全国栓皮的重点产区，年产700吨以上，最高时达到1000吨，1953年苏联栓皮专家斯巴洛夫到威宁县考察鉴定，确认区内栓皮软木层厚，弹性好，杂质少，居世界第二位。1954年，林业部投资30万元在毕节建立软木厂，1956年4月开始基建，实际投资36.11万元，1957年2月正式投产。产品主要有软木塞、软木纸、软木砖等，销往苏联和东欧国家以及国内四川、北京、西藏等26个省(区、市)的150多个单位。由于受市场的影响，1990年基本停产，软木厂于90年代末破产改制。目前仅威宁县尚有零星分布，没有进行开发利用。

【竹藤】 大自然科技有限公司是以棕纤维为主要材料的床垫和家居用品的研制、生产、销售及技术服务的企业，目前具有年产10万立方米棕纤维弹性材料的生产能力。公司十分注重技术创新，在专利、标准等方面取得了显著成绩。是我国植物纤维弹性材料的发明者、开创者及领导者，建立了全国唯一的天然植物纤维材料研究中心，与暨南大学合作建立了棕麻纤维实验室，拥有各类中高级研发人员30余人，是国家标准化管理委员会全国家具标准化技术委员会首批委员单位，主导起草了《棕纤维弹性床垫》行业标准，并将该标准升级为《软体家具 棕纤维弹性床垫》国家标准，2009年11月通过审定，2011年12月颁布执行。公司已申请各类专利145项，其中：已获发明专利9项、实用新型专利58项、外观专利6项、是国家知识产权产业化示范工程单位，是国内林业企业和家居企业拥有专利最多的企业之一。

主要产品品牌“大自然”棕床垫在全国140多个中心城市有销售终端近600个，在植物纤维弹性床垫行业中产量和销量一直稳居第一。“大自然”牌棕床垫主要客户为中高端消费者，在家具行业和消费者中有很高的知名度和美誉度，引领着天然植物纤维弹性床垫的发展方向。2010年是公司成立的第一年，实现了销售收入1.22亿元，利润税1698万元。

【森林蔬菜】 贵州森林蔬菜主要集中于竹笋、香椿、蕨菜等，其中竹笋种植7.48万公顷，香椿种植1.4万公顷。

【中药材】 贵州中药材主要是杜仲3.11万公顷、黄柏0.38万公顷、厚朴0.92万公顷、金银花1.72万公顷、黄栀子0.11万公顷等。

【种苗基地】 贵州种苗基地面积共计3266公顷，共计生产苗木10.25亿株，国家级林木良种繁育基地6个。

【林产化工】

五倍子 五倍子的主要成分是五倍子单宁，我国特产的角倍和肚倍含量为66%~72%，比国外倍子单宁含量高两倍以上，所以又被称为“中国五倍子”，在国际上享有盛名。五倍子是富含天然多酚的独特生物资源，利用五倍子加工的产品及其衍生物中间体有100多种，广泛运用于染料和鞣剂、墨水制造、酒类酿造、纺织印染、金属防腐、矿石浮选、石油钻探、水处理、食品抗氧化、日用化工、药物合成、集成电路、光敏感材料、光刻模型、彩色显像管以及高分子材料等领域。

20世纪80~90年代作为药物(复方新诺敏)中间体的TMP产品开发应用，贵州二化厂曾创年产值近亿元，出口创汇1000美元的佳绩。

全国现有五倍子加工厂近20余家，贵州省有4家，其中两家老企业，两家新企业，规模较小。两家老企业中的一家为曾经显赫一时的企业，经改制后规模缩减很大，技术装备老化，产品也不如当初，较高档产品的生产则转移到外省。另两家新企业规模更小，但以较高技术展现产品优越，其中一家的食品级提纯单宁酸出口欧美，实现创汇几百万美元，另一家则向医药级产品方向进发，且生产经营目标均面向国际。全省五倍子加工总量1100吨，总产值1亿多元，但远不及湖北某县的一个厂全年总产值。

桐油 资源面积5万公顷，年产桐籽6万吨，主要集中在黔西南州、安顺市、黔南州、遵义市、黔东南州等。现有规模仅为鼎盛时期的35%~40%，产量也只有当时的45%左右，主要集中在黔西南州的望谟、册亨以及黔南州的罗甸等县。

黔西南州兴义鲁屯油脂公司是贵州目前最大的桐油加工企业，生产设计能力2.5万吨，下设8个生产厂和1个外贸进出口公司，产量1.2万吨。为巩固油桐子收购的稳定性，2009年与当地合作以“公司+农户+基地+协会”方式组建666.67公顷油桐基地，直接带动农户1000余户，使农户年增收300万元。

生漆 毕节地区上世纪80年代有漆树3800多万株，每年割漆的有800万株，正常生产生漆400吨。大方县是漆树起源的中心之一，大方生漆被誉为“方漆”。方漆的漆酚、漆酶的含量都高于四川涪陵、巫溪和陕西安康、汉中所产之漆，居全国第一位，具有干燥性好、色泽鲜、耐潮、耐酸、耐碱，抗高温等特点。目前，仅大方县东北部的兴隆乡，八堡镇等有集中连片的漆树资源，其他各县只有以四旁树方式保存的生漆资源。大方境内漆树资源约有0.67万公顷(10万亩)(以株折算)，产漆约0.27万公顷(4万亩)，亩产生漆4千克左右。全地区漆树资源约0.93万公顷，且大部分都没有采收，经济效益不高。

生漆当地除用于漆器生产厂生产漆器和用作棺木表面漆及少量家具门窗外，大部分外销。大方县有3家漆器生产厂，年生产规模50~60万件，产品有自画匾、花瓶、酒具、棋具等200多个品种，近年来被作为珍贵礼品馈赠来黔访问的外国客人。

【林业科技】

贵州主要大型真菌驯化栽培技术研究与应用 该项目以国家自然科学基金、省长基金、基金资助项目为平台，对贵州相关地区的主要大型真菌进行了系统的研究，先后发表研究论文35篇，出版《贵州特色菌物和珍稀菌类的栽培与驯化研究》著作1部，获得2010年贵州科技进步三等奖。该技术在贵州省部分地区进行了推广应用，栽培200公顷蘑菇可节支23625万元的菇房建造费；在竹荪、蘑菇、茯苓和灵芝等菌类的推广方面，累计推广1000公顷，辐射带动农户达1万余户，累计创经济效益达4.6亿元以上，探索出适宜贫困地区蘑菇和竹荪的栽培方法。

优质蓝浆果品种资源搜集和种苗繁育技术研究 该项目获得2010年贵州科技进步三等奖。项目组建立了种质资源圃3.13公顷，对所引种的19个蓝浆果品种的生物学特性和生长表现进行了研究，新筛选出1个优质品种，并对原筛选的7个优质品种进行了深化研究。开展了种子和扦插繁殖及组培技术研究，选出了蓝浆果嫩枝扦插生根率的最佳要素组合，明确了最佳移栽苗龄，筛选出了适宜的组织培养条件。明确了蓝浆果在贵州栽培的适宜立地条件、最适栽培时间、适宜的土壤理化性质，提出了合理的栽植密度、施肥种类和施肥时间及主要病虫害防治技术。 (吴 坤)

表 47-1　贵州省林业产业概况

指　标	数量
总产值(万元)	2955417
一、第一产业产值	1732419
(一)涉林产业产值	1599928
1. 林木的培育和种植	415079
2. 木材和竹材的采运	418800
3. 经济林产品的种植与采集	705377
4. 花卉的种植	42001
5. 陆生野生动物繁育与利用	3394
6. 林业生产辅助服务	15277
(二)林业系统非林产业产值	132491
二、第二产业产值	585813
(一)涉林产业产值	470506
1. 木材加工及木、竹、藤、棕、苇制品制造	327237
(1)锯材、木片加工	94806
(2)人造板制造	196188
(3)木制品制造	25453
(4)竹、藤、棕、苇制品制造	10790
2. 木、竹、藤家具制造	42336
3. 木、竹、苇浆造纸	42467
4. 林产化学产品制造	9656
5. 木制工艺品和木制文教体育用品制造	3437
6. 非木质林产品加工制造	26041
7. 其他	19332
(二)林业系统非林产业产值	115307
三、第三产业产值	637185
(一)涉林产业产值	378358
1. 林业旅游与休闲服务	326862
2. 林业生态服务	13806
3. 林业专业技术服务	10582
4. 林业公共管理及其他组织服务	27108
(二)林业系统非林产业产值	258827
补充资料：竹产业产值	23750
油茶产业产值	14965
全部山区县茶、桑、果产值	160867
全部丘陵县茶、桑、果产值	1360
森林资源	
一、森林覆盖率(%)	31.61
二、林地面积(万公顷)	841.23
三、森林面积(万公顷)	556.92
四、人工林面积(万公顷)	199.86
五、活立木总蓄积量(万立方米)	27911.53
六、森林蓄积量(万立方米)	24007.96
七、人工林蓄积量(万立方米)	8718.38
八、乔木林单位面积蓄积量(立方米/公顷)	60.31
森林培育(公顷)	
一、荒山荒(沙)地造林面积(按林种用途分)	206603
(一)用材林	9541
(二)经济林	35676
(三)防护林	159885
(四)薪炭林	1034
(五)特种用途林	467
二、森林抚育面积	
(一)低产低效林改造	3904
(二)实际幼林抚育	122144
(三)成林抚育	68187
三、林业单位数量(个)	1208
木材、竹材(万立方米)	
一、木材总计	181.10
(一)原木	179.68
其中：针叶原木	43.58
1. 直接用原木	126.69
2. 等内加工原木	25.74
其中：针叶原木	19.24
3. 造纸用原木	0.20
4. 胶合板材	7.85
5. 杉原条	7.71
6. 其他原木	11.49
(二)薪材	1.42
(三)锯材	65.60
二、木材采运企业数(个)	82
三、竹材采运企业数(个)	13
四、锯材加工企业数(个)	166
五、木材批发企业数(个)	356
人造板(万立方米)	
人造板总产量	51.61
一、胶合板	29.43
(一)木胶合板	28.14
(二)竹胶合板	0.59
(三)其他胶合板	0.70
二、纤维板	7.85
三、刨花板	1.11
四、其他人造板	13.23
其中：细木工板	9.15
五、单板	0.57
六、人造板制造企业数(个)	191
七、胶合板制造企业数(个)	85
八、纤维板制造企业数(个)	20
九、刨花板制造企业数(个)	16
十、其他人造板制造企业数(个)	49
木制品	
一、木竹地板(万平方米)	51.12

指　标	数量
(一)实木木地板	6.92
(二)复合木地板	—
(三)其他木地板	0.19
(四)竹地板	44.01
二、木制品企业数(个)	282
三、生产用木制品企业数(个)	147
四、生活用木制品企业数(个)	64
五、中乐器制造企业数(个)	3
六、西乐器制造企业数(个)	1
木竹家具	
一、木制家具制造企业数(个)	376
二、竹藤制家具制造企业数(个)	13
三、家具零售企业数(个)	1066
木　片	
一、木片、木粒加工产品(万实积立方米)	5.06
二、木片加工企业数量(个)	71
木　炭	
木炭(吨)	37242
竹　藤	
一、竹材(万根)	415.40
其中：毛竹	408.25
篙竹	7.15
二、小杂竹(万吨)	24.03
三、竹、藤、棕、草制品企业数(个)	122
四、竹、藤、棕、草工艺品制造企业数(个)	32
果　品	
一、水果产量(吨)	757260
其中：苹果	29572
柑橘	207515
梨	216889
葡萄	63931
桃	96218
杏	1897
荔枝	437
龙眼	81
猕猴桃	12410
其他水果	128310
二、干果产量(吨)	60978
其中：核桃	15356
板栗	19316
枣(干重)	1083
柿子(干重)	6282
仁用杏	2
山杏仁	1
银杏(白果)	1620
榛子	4
松子	291
其他干果	17023
三、木本油料	20402
其中：油茶籽	20368
其他木本油料	34
四、水果罐头制造企业数(个)	2
森林蔬菜	
一、森林食品(干重)(吨)	20964
其中：竹笋干	11779
食用菌	3210
山野菜	1137
其他森林食品	4838
二、蔬菜、果品批发企业数(个)	186
茶咖啡	
一、林产饮料产品(干重)(吨)	60715
其中：毛茶	56459
其他林产饮料产品	4256
二、茶叶批发企业数(个)	308
三、制茶企业数(个)	613
调　料	
一、林产调料产品(干重)	5151
其中：花椒	4705
八角	84
桂皮	7
其他林产调料产品	355
中药材	
一、木本药材(吨)	13083
其中：杜仲	3141
黄柏	599
厚朴	40
山茱萸	245
其他木本药材	9058
二、中草药及制品批发企业数(个)	418
花　卉	
一、年末实有花卉种植面积(公顷)	81628
二、切花切叶产量(万支)	20263
三、盆栽植物产量(万盆)	776
四、观赏苗木产量(万株)	4601
五、草坪产量(万平方米)	132
六、花卉市场(个)	42
七、花卉企业数(个)	229
其中：大中型企业	33
八、花农(万户)	0.15
九、花卉从业人员(万人)	0.83
其中：专业技术人员	0.09
十、控温温室面积(万平方米)	10

指　标	数量
十一、日光温室面积(万平方米)	69
林产化工	
一、林产工业原料(吨)	
(一)生漆	1614
(二)油桐籽	63815
(三)乌桕籽	2468
(四)五倍子	2216
(五)棕片	4365
(六)松脂	8215
(七)紫胶(原胶)	18
二、林产化学产品(吨)	
(一)松香	4593
(二)松节油	725
三、林产化学产品制造企业数(个)	68
四、香料、香精制造企业数(个)	45
蚕	
一、丝绢纺织企业数(个)	33
二、缫丝企业数(个)	15
三、绢纺企业数(个)	1
四、丝织企业数(个)	2
五、丝印染企业数(个)	4
六、丝制品企业数(个)	9
七、其他丝绢纺织企业数(个)	1
八、丝针织品企业数(个)	9
森林旅游	
一、旅游人次(人)	20545630
二、旅游收入(万元)	326862
三、森林公园总数(处)	69
四、森林公园总面积(公顷)	258118
五、国家森林公园数量(处)	21
六、国家森林公园面积(公顷)	145061
七、省级森林公园数量(处)	29
八、省级森林公园面积(公顷)	95914
九、县级森林公园数量(处)	19
十、县级森林公园面积(公顷)	17143
十一、森林公园收入总额(万元)	33837
十二、旅游接待总人数(万人次)	1379
十三、旅游接待海外旅游者(万人次)	4
十四、园林绿化企业数(个)	1055
十五、自然保护区管理业数(个)	36
林业机械	
一、森林工业专用设备制造企业数(个)	2
二、营林机械制造企业数(个)	2

表 47-2　贵州省林业产业特色

指　标	全国排名	数量
木炭产量(吨)	5	37242
年末实有花卉种植面积(公顷)	3	81628
生漆产量(吨)	5	1614
油桐籽产量(吨)	3	63815
乌桕籽产量(吨)	4	2468
五倍子产量(吨)	5	2216
棕片产量(吨)	4	4365

表 47-3　贵州省各产业对总产值的贡献

	指　标	产值(万元)	百分比(%)
	总产值	2955417	100
1	林业系统非林产业	506625	17.14
2	木材生产业	487677	16.50
3	果品产业	391746	13.26
4	森林旅游业	326862	11.06
5	森林培育业	223945	7.58
6	人造板制造业	196188	6.64
7	茶咖啡产业	193453	6.55
8	种苗产业	191134	6.47
9	林业服务	66773	2.26
10	中药业	47603	1.61
11	木浆纸制品生产业	42467	1.44
12	木竹藤家具制造业	42336	1.43
13	园林植物产业	42001	1.42
14	竹藤产业(不含家具)	36719	1.24
15	森林蔬菜产业	35929	1.22
16	木制品生产业	28890	0.98
17	林产化工产业	9656	0.33
18	野生动物驯养业	3394	0.11
19	其他	82019	2.78

表 47-4　贵州省级林业产业相关协会

1	贵州省古银杏研究保护协会
2	贵州省野生动植物保护协会
3	贵州省饲料工业协会
4	贵州省质量检验协会农产品及茶叶专业委员会
5	贵州省茶馆业协会
6	贵州省家具协会
7	贵州旅游协会
8	贵州省茶叶协会

云南省林业产业

【产业特点】 云南的林业特色产业突出表现在森林培育业、木材生产业、毛竹产业、果品业、森林旅游业等。其中，林地面积居全国第二位，森林面积居全国第三位，活立木总蓄积居全国第二位，森林蓄积居全国第三位，林业服务业单位数量居全国第四位，荒山荒(沙)地造林面积居全国第一位，用材林面积居全国第五位，经济林面积居全国第一位，低产低效林改造面积居全国第一位，热带木材产量居全国第三位，针叶原木产量居全国第四位，林木采运企业数量居全国第五位，木炭产量居全国第一位，竹材产量居全国第五位，毛竹产量居全国第三位，篙竹产量居全国第五位，小杂竹产量居全国第二位，荔枝产量居全国第五位，核桃产量居全国第一位，松子产量居全国第四位，毛茶产量居全国第二位，咖啡产量居全国第一位，制茶企业数量居全国第四位，八角产量居全国第二位，切花切叶产量居全国第一位，棕片产量居全国第二位，松脂产量居全国第三位，紫胶(原胶)产量居全国第一位，松香产量居全国第二位，松节油产量居全国第二位，栲胶产量居全国第四位，紫胶产量居全国第一位，自然保护区管理业单位数量居全国第四位，见表48-1及表48-2。

云南林业总产值575亿元。其中：果品产业对林业产业总产值的贡献最大，为126亿元，占21.91%；其次是木材生产业56亿元，占9.7%。第三是森林培育业35亿元，占6.14%。这3项产业产值占总产值的37.76%，见表48-3。云南林业产业相关协会有251家，其中省级协会13家，见表48-4。

【龙头企业】

龙头企业评定 云南省林业厅从2004年开始评定林业产业省级龙头企业。2004年制定了《云南林业产业省级龙头企业认定和监测管理(试行)办法》，2010年重新进行了修订，下发了《云南林业产业省级龙头企业认定和管理办法》。到2010年，共开展了6批林业产业省级龙头企业的评定工作。

全省有192家企业评定为林业产业省级龙头企业，涉及九大林业产业、16个州市。按九大林产业分，特色经济林产业49家，林浆纸产业12家，林产化工产业23家，竹藤产业3家，野生动物驯养繁殖7家，森林生态旅游业2家，木材加工及人造板产业45家，非木材资源开发利用产业36家，观赏苗木产业15家；按州市分，昆明33家，昭通3家，曲靖11家，玉溪13家，保山14家，楚雄17家，红河13家，文山7家，普洱15家，西双版纳4家，大理29家，德宏6家，丽江6家，怒江5家，迪庆7家，临沧9家。

【林(竹)浆纸】 2010年，云南共完成23.36万公顷林(竹)浆纸原料林基地建设，其中，桉树基地9.57万公顷，思茅松基地3.99万公顷，竹浆纸基地9.81万公顷。其中，金光集团完成桉树原料林5.73万公顷，云景林纸完成思茅松、桉树原料林6.45万公顷，陆良银河纸业完成桉树原料林1.37万公顷，昌宁建新纸业完成竹基地建设2.13万公顷，西双版纳勐象竹业完成竹基地建设0.91万公顷，昭通建有竹材基地6.33万公顷。有较大规模的林浆纸企业22家，浆产量14.26万吨，纸产量15.38万吨，企业总产值19.91亿元。

【果品】

核桃 全省面积160万公顷、产值121亿元，主产区农民人均年收入超过600元，核桃产量全国第一。在滇西漾濞、永平、下关一带已形成全国最大的核桃集散地，每年交易量在2000万千克以上。80%以上的核桃干果用手工加工取仁，产品销往上海、天津、北京、长沙、广州、重庆等城市。每年还有约50万千克核桃仁直接从漾濞出口到亚欧国家。漾濞县先后荣获国家有关部门授予的“中国核桃之乡”、“中国名特优经济林核桃之乡”、“中国核桃产业龙头县”等殊荣。

八角 云南八角种植历史悠久，产量仅次于广西，在国内排名第二。八角面积4万多公顷，产值2亿元，主产区为文山州，红河、玉溪、保山、德宏等地也有成片种植。八角除了作为香料，从其干果、叶中提取的八角油（茴油），是我国传统出口的大宗土特产品，年产八角油300吨左右。文山州的富宁县是云南八角种植销售的重要集散地，种植面积和产量占全省的70%以上，被评为“中国八角之乡”。

草果 草果是云南特产的调味品，产量约占全国的95%，主要分布于云南的东南部，文山州的麻栗坡、马关、富宁、西畴，红河州的金平、元阳、绿春、屏边为主产地。年产草果约1500吨。草果是配制五香粉，咖喱粉等的香料，是食品、香料、制药工业的原料。

花椒 主产区为昭通的永善、巧家、鲁甸、昭阳、彝良5县（区）的金沙江、牛栏江、洛泽河海拔1200米以下河谷地区，主要品种有青椒、大红袍等。全省面积在5.33万公顷左右，产值6亿元。

膏桐 有丰富的生物质能源原料膏桐，中石油、英国阳光科技集团、云南神宇新能源有限公司等大企业在滇投资力度和建设规模均居全国首位。元谋县还被中石油列为林油一体化膏桐能源林示范基地县。

水果 主要有香蕉、梨、柑橘、苹果、桃等品种，有“山地香蕉”、“高原香蕉”品牌。香蕉在全省16个州（市）59个县有种植，主要产区集中在以红河流域中游传统香蕉优势种植区域和西双版纳州及以临沧耿马县为中心的两大新兴优势生产区的14个主产县。

【林产化工】 云南林化经销企业400多家，主要产品有脂松香、松节油、桉叶油、紫胶、山苍子油、单宁酸、栲胶、活性炭、黄樟油、桐油、紫杉醇等，其中脂松香、松节油、桉叶油和紫胶为大宗出口创汇产品。

松脂生产 有58个采脂县，主要产脂树种有云南松和思茅松，能采脂林分面积和蓄积居全国首位。

据不完全统计，全省主要从事松香生产企业46家，其中获得省级林业产业龙头企业的有9家，设计生产能力达到万吨以上的企业有13家。松脂主产区是普洱，松脂产量占全省的60%左右，其次是玉溪、临沧、楚雄州、大理州，占40%。

天然香料 产量已超过6000吨，产值近3亿元，居全国第四位，占全国产量的30%以上，出口数量约占全国出口总量的15%。

主要天然香料品种为桉叶油、香叶油、柠檬草油、香茅油、山苍子油、冬青油。全省已能生产天然香料近40余种，含量99%的桉叶素油获1992年全国第3届新技术新产品博览会银奖。β－蒎烯、α－蒎烯、中国橡苔、依兰－依兰油等产品获国家金龙奖。卷烟香精“云溪牌”云烟浸膏，获国家星火博览会金奖和印度尼西亚国际博览会银奖。此外，八角茴油、茴脑、天然樟脑粉、黄樟油、桂油、香兰荚等也是云南具有优势的主要产品。

产品除在国内20个销售外，还远销欧洲、美国、加拿大、日本、大洋洲、东南亚等国家及港台地区。在生产布局上已形成以昆明、玉溪为中心的香料、香精深加工生产基地；以西双版纳、德宏、河口为主的热带香料植物种植、加工生产基地；以滇中地区和大理州为主的桉叶、香叶、薄荷种植加工生产基地；以文山、红河、保山为主的辛香料种植、加工生产基地。在天然香料产品中，桉叶油（兰桉）是云南特色产品，出口量占国际市场90%以上。有规模生产的企业7家，年生产能力2万余吨。

紫胶 紫胶有生产企业12家，年生产能力3000吨。

果壳活性炭 主要以木材加工剩余物和缅甸、越南进口椰壳炭化料为原料，小规模作坊式生产，产品多是满足小范围冶金助剂的需求，在水处理、医药、气体净化用炭等方面，几乎是空白。近期通过云南省环保局验收的云南大理州漾濞县核桃壳资源化利用——制取优质活性炭项目，利用漾濞县及周边地区每年产生的1万多吨核桃壳，加工成1500吨优质活性炭投放市场。

【森林蔬菜】 云南森林蔬菜大约有600种，主要有臭菜(羽叶金合欢)、刺五加、甜菜、香椿、树头菜、金雀花、苦刺花、攀枝花、棠梨花、大白杜鹃花、松杉尖、青刺尖等。

【中药材】 云南素有“药材之乡”的美誉，已查明的天然药物资源6559种，居全国首位，在国际上有重要地位。野生植物药材蕴藏量90万吨，其中千吨以上的有96种，100~1000吨的有191种；动物药材蕴藏量440吨；家种植物药材有145种；全省有名录的民族、民间药达1200多种。中药工业总产值占全省医药工业总产值的比重为70%以上。云南白药系列、三七和血塞通系列、灯盏花系列、康王系列、蒿甲醚、排毒养颜胶囊等产品享誉国内外，成为国内最具代表性的优势品牌。

【种苗】 云南苗圃经营面积5868公顷。已核发林木种苗生产许可证3345套，林木种苗经营许可证3504套。共采收各类林木种子603.20万千克，良种穗条超过7000万条，培育苗木12.56亿株。有省级林木种苗站和种苗质检站各1个，州级林木种苗站12个、质检站11个，县级种苗站85个、质检站42个，培训种苗检验人员757人。有“丽都”、“明珠”、“臧健”、“英茂”4个省级品牌，开发出云南拟单性本兰、红花木莲、云南丁香等本兰科树种。

【野生动物】 云南有野生动物养殖及经营利用企业847家，养殖野生动物200多种，16个州市均有分布。企业就业人数9563人，总资产165116.49万元，固定资产120750.03万元，年产值约10亿元。列为省级林业龙头企业11家，总资产在1000万元以上的企业有31家，在500万元以上的企业有53家，驯养的野生动物主要用于科学试验、医药及观赏等方面。

(云南省林业厅林业改革与产业发展处)

表48-1 云南省林业产业概况

指　标	数量
总产值(万元)	5747968
一、第一产业产值	4245984
(一)涉林产业产值	4028177
1. 林木的培育和种植	442588
2. 木材和竹材的采运	433019
3. 经济林产品的种植与采集	2783220
4. 花卉的种植	266011
5. 陆生野生动物繁育与利用	37804
6. 林业生产辅助服务	65535
(二)林业系统非林产业产值	217807
二、第二产业产值	1235434
(一)涉林产业产值	1174017
1. 木材加工及木、竹、藤、棕、苇制品制造	500977
(1)锯材、木片加工	182268
(2)人造板制造	266059
(3)木制品制造	50407
(4)竹、藤、棕、苇制品制造	2243
2. 木、竹、藤家具制造	15378
3. 木、竹、苇浆造纸	91967
4. 林产化学产品制造	312706
5. 木制工艺品和木制文教体育用品制造	1220
6. 非木质林产品加工制造	147486
7. 其他	104283
(二)林业系统非林产业产值	61417
三、第三产业产值	266550
(一)涉林产业产值	232218
1. 林业旅游与休闲服务	151837
2. 林业生态服务	26018
3. 林业专业技术服务	18448
4. 林业公共管理及其他组织服务	35915
(二)林业系统非林产业产值	34332
补充资料：竹产业产值	49522
油茶产业产值	9827
全部山区县茶、桑、果产值	717567
全部丘陵县茶、桑、果产值	3045
森林资源	
一、森林覆盖率(%)	47.50
二、林地面积(万公顷)	2476.11
三、森林面积(万公顷)	1817.73
四、人工林面积(万公顷)	326.77
五、活立木总蓄积量(万立方米)	171216.68
六、森林蓄积量(万立方米)	155380.09
七、人工林蓄积量(万立方米)	7259.87
八、乔木林单位面积蓄积量(立方米/公顷)	105.51
森林培育(公顷)	
一、荒山荒(沙)地造林面积(按林种用途分)	661500
(一)用材林	71629
(二)经济林	482862

指　标	数量
(三)防护林	104722
(四)薪炭林	1125
(五)特种用途林	1162
二、更新造林面积	6400
三、森林抚育面积	
(一)低产低效林改造	143296
(二)实际幼林抚育	29022
(三)成林抚育	48640
四、林业单位数量(个)	2015
木材、竹材(万立方米)	
一、木材总计	532.24
其中：热带木材	77.08
(一)原木	470.33
其中：针叶原木	119.40
1. 直接用原木	189.27
2. 等内加工原木	138.14
其中：针叶原木	79.52
3. 造纸用原木	25.91
4. 胶合板材	24.27
5. 杉原条	17.59
6. 其他原木	75.14
(二)薪材	61.92
(三)锯材	144.27
二、木材采运企业数(个)	152
三、竹材采运企业数(个)	6
四、锯材加工企业数(个)	555
五、木材批发企业数(个)	503
人造板(万立方米)	
人造板总产量	162.46
一、胶合板	43.05
(一)木胶合板	40.89
(二)其他胶合板	2.16
二、纤维板	95.91
三、刨花板	4.90
四、其他人造板	18.59
其中：细木工板	16.07
五、单板	14.42
六、人造板制造企业数(个)	252
七、胶合板制造企业数(个)	103
八、纤维板制造企业数(个)	34
九、刨花板制造企业数(个)	34
十、其他人造板制造企业数(个)	40
木制品	
一、木竹地板(万平方米)	292.40
(一)实木木地板	280.93
(二)复合木地板	—

指　标	数量
(三)其他木地板	10.80
(四)竹地板	0.67
二、木制品企业数(个)	698
三、生产用木制品企业数(个)	385
四、生活用木制品企业数(个)	122
五、中乐器制造企业数(个)	5
六、西乐器制造企业数(个)	0
木竹家具	
一、木制家具制造企业数(个)	678
二、竹藤制家具制造企业数(个)	24
三、家具零售企业数(个)	2139
木　片	
一、木片、木粒加工产品(万实积立方米)	24.81
二、木片加工企业数量(个)	242
木　炭	
木炭(吨)	91597
竹　藤	
一、竹材(万根)	13004.91
其中：毛竹	11761.59
篙竹	1243.32
二、小杂竹(万吨)	192.92
三、竹、藤、棕、草制品企业数(个)	145
四、竹、藤、棕、草工艺品制造企业数(个)	36
果　品	
一、水果产量(吨)	2679933
其中：苹果	223615
柑橘	387445
梨	225754
葡萄	201757
桃	160270
杏	236
荔枝	12338
龙眼	11181
猕猴桃	177
其他水果	1457160
二、干果产量(吨)	442563
其中：核桃	353301
板栗	53601
枣(干重)	718
柿子(干重)	16866
银杏(白果)	317
松子	6964
其他干果	10796
三、木本油料	7812
其中：油茶籽	7774
其他木本油料	38

指　标	数量
四、水果罐头制造企业数(个)	22
森林蔬菜	
一、森林食品(干重)(吨)	64399
其中：竹笋干	9718
食用菌	32373
山野菜	16774
其他森林食品	5534
二、蔬菜、果品批发企业数(个)	668
茶咖啡	
一、林产饮料产品(干重)(吨)	224591
其中：毛茶	181614
咖啡	42340
其他林产饮料产品	637
二、茶叶批发企业数(个)	1328
三、制茶企业数(个)	1491
调　料	
一、林产调料产品(干重)	57123
其中：花椒	27462
八角	8695
桂皮	35
其他林产调料产品	20931
中药材	
一、木本药材(吨)	60150
其中：杜仲	497
黄柏	121
厚朴	1
其他木本药材	59531
二、中草药及制品批发企业数(个)	905
花　卉	
一、年末实有花卉种植面积(公顷)	13030
二、切花切叶产量(万支)	351400
三、盆栽植物产量(万盆)	2978
四、观赏苗木产量(万株)	6308
五、草坪产量(万平方米)	14
六、花卉市场(个)	45
七、花卉企业数(个)	671
其中：大中型企业	71
八、花农(万户)	3.54
九、花卉从业人员(万人)	13.19
其中：专业技术人员	0.33
十、控温温室面积(万平方米)	37
十一、日光温室面积(万平方米)	392
林产化工	
一、林产工业原料(吨)	
(一)生漆	1031
(二)油桐籽	22029
(三)乌桕籽	83
(四)五倍子	122
(五)棕片	9718
(六)松脂	168065
(七)紫胶(原胶)	2604
二、林产化学产品(吨)	
(一)松香	164014
(二)松节油	29262
(三)樟脑	5
(四)栲胶	946
(五)紫胶	1595
三、林产化学产品制造企业数(个)	132
四、香料、香精制造企业数(个)	134
蚕	
一、丝绢纺织企业数(个)	110
二、缫丝企业数(个)	35
三、绢纺企业数(个)	0
四、丝织企业数(个)	11
五、丝印染企业数(个)	1
六、丝制品企业数(个)	51
七、其他丝绢纺织企业数(个)	3
八、丝针织品企业数(个)	16
森林旅游	
一、旅游人次(人)	16964268
二、旅游收入(万元)	151837
三、森林公园总数(处)	40
四、森林公园总面积(公顷)	147107
五、国家森林公园数量(处)	27
六、国家森林公园面积(公顷)	112612
七、省级森林公园数量(处)	13
八、省级森林公园面积(公顷)	34495
九、县级森林公园数量(处)	—
十、县级森林公园面积(公顷)	—
十一、森林公园收入总额(万元)	9621
十二、旅游接待总人数(万人次)	354
十三、旅游接待海外旅游者(万人次)	5
十四、园林绿化企业数(个)	1323
十五、自然保护区管理业数(个)	126
林业机械	
一、森林工业专用设备制造企业数(个)	2
二、营林机械制造企业数(个)	1

表 48-2　云南省林业产业特色

指　标	全国排名	数量
林地面积(万公顷)	2	2476.11
森林面积(万公顷)	3	1817.73
活立木总蓄积(万立方米)	2	171216.68
森林蓄积(万立方米)	3	155380.09

指　标	全国排名	数量
林业服务业单位数(个)	4	1700
荒山荒(沙)地造林面积(公顷)	1	661500
用材林面积(公顷)	5	71629
经济林面积(公顷)	1	482862
低产低效林改造面积(公顷)	1	143296
热带木材产量(万立方米)	3	77.08
针叶原木产量(万立方米)	4	119.40
木材采运企业数量(个)	5	152
木炭产量(吨)	1	91597
竹材产量(万根)	5	13004.91
毛竹产量(万根)	3	11761.59
篙竹产量(万根)	5	1243.32
小杂竹产量(万吨)	2	192.92
荔枝产量(吨)	5	12338
核桃产量(吨)	1	353301
松子产量(吨)	4	6964
毛茶产量(吨)	2	181614
咖啡产量(吨)	1	42340
制茶企业数量(个)	4	1491
八角产量(吨)	2	8695
切花切叶产量(万支)	1	351399.60
棕片产量(吨)	2	9718
松脂产量(吨)	3	168065
紫胶(原胶)产量(吨)	1	2604
松香产量(吨)	2	164014
松节油产量(吨)	2	29262
栲胶产量(吨)	4	946
紫胶产量(吨)	1	1595
自然保护区管理业单位数量(个)	4	126

表 48-3　云南省各产业对总产值的贡献

	指　标	产值(万元)	占百分比(%)
	合计	5747968	100.00
1	果品产业	1259660	21.91
2	木材生产业	557493	9.70
3	森林培育业	353186	6.14
4	森林蔬菜产业	340564	5.92
5	茶咖啡产业	323473	5.63
6	林业系统非林产业	313556	5.46
7	林产化工产业	312706	5.44
8	人造板制造业	266059	4.63
9	园林植物产业	266011	4.63
10	森林旅游业	151837	2.64
11	林业服务	145916	2.54
12	中药业	124331	2.16
13	木浆纸制品生产业	91967	1.60
14	种苗产业	89402	1.56
15	竹藤产业(不含家具)	60037	1.04
16	木制品生产业	51627	0.90
17	野生动物驯养业	37804	0.66
18	木竹藤家具制造业	15378	0.27
19	其他	986961	17.17

表 48-4　云南省级林业产业相关协会

1	云南省茶业协会
2	云南省家具行业协会
3	云南省香料行业协会
4	云南核桃行业协会
5	云南省野生动植物保护协会
6	云南省饲料工业协会
7	云南省竹藤产业协会
8	云南省森林警察协会
9	云南省野生植物保护协会
10	云南省咖啡行业协会
11	云南省造纸行业协会
12	云南省旅游业协会
13	云南省普洱茶协会

西藏自治区林业产业

【产业特点】 西藏的林业特色产业突出表现在森林培育业及森林旅游业上。其中，林地面积居全国第五位，森林面积居全国第五位，活立木总蓄积居全国第一位，森林蓄积居全国第一位，乔木林单位面积蓄积量居全国第一位，森林公园总面积居全国第三位。国家森林公园面积居全国第三位，见表49-1及表49-2。

西藏林业总产值为16亿元。其中：对林业总产值的贡献最大的是森林培育业8亿元，占47.04%；其次是木材生产业4亿元，占23.59%；第三是果品产业0.9亿元，占5.37%。这3项产业产值占总产值的76%，见表49-3。西藏自治区林业产业协会有2家，分别为西藏中药材协会和西藏种苗协会。

【种苗】 西藏共建设各类苗圃200余个，面积1000余公顷，育苗面积700公顷，年生产达3000余万株，2010年苗木产量1623.32万株，产值4000余万元。

【野生动物及林下产品】 2010年，出销售斑头雁1810羽，采集松茸138吨，出口120吨。林芝、工布江达、昌都、芒康等县初步形成了以松茸为主的林下资源采集加工基地，年加工销售各类林下资源产品1029吨。核桃为主的特色经济林干果产量8839吨，年生产各类鲜果9943吨，花椒产量21吨，以松茸为主的林下菌类1029吨，采集加工药材702吨，现有经济林果园405个，种植经济林木2.90万公顷。

【林业科技】 西藏先后获得国家科技进步二等奖共6项，科技进步奖共3项。西藏林业局荣获“全国第七届花卉博览会铜奖”。

（李小双）

表49-1 西藏自治区林业产业概况

指　标	数量
总产值(万元)	161777
一、第一产业产值	146083
(一)涉林产业产值	146083
1. 林木的培育和种植	80397
2. 木材和竹材的采运	28404
3. 经济林产品的种植与采集	36932
4. 陆生野生动物繁育与利用	55
5. 林业生产辅助服务	295
(二)林业系统非林产业产值	—
二、第二产业产值	12620
(一)涉林产业产值	12620
1. 木材加工及木、竹、藤、棕、苇制品制造	11053
(1)锯材、木片加工	9790
(2)人造板制造	1263
2. 木、竹、藤家具制造	1567
(二)林业系统非林产业产值	—
三、第三产业产值	3074
(一)涉林产业产值	1558
1. 林业旅游与休闲服务	1173
2. 林业生态服务	35
4. 林业公共管理及其他组织服务	350
(二)林业系统非林产业产值	1516
森林资源	
一、森林覆盖率(%)	11.91
二、林地面积(万公顷)	1746.63
三、森林面积(万公顷)	1462.65
四、人工林面积(万公顷)	3.36
五、活立木总蓄积量(万立方米)	227271.36
六、森林蓄积量(万立方米)	224550.91
七、人工林蓄积量(万立方米)	110.74
八、乔木林单位面积蓄积量(立方米/公顷)	266.96
森林培育(公顷)	
一、荒山荒(沙)地造林面积(按林种用途分)	62299
(一)用材林	1667
(二)经济林	585
(三)防护林	60047
(四)薪炭林	—
(五)特种用途林	—

指　标	数量
二、更新造林面积	1467
三、林业单位数量(个)	42
木材、竹材(万立方米)	
一、木材总计	69.90
(一)原木	29.91
其中：针叶原木	8.94
1. 直接用原木	27.19
2. 其他原木	2.71
(二)薪材	39.99
(三)锯材	9.51
二、木材采运企业数(个)	6
三、竹材采运企业数(个)	0
四、锯材加工企业数(个)	7
五、木材批发企业数(个)	15
人造板	
一、人造板制造企业数(个)	2
二、胶合板制造企业数(个)	1
三、纤维板制造企业数(个)	0
四、刨花板制造企业数(个)	0
五、其他人造板制造企业数(个)	1
木制品	
一、木制品企业数(个)	15
二、生产用木制品企业数(个)	3
三、生活用木制品企业数(个)	1
四、中乐器制造企业数(个)	0
五、西乐器制造企业数(个)	0
木竹家具	
一、木制家具制造企业数(个)	18
二、竹藤制家具制造企业数(个)	1
三、家具零售企业数(个)	132
木　片	
木片加工企业数量(个)	10
木　炭	
木炭(吨)	209
竹　藤	
一、竹材(万根)	35.75
其中：毛竹	35.75
二、小杂竹(万吨)	0.01
三、竹、藤、棕、草制品企业数(个)	2
四、竹、藤、棕、草工艺品制造企业数(个)	1
果　品	
一、水果产量(吨)	9943
其中：苹果	5636
柑橘	254

指　标	数量
梨	442
桃	432
杏	20
其他水果	3159
二、干果产量(吨)	8839
其中：核桃	7589
山杏仁	30
银杏(白果)	20
其他干果	1200
三、水果罐头制造企业数(个)	0
森林蔬菜	
一、森林食品(干重)(吨)	1029
其中：山野菜	1029
二、蔬菜、果品批发企业数(个)	14
茶咖啡	
一、茶叶批发企业数(个)	17
二、制茶企业数(个)	2
调　料	
一、林产调料产品(干重)	21
其中：花椒	21
中药材	
一、木本药材(吨)	702
二、中草药及制品批发企业数(个)	13
林产化工	
香料、香精制造企业数(个)	10
蚕	
一、丝绢纺织企业数(个)	1
二、其他丝绢纺织企业数(个)	1
森林旅游	
一、旅游人次(人)	30000
二、旅游收入(万元)	1173
三、森林公园总数(处)	8
四、森林公园总面积(公顷)	1307014
五、国家森林公园数量(处)	8
六、国家森林公园面积(公顷)	1307014
七、省级森林公园数量(处)	—
八、省级森林公园面积(公顷)	—
九、县级森林公园数量(处)	—
十、县级森林公园面积(公顷)	—
十一、森林公园收入总额(万元)	1514
十二、旅游接待总人数(万人次)	41
十三、园林绿化企业数(个)	44
十四、自然保护区管理业数(个)	5

表 49-2　西藏自治区林业产业特色

指　标	全国排名	数量
林地面积(万公顷)	5	1746.63
森林面积(万公顷)	5	1462.65
活立木总蓄积(万立方米)	1	227271.36
森林蓄积(万立方米)	1	224550.91
乔木林单位面积蓄积量(立方米/公顷)	1	266.96
森林公园总面积(公顷)	3	1307014
国家森林公园面积(公顷)	3	1307014

表 49-3　西藏自治区各产业对总产值的贡献

	指　标	产值(万元)	占百分比(%)
	合计	161777	100.00
1	森林培育业	76094	47.04
2	木材生产业	38171	23.59
3	果品产业	8684	5.37
4	中药业	6491	4.01
5	种苗产业	4303	2.66
6	森林蔬菜产业	2477	1.53
7	木竹藤家具制造业	1567	0.97
8	林业系统非林产业	1516	0.94
9	人造板制造业	1263	0.78
10	森林旅游业	1173	0.73
11	林业服务	680	0.42
12	茶咖啡产业	102	0.06
13	野生动物驯养业	55	0.03
14	竹藤产业(不含家具)	23	0.01
15	其他	19178	11.85

陕西省林业产业

【产业特点】 陕西的林业特色产业突出表现在森林培育业、果品业及中药材业。其中，荒山荒(沙)地造林面积居全国第四位，经济林面积居全国第三位，防护林面积居全国第二位，低产低效林改造面积居全国第三位，苹果产量居全国第二位，杏产量居全国第五位，猕猴桃产量居全国第一位，枣(干重)产量居全国第四位，柿子(干重)产量居全国第四位，仁用杏产量居全国第五位，山杏仁产量居全国第四位，油橄榄产量居全国第三位，花椒产量居全国第一位，杜仲产量居全国第一位，厚朴产量居全国第二位，山茱萸产量居全国第四位，生漆产量居全国第四位，五倍子产量居全国第三位。见表50-1及表50-2。

陕西林业产业总产值261亿元。其中：对林业总产值的贡献最大的是果品产业137亿元，占52.37%；森林培育业占9.41%，林业服务业5.70%，见表50-3。陕西林业产业相关协会有83家，其中省级协会9家，见表50-4。

【果品】 陕西水果面积770575公顷，挂果面积465700公顷。新建核桃、红枣、花椒、板栗、柿子五大干杂果经济林8.53万公顷，总面积109万公顷，产量69.8万吨，产值61.4亿元，林户均收入1360元。核桃面积37.47万公顷，产值25亿元；红枣面积18.47万公顷，产值16亿元；花椒面积17.33万公顷，产值14.6亿元；板栗面积29.93万公顷，产值3亿元；柿子面积5.8万公顷，产值2.8亿元。商洛被中国经济林协会授予“中国核桃之都”称号，省林业厅与商洛市政府于9月举办了第2届商洛核桃节。

1. **政策扶持**。省政府2010年1月7日下发了《关于加快推进核桃等干杂果经济林产业发展的意见》(陕政发〔2010〕2号)，对新建核桃标准园，省上每亩补助100元，要求县补助不少于100元；改造核桃低产园，省上每亩补助50元、县每亩补助不少于50元，新建红枣、柿子、花椒和板栗标准园，省上按照以奖代补的办法给予奖励性支持。4月20日，省政府下发《关于建立核桃等干杂果经济林产业发展工作联席会议制度的通知》(陕政字〔2010〕42号)，协调干杂果经济林产业工作。

2. **规范制度，加强干杂果基地管理**。召开全省干杂果经济林建设科技示范现场会，全面总结交流《陕西实施七大工程促进农民增收规划纲要》(陕政发〔2009〕1号)发布以来全省干杂果经济林建设经验教训，并就贯彻落实《陕西人民政府关于加快推进核桃等干杂果经济林产业发展的意见》精神进行了全面的安排部署。4月29日，全省林业厅印发了《陕西林业厅核桃经济林基地建设项目作业设计办法》、《陕西林业厅核桃经济林基地建设检查验收暂行办法》。

3. **强化质量监督，规范核桃等良种繁育基地建设与管理**。省林业厅下发了《陕西林业厅核桃良种穗条及苗木生产使用管理办法》、《关于加强质量监管切实搞好核桃等干杂果经济林基地建设种苗生产供应的通知》、《关于加强核桃种苗生产和品质管理的通知》、《关于规范核桃红枣等林木种子生产经营许可证发放和监督管理工作的通知》，制定了《陕西核桃良种采穗圃建设技术规范》、《陕西核桃良种繁育基地建设技术规范》，编辑印制了《核桃等干杂果经济林种苗管理法规文件汇编》。

4. **科学规划，确保干杂果基地建设健康快速发展**。12月7日，省林业厅印发了《陕西核桃产业基地建设规划(2010~2015年)》《陕西红枣产业基地建设规划(2010~2015年)》、《陕西花椒产业基地建设规划(2010~2015年)》、《陕西板栗产业基地建设规划(2010~2015年)》、《陕西柿子产业基地建设规划(2010~2015年)》，明确了今后陕西核桃、红枣、花椒、板栗、柿子五大干杂果经济林产业基地建设发展目标和任务。

省林业厅编制了《陕西特色经济林产业发展规

划(2011~2020年)》、《陕西油茶产业发展规划2009~2020年》，按照《林业产业省级龙头企业管理办法》规定，2010年批准认定了陕西春光油脂有限公司、延川县兴盛红枣开发有限责任公司、延安华联锦园沙棘生物工程有限公司和延安资航工贸有限责任公司4家省级林业产业龙头企业，省级林业产业龙头企业达到15家。

【油茶】 陕西省林业厅从湖南省林科院、中国林科院亚林所引进20个油茶优良品种，开展种源试验，调查优选了30个油茶品种，已通过认定9个林木良种。

【种苗花卉】 2010年，新增育苗9561公顷，育苗面积22138公顷，采集种子5542吨，产苗木22亿株。陕西省林业厅联合西北农林科技大学等单位开展油松、珙桐、百合等乡土和野生珍稀花卉种质资源收集选育开发等科技项目。陇县八渡油松良种基地二代种子园油松种子遗传增益达37.58%，处于国内领先水平。

【野生动物】 陕西省大熊猫、金丝猴、羚牛、朱鹮种群数量不断扩大，成为同时拥有四大国宝的唯一省份。繁育朱鹮275只，其中野外繁殖231只，人工繁殖44只，已达1077只。繁殖林麝715只，存栏数量2675只，占全国林麝饲养量的55%，为规范管理，对2600多只林麝实行统一标记耳号，组织协调饲养林麝的农户联营办理林麝驯养繁殖许可证。

【林业科技教育】 《陕西古树名木保护条例》、《陕西野生植物保护条例》两部法规经省人大常委会审议通过，于2010年10月1日起实施。开展"兴林富民"培训工程，2010年培训林农25万人次，实施"3152"林业科技推广活动，建立科技示范县14个、科技示范点172个、科技示范户657户，完成示范推广面积8.27万公顷。"花椒良种选育及丰产栽培技术研究"项目获省政府科技成果奖二等奖。编发《核桃优质丰产栽培技术》书籍和《陕西核桃生产管理作业年历》共计10500余份。

（庞　燕）

表50-1　陕西省林业产业概况

指　标	数量
总产值(万元)	2612553
一、第一产业产值	2233078
(一)涉林产业产值	2216186
1. 林木的培育和种植	384720
2. 木材和竹材的采运	39718
3. 经济林产品的种植与采集	1742438
4. 花卉的种植	39245
5. 陆生野生动物繁育与利用	3624
6. 林业生产辅助服务	6441
(二)林业系统非林产业产值	16892
二、第二产业产值	172977
(一)涉林产业产值	164802
1. 木材加工及木、竹、藤、棕、苇制品制造	123646
(1)锯材、木片加工	13759
(2)人造板制造	90413
(3)木制品制造	11879
(4)竹、藤、棕、苇制品制造	7595
2. 木、竹、藤家具制造	5629
3. 林产化学产品制造	108
4. 木制工艺品和木制文教体育用品制造	1300
5. 非木质林产品加工制造	5599
6 其他	28520
(二)林业系统非林产业产值	8175
三、第三产业产值	206498
(一)涉林产业产值	182859
1. 林业旅游与休闲服务	40392
2. 林业生态服务	130437
3. 林业专业技术服务	4164
4. 林业公共管理及其他组织服务	7866
(二)林业系统非林产业产值	23639
补充资料：竹产业产值	2681
油茶产业产值	2439
全部山区县茶、桑、果产值	232379
全部丘陵县茶、桑、果产值	980
森林资源	
一、森林覆盖率(%)	37.26
二、林地面积(万公顷)	1205.80
三、森林面积(万公顷)	767.56
四、人工林面积(万公顷)	183.27
五、活立木总蓄积量(万立方米)	36144.16
六、森林蓄积量(万立方米)	33820.54
七、人工林蓄积量(万立方米)	2031.13
八、乔木林单位面积蓄积量(立方米/公顷)	59.65
森林培育(公顷)	
一、荒山荒(沙)地造林面积(按林种用途分)	364312

指　标	数量
（一）用材林	3886
（二）经济林	59410
（三）防护林	300883
（四）薪炭林	133
二、森林抚育面积	
（一）低产低效林改造	77504
（二）实际幼林抚育	261715
（三）成林抚育	313167
三、林业单位数量（个）	1425
木材、竹材（万立方米）	
一、木材总计	32.66
（一）原木	17.52
其中：针叶原木	2.29
1. 直接用原木	8.45
2. 胶合板材	1.21
3. 其他原木	7.87
（二）薪材	15.13
（三）锯材	0.83
二、木材采运企业数（个）	26
三、竹材采运企业数（个）	6
四、锯材加工企业数（个）	97
五、木材批发企业数（个）	344
人造板（万立方米）	
人造板总产量	58.06
一、胶合板	0.61
（一）木胶合板	0.61
（二）竹胶合板	—
（三）其他胶合板	—
二、纤维板	57.21
三、刨花板	0.25
四、人造板制造企业数（个）	206
五、胶合板制造企业数（个）	79
六、纤维板制造企业数（个）	27
七、刨花板制造企业数（个）	22
八、其他人造板制造企业数（个）	51
木制品	
一、木制品企业数（个）	603
二、生产用木制品企业数（个）	396
三、生活用木制品企业数（个）	115
四、中乐器制造企业数（个）	8
五、西乐器制造企业数（个）	3
木竹家具	
一、木制家具制造企业数（个）	1120
二、竹藤制家具制造企业数（个）	19
三、家具零售企业数（个）	1549
木　片	
一、木片、木粒加工产品（万实积立方米）	5.39
二、木片加工企业数量（个）	112
竹　藤	
一、竹材（万根）	776.22
其中：毛竹	562.25
篙竹	213.96
二、小杂竹（万吨）	2.70
三、竹、藤、棕、草制品企业数（个）	97
四、竹、藤、棕、草工艺品制造企业数（个）	35
果　品	
一、水果产量（吨）	8459416
其中：苹果	6525045
柑橘	265897
梨	403526
葡萄	327863
桃	317669
杏	170474
猕猴桃	358059
其他水果	90883
二、干果产量（吨）	627191
其中：核桃	60488
板栗	52037
枣（干重）	388442
柿子（干重）	110994
仁用杏	2258
山杏仁	7815
银杏（白果）	266
松子	1299
其他干果	3592
三、木本油料	8049
其中：油茶籽	7061
油橄榄	900
其他木本油料	88
四、水果罐头制造企业数（个）	38
森林蔬菜	
一、森林食品（干重）（吨）	42636
其中：竹笋干	1218
食用菌	29058
山野菜	10904
其他森林食品	1456
二、蔬菜、果品批发企业数（个）	1274
茶咖啡	
一、林产饮料产品（干重）（吨）	19010
其中：毛茶	19010
二、茶叶批发企业数（个）	443
三、制茶企业数（个）	293

指　标	数量
调　料	
一、林产调料产品(干重)	44789
其中：花椒	44789
中药材	
一、木本药材(吨)	207217
其中：杜仲	139404
黄柏	43
厚朴	7209
枸杞	54
山茱萸	4039
其他木本药材	56468
二、中草药及制品批发企业数(个)	730
花　卉	
一、年末实有花卉种植面积(公顷)	3144
二、切花切叶产量(万支)	485
三、盆栽植物产量(万盆)	487
四、观赏苗木产量(万株)	13209
五、草坪产量(万平方米)	30
六、花卉市场(个)	94
七、花卉企业数(个)	171
其中：大中型企业	33
八、花农(万户)	0.33
九、花卉从业人员(万人)	1.55
其中：专业技术人员	0.18
十、控温温室面积(万平方米)	16
十一、日光温室面积(万平方米)	48
林产化工	
一、林产工业原料(吨)	
(一)生漆	1915
(二)油桐籽	17096
(三)乌桕籽	581
(四)五倍子	3152
(五)棕片	3202
(六)松脂	866
二、林产化学产品(吨)	
(一)栲胶	80
三、林产化学产品制造企业数(个)	32
四、香料、香精制造企业数(个)	32
蚕	
一、丝绢纺织企业数(个)	88
二、缫丝企业数(个)	36
三、绢纺企业数(个)	9
四、丝织企业数(个)	10
五、丝印染企业数(个)	2
六、丝制品企业数(个)	17
七、其他丝绢纺织企业数(个)	4
八、丝针织品企业数(个)	12
森林旅游	
一、旅游人次(人)	4874870
二、旅游收入(万元)	40392
三、森林公园总数(处)	82
四、森林公园总面积(公顷)	314366
五、国家森林公园数量(处)	31
六、国家森林公园面积(公顷)	158628
七、省级森林公园数量(处)	46
八、省级森林公园面积(公顷)	149890
九、县级森林公园数量(处)	5
十、县级森林公园面积(公顷)	5848
十一、森林公园收入总额(万元)	36125
十二、旅游接待总人数(万人次)	936
十三、旅游接待海外旅游者(万人次)	4
十四、园林绿化企业数(个)	2789
十五、自然保护区管理业数(个)	103
林业机械	
一、森林工业专用设备制造企业数(个)	8
二、营林机械制造企业数(个)	7

表 50-2　陕西省林业产业特色

指　标	全国排名	数量
荒山荒(沙)地造林面积(公顷)	4	364312
经济林面积(公顷)	3	59410
防护林面积(公顷)	2	300883
低产低效林改造面积(公顷)	3	77504
苹果产量(吨)	2	6525045
杏产量(吨)	5	170474
猕猴桃产量(吨)	1	358059
枣(干重)产量(吨)	4	388442
柿子(干重)产量(吨)	4	110994
仁用杏产量(吨)	5	2258
山杏仁产量(吨)	4	7815
油橄榄产量(吨)	3	900
花椒产量(吨)	1	44789
杜仲产量(吨)	1	139404
厚朴产量(吨)	2	7209
山茱萸产量(吨)	4	4039
生漆产量(吨)	4	1915
五倍子产量(吨)	3	3152

表 50-3　陕西省各产业对总产值的贡献

	指　标	产值(万元)	占百分比(%)
	合计	2612553	100.00
1	果品产业	1368096	52.37
2	森林培育业	245784	9.41
3	林业服务	148908	5.70
4	种苗产业	138936	5.32
5	茶咖啡产业	90763	3.47
6	人造板制造业	90413	3.46
7	森林蔬菜产业	71426	2.73
8	中药业	64232	2.46
9	林业系统非林产业	48706	1.86
10	木材生产业	44509	1.70
11	森林旅游业	40392	1.55
12	园林植物产业	39245	1.50
13	竹藤产业(不含家具)	16563	0.63
14	木制品生产业	13179	0.50
15	木竹藤家具制造业	5629	0.22
16	野生动物驯养业	3624	0.14
17	林产化工产业	108	0.00
18	其他	182040	6.97

表 50-4　陕西省级林业产业相关协会

1	陕西省旅游协会
2	陕西省木材流通协会
3	陕西省野生动植物保护协会
4	陕西省旅游摄影协会
5	陕西省家具协会
6	陕西省茶业协会大唐茶道文化研究分会
7	陕西省果品工业协会
8	陕西省旅游价格协会
9	陕西省造纸工业协会

甘肃省林业产业

【产业特点】 甘肃的林业特色产业突出表现在森林培育业、果品业、森林蔬菜业及森林旅游业等。其中，特种用途林面积居全国第二位，松子产量居全国第三位，油橄榄产量居全国第一位，文冠果产量居全国第三位，花椒产量居全国第五位，枸杞产量居全国第四位，省级森林公园面积居全国第二位。见表51-1及表51-2。

甘肃林业总产值为162亿元。其中：对林业总产值的贡献最大的是果品产业88亿元，占54.61%；森林培育业占12.23%，林业服务占11.11%，林业系统非林产业占2.56%，见表51-3。

从甘肃林业实际情况出发，确定经济林果等为主要内容的林业产业，提出了产业发展的区域化布局。研究制定促进产业发展政策措施，先后制定出台了林业发展、花卉、森林旅游、经济林等方面的政策，见表51-4。甘肃林业产业相关协会有54家，其中省级协会5家，见表51-5。

【知名品牌】 甘肃知名林产品品牌有平凉金果、秦安蜜桃、天水花牛苹果、临泽小枣、陇南大红袍花椒、康县薄皮核桃、“祁连传奇”系列葡萄酒、莫高系列葡萄酒、“御泽春”系列茶叶、“翔宇”牌油橄榄系列产品，“田园”牌油橄榄系列产品等。

【果品】

1000万亩优质林果基地建设项目 林业厅组织编制了《甘肃省1000万亩优质林果基地建设发展规划(2010～2012年)》。1000万亩优质林果基地建设期为3年，自2010年开始至2012结束。其发展目标是：到2012年，完成12个优势、特色树种共1085万亩优质林果基地建设。基地果品总产量达到643.2万吨，产值达到185.56亿元，建设区户均林果收入达到5000元以上。

【林木种苗】 全省14个市(州)、2个省属林业局、77个县(市、区)都建立了林木种苗管理机构，行业管理人员达1200人，其中技术人员912人，初步形成省、市、县三级管理网络。全省现有46个种子检验室，经考试合格持证上岗的检验人员达303人。全省已选育、审定颁布优良品种82个，花卉优良品种122个，并引进19个树种的400多个品系。2010年农民年生产苗木13.35亿株，采收种子34.3万千克，销售种苗实现纯收入7.6亿元。

【花卉】 甘肃的月季、紫斑牡丹、仙客来、观赏百合、唐菖蒲等花卉产品已形成明显的区位优势和市场优势，建成了六大花卉生产基地，销售网络覆盖东南亚地区和国内20多个城。建成了以兰州为主的优质鲜切花生产基地，以临夏、兰州、定西为主的牡丹、芍药花卉生产基地，以河西为主的优质草花制种基地，以陇南、天水为主的盆景及观果、观叶植物生产基地，还有以食用、药用、工业用花生产为主的兰州百合、庆阳黄花、酒泉啤酒花的特种花卉基地等。美兰等花卉公司引进自控日光温室生产花卉，所产东方百合高档鲜切花品质达到了世界花卉强国荷兰的水平。天水绿鹏公司用航天育种技术繁育的太空仙客来荣获国家级产品奖。秦州区培育出自主花卉品牌——李氏菊花，并且培育出了以‘华严的龙’、‘兼六香菊’、‘国华猩然’等优良品种为代表的400多个菊花品种。全省118家花卉企业顺势兴起，大力开拓市场，花卉产品在春节、清明、中秋等节日期间备受青睐。

【林副林木产品加工业】 甘肃各类林产品加工企业有500多家，大型企业48家，从业人员5819人。其中，技术人员1700人，主要进行木材、果品、食用药用等林产品的加工包装。

(郑克贤 魏 瑞)

表 51-1 甘肃省林业产业概况

指　标	数量
总产值(万元)	1620078
一、第一产业产值	1391454
(一)涉林产业产值	1383683
1. 林木的培育和种植	234066
2. 木材和竹材的采运	4138
3. 经济林产品的种植与采集	1037141
4. 花卉的种植	16021
5. 陆生野生动物繁育与利用	5269
6. 林业生产辅助服务	87048
(二)林业系统非林产业产值	7771
二、第二产业产值	92546
(一)涉林产业产值	85172
1. 木材加工及木、竹、藤、棕、苇制品制造	4403
(1)锯材、木片加工	62
(2)人造板制造	2339
(3)木制品制造	1325
(4)竹、藤、棕、苇制品制造	677
2. 木、竹、藤家具制造	6519
3. 木制工艺品和木制文教体育用品制造	65
4. 非木质林产品加工制造	33255
5. 其他	40930
(二)林业系统非林产业产值	7374
三、第三产业产值	136078
(一)涉林产业产值	109678
1. 林业旅游与休闲服务	16672
2. 林业生态服务	4953
3. 林业专业技术服务	14092
4. 林业公共管理及其他组织服务	73961
(二)林业系统非林产业产值	26400
补充资料：竹产业产值	66
全部山区县茶、桑、果产值	447555
全部丘陵县茶、桑、果产值	151844
森林资源	
一、森林覆盖率(%)	10.42
二、林地面积(万公顷)	955.44
三、森林面积(万公顷)	468.78
四、人工林面积(万公顷)	80.77
五、活立木总蓄积量(万立方米)	21708.26
六、森林蓄积量(万立方米)	19363.83
七、人工林蓄积量(万立方米)	2022.38
八、乔木林单位面积蓄积量(立方米/公顷)	90.73
森林培育(公顷)	
一、荒山荒(沙)地造林面积(按林种用途分)	232761
(一)经济林	32223
(二)防护林	194671
(三)特种用途林	5867
二、森林抚育面积	
(一)低产低效林改造	1201
(二)实际幼林抚育	139230
(三)成林抚育	231774
三、林业单位数量(个)	978
木材、竹材(万立方米)	
一、木材总计	3.03
(一)原木	2.63
1. 直接用原木	1.02
2. 其他原木	1.61
(二)薪材	0.39
(三)锯材	0.02
二、木材采运企业数(个)	6
三、竹材采运企业数(个)	0
四、锯材加工企业数(个)	51
五、木材批发企业数(个)	202
人造板(万立方米)	
人造板总产量	0.89
一、胶合板	0.60
(一)木胶合板	0.60
二、纤维板	0.29
三、人造板制造企业数(个)	115
四、胶合板制造企业数(个)	32
五、纤维板制造企业数(个)	11
六、刨花板制造企业数(个)	16
七、其他人造板制造企业数(个)	45
木制品	
一、木制品企业数(个)	162
二、生产用木制品企业数(个)	101
三、生活用木制品企业数(个)	43
四、中乐器制造企业数(个)	1
五、西乐器制造企业数(个)	0
木竹家具	
一、木制家具制造企业数(个)	474
二、竹藤制家具制造企业数(个)	2
三、家具零售企业数(个)	791
木　片	
木片加工企业数量(个)	51
竹　藤	
一、小杂竹(万吨)	0.27
二、竹、藤、棕、草制品企业数(个)	41
三、竹、藤、棕、草工艺品制造企业数(个)	12
果　品	
一、水果产量(吨)	3090498

指　标	数量
其中：苹果	2242994
柑橘	1121
梨	325345
葡萄	185102
桃	165152
杏	95431
猕猴桃	82
其他水果	75271
二、干果产量(吨)	157471
其中：核桃	36288
板栗	2821
枣(干重)	75648
柿子(干重)	16270
仁用杏	1584
山杏仁	2210
银杏(白果)	125
松子	15061
其他干果	7464
三、木本油料	2401
其中：油橄榄	2400
文冠果	1
四、水果罐头制造企业数(个)	19
森林蔬菜	
一、森林食品(干重)(吨)	10982
其中：竹笋干	8
食用菌	2414
山野菜	7519
其他森林食品	1041
二、蔬菜、果品批发企业数(个)	739
茶咖啡	
一、林产饮料产品(干重)(吨)	702
其中：毛茶	702
二、茶叶批发企业数(个)	139
三、制茶企业数(个)	44
调　料	
一、林产调料产品(干重)	27525
其中：花椒	27525
中药材	
一、木本药材(吨)	22829
其中：杜仲	109
黄柏	46
厚朴	84
枸杞	14499
其他木本药材	8091
二、中草药及制品批发企业数(个)	673
花　卉	

指　标	数量
一、年末实有花卉种植面积(公顷)	1174
二、切花切叶产量(万支)	4379
三、盆栽植物产量(万盆)	1928
四、观赏苗木产量(万株)	2584
五、草坪产量(万平方米)	11
六、花卉市场(个)	82
七、花卉企业数(个)	104
其中：大中型企业	21
八、花农(万户)	0.56
九、花卉从业人员(万人)	1.84
其中：专业技术人员	0.15
十、控温温室面积(万平方米)	104
十一、日光温室面积(万平方米)	125
林产化工	
一、林产工业原料(吨)	
(一)生漆	33
(二)油桐籽	53
(三)五倍子	151
(四)棕片	400
二、林产化学产品制造企业数(个)	24
三、香料、香精制造企业数(个)	23
蚕	
一、丝绢纺织企业数(个)	10
二、缫丝企业数(个)	1
三、绢纺企业数(个)	0
四、丝织企业数(个)	4
五、丝印染企业数(个)	0
六、丝制品企业数(个)	5
七、其他丝绢纺织企业数(个)	0
八、丝针织品企业数(个)	5
森林旅游	
一、旅游人次(人)	7160930
二、旅游收入(万元)	16672
三、森林公园总数(处)	82
四、森林公园总面积(公顷)	899856
五、国家森林公园数量(处)	21
六、国家森林公园面积(公顷)	434401
七、省级森林公园数量(处)	61
八、省级森林公园面积(公顷)	465455
九、县级森林公园数量(处)	—
十、县级森林公园面积(公顷)	—
十一、森林公园收入总额(万元)	5540
十二、旅游接待总人数(万人次)	401
十三、旅游接待海外旅游者(万人次)	3
十四、园林绿化企业数(个)	693
十五、自然保护区管理业数(个)	62

指　标	数量
林业机械	
一、森林工业专用设备制造企业数(个)	1
二、营林机械制造企业数(个)	0

表 51-2　甘肃省林业产业特色

指　标	全国排名	数量
特种用途林面积(公顷)	2	5867
松子产量(吨)	3	15061
油橄榄产量(吨)	1	2400
文冠果产量(吨)	3	1
花椒产量(吨)	5	27525
枸杞产量(吨)	4	14499
省级森林公园面积(公顷)	2	465454.64

表 51-3　甘肃省各产业对总产值的贡献

	指　标	产值(万元)	占百分比(%)
	合计	1620078	100.00
1	果品产业	884694	54.61
2	森林培育业	198058	12.23
3	林业服务	180054	11.11
4	林业系统非林产业	41545	2.56
5	种苗产业	36008	2.22
6	中药业	33599	2.07
7	森林旅游业	16672	1.03
8	园林植物产业	16021	0.99
9	森林蔬菜产业	12204	0.75
10	木竹藤家具制造业	6519	0.40
11	茶咖啡产业	5777	0.36
12	野生动物驯养业	5269	0.33
13	木材生产业	4015	0.25
14	人造板制造业	2339	0.14
15	木制品生产业	1390	0.09
16	竹藤产业(不含家具)	862	0.05
17	其他	175052	10.81

表 51-4　甘肃省级林业产业相关协会

1	甘肃省中药材产业协会
2	甘肃果品协会
3	甘肃省家具行业协会
4	甘肃省茶业协会
5	甘肃省中药材开发贸易协会

青海省林业产业

【产业特点】 青海的林业产业总体上以东部沙棘、西北枸杞为本地主要特色，同时大力打造沙棘、枸杞、核桃、大樱桃等产业基地建设，地方特色林业产业中的中藏药种植与采集、高原冷凉型花卉业、高原沙棘经济林、柴达木枸杞、黄河河谷地区核桃基地、湟水流域大樱桃基地也发展迅速。青海的林业特色产业突出表现在森林培育业上。其中，乔木林单位面积蓄积量居全国第五位。见表52-1。

青海林业产业总产值为7.5亿元。其中：中药业对林业总产值的贡献最大，为3.4亿元，占45.14%；其次是森林培育业2.9亿元，占38.38%。这两项产业产值占总产值的83.52%，见表52-2。青海林业产业相关协会有36家，其中省级协会7家，见表52-3。

【种苗】 青海省良种基地18处，面积643.4公顷。其中，青海云杉、祁连圆柏母树林共计4处，面积244.3公顷；青海云杉、油松、华北落叶松、沙棘、柠条、梭梭、白刺等种子园共计9处，面积383.1公顷；青杨、沙地柏、红柳等采穗圃共计5处，面积16公顷。

各类苗圃1428处，其中国有苗圃116处，集体苗圃132处，个体苗圃1180处，育苗面积0.23万公顷，生产各类苗木3.8亿株，产值3200万元，形成西宁、海东等苗木产业基地。

西宁地区新育苗面积800公顷，总计1300多公顷。其中，湟源县建成100公顷的育苗基地，建立科技特派员创业基地4.67公顷，培育各类苗木180万株。海东地区建立林木种苗基地工程项目16个，其中良种基地8个，总面积297公顷，主要有：海东地区杨树良种基地、乐都柠条种子园、孟达华山松等珍稀植物良种基地、循化县新疆杨等良种基地、化隆县沙棘种子园、互助北山林场祁连圆柏种子园、互助县陶家寨林木良种繁育基地、民和县麻黄滩良种基地等。采种基地8个，面积1518.53公顷，主要有：海东地区柠条采种基地，平安县青海云杉采种基地，民和县白榆、山杏、小檗采种基地，民和县青海云杉采种基地，民和县柽柳采种基地，循化县云杉、桦树采种基地，化隆县沙棘采种基地，化隆县甘蒙锦鸡儿采种基地等。成立互助县成立苗木种植专业合作社17个，其中加定镇相继成立了“互助县加定苗木种植专业合作社”、“互助县加定镇得红苗木专业合作社”、“互助县兴盛苗木种植专业合作社”和“互助县绿鑫苗木种植专业合作社”等，加定镇种植苗木面积123.33公顷，共销售各类苗木299万株，苗木销售累计收入1275万元，其中专业合作社运作销售189万株，苗木收入716万元，其他途径销售苗木110万株，销售收入559万元。

【核桃】 青海仅在民和、乐都、化隆、循化、贵德、尖扎县等黄河及其支流湟水河沿岸种植，有500年历史，著名的有史纳大核桃、薄皮核桃、喇嘛核桃、离壳油核桃、循化露仁核桃等。核桃品种以庭院零星栽培为主，生产规模小，产量低，无法形成产业，农民收益少。

（朱　珠）

表52-1　青海省林业产业概况

指　标	数量
总产值(万元)	74904
一、第一产业产值	72530
(一)涉林产业产值	72530
1. 林木的培育和种植	31970
2. 木材和竹材的采运	1216
3. 经济林产品的种植与采集	37680
4. 花卉的种植	1381
5. 陆生野生动物繁育与利用	—
6. 林业生产辅助服务	283
(二)林业系统非林产业产值	—
二、第三产业总产值	2374

指　标	数量
（一）涉林产业总产值	2374
1. 林业旅游与休闲服务	2374
（二）林业系统非林产业	—
补充资料：全部山区县茶、桑、果产值	6062
森林资源	
一、森林覆盖率（%）	4.57
二、林地面积（万公顷）	634
三、森林面积（万公顷）	329.56
四、人工林面积（万公顷）	4.44
五、活立木总蓄积量（万立方米）	4413.80
六、森林蓄积量（万立方米）	3915.64
七、人工林蓄积量（万立方米）	294.18
八、乔木林单位面积蓄积量（立方米/公顷）	110.30
森林培育（公顷）	
一、荒山荒（沙）地造林面积（按林种用途分）	117804
（一）防护林	117804
二、森林抚育面积	
（一）低产低效林改造	—
（二）实际幼林抚育	51337
（三）成林抚育	3489
三、林业单位数量（个）	541
木材、竹材（万立方米）	
一、木材总计	1.61
（一）原木	1.61
1. 直接用原木	1.61
（二）薪材	—
（三）锯材	—
二、木材采运企业数（个）	0
三、竹材采运企业数（个）	0
四、锯材加工企业数（个）	29
五、木材批发企业数（个）	56
人造板（万立方米）	
一、人造板制造企业数（个）	26
二、胶合板制造企业数（个）	11
三、纤维板制造企业数（个）	3
四、刨花板制造企业数（个）	2
五、其他人造板制造企业数（个）	6
木制品	
一、木制品企业数（个）	26
二、生产用木制品企业数（个）	14
三、生活用木制品企业数（个）	8
四、中乐器制造企业数（个）	0
五、西乐器制造企业数（个）	0
木竹家具	
一、木制家具制造企业数（个）	87
二、竹藤制家具制造企业数（个）	0

指　标	数量
三、家具零售企业数（个）	168
木　片	
木片加工企业数量（个）	17
竹　藤	
一、竹、藤、棕、草制品企业数（个）	6
二、竹、藤、棕、草工艺品制造企业数（个）	3
果　品	
一、水果产量（吨）	3760
其中：苹果	1975
梨	1142
葡萄	109
桃	121
杏	360
其他水果	53
二、干果产量（吨）	391
其中：核桃	391
森林蔬菜	
蔬菜、果品批发企业数（个）	64
茶咖啡	
一、茶叶批发企业数（个）	16
二、制茶企业数（个）	5
调　料	
一、林产调料产品（干重）	93
其中：花椒	93
中药材	
一、木本药材（吨）	3480
其中：枸杞	3480
二、中草药及制品批发企业数（个）	158
花　卉	
一、年末实有花卉种植面积（公顷）	102
二、切花切叶产量（万支）	3333
三、盆栽植物产量（万盆）	62
四、观赏苗木产量（万株）	12
五、花卉市场（个）	4
六、花卉企业数（个）	2
七、花农（万户）	0.02
八、花卉从业人员（万人）	0.04
其中：专业技术人员	0.01
九、控温温室面积（万平方米）	1
十、日光温室面积（万平方米）	7
林产化工	
三、林产化学产品制造企业数（个）	0
四、香料、香精制造企业数（个）	7
蚕	
一、丝绢纺织企业数（个）	1
二、缫丝企业数（个）	0

指　标	数量
三、绢纺企业数(个)	0
四、丝织企业数(个)	0
五、丝印染企业数(个)	1
六、丝制品企业数(个)	0
七、其他丝绢纺织企业数(个)	0
八、丝针织品企业数(个)	2
森林旅游	
一、旅游人次(人)	342500
二、旅游收入(万元)	2374
三、森林公园总数(处)	17
四、森林公园总面积(公顷)	462278
五、国家森林公园数量(处)	7
六、国家森林公园面积(公顷)	293297
七、省级森林公园数量(处)	10
八、省级森林公园面积(公顷)	168982
九、县级森林公园数量(处)	—
十、县级森林公园面积(公顷)	—
十一、森林公园收入总额(万元)	6006
十二、旅游接待总人数(万人次)	138
十三、园林绿化企业数(个)	231
十四、自然保护区管理业数(个)	20

表 52-2　青海省各产业对总产值的贡献

	指　标	产值(万元)	占百分比(%)
	合计	74904	100.00
1	中药业	33808	45.14
2	森林培育业	28748	38.38
3	果品产业	3672	4.90
4	种苗产业	3222	4.30
5	森林旅游业	2374	3.17
6	园林植物产业	1381	1.84
7	木材生产业	1216	1.62
8	林业服务	283	0.38
9	森林蔬菜产业	200	0.27

表 52-3　青海省级林业产业相关协会

1	青海省茶叶流通协会
2	青海省饲料工业协会
3	青海省园林绿化协会
4	青海省旅游协会
5	青海省特色果品(蔬)科学种植协会
6	青海省野生动植物保护协会
7	青海省三江源生态环境保护协会

宁夏回族自治区林业产业

【产业特点】 宁夏林业特色产业突出表现在果品业及中药材业上。其中，山杏仁产量居全国第五位，枸杞产量居全国第一位，见表53-1及表53-2。

宁夏林业总产值为71亿元。其中：对林业总产值的贡献最大的是中药业20亿元，占27.81%；其次是果品产业14亿元，占19.75%。这两项产业产值占总产值的47.57%，见表53-3。宁夏林业产业相关协会有23家，其中自治区级协会4家，见表53-8。

【果品】

统筹规划 宁夏按照“一个产业一个规划，一套扶持政策，一支研发队伍，一个龙头企业，一个物流体系”的要求，制定出百万亩特色经济林和百万亩红枣产业带发展规划及宁夏枸杞、葡萄、红枣、苹果四大特色经济林产业五年发展规划和技术支撑体系。2010年自治区林业局编制了《宁夏枸杞产业十二五发展规划》、《宁夏葡萄产业十二五发展规划》、《宁夏红枣产业十二五发展规划》、《宁夏苹果产业十二五发展规划》，并上报自治区人民政府；制定了《2010年宁夏特色产业发展政策意见及验收标准》；编制了《宁夏贺兰上东麓百万亩葡萄长廊基地建设总体规划》，上报自治区人民政府等。

优质名牌枸杞基地建设。2010年枸杞基地面积4.67万公顷、产量8.0万吨、产值30亿元、营销流通加工企业120家。形成以中宁为核心、清水河流和贺兰山东侧为两翼的发展布局，不断延伸枸杞产业链，由干果发展到枸杞酒、枸杞汁、枸杞籽油、枸杞芽菜、枸杞饮料、枸杞叶茶等系列产品，形成十大类、数十个产品的产业化发展格局。

截至2010年，宁夏酿酒葡萄种植面积近2.87万亩，葡萄产量12.8万吨，初步形成了以青铜峡、永宁县、国有农垦农场，红寺堡开发区四大葡萄产区的贺兰山东麓酿酒葡萄产业带。

苹果的重点发展区域是吴忠利通区、青铜峡、红寺堡区、中卫沙坡头区、中宁县，宁夏农垦等。苹果产业坚持鲜食、加工两条腿走路的发展路子，以生产优质高档精品果为主，突出地域特色品种，打造精品果生产基地。截至2010年，苹果基地总面积4.53万公顷，产量48万吨。

实现了红枣种植由零星种植到区域化种植、规模化发展的转变，苗木生产由以根蘖繁殖为主到以嫁接苗为主的转变，灵武长枣、中宁圆枣、同心圆枣等地方优良品种得到了充分开发，规模化发展栽培模式丰富多彩——矮化栽植、枣瓜间作、设施栽培均取得了很好的效益，矮密栽植的灵武长枣亩收入6000元以上，设施枣每千克价格60元以上。截至2010年，红枣基地5.33万公顷，产量4.3万吨，培育龙头企业8家，总产值超过4亿元。宁夏特色产业发展规划见表53-5。

制定多项优惠政策 协调金融部门，争取信贷资金支持，对龙头企业技改扩建、基地建设、良种繁育、营销加工企业等给予贷款，政府予以贴息；把特色经济林产业发展与退耕还林、三北四期、农业综合开发、日元贷款等项目有机结合，重点扶持。2010年，继续将经济林纳入国家重点造林工程，除享受国家重点造林工程造林补助外，财政拿出2600万元，对全区枸杞、葡萄、红枣、苹果、设施果树花卉等特色经济林产业建设进行定额补助，鼓励规模发展。继续采取林业贷款中央财政贴息政策，着力扶持林业龙头企业，推进林业产业化经营，采取公司带基地、基地连农户的经营形式，通过林业龙头企业带动，积极发展林业产业，引导社会资金和力量参与林业产业发展，集中力量推进特色林业优势产业集聚升级。制定了《林业产业化经营龙头企业认定及管理办法》和《2010年宁夏特色产业发展政策意见及验收标准》。

加强科技攻关，尤其是名优品种选育技术 以突出地方特色品种为重点，大力开发地方名优品种宁杞1号、宁杞4号等枸杞硬枝扦插育苗技术，使良种率达到100%。大力推广酸枣嫁接育苗技术，解决了红枣产业发展苗木不足的瓶颈问题，DNA分子标记技术在灵武长枣、同心圆枣、中宁圆枣地方良种选育上的应用加快了良种选育速度。葡萄嫁接苗技术推广，提高了建园质量，推进了特色经济林产业持续发展和产品市场竞争力。积极引进国内外名优品种，特别是在国家林业局的大力支持下，从法国、意大利、美国等引进了30余个酿酒葡萄、鲜食葡萄新品种，为贺兰山东麓葡萄产业开发奠定了良种基础。先后建起了枸杞、红枣、葡萄等经济林良种采穗圃和育苗基地，形成了较为完善的苗木繁育体系。通过不断改革育苗技术，提高育苗质量，加快了良种苗木繁育速度，特色经济林产业带良种率达到90%以上。

全区先后针对制约枸杞、红枣、苹果、葡萄、设施果树栽培等特色经济林产业发展的关键环节进行专项研究和科技攻关，解决了枸杞的无公害、绿色、有机生产，酿酒葡萄抗寒栽培，苹果高光效树体改形，红枣嫁接苗繁育等一批制约产业发展的关键技术。2010年经宁夏科学技术进步奖专业组评审出科学技术进步奖11项，见表53-5。

在同心县推广的宁夏中部干旱带抗逆性优良品种同心圆枣繁育及造林技术推广项目，为进一步做大做强同心圆枣提供了示范样板。在金沙葡萄基地区域推广了宁夏出口鲜食葡萄优质丰产栽培及贮运保鲜关键技术示范。全年共推广营造林和产业化等新技术21项，推广面积1300多公顷，使示范区的造林成活率提高20个百分点以上，特色经济林效益提高25%以上。

结合生态环境治理、特色优势产业发展重点工程建设，在国家林业局生态公益专项的支持下，组织宁夏大学、北京林业大学、宁夏林研所等单位认真开展灌木资源抗逆性和灌木综合利用、宜林地盐碱化、沙漠化、贫瘠化治理与植被恢复等多项技术研究，在沙旱生灌木枝条利用研究上取得了重要进展，在林研所植物园建成了沙旱生灌木枝条热解转化中试生产线，已批量生产枝植炭复合有机肥，提高了林业综合生产能力。

推广标准化生产 充分利用科研成果、进行集成组装配套，先后制定枸杞、红枣、葡萄、苹果、设施果树等技术标准40余项；建立了一批国家、自治区、县三级标准化生产管理示范基地和示范园区，以标准化生产带动特色经济林发展，以示范基地培训农户，应用推广标准化生产管理技术，使特色经济林产品质量得到提高，产量、效益全面增长。2010年共进行了16项林业地方标准的编制，其中完成的标准见表53-6。

强化科研机构的力量 2009年4月7日自治区科技厅批准组建成立了“宁夏红枣工程技术研究中心”，其依托单位是灵武果业开发有限责任公司。中心共有研究人员21名，主要针对本区红枣产业链中的关键性技术进行开发研究和推广应用，推动本区红枣产业化发展达到国内先进水平。中心成立以来，广泛开启校企、院企合作平台，建立灵武长枣产、学、研基地，优化整合了国内20余名红枣专家的技术力量和科技资源，已成为全自治区红枣产业技术创新和转化平台。共获得2项科技成果，9项专利，转化实施5项科技成果，在国内核心期刊发表论文6篇。

加强食品质量管理 目前，全自治区全面实现了枸杞无公害认证，中宁实现了枸杞绿色食品县认证，有机枸杞也快速起步，现已建成2000万公顷有机枸杞出口基地，培育了120多家枸杞加工营销企业。中宁枸杞、宁夏红枸杞酒荣获中国驰名商标，枸杞及其产品走向全国乃至世界60多个国家及地区。

充分发挥协会的作用 成立了经济林、枸杞、葡萄、花卉等产业协会，重点产区、县、乡也都成立了产业协会或专业合作社，为农户、企业进行全程服务，农民组织化程度、市场意识不断提高，龙头企业+合作组织+农户的产业运行机制雏形基本建立。

加强市场宣传，增强品牌带动作用 从2002年开始，宁夏通过积极参加国内外各类展会，在区内举办农洽会、园艺博览会，葡萄酒品酒会等多种形式宣传宁夏特色经济林产业发展形势和推介产品，积极拓展国内产品市场，中宁枸杞、宁夏红、贺兰山东麓葡萄酒及灵武长枣等一批产品进入国内大中城市。在区内建立专业市场，积极扩大影响，中宁在国内建了150多家枸杞直销窗口，建成全国最大的中国枸杞专业交易市场，在银川等地建有果品、花卉、种苗等一批林产业批发市场。同时积极拓展国际市场，宁夏枸杞及其产品已销往40多个国家和地区，年销售量在7000吨以上。宁夏苹果汁有6万吨进入国际市场，灵武长枣、葡萄酒、红提葡萄等产品在港澳和东南亚有一定的影响。以地域品牌、质量品牌、企业品牌培育林产品品牌，实施品牌战略。

建设“中国枸杞馆”　中国枸杞馆位于国家级经济技术开发区——银川德胜工业园，由宁夏百瑞源枸杞产业发展有限公司策划并投资兴建，建筑面积4000平方米，总投资约3000万元。中国枸杞馆建设，以博大精深的中华枸杞文化为底蕴，潜心挖掘四千年中华枸杞的历史瑰宝，馆内分为杞福馆、文化馆、养生馆三大部分及公共服务区。采用大量历史文献、文物、图片、雕塑，以及现代高科技声、光、电等表现手法，全面展示宁夏和中国枸杞的历史文化、产业现状、科研成果等，旨在传承中华枸杞的历史，弘扬传统中医及枸杞养生文化，倾力打造中华民族文化品牌，全力促进人类健康事业。

加强出口工作　2010年9月1日　宁夏沃福百瑞生物食品工程有限公司拿到了“绿色壁垒”最森严的美国的准入资格证，成为全区乃至全国范围枸杞深加工产品出口最多的企业。

2010年4月7日中宁2000公顷枸杞出口基地建设，有8个出口企业参与。

2010年8月4日商检局为做好宁夏枸杞出口工作，在中卫中宁县成立枸杞办事处，促进中宁枸杞产区出口工作。

【龙头企业】　宁夏已建成具有一定规模的枸杞、苹果、葡萄为主的加工、流通企业280余家，其中国家级产业龙头企业5家、自治区级产业龙头企业34家、规模龙头企业98家，初步形成了龙头企业为主体的加工流通产业链。枸杞产业形成了以宁夏红、早康、沃富百瑞、百瑞源等为主体的枸杞酒、枸杞汁、籽油、叶茶等果、籽、叶开发的十大类60多个产品，加工转化率近总产量的20%，形成规模加工、流通企业近80余家，出口型企业近30家。葡萄形成了以西夏王、广夏、王朝御马、宁夏张裕、科冕等为主体的葡萄酒加工龙头企业近20家，加工能力达8万吨。苹果形成了茂源、通达、恒兴等为主体的浓缩果汁加工龙头企业5家，加工能力达300吨/小时，年加工能力60万吨，加工转化率达到了总产量的75%以上。由贺兰山葡萄酒公司生产的“中国龙”葡萄酒，通过美国一家经销葡萄酒企业在中国层层筛选，作为唯一一家代表中国葡萄酒走进美国，创造了中国葡萄酒首个进入北美市场的纪录。目前，国内葡萄酒巨头王朝、长城和国际葡萄酒巨头保罗力加、轩尼诗、台湾迦南等相继入驻，在宁夏购买原酒、投资建基地、建厂，2010年9月16日中粮集团正式进入贺兰山东麓，参与葡萄产业建设，将建设1333.33公顷基地，2万吨酒厂。2010年12月张裕在银川开发区投资2亿元，开始建设一酒厂，同青铜峡合作建设3333.33公顷葡萄基地，2010年建1000万公顷。

宁夏西夏王葡萄酒业集团公司　该公司隶属于宁夏农垦企业集团公司，坐落于西部唯一的“宁夏贺兰山东麓葡萄酒国家地理标志产品保护区”核心地——宁夏农垦玉泉营产区。公司涵盖了葡萄种植，葡萄酒及果汁饮料加工、销售、研发、观光旅游等多个产业，是自治区级和国家级农业产业化龙头企业和工业旅游示范点。公司成立于1984年，厂区建筑面积13800平方米，是宁夏第一家集科研、生产、销售、旅游于一体的花园式、专业化葡萄酒生产企业。目前，公司拥有葡萄基地0.67万公顷，生产规模2万吨，资产总额16258万元。2010年生产加工葡萄酒3850吨，产值8500万元。“西夏王”葡萄酒荣获法国国际名酒博览会金奖并多次在国际国内获得大奖。公司的营销网络，已遍及全国20多个大中城，曾获中国葡萄酒市场综合占有率排名前7位的佳绩及多项殊荣。

宁夏百瑞源枸杞产业发展有限公司　产品有：枸杞系列保健食品、枸杞系列养生饮品、枸杞系列休闲食品、枸杞干果系列产品、枸杞草本系列产品、枸杞半成品(枸杞籽油、常温枸杞鲜汁、枸杞多糖、枸杞冻干全粉等)等六大类70余种产品，产品已远销东南亚和欧美等国家。2010年总产值8000万元，销售额7500万元。

宁夏红枸杞产业集团有限公司 创立于1996年，是一家以枸杞深加工研发、生产、销售为主营业务的"农业产业化国家重点龙头企业"。公司现拥有职工1264人，企业生产厂区占地45万平方米，拥有资产7.49亿元，固定资产19871万元，净资产52940万元，资产负债率29%，银行信用等级为AA级，销售收入37951万元，实现利润7673万元，公司已成为国内最大的枸杞制品生产企业，"宁夏红"获得"中国名牌"和"中国驰名商标"称号。先后通过了ISO14001认证、ISO9001认证、GMP认证、HACCP认证等。集团下属宁夏红中宁枸杞制品有限公司、宁夏红银川公司、宁夏香山酒业有限公司、宁夏红宝公司4个生产性子公司，2个销售分公司，1个国家认定企业技术中心。在枸杞产业领域，是中国枸杞深加工行业的排头兵。枸杞饮料、保健食品及枸杞系列果酒是公司的主导产品，拥有自主知识产权，产能达2万吨，产品国内市场占有率达95%以上，并远销港、澳、台地区和美国、新加坡等国家。

灵武果业开发有限责任公司 是自治区级农业产业化龙头企业，下设灵武长枣冷链物流中心、红枣加工基地和果蔬专业合作社等部门，组建成立宁夏红枣工程技术研究中心，具有鲜果出口经营资质。公司占地面积17.8公顷，资产总额达到3535.6万元，销售收入达到4056.6万元。公司主要经营产品有"灵丹"灵武长枣、"三颗枣"鲜枣饮料、"神朔"红枣果酒、"沁心垚"清真红枣醋以及"灵丹"苹果、梨、葡萄等特色果品，销往京、沪、粤、川、吉、辽、港、澳等地，苹果主要出口蒙古国、俄罗斯、尼泊尔等国家。"灵丹"牌灵武长枣先后通过国家绿色食品认证，被批准为地理标志保护产品，荣获"宁夏名牌产品"、"中国名牌农产品"和"宁夏著名商标"等多项荣誉。

宁夏杞乡生物食品工程有限公司 是农业产业化经营重点龙头企业，是专门从事枸杞科研、标准化种植、加工和贸易的高科技民营企业。先后荣获国家科技进步二等奖1项、进步奖3项，是开发、生产销售常温保鲜枸杞汁的企业。公司采用高新技术生产的"杞乡春"牌常温保鲜枸杞汁、枸杞籽油、枸杞多糖、保鲜枸杞、枸杞粉等四大系列12个产品，批量销往欧美、日本、瑞士、南非等18个国家和地区。

宁夏杞芽食品科技有限公司 位于中宁县石空工业园区，占地面积2万平方米，现有职工298人，主要从事无果枸杞芽的种植及产品的研制、生产与销售。开发出无果枸杞芽茶、速冻无果枸杞芽、脱水无果枸杞芽、无果枸杞芽全粉(茶多酚)胶囊、枸杞干果、无果枸杞芽休闲食品等六大系列产品。建成了100吨脱水无果枸杞芽、2000吨速冻无果枸杞芽、100吨无果枸杞芽茶生产线各1条。公司采取企业+合作社组织+基地农户的经营模式，实行订单农业。生产无果枸杞芽茶48吨，实现产值2500万元。总资产3100万元，销售收入1964万元。启动了"红色健康"无果枸杞芽品牌连锁专卖系统的建设。无果枸杞芽系列产品已销往北京、上海等十几个省(市)、50多个城市，出口美国、捷克、法国等国家。

宁夏早康枸杞股份有限公司 是集枸杞种植、加工、销售为一体的农业产业化国家级龙头企业。拥有自建枸杞基地280公顷，目前公司拥有年产1000吨枸杞原汁生产线1条，600吨速冻枸杞鲜果生产线1条，2000吨枸杞干果加工生产线、1000吨净化机械干燥枸杞生产线1条。生产加工枸杞干果3037吨、净化机械干燥枸杞1000吨、速冻枸杞鲜果600吨、鲜枸杞原汁1000吨，实现销售收入6371万元，自营出口额达93.8万美元。建立了庞大的销售网络，在上海、北京等大中城市建立销售分公司14个，拥有3000多个销售网点，产品销往全国26个省(市)，部分产品出口英、日、美、澳等10多个国家和地区。公司先后通过了绿色食品A级认证、有机食品认证和ISO9001:2008质量管理体系认证。"早康牌"枸杞干果被评为"宁夏名牌产品"，在第四届中国国际农产品交易会上获得"畅销产品奖"。

宁夏天天食品集团彭阳果品开发有限公司 创建于1992年10月，是一家集生产、加工、销售绿色、无公害食品于一体的股份制企业；公司占地面积5800平方米，建筑面积3500平方米，总资产1760万元，年生产能力1000吨，实现产值980万元，销售收入950万元。利税100万元，2008年生产的"云雾山庄"牌蜜饯产品被名牌战略推进委员会评为"宁夏名牌产品"；2009年被确定为科技特派员创业示范点及省级农业综合开发农业产业化农头企业；2010 年“云雾山庄”注册商标被宁夏工商管理局评为“宁夏第七届著名商标”。公司主导产品有“云雾山庄”牌杏肉、杏脯、杏仁、枸杞果糕、枸杞果片、出口果干等 20 多种产品，产品主要销往西北 5 省(区)及辽宁、天津、北京、河北等全国 20 多个省份。杏子、苹果干等产品主要销往日本、澳大利亚等国家。

银川小任果业有限责任公司 该公司成立于 2005 年，是区内最大的集水果、蔬菜种植、深加工、批发、零售于一体的综合性企业之一。公司前身主要以经营水果蔬菜的批发零售为主，到目前为止已有 21 年的销售历史。公司拥有进出口经营权并在西安、广州、北京等地设立固定采购批发点；拥有区内果蔬连锁销售超 26 家，员工 420 多名，销售精品果蔬 400 多种。“小任果业”已成为宁夏果蔬销售第一品牌。公司下辖小任果业现代农业科技园区和宁夏小任果业专业合作社。科技园建设于 2006 年占地 160 多公顷，有日光温室、阴阳棚、半冷式温棚、小拱棚 4 种模式 600 多栋。合作社专业进行优质苗木繁育、嫁接、销售和包销，提供苗木技术栽培，确保苗木纯度和成活率，每年向区内提供优质苗木 100 多万株，优化苗木新品种；每年收储加工周边农户果蔬产品达 400 多万千克。2010 年 3 月 21 日，中共中央总书记、国家主席胡锦涛到公司考察。

【花卉】 宁夏形成以兴庆区、隆德、泾源、六盘山区域种苗花卉产业大县，并充分利用南部山区冷凉资源发展球根花卉。育苗面积 0.67 万公顷左右，年出圃各种造林和绿化苗木 4 亿株以上，建有工厂化育苗中心 8 处。

银川天地缘锦绣园林花卉有限公司 公司自 1996 年创办第一家花店起，经过 12 年的不懈努力，年产值近 3000 万元，年销售鲜花 1500 万支，并且解决了 300 多人就业问题，已经成长为宁夏地区最具实力的以花卉生产、物流、配送、批发、零售为一体的产供销一条龙花卉企业，是宁夏地区从事园林绿化、园艺造景、花卉种植销售、仿真植物制作的专业公司，公司下属的天地缘花艺饰品连锁店共 5 家分店分布在银川兴庆区、金凤区及西夏区，是银川最大的鲜花连锁机构，并率先在 2002 年开办了宁夏首家鲜花网站——宁夏鲜花网，实现了网上订花业务。现公司建成了全区最大的花卉种苗繁育基地及花卉生产基地，共占地 40 公顷，建成设施温棚 5000 间，种苗繁育基地年产种苗 500 万株，可以满足宁夏地区 200 公顷地的花卉种植需要；生产基地年产鲜花 800 万支；有效带动周边至少 300 户农户年增产增收 600 多万元。天地缘鲜花已经在宁夏及西北 5 个省份销售，并且所占有的市场份额正在逐年扩大。

（李　国　李国民）

表 53-1　宁夏回族自治区林业产业概况

指　标	数量
总产值(万元)	712258
一、第一产业产值	445957
(一)涉林产业产值	445328
1. 林木的培育和种植	85886
2. 木材和竹材的采运	191
3. 经济林产品的种植与采集	340981
4. 花卉的种植	17917
5. 陆生野生动物繁育与利用	340
6. 林业生产辅助服务	13
(二)林业系统非林产业产值	629
二、第二产业产值	210445
(一)涉林产业产值	210445
1. 木、竹、苇浆造纸	55349
2. 林产化学产品制造	21616
3. 非木质林产品加工制造	133018
4. 其他	462
(二)林业系统非林产业产值	—
三、第三产业产值	55856
(一)涉林产业产值	55856
1. 林业旅游与休闲服务	55856
(二)林业系统非林产业产值	—
森林资源	
一、森林覆盖率(%)	9.84
二、林地面积(万公顷)	179.03
三、森林面积(万公顷)	51.10
四、人工林面积(万公顷)	10.38
五、活立木总蓄积量(万立方米)	625.93
六、森林蓄积量(万立方米)	492.14
七、人工林蓄积量(万立方米)	186.12
八、乔木林单位面积蓄积量(立方米/公顷)	44.38
森林培育(公顷)	

指　标	数量
一、荒山荒(沙)地造林面积(按林种用途分)	94932
(一)用材林	1608
(二)经济林	25153
(三)防护林	68121
(四)特种用途林	50
二、更新造林面积	452
三、森林抚育面积	
(一)低产低效林改造	—
(二)实际幼林抚育	284806
(三)成林抚育	422137
四、林业单位数量(个)	472
木材、竹材(万立方米)	
一、木材采运企业数(个)	2
二、竹材采运企业数(个)	0
三、锯材加工企业数(个)	12
四、木材批发企业数(个)	126
人造板(万立方米)	
一、人造板制造企业数(个)	26
二、胶合板制造企业数(个)	4
三、纤维板制造企业数(个)	4
四、刨花板制造企业数(个)	5
五、其他人造板制造企业数(个)	10
木制品	
一、木制品企业数(个)	59
二、生产用木制品企业数(个)	28
三、生活用木制品企业数(个)	20
四、中乐器制造企业数(个)	0
五、西乐器制造企业数(个)	0
木竹家具	
一、木制家具制造企业数(个)	162
二、竹藤制家具制造企业数(个)	4
三、家具零售企业数(个)	410
木　片	
木片加工企业数量(个)	22
竹　藤	
一、竹、藤、棕、草制品企业数(个)	28
二、竹、藤、棕、草工艺品制造企业数(个)	4
果　品	
一、水果产量(吨)	649294
其中：苹果	441598
梨	34822
葡萄	121449
桃	5088
杏	33352
其他水果	12985
二、干果产量(吨)	42030
其中：核桃	49
枣(干重)	27841
仁用杏	160
山杏仁	6684
其他干果	7296
三、水果罐头制造企业数(个)	4
森林蔬菜	
蔬菜、果品批发企业数(个)	218
茶咖啡	
一、林产饮料产品(干重)(吨)	3500
其他林产饮料产品	3500
二、茶叶批发企业数(个)	94
三、制茶企业数(个)	11
调　料	
一、林产调料产品(干重)	47
其中：花椒	47
中药材	
一、木本药材(吨)	77638
其中：枸杞	77638
二、中草药及制品批发企业数(个)	94
花　卉	
一、年末实有花卉种植面积(公顷)	899
二、切花切叶产量(万支)	201
三、盆栽植物产量(万盆)	1363
四、观赏苗木产量(万株)	5560
五、草坪产量(万平方米)	2
六、花卉市场(个)	18
七、花卉企业数(个)	22
其中：大中型企业	7
八、花农(万户)	0.12
九、花卉从业人员(万人)	0.28
其中：专业技术人员	0.01
十、控温温室面积(万平方米)	2
十一、日光温室面积(万平方米)	349
林产化工	
一、林产化学产品制造企业数(个)	10
二、香料、香精制造企业数(个)	1
蚕	
一、丝绢纺织企业数(个)	5
二、缫丝企业数(个)	2
三、绢纺企业数(个)	1
四、丝织企业数(个)	1
五、丝印染企业数(个)	0
六、丝制品企业数(个)	1
七、其他丝绢纺织企业数(个)	0
八、丝针织品企业数(个)	3
森林旅游	

指　标	数量
一、旅游人次(人)	3195735
二、旅游收入(万元)	55856
三、森林公园总数(处)	4
四、森林公园总面积(公顷)	28587
五、国家森林公园数量(处)	4
六、国家森林公园面积(公顷)	28587
七、省级森林公园数量(处)	—
八、省级森林公园面积(公顷)	—
九、县级森林公园数量(处)	—
十、县级森林公园面积(公顷)	—
十一、森林公园收入总额(万元)	1927
十二、旅游接待总人数(万人次)	62
十三、旅游接待海外旅游者(万人次)	—
十四、园林绿化企业数(个)	422
十五、自然保护区管理业数(个)	25

表 53-2　宁夏回族自治区林业产业特色

指　标	全国排名	数量
山杏仁产量(吨)	5	6684
枸杞产量(吨)	1	77638

表 53-3　宁夏回族自治区各产业对总产值的贡献

	指　标	产值(万元)	占百分比(%)
	合计	712258	100.00
1	中药业	198114	6.00
2	果品产业	140692	19.75
3	森林培育业	67086	9.42
4	森林旅游业	55856	7.84
5	木浆纸制品生产业	55349	7.77
6	林产化工产业	21616	3.03
7	种苗产业	18800	2.64
8	园林植物产业	17917	2.52
9	茶咖啡产业	770	0.11
10	林业系统非林产业	629	0.09
11	野生动物驯养业	340	0.05
12	木材生产业	191	0.03
13	林业服务	13	0.00
14	其他	134885	18.94

表 53-4　宁夏回族自治区林业科技成果

获奖等级	指　标	研究单位
一等奖	有机枸杞生产树体保健和病虫可持续调控研究与示范	宁夏回族自治区农林科学院种质资源研究所等单位
二等奖	宁夏森林资源信息获取及管理系统研建	宁夏回族自治区林业局等单位
二等奖	宁夏维管植物资源及其系统分类研究	宁夏大学
二等奖	枸杞和甘草害虫生物控制与安全防治技术体系的建立	宁夏回族自治区农林科学院植物保护研究所等单位
三等奖	宁夏贺兰山国家级自然保护区岩羊保护生物学专项研究	宁夏回族自治区贺兰山国家级自然保护区管理局等单位
三等奖	4ZGB-30 型便携式枸杞采摘机的研制	宁夏回族自治区枸杞工程技术研究中心等单位
三等奖	宁夏沙生中药材种质资源利用和规范化种植技术研究与示范	宁夏回族自治区农林科学院荒漠化治理研究所等单位
三等奖	设施鲜切花关键生产技术集成研究与示范	宁夏大学等单位
三等奖	宁夏贺兰山东麓葡萄酒产业关键技术体系研究与示范	宁夏大学等单位
三等奖	设施果树优质高效综合配套栽培技术研究与应用	宁夏回族自治区农林科学院种质资源研究所等单位
三等奖	枸杞种质资源规范化描述评价及种质鉴定技术研究	宁夏回族自治区枸杞工程技术研究中心

表 53-5　宁夏回族自治区林业产业标准

	标准名称
1	设施葡萄延后栽培技术规程
2	菊花切花设施栽培生产技术规程
3	香石竹鲜切花设施栽培生产技术规程
4	塑料大棚滴灌条件下鲜食葡萄促成栽培技术规程
5	SOD 苹果生产技术规程
6	有机苹果生产技术规程
7	设施果桑促早栽培技术规程
8	设施桃促早栽培技术规程
9	设施葡萄打破休眠技术规程
10	半冷式温棚李促早栽培技术规程
11	灰叶铁线莲育苗技术规程
12	有机灵武长枣生产技术规程
13	燃煤烟气脱硫废弃物改良盐碱地造林技术规程
14	枸杞苗木质量
15	清水河流域枸杞规范化种植技术规程
16	枸杞热风制干技术规程

表 53-6　宁夏自治区级林业产业相关协会

1	宁夏回族自治区野生动物保护协会
2	宁夏回族自治区旅游协会
3	宁夏回族自治区生态文化协会
4	宁夏回族自治区蚕丝协会

新疆维吾尔自治区林业产业

【产业特点】 新疆的林业特色产业突出表现在森林培育业、果品业、中药材业和森林旅游业。其中，乔木林单位面积蓄积量居全国第二位，经济林面积居全国第二位，薪炭林面积居全国第二位，实际幼林抚育面积居全国第一位，成林抚育面积居全国第二位，梨产量居全国第三位，葡萄产量居全国第一位，杏产量居全国第一位，核桃产量居全国第二位，枣(干重)产量居全国第一位，枸杞产量居全国第二位，森林公园总面积居全国第四位，国家森林公园面积居全国第五位，省级森林公园面积居全国第一位。见表54-1及表54-2。

新疆林业总产值359亿元。其中：对林业总产值的贡献最大的是果品产业241亿元，占67.06%；其次是森林培育业55亿元，占15.21%。两项产业产值占总产值的82.27%，见表54-3。新疆林业产业相关协会有74家，其中自治区级协会8家，见表54-4。

表54-1 新疆维吾尔自治区林业产业概况

指 标	数量
总产值(万元)	3591083
一、第一产业产值	3106830
(一)涉林产业产值	3098449
1. 林木的培育和种植	574808
2. 木材和竹材的采运	23218
3. 经济林产品的种植与采集	2458474
4. 花卉的种植	7404
5. 陆生野生动物繁育与利用	1478
6. 林业生产辅助服务	33067
(二)林业系统非林产业产值	8381
二、第二产业产值	323434
(一)涉林产业产值	323429
1. 木材加工及木、竹、藤、棕、苇制品制造	28884
(1)锯材、木片加工	7573
(2)人造板制造	18122
(3)木制品制造	3189
2. 非木质林产品加工制造	146151
3. 其他	148394
(二)林业系统非林产业产值	5
三、第三产业产值	160819
(一)涉林产业产值	153728
1. 林业旅游与休闲服务	89723
2. 林业生态服务	5517
3. 林业专业技术服务	11562
4. 林业公共管理及其他组织服务	46926
(二)林业系统非林产业产值	7091
森林资源	
一、森林覆盖率(%)	4.02
二、林地面积(万公顷)	1066.57
三、森林面积(万公顷)	661.65
四、人工林面积(万公顷)	61.75
五、活立木总蓄积量(万立方米)	33914.50
六、森林蓄积量(万立方米)	30100.54
七、人工林蓄积量(万立方米)	4072.54
八、乔木林单位面积蓄积量(立方米/公顷)	177.86
森林培育(公顷)	
一、荒山荒(沙)地造林面积(按林种用途分)	251601
(一)用材林	1996
(二)经济林	138248
(三)防护林	108797
(四)薪炭林	2298
(五)特种用途林	262
二、更新造林面积	3045
三、森林抚育面积	
(一)低产低效林改造	16613
(二)实际幼林抚育	734442
(三)成林抚育	1320334
四、林业单位数量(个)	629
木材、竹材(万立方米)	
一、木材总计	36.49
(一)原木	33.16
其中：针叶原木	0.83
1. 直接用原木	23.66
2. 特级原木	0.29
3. 等内加工原木	3.79
其中：针叶原木	0.53

指　标	数量
4. 胶合板材	1. 21
5. 其他原木	4. 21
（二）薪材	3. 32
（三）锯材	2. 23
二、木材采运企业数（个）	27
三、竹材采运企业数（个）	4
四、锯材加工企业数（个）	146
五、木材批发企业数（个）	145
人造板（万立方米）	
人造板总产量	3. 08
一、胶合板	0. 51
（一）木胶合板	0. 51
（二）竹胶合板	—
（三）其他胶合板	—
二、纤维板	2. 57
三、人造板制造企业数（个）	214
四、胶合板制造企业数（个）	80
五、纤维板制造企业数（个）	29
六、刨花板制造企业数（个）	13
七、其他人造板制造企业数（个）	61
木制品	
一、木制品企业数（个）	268
二、生产用木制品企业数（个）	117
三、生活用木制品企业数（个）	74
四、中乐器制造企业数（个）	1
五、西乐器制造企业数（个）	1
木竹家具	
一、木制家具制造企业数（个）	519
二、竹藤制家具制造企业数（个）	3
三、家具零售企业数（个）	1643
木　片	
木片加工企业数量（个）	162
竹　藤	
一、竹、藤、棕、草制品企业数（个）	26
二、竹、藤、棕、草工艺品制造企业数（个）	6
果　品	
一、水果产量（吨）	5252341
其中：苹果	642021
梨	1031238
葡萄	2004610
桃	97571
杏	1343194
其他水果	133707
二、干果产量（吨）	818818
其中：核桃	189144
枣（干重）	571700

指　标	数量
仁用杏	1752
山杏仁	308
榛子	1
其他干果	55913
三、水果罐头制造企业数（个）	40
森林蔬菜	
蔬菜、果品批发企业数（个）	630
茶咖啡	
一、茶叶批发企业数（个）	133
二、制茶企业数（个）	27
中药材	
一、木本药材（吨）	26553
其中：枸杞	22302
其他木本药材	4251
二、中草药及制品批发企业数（个）	216
花　卉	
一、年末实有花卉种植面积（公顷）	788
二、切花切叶产量（万支）	805
三、盆栽植物产量（万盆）	452
四、观赏苗木产量（万株）	1283
五、草坪产量（万平方米）	70
六、花卉市场（个）	40
七、花卉企业数（个）	21
其中：大中型企业	4
八、花农（万户）	0. 04
九、花卉从业人员（万人）	0. 13
其中：专业技术人员	0. 04
十、控温温室面积（万平方米）	5
十一、日光温室面积（万平方米）	7
林产化工	
一、林产化学产品制造企业数（个）	4
二、香料、香精制造企业数（个）	32
蚕	
一、丝绢纺织企业数（个）	25
二、缫丝企业数（个）	8
三、绢纺企业数（个）	2
四、丝织企业数（个）	3
五、丝印染企业数（个）	2
六、丝制品企业数（个）	7
七、其他丝绢纺织企业数（个）	1
八、丝针织品企业数（个）	6
森林旅游	
一、旅游人次（人）	9356080
二、旅游收入（万元）	89723
三、森林公园总数（处）	56
四、森林公园总面积（公顷）	1296413

指　标	数量
五、国家森林公园数量(处)	17
六、国家森林公园面积(公顷)	807949
七、省级森林公园数量(处)	31
八、省级森林公园面积(公顷)	486608
九、县级森林公园数量(处)	8
十、县级森林公园面积(公顷)	1856
十一、森林公园收入总额(万元)	15090
十二、旅游接待总人数(万人次)	366
十三、旅游接待海外旅游者(万人次)	4
十四、园林绿化企业数(个)	1035
十五、自然保护区管理业数(个)	66
林业机械	
一、森林工业专用设备制造企业数(个)	0
二、营林机械制造企业数(个)	5

表 54-2　新疆维吾尔自治区林业产业特色

指　标	全国排名	数量
乔木林单位面积蓄积量(立方米/公顷)	2	177.86
经济林面积(公顷)	2	138248
薪炭林面积(公顷)	2	2298
实际幼林抚育面积(公顷)	1	734442
成林抚育面积(公顷)	2	1320334
梨产量(吨)	3	1031238
葡萄产量(吨)	1	2004610
杏产量(吨)	1	1343194
核桃产量(吨)	2	189144
枣(干重)产量(吨)	1	571700
枸杞产量(吨)	2	22302
森林公园总面积(公顷)	4	1296412.62
国家森林公园面积(公顷)	5	807948.78
省级森林公园面积(公顷)	1	486607.84

表 54-3　新疆维吾尔自治区各产业对总产值的贡献

	指　标	产值(万元)	占百分比(%)
	合计	3591083	100.00
1	果品产业	2408012	67.06
2	森林培育业	546259	15.21
3	林业服务	97072	2.70
4	森林旅游业	89723	2.50
5	中药业	48706	1.36
6	木材生产业	30791	0.86
7	种苗产业	28549	0.79
8	人造板制造业	18122	0.50
9	林业系统非林产业	15477	0.43
10	园林植物产业	7404	0.21
11	木制品生产业	3189	0.09
12	野生动物驯养业	1478	0.04
13	其他	296301	8.25

表 54-4　新疆自治区级林业产业协会

1	新疆维吾尔自治区旅游协会
2	新疆野生动物保护协会鹿业管理委员会
3	新疆维吾尔自治区生态保护发展协会
4	新疆维吾尔自治区森林公园协会
5	新疆维吾尔自治区家具行业协会
6	新疆维吾尔自治区茶文化协会
7	新疆维吾尔自治区造纸协会
8	新疆维吾尔自治区饲料工业协会

内蒙古森工林业产业

【产业特点】 内蒙古森工林业产业总产值近46亿元，其中：林业系统非林产业对总产值贡献最大近21亿元，占总产值的45.10%；其次是木材生产17.5亿元，占总产值的38.10%；再次是森林培育业约5亿元，占10.95%，这3项产业占内蒙古森工林业总产值的90%以上。

表55-1 内蒙古森工林业产业概况

指　标	数量
总产值(万元)	459943
一、第一产业产值	233177
(一)涉林产业产值	228351
1. 林木的培育和种植	50473
2. 木材和竹材的采运	175170
3. 林业生产辅助服务	2708
(二)林业系统非林产业产值	4826
二、第二产业产值	97342
(一)涉林产业产值	2946
1. 木材加工及木、竹、藤、棕、苇制品制造	46
(1)锯材、木片加工	46
(2)人造板制造	
(3)木制品制造	
2. 非木质林产品加工制造	360
3. 其他	2540
(二)林业系统非林产业产值	94396
三、第三产业产值	129424
(一)涉林产业产值	21224
1. 林业旅游与休闲服务	20900
2. 林业生态服务	
3. 林业专业技术服务	324
(二)林业系统非林产业产值	108200
森林培育(公顷)	
一、荒山荒(沙)地造林面积(按林种用途分)	90
(一)用材林	90
二、更新造林面积	8790
三、森林抚育面积	192794
(一)低产低效林改造	
(二)实际幼林抚育	19932
(三)成林抚育	172862
木材生产(万立方米)	
一、木材总计	241.83
(一)原木	234.61
其中：针叶原木	176.26
1. 直接用原木	30.62
2. 特级原木	15.29
3. 等内加工原木	70.32
其中：针叶原木	54.89
4. 造纸用原木	12.65
5. 胶合板材	0.36
6. 其他原木	105.38
(二)薪材	7.22
森林旅游	
一、旅游人次(人)	307000
二、旅游收入(万元)	20900
三、森林公园总数(处)	8
四、森林公园总面积(公顷)	400927
五、国家森林公园数量(处)	8
六、国家森林公园面积(公顷)	400927
七、森林公园收入总额(万元)	20900
八、旅游接待总人数(万人次)	31

表55-2 内蒙古森工各产业对总产值的贡献

	指　标	产值(万元)	占百分比(%)
	合计	459943	100.00
1	林业系统非林产业	207422	45.10
2	木材生产业	175216	38.10
3	森林培育业	50348	10.95
4	森林旅游业	20900	4.54
5	林业服务	3032	0.66
6	种苗产业	125	0.03
7	其他	2900	0.63

吉林森工林业产业

【产业特点】 吉林森工林业产业总产值为89亿元。其中，对林业产业产值贡献最大的是林业系统非林产业36亿元，占40.11%；其次是木材生产业13亿元，占14.12%；第三是人造板制造业11亿元，占12.67%；第四是木制品生产业8亿元，占9.34%。这4项产业产值占总产值的76.24%，见表55-1及表55-2。

【森林旅游】 组建旅游集团，重组吉林旅游投资集团，开辟了白山湖至长白山"水上黄金旅游通道"；以长白山、温泉、森林公园为核心的森工特色旅游线路已经形成；建设8国家森林公园。

【金融资本证券业】 组建财务公司、证券部、投资公司。入股吉林天治基金管理有限公司、梅河口民生村镇银行、吉林盛业农村商业银行、长白山交通旅游运输股份有限公司、紫鑫药业股份有限公司。实现净利润4794万元，占集团净利润的41%。

【森林矿产】 组建吉森丰华矿业集团和三岔子莱宝矿业有限公司，三岔子铁矿、红石铁矿、白石山石材深加工、湾沟煤矿和镁矿等重点项目建设进展顺利，形成了50万吨矿产品的生产能力，销售收入达5亿元左右。

【基地建设】 建立临江局香菇基地、三岔子局绿化苗木基地、湾沟局肉牛养殖基地、松江河局越橘基地、泉阳五味子基地、露水河局红松果采集基地、红石局林下参栽植基地、白石山局黑木耳基地，形成了一局一品发展格局。

【集团建设】 组建了金桥地板集团，投资3.6亿元，建设了长春兰家地板工业园区；整合重组了北京门业公司、云龙木业公司等加工企业。人造板、地板两大主导产品实现了专业化管理、规模化经营、市场化运作。

【品牌建设】 培育"露水河"牌刨花板、"金桥"牌实木复合地板和"泉阳泉"牌天然矿泉水三大中国名牌。"露水河"牌刨花板成为同行业唯一国家免检产品，为国内大型名牌家具企业的首选产品，其品牌价值已超过5亿元。"金桥"牌实木复合地板在国内首获欧盟CE认证，铺进了北京人民大会堂宴会厅，被专家誉为"中国最好，世界一流"。"泉阳泉"牌矿泉水被评为"中国驰名商标"，"中国最具市场竞争力品牌"，成为"吉林十大畅销品牌"。

表56-1　吉林森工林业产业概况

指　标	数量
总产值(万元)	891855
一、第一产业产值	251123
(一)涉林产业产值	236487
1. 林木的培育和种植	16969
2. 木材和竹材的采运	123676
3. 经济林产品的种植与采集	73609
4. 花卉的种植	547
5. 陆生野生动物繁育与利用	13186
6. 林业生产辅助服务	8500
(二)林业系统非林产业产值	14636
二、第二产业产值	444517
(一)涉林产业产值	254518
1. 木材加工及木、竹、藤、棕、苇制品制造	198503
(1)锯材、木片加工	2221
(2)人造板制造	112957
(3)木制品制造	83325
2. 木、竹、藤家具制造	2657
3. 林产化学产品制造	21560
4. 非木质林产品加工制造	8612
5. 其他	23186
(二)林业系统非林产业产值	189999
三、第三产业总产值	196215

指　标	数量
(一)涉林产业产值	43143
1. 林业旅游与休闲服务	18024
2. 林业生态服务	680
3. 林业专业技术服务	3087
4. 林业公共管理及其他组织服务	21352
(二)林业系统非林产业	153072
营林生产情况(公顷)	
森林抚育面积	
(一)实际幼林抚育	89190
(二)成林抚育	31988
木材、竹材(万立方米)	
一、木材总计	108
(一)原木	106.90
其中：针叶原木	20.32
1. 直接用原木	6.53
2. 特级原木	21.73
3. 等内加工原木	64.97
其中：针叶原木	14.39
4. 胶合板材	3.84
5. 其他原木	9.84
(二)薪材	1.10
(三)锯材	1.59
人造板(万立方米)	
人造板总产量	61.60
一、胶合板	0.50
(一)木胶合板	0.50
二、纤维板	11.27
三、刨花板	49.46
四、其他人造板	0.36
其中：细木工板	0.08
木制品	
木竹地板(万平方米)	340.95
(一)复合木地板	340.95
果　品	
干果产量(吨)	4817
其中：核桃	859
松子	3958
森林蔬菜	
森林食品(干重)(吨)	8006
其中：食用菌	3680
山野菜	3453
其他森林食品	873
中药材	
木本药材(吨)	66
花　卉产业情况	
观赏苗木产量(万株)	10
森林旅游	
一、旅游人次(万人)	133845
二、旅游收入(万元)	18024
三、森林公园总数(处)	8
四、森林公园总面积(公顷)	89773
五、国家森林公园数量(处)	8
六、国家森林公园面积(公顷)	89773
七、森林公园收入总额(万元)	3161
八、旅游接待总人数(万人次)	19
九、旅游接待海外旅游者(万人次)	1

表 56-2　吉林森工各产业对总产值的贡献

	指　标	产值(万元)	占百分比(%)
	合计	891855	100.00
1	林业系统非林产业	357707	40.11
2	木材生产业	125897	14.12
3	人造板制造业	112957	12.67
4	木制品生产业	83325	9.34
5	林业服务	33619	3.77
6	中药业	31086	3.49
7	森林蔬菜产业	29546	3.31
8	林产化工产业	21560	2.42
9	森林旅游业	18024	2.02
10	野生动物驯养业	13186	1.48
11	果品产业	12787	1.43
12	森林培育业	12676	1.42
13	种苗产业	4293	0.48
14	木竹藤家具制造业	2657	0.30
15	园林植物产业	547	0.06
16	其他	31988	3.59

龙江森工林业产业

【产业特点】 龙江森工林业产业林业产业总产值为344亿元。其中，对林业总产值的贡献最大的是林业系统非林产业206亿元，占59.78%；其次是木材生产业50亿元，占14.57%。两项产业总产值占总产值的74.35%，见表56-1及表56-2。

【森林培育】 除林业产业概况表中数据外，还培育红松果林200.73公顷，栽植蓝莓66.67公顷、山葡萄100公顷、大扁杏9公顷。育苗生产完成374.47公顷。

(周德滨　王春华　王　茜)

【苗木、花卉】 确定兴隆、海林、双鸭山林业局为绿化苗木、花卉基地。规划育苗面积1242亩，可育苗面积754亩，大树培育基地5880亩。规划投资1985万元，规划上级投入及贷款1242万元，企业自筹743万元。今年共完成173亩，树种主要有云杉、落叶松、水曲柳、核桃楸、银中杨、榆树、桦树、柳树等。

(高　频　康　红)

【多种经营】 集团产值184.82亿元；从业人员收入达10937元。争取国家和各项政策性扶持资金9661万元。以五味子、“两参”、平贝为代表的优势药材品种的生产经营方式基本形成。五味子面积达4800万立方米；“两参”栽培积达632.8立方米；平贝面积达2266.67万立方米。

主要产品产量：栽培木耳16亿袋；木耳产量5.8万吨；山野菜采集量3.34万吨；农业播种面积31.73万立方米；粮食产量83.8万吨；人工药材种植面积1.07万立方米；药材产量3万吨；青贮饲料产量5.6万吨；畜牧业养牛19.1万头；养羊29万只；养猪96.9万头；养禽1591万只；养蜂14.3万箱。

(阎　东　杨　革)

【森林旅游】 山河屯凤凰山景区被评为“中国最具魅力景区”，东方红珍宝岛湿地景区被评为“中国最美森林湿地景区”。

出台了《组建龙江森工旅游集团方案》。凤凰山接待游客15万人次，企业收入1600万元，户均收入10万元；

累计投入近7069万元，重点加强了亚布力旅游名镇核心区公用基础建设，不断完善森林公园综合功能；为配合旅游名镇建设工作，将上海世博会黑龙江展馆整体搬迁到亚布力滑雪旅游区。争取旅游发展金750万元，配合森工总体对外宣传和各种专业展会。

(何湘国)

表57-1　龙江森工林业产业概况

指　标	数量
总产值(万元)	3440190
一、第一产业产值	1339238
(一)涉林产业产值	543851
1. 林木的培育和种植	35607
2. 木材和竹材的采运	370475
3. 经济林产品的种植与采集	127990
4. 花卉的种植	40
5. 陆生野生动物繁育与利用	7593
6. 林业生产辅助服务	2146
(二)林业系统非林产业产值	795387
二、第二产业产值	1391445
(一)涉林产业产值	676058
1. 木材加工及木、竹、藤、棕、苇制品制造	522091
(1)锯材、木片加工	130794
(2)人造板制造	144832
(3)木制品制造	246465
2. 木、竹、藤家具制造	91988
3. 木、竹、苇浆造纸	4248
4. 林产化学产品制造	9800
5. 木制工艺品和木制文教体育用品制造	7701
6. 非木质林产品加工制造	4877
7. 其他	35353
(二)林业系统非林产业产值	715387
三、第三产业产值	709507
(一)涉林产业产值	163890
1. 林业旅游与休闲服务	154835
2. 林业专业技术服务	1403
3. 林业公共管理及其他组织服务	7652

指　标	数量
(二)林业系统非林产业	545617
营林生产情况(公顷)	
一、更新造林面积	6531
三、森林抚育面积	
(一)低产低效林改造	2319
(二)实际幼林抚育	89423
(三)成林抚育	151530
木材、竹材(万立方米)	
一、木材总计	404.71
(一)原木	398.45
其中：针叶原木	77.73
1. 直接用原木	76.92
2. 特级原木	7.86
3. 等内加工原木	223.05
其中：针叶原木	92.78
4. 造纸用原木	2.42
5. 胶合板材	26.01
6. 其他原木	62.20
(二)薪材	6.26
(三)锯材	66.84
人造板(万立方米)	
人造板总产量	78.59
一、胶合板	10.32
(一)木胶合板	9.52
(二)其他胶合板	0.80
二、纤维板	25.10
三、刨花板	30.88
四、其他人造板	12.29
其中：细木工板	12.29
五、单板	1.72
木制品	
木竹地板(万平方米)	138.02
(一)实木木地板	102.85
(二)复合木地板	35.18
木　片	
木片、木粒加工产品(万实积立方米)	21.39
果　品	
一、水果产量(吨)	2523
其中：苹果	434
梨	868
葡萄	250
其他水果	971
二、干果产量(吨)	5121
其中：核桃	2023
榛子	12
松子	1464
其他干果	1622
三、木本油料	100
森林蔬菜	

指　标	数量
森林食品(干重)(吨)	68089
其中：食用菌	54007
山野菜	11869
其他森林食品	2213
茶咖啡	
林产饮料产品(干重)(吨)	200
中药材	
木本药材(吨)	2212
花　卉	
一、年末实有花卉种植面积(公顷)	5
二、切花切叶产量(万支)	1
三、盆栽植物产量(万盆)	4
四、观赏苗木产量(万株)	29
五、花卉从业人员(万人)	0.01
森林旅游	
一、旅游人次(万人)	5549389
二、旅游收入(万元)	154835
三、森林公园总数(处)	41
四、森林公园总面积(公顷)	1328660
五、国家森林公园数量(处)	24
六、国家森林公园面积(公顷)	1209457
七、省级森林公园数量(处)	17
八、省级森林公园面积(公顷)	119203
九、森林公园收入总额(万元)	53052
十、旅游接待总人数(万人次)	221
十一、旅游接待海外旅游者(万人次)	3

表 57-2　龙江森工各产业对总产值的贡献

	指　标	产值(万元)	占百分比(%)
	合计	3440190	100.00
1	林业系统非林产业	2056391	59.78
2	木材生产业	501269	14.57
3	木制品生产业	254166	7.39
4	森林旅游业	154835	4.50
5	人造板制造业	144832	4.21
6	森林蔬菜产业	102960	2.99
7	木竹藤家具制造业	91988	2.67
8	森林培育业	31891	0.93
9	林业服务	11201	0.33
10	林产化工产业	9800	0.28
11	中药业	8991	0.26
12	果品产业	8907	0.26
13	野生动物驯养业	7593	0.22
14	木浆纸制品生产业	4248	0.12
15	种苗产业	3716	0.11
16	茶咖啡产业	212	0.01
17	园林植物产业	40	0.001
18	其他	47150	1.37

大兴安岭林业产业

【产业特点】 大兴安岭林业产业总产值为73亿元。其中：对林业总产值的贡献最大的是林业系统非林产业28亿元，占37.96%；其次是木材生产业18亿元，占24.83%；第三是木制品生产业7亿元，占10.01%。3项产业总产值占总产值的72.8%。见表57-1及表57-2。

【木材生产】 投入木材生产工段(作业组)452个，投入宿营车239台、帐篷402栋，集材拖拉机584台、运材汽车824台、绞盘机295台，新修建冻扳道1903千米，维修冻扳道1789千米，培训木材生产一线人员6027人，培训率达到了100%。

1. 健全完善伐区管理制度，实行伐区作业质量风险抵押金、伐区管理责任到人等制度，强化木材生产全过程管理，合理选用生产方式，努力提高资源利用率和保护后备森林资源，加强了伐区剩余物清拣利用工作，加大了对伐区准备作业质量、作业质量产中检查和产后验收的检查工作力度，验收比例达到50%以上。先后下发了《关于做好伐区生产方式管理的紧急通知》、《关于做好伐区管理工作的紧急通知》和《关于切实规范木材生产作业秩序的通知》，4次召开伐区管理方面的会议，完善了《伐区管理办法》，规范了木材生产管理秩序。

2. 强化产中检查和验收管理，产中检查覆盖面涉及了9个林业局的34个林场72个作业组133个小班，对存在的问题进行了纠正，对有作业质量问题的小班进行了整改，对问题严重的生产单位进行了经济处罚。对1284个小班进行了质量检查验收，验收比例达到了50%。采取原条生产费用倾斜等措施，加强生产方式管理，使原条生产比重达到了85.1%，同比提高2.5%。在伐区管理上，西林吉、松岭、韩家园、呼中林业局取得了优异成绩。

3. 出台《加强防火设备管理的通知》，开展两次防火设备管理检查和一次林产工业设备现场检查。设备使用单位均按要求完善了设备规章制度，建立健全了设备档案。

【林业公路】 林业公路在册总里程12843.03千米，计划养护6100.51千米，其中一级养护2028.14千米、二级养护3096.57千米、三级养护975.8千米；在册桥梁1213座，维修289座；在册涵洞14470个，维修769个。林业养路费投入1589.5万元。林业公路养护费用由林业局自已提取的自主管理方式，改为由林业集团公司集中统一管理，实行林业公路养护费专款专用。林业公路养路费在木材生产成本列支的基础上，增加从央企抚育中列支费用。2010年公路养护费从央企抚育中，新增林业公路养护费560万元。

【境外采伐】 新林林业局后贝加尔有限公司安排职工就业130人，为俄方提供就业70人，投入机械设备60余台(套)，2010年生产商品材8万立方米，加工锯材3.385万立方米，销售锯材2.013万立方米，销售原木2615立方米，产值5400余万元。阿木尔林业局兴安公司针对跨州作业申请劳务配额难度大，木材生产成本高的实际，2010年在二月城租赁了一块年产2万立方米的林地，投入设备65台(套)，申请劳务指标77人；借助漠河推进兴安口岸开关常态化的机遇，投资200万卢布在兴安口岸对面的真都拉斯克林场竞标了一块年产1.26万立方米、经营期限10年的林地。松岭林业局中亚公司在克拉斯诺亚尔斯克边疆区巴兰基赞区开始筹建木材加工基地，投资270万元购买铁路货场1处及附属设施、设备，并铺设铁路专用线70延长米。兴邦公司阿玛扎尔林浆一体化项目与莫戈恰区政府签署了土地租赁合同，300.7公顷的项目主厂区建设用地得到落实。

集团公司已有9个林业局16支采伐队伍在俄

罗斯从事森林采伐和木材加工，有4家企业在境外注册了独资公司，租赁林地136.6万公顷，总蓄积量1.2亿立方米，年设计采伐量128万立方米。

【种苗】 现有苗圃30处，其中国有11处，个人19处。在国有苗圃中，以科研性质为主的苗圃有2处，其余的9处苗圃是以生产为主。大兴安岭苗圃固定资产总额为5832万元，土地总经营面积8376亩，其中生产用地面积为5451亩，辅助生产用地面积2925亩。年最大产苗量可达2.5亿株。常规造林苗木主要以兴安落叶松、樟子松、红皮云杉、白桦为主，绿化树种除以上4个树种外，还有甜杨、榆树、柳树、丁香、榆叶梅等树种。

已建成林木良种基地5处，总面积2410公顷。其中：针叶树林木良种基地2325公顷，阔叶树林木良种基地85公顷。针叶树林木良种基地中含林木种子园915公顷(营林技术推广站757公顷，农林科学院实验基地58公顷，加格达奇林业局翠峰林木种子园100公顷)。2010年度总投资53.30万元。

采种基地建成10处，总面积14687.38公顷。其中：兴安落叶松8336.33公顷，樟子松4961.29公顷，云杉220.80公顷，白桦905.40公顷，偃松153公顷，云杉落叶松混交林110.60公顷。2010年度未与投资。

【林业企业】

企业现状 现有林产工企业219家。其中：

重点保留木材加工企业51家，固定资产总值91590万元，净值83410万元。

重点企业性质：国有企业14家，私营企业21家，股份制企业11家，租赁企业5家。

企业规模 固定资产1亿元以上1家(绿洲盛兴人造板有限公司)；

固定资产5000万~1亿元4家(大兴安岭新林兴盛木业有限公司，兴安木业，宜家木业，华诚木业)；

固定资产3000万~5000万元之间5家(凯达，宏翔，大森林，晟峰木业，库伦斯木业)；

固定资产1000万~3000万元之间12家(隆兴工贸木业有限公司，北极木业有限公司，展望木业有限公司，华驿人造板厂，吉盛木业，阿木尔板业，大兴安岭诚誉木业有限公司，大兴安岭育英木业公司，北极松板业有限责任公司，北极木业，昊晟木业，森松木业)；

固定资产500万~1000万元之间5家(图强、阿木尔、呼中、塔河、韩家园各1家)

固定资产500万元以下的企业108家。其中：松岭12家，新林21家，塔河13家，呼中5家，阿木尔4家，图强12家，西林吉10家(新增福圆木业)，十八站27家，韩家园4家。

企业分类 木结构建筑、木屋生产企业5家，集成材生产企业9家(含木结构、木屋生产企业)，纤维板生产企业3家，刨花板生产企业3家(含呼中兴安、新林盛兴)，细木工板生产企业12家(含呼中兴安)，胶合板生产企业7家(含新林盛兴)，建筑模板生产企业4家，地板生产企业3家，筷子生产企业14家，雪糕柄生产企业5家，牙签食品棒等生产企业8家，木制品生产企业11家，锯材为主企业64家。

【野生动植物】 新建设各类自然保护区(保护小区、保护地)及湿地公园10处，保护面积36.3万公顷。

1. 出台《大兴安岭林区林下野生经济植物资源管理办法》和《大兴安岭林区林下野生经济植物资源管理办法实施细则》，建立了林管局、林业局、林场三级管理体系。针对破坏野生动植物资源的特点，制定下发了《关于印发2010年野生动植物保护处“兴安二号”专项行动重点工作推进方案的通知》和《关于转发国家林业局关于进一步加强鸟类等野生动物保护执法的紧急通知的通知》，对专项行动进行周密部署，统筹安排。以第29届“爱鸟周”以契机，开展了以“科学爱鸟护鸟，保护生物多样性”，“关爱野生鸟类，远离疫源疫病”主题的内容的宣传活动。专项行动开展以来，出动人员约550人次，收缴野生动物600余只，放飞活鸟620余只。查获非法猎捕、经营野生动物案件7起，行政处罚3人。

2. 建立国内最北部寒温带森林生态系统和湿地生态系统实景展厅，保存国内仅有的寒温带生物物种，将生物资源馆的建设纳入《大兴安岭地区

2010～2012年重点民生工程发展规划》。

3. 按照《国际湿地公约》组织关于申报国际重要湿地的标准及规定，组织国内湿地专家学者来南瓮河国家级自然保护区进行实地科学考察，形成了科学考察报告，填写了国际重要湿地数据信息表，绘制了相关附图，并按国家林业局湿地中心的要求，起草上报了《关于申报南瓮河国家级保护区为国际重要湿地的请示》报告。《全区湿地资源调查成果》通过国家林业局评审。《大兴安岭东部林区湿地资源调查报告》通过了全国湿地资源调查成果专家鉴定验收。推进了嫩江源湿地保护工程续建项目的实施，完成工程投资的70%。

4. 完成国家级自然保护区生态旅游总体规划的申报工作。组织开展了国家林业重点工程社会经济效益监测工作。

5. 编写了貂熊、黑嘴松鸡等珍稀濒危物种保护项目5个，极小植物种群调查等濒危物种调查监管项目1个，第二次陆生野生动物资源调查项目1个。强化对珍稀濒危野生动植物物种的保护，有效恢复野生动植物栖息环境和野外种群数量，2010年国家财政安排专项资金110万元用于珍稀濒危野生动植物资源监测、物种野外救护和栖息地保护。开展了野生动物救护工作，使受伤、体弱的野生动物得到了及时救助。在春秋季鸟类迁徙的有利时机，南瓮河、北极村、呼中、绰纳河4处鸟类环志站积极开展鸟类环志活动。

大兴安岭韩家园松涛鹿苑野生动物养殖有限责任公司 松涛鹿苑口服液车间位于金水湖西侧，车间占地面积1300平方米，按GMP标准建成30万净化指数的鹿补口服液、鹿补酒、鹿补胶囊3条生产线，依托高等院校和科研机构研发出46个“食”字号及一个“健”字号产品。年产鹿补酒95万千克，鹿补口服液1100万毫升，胶囊320万粒。鹿补口服液、胶囊等11种产品已通过有机食品认证，4种产品被省科技厅认定为高新技术产品，鹿补系列产品为黑龙江省名牌产品，“松涛鹿苑”商标为黑龙江省著名商标。产品通过了ISO9001国际质量管理体系认证和HACCP国际食品安全管理体系认证，有效地保证了产品的高品质性和市场流通性。

松涛鹿苑养殖基地位于圈舍区40000平方米，围栏放牧区300公顷，成年梅花公鹿平均年产鲜茸2千克。松涛鹿苑公司生产的鹿补系列产品分5个系列47个产品；鹿补酒系列、鹿补胶囊系列、鹿补口服液系列、软胶囊系列、副产品系列。

【畜牧业】 2010年，牛存栏10204头，羊存栏74286只，其他畜牧业珍贵动物的养殖中：鹿存栏4042头，狐貂貉存栏67965只，獭兔存栏6万只。经过市场调整后，通过精心饲养加强了养殖质量，狐貂貉养殖数量同比增长35.5%。

大兴安岭鹿、狐貂养殖场面积已分别发展到1800万平方米、300万平方米。松岭区加快养殖基地建设，大力扶持规范化、标准化养殖基地(养殖场)，投资建设了森林猪舍4000平方米，森林猪5500头；森林鸭舍3000平方米，腌制车间200多平方米，森林鸭3.5万只；森林鹅0.85万只。

【森林旅游】

1. 编制大兴安岭旅游产业总体规划，旅游城镇体系规划，北极村5A级景区、加格达奇、西林吉城镇特色研究和景观风貌设计等10多部规划，初步建立了以大兴安岭旅游发展总体规划为统领、县(区)局旅游发展规划为基础、旅游区(点)详细规划为重点，覆盖大兴安岭的旅游产业规划体系。

2. 争取黑龙江旅游发展金100万元，用于旅游宣传促销、招商引资、旅游规划的编制和修订、人才培养与引进、特色旅游项目开发示范性引导等方面。漠河国际会议中心通过验收；北极村旅游名镇建设稳步推进；北极圣诞园项目进展顺利。

3. 中国漠河圣诞世界开园仪式暨首届冬至节圆满落下帷幕；举办的第七届漠河冰雪汽车拉力赛层次高、规则严、节奏快，是目前国内最高级别的汽车赛事，填补了这一项目的空白；举办了全国自由式滑雪雪上技巧和空中技巧冠军赛；举办了中国·大兴安岭低碳经济论坛标志着大兴安岭低碳经济转型全面启动，通过了《低碳经济论坛漠河宣言》。

4. 北极村获首批“全国特色景观旅游名镇”殊荣，并成功晋升国家4A级旅游景区；呼中金马饭店、呼玛知青宾馆、新林盛兴宾馆、塔河北极星宾馆晋升为3星级旅游宾馆饭店。获权威媒体授予的中国最佳休闲度假旅游目的地、“百姓好口碑”等称号，北极光节获得中国最具影响力旅游节庆活动品牌等项殊荣。大兴安岭与三亚签订了友好城协议，在资源共享、客源互送、联合营销等方面取得实质性进展，实现了两地旅游产业的战略合作升级。

黑龙江呼中国家级自然保护区 总面积167213公顷，是森林和野生动物类型自然保护区，主要保护对象是寒温带明亮针叶林生态系统和野生动植物及生态景观。1958年，林业部在《大兴安岭开发总方案》规划确定建立呼中国家级自然保护区。保护区共有植物种类58科，156属，233种，其中被列为国家级保护的珍稀濒危植物有5种；野生动物(脊椎动物)50科178种，其中鸟类131种，兽类33种，两栖爬行和鱼类14种。其中列为国家一、二类重点保护动物有30种，森林覆盖率92.16%，活立立木总量蓄积1692万立方米。

1988年，呼中保护区被列为全国25个国家级自然保护区之一。2006年，国家林业局批准呼中国家级自然保护区为全国51个国家级示范保护区之一。2009年，在国家7部委专家评估组对全国自然保护区现状综合评定中，评定呼中国家级自然保护区管理水平等级为优秀，名列全国国家级自然保护区第二名。

南瓮河国家级自然保护区 总面积229523公顷。其中，核心区面积74785公顷，缓冲区面积63829公顷，实验区面积90909公顷。1999年12月成立，2003年6月晋升为国家级自然保护区。保护区境内泡沼密布，南瓮河、南阳河、二根河、砍都河等主要河道纵横交织，独特的岛状林大面积呈现，池塘、沼泽、草甸、灌丛和原始森林植被类型齐全，并有樟子松、黄波罗等植物资源61科800种，紫貂、棕熊等兽类49种，白鹳、丹顶鹤等鸟类216种、极北鲵、哲罗鱼等两栖爬行动物及鱼类44种，涵盖了大兴安岭寒温带原始林区所有的陆生、湿生、水生生物类群物种，是我国北部寒温带针叶林区目前唯一保存下来的面积最大、纬度最高、最原始、最珍贵、最典型的内陆湿地和水域生态系统类型的自然保护区。

【果品】 野生浆果采集和加工实现产值2.87亿元(采集产值1.48亿元，加工产值1.39亿元)，野生浆果共采集11187吨，其中蓝莓5294吨。重点向北极冰、超越、百盛蓝莓3家优势企业倾斜。北极冰蓝莓酒庄2010年生产冰酒和干红1.1万瓶，实现产值2000万元，销售收入实现1000万元；超越公司2010年销售收入实现5500万元。

举办第二届蓝莓节。参展企业达133家。其中：区内企业87家，外邀企业46家，参展客商达485位。大兴安岭绿色食品和北药企业参展产品达十二大系列786种，比上届增加108种，增加16%，其中蓝莓产品208种，占参展绿色食品和北药产品总数的27%。本届蓝莓节共签约项目23项，比上届增加1项，增长5%。签约额6.62亿元，比上届增加1.17亿元，增长21.5%。

已形成区内市场20处、国内经销场所126处、国外经销场所28处的营销网络，蓝莓产品已占领国内外高端市场，林格贝公司中药提取产品95%出口到美国、欧盟等国家，并实现了网上销售。

大兴安岭百盛蓝莓科技开发有限公司 建于2007年，是大兴安岭地区专业生产野生蓝莓系列产品的科技型企业。占地面积19580平方米，建筑面积4000平方米，注册资金1000万元，工程技术人员15人。项目计划总投资2500万元，已经完成投资2050万元。

生产饮品类、罐头类、果酱类、果干蜜饯类、礼盒类的蓝莓果浆、蓝莓果糕、蓝莓果干在内的五大类17种产品。生产各类蓝莓产品6500吨，产值9500万元。2009年，公司产品成为大兴安岭首届国际蓝莓节指定产品，并被评为2009中国义乌国际森林产品博览会金奖。

大兴安岭北极冰蓝莓酒庄 建于2008年8月，坐落在素有“中国野生蓝莓之乡”的大兴安岭地区阿木尔林业局局址生态植物园，占地22万平方米，建筑面积近1万平方米，野生蓝莓基地20多万公顷，是“中国北极第一天然绿色酒庄”。酒庄集产品研发、果酒酿造、观光旅游、休闲度假、经贸洽谈为一体，酿造蓝莓冰酒、蓝莓白兰地、蓝莓干红等系列红酒，还研发了罐头、果酱、果脯、口服液(蓝莓、蓝靛、树莓、红豆)。达产后年产蓝莓冰酒2万瓶、蓝莓红酒3万瓶、蓝莓白兰地2000瓶。

大兴安岭超越野生浆果加工有限责任公司 建于2004年5月，员工153人，其中安置下岗职工127人。有野生浆果冷藏速冻加工厂、野生浆果深加工厂、野生浆果综合加工厂3个，占地8万平方米，建筑面积3万平方米。另有冷库3座，冷藏能力达3000吨。公司拥有资产总额7480万元，固定资产投资5100万元，流动资金2380万元。以生产加工绿色森林食品为主，单体速冻野生浆果、果酒、饮料、果干、果酱、罐头六大系列产品。

2009年公司生产的产品被首届国际蓝莓节作为指定产品；2009年8月，公司生产的15种产品通过了有机食品认证。

公司根据市场的需要，2009年在塔河工业园区投资3850万元，用于新厂房建设，新厂房占地22500万平方米，建设面积15000平方米。新上果酒、饮料、口服液、浓缩、果干、速冻6套生产线。

【中药材】 大兴安岭北药业实现产值3.83亿元，完成了全年计划的100%，增长15%。大兴安岭标准化基地达到40块，食用菌共完成3.03亿袋，筹建北药标准化种殖示范基地，在松岭、加格达奇、呼中、呼玛等地筹建草苁蓉、黄芪、原麝、岩高兰和五味子5个野生中药材保护区，保证兴安北药的品质。

【进出口】 大兴安岭进出口总额完成3415.19万美元，位居黑龙江第二位；引进85个项目，林产工业木制品生产项目4项，占项目总数的4.71%；投资额1亿万元，到位资金1亿万元；林木产品进出口总额实现391.31万美元，占进出口总额的11.46%；共与9个国家和地区发生林木产品经贸往来。争取各项扶持资金300余万元。经过资金扶持，大兴安岭高新技术产品出口同比增长131.92%，有5家企业进出口额超过百万美元，新林后贝加尔经贸有限公司、林格贝经贸有限公司、百盛蓝莓、兴邦公司、大森林木业等重要外经贸企业的带动作用突出。

出口贸易 出口木制商品主要有：雪条棒、地板、锯材、家具等，出口额总计137.63万美元。产品主要出口到美国、英国、意大利、澳大利亚、比利时、韩国、以色列等7个国家和地区。主要出口企业：大兴安岭大森林木业有限公司、大兴安岭晟峰木业有限公司、大兴安岭松岭区一木雪条棒厂、壮志荣华木材加工厂、大兴安岭昊晟木业有限公司、大兴安岭塔河恒达木业公司等6家。

进口贸易 进口林产品种类主要是原木，进口额253.68万美元。主要进口国家为俄罗斯。主要进口企业：新林后贝加尔经贸有限公司、黑龙江兴邦国际投资有限公司、阿木尔森永经贸有限公司。国内企业投资1亿元；国内企业投资产品种类：实木门窗、高档实木建筑材料。

【招商引资】 大兴安岭招商引资到位资金42.44亿元，位居黑龙江第七位；实际利用外资到位资金1583万美元，位居黑龙江第八位。在招商政策上，重新修改完善了《大兴安岭地区招商引资优惠政策》、《大兴安岭地区招商引资激励办法》、制定了《大兴安岭地区2010年招商引资及实际利用外资总体工作方案》。在招商项目上，以优势产业项目为重点，以世界500强、中国500强、中国民营500强企业及中央直属企业等目标企业为核心，建立健全招商引资项目库、项目册；在招商方式上，尝试开展了请进来招商、委托代理招商等方式。

【林业科技】 大兴安岭争取国家和省科技经费1951万元，带动企业自筹7000万元，共实施重大科技计划39项，有16个项目获得了地区科技进步奖，开发新产品15个，申请国家专利35项。地本级科技计划安排科技经费600万元，主动设计实施了高新技术产业化关键技术研究与示范专项、研究院校科技创新专项、县(区)局科技支撑专项和新的经济增长点培育专项4个重大科技专项，实施科技创新项目31项，研制开发出野生蓝莓白兰地及果酒、蓝莓花青素复合配方保健品、蜂蜜酒、蓝莓康晶复合冲剂和欣通软胶囊等新产品15个，推广新技术15项，建立科技示范基地5个。其中，蜂蜜酒精深加工项目建成投产后年可加工蜂蜜300吨，实现销售收入6000万元，增加利润1700万元，上缴税金900万元。

寒带生物特色产业基地拥有4家骨干企业，其中3家高新技术企业，1家民营科技企业，在建区

10万平方米，待建区30万平方米，备建区330公顷。已开发出蓝莓花青素、植物甾醇激素、荨麻提取物、丹参保心茶、润肠通秘茶、系列蜂蜜等系列产品并实现产业化，实现产值2.8亿元。

绿源蜂业和兴安有机食品公司被授予全国企事业知识产权试点单位；北奇神药业和林格贝、宜家木业3家企业跨入专利优势企业试点单位和专利优势企业培育单位行列；建立了大兴安岭科技成果库，分析、整理、录入各类科技成果数据资料435项。

认定国家级高新技术企业3家，省级创新型企业2家，创新型试点企业3家，高新技术产品28个，民营科技企业34家。高新技术企业实现总产值4.1亿元，工业增加值1.6亿元，同比分别增长33%、34%；出口创汇2750万美元，同比增长197%。

（康文学）

表58-1　大兴安岭林业产业概况

指　标	数量
总产值(万元)	725287
一、第一产业产值	331023
(一)涉林产业产值	220952
1. 林木的培育和种植	20238
2. 木材和竹材的采运	129030
3. 经济林产品的种植与采集	53901
4. 花卉的种植	344
5. 陆生野生动物繁育与利用	15454
6. 林业生产辅助服务	1985
(二)林业系统非林产业产值	110071
二、第二产业产值	309775
(一)涉林产业产值	189038
1. 木材加工及木、竹、藤、棕、苇制品制造	170801
(1)锯材、木片加工	51048
(2)人造板制造	47159
(3)木制品制造	72594
2. 木、竹、藤家具制造	1245
3. 林产化学产品制造	16992
(二)林业系统非林产业产值	120737
三、第三产业产值	84489
(一)涉林产业产值	39994
1. 林业旅游与休闲服务	34177
2. 林业生态服务	314
3. 林业专业技术服务	2181
4. 林业公共管理及其他组织服务	3322
(二)林业系统非林产业产值	44495
营林生产情况(公顷)	
一、荒山荒(沙)地造林面积(按林种用途分)	3080
(一)用材林	3080
二、森林抚育面积	
(一)实际幼林抚育	6850
(二)成林抚育	93384
木材、竹材(万立方米)	
一、木材总计	202.45
(一)原木	202.45
其中：针叶原木	53.41
1. 直接用原木	53.41
2. 特级原木	7.67
3. 等内加工原木	93.02
其中：针叶原木	65.46
4. 造纸用原木	25.60
5. 其他原木	22.75
(二)锯材	27.56
人造板(万立方米)	
人造板总产量	32.32
一、胶合板	1.04
(一)木胶合板	1.04
二、纤维板	16.19
三、刨花板	0.20
四、其他人造板	14.90
其中：细木工板	6.93
五、单板	3.15
木制品	
一、木竹地板(万平方米)	31.04
(一)实木木地板	26
(二)复合木地板	5.04
木　片	
木片、木粒加工产品(万实积立方米)	27.15
木　炭	
木炭(吨)	2889
森林蔬菜	
森林食品(干重)(吨)	31843
其中：食用菌	21665
山野菜	8246
其他森林食品	1932
中药材	
木本药材(吨)	319
花　卉产业情况	

指　标	数量
一、年末实有花卉种植面积(公顷)	2
二、观赏苗木产量(万株)	52
三、草坪产量(万平方米)	1
四、花卉企业数(个)	1
五、花卉从业人员(万人)	0.01
六、控温温室面积(万平方米)	1
森林旅游	
一、旅游人次(万人次)	721824
二、旅游收入(万元)	34177
三、森林公园总数(处)	2
四、森林公园总面积(公顷)	129972
五、国家森林公园数量(处)	2
六、国家森林公园面积(公顷)	129972
七、森林公园收入总额(万元)	827
八、旅游接待总人数(万人次)	2

表 58-2　大兴安岭各产业对总产值的贡献

	指　标	产值(万元)	占百分比(%)
	合计	725287	100.00
1	林业系统非林产业	275303	37.96
2	木材生产业	180078	24.83
3	木制品生产业	72594	10.01
4	人造板制造业	47159	6.50
5	森林蔬菜产业	47099	6.49
6	森林旅游业	34177	4.71
7	森林培育业	17667	2.44
8	林产化工产业	16992	2.34
9	野生动物驯养业	15454	2.13
10	林业服务	7802	1.08
11	种苗产业	2571	0.35
12	果品产业	1290	0.18
13	木竹藤家具制造业	1245	0.17
14	园林植物产业	344	0.05
15	中药业	235	0.03
16	其他	5277	0.73

新疆生产建设兵团林业产业

【产业特点】 新疆兵团林业产业总产值为95亿元。其中对林业产业总产值的贡献最大的是果品产业80亿元，占84.82%；其次是森林培育业13亿元，占13.28%。两项产业产值占总产值的98.1%，见表58-1及表58-2。

【果品】 主要发展苹果、香梨、红枣等经济林，年产果品35万吨。

主要做法：①实施《林业生态建设“一票否决制”考核实施办法》，以制度促进林业的快速扩张。②农一师阿拉尔以品牌建设为依托，发展以“优质、生态、安全”为标准的绿色、有机水果基地建设。从优势特色产品入手，在林果生产、加工、分级、包装、销售全过程实施质量检控，严把质量关。③在果园生产过程中引进使用角壁蜂、迷向剂、SOD等新技术，严格实施绿色、有机的相关措施，保证果品质量，抢占高端市场。

（于冬梅　肖明源）

表59-1　新疆生产建设兵团林业产业概况

指　标	数量
总产值(万元)	945707
一、第一产业产值	944180
(一)涉林产业产值	944175
1. 林木的培育和种植	131330
2. 木材和竹材的采运	2619
3. 经济林产品的种植与采集	809721
4. 花卉的种植	500
5. 陆生野生动物繁育与利用	5
(二)林业系统非林产业产值	5
二、第二产业产值	464
(一)涉林产业产值	459
1. 木材加工及木、竹、藤、棕、苇制品制造	459
(1)锯材、木片加工	12
(2)人造板制造	447
(二)林业系统非林产业产值	5
三、第三产业总产值	1063
涉林产业总产值	1063
1. 林业旅游与休闲服务	869
2. 林业专业技术服务	194
营林生产情况(公顷)	
一、荒山荒(沙)地造林面积(按林种用途分)	51972
经济林	33721
防护林	18251
二、更新造林面积	605
三、森林抚育面积	
(一)低产低效林改造	18
(二)实际幼林抚育	83543
(三)成林抚育	151548
木材、竹材(万立方米)	
一、木材总计	5.77
(一)原木	5.77
1. 直接用原木	3.90
2. 等内加工原木	1.77
3. 胶合板材	0.04
4. 其他原木	0.07
果　品	
一、水果产量(吨)	872023
其中：苹果	191279
梨	338739
葡萄	297139
桃	25999
杏	18183
其他水果	684
二、干果产量(吨)	192348
其中：核桃	3490
枣(干重)	185843
仁用杏	1497
其他干果	1518
中药材	
木本药材(吨)	3037
其中：枸杞	2009
其他木本药材	1028
花　卉产业情况	
一、年末实有花卉种植面积(公顷)	7
二、切花切叶产量(万支)	100

指　标	数量
三、盆栽植物产量(万盆)	5
四、观赏苗木产量(万株)	1
五、花卉企业数(个)	1
六、日光温室面积(万平方米)	1
森林旅游	
一、旅游人次(万人次)	51700
二、旅游收入(万元)	869

表 59-2　新疆生产建设兵团各产业对总产值的贡献

	指　标	产值(万元)	占百分比(%)
	合计	945707	100.00
1	果品产业	802111	84.82
2	森林培育业	125615	13.28
3	中药业	7610	0.80
4	种苗产业	5715	0.60
5	木材生产业	2631	0.28
6	森林旅游业	869	0.09
7	园林植物产业	500	0.05
8	人造板制造业	447	0.05
9	林业服务	194	0.02

附 录

附录1 木质类林产品海关代码及调整系数

1. 原木

针叶原木 44031000、44032010、44032020、44032030、44032040、44032090

非针叶原木 44034100、44034910、44034920、44034930、44034940、44034950、44034960、44034970、44034990、44039100、44039200、44039910、44039920、44039930、44039950、44039960、44039980、44039990

2. 锯材

针叶锯材 44061000、44069000、44071010、44071020、44071030、44071040、44071090

非针叶锯材 44072200、44072500、44072600、44072700、44072800、44072910、44072920、44072930、44072990、44079100、44079200、44079300、44079400、44079500、44079910、44079920、44079930、44079980、44079990

3. 木片

针叶木木片 44012100；非针叶木木片 44012200

4. 异形材

针叶异形材 44091090；非针叶异形材 44092990

5. 人造板

单板 44081011、44081019、44081020、44081090、44083111、44083119、44083120、44083190、44083911、44083919、44083920、44083990、44089011、44089012、44089019、44089021、44089029、44089091、44089099

胶合板 44123100、44123210、44123290、44123900、44129410、44129491、44129492、44129499、44129910、44129991、44129992、44129999

刨花板 44101100、44101200、44101900、44109000、44109019、44109090、44109011

纤维板 44111211、44111219、44111221、44111229、44111291、44111299、44111311、44111319、44111321、44111329、44111391、44111399、44111411、44111419、44111421、44111429、44111491、44119210、44119290、44119310、44119390、44119410、44119421、44119429

6. 强化木 44130000

7. 木制品

窗 44181010、44181090；门 44182000；木地板 44091010、44092910、44187100、44187290、44187990；画框等 44140010、44140090；容器 44151000、44152010、44152090、44160010、44160090；工具 44170010、44170090；建筑用 44184000、44185000、44186000、44189000；筷子 44190031；木餐具 44190099；木刻 44201011；木扇 44201020；木雕装饰 44201090；镶嵌木 44209010；珠宝盒等 44209090；木衣架 44211000；线轴等 44219010；圆签棒等 44219021；活动房屋 94060000(0.01)；乐器 92011000(0.1)、92012000(0.1)、92019000(0.1)、92021000(0.1)、92029000(0.1)、92059090(0.1)、92060000(0.1)；其他 44219090、66020000(0.1)、84484930(0.5)、96140010(0.1)、96151900(0.1)、96091010、

96091020、95049030(0.5)

8. 木家具 94016110、94016190、94016900、94033000、94034000、94035010、94035091、94035099、94036010、94036091、94036099

9. 炭素制品：木炭 44029000；木质活性碳 38021010

10. 软木：45011000、45019020、45020000、45031000、45039000、45041000、45049000

11. 木碎料：薪柴 44011000；锯末 44013000；木棒 44041000、44042000；木丝粉 44050000

12. 纸类

木浆 47010000、47020000、47031100、47031900、47032100、47032900、47041100、47041900、47042100、47042900、47050000

废纸浆 47062000

废纸 47071000、47072000、47073000、47079000

纸制品：海关 48 章所有海关代码

印刷品：海关 49 章所有海关代码、95044000

注：49 章出口金额 = 49 章出口数量合计 ×(印刷纸出口金额合计/印刷纸出口数量合计)

49 章进口金额 = 49 章进口数量合计 ×(印刷纸进口金额合计/印刷纸进口数量合计)

95044000 代码产品计算方法相同

印刷纸指如下代码的产品：48010000、48025400、48025500、48025600、48025700、48025800、48026110、48026190、48026200、48026910、48026990、48101300、48101400、48101900、48102200、48102900

附录 2 竹藤类林产品海关代码及调整系数

1. 竹藤原料 14011000、14012000、14019020、14019031、14019039、14019090(0.5)

2. 竹藤编结品 46012100、46012200、46012911、46012919、46012921、46012929、46012990、46019210、46019290、46019310、46019390、46021100、46021200、46021910、46021930

3. 竹家具 94015100、94015900、94038100、94038910

4. 竹胶合板 44121011、44121019、44121020、44121091、44121092、44121099

5. 竹筷子 44190032

6. 其他竹餐具 44190091

7. 竹刻 44201012

8. 竹签等 44219022

9. 扫帚等 96031000(0.3)

10. 竹毛笔 96033020(0.6)

11. 竹地板 44092110、44187210、44187910

12. 竹异形材 44092190

13. 竹炭 44021000

14. 竹浆 47063000

15. 竹纸制品 48236100

16. 竹笋或其制品 07099010、07119031、07129010、20059190、20059110

附录3 非木质类林产品海关代码及调整系数

1. 蚕

蚕种 05119930

蚕茧 50010010、50010090

蚕丝 50020011、50020012、50020013、50020019、50020020、50020090、50030011、50030012、50030019、50030091、50030099

2. 调料 09041100、09041200、09061100、09061900、09062000、09070000、09081000、09082000、09083000、09091010、09091090、09094000、09095000、09102000、09109900

3. 野生动物

活动物 01061190、01061990、01062020、01062090、01063190、01063290、01063990、01069090

动物牙、角、蹄等 05071000、05079010、05079090

种用动物 01061110、01061910、01062011、01062019、01063110、01063210、01063910、01069011、01069019

蜂蜜 04090000

燕窝 04100010

蜂产品 04100041、04100042、04100043、04100049、21069030、15219010

动物油脂 15060000

动物肥料 31010011、31010019(0.01)、31010090(0.01)

动物工艺品 96011000(0.01)、96019000(0.01)

动物皮毛 05029012、05029019、05029020、41032000、41064000、41069100、41069200、41133000、41139000、43011000、43016000、43018010(0.1)、43018090(0.1)、43019010、43019090、43021100、43021910、43021990(0.01)、43022000(0.01)、43023010、43023090(0.01)、43031010(0.01)、43031020(0.01)、43039000(0.01)、51021990(0.01)、51022000(0.01)、51031090(0.01)、51032090(0.01)、51033000(0.01)、51040090(0.01)、51053990(0.01)、51054000(0.01)、51081019(0.01)、51081090(0.01)、51082019(0.01)、51082090(0.01)、51091019(0.01)、51099019(0.01)、51111119(0.01)、51111919(0.01)、51130000(0.01)、65069910(0.01)、65069920(0.01)、67010000(0.01)、67029010(0.01)、94049020(0.01)

动物食用 01063922、01063923、01063929、01069020、02081090(0.1)、02083000、02085000、02109100、02109300、02109900(0.01)

动物碳黑 38029000(0.01)

4. 果类

果品 07112000、08011100、08011910、08011990、08012100、08012200、08013100、08013200、08021100、08021200、08022100、08022200、08023100、08023200、08024010、08024090、08025000、08026010、08026090、08029010、08029020、08029030、08029090、08030000、08041000、08042000、08043000、08044000、08045010、08045020、08045030、08051000、08052010、08052020、08052090、08054000、08055000、08059000、08061000、08062000、08072000、08081000、08082012、08082013、08082019、08082020、08091000、08092000、08093000、08094000、08101000、08102000、08104000、08105000、08106000、08109010、08109020、08109030、08109040、08109050、08109060、08109070、08109080、08109090、08111000、08112000、08119010、08119090、08121000、08129000、08131000、

08132000、08133000、08134010、08134020、08134030、08134040、08134090、08135000、08140000(0.5)、12030000、12129911、12129912、12129919、20057000、20060020、20060010、20060090(0.1)、20081991、20081999、20082090、20083090、20084090、20085000、20086090、20087090、20088000、20089100、20089200、20089990(0.1)

果品残渣 23065000、23066000、23069000(0.1)、23070000、23080000(0.1)

果酱等 20079100、20079990(0.5)

果品罐头 20079910(0.5)、20081910、20081920、20082010、20083010、20084010、20086010、20087010、20089910、20089920

果汁 20091100、20091200、20091900、20092100、20092900、20093110、20093190、20093910、20093990、20094100、20094900、20096100、20096900、20097100、20097900、20098012、20098013、20098014、20098019、20099010(0.5)、21069040

果酒 22041000、22042100、22042900、22043000、22082000、22051000、22059000、22060090、22085000、22089010

果品-椰壳纤维 53081000、57022000

果核炭-活性碳 38021090

5. 木本油料 12079992、15091000、15099000、15100000、15111000、15119010、15119090、15121100(0.5)、15121900(0.5)、15131100、15131900、15132100、15132900、15159010、15159020、15159030、15159090(0.5)

6. 茶和咖啡

茶 09021010、09021090、09022010、09022090、09023010、09023020、09023090、09024010、09024020、09024090、09030000、21012000

咖啡 21013000、09011100、09011200、09012100、09012200、09019010、09019020、18010000、18020000、18031000、18032000、18040000、18050000、18061000、18062000、18063100、18063200、18069000、21011100、21011200

7. 林化产品

树胶树脂 13019090、38063000、40013000

松香松脂 29021910、13019040、38051000、38059010、38061010、38061020、38062010、38062090、38069000、29061910

生漆 13021910

橡胶 40011000、40012100、40012200、40012900

染料鞣料 32011000、14049010、15220000、32019010、32019090、32030011、32030019(0.5)、32030020(0.5)

杀虫剂 12119091、12119099、13021920、13021930

食品药品化妆品添加剂 29181300、11082000、12079991、12119050、13012000、13019010、13022000、13023200、13023990、15119020、17022000、29054400、29054910、29181200

香料类 29153900、29052210、29052220、29052230、29061100、29092081、29145011、33011200、33011300、33011910、33011990、33012400、33012500、33012910、33012920、33012930、33012940、33012950、33012960、33012991、33012999、33013010、33013090、33019010、33019020、33019090、33030000

其他工业用 29021990、15211000、15219090、29157090、38030000、38040000、38070000、38231300

其他 13021990

8. 森林蔬菜

食用菌类 07095100、07095910、07095920、07095930、07095940、07095950、07095960、07095990

食用菌加工品 07108010、07115112、07115119、07115190、07115911、07115919、07115990、07123100、07123200、07123300、07123910、07123920、07123930、07123940、07123950、07123990、20039090

食用菌罐头 20031011、20031019、20031090、20032000、20039010

山野菜 07052100、07052900、07129020、07129030、07129040、07149090、20059950

9. 饲料 12141000、12149000(0.2)、12129920

10. 园林植物

花卉活植物 06011010、06011029、06029092、06029093、06029094、06029095、06029099

插花及花蕾 06031100、06031200、06031300、06031400、06031910、06031990、06039000

苔藓和地衣 06041000

植物枝叶等 06049100、06049900

11. 中药植物

中药材 13019020、13019030、12079994、12112010、12112020、12112091、12112099、12113000、12114000、12119011、12119012、12119013、12119014、12119015、12119016、12119017、12119018、12119019、12119021、12119022、12119023、12119024、12119025、12119026、12119027、12119028、12119029、12119031、12119032、12119033、12119034、12119035、12119036、12119039(0.5)

制药中间产品 13021100、13021200、29061990、29062990、29142100、29392000、29393000、29394100、29394200、29394300、29394900、29396100、29396200、29396300、29396900、32012000

动物中药 05079020、05100010、05100020、05100030、05100040、05100090(0.2)

中药酒 30049051

中成药 30049052、30049053、30049054、30049059、30049060

12. 种苗

花卉用种苗 06011021、06011091、06011099、06012000、06023010、06023090、06024010、06024090

花卉用种子 12093000

菌用种 06029010

果类苗木 06022010、06022090

插枝接穗苗 06021000

其他种用苗木 06029091

草地用种子 12092100、12092200、12092300、12092400、12092500

其他种子 12099990(0.5)

附录 4 林业机械产品海关代码

1. 草地用机械 84331100、84331900、84332000、84333000、84334000

2. 木材等加工机械 84651000、84659100、84659200、84659300、84659400、84659500、84659600、84659900、84669200、84793000

3. 木工工具 82021000、82022000、82023100、82023900、82024000、82053000、82082000

4. 园艺工具 82011000、82012000、82013000、82014000、82015000、82016000、82019000、82084000

5. 整地机械 84321000、84322100、84322900、84324000、84328010、84328090、84329000

6. 干燥器 84193200

7. 造纸和纸制品机械 84201000、84209900、84391000、84392000、84393000、84399100、84399900、84401010、84401020、84401090、84409000、84411000、84412000、84413010、84413090、84414000、84418010、84418090、84419010、84419090

8. 林业机械－林副产品加工 84193100、84336000、84351000、84359000、84386000、84388000、84389000、84792000

2010 年林业产业大事记

1 月

1 日　农业部、国家林业局发布 2010 年第 1 号，公布《农村土地承包经营仲裁规则》，自 2010 年 1 月 1 日起施行。

1 日　农业部、国家林业局发布 2010 年第 2 号令，公布《农村土地承包仲裁委员会示范章程》，自 2010 年 1 月 1 日起施行。

12 日　国家林业局召开电视电话会议，正式启动全国森林抚育试点工作。财政部和国家林业局决定：从 2009 年底起开展森林抚育补贴试点，拨付试点补贴资金 5 亿元，安排试点任务 500 万亩，每亩补助 100 元。

12 日　广西壮族自治区党委、自治区人民政府印发《关于建设林业强区的决定》。

19 日　国家林业局与中国中信集团公司签署战略合作协议：双方将以林业产业开发、区域生态建设、林业金融服务等为主要合作内容，在合作建设森林公园、湿地公园以及林产品特色产业基地；培育、保护和利用森林、湿地资源；发挥中信金融业务的优势，配合集体林权制度改革，为林农在林业流转中提供相应的金融服务等方面展开合作。

21、22 日　全国林业厅局长会议在广州市召开。

23 日　全国集体林权制度改革厅局长座谈会在广州市召开。

25 日　由中国林业产业协会、国家林业局经济发展研究中心联合举办的全国林业产业“十二五”规划编制暨林业产业信息交流座谈会在湖北省咸宁市召开。

2 月

1、2 日　全国野生动植物保护及自然保护区建设管理工作会议在海口市召开。

3 月

1 日　《湖南省林产品质量安全条例》颁布实施。

4 日　黑龙江省森工工作会议在哈尔滨召开。会议提出加快实现由以木材生产为主向以生态建设为主转变，由单一国有经济向多元经济格局转变。

20 日　第十届亚太兰花大会暨第二十届中国兰花博览会在重庆开幕。

21 日　中共中央总书记、国家主席胡锦涛到银川小任果业有限责任公司考察，总书记对公司总经理任爱民说：小任公司不小，服务农民可嘉。总书记还勉励公司继续努力，做大做强，在发展现代农业、带动农民增收上做出更大成绩。

25 日　联合国粮农组织发布 2010 年全球森林资源评估主要结果报告，充分肯定了中国在造林绿化、林业发展和生态建设中取得的瞩目成就，高度评价了中国在扭转全球森林资源持续减少中所作的重大贡献。

26 日　广西油茶产业项目签约仪式在南宁举行。来自区内外的 10 多家企业分别与广西有关地方政府、国有林场和广西林科院等签约 14 个油茶产业合作项目，签约金额达 35 亿元。

同日　以“创新、发展、多赢”为主题的广西油茶产业发展论坛在南宁市举行。

4 月

2 日　国家林业局发布 2010 年第 5 号公告，公告 2010 年度种子(苗)免税进口计划。

11 日　中共中央政治局常委、国务院总理温家宝在安徽省考察时说，他特别重视集体林权制度改革这件事，因为它给山区农民开辟了一条致富的路子。农民有了经营权，就可以在林地上做大文章，不仅可以种植林木，还可以发展林下产业，不仅有经济效益，还有生态效益和社会效益。要求加强制度建设并给予技术指导，把这件事情办好。

15日　全国粮油标准化技术委员会油料及油脂技术工作组召开《油茶籽油》国家标准修订方案研讨会。

6月

9日　国务院总理温家宝主持召开国务院常务会议，审议并原则通过《全国林地保护利用规划纲要(2010~2020年)》。

11日　经国家质检总局批准宁夏生产的“同心圆枣”为国家地理标志保护产品。

7月

5日　国家林业局、黑龙江省人民政府主办，黑龙江省林业厅、黑龙江省森林工业总局和伊春市人民政府承办的首届中国(伊春)森林产品博览会在伊春市举行。

9日 中共中央政治局委员、中央书记处书记、中央组织部部长李源潮视察湖北省蕲春低碳经济产业园。

19日　中国绿色碳汇基金会在民政部注册成立，业务主管部门是国家林业局。

8月

7日　中国(宁夏)首届防沙治沙暨沙产业高峰论坛会在银川举办。

13日　2010中国(大兴安岭)低碳经济论坛在漠河开幕。

17日　国务院总理温家宝在北京主持召开国务院振兴东北地区等老工业基地领导小组第二次全体会议。会议审议并原则通过《大小兴安岭林区生态保护和经济转型规划》与《关于加快东北地区农业发展方式转变建设现代农业的指导意见》。

26日　国家林业局召开贯彻落实《全国林地保护利用规划纲要》工作会议。

9月

6、7日　第十届中原花木交易博览会在河南省许昌市鄢陵县举办。

8日　由亚洲浆纸业有限公司投资79亿元建设的广西金桂林浆纸一体化项目一期工程30万吨化机浆项目在钦州市大榄坪金光工业园投产。

10日　全国森林抚育经营现场会在哈尔滨市举行。

13日　2010年鄂粤现代林业产业投资招商会在亚洲国际大酒店(广州)举行，来自美国、香港、广东、福建、中国台湾等地的100多名客商汇集一堂参加招商会暨林业项目签约仪式。14个湖北现代林业产业签约项目共吸引39.185亿元资金。

27日　全国油茶产业发展现场会在湖南省耒阳市召开。会议专题研究如何进一步创新油茶产业发展模式和机制，全面部署2011年以及“十二五”期间油茶产业发展工作，推进油茶产业科学有序健康发展。

28、29日　黑龙江省召开全省林业产业大会。

10月

10、11日　全国集体林权制度改革百县经验交流会在北京举行。会议的主题是进一步贯彻《中共中央国务院关于全面推进集体林权制度改革的意见》和中央林业工作会议精神，认真总结交流集体林权制度改革的成效和经验，进一步安排部署当前和今后一个时期集体林权制度改革工作。中共中央政治局常委、国务院总理温家宝作出重要批示，中共中央政治局委员、国务院副总理回良玉出席会议并讲话，中央农村工作领导小组副组长田成平主持，国家林业局局长贾治邦，局领导祝列克、张建龙、印红、孙扎根、陈述贤、张永利出席会议。

12日　广西壮族自治区人民政府办公厅印发《关于大力推进林下经济发展的意见》。

16日　我国第一座以桂花为主题的博览馆——咸宁桂花博览馆在湖北省咸宁市潜山公园落成并举行开馆仪式。

19日　我国中部地区规模最大、产业链高度完善、高科技低能耗的低碳家具产业聚集区——华中家具产业园在湖北省潜江市正式奠基。

20日　经国家林业局批准，绿色经济研究中心、竹藤资源与环境研究中心、竹藤生物质新材料研究中心、竹藤资源化学利用研究中心、基因科学与基因产业化研究中心和热带森林植物种质资源试验中心等6个研究机构，在国际竹藤网络中心揭牌成立。

22日　国家林业局林业碳汇计量监测中心揭牌仪式在北京举行。

23日　中国林科院林化所成立50周年暨2010年生物质资源化学利用国际学术研讨会在北京召开。

27日　2010中国碳汇林业与低碳经济发展高峰论坛在浙江省临安市举行。

11月

1日　国家林业局、国家发改委、财政部联合印发《全国林木种苗发展规划(2011～2020年)》。

1～4日　国家林业局和浙江省人民政府共同主办的第三届中国义乌森林产品博览会在义乌市举办。

4日　《广西花卉产业“十二五”发展规划》通过专家评审。

6～9日　国家林业局与福建省人民政府共同举办的第六届海峡两岸林业博览会暨投资贸易洽谈会在福建省三明市举办。

7日　全国林木种苗工作会议在合肥市召开。

7～9日　2010中国合肥苗木交易大会在安徽省合肥市肥西县开幕。

9、10日　世界银行贷款“林业综合发展项目”实施启动会在北京召开。项目总投资13.6亿元，其中世界银行贷款1亿美元，在河北、山西、辽宁、浙江、安徽5个省实施。

17日　全国碳汇造林试点启动会和国家林业局西南林业碳汇计量监测中心揭牌仪式在云南省昆明市举行。这次碳汇造林试点分别在云南、山西、浙江等省进行。

19～22日　由中国与东盟10国商务(贸易)部主办、中国－东盟博览会秘书处、中国木材与木制品流通协会共同承办的“2010年中国-东盟博览会木材与木制品展”在南宁国际会展中心举行。

20日　我国竹藤领域中第一个新型的产学相结合的国家级工程中心——国家竹藤工程技术研究中心建设项目，在国际竹藤网络中心安徽太平试验中心举行开工仪式。

26日　国家林业局林业资源综合监管服务体系试点建设项目正式启动。

11月　宁夏制定了《宁夏林业产业十二五发展规划》

12月

9日　国家林业局林业工作站管理总站与中国人保财产保险股份有限公司在北京签订《共同推进森林保险的合作框架协议》。

29日　国务院总理温家宝在北京主持召开国务院第138次常务会议。会议决定，2011年至2020年，实施天然林资源保护二期工程，实施范围在原有基础上增加丹江口库区的11个县(市、区)，中央投入2195亿元。力争经过10年努力，新增森林面积520万公顷，森林蓄积净增加11亿立方米，森林碳汇增加4.16亿吨，生态状况与林区民生进一步改善。

《中国林业产业与林产品年鉴 2011》参加编纂地、县级单位名单

北京市

丰台区园林绿化局
石景山区园林绿化局
房山区园林绿化局
通州区园林绿化局
顺义区园林绿化局
昌平区园林绿化局
大兴区园林绿化局
怀柔区园林绿化局
平谷区园林绿化局
平谷区人民政府果品办公室
密云县园林绿化局
延庆县园林绿化局
延庆县果品服务中心
西山林场
共青林场
松山国家级自然保护区管理处
十三陵林场
大东流苗圃
八达岭林场
温泉苗圃
琅山苗圃
南大荒苗圃

天津市

北辰区林业局
武清区林业局
宝坻区林业局
滨海新区林业局

河北省

石家庄市林业局
长安区农办
桥东区农办
桥西区农办
新华区农办
裕华区园林局
井陉矿区林业局
辛集市林业局
藁城市林业局
晋州市林业局
新乐市林业局
鹿泉市林业局
井陉县林业局
正定县林业局
栾城县林业局
行唐县林业局
灵寿县林业局
高邑县林业局
深泽县林业局
赞皇县林业局
无极县林业局
平山县林业局
元氏县林业局
赵县林业局
石家庄市南化苗圃
张家口市林业局
宣化区农委
下花园区农委
宣化县林业局
张北县林业局
康保县林业局
沽源县林业局
尚义县林业局
蔚县林业局
阳原县林业局
怀安县林业局
万全县林业局
怀来县林业局
涿鹿县林业局
赤城县林业局
崇礼县林业局
张家口市林场
张家口市高新区农委
承德市林业局
双桥区林业局
双滦区林水局
鹰手营子矿区林水局
承德县林业局
兴隆县林业局
平泉县林业局
滦平县林业局
隆化县林业局
丰宁满族自治县林业局
宽城满族自治县林业局
围场满族蒙古族自治县林业局
滦平林场管理局
御道口林场
秦皇岛市林业局
海港区林业局
山海关区林业局
北戴河区林业局
昌黎县林业局
抚宁县林业局
卢龙县林业局
青龙满族自治县林业局
唐山市林业局
路北区农林畜牧水产局
路南区农林畜牧水产局
古冶区农林畜牧水产局
开平区农林畜牧水产局
丰润区林业局
丰南区林业局
遵化市林业局
迁安市林业局
滦县林业局
滦南县林业局

乐亭县林业局
迁西县林业局
玉田县林业局
唐海县农林畜牧水产局
芦台经济技术开发区农委
汉沽管理区农业局
廊坊市林业局
广阳区林业局
安次区林业局
霸州市林业局
三河市林业局
固安县林业局
永清县林业局
香河县林业局
大城县林业局
文安县林业局
大厂回族自治县林业局
保定市林业局
新市区农业局
北市区农业局
南市区农业局
定州市林业局
涿州市农业局
安国市林业局
高碑店市农牧局
满城县林业局
清苑县农业局
易县林业局
徐水县林业局
涞源县林业局
定兴县林业局
顺平县林业局
唐县林业局
望都县林业局
涞水县林业局
高阳县林业局
安新县农业局
雄县农业局
容城县农牧局
曲阳县林业局
阜平县林业局
博野县农业局
蠡县林业局
沧州市林业局
运河区农林局
新华区农林局
泊头市林业局
任丘市林业局
黄骅市林业局
河间市林业局
沧县林业局
青县林业局
东光县林业局
海兴县农林局
盐山县农林局
肃宁县林业局
南皮县林业局
吴桥县农林局
献县林业局
孟村回族自治县农林局
临港经济技术开发区林业局
南大港管理区林业局
衡水市林业局
桃城区林业局
冀州市林业局
深州市林业局
枣强县林业局
武邑县林业局
武强县林业局
饶阳县林业局
安平县林业局
故城县林业局
景县林业局
阜城县林业局
邢台市林业局
桥西区农业局
南宫市林业局
沙河市林业局
邢台县林业局
临城县林业局
内丘县林业局
柏乡县林业局
隆尧县林业局
任县林业局
南和县林业局
宁晋县林业局
巨鹿县林业局
新河县林业局
广宗县林业局
平乡县林业局
威县林业局
清河县林业局
临西县林业局
高新技术开发区农业办
大曹庄管委会农业办
邯郸市林业局
丛台区农牧局
邯山区农牧局
复兴区农牧局
峰峰矿区林业局
武安市林业局
邯郸县林业局
临漳县林业局
成安县林业局
大名县林业局
涉县林业局
磁县林业局
肥乡县林业局
永年县林业局
邱县林业局
鸡泽县林业局
广平县林业局
馆陶县林业局
魏县林业局
曲周县林业局
塞罕坝机械化林场
木兰围场国有林场管理局
雾灵山国家级自然保护区管理局
河北省林业示范场

山西省

太原市林业局
杏花岭区林业局
小店区林业局
迎泽区林业局
尖草坪区林业局
万柏林区林业局
晋源区林业局
古交市林业局
清徐县林业局
阳曲县林业局
娄烦县林业局

大同市林业局
南郊区林业局
新荣区林业局
阳高县林业局
天镇县林业局
广灵县林业局
灵丘县林业局
浑源县林业局
左云县林业局
大同县林业局
长城山林场
恒山林场
桦林背林场
十里河林场
大同市植物园
朔州市林业局
平鲁区林业局
山阴县林业局
怀仁县林业局
阳泉市林业局
阳泉市郊区林业局
平定县林业局
长治市林业局
长治市城区林业局
长治市郊区林业局
潞城市林业局
长治县林业局
屯留县林业局
平顺县林业局
黎城县林业局
壶关县林业局
长子县林业局
沁县林业局
晋城市林业局
高平市林业局
陵川县林业局
晋中市林业局
榆次区林业局
介休市林业局
左权县林业局
昔阳县林业局
寿阳县林业局
太谷县林业局
祁县林业局

灵石县林业局
临汾市林业局
翼城县林业局
洪洞县林业局
安泽县林业局
浮山县林业局
乡宁县林业局
蒲县林业局
大宁县林业局
汾西县林业局
运城市林业局
河津市林业局
芮城县林业局
万荣县林业局
新绛县林业局
闻喜县林业局
夏县林业局
平陆县林业局
吕梁市林业局
离石区林业局
汾阳市林业局
文水县林业局
中阳县林业局
兴县林业局
方山县林业局
柳林县林业局
石楼县林业局

内蒙古自治区

呼和浩特市林业局
回民区林业局
玉泉区林业局
赛罕区林业局
托克托县林业局
武川县林业局
和林格尔县林业局
清水河县林业局
土默特左旗林业局
包头市林业局
昆都仑区林业局
东河区林业局
青山区林业局
石拐区林业局
九原区林业局

固阳县林业局
土默特右旗林业局
达尔罕茂明安联合旗林业局
稀土高新区林业局
乌海市林业局
海勃湾区林业局
海南区林业局
乌达区林业局
赤峰市林业局
红山区林业局
元宝山区林业局
松山区林业局
宁城县林业局
林西县林业局
阿鲁科尔沁旗林业局
巴林左旗林业局
巴林右旗林业局
克什克腾旗林业局
翁牛特旗林业局
喀喇沁旗林业局
敖汉旗林业局
通辽市林业局
科尔沁区林业局
霍林郭勒市林业局
开鲁县林业局
库伦旗林业局
扎鲁特旗林业局
科尔沁左翼中旗林业局
科尔沁左翼后旗林业局
呼伦贝尔市林业局
扎兰屯市林业局
牙克石市林业局
根河市林业局
额尔古纳市林业局
陈巴尔虎旗林业局
鄂温克族自治旗林业局
莫力达瓦达斡尔族自治旗林业局
乌奴尔林业局
柴河林业局
免渡河林业局
红花尔基林业局
巴林林业局
鄂尔多斯市林业局
东胜区林业局

达拉特旗林业局
准格尔旗林业局
鄂托克前旗林业局
鄂托克旗林业局
杭锦旗林业局
乌审旗林业局
伊金霍洛旗林业局
乌兰察布市林业局
集宁区林业局
丰镇市林业局
化德县林业局
商都县林业局
兴和县林业局
凉城县林业局
察哈尔右翼前旗林业局
察哈尔右翼中旗林业局
察哈尔右翼后旗林业局
四子王旗林业局
巴彦淖尔市林业局
临河区林业局
五原县林业局
磴口县林业局
乌拉特前旗林业局
乌拉特中旗林业局
乌拉特后旗林业局
杭锦后旗林业局
兴安盟林业局
科尔沁右翼前旗林业局
科尔沁右翼中旗林业局
扎赉特旗林业局
五岔沟林业局
白狼林业局
锡林郭勒盟林业局
锡林浩特市林业局
多伦县林业局
阿巴嘎旗林业局
苏尼特右旗林业局
东乌珠穆沁旗林业局
西乌珠穆沁旗林业局
太仆寺旗林业局
镶黄旗林业局
正蓝旗林业局
阿拉善盟林业局
阿拉善左旗林业局
阿拉善右旗林业局
额济纳旗林业局

辽宁省

沈阳市林业局
苏家屯区农林局
沈北新区农林局
于洪区农林局
新民市林业局
康平县林业局
法库县林业局
朝阳市林业局
双塔区林业局
龙城区林业局
北票市林业局
凌源市林业局
朝阳县林业局
建平县林业局
喀喇沁左翼蒙古族自治县林业局
阜新市林业局
细河区农林水利局
海州区农村经济工作办公室
新邱区林业局
太平区农林水利局
清河门区农村经济局
彰武县林业局
阜新蒙古族自治县林果局
铁岭市林业局产业办
银州区林业局
清河区林业局
调兵山市林业局
开原市林业局
铁岭县林业局
西丰县林业局
昌图县林业局
铁岭经济开发区林业局
抚顺市林业局
顺城区农发局
东洲区农发局
望花区农发局
抚顺县林业局
新宾满族自治县林业局
清原满族自治县林业局
本溪市林业局
本溪市农委
平山区林业局
溪湖区林业局
明山区林业局
南芬区林业局
本溪满族自治县林业局
桓仁满族自治县林业局
本溪市经济开发区林业局
辽阳市林业局
太子河区农村经济局
辽阳县林业局
鞍山市林业局
千山区农村经济发展局
海城市林业局
台安县林业局
岫岩满族自治县林业局
千山风景区林业局
开发区林业局
丹东市林业局
元宝区农发局
振安区林业局
凤城市林业局
东港市林业局
宽甸满族自治县林业局
大连市林业局
甘井子区农发局
旅顺口区农林水利局
金州新区农林水利局
瓦房店市林业局
普兰店市林业局
庄河市林业水利局
长海县农林水务局
保税区林业局
高新技术园区林业局
花园口经济开发区林业局
营口市林业局
鲅鱼圈区林业局
老边区农委
大石桥市林业局
盖州市林业局
盘锦市农林局
大洼县农村经济局
盘山县农村经济局
锦州市林业局

太和区林业水利局
凌海市林业局
北镇市林业局
黑山县林业局
义县林业果树局
葫芦岛市林业局
连山区林业局
南票区林业局
兴城市林业局
绥中县林业局
建昌县林业局
省实验林场
省杨树研究所
省生态实验林场
省森林经营研究所
省经济林研究所
省固沙造林研究所
省干旱地区造林研究所

吉林省

长春市林业局
南关区林业局
朝阳区林业局
宽城区林业局
绿园区林业局
九台市林业局
农安县林业局
净月经济开发区林业局
白城市林业局
洮北区林业局
大安市林业局
洮南市林业局
镇赉县林业局
通榆县林业局
松原市林业局
宁江区林业局
扶余县林业局
长岭县林业局
前郭尔罗斯蒙古族自治县林业局
吉林市林业局
龙潭区林业局
昌邑区林业局
丰满区林业局
磐石市林业局
蛟河市林业局
桦甸市林业局
舒兰市林业局
永吉县林业局
四平市林业局
双辽市林业局
梨树县林业局
伊通满族自治县林业局
辽源市林业局
龙山区林业局
西安区林业局
东丰县林业局
东辽县林业局
通化市林业局
东昌区林业局
二道江区林业局
梅河口市林业局
集安市林业局
通化县林业局
辉南县林业局
柳河县林业局
白山市林业局
浑江区林业局
江源区林业局
临江市林业局
抚松县林业局
靖宇县林业局
长白朝鲜族自治县林业局
上营森林经营局
辉南森林经营局
图们市林业局
敦化市林业局
珲春市林业局
龙井市林业局
和龙市林业局
安图县林业局
延边朝鲜族自治州林管局
黄泥河林业局
敦化林业局
大石头林业局
八家子林业局
和龙林业局
汪清林业局
大兴沟林业局
天桥岭林业局
白河林业局
珲春林业局
安图森林经营局
和龙人造板公司
珲春森林山公司
新元木业公司

黑龙江省

哈尔滨市林业局
松北区农林局
道里区农林局
南岗区农林局
道外区农林局
香坊区农林局
平房区农林局
呼兰区林业局
阿城区林业局
双城市林业局
尚志市林业局
五常市林业局
依兰县林业局
方正县林业局
宾县林业局
巴彦县林业局
木兰县林业局
通河县林业局
延寿县林业局
转山实验林场
山河实验林场
丹清河实验林场
胜利实验林场
齐齐哈尔市林业局
铁锋区林业局
富拉尔基区林业局
碾子山区林业局
讷河市林业局
龙江县林业局
依安县林业局
泰来县林业局
甘南县林业局
克山县林业局
克东县林业局
拜泉县林业局

黑河市林业局
爱辉区林业局
北安市林业局
五大连池市林业局
嫩江县林业局
逊克县林业局
孙吴县林业局
五大连池风景区管理委员会
市直属林场
大庆市林业局
大庆市高新技术产业开发区林业局
萨尔图区农林局
龙凤区农林局
让胡路区农林局
大同区林业局
红岗区农林局
肇州县林业局
肇源县林业局
林甸县林业局
杜尔伯特蒙古族自治县林业局
伊春市林业局
铁力市林业局
嘉荫县林业局
鹤岗市林业局
萝北县林业局
绥滨县林业局
佳木斯市林业局
佳木斯市郊区林业局
同江市林业局
富锦市林业局
桦南县林业局
桦川县林业局
汤原县林业局
抚远县林业局
孟家岗林场
双鸭山市林业局
岭东区林业站
集贤县林业局
宝清县林业局
饶河县林业局
七台河市林业局
桃山区林业局
新兴区林业局
茄子河区林业局
勃利县林业局
鸡西市林业局
鸡冠区林业局
恒山区林业站
梨树区林业站
城子河区林业局
虎林市林业局
密山市林业局
鸡东县林业局
牡丹江市林业局
穆棱市林业局
绥芬河市林业局
海林市林业局
宁安市林业局
东宁县林业局
林口县林业局
绥化市林业局
北林区林业局
肇东市林业局
望奎县林业局
兰西县林业局
青冈县林业局
明水县林业局
绥棱县林管局
大兴安岭地区行署营林局
加格达奇中小企业局
塔河县营林局
漠河县林业局
尚志国有林场管理局
庆安国有林场管理局
省森林植物园
平山林业制药厂

上海市

闵行区林业站
宝山区林业站
嘉定区林业站
浦东新区绿化管理署
金山区林业站
松江区林业站
青浦区林业站
奉贤区林业署
崇明县农业委员会

江苏省

徐州市林业局
贾汪区林业局
邳州市林业局
新沂市林业局
铜山区林业局
睢宁县林业局
沛县林业局
丰县林业局
连云港市林业局
新浦区林业局
连云区林业局
海州区林业局
赣榆县林业局
灌云县林业局
东海县林业局
宿迁市林业局
沭阳县林业局
盐城市林业局
亭湖区林业局
盐都区林业局
东台市林业局
大丰市林业局
射阳县林业局
阜宁县林业局
滨海县林业局
响水县林业局
建湖县林业局
扬州市林业局
仪征市林业局
江都市林业局
宝应县林业局
泰州市林业局
海陵区林业局
高港区林业局
靖江市林业局
泰兴市林业局
姜堰市林业局
兴化市林业局
镇江市林业局
京口区林业局
丹徒区林业局
丹阳市林业局
常州市林业局

武进区林业局
苏州市林业局
虎丘区林业局
吴中区林业局
相城区林业局
吴江市林业局
昆山市林业局
太仓市林业局
常熟市林业局
张家港市林业局

浙江省

杭州市林业局
江干区林业局
西湖区林业局
余杭区林业局
萧山区林业局
临安市林业局
富阳市林业局
建德市林业局
桐庐县林业局
淳安县林业局
湖州市林业局
吴兴区林业局
南浔区林业局
长兴县林业局
德清县林业局
安吉县林业局
嘉兴市林业局
秀洲区林业局
平湖市林业局
桐乡市林业局
舟山市林业局
定海区林业局
普陀区林业局
岱山县林业局
嵊泗县林业局
宁波市林业局
江北区林业局
北仑区林业局
镇海区林业局
鄞州区林业局
慈溪市林业局
余姚市林业局
奉化市林业局
宁海县林业局
象山县林业局
绍兴市林业局
上虞市林业局
衢州市林业局
衢江区林业局
江山市林业局
常山县林业局
金华市林业局
婺城区林业局
义乌市林业局
浦江县林业局
磐安县林业局
台州市林业局
路桥区林业局
临海市林业局
温岭市林业局
玉环县林业局
温州市林业局
龙湾区林业局
丽水市林业局
莲都区林业局
龙泉市林业局
缙云县林业局
青田县林业局
云和县林业局
遂昌县林业局
松阳县林业局
庆元县林业局
景宁畲族自治县林业局

安徽省

合肥市林业局
蜀山区林业局
瑶海区林业局
包河区林业局
长丰县林业局
肥东县林业局
肥西县林业局
宿州市林业局
埇桥区林业局
砀山县林业局
萧县林业局
灵璧县林业局
泗县林业局
淮北市林业局
相山区农林水局
杜集区农林水局
烈山区农林水局
濉溪县林业局
阜阳市林业局
颍泉区林业局
太和县林业局
亳州市林业局
谯城区林业局
涡阳县林业局
蒙城县林业局
利辛县林业局
蚌埠市林业局
蚌山区林业局
龙子湖区林业局
禹会区林业局
淮上区林业局
怀远县林业局
五河县林业局
固镇县林业局
淮南市林业局
八公山区林业局
凤台县林业局
滁州市林业局
琅琊区农委
南谯区林业局
明光市林业局
天长市林业局
来安县林业局
全椒县林业局
定远县林业局
凤阳县林业局
管店林业总场
沙河集林业总场
琅琊山林场
马鞍山市林业局
当涂县林业局
芜湖市林业局
弋江区林业局
鸠江区林业局
芜湖县林业局

繁昌县林业局
南陵县林业局
安庆市林业局
桐城市林业局
怀宁县林业局
潜山县林业局
太湖县林业局
宿松县林业局
望江县林业局
黄山市林业局
屯溪区林业局
黄山区林业局
徽州区林业局
歙县林业局
休宁县林业局
黟县林业局
祁门县林业局
六安市林业局
叶集区林业局
寿县林业局
霍邱县林业局
舒城县林业局
金寨县林业局
霍山县林业局
巢湖市林业局
居巢区林业局
庐江县林业局
无为县林业局
含山县林业局
和县林业局
池州市林业局
贵池区林业局
东至县林业局
青阳县林业局
九华山风景区管委会
宣城市林业局
宣州区林业局
宁国市林业局
郎溪县林业局
广德县林业局
泾县林业局
旌德县林业局

福建省

福州市林业局
马尾区林业局
晋安区林业局
福清市林业局
长乐市林业局
闽侯县林业局
连江县林业局
罗源县林业局
闽清县林业局
永泰县林业局
平潭县林业局
南平市林业局
延平区林业局
邵武市林业局
武夷山市林业局
建瓯市林业局
建阳市林业局
顺昌县林业局
浦城县林业局
光泽县林业局
松溪县林业局
政和县林业局
三明市林业局
梅列区林业局
三元区林业局
永安市林业局
明溪县林业局
清流县林业局
宁化县林业局
大田县林业局
尤溪县林业局
沙县林业局
将乐县林业局
泰宁县林业局
建宁县林业局
莆田市林业局
城厢区林业局
涵江区林业局
荔城区林业局
仙游县林业局
泉州市林业局
泉港区林业局
南安市林业局
惠安县林业局
安溪县林业局
永春县林业局
德化县林业局
漳州市林业局
芗城区林业局
龙文区林业局
龙海市林业局
云霄县林业局
漳浦县林业局
诏安县林业局
长泰县林业局
东山县林业局
南靖县林业局
平和县林业局
华安县林业局
龙岩市林业局
新罗区林业局
漳平市林业局
长汀县林业局
永定县林业局
上杭县林业局
武平县林业局
连城县林业局
宁德市林业局
蕉城区林业局
福安市林业局
福鼎市林业局
寿宁县林业局
霞浦县林业局
柘荣县林业局
屏南县林业局
古田县林业局
周宁县林业局

江西省

南昌市林业局
湾里区林业局
南昌县林业局
新建县林业局
安义县林业局
进贤县林业局
九江市林业局
瑞昌市林业局

九江县林业局
修水县林业局
德安县林业局
都昌县林业局
湖口县林业局
彭泽县林业局
景德镇市林业局
乐平市林业局
鹰潭市林业局
月湖区林业局
贵溪市林业局
余江县林业局
新余市林业局
分宜县林业局
萍乡市林业局
湘东区林业局
莲花县林业局
芦溪县林业局
经济开发区管理委员会
赣州市林业局
章贡区林业局
瑞金市林业局
赣县林业局
大余县林业局
上犹县林业局
崇义县林业局
龙南县林业局
全南县林业局
宁都县林业局
兴国县林业局
会昌县林业局
寻乌县林业局
上饶市林业局
德兴市林业局
上饶县林业局
广丰县林业局
横峰县林业局
余干县林业局
万年县林业局
婺源县林业局
抚州市林业局
临川区林业局
南城县林业局
黎川县林业局
南丰县林业局
崇仁县林业局
乐安县林业局
宜黄县林业局
金溪县林业局
资溪县林业局
东乡县林业局
广昌县林业局
宜春市林业局
袁州区林业局
丰城市林业局
樟树市林业局
高安市林业局
奉新县林业局
万载县林业局
上高县林业局
宜丰县林业局
靖安县林业局
铜鼓县林业局
明月山温泉风景名胜区管委会
吉安市林业局
吉州区林业局
吉安县林业局
峡江县林业局
新干县林业局
永丰县林业局
泰和县林业局
遂川县林业局
安福县林业局

山东省

济南市林业局
平阴县林业局
济阳县林业局
商河县林业局
聊城市林业局
茌平县林业局
高唐县林业局
德州市林业局
德城区林业局
乐陵市林业局
禹城市林业局
陵县林业局
平原县林业局
武城县林业局
临邑县林业局
宁津县林业局
庆云县林业局
东营市林业局
河口区林业局
垦利县林业局
利津县林业局
广饶县林业局
淄博市林业站
张店区林业局
淄川区林业局
博山区林业局
临淄区林业局
周村区林业局
桓台县林业局
高青县林业局
沂源县林业局
潍坊市林业局
潍城区农林局
寒亭区林业局
安丘市林业局
昌邑市林业局
青州市林业局
诸城市林业局
寿光市林业局
临朐县林业局
烟台市林业局
牟平区林业局
蓬莱市林业局
威海市林业局
环翠区林业局
荣成市林业局
乳山市林业局
文登市林业局
青岛市林业局
崂山区林业局
城阳区林业局
胶州市林业局
即墨市林业局
平度市林业局
胶南市林业局
日照市林业局
五莲县林业局

临沂市林业局
兰山区林业局
罗庄区林业局
河东区林业局
郯城县林业局
苍山县林业局
沂水县林业局
蒙阴县林业局
平邑县林业局
费县林业局
沂南县林业局
临沭县林业局
枣庄市林业局
枣庄市市中区林业局
峄城区林业局
山亭区林业局
滕州市林业局
济宁市林业局
枣庄市市中区林业局
邹城市林业局
金乡县林业局
嘉祥县林业局
汶上县林业局
泰安市林业局
泰山区林业局
岱岳区林业局
新泰市林业局
肥城市林业局
宁阳县林业局
东平县林业局
莱芜市林业局
莱城区林业局
钢城区林业局
滨州市林业局
滨城区林业局
惠民县林业局
阳信县林业局
沾化县林业局
博兴县林业局
邹平县林业局
菏泽市林业局
定陶县林业局
成武县林业局
东明县林业局

河南省

郑州市林业局
中原区农经委
管城回族区农委会
上街区农经委
惠济区林业局
登封市林业局
新密市林业局
巩义市林业局
荥阳市林业局
中牟县林业局
三门峡市林业和园林局
湖滨区林业局
义马市农林和农机局
灵宝市林业局
渑池县林业局
陕县林业局
卢氏县林业局
洛阳市林业局
西工区农办
老城区农办
瀍河回族区农办
吉利区农办
洛龙区农林局
偃师市林业局
孟津县林业局
新安县林业局
栾川县林业局
嵩县林业局
汝阳县林业局
宜阳县林业局
洛宁县林业局
伊川县林业局
高新区农村和社会事务局
伊洛工业园区社会事务局
焦作市林业局
解放区农林水利局
山阳区林业局
中站区农林水利局
马村区农林水利局
孟州市林业局
沁阳市林业局
修武县林业局
博爱县林业局
武陟县林业局
温县林业局
新乡市林业局
卫滨区农村工作委员会
红旗区农村工作委员会
凤泉区林业局
牧野区农林局
卫辉市林业局
辉县市林业局
新乡县林业局
获嘉县林业局
原阳县林业局
延津县林业局
封丘县林业局
长垣县林业局
鹤壁市林业局
淇滨区林业局
山城区林业局
鹤山区林业局
浚县林业局
淇县林业局
安阳市林业局
北关区农林水务局
文峰区农林水牧局
殷都区农林水牧局
龙安区林业局
林州市林业局
安阳县林业局
汤阴县林业局
滑县林业局
内黄县林业局
濮阳市林业局
华龙区林业局
清丰县林业局
南乐县林业局
范县林业局
台前县林业局
濮阳县林业局
高新区农业科技服务中心
开封市农林局
龙亭区林业局
杞县林业局
通许县林业局
尉氏县林业局

开封县林业局
兰考县林业局
商丘市林业局
梁园区林业局
睢阳区林业局
永城市林业局
虞城县林业局
民权县林业局
宁陵县林业局
睢县林业局
夏邑县林业局
柘城县林业局
许昌市林业局
许昌市东城区农村工作局
魏都区林业局
禹州市农业林业局
长葛市林业局
许昌县林业局
鄢陵县林业局
襄城县林业局
许昌市经济技术开发区农村工作局
漯河市林业和园林局
郾城区林业技术推广站
源汇区林业局
召陵区林业局
临颍县林业园艺局
平顶山市林业局
新华区农林水利局
卫东区农林水利局
湛河区农林水利局
石龙区林业畜牧局
舞钢市林业局
宝丰县林业局
叶县林业局
鲁山县林业局
郏县林业局
南阳市林业局
卧龙区林业局
宛城区林业局
邓州市林业局
南召县林业局
方城县林业局
西峡县林业局
镇平县林业局
内乡县林业局
淅川县林业局
社旗县林业局
唐河县林业局
新野县林业局
桐柏县林业局
信阳市林业局
浉河区林业局
平桥区林业局
息县林业局
淮滨县林业局
潢川县林业局
光山县林业局
固始县林业局
商城县林业局
罗山县林业局
新县林业局
周口市林业局
川汇区林业局
项城市林业局
扶沟县林业局
西华县林业局
商水县林业局
太康县林业局
鹿邑县林业局
郸城县林业局
淮阳县林业局
沈丘县林业局
驻马店市林业局
驿城区林业局
确山县林业局
泌阳县林业局
遂平县林业局
西平县林业局
上蔡县林业局
汝南县林业局
平舆县林业局
新蔡县林业局
正阳县林业局
济源市林业局

湖北省

武汉市林业局
蔡甸区林业局
黄陂区林业局
新洲区林业局
十堰市林业局
茅箭区林业局
丹江口市林业局
郧县林业局
竹山县林业局
房县林业局
郧西县林业局
竹溪县林业局
襄阳市林业局
襄城区林业局
樊城区林业局
襄州区林业局
老河口市林业局
枣阳市林业局
宜城市林业局
南漳县林业局
谷城县林业局
保康县林业局
荆门市林业局
东宝区林业局
掇刀区林业局
钟祥市林业局
沙洋县林业局
京山县林业局
孝感市林业局
孝南区林业局
应城市林业局
安陆市林业局
汉川市林业局
孝昌县林业局
大悟县林业局
云梦县林业局
黄冈市林业局
黄州区林业局
麻城市林业局
武穴市林业局
红安县林业局
罗田县林业局
英山县林业局
浠水县林业局
蕲春县林业局

黄梅县林业局
团风县林业局
黄石市林业局
大冶市林业局
阳新县林业局
咸宁市林业局
咸安区林业局
赤壁市林业局
嘉鱼县林业局
崇阳县林业局
通山县林业局
荆州市林业局
沙市区林业局
荆州区林业局
石首市林业局
洪湖市林业局
松滋市林业局
江陵县林业局
公安县林业局
监利县林业局
宜昌市林业局
点军区林业局
夷陵区林业局
枝江市林业局
宜都市林业局
当阳市林业局
兴山县林业局
长阳土家族自治县林业局
五峰土家族自治县林业局
随州市林业局
曾都区林业局
广水市林业局
随县林业局
天门市林业局
潜江市林业局
神农架林区林业局
恩施土家族苗族自治州林业局
恩施市林业局
利川市林业局
建始县林业局
巴东县林业局
宣恩县林业局
咸丰县林业局
来凤县林业局
鹤峰县林业局

湖南省

长沙市林业局
岳麓区农林水利局
芙蓉区农林水利局
天心区农林水利局
开福区农林水利局
雨花区农林水利局
浏阳市林业局
长沙县林业局
望城县林业局
宁乡县林业局
张家界市林业局
永定区林业局
武陵源区林业局
慈利县林业局
桑植县林业局
常德市林业局
武陵区林业局
鼎城区林业局
津市市林业局
安乡县林业局
汉寿县林业局
澧县林业局
临澧县林业局
桃源县林业局
石门县林业局
益阳市林业局
赫山区林业局
资阳区林业局
沅江市林业局
南县林业局
桃江县林业局
安化县林业局
岳阳市林业局
岳阳楼区农林局
汨罗市林业局
临湘市林业局
华容县林业局
湘阴县林业局
平江县林业局
株洲市林业局
荷塘区农村工作局
芦淞区农村工作局
石峰区农村工作局
醴陵市林业局
株洲县林业局
攸县林业局
茶陵县林业局
炎陵县林业局
湘潭市林业局
岳塘区林业局
雨湖区林业局
湘乡市林业局
韶山市林业局
湘潭县林业局
衡阳市林业局
蒸湘区林业局
雁峰区林业局
珠晖区林业局
石鼓区林业局
南岳区农林局
常宁市林业局
耒阳市林业局
衡阳县林业局
衡南县林业局
衡山县林业局
衡东县林业局
祁东县林业局
郴州市林业局
北湖区林业局
苏仙区林业局
资兴市林业局
桂阳县林业局
永兴县林业局
宜章县林业局
嘉禾县林业局
临武县林业局
汝城县林业局
桂东县林业局
安仁县林业局
永州市林业局
冷水滩区林业局
零陵区林业局
东安县林业局
道县林业局
宁远县林业局

江永县林业局
蓝山县林业局
新田县林业局
双牌县林业局
祁阳县林业局
江华瑶族自治县林业局
邵阳市林业局
大祥区农林局
双清区农林局
北塔区林业局
武冈市林业局
邵东县林业局
邵阳县林业局
新邵县林业局
隆回县林业局
洞口县林业局
绥宁县林业局
新宁县林业局
城步苗族自治县林业局
怀化市林业局
洪江区林业局
鹤城区林业局
洪江市林业局
沅陵县林业局
辰溪县林业局
溆浦县林业局
中方县林业局
会同县林业局
麻阳苗族自治县林业局
新晃侗族自治县林业局
芷江侗族自治县林业局
靖州苗族侗族自治县林业局
通道侗族自治县林业局
娄底市林业局
娄星区林业局
冷水江市林业局
涟源市林业局
双峰县林业局
新化县林业局
湘西土家族苗族自治州林业局
吉首市林业局
泸溪县林业局
凤凰县林业局
花垣县林业局
保靖县林业局
古丈县林业局
永顺县林业局
龙山县林业局

广东省

广州市林业局
越秀区林业局
荔湾区林业局
海珠区林业局
天河区林业局
白云区林业局
黄埔区林业局
番禺区林业局
花都区林业局
南沙区林业局
萝岗区林业局
增城市林业局
从化市林业局
广州市属总林场
清远市林业局
清城区林业局
英德市林业局
连州市林业局
佛冈县林业局
阳山县林业局
清新县林业局
连山壮族瑶族自治县林业局
连南瑶族自治县林业局
清远市属总林场
韶关市林业局
浈江区林业局
武江区林业局
曲江区林业局
乐昌市林业局
南雄市林业局
始兴县林业局
仁化县林业局
翁源县林业局
新丰县林业局
乳源瑶族自治县林业局
河源市林业局
源城区林业局
紫金县林业局
龙川县林业局
和平县林业局
东源县林业局
新丰江林管局
梅州市林业局
梅县林业局
大埔县林业局
五华县林业局
平远县林业局
潮州市林业局
湘桥区林业局
潮安县林业局
饶平县林业局
枫溪区林业局
潮州市属总林场
汕头市林业局
潮南区林业局
揭阳市林业局
榕城区林业局
普宁市林业局
揭东县林业局
揭西县林业局
惠来县林业局
惠州市林业局
惠东县林业局
东莞市林业局
深圳市林业局
光明新区林业局
珠海市林业局
香洲区林业局
斗门区林业局
高新区林业局
金湾区林业局
高栏港区林业局
中山市林业局
江门市林业局
蓬江区林业局
新会区林业局
恩平市林业局
台山市林业局
开平市林业局
鹤山市林业局
江门市属总林场
佛山市林业局

南海区林业局
顺德区林业局
三水区林业局
高明区林业局
佛山市属总林场
肇庆市林业局
鼎湖区林业局
大旺高新区林业局
高要市林业局
四会市林业局
广宁县林业局
怀集县林业局
封开县林业局
德庆县林业局
肇庆市林业总场
云浮市林业局
云城区林业局
郁南县林业局
阳江市林业局
江城区林业局
阳春市林业局
阳西县林业局
阳东县林业局
海陵区林业局
高新区林业局
阳江市属总林场
茂名市林业局
茂南区林业局
茂港区林业局
化州市林业局
信宜市林业局
高州市林业局
电白县林业局
茂名市属总林场
湛江市林业局
霞山区林业局
坡头区林业局
麻章区林业局
东海岛区林业局
廉江市林业局
雷州市林业局
遂溪县林业局
徐闻县林业局
连山林场
九连山林场

广西壮族自治区

南宁市林业局
青秀区农林水利局
兴宁区农林水利局
江南区农业林业水利局
西乡塘区农林水利局
良庆区农林水利局
邕宁区农林水利局
武鸣县林业局
横县林业局
宾阳县林业局
上林县林业局
隆安县林业局
马山县林业局
南宁市东盟经济园区
桂林市林业局
象山区农林水利局
叠彩区农林水利局
秀峰区农林水利局
七星区农林水利局
雁山区林业局
阳朔县林业局
临桂县林业局
灵川县林业局
全州县林业局
兴安县林业局
永福县林业局
灌阳县林业局
资源县林业局
平乐县林业局
龙胜各族自治县林业局
恭城瑶族自治县林业局
柳州市林业局
柳北区林业局
城中区农林水利局
鱼峰区农林水利局
柳南区农林水利局
柳江县林业局
柳城县林业局
鹿寨县林业局
融安县林业局
三江侗族自治县林业局
融水苗族自治县林业局
梧州市林业局
长洲区林业局
万秀区农林水利局
蝶山区农林水利局
岑溪市林业局
苍梧县林业局
藤县林业局
蒙山县林业局
贵港市林业局
港北区林业局
港南区林业局
覃塘区林业局
桂平市林业局
平南县林业局
覃塘林场
玉林市林业局
玉州区林业局
福绵区林业局
北流市林业局
兴业县林业局
容县林业局
陆川县林业局
博白县林业局
钦州市林业局
钦南区林业局
钦北区林业局
灵山县林业局
浦北县林业局
北海市林业局
海城区林业局
银海区林业局
铁山港区林业局
合浦县林业局
防城港市林业局
港口区林业局
防城区林业局
东兴市林业局
上思县林业局
崇左市林业局
江州区林业局
凭祥市林业局
大新县林业局
天等县林业局

百色市林业局
平果县林业局
德保县林业局
西林县林业局
河池市林业局
南丹县林业局
天峨县林业局
凤山县林业局
东兰县林业局
大化瑶族自治县林业局
罗城仫佬族自治县林业局
环江毛南族自治县林业局
来宾市林业局
兴宾区林业局
合山市林业局
象州县林业局
武宣县林业局
忻城县林业局
金秀瑶族自治县林业局
贺州市林业局
八步区林业局
平桂管理区林业局
昭平县林业局
钟山县林业局
富川瑶族自治县林业局
高峰林场
七坡林场
博白林场
六万林场
东门林场
派阳山林场
雅长林场
黄冕林场
三门江林场
钦廉林场
大桂山林场
维都林场
沙塘林场
良凤江国家森林公园
中国林科院热林中心
广西林业集团有限公司

海南省

东方市林业局
白沙黎族自治县林业局

重庆市

大渡口区林业绿化办公室
江北区农林水利局
沙坪坝区林业局
九龙坡区农林水利局
南岸区农林水利局
北碚区林业局
万盛区林业局
双桥区农林水务局
渝北区林业局
巴南区林业局
万州区林业局
涪陵区林业局
长寿区林业局
江津区林业局
合川区林业局
永川区林业局
南川区林业局
綦江县林业局
潼南县林业局
大足县林业局
荣昌县林业局
璧山县林业局
垫江县林业局
武隆县林业局
丰都县林业局
城口县林业局
梁平县林业局
开县林业局
巫溪县林业局
巫山县林业局
奉节县林业局
云阳县林业局
忠县林业局
石柱土家族自治县林业局
彭水苗族土家族自治县林业局
酉阳土家族苗族自治县林业局
秀山土家族苗族自治县林业局

四川省

成都市林业局
青白江区林业局
邛崃市林业局
崇州市林业局
金堂县林业局
郫县林业局
蒲江县林业局
新津县林业局
广元市林业局
利州区林业局
元坝区林业局
朝天区林业局
旺苍县林业局
青川县林业局
剑阁县林业局
苍溪县林业局
绵阳市林业局
涪城区林业局
游仙区林业局
江油市林业局
三台县林业局
盐亭县林业局
安县林业局
梓潼县林业局
北川羌族自治县林业局
平武县林业局
德阳市林业局
旌阳区林业局
什邡市林业局
广汉市林业局
绵竹市林业局
罗江县林业局
中江县林业局
南充市林业局
顺庆区林业局
高坪区林业局
嘉陵区林业局
南部县林业局
营山县林业局
蓬安县林业局
仪陇县林业局
西充县林业局
广安市林业局
广安区林业局
华蓥市林业局
岳池县林业局

邻水县林业局
遂宁市林业局
船山区林业局
蓬溪县林业局
大英县林业局
内江市林业局
内江市市中区林业局
东兴区林业局
威远县林业局
资中县林业局
隆昌县林业局
乐山市林业局
乐山市市中区林业局
沙湾区林业局
五通桥区林业局
金口河区林业局
峨眉山市林业局
犍为县林业局
井研县林业局
夹江县林业局
沐川县林业局
峨边彝族自治县林业局
马边彝族自治县林业局
自贡市林业局
自流井区林业局
大安区林业局
贡井区林业局
沿滩区林业局
荣县林业局
富顺县林业局
泸州市林业局
江阳区林业局
纳溪区林业局
龙马潭区林业局
泸县林业局
合江县林业局
叙永县林业局
古蔺县林业局
宜宾市林业局
翠屏区林业局
宜宾县林业局
南溪县林业局
江安县林业局
长宁县林业局
高县林业局
筠连县林业局
珙县林业局
兴文县林业局
屏山县林业局
攀枝花市林业局
东区林业局
西区林业局
米易县林业局
盐边县林业局
巴中市林业局
巴州区林业局
通江县林业局
南江县林业局
平昌县林业局
达州市林业局
通川区林业局
达县林业局
宣汉县林业局
开江县林业局
大竹县林业局
渠县林业局
资阳市林业局
雁江区林业局
眉山市林业局
东坡区林业局
仁寿县林业局
彭山县林业局
洪雅县林业局
丹棱县林业局
青神县林业局
雅安市林业局
雨城区林业局
名山县林业局
荥经县林业局
汉源县林业局
天全县林业局
芦山县林业局
宝兴县林业局
甘孜藏族自治州林业局
康定县林业局
泸定县林业局
丹巴县林业局
九龙县林业局
雅江县林业局
炉霍县林业局
新龙县林业局
德格县林业局
色达县林业局
理塘县林业局
巴塘县林业局
乡城县林业局
稻城县林业局
得荣县林业局
丹巴林业局
道孚林业局
炉霍林业局
新龙林业局
白玉林业局
力邱河林业局
翁达林业局
甘孜藏族自治州林业工程处
凉山彝族自治州林业局
西昌市林业局
盐源县林业局
德昌县林业局
会理县林业局
会东县林业局
宁南县林业局
普格县林业局
布拖县林业局
金阳县林业局
昭觉县林业局
喜德县林业局
冕宁县林业局
越西县林业局
甘洛县林业局
美姑县林业局
雷波县林业局
木里藏族自治县林业局

贵州省

贵阳市林业局
乌当区林业局
南明区林业局
云岩区林业局
花溪区林业局
白云区林业局

小河区林业局
清镇市林业局
开阳县林业局
修文县林业局
息烽县林业局
六盘水市林业局
钟山区林业局
盘县林业局
六枝特区林业局
安顺市林业局
西秀区林业局
平坝县林业局
关岭布依族苗族自治县林业局
镇宁布依族苗族自治县林业局
开发区农林牧水局
毕节地区林业局
毕节市林业局
黔西县林业局
赫章县林业局
威宁彝族回族苗族自治县林业局
铜仁地区林业局
万山特区林业局
黔东南苗族侗族自治州林业局
凯里市林业局
施秉县林业局
三穗县林业局
镇远县林业局
岑巩县林业局
天柱县林业局
锦屏县林业局
剑河县林业局
黎平县林业局
榕江县林业局
从江县林业局
雷山县林业局
麻江县林业局
丹寨县林业局
黔南布依族苗族自治州林业局
都匀市林业局
荔波县林业局
贵定县林业局
瓮安县林业局
平塘县林业局
长顺县林业局
惠水县林业局
三都水族自治县林业局
茂兰国家级自然保护区管理局
梵净山国家级自然保护区管理局

云南省

曲靖市林业局
麒麟区林业局
宣威市林业局
马龙县林业局
沾益县林业局
富源县林业局
罗平县林业局
师宗县林业局
陆良县林业局
会泽县林业局
玉溪市林业局
红塔区林业局
江川县林业局
澄江县林业局
通海县林业局
华宁县林业局
易门县林业局
峨山彝族自治县林业局
新平彝族傣族自治县林业局
保山市林业局
隆阳区林业局
施甸县林业局
腾冲县林业局
龙陵县林业局
昌宁县林业局
昭通市林业局
昭阳区林业局
鲁甸县林业局
巧家县林业局
盐津县林业局
大关县林业局
永善县林业局
绥江县林业局
镇雄县林业局
彝良县林业局
威信县林业局
水富县林业局
丽江市林业局
古城区林业局
永胜县林业局
华坪县林业局
玉龙纳西族自治县林业局
宁蒗彝族自治县林业局
普洱市林业局
思茅区林业局
宁洱哈尼族彝族自治县林业局
墨江哈尼族自治县林业局
景东彝族自治县林业局
景谷傣族彝族自治县林业局
镇沅彝族哈尼族拉祜族自治县林业局
江城哈尼族彝族自治县林业局
孟连傣族拉祜族佤族自治县林业局
澜沧拉祜族自治县林业局
西盟佤族自治县林业局
临沧市林业局
临翔区林业局
凤庆县林业局
云县林业局
永德县林业局
镇康县林业局
双江拉祜族佤族布朗族傣族自治县林业局
耿马傣族佤族自治县林业局
沧源佤族自治县林业局
德宏傣族景颇族自治州林业局
芒市林业局
瑞丽市林业局
梁河县林业局
盈江县林业局
陇川县林业局
畹町市林业局
怒江傈僳族自治州林业局
泸水县林业局
福贡县林业局
贡山独龙族怒族自治县林业局
兰坪白族普米族自治县林业局
迪庆藏族自治州林业局
德钦县林业局
维西傈僳族自治县林业局
大理白族自治州林业局

大理市林业局
祥云县林业局
宾川县林业局
弥渡县林业局
永平县林业局
云龙县林业局
洱源县林业局
鹤庆县林业局
漾濞彝族自治县林业局
南涧彝族自治县林业局
巍山彝族回族自治县林业局
楚雄彝族自治州林业局
楚雄市林业局
双柏县林业局
牟定县林业局
南华县林业局
姚安县林业局
大姚县林业局
永仁县林业局
元谋县林业局
武定县林业局
禄丰县林业局
红河哈尼族彝族自治州林业局
蒙自市林业局
个旧市林业局
开远市林业局
绿春县林业局
建水县林业局
石屏县林业局
弥勒县林业局
泸西县林业局
元阳县林业局
红河县林业局
金平苗族瑶族傣族自治县林业局
河口瑶族自治县林业局
屏边苗族自治县林业局
文山壮族苗族自治州林业局
砚山县林业局
西畴县林业局
麻栗坡县林业局
马关县林业局
丘北县林业局
广南县林业局
富宁县林业局
西双版纳傣族自治州林业局
景洪市林业局
勐海县林业局
勐腊县林业局

西藏自治区

昌都地区林业局
昌都县林业局
江达县林业局
贡觉县林业局
类乌齐县林业局
丁青县林业局
察雅县林业局
八宿县林业局
左贡县林业局
芒康县林业局
洛隆县林业局
边坝县林业局
林芝地区林业局
林芝县林业局
工布江达县林业局
米林县林业局
墨脱县林业局
波密县林业局
察隅县林业局
朗县林业局
山南地区林业局
扎囊县林业局
贡嘎县林业局
洛扎县林业局
日喀则地区林业局
南木林县林业局
江孜县林业局
定日县林业局
定结县林业局
亚东县林业局
吉隆县林业局
聂拉木县林业局

陕西省

西安市林业局
未央区林业局
灞桥区林业局
雁塔区林业局
阎良区林业局
临潼区林业局
长安区林业局
蓝田县林业局
周至县林业局
户县林业局
高陵县林业局
延安市林业局
宝塔区林业局
延长县林业局
延川县林业局
子长县林业局
安塞县林业局
志丹县林业局
吴起县林业局
甘泉县林业局
富县林业局
洛川县林业局
宜川县林业局
黄龙县林业局
黄陵县林业局
桥山林业局
桥北林业局
劳山林业局
黄龙山林业局
风景林场
铜川市林业局
耀州区林业局
王益区林业局
印台区林业局
宜君县林业局
渭南市林业局
临渭区林业局
华阴市林业局
潼关县林业局
大荔县林业局
蒲城县林业局
澄城县林业局
合阳县林业局
富平县林业局
咸阳市林业局
秦都区林业局
渭城区林业局
兴平市林业局

三原县林业局
泾阳县林业局
永寿县林业局
旬邑县林业局
武功县林业局
乾县林业局
礼泉县林业局
淳化县林业局
长武县林业局
彬县林业局
宝鸡市林业局
金台区林业局
渭滨区林业局
陈仓区林业局
凤翔县林业局
岐山县林业局
扶风县林业局
眉县林业局
陇县林业局
千阳县林业局
麟游县林业局
凤县林业局
太白县林业局
辛家山林业局
马头滩林业局
陕西省苗木繁育中心
汉中市林业局
汉台区林业局
南郑县林业局
城固县林业局
洋县林业局
西乡县林业局
勉县林业局
宁强县林业局
略阳县林业局
镇巴县林业局
留坝县林业局
佛坪县林业局
榆林市林业局
府谷县林业局
横山县林业局
靖边县林业局
定边县林业局
绥德县林业局
米脂县林业局
吴堡县林业局
清涧县林业局
子洲县林业局
安康市林业局
汉滨区林业局
紫阳县林业局
镇坪县林业局
旬阳县林业局
石泉县林业局
平利县林业局
宁陕县林业局
岚皋县林业局
汉阴县林业局
白河县林业局
商洛市林业局
商州区林业局
洛南县林业局
丹凤县林业局
商南县林业局
山阳县林业局
柞水县林业局
陕西省森林资源管理局
太白林业局
宁西林业局
宁东林业局
龙草坪林业局
汉西林业局
长青林业局
西安林产化学工厂
胶合板厂
省林产品贸易总公司
省林产品经销公司
省林业机械研究所
省森林职工医院
楼观台林场
牛背梁国家级自然保护区管理局
佛坪国家级自然保护区管理局

甘肃省

兰州市林业局
城关区林业局
安宁区林业局
红古区林业局
皋兰县林业局
榆中县林业局
嘉峪关市林业局
金昌市林业局
金川区林业局
永昌县林业局
白银市林业局
白银区林业局
平川区林业局
靖远县林业局
会宁县林业局
景泰县林业局
天水市林业局
秦州区林业局
麦积区林业局
清水县林业局
秦安县林业局
甘谷县林业局
武山县林业局
张家川回族自治县林业局
酒泉市林业局
肃州区林业局
玉门市林业局
敦煌市林业局
金塔县林业局
瓜州县林业局
张掖市林业局
甘州区林业局
民乐县林业局
临泽县林业局
山丹县林业局
庆阳市林业局
西峰区林业局
庆城县林业局
环县林业局
华池县林业局
合水县林业局
正宁县林业局
宁县林业局
镇原县林业局
正宁林业总场
湘乐林业总场
华池林业总场
合水林业总场

平凉市林业局
崆峒区林业局
静宁县林业局
定西市林业局
安定区林业局
通渭县林业局
临洮县林业局
漳县林业局
岷县林业局
渭源县林业局
陇西县林业局
陇南市林业局
武都区林业局
成县林业局
宕昌县林业局
康县林业局
西和县林业局
礼县林业局
两当县林业局
徽县林业局
临夏回族自治州林业局
临夏市林业局
临夏县林业局
康乐县林业局
永靖县林业局
广河县林业局
和政县林业局
东乡族自治县林业局
甘南藏族自治州林业局
舟曲县林业局
白龙江林管局
舟曲林业局
洮河林业局
河西综合开发局
迭部林业局
白水江林业局
甘肃营林局
小陇山林业实验局

青海省

西宁市林业局
城中区林业局
城西区林业局
城北区林业局
大通回族土族自治县林业局
湟源县林业局
湟中县林业局
群加森林公园
湟水森林公园
东峡森林公园
大通森林公园
海东地区林业局
平安县林业局
乐都县林业局
民和回族土族自治县林业局
互助土族自治县林业局
化隆回族自治县林业局
循化撒拉族自治县林业局
峡群寺森林公园
南门峡森林公园
北山森林公园
海北藏族自治州林业局
祁连县林业局
门源回族自治县林业局
祁连森林公园
海南藏族自治州林业局
共和县林业局
兴海县林业局
贵南县林业局
黄河森林公园
黄南藏族自治州林业局
同仁县林业局
尖扎县林业局
麦秀森林公园
坎布拉森林公园
玉树藏族自治州林业局
玉树县林业局
海西蒙古族藏族自治州林业局
德令哈市林业局
格尔木市林业局
乌兰县林业局
都兰县林业局
三江源自然保护区管理局
孟达自然保护区管理局
玛珂河林业局
省林业专用物资储备管理站
青海湖国家级自然保护区管理局

宁夏回族自治区

银川市林业局
兴庆区林业局
金凤区林业局
西夏区林业局
灵武市林业局
永宁县林业局
贺兰县林业局
石嘴山市林业局
大武口区林业局
惠农区林业局
平罗县林业局
吴忠市林业局
利通区林业局
青铜峡市林业局
盐池县林业局
同心县林业局
红寺堡开发区林业局
固原市林业局
原州区林业局
西吉县林业局
隆德县林业局
泾源县林业局
彭阳县林业局
中卫市林业局
沙坡头区林业局
中宁县林业局
海原县林业局

新疆维吾尔自治区

和田地区林业局
策勒县林业局

内蒙古森工集团

阿尔山林业局
绰尔林业局
绰源林业局
乌尔旗汉林业局
库都尔林业局
图里河林业局
伊图里河林业局
克一河林业局
甘河林业局
吉文林业局

阿里河林业局
根河林业局
金河林业局
阿龙山林业局
满归林业局
得耳布尔林业局
莫尔道嘎林业局
大杨树林业局
毕拉河林业局

吉林森工集团

临江林业局
三岔子林业局
湾沟林业局
松江河林业局
泉阳林业局
露水河林业局
白石山林业局
红石林业局
吉林森工集团股份公司
金桥木业有限公司
华英家具公司
泉阳泉饮品有限公司

龙江森工集团

牡丹江林业管理局
大海林林业局
柴河林业局
东京城林业局
穆棱林业局
绥阳林业局
海林林业局
林口林业局
八面通林业局
牡丹江木材综合加工厂
柴河纸板厂
合江林业管理局
桦南林业局
双鸭山林业局
鹤立林业局
鹤北林业局
东方红林业局
迎春林业局
清河林业局
万成木业有限责任公司
伊春林业管理局
双丰林业局
铁力林业局
桃山林业局
朗乡林业局
南岔林业局
金山屯林业局
美溪林业局
乌马河林业局
翠峦林业局
友好林业局
上甘岭林业局
五营林业局
红星林业局
新青林业局
汤旺河林业局
乌伊岭林业局
南岔木材水解厂
松花江林业管理局
山河屯林业局
苇河林业局
亚布力林业局
方正林业局
兴隆林业局
绥棱林业局
通北林业局
沾河林业局
兴隆中密度纤维板有限公司
绥化复合板厂
松江胶合板厂
带岭实验局

大兴安岭林业集团

松岭林业局
新林林业局
塔河林业局
呼中林业局
阿木尔林业局
图强林业局
西林吉林业局
十八站林业局
韩家园林业局
加格达奇林业局

新疆生产建设兵团

农一师
农二师
农三师
农四师
农五师
农六师
农七师
农八师
农九师
农十二师
农十三师
农十四师